1 MONTH OF
FREE
READING

at
www.ForgottenBooks.com

ISBN 978-0-260-86563-2
PIBN 10978064

RAPPORT

SUR LES

ARCHIVES CANADIENNES

PAR

DOUGLAS BRYMNER, LL.D., M.S.R.C., ARCHIVISTE

1900

(Annexe au rapport au Ministre de l'Agriculture)

IMPRIMÉ PAR ORDRE DU PARLEMENT

OTTAWA
IMPRIMÉ PAR S. E. DAWSON, IMPRIMEUR DE SA TRÈS EXCELLENTE
MAJESTÉ LE ROI
1901
[N° 18—1901.] *Prix: 25 cents.*

RAPPORT

SUR LES

ARCHIVES CANADIENNES

PAR

DOUGLAS BRYMNER, LL.D., M.S.R.C., ARCHIVISTE

1900

(Annexe au rapport au Ministre de l'Agriculture)

IMPRIMÉ PAR ORDRE DU PARLEMENT

OTTAWA
IMPRIMÉ PAR S. E. DAWSON, IMPRIMEUR DE SA TRÈS EXCELLENTE
MAJESTÉ LE ROI
1901

[N° 18—1901.]

TABLE DES MATIÈRES.

	PAGE
RAPPORT DE L'ARCHIVISTE...	v
Liste des livres, etc., donnés avec les noms des donateurs............................	xxxvi

NOTE A.—ÉDUCATION.

	PAGE
N° 1. LORD AYLMER AU VICOMTE GODERICH..	1
2. RAPPORT DES COLLÈGES ET ÉCOLES D'ÉDUCATION DU BAS-CANADA..............	2
3. LISTE DES ÉCOLES ÉLÉMENTAIRES DANS LES PAROISSES RURALES DU BAS-CANADA RECEVANT DES ALLOCATIONS À MÊME LES FONDS PUBLICS........................	3
4. RAPPORT DU COMITÉ DE L'ASSEMBLÉE DU HAUT-CANADA........................	21
5. BILL POUR AMENDER LA CHARTE DU KING'S COLLEGE..........................	22
6. EXTRAIT DU RAPPORT DU COMITÉ...	23
7. ADRESSE DE L'ASSEMBLÉE LÉGISLATIVE.....................................	24
8. PRÉSENCE AU COLLÈGE DU HAUT-CANADA.....................................	26
9. NOMBRE D'ÉLÈVES DANS LES DIFFÉRENTS DÉPARTEMENTS DU COLLÈGE............	26
10. ADRESSE PAR LE DR STRACHAN..	27
11. SIR JOHN COLBORNE À M. E. G. STANLEY...................................	28
12. LE BUREAU COLONIAL À SIR JOHN COLBORNE.................................	30
13. BILL POUR AMENDER LA CHARTE DU KING'S COLLEGE.........................	32
14. LOI POUR PROMOUVOIR L'ÉDUCATION...	40
15. SIR JOHN COLBORNE À LORD ABERDEEN.......................................	43
16. ÉDIFICE DU SÉMINAIRE DE COBOURG..	44
17. CHARTE DU SÉMINAIRE DE COBOURG...	46

NOTE B.—ÉMIGRATION.

	PAGE
N° 1. LA PROPOSITION DE M. SHIRREFF POUR UN RÈGLEMENT......................	49
2. SIR JOHN COLBORNE AU VICOMTE GODERICH...................................	52
3. ÉTAT DES SOMMES PAYÉES PAR LES COMMISSAIRES DES TERRES DE LA COURONNE POUR L'ÉMIGRATION...	54
4. SIR JOHN COLBORNE À B. W. HAY..	54
5. ESTIMÉ DE LA DÉPENSE POUR DÉFRICHEMENT..................................	56
6. ÉTAT DU COUT...	56
7. ARRIVAGES HEBDOMADAIRES D'ÉMIGRANTS....................................	57
8. NOMS DES PORTS D'OÙ SONT VENUS LES ÉMIGRANTS EN 1834...................	58
9. ÉTAT COMPARATIF...	60
10. DISTRIBUTION DES ÉMIGRANTS EN 1834.....................................	60
11. ÉTAT DU NOMBRE DES ÉMIGRANTS ARRIVÉS À NEW-YORK DURANT LES SIX DERNIÈRES ANNÉES...	61
12. LISTE DES VAISSEAUX NAUFRAGÉS EN ROUTE POUR QUÉBEC AU PRINTEMPS DE 1834.......	61
13. NOTES DE L'AGENT D'ÉMIGRATION...	62
14. LA SOCIÉTÉ DES ÉMIGRANTS DE QUÉBEC......................................	64
15. LORD AYLMER À M. STANLEY...	67
16. LE MÊME AU MÊME..	68
17. W. H. DRAPER À LORD ABERDEEN...	68

PAPIERS D'ETAT, BAS-CANADA—LISTE.

	PAGE
Q. 201-1. LE GOUVERNEUR LORD AYLMER, 1832.................................	715
Q. 201-2. LE GOUVERNEUR LORD AYLMER, 1832.................................	718
Q. 202-1. LE GOUVERNEUR LORD AYLMER, 1832.................................	720
Q. 202-2. LE GOUVERNEUR LORD AYLMER, 1832.................................	721
Q. 203-1-2-3. LE GOUVERNEUR LORD AYLMER, 1832.............................	724
Q. 204-1-2. BUREAUX PUBLICS, 1832...	732
Q. 205-1-2-3. DIVERS, 1832..	741
Q. 206-1-2-3-4. LE GOUVERNEUR LORD AYLMER, 1833...........................	750
Q. 207-1. LE GOUVERNEUR LORD AYLMER, 1833.................................	756
Q. 207-2. LE GOUVERNEUR LORD AYLMER, 1833.................................	759

PAPIERS D'ETAT, BAS-CANADA—LISTE—*Fin.*

	PAGE
Q. 208-1. LE GOUVERNEUR LORD AYLMER, 1833.................................	763
Q. 208-2. LE GOUVERNEUR LORD AYLMER, 1833..........................	766
Q. 209-1. LE GOUVERNEUR LORD AYLMER, 1833........................	768
Q. 209-2. LE GOUVERNEUR LORD AYLMER, 1833.....................	772
Q. 210-1-2. BUREAUX PUBLICS, 1833.....	775
Q. 211-1-2. DIVERS, 1833.....	784
Q. 212-1-2-3-4. LETTRES—RAPPORTS DU PROCUREUR GÉNÉRAL DE 1831 À 1833	790
Q. 213. LA " BRITISH AMERICAN LAND COMPANY ", 1832-1833	790
Q. 214-1-2-3-4-5-6-7-8. LETTRES DE M. VIGER, 1831-1833.......................	795
Q. 215-1. LE GOUVERNEUR LORD AYLMER, 1834........................	804
Q. 215-2. LE GOUVERNEUR LORD AYLMER, 1834....	807
Q. 216-1. LE GOUVERNEUR LORD AYLMER, 1834.....	808
Q. 216-2. LE GOUVERNEUR LORD AYLMER, 1834.......................	810
Q. 216-3. LE GOUVERNEUR LORD AYLMER, 1834.......	813
Q. 217-1. LE GOUVERNEUR LORD AYLMER, 1834...........................	815
Q. 217-2. LE GOUVERNEUR LORD AYLMER, 1834....	817
Q. 217-3. LE GOUVERNEUR LORD AYLMER, 1834.....	821
Q. 217-4-5. LE GOUVERNEUR LORD AYLMER, 1834.......................	824
Q. 218. BUREAUX PUBLICS, 1834......	824
Q. 219-1-23. BUREAUX PUBLICS, 1834...............................	831
Q. 220-1-2-3. DIVERS, 1834.............................	840
Q. 221-1. LE GOUVERNEUR LORD AYLMER, 1835.........................	851
Q. 221-2. LE GOUVERNEUR LORD AYLMER, 1835.........................	855
Q. 222-1. LE GOUVERNEUR LORD AYLMER. 1835........................	857
Q. 222-2. LE GOUVERNEUR LORD AYLMER, 1835...	861
Q. 223-1. LE GOUVERNEUR COMTE DE GOSFORD, 1835	868
Q. 223-2. LE GOUVERNEUR COMTE DE GOSFORD, 1835	872
Q. 224-1-2-3. BUREAUX PUBLICS, 1835....	876
Q. 225-1-2-3-4. DIVERS, 1835	896

PAPIERS D'ETAT, HAUT-CANADA—LISTE.

	PAGE
Q. 359 to Q. 373. CORRESPONDANCE, ETC., DE LA COMPAGNIE DU HAUT-CANADA, 1824 À 1831...	391
Q. 374-1. LE LIEUTENANT-GOUVERNEUR SIR J. COLBORNE, 1832...............	391
Q. 374-2. LE LIEUTENANT-GOUVERNEUR SIR J. COLBORNE, 1832...............	393
Q. 374-3. LE LIEUTENANT-GOUVERNEUR SIR J. COLBORNE, 1832...............	395
Q. 374-4. LE LIEUTENANT-GOUVERNEUR SIR J. COLBORNE, 1832...............	398
Q. 375-1-2. BUREAUX PUBLICS ET DIVERS, 1832........	404
Q. 376-1-2-3-4. LETTRES, REQUÊTES, ETC., DE M. MACKENZIE, 1832............	413
Q. 377-1. LE LIEUTENANT-GOUVERNEUR SIR J. COLBORNE, 1833...............	420
Q. 377-2. LE LIEUTENANT-GOUVERNEUR SIR J. COLBORNE, 1833...............	423
Q. 377-3. LE LIEUTENANT-GOUVERNEUR SIR J. COLBORNE, 1833	427
Q. 378-1. LE LIEUTENANT-GOUVERNEUR SIR J. COLBORNE, 1833...............	433
Q. 378-2. LE LIEUTENANT-GOUVERNEUR SIR J. COLBORNE, 1833................	437
Q. 378-3-4. LE LIEUTENANT-GOUVERNEUR SIR J. COLBORNE, 1833....	438
Q. 379-1-2-3. BUREAUX PUBLICS ET DIVERS, 1833.....................	442
Q. 380-1-2-3-4. LETTRES DE M. MACKENZIE, 1833.	455
Q. 380-5. ANNEXES AUX LETTRES DE MACKENZIE, 1833......................	460
Q. 381-1-2-3-4. LE LIEUTENANT-GOUVERNEUR SIR J. COLBORNE, 1834............... ..	460
Q. 382-1-2. LE LIEUTENANT-GOUVERNEUR SIR JOHN COLBORNE, 1834............	470
Q. 382 A. VENTE DES RÉSERVES DU CLERGÉ ET DES TERRES DE LA COURONNE, 1834............	475
Q. 382 B. PATENTES POUR LES TERRES DE LA RÉSERVE DU CLERGÉ, 1834..........	475
Q. 382 C. CONCESSIONS DE TERRES DE LA COURONNE, 1834	475
Q. 383-1-2. LE LIEUTENANT-GOUVERNEUR SIR J. COLBORNE, 1834................	476
Q. 384-1-2-3. BUREAUX PUBLICS ET DIVERS, 1834..	482
Q. 385-1-2-3. LE LIEUTENANT-GOUVERNEUR SIR J. COLBORNE, 1835..................	496
Q. 386-1-2. LE LIEUTENANT-GOUVERNEUR SIR J. COLBORNE, 1835..................	504
Q. 387-1. LE LIEUTENANT-GOUVERNEUR SIR J. COLBORNE, 1835...........	514
Q. 387-2. LE LIEUTENANT-GOUVERNEUR SIR J. COLBORNE, 1835..............	519
Q. 388-1-2-3-4. BUREAUX PUBLICS ET DIVERS, 1835..................................	524

RAPPORT SUR LES ARCHIVES CANADIENNES

DOUGLAS BRYMNER, LL.D., F.R.S.C., ARCHIVISTE.

A l'honorable

SYDNEY A. FISHER,

Ministre de l'Agriculture,

Etc., etc., etc.

MONSIEUR,—J'ai l'honneur de vous soumettre le présent rapport sur les Archives pour 1900.

Les travaux se poursuivent de la même manière, de sorte que de courtes remarques à ce sujet suffiront. Les copies de documents publics pour le Haut et le Bas-Canada ont été reçues pour jusqu'à 1840, étiquetées d'après les casiers et mises en place. Les minutes du Conseil Exécutif de la Nouvelle-Ecosse ont été envoyées au relieur en novembre dernier, de même que trois volumes de correspondances de cette province, de 1741 à 1752 ; d'autres travaux concernant cette province sont en marche. On est à collectionner et à transcrire d'autres documents du Haut et du Bas-Canada, non inclus sous la rubrique générale de "Papiers d'Etat", dans le but de rendre la collection aussi complète que possible. On prend comme toujours le même soin pour empêcher toute erreur et assurer une transcription fidèle des pièces. On a complété ici les copies des papiers de De Bougainville, reçus de Quimper, France, et pour l'envoi desquels accusé de réception a été fait à Madame de Saint-Sauveur-Bougainville et à M. de Kerallain dans le rapport pour 1899.

On a souvent fait des recherches pour savoir pour quelle raison lord Halifax signait "Dunk" Halifax, question à laquelle répond Hone dans le second volume de son livre *Every Day Book.* Il cite le *Gentleman's Magazine* de 1741, qui dit : "que le 2 juillet de cette année, lord Halifax épousa mademoiselle Dunk, qui lui apporta une fortune de £100,000. D'après le testament de M. Dunk, la jeune fille ne devait épouser nul autre qu'un honnête commerçant, qui devait prendre le nom de Dunk, "raison pour laquelle Sa Seigneurie entra dans la corporation des selliers, en exerça le métier, et ajouta le nom de Dunk au sien."

Les dates différentes auxquelles on place la création de la pairie de Glenelg nous ont poussé à faire quelques recherches pour en fixer la date exacte. Dans le *Century Cyclopædia*, on donne l'année 1828, ce qui est une erreur palpable. Dans le *Peerage* de Burke, il est dit que des lettres patentes créant cette pairie ont été émises le 8 mai 1836. Lorsque M. Grant (par la suite lord Glenelg) était secrétaire colonial, lord Aylmer, le 16 juin 1835, s'adressait à lui en l'appelant M. Grant. Une semaine plus tard (le 23 juin) celui-ci était appelé lord Glenelg. La réponse venue du bureau

64 VICTORIA, A. 1901

du Haut-Commissaire est que la lettre patente créant la baronnie de Glenelg fut datée du 8 mai, bien que M. Grant eût signé comme lord Glenelg peu de temps auparavant.

Dans un ouvrage intitulé *Wentworth Land Marks*, publié par le *Hamilton Spectator*, on trouve une description du canal Desjardins, mais il n'est rien dit du projeteur. Dans une dépêche de sir John Colborne, lieutenant-gouverneur du Haut-Canada, portant la date du 6 novembre 1835, en parlant de la question des titres de propriété au Canada au sujet des biens appartenant aux aubains, sir John Colborne, référant au bill d'indemnité pour les héritiers de Pierre Desjardins, dit que ces héritiers comprenaient deux frères et une sœur qui demandaient l'autorisation d'hériter des biens de leur défunt frère tout comme s'ils eussent été sujets anglais de naissance. La question soumise par sir John Colborne était de savoir si la Couronne devait renoncer à ses droits en faveur de la famille parce qu'elle était étroitement liée par parenté à feu Pierre Desjardins, " projeteur du canal Desjardins ", rapport que l'on peut tenir pour exact, vu qu'il en est officiellement fait mention par le lieutenant-gouverneur au secrétaire colonial (Série Q. 387-2, page 273).

Dans un mémoire adressé par M. Charles Shirreff, de Fitzroy, à lord Dalhousie, en date du 28 août 1828, il est dit quelque chose incidemment sur l'origine du commerce de bois dans le Haut-Canada. Voici quelques extraits de ce mémoire, omission faite de ce qui est d'une nature purement personnelle. Après avoir parlé de la politique des puissances du nord de l'Europe fermant leurs ports à la Grande-Bretagne, le mémoire continue en ces termes :

Bien que les raisons politiques qui avaient forcé la Grande-Bretagne à se procurer du bois dans les colonies fussent disparues, le commerce en ayant été commencé avait continué. Il n'appert pas, néanmoins, que jusqu'à ces quelques dernières années le gouvernement ait jamais sanctionné légalement la coupe du bois sur les terres de la Couronne, sauf que les maisons mercantiles en Angleterre qui passaient des contrats pour approvisionner de bois les chantiers de la marine recevaient des permis annuels d'en prendre une certaine quantité pour leur permettre de remplir leurs engagements vis-à-vis le gouvernement. Ces permis étaient transmis à leurs agents à Québec et des contrats étaient faits en conséquence avec les marchands de bois au pays. Mais les quantités de bois abattu avaient pendant plusieurs années dépassé l'étendue des permis. Cet excès ne découla pas de négligence de la part du gouvernement provincial, mais plutôt d'une permission tacite, ce commerce étant considéré plein d'importance pour le pays et favorisé en conséquence dans les arrangements financiers du gouvernement général.

Cependant, les entrepreneurs faisant affaire avec le gouvernement protestèrent, il y a quelques années, contre ceux qui coupaient du bois sans licence, alléguant que c'était un empiétement sur leurs privilèges, et les officiers en loi de la Couronne du Haut-Canada, province d'où l'on tirait en grande partie l'approvisionnement, constatant que les affaires étaient conduites illégalement, se virent obligés de donner ordre au shérif du district de saisir tout le bois qu'il trouverait être coupé sans permis.

Votre correspondant a résidé depuis 1819 sur des terres qui lui ont été concédées et situées sur l'Outaouais, dans le township de Fitzroy, à 150 milles de Montréal, et dans le voisinage de cette partie du pays où l'on se procure le pin rouge. Il n'a pas fait le commerce de bois, mais il a suivi son développement et son importance croissante, et il a vu avec regret l'adoption de ces mesures, probablement inévitables dans les circonstances, mais qui si elles ont été maintenues, ont dû détruire une branche de commerce très avantageuse pour le pays.

DOC. DE LA SESSION No 18

Ayant eu l'occasion de se rendre à York à l'automne de 1824, il en profita pour parler de cette question au juge en chef actuel (alors procureur général) et au major Hillier, secrétaire de Son Excellence le lieutenant-gouverneur, et le résultat de ces conversatonsi fut qu'on lui demanda qu'une fois de retour chez lui il communiquerait tous les renseignements qu'il croirait utiles à la préparation des mesures nécessaires pour régulariser le commerce, ce qu'il fit dans une lettre au major Hillier.

Votre correspondant se rendit de nouveau à York en septembre suivant, et il constata que Son Excellence sir Peregrine Maitland avait jugé opportun de conférer avec le comte Bathurst avant de faire quoi que ce soit à ce sujet. Une réponse ayant été reçue peu avant de Sa Seigneurie, Son Excellence se mit à étudier la question aussi tôt que d'autres travaux lui en laissèrent le loisir, et votre correspondant eut l'honneur de fournir à Son Excellence autant d'informations locales qu'il possédait, et de lui faire connaître l'opinion qu'il avait été amené à se former sur la question.

Après une très minutieuse enquête, l'honorable Conseil Exécutif soumit à Son Excellence un rapport très étendu, et votre correspondant reçut du major Hillier la lettre suivante :

HÔTEL DU GOUVERNEMENT, 9 novembre 1825.

CHER MONSIEUR,—Le gouvernement s'est occupé très sérieusement de la question de l'état actuel du commerce du bois dans cette province, et un rapport fait par le Conseil Exécutif, qui sera transmis sans délai à lord Bathurst, contient certaines suggestions destinées à placer ce commerce, comme on l'espère, sur une base plus clairement définie et sur un meilleur pied dans l'avenir.

Quant à l'adoption de toute mesure intermédiaire, vous veriez facilement que même si le lieutenant-gouverneur était disposé à assumer une telle responsabilité, la situation de la rivière Outaouais rendrait nulles, dans une grande portée, pareilles mesures (vu que sa rive gauche, tout le long de son cours dans cette province, se trouve dans les limites d'un autre gouvernement).

J'ai instruction de Son Excellence, en vous adressant cette communication, de vous présenter ses remerciements pour les renseignements précieux fournis par vous sur le sujet en question.

J'ai l'honneur d'être, etc.,

G. HILLIER.

CHARLES SHIRREFF, écr.

L'affaire en étant arrivée à ce point avec le gouvernement de la province d'en haut, le séjour de votre correspondant à York n'était plus nécessaire. Tout de même, la tâche n'était qu'à moitié accomplie, puisque, vu la situation de la rivière Outaouais, séparant comme elle fait les deux provinces sur une longueur de plusieurs centaines de milles, toutes mesures concernant le commerce de bois qui pourraient être adoptées par le gouvernement d'une de ces provinces ne pourraient être rendues efficaces, comme le major Hillier en fait le remarque, que par le coopération du gouvernement de l'autre.

Il fut donc nécessaire d'envoyer une communication sur le sujet à Votre Seigneurie, et comme moyen le plus court et le plus efficace, il fut proposé que votre correspondant se rendît à Québec et sollicitât l'occasion d'exposer et d'expliquer la question ; ce qu'il fît aussitôt que la glace fut devenue assez sûre pour pourvoir partir de sa résidence sur la rivière Outaouais.

Votre Seigneurie donna à la question son attention immédiate, et après l'examen et les recherches voulus, l'honorable Conseil Exécutif soumit à Votre Seigneurie qu'il était opportun d'adopter les mesures recommandées par le gouvernement de la province d'en haut et d'y coopérer. En conséquence de quoi et afin de remédier aux inconvénients résultant du fait que le commerce reposait sur une base illégale, des proclamations identiques furent lancées par chaque province donnant droit de couper du bois sur les terres inoccupées et non concédées sur paiement de certains prix à la Couronne.

En recevant les comptes et les rapports à la fin de la première saison, l'honorable Conseil Exécutif exprima son opinion sur l'effet salutaire de mesures adoptées en termes trop flatteurs peut-être pour votre correspondant. (Ces termes sont donnés, mais ils sont omis ici.)

L'Outaouais se trouvant sur les confines des deux provinces, leurs gouvernements respectifs jugèrent à propos de ne nommer qu'un percepteur pour cette rivière. Il arrive fréquemment qu'un radeau est composé de bois provenant des terres de la Couronne dans le Haut et le Bas-Canada à la fois, et, aussi, provenant de terres appartenant à des particuliers, de sorte qu'il serait impossible à un officier qui n'est pas sur les lieux de fixer la quantité venant de chacune des provinces.

(Série Q., vol. 375-2, page 350.)

L'extrait suivant vient d'une lettre de lord Dalhousie, écrite de Dalhousie Castle et portant la date du 26 juillet 1832 :

Mon cher monsieur,—J'éprouve un grand plaisir à déclarer en toutes occasions, et tout particulièrement quand vous faites valoir des réclamations auprès du gouvernement, que plusieurs fois quand je faisais partie de l'administration des colonies britanniques en Amérique, j'ai eu grandement raison de reconnaître les services rendus par M. Shirreff, votre père. A cette époque (1820) le commerce de bois devenait actif et prospère ; des règlements étaient nécessaires et il fallait instituer un système. C'est alors que M. Shirreff, un marchand éminent de Leith, vint dans les Canadas. (Série Q., vol. 375-2, p. 359.)

Une partie de cette lettre est un témoignage personnel des mérites de M. Shirreff, et n'a aucun trait direct au commerce de bois ; elle a, par conséquent, été éliminée. Quelques lettres écrites par lord Dalhousie sont sans doute des réponses à d'autres lettres de M. Shirreff, et qu'évidemment on n'a pas jugé nécessaire de publier. Une grande partie de la correspondance se rapporte à des réclamations pour rémunérations de services rendus, et les lettres ne comportant aucun intérêt géséral ne requièrent aucun commentaire ; cependant, les remarques de M. Shirreff sur les retards et par conséquent sur les dépenses provoquées par les chutes des Chats et de la Chaudière peuvent être citées à titre de description de l'état des affaires qui existait sur la rivière Outaouais en 1831, autant que le commerce de bois était en jeu. Le but des remarques était l'obtention d'améliorations sur l'Outaouais de façon à faciliter le transport du bois.

Les intérêts antagonistes en ce qui concerne le commerce de bois colonial font qu'il est de la plus haute importance pour ce pays que l'article soit expédié à Québec dans les conditions les plus économiques possibles, les prix sur le marché anglais étant contrôlés par ceux du bois provenant des contrées septentrionales de l'Europe. Mais pour permettre aux marchands de le fournir en quantités modérées, on doit leur donner des facilités de transport, particulièrement sur l'Outaouais, d'où est amenée la plus grande partie du pin rouge.

La première obstruction sérieuse que rencontre la masse générale du bois se trouve aux chutes des Chats où les radeaux se brisent en passant et doivent être reformés de nouveau dans la baie appelée le havre de Fitzroy. Ceci entraîne un retard de trois semaines au moins, et souvent plus, ce qui, aux plus bas calculs, occasionne une dépense de ¼d. par pied.

Le même arrêt a lieu aux chutes de la Chaudière et, partant, la même dépense.

Le bois étant ainsi retardé dans les parties supérieures de l'Outaouais perd la saison la plus favorable pour la descente des rapides à Hawkesbury et à l'île Jésus, l'eau de la rivière baissant avant que la plus grande quantité de bois de pin rouge puisse les atteindre, de sorte qu'il faut le descendre en un ou deux couplages (*cribs*) seulement à la fois, tandis que plus tôt dans la saison, un demi-radeau ou, s'il n'est pas très considérable, un radeau entier pourrait être descendu de suite par ces rapides. Par conséquent, on encourt une bien plus grosse dépense de temps et des frais additionnels d'au moins 1d. par pied. De plus, à cause de cet arrêt, une grande partie du bois de l'Outaouais arrive à une date tardive. Au lieu d'atteindre Québec en septembre, comme cela serait possible si les obstructions étaient supprimées, plusieurs des radeaux n'arrivent pas avant novembre, époque où ils subissent les tempêtes, et se brisent souvent avec une grande perte de bois. On pourrait facilement épargner tous ces risques et dépenses en améliorant les passes aux Chats et aux Chaudières. Des glissoirs ou plans inclinés établis sur un principe simple à ces endroits donneraient toutes les facilités désirées pour assurer l'arrivée de la grande masse du bois sur le marché de Québec non seulement à une saison sûre sous le rapport de la température, mais aussi à une époque plus favorable pour sa vente. Mais si cela n'est pas fait bientôt, le prix du bois devra monter et le commerce diminuera, car le bois qui est le plus facile à atteindre devient rare et, avec les prix actuels, les marchands de bois, ne peuvent aller le chercher plus loin s'il ne leur est pas offert plus de commodités pour l'amener au marché.

Des améliorations partielles seraient également urgentes sur les rivières tributaires de l'Outaouais, telles que la Bonne-Chère, la Madawaska, etc., d'où l'on retrei de grandes quantités de bois.

Il a été fait des levées et un rapport pour une branche du canal Rideau au lac de la Chaudière, et on s'est assuré qu'il serait possible de l'établir en suivant la ligne décrite sur une longueur d'environ cinq milles à travers un lit d'argile (évitant toute excavation), et que la chute d'écluse nécessaire ne serait que de quinze pieds.

Cette branche procurerait au lac de la Chaudière et aux autres parties supérieures de l'Outaouais les avantages offerts par le canal Rideau, et par conséquent une voie de navigation ininterrompue jusqu'à Montréal, sans compter que cela constituerait un accès direct et immédiat de cette partie du pays à Kingston. Ce serait aussi d'une grande importance pour le commerce de bois en réduisant le coût du transport des vivres de Montréal, Kingston, etc.

Pour toutes ces fins importantes, je pense humblement qu'il suffirait d'approprier un tiers du revenu qui provient des bois de la Couronne. Quand les prix de la Couronne furent fixés, les taux sur le marché de Québec étaient sans aucun doute plus élevés qu'ils ne le sont aujourd'hui. On peut attribuer la baisse dans les prix à deux causes, dont l'une, dans mon opinion, est avantageuse et continuera, je l'espère, à maintenir les prix à un chiffre modéré.

Je fais allusion à cette régularité dans le commerce introduite par le système que le gouvernement a adopté. L'autre cause de la baisse provient de l'augmentation graduelle dans le commerce jusqu'à ce que le bois eût excédé la demande sur le marché de Québec. Mais je suis convaincu que si les facilités de transport nécessaires étaient données, les marchands de bois pourraient le fournir aux prix actuels, si bas qu'ils soient, avec un profit qui ne tarderait pas à provoquer une plus forte demande dans le Royaume-Uni et, par conséquent, une augmentation de revenu dans les bois de la Couronne en ce pays.

CHAS. SHIRREFF.

York, 21 décembre 1831.
(Série Q., vol. 374-2, p. 291.)

À la réception de la lettre de sir John Colborne avec les propositions de M. Shirreff, les lords de la Trésorie ne s'objectèrent pas à l'exécution des travaux proposés, mais déclarèrent que le rapport, quant à la somme à dépenser, était trop vague et trop indéfini pour les justifier d'accorder leur sanction. Le coût, le temps requis pour les travaux et toutes les autres informations devront être communiqués à Leurs Seigneuries pour qu'elles puissent les mettre à l'étude avant qu'une décision officielle soit prise. En janvier, le Bureau de l'artillerie fit rapport que l'établissement de glissoirs à bois aux chutes des Chats et de la Chaudière procurerait tous les avantages mentionnés par sir John Colborne et ne gênerait en rien le canal Rideau. Par conséquent, les glissoirs pourraient être construits par le gouvernement provincial et placés sous son contrôle. Ce fut ce qui se rapprocha le plus d'une réponse à la question de savoir si on pouvait accorder à des particuliers une charte pour construire. Rien, du moins dans les rapports, ne montre que les lords de la Trésorerie ou d'autres fonctionnaires aient prêté attention à la démarche de lord Dalhousie, bien que la lettre suivante, écrite par Sa Seigneurie à sir Peregrine Maitland, en date du 26 septembre 1826, montre que lord Dalhousie, comme gouverneur général, ne se contenta pas d'approuver le projet d'assurer le passage sûr du bois aux chutes de la Chaudière, mais appropria une certaine somme à la réalisation de ce projet. Ce qui suit est la lettre donnée *in extenso* :

CHUTES DES CHAUDIÈRES,
26 septembre 1826.

MON CHER SIR PEREGRINE,

J'ai cru de mon devoir de rencontrer le lieutenant-colonel By ici, à l'endroit même où doivent commencer ses grands travaux sur le canal Rideau. C'est avec beaucoup de plaisir que je vois que tout est favorable et même encouragent pour ce canal ; mais comme il doit vous voir bientôt, je lui laisse la tâche de vous expliquer les recherches qu'il a faites et les progrès qu'il a accomplis.

Pour le moment, je vous écris à la hâte sur un autre sujet concernant les affaires civiles des deux provinces et au sujet duquel j'espère que mes vues correspondront aux vôtres.

Vous connaissez déjà très bien les masses rocheuses et les chutes de la rivière à cet endroit-ci; vous savez que les trains de bois subissent beaucoup de dommages en étant lancés par-dessus;—que les vies sont souvent perdues au cours de cette opération, et qu'il existe sur ce biez une partie où le rocher est fendu, dans laquelle on pourrait faire passer un cours d'eau paisible pour la descente des radeaux en toute sécurité et en tous temps.

Aujourd'hui le colonel a examiné l'endroit avec moi et a calculé *grosso modo* qu'une somme de £2,000 suffirait pour faire tout le travail. La saison est maintenant trop avancée pour l'exécuter entièrement, mais tout de même il peut en faire suffisamment pour que cela soit d'un grand avantage public à l'ouverture de la navigation le printemps prochain.

Etant donné le rapport de M. Shirreff, que les droits sur le bois perçus par lui cet été se montent à £3,000, je n'hésite pas à consacrer de suite £1,000 de ce montant aux travaux projetés, cette somme prise en proportion des perceptions totales pour chaque province.

En prenant ainsi une prompte décision au sujet de ces travaux, j'assume une certaine responsabilité, mais, dans la position que j'occupe, je considère qu'il est de mon devoir d'agir ainsi et je vous demande de concourir dans cette proposition. Toutes les démarches régulières seront faites pour obtenir la sanction du gouvernement de Sa Majesté.

Je retourne à Québec demain, et il me sera agréable de savoir votre opinion à ce sujet.

Je suis, etc.,
DALHOUSIE.

Son Excellence
SIR P. MAITLAND,

DOC. DE LA SESSION No 18

(Série C., vol. 42, p. 95.)

Une lettre semblable, portant la même date, fut écrite par lord Dalhousie au lieutenant-colonel By, dans laquelle il était dit qu'il était pour " considérer ce travail "comme absolument distinct de ceux dont vous êtes chargé sur le canal Rideau", ses services, dans ce cas spécial, étant spécialement rendus aux deux provinces et devant être reconnus à part, et la lettre se terminait par ces mots : " Après avoir tous deux " parlé à fond de l'entreprise, je la laisse entièrement à votre jugement et à votre exécution ". (Série C., vol. 42, p. 99.) Un canal latéral à travers le marais de Dow pour relier la rivière Ottawa avec le canal Rideau fut proposé dans un mémoire au secrétaire colonial en 1835, rapport où l'on demandait diverses améliorations, ce canal latéral étant le premier sur lequel l'attention était appelée dans le mémoire. Les bénéfices qu'on présentait comme devant surgir de cette mesure étaient que, partant, le gouvernement posséderait la clef de toute la navigation, qu'une entrée dans le lac de la Chaudière étant assurée, les bateaux à vapeur de Montréal pourraient se rendre jusqu'au havre de Fitzroy, où une autre percée d'un mille serait nécessaire pour étendre la navigation encore plus loin. Le but extrême, tel que mentionné dans le mémoire, était de " continuer la navigation jusqu'au lac Huron dans la direction du " lac Ñipissingue et de la rivière au Français; la distance de Montréal par cette route " est de 450 milles, et, une fois ouverte, elle donnerait à cette ville et à Québec presque " tout le contrôle sur le commerce de l'Atlantique avec ces importantes sections des " Etats-Unis : le Michigan et les Territoires du Nord-Ouest ".

Le départ de lord Aylmer du poste de gouverneur du Canada devait être suivi par l'administration de lord Amherst, qui avait, en réalité, été nommé pour occuper la charge, mais, pour des raisons que ne nous montrent pas les documents que nous avons ici maintenant, les fonctions de gouverneur et de commissaire furent transmises à lord Gosford. Dans le quatrième volume de son "Histoire du Bas-Canada", à la page 86, Christie dit que le vicomte Canterbury fut d'abord mentionné mais qu'il déclina pour cause de mauvaise santé. Lord Aylmer fut nommé, mais déclina la place, et finalement lord Gosford fut choisi. Voilà en peu de mots quelle était la situation des affaires, car il ne peut y avoir de doute sur la nomination de lord Amherst, la teneur des lettres officiels le montrant clairement. Dans une lettre du sécrétaire colonial à lord Amherst, non signée et en date du 7 mai 1835, il est dit : " La diversité et l'importance des sujets embrassés dans les commissions et " instructions de Vos Seigneuries comme gouverneur et commissaire de Sa Majesté " dans cette province (le Bas-Canada) expliqueront suffisamment le temps qu'ont " requis les ministres de Sa Majesté pour reviser ces documents". Mais l'hésitation de lord Amherst à accepter semble probable d'après la dernière phrase de la lettre.

Si Votre Seigneurie se sentait disposée à conserver la charge de gouverneur du Bas-Canada, réunissant à ces fonctions celle de commissaire en chef d'enquête dans la province pour Sa Majesté, votre acceptation de cette charge sera reçue avec haute satisfaction et avec gratitude par les ministres de la Couronne.

Le ton de la correspondance de lord Aylmer avec lord Glenelg montre qu'il n'était pas satisfait de la manière dont le traitait le Bureau Colonial sous sa (lord Glenelg) direction. Cela est démontré dans une lettre de lord Aylmer, en date du 23 juin 1835, à laquelle on peut référer (Q. 222-2, page 227). Son départ paraît avoir

64 VICTORIA, A. 1901

excité beaucoup de mécontentement au Canada ; mais la Chambre d'Assemblée avait résolu d'employer toutes les influences pour faire rappeler Sa Seigneurie, et elle pensait évidemment qu'il devait aux plaintes et aux exposés de l'Assemblée son rappel et les termes du rapport du comité des Communes auquel il s'attendait à cause du refus de publier la preuve dans sa cause. Dans une lettre privée à M. Spring Rice, en date du 10 août 1834, il dit : " Je ne puis m'empêcher d'exprimer mon regret de la déter-. " mination du comité de la Chambre des Communes sur les affaires canadiennes de " ne pas rapporter ou publier la preuve reçue devant lui . . . . . La nature des " accusations de la Chambre d'Assemblée demande quelque chose de plus qu'un ver- " dict de *non prouvé* ou, plutôt, je dois considérer avoir droit à quelque proclamation " non équivoque de ce triomphe et de ce résultat que M. Stanley . . . . . " anticipe ". Plus loin il dit : " Si après avoir été présenté au Roi et au Parlement " impérial comme un criminel par la Chambre d'Assemblée, la fausseté de cette accu- " sation n'est pas rendue manifeste par la publication de la preuve reçue devant le " comité et le document soumis par lui au Bureau Colonial, j'aurai certainement rai- " son de regretter profondément que la Chambre des Communes n'ait pas, conformé- " ment à la demande de la Chambre d'Assemblée, présenté une proposition de mise en " accusation contre moi devant la Chambre des pairs ". (Série Q., 217-2, pages 305, 306.) Dans une lettre à Spring Rice, datée de Sorel le 2 septembre 1834, lord Aylmer parle—et ses paroles exactes sont données après un court résumé de la lettre, qui est marquée privée—de la récente nomination de M. Gale comme juge, nomination qui créa beaucoup d'excitation au sein de ce que lord Aylmer appelle le parti des mécontents. Sa Seigneurie, pour s'expliquer au sujet des accusations d'injustice à l'égard des Canadiens-Français dans les nominations de juges, dit que sur quatre de ces juges trois étaient des Canadiens-Français qui appartenaient tous au parti cana- dien et étaient hostiles à son administration, de sorte qu'on ne pouvait l'accuser d'être partial dans l'exercice des pouvoirs de patronage qu'il possédait. Puis il continue :

Je suis réellement dans la confusion d'être ainsi obligé de me justifier par anti- cipation au sujet de cette nomination, mais la virulence avec laquelle mon caractère public et mon administration sont attaqués par les journaux de la province—de tous les partis et de toutes les dénominations—me fait une nécessité de ne négliger aucune chance de mettre le gouvernement de Sa Majesté en garde contre ces faux rapports. Ma position en cette province présente cet obstacle particulier que, ayant refusé l'alliance de la presse publique et m'étant tracé une ligne de conduite particulière entièrement indépendante des partis, je suis considéré comme un objet contre lequel ils peuvent tous opposer leurs principes. Telle a été jusqu'ici ma situation dans le Bas-Canada, avec en plus ce désavantage, au début de mon administration, non seule- ment de ne pas être appuyé par les autorités en Angleterre, mais d'en être ouverte- ment censuré.

Le fait d'avoir tenu bon jusqu'à maintenant dans ces circonstances doit être con- sidéré comme une sorte de miracle par tous ceux qui sont au courant des choses de la politique dans cette province lointaine. (Série Q., vol. 217-2, p. 325.)

L'attitude hostile prise par la Chambre d'Assemblée telle que décrite ci-dessus, lord Aylmer l'attribuait au fait d'avoir hésité au sujet de certaines questions déli- cates et difficiles qui avaient longuement agité l'Assemblée législative, de sorte qu'il se trouva alors dans la même position où s'était trouvé M. Spring Rice quand il devint secrétaire colonial. Mais, continuait-il, il comprit qu'il n'avait aucune raison de ne pas être satisfait de sa position, autant qu'elle l'affectait lui-même personnellement, et il était content d'être jugé d'après le résultat de la politique qu'il avait adoptée. (Série Q., Vol. 217-2, page 532.)

Partie, selon les apparences, pour se concilier M. Papineau et M. Neilson, partie pour satisfaire l'Assemblée au sujet de la méthode de conduire les affaires du Conseil, tous deux reçurent l'offre de siéger dans le Conseil Exécutif, mais tous deux déclinèrent, M. Papineau en alléguant que les règles de la Chambre mettraient un empêchement à son acceptation et M. Neilson à cause d'engagements qu'il avait contractés vis-à-vis ses commettants lors de son élection. (Série Q., vol. 201-1, page 140.)

La politique de conciliation suivie par lord Aylmer ne fut pas considérée par sir John Colborne comme un exemple à suivre, dans le cas de M. Mackenzie, les termes dont il se servit pour le peindre étant ceux-ci : "Il ne pouvait surgir de démagogue "plus dénué de principes pour troubler une colonie". (Série Q., vol. 374-2, page 260.)

Les lettres politiques de MM. Papineau, Viger et Mackenzie sont si complètes et si riches en détails qu'il ne paraît pas nécessaire de faire plus que les mentionner. On trouvera dans les volumes concernant les deux provinces la correspondance sur l'état des affaires politiques dans le Haut et le Bas-Canada. On peut cependant citer l'opinion de lord Aylmer sur la population du Bas-Canada et l'Assemblée : "La pre-"mière", dit-il, "est loyale, paisible et bien disposée, et je ne pense pas que (sauf quel-"ques rares exceptions) il existe chez la dernière une opposition systématique aux "vues du gouvernement de Sa Majesté". (Série Q., vol. 206-1, page 67.)

En avril 1835, lord Aylmer fit rapport que, contrairement à la pratique suivie d'obtenir des rapports par le moyen d'une adresse au gouverneur, la Chambre d'Assemblée du Canada avait envoyé au percepteur des douanes de Québec l'ordre direct de fournir certains rapports, ce qu'il refusa de faire comme étant contraire à ses instructions, et qu'alors, comme il persistait dans son refus, il avait été envoyé par l'Assemblée Législative à la prison commune, où il resta jusqu'à la fin de la session. Lord Aylmer déclara que les rapports auraient été fournis sans hésitation si la courtoisie ordinaire avait été observée, et qu'il croyait que la Chambre d'Assemblée se basait sur la décision du gouvernement impérial dans le cas du major général Carmichael, qui avait refusé de fournir certains documents requis par la Chambre d'Assemblée de la Jamaïque. Dans un cas qui lui présentait un caractère douteux, lord Aylmer demandait des instructions pour lui permettre, comme il le disait, de sortir de la difficulté, d'abord sans compromettre la dignité de la Couronne et puis sans empiéter sur les privilèges constitutionnels de l'Assemblée. (Série Q., vol. 222-1, pages 54, etc.)

Dans sa réponse, le comte Aberdeen exprima le regret qu'on se fût départi de la courtoisie habituelle, ce qui pouvait difficilement manquer de donner lieu à des conséquences embarrassantes, mais Sa Seigneurie croyait que les précédents dans la pratique parlementaire étaient en faveur de la Chambre d'Assemblée. Cette opinion était appuyée par ce qui parût être une argumentation quelque peu dénuée de conclusion, et se terminait par l'instruction d'ordonner aux officiers des douanes d'obéir promptement et respectueusement à toute demande qui pouvait être faite par l'Assemblée.

L'établissement de compagnies de terres durant la période comprise dans la liste constituait une spéculation favorite. La formation de la Compagnie des Terres du Haut-Canada peut être retracée dans les volumes qui s'y rapportent en 1824 et 1825 (série Q., volumes 359 à 373), et l'on peut à ce sujet consulter l'ouvrage *Autobiography of John Galt*, ce dernier ayant été le premier administrateur de la compagnie au Canada. Pour le Bas-Canada la *British American Land Co.* fut organisée quelques années plus tard. D'autres compagnies de terres furent aussi projetées mais, pour différentes causes, n'aboutirent point, quelques-unes des insuccès étant dus au manque d'entente entre les projeteurs. D'après ce qui appert, les deux seules qui continuèrent d'exister furent la *Land Company of Upper Canada* sur les opérations de laquelle il a tant été écrit qu'il serait superflu d'ajouter davantage, et la dernière, outre la référence aux documents catalogués, on peut consulter avec profit *British American Land Company* dans le Bas-Canada. Pour ce qui regarde cette les papiers qui se trouvent dans le casier aux lettres P.F., volumes 43 et 77, et P. 136— n° 1. Il n'est peut-être pas hors de propos d'esquisser l'organisation de la *British American Land Co.* Le 6 mars 1834, le secrétaire donna avis au sous-secrétaire des colonies que £800 avaient été payés à titre d'honoraires pour la charte.

A part la charte, un bill fut déposé devant le parlement pour faire conférer certains pouvoirs qui ne pouvaient être conférés dans la charte. On trouvera une copie de ce bill dans le volume 219-1 de la série Q., commençant à la page 7. Le 5 avril, la compagnie pria le secrétaire colonial d'informer le gouverneur du Bas-Canada que la charte d'incorporation avait été accordée, de sorte que les opérations pouvaient commencer. L'arrangement avec le gouvernement fut conclu en 1833 ; on trouvera dans le volume 2 de la série P.F. un état des sommes payées en vertu de cet arrangement, et le plan des comtés du Bas-Canada acquis par la compagnie, les documents étant classés comme numéros 1 et 5 dans le volume. Dans une très longue lettre signée V., la compagnie est accusée de chercher par l'achat de terres à acquérir de l'influence pour des fins politiques ou de parti (série Q., vol. 219, page 65). D'après le rapport d'un correspondant de Montréal, M. Gillespie, les amis de M. Papineau nourrissaient des sentiments très hostiles vis-à-vis la *British American Land Company* à cause de sa promesse d'employer les moyens les plus efficaces pour améliorer le pays physiquement et moralement à la fois (série Q., vol. 224-2, page 347). Ecrivant à Londres le 2 février 1835, M. N. Gould dit que la clique—c'est ainsi qu'il appelait M. Papineau et ses adeptes—annonçait que la *British American Land Co.* n'avait aucun droit ou titre à la terre et conseillait aux immigrants et aux colons de se garder de faire des affaires avec la compagnie, voulant dire sans doute que la Chambre d'Assemblée annulerait la transaction faite avec le gouvernement. " Il est certain", continuait M. Gould, "que pour se mettre en opération la compagnie aura besoin de toute l'aide et du gouvernement de la Grande-Bretagne et de celui de la colonie." (Série Q., vol. 224-2, page 375.)

M. Roebuck, qui remplissait la charge d'agent pour la Chambre d'Assemblée, proposa au commencement d'avril 1855 que l'acte constituant la *British American*

Land Company fut annulé, mais, n'y eut-il aucune autre preuve, l'histoire subséquente de la compagnie montre l'insuccès de cette motion. Il existe plusieurs plans
des comtés des Cantons de l'Est acquis par la compagnie, de même qu'un état statistique de ces cantons compilés d'après le " livre de Bouchette "; pour ces plans et état
on peut recourir au volume 213 à différentes pages, et à l'arrangement déjà mentionné qui se trouve sur une feuille imprimée à la page 266, montrant que la compagnie acheta 847,661 acres de terre de la Couronne pour lesquelles, jusqu'à la fin de
mars 1837, la compagnie paya £15,754 5s. 6d., soit un total de £34,954 5s. 6d.

Comme on le voit plus haut, l'accusation dirigée contre la *British American
Land Company* par la Chambre d'Assemblée était que les actionnaires cherchaient à
obtenir une influence politique grâce à l'achat de terres dans le Bas-Canada. La pétition de M. D. B. Viger et de M. A. N. Morin contre l'octroi de la charte contredit
l'accusation au moins implicitement, sinon en termes directs, cette pétition montrant
les actionnaires comme des spéculateurs cherchant à acquérir en entier ou en partie
les terres de la Couronne dans la province. Le but des spéculateurs étant d'obtenir
des profits de leurs placements, les deux déclarations se neutralisent l'une l'autre, vu
qu'ils ne pourraient pas être, à la fois, des spéculateurs recherchant un revenu pour
leur capital placé et des personnes recherchant une influence politique en dépensant
leur capital pour l'achat de terres dont aucun revenu ne pourrait être attendu. Il n'y a
aucun doute que les directeurs se préoccupèrent de la question de la colonisation et
que celle des dividendes occupa l'attention du comité et des actionnaires, ne laissant
que peu de place aux considérations politiques.

Il se fit dans le Haut-Canada un mouvement pour faire changer la méthode de
disposer des terres de la Couronne, la méthode d'alors étant, dans l'opinion de la
Chambre d'Assemblée, l'un des obstacles qui retardait la colonisation de la province.
En transmettant la requête, sir John Colborne dit que des mesures, qui étaient en
substance d'accord avec la proposition de l'Assemblée, avaient été prises pour éloigner,
dans la mesure du possible, les obstacles à la colonisation, des sous-inspecteurs
ayant été mis dans chaque district, avec instruction de fournir aux colons à venir
toutes informations concernant les terres inoccupées de la Couronne et de leur
expliquer la méthode pour en disposer. La politique qui consistait à établir des
jeunes gens qui, autrement, seraient devenus des criminels, fut préconisée par Henry
Wilson, d'Essex, en mars 1833. Dans une lettre à M. Stanley, en date du 30 mai
1833, il disait avoir demandé à lord Goderich son aide à un plan pour protéger et
établir quelques-unes des nombreux garçons délaissés qui couraient les rues de
Londres et dont les seuls moyens d'existence avaient leur source dans le crime. On
en avait envoyé quelques-uns au Cap ; d'autres avaient été placés sous ses soins et
prenaient le goût du travail, et, dans sa lettre de mai, il proposait l'envoi de
quelques-uns d'entre eux pour être établis au Canada, leurs effets et le prix de leur
passage devant être payés à même leurs gages. Dans une lettre de M. Wilson à M.
Hay, on apprenait à ce dernier qu'un comité devait être formé à Bytown, sur
l'Outaouais, pour recevoir et placer les garçons. Dans un lettre du 19 juin, il se dit
impatient d'envoyer au Canada quelques garçons qui, écrit-il, se rendraient directement à Bytown, sur l'Outaouais, où des dispositions " ont été prises pour former un
" comité pour leur réception et distribution ". (Série Q., vol. 379-3, page 645).

Après renseignement pris, sir John Colborne écrivit qu'aucun habitant de Bytown ne connaissait de comité comme celui dont M. Wilson parlait, et recommanda
d'agir prudemment en ce qui regardait cette importation de jeunes garçons telle que
proposée. " Je ne voudrais pas ", disait-il, " recommander de donner de l'encourage-
"ment à quelque plan de transport de ces garçons au Canada, à moins qu'il ne fût
"possible de former un établissement pour les recevoir et les loger jusqu'à ce qu'ils
"puissent être distribuées parmi les cultivateurs des différents districts." (Série Q.,
vol. 381-3, page 734.)

Vu l'absence des arrangements supposés, il y eut une réunion des principaux
habitants de Bytown, à laquelle fut formé un comité pour recevoir les garçons qui
avaient été envoyés et pour les loger jusqu'à ce qu'on put en disposer. (Pages 739,
740.)

Le motif de l'opposition de sir John Colborne au projet de M. Wilson paraît avoir
été inspiré par la prudence et non par l'hostilité à quelque plan d'établissement pratique ; c'est tout le contraire, et il parle d'une façon élogieuse des plans de la Société
de Colonisation d'Irlande, qu'il dit être si bienfaisants et exactement destinés à supprimer des difficultés si on pouvait faire disparaître certains obstacles qui enrayent le
projet. Il montra la misère et l'embarras des aspirants colons chargés de grosses
familles obligés d'attendre jusqu'à ce que leurs chefs pussent se procurer du travail.
Pour prévenir ces maux et d'autres semblables, des agents, comme il a été dit plus
haut, étaient placés à Québec et en d'autres endroits pour fournir tous les renseignements qui pourraient être requis, et à l'arrivée dans le Haut-Canada les agents
devaient procurer aux personnes délaissées (destitute) des transports pour les districts où il y avait des travaux en marche ou pour les cantons où elles pouvaient être
employées au défrichement. Il est évident que par "destitute" on entendait désigner
les personnes en besoin immédiat de travail, et non leurs familles dans le besoin.

Une des sociétés projetées The North American Colonial Association of Ireland demanda d'acheter la section triangulaire de terre dans la région du Huron
attenante au territoire de la Canada Company, mais sir John Colborne refusa de
recommander cette proposition. D'après un diagramme et un rapport, l'étendue
demandée contenait environ 500,000 acres. (Série Q., vol. 383-2, plan à la page 258,
rapport à la page 260.) On verra par ce qui précède de la décision de sir John Colborne de ne pas recommander l'acceptation de la demande faite par la North
American Colonisation Society of Ireland ne provenait pas de quelque objection à
la société elle-même, mais de doutes quant à son pouvoir d'exécuter ses projets avec
efficacité. Et dans une dépêche confidentielle de sir John Colborne à M. Spring
Rice, secrétaire colonial, en date du 2 décembre 1834, sir John repassa par le menu
les mérites des différentes sociétés de colonisation, à titre de rapport supplémentaire à
sa dépêche publique, n° 72, portant la même date. Dans cette dépêche confidentielle,
il étudia de nouveau les perspectives de la Colonisation Association of Ireland, et
dit qu'elle ne pouvait être que d'un secours très limité. Il recommanda de plus
d'adopter le plan proposé d'accorder de longs baux et de donner aux colons le droit
d'acheter leurs lots à l'époque où cela pourrait les accommoder. Il objecta aussi aux
gros groupements des classes ouvrières, tels que proposés par l'association, sans la

présence de personnes qualifiées pour agir comme magistrats. Sir John s'opposa à la *Ottawa Association*, dont le but principal était, dans son opinion, de s'occuper largement du commerce de bois, de dénuder bientôt tout le district, et d'exclure les marchands de Québec d'un commerce dans lequel ils étaient depuis longtemps engagés. On trouvera dans la série Q., volume 383-2, commençant à la page 273, des états pour jusqu'à la fin de 1833 concernant les terres vendues ou concédées. Les états se rapportent aux terres vendues et concédées : Terres de la Couronne dans le Bas-Canada, page 273 verso, et des Réserves du Clergé dans la même province, page 274. Les états pour le Haut-Canada sont plus élaborés, et y compris la lettre de M. Peter Robinson, le commissaire des terres de la Couronne, vont de la page 274 à 276, les derniers donnant les noms des officiers de l'armée et de la marine qui reçurent des ordres pour la rémission de l'argent d'achat de terre achetée pour eux, suivant leur rang et leurs états de service.

Relativement aux progrès possibles dans le défrichement, dans une lettre écrite le 14 janvier 1834, sir John Colborne dit que "un bon bûcheron peut ouvrir une acre par "semaine, ou pour mieux dire déblayer et ouvrir une acre par semaine, laissant pour "une saison plus propice la tâche d'enlever les billots", ce qui est une sage distinction entre la préparation pour défricher la terre et le véritable défrichement, la combustion des souches et des billots prenant un certain temps. Quant à l'essai de trouver des fonds pour la colonisation par un emprunt sur les terres de la Couronne, sir John fait rapport que cela ne pourrait être essayé avec sécurité dans quelque autre colonie sur une grande échelle. La raison qu'il donne pour la sûreté de cet emprunt quant à Ontario se trouve dans la rapide augmentation de la valeur de la terre, de si nombreux colons arrivant constamment avec des capitaux pour acheter, et les provisions pouvant être obtenues dans n'importe quelle quantité en peu de temps. Pour des fins de colonisation, le commissaire des terres de la Couronne reçut l'autorisation de vendre la réserve militaire attenant à la ville de York. Le plan qui se trouve à la page 74 du volume 381-1 de la série Q., expliquera de quelle façon la terre devait être divisée et peut être étudié avec intérêt par les habitants de Toronto, de même que les prix des lots vendus comme preuve de la valeur des réserves à cette date. Dix-huit lots d'une acre chacun furent mis en vente en novembre 1834. Ils furent vendus £7,500, soit une moyenne de £416 13s. 4d. l'acre. D'après le livre de M. J. Ross Robertson *Land Marks of Toronto*, la population de Toronto dans cette même année (1834) était de moins de 9,000 ; d'après le recensement de 1891 elle avait monté à 181,220 prenant la municipalité entière ; la population de la ville telle que constituée en collèges électoraux pour la représentation aux Communes était de 144,023, le plus considérable de ces chiffres étant celui de la population de la ville à titre de municipalité incorporée. Le 26 mars 1834, sir John Colborne écrivait à M. Stanley, secrétaire colonial, qu'il avait donné son consentement à un bill pour étendre les limites de la ville de York et l'incorporer sous le nom de cité de Toronto. Selon sir John Colborne "plusieurs des habitants étaient opposés à la reprise du nom original "de cette partie du township de York, mais il ne parut pas y avoir de raison pour rejeter une législation utile à ce sujet". (Série Q., vol. 381-2, page 365.) Le titre du plan sur lequel se basait l'Acte était : " Plan de la nouvelle ville projetée de York, "H.-C., sur l'ancienne réserve militaire ", et contient la note suivante : " La réserve "renferme environ 140 acres, dont 18 ont été vendues pour £7,618. Le reste peut valoir "en moyenne £350 l'acre. Henry James Castle, sous-arpenteur, 14 janvier 1834" (série Q., 381-1, page 74.) Le montant du prix d'achat diffère quelque peu dans les deux états. On trouve dans la même série, volume 386-2, page 205, un autre plan quelque peu différent dans ses détails.

Le préamble de l'Acte passé le 6 mars 1834 décrit en ces termes la raison pour laquelle l'incorporation fut accordée : "Attendu que, par suite de l'augmentation "rapide de la population, du commerce et de la richesse de la ville d'York, un plus "efficace système de police et de gouvernement municipal que celui qui existe actuelle-ment est devenu d'une nécessité évidente". Puis vient la raison du changement de nom : "Attendu que le nom de York est commun à tant de villes et de régions, il est "désirable pour éviter tout embarras et confusion de désigner la capitale de la pro-vince par un nom qui la distinguera mieux". Il fut par conséquent décidé de re-tourner au nom original de Toronto, sous lequel l'endroit avait été si longtemps connu comme poste de commerce.

D'autres établissements progressaient dans le même temps. Lord Egremont et autres employaient un agent chargé de découvrir des terres pour une meilleure classe de colons que ceux qui étaient ordinairement envoyés. Les terres que M. Brydone, l'agent, préféra comme endroits à coloniser étaient au nord de Goderich; il en fixa les limites et proposa d'acheter une étendue comprenant environ 60,000 acres, et il de-manda également qu'on mît d'autres terres en réserve de façon à ce que le tout formât en tout 100,000 acres.

Dans son offre M. Brydone limita son prix à $1 de l'acre ; là où, en faisant l'ar-pentage, on constatait que c'était de la terre à pruche, ou boisée de pruche, le prix ne devait être que de cinquante cents ; celle à épinette rouge ou autres savanes impropres à la culture ne devaient rien coûter, et un quart du prix d'achat devait servir à construire des routes et des ponts à travers l'éten-due de ces terres, la balance devant être payée sur le champ ou par paiements espacés au choix du comité. Sir John Colborne écrivit qu'il n'avait aucune objection à ce que M. Brydone achetât des terres pour lord Egremont, mais qu'il ne pouvait permettre de s'éloigner des règlements pour la vente ni recommander l'aliénation de plus de 60,000 acres à la fois. Il recommandait toutefois la vente de 20,000 acres à cinq schillings l'acre à la condition que la terre fût colonisée dans la proportion de une famille pour chaque 200 acres. Aussitôt que les conditions auraient été rem-plies, 20,000 autres acres pourraient être vendues aux mêmes termes, et ainsi de suite pour la balance. (Série Q., volume 387-2, pages 257,258.) Les documents en mains n'indiquent pas quel fut le résultat, et aucun nom n'étant donné au township projeté, il n'est pas facile de découvrir si, oui ou non, lord Egremont put mener à terme le projet qu'il avait en vue. Il avait, quelques années auparavant, établi un grand nombre de gens dans le township d'Adelaïde et Caradoc. (Voir série P.F., vol. 93, pages 24 à 27.)

En 1834 fut formée à Londres une société pour établir une colonie dans le Haut-Canada, et les bords du canal Rideau furent choisis pour site. En demandant de l'appui pour cette entreprise, M. H. William Hobhouse montra de quel bénéfice pareil établissement serait pour le canal lui-même. Il fut déclaré que tout son commerce avec l'Atlantique passerait par les huit premières écluses, et que, comme les approvisionnements pour la population et pour les besoins du commerce de bois, qui seraient requis pendant des années, devaient être pris en grande partie du voisinage des lacs Ontario et Erié, le trafic du canal s'en trouverait fortement augmenté. M. Hobhouse fit valoir le fait que les bénéfices découlant d'opérations faites sur une petite échelle seraient confinés au voisinage immédiat sur l'Outaouais, tandis qu'une entreprise de grandes dimensions serait à l'avantage du Canada entier et de la mère-patrie. Les personnes qui désireraient se renseigner sur l'histoire des autres établissements de colonisation ne sauraient faire mieux que de consulter la série C., commençant au volume 619 pour l'année 1794 en venant jusqu'à 1853, et différents volumes dans la série F.F., qui contient les rapports de M. Buchanan, qui était agent d'émigration à Québec, et qu'on trouvera facilement en recourant au catalogue. Il n'est pas hors de propos de mentionner que, d'après le rapport de M. Byham, secrétaire du bureau de l'Artillerie, le canal Rideau fut inauguré le 1ᵉʳ septembre 1832. (Série Q., volume 384-1, page 27.)

D'après la dépêche du 15 juin de lord Aylmer, le choléra fit son apparition dans le mois de juin 1832, le premier cas, qui fut signalé par le Dᵣ Skey, inspecteur général des hôpitaux, était celui d'un pensionnaire qu'on ne reconnut pas comme atteint de choléra, de sorte que ce ne fut que le 10 que le Dr Skey en fut informé, alors que 26 malades avaient été admis à l'hôpital des Emigrés, sur lesquels 19 étaient morts ; le jour suivant, sur un nombre total de 39 malades admis, il en mourut 30. "Aucun traitement", disait le Dᵣ Skey, dans son rapport, "ne semblait faire la moindre im-"pression durable dans les premiers cas ; un soulagement temporaire fut produit "grâce à de très puissants agents administrés intérieurement et appliqués extérieure-"ment, mais tous moururent et cela pendant qu'une grande variété de remèdes était "essayée sur différents sujets." (Série Q., volume 202-1, page 212.) Lord Aylmer écrivit que la panique à Québec et dans les environs était générale et pénible ; que beaucoup de gens s'étaient enfuis de la ville, ce qui était un soulagement, celle-ci étant trop encombrée ; que les mesures sanitaires nécessaires avaient été adoptées ; qu'un magasin avait été loué et transformé en hôpital, et des tentes plantées sur les plaines d'Abraham, en nombre suffisant pour loger 500 personnes qui consentiraient à en profiter, pour éviter d'être confinées aux parties les plus populeuses et les moins aérées de la ville. A part les décès dans les hôpitaux, plusieurs eurent lieu dans les demeures privées, mais le gouvernement ne fit pas rapport du nombre de ces dernières. Ecrivant de la caserne des *Horse Guards* le 11 août, FitzRoy Somerset (plus tard lord Raglan) apprit à M. Hay qu'il avait reçu de Montréal une lettre privée et ne portant pas de date, donnant lieu de craindre que le choléra avait fait de cruels ravages dans le 15ᵐᵉ régiment en garnison à Montréal. Soit que le correspondant privé fut mal informé, soit que les officiers répugnassent à donner des renseignements sur l'attaque, toujours est-il qu'il n'en est fait aucune mention dans la correspondance du régiment contenue dans le volume que nous avons ici et s'y rapportant, bien que lord Aylmer eut fait rapport de la première apparition du fléau et des premiers décès dans le régiment. Le premier cas que l'on eut dans le Haut-Canada se produisit entre Coteau-du-Lac et Prescott, et fut signalé le 5 juillet 1832 par sir John Colborne, mais il ne donne pas la date. La panique par tout le pays dut être considérable, car les équipages des vaisseaux naviguant sur le Saint-Laurent abandonnèrent les émigrants qui étaient sous leurs soins et les laissèrent dans la plus déplorable des conditions. (Série Q., volume 374-4, page 804.) Mais la panique ne se limita pas au Saint-Laurent, car le 6 septembre le colonel Nicolls, des Ingénieurs Royaux, fit rapport qu'on s'attendait à ce que les canaux sur l'Outaouais seraient terminés avant l'hiver suivant, "mais le choléra ayant enlevé plusieurs des ouvriers des entre-"preneurs, et plusieurs autres pris de peur ayant quitté le travail, je crains qu'on ne "puisse compter là-dessus". (Série C., vol. 55, page 51.) A York, Kingston et Prescott, d'après le rapport de juillet, le nombre de cas fut de 86 pour York, 147 pour Kingston et 69 pour Prescott. Le tableau montre un total de 302 cas, dont 117 fatals. Or comme d'après le rapport du Dr Skey le fléau ne se montra à Québec que le 8 juin, les chiffres donnés ci-dessus doivent être ceux des cas et des morts pour moins d'un mois. Il n'est pas donné de dates, mais sir John Colborne dit dans sa dépêche : "La maladie qui a sévi avec tant de violence à Québec et à Montréal s'est fait aussi sentir dans cette province". (Série Q., vol. 374. page 804.) Il est donc clair que l'épidémie apparut dans le Haut-Canada à une date subséquente à cause de la panique qui, partant de Montréal, se communiqua aux navigateurs et aux habitants des rives que celle qui doit s'être écoulée, était bien de nature à causer l'alarme, et celle-ci ne pouvait être amoindrie s'il était vrai, ainsi qu'on l'annonça, que le poisson de la rivière Outaouais était impropre et dangereux comme nourriture. (Sermon de l'archidiacre Mountain, série P., vol. 352, n°2, page 11.) Les souffrances endurées par les émigrants lors de la première alarme furent très sérieuses à cause de la panique qui, partant de Montréal, se communiqua aux navigateurs et aux habitants des rives du Saint-Laurent ; cependant, d'après le rapport de sir John Colborne, les autorités dans les divers districts firent tout en leur pouvoir pour établir des hôpitaux, prenant soin des malades et envoyant les émigrants dans les districts de l'ouest. Dans le but d'aider les magistrats, la somme de £500 pour chaque district fut allouée pour être employée par le bureau sanitaire, nouvellement formé, à établir des hôpitaux et assurer des secours médicaux. Tout indique que le fléau n'avait pas beaucoup attaqué les régions intérieures du Haut-Canada, car le nombre des cas signalés ne fut que de deux pour Brantford, dans le district de London, un petit nombre comparativement aux décès sur le Saint-Laurent, en aval du lac Ontario.

En faisant rapport sur les progrès du fléau, lord Aylmer, gouverneur, écrivit que le choléra avait plus particulièrement suivi les grandes lignes de communication tracées par les émigrés en quittant Québec pour le Haut-Canada et les Etats-Unis, mais que, bien que dans une moindre mesure, il s'était montré dans d'autres parties du pays et n'était pas confiné aux émigrants, mais s'étendait aux habitants en général, aucune proportion des cas et des morts n'étant donnée. Sa Seigneurie ajoute que les gens à l'aise et d'habitudes régulières souffrirent moins que les autres, déclaration qui est corroborée par l'archidiacre Mountain dans le sermon déjà mentionné, et que les régions rurales du Bas-Canada furent moins attaquées que celles de Québec et de Montréal. D'après une dépêche (série Q., vol. 202-1, page 261), la violence du fléau diminua pendant une courte période. Comme ou l'a vu, le Dr Skey fit rapport que le premier cas s'était produit le 8 juin, de sorte qu'acceptant le rapport de lord Aylmer dans sa dépêche en date du 26 du même mois, le fléau n'a pu être à son apogée que durant une quinzaine. Sa Seigneurie dit : " Les admissions et " les morts dans les hôpitaux publics (à Québec et à Montréal) sont devenues moins "nombreuses et le caractère de la maladie elle-même paraît, dans plusieurs cas, avoir " pris une forme différant essentiellement de celle sous laquelle elle s'offrit d'abord ". Il n'y eut que deux décès parmi les troupes à Québec, mais il n'en fut pas de même à Montréal, où le régiment en garnison, tel que rapporté à FitzRoy Somerset par un correspondant privé, souffrit considérablement. D'après lord Aylmer, les chiffres pour la période entre le 12 et le 23 juin furent de 85 admissions et 33 morts. A Québec et à Montréal le fléau éclata avec un degré de violence de beaucoup au-dessus de tout ce qui s'était passé en Europe, et il fut dit que même aux Indes la maladie ne fut ni si rapidement fatale ni si universelle dans sa prise que durant les cinq premiers jours de son règne à Québec. (Série Q., 202-1, page 262.) A Québec, en peu de jours, elle emporta plus de 1,500 personnes, mais les rapports des différents districts montrent plutôt que tout en étant d'abord fort violente dans son action, ses effets absolument fatals ne furent pas d'une longue durée. Ainsi M. Samuel Hatt écrivit le 26 juin qu'à Chambly la peste désolatrice qui avait été fatale pour tant de gens avait diminué de violence, le cas étant d'un caractère moins grave bien que le mal n'eût pas cessé d'exister. Sur 400 ou 500 cas à Chambly depuis le 15, pas plus de 100, dans l'opinion de M. Hatt, avaient présenté la caractéristique du choléra asiatique. Des rapports semblables vinrent d'autres endroits. Toutefois, bien que son caractère fut de beaucoup changé et ses effets fatals amoindris, le mal persistait encore. Les extraits des journaux de villes confirment le rapport sur l'affaiblissement du fléau et le fait qu'il avait suivi les routes les plus fréquentées. Un de ces journaux dont le nom n'est pas donné annonçait que le mal ne s'étendait pas du côté des campagnes. Il n'y avait d'exception que pour les paroisses de Beauport et de Lévis, dont les populations étaient compactes ; ailleurs il n'y eut que deux ou trois cas. A Beauport il y eut 30 morts, au nombre desquels plusieurs cultivateurs respectables. A la Pointe-Lévis, à la population également dense, on signala environ 25 morts à partir de la première apparition du fléau jusqu'au 24 juin. Jusqu'à la même date le nombre total des admissions aux deux hôpitaux de Québec fut de 674, avec 419 morts, mais les 24 heures entre le 23 et le 24 juin ne montrent que 16 nouveaux cas, et la proportion beaucoup plus petite dans la mortalité de 16 morts sur 191 cas. Jusqu'au 26 juin on avait compté 712 cas, avec 440 morts, et le bureau santaire lança un avis d'encouragement au sujet de la diminution du fléau qui était, de plus, devenu moins violent et beaucoup plus facile à guérir.

Un extrait d'une lettre privée datée "Montréal, samedi soir", dit : "Le choléra " a diminué rapidement depuis hier matin. Cependant, il reste encore un nombre "considérable de cas". A Kingston, le 21 juin, l'auteur d'une lettre qui ne porte aucune signature, dit que le seul malade réellement atteint qu'il avait vu avait été arrêté à Kingston et placé dans l'hôpital provisoire ; le 20 il y a eu deux cas et une mortalité, le 21 quatre nouveaux cas, mais aucune mortalité. On signala deux mortalités comme étant causées par le choléra, mais c'étaient celles de deux ivrognes avérés victimes du *delirium tremens*. Le bureau sanitaire de Montréal fit rapport le 26 de juin qu'entre le 10 et le 25 juin, inclusivement, il y avait eu 3,384 cas et 947 morts. Une comparaison entre les cas de la première et de la dernière période montre une diminution bien marquée, mais la proportion des décès avait augmenté très sensiblement en ne tenant compte que des nouveaux cas de chaque jour et des morts, sans calculer le nombre de cas restants d'un jour à l'autre, ce qui donnerait une idée absolument erronée de la virulence du mal lors de sa première apparition et à la fin du mois, tous les rapports mentionnant son caractère beaucoup moins aigu à la fin du mois de juin qu'au commencement. A Kingston, le bureau sanitaire annonça que d'énergiques mesures avaient été prises pour enrayer le mal, et que les médecins de l'endroit avaient mis de côté toute autre besogne pour ne s'occuper que de l'intérêt public. Du 20 au 23 juin, inclusivement, il y eut d'après le rapport du bureau sanitaire 14 nouveau cas, 6 morts et 6 guérisons. A Brockville, le bureau sanitaire annonça, le 19 juin, 3 cas dans la ville, un en convalescence, l'autre précaire, le troisième ne datant que du matin. Les deux journaux locaux félicitèrent la ville parce qu'elle avait été pratiquement exempte du mal. Un correspondant du *Brockville Recorder* écrivit de Prescott que jusqu'au 19 juin il y avait eu quatre cas, dont deux suivis de mort, l'un des malades ayant succombé dix minutes après avoir été atteint. La *Greenville Gazette* annonça qu'entre Cornwall et Prescott un grand nombre de bateaux de Durham étaient amarrés à des arbres, leurs équipages s'en étant éloignés, et le *Recorder* disait que le village de Prescott était en proie à une terrible consternation, plusieurs citoyens amenant leurs familles au loin, et que les équipages des bateaux du gouvernement faisant le service de Montréal avaient déserté à la suite de la mortalité qui s'était produite au cours du voyage.

Dans la série Q., volume 202-2, commençant à la page 309 et continués à la page 311, se trouvent des tableaux détaillés du nombre de cas et de morts à Québec. Un correspondant qui écrivait de Montréal le 25 juin, dit que les imprimeurs, comme les autres, avaient abandonné leur travail une quinzaine auparavant, mais qu'à la date où il écrivait ils y étaient revenus, les magasins étaient de nouveau ouverts et les marchés mieux approvisionnés. A Saint-Joachim, où s'était enfui le correspondant du *Canadien* pour échapper au choléra, il trouva que celui-ci y avait éclaté accompagné des plus violents symptômes. C'est ce qu'il dit, mais le fait qu'un instituteur qui avait été atteint avait été guéri par les moyens les plus simples indiquerait que le correspondant fut si terrifié qu'il ne put apprécier justement la force de la maladie et ceci est corroboré par le fait qu'il avait fui la ville pour éviter le choléra. (J'ai fui la ville pour éviter le choléra.)

D'après la *Minerve*, 19 personnes étaient mortes du choléra à Berthier jusqu'au 22 juin. Le *Courrier de Montréal* déclara le 26 juin que le 22 il y avait à Berthier 20 malades, 15 convalescents et 12 guéris. Jusqu'au 24, on signala 12 morts à l'embouchure de la rivière Châteauguay, 8 à Saint-Jean et 11 à Chambly. A Laprairie ou en signala 40. Commençant à la page 323 du volume 202-2, série Q., se trouve un résumé en français des développements du fléau dans le Haut et le Bas-Canada. Ce résumé se termine à la page 331.

Le 6 juillet, lord Aylmer, gouverneur, écrivait en parlant du choléra dans le Bas-Canada : "Je suis heureux de pouvoir vous dire qu'il diminue sous le rapport de la "violence, et les praticiens médicaux déclarent qu'il est en ce moment beaucoup plus "contrôlable qu'au début ; la panique dans l'esprit public s'apaise rapidement et les "gens retournent à leurs occupations journalières, qu'ils avaient presque entièrement "abandonnées à une certaine période du règne de la maladie". Une des plus grandes sources de menaces aux premières phases de l'épidémie fut la rareté des provisions à Québec, les cultivateurs craignant d'y en apporter. Un des bénéfices fut le terme à l'agitation politique. (Série Q., volume 202-2, pages 372-373.) On trouve ensuite quelques tableaux intéressants par lesquels on verra que les morts causées par le choléra augmentèrent de 6 dans les 24 heures du 8 au 9 juin à 143 dans les 24 heures du 14 au 15, date à laquelle elles commencèrent à diminuer. Au cours de la période comprise par ce rapport, il mourut 789 catholiques à Québec, 210 catholiques et 412 protestants à Saint-Roch, un total de 1,421 (page 375). Le nombre de cas admis aux hôpitaux indique une légère différence, le plus grand nombre d'admissions se trouvant dans les 24 heures finissant le 17, alors qu'elles commencèrent à diminuer ; mais le fait qu'il y eut moins de morts le 15 tandis que les cas augmentaient tendrait à démontrer que la virulence du mal aurait quelque peu, quoique très peu, diminué (page 376). La traduction d'une conférence faite par le Dr Broussais sur le choléra, commence à la page 379 du même volume. D'après le rapport du Dr Wallace, aide-chirurgien du 15e bataillon, il y eut parmi les sauvages de Caughnawaga 157 cas et 70 morts, mais il ne put obtenir aucun rapport sur la marche quotidienne de l'infection excepté pour trois jours, pendant chacun desquels il y eut trois cas ; la dernière mortalité arriva le 6. En examinant les neuf derniers cas, le Dr Wallace en arriva à conclure que la maladie était bien le choléra, mais d'un caractère peu grave. Toujours d'après son rapport, il ne put trouver aucune cause locale à l'apparition du mal, les habitations étant propres, bien tenues et remarquablement bien aérées. Dans une des meilleures de ces maisons, laquelle paraissait être très bien au point de vue hygiénique, cinq personnes sur neuf étaient mortes. Le rapport de la visite du Dr Wallace à Caughnawaga est daté du 11 juillet, mais ce rapport ne donne pas la date de la visite. Quelle que soit cette date, il trouva lors de sa visite que les cas avaient été beaucoup moins nombreux et moins violents (pages 432-433).

Le Dr Skey, le sous-inspecteur général des hôpitaux, attribue les morts aux habitudes d'intempérance (page 434). Cette croyance ne concorde pas avec le rapport de M. Hatt pour Chambly, dans lequel il dit que les ouvriers du canal de l'endroit furent exempts du mal, mais que cette immunité ne provenait pas de la propreté, de la sobriété ou du soin apporté à l'alimentation, ces gens joignant à celle-ci une grosse quantité de mauvais rhum. Une ligne à la fin de la lettre de M. Hatt, en date du 21 juillet, dit que le nombre total des morts avait été de 70 (page 456).

Le 9 août, lord Aylmer fit rapport que, tout en continuant à diminuer encore à Québec et à Montréal, le choléra s'étendait à d'autres parties de la province et s'était montré très fatal en plusieurs endroits (page 502).

Il ne semble pas nécessaire de parler davantage de l'apparition du fléau, vu que les rapports indiquent sans cesse son amoindrissement. Pour ceux qui désireront entrer davantage dans ce sujet, le catalogue indiquera les différents documents qui s'y rapportent dans les volumes actuellement à l'étude. On nous permettra cependant d'ajouter que, durant l'été de 1834, éclata une maladie qui prit le caractère du choléra asiatique, mais fut attribuée à la chaleur excessive par les médecins, et aussitôt que cette chaleur diminua, il y eut décroissance correspondante dans la maladie en question.

D'après les documents que nous avons ici, l'état de la monnaie métallique dans les Canadas paraît avoir été peu satisfaisant. Le 15 avril 1833 lord Aylmer exposa à la législature du Bas-Canada la nécessité du créer une monnaie métallique pour remplacer celle qui était alors en circulation. L'Assemblée ne paraît pas avoir pris de mesures pour mettre à exécution cette recommandation, mais le Conseil législatif nomma un comité pour étudier la question, lequel présenta un rapport, adopté par le Conseil, disant qu'une petite monnaie d'argent n'était pas nécessaire, mais recommandant la création de sous en cuivre de la valeur de la monnaie d'Halifax. Lord Aylmer concourut dans ce rapport et proposa au secrétaire colonial l'émission de £5,000 valant de ces sous pour être mis en circulation par le commissariat. Les soi-disant pièces de monnaie en circulation étaient de la plus abondante variété. Une d'elle, envoyée comme spécimen, était un bouton régimental du Royal Fusiliers, vu que des pièces de ce genre circulaient librement comme sou de la monnaie d'Halifax. (Série Q., vol. 207-2, page 432.)

Dans le Haut-Canada, la Trésorerie se plaignait du taux de valeur fixé sur la monnaie de cuivre envoyée pour être employée à la circulation des petites sommes dans cette province, parce que, dans son opinion, ce taux offrait un avantage de 20 à 25 pour 100 pour le retour de ces pièces en Grande-Bretagne, de sorte que tout en autorisant l'émission par le commissariat de ces pièces comme il en avait été déjà envoyé, la Trésorerie ne voulait plus en envoyer davantage.

La menace de désavouer les Actes pour incorporer des banques dans le Haut-Canada créa beaucoup d'agitation et d'excitation dans cette province. Dans le rapport préliminaire pour 1899, il y a quelques remarques au sujet des systèmes de banque dans le Haut et le Bas-Canada, et de l'opposition que rencontra l'établissement des banques. En référant à ces remarques (pages xxii et xxiii du rapport préliminaire pour 1899) on verra les autorités sur lesquelles on s'est basé et dans quels volumes on peut les trouver. Le contraste entre les facilités banquières requises au commencement du siècle et l'époque actuelle est très frappant. En 1821, le solliciteur général fit ce qu'il considéra la déclaration alarmante du danger qui accompagnerait l'incorporation de trois banques dans le Bas-Canada. Dans le Haut-Canada, une banque fut incorporée en 1819 avec un capital de $800,000, réduit d'une demie ou $400,000, le plus gros de ces montants étant trouvé considérable pour les besoins de la province. Il y a aujourd'hui 24 banques dans les deux provinces, avec un capital-actions de $53,500,000, le montant placé dans les banques du Canada étant de près de $62,000,000.

La proposition de désavouer les Actes concernant les banques, celle d'augmenter le capital de la Banque du Haut-Canada, et l'autre pour établir la *Commercial Bank*, donnèrent lieu en plusieurs quartiers à des mémoires et pétitions contre les propositions. L'un des arguments sur lesquels se basaient les pétitionnaires était la crainte de l'intervention du gouvernement impérial dans la législation interne. A part les requêtes des particuliers se plaçant sur ce terrain, il y en eut d'autres venant de corps constitués, conseils de villes et de townships, etc. La raison de l'hésitation des autorités impériales à sanctionner le bill des banques était la croyance que la garantie nécessaire ne se trouvait pas assurée au public par les termes de la charte, et qu'il était nécessaire que des précautions additionnelles fussent mises dans les actes d'incorporation avant que la sanction royale fut accordée. Les amendements que les lords du commerce désiraient voir introduits sont énumérés dans le volume 379-1, de la série Q., commençant à la page 10, et comprenaient une garantie pour le rachat en espèces des billets issus et l'empêchement des fluctuations dans le montant et la valeur du papier-monnaie, lesquelles, craignait-on, seraient accompagnées de désastreuses conséquences pour le public. Pour cette raison, la Trésorerie et les lords du commerce déclarèrent que, si la sanction devait être accordée à l'Acte concernant les banques constituées du Haut-Canada, elle devrait l'être conditionnellement, sur l'entente que les amendements nécessaires—ou ceux qu'ils considéraient nécessaires— pour donner une plus grande garantie au public seraient faits. Mais le public insista pour que la sanction fût donnée sans conditions, se déclarant satisfait de la garantie offerte. Les gens de Londres qui avaient des fonds placés au Canada furent alarmés de cette suspension de la sanction à l'Acte des banques, qui, selon la prétention de M. N. Gould, président de la *North American Colonial Association*, avait créé une grande méfiance commerciale et une fluctuation considérable dans la valeur du papier de banque. La propriété de ceux qui avaient des placements au Canada était sujette à un dommage sérieux causé par tout dérangement dans le système monétaire. Cette vue semble avoir été généralement celle des Canadiens.

La conséquence d'un rapport envoyé par M. W. L. McKenzie annonçant l'intention du gouvernement au sujet des banques incorporées fut une course sur ces banques, mais le lieutenant-gouverneur espéra pouvoir empêcher les conséquences dommageables qu'on craignait de voir causer par les rumeurs qui avaient été si habilement mises en circulation. Dans une très longue lettre au lieutenant-gouverneur, M. W. Allan, le président de la Banque du Haut-Canada, montra que les stipulations de la charte offraient une garantie suffisante et combattit les raisons données pour refuser la sanction à l'acte comme absolument insuffisantes, soutenant, d'un autre côté, que la suspension de la sanction risquait de produire la plus grande confusion et le plus grand malaise là où existaient une confiance et une sécurité parfaites. Aux raisons présentées par la Trésorerie et les lords du commerce, M. Allan opposa l'argument que les banques et le public étaient également intéressés à la solvabilité de ces institutions et que l'effet d'une course, qui serait aggravée par les dispositions dont la Trésorerie et les lords du commerce proposaient l'insertion dans la charte, devait être paré aussi promptement que possible—ce qui ne pouvait être fait à la faveur des dispositions suggérées par la Trésorerie et les lords du commerce, attendu que l'un des malheurs pouvaient arriver, et non le moindre, serait la suppression de la charte si leurs transactions n'étaient pas closes en soixante jours, opération que plusieurs causes pourraient empêcher de faire à temps ; de l'abrogation de la charte il résulterait qu'il ne resterait plus personne de responsable vis-à-vis du public, personne revêtu du pouvoir de percevoir l'actif à même lequel seul le public pourrait être payé. D'après M. Allan, d'autres maux surgissaient des règlements proposés par la Trésorerie et les lords du commerce, mais pour bien comprendre ce qu'il en dit, il faut référer à la lettre de M. Allan, que l'on trouvera dans le volume 378-1 de la série Q., de la page 6 en montant. Relativement à la proportion des espèces avec la circulation, sir John Colborne fit rapport pour la gouverne du secrétaire colonial que les directeurs de la Banque du Haut-Canada ne considéraient pas qu'il fût nécessaire d'avoir plus d'espèce que un cinquième en proportion de sa circulation. M. Allan, le président de la banque, fit rapport que les directeurs n'avaient jamais trouvé nécessaire d'être gouvernés par quelque règle particulière pour ce qui se rapportait à la proportion entre l'espèce et la circulation ; ils gardaient sans cesse un bon montant de fonds chez leurs agents à l'étranger, les billets étant rachetés à Montréal et à Londres ; à Montréal le rachat s'était monté à près de £600,000 en 1833. Sans l'existence d'une autre banque incorporée qui collectait les billets de la Banque du Haut-Canada pour en obtenir les espèces, les directeurs ne pensaient pas qu'il serait nécessaire de garder plus d'une demie de la réserve pour faire face à la demande d'espèces. Si grande et si générale fut dans la province l'agitation contre la suspension de la sanction royale aux chartes de banques, que lord Glenelg, alors secrétaire colonial, comprit qu'il était nécessaire de plier devant la tempête, bien que la Trésorerie et les lords du commerce persistassent à objecter aux stipulations et à trouver que les chartes péchaient sous le rapport de la garantie pour le public. Le 15 juillet 1835, le secrétaire des lords du commerce annonça à lord Glenelg que pour les raisons énumérées dans la lettre, Leurs Seigneuries ne pouvaient recommander que la sanction royale fût donnée à l'Acte des banques. (Série Q., vol. 388-1, page 11.) Le 31, le secrétaire de lord Glenelg écrivit par ordre de Sa Seigneurie qu'il ne mettait pas en question la justesse des principes régissant l'octroi de telles chartes, mais qu'il existait des considérations encore plus importantes dont il fallait tenir compte en s'occupant de la question (page 15). Les raisons données dans la page suivante étaient l'attitude hostile prise dans le Haut-Canada et la menace de refuser les subsides si on ne redressait pas les griefs au nombre desquels le refus de la sanction royale aux actes des banques se trouvait, vu que la législature locale avait passé ces actes en parfaite connaissance de l'opinion du gouvernement impérial à ce sujet. Lord Glenelg, par la voie de son secrétaire, fit connaître l'attitude qui serait prise par la législature, attitude dont Sa Seigneurie ne parut pas différer elle-même (pages 17, 18). Pour ces raisons et d'autres encore, lord Glenelg était d'opinion que la meilleure ligne de conduite était de confirmer ces actes et de donner au lieutenant-gouverneur instruction d'appeler l'attention de la législature sur les vues des lords du commerce, de sorte que, plus tard, les actes pussent être amendés. Tout en protestant contre l'établissement d'un précédent dans l'établissement de banques, les lords du commerce se soumirent aux considérations politiques mises de l'avant par lord Glenelg et consentirent à recommander que les actes fussent sanctionnés, ce qui, cependant, ne devait être fait que sous la responsabilité du secrétaire colonial (page 23).

En octobre 1832, parut un prospectus qui proposait d'établir aux chutes Niagara une ville qui prendrait le nom de *The City of the Falls*. On décrivait sous les couleurs les plus brillantes les avantages qui en découleraient pour les visiteurs et les résidants. On comptait sur la chaleur tempérée de l'été unie à l'absence des moustiques et autres insectes, pour attirer les gens et les induire à prendre des actions dans la compagnie formée dans le but de fonder cette ville. Vu l'engagement de cesser d'exister comme compagnie à fonds social avant le 31 décembre 1835, la compagnie proposait de subdiviser le terrain en lots à bâtir et de les distribuer par lots aux actionnaires. D'après le prospectus il serait distribué 2,600 lots à bâtir devant être acquis au prix de $100, chaque lot devant être une action, mais voici où l'élément de loterie se présenta : à part le lot à bâtir garanti par le prix d'achat, il y avait la chance de gagner le "Pavilion Hotel", loué £500 par an, pour cinq ans ; le "Ontario House", loué £200 par an ; le "Red House", évalué à £1,500, et quatre cottages de différentes valeurs. On devait construire un aqueduc pour fournir pas moins de 80 gallons à la minute au point de partage, et aussi établir des bains et des salles de réunions. On avait décidé que la rue principale, qui porterait le nom de rue Stanley, aurait 100 pieds de largeur, les autres devaient en avoir 80. Les divers arrangements sont donnés en détail (série Q., vol. 384-1, pages 218 à 228.) Il n'est peut-être pas sans intérêt de dire le temps qu'il fallait pour se rendre à la ville projetée, lequel était de cinq jours de Montréal et de New-York. La malle-poste de New-York prenait 75 heures, et le port d'une simple lettre coûtait 30 cents. Quand le chemin de fer projeté serait terminé, on pourrait aller de Niagara à New-York en 30 heures. Il était dit dans la circulaire que sur les paquebots de New-York, les traversées de l'Atlantique étaient souvent faites dans le court espace "de 20 à 28 jours", mais que ces passages "rapides" étaient très incertains et nullement comparables avec la rapidité et l'exactitude des steamships modernes. M. Buchanan, le consul britannique à New-York, prétend que le projet de fonder la *City of the Falls* lui était dû, et que par marque de respect pour M. Stanley, le secrétaire colonial, il en avait appelé la grande voie principale rue Stanley, et qu'il avait donné le nom de Hay, le sous-secrétaire, à un terrain situé entre le Pavilion et l'Ontario House, "sur lequel tous se tiennent et contemplent les chutes". La suite de la lettre ne nous convainc pas de l'absolue abnégation de M. Buchanan, parce qu'il appuie plus loin pour que M. Hay prenne quelques parts à titre de placement profitable. En plus de la *City of the Falls*, une compagnie fut formée pour construire à Niagara un port et un dock, qui devaient se trouver dans la partie marécageuse du ravin, mais on semble avoir commis une erreur au sujet de l'étendue du terrain réservé pour le projet et concédé à la compagnie. Comme il appert par sa dépêche, sir John Colborne, le lieutenant-gouverneur, n'appréhendait aucun ennui avec la compagnie, le capitaine Bonnycastle ayant fait rapport que la compagnie ne désirait pas conserver la possession d'aucun terrain appartenant à l'Artillerie et qu'elle était disposée à entrer en arrangement pour la location de terrains. Le plan qui se trouve à la page 254 du volume 377-2 de la série Q., démontrera plus clairement que ne peut le faire aucune description écrite les propositions et les objections du colonel Nicolls à l'arrangement projeté.

En septembre 1832, un plan non daté, destiné au gouvernement, fut envoyé à M. Nathaniel Gould comme président de la *North American Colonial Association*, mais fut mis de côté comme étant l'œuvre d'un enthousiaste. Le document est signé John W. Sargeant, mais ne portait ni date, ni adresse. Il y était proposé que le Canada fût gouverné par un vice-roi qui serait appelé Roi du Canada, que celui-ci devait être un des ducs royaux, que les héritiers devaient lui succéder sujets à l'autorité impériale, et que le vice-roi régnant devait succéder à la Couronne et à l'extinction des branches aînées. Sa liste civile annuelle (il n'est pas dit par qui elle devait être payée) devait être de £100,000 sans préjudices de ses autres ressources. Le vice-roi devait avoir une Chambre des Pairs et une Chambre des Communes ; des ducs, marquis, comtes, vicomtes, barons devaient être créés parmi les personnes les plus riches du Canada pour composer la Chambre Haute. Les baronnets, chevaliers et "squires" devaient former la Chambre Basse. On devait établir des ordres de chevalerie et toutes autres choses propres à promouvoir l'honneur et la distinction de la royauté. Il était aussi proposé d'inclure toutes les possessions britanniques de l'Amérique du Nord dans la vice-royauté et de faire supporter par celle-ci toutes les dépenses militaires et navales, sauf celles encourues dans une guerre pour la défense de l'empire. Les autres propositions touchent à l'émigration systématique, à l'ouverture de routes publiques et autres communications, au traitement des félons, etc. Il est inutile de dire que le plan de M. Sargeant ne fut jamais mis à effet.

Le 22 novembre 1832, M. Nathaniel Gould, qui portait un vif intérêt aux affaires du Canada, et envoyait fréquemment des extraits de sa correspondance au Bureau colonial, fit rapport que des gens de la plus haute respectabilité—présumablement de Montréal—avaient tenu des assemblées au cours desquelles il avait été résolu de demander par pétition au gouvernement de Sa Majesté d'annexer le port de Montréal comme port d'entrée du Haut-Canada. En décembre 1832, l'Assemblée du Haut-Canada discuta la question, mais sans en venir à une décision. (Série Q., vol. 206-3, pages 721 à 751.) En janvier 1833, l'Assemblée du Bas-Canada protesta contre l'annexion de Montréal ou de toute autre partie du Bas-Canada à la province d'en haut, et adopta une série de résolutions sur le sujet, au cours desquelles elle s'appuyait sur les termes de la capitulation de Montréal en septembre 1760, comme protégeant le Bas-Canada contre l'annexion de quelque partie de son territoire au Haut-Canada. (Série Q., vol. 207-1, pages 11 à 17.) Un discours de M. Hagerman sur le sujet fut imprimé dans un extra du *Patriot* (pages 18 à 56), discours dans lequel il parla de l'excès de droits prélevés sur les produits du Haut-Canada passant par ou expédiés dans les ports du Bas-Canada (pages 31 à 33), droits dont il portait le montant à £10,887. L'union des deux Canadas, en 1841, fit disparaître la friction qui existait à propos des droits prélevés par la province en possession des ports de mer.

Le changement proposé dans l'administration des postes par M. Stayner, le sous-directeur général des postes pourrait être étudié avec profit aujourd'hui même que le système a été complètement remanié et que le département des postes est entièrement administré par les autorités postales. (Série Q., vol. 210-2, page 367.)

La tentative faite pour établir les pensionnaires libérés ne paraît pas avoir réussi, si l'on en croit le rapport de sir John Colborne. Dans une lettre adressée à M. Hay, le 6 novembre 1832, il dit que plusieurs des pensionnaires libérés étaient dans la plus grande pénurie, tandis que ceux qui n'avaient pas capitalisé leur pension étaient prospères. Il fit voir le grand danger qui serait encouru en renvoyant des pensionnaires libérés qui, se trouvant dans la misère, deviendraient mécontents, tapageurs et se croiraient cruellement traités si on ne les secourait pas. Pour quelques cas, sir John Colborne suggéra de renouveler les pensions et de les continuer pendant deux ans, pourvu que les pensionnaires ainsi recommandés restassent sur leurs terres et défrichassent assez d'acres de terre pour pouvoir supporter leurs familles à l'avenir.

Il répéta son avertissement sur le danger de renvoyer dans la province tant de vieux soldats mécontents et insista sur une modification du système existant. Si permission était donnée au comité d'éteindre les pensions il suggérait de ne faire qu'une certaine avance aux libérés pour leur permettre de retourner dans leurs colonies et de leur accorder une pension réduite pendant qu'ils s'emploieraient à défricher leurs terres. (Série Q., vol. 374-4, pages 890-891.)

Dans une lettre de janvier 1833, sir John répéta sa remarque sur la prospérité des soldats qui avaient conservé leurs pensions et la détresse à laquelle étaient réduits les pensionnaires libérés. Il n'avait rien de dire de bien encourageant de ces derniers, qui avaient gaspillé l'argent reçu pour éteindre leur pension, de sorte qu'ils ne pouvaient, à moins de secours nouveaux, rester sur leurs terres, sans compter qu'ils étaient incapables ou trop indolents pour travailler avec assez d'énergie pour pourvoir aux besoins de leurs familles. La conclusion était donc pour différentes raisons qu'ils deviendraient bientôt des colons de la pire espèce pour la province. (Série Q., vol. 377, page 3.) La lettre citée contenait des rapports. Le premier est le "Rapport des "pensionnaires libérés pauvres demeurant à présent sur leurs terres dans le township de Meldonte 1832"; ils comprenaient 51 chefs de famille avec 161 enfants et 50 épouses, un total de 262 personnes; tous étaient indiqués comme absolument dénués. Le second était intitulé : "Rapport des pensionnaires libérés qui quittèrent la colonie "faute de moyens pour mettre leurs terres en culture". Sur la liste se trouvaient 20 hommes, dont 19 mariés, ayant avec eux leurs femmes et leurs enfants. Ils sont désignés comme étant dans la vraie détresse, et une note dit : "Il est venu ici cet "été environ 60 pensionnaires libérés avec des ordres pour des lots, mais comme ils "n'avaient pas les moyens de s'établir sur les terres, j'ai trouvé inutile de les locali- ser". (Pages 17 à 19.) Ces rapports corroborent l'opinion de sir John Colborne sur l'inaptitude des pensionnaires libérés à devenir colons. Un rapport envoyé par sir John Colborne dans une lettre, en date du 26 mars 1833, dit que le projet d'envoyer les pensionnaires libérés en Australie avait depuis longtemps été abandonné, c'est-à-dire aussitôt que ses mauvais effets s'étaient manifestés. D'après le rapport, c'était un plan adopté à la hâte et sans avoir été régulièrement communiqué au Bureau colonial.

La victoire de Wolfe sur les Plaines d'Abraham ne fut pas, sur le moment, aussi complète qu'on l'avait pensé, bien que les événements subséquents en aient attesté l'importance. Les apparences indiquent qu'il n'aurait pas fallu grand'chose pour changer les fortunes du champ de bataille après la première victoire. Emportées par leur ardeur, les troupes qui se trouvaient sur les Plaines d'Abraham se lançaient en désordre à la poursuite de l'ennemi en déroute, et le brigadier Townshend, auquel avait été dévolu le commandement après la mort de Wolfe, et l'incapacité de Monk- ton, blessé, fut obligé de se hâter le plus possible pour rallier le centre de la ligne, "car", dit le sergent Johnson dans son mémoire inédit, "monsieur de Bougainville "arrivait avec un corps de 2,000 hommes sur le derrière de notre armée, le général "ayant été envoyé le jour précédent avec ce corps de troupes par le général de Mont- "calm au Cap-Rouge pour surveiller les mouvements de notre flotte". (Série M., vol. 132, pages 46, 47.) Le sergent continue : "Il (Bougainville) n'eut pas plus "tôt appris appris que notre armée avait atteint les hauteurs d'Abraham qu'il com-

"mença sa marche vers nous, mais n'arirva pas à temps pour prendre une part à la
"bataille". Knox, dans son *Historical Journal*, volume 2, page 70, dit (mais son
rapport est très confus) : "Monsieur de Bougainville, avec ses troupes du Cap-Rouge,
"s'ent vint pour attaquer le flanc de notre seconde ligne, espérant la pénétrer, mais par
"une disposition supérieure du brigadier Townshend, ils furent forcés d'y renoncer".
Le rapport de Knox, à sa seule lecture, tendait à faire voir que M. de Bougainville
était sur le champ de bataille avant la mort de Wolfe, mais tous les faits prouvent
que la nouvelle de la mort de Wolfe et de la blessure de Montcalm était venue à la
connaissance de Townshend avant la menace d'une attaque par M. de Bougainville, vu
que ce fut pour faire face à cette attaque que Townshend, quand il succéda au commandement, s'était hâté de rappeler le centre de la ligne de la poursuite de l'ennemi,
ainsi qu'il l'a déclaré lui-même au secrétaire de la Guerre. D'après le sergent Johnson, la bataille commença vers neuf heures du matin, de sorte que les forces de Wolfe
ont dû se trouver sur le terrain deux ou trois heures avant ce temps. Il faisait plein
jour, dit Johnson, quand les troupes eurent mis pied à terre et escaladé les hauteurs.
Les soldats reçurent ordre de se coucher à plat sur leurs bras, position qui fut longtemps conservée, dit le rapport. La phrase est très vague et peut bien n'avoir pas
représenté un long espace de temps. En septembre le soleil se lève un peu avant six
heures à la date de la bataille, de sorte que les troupes françaises ont dû être amenées
sans grand délai, la bataille, tel qu'il a déjà été dit, ayant commencé vers neuf
heures. Il y a une grande différence dans les déclarations de de Bougainville et
d'autres personnes sur la force des troupes qui pouvaient avoir été amenées du Cap-
Rouge par de Bougainville. D'après son rapport, le nombre des troupes sous son commandement à Cap-Rouge était de 350, et avec cette force il avait détruit les efforts
d'un plus forte troupe pour atterrir. Knox dit qu'il amena avec lui 2,600 ; Johnson
porte à 2,000 le nombre des soldats qu'il avait sous lui, mais le chiffre donné par de
Bougainville est sans doute exact, car Cap-Rouge, d'après la reconnaissance faite en
anticipation des opérations offensives, était facilement défendable. Il n'y a rien du
tout d'improbable que la troupe de de Bougainville, si petite qu'elle fût, en la mettant
au plus bas (350 hommes), aurait pu assurer un résultat différent. La sagesse de ne
pas retarder l'attaque du 13 septembre est justifiée par les faits, d'après l'axiome que
rien ne réussit comme le succès, car il n'est pas probable qu'on sût qu'ordre avait
été donné à deux autres régiments français avec un corps de sauvages de se mettre en
marche (on ne dit pas de quel point) à cinq heures du matin le 13 et de se retrancher
sur les hauteurs par lesquelles l'armée de Wolfe s'était hissée jusqu'au champ de
bataille. Il n'est guère besoin de faire remarquer combien les plans de Wolfe se
seraient trouvés déconcertés par ce nouvel événement s'il s'étati accompli. Il existe
une tradition qui veut que Wolfe ait été tué par un coup de feu tiré par un déserteur
de l'armée anglaise, désireux de se venger d'avoir été trouvé en faute par Wolfe, mais
c'est là une de ces histoires qui, dans le présent état de renseignements, ne peuvent
être ni acceptées ni rejetées. Hone dans son *Day Book*, page 126, donne de cette
affaire du coup de feu sur Wolfe comme un rapport, mais, sans le citer, le seul déserteur de l'armée anglaise dont il soit parlé fut un soldat du *Royal American* qui fut
fait prisonnier, jugé et fusillé. L'histoire peut avoir pris son origine dans l'arrestation d'un soldat français qui fut surpris caché dans une vieille maison, aiguisant un
couteau avec lequel on le soupçonna de vouloir assassiner Wolfe. Rien ne fut prouvé

contre cet homme, qui assura être un déserteur, et il n'est pas du tout impossible que cet incident donna lieu au rapport que Wolfe fut tué par un déserteur. Aucun contemporain ne mentionne la rumeur.   Quant à l'éxecution du déserteur du *Royal American*, on a fait l'objection qu'aux termes de la capitulation de Québec aucun déserteur, de quelque nation qu'il fût, ne devait être puni, mais pour ce qui regarde cette objection, il peut suffire de faire remarquer qu'il n'est fait aucune mention du traitement des déserteurs dans nul article de la capitulation de Québec, et aux termes de celle de Montréal, l'article traitant des déserteurs (VI) proposant qu'ils soient des deux côtés pardonnés de leur crime eut pour réponse énergique "Refusé".   On était étonné que Wolfe eût échappé à la mort plutôt que d'être tué durant la bataille, un risque auquel aucun général, surtout dans d'aussi critiques circonstances où se trouvait Wolfe, ne devrait s'exposer, quand même que ce ne serait que par considération pour la sécurité de ses troupes.   Comme fait, il s'exposa là où l'attaque était la plus chaude ; il voulut toujours être en avant de la ligne, et refusa tout conseil à l'encontre. (Série M., vol. 132, page 44.)

Le major Grant, dans son rapport sur la situation du Canada, contredit les rapports au sujet d'attaques projetées sur Québec après la reddition par de Ramesay, mais il n'appuie son dire d'aucune autorité. Il dit :

"On dira probablement qu'une seconde attaque aurait été faite sur l'armée an-"glaise après l'arrivée de M. Lévy à Jacques-Cartier si le chevalier de Ramesay n'a-"vait pas cédé la ville si précipitamment, une chose dont il a beaucoup été parlé, mais, "de fait, j'ose dire que jamais pareille attaque n'a été projetée."   (Série M., vol. 214-1, page 141.)

On a jeté beaucoup de blâme, du moins en manière de conclusion, sur de Ramesay parce qu'il avait rendu Québec le matin du 18, ou, comme cela a été dit, le 17 septembre, cinq jours après la bataille des Plaines d'Abraham, bien qu'il eût été informé que de Lévis devait lui amener du renfort le 18 et qu'il avait à défendre la ville à tous risques. D'après le rapport de Grant, déjà cité, aucuns préparatifs n'avaient été faits par Vaudreuil pour la défense de Québec, vu qu'il avait toujours considéré comme impossible une attaque contre elle "et n'avait pris aucune précaution dans le cas où "telle chose devrait se faire". (Page 138.)   Puis, Townshend était résolu à mettre la place en siège régulier pour arriver à en obtenir possession et avait l'intention de la tenir, bien qu'il eût derrière lui l'armée ennemie et tout le pays hostile jusqu'à Montréal ; en dépit même du fait qu'il eût sur sa gauche un grand bois capable de protéger des troupes régulières et irrégulières jusqu'à ce qu'elles pussent se remettre des effets de la défaite. Puis de Montréal pouvaient venir des renforts de troupes fraîches qui n'avaient encore rien fait d'important. Le sergent Johnson résume ainsi la situation : "Nous sommes exposés à toute surprise entre leur armée derrière nous et "sur notre flanc et le feu de la garnison devant nous, et aucune possibilité de re-"traite". (Série M., vol. 132, page 49.)   Un assaut général par la flotte sur la basse-ville et par Townshend sur la haute fut fixé pour le 17 de septembre, bien que les préparatifs de Townshend ne pussent être complétés que plusieurs jours après cette date, de sorte que de Ramesay, ignorant les préparatifs insuffisants de Townshend et voyant, comme il le croyait, l'inutilité de la résistance même pendant une heure après que l'attaque aurait été commencée, et subissant la pression exercée sur

64 VICTORIA, A. 1901

lui par les habitants de la ville, qui entrevoyaient avec terreur les effets du bombardement, de Ramesay, consentit à capituler s'il n'était pas secouru le matin du 18 par de Lévis et de Bougainville. La reddition se fit ce matin-là, et quand le secours arriva, il était trop tard pour réparer l'action de Ramesay. Dans un fragment de journal tenu par un officier français, il est dit : " A son arrivée, le courrier trouva M. de " Ramesay en train de traiter avec le général assiégeant, et qu'il n'ait pas de suite " brisé là, c'est ce qu'il est impossible de comprendre ; la capitulation fut réciproque- " ment ratifiée et échangée dans le camp anglais le matin du 18, alors que Québec " devint une ville de garnison anglaise ". (Knox, volume 2, page 99.)

Townshend a ainsi expliqué au secrétaire de la Guerre la raison pour laquelle il avait accordé ce qu'il considérait comme des termes si favorables à de Ramesay : L'ennemi qui se massait derrière et, ce qui était beaucoup plus formidable, la saison très humide et très froide qui menaçait les troupes de maladies et la flotte d'accidents ; puis les pluies avaient rendu les routes si mauvaises qu'on ne put amener un seul canon pendant quelque temps ; ajoutez à cela l'avantage d'entrer dans une ville dont les murs étaient en état de défense et d'être capables d'y mettre une garnison assez forte pour empêcher toute surprise. (Knox, volume 2, page 130.) La difficulté qu'il y avait d'attaquer Québec est confirmée plus loin, mais il ne semble pas nécessaire de donner plus de preuves. Des déserteurs de l'armée française rapportèrent que de Bougainville, avec 800 hommes et des vivres, était en marche pour se jeter dans Québec le 18, ce qui est corroboré par le propre rapport de de Bougainville, quoiqu'il ne donne pas le nombre des soldats qui l'accompagnaient. On sait que Knox porta à 2,600 et Johnson à 2,000 la force de la troupe de de Bougainville quand il marcha sur l'armée anglaise après la mort de Wolfe ; par ce rapport-ci, le chiffre du contingent de secours pour Québec est donné comme étant de 800, une variante qui peut être interprétée comme un appui à la déclaration de de Bougainville, contenue, comme on peut se le rappeler, dans une lettre privée à madame Hérault, et, par conséquent, non influencée par des considérations militaires et politiques, déclaration disant qu'au Cap-Rouge " avec 350 hommes, j'ai repoussé deux fois dans une même journée 1,500 " hommes ". Quel que fût l'encouragement offert à de Ramesay pour résister, la pression exercée sur lui pour le faire capituler était telle qu'il ne lui restait pas de choix. Les troupes amenées de Montréal par de Lévis pour secourir de Ramesay ont dû matériellement, même si ce n'était que temporairement, affaiblir la force de la troupe de Montréal, et la reddition de Niagara enlevait un autre obstacle sur la route des trois corps d'armée qui devaient s'unir pour détruire Montréal.

Tout indique que durant l'hiver de 1759 une correspondance amicale fut échangée entre les commandants de chaque côté, et qu'un échange de prisonniers se fit. Les prisonniers français (228) qui furent envoyés en échange de prisonniers anglais (270) souffrident beaucoup des rigueurs de l'hiver. Dans une lettre écrite à New-York à Pitt, le 9 janvier 1760, le général Amherst dit que, par suite de la rigueur de l'hiver, les prisonniers français qu'il envoyait en échange furent retenus à Ticonderoga, à partir du 3 jusqu'au 3, date à laquelle ils partirent pour la Pointe de la Couronne, arrivèrent avec peine et misère à sortir des bateaux de la glace, et réussirent à atteindre l'Isle aux Noix. Il résolut de garder ceux qui restaient et non de les envoyer en Angleterre, ainsi que semblait le désirer M. de Vaudreuil, rapport qui jette un jour oblique sur le caractère de M. de Vaudreuil. (Série M., 214-1, page 180.) Mais ce n'est pas par pure bienveillance qu'on en vint à la résolution de retenir les prisonniers au lieu de leur faire traverser l'Atlantique, car Amherst donna ses raisons immédiatement après : " Parce que dans mon opinion ils ne seraient qu'un embarras là-bas, " et qu'en restant ici, ils peuvent servir par la suite à amener l'ennemi à rendre tous " ceux des sujets du roi qu'ils retiennent ". (Page 180.)

L'objectif en vue dans la campagne qui allait s'ouvrir était Montréal, et Amherst écrivit à Pitt qu'il allait commencer les opérations aussitôt que possible et attaquer l'ennemi dans plusieurs endroits, de façon à rencontrer moins de difficulté pour réduire Montréal, "le grand et essentiel objectif". (Série M. 214-2, page 334.) D'après ce qu'il dit dans son journal sous le titre : " Nos services supplémentaires ", le lieutenant Montresor fut envoyé de Québec à la Nouvelle-Angleterre en 1760 pour arrêter le plan de jonction des armées à Montréal. Dans ses lettres du 8 mars 1760, le général Amherst ne mentionne pas le but du voyage du lieutenant (plus tard) colonel Montresor dans son voyage à Boston et subséquemment son arrivée à New-York, venant de Montréal, mais il fait un récit pitoyable de ses souffrances et de celles de ses compagnons en route pour Boston. Il dit que leurs vivres furent épuisés en douze jours avant leur arrivée à la colonie de Topsham (la première du côté de la Nouvelle-Angleterre), ils mangèrent tout le cuir disponible, les souliers sauvages et les sacs à balles qu'ils apportaient avec eux. Apparemment Montresor, bien que simple lieutenant, devait être chargé d'un commandement distinct vu qu'il devait recevoir tous les renseignements possibles sur les opérations d'Amherst dans le but de donner le change à l'ennemi avec celles des troupes dont on n'avait pas besoin dans la garnison de Québec. (Série M., vol. 214-2, page 377.) On ne dit pas quelle position Montresor occupait dans la garnison de Québec, mais le général Amherst cite comme autorité en la matière son rapport que les Sœurs de l'Hotel-Dieu furent parfaitement satisfaites de leur traitement, du bois et tout ce qu'elles pouvaient attendre leur ayant été fournis (page 338). Les troupes des différentes garnisons souffrirent grandement du scorbut, plusieurs en étant morts, et, comme on en fit spécialement rapport de Québec, " surtout les blessés ". (Série M., vol. 132, page 69.) Comme conséquence, plusieurs des hommes amenés par Murray pour résister aux attaques des Français furent dépeints comme "une pitoyable poignée de squelettes affamés dont plusieurs s'étaient " servis de leurs béquilles pour l'occasion, ne voulant pas rester derrière, bien qu'il leur " fût absolument défendu de partir " (page 70). Il a déjà été fait mention de la défaite de Murray sur le champ de bataille. N'eut été l'arrivée de la flotte anglaise pour en prendre la défense, Québec aurait pu être repris par les Français, la ville étant exposée de tous côtés aux attaques et sa garnison étant médiocre.

Au printemps, le général Murray reçut avis du général Amherst de le rejoindre à Montréal avec toutes les troupes qu'ils pouvaient retirer de Québec ; le colonel Haviland devait descendre le lac Champlain et capturer l'Isle aux Noix en passant ; Amherst, avec le corps d'armée principal devait se rendre au lac Ontario par les rivières Mohawk et Oneida et de là descendre le Saint-Laurent jusqu'à Montréal pour y opérer sa jonction avec les deux autres corps. Vaudreuil envoya M. de Bougainville à l'Isle aux Noix pour prendre le commandement de la frontière, et ce dernier reçut les instructions les plus précises portant tous les indices de l'état de malaise où se trouvait Vaudreuil de qui venaient ces instructions. Cependant tous deux, Vaudreuil et Lévis, expriment la plus haute opinion sur la compétence et la prudence de de Bougainville. Ces expressions de confiance sont si souvent répétées par les deux commandants qu'il serait oiseux d'en citer quelques-unes. Les histoires générales relatent la jonction des trois corps commandés par Amherst, Murray et Haviland, la reddition de Montréal, mais il y a sur la situation des remarques qui offrent de l'intérêt. On énumère d'abord les difficultés de la position du gouverneur de Vaudreuil. Son abandon par les Canadiens-Français qui avaient, pour un grand nombre, prêté à la Couronne britannique le serment d'allégéance ou de neutralité ; le peu de confiance qu'on pouvait avoir sur les troupes régulières, qui refuseraient de combattre jusqu'à la dernière extrémité, son ignorance des mouvements de l'enemi en dehors du fait que les forces se dirigeant contre lui étaient fortes et bien disciplinées ; le fait que quand même il aurait pu opposer une défense temporaire et remporter une victoire partielle, toutes les voies maritimes étant bloquées, il ne pouvait découvrir aucune place de refuge après son inévitable défaite. (Série M., vol. 132, pages 119, 120.) Quant au général Amherst, les difficultés de sa position sont ensuite indiquées. Il arriva à Oswego au commencement de juillet, mais les préparatifs de l'expédition sur Montréal durèrent jusqu'au 10 août avant qu'il pût se lancer sur le Saint-Laurent. Sa route était remplie des plus grands obstacles, il ignorait entièrement la navigation sur le lac, et sa situation n'était pas meilleure quand il atteignit l'entrée sur le Saint-Laurent. L'Ile Royale était dans son chemin avec toutes ses îles environnantes, et il dut en faire le siège en règle. Il n'eut pas plus tôt pris possession de la forteresse de l'Ile Royale et placé une garnison dans l'endroit, qu'il se dirigea sur Montréal, ayant à combattre pouce à pouce sur sa route. Les obstructions sur la rivière entre l'Ile Royale et Montréal lui firent perdre 46 bateaux, 17 baleinières, une galère à un rang de rames et près de 100 hommes, sans compter du butin, des vivres, de la munition d'artillerie, etc. (Série M., vol. 132, pages 122, etc.)

Bien que la route suivie par Haviland de la Pointe à la Couronne à Montréal ne fut pas marquée par des dangers aussi imminents, il rencontra toutefois autant d'obstacles que le général Amherst. Deux fortes garnisons se trouvaient sur sa route, celle de l'Isle aux Noix et celle de Fort Chambly, qu'il fallait vaincre avant qu'il lui fût possible de rencontrer le général Amherst ou le brigadier général Murray à Montréal (page 125). L'ennemi surveillait de près les mouvements du brigadier général Murray en remontant la rivière. M. de Lévis avec une nombreuse armée tenait la rive nord entre le Cap Rouge et Montréal si bien garnie que Murray ne pouvait faire une seule tentative de débarquement de ce côté-là de la rivière ; cependant, en dépit de tous les embarras et empêchements qui s'offraient sur la route maritime de Québec à Montréal, Murray lança ses manifestes sur les deux côtés parmi les habitants sur tout le parcours, manifestes qui produisaient dans une grande mesure l'effet désiré ; presque tous les habitants de la rive sud, jusqu'à Sorel, mirent bas les armes et prêtèrent le serment de neutralité, ce que firent également un grand nombre jusqu'à Trois-Rivières, sur la rive nord, et ceux qui s'y refusèrent furent désarmés par lord Rollo (page 127). Le digne sergent termine un de ses paragraphes par une pieuse expression de reconnaissance pour le succès de son entreprise. Il dit : " Après ces "obstructions et ce qui semblait des impossibilités invincibles, voir trois armées dif-

" férentes venues de trois quartiers arriver à se réunir si à point, cela apparaît claire-
" ment comme un acte réel de la Providence, car aucune prévision humaine n'aurait
" pu faire cela " (page 125).

Pour les rapports précédents sur l'éducation, on peut référer au rapport pour 1889,
commençant à la page xx, lequel donne un aperçu de l'état de l'éducation dans le Bas-
Canada. Le rapport pour 1892 donne un exposé de la demande des biens des Jésuites
parce que ces biens auraient été donnés pour les fins d'éducation et que les Jésuites
n'en auraient été que les dépositaires pour les administrer. Cet exposé commence à
la page xiv, le besoin d'écoles à la page xvi, et les catégories d'écoles à la page xvii.
Dans le rapport pour 1897, il est donné quelques renseignements sur la fondation du
Collège McGill et la condition des autres écoles, commençant à la page xxxi. Dans le
présent rapport sont données une liste des écoles et d'autres informations, à la
note A, ce qui est une suite de ce qui se trouve dans les précédents rapports, de sorte
qu'il n'est pas jugé nécessaire d'appuyer sur le sujet.

A la note B se trouvent des documents relatifs à l'émigration, ou plutôt à l'immigration, un sujet légèrement touché dans le rapport pour 1892, bien que dans le rapport de cette année-là il ait été donné des listes des colons—loyalistes ou soldats
libérés—sur les terres de la Couronne. A l'époque en question, la législature n'attachait que peu d'importance à la question d'immigration, la question de colonisation étant en grande partie laissée aux mains des particuliers. On a esquissé à
grand traits la carrière de deux de ceux qui ont pris une part active dans la colonisation, a savoir : Lord Selkirk et le colonel Talbot, la tâche de coloniser étant, en règle
générale, comme on l'a déjà dit, laissée à l'initiative privée, bien que Talbot fut réellement engagé par le gouvernement pour coloniser.

La législature du Haut-Canada se plaignit de ce que, loin de favoriser l'immigration, on prélevait une taxe sur les sujets anglais arrivant d'outre-mer dans les ports
du Bas-Canada, avec l'intention de s'établir dans le pays, ce qui était un obstacle à la
colonisation du Haut-Canada. Autant qu'on peut en juger par un appendice du rapport de M. A. C. Buchanan, agent d'immigration à Québec, les seuls émigrés qui
venaient au Canada partirent des ports du Royaume-Uni, de sorte que l'accusation
d'une taxation injuste des sujets britanniques était indubitablement mal fondée.
Lord Aylmer, le gouverneur, si l'on en juge par sa correspondance, fut un jour fortement hostile à la taxe, tandis qu'à une autre époque il démontrait les grands avantages que les citoyens de Québec et Montréal retireraient de celle-ci ; considération
sur laquelle appuyait fortement la Société d'immigration, qui terminait par les mots
suivants un appel qu'elle faisait au gouverneur général : " A moins que des mesures
" ne soient prises pour y obvier (parlant du danger de la propagation des maladies et
" des causes d'épidémie) au moyen de quelque subvention du trésor public (si la taxe
" sur les immigrants est abolie), il s'ensuivra des calamités que les ressources person-
" nelles de la population d'ici ne suffiront pas à détourner ". C'est pour éviter ces
calamités qu'on maintint la taxe imposée à la recommandation de lord Goderich,
ministre des colonies, qui, après avoir démontré les inconvénients résultant du système alors en vigueur de transporter les émigrés dans les colonies sans réglementer
l'immigration, manifesta le désir de voir exercer une maîtrise efficace sur les patrons

de navires, par l'imposition d'une taxe, afin de mettre fin à leurs mauvais procédés à l'égard des émigrés. Dans sa lettre circulaire du 11 décembre 1831, adressée aux gouverneurs du Bas-Canada, de la Nouvelle-Ecosse et du Nouveau-Brunswick, lord Goderich disait : " Pour ce faire (c'est-à-dire pour faire disparaître tout motif de " plainte) et aussi dans le but de trouver des fonds pour couvrir les frais de la récep- " tion et du transport à destination des émigrés. * * * Je vous prie de suggérer " aux législatures provinciales qu'il serait à propos de percevoir une faible taxe " payable par le capitaine du vaisseau à l'arrivée de chaque immigrant. * * * Le " produit de la taxe serait aussi d'un grand secours pour l'entretien d'hôpitaux dans " les ports où les immigrants arrivent et pour le paiement des autres frais néces- " saires ". Lord Goderich recommanda fortement l'imposition de cette taxe, non pas, comme il le disait, dans le but d'enrayer l'immigration, mais pour réglementer celle-ci, et il ordonna aux gouverneurs de chacune de ces provinces de ne sanctionner aucune loi décrétant le paiement d'une taxe de plus d'un dollar pour chaque immigrant. La loi du Bas-Canada reçut la sanction du gouverneur le 25 février 1832. Elle était intitulée : " Acte créant un fonds pour procurer des soins médicaux aux immigrants " malades et pour permettre aux immigrants indigents de se rendre à destination ". (On voit que le titre est imprimé tel qu'il se lit dans l'original.) L'article neuf stipulait qu'un quart du montant perçu, soit comme taxe, soit comme amende, pourrait être payé à chacun des corps suivants, à savoir : aux commissaires de l'hôpital des immigrants à Québec, à la corporation de l'hôpital général de Montréal, et aux sociétés d'immigration de ces deux villes. Aucune partie des sommes ainsi données ne devait être prêtée aux nouveaux venus, mais le tout devait servir à transporter les immigrants pauvres et indigents dans des centres du Bas ou du Haut-Canada où ils pourraient trouver un emploi. La Nouvelle-Ecosse et le Nouveau-Brunswick adoptèrent des lois semblables. Celle de la Nouvelle-Ecosse reçut la sanction du gouverneur le 16 février 1832. Celle du Nouveau-Brunswick fut réservée par le gouverneur, mais approuvée par l'exécutif anglais. L'Acte du Bas-Canada devait avoir force de loi jusqu'au 1er mai 1834 ; celui de la Nouvelle-Ecosse devait demeurer en vigueur pendant trois ans, mais la loi du Nouveau-Brunswick ne contenait aucune stipulation à cet égard.

L'un des motifs qui donna lieu aux plaintes déjà mentionnées de la législature du Haut-Canada, relativement à l'imposition d'une taxe sur les immigrants arrivant à Québec, fut, dit-on, la croyance généralement répandue qu'il y avait dans le Haut-Canada une faction hostile à l'immigration qui s'efforçait, avec le concours d'hommes politiques du Bas-Canada, " d'enrayer le courant d'immigration qui se dirigeait de " la Grande-Bretagne vers les Canadas ". Après ce qui a été dit plus haut, il est évident que quelques désirs d'enrayer le courant d'immigration qu'aient entretenus les hommes politiques du Haut ou du Bas-Canada, le projet de prélever une taxe avait pris naissance au ministère des Colonies, qui désirait, au dire du ministère des Affaires coloniales, réglementer l'émigration et avoir la haute-main sur les patrons de vaisseaux qui transportaient les émigrés à Québec.

Il paraît évident, à en juger par la peinture qui a été faite de la situation, que le besoin de règlements précis concernant l'envoi, l'arrivée et l'établissement des immigrants se faisait sentir. Les soldats retraités et les émigrés indigents qu'on amenait·

ici se trouvaient réduits à une grande détresse. Les premiers avaient follement dépensé la somme fixe reçue en échange de leur pension de retraite, et se trouvaient dans l'impossibilité de demeurer sur leurs terres, à moins de recevoir de nouveaux secours, d'après le rapport de sir John Colborne, qui ajoutait que, après avoir passé la meilleure partie de leur vie dans l'armée, ils ne pouvaient pas pourvoir aux besoins de leur famille, soit par indolence, soit par inaptitude au travail. Les colons établis dans le district de Newcastle étaient aussi dans une détresse profonde. Les émigrés du Sussex et du Wiltshire avaient, disait-on, dépensé toutes leurs ressources et, par conséquent, ne pouvaient pas s'établir sur des terres, mais on les avait placés dans les districts de l'ouest et ils étaient contents de leur sort. L'immigration était libre de toute réglementation, et les paroisses et les propriétaires fonciers désiraient se débarrasser du surplus de population, sans fournir les fonds nécessaires à la réception et à l'établissement des colons, lorsque sir John Colborne attendait l'arrivée de trente à quarante mille émigrés volontaires qu'il fallait se préparer à recevoir, sinon cinq à six mille personnes seraient fréquemment réunies à Prescott et à York, deux villes entièrement incapables de pourvoir à leurs besoins ou de leur procurer de l'ouvrage. Sir John n'approuvait pas qu'on employât les nouveaux venus à l'ouverture des chemins que des personnes habituées à ce travail pouvaient construire pour le tiers du prix que coûtait le travail des émigrés. Selon lui, on devait employer ces derniers à défricher le domaine public, que l'on ensemençait ensuite ; les améliorations ainsi faites devant induire les petits capitalistes à se porter acquéreurs de ces terres. Evidemment dans le dessein de se préparer à cette affluence d'émigrés, un avis émanant de l'Hôtel du Gouverneur, à York, à la date du 25 juillet 1832, fut transmis aux soldats licenciés, dans les termes suivants :

" Avis est par les présentes donné aux soldats licenciés ayant droit à des conces-
"sions de terres, qu'à leur arrivée dans le Haut-Canada, ils pourront s'établir dans
"l'un des districts de Bathurst, Newcastle, Home ou London, et se rendre directement
"du port de débarquement sur leurs emplacements, sans subir les frais ou les inconvé-
"nients d'un voyage à York pour obtenir leurs titres ". (Série C., vol. 632, page 45.)

Les agents ici nommés avec mention de leur poste, furent placés dans les villes ci-après mentionnées : à Cornwall, M. Cheeseman Moe ; à Prescott, M. J. Patton ; à Bytown, M. J. McNaughton ; à Peterborough, M. A. McDonell ; à Cobourg, M. J. G. Bethune ; à Medonte, M. W. Ritchie, et à Carradoc, M. R. Mount. On discontinua environ six mois plus tard d'accorder des concessions de terres aux soldats licenciés, l'expérience ayant démontré les fâcheux effets de cette pratique. Dans une lettre du 4 juin 1833, M. Stanley, alors ministre des Colonies, faisait allusion à une lettre officielle de son prédécesseur, à la date du 1er juillet, approuvant, disait-il, les conclusions de cette dernière, défendant de jamais permettre aux immigrants pauvres d'acquérir des terres publiques à des conditions plus favorables que les conditions imposées aux autres colons. Ce principe, croyait-il, s'appliquait surtout quand il s'agissait de soldats licenciés ou de marine. La commutation des pensions de retraite qui permettait aux anciens soldats et marins d'émigrer devait être abolie et les retraités qui venaient au pays à leurs propres frais devaient, dans leur intérêt bien entendu, ainsi que dans l'intérêt de la colonie où ils se rendaient, être classés parmi les manœuvres plutôt que parmi les propriétaires fonciers. M. Stanley désirait supprimer complètement les concessions gratuites aux soldats et aux marins licenciés, sauf dans un cas mentionné dans la lettre officielle (commençant à la page 608 du volume 632 de la série C). Celle-ci fut reçue vers le milieu d'août, et jusqu'à cette date, cela va de soi, l'ancien système fut en vigueur (page 180). L'unique exception mentionnée dans l'arrêté abolissant les octrois gratuits de terre aux anciens soldats se rapportait aux hommes du corps des sapeurs-mineurs employés aux travaux du canal Rideau, à qui une promesse particulière de concessions de terres avait été faite en 1829, et qui devaient avoir un délai d'un an pour produire leurs réclamations avant que celles-ci ne devinssent caduques (page 171). Un avis des commissaires de l'immigration dont un paragraphe peut être cité, donne la raison de l'abolition des octrois gratuits de terres. L'avis commence ainsi : "Il était autrefois d'usage d'octroyer "gratuitement des terres, mais quand les pauvres gens en prenaient possession, ils "constataient qu'il leur était impossible de subsister jusqu'à la récolte prochaine". Il leur fallait, par conséquent, travailler pour les autres jusqu'à ce qu'ils eussent réalisé quelques économies, et leur refuser des terres, prétendait-on, ce n'était pas commettre d'injustice envers les émigrés, qui continueraient à travailler à gages comme auparavant (190). Un rapport adressé au ministre des colonies fit ressortir davantage l'idée qu'il était préférable pour les émigrés indigents et pour le pays d'apprendre peu à peu aux premiers à faire un bon usage des terres.

La déclaration de sir John Colborne qui disait que les émigrés nécessiteux envoyés à l'étranger continuaient à vivre dans la misère, n'est pas entièrement vraie et ne s'applique tout au plus qu'aux paresseux ou à ceux que des infirmités corporelles rendaient impropres au travail, car plusieurs de ceux qui étaient venus ici sans le sou, de leur propre aveu, vivaient dans l'aisance au bout de quelques années. On peut citer le témoignage de deux sergents du 103e régiment qui déclaraient tous deux n'avoir pas possédé un seul shilling à leur arrivée au pays. L'un dit qu'après neuf ans il n'aurait pas vendu ses biens pour £300 ; l'autre, après cinq ans de séjour ici, avoue valoir £100. Un émigré ordinaire, autre qu'un ancien soldat, disait qu'il n'avait pas d'argent lors de son départ d'Angleterre, mais qu'au moment où il parlait, il ne voudrait pas vendre son avoir pour £100, et il faisait la remarque significative suivante : "Je ne dois pas un sou à personne ; je n'ai jamais reçu d'aide de qui que ce soit".

Le tout respectueusement soumis,

DOUGLAS BRYMNER,

Archiviste.

31 décembre 1900.

Noms.	Résidences.	Ouvrages.
Société Antiquaire Américaine.....	Worcester, Mass....	Rapport.
Bates, E. B.	Ottawa.............	Almanachs des adresses.
Bourassa, rév. abbé........	Montréal............	Brochure.
Collège Bourget....	Rigaud, P.Q.........	Rapports.
Bryce, rév. Geo., LL.D...........	Winnipeg...........	Brochures.
Association Forestière Canadienne.	Ottawa.............	Rapport.
Société Can. des Ingénieurs Civils..	Montréal..........	Transactions.
Surintendant en chef des Ecoles....	Nouveau-Brunswick.	Rapports.
Société des Guerres Coloniales. ...	New-York	Registre des officiers et des membres.
Cruikshank, Ernest............ ...	Fort-Erié, Ont	Brochures.
Dawson, G. M.....	Ottawa.............	Contributions à la Paléontologie canadienne.
Douglas, James, LL.D...........	New-York	Progrès techniques du dix-neuvième siècle.
Dupuy, Auguste....	Ottawa.............	Brochures.
Durrett, R. T...................	Louisville..........	Publications du Club Filson.
Université Harvard.............	Cambridge.........	Brochure.
Commission Historique MSS......	Londres, Angleterre	Publications.
Société Historique et Philosophique de l'Ohio..................	Cincinnati	Rapport.
Société Historique et Scientifique du Manitoba..........	Winnipeg.	Brochures.
Ligue Impériale d'Ottawa........	Ottawa.............	Rapport.
Johnson, George	Ottawa.............	Annuaire statistique. 1899.
Assemblée législative......... ...	Toronto	Rapports.
Leigh-Browne Trust	London...........	Expérience biologique.
Association Bibliothécaire........	New-York	Journal. Mensuel.
Société Littéraire et Historique....	Québec	Transactions.
Matthews, capit. J. H	Montréal	Lettres patentes au baron de Longueuil.
Ministre de l'Education........	Toronto	Brochure. Sites des villages hurons.
Société Historique du Missouri	Saint-Louis.	Collections.
Commissaires du havre de Montréal	Montréal	Rapports.
Librairie Newberry..............	Chicago	Rapport.
Librairie publ., Newcastle-on-Tyne.	Newcastle-on-Tyne..	Rapport.
Librairie de l'État de New-York...	Albany.............	Appendice.
Société Historique de Niagara. ...	Niagara	Rapport.
Noyes, John....................	Cowansville.......	Brochure.
Société Historique d'Ontario	Toronto	Brochure.
Porter, Peter A...	Niagara, N.-Y.....	Rapport annuel. Ile de la Chèvre.
Librairie Reynolds...........	Rochester	Rapport.
Rhésume, rév. Père	Ste-Anne de-Beaupré	Annales. Mensuelles.
Société Historique du Rhode-Island	Providence	Publications.
Ross, Peter, M.D................	New-York	Rapport de l'Historien de la Grande Loge des A. F. & A.M.
Société Royale du Canada........	Ottawa...........	Procès-verbaux et transactions.
Librairie Mercantile de Saint-Louis	St-Louis..	Rapport annuel.
Société Géographique Ecossaise....	Edimbourg, Ecosse..	Revue. Mensuelle.
Shortt, Professeur A.............	Kingston	Queen's Quarterly. Histoire du système de banque Canadien.
Fils de la Révolution....	New-York..........	Annuaire.
Société Historique de l'Etat.......	Wisconsin	Procès-verbaux, brochures.
Librairie de l'Etat........	New-York....	Papiers publics.
Bibliothèque publique de Toronto.	Toronto	Rapport annuel.
" Universitaire, Toronto	Toronto	Publications. Etudes.

xl   LISTE DES LIVRES, ETC., PRÉSENTÉS, AVEC LES NOMS DES DONATEURS.

64 VICTORIA, A. 1901

Noms.	Résidences.	Ouvrages.
Université du Michigan	Ann Arbor..........	Calendrier.
Walker, B. E....................	Toronto	Brochure.
Université de Washington.........	Seattle, Wash.	Catalogue.
Université wesleyenne	Middletown, Conn..	Catalogue.
Whelan, rév. M. J................	Ottawa.............	Aperçu Historique de la paroisse St-Patrice.
White, Richard, *The Gazette*.......	Montréal	L'Almanach du peuple, 1900.
Société Histor., Etat du Wisconsin.	Madison......	Collections.
Société Historique Canadienne des Femmes, Toronto.	Toronto	Rapport annuel, 1898-99.
Société Historique du Wyoming...	Wilkes Barré.......	Procès-verbaux.

NOTE A

ÉDUCATION

N° 1.—Lord Aylmer au vicomte Goderich.

(Archives, série Q., vol. 202-2, page 332.)

GOUVERNEMENT CIVIL,
CHÂTEAU SAINT-LOUIS,
QUÉBEC, 5 juillet 1832.

MILFORD,—Conformément aux instructions transmises dans la lettre circulaire de Votre Excellence, à la date du 30 octobre 1831, j'ai l'honneur de vous adresser un relevé de tous les collèges et établissements d'éducation de la province du Bas-Canada, avec une liste des professeurs ou maîtres d'école de chacun d'eux, ainsi qu'un état de leurs traitements respectifs.

J'ai l'honneur d'être,
Milord,
De Votre Excellence,
Le très obéissant et humble serviteur,

AYLMER.

Au Très honorable
VICOMTE LORD GODERICH,
Etc., etc., etc.

N° 2.—Relevé des collèges et maisons d'éducation dans le Bas-Canada.

(Archives, série Q, vol. 202—2, p. 333.)

Société et institutions privées recevant une subvention du gouvernement.

Endroit.	Etablissement.	Nom de l'instituteur.	Salaire annuel.		
			£	s.	d.
Cité de Québec....	Grammar School...........	Rév. R. Burrage . .	200	0	0
	National School...	James Thom et Lucy Norris.............	200	0	0
	Ecole anglaise et française...	William Morris et.............	90	0	0
		A. Kelly.	30	0	0
	Société d'éducation	C. Cazeau..............	108	0	0
	" "	Alex. McDonald.............. ...	54	0	0
	Ecole Saint-André	James Seaton..............	135	0	0
	J. F. Perrault, écr.—				
	Ecoles de garçons........	Fr. Dugal.............	35	2	0
Cité de Montréal..	" de filles........	Mme Gadbois..............	14	12	6
	Grammar School...........	A. Skakel.............	200	0	0
	National School........... {	W. Gresene..............	65	0	0
		Mlle Meredith..............	45	0	0
	Ecole anglaise et française... {	Instituteur..............	90	0	0
		Institutrice..............	60	0	0
	Ecole Saint-Jacques (franc.)..	M. Archambault............	28	15	0
	" (ang.)..	M. Ryden..............	28	15	0
	" filles ..	J. Lauzon..............	15	5	0
	" soir...	M. Ducharme...	12	10	0
	Ecole des Récollets... ... {	Deux instituteurs..............	63	0	0
		" institutrices	27	0	0
	Ecole des Enfants........	" instituteurs.............	54	0	0
	Ecole Expérimentale.......	J. Lancaster..............	90	0	0
nte-Anne	Collège.........	Professeur et fondateur le rév. M. Painchaud.			
		Principal, Louis Proulx.	27	0	0
		Président, rév. M. Migaault.............			
		Professeurs—			
		M. Sirois..............	11	5	0
		M. Lafontaine..............	11	5	0
		M. Moreau..............	11	5	0
		M. Gauthier..............	11	5	0
		M. Leclerc..............	11	5	0
		M. Dunn..............	9	0	0
hambly..........	Collège......	Professeurs—			
		Rév. J. O. Groulx............	63	0	0
		Rév. J. Boucher............	50	0	0
		Rév. P. Garnot............	40	0	0
		Rév. P. Ménard............	9	0	0
		E. Blythe.	9	0	0
		Ls. Charland............	9	0	0
		J. Desautels............	9	0	0
		G. Hayes............	9	0	0
Berthier..........	Société d'éducation........ {	James Murray............	90	0	0
		M. D'Albini..............	54	0	0
Charleston	Académie............... {	Andrew Balfour............	112	10	0
		Julia Goodrich..............	56	5	0
Saint-Hyacinthe ..	Collège	Professeurs—			
		F. Desaulniers......	11	5	0
		J. Levesque......	11	5	0
		J. Raymond.	11	5	0
		J. Largue	11	5	0
		E. Lecour	11	5	0
		G. Chabotte......	11	5	0
		G. Marchassault............	11	5	0
		P. Coriveau............	11	5	0
		A. Lemay	11	5	0
Stanstead.........	Séminaire.....	Un instituteur principal	135	0	0
		" assistant.............	50	0	0
		Une institutrice principale..............	45	0	0
		Une assistante..............	30	0	0
Trois-Rivières.....	Société d'éducation.........	C. H. Lasiscraie et assistant............	180	0	0

N° 3.—Liste des écoles primaires dans les campagnes du Bas-Canada recevant des subventions à même les fonds publics, en vertu de l'acte provincial 9, Geo. 4, chap. 46 et suivants, pour l'avancement de l'éducation.

(Archives, série Q., vol. 202—2, p. 336.)

Comtés.	Paroisse, canton ou seigneurie.	Nom des instituteurs.	Salaire annuel.		
	District de Québec.		£	s.	d.
Québec	Paroisse de Beauport	D. McDougal	18	0	0
	"	C. Lefevre	18	0	0
	"	C. Gagnier	18	0	0
	"	L. Delage	18	0	0
	"	C. F. Reeves	18	0	0
	"	G. Rollman	18	0	0
	"	E. Doyle	18	0	0
	"	H. Olivier	18	0	0
	Paroisse de St-Ambroise	D. Lafrançois	18	0	0
	"	L. Pepin	18	0	0
	"	P. Beaulieu	18	0	0
	"	E. Daigle	18	0	0
	Paroisse de Valcartier	T. Carrolle	18	0	0
	"	H. O'Neil	18	0	0
	"	C. Hurst	18	0	0
	"	P. Liddy	18	0	0
	Paroisse de Lorette	P. Robitaille	18	0	0
	Paroisse de Ste-Foy	J. Kean	18	0	0
	"	C. Langelier	18	0	0
	"	M. Morette	18	0	0
	Paroisse de Charlesbourg	M. Bedard	18	0	0
	"	E. Ricaroy	18	0	0
	"	P. Rochette	18	0	0
	"	S. Delage	18	0	0
	Paroisse de Beaulieu	C. Decormier	18	0	0
	"	J. Gagnon	18	0	0
	Wolfe's-Cove	L. Plamondon	18	0	0
	Sillery-Cove	B. Maguire	18	0	0
	Paroisse de Grondines	P. Churchill	18	0	0
Portneuf	"	E. Morin	18	0	0
	"	A. Loranger	18	0	0
	"	M. Derome	18	0	0
	"	J. Thibodeau	18	0	0
	"	J. Perrault	18	0	0
	Paroisse de Deschambault	L. Graham	18	0	0
	"	J. Gauthier	18	0	0
	"	N. Gauthier	18	0	0
	"	A. Perrault	18	0	0
	"	J. Prussien	18	0	0
	"	Frs. Paquet	18	0	0
	"	E. Darveau	18	0	0
	Paroisse du Cap-Santé	A. Morin	18	0	0
	"	J. Bonin dit Dufresne	18	0	0
	"	E. Thurber	18	0	0
	"	C. Aubry	18	0	0
	"	L. Mottard	18	0	0
	"	P. Delage	18	0	0
	"	F. Germain	18	0	0
	"	E. Germain	18	0	0
	"	G. Matte	18	0	0
	"	A. Millar	18	0	0
	"	S. Richard	18	0	0
	"	T. Delage	18	0	0
	"	A. Delage	18	0	0
	"	S. Auger	18	0	0
	"	N. Marcotte	18	0	0
	Paroisse des Écureuils	P. Love	18	0	0
	Paroisse de la Pointe-aux-Trembles	M. Gentilly	18	0	0
		Sœurs St. Henri et St. François	18	0	0

LISTE des écoles primaires dans les campagnes du Bas-Canada, recevant des subventions, etc.—*Suite.*

DISTRICT DE QUÉBEC—*Suite.*

Comtés.	Paroisse, canton ou seigneurie.	Noms des instituteurs.	Salaire annuel.		
			£	s.	d.
Portneuf.............	Paroisse de Pointe-aux-Trembles..	J. Ryan..	18	0	0
	" "	A. Valliers....	18	0	0
	" "	J. Gentilly ...	18	0	0
	Paroisse de St-Augustin	J. Miller....	18	0	0
	"	M. Miller....	18	0	0
	Paroisse du Cap-Rouge	E. Byrne....	18	0	0
	Paroisse de Ste-Catherine	J. White....	18	0	0
	"	B. White....	18	0	0
	"	J. Walsh....	18	0	0
	"	E. Walsh	18	0	0
	"	J. Donovan....	18	0	0
	"	P. Hickey....	18	0	0
	"	P. White....	18	0	0
	Paroisse de L'Ancienne Lorette...	J. Déry....	18	0	0
	" "	Ige. Déry....	18	0	0
	" "	P. Lauffert....	18	0	0
	" "	M. Trudelle	18	0	0
	" "	J. Lemlin	18	0	0
	" "	P. Pelisson	18	0	0
	Paroisse de St-Ambroise.......	P. Beaupré....	18	0	0
Bellechasse............	Paroisse de la Pointe-Lévis..	J. Giguère....	18	0	0
	"	M. Guay	18	0	0
	" "	T. Bisson	18	0	0
	Paroisse de Beaumont	L. Labrie	18	0	0
	"	A. McIntyre....	18	0	0
	"	C. Loiselle....	18	0	0
	"	D. Boisseau	18	0	0
	"	L. Léténey....	18	0	0
	"	R. Lacasse....	18	0	0
	"	F. Journeau	18	0	0
	Paroisse de St-Michel........	H. Gosselin....	18	0	0
	"	L. Blanchet	18	0	0
	"	J. Tanguay....	18	0	0
	"	A. Silvain..	18	0	0
	"	F. Maindell....	18	0	0
	"	C. Mercier....	18	0	0
	Paroisse de St-Charles........	M. Bourassa....	18	0	0
	"	A. Bourassa	18	0	0
	"	M. Couture....	18	0	0
	"	C. Gosselin....	18	0	0
	"	P. Ouellet	18	0	0
	"	P. Couture....	18	0	0
	"	C. Trahan....	18	0	0
	"	M. Bourassa....	18	0	0
	"	P. Chamberland	18	0	0
	Paroisse de St-Gervais........	F. Lemlin	18	0	0
	"	J. Beauché	18	0	0
	"	R. Roy....	18	0	0
	"	A. Aubé....	18	0	0
	"	J. Dutil....	18	0	0
	"	Jos. Blais	18	0	0
		H. Rhéaume	18	0	0
		M. Brochure....	18	0	0
	"	J. Jolivet	18	0	0
	"	J. Kirouac....	18	0	0
	"	A. Dessein....	18	0	0
		J. Miller....	18	0	0
	Paroisse de St-Charles........	A. Poliquin....	18	0	0
	"	B. Audette....	18	0	0
	"	A. Jovin....	18	0	0
	"	A. Dionne....	18	0	0
	"	R. Feuilteau....	18	0	0

LISTE des écoles primaires dans les campagnes du Bas-Canada recevant des subventions, etc.—*Suite.*

DISTRICT DE QUÉBEC.—*Suite.*

Comtés.	Province, canton ou seigneurie.	Noms des instituteurs.	Salaire annuel.		
			£	s.	d.
Bellechasse..............	Paroisse St-Charles.	C. Lafontaine..............	18	0	0
	" "	C. Labrioque.	18	0	0
	" St-Valliers............	J. S. Roy................	18	0	0
	" "	M. Langlois...............	18	0	0
	" "	Ed. Roy.................	18	0	0
	" "	B. Marceau...............	18	0	0
	" "	M. Letellier..............	18	0	0
	" "	P. Bouchard....	18	0	0
	" "	E. Roy.................	18	0	0
	" "	J. E. Gendreau............	18	0	0
	" Berthier.......	M. Brochu.	18	0	0
	" St-Francois, Riv. du Sud.	Sœurs St-Bruneau et St-Oliver......... }	18	0	0
	" "	B. Rattié................	18	0	0
	" "	H. Campagnard............	18	0	0
	" "	C. Blanchette.............	18	0	0
Lotbinière	" St-Jean...............	R. Ritchie...............	18	0	0
	" "	R. Bergeron..............	18	0	0
	" "	V. Lanouette..	18	0	0
	" "	A. Tanguay..............	18	0	0
	" Lotbinière	A. F. Germain........... .. .	18	0	0
	" "	A. Beaudet....	18	0	0
	" "	M. Bradford	18	0	0
	" "	M. Beaudet........ ...	18	0	0
	" "	F. X. Piché.	18	0	0
	" "	J. Lafond....	18	0	0
	" "	J. Laliberté..	18	0	0
	" "	U. Demers	18	0	0
	" "	J. Dumontier	18	0	0
	" "	J. Augé..........	18	0	0
	" "	L. Lemay...............	18	0	0
	" "	M. Lapierre	18	0	0
	" "	J. B. Blais...............	18	0	0
	" "	J. B. Lemay........... ..	18	0	0
	" Ste-Croix	F. Rouisse...............	18	0	0
	" "	A. Boulé	18	0	0
	" "	C. Rouillard..............	18	0	0
	" "	M. Martineau	18	0	0
	" "	E. Thurber	18	0	0
	" "	M. Charest	18	0	0
	" "	M. Warters..............	18	0	0
	" "	J. Moffette...............	18	0	0
	" "	M. Bergeron..............	18	0	0
	" St-Antoine	J. McDonald	18	0	0
	" "	O. Pilot................	18	0	0
	" "	F. L'Heurenx	18	0	0
	" "	M. LaMontagne............	18	0	0
	" "	M. Legendre.............	18	0	0
	" "	G. Petitclair..............	18	0	0
	" "	J. Belleau...............	18	0	0
	" "	L. Marchand	18	0	0
	" St-Giles.	M. Croteau..............	18	0	0
	" "	D. Burns................	18	0	0
	" St-Sylvestre............	G. Lionnais..............	18	0	0
	" "	Geo. Potts	18	0	0
	" "	J. Daniel...............	18	0	0
	" "	C. Boyle................	18	0	0
	" "	T. Cromwell.............	18	0	0
	" "	P. Carton...............	18	0	0
	" "	C. Reed...	18	0	0
	" "	B. McCall...............	18	0	0
	" "	M. Heyden..............	18	0	0
	" "	M. A. Valliers	18	0	0

Liste des écoles primaires dans les campagnes du Bas-Canada recevant des subventions, etc.—*Suite.*

DISTRICT DE QUÉBEC—*Suite.*

Comtés.	Paroisse, canton ou seigneurie.	Noms des instituteurs.	Salaire annuel.		
			£	s.	d.
Dorchester...............	Paroisse St-Nicolas	J. Gagnon..................	18	0	0
	" "	J. Croteau	18	0	0
...	" "	G. de Laperelle.........	18	0	0
	" "	J. Martineau...........	18	0	0
	" "	J. Lemay	18	0	0
	" "	L. Paquet	18	0	0
	" "	M. Aubin..............	18	0	0
	" St-Joseph...........	L. Moreau.............	18	0	0
	" "	C. Fortin	18	0	0
	" "	C. Carrier	18	0	0
	" "	C. Cauchy.............	18	0	0
	" "	Frs. Kelly...........	18	0	0
	" "	M. A. Boucher.........	18	0	0
	" "	S. L'Hérault..........	18	0	0
	" St-Jean Chrysostôme....	J. Genest	18	0	0
	" " "	M. A. Gagnon..........	18	0	0
	" " "	A. Tallon.............	18	0	0
	" " "	T. Amiraux...........	18	0	0
	" " "	H. Amiraux...........	18	0	0
	" St-Isidore	F. Sellyer	18	0	0
	" "	A. Dion...............	18	0	0
	" "	P. Rouleau............	18	0	0
	" St-Henri	M. Caron.............	18	0	0
	" "	L. Genest............	18	0	0
	" "	L. Gosselin..	18	0	0
	" "	G. Leclerc............	18	0	0
	" "	O. Roberge...........	18	0	0
	" St-Anselme	J. Roy...............	18	0	0
	" "	J. B. Labrecque	18	0	0
	" "	A. Rousseau...........	18	0	0
	" "	M. Bissonnette.........	18	0	0
	" "	J. Bussière...........	18	0	0
	" "	A. Audet............	18	0	0
	" "	S. Roy..............	18	0	0
Beauce...............	Canton de Frampton...........	M. Sevanson...........	18	0	0
	" "	J. Fitzpatrick.........	18	0	0
	" "	D. McCarthy...........	18	0	0
	Paroisse Ste-Claire	A. Blanchette.........	18	0	0
	" "	M. Dion..............	18	0	0
	" "	J. Gagnon............	18	0	0
	" "	R. Gagné .	18	0	0
	" Ste-Marie..........	A. Brunette	18	0	0
	" "	J. Perrault...........	18	0	0
	" "	S. Rancour...........	18	0	0
	" "	M. Gagnon............	18	0	0
	" "	E. L'Écuyer	18	0	0
	" "	J. Blumhart	18	0	0
	" "	Louise Guay	18	0	0
	" "	Sœurs Ste-Thérèse et St-Rocque	18	0	0
	" St-Joseph.............	B. Roy...............	18	0	0
	" "	L. Lagueux	18	0	0
	" "	F. Gagné.............	18	0	0
	" St-François	N. Gingras...........	18	0	0
	" "	E. Janson	18	0	0
	" "	J. Verrault...........	18	0	0
Orléans	" St-Jean Bte.	Thos. Lloyd..........	18	0	0
	" "	P. Descombe...........	18	0	0
	" "	E. McFarlane..........	18	0	0
	" Ste-Famille...........	E. Parée.............	18	0	0
	" "	Sœurs St-Claude et Ste-Monique.............	18	0	0
	" St-Pierre..........	P. Goulet.................	18	0	0

Liste des écoles primaires dans les campagnes du Bas-Canada recevant des subventions, etc.—Suite.

DISTRICT DE QUÉBEC.

Comtés.	Paroisse, canton ou seigneurie.	Noms des instituteurs.	Salaire annuel.		
			£	s.	d.
Montmorency............	Paroisse Sainte-Anne	L. Racine............	18	0	0
....	"	M. Guigure.	18	0	0
	"	F. Touchette.............	18	0	0
	" Saint-Féréol..........	M. Lefebvre.............	18	0	0
	" "	E. Gagnon...........	18	0	0
	" Saint-Joachim..	J. Saillant..........	18	0	0
	" Château-Richer.......	M. C. Hervieux...........	18	0	0
.....	" "	L. C. Lefrançois..........	18	0	0
	" "	Ve H. Bornais............	18	0	0
	" "	F. Doncourt..........	18	0	0
	" L'Ange-Gardien	M. Delauney.........	18	0	0
	" "	M. A. Blouin............	18	0	0
...."	"	T. Gingras............	18	0	0
Rimouski	" Saint-Germain	J. O. Hannah	18	0	0
	" "	J. B. St. Pierre.......	18	0	0
	" "	J. Picot..............	18	0	0
	" "	J. Plante..........	18	0	0
	" Sainte-Luce............	A. Bernier............	18	0	0
	Seigneurie Métis..	Jas. Paul...........	18	0	0
Kamouraska....	Paroisse Saint-Pascal...........	J. Hudon........	18	0	0
	" "	F. Hudon............	18	0	0
	" "	P. Dionne	18	0	0
	" "	A. Dionne...........	18	0	0
	" "	E. Soucie............	18	0	0
	" "	R. Puize..........	18	0	0
	" "	S. Varin...	18	0	0
	" "	J. A. Berubé............	18	0	0
	" "	M. A. Caron............	18	0	0
......	" "	F. Guimont............	18	0	0
	" Saint-Louis......	M. Logan............	18	0	0
	" "	J. B Martin	18	0	0
	" "	L. Pepin..............	18	0	0
	" "	F. Lagarde............	18	0	0
	" "	B. Chassé.............	18	0	0
	" "	A. Chassé............	18	0	0
	" "	F. Louis	18	0	0
	" Saint-André......	M. Dechesne........	18	0	0
	" " ..	G. Uhabot............	18	0	0
	" "	P. Poulin.......	18	0	0
	" Saint-Patrice de la Rivière-du-Loup..	M. Cahaire........	18	0	0
Rimouski	" Rivière-du-Loup..........	L. C. Puize.........	18	0	0
	" "	T. A. Puize..........	18	0	0
	" " ....:...	J. A. McLaughlin.........	18	0	0
	" "	T. Costin...........	18	0	0
	" Cacouna.............	J. Dechesne............	18	0	0
	" "	J. Poirée............	18	0	0
	" "	M. Duperré............	18	0	0
	" "	L. Leblond............	18	0	0
	" St-Jean-Bte-de-l'Isle-Verte	H. Beaulieu............	18	0	0
	" Trois Pistoles............	H. Boucher............	18	0	0
	" "	J. Peltier............	18	0	0
	" "	F. X. Buteau............	18	0	0
L'Islet	" Saint-Pierre-Riv.-du-Sud.	M. Letourneau........	18	0	0
	" Saint-Thomas	A. Gauthier............	18	0	0
	" "	L. Vallée	18	0	0
	Cap-Saint-Ignace...............	L. Silvestre............	18	0	0
	" "	J. Mathieu	18	0	0
	" "	J. Bernier....	18	0	0
	" "	P. Kemneur............	18	0	0
	" "	M. Lee..	18	0	0
	L'Islet	J. Mathieu............	18	0	0

64 VICTORIA, A. 1901

LISTE des écoles primaires dans les campagnes du Bas-Canada recevant des subventions, etc.—*Suite.*

DISTRICT DE QUÉBEC.

Comtés.	Paroisse, canton ou seigneurie.	Noms des instituteurs.	Salaire annuel.		
			£	s.	d.
L'Islet	L'Islet........................	A. Morency	18	0	0
	"	A. Tanguay	18	0	0
	"	E. Goudreau................	18	0	0
	"	P. N. Bernier................	18	0	0
	"	J. B. Fortin.	18	0	0
	"	T. Bélanger	18	0	0
	"	H. Létourneau	18	0	0
	Saint-Jean............... ..	M. et V. Pelerin	18	0	0
	Saint-Roch-des-Aulnais.........	J. Belleau....	18	0	0
	"	F. Peltier..................	18	0	0
	"	T. Bégin..	18	0	0
	"	M. Sénéchal.............	18	0	0
Kamouraska..............	Sainte-Anne	E. Puize..................	18	0	0.
	"	A. Guy...................	18	0	0
	"	Angelle Guy...............	18	0	0
	"	M. Bossée................	18	0	0
	Rivière-Ouelle.................	J. Gauvin...............	18	0	0
	"	M. Boucher.............	18	0	0
	"	S. Boucher	18	0	0
	"	J. B. Garon.............	18	0	0
	"	E. Bonenfant.............	18	0	0
	Fief Saint-Dénis...............	H. Bérubé..............	18	0	0
	"	J. Bonenfant.............	18	0	0
	"	M. S. Beaulieu............	18	0	0
	"	F. Giffard.	18	0	0
	Paroisse Rivière-Ouelle.	Sœurs St-Jean et St-Pierre .	18	0	0
	"	P. Boucher...............	18	0	0
	"	A. Defoi	18	0	0
	"	M. Defoi	18	0	0
Saguenay.................	Saint-Etienne	C. Pacaud............	18	0	0
	"	J. Slevin	18	0	0
	Saint-Louis de l'Isle-aux-Coudres.	G. Desgagnier	18	0	0
	Baie-Saint-Paul	L. Chaperon	18	0	0
Mégantic.................	Canton-d'Irlande...............	J. Hough	18	0	0
	"	J. Kirkpatrick..	18	0	0
	"	J. H. Belser...............	18	0	0
	Broughton..	J. Gibson......	18	0	0

DISTRICT DE MONTRÉAL.

L'Assomption............	Paroisse Saint-Pierre........	S. J. Lewis....	18	0	0
	"	M. J. Lemoine..............	18	0	0
	"	H. Rousain.	18	0	0
	"	R. Latourelle	18	0	0
	"	T. Cherrier....	18	0	0
	"	L. C. Bruneau....	18	0	0
	"	S. Marsereau	18	0	0
	"	A. B. Brien	18	0	0
	"	L. Bourbonnier.............	18	0	0
	Repentigny..................	B. Moreau.................	18	0	0
	"	M. Hervieux...............	18	0	0
	Saint-Sulpice.....	B. Piché....	18	0	0
	"	D. Lafontaine	18	0	0
	Paroisse-Saint-Jacques........	F. Lebelle	18	0	0
	"	M. Dupuis................	18	0	0
	"	L. B. David...............	18	0	0
	"	M. Girard.................	18	0	0
	"	M. Guyon.................	18	0	0
	"	J. Dufresne..	18	0	0

DOC. DE LA SESSION No 18

LISTE des écoles primaires dans les campagnes du Bas-Canada recevant des subventions, etc.—*Suite.*

DISTRICT DE MONTRÉAL.—*Suite.*

Comtés.	Paroisse, canton ou seigneurie.	Noms des instituteurs.	Salaire annuel.		
			£	s.	d.
L'Assomption............	Paroisse Saint-Jacques..........	M. Arsenau...............	18	0	0
	"	P. Molloy.................	18	0	0
	Canton Rawdon...............	M. Price.................	18	0	0
	"	T. Boothe............	18	0	0
	"	C. Kerr...................	18	0	0
	"	M. Short............	18	0	0
Laprairie	Paroisse Saint-Rémi...........	J. Richardson.	18	0	0
	"	A. Mayers..........	18	0	0
	" Chateauguay...........	F. Gagnier............. ...	18	0	0
	" "	C. Racicot...............	18	0	0
	" "	C. Forrest...............	18	0	0
	" "	P. D. Normand.............	18	0	0
	" Saint-Constant..... ..	J. Parent....	18	0	0
	" "	M. Villard	18	0	0
	" Saint-Philippe........	C. Aubrey...............	18	0	0
	" "	J. Wardby...............	18	0	0
	" "	M. A. Rose..............	18	0	0
	" "	J. Hébert................	18	0	0
	" "	J. Vantier...............	18	0	0
	" La Prairie de La Madeleine	T. Smart................	18	0	0
	" " "	A. de Rycke..............	18	0	0
	" " "	C. O'Keefe...............	18	0	0
	" " "	Sœurs St-Augustin et St-Hubert....	18	0	0
Richelieu...............	Sorel...............	L. Cadet...............	18	0	0
	" "	W. Marquis	18	0	0
	Seigneurie Sorel................	M. L'Esperance.............	18	0	0
	"	J. O. Heir................	18	0	0
	Bourg de, Wm. Henry...........	L. Mireau ., ...	18	0	0
	"	E. C. Allen....... ...	18	0	0
	"	J. et C. Graves............	18	0	0
	" "	F. Hughes...............	18	0	0
	Paroisse Saint-Michel. ..	A. Démarrais.............	18	0	0
	" Saint-Charles...........	J. B. Label.............	18	0	0
	" Contrecœur............	G. Côté................	18	0	0
	" "	J. F. Germain......	18	0	0
	" Saint-Indes.............	J. B. D'Aigle.............	18	0	0
	" "	T. Durocher.............	18	0	0
	" Saint-Denis.............	A. Poirier	18	0	0
	" "	L. Pitt.	18	0	0
	" "	L. Bosquet.............	18	0	0
	" Saint-Ours.............	J. Hughes.............	18	0	0
	" "	J. Mathieu.............	18	0	0
	" "	M. J. Papillon	18	0	0
	" "	M. Côté................	18	0	0
Berthier...	" Sainte-Geneviève.......	J. Murray............ ..	18	0	0
	" "	J. Merceau.............	18	0	0
	" "	J. Benoit.	18	0	0
	" "	Chas. Couture	18	0	0
	" "	M. Defoi.	18	0	0
	" "	Sœurs Ste-Angèle et Ste-Marthe............	18	0	0
	" Saint-Barthélemy	F. Rouleau....	18	0	0
	" "	M. Bastarohe............ ...	18	0	0
	" "	J. Gaucher......	18	0	0
	" "	A. Cloutier..........	18	0	0
	" "	M. J. Cazabon..............	18	0	0
	" "	F. Beaupré.....	18	0	0
	" "	A. Silvester..........	18	0	0
	" Saint-Cuthbert.......	L. Maroux...............	18	0	0
	" "	J. H. Paquet.............	18	0	0
	" "	A. Mirandette............	18	0	0

18—D

64 VICTORIA, A. 1901

LISTE des écoles primaires dans les campagnes du Bas-Canada recevant des subventions, etc.—*Suite.*

DISTRICT DE MONTRÉAL—*Suite.*

Comtés.	Paroisse, canton ou seigneurie.	Noms des instituteurs.	Salaire annuel.		
			£	s.	d.
Berthier	Paroisse Saint-Cuthbert	G. Paquet	18	0	0
	Canton Brandon	J. Lesieur	18	0	0
	Ile du Pads	J. Phillingue	18	0	0
	Paroisse Lanoraie	Jos. Blais	18	0	0
	"	J. McKercker	18	0	9
	" Lavaltrie	P. C. Boivin	18	0	0
	"	C. Farland	18	0	0
	" St-Paul de Lavaltrie	J. Blainville	18	0	0
	" " "	A. Perrault	18	0	0
	" " "	A. Lambert	18	0	0
	" " "	E. Coutu	18	0	0
	" " "	J. Lacoste	18	0	0
	" " "	M. Corry	18	0	0
	Canton Kildare	C. Purcell	18	0	0
	"	W. Boyce	18	0	0
	Seigneurie de Ramsay	H. Sum-r	18	0	0
	" d'Ailebout	H. Provençal	18	0	0
	Paroisse Sainte-Elizabeth	J. Dumont	18	0	0
	"	F. Beaudry	18	0	0
	"	J. F. Ouellet	18	0	0
	"	A. Bernard	18	0	0
Vaudreuil	" Saint-Polycarpe	J. Manseau	18	0	0
	"	M. Courtnay	18	0	0
	Soulanges	V. Routhier	18	0	0
	"	L. Couttée	18	0	0
	"	Chas. Boyer	18	0	0
	"	J. Lamoureux	10	0	0
	"	B. Joassin	18	0	0
	Paroisse Vaudreuil	J. Benson	18	0	0
	" Rigaud	L. Bertrand	18	0	0
Chambly	Boucherville	P. Pichée	18	0	0
	"	J. Lacombe	18	0	0
	"	Léon Burtz	18	0	0
	"	Sœurs Ste-Hélène et St-Vincent	18	0	0
	Paroisse Longueuil	A. Vervais	18	0	8
	" "	A. Walter	18	0	0
Verchères	" Contrecœur	R. Béchard	18	0	0
	" "	S. Pinet	18	0	0
	" "	A. Tremblé	18	0	0
	" Varennes	L. Moryeau	18	0	0
	" "	F. Delphose	18	0	0
	" "	Veuve Sarault	18	0	0
	" "	L. Langevin	18	0	0
	" Saint-Mathieu de Belœil	C. Vandandaigne	18	0	0
	" Saint-Antoine	P. Durant	18	0	0
	" "	E. Weilbrenner	18	0	0
	" Verchères	F. X. Nolin	18	0	0
	"	G. Curotte	18	0	0
Deux-Montagnes	Canton Chatham	F. Thomas	18	0	0
	" "	Jas. Fish	18	0	0
	" "	C. Liscombe	18	0	0
	" Grenville	Jas. Gray	18	0	0
	" "	S. Johnstone	18	0	0
	Village Saint-André	Chas. McGillivray	18	0	0
	"	J. McArthur	18	0	0
	"	A. Armstrong	18	0	0
	Seigneurie Argenteuil	S. Montgomery	18	0	0
	Paroisse Saint-Scholastique	J. Ryan	18	0	0
	" "	Frs. Huize	18	0	0

DOC. DE LA SESSION No 18

LISTE des écoles primaires dans les campagnes du Bas-Canada recevant des subventions, etc.—*Suite.*

DISTRICT DE MONTRÉAL—*Suite.*

Comtés.	Paroisse, canton ou seigneurie.	Noms des instituteurs.	Salaire annuel.
			£ s. d.
Deux-Montagnes	Paroisse Sainte-Scholastique	P. Ryan	18 0 0
	"	L. Chevalier	18 0 0
	"	J. Delamothe	18 0 0
	"	J. Prudhomme	18 0 0
	"	J. Monceau	18 0 0
	Paroisse Saint-Eustache	G. Bellair	18 0 0
	"	O. Richard	18 0 0
	"	A. Girouard	18 0 0
	"	M. Clément	18 0 0
	"	P. Rochon	18 0 0
	"	W. Parker	18 0 0
	Saint-Benoît	E. Clément	18 0 0
	"	S. Auger	18 0 0
	"	J. Cléroux	18 0 0
	"	S. C. Hogue	18 0 0
	"	O. Lemaire	18 0 0
Terrebonne	Sainte-Anne des Plaines	R. Filion	18 0 0
	"	C. Payfer	18 0 0
	"	J. Filion	18 0 0
	"	C. Monceau	18 0 0
	Paroisse Sainte-Thérèse	W. Henderson	18 0 0
	"	M. Henderson	18 0 0
	"	B. Piché	18 0 0
	"	M. L. Filion	18 0 0
	"	E. Sauché	18 0 0
	Paroisse Saint-Vincent de Paul	M. J. Constant	18 0 0
	"	J. Langlade	18 0 0
	"	M. Carron	18 0 0
	Paroisse Sainte-Rose	A. Lafournelle	18 0 0
	Paroisse Saint-Martin	J. P. Peltier	18 0 0
Drummond	Canton Shipton	S. George	18 0 0
	"	L. Burbank	18 0 0
	"	A. Silver	18 0 0
	"	E. P. Ewen	18 0 0
	"	L. Rankin	18 0 0
	"	S. Philbreck	18 0 0
	"	J. Olney	18 0 0
	"	L. Silver	18 0 0
	"	N. Silver	18 0 0
	"	Z. Labonté	18 0 0
	"	C. Rankin	18 0 0
	Canton Melbourne	S. Stimson	18 0 0
	"	E. Stimson	18 0 0
	"	S. Burt	18 0 0
	"	M. Gibson	18 0 0
	"	M. Rankin	18 0 0
	"	H. Moore	18 0 0
	Canton Wickham	C. Knight	18 0 0
	Canton Tingwick	J. Cleveland	18 0 0
	Canton Durham	E. Brown	18 0 0
	Canton Kingsey	N. Weare	18 0 0
	"	J. Johnstone	18 0 0
	"	M. Griffin	18 0 0
	Canton Grantham	D. Eddelston	18 0 0
	"	P. Scallon	18 0 0
	Canton Upton	J. Remillard	18 0 0
	"	A. Welling	18 0 0
Montréal	Paroisse Saint-Laurent	M. Roberge	18 0 0
	"	J. B. Sullivan	18 0 0
	Paroisse Pointe Claire	J. B. Vanasse	18 0 0
	"	Soeurs Saint-Paul et Saint-Alexandre	18 0 0

LISTE des écoles primaires dans les campagnes du Bas-Canada recevant des subventions, etc.—*Suite.*

DISTRICT DE MONTRÉAL—*Suite.*

Comtés.	Paroisse, canton ou seigneurie.	Noms des instituteurs.	Salaire annuel.		
			£	s.	d.
Montréal	Paroisse Saint-Joseph, Rivière des Prairies	Thos. Ready	18	0	0
	Paroisse Lachine	T. Thierry	18	0	0
Lachenaie	Paroisse Argentenil	M. Hatch	18	0	0
	"	R. McMillan	18	0	0
	"	Agnes Beaton	18	0	0
	"	Harriet Hillard	18	0	0
	"	R. Groves	18	0	0
	"	L. Baldwin	18	0	0
	"	E. Beaudet	18	0	0
	"	P. Moreau	18	0	0
	"	G. Armstrong	18	0	0
	Paroisse Saint-Roch de Lachenaie	J. E. Thierrel	18	0	0
	" "	M. Leclaire	18	0	0
	" "	V. Dinau	18	0	0
	" "	A. Archambault	18	0	0
	" "	Hy. Valotte	18	0	0
	Paroisse Saint-Paul de Lavaltrie	M. H. Corie	18	0	0
	" "	J. Laporte	18	0	0
	" "	A. Lambert	18	0	0
	" "	A. Perrault	18	0	0
	" "	J. Blainville	18	0	0
	Paroisse Repentigny	T. Cherier	18	0	0
	"	M. C. Lebrun	18	0	0
	"	C. Lortier	18	0	0
	Paroisse Saint-Valentin	A. Balrock	18	0	0
	"	P. Ingault	18	0	0
	"	J. Dubosse	18	0	0
	"	H. Macrae	18	0	0
	"	W. McGregor	18	0	0
	"	R. Hopper	18	0	0
	Canton Potton	A. Orcott	18	0	0
	"	G. Ward	18	0	0
	"	W. Wood	18	0	0
	"	P. Merinan	18	0	0
	"	F. R. Wort	18	0	0
	"	L. R. Holmes	18	0	0
	"	F. Hyde	18	0	0
	"	S. A. Douglas	18	0	0
	"	J. Milton	18	0	0
	Canton Upton	J. Rouillard	18	0	0
	"	D. Renaud	18	0	0
	"	C. Loranger	18	0	0
Chambly	Paroisse Saint-Luc	L. Hébert	18	0	0
	"	V. Brousseau	18	0	0
	"	J. Papineau	18	0	0
	Paroisse Saint-Jean	P. Caisse	18	0	0
	"	M. L. Dérome	18	0	0
	"	A. Campbell	18	0	0
	"	G. Brousseau	18	0	0
	Par. Ste-Marguerite de Blairfindie	F. Laperle	18	0	0
	" "	M. Jeangle	18	0	0
	" "	C. Dumesnil	18	0	0
	" "	F. X. Senécal	18	0	0
	Paroisse Saint-Joseph	P. Boland	18	0	0
	"	J. Lesieur	18	0	0
Ottawa	Canton Hull	M. Stiles	18	0	0
	"	M. Chamberlain	18	0	0
	Canton Eardley	A. Lee	18	0	0
	Canton Lochaber	D. McDermid	18	0	0
	Seigneurie de La Petite Nation	Thos. Lee	18	0	0

DOC. DE LA SESSION No 18

LISTE des écoles primaires dans les campagnes du Bas-Canada recevant des subventions, etc.—*Suite.*

DISTRICT DE MONTRÉAL—*Suite.*

Comtés.	Paroisse, canton ou seigneurie.	Noms des instituteurs.	Salaire annuel.		
			£	s.	d.
Acadie..	Canton Sherrington........	L. Masson......	18	0	0
	"	L. Mathieu.	18	0	0
	"	T. Quillian	18	0	0
	"	S. A. Douglas	18	0	0
	"	B. Hyde....	18	0	0
	"	M. Conolly	18	0	0
	"	J. Brennan.	18	0	0
	Seigneurie Lacolle................	R. Hicks..............	18	0	0
	"	M. Hamilton...............	18	0	0
	"	H. Bullis..............	18	0	0
	"	A. Tarbell..............	18	0	0
	"	R. Dunkin..............	18	0	0
	"	C. H. Fox	18	0	0
	"	B. Bond	18	0	0
	Seigneurie Deléry....	J. Courville.	18	0	0
	"	M. Albee	18	0	0
	"	J. Mathon	18	0	0
	"	S. Mathon	18	0	0
	"	A. Mathon	18	0	0
	"	M. Mathon.	18	0	0
	"	E. Manning	18	0	0
	"	A. Babcock.	18	0	0
	"	H. Tugault.	18	0	0
	"	Margaret Hyde............	18	0	0
Rouville	Seigneurie Sabrevois...	E. Smith..............	18	0	0
	"	J. Hitchcock.	18	0	0
	St-Marie de Monnoir	H. Trudeau.	18	0	0
	"	U. Auger..............	18	0	0
	"	A. Frichette.	18	0	0
	"	P. Cordellier..............	18	0	0
	"	J. Hagard	18	0	0
	"	D. Murray.	18	0	0
	Seigneurie St-Hilaire de Rouville...	J. Monjeau..............	18	0	0
	" " "	T. D'Amour.	18	0	0
	Paroisse St-Jean-Baptiste........	S. Marchessau............	18	0	0
	"	L. Cheval	18	0	0
	"	J. Marchessau............	18	0	0
	Paroisse St-Mathias	D. Racicot..............	18	0	0
	"	P. Gigault.............	18	0	0
	"	M. V. et R. Davignon......	18	0	0
	"	J. Casgrain..............	18	0	0
	St-Athanase......	H. Aubertin..............	18	0	0
	"	L. Ménard	18	0	0
	"	J. Leclerc ....•.....	18	0	0
	"	E. Normandin.............	18	0	0
	"	C. Délorme..............	18	0	0
	"	J. Bouchard	18	0	0
	St-George.	Lydia Salls..............	18	0	0
	"	J. Hanamney.............	18	0	0
	"	P. Quinn..............	18	0	0
	"	L. Lawrence..............	18	0	0
	"	D. Clarke	18	0	0
	"	A. Edy..............	18	0	0
	"	E. Hawley	18	0	0
	"	M. Cook.	18	0	0
	"	M. Bingham.............	18	0	0
	"	P. Dixon..............	18	0	0
	"	A. Cloutier	18	0	0
	"	N. Anderson............	18	0	0
	"	Lucy Lewis..............	18	0	0
	"	P. Tryon	18	0	0
	Seigneurie Sabrevois	J. O'Leary	18	0	0

LISTE des écoles primaires dans les campagnes du Bas-Canada recevant des subventions, etc.—*Suite.*

DISTRICT DE MONTRÉAL—*Suite.*

Comtés.	Paroisse, canton ou seigneurie.	Noms des instituteurs.	Salaire annuel.		
			£	s.	d.
Rouville..............	Seigneurie Sabrevois.............	M. Fargo	18	0	0
	Paroisse St-Thomas.....	A. Pambrun.............	18	0	0
	"	J. Hastings..............	18	0	0
	"	S. H. Sowles.............	18	0	0
	"	P. Hawley..	18	0	0
	"	E. Vaughan.............	18	0	0
Hyacinthe..............	Paroisse St-Hyacinthe....	Sœurs Sainte-Claire et La Visitation	18	0	0
	"	A. Lemay.................	18	0	0
	"	L. Bédard.............	18	0	0
	"	F. Pepin	18	0	0
	"	L. Boucher.............	18	0	0
	"	J. Fanéof.............	18	0	0
	"	M. Beauregard.............	18	0	0
	"	F. D'Aigle..	18	0	0
	"	C. Bédard	18	0	0
	"	J. Côté.............	18	0	0
	Paroisse St-Césaire.............	P. Auger.............	18	0	0
	"	E. Bélanger.............	18	0	0
	"	A. Wilkins	18	0	0
	"	S. Dégéry..	18	0	0
	"	J. Durocher.............	18	0	0
	"	C. Burrell	18	0	0
	"	La. St. Amour.............	18	0	0
	"	B. Olivier	18	0	0
	"	J. B. Maheu	18	0	0
	"	M. Maheu.............	18	0	0
	"	Jas. Hubert	18	0	0
	Paroisse St-Pie	L. Blanchard..	18	0	0
	"	A. Hamel	18	0	0
	"	J. B. Richer	18	0	0
	Paroisse St-Damase.	A. Touchette	18	0	0
	Paroisse La Présentation...........	A. Goddère.............	18	0	0
	"	M. J. Ritchie.....	18	0	0
	"	L. P. Resat	18	0	0
	"	P. Lemieux	18	0	0
	"	J. Véroneau	18	0	0
	Paroisse Abbottaford..............	L. Burrell	18	0	0
Beauharnois...	" St-Clément.............	J. Hawker.............	18	0	0
	" St-Timothée.............	M. Boutillier	18	0	0
	" St-Martine.............	J. Clarke.	18	0	0
	" Nord et Sud de George-Town	R. Robertson	18	0	0
		A. Paton	18	0	0
	Paroisse James Town	M. Harrison	18	0	0
	" Orm's Town	Jas. Darbey	18	0	0
	"	Jas. Hall.............	18	0	0
	" William's Town	W. McGregor.............	18	0	0
	"	H. McCrae.............	18	0	0
	" Edward's Town	R. Hope	18	0	0
	" Russel Town.............	L. P. Holmes.....	18	0	0
	Canton Hinchinbrook	Robt. Helm	18	0	0
	"	C. Barnet.............	18	0	0
	Godmanchester..	M. Dowd	18	0	0
	"	J. Alley	18	0	0
	"	D. Ryan	18	0	0
	"	A. Crawford.............	18	0	0
	"	E. Smith.....	18	0	0
	"	Jos. Chamand	18	0	0
	"	J. B. Mason.............	18	0	0
	"	Donald Ross.............	18	0	0
	"	P. Mannicks.............	18	0	0
	Dundee........	A. Anderson	18	0	0
	"	Jos. Adams	18	0	0

DOC. DE LA SESSION No 18

LISTE des écoles primaires dans les campagnes du Bas-Canada recevant des subventions, etc—*Suite.*

DISTRICT DE MONTRÉAL—*Suite.*

Comtés.	Paroisses, canton ou seigneurie.	Noms des instituteurs.	Salaire annuel.		
			£	s.	d.
Beauharnois	Canton Dundee	P. Fleming	18	0	0
	"	J. Carlisle	18	0	0
	"	W. Fraser	18	0	0
	"	P. McGregor	18	0	0
	Canton Hemmingford	J. Merlin	18	0	0
	"	John Hood	18	0	0
	"	Geo. Hunter	18	0	0
	"	C. Sherry	18	0	0
	"	Hy. Brown	18	0	0
Stanstead	Canton Barnston	M. Fellows	18	0	0
	"	S. Hall	18	0	0
	"	S. Cheeley	18	0	0
	"	L. Farley	18	0	0
	"	J. Humphrey	18	0	0
	"	S. Hollister	18	0	0
	"	B. Clarke	18	0	0
	"	E. F. George	18	0	0
	Canton Hatley	M. Sevain	18	0	0
	"	S. K. Mears	18	0	0
	"	M. Perkins	18	0	0
	"	A. Turner	18	0	0
	"	C. Chamberlain	18	0	0
	"	Lois Perkins	18	0	0
	Canton Compton	C. Richardson	18	0	0
	"	M. Lamphear	18	0	0
	"	C. Hunting	18	0	0
	Canton Stanstead	E. Hibbard	18	0	0
	"	M. Ellis	18	0	0
	"	E. M. White	18	0	0
	"	C. Whitcher	18	0	0
	"	S. Magroone	18	0	0
	"	M. Wright	18	0	0
	"	N. Brown	18	0	0
	"	S. E. Wilder	18	0	0
	"	A. G. Parker	18	0	0
	"	E. Stimson	18	0	0
	"	J. Burpee	18	0	0
	"	Lucy Lee	18	0	0
	"	S. Peasley	18	0	0
	"	M. Morgan	18	0	0
	"	A. Rogers	18	0	0
	"	A. Brown	18	0	0
	Canton Brompton	S. Rankin	18	0	0
	"	S. Elliott	18	0	0
	Canton Hatley	P. E. Abbot	18	0	0
	"	S. Merrick	18	0	0
	"	L. Morrill	18	0	0
	Canton Barnston	A. Stearns	18	0	0
	"	S. A. Farley	18	0	0
	"	S. Lee	18	0	0
	"	E. Lawrence	18	0	0
	"	A. Swain	18	0	0
	Canton Stanstead	M. J. Whitcher	18	0	0
	"	E. Heath	18	0	0
	"	A. Bailey	18	0	0
	"	S. Souther	18	0	0
	"	D. Webster	18	0	0
	Canton Bolton	Rich'd. Cull	18	0	0
	"	C. Stimpson	18	0	0
	"	Geo. Davies	18	0	0
	"	S. French	18	0	0

64 VICTORIA, A. 1901

LISTE des écoles primaires dans les campagnes du Bas-Canada recevant des
subventions, etc.—*Suite.*

DISTRICT DE MONTRÉAL.—*Suite.*

Comtés.	Paroisse, canton ou seigneurie.	Noms des instituteurs.	Salaire annuel.		
			£	s.	d.
Stanstead................	Canton Bolton..............	Amos Nott............	18	0	0
	"	R. Kimpston..	18	0	0
	"	E. Hibbard.	18	0	0
	"	J. Farman..	18	0	0
	Canton Potton	L. Merriman.	18	0	0
Missisquoi..............	Seigneurie St-Armand	Alex. Young............	18	0	0
	"	H. Church...........	18	0	0
	"	E. Kraus.	18	0	0
	"	E. Reynolds...........	18	C	0
	"	D. Campbell........	18	0	0
	"	P. H. Perry	18	0	0
	"	H. M. Townsend...........	18	0	0
	"	A. Cross............	18	0	0
	"	H. H. Gould......	18	0	0
	"	C. Blinn......	18	0	0
	"	L. Henderson	18	0	0
	"	E. Smith............ ..	18	0	0
	"	S. Holden	18	0	0
	"	S. Anderson........... ..	18	0	0
	"	E. Scoefield........... ..	18	0	0
	"	E. J. Abbott............	18	0	0
	Canton Stanbridge.............	M. Phelps	18	0	0
	"	L. Phelps	18	0	0
	"	T. J. Needham...........	18	0	0
	"	M. McKinstrey...........	18	0	0
	"	P. Millington.	18	0	0
	"	L. Souler.............	18	0	0
	"	Mary Ayrr.....	18	0	0
	"	Lucy Chadsey	18	0	0
	Canton Sutton...........	A. A. Smith........... ..	18	0	0
	"	C. C. Host............	18	0	0
	"	M. Pownes	18	0	0
	"	M. A. Bennett	18	0	0
	Canton Dunham...........	N. Horr.............	18	0	0
	"	A. Safford.............	18	0	0
	"	Lucy Starnes...........	18	0	0
	"	C. Geer.............	18	0	0
	"	A. Guy.............	18	0	0
	"	A. Johnston...........	18	0	0
	"	C. Wales.............	18	0	0
	"	E. F. Smith....	18	0	0
	"	E. Wood...	18	0	0
	"	C. Barnes.............	18	0	0
	"	M. Fassett.............	18	0	0
Shefford..............	Canton Farnham...........	M. Messer.............	18	0	0
	"	M. Bailey	18	0	0
	"	E. J. Mills	18	0	0
	"	T. Beode.............	18	0	0
	"	L. Boyce.............	18	0	0
	"	M. Westgate........... ..	18	0	0
	Canton Brome...........	S. M. Mayrand...........	18	0	0
	"	S. Townsend...........	18	0	0
	"	B. Wilson	18	0	0
	"	C. Ladd.............	18	0	0
	Canton Stukeley....	D. Kneelan..	18	0	0
	Canton Shefford.............	R. Laurence.............	18	0	0
	"	M. Hyde.............	18	0	0
	"	M. Townsend	18	0	0
	"	C. Townsend.	18	0	0
	"	A. Bebee	18	0	0
	"	M. Tyler....	18	0	0
	"	A. Leach.............	18	0	0

DOC. DE LA SESSION No 18

Liste des écoles primaires dans les campagnes du Bas-Canada recevant des subventions, etc.—*Suite.*

. DISTRICT DE MONTRÉAL—*Fin.*

Comtés.	Paroisse, canton ou seigneurie.	Noms des instituteurs.	Salaire annuel.		
			£	s.	d.
Shefford	Canton de Granby	M. A. Burrell	18	0	0
	"	P. Hitchcock	18	0	0
	"	Delia Keep	18	0	0

DISTRICT DES TROIS-RIVIÈRES ET DE SAINT-FRANÇOIS.

Comtés.	Paroisse, canton ou seigneurie.	Noms des instituteurs.	Salaire annuel.		
Yamaska	Paroisse de la Baie de Febvre	J. B. Leclair	18	0	0
	" "	M. Leclair	18	0	0
	" "	J. Joutras	18	0	0
	" "	P. Mercure	18	0	0
	" "	E. Derosier	18	0	0
	" "	A. Proulx	18	0	0
	" "	P. Blondin	18	0	0
	" "	L. V. Blondin	18	0	0
	Seigneurie Courval	O. Labelle	18	0	0
	Paroisse S-François du Lac S-Pierre	P. Morin	18	0	0
	" "	A. St. François	18	0	0
	" "	A. O. Osselin	18	0	0
	" "	T. Bourret	18	0	0
	" "	M. A. Manseau	18	0	0
	" "	A. Ouellet	18	0	0
	" "	M. Michaud	18	0	0
	" St-Michel de Yamaska	J. B. Hoffay	18	0	0
	" "	J. Ponsant	18	0	0
Saint-Maurice	Banlieue de Trois-Rivières	B. Doucet	18	0	0
	" "	J. Aubry	18	0	0
	Paroisse de Maskinongé	T. Girardin	18	0	0
	" "	C. Wolff	18	0	0
	" "	A. Lami	18	0	0
	" "	C. Bruneau	18	0	0
	" Lac Maskinongé	J. Lesieur	18	0	0
	" Pointe du Lac	O. Girardin	18	0	0
	" "	A. Megrette	18	0	0
	" "	C. Megrette	18	0	0
	" St-Antoine, Riv. du Loup	F. Hébert	18	0	0
	" "	P. Bélair	18	0	0
	" "	J. Vadeboncoeur	18	0	0
	" "	P. Vanasse	18	0	0
	" "	E. Gelinas	18	0	0
	" "	P. Brousseau	18	0	0
	" "	P. Benson	18	0	0
	" "	R. H. Gagnon	18	0	0
	" St-Léon le Grand	F. Rivard	18	0	0
	" "	E. Carbonneau	18	0	0
	" "	O. Loranger	18	0	0
	" "	L. Ponsant	18	0	0
	" "	A. Bosqué	18	0	0
	" Ste-Anne de Yamachiche	E. Lesieur	18	0	0
	" "	J. Vincent	18	0	0
	" "	L. Marcotte	18	0	0
	" "	A. Carbonneau	18	0	0
	" "	V. P. Duchesne	18	0	0
	" "	P. L. Davelay	18	0	0
	" "	J. Héroux	18	0	0
	" "	V. Hudon	18	0	0
	" "	L. Robitaille	18	0	0
	" "	C. Lacourse	18	0	0
	" "	R. Bisson	18	0	0
Nicolet	" St-Pierre les Becquets	B. Fournier	18	0	

LISTE des écoles primaires dans les campagnes du Bas-Canada recevant des subventions, etc.—*Suite.*

DISTRICT DES TROIS-RIVIÈRES ET DE SAINT-FRANÇOIS—*Suite.*

Comtés.	Paroisse, canton ou seigneurie.	Noms des instituteurs.	Salaire annuel.		
			£	s.	d.
Nicolet..............	Paroisse St-Pierre les Becquets....	S. Leblanc	18	0	0
	" "	M. Furtier.................	18	0	0
	" "	M. Carrier................	18	0	0
	" "	J. Laquert	18	0	0
	" "	A. Baril.....	18	0	0
	" "	M. Ayotte	18	0	0
	" "	M. E. Malhiot.............	18	0	0
	" "	P. Rousseau....	18	0	0
	Paroisse Gentilly............	J. L. Wolff...........	18	0	0
	"	F. Becotte...............	18	0	0
	"	P. Pepin................	18	0	0
	"	J. Wolff..............	18	0	0
	Paroisse Bécancour..........	R. Crépeau...........	18	0	0
	"	M. J. Lacourse....	18	0	0
	"	F. Moreau...............	18	0	0
	Paroisse St-Grégoire..	N. Trudel.............	18	0	0
	"	L. C. Cressé....	18	0	0
	"	C. F. Grenier	18	0	0
	"	E. Bourque.	18	0	0
	"	M. Le Prince.	18	0	0
	"	J. B. Desilest.........	18	0	0
	Paroisse Nicolet............	J. L'Epine............	18	0	0
Champlain...............	Paroisse Champlain............	F. Leblanc............	18	0	0
	"	A. Constantin...........	18	0	0
	"	Veuve Grant..	18	0	0
	Paroisse St-Frs.-Xavier de Batiscan	J. Robertson....	18	0	0
	" "	A. Oldscamp..............	18	0	0
	" "	M. Oldscamp....	18	0	0
	" "	L. Moreau..............	18	0	0
	Ste-Geneviève de Batiscan......	J. De Tonnancour...........	18	0	0
	" "	A. Louval...............	18	0	0
	" "	J. Quisay...............	18	0	0
	" "	J. Fournier............	18	0	0
	" "	J. B. Prevost...........	18	0	0
	" "	E. Piché.	18	0	0
	" "	C. St. Cyr...........	18	0	0
	" "	F. Piché...........	18	0	0
	Paroisse St-Stanislas de Batiscan.	J. Gauthier....	18	0	0
	" "	N. Gauthier....	18	0	0
	" "	L. Brousseau	18	0	0
	" "	V. Leblanc..	18	0	0
	Paroisse Ste-Anne de la Pérade...	B. Searle	18	0	0
	" "	R. O'Donnell.	18	0	0
	" "	P. J. Maitron....	18	0	0
	" "	J. O. Paquet...........	18	0	0
	" "	J. Lemaitre.........	18	0	0
	" "	T. Boisverd.	18	0	0
	Paroisse Cap de la Madeleine	Frs. Rocheleau...........	18	0	0
Sherbrooke.....	Canton Ascot....	C. Farnham............	18	0	0
	"	L. Farnham............	18	0	0
	"	J. Blodget	18	0	0
	"	E. Kellun.....	18	0	0
	"	S. Blodget	18	0	0
	"	L. Burchard....	18	0	0
	Canton Eaton...	A. French	18	0	0
	"	A. M. French...........	18	0	0
	"	S. Pope	18	0	0
	"	E. Laberré	18	0	0
	Canton Windsor....	E. A. Ellis	18	0	0
	Canton Dudswell.	E. Cummings...........	18	0	0
	"	S. Lathrop....	18	0	0

DOC. DE LA SESSION No 18

LISTE des écoles primaires dans les campagnes du Bas-Canada, recevant des subventions, etc.—*Suite.*

DISTRICT DE GASPÉ.

Comtés.	Paroisses, canton ou seigneurie.	Noms des instituteurs.	Salaire annuel.
			£ s. d.
Gaspé............	Douglas Town..............	B. Connelly..........	18 0 0
	New Richmond.............	C. McGinnis....	18 0 0
	Township Maria...	A. Bernard..........	18 0 0
	Township de Carleton	P. Quinn..........	18 0 0
	New Carleton	A. Gagnon..	18 0 0

NOTE.—La plupart des instituteurs des écoles primaires dont les noms paraissent dans la liste précédente ont reçu jusqu'au 31 décembre dernier, en sus de leur traitement fixe de £18, une allocation de 9s. sterling par année pour chaque élève, enfant de parents pauvres, instruit gratuitement. Le montant des traitements et allocations payés pendant l'année finissant le 31 décembre 1831, est de £25,570 sterling. Depuis cette date le public n'a à payer à chaque instituteur dans les campagnes que le traitement de £18 sterling, par année.

ETAT des écoles sous la direction du Collège Royal.

Localité.	Noms des instituteurs.	Salaire annuel sterling.
		£ s. d.
Trois-Rivières	Selley Bivin.............	40 10 0
Ascot	L. D. Hyatt.........	18 0 0
St-Armand	Horatio Throop........	18 0 0
Baie St-Argenteuil.............. ..	George Summers......	18 0 0
St-Andrews..............	George Armstrong.............	27 0 0
Barnston—		
(District de Sutton)	Moses Lee	18 0 0
(" Bellow).	Moses Field	18 0 0
(" Doolittle).............	Charles Merriman........	18 0 0
(" Central)..........	Richard Hoitt..........	18 0 0
Brompton	Robert Moode..	18 0 0
Cap-Santé..........	L. C. A. de St. George.......	22 10 0
St-Charles la belle Alliance	John C. Neil..........	18 0 0
Chatham	John McDonald	18 0 0
Chute Road.............	Duncan Calder.	13 10 0
Compton—		
(District de Sleeper)...	Hugh Kennedy	18 0 0
(" Bowen).............	Alfred Field.........	18 0 0
(" Carr)...	H. Bill	18 0 0
(" Steven)............	S. Cheney	18 0 0
(Moulin de Ball).............	C. Pennoyer	18 0 0
(District Central).............	R. Dearborn.........	27 0 0
Coteau du Lac......	W. Irvine ....'	22 10 0
Chambly	J. Adams.........	18 0 0
Cape Cove..	W. Tilley	18 0 0
Dunham (District Nord) ... .,......	Calvin Millington	18 0 0
" (" Ouest)	William Smith	18 0 0
" (" Central)	Silas England	18 0 0
Drummondville.............	D. Eddelstone.............	20 5 0
Eaton	T. R. Oughtred .:.	18 0 0
Granby	Sewell Goodridge......	18 0 0
Grenville	Archd. McCallum.............	18 0 0
St-George (Coteau du Lac) ....!	J. W. Bruce.............. . ...!	18 0 0

64 VICTORIA, A. 1901

ETAT des écoles sous la direction du Collège Royal—*Fin.*

Nom.	Nom de l'instituteur.	Salaire annuel sterling.		
		£	s.	d.
Gaspé (Bras S.-O.)	John Eden	22	15	2
Outlet, Tomifolie	Henry Sterns	18	0	0
Inlet, Tomifolie	H. Bebee	18	0	0
Hatley (District de Kezar)	W. E. Dunbar	18	0	0
" (Charleston)	M. Lawrence	18	0	0
" (District de l'Ancienne Eglise)	C. D. Page	18	0	0
Hull (District de l'Ouest)	William Dodd	18	0	0
Hopetown	Barnabus McGee	22	10	0
St-Jean	James Harrison	18	0	0
Kildare	William Lawler	18	0	0
Lac Maskinongé	William Morrison	18	0	0
Lachine	Rév. Mr Gale	36	0	0
Malbaie	George Hall	18	0	0
Mont Johnson	Peter Lindsay	18	0	0
Melbourne (dans 2 écoles)	D. Thomas	40	10	0
New-Carlisle	William Leonard	31	10	0
Débouché Memphremagog	Moses Copp	18	0	0
Pointe-Lévi	J. A. L. Hérault	27	0	0
Paspébiac	Francis LeBrun	27	0	0
Portneuf	C. Aubrey	22	10	0
Rawdon	Wm. Gordon Holmes	18	0	0
Rivière-Rouge	William Beaton	18	0	0
Saint-Thomas	Antoine Côté	45	0	0
Stanstead (District de Rose)	L. Steele	11	5	0
" (" Baynton)	J. Shirtliff	18	0	0
" (" Jones)	B. Rogers	18	0	0
" (" Moulton)	D. Lee	15	15	0
" (" l'Eglise)	Silas Mack	18	0	0
Stanbridge	C. R. Vaughan	18	0	0
Rivière S.-O., Ste-Marie	Wm. Rainsford	22	10	0
Shefford	N. Dennison	18	0	0
Stukeley	Sheppard Parker	18	0	0
Terrebonne	F. X. Valade	22	10	0
Haute Chute	George Gray	13	10	0
Williamstown	N. McLeod	27	0	0
Montagne de Yamaska, (extrémité Nord)	Chas. Bradford	18	0	0
" (" Sud)	Wm. Fellows	18	0	0
Frelighsburg	Leonard Whitney	27	0	0
		1,415	10	2

DOC. DE LA SESSION No 18

N° 4.—RAPPORT DU COMITÉ DE L'ASSEMBLÉE DU HAUT-CANADA.

(Archives, série Q., vol. 377, p. 60.)

Dans l'accomplissement de ses devoirs et dans le but de proposer des mesures qui, à son avis, favoriseraient la diffusion de l'instruction parmi la jeunesse et les enfants de la province, d'après un plan acceptable par toutes les classes de la population du Haut-Canada, le comité chargé d'étudier la question de l'éducation et des terres affectées au soutien des écoles, a l'honneur de représenter très respectueusement que :—

Au premier examen de la question qui lui était soumise, le comité a été frappé du désir unanime d'établir une université, manifesté de tous temps par les autorités législatives et provinciales. Ce désir était exprimé dans la requête des deux Chambres présentée au Roi en 1797. La création d'une université a été fortement recommandée par le gouvernement exécutif, les juges et les jurisconsultes de la Couronne, en 1798. En 1806, la législature, afin de prouver que l'enseignement du grec et du latin ne suffisait pas, même à cette époque, fit tout ce que ses ressources restreintes lui permettaient et fournit quelques instruments pour permettre d'enseigner les sciences physiques aux jeunes gens et leur donner, avant leur entrée dans le monde, des connaissances plus étendues qu'ils n'en pouvaient puiser dans les écoles ordinaires. L'établissement d'une université fut de nouveau l'objet de commentaires favorables, en 1820, et la législature, qui était le corps le plus au courant des besoins de la province, se montra fort désireuse de voir ce projet se réaliser à brève échéance. En 1825, tant de jeunes gens se destinaient aux carrières libérales que le gouvernement exécutif crut qu'on ne pouvait pas, sans causer un tort considérable à la province, différer plus longtemps la création d'une université, et il demanda, en conséquence, à Sa Majesté, une charte royale qui fut accordée en 1827, à des conditions aussi larges, dit-on, que le gouvernement d'alors consentit à accorder, mais qui furent loin de donner satisfaction à cette honorable Chambre.

Votre comité ne tient pas à rechercher pourquoi la charte n'a pas été modifiée il y a longtemps de la manière voulue, ni pourquoi les édifices nécessaires n'ont pas été construits et l'enseignement de la littérature et des sciences n'a pas été donné, à la condition expresse que les changements requis seraient faits ; toutefois, il ne saurait s'empêcher de regretter ce retard qui a causé un tort irréparable à la jeunesse de la province. Plusieurs en ont déjà souffert ; plusieurs en souffrent aujourd'hui ; et, quelques mesures que l'on prenne pour hâter la création d'une université, plusieurs seront à jamais privés des avantages que celle-ci leur aurait procurés.

Comprenant qu'un tel établissement est d'une nécessité absolue, que chaque jour de retard cause un tort irréparable à la jeunesse de cette florissante colonie, et qu'il y a peu d'espoir que le gouvernement de Sa Majesté modifie la charte promptement et efficacement, votre comité recommande à cette Honorable Chambre de se saisir immédiatement de l'affaire et de faire subir à la dite charte les amendements qu'elle jugera à propos.

Pendant qu'il examinait les changements nécessaires, l'attention de votre comité a été appelée sur certaines résolutions adoptées par cette Honorable Chambre, en 1829, résolutions renfermant les modifications censées nécessaires pour améliorer le collège et pour en faire peut-être le meilleur établissement d'éducation du continent.

Votre comité est très heureux de déclarer qu'après mûre délibération, il a résolu de recommander à cette Honorable Chambre d'adopter ces mêmes modifications, sauf de légers changements nécessaires pour obtenir de grands et durables avantages. Dès le début, votre comité résolut de ne recommander que les modifications qui lui sembleraient nécessaires pour mettre l'université sur un bon pied d'efficacité, et de prouver qu'il ne s'attachait qu'aux questions de principe et qu'il n'obéissait à aucun motif d'intérêt personnel. Par conséquent, il n'entend pas intervenir dans aucune nomination, si ce n'est dans le choix de l'inspecteur ; et, il n'aurait pas fait de changement quant à celui-ci, s'il ne lui avait pas semblé déplacé qu'une personne si souvent absente de la province remplît un poste aussi important. Il est une chose que votre comité croit qu'il est essentiel de ne pas perdre de vue, à savoir, le soin de conserver à l'université son caractère d'établissement royal et les pouvoirs et l'honneur que la charte émanant du Roi confère et qui ne sauraient être obtenus autrement ; aussi recommande-t-il à votre Honorable Chambre de ne pas perdre cette considération de vue pendant l'examen du bill qui sera soumis avec les présentes, car ce serait payer bien cher toute modification qui mettrait ces avantages en jeu.

Ayant ainsi exposé les motifs qui l'ont guidé, votre comité n'a plus qu'à soumettre un bill renfermant les modifications nécessaires, puisées pour la plupart dans les résolutions de 1829, et préparées par un comité d'une habileté reconnue, jugeant que cette Honorable Chambre sait que, sous l'empire de la présente charte, les chrétiens de toutes croyances peuvent avoir accès à la corporation du collège du Roi, que les professeurs, sauf ceux qui seront nommés membres du conseil du collège, pourront professer n'importe quelle religion chrétienne, et que personne n'est exclu de la participation à ce qu'on peut appeler les avantages essentiels offerts par l'université. Toutefois, votre comité laisse autant que possible la charte telle quelle et il s'est appliqué à faire disparaître les dispositions qui soulevaient à bon droit des objections au moyen d'une stipulation particulière qu'il recommande instamment à cette Honorable Chambre d'adopter.

Le tout respectueusement soumis,

M. BURWELL,
Président.

SALLE DU COMITÉ, CHAMBRE D'ASSEMBLÉE,
21 novembre 1832.

N° 5.—BILL MODIFIANT LA CHARTE DU COLLÈGE DU ROI.

(Archives, série Q., vol. 381, p. 701.)

Attendu qu'il a plu à Sa feue Majesté le Roi Georges IV de délivrer ses lettres patentes, datées à Westminster, le quinzième jour de mars, dans la huitième année de son règne.

Et attendu qu'il semble nécessaire d'apporter certains changements aux dites lettres patentes, afin de les rendre conformes au vœu et à la situation de la colonie et afin que la dite charte produise les résultats qu'on avait en vue—Qu'il soit, etc. Que, nonobstant aucune disposition contraire contenue dans la dite charte, après que la dite université aura été établie, lors de toute nomination future d'un gouverneur, d'un lieutenant-gouverneur ou de toute personne administrant le gouvernement de la province, tel gouverneur, lieutenant-gouverneur ou telle personne administrant le gouvernement ne sera pas *ex-officio* chancelier de la dite université, mais sera chancelier d'icelle telle personne que l'Assemblée de la dite université choisira, et que les juges de la cour du Banc du Roi seront pour le moment, pour le Roi et en son nom, inspecteurs du dit collège aux lieu et place du lord évêque du diocèse de Québec, et que le président de la dite université, advenant dorénavant une vacance, sera nommé par Sa Majesté, ses hoirs et successeurs, sans qu'il soit nécessaire que l'élu soit le titulaire d'aucune charge ecclésiastique. Et que les membres du collège réunis en conseil, y compris le chancelier et le président, seront au nombre de douze, quatre desquels seront l'Orateur de chacune des deux Chambres de la législature de la province, le procureur général ainsi que le solliciteur général de Sa Majesté, alors en fonction, et les autres seront les six plus anciens professeurs des arts et des facultés du dit collège, et si, en aucun temps, il n'y a pas dans icelui six de ces professeurs, et jusqu'à ce que des professeurs soient nommés, le conseil sera complété par des membres choisis comme il est dit dans la dite charte, sans toutefois qu'il soit nécessaire qu'aucun membre du conseil du dit collège ou aucun professeur, nommé en aucun temps, soit membre de l'Eglise d'Angleterre ou admette aucun article de foi,—et, de plus, sans qu'aucune personne admise ou immatriculée en qualité d'étudiant dans le dit collège ou les personnes promues à aucun degré ou à aucune faculté dans icelui, soient soumises ou tenues à aucune épreuve relativement à sa croyance.

Et attendu qu'il est expédient que le collège intermédiaire ou collège du Haut-Canada, récemment construit dans la ville de York, soit uni et affilié à la corporation du Collège du Roi—En conséquence, qu'il soit, etc.—Que le dit collège intermédiaire ou collège du Haut-Canada sera uni et affilié à la corporation du Collège du Roi et sera soumis à sa juridiction et à sa maîtrise.

Et qu'il soit, etc.—Que le principal du dit collège intermédiaire ou collège du Haut-Canada sera nommé par le Roi, qui pourra le révoquer à volonté, et que le dit principal sera *ex-officio* membre du conseil de la corporation du Collège du Roi.

Et qu'il soit, etc.—Que le sous-principal et les précepteurs du dit collège seront nommés par le chancelier de la corporation du Collège du Roi, sujet à la confirmation ou au désaveu du conseil d'icelle.

Et qu'il soit, etc.—Qu'il sera loisible au chancelier de la dite université, alors en fonction, de suspendre ou congédier soit le sous-principal, soit les précepteurs du dit collège intermédiaire ou collège du Haut-Canada, pourvu que cette suspension ou ce renvoi soit recommandé par le conseil de la dite Université et que les motifs de cette suspension ou de ce renvoi soient inscrits au long dans les livres du dit conseil.

N° 6.—EXTRAIT DU RAPPORT DU COMITÉ.

(Archives, série Q., vol. 381, p. 704.)

Votre comité avait l'intention de clore cette communication et de conserver pour son prochain rapport les renseignements qu'il avait recueillis concernant le collège du Haut-Canada, mais, dès qu'il résolut de comprendre les écoles de district du district de Home dans son plan d'ensemble, il lui a semblé préférable de recommander d'affilier le collège du Haut-Canada à la corporation du Collège du Roi et il a, en conséquence, préparé certains articles dans le dessein de les ajouter au bill qui accompagnait son premier rapport et dont cette Honorable Chambre est aujourd'hui saisie, bill qui a pour but de modifier la charte de cet établissement royal. Plusieurs raisons majeures ont porté votre comité à suivre cette ligne de conduite :

1° La législature, en adoptant cette mesure concernant le collège du Haut-Canada, se conformera aux intentions du fondateur de cet établissement, car il ressort des témoignages unanimes en la possession du comité que ce collège est, et a toujours été, considéré comme une dépendance de la corporation du Collège du Roi.

2° Les habitants du district de Home n'auront aucun juste sujet de plainte, car ils auront dorénavant leur propre école de district, qui leur offrira les mêmes avantages dont jouissent les autres districts.

3° En considérant le Collège du Haut-Canada comme une dépendance de l'université, votre comité est porté à croire qu'il faudra parfois adopter un cours d'études plus élevé, comme préparation à l'enseignement supérieur qui sera donné dans le Collège du Roi, ce qui n'est ni utile, ni nécessaire, dans les écoles de district.

4° Qu'il peut être utile de recommander, à quelques habitants de cette province et à quelques-uns de nos compatriotes de la mère-patrie, qui viennent chaque jour parmi nous et qui préfèrent naturellement les méthodes suivies en Angleterre, d'être plus exigeants sur le chapitre des classiques.

5° Vu qu'on continue à y donner un enseignement purement classique et vu les prix modiques qu'on y exige, les parents sont libres de choisir entre ce collège et les écoles de district.

6° Votre comité a été d'autant plus enclin à approuver cet arrangement que celui-ci obviait à la nécessité de proposer des changements dans le Collège du Haut-Canada, mesure qui lui répugnait parce que les droits des présents instituteurs, tant que ces derniers n'auraient pas été casés, compliquaient singulièrement leur tâche.

En résumé, votre comité croit qu'il est avantageux pour la province d'affilier le Collège du Haut-Canada à l'université, comblant ainsi une lacune qui existait dans son beau système d'éducation. Au cas où des modifications seraient nécessaires, elles seront plus promptement opérées par le conseil de la corporation du Collège du Roi, vu surtout que Son Excellence le lieutenant-gouverneur, qui s'est montré très désireux de favoriser l'éducation de la jeunesse de la colonie, est le fondateur du collège du Haut-Canada, et qu'à titre de chancelier de l'université il sera plus en état de peser et d'exécuter les changements censés avantageux.

Le tout respectueusement soumis,
M. BURWELL,
Président.

SALLE DE COMITÉ,
EDIFICE DE LA CHAMBRE D'ASSEMBLÉE,
13 décembre 1832.

N° 7.—ADRESSE DE L'ASSEMBLÉE LÉGISLATIVE.

(*Archives, série Q., vol. 331, p. 679.*)

A Sa Très Excellente Majesté le Roi,
Très Gracieux Souverain :

Nous, les fidèles et loyaux sujets de Votre Majesté, les membres des Communes du Haut-Canada, réunis en parlement provincial, demandons humblemnt d'avoir accès auprès de Votre Majesté afin de lui exprimer le plaisir que nous a causé la nouvelle transmise par le principal secrétaire d'Etat de Votre Majesté pour les colonies, à l'effet qu'il a plu à Votre Majesté, en réponse à notre adresse du 23 décembre 1831, de manifester le désir que les sommes provenant de la vente des terres scolaires qui n'ont pas encore été aliénées soient versées entre les mains du receveur général, pour servir aux fins de l'éducation de la manière qu'indiquera la législature.

Nous devons informer Votre Majesté qu'il appert d'un état transmis par Son Excellence le lieutenant-gouverneur, que le total des terres réservées pour les fins de l'éducation s'élevait à 740,275 acres, dont il semble qu'on ait disposé ainsi :

	Acres.
A des particuliers....	170,719
A la Corporation du Collège du Roi......	225,944
Au Collège du Haut-Canada....	66,000
Aux arpenteurs pour frais d'arpentage.................	19,282
Laissant pour le maintien des établissements classiques....	258,330
	740,275

Il est donc évident qu'il ne reste plus qu'une partie insignifiante de la réserve totale faite dans un but qui, dans l'esprit des membres de la législature qui, en l'année 1797, présentèrent une requête à Sa feue Majesté, ainsi que dans l'esprit du royal donateur, l'emportait sur tout autre et méritait une dotation beaucoup plus considérable. Des terres encore affectées aux fins de l'éducation dans les différents districts de la province, 186,902 acres sont situées dans les cantons de Shefford, Bedford, Merlin et Proton, et sont censées être de fort mauvaise qualité si on les compare aux terres qui ont été aliénées. Par conséquent, les revenus que pourra produire leur vente seront insuffisants pour accomplir le but que le gouvernement de Sa Majesté avait en vue, lorsqu'il a accordé la requête conjointe de la législature demandant un octroi gratuit de terres pour fonder d'abord des écoles gratuites de grec et de latin dans les différents districts, puis dans la suite des temps d'autres établissements d'éducation plus considérables et plus complets.

Nous ferons de plus observer à Votre Majesté qu'il ressort de l'examen de l'état mentionné que, pour doter le Collège du Roi et pour d'autres fins, on a échangé des terres scolaires, ce qui a eu pour résultat de tellement réduire l'octroi gratuit que les légitimes espérances de la population de la province ne pourront jamais se réaliser, si le gouvernement de Votre Majesté n'intervient pas pour lui rendre les terres affectées par l'auguste père de Votre Majesté à la dotation et à l'entretien des écoles classiques de district et pour, dans la suite des temps, fonder d'autres établissements d'éducation plus considérables et plus complets.

La fondation dans la capitale de la province d'une université dotée de la plus grande partie de toutes les terres affectées aux fins de l'éducation peut être très avantageuse pour la population du voisinage ainsi que pour les plus riches habitants demeurant au loin, mais elle ne répond pas au but que poursuivait l'auguste père de Votre Majesté en octroyant ces terres, car les habitants qui sont établis dans les parties reculées du pays n'ont pas la chance de procurer à leurs fils un cours d'instruction préparatoire, en supposant qu'il n'y aurait pas d'autre obstacle pour les empêcher d'envoyer ces enfants fréquenter l'université à plusieurs centaines de milles de distance.

Ces raisons et plusieurs autres qui pourraient être invoquées nous obligent à représenter à Votre Majesté l'injustice grave d'une mesure qui prive la population du Haut-Canada de ce généreux octroi de terres affectées à la diffusion de l'instruction, par la dotation d'écoles gratuites pour l'enseignement du grec et du latin dans les différents districts ; et nous croyons nécessaire d'apprendre à Votre Majesté qu'on a jusqu'ici négligé le but premier qu'on avait en vue lorsque ces terres ont été réservées, et que la plus importante partie d'icelles, et la meilleure de beaucoup, a été aliénée pour la fondation immédiate d'un établissement aux besoins duquel, non seulement dans l'intention des signataires de la requête conjointe de la législature en l'année 1797, mais selon le désir exprimé dans la réponse de Sa Majesté, on ne devait pourvoir qu'après que les écoles classiques auraient été établies.

Nous ne voulons pas abuser de la patience de Votre Majesté, mais ce sujet à notre avis intéresse tellement les fidèles sujets de Votre Majesté dans cette province que nous nous croyons tenus, par le plus sacré de nos devoirs en tant que représentants du peuple, d'apprendre à Votre Majesté que les édifices du Collège du Haut-Canada construits à York sont assez spacieux pour y loger aussi une université, qu'ils devraient par conséquent servir à cette fin, empêchant par là la dépense considérable qu'occasionnerait la construction de nouvelles bâtisses pour servir à la corporation du Collège du Roi, et que le collège du Haut-Canada peut dans les circonstances être appelé à juste titre " La Corporation du Collège du Roi " et être instituée civilement et pourvue comme telle par la législature de la province, à même le revenu général provenant de la vente des terres scolaires.

Nous supplions donc humblement Votre Majesté de prendre les mesures que Votre Majesté, en justice pour la population du Haut-Canada, jugera convenables pour rendre au fonds des écoles les terres originairement réservées pour les fins ci-dessus mentionnées, ainsi que les recettes provenant de celles qui ont été vendues ou louées par la corporation du Collège du Roi ou le gouvernement exécutif, et, quand la remise des terres sera impraticable comme dans le cas de vente à des particuliers, de faire accorder un crédit d'une valeur égale ; et nous désirons aussi manifester à Votre Majesté l'espoir qu'il plaira à Votre Majesté de nommer des commissaires chargés d'établir la valeur des terres qui pourront être octroyées en échange de celles qui ont été aliénées.

ÉDIFICE DE LA CHAMBRE D'ASSEMBLÉE,
　　Quatrième jour de décembre 1833.　　　　　　　　ARCH'D McLEAN,
　　　　　　　　　　　　　　　　　　　　　　　　　　　　　　　　　Orateur.

N° 8.—Présence au Collège du Haut-Canada.

(*Archives, série Q, vol. 377-1, p, 134.*)

—	Nombre de garçons sur la liste du collège durant le trimestre finissant aux dates ci-mentionnées.	Nombre d'admissions durant chaque trimestre.	Nombre total chaque semestre.
20 mars 1830......	89	89	
10 juin...........	106	18	
			167
Août..............	105	4	
Noël.......	119	20	
			24
20 mars 1831.....	124	15	
10 juin........	124	7	
			22
16 août.	126	10	
Noël.........	109	10	
			20
20 mars 1832....	107	9	
10 juin...............	106	3	
			12
14 août.....	104	7	
À cette date en décembre.·.............	106	19	
			26

JOSEPH H. HARRISON,
Principal.

Collège du H. C.
Décembre 1832

N° 9.—Nombre d'élèves dans les degrés respectifs du collège.

(*Archives, série Q, vol. 377-1, p. 135.*)

—	Ecole prépar.	1er degré.	2e degré.	3e degré.	4e degré.	5e degré.	6e degré.	7e degré.
20 mars 1830 !................. ...	45	14	12	12	9	2	... .	
10 juin.	43	14	13	13	10	2	... .	
16 juin....	33	19	16	18	10	3	....	
Noël..........	39	23	22	19	9	5	....	
						2e div.	1re div.	
20 mars 1831..........	40	20	19	20	9	10	2	
10 juin	38	20	17	18	9	9	2	
16 août..	28	28	24	20	8	10	3	
Noël..................	26	27	25	13	8	6	2	
							6e degré	
20 mars 1832..·................	15	25	20	17	9	6	3	4
10 juin....	20	27	19	17	9	6	2	4
14 août ·.	15	24	23	16	7	5	3	4
À cette date au 1er décembre.....	23	23	24	16	10	4	3	3

JOSEPH H. HARRISON,
Principal.

1ᵉʳ décembre 1832.

DOC. DE LA SESSION No 18

N° 10.—MÉMOIRE DU DR STRACHAN.

(Archives, série Q., vol. 381, p. 685.)

Plaise à Votre Excellence:

En parcourant l'adresse de la Chambre d'Assemblée à Sa Majesté au sujet des Terres des Ecoles et de l'Université de " King's College," je découvre une erreur relativement à la quantité. Douze townships ont été réservés, en 1798, pour le support d'une université et d'écoles secondaires, lesquels, y compris les Réserves de la Couronne et du clergé, donneraient à peu près le nombre d'acres mentionné, mais comme ces réserves ne furent pas comprises, mais au contraire déduites, la véritable appropriation faite fut de 549,217 acres, c'est-à-dire douze townships en dehors des Réserves de la Couronne, et non de 740,275 acres tel que dit dans l'adresse. Ou bien encore, pour ne pas avoir tenu compte de divers échanges de parties de la première réserve pour d'autres terres, l'Assemblée a compté le tout, et c'est probablement là la cause de l'erreur, vu que la quantité mentionnée paraît être empruntée à un rapport du bureau de l'arpenteur général, en date du 10 décembre 1632 et rendant compte de cet échange.

On se hâte de supposer que les meilleures parties de l'appropriation originale furent échangées ou aliénées pour des terres d'une valeur inférieure ; or, on verra que c'est le contraire qui est la vérité. Il a plu au gouvernement de Sa Majesté d'échanger 225,944 acres de Réserves de la Couronne dont l'Université de " King's College " était dotée, pour un même nombre d'acres faisant partie de l'appropriation originale pour les Terres des Ecoles, mais les parties ainsi échangées passaient pour être les moins bonnes de cette appropriation.

En rapport avec la plainte que les écoles secondaires n'ont pas été établies et dotées à même ces terres, il importe de remarquer que, pendant plusieurs années, le développement de la colonie a été si lent que, étant donné le bas prix de la terre, une ou deux écoles secondaires auraient absorbé toute l'appropriation. Par conséquent, en 1807, la législature fut amenée à établir une école secondaire dans chaque district, avec un salaire de £100 pour chaque maître, payé à même le Revenu de l'Intérieur. Le but était d'augmenter l'efficacité de ces écoles à même le produit des Terres des Ecoles, quand celles-ci auraient pris de la valeur, et d'en multiplier le nombre à mesure que les établissements augmenteraient.

Quant au reproche que la dotation de l'Université de " King's College " dépasse de beaucoup trop l'appropriation originale, il suffira peut-être de répondre qu'il fut, dès le début, projeté d'accorder ⅓ pour doter l'université et ⅓ pour doter les écoles secondaires, mais la dotation donnée à l'université est réellement beaucoup moindre que ⅓ et, par conséquent, il reste pour la dotation des écoles secondaires une plus forte portion que celle qu'on avait eu, à l'origine, l'intention de donner.

Les écoles secondaires, maintenant au nombre de douze, ont été et sont encore d'un grand avantage pour la province ; et la balance des terres, avec l'argent provenant des parties vendues, suffisent amplement à les doter d'une façon libérale. Et il ne paraît pas y avoir de raison valable pour que cela n'ait pas été fait à la dernière session, vu que le tout était mis à la disposition de la législature.

Relativement à toute remise des terres dont l'Université de " King's College " et son affilié, le Collège du Haut-Canada, ont été dotés, elles sont sous brevet et on ne peut y toucher sans mettre en question tout titre de propriété dans la province ; puis il n'y a aucune nécessité de faire cela. Les deux institutions sont essentielles pour l'éducation de la jeunesse de cette grande colonie, et si d'autres institutions étaient considérées nécessaires, il est juste de croire que Sa Majesté l'apprenant, il lui plairait d'accorder à ces institutions une dotation convenable à même les terres inoccupées de la Couronne.

Le grief soulevé contre l'endroit où se trouve l'université l'est évidemment sans réflexion. Il faut qu'elle soit située dans quelque localité, et il est de toute évidence que le voisinage de la capitale est la localité la plus centrale et la plus commode pour tous les habitants de la province. Puis, grâce au mode rapide de voyager qu'offre la vapeur, il suffit d'un temps très court et de peu de frais pour y venir des parties les plus éloignées de la province.

Relativement à la suggestion faite par l'Assemblée que le Collège du Haut-Canada soit incorporé à l'Université de "King's College," il nous fait plaisir de dire que cela est déjà fait, conformément au désir de Votre Excellence. Une école secondaire ou Collège royal, tel que Eton, Westminster, Winchester ou Rugby, est la plus utile et la plus convenable annexe au "King's College" pour lui fournir des étudiants classiques bien formés et devenir un endroit où les jeunes gens des autres écoles secondaires de la colonie puissent aller pour perfectionner leur cours classique et être mis en mesure de profiter de l'enseignement supérieur que doit donner l'université. Le collège du Haut-Canada est bien organisé pour accomplir tout cela, mais les édifices construits pour cette institution, bien que suffisants pour elle-même, n'offrent pas plus d'accommodation que ce qui lui est nécessaire, et par conséquent, il n'y a pas une seule pièce à partager avec le "King's College".

L'adresse est étrangement inconséquente quand on la met en regard des rapports de 1883 et de 1884 du comité de l'éducation et des sentiments exprimés par la législature au cours des années précédentes. Et il n'existe pas davantage de raisons valables pour se plaindre, et encore moins pour s'immiscer dans les affaires de dotations faites à l'Université du "King's College", car, tel qu'il appert par la lettre du duc de Portland, écrite en novembre 1797, le gouvernement de Sa Majesté se serait promptement rendu aux vœux de la législature en faisant des octrois additionnels pour le bénéfice de l'éducation s'ils avaient été jugés nécessaires—il n'y a pas de doute à ce sujet—mais le gouvernement actuel de Sa Majesté est également disposé à se rendre à toute demande raisonnable de la législature pour d'autres appropriations de terres aux mêmes fins. Donc, au lieu de déranger des institutions déjà établies, la vraie politique, et la plus satisfaisante pour tous les intéressés, serait de leur permettre de continuer leur œuvre sans les troubler et, non seulement de les améliorer à mesure qu'on découvrirait leurs défauts pratiques, mais de fonder d'autres institutions similaires chaque fois que le caractère ou l'augmentation de la population le requerrait. Et de quelle façon plus populaire et plus utile peut-on disposer des terres inoccupées de la Couronne qu'en promouvant l'instruction publique et en fondant des établissements féconds en bienfaits.

Le tout humblement soumis,

JOHN STRACHAN, D.D., LL.D.,

Président de l'Université de "King's College" et
archidiacre de Toronto (autrefois York).

Son Excellence,
Sir JOHN COLBORNE, C.C.B.,
Toronto, 11 avril 1834.

N° 11.—SIR JOHN COLBORNE À M. E. G. STANLEY.

(Archives, série Q., vol. 381, p. 664.)

TORONTO, 26 avril 1834.

MONSIEUR,—J'ai l'honneur de transmettre une adresse au roi votée par la Chambre d'Assemblée, priant Sa Majesté de faire prendre des mesures dans le but de placer sous le contrôle de la législature l'étendue de terre originairement réservée pour

DOC. DE LA SESSION No 18

le support d'écoles secondaires gratuites et autres séminaires et de faire une appropriation égale en valeur aux terres qui ont été aliénées par la corporation du " King's College " ou par le gouvernement exécutif.

Je crois nécessaire, en transmettant cette adresse, de faire observer que le Conseil législatif et la Chambre d'Assemblée ont, en 1797, envoyé une adresse au roi demandant qu'une partie des terres inoccupées de la Couronne fut appropriée à l'établissement et au support d'une école secondaire dans chaque district et d'un collège ou université pour l'instruction de la jeunesse dans les différentes branches des sciences libérales ; qu'en réponse à l'adresse le secrétaire d'Etat pour les colonies fit connaître l'intention d'ordonner d'établir des écoles secondaires dans les districts où elles étaient demandées et, en même temps, des séminaires d'une nature plus vaste et plus étendue pour promouvoir l'enseignement religieux et moral et l'étude des arts et des sciences ; et il ordonna de consulter le Conseil exécutif et les officiers en loi à ce sujet. Qu'en conséquence de ces instructions, le gouvernement exécutif recommanda en 1798 de réserver douze townships, environ 549,207 acres, en dehors des réserves de la Couronne et du clergé.

Aucun des townships mis en réserve pour les fins d'éducation ne fut aliéné avant 1823, alors que lord Bathurst autorisa la formation d'un bureau général de l'éducation et une partie de ce Bureau à s'occuper de prélever des fonds pour l'établissement d'écoles de townships sous la direction du Bureau.

En 1827, le gouvernement de Sa Majesté accorda 225,944 acres des Réserves de la Couronne pour doter l'Université de " King's College ", et ordonna pour remplacer cette concession, le transport d'un même nombre d'acres de terres des écoles de townships à la Couronne.

Les réserves de la Couronne données à la corporation du " King's College " étant presque toutes louées et consistant en lots détachés dans les vieux townships et dans ceux colonisés depuis quelque temps, avaient une grande valeur. Sans cette dotation, ces réserves seraient probablement devenues la propriété de la Compagnie du Canada, en commun avec le reste des réserves de la Couronne dans les townships arpentés également cédées en 1827 ; mais en toutes circonstances, ces réserves auraient été échangées pour des terres des écoles de townships.

Si, donc, le nombre d'acres concédées à la corporation du " King's College " devait être considéré comme injustement soustrait de la quantité de terre réservée en 1798, par le gouvernement exécutif, conformément aux instructions communiquées dans les dépêches du secrétaire d'Etat, il est évident que la valeur des réserves de la Couronne qui furent cédées en 1827 par faveur spéciale pour l'établissement d'une université ne peut donner à la législature provinciale aucun titre additionnel quant à la valeur des terres qu'on croit présentement sage de réserver pour les fins d'éducation, conformément aux vœux de l'Assemblée exprimés dans l'adresse ci-jointe.

Dans le rapport ci-joint de l'archidiacre Strachan, il est dit que pendant de nombreuses années le prix de la terre dans la colonie était si bas que même une ou deux écoles secondaires n'auraient pu recevoir un support sérieux sans absorber toute l'appropriation autorisée par le gouvernement de Sa Majesté, et que, pour cette raison, la législature fut amenée à accorder £100 par année pour l'établissement d'une école secondaire dans chaque district.

De la concession originale de 549,217 acres, il en reste environ 240,000 qui sont mises, d'après les nstiructions du gouvernement de Sa Majesté, à la disposition de la législature provinciale. Ce nombre d'acres pourrait être choisi dans les townships où la terre se vend au taux de 12s. 6d. l'acre ; le prix moyen dans les ventes faites par le commissaire des terres de la Couronne dans les townships colonisés qui furent à l'origine mis en réserve, pourrait être accepté comme base par la Couronne, et pour chaque lot dans ces townships qui aurait été aliéné, on pourrait donner instruction au commissaire des terres de la Couronne d'en réserver un d'égale valeur pour être placé sous le contrôle de tout bureau qui peut être nommé par le gouvernement pour surveiller l'administration des terres des écoles.

Toutes causes de griefs disparaîtraient probablement si ces arrangements étaient approuvés, si l'on agissait d'après les suggestions du Conseil exécutif contenues dans le rapport ci-joint, et si la quantité de terres réservées pour les fins d'éducation était augmentée au fur et à mesure que la province semble avoir besoin de dotations plus considérables pour le support de ses écoles.

La charte du " King's College " a été soumise à l'examen de l'Assemblée à chaque session durant les sept dernières années, mais, je le crains, la législature provinciale n'en modifiera pas les articles relatifs à son caractère exclusiviste.

Au sujet de ce que dit l'adresse concernant l'injustice de doter l'université de la plus grande partie des bonnes terres des écoles, je dois faire remarquer que la terre réservée par la Couronne pour remplacer les réserves affermées qui furent cédées au " King's College " fut prise dans les townships éloignées, et, j'en suis persuadé, si on nommait un commissaire habile et actif pour administrer la terre appropriée au support des séminaires d'importance secondaire, les écoles de district pourraient être suffisamment dotées.

On considère généralement comme de beaucoup d'importance pour la colonie que l'université soit en opération, et pour qu'il n'y ait ni retard ni désappointement à l'époque de son ouverture, plusieurs personnes intelligentes sont d'opinion qu'un autre collège soit établi—et abondamment doté—pour les dissentistes ; mais je ne partage pas leur croyance que pareille mesure pourrait être prudemment adoptée, et je suis porté à croire que si leur projet se réalisait il contribuerait à augmenter les différences et les distinctions religieuses qui sont si nuisibles aux intérêts de la province.

Je ne puis espérer qu'il ne puisse être apporté des modifications à la charte du " King's College " si ce n'est par l'intervention directe du gouvernement de Sa Majesté, en invitant le chancelier et président du " King's College " à accepter les modifications proposées au conseil du collège, dans le rapport transmis dans ma dépêche, n° 19, du 2 avril 1832, et parmi les modifications proposées par le comité de la Chambre d'Assemblée dans ses rapports du 21 novembre et du 13 décembre 1832, celles qu'on peut juger à propos d'adopter ; et recommandant un arrêté en conseil pour confirmer la charte modifiée, acceptée par le chancelier et le président.

Ci-joints se trouvent les extraits des rapports du comité spécial de la Chambre d'Assemblée, auxquels j'ai fait allusion.

J'ai l'honneur d'être, monsieur,
Votre très obéissant serviteur,
J. COLBORNE.

Le Très Honorable
E. G. STANLEY,
Etc., etc., etc.

LE BUREAU COLONIAL À SIR JOHN COLBORNE.

No. 12.—(Archives, série Q., vol. 381, p. 671.)

Sir J. COLBORNE.

DOWNING ST., 7 janvier.

MONSIEUR,—J'ai pris connaissance de votre dépêche n° 34 du 26 avril dernier, accompagnée d'une Adresse de la Chambre d'Assemblée demandant que toutes les terres originalement réservées dans le Haut-Canada pour l'avancement de l'éducation soient remises, ou, si cela est impraticable dans le cas de terres concédées à des particuliers, qu'une appropriation équivalente soit faite pour remplacer la portion ainsi soustraite.

En examinant attentivement le sujet de cette Adresse, j'ai constaté qu'elle soulevait trois questions : 1° Celle de savoir si les biens réservés pour les fins d'éducation ont été irrégulièrement diminués ; 2° Celle de savoir si la part de ces biens accordés au " King's College " a été disproportionnée en comparaison du tout, et 3° celle de savoir si les échanges qui ont été faits parfois des terres originairement réservées ont été préjudiciables aux intérêts de la dotation.

L'Assemblée déclare que la réserve entière des terres des écoles se monte à 740,275 acres, lesquelles, dans son opinion, ont été appropriées comme suit :

A des particuliers........	170,719
A l'Université de " King's College ".....	225,944
Au Collège du Haut-Canada.....	66,000
Aux arpenteurs en paiement d'arpentage.....	19,282
La balance, disponible pour les écoles.....	258,330

$$740,275$$

En faisant cet état, l'Assemblée semble être victime d'une erreur. D'après la communication que vous nous avez adressée, il appert que l'octroi fait en 1798 pour les écoles et les séminaires d'une plus grande importance comprenait 12 townships, et que bien que ces townships, considérés dans toute leur étendue, équivaudraient à une quantité peu éloignée de celle mentionnée par l'Assemblée, tout de même une fois qu'on a fait les déductions nécessaires pour les reserves de la Couronne et du Clergé, ces townships n'excéderaient pas 549,207 acres. (Le Dr Strachan dit 549,217 acres.) De cette étendue, 291,944 acres sont compris dans les appropriations pour l'Université et le Collège du Haut-Canada, tandis que près de 240,000 acres sont, dans votre opinion, réellement disponibles pour le support et la dotation des écoles. Il ne reste plus à rendre compte que pour 17,263 acres, et l'appropriation de ces acres serait plus qu'expliquée par les octrois qui sont spécifiés par l'Assemblée comme ayant été faits à des arpenteurs pour payer leurs arpentages. Vous m'informez aussi que quelques lots ont été vendus par le Bureau de l'éducation pour les fins, naturellement, en vue desquelles ce Bureau fut formé. Je ne trouve pas un état de la quantité exacte des terres ainsi aliénées ; je ne comprends pas très bien, non plus, la nature de l'allocation qu'on dit avoir été faite aux arpenteurs pour arpentages ; mais il est clair que la quantité de réserve originaire peut être trouvée sans recourir à ces vastes allocations faites à des individus et que porte l'état fourni par l'Assemblée. Ils ont dû, par conséquent, consister en lots donnés en échange pour d'autres au lieu d'être des déductions absolues et non payées à même les terres appropriées à l'éducation.

J'ai confiance que l'explication précédente convaincra l'Assemblée qu'il n'y a pas eu un amoindrissement irrégulier de la quantité de terres réservées en 1798 pour les écoles et les séminaires plus importants. La question de savoir si la part assignée à l'université est disproportionnée en est une à part sur laquelle, suivant l'ordre que je me suis tracé, je devrais maintenant exprimer une opinion. Cependant, quand je réfère aux termes de la dépêche de lord Ripon, en date du 2 novembre 1831, en vertu de laquelle le règlement de l'université a été soumis à la législature pour être examiné et doit être remodelé suivant son avis, je crois qu'il serait prématuré de former un jugement sur la dotation convenable à une institution dont la nature et l'étendue probables ne peuvent être considérées comme finalement déterminées. Je suis confirmé dans cette façon de voir par la réflexion qu'un nouvelle Chambre d'Assemblée va bientôt se réunir, que cette Chambre s'occupera peut-être dès le début de cette question, et qu'une expression de ses sentiments ou que peut-être un acte de la législature concernant le " King's College " peuvent en ce moment être en route à l'adresse du gouvernement de Sa Majesté. Je me bornerai, dans les circonstances, à faire observer que l'établissement d'un " collège ou université pour l'instruction de la jeunesse " est l'un des sujets formant une des demandes contenues dans l'Adresse du Conseil et de l'Assemblée en 1797, et qu'il fût expressément question de l'établissement de séminaires plus considérables que les écoles de districts dans la communication par laquelle Sa Majesté fit connaître son assentiment à cette Adresse. Quelle que soit, par conséquent, la différence d'opinion qui puisse exister quant à la part la plus juste à consacrer à cette fin, il ne peut y avoir de doute que l'octroi de quelques-unes des réserves pour l'éducation à une université est strictement conforme avec les fins de la dotation, et que le fait d'épuiser la masse totale des terres pour doter les écoles de district constituerait une déviation du but qu'avaient ceux par qui ces terres furent primitivement réservées.

Mais si l'application d'une partie des réserves pour l'éducation à la dotation d'une université ne peut pas être considérée comme un détournement de leur usage régulier, on pourra difficilement nier que l'échange au moyen duquel elles ont été ainsi appliquées n'ait été hautement avantageux. Sa Majesté a repris 225,944 acres venant des terres des écoles de townships et, à leur place, a octroyé à la corporation du "King's College" un nombre égal d'acres provenant des Réserves de la Couronne, la plupart sous bail, dans les townships anciens et habités, où la terre avait une grande valeur. On peut donc présumer, comme vous en faites la remarque justement, que, si cette dotation n'avait pas été faite, les mêmes réserves seraient devenues la propriété de la Compagnie du Canada en commun avec le reste des Réserves de la Couronne dans les townships arpentés, ou, dans tous les cas, n'auraient jamais été échangées pour des terres de valeur inférieure comme celles des écoles de townships. Relativement aux différents autres échanges de terres d'écoles qui ont été effectués, loin comme je le suis des lieux, je ne pourrais qu'avec beaucoup de répugnance adopter une opinion. Tout de même, je ne peux laisser passer une déduction qui peut être tirée de la déclaration d'une haute autorité locale très au courant de la question. Je trouve ce qui suit dans le rapport du Conseil exécutif sur les Réserves des Ecoles, en date du 29 avril 1831, "que la réserve originale constituait un choix non judicieux, première- "ment parce qu'elle était confinée à trois districts ; deuxièmement parce qu'elle se "composait de townships entiers ; troisièmement parce que plusieurs de ces town- "ships offrent une terre très ordinaire et même des étendues totalement impropres à "la culture". Il est difficile de lire cette remarque sans arriver à la conclusion que, sauf le cas d'une mauvaise administration flagrante, les échanges de terres si mal situées ne peuvent pas avoir été préjudiciables aux intérêts pour la promotion desquels elles avaient été réservées.

Ayant ainsi exprimé mes vues sur les principaux points soulevés dans l'Adresse du 4 décembre 1833, il ne me reste plus qu'à vous communiquer la gracieuse permission de Sa Majesté d'adopter une mesure proposée par moi-même, laquelle, je l'espère, sera acceptable à l'Assemblée. De l'octroi original de 549,217 acres, il reste en disponibilité environ 240,000 acres qui ne sont pas très avantageusement situées, et je viens vous autoriser, si l'Assemblée ne s'y refuse pas, à choisir ce même nombre d'acres dans les townships habités (dans lesquels, d'après votre information, la terre se vend au taux de 12s. 6d. l'acre) et de remettre à la Couronne pour remplacer ces terres tout ce qui reste de disponible de terres des écoles de townships. On voit de suite le gain que pareille transaction procurerait pour la dotation des écoles ; et j'espère que cette offre libérale sera considérée comme preuve de l'importance qu'attache Sa Majesté à la grande question de l'instruction de la population du Haut-Canada.

La même peut servir, comme vous en faites l'observation, à établir la certitude qu'aucune diminution irrégulière n'affectera les terres des écoles. Si en prenant possession des townships des écoles, on constatait qu'un lot a été aliéné à vil prix par le Bureau de l'éducation, ou n'a pas été échangé pour des terres appropriées aux vraies fins de ces réserves, le Commissaire des Terres de la Couronne devrait recevoir immédiatement instruction de réserver ailleurs un lot d'égale valeur, pour être placé sous le contrôle du Bureau qui pourra être nommé par la législature pour surveiller l'administration des terres des écoles.

Je suis, etc., etc.,

DOC. DE LA SESSION No 18

N° 13.—BILL POUR AMENDER LA CHARTE DU " KING'S COLLEGE ".

(Archives, série Q., vol. 385-1, p. 200.)

Attendu que feu Sa Majesté, George IV, a bien voulu permettre par lettre-patente émise à Westminster, le 15me jour de mars, en la huitième année de son règne, d'établir à ou près la ville de York, aujourd'hui cité de Toronto, un collège, avec le caractère et les privilèges d'un université, pour l'éducation et l'instruction de la jeunesse et des étudiants dans les arts et les facultés, devant être appelé " King's College ", dont la charte est ainsi conçue :

George IV, *par la Grâce de Dieu, Roi du Royaume-Uni de la Grande-Bretagne et d'Irlande, Défenseur de la Foi, etc., etc., etc.*

A tous ceux à qui les présentes parviendront, Salut.

Attendu que l'établissement dans les limites de notre province du Haut-Canada, dans l'Amérique du Nord, d'un collège pour l'éducation de la jeunesse dans les principes de la religion chrétienne et pour son instruction dans les diverses branches de la science et de la littérature qui sont enseignées dans les universités de ce Royaume contribuerait grandement au bien-être de notre dite province. Et attendu qu'une humble requête nous a été présentée par plusieurs de nos affectueux sujets dans notre dite province pour qu'il nous plaise d'accorder notre Charte Royale pour le plus parfait établissement d'un collège dans cette province et pour en incorporer les membres pour les fins ci-dessus mentionnées. *Sachez maintenant* que nous, ayant pris les prémisses en notre royale considération, et pesant comme il le faut la grande utilité et importance d'une pareille institution, avons ordonné et accordé, et par les présentes ordonnons et accordons pour nous, nos héritiers et nos successeurs, qu'il soit établi dans ou près notre ville de York dans notre dite province du Haut-Canada, à partir de maintenant, un collège, avec le caractère et les privilèges d'une université tel que ci-après spécifié, pour l'éducation et l'instruction de la jeunesse et des étudiants dans les arts et les facultés, pour continuer à jamais à être appelé " King's College ".

Et par les présentes nous déclarons et accordons que notre fidèle et bien-aimé le Très Révérend Père en Dieu, Charles A. James, évêque du diocèse de Québec, ou l'évêque existant du diocèse dans lequel la dite ville de York est située ou de toute autre division du dit présent diocèse de Québec, sera pour nous et en notre nom le Visiteur du dit collège et que notre fidèle et bien-aimé sir Peregrine Maitland, notre lieutenant-gouverneur de notre dite province, ou le gouverneur, le lieutenant-gouverneur ou toute autre personne administrant le gouvernement de notre dite province à cette époque, sera le chancelier du dit collège.

Et par les présentes nous déclarons, ordonnons et accordons qu'il devra y avoir en tous temps un président de notre dit collège, qui devra être un membre du clergé dans les Saints Ordres de l'Eglise Unie d'Angleterre et d'Irlande ; et qu'il devra y avoir des professeurs dans les différents arts et facultés dans notre dit collège tels et en aussi grand nombre qu'il sera en temps et lieu jugé nécessaire et efficace ou qui seront nommés par nous ou par le dit chancelier du dit collège et notre nom et durant notre bon plaisir.

Et par les présentes nous accordons et ordonnons que le révérend John Strachan, docteur en divinité, archidiacre de York, dans notre dit collège du Haut-Canada, soit le premier président de notre dit collège, et l'archidiacre de York dans notre dite province, dans le temps, devra, en vertu de telle charge, être en tous temps le président du collège.

Et par les présentes, pour nous, nos héritiers et successeurs voulons, ordonnons et accordons que les dits chancelier et président et les dits professeurs de notre dit collège et toutes personnes qui seront régulièrement inscrites et admises comme étudiants dans notre dit collège et leurs successeurs soient à jamais un corps distinct et

séparé, politique et incorporé en titre et en nom par le nom et style de " Chancelier,
"Président et Etudiants du "King's College" de York, dans la province du Haut-
"Canada ", et par le même nom ils devront. avoir la succession perpétuelle et un
sceau commun ; et qu'eux et leurs successeurs devront de temps à autre avoir le pouvoir de modifier, renouveler ou changer ce dit sceau commun à leur volonté et
plaisir et comme il sera jugé convenable, et que par le même nom ils—les dits Chancelier, Président et Etudiants et leurs successeurs—seront de temps à autres et en
tous temps à l'avenir habiles et autorisés à avoir, prendre, recevoir, acheter, acquérir, tenir, posséder, exploiter et maintenir, à et pour l'usage du dit collège, toutes
maisons, terres et habitations et biens de quelque nature, espèce et qualité ce soit,
situés et existant dans les limites de notre dite province du Haut-Canada, pourvu que
ces biens n'excèdent pas en revenu annuel la somme de 15,000 en dessus de tout
grèvement, et de plus à prendre, acheter, acquérir, avoir, tenir, exploiter, recevoir,
posséder et retenir tout bien, effet, contribution charitable ou autres, cadeaux ou bienfaits quels qu'ils soient.

Et par les présentes nous déclarons et accordons que les dits Chancelier, Président et Etudiants et leurs successeurs par le même nom devront et pourront être
habiles et autorisés en loi à poursuivre et à être poursuivis, à être demandeurs et à
être défendeurs, à répondre et à recevoir réponse dans toutes et n'importe quelle cour
ou cour d'archives dans les limites de notre Royaume-Uni de la Grande-Bretagne et
d'Irlande et dans notre dite province du Haut-Canada et dans nos autres possessions ;
dans toutes et différentes actions, causes, plaidoyers, poursuites, affaires et demandes
de quelque nature et espèce que ce soit en une manière et forme aussi large, ample et
bénéficiable que n'importe quel autre corps politique ou incorporé, ou tout autre
sujet lige, étant personnes habiles et habiles en loi, pourront ou peuvent être poursuivies, demander ou répondre ou être poursuivies, dans toutes affaires quelles qu'elles
soient.

Et par les présentes nous déclarons, nous ordonnons et accordons qu'il y aura
dans notre dit collège ou corporation un conseil qui sera appelé ou connu par le nom
de " Le Conseil du Collège " et nous voulons et ordonnons que le dit conseil se com-
posera d'un Chancelier—le président existant—et de sept des professeurs dans les
arts et les facultés de notre dit collège, et que ces dits sept professeurs devront être
membres de l'Eglise Etablie d'Angleterre et d'Irlande, et devront antérieurement à
leur admission dans le dit conseil du collège individuellement apposer leur signature
et souscrire aux trente-neuf articles de religion tels que déclarés et publiés dans le
livre *Common Prayer.*   Et dans le cas où à quelque époque il ne se trouverait pas
dans notre dit collège sept professeurs des arts et facultés membres de l'Eglise Etablie
susdite, alors notre volonté et bon plaisir sont et par les présentes nous accordons et
ordonnons que le dit Conseil de collège devra être rempli jusqu'au nombre requis de
sept, en dehors du chancelier et du président existants, par telles personnes qui,
étant graduées de notre dit collège et membres de l'Eglise Etablie susdite, seront pour
cette fin nommées par le chancelier existant de notre dit collège ; lesquels membres
du conseil devront de la même manière souscrire aux trente-neuf articles susdits antérieurement à leur admission dans le dit Conseil de collège.

Et attendu qu'il est nécessaire de prendre des mesures pour compléter et remplir
le dit conseil dès les débuts de notre dit collège et antérieurement à la nomination
des professeurs et à la collation des degrés à ce collège.   Maintenant nous déclarons
et ordonnons de plus que le chancelier existant de notre dit collège devra à la première institution de ce collège ou immédiatement après, par mandat émanant de lui-
même, nommer et appointer sept personnes discrètes et convenables, résidant dans les
limites de notre dite province du Haut-Canada, pour constituer conjointement avec
lui le dit chancelier et le président de notre dit collège existants, le premier conseil
ou conseil original de notre dit collège, lesquels membres premiers ou originaux de
notre dit conseil devront de la même manière et respectivement souscrire aux trente-
neuf articles susdits antérieurement à leur admission dans le dit conseil.

Et nous déclarons et accordons de plus que les membres du dit conseil de collège occupant dans notre dit collège les charges de chancelier, président ou professeur dans un art ou une faculté devront retenir respectivement leurs sièges dans le dit conseil aussi longtemps que tous et chacun d'eux retiendront telles charges tel que susdit, et pas plus longtemps, et que les membres du dit conseil n'occupant pas de charges dans notre dit collège devront à certaines époques abandonner leurs sièges dans le dit conseil quand et aussitôt qu'il y aura un nombre suffisant de professeurs dans notre dit collège étant membres de l'Eglise Etablie susdite pour porter le dit conseil au nombre requis susmentionné.

Et nous donnons de plus au chancelier existant de notre dit collège autorité et pouvoir pour décider dans chaque cas lequel des membres du dit conseil, ne tenant pas cette charge tel que dit plus haut, devra abandonner son siège dans le dit conseil lors de l'admission de quelque nouveau membre du conseil remplissant telle charge.

Et nous déclarons et déclarons de plus que le chancelier existant de notre dit collège devra présider toutes les réunions du dit conseil de collège quand il jugera à propos ou nécessaire d'y assister, et qu'en son absence le président de notre dit collège devra présider toutes ces dites réunions ; et qu'en l'absence du dit président, le membre le plus ancien du dit conseil, présent à telle réunion, devra présider, et que l'ancienneté des membres du dit conseil, autres que le chancelier et le président, devra être établie d'après la date de leurs nominations respectives.

Pourvu toujours que les membres du dit conseil qui sont professeurs dans notre dit collège, devront dans le dit conseil avoir préséance sur les membres du conseil qui ne sont pas professeurs dans notre dit collège et être considérés comme les anciens.

Et nous ordonnons et déclarons qu'aucune réunion du dit conseil n'aura lieu ou ne sera tenue comme une réunion légale de ce conseil à moins que cinq membres au plus bas soient présents pendant toute la durée de chaque réunion, et que toutes les questions et résolutions proposées à la décision du dit conseil de collège seront déterminées par la majorité des votes des membres présents du conseil, y compris le vote du membre présidant ; et que dans le cas d'un partage égal de ces votes, le membre présidant telle réunion devra donner un vote additionnel, autrement dit un vote prépondérant.

Et nous déclarons de plus que si quelque membre du dit conseil meurt ou abandonne son siège dans le dit conseil, ou s'il est suspendu ou démis comme tel, ou si pour des causes d'infirmité physique ou mentale ou pour raison d'absence de la dite province il devient incapable pendant trois mois calendaires ou plus d'assister aux réunions du dit conseil, alors et dans chaque cas, une personne apte et convenable devra être nommée par le dit chancelier pour agir comme et être membre du dit conseil au lieu et place du membre ainsi décédé ou résignataire ou suspendu ou démis, ou devenu invalide tel que susdit ; et le nouveau membre succédant à tout membre ainsi suspendu ou invalide devra abandonner sa charge à la fin de telle suspension ou telle impotence susdites de son prédécesseur immédiat dans le dit conseil.

Et nous ordonnons et accordons de plus qu'il sera et peut être de la compétence du chancelier existant de notre dit collège de priver temporairement de son siège dans le dit conseil tout membre de ce conseil pour une raison paraissant juste et valable au dit chancelier, pourvu que le motif de cette suspension soit entré et enregistré au long par le dit chancelier dans les livres du dit conseil et signé par lui ; et toute personne ainsi suspendue devra alors cesser d'être un membre du dit conseil à moins et jusqu'à ce qu'elle soit remise et rétablie dans cette position dans le conseil, par un ordre qui devra être fait sur les lieux par nous ou par le dit Visiteur de notre dit collège agissant en notre nom et conformément à quelque avis spécial émanant de nous.

Et nous déclarons de plus que tout membre du dit conseil qui, sans cause suffisante pour en recevoir la permission du dit chancelier par un ordre enregistré à cet effet sur les livres du dit conseil, s'absentera de toutes les réunions de ce conseil qui pourront être ténues pendant six mois calendaires consécutifs, devra alors abandonner son siège dans le dit conseil.

Et par ces présentes nous voulons, ordonnons et accordons, pour nous, nos héritiers et nos successeurs, que le dit conseil de notre dit collège devra avoir pouvoir et autorité de rédiger et faire des statuts, règles et ordonnances touchant et concernant le bon gouvernement du dit collège, la célébration du Service Divin dans son enceinte, les études, lectures, exercices, degrés dans les arts et facultés et toutes les matières s'y rapportant, la résidence et les devoirs du président de notre dit collège, le nombre, la résidence et les devoirs des professeurs du dit collège, l'administration des revenus et de la propriété du dit collège, les salaires, allocations, appropriations et émoluments des et pour les président, professeurs, étudiants, officiers et serviteurs du dit collège, le nombre et les devoirs de tels officiers et serviteurs, et aussi touchant et concernant toute autre matière ou chose qui leur paraîtra bonne, propre et utile pour le bien-être et l'avancement de notre dit collège et en accord avec cette charte qui vient de nous. Et aussi de temps à autre par de nouveaux statuts, règles et ordonnances révoquer, renouveler ou modifier tous, chacun ou quelqu'un des dits statuts, règles et ordonnances tel qu'ils le croiront à propos et nécessaire. *Pourvu toujours* que les dits statuts, règles et ordonnances ou quelqu'un d'entre eux ne soient pas incompatibles avec les lois et les statuts du Royaume-Uni de la Grande-Bretagne et d'Irlande ou de notre dite province du Haut-Canada ou avec cette charte qui vient de nous. *Pourvu aussi* que les dits statuts, règles et ordonnances soient sujets à l'approbation du dit Visiteur existant du dit collège et soit transmis au dit Visiteur à cette fin et qu'au cas où le dit Visiteur pour nous et en notre nom signifiera par écrit sa désapprobation de ces statuts, etc., au cours des deux années suivant la date de leur rédaction, ces statuts, etc., qui auront été ainsi désapprouvés par le dit Visiteur seront à partir de la date où telle désapprobation aura été portée à la connaissance du dit chancelier de notre dit collège absolument nuls et sans effet, mais autrement seront et resteront en pleine vigueur et force.

Pourvu, néanmoins, et par les présentes nous conservons et réservons expressément pour nous, nos héritiers et nos successeurs, le pouvoir de remettre en vigueur, confirmer ou renverser par un ordre ou des ordres venant de nous ou d'eux ou à être faits dans notre ou leur Conseil Privé, toutes et chacune des décisions, sentences ou ordres pouvant être ainsi lancés tel que susdit par le dit Visiteur pour nous et en notre nom en rapport avec les dits statuts, règles et ordonnances ou quelqu'un d'eux.

Et nous ordonnons et déclarons de plus qu'aucun statut, règle ou ordonnance sera rédigé et fait par le dit conseil de collège touchant les matières ci-dessus mentionnées ou quelqu'une d'elle, excepté celles qui seront proposées à la considération du dit conseil par le chancelier existant de notre dit collège.

Et nous demandons et enjoignons au dit chancelier du dit collège de consulter le président du dit collège et le plus ancien suivant du dit conseil de collège au sujet de tous les statuts, règles et ordonnances à être proposés par lui au dit conseil pour être étudiés.

Et par les présentes, pour nous, nos héritiers et nos successeurs, nous prescrivons et commandons que les statuts, règles et ordonnances susmentionnés, sujets aux dites stipulations, devront être strictement et inévitablement observés, tenus et accomplis de temps à autre en pleine vigueur et effet, sous les pénalités ci-après ou ici imposés ou contenues.

Et nous voulons, ordonnons et accordons de plus que le dit collège devra être considéré et tenu comme étant une université et devra posséder et user tous les mêmes privilèges dont jouissent nos universités de notre Royaume-Uni de la Grande-Bretagne et d'Irlande en autant que ces privilèges peuvent être possédés et usés en vertu de ces lettres patentes émanant de nous; et que les étudiants dans le dit collège devront avoir liberté et facilité de prendre les degrés de Bachelier, Maître et Docteur dans les différents arts et facultés aux époques fixées et auront la liberté par eux-

mêmes de faire tous les exercices scolastiques pour la collation de ces dits degrés
en la manière qui sera prescrite par les statuts, règles et ordonnances du dit collège.

Et nous voulons, ordonnons et réglons de plus qu'aucune affirmation (*test*) ou
qualification religieuse ne devra être requise de ou assignée à une personne admise
ou inscrite comme étudiant dans notre dit collège, ou à des personnes admises à
quelque degré dans quelque art ou faculté dans le dit collège, sauf, seulement, que
toutes personnes admises dans notre collège à quelque degré en Divinité devront
faire telles et mêmes déclarations et souscriptions et prêter tels et mêmes serments
que celles et ceux rquis des personnes admises à quelque degré en Divinité dans notre
Université d'Oxford.

Et nous voulons, prescrivons et ordonnons de plus que les chancelier, président et
professeurs de notre dit collège et toutes les personnes y admises au degré de
Maîtres des arts ou à quelque degré en Divinité, Loi ou Médecine et qui à partir du
temps de leur dite admission à tel degré devront payer la somme annuelle de vingt
schellings, monnaie courante, pour le support et l'entretien du dit collège, devront être
considérées et réputés membres de la Convocation de la dite université et à titre de
membres de la dite Convocation devront posséder, exercer et user tous tels et mêmes
privilèges que ceux dont jouissent les membres de la Convocation de notre université
d'Oxford en autant que les dits privilèges peuvent être possédés et usés en vertu de
ces lettres pttentes émanant de nous et conformément aux stipulations y contenues.

Et nous voulons, et par ces présentes, pour nous, nos héritiers et nos successeurs,
nous accordons et déclarons que ces lettres patentes émanant de nous, ou l'enregistrement ou l'ampliation de ces lettres patentes, devront et pourront être rendues bonnes,
fermes, valides, suffisantes et efficaces en loi, conformément à leur véritable sens et
signification ; et devront être prises, interprétées et adjugées dans le sens le plus
favorable et le plus avantageux pour le plus grand avantage des dits chancelier, président et étudiants de notre dit collège aussi bien dans nos cours d'archives qu'ailleurs,
et par tous et chacun des juges, magistrats, officiers, ministres et autres sujets, quels
qu'ils soient, de nous, de nos héritiers et successeurs, malgré les mauvaises interpré-
tations, oublis, omissions, imperfections, défectuosités, questions, causes ou choses
quels qu'ils soient, contraires en quelque façon à ces lettres patentes.

Et ATTENDU QUE Sa présente Majesté, Guillaume le Quatrième, a bien voulu signifier par l'intermédiaire du Principal Secrétaire d'Etat des et pour les Colonies de Sa
Majesté, le comte de Ripon, par sa dépêche du 8 novembre 1832, communiquée à la
législature par message de Son Excellence, que loin que le gouvernement de Sa
Majesté eut senti quelque désir de maintenir la dite charte à l'encontre des vœux de
la grande majorité du peuple, toute mesure possible avait été prise pour déférer à
leur représentant la décision de la question de la forme et des principes sur lesquels
la dite université devrait être établie.

Qu'il soit, etc. Qu'à partir du et qu'après le passage de cet Acte la dite université sera sur le principe et en la forme spécifiés plus loin, nonobstant quoi que ce soit
de contraire dans la dite charte : Pourvu toujours que la dite charte sera et continuera
d'être en vigueur excepté dans la mesure qu'elle est modifiée et changée par les stipulations de cet Acte.

2. *Et qu'il soit, etc.*, Qu'à partir du et après le passage de cet Acte il ne devra
pas être nécessaire pour le président de la dite université d'être un membre du clergó
dans les Saints Ordres de l'Eglise Unie d'Angleterre et d'Irlande, nonobstant quoi
que ce soit de contraire dans la dite charte.

3. *Et qu'il soit, etc.*, Qu'à partir du et après le passage de cet Acte, l'archidiacre
de York, maintenant ville de Toronto, existant ne devra pas être en vertu de sa
charge d'archidiacre en tous temps président de la dite Université, nonobstant quoi
que ce soit de contraire dans la dite charte.

4. *Et qu'il soit, etc.*, Qu'à partir du et après le passage de cet Acte les professeurs du dit Collège et de son conseil ne seront pas requis d'être membres de la dite

64 VICTORIA, A. 1901

Eglise Unie Etablie ou de souscrire à ses trente-neuf articles, nonobstant quoi que ce soit de contraire dans la dite charte.

5. *Et qu'il soit, etc.*, Qu'il y aura en tous temps autant de professeurs, répétiteurs et conférenciers dans les différents arts et facultés du dit collège qu'il sera de temps à autre jugé nécessaire ou utile et qui seront nommés en la manière ci-après indiquée et nonobstant quoi que ce soit de contraire dans la dite charte.

6. *Et qu'il soit, etc.*, Qu'il y aura dans le dit collège aux place et lieu du conseil mentionné dans le dite charte, un conseil qui sera appelé et connu par le nom de conseil du "King's College", lequel conseil devra se composer de douze personnes, la moitié par la Chambre d'Assemblée, lesquelles personnes ainsi nommées devront être présentées par les Chambres respectives au gouverneur, lieutenant-gouverneur ou à la personne administrant alors le gouvernemnt et devront remplir leurs fonctions pendant quatre ans à partir du jour de telle nomination et de là jusqu'à la session suivante du parlement provincial et pas plus longtemps.

7. *Et qu'il soit, etc.*, Que si quelque membre du conseil meurt ou est suspendu ou démis des dites fonctions ou pour quelque cause corporelle ou mentale ou raison d'absence de la province devient incapable pendant six mois ou plus d'assister aux réunions du dit conseil, alors et dans chaque cas, une personne apte et qualifiée devra être nommée par le reste du dit conseil pour agir et exister comme membre du dit conseil aux place et lieu du membre ainsi décédé ou ainsi suspendu ou démis ou invalide tel que dit ci-dessus et la nomination de tel nouveau membre du dit conseil devra être communiquée à la législature provinciale par la voie du gouverneur, lieutenant-gouverneur ou de la personne administrant le gouvernement alors, à sa session suivante, et il sera et pourra être légal pour la branche de la législature par laquelle la personne ainsi décédée ou suspendue ou démise ou invalidée, tel que dit. ci-dessus, fut nommée, soit de confirmer la dite nomination temporaire faite par le dit conseil susdit, soit de nommer une autre personne, ainsi que cette dite branche de la législature le jugera à propos.

8. *Et qu'il soit, etc.*, Qu'aucune séance du conseil ne sera prise ou tenue pour une séance légale de ce conseil ni aucune question discutée, excepté celle de l'ajournement, à moins que neuf membres au moins soient présents durant toute la durée de la séance et que toutes les questions et résolutions proposées à la décision de chaque telle réunion soient des membres du conseil présent, y compris le vote du membre présidant, et que dans le cas d'un partage égal de tels votes, le membre présidant donne son vote additionnel ou prépondérant.

9. *Et qu'il soit, etc.*, Que tout membre du dit conseil peut en tous temps être suspendu ou démis par une résolution conjointe des deux branches de la législature provinciale.

10. *Et qu'il soit, etc.*, Qu'il sera et peut être légal pour le dit conseil du dit collège de nommer et d'élire de temps à autre autant de professeurs, répétiteurs et conférenciers dans les différents arts, sciences et branches d'enseignement qu'il sera jugé propre et nécessaire pour le système d'éducation dans le dit collège.

11. *Et qu'il soit, etc.*, Que les président, professeurs, répétiteurs, conférenciers, gradués, sous-gradués, boursiers, officiers et serviteurs du dit collège et chaque personne ayant une position d'honneur ou de confiance dans le dit collège seront sujets à toutes et chacune des règles et ordonnances du dit collège, faites et stipulées conformément à l'Acte.

12. *Et qu'il soit, etc.*, Que le dit conseil du dit collège aura pouvoir et autorité de proposer, rédiger et faire des règles et ordonnances touchant et concernant la paix, le bien-être et le bon gouvernement du dit collège, les études, lectures, exercices et degrés dans les arts et facultés et toutes matières le concernant ; les devoirs du président du dit collège, le nombre, la rémunération et les devoirs de ces professeurs, répétiteurs et conférenciers, l'administration des revenus et des biens du dit collège, les salaires, frais, rémunérations et émoluments du et pour le président, les professeurs, répétiteurs conférenciers, étudiants, officiers et serviteurs du dit collège, le nombre

et les devoirs de ces dits officiers et serviteurs ; et aussi touchant et concernant toute autre question ou affaire qui lui paraîtra bonne, propre et utile pour le bien-être et l'avancemnt du dit collège et aussi de temps à autre par le nouvelles règles ou ordonnances révoquer, renouveler, augmenter ou altérer en entier, chacune ou quelqu'une des règles et ordonnances tel qu'il leur paraîtra opportun et nécessaire : *Pourvu toujours* que les dites règles et ordonnances, ou quelqu'une d'elle, ne contreviendront pas aux lois et statuts de la dite province du Haut-Canada ou à cet Acto : *Pourvu aussi* que les dites règles et ordonnances seront sujettes à l'approbation du chancelier du dit collège alors, et transmises immédiatement au dit chancelier pour cette fin, nonobstant quoi que ce soit de contraire dans la dite charte.

13. *Et qu'il soit, etc.,* Qu'aucun serment ou qualification religieux quelconque ne sera requis de ou imposé à nulle personne admise ou enregistrée comme étudiant dans le dit collège ou de personnes admises à quelque degré dans quelque art ou faculté dans ce collège, que ce degré soit conféré en loi, physique ou autre art ou science, nonobstant quoi que ce soit de contraire dans la dite charte.

14. *Et qu'il soit, etc.,* Que les membres du dit conseil et leurs successeurs seront à jamais un corps distinct et politique, et incorporé en fait et en nom sous le nom et style de " King's College ", et que par le même nom ils devront avoir perpétuelle succession et un sceau commun ; et qu'eux et leurs successeurs devront de temps à autres avoir plein pouvoir d'altérer, renouveler ou changer le dit sceau commun à leur volonté et bon plaisir ainsi qu'ils le croiront opportun ; et que par le même nom ils, le conseil et ses successeurs, de temps à autres et en tous temps par la suite, seront capables d'avoir, prendre, recevoir, acheter, acquérir, tenir, posséder, user et maintenir, à et pour l'usage du dit collège, tous biens, terres, logements et héritages de quelque espèce, nature ou qualité que ce soit situés et se trouvant dans les limites de la dite province du Haut-Canada, de façon à ce qu'ils n'excèdent pas en revenu annuel la somme de dix mille louis en monnaie légale du Haut-Canada, au-dessus de toutes charges, en plus et au-dessus de toutes bourses d'étudiants, et de plus de prendre, acheter, acquérir, avoir, tenir, user, recevoir, posséder et retenir tous ou aucuns biens meubles, dons charitables ou autres contributions ou bienfaits quels qu'ils soient ; et que le dit conseil et ses successeurs, par le même nom, pourront et peuvent être capables et habiles en loi de poursuivre et être poursuivis, d'être demandeurs et défendeurs, de répondre et de recevoir réponse dans toutes et n'importe quelle cour ou cours d'enregistrement dans la dite province de Haut-Canada dans toutes et chaque actions, causes, plaidoyers, poursuites, affaires et demandes quels qu'ils soient, dans une manière et forme aussi large, ample et bénéficiable que tout autre corps politique et incorporé ou toute autre personne capable et habile en loi peuvent ou pourront poursuivre, demander ou répondre et être poursuivis, se défendre et avoir réponse de quelque manière que ce soit, nonobstant quoi que ce soit de contraire dans la dite charte.

15. *Et qu'il soit, etc.,* Qu'il sera et peut être légal pour le conseil de la dite université de suspendre de ses fonctions le président ou tout professeur, répétiteur ou conférencier ou tout autre membre du dit conseil qui sera invalidé par infirmité corporelle ou pour toute autre cause raisonnable et juste aux yeux du dit conseil. Pourvu que la raison de telle telle suspension soit enregistrée par écrit et vérifiée sur le serment de deux témoins croyables et désintéressés ou plus et soit entrée et enregistrée au long dans les journaux du dit conseil et signée par le chancelier ou président du dit conseil.

16. *Et qu'il soit, etc.,* Que chaque personne ainsi suspendue devra de suite cesser d'être un membre du dit conseil ou président de la dite université, ou professeur, répétiteur ou conférencier dans cette université, à moins et jusqu'à ce qu'il soit remis et replacé dans telle charge dans cette université, par tout ordre qui devra être donné dans l'enceinte de cette branche de la législature par laquelle tel membre a été nommé.

17. *Et qu'il soit, etc.*, Qu'il sera et peut être légal pour le dit conseil du dit collège de temps à autre d'établir des bourses d'étudiants dans le dit collège pour le bénéfice des élèves des écoles de district dans cette province. Pourvu que le montant de chaque bourse n'excède pas la valeur annuelle de cinquante louis par année.

18. *Et qu'il soit, etc.*, Qu'il sera et peut être légal pour le conseil du dit collège et pour toutes personnes quelconques attachées au dit collège, et ils sont par les présentes requis en tout temps et sans réserve de soumettre aux diverses branches de la législature de cette province toutes informations qu'ils posséderont ou partie d'icelles, et qui seront de temps à autres requises concernant de quelque manière que ce soit le dit collège et ce qui s'y rapporte.

19. *Et qu'il soit, etc.*, Que chaque fois qu'une ou plusieurs règle ou règles, ordonnance ou ordonnances seront adoptées par le dit conseil tel que susdit, contenant quelque stipulation qui devra de quelque manière concerner ou affecter la jouissance ou l'exercice par les professeurs, répétiteurs, conférenciers, boursiers, gradués, sous-gradués, élèves, serviteurs ou autres quels qu'ils soient attachés au dit collège, de quelque forme de religion ou mode de culte, ou de quelque manière que ce soit, les empêcher ou les restreindre ou quelques-uns d'entre eux de fréquenter, le dimanche ou tout autre jour, la place de culte qu'ils choisissent, ou imposer quelques faveurs ou privilèges exclusifs à ce sujet ; ou se rapportera de quelque manière à ou affectera l'observation de toutes règles ou disciplines touchant à quelque église ou société de Chrétiens à laquelle quelqu'une des personnes susmentionnées peut appartenir, toutes telles règles et ordonnances n'auront aucune valeur ou force quelconque jusqu'à ce qu'elles aient été soumises aux trois branches de la législature provinciale et devront, après avoir été ainsi soumises toutes et chacune pendant l'espace de dix jours, en recevoir la sanction.

20. *Et qu'il soit, etc.*, Qu'il sera et peut être légal pour le dit conseil, et ils sont par les présentes requis de se réunir dans le dit collège à Toronto et pour les périodes suivantes, à savoir, commençant le premier lundi de février de toute et chaque année et finissant le samedi de la semaine suivante ; auquel temps fixé et à nul autre il sera et peut être légal pour le dit conseil de faire, remplir et exécuter tous les devoirs et charges imposés par cet Acte ou par toute règle ou ordonnance du dit collège fait sous et par l'autorité de cet Acte.

21. *Et qu'il soit, etc.*, Qu'il sera et peut être légal pour chacun des membres du dit conseil, étant dans l'accomplissement de ses dites fonctions à la période susdite, d'avoir et recevoir du et à même le fonds du dit collège la somme de dix schillings, monnaie courante du Haut-Canada, et pas plus pour chaque jour d'assistance réelle durant les dites semaines, et la même somme pour chaque vingt milles parcourus en se rendant au dit collège et pour en revenir à sa résidence.

22. *Et qu'il soit, etc.*, Qu'il sera et peut être légal pour tout membre du dit conseil d'offrir sa démission durant toute session de la législature provinciale, à la branche de celle-ci par laquelle il fut nommé et appointé, et sur l'acceptation de telle démission, la dite personne devra cesser d'être un membre du dit conseil, et il sera par conséquent légal pour la dite branche de la législature provinciale acceptant la dite démission de nommer et appointer sur le champ une autre personne pour être membre du dit conseil aux lieu et place de la personne ainsi démissionnant tel que susdit.

23. *Et qu'il soit, etc.*, Que si quelque professeur, répétiteur, conférencier ou toute autre personne élue par le dit conseil à quelque professorat, tutelle, conférence ou autre poste dans le dit collège meurt dans l'intervalle entre les réunions annuelles du dit conseil, il sera et pourra être légal pour les différents professeurs, répétiteurs et conférenciers, qui ont été élus par le dit conseil, de nommer une personne apte et capable pour remplir les fonctions du dit professeur, répétiteur ou conférencier ainsi décédé, jusqu'à la prochaine réunion du dit conseil et pas plus.

24. *Et qu'il soit, etc.*, Qu'il sera et peut être légal pour le dit conseil, a sa réunion régulière, et il est par les présentes requis de tenir, à chaque telle réunion.

DOC. DE LA SESSION No 18

un journal de ses opérations, spécifiant le jour et l'heure de sa réunion, les noms des membres du conseil présents, les résolutions et questions proposées, avec les noms des membres votant pour et contre chaque résolution et question, que celles-ci soient rejetées ou adoptées par le dit conseil, lequel registre ou journal des dites opérations du dit conseil devra être en tous temps raisonnable tenu ouvert au dit collège à l'inspection du visiteur, du chancelier et de tous autres membres du dit collège, et être déposé devant les différentes branches de la législature provinciale, chaque fois qu'on sera par eux ou quelques-uns d'eux requis de ce faire.

25. *Et qu'il soit, etc.*, Qu'aucun serment ou qualification religieux ne sera requis du chancelier, président, professeur, répétiteur, conférencier, boursier ou autre personne étant un candidat à quelque situation ou honneur dans le dit collège, et l'éligibilité de telle personne à quelques-uns des postes susdits dans le dit collège ou tout autre qui pourrait être créé dans la suite, ne pourra être dans nulle façon ou degré dépendante sur ou réglée, affectée ou préjudiciée par la croyance chrétienne particulière de tel candidat, nonobstant quoi que ce soit de contraire dans la dite charte.

26. *Et qu'il soit, etc.*, Qu'à partir du et après l'adoption de cet Acte il ne sera pas, et il ne sera pas permis qu'il y ait dans le dit collège de professeur, conférencier ou maître de la doctrine de la divinité d'après les articles de foi professés par l'Eglise Unie d'Angleterre et d'Irlande ou d'après la croyance ou foi de tout autre église chrétienne ou autre, quelle qu'elle soit, nonobstant quoi que ce soit de contraire dans la dit charte ; et il ne sera pas légal pour le dit conseil de consacrer une partie des fonds maintenant ou par la suite appartenant à la dite université au support de quelque professeur, conférencier ou maître public de telle divinité : *Pourvu toujours que rien dans cet acte ne devra s'étendre ou être interprété comme s'étendant à empêcher les étudiants et les membres de la dite université par eux-mêmes ou par leurs parents, tuteurs ou amis, d'engager des maîtres privés pour leur instruction personnelle en divinité ou tout autre art ou science.*

27. *Et qu'il soit, etc.*, Qu'il sera et peut être légal pour tout membre du dit conseil d'administrer tout serment requis par cet acte, et toute personne convaincue devant toute cour de juridiction compétente dans cette province de faux serment volontaire et vénal sous quelque serment administré tel que susdit, sera considérée et tenue coupable de parjure et sujette à toute la rigueur du châtiment qui peut être infligé par les lois de la province pour le parjure.

28. *Et qu'il soit, etc.*, Qu'une vacance survenant dans la charge de président du dit collège par la mort ou la démission du président existant, la dite charge soit remplie en tous temps à venir par le conseil du collège, nonobstant quoi que ce soit de contraire dans la dite charte du dit collège.

29. *Et qu'il soit, etc.*, Que le visiteur du dit collège soit nommé par le conseil du dit collège, nonobstant quoi que ce soit de contraire dans la dite charte.

N° 14.—ACTE POUR PROMOUVOIR L'ÉDUCATION.

(Archives, série Q., vol. 385-2, p. 230.)

Attendu qu'il est nécessaire de constituer des sommes plus considérables pour les institutions des écoles communes ; et pour assurer les moyens de permettre à quelques-uns des jeunes gens les mieux doués de la province de continuer leurs études dans les séminaires d'enseignement supérieur qui existent maintenant ou pourront être à l'avenir établis dans cette province : *Qu'il soit donc décrété, etc.*, Que le neuvième article d'un acte passé en la cinquante-cinquième année du règne de feu Sa Majesté le Roi George Troisième, intitulé : "Acte accordant à Sa Majesté une somme d'argent pour être appliquée à l'usage des écoles communes dans toute cette province et pour pourvoir aux règlements des dites écoles communes", soit et est par le présent rappelé.

64 VICTORIA, A. 1901

2. *Et qu'il soit de plus décrété, etc.*, Qu'il sera et peut être légal pour l'habitant ayant feu et lieu dans chaque et tout township dans cette province, à l'assemblée au chef-lieu devant être tenue le premier lundi de janvier de chaque et toute année, de nommer et appointer trois personnes aptes et qualifiées pour être surintendants des écoles dans le township pour l'année dans laquelle elles auront ainsi été nommées.

3. *Et qu'il soit de plus décrété, etc.*, Qu'il sera du devoir de ces dits surintendants de fixer une date et un endroit dans le township pour lequel ils auront été nommés, à laquelle pourront assister tous les élèves qui peuvent se considérer comme ayant fait des progrès dans les études pouvant les qualifier à devenir candidats pour les écoles supérieures ; et les surintendants devront parmi les élèves ainsi assemblés choisir trois des mieux doués et des plus promettants qui seront candidats à l'admission dans l'école de district ou tous autres séminaires d'enseignement maintenant existants ou pouvant être dans l'avenir établis dans cette province.

4. *Et qu'il soit de plus décrété, etc.*, Que les divers surintendants dans chaque et tout township devront, à leur première réunion qui devra être tenue le premier jour de juin de chaque et toute année, nommer et appointer une personne apte et qualifiée pour être membre du Bureau d'éducation, et que les divers membres ainsi nommés dans chaque et tout district devront constituer et former le Bureau d'éducation dans tel district.

5. *Et qu'il soit de plus décrété, etc.*, Que le Bureau d'éducation ainsi établi dans chaque et tout district de cette province devra se réunir le lundi de la semaine dans laquelle la cour des sessions trimestrielles générales pour chaque district doit se réunir dans le mois de juillet et au lieu où la dite cour doit être tenue et dans le mois de juin dans tels endroits où les sessions trimestrielles sont tenues en juin, et alors et là nommer son président et dépêcher toutes les affaires que les lois de la province autorisent le présent Bureau de l'éducation à faire ; que trois membres soient un quorum, et que ceux des membres qui seront présents aient droit à dix schellings par jour, pourvu que le nombre de jours ne dépasse pas celui de trois.

6. *Et qu'il soit de plus décrété, etc.*, Qu'aussitôt que le Bureau d'éducation le croira opportun il pourra, avant de fixer aux instituteurs leurs salaires annuels, réserver un montant suffisant pour payer la pension et l'enseignement à l'école de district ou autre séminaire à être choisi par le Bureau, de tel nombre d'élèves choisis dans chaque comté, le nombre ne dépassant pas huit, qui auront été choisis par les dits membres du Bureau d'éducation qui auront été nommés dans les différents townships de chaque centre.

7. *Et qu'il soit de plus décrété, etc.*, Qu'aussitôt que le Bureau d'éducation dans chaque et tout district dans cette province constatera que l'état de ses fonds le permet, il pourra réserver une somme suffisante pour payer la pension, l'instruction et l'habillement d'un ou plusieurs élèves choisis dans chaque comté, de façon à lui ou leur permettre de continuer ses ou leurs études dans les séminaires d'enseignement supérieurs, tels élèves ou étudiants devant être choisis par les dits membres du Bureau d'éducation qui auront été nommés par tel comté.

8. *Et qu'il soit de plus décrété, etc.*, Qu'aucun étudiant envoyé soit à une école de district, soit à tout autre séminaire d'enseignement, ne soit rappelé dans une période moindre de trois ans, à moins que les dits membres du Bureau d'éducation qui résident dans le dit comté d'où tel élève aura été envoyé, s'accordent unanimement.

9. *Et qu'il soit de plus décrété, etc.*, Que le Bureau d'éducation dans tout et chaque district devra, à sa réunion dans les mois de juin ou juillet, fixer une date et un endroit dans chaque comté où les instituteurs dans tel comté seront présents pour être publiquement examinés par le principal de l'école de district, secondé par tels membres du Bureau d'éducation résidant dans le dit comté.

10. *Et qu'il soit de plus décrété, etc.*, Que le Bureau d'éducation pour chaque et tout district peut faire connaître par son greffier aux instituteurs, au moins six mois avant l'examen, la date et le lieu où tel examen sera fait et les branches spéciales de l'enseignement pour lesquelles des prix seront accordés.

11. *Et qu'il soit de plus décrété, etc.*, Que l'instituteur qui sera déclaré gagnant le premier prix aura droit à un louis annuellement, pendant le temps qu'il enseignera, et en sus de son salaire ; le second prix, quinze schillings ; le troisième, dix schillings ; les second et troisième prix sujets aux mêmes conditions que le premier.

12. *Et qu'il soit de plus décrété, etc.*, Qu'aucun instituteur d'une école commune n'aura droit à aucun bénéfice du fonds d'éducation s'il n'a pas assisté à l'assemblée du comté pour l'examen des instituteur, à moins d'être exempté par la maladie, certifiée par un des commissaires de l'école commune.

13. *Et qu'il soit de plus décrété, etc.*, Que le principal de l'école de district et tels membres du Bureau d'éducation qui auront assisté à l'examen de comté des instituteurs auront droit à dix schillings chacun pour chaque jour vraiment employé pour le dit examen, pourvu que ce nombre n'excède pas celui de trois pour un comté seul.

14. *Et qu'il soit de plus décrété, etc.*, Que pour le support et l'encouragement de l'éducation dans cette province, il devra être établi un fonds qui sera appelé " Fonds de l'Education ", lequel fonds devra consister en telle somme ou telles sommes que la législature jugera à propos d'approprier à cette fin, à même les revenus de la province ; secondement, de l'intérêt des produits de la vente de terres appropriées à l'éducation ; et troisièmement, de tout argent qu'on pourra retirer de la location de terrain pour des fins d'éducation.

15. *Et qu'il soit de plus décrété, etc.*, Que toutes les sommes d'argent déjà payées entre les mains du receveur général de cette province ou qui devront plus tard lui être payées, comme produits de terres vendues pour promouvoir l'éducation, devront être par lui placées dans l'achat d'obligations du gouvernement autorisées par quelque acte du Parlement de cette province et devront être placés au crédit du fonds d'éducation créé par cet acte.

16. *Et qu'il soit de plus décrété, etc.*, Que pour venir en aide à la présente appropriation pour le support des écoles communes dans chaque et tout district de cette province, il devra être accordé chaque année à Sa Majesté la somme de douze mille louis pour être distribuée parmi les différents districts pour la suite pourvus à même l'argent maintenant prélevé et perçu ou qui pourra à l'avenir être prélevé et perçu sous l'autorité du parlement à et pour l'usage de cette province.

17. *Et qu'il soit de plus décrété, etc.*, Qu'il sera et peut être légal pour le gouverneur, le lieutenant-gouverneur ou la presonne administrant le gouvernement de cette province, à chaque et toute année et après le dernier recensement précédent de la population de la province, de répartir l'argent déjà octroyé par la législature ou qui devra l'être par la suite, parmi les différents districts, en même temps que toute autre somme d'argent qu'on pourra tirer du fonds d'éducation.

18. *Et qu'il soit de plus décrété, etc.*, Qu'il sera et peut être légal pour le gouverneur, le lieutenant-gouverneur ou la personne administrant le gouvernement de cette province, le ou avant le quinze juin de chaque et toute année, de faire transmettre au greffier du Bureau d'éducation dans chaque et tout district une copie de tel mandat qui aura été émis en faveur du trésorier du district pour le paiement de la portion assignée à tel district à même le fonds d'éducation.

19. *Et qu'il soit de plus décrété, etc.*, Qu'il sera du devoir du président du Bureau d'éducation pour chaque et tout district dans cette province de faire rapport de l'état des écoles communes du district au gouverneur ou lieutenant-gouverneur ou à la personne administrant le gouvernement pour que le dit rapport soit déposé devant la législature à sa première réunion pour être examiné ; et que le président ait droit à dix schillings par jour pour chaque jour réellement employé à préparer tel rapport, pourvu que le nombre de jours ne dépasse pas celui de cinq.

20. *Et qu'il soit de plus décrété, etc.*, Qu'il sera et peut être légal au et pour le Bureau d'éducation dans tout et chaque district d'allouer aux greffiers des bureaux respectifs, en sus de la somme que la loi les autorise actuellement à recevoir, la somme additionnelle de cinq louis annuellement.

21. *Et qu'il soit de plus décrété, etc.*, Que la dite somme de douze mille louis annuellement soit payée par le receveur général de la province en décharge de tel mandat qui pourra à cette fin être émis par le gouverneur, le lieutenant-gouverneur ou la personne administrant le gouvernement à l'époque, et devra être créditée à Sa Majesté, ses héritiers et successeurs par l'intermédiaire des lords commissaires du Trésor de Sa Majesté à l'époque, dans la manière et forme qu'il plaira à Sa Majesté, ses héritiers et successeurs d'ordonner.

22. *Et qu'il soit de plus décrété, etc.*, Que cette acte ne devra pas être mis en vigueur avant le premier jour de janvier, ce qui sera en l'année de Notre-Seigneur mil huit cent trente-six.

CHAMBRE D'ASSEMBLÉE DES COMMUNES,
          31me jour de mars 1835.

                    Signé
                         MARSHALL S. BIDWELL,
                                   Orateur.

Lors du vote sur le bill le partage des pour et des contre fut comme suit :

Pour—Alway
       Brown
       Bruce
       Chisholm
       Cook
       Cornwall
       Duncombe (d'Oxford)
       Duncome (de Norfolk)
       Durand
       Gibson
       Gilchrist
       Gowan
       Hopkins
       Jones
       Lount
       McCrae
       McDonell (de Glengarry)
       McDonell (de Stormont)
                              McKay
                              McKenzie
                              Merritt
                              Moore
                              Perry
                              Richardson
                              Rymal
                              Shaver
                              Shibley
                              Small
                              Thorburn
                              Waters
                              Wells
                              Wilson
                              Woolverton.—33.
               Contre—Procureur général Jameson
                              McNabb
                              Rykert.—3.

                    JAMES FITZGIBBON,
                         Greffier de l'Assemblée.

N° 15.—SIR JOHN COLBORNE À LORD ABERDEEN.

(Archives, série Q., vol. 385-1, p. 189.)

                         TORONTO, Haut-Canada,
                              6 mai 1835.

Privée.

MILORD,—J'ai l'honneur de transmettre à Votre Seigneurie la copie ci-jointe du bill pour amender la charte du collège du Roi, qui a été adopté par la Chambre d'Assemblée à sa dernière session et rejeté par le Conseil législatif.

D'après les débats au Conseil législatif sur les articles du bill, je suis persuadé qu'aucune loi ne sera votée par la législature provinciale pour amender la charte du collège. Je n'ai cependant aucun doute qu'elle peut être modifiée par l'intervention du gouvernement de Sa Majesté de façon à ne laisser, sur les points essentiels, aucune raison de mécontentement soit pour le Conseil législatif, soit pour la Chambre d'Assemblée.

DOC. DE LA SESSION No 18

Il est certain que l'intérêt de la province requiert que l'ouverture de l'université soit autorisée sans délai, et qu'une revision de la charte soit déterminée par Sa Majesté. J'ai donc l'honneur de proposer qu'on agisse immédiatement d'après les suggestions contenues dans mes dépêches du 19 décembre, numéro 77, relativement à la nomination et à l'élection des professeurs, et de soumettre à la considération du gouvernement de Sa Majesté la copie ci-jointe de la charte de l'université avec les modifications proposées et qui, d'après l'archidiacre Strachan, rencontreront les vues du conseil du collège et du Conseil législatif.

Voici les stipulations que je considère essentielles parmi les modifications proposées :

1° Que le pouvoir visitorial devrait être transférable.

2° Que la charge de président ne devrait pas être nécessairement attachée à celle d'archidiacre de York, ni même être occupée par un membre du clergé.

3° Que le conseil ne devrait pas être requis de signer les trente-neuf articles.

4° Que le conseil devrait se composer du chancelier, du président, du principal du Collège du Haut-Canada, du président de la Chambre d'Assemblée et de cinq professeurs de l'université, et que seuls les professeurs devraient être requis d'appartenir à l'Eglise d'Angleterre.

5° Qu'une chaire de divinité de l'Eglise d'Ecosse devrait être établie et le professeur nommé par le Synode du Canada.

6° Que le Collège du Haut-Canada devrait être reconnu dans la charte et être protégé tel que proposé dans les stipulations supplémentaires.

Bien que la stipulation qui requiert que les professeurs du collège soient membres de l'Eglise l'Angleterre puisse rencontrer de l'opposition à la Chambre d'Assemblée, j'ai confiance que la charte revisée sera satisfaisante pour la province généralement et sera considérée conforme aux principes sur lesquels le collège est fondé.

Ayant, à la clôture de la session, informé le Conseil législatif et la Chambre d'Assemblée que je recommanderais fortement au gouvernement de Sa Majesté de sanctionner l'ouverture du collège du Roi, et assuré que le conseil du collège consentirait à la revision projetée de la charte ; et le chancelier et le président de l'université étant prêts à faire disparaître toute objection légale à l'octroi d'une nouvelle charte par la remise de la charte actuelle et l'acceptation des modifications proposées, j'espère qu'il paraîtra à Votre Seigneurie, dans les circonstances sur lesquelles j'ai attiré son attention, nécessaire de recommander l'adoption du procédé que j'ai proposé.

J'ai aussi à faire observer qu'en ce moment près de cent quarante-cinq élèves reçoivent une éducation étendue et libérale au Collège du Haut-Canada. Or, étant convaincu que la prospérité de ce séminaire est de la plus grande importance et qu'il devrait être étroitement affilié au collège du Roi et protégé par une charte, j'ai confiance que les articles additionnels concernant l'administration de l'institution seront approuvés par Votre Seigneurie.

J'ai communiqué à l'archidiacre la teneur de cette dépêche, et je transmets pour la gouverne de Votre Seigneurie ses remarques sur la modification proposée à la charte qui se rapportent à la stipulation qui déclare que le président devra appartenir au clergé. L'objection soulevée par l'archidiacre peut être considérée comme importante, mais comme la nomination du président dépend de Sa Majesté et que les professeurs doivent nécessairement être membres de l'Eglise d'Angleterre, je crois qu'on peut sans crainte admettre la modification.

J'ai l'honneur d'être, milord,
Le plus humble et obéissant serviteur de Votre Seigneurie,

J. COLBORNE.

Au Très honorable ,
LE COMTE D'ABERDEEN, C.C.,
Etc., etc., etc.

N° 16.—EDIFICE DU SÉMINAIRE DE COBOURG.

(Archives, série Q., vol. 387-1, p. 182.)

Nous, fidèles et loyaux sujets de Votre Majesté, les ministres de l'Eglise méthodiste wesleyenne au Canada, demandons permission d'exprimer notre ferme et dévoué
attachement à la royale personne et au gouvernement de Votre Majesté, et à la constitution sous laquelle nous avons le bonheur de vivre, et représentons très humblement à Votre Majesté :

Qu'au prix d'une très forte dépense et grâce à l'aide de contributions volontaires
et libérables d'amis de la religion et de l'éducation dans ces provinces, nous avons
érigé et, dans près de trois mois, nous aurons terminé les édifices pour un séminaire
d'enseignement, situé dans le voisinage de la ville de Cobourg, dans le district de
Newcastle, qui devra s'appeler l'Académie du Haut-Canada, dont le but est d'instruire
la jeunesse des congrégations méthodistes et autres du Canada, et de pauvres gens de
piété et de talents pleins de promesses pour qu'ils deviennent instituteurs dans les
écoles communes, et des jeunes sauvages les plus pieux et les plus intelligents comme
interprètes, instituteurs et missionnaires parmi les tribus aborigènes de la province—
avec une attention spéciale pour les principes moraux et religieux et les mœurs des
élèves, vu que l'union de l'éducation et de la moralité chrétienne est essentielle au
bien-être de tout pays civilisé.

Que neuf syndics ont été nommés par la conférence, trois desquels (les trois premiers sur la liste) devront sortir de charge chaque année et les vacances devront être
remplies par la conférence qui devra tenir en fidéicommis toute propriété de toute
nature de quelque façon achetée ou acquise pour l'usage de la dite académie. Un
bureau de visiteurs se composant de cinq sera choisi chaque année par la conférence,
à sa réunion annuelle, lequel bureau, de concert avec les syndics, aura autorité pour
nommer le principal et les professeurs et pour rédiger et faire des lois pour le bon
gouvernement de la dite académie en conformité des fins de sa fondation. C'est devant ce bureau conjoint des syndics et des visiteurs que le principal et les professeurs
pourront être cités pour rendre compte de leur conduite. Le dit bureau de syndics et
de visiteurs déposera annuellement devant la conférence à sa réunion annulle un rapport complet et détaillé de la condition littéraire et financière de la dite académie.

Que l'espace pour le logement aussi bien que pour l'instruction de cent soixante-
quinze élèves est pourvu dans les salles de l'académie.

Qu'une institution de ce genre est de toute importance pour les fins d'éducation et
les meilleurs intérêts de la province.

Que les méthodistes wesleyens constituent le corps de chrétiens le plus nombreux
dans cette province et sont le seul corps qui ait tenté un effort vigoureux et harmo-
nieux, avec l'aide de contributions privées et personnelles, pour promouvoir l'éducation dans cette nouvelle et importante province des domaines de Sa Majesté.

Que malgré les très grands efforts de toutes sortes faits pour obtenir et percevoir
des souscriptions, la pression a été telle dans cette province, au cours des deux dernières années, que le progrès des travaux à nos édifices a été enrayé, et que des ressources anticipées et des souscriptions promises nous ont dans de nombreux cas fait
défaut ; de sorte que le bureau d'administration se trouve en face d'une dette de
quatre mille louis.

Que dans le but de mettre la dite académie en mesure d'accomplir le but pour
lequel elle a été établie et de donner un enseignement religieux orthodoxe dans les
branches élémentaires des sciences accessibles aux pauvres jeunes gens de talent
comme instituteurs d'écoles communes et aux enfants de parents peu à l'aise, des ressources annuelles indépendantes du prix d'enseignement, un accessoire pour le cours
de philosophie et une bibliothèque sont d'absolue nécessité de même qu'une charte
d'incorporation.

Que dans ces circonstances de grande urgence, animés par un ardent désir de promouvoir les plus hauts intérêts religieux et éducationnels de cette province, encouragés par l'assurance qui découle du désir paternel de Votre Majesté de promouvoir le bien-être éducationnel aussi bien que le bonheur général des fidèles et loyaux sujets de Votre Majesté dans chaque partie du vaste empire de Votre Majesté, et enhardis par le fait que Votre Majesté a octroyé à l'université épiscopale du collège du Roi dans cette province une charte royale, un subside annuel de mille louis sterlings pendant seize ans, et une dotation de deux cent vingt-cinq mille acres de terre inhabitée de la Couronne, vos pétitionnaires prient humblement et fermement Votre Majesté de prendre ce qui précède en sa très gracieuse considération et d'accorder une charte royale pour la dite académie du Haut-Canada, et telles sommes et dotation en terres qu'il paraîtra juste à la bonté et à la libéralité royale de Votre Majesté.

Signé au nom et par ordre de la conférence de l'Eglise méthodiste wesleyenne au Canada.

WM. LORD,
Président de la conférence du H.-C.

EGERTON RYERSON,
Secrétaire.

HAMILTON, H.-C., 16 juin 1835.

N° 17.—CHARTE DU SÉMINAIRE DE COBOURG.

(Archives, Série Q., Vol. 387-1, p. 187.)

Attendu que les ministres de l'Eglise méthodiste wesleyenne au Canada ont, grâce à l'aide de contributions particulières et volontaires, érigé les bâtiments pour une académie d'enseignement, pour l'éducation de la jeunesse sur des principes chrétiens, située dans le voisinage de la ville de Cobourg, dans le district de Newcastle, dans notre province du Haut-Canada, dans l'Amérique du Nord, et attendu que les dits ministres de l'Eglise méthodiste wesleyenne ont fait humble application à nous pour qu'ils nous plaise d'accorder notre charte royale pour l'établissement plus parfait de la dite académie dans le but susdit ; Et attendu que l'objet de la dite applinotre dite province. SACHEZ TOUS MAINTENANT, qu'ayant pris ce qui précède en notre lieutenant-gouverneur de notre dite province, comme très propre au bien-être de notre dite province. SACHEZ TOUS MAINTENANT qu'ayant pris ce qui précède en notre royale considération et pesant soigneusement la grande utilité et importance de pareille institution, nous avons par notre grâce spéciale, certaine connaissance et simple mouvement ordonné et accordé et par ces présentes ordonnons et accordons pour nous, nos héritiers et successeurs qu'il sera établi à ou près notre ville de Cobourg, dans le district de Newcastle, et dans notre dite province, à partir de ce jour, une académie avec le style et les privilèges ci-après fixés pour l'instruction de la jeunesse et d'étudiants dans les diverses branches de la science et de la littérature, pour continuer à jamais à être appelée Académie du Haut-Canada.

Et par les présentes nous déclarons et accordons que la conférence ou assemblée ecclésiastique de la dite Eglise méthodiste wesleyenne à sa réunion annuelle nomme neuf syndics pour la dite académie, trois desquels (les trois premiers sur la liste) devront sortir de charge chaque année et les vacances être remplies par la dite conférence ; et par les présentes nous, pour nous, nos héritiers et successeurs, ordonnons et accordons que les dits neuf syndics tel que susdit et leurs successeurs à jamais

64 VICTORIA, A. 1901

seront un corps public distinct et séparé, et incorporé en fait et en nom sous le nom et style de Syndics de l'Académie du Haut-Canada à Cobourg, et que sous le même nom ils devront avoir succession perpétuelle et un sceau commun et qu'eux et leurs successeurs auront de temps à autre plein pouvoir de modifier, renouveler ou changer le dit sceau commun à leur volonté et bon plaisir et comme il sera jugé opportun, et que sous le même nom eux, les dits syndics et leurs successeurs, de temps à autres et en tous temps dans l'avenir, seront capables et en droit d'avoir, de prendre, de recevoir, d'acheter, d'acquérir, de tenir, de posséder, user et entretenir à et pour l'usage de la dite académie, les édifices, terres, logements et biens de quelque espèce, nature ou qualité que ce soit situés dans les limites de notre dite province du Haut-Canada ou du Bas-Canada, de façon à ce que les revenus des dits édifices, etc., n'excèdent pas la valeur annuelle de cinq mille louis indépendamment de tous grèvements; et de plus de prendre, acheter, acquérir, avoir, tenir, user, recevoir, posséder et retenir n'importe quelles marchandises, biens meubles, contributions charitables ou autres, dons ou bienfaits quels qu'ils soient.

Et par les présentes nous déclarons et accordons que les dits syndics et leurs successeurs sous le même nom pourront et peuvent être capables et en droit en loi de poursuivre et être poursuivis, d'être poursuivis, d'être demandeurs et d'être défendeurs, de répondre et de recevoir réponse dans toutes et chaque cour d'archives dans notre Royaume-Uni de la Grande-Bretagne et d'Irlande et notre dite province du Haut-Canada ou tout autre de nos domaines, dans toutes et chaque actions, causes, plaidoieries, procès, affaires et demandes quelconques de quelque nature ou espèce que ce soit, dans une manière et une forme aussi large, ample et bénéficiable que tout autre corps politique ou incorporé ou tout autre de nos sujets-liges, étant des personnes capables et habiles en loi, peuvent et pourront poursuivre, être demandeurs et répondre ou être poursuivis, défendeurs ou recevoir réponse de quelque manière que ce soit.

Et attendu qu'il est nécessaire de pourvoir au gouvernement et à l'administration des affaires de la dite académie, par les présentes nous déclarons, ordonnons et accordons, que la dite conférence de la dite Eglise méthodiste wesleyenne à chacune de ses réunions annuelles devra avoir autorité pour nommer cinq visiteurs (dont le terme d'office devra cesser à la réunion annuelle de la dite conférence suivant immédiatement celle à laquelle ils furent nommés) qui devront être associés aux dits syndics comme bureau conjoint de syndics et de visiteurs, lequel devra avoir pouvoir et autorité de rédiger et faire des statuts, règles et ordonnances touchant et concernant le bon gouvernement de la dite académie, la célébration du service dans cette académie, les études, cours et exercices et toutes affaires s'y rattachant, la nomination, la résidence et les devoirs du principal de la dite académie, le nombre, la résidence et les devoirs des professeurs de cette académie, l'administration des revenus et des biens de la dite académie, les salaires, frais, fonds et émoluments des et pour les principal, professeurs, officiers et serviteurs de la dite académie ; le nombre et les devoirs de ces dits officiers et serviteurs, et aussi touchant et concernant toute autre affaire ou chose qui leur paraîtront bonnes, opportunes ou utiles pour le bien-être et l'avancement de la dite académie et conformes à cette charte venant de nous, et aussi de temps à autres par tout nouveau statut, règle et ordonnance de faire, renouveler, augmenter ou modifier tous ou chacun des statuts, règles et ordonnances ainsi qu'il leur paraîtra propre et opportun. Pourvu toujours que les dits statuts, règles et ordonnances ou quelqu'un d'entre eux ne soient pas à l'encontre des lois et statuts de la Grande-Bretagne et d'Irlande ou de notre dite province du Haut-Canada ou de cette charte venant de nous. Pourvu aussi qu'aucun principal de la dite académie ne sera nommé ou démis de la charge sans l'approbation de la majorité des votes de la dite conférence de l'Eglise méthodiste wesleyenne à sa réunion annuelle. Pourvu aussi qu'aucune affirmation ou qualification religieuse ne devra être requise de ou imposée à des personnes admises comme élèves ou boursiers dans la dite académie.

Et nous ordonnons et accordons de plus qu'une réunion des dits syndics et visiteurs devra être tenue à chaque et toute année dans le cours d'un mois calendaire après la réunion annuelle de la dite conférence de l'Eglise méthodiste wesleyenne, à laquelle réunion un secrétaire et un trésorier du dit bureau devront être nommés par la majorité des membres présents, tels trésorier et secrétaire étant syndics ou visiteurs de la dite académie.

Et nous ordonnons et accordons de plus qu'aucune réunion du dit bureau ne devra être ou ne sera tenue comme une réunion légale de ce bureau à moins que cinq membres au moins soient présents durant toute la durée de toute telle réunion ; et que toutes les questions et résolutions proposées à la décision du dit bureau devront être déterminées par la majorité des votes des membres du dit bureau présents, y compris le vote du membre président, et que dans le cas d'un partage égal de voix, le membre président à telle réunion devra donner un vote additionnel ou prépondérant.

Et nous déclarons et ordonnons de plus que si quelque membre ou quelques membres du dit bureau meurt ou meurent, résigne ou résignent son ou leur siège dans le dit bureau, alors et dans chaque tel cas une personne apte et qualifiée sera nommée par les membres restants du dit bureau à leur réunion suivante, s'ils le jugent opportun, et le nouveau membre ou les nouveaux membres ainsi nommé ou nommés aux lieu et place du membre ou des membres ainsi décédé ou démissionnaire ou décédés ou démissionnaires devra ou devront rester en office jusqu'à la réunion annuelle suivante de la dite conférence de l'Eglise méthodiste wesleyenne.

Et nous déclarons et ordonnons par les présentes que le dit bureau devra de temps à autre et en tous temps fixer l'heure et l'endroit de sa propre réunion ; mais qu'une réunion extraordinaire du dit bureau peut être convoquée en tous temps quand trois membres ou plus du dit bureau le jugeront nécessaire, en en donnant avis régulier et suffisant. Un procès-verbal vrai et fidèle des affaires de chaque et toute séance du dit bureau devra être entré par le secrétaire du bureau dans un livre gardé à cette fin et signé par le membre président et le secrétaire.

Et attendu qu'il est nécessaire de pourvoir à la preuve régulière de la nomination de personnes comme syndics et visiteurs de la dite académie : Maintenant nous ordonnons et déclarons de plus que le secrétaire de la dite conférence de l'Eglise méthodiste wesleyenne à ou immédiatement après chaque réunion annuelle de la dite conférence devra certifier cette dite nomination sous sa propre signature au secrétaire du dit bureau, lequel certificat sera transcrit dans le livre gardé par le dit bureau et devra être considéré comme preuve suffisante de la nomination de personne ou personnes comme syndic ou visiteur ou syndics ou visiteurs de la dite académie.

Et nous, par les présentes, pour nous, nos héritiers et successeurs, obligeons et commandons que les statuts, règles et ordonnances susdits, sujets aux dites stipulations, seront strictement et inviolablement observés, tenus et accomplis de temps à autres en pleine vigueur et effet, sous les pénalités à être par les présentes ou ici imposées ou contenues.

Et nous voulons accorder et déclarer et par ces présentes pour nous, nos héritiers et successeurs, accordons et déclarons que ces lettres patentes venant de nous ou l'amplitude ou ampliation d'icelles devront et pourront être bonnes, fermes, valides, suffisantes et efficaces en loi conformément aux intentions et significations vraies de ces lettres et devront être prises, interprétées et adjugées dans le sens le plus favorable et le plus bénéficiable pour le plus grand avantage des dits syndics de la dite académie aussi bien dans notre cour d'archives qu'ailleurs et par tous et chacun des juges, magistrats, officiers, ministres et autres sujets quels qu'ils soient de nous, nos héritiers et successeurs, nonobstant toute erreur de rédaction, d'interprétation, omission, imperfection, défaut, affaire, cause ou chose quels qu'ils soient qui y seraient contraires.

En foi de quoi nous avons voulu que ces lettres deviennent patentes.

NOTE B

EMIGRATION

N° 1.—Plan de Colonisation de M. Shirreff.

(Archives, série Q., vol. 375-2, p. 361.)

Londres, 29 septembre 1832.

Milord,—Quand j'ai eu la dernière fois l'honneur d'une entrevue avec M. Hay j'ai dit que j'étais désireux de soumettre au gouvernement de Sa Majesté un plan pour ouvrir une communication directe entre Montréal et le lac Huron par voie de l'Ottawa et la colonisation du pays avoisinant, et je viens demander la permission de présenter à Votre Seigneurie quelques observations à ce sujet.

Une entreprise de ce genre fut d'abord proposée dans une brochure publiée à Londres par mon frère en 1824, et tous deux, lui et mon père, se sont depuis donné beaucoup de mal pour s'assurer de la nature du sol du pays ayant en vue les fins déjà mentionnées. Vous trouverez ci-jointe une description d'une partie de cette région que mon frère explora dans ce but en encourant une dépense considérable et qui auparavant n'existait pas sur les cartes géographiques.

Dans les pays depuis longtemps habités l'objet qu'on a en vue en augmentant les facilités de communication est généralement de rendre service à des groupes de population déjà formés, quoique même dans ce but l'augmentation d'activité dans les rapports entre voisins en ligne de compte quand on suppute le coût. Dans les régions plus récemment colonisées, l'objet de pareilles facilités est souvent d'encourager et, dans une certaine mesure, de diriger le progrès de la colonie, un grand soin étant pris de faire observer que d'autres circonstances se réunissent pour faire que le courant de la population se dirige vers ces parties du pays où les améliorations sont commencées. Le canal Erié est un exemple frappant du succès avec lequel des travaux considérables peuvent être entrepris sur le dernier principe dans une région où le bon marché de la terre enlève tout obstacle à l'accroissement de la population. Dans cette entreprise, les Américains eurent le bonheur d'être en mesure de combiner des avantages commerciaux presque immédiats avec des facilités additionnelles pour guerroyer sur la frontière du nord. Pour ramener l'équilibre de l'attaque et de la défense, le canal Rideau devint nécessaire. Il ouvre en même temps une importante partie du pays ; bien qu'il ne paraisse pas devoir rembourser ce qu'il a coûté aussi rapidement dans l'intervalle. Ce canal est l'une des plus grandes sécurités par lesquelles nous tenons les Canadas et protégons tous autres grands travaux qui ont été ou peuvent être faits là. Au nombre de ces derniers il n'en est pas d'indiqué plus fortement par la topographie du pays ni plus propre à stimuler son commerce et sa colonisation que le parachèvement d'une route maritime directe entre Montréal et le lac Huron, laquelle est déjà partiellement formée par le moyen de l'Ottawa. Il est remarquable que la distance soit la même qu'entre Albany et le lac Erié, les deux extrémités du grand travail par lequel nos entreprenants voisins ont relié les lacs d'en haut à l'Atlantique. De fait les deux lignes de communication seraient parallèles dans les deux sens du mot. Même si l'on trouvait que la route par le lac Nipissingue offre le plus d'avantages, l'augmentation de la distance sur notre côté serait beaucoup plus que compensée par ce que la nature a fait pour nous aider.

Il va sans dire que la probabilité d'un placement avantageux de capital dans une pareille entreprise s'offre à la considération des particuliers. Mais on peut faire observer que les deux buts proposés s'aideraient réciproquement l'un l'autre. La masse des terres mise à la disposition d'une compagnie attirerait des travaillants et fourni-

64 VICTORIA, A. 1901

rait des matériaux pour le canal, et le canal attirerait des acheteurs de terre, dont les travaillants employés pour le canal formeraient une très considérable population.

Il y a cet avantage à commencer pareilles opérations dans une partie du pays encore inhabitée, qu'il n'y a aucun gros montant à placer au débit du compte pour dommages à la propriété privée. Dans le cas présent, au contraire, il y aurait la valeur accrue de la terre à venir au crédit des travaux. Si tel avait été le cas pour le canal Rideau, on aurait peut-être réussi à trouver une association de particuliers consentants à entreprendre le travail. Et même si son adaptation aux fins militaires avait rendu nécessaire de défrayer les dépenses à même la bourse publique, plusieurs des obstacles provenant de réclamations extravagantes pour compensation, à travers lesquelles, en plus des difficultés naturelles de l'entreprise, l'habile officier chargé de son accomplissement a eu à filer ou couper son chemin, auraient été évités, tandis que les terres dans le voisinage auraient pu être avantageusement vendues par le gouvernement et les acheteurs y auraient plus gagné qu'en recevant ces terres en concessions gratuites mais sans cette amélioration. Cependant les nations, tout comme les particuliers, doivent payer pour leur expérience, et je ne fais ces obesrvations que parce qu'elles sont en faveur de commencer de bonne heure dans le cas présent, un encouragement à quoi se trouve dans l'accroissement rapide de la population du Michigan et des Territoires du Nord-Ouest. Car il ne peut y avoir de doute—et c'est là une circonstance qui paraît assurer le succès—que ces sections des Etats-Unis profiteraient d'une ouverture dans la direction de l'Ottawa pour près de la totalité de leur commerce atlantique.

En effet, un pareil débouché pour leurs produits ne manquerait pas d'accélérer et de grossir le flot d'émigration déjà en marche qui part de la Nouvelle-Angleterre et des Etats du centre de l'Union. A un point de vue politique un canal aussi avantageux pour le trafic augmenterait considérablement l'intérêt qu'ils ont à ce que leur gouvernement continue d'être sur un pied amical avec l'Empire britannique. S'il nous arrivait par malheur d'être entraînés dans des difficultés avec notre puissant rival, cette route courte et sûre pour atteindre le lac Huron, jointe à une milice et à une population de sympathie anglaise dans cette partie du Canada, ajouterait grandement à nos ressources ; attendu que sans ces appoints, un coup d'œil sur la carte montrera de suite que l'ennemi, par sa population de ses territoires du Michigan pourra contourner notre flanc et convertir en une source de méfaits ou tout au moins d'ennuis ce qui précisément l'aurait, si les choses avaient été tout autres, forcé à tenir la paix.

La coopération nécessaire de la part du gouvernement et de la législature serait de donner d'après une évaluation et à certaines conditions à une compagnie déjà prête ou à former une étendue de terres et une charte qui lui permettraient de combiner la colonisation efficace de cette partie du pays avec l'ouverture d'une voie navigable sur l'Ottawa aussi haut, si nécessaire, que la baie Matawowen, et la connexion de cette rivière au moyen de canaux ou de chemins de fer avec les eaux navigables entre elle et le lac Huron, de façon à établir la ligne de communication avec ce dernier.

Si l'auteur de ces lignes peut se permettre d'espérer que ses vues sur ce sujet concordent avec celles du gouvernement de Sa Majesté, il y a un ou deux points qu'il aimerait à exposer respectueusement, vu qu'ils lui paraissent très importants.

Le premier est de suspendre pendant une courte période toute concession ou vente de terre dans le district de Midland dans le Haut-Canada, au nord de la rivière Madawaska, dans le district de Newcastle, au nord du 45e degré de latitude, et dans le district de Home au nord du même degré et à moins de trois milles de la rivière et du lac Muskoka. La période avancée de la saison empêchera cette suspension d'occasionner des inconvénients, tandis que les établissements partiels qui se feraient sur les limites ci-dessus causeraient d'énormes embarras pour les arrangements avec une compagnie et pour ses opérations subséquentes.

Le point suivant, c'est qu'en considération du risque et de la dépense pour ouvrir cette ligne de communication, l'association consentante à l'entreprendre devrait avoir la préférence pour .le choix conditionnel d'une étendue de terre entre l'Ottawa et le lac Huron au nord de la limite ci-dessus spécifiée. La grande étendue impropre à la culture qui se trouve immédiatement en arrière des townships actuellement arpentés des districts du Midland et de Newcastle et les obstructions que les chutes et rapides de l'Ottawa créent dans les établissements au-dessus de cet espace rendent essentiel pour l'ouverture du pays jusqu'au sud du lac Nipissingue, que la possession des meilleures terres en cet endroit et la suppression de ces obstructions aillent ensemble.

Le seul autre point qu'il paraisse nécessaire de mentinner à présent est l'importance qu'il y a pour le gouvernement de conserver des deux côtés de l'Ottawa, dans n'importe quelle étendue pour la colonisation future du pays, le seul droit de disposer du bois debout sur les terres, jusqu'à ce que ces terres soient défrichées et clôturées pour la culture, laissant naturellement aux colons pleine liberté de se servir de tout ce qu'il leur faut pour la construction, le chauffage et les fins agricoles. On prétend que cela peut être fait en cédant la propriété des terres sous tous les autres rapports. Sans la conservation de ce droit dans une partie du pays où la coupe du bois pour l'exportation est faite si considérablement, un arrêt très prématuré pourrait être infligé à cette branche de notre commerce colonial, arrêt qui ne serait ressenti plus vivement que par les nouveaux colons eux-mêmes. Le bénéfice qu'ils retireraient du bois qui se trouve sur leurs lots respectifs serait peu considérable, tandis qu'ils retireraient de grands avantages de la demande pour leurs produits que le commerce de bois occasionne. Cette stipulation n'a pas été nécessaire avec la Compagnie du Canada, vu que leur étendue de terre n'avoisine pas les forêts dont on alimente le marché. Mais dans le cas présent il serait sage d'étendre la réserve toujours faite (quoique rarement observée) concernant le pin blanc, au pin rouge et au chêne, et peut-être que d'un autre côté il serait possible de se dispenser de la réserve ordinaire d'une partie de la terre.

Relativement aux objections qui ont été formulées contre le mode de coloniser par le moyen de compagnies à fonds social résidentes et propriétaires de terres au Canada, je dirai que ces compagnies sont profitables pour nous. Nous avons besoin de capitaux. Comment les aurons-nous ? Les particuliers qui en possèdent beaucoup n'émigreront pas, c'est clair. Ce n'est donc que par le moyen de compagnies à fonds social formées dans la mère-patrie que le capital pourra être introduit dans une certaine étendue dans l'Amérique Britannique, et la colonisation du pays est naturellement l'un des premiers objets qu'elles devraient avoir en vue. Quand leur œuvre sera terminée sous ce rapport, elles cesseront d'exister comme propriétaires de terres. Les Etats nord-américains qui bordent l'Atlantique, parents de la plupart de ceux qui ont depuis grandi, furent fondés par de semblables associations, et bien que les Etats-Unis colonisent maintenant leurs terres sans avoir recours à ces moyens, ce n'en est pas moins le résultat de la grande accumulation de capitaux qui y existe déjà. De riches particuliers achètent du gouvernement général de grandes étendues de terre, y ouvrent des routes, y tracent et commencent des villages, bâtissent des ponts, des moulins et des écoles, et préparent ainsi le pays à être occupé par des gens de moins de moyens. Il n'y a aucun doute que tout ceci est avantageux pour le client autant que pour le capitaliste et toute la population en général ; et c'est exactement ce que nos compagnies de terres du Nord-Américain doivent faire dans leur propre intérêt. Pareille méthode d'ouvrir la forêt procure en même temps beaucoup de travail pour l'émigrant ouvrier et, dans le cas présent, cet avantage serait considérablement augmenté par la nature de l'enterprise, par laquelle un nouveau canal commercial serait aussi ouvert à travers les Canadas.

Le tout respectueusement soumis à Votre Seigneurie,

J'ai l'honneur d'être, milord,

De Votre Seigneurie le plus obéissant serviteur,

ROBERT SHIRREFF.

Au vicomte Howick, M.P.,

Sous-secrétaire d'Etat de Sa Majesté pour le département colonial,

Etc., etc., etc.

N° 2.—SIR JOHN COLBORNE AU VICOMTE GODERICH.

(Archives, série Q., vol. 377-1, p. 1.)

HAUT-CANADA,
YORK, 10 janvier 1833.

MILORD,—Les agents nommés pour surveiller le placement des émigrants ayant clos leurs comptes, je suis en mesure de transmettre l'état ci-joint de la dépense encourue pour mettre à effet les arrangements sanctionnés dans les instructions de Vos Seigneuries en date du 1er de février et du 31 mai, n° 72.

La dépense occasionnée par les circonstances embarrassantes dans lesquelles l'émigration de la dernière saison a commencé et s'est continuée pendant plusieurs mois, a été considérable. Toutefois, je suis persuadé que le soulagement prompt et efficace ressenti dans les deux provinces par le continuel éloignement des émigrants des ports du Saint-Laurent et du lac Ontario auxquels ils étaient exposés à être retenus et que le bénéfice durable que le pays a retiré des mesures adoptées pour la distribution, l'emploi et le placement d'au moins trente mille personnes, ne peuvent manquer de démontrer que cette dépense était nécessaire et motivée.

De bonne heure dans la saison, j'ai encouragé les sociétés établies à Prescott, Kingston et York et les colons intéressés dans les améliorations locales à ouvrir des routes qui étaient nécessaires et si fortement promises, à la condition qu'une partie de la dépense encourue pour les ouvrir serait payée par le gouvernement exécutif.

Sur ces routes on a employé successivement plusieurs familles pauvres, qui par leurs travaux ont gagné suffisamment pour pouvoir se transporter dans les townships les plus éloignés.

Le frais de transport ont été encourus surtout pour envoyer des familles de Prescott à York et dans les nouveaux townships de Harvey, Medonte et Oro, et dans les townships ouest d'Adélaïde et de Warwick.

Près de 3,500 personnes ont été établis dans Adélaïde et Warwick ; population qui contribuera beaucoup à promouvoir le district de l'ouest. J'ai permis que dans ce district on emploie les émigrants pauvres à ouvrir un chemin du Canada au lac Huron. J'espère que quelques-uns d'entre eux trouveront de l'ouvrage sur les terres des officiers et des autres colons qui ont récemment fait des achats dans cette partie de la province.

Je regrette d'avoir à dire que plusieurs des pensionnaires qui sont arrivés durant la dernière saison, ayant vendu leurs pensions, sont dans une grande détresse. Ils ont gaspillé l'argent provenant de cette vente et ne peuvent, s'ils ne reçoivent pas d'autres secours, rester sur leurs terres, et sont soit trop paresseux, soit incapables de travailler avec une énergie suffisante à pourvoir aux besoins de leurs familles. Ils sont en général portés à croire qu'ils n'ont pas été traités avec justice, et comme ils sont pauvres et mécontents et qu'ils ont passé leurs meilleurs jours dans l'armée, ils seront bientôt des colons de la pire classe pour ces provinces.

Les soldats libérés qui ont retenu leurs pensions réussissent tous bien.

Il y en a aussi quelques autres dans une grande détresse dans le district de Newcastle.

Les émigrants de Sussex et de Wiltshire qui furent envoyés de bonne heure au printemps, ayant reçu à New-York le petit montant qui leur était dû, se sont trouvés sans les moyens de pourvoir temporairement à leurs besoins. Ils ont, cependant, été distribués dans les districts de l'ouest et sont satisfaits des perspectives qui s'offrent à eux.

Comme il ne paraît pas qu'aucun système de quelque ampleur proposé pour l'encouragement à l'émigration devienne acceptable en Angleterre et que les paroisses où les tenanciers consentent à placer sous le contrôle du gouvernement des fonds suffisants pour établir dans ces colonies une partie de leur population superflue, cette province doit être préparée à recevoir annuellement de trente à quarante mille émigrants volontaires dont la grande majorité aura besoin de secours immédiats. Je demande donc la permission de soumettre quelques observations inspirées par l'expérience des deux dernières années et le résultat des mesures adoptées pour pourvoir aux besoins des colons pauvres.

Il est évident que, si des arrangements ne devaient pas être faits pour empêcher l'accumulation des émigrants à Prescott et à York, cinq à six mille personnes pourraient, à la même époque, être retenues dans ces villes totalement incapables de les supporter ou de leur procurer du travail. Par conséquant, pour assurer le prompt départ des émigrants successivement à mesure qu'ils arrivent et les diriger sur les districts où ils puissent pourvoir pour eux-mêmes et afin que la province retire le plus grand bénéfice de leur travail, on a préparé pour les recevoir plusieurs townships auxquels on les a invités de se rendre. Leur transport dans les townships intérieurs est coûteux, de même que les préparatifs nécessaires pour leur emploi, mais grâce à cette méthode, de grandes étendues de terre sont mises en culture dans le cours d'une seule saison.

Des officiers et des colons avec des capitaux sont prêts à s'établir dans les townships habités par quatre à cinq cents travaillants et là où la valeur de la terre augmente en proportion de la population établie près de leurs concessions ; les colons pauvres sont engagés soit par les fermiers quand ils se rendent dans les townships vers lesquels ils ont été dirigés, soit par les colons qui pénètrent en même temps qu'eux dans le nouveau township, ou encore par les agents du gouvernement pour ouvrir des routes.

Le seul point faible de ce système, c'est l'emploi d'émigrants pour ouvrir des routes dans les nouveaux townships, vu que ce travail pourrait être fait par des gens accoutumés à cela pour le tiers de la dépense présentement encourue par le former, et les émigrants pauvres pourraient être employés à défricher quinze ou vingt arpents sur les lots destinés à la vente dans les diverses parties d'un township et à planter des pommes de terre et du blé d'Inde pour l'approvisionnement des colons qui peuvent se trouver établis et pour les émigrants occupés à défricher le terrain. Ces récoltes seraient probablement vendues au prix que représente le travail consacré à les préparer. Ces améliorations induiraient des personnes de moyens modérés à acheter les lots sur lesquels elles ont été faites et le produit défrayerait les dépenses de l'année.

Je n'ai aucun doute qu'un pareil système réussirait. Il paraît en tous points préférable à l'emploi des émigrants sur les routes, ou au projet de défricher des terres pour des fermes considérables, une entreprise qui doit être marquée par l'insuccès à moins d'être conduite par des surintendants de grande expérience, intelligence et intégrité.

Les salaires pour les surintendants de cette catégorie ajouteraient considérablement à la dépense et les fermes mises en état d'être occupées ne trouveraient pas facilement d'acheteurs ; mais les petites améliorations seraient mises à la portée des colons de moyens très limités et la valeur de la terre dans chaque partie du township augmenterait également.

Je donnerai aux agents dans les nouveaux townships instruction d'employer les émigrants à des gages modérés pour défricher de bonne heure au printemps des terres pour la culture au lieu de les maintenir à un travail qui ne peut produire de profits immédiats.

La représentation contenue dans le document ci-joint venant du commissaire des terres de la Couronne m'a induit à permettre aux officiers de la marine et de l'armée qui ont droit à une remise sur le prix d'achat de la terre proportionnément à leur rang de recevoir leurs concessions au prix de la mise à prix, pourvu qu'ils s'établissent sur leurs lots quelques mois après leur arrivée dans la province.

J'ai l'honneur d'être milord,
De Votre Seigneurie,
Le plus obéissant serviteur,
J. COLBORNE.

Le Très honorable
VICOMTE GODERICH,
Etc., etc., etc.

N° 3.—Etat des sommes payées par le commissaire des Terres de la Couronne pour le compte de l'émigration jusqu'au 13 novembre 1832, inclusivement.

(Archives, série Q., vol. 377-1, p. 9).

	£	s.	d.
John W. Gamble—pour défrayer la dépense encourue pour employer des émigrants pauvres sur la route	1,079	10	7
John Patton—Agent à Prescott, pour défrayer la dépense encourue pour envoyer des émigrants pauvres dans les diverses colonies en formation dans les régions supérieures de la province et aussi pour les faire travailler temporairement sur la route conduisant de Prescott au canal Rideau......	900	0	0
Cheeseman Moe—Agent à Cornwall, pour surveiller le transport des émigrants........	139	19	11
William Chisholm—Pour défrayer les dépenses encourues pour employer des émigrants pauvres sur le chemin	633	15	0
Charles Rubidge—Pour dépense encourue pour l'établissement d'émigrants dans le district de Newcastle	276	11	1
John Bastinch—Pour dépenses encourues dans le transport des émigrants de Port-Stanley à Adélaïde........................	25	11	8
Anthony B. Hawke—Agent stationné à La Chine pour surveiller le transport des émigrés..........................	100	0	0
Wellesley Richey—Pour dépenses encourues pour établir les émigrants à Oro, Medonte et Orillia.........................	1,057	6	0
James Fitzgibbon—Pour faire face à certaines dépenses encourues pour soulager la détresse occasionnée aux émigrants par le choléra et les envoyer s'établir sur les terres......	382	4	10
Roswell Mount—Pour dépenses encourues pour établir des émigrants à Adélaïde et ouvrir des routes dans ces townships.	1,844	5	0
York Emigration Co—Pour le soulagement des émigrants pauvres..............	404	13	1
Francis Hudson—Pour employer les émigrants sur une route allant de la baie Kempenfeldt à Sunnidale........................	90	17	0
Transport—Dépenses encourues pour le transport de colons pauvres sur les terres assignées pour leur réception...................	656	12	6
Provisions—Fournies aux émigrants de la catégorie précédente...	719	10	2
Hamilton et Hunt—Médicaments	0	15	8
Francis Swan—Pour achat de lits et meubles requis pour les malades et les pauvres dans l'hôpital organisé à York par ordre du lieutenant-gouverneur....	89	0	8
Harvey Shepherd—Haches pour les employés à ouvrir les routes	10	0	0
John Ewart—Pour ériger un hangar temporaire dans le port de York pour mettre les émigrants arrivant à l'abri du mauvais temps	24	10	0
Robert Marchant—Pour clôturer et déblayer un terrain pour y placer les personnes mortes du choléra..............	50	10	0
B. Madden—Messager envoyé à J. W. Lount................	1	0	0
George Lount—Provisions...............	60	10	0
Samuel Lount—Pour explorer Sunnidale et tracer un chemin de la baie Kempenfeldt à ce township...............	32	2	0
Monnaie provinciale...................	8,582	10	11

A part la somme de £8,582 10s 11d., MM. Chisholm et Gamble ont été autorisés à dépenser pour l'emploi d'émigrants pauvres sur les chemins la somme additionnelle de £500, pour leur être remboursée après le 1ᵉʳ janvier 1832. Et d'après l'état préparé par M. Patton, il reste encore à payer £1,135 5s. 2½d. dus aux bateaux à vapeur *Great Britain, Queenstown, William IV et Niagara*, etc., pour moyens de transport fournis aux émigrants de Prescott aux différents ports sur le lac Ontario.

N° 4.—Sir John Colborne à R. W. Hay.

(Archives, série Q., vol. 377-1, p.51.)

York, H.-C., 14 janvier 1833.

Mon cher monsieur,—Dans ma dépêche du 10 courant, j'ai proposé un plan pour rendre plus productif le travail des émigrants, en employant ceux-ci à défricher dix acres sur certains lots à vendre dans les nouveaux townships, à ensemencer les étendues déboisées et à vendre les améliorations aux émigrants qui arrivent dans un township avec de l'argent.

Aujourd'hui l'émigration est une affaire d'une si grande importance dans cette province que notre attention devrait être dirigée sur les changements qui s'opèrent.

S'il est possible de disposer promptement des émigrants, je me permettrais de dire que l'influence du gouvernement doit être employée dans toute sa force pour pousser l'émigration dans l'extrême mesure de son étendue vers cette province. Les effets des récentes arrivages sont déjà apparents dans chaque district, et la nécessité de remplir le Haut-Canada jusqu'à ce qu'il déborde est évidente.

Veuillez montrer à lord Goderich l'estimé des dépenses et des recettes pour un an ci-annexé, estimé qui supopose que 100 émigrants pourraient être constamment employés à défricher 100 acres de terre chaque mois. Les calculs sont basés sur la supposition que 100 acres peuvent être défrichées et ensemencées avant le 10 juin, que les récoltes et améliorations pourraient être vendues à des émigrants établis dans un nouveau township avant septembre et que tous les lots améliorés pourraient être vendus dans le cours de l'année pour la valeur du travail des hommes employés. Ainsi on pourrait diriger sur un nouveau district, durant la prochaine saison, quatre mille personnes, dont un quart composé de gens pauvres et employés au défrichement, il n'y aurait aucune difficulté à vendre leur travail au taux de £4 l'acre sur les lots améliorés, en sus du prix de mise.

La plus grande partie de l'argent avancé pour les gages serait remis en septembre. J'ai consulté plusieurs colons expérimentés sur ce projet, et ils sont tous d'opinion qu'il réussira.

Les efforts que j'ai trouvé nécessaire de faire l'an dernier pour disperser les émigrants à mesure qu'ils arrivaient et d'en empêcher une accumulation qui aurait amené la destruction de la moitié de ceux qui étaient entrés dans la province aussi bien que de leurs voisins, ont causé une dépense fort au-dessus de la somme allouée pour les fins de l'émigration, mais les circonstances exigeaient les mesures actives et coûteuses qui furent adoptées, et si elles n'avaient pas été adoptées, la panique et la confusion auraient régné pendant toute la saison. Je suis absolument sûr que lord Goderich sera convaincu qu'on ne pouvait éviter la dépense sans produire des conséquences sérieuses.

Plusieurs familles bien en moyen de payer leur transport ont été transportées par nous, mais il n'était pas facile de séparer les pauvres de ceux qui avaient les moyens de partir. L'alarme était grande et on doit se rappeler que nous n'avions pas seulement à pourvoir à éloigner les émigrants du Saint-Laurent, mais encore à les transporter vers des townships éloignés et à leur procurer du travail. Il m'est impossible de regretter un seul article de la dépense. La province a profité généralement, et le district de l'ouest tout particulièrement. Dans l'espace de quelques mois la population a monté de 10,000 à 14,000.

Le compte des dépenses est à peu près terminé. Le montant dépensé s'élève, je crois, à environ £10,000. Le revenu territorial supportera ce grèvement sans inconvénient.
                    *   *   *   *
Je dois revenir à l'émigration, convaincu que je suis que le sujet devrait absorber notre principale attention en Angleterre et ici, en autant que cette colonie est concernée. On n'a jamais tenté sur une grande échelle l'expérience de la colonisation ; elle n'a jamais non plus été essayée dans les nombreuses circonstances favorables qui peuvent en ce moment la favoriser.

Avec des règlements sages les capitalistes peuvent être induits à supporter les émigrants pendant qu'eux-mêmes s'établissent, et il nous serait donné de voir, en dix ans, surgir une magnifique colonie fermement attachée aux institutions de la mère-patrie, promouvant ses intérêts et ses vues commerciales, sans songer à la séparation, et par son nombre et ses opinions exerçant son influence sur chaque partie du Canada qui a besoin d'un bon exemple. Le rapport sur la taxe de l'émigrant, ci-annexé, mérite également l'attention de lord Goderich.

L'estimé de la dépense pour employer les émigrants à défricher supportera l'examen le plus rigide, les items étant tous portés à un haut prix. J'ai confiance que le secrétaire d'Etat considérera le projet tellement important qu'il pourra me faire parvenir par New-York son opinion sur ses mérites et sur l'opportunité d'adopter le plan proposé, de façon que je puisse recevoir ses instructions en avril.

Je demeure, mon cher monsieur,

R. WM. HAY, F.R.S.,
    Etc., etc., etc.

Votre très dévoué,
    J. COLBORNE.

N° 5.—ESTIMÉ de la dépense probable pour employer 100 émigrants à défricher à partir du 25 mars 1833 jusqu'au 25 mars 1834, montrant aussi la valeur accrue de la terre et la valeur des récoltes.

	£	s.	d.
Pour gages de 100 hommes pendant un an à £2 10s. par mois	3,000	0	0
Vivres pour 100 hommes pendant un an à £1 10s. par mois	1,800	0	0
Construire 120 cambuses sur les 120 lots différents sur lesquels se fait le défrichement, à £2 10s. 0d. chacun	300	0	0
Transport des instruments et ustensiles, 20 T à 5s.	5	0	0
Fourrages pour 5 paires de bœufs pendant un an	30	0	0
Pommes de terre de semence—10 boisseaux par acre pour 100 acres—1,000 boisseaux à 2s. 6d. le boisseau	125	0	0
Transport de 1,000 boisseaux de pommes de terre à 1s.	50	0	0
Ensemencer 100 acres de pommes de terre à 10s. l'acre	50	0	0
Renchausser et entretenir 100 acres de pommes de terre à 20s. l'acre	100	0	0
Salaire d'un agent pendant un an à 15s. par jour	270	0	0
Gages additionnels pour 10 hommes agissant comme surveillants, un pour chaque établissement à 2s. 6d. par jour chacun	465	5	0
Dépréciation dans la valeur des paires de bœufs, des instruments, etc., mentionnés dans l'état, 25 pour 100 sur £219 17s. 6d.	54	19	4
Transport de 100 émigrants de York à Sunnidale à 10s. chacun	50	0	0
	6,300	4	4
Plus 5 pour 100 pour dépenses contingentes	315	0	3
	6,615	4	7

	£	s.	d.
Admettant que chaque homme défrichera une acre par mois, 100 hommes défricheront dans une année, 1,200 acres, ou 10 acres sur 120 lots séparés. Ces améliorations peuvent être vendues à la classe plus aisée de colons et augmenteront la valeur de la terre défrichée de £4 par acre, et l'élèveront à	4,800	0	0
Les 120 cambuses peuvent aussi être vendues aux personnes achetant le défrichement pour le prix qu'elles ont coûté £2 10s. chacun	300	0	0
Les 100 acres de pommes de terre produiront probablement en septembre 15,000 boisseaux—150 boisseaux par acre, et elles se vendront à 2s. par bois.	1,500	0	0
Recette totale	6,600	0	0

N° 6.—ETAT de la dépense encourue pour munir 100 hommes de bœufs d'attelage, d'instruments, etc.

	£	s.	d.
5 paires de bœufs à £20 la paire	100	0	0
5 jougs de bœufs avec anneaux à 12s. 6d.	3	2	6
5 jeux de chaînes à billots à 40s.	10	0	0
100 haches et manches à 7s	35	0	0
100 pioches à 4s	20	0	0
2 pierres à meule avec manivelles à 27s. 6d.	2	15	0
2 scies dites "godendards" à 30s.	3	0	0
2 scies dites "passant" à 40s.	4	0	0
1 douzaine de limes à 10d.	0	10	0
2 herminettes à 12s. 6d	1	5	0
12 tarières à 5s	3	0	0
2 forts couteaux à deux mains à 6s. 3d.	0	12	6
2 scies à main à 7s. 6d.	0	15	0
2 fendoirs à 5s	0	10	0
5 paires d'anneaux à maillets à 5s	1	5	0
10 coins en fer à 3s. 9d.	1	17	6
10 bouilloires à 20s	10	0	0
10 lèchefrites à 4s. 6d	2	5	0
10 grands plats en ferblanc à 10s	5	0	0
100 cuillers à 3d	1	5	0
100 tasses en ferblanc à 15d	6	5	0
5 herses avec 5 jeux de dents de herse	7	10	0
Monnaie provinciale	219	17	6

DOC. DE LA SESSION No 18

N° 7.—L'état suivant montre les arrivages hebdomadaires d'émigrants à Québec et à Montréal durant l'année 1834, spécifiant le nombre des hommes, des femmes, puis des enfants au-dessous de 14 ans ; aussi le nombre des émigrants volontaires et de ceux qui reçoivent l'aide paroissiale.

Archives—Série Q, vol. 217-3, p. 699.

Semaine finissant le	Hommes.	Femmes.	Enfants au-dessous de 14 ans.	Aide paroissiale.	Volontaires.	Total pour chaque semaine.
11 mai...................................	90	64	54	....	208	208
17 "	1,449	989	842	403	2,877	3,280
24 "	866	652	530	131	1,917	2,048
31 "	2,003	1,540	1,185	373	4,355	4,728
7 juin..................................	734	490	371	126	1,469	1,595
14 "	978	735	563	265	2,011	2,276
21 "	756	544	357	....	1,657	1,657
28 "	875	578	486	49	1,890	1,939
5 juillet	678	534	381	141	1,452	1,593
12 "	1,214	858	673	235	2,810	2,745
19 "	262	224	196	63	619	682
26 "	198	146	104	....	440	440
2 août	539	345	308	....	1,192	1,192
9 "	657	446	368	69	1,402	1,471
16 "	528	374	311	....	1,213	1,213
23 "	705	471	395	....	1,571	1,571
30 "	245	180	135	....	560	560
6 sept.................................	106	77	48	....	231	231
13 "	65	49	43	....	157	157
20 "	178	105	92	21	354	375
27 "	152	102	89	....	343	343
4 oct..................................	74	25	41	....	150	150
11 "	126	93	72	12	279	291
18 "	66	51	29	4	142	116
25 "	18	13	6	....	37	37
1er nov.................................	3	2	....	....	5	5
	13,565	9,684	7,681	1,892	29,041	30,935

(NOTE.— Les additions ne s'accordent pas avec les chiffres qui sont dans les colonnes.—D. B.

A. C. BUCHANAN,
Principal agent.

DÉPARTMENT DES ÉMIGRANTS,

QUÉBEC, 12 décembre 1834.

Nº 8.—Noms des ports d'où sont venus les émigrants durant l'année 1834, avec un état comparatif des nombres arrivés à Québec et à Montréal au cours des trois années précédentes.

(Archives—Série Q., vol. 217-3, p. 700.)

ANGLETERRE.

Noms des ports.	1834.	1833.	1832.	1831.
London	1,051	1,287	4,150	1,135
Chatham	22	17		
Shoreham	62		99	
Portsmouth	163	251	932	
Southampton	1	20		4
Newport	20	2	156	1
Dartmouth	82	81	196	9
Poole	1	84	150	106
Plymouth	850	440	1,398	474
Torquay			48	
Exeter			6	
Falmouth	59	31	107	77
Penzance	12		28	19
Jersey	17	2		
Padstow	29	53	335	5
Bedford			60	51
Bridgewater	37	16	306	280
Bristol	64	107	1,836	764
Gloucester et Frome	10	7		6
Milford	5	35	138	15
Carmarthen		22		45
Swansea	32		63	
Aberystwith	37	42	27	
Lanelly			21	
Liverpool	1,060	551	2,217	2,261
Lancaster		61	45	43
Whitehaven	72	413	795	138
Maryport	538	315	884	421
Workington	29		246	399
Berwick et Newcastle	459	208	340	239
Sunderland	57	40	206	86
Scarboro' et Shields	49		12	
Stockton	192	233	132	
Whitby	273	46	236	471
Hull	1,171	655	1,288	2,780
Yarmouth	345	171	793	514
Colchester			145	
Lynn		7	86	
	6,799	5,198	17,481	10,343

DOC. DE LA SESSION No 18

N° 8.—Noms des ports d'où sont venus les immigrants durant l'année 1834—*Suite.*

Archives—Série Q, vol. 217-3, p. 700.

IRLANDE.

Noms des ports.	1834.	1833.	1832.	1831.
Dublin	5,879	3,571	6,595	7,157
Wexford	23	21	157	229
Waterford	1,008	197	877	1,216
Ross	278	325	926	1,159
Youghall	203	53	159	210
Cork	2,261	925	1,987	2,735
Baltimore			184	
Tralee	217	67	133	114
Limerick	1,097	602	1,689	2,759
Clare		19		
Galway	79	190	425	452
Westport	221		529	720
Killala				514
Sligo	2,114	657	2,961	4,079
Ballyshannon	154	71	86	200
Donegal	2		113	
Londonderry	1,580	1,852	2,582	2,888
Larne			137	
Belfast	3,024	2,637	6,851	7,943
Newry	945	725	1,374	1,591
Strangford	117	41	349	169
Drogheda		60	90	
Kilrush	4			
Kinsale	2			
	19,206	12,013	28,204	34,155

ÉCOSSE.

	1834.	1833.	1832.	1831.
Dumfries		137		
Ayr	221	24		40
Inverness		138		361
Cromarty	276	298	638	460
Greenock	1,140	1,458	1,716	2,988
Campbell-Town		192	110	
Glasgow	462	168	160	176
Stranrae	87	75	60	
Peter Herd	29	41	18	13
Dundee	99	194	439	249
Grangemouth				196
Leith	661	622	1,145	664
Aberdeen	647	116	478	158
Isla	358	601	181	
Annan	391		175	
Alloa	87		231	
Leven		39	112	
Irvin		6	37	
Kirkaldy	33	47		
Tobermory	99	40		
Troon	1			
	4,591	4,196	5,500	5,354

PORTS INFÉRIEURS.

	1834.	1833.	1832.	1831.
Terreneuve, Nouvelle-Écosse, Cap-Breton, Antilles, etc	339	359	561	424

DÉPARTEMENT DE L'ÉMIGRATION,　　　　　　　　　A. C. BUCHANAN,
QUÉBEC, 12 décembre 1834.　　　　　　　　　　*Principal agent.*

N° 9.—TABLEAU COMPARATIF du nombre d'immigrants arrivés à Québec depuis l'année 1829, inclusivement.

(Archives—Série Q., vol. 217-3, p. 703.)

Provenance.	1829.	1830.	1831.	1832.	1833.	1834.
Angleterre et Galles..........................	3,565	6,799	10,343	17,481	5,198	6,799
Irlande...................................	9,614	18,300	34,133	28,204	12,013	19,206
Ecosse...................................	2,643	2,450	5,354	5,500	4,196	4,591
Hambourg et Gibraltar......................	....	....	....	15	....	....
Nouvelle-Ecosse, Terreneuve, Antilles, etc.... ..	123	451	424	546	345	339
	15,945	28,000	50,254	51,746	21,752	30,935
Grand total	....	....	....	....	....	198,632

DÉPARTEMENT DE L'ÉMIGRATION,
    QUÉBEC, 12 décembre 1834.

A. C. BUCHANAN,
Principal agent.

N° 10.—DISTRIBUTION des immigrants arrivés à Québec durant l'année 1834 :—

(Archives—Série Q., vol. 217-3, p. 704.)

Bas-Canada.

Ville et district de Québec................................	1,500	
District des Trois-Rivières	350	
District de Saint-François et cantons de l'Est....	640	
Ville et district de Montréal	1,200	
District d'Ottawa..............................	400	
Total pour le Bas-Canada		4,090

Haut-Canada.

Districts d'Ottawa, Bathurst et Midland et districts de l'Est jusqu'à Kingston, inclusivement	1,000	
District de Newcastle et townships dans le voisinage de la baie de Quinté	2,650	
Toronto et le district de Home, comprenant les établissements autour du lac Simcoe.	8,000	
Hamilton, Guelph et Huron et régions avoisinantes.	2,660	
Frontière et district de Niagara, y compris la ligne du canal Welland et autour de la tête du lac Ontario jusqu'à Hamilton..	3,300	
Etablissements sur le bord du lac Erié, y compris le district de London, l'établissement d'Adélaïde et jusqu'au lac Saint-Clair.................................	4,600	
Total pour le Haut-Canada.....		22,210
Morts du choléra dans le Haut et le Bas-Canada	800	
Retournés dans le Royaume-Uni...	350	
Partis pour les Etats-Unis..	3,485	
		4,635
Total............................		30,935

DÉPARTEMENT DE L'ÉMIGRATION,
    QUÉBEC, 12 décembre 1834.

A. C. BUCHANAN,
Principal agent.

DOC. DE LA SESSION No 18

N° 11.—Rapport du nombre d'immigrants arrivés du Royaume-Uni à New-York au cours des six dernières années.

(Archives—Série Q., vol. 217-3, p. 705.)

	Angleterre.	Irlande.	Ecosse.	Total.
Durant l'année 1829....................	8,110	2,443	948	11,501
" 1830....................	16,350	3,497	1,584	21,433
" 1831....................	13,808	6,721	2,078	22,607
" 1832....................	18,947	6,050	3,286	28,283
" 1833....................	....	....	....	16,100
Au 20 novembre 1834............	....	....	....	26,540
Total..........	....	....	....	126,464

DÉPARTEMENT DE L'ÉMIGRATION,
QUÉBEC, 12 décembre 1834.

A. C. BUCHANAN,
Principal agent.

N° 12.—Une liste des vaisseaux perdus en route pour Québec le printemps dernier, avec le nombre des vies perdues.

(Archives—Série Q., vol. 217-3, p. 706.)

1834 De bonne heure le printemps		Pertes de vies.
James de Workington, capit. Crooks, naufragé à l'Ile Saint-Paul................. ...		
Noon, de Sunderland, capit. Phillips " "		
Isabella, de Workington, avec 130 émigrants, 7 noyés, le reste endurant de grandes misères, naufragé à l'Ile Saint-Paul..		7
Barque, nom inconnu, même endroit................................ ..		
Corvette James, de Limerick, capit. Laiddle, perdue sur le Grand Banc de Terreneuve		250
Barque Astrea, près du Cap-Breton, perte totale........................		271
Fidelity, capit. Clark, de Dublin, même endroit, équipage et passagers sauvés, 29 morts de fatigue..... ..		29
Barque Edward Chapman, près de Scutari...........................		
Corvette Columbus, même endroit.......................... ....••		
Navire, nom inconnu, à Petite Ile........................		
Corvette Trafalgar, de Saint-Jean, Nouveau-Brunswick, Cap-Breton........		
Corvette de l'ouest d'Angleterre, près d'Arichat, avec 180 passagers, 7 sauvés seulem.		173
Corvette de l'ouest d'Angleterre avec 280 passagers, près d'Eusebo, détroit de Canso, pas de pertes de vies.... ...		
Corvette Resolution, Turnbull, avec 223 passagers, près de Spit Island S.E., côte de Terreneuve. Un enfant et tout le bagage des passagers perdus.......		1
Barque Juno, arrivée à Richibouctou avec 283 émigrants recueillis en mer....... ...		
Patriot, de Sunderland, au Cap Rosier, golfe Saint-Laurent.		
Scarboro Castle, en mer..........		
Longitude..	41	731
Nombre de vaisseaux perdus.		
Récapitulation des pertes de vies.		
Isabella..	7	
Corvette James..........................	250	
Astrea.,.................... .. ••••••••••••••	271	
Fidelity..	29	
Corvette de l'ouest d'Angle-⎫ terre, nom inconnu, près ⎬........ . ... d'Arichat. ⎭	173	
Resolution	1	
	731	
Nombre total des pertes de vies dans⎫ des naufrages à bord de vaisseaux à des-⎬. . ... tination de Québec en l'année 1834. ⎭		731
Morts de choléra et d'autres maladies à la quarantaine de la Grosse-Isle.		264
		995

DÉPARTEMENT DE L'ÉMIGRATION,
QUÉBEC, 12 décembre 1834.

A. C. BUCHANAN,
Principal agent.

N° 13.—Notes prises par l'Agent d'Emigration.

(Archives, série Q., vol. 217-3, p. 708.)

Extrait des différents rapports hebdomadaires faits au gouverneur en chef par le principal agent de l'émigration, à Québec.

Semaine finissant le 10 mai 1834.

Constatant que les capitaines de navires continuent à prélever l'impôt sur les émigrants, j'envoie des avis imprimés à Grosse-Ile pour les informer qu'aucune loi ne justifie cet impôt.

Semaine finissant le 17 mai.

Les émigrants déjà arrivés à cette saison possèdent généralement des effets considérables. En majorité de petits cultivateurs et commerçants, le nombre des personnes appartenant aux classes ouvrières est inférieur à la moyenne des années présentes, et ceux de ces classes qui sont déjà arrivés sont en général très en mesure de payer leur transport à leurs lieux de destination ou aux situations où je crois préférable de les mettre—les bons domestiques sont en grande demande dans cette ville et à Montréal, et celle pour toutes les personnes de métier ne peut être meilleure. J'ai beaucoup de difficulté à faire remettre par les capitaines aux émigrants le montant de l'ancienne taxe qu'ils ont illégalement perçue sur eux ; jusqu'à ce jour, j'ai réussi à leur faire remettre au-dessus de cinq cents louis. Plusieurs naufrages des plus attristants ont eu lieu ce printemps-ci parmi les navires à émigrants en route pour ce port.

Semaine finissant le 31 mai.

Les émigrants arrivés cette semaine sont en général assez à l'aise ; il n'y en a pas beaucoup dans la ville présentement, eu égard au grand nombre déjà arrivés à une époque aussi peu avancée. J'ai réussi à faire rembourser l'impôt *per capita* à plus de mille émigrants, vendredi et samedi. Ce bureau est ouvert de sept heures du matin jusqu'à la chute du jour pour permettre de donner à chaque postulant toute l'aide possible pour le départ. Presque tous les émigrants survivants qui ont fait naufragé sont arrivés, et pour ceux d'entre eux qui avaient besoin d'aide, j'ai obtenu le transport gratuit jusqu'à Montréal.

Semaine finissant le 7 juin.

Ce bureau continue à être excessivement rempli chaque jour d'émigrants qui demandent de l'aide pour recouvrer l'impôt *per capita.* Les capitaines du vaisseau *Home* de Dublin, et de l'*Active* de Londonderry, qui sont arrivés aujourd'hui, ont refusé de rembourser cet impôt que je sais parfaitement avoir été payé par les émigrants. La situation dans la ville, en ce qui concerne le contingent des émigrants, est remarquablement satisfaisante.

Semaine finissant le 14 juin.

Les émigrants arrivés cette semaine ont presque tous pris la direction du Haut-Canada ; quelques artisans, domestiques et commerçants restent à travailler à Québec et à Montréal. Dans cette ville, l'absence de détresse ou de besoins parmi les émigrants est remarquable, grâce à l'aide du percepteur des douanes. J'ai fait des arrangements pour que les capitaines de navires soient empêchés de débarquer les émigrants et leurs bagages tard dans la soirée, ce qui les expose à passer la nuit à la belle étoile, excepté toutefois quand il s'agit de vaisseaux à vapeur. Un certain nombre de cultivateurs, autrefois tenanciers de lord Suffield, sont arrivés cette semaine ; ils étaient recommandés par le secrétaire d'Etat à ce département ainsi que quelques autres petits groupes d'émigrants venant de diverses grandes fermes d'Angleterre ;

tous étaient bien pourvus d'argent et je les ai envoyés, ainsi que requis, à leurs différents points de destination. J'ai réussi presque totalement à faire rembourser l'impôt *per capita* à tous les émigrants arrivés cette semaine et la semaine précédente, à l'exception de l'impôt perçu à bord du *Home* venant de Dublin.

Semaine finissant le 21 juin.

Un très grand nombre de personnes appartenant à la classe ouvrière sont arrivées cette semaine, venant principalement d'Irlande ; elles paraissaient en moyens de payer leur transport. La grande demande dans le Haut-Canada pour artisans, et surtout pour artificiers, journaliers que requièrent les travaux publics, les induit presque tous à s'y rendre. J'ai reçu cette semaine des rapports des agents d'émigrants à Toronto, Lachine, Prescott et Bytown, qui tous parlent de l'excellente condition où se trouve la population émigrante et la complète absence, cette année, de toute maladie ou détresse chez elle, à cette époque de la saison.

Jamais la ville et Montréal n'ont été aussi exemptes des inconvénients causés par une population d'émigrants et l'intervention de la bienveillance a été beaucoup moins requise ce printemps-ci que pendant les cinq dernières années. Grâce à la concurrence qui se fait entre les bateaux à vapeur d'ici et les bateaux de transport au-dessus de Montréal, les émigrants peuvent maintenant se rendre de Québec à Prescott pour environ un dollar par adulte.

Semaine finissant le 5 juillet.

Les émigrants arrivés cette semaine sont pour la plupart des artisans, des cultivateurs et des journaliers dont il ne reste qu'un très petit nombre en ce moment à Québec.

Semaine finissant le 12 juillet.

Les émigrants arrivés cette semaine sont très respectables, tous en bonne santé et de bonne humeur. La grande demande pour les ouvriers dans tout le Haut-Canada les a pressés de partir, sans compter les facilités de transport qui offraient un autre stimulant. J'ai fait remettre l'impôt *per capita* à presque tous les émigrants arrivés cette semaine. La somme totale remboursée depuis le 12 mai jusqu'à cette date est d'environ deux mille cinq cents louis.

Semaine finissant le 19 juillet.

Grâce au bas prix du transport et à la grande concurrence, à cette saison-ci, sur la route de Québec à Kingston, la taxe *per capita* remboursée aux émigrants suffit à payer un passage ordinaire jusqu'à Prescott.

Semaine finissant le 9 août.

Par le *Kingston.* venant de Liverpool est arrivé M. Farmer (fortement recommandé à ce département) avec sa famille. Il se rend pour le présent à Sorel. Il a avec lui cinquante têtes de bestiaux appartenant aux espèces anglaises les plus en honneur.

Semaine finissant le 16 août.

La plus grande partie des émigrants arrivés cette semaine viennent d'Ecosse et du nord de l'Irlande et tous avaient amplement les moyens de se rendre dans le Haut-Canada, leur point de destination.

Semaine finissant le 6 septembre.

L'explosion d'une des chaudières du bateau à vapeur *Lady of the Lake*, dimanche matin, a causé la mort de six personnes qui étaient venues de Leith à bord du vaisseau *Conference*. L'une d'elles, M. W. Ronaldson, laisse des biens considérables, dont j'ai fait un inventaire, et de l'argent au montant de quatre cents louis que j'ai déposés à la Banque de Montréal. Ses autres effets ont été mis en entrepôt.

Semaine finissant le 20 septembre.

Les émigrants arrivés cette semaine sont tous à l'aise ; la plupart sont partis pour le Haut-Canada. Il y avait sur le *Concord*, venant de Londres, 20 garçons envoyés par la *London Childrens Friend Society*.

Semaine finissant le 27 septembre.

Soixante-treize émigrants saxons arrivés cette semaine sont partis pour le Haut-Canada ; ils paraissent sains et robustes. Je leur ai donné des ordres pour qu'ils soient employés au canal du Long Sault.

Semaine finissant le 4 octobre.

Les journaliers sont en grande demande dans les environs de la ville pour la récolte des pommes de terre, et à Cornwall ainsi qu'au canal du Long Sault, les cordonniers et les tailleurs le sont également et à gros salaires. La population émigrée est exceptionnellement rare à Québec. La navigation ferme 1ᵉʳ décembre, et il ne reste à Québec aucun émigrant en panne.

A. C. BUCHANAN,
Principal agent.

N° 14.—LA SOCIÉTÉ D'EMIGRANTS DE QUÉBEC.

(Archives, série Q., vol. 216-1, p. 25.)

Le comité d'administration de la Société d'Emigrants de Québec a à faire rapport des résultats de ses travaux en vertu du statut provincial 2, Guill. 4, chap. 17, en tant qu'ils se rapportent au transport des émigrants pauvres et abandonnés à leurs points de destination.

Au cours de la période de navigation de mai à novembre 1833, inclusivement, la société a expédié les nombres d'émigrants suivants :—

Adultes	1,330
Au-dessous le 14 ans	479
Au-dessous de 7 ans	531
Total	2,340

Le nombre total des émigrants arrivés à ce port durant la dernière saison est donné comme étant d'environ 22,000, soit une diminution de près de 30,000 comparativement à l'émigration de 1832. Le comité n'est pas appelé à formuler son opinion sur les causes d'une aussi forte diminution en dehors de la crainte bien naturelle qu'ont inspirée dans le Royaume-Uni les détails et les souvenirs émouvants de l'épidémie de 1832.

En 1833, près de 16,000 émigrants sont arrivés avant le 1ᵉʳ août, et de ce nombre sept cents seulement ont demandé de l'aide à la société : un fait qui montre l'esprit de prévoyance de ceux à qui leurs moyens permettaient d'atteindre ces rives durant la belle saison de l'année. Il faut exprimer une autre opinion des autres 6,000 qui sont arrivés avant octobre, car ayant quitté les vieux pays à une date si avancée qu'ils ne pouvaient facilement s'attendre à obtenir un emploi permanent dans cette province de façon à se pourvoir contre les rigueurs d'un hiver canadien, il paraîtrait qu'ils n'étaient pas munis de fonds suffisants puisque près de 1,700 d'entre eux ont reçu de l'aide de la société.

Le comité est heureux d'avoir pu, à cause de ce qui s'est passé en 1832, constater que le gouvernement de Sa Majesté avait mis fin à l'émigration des pensionnaires lorsqu'ils ont vendu leur droit à la pension et un lot de terre.

La grande diminution dans le nombre des émigrants, durant la dernière saison, a eu pour résultat naturel une diminution correspondante dans les recettes provenant du fonds des émigrants. Par conséquent, le comité prenant en considération l'excédent de dépense en 1832 auquel on devait pourvoir à même les recettes de la dernière saison, a opéré une réduction très practicable au chapitre des dépenses de la société en abandonnant le hangar des émigrants qui est sur la rue Saint-Paul et en réduisant de £250 à £136 les salaires annuels. Considérant aussi que l'acte 2, Guill. 4, chap. 17, devait prendre fin le 1er mai suivant, il a pris soin de tenir autant que possible ses dépenses au chiffre de ses recettes, de sorte qu'à la fin de l'année la balance ne sera pas considérable.

Le montant total provenant de l'Acte d'Emigration dont la Société peut disposer est supposé être de £1,180. D'après les comptes reçus jusqu'à ce jour les dépenses sont comme suit :—

Transport en 1833	£ 605
Vivres	15
Balance due de la dernière saison..........................	375
Salaires et dépenses approximatifs jusqu'à mai 1834	190
	£1,185

Le comité désire accuser réception d'une lettre écrite en allemand par M. Bagelman, de Brême, demandant que la Société lui dise si quelque encouragement serait offert à des émigrants allemands désireux de s'établir dans le Haut ou le Bas-Canada. Le comité a répondu à cette lettre en informant son auteur qu'aucune aide en argent ne pouvait être attendue, mais que les émigrants allemands recevraient certainement un bienveillant accueil ici et, s'ils étaient en moyens, pourraient s'établir avantageusement dans divers endroits des deux provinces.

L'émigration pour 1833 ne montre pas une grande différence dans la proportion des adultes comparativement à celle de 1832, mais on remarquera que les jeunes filles de bon caractère cherchant à se mettre en service forment une plus forte proportion dans l'ensemble que précédemment. Il n'est pas non plus inutile de remarquer que, cette année, les parents émigrés étaient moins chargés d'enfants en bas âge, un fait qui a dû contribuer avantageusement à leur prompt établissement dans le pays. Le tableau comparatif de l'émigration pour 1832 et 1833, qui suit, corroborera l'exactitude de cette remarque :

Expédiés.	1832.	1833.
Adultes................................	2,868....................	1,330
Au-dessous de 14	875....................	479
Au-dessous de 7........................	1,168....................	531

Les comptes requis pour être présentés aux trois branches de la législature par les commissaires en vertu de l'acte 2, Guill. 4, chap. 17, de même que les listes d'émigrants expédiés et leur pleine description seront commencés de suite et complétés, si possible, à la date prescrite par la loi pour ce faire.

Le comité désire reconnaître l'empressement avec lequel les propriétaires de bateaux à vapeur ont rencontré ses vues en accédant à sa demande que, suivant le précédent créé en 1832, ils réduiraient de moitié le prix du passage entre le 1er d'octobre et la fin de la navigation. Le comité croit aussi opportun de mentionner le fait qu'il a appris par son secrétaire que, plusieurs fois, les agents ont pris sur eux d'expédier de pauvres gens qui, pour diverses causes, n'étaient pas tout à fait en conformité aux règlements de cette société, mais méritaient tout de même des secours.

Le comité finirait ici son rapport, mais plusieurs de ses membres sont fortement d'opinion que la taxe est au moins inutile—sinon injuste—taxe dont le produit est en grande partie confiée à ce comité pour être distribuée.

Ceux des membres du comité qui ont cette opinion craignent qu'un simple rapport de leurs travaux laisserait croire à une approbation tacite de la taxe et des effets pratiques résultant du mode employé pour la percevoir et l'appliquer.

Le comité a donc été prié d'ajouter que de fortes et graves objections ont été faites par un groupe considérable de ses membres contre les principes sur lesquels la taxe est fondée aussi bien que contre les détails d'exécution. Cependant on a répondu à ces objections par des contre-raisons basées sur la nécessité de la mesure et la difficulté de créer un fonds pour obvier aux difficultés qui, trop fréquemment, affrontent l'émigrant à son arrivée, contre-raisons qui ont influencé la façon de voir d'un nombre presque aussi grand de membres du comité.

Au milieu de ces opinions contradictoires, il y en a aussi sur lesquelles tous sont d'accord, et le comité désire en impressionner sérieusement le public.

Bien qu'ils diffèrent d'opinion quant aux moyens de créer un fonds de secours pour les émigrants, le comité est parfaitement convaincu qu'il en faut un pour obvier aux difficultés inhérentes à l'émigration, et, dans les présentes circonstances, il ne croit pas qu'un fonds suffisant puisse être formé avec les souscriptions privées : il faut adopter des moyens de faire face aux cas de misères particuliers et de maladie, toujours beaucoup au-dessus de la moyenne du même nombre de personnes,

Il appert qu'on a pourvu au transport gratuit d'émigrants dans une proportion moindre d'un neuvième ou d'un dizième du nombre total, ce qui démontre une beaucoup plus petite proportion de vrai paupérisme qu'on ne se serait généralement imaginé ou à laquelle on se serait attendu.

On remarquera aussi qu'on pourrait entièrement dégrever ce fonds et une forte charge si, en Angleterre, on prenait des mesures pour induire ou forcer les paroisses qui envoient leurs pauvres dans ce pays, à avancer les fonds suffisants pour la location de leurs familles et à placer leurs fonds entre les mains des agents autorisés d'ici, pour être employés à cette fin sous la surveillance des autorités locales. Au cours de toute cette période le comité a été désireux de répandre des informations exactes sur la situation de l'émigrant à son arrivée ici, afin qu'il soit en mesure de faire face aux difficultés inévitables dans un pays où la demande de travail est inégale, où les places pour en avoir sont éloignées et où la rigueur du climat augmente les besoins.

Le comité n'a rien négligé pour arriver à ces fins, mais il croit qu'il reste beaucoup à faire sous ce rapport ainsi que pour mettre les émigrants en garde contre les exploitations auxquelles ils sont exposés en ce qui se rapporte à leur traversée et aux vivres durant le voyage. On devrait prendre des mesures dans la mère-patrie pour apprendre aux pères de familles désireux d'émigrer qu'à moins d'être munis de fonds et que ceux-ci soient bien surveillés, leur émigration les jettera dans une plus grande misère que celle qu'ils veulent fuir.

Grâce à un système fondé sur ces vues le comité conçoit la possibilité d'arriver à supprimer les difficultés auxquelles l'émigrant est exposé de façon à faire disparaître finalement la nécessité d'un fonds autre que celui qui peut être requis pour faire face aux cas de détresse causée incidemment par naufrage ou mort des parents, et pour le support des hôpitaux destinés aux malades.

En finissant, le comité désire, vu l'incertitude qui prévaut en ce moment à l'endroit des fonds disponibles pour la société la saison prochaine, recommander que l'on prenne immédiatement des mesures pour faire savoir aux intéressés qu'on ne peut aucunement compter sur l'aide de cette nature, afin que des expectatives qui pourraient autrement être formées ne soient pas déçues, et que la misère pouvant en découler puisse être évitée autant que possible.

Le tout, etc.

(Signé)   D. DALY,

Président S.E.Q.

(Signé)   J. C. Fisher,
           Secrétaire.

Québec, 13 janvier 1834.

(Archives, série Q., vol. 216-1, p. 15.)

Château St-Louis, Québec,
4 avril 1834.

Monsieur,—J'ai retardé de répondre à votre lettre confidentielle du 4ᵐᵉ jour d'août dernier, relativement à l'Acte du parlement provincial du Bas-Canada (acte qui expire en mai prochain) imposant une taxe sur les émigrants arrivant par mer aux ports du Bas-Canada, parce que j'étais dans l'incertitude sur la question de savoir si la Chambre d'Assemblée ne tenterait pas de le renouveler.

Dès les premiers jours de la dernière session cependant, un projet de loi qui contenait les dispositifs de l'Acte en question fut proposé. Alors, j'ai envoyé un message au Conseil Législatif et à la Chambre d'Assemblée—message dont copie vous est incluse dans la présente—leur intimant qu'il serait de mon devoir, si ce projet de loi m'était soumis, de le réserver à la sanction de Sa Majesté, et leur recommandant d'y inclure des dispositions provisoires pour le soulagement des émigrants pauvres et malades. Ce projet de loi, néanmoins, a été adopté par les deux chambres sans ces dispositions et il vous sera envoyé avec les autres projets de loi qui sont réservés à la sanction royale et qui ont été adoptés à la dernière session.

Prévoyant cependant que ce projet de loi pourrait bien être favorablement accueilli par le gouvernement de Sa Majesté, j'en ai fait préparer un double que vous trouverez sous ce pli. Je prends la liberté de vous demander de bien vouloir me faire part de la décision du gouvernement aussitôt qu'elle sera connue, afin que, si elle est favorable, ce bill puisse être appliqué durant la prochaine saison.

Je sais qu'on a des objections à ce bill dans le Haut-Canada et qu'il est de plus opposé par des personnes de cette province même intéressées dans la navigation, mais il est hors de doute que pour le public en général dans le Bas-Canada et plus particulièrement pour les habitants de Québec et de Montréal, les effets en seront hautement avantageux ; car le bill les décharge du fardeau que leur imposent les besoins des émigrés malades et indigents, auxquels ont jusqu'à présent fait face les personnes charitables de ces villes.

On peut se faire une idée de ce fardeau si l'on songe que dans le cours des trois dernières années, le nombre des émigrés arrivés au port de Québec a dépassé cent vingt-quatre mille, dont une grande partie composée de personnes dans l'indigence. Ceux qui étaient en santé poursuivaient leur route vers l'intérieur, laissant derrière eux leurs malades (qui après un long voyage dans des conditions de nature à engendrer les maladies, ne pouvaient être que nombreux) aux chances d'être soignés par ceux au milieu desquels on les laissait.

Dans de telles circonstances l'appoint de l'impôt prélevé sur les émigrés a été d'un grand soulagement, comme on peut voir par le dernier rapport de la Société d'Immigration de Québec, dont j'ai l'honneur de vous adresser un exemplaire, ainsi que des états indiquant les nombres d'émigrés admis dans le cours de la saison à l'hôpital général de Montréal et à l'hôpital des émigrés à Québec.

L'impôt sur l'émigration s'est élevé pendant la dernière saison à £4,298 7s. 3d. sterling, et cette somme, en conformité des dispositions de l'acte, a été divisée également entre les villes de Québec et de Montréal, et il est grandement à craindre que si cette ressource est maintenant retirée, les citoyens de ces villes ne seront plus portés à contribuer de leurs propres deniers au soulagement des malades et des pauvres parmi les émigrés comme ils ont fait par le passé, alors que l'émigration du Canada se faisait sur une échelle moins considérable que ces dernières années.

On remarquera que la totalité du produit de l'impôt sur les émigrés a été appliqué au soin des émigrés malades, et à donner aux émigrés qui ont besoin de pareils secours les moyens de se rendre avec leurs familles au Haut-Canada, ou à leurs destinations respectives dans cette province.

Vu toutes les circonstances qui se rattachent au bill établissant un impôt sur les émigrés arrivant par la mer à des ports du Bas-Canada, je prends la liberté de la recommander à la faveur du gouvernement de Sa Majesté.

J'ai l'honneur d'être, monsieur,
Votre très humble serviteur,
AYLMER.

Le Très honorable M. Stanley, etc., etc., etc.

P.S.—Depuis que ce qui précède est écrit, il m'a été adressé de la part de la Société d'Immigration de Québec un mémoire dont une copie se trouvera avec les autres documents dont il est question dans le corps de la présente dépêche, et je prends la liberté d'attirer particulièrement votre attention sur ce mémoire, qui est de nature à démontrer combien il est nécessaire que les fonds publics pourvoient en quelque mesure aux besoins des malades et des pauvres parmi les émigrés.

A.

N° 16.—LORD AYLMER À M. STANLEY.

(Archives, série Q., vol. 216-3, p. 636.)

SOREL, BAS-CANADA, 16 juin 1834.

(Extrait.) ' On s'alarme à Québec au sujet des nombreux cas de typhus qui se sont produits à bord des bâtiments chargés d'émigrés d'Irlande, ainsi que des circonstances qui ont accompagné quelques cas de choléra asiatique à bord d'autres navires. Mais tous les malades ont été débarqués à la station de quarantaine à la Grosse-Isle, à environ 30 milles en aval de Québec; j'espère que la maladie ne s'étendra pas en dehors de l'hôpital de cette station.

J'ai l'honneur d'être, monsieur,
Votre très humble serviteur,
AYLMER.

Le Très honorable M. Stanley, etc., etc., etc.

N° 17.—M. W. H. DRAPER À LORD ABERDEEN.

(Archives, série Q., vol. 226-2, p. 214.)

27 NORFOLK STREET, STRAND,
24 février 1835.

MILORD,—Je viens d'apprendre par le presse que le gouvernement de Sa Maejsté a l'intention de sanctionner un acte de la législature du Bas-Canada qui impose une taxe sur tous les passagers qui arrivent par mer en cette province de tout port du Royaume-Uni.

Il a été imposé une taxe pareille en 1831 et 1832, et la chose a attiré avec justice l'expression de l'opinion de la législature du Haut-Canada sur la question. Je demande à Votre Seigneurie la permission d'attirer son attention sur les arguments solides et constitutionnels exposés dans l'adresse de cette législature et qui sont jusqu'à présent restés sans réponse.

Lors de la dernière session de la législature du Haut-Canada, on apprit que l'Assemblée du Bas-Canada était en train de voter une pareille loi, et la législature adopta une adresse priant Sa Majesté de ne pas la sanctionner.

Les deux adresses dont je parle contestaient fortement à la province du Bas-Canada le droit d'établir pareil impôt, et sans espérer ajouter aucun poids aux arguments qu'elles faisaient valoir, je récapitulerai brièvement quelques-unes des objections à ce projet de loi :—

C'est une imposition de taxe par une législature provinciale à tous les sujets de Sa Majesté à qui leur plaisir ou leur affaires peuvent donner occasion de prendre terre dans le Bas-Canada ; ce qui touche à un principe des plus importants, car le chiffre de l'impôt est tout à fait secondaire ; le droit d'établir l'impôt étant une fois admis, on pourra l'appliquer dans n'importe quelle mesure jusqu'à l'absolue exclusion des sujets britanniques du territoire d'une province britannique. On ne saurait l'assimiler au droit d'imposer des marchandises, dont le principe est tout a fait différent et relativement auquel les intérêts de la province du Haut-Canada, ont été expressément sauvegardés par l'acte 3, George IV., ch. 119, art. 29. On ne saurait non plus l'appuyer sur aucune raison politique de nature à être reconnue par la mère-patrie, attendu que la tendance directe en est d'entraver l'émigration et par là nuire gravement aux intérêts des colonies et plus particulièrement du Haut-Canada.

Je crois pouvoir oser faire valoir le fait qu'on ne saurait trouver d'exemple de l'imposition d'une taxe personnelle sur tout sujet qui visite une portion particulière des domaines de Sa Majesté. Si cet impôt se borne à ceux qui sont établis, ou ont l'intention de s'établir dans la province qui l'impose, il pourrait ne pas y avoir raison de plainte, mais quand il s'étend aux habitants d'une colonie sœur et aux émigrés venant des Iles Britanniques, qui veulent simplement passer par le Bas-Canada pour se rendre à leur destination, il devient manifestement injuste, car tandis que tout l'argent est reçu dans cette province, un des usages euxquels on l'emploie est de transférer à la province supérieure aussitôt que possible les émigrés qui en arrivant ont besoin de secours, tandis qu'on n'en transmet pas avec eux la moindre parcelle pour les mener à leur destination. Et j'ai raison de croire qu'on pourrait trouver des cas où des veuves et des orphelins ont été renvoyés dans un état de destitution complète par le même moyen, sans avoir dépassé Québec.

Il n'y a pas à nier qu'un grand nombre de personnes dans un état de grande indigence sont annuellement jetés sur les bras des habitants de Québec et de Montréal, mais il n'en est pas moins vrai que la même fardeau, proportionnellement à leurs ressources, pèse dans une égale mesure sur les principales villes du Haut-Canada. Mais cette admission ne saurait nullement admettre, cependant, l'à-propos de la loi en question, et celle-ci ne saurait être légitime que lorsque toute autre juste mesure aura été prise en vain. La réglementation de l'émigration par la mère-patrie et la fondation d'une caisse pour l'établissement des émigrés indigents alimentée par un impôt prélevé aux différents ports d'embarcation dans le Royaume-Uni, seraient exemptes des principales objections que présente le système actuel, et diminuerait probablement de beaucoup, sans mettre beaucoup d'obstacle à l'émigration, le mal dont on se plaint.

S'il est juste que Québec impose une taxe pour le soulagement des malades et des pauvres parmi les émigrés et pour les envoyer à leur destination, ce qui est l'objet que l'on prétend avoir en vue, il doit être également juste pour le Haut-Canada, où se rendent les deux tiers de ces immigrés, d'en faire autant. Les malades et les pauvres n'auront pas moins besoin de secours à leur arrivée à la frontière interprovinciale

72 ARCHIVES CANADIENNES.

qu'à leur arrivée au port de Québec. Si la nécessité légitime cette imposition dans une province, elle la légitimera également dans une autre, et le malheureux émigré, après avoir payé pour passer par le Bas-Canada, pourra être invité à payer pour entrer dans le province supérieure.

Cette disposition législative s'écarte aussi du principe qui a présidé à la répartition des droits sur les marchandises prélevés dans le Bas-Canada. Le Haut-Canada reçoit une partie de ces droits en proportion de sa consommation des articles sur lesquels sont imposés les droits, et il semble également juste qu'il reçoive une partie de cette taxe proportionnée à sa part des maux auxquels elle est destinée à faire face ; il n'en est cependant pas ainsi.

Permettez-moi, en terminant, milord, de vous faire mes excuses pour ainsi réclamer votre temps et votre attention. Mais, sachant que cet impôt est regardé dans le Haut-Canada comme inconstitutionnel et oppresif, et que la législature de cette province a déjà ainsi exprimé son opinion, je ne pouvais m'empêcher d'attirer l'attention de Votre Seigneurie sur la question. Il est possible que la période pendant laquelle Votre Seigneurie a présidé au Bureau des Colonies a été trop courte pour vous permettre de voir toute la portée de cette question, et j'aimerais mieux m'exposer à paraître présomptueux en parlant ainsi à Votre Seigneurie, plutôt que de me sentir coupable d'avoir négligé une occasion de plaider pour une nouvelle décision d'une question d'un si profond intérêt pour mon pays d'adoption.

J'ai l'honneur d'être, milord,
de Votre Seigneurie, le très obéissant et humble serviteur,

Wm. H. DRAPER.

Au Très honorable le comte d'Aberdeen, etc., etc., etc.

PAPIERS D'ETAT, BAS-CANADA.

Lord Aylmer, gouverneur, 1832.

Q. 201—1.

1831.
8 novembre,
Sherbrooke.
Pétititon de C. M. Hyndman, crieur de la cour du Banc du Roi du district de Saint-François, demandant un salaire.   Page 195

9 novembre,
Sherbrooke.
Pétition de Charles Antoine Godfroy de Tonnancour, demandant un traitement en qualité de coroner.   193

29 novembre,
Montréal.
Le juge en chef Reid à Craig, secrétaire du gouvernement civil. Représente qu'il est à propos d'augmenter son traitement et ses allocations par suite de l'importance de ses travaux.   196

1832.
1er janvier,
Québec.
Aylmer à Goderich (n° 1). Envoie liste des dépêches transmises au secrétaire des colonies en 1831.   1

Inclus. Liste.   2

1er janvier,
Québec.
Aylmer à Goderich (n° 2). Euvoie l'état semi-annuel des membres des conseils exécutif et législatif du Bas-Canada.   10

Inclus. Etat.   11

9 janvier,
Québec.
Aylmer à Goderich (n° 3). Transmet pétition de l'assemblée des pasteurs en communion avec l'Eglise d'Ecosse, demandant de participer aux avantages des réserves du clergé.   19

Inclus. Pétition.   20

19 janvier,
Trois-
Rivières.
Explication donnée par les magistrats quant à la manière dont les prisonniers se sont évadés, et recommandation de prendre de nouvelles précautions.   199

20 janvier,
Québec.
Aylmer à Goderich (n° 4). Envoie copie des procès-verbaux du Conseil exécutif du Bas-Canada jusqu'au 31 décembre 1831.   26

23 janvier,
Québec.
Le même au même, (n° 5). A reçu dépêches suivant la liste.   28

Inclus. Liste.   28

26 janvier,
Québec.
Aylmer à Goderich (n°o). Le comité de l'Assemblée a fait rapport que tous les juges, y compris le juge en chef, ne devaient pas avoir qualité pour siéger au Conseil législatif. Cette clause a été rejetée par l'Assemblée. Les pensions et allocations de retraite des juges devront être débitées au revenu casuel et territorial. Le bill constitue le Conseil législatif en tribunal pour juger sans appel des mises en accusation, mais une clause à cet effet a été rejetée. Ne croit pas qu'il ait été fait quelque tentative pour restreindre les prérogatives de la Couronne dans le bill qui est d'ailleurs si contraire aux instructions qu'il (Aylmer) l'a réservé, mais demande avec instance qu'on le sanctionne. La disposition favorable de l'Assemblée pour pourvoir aux traitements, pensions et dépenses incidentes des juges. Envoie copie du bill sans observations.   30

Inclus. Bill.   36

26 janvier,
Québec.
Aylmer à Goderich (n° 7). Croit probable que la liste civile, toute limitée qu'elle soit, sera entièrement réduite ou tellement modifiée qu'il ne pourra la sanctionner même si elle passe au Conseil, ce dont il doute. Les maux résultant de cette manière d'agir, mais cela pourra être fait avec avantage. La minorité dans la liste civile comptera au point de vue du nombre, du talent et de la respectabilité, et personne ne pourra soulever de cri contre le gouvernement, le public étant convaincu que la proposition est raisonnable. La conduite à observer à l'égard de la liste civile, conduite qui empêchera tout mal durable provenant de la réserve faite. Croit que les concessions qui ont été faites à l'Assemblée ont créé

1832.

l'impression que rien de ce qu'elle demandera ne sera refusé, si ses demandes sont fermes et persévérantes. Il faudrait détromper l'Assemblée en cela, et il n'y a pas de temps plus favorable que le temps présent pour cela. L'abrogation de l'Acte 14 Geo. III, ch. 88, n'est que conditionnelle, et l'acte est remis en vigueur si la législature coloniale ne donne pas son assentiment à la manière de disposer des revenus. Page 41

Inclus. Message à l'Assemblée contenant la liste civile. 45

Liste civile. 47

27 janvier, Québec.

Aylmer à Goderich (n° 8). Envoie copie des résolutions présentées à l'Assemblée par Bourdages, lesquelles ont été rejetées par 37 votes contre 22. L'objet était de rendre électif le Conseil législatif. Le changement dans l'Assemblée depuis l'année dernière. Le public est content de l'état actuel des choses. 48

Inclus. Résolutions perdues le 16 janvier. 51

Les mêmes en français. 58

5 février, Québec.

Aylmer à Goderich (personnelle). Les craintes relativement au sort de la liste civile se sont réalisées, car elle a été rejetée; la minorité s'est trouvée plus faible qu'il ne s'y attendait, et cela pour les raisons mentionnées. L'Assemblée est à étudier les estimations budgétaires. Le bill des subsides devra être réservé; il devra pourvoir aux embarras que cause la supension des paiements. Le rejet de la liste civile ne lui causera pas d'irritation. Croit que l'on ne devrait point avoir recours à la dissolution de la Chambre actuelle, car cela produirait une agitation que ne pourraient causer d'autres moyens. Le peuple canadien est loyal, paisible et bien disposé, et les membres de l'Assemblée (à part quelques exceptions) ne font point d'opposition systématique au gouvernement de Sa Majesté. Mais les Canadiens ont besoin d'être ménagés, car ils doutent et se méfient des intentions des personnes ayant le pouvoir. Actuellement l'esprit public est parfaitement tranquille. Explique que beaucoup des actes de l'Assemblée qui paraissent défavorables à distance, sont dus à l'hostilité que l'on a pour le juge en chef actuel et pour Stuart, le procureur général, que l'on considère comme son successeur probable. Attire l'attention sur la méthode d'après laquelle on devrait pourvoir aux appointements du secrétaire du gouvernement civil. Le danger qu'il y aurait de permettre qu'il soit placé sous le contrôle de l'Assemblée. 65

13 février, Québec.

Le même au même (n° 9). Dépêches reçues suivant la liste. 72

Inclus. Liste. 73

25 février, Québec.

Aylmer à Goderich (n° 10). A prorogé le parlement provincial à cette date et envoie son discours, etc. 75

Inclus. Liste des bills sanctionnés et réservés et discours du gouverneur. 76, 82

25 février, Québec.

Aylmer à Goderich (n° 11). Envoie copie de l'acte qui impose une taxe aux immigrants du Royaume-Uni. 86

27 février, Québec.

Le même au même (n° 12). Transmet résolution de l'Assemblée, indiquant qu'elle persiste dans sa demande de renvoi du gouverneur général. 88

Inclus. Résolution. 89

27 février, Québec.

Aylmer à Goderich (n° 13). Transmet l'adresse de l'Assemblée ainsi qu'accusations portées contre M. le juge Kerr, juge puisné du Banc du Roi. Attire l'attention sur la résolution que les charges de juges puisné du Banc du Roi et de juge délégué de la Cour de Vice-Amirauté sont incompatibles, si elles sont exercées par la même personne. Dans la pratique n'a pas trouvé qu'il y avait des inconvénients. 90

Inclus. Adresse. 92

Réponse à l'adresse. 97

1832.
27 février,
Québec.
Aylmer à Goderich (n° 14). Transmet mémoire de la Société des Émigrants de Québec et documents. Aussi observations de l'agent des immigrants sur le mémoire. Page 100
   Inclus. Adresse au gouverneur. 102
   Adresse aux personnes qui se proposent d'émigrer. 105
   Pétition au secrétaire des colonies. Page 111
   Observations par Buchanan, agent d'immigration. 118
   Autres documents. 123 à 128

27 février,
Québec.
Aylmer à Goderich (n° 15). Comme l'Assemblée n'a pas discuté la liste civile, il a réservé le bill des subsides. La suspension en conséquence des émissions pour le paiement des appointements, mais il faut éclairer et chauffer les prisons et palais de justice ainsi que se procurer des aliments pour les prisonniers; il devra prendre la responsabilité d'émettre des mandats pour cela. 129

28 février,
Québec.
   Le même au même (n° 16). A reçu adresse demandant des renseignements quant aux bills réservés. Attend avec anxiété une réponse. 131
   Inclus. Adresse. 133

29 février,
Québec.
Aylmer à Goderich (n° 17). Transmet la demande du capitaine Bayfield de lui donner de la terre selon son grade. Recommande la demande. 134
   Inclus. Demande du capitaine Bayfield. 136
   Certificat des services rendus par Bayfield, de la part de Barrie. 138

2 mars,
Québec.
Aylmer à Goderich (n° 18). Avait informé MM. Papineau et Neilson qu'ils avaient été nommés au Conseil exécutif. Ils ne pouvaient accepter les charges par suite des règlements de l'Assemblée. Transmet les lettres de Papineau et de Neilson. 140
   Inclus. L. J. Papineau au gouverneur. 142
   John Neilson au gouverneur. 143

2 mars,
Québec.
Aylmer à Goderich (personnelle). Avait envoyé dans sa lettre publique l'information que MM. Papineau et Neilson avaient refusé l'offre d'un siège au Conseil exécutif; mais l'offre a eu le bon effet de faire voir qu'on les avait invités à prendre part aux délibérations secrètes, en sorte que ceux qui ont censuré le Conseil exécutif ne peuvent plus maintenant affirmer qu'il s'y passe des choses qu'on ne voudrait pas faire connaître. 145

3 mars,
Québec.
   Le même au même (n° 19). D'après le désir de Gore, transmet la pétition et les lettres de William Rogers pour une concession de terre. 147
   Inclus. Rogers à Gore. Contient pétition. 149
   Pétition. 150
   Gore à Aylmer. Transmet et recommande la demande de Rogers. 153

3 mars,
Québec.
Aylmer à Goderich (n° 20). Envoie la résolution de l'Assemblée de faire placer sous son contrôle le département des postes du Bas-Canada. 155
   Inclus. Résolution. 156

8 mars,
Québec.
Aylmer à Goderich (n° 21). Envoie pétition de Christie demandant rétribution pour ses services en qualité de président de la cour trimestrielle de juges de paix de Québec. Ne l'a envoyée qu'à cause des instances de Christie. 157
   Inclus. Lettre et pétition de Christie, et autres documents. 159 à 167

8 mars,
Québec.
Aylmer à Goderich (n° 22). Envoie état comparatif des estimations de la dépense du gouvernement civil et des sommes votées par la législature. 168
   Inclus. État comparatif. 170
   État des items non votés par l'Assemblée. 187
   État des items votés que partiellement. 188

1832.

Note des items pour lesquels le vote de l'Assemblée a dépassé l'estimation.   Page 189
Remarques sur les items.   190

8 mars,
Québec.

Aylmer à Goderich (n° 23). Transmet copie des statuts, règles et règlements concernant l'administration de la faculté de médecine du collège McGill, ainsi que les noms des médecins attachés à l'université.   201
Inclus. Statuts et autres documents.   203 à 214

LORD AYLMER, GOUVERNEUR, 1832.

Q. 201-2.

1832.
10 mars,
Québec.

Aylmer à Goderich (n° 24). Transmet la pétition de M. le juge Kerr, demandant un congé d'absence pour se rendre en Angleterre afin de se disculper de certaines accusations.   Page 316
Inclus. Kerr à Aylmer. Envoie pétition qui devra être transmise à Goderich.   317
Pétition de Kerr à Goderich.   318
Pétition de Kerr à la Chambre d'Assemblée.   320
Autres documents.   325 à 331

11 mars,
Québec.

Aylmer à Goderich (n° 25). Transmet la pétition de M. John McLean.   332
Inclus. Pétition—   333

19 mars,
Québec.

Aylmer à Goderich (n° 26). Transmet état du prix moyen des produits agricoles et de la main-d'œuvre en 1831.   336
Inclus. Etat.   338

21 mars,
Québec.

Aylmer à Goderich (n° 27). Envoie une autre pétition de Coffin, demandant ses appointements en qualité de président de la cour trimestrielle des juges de paix à Trois-Rivières.   340
Inclus. Pétition de Thomas Coffin.   342

21 mars,
Québec.

Aylmer à Goderich (n° 28). Transmet la pétition du comité du commerce de Québec sur l'acte à l'effet d'imposer un droit sur les émigrants du Royaume-Uni.   346
Inclus. Pétition.   347

22 mars.

Aylmer à Goderich (n° 29). Transmet l'acte à l'effet d'abolir les droits imposés sur la mélasse et le café et de diminuer les droits sur le tabac.   356
Inclus. L'acte.   358

23 mars,
Québec.

Aylmer à Goderich (n° 30). Transmet copie de la lettre de Matthew Bell proposant de renouveler le bail des forges de Saint-Maurice pour dix ou quinze ans moyennant le même loyer de £500 par année. A raison de sa ponctualité à faire ses paiements et de l'emploi qu'il fournit aux gens, il recommande d'accepter l'offre.   362
Inclus. Bell à Craig. Offre de renouveler le bail.   364
Autres documents concernant les forges.   367, 370

24 mars,
Québec.

Aylmer à Goderich (n° 31). Envoie huit bills réservés à la recommandation des officiers en loi de la Couronne. Donnera les raisons dans une dépêche subséquente.   371

2 avril,
Québec.

Le même au même (n° 32). A reçu les dépêches suivant la liste annexée.   372
Inclus. Liste.   373

2 avril,
Québec.

Aylmer à Goderich (n° 33). Transmet titres des huit bills réservés et l'opinion des officiers en loi de la Couronne.   375
Inclus. Titres des bills réservés et l'opinion en regard de chacun. 376

5 avril,
Québec.

Aylmer à Goderich (n° 34). Transmet la pétition de madame Ogden demandant la permission d'acheter 10,000 acres des réserves de la Couronne et du clergé, d'après le principe de rémission établi dans le cas des officiers militaires, à raison des services de son feu mari. Ne peut donner d'opinion sur les services de son feu mari, mais le fils a rempli les fonctions de principal officier en loi depuis la suspension du procureur général et a donné satisfaction.   Page 396

Inclus. Pétition et autres documents.   398

13 avril,
Québec.

Aylmer à Goderich (personnelle). A observé qu'une compagnie s'est formée à Londres pour acquérir et coloniser les terres de la Couronne dans le Bas-Canada ; a fait préparer un état des terres du clergé et de la Couronne qui sont arpentées et disponibles. Les prétentions de l'Assemblée de disposer de toutes les terres de la Couronne. La nécessité qu'il y a pour l'Exécutif d'avoir un revenu ; cela ne peut se faire qu'en disposant de ces terres.   404

Inclus. Etat des terres de la Couronne vacantes.   407

Note de la différence apparente entre le livre bleu et l'état envoyé au Commissaire des terres de la Couronne.   408

Extrait de la *Minerve* (en français) en opposition à la pratique suivie par le gouvernement impérial d'accorder des chartes à des compagnies pour faire des affaires dans le Bas-Canada.   409

16 avril,
Québec.

Aylmer à Goderich (lettre distincte). Envoie réquisition pour papeterie.   414

16 avril,
Québec.

Le même au même (n° 35). Transmet la pétition de M. le juge Kerr demandant une concession des terres de la Couronne.   415

Inclus. Pétition.   416

Minute du Conseil. Extrait en date du 26 juin 1812, sur la recommandation à l'effet de faire nommer Kerr et d'autres au Conseil exécutif.   422

18 avril,
Québec.

Aylmer à Goderich (n° 36). Transmet la pétition du capitaine Elliott, autrefois du département des Sauvages, demandant demi-solde, en considération de ses services durant la guerre de 1812.   424

Inclus. Pétition.   426

Liste des officiers ayant droit à la demi-solde de 1787 et 1788 pour services antérieurs.   429

Certificat de l'exactitude de la liste.   431

1er mai,
Québec.

Aylmer à Goderich (n° 37). Dépêches reçues suivant la liste annexée.   432

Inclus. Liste.   433

2 mai,
Québec.

Aylmer à Goderich (n° 38). M. le juge Rolland a payé la somme de £59 15 9, à compte des honoraires sur sa commission.   434

Inclus. M. le juge Rolland à Craig. A payé les honoraires de £59 15 6 sur sa commission, ainsi que prescrit.   436

3 mai,
Québec.

Aylmer à Goderich (lettre distincte). Transmet la pétition de J. McNicol demandant la permission d'employer le nom et porter les armes de feu le lieutenant-colonel John Nairne.   437

Inclus. Pétition.   438

5 mai,
Québec.

Aylmer à Goderich (n° 39). L'évêque de Fusala ne se sent pas humilié de la décision concernant sa nomination au Conseil exécutif. Le conseil devrait être dépouillé de ses fonctions comme cour d'Appel, car probablement aucun homme de loi n'en fera partie. Si les causes se bornaient aux causes d'équité, les membres pourraient en exercer les fonctions, mais il y a souvent des causes dans lesquelles se soulèvent des points de droit compliqués que ceux qui n'ont pas étudié la loi ne peuvent décider. Il sera probablement constitué une cour d'Appel dans la province ; le Conseil exécutif sera aussi déchargé de ses devoirs en qualité de bureau d'audition et deviendra entièrement un corps chargé de donner au gouverneur des conseils pour l'administration et l'aider. La question de ses pouvoirs et responsabilités, car il paraît être injuste que le gouverneur soit seul responsable pour suivre ses avis. Suggère que

1832.

l'on réduise le nombre des membres du Conseil exécutif à cinq, dont trois
formeront un quorum.   Page 440

6 mai,
Québec.

Aylmer à Goderich. Envoie état du loyer provenant des réserves du
clergé du Bas-Canada pour l'année terminée le 1er juin 1831 ; celui pour
l'année terminée le 1er juin 1832 sera envoyé aussitôt qu'il pourra être
préparé.   445

Inclus. Etat pour 1831.   446

8 mai,
Québec.

Aylmer à Goderich (n° 41). Avait convenu avec Routh de l'à-propos
d'un transfert des écluses, mais non pas de recommander la chose si
positivement que d'exiger une décision. Doute que la législature accepte,
avec celle du Haut-Canada, le transfert du canal Rideau.   448

9 mai,
Québec.

Le même au même (n° 42). L'individu nommé James Fraser, décrit
comme un banqueroutier frauduleux, n'est pas détenu, comme il a été
fait rapport, dans aucune des prisons des provinces.   451

28 mai,
Québec.

Aylmer à Goderich. Transmet le livre bleu pour 1831. La cause du
retard.   453

29 mai,
Downing
Street.

Howick à Stephen. Transmet pour considération l'Acte concernant
les droits sur la mélasse, le café et le tabac.   357

31 mai,
Québec.

Aylmer à Goderich (n° 43). Fait rapport de l'émeute à Montréal,
au cours de laquelle trois personnes ont été tuées et quelques gens blessés par le feu des troupes appelées par les magistrats.   454

Inclus. Rapport officiel du lieutenant-colonel MacIntosh.   457

Assemblées des magistrats relativement à l'émeute appréhendée.
     463 à 501

31 mai,
Québec.

Aylmer à Goderich (n° 44). Envoie ainsi que désiré le relevé du
revenu casuel et territorial du Bas-Canada pour trois mois, ainsi qu'une
lettre d'explication de la part du receveur général.   502

Inclus. Le receveur général à Craig. Envoie le relevé du revenu
casuel et territorial du Bas-Canada pour trois mois.   504

Relevé.   505

LORD AYLMER, GOUVERNEUR, 1832.

202-1.

1832.

2 juin,
Québec.

Aylmer à Goderich (n° 45). A reçu les dépêches suivant la liste
annexée.   1

Inclus. Liste.   2

6 juin,
Québec.

Aylmer à Goderich (n° 46). Autre lettre concernant l'émeute à
Montréal, enquête du coroner au sujet des personnes tuées, les membres
du jury ne s'accordent point. Arrestation du lieutenant-colonel Mac-
Intosh et du capitaine Temple, élargis sous caution. Envoie des documents et un article de *La Minerve*   3

Inclus. Dépositions et autres dépêches.   6 à 202

7 juillet,
Québec.

Aylmer à Goderich (n° 47). Envoie compte des recettes et dépenses
de la corporation des réserves du clergé.   203

Inclus. Recettes et dépenses.   204

11 juin,
Québec.

Aylmer à Goderich (n° 48). A reçu les dépêches suivant liste
annexée.   205

Inclus. Liste.   206

15 juin,
Québec.

Aylmer à Goderich (n° 49). Rapporte que le choléra s'est déclaré
à Québec et qu'il a été pris des mesures pour combattre le fléau. On ne
lui a pas encore fait un rapport sur lequel il puisse se fier.   208

Inclus. Rapport du Dr Skey que le choléra s'est déclaré.   211

Relevé des personnes envoyées à l'hôpital du 8 mars au 15 juin.   214

1832.
16 juin,
Québec.
Aylmer à Goderich (personnelle). L'importance de l'émigration de l'année; arrivée d'une classe supérieure d'immigrants apportant des capitaux. La majorité de la Chambre d'Assemblée a des desseins qui, s'ils s'accomplissaient, feraient de la province une dépendance de la Couronne britannique que de nom. On paraît avoir peur que la libéralité du gouvernement britannique fasse disparaître tous leurs griefs. La masse des Canadiens français est docile, contente, heureuse et bien disposée, mais extrêmement méfiante des autorités britanniques de la province,—sentiment qu'entretiennent ceux qui ont quelque objet en vue et qui entourent leurs représentants. Discute la question de l'union du Haut et du Bas-Canada, et comment cela tiendrait en échec le parti ultra-libéral de cette dernière province. La difficulté de poursuivre les journaux comme la *Minerve* et le *Vindicator*, car les personnes qui formeraient le jury ne rendraient probablement pas de verdict contre eux. Comment voir si Viger a les mêmes opinions que Papineau.   215

Papineau à Aylmer. Fait rapport, en date du 22 mai, que les troupes ont tiré sur les émeutiers.   223

Aylmer à Papineau, 4 juin. Avait expliqué la cause du retard à répondre. Refuse de discuter le sujet de l'émeute et ses conséquences. Le chagrin que causeront à tous ces morts.   225

" Quelques réflexions sur la dernière élection du quartier ouest de la cité de Montréal."   226

18 juin,
Québec.
Aylmer à Goderich (n° 50). A reçu les dépêches suivant la liste annexée.   253

Inclus. Liste.   254

19 juin,
Québec.
Aylmer à Goderich (n° 51). A reçu avis de la réduction de son revenu en sa capacité militaire de commandant des forces à celui de lieutenant général. Fait remarquer comment la réduction affectera sa position officielle.   256

Inclus. Etat comparatif de la solde d'état-major et allocation militaire au commandant des forces du Canada et de celle accordée à un lieutenant général de l'état-major.   259

26 juin,
Québec.
Aylmer à Goderich (n° 52). Autre lettre au sujet du choléra. La virulence de la première attaque, mais la mortalité va en diminuant.   260

29 juin,
Québec.
Le même au même (n° 53). Recommande les messieurs qui doivent être nommés membres des conseils exécutif et législatif. Mort de M. Sauveuse de Beaujeu.   263

29 juin,
Québec.
Le même au même (n° 54). A la suite de recommandation a nommé Willan à la charge de greffier de la couronne dans le district de Québec, charge vacante par la mort de Green.   265

29 juin,
Québec.
Le même au même (n° 55). Mort du juge Taschereau, a nommé Panet, jusqu'à ce qu'on connaisse la volonté de Sa Majesté; demande fortement que la nomination soit confirmée.   266

30 juin,
Québec.
Le même au même. Recommande fortement la nomination de Heney au Conseil exécutif.   267

30 juin,
Québec.
Le même au même. Le choléra a diminué de malignité. A Québec; il a fait de très grands ravages, ayant fait mourir plus de 1,500 personnes en quelques jours. Les médecins ne s'entendent point quant à la cause de son apparition et à sa nature contagieuse. Comment la maladie se propage.   268

Inclus. Rapports sur le choléra de différents endroits ainsi que relevés des cas de cette maladie.   271 à 297

64 VICTORIA, A. 1901

LORD AYLMER, GOUVERNEUR, 1832.

Q. 202-2.

1832.
30 juin,
Québec.

Aylmer à Goderich. Contenant lettre dans Q. 202-1, page 268.
Continuation des rapports sur le choléra.   Pages 298 à 331.

5 juillet,
Québec.

Aylmer à Goderich (n° 66). Envoie relevé des collèges et écoles dans le Bas-Canada, ainsi que les noms et salaires des professeurs ou maîtres.   332

Inclus. Relevé.   333

6 juillet,
Québec.

Aylmer à Goderich. Envoie documents concernant le choléra qui va en diminuant et la panique publique s'apaise ; on est menacé d'un manque de provisions, car les gens de la campagne avaient peur d'apporter leurs produits. Envoie le rapport le plus récent sur l'émigration. Rien de nouveau dans la politique locale ; une assemblée a eu lieu où il a été question de la récente élection de Montréal. Envoie la Gazette de Neilson et rapport à son sujet.

Inclus. Rapport sur le choléra et relevé des enterrements à Québec.   374, 370

Autres documents.   376 à 405

7 juillet.
Québec.

Aylmer à Goderich (n° 57). Explique les raisons pour lesquelles il a suspendu le procureur général. A reçu les instructions de Sa Seigneurie d'écrire à M. le juge Kerr et il a écrit. N'a pas intention de se plaindre de la censure formelle qu'il a encourue pour avoir suspendu le procureur général à défaut d'instructions spéciales.   406

Inclus. Le même au juge Kerr. A reçu instruction de lui communiquer la réponse faite par le Bureau des Colonies à la pétition demandant un congé d'absence afin de lui permettre de comparaître devant Sa Majesté en conseil, pour répondre aux plaintes de l'Assemblée du Bas-Canada. Aucune accusations n'ayant été portées il est inutile de lui accorder de congé.   416

10 juillet,
Québec.

Le même à Goderich (n° 58). Relativement à l'instruction de Sa Seigneurie de lui faire part souvent des affaires de la province, et il n'y a pas manqué, chaque fois que quelque chose lui paraissait digne d'être mentionnée. Observations au sujet de l'arrestation de deux rédacteurs de journaux. Avantages pour Montréal du service postal par l'Atlantique.   418

13 juillet,
Québec.

Le même au même (n° 59). Le navire de Chine *Mangles*, par lequel sera transporté un sac contenant les dépêches a été détenu par des vents contraires, mais il se prépare maintenant à faire voile.   422

17 juillet,
Québec.

Le même au même (n° 60). Vanfelson, avocat général, s'est démis de sa charge et Andrew R. Hamel a été nommé pour le remplacer. L'Assemblée n'a pas voté d'appointements qu'Hamel sache, et il ne sera rétribué que pour les services qu'il pourra rendre à la Couronne.   423

17 juillet,
Québec.

Le même au même (n° 61). Bill concernant la vente des terres et des réserves du clergé a été présenté, lu pour la deuxième fois, renvoyé à un comité, puis remis à la prochaine session.   425

17 juillet,
Québec.

Le même au même (n° 62). La violence du choléra continue à diminuer. La grande mortalité par suite de cette maladie parmi les sauvages de Caughanawaga ; envoie rapports.   428

Inclus. McKay à Napier. Rapport du choléra à Caughnawaga ; a entendu dire que 25 sauvages britanniques sont morts à Saint-Régis ; il n'y a pas de cas de maladie à Deux-Montagnes.   430

Dr Wallace au Dr Stewart. Rapport officiel du choléra à Caughnawaga.   432

DOC. DE LA SESSION No 18

1832.

Dr Skey à Glegg. Envoie rapport du Dr Wallace sur le choléra à Caughnawaga.   Page 434

17 juillet, Québec.
Aylmer à Goderich. Quelques assemblées ont eu lieu dans différentes parties de la province afin d'interdire l'agitation causée par les événements de Montréal.   435

P. S.—Envoie mémoire du nombre des immigrants arrivés à Québec jusqu'à cette date.   436

Inclus. Mémoire.   437

21 juillet; Québec.
Aylmer à Goderich (n° 63). Transmet la copie certifié des procès-verbaux du Conseil exécutif depuis le 1er janvier jusqu'au 30 juin 1832.   438

21 juillet, Québec.
Le même au même (n° 64). Transmet état trimestriel du revenu casuel et territorial jusqu'au 30 juin, ainsi que les états semi-annuels des recettes et dépenses de la caisse des terres et forêts, et copie de la lettre du receveur général.   440

Inclus. Relevé du revenu casuel et territorial pour les trois mois terminés le 30 juin 1832.   442

J. Hale, receveur général, envoie compte semi-annuel de la caisse des terres et forêts.   443

Compte semi-annuel.   444

22 juillet, Québec.
Aylmer à Hay (personnelle). Présente le capitaine Airey.   448

23 juillet, Québec.
Le même à Goderich (n° 65). A reçu les dépêches suivant liste annexée.   449

Inclus. Liste.   450

24 juillet, Québec.
Aylmer à Goderich. Mort de Tracy, député du quartier ouest de Montréal ; l'assistance que cela apportera à Papineau ; fin probable du journal de Tracy le *Vindicator*. Diminution du choléra. Le beau temps fait revivre l'espérance chez les cultivateurs, mais le choléra a eu un effet désastreux sur le commerce. Envoie un mémoire du nombre des immigrants arrivés.   453.

Inclus. Rapport sur le choléra à Chambly.   456

Mémoire.   45

25 juillet, Québec.
Aylmer à Goderich (n° 66). Transmet le relevé semi-annuel des membres des Conseils exécutif et législatif.   458

Inclus. Relevé.   459

1er août, Québec.
Aylmer à Goderich (n° 67). Envoie pétition d'Ogden, solliciteur général, demandant le paiement de son compte pour services d'avocat. A été obligé d'envoyer la pétition, l'Assemblée ayant réduit le montant voté, en sorte que le gouvernement des colonies ne peut disposer d'une somme suffisante pour payer le montant.   465

Inclus. Pétition de Ogden pour le paiement de ses dépenses d'avocat.   468

1er août, Québec.
Aylmer à Goderich. Envoie numéros de journaux. Le langage que l'on a employé aux assemblées tenues relativement aux événements survenus lors de la récente élection de Montréal, est violent, mais il ne représente, croit-il, que les sentiments d'individus particuliers et non pas du public.   477

Inclus. Extraits des journaux.   479

Mémoire du nombre des immigrants arrivés depuis l'ouverture de la navigation.   501

9 août, Québec.
Aylmer à Goderich. Le choléra traîne encore en langueur et a eu un effet désastreux dans différentes parties de la province. Transmet numéro de la *Minerve*. Aucunes adresses ne lui sont encore parvenues, croit que les agitateurs comprennent que le peuple ne les suit pas. Envoie mémoire du nombre des immigrants arrivés jusqu'à cette date. 502

Inclus. Mémoire des immigrants arrivés.   504

Extraits de la *Minerve*.   505

1832.
11 août,
Québec.

Aylmer à Goderich (n° 68). Explique le soin qu'il a pris de s'assurer de son droit de tirer sur le receveur général avant d'adopter la mesure que Goderich n'approuve pas, et au moyen de laquelle il s'est procuré les fonds pour l'éclairage et le chauffage des prisons et palais de justice ainsi que la nourriture des prisonniers. Page 515

Inclus. Opinion de Vanfelson sur le pouvoir légal du gouverneur d'émettre des mandats sur le receveur général afin de se procurer les fonds nécessaires pour fournir l'éclairage et le combustible aux prisons et palais de justice ainsi que la nourriture pour les prisonniers. 521

État des mandats émis. 524

16 août,
Québec.

Aylmer à Goderich (n° 69). Transmet lettre de M. le juge Reid, juge en chef de Montréal, représentant l'insuffisance de ses appointements et demandant une augmentation. Recommande fortement que sa demande soit accordée. 526

Inclus. Le juge en chef Reid à Aylmer. Concernant l'insuffisance de ses appointements. 528

18 août,
Québec.

Aylmer à Goderich. Les décès à Québec par suite du choléra augmentent, principalement parmi les classes les plus respectables ; la maladie s'est propagée dans la province, sauf dans les townships de l'Est, où les cas sont peu nombreux. Envoie mémoire de l'arrivée des immigrants, ainsi que quelques journaux. 532

Inclus. Mémoire de l'arrivée des immigrants. 533

20 août,
Québec.

Aylmer à Goderich (n° 70). Transmet copies de ses lettres et de celles de Routh au sujet des pensionnaires qui échangent leurs pensions. Ils gaspillent ordinairement l'argent à Québec ou à Montréal et s'en retournent dans le Royaume-Uni. 534

Inclus. Aylmer au Bureau du Trésor. On lui a montré une lettre de l'ordonnateur en chef au Bureau du Trésor, dans laquelle il exprime le même avis que lui au sujet des pensionnaires qui échangent leurs pensions contre de l'argent. La nécessité d'user de précaution pour les protéger contre leurs propres habitudes d'imprévoyance, autrement le gouvernement sera déçu dans son intention de permettre à ces gens d'être utiles à eux-mêmes et à leur famille. 535

Routh au Bureau du Trésor. Attire l'attention sur le cas des pensionnaires qui ont échangé leurs pensions contre de l'argent. 538

25 août,
Québec.

Aylmer à Goderich. L'enquête du coroner sur les corps des deux personnes tuées à Montréal a été remise au premier jour du terme criminel, mais par suite du décès d'un juré aucun verdict ne peut être rendu, en sorte qu'il ne pourra être fait d'autres procédures judiciaires, à moins qu'il ne soit intenté une accusation. Les procédés adoptés par le solliciteur général dans la cause. 541

Inclus. Rapport des décès par le choléra à Chambly. 544

Ogden à Glegg. Concernant le cas des officiers accusés d'avoir tiré sur les émeutiers. 545

Mémoire de l'arrivée des immigrants. 547

27 août,
Québec.

Aylmer à Goderich (n° 71). A reçu dépêches suivant liste annexée. 548

Inclus. Liste. 549

30 août,
Québec.

Aylmer à Goderich (n° 72). Envoie information concernant la vente des terres et les baux des réserves du clergé, et observations au sujet des renseignements contenus dans les documents. 550

Inclus. Liste des documents transmis. 554

Le lord évêque de Québec à Davidson. Concernant les réserves du clergé. 555

Liste des réserves du clergé affermées. 558

Felton à Craig. Concernant les terres de la Couronne et la critique des états du lord évêque de Québec. 568

DOC. DE LA SESSION No 18

1832.

Relevé du compte des terres du clergé vendues du 1ᵉʳ janvier au 31 décembre 1831.   Page 576

Etat du loyer reçu par la corporation pour l'administration des réserves du clergé.   577

31 août, Québec.

Aylmer à Goderich (nᵒ 73). Transmet pétition de Bethune, le curé de Christ Church, Montréal, demandant une compensation pour le non-paiement d'une allocation à même les biens des jésuites.   578

Inclus. Pétition.   ' 580

Le lord évêque de Québec à Aylmer. Envoie pétition de Bethune, qu'il lui recommande.   583

(?) septembre. Non signée et non datée à Aylmer, au sujet de non-paiement à Ogden.   472

LORD AYLMER, GOUVERNEUR, 1832.

Q—203—1—2—3.

1832.
1er septembre, Québec.

Aylmer à Goderich. La cour criminelle a connu des événements du 21 mai à Montréal. Espère que Sa Seigneurie aura les nouvelles du résultat par la malle envoyée directement de Montréal. Le choléra s'est propagé généralement dans la province, mais il diminue. Envoie rapport du Dʳ Wallace sur la maladie parmi les sauvages de Saint-Régis. Page 1

Inclus. Mémoire du nombre des immigrants arrivés depuis l'ouverture de la navigation.   2

Rapport fait par le Dʳ Wallace sur le choléra qui s'est déclaré à Saint-Régis, le caractère des gens, leurs aliments, etc. Description de la localité, et ses moyens de communication avec différents endroits.   3

1er septembre, Québec.

Aylmer à Goderich (nᵒ 74). Transmet lettre de Buchanan, agent d'émigration, demandant congé pendant l'hiver.   12

Inclus. Buchanan à Goderich. Demande congé d'absence pendant l'hiver suivant.   13

3 septembre, Québec.

Aylmer à Goderich (nᵒ 75). Transmet pétition de la corporation du clergé du Bas-Canada, demandant qu'il ne soit pris aucunes mesures pour aliéner les réserves du clergé et changer leur destination primitive.   14

(La pétition est incluse dans une lettre du lord évêque de Québec, datée le 26 novembre, au volume 205.)

7 septembre, Québec.

Aylmer à Goderich (nᵒ 76). Récapitule les circonstances de l'émeute à Montréal, la mort de trois hommes et les poursuites qui ont suivi ; les magistrats et les officiers du régiment ont été accusés de meurtre, mais le grand jury a rejeté l'accusation.   16

Inclus. Message de Craig, secrétaire, au nom du gouverneur, aux magistrats, relativement à l'émeute de Montréal en date du 21 mai dernier, transmettant les remerciements de Sa Seigneurie aux magistrats. 20

Ordre général approuvant la conduite des officiers et des soldats du 15ᵉ régiment à l'occasion de l'émeute qui a eu lieu à Montréal le 21 mai.   24

Résumé fait par le juge en chef Reid au grand jury.   26

Acte d'accusation par le grand jury.   34

8 septembre, Québec.

Aylmer à Goderich. Envoie mémoire de l'arrivée des immigrants. Envoie rapport officiel du procès intenté à la suite de l'émeute de Montréal le 21 mai.   37

Inclus. Mémoire du nombre des immigrants arrivés.   38

8 septembre, Québec.

Aylmer à Goderich (nᵒ 77). Transmet pétition des habitants de Kingston pour l'achèvement du canal de Grenville. A retardé d'expédier cette pétition jusqu'à ce qu'il ait pu obtenir certaines informations

64 VICTORIA, A. 1901

1832.

de l'ingénieur en chef, lequel était absent. Découvre que l'achèvement
du canal a été retardé à cause de l'épreuve de la terrible maladie. Page 39
Inclus. Pétition de Kingston.   41
Nicolls à Glegg. Le canal de Grenville était prêt à laisser passer les
bateaux Durham le 1er août. Les canaux de la Chute à Blondeau et de
Carillon devaient être finis avant l'hiver prochain, mais à cause du choléra il craint que cela ne puisse se faire. Croit que la pétition devrait
être envoyée à Londres afin de faire voir la valeur qu'aurait la route du
Rideau pour le commerce en temps de paix.   45

17 septembre, Aylmer à Goderich (n° 78). Dépêches reçues suivant la liste
Québec.   annexée.   46
Inclus. Liste.   47

18 septembre, Aylmer à Goderich (n° 79). Donne une longue explication de la cause
Québec.   du retard à auditer les comptes du receveur général. Les fonctions
laborieuses de l'inspecteur géréral et de l'auditeur général. Comment
les comptes doivent être tenus.   51
Inclus. Liste des documents inclus.   57
Documents concernant les comptes compris dans la liste à la page
57.   58 à 89

21 septembre, Aylmer à Goderich (n° 80). Le retard à rendre les comptes de l'agent
Québec.   d'émigration pour 1829 et 1830 a été expliqué d'une façon satisfaisante.
Autorisation donnée pour le paiement de la dépense faite par Buchanan
à compte de l'émigration.   90
Inclus. Buchanan à Craig. Explique la cause du retard à fournir
les comptes de l'émigration pour les années 1829, 1830 et 1831.   92
Etat des déboursés pendant les années 1829 et 1830 pour l'émigra-
tion par A. C. Buchanan.   96
Etat de la dépense inévitable et nécessaire faite en 1831 par A. C.
Buchanan.   98

22 septembre, Aylmer à Goderich (n° 81).) Transmet rapport du percepteur des
Québec.   douanes à Québec, relativement à la pétition des marchands de Québec.
                                                                     99
Inclus. Ferrier (percepteur des douanes) au gouverneur. Présente
rapport sur la pétition des marchands de Québec.   101
Rapport sur la pétition.   102

24 septembre, Aylmer à Goderich (n° 82). Bien que le grand jury n'ait pas seule-
Québec.   ment rejeté l'acte d'accusation contre les magistrats et les militaires qui
ont pris part à l'affaire du 21 mai, mais approuvé leur conduite, un magistrat a cependant fait émettre un mandat pour l'arrestation du colonel
MacIntosh et du capitaine Temple sur la même accusation, mais ces derniers ont été élargis sans condition par le juge en chef sur demande à cet
effet. La diligence, le jugement et la décision du solliciteur général.
                                                                    108
Inclus. Documents concernant les mandats contre les militaires pour
leur conduite durant l'émeute à Montréal le 21 mai.   110
Extrait de la *Gazette* de Québec du 21 septembre sur les émeutes. Q.
203—2.   354

24 septembre, Aylmer à Goderich. Comprend que l'on peut s'attendre à une session
Québec.   orageuse de l'Assemblée, car c'est l'impression générale que l'on proposera
des mesures violentes relativement à l'appel des militaires sous les
armes à Montréal le 21 mai.   123
Inclus. Mémoire du nombre des immigrants arrivés.   125

29 septembre, Aylmer à Goderich (n° 83). A reçu des instructions concernant les
Québec.   biens du séminaire ; le danger de soulever la question à présent. Transmet lettres.   126
Inclus. L'évêque de Québec à Aylmer au sujet des biens du séminaire.   130

1832.

Le mémoire de l'évêque Plessis n'a pas été copié ici, se trouvait dans
Q. 153.   Page 264

Quiblier à Aylmer. Le remercie de la dépêche du Bureau des Colonies,
que l'on a permis au séminaire de lire.   136

1er octobre,
Québec.

Aylmer à Goderich. Transmet pétition de la veuve du lieutenant-
colonel McKay et recommande sa cause.   145

Inclus. Pétition de Madame McKay pour une pension.   146

1er octobre,
Québec.

Aylmer à Goderich (personnelle). Donne avec force détails les raisons pour lesquelles il n'a pas soulevé la question des biens du séminaire
dans le moment. Le choléra a presque disparu de toutes les parties du
Bas-Canada.   140

Inclus. Mémoire du nombre des immigrants arrivés.   144

9 octobre,
Québec.

Aylmer à Goderich. Etait allé à Montréal ; découvre que l'esprit
public y est encore dans l'agitation. Craintes du parti anglais au sujet
des mesures que pourra prendre le parti de Papineau. Croit que leurs
craintes sont exagérées ; mais il a pris des dispositions au cas de danger.
Congé au lieutenant-colonel MacIntosh. Envoie numéros de la *Minerve*
et de *L'Ami du Peuple,* ainsi qu'almanach publié par la *Minerve* et notes
politiques, que l'on pourrait demander à Viger d'expliquer.   149

Inclus. Mémoire du nombre des immigrants arrivés.   152
Notes politiques de l'almanach publié par la *Minerve.* Q. 203-2.   363
Extrait de la *Minerve.*   366
Rapport de l'assemblée de Saint-Charles.   379
Extrait de *L'Ami du Peuple.*   384

10 octobre,
Québec.

Aylmer à Goderich (n° 84). Charles Stanislas Shoultz, ainsi que le
supposent les personnes qui s'adressent à lui, est mort à Québec en 1821,
laissant tous ses biens à sa veuve, laquelle a marié en 1826 Planté, un
notaire, et a deux enfants (filles) issus de ce mariage. D'après le contrat de mariage la propriété de Shoultz était dévolue à sa femme, ainsi
qu'enregistré dans le bureau du protonotaire de Montréal.   153

11 octobre,
Québec.

Le même au même (n° 85). Transmet pétition de George Ryland,
demandant une concession de terres ainsi que copie d'une lettre à lui
(Aylmer) adressée à ce sujet. Transmet la pétition sans recommandation.   155

Inclus. George Ryland à Aylmer. A changé la pétition en conformité des désirs de Sa Seigneurie. Demande qu'on envoie une recommandation, car autrement l'objet de la pétition sera rejeté.   157
Pétition.   159

15 octobre,
Québec.

Aylmer à Goderich (n° 86). Transmet lettre de H. Ryland demandant rémunération pour la perte de l'allocation de retraite en qualité de
trésorier des biens des jésuites.   161

Inclus. H. W. Ryland à Aylmer. Ecrit au sujet de son allocation
de retraite en qualité de trésorier des biens des jésuites.   163

17 octobre,
Québec.

Aylmer à Goderich (personnelle). Envoie numéro de la *Gazette* de
Québec de Neilson contenant un article intitulé : "La prochaine session
du parlement provincial du Bas-Canada", lequel paraît indiquer la ligne
de conduite que Neilson et le parti modéré adopteront durant la session.
L'appréhension décourageante au sujet des finances ne s'est pas réalisée,
et le revenu, ainsi qu'il paraîtrait d'après le mémoire envoyé, a excédé
celui de l'année dernière. Envoie des extraits de différents documents.
De grands changements s'opèrent tant dans le Haut que dans le Bas
Canada ; et les intérêts britanniques y prennent de la force. Un troisième et puissant parti combinant tout ce qu'il y a d'hommes de talent
et respectables parmi les Canadiens français et les Anglais établis dans la
colonie pourrait être formé. Le ménagement avec lequel on devrait
traiter les préjugés et sentiments des Canadiens français dans ce cas.
Envoie rapport hebdomadaire des immigrants.   167

Inclus. Mémoire de nombre des immigrants arrivés.   169

64 VICTORIA, A. 1901

1832.

Extrait de la *Gazette* de Québec, Q 203–2.   Page 391
Extrait du *Mercury* de Québec, Q 203–2.   396
Extrait du *Herald* de Montréal, Q 203–2.   398
Extrait de la *Minerve*, Q. 203–2.   401

22 octobre,
Québec.

Aylmer à Goderich (n° 87). A reçu dépêches suivant liste annexée.   175
Inclus. Liste.   176

24 octobre,
Québec.

Aylmer à Goderich (personnelle). Transmet article par de Bleury, menaçant de rien moins que la guerre civile. L'article n'a pas produit l'effet désiré, et il est probable que Bleury et son parti s'en tiendront à leurs écrits. Désire que la demande faite au Bureau du Trésor des fonds nécessaires pour loger le nombre additionnel des membres de la garnison à Montréal soit supportée. Les constructions nécessaires. Le montant sera d'à peu près £700, et il y aura une économie dans l'allocation du logement aux officiers. Envoie article qui fait voir le peu d'importance des assemblées tenues après le 21 mai, lesquelles ont fort désappointé ceux qui les avaient encouragées. La session prochaine sera probablement plus violente que toute autre session antérieure, le parti de la violence a l'intention de provoquer une dissolution, mais il ne se propose pas d'imiter sa violence.   171
Inclus. Mémoire du nombre des immigrants arrivés.   174
Lettre de de Bleury. Q. 203—2.   416

26 octobre,
Québec.

Aylmer à Goderich (n° 88). Envoie relevé des recettes à compte du revenu casuel et territorial et à compte des terres de la Couronne et permis de couper du bois.   178
Inclus. Relevé des recettes du revenu casuel et territorial.   179
Relevé des recettes des terres de la Couronne et des permis de couper du bois.   180

26 octobre,
Québec.

Aylmer à Goderich (n° 89). Envoie liste des actes passés durant la session de 1832 ainsi que numéros des procès-verbaux du Conseil législatif de 1832 et de l'Assemblée de 1831.   181
Inclus. Liste des actes passés en 1832.   182

27 octobre,
Québec.

Aylmer à Goderich (personnelle). Présente Henry S. Chapman.   191

30 octobre,
Québec.

Le même au même (n° 90). La démission de l'évêque catholique romain de Québec en faveur de son coadjuteur l'évêque de Fussala. Comment l'on devrait nommer le coadjuteur du nouvel évêque. Le désir des autorités catholiques romaines qu'un seul nom soit soumis à approbation. Transmet correspondance.   192
Inclus. L'évêque catholique romain de Québec à Aylmer (en français). Annonce son intention de se démettre et demande que l'on reconnaisse pour son successeur son coadjuteur.   196
Aylmer à l'évêque catholique romain de Québec. En réponse à sa résignation projetée.   198
L'évêque catholique romain de Fussala à Aylmer (en français). Sur le choix d'un coadjuteur. Transmet les noms de trois prêtres et demande que l'un d'eux soit choisi.   200

31 octobre,
Québec.

Aylmer à Goderich (n° 91). Transmet pétition de Mme D'Eschambault demandant le paiement de la pension qui lui a été accordée mais que la législature provinciale n'a pas votée. Recommande que cette pension lui soit payée à même les fonds du département des Sauvages.   202
Inclus. Liste des documents inclus et de la correspondance. 206 à 214

1er novembre,
Québec.

Aylmer à Goderich (personnelle). N'a à faire rapport de rien qui vaille la peine d'être mentionné. L'immigration a presque cessé; il n'est arrivé que quinze personnes depuis le dernier rapport, et les derniers navires sont presque tous arrivés. Des mesures actives sont prises dans le Haut-Canada pour obtenir possession de Montréal comme port

DOC. DE LA SESSION No 18

1832.

d'entrée. Cela mettra probablement un frein au parti de Papineau.
　　　　　　　　　　　　　　　　　　　　　　　　　　　　　Page 215
　　Inclus. Mémoire des immigrants arrivés depuis l'ouverture de la
navigation.   216
　　Extrait de l'*Ami du Peuple.* Q—203—2.   418
　　Extrait de la *Gazette de Montréal.*   423

8 novembre,   Aylmer à Goderich (personnelle). L'assemblée de Montréal, dont il
Québec.   est fait rapport dans le journal envoyé, lui a été représentée comme l'une
des plus respectables qui ait jamais été tenue dans la province.   220
　　Inclus. Extraits de journaux. Q—203—2.   444

13 novembre,   Aylmer à Goderich (n° 92). Le temps est arrivé de régler la nouvelle
Québec.   proportion des droits perçus à Québec qui doivent être payés au Haut-
Canada. Les commissaires ne s'étant pas entendus sur un arbitre, le
gouvernement britannique devra en choisir un. Les prétentions à une
augmentation de la proportion des droits indiquant l'augmentation de
la richesse dans cette colonie qui fait des progrès.   217
　　Inclus. Liste des documents inclus.   219
　　(Les documents inclus sont dans la lettre de Chipman du 25 juillet
1833, dans le vol. Q—211, commencent à la page 136).

13 novembre,   Aylmer à Goderich (n° 93). Envoie rapport du montant des hono-
Québec.   raires exigés pour certains actes demandés dans une adresse de la
Chambre des Communes.   222
　　Inclus. Relevé des honoraires.   223

17 novembre,   Aylmer à Goderich (personnelle). Envoie discours prononcé à l'ou-
Québec.   verture de la Chambre. Nouvelle expulsion de Christie; communiquera
ses instructions à ce sujet à la Chambre, qui prépare une réponse au discours du Trône. S'attend à une chaude discussion. Papineau est prêt
à pousser les choses très loin. Espère qu'on approuvera la nomination
de Mondelet au Conseil exécutif.   224
　　Inclus. Discours et autres procédés à l'ouverture de la Chambre.
Q—203—2.   464

19 novembre,   Aylmer à Goderich (n° 94). A reçu les dépêches du Bureau des Colo-
Québec.   nies suivant liste annexée.   226
　　Inclus. Liste.   229

21 novembre,   Aylmer à Goderich (n° 95). A ouvert la session et envoie des copies
Québec.   du discours et des adresses du Conseil législatif et de l'Assemblée qui a
ouvert la session en expulsant Christie, en sorte qu'il n'a pas eu l'occasion de communiquer la dépêche du 20 janvier au sujet de Christie. A
vrai dire n'a eu que peu l'occasion de faire quelque communication à
l'Assemblée. Enverra à la Chambre des documents concernant Christie
et autres sujets.   239
　　Inclus. Adresse du Conseil législatif.   233
　　Réponses au Conseil et à l'Assemblée.   237, 238
　　Résolutions de la Chambre d'Assemblée.   239

22 novembre,   Aylmer à Goderich (personnelle). Ses craintes d'un langage violent
Québec,   dans l'Assemblée n'ont pas été vaines. Résolution adoptée comme un
spécimen des mesures violentes que la Chambre est disposée à adopter;
il est difficile de dire jusqu'où la Chambre poussera les choses quand la
question des émeutes de Montréal viendra sur le tapis. Envoie le *Mer-
cury* de Québec, qui contient un rapport des délibérations.   255
　　Inclus. Extrait du *Mercury* de Québec concernant l'expulsion de
Christie Q. 203-2.   472
　　Procès-verbaux de l'Assemblée, du *Mercury* de Québec.   485
　　Procès-verbaux de l'Assemblée du Haut-Canada.   489
　　Procès-verbaux de l'Assemblée du Bas-Canada.   494 à 509

22 novembre,   Aylmer à Goderich (n° 96). Avait reçu instruction de s'assurer du
Québec.   commandant des ingénieurs royaux de la dépense annuelle probable
pour l'entretien du canal Rideau quand il serait terminé, et de communi-

64 VICTORIA, A. 1901

1832.

quer la chose à l'Assemblée, à laquelle on demandera de se charger, conjointement avec l'Assemblée du Haut-Canada, de la dépense. Avait
depuis reçu instruction de ne point s'adresser à l'Assemblée, mais comme
le renseignement pourrait être nécessaire dans l'avenir, avait demandé
aux ingénieurs royaux de le fournir, attendu qu'on avait prié du Vernet
de donner un état semblable relativement aux cauaux de Grenville,
Chute à Blondeau et Carillon, dont copies sont transmises. La dépense
est pour l'administration ordinaire, sans rien allouer pour les accidents.
Ce serait peu pour les canaux de l'Ottawa, mais le canal Rideau est différent. Description de la nature de ce canal, et la difficulté de régler
l'approvisionnement de l'eau.   Page 240

Inclus. Nicoll à Glegg. Envoie estimation du coût d'entretien du
canal Rideau.   245
      Estimation.   246
      Nicoll à Glegg. Envoie estimation de l'entretien des canaux de Gren-
ville, Chute à Blondeau et Carillon.   247
      Estimation.   249
      Atre estimation concernant les dépenses sur le canal Rideau pendant
1833.   250
      Autres documents au sujet des canaux.   252 à 254

23 novembre,
Québec.
Aylmer à Goderich (n° 97). La saison de navigation étant en
apparence finie, il a fait préparer un relevé du nombre des émigrants
arrivés à Québec en 1832—ce nombre est de 51,700. Demande qu'on
fasse attention à l'article marqué non officiel, lequel indique la quantité des biens apportés.   258
      Inclus. Noms des ports d'Angleterre, d'Ecosse et d'Irlande d'où sont
venus les émigrants.   259 à 262
      Etat comparatif du nombre des émigrants arrivés durant 1829, 1830,
1831 et 1832.   263
      Etat indiquant les arrivages par semaine.   264
      Distribution supposée non officielle des émigrants arrivés en 1832. 265

24 novem re,
Québec.
Aylmer à Goderich (personnelle). Envoie la *Gazette* de Québec contenant rapport du discours de Papineau, qui se distingue par sa violence
ordinaire. Avait envoyé une dépêche concernant le juge Kerr, en réponse
à l'adresse de l'Assemblée à ce sujet. Le débat pourra avoir pour effet
que l'on prenne quelque action spéciale.   268
      Inclus. Extrait de la *Gazette* de Québec. Procès-verbaux de l'As-
semblée du Bas-Canada. Q. 203-2.   510

24 novembre,
Québec.
Aylmer à Goderich (n° 98). Envoie copie du rapport contenant le
renseignement demandé sur McKee, un émigrant mort du choléra au
Canada ; copie du certificat d'inhumation de McKee et note du proto-
notaire à l'effet qu'Edward McGinniss a été nommé curateur.   266

28 novembre,
Québec.
Le même au même (n° 99). Les diverses lettres envoyées à Sa Seigneur l'ont mis au fait des événements de mai dernier à Montréal et de
l'état d'excitation produit. Pendant que la navigation est ouverte l'on
pourrait facilement se procurer des troupes additionnelles pour maintenir l'ordre à l'approche de l'hiver. C'est une question sérieuse à étudier
que la préservation des propriétés des habitants. Le malaise à Montréal,
si l'on allait prendre avantage de la faible garnison qui s'y trouve pour
troubler la tranquillité publique. Les renforts qu'il a obtenus sont décrits.
                                                                       270

29 novembre,
Québec.
Aylmer à Goderich (personnelle). Depuis qu'il a écrit, le 24, de chau-
des discussions ont eu lieu à propos des cas de Christie et du juge Kerr.
Les résolutions au sujet du premier ont été retirées, et il croit qu'on en
adoptera d'autres d'une nature plus modérée. Les craintes d'une session
orageuse ont été plus que réalisées, et il pourrait bien être forcé de proroger la législature par suite de la ligne de conduite non constitutionnelle de l'Assemblée en expulsant Mondelet. Papineau et son parti

1832.

s'aperçoivent qu'ils perdent chaque jour du terrain, et leur seule chance est d'amener une prorogation. Ses efforts tendront tous à parer à cela, pourvu que cela puisse s'accomplir sans compromettre la dignité de la Couronne ou le principe de la constitution. La disposition des députés des townships d'abandonner le parti de Papineau et le bon sens de la province indiquent qu'il y a un changement correspondant de l'opinion.

Page 278

Inclus. Extrait de la *Gazette* de Québec, Q 203-2.   572

29 novembre, Québec.

Aylmer à Goderich (n° 100). Avait établi des relations avec l'Assemblée. Nomination de Panet au Conseil. Quand il a été fait juge, Mondelet a été nommé pour remplir les fonctions d'intermédiaire, mais il a été privé de son siège dans l'Assemblée, bien qu'on n'ait pas pris cette mesure dans le cas de Panet. Résolution passée pour expulser Mondelet, en dépit du fait qu'il ne reçoit aucun émolument à titre de membre honoraire du Conseil exécutif. A soumis la question aux officiers en loi de la Couronne, et lorsqu'il recevra leur réponse il convoquera le Conseil. 274

1er décembre, Québec.

Le même au même (n° 101). Parle de nouveau de l'expulsion de Christie. Envoie copie des résolutions, conformément à la dépêche de Goderich sur le cas de Kerr. Le message concernant le bill des subsides a été envoyé au Conseil législatif et à l'Assemblée, mais l'Assemblée n'en a rien fait. Demande des instructions précises quant à la réponse qu'il devra faire à l'Assemblée si on s'adresse à lui dans le cas du juge Kerr. A dans l'intervalle envoyé la dépêche de Sa Seigneurie, qui désapprouve les motifs de son refus de se conformer aux demandes de l'Assemblée. Questions concernant Kerr renvoyées à un comité. Avait demandé à la Chambre de prendre des mesures pour rembourser l'avance faite à même la caisse militaire. Autres adresses, etc.   280

Inclus. Résolutions concernant l'expulsion de Christie.   285

8 décembre, Québec.

Aylmer à Goderich (personnelle). Rien de très important ne s'est passé dans la législature durant la semaine précédente. La commission d'Imprimeur du Roi pour le district de Montréal a été annulée. La *Gazette Royale* de Québec est assujétie à ne publier que les avis officiels, en sorte que la mesure prise à Montréal est conforme à cette restriction.   288

Inclus. Extraits de journaux, Q. 203-2 583 à 595 et 203-3.   596 à 638

10 décembre, Québec.

Aylmer à Goderich (n° 102). Envoie copie de la réponse à Lushington en réponse à ce dernier, qui a écrit au nom d'une société qui veut envoyer les enfants pauvres du Royaume-Uni au Canada.   290

Inclus. Aylmer à Lushington. Envoie réponses aux questions posées, (dans des colonnes parallèles) concernant l'envoi des enfants pauvres au Canada.   291

13 décembre, Québec.

Aylmer à Goderich (n° 103). L'offre conditionnelle d'un siège au Conseil exécutif faite à M. Heney, le greffier en loi de l'Assemblée, à condition qu'il se démette de cet emploi, a été refusée, M. Heney désirant conserver sa charge de greffier en loi. Regrette la perte des services de Heney. Si l'objection à sa nomination de conseiller de l'exécutif provient du fait qu'il exerce une charge, la difficulté de remplir les sièges vacants au Conseil deviendra insurmontable, car si le fait d'exercer une charge est un empêchement de faire partie du Conseil, il sera impossible de trouver des gens ayant les qualités requises. Plaide pour que le Conseil exécutif ait parmi ses membres des personnes exerçant des charges.   296

15 décembre, Québec.

Aylmer à Goderich (personnelle). Le changement qui s'est effectué dans l'opinion publique concernant les partis politiques. Il s'efforce de détruire l'influence des partis en lutte, c'est-à-dire, des *ultra* des deux côtés, ce qui fait qu'il est mal vu par les deux partis. S'il est bien supporté il n'a pas de doute qu'il sortira un nouvel et meilleur état de choses du présent état de trouble des affaires politiques. Les deux partis en

18—2

1832.

question déclinent et des hommes respectables viennent de l'avant; le parti de Papineau a encore la majorité, qui se compose des députés les plus ignorants et de quelques jeunes avocats sans expérience, mais il est abandonné par ceux qui ont le plus de talents et sont respectables. L'autre parti se compose de gens qui cherchent des emplois, et ont intérêt à voir le chef du gouvernement engagé dans les difficultés avec la masse du peuple, pour qu'il puisse se jeter dans leurs bras afin d'avoir leur appui. Ce parti a eu plus à dire dans les affaires du pays que cela n'est compatible avec les vrais intérêts du gouvernement de Sa Majesté ou de la province.   **Page 301**

Inclus. Extraits de journaux Q 203-3.   **639, 659, 703**

22 décembre,
Québec.

Aylmer à Godrich (personnelle). Le comité de l'Assemblée est occupé à interroger les témoins au sujet des événements du 21 mai à Montréal; l'empressement du parti n'a produit aucun résultat satisfaisant, car l'on a prouvé l'existence d'une émeute sérieuse et la nécessité d'appeler les troupes sous les armes. Par suite de l'expulsion de Mondelet de l'Assemblée parce qu'il avait été nommé au Conseil exécutif on a soumis aux juges et officiers en loi de la Couronne la question concernant le droit que l'Assemblée s'est arrogé. A reçu les réponses, qu'il transmettra. Ne croit pas que la Chambre insistera pour avoir une décision en demandant pourquoi le bref a été refusé. Les raisons pour lesquelles on a refusé ce bref. La mauvaise politique d'avoir deux· partis opposés au gouvernement. Rapport d'une assemblée à Shefford en faveur du gouvernement publié dans une partie bien en vue de la *Gazette* de Neilson, ce qui est remarquable parce que ce dernier s'était jusqu'ici distingué parmi les adversaires du gouvernement local. **305**

Inclus. Extrait de la *Gazette* de Québec, Q. 203-3. **743**

Procès-verbaux de l'Assemblée du Bas-Canada, Q. 203-3. **746**

Procès-verbaux de l'Assemblée du Haut-Canada, Q. 203-3. **784**

Extrait de *L'Ami du Peuple*, Q. 203-3. **786**

26 décembre,
Québec.

Aylmer à Goderich (n° 104). Transmet lettre de Peter McGill, commissaire de la compagnie dite *British American Land*. N'ayant aucune instruction de Sa Seigneurie au sujet de cette compagnie, il s'abstient de faire des observations. **309**

Inclus. Peter McGill à Aylmer. Observations concernant la Compagnie *British American Land.* **310**

27 décembre,
Québec.

Aylmer à Goderich (n° 105). Dans le cas de Mondelet expulsé de l'Assemblée parce qu'il avait accepté la charge honoraire de conseiller exécutif, les juges, sauf un ou deux, refusent de donner une opinion quant au pouvoir de l'Assemblée de ce faire. Les officiers en loi de la Couronne et le conseil du roi sont d'accord que l'Assemblée ne possède point le pouvoir qu'elle s'est arrogé. L'histoire du passage du bill à différentes époques depuis 1825 lui est donné au cas où il passerait de nouveau et qu'on lui demanderait de recommander qu'il soit sanctionné. La détermination de l'Assemblée de mettre en vigueur les termes du bill, en sorte que lorsque l'exécutif choisira un membre de l'Assemblée pour une charge, il sera exposé à un conflit avec la Chambre. C'est au gouvernement de Sa Majesté de décider si les mauvais résultats du bill sont assez formidables pour contrebalancer ceux qu'amènera l'agitation d'une question de privilège. **316**

31 décembre,
Québec.

Aylmer à Goderich (personnelle). Le progrès de l'enquête concernant les événements à Montréal le 21 mai dernier. Il est à peine possible de dire quand elle se terminera. Preuve du changement dans l'opinion publique. **321**

Extrait du *Mercury* de Québec, Q. 203-3. **792**

Extrait de la *Gazette* de Québec, Q. 203-3. **823**

Pas de date.

Etat comparatif du revenu du Bas-Canada pendant les trimestres du 5 juillet de 1831 et 1832. (Une série de notes.) **170**

EMPLOIS PUBLICS, 1832.

(Partie I, paginée de 1 à 264, partie II de 265 à 499.)

Q.—204—1—2

1830.
23 février,
Québec.

Kempt à Colborne. Dans la lettre de Stewart à Hay, du 10 mai 1832.

1831.
20 novembre,
Québec.

Hale à Mallet. Dans la lettre de Stuart à Howick, du 20 janvier 1832.

12 décembre,
York.

Colborne à Foote.

23 décembre,
Québec.

Routh à Stewart. Toutes deux incluses dans la lettre de Stewart à Hay, du 10 mai 1832.

1832.
4 janvier,
Ministère
de la Guerre.

Sullivan à Hay. Glegg ayant demandé d'être remplacé à demi-solde à partir du 9 août 1831, il désire savoir à quelle date il a démissionné en qualité de secrétaire civil de lord Aylmer au Canada.   277

9 janvier,
Londres.

Kempt à Howick. Ne peut dire quel était le revenu de Willan au barreau, mais il a démissionné en qualité de greffier en loi de l'Assemsemblée du Bas-Canada de la manière la plus généreuse à sa demande (de Kempt). Recommande son cas à considération favorable.   83

13 janvier,
Bureau de
l'audition.

Les auditeurs au Conseil du Trésor. Inclus dans la lettre de Stewart à Howick du 20 janvier 1832.

17 janvier,
Whitehall.

Lamb à Howick. Des instructions ont été données au surintendant des détenus aux Bermudes de recevoir les prisonniers du Bas-Canada.   42

17 janvier,
Cornhill.

Gould à Goderich. Envoie rapport du comité de l'Association des colonies de l'Amérique du Nord. Bien que ce comité ne soit que nouvellement organisé, il est d'ancienne date.   284.

Inclus. Rapport du comité sur la correspondance avec le Bas-Canada, la Nouvelle-Ecosse, etc., et l'installation de ses salles.   285

18 janvier,
Trésorerie.

Stewart à Hay. Les lords de la Trésorerie attirent l'attention sur une avance qui a été faite à compte de l'état-major de la milice du Bas-Canada et qui n'a pas été remboursée.   135

20 janvier,
Trésorerie.

Stewart à Howick. Transmet lettre des commissaires de l'audition des comptes des colonies au sujet du retard à examiner les comptes de Hale. Demande que Goderich prenne des mesures pour établir un examen plus expéditif.   136

Inclus. Les auditeurs au Conseil de la Trésorerie attirant l'attention sur le retard à auditer les comptes de Hale, retard dont il (Hale) n'est pas responsable.   137

Hale à Mallet. La réponse au sujet du retard à auditer des comptes n'est pas satisfaisante.   140

24 janvier,
Downing
Street.

Adam Gordon à Howick. La première nomination d'un agent pour le Bas-Canada a été faite en 1770. En 1811, à la mort de Cumberland, il (Gordon) a été nommé. Les fonctions de la charge. La charge est devenue le sujet d'une discussion publique et on ne lui a pas payé ses appointements depuis 1827. Il est resté tranquille, néanmoins, se soumettant à tout arrangement qui pourrait être fait par le secrétaire d'Etat. Ses divers emplois.   12

Annexé. Montant de sa rémunération.   16

28 janvier,
Affaires
étrangères.

Backhouse à Howick. Relativement aux lettres concernant la concession de terrains en Floride à Barrie, terrains dont il a été dépossédé,

1832.

ce pourquoi il croit avoir droit à indemnité, les procès-verbaux du comité chargé des réclamations de la Floride sont probablement en possession du Conseil du Trésor. Page 41

28 janvier, Artillerie.

Byham à Howick. Envoie deux relevés et une estimation concernant les présents aux sauvages. 85

Inclus. Relevé des dépenses pour les présents des sauvages en 1829, 1830 et 1831. 86

Compte indiquant la somme qui reste due à l'artillerie pour présents aux sauvages. 87

30 janvier, Artillerie.

Kempt à Howick. Renvoie la liste des personnes recommandées par Aylmer et conclut que Goderich l'approuve. 89

31 janvier, Trésorerie.

Stewart au même. Il n'a été reçu aucun avis que d'autres sommes provenant des réserves du clergé aient été versés dans la caisse militaire. 141

31 janvier, Trésorerie.

Le même au même. Envoie la demande de Bouchette de la demi-solde en sus de ses émoluments en qualité d'arpenteur général, pour avoir l'opinion de Goderich. 142

Inclus. Bouchette au Conseil du Trésor. Renouvelle sa demande de la demi-solde en sus de ses émoluments en qualité d'arpenteur général, citant le précédent de Vassal de Monviel à l'appui de sa réclamation. 143

— janvier, Londres.

Hamilton (secrétaire de la Société pour la propagation de l'Evangile) à Howick. En réponse à la réduction projetée ainsi qu'à la cessation de l'allocation faite à la société chargée de pourvoir aux besoins du clergé dans l'Amérique Britannique du Nord, représente que la société ne s'est pas chargée de pourvoir aux besoins du clergé, mais à remplir les fonctions d'agent pour distribuer les fonds fournis par l'Etat, et donne les détails de l'arrangement à cet effet. 432

Inclus. Pétition de la Société pour la propagation de l'Evangile à Bathurst, indiquant comment les fonds pourraient être le plus convenablement appliqués. 444

Bathurst à l'archevêque de Cantorbéry en réponse à la pétition qui précède. Une allocation additionnelle sera faite à la société ; £100 par année seront accordés à titre de pension pour les missionnaires devenus incapables par suite d'âge ou d'infirmité et £50 aux veuves de ceux qui sont morts au service de la société. 550

1er février, Gardes à cheval.

Mémoire par le commandant en chef dans lettre de cette date et du 12 avril concernant les officiers de l'ancienne légion allemande.

4 février, Trésorerie.

Spring Rice à Howick. Demande que la correspondance concernant les canaux du Canada qui n'a pas encore été soumise à la Chambre des Communes soit envoyée au conseil de la Trésorerie. 145

6 février, St. James.

Arrêté du Conseil du Bas-Canada. 23

9 février, Cornhill.

Gould à Goderich. Quand le comité de l'Association des colonies de l'Amérique Britannique du Nord aura eu une conférence avec les propriétaires de navires il en fera rapport à Sa Seigneurie. 291

10 février, Ministère de la Guerre.

Sullivan à Howick. Envoie les taux de demi-solde aux lieutenants généraux Aylmer et Maitland et aux majors généraux Colborne et Campbell. L'allocation pour les rations, fourrage, serviteurs, etc., ne peut être obtenue que des comptes de l'intendance, mais sans grande précision. Une circulaire a été envoyée afin d'obtenir l'information nécessaire, ce qui permettra de rendre parfaites les estimations subséquentes. 278

17 février, Cornhill.

Gould à Howick. Envoie une lettre de l'Association des colonies de l'Amérique du Nord au sujet de l'émigration, et demande qu'une délégation du comité ait une entrevue. 293

Inclus. Lettre de l'Association des colonies de l'Amérique du Nord au sujet de l'émigration. 294

1833.
18 février,
Trésorerie.

Spring Rice à Hay. Envoie copie de la lettre du solliciteur du conseil du Trésor concernant l'appel dans la cause de l'Institution royale pour £10,000. Si l'Institution a gain de cause en appel, elle devrait avoir abondance de fonds pour défrayer les dépenses de l'opposition, et dans ce cas le conseil du Trésor ne voit pas d'après quels motifs l'on pourrait en demander le paiement à même les fonds locaux de la province.   Page 146

Bouchier à Stewart. Comme la manière de procéder des appelants dans le testament de McGill exige qu'il soit fait des dépenses, désire exposer la chose avant de prendre aucune mesure et demande qu'on lui envoie de nouvelles instructions.   147

23 février,
Trésorerie.

Spring Rice à Howick. Envoie copie de la minute du 7 courant relativement aux sommes requises pour l'achèvement du canal Rideau et autres routes par eau au Canada. Renvoie à la lettre du 31 décembre enjoignant de se tenir en garde de ne faire aucune dépense que le parlement n'a pas approuvé et demande une réponse.   149

Inclus. Minute du bureau du Trésor relativement à la demande récente pour dépenses requises sur le canal Rideau.   150

25 février,
Cornhill.

Gould à Howick. Représente que Viger fait rapport de la discussion qui a eu lieu dans la Chambre des Communes d'une manière différente au rapport publié dans les journaux de Londres. Il se peut qu'il donne sa propre opinion, mais si l'on suppose que le gouvernement est favorable au système électif prêché par Papineau la question sera remise sur le tapis. Le parti de Papineau devient en minorité dans l'Assemblée. Envoie un extrait publié par *La Minerve* d'une lettre de M. Viger. 309

Inclus. Rapport fait par Viger du débat dans la Chambre des Communes de Londres au sujet d'un Conseil législatif électif dans le Bas-Canada.   312

1er mars,
Whitehall.

Grenville à Hay. Demande des renseignements concernant les règlements de quarantaine afin de répondre à une question.   23

5 mars,
Artillerie.

Kempt à Howick. Envoie relevé des tentes en magasin aux postes dans les Canadas, et dont Aylmer et le secrétaire des colonies peuvent disposer suivant qu'ils le croient bon pour le service.   90

Inclus. Compte des tentes en magasin dans les Canadas.   91

5 mars.

Gould à Howick. Plaisir de voir les égards de Sa Seigneurie envers les grandes colonies dans l'Amérique Britannique.   329

23 mars,
Artillerie.

Byham à Stewart. Incluse dans la lettre de Spring Rice à Howick du 18 avril 1832.

24 mars,
Québec.

Routh à Stewart. Incluse dans la lettre de Stewart à Hay du 10 mai 1832.

27 mars,
Gardes à cheval.

Hill à Goderich. Désire savoir si l'on maintiendra au complet, à l'effectif de 515 soldats, le corps qui est de service dans l'Amérique du Nord.   19

28 mars,
Trésorerie.

Stewart à Hay. Les avances faites à même la caisse militaire à l'état-major de la milice n'ont pas été remboursées. Demande qu'il soit pris des mesures pour le remboursement.   153

4 avril,
Cornhill.

Gould à Goderich. Transmet copie de la pétition du comité de colonisation américaine du Nord sur "l'Acte des voyageurs". A reçu copie des règlements de quarantaine de Québec, dont quelques-uns sont assez rigoureux.   330

4 avril,
Cornhill.

Gould à Howick. Envoie extraits de lettres qui lui ont été adressées de Québec. Leur valeur, parce qu'elles s'expriment librement et sans réserve; cette correspondance n'aurait probablement pas eu lieu officiellement. Des extraits des différents sujets sont contenus dans la lettre. Est très content d'observer qu'on se propose de former une compagnie de terres.   331

1332.
9 avril,
Trésorerie.

Ellice à Hay. Sargent a reçu des dividendes sur actions tenues en son nom (de Hay) et en celui de Stewart, à compte des réserves du clergé dans le Haut et le Bas-Canada.   Page 165

12 avril,
Gardes à
cheval.

Note du commandant en chef sur lettre du 1ᵉʳ février et de cette date, au sujet des officiers de l'ancienne légion allemande.   18

17 avril,
Trésorerie.

Stewart à Howick. Transmet rapport des auditeurs au sujet des comptes de Hale.   156
      Inclus. Rapport des auditeurs au sujet des comptes de Hale. 158

18 avril,
Trésorerie.

Spring Rice à Howick. Transmet copie de lettres de l'Artillerie sur la dépense annuelle probable de l'entretien du canal Rideau, si Goderich désirait obtenir les estimations nécessaires, ainsi que suggéré.   Page 163
      Inclus. Byham à Stewart. Quand réponse aura été transmise au renvoi fait au conseil du Trésor et au bureau des Colonies, le directeur général et le conseil de l'artillerie pourront fournir les renseignements dont on a besoin. En attendant ils suggèrent qu'on obtienne une estimation de la dépense annuelle probable de l'entretien du canal Rideau après qu'il sera fini.   164

19 avril,
Lincoln's Inn.

Bourchier à Stewart. Contenu dans la lettre de Stewart à Hay du 7 mai 1832.

30 avril,
Londres.

Mémoire fait par Richard Watson pour les méthodistes wesleyens, montrant leur état sous le rapport financier et autre, et comment ils exécutent leurs entreprises de missions.   474

7 mai,
Trésorerie.

Stewart à Hay. Le conseil du Trésor donnera instruction au solliciteur d'obtenir une copie du dossier dans la cause de desRivières et le testament de M. McGill si Goderich est prêt à faire les arrangements pour défrayer les dépenses sans aucun frais pour le public.   166
      Inclus. Bourchier à Stewart. Ne peut obtenir copie du dossier de Hershfield dans la cause de McGill ; il devra donc l'obtenir au Canada, mais comme cela occasionnera une dépense additionnelle considérable, désire avoir de nouvelles instructions.   167

10 mai,
Trésorerie.

Stewart à Hay. Transmet lettre de Routh concernant les présents pour les sauvages. Demande si Goderich est convaincu que les £4,426.10 n'ont pas été inclus dans les estimations, et désire savoir si l'assertion du secrétaire du lieutenant-gouverneur du Canada est exacte, savoir, que si les paiements de terres sont compris dans les £20,000, le montant limité pour le département des Sauvages en entier, il y aura un déficit dans la somme accordée pour les présents aux sauvages   169
      Inclus. Correspondance ayant trait aux affaires des sauvages.
                                                    171, 174, 178, 179

10 mai,
Londres.

Hamilton à Goderich. Autres états à l'appui du plaidoyer que la Société pour la propagation de l'Evangile ne remplissait que les fonctions d'agent du gouvernement dans la distribution des fonds au clergé, et qu'elle veut bien continuer à agir ainsi, étant bien compris que la société ne sera responsable que d'une moitié des appointements et qu'elle réduise l'allocation suivant que le parlement réduira le crédit.   452
      Inclus. Relevé imprimé des montants payés au clergé du Haut-Canada, suivant que votés à la Société pour la propagation de l'Evangile.   457

1er juin,
Amirauté.

Barrow à Howick. Les lords de l'Amirauté rapportent qu'ils ne peuvent approuver qu'il soit permis au capitaine Bayfield d'acheter des terres en profitant des règlements parce qu'il est maintenant dans le service actif recevant pleine solde.   4

4 juin,
Whitehall.

Lack au même. Envoie copie de la pétition des marchands de Québec au sujet de la manière dont le revenu des douanes y est perçu. Les lords du Commerce ne veulent pas exprimer d'opinion avant de connaître ce que pensent les autorités locales. Goderich demande qu'on s'en assure. 25
      Inclus. Pétition.   26

1832.

Henry Bliss à L. Spring Rice. Envoie pétition du comité du commerce de Québec se plaignant de certains griefs se rattachant à la perception des droits de douane à Québec, ainsi qu'observations sur les différentes clauses de la pétition.   Page 29

5 juin,
Downing
Street.

Gordon à Howick. Il a été préparé un bill qui a été transmis à Aylmer pour le presbytère de l'établissement sauvage de Caughnawaga.   17

7 juin,
India Board.

Grant à Hay. C'est l'intention de faire de vastes améliorations, d'ouvrir des chemins et d'améliorer les terres incultes. Une personne ayant de l'expérience en agriculture s'est adressée à lui à ce sujet, et serait obligée si on lui donnait une réponse.   39

13 juin,
Montréal.

Sweeney à Mackintosh. Rapport de la procédure à l'enquête du coroner sur les corps des émeutiers tués à Montréal le 21 mai dernier.   92

Inclus. Dépositions à l'enquête du coroner et autres documents.
109 à 125

13 juin,
Trésorerie.

Stewart à Howick. En suggérant que l'on pourrait prendre des arrangements pour la dépense dans l'appel, dans le cas du legs de McGill, sans frais pour le public, le Trésor n'entendait pas dire que cette dépense devrait être défrayée à même les fonds à la disposition de la Couronne provenant des revenus locaux dans les colonies ou autrement. Si l'institution ne réussissait pas, le conseil du Trésor pourrait examiner l'à-propos de payer les frais, mais si elle réussit, il ne voit pas pourquoi l'on s'exempterait de payer ces dépenses à même les fonds que l'institution aurait à sa disposition.   182

16 juin,
Trésorerie.

Stewart à Hay. Envoie copie de la lettre et documents y inclus de M. W. B. Felton, le commissaire des terres de la Couronne, ainsi qu'un reçu de la caisse militaire, pour un paiement à même les réserves du clergé; instruction a été donnée de placer le montant en consolidés 3 pour 100.   184

Inclus. Felton au Trésor. Envoie reçu pour £700 du cours versés dans la caisse militaire à compte des réserves du clergé.   185
Reçu.   186

18 juin,
India Board.

Grant à Hay. Demande une lettre de présentation de Angus Cameron à Aylmer. Cameron espère trouver de l'emploi en qualité d'arpenteur.   40

22 juin,
Lincoln's Inn.

Maule à Howick. Envoie lettre qui devra être transmise au Canada, au sujet de l'appel dans le cas de l'Institution Royale.   187

23 juin,
Cornhill.

Gould au même. A reçu les comptes des 25 et 28 mai du Canada. Fait rapport de l'émeute à Montréal, l'arrestation de Mackintosh et Temple, etc. La conduite de Papineau en s'arrogeant les fonctions de coroner. Destruction causée par l'inondation.   340

27 juin,
Cornhill.

Le même au même. Il a dit par erreur dans sa dernière lettre que l'émeute avait eu lieu à Québec; elle a eu lieu à Montréal. Une plaque de marbre portant une inscription convenable pour l'aile Richardson de l'hôpital de Montréal est maintenant prête. C'est un monument à la mémoire de Richardson élevé au moyen de souscriptions.   342

Inclus. Extraits de la lettre du 24 mai de Montréal concernant la compagnie de terre, l'émigration, l'émeute à Montréal et d'autres sujets.
344

3 juillet,
Amirauté.

Barrow à Howick. Il sera accordée un passage pour une femme pauvre et ses trois enfants quand la demande en sera faite.   5
Inclus. Cas de Mary Holmes et de sa famille.   6

10 juillet,
Londres.

Yates (secrétaire de la Société Philologique) à Howick. A reçu de Joseph Howse, de Circenster, 200 copies des listes de mots et de phrases obtenus afin de s'assurer jusqu'à quel point, si l'on compare leurs équivalents dans les différents langages, le langage des tribus de l'Amérique du Nord se rattache à leurs idiomes et structures. Sa connaissance approfondie des langages sauvages, de la langue siouse principalement. A

1832.

préparé une circulaire qui, si elle est approuvée, sera envoyée à chaque agent afin d'obtenir leurs équivalents ainsi qu'autant de listes qu'il en pourra vraisemblablemdnt faire remplir. Les obligations de la société envers l'Etat.   Page 485

Inclus. Mots et formules de discours préparés dans le but d'obtenir leurs équivalents dans divers dialectes sauvages.   488

Circulaire aux agents ainsi que la liste précédant immédiatement. 494

11 juillet, Trésorerie.

Stewart à Howick. La papeterie demandée pour le Bas-Canada a été commandée, et de même pour le Haut-Canada, mais les lords du Trésor croient que la dépense devrait être imputée aux provinces. Si Goderich partage cette opinion il sera envoyé un compte.   188

11 juillet. Cornhill.

Gould au même. Envoie un numéro de la *Gazette* de Montréal, contenant un article long mais juste et intéressant sur l'émigration, ainsi qu'une critique de la Compagnie des Terres de l'Amérique Britannique. La navigation s'est ouverte le 4 mai. L'hiver a été extraordinairement rigoureux, et le 8 mai a été le premier jour chaud. Tous les navires sont arrivés sans cas de choléra, ce qui est une heureuse nouvelle pour les amis des émigrants.   349

Inclus. Extrait de lettre de Peter McGill, vive-président, et de William Walker, un des directeurs de la banque de Montréal, offrant de payer aux immigrants tous deniers déposés chez Smith Payne et Smiths, sur production du certificat.   351

Lettre du président de la banque de Montréal à l'effet que les directeurs approuvent entièrement l'arrangement ci-dessus.   353

12 juillet, Cornhill.

Gould à Goderich. Envoie rapport de l'Association Coloniale de l'Amérique du Nord, ainsi qu'une copie d'une résolution relative au changement des droits et d'une demande faite à la Chambre de Commerce à ce sujet.   355

Inclus. Rapport du comité.   356

Résolution d'une assemblée générale de l'association exprimant regret que dans le nouveau bill il n'y ait aucune distinction entre les produits étrangers et les produits coloniaux.   362

Gould aux lords du Commerce, au sujet de la résolution.   363

13 juillet, Londres.

Yates à——. Envoie quatre douzaines de copies des listes de Howse ainsi que quarante copies do la circulaire.   495

14 juillet, Cornhill.

Gould à Howick. N'avait pas importuné Sa Seigneurie en lui envoyant des extraits de lettres reçues hier, mais des rapports plus récents l'engagèrent à faire des extraits. Le choléra diminuait à Québec le 19 juin, mais le nombre des décès a été épouvantable. L'abondance presque ennuyeuse de sa correspondance.   365

Inclus. Extraits d'une lettre de Québec à propos du choléra et autres sujets.   367, 374, 378

17 juillet, Whitehall.

Phillips à Howick. La pétition de McNicol demandant la permission de prendre les armes et porter le nom de Nairne a été renvoyée au roi d'armes afin d'avoir une opinion. Le rapport est transmis.   43

Inclus. Rapport du collège d'armes sur la pétition de McNicol indiquant les modifications qui seront nécessaires et les renseignements supplémentaires dont on a besoin.   44

24 juillet, Trésorerie.

Stewart à Howick. Lettre reçue informant que le juge Rolland avait payé à Routh les honoraires de sa commission, et demandant que le montant soit remboursé à Gordon. Routh n'a pas encore fait rapport du paiement, aussitôt qu'il le fera, des instructions seront données de faire le remboursement à Gordon.   189

28 juillet, Trésorerie.

Le même au même. Relativement à la lettre concernant les demandes de papeterie, sir John Colborne a envoyé la sienne pour Haut-Canada directement au Trésor. Le gouverneur du Bas-Canada avait également transmis la sienne avant la réception de sa (de Howick) lettre.   190

1832.
31 juillet,
Lincoln's Inn.

Denman à Stephen. A été occupé de la cause de Stuart et Viger et est prêt à faire rapport sur les quatre cinquièmes des accusations. Le solliciteur général sera bientôt prêt à examiner les allégations. Comment devrait être composée la lettre de renvoi.   Page 48

1er août,
Cornhill.

Gould à Goderich. Envoie mémoire sur certains journaux du Bas-Canada, aussi des extraits d'une lettre de Papineau à un ami (maintenant décédé) dans laquelle l'animus de ce monsieur apparaît suffisamment.
                                                                              380

Inclus. " Mémoire sur les journaux du parti canadien-français dans la province inférieure."   381

Extraits d'une lettre de Papineau sur le legs McGill pour la fondation d'un collège. Une note au commencement dit : " Les extraits sont destinés à montrer les sentiments politiques de l'auteur."   385

1er août,
Trésorerie.

Stewart à Howick. Relativement à la demande de renseignements sur l'à-propos de transférer l'argent fourni pour la dépense militaire de l'intendance aux banques établies, il envoie la copie de la minute à ce sujet. Les lords du Trésor attirent l'attention sur l'irrégularité commise par la banque à York, en avançant l'argent sur des terres. Demande qu'il soit envoyé des instructions au gouverneur de ne sanctionner aucun acte pour augmenter le capital à moins qu'il n'y soit insérée une clause à l'effet de restreindre cette pratique comme cela a été fait dans l'acte constitutif de la banque de Montréal.   191

Inclus. La minute recommande de remettre le transport de l'argent pour les fins militaires dans la Nouvelle-Ecosse et le Nouveau-Brunswick, mais que ce transport ait lieu dans le Haut et le Bas-Canada. Tableau indiquant les dépenses durant les huit dernières années et les soldes restant. Ces fortes balances ne devraient pas rester à la disposition de l'intendance quand elles pourraient être administrées avec une plus grande économie par les banques. Comment sont conduites les opérations financières de l'intendance. Les changements proposés.   194

8 août,
Trésorerie.

Spring Rice à Howick. Lettre de Routh, contenue dans sa lettre (de Howick), soumise au conseil du Trésor au sujet de l'insuffisance des écluses de l'Etat sur le Saint-Laurent. Les lords du Trésor partagent l'opinion de Goderich quant à sa réponse projetée à la dépêche d'Aylmer.
                                                                              241

8 août,
Trésorerie.

Le même au même. Transmet des copies des documents concernant la somme accordée à certains individus possédant des terres dans le voisinage du canal de Carillon. Goderich partage-t-il l'opinion que l'achat de ces terres devrait être payé à même le revenu territorial du Canada ?
                                                                              217

Inclus. Documents concernant les sentences arbitrales.   218 à 240

10 août,
Londres.

Chambre des Communes. Adresses demandant un état des noms des membres des Conseils exécutif et législatif et des Assemblées du Haut et du Bas-Canada, énonçant les charges, appointements, etc., de chacun, et listes de demi-solde, pensions, etc., s'il en est, ainsi qu'un relevé de toutes les concessions de terrains.   1

Autre adresse demandant un état des titres de bills d'un caractère public et général passés dans l'Assemblée du Haut ou du Bas-Canada, qui durant les dix dernières années ont été rejetés par les Conseils législatifs de ces colonies ou tellement modifiés que l'Assemblée les a ensuite rejetés.   2

11 août,
Gardes à
cheval.

Fitz Roy Somerset à Hay. Envoie les rapports de la distribution des troupes en Canada qui tous sont complets, ou à peu près. A raison de craindre que le choléra a fait des ravages dans le régiment stationné à Montréal.   20

18 août,
Cornhill.

Gould à Goderich. Le choléra serait encore à Montréal et à Québec. Les efforts vigoureux et méritoires faits par McGill dans l'intérêt des immigrants. Mort de Tracy, un chaud partisan du parti de Papineau ;

1832.

il est mort du choléra ; on ne s'attend pas qu'il y aura des troubles lors de l'élection de son remplaçant. Baisse rapide dans les prix du grain. Mort de Bibaud, autrefois officier sous Bonaparte.   Page 390

20 août,
Londres.

Kempt au même. Recommande à Sa Seigneurie de supporter le gouverneur du Bas-Canada et d'approuver la nomination de Panet à un siège sur le banc ; autrement, si la nomination était rejetée, cela affaiblirait l'autorité du gouverneur et aurait un mauvais effet. 126

25 août,
Trésorerie.

Stewart à Howick. Transmet la minute du Trésor relativement aux taux de péages à percevoir sur les canaux de la rivière Rideau et de la rivière Ottawa, et pour leurs dépenses contingentes. Le gouverneur général et le lieutenant-gouverneur du Haut-Canada devront avoir instruction de prendre les mesures nécessaires pour donner effet aux intentions du Trésor. 242

Inclus. Minute du Trésor concernant les taux des péages, leur perception, et comment il en sera rendu compte. 243

28 août,
Trésorerie.

Spring Rice à Howick. En réponse à la lettre de la banque Provinciale d'Irlande proposant d'établir des banques dans les provinces de l'Amérique Britannique, si l'on peut obtenir une charte pour libérer les actionnaires de toute responsabilité au delà du montant de leurs actions respectives, les lords du Trésor ne croient pas à propos de recommander à présent que l'on accorde une charte de cette nature. 248

— août,
Cornhill.

Gould à Goderich. Avait l'habitude de donner des instructions par écrit aux capitaines des navires qui se rendaient sur le Saint-Laurent ; il les a fait imprimer maintenant et en envoie une copie à Sa Seigneurie. 392

Inclus. Instructions aux capitaines de navires concernant Gaspé, Métis et Rimouski, dans le fleuve Saint-Laurent. 393

3 septembre,
Amirauté.

Elliot à Hay. Envoie pétition du comité des marchands demandant de faciliter la navigation du Saint-Laurent et des côtes au moyen de phares ou autrement, et les lords de l'amirauté désirent avoir des rapports du Canada, de la Nouvelle-Écosse, du Nouveau-Brunswick, du Cap-Breton et de Terreneuve à ce sujet. 7

Inclus. Pétition des marchands. 8

3 septembre,
Trésorerie.

Stewart à Howick. A soumis aux lords du Trésor les représentations des commissaires de l'audition transmettant la lettre et les documents y contenus de Hale à l'effet que les employés des douanes de Montréal et les percepteurs aux ports de l'intérieur autorisés à transmettre au receveur général par lettres de change les droits perçus par eux sont toujours tenus responsables des montants jusqu'à ce que ces lettres de change soient payées. Envoie copies des documents contenus dans la lettre. On a demandé au conseil des douanes de communiquer ses observations au sujet de l'arrangement. 249

Inclus. Les auditeurs aux lords du Trésor. Partagent l'opinion de Hale quant au danger occasionné par la nouvelle pratique mise en vigueur par un acte provincial, et que l'on demande de désavouer, car elle n'est point conforme à ce qui devait être fait en vertu de l'Acte 14 George 3, chapitre 88. 250

Hale à Mallet. Attire l'attention sur le nouveau système de remettre par lettres de change les montants perçus pour droits de douane, au lieu de le faire par versement de deniers ainsi que le prescrit l'Acte 14 George 3. 253

Extrait de l'Acte du Bas-Canada. 255

4 septembre,
Trésorerie.

Stewart à Hay. Les dividendes à compte des revenus du clergé ont été reçus par Sargent. 256

10 septembre,
Trésorerie.

Le même au même. Envoie des copies de la lettre de Hale et des documents y contenus concernant la dépense de construction d'une voûte pour la garde des deniers publics ; les lords du Trésor croient qu'il devrait en être remboursé. 257

Inclus. Lettres de Hale concernant la voûte.   Page 258

12 septembre,
Trésorerie.

Stewart à Howick. Des instructions ont été données de livrer à Viger, membre du Conseil législatif du Bas-Canada, sans droits, une caisse contenant les procès-verbaux de la législature et des journaux imprimés.
265

18 septembre,
Trésorerie.

Le même à Hay. Envoie lettre et documents inclus de Routh faisant rapport d'un paiement à la caisse militaire à compte des réserves du clergé.   266

Inclus. Routh à Stewart. Rapporte qu'il a été versé à la caisse militaire une somme de $8,000 à compte des réserves du clergé.   267

Certificat de paiement.   268

20 septembre,
Trésorerie.

Stewart à Goderich. Comme il n'a pas été pourvu dans le crédit de la dernière session au paiement des pertes causées par la construction du canal de Carillon, les lords du Trésor ne peuvent donner aucunes instructions à ce sujet, mais l'on devrait informer Aylmer que le montant sera voté pour le service de 1833.   269

24 septembre,
Artillerie.

Byham à Hay. Envoie mémoire au sujet d'un important canal dans le Bas-Canada, dans le but de prendre des mesures pour en assurer l'usage non restreint au service de Sa Majesté.   127

Inclus. Mémoire sur le canal de Chambly.   128

26 septembre,
Amirauté.

Barrow à Howick. Envoie plan du capitaine King pour le service de paquebots américains, que les lords de l'amirauté demanderaient d'adopter, ne fût-ce que pour raisons de marine, mais davantage à cause de la porte des navires et équipages.   10

Inclus. Le capitaine King à Elliot (extrait). Les paquebots américains devraient se rendre en hiver et en été à Halifax, y séjourner trois jours et revenir dans le Royaume-Uni par les Bermudes, afin d'éviter ainsi un double voyage sur la côte, ce qui est trop pénible et pour les navires et les matelots. Le peu de retard que cela causerait.   11

8 octobre,
Cornhill.

Gould à Goderich. Envoie extrait d'une récente lettre reçue de Montréal sur des questions politiques.   416

12 octobre,
St. James.

Arrêté du Conseil. De nouveaux sceaux pour le Haut et le Bas-Canada, la Nouvelle-Ecosse et le Cap-Breton, le Nouveau-Brunswick et les îles du Prince-Edouard et de Terreneuve ayant été donnés à Sa Majesté en conseil, ces sceaux seront envoyés aux gouverneurs de ces provinces respectives et les anciens seront renvoyés pour être détruits.   24

17 octobre,
Ministère
de la Guerre.

Sullivan à Hay. Craig a demandé de recevoir sa demi-solde et ses appointements en qualité de secrétaire civil du gouverneur du Canada; il désire connaître le montant des appointements et émoluments, ainsi que la date de la nomination.   279

17 octobre,
Cornhill.

Gould à Goderich. Envoie des extraits de lettres reçues de Québec et de Montréal. Un extrait d'une lettre de Montréal dit que le choléra ne sévit plus dans la plus grande partie des deux provinces; mais la maladie a gravement affecté les affaires. Mort du fils de Brant et successeur de Joseph Brant; sa mort sera une grande perte. Autres décès. Les difficultés d'administrer les fonds pour les immigrants et pour les veuves et orphelins que le choléra a laissés dans le dénuement. Il est venu 4,000 immigrants cette année de plus que l'année dernière, et il n'y aurait eu aucune difficulté pour les établir si ce n'eut été du choléra; le peu des 46,000 arrivés qui sont retournés. Désappointement de ne pas apprendre que la charte de la Compagnie des terres de l'Amérique Britannique a été signée. Différents articles publiés en faveur. L'à-propos d'une colonisation systématique. Gaspé a demandé par pétition d'être séparé du Bas-Canada, et si Montréal est annexé à la province d'en bas se trouvera dans une position aussi insignifiante sous le rapport de la population que sous celui des biens et de l'intelligence. Pétition de noirs libres établis dans le Haut-Canada, qui ont été chassés des États-Unis. Ils ont

64 VICTORIA, A. 1901

1832.

commencé à cultiver le tabac. Nouvelle arrestation de Mackintosh et de Temple à raison de l'émeute à Montréal en mai.   Page 420

Inclus. Mémoire des émigrants arrivés depuis l'ouverture de la navigation.   424

19 octobre, Ministère de la Guerre.

Sullivan à Hay. Relativement aux services des aumôniers parmi les troupes. Les aumôniers spécifiés dans la liste ci-jointe dans la Nouvelle-Ecosse jouissent des promotions de l'Eglise et ne sont pas tenus de tenir des offices séparés pour les militaires. Dans le Royaume-Uni on n'approuve aucune allocation faite au ministre à part de celle pour visiter les soldats malades à l'hopital, sauf lorsque les troupes ne peuvent trouver place à l'église aux heures ordinaires des offices. Les mêmes règles pourraient s'appliquer avec à-propos pour le service à l'étranger.   280

Inclus. Liste des aumôniers.   282

23 octobre, Ministère de la Guerre.

Hobhouse à Goderich. Par suite de la mort de Mills la question de la nomination d'aumôniers militaires à l'étranger va de nouveau se soulever ; Sa Seigneurie a-t-elle d'autres renseignements si l'on va cesser d'en nommer lorsque l'ont maintient des ministres du culte coloniaux ? Sa Seigneurie avait précédemment fait objection à la proposition dans le cas de Québec, parce que l'évêque croyait qu'il était impossible pour le clergé paroissial de tenir les offices pour la garnison.   283

30 octobre, Artillerie.

Kempt à Goderich. Transmet pétition qui avait été adressée à ses soins. La respectabilité des pétitionnaires.   134

3 novembre, Trésorerie.

Stewart à Howick. Il sera demandé à Aylmer si l'on fera de nouvelles demandes et jusqu'à quel montant en indemnités pour terrain pris pour le canal de Carillon.   270

5 novembre, Lincoln's Inn.

Rapport de T. Denman et de William Horne sur les accusations contre Stewart, procureur général, lequel est trop long pour en donner un sommaire.   49

17 novembre, Trésorerie.

Stewart à Howick. Les mesures qui seront prises pour obtenir un deuxième cautionnement personnel de Hale, en conformité de la lettre du bureau de l'audition.   272

Inclus. Les auditeurs au Trésor. Concernant le deuxième cautionnement personnel de Hale.   273

17 novembre, Londres.

Pétition de la Société pour la propagation de l'Evangile soumettant le cas du clergé de l'Amérique du Nord sur la liste des missionnaires au service de la société.   460

20 novembre, Lincoln's Inn.

Maule à Howick. Considère que 75 guinées formeraient une rémunération juste et raisonable à chacun des deux, c'est-à-dire à l'ancien procureur général et le procureur général actuel.   275

22 novembre, Cornhill.

Gould à Goderich. Par suite du nombre des arrivages du Canada il n'a pas envoyé d'extraits de sa correspondance canadienne. Renvoie Sa Seigneurie à un article de la *Gazette* de Montréal sur les affaires de la compagnie de terres de l'Amérique Britannique. Il a été résolu à de nombreuses assemblées de demander par pétition que Montréal soit annexé à la province d'en haut comme port d'entrée.   425

22 novembre, Londres.

Richard Watson à Goderich. Par suite du rapport du révérend R. Alder envoyé en mission spéciale au Haut-Canada, cinq autres missionnaires seront envoyés à cette province.   496

21 décembre, Whitehall.

Lack à Howick. Observations par les lords du Commerce sur la pétition du comité du commerce à Québec et sur la réponse faite par Aylmer relativement au paiement des droits perçus à Québec. La pétition a été envoyée le 4 juin dernier.   36

22 décembre, Gardes à cheval.

Mémoire à l'effet que lord Hill croit que l'on ne devrait pas déranger l'arrangement en vigueur relativement au commandement en Canada.   21

22 décembre, Londres.

Gould à Goderich. Plaide une union du Haut et du Bas-Canada en opposition à la proposition d'annexer Montréal à la province d'en haut. Comment l'on pourrait établir la valeur des terrains qui seraient vendus

DOC. DE LA SESSION No 18

1832,

à la Compagnie des Terres de l'Amérique Britannique. Apprend que Mackenzie (W. Lyon) prépare une brochure contre l'immigration ; comme l'émigration vient du peuple elle pourrait être guidée mais non pas arrêtée, et la seule question est de savoir comment l'on dirigera le courant de façon à ce que ce soit pour la plus grande utilité du peuple lui-même.   Page 426

27 décembre,   Bourchier à Howick.   A reçu des instructions de supporter le juge-
Lincoln's Inn. ment d'une cour du Bas-Canada au sujet de la seigneurie de Lauzon. S'est assuré du titre de la cause et désire savoir s'il (Howick) a une copie du dossier, car autrement cette copie coûtera près de £30.   276

Pas de date.   Autre pétition de la Société pour la propagation de l'Évangile.   464

DIVERS, 1832.

La partie I est paginée de 1 à 215, la partie II de 216 à 453, et la partie III de 454 à 640.

Q. 205—1-2-3.

1828.
2 décembre,   York à Willan.   Contenue dans la pétition de Willan du 28 novembre
Québec. 1831.

29 décembre,   Rapport du comité sur le bill concernant les qualités requises des juges de paix.   Contenu dans la lettre de Christie à Goderich du 24 décembre 1832.

— décembre,*   Latitudes et longitudes de différents endroits sur les côtes de la Nouvelle-Écosse et dans le Saint-Laurent.   Page 306

1829,   Extraits de journaux de Québec.   309
6 février,   Rapport de Bayfield sur les phares du Saint-Laurent.   297
Québec.

— février,   Rapport des délibérations de l'Assemblée du 10 au 13 février.   2
Québec.

1831.
20 août, | Christie au greffier de la Couronne en chancellerie.   Demande des
Québec. copies attestées des brefs d'élection pour Gaspé à partir de 1827 jusqu'à la date actuelle, ainsi que copies des brefs rapportés à chacune des élections.   325

27 août,   Le greffier de la Couronne en chancellerie à Christie.   Sa demande
Québec. pour un état des brefs, etc., étant la première de la part d'un particulier, demande doit en être faite au gouverneur, et les relevés seront envoyés si on lui donne instructions de le faire.   326

— août,   Pétitions des francs tenanciers de Gaspé.   Contenue dans la lettre de
Gaspé. Christie à Goderich du 28 février 1832.

29 novembre,   Pétition de Willan énonçant la cause de sa démission du poste de greffier en loi de la Chambre d'Assemblée et demandant qu'on lui promette de le nommer à une des charges à la disposition de la Couronne dans le Bas-Canada (pour la date *voir* la lettre de Howick du 25 janvier 1832).   618
    Inclus.   Documents se rapportant à la démission.   629, 631, 632

1832.
2 janvier,   Bouchette à Howick.   Demande une avance sur ses appointements de
Londres. la colonie afin de prévenir de grands embarras.   9

7 janvier,   Cuvelje et Enfield à————.   Concernant les réclamations des conces-
Gray's Inn. sionnaires de terrains dans la Floride.   60

14 janvier,   Buchanan à Howick.   A transmis, comme on le désirait, un sac conte-
New-York. nant les dépêches pour Aylmer et Colborne.   48

1832.
23 janvier,
New-York.

Buchanan à Hay. Envoie un journal de New-York contenant un article qu'il désirait faire reproduire dans un journal de Londres. Page 49

Inclus. Comparaison du taux des taxes aux États-Unis et au Canada.   50

25 janvier,
Downing
Street.

Howick à Willan. *Voir* pétition de Willan du 29 novembre 1831.

25 janvier,
Cahernsta.

Rutledge à Goderich. Demande les arrérages de la pension due à sa nièce. Envoie liste des membres de la famille qui sont morts au service du pays.   565

Inclus. Liste.   567

26 janvier,
Londres.

Peter McGill à Goderich. Si la recommandation de lord Aylmer de le nommer au Conseil législatif est approuvée, il aura beaucoup de plaisir à accepter, et il s'efforcera de remplir fidèlement ses fonctions.   487

4 février,
Londres.

Bouchette à Goderich. N'ayant pu voir Sa Seigneurie, il dit que l'objet de l'entrevue qu'il a demandée était d'obtenir des recommandations au gouverneur et à l'Assemblée du Bas-Canada pour lui-même et son fils.   10

7 février,
Londres.

Le même à Howick. A consacré du temps pour s'enquérir de la cause de la négligence des agriculteurs canadiens à cultiver le chanvre, et il propose un plan pour faire disparaître cette cause. Est autorisé à dire de la part des marchands que ces derniers sont prêts à placer £10,000 pour la culture du chanvre dans les colonies de l'Amérique Britannique du Nord si l'on croit à propos de recommander qu'il soit passé un contrat de sept années avec le gouvernement de Sa Majesté.   13

7 février,
Downing
Street.

Stanford au même. Rapporte qu'une société s'est formée pour encourager l'émigration et que l'on pourrait faire un arrangement pour la vente des terres. Si on lui accordait une entrevue, il pourrait mieux expliquer la chose.   577

8 février,
Solva.

Elizabeth Rewhellin. Demande des renseignements sur les biens de William Rewhellin, qui est mort dernièrement à Philadelphie.   568

10 février,
Londres.

Amyot à Hay. En réponse à la demande d'un état de ses émoluments pour 1828, 1829 et 1830, il dit que d'après un arrêté du Conseil, il doit recevoir £400 par année pendant sa vie en abandonnant ses bureaux de brevets d'inventions. Il a reçu en 1828 à partir du 24 avril £251, en 1829, £368, 9, 4, et en 1830, £376, 17, 3, les déficits étant occasionnés par des primes demandées sur les remises.

15 février,
Londres.

R. S. M. Bouchette à Howick. Presse au nom de son père la demande d'une avance de ses appointements canadiens, car autrement il deviendra la victime des difficultés qui l'assiègent.   17

22 février,
Londres.

Blanchet (faisant fonctions de consul général de France) à Howick. Demande des renseignements concernant C. S. Schultz, anciennement adjudant du régiment de Meuron. Si les faits se rapportent à son décès et à ses biens sont exacts, les héritiers ont-ils encore le pouvoir de réclamer les biens selon la loi du Canada ?   23

25 février,
Calais.

Bouchette à Goderich. Son mauvais état de santé. Sa situation déplorable à tous égards. Envoie certificat de médecin. Le changement dans les dispositions de Sa Seigneurie prouve qu'on l'a (Bouchette) représenté sous un faux jour d'une manière cruelle. S'il a manqué par ignorance ou autrement, il demande qu'on le lui pardonne. Soupçonne que les causes de sa froideur et de celle de sir Willoughby Gordon peut se retracer à sir James Kempt, qu'il a involontairement offensé par son ouvrage. Envoie un extrait d'une lettre qu'il a récemment adressée à sir Willoughby Gordon, qui, croit-il, couvrira le point du malentendu. Sa condition de misère jusqu'à ce qu'il lui arrive du secours du Canada. Ses prières ferventes pour lui-même et sa famille et pour Sa Seigneurie. Son désir d'une distinction locale.   24

Inclus. Certificat de médecin.   29

DOC. DE LA SESSION No 18

1832.

Extrait de Chalmers, Annales politiques.   Page 30

Mémoire sur la préséance locale dans le Bas-Canada.   31

Bouchette à sir Willoughby Gordon (extrait) relativement à sir James
Kempt.   32

Mémoire sur la situation financière de Bouchette, indiquant que bien
qu'embarrassé il n'était pas insolvable.   35

26 février,   Burgess à Goderich.   Rapporte que la plus basse populace a attaqué
Montréal.   le séminaire de Montréal.   Si le séminaire doit être troublé dans ses
possessions, le gouvernement ne peut posséder les Canadas une heure. 37

26 février,   Rutledge à Howick.   Le secrétaire de la Guerre ne paiera pas les arré-
Cabernata.   rages de la pension de sa défunte mère, et comme il ne peut obtenir une
concession de terrains dans l'Amérique Britannique du Nord, désire connaître à quelles conditions on peut y acheter des terres.   569

28 février,   Christie à Goderich.   A la demande des habitants du comté de Gaspé,
Québec.   il envoie ce rapport de leurs griefs de n'être pas représentés.   Donne
l'historique des événements qui ont amené son (de Christie) expulsion
de l'Assemblée.   89

28 février,   Le même au même.   Transmet pétition des francs tenanciers de Gaspé;
Québec.   si l'on a besoin au sujet de la situation de Gaspé des renseignements
autres que ceux contenus dans la pétition et la lettre en explication, on
autorisera quelqu'un à partir l'été prochain pour Londres dans le but de
les donner.   108

              Inclus.   La pétition en date du mois d'août 1831.   109

29 février,   W. et A. Atkinson à Goderich.   Comme les navires partant d'ici et
Londres.   transportent des voyageurs et des émigrants n'auront point de patentes
nettes de santé, demande quels règlements s'appliqueront aux navires à
leur arrivée à Québec.   4

— février,   Adams à Goderich.   Les sœurs de feu sir James Yeo désirent savoir
Brighton.   si elles ont droit à des concessions de terrains pour les services rendus
par leur frère durant la dernière guerre, et dans ce cas, à combien
d'acres et dans quelles parties de la province d'en haut.   1
(La lettre est datée 1831, mais un timbre indique qu'elle a été reçue
le 10 février 1832).

2 mars,   Christie à Craig.   Transmet pour l'information de lord Aylmer des
Québec.   copies de la pétition des francs tenanciers et habitants de Gaspé.   117

              Inclus.   Copies de la pétition déjà transcrite.

Annexe en date du 15 août 1831 à l'adresse de M. Glegg.   118

Diverses résolutions déjà copiées dont les titres seuls sont mentionnés
ici.   119

Extraits et journaux se rapportant au cas de Christie.   120 à 162

4 mars,   Marcoux à Goderich (en français).   Il fait remarqeer au nom des
Sault-Saint- Iroquois leur réclamation sur les terres qui leur ont été irrégulièrement
Louis.   enlevées de la concession faite par le roi de France, et il explique la
nature des documents envoyés à sir George Murray, le prédécesseur de
Sa Seigneurie.   488

              Inclus.   Sommaire d'un "mémoire" en faveur des réclamations des
sauvages du Sault Saint-Louis sur le moulin et le terrain sur lequel il est
bâti (en français).   495

10 mars,   Kerr à Goderich.   Résume les accusations portées contre lui et se
Québec.   défend.

              Inclus.   Pétition présentée par Neilson à l'Assemblée.   384

Résolutions adoptées par l'Assemblée dans la cause de Kerr au sujet
de laquelle une adresse doit être présentée au gouverneur.   391

              Réponse du gouverneur à l'adresse.   397

Par suite de l'aigreur des accusations portées contre lui il (Kerr) a
préparé une pétition à Goderich qu'il demande de faire transmettre. 400

Procès-verbal du comité dans la cause du juge Kerr.   401 à 437

1832.
10 mars,
Québec.
Continuation des documents inclus dans la lettre de Kerr à Goderich, à la date qui se trouve à la marge.

Interrogatoire fait par Gugy de Chabet, un témoin dans la cause de Kerr.   Page 454

Cela n'est qu'un mémoire que l'interrogatoire a eu lieu le 16 mars et qu'il a été reconnu en avoir été ainsi d'après la question posée par le procureur général.

19 mars,
Trois-Rivières.
Pétitions de Coffin. Renouvelle sa demande d'indemnité par suite de la perte de sa charge.   62

20 mars,
Londres.
James Washington à Goderich. Demande la permission de lire ou d'entendre lire le testament de George Washington, car lorsque son (de James) frère John a été fait prisonnier George Washington l'a traité avec bienveillance et lui a promis de lui laisser ses biens.   616

22 mars,
Québec.
Craig à Willan. Contenue dans la pétition de Willan du 29 novembre 1831.

22 mars,
Ristigouche.
Crawford à Goderich. Présente pétition demandant l'intervention du gouvernement pour obtenir le paiement des arrérages de ses appointements en qualité de président des sessions trimestrielles des juges de paix.   68

Inclus. Pétition.   71

24 mars,
Québec.
Felton à Goderich. Envoie un état des ventes des réserves du clergé pour l'année 1831 ainsi qu'un reçu pour £700, produit de ces ventes, somme qui devra être placée dans les fonds du Royaume-Uni.   335

Inclus. État des ventes.   336

24 mars,
Nouvelle-
Orléans.
Kingdom à Goderich. Croit que toute autre ligne de politique de la part de la Grande-Bretagne que celle de la conciliation poussera les Canadiens à affirmer leur indépendance.   455

26 mars,
Bowles à ——— Demande une recommandation en faveur de William Street, qui est sur le point de s'embarquer pour le Canada.   38

27 mars,
Maryborough.
Bridget Fitzpatrick au secrétaire des colonies. Demande qu'il soit transmis un certificat au consul britannique à Northerfolk (?), Etats-Unis, et que la réponse de ce dernier lui soit transmise.   340

27 mars,
Plymouth.
Prideaux à Goderich. Suggère que l'on se procure du poisson pris à Niagara l'ichthyocolle qui n'est importé maintenant que de la Russie. Après des recherches il découvre que la même proposition a été faite en 1773 dans un document lu à la Société Royale par Humphrey Jackson. 531

27 mars,
Kirkpatrick.
Singer à Goderich. En qualité de ministre de l'Eglise d'Ecosse il a été fier d'apprendre qu'on avait fait pour les églises de l'Amérique Britannique du Nord un arrangement qui serait, espérait-on, satisfaisant. On devrait faire des réclamations sans donner cause à offense raisonnable, mais la juste réclamation qui provint du droit légal à titre d'établissement commun.   578

2 avril,
Amherstburg.
Pétition de Mathew Elliott demandant demi-solde et exposant ses services.   328

Inclus. Ordre général du 2 septembre 1787, conférant la demi-solde à un certain nombre des officiers de la division des sauvages, y compris Mathew Elliott.   331

Certificat de l'exactitude de la liste qui précède.   333

6 avril,
Browne à Hay. Lui rappelle sa promesse d'obtenir une lettre de recommandation au gouverneur du Canada pour un de ses amis, William Lochead.   39

9 avril,
Londres.
Peter McGill à Howick. Fait voile pour le Canada et offre de porter les dépêches. Désire connaître l'opinion du gouvernement sur les affaires du Canada.   504

13 avril,
St-Hilaire.
Hertel de Rouville à Goderich (en français). Pour une réponse à la demande de concession de terrains dans la seigneurie.   570

15 avril,
New-York.
Buchanan à Hay. Envoie extrait de l'*Albion*, publié à New-York, relativement à cet excellent homme, sir John Colborne. Ni lui (Buchanan),

1832.

ni aucun membre de sa famille n'occupe de charge, de sorte qu'il n'est poussé que par un sentiment de justice envers un homme dont le désir le plus ardent est de se tenir en dehors des partis.   Page 51

Inclus. Article de l'*Albion.*   52

18 avril,
New-York.

Orton à ———. Envoie mémoire d'un journal appelé *Old Country-man*, ainsi qu'un article qu'il avait écrit pour contrebalancer des remarques qui s'y trouvent sur le Canada. Demande que cet article soit soumis au roi. A la suite des recommandations de Colborne et des dépenses qu'il a faites au Canada, il s'était attendu à être nommé à quelque emploi. Seize années passées dans le désert sont venues s'ajouter au nombre de ses années, et sa bourse s'est vidée. Les services rendus par son père et ses frères. C'est que si le roi connaissait sa situation, il ferait quelque chose pour lui. Croyait d'après certaines paroles de Sa Seigneurie qu'il recevrait un emploi quand l'occasion s'en présenterait. Si c'était dans le Haut-Canada, un peu de secours lui permettrait de mettre à exécution des projets avantageux à la colonie.   511

Inclus. Article du *Old Countryman* intitulé "Intéressante description des Canadas ".   514

Note de la rédaction.   525

21 avril,
Londres.

James Washington à Goderich. D'après la lettre de Sa Seigneurie en réponse à la sienne du 20 mars, il paraîtrait qu'il n'y avait aucun moyen pour lui de lire ou d'entendre lire le testament de George Washington. Demande s'il avait quelques parents en Angleterre, dans le Bedfordshire en particulier.   617

22 avril,
Cambridge.

Baddington à ———. S'informe si le révérend M. Hopwood a émigré au Canada, ses amis étant inquiets de son absence.   40

25 avril,
Chirnside.

Geggies à Goderich. A été employé en qualité de maître d'école à Berwick et dans le voisinage, et entend dire que l'on encourage au Canada les hommes de sa profession. Demande si le gouvernement accorde de l'aide. Si la réponse est favorable il s'embarquera le mois prochain. 348

— avril,
Montréal.

Clarke à M. M. Codd. Contenue dans la lettre de Codd à Hay du 29 mai 1832.

1er mai,
Londres.

Isabella Kellaway à Goderich. A été informée que son frère John Hastey est mort à Québec, vers 1825 ou 1826. Il avait droit à ses biens en Écosse, et elle serait reconnaissante si elle pouvait obtenir un certificat régulier de son décès.   459

3 mai,
Calcairn.

Ann Caw au secrétaire des Colonies. Demande des renseignements concernant James Caw, que l'on suppose être allé à Baltimore.   75

5 mai,
Londres.

James Alabaster à Howick. Possède titres originaux de concessions faites en 1763 à Détroit par les sauvages Chippewas, et demande comment il doit procéder à ce sujet.   5

Pétition des Demoiselles Yeo pour concession de terrains à laquelle leurs deux frères avaient droit.   634

14 mai,
Québec.

Christie à Goderich. Envoie les duplicatas de la pétition et de la lettre transmises par la poste le 6 mars dernier. (*Voir* 28 février). A de nouveau été élu pour Gaspé.   116

21 mai,
Clonmell.

Margaret Anglurn au secrétaire des Colonies. Demande qu'une lettre incluse soit transmise à son adresse.   6

29 mai.

MM. Codd à Hay. Transmettant une lettre du lieutenant Clark au sujet de demi-solde et demandant des renseignements sur le sujet qu'elle mentionne.   76

Inclus. Lieutenant Clark à MM. Codd. Désire qu'on l'informe si une ferme située près de la Longue-Pointe, et qu'il désire acheter, est toujours en la possession de l'Etat.   77

5 juin,
Hampton
Court.

Pétition des Demoiselles Yeo renouvelant leur demande de terrains, n'ayant point reçu de réponse à leur première pétition.   636

64 VICTORIA, A. 1901

1832.
9 juin,
Londres.

Taylor à Goderich. Plan pour augmenter le commerce des Iles Britanniques et des provinces de l'Amérique Britannique du Nord, tout en
assurant la permanence du commerce avec les Antilles.   Page 600

11 juin,
Bosscrea.

Stewart à Goderich. A été vicaire pendant près de dix ans, il ne
reçoit pas d'appointements et n'a pas de perspective d'en recevoir, car
son curé n'en reçoit pas non plus. Y a-t-il quelque encouragement pour
aller aux colonies?   580

25 juin,
Bath.

Le colonel Coffin à Bruce. Contenue dans la lettre de lord James
Stuart à Howick, du 30 juin 1832.

26 juin,
Londres.

Gally Knight à Hay. Le jeune homme pour lequel il a demandé des
lettres de présentation est William Cooke, d'une ancienne famille du
Yorshire; il est aimable et bien renseigné.   461

26 juin,
New-York.

Buchanan à Hay. Envoie deux rapports officiels reçus de Montréal
et de York. Les mesures prises par Colborne feront sans doute cesser
l'alarme et mettront fin au manque de pitié à l'égard des immigrants
pauvres. Les conséquences affecteront longtemps, craint-il, le commerce
du pays.   54

Inclus. Relevés officiels des cas de choléra et décès à Montréal et
York. Dans le relevé pour Montréal les chiffres seuls sont mentionnés;
dans celui de York on donne la nature de la maladie et on fait des observations, ce dernier dit: "A Prescott les cas ont diminué, la partie supérieure de la province est exempte."   55

30 juin,
Londres.

E. E. à Howick. Demande des lettres de présentation pour McKenzie,
anciennement de Ardross dans le Rosshire, pour les gouverneurs du Haut
et du Bas-Canada.   334

30 juin,
Londres.

Lord James Stuart au même. Envoie pétition de Coffin dont Howick
s'occupera, il en a la confiance.   583

Inclus. Coffin à Bruce. Envoie pétition. Ce n'est pas la demande
ordinaire de terres, mais la réclamation d'un gage sacré pour valable
considération.   584

Pétition énonçant les services et pertes de son père durant la guerre de
la révolution, pour lesquels on lui a concédé 13,200 acres de terres. Par
suite de la mort de ce dernier et de son épouse et de la dispersion de la
famille au service du pays, aucune demande n'a été faite avant 1816, alors
qu'il a reçu l'information que la concession ne pouvait être faite que
d'après certains règlements prescrits auxquels aucun membre de la
famille ne pouvait se conformer. Prie maintenant que l'on donne suite
à la promesse d'une concession.   585

7 juillet,
Montréal.

Joseph Lancaster au secrétaire des Colonies. Envoie des exemples de
la règle tyrannique des prétendus fils de la liberté à Montréal.   465

Inclus. Le Bureau de santé à la Société des émigrants de Montréal.
Le bureau a pris possession du hangar dans la commune de Sainte-Anne,
qu'il devra détenir jusqu'à ce que l'on obtienne une situation plus favorable.   466

Pétition à lord Aylmer, dans laquelle on se plaint de la procédure du
bureau de santé en prenant possession du hangar construit par la société
des émigrants.   467

12 juillet,
Cavans.

Pétition de Robert Cooke demandant de l'aide pour retracer les terres
concédées à ses oncles en leur qualité de loyalistes.   78

12 juillet,
Londres.

Gillespie à Goderich. De peur qu'on ne donne des informations
inexactes sur la part prise par Moffatt dans la malheureuse affaire de
Montréal, le 21 mai, il envoie un extrait d'une lettre de Moffatt à ce
sujet.   349

16 juillet,
Windsor
Castle.

Taylor à Goderich. Envoie la pétition adressée au roi par Joseph
Lancaster, et le roi donne entier crédit aux bons sentiments qui y sont
exprimés à l'égard du lieutenant-colonel Mackintosh et du capitaine
Temple.   606

DOC. DE LA SESSION No 18

1832.

Inclus. Pétition de Joseph Lancaster en faveur du lieutenant-colonel Mackintosh et du capitaine Temple. La procédure à l'enquête du coroner sur les corps des hommes tués à Montréal le 21 mai.   Page 609

20 juillet, Londres. Les marchands de Londres à Goderich. Proposent d'établir au Canada une banque d'après les mêmes principes que la banque provinciale d'Irlande.   637

25 juillet, Fermoy. Pétition d'Elizabeth McKee. A vu un rapport de la mort par suite du choléra de son fils qui s'est rendu au Canada en emportant de l'argent et des effets pour s'y établir et y faire venir ensuite le reste de sa famille. Demande qu'on s'enquière au sujet de ses biens.   505

4 août, Ballymena. Pétition de John Kinneard demandant comment il pourrait obtenir de l'emploi de la Compagnie de la Baie d'Hudson.   462

10 août, Londres. Gillespie à Goderich. Envoie des extraits d'une lettre reçu du Canada. On a encore le temps d'envoyer une couple de régiments qui pourraient sauver non seulement le Bas-Canada mais toute l'Amérique Britannique du Nord.   354

Inclus Extrait. Des assemblées ont lieu pour adopter des résolutions envoyées de Montréal et qui seront approuvées, quelque peu nombreuses que puissent être les assemblées et publiées ensuite comme les décisions du pays. Rien ne sera épargné pour créer le plus grand mécontentement, et il prie Dieu que cela n'amène point plus d'effusion de sang. Par suite de la mort de plusieurs personnes il n'y a pas le même risque qu'il y avait il y a cinq ou six semaines, mais l'on s'efforcera d'organiser une autre bande et pour la sûreté des biens et de la paix et l'on devrait augmenter la force militaire. L'effort fait pour faire naître le désir de se séparer du régime britannique, et les peines qui sont prises afin d'influencer les jeunes gens. La nécessité de prendre des mesures pour contrebalancer les projets des agitateurs. Les points contre lesquels l'agitation est dirigée.   355

10 août, Kinsington. Elizabeth Lads à Goderich. Demande de l'aide afin de lui permettre de rejoindre ses sœurs et son frère aux Etats-Unis.   477

14 août, Fermoy. Pétition d'Elizabeth McKer. Renvoie à la pétition précédente. A reçu la confirmation de la mort de son fils à Montréal, et non pas à Québec, comme on le disait d'abord, en sorte que l'enquête que l'on y fera au sujet de ses biens pourra ne donner aucun résultat par suite de l'erreur sur le lieu du décès.   509

28 août, Ristigouche. Christie à Goderich. Transmet pétition des francs tenanciers et habitants de Gaspé demandant d'être détachés du Bas-Canada et annexés au Nouveau-Brunswick.   163

Inclus. Résolutions de l'assemblée en question.   164

1er septembre, Ogden à Balfour. Rapporte que les actes d'accusation de meurtre contre MM. Robertson et Lukin, magistrats, et le colonel McIntosh et le capitaine Temple, pour les décès lors de l'émeute du 21 mai à Montréal, ont été renvoyés par le grand jury.   528

3 septembre, Lincoln's Inn. Stewart à Howick. Y a-t-il quelque perspective qu'il obtiendra la charge sollicitée. Comme il doit bientôt reprendre ses fonctions officielles aux Bermudes, s'il n'est point nommé comme il le demande, il espère que si on ne lui confère point quelque emploi maintenant il pourra être nommé à la première vacance convenable.   592

Inclus. Stewart à Goderich, Demande nomination à une charge judiciaire dans l'Amérique Britannique du Nord ou les Antilles. Ce qu'il attend de sa nomination aux Bermudes.   594

3 septembre, Manchester. Sykes à Goderich. Ecrit au nom d'une femme demeurant à Paris et dont l'oncle est mort au Canada; elle ne sait si c'est dans le Haut ou le Bas-Canada, mais le gouvernement à pris possessions de ses biens. Si l'on fait des rapports de cette nature il demande qu'on lui réponde s'il est parlé des biens de l'oncle Moittement; si non, à qui faudra-t-il s'adresser au Canada ?   597

64 VICTORIA, A. 1901

1832.
5 septembre,   Leury à Goderich.   Demande à Sa Seigneurie d'envoyer dans le Bas-
Londres.   Canada une lettre contenant la demande de paiement d'une dette.
                                                                Page 478

17 septembre,   O'Hara à Goderich.   Concernant sa réclamation des biens de Martin
Crosmolina.   Kelly.   530

17 septembre,   Russell à Howick.   A-t-il été réservé des terres, et de quelle étendue,
Londres.   pour le colonel Jones, qui était l'inspecteur général des forces provin-
            ciales vers 1783, et ses hérétiers peuvent-ils les réclamer mainte-
            nant ?   573

3 octobre,   Gillespie à Goderich.   A envoyé le rapport du grand jury de Montréal
Londres.   renvoyant les actes d'accusation contre les magistrats et officiers mili-
            taires qui ont appelé les troupes sous les armes et commandé respecti-
            vement à Montréal le 21 mai dernier.   367

5 octobre,   Helme à ————MM. Gray et Cremer, Norwich désirent savoir
Londres.   s'il est possible d'arrêter pour faux un homme qui est parti il y a deux
            ans pour résider à Québec.   Histoire de la cause.   374

16 octobre,   Pétition de James Blair énonçant les services de son père, la conces-
Sterling.   sion qui lui a été faite de 100 acres qu'il a occupées jusqu'à son retour
            en Ecosse, où il était venu chercher sa famille et où il est mort avant
            d'avoir pu s'en retourner.   Demande de reprendre possession de la terre,
            qui est maintenant occupée par une personne que son père avait mis en
            charge pendant son absence en Ecosse.   44

14 octobre,   Buchanan à Hay.   Envoie prospectus d'une nouvelle cité qui doit être
New-York.   construite à Niagara.   56

26 octobre,   Christie à Goderich.   Transmet copie des résolutions adoptées par la
Ristigouche.   ville de Dalhousie, dans le Nouveau-Brunswick, approuvant le désir
            exprimé par les francs tenanciers du côté canadien d'être annexés au
            Nouveau-Brunswick.   173
            Inclus.   Résolutions.   174

27 octobre,   Isabella Kellaway à Howick.   Lui rappelle qu'en réponse à sa lettre
Londres.   du 1er mai il avait promis de faire des recherches sur son frère, dont on
            a rapporté la mort à Québec vers 1825 ou 1826.   464.

29 octobre,   Christie à Goderich.   Transmet résolutions des francs tenanciers et
Ristigouche.   habitants de Gaspé demandant d'être annexés au Nouveau-Brunswick, et
            pour l'abrogation des droits sur les articles nécessaires à la pêche im-
            portés du Nouveau-Brunswick sur le côté canadien actuel du comté de
            Gaspé.   180
            Inclus.   Résolutions de l'assemblée tenue à l'Anse du Cap. 182
            Résolutions de l'assemblée tenue à Percé.   192
            Résolutions de l'assemblée tenue à Sandy Beach.   197
            Résolutions des habitants de Gaspé (Bras sud-ouest et nord-ouest). 199
            Résolutions des francs tenanciers de la ville de Douglass. 202
            Résolutions des francs tenanciers de la Baie de Gaspé.   204
            Résolutions des francs tenanciers de la Pointe Saint-Pierre et de la
            Malbaie.   207

30 octobre,   Christie à Goderich.   A reçu lettre que ses arrérages ne peuvent être
Ristigouche.   payés faute de fonds, et qu'il ne peut être fait de concession gratuite des
            terres de la Couronne.   N'a pas demandé une concession gratuite, mais
            le paiement d'une dette réellement due dans le cas où il n'y aurait pas
            de moyens d'acquitter autrement la réclamation.   Demande qu'on lui
            garde la perspective d'autre emploi, ce qui sera très acceptable, même
            s'il n'était pas fait de nomination.   La preuve de la confiance que les
            francs tenanciers de Gaspé ont en lui en le réélisant pour la sixième fois.
            L'expression de dissentiment provenant de la conclusion qu'il (Christie)
            est inhabile à exercer aucune charge publique d'après la résolution de
            l'Assemblée serait de nulle valeur, grâce à la confiance de ses commet-
            tants.   211

DOC. DE LA SESSION No 18

1832.
31 octobre,
Londres.

8 novembre,
Thoresby
Park.

10 novembre,
Londres.

15 novembre,
New-York.

15 novembre,
Londres.

19 novembre,
Clonmel.

23 novembre,
Edimbourg.

24 novembre,
Montréal.

26 novembre,
York.

Pas de date.

Amyot à Goderich. Demande qu'il soit envoyé instruction de payer sa pension de £400 due le 30 septembre.   Page 7

Littleton au même. La lettre incluse parle d'une pétition présentée par Bawden, par son (de Littleton) entremise, pétition qui est courte et pourrait être réglée en cinq minutes, si Sa Seigneurie la faisait demander.   479

Inclus. **Bawden à Monckton.** Concernant la pétition de Madame Bawden pour une concession de terre au lieu de la pension promise. 480

Madame Bawden à——. N'aurait pas envoyé la pétition si lord Manners ne lui avait pas dit qu'elle serait présentée par lui (la personne à qui la lettre est adressée) à Goderich pour le roi. Son dénuement et celui de son mari n'ont pas été causés par extravagance ou inconduite. 483

P. et W. Wynne à Goderich. Demande de faire légaliser la signature d'Aylmer.   633

Buchanan au même. Offre ses services en qualité d'arbitre pour régler les différents quant à la division des douanes entre le Haut et le Bas-Canada. Ses titres.   57

Gillespie à Goderich. Insiste sur l'à-propos de faire régler la réclamation contre Caldwell, de façon à ce qu'on n'ajoute point un grief réel aux griefs imaginaires dont on s'est déjà occupée.   Page 369

Judith Daniel au secrétaire des Colonies. Espère que l'on enverra au consul américain la lettre incluse, et que la réponse lui sera envoyée aussitôt que le cas pourra être examiné.   327

dam Ferguson à Hay. Lui demande de présenter note à Howick, car il ne savait pas lorsqu'il se trouvait à Londres que Sa Seigneurie désirait qu'il aille la voir. Son volume sur le Canada sera publié sous peu.   344

Inclus. **Ferguson à Howick.** S'excuse de n'être pas allé le voir quand il était à Londres.   346

George Smith à Howick. Le remercie de lui avoir obtenu une bonne situation. Demande cependant d'obtenir une concession de terre, afin d'avoir une future résidence pour lui-même et sa famille.   599

L'évêque (anglican) de Québec à Goderich. Le remercie de la discrétion qu'il a mise à l'égard des pétitions. Le gouvernement n'étant pas prêt à faire la division du diocèse, il s'est adressé à l'archevêque de Cantorbury pour la nomination d'un évêque suffragant pour le Bas-Canada. Son désir de cette nomination est augmenté par le fait qu'il existe une personne très capable pour remplir la place, savoir, le révérend Dr Mountain. Il serait désirable qu'il retint sa charge d'archidiacre, parce que d'après cet arrangement il n'y aurait pas besoin de demander de l'aide pécuniaire pour l'évêque. Espère que Sa Seigneurie approuvera la mesure adoptée pour mettre à exécution le plan projeté, et que la nomination à la cure vacante sera laissée à Aylmer.   533

Pétition de la corporation pour l'administration des réserves du clergé dans le Bas-Canada. Que la corporation ne louera pas d'autres réserves du clergé avant que n'ait été décidé le sort du bill passé par la législature lors de la dernière session, mais on ne peut accepter la disposition du bill à l'effet que les réserves doivent être confisquées en faveur de la Couronne.   535

Pétition de l'évêque et du clergé du diocèse de Québec. Fait observer les efforts qui se font pour obtenir les signatures à une pétition demandant d'approprier les produits des réserves du clergé à l'éducation générale et diverses améliorations ; les partisans les plus actifs de cette mesure étant les méthodistes du Haut-Canada, ordonnés principalement aux Etats-Unis. Les pétitionnaires ne doutent aucunement, d'après les moyens employés, que l'on pourra obtenir plus que le nombre ordinaire de signatures ; on s'est abstenu de faire la lutte nécessaire pour opposer avec succès les agents du comité constitué de son propre chef. Les péti-

1832.

tionnaires prient qu'il ne soit donné aucun effet aux pétitions ainsi
signées et donnent des détails très minutieux à l'appui de leur prière.
Page 548

27 novembre,   Ryland. Mémoire sur l'état du Bas-Canada, qui a besoin qu'on s'en
Québec.   occupe immédiatement, si les deux chambres n'approuvent point un bill
des subsides. La difficulté qui existe, si, d'après l'acte 1 et 2, Guillaume
4, ch. 23, le pouvoir fait retour à la Couronne lorsque les deux chambres
n'approuvent point un bill des subsides. Si la Couronne a le pouvoir
d'employer ses revenus perçus d'après le 14ᵉ George 3 soit en vertu de la
loi, telle qu'elle est maintenant, soit par une nouvelle législation, ces
revenus suffiront pour faire face à la dépense du gouvernement civil et à
celle de l'administration de la justice.   574

— novembre,   Pétition de Pierre Chasseur. A établi un musée d'histoire naturelle à
Québec.   Québec et se propose de faire un long, dispendieux et probablement dangereux voyage pour obtenir de nouvelles collections. Demande que ces
collections soit admises exemptes des droits de douanes.   79

— novembre,   Chasseur à Goderich. Demande protection à titre de sujet britannique
Québec.   s'il y a lieu dans l'exécution de son projet.   83

24 décembre,   Christie à Goderich. Observations sur son expulsion pour la cin-
Ristigouche.   quième fois de la Chambre d'Assemblée du Bas-Canada. Les observations
renferment les résolutions de l'Assemblée et sont assez longues.   216

Inclus. Rapport du comité sur le bill concernant les qualités requises
des juges de paix.   Page 259
Pétition à Robert Christie.   271

24 décembre,   Christie à Aylmer. Autre lettre au sujet d'une députation de la
Ristigouche.   Chambre d'Assemblée.   321

26 décembre,   Pétition de Robert Brydie, autrefois du département des Sauvages,
Aberdeen.   demandant demi-solde, qui lui a été promise par Sherbrooke parce qu'il
avait sauvé les magasins sauvages lors de l'invasion de Hull.   46

27 décembre,   Hugh Cullen à Goderich. Rapporte le décès de son frère à Québec
Dublin.   causé par le choléra, laissant un testament en sa faveur. A écrit au
chirurgien de l'hôpital qui possède le testament, mais n'a pas reçu de
réponse.   86

Pas de date.   H. B. (Henry Brougham) à Goderich. Envoie sous pli une lettre d'un
Sunninghill.   ami personnel, espérant qu'un des siens (de Goderich) enverra les questions.   42

Inclus. Ellice à Brougham. Une personne a communiqué à la Société
Philologique certaines recherches curieuses sur le langage des tribus
sur les lacs Ontario et Supérieur. Il désire faire circuler des copies
imprimées des mots pour en avoir la traduction, et demande l'aide de
l'Etat.   43

Pas de date.   Pétition de Josette Fraser, épouse de C. E. C. de Léry, et d'Ellen
Fraser, épouse de John Playard, demandant une concession de terres à
laquelle leur père avait droit. Ses services sont mentionnés.   341

Pétition de L. H. Hunt demandant que l'on puisse déduire des appointements de Bouchette une somme suffisante pour solder une note qui lui
a été donnée pour la pension, le logement et l'éducation d'un jeune
homme.   373

La baronne de Montesquieu à Goderich. Demande que l'on fasse dans
le bureau des recherches pour y trouver une lettre qu'elle attendait de
lord Aylmer, à qui elle avait écrit par affaire.   507

La même au Bureau des Colonies. Demande que l'on fasse des recherches pour retrouver une lettre à son adresse venant de lord Aylmer. 508

Q 206—1-2-3-4.

1830.
9 mars,
Terrebonne.

Fraser à Du Vernet.

13 mars,
Québec.

Couper à Durnford.

1832.
10 novembre,
Terrebonne.

Pétition de Simon Fraser.

10 décembre,
Chatham.

Du Vernet à Clegg. Cette lettre et les trois qui précèdent sont contenues dans la lettre d'Aylmer à Howick du 5 février 1833.

19 décembre,
Québec.

Interrogation de Gugy.

22 décembre,
Québec.

Substance d'une conversation. Ces deux documents sont contenus dans la lettre d'Aylmer à Goderich du 8 janvier 1833.

1833.
1er janvier,
Québec.

Aylmer à Goderich (nᵒ 1). Envoie liste des dépêches au secrétaire des Colonies durant 1832. Page 1
Inclus. Liste. 2

8 janvier,
Québec.

Aylmer à Goderich (nᵒ 2). Dépêches reçues suivant liste annexée. 17
Inclus. Liste. 18

8 janvier,
Québec.

Aylmer à Goderich (personnelle). Dans le rapport de l'assemblée fait par Viger, agent de la province, il est dit qu'il avait porté des accusations à Sa Seigneurie contre le shérif Gugy à l'effet que ce dernier avait trié le jury pour déjouer les fins de la justice. Donne des preuves à la décharge de Gugy. 22
Inclus. Extrait de journal (en français) du 2 janvier, attirant l'attention sur une lettre de Viger rendant compte d'une conversation avec Goderich. 27
Gugy à ————. Se défend des accusations portées par Viger et demande qu'une copie de sa lettre soit envoyée à Goderich. 29
Interrogatoire de Gugy par un comité du Conseil. 35
Extraits du *Guide du Cultivateur.* 50
Substance d'une conversation entre Viger et Goderich. 62

9 janvier,
Québec.

Aylmer à Goderich (nᵒ 3). Envoie rapport des principaux agents de l'émigration. M. Buchanan, profitant de la permission qui lui a été donnée, visitera l'Angleterre pendant l'hiver. 80
Inclus. Rapport de Buchanan et table des matières. 81
Rapport. 85
Nombre d'immigrants arrivés et autres statistiques. 112
Rapports hebdomadaires. 124
Autres documents. 133 à 168

9 janvier,
Mégantic.

Lloyd à Felton.

10 janvier,
Québec.

Observations par Felton. Les deux contenues dans la lettre d'Aylmer à Goderich du 16 janvier 1833.

11 janvier,
Québec.

Aylmer à Goderich (nᵒ 4). Dépêches reçues suivant liste annexée. 169
Inclus. Liste. 170

11 janvier,
Québec.

Aylmer à Goderich (nᵒ 5). Envoie état semi-annuel des membres des conseils exécutif et législatif. 173
Inclus. Etat. 174

11 janvier,
Québec.

Aylmer à Goderich (nᵒ 6). Envoie copie attestée du procès-verbal du Conseil exécutif du 1er juillet au 31 décembre 1832. 180

1833.

Rapport du Conseil sur la règle applicable à la concession de lots riverains.   Page 181

14 janvier,   Aylmer à Goderich (n° 7). Envoie relevé des recettes à compte du
Québec.   revenu casuel et territorial des terres de la Couronne et permis de couper
du bois jusqu'au 31 du mois dernier. Aussi état détaillé des recettes et
dépenses à compte des terres de la Couronne et permis de couper du bois
pour les six mois finissant le 31 décembre dernier.   183
            Inclus. Relevé des recettes du revenu casuel et territorial.   184
            État des recettes à compte des terres de la Couronne et des permis de
couper du bois.   185
            État des recettes et des dépenses.   186

15 janvier,   Aylmer à Goderich (n° 8). Rapporte le décès de M. J. B. Juchereau
Québec.   Duchesnay, un membre du Conseil législatif.   189

16 janvier,   Résolutions adoptées à une assemblée générale des électeurs des Trois-
Trois-Rivières Rivières en faveur de Ogden.   222
            Réponse faite par Ogden.   224

16 janvier,   Aylmer à Goderich (n° 9). A informé Ogden de sa nomination au
Québec.   poste de procureur général. Demande délai pour nommer son remplaçant à la charge de solliciteur général. Il sera présenté un bill pour
assurer l'indépendance des juges, les clauses critiquables seront biffées. Si
le bill est passé quelques-uns des juges de Québec et de Montréal se reti-
reront probablement avec allocation de retraite.   190

16 janvier,   Aylmer à Goderich (n° 10). Discute assez au long la question de
Québec.   l'établissement d'une compagnie de terres dans le Bas-Canada.   193
            Iclus. Observations sur la nécessité d'ouvrir des voies de communica-
tion sur les terres incultes de la Couronne afin de les rendre propres à la
vente et à la colonisation, signées par W. B. Felton.   199
            Aperçu du résultat de l'expérience tentée pour l'ouverture de cer-
tains townships en 1829-1830.   205
            Lloyd à Felton. Réponse à demande de renseignement concernant la
valeur des terres dans Mégantic.   206

16 janvier,   Bill à l'effet d'instituer dans le Bas-Canada une cour pour juger des
Québec.   accusations de trahison portées par la Chambre d'Assemblée.   227
            Le même bill en français.   230

16 janvier,   Aylmer à Goderich (personnelle). Sur la proposition de Bourdages
Québec.   l'Assemblée a adopté des résolutions désapprouvant la constitution et
composition du Conseil législatif. Si cela continue et que la pétition soit
accordée il se produira de graves changements dans la constitution. 207
            Inclus. Résolution proposée par Bourdages.   210
            Procès-verbaux de l'Assemblée, janvier 1833. Q. 206-2, p. 393.
            Continuation des procès-verbaux.   322
                "   "   "   444
                "   "   "   490
                "   "   "   506
            Extrait de la Gazette de Québec sur les pétitions des différents comtés
en 1828.   516
            Pétitions en 1832.   525
            Procès-verbaux de l'Assemblée, janvier 1832.   527
            Continuation des procès-verbaux.   586

18 janvier,   Manly à Fraser, 1833.
Terrebonne.

22 janvier,   Fraser à Klegg. Les deux contenues dans la lettre d'Aylmer à Howick
Terrebonne. du 5 février 1833.

23 janvier,   Aylmer à Goderich (n° 11). Avait demandé délai pour la nomina-
Québec.   tion du solliciteur général pour remplacer Ogden. Croit maintenant
que la charge devrait être remplie immédiatement. Recommande la
nomination de Michael O'Sullivan. Ses titres.   213

DOC. DE LA SESSION No 18

1833.
23 janvier,
Québec.

Aylmer à Goderich (personnelle). Le climat et la position géographique indiquent que Gaspé devrait appartenir au Nouveau-Brunswick, mais il y a d'autres faits à considérer avant de rendre jugement. La difficulté de s'assurer des sentiments de la population.   Page 215

23 janvier,
Québec.

Aylmer à Goderich (personnelle). Raisons additionnelles pour le choix d'O'Sullivan à la charge de solliciteur général.   219

Extrait d'un journal de Québec, Q. 206—2   622
Extrait de la *Gazette* de Montréal.   624
Procès-verbaux du Conseil législatif.   631
    et Q. 206—3.   645
Observations sur le Conseil   "   670
Extrait de la *Gazette* de Québec,   "   679
Procès-verbaux de l'Assemblée.   "   684

25 janvier,
Québec.

Aylmer à Goderich (n° 12). A examiné les plaintes faites par Gough au sujet de la manière dont sont traités les immigrants, et croit que Gough se trompe.   233

Inclus. Routh à Glegg. Explique la cause probable des plaintes de Gough au sujet de l'arrivée des immigrants et de la manière dont ils sont traités.   235

Questions posées aux immigrants et réponses faites par eux à ces questions.   245

Réponse à Buchanan, agent d'immigration, aux accusations portées par Gough au sujet du traitement donné aux immigrants à leur arrivée à Québec.   246

Patten à Buchanan. L'opinion que Gough s'est formée de la province ne peut provenir que de ce qu'il a lu, et non de rien de ce qu'il y a vu.   251

26 janvier,
Québec.

Aylmer à Goderich (n° 1). Relativement à la perception faite à Québec pour chaque immigrant, envoie la copie d'une lettre du percepteur et contrôleur des douanes à cet endroit, laquelle donne une description de la manière de procéder pour faire cette perception. S'il existe des irrégularités cela ne peut être attribué aux autorités locales de Québec.   253

Inclus. Le percepteur et contrôleur des douanes à Québec à Craig. Explique la méthode de percevoir le prix par tête d'immigrant à Québec.   255

28 janvier,
Québec.

Rapport de Felton. Contenu dans la lettre d'Aylmer à Goderich du 8 février 1833.

29 janvier,
Chatham.

Du Vernet à Glegg. Contenue dans la lettre d'Aylmer à Howick du 5 février 1883.

30 janvier,
Québec.

Aylmer à Goderich (n° 14). Mort de Ferrier, le percepteur des douanes à Québec. Fera des arrangements pour l'exécution des fonctions de cette charge jusqu'à ce que l'on connaisse le bon plaisir de Sa Majesté.   257

30 janvier,
Québec.

Aylmer à Goderich (personnelle). Envoie journaux qui donneront un compte rendu de ce qui s'est passé au cours de la semaine dernière. Attire l'attention sur les articles de la *Gazette*, indiquant que Neilson ne suivrait pas Papineau et son parti dans leur marche vers la révolution ; ils ont changé de conduite et leur dessein avoué est de modifier toute la constitution, désirant l'abolition du Conseil, afin que tout le pouvoir se trouve dans l'Assemblée, et qu'advenant le cas où le gouverneur serait opposé à la volonté de l'Assemblée il soit de suite déplacé. Papineau va plus loin que de Bartzch et prétend que la charge de gouverneur devrait être élective. S'excuse d'occuper Sa Seigneurie des rapsodies du parti. L'examen de l'affaire du 21 mai se fera dans l'Assemblée. Le rapport du comité des finances est publié dans le *Mercury*.   258

31 janvier,
Québec.

Aylmer à Goderich. Se défend contre l'accusation de n'avoir pas assuré l'usage du canal de Chambly en échange contre la terre concédée,

1833.

1er février,
Terrebonne.

l'acte de 1823 traitant de la terre, il aurait fallu le changer, ce qui aurait causé de grands retards et la demande naturelle pourquoi la condition n'avait-elle pas été imposée longtemps auparavant.　Page 261

Fraser à Glegg.　Contenue dans la lettre d'Aylmer à Howick du 5 février 1833.

1er février,
Québec.

Aylmer à Goderich (n° 16).　Envoie demande pour les présents à donner aux sauvages afin de compléter le magasin de l'intendance pour les années 1833 et 1834.　Ils devront être divisés en deux chargements.　267

Inclus.　Relevés des présents pour les sauvages requis.　268

5 février,
Québec.

Aylmer à Howick.　En réponse au désir du Trésor d'avoir des renseignements s'il doit être présenté de nouvelles demandes pour les terres prises aux fins du canal de Carillon, transmet la correspondance à ce sujet.　Ne connaît pas assez l'endroit pour se former une opinion exacte de la réclamation de Fraser, mais le renvoie aux documents.　269

Inclus.　Liste de la correspondance.　271

Pétition de Simon Fraser.　Expose des services et la perte qu'il a subie par suite de la construction du canal.　272

DuVernet à Glegg.　A examiné la réclamation de Fraser et son idée de transporter l'eau à son moulin au moyen d'une auge mobile, et fait voir les obstacles à l'adoption de ce plan.　La perte de transport par eau par suite de la construction ne peut être soutenue, attendu que les bateaux étaient toujours remorqués sur l'autre côté.　274

Couper à Durnford.　Aylmer n'a pas d'objection à ce que l'on indemnise Fraser en lui donnant des terres incultes de la Couronne, si on lui accorde une indemnité.　277

Fraser à DuVernet.　Donne des détails sur la perte qu'il a subie par la construction du canal de Carillon.　Son intention de construire un moulin et sa raison de remettre l'exécution de son projet.　Il a demandé par pétition des terres incultes pour un montant égal à celui de la perte qu'il a subie, parce qu'il a pensé qu'il pourrait être plus facilement payé en terres qu'en argent.　278

Fraser à Glegg.　Fait rapport des idées de Manly, ingénieur hydraulique, concernant le moulin, le changement de la chute, etc.　281

Plan de la chute à Blondeau.　286

Autres documents se rapportant aux réclamations de Fraser.　287 à 294

7 février,
Québec.

Aylmer à Goderich (personnelle).　L'enquête sur l'affaire de Montréal se poursuit avec peu de perspective qu'elle se terminera.　Doute si le bill pour l'indépendance des juges passera.　C'était autrefois un des griefs favoris que les juges dépendaient de la Couronne, mais Papineau et son parti ont fait volte-face et disent maintenant que l'on ne peut se fier aux juges, et qu'ils doivent compter sur la Chambre pour leurs appointements.　Quelque soient les faits qui se présentent, ce parti opposera toujours le gouvernement.　Commentaires sur les extraits de journaux.　295

Procès-verbaux de l'Assemblée du Haut-Canada au sujet de la question d'annexer Montréal à cette province.　Q. 206-3.　721

Procès-verbaux de l'Assemblée du Bas-Canada.　752

Observations au sujet des procès-verbaux.　758

Autres procès-verbaux de l'Assemblée du Bas-Canada.　761

Procès-verbaux additionnels de l'Assemblée.　774

Procès-verbaux additionnels de l'Assemblée.　781

Continuation des procès-verbaux.　838

Extrait d'un journal de Québec.　854

8 février,
Québec.

Aylmer à Goderich (n° 17).　Envoie rapport sur la plainte du duc d'Hamilton que les colons venant d'Arran n'ont pas obtenu de terres. Continuer des concessions semblables à celles qui ont été faites aux fermiers du duc d'Hamilton serait nuire aux intérêts de la Couronne, et les

1833.

autres colons considéreraient la chose injuste. La valeur des terres dans la province a augmenté et augmentera par suite de l'arrivée de nouveaux colons et les opérations du commerce, en sorte que les nouveaux immigrants pourraient considérer qu'on commettrait une injustice à leur égard si pendant qu'on les fait payer, d'autres qui ne possèdent pas de meilleurs droits qu'eux obtiennent des concessions. Page 298

Inclus. Rapport de Felton sur les colons du duc d'Hamilton venant d'Arran.   300

9 février,
Québec.

Aylmer à Howick. Envoie tous les équivalents qu'il a pu se procurer dans la province inférieure pour les expressions sauvages. Enverra les autres aussitôt qu'il pourra se les procurer.   304

11 février,
Québec.

Le même à Goderich (n° 18). A reçu les dépêches par les malles de décembre, suivant liste annexée.   305

Inclus. Liste.   306

11 février,
Québec.

Aylmer à Goderich (lettre séparée). Renvoie le mandamus en duplicata pour la nomination d'Ogden.   307

Inclus. Mandamus.   308

16 février,
Québec.

Aylmer à Goderich (personnelle). Mort de l'évêque catholique romain de Québec. Envoie journaux. Attire l'attention sur l'article traitant du cas de George Ryland, accusé d'avoir effacé une observation sur un livre de comptes des biens des Jésuites, observation au sujet de laquelle il avait été intenté une action contre son père pour diffamation. L'action prise par l'Assemblée contre George Ryland est due à l'inimitié qu'ont pour son père certains députés influents. Attire l'attention sur la réponse publiée dans un des journaux à l'adresse pour documents se rapportant au renvoi de l'officier de santé à Québec. Il a été renvoyé à la recommandation urgente du bureau de santé. Ce dernier était un favori du parti qui a aujourd'hui la majorité dans l'Assemblée et la production des documents fournira un mauvais précédent dans le cas de renvois futurs. Papineau et son parti sont prêts à tout faire, sauf à tirer l'épée. S'ils faisaient cela ils n'auraient point l'appui de la grande majorité de la population canadienne française. Si autorisation en est donnée on pourrait tirer sur les revenus soumis à l'Acte 14 George 3.

On devrait mettre fin à cette crise financière. Le Conseil législatif croît en faveur publique.   311

Procès-verbaux de l'Assemblée du Bas-Canada.   Q. 206-3 859

Continuation des procès-verbaux.   206-4 906

Observations sur les procès-verbaux.   206-4 960

20 février,
Québec.

Aylmer à Goderich (n° 19). Jugement obtenu contre Caldwell pour £90,000. Les appels successifs ont empêché de prendre les dernières mesures. Les autres obstacles qui pourraient survenir dans le cas du décès de Caldwell.   318

21 février,
Québec.

Le même au même (personnelle). Envoie copie de la pétition de l'Assemblée pour la suspension du juge Kerr. Transmet numéros de journaux et observations.   321

Inclus. Copie de la pétition de l'Assemblée pour la suspension du juge Kerr.   325

Procès-verbaux de l'Assemblée.   Q. 206-4 982

Observations faites par la *Minerve* sur les procès-verbaux de l'Assemblée.   1008

Procès-verbaux de l'Assemblée du Bas-Canada.   1017

Continuation des procès-verbaux.   1061

"   "   1080

Rapport de la Société d'Immigration de Québec.   1110

Adresse du Haut-Canada sur les opérations des Postes.   1120

Continuation des procès-verbaux.   1123

Observations sur Papineau par l'*Ami du Peuple.*   1152

1833.
21 février,
Québec.

Aylmer à Goderich (n° 20). A fait rapport de la mort de Ferrier, le percepteur des douanes. A nommé le contrôleur Gore percepteur et l'inspecteur Stewart contrôleur jusqu'à ce que Sa Majesté ait fait connaître son bon plaisir.   Page 328

22 février,
Québec.

Le même au même (n° 2). Mort de l'évêque catholique romain de Québec. Son successeur l'évêque Signay a prêté les serments prescrits.
                                                                             330

28 février,
Québec.

Le même au même (personnelle). La continuation de l'enquête sur l'affaire de Montréal du 21 mai n'est pas en faveur du parti qui l'a commencée. La violence de Papineau et de son parti augmente à mesure que la perspective de la défaite définitive se révèle. Papineau menace qu'il ne sera pas passé de bill des subsides à cette session, mais que tout ce qui pourrait passer serait tellement accompagné de conditions que le conseil le rejettera certainement. Envoie lettre d'une personne de Montréal. Il pourra être prudent de connaître les démarches faites en France par les individus y mentionnés. Le dessein des mécontents dans la province c'est d'effectuer une séparation de la mère-patrie, et ils se serviront de tout artifice et feront tout, sauf de prendre les armes. A l'intention d'effacer de la commission le nom de Roy, le magistrat qui a délivré le mandat contre le colonel Mackintosh et le capitaine Temple quand le grand jury avait déjà rendu sa décision.   331

Inclus. Copie de lettres exposant qu'Huber est allé en France ostensiblement pour acheter une presse et des caractères d'imprimerie, mais réellement pour acheter des armes qui seront apportées en contrebande dans les townships de l'Est.   336

Procès-verbaux de l'Assemblée de décembre 1832 et de janvier 1833, Q. 206-2.   355

Observations sur la correspondance de Viger.   382

Extrait de l'*Albion* de New-York.   387

LORD AYLMER, GOUVERNEUR, 1833.

Q. 207—1

1833.
4 mars,
Québec.

Aylmer à Goderich (n° 22). A reçu les dépêches suivant la liste annexée.   Page 1
Inclus. Liste.   2

5 mars,
Québec.

Aylmer à Goderich (n° 23). En conformité de l'adresse, il transmet les résolutions de l'Assemblée au sujet de la décision des arbitres nommés en vertu de l'acte impérial. Le Conseil approuve ces résolutions, mais refuse de se joindre à l'Assemblée pour demander qu'elles soient transmises.   4

Inclus. Résolutions de l'Assemblée à l'effet de présenter au gouverneur une adresse lui demandant qu'il transmette les résolutions au sujet des relations entre le Haut et le Bas-Canada.   6

Résolutions de l'Assemblée contre la sentence des arbitres et protestant contre l'annexion projetée de Montréal et du comté de Vaudreuil au Haut-Canada.   7

Discours de Hagerman sur l'annexion de Montréal au Haut-Canada.
                                                                      18

7 mars,
Québec,

Aylmer à Goderich (personnelle.) Envoie des journaux de Québec. Son discours publié dans la Gazette de Neilson démontrera l'inconvénient d'une loi concernant les jurés. Écrira officiellement à ce sujet et enverra des commentaires faits sur le bill par l'autorité compétente. Lui rappelle qu'il avait mentionné avoir reçu de Papineau une lettre qu'il avait considéré comme lettre personnelle, mais dont l'Assemblée demande maintenant une copie, en alléguant que Papineau en sa qualité d'Orateur est une autorité qui doit être consultée. Le mal causé par l'importance exagérée attachée à la charge d'orateur et une tendance à abaisser le gouvernement exécutif. Le défaut d'éducation des membres de l'Assemblée. C'était pour régler la question de l'importance politique de l'orateur qu'il avait mentionné la lettre de Papineau dans sa lettre à l'Assemblée. Le désappointement éprouvé par l'Assemblée du résultat de l'enquête dans l'affaire de Montréal; l'Assemblée cherche maintenant à amener une rupture avec le gouvernement exécutif dans l'espérance de provoquer la prorogation avant qu'il n'ait fait réellement aucune affaire. Est bien décidé qu'aucune provocation ne le portera à proroger tant que toutes les affaires n'auront pas été faites. Les membres de l'Assemblée se sont mis dans une position fausse. Page 57

Inclus. Procès-verbaux de l'Assemblée. Q—207—3,   548
Aperçu des débats.   "   555
Continuation des procès-verbaux.   "   569
Aperçu des débats.   581
Message du président des Etats-Unis au sujet des affaires de Charleston, Caroline du Sud.   595
Procès-verbaux de l'Assemblée.   602
Aperçu des débats.   610

13 mars, Québec.

Aylmer à Goderich (n° 24). Transmet pétition de Spong pour une concession de terres. Son cas est semblable à celui de Rogers, que l'on a considéré favorablement.   61
Inclus. Pétition de Spong.   62
Certificats en sa faveur.   65

14 mars, Québec.

Aylmer à Goderich (personnelle). Envoie journal contenant les procès-verbaux de l'Assemblée du Bas-Canada. Attire l'attention sur un discours de Bourdages, affirmant la suprématie absolue de l'Assemblée. Plusieurs des actes de ce corps tendent à s'arroger les fonctions exécutives de même que législatives. Envoie copie d'une loyale adresse de Montréal, laquelle est signée par 15,000 personnes, dont 14,500 qui ont signé en personne. L'on est à discuter le bill des subsides, doute qu'il arrive jamais à l'exécutif. Les délibérations de l'Assemblée deviennent plus violentes, et il est porté à croire que les membres déclareront qu'ils ne peuvent plus s'entendre avec le chef du gouvernement provincial, parce que ce dernier a refusé de signer un bref pour l'élection du comté de Montréal afin de remplacer Mondelet, dont l'élection est annulée parce qu'il a accepté la charge de conseiller honoraire de l'exécutif. Preuves additionnelles que le parti dominant désire forcer la prorogation sinon la dissolution, ce qui ne fait que le fortifier dans sa détermination de ne leur point donner cet avantage. Tout indique que le parti conduit par Papineau ne se distingue pas moins par son incapacité de légiférer que par ses prétentions arrogantes. Les expressions contenues dans une lettre de Taylor, le député de Missisquoi, concernant Papineau, ont été déclarées par vote être un libelle, et ordre a été donné d'emprisonner Taylor pendant 24 heures à la prison de Québec, mais s'il comprend bien, l'ordre de l'Orateur n'a pas été délivré.   68
Inclus. Pétition des habitants de Montréal et du voisinage demandant l'adoption de mesures pour les protéger contre les mécontents.   73
Procès-verbaux de l'Assemblée. Q. 207-3.   635
Aperçu des débats.   649
Procès-verbaux de l'Assemblée.   672
Aperçu des débats.   682
Continuation des procès-verbaux.   702
Aperçu des débats.   709
Observations sur les délibérations de l'Assemblée dans le *Mercury* de Québec.   722

64 VICTORIA, A. 1901

1833.

Procès-verbaux de l'Assemblée en français.   Page 728

Observations sur les délibérations de l'Assemblée dans *L'Ami du Peuple.*   740

18 mars, Québec.

Aylmer à Goderich (n° 25). Transmet pétition de l'Assemblée contre l'établissement d'une compagnie de terre dans le Bas-Canada.   77

    Inclus. Pétition.   78

18 mars, Québec.

Aylmer à Goderich (n° 26). Transmet pétition de l'Assemblée pour la suspension du juge Kerr jusqu'à la création d'une cour pour juger des accusations de trahison.   83

18 mars, Québec.

Le même au même (lettre séparée). Transmet lettre de Kerr concernant les plaintes portées contre sa conduite officielle.   85

    Inclus. Kerr à Goderich. Se défend des accusations portées contre lui par la Chambre d'Assemblée.   86

18 mars, Québec.

Aylmer à Goderich (personnelle). Envoie par Halifax la pétition de l'Assemblée contre l'établissement d'une compagnie de terre dans le Bas-Canada. La pétition est due à la prédilection de la tenure seigneuriale; les Canadiens français voient avec alarme le grand nombre de colons Anglais qui s'établissent dans la province et désirent leur créer toutes sortes d'obstacles. Les motifs divers de ceux qui s'opposent au bill; la nature critiquable de ces motifs. On est à faire signer une pétition en faveur d'une compagnie de terre.   91

    Inclus. État général des terres concédées et non concédées dans les seigneuries et fiefs du Bas-Canada.   90

    Récapitulation des membres dans les différentes divisions.   106

20 mars, Québec.

Aylmer à Goderich (n° 27). A reçu de l'Assemblée une adresse désirant qu'information lui soit donnée de la cause du retard à émettre un bref pour l'élection d'un membre pour Montréal afin de remplacer Mondelet, dont le siège est vacant par suite de l'acceptation d'une charge. A soumis la question au Conseil, lequel déclare que l'Assemblée n'a pas la capacité par la seule autorité de sa propre résolution, de déclarer vacant le siège d'un membre lorsqu'il accepte une charge. Envoie réponse afin de prouver que son acte est inconstitutionnel et n'est pas conforme à ceux de la Chambre des Communes. La ligne de conduite qu'il a adoptée a empêché, croit-il, dans l'Assemblée, un violent débat qui avait pour but de forcer la prorogation en dépit de sa détermination du contraire. Désire vivement prolonger la session afin de démentir le rapport qu'il voulait employer le moindre prétexte pour dissoudre l'Assemblée dans le but d'étouffer l'enquête sur les événements de Montréal le 21 mai, tandis qu'au contraire toutes les personnes accusées désirent vivement l'enquête la plus complète. Croît maintenant que le parti qui a amené l'enquête se prépare une défaite signalée et désire y échapper en amenant une prorogation. Envoie les résolutions de l'Assemblée sur la question des brefs pour l'élection d'un membre en remplacement de Mondelet, car elle indique la disposition d'esprit de la Chambre.   109

    Inclus. Extrait des minutes du Conseil exécutif sur la question de la vacance du siège de Mondelet, député de Montréal, déclarée par l'Assemblée.   115

    Circulaire au juge en chef, aux juges puisnés et officiers en loi de la Couronne demandant une réponse à la question de savoir si l'Assemblée avait le pouvoir de priver un membre de son siège parce qu'il aurait accepté la charge de conseiller de l'exécutif, ou dans tout autre cas non prévu.   119

    Opinion du juge en chef à l'effet qu'un membre de l'Assemblée ne peut être privé de son siège en acceptant une charge par ni l'une ni l'autre des branches de la législature sans le consentement des deux. 120

    Opinions des juges et autres.   122

    Cinquième rapport du comité permanent des privilèges et élections.   183

DOC. DE LA SESSION No 18

1833.

21 mars,   Aylmer à Goderich (n° 28). Transmet adresse du conseil concernant
Québec.   le double vote de l'Orateur.   Page 194
          Inclus. Adresse et autres documents (dissidents, etc).   195

23 mars,   Aylmer à Goderich (personnelle). La crainte qu'il ne sera pas pré-
Québec.   senté de bill des subsides à cette session se réalisera, croit-il. Cela est
          embarrassant, mais on devra y pourvoir d'une manière ou d'une autre,
          et comme le service public devra en souffrir tandis que la question
          n'aura pas été décidée, il demande des instructions. Nonobstant l'appa-
          rence de fortes majorités pour Papineau et du parti, le crédit du parti
          baisse rapidement, en sorte que l'on serait sans alarme avec tension
          momentanée de l'autorité; le Trésor pourrait affecter les services préle-
          vés en vertu de l'Acte 14 George 3 à cette fin, ou si cela prête à objec-
          tion, la somme pourrait être avancée de la caisse militaire sous forme de
          prêt. N'a pas vu le bill des subsides proposé, mais si l'administration
          du gouvernement du pays doit dépendre d'un crédit annuel voté sous
          l'influence du chef actuel de l'Assemblée la tâche deviendra impraticable
          Ne peut se risquer à suggérer un remède. On ne peut attendre aucun
          bon résultat d'une dissolution dans le moment présent; il préférerait
          s'en rapporter au temps et à la réflexion des gens, ou même aux acci-
          dents. Envoie des numéros de la *Gazette* de Québec.   207
          Inclus. Procès-verbaux de l'Assemblée. Q. 207-3.   755
          Aperçu des débats.   768
          Procès-verbaux de l'Assemblée.   783
          Aperçu des débats.   793
          Procès-verbaux de l'Assemblée.   821
          Procès-verbaux de l'Assemblée.   843
          Aperçu des débats.   ' 851

25 mars,   Aylmer à Goderich (lettre séparée). Envoie demande de papeterie
Québec.   pour la division du gouvernement civil.   212

27 mars,   Le même au même (n° 29). Transmet adresse de l'Assemblée pour
Québec.   rendre électif le Conseil législatif. Des résolutions au même effet ont été
          rejetées durant les sessions précédentes, et le vote actuel peut avoir été
          remporté par l'influence causée par l'excitation de l'affaire de Montréal.
          Le grand détriment qu'aurait pour la province ce changement. Ne
          défendra pas le Conseil, car il croit que ce corps le fera parfaitement
          dans une pétition qui se prépare, entend-il dire, et donne le sommaire des
          accusations portées contre les gouverneurs, accusations dont il nie la
          vérité en tant que sa propre administration est concernée. Considéra-
          tions et observations sur différentes parties de la représentation.   213
          Inclus. Adresse de l'Assemblée.   226

29 mars,   Aylmer à Goderich (n° 30). Son attente au sujet du bill des subsides
          s'est réalisée, car il a été rejeté par le Conseil. Comment on y pour-
          voiera; suggère que l'Acte 1 et 2, Guillaume 4, chapitre 23, donne au
          Trésor le pouvoir d'affecter les revenus publics par 14 George 3, cha-
          pitre 88. A demandé des opinions d'hommes de loi sur ce point. Croit
          que si l'on approuve cette destination des fonds, nonobstant la clameur
          qui s'élevera dans la Chambre, il y a de fortes preuves que le public en
          masse est prêt à l'accepter. Envoie mémoire des recettes et dépenses du
          Bas-Canada, indiquant que non seulement les recettes suffisent pour les
          services civils mais qu'il reste un surplus. Autres observations.   245
          Inclus. Mémoire des recettes et des dépenses.   254
          Etat comparatif.   257 à 270

LORD AYLMER, GOUVERNEUR, 1833.

Q. 207—2.

1833.
29 mars,
Québec.

Aylmer à Goderich (n° 30). Contenant lettre dans Q. 207—1.
Page 245
Inclus. Bill des subsides.   271
En français.   310

30 mars,
Québec.

Aylmer à Goderich (personnelle). Les événements de la présente session ont excité l'esprit de parti politique. Un avantage c'est que les deux partis ont pleinement montré leurs vues, celle de Papineau est en hostilité ouverte au gouvernement de Sa Majesté, et ses adversaires sont résolus de ne pas se soumettre plus longtemps à sa domination. Envoie des numéros récents de la *Gazette* de Neilson.   350
Inclus. Observations sur les délibérations de l'Assemblée. Q. 207—4.   877
Aperçu des débats.   886
Observations sur les délibérations.   904
Aperçu des débats.   908
Observations sur un changement de droits dans le Royaume-Uni. 926

30 mars,
Québec.

Aylmer à Goderich (n° 31). Transmet pétition de l'Assemblée relativement au département des Postes. Parlera de ce sujet à Sa Seigneurie dans une dépêche séparée.   352
Inclus. Pétition de l'Assemblée que les opérations du département des Postes lui soient soumises et que si les frais produisent un revenu ils soient réduits de façon à ce que le revenu et la dépense se balancent. 353

31 mars,
Québec.

Aylmer à Goderich (lettre séparée). Envoie adresse des habitants de Montréal mentionnée dans sa lettre personnelle du 14 courant, dans laquelle il a commis une erreur au sujet du nombre des signataires. Après examen le nombre s'est trouvé être de 7,708, et 215 seulement de tous ceux qui ont signé cette pétition ont marqué leur croix. Jamais une pétition plus respectablement signée n'a été transmise du Bas-Canada. 356

3 avril,
Québec.

Le même au même (n° 32). A prorogé le parlement provincial; envoie copie de son discours.   358
Inclus. Discours de prorogation.   359

5 avril,
Québec.

Aylmer à Goderich (n° 33). Envoie copie de l'adresse du Conseil; l'original sera envoyé par voie d'Halifax. Elle peut être considérée une réponse à celle envoyée dernièrement par l'Assemblée avec des observations de lui, qui ont une forte analogie à l'adresse venant du Conseil, ce qui est d'autant plus remarquable qu'il n'a eu aucune communication à ce sujet avec personne en relation avec ce corps. Cependant il lui semble que certaines parties de l'adresse du Conseil devront produire un mauvais effet, l'allusion en particulier à l'établissement d'une république française dans la province, et le mot alarmant ne peut justement s'appliquer à son état actuel.   362
Inclus Adresse du Conseil.   365

5 avril,
Québec.

Aylmer à Goderich (personnelle). Envoie la liste alphabétique des noms et professions des membres de l'Assemblée; sur 86 membres 29 sont des avocats. Cette grande proportion est causée par l'ignorance de la masse de la population, ce qui l'expose à s'en laisser imposer par les personnes instruites. Sauf quelques exceptions ces 29 sont sous l'influence de Papineau, et la majorité des membres sont ignorants et remplis de préjugés.   377

DOC. DE LA SESSION No 18

1833.

Inclus. Liste alphabétique des membres de l'Assemblée du Bas-
Canada.   Page 379

6 avril,   Aylmer à Goderich (personnelle). Attire son attention sur des arti-
Qvébec.   cles dans la *Gazette* de Neilson, qu'il transmet. Neilson appartient à ce
qui peut être appelé le parti modéré, lequel gagne du terrain chaque
jour. Les délibérations de la dernière session ont été favorables à ce
résultat, car la majorité de la Chambre sous l'influence de Papineau a
clairement montré que rien ne la satisfait que le contrôle complet de
l'exécutif. Leurs préjugés, violence et ignorance ont démontré qu'il y
aurait danger de lour livrer l'administration des affaires de la province.
L'excitation dans la Chambre d'Assemblée ne s'est pas étendue beaucoup
au delà de son enceinte, et n'a pas gagné les villes ou districts ruraux.
Le terme excitation est employé pour dénoter l'hostilité au gouvernement de Sa Majesté, mais il y a une contre-excitation en sa faveur. La
crainte c'est que cela peut créer de la mésintelligence entre les Canadiens d'origine française et ceux d'origine anglaise et américaine. Il
s'efforcera toujours de contrebalancer les mauvais effets de cette mésintelligence par une stricte impartialité, laquelle est d'autant plus nécessaire aujourd'hui que le parti britannique, devenu plus hardi, montre
sa détermination de ne pas se soumettre plus longtemps au parti français. Si le gouvernement montre de la fermeté sans s'occuper des clameurs de l'Assemblée ou de son agent Viger,—ou plutôt de l'agent de
Papineau—l'autorité sera établie et on s'y soumettra paisiblement. En
réalité la question est maintenant de savoir: si le pouvoir de l'État dans
la province doit être exercé par le représentant du roi ou par l'Assemblé sous les ordres de Papineau. L'effet pratique c'est que le Trésor
affecte la part de revenu du Canada prélevée par l'Acte 14 George 3 au
service de l'exercice en cours. Croit toujours que le peuple est prêt à
approuver ce procédé par suite du rejet du bill des subsides par le Conseil.   383
Inclus. Procès-verbaux de l'Assemblée. Q.—207—4.   929
Articles de tête dans la *Gazette* de Québec.   933

6 avril,   Aylmer à Goderich (n° 34). Transmet copie de l'adresse du Conseil
Québec.   pour l'établissement d'une compagnie de terre dans la province. L'ori-
nal sera envoyé par voie d'Halifax.   388
Inclus. Adresse.   389

8 avril,   Aylmer à Goderich (n° 35). Envoie état de recettes à compte du
Québec.   revenu casuel et territorial ainsi qu'à compte des terres de la Couronne
et des permis de coupe du bois.   394
Inclus. Etats.   395, 396
Aylmer à Goderich (n° 36). A reçu dépêches suivant liste.   397
Inclus. Liste.   398

9 avril,   Aylmer à Goderich (n° 37). Viger de nouveau nommé agent de la
Québec.   province. Origine de la nomination, qui a été faite par l'Assemblée sans
attendre l'approbation du Conseil, ou sans donner avis de la nomination
au gouverneur. Viger a été envoyé en Angleterre pour se mettre en
rapport avec le gouvernement. Viger est venu le voir avant de partir
et a demandé une lettre de présentation qui a été refusée à cause de l'irrégularité et du manque de courtoisie de cette nomination. Autres détails,
et les conséquences tirées de la méthode de nomination de Viger. Les
résolutions de l'Assemblée sont mentionnées dans la dépêche, aussi lettre
écrite à la date de la nomination.   399

12 avril,   Aylmer à Goderich (n° 38). Les principes posés relativement à la
Québec.   vente des terres de la Couronne seront rigoureusement appliqués; il
attire donc l'attention sur la pratique de faire des concessions gratuites
de terre aux soldats réformés et pensionnaires qui échangent leur pension. Fait remarquer les maux ainsi causés, et recommande que l'on
cesse de faire des concessions gratuites, les soldats réformés et les pen

64 VICTORIA, A. 1901

1833.

sionnaires recevront un équivalent en argent, ou on leur appliquera le même principe qu'aux officiers, c'est-à-dire ils obtiendront crédit pour les concessions dans l'achat des terres de la Couronne. Défaut d'aptitudes pour la vie de la ferme chez la plupart des soldats et pensionnaires. L'effet des concessions est de réduire le prix des terres de la Couronne, mais, ainsi qu'on lui en a donné instruction il s'efforcera de maintenir le prix.   Page 415

13 avril,
Québec.

Aylmer à Goderich (n° 39). Renouvelle sa recommandation de donner à Bell un bail additionnel des forges de Saint-Maurice. Envoie lettre de Bell contenant un état du montant du capital nécessaire.   422

Inclus. Bell à Aylmer. Raisons pour renouveler son bail des forges Saint-Maurice.   424

Inventaires de chaque espèce d'outils, etc., appartenant aux forges. 426

14 avril,
Québec.

Aylmer à Goderich (n° 40). Ainsi qu'il en a reçu instruction il a demandé à la législature le remboursement de l'argent avancé de la caisse militaire pour la solde de la milice, mais sans effet. Demande qu'il lui soit permis de remettre le montant dans la caisse militaire à même les fonds provinciaux à la disposition de Sa Majesté.   428

Inclus. Message à l'Assemblée relativement à l'argent avancé pour la milice.   430

15 avril,
Québec.

Aylmer à Goderich (n° 41) Avait recommandé au Conseil et à l'Assemblée législative la question d'une circulation métallique pour remplacer celle en usage. L'Assemblée ne paraît pas avoir étudié la question, mais le Conseil l'a fait et le résultat est contenu dans le rapport envoyé. S'accorde avec le Conseil et recommande qu'il soit envoyé des sous en cuivre au montant de £5,000, qui seront mis en circulation par l'intendance. Le rapport du Conseil quant à la valeur des sous servira de guide. Envoie spécimens de la circulation actuelle, un étant un bouton d'uniforme des *Royal Fusiliers*.   432

Inclus. Rapport du comité du Conseil sur la monnaie de cuivre.   435

15 avril,
Québec.

Aylmer à Goderich (personnelle). Envoie journaux de Québec et attire l'attention sur des articles dans la *Gazette* de Neilson et dans la *Gazette* de Montréal. Présente *Le Canadien*, qui existe depuis deux ans et s'est distingué par son hostilité au gouvernement de Sa Majesté et à tout ce qu'il y a de britannique dans la colonie ; on peut le considérer l'organe officiel de Papineau et de son parti. L'Assemblée s'est séparée sans avoir rien accompli d'utile, le temps a été gaspillé dans l'enquête sur l'affaire de Montréal ; espère encore qu'il résultera du bien de la dernière session et que le peuple découvrira qu'on a sacrifié ses intérêts à la satisfaction de l'esprit de parti.   437

Inclus. Articles de tête de la *Gazette* de Québec. Q. 207—4.   955

Article de tête de la *Gazette* de Montréal.   959

Article de tête de *Le Canadien.*   976

Article de tête du même journal.   984

Documents concernant Gaspé dans le même journal.   998

Autres observations dans le même journal.   1021

16 avril,
Québec.

Aylmer à Goderich (n° 42). Conformément à la dépêche, information a été donnée à Christie que si les habitants de Gaspé désirent être annexés au Nouveau-Brunswick, ils doivent présenter une pétition à cet effet aux deux Chambres du parlement.   440

22 avril,
Québec.

Aylmer à Goderich (n° 43). A reçu les dépêches suivant liste annexée.   Page 442

Inclus. Liste.   443

23 avril,
Québec.

Aylmer à Goderich (n° 44). Transmet rapport sur la pétition de Bonaventure contre l'annexion de Gaspé au Nouveau-Brunswick ; les résolutions adoptées aux différentes assemblées exprimant l'attachement au Bas-Canada sont annexées au rapport. L'Assemblée considère que ces résolutions expriment le sentiment général des habitants, mais il est évident qu'elle ne tient compte que d'un côté, attendu que des résolutions diamétralement opposées ont été adoptées dans les mêmes régions, et si l'on examine les élections réitérées d'une personne qui a pris la part la plus active dans la préparation des dernières résolutions, on peut justement en conclure que son opinion au sujet de l'annexion au Nouveau-Brunswick est partagée par une grande proportion des habitants. L'opinion de la Chambre d'Assemblée devra être reçue avec extrême circonspection. Il y a tant d'esprit de parti mêlé à la question qu'il est difficile de découvrir les véritables sentiments de la population.

Page 444
Inclus. Rapport.   449
Privé.   454
Rapports des conseillers.   465
Pétition des habitants de Gaspé.   497

24 avril,
Québec.

Aylmer à Goderich (personnelle). Enverra rapport de la Compagnie de terre dans le Bas-Canada dès qu'il aura pu recueillir et préparer les renseignements. La nouvelle de son établissement a été accueillie avec satisfaction par le parti anglais dans Québec; dans les townships cette compagnie sera particulièrement acceptable. Sa Seigneurie verra d'après divers documents que la question a beaucoup d'intérêt pour le Bas-Canada. Envoie des numéros de journaux récents. Dans la *Gazette* de Neilson se trouve le rapport d'une assemblée exprimant les opinions d'une partie anglaise de la population de Québec. Une assemblée de Canadiens, d'origine française, a été convoquée, et l'on y adoptera sans doute des résolutions contradictoires. Regrette ces assemblées, car elles entretiennent les préjugés nationaux, et il engagerait volontiers les deux partis à s'abstenir, mais c'est impossible dans le présent état d'esprit politique. Il est déterminé à rester indépendant des deux partis. Attire l'attention sur différents articles de journaux. Ne voit pas de raison de craindre quelque interruption de la tranquillité publique.   508

Inclus. Résolutions adoptées à une assemblée publique tenue à la Bourse, Q. 207-4.   1036
Article de tête de la *Gazette* de Québec.   1049
   "   "   "   1058
   "   "   *Courant* canadien.   1064

26 avril,
Québec.

Aylmer à Goderich (n° 45). A reçu dépêche suivant liste annexée. 511
Inclus. Liste.   512

29 avril,
Québec.

Aylmer à Goderich (lettre séparée). Envoie documents concernant l'affaire de Montréal du 21 mai 1832. Ces documents ont été soumis à l'Assemblée dans le cours de la dernière session, et son objet en les envoyant c'est de permettre à Sa Seigneurie de les consulter s'il y est fait allusion par l'agent de la province.   514

30 avril,
Québec.

Le même au même. Transmet copie d'une lettre du secrétaire de l'Institution Royale, demandant qu'au cas où la poursuite concernant les fonds du collège McGill serait décidée en faveur des défendeurs, les frais entiers soient accordés à la partie adverse.   516
Inclus. L'Institution royale à Craig.   517

30 avril,

Aylmer à Goderich (personnelle). S'excuse d'avoir mêlé différents sujets dans la même dépêche. Évitera à l'avenir cette pratique, qui cause des embarras pour l'arrangement de la correspondance dans le bureau des colonies.   519

LORD AYLMER, GOUVERNEUR, 1833.

Q. 208—1.

1832. 27 février, Québec.	Aylmer à Colborne. Incluse dans Aylmer à Goderich, 11 mai 1833.
1833. 26 février, Montréal.	Ogden à Craig.
1er mars, Québec.	Message de lord Aylmer à la législature.
4 mars, Québec.	Résolutions du Conseil législatif.
6 mars, Québec.	Résolutions de l'Assemblée. Cette dépêche et les trois précédentes incluses dans Aylmer à Goderich, 16 mai 1833.
2 avril, Québec.	Question soumise aux officiers en loi.
4 avril, Trois-Rivières	Vézina à ———— ^s
5 avril, Québec.	Hamel à Craig. Cette dépêche et les deux précédentes incluses dan Aylmer à Goderich, 13 mai 1833.
6 avril, Québec.	Aylmer à Colborne. Incluse dans Aylmer à Goderich, 11 mai 1833.
6 avril, Québec.	Réponses de Ogden aux questions.
8 avril, Québec.	Ogden à Aylmer. Cette dépêche et la précédente incluses dans Aylmer à Goderich, 12 mai 1833.
8 avril, Montréal.	O'Sullivan à Craig.
8 avril, Québec.	Ogden à Craig.
18 avril, Québec.	A. W. Cochran à Craig.
18 avril, Montréal.	Mondelet à Craig.
22 avril, Québec.	Autres questions sur des matières financières. Cette lettre et les quatre précédentes incluses dans Aylmer à Goderich, 13 mai 1833.
22 avril, Montréal.	Plainte du juge en chef et des juges puisnés incluse dans Aylmer à Goderich, 14 mai 1833.
24 avril, York.	Colborne à Aylmer. Incluse dans Aylmer à Goderich, 11 mai 1833.
26 avril, Trois-Rivières	Vézina à Craig. Incluse dans Aylmer à Goderich, 13 mai 1833.
1er mai, Québec.	Aylmer à Goderich (n° 47). Transmet requête renouvelée du juge en chef Reid demandant une augmentation de son traitement actuel. A déjà exprimé sa haute appréciation des services de Reid, et il ne la répétera pas. Page 2 *Incluse.* Reid à Aylmer. ⁴
2 mai, Québec.	Aylmer à Goderich (personnelle). La correspondance concernant la Compagnie des terres est entre les mains du commissaire des terres de la Couronne et de l'arpenteur général. On est à préparer une carte qui indiquera les terres en disponibilité et les prix arrêtés par lui-même et le commissaire des terres de la Couronne au nom de la Couronne et McGill au nom de la Compagnie des Terres. Il craint que, malgré toute la diligence possible, l'établissement des terres ne puisse commencer

DOC. DE LA SESSION No 18
1833.

pendant cette saison, mais ceci est moins important que l'effet politique que l'établissement d'une compagnie de terres peut avoir, un parti du Bas-Canada ayant poussé les hauts cris et l'organe de ce parti ayant engagé le peuple à se réunir en assemblée pour protester; d'un autre côté, la mesure a donné grande satisfaction au parti anglais, qui augmente en nombre et en importance. Il envoie des exemplaires des derniers journaux, dont il a marqué les articles. L'esprit public est calme dans le Bas-Canada, et si le revenu prélevé sous l'empire de 14 George 3 et d'autres evenus dont la Couronne peut indubitablement disposer sont affectés au service de la Couronne en Canada, il n'y aura pas de discorde. Les procédures de l'Assemblée sont généralement désapprouvées dans le pays. C'est le moment le plus opportun pour adopter le plan qu'il a proposé.   Page 7

Inclus. Extrait de la *Minerve.* Lettre de Bleury faisant des commentaires sur les insultes dirigées contre lui par le journal appelé *l'Ami du Peuple.*   408
Articles de tête de la *Minerve.*   418
Extraits de la *Gazette* de Québec.   429
Résolutions adoptées à une assemblée tenue à Québec. Faisant objection aux réclamations d'une minorité contre les droits de la vaste majorité, qui sont également avec eux-mêmes des sujets britanniques.   431
Extrait du *Mercury* de Québec. Cause de Stuart, procureur général, soumise à sir James Scarlett.   445
Opinion de Sergeant Talfourd.   454
Opinion de sir James Scarlett.   467
Lettre de Goderich envoyée par Viger pour publication.   471
Liste de lettres en brochure, imprimée non publiée, intitulée "Correspondance entre le Très honorable vicomte Goderich et James Stuart, au sujet du renvoi de ce dernier."   481
Articles de tête du *Canadien.*   484

2 mai,
Montréal.

Mondelet à Craig. Incluse dans Aylmer à Goderich, 13 mai 1833.

2 mai,
Québec.

Aylmer à Goderich (n° 48). Transmet memoire de Coffin demandant indemnité en terres de la Couronne pour la perte de son traitement comme président des sessions trimestrielles à Trois-Rivières. La cause est semblable à celle de Christie, qui a été récemment accueillie avec faveur; recommande la pétition de Coffin à favorable considération.   12
Inclus. Mémoire de Coffin.   13

3 mai,
Québec.

Aylmer à Goderich (n° 41). Transmet mémoire modifié de McNicol demandant l'autorisation de prendre le nom de Nairne.   17
Inclus. Mémoire de McNicol.   19
Testament de John Nairne et autre documents annexés à ce testament.   21 à 36
Clauses additionnelles.   37
Nouvelles clauses.   46
Nouvelles clauses.   53
Certificats.   60

6 mai,
Québec.

Ogden, procureur général et O'Sullivan, solliciteur général, réponses à des questions. Incluse dans Aylmer à Goderich, 13 mai 1833.

7 mai,
Québec.

Aylmer à Goderich (personnelle). Explique pourquoi il n'a pas communiqué avec le Conseil et l'Assemblée au sujet des traitements du clergé, ainsi que le désir en était exprimé dans la lettre de Sa Seigneurie.   62

8 mai,
Québec.

Hamel à———. Incluse dans Aylmer à Goderich, 13 mai 1833.

9 mai,
Québec.

Aylmer à Goderich (personnelle). Il ne s'est rien produit, durant la semaine dernière, qui mérite d'être noté. Envoie des journaux et appelle l'attention sur des articles spéciaux publiés par ces journaux et sur les

1833.

résolutions publiées dans la *Gazette* de Neilson. La nomination d'O'Sullivan au poste de solliciteur général a donné satisfaction. Il n'est pas arrivé de navires d'Europe, bien qu'il en soit venu deux ou trois du bas Saint-Laurent. Le printemps s'est ouvert sous des auspices favorables, et aura un effet bienfaisant sur la santé publique.   Page 64

Inclus.   Extrait d'un journal de Québec.   498

Extrait du *Colonial Advocate.*   498

Extrait de la *Gazette de Québec*, avec résolutions adoptées à Sherbrooke.   502

Une seconde série de résolutions.   509

Observations du rédacteur sur les résolutions.   511

Extraits d'un journal français de Montréal dont le nom n'est pas indiqué.   514, 525

11 mai, Québec.   Cochrane à Craig.   Incluse dans Aylmer à Goderich, 13 mai 1833.

11 mai, Québec.   Aylmer à Goderich (n° 50). Un exemplaire certifié du projet de loi à l'effet d'abolir les droits sur les mélasses et le café a été envoyé au lieutenant-gouverneur du Haut-Canada, et, ainsi qu'il en avait été prié, il en a transmis des exemplaires pour être déposés devant les deux Chambres du parlement impérial, et elles ont été reçues. Comme des exemplaires certifiés sont nécessaires, il a fait fournir ces exemplaires. 66

Inclus. Adresse de l'Assemblée demandant que des exemplaires du projet de loi à l'effet d'abolir les droits sur les mélasses et le café soient transmis, ainsi que prescrit par la loi.   68

Exemplaires du projet de loi à l'effet d'abolir les droits sur les mélasses et le café.   71

Aylmer à Colborne. Copie de lettre transmettant le projet de loi à l'effet d'abolir les droits sur les mélasses et le café et de diminuer le taux des droits sur le tabac.   77

Le même au même. A-t-il été fait quelque chose par lui-même ou par la législature au sujet du projet de loi à l'effet d'abolir les droits sur les mélasses et le café et de diminuer le taux des droits sur le tabac ?   79

Colborne à Aylmer. Envoie à la législature du Haut-Canada un message concernant les droits sur les mélasses et le café, et la diminution de l'impôt sur le tabac. Envoie une copie de la dépêche du secrétaire des Colonies en réponse à la pétition d'Amherstburg demandant de désavouer le bill qui diminue l'impôt sur le tabac.   80

Message à la législature avec le bill ci-dessus.   82

12 mai, Québec.   Aylmer à Goderich (n° 51). Transmet copie d'une lettre au procureur général, avec réponses aux questions de loi concernant le bill à l'effet de soulager les congrégations religieuses.   83

Inclus. Ogden à Aylmer. Envoie réponses aux questions concernant le bill à l'effet de soulager les congrégations religieuses.   84

Réponses par Ogden aux questions concernant l'effet du bill pour soulager les congrégations religieuses.   85

13 mai, Québec.   Aylmer à Goderich (n° 52). Le Conseil ayant rejeté le bill des subsides, la question financière est remise à l'étude. Transmet les réponses des officiers en loi sur le sujet. S'est abstenu de demander aux juges leur opinion, parce que le bill contient des considérations d'une tendance politique. Les officiers en loi considèrent que les droits perçus sous l'empire de 14 George 3, et quelques autres, sont spécialement affectés à l'entretien d'un gouvernement civil, et peuvent être appliqués indépendamment de la législature. Sommaire des revenus, provenant des sources mentionnées, qui suffisent à défrayer la dépense nécessaire. Dans ce cas l'octroi de subsides durant le règne du souverain ou pour toute autre période n'est pas nécessaire, à moins que les sources de revenus ne suffisent point. Ne pense pas que l'arrangement pris pour les subsides, si le prix payé comportait l'abandon des droits perçus sous

DOC. DE LA SESSION No 18
1833.

l'empire de 14 George 3, atténuerait l'embarras auquel le gouvernement est maintenant annuellement exposé.   Page 94

Inclus. Question soumise aux officiers en loi de la Couronne concernant l'application des deniers prélevés sous l'empire de 14 George 3, chap. 88.   101

Ogden à Craig. Est d'opinion que les deniers perçus sous l'empire de 14 George 3, chap. 88, sont à la disposition de la Trésorerie et peuvent être appliqués à l'administration de la justice et à l'entretien du gouvernement civil de la province.   102

Hamel, avocat général, à Craig. Partage l'opinion d'Ogden.   105
Vézina, conseil du Roi. Est de la même opinion.   108
David Ross, conseil du Roi, à Craig. Professe la même opinion que ceux dont les lettres précèdent.   111
A. W. Cochran, conseil du Roi, à Craig. S'accorde avec les autres avocats et les officiers en loi.   112
O'Sullivan, conseil du Roi, à Craig. Se rallie à l'opinion qui précède. 120
Mondelet, conseil du Roi, à Craig. Se rallie à l'opinion qui précède. 123
Nouvelles questions sur des matières financières.   125
Réponses en détail aux questions.   128 à 174

13 mai, Québec.   Mémoire par Ogden. Inclus dans Aylmer à Goderich, 15 mai 1833.

14 mai, Québec.   Aylmer à Goderich (n° 53). Transmet communication du juge en chef et des juges puisnés au sujet des pertes qu'ils ont subies en comptant sur le crédit annuel pour leurs traitements. L'importance du sujet, le règlement de la question financière ne peut être retardé plus longtemps. 175
Inclus. Plainte du juge en chef et des juges puisnés d'avoir à compter sur le vote annuel de la législature pour leurs traitements.   177

15 mai, Québec.   Aylmer à Goderich (n° 54). Transmet mémoire d'Ogden, procureur général, sur l'insuffisance de l'allocation faite par la législature pour les dépenses légales. Avait envoyé une représentation préalable ; le montant du compte alors réclamé reste impayé.   182
Inclus. Mémoire par Ogden.   184

16 mai, Québec.   Aylmer à Goderich (n° 55). A sanctionné le bill à l'effet de régler et d'assigner les jurés dans les causes civiles et criminelles. Les inconvénients qui en ont résulté. Au principal terme de Montréal, un seul membre du jury pouvait écrire. Avait recommandé à la législature de modifier le bill, et cette recommandation n'ayant pas été suivie, il recommande maintenant que le bill soit désavoué. À l'appui il envoie des documents venant des juges et qui permettraient à Sa Seigneurie de voir le véritable état de la loi.   189
Inclus. Message au Conseil et à l'Assemblée sur le mode du jury. 196
Ogden à Craig. Un seul des grands jurés à Montréal pouvait lire ou écrire, et imparfaitement encore. Les actes d'accusation ont été renvoyés parce qu'il ne pouvait pas les lire en anglais. Se plaint de l'état des affaires et croit devoir en faire rapport.   198
Résolution du Conseil, que des mesures seront prises pour protéger le pays en général contre le danger de la loi du jury.   201
Résolution de l'Assemblée à l'effet que la langue de la majorité est celle à laquelle ils ont droit, et que l'usage d'une seule langue ne frappe personne d'incapacité légale.   202

LORD AYLMER, GOUVERNEUR 1833.

Q. 208-2.

1832.
7 septembre,
Montréal.

Testament d'Antoine Girouard.

10 novembre,
Montréal.

L'évêque Lartigue.

1833.
16 février,
Québec.

Rapport par Ogden sur le bill à l'effet de constituer le séminaire de Saint-Hyacinthe en corporation.

1833.
12 mars,
Trois-Rivières

Rapport par Ogden sur l'institution des pénitentes.

25 avril,
Québec.

Ogden à Craig. Ce document et les trois précédents dans Aylmer à Goderich, 17 mai 1833.

16 mai,
Québec.

Aylmer à Goderich (n° 55). Concernant lettre dans Q 208-1.　198

Différentes dates. Opinion sur le changement apporté à la loi du jury.　　　　　　　　　　　　　　　　　　　　　204 à 238

17 mai,
Québec.

Aylmer à Goderich (n° 56). Transmet exemplaires de trois bills réservés, avec rapport du procureur général.　　　239

Inclus. Acte à l'effet de constituer en corporation l'instituteur des pénitentes dans le district de Montréal.　　　241

Rapport d'Ogden sur l'acte.　　　247

Rapport d'Ogden sur l'acte à l'effet de constituer le séminaire de Saint-Hyacinthe en corporation.　　　248

Rapport additionnel par Ogden sur ce qui devrait former la base d'une charte.　　　254

Acte d'incorporation du séminaire de Nicolet.　　　258

Mémoire par l'évêque Lartigue à l'effet qu'il a été institué légataire de M. Girouard, et demande un acte d'incorporation pour le séminaire de Saint-Hyacinthe.　　　267

L'évêque Lartigue à —————. Expose que depuis le mois d'août dernier il est devenu propriétaire du séminaire de Saint-Hyacinthe, et il demande une charte.　　　274

Le même à Craig. Envoie des remerciements à Aylmer pour sa bienveillance à l'égard du séminaire de Saint-Hyacinthe.　　　276

Testament du rév. Antoine Girouard.　　　279

Bill à l'effet de pourvoir à l'instruction des petites causes.　　　282

Rapport de Ogden. Il ne voit aucune raison pour que le bill ne soit pas sanctionné.　　　326

18 mai,
Québec.

Aylmer à Goderich (personnelle). Envoie des journaux comme à l'ordinaire. Ils font voir que l'harmonie qui existait naguère entre Neilson et la *Minerve* n'existe plus. Espère que les violences du parti dont la *Minerve* est l'organe aurait pour effet d'en détacher plusieurs autres.　　　327

Extrait de la *Gazette* de Québec.　　　528

Extraits de la *Minerve*.　　　530

Extraits du *Canadian Courant*.　　　533, 539

Autres extraits de la *Gazette* de Québec.　　　540

Extraits de l'*Ami du Peuple*.　　　546

18 mai,
Québec.

Aylmer à Goderich (n° 57). Réclamation des religieuses Ursulines à une partie du terrain détaché de la seigneurie de Sainte-Croix à la suite d'une erreur commise dans l'arpentage et par laquelle partie a été donnée au township de Leeds.　　　328

DOC. DE LA SESSION No 18
    1833.

Inclus. Rapport (extrait) d'une commission relative à la réclamation des religieuses.   Page 337
    Pétition des Ursulines.   339
    Rapport de l'arpenteur général.   347
    Rapport d'une commission générale (extrait d'un second rapport).   349
    Plan de la seigneurie de Sainte-Croix.   351

20 mai,
Québec.
Aylmer à Goderich (séparée). Envoie livre bleu; explique la cause du retard.   352

21 mai,
Québec.
Le même au même (séparée). Envoie pétition du Presbytère de Québec demandant une part équitable des réserves du clergé.   354
    Incluse. Pétition.   355

21 mai,
Québec.
Aylmer à Goderich (séparée). Envoie exemplaire de l'Acte à l'effet d'établir la capacité des jurés.   365

22 mai,
Québec.
Le même au même. Renvoie le plan.   366

22 mai,
Québec.
Aylmer à Goderich (n° 58). Envoie plan des comtés des townships de l'Est préparé dans le bureau de l'arpenteur général, indiquant les terrains non encore arpentés qui peuvent être vendus à la Compagnie des terres; deux documents accompagnant le plan donnent en détail la quantité de terres de la Couronne qui ne sont pas encore vendues dans ces comtés, le prix fixé et celui payé à des propriétaires particuliers. Ces états, espère-t-il, donneront assez de renseignements pour négocier avec la Compagnie Britannique-Américaine des Terres. État de la quantité de terres disponibles dans les townships de l'Est, arpentées et non arpentées. Règlements proposés pour disposer des terrains.   367
Inclus. Rapport des terres et réserves de la Couronne dans les comtés de Missisquoi, Stanstead, Shefford, Mégantic, Drummond et Nicolet.
                                                                                 375
Relevé des réserves de la Couronne vendues dans ces comtés, avec les prix.   379
    Plan de ces comtés.   381

25 mai,
Québec.
Aylmer à Goderich (personnelle). En réponse à dépêche, il ne pense pas que l'Assemblée ait objection à faire des lois sur les questions du bureau de poste, les frais de port et les appartements des fonctionnaires, le revenu net étant laissé à la législature coloniale; mais il doute que la présente Assemblée laisse le choix des fonctionnaires au gouvernement local. Comment ces doutes ont pris naissance.   382

26 mai,
Québec.
Le même au même (personnelle). Tentative faite à Montréal par le parti de Papineau de réveiller le souvenir de l'émeute de l'année dernière en faisant un service funèbre en mémoire des hommes tués par les troupes. Insuccès de cette tentative.   386

17 mai,
Québec.
Le même au même (personnelle). Exprime ses remercîments pour la liste des dépêches reçues depuis le commencement de la présente année, et espère recevoir des communications de ce genre à des intervalles donnés.   388

28 mai,
Québec.
Le même au même (n° 58). A reçu dépêches suivant la liste annexée.
                                                                                 389
Inclus. Liste.   390

30 mai,
Sorel.
Aylmer à Stanley. A reçu dépêche à l'effet qu'il a été promu aux sceaux du département des Colonies.   391

Q. 209—1.

1831.
31 mai,
Montréal.

Opinion de Aaron Philip Hart. Incluse dans Aylmer à Stanley, 18 juin 1899.

1833.
1er juin,
Sorel.

Aylmer à Stanley (n° 60). Envoie états du revenu et de la dépense du Bas-Canada en 1832. Envoie aussi relevés des sommes perçues et appliquées par les corps municipaux, en tant qu'ils peuvent être obtenus. Page 3

Inclus. Etats du revenu et de la dépense du Bas-Canada en 1832. Provincial. 6

Maison de la Trinité. 29

Maison de la Trinité, fonds des pilotes invalides de Montréal. 30

Relevé de tous les revenus locaux sous l'autorité de la cité de Québec. 31

Relevé de tous les revenus locaux sous l'autorité de la cité de Montréal. 32

3 juin,
Québec.

Aylmer à Stanley (n° 61). Envoie lettre de Routh, avec états de dépenses des sauvages dans le Bas et le Haut-Canada. 33

Inclus. Routh à Glegg. Observations sur le comptes des sauvages. 34

Dépenses des sauvages du Bas-Canada. 35

Présents distribués dans le Bas-Canada. 36

Relevé des sommes payées par Routh au compte du département des sauvages du Bas-Canada. 37

Pensions aux sauvages blessés. 39

Compte de solde et de logement pour le département des Sauvages du Bas-Canada. 40

Compte des pensions. 41

Les mêmes tableaux pour le Haut-Canada. 43 à 57

3 juin,
Sorel.

Aylmer à Stanley (n° 64). Envoie une note indiquant le nombre des émigrants qui sont arrivés au port de Québec. 58

Incluse. Note. 59

6 juin,
Sorel.

Aylmer à Stanley (n° 63). Envoie les relevés semi-annuels des ventes des réserves du clergé. Explique la cause du retard apporté à la préparation des relevés. 60

Inclus. Comptes des réserves du clergé vendues depuis le 1er janvier jusqu'au 30 juin 1832. 62

Compte depuis le 1er juillet jusqu'au 31 décembre. 63

6 juin,
Sorel.

Aylmer à Stanley (n° 64). Envoie la liste de prix des produits agricoles et de la main-d'œuvre dans le Bas-Canada. Des relevés de ce genre ont été préparés et transmis l'année dernière. 64

Inclus. Cotes du marché dans le Bas-Canada en 1832. 66

Cote de la main-d'œuvre en 1832. 67

11 juin,
Montréal.

Rapport des protonotaires. Inclu dans Aylmer à Stanley, 10 juillet 1833.

18 juin,
Sorel.

Aylmer à Stanley (n° 65). Avait proposé à Benjamin Hart et J. M. Hays, tous deux professant la religion juduïque, de faire partie de la commission de la paix; mais, comme il n'a pas été convenu que les mots " sur la vraie foi d'un chrétien " seraient omis du serment, ils ont décliné l'invitation. Envoie copie de leur lettre collective. Expose l'à-propos d'offrir compensation. 68

Inclus. Benjamin Hart et M. J. Hays à Craig. (Le nom de Hays est écrit J. M. dans la lettre et M. J. à la signature. 70

1833.

Opinion de Aaron Philip Hart sur la question de savoir si des personnes professant la religion judaïque peuvent prêter les serments nécessaires en acceptant la charge de juges de paix.   Page 72

18 juin,
Sorel.

Aylmer à Stanley (n° 66). A reçu des dépêches suivant la liste annexée.   74
Incluse. Liste.   75

10 juillet,
Sorel.

Aylmer à Stanley (n° 67). A fait, pour le profit de sa veuve, des investigations au sujet du décès d'un nommé Smith à Montréal. Envoie une lettre du protonotaire qui établit qu'il (Aylmer) ne peut donner le certificat demandé.   77
Incluse. Déclaration des protonotaires à l'effet que le nom d'Alexander Smith ne se trouve dans le registre des décès de l'année dernière.   78

10 juillet,
Sorel.

Aylmer à Stanley (n° 68). Envoie les documents demandés par la Chambre des Communes. Le retard vient de ce qu'il est difficile d'obtenir des réponses.   79
Inclus. Réponses imprimées des législatures du Bas et du Haut-Canada.

2 août,
Sorel.

Aylmer à Stanley (n° 69). Envoie la liste semi-annuelle ordinaire des membres des conseils exécutif et législatif.   90
Incluse. Liste.   91

2 août,
Sorel.

Aylmer à Stanley (n° 70). Envoie copie du procès-verbal du Conseil exécutif.   96

2 août,
Sorel.

Le même au même (n° 71). Envoie état des recettes et des dépenses au compte des terres de la Couronne et des permis de coupes de bois pour le semestre terminé le 30 juin 1833. Envoie aussi compte des recettes et dépenses pour trois mois, et un état des recettes au compte des revenus casuel et territorial.   97
Inclus. Etat des recettes et dépenses pour six mois.   98
Le même pour trois mois.   103
Etat des revenus casuel et territorial pour trois mois.   104

2 août,
Sorel.

Aylmer à Stanley (n° 72). Envoie relevé semi-annuel des ventes des réserves du clergé.   105
Inclus. Compte de ventes des réserves du clergé.   106

2 août,
Sorel.

Aylmer à Stanley (n° 73). Etat des sommes reçues et dépensées par les commissaires des réserves du clergé pendant l'année terminée le 1er juin 1833.   113
Inclus Etat.   114

3 août,
Sorel.

Aylmer à Stanley (n° 74) Explique que la balance de la corporation des réserves du clergé inscrite le 1er juin 1832 était, par suite d'erreur, celle de 1831. Envoie lettre de l'archidiacre de Québec qui explique l'introduction de nouveaux articles dans la dépense.   115
Incluse. Mountain, archidiacre de Québec, à Craig. Explique que la dépense de la corporation des réserves du clergé, à l'exception des appointements du secrétaire, varie chaque année. Donne détail des augmentations.   116

3 août,
Sorel.

Aylmer à Stanley (n° 75). Envoie lettre de Ryland, greffier du Conseil, afin d'expliquer la raison qui fait exempter les lots hydrauliques de l'opération des ventes publiques établies dans la disposition des terres de la Couronne.   118
Incluse. Ryland à Craig. Relativement aux lots hydrauliques, peut seulement dire que depuis la conquête les lots de grève sur le Saint-Laurent et le Saint-Charles n'ont pas été jugés sur le même pied, quant à leur disposition, que les terres incultes de la Couronne. Esquisse l'histoire de leur disposition sous le régime français.   119

6 août,
Sorel.

Aylmer à Stanley (1870). A reçu dépêche suivant liste annexée.   123
Incluse. Liste.   124

64 VICTORIA, A. 1901

1833.
18 août,
Sorel.

Aylmer à Hay (personnelle). Lui demande d'envoyer réponse à une dépêche sur un sujet de profond intérêt pour le gouverneur du Bas-Canada par New-York.
Page 126

19 août,
Sorel.

Le même à Stanley (n° 77). A reçu des dépêches sur divers sujets qu'il va classifier et au sujet desquels il va faire des observations. Ce sont (1) l'expulsion de Mondelet de l'Assemblée. (2) Le rejet du bill des subsides par le Conseil. (3) La pétition de l'Assemblée et du Conseil relative à la constitution et à la composition du Conseil législatif. Son plaisir en recevant l'approbation de son refus de signer un bref pour l'élection d'un député devant remplacer Mondelet. Sa conviction qu'il avait raison de trouver inconstitutionnel le pouvoir que s'arrogeait l'Assemblée, qui semblait n'être guidée par aucun principe fixe. Exemples cités. La question des finances et la proposition faite par le gouvernement de Sa Majesté à la Chambre d'Assemblée à l'effet qu'elle devrait accorder une liste civile de $19,000 par année durant la vie du roi ou pendant une période donnée, et en retour mettre à la disposition du gouvernement de la province le revenu tombant sous l'empire de 14 George 3, chap. 88. Un message à cet effet a été envoyé, mais il a eu pour résultat une pétition de griefs embrassant chaque sujet qui pourrait être produit contre le gouvernement provincial, mais sans toucher à la question financière. Ses observations en transmettant la pétition. Il ne lui a pas été fait de communication au sujet du message concernant le subside pour la vie du roi; mais en consultant les journaux de la Chambre on voit qu'un comité a fait rapport qu'il était inopportun de prendre de nouvelles dispositions permanentes pour les dépenses du gouvernement. Liste civile réduite présentée, mais aussi rejetée, en sorte que le bill des subsides a été réservé mais sanctionné par le roi afin d'éviter les inconvénients auxquels les fonctionnaires et le service public auraient été exposés. Plus ample histoire des tentatives financières montrant qu'il n'y a aucun espoir d'une liste civile permanente, quelque petite qu'elle serait, ou pour une période quelconque, quelque courte qu'elle serait, en dehors de laquelle l'Assemblée affirme son contrôle absolu de tous les revenus de la province, même de ceux dont la Couronne a la disposition. Ce contrôle par le roi est l'ancre de salut du gouvernement de Sa Majesté dans la province. Revue du 1ᵉʳ et du 2ᵉ Guillaume 4, chap. 23. En recevant la dépêche du 6 juin, il réunit le Conseil exécutif afin d'étudier et de faire rapport sur le meilleur mode à prendre pour répartir les ressources restreintes à la disposition du gouvernement provincial pour les dépenses du service public. Envoie rapport sur ce sujet. Les difficultés que le Conseil exécutif prévoit à la clôture de l'exercice. La pétition du Conseil législatif et de l'Assemblée au sujet de la constitution et de la composition du Conseil vient des prétentions illimitées de l'Assemblée, qui ont déjà dérangé et finiront inévitablement, si elles ne sont pas contrecarrées, par détruire l'équilibre de la constitution de la province.
127

Inclus. Rapport d'un comité de tout le Conseil législatif sur le rejet du bill des subsides par le Conseil et sur l'état des finances provinciales.
147

20 août,
Sorel.

Aylmer à Stanley (n° 78). Dépêches reçues suivant la boîte annexée.
162

Incluse. Liste.
163

23 août,
Sorel.

Aylmer à Stanley (n° 79). Envoie une liste des actes de la dernière session. Envoie par l'*Asia* des exemplaires des Actes et des journaux, et un sommaire général des Actes.
165

Incluse. Liste des Actes.
166

24 août,
Sorel.

Aylmer à Stanley (n° 80). Recommande que François Quiron soit nommé au Conseil législatif.
172

DOC. DE LA SESSION No 18

1833.
25 août,
Sorel.
Aylmer à Stanley (n° 81). Le traitement de $100 donné au mission-naire catholique romain dans le Haut-Canada, £90 pour loyer de maison pour le recteur, et £100 pour le ministre presbytérien à Argenteuil ont été omis de la liste reçue par le commissaire général; présumant qu'on n'avait pas l'intention d'exclure les paiements, il demande que l'autorisation nécessaire soit envoyée au commissaire général. Envoie les représentations de deux des personnes intéressées.   Page 173

Incluse. Pétition de l'évêque catholique romain de Kingston deman-dant la continuation d'un traitement qu'il a reçu pendant 29 ans.   179

Mountain à Craig. Représentation au sujet de l'allocation pour loyer de maison non comprise sur la liste envoyée par la Trésorerie au com-missaire général.   178

Extraits de dépêches concernant loyer de maison.   186-187

25 août,
Sorel.
Aylmer à Stanley (n° 82). Le renseignement demandé par la Cham-bre des Communes dans la dépêche du 31 mai est le même que celui demandé dans l'adresse du 10 août, et a été envoyé déjà. Le rensei-gnement concernant le bureau de poste a été demandé aux fonction-naires compétents; celui qui doit être fourni par l'Assemblée est en pré-paration et sera envoyé dès sa réception. En l'absence du sous-direc-teur général des Postes, le renseignement relevant de ce département ne peut être fourni.

Le sous-directeur général des Postes par intérim à Craig. Stayner, le sous-directeur général des Postes a envoyé à Londres tous les rensei-gnements demandés par la Chambre des Communes. Il a emporté avec lui l'unique copie du rapport, ainsi que la plus grande partie des docu-ments nécessaires pour en compléter une autre. Va écrire à Stayner de communiquer le rapport au secrétaire des Colonies.   190

25 août,
Sorel.
Aylmer à Stanley (n° 83). Envoie lettre de Meysenhoelder, frère sur-vivant des deux au sujet desquels des renseignements sont demandés.   192

Inclus. John Maysenholder (ailleurs Meysenhoelder) à Craig. Ne peut donner le renseignement demandé au sujet de la propriété de son frère, mais renvoie à Doucet, qui a été nommé tuteur.   193

Doucet à Craig. Relate la venue de Charles A. Maysenhoelder à Mont-réal, son décès, son intention de laisser sa propriété à son frère John et à sa famille, mais il est mort sans faire de testament. Sa nomination (nomination de Doucet) à Philadelphie en qualité d'administrateur. 193

Compte de la succession de feu C. A. Meysenhoelder.   194

Documents judiciaires et autres concernant la succession de feu C. A. Meysenhoelder.   198

5 octobre,
Montréal.
Aylmer à Stanley (n° 84). Dépêches reçues suivant la liste annexée.   206

Incluse. Liste.   207

8 octobre,
Montréal.
Aylmer à Stanley (personnelle). A donné un congé d'absence au juge Kerr, qu'il présente.   209

14 octobre,
Québec.
Le même au même (n° 85). Transmet rapport d'un comité de la Chambre d'Assemblée sur le département des Postes du Bas-Canada.   210

Inclus. Rapport du comité spécial de la Chambre d'Assemblée sur le département des Postes du Bas-Canada.   210

Procès-verbal de la preuve.   211

Continué à Q—209—2.   218

LORD AYLMER, GOUVERNEUR, 1833.

Q. 209—2.

1833.
10 août,
Ministère de
la Guerre.

Ellice à Aylmer.

24 septembre,
Québec.

Évêque (anglican) de Québec à Aylmer. Toutes deux incluses dans Aylmer à Stanley, 20 novembre 1833.

27 septembre,
Frédéricton.

Major général Campbell à Craig. Incluse dans Aylmer à Stanley, 14 octobre 1833.

14 octobre,
Québec.

Aylmer à Stanley. Concernant lettre dans Q. 209—1.
Suite du rapport du comité spécial. Nomination de Stayner.   300
Commission de Stayner.   301
Autres documents se rattachant à l'enquête du bureau de poste.   305
(Ces documents donnent les noms des bureaux de poste qui ont été établis, le taux des frais de port, etc.)

14 octobre,
Québec.

Aylmer à Stanley (n° 86). A renvoyé la question concernant le capitaine Campbell au Nouveau-Brunswick, car on ne peut trouver trace de lui dans le Bas-Canada. Envoie lettre et annexe.   327
Inclus. Major général Campbell à Craig. Envoie le résultat de ses investigations au sujet du capitaine Robert Campbell.   328
Rapport de l'arrivée de Robert Campbell au Nouveau-Brunswick en 1793 et de son décès à Maugerville dans la même province.   329

23 octobre,
Sorel.

Aylmer à Stanley (n° 87). Dépêches reçues suivant la liste annexée.   330
Incluse. Liste.   331

29 octobre,
Sorel.

Aylmer au lord évêque de Québec. Incluse dans Aylmer à Stanley, 26 novembre 1833.

29 octobre,
Sorel.

Le même à Stanley (n° 88). A reçu instructions au sujet des dispositions à être insérées dans les futures concessions sur les bords du canal Rideau, ou sur ceux de tous autres lacs ou rivières se déchargeant dans les eaux du Rideau, et à transmis la dépêche à Colborne.   333

29 octobre.

Le même au même (n° 89). Envoie état des recettes pour les revenus casuel et territorial provenant des terres de la Couronne et des licences de coupes de bois.   334
Inclus. États.   335, 336

4 novembre,
Québec.

Aylmer à Stanley (n° 90). Envoie pétition de Robert Christie.   338

La pétition de Christie expose qu'il a été chassé de la Chambre d'Assemblée, et demande que des mesures soient prises pour le réinstaller.   339

4 novembre,
Québec.

Aylmer à Stanley (n° 91). Transmet réponse du capitaine Reid à l'accusation que des passagers arrivant à la quarantaine de la Grosse-Ile ont été exposés à certaines privations. Est heureux de pouvoir rendre témoignage au zèle infatigable, à l'intelligence et à l'habileté déployés par le capitaine Reid dans l'exercice de sa charge ardue. La plainte que la détention est causée par des motifs intéressés est tout à fait dénuée de fondement.   350
Incluse. Reid à Craig. Expose la nature puérile de l'accusation portée par Green contre les fonctionnaires de la quarantaine. Si une chaloupe a été submergée et le bagage avarié, c'est la faute des officiers et de l'équipage du navire.   352

4 novembre,
Québec.

Aylmer à Stanley (n° 92). A répondu à la question posée à l'effet de savoir si de nouvelles réclamations devaient être présentées pour dom_

DOC. DE LA SESSION No 18

1833.

mages faits aux propriétaires des terrains qui ont été pris pour le canal de Carillon ; il envoie maintenant une requête exposant les inconvénients occasionnés par le retard apporté au règlement.   Page 355

Incluse. Requête de propriétaires fonciers exposant les inconvénients du retard apporté au règlement, et lui demandant (à Aylmer) de rappeler la réclamation au gouvernement.   356

4 novembre, Québec.   Aylmer au secrétaire de la Guerre. Incluse dans Aylmer à Stanley, 20 novembre 1833.

8 novembre, Québec.   Le même à Stanley (n° 93). Envoie mémoire de Burrage, maître de l'Ecole Royale de Grammaire, se plaignant de ce que ses appointements ne sont pas payés.   360

Inclus. Mémoire.   361

9 novembre, Québec.   Aylmer à Stanley (n° 94). Appelle l'attention sur la réduction de son revenu officiel et sur les dépenses additionnelles encourues par lui pour trousseau et gratifications ; ces dernières n'étaient pas portées au compte de son prédécesseur.   367

(Les pièces incluses ont été copiées déjà dans le volume Q—202).

22 novembre, Québec.   Evêque (anglican) de Québec à Stanley. Incluse dans Aylmer à Stanley, 26 novembre 1833.

24 novembre. Québec.   Aylmer à Stanley (n° 95). A reçu dépêches suivant la liste annexée.   371

Incluse. Liste.   372

26 novembre, Québec.   Aylmer à Stanley (n° 96). Envoie lettre de l'évêque de Québec concernant les cours du soir donnés à Montréal d'après les instructions du secrétaire de la Guerre. Comme ce cours est un emploi civil et qu'il a, suppose-t-il, été sanctionné par lui (Stanley), il a décliné d'adopter la suggestion de l'évêque de suspendre la mise des instructions à effet. Envoie copie de la correspondance, etc.   373

Inclus. Evêque (anglican) de Québec à Stanley. Représente les misères d'un conférencier le soir et l'inconvénient pour l'église de l'abolition de l'emploi.   375

Ellice à Aylmer. Stevens, l'aumônier des troupes, doit reprendre son ministère à l'Ile-aux-Noix, et se charger aussi du cours de conférences du soir à Montréal. Arrangements à prendre quand survient une vacance dans l'aumônerie soit à Québec ou à Montréal.   381

Evêque (anglican) de Québec au même. Concernant le cours de conférences du soir à Montréal, et lui suggère de suspendre la mise des instructions à effet.   381

Aylmer à l'évêque (anglican) de Québec. Comprend parfaitement son embarras en voyant un membre de son clergé lui tomber sur les bras d'une façon inattendue, mais ne peut adopter son conseil de s'adresser au gouvernement de Sa Majesté pour rétablir la nomination d'un conférencier du soir à Montréal.   389

Aylmer au secrétaire de la Guerre. Envoie copies de lettres du lord évêque de Québec et sa réponse concernant la récente renomination de Stevens à l'aumônerie militaire de Montréal.   392

3 décembre. Québec.   Le même à Stanley (n° 97). Les documents qu'on dit avoir été envoyés avec l'adresse de l'Assemblée concernant le juge Kerr ont été expédiés par le courrier suivant, n'ayant été reçus qu'après l'expédition de la dépêche.   295

7 décembre, Québec.   Le même au même (n° 98). La législature est convoquée et se réunira le 7 du mois prochain. Le bill des subsides pour l'exercice prennant fin en octobre sera présenté, mais il ne saurait dire avec quel résultat, et il ne s'attend guère à ce que la législature vote la somme nécessaire pour aplanir les difficultés actuelles. Aucune apparence de règlement des questions financières. Le parti opposé aux mesures du gouvernement de Sa Majesté a perdu du terrain dans l'estime publique. Renvoie à de précédentes dépêches sur le sujet.   397

64 VICTORIA, A. 1901

1833.
11 décembre,
Québec.

Aylmer à Stanley (n° 99). Transmet rapport du commissaire des terres de la Couronne relatif à la réclamation de la veuve Campbell, qui demande 150 acres de terres défrichées. L'exposé, corroboré par l'agent de madame Campbell, est si clair que plus ample explication n'est pas nécessaire.   Page 400

Inclus. Mémoire sur la réclamation de madame Campbell demandant compensation pour le déficit dans la quantité de terres défrichées assignée à feu son mari.   407

16 décembre,
Québec:

Aylmer à Stanley (séparée). Transmet mémoire du rév. M. Stevens.
                                                                        410

Inclus. Stevens à Stanley. Expose sa situation d'aumônier à Montréal, et critique longuement les assertions de l'évêque.   411

Autres documents, adresses congratulatoires.   424 à 453

18 décembre,
Québec.

Aylmer à Stanley (n° 100). Transmet requête de Bouchette demandant 22,000 acres de terres. Ne peut exprimer d'opinion sur la valeur des services de Bouchette pendant la guerre, étant bien antérieurs à l'époque où il a pris le gouvernement. Quant à ses services en dressant la carte géographique, etc., il a eu des congés d'absence en 1815 et de 1829 à 1832; en cette dernière occasion il avait avec lui son deuxième commis, qui était son fils, réduisant de moitié le personnel. La carte est publiée pour son propre bénéfice.   454

Inclus. Requête de Bouchette, arpenteur général.   457

Documents à l'appui de cette requête. Annexe A à annexe T. 468 à 518

23 décembre,
Québec.

Aylmer à Stanley (n° 101). A reçu dépêches suivant liste annexée. 519
Incluse. Liste.   520

29 décembre,
Québec.

Aylmer à Stanley (n° 102). Transmet requête du rév. M. Bethune demandant compensation, n'ayant pas reçu l'augmentation conditionnelle accordée par Bathurst. Son cas est difficile, mais l'autorité a toujours dépendu de la suffisance des fonds provenant des biens des Jésuites. 521
Incluse. Requête.   523

30 décembre,
Québec.

Aylmer à Stanley (n° 103). Transmet requête de Skakel, maître de l'école de grammaire à Montréal, demandant secours en conséquence de la réduction de ses appointements par la Chambre d'Assemblée.   526
Incluse. Requête.   527

EMPLOIS PUBLICS, 1833.

Q. 210—1-2.

1817.
14 avril,
Downing
Street.

Partie I, de page 1 à page 205; partie II, de page 206 à page 374.
Bathurst à Sherbrooke.

15 mai,
Québec.

Robinson à Getling.

7 août,
Québec.

Extrait certifié de Grant à Getling. Cette pièce et les deux précédentes incluses dans Stewart à Hay, 10 juin 1833.

1832.
31 juillet,
Montréal.

Pétition par de Lorimier.

9 octobre,
Québec.

Aylmer à Stewart. Toutes deux incluses dans Stewart à Howick, 26 mars 1833.

24 novembre,
Québec.

Le même au même. Incluse dans Stewart à Howick, 15 mars 1833.

1833.
11 janvier,
Trésorerie.

Stewart à Howick. Renvoie estimation du département des Sauvages pour 1833, et transmet copie d'une lettre d'Aylmer communiquant casualités sur la liste des personnes de ce département.   Page 154.

DOC. DE LA SESSION No 18

1833.
23 janvier,
Londres.

Pelly à Goderich. Suivant les conditions de la charte envoie une liste des personnes employées par la Compagnie de la Baie-d'Hudson.
Liste incluse:

Gouverneur..	1
Facteurs et traiteurs en chef................................	50
Aumônier	1
Aide-aumônier...	1
Préfet.................	1
Patron de sloop	1

                                                —— 55

Département du Nord—
Commis....	63
Serviteurs	741

                                                —— 804

Département du Sud—
Commis	28
Serviteur	194

                                                —— 222

                                               1,081

30 janvier,
Whitehall.

Lack à Howick. Le droit sur les mélasses du Canada est de neuf deniers le gallon, et de deux deniers seulement dans les autres colonies. Ce sont ces irrégularités qu'il est question d'exposer à lord Goderich. 73
Inclus. Relevé des mélasses importées dans le Bas-Canada en 1829 et 1830, et des droits payables.   75

30 janvier,
Londres.

Gould à Goderich. Envoie extrait d'une lettre signée J. W. Sargeant, mais sans date ni adresse, reçue le 4 septembre, par le gouvernement du Canada.   263
Inclus. Extrait. L'auteur de la lettre propose que le Canada soit gouverné par un vice-roi qui serait appelé roi du Canada et qui serait un des ducs royaux. Proposition élaborée par le gouvernement de la colonie.   264
Extrait d'une lettre de Québec datée 18 décembre 1832.   267

2 février,
Affaires
étrangères.

Backhouse à Hay. Transmet lettre de Crossthwaite relative à un bien dans le Maryland dont il se dit l'héritier.   79

6 février,
Londres.

Chambre des Communes. Adresse demandant les noms des membres des conseils législatif et exécutif et de la Chambre d'Assemblée du Haut et du Bas-Canada, ainsi que les bills adoptés par l'Assemblée et rejetés par le Conseil législatif.   3

6 février,
Londres.

La même. Adresse demandant un rapport de l'établissement du bureau de poste général dans le Haut et le Bas-Canada et dans chacune des autres colonies de l'Amérique du Nord, avec détail des émoluments, etc.; aussi relevé de la somme brute des frais de port dans les mêmes colonies en 1827, 1828, 1829, 1830, 1831; aussi, rapport du comité spécial sur les affaires des postes; aussi relevé indiquant les frais de port des journaux payés par l'imprimeur ou le propriétaire de ces journaux pendant la même année.   6

8 février,
Londres.

Gould à Goderich. Envoie extrait de lettres de Québec. Un rapport de la conférence de Viger avec Sa Seigneurie est au nombre des principaux articles dans les journaux; il n'enverra pas de nouvelles générales, mais seulement l'extrait de la lettre.   273
L'extrait précède la lettre et dit que si la Grande-Bretagne et la France entrent en guerre avec la Hollande, les consuls hollandais sont prêts à décerner des lettres de marque dont feront usage des hordes de navires envoyés de Baltimore.   273

18 février,
Trésorerie.

Stewart à Horwick. Transmet minute de la Trésorerie relative au paiement des droits de douane sur toute monnaie ayant cours légal dans

64 VICTORIA, A. 1901

1833.

la province, convertie en louis sterling à la valeur marchande de cette monnaie.   Page 155

Inclus. Minute de la Trésorerie.   156

1er mars,
Downing
Street.

Stephen à Goderich. Relative à l'accusation portée par Stuart que lui (Stephen) a fait des avancés qu'il aurait été mal de sa part de faire, appelle l'attention sur copie d'une lettre écrite à Stuart.   98

Inclus. Stephen à Stuart. Donne extrait d'une lettre imprimée de Stuart adressée à Goderich portant que Stephen avait conseillé à Stuart de ne pas répondre aux accusations de Viger, et nie catégoriquement la vérité des assertions qu'il ne peut croire avoir été faites en violation volontaire de la vérité. Il n'a rien dit qui pourrait soutenir l'interprétation attachée à ses paroles par Stuart, et il n'a pas donné à entendre quelle était l'opinion de Goderich en la matière. Ce qu'il a dit est exactement le contraire du langage qui lui est attribué dans la lettre imprimée. Le soin avec lequel il a évité toute conversation qui pourrait être considérée officielle.   99

2 mars,
Downing
Street.

Stephen à Goderich. Transmet lettre reçue de Stuart au sujet de ses avancés.   104

Inclus. Stuart à Stephen. Défend sa conduite, et répète qu'il se rappelle parfaitement la conversation.   105

6 mars,
St. James.

Arrêté en conseil nommant Hugues Heney membre du Conseil du Bas-Canada.   71

11 mars,
Londres.

Archidiacre Hamilton à Howick. A transmis la note à Campbell, qui a succédé à Hamilton dans la charge de secrétaire de la Société pour la propagation de l'Evangile.   233

13 mars,
Québec.

Mémoire de Charles Getling. Inclu dans Stewart à Hay, 10 juin 1833.

14 mars,
Londres.

Contrôleur des comptes de l'armée. Inclue dans Stewart à Howick, 26 mars 1833.

15 mars,
Trésorerie.

Stewart à Hay. M. Sargeant a reçu les dividendes sur les réserves du clergé dans le Haut et le Bas-Canada.   159

15 mars,
Trésorerie.

Le même à Howick. Transmet copie d'une lettre d'Aylmer relative à des travaux autorisés par lui en vue de l'augmentation des troupes en garnison à Montréal. Avant d'autoriser la dépense, les lords de la Trésorerie désirent avoir l'opinion de Goderich.   160

Inclus. Aylmer à Stewart. Envoie devis d'estimation des travaux qu'il a autorisés pour faire face à une augmentation de la troupe en garnison à Montréal.   161

Estimation des dépenses pour convertir le présent bureau de l'artillerie en une caserne.   162

Estimation des dépenses pour construire une prison et établir des cellules pour les prisonniers.   165

Estimation des dépenses pour construire des portes de barrière et boucher l'ouverture entre le corps de garde et le bureau.   168

Estimation pour convertir le présent magasin des sauvages en une barrière.   170

(A gauche, vis-à-vis chaque estimation, il y a vu l'indication de l'ouvrage qu'elle couvre.)

16 mars,
Amirauté.

Barrow à Howick. A l'avenir le paquebot nord-américain ira directement à Halifax, y restera huit jours, puis reviendra; le paquebot partant en juin commencera ce nouveau service.   15

16 mars,
Québec.

Réquisition pour papeterie. Incluse dans Stewart à Hay, 10 juin 1833.

21 mars,
Lincoln's Inn

Campbell à Goderich. Envoie le compte des dépenses faites par la Société pour la propagation de l'Evangile pour missionnaires en Canada et en la Nouvelle-Ecosse.   234

Inclus. Relevé des sommes payées à des missionnaires au Canada en 1832.   235

1833.

De même en Nouvelle-Ecosse, Nouveau-Brunswick, Terreneuve, Bermudes, Ile du Prince-Edouard, Cap-Breton et Cap de Bonne Espérance.
Page 236

22 mars,
Londres.

Gould à Goderich. Envoie une lithographie du plan du port de Montréal levé par Piper—plan dont une partie est terminée, une autre partie en cours d'exécution, et une troisième à l'état de projet.   275
Inclus. Plan du port de Montréal.   276

26 mars,
Trésorerie.

Stewart à Howick. Transmet copie du rapport du contrôleur des comptes de l'armée, ainsi que copies de lettres d'Aylmer et de de Lorimier demandant une gratification en abandonnant son emploi d'agent des sauvages à Saint-Régis pour cause de mauvaise santé.   173
Inclus. Contrôleur des comptes de l'armée à la Trésorerie. Au sujet de la pétition de de Lorimier demandant une gratification de six mois d'appointements pour abandon de son emploi.   174
Aylmer à Stewart. Transmet, pour favorable considération, la demande de la pétition de de Lorimier.   177
Pétition de de Lorimier.   189

2 avril,
Artillerie.

Byham à Hay. Les différents officiers font rapport que 34 tentes ont été distribuées par ordre du commandant des troupes pour l'usage des émigrés atteints du choléra, et que paiement en a été refusé. Remet l'affaire à la décision du secrétaire des Colonies.   135

10 avril,
Londres.

Gould à Lefèvre. Envoie placards et appelle l'attention sur les supercheries pratiquées aux dépens des émigrés. Avait transmis à Goderich son opinion sur la délicate question de l'annexion de Montréal au Haut-Canada.   277

10 avril,
Londres.

Le même à Stanley. Envoie quelques observations sur diverses matières relatives aux possessions britanniques dans l'Amérique du Nord.   279

11 avril,
Québec.

Reçu du sous-commissaire général. Inclus dans Stewart à Hay, 12 avril 1833.

15 avril,
Yarmouth.

Gibbs à Hay. S'est assuré auprès de Harman des raisons pour lesquelles il avait offert de procurer des concessions de terres à des personnes en partance pour le Canada. Hale avait obtenu une concession de plusieurs milliers d'acres sur lesquelles il était disposé à accorder des établissement gratuits pour augmenter la valeur du reste. Il a expliqué aux passagers que les concessions ne venaient pas du gouvernement, ainsi qu'ils avaient paru le croire.   363

16 avril,
Londres.

Auditeurs à la Trésorerie. Incluse dans Stewart à Hay, 30 avril 1833.

17 avril.

Shee à Lefèvre. Envoie extrait d'une lettre du Conseil à Boston demandant des instructions au sujet de l'aide à donner aux indigents en route pour le Canada.   80
Inclus. Extrait.   81
Relevé des sujets indigents (pas matelots) qui ont été secourus par le consul à Boston, de janvier au 31 décembre 1832, exposant leur cas.   82

18 avril,
Londres.

Yates à Hay. Remercie pour la lettre obligeante qui accompagnait le renvoi de la liste de mots de Howe. A lu la lettre à la Société Philologique, qui l'a autorisé à accuser réception.   365

19 avril,
Affaires
étrangères.

Shee au même. Demande renseignements pour le chargé d'affaires danois au sujet de deux frères Maysenholder établis à Montréal, et les démarches à faire par l'héritier en loi pour recouvrer leur propriété s'ils sont morts.   83
Incluse. Requête pour renseignements demandés par Jacob Maysenholder.   84
Requête (en français) par Jacob Maysenholder pour renseignements concernant ses deux frères établis à Montréal et qui ont laissé des propriétés en cette ville.   85

1833.
20 avril,
Amirauté.

Green à Stanley (personnelle). Recommande la requête de l'évêque
(anglican) de Québec à favorable considération.   Page 16

22 avril,
Lincoln's Inn.

Campbell à Hay. Une députation de la Société pour la propagation de
l'Evangile a été chargée de se rendre auprès de Stanley au sujet de
questions contenues dans le rapport.   237
Inclus. Rapport.   238

22 avril,
Londres.

Gould à Stanley. Envoie pétition de la Chambre de Commerce de
Saint-Jean, Nouveau-Brunswick, relatif au commerce des thés dans l'Amé-
rique Britannique du Nord.   280
Incluse. Pétition de la Chambre de Commerce de Saint-Jean, Nou-
veau-Brunswick, se plaignant de la contrebande des thés qui se fait au
Canada, et demandant que la question soit sérieusement examinée.   281

24 avril,
Trésorerie.

Stewart à Hay. Les lords de la Trésorerie approuvent la gratification
de six mois d'appointements à de Lorimier.   180

24 avril,
Londres.

Smith au même. Le bâtiment *Nereid* de la Compagnie de la Baie
d'Hudson fait voile la semaine prochaine. Si Hay a des dépêches pour
le gouverneur sera enchanté de les transmettre.   361

30 avril,
Trésorerie.

Stewart au même. Envoie exemplaire du rapport des auditeurs des
comptes publics du receveur général du Bas-Canada. Les lords de la
Trésorerie concourent dans l'approbation des instructions données par
le gouverneur quant au mode de tenir les comptes du receveur général,
et de son intention d'adopter des mesures pour arranger les comptes,
etc.   .   181
Inclus. Les auditeurs à la Trésorerie. Accusent réception de dépêches concernant les comptes du receveur général et le mode de leur
tenue. La divergence entre le solde nominal et le solde réel à la disposition de la législature. D'après le mode de paiement, le receveur général
ne peut en être blâmé.   183

1er mai,
Trésorerie.

Stewart à Hay. Reçu réquisition pour présents aux sauvages. La
Trésorerie ne peut donner une commande que pour la moitié des articles
énumérés sur la liste transmise. En conséquence la Trésorerie a autorisé le Conseil de l'Artillerie de les transmettre.   186

1er mai,
Québec.

Requête de Allsopp. Incluse dans Rice à Hay, 5 août 1833.

4 mai,
Londres.

Manners Sutton à Stanley. Il serait difficile et imprudent de limiter
ce qu'est et ce que doit être le pouvoir de la Chambre, mais elle n'a pas
le droit par résolution seulement de restreindre les électeurs dans leur
choix ni de frapper d'incapacité légale les candidats. Si elle le faisait
et si elle émettait un nouveau bref, le lord chancelier aurait à prendre
connaissance de la cause de la vacance, laquelle vacance étant déclarée
illégale, il refuserait d'apposer le grand sceau au nouveau bref.   9

6 mai,
Downing
Street.

Stephen à Hay. Relativement aux conditions attachées à des articles
du bill des subsides, quelques-unes sont sans précédents au point de vue
de la forme, plusieurs en substance. Des octrois sont invariablement
incorporés dans les lois distinctes au lieu d'être attachées sous la forme
de notes aux articles. En suivant la forme usuelle, la discussion se
serait faite sous chaque titre aux différentes phases du bill. Certaines
conditions n'étaient pas inconstitutionnelles, et des exemples en sont
donnés. D'un autre côté, il y a des conditions qui amèneraient des changements dans la loi par la décision d'une seule branche de la législature.
111

8 mai,
Québec.

Routh à Stewart, avec reçu annexé. Incluse dans Rice à Hay, 23
juillet 1833.

8 mai,
Québec.

Felton à la Trésorerie. Incluse dans Stewart à Hay, 12 avril 1833.

13 mai,
Trésorerie.

Stewart à Hay. Transmet correspondance concernant les dépenses
encourues par le lieutenant-colonel Mackintosh et le capitaine Temple en
opposant des poursuites intentées contre eux parce qu'ils avaient été

DOC. DE LA SESSION No 18

1833.

employés à réprimer l'émeute à Montréal. Si Stanley partage l'opinion de la Trésorerie que les dépenses doivent être payées par la province, des ordres seront envoyés en conséquence. Page 188

14 mai, Londres. Gould à Stanley. Envoie des renseignements concernant le Canada à cette période critique. Tous ceux qui ont des rapports avec le Canada confirmerait la vérité de ses assertions. 285

Inclus. Extrait d'une lettre de Québec. Aucun bill d'utilité n'a été passé pendant la longue session. Ce n'est pas à l'honneur du gouverneur ni à celui du Conseil que l'infâme bill de l'indemnité des membres ait été passé. Le Conseil s'est opposé à tant de mauvaises lois que les chefs de l'Assemblée désirent qu'il soit aboli et remplacé par un autre qui serait un simple bureau pour l'enregistement des actes de l'Assemblée, et tous les pouvoirs du gouvernement seraient concentrés dans les représentants élus par un peuple ignorant. Nouvelles réflexions sur le devoir du gouvernement de ne pas tolérer l'état de choses qui existe. 286

14 mai, Whitehall. Lack à Hay. Envoie copie de la requête de Lorkin demandant la permission d'exporter cinq cents livres de sous de cuivre à Montréal, requête à laquelle les lords du Commerce ont refusé de souscrire. 76

Incluse. Requête de Lorkin. 77

15 mai, Lincoln's Inn. Les officiers en loi à Stanley. L'Acte de 1 et 2 Guillaume 4, chap. 23, a transféré les revenus prélevés dans le Bas-Canada sous l'empire de 4 George 3, chap. 88, à la législature de la province, en sorte que l'application de ces revenus n'est plus au pouvoir de la Trésorerie. 95

22 mai, Londres. Chambre des Communes. Adresse demandant un relevé des concessions gratuites de terres de la Couronne faites dans le Haut et le Bas-Canada entre le 31 décembre 1823 et le 1ᵉʳ janvier 1833. 11

22 mai, Londres. La même. Adresse demandant un relevé des ventes de terres dans le Haut et le Bas-Canada, distinguant entre les terres de la Couronne, les réserves de la Couronne et les réserves du clergé. 12

22 mai, Downing Street. Stephen à Hay. Relativement à la dépêche d'Aylmer, la somme de £5,000 sterling placée à la disposition du roi a été, par la loi, faite applicable à toutes fins que le roi peut désigner pour l'administration de la justice et le support du gouvernement civil de la province. La loi bascanadienne 41 George III, chapitre 14, a mis les impôts, les amendes et les confiscations à la disposition du roi, sujet à la seule restriction qu'ils seront appliqués à défrayer les charges du gouvernement civil de la province. Plus ample argument sur la question, entrant dans plus de détail des raisons et examinant les objections à ses idées. 118

27 mai, Lincoln's Inn. Campbell au même. Envoie état pour 1832, semblable à celui fourni par Hamilton pour 1831. 245

Inclus. Extrait contenant état des paiements de missionnaires, etc., dans le Haut et le Bas-Canada pour 1832. 246

29 mai, Artillerie. Byham à Lefèvre. Transmet rapport de By sur la question des précautions nécessaires pour éviter des dommages au canal Rideau. 137

Inclus. By à Fanshawe. En laissant sortir l'eau au mois de novembre et en ne fermant pas les déversoirs de décharge jusqu'au commencement des inondations du printemps, le canal Rideau a résisté à la pleine pression de l'eau aux printemps de 1830, 1831 et 1832, mais les diverses digues et levées auront besoin d'être surveillées pendant longtemps. Comment l'amoncellement de sable peut être enlevé. 139

31 mai, Loughton. Hamilton à ———. Apprend que Stanley a fixé 2 heures lundi prochain pour recevoir la députation. Appelle l'attention sur deux lettres adressées à Goderich l'année dernière, qui contiennent les mérites de la cause à être examinée et que Stanley devrait voir avant la réunion. 247

3 juin, Whitehall. Phillips à Hay. Transmet pétition de James Ward relative à un échange de sa concession de terre dans le Bas-Canada pour être soumise à Stanley, le pétitionnaire devant être mis au fait de la décision. 92

64 VICTORIA, A. 1901

1833.
6 juin,
Londres.

Church, contrôleur du bureau de la papeterie, à Stewart. Incluse dans Stewart à Hay, 25 juin 1833.

10 juin,
Trésorerie.

Stewart à Hay. Transmet mémoire de Getling demandant une concession de terre. Les lords de la Trésorerie désirent avoir l'opinion de Stanley.   Page 189

Inclus. Mémoire de Charles Getling demandant une concession de terre, n'ayant pas pu en profiter à l'époque où il a quitté le service de l'intendance.   190

Bathurst à Sherbrooke. L'autorisant à concéder des terres aux officiers de l'intendance qui ont été employés dans ces derniers temps. 193

Extrait certifié de la concession à Getling dans les livres du département de colonisation.   194

Robinson à Getling. Sa conduite ayant donné satisfaction, il recevra une gratification de douze mois de solde.   195

10 juin,
Trésorerie.

Stewart à Hay. Transmet réquisition de papeterie pour Bas-Canada pour l'opinion de Stanley.   196

Incluse. Réquisition.   197

13 juin,
Trésorerie.

Stewart à Hay. La Trésorerie sanctionnera le paiement d'une somme modérée à des comptables de profession employés à régler la divergence entre le solde réel et le solde nominal des comptes de la province. 200

14 juin,
Trésorerie.

Le même au même. Désire que les réclamations du lieutenant-colonel Mackintosh et du capitaine Temple soient de nouveau soumises à Stanley, qui est prié de faire connaître à la Trésorerie les raisons pour lesquelles les fonds destinés à l'administration de la justice et au gouvernement civil ne peuvent être appliqués à ces paiements.   201

20 juin,
Trésorerie.

Le même au même. Envoie au solliciteur de la Trésorerie rapport sur l'appel au Conseil privé dans la cause de sir J. Caldwell.   202

Inclus. Bouchier à Stewart. Fait rapport sur les progrès dans la cause de Caldwell, mais ne peut expliquer le retard   203

25 juin,
Trésorerie.

Stewart à Hay. Relativement à la réquisition de papeterie, demande que Stanley donne instruction au gouverneur du Canada de payer au contrôleur du bureau de la papeterie £201 15 1, tel que déclaré dans son compte.   205

Inclus. Church, contrôleur du bureau de la papeterie, à Hay. Le prix de la papeterie expédiée au Canada est de £201 15 1.   206

10 juillet,
Downing
Street.

Stephen à Hay. Argument technique quant au droit de l'Orateur du Conseil d'avoir un vote comme membre, puis un vote prépondérant, argument qui conclut ainsi : "C'est pourquoi je suis d'opinion que ni la coutume des temps passés ni l'analogie de la Chambre des pairs, ni les critiques verbales du statut ne soutiennent le droit au double vote, mais que le contexte et l'esprit de ce statut lui sont opposés, et que conséquemment le droit n'existe pas."   121

13 juillet,
Londres.

Gould à Stanley. Envoie au nom de la Société Littéraire et Historique de Québec, la première et la deuxième parties du troisième volume des Mémoires. Le but de la société.   291

18 juillet,
Gardes
à cheval.

Fitzroy Somerset à Sargent. Incluse dans Rice à Hay, 5 août 1833.

23 juillet,
Trésorerie.

Rice à Hay. Envoie lettre et reçu de Routh pour $16,000 pour la vente de réserves du clergé. Sargent a reçu instructions de placer la somme équivalente (£3,466 13 4) en consolidés à trois pour cent. 207

Incluses. Routh à Stewart. Transmet copie de reçu accordé par le sous-commissaire général Foote pour $16,000 pour la vente de réserves du clergé.   208

Copie de reçu.   209

26 juillet,
Trésorerie.

Rice à Hay. Les lords de la Trésorerie ont ordonné le paiement des frais judiciaires du lieutenant-colonel Mackintosh et du capitaine Temple ; mais comme ils jugent encore que l'indemnité devrait être payée à même

1833.

des fonds locaux, ils demandent que le gouverneur reçoive instruction de faire inclure la somme dans le prochain bill des subsides.

26 juillet,
Trésorerie.

Rice à Hay. La Trésorerie laissera pour cette année les frais de papeterie dans le Haut et le Bas-Canada à la charge de la Grande-Bretagne, mais à l'avenir elle les imputera sur les revenus des provinces.
Page 210

3 août,
Whitehall.

Phillipps au même. Le mandat autorisant McNicoll à changer son nom en celui de Nairne va être préparé immédiatement.   93

3 août,
York.

Copie de reçu pour la somme provenant de ventes de réserves du clergé. Incluse dans Stewart à Hay, 14 octobre 1833.

5 août,
l'trésorerie.

Rice à Hay. Des ordres ont été donnés à l'effet de rembourser la somme demandée pour timbre et honoraires sur la commission du juge Rolland.   212

5 août,
Trésorerie.

Le même au même. Envoie lettre du commandant en chef et mémoire de Robert Allsopp, un sous-commissaire général, demandant remise de l'argent d'achat de terres dans le Bas-Canada pour l'opinion de Stanley.   213

Inclus. Fitzroy Somerset à Sargent. Transmet mémoire d'Allsop demandant remise de l'argent d'achat de terres.   214

Mémoire d'Allsopp exposant ses services et demandant remise de l'argent d'achat de terres.   215

Autres documents à l'appui du mémoire.   218 à 221

7 août,
Ministère
de la Guerre.

Lukin à Hay. Désire connaître la somme annuelle des appointements et émoluments de Benjamin de Lisle, à demi-solde de la milice sédentaire.   231

12 août,
Trésorerie.

Stewart au même. Sargent a reçu instruction de placer la somme de £1231.5 en consolidés à 3 pour 100, somme provenant de la vente de réserves du clergé dans le Bas-Canada.   222

Inclus. Felton à la Trésorerie. Transmet reçu du commissaire général pour £1500 courants, produit de ventes de réserves du clergé.   223

Reçu signé par le sous-commissaire général.   224

12 août,
Québec.

Routh à Stewart. Incluse dans Stewart à Hay, 14 octobre 1833.

16 août,
Londres.

Chambre des Communes. Adresse demandant un relevé du clergé anglican, presbytérien et catholique romain dans les provinces de l'Amérique du Nord, qui a reçu une partie des deniers votés en 1832.   13

24 août,
Downing
Street.

Stephen à Hay. Ne voit pas pourquoi l'action de la législature n'aurait pas pour effet de faire disparaître l'inhabilité des personnes professant la religion judaïque à remplir les obligations de magistrate. Comment l'obstacle, s'il existe, pourrait être aplani.   132

3 septembre,
Londres.

Contrôleur de la papeterie à Rice. Incluse dans Stewart à Hay, 18 septembre 1833.

13 septembre,
Gardes à
cheval.

Fitzroy Somerset à Hay. Recommande à favorable considération la requête de la veuve d'un officier méritant. Craint cependant que la concession de sa requête entraîne d'autres demandes et cause des inconvénients.   66

Inclus. Requête de madame Macdonald, veuve du lieutenant-colonel Donald Macdonald, demandant une concession de terres.   67

Services du lieutenant-colonel Macdonald.   69

18 septembre,
Trésorerie.

Stewart à Hay. Transmet copie d'une lettre du contrôleur de la papeterie, faisant rapport du prix de la papeterie requise pour le Haut et le Bas-Canada.   225

Incluse. Contrôleur du département de la papeterie à Rice. Envoie le prix de la papeterie pour le Haut et le Bas-Canada dont la commande a été faite le 3 juillet.   226

20 septembre,
Dublin.

Cogbill, etc., à Stanley. En qualité de gouverneurs et directeurs ils envoient un prospectus de la " North American Colonial Association of Ireland ". Le but de l'association.   299

1833.

Inclus. Procès-verbaux de deux assemblées tenues à Dublin, avec résolutions concernant la formation de l'Association Coloniale. Page 303

14 octobre, Trésorerie.

Stewart à Hay. Envoie copie de lettre de Routh contenant copie d'un reçu pour $8,000 provenant de la vente de réserves du clergé. Sargent a reçu instruction de placer la somme équivalente (£1,625) dans les consolidés à 3 pour 100.   227

Inclus. Routh à Stewart. Envoie copie d'un reçu pour $8,000 provenant de la vente de réserves du clergé.   228

Copie de reçu.   229

23 octobre, Dublin.

Coghill à Hay. Envoie copies de lettre et de documents concernant la "North American Colonial Association of Ireland". Le conseil craint que la lettre précédente ne se soit égarée; en ce cas, il lui demande de porter la question à l'attention de Stanley. Les propriétaires fonciers en Irlande y portent un intérêt intense.   308

26 octobre.

Scovell à Hay. Le courtier maritime du vaisseau *Asia* est John Knowles.   366

31 octobre, Affaires étrangères.

Backhouse à Hay. Le chargé d'affaires des Etats-Unis a demandé à Palmerston de permettre à Barry d'examiner des documents dans le bureau des papiers de l'Etat pour l'histoire des Etats-Unis; Palmerston considère qu'il ne conviendrait pas de soumettre les 200 volumes à l'examen d'un agent des Etats-Unis, attendu qu'ils contiennent des documents se rattachant à des sujets qui sont sujets à controverse, et qu'il pourrait y avoir des inconvénients d'en permettre à Barry l'accès sans réserve. C'est pourquoi toute l'affaire est renvoyée à Stanley.   89

Incluse. Liste des volumes de correspondance américaine envoyés au ministère des Colonies.   90

3 novembre, Lincoln's Inn.

Campbell à Hay. Envoie rapport de la Société pour la propagation de l'Evangile, qui indique les moyens nécessaires à prendre par suite de la réduction de la subvention du parlement. Les traitements du clergé dans l'Amérique Britannique du Nord seront réduits de trente pour cent, sauf dans le Bas-Canada, où la réduction sera de cinquante pour cent. En 1834 la réduction générale sera de 45 pour 100, et ensuite 50 pour 100.   249

Inclus. Extraits de lettres de l'évêque de Québec et de l'archidiacre Coster concernant l'insuffisance des fonds et l'aide qui peut être donnée au clergé dans le Nouveau-Brunswick. Envoie aussi liste de missionnaires invalides et de veuves de missionnaires qui reçoivent des allocations.   251

Extrait d'une lettre de l'évêque de Québec concernant les finances. 252

Liste du clergé du Haut-Canada qui sera payé sur la liste de juillet 1833.   255

Extrait de lettre de l'archidiacre Coster.   257

Liste de pensions payées à même la subvention du parlement à des veuves et à des missionnaires en retraite.   262

7 novembre, Londres.

Gould à Stanley. Envoie un plan magnifique et exact de la cité de Québec. Ne pense pas que les frais de gravure pussent être couverts par une vente. Espère en conséquence que Adams recevera l'appui d'un gouvernement libéral.   292

13 novembre, Londres.

Gould à Stanley. Demande au nom de la Société Littéraire et Historique de Québec, accès aux documents historiques qui doivent être imprimés par la société, la législature du Bas-Canada ayant voté £300 dans ce but.   293

13 novembre, Londres.

Le même à Meyer. Envoie des lettres qui doivent être expédiées. Ne doute pas que Cochran a écrit plus au long.   296

14 novembre, Downing Street.

Meyer à Gould. Lettres reçues pour Stanley et Auckland, et envoyées. N'a pas reçu de communication de Cochran, mais aura beaucoup de plaisir à aider dans la recherche de documents historiques.   297

DOC. DE LA SESSION No 18

1833.

14 novembre,
Dublin.

Coghill à Hay.   Une députation a été nommée pour se rendre auprès de Stanley au sujet de lettres et documents transmis par le lord maire.
Page 310

14 novembre,

Mémoire de Stayner sur différents points de l'administration des postes dans l'Amérique Britannique du Nord, la perception et la disposition des fonds, etc.   367

27 novembre,
Dublin.

Coghill à Hamilton.   L'Association Coloniale remercie Hay pour la bienveillance avec laquelle il a accueilli ses idées.   Tout ce que l'on demande au secrétaire des Colonies est de dire qu'il donnera à l'association un million d'acres à un prix raisonnable dans les provinces qui seront choisies par une députation et les fonctionnaires du gouvernement de la colonie dans laquelle les terres seront choisies, et aussi que des facilités seront accordées pour obtenir une charte.   La députation sera instituée lorsqu'une réponse officielle aura été reçue.   Il ne serait pas satisfaisant de conclure pour une étendue de terre sans qu'un rapport ait été fait sur son éligibilité.   La nature des renseignements qu'il s'agit d'obtenir.   Suggère que, si possible, des terres seront obtenues entre Montréal et les Etats-Unis, ou, si cela contrarie la Compagnie des Terres, on pourrait chercher des terrains sur l'Ottawa, dans le district du centre, à l'ouest de l'établissement de McNab ; mais cela coûterait beaucoup plus cher que d'établir des émigrés dans le Nouveau-Brunswick ou le Bas-Canada. 318

29 novembre,
Bath.

Hamilton à Hay.   Le désir des propriétaires fonciers en Irlande d'établir une association coloniale.   L'objet de l'association serait l'avantage de leurs indigents et de leurs fermiers surnuméraires.   La manière dont il est question d'assurer ces avantages.   311

3 décembre,
Amirauté.

Barrow au même.   Transmet copies de la correspondance relative aux établissements maritimes sur les lacs : l'Amirauté expose à Stanley l'opportunité d'abolir les établissements.   Les dépenses occasionnées par la solde de l'établissement et le gaspillage des munitions périssables.   Dans la crainte qu'une fausse impression ne soit créée par le retrait soudain de l'établissement, il a été décidé de cesser seulement de réparer les vaisseaux, et de laisser le commodore sans un second navire, sauf la goélette qui porte son pennon.   Il n'est rien résulté de fâcheux de la discontinuation des réparations à la flotte qui, du reste, n'existe plus aujourd'hui.   L'exemple, en effet, a été donné par les Etats-Unis, et en le suivant on ferait disparaître une cause de jalousie sans diminuer les moyens de défense qui sont augmentés par la construction du canal Rideau.   Comment les lords de l'Amirauté se proposent d'abolir l'établissement, laissant au commodore Barrie des pouvoirs discrétionnaires quant à la disposition des navires et des munitions de guerre.   On n'y laissera que le petit nombre de gens nécessaire pour prendre soin des bâtisses.   Si Stanley abonde dans ce sens, Barrie recevra des instructions en conséquence.   17

Inclus.   Documents relatifs au retrait, avec relevés.   24 à 64

12 décembre,
Bath.

Hamilton à Hay.   Appelle l'attention sur des lettres à lui (Hay) adressées ; ne l'aurait pas fatigué, mais est obligé de retourner en Irlande.   322

30 décembre,
Artillerie.

Byham au même.   Suivant le contrat, le gouvernement avait parfaitement le droit de reprendre la petite partie de la terre de Fraser requise pour le canal.   Cependant, vu toutes les circonstances, le conseil de l'artillerie recommande que Fraser soit payé à raison de $15 de l'acre, égal à £25,13.6 pour 7 acres 3 yards et 24 perches, et une concession gratuite de 100 acres de terre.   Le Conseil recommande que la petite île vis-à-vis la Chute à Blondeau soit achetée par le gouvernement.   Si Stanley consent à ces recommandations, il le prie de prendre des mesures pour les mettre à effet.   144

Inclus.   Extrait du contrat de Fraser.   149

Extrait d'une lettre du colonel Nicolas.   150

MÉLANGES, 1833.

(La partie I est paginée de 1 à 238 ; la partie II de 339 à 517.)

Q 211—1-2.

1833.
5 janvier,
New-York.

Buchanan à Howick. A reçu et expédié des dépêches à Colborne.
Page 33

30 janvier,
Eastham.

Crossthwaite à ————. S'informe d'une succession dans le Maryland dont il est l'héritier.   47

31 janvier,
Montréal.

Cameron à Howick. Demande la situation de receveur des douanes à Québec.   51

5 février,
Vauxhall.

Chapman à Goderich. Envoie lettre qui lui a été donnée avant de quitter le Canada par lord Aylmer, ainsi que brochure mentionnée. Demande une entrevue.   52

11 février,
Londres.

Porter et Nelson à Goderich. Envoient pétition de John Howard Kyan demandant une prolongation de ses droits de brevet aux colonies.   514

Incluse. Pétition de Kyan demandant de prolonger aux colonies ses droits de brevet pour un nouveau mode de préserver les substances végétales contre la pourriture.   515

20 février,
Londres.

Macgregor à Elliot. Envoie un compte statistique du Bas-Canada. Possède un certain nombre de détails statistiques qui, lorsqu'ils auront été disposés, seront au service d'Elliot.   460

Inclus. Statistique et population du Bas-Canada en 1832.   461

Accroissement naturel de la race française dans le Bas-Canada depuis la conquête.   465

Extrait statistique du rapport de Murray pour 1765.   466

21 février,
Londres.

Logan à Goderich. Envoie requête des marchands faisant le commerce canadien, relative à la cause de Stuart, ci-devant procureur général.   440

Incluse. Requête des marchands à l'appui de Stuart, ci-devant procureur général.   441

23 février,
Glasgow.

Mackintosh à Goderich. N'aurait pas ennuyé Sa Seigneurie à propos de l'affaire qui s'est passée à Montréal en mai 1832 ; mais il a fait lithographier les documents pour renseigner ses amis, et il en envoie en même temps des exemplaires.   467

Description des documents.   46*

Représentation du grand jury.   471

Autres documents.   476

28 février,
Québec.

Craig à Christie. Le gouverneur en chef ne juge pas à propos de faire droit à la requête de Christie demandant copie de documents relatifs à son expulsion.   105

28 février,
Saint-Jean.

Chipman à Goderich. Remercie pour sa nomination de troisième arbitre au sujet de la division, entre le Haut et le Bas-Canada, des droits perçus dans cette dernière province.   133

5 mars,
York.

Evêque (anglican) de Québec au même (personnelle). Il apprend que son traitement a été voté par le parlement impérial. Demande permission de le toucher au moyen d'une lettre de change.   533

15 mars,
Québec.

Kerr au même. Oppose une défense aux accusations de l'Assemblée, accusations dont l'auteur est Gugy, son ennemi invétéré, qui a rédigé le rapport du comité et a proposé sa suspension. L'animus de Papineau, et sa détermination de tenir l'accusation suspendue sur sa tête.   410

15 mars,
Gaspé.

Christie à Goderich. Se plaint du procédé inconstitutionnel adopté à son égard en le chassant de l'Assemblée, et demande justice.   69

1833.
18 mars,
Québec.

Nicolls à Howick. Recommande la cause de John Sedley, dont il envoie la requête·demandant une concession de terres.   Page 501

Inclus. Requête de John Sedley. Représente ses services et demande une concession do terres.   502

Documents relatifs à la cause de Sedley.   505, à 508

21 mars,
Londres.

Littleton à Howick. A transmis une requête de madame Bowden à Goderich, et a de nouveau demandé une réponse lorsque Goderich était malade. Envoie lettre de madame Bawden, et lui demande de voir à la requête.   448

Incluse. Madame Bawden à Littleton. On lui a promis que la pension de sa mère, la veuve du général Monkton décédé en 1804, serait continuée à elle (madame Bawden) ; mais le changement de ministres a empêché la promesse d'être mise à l'effet. Son changement de circonstances la force de demander la gracieuse considération du roi.   449

25 mars,
Edimbourg.

Chambers à ———. Publie des travaux sur l'émigration, et désire des renseignements au sujet de concessions de terres dans la Nouvelle-Ecosse, le Nouveau-Brunswick et l'Ile du Prince-Edouard.   52a

25 mars,
Londres.

Le lord juge en chef Tindal à Hay. Demande que son frère soit aidé, par des lettres de présentation, à connaître l'étendue des concessions de terres et les conditions auxquelles elles sont faites.   559

26 mars,
Londres.

Barrie à Goderich. Appelle l'attention sur le cas de madame Campbell, dont la réclamation pour avoir été employée à cultiver le chanvre a été réglée par le paiement de £1,000, le titre, etc., à la terre concédée. Elle ne peut obtenir la terre, parce que le gouvernement n'a pas la quantité de terres défrichées, et madame Campbell décline l'offre de terres à bois, parce qu'elle n'a pas d'enfants assez en âge pour les défricher. Demande que le gouvernement canadien soit invité à fournir la quantité convenue de terres défrichées, ou à donner l'équivalent en argent.   7

29 mars,
Québec.

Mémoire des marchands de Québec contre la prétention des Etats-Unis à la libre navigation du Saint-Laurent.   365

8 avril,
Londres.

R. S. M. Bouchette. Pétition demandant la charge de solliciteur général, aujourd'hui vacante par la promotion d'Ogden.   10

19 avril,
Londres.

Logan à Stanley. Envoie pétition des marchands faisant le commerce au Canada.   451

Incluse. Une seconde pétition en faveur de Stuart, ci-devant procureur général du Bas-Canada.   452

21 avril,
Ardee.

Bridget Keenan à Stanley. Demande qu'il l'aide à obtenir les £40 déposés pour elle dans la banque de Montréal par son frère et sa sœur, décédés à Montréal en 1832.   415

22 avril,
Londres.

Prevost à Lefèvre. Envoie des demandes de renseignements venant de la Suisse.   524

Incluses. Questions concernant Gugi (Gugy), qui était shérif à Québec en 1829. Est-il vivant ? Est-il marié ou célibataire ? Quelle famille a-t-il ? Et quelle est sa situation au point de vue de la fortune ?   525

23 avril,
Sherbrooke.

Assemblées publiques en faveur des townships de l'Est. Résolutions favorisant l'obtention d'une charte pour la Compagnie Britannique-Américaine des Terres.   18

23 avril,
Bristol.

Nixon à Stanley. Demande des renseignements sur la concession de Robert Campbell, s'il est encore vivant et où il demeure—pour l'avantage de sa fille.   509

25 avril,
Manor
Hamilton.

Pétition de Brian Gaffeny, demandant que des instructions soient données à l'effet qu'il reçoive la somme laissée par son frère qui, avec sa femme et ses quatre enfants, est mort du choléra à Québec.   370

20 avril,
Boulogne.

Campbell à Hay. Se plaint de la conduite du consul Hamilton, qui fait payer à ceux qui reçoivent des lettres affranchies le plein prix de port.   53

1833.
1er mai.

Pétition de Madame McKay, veuve de William Mackay, surintendant des affaires des sauvages dans le district de Montréal, demandant
secours.   Page 480

21 mai,
Amherstburg.

Évêque (anglican) de Québec à Stanley (personnelle). Les difficultés
qui existaient ont empêché la division du diocèse. Goderich a écrit que
le diocèse peut être divisé si des arrangements pécuniaires convenables
peuvent être faits. Les dispositions que l'évêque propose de prendre à
cet effet en ajoutant au suffragant les offices d'archidiacre et de recteur
de Québec.   534

Incluse. Goderich à l'évêque de Québec. A cause d'obstacles qui se
trouvent dans la voie, il ne peut mettre les recommandations de l'évêque
à effet.   538

24 mai,
New-York.

Buchanan à Hay. L'augmentation de l'émigration au Haut-Canada
par voie de New-York a considérablement ajouté à ses travaux, et il a
dû prendre un autre commis. Demande pour ce commis un salaire qui,
avec les dépenses casuelles, s'élèvera à £200 par année, somme qui couvrira à peine les dépenses.   34

27 mai,
Cobden.

Mackintosh à Hay. Serait aise de connaître la décision prise relativement à sa réclamation et à celle du capitaine Temple pour les frais judiciaires payés par eux pour les troupes appelées à réprimer l'émeute à
Montréal en mai 1832.   483

27 mai,
Clonmel.

Pétition de Thomas Moylan au sujet de la propriété de son frère, James
Moylan, dont il est le seul frère survivant.   485

14 juin,
Londres.

Jeffery à Hay. Demande renseignement au sujet d'un acte qu'on dit
avoir été exécuté par sir William Alexander en juin 1639 de certains
territoires dans New-York et Long-Island.   408

(Sir William Alexander le premier lord Sterling est mort le 12 de
février 1839, c'est-à-dire suivant la coutume moderne 1640, ce qu'il ne
faut pas oublier dans une cause de cette nature. Il paraît évident
qu'en 1639 lord Sterling essayait de mettre de l'ordre dans ses affaires
financières, qui étaient devenues très embarrassées.)

15 juin,
Londres.

Mandelsloh à Stanley. Expose le cas de Mandelsloh, et demande que
des mesures soient prises pour amener le frère survivant à rendre compte
de la propriété du défunt.   486

15 juin,
Londres.

Green à Stanley. Se plaint de ce qui s'est passé à la quarantaine de
la Grosse-Ile à l'arrivée de la *Caroline.*   372

20 juin,
Gaspé.

Christie à Stanley. Fait allusion à la lettre du 15 mars, et se plaint
de ce qu'Aylmer a approuvé la conduite inconstitutionnelle de l'Assemblée, qui l'a chassé, en conséquence de quoi il a décidé de se retirer de la
lutte contre l'inconstitutionnalité de l'Assemblée, soutenue comme elle
l'a été par Aylmer. Discute très longuement sur ce point.   72

20 juin,
Londres.

Hume à Lefèvre. Demande pourquoi les documents canadiens n'ont
pas été, tel que promis, déposés à la Chambre.   404

25 juin,
Gaspé.

Christie à Stanley. Se plaint de l'abolition de la charge de président
des sessions trimestrielles, pour l'acceptation de laquelle il s'était démis
d'autres emplois. Le paiement des arrérages qui lui étaient dus a été
refusé par l'Assemblée, et il a été payé en terres. Demande compensation, soit par sa nomination à une autre charge, ou par rémunération en
terres.   106

3 juillet,
Ennistymon.

Pétition de Anne Nugent au sujet de sommes d'argent qui lui ont été
laissées par son oncle en Maryland.   510

6 juillet,
New-Cross.

Adams à Hay. Sa condition malheureuse; il n'a pu se faire une
situation permanente. Envoie des documents pour établir ses principes;
demande un emploi dans les colonies. Sa compétence.   3

15 juillet,
Gaspé.

Christie à Stanley. Envoie copie de résolutions adoptées dans une
assemblée à Malbay au sujet des résolutions de l'Assemblée le concernant.   110

1833.

Incluse. Copie des résolutions dont le préambule déclare que les prétendues résolutions de Malbay publiées dans la *Gazette* de Neilson sont des faussetés ayant pour objet de dénaturer les sentiments du pays sur les procédures arbitraires et inconstitutionnelles de l'Assemblée.
                                                                            Page 114

17 juillet,
Dublin.
Catherine Travers à Stanley. Demande à savoir comment elle pourrait recevoir l'argent qui lui a été laissé par le testament de son frère. Se plaint du long retard d'une lettre envoyée à Québec le 29 septembre dernier et à laquelle réponse n'a pas été reçue.   560

20 juillet,
Londres.
Brooks à Hay. Appelle l'attention sur une pétition du Bas-Canada en faveur de la Compagnie Britannique-Américaine des Terres.   19

20 juillet,
New-York.
Buchanan à New-York. La mauvaise santé constante de son frère, agent d'émigration à Québec. Demande que son neveu, fils do l'écrivain, soit associé à l'agent, afin que, s'il est absent, l'ouvrage puisse être fait. La nomination n'augmenterait pas le salaire. Raisons à l'appui de la requête.   37

25 juillet,
Saint-Jean.
Chipman à Stanley. Les arbitres entre le Haut et le Bas-Canada se sont réunis le 12 juin et se sont entendus sur une sentence, l'arbitre du Bas-Canada dissident. L'arbitrage, nonobstant, a été conduit avec une bonne volonté et une harmonie parfaites.   134
    Inclus. Liste des documents relatifs à l'arbitrage.   136
    Représentation par l'arbitrage du Bas-Canada.   137
    Observations sur la proportion des impôts à être accordés au Haut-Canada.   148
        Réponse de l'arbitre du Haut-Canada.   157
        Réponse de l'arbitre du Bas-Canada.   168
        Réplique par l'arbitre du Haut-Canada.   198
        Rapport à lord Aylmer par l'arbitre du Bas-Canada.   211
        Autres documents jusqu'à page   333
        Sentence arbitrale.   334

4 août,
Calais.
Marshall à Hay. En faveur de son gendre récemment établi près de Sorel.   487

5 août,
Québec.
Pétition de Morris Simpson, exposant ses services et ses pertes ot ceux de son père, et demandant indemnité.   545

5 août,
Londres.
Gibbs à Ripon. Représentant la culture du chanvre, et son habileté à fabriquer une machine pour le préparer pour les fabricants. Demande un emprunt et une terre pour se mettre à l'œuvre.   376

17 août,
Ardee.
Bridget Keegan à Stanley. Renouvelle sa requête demandant assistance pour obtenir les £40 laissés à Montréal pour elle par son frère et sa sœur.   416

23 août,
Londres.
Cobbett à Sanley. Envoie pétition d'une personne de Baltimore au sujet du gaspillage des deniers publics en Canada. Devra présenter la pétition à la Chambre des Communes.   63

26 août,
Thomard.
MacMahon au secrétaire des Colonies. A reçu lettre de Hay relative aux colonies australiennes au lieu de concernant un passage à son cousin aujourd'hui près de New-York.   488

20 septembre,
Lochaber.
McLean à Stanley. Demande une concession de terre pour remplacer celle qui a été annulée pour des raisons techniques; il a servi dans la milice incorporée du Bas-Canada.   494

22 septembre,
Gaspé.
Christie au même. Renouvelle sa plainte de l'injustice qui lui a été faite par son exclusion de l'Assemblée pour prétendue violation des privilèges de celle-ci. Une explication complète se trouve dans des documents précédemment transmis.   129

25 septembre,
Manchester.
Requête de John Thomson. Demande paiement d'un petit solde dépensé pour effectuer l'évasion d'officiers anglais emprisonnés comme ôtages. Sans une urgente nécessité, il ne demanderait pas le remboursement d'une somme aussi faible que celle de £70. Les motifs qui l'ont

64 VICTORIA, A. 1901

1833.

fait travailler à l'évasion des prisonniers. Un P.S. rend compte de la manière dont il a été traité à Baltimore au commencement de la guerre.
Page 562

2 octobre,
Dublin.

Crooks à Stanley. Envoie un calcul pour démontrer l'inégalité des droits imposés sur la planche et le bois de construction du Canada, les plus grandes longueurs ne payant pas plus que les plus courtes.   64
Inclus. Calcul.   67

4 octobre,
Lambeth.

Dallas au sous-secrétaire. Fait rapport qu'il a demandé à l'exécuteur une part du legs pour le frère de sa femme résidant à Montréal, et qu'il a été refusé. Demande que l'affaire soit tirée au clair. Envoie documents.   340

8 octobre,
Londres.

Macdougall à Lefèvre. A reçu dépêches pour Aylmer et Colborne, et va remplir les instructions qui les concernent.   490

15 octobre,
Yarmouth.

Shannon à Hay. Le terrain qu'il propose (*sic*) n'appartient pas à la Couronne, mais fait partie d'une propriété particulière déjà achetée sur une étendue de plusieurs milliers d'acres.   544

22 octobre,
Londres.

Pétition de A. G. Douglas demandant qu'une allocation de quelques années soit faite à ses sœurs à même la pension de leur mère, ce qui lui permettrait de sortir de ses embarras.   342
La pétition est précédée d'une note de Earle, à l'effet que sir R. d'Urban savait que les services de Douglas seraient attestés par Kempt.   341
Déclaration (en français) de A. G. Douglas.   344

22 octobre,
Londres.

Gillespie à Stanley. Envoie extrait d'une lettre d'un membre du Conseil du Canada, qui dit que le but de la faction opposée au gouvernement britannique est de produire une collision entre le militaire et la population, afin de capter les sentiments des habitants satisfaits et paisibles. Comment des tentatives sont faites pour irriter les magistrats. Les discours de Papineau aux écoles de campagne ont la même tendance. Plusieurs des adhérents de Papineau l'ont abandonné, étant devenus alarmés en voyant l'état du sentiment public; mais D. B. Viger et Bourdages consacrent leur temps à semer la révolte dans l'esprit de la jeunesse de la province. Cite des exemples pour montrer que le parti ne sommeille pas. L'opportunité de refuser de sanctionner l'acte constituant le collège de Saint-Hyacinthe en corporation. Si l'on a en vue la réunion des provinces et l'annexion de Montréal au Haut-Canada, l'ancien procureur général peut donner des renseignements précieux. Il (Gillespie) espère que l'extrait recevra attention, et que des moyens seront pris pour fortifier l'Exécutif.   380

26 octobre,
Exeter.

Farrant à Stanley. S'excuse d'avoir demandé une situation déjà occupée. Demande qu'on lui donne la chance d'être nommé à un autre emploi qui pourrait lui convenir.   363

29 octobre,
Londres.

Knowles à Hay. Une boîte de dépêches est à bord de l'*Asia*, dans les Antilles, et sera délivrée à son ordre (de Hay).   417

(?) octobre,
Manchester.

Thomson à Stanley. Avait espéré que, en ne se montrant pas importun, sa réclamation recevrait considération immédiatement. C'est la nécessité seulement qui le force à demander le solde qui lui est dû.   567

4 novembre,
Londres.

Logan à Hay. Les marchands faisant commerce au Canada avaient reçu de Stanley la promesse d'une réponse à leur requête, et ils y comptaient en toute confiance, convaincus que l'intérêt public était en jeu dans cette affaire. Ils sollicitent l'attention de Stanley pour leur pétition, et une députation va se rendre auprès de lui pour mieux exposer leurs idées, si ce mode de communication est jugé nécessaire ou convenable.   455

8 novembre,
Lambeth.

Requête de Burton, missionnaire en Bas-Canada, demandant une allocation de retraite.   20
Inclus. Certificats fournis par Burton.   22 à 26

1833.
9 novembre,
Brighton.

Taylor à Stanley. Le roi désire que la lettre de A. G. Taylor soit renvoyée pour telle réponse qu'elle peut exiger. Le roi ne connaît rien de l'affaire. Page 570

Incluse. Douglas à Taylor. La mort de madame Douglas lui vaut une grande réforme. Sa pension finit avec elle. Ne demande pas que cette pension retourne à sa fille, excepté comme faveur. Sollicite la protection de Taylor dans les présentes circonstances, la Trésorerie ayant refusé la prière de sa pétition. 571

11 novembre,
Paris.

MacGregor à Stanley. A visité divers pays pour recueillir des renseignements statistiques, et, désirant maintenant rester à Paris pour compléter ses recherches, il demande une lettre de présentation à lord Grenville. 491

14 novembre,
Londres.

Logan à Hay. Demande réponse à lettre du 4 du courant. 458

19 novembre,
Londres.

Gillespie à Stanley. Espère qu'il sera apporté remède au malheureux état des affaires dans le Bas-Canada, que les renseignements qu'il envoie seront mis à profit avant que la violence ne soit employée, et qu'on adoptera une mesure par laquelle la population loyale pourra être unie à celle de la province d'en haut. 387

Inclus. Extrait d'une lettre de Montréal. Son auteur préfère l'annexion de Montréal au Haut-Canada à l'union des deux provinces ; il ne doute pas que la question sera sagement résolue par Stanley et par Ellice s'ils consacrent suffisamment de temps à l'étudier, mais c'est à défaut d'investigations nécessaires que le ministère des colonies en arrive parfois à des décisions mal avisées. Les affaires ne peuvent sans grand danger rester en l'état où elles sont dans le Bas-Canada, et si l'on décide pour l'union, pourquoi serait-elle retardée au delà du temps nécessaire à l'étude des détails ? 388

19 novembre,
Londres.

Kerr à Stanley. Avec permission, envoie copie d'un mémoire. 418

Inclus. Un court mémoire sur les situations publiques dans le Bas-Canada occupées par le juge Kerr, avec date de sa nomination à ces postes, et arrestations. 419

Annexe. Copies de lettres mentionnées dans le mémoire. 425

21 novembre,
Londres.

A. G. Douglas à Stanley. Ayant reçu une lettre de Hay à l'effet qu'on ne pouvait obtempérer à ses désirs. Fait appel à Stanley de lui accorder la justice qu'il demande. 357

28 novembre,
Canterbury.

Stewart au secrétaire de la Guerre. Ayant été retenu comme ôtage par les États-Unis, il désire savoir quel châtiment ont reçu les hommes pour lesquels lui et les autres ont été retenus comme ôtages, afin qu'il puisse les mentionner dans le livre qu'il écrit sur sa captivité et son évasion. 554

30 novembre,
New-York.

Thomas à Stanley. Envoie le prospectus d'un journal qu'il est question d'établir à Québec sur les principes avancés dans ce prospectus. L'esprit des journaux anti-ministériels. Les lacunes, sous ce rapport, de la presse gouvernementale. Il ne demande pas que le *True Canadian Patriot* soit officiel, mais que le gouvernement lui donne l'appui qu'il lui plaira. 373

2 décembre,
Londres.

Birmic à Hay. Désire des renseignements sur une concession de terre en Canada donnée à son oncle le lieutenant James McDonald. 30

4 décembre,
Dunse.

Home au même. Demande des renseignements au sujet de concessions de terrains faites à des officiers pendant la révolution américaine. Fait connaître ses services et la cause du retard mis à sa demande. 407

4 décembre,
Québec.

James George à sir Hilgrave Turner. Appelle encore l'attention sur un nouveau système de cavalerie. Le capitaine Alexander lui a appris que l'adjudant général l'approuvait hautement et que lui, Alexander, avait livré à la Trésorerie une requête demandant de l'aider pour utiliser les vastes ressources du pays. Demande qu'un mémoire sur le commerce de bois, qu'il espère n'avoir pas été envoyé irrégulièrement à ses soins,

1833.

sera reçu avec faveur. Si ce mémoire ne peut être déposé devant le Conseil privé, il demande qu'il soit envoyé, avec la lettre, au secrétaire des Colonies.   Page 392

Inclus. Mémoire concernant le commerce de bois de l'Amérique Britannique du Nord.   396

6 décembre, Manchester.

Mémoire de Shaworoes demandant à savoir comment il devra prendre possession des biens, à Québec et en Jamaïque, qui ont été laissés à son frère, dont il est l'agent.   557

7 décembre, New-York.

Buchanan à——— (personnelle). Envoie projet ayant pour but de faire disparaître les miséreux et d'alléger ainsi un fardeau. Recommande l'achat d'une propriété de 400 acres près d'Oxford, sur la Thames (Canada), dans le but de mettre le projet à l'épreuve.   40

9 décembre, New-York.

Moore à Hay. Envoie connaissement pour une caisse expédiée par ordre de Vaughan.   493

16 décembre, New-York.

Buchanan à Stanley. En envoyant son projet, a omis d'y joindre les questions. Il expédie aujourd'hui.   43

Incluses. Questions adressées à des établissements de miséreux dans les États de New-York et du Connecticut à l'époque qu'il en a visité plusieurs.   44

16 décembre, Londres.

Grant à Hay. Demande renseignement sur Angus Cameron, arpenteur dans l'Amérique du Nord.   402

23 décembre, Fort Holly.

Weldon à Stanley. Il désire émigrer dans l'Amérique du Nord et a hâte d'avoir des renseignements authentiques sur la manière d'obtenir un emploi du gouvernement en qualité de clergyman.   577

26 décembre, Lochaber.

McLean à Stanley. Aylmer ayant refusé de transmettre sa lettre du 20 décembre pour la raison qu'il ne pouvait pas envoyer une seconde requête sur un sujet déjà examiné, il l'envoie directement. Demande avec instance que sa requête soit accordée, vu son extrême misère.   498

26 décembre, Bristol.

Nixon au même. Remercie pour renseignements au sujet du capitaine Campbell.   513

Pas de date.

Buchanan à Hay (personnelle). A transmis copie de lettre à Bolton, agent du comte de Derby, au sujet d'émigrants arrivés de Limerick quelques jours auparavant. Stanley étant intéressé à ces émigrants, la lettre à Bolton a été envoyée non cachetée, afin qu'il pût la transmettre après en avoir pris connaissance. Détails concernant les émigrants, etc.   13

Requête de Mme E. G. Bawden, seul enfant survivante de feu le lieutenant général Monkton. Avait espéré que la pension de sa mère lui aurait été continuée ; demande secours et une concession de terres.   27

Requête de William et de Francis Holmes Coffin, faisant connaître les services et les pertes de leur père, et demandant leur part de la compensation qui a été donnée.   56

Inclus. Extrait d'un rapport du comité général du conseil sur la pétition de John Coffin.

Lord Elrington à———. Son intérêt à Christie. Demande que des lettres pour Aylmer et Christie soient envoyées à Karslake.   359

Inclus. Karslake à Elrington. Tentative infructueuse de Christie de rendre la rivière Medway navigable ; perte de sa fortune dans ses efforts. Il se rend au Canada. Demande lettres de recommandation de Stanley à Aylmer et Colborne.   360

Parkin à Stanley. Est prêt à accepter une nomination à Ceylon, Nouvelle-Galles du Sud, Terre de Van Dieman ou au Cap de Bonne-Espérance, si elle n'est pas très subordonnée, ou il accepterait une nomination ecclésiastique en Angleterre.   526

Requête de Christian Smith demandant un certificat de décès de son mari, mort à Montréal le 20 juin 1832.   542

LETTRES DU PROCUREUR GÉNÉRAL STUART, 1831 à 1833.

Q.—212—1—2—3—4—5.

Ce volume, divisé en cinq · parties, contient les accusations contre Stuart et ses réponses ; à cause de leur nature et de leur longueur, il est impossible de les résumer dans un espace raisonnable.

COMPAGNIE BRITANNIQUE-AMÉRICAINE DES TERRES, 1832, 1833.

Q. 213.

1832.
12 février,
Londres,

Galt à Goderich. Transmet copie d'un rapport d'une assemblée publique où il a été décidé d'établir la Compagnie Britannique-Américaine des Terres.   Page 1

Inclus. Rapport.
Assemblée dans laquelle le rapport a été adopté.   11
Prospectus.   15

24 février,
Londres.

Galt à Goderich. Désire savoir quand il lui conviendra de recevoir une députation.   18

24 février,
Londres.

Galt à Goderich. A envoyé rapport et prospectus de la Compagnie Britannique-Américaine des Terres. La liste de souscription est si avancée qu'une députation a été chargée de se rendre auprès de Sa Seigneurie pour s'assurer de l'opinion du gouvernement. La compagnie se propose de commencer d'abord dans les townships de l'Est, mais elle ne désire pas s'engager envers un district particulier. Ses paiements annuels peuvent être affectés à un fonds pour l'émigration, et, quoi qu'il serait de l'avantage de la compagnie de rendre ses terres aussi accessibles que possible, cependant il y a des palais de justice, des maisons d'école, des ponts, etc., strictement publics, auxquels une partie des paiements de la compagnie pourrait être appliquée. Si Sa Seigneurie désire plus amples renseignements, elle est priée de le signifier.   3

7 mars,
Londres.

Le même au même. Les conditions relatives aux paiements des terres et à l'application d'une partie de ces paiements à des améliorations sont sorties satisfaisantes. Tant que les réserves du clergé n'auront pas été vendues, elles seront une cause de mécontentement.   19

Aperçu de ce que la Compagnie Britannique-Américaine des Terres peut avoir besoin.   21

24 mars,
Londres.

Galt à Goderich. Le comité de la Compagnie Britannique-Américaine des Terres désire avoir la lettre que Sa Seigneurie a promise sur le point débattu avec la députation.   24

30 mars,
Londres.

Le même à Howick. Le comité de la Compagnie Britannique-Américaine des Terres est satisfait de la liberté donnée à la compagnie de faire commerce pour les terres de la Couronne et les réserves du clergé, mais regrette que Goderich ait fixé deux ans au lieu de cinq pour les évaluations, car même au bout de cinq ans l'évaluation ne peut être que théorique.   25

6 avril,
Londres.

Le même au même. Les actionnaires de la Compagnie Britannique-américaine des Terres ont, à une assemblée, montré une telle détermination d'obtenir une extension de temps pour l'évaluation, qu'ils ont délégué une députation auprès de Goderich. Désire savoir quand il lui conviendra de recevoir la députation.   27

9 avri
Londres.

Le même au même. Envoie copie du rapport du comité provisoire de la Compagnie Britannique-Américaine des Terres.   28

Inclus. Rapport.   . 29

64 VICTORIA, A. 1901

1832.

Résolution de l'assemblée des actionnaires à l'effet que le rapport soit adopté, mais ils considèrent que l'espace de temps fixé pour l'évaluation est trop restreint et qu'il devrait être prolongé.   Page 40

11 avril,
Londres.

Galt à Howick. Au lieu d'évaluations successives, ainsi que proposé, les actionnaires préféreraient prendre une quantité spécifique de terres à un prix donné, et il fait l'offre, sujette à ratification, d'acheter 500,000 acres à trois shellings l'acre, avec trois termes de paiement. Propose de conférer sur les points qui demandent explication.   41

12 avril,
Londres.

Le même au même. Ne peut réunir pour samedi une assemblée devant choisir une députation, mais il ira le voir ce jour-là pour se faire expliquer les conditions proposées, lesquelles sont si différentes de celle qu'il (Galt) avait été autorisé à faire.   44

16 avril,
Londres.

Le même au même. Propositions faites par la Compagnie Britannique-Américaine des Terres pour l'acquisition de terres, sur des points qui n'étaient pas satisfaisants auparavant.   45

Note de l'entretien entre Howick et Galt.   47

Copie de la note de Howick à Galt.   49

18 avril,
Londres.

Galt à Howick. Comme le gouvernement ne serait pas sous le contrôle du comité de la Compagnie Britannique-Américaine des Terres pour l'application d'une moitié du prix d'achat, le comité a abandonné la proposition, ainsi qu'en font foi les résolutions incluses.   50

Incluses. Résolutions.   51

28 avril,
Londres.

Galt à Howick. A préparé des titres du contrat proposé avec la Compagnie Britannique-Américaine des Terres. Rappelant le délai au sujet des négociations avec la Compagnie du Canada, il suggère que les minutes soient l'objet d'une étude particulière avant de devenir officielle.   52

Incluses. Minutes du contrat.   54

5 mai,
Londres.

Galt à Howick. Les actionnaires ayant consenti aux conditions énoncées dans la lettre de Sa Seigneurie, avis a été donné de l'intention de demander une charte au parlement.   63

16 avril,
Londres.

Le même au même. Envoie exemplaire du bill constituant en corporation la compagnie des Terres.   64

Inclus. Exemplaire du bill.   65 à 103

24 mai,
Londres.

Galt à Howick. Il y a quelques objections techniques au bill concernant la Compagnie Britannique-Américaine des Terres, et on l'a prié de demander qu'une entrevue soit accordée à une députation. Lundi serait le jour qui conviendrait le mieux.   104

31 mai,
Londres.

Demande une entrevue avec Goderich, suivant requête antérieure. 105

4 juin,
Londres.

Le même au même. Le but des directeurs de la Compagnie-Britannique-Américaine des Terres en voulant une entrevue, est de connaître au juste l'obstacle qui a surgi contre la présentation du bill auquel le gouvernement avait promis de ne pas s'opposer, car sans information il sera difficile de donner des explications aux actionnaires.   106

9 juin,
Londres.

Le même au même. Aussitôt qu'ils auront arrêté la ligne de conduite à suivre, les directeurs communiqueront leur décision.   108

28 juin,
Londres.

Le même au même. Vu les circonstances mentionnées, les directeurs de la Compagnie des Terres suspendront leurs procédures parlementaires et demanderont une charte ; une copie de celle proposée est transmise. 109

30 juin,
Londres.

Le même au même. Pour sauver du temps, demande une entrevue au sujet du contrat pour la Compagnie des Terres.   111

30 juillet,
Londres.

Le même au même. Soumet à l'examen de Goderich la charte proposée de la Compagnie des Terres ; lorsqu'elle sera finalement approuvée par Goderich, elle sera soumise aux actionnaires avant d'être grossoyée.   112

Incluse. Charte proposée de la Compagnie Britannique-Américaine des Terres.   113

1832.
18 août,
Londres.

Gould à Goderich. A l'approche de l'entrevue, envoie des notes sur la charte proposée, concernant le capital et le but de la compagnie, la quantité des terres et le prix qui, une fois fixé, devra être, selon le désir des directeurs, le prix minimum auquel les terres devront être vendues à d'autres compagnies ou à des particuliers. Page 160

24 août,
Londres.

Galt au même. Les directeurs regrettent que le gouvernement s'en tiennent à la détermination exprimée dans la lettre de Howick du 23 avril. Les circonstances changées leur avaient fait espérer plus d'indulgence. Les directeurs se voient forcés d'abandonner le projet, qu'ils ne peuvent poursuivre excepté à des conditions qu'ils puissent concilier avec leur jugement. Transmet des propositions modifiées. Les parties citées sont celles qui ont été acceptées. En outre, de limiter leurs opérations d'abord au Bas-Canada, et de ne pas commencer dans les autres provinces sans le consentement du roi en conseil. Au lieu de 500,000 acres à un prix indéterminé payable en dix ans, ils proposaient de prendre dans les parties arpentées de la province 1,000,000 d'acres à trois shillings, cours de Halifax, payable en quinze ans par versements, et 500,000 dans les parties non arpentées ou dans une autre province. Un règlement est demandé avec instance, vu que le retard est très coûteux. 167

25 août,
Londres.

Le même à Howick. Envoie lettre contenant des matières d'un intérêt vital pour la compagnie, sur l'autorité d'une lettre de Viger à l'effet qu'une charte a été refusée à la compagnie. Suppose que ceci peut être expliqué, et présume que la nouvelle a trait à l'acte du parlement et non à la charte. 171

Inclus. Extrait d'un journal français. 172

31 août,
Londres.

Galt à Howick. Les directeurs ne peuvent souscrire aux conditions de la lettre du 23 avril au sujet de laisser les autorités locales fixer les prix. Ils offrent trois schellings sterling de l'acre pour 500,000 acres et pour le terrain aux termes de la lettre du 23 avril. 173

7 septembre,
Londres.

Galt à Howick. Les directeurs sont surpris d'entendre Sa Seigneurie dire que les renseignements manquent pour démontrer qu'il y a dans le Bas-Canada assez de terres qui pourraient être avantageusement vendues à la compagnie ; on avait pensé que le rapport de Richard et l'opinion de l'arpenteur général suffisaient. La condition et le prix étaient arrêtés, et il ne restait plus rien qui ne pût être facilement réglé. Les directeurs croient que l'offre est très avantageuse pour le gouvernement, simplement comme transaction commerciale, et ils espèrent que Sa Seigneurie, en considération de son utilité publique, se rendra, si possible, à leur raisonnable requête. 175

Inclus. Documents qui peuvent aider à déterminer un prix de gros pour des terres en Bas-Canada. 179

17 septembre,
Londres.

Gould à Howick. Le désir d'améliorer les deux Canadas ; l'effort pour établir la Compagnie des Terres qui ne peut être appuyée à moins qu'il n'y ait un profit sur les placements. Le rapport décourageant envoyé par Viger et grâce auquel la compagnie a perdu l'appui pécuniaire de tous les actionnaires en Canada, particulièrement au temps où l'on a laissé les fausses représentations de Viger faire leur œuvre. Ne pense pas que 500,000 acres suffisent comme champ d'action pour une entreprise comme celle-là ; mais il est disposé à essayer, plutôt que de renoncer à l'espoir de sa grande utilité, car l'émigration ne peut être arrêtée. L'émigrant, espère-t-il, restera sujet britannique et consommateur de marchandises britanniques, et cela mérite la plus haute considération du gouvernement. 183

22 septembre,
Londres.

Galt au même. Les directeurs de la Compagnie des Terres ne cherchent pas la controverse. La différence entre eux et Goderich paraît résider dans le fait qu'il pense qu'ils offraient des lots détachés au lieu de blocs de terres qui sont d'une dimension indéfinie, les lots étant jugés être de

18—6½

64 VICTORIA, A. 1901

1832.

200 acres chacun. Leur offre comporte 500,000 acres en un ou plusieurs blocs aussi contigus que possible.   Page 188

Inclus. Carte des comtés de Drummond, Mégantic, Shefford, Sherbrooke et Stanstead.   191

Etat statistique des townships de l'Est.   192

Particularités relatives aux townships dans les comtés énumérés, savoir

	Page.
Mégantic.....................................	194
Drummond	196
Sherbrooke....	198
Shefford......	200
Stanstead...........................	201
Nicolet............................	202

22 septembre, Londres.

Galt à Howick. Appelle l'attention sur une expression que Goderich ne peut admettre l'exactitude de son assertion (à Galt). Documents d'Ellice conservés comme preuve de sa véracité. Ellice servant d'intermédiaire.   203

5 novembre, Montréal.

Extrait d'une lettre. Inclus dans Gould à Goderich, 10 décembre 1832.

9 novembre, Londres.

Galt à Howick. Les directeurs regrettent que Goderich ne croit pas devoir fixer le prix à Londres. Ils proposent un arbitrage et demandent une entrevue.   206

29 novembre, Londres.

Le même au même. Appelle l'attention sur une requête demandant une entrevue, requête à laquelle il n'a pas été répondu.   209

8 décembre, Londres.

Le même au même. Les directeurs regrettent que les affaires publiques empêchent l'entrevue; ils regrettent aussi qu'autant de temps ait été perdu en négociations infructueuses, car ils avaient espéré que les renseignements donnés auraient décidé Goderich à faire fixer le prix des terres par Downing Street. Les directeurs ne convoqueront pas une assemblée des actionnaires avant de savoir ce qu'ils peuvent attendre de la Chambre d'Assemblée.   210

10 décembre, Londres.

Gould à Goderich. Envoie extrait d'une lettre de Québec qui s'accorde d'opinion avec deux lettres qui ont paru dans le *Morning Herald*. Regrette qu'il y ait une apparence que la Compagnie Britannique-Américaine des Terres se dissolve, car cela sera fait avec la plus grande répugnance par les directeurs. Il serait prématuré de parler de l'ouverture de la navigation du Saint-Laurent aux Etats-Unis.   213

Inclus. Extrait d'une lettre, datée Montréal, 5 novembre 1832, faisant voir le danger de laisser à l'autorité dans le Bas-Canada l'évaluation des terres pour lesquelles la Compagnie Britannique-Américaine est en négociation.   216

1833.
16 janvier, Québec.

Extrait de lettre. Inclus dans Gould à Howick, sans date.

15 février, Londres.

Reid à Howick. Demande à Sa Seigneurie de recevoir une députation au sujet de l'état présent de la compagnie.   221

18 février, Londres.

Le même au même. Lettre de Sa Seigneurie du 16, reçue aujourd'hui seulement. La députation ne peut être prête à temps, et il demande en conséquence de fixer un autre jour.   222

21 février, Londres.

Le même au même. Soumet, au nom des directeurs, les propositions pour l'achat de terres et de réserves de la Couronne à être évaluées par les autorités du Bas-Canada, les directeurs ayant le choix d'accepter ou de rejeter les terres à l'évaluation ainsi fixée.   223

5 mars, Downing Street.

Howick à Reid. Inclus dans résolutions d'un comité, 29 juillet 1833.

8 mars, Londres.

Reid à Howick. Les actionnaires de la Compagnie Britannique-Américaine des Terres accèdent aux termes de la lettre de Sa Seigneurie du 5.   230

DOC. DE LA SESSION No 18

1832.

3 avril,
Londres.
Reid à Lefèvre. Relativement à l'acceptation des termes de la lettre de Howick du 5 du courant, les directeurs désirent savoir si le gouverneur du Bas-Canada a été appelé à faire rapport.   231

26 juillet,
Londres.
Le même à Hay. Maintenant que le gouvernement est en possession de tous les détails, les directeurs de la Compagnie des Terres demandent une entrevue, afin de voir s'il est possible d'en arriver à un arrangement équitable.   232

29 juillet,
Londres.
Résolutions d'un comité des directeurs de la Compagnie des Terres. Il ne peut recommander aux directeurs d'accepter l'offre de Stanley, le terrain n'étant pas situé où on le pensait. Pour se rapprocher aussi près que possible des vues de la compagnie, le comité recommande que les directeurs tâchent d'obtenir toutes les réserves de la Couronne et d'autres terres arpentées de la Couronne s'élevant à près de 495,000 acres, ainsi que les 500,000 offertes dans la lettre de Stanley.   233

Terres appartenant à la Couronne dans les townships de l'Est.   236

Howick à Reid. Le gouverneur du Bas-Canada sera appelé à faire rapport sans délai sur la partie des terres qui peut être vendue à la compagnie et à quel prix.   238

17 août,
Londres.
Reid à Earle. Envoie des documents auxquels il sera référé à l'entrevue avec Stanley.   241

Inclus. Inventaire de documents.   243

Notes pour aider à fixer un prix pour des réserves de la Couronne et pour des terres publiques non arpentées dans certains comtés.   245

Tableau de la population des townships contenus dans certains comtés, et des prix fixés par le commissaire des terres de la Couronne.   247

Esquisse des townships de l'Est dans certains townships.   254

24 août,
Londres.
Reid à Lefèvre. Les directeurs de la Compagnie des Terres acceptent l'offre de Stanley, sujet à la satisfaction des actionnaires. Envoie des notes pour lesquelles il demande favorable considération. Les directeurs demandent : 1° qu'une période plus courte que deux ans soit indiquée, pendant laquelle le gouvernement pourrait réserver des lots de ville ; 2° que l'achat ne devrait pas être mélangé avec les réserves du clergé ; 3° de rendre plus claire la condition relative à la construction de travaux publics ; 4° que l'exigence d'un intérêt devrait être abandonnée ; 5° au sujet de la garantie pour le paiement des terres, tout le capital sera engagé pour l'exécution du contrat. Autres considérations.   255

19 septembre,
Londres.
Reid à Lefèvre. Envoie mémoire proposé dans lequel est incorporé le contrat pour la vente par le gouvernement à la compagnie. Les directeurs proposent que, lorsqu'on se sera finalement entendu sur le mémoire, il soit soumis à une assemblée générale des actionnaires. Le capital se compose de 6,000 parts de £50 chacune, toutes prises ; un dépôt de £3 a été payé sur chaque part.   264

Inclus. Copie du contrat.   266

Plan des divers comtés.   268

Variations dans le contrat.   270

28 septembre,
Londres.
Reid à Hay. Le mémoire proposé a été envoyé au ministère des Colonies il y a une semaine environ. Les directeurs attendent avec hâte une réponse.   274

2 novembre,
Londres.
Le même au même. Le mémoire a été reçu avec modifications. Le renvoie avec suggestions et observations.   275

4 décembre,
Londres.
Le même au même. A une assemblée générale des actionnaires, la vente, suivant le mémoire, a été acceptée. Deux copies du contrat, signées, ont été envoyées pour être exécutées par Stanley.   276

25 décembre,
Londres.
Gould à Stanley. Envoie charte proposée, avec observations.   277

Pas de date.
Gould à Howick. Envoie une longue lettre, qui vient d'être reçue, sur la compagnie Britannique-Américaine des Terres.   226

Inclus. Extrait d'une lettre de Québec, datée le 16 janvier 1833. Désappointement à l'idée que la Compagnie Britannique-Américaine ne commence pas les opérations. L'idée que l'on se fait de ses avantages dans les townships de l'Est.   Page 228

Pétition des habitants des townships de l'Est en faveur de la Compagnie Britannique-Américaine des Terres.   280

(Une pétition semblable a été envoyée par les habitants de Québec).

(LETTRES DE M. VIGER, 1831 À 1833.)

(La partie 1 est paginée de 1 à 264, la partie II de 265 à 523, la partie III de 524 à 748, la partie IV de 749 à 996, la partie V de 997 à 1227, la partie VI de 1228 à 1521, la partie VII de 1522 à 1753, la partie VIII de 1754 à 1957.)

Q. 214.—1-2-3-4-5-6-7-8.

1831.
11 juillet,
Londres.

Viger à Goderich. Récapitule ce qui s'est passé dans la dernière entrevue au sujet de certaines pétitions, et en demande une autre pour examiner deux nouvelles pétitions, celle particulièrement qui concerne le procureur général.   5

21 juillet,
Londres.

" Considérations relatives à la pétition contre M. le Procureur Général du Bas-Canada ", un long argument à l'appui des accusations portées contre le procureur général Stuart.   8

Lettre, portant la même date, relative aux considérations ci-dessus.   24

19 août,
Londres.

Viger à Goderich. A reçu la lettre de Sa Seigneurie. Mettra toute diligence à répondre à la défense de Stuart.   27

23 août,
Londres.

Le même à Hay. (*Voir* lettre à Goderich du 27.) A reçu lettre et imprimés, dont l'un contenant la pétition et le mémoire de Stuart, l'autre sa correspondance avec le secrétaire du gouverneur, la pétition de Samson, etc. Des observations sur le deuxième et le troisième rapports, mais rien sur le premier. Demande s'il doit en conclure que Stuart ne voit aucune nécessité d'y répondre, ou qu'on a omis de transmettre ses observations ? Dans ce dernier cas, il demande qu'une réponse lui soit envoyée, afin qu'il puisse traiter les différents sujets en leur ordre.   29

27 août,
Londres.

Viger à Goderich. La maladie l'a empêché de terminer ses observations supplémentaires sur les sujets débattus dans son entrevue avec Sa Seigneurie. Il s'occupe en ce moment du mémoire de Stuart; mais il y a quelques matières relatives aux griefs sur lesquels il a réuni des observations qu'il ne croit pas devoir retarder jusqu'à ce qu'il puisse envoyer quelque chose de mieux si les circonstances et le défaut de temps n'y mettent pas obstacle. Si les occupations de Sa Seigneurie lui en laissent le loisir, il désire donner en même temps un mot d'explication. Il avait écrit à Hay, mais n'avait pas reçu de réponse, faisant remarquer que dans son mémoire Stuart n'avait tenu aucun compte du premier rapport sur les griefs. Il lui est difficile de penser que Stuart ne juge pas nécessaire de répondre à cette partie des plaintes ; mais il ne désire pas qu'on lui reproche d'avoir fait remarquer ce défaut, et il a fait observer à Hay qu'il convenait de traiter les différents sujets dans leur ordre.   31

29 août,
Londres.

Le même à Hay. Il a reçu sa lettre. L'intention de Goderich est la même que la sienne (à Viger) : pousser aussi vite que possible la discussion de l'affaire. Les plaintes de l'Assemblée sont fondées sur les trois rapports du comité des griefs chargé de s'enquérir de la conduite de Stuart. Tous les documents réunis par Stuart ont trait au troisième rapport, le reste du mémoire au deuxième rapport. Il a appris par une lettre que Stuart avait l'intention de remplir la lacune signalée par

DOC. DE LA SESSION No 18

1831.

Viger. Il (Viger) désire apporter toute la diligence possible à l'étude et à la discussion de cette affaire, qui a été compliquée par Stuart. Traiter les sujets séparément entraînerait des retards, mais il va y mettre toute la diligence possible.   Page 34

12 septembre, Londres.

Viger à Hay. Fait des excuses pour n'avoir pas, samedi, accusé réception de sa réponse. Il désirait éviter plutôt que créer des obstacles. Il désire assurer Goderich qu'il ne craint pas la discussion et ne veut pas ajouter aux retards, mais désire mettre fin à un travail auquel le devoir seul pouvait le lier. Pour se faire une idée du temps nécessaire à l'accomplissement de ce travail, il faut savoir que le mémoire couvre 64 pages imprimées en très petits caractères et traite d'une grande variété de sujets compliqués de nouvelles considérations qu'il doit faire, quelles que soient ses opinions personnelles. Il y mettra toute la diligence possible, sans précipitation.   36

14 septembre, Londres.

Le même à Goderich. Rappelle à Sa Seigneurie sa demande d'une entrevue. Depuis lors, d'autres communications ont été reçues, dont quelques-unes ont ajouté aux motifs qui l'ont porté à demander une entrevue.   38

17 septembre, Londres.

Le même à Hay. Accuse réception de lettre et désigne lundi à 2 heures pour une entrevue.   39

24 septembre, Londres.

" Observations relatives à quelques-uns des griefs de l'Assemblée du Bas-Canada énoncés dans son adresse en 1831." Les observations sont divisées en parties séparées. La première est intitulée " Education ".
                                                         40 à 61
La deuxième " Concessions de terres de la Couronne ".   62 à 77

24 septembre, Londres.

Viger à Goderich. Le jeune monsieur qui fait ses écritures a pu, ce matin-là seulement, terminer la première partie de ses observations. Le travail de la deuxième partie est bien avancé. Il est naturel qu'il désire une copie du document terminé, car il n'en a que le canevas, mais il sera prêt à livrer ce qui est déjà fait la semaine prochaine si Sa Seigneurie signifie qu'elle le désire. Il va continuer à travailler, afin de terminer la deuxième partie sans retard. Il demande quelques exemplaires du mémoire pour les envoyer à l'Assemblée, s'il n'en a pas été déjà transmis au gouverneur. Il s'était proposé de dire cela à Sa Seigneurie, s'il n'avait pas craint d'abuser de sa complaisance.   78

27 septembre, Londres.

Le même à Hay. A une note l'informant que Goderich le recevra jeudi prochain ; il se rendra auprès de lui à l'heure indiquée.   80

28 septembre, Londres.

Viger à Goderich. A commencé à travailler sur le mémoire de Stuart dès qu'il l'eût reçu, les obstacles qui s'opposent à un rapide achèvement de la tâche de discuter le mémoire, tâche qui aurait été encore plus longue s'il avait été obligé de discuter les opinions contenues dans le mémoire.   81
Index des sujets des observations contenues dans le mémoire de Goderich.   84
Observations. Observations préliminaires.   86
Première partie.   108
Deuxième partie.   167
(Les observations sont si longues et entrent dans tant de détails, qu'il est impossible de les résumer dans un espace raisonnable.)

8 octobre, Londres.

Viger à Goderich. Il a envoyé de nouvelles observations, ainsi que requis. Elles portent sur la partie du mémoire à laquelle Stuart a donné le plus d'attention. Il (Viger) aurait voulu abréger quelques-unes de ses observations afin de ne pas grossir autant son travail. Il a déjà expliqué pourquoi il ne peut passer légèrement sur des sujets qui concernent l'auteur du mémoire. Va s'efforcer de terminer les observations aussitôt que possible.   215
Suite des observations sur le mémoire de Stuart.   216

1831.
29 octobre,
Londres.

Viger à Goderich. Dans sa dernière entrevue il a appelé l'attention sur les mesures que le parlement pourrait adopter pour règlementer le commerce de l'empire et qui pourraient affecter les colonies. Le sujet est lié à celui du troisième des articles de l'adresse du 16 mars de l'Assemblée du Bas-Canada. Il a déjà présenté des observations sur le troisième, mais il désire les retrancher. Quand Sa Seigneurie aura écrit, il ne pourra retarder leur envoi, et espère qu'elles ne seront pas trouvées indignes d'attention.   Page 263

Considérations relatives au treizième des griefs énumérés par l'Assemblée dans l'adresse du 16 mars 1831.   265

31 octobre,
Londres.

Viger à Hay. A reçu sa lettre tard samedi soir, avec exemplaires imprimés de documents de Stuart devant être ajoutés à son mémoire. La traduction de ses observations (de Viger) a été commencée et est continuée avec activité; cependant, on lui a dit qu'elle allait prendre encore deux ou trois semaines. Il a fini ses observations sur le mémoire, et travaille maintenant à l'annexe. Ses observations sur les n°² 1 à 15 ont été envoyées déjà à Sa Seigneurie. Le retard est occasionné par les copies qui en sont faites. Il va maintenant s'occuper du reste du rapport fait à Kempt. Comment il entend s'employer.   275

— octobre,
Londres.

Le même à Goderich. Samedi, ou tel autre jour subséquent que Sa Seigneurie pourra désigner, il sera prêt à livrer une autre partie de ses observations. Il va préparer le plus vite possible les observations sur les différents documents qui forment une annexe du mémoire.   214

2 novembre,
Londres.

Le même à Hay. Il a dû prendre du temps pour se faire une idée assez juste d'un travail aussi considérable que l'est la production de Stuart mentionnée dans sa lettre (de Hay) de samedi. En conséquence des inconvénients occasionnés à la province par l'absence du procureur général, Goderich désire avoir d'ici à quinze jours des observations sur le mémoire de Stuart. Envoie quelques considérations choisies entre plusieurs autres.   278

(La lettre porte la date du 2 septembre, mais c'est apparemment une erreur.)

3 novembre,
Londres.

Viger à Goderich. Aurait pu ajouter plusieurs choses à sa lettre, mais il sait combien précieux est le temps de Sa Seigneurie. Demande une courte entrevue.   283

4 novembre,
Londres.

Le même à Hay. Remercie pour lettre. A à cœur le désir de se rendre à la demande de Goderich en mettant toute la diligence possible à terminer son travail.   285

8 novembre,
Londres.

Le même à Goderich. Rappelle à Sa Seigneurie sa requête demandant une entrevue, dans laquelle il a l'intention de présenter ses observations sur les déclarations sous serment contenues dans le mémoire de Stuart. 285

8 novembre,
Londres.

Viger à Goderich. Il prend des mesures pour faire traduire ses observations, ainsi que Sa Seigneurie le désire. Ceci explique pourquoi il s'est trouvé dans l'impossibilité d'envoyer une autre partie de ses observations qui est prête depuis quelques jours. - Il aurait même désiré reviser quelques-unes de ses observations, car il a reçu de nouveaux renseignements au sujet de deux des griefs formulés par l'Assemblée le 16 mars. Il lui faut un peu plus de temps pour le mettre en mesure d'offrir à Sa Seigneurie un travail digne d'attention. Sollicite l'attention pour ses observations sur les terres de la Couronne qui—on lui a demandé de le représenter vivement—devraient être mises sous le contrôle de la législature comme seul moyen de les rendre profitables et avantageuses à la province. Fait remarquer les coïncidences dans ses lettres à Goderich et dans celles reçues de Québec. Après ses explications par lettre et de vive voix, il ne croit pas nécessaire de faire des commentaires sur les extraits qu'il a donnés. Envoie d'autres extraits, avec des observations sur les intérêts mutuels de la mère-patrie et de la

DOC. DE LA SESSION No 18

1831.
    colonie, qui seraient mieux servis si on agréait aux propositions de l'Assemblée. La lettre est longue. Page 287

    Observations sur la mémoire de Stuart. Observation sur l'annexe, avec sommaire des déclarations sous serment. 303

23 novembre, Londres.
    Viger à Hay. Son espoir de terminer en quinze jours ou trois semaines les observations sur l'annexe du mémoire de Stuart s'est réalisé, et celles sur le rapport à Kempt auraient été envoyées sans l'erreur commise par son copiste. Il a aussi terminé celles sur les nouvelles déclarations sous serment. Progrès des observations sur les autres parties du travail—la traduction, etc. 359

12 décembre, Londres.
    Le même à Howick. Donne sa raison du retard à répondre à la lettre qui demandait des observations particulières. 361

12 décembre, Londres.
    Le même à Goderich. Des observations contenues dans la lettre de Howick exigeant des explications, il demande une courte entrevue. 369

19 décembre, Londres.
    Le même à Howick. Relativement à la lettre de Sa Seigneurie, ses observations (à Viger) sur la première partie de la réponse de Stuart aux commissaires seraient déjà au ministère des Colonies sans les ennuis causés par la traduction et l'impression. Il pense finir son travail dans quinze jours ou trois semaines. Les avancés de Stuart et l'annexe dans la deuxième partie exigent une sérieuse attention pour les discuter, en sorte qu'il ne peut indiquer le temps précis où il finira; mais quand il aura terminé la première partie, il pense que quelques jours lui suffiront pour préparer un canevas de la discussion de la deuxième partie; alors il pourra donner une idée du temps nécessaire pour terminer. Il ne comprend pas les difficultés éprouvées par Goderich; mais comme elles existent, il doit s'occuper de chaque partie des réponses de Stuart comme s'il éprouvait des difficultés sérieuses. Quelquefois une entrevue produit plus d'effet qu'un écrit. 370

24 décembre, Londres.
    Le même à Howick. Envoie deux feuilles additionnelles de la traduction de ses observations. Dès que le travail sera terminé, il en aura autant de copies qu'il en sera demandé. 373

Pas de date.
    Le même à Goderich. Nouvelles observations sur une lettre, avec déclaration de Stuart sous serment. 374

    Le rapport fait à Kempt le 20 octobre 1828 relativement aux procès pour libelle pendants devant les tribunaux, avec observations. 385

1832.
2 janvier, Londres.
    Viger à Howick. L'a informé que si Goderich désirait des observations sur la lettre de Stuart, il était prêt à lui en présenter. Progrès du travail. 425

6 janvier, Londres.
    Le même au même. A envoyé à Goderich la partie des observations qui est terminée. Va continuer le travail sur le reste de la lettre de Stuart. 428

6 janvier, Londres.
    Le même à Goderich. Envoie, suivant le désir de Sa Seigneurie, des observations sur la première partie de la lettre de Stuart. Continue son travail sur la deuxième partie. 427

    Incluses. Observations sur une lettre de James Stuart, du 8 octobre 1831. Considérations préliminaires. 429

    Première partie. 440

10 janvier, Londres.
    Viger à Howick. Etait légèrement indisposé lorsqu'il a reçu la lettre. Il a envoyé les observations si précipitamment qu'il a oublié de les classifier, ou l'indication précise des sujets à être traités. 492

15 janvier, Londres.
    Le même à Goderich. Avait espéré envoyer les observations sur la lettre de Stuart avant le milieu de la semaine dernière, mais il n'a pu les terminer à temps. Lorsque Sa Seigneurie examinera la partie qu'il envoie aujourd'hui elle se rendra compte des difficultés du travail, et il sollicite son indulgence pour la forme. 497

    Observations sur la deuxième partie de la lettre de Stuart. 499 à 608

1832.
16 janvier
Londres.

Viger à Howick. A reçu samedi une couple de feuilles de la traduc
duction, trop tard pour les envoyer le même jour; il les expédie maintenant.   Page 494

28 janvier,
Londres.

Le même à Goderich. Avait espéré d'envoyer la traduction complète,
mais il ne pourra pas l'avoir de l'imprimeur avant la semaine prochaine;
il en enverra alors des exemplaires à Sa Seigneurie. Le progrès du travail sous le rapport des observations sur les lettres de Stuart.   495

9 mars,
Londres.

Le même au même. Envoie une autre partie de ses observations sur
la réponse de Stuart. Espère que le reste sera prêt à la fin de la semaine prochaine. La traduction de la première partie est entre les
mains de l'imprimeur.   609
Suite des observations.   611

13 mars,
Londres.

Viger à Goderich. Envoie une autre série d'observations sur la lettre
de Stuart concernant les plaintes de l'Assemblée. Réitère l'espoir que
lorsque Sa Seigneurie examinera le travail, elle en verra les difficultés.
                                                             647
Suite des observations sur Stuart.   648

24 mars,
Londres.

Viger à Goderich. Envoie encore une partie des observations sur
Stuart, et demande une entrevue.   677
Suite des observations sur Stuart.   678

4 avril,
Londres.

Viger à Goderich. A envoyé trois feuilles imprimées de la traduction
de ses observations. Rappelle à Sa Seigneurie une demande d'audience.
                                                             701
Suite des observations.   702
Autres observations.   719

6 avril,
Londres.

Viger à Howick. Remercie Sa Seigneurie, et se rendra au ministère
des Colonies à l'heure mentionnée.   748

24 avril,
Londres.

Le même à Goderich. A envoyé de nouvelles observations. Une in-
disposition l'a empêché de leur donner la dernière touche. Espère le
faire dans quelques jours.   749
Suite des observations.   750

24 avril,
Londres.

Viger à Goderich. Envoie des extraits de lettres écrites par des
amis dignes de confiance dans le document imprimé à la *Minerve*. Désire seulement que la vérité soit connue au sujet de ce qui se rapporte à
Green ; s'il en avait eu le temps, il aurait pu envoyer sur divers sujets
des renseignements qui auraient pu être utiles. Il y a plusieurs point
de vue auxquels se présentent des objets à distance.   768
Inclus. Extraits de lettres de Montréal désapprouvant les sentiments
d'un correspondant de la *Minerve* qui parle de révolution, séparation de
la mère-patrie, etc.   770, 771

3 mai,
Londres.

Viger à Goderich. Envoie une autre partie de la traduction imprimée.
A transmis rapport du comité de l'Assemblée sur le cas de Green, rapport par lequel on verra que ses observations n'étaient que trop bien
fondées. La fin de ses observations serait déjà entre les mains de Sa
Seigneurie n'eussent été les retards occasionnés par l'impression. 772

19 mai,
Londres.

Le même au même. Il envoie la dernière partie des observations sur
la lettre de Stuart en réponse aux premier et troisième rapports du comité
des griefs. Il n'a pas voulu en retarder l'envoi, mais il ajoute quelques
observations nécessaires à celles qui concernent la déclaration de Green.
On est à les copier, et elles seront envoyées au commencement de la
semaine prochaine. Recommande qu'une certaine attention soit donnée
à ces documents.   773
Incluses. Observations sur les nouvelles réponses de Stuart à des
questions du deuxième rapport du comité des griefs.   775

19 mai,
Londres.

Viger à Howick. Envoie trois copies de ses premières observations
sur le mémoire de Stuart. Pour les secondes il attend que le tout soit
imprimé ; mais si Goderich désire avoir les feuilles déjà imprimées des
secondes, il en enverra chercher à l'imprimerie.   831

1832.

22 mai,
Londres.

Viger à Goderich, Envoie lettre concernant le rapport du comité de l'Assemblée sur la déclaration de Green. Il a reçu des communications intéressantes, concernant surtout les bills réservés, à propos desquels il désire une entrevue. A reçu de Thomas Coffin, membre du Conseil législatif, un mémoire qu'il est prié de recommander. Page 832

23 mai,
Londres.

Le même au même. Observations sur le mémoire de Stuart. 833

25 mai,
Londres.

Le même à Howick. A envoyé les copies de la traduction de ses secondes observations qui ont été imprimées. 845

30 mai,
Londres.

Le même à———. Ira au ministère des Colonies samedi à l'heure désignée. 846

23 juin,
Londres.

Le même à Goderich. Envoie la deuxième partie imprimée de ses observations sur la lettre de Stuart. La misère qu'il a eu à les préparer, car elles étaient faites bouts par bouts, la traduction et l'impression étant faites en même temps. Invoque ces faits pour demander indulgence en faveur de la composition. Il recommande à l'attention les parties qui terminent ses observations, à cause de leur importance. 847

23 juin,
Londres.

Le même à Howick. Envoie les deux parties qui complètent ses réponses à Stuart. Dès que le titre et la table des matières seront imprimés, il enverra au complet le nombre d'exemplaires demandé. 849

28 juin,
Londres.

Le même au même. A reçu sa note accusant réception de sa communication (de Viger) à Goderich. Est allé au ministère des Colonies pour savoir de combien d'exemplaires de ses observations on avait besoin, afin de lui éviter la peine d'écrire, mais il était parti. Il a fait dans la série complète des corrections qui ne se trouvent pas dans les parties précédemment envoyées. 850

28 juin,
Londres.

Le même à Goderich. A envoyé une demi-douzaine d'exemplaires imprimés de ses observations. En enverra davantage, s'il le désire. 851

12 juillet,
Londres.

Le même à Howick. A reçu lettre. Le remercie, ainsi que Goderich, pour renseignements transmis. 852

17 juillet,
Londres.

Le même à Goderich. Depuis son entrevue il a reçu de nombreux documents, bien qu'ils ne soient pas complets; mais il attend le vote d'un jour à l'autre. Même le plus petit exposé de faits demande du temps et du travail; quelques-uns ne sont pas encore parvenus à Sa Seigneurie. Il sait que trois personnes ont été tuées et plusieurs blessées à Montréal le 21 mai. Le jury a déclaré que les hommes avaient été tués par le feu d'un détachement du 15e régiment. Arrestation du colonel Mackintosh et du capitaine Temple par ordre du coroner, et procédures qui en ont été la suite. 853

28 juillet,
Londres.

Le même à Howick. En parlant du rapport du jury dans l'affaire des émeutes à Montréal, c'est seulement le fait qu'il voulait signaler. S'il avait désiré aller plus loin, il aurait pu ajouter des observations sur la conduite du coroner en diverses occasions. Le cautionnement fourni par les accusés importait peu, que la somme en fût de un shelling ou d'un millier de louis; personne n'aurait soupçonné qu'ils ne comparaîtraient pas devant le tribunal compétent. 862

28 juillet,
Londres.

Le même à Goderich. A reçu lettre de Howick. Il enverra les raisons pour lesquelles il n'est pas entré dans des considérations qui se présentaient d'elles-mêmes, et les enverra dès qu'il pourra transmettre un sommaire des faits se rattachant au malheureux événement arrivé à Montréal le 21 mai. Le paquet contenant les renseignements n'est pas encore arrivé à Liverpool. En attendant, il recueille des matériaux, à part ceux qui sont déjà en sa possession. Les procédures des magistrats de Montréal envoyées au ministère des Colonies lui seront d'une grande utilité; il demande qu'elles lui soient communiquées. Il est peu d'événements, au Canada, sur lesquels il soit plus nécessaire de jeter du jour. 865

1832.
2 août,
Londres.
Viger à Howick. S'excuse de ne pas répondre immédiatement à sa lettre.   Page 867

2 août,
Londres.
Le même à Goderich. A été informé que Sa Seigneurie ne peut obtempérer à sa demande concernant les procédures des magistrats de Montréal parce qu'elles se rattachent à un événement qui est en ce moment l'objet d'une enquête judiciaire. Raisons pour lesquelles il (Viger) devrait avoir accès à ces procédures.   868

21 août,
Londres.
Le même au même a reçu la suite des renseignements relatifs à l'événement mentionné dans la lettre du 18 juillet, et compte envoyer dans quelques jours des observations méritant attention. Attend incessamment les documents et procès-verbaux de l'Assemblée ainsi qu'une liste des bills réservés. Demande une entrevue pour d'autres questions importantes.   871

29 août,
Londres.
Le même au même. Entre dans des explications au sujet de l'émeute qui a eu lieu à Montréal le 21 mai et dans laquelle trois hommes ont été tués par les troupes, et envoie des observations à ce sujet.   873
Incluses. Observations concernant des événements à Montréal le 21 mai.   877 à 924

11 septembre,
Londres.
Viger à Goderich. Explique les motifs qui lui font aborder la question des événements dont Montréal a été le théâtre le 21 mai.   930

11 septembre,
Londres.
Le même à Howick. A été obligé d'ajouter à ses observations par une lettre qui lui attribue, dans sa manière d'agir lors des événements de Montréal, des motifs tout différents de ceux qu'il avait réellement. 934

13 octobre,
Londres.
Le même à Goderich. S'excuse d'avoir à déranger Sa Seigneurie si tôt après le retour de Sa Seigneurie, mais il manquerait à son devoir s'il ne lui demandait pas une courte entrevue.   935

24 octobre,
Londres.
Le même au même. Remercie Sa Seignenrie de lui avoir accordé une entrevue.   936

10 novembre,
Londres.
Le même au même. Autres observations sur les événements de Montréal le 21 mai.   937

10 novembre,
Londres.
Le même au même. A été forcé d'envoyer de nouvelles observations au sujet des événements de Montréal. Le tableau qu'il en fait n'est pas le fruit de son imagination, mais le résultat des faits, et la conclusion n'en saurait être douteuse.   960

20 novembre,
Londres.
Le même à Howick. A reçu lettre annonçant que la suspension de Stuart a été confirmée, et qu'une commission va être émanée en faveur d'un autre au poste de procureur général.   961

11 décembre,
Londres.
Le même à Goderich. Nouvelles observations sur les événements de Montréal, et critique de la composition du grand jury à Québec.   962

1833.
13 février,
Londres.
Le même au même. A envoyé copie de la lettre demandée. Depuis l'entrevue il a reçu de nouveaux renseignements et demande une autre entrevue.   971

18 février,
Londres.
Le même au même. Le remercie de lui avoir accordé une entrevue. 972

25 février,
Londres.
Envoie observations sur les résolutions de l'Assemblée expulsant Christie.   973
Incluse. Copie des résolutions.   975

4 mars,
Londres.
Viger à Howick. Envoie remerciements à Goderich pour communication d'une dépêche adressée à Aylmer le 15 février, et pour d'autres attentions du même genre. Avait offert de donner à Goderich une explication des faits qui ont amené l'expulsion de Christie.   977

9 mars,
Londres.
Le même à Goderich. Commente l'expulsion de Christie, et les raisons qui ont poussé l'Assemblée à la décréter.   979

12 mars,
Londres.
Le même à Howick. Avait informé Sa Seigneurie de la réception d'une lettre de Marcoux concernant les sauvages du Sault Saint-Louis, et demandé une entrevue. Avait demandé entrevue pour lui communiquer un extrait de la lettre qui contient une sorte de mémoire. Il sait

1833.

que son temps est très occupé, mais ne peut différer davantage de soumettre la question à Goderich. Page 983

Inclus. Extrait d'une lettre de Marcoux donnant une esquisse de la tenure de la seigneurie de La Prairie de la Madeleine, ainsi que de la manière dont les revenus sont dépensés. 985

13 mars,
Londres.

Viger à Goderich. A reçu lettre de Howick à l'effet que Sa Seigneurie (Goderich) ne peut lui accorder une entrevue au sujet de Christie. Quelle que soit son opinion sur les avantages d'une entrevue, il n'a pas interrompu d'importantes occupations sans de pressants motifs. La facilité avec laquelle il a obtenu des entrevues est une nouvelle raison pour ne pas abuser du privilège. 990

13 mars,
Londres.

Le même à Howick. Remercie pour lettre. Assurer Goderich qu'il n'a pas demandé une entrevue, et regrette qu'une expression vague aurait pu faire croire qu'elle ne pouvait être accordée. 992

16 avril,
Londres.

Le même à Stanley. Plusieurs des questions dont il est chargé exigent sérieuse considération. Il n'y a pas longtemps qu'il a soumis certaines observations à Goderich. Demande maintenant une entrevue. 993

7 mai,
Londres.

Le même au même. A appris par Hay qu'une entrevue avec Stanley ne serait pas obtenue, parce qu'il est trop occupé. Renouvelle sa demande. Sujets qui pourraient être traités à cette entrevue. 994

17 mai,
Londres.

Le même à Hay. N'a pas eu le temps, la veille, de répondre à lettre qui exige quelques observations au secrétaire des colonies. 996

17 mai,
Londres.

Le même à Stanley. A reçu lettre de Hay à l'effet que des occupations pressantes ne lui avaient pas permis de donner une entrevue lors de la demande du 16 avril. En réponse à la lettre du 7 qui renouvelait la demande d'une entrevue, il n'en a été tenu aucun compte. Lui rappelle les raisons qu'il invoque à l'appui de cette demande instante. Commente les observations de Hay sur les expressions *agent officiel* et *agent permanent*, l'assertion qu'il était agent seulement pour un objet que Goderich avait réglé, il était facile de voir que la mission ne pouvait pas être restreinte à des limites aussi étroites et que l'objet indiqué par Hay était d'importance secondaire et l'un de ceux seulement dont il était chargé auprès du gouvernement de Sa Majesté. Il pourrait être suffisant, sur ce point, de le renvoyer à la lettre de Goderich du 18 août 1831. 997

1er juin,
Londres.

Le même au même. A reçu dernièrement de nouveaux documents faisant suite à ceux concernant des pétitions déjà devant le gouvernement, ainsi que de nouvelles réclamations. Parmi ces documents il y en a qui concerne les terres de la Couronne avec pétition pour empêcher une compagnie de trafiquer de ces terres, quelques-unes relatif aux postes et à la suspension d'un juge, d'autres sur le bill des subsides rejeté par le Conseil. Demande une entrevue pour discuter certains de ces points. En l'absence d'une loi concernant la nomination d'un agent, une résolution de l'Assemblée a requis ses services. 1001

10 juin,
Londres.

Le même au même. Ne pouvant pas obtenir une entrevue, il écrit sur deux sujets indiqués dans ses lettres (de Stanley) du 7 mai et du 1er juin comme dignes d'attention. Depuis longtemps des pétitions sont devant le secrétaire des Colonies au sujet des terres de la Couronne. Dans sa lettre (de Viger) du 11 décembre il s'opposait aux plans de ceux qui formaient une compagnie à fonds social pour faire de ces terres une spéculation commerciale et voulait que le gouvernement disposât de ces terres afin que la compagnie pût les revendre à des particuliers. Le mauvais effet de présenter de telles compagnies. Nie que l'Assemblée désire garder ces terres pour la province afin qu'elles soient occupées exclusivement par des habitants d'origine française. 1003

17 juin,
Londres.

Le même au même. Il a été obligé dans sa lettre du 10 de faire des observations sur certains passages d'une adresse du Conseil législatif qui paraissaient appuyer les desseins des spéculateurs, lesquels sont opposés à ceux de l'Assemblée, et qui pour les soutenir font des imputations

1833.

contre l'Assemblée.   Cette considération ne peut manquer de faire
regretter sérieusement que les membres d'un corps public se servent d'un
tel langage contre la branche populaire du gouvernement. Il est d'autres points de l'adresse qu'il a indiqués.   Page 1008
   Incluses. Observations sur certaines parties d'une adresse du Conseil
législatif pendant la session de 1833.   1011

27 juin,
Londres.

Viger à Stanley. Outre d'autres objets mentionnés dans lettre du 10
et du 17, il y a trois bills qui, adoptés par les deux Chambres, ont été
réservés. Il désirerait une entrevue, si le temps le permet. Le premier
bill a pour objet l'établissement d'une maison d'éducation. Une autre
est la répétition d'un bill à l'effet de pourvoir à l'instruction des petites
causes, et le troisième à l'effet de consolider un établissement pour offrir
un asile aux femmes déchues.   1018

2 juillet,
Londres.

Le même au même. En accusant réception de sa lettre du 17, Hay
lui a fait comprendre qu'il (Stanley) refuserait de discuter le sujet
auquel cette lettre avait rapport. Ne sait pas quelle partie de la lettre
a donné lieu à cette déclaration. Récapitule le contenu de la lettre.
                                                                  1021

12 juillet,
Londres.

Le même à Hay. S'excuse de n'avoir pas répondu.   1024

12 juillet,
Londres.

Le même à Stanley. Regrette de n'avoir pu lui écrire hier pour le
remercier de la réponse qu'il le recevrait avec plaisir dès qu'il (Stanley)
aurait quelque loisir. Connaissant l'importance de ses occupations, il
aurait voulu éviter de le déranger, mais il s'y trouve forcé par la nécessité. Un temps très court lui permettra d'expliquer les choses. En
raisons de ses pressantes occupations (de Stanley), il retardera de lui
adresser d'autres communications.   1025

16 août,
Londres.

Le même au même. Ne manquera pas de se rendre au ministère des
Colonies mardi.   1227

2 septembre,
Londres.

Le même au même. Se félicite de ce que ses explications ont aplani
les difficultés: il ne saurait mieux manifester sa gratitude qu'en travail-
lant à remplir l'engagement qu'il a pris au temps des entrevues. Il
envoie maintenant partie des considérations relatives au Bas-Canada et
qui ont été débattues alors. Lui demande d'examiner les observations
qui suivent. Entre dans les détails de sa mission, de la situation du Bas-
Canada, etc., détails qui sont trop longs et trop compliqués pour en faire
un résumé convenable.   1028
   Inclus. Considérations. Observations préliminaires.   1042
   Exposé de quelques sujets de plaintes de la part du Bas-Canada. 1049
   Sur le Conseil législatif.   1051
   Sur le Conseil exécutif.   1059
   Sur les départements inférieurs.   1072

10 septembre,
Londres.

Viger à Stanley. Envoie quelques considérations, qui sont la suite de
celles contenues dans sa lettre du 2. Récapitule partie de sa lettre pré-
cédente et continue son exposé.   1074
   Inclus. Sur le danger de partialité dans les décisions des tribunaux.
                                                                  1079
   Election de Montréal, 1832. Catastrophe du 21 mai. Sommaire. 1084
   Récit.   1085

27 septembre,
Londres.

Viger à Stanley. A senti l'invraisemblance du rapport de l'élection
de Montréal envoyé le 2, mais lui demande de se mettre en garde contre
les premières impressions. Il a continué le rapport le 10, et il entre
maintenant dans les motifs qui ont porté le commandant de la garnison
à insister sur la nécessité de l'intervention d'une troupe armée. Pour
faciliter la formation d'une idée exacte sur le sujet il est nécessaire d'entrer dans les détails, de donner des explications et de faire connaître au
moins les principales circonstances.   1117

DOC. DE LA SESSION No 18

1833.

Considération sur le choix du grand jury après la catastrophe du 21 mai 1832. Page 1126

Sur les procédures, résolutions et pétitions d'une partie des citoyens de Québec. 1134

Résumé. 1142

14 octobre, Londres.

Viger à Stanley. Envoie considérations sur d'autres sujets que ceux déjà discutés. 1147

Incluses. Considérations sur la nouvelle commission de la paix. 1151

14 novembre, Londres.

Viger à Stanley. Il aurait envoyé les résultats de son travail plus tôt, sans la difficulté qu'il y avait de choisir un sujet parmi tant d'autres. La difficulté de juger les événements à distance. Rappelle des événements historiques du pays. 1168

Incluses. Considérations continuées. Sur l'absence de responsabilité des fonctionnaires publics. 1173

26 novembre, Londres.

Viger à Stanley. Ne peut se faire aucune idée du sort du bill réservé, mais croit de son devoir de lui adresser quelques réflexions sur le sujet. Il lui a parlé du bill au mois d'avril dernier, mais il a supposé qu'il (Stanley) était alors trop occupé pour lui donner une attention suffisante. Observations sur le bill. 1199

2 decembre, Londres.

Le même au même. Apprend que le juge Kerr est à Londres. Est prêt à donner des explications au sujet des accusations portées contre lui (Kerr) et ses réponses. 1203

30 décembre, Londres.

Le même au même. Comprend la position du secrétaire des Colonies et son embarras relativement aux matières d'administration qui exigent intervention. Observations sur la situation du Bas-Canada. 1205

Autre lettre (traduite en anglais) à Goderich, avec observations sur un mémoire ou exposé de James Stuart, avec correspondance. 1229 à 1531

Observations sur une lettre de James Stuart à Goderich relative à des censures et imputations contre sa conduite et sa réputation dans certaines procédures de l'Assemblée du Bas-Canada. 1532 à 1957

LORD AYLMER, GOUVERNEUR, 1834.

Q. 215—1.

1834.
1er janvier, Québec.

Aylmer à Stanley (n° 1). Envoie liste de dépêches transmises au ministère des Colonies en 1833. Page 1

Incluse. Liste. 2

13 janvier, Québec.

Aylmer à Stanley (n° 2). A ouvert la session de la législature le 7. Transmet discours, adresses et réponses. 16

Inclus. Discours. 17

Adresse du Conseil législatif. 24

Adresse de l'Assemblée législative. 28

Réponses. 32, 33

22 janvier, Québec.

Aylmer à Stanley (n° 3). Immédiatement après le prononcé du discours, Bourdages, dans l'Assemblée, afin de prévenir une session de la législature, proposa que la Chambre rompît toute communication avec lui (Aylmer), parce qu'il n'avait pas lancé un bref pour l'élection d'un membre devant remplacer Mondelet, dont le siège a été déclaré vacant par la Chambre. La proposition a été rejetée sur un amendement présenté par Nelson. Adresses reçues. Avait envoyé deux messages à l'Assemblée, l'un sur les embarras financiers du gouvernement local, et l'autre sur le cas de Mondelet. Avait communiqué les réponses aux adresses au roi. Au sujet des embarras financiers du gouvernement local, il explique que les estimations des dépenses pour le gouvernement civil ne comprenaient pas les traitements du gouverneur, du secrétaire

64 VICTORIA, A. 1901

1834.

civil, du secrétaire provincial, du procureur général et du solliciteur général, d'après les instructions de Goderich, et cette autorisation aurait justifié le gouvernement de les payer à même les fonds à la disposition de la Couronne, nonobstant le rejet du bill des subsides. Afin de mettre tous les fonctionnaires publics sur le même pied, une partie seulement a été payée aux fonctionnaires plus haut nommés. En conséquence de cet arrangement les fonds ont été épuisés, et il ne serait rien resté pour ces fonctionnaires si les directions de Goderich avaient été suivies ; c'est pourquoi dans son message (à Aylmer) il y avait une disposition pour les traitements de ces fonctionnaires. La conduite grossière du parti violent dans l'Assemblée. Ne peut risquer aucune opinion quant au résultat de la présente session, mais il croit que le parti violent a reçu un coup sérieux, et il est considérablement affaibli par la nature des communications adressées à la Chambre. Si la fermeté est continuée, elle aura le plus heureux effet.   Page 34

Inclus. Message relatif aux embarras financiers du gouvernement et à la nécessité de fournir des fonds pour le paiement du service civil.   40

23 janvier,
Québec.

Aylmer à Stanley (n° 4). Envoie relevé semi-annuel des membres des conseils exécutif et législatif jusqu'au 1er janvier 1834.   46

Inclus. Relevé.   47

24 janvier,
Québec.

Aylmer à Stanley (n° 5). Transmet exemplaire certifié des procès-verbaux du Conseil exécutif du Bas-Canada jusqu'au 31 décembre 1833.
                                                                         54

25 janvier,
Québec.

Le même au même (n° 6). Transmet état des recettes et dépenses au compte des terres de la Couronne et des permis de coupe de bois pour six mois, état des recettes pour trois mois—les deux périodes prenant fin le 31 décembre 1833—et des recettes du revenu casuel et territorial pour trois mois finissant à la même date.   55

Inclus. Recettes et dépenses pour terres de la Couronne et pour permis de coupe de bois pour six mois finissant le 31 décembre 1833.   56

Etat des recettes au compte des terres de la Couronne et des permis de coupe de bois pour trois mois finis le 31 décembre 1833.   61

Etat des recettes du revenu casuel et territorial pour trois mois finis le 31 décembre 1833.   62

25 janvier,
Québec.

Aylmer à Stanley (n° 7). Transmet relevé de la vente de réserves du clergé jusqu'au 31 décembre 1833.   63

Incluse. Vente de réserves du clergé.   64

27 janvier,
Québec.

Aylmer à Stanley (n° 8). Fait rapport de la destruction par incendie du Château de St-Louis, résidence officielle du gouverneur du Bas-Canada. A informé les deux Chambres ; mais, vu les relations avec l'Assemblée, n'a pas fait à cette dernière de proposition dans le but d'obtenir une résidence convenable pour le gouverneur.   70

8 février,
Québec.

Le même au même (n° 3). Envoie copie d'une lettre de membres de la commission du commerce de Québec exprimant leur appréhension de la situation périlleuse dans laquelle ils se trouveraient placés si, à la prochaine session, des modifications étaient faites aux droits sur le bois de construction et les planches. Sans exprimer d'opinion, il demande qu'il (Stanley) emploie son influence à protéger les intérêts des requérants.   72

Inclus. Membres de la commission du commerce à Aylmer.   73

Extrait d'une pétition de 519 marchands, négociants et citoyens de Montréal au roi, au sujet des droits sur le bois de construction.   77

La même sur le même sujet, de 2,958 habitants du Haut et du Bas-Canada.   82

5 mars,
Québec.

Aylmer à Stanley (n° 10). Récapitule le contenu de ses lettres du 13 et du 22 février concernant la motion présentée par Bourdages à l'effet d'empêcher l'Assemblée de procéder aux affaires, ainsi que les messages qu'il a envoyés. Le retard mis à étudier la situation financière de la

province n'est pas de nature à créer une impression bien vive sur les dispositions de l'Assemblée, augmentées par la demande de £7,000 pour le compte des dépenses casuelles, en sorte qu'il a refusé la demande. Envoie copie des raisons qui ont donné lieu aux quatre-vingt-douze résolutions adoptées. L'inopportunité d'accorder cette avance quand les fonctionnaires du gouvernement sont réduits à la misère par suite du non-paiement de leurs traitements. Envoie copie de l'adresse refusant d'accorder le mandat. La nature inadmissible des comptes votés par l'Assemblée et pour lesquels l'avance de £7,000 est demandée. Il n'est pas probable que l'Assemblée abandonne le droit qu'elle s'est arrogé de créer des emplois et d'assigner des traitements, etc., de sorte que s'il en avait autorisé le paiement il serait tombé dans une autre difficulté. A l'appel de la Chambre trois seulement étaient absents le 16 du mois dernier. En attendant, une série de 92 résolutions fut préparée, soumise à la Chambre, adoptée, et ordre fut donné de préparer une adresse basée sur ces résolutions. Neilson et Cuvillier, deux des trois députés qui sont allés en Angleterre appuyer les pétitions de l'Assemblée, ont voté avec la minorité. Le troisième (Viger) est encore absent. Les résolutions ont été adoptées par 56 contre 24. Le changement survenu depuis 1831, la teneur des 92 résolutions étant de nature à créer des appréhensions pour la tranquillité de la province. Le langage de l'Assemblée pourrait faire croire que toute la population est dans un alarmant état d'agitation, mais c'est tout le contraire qui existe. Les sentiments violents que respirent les résolutions sont concentrés dans l'enceinte de l'Assemblée, dont le but principal paraît être le renversement de la constitution. Il fait connaître les points saillants des résolutions, qu'il classe sous onze titres. Ce sont (1) le Conseil Législatif, (2) le Conseil Exécutif, (3) le gaspillage des terres publiques, (4) le cas de M. Mondelet, (5) l'intervention de la force militaire dans les élections, (6) la loi des tenures, (7) le contrôle du revenu, (8) la détention de documents publics par l'Exécutif pendant la présente session, (9) les paiements faits par l'Exécutif sans autorisation légale, (10) les dépenses casuelles de la Chambre d'Assemblée, (11) l'inconduite de fonctionnaires publics.   Page 84
Chacun de ces points est discuté au long.

Inclus. Liste des pièces incluses.   118
Message à l'Assemblée au sujet de l'expulsion de Mondelet.   122
Message concernant l'adresse de l'Assemblée demandant l'autorisation de tenir une convention nationale.   131
Message relatif à la demande d'une avance de £7,000.   136
Rapport du comité sur le message précédant immédiatement.   143
Exemplaire imprimé des 92 résolutions.   152
Résolutions par Neilson en opposition aux précédentes.   162
Substances des adresses votées pendant la présente session, avec les réponses de Son Excellence.   171
Etat indiquant la somme des dépenses civiles du Bas-Canada en 1833, la somme payée, et celle qui reste à payer.   179
Etat indiquant les revenus probables du Bas-Canada autrefois à la disposition de la Couronne, et les dépenses civiles jusqu'au 10 octobre 1834.   180
Estimations budgétaires des dépenses civiles du Bas-Canada depuis 1829 jusqu'à 1834.   181

Aylmer à Hay (personnelle). Envoie quelques journaux qui, dans la situation actuelle des affaires, peuvent intéresser. Nonobstant les résolutions enflammées présentées à l'Assemblée, il n'a jamais vu les habitants de la province aussi calmes. Il croit que le parti de la violence va essayer de créer de l'excitation au moyen d'assemblées publiques, mais ne pense pas que ses efforts soient couronnés de succès. Les Canadiens sont tranquilles et contents, et il sera difficile de leur faire croire à l'exis-

1834.

tence de maux dont ils n'ont pas souffert. A reçu l'adresse basée sur les 92 résolutions, elle sera envoyée par voie de Halifax; dès qu'une copie pourra en être faite sur papier à dépêche, elle sera expédiée par New-York. Comme l'Assemblée informe à Sa Majesté que les subsides seront retenus jusqu'à ce que les griefs dont elle se plaint soient redressés, et comme pouvoir est réservé d'y ajouter, il craint que le temps est très éloigné où l'on peut attendre les subsides. Situation pénible des fonctionnaires publics, qui ne reçoivent pas leurs traitements. Après avoir fait passer les résolutions et les adresses dont elles sont la base, le parti de la violence s'en va précipitamment, ce qui lui fait craindre (à Aylmer) qu'il ne reste pas un quorum.   Page 183

6 mars,   Aylmer à Stanley (n° 11). Envoie adresse de l'Assemblée basée sur
Québec.   es 92 résolutions.   186
l

/   LORD AYLMER, GOUVERNEUR, 1834.

Q. 215—2

1833.
16 novembre,   Hay à Gould. A. W. Cochran à Craig: Toutes deux incluses dans
Downing   Aylmer à Stanley, 25 mars 1834.
Street.

1834.
6 mars,   Aylmer à Stanley (n° 11). Concernant lettre dans Q. 215—1.
Québec.   *Incluses.* Adresse de l'Assemblée du Bas-Canada au roi, basée sur les
                 92 résolutions.   Pages 187 à 271
                 La même en français.   272 à 350
11 mars,   Aylmer à Stanley (n° 12). A reçu dépêches, suivant la liste annexée.
Québec.   351
                 Incluse. Liste.   352
11 mars,   Aylmer à Stanley (n° 13). A reçu dépêches par le paquebot-poste de
Québec.   janvier. Celui de décembre n'est pas encore arrivé.   354
14 mars,   Le même au même (n° 14). Envoie copie de l'adresse du Conseil
Québec.   législatif du Bas-Canada. L'original, grossoyé sur parchemin, sera
                 transmis à la première occasion.   355
                 Inclus. Adresse du Conseil. Remercie pour la décision de ne pas
                 changer la constitution. L'appel de l'Assemblée au parlement impérial
                 est une attaque de la décision du roi.   356
15 mars,   Aylmer à Stanley (n° 15). Envoie copie de l'adresse de l'Assemblée.
Québec.   Original déjà transmis.   359
15 mars,   Le même à Hay. Envoie copie du projet de loi à l'effet de modifier 1
Québec.   et 2 Guillaume 4, chapitre 23, pour le soumettre à Stanley. Pour résu-
                 mer ce qu'il a écrit au sujet des questions financières, il ne peut résister
                 à l'envie d'ajouter que seule la disposition par la Couronne des revenus
                 découlant de 14 George 3, chapitre 88, permettra au gouvernement de
                 maintenir sa position dans la province. Les journaux à la dévotion du
                 parti violent continuent d'injurier le gouvernement, et dans le Bas-
                 Canada et dans la mère-patrie.   360
                 Inclus. Projet de modification de l'Acte 1 et 2 Guillaume 4, chapitre
                 23.   362
16 mars,   Aylmer à Stanley (nº 16). Envoie adresse du Conseil législatif. 370
Québec.
19 mars,   Le même au même (n° 17). A reçu dépêches suivant liste annexée.
Québec.   371
                 Incluse. Liste.   372
1 mars,   Aylmer à Stanley (n° 18). Envoie discours de prorogation. Les
uébec.   procédures pendant la session ont été signalées par un degré plus qu'or-

1834.

dinaire de violence, de manque d'égard envers la dignité de la Couronne, et de respect pour l'autre corps de la législature, et ont pris à la fin une tournure si grave qu'il s'est cru obligé d'expliquer pourquoi il n'avait pas de suite rompu la session,—la dissolution étant sujette à de graves objections, d'après les résultats de diverses dissolutions. Une dissolution en ce moment fournirait au parti violent une excuse de sa conduite et l'occasion de dire que l'Exécutif craint le résultat de l'enquête sur l'affaire du 21 mai à Montréal. Dans son discours de clôture il a dit à l'Assemblée qu'en dehors de cette enceinte le peuple de la province étant profondément calme, mais il a jugé nécessaire de signaler la conduite factieuse de la majorité de l'Assemblée.   Page 373

Inclus. Discours de prorogation.   376

22 mars.   Aylmer à Stanley. Relativement aux plaintes formulées par le commissaire des terres de la Couronne du Nouveau-Brunswick au sujet de déprédations commises dans les alentours de la Ristigouche, il expose le mode suivi pour disposer des permis de coupe de bois dans le Bas-Canada. M. Macdonald, l'agent actuel, va recevoir instructions de se mettre en communication avec le député de Baillie sur la Ristigouche afin de réprimer les opérations clandestines.   381

23 mars,   Aylmer à Stanley. Conformément à la circulaire de Goderich, il envoie
Québec.   un état des recettes et dépenses pour 1833.   383

Inclus. Compte des revenus réguliers provenant des taxes et droits locaux pour 1833.   385

Revenus applicables aux dépenses du gouvernement civil.   386

Compte du revenu casuel et des recettes incidentes.   387

Compte des obligations civiles.   388

Les chefs des dépenses sont donnés en détail dans ces papiers.

Relevé des recettes par la maison de la Trinité, Québec, pour fins diverses.   401 à 404

24 mars,   Aylmer à Stanley (n° 21). Il craint que le paquebot parti de Halifax
Québec.   (décembre) ne soit perdu. Demande des doubles.   405

Liste des dépêches envoyées à lord Aylmer par le paquebot Nord-Américain de décembre supposé perdu en mer. Un mémorandum, non daté. Transmet des doubles de ces dépêches.   406

25 mars,   Aylmer à Stanley (n° 22). Transmet copie d'une lettre de A. W.
Québec.   Cochran, président de la commission historique de la Société Littéraire et Historique de Québec, concernant la transcription de documents.   407

Inclus. Hay à Gould. Comme cela ajouterait encore aux travaux du département, Stanley ne peut accéder à la demande de faire copier des documents au ministère des Colonies.   408

A. W. Cochran à Craig. Demande l'aide d'Aylmer pour faire copier des documents d'une importance historique pour la Société Littéraire et Historique de Québec.   409

Liste des documents qui se trouvent aux archives du *Board of Trade.*   414

LORD AYLMER, GOUVERNEUR, 1834.

Q. 216—1.

1834.
1er avril,
Québec.

Aylmer à Stanley (n° 23). Transmet mémoire de marchands britanniques et autres habitants anglais de Québec, exprimant leur attachement à la personne et au gouvernement de Sa Majesté, et à la constitution établie de la province.   1

Inclus. Mémoire signé par 3,064 personnes, telles que notées, les signatures ayant été détachées.   2

1834.
4 avril,
Québec.

Aylmer à Stanley (n° 24). A retardé de répondre à communication confidentielle, ne sachant pas si la loi qui est sur le point d'expirer à l'effet de taxer les émigrants qui arrivent par mer serait renouvelée. Cependant, un bill renouvelant la loi a été déposé et adopté par les deux Chambres, quoiqu'il les ait averties qu'il le réserverait. Demande une prompte décision afin que, si le bill est sanctionné, ses dispositions puissent être mises à effet pendant la saison suivante. Fait des observations sur la nature de la taxe, et recommande que la loi soit sanctionnée.   Page 15

Inclus. Messages aux deux Chambres au sujet de la loi concernant la taxe des émigrants, et recommandant qu'une disposition temporaire soit établie pour les émigrants malades et dénués de ressources.   20

Bill continuant l'Acte à l'effet de prélever un fonds pour les émigrants malades et dénués de ressources.   22

Rapport de la société d'émigrants de Québec.   25

Relevé du nombre des émigrants malades admis à l'hôpital des émigrants de Québec depuis le 1ᵉʳ janvier 1833 jusqu'au 1ᵉʳ janvier 1834.   35

Relevé des émigrants reçus à l'Hôpital Général de Montréal, depuis le 1ᵉʳ mai 1833 jusqu'au 29 mars 1834.   36

Mémoire de la société d'émigrants de Québec représentant les calamités auxquelles la province serait exposée s'il n'y avait pas de fonds pour le soulagement des émigrants.   37

7 avril,
Québec.

Aylmer à Stanley (n° 25). Envoie copie d'un message à l'Assemblée concernant le non-paiement du compte du procureur général pour services professionnels. Il ne sait pas si la Chambre en est venue à une décision; il ne pourrait même croire que le message avait été écouté par la Chambre, considérant comment d'autres communications du gouvernement ont été accueillies durant sa courte et turbulente session.

Inclus. Message à l'Assemblée mentionné dans la lettre immédiatement précédente.   44

9 avril,
Québec.

Aylmer à Stanley (n° 26). Transmet état des recettes au compte des revenus casuel et territorial, des terres de la Couronne et des permis de coupe de bois, pour trois mois terminés le 31 mars dernier.   46

Inclus. Etat des recettes des revenus casuel et territorial.   47

Etat des recettes pour terres de la Couronne et permis de coupe de bois.   48

Ces deux états couvrent trois mois jusqu'au 21 mars.

11 avril,
Québec.

Aylmer à Stanley (n° 27). Permission ayant été donnée d'obtenir de la papeterie du bureau de la papeterie, pourvu que la province soit prête à en payer les frais, il envoie une réquisition, avec avis que, à moins que la papeterie ne soit de qualité supérieure, il sera libre d'en obtenir ailleurs.   49

Incluse. Réquisition.   50

16 avril,
Québec.

Aylmer à Stanley (n° 28). Envoie un état, présenté par Routh, des dépenses pour le département des Sauvages pendant l'année expirée le 31 décembre 1833.   53

Inclus. Dépenses pour le Haut et le Bas-Canada, données séparément.   54

Autres documents sur le même sujet, avec détails des dépenses aux différents postes.   55 à 82

17 avril,
Québec.

Aylmer à Stanley (n° 29). Envoie exemplaires de douze bills adoptés par la législature à la dernière session—onze étant réservés et un désavoué, avec exposé des raisons.   83

Inclus. Titre du bill pour l'achat de la Grosse-Isle, désavoué pour raisons données.   84

Titres des bills réservés, avec raisons de la réservation.   86 à 123

Exemplaire du bill pour achat de la Grosse-Isle, désavoué.   124

Texte des bills réservés, avec observations.   131 à 177

DOC. DE LA SESSION No 18

1834.

Liste du Conseil exécutif.   Page 178
Autres communications touchant les bills réservés.   180 à 234

19 avril,
Québec.
Aylmer à Stanley (n° 30). A reçu dépêches par voie de New-York,
suivant liste annexée.   235
Incluse. Liste.   236

21 avril,
Québec.
Aylmer à Stanley (n° 31). A reçu dépêches par paquebot-poste de
Halifax de mars, suivant liste annexée.   237

LORD AYLMER, GOUVERNEUR, 1834.

Q. 216—2.

1834.
24 mars,
Québec.
Pétition de marchands de Québec. Incluse dans Aylmer à Stanley,
25 avril 1834.

7 avril,
Québec.
Mémoire des religieuses Ursulines.

13 avril,
Québec.
Deuxième mémoire des religieuses Ursulines de Québec. Les deux
mémoires inclus dans Aylmer à Stanley, 28 avril 1834.

21 avril,
Québec.
Aylmer à Stanley. Couvrant lettre dans Q. 216-1 p. 237.
Incluse. Liste.   238

21 avril,
Québec.
Aylmer à Campbell. Incluse dans Aylmer à Stanley, 22 avril 1834.

22 avril,
Québec.
Aylmer à Stanly (séparée). Relativement à lettre marquée confidentielle renfermant copies de dépêches concernant les empiétements du
Maine sur le territoire encore en constestation, a écrit à sir Archibald
Campbell. N'a pas changé d'idées sur la défense et recommande qu'un
poste fortifié soit établi aux chutes sur la rivière Saint-Jean, ainsi que
recommandé par Kempt et lui-même. Cela servirait à unir le
Bas-Canada et le Nouveau-Brunswick dans un sens militaire. A depuis
longtemps choisi un emplacement à la *tête du pont* vis-à-vis la citadelle
de Québec, mais un tel ouvrage devrait être secondaire à celui des
chutes sur la rivière Saint-Jean.   239
Incluse. Aylmer à Campbell. Sur la question de fortifier les chutes
sur la rivière Saint-Jean.   242

25 avril,
Québec.
Aylmer à Stanley (n° 32). Envoie pétition de marchands de Québec
se plaignant du taux élevé des honoraires dans la cour de vice-amirauté.
Le bien-fondé de la plainte, car les marins et les avocats besogneux se
servent de ce tribunal au détriment des pétitionnaires. Les honoraires
en 1833 ont été de £715.7.11, et les honoraires pour greffier et prévôt
de £629.7.2. Recommande que la prière de la pétition soit accordée. 247
Incluse. Pétition des marchands.   250

28 avril,
Québec.
Aylmer à Stanley (n° 33). A fait rapport sur la réclamation d'indem-
nité des religieuses Ursulines pour une partie de leur seigneurie qui a
été incluse dans le comté de Leeds. Elles offrent aujourd'hui de régler
pour la somme de £3,023 et de donner aux colons un dégagement absolu.
Recommande que, vu la difficulté de régler, l'offre soit acceptée.   256
Inclus. Mémoire des Ursulines au sujet de leur seigneurie de Sainte-
Croix.   259
Deuxième mémoire remerciant le gouverneur de sa sollicitude à leur
égard.   264

1er mai,
Québec.
Aylmer à Stanley (personnelle). A, suivant instructions, repris le
compte rendu hebdomadaire par lequel il peut communiquer plus à l'aise
que par des dépêches officielles. Le parti dominant a eu des agents
activement employés à organiser des assemblées; mais ces dernières lui
ont été rien moins que favorables, et les discussions qui ont eu lieu ont
eu pour résultat que les Canadiens d'origine française, unis jusque-là en
faveur de l'Assemblée, se sont divisés ; le parti perd du terrain, le clergé

1834.

catholique romain y contribue par ses bons offices, et il (Aylmer) commence à croire que la réaction se fait. Le gouvernement exécutif ne prend aucune part à ces réunions appelées assemblées loyales, le peuple est laissé entièrement à lui même, mais le parti violent a recours à toutes les ruses pour obtenir des signatures à ses adresses, auxquelles il ne se gène pas d'ajouter parfois les noms de familles entières. La province est dans le calme le plus profond, et le retour du printemps va ramener le peuple à ses travaux agricoles. Appelle l'attention sur deux articles de la *Gazette* de Neilson.

Inclus. L'article intitulé " L'agitation", décrit les efforts faits par les deux partis, efforts qui ne peuvent influencer la décision du gouvernement britannique. Il n'y a pas de doute que la colonie désire conserver les avantages de la protection du gouvernement anglais, qui sont amoindris par les dissensions coloniales que l'agitation ne diminuera probablement pas. A Québec l'agitation est principalement dans les journaux et dans les comités de faiseurs de résolutions et de leurs émissaires, et les cultivateurs honnêtes ne peuvent rien voir de l'oppression gouvernementale dont on leur a parlé. Ils sont privés par les dissensions de la législature des avantages qu'ils avaient droit d'attendre. "Arrive que pourra, nous ne voyons aucune cause d'alarme dans la colonie, étant persuadés que la grande masse du peuple est saine, et que le gouvernement, ici comme en Angleterre, n'est pas disposé à exercer injustement le pouvoir, ni à céder à l'irritation."   Page 272

L'article de *L'Ami du Peuple* signalant la diminution graduelle du parti révolutionnaire.   276

"Etat de la province." "Courtes notes sur longues résolutions." "Récapitulation des résolutions."

"Vraies	11
" Mêlées de faussetés	6
" Fausses.........................	16
" Douteuses.......................	17
" Ridicules.......................	12
" Répétitions.....................	7
" Très injurieuses................	14
" Fausses et séditieuses..........	4
" Bonnes ou indifférentes.........	5
	92	283

Amendement aux 92 résolutions.   312

5 mai,
Québec.

Aylmer à Stanley (n° 34). Transmet pétition de Dominique Daly, secrétaire de la province, énonçant la diminution de ses émoluments et demandant de lui venir en aide. L'histoire de la nomination et de la législation concernant le traitement.   316

Inclus. Pétition.   320

Extraits de différents journaux en français.

6 mai.

Le *Canadien.* Sur les dépenses économiques du gouvernement des Etats-Unis.   340

La *Gazette* de Québec. Progrès des réformistes patriotes.   348

Quelle est l'opinion générale du pays sur les 92 résolutions ?   357

8 mai,
Québec.

Aylmer à Stanley (n° 35). A reçu les dépêches suivant la liste annexée.   324

Inclus. Liste.   325

7 mai,
Québec.

Aylmer à Stanley (n° 36). Avait exprimé le désir que le lord évêque de Québec lui fit connaître les vacances qui pourraient survenir dans l'Eglise d'Angleterre du Bas-Canada. Vu la mort de l'évêque catholique romain, le coadjuteur l'a remplacé et retire les £1,000 accordées à l'évêque précédent. Demande des instructions.   326

1834.

8 mai,
Québec.

Aylmer à Stanley (n° 37). Ainsi que désiré, des recherches ont été faites au sujet de John Clifton, mais on n'a découvert aucune trace de cette personne.   Page 328

8 mai,
Québec.

Le même au même (n° 38). Envoie pétition de Rawdon exprimant loyauté et demandant qu'aucun changement à la constitution ne soit accordé à la province.   329

Inclus. Pétition.   330

8 mai,
Québec.

Aylmer à Stanley (personnelle). Dépêche reçue. Espère que la dépêche et le document du 5 mars concernant les 92 résolutions ont été reçus, et que l'exposé permettra aux ministres de Sa Majesté de répondre aux résolutions les plus importantes et de les rejeter. Relativement aux autres assertions, il est difficile de s'entendre avec Viger et Morin, qui ont été envoyés aussitôt pour l'aider, car aussitôt qu'une fausseté est mise au jour, la fertile imagination de ces messieurs et de leurs mandants en a une autre toute prête ; il croit, cependant, que son aide de camp, qui est en route, sera en état de fournir des explications satisfaisantes. La mesure du gouvernement britannique allégera les difficultés financières du gouvernement exécutif et donnera satisfaction à chacun, sauf à Papineau et à ses partisans immédiats ; effectivement la révocation absolue de l'Acte 1 et 2 Guillaume 4, ch. 23, d'impôts à remettre encore les impôts à la disposition du Trésor, pourra être effectuée sans danger, car ceux qui sont capables de réflexion ont pris l'alarme en voyant les effets produits en Angleterre par les procédures séditieuses de l'Assemblée. N'attend pas beaucoup d'avantages de l'union des provinces, elles sont si éloignées les unes des autres, sans compter d'autres obstacles. Il verrait avec intérêt l'annexion de l'île de Montréal au Haut-Canada, mais une continuation de procédures comme celles dont on a été témoin récemment dans l'Assemblée pourrait rendre une mesure de cette sorte nécessaire. L'annexion des îles de la Madeleine à l'île du Prince-Édouard, et celle de Gaspé et de Bonaventure au Nouveau-Brunswick, augmenteraient la prospérité de ces localités, sans affecter sérieusement le Bas-Canada. Remercie de la bonté qu'on a eue de le dispenser de répondre en personne aux accusations portées par l'Assemblée. Ne croit pas que la présence de qui que ce soit de la province soit nécessaire, excepté celle de MacKinnon. La cause du gouvernement est trop bonne pour exiger d'autre aide que l'exposé des faits. La plus grande libéralité envers la province et l'extrême indulgence pour l'Assemblée sont visibles dans chaque ligne de ses instructions, et il s'est appliqué à donner effet à ces instructions. Quoique Viger ou tout autre agent de l'Assemblée en puisse dire, la population est tranquille. La seule lutte est celle qui se fait entre les journaux.   265

Inclus. Extraits de journaux.   373

9 mai,
Québec.

Aylmer à Stanley (n° 39). Envoie rapport du clergé du Bas-Canada qui n'a reçu aucune partie des deniers votés par le parlement en 1832. Explique le retard survenu dans l'envoi du rapport.   384

Inclus. Rapport.   385

10 mai,
Québec.

Aylmer à Stanley (n° 40). Transmet livre bleu de 1833. Causes du retard.   386

10 mai,
Québec.

Le même au même (séparément). Ne peut comprendre comment les documents concernant le juge Kerr ne sont pas parvenus, parce qu'ils avaient été envoyés tel qu'annoncé. En envoie maintenant une troisième copie.   387

13 mai,
Québec.

Le même au même (n° 41). Transmet pétition de Philemon Wright demandant une concession de terrains en considération des avantages que le public a tirés de son établissement sur l'Ottawa. Croit que les allégations de cette pétition sont strictement vraies, mais craint qu'un acquiescement à la requête n'entraîne plus tard des inconvénients.   388

Inclus. Pétition.   390

1834.
20 mai,
Sorel.

Aylmer à Stanley (n° 42).   Envoie rapports du prix moyen des produits agricoles et du taux des gages, sous l'impression que ces renseignements peuvent être utiles.   Page 398
    Inclus.   Rapports.   399, 400

20 mai,
Sorel.

Aylmer à Stanley (n° 43).   A reçu dépêches par le courrier d'avril d'Halifax, suivant la liste annexée.   401
    Inclus.   Liste.

21 mai,
Sorel.

Aylmer à Stanley (n° 44).   Envoie rapport au sujet des terres de la Couronne et regrette le retard.   Explique que le nombre considérable de lettres patentes délivrées aurait dû être parfait longtemps avant qu'il prit charge du gouvernement, mais maintenant elles paraissent avoir été délivrées par lui.   405
    Inclus.   Relevé des ventes de terres dans le Bas-Canada depuis le 31 décembre 1823 jusqu'au 1er janvier 1833.   408
    Daly à Craig.   Explique la cause du retard apporté à la préparation du relevé précédent.   409
    Rapport concernant les concessions gratuites de terres appartenant à la Couronne dans le Bas-Canada.   410
    (Ce dernier rapport contient les noms des concessionnaires, l'étendue concédée, les cantons où sont situées ces terres, la date et les conditions de ces concessions.)

22 juillet,
Artillerie.

Kempt à Spring Rice.   Renvoie la dépêche d'Aylmer et la copie de la lettre à Campbell.   Convient de l'importance d'établir de bonnes communications pour les fins militaires entre le Bas-Canada et le Nouveau-Brunswick, ce qui dépendra cependant beaucoup des considérations politiques.   245

LORD AYLMER, GOUVERNEUR, 1834.

Q. 216—3.

1834.
23 avril,
Montréal.

Alexandre de Holstein Gottrop ou Ozaisk à Aylmer.

15 mai,
Montréal.

Alexandre de Holstein Gottrop ou Ozaisk à Tidy.

16 mai,
Montréal.

Tidy à Aylmer.   Celle-ci et les deux lettres précédentes sont incluses dans celle d'Aylmer à Stanley, 31 mai 1834.

28 mai,
Sorel.

Aylmer à Stanley (n° 45).   Transmet une adresse de Montréal, contenant près de 12,100 noms, tous, sauf quelques rares exceptions, signés par les personnes elles-mêmes.   465
    Inclus.   Adresse.   466
    Adresse de loyauté des habitants d'Annfield ou Beauharnois.   471
    Adresse de loyauté des habitants d'origine britannique de St-Eustache.   476

28 mai
Sorel.

Aylmer à Stanley (lettre à part).   Expédie copie d'une adresse de loyauté de Montréal ; l'original sera expédié de Québec par un navire.   484
    (Une copie de l'adresse originale se trouve à la page 466.)

29 mai,
Sorel.

Aylmer à Stanley (personnelle).   Dit qu'il avait répondu à sa lettre personnelle du 28 mars par un navire privé, parti de Québec.   Rien n'est arrivé depuis qui soit digne de remarque.   Les deux partis tiennent des assemblées, mais la tranquillité continue à régner.   Les résolutionistes, comme on est convenu de les appeler, continuent à employer les moyens les plus indignes pour obtenir des signatures.   A envoyé l'adresse au roi, de Montréal ; lui envoie celle qui lui a été adressée à lui-même.   Elles ne sont pas strictement officielles, mais il croit préférable de les expé-

dier. Il n'y a pas de doute que le parti de la violence perd du terrain ;
mais il doit le mettre en garde contre l'idée que les nouvelles élections
devront amener à l'Assemblée une classe d'hommes plus éclairés et mieux
disposés à seconder les vues libérales du gouvernement de Sa Majesté.
Le parti de la violence est surtout tombé dans le discrédit dans l'opinion
des hommes instruits et sérieux, mais tant que les Canadiens françaix
demeureront aussi ignorants qu'ils le sont aujourd'hui, la constitution
accordée par le gouvernement britannique ne pourra jamais fonctionner
efficacement, et elle sera toujours le rempart derrière lequel se protége-
ront quelques démagogues rusés et sans principes pour paralyser toute
tentative faite par la mère-patrie pour assurer le bien-être de cette province. Justice doit cependant être rendue à la grande masse de la population d'origine française. Ces gens sont satisfaits, loyaux et honnêtes,
et cependant ils enverront de nouveau au parlement des hommes qui
sont tout leur opposé, mécontents, déloyaux, sans principes, mais qui
savent en imposer à la crédulité de leurs concitoyens. Les *leaders* de
l'Assemblée ont entre·leurs mains d'amples moyens de récompenser
leurs partisans, soit par des octrois sur les fonds publics, soit autrement.
Si toutes les accusations de corruption et de malversation portées contre
le gouvernement *exécutif* étaient fondées, il faudrait aussi admettre que
les pratiques et les menées de l'Assemblée sont encore bien plus corrompues. Tant que l'Assemblée pourra contrôler le pouvoir nécessaire du
gouvernement exécutif, l'action de ce dernier sera constamment entravée
et paralysée. Ne voit pas d'autre remède que le rappel absolu de l'Acte
1 et 2, Guillaume 4. Beaucoup de gens commencent à s'alarmer des
procédés séditieux de la dernière session et accepteraient la mesure sans
murmurer, mais si on laisse passer cette occasion, il ne s'en présentera
peut-être plus de semblable.   Page 485

Inclus. Adresse, à Aylmer, de la députation de Montréal.   491
Réponse à la députation.   493
Extrait des journaux sur différents sujets politiques.   502

31 mai,
Sorel.
Aylmer à Stanley. Transmet les papiers qui peuvent intéresser le
Foreign Office. Le commandant a reçu instruction d'assurer le corres-
pondant qu'il pouvait rester en sûreté à Montréal. Envoie le rapport de
l'entrevue entre le commandant et le correspondant (Gottorp).   532
Inclus. Rapport concernant la division de la Russie, proposée dans
une entrevue entre le commandant de Montréal et Alexandre de Hol-
stein Gottorp.   533
Demande de protection de la part d'Alexandre de Holstein Gottorp
(alias Ozaisk).   539
Rapport du colonel Tidy sur ses impressions après visite faite à
Alexandre de Holstein Gottorp.   541
Alexandre de Holstein Gottorp, se servant du nom d'Ozaisk, à
Tidy. Il fera visite à Tidy à l'heure qui conviendra à ce dernier. 543
Long rapport sur les affaires de Russie et sur la situation de Holstein
Gottorp ou Ozaisk, avec documents corroboratifs.   544-587-593

2 juin,
Sorel.
Aylmer à Stanley (nº 46). A été obligé de renvoyer Young du bureau
de l'auditeur des comptes publics. Ce bureau avait été créé pour soulager le Conseil d'une partie de ses devoirs, comme bureau d'auditeurs,
mais les embarras causés par Young au Conseil exécutif, au receveur
général et à l'inspecteur général, rendaient son renvoi nécessaire.
Remarques concernant les rapports officiels de Young avec les autres
départements.   596

3 juin,
Sorel.
Aylmer à Stanley (nº 47). Recommande Joseph Masson pour un siège
au Conseil législatif.   601

3 juin,
Sorel.
Aylmer à Hay. Transmet le mémoire du nombre des immigrants
arrivés à Québec jusqu'au 31 mai.   602
Inclus. Mémoire.   603

1834.
3 juin,
Sorel.

Aylmer à Stanley (n° 48). Transmet l'adresse de Trois-Rivières.
　　　　　　　　　　　　　　　　　　　　　　　　　　　　Page 604
Inclus. Adresse de Trois-Rivières en opposition aux résolutions adoptées par la Chambre d'Assemblée.　　　　　605
La même en français.　　　　　　　　　　　608

9 juin,
Sorel.

Aylmer à Stanley (n° 49). Conformément à la demande, il envoie les signatures qui doivent être annexées à l'adresse de Montréal.　　611

10 juin,
Sorel.

Le même au même (n° 50). Envoie l'état des recettes et dépenses de la corporation des réserves du clergé.　　　　612
Inclus. Etat.　　　　　　　　　　　613

11 'uin,
Sorel.

Aylmer à Stanley (n° 51). Envoie cinq collections complètes des lois du Bas-Canada, à partir de 1829. Le même nombre de collections sera envoyé annuellement à l'avenir.　　　　614

11 juin,
Sorel.

Le même à Hay (personnelle). Envoie les copies de l'acte provincial sur la teneur des terres, passé en 1829.　　　615
Inclus. Acte pour valider le transport des terres, etc., tenues en franc et commun saccage dans le Bas-Canada.　　　616

12 juin,
Sorel.

Aylmer à Stanley (n° 52). Envoie les feuilles de parchemin avec les signatures qui doivent être annexées à l'adresse de Montréal.　　629

16 juin,
Sorel.

Le même au même (n° 53). Envoie les adresses de Grenville et de la partie ouest de Chatham, qui doivent être déposées au pied du trône.　　630
Inclus. Adresses.　　　　　　　　　　631

16 juin,
Sorel.

Aylmer à Stanley (privée). Envoie copie de la *Minerve* pour montrer qu'en autant que les paroles peuvent le faire, Papineau et son parti, mettent le roi au défi au sujet des terres. Si le peuple ne se soulève pas, ce n'est pas leur faute, mais heureusement le peuple ne se laissera pas émouvoir par ces appels. Un silence dédaigneux paraît être la meilleure manière de traiter ce parti, qui semble infatigable dans son travail pour obtenir des signatures à son adresse en faveur des 92 résolutions. Si ces signatures sont présentées à la Chambre des Communes, il faudra en faire un examen minutieux, qui démontrera qu'une faible proportion seulement de ces signatures sont de la main des signataires, les croix elles-mêmes étant de la même main. Cause du retard à répondre à la demande de renseignements concernant les terres de la Couronne. Alarme causée à Québec par de nombreux cas de typhus parmi des immigrants venant d'Irlande à bord de certains vaisseaux. et par quelques cas de choléra asiatique à bord de certains autres. Tous les malades ont été débarqués à la Grosse-Ile, station de quarantaine.　　634

30 juin,
Québec.

Aylmer à Stanley (n° 54). Envoie la liste des actes passés à la dernière session, copie des actes, les procès-verbaux du Conseil législatif, et un sommaire des actes.
Inclus. Liste des actes.

30 juin,
Québec.

Aylmer à Stanley (n° 55). A reçu les dépêches suivant la liste ci-annexée.
Inclus. Liste.

Lord Aylmer, gouverneur 1834.

Q. 217-1.

1834.
1er avril,
Downing
Street.

Stanley à Aylmer. Désire obtenir des informations sur une concession de terres qu'on dit avoir été faite à Felton et à sa famille.　　Page 132

1er juillet,
Québec.

Aylmer à Stanley (n° 56). Fournit rapport demandé par la dépêche en date du 26 mars.　　　　　　　3
Inclus. Résumé des règlements concernant la quarantaine et de ceux observés à la Grosse-Ile.　　　4

DOC. DE LA SESSION No 18

1834.

Règlements additionnels concernant la quarantaine.   Page 23
Instructions au surintendant médical à la Grosse-Ile et à ses aides.   31
Lois qui donnent force et effet aux règlements de la quarantaine.   35
Etat des frais et autres dépenses auxquels les navires sont sujets à cause de la quarantaine.   46
Etat des noms et désignation des officiers de la quarantaine.   47

2 juillet, Aylmer à Stanley (n° 57). Transmet un mémoire de la corporation
Québec.   des réserves du clergé avec les documents qui l'accompagnent, lequel mémoire se plaint que les intérêts de la corporation n'avaient pas été dûment sauvegardés par le commissaire des terres de la Couronne, et suggérant comme remède que la disposition des réserves du clergé soit confiée à une commission composée de membres de la corporation. Les observations du commissaire des terres de la Couronne sont assez claires et assez complètes pour ne nécessiter aucun autre détail dans la présente dépêche. Transmet rapport du conseil exécutif sur les questions soumises à son examen par Dalhousie en 1827. Les intérêts du commissaire des terres de la Couronne et ceux de la corporation du clergé, quant à la disposition des réserves du clergé, sont si différents, qu'il n'est pas étonnant qu'il y ait des plaintes. Sans doute tout sujet de plainte disparaîtra devant la proposition de révoquer la charte de la corporation du clergé et de transférer la propriété des réserves à la Couronne pour le bénéfice du clergé protestant dans la province. Remarques sur l'Acte qui doit être passé à cet effet.   48

Annexe.—Notes requérant réponse de *Downing street*, datées du 3 janvier (1835), dans lesquelles la conduite du commissaire des terres de la Couronne est considérée comme correcte, et que par conséquent il n'y a pas de raison de lui enlever le contrôle de la vente des réserves du clergé.   54
Inclus. Liste des pièces.   58
Mémoire de la corporation des réserves du clergé.   59
Annexe mentionné au mémoire.   66
Craig à Mgr l'évêque de Québec en réponse au mémoire.   81
Autres documents.   B à 120

3 juillet, Aylmer à Stanley (n° 58). Transmet la lettre de Felton en réponse à
Québec.   la demande de renseignements faite au sujet de la concession de terres accordée à ce dernier et à ses enfants. Les choses s'étant passées avant qu'il fût en charge, il n'en connaît que ce qui appert au document. Les concessions qu'il a reçu ordre d'empêcher étant déjà faites, il attend d'autres instructions. Envoie un état préparé ici pour être comparé à celui qui lui a été envoyé, parce que les deux diffèrent.   121
Inclus. Extrait d'un rapport de la Chambre des Communes sur les terres concédées aux membres du Conseil législatif.   135
Résumé des dépêches du secrétaire d'Etat permettant de faire des concessions de terres à Felton et à sa famille.   136
Liste des pièces expédiées.   137
Documents.   138 à 233

4 juillet, Aylmer à Stanley (n° 59). Envoie un mémoire d'Arthur Burton
Québec.   demandant d'être payé de ses services pendant la dernière guerre.   234
Inclus. Mémoire.   235

5 juillet, Aylmer à Stanley (n° 60). Explique pourquoi une certaine somme
Québec.   a été chargée comme frais au procureur général sur les concessions gratuites de 198 acres de terre. L'insuffisance des frais établis par le règlement de 1797 amena l'adoption d'un nouveau règlement en vertu d'un rapport adopté le 27 février 1833, par lequel on pourvoit à ce que les frais des concessions gratuites soient payés à même les fonds affectés aux terres et à la coupe du bois. Bons effets de ce changement.   236
Inclus. Procès-verbaux, rapports, etc., du Conseil exécutif relativement aux frais des lettres patentes pour les terres.

64 VICTORIA, A. 1901

1834.

1er septembre 1831.   **Page 241**
8 octobre 1831.   243
20 février 1833.   246

9 juillet,
Québec.

Aylmer à Stanley (n° 61). Transmet les questions que le collège McGill désire soumettre au gouvernement. Informations demandées au sujet de la poursuite entre les syndics et DesRivières, et aussi demande que le Conseil privé rende sa décision. Ils désirent un amendement à la charte. Demandent certaines nominations et la confirmation des nominations faites.   248

Inclus. Procès-verbaux de l'assemblée des gouverneurs du collège McGill.   250

10 juillet,
Québec.

Aylmer à Hay. Explique l'action du gouvernement exécutif au sujet du revenu territorial et du revenu casuel.   255

12 juillet,
Québec.

Aylmer à Stanley (n° 62). Envoie la liste des condamnés à mort dont la peine doit être commuée en celle de la déportation pour la vie.   258

Incluse. Liste des prisonniers.   261

Remarques sur le procès des Shuters pour meurtre, avec la preuve. 262

12 juillet,
Québec.

Aylmer à Stanley (à part). Renvoie le grand sceau dont on se servait avant l'arrivée du nouveau.   283

14 juillet,
Sorel.

Le même au même (n° 63). Envoie la liste semi-annuelle des membres des conseils exécutif et législatif.   284

Incluse. Liste.   285

14 juillet,
Sorel.

Aylmer à Stanley (n° 64). Envoie copie des procès-verbaux du Conseil exécutif.   290

14 juillet,
Sorel.

Le même au même (n° 65). Envoie les états des recettes et dépenses au sujet des terres de la Couronne et des licences pour la coupe des billots.   291

Inclus. Etat pour 6 mois jusqu'au 30 juin 1834.   292

Etats pour 3 mois à la même date.   295

Etat des recettes au compte du revenu territorial et casuel.   296

14 juillet,
Sorel.

Aylmer à Stanley (n° 66). Transmet le rapport semi-annuel, au 30 juin 1834, concernant les ventes des réserves du clergé.   297

Inclus. Rapport.   298

31 juillet,
Sorel.

Aylmer à Hay. Envoie la lettre adressée au capitaine Mackinnon. Il a sévi dans la province une maladie, qui, en bien des cas, était de la nature du choléra asiatique.   300

13 octobre,
Londres.

Yorke à Kempt. Au sujet de la concession faite à Felton, il en a conservé le même souvenir que Kempt lui-même. Il donne les détails sur ce sujet.   126

15 octobre,
Niton.

Kempt à Hay. A reçu sa lettre au sujet de la concession de Felton, il se rappelle que ce dernier avait fait une demande afin d'obtenir 1,200 acres pour chacun de ses enfants, ce qui fut refusé; cependant, il se rappelle qu'en envoyant le mémoire il recommanda que si quelque concession était faite elle devrait être limitée à 200 acres. Cette recommandation fut acceptée. Il se rappelle qu'il n'a jamais autorisé la préparation des documents relatifs à la concession de terres à faire à chacun des enfants de Felton. Il joint une lettre de Yorke, qui était alors secrétaire civil et qui lui avait demandé d'examiner le cas, vu qu'on avait besoin d'autres informations.   124

Q. 217—2.

1834.
5 août,
Sorel.

Aylmer à Spring Rice (n° 67). A reçu les dépêches comprises dans la liste annexée.   **Page 302**

Inclus. Liste.   303

7 août,
Sorel.

Aylmer à Spring Rice. A été informé qu'il (Spring Rice) a eu l'honneur de se voir confier le sceau du département colonial.   304

10 août,
Sorel.

Le même au même (personnelle). A reçu les lettres. La Chambre d'Assemblée est la cause de l'état difficile des affaires. Son regret que le comité de la Chambre des Communes ait décidé de ne pas imprimer la preuve fournie sur les affaires du Canada. Ceci n'est pas de nature à lui faire rien anticiper de bon du rapport, du moins quant à lui-même. La nature des accusations est telle qu'elles exigent plus qu'un simple verdict déclarant qu'elles n'ont pas été prouvées. Il a droit à un résultat qui est un triomphe pour lui. Si, après avoir été représenté comme un criminel par la Chambre d'Assemblée, la fausseté des accusations n'est pas rendue évidente par la publication de la preuve, il en serait à regretter qu'on n'ait pas directement procédé contre lui par voie de mise en accusation. Envoie un exemplaire du *Vindicator*, l'organe du parti qui a dirigé la Chambre à la dernière session. Il fait voir le but que ce parti se propose d'atteindre.   305

Inclus. Extraits du *Vindicator* intitulé : *Nos espérances.*   308

Extrait sur les affaires canadiennes.   316

15 août,
Sorel.

Aylmer à Spring Rice (n° 68). A reçu les dépêches conformément à la liste annexée.

Inclus. Liste.

2 septembre,
Sorel.

Aylmer à Spring Rice (personnelle). Excitation causée par la nomination de Gale comme juge. On lui reproche de ne pas être Canadien français et d'avoir été en politique un partisan de Dalhousie, mais on ne conteste pas ses capacités. Lui-même connaît peu Gale, mais il était sous l'impression qu'il était opposé à la politique qu'il (Aylmer) a suivie. Par conséquent, sa nomination n'est pas le résultat de considérations politiques ou personnelles, mais est due à la forte recommandation du juge en chef Reid. Quant au reproche qu'on fait à Gale de ne pas être Canadien français, il faut prendre en considération que sur quatre nominations postérieures à 1828, en y comprenant celle de Gale, trois Canadiens français en ont eu le bénéfice. Maintenant, si la politique peut être considérée comme une objection, elle s'applique également aux trois autres. Il rougit d'avoir à se justifier d'avance, mais la violence des attaques antérieures dirigées contre lui rend nécessaire de mettre le gouvernement en garde contre toute fausse représentation. Sa position dans la province est difficile, et il a besoin d'être supporté par le gouvernement impérial.   322

Inclus. Extraits de journaux sur la nomination de Gale comme juge.   327

2 septembre,
Sorel.

Aylmer à Spring Rice (n° 69). Démission d'Uniacke et son remplacement par Gale sur le banc.   358

6 septembre,
Québec.

Le même au même (n° 70). Envoie rapport sur la distribution des troupes dans les Canadas.

Inclus. Rapport mensuel sur la distribution des troupes, daté du 1er août 1834.   360

9 septembre,
Québec.

Aylmer à Spring Rice (personnelle). Envoie un exemplaire du *Vindicator* contenant les procès-verbaux du comité central de Montréal, ce

1834.

qui mérite une sérieuse attention. La menace de prendre les armes ne fait qu'exciter ici un sourire de mépris, cependant, à 3,000 milles de distance, on pourrait prendre la chose au sérieux. Ne pense pas que la nouvelle Chambre se montre plus raisonnable que la précédente. On prendra soin d'éviter toute apparence d'immixtion de la part du gouvernement local dans les élections, et ses officiers ont été notifiés de son désir de les voir s'abstenir de se présenter comme candidats, afin de laisser le champ parfaitement libre aux adversaires. Les deux provinces ont encore été sérieusement éprouvées par le choléra asiatique.   Page 361

Inclus. Le *Vindicator*, contenant le rapport de la convention, ainsi que la lettre de Roebuck.   364

11 septembre,
Québec.

Aylmer à Spring Rice (personnelle). Tant a été dit au sujet des finances qu'il ne veut pas discuter cette question, quand lui Rice est déjà si fortement occupé à autre chose. Mais il ne peut s'empêcher de croire que l'Acte 1 et 2 Guillaume 4, contient en lui-même son propre palliatif. Envoie, à l'appui de cette opinion, des extraits de la dépêche du 18 août 1833. Il n'y a pas de divergence d'opinion, quant au pouvoir accordé par 1 et 2 Guillaume 4, à la législature provinciale de disposer des revenus perçus en vertu de l'acte 14 George 3, chap. 88, mais les jurisconsultes de la Couronne paraissent n'avoir considéré qu'un seul côté de la question. Comment et dans quelles circonstances l'Acte 1 et 2 Guillaume 4, chap. 23, deviendra caduc.   297

13 septembre,
Québec.

Aylmer à Spring Rice (n° 71). A la demande du juge Vallière de Saint-Réal, envoie la correspondance relative à une cause dans laquelle il est concerné. Au cours d'un procès pour nuisance publique, dans lequel le juge Vallières conduisit sa propre cause, il a été condamné à une heure d'emprisonnement pour mépris de cour. Plus tard, le juge Vallières se plaignit à lui (Aylmer) et demanda que l'exécutif cassât la sentence de la cour et vengeât ainsi la dignité de la magistrature. Avait décidé de ne pas intervenir et de laisser Vallières obtenir des tribunaux le redressement de ses griefs. Vallières demanda la production de tous les documents produits avec sa première communication; ceci lui étant refusé, il demanda alors que toute la correspondance fût envoyée au gouvernement de Sa Majesté, ce qui est fait actuellement. S'il a eu tort, il se soumettra aux instructions qui lui seront données au sujet de cette affaire.   402

Inclus. Liste des documents relatifs à l'emprisonnement du juge Vallières.   406

Documents judiciaires et autres concernant la cause.   407

19 septembre,
Québec.

Aylmer à Spring Rice (n° 72). Envoie rapport du nombre des troupes en service au Canada au 1er septembre.   441

7 octobre,
Sorel.

Aylmer à Spring Rice (n° 73). A reçu les dépêches conformément à la liste annexée.   443

Incluse. Liste.   444

8 octobre,
Sorel.

Aylmer à Spring Rice (personnelle). A reçu une dépêche lui annonçant que des arrangements avaient été faits pour avancer le solde restant impayé sur le budget de 1833 pour le service civil. Quand les dépêches officielles seront arrivées, il enverra sa réponse officielle. Envoie maintenant des observations sur les affaires de la province. Pour bien comprendre les affaires du Canada, il faut un long apprentissage, car nulle part ailleurs l'art de la chicane n'est mieux connu, et comme preuve on peut citer le fait qu'ils ont fait croire aux membres du parlement que la condition du pays est la même que celle des États-Unis avant leur lutte pour l'indépendance. Si cela était vrai, il (Aylmer) mériterait le châtiment le plus sévère pour l'avoir caché, mais rien n'est plus éloigné de la vérité. Les Canadiens français ajouteront foi à la liste des griefs supposés que les *leaders* du parti mécontent inventent avec tant de talent, mais ils n'iront pas plus loin, et ne combattront pas à main armée l'auto-

1834.
rité constituée. La différence entre la population des Etats-Unis à l'époque de la révolution et celle du Bas-Canada de nos jours. Les Canadiens-Français sont une race paisible, bien peu enclins vers les questions abstraites, mais ils sont devenus les instruments par lesquels un petit nombre de factieux essaient de prendre de l'ascendant à la Chambre d'Assemblée. La minorité trouve la compensation de son petit nombre dans sa richesse, son énergie et son industrie supérieure. Dans le cas d'hostilité armée, presque tous se rangeront d'eux-mêmes du côté du gouvernement britannique, comme le feront les habitants du Haut-Canada. Les langues et les plumes du parti mécontent seront les seules armes dont ils se serviront, mais la nouvelle Assemblée se montrera moins raisonnable que la dernière. Envoie les journaux pour montrer les efforts faits par les mécontents. (Ceux-ci n'étaient pas inclus.) Attire l'attention sur leur contenu et sur les observations de la *Gazette* de Neilson. L'augmentation de violence des mécontents provient de ce que le comité de la Chambre des Communes a prêté l'oreille à leurs prétendus griefs et a écouté les menaces séditieuses de l'Assemblée. Ne pense pas probable qu'un nouvel appel soit fait au parlement, mais dans tous les cas, pour le prévenir, il suggère qu'une commission parlementaire soit envoyée au Canada pour s'assurer de l'état des affaires. Le soin qui devra être apporté dans le choix de ceux qui devront composer cette commission.   Page 446

10 octobre,
Sorel.   Aylmer à Spring Rice (n° 74). Envoie l'état des recettes du revenu casuel et territorial, ainsi que de celui des terres de la Couronne, et l'état des recettes provenant des licences pour la coupe du bois pendant les trois mois finissant le 30 septembre.   454

Inclus. Etats des dites recettes.   455, 456

13 octobre,
Sorel.   Aylmer à Hay. Les Almanachs de Québec ont été envoyés régulièrement durant les trois dernières années.   457

16 octobre,
Sorel.   Le même au même. Envoie l'Almanach de Québec pour cette année.   458

28 octobre,
Sorel.   Le même à Spring Rice (personnelle). Envoie un exemplaire de la *Minerve* et attire l'attention sur l'article intitulé : " Correspondance de New-York ", qui parle du désir du parti mécontent de se séparer de la mère-patrie. Ne croit pas que l'action suivra les paroles, et advenant le fait, le parti anglais influent se rangera du côté du gouvernement. 40?

Inclus. Extraits de la *Gazette de Québec* du 3 octobre.   461

Minerve du 27 octobre.   468

29 octobre,
Sorel.   Aylmer à Spring Rice (personnelle). Avait envoyé un exemplaire de la *Minerve*, envoie maintenant l'*Echo du Pays*. Quelques passages sont d'une trahison évidente, mais il serait impossible de trouver un jury pour arriver à cette conclusion. Le peu d'effet produit par ces articles.   490

(Aucun journal n'a été reçu avec la lettre ci-haut mentionnée.)

30 octobre,
Sorel.   Aylmer à Spring Rice (n° 76). A reçu les dépêches conformément à la liste annexée.   491

Inclus. Liste.   492

4 novembre,
Sorel.   Aylmer à Spring Rice (n° 76). Transmet une requête demandant l'amélioration de la navigation sur l'Ottawa, et considère que cette question est une des plus importantes.   495

L'adresse se trouve dans Q. 283.

5 novembre,
Sorel.   Aylmer à Spring Rice (n° 77). Avait envoyé la lettre de Daly ; envoie maintenant documents demandés.   497

Annexé. Notes pour réponse à la demande de Daly.   498

Inclus. Daly à Craig. Transmet l'état des frais et un mémoire pour dissiper les impressions du secrétaire colonial.   502

7 novembre,
Sorel.   Aylmer à Spring Rice (personnelle). Envoie un exemplaire de la *Gazette de Québec* de Neilson, contenant les articles se rattachant à l'élection et qui s'accordent avec ses propres opinions.   507

64 VICTORIA, A. 1901

1834.
17 novembre,
Québec.

Aylmer à Spring Rice (n° 78). A reçu les dépêches conformément à la liste annexée.   Page 508
Inclus. Liste.   509

20 novembre,
Québec.

Aylmer à Spring Rice (n° 79). Transmet le mémoire de Simon Fraser, ci-devant lieutenant au 42° régiment.   510
Inclus. Mémoire de Simon Fraser, demandant une indemnité pour une partie de ses terres expropriée pour l'usage du canal Rideau.   511

22 novembre,
Québec.

Aylmer à Hay (personnelle). Lui recommande d'avoir une entrevue avec Ryan, un monsieur engagé dans des entreprises commerciales au Bas-Canada et qui peut lui donner sur les affaires de la Province des renseignements beaucoup plus complets que ceux qu'il pourrait inclure dans les cadres d'une lettre.   514

23 novembre,
Québec.

Le même à Spring Rice (n° 80). Immédiatement après avoir été autorisé à prendre sur la caisse militaire une somme n'excédant pas £31,000 pour payer les arrérages de l'année finissant en octobre 1833, a réuni le Conseil exécutif pour régler les détails. Envoie les rapports, et il le remercie pour le soulagement et l'aide accordés si à propos, tant en son nom qu'en celui des autres fonctionnaires, dont les appointements de quelques-uns n'avaient pas été payés depuis 20 mois, et ceux de quelques autres depuis 17 mois, car tous, sauf quelques exceptions, comptaient exclusivement sur leurs appointements pour vivre, et ils avaient été obligés de vendre leurs ameublements, leurs argenteries et leurs montres pour se procurer les choses nécessaires à la vie. Craignait la dissolution du gouvernement du roi dans la province, vu le manque de moyens pour en supporter les frais. Est soulagé pour le moment, mais il est nécessaire de prévenir le retour d'un état de choses aussi critique.   515
Inclus. Rapport du comité du Conseil entier pour régler le paiement des arrérages. Le comité a préparé deux états, le premier montrant la balance des appointements non payés pour 1833, l'autre les balances dues sur les dépenses courantes de la même année. Le comité recommande que des mandats soient émis pour solder les balances portées dans ces états.   518
Inclus. Etat n° 1.   525
Etat n° 2.   530

24 novembre,
Québec.

Aylmer à Spring Rice (confidentielle). Répondra prochainement aux questions concernant le service public. Pour le moment, il écrit en sa capacité personnelle, donnant ses propres vues sur la situation publique au Bas-Canada, laquelle démontre qu'un changement serait désirable, étant donné la position difficile dans laquelle il se trouve et l'hostilité de la Chambre d'Assemblée contre lui-même personnellement. Expose la condition des affaires et conclut : "Je vous prie de croire que si, dans ma situation particulière, la plus haute charge dont peut disposer la Couronne, m'était offerte, je demanderais respectueusement instamment la permission de la refuser. Je suis cependant satisfait de ma position ici, et je n'ai encore aucune raison de me décourager, et quoi que la condition des affaires dans la province n'annonce rien de bien satisfaisant, le gouvernement de Sa Majesté a encore à sa disposition les moyens d'accomplir tous les projets qu'il peut avoir en vue. Des maux qui existent actuellement, on peut encore tirer beaucoup de bien."   532

26 novembre,
Québec.

Le même au même (n° 81). Annonce la mort de Roch de St-Ours, le 11 courant.   539

28 novembre,
Québec.

Le même au même. Son mépris pour la plupart des journaux. Ceux qui représentent le parti mécontent étant sous le contrôle constant et direct de ses chefs, doivent être considérés comme leurs organes. C'est pourquoi il en envoie des exemplaires au Bureau Colonial. Son chagrin du renvoi du juge Kerr, qui sera remplacé par quelque avocat français. Cela constitue une grande perte, d'autant plus qu'il sera impossible d'en nommer aucun d'acceptable pour l'Assemblée, à moins qu'il ne soit partisan de la majorité, dans laquelle il ne s'en trouve pas qui aient les qualités nécessaires de service et d'intégrité, presque tous étant des jeunes gens d'une condition inférieure au barreau et dont la nomination serait considérée comme une grande injustice faite à la profession. Le plus chaud partisan serait traité en ennemi aussitôt qu'il aurait accepté la position. Tous les sacrifices ont été inutiles pour apaiser le parti, car son influence cesserait du moment qu'il se réconcilierait avec le gouvernement de Sa Majesté. Envoie lettre adressée au juge Sewell et la réponse de ce dernier sur la question de savoir s'il est opportun de nommer juges une plus grande proportion de Canadiens français qu'on ne l'a fait jusqu'ici.   Page 540

Inclus. Aylmer au juge en chef. Lui rappelle une conversation concernant le choix d'un plus grand nombre de Canadiens français pour la magistrature, et son impression que le juge en chef était d'opinion que dans les circonstances actuelles il n'était pas opportun d'en augmenter la proportion.   546

Le juge en chef Sewell à Aylmer. Se rappelle cette conversation, et il n'a pas changé d'opinion. Le droit public anglais, la loi maritime anglaise, certaine partie de la jurisprudence civile, particulièrement toute la loi entière de la preuve en matières commerciales et tout le Code criminel, font partie du système appliqué dans les cours de la province. Le reste comprend la coutume de Paris et les lois générales de la France en vigueur à l'époque de la conquête. Sur cette dernière partie, les avocats Canadiens français sont bien renseignés, mais ils le sont très peu sur la première. En outre de ces raisons, ces nominations seraient de nature à affaiblir la confiance de la classe commerciale dans l'administration de la justice.   548

Aylmer à Spring Rice (n° 82). Transmet les résolutions adoptées à une assemblée récente à Montréal. Cette assemblée fut convoquée à propos des événements qui se sont passés lors des dernières élections dans le quartier ouest de Montréal, et où la haine de parti s'est manifestée au point de mettre en danger la vie et la propriété. Envoie le rapport du commandant des troupes sur ce sujet. La préservation de la maison de Papineau, l'un des candidats qui avait le plus crié contre l'intervention militaire, est due à cette même intervention.   553

Inclus. Rapport de l'assemblée du Tattersall pour examiner les dommages causés à la propriété et aux personnes lors des dernières élections, et les autres questions se rattachant à cette même affaire.   555

Minute d'un protêt notarié contre les actes illégaux de Charles A. Lusignan, relativement à la dernière élection.   561

Craig à Molson et autres. Le gouverneur en chef, après avoir examiné les résolutions de l'assemblée du Tattersall, ne croit pas que ce qui y est allégué justifie l'intervention de l'autorité exécutive.   569

Le colonel Tidy au lt.-col. Eden. Rapport concernant les émeutes qui ont eu lieu à Montréal en novembre 1834, lors des élections.   571

LORD AYLMER, GOUVERNEUR, 1834.

Q. 217—3.

Aylmer à Hay. Le parti anglais ayant décidé de ne plus se soumettre à la domination du parti qui contrôle l'Assemblée, a formé des comités constitutionnels. Croit que leurs agents peuvent être attendus à une époque peu éloignée, et M. Neilson pourrait bien être l'un des délégués chargés d'exposer les griefs de la minorité, comme il l'a été pour

1834.

expoaer ceux de la majorité. Il n'y a pas d'inconséquence en ceci, vu qu'il a toujours été un constitutionnel, et sur les affaires de la province on peut s'en rapporter à son jugement plus qu'à celui de tout autre.

                                                                                     Page 578

Inclus. Elections du Bas-Canada. Extrait de la *Gazette de Québec.* 580

Les affaires publiques dans le Bas-Canada. De la *Gazette de Québec.* 628

2 décembre, Québec.   Aylmer à Spring Rice (n° 83). Envoie la correspondance avec Caldwell au sujet des arrérages dus par lui en vertu do l'arrangement du 25 juin 1829. Il a demandé de pouvoir garder la seigneurie de Lauzon jusqu'à décembre 1835. Recommande que cette demande soit accordée. 636

Incluse. Lettre de Hale à Craig. Attire l'attention sur les arrérages dus par Caldwell et désire qu'une explication soit fournie sur ce sujet. 639

Craig à Caldwell. Comme conséquence du rapport fait au sujet de ses arrérages, il désire avoir une explication sur ce point. 640

Caldwell à Craig. Il explique qu'étant donné le mauvais état du commerce de bois, il lui a été impossible de payer les arrérages en question, et il demande d'être laissé en possession de la seigneurie de Lauzon jusqu'à février 1835. 641

3 décembre, Québec.   Aylmer à Spring Rice (n° 84). Transmet les représentations des juges au sujet de leur état de dépendance et les inconvénients résultant de l'absence d'un arrangement définitif. 650

Inclus. Représentations des juges signées par les juges en chef Reid et Sewell et par les juges puisnés Pike, Rolland, Gale, Bowen et Panet. 651

4 décembre, Québec.   Aylmer à Spring Rice (n° 85). Avait envoyé un volume contenant la preuve fournie devant un comité de l'Assemblée en 1832, au sujet de l'intervention militaire dans les élections, en mai 1832. Envoie maintenant les procès-verbaux de 1834, vu que ce sujet peut venir sur le tapis à la prochaine session. 656

Inclus. Procès-verbaux et témoignages concernant l'intervention militaire dans les élections de 1832. Titre. Le rapport est relié séparément. 657

5 décembre, Québec.   Aylmer à Spring Rice (n° 86). Transmet copie des résolutions adoptées à une assemblée des gouverneurs au collège McGill. L'Institution Médicale de Montréal est maintenant fondue avec la faculté médicale du collège McGill. Les résolutions démontrent les inconvénients qui résultent du fait que, par leur charte, pour la nomination d'un principal ou d'un professeur, ils sont obligés de consulter le gouvernement de Sa Majesté. 658

Inclus. Résolutions des gouverneurs du collège McGill. 660

6 décembre, Québec.   Aylmer à Spring Rice (n° 87). Transmet un mémoire de Ryland pour la continuation de sa pension, suspendue par la Chambre d'Assemblée. Tout en considérant ce mémoire comme digne de considération, ne peut pas recommander que cette pension soit payée à même les fonds mis à la disposition de la Couronne, mais qu'elle soit portée au débit des fonds généraux de la province. 662

Inclus. Mémoire de Ryland. 665

Rapport d'un comité de tout le Conseil. 668

7 décembre, Québec.   Aylmer à Spring Rice (n° 88). Transmet un mémoire du capitaine Cox, du 87° régiment, demandant une indemnité en terres comme compensation pour la perte de l'Ile Bonaventure, concédée à son grand-père. Des cas semblables sont fréquents en Bas-Canada, et presque tous sont décidés contre les prétentions des requérants. Les circonstances du cas actuel justifient le fait de soumettre la question au gouvernement de Sa Majesté, et il la recommande à une considération favorable. 671

Annexé. Notes pour réponse au mémoire ci-dessus, lequel est opposé à la réclamation. 673

Inclus. Mémoire du capitaine Cox. 675

1834.
14 décembre,   Aylmer à Spring Rice (n° 89). Envoie le rapport de l'agent en chef
Québec.   d'immigration. Ce rapport montre que pour l'année l'immigration s'est élevée à près de 31,000 âmes, apportant dans le pays un million sterling de capitaux. Diffère d'opinion avec Buchanan dans ses vues sur la taxe sur l'immigration.   **Page 678**

Inclus. Rapport.   680

Etat montrant le nombre des arrivages par semaine.   · 699

Les noms des ports d'où sont partis les immigrants, classés par pays :

Angleterre.   700

Ecosse.   702

Irlande.   701

Etat comparatif du nombre des immigrants arrivés depuis 1829.   703

Répartition des immigrants arrivés à Québec en 1834.   704

Rapport du nombre des émigrants du Royaume-Uni arrivés à New-York depuis les six dernières années.   705

Liste des pertes de vie et des naufrages des navires en route pour Québec, le printemps dernier.   706

Extrait des rapports hebdomadaires.   708

Acte du Royaume-Uni concernant les passagers.   716

Amendement suggéré par M. Buchanan.   726

Copies et extraits de lettres des agents du gouvernement en Haut-Canada.   733

Lettres de Buchanan.   746, 750

Table des matières du rapport de Buchanan.   755

20 décembre,   Aylmer à Spring Rice (n° 90). Envoie la copie des documents inti-
Québec.   tulés : " Déclaration des causes qui ont amené la création de l'Association constitutionnelle de Québec et l'objet de cette fondation ", qui lui a été présentée par une délégation de la société. Les événements survenus lors des dernières élections générales ont malheureusement soulevé un violent sentiment national et contribué à la formation de deux partis. 758

Inclus. Déclaration, datée de décembre 1834.   760

22 décembre,   Aylmer à Spring Rice (n° 91). Les cadeaux qui devaient être distri-
Québec.   bués aux sauvages, et attendus à Québec dans le cours de l'automne dernier, ne sont pas arrivés, et les tribus en ont été très mortifiées. 775

23 décembre,   Aylmer à Spring Rice.—(n° 92) Attire l'attention sur l'Acte impo-
Québec.   sant une taxe sur les immigrants arrivant à Québec, et qu'il avait réservé. S'il est sanctionné, demande qu'avis en soit donné à tous les agents pour l'information de tous dans les ports du Royaume-Uni.   777

24 décembre,   Le même au même (personnelle). Envoie les noms des nouveaux
Québec.   membres de l'Assemblée, ce qui confirme son opinion que la nouvelle Chambre sera encore plus intraitable que la dernière. Le parti Papineau a tout emporté par son influence, et il a fait élire un homme tout à fait inconnu, le Dr O'Callaghan, rédacteur du *Vindicator*, et qui ne s'est distingué que par sa basse grossièreté et ses insultes envers le gouvernement britannique. Un caractère national, jusqu'alors inconnu dans la province, a été donné aux dernières élections, à ce point qu'une séparation très marquée existe maintenant entre les races anglaise et irlandaise d'un côté, et celle d'origine française de l'autre, et des associations constitutionnelles ont été formées par cette dernière, lesquelles contiennent dans leur sein tout ce que cette population comprend d'hommes de talent et d'influence. Il est évident qu'une crise dans les affaires du Bas-Canada est imminente.   778

24 décembre,   Le même au même (n° 93). Transmet la lettre du président de la
Québec.   Société des Emigrants de Québec, avec des avis au sujet de l'adoption d'un acte du parlement impérial concernant les navires à passagers. Québec étant le terminus du trajet océanique, toutes les défectuosités des règlements y sont mieux connues. Résume les principaux points. 788

1834.

Inclus. Lettre de Daly à Aylmer. Transmet les clauses qu'il pourrait être utile d'inclure dans un acte du Parlement impérial pour réglementer le transport des immigrants au Canada.   Page 791
    Clauses proposées.   794
    Facture d'une boîte de médicaments.   805
    Notes devant accompagner le projet d'un acte relatif aux passagers, pour les provinces de l'Amérique Britannique du Nord.   806

LORD AYLMER, GOUVERNEUR, 1834.

Q. 217—4-5.

Les parties 4 et 5 du volume 217 contiennent la preuve fournie devant le comité général de la Chambre d'Assemblée au sujet des événements qui ont, amené l'intervention de la force militaire armée lors de la dernière élection dans le quartier Ouest de Montréal. Les séances du comité ont commencé le 13 janvier, pour se terminer le 3 mars 1834.
    La preuve en anglais se termine à la partie 4 et celle en français à la partie 5.

BUREAUX PUBLICS, 1834.

Q. 218.

1826.
20 mai,
Québec.

Kerr à Hampson. Inclus dans la lettre de Barrow à Hay, 27 d'août 1834.

1833.
26 août,
Québec.

Rapport concernant la liste des pensions des sauvages.

27 août,
Québec.

Aylmer à Stewart. Tous deux inclus dans celle de Stewart à Hay, 27 février 1834.

30 septembre,
Québec.

Certificat de paiement.

6 novembre,
Québec.

Routh à Stewart. Tous deux contenus dans celle de Stewart à Hay, 21 janvier 1834.

25 novembre,
Londres.

Kerr au même.

26 novembre,
Londres.

Le même à Graham. Tous deux inclus dans celle de Barrow à Hay, 27 août 1834.

6 décembre,
York.

Certificat de paiement.

17 décembre,
Québec.

Routh à Stewart. Tous deux inclus dans celle de Stewart à Hay, 14 février 1834.

1834.
11 janvier,
Trésorerie.

Stewart à Hay. Transmet copie d'une lettre du secrétaire à l'Artillerie et de la lettre et des documents transmis à Québec par leurs officiers et qui concernent le règlement des sentences arbitrales sur les dommages causés par le canal Rideau. Demande si quelque partie de la dette peut être défrayée par la vente de terres en Canada, ou de quelqu'autre manière à même les revenus.   Page 128
    Inclus. Byham à Stewart. Envoie copie de la lettre des officiers de l'Artillerie à Québec et les documents concernant les sentences arbitrales sur les dommages causés par le canal Rideau.   129

334.

Les officiers en charge de cette affaire à Byham. Envoie copie des questions faites par Elliot relativement à l'aide dont il pourrait avoir besoin comme arbitre au sujet des terres expropriées pour la construction du canal Rideau, avec les observations de Bolton et leurs instructions sur ce point, qu'ils espèrent voir approuver.   Page 131

Questions soumises à l'étude de Bolton.   1–3

Bolton à Nicholl. Envoie les questions soumises par Elliot et veut savoir s'il est autorisé à faire pour le canal Rideau les dépenses y indiquées. Le refus d'accepter la sentence arbitrale doit être fait dans les dix jours qui suivent celui où elle a été rendue. Est-il autorisé à y acquiescer? Son absence n'a causé aucun retard dans l'arbitrage. Envoie un certificat de la santé de John Burrows, surveillant des travaux; en conséquence il emploiera Swalwell. Elliot n'examinera pas les réclamations les plus importantes avant d'en avoir reçu l'autorisation.   136

L'officier en charge à Bolton. Il est prêt à accepter la sentence arbitrale si elle est raisonnable ou à protester si c'est le contraire.   138

Une note dit : " Le garde-magasin refuse de signer les lettres relatives au sujet ci-haut mentionné, n'ayant pas reçu d'instructions spéciales de l'hon. conseil."

Un ordre général à Elliot relativement au canal Rideau, lui enjoignant d'agir aussi vite que possible.   139

16 janvier, Trésorerie.

Stewart à Hay. Les lords de la Trésorerie ont écrit au bureau de l'Artillerie au sujet des réclamations produites par les propriétaires, en compensation des terres expropriées pour les fins du canal de Carillon.   140

18 janvier, Affaires étrangères.

Backhouse à Hay. Envoie la copie de la note et des documents du chargé d'affaires des Etats-Unis; désire savoir si le contrat au sujet de certaines terres, entre les sauvages et Carver, a été ratifié par l'autorité compétente.   79

Inclus. Une note de Vail, chargé d'affaires des Etats-Unis, à lord Palmerston. Tout ce qui regarde la concession de terre à Carver en 1767.   80

Renseignements à ce sujet.   81

21 janvier, Trésorerie.

Stewart à Hay. Transmet la copie d'une lettre de Routh et de tout ce qu'elle contient, montrant qu'il a reçu $8,000 à compte sur les réserves du clergé. L'agent a reçu instruction de placer £1,633. 6. 8, l'équivalent, dans le trois pour cent.   141

Inclus. Routh à Stewart. Envoie copie du reçu à Felton pour $8,000, à compte des réserves du clergé.   142

Certificat d'Epps, sous-commissaire général, qu'il a reçu de Felton $8,000, à compte sur les ventes des réserves du clergé.   143

22 janvier, Artillerie.

Byham à Hay. Le secrétaire colonial ayant approuvé les propositions de règlement faites au sujet de la réclamation de Fraser relativement au terrain exproprié à la Chute à Blondeau pour les fins du canal, instructions ont été envoyées à l'officier en charge pour régler d'après cet arrangement la réclamation de Fraser.

22 janvier, Ministère de la Guerre.

Ellice à Stanley. Explique les raisons de son intervention dans les affaires civiles au sujet d'un conférencier, le soir, à Montréal. Arrangement pour la continuation de sa charge par Stevens, avec des observations.   275

Inclus. Ellice à Aylmer. Regrette les embarras causés par la réinstallation comme aumônier de Stevens à Montréal.   282

Extrait d'une lettre de l'aumônier en chef au sous-secrétaire de la Guerre, recommandant le retour de Stevens à Montréal comme aumônier des troupes.   285

14 février, Trésorerie.

Stewart à Hay. Envoie copie de la lettre de Routh et des pièces qu'elle contient relativement au paiement de $14,000 à compte sur les ventes des réserves du clergé.   143

1834.

Routh à Stewart. Envoie copie du reçu donné à Peter Robinson pour $14,000 payés à compte sur les réserves du clergé.   Page 146
Certificat de paiement par Peter Robinson.   147

20 février,
Lincoln's Inn.

W. Horn et J. Campbell. Renvoie le projet de charte de la *British North American Land Company*, avec les changements nécessaires pour rendre légales les intentions du gouvernement.   97

27 février,
Trésorerie.

Stewart à Hay. Transmet copie d'une lettre d'Aylmer, avec les décès portés à la liste de pension des sauvages, depuis le 1er août 1832 jusqu'au 31 juillet 1833.   148
Liste des décès.   149

13 mars,
Toronto.

Certificat de paiement par Peter Robinson.   150

22 mars,
Québec.

Routh à Stewart. Les deux incluses dans celle de Stewert à Hay, 22 mai 1834.

22 mars,
Lincoln's Inn.

Maule à Hay. Renvoie le mémoire de Thomas Shawcross. Il ne connaît, à propos de ce cas, rien autre chose que ce qui est contenu dans les documents inclus.   151

24 mars,
Artillerie.

Kempt à Hay. Il présente Irvine, un marchand de Québec, qui a une réclamation pour des dépenses faites par son père pour le service public en 1824.   100

1 mars,
Trésorerie.

Stewart à Hay. Au sujet de la vente de terres à la *British American Land Company*, les lords de la Trésorerie ne jugent pas nécessaire de répéter ici au sujet de l'arrangement ce qu'ils ont déjà dit à propos de la *New Brunswick Land Company*. Leurs Seigneuries désirent connaître la raison de l'omission des réserves ordinaires les droits de la Couronne concernant les métaux précieux et les minéraux. Ils veulent aussi savoir le prix des récentes ventes de terres dans le Bas-Canada. Ont quelques doutes sur le cours des valeurs avec lesquelles les paiements devront être faits. Que les paiements à compte des compagnies concernant les terres dans les colonies devraient être faits à Londres, où se trouvent les directeurs. Ils ne font aucune objection à la condition que la moitié du produit des ventes soient dépensée pour les travaux publics. Les termes que toute dépense est sous la responsabilité du secrétaire d'Etat ne sont que pour empêcher l'immixtion de la compagnie.

4 avril,
Artillerie.

Kempt à Stanley. Renvoie la lettre du major Johnson demandant une concession de terres pour lui-même et pour d'autres membres de la famille de sir John Johnson. Les services et les pertes du père. Recommande fortement que chaque membre de la famille reçoive une concession convenable.   102

5 avril,
Artillerie.

Couper à Hay. Kempt a envoyé la requête du major Johnson ; lui demande de travailler au succès de cette affaire.   105

9 avril,
Artillerie.

Byham à Hay. Envoie la liste des cadeaux pour les sauvages fournis au Haut-Canada pour chacune des cinq dernières années et tel que demandé par Stanley.   106
Inclus. Liste des cadeaux pour les sauvages pour 1829.   107
Pour 1830.   110
Pour 1831.   112
Pour 1832. Aucun.   115
Pour 1833.   116

17 avril,
Londres.

La Chambre des Communes. Demande des rapports concernant les terres vendues dans les Canadas depuis le 31 décembre 1832, et ceux de toutes les concessions de terres de la Couronne depuis la même date, ainsi que des rapports semblables pour chacune des colonies de la Nouvelle-Galles du Sud et de la Terre de Van Dieman.   3

22 avril,
Ministère
de la Guerre.

Sullivan à Hay. Est-ce que le lieutenant Boyce de la milice de North-Cork à demandé une concession de terre au Canada.   286

13 mai,
Londres.

Hay à Stewart. Désire savoir quel est le montant placé au fonds des réserves du clergé pour le Haut et le Bas-Canada.   162

DOC. DE LA SESSION No 18

1834.
15 mai,
Trésorerie.

Stewart à Hay. En considération du cas des missionnaires, les lords de la Trésorerie font en sorte que leurs salaires, quoique moins élevés que ceux promis par la Société pour la propagation de l'Evangile, soient plus élevés que ceux que cette société pourrait payer après la réduction du crédit parlementaire. Ainsi les Lords de la Trésorerie approuveront le fait de prendre à même les revenus territoriaux du Haut-Canada une somme n'excédant pas £6,506 pour le paiement des missionnaires remplissant les devoirs de leur charge dans cette province, mais cette somme devra diminuer à mesure que ces missionnaires disparaîtront et devra enfin s'éteindre. Une allocation semblable, au montant de £552, devra être donnée au Nouveau-Brunswick. L'octroi de £4,000 peut être employé par la Société de la Nouvelle-Ecosse en donnant telle proportion que le permettra l'octroi et basée sur les traitements payés l'an dernier. Veut avoir la liste des missionnaires envoyés par la Société pour la propagation de l'Evangile dans les différentes colonies du Haut et du Bas-Canada, du Nouveau-Brunswick et de la Nouvelle-Ecosse, avec renseignements sur l'époque de leur engagement,   Page 155

22 mai,
Trésorerie.

Stewart à Hay. Envoie copie de la lettre de Routh et de son contenu concernant le paiement au commissariat de £5,200 sterling à compte sur les ventes des réserves du clergé.   161

Inclus. Routh à Stewart. Envoie le certificat de paiement par Peter Robinson de $24,000 à compte des réserves du clergé.   163
Certificat.   164

28 mai,
Trésorerie.

Stewart à Hay. Avant que les lords de la Trésorerie puissent se prononcer au sujet de l'allocation à donner, comme pension aux deux missionnaires, ils doivent avoir la liste des missionnaires qu'ils ont demandée.   165

28 mai,
Artillerie.

Byham au même. Envoie un résumé du rapport de la commission militaire de 1825 sur la défense des Canadas.   118

Inclus. Mémoire montrant l'état des forts et des postes mentionnés dans le résumé.   120

(Le résumé du rapport de la commission militaire de 1825 se trouve à Q. 175 A.)

31 mai,
Trésorerie.

Stewart à Hay. Envoie les lettres de Routh avec leur contenu ainsi que le rapport du contrôleur des comptes de l'année relatif aux réparations faites aux écluses des canaux militaires sur le Saint-Laurent.   166

7 juin,
Trésorerie.

Le même à Hay. Envoie la lettre de Routh et son contenu, relative à la distribution des cadeaux aux sauvages afin d'avoir l'opinion de Spring Rice sur ce sujet.   167

Inclus. Routh à Stewart. Observations sur la distributions des cadeaux aux différentes tribus sauvages. Soumettra ses vues sur ce sujet à Aylmer.   168

Etat détaillé des tribus qui reçoivent des cadeaux et des munitions dans le Haut-Canada.   184

Résumé des contrats entre les sauvages et le gouvernement, relatifs à certaines étendues de terres.   186

Routh à Rowan. Observations quant à certains changements dans le choix des cadeaux pour les sauvages.   190

Liste numérique des sauvages qui résident dans le Bas-Canada et de ceux qui le visitent.   192

Questions de Routh touchant les sauvages et réponses.   193

Le même à York.

8 juin,
Amirauté.

Barrow à Lefèvre. Lui demande d'attirer l'attention de Stanley sur le projet de diminuer l'importance des arsenaux de marine au Canada.   8

25 juin,
Artillerie.

Butler à Hay. Les canaux sur l'Ottawa depuis Carillon jusqu'à Grenville ont été ouverts au public le 30 avril.   123

27 juin,
Trésorerie.

Baring à Hay. Etendra le bénéfice des pensions aux missionnaires dans le Haut-Canada et la Nouvelle-Ecosse, ou à leurs noms, pourvu que

64 VICTORIA, A. 1901

1834.

la Société pour la propagation de l'Evangile prenne à sa charge les réclamations des missionnaires dans les autres endroits. Ils seraient prêts à
continuer à payer les £562 dans le Nouveau-Brunswick aussi longtemps
que les traitements et les pensions ne dépasseront pas £3,800. Vu les
frais dont la société se trouve débarrassée il n'a pas de doute sur l'acceptation de l'arrangement. Mais si la société se refusait de pourvoir aux
pensions des missionnaires ailleurs que dans le Haut-Canada et la
Nouvelle-Ecosse, Leurs Seigneuries devront reconsidérer les conditions
d'après lesquelles l'aide devra leur être accordée à l'avenir.   Page 221

30 juin,
Trésorerie.

Spearman à Hay. L'aviseur du département des Finances a reçu instruction, depuis mars dernier, de consulter les officiers en loi de la Couronne sur le sujet mentionné au mémoire.   224

5 juillet,
Amirauté.

Barrow à Hay. Demande pour les lords de l'Amirauté, quelles sont
les intentions de Spring Rice relativement au juge de vice-amirauté.
Si elle est séparée de l'autre cour, les honoraires sont si peu considérables que personne se respectant ne voudrait seulement pas les accepter.   9

9 juillet,
Amirauté.

Le même au même. A mis sa lettre devant les lords de l'Amirauté,
avec une requête de la Chambre de Commerce de Québec se plaignant
des inconvénients causés par les règles et règlements et le montant des
frais de la cour de vice-amirauté, le tout étant écrasant pour les plaideurs,
pour le bénéfice desquels on avait voulu établir cette cour. Spring Rice
est anxieux de pouvoir y porter remède ; les lords de l'amirauté sont
aussi anxieux que lui et ils ont examiné le tarif des frais, dans lequel
certains items sont moins élevés que dans l'ancien, et d'autres, spécialement dans les petites causes, sont plus élevés. On a découvert que la
plupart des causes sont petites et qu'ainsi les marchands peuvent se
trouver dans une position moins avantageuse que celle des autres colonies. Les marchands demandent si leurs observations quant aux moyens
à prendre pour disposer plus rapidement des causes avec les matelots ne
peuvent être acceptées. Comme en vertu de l'Acte des Marchands et des
Matelots, les causes pour un montant moindre que £20 sont décidées sommairement, Leurs Seigneuries croient, pour l'heure actuelle, qu'il est
mieux d'attendre pour faire aucun changement.

10 juillet,
Ministère
de la Guerre.

Collins à Hay. Ellice ne voit aucune objection à ce qu'une lettre soit
officiellement adressée au secrétaire de la Guerre.   287

11 juillet,
Amirauté.

Barrow au même. Ne voit aucune objection aux projets mentionnés
dnas les documents qu'il renvoie. Ils auront peut-être un peu l'effet de
décourager les officiers civils et les maîtres de la marine et de les
détourner un peu de l'émigration. Jusqu'à présent on a eu l'habitude de
donner des certificats de service sans considérer les qualités du requérant.

12 juillet,
Amirauté.

La même au même. Les lords de l'Amirauté n'ont aucune donnée qui
puisse les guider et leur permettre de se prononcer sur le caractère
professionnel du juge Kerr.

26 juillet,
Trésorerie.

Stewart au même. Les lords de la Trésorerie acceptent l'idée d'envoyer
aux religieuses Ursulines une lettre leur accordant compensation pour
la partie de la seigneurie de Sainte-Croix qui leur a été enlevée par une
erreur d'arpentage.

30 juillet,
Trésorerie.

Le même au même. Soumet le cas et l'opinion des officiers en loi
concernant le consentement de Sa Majesté qui doit être donné à un projet
de loi pour constituer en corporation certains ecclésiastiques catholiques
romains.   227
    Inclus. Le cas et l'acte pour constituer le séminaire de St-Hya-
cinthe.   228
    Lettres patentes auxquelles le Bureau Colonial a fait allusion.   237
    Exposé du sujet soumis par le Bureau Colonial au département du
Trésor.   245

DOC. DE LA SESSION No 18
1834.

L'opinion est à la fin du tout, et est que l'objection au projet de loi n'est pas fondée, "que les lettres patentes auxquelles on fait allusion ne contiennent aucune objection, qu'au contraire elles offrent un précédent pour obtenir la sanction de Sa Majesté au projet de loi actuel".

30 janvier, Trésorerie.

Stuart à Hay. Comme la *British American Land Company* paye les intérêts sur la partie non payée de son achat, une réduction pourra être faite sur les paiements faits d'avance.   Page 252

31 juillet, Affaires étrangères.

Backhouse au même. En réponse à la demande de la Société Littéraire de Québec pour obtenir de l'aide pour se procurer les copies des documents dans le département de la Marine à Paris, instructions ont été données à l'ambassadeur de faire à ce sujet les représentations convenables au gouvernement français.   84

31 juillet, Ministère de la Guerre.

Sulivan au même. La loi des pensions limite aux soldats licenciés les concessions de terre. Une circulaire sur ce sujet aux officiers généraux commandant dans les colonies serait suffisante pour faire cesser cette coutume de donner des terres aux autres.   288

4 août, Londres.

Chambre des Communes. Demande état des paiements faits aux évêques, curés, missionnaires ou autres prêcheurs religieux appartenant tant à l'Église d'Angleterre, de Rome et d'Écosse qu'à d'autres dénominations.   5

6 août, Amirauté.

Elliot à Hay. Relativement à la plainte des marchands au sujet des frais de la cour de vice-amirauté, il envoie une lettre de la Trésorerie. Il regrette que la loi concernant l'enregistrement ait été différée, mais il espère avec confiance qu'elle sera adoptée à bonne heure à la prochaine session.   19

Inclus. Stewart à l'amirauté. Envoie le rapport de Rothery. Les Lords de la Trésorerie ne trouvent rien dans la requête de la société d'exportation de Glasgow qui justifie aucun changement dans les frais et dans les règlements de la cour de vice-amirauté de Québec.   17

Rapport de W. Rothery mentionnant que rien ne justifie un changement dans les frais ; que l'objet des changements faits par les Lords de la Trésorerie était de rendre l'obtention de la justice sommaire et peu coûteuse, et que si un matelot pour assurer sa créance arrêtait un navire, le remède fut facile.   18

8 août, Londres.

Demande du rapport des recettes et des dépenses du fonds des terres et de la coupe du bois dans le Haut et le Bas-Canada pour chacune des années 1830, 1831, 1832.   6

8 août, Amirauté.

Elliot à Hay. Le juge Kerr a écrit à l'amirauté qu'il a obtenu une prolongation de son congé des juges du banc du roi, et demande la même faveur à la cour de vice-amirauté. Les lords de l'Amirauté ne veulent pas lui accorder cette demande avant de savoir ce qu'on a décidé de faire dans son cas.   35

8 août, Amirauté.

Le même au même. Lui demande de référer Spring Rice aux lettres du 31 d'août 1832 et du 6 janvier 1834 relativement aux phares dans l'Amérique Britannique du Nord. Le rapport de Beaufort sur ce sujet et qui a été approuvé par l'amirauté doit être aussi déposé devant Spring Rice.   33

Inclus.—Bayfield à l'hydrographe. Relativement à un phare sur l'île Saint-Paul et sur la nature des brumes dans le Saint-Laurent.   24

Rapport de Beaufort sur les phares de l'Amérique Britannique du Nord.   26

(Des observations détaillées sont faites sur chacun des phares.)

14 août, Ministère de la Guerre.

Sulivan au sous-secrétaire des Colonies. Transmet copie d'une circulaire émanant de ce bureau.   289

Inclus. Ellice aux officiers commandants. Circulaire. La coutume de donner des terres aux soldats licenciés doit cesser.   290

1834.
18 août,
Artillerie.

Butler à Lefèvre. Rien de nouveau n'a été reçu au Canada au sujet du canal de Chambly. Le maître général et le bureau sont d'opinion que la loi passée l'an dernier devrait être confirmée.   Page 125

18 août,
Trésorerie.

Stewart à Hay. Les lords de la Trésorerie désirent avoir la copie de l'ordre autorisant le paiement du loyer de la maison du recteur de Québec à même la caisse militaire.   254

21 août,
Whitehall.

Lack à Hay. Si Gould passait par le bureau des lords du Commerce, il pourrait s'entendre avec Noyes sur la meilleure manière pour fournir copie des documents de l'ancienne Chambre de Commerce à la Société Littéraire et Historique de Québec.   75

Pas de date.

Minute par Jones. Incluse dans Barrow à Hay, 27 août 1834.

27 août,
Amirauté.

Barrow à Hay. Envoie les documents concernant le rapport que le juge Kerr avait gardé des sommes d'argent appartenant au public et que les excuses invoquées n'étaient pas strictement correctes. Tous les documents ont été envoyés et les sommes payées.   36

Inclus. Kerr à Graham. Ne s'était pas suffisamment expliqué quant à certaines circonstances délicates. Envoie copie d'une lettre qu'il a écrite à Hampson détaillant les circonstances, aussi une lettre à Stewart, qu'il avait écrite le jour précédent. Si les lords de la Trésorerie s'en tenaient à leur décision de ne pas accueillir sa demande avant que la dette soit acquittée, il s'efforcera de s'y conformer, malgré que ce soit un grand sacrifice pour les intérêts de sa famille.   37

Le même à Hampson. Il explique pourquoi il a gardé les sommes payées à la cour de vice-amirauté, aucun sous-receveur n'ayant été nommé.   39

Le même à Stewart, sur le même sujet.   44

Rapport de Jones sur la dette due par Kerr sur les droits de l'Amirauté.   48

29 août,
Trésorerie.

Stewart à Hay. Envoie copie d'une lettre du bureau de l'Artillerie mentionnant que les canaux d'Ottawa ont été ouverts au public et demande toutes communications qui auraient pu être faites sur ce sujet par les gouverneurs des provinces canadiennes.   255

Inclus. Butler pour le bureau de l'Artillerie à Stewart. Informe que le tarif de péage pour les canaux d'Ottawa ont été fixés temporairement.   256

2 septembre,
Trésorerie.

Sargent à Spring Rice. Il craint que les espèces envoyées à Falmouth pour être embarquées pour Halifax arrivent trop tard si les malles sont fermées au jour ordinaire. Demande à ce qu'elles soient retardées. 257

18 septembre,
Whitehall.

Stanley à Hay. La sentence des Shuter, le plus vieux et le plus jeune, est commuée en celle de la déportation pour la vie. Les documents qui devaient accompagner les condamnés.   95

24 septembre,
Amirauté.

Barrow au même. Les lords de l'Amirauté ne demanderont pas à Kerr de reprendre ses fonctions, leur intention étant de nommer une autre personne.   51

24 septembre,
Trésorerie.

Stewart au même. Les lords de la Trésorerie approuvent le payement des traitements pour les quatre dernières sessions sur les revenus produits par la vente des terres de la Couronne vendues à la *British American Land Company*.   258

25 septembre,
Trésorerie.

Le même au même. Transmet une lettre du procureur à la Trésorerie au sujet de la poursuite des syndics du collège McGill contre les héritiers de M. McGill.   260

Inclus. Maule à la Trésorerie. Fait rapport des démarches légales faites dans la poursuite des syndics du collège McGill contre les héritiers de M. McGill.   261

2 octobre,
Trésorerie.

Stewart à Hay. Au sujet de la circulaire adressée au Haut-Canada, au Nouveau-Brunswick, à la Nouvelle-Écosse, concernant le paiement des missionnaires, il transmet les documents sur ce sujet. Les lords de la Trésorerie approuvent les instructions données dans la circulaire. 263

DOC. DE LA SESSION No 18

1834.

7 octobre,
Sorel.

Inclus. Les documents sur le paiement des missionnaires. Page 264

Aylmer à Vaughan. Incluse dans Bidwell à Hay, 19 novembre 1834.

7 octobre,
Amirauté.

Barrow à Hay. Les lords de l'Amirauté ont fait les démarches nécessaires pour enlever les arsenaux de marine sur les lacs. L'économie
réalisée. Les propriétés à Kingston, Penetanguishine, et Montréal sont
décrites. Demande s'il ne serait pas mieux de transférer ces propriétés
du département de la Marine au bureau du secrétaire colonial. Si Spring
Rice approuve le projet on pourra demander au capitaine, qui est justement de retour, des informations plus complètes.   52

11 octobre,
Londres.

Les agents coloniaux à Spring Rice. Le gouvernement de Sa Majesté
a présenté aux principales bibliothèques des Etats-Unis une série des
ouvrages imprimés sous la surveillance de la *Record Commission.* Demande
à ce que le même cadeau soit fait aux colonies.   59

Inclus. Extrait des journaux coloniaux sur ce cadeau de livres.   64

16 octobre,

Vaughan à Aylmer.

20 octobre,

Le même à Palmerston. Les deux incluses dans Bidwell à Hay, 19
septembre 1834.

29 octobre,
Whitehall.

Noyes à Stephen. Lui demande d'attirer l'attention de Spring Rice
sur les documents choisis par Gould et copiés pour la Société Littéraire
et Historique de Québec, vu que l'on doit les publier dans le rapport
annuel.   76

novembre,
Amirauté.

Barrow à Hay. Au sujet de la demande de Kerr pour être entendu
de nouveau, les lords de l'Amirauté ont décidé de ne pas faire une nouvelle enquête, et de remercier Kerr de ses services.   55

19 novembre,
Artillerie.

Byham à Hay. Le bureau de l'Artillerie n'a aucune objection à accepter l'administration des terres et des magasins dans les Canadas, maintenant à la charge de l'Amirauté.   126

19 novembre,
Affaires
étrangères.

Bidwell au même. Envoie la correspondance au sujet de la demande
faite par la *British American Land Company* pour un arpentage des terres
de la Couronne dans le comté de Sherbrooke.   85

Inclus. Vaughan à Palmerston. L'arpentage des terres du comté
de Sherbrooke peut être fait, car il n'y a aucune discussion possible
sur le fait qu'elles sont dans les limites des terres du Canada.   86

Aylmer à Vaughan. Relative à l'arpentage des terres de la Couronne
dans le comté de Sherbrooke, demandé par la *British American Land
Company.* Si la ligne des frontières tirée par les Etats-Unis était suivie,
ceci pourrait être considéré par eux comme une reconnaissance de leurs
prétentions, et leurs négociateurs pourraient s'en servir à cet effet
comme d'un argument, même si la déclaration était tout le contraire. 88

Vaughan à Aylmer. Sherbrooke est situé entièrement au nord de la
ligne des commissaires, et ainsi le gouvernement du Bas-Canada peut en
aucun temps procéder à l'arpentage des terres.

25 novembre,
Londres.

Les agents coloniaux à Hay. Remerciements pour le don fait à toute
les provinces d'un exemplaire des œuvres publiées par le *Record Commission.* Suggère que le Bas-Canada pourrait recevoir double part,
autrement les espérances de ses deux principales villes, Québec et
Montréal, ne seront pas facilement satisfaites.   71

2 décembre,
Amirauté.

Barrow au même. Les lords de l'Amirauté désirent que le commis en
charge transfère tous les arsenaux navals à l'artillerie.   57

22 décembre,
Trésorerie.

Stewart au même. Transmet le rapport de Rothery sur les frais
dans la cour de vice-amirauté, et il suggère qu'une loi locale soit passée
avant que les frais soient déterminés selon l'ancien tarif.

Inclus. Aberdeen à Aylmer. Concernant le changement des frais
pour la cour de vice-amirauté à l'avantage des plaideurs, il trouve que
c'est plutôt une aggravation qu'un avantage. Il s'assurera par lui-même
si le mémoire des marchands n'est pas inspiré plutôt par des motifs
politiques que par le désir de promouvoir le bien du pays.   269

Rapport de Rothery sur les frais.   271

(La partie 1 est paginée de 1 à 208 ; la partie 2, de 209 à 415 ; la partie 3 de 416 à 594.)

Q. 219-1-2-3.

1833.
1er juillet,
Londres.

Non adressée et non signée, contenue dans celle de Campbell à Hay, 11 avril 1834.

11 novembre,
Downing
Street.

Hay à Coghill.

14 décembre,
Downing
Street.

Le même à Hamilton. Les deux contenues dans celle de Paliser et Suiger à Spring Rice, 29 juillet 1834.

1834.
10 janvier,
Londres.

Gillespie à Hay. Envoie le mémoire des marchands engagés dans le commerce canadien. Page 106
Inclus. Mémoire contenant le changement à faire dans l'établissement de la cour de vice-amirauté dans le Bas-Canada. 114

10 janvier,
Londres.

Carter à Hay. Transmet le rapport de la *North British American Colonial Association.* 117
Inclus. Rapport. 118

17 janvier,
Londres.

Campbell à Hay. La Société pour la propagation de l'Evangile est d'opinion que Parkin, autrefois missionnaire, a droit à une pension de £100 par année en vertu d'un arrangement fait avec Bathurst. Au sujet de Burton la société a écrit à l'évêque de Québec. 328

30 janvier,
Londres.

Gould à Stanley. Envoie des exhibits des communications faites par un homme très sérieux du Canada. 136
Inclus. Extraits concernant le prix élevé de l'argent, la mauvaise récolte et autres nouvelles. 137

11 février,
Londres.

Campbell à ————— Ne peut pas trouver le mémoire de Parkin et Burton adressé à Stanley. Il craint qu'il ait été renvoyé à Parkin par inadvertance dans un paquet de certificats qui devaient lui être remis. Il a écrit aux deux pour en avoir une copie. 329
Mémoire de Burton à la Société pour la propagation de l'Evangile. Il montre la longueur de son service, et le mauvais état de sa santé vu le climat et ses durs labeurs. Il demande une pension de £100 sterling et un don aussi de £100 pour défrayer le coût du transport de sa famille. 330
La liste des documents envoyés avec le mémoire se trouve à la fin. 332

14 février,
Londres.

Campbell à Hay. Il envoie le mémoire de Burton et une lettre de Parkin. 334

20 février,
Londres.

Campbell à Stanley. Le comité de la Société pour la propagation de l'Evangile recommandera que la société se charge du paiement annuel de £10,924 pour le support des missionnaires de l'Amérique Britannique du Nord pendant leur vie, mais à la condition que le gouvernement de Sa Majesté pourvoie au paiement de £13,516 pendant le même temps. 335

25 février,
Londres.

Le même au même. Si le projet tel qu'expliqué par lui (Stanley) se réalise la Société pour la propagation de l'Evangile recommandera par son comité de prendre à sa charge la dépense annuelle de £10,924 pour le soutien du clergé dans l'Amérique Britannique du Nord. 336

1834.

6 mars,
Londres.
Reid à Hay. Les directeurs de la *British American Land Company* ont donné instruction a Flynn et Cie de payer à Coutts et Cie £800 pour les frais au sujet de la charte. On est a préparé les clauses de ce projet de loi. 3

8 mars,
Londres.
Freeling à Hay. Peut donner les noms et les traitements des sous-maîtres de poste dans les colonies de l'Amérique du Nord, mais non leurs profits, car il faut sur ce sujet leur demander de faire un rapport.

11 mars,
Glasgow.
Principal Macfarlane à Stanley. Envoie une requête du clergé de Québec pour être déposée aux pieds du roi. 396

12 mars,
Londres.
Gillespie au même. Demande que la nature des changements à faire à la loi concernant le transport des passagers soit communiquée à la *North American Colonial Association.* 141

17 mars,
Essex.
Hamilton à ————. Explique le système en vertu duquel les pensions sont accordées aux missionnaires ou à leurs veuves. Il ne sait pas que les promesses de Bathurst sur ce sujet n'ont jamais été retirées ou modifiées, si ce n'est tel que mentionné. 337

18 mars,
Londres.
Gould à Stanley. Envoie un extrait d'une lettre d'un correspondant disant que Papineau ne pouvait contenir sa rage contre le *Colonial Office.* Les insultes à Aylmer, qu'il a menacé de mettre en accusation. Stanley doit rester ferme, car s'il cède, la ruine s'en suivra. S'il est ferme la clique est finie. 142

19 mars,
Londres.
Campbell à Hay. N'a jamais eu de raisons de croire que les promesses de pensions faites par Liverpool en 1811, et légèrement modifiées en 1813, aient été retirées ou matériellement fixées. La Société a toujours pensé que les pensions étaient toujours existantes, et il n'y a pas de raisons de penser le contraire. Les missionnaires des Indes ne reçoivent pas de pensions, c'est une preuve absolue que la Société n'a offert de pensions au clergé de l'Amérique du Nord que sur la foi de la lettre de Bathurst en 1813, et qu'elle n'aurait pas entrepris de les payer à même ses propres ressources. 346

22 mars,
Halifax.
Extrait d'une lettre de l'évêque de la Nouvelle-Écosse. Incluse dans celle de Campbell à Hay, 20 mai 1834.

24 mars,
Londres.
Gillespie à Hay. Envoie les journaux et des extraits d'une lettre concernant le Canada. 143

Inclus. Extrait d'une lettre de Moffatt rapportant les débats sur les premières des 90 résolutions (92). Les premières ont été adoptées et les autres le seront aussi probablement. L'attaque contre Aylmer à la Chambre des Communes sera dirigée par O'Connell et Hume. Les résolutions sont longues et leur caractère principal est la folie, sinon la démence. Autres nouvelles et rumeurs politiques. 144

Procès-verbaux de la Chambre d'Assemblée du Bas-Canada. 149

Aperçu des débats. 160

Un autre extrait montrant les insultes lancées à Stanley. La tentative de laisser le pays sans gouvernement en ne votant pas les subsides nécessaires. Réfère aux résolutions 50 et 89. "La première est une menace de rébellion et l'autre en contient l'organisation." 209

24 mars,
Londres.
Gould à Hay. Envoie des extraits de lettres reçues de Montréal. Stanley devrait lire les résolutions, vu que le projet de loi concernant la *British American Land Company* sera présenté à la soirée et O'Connell et Hume attaqueront peut-être violemment s'ils ont reçu leurs dépêches. 212

25 mars,
Londres.
Reid à Stanley. Envoie copie du projet de loi pour conférer à la *British American Land Company* des pouvoirs qui ne pouvaient pas lui être conférés par sa charte. Il a été lu une première fois et les directeurs pourront continuer les procédures après la vacance. 4

Incluses. Clauses substituées aux clauses imprimées sur les tenures. 5

Projet de loi pour accorder à la *British American Land Company* certains pouvoirs. 7

1834.
26 mars,
Londres.

Polly à Stanley. Conformément à l'acte. Il envoie une liste de toutes les personnes employées par la Compagnie de la Baie-d'Hudson.

Page 469

Gouverneur....................................	1
Chefs de factorerie	2
Chefs de la traite...........................	46
	—— 49
Chapelain et assistant.....................	2
Commis et engagés.	1,106
	—— 1,157

31 mars,
Londres.

Gould à Hay. Ses lettres reçues du Canada ce matin sont si remplies des faits de la Chambre d'Assemblée qu'il ne peut retarder à dire que tous pensent que la clique va réussir et que les difficultés seront causées par le besoin d'argent. Il n'y aura cependant aucun désavantage sérieux si le sentiment anglais et les principes sûrs sont supportés. L'union des provinces est le remède. La faction ne fait que gagner de la force par les concessions. Les démagogues sont peu par le nombre mais grands par le bruit qu'ils font. Présume qu'Aylmer a reçu avis que le sceau avait été apposé à la charte de la *British American Land Company* et qu'elle avait été remise à cette dernière. S'il y a encore des paroles flatteuses de Papineau on pourra si on le désire envoyer les journaux. 213

1er avril,
Londres.

Le même à Stanley. Envoie le résumé de 3 lettres. La plus longue vient d'un ami intelligent qui est un homme de peu de lettres s'il ne l'est pas de peu de mots. L'union des deux provinces n'est pas un projet nouveau. Il y a environ deux ans, il (Gould) envoya un mémoire sur ce sujet. 215

Inclus. Extrait d'une lettre de Montréal. Un compte rendu élaboré et long des affaires politiques du Bas-Canada. 216

D'autres articles plus courts sur le même sujet. 232

3 avril,
Londres.

Gillespie à Stanley. Les craintes causées par la manière d'agir de la Chambre d'Assemblée du Bas-Canada. Plusieurs membres de la *North American Colonial Association* ont justement complété leurs chargements pour le Canada et une grande quantité de valeurs déjà rendues là seront considérablement augmentées. Sous des circonstances aussi douteuses que celles qui existent actuellement le comité regarde l'avenir avec une crainte douloureuse et il a ordonné de presser l'envoi d'un renfort considérable de troupes. Il ne serait pas convenable de suggérer que d'autres mesures devraient être prises, mais le comité espère que toute l'affaire sera soumise au parlement. 236

5 avril,
Londres.

Reid à Hay. Demande que le secrétaire colonial informe le gouverneur du Bas-Canada que la *British American Land Company* a reçu sa charte. 43

11 avril,
Londres.

Campbell au même. Envoie copies du rapport et de la lettre qui avaient été demandés, enverra autant de copies que l'on en voudra. 342

Sans date et sans signature. Concernant la réduction de l'octroi du parlement à la Société pour la propagation de l'Evangile, avec l'échelle des réductions à faire sur les traitements des missionnaires de l'Amérique Britannique du Nord. 343

14 avril,
Londres.

V. à Stanley. Longue et sérieuse discussion contre la formation d'une compagnie constituée pour acquérir des terres dans le Bas-Canada non pour le bien des colonies ou de la mère-patrie, mais seulement dans le but d'obtenir de la puissance pour des fins politiques ou de parti. 65

15 avril,
Halifax.

Extraits de lettres de l'évêque de la Nouvelle-Écosse. Inclus dans Campbell à Hay, 20 mai 1834.

19 avril,
Londres.

Principal Macfarlane à Stanley. S'excuse de son retard à envoyer la requête des presbytériens de Québec. 398

1834.

Inclus. Requête pour obtenir dans les réserves du clergé une part égale à celle de l'Eglise d'Angleterre. Page 399

21 avril, Londres.

Gillespie à Stanley. Lui demande de recevoir une délégation au sujet des affaires en Canada, et aussi relative aux banques du Haut-Canada. 520

29 avril, Londres.

Le même au même. Remercie pour sa communication. Il n'avait pas l'intention d'exprimer l'impression que le comité pensait qu'il y eut quelque chose qui ressemblât à une révolte générale; mais il appréhendait des émeutes de nature à mettre en danger la vie et la propriété; et la confiance d'Aylmer de garder la tranquillité par sa seule puissance ne le rassure pas. Le comité attend avec anxiété la solution de la question des banques du Haut-Canada. Le mauvais état des finances des Etats-Unis a forcé la rentrée des crédits des marchands canadiens à New-York, ce qui, ajouté au refus d'accommodement, a créé une disette d'argent, de laquelle leurs transactions commerciales ont souffert sérieusement, causant une perte et pour le marchand et pour l'acheteur. Une crise n'a été évitée que par la grande indulgence des créanciers du Royaume-Uni. Toutes les correspondances reçues expriment la même crainte. Sa maison a York a écrit que si la charte de la Banque Commerciale n'est pas accordée, cela causera la plus grande détresse qui se soit produite depuis la constitution. 240

8 mai, Londres.

Freeling à Hay. Envoie copie d'une lettre de l'agent de la malle concernant le paquebot *Duke of York.* 417

Inclus. Gay à Freeling. Le *Duke of York* pour la malle américaine est retenu par le mauvais état de son blindage. 418

20 mai, Londres.

Campbell à Hay. Envoie des extraits de lettres de l'évêque de la Nouvelle-Ecosse, et demande que la plus sérieuse attention soit donnée aux matières qu'ils renferment. Le projet pour le soutien du clergé dans l'Amérique Britannique du Nord a-t-il été adopté? 347

Inclus. Extraits de lettres de l'évêque de la Nouvelle-Ecosse concernant la vente des terres de la Couronne dans le Nouveau-Brunswick, et l'aliénation des *Glebe Lands* dans l'Ile du Prince-Edouard. Requête des membres et des plus anciens presbytériens de l'Ile du Prince-Edouard, demandant que les revenus des *Glebe Lands* soient employés aux fins de l'éducation générale. 353

L'endos dit "Scissionnaires de l'Eglise d'Ecosse. Les membres du *Kirk* désavouent toute liaison avec les pétitionnaires et condamnent l'esprit de leurs procédés."

24 mai, Londres.

Freeling à Lefèvre. Demande à ce que toutes les requêtes pour les ordres au parlement concernant les Postes soient envoyées directement au département des Postes à Londres. Les rapports demandés ont été envoyés aux gouverneurs, et ceux du Canada sont restés sans réponse, vu l'absence de Stainer, le sous-directeur général des Postes. 419

21 mai, Falmouth.

5 juin, Londres.

Gay à Freeling. Envoie la liste des missionnaires employés pour la propagation de l'Evangile dans le Haut et le Bas-Canada, le Nouveau-Brunswick et la Nouvelle-Ecosse, montrant quand ils ont été envoyés, leurs différents postes et leurs émoluments antérieurs au 1er juillet 1833. Envoie aussi un rapport semblable sur ceux de Terreneuve, Cap-Breton, Ile du Prince-Edouard, les Bermudes et le Cap de Bonne-Espérance. 359

Liste du clergé dans le Haut-Canada. 360
"   "   le Bas-Canada. 361
"   "   la Nouvelle-Ecosse. 362
"   "   le Nouveau-Brunswick. 363
"   "   Terreneuve. 364
"   "   l'Ile du Prince-Edouard, le Cap-Breton et le Cap de Bonne-Espérance. 365

1834.
10 juin,
Londres.

Smith à Hay. Renvoie la lettre adressée à Pelly qui a quitté pour Paris. Si elle concerne les affaires officielles et si elle a été marquée par le gouverneur, elle devra être lue devant le gentilhomme qui a présidé le comité.   507

11 juin,
Londres.

Smith à Hay. Reçu la note. Envoie deux copies de la charte.   508

14 juin,
Londres.

Reid au même. Demande une entrevue pour la délégation de la *British American Land Company.*   44

19 juin,
Londres.

Lemon au même. Il n'y a pas de registre des concessions de terres de la Virginie antérieur à la séparation de ce que sont aujourd'hui les États-Unis.   553

24 juin,
Londres.

Actionnaires de la Compagnie des Terres d'Ottawa. Les requêtes au sujet des terres à coloniser sur l'Ottawa sont déjà devant le bureau colonial. Elles demandent ensemble que la question soit de nouveau soumise au bureau colonial et qu'on considère promptement et favorablement celle des préparations qui doivent être faites pour recevoir les laboureurs. La région qu'ils désirent cultiver est située entre l'Ottawa et le lac Huron. Cependant une grande partie des terres semble être couverte d'eau et impropre à être cultivée. Comme le projet d'immigration est très étendu, il faudra une étendue de terre proportionnelle. Les avantages de cette colonisation pour le Canada. Si le gouvernement approuve le projet, comme ce plan renferme l'Association Irlandaise, il faudra des comités comme succursales en Irlande et en Écosse. Comment les quartiers généraux et les comités devront être établis et formés.   293

Inclus. Bornes de la région de l'Ottawa.   297

Proposition non signée pour la région de l'Ottawa.   300

Croquis des routes entre Bytown et Penetanguishene.   304

27 juin,
Londres.

Campbell à Hay. Désire être informé de la détermination du gouvernement vis-à-vis le clergé maintenant exerçant ses fonctions dans l'Amérique Britannique du Nord. A moins que quelques arrangements ne soient faits pendant juillet, le clergé sera exposé à une détresse sérieuse l'hiver prochain.   366

30 juin,
Londres.

Reid à Hay. Comme il a été suggéré lors de l'entrevue, il produit par écrit ses observations. Envoie la correspondance entre le gouvernement provincial et les commissaires de la "*British American Land Company*" relativement aux travaux publics, en conformité avec l'article 6 du règlement, et propose d'inclure les observations dans un article séparé. Il n'y a pas d'interprétation différente pour le sixième article, et ce qui a été suggéré n'est rien autre chose que la suite. L'arrangement proposé est à peu près le même que celui qui existe entre le gouvernement et la Compagnie du Haut-Canada. Le point suivant se rapporte aux articles 4 et 5, qui pourvoient à ce que les terres soient livrées aussitôt après paiement. Les paiements ne sont exigibles qu'à l'expiration de la première année à compter de la date de l'obtention de la charte, mais la compagnie peut dans l'intervalle procéder à leur vente et à l'établissement des colons. Les directeurs demandent que le gouvernement provincial reçoive des instructions à cet effet. Les directeurs désirent acheter des terres dans les townships de l'Est du Bas-Canada, et sont prêts à entrer en négociation à ce sujet. Les commissaires ont autorité entière et finale pour faire un arrangement avec le gouvernement concernant les dépenses de la moitié du prix d'achat.   45

Inclus. Correspondance.   51

1er juillet,
Londres.

Stainer à Freeling. L'importance vitale pour le succès de l'arrangement proposé concernant les Postes, de la clause sur les déficits dans l'Acte du bureau colonial. Ne peut terminer sans exposer ses arguments en faveur d'une telle clause, avec une échelle pour les paiements que les provinces devront faire pour couvrir le déficit. Croit que

1834.

son rapport est suffisant pour enlever tout doute de l'esprit de Spring Rice. Page 427

Inclus. Mémoire établissant l'insuffisance des revenus pour couvrir les dépenses du service postal. Montant nécessaire qui devra être fourni par chaque province pour couvrir le déficit. 429

Résumé du projet de loi pour l'administration et la réglementation des postes au Haut-Canada. 431

3 juillet, Londres.

Freeling à Hay. La dépêche pour le consul général à New-York a été envoyée à Liverpool et expédiée par le paquebot *Hibernia*, qui a fait voile le 1ᵉʳ courant. 422

12 juillet, Montréal.

O'Callaghan et Perreault au secrétaire colonial. Envoie la copie des résolutions passées par le comité central de Montréal. 558

Inclus. Le rapport des procès-verbaux du comité central et permanent du district de Montréal avec les résolutions. 559

18 juillet, Londres.

Reid à Hay. Les directeurs de la *British American Land Company* désirent avancer le payement du premier versement, croyant qu'on leur allouera un escompte de 4 pour 100. 62

28 juillet, Londres.

Campbell au même. Envoie un extrait des registres de la "Propagation de l'Evangile", et établit que les missionnaires ont reçu le 1ᵉʳ mai 85 pour 100 de leurs émoluments déjà échus. 367

Inclus. Extrait des registres, La Société consent à payer les émoluments des différentes provinces, les pensions à eux-mêmes et à leurs veuves, pourvu que le gouvernement fasse certains paiements. 368

28 juillet, Londres.

Gould à Spring Rice. Il doute s'il serait prudent de garder les pétitions des loyaux habitants du Bas-Canada, faites à la dernière période de la session. Envoie les conclusions des pétitions qui furent signées par un grand nombre et par nul autre que par des personnes d'un âge mûr. Croit que ces pétitions prouveront que les assertions des délégués de l'Assemblée ne sont pas fondées sur des faits et que ni elles ni les célèbres quatre-vingt-douze résolutions ne sont l'expression des sentiments du peuple du Bas-Canada. Est informé qu'il (Spring Rice) devrait aviser quant à la politique à suivre aux fins de présenter ou de retenir les pétitions, et il ne voudrait pas qu'aucun de ses (Gould) actes fassent manquer leur effet. 244

La pétition a été copiée dans le volume 216.

29 juillet, Dublin.

Palliser (président) et Singer (directeur) à Spring Rice. Envoie le prospectus de la *North American Colonial Association of Ireland*, avec la liste des officiers et autres documents. Le désir d'obtenir un droit de préemption ou d'achat sur une étendue de terre au Haut-Canada ne dépassant pas 50,000 acres, dont une partie est ce qui reste de la région de l'Hudson entre les mains de la Couronne. Ses bornes; et si on le croit convenable demandent la valeur par acre, et si le gouvernement sanctionnera l'achat fait des sauvages, des territoires au nord des terres proposées, afin qu'une plus grande étendue de côte soit obtenue. Croient que, comme on a disposé de la partie de ces terres qui a le plus de valeur, la décision sur ce qu'on a demandé quant aux prix sera favorable. Le but de l'association est de promouvoir le bien de l'Irlande et d'améliorer la conditions de ses immigrants. 251

Inclus. Hay à Coghill. Stanley a examiné les projets de l'association, lesquels semblent correspondre avec ce qui est actuellement fait par le gouvernement. Envoie une note montrant les arrangements faits pour la réception des émigrants. Dans aucune des colonies où vont les émigrants, une terre peut-elle être vendue moins que trois ou quatre shillings l'acre ? Stanley consent à examiner toute offre spécifique. 257

Hay à Hamilton. Termes selon lesquels les offres de l'Association coloniale irlandaise de l'Amérique du Nord devront être faites pour l'achat d une terre. 260

1834.
30 juillet,
Londres.

Freeling à Lefèvre. Envoie le résumé de l'acte pour l'administration et la réglementation des postes au Haut-Canada. Attire l'attention sur différents points de l'acte qu'il explique.　　　　　　　　　Page 423

1er août,
Liverpool.

Receveur et contrôleur des douanes à Stanley. Ont reçu par l'*Artemis* une boîte de dépêches pour laquelle ils envoient un reçu de Pickford et Cie.　　　　　　　　　　　　　　　　　　　　　　　554
Inclus. Reçu.　　　　　　　　　　　　　　　　　　　555

5 août,
Londres.

Ravenshaw à Spring Rice. Envoie les documents à l'appui de la demande de terres au Haut-Canada et aussi attire l'attention sur la correspondance de juillet 1832 entre Goderich et le gouvernement provincial au sujet de l'amélioration de la navigation sur l'Ottawa.　　305
Les documents étaient :
A. Extrait du témoignage du colonel Cockburn devant un comité de la Chambre des Communes sur l'immigration en 1826.　　　　308
B. Extrait du rapport du commissaire Richard sur les terres incultes au Canada et sur l'immigration.　　　　　　　　　　309
C. Extrait d'une lettre, datée du 19 novembre 1833 et signée par quarante marchands. La lettre approuve la formation d'une compagnie à fonds social pour améliorer l'Ottawa et coloniser les terres.　　311
D. Extrait de l'opinion écrite du lieutenant-colonel By, datée du 19 juin 1834, en faveur de la formation d'une compagnie.　　　314
E. Extrait du rapport du comité spécial, à la Chambre d'Assemblée de New-York, concernant l'amélioration de la navigation.　　316
F. Échelle des distances de Montréal au lac Huron par la route de l'Ottawa.　　　　　　　　　　　　　　　　　　320

6 août,
Londres.

Campbell à Hay. Le révérend M. Parkin est parti pour l'Amérique, mais il (Campbell) ne peut dire s'il est au Canada ou s'il n'y est pas. Parkin a été informé qu'il recevrait une pension annuelle de £100, dont la moitié lui a été payée par avance. Sa femme et sa famille viennent d'arriver et sont dans une grande détresse à Bucks ; elles ont été temporairement secourues. L'état mental de Parkin est la cause de leur position actuelle.　　　　　　　　　　　　　　　　　370

7 août,
Londres.

Hobhouse à ————. Avantage de la colonisation projetée pour le canal Rideau.　　　　　　　　　　　　　　　　322

12 août,
Londres.

Gould à Spring Rice. Il a été décidé par lui et ses associés de ne pas présenter pour le moment les requêtes au parlement impérial, afin qu'elles puissent être présentées de façon à attirer toute l'attention que méritent et la respectabilité et le nombre de signataires.　　　　248

14 août,
Londres.

Campbell à Hay. Envoie la liste des missionnaires en partie payée par les fonds publics en 1832. Le montant brut est donné de telle sorte que, excepté pour le montant total, la somme payée par la Société ne peut être constatée séparément de celle payée par le gouvernement. La Société semble avoir payé £1,133 sur son propre fonds, c'est-à-dire sur ses £24,665.　　　　　　　　　　　　　　　　　371
Inclus. La liste étant un duplicata n'est pas copiée. Pour la liste *voyez* la page 365 de ce volume.
Hay à Stewart. La réduction complète sur la concession faite à la Société pour la propagation de l'Évangile provient de la cessation d'existence d'intérêts.　　　　　　　　　　　　　　　373
Payements de 1832 aux missionnaires employés par la Société pour la propagation de l'Évangile.　　　　　　　　　　　383
Hay à Stewart. Parkin a prouvé ses droits à une pension, comme missionnaire de la Société pour la propagation de l'Évangile. D'où provient l'obligation.　　　　　　　　　　　　　　385
Lefèvre à Stewart. La décision de la Trésorerie concernant les pensions des missionnaires n'a pas été communiquée à la Société pour la propagation de l'Évangile, avant que celle-ci n'ait eu le temps d'examiner s'il était opportun d'établir aucune règle concernant les missionnaires

DOC. DE LA SESSION No 18

1834.

dont les émoluments devaient à partir de ce moment être payés par la société.   Page 388

La plus grande partie des correspondances à ce sujet a été copiée dans ce volume et dans d'autres.

15 août, Londres.

Ravenshaw à Spring Rice. Un agent pour la Compagnie des Terres de l'Ottawa sera-t-il reconnu par le secrétaire colonial ?   325

29 août, Londres.

Gould à Hay. A reçu communication du Canada concernant les extraits des livres et documents du bureau colonial, mais on a refusé le pouvoir de les faire faire.

Regardera parmi les vieux papiers de la Société Littéraire pour l'adresse du docteur McLaughlin, et enverra l'adresse si elle existe encore.   249

6 septembre.

Ravenshaw à Spring Rice. Envoie une note et des arguments en faveur de l'Association de l'Ottawa projetée, qui devront être envoyés au lieutenant-gouverneur du Haut-Canada.   326

8 septembre, Dublin.

Alley à Hay. Seulement trois ou quatre du comité des administrateurs de l'Association coloniale irlandaise de l'Amérique du Nord ont pris sur eux, au contraire de tous les autres membres et de neuf sur dix des actionnaires, de désavouer l'arrangement des Irlandais nobles et gentilshommes qui demandent une concession de terres sur la rivière Ottawa du Haut-Canada. La ligue est chaudement approuvée, comme le montrent les extraits du rapport déposé devant les directeurs. La cause réelle de l'action des quatre membres mécontents est leur désir d'une charge dans l'administration. L'Association Irlandaise, à l'exception de ces quatre, est déterminée à marcher la main dans la main avec ceux qui se sont adressés à Spring Rice le 24 juin.   262

Inclus. Extrait du rapport déposé devant le bureau des directeurs de l'Association coloniale irlandaise de l'Amérique du Nord.   265

8 septembre, Dublin.

Hamilton (président), Singer (directeur) à Hay. Envoient comme il a été demandé six copies additionnelles du prospectus de l'Association irlandaise de l'Amérique du Nord. Renvoient au prospectus pour les bases sur lesquelles l'association est formée. Les directeurs ont appris que la région de l'Huron a été vendue avant leur demande et qu'il a été décidé de former une seule compagnie pour la colonisation des terres sur la rivière Ottawa et sur le lac Huron, et qu'il avait été proposé d'y joindre l'Association Irlandaise. La proposition fut faite sans le concours des directeurs et sera cause d'une dissolution probable de l'association, dont les fonctions devraient être transmises à un comité provisoire. Aucune proposition n'a été faite aux directeurs par la société projetée. Tout en désirant s'unir à toute société ayant le même but, ils désavouent les procédés faits jusque-là. Des informations sur les intentions du gouvernement ont été demandées, plusieurs de leurs procédés à venir en dépendant.   270

Inclus. Listes des fonctionnaires, avec les principes et le but de l'association.   276

Mémoire des actionnaires de la branche Wexford de l'Association coloniale de l'Amérique du Nord.   281

8 septembre, Montréal.

O'Callaghan et Perrault. Envoient la copie certifiée du procès-verbal de la dernière assemblée du comité central et permanent de Montréal.   567

Inclus. Rapport contenant les résolutions sur différents sujets. 56?

Nominations permanentes à des positions lucratives, faites par lord Aylmer autant qu'il est possible de s'en assurer.   593

12 septembre, Wexford.

Hickey à Spring Rice. Désire savoir si la lettre signée par un commis s'applique à l'association impériale projetée ou seulement à la compagnie irlandaise.   284

26 septembre, Dublin.

Coghill à Hay. Assemblée des actionnaires de l'Association coloniale de l'Amérique du Nord ; ses sentiments seront mieux démontrés en envoyant une copie des résolutions. Copies ont été envoyées à d'autres.

1834.

Singer, Hamilton et un ou deux autres de leurs amis personnels étant
exceptés, aucune divergence d'opinion n'existe entre ceux qui font partie
de l'association à Londres. Les messieurs qui ont écrit la lettre à son
département n'ont pas été continués dans leur charge d'administrateurs
pour l'année.   Page 285
Inclus. Résolutions approuvant la coalition des compagnies anglaises
et écossaises.   287
Coghil à Ravenshaw. Semblable à celle écrite à Hav.   290

13 octobre,
Londres.

Freeling à Hay. Transmet le rapport du sous-directeur général des
Postes à Québec, relativement à la réclamation du département des Postes
contre le gouvernement. Autrefois on pourvoyait au montant nécessaire
par un vote annuel de la législature du Bas-Canada, mais l'Assemblée a
cessé d'y pourvoir.   461
Inclus. Stayner à Freeling. Stanley avait insinué que le gouvernement se proposait de ne pas s'occuper des réclamations des postes du
Bas-Canada. Le montant maintenant dû pour frais de port est de £3,000,
augmentant dans une proportion de £1,500 à £2,000 par année, et gros-
sissant la balance nominale contre lui. Demande pouvoir d'obtenir les
crédits nécessaires pour couvrir ces montants. Les autres provinces
fournissent encore l'argent nécessaire, mais aussitôt qu'elles sauront que
le Bas-Canada ne paie pas et que l'on n'en force pas le paiement, elles
refuseront aussi de payer.   463
Mémoire sur la nature de la correspondance sur laquelle on impose
des frais de port.   465

29 octobre,
Londres.

Pelly à Spring Rice. Conformément à l'acte, envoie la liste des personnes employées dans la Compagnie de la Baie d'Hudson.   509
Inclus. La liste. Celle-ci ne varie pas beaucoup de la liste précédente, ayant une augmentation de 13 sur la liste des engagés.   510

15 novembre,
Londres.

Cooper à Hay. Les commissaires des archives fourniront pour
l'usage des possessions britanniques dans l'Amérique du Nord, cinq collections des ouvrages donnés à des bibliothèques des Etats-Unis, et proposent d'ajouter celles qui ont été imprimées durant les quatre dernières
années et qui n'ont pas encore été données à aucune bibliothèque étrangère.   556

Pas de date.

Demande de règlements devant s'appliquer aux enfants apprentis
envoyés par la Société des Amis des Enfants.   549
Mémoire de James Stuart (dernier procureur général) au sujet de l'apprentissage.   551
Lemon à Hay. La Société des Amis des Enfants a une occasion favorable pour envoyer 10 garçons au Haut-Canada. Demande une note à
Colburne.   552

DIVERS, 1834.

(La première partie comprend les pages 1 à 260, la deuxième partie
261 à 479, la troisième 480 à 648).

Q 220-1-2-3.

1823.
23 octobre,
Trésorerie.

Approbation des comptes de Greig. *Inclus.* Greig à Spring Rice;
21 juillet 1834.

1831.
6 octobre,
Londres.

Viger à Papineau. Envoie les observations qu'il a faites à Goderich.
A été obligé de cesser la discussion des griefs pour étudier le mémoire
de Stuart. La difficulté de trouver le temps d'envoyer les copies de ses
observations, etc.   481

DOC. DE LA SESSION No 18
 1831.
    Observations sur l'état actuel de l'éducation au Canada. Page 484
    Concessions des terrains incultes de la Couronne.   509
    Viger à Goderich. A communiqué les observations sur les mesures à
  prendre concernant le commerce de l'Empire. A déjà envoyé les observations sur deux chefs de griefs, maintenant envoie celles concernant le
  troisième, même dans leur état actuel.   528
    Considérations concernant le troisième chef de griefs contenu dans
  l'adresse à l'Assemblée du 16 mars 1831.   530
    Le même document en français.   542 à 600
    (Les observations de M. Viger sont d'une telle longueur qu'il est
  impossible de les résumer d'une façon raisonnable.)

14 octobre, Viger à Papineau. A déjà envoyé les copie de ses observations sur le cas
Londres. de Stuart. Maintenant envoie une partie des observations sur son
  mémoire et l'enverra par parties jusqu'à ce que le tout soit complété.
  Les difficultés de son travail.   602

22 octobre, Le même au même. Envoie la première partie de ses observations sur
Londres. le mémoire de Stuart. Il a été impossible d'envoyer des informationr
  détaillées sur ce sujet aussi bien que sur d'autres ; il est si occupé qu'il
  n'a pas le temps de donner un compte rendu journalier de ses procédés.
  Espère que l'Assemblée verra qu'il n'a pas manqué de faire tout ce qui
  était en son pouvoir pour assurer les intérêts qui lui ont été confiés. La
  requête relative aux griefs a été présentée à la Chambre des lords. Les
  circonstances ont empêché la présentation de la requête sur les griefs à
  la Chambre des Communes. Elle a été présentée par Labouchère le 14 ;
  le même jour Hume en présentait une pour le Haut-Canada. Labouchère
  fit un discours éloquent à ce sujet. Les discours n'ont pas été rapportés,
  mais ieur ton qu'ils peuvent donner grande confiance au peuple
  du Bas-Canada que, non seulement les membres de la Chambre mais
  aussi les membres de l'administration ont exprimé un sentiment de
  bienveillance et de stricte justice. L'impression profonde faite sur son
  esprit et qu'il considère de son devoir de communiquer à l'Assemblée.
                     604

29 octobre, Le même au même. A déjà envoyé une partie de ses observations sur
Londres. le mémoire de Stuart. Regrette de ne pouvoir envoyer les observations
  complètes, mais Garneau a été empêché de les préparer par d'autres
  occupations pressantes. En envoie une partie et espère d'en envoyer
  d'autres par le prochain paquebot. Progrès de son travail, ses occupations sont à la fois multiples et continuelles.   608

22 novembre, Le même au même. Envoie une partie de la conclusion des observa-
Londres. tions sur le mémoire de Stuart. La nécessité de les faire traduire et
  imprimer. S'excuse pour les signes de précipitation que contiennent
  ses lettres.   612

29 décembre, Le même au même. Aussitôt qu'une copie de la première partie de
Londres. ses observations sur les lettres de Stuart pourra être faite elle sera
  envoyée. Envoie la copie imprimée de la conclusion des observations
  sur le mémoire.   614

6 janvier, Viger à Papineau. A déposé aujourd'hui devant le bureau colonial
Londres. copie d'une partie de ses observations au sujet de la lettre de Stuart
  du 8 octobre. N'a pas eu le temps de lui en envoyer une copie. 615

14 janvier, Le même au même. Envoie pour l'Assemblée la fin de ses observa-
Londres. tions sur la première partie de la lettre de Stuart à Goderich. Il est
  maintenant à faire la seconde partie.   616

6 juin, Le même à Papineau. A pu finir ses observations sur la réponse de
Londres. Stuart aux accusations portées contre lui par l'Assemblée du Bas-Canada.
  Ajoute maintenant la traduction ; son travail progresse. Demande à
  l'Assemblée de prêter attention aux réflexions contenues dans ses observations. Assure la Chambre qu'il n'a épargné aucune peine pour accomplir sa tâche.   617

1833.

15 mars,
Ristigouche.

Les lettres dans l'original suivent la traduction.
Certificat.

15 mai,
Québec.

Felton à Christie.

21 septembre,
Ristigouche.

Christie à Felton.

17 octobre,
Ristigouche.

Le même à Craig.

19 novembre,
Québec.

Felton à Christie.

12 décembre,
Ristigouche.

Christie à Felton. Celle-ci et les cinq précédentes incluses dans Christie à Stanley, 15 mars 1834.

1834.
3 janvier,
Londres.

Parkin à Stanley. Se plaint de sa position difficile, ayant pour cause l'influence non requise mais bien intentionnée tout de même de l'évêque. Demande de l'emploi pour subvenir à ses besoins, autrement il devra en solliciter aux États-Unis. Page 293

8 février,
Londres.

Macara à Hay. Demande qu'il lui soit permis de pratiquer comme avocat, dans le Bas-Canada, étant donné qu'il a abandonné sa clientèle en Ecosse sur l'information que tout avocat et procureur des cours suprêmes de la Grande-Bretagne avaient droit de faire partie du barreau, dans les colonies. Ici les juges interprètent la loi différemment. Apprends qu'au Haut-Canada la loi pour empêcher les procureurs, etc., de pratiquer a été trouvée si injuste qu'elle va être rappelée. 270

10 février,
Beauport.

Ryland à ———— Envoie la publication donnant un compte rendu de la Chambre d'Assemblée de 1792 à 1814, afin qu'il puisse comparer la politique coloniale pendant les vingt dernières années avec celle de la période précédente, et qu'il puisse estimer les avantages ou les désavantages d'une politique de concession à l'Assemblée. Les choses ont maintenant atteint une crise telle qu'elles nécessitent ou l'union du Haut et du Bas-Canada ou le rappel de 1 et 2 Guillaume IV, chap. 23, pour rendre à la Couronne l'autorité de disposer du revenu perçu en vertu de 14 Georges 3, pour les dépenses du gouvernement civil de la province. L'orateur a menacé de paralyser l'action du gouvernement. Ainsi rien de satisfaisant ne peut être attendu de cette cession, mais il est désirable de permettre aux membres de manifester leurs desseins les plus secrets afin de renforcer la détermination du gouvernement de convertir le Bas-Canada en une véritable colonie anglaise et de développer ses vastes ressources. 307

Inclus. Aperçu des débats de la *Gazette* de Québec. 311

11 février,
Londres.

Macara à Hay. Renouvelle sa demande afin d'être admis au barreau colonial du Bas-Canada, sa première demande n'ayant pas eu de réponse. 272

12 février,
Maidstone.

Mémoire du révérend Edward Parkin, ancien missionnaire à Sherbrooke et à Lennoxville. Expose les promesses faites lorsqu'il accepta la charge de missionnaire, les pertes qu'il a faites au Canada en laissant différentes charges à la demande de l'évêque. Demande la pension promise. 296

15 février,
Québec.

Felton à Christie. Incluse dans Christie à Stanley, 15 mars 1834.

19 février,
Londres.

Burton à Stanley. A envoyé il y a un au moins trois mois, le mémoire concernant sa pension de retraite comme missionnaire au Canada. Demande une réponse. 11

21 février,
Londres.

Mémoire de John George Irvine pour le paiement des dépenses faites par son père, lors de sa nomination comme arbitre pour décider avec les arbitres du Haut-Canada la part des obligations de la province d'en haut; laquelle position il a été obligé de résigner pour cause de santé. 192

1834.

28 février,
New-York.

Buchanan à Hay. A reçu et envoyé la dépêche à sir Archibald Campbell, Frédéricton. Envoie les journaux de Québec.   Page 32

Inclus. Gazette de Québec. Extraits du discours du lieutenant-gouverneur Campbell à l'ouverture de la législature du Nouveau-Brunswick.
35

Les 92 résolutions suivent, mais elles ont été omises, vu qu'elles ont été déjà copiées.

8 mars,
Maidstone.

Parkin à ————. Les circonstances adverses l'amènent à faire un autre appel, n'ayant reçu aucune réponse à sa demande du 3 janvier. 299

12 mars,
Londres.

Kerr à Hay. L'argent qui a été le sujet de la conversation a été remis.   210

12 mars,
Londres.

Le même à ————. Demande une prolongation de congé.   211

15 mars,
Londres.

Adams à Hay. Demande des lettres de présentation pour Ebenezar Birrell à lord Aylmer et à sir John Colborne.   3

15 mars,
Ristigouche.

Christie à Stanley. C'est avec répugnance qu'il livre sa correspondance avec Aylmer concernant les terres qui doivent lui être données pour tenir lieu des arrérages de son salaire. Réfère à la lettre de Howick à Aylmer, l'étendue de terres qui lui a été donnée au lieu de ses arrérages de salaire (Christie). Sa Seigneurie ne l'a pas traité avec la justice qu'il avait droit d'attendre. Envoie la correspondance concernant cette affaire. Se plaint un peu longuement de la manière dont sa demande a été reçue.   98

Inclus. Certificat établissant que les sauvages avaient pris possession de la terre qui avait appartenu à Man et qui maintenant appartenait à Christie. Les sauvages vivent dessus, abattant, détruisant et disposant de bois de construction de la plus grande valeur.   108

Felton à Christie. Plaintes reçues contre l'empiétement des sauvages. Ces empiétements sur les terres et les réclamations qui en découlent, s'il y en a, devront être réglées par les cours légales.   108

Christie à Felton. Accepte l'offre d'Aylmer de résilier l'achat des terres au nord de la Rivière-du-Loup.   111

Autres documents au sujet des terres.   112 à 118

15 mars,
Londres.

Viger à Stanley (en français). Réfère aux observations antérieures et aux commentaires concernant l'adresse de l'Assemblée relative à des changements au Conseil législatif. Plusieurs des hommes d'Etat britanniques les plus en vue s'opposent au système adopté pour l'établissement du Conseil législatif. Pourquoi il est proposé de former une convention nationale pour discuter, sur un sujet seulement, de manière à dissiper les doutes sur les sentiments des habitants du pays ; mais les expressions dans la dépêche sont plus que défavorables à l'Assemblée de la province, et un sentiment de justice devrait l'amener (Stanley) à le regretter. Attire l'attention sur la sévérité de la loi, sur les membres de l'Assemblée envoyés en prison, sur les événements de l'élection de Montréal en 1832, etc., pour montrer que la conduite des dépositaires du pouvoir n'est pas toujours conforme aux vues des membres du gouvernement de Sa Majesté. Commente aussi une autre dépêche concernant le langage du Conseil envers les sujets de Sa Majesté dans la province dont il était l'interprète fidèle en demandant en leur nom une protection égale et des lois pour tous et chacun sans distinction. Observations sur le projet de loi pour pourvoir aux dépenses du gouvernement qui a été rejeté par le Conseil et qui devra être l'objet d'une attention particulière, comme la Chambre d'Assemblée avait le droit d'imposer des conditions sur le montant accordé. Observations sur les salaires des officiers publics et sur d'autres sujets.   396

17 mars,
Manchester.

Mémoire de Thomas Shawcross, agent de Joseph Shawcross, dans la cause de la propriété non réclamée de Joseph Ogden.   337

64 VICTORIA, A. 1901

- 1834.
18 mars,
Norwick.

Marsham à Stanley. Informations relatives aux meilleurs moyens à prendre pour diriger l'émigration.   Page 274

19 mars,
Londres.

Blum, envoyé extraordinaire danois, à Stanley. Envoie les documents concernant la succession d'un nommé Maysenholder, et en sus un *factum* de l'affaire. Demande qu'ils soient envoyés à Montréal avec une recommandation à l'autorité compétente.   12

24 mars,
Londres.

William Abbott à Stanley. Attire son attention sur l'état de détresse dans lequel se trouve le clergé du Canada, et qui est la conséquence de la suspension par le gouvernement du payement des salaires de £100 par année. Montre le cas de J. Abbott, missionnaire à Grenville, comme illustration du résultat malheureux de l'acte du gouvernement. Le contrat qu'il a fait avec la Société pour la propagation de l'Evangile et sur la foi duquel il a abandonné sa situation à Norfolk.   4

25 mars,
Londres.

Kerr à Hay. Qu'ayant résigné son siège au Conseil exécutif, s'étant sacrifié pour l'avantage public, et qu'ayant été privé de son salaire, il demande qu'il lui soit rendu à titre de pension, et allègue qu'une concession de terres pourrait lui être accordée.   212

25 mars,
Londres.

Barry à Stanley. Avait demandé en mars dernier une concession de terres pour Mme Campbell, et ce conformément à un arrangement avec lord Goderich, et des ordres ont été envoyés immédiatement pour faire compléter cette concession. S'aperçoit maintenant que ces ordres n'ont pas été exécutés. Montre l'état actuel de la réclamation de Mme Campbell. Elle n'a reçu que 45 acres de terre arable et une certaine étendue de terre inculte de peu ou pas de valeur. Elle aurait dû recevoir 150 acres en 1822. Si le gouvernement ne peut pas donner à Mme Campbell la quantité totale de terre, elle a droit, d'après l'arrangement, à une somme de £529.10. Vu que l'obligation envers Mme Campbell n'a pas été remplie et que cette dernière a été forcée de vendre, les agents du gouvernement prétendent que le prix de cette vente devrait être déduit sur la valeur totale des 150 acres réclamées par Mme Campbell. Demande simplement que l'affaire soit réglée.   13

Inclus. Le gouvernement en compte avec Mme Campbell.   18

Certificats des cultivateurs sur la valeur des terres arables et des terres incultes.   19

Rapport de J. P. Bureau, arpenteur, sur la propriété de Mme Campbell, à Bécancour.   20

(Le nom tel qu'écrit peut être aussi bien Bureau que Bareau, mais dans la liste officielle des arpenteurs, le nom est Joseph Pierre Bureau.)

26 mars,
Québec.

Craig à Christie. Incluse dans celle de Christie à Stanley, 23 avril 1834.

28 mars,
Plymouth.

Hamilton à Lefèvre. Envoie une quantité additionnelle de blé Vittoria pour Société agricole du Bas-Canada. Le quatrième rapport de la société contiendra tout ce qu'il connaît sur le sujet.   184

Inclus. Rapport sur le blé Vittoria reçu de Caraccas. (Dans la lettre, le blé est nommé Vittoria, dans le rapport on le nomme Victoria, ce qui concorde avec Humboldt.)   185

28 mars,
Liverpool.

Irvine à Hay. Le vaisseau ne mettra pas à la voile aussi tôt qu'on le pensait, et il aura ainsi un jour de plus pour expédier les dépêches à Aylmer, ce qui est loin de le chagriner. S'il n'y a pas de fonds de ce côté-là de l'Atlantique pour régler la réclamation de son père, il ne poussera pas les choses plus loin.   196

30 mars,
Liverpool.

Le même au même. Le remercie du trouble qu'il s'est donné pour mettre la requête devant Stanley, il est satisfait de la réponse, mais croit, vu la longueur du temps écoulé, qu'il ne retirera rien. Portera la plus grande attention à la dépêche d'Aylmer.   198

31 mars,
Fullamore.

Catherine Sheppard à Stanley. Son mari, un pensionnaire, avait reçu une concession de terre de 100 acres à Cranbourne, et il mourut du choléra. Elle en fut effrayée et retourna en Irlande. Elle veut mainte

DOC. DE LA SESSION No 18

1834.

nant retourner en Canada et demande si elle peut avoir son passage gratuitement.   Page 338

31 mars,
Edimbourg.

Watson à Stanley. Se plaint de l'injustice que lui ont causé les effets de la loi au Canada, ayant bâti un moulin pour deux personnes qui se nomment Barrow et Brown, desquelles il ne peut pas obtenir de règlement et contre lesquelles il lui est impossible d'obtenir un jugement.   640

1er avril,
Belfast.

J. W. Shaw à Goderich. Est-ce que la taxe de $1 sur chaque passager débarqué à Québec, imposée en 1832, et qui doit se continuer pour encore 2 ans a été renouvelée ? C'est une chose importante pour les émigrants et les armateurs.   339

Inclus. Extrait du journal tenu par le surintendant des émigrants de Sussex en 1833.   340

3 avril.

Kerr à Hay. Comme la législature du Bas-Canada n'a voté aucuns subsides pour les fins du gouvernement civil, il demande que son salaire lui soit payé à Londres.   215

Inclus. Kerr à Stanley. Demande que son salaire lui soit payé à Londres.   216

3 avril,
Londres.

Johnson à Stanley. Envoie les documents relatifs à sa propre réclamation et à celles des autres membres de la famille de sir John Johnson. Il avait été supposé que la subvention de £50,000 était une compensation équivalente aux pertes causées par sa loyauté, mais elle était hors de proportion même avec la perte de sa propriété à New-York, dont une petite partie près du lac Onondago rapporte à l'État de New-York un revenu de $250,000. La disproportion des sommes auxquelles la subvention a été réduite. La position difficile de la famille.   199

Inclus. Johnson à Kempt. Attire l'attention sur la requête qui montre qu'en 1818 lui, et d'autres membres de sa famille, ont demandé une concession de terre pour chacun. Le changement rapide des gouverneurs l'ont empêché d'obtenir aucun résultat. Lui demande son influence pour obtenir un règlement de cette affaire, étant donné qu'il connaît les services et les sacrifices de sir John Johnson.   202

Requête et autres documents.   204 à 207

5 avril,
Londres.

Viger à Stanley. Autres observations sur l'état des affaires politiques au Bas-Canada.   415

Ryan à Hay. Il est le sergent qui a perdu une jambe dans la Péninsule et qui a été recommandé par Bathurst. Ses qualités comme instituteur.   334

7 avril,
Inverness.

Ward au secrétaire colonial. Avait espéré que sa requête pour obtenir l'échange du lot n° 8 dans le sixième rang d'Inverness contre le lot 19 du neuvième rang d'Halifax serait accordée. Transmet une lettre pour montrer qu'aucune information sur la décision rendue ne peut être obtenue au Canada.   643

Inclus. Felton à Ward. Une décision ayant été donnée le 6 mars 1833, Aylmer ne voit pas de raison pour changer la détermination qui lui a été communiquée.   644

12 avril,
Londres.

John Shaw au secrétaire colonial. Désire savoir si la taxe sur les émigrants à Québec sera continuée ou si on laissera périmer la loi.   341

15 avril,
New-York.

Buchanan à Hay. Demande de prêter attention à l'état de son bureau quant à l'émigration, étant donné que depuis l'ouverture des terres du gouvernement dans le district de Londres, l'émigration s'est dirigée au Canada surtout *via* New-York, et les émigrants assiègent son bureau pour avoir des informations sur cette route et l'entrée des bagages, etc. Demande d'autres commis.   37

19 avril,
Londres.

Viger à Stanley. Corrige certaines inéxactitudes contenues dans ses lettres précédentes.   438

21 avril,
Londres.

Sinclair à Stanley. Espère que les descendants du lieutenant général Sinclair recevront une concession de terre au Canada à cause des services rendus par leur père défunt et des pertes qu'il a subies. Récapitule les

64 VICTORIA, A. 1901

1834.

services du défunt lieutenant général, tant dans l'armée et la marine que dans l'arpentage. Les embarras causés à la famille par la Trésorerie en refusant de payer ses déboursés. Mentionne aussi ses propres services et ceux de son frère comme raison additionnelle pour faire droit à sa requête.   Page 383

**23 avril,
Ristigouche.**

Christie à Stanley. Envoie copie d'une lettre de Craig, secrétaire civil d'Aylmer, avec ses vues (Stanley) concernant sa réclamation basée sur la perte de sa charge de président des sessions trimestrielles et sur les procédures non constitutionnelles de l'Assemblée. Envoie observations additionnelles au sujet de sa réclamation.   119

Inclus. Craig à Christie. Le secrétaire colonial croit que la réclamation pour la perte de sa charge comme président des sessions trimestrielles n'est pas soutenable par les raisons données. Copie d'une dépêche du comte de Ripon expédiée. Il explique pourquoi aucune intervention n'a été possible vu son expulsion de l'Assemblée.   129

**4 mai,
Outwell.**

Timms au secrétaire colonial. Si la rumeur est vraie, on a l'intention d'envoyer des hommes pour surveiller la navigation (*cutting navigation*) dans les possessions de Sa Majesté en Amérique; demande de l'emploi.   393

**15 mai,
Londres.**

Mémoire de D. B. Viger et de A. N. Morin contre l'octroi d'une charte à une compagnie pour l'achat des terres dans le Bas-Canada.   440

**16 mai,
Londres.**

Coffin à Hay. Réfère aux concessions de terres qui lui ont été faites ainsi qu'à son frère en 1802. Demande à ce que ces concessions soient renouvelées, et comme il ne peut aller lui-même en Canada, qu'elles soient faites à son fils. Envoie copie du rapport de 1802.   51

Inclus. Copie d'un extrait d'un rapport d'un comité de tout le Conseil du Bas-Canada, daté du 3 mars 1802, sur la requête de William Coffin. 54

**23 mai,
New-York.**

Gourlay à Stanley. Observe qu'il a adopté la motion de Roebuck pour la formation d'un comité pour le Canada. Il avait demandé instamment une enquête depuis seize ans. Des commissaires devraient être envoyés à Montréal pour s'enquérir de toute la question.   149

Liste de ceux à qui il a écrit sur ce sujet.   150

**28 mai,
Hythe.**

Sedgwick à———. Écrit pour une veuve qui, avec ses six enfants, désire se rendre au Canada pour rejoindre les autres membres de sa famille, et demande un passage d'ici à Québec pour la famille. Relate son histoire.   342

**— mai,
Belfast.**

État et bases de la réclamation de la famille Skinner inclus dans Ellison, Bloxum et Ellison à Spring Rice, 31 juillet 1834, D. B. Viger et A. N. Morin à Hay. Remercie pour la lettre, qui demande quelques observations.   447

**2 juin,
Londres.**

D. B. Viger et A. N. Morin à Stanley. Les difficultés admises dans sa lettre ne sont pas égales à d'autres mentionnées dans la requête et qui sont relatives aux actes adoptés sur des matières de législation interne, sans la connaissance et la participation de la législature, et qui sont aussi relatives à l'acte en question, contre lequel l'Assemblée a présenté une pétition. Il réfère particulièrement à l'établissement d'un monopole sur les terres en faveur d'individus privés et à l'exclusion de la masse du peuple.   446

**7 juin,
Édimbourg.**

Kerr à Hay. Est-ce que des instructions ont été envoyées au gouverneur général depuis la prorogation de la législature du Bas-Canada lui ordonnant de payer les salaires des juges. Les privations auxquelles les juges et autres officiers publics sont exposés par défaut de paiement. 218

**10 juin,
Salop.**

Preston à Spring Rice. Il s'enquiert concernant des terres dans la Virginie, propriété d'un de ses parents, achetées quand les États-Unis étaient sous la domination de la Grande-Bretagne.   303

**10 juin,
Stranraer.**

Wallace à———. Montre qu'il est l'héritier de son père et de ses frères, étant le seul fils survivant. Il irait en Amérique si des concessions de terre lui étaient faites et si la possession peut lui en être donnée

1834.

comme étant leur héritier, ou s'il ne pouvait obtenir une terre particu-
lière que l'équivalent lui soit donné. Il invoque le cas du major William
Ross, qui a obtenu la terre concédée à son oncle le major John Ross.
Page 646

12 juin,
Tralee.

Cotter au secrétaire colonial. Demande avis concernant une concession de terres faite au major, alors capitaine Cotter, mais qui, vu son
absence, ne pouvait pas être maintenue constamment. Si la concession
pour d'autres raisons peut encore être considérée comme existante,
demande avis et protection.   56

13 juin,
Londres.

Mandelsloh à Spring Rice. Concernant la succession de Charles
Maisenholder, de Montréal.   276

15 juin,
Dundalk.

Monritz au même. Sa destitution et celle de sa famille. Demande
des terres ou de l'emploi dans aucune des colonies.   277

Inclus. Requête de Monritz. Mentionne les services de son oncle et sa
mort, ses propres services, son incapacité d'obtenir un emploi permanent; demande une concession de terres.   280

Lefebvre à Monritz. Sa requête sera mise devant le roi, mais Stanley
regrette de ne pouvoir favoriser sa demande quant à la concession de
terres.   283

16 juin,
Londres.

Crawford à Spring Rice. A été délégué pour présenter les requêtes des
habitants de Gaspé. Demande entrevue.   68

Inclus. Requête demandant l'abolition des impôts concernant la pêche,
et d'établir un poste de douanes à Percé ou à la Pointe Saint-Pierre, et
aussi de les protéger contre l'oppression de l'Assemblée.   69

Une requête annexée des habitants sur la rivière Ristigouche et la baie
des Chaleurs, qui séparent le Bas-Canada du Nouveau-Brunswick. A
cause de la position géographique du district, demande que Gaspé soit
séparé du Bas-Canada et annexé au Nouveau-Brunswick.   76

16 juillet,
Londres.

Crawford au secrétaire colonial. La somme de £750 lui est due
pour trois ans de salaire comme président des sessions trimestrielles,
depuis novembre 1827 jusqu'à novembre 1830. Envoie copie d'un mémoire
sur ce sujet adressé à Goderich et copie d'une lettre qui l'accompagnait et
adressée au secrétaire d'Aylmer. Deux ans s'étant écoulés sans recevoir
de réponse, il doute que le gouverneur ait envoyé le mémoire. Il produit
maintenant sa demande, espérant quelle recevra une attention immédiate
et sera considérée favorablement.   82

Inclus. Crawford à Craig. Envoie copie de sa requête au secrétaire
colonial pour obtenir le paiement des arrérages de son salaire comme
président des sessions trimestrielles de Gaspé. Demande que le mémoire
soit déposé devant Aylmer et qu'il soit considéré favorablement.   85

La copie de la requête aussi incluse a été omise ici, ayant été copiée
auparavant dans Q. 205. Duplicata d'autres documents aussi omis.

21 juillet,
Londres.

Viger à Spring Rice. Attire son attention sur le retard à décider les
actes réservés, ce qui peut avoir un effet des plus préjudiciables. Demande
une entrevue.   452

27 juin,
Londres.

Le même au même. Accuse réception des lettres concernant les actes
réservés. Il y en avait un semblable lors de la dernière session et un ou
deux plus ou moins analogues à celui du collège Saint-Hyacinthe.   454

2 juillet,
Londres.

Stuart à Spring Rice. Avant de quitter le Canada, transmet des copies
imprimées de la correspondance avec le dernier secrétaire provincial.
Le seul point qui ne soit pas réglé est celui de la réparation des injures
qu'il a subies. L'injustice de ce cas.   356

4 juillet,
Edimbourg.

Kerr à Hay. Demande une extension de congé.   220

11 juillet,
Londres.

Stuart à Spring Rice. A reçu communication qu'il n'y a pas de raison
pour tout recommencer, et n'admet pas que le seul point laissé sans décision est celui de la réparation de l'injure. A cause de son caractère, il
demande une explication sur les points autres que celui de la réparation

1834.

et qui ne sont pas encore décidés. Sur la question de reconsidérer la cause, Stanley a agi avec la plus grande justice. Ses lettres l'exonorent de toutes les accusations portées par Ripon. L'offre de la plus haute position judiciaire dans les colonies est compatible seulement avec ceci, ainsi en résulte-t-il que la question qui seule ne soit pas décidée est celle de la réparation des injures. Elabore les arguments sur ce point.

Page 350

17 juillet, Ristigouche.

Christie au secrétaire colonial. D'autres arguments à l'appui de sa réclamation en compensation pour la perte de sa charge. 131

18 juillet, Londres.

Stuart à Hay. Comme il n'a retardé son départ pour le Canada que pour lui permettre d'avoir une décision sur sa requête, demande une réponse à sa lettre du 11. 364

21 juillet, Londres.

Grey à Spring Rice. Sur l'établissement des colonies militaires dans le Haut-Canada, il a été attaché au département du quartier maître général comme officier de l'intendance. La responsabilité de ces devoirs. Le capitaine Fowler, un des officiers chargés de ces devoirs, a reçu une concession de terres pour ses services. Demande une concession semblable. 151

Inclus. Approbation des comptes de Grey par la Trésorerie. 153

21 juillet, Sandgate.

Madame Ladd demande son passage à Québec, où sont tous ses parents. Mort de son mari. Services de son père. 262

23 juillet, Edimbourg.

Kerr à Hay. A entendu dire qu'on devait payer aux officiers publics du Bas-Canada leurs arrérages de salaire. Demande à être payé à Londres. 221

Inclus. Etat du salaire qui lui est dû. 222

28 juillet, Clonmell.

Moylan au secrétaire colonial. A envoyé différentes lettres au consul anglais, à Norfolk, Virginie, sans recevoir de réponse. Envoie une lettre qu'il demande de faire parvenir. 284

18 juillet, Londres.

Stuart à Spring Rice. Avait espéré une simple réponse à une simple question. Résume la correspondance et fait remarquer qu'aucune réponse n'a été donnée à sa question par la lettre de Hay. Accuse Spring Rice de s'étendre sur des sujets, sans doute relatifs au cas, qui ne requièrent pas de conclusion contraire à sa réclamation, mais qui, en réalité, la fortifient et la confirment. Ils pourraient éloigner son attention de la réclamation, mais ne pourraient donner aucune réponse à la question. Discute et critique successivement les arguments contenus dans la lettre de Hay. 365

31 juillet, Londres.

Ellison, Bloxam et Ellison à Spring Rice. Envoiént un rapport en faveur de Skinner ; la preuve à l'appui sera envoyée si requise. 144

Inclus. Exposé et base de la réclamation pour des terres en Canada faite par la famille du défunt brigadier général Skinner. 145

2 août, Londres.

Crawford à Spring Rice. Dans l'entrevue il avait attiré l'attention sur le cas de personnes établies sur les terres de la couronne, dans Gaspé, sans titres, et qui ont été dernièrement menacées d'expulsion sur poursuite de la Couronne. Comment elles ont été obligées de s'établir ainsi sans droit sur ces terres. Propose la manière de disposer des terres de ces "squatters" pour leur permettre d'obtenir titre. Le manque de garantie de tous les titres concernant les terres dans Gaspé. Propose que l'on énonce à Aylmer le désir de retarder au moins les poursuites contre les "squatters". 91

3 août, Salop.

Preston à Spring Rice. Envoie copie de sa lettre du 10 juin à laquelle on n'a pas répondu et demande une réponse. 305

4 août, Londres.

Stuart à Spring Rice. Accuse réception de la lettre de Hay et déclare qu'il est impossible d'espérer justice du bureau colonial. Critique la conduite du bureau comme évasive et pour refuser de tirer la conclusion légitime de la correspondance. Le refus d'accorder réparation a été fait au sujet d'un gouverneur faible, et les raisons invoquées n'étaient que des

1834.

7 août,
Londres.

8 août.

9 août,
Londres.

15 août,
Londres.

16 août,
Londres.

16 août,
Londres.

18 août,
Liverpool.

18 août,
Liverpool.

19 août,
Liverpool.

19 août,
Londres.

26 août,
Londres.

28 août,
Glasgow.

4 septembre,
Ripley.

10 septembre,
Glasgow.

prétextes. Le cas actuel sera l'objet d'une enquête dans un autre département du gouvernement.   Page 377

Hume à Spring Rice. Espère qu'il n'aura pas d'objection à la motion qu'il se propose de faire pour obtenir un rapport. Son anxiété de voir le règlement des malheureuses difficultés qui existent dans les Canadas.
189

Wall au secrétaire colonial. Ecrit en faveur du pétitionnaire (le nom n'est pas mentionné), une personne de Québec qui est destituée. Il désire retourner dans son pays et demande un passage.   648

Viger à Spring Rice. Demande de nouveau une entrevue.   456

Le même au même. Remercie pour l'entrevue promise. Sera à l'endroit fixé samedi.   451

Davis à Spring Rice. Présente Greig, qui a des suggestions à faire concernant l'intendance. Demande que s'il n'obtient pas de promotion le congé de Greig soit prolongé.

Greig à Spring Rice. Presse sa réclamation pour obtenir une concession de terre en récompense des services qu'il a rendus à la colonie militaire du Haut-Canada.   154

Kerr à Hay. Les juges, ses confrères, l'ont prié d'attirer l'attention du gouvernement sur l'exposé des faits dans leur cause. Comme le comité de la Chambre des Communes avait recommandé que les juges en cessant d'appartenir au conseil devraient avoir une position indépendante, ils avaient espéré que leurs salaires leur seraient assurés pour la vie, mais qu'au lieu de cela ils sont payés fort irrégulièrement et il leur est dû beaucoup d'arrérages, tandis que leurs réclamations sont encore déférées à la générosité de l'Assemblée, qui a toujours contrecarré les gracieuses intentions de Sa Majesté. La réduction du montant alloué aux juges pour dépenses de voyage qui, proportionnées ou non, forment partie du salaire stipulé. Demande que le cas des juges soit considéré favorablement.   223

Birnie à Hay. Lui rappelle sa promesse d'écrire au gouverneur du Canada au sujet d'une concession de terre au lieutenant James McDonald aussitôt qu'on pourrait s'assurer de la date de cette concession. Envoie maintenant la date. Son but est d'obtenir copie de l'acte de concession pour lui permettre d'obtenir possession des terres.   22

Daniel Boyle au secrétaire colonial. Comme renseignement sur la valeur de son achat du billet de location de Macgee des terres situées à Cranbourne, Canada, fournit ce renseignement, vu qu'il est informé que Macgee n'avait pas le droit de vendre. Demande conseil.   24

Grant à Hay. Demande une lettre de présentation aux gouverneurs du Haut et du Bas-Canada pour Thomas Kinnear.   156

Crawford à Spring Rice. Au sujet de sa demande de paiement de ses arrérages de salaire, il comprend que des ordres seront bientôt donnés pour faire effectuer les paiements des arréages dus sur les salaires des officiers du gouvernement provincial. Demande que des ordres sembles soient donnés dans son cas.   95

Strang au secrétaire colonial. S'enquiert pour Joseph Masson si un *mandamus* a été émané en sa faveur comme membre du Conseil législatif. S'il en est ainsi, il paiera les frais, et la commission pourra lui être envoyée à lui-même ou au gouverneur.   354

Griffin à Earle. Envoie copie du mémoire au roi. Ne se permettra pas de faire aucune observation quant à son perfectionnement.   159

Inclus. Requête. Attire l'attention sur la difficulté de son cas et sur la fausseté du rapport de la Société pour la propagation de l'Evangile sur l'état des affaires ecclésiastiques en Canada.   160

Strang au secrétaire colonial. Envoie un billet de £10 de la banque d'Angleterre pour paiement des honoraires du *mandamus* de Masson. 345

1834.
11 septembre,　Christie à Spring Rice. Attire son attention sur la lettre écrite à
Ristigouche.　Stanley le 15 mars au sujet des arrérages qui lui sont dus sur son salaire.
Si la charge est rétablie, demande que sa requête pour être réinstallé
soit considérée favorablement.　　　　　　　　　　　　Page 137

16 septembre,　Barnard à Hay. Inclus extraits d'une lettre de Douglas qui sont
Londres.　intéressants.　　　　　　　　　　　　　　　　　　　　　27
　　Inclus. Extraits de la lettre de David Douglas, sur les rivières, etc.,
de la Colombie-Britannique et du Nord.　　　　　　　　　　28

16 septembre,　Viger à Spring Rice. Avait reçu une lettre de Hay, que vu la multi-
Londres.　plicité de ses affaires il lui était pour le moment impossible de fixer un
jour déterminé pour le recevoir. Il regrette ceci à cause de l'importance
des sujets à discuter. La lettre continue très longuement sur ces
sujets.　　　　　　　　　　　　　　　　　　　　　　　458

24 septembre,　Secretan au secrétaire colonial. A-t-il décidé de poursuivre le per-
Québec.　cepteur des douanes à Québec ; demande les documents qui pourraient
servir à l'appui de la cause.　　　　　　　　　　　　　　346
　　Inclus. Secretan à Craig. Demande qu'Aylmer lui permette de
prendre connaissance des faits qui pourraient impliquer sa conduite. 349
　　Craig à Secretan. Aylmer ne peut pas intervenir dans les affaires de
Secretan.　　　　　　　　　　　　　　　　　　　　　350

25 septembre,　Leeds à Spring Rice. Expose son cas à cause de la réduction de son
Coteau-du-　indemnité comme ministre de l'Eglise anglicane et à cause de la cessa-
Lac.　tion de l'allocation donnée par le gouvernement. Impossibilité de soutenir les églises dans les campagnes ; cependant le clergé des grandes
villes comme Québec, Montréal, etc., reçoit son salaire en entier. Se
plaint du mémoire envoyé par l'évêque pour être signé.　　　264
　　Sans signature à Gosford. Ne peut pas se rendre à la demande de
Leeds pour pension, un arrangement ayant été fait avec la Société pour
la propagation de l'Evangile qui pourvoit à ceci.　　　　　268

1er octobre,　Astle au secrétaire colonial. Se plaint de l'état des affaires à la Grosse-
Dublin.　Ile, qui sont telles que les maîtres de navires refuseront d'amener leurs
passagers par le Saint-Laurent à cause de la détention vexatoire qu'on
leur impose et que les émigrants redoutent plus que la traversée entière
de l'Atlantique. Description des bâtisses et du traitement, qui sont plutôt
de nature à causer qu'à guérir la maladie.　　　　　　　7

2 octobre,　Chisholm à Spring Rice. Presse l'examen de ses réclamations et la
Trois-Rivières　reconnaissance de ses droits, afin d'éviter la ruine et le déshonneur.　59
　　Inclus. Mémoire de David Chisholm. Représente que depuis quel-
ques années le gouvernement exécutif ne lui a pas payé les frais auxquels
il a droit comme greffier de la paix, et demande qu'une somme équivalente lui soit accordée pour l'aider.　　　　　　　　　61

10 octobre,　Kerr à Hay. A reçu de Spring Rice avis de se démettre de sa position de
Edimbourg.　juge puisné, et ce sans demander les raisons. La position difficile dans
laquelle ceci le place. Désire qu'on lui fasse la faveur de lui donner les
raisons de la décision des lords de l'Amirauté, avec la copie des documents
auxquels on réfère dans la dépêche.　　　　　　　　　227
　　Inclus. Hay à Kerr. Les lords de l'Amirauté ont décidé de ne pas
lui demander sa démission comme juge de la cour de vice-amirauté.
Stanley désire qu'il se démettre de ses fonctions de juge puisné.　219

11 octobre,　Esther Hope au secrétaire colonial. Désire savoir quand sir Henri
Carlisle.　Hope a été gouverneur du Canada, la date exacte et le lieu de son décès,
le règlement d'un litige au sujet de certaines propriétés dépend de la vérification de ces faits.　　　　　　　　　　　　　　190

16 octobre,　Muirson à Holland. Lui demande son influence pour l'aider à obte-
Brighton.　nir une concession de terre.　　　　　　　　　　　　286

24 octobre,　Sans signature à Kerr. Envoie la liste des documents sur lesquels les
Downing　lords de l'Amirauté avaient basé leur décision d'exiger sa démission, et
Street.

DOC. DE LA SESSION No 18

1834.

renouvelle sa recommandation de se démettre comme juge puisné de la cour du banc du roi. Page 230

28 octobre,
Edimbourg.

Kerr à Stephen. Espère qu'on lui accordera quelque délai avant de procéder dans son affaire. Si les lords de l'amirauté avaient consenti à l'entendre, il aurait mis devant eux certains documents qui auraient peut-être changé leur décision. 233

29 octobre,
Ristigouche.

Christie à Spring Rice. Raisons additionnelles à l'appui de sa réclamation en compensation des dommages subis par la perte de sa situation. 138

30 octobre,
Brighton.

Muirson à Spring Rice. A reçu réponse qu'il ne peut avoir une concession gratuite de terres. Demande à être renseigné sur les conditions auxquelles il pourrait acheter. 290

31 octobre,
New-York.

Buchanan à Spring Rice. La diminution dans le commerce maritime anglais. Aucune amélioration ne doit être attendue de la part des armateurs. Le courant de l'émigration se détourne du Saint-Laurent. Envoie un affidavit de Sullivan, médecin à bord de l'*Astrée*, sur le naufrage de ce vaisseau. 39

Inclus. Affidavit de Sullivan sur les actes commis sur le vaisseau à passagers l'*Astrée* et les circonstances qui ont accompagné sa perte. 41

Observations sur le naufrage de l'*Astrée*, inspirées par l'affidavit du chirurgien Sullivan. 44

1er novembre,
Rippley.

Griffing à Spring Rice. Récapitule les torts qu'on lui a causé comme missionnaire de la Société pour la propagation de l'Evangile. 167

Inclus. Titre d'un ouvrage qu'il a préparé et intitulé : " Histoire des faits merveilleux accomplis par la Société pour la propagation de l'Evangile." 170

1er novembre,
Rippley.

Griffin à Spring Rice. Le réfère au discours publié dans le *Morning Chronicle* du 29 octobre et qui devait être prononcé à une assemblée de la société pour la propagation de l'Evangile à Epsom, s'il n'avait pas été assailli par l'évêque de Winchester et autres. Attire l'attention sur de nouveaux mensonges pour la Société de la propagation de l'Evangile. En donne des exemples. 171

8 novembre,
Edimbourg.

Kerr à Spring Rice. Reconnaît sa faute en gardant certains biens publics, mais explique la transaction, et il ne croyait pas qu'on exigerait sa démission avant de lui avoir donné l'occasion de se défendre. Étant donné la condition de sa famille et son âge qui l'empêche de gagner sa vie autrement que par l'exercice de ses fonctions, il espère qu'il sera traité avec générosité et miséricorde. 234

Inclus. Court exposé de sa cause. 238

Court mémoire sur les charges publiques remplies en Bas-Canada par M. Kerr, avec la date de ses nominations et annotations. 242

Annexe contenant copies des lettres auxquelles il est référé. 248

14 novembre,
Londres.

Viger à Papineau. Envoie copie d'une autre partie de ses observations sur le mémoire de Stuart. 611

16 novembre,
New-York.

Buchanan à Spring Rice (personnelle et séparée). Croit qu'aucune concession n'apaisera jamais les mécontentements dans le Haut et le Bas-Canada tant que le conseil ne sera composé que d'hommes qui n'ont que la seule ambition de conserver leur propre suprématie, offre de tentative de réconciliation qu'il croit pouvoir être opérée sans que Sa Majesté perde un seul de ses droits. 46

24 novembre,
D. (Dalhousie)
Castle.

D—(Dalhousie) à Kerr. Sympathise avec lui à l'occasion de ses troubles. Lui conseille de diviser cette question compliquée, ce qui la rendrait plus facile à régler. Il est dur qu'on réponde froidement à un long service de 37 ans par des délais et des vexations. 256

18 décembre,
Londres.

Mémoire de Thomas Cotter, autrefois pensionnaire de Greenwich. Dit qu'il a abandonné sa pension sur la promesse d'une concession de terres au Canada ; cette promesse n'ayant pas été remplie, demande que sa pension lui soit rendue. 65

1834.
30 décembre,
Edimbourg.

Kerr à Aberdeen. Envoie copies des dépêches reçues de Spring Rice, qui l'informe de sa destitution par les lords de l'amirauté et qui lui conseille de donner sa démission comme juge puisné de la cour du banc du roi. Comme les dépêches contiennent l'honneur et l'avenir d'un serviteur public, il est convaincu qu'elles recevront la plus sérieuse attention, de manière à pouvoir se former un jugement impartial. Spring Rice est satisfait de la décision des lords de l'amirauté, mais ces derniers ne connaissaient pas toute la cause, et il ne peut s'empêcher de croire qu'il a été traité avec dûreté et sévérité. Espère que le résultat d'une nouvelle enquête sera qu'il pourra retourner à Québec en pleine possession de toutes ses fonctions judiciaires.   Page 252

30 décembre,
Edimbourg.

Kerr à Hay (personnelle). A écrit à lord Aberdeen et lui demande ses bons offices.

— décembre,
Québec.

Mémoire de la Société Littéraire et Historique de Québec pour une collection des archives du Royaume-Uni imprimées par ordre du commissaire des archives publiques.   353

Pas de date.

Mémoire de Muirson. Mentionne les services de son père et ses pertes. L'auteur du mémoire et ses sœurs ont reçu chacun une pension de £50 par année. La sienne lui a été retranchée, mais celles de ses deux sœurs survivantes ont été continuées. Demande une concession de terre au Canada.   285

Plusieurs auteurs de mémoires au secrétaire colonial. Ils ont des plantations dans Québec et la Jamaïque, et demandent qu'on leur dise comment ils peuvent en obtenir les produits.   352

LORD AYLMER, GOUVERNEUR, 1835.

Q. 221—1.

1834.
29 décembre,
Québec.

Routh à Airey. Incluse dans Aylmer à Spring Rice, 2 janvier 1835.

1835.
1er janvier,
Québec.

Aylmer à Spring Rice (n° 1). Transmet la liste des dépêches envoyées en 1834.   Page 1
Inclus. Liste.   2

2 janvier,
Québec.

Aylmer à Spring Rice (n° 2). Envoie copie d'une lettre de Routh, avec la liste des présents aux sauvages pour 1835, qu'il demande d'expédier.   18
Inclus. Routh à Airey. Envoie la requête de présents pour les sauvages avec explications.   20
Evaluation des présents.   22
Requête.   23

6 janvier,
Québec.

Aylmer à Spring Rice (n° 3). A reçu la liste des dépêches par la malle de Halifax en novembre.   24
Inclus. Liste.   26

19 janvier,
Québec.

Aylmer au secrétaire colonial. A reçu la liste des dépêches par la malle de décembre d'Halifax.   29
Inclus. Liste.   30

20 janvier,
Québec.

Aylmer à Hay. La législature du Bas-Canada qui devait s'assembler le 26, a été prorogée au 21 février.   32

22 janvier,
Québec.

Aylmer au secrétaire colonial. Envoie l'état détaillé des recettes et des dépenses des terres et des bois pour 1830, 1831 et 1832, en conformité de l'adresse de la Chambre des Communes. L'état comprend, aussi les années 1833 et 1834.   34
Inclus. Etat des recettes pour 1830, 1831, 1832, 1833 et 1834.   35
Etat des dépenses pour les mêmes années.   37

1835.
23 janvier,
Québec.

Aylmer à Hay (personnelle et confidentielle). En réponse à la question, marquée personnelle et confidentielle, qui demande comment est apprécié Primrose dans la province, l'intention apparemment étant de lui donner un siège de juge si la réponse est favorable, il regrette de ne pouvoir le recommander pour cette position.   Page 46

23 janvier,
Québec.

Le même au même (personnelle). A reçu les dépêches en double par un messager spécial de New-York. Ne pas continuer d'envoyer des dépêches par la voie de Boston, et n'en envoyer aucune par un messager spécial, vu les frais que ça occasionne.   47

23 janvier,
Québec.

Aylmer au secrétaire colonial. Dans une dépêche de Spring Rice, il s'objecte à la nomination de Gale comme juge puisné, et désire que les noms de six gentilhommes ou plus soient envoyés, afin de faire un choix pour remplir les charges importantes de juge de la cour de vice-amirauté et de juge puisné pour le district de Montréal. La même malle annonçait les changements au Conseil de Sa Majesté et la retraite de Spring Rice. Il s'est alors abstenu de faire aucune démarche, selon les instructions reçues. Si l'on agit d'après ces dernières ce sera une source de beaucoup d'embarras, et le manque apparent de confiance dans le discernement du gouverneur dans le choix pour les positions sera la cause d'un abaissement considérable de la situation aux yeux du public, et si le choix est fait de la manière proposée on trouvera la profession particulièrement susceptible sur ce point à cause de l'incertitude du choix. Enfin il argumente l'inopportunité de cette manière de faire les nominations.   49

23 janvier,
Québec.

Aylmer à Hay (privée). Discute la question de la nomination des juges du même ton que dans sa lettre au secrétaire colonial.   56

23 janvier,
Québec.

Le même au secrétaire colonial (n° 6). Envoie le relevé des terres de la couronne vendues et concédées depuis le 31 décembre 1823 jusqu'au 31 décembre 1833, et des réserves du clergé vendues en vertu de 7 et 8 George 4, jusqu'au 31 décembre 1833.   63
   Inclus. Relevé des terres de la Couronne concédées et vendues comme il est dit dans la lettre.   64

23 janvier,
Québec.

Aylmer au secrétaire colonial (n° 7). Envoie le rapport des Conseils législatif et exécutif jusqu'au 1er janvier 1835.   67
   Inclus. Rapport.   68

24 janvier,
Québec.

Aylmer au secrétaire colonial (n° 8). Envoie les copies certifiées des actes du Conseil exécutif.   73

29 janvier,
Québec.

Le même au même (n° 9). Envoie le rapport semi-annuel des ventes des réserves du clergé jusqu'au 31 décembre 1834.   75
   Inclus. Rapport.   76

26 janvier,
Québec.

Aylmer au secrétaire colonial (n° 10). Envoie de copie de l'adresse loyale des Trois-Rivières.   86
   Inclus. Adresse.   88

27 janvier,
Québec.

Aylmer au secrétaire colonial (n° 11). Transmet l'adresse des Trois-Rivières sur parchemin.   91

27 janvier,
Québec.

Le même au même (n° 12). Envoie états des recettes et des dépenses à compte des terres de la Couronne et des permis pour la coupe du bois de construction à compte du revenu casuel et territorial.   93
   Inclus. Etats.   94, 97, 98

30 janvier,
Québec.

Aylmer à Hay (personnelle). A envoyé à Spring Rice copie de la " Déclaration de l'Association Constitutionnelle de Québec "; maintenant envoie les duplicata. Une association du même genre a été formée à Montréal et à Trois-Rivières, le but étant de recueillir et de publier un rapport sur les griefs des habitants de langue anglaise du Bas-Canada, ainsi que sur leur condition d'infériorité—et de mettre le tout devant le roi et le parlement et d'employer des délégués qui seront envoyés en Angleterre pour fournir des renseignements sur l'état de la province. Recommande que si un délégué est envoyé il soit reçu, et

64 VICTORIA, A. 1901

1835.

que ses observations soient écoutées particulièrement, parce qu'il a été dit que les délégués de l'autre parti ont été écoutés avec complaisance. Le caractère des partis opposés. Plus les affaires du Bas-Canada seront connues, plus la nécessité d'adopter des mesures effectives pour rétablir l'autorité du gouvernement royal se fera sentir. La province devrait être gouvernée par la fermeté unie aux bons traitements. Le peuple canadien est un peuple docile et bien conditionné, qui se trouble peu des questions abstraites de la politique, à l'inverse de leurs voisins des États-Unis, qui sont dans un état continuel de fièvre politique. A raison de croire que la dissension a commencé dans le parti mécontent, et qu'elle s'augmentera si le gouvernement montre de la détermination. Tous moyens de conciliation ont été essayés, mais l'entente avec eux n'est pas meilleure qu'il y a quatre ans, de fait la séparation est plus profonde. Plus de conciliation jetterait le pouvoir dans les mains de quelques individus factieux, qui ne sauraient pas même exercer le pouvoir s'il leur était confié. Si la véritable autorité était exercée, le Bas-Canada serait bientôt tranquille.　　　　　　　　　　　　　　　Page 99

31 janvier, Québec.

Aylmer au secrétaire colonial (n° 13). Corrige une erreur dans sa dépêche du 28 avril concernant l'évaluation de la compensation qui doit être donnée aux religieuses Ursulines de Québec pour les terres qui leur ont été enlevées par une erreur d'arpentage dans leur seigneurie de Sainte-Croix. Le montant aurait dû être £3,091 10s. au lieu de £3,023 5s. D'autres recherches ont démontré que les religieuses n'ont droit qu'à £2,246 14s. 9d., pour lesquels un ordre de paiement a été émané.　104

2 février, Québec.

Le même au même (n° 14). Envoie la réponse de Reid, commandant de la quarantaine à la Grosse-Ile, qu'il espère sera satisfaisante. La difficulté de régler les plaintes pour mauvaise conduite; cependant, s'il y avait eu des motifs sérieux, les corps commerciaux, si intéressés, s'en seraient plaints. Aucune plainte de cette nature ne lui est parvenue; au contraire, il prétend que les règlements actuels donnent satisfaction. 107

Inclus. Reid à Craig. Réponse à la plainte d'Astle relativement à sa détention à la Grosse-Ile.　　　　　　　　　　　　　　　110

7 février, Québec.

Aylmer au secrétaire colonial (n° 15). Transmet copie de la requête des habitants de Québec. On est à signer la requête originale, qui sera ensuite envoyée aussitôt avec d'autres requêtes semblables.　114

Inclus. Requête des habitants de Québec.　　　　　　　116

7 février, Québec.

Aylmer à Hay (personnelle). A envoyé une copie de la requête de l'Association Constitutionnelle et envoie les journaux contenant cette dernière et une requête curieuse du parti mécontent et qui devrait être tenue secrète. Malgré tous les efforts des mécontents le peuple refuse de croire qu'il est malheureux et opprimé; il est assez disposé à supporter ses chefs et à signer des pétitions, mais non à aller plus loin.　130

9 février, Québec.

Aylmer au secrétaire colonial (n° 16). Transmet l'Almanach de Québec de 1835.　　　　　　　　　　　　　　　　182

20 février, Québec.

Aylmer à Aberdeen (n° 17). Envoie états des dépenses du département des Sauvages pour le Haut et le Bas-Canada depuis le 1er janvier jusqu'au 30 septembre 1834.　　　　　　　　　　　134

Inclus. Etats pour le Haut-Canada.　　　　138 à 142

Etats pour le Bas-Canada.　　　　　　136 à 140

23 février, Québec.

Aylmer au secrétaire colonial (n° 18). Ouverture de la législature locale et élection de Papineau comme orateur. Envoie copie de son discours.　　　　　　　　　　　　　　　　144

Inclus. Discours prononcé à l'ouverture.　　　　145

23 février, Québec.

Aylmer au secrétaire colonial (n° 19). Avait fait rapport de l'ouverture de la législature locale et du consentement à l'élection de Papineau. Son langage séditieux tant dans la Chambre d'Assemblée qu'au dehors a forcé les plus respectables à se demander s'il n'aurait pas été mieux de refuser le consentement à l'élection de Papineau. Donne ses raisons

1835.

pour avoir sanctionné le choix d'une personne aussi peu qualifiée à la charge d'orateur. Le caractère séditieux de ses discours en dehors de la législature. Il a constamment violé les règles de la Chambre à l'effet de maintenir le décorum dans les débats, mais comme la Chambre a paru ignorer ces violations, le chef du gouvernement exécutif n'est pas censé rien connaître en cette matière. Au lieu d'annuler son élection comme orateur, ce qui aurait paru être une atteinte aux droits de l'Assemblée aussi bien qu'une attaque contre un individu, on aurait dû procéder contre lui d'après la loi, si ce n'eût été que l'excitation du sentiment public et l'existence de la loi du jury qui enlève toute espérance d'obtenir un verdict de culpabilité contre Papineau ou quelqu'un de son parti. Autres raisons qui l'ont déterminé à sanctionner l'élection de Papineau. Page 150

27 février,   Aylmer à Aberdeen (n° 20). Envoie la liste des dépêches reçues. 163
Québec.
              Inclus. Liste.   194
27 février,   Aylmer à Aberdeen (n° 21). A reçu la dépêche qu'il (Aberdeen) a
Québec.   été nommé secrétaire colonial.   167
6 mars,   Le même au même (n° 22). Transmet l'adresse du Conseil législatif
Québec.   et de l'Assemblée, laquelle ne se borne pas aux sujets contenus dans
              le discours du trône, auquel l'adresse est une réponse, mais amène toutes
              espèces de questions étrangères. Comment on a traité cette irrégularité.
                                                                                  166
              Inclus. Adresse du Conseil législatif.   172
              Adresse de l'Assemblée législative.   177
6 mars,   Aylmer à Aberdeen. A reçu une circulaire et une copie du rapport,
Québec.   ainsi qu'un résumé de la preuve faite devant un haut comité nommé pour
              s'enquérir sur les établissements militaires et les dépenses dans les
              colonies. A ordonné aux chefs de chaque département militaire de pré-
              parer un rapport séparé. Envoie maintenant les rapports du (1) com-
              missaire général ; du (2) sous-adjudant général ; du (3) sous-quartier-
              maître général ; du (4) secrétaire militaire ; du (5) sous-inspecteur
              général des hôpitaux. Ces rapports suivent.   185
              Inclus. Récapitulation de la paye annuelle, savoir :—
              1. Commissariat ....£ 13,894   7   8
              2. Adjudant général.........................   3,099 11   3
              3. Quartier-maître général.................   1,612   1   4½
              4. Secrétaire militaire.....................   4,519 18   5½
              5. Médecin..................................   2,240 17   3½
              6. Aumôniers...............................   853 11 11
              7. Artillerie.............................. 11,841   3 11½
              8. Génie...................................   4,211 15   4
              9. Sauvages................................   3,912 11 10
                                                          _____
                                                          £ 46,175 19   1   194
              Routh à Airey. Rapport sur la réduction des dépenses de l'intendance
              depuis qu'il est en charge.   195
              Etat montrant les épargnes annuelles.   202
              Etat par le sous-adjudant général.   204
              Sommaire des devoirs ordinaires au bureau de l'adjudant général.
                                                                                  208
              Rapport du quartier-maître général.   211
              Rapport montrant les devoirs des commis du département du quartier-
              maître général.   214
              Explications sur les devoirs de ce même département.   215
              Rapport sur les devoirs au département du secrétaire militaire, avec
              un compte de la dépense.   220
              Rapport du département médical militaire.   227
              Estimation pour le personnel médical.   230
              Différents rapports.   231 à 241

Q. 221-2.

Viger (maire de Montréal) à Craig.   Fait rapport sur les dispositions prises à l'apparition du choléra.

Réunion du conseil de la cité de Montréal.

Paynter, au nom d'Aylmer, au maire de Montréal.   Celle-ci et les deux précédentes incluses dans Aylmer à Aberdeen, 18 mars 1835.

Aylmer à Hay (personnelle).   Emprisonnement du percepteur des douanes à Québec pour une prétendue violation des privilèges de la Chambre d'Assemblée ; la détermination de ce corps d'établir son contrôle sur tout individu dans la province ; soumettra bientôt toute l'affaire officiellement à la considération d'Aberdeen.   Jessop, le percepteur, a soumis le cas aux commissaires des douanes pour avoir des instructions. A retardé de donner une décision sur le fait d'accorder le montant demandé par la Chambre d'Assemblée, qui assume le droit d'une dépense illimitée des fonds publics pour ses propres besoins sans contrôle par les autres branches du pouvoir.   Avait envoyé un message à l'Assemblée pour pourvoir au remboursement de £3,100 récemment déboursés par la caisse militaire.   On n'a pris aucune peine pour considérer le sujet de l'item des dépenses des juges et des officiers publics, pendant qu'au même moment les membres de l'Assemblée criait pour avoir une avance sur leurs propres dépenses.   La nouvelle Chambre d'Assemblée est, de fait, en violence pire que l'ancienne, mais le peuple est parfaitement tranquille, malgré que les émissaires des mécontents s'efforcent de jeter l'alarme en Angleterre, faisant prévoir les plus fatales conséquences si leurs griefs ne sont pas redressés.   Il ne peut pas être question d'une loi pour les subsides cette année.
Page 245

Le même au même.   On peut dire que la session est close, la plupart des membres ayant quitté leurs postes sous le prétexte qu'il avait refusé d'accorder leurs demandes pour £18,000 en acompte sur leurs dépenses. Espère envoyer un rapport officiel de l'affaire ; en attendant envoie les journaux.   Papineau prend une part importante dans les débats, et avec encore plus de violence si c'est possible.   L'état de la province demande l'intervention du gouvernement impérial.   Envoie son aide de camp, le capitaine McKinnon, pour donner au secrétaire colonial toute information sur ce sujet.
249

Le même au même (personnelle).   Quand l'Assemblée vota les quatre-vingt-douze résolutions on supposa que les affaires de la province en étaient rendues à une crise.   L'événement n'a pas justifié l'attente, car le rapport du comité de la Chambre des Communes rend douteux le fait de savoir comment à la fin la question sera décidée.   Heureusement la législature actuelle a non seulement adopté les 92 résolutions, mais en a ajouté d'autres encore plus piquantes, de sorte que les membres de la Chambre des Communes ne peuvent plus avoir de doute sur ses intentions.   Envoie les journaux contenant les rapports des assemblées. L'Association Constitutionnelle a proposé d'envoyer des délégués pour montrer l'état des affaires.   Les documents publics montrent que les membres ayant abandonné leurs sièges, il s'est trouvé dans la nécessité de proroger la législature.   Le motif apparent était son prétendu refus de donner une avance de £18,000, mais il était bien connu que la majorité vint à Québec décidée à ne pas travailler aux affaires du pays, leur

1835.

seul but étant d'obtenir de l'argent pour les dépenses courantes et de voter les 92 résolutions. Il est à peu près impossible de réunir la Chambre d'Assemblée actuelle : même si les membres obéissaient ce ne serait que pour lancer de nouvelles insultes au gouvernement de Sa Majesté ou tout homme public ou corps public opposé à leurs vues. A moins que le gouvernement impérial n'intervienne, il commence à craindre que la portion anglaise de la population se fasse justice à elle-même.   Page 301

14 mars, Québec.

Aylmer à Aberdeen (n° 24). Est la même en substance que la lettre personnelle à Hay du 12 mars.   251

Inclus. Liste des documents relatifs aux comptes courants de l'Assemblée.   255

Les documents inclus contiennent les comptes courants de l'Assemblée.   257

14 mars, Québec.

Aylmer à Aberdeen (n° 25). Transmet adresse de l'Assemblée sur l'état de la province.   287

Inclus. Adresse de l'Assemblée signée par Papineau, se plaignant de griefs et en demandant le redressement.   289

16 mars, Québec.

Aylmer à Aberdeen (n° 26). Transmet le mémoire de Willan pour indemnité pour la perte de sa charge de greffier en loi de l'Assemblée. 305

Inclus. Mémoire.   306

Documents à l'appui du mémoire.   310

17 mars, Québec.

Aylmer à Aberdeen (n° 27). Transmet le mémoire de Charles Secretan.   315

Inclus. Mémoire se plaignant de la conduite du percepteur des douanes.   316

18 mars, Québec.

Aylmer à Aberdeen (n° 28). Envoie des observations sur l'adresse de la Chambre d'Assemblée au roi, en tant que ça concerne sa propre administration.   324

Inclus. Requête de la Chambre d'Assemblée, copie page 289.

Etat des nominations aux charges comportant salaires, faites par Aylmer depuis le commencement de son administration jusqu'au 1er mars 1835.   346

Rapport sur les dispositions prises par le maire de Montréal pour combattre le choléra.   357

Réunion du conseil de ville de Montréal.

H. Paynter pour Aylmer, au maire de Montréal en réponse à sa lettre du 12 juillet 1834.   365

19 mars, Québec.

Aylmer à Aberdeen (n° 29). A prorogé la Chambre et envoie copie de son discours. Son désir de voir la session se continuer a été déçu par le fait des membres.   369

Inclus. Discours lors de la prorogation.   371

20 mars, Québec.

Aylmer à Hay. Présente le capitaine Mackinnon, qui a été envoyé pour fournir des renseignements. Les affaires dans la Chambre d'Assemblée en sont rendues à un point qu'elles nécessitent l'intervention du gouvernement impérial, la constitution du Bas-Canada étant en suspension. Envoie les exemplaires de la *Gazette* de Neilson. Neilson a été désigné pour aller à Londres appuyer la requête de l'Association Constitutionnelle. Enverra par un paquebot de New-York la dépêche sur les affaires financières de la province.   374

Le même à Aberdeen. Présente le capitaine Mackinnon, qui fournira les renseignements sur la province.   376

23 mars, Québec.

Le même au même (n° 30). Demande autorité pour défrayer les dépenses du capitaine Mackinnon (Mackennon ailleurs) à même le fonds des terres et de la coupe du bois.   378

30 mars, Québec.

Le même au même (n° 31). Transmet l'état financier de la province et de certaines institutions publiques.   380

Inclus. Etat du revenu net et des dépenses du Bas-Canada pour 1834.   385

64 VICTORIA, A. 1901

1835.

L'état est divisé en plusieurs comptes de la page   Pages 380 à 400
Reçus par la "Trinity House", Québec, pour le fonds des pilotes
sans ressources, Québec.   401
Pour le même fonds, Montréal.   402
Revenus locaux prélevés et appropriés pour Québec.   404
Les mêmes pour Montréal.   406

LORD AYLMER, GOUVERNEUR, 1835.

Q. 222-1.

1834.
24 octobre,
Québec.   Officiers respectifs à Craig.

13 novembre,
Québec.   Airey au commissaire des terres de la Couronne.

1835.
22 janvier,
Québec.   Felton au secrétaire militaire.

4 février,
Québec.   Officiers respectifs au même.

5 février,
Québec.   Airey à Felton. Celle-ci et les quatre précédentes incluses dans Aylmer
à Aberdeen, 9 avril 1835.

14 février.   Non signée, du Bureau colonial à Aylmer, donnant un compte rendu du
désir de connaître le remède propre au sentiment politique dans la province d'en bas et notifiant le fait de l'arrivée probable du commissaire.
     Page 118

23 février,
Québec.   L'ordre de l'Assemblée à Jessopp.

25 février,
Québec.   Jessopp au greffier de l'Assemblée.

28 février,
Québec.

28 février.
Québec.   Craig à Jessopp.

2 mars,
Québec.   Jessopp à Aylmer. Celle-ci et les quatre précédentes sont incluses dans
Aylmer à Aberdeen, 11 avril 1835.

3 avril,
Québec.   Aylmer à Aberdeen (n° 32). D'après l'état des finances il sera impraticable de continuer les opérations ordinaires du gouvernement à moins
qu'il n'y ait secours immédiat. La question d'établissement discutée assez
longuement.   1
     Inclus. L'état du revenu et des dépenses pour l'administration de la
justice.   16
     Revenu et dépense du Bas-Canada de 1825 à 1834.   18
     Revenu public net du Bas-Canada après déduction de la proportion
pour le Haut-Canada.   20
     Dépenses de la Grande-Bretagne pour le compte du service militaire
aux Canadas.   22
     Discours de l'orateur de l'Assemblée en présentant la loi des subsides
au lieutenant gouverneur.   24

4 avril,
Québec.   Aylmer à Aberdeen (n° 33). A examiné avec soin la cause de la
Chambre de Commerce de Québec relativement à la requête faite contre
l'ordre réglant la procédure et les frais dans la cour de vice-amirauté.
La Chambre de Commerce désire encore le changement ; en présentant
sa requête elle n'agissait pour aucun motif politique ; recommande la
conclusion de la requête.   39

DOC. DE LA SESSION No 18

1835.
6 avril,
Québec.
Aylmer à Aberdeen. Transmet l'état des recettes et des dépenses du revenu casuel et territorial et des terres de la Couronne et des permis pour la coupe de bois.   Page 31

Inclus. État des recettes à compte du revenu casuel et territorial pour trois mois jusqu'au 31 mars.   32

État des recettes à compte des terres de la Couronne et des permis pour la coupe du bois.   33

6 avril,
Québec.
Aylmer à Aberdeen (nᵒ 35). Envoie rapport sur la moyenne des prix pour les produits agricoles et les gages en 1834.   34

Inclus. Prix du marché en 1834.   35

Gages en 1834.   36

9 avril,
Québec.
Aylmer à Aberdeen (n° 36). Transmet la correspondance du secrétaire militaire et du commissaire des terres de la Couronne avec les officiers du bureau d'artillerie à Québec, au sujet d'un petit morceau de terre près de la forteresse de Québec, que le bureau d'artillerie veut avoir pour des fins militaires. Le sacrifice que cela exigerait, étant donné la valeur du terrain. Il met en doute l'opportunité de cet achat de terre au prix de £7,000.   37

Inclus. Airey au commissaire des terres de la Couronne.   40

Officiers respectifs à Craig, secrétaire civil.   42

Plan du terrain.   44

Felton au secrétaire militaire. Pour obtenir un rapport sur la pleine valeur des terres à acheter.   45

Airey (secrétaire militaire) à Felton. La valeur des terres est de £6,850 sterling.   47

Officiers respectifs au secrétaire militaire, fournissant la valeur estimée du terrain près de la forteresse.   49

Plan du terrain soumis à un arbitrage en 1831.   51

10 avril,
Québec.
Aylmer à Hay (personnelle). Avait suggéré de mettre le juge du district de Saint-François quant au salaire sur le même pied que les autres juges. L'accroissement en importance du district ; les services du juge actuel. Lui demande d'employer son influence pour faire réussir son projet.   52

11 avril,
Québec.
Le même à Aberdeen (n° 37). Donne un compte rendu du cas du percepteur des douanes à Québec, qui a refusé de donner aucune information à l'Assemblée sans l'ordre du lieutenant-gouverneur. Son emprisonnement. Demande des instructions.   54

Inclus. Ordre de l'Assemblée au percepteur des douanes, lui enjoignant de faire rapport sur le nombre de vaisseaux entrés dans le port de Québec en 1834 ainsi que sur le nombre de passagers.   62

Jessopp, percepteur des douanes, au greffier de l'Assemblée. Il ne peut pas fournir de renseignement sans l'autorisation du gouverneur.   63

Le même à Aylmer. Rapporte qu'on lui a signifié un bref pour le forcer de répondre à l'Assemblée, vu son refus de fournir le rapport demandé.   64

Craig à Jessopp. Le gouverneur approuve sa conduite.   66

Jessopp à Aylmer. Rapporte son emprisonnement dans la prison commune.   67

14 avril,
Québec.
Aylmer à Aberdeen (39). Transmet la lettre du juge en chef et des juges puisnés se plaignant des souffrances endurées par eux et causées par le fait que leurs salaires n'étaient pas payés.   77

Inclus. Lettre du juge en chef, etc.   78

15 avril,
Québec.
Aylmer à Aberdeen (n° 38). Transmet la lettre du procureur général, montrant sa position difficile due au non-paiement de son compte avec le gouvernement.   68

Inclus. Mémoire d'Ogden, procureur général.   69

15 avril,
Québec.
Aylmer à Aberdeen (n°. 40). Transmet le projet de loi pour autoriser l'avocat à adresser le jury dans les causes de nature à entraîner la

1835.

peine capitale, ainsi que l'opinion du procureur général sur l'avis de qui il avait réservé cette loi.   Page 81

Attaché. Observations sur la réserve de la loi—critiquant la conduite du procureur général.   82

 Inclus. Copie du projet de loi.   84

 Rapport du procureur général.   86

15 avril, Québec.

Aylmer à Aberdeen (n° 41). Accuse réception des dépêches et en envoie la liste.   93

 Incluse. Liste.   94

20 avril, Québec.

Aylmer à Aberdeen (n° 92). Envoie liste de dépêches reçues par le paquebot-poste de Halifax de février.   95

 Incluse. Liste.   96

27 avril, Québec.

Aylmer à Aberdeen (n° 43). Envoie dépêches reçues depuis le 20 du courant.   98

 Incluse. Liste.   99

27 avril, Québec.

Aylmer à Aberdeen (n° 44). Transmet requête de madame D'Eschambault, demandant la pension qui lui a été accordée le 19 mai 1829. Les demandes déjà faites n'ont pas réussi, parce que le fonds à même lequel cette pension était payée n'est plus disponible. Soutient que c'est une erreur.   102

 Incluse. Requête.   106

 Correspondance déjà transcrite.

30 avril, Québec.

Aylmer à Aberdeen (personnelle). A retardé d'écrire jusqu'à ce qu'il pût faire connaître l'effet produit par l'institution de la commission, mais elle a paru prendre le parti des mécontents par surprise, en sorte qu'ils n'ont pas eu le temps de mûrir leurs plans; croit qu'ils susciteront tous les obstacles possibles. Il ne voit pas comment ils pourraient faire autrement, car s'ils consentent à une investigation leurs mensonges et leurs exagérations seront mis à jour. Le résultat d'un examen préalablement fait dans des circonstances très favorables à leur cause le démontre, et une investigation sérieuse sur place rendra manifeste que leur plainte n'est réellement pas fondée. Il est probable qu'ils cherchent querelle au commissaire, et déjà leurs journaux en donnent des indices. Le parti constitutionnel et les hommes modérés, français et anglais, sont contents et charmés de la nomination. Remercie de l'approbation donnée à sa conduite publique, ce qui peut avoir pour effet de mettre fin aux insultes grossières des mécontents lorsqu'ils verront qu'elles n'ont pas réussi à lui attirer le déplaisir du gouvernement de Sa Majesté. Il y a dans la rancune des mécontents une certaine frivolité qui la rend inoffensive si on lui oppose le calme.   113

30 avril, Québec.

Aylmer à Aberdeen (personnelle). A reçu lettre annonçant l'élévation de Gale au banc, et exprimant le désir qu'un Canadien français succède à Kerr sur le banc. Avait pris des arrangements; mais, sans inconvénient pour le service public, il a pu en retarder l'exécution en attendant de nouvelles instructions. Expose l'arrangement qu'il a fait et qui a donné satisfaction générale. Le caractère des personnes choisies, les changements qui pourraient être opérés.   127

4 mai, Québec.

Aylmer à Aberdeen (n° 45). La cause pour laquelle un aussi grand nombre de gens se sont établis à Gaspé sans aucun titre légal, c'est que plusieurs n'ont pas pu obtenir de location formelle et ont sans autorisation pris possession de terrains qu'ils sont prêts à payer pourvu qu'ils soient exemptés de payer rente. L'occupation sans autorisation existe à Gaspé, mais pas au point représenté par Crawford, et quelle qu'en soit l'étendue, elle s'est produite durant l'agence de Crawford, non par sa faute, mais comme résultat de mesures législatives. Le caractère des occupants qui, se livrant principalement à l'exploitation des pêcheries, ne cultivent le sol qu'en second lieu, en sorte qu'ils n'attachent pas autant

1835.

Québec.

d'importance à la possession permanente du terrain. Critique les assertions de Crawford.   Page 131

Aylmer à Hay. Aucun terrain n'a été pris par John Whitcher. Deux concessions de 500 acres chacune ont été faites en 1815, par ordre de Bathurst, à William Whitcher, père, et à Charles Whitcher.   137

6 mai,
Québec.

Aylmer à Hay. Il n'existe aucun document établissant une concession de terrains au lieutenant James McDonald, de 1762 à 1796, alors que des terres de la Couronne étaient concédées en franc et commun soccage; il n'existe pas, non plus, d'ordre ni de requête en sa faveur dans aucun autre département.   139

7 mai,
Québec.

Le même à Aberdeen (n° 46). A reçu dépêche approuvant l'élévation de Gale au banc; en réponse à la dépêche de Spring Rice, Gale est né en Floride à l'époque où cet Etat faisait partie des domaines britanniques, de sorte que, à toutes intentions et fins que de droit, il est sujet anglais. Son père a rendu des services essentiels, et il était secrétaire civil de sir Robert Prescott. Son grand désir (à Aylmer) de recommander des sujets méritants et de ne laisser aucune circonstance mettre obstacle aux justes prétentions de la partie canadienne française du barreau.   141

7 mai,
Québec.

Aylmer à Aberdeen (n° 47). Dépêche reçue après long retard; l'a déposée devant le Conseil exécutif, qui décida de convoquer la législature aussitôt que possible, dans le cas où le commissaire royal arriverait avant la réunion des Chambres. Il va fixer les séances de façon à ce que le commissaire ait le temps d'acquérir sur place une connaissance des intérêts de la province avant de se mettre en communication avec la Chambre d'Assemblée. Remercie pour l'approbation de sa conduite officielle. Les attaques grossières dont il a été l'objet dans la Chambre des Communes à l'appui des accusations de la Chambre d'Assemblée, pendant que sa situation l'oblige au silence. Désire l'opinion de Sa Seigneurie sur l'opportunité de pétitionner les deux Chambres du Parlement pour leur demander protection contre les calomnies de la Chambre d'Assemblée.   144

8 mai,
Québec.

Aylmer à Aberdeen (n° 48). Envoie observations sur la lettre de Hay à Reid concernant la Compagnie Britannique-Américaine des Terres. Le mode de paiement proposé n'est pas susceptible d'objection sérieuse. Il semble juste que le bloc Saint-François soit arpenté aux frais du gouvernement, pour des raisons données, en ce qui concerne l'extérieur des limites; mais il en est autrement de l'arpentage intérieur, qui marque le terrain en blocs pour la convenance de la compagnie. Les directeurs paraissent considérer comme acquis que le gouvernement se chargerait des frais de l'arpentage intérieur, mais ceci n'est établi par aucun document officiel, ou autre, parvenu au gouvernement local, et il faut que la chose soit bientôt éclaircie, car les frais devront être considérables. En attendant on a recommandé aux commissaires de commencer l'arpentage intérieur selon qu'ils le jugeront à propos, remettant à plus tard le règlement de la question de savoir qui devra en supporter les frais. Transmet copies de communications échangées entre les commissaires des terres de la Couronne et les commissaires de la Compagnie des Terres. Le secrétaire Stanley ne paraît pas avoir étudié la réclamation de la Compagnie des Terres demandant cinq pour cent additionnels pour couvrir le défaut dans la superficie du terrain.   148

Inclus. Peter McGill, commissaire de la Compagnie des Terres de Felton. Soumet un plan pour l'arpentage des terres dans le district à Saint-François.   154

Davidson, sous-commissaire des terres de la Couronne, à Peter McGill. Observations d'Aylmer sur le plan d'arpentage du bloc de terres dans le district de Saint-François, dont la Compagnie Britannique-Américaine a fait l'acquisition.   159

64 VICTORIA, A. 1901

1835.
13 mai,
Québec.

Aylmer à Aberdeen (n° 49). Relativement à deux bills réservés, recommande que l'un, concernant les sociétés d'agriculture, soit laissé en opération, et que l'autre, concernant le jugement des élections contestées, soit désavoué.   Page 161

Inclus. Rapport par Ogden, procureur général, sur le bill concernant l'encouragement de l'agriculture.   163

Rapport par Ogden, procureur général, sur le bill concernant les élections contestées.   165

16 mai,
Québec.

Aylmer à Hay. Il a été vu à la demande de renseignements faite par Michael Colletan au sujet des papiers nécessaires pour obtenir une somme d'argent en la possession de son fils qui s'est noyé à Montréal. 167

Inclus. Rapport de Buchanan, agent d'émigration, sur la requête de Colleton (Colletan dans la lettre; appelé aussi Collison).   168

Compte de dépenses, etc.   170

19 mai,
Québec.

Aylmer à Aberdeen (n° 50). La somme de la note du papetier a été payée au commissaire général pour être portée à la caisse militaire. Envoie réquisition de papeterie pour la présente année.   172

Incluse. Réquisition de papeterie.   174

Note accompagnant la réquisition.   177

26 mai,
Québec.

Aylmer à Aberdeen (n° 51). Envoie liste de dépêches reçues par le paquebot d'avril de Halifax.   179

Incluse. Liste.   180

27 mai,
Québec.

Aylmer à Aberdeen. Aucun des fonctionnaires n'est à blâmer au sujet des arrérages dus par Caldwell, car ces arrérages ont fait l'objet d'un rapport régulier, et Caldwell s'est présenté pour paiement. Le loyer est payable annuellement, non pas par trimestre, ainsi que fixé par la dépêche de Bathurst. Caldwell a confiance de pouvoir solder les arrérages avant la prochaine réunion de la législature provinciale.   183

29 mai,
Sorel.

Aylmer à Aberdeen (personnelle). A reçu dépêche annonçant que Amherst est nommé gouverneur en chef du Bas et du Haut-Canada. Savait que cette nomination serait faite. Il (Aylmer) n'a pas voulu abandonner ses fonctions de gouverneur avant que les accusations portées contre sa réputation ne fussent mises à néant; maintenant que c'est fait, il se met à la disposition du roi.   186

Inclus. Aberdeen à Aylmer (personnelle). Il est décidé que Amherst doit aller au Canada en qualité de gouverneur en chef; il s'embarquera probablement dans une quinzaine de jours. Il réussira, espère-t-on, à régler les différends, si l'esprit d'équité existe chez les mécontents; s'il échoue, le gouvernement devra être acquitté devant le monde entier. Le désir de rendre la nomination agréable aux sentiments d'Aylmer. S'il veut faire un changement, Spring Rice a déclaré qu'il est disposé à transférer ses services. Si un changement ne lui va pas, il (Aberdeen) est prêt à recommander qu'il reçoive une marque de la faveur de Sa Majesté. 190

Aberdeen à Aylmer. A adressé à Amherst une dépêche lui annonçant qu'il est nommé gouverneur général du Haut et du Bas-Canada. Le but de la nomination sera compris lorsque la communication adressée à lord Amherst aura été lue, et expliquera les motifs qui, à première vue, pourraient paraître refléter défavorablement sur son administration (d'Aylmer).   193

5 juin,
Québec.

Aylmer à Hay. A envoyé exemplaires des journaux du Conseil et de l'Assemblée.   194

juin,
Québec.

Aylmer à Grant (n° 53). A reçu avis qu'il (Grant) a été nommé au ministère des Colonies. Fera tout en son pouvoir pour favoriser l'objet de la nomination de Amherst.   195

8 juin,
Québec.

Le même au même (n° 54). Envoie certificat de l'inhumation de Pierre LaVallée et de sa femme.   197

Inclus. Certificat de l'inhumation de Pierre LaVallée.   198

DOC. DE LA SESSION No 18

1835.
15 juin,
Québec.

Certificat de l'inhumation de la veuve de LaVallée.   Page 199
Aylmer à Aberdeen. Discute la question du refus du receveur des
douanes de fournir des renseignements à la Chambre d'Assemblée, excepté par le canal du gouverneur.   58

LORD AYLMER, GOUVERNEUR, 1835.

Q. 222-2.

1835.
janvier,
Québec.

6 avril,
Londres.

6 avril,
Londres.

18 avril,
Montréal.

6 mai,
Québec.

7 mai,
Downing
Street.

16 mai,
Londres.

27 mai,
Québec.

9 juin,
Québec.

11 juin,
Québec.

12 juin,
Québec.

13 juin,
Québec.

16 juin,
Québec.

Secretan au secrétaire civil. Incluse dans Aylmer à Glenelg, 26 juillet 1835.
Amherst à Hay. Envoie liste des personnes qui s'embarquent avec lui
à bord de la frégate *Pique*.   Page 367
Amherst à Aberdeen. Demande telle somme d'argent qui peut être
jugée nécessaire à l'avancement de sa mission.   368
Moffatt à Felton.

Ogden à Craig. Toutes deux incluses dans Aylmer à Glenelg, 22 août
1835.
Lettre sans signature à Amherst, donnant un aperçu des avis soumis
au roi. La nature de la commission; le plaisir que ce serait pour l'auteur de la lettre et pour ses collègues s'il (Amherst) continuait les fonctions de gouverneur du Bas-Canada, les unissant à celles de commissaire.   369
Amherst à Hay. Voyant qu'il aurait des ennuis à propos des droits s'il
essayait de débarquer certains articles, il se propose de ne mettre à terre
que ses effets personnels.   375
Secretan au secrétaire militaire. Incluse dans Aylmer à Glenelg, 25
juillet 1835.
Aylmer à Grant (n° 55). Au sujet de la lettre de Brydone concernant
l'établissement de la Grosse-Isle, envoie rapport de Reid, commandant de
la station de quarantaine en cet endroit. Les autorités publiques se rendent parfaitement compte des inconvénients et des retards auxquels les
personnes sont inévitablement sujettes en arrivant là, et il ne leur est
imposé aucune restriction qui peut être évitée; même les autorités publiques ont eu à lutter contre des représentations venues de Québec et
demandant de plus amples restrictions. Des cas individuels d'injustice
peuvent se produire parfois, mais le moindre relâchement des règlements entraîne une lourde responsabilité.   200
Inclus. Reid à Craig. Rapport sur le cas du *British Tar*, détenu à la
Grosse-Isle avec la rougeole à bord—en réponse à la plainte de Brydone.
          203

Aylmer à Grant (n° 56). Envoie état des recettes et dépenses des com-
missaires des réserves du clergé.   207
Inclus. Etat.   208
Aylmer à Grant (n° 57). Transmet livre bleu pour 1830.   209

Le même au secrétaire d'Etat (n° 58). A fait connaître à Simon Fraser la décision de Stanley au sujet de sa rémunération pour terrain repris à la Chute à Blondeau.   210
Le même à Grant (n° 59). Après négociations avec J. Bell Forsyth
au nom d'associations, une convention est intervenue, sujette à approbation, pour l'achat de terres incultes. Description du terrain et sa situation relative au bloc Saint-François tel qu'indiqué par le plan.   212
Inclus. Note d'un arrangement proposé entre Aylmer et Bell Forsyth
agissant pour lui-même et pour d'autres.   219

1835.

Plan.   **Page 226**

19 juin,
Québec.
Felton aux Commissaires de la Compagnie Britannique-Américaine des Terres. Incluse dans Aylmer à Glenelg, 22 août 1835.

23 juin,
Québec.
Aylmer à Glenelg. A reçu avis que son administration des affaires du Canada doit être considérée comme terminée, mais sans instructions quant à la manière dont le service public doit être géré en conséquence; il continuera d'administrer les affaires courantes jusqu'à ce qu'il reçoive d'autres ordres. Diffère d'avec Glenelg quant à l'interprétation des dépêches d'Aberdeen, car il considère qu'elles lui enjoignent de reprendre ses fonctions de gouverneur après que la mission de Amherst aura été accomplie. Cette interprétation est appuyée sur une lettre dans laquelle Amherst dit que pendant sa courte mission il va s'efforcer de régler les différends afin de faire disparaître les obstacles qui s'opposent à l'exercice satisfaisant de son gouvernement (à Aylmer). Ceci explique sa surprise en apprenant sa destitution. Croit au regret exprimé par Glenelg au sujet de cette destitution et à son désaveu de toute intention de censurer sa conduite publique. Une lettre à Aberdeen peut enlever de son esprit (à Glenelg) tout sentiment de regret d'avoir à lui signifier son rappel. La promesse qu'il (Aylmer) va recevoir une marque de la faveur du roi; va-t-elle se réaliser? L'opportunité de remplir la promesse en défense de sa réputation.   **227**

24 juin,
Québec.
Aylmer à Glenelg (n° 61). Envoie, pour être communiquée au secrétaire de la Guerre, une lettre des différents officiers, avec deux états des émoluments reçus par Elliot comme arbitre re le canal Rideau, et la date de sa nomination.   **236**

Inclus. Officiers respectifs à Airey. Concernant les services d'Elliot comme arbitre sur le canal Rideau.   **237**

Etats indiquant les paiements faits à Elliot.   **239**

Etat indiquant les sommes dues à Elliot.   **240**

25 juin,
Québec.
Aylmer à Hay. A envoyé les journaux du Conseil législatif et de l'Assemblée, de 1831 à 1834.   **241**

28 juin,
Québec.
Le même à Grenelg (n° 62). La question du mode de payer pour des terres de la Couronne ayant été soumise au Conseil exécutif, celui-ci recommande qu'il ne soit fait aucun changement au système actuel. 242

Inclus. Rapport d'un comité du Conseil exécutif sur la manière de disposer des terres de la Couronne.   **244**

30 juin,
Québec.
Aylmer à Glenelg (n° 63). Envoie copie d'une lettre du commissaire de la Compagnie Britannique-Américaine à l'effet que la convention pour l'achat est en cours de Halifax. Demande que le bon plaisir du gouvernement de Sa Majesté soit signifié, car il n'y a aucune stipulation à cet effet dans les communications reçues jusqu'ici.   **247**

Inclus. Moffat à Felton. La raison pour laquelle les terres de la Couronne doivent être payées en monnaie courante.   **251**

1er juillet,
Québec.
Aylmer à Glenelg (n° 64). Envoie relevé semi-annuel des ventes de réserves du clergé.   **253**

Inclus. Compte des réserves du clergé vendues depuis le 1er janvier jusqu'au 30 juin.   **254**

BAS CANADA.

ÉTAT des réserves du clergé vendues entre le 1er jour de janvier et le 30e jour de juin 1835, inclusivement.

Township.	Partie du lot.	Lot.	Rang.	Acres.	A qui payé.	Date de la vente.	Prix par acre.	Montant.
						1835.	s. d.	£ s. d.
Barnston	½ S	19	1	109.2	James C. Peasley	1er janvier	6 0	32 17 0
"	½ O	7	2	100	Hon. James Baxter	1er "	8 0	40 0 0
Bolton	½ O	4	4	100	George Geddings	1er "	7 6	37 10 0
Dunham	½ E	14	5	150	Robt. Small	1er "	12 6	93 15 0
"	S O	14	5	25	Alex. Riddler	1er "	12 6	15 12 6
Eaton	½ E	2	5	100	Jos. Sawyer, jeune	1er "	6 0	30 0 0
Granby	¼ S E	9	3	50	James Barr	1er "	5 0	12 10 0
Grantham	½ NE	19	4	100	John Lockey	1er "	2 9	13 15 0
Kensey	¼ Ext. S O	17	4	50	Thomas Johnson	1er "	5 0	12 10 0
Shipton	½ N E	15	2	100	John Smith	1er "	5 0	25 0 0
"	½ N E	19	3	100	Heman Bangs	1er "	5 0	25 0 0
Simpson	....	25	4	177	Nathan Barlow	1er "	4 0	35 8 0
Stanstead	¼ Ext. E	14	5	50	James Williamson	1er "	7 0	17 10 0
"	¾ E	4	7	150	Horace Stewart	1er "	5 8	42 10 0
"	½ O	16	10	100	Ebenezer Hutchens	1er "	6 0	30 0 0
Wickham	....	7	2	40 / 7	Curtess Barlow	1er "	7 6 / 5 0	16 15 0
Hull	Côté O	15	1	101	James McConnell	6 février	7 6	37 17 6
"	Côté E	15	1	89	Chs. Davey ou Davey Day	6 "	7 6	33 7 6
Onslow	½ S	16	7	100	Richard Davis	14 "	5 0½	25 4 2
"	....	18	4	240	Philemon Wright	12 mars.	7 6½	90 10 0
Litchfield	....	3	6	163	Bap. Barnard	14 "	6 3	50 18 9
Grenville	½ N	1	9	100	Barney Notty	17 "	1 3	6 5 0
Clarendon	....	28	5	200	James Hastings Kerr	17 "	5 0	50 0 0
Hull	½ N	25	14	100	Robt. Dailey	15 avril	5 0½	25 4 2
"	½ N	26	14	100	Owen Dailey	15 "	5 0½	25 4 2
Bolton	Ext. O de ½ E	18	12	50	John Powell	18 "	5 6	13 15 0
"	Ext. S de ½ O	18	12	50	John Taylor	18 "	5 6	13 15 0
Compton	O ½	2	7	100	Alfred Carleton Parker	18 "	8 0	40 0 0
"	E de ½ S	23	5	85	Helles Smith	18 "	7 6	31 17 6
"	½ E	25	8	100	Jos. Baeley	18 "	7 6	37 10 0
Shefford	¼ Ext. N	12	5	50	David E. Emery	18 "	5 0	12 10 0
Shipton	....	5	15	127½	Thomas Steel	18 "	5 3	33 9 4½
Stanstead	¼ N E	4	7	50	Francis House, aîné	18 "	6 6	16 5 0

BAS-CANADA.

État des réserves du clergé vendues entre le 1er jour de janvier et le 30e jour de juin 1835, inclusivement—*Fin.*

Township.	Partie du lot.	Lot.	Rang.	Acres.	A qui payé.	Date de la vente. 1835.	Prix par acre. s. d.	Montant. £ s. d.
Wickham	½ N O	7	7	100	Patrick Smith	18 "	2 6	12 10 0
	½ S E	7	7	100	Matthew McAdams	18 "	2 6	12 10 0
Granby		11, 25	4	400	Charles R. Ogden	5 mai	2 5	100 0 0
Stukeley		6, 13, 20, 27	8	1,600	Cha. R. Ogden	5 "	5 0	400 0 0
		4, 11, 18, 25						
Newport	½ E	19, 20, 21, 22, 23	1	4,400	Charles R. Ogden	5 "	4 0	880 0 0
"		24, 25, 26, 27, 28	1					
"	½ E	18	2					
Shefford		17, 19, 20, 21, 22, 23	2	3,200	Charles R. Ogden	5 "	3 0	480 0 0
"		24, 25, 26, 27, 28	2					
"		3, 10, 17, 24	3					
"		1, 8, 15, 22	3					
"		6, 13, 20, 27	4					
Onslow	½ S	25	8	200	Philemon Wright	12 juin	7 6½	76 8 4
Grenville	½ N	5	8	100	Adam Sinnaeton	12 "	1 3	6 5 0
		5	2	100	Oliver Moor	12 "	1 3	6 5 0
Westbury	Voir A	10	1	100	Dr. Joseph Skey	12 "	4 0	40 0 0
Bulstrode	B	10	1	39	Jos. Pellerin	24 "	4 0	7 16 0
"	C	10	1	27	Amable LeBlanc	24 "	4 0	5 8 0
"	D	10	1	44	Alexis LeBlanc	24 "	4 0	8 16 0
"	E	10	1	67	Charles Houle	24 "	4 0	13 8 0
"	F	10	1	47	Jean Tourigny	24 "	4 0	9 8 0
"			1	3	Lament Heon	24 "	4 0	0 12 0
				13,841 Acres.				£2,788 11 9

WILLIAM B. FELTON,
Commissaire des terres de la Couronne.

QUÉBEC, juillet 1835.

1835.
1er juillet,
Québec.

Inclus. Aylmer à Glenelg (n° 65). Envoie relevés semi-annuels des Conseils exécutif et législatif du Bas-Canada.   Page 257
    Inclus. Relevés.
    Conseil exécutif.   258
    Conseil législatif.   260

2 juillet,
Québec.

Aylmer à Glenelg (n° 66). Envoie état détaillé des recettes et dépenses au compte des terres de la Couronne et des permis de coupe de bois ; état des recettes pour les mêmes et des recettes pour les revenus casuel et territorial,—toutes depuis le 1er janvier jusqu'au 30 juin.   264
    Inclus. Etat des recettes et dépenses.   265
    Etat des recettes au compte des terres de la Couronne et des permis de coupe de bois.   268
    Etat des recettes et dépenses des revenus casuel et territorial.   269

3 juillet,
Québec.

Aylmer à Glenelg (n° 67). Envoie liste de dépêches reçues depuis le 26 mai.   270
    Incluse. Liste.   271

4 juillet,
Québec.

Aylmer à Glenelg (n° 68). Annonce officiellement la mort de Dessaulles, un membre du Conseil législatif.   274

4 juillet,
Québec.

Aylmer à Glenelg (n° 69). Envoie copie d'un état des dépenses pour le département des Sauvages.   275
    Incluses. Dépenses pour le département des Sauvages.   276

6 juillet,
Québec.

Aylmer à Glenelg (n° 70). A chargé Hayne de conduire les affaires de la Compagnie Britannique-Américaine des Terres dans la province. Sa compétence et sa rémunération.   278

8 juillet,
Québec.

Le même au même (n° 71). Renvoie à la dépêche du 18 de mars, comme réponse à l'accusation portée contre lui d'indifférence coupable au sujet de l'irruption du choléra. Il portera personnellement toute la question devant le gouvernement de Sa Majesté.   281

11 juillet,
Québec.

Le même au même (n° 72). En réponse à des questions posées au sujet des bills réservés, envoie une liste des honoraires reçus par le procureur général et le secrétaire de la province, et qui n'excèdent pas les services exécutés. Le principe inadmissible en jeu dans le bill concernant les notaires et les honoraires à des fonctionnaires publics. Suggère qu'un traitement fixe, au lieu d'honoraires, soit donné au procureur général et au secrétaire de la province.   284
    Inclus. Relevé de la somme brute et nette des honoraires reçus par le procureur général pendant les trois dernières années.   293
    Même état pour le secrétaire de la province.   294

13 juillet,
Québec.

Aylmer à Glenelg (n° 73). Envoie copie certifiée des procès-verbaux du Conseil exécutif depuis le 1er janvier jusqu'au 30 juin.   295

14 juillet,
Québec.

Compagnie Britannique-Américaine des Terres à Felton. Incluse dans Aylmer à Glenelg, 23 août 1835.

20 juillet,
Québec.

Aylmer à Glenelg (n° 74). Envoie liste des dépêches reçues par le *Halifax*, paquebot de juin.   296
    Incluse. Liste.   397

21 juillet,
Québec.

Secrétaire civil à Secretan.

22 juillet,
Québec.

Secretan au gouverneur en chef. Toutes deux incluses dans Aylmer à Glenelg, 25 juillet 1835.

25 juillet,
Québec.

Aylmer à Glenelg (n° 75). Ne peut faire un rapport complet sur le cas de Secretan, car cet individu refuse de fournir une copie de sa lettre au secrétaire d'Etat. Envoie exemplaires d'autres documents de Secretan afin de montrer le peu d'importance qu'il peut attacher à ses représentations.   298
    Inclus. Documents relatifs au cas de Secretan.   300 à 304

27 juillet,
Québec.

Aylmer à Glenelg (n° 76). Envoie copie du testament de feu M. Douglas, et autres documents relatifs à la succession.   305

1835.

Aylmer à Glenelg (n° 77). Fait rapport que des deux séries des ouvrages de la Commission de Record présentées au Bas-Canada une partie manque, et demande que la lacune soit comblée.   Page 306

Inclus. Mountain à Craig. Transmet lettre de Montréal concernant lacune dans la série des ouvrages publiés par la Commission de Record et qui ont été reçus par la bibliothèque de Montréal.   307

Holmes à Mountain. Donne liste des volumes qui manquent dans la série des publications de la Commission de Record qui a été reçue par la bibliothèque de Montréal.   308

Skey à Craig. On a trouvé à Québec la même lacune qu'à Montréal.
308 → 310

5 août,
Downing
Street.

Lettre sans signature adressée à Gosford et portant qu'aucune nouvelle compagnie des terres ne peut être constituée avant qu'un rapport sur l'état de la province n'ait été reçu.   217

15 août,
Québec.

Aylmer à Glenelg (n° 78). Partage l'opinion d'Aberdeen sur les mesures à prendre pour empêcher que des torts soient faits aux tenanciers des terres adjugées à Sa Majesté à la condition que les censitaires ayant droit de recevoir des concessions gratuites de leurs possessions dans le territoire jusque-là contesté en franc et commun soccage renoncent à toutes réclamations contre Chandler et Lozeau ou toute autre personne pour défaut de titre.   312

17 août,
Québec.

Le même au même (n° 79). A reçu dépêches par paquebot de juillet de Halifax, suivant liste annexée.   314

Incluse. Liste.   315

22 août,
Québec.

Aylmer à Glenelg (n° 80). Transmet copie de la correspondance échangée entre le commissaire de la Compagnie Britannique-Américaine des Terres et le commissaire des Terres de la Couronne, avec rapport du procureur général comme impliquant un des titres de la convention posée avec la Compagnie des Terres. L'étendue des réclamations de la compagnie. Interprétation de la portée de son titre (de la compagnie) par Aylmer; ses objections à ses réclamations (de la compagnie), qui lui donneront le pouvoir de chasser tous les occupants des terres de la Couronne. Il soutient que les termes de la convention sont clairs quant à l'étendue de l'achat.   317

Inclus. Moffat à Felton. Demande que l'on dresse une liste supplémentaire de terres possédées par la compagnie dans les comtés de Sherbrooke, Shefford et Stanstead, afin qu'elle puisse faire connaître aux personnes qui cherchent des terrains l'étendue de ses possessions.   320

Felton au commissaire de la Compagnie Britannique Américaine des Terres. A soumis la question aux officiers en loi de la Couronne. La convention ne contient aucune expression d'une intention de transférer à la compagnie un droit constitutionnel possédé par la Couronne.   322

Ogden, procureur général, à Craig. Rapport sur la réclamation de la Compagnie Britannique Américaine des Terres.   326

22 août,
Québec.

Aylmer à Glenelg (n° 81). Transmet lettre du commissaire de la Compagnie Britannique Américaine des Terres, avec une réclamation pour intérêt sur laquelle il ne se juge pas compétent à décider.   338

Incluse. La Compagnie Britannique-Américaine des Terres à Felton. Progrès des travaux publics; espère qu'il n'y aura pas d'objection à ce que la compagnie prenne les terres suivant le paiement fait pour ces travaux. Propose, comme le gouvernement exige un intérêt de cinq pour cent, que la compagnie fasse un compte semblable pour ses déboursés pour travaux publics. Lui demande de soumettre cette question au gouverneur.   337

28 août,
Québec.

Aylmer à Gosford. Incluse dans Aylmer à Glenelg, 13 novembre 1835.

29 août,
Knowsley.

Stanley à Glenelg. Ne peut parler d'une façon positive, mais croit que les terres de la Couronne ont été vendues en monnaie sterling. Le

1835.
prix étant basé sur le rapport d'Aylmer, et si sa lettre donnait la valeur en monnaie courante la vente était en même cours.   Page 249

31 août,
Québec.
Gosford à Aylmer. Incluse dans Aylmer à Glenelg, 13 novembre 1835.

6 septembre,
Argyll House.
Aberdeen à Aylmer. Incluse dans Aylmer à Glenelg, 26 octobre 1835.

8 octobre.
Lettre non signée à Gosford. Sur les raisons données par Aylmer pour réserver le bill concernant les notaires parce qu'il paraissait empiéter sur les droits du procureur général et du secrétaire de la province.
287

26 octobre
Londres.
Aylmer à Glenelg. Envoie copie d'une lettre à lui (Aylmer) adressée par Aberdeen.   340
Incluse. Aberdeen à Aylmer. N'avait aucun désir de le rappeler ou de faire Amherst gouverneur ; il voulait seulement créér Amherst commissaire, mais il craignait que les factions ne persuadassent à l'Assemblée de n'avoir aucune communication avec le commissaire pour que Amherst se trouvât dans le pays sans aucune autorité constitutionnelle ; c'est pourquoi il a été jugé prudent de le revêtir de la dignité de gouverneur. S'il s'était cru justifiable de le (Aylmer) rappeler, il n'aurait jamais institué un commissaire, mais il aurait donné des instructions à son successeur. Il (Aylmer) ne pouvait mener les choses à une conclusion satisfaisante, cependant il n'était pas à blâmer, et il avait été exposé aux reproches les plus immérités. Sa ligne de conduite (à Aberdeen) au sujet des fonctionnaires publics. Bien que Amherst ne doive rester en Canada que pendant un court espace de temps, il (Aylmer) trouverait probablement sa situation si désagréable qu'il désirerait retourner en Angleterre ; c'est dans cette conviction qu'il (Aberdeen) a obtenu de Peel l'autorisation de soumettre son nom (d'Aylmer) au roi pour quelque marque de faveur.   341

7 novembre,
Londres.
Aylmer à Glenelg. Soumet des observations sur la conversation qui a eu lieu à l'entrevue. Discute au long le rapport de la commission de la Chambre des Communes.   345

13 novembre,
Londres.
Le même au même. A écrit à Gosford au sujet des arrérages de traitement qui lui sont dus, mais il a été informé que ses instructions ne comportaient pas de démarches au sujet d'arrérages avant de communiquer avec l'Assemblée. Transmet copie de sa lettre et de la réponse de Gosford, avec des états, dressés par l'inspecteur général, des arrérages qui lui sont dus comme gouverneur en chef ainsi qu'à son secrétaire civil. Il a été obligé de tirer sur sa fortune personnelle pour défrayer des dépenses officielles ; la perte de l'intérêt en cette affaire est un désagrément dont il ne se serait pas plaint s'il avait été continué en office ; les autres fonctionnaires sont dans la même condition ; mais son administration ayant pris fin, il s'en rapporte à l'équité du gouvernement pour le paiement des arrérages.   357

Pas de date.
Lettre non signée à Aylmer, à l'effet que les arrérages ne peuvent être payés promptement, le Trésor n'ayant pas de fonds disponibles pour des paiements de cette nature.   360
Aylmer à Gosford. Demande que des mesures soient prises pour le paiement des arrérages qui lui sont dus ainsi qu'à son secrétaire civil.
362

Gosford à Aylmer. Son impuissance à payer les arrérages avant qu'il (Aylmer) quitte la province.   364
État, signé par l'inspecteur général, du traitement dû à Aylmer. 365
Traitement dû à Craig.   366

24 décembre.
Lettre non signée à Aylmer en réponse à celle du 7 novembre. 352

LE COMTE DE GOSFORD, GOUVERNEUR, 1835.

Q. 223–1.

1835.
30 janvier,
Indian
Stream.
Pétition des habitants du township de Drayton ou territoire de Indian-Streams.

13 mars,
Indian
Stream.
Mémoire du Conseil du territoire de Indian-Streams.

18 avril,
Washington.
Vaughan à Forsyth.

— avril.
8 juin.
Rapport par le capitaine Hayne.
Copie du message du gouverneur Badger. Ce document et les quatre qui précèdent sont inclus dans Gosford à Glenelg, 15 septembre 1835.

29 juin,
Londres.
Gosford à Grey. Envoie liste de sa suite.   Page 1

1er juillet,
Hereford.
Mandat d'arrêt pour envoie de Luther Parker en prison. Inclus dans Gosford à Glenelg, 15 septembre 1835.

13 juillet,
Londres.
Gosford à Glenelg. Envoie d'autres noms pour être ajoutés à ceux de sa suite qui ont été déjà envoyés.   2

13 juillet.
Badger à Forsyth.

22 juillet,
Washington.
Forsyth à Vaughan.

23 juillet,
Indian
Stream.
Pétition des habitants du territoire de Indian-Stream.

26 juillet,
Washington.
Vaughan à Forsyth.

29 juillet,
Washington.
Le même à Aylmer.

5 août,
Indian
Stream.
Habitants du territoire de Indian-Stream à Fletcher.

12 août,
Sherbrooke.
Fletcher à Craig. Cette pièce et les six précédentes incluses dans Gosford à Glenelg, 15 septembre 1835.

26 août,
Québec.
Gosford à Glenelg (nº 1). A assumé les fonctions de gouverneur que remplissait Aylmer et a prêté serment. Un extraordinaire de la *Gazette* contient la proclamation ordinaire de prise de possession de ce poste et de la commission le chargeant de faire une enquête sur des griefs.   3

31 août,
Québec.
Le même à Aylmer. Incluse dans Gosford à Glenelg, 3 septembre 1835.

3 septembre,
Québec.
Le même à Glenelg (nº 2). Transmet correspondance échangée avec Aylmer concernant le paiement des arrérages de son traitement et de celui de son secrétaire civil. Dépêche reçue.   5
Inclus. Deux pièces incluses précédemment transcrites.
Gosford à Aylmer. Ses instructions ne désignent pas le paiement d'arrérages avant de communiquer avec la Chambre d'Assemblée.   9

3 septembre
Québec.
Le même à Glenelg (nº 3). A convoqué la législature pour le 27 octobre. Ne l'a pas fait plus tôt à cause des moissons.   11

12 septembre,
Québec.
Walcott à Moore. Incluse dans Gosford à Glenelg, 15 septembre 1835.

15 septembre,
Québec.
Gosford à Glenelg. Transmet documents démontrant l'importance des Etats voisins de régler la question des frontières d'une manière aussi

embarrassante que douteuse. La tentative du New-Hampshire d'établir juridiction sur une étendue de pays formant partie du territoire contesté réclamé par la Grande-Bretagne et qu'il appuie en citant une loi passée en 1829, sous l'empire de laquelle la partie du territoire aujourd'hui contestée était comprise dans le comté de Sherbrooke. La prétention produite par le New-Hampshire. Envoie un plan pour montrer plus clairement la partie du township de Drayton réclamée par le New-Hampshire. Origine de la réclamation de cet Etat.   Page 13

Inclus. Plan du territoire en litige.   22

Pétition des habitants du territoire de Drayton ou colonie de Indian-Stream demandant protection contre les empiétements du New-Hampshire.   31

Mémoire du Conseil du territoire de Indian-Stream à John Moore, M. P. P.   34

Rapport par le capitaine Hayne sur la cause, telle que donnée par lui-même, pour laquelle Luther Barker (Parker ailleurs) s'est plaint à l'Etat du New-Hampshire contre Enos Rowell, et les mesures prises en conséquence par le New-Hampshire.   36

Vaughan à Forsyth, secrétaire d'Etat des Etats-Unis. Appelle son attention sur la conduite du New-Hampshire en exerçant juridiction dans le territoire contesté.   39

Exemplaire du message du gouverneur Badger à la législature du New-Hampshire concernant le territoire de Indian-Stream.   42

Badger à Forsyth. Envoie, de la part du New-Hampshire, un exposé concernant le territoire de Indian-Stream.   53

Forsyth à Vaughan. Envoie exposé des prétendus droits du New-Hampshire à la possession du territoire de Indian-Stream.   56

Vaughan à Forsyth. La nature peu satisfaisante de la lettre du gouverneur Badger. La décision du roi des Pays-Bas était en faveur de la Grande-Bretagne. Il n'est pas fait mention du redressement à donner à Rowell.   59

Le même à Aylmer. Fait rapport sur l'état de la question du territoire contesté de Indian-Stream. Au lieu de redressement à Rowell le secrétaire d'Etat des Etats-Unis a demandé la remise de Parker en liberté. L'impatience du Maine, du Massachusetts et du New-Hampshire à obtenir l'interprétation qu'ils ont donnée aux termes du traité menace de produire de fréquentes causes de plainte.   64

Pétition des habitants du territoire de Indian-Stream.   67

Habitants du territoire de Indian-Stream au juge Fletcher, Sherbrooke, au sujet des empiétements du New-Hampshire.   71

Mandat d'arrêt pour envoi de Luther Parker en prison.   73

Walcott à Moore. Lettre de Sherbrooke reçue; la cause des habitants du territoire de Indian-Stream à reçu attention.   75

Fletcher à Craig. Fait rapport des circonstances se rattachant à l'arrestation et à la détention de Luther Parker.   78

28 septembre, Québec.   Gosford à Glenelg. N'a pas pu voir Caldwell, qui est absent. Rien de particulier ne s'est produit. Espère que la législature se réunira en bonne humeur. Amiral Cockburn fait voile pour Halifax. Attend avec hâte des dépêches; craint que la ligne de conduite suivie par les lords ne rende la session plus longue qu'on l'avait calculé. Le peuple paraît satisfait de l'époque qu'il a fixée pour la réunion de la législature.   81

29 septembre, Québec.   Le même à Grey. Présente A. C. Buchanan, à qui il a donné un congé de six mois pour cause de mauvaise santé.   82

3 octobre, Québec.   Le même au commissaire général. Incluse dans Gosford à Glenelg, 17 octobre 1835.

3 octobre, Québec.   Le même à Glenelg (n° 5). Fait rapport qu'un congé a été donné à A. C. Buchanan pour cause de mauvaise santé. Vu les circonstances particulières, autorisation a été donnée d'émettre un mandat pour son

1835.

traitement; mais les sommes affectées aux dépenses imprévues, dont le paiement a été aussi demandé, ne sont pas payées. Envoie copie de sa réponse et demande instructions relativement au paiement d'une moitié seulement du traitement pendant son absence, si ce mode de paiement doit être adopté en Canada, car jusqu'ici il n'a été suivi que dans le cas de fonctionnaires des douanes.   Page 83

Inclus. Walcott à Buchanan. Le gouverneur en chef lui a accordé un congé à la condition qu'il revienne en mars, à moins qu'il n'ait obtenu un plus long temps du secrétaire des Colonies. Dans plusieurs dépendances britanniques, par instructions du ministère des Colonies, les fonctionnaires publics en congé n'ont droit de retirer que la moitié de leur traitement.   86

5 octobre, Québec.

Gosford à Glenelg (n° 6). Envoie liste de dépêches reçues par le paquebot-poste d'août de Halifax.   91

Incluse.   92

6 octobre, Québec.

Gosford à Glenelg (n° 7). Envoie états des recettes au compte des revenus casuel et territorial, des ventes de terres de la Couronne et de permis de coupe de bois.   94

Inclus. Etat des recettes au compte des revenus casuel et territorial.
                                                                       96

Le même au compte des terres de la Couronne et des permis de coupe de bois.   97

12 octobre, Québec.

Gosford à Glenelg (confidentielle). A envoyé, sous un autre pli, un mémoire de W. L. Mackenzie. Envoie copie d'une lettre de Mackenzie adressée à lui (Gosford) et réponse. Copie d'une lettre à Colborne accompagne cet envoi.   98

Inclus. Mackenzie à Gosford. Se plaint d'un retard de justice équivalent à un déni de justice. Randall est mort, mais il n'a jamais pu obtenir un procès impartial. A reçu une lettre de Hume à l'effet qu'il lui avait mis entre les mains (à Gosford) un rapport d'une commission de l'Assemblée; une copie de l'annexe a été envoyée à Sa Seigneurie à Québec. La principale plainte du peuple du Canada est à l'effet que le Conseil législatif l'empêche de remédier aux griefs, qu'une justice égale ne peut être obtenue, et que le gouvernement est inefficace. Le cabinet britannique savait tout cela avant de nommer une commission qui ne paraît avoir d'autre effet que de retarder un remède. Son impression qu'aucun ministère, soit whig ou tory, ne portera attention aux maux du Canada; il attendra avec patience le remède qu'aucun ministère anglais ne peut prévenir. Suggestions à l'Assemblée du Bas-Canada. 100

Gosford à Mackenzie. A reçu sa lettre et les papiers concernant Randall, mais doit décliner de discuter les affaires d'une province dont il n'administre pas le gouvernement. A eu un entretien avec Hume, principalement au sujet du Haut-Canada.   105

Le même à Colborne. Mackenzie a transmis un mémoire sur le cas d'un M. Randall. Il (Gosford) a naturellement refusé d'entrer dans les affaires d'une province qu'il n'administre pas, mais pour éviter des retards il a transmis le mémoire.   107

17 octobre, Québec.

Le même à Glenelg (séparée). Envoie copie d'une communication adressée au commissaire général concernant la fourniture du combustible qui, vu son arrivée tardive, coûte beaucoup plus cher qu'au prix d'été. Il a fait avec le commissaire général un arrangement qu'il désire voir sanctionner par le Trésor.   109

Inclus Gosford au Commissaire général. Fourniture à l'hôtel du gouvernement de bois, charbon et huile de spermacéti, dont il sera responsable jusqu'à ce que la décision du Trésor soit reçue.   111

26 octobre, Québec.

Gosford à Glenelg (n° 8). A reçu une dépêche par paquebot-poste de septembre de Halifax, suivant liste annexée.   113

Inclus. Liste.   113

1835.

27 octobre,
Québec.

Gosford à Glenelg. Envoie exemplaire imprimé du discours prononcé
à l'ouverture de la législature. Il en faut tant de copies manuscrites
pour la colonie, qu'il n'a pu s'en procurer une pour le ministère des Colonies avant le départ du courrier. Il a pensé qu'il était plus politique
d'offrir aux deux Chambres les sommes affectées aux dépenses imprévues
que d'attendre que l'Assemblée les demandât. Il y a d'autres raisons
qu'il fera connaître en détail.   Page 115

28 octobre,
Québec.

Le même au même (n° 9). Il cherche à s'assurer si des emplois
incongrus sont tenus par une même personne, et dans ce but s'est fait
donner un relevé qui accuse moins de cas de ce genre qu'il ne croyait ;
il va les étudier soigneusement. Les mesures qu'il prend ont pour but
de remédier à l'irrégularité de membres du Conseil qui tiennent des
emplois incompatibles avec leur position. Entre dans des détails sur ce
qu'il a fait avec des membres du Conseil, qui tiennent des emplois de ce
genre.   117

Inclus. Relevé de toutes les personnes qui tiennent plus d'un emploi
sous le gouvernement dans le Bas-Canada.   123

12 novembre,
Québec.

Gosford à Glenelg (n° 10). Transmet exemplaires du discours pour
lequel il a ouvert la législature, des adresses en réponse et ses répliques.
                                                                        128

Inclus. Discours à l'ouverture.   131
Adresse du Conseil législatif.   156
Réponse.   162
Adresse de l'Assemblée législative.   163
Réponse.   183

13 novembre,
Québec.

Gosford à Grey. Appelle l'attention sur une lacune existant dans les
documents publics, et demande qu'une série complète d'instructions soit
envoyée.   185

14 novembre,
Québec.

Le même à Glenelg (n° 11). Envoie un relevé des titres des bills
adoptés par l'Assemblée du Bas-Canada. L'adresse de la Chambre des
Communes s'applique seulement aux bills qui ont pris origine dans la
Chambre d'Assemblée et qui ont été rejetés ou modifiés par le Conseil.
Il a préparé de la même façon les bills qui sont sortis du Conseil et qui
ont été rejetés par l'Assemblée.   187

14 novembre,
Downing
Street.

Lettre non signée à Gosford. Regrette que les arrérages aient été
payés à Buchanan, car le gouvernement est dans la pénible nécessité de
refuser tous les paiements de cette nature en attendant négociation avec
la Chambre d'Assemblée. Le règlement établissant que la moitié seulement de leur traitement soit payée aux fonctionnaires absents en congé
est universel; en conséquence, Buchanan n'aura droit qu'à la moitié de
son traitement jusqu'à ce qu'il ait repris ses fonctions.   188

12 décembre.

Lettre non signée à Gosford. A été informé de l'empiétement par le
New-Hampshire du territoire en contestation entre cet État et le Bas-
Canada. Résumé de l'état des affaires. L'occupation ininterrompue de
ce territoire par les Anglais ; instructions données de protester contre la
conduite du New-Hampshire. Le gouvernement de Sa Majesté a confiance que cette représentation aura son effet. Mais si le New-Hampshire persiste, il sera impossible d'éviter de recourir aux mesures rigoureuses qui seules peuvent préserver l'intégrité du territoire britannique.
Tant désireux qu'aient été les ministres de Sa Majesté d'éviter toute
démarche qui pourrait compromettre la bonne entente existant heureusement entre la Grande-Bretagne et les États-Unis, ils ne peuvent permettre que des sujets britanniques soient molestés par les autorités
d'États voisins.   24

26 décembre.

Lettre non signée au même. A reçu le relevé des membres du Conseil qui tiennent plus d'un emploi. Il serait prématuré d'exprimer une
opinion sur ce relevé, mais approuve ce qu'il (Gosford) a fait.   122

64 VICTORIA, A. 1901

1836.
7 février,
Downing
Street.

Lettre non signée Gosford. Reçu discours délivré à l'ouverture de la législature. Approbation de ses explications à la législature, et satisfaction de l'esprit qui anime les adresses.   Page 129

LE COMTE DE GOSFORD, GOUVERNEUR, 1835.

Q. 223-2.

1835.
14 novembre,
Québec.

Gosford à Glenelg. Concernant lettre dans Q. 223-1.
Titres des bills adoptés par la Chambre d'Assemblée du Bas-Canada, et rejetés ou modifiés par le Conseil législatif.   188
Titres des bills adoptés par le Conseil législatif et rejetés ou modifiés par l'Assemblée.   221

16 novembre,
Québec.

Gosford à Glenelg. Présente l'évêque de Juliopolis, qui a résidé pendant quelque temps près de la Rivière-Rouge.   228

16 novembre,
Québec.

Le même à Grey. Présente l'évêque de Juliopolis.   229

16 novembre,
Québec.

Le même à Glenelg (n° 12). Envoie relevé des personnes nommées au service civil et retraitées entre le 20 novembre 1834 et le 17 avril 1835.   230
Inclus. Relevé des personnes et des allocations de retraite.   231
Relevé des personnes nommées à un emploi salarié pendant la même période.   233

17 novembre,
Québec.

Gosford à Glenelg (n° 13). A assuré l'Assemblée que le bill permettant à l'avocat de la défense d'adresser la parole au jury en faveur de prisonniers accusés de crimes capitaux serait confirmée aussitôt que possible. Demande que l'ordre de confirmation soit transmis sans perte de temps.   236

17 novembre,
Québec.

Gosford à Glenelg (n° 14). Transmet copie de résolutions sur la question de nommer un agent si le bill adopté ne devient pas loi.   239
Incluses. Résolutions au sujet d'un agent.   241
Les mêmes en français.   246

21 novembre,
Québec.

Gosford à Glenelg (n° 15). Transmet copie d'une résolution sur laquelle a été basée une adresse exprimant le désir de connaître s'il a été reçu une réponse à l'adresse relative à l'inopportunité d'annexer le district de Gaspé au Nouveau-Brunswick.   251
Inclus. Adresse demandant à savoir s'il a été envoyé une réponse à l'adresse sur l'inopportunité d'annexer Gaspé au Nouveau-Brunswick. 253
Message de Gosford à l'Assemblée. L'adresse et les documents ont été transmis régulièrement.   255

27 novembre,
Québec.

Gosford à Glenelg (n° 16). N'a pu jusqu'ici obtenir de renseignements sur la personne mentionnée dans le document français, et a finalement fait insérer un avis dans la *Gazette officielle.*   256

28 novembre,
Québec.

Le même au même (n° 17). Conformément à l'ordre l'appelant, dans la cause de Meiklejohn et sir John Caldwell, a payé au procureur général la somme de £318 17s. 6d., frais de l'appel, et cette somme a été versée entre les mains du commissaire général.   258

30 novembre,
Québec.

Le même au même (n° 18). Transmet copie d'un état préparé par Doucet, notaire, des affaires de feu Charles Maisenholder. Décès de John Maisenholder. Une nouvelle procuration requise. Comment un règlement de la succession pourrait être opéré.   260
Inclus. Compte de Doucet.   262

5 décembre,
Québec.

Gosford à Glenelg (séparée). Transmet lettre de Goulburn à Besserer, que ce dernier croyait contenir l'admission d'un doute quant au titre à la Grande-Ile, dans la rivière Saint-Jean, lequel aurait pu être la source de

1835.

discussions embarrassantes avec les Etats-Unis—lettre que Besserer a, en conséquence, envoyée à Gosford.   Page 264

Inclus. Goulburn à Besserer. La Grande-Ile ne se trouve pas en dedans des limites du Nouveau-Bruswick ; même si elle y était, certaines parties en ont été occupées par des colons acadiens, et Bathurst ne serait pas libre de faire une concession qui porterait préjudice à leurs intérêts. 266

7 décembre.   Gosford à Glenelg (n° 19). Envoie relevé du nombre comparatif des émigrants arrivés annuellement dans la province depuis 1829.   268

(Le relevé se trouve dans la correspondance imprimée, page 336 *verso.*)

7 décembre,   Gosford à Glenelg (n° 20). Relativement à la démission de Heney,
Québec.   greffier en loi de l'Assemblée, la Chambre, par une résolution du 13, a nommé Etienne Parent pour lui succéder. En cette affaire les formes de la procédure ont été mises de côté. L'Assemblée avait le droit de nommer tous ses fonctionnaires, sauf le sergent-d'armes, le greffier de la Chambre et le greffier en loi. Les deux premiers ont été nommés par l'Exécutif sans la Chambre. Dans le cas du troisième, une commission en blanc a été envoyée et remplie par le nom d'un homme très acceptable à la Chambre en sorte que la nomination est virtuellement le fait de l'Assemblée ; mais par la nomination du greffier en loi sans s'occuper de l'Exécutif, l'Assemblée affirme son droit exclusif de nommer ce fonctionnaire avec les autres. N'ayant aucun désir de provoquer une discussion improfitable, il n'est pas intervenu. Demande des instructions pour le cas où la Chambre insisterait sur le droit exclusif de nommer le sergent-d'armes et le greffier de la Chambre.   271

8 décembre,   Le même au même (n° 21). Fait rapport sur la cause des arrérages
Québec.   pour terres de la Couronne, provenant de plusieurs raisons. La perte n'est pas aussi considérable qu'elle le paraît, car grâce aux améliorations le prix a augmenté suffisamment pour couvrir les arrérages.   278

12 décembre, Gosford à Glenelg (n° 22). Un lot de terre a été porté sur le rôle des
Québec.   terrains au nom de Benjamin Harrison, un prisonnier commué qui est mort avant d'avoir rempli les obligations d'établissement, en sorte que le terrain est retourné à la Couronne, bien qu'il n'ait pas été réellement repris. Il n'y a pas d'objection légale à ce que Sa Seigneurie accorde la requête de Madame Harrison, et en attendant, il ne sera rien fait avec le terrain en question.   281

Inclus. Permis d'occupation pour services au soldat Benjamin Harrison.   283

14 décembre, Gosford à Glenelg (n° 23). Il a pris sous sa direction et son contrôle
Québec.   le département des Sauvages dans le Bas-Canada. Transmet une estimation de la dépense probable des deux provinces pour le prochain exercice. Une petite partie seulement des présents destinés aux Sauvages a été reçue cette année, alors que le transport était plus facile et la dépense moindre que maintenant. Le premier acompte a été envoyé tout de suite ; mais le reste n'étant pas arrivé, les sauvages du Bas-Canada ont été très désappointés, même en bien des cas ils en ont beaucoup souffert. Plusieurs étaient venus à Québec, et pendant qu'ils attendaient ils ont consommé les provisions qu'ils avaient faites pour leur retour. Tant qu'il y a eu lieu d'attendre que les provisions arriveraient, il s'est abstenu de prendre des mesures pour acheter ; mais quand il n'y plus eu à espérer, il a ordonné au commissaire général d'acheter les articles qu'il pourrait trouver dans la province. Il espère que cela sera approuvé. Aussi longtemps que durera le système de donner des présents, ils devraient être envoyés plus tôt qu'ils ne l'ont été jusqu'ici.   287

Inclus. Estimation de la dépense probable pour le département des Sauvages dans les deux Canadas depuis le 1ᵉʳ avril 1836 jusqu'au 31 mars 1837.   291

Liste des pensions dans le Bas et le Haut-Canada.   292

1835.
15 décembre,
Québec.
Gosford à Glenelg (n° 24). Envoie liste des dépêches reçues par le paquebot-poste d'octobre à Halifax.   Page 293
Inclus. Liste.   294

24 décembre,
Québec.
Gosford à Glenelg (séparée). Envoie rapport du solliciteur général concernant la propriété laissée par deux individus du nom de Haas. 296
Inclus. O'Sullivan à Walcott. Rapport concernant la propriété des frères Haas, avec documents.   298

28 décembre,
Québec.
Gosford à Glenelg (n° 25). Transmet requêtes de M. et M™ Heath, deux des enfants de feu William Heath, lieutenant aux Chasseurs de York. M. et mademoiselle Heath pensent avoir droit à une pension. 300
Inclus. Requête en faveur de John Heath au sujet de la pension de feu son père.   302
Requête en faveur de M™ Mary Heath, demandant que l'intendance reçoive instruction de payer la pension à laquelle lui donne droit son inscription sur la liste des personnes méritant compassion.   304

28 décembre,
Québec.
Gosford à Glenelg (n° 26). Transmet résolutions adoptées par le Conseil législatif relativement à l'opportunité de construire un chemin de fer entre Québec et St-Andrews, sur la baie de Passamaquoddy, dans le Nouveau-Brunswick. Le projet a pris naissance dans cette province; quatre députés sont dans le Bas-Canada, où ils font avec succès de la propagande en sa faveur. Les avantages que ce chemin de fer donnerait aux provinces ainsi qu'aux colonies des Antilles; il développerait aussi le commerce avec la mère-patrie. Les travaux préliminaires qui sont faits; une pétition en cours de signature en sa faveur. Les facilités qui seront données par la législature du Bas-Canada.   305
Incluses. Résolutions du Conseil législatif au sujet d'un chemin de fer allant à St-Andrews, sur la baie de Fundy.   310
Mêmes résolutions de l'Assemblée législative.   312

28 décembre,
Québec.
Gosford à Glenelg (n° 27). Pour devancer des exposés exagérés concernant les événements qui viennent d'avoir lieu à Montréal, envoie copie d'une annonce convoquant une assemblée dans le but de lever un corps de 800 volontaires. Croit qu'il ne serait pas prudent d'attacher de l'importance à cette affaire; elle a été montée par Adam Thom, dans le but de créer de l'intimidation à Montréal et de faire impression sur les commissaires, ainsi que dans le Haut-Canada. L'assemblée, convoquée pour le 12, n'a rien fait ce soir-là; mais, le 16, trois cents personnes environ se sont réunies et ont passé des résolutions déclarant qu'il était opportun de former un corps volontaire de 300 hommes. Le solliciteur général a exprimé l'avis de ne pas intervenir dans ce mouvement tant qu'il resterait dans les limites de la loi, et que, quoique la presse entretînt l'excitation, les agitateurs avaient manqué leur but. Transmet copies de l'adresse et de la réponse, exprimant sa désapprobation de la mesure, et sa détermination de maintenir la tranquillité publique. Ne connaît pas le résultat, la réponse n'ayant été envoyée qu'aujourd'hui. (Datée 1838, par erreur.)   314
Inclus. Requête du Dʳ Arnoldi et autres demandant que le gouverneur sanctionne la formation du corps des carabiniers anglais.   320
Réponse par Gosford à l'effet que, pour les raisons données, il ne peut sanctionner la formation du corps des carabiniers anglais.   323

29 décembre,
Québec.
Gosford à Glenelg (n° 28). Envoie rapport annuel sur l'émigration. Appelle l'attention sur la diminution pendant l'année.   325
Inclus. Rapport de l'agent en chef de l'émigration.   326
Buchanan à Aylmer sur l'amélioration de la navigation du Saint-Laurent.   340

29 décembre,
Québec.
Gosford à Glenelg (n° 29). Envoie lettre de Voyer au secrétaire de la Guerre pour être transmise à ce département.   347

30 décembre,
Québec.
Le même au même (n° 30). Envoie requête de la veuve du lieutenant-colonel Mackay demandant une pension. Quoiqu'une décision ait

DOC. DE LA SESSION No 18

1835.

été rendue déjà, renouvelle la demande en raison des importants services du lieutenant-colonel Mackay.   Page 348

Inclus. Requête de madame Mackay demandant une pension.   353

Extrait d'un ordre général de Prevost sur les services de Mackay.   356

1836.
10 février,
Downing
Street.

Lettre non signée à Gosford. Vu les circonstances, la conduite de Gosford est approuvée dans l'affaire de la nomination du greffier en loi, en attendant que le bon plaisir du roi soit connu; mais la question de forme peut devenir sérieuse, et l'Assemblée peut faire de nouveaux empiétements sur la prérogative du roi; bien qu'il puisse ne pas y avoir de moyens pour mettre le droit en force, il n'est pas probable que l'Assemblée profite des pouvoirs découlant de la convention pour annuler les privilèges de Sa Majesté conférés par la même constitution. Il va appeler l'attention de l'Assemblée sur le sujet, et demander pourquoi elle a dévié dans le cas de Parent. Il est possible qu'il suspende le droit apparent de nommer un greffier en loi, sans renoncer à aucun des droits qui puissent paraître appartenir à Sa Majesté. Si l'un ou l'autre des deux emplois devient vacant il s'en tiendra aux usages autrefois observés, et si l'Assemblée s'y oppose, il lui demandera ses raisons.   275

20 février,
Downing
Street.

Lettre non signée au même. A reçu dépêche concernant le projet de construction d'un nouveau chemin de fer à St-Andrews. Il serait prématuré, dans le présent état de renseignements, d'exprimer une opinion sur le sujet; mais le gouvernement de Sa Majesté sera très désireux d'aider tout projet qui promet de donner des avantages aux sujets de Sa Majesté sur le continent nord-américain. Relativement au passage du chemin de fer sur le territoire contesté, rien ne devrait être fait sans avoir préalablement obtenu le concours des Etats intéressés.   308

1er mars,
Downing
Street.

Lettre non signée à Gosford. Correspondance a été échangée entre le sous-secrétaire des Colonies et le Trésor; ce dernier approuve les achats qu'il (Gosford) a faits pour les sauvages, vu les circonstances particulières.   290

2 mars,
Downing
Street.

Lettre non signée au même. Transmet lettres du secrétaire au payeur général, d'après lesquelles il paraîtrait qu'il n'est pas dû d'arrérages de pension à John Heath à titre de fils du feu lieutenant Heath, la pension ayant été transférée à d'autres membres de la famille Heath. Des instructions nécessaires ont été données à l'effet que la pension de mademoiselle Heath soit payée, quand elle deviendra due, dans la colonie.   301

2 mars,
Downing
Street.

Lettre non signée à Gosford. Une pension ne peut être payée à madame Mackay à même le crédit des sauvages, et il n'existe aucun autre fonds auquel elle pourra être portée. Est dès lors obligé de déclarer avec regret qu'il est hors de son pouvoir de se soustraire à la décision déjà adoptée.   351

3 mars,
Downing
Street.

Lettre non signée, au même. Confirmation du bill permettant aux avocats d'adresser la parole au jury en faveur des prisonniers dans les causes criminelles.   238

EMPLOIS PUBLICS, 1855.

(Partie 1, de page 1 à page 270; partie 2, de page 271 à page 543; partie 3, de page 544 à page 782.)

Q. 224—1-2-3.

1834.

25 février,
Affaires
étrangères.

Palmerston à Vail. Incluse dans Backhouse à Hay, 21 janvier 1835.

24 juin,
Londres.

Requête concernant la colonisation. Incluse dans Hamilton à Glenelg, 19 juin 1855.

17 septembre,
Londres.

Minutes du comité de la Compagnie d'Ottawa. Incluses dans Ravenshaw à Hay, 25 janvier 1835.

24 septembre,
Washington.

Madame St-Clair Clarke et Force à Rich.

24 septembre,
Washington.

Les mêmes au même (deuxième lettre). Celle-ci et la précédente incluses dans Backhouse à Hay, 21 janvier 1835.

18 octobre,
Québec.

Routh à Coffin. Incluse dans Routh à Stewart, 9 janvier 1835. Un ordre de département, portant la même date, étant aussi inclus.

24 octobre,
Dublin.

Protêt par le conseil de l'Association.

31 octobre,
Dublin.

Assemblée du conseil. Ces deux pièces incluses dans Hamilton à Glenelg, 19 juin 1835.

26 novembre,
Québec.

Extrait d'une lettre datée comme en marge. Inclus dans Gould à Aberdeen, 16 janvier 1835.

1er décembre,
Londres.

Rich à Vail.

2 décembre,
Londres.

Vail à Wellington. Toutes deux incluses dans Backhouse à Hay, 21 janvier 1835.

8 décembre,
Montréal.

Extrait d'une lettre datée comme en marge.

9 décembre,
Sherbrooke.

Extrait d'un rapport daté comme en marge. Tous deux inclus dans Gould à Aberdeen, 16 janvier 1835.

16 décembre,
Toronto.

Rowan à Coffin.

31 décembre,
Québec.

Routh à Airey. Toutes deux incluses dans Routh à Stewart, 9 janvier 1835. Compte transmis avec cette pièce.

31 décembre,
Montréal.

Extrait d'une dépêche des commissaires de la Compagnie Britannique Américaine des Terres. Incluse dans Reid à Hay, 9 février 1835.

1835.

7 janvier,
Québec.

Pétition de James McClelland. Incluse dans Fitzroy Somerset à Hay, 16 mars 1835.

9 janvier,
Québec.

Routh à Stewart. Incluse dans lettre non signée à Stewart, 29 octobre 1835.

9 janvier,
Québec.

Le même au même. Envoie documents relatifs au département des Sauvages.   Page 229

Inclus. Routh à Coffin. Envoie ordre renfermant les idées du gouverneur. Espère qu'il aura l'effet désiré. Donne détails du changement qu'il a l'intention de faire dans la manière de tenir les comptes.   232

Arrêté de département. Un relevé doit être fait avant que les comptes réguliers puissent être complétés pour faire connaître à Colborne l'état des munitions.   235

Compte du département des Sauvages.   239

DOC. DE LA SESSION No 18
1835.

Routh à Airey. Envoie compte des dépenses du département des Sauvages jusqu'au 31 mars 1834. Page 242
Compte. 245
Rowan à Coffin. Approuve mode proposé par le commissaire général, et le remercie pour ses conseils. Comment doit être arrêté l'excédent des distributions de présents en réponse à réquisition. 247
Médailles en magasin à Toronto. 251

10 janvier, Québec.
Compte du département des Sauvages. Inclus dans Routh à Stewart. (La date sur ce papier est celle du jour suivant la lettre.)

12 janvier, Londres.
Adresse de la Chambre des lords demandant copie de la commission décernée à Gosford le nommant capitaine général et gouverneur en chef du Bas et du Haut-Canada. 4

16 janvier, Londres.
Gould à Aberdeen. Envoie extraits de lettres reçues du Bas-Canada, où les affaires arrivent à une crise, Papineau jouant là le rôle d'O'Connell en Irlande. Le mal fait par Hume et Roebuck, et par la longue correspondance entretenue par le ministère des Colonies avec Viger. A en sa possession une pétition signée par 16,000 des loyaux habitants du Canada. Demande avis sur la manière la plus efficace de la présenter à la Chambre des Communes. 333
Extrait d'une lettre datée de Québec, 26 novembre 1834. L'élection d'une immense majorité des partisans des notoires 92 résolutions. Fait connaître les moyens peu convenables et les menées illégales employés dans le quartier ouest de Montréal, où l'archi-agitateur Papineau lui-même était candidat. Donne détails sur les élections dans la ville et le comté, avec descriptions. La tentative d'un système d'exclusion a uni tous les citoyens d'origine britannique. Anglais, Ecossais et Irlandais, déterminés à ne pas se soumettre plus longtemps aux arrogantes prétentions de démagogues égoïstes. L'usage fait par Mackenzie et Papineau du concours donné par Hume et son satellite Roebuck. L'effet opéré sur l'auteur de la lettre par les tentatives du parti dominant et l'influence des assemblées de Stewart et du dîner donné en son honneur, avec d'autres dîners des membres du parti constitutionnel, dont une organisation constitutionnelle est en voie de formation à Montréal ; d'autres associations du même genre seront formées dans chaque ville et comté de la province, afin d'établir des droits égaux. Mesures vigoureuses demandées. 336
Extrait d'une lettre de Québec, datée le 8 et le 9 décembre 1834, parlant qu'une Chambre d'Assemblée indépendante va être convoquée. Attaque par Papineau contre la Compagnie Britannique Américaine des Terres, mais ce peut-être le moyen de sauver le pays. 343
Extrait d'une lettre datée de Montréal, 8 décembre 1834. Rend compte des procédures illégales de la votation dans le quartier ouest de Montréal. Le parti violent veut la révolution, non la réforme. L'exécutif est faible, et si le gouvernement impérial n'intervient pas avec vigueur et décision, il vaut mieux abandonner la partie, afin de connaître le pire. Ils pourront alors demander de l'aide physique aux colonies voisines. Papineau est un aussi petit homme que gentilhomme, un lâche aussi insigne que pamphlétaire méchant et traître. Le Daily Advocate a cessé d'exister, toute la classe commerciale lui ayant retiré son patronage quand il a fait volte-face; son personnel est maintenant au journal révolutionnaire Vindicator. La destruction de la Compagnie Britannique-Américaine des Terres est un de ses principaux buts. 345

19 janvier, Londres.
Gould à Aberdeen. Envoie extrait d'une lettre récemment reçue de Montréal. A laissé au ministère des Colonies un journal contenant une épître de Papineau aux électeurs du quartier ouest, Montréal. 348
Inclus. Extrait d'une lettre datée de Montréal, 8 décembre 1834. Sur la malheureuse situation politique du Bas-Canada et l'influence de Papineau. 349

1835.
20 janvier,
India House.

Ravenshaw à Hay (confidentielle).   A appris que Colborne a envoyé des observations sur la Compagnie d'Ottawa.   Demande une entrevue.
Page 694

21 janvier,
Whitehall.

Lack à Hay.   Envoie des observations faites par les lords du Commerce sur les plaintes des marchands de Gaspé.   (1) Droits sur les attirails de pêche ; demande doit être faite à la législature du Bas-Canada.   (2) Le droit de 3d. par gallon sur les mélasses importées a été aboli déjà.   (3) Un fonctionnaire des douanes a été placé à Gaspé par essai, afin de voir si c'est plus commode que la situation dont on se plaint. 137

21 janvier,
Affaires
étrangères.

Backhouse à Hay.   Envoie copie d'une note, avec d'autres papiers, de Vail.   Le chargé d'affaires des Etats-Unis en faveur de Rich, qui demande entremise officielle pour obtenir la permission de transcrire des documents relatifs à la révolution américaine.   Les pièces seront soumises à Aberdeen pour son opinion.   142
  Inclus.   Requête de Vail au duc de Wellington.   144
  Rich à Vail.   Envoie liste des documents dont copies sont demandées.
147
  Madame St-Clair Clarke et Force à Rich.   Une histoire documentaire de la révolution américaine est en cours de préparation.   Des documents qui se trouvent à Londres et qui sont demandés seront intercalés dans cet ouvrage.
  Les mêmes au même.   Encore à propos des documents dont copies sont demandées.   149
  Palmerston à Vail.   Malgré tout le désir de complaire aux désirs du gouvernement des Etats-Unis, les événements de la révolution sont trop récents pour que l'on puisse laisser des communications confidentielles à une inspection sans réserve.   Si Vail a pour instruction de demander des renseignements définis se rattachant à l'histoire des Etats pendant que ces derniers étaient colonies de la Grande-Bretagne, Palmerston fera de son mieux pour le favoriser.   151

21 janvier,
Trésorerie.

Stewart à Hay.   Les lords du Trésor appellent l'attention sur le retard que met Caldwell à payer les £2,000 pour lesquels on lui a permis de garder possession de Lauzon, et demandent que des mesures soient prises pour prévenir des retards à l'avenir.   207

26 janvier,
Londres.

Gillespie à Aberdeen.   Inquiétudes au sujet de la situation politique du Bas-Canada.   Envoie extrait d'une lettre reçue le même matin d'un correspondant en lequel on peut avoir confiance.   354
  Inclus.   Extrait d'une lettre datée de Montréal, 26 décembre 1834.   L'excitation diminue dans la ville, mais la clique essaie de répandre l'alarme parmi les Irlandais catholiques romains, ainsi que parmi les paysans canadiens-français.   Détails sur l'état politique des affaires et les assertions du *Vindicator* ayant pour but de créer des préjugés dans l'esprit des Canadiens français.   358

26 janvier,
Londres.

Gould à Aberdeen.   Le paquebot-poste de New-York, parti le 1er janvier, a apporté d'autres nouvelles du Canada.   Le changement de ministère vient d'être connu.   Aylmer avait convoqué la législature pour le 27 janvier, tandis que les représentants français avaient convoqué une assemblée pour le 6 décembre dans le but de concerter des mesures, mais celles-ci ne sont pas connues.   On croit que la Chambre refusera de traiter avec le gouvernement.   353

26 janvier,
Amirauté.

Dawson à Hay.   Il n'y a pas de navire de guerre se préparant à partir pour l'Amérique du Nord, et il n'est pas possible de dire quand il y en aura un.   8

27 janvier,
Londres.

Carter à Aberdeen.   Transmet exemplaire d'un rapport de l'Association coloniale Nord-Américaine, présenté à l'assemblée générale le 14 du courant.   364
  Inclus.   Cinquième rapport.   Compte rendu de ses procédures au sujet de différentes questions coloniales.   365

1835.

29 janvier,
India House.

Ravenshaw à Hay. Envoie papier pour montrer ce qui s'est passé entre la Compagnie d'Ottawa et l'Association Irlandaise. Comme c'est l'habitude, il s'est fait quelque agitation en Irlande à ce sujet. S'il trouve quelque chose qui vaille la peine d'une communication il l'enverra.
Page 693

Incluses. Minutes du comité de la Compagnie d'Ottawa. Ce qui s'est passé au sujet de la fusion avec l'Association coloniale Nord-Américaine d'Irlande et correspondance. 693

29 janvier,
Trésorerie.

Stewart à Hay. La papeterie fournie au gouvernement colonial valait £111. 17. 2, somme dont les lords du Trésor ont demandé le remboursement, car ils se sont engagés à la faire payer au contrôleur de la papeterie. 205

30 janvier,
Londres.

Campbell au même. Il y deux missionnaires du nom de Robertson employés par la société, l'un à Bridgetown, N.-É., et l'autre à Stanbridge, Bas-Canada; il a été reçu du premier une lettre portant la date du 11 décembre, et du dernier une lettre datée le 5 novembre. Espère que ni l'un ni l'autre des deux n'est l'individu qui s'est conduit d'une façon aussi infâme à Liverpool. 762

30 janvier,
Londres.

Le même au même. A reçu lettre en contenant une de Leeds, missionnaire à Coteau-du-Lac, qui demande à prendre sa retraite avec une pension de £100 par année. Une lettre de même nature a été reçue par la Société pour la propagation de l'Evangile; la société va communiquer avec l'évêque de Québec, qui sera prié de donner son avis sur le sujet. 764

30 janvier,
Trésorerie.

Stewart au même. La somme de £31,000 ayant été payée à même la caisse militaire par ordre d'Aylmer en raison d'une dépêche reçue du ministère des Colonies, les lords du Trésor demandent qu'une copie de la dépêche soit fournie. 209

2 février,
Dublin.

Code des règlements.

2 février,
Dublin.

Formule de requête. Ces deux pièces incluses dans Henchy à Hay, 2 mars 1835.

2 février,
Londres.

Gould à Hay. S'est présenté pour le voir, mais il était absent. La clique attend évidemment pour frapper un coup inattendu. Elle a publié des annonces avertissant les émigrants que la Compagnie Britannique-Américaine des Terres n'a pas de titre aux terres, voulant sans aucun doute dire par là que la Chambre d'Assemblée annulera la convention. La compagnie aura besoin de toute l'aide possible pour faire des opérations. Il a de fortes raisons pour penser qu'un émissaire secret est allé aux Etats-Unis au nom de la clique, et que cet émissaire est Chapman, ancien rédacteur de l'*Avertiser* de Montréal, et aujourd'hui le bras droit de Papineau; il a été patronisé par Paulet Thompson et a écrit sur le libre-échange en céréales. Son compagnon était le Dr Nelson, un Canadien radical. 375

3 février,
Londres.

Reid à Hay. Demande, au nom de la Compagnie Britannique-Américaine des Terres, une entrevue avec Aberdeen. 666

9 février,
Amirauté.

Barrow au même. Ne peut savoir qui agit pour Kerr. Les lords de l'Amirauté feront une nomination sans avoir reçu une communication d'Aberdeen. 9

9 février,
Londres.

Reid au même. Envoie note des questions qui seront soumises à Aberdeen par la députation de la Compagnie Britannique-Américaine. 667

Incluses. Questions devant être soumises à Aberdeen. 668
Extrait d'une dépêche des commissaires de la Compagnie Britannique-Américaine des Terres à Reid. Fait rapport que l'étendue non arpentée des terres dans le comté de Sherbrooke sera moindre que la quantité estimée dans le contrat. L'importance pour la compagnie d'avoir toute la propriété à laquelle elle a droit, car la connaissance de cette propriété

64 VICTORIA, A. 1901

1835.

et la relation des différentes parties doivent servir à déterminer les
améliorations proposées. Le nombre d'acres qui doivent être vendues à la
compagnie par le contrat intervenu.   Les erreurs sur les plans annexés
au contrat.   Calculs de la quantité réelle des terres.   Erreurs dans les
limites indiquées par le plan et nouveaux calculs.   Page 673

10 février,
Londres.

Ravenshaw à Hay.   Le temps presse; si le projet d'Ottawa doit être
sanctionné, il faut qu'il soit arrêté bientôt.   Il va aller le consulter
(Hay).   704

12 février,
Dublin.

Compte courant.

13 février,
Dublin.

Résolutions adoptées par l'Association de colonisation Nord-Américaine.
Ces deux pièces incluses dans circulaire de Frew du 31 mars 1835.

13 février,
Ministère
de la Guerre.

Sulivan à Hay.   Demande un état des appointements et émoluments
annuels du capitaine Elliott, arbitre sur le canal Rideau, qui a pétitionné
pour recevoir sa demi-solde avec revenu civil.   322

14 février,
Dublin.

Prospectus de l'Association coloniale Nord-Américaine.   Inclure dans
Henchy à Hay, 2 mars 1835.

19 février,
Trésorerie.

Stewart à Hay.   Relativement à la dépêche d'Aberdeen à Aylmer à
l'effet d'autoriser le paiement de £31,000 à même la caisse militaire, il
ne paraît pas que sanction préalable ait été accordée par les lords du
Trésor.   À cause des inconvénients qui pourraient en résulter, les lords
du Trésor demandant qu'aucune autre avance ne soit autorisée.   210

20 février,
Amirauté.

Barrow à Hay.   La durée moyenne de la traversée à Québec peut être
de 7 à 8 semaines, et comme les premiers navires marchands quittent la
Tamise au commencement de mars, ils ne rencontrent pas de glaces dans
le Saint-Laurent.   10

20 février,
Londres.

Ravenshaw au même.   Comprend que Colborne est favorable à la proposition de coloniser le pays entre l'Ottawa et le lac Huron.   Il fait
plaisir de constater qu'Aberdeen est pénétré de l'importance de former
une compagnie dans ce but.   Regrette que Sa Seigneurie, avant d'en-
tamer des négociations, soit portée à s'adresser au Canada pour de nouveaux renseignements.   L'opinion favorable qui existe au Canada au
sujet de la compagnie.   Envoie un imprimé d'observations sur un projet
de même nature préjudiciable aux intérêts du Canada.   Le désappointement pour les populations d'Irlande, qui attendaient depuis longtemps
du soulagement à cette source.   705

Incluses.   Observations comparatives sur deux communications avec
le lac Huron, l'une dans la direction de l'Ottawa à Montréal, l'autre par
le lac Simcoe, les lacs peu profonds et la rivière Trent jusqu'au lac
Ontario.   Les avantages de la route par le lac Huron.   708

21 février,
Londres.

Gould à Hay.   Chapman et Nelson ont apporté de l'assemblée de la
clique un mémoire qui a été donné à Roebuck. L'attaque projetée contre
la Compagnie Britannique-Américaine des Terres.   Nul doute que le
mémoire est en la même situation dans la Chambre des Communes que
la pétition nombreusement signée qu'il (Gould) a entre ses mains.   L'histoire de la carrière de Chapman, qui a de nouveau quitté le Canada dans
les dettes et qui, après avoir été secrétaire de la convention, s'en vient
comme délégué de Roebuck et Hume.   À jugé bon de faire connaître au
ministère des Colonies la valeur morale de ce charlatan spécieux.   378

23 février,
Dublin.

Coghill à Aberdeen.   Une députation de l'Association coloniale Nord-
Américaine a l'intention d'être à Londres vers le 2 de mars. Quand peut-
elle avoir une entrevue ?   476

26 février,
Londres.

Gillespie à Hay.   Envoie, pour être communiqués à Aberdeen, des
extraits d'une lettre de son ami à Montréal.   S'il est trouvé importun, il
n'en enverra pas davantage ; mais si ces extraits ont quelque valeur, il
continuera d'en fournir.   380

26 février,
Londres.

Le même à Aberdeen.   Envoie extrait d'une lettre, reçue de
Montréal, sur l'état des affaires publiques, spécialement sur la pétition

récemment signée par les membres de l'Assemblée contre la Compagnie des Terres. Les faits et gestes du parti séditieux confirment ses intentions de renverser le gouvernement colonial, d'unir la province aux Etats-Unis, ou de déclarer son indépendance si elle est aidée par la France—ce qui pourrait être—prévenu si le parlement avait le temps de se renseigner sur les manœuvres du parti.   Page 381

Inclus. Extrait d'une lettre datée Montréal 25 janvier 1835. Exposé de la situation politique du Bas-Canada.   382

27 février,
Londres.

Gould à Gladstone. Ses associés pensent qu'il vaudrait mieux remettre à plus tard la présentation de la pétition, vu l'état d'excitation dans lequel se trouve la Chambre des Communes. L'existence d'une pétition signée par 12,000 personnes contre les 92 résolutions pourrait être mentionnée quand Roebuck présentera sa pétition.   387

28 février,
Québec.

Extrait d'une lettre datée comme en marge. Incluse dans Gillespie à Aberdeen, 6 avril 1835.

28 février,
Québec.

Résolution de la Chambre d'Assemblée à l'effet que si le bill adopté par la Chambre ne devient pas loi, Roebuck soit prié, en sa qualité d'agent de l'Assemblée, de représenter les intérêts et les sentiments des habitants de la province.   37

— février,
Dublin.

Requête des directeurs de l'Association Coloniale Nord-Américaine. Incluse dans Henchy à Hay, 2 mars 1835.

2 mars,
Londres.

Henchy à Hay. Coghill et le reste de la députation sont attendus dans le cours de la journée, et dès leur arrivée ils mettront la lettre de Hay devant le Conseil. Envoie pétition sans attendre les signatures des messieurs qui ne sont pas encore arrivés. Regrette d'être obligé d'envoyer la pétition dans un état aussi sali.

Inclus. Pétition des directeurs de l'Association coloniale Nord-Américaine, exposant ses vues ; dans le cas où ces dernières seraient approuvées, espèrent que des mesures immédiates seront prises pour commencer les opérations dans le cours de la présente saison.   479

Prospectus de l'association.   491
Code de règlements.   502
Formule de demande d'actions.   511
Autre prospectus, avec plan d'établissement et autres renseignements.   544
Autre formule de demande.   568

10 mars,
Londres.

Lettre sur la question canadienne adressée au *Morning Advertiser.* Traite la question des griefs et critique très longuement l'adresse de Papineau.   395

10 mars,
Londres.

Résolutions des messieurs qui proposent d'établir une compagnie de terres, pour être transmises à la disposition de l'Association irlandaise. Les résolutions étaient à l'effet que le contrôle absolu devait appartenir au conseil de Londres, que la compagnie ne prendrait aucune charge, mais que ses agents devaient recevoir instruction de voir aux travaux publics pour l'emploi de journaliers ; trois messieurs attachés à l'Irlande devaient être admis membres de la compagnie de Londres, et les dépenses de l'Association Irlandaise ne devaient pas excéder £200. 723

11 mars,
Artillerie.

Byham à Hay. Transmet une circulaire que le conseil de l'Artillerie désire voir distribuée à tous les gouverneurs de colonies.   190

Incluse. Circulaire concernant les défenses.   192

12 mars,
Londres,

Article publié dans le *Morning Advertiser* sur la question canadienne. Observations sur la lettre traitant la même question et publiée par l'*Advertiser* le 10 mars.   408

12 mars,
Londres.

Coghill à Hay. Ainsi que suggéré, les délégués irlandais ont eu une entrevue avec ceux des messieurs de Londres, et ensemble ils ont demandé une grande étendue de terres entre la rivière Ottawa et le lac Huron. Leurs plans sont si différents de ceux des messieurs de Londres qu'ils ne peuvent s'unir, et ils ont résolu de marcher seuls. Leur prospectus fait voir que le plan est de soulager les misères du pauvre, et

1835.

diffère du plan de Glasgow de 1821 et 1822, en ce qu'ils ne demandent pas le terrain gratis. Les messieurs de Londres sont comme les autres compagnies foncières, qui ne reçoivent que ceux seulement qui peuvent acheter des terrains d'elles. Envoie lettre pour être communiquée à Aberdeen.   Page 512

Inclus. Coghill à Aberdeen. Lettre officielle semblable en substance à la lettre adressée à Hay et portant la même date.   514

13 mars, Trésorerie.

Stewart à Hay. Les lords du Trésor approuvent la communication faite par Aberdeen à Aylmer au sujet de la rente payée par Caldwell pour Lauzon.   211

13 mars, India House.

Ravenshaw au même (confidentielle). Envoie copie de son ultimatum à la députation d'Irlande. A idée qu'elle s'y rendra.   721

13 mars, Londres.

————au même. A remis entre les mains de la députation irlandaise, mercredi, l'ultimatum de la Compagnie de Londres. N'a pas raison d'espérer qu'elle s'y rendra. Espère qu'Aberdeen lui donnera une autre entrevue.   722

16 mars, Québec.

Extrait d'une lettre datée comme en marge. Incluse dans Gillespie à Glenelg. 9 mai 1835.

16 mars, Gardes à cheval.

Fitz Roy Somerset à Hay. Transmet pétition de James McClelland, invalide externe de la milice de North-Mayo, récemment émigré au Canada, ou il a trouvé que les concessions de terres étaient discontinuées. Il demande que son cas soit pris en considération: 23 ans de service.   108

Incluse. Pétition.   109

16 mars, Londres.

Gillespie à Gladstone. Demande que, avant que le bill à l'effet de modifier la réglementation des navires qui transportent des émigrants dans les provinces de l'Amérique Britannique du Nord ne soit déposé à la Chambre des Communes, la nature des propositions soit communiquée au comité de l'Association coloniale Nord-Américaine.   421

18 mars, Londres.

Le même à Aberdeen. Demande une entrevue au nom de l'Association coloniale Nord-Américaine, pour présenter une pétition au sujet de la cour de vice-amirauté de Québec. Sera content de recevoir des renseignements sur les modifications qui pourraient être faites à la loi concernant ce tribunal-   388

18 mars, Londres.

Le même à Gladstone. Renouvelle la demande qu'il retarde de déposer le bill ayant pour effet de réglementer les navires à passagers jusqu'à ce qu'il y ait une occasion d'examiner les suggestions de la Société des Armateurs et de l'Association coloniale Nord-Américaine.   422

20 mars, Trésorerie.

Brande à Hay. A reçu dépêche concernant les phares dans l'Amérique du Nord. Les documents sont devant la maison de la Trinité et l'Artillerie pour un rapport. L'allocation à l'Ile de Sable sera renouvelée pour deux ans, faisant £1,200 en tout.   212

20 mars, Amirauté.

Dawson à Gladstone. Suivant instructions reçues, les lords de l'Amirauté vont préparer un navire de guerre pour aller à Québec avec lord Canterbury. Désirent connaître le nombre de sa suite.   11

23 mars, Londres.

Gould à Hay. Fait rapport que Ripon va présenter la pétition de Beauharnois, celle signée par le plus petit nombre, mais n'en prendra pas connaissance avant que G. F. Young ait présenté la sienne. La grande pétition de Montréal, signée par 11,171 personnes, parmi lesquelles près de 1,000 noms français, a été laissée au bureau d'audition pour Aberdeen. Rappelle à Hay la grave maladie du juge en chef Sewell. La situation est importante, et il est à espérer qu'un jeune avocat sans cause et presque imberbe n'y sera appelé, comme dans le cas de Carter envoyé à Halifax. Le ci-devant procureur général James Stewart mérite bien la nomination.   424

23 mars, Londres.

Bentham à Hay. Annonce le décès de D. Douglas, qui est tombé dans une fosse creusée pour capturer des bœufs.   765

DOC. DE LA SESSION No 18

1835.

25 mars,
Gardes à
cheval.

Fitzroy Somerset au même. Déjà tout a été fait dans la voie des réductions en la Nouvelle-Ecosse. Les deux nominations à l'état-major en Canada devraient être maintenues.   Page 111

27 mars.

Minutes du Trésor au sujet du département des Sauvages.   253

28 mars,
Londres.

Coghill à Aberdeen. La répugnance de la députation à faire rapport à l'Association du mauvais vouloir du gouvernement pour le moment d'accepter la proposition d'acheter des terres dans le Haut-Canada pour y établir des émigrants, et lui a donné instruction d'appeler encore une fois l'attention de Sa Seigneurie sur cet important sujet. Comme il y a des objections à concéder des terres dans le Haut-Canada, demande qu'une concession soit faite dans le Nouveau-Brunswick. Dit quels sont les objets de l'Association.   516

Inclus. Résumé des objets et plans de l'Association coloniale Nord-Américaine.   520

30 mars,
Londres.

Gould à Gladstone. Remarque que Roebuck doit proposer, jeudi, d'annuler l'Acte de la Compagnie Britannique-Américaine des Terres et de changer la tenure des terres dans le Bas-Canada, la tenure seigneuriale étant regardée comme une injustice. Les avantages conférés par la Compagnie Britannique-Américaine des Terres, qui avait été formée à la demande urgente de la population britannique.   429

31 mars,
Trésorerie.

Stewart à Hay. Au sujet des présents destinés aux sauvages en 1833, le parlement n'a voté que juste assez pour leur permettre d'envoyer la moitié de la réquisition. Les accumulations provenant des années précédentes ont permis de faire les présents, et ceux qu'on y a ajoutés ont coûté seulement £1,669, 7, 6. Une réquisition a été reçue pour 1835, et des ordres ont été donnés pour le distribution des présents demandés.
                                                                      214

31 mars,
Dublin.

Circulaire par Frew, secrétaire de l'Association de colonisation Nord-Américaine, défendant les directeurs contre l'accusation de retenir de force les fonds. Le désir des actionnaires de dissoudre l'association en justice pour les actionnaires.   569

Inclus. Résolutions adoptées par les directeurs le 13 février 1835. 572

Compte courant des directeurs avec les actionnaires.   577

— mars,
Londres.

Pétition de marchands et autres intéressés dans le commerce de l'Amérique Britannique du Nord demandant une modification des règlements de la cour de vice-amirauté.   426

(?) mars.

Lettre dans la *Gazette* de Montréal; critique des hommes qui font de l'agitation pour un changement.   414

(?) mars,
Londres.

Gould à Aberdeen. Transmet copie d'une résolution des loyaux habitants du Bas-Canada qui était en cours de signature à Québec, avec copie d'une lettre qui l'accompagne. Des associations constitutionnelles ont été formées dans toute la province, les loyaux habitants ayant été entraînés à prendre ce moyen de faire connaître leurs griefs. Il y a peu de doute que plusieurs pétitions arriveront d'ici à quinze jours, et on espère que des moyens seront pris pour les rendre publiques. Toute la partie intelligente de la population répudie tout désir d'un changement dans la constitution, et demande seulement d'être débarrassée d'une législature composée de bigoterie, d'ignorance et d'intolérance.   390

Inclus. Extrait d'une lettre datée Québec 7 février 1835. Envoyé copie d'une résolution dont l'original sera transmis quand il aura été signé. Espère que Gould attirera l'attention sur cette pétition ainsi que sur celle publiée dans l'*Ami du Peuple.* Les fausses représentations de cette dernière, sur lesquelles jugement devra être suspendu jusqu'à ce qu'elles puissent être exposées. Il est difficile de conseiller ce qu'il y a de mieux à faire, maintenant que le gouvernement impérial a donné les revenus permanents de la Couronne.   392

2 avril,
Glasgow.

Stewart à Ravenshaw. Incluse dans Ravenshaw à Grant, 30 avril 1835.

1835.
2 avril,
Londres.

Ravenshaw à Aberdeen. Envoie copie d'une lettre de Shirreff, l'un de ceux qui l'ont induit à former une compagnie pour la colonisation des terres sur l'Ottawa. Le désappointement que le retard du gouvernement cause à tous ceux qui ont pris intérêt au sujet.   Page 725

Inclus. Shirreff à Ravenshaw. Un long exposé sur le sujet de la colonisation de l'Ottawa.   727

3 avril,
Trésorerie.

Stewart à Hay. Envoie documents concernant le département des Sauvages dans les Canadas.   216

6 avril,
Amirauté.

Dawson au même. Le *Pique* a été préposé pour le transport de Gosford et de sa suite à Québec.   12

6 avril,
Artillerie.

Byham au même. Envoie relevé des péages reçus sur le canal Rideau pendant l'année terrminée le 31 décembre 1834, lesquels s'élèvent à £2,830.16.   199

Inclus. Compte de péages.   200

6 avril,
Londres.

Gillespie à Aberdeen. Envoie extrait d'une lettre reçue de Québec, et demande protection pour la population anglaise. Les personnes mal vues par des membres de la Chambre d'Assemblée n'osent pas sortir le soir ni même le jour en certains endroits.   433

Inclus. Extrait concernant l'ouverture de la législature; le choix de Papineau comme Orateur de l'Assemblée a été confirmé. Anxiété à l'occasion des instructions qui seront envoyées par le nouveau ministère; les torts causés par la timidité et la vacillation du ministère des Colonies. Si le gouvernement ne se montre pas ferme, une collision ne peut être longtemps retardée. Ordre par l'Assemblée de produire les papiers servis à l'adjudant général sans l'intervention du commandant en chef, et maintenant l'Orateur a décerné son mandat d'amener le receveur des douanes à la barre de la Chambre parce qu'il a refusé de fournir des relevés sans l'autorisation du gouverneur en chef. Il va sans doute être mis en état d'arrestation.   434

7 avril,
Gardes à
cheval.

Hill à Aberdeen. A reçu lettre et journal, ce dernier contenant correspondance échangée entre Aylmer et Stuart, ci-devant procureur général. Injonction la plus formelle envoyée à Aylmer de s'abstenir de tenir compte de tout appel d'une nature hostile venant de Stuart.   112

7 avril,
Londres.

Gould à Gladstone. Hale, un parent de lord Amherst, est un homme très honnête, mais bien qu'il soit supposé favoriser la clique, on a fréquemment envoyé examiner l'échiquier public, et toujours vérifier les comptes en ces occasions. Brougham, dans son discours, doit avoir oublié que Caldwell, ci-devant receveur général, le touchait de près par alliance. Dans l'article de fond du *Herald* on trouvera la cause du zèle de Roebuck.   437

8 avril,
Trésorerie.

Freemantle à Hay. Lettres de change tirées par Amherst qu'Aberdeen demande d'être honorées doivent être traitées de la même manière que celles qui se rattachent à d'autres missions étrangères.   257

8 avril,
Londres.

Ravenshaw à Aberdeen. La détermination du gouvernement de ne pas établir d'autres compagnies de terres. Les conséquences du retard fâcheuses pour le pays, pour la colonie et pour les capitalistes.   742

13 avril,
Amirauté.

Barrow à Hay. Désire connaître le rang de celui qui s'en va avec Gosford en qualité de commis, afin que l'on puisse déterminer à quel mess il doit être placé.   13

13 avril,
Amirauté.

Dawson au même. Les lords de l'Amirauté ont nommé Amherst capitaine général et gouverneur en chef des Canadas, et celui qui remplit les fonctions de cet office vice-amiral.   14

18 avril,
Montréal.

Extrait d'une lettre datée comme en marge. Inclus dans Gould à Glenelg, 16 juin 1835.

20 avril,
Gardes à
cheval.

Fitzroy Somerset à Hay. Transmet pétition de John Lowrie, ci-devant sergent de compagnie au 1er Dragons de la Garde, demandant une concession de terrains en Canada, ayant servi 26 ans dans l'armée.   113

Incluse. Pétition de John Lowrie.   114

DOC. DE LA SESSION No 18

1835.

20 avril, Londres. Reid à Hay. Il n'a pas été donné avis du contrat passé avec le secrétaire colonial à l'effet que la Compagnie Britannique-Américaine des Terres ne devait pas payer la moitié des améliorations, et les commissaires ont tiré sur la somme et l'ont payée. Demande que le receveur général reçoive instruction de la rembourser. Page 682

21 avril, Londres. Church au même. Envoie au commissaire le compte de papeterie, dont il demande le paiement. 766
Inclus. Compte de petites fournitures. 767
Compte de papeterie. 768

29 avril, Londres. Baillie à Hay. Fait rapport des mesures qu'il a prises pour le passage du chef sauvage et de ses compagnons. Demande que des arrangements soient pris pour le paiement du passage. 30
Inclus. Carter et Bonus envoient des listes d'approvisionnements, etc., en réponse à demande de renseignement pour les sauvages. Suggèrent un mode différent de celui qui est ordinairement suivi, et offrent de le préparer. 33
Echelle A d'approvisionnement pour les passagers d'entrepont à destination de l'Amérique du Nord. 35
Echelle B d'approvisionnement pour les passagers d'entrepont à destination de New-York. 36

30 avril, Boston. Moore à Gay. Incluse dans Gay à Freeling, 9 juin 1835.

30 avril, Londres. Ravenshaw à Grant. Demande une audience pour présenter un mémoire de marchands et autres du Haut-Canada se plaignant du retard apporté à la sanction d'un projet élaboré pour améliorer la navigation et coloniser la province. Le mémoire le mettra probablement au fait du projet auquel il a pris une part éminente depuis deux ans. 747
Inclus. Mémoire sur l'Association d'Ottawa proposée. 748
Stewart à Ravenshaw. Envoie requête à être présentée à Aberdeen. Les signataires sont des hommes de première condition, et tous désirent la formation de sa compagnie; espère qu'elle pourra commencer ses opérations à la saison prochaine. 754
Requêtes de marchands de Bytown et autres intéressés dans le commerce de l'Ottawa; copies des signatures sont annexées. 775

— avril, Downing Street. Lettre non signée à Ravenshaw. Il fait erreur en pensant que l'établissement de compagnies de terres est seulement différé. On n'a pas l'intention d'établir des compagnies de terres. 746

4 mai, Downing Street. Lettre non signée à l'Artillerie concernant circulaire de mars relative aux défenses. 194

6 mai, Trésorerie. Stewart à Hay. Transmet, par ordre des lords du Trésor, requête des commissaires des douanes de Québec. A-t-il été reçu quelque rapport? Désire savoir si des instructions spécifiques doivent être données. Renvoyer les papiers. 260

7 mai, Ministère de la Guerre. Sulivan au même. On demande relevé des honoraires reçus par le lieut.-colonel Craig en qualité de secrétaire civil en 1832, 1833 et 1834. 323

8 mai, Amirauté. Wood au même. Transmet requête de Kerr, ci-devant juge de la cour de vice-amirauté, demandant une allocation de retraite. 15
Inclus. Extrait de la retraite de Kerr. 16

8 mai, Trésorerie. Stewart à Hay. Suivant recommandation, les lords du Trésor ont demandé à l'Artillerie de fournir les présents pour le chef sauvage et ses compagnons, et ont autorisé l'émission de £200 pour payer le passage de ces sauvages à New-York. 261

9 mai, Québec. Extrait d'une lettre datée comme en marge. Inclus dans Gould à Glenelg, 13 juillet 1835.

9 mai, Londres. Gillespie à Glenelg. Envoie extrait d'une lettre écrite par un correspondant en Canada sur la question des contingents de l'Assemblée. La

18—12½

1835.

population britannique doit être protégée dans la personne et la propriété, sans quoi il sera plus difficile de traiter avec elle qu'avec les
habitants de descendance française qui ont reçu concessions sur concessions et ont fini par demander que le gouvernement réside dans une
seule branche de la législature, la Chambre d'Assemblée, dans laquelle
l'élément anglo-canadien n'est pas représenté. Le Conseil législatif est
la seule branche en laquelle la population anglaise a quelque confiance,
et s'il devient électif elle ne s'y soumettra pas. La partie anglaise de la
population a plus de raison de se plaindre que les Canadiens français,
bien que ces derniers aient quelques sujets de griefs.   Page 439

Inclus. Extrait d'une lettre datée Québec, 16 mars 1835. La dispersion de l'Assemblée en recevant le message d'Aylmer relatif aux £18,000.
Doute que la pénible situation des fonctionnaires aurait été améliorée si
l'Assemblée avait reçu la somme. Spring Rice devra recevoir l'autorisation du parlement pour remplacer l'avance. S'il était allé à la Chambre
tout d'abord, il n'aurait pas ajouté de la force aux prétentions extravagantes de l'Assemblée. Ce que Aylmer aurait dû omettre et ce qu'il
aurait dû dire dans son message concernant les £18,000. Entre dans
des détails sur l'origine du débat au sujet des contingents. La somme
décennale moyenne de ces contingents, de 1793 à 1832. Comment le
déficit s'est produit. Autres détails et très longue critique du message
du gouverneur.   441

9 mai,
Londres.

Gould à Grenelg. A des avis de Montréal allant jusqu'au 3 avril. Ne
sait pas si MM. Neilson et Walker sont arrivés. Neilson est parti de
Québec le 3.   453

11 mai,
Artillerie.

Byham à Stewart. Incluse dans Stewart à Hay, 14 mars 1835.

12 mai,
Ministère
de la Guerre.

Sulivan à Grey. Envoie copie d'une lettre du lieut.-colonel McDougall, du 79ᵉ d'infanterie, au sujet de deux pensionnaires commués au
Canada qui, par suite de blessures reçues au service, sont incapables de
travailler. On ne peut rien faire pour eux au ministère de la Guerre,
mais il suggère que Glenelg écrive en leur nom au gouverneur de faire
ce qu'il pourra pour eux.   326

Inclus. Renseignements concernant les soldats Richard Power et
Robert Hudgson, pensionnaires commués.

13 mai,
Amirauté.

Wood à Grey. Les lords de l'Amirauté considèrent que la question
d'une pension à Kerr relève entièrement du secrétaire colonial, mais les
services de Kerr ne lui donnent pas droit à une pension.   17

13 mai,
Trésorerie.

Stewart à Hay. Transmet lettre du solliciteur du Trésor et ordonnance du conseil renvoyant l'appel de DesRivières contre l'Institution
Royale au sujet de la somme de £10,000; instruction devrait être envoyée au gouverneur du Bas-Canada de percevoir les sommes de £130.-
12.7 et de £11.1.4 des personnes individuellement responsables.   263

Inclus. Boucher, solliciteur du Trésor, à Stewart. Fait rapport de la
décision dans la cause en appel de DesRivières *vs* l'Institution Royale,
avec la répartition des frais.   264

13 mai,
Trésorerie.

Baring à Hay. A reçu des lords du Trésor instruction d'adresser une
communication spéciale au sujet de l'avance faite par ordre d'Aberdeen à
même la caisse militaire pour des fins civiles. Le Trésor doit exercer
un contrôle direct et incessant sur les dépenses soit intérieures ou coloniales. Il est permis de supposer que le maintien de cette autorité nécessaire donne lieu à correspondance; autrement, un précédent très
dangereux pourrait être créé. Donne l'histoire de la cause pour montrer que ceci a été fait, bien que l'on ait dit qu'il n'en existait pas de
pièce officielle au ministère des Colonies.   266

14 mai,
Lochrin.

Haig à la Compagnie des Marchands. Incluse dans Maule à Hay, 8
juillet 1835.

1835.

14 mai,
Trésorerie.

Stewart à Hay. Envoie lettre de l'Artillerie à l'effet que des ordres ont été donnés de préparer les présents devant être distribués aux sauvages.   Page 269

Inclus. Byham à Stewart. Le conseil de l'Artillerie a reçu lettre du 9 mai, et ordonné que les présents soient préparés pour les sauvages.
                                                                                 370

15 mai,
Montréal.

Extrait d'une lettre datée comme en marge. Incluse dans Gould à Glenelg, 16 juin 1835.

15 mai,
Londres.

Adresse de la Chambre des Communes pour copie d'une dépêche de Spring Rice à Aylmer l'autorisant à payer les fonctionnaires du Canada à même les deniers qui n'ont pas été votés à cette fin par la législature du Canada.   3

15 mai,
Londres.

Carter à Glenelg. Suivant la demande des signataires de la pétition placée entre les mains de Sa Seigneurie par Walker et Neilson, Walter Gillespie, fils, a été nommé pour coopérer avec eux.   454

18 mai,
Sydney, C.-B.

Receveur et contrôleur des douanes à Manner.

18 mai,
Pictou.

Voonan, receveur des douanes, à Manners. Les deux lettres incluses dans Strangways à Hay, 5 décembre 1835.

20 mai,
Londres.

Roebuck à Glenelg. Il a été nommé agent de la Chambre d'Assemblée du Bas-Canada; demande une entrevue.   32

23 mai,
Trésorerie.

Barring à Gray. Jessop, receveur des douanes à Québec, ayant été remis en liberté par la prorogation de la législature, a repris ses fonctions. Les lords du Trésor désirent avoir l'opinion de Glenelg sur les directions qu'ils doivent donner aux fonctionnaires sous leur contrôle; ils n'ont pas d'objection à ce que la législature de Québec reçoive les renseignements qu'elle demande au sujet du revenu perçu dans le port.   271

26 mai,
Amirauté.

Barrow au même. Les lords de l'amirauté ont reçu lettre concernant les honoraires exigibles dans la cour de vice-amirauté à Québec.   18

Incluse. Opinion d'avocat sur l'effet du bill actuellement devant le parlement.   19

27 mai,
Artillerie.

Byham à Hay. Les instructions ordonnant de transférer les bâtisses et magasins de la marine maintenant en la possession de l'amirauté ne devaient-elles pas être limités aux postes où il existe des établissements de l'artillerie ?   201

5 juin.

Roebuck à Glenelg. Envoie un rapport, aussi fidèle que sa mémoire le lui permet, de ce qu'il à dit à leur réunion.   38

6 juin,
Dublin.

Coghill à Glenelg. A appris que le gouvernement refuse, à la surprise et au désappointement des directeurs, d'accorder une charte de constitution à l'Association coloniale Nord-Américaine. Les peines qu'ils se sont données pour perfectionner un plan d'émigration qui, l'espéraient-ils avec confiance, aurait l'appui du gouvernement. Comment l'émigration a été conduite jusqu'ici. L'association pourrait remédier aux maux qui ont résulté de cette direction, et demande à Sa Seigneurie de donner sa sérieuse attention au sujet.   522

9 juin,
Falmouth.

Gay à Freeling. Une boîte adressée à Hay a été envoyée à l'entrepôt de douane, Londres, où elle arrivera dans huit jours environ.   770

Inclus. T. W. Moore à Gay. Envoie boîte adressée à Hay pour être transmise et sa réception accusée.   771

11 juin,
Londres.

Bentham, secrétaire de la Société d'Horticulture de Londres à Hay. Trois caisses contenant des objets laissés par D. Douglas sont arrivées; John Douglas, son frère, doit y voir et ouvrir les caisses. Est bon de l'en informer, dans le cas où il désirerait envoyer quelqu'un y assister.
                                                                                 772

15 juin,
Amirauté.

Barrow au même. Gosford, comme gouverneur, etc., des Canadas et des provinces maritimes, nommé vice-amiral des mêmes.   21

15 juin,
Londres.

Liste d'articles reçus de la Société d'Horticulture.   773

1835,
16 juin,
Londres,

Gould à Glenelg. Envoie d'une lettre, datée 15 mai, reçue de Montréal.   Page 455
Inclus. Extrait d'une lettre datée Montréal 18 mai 1835. Il serait prématuré de critiquer la politique d'instituer une commission, mais le peuple serait agréablement désappointé si elle produisait le bien qu'on en attend. La lutte se fait entre ceux qui désirent briser le lien unissant le Canada à l'Empire et ceux qui sont déterminés à le maintenir ; en sorte qu'on ne peut en attendre un avantage pratique.   458
Extrait d'une lettre datée Montréal 15 mai 1835. Conjectures sur la ligne de conduite qui sera suivie par Stuart, ci-devant procureur général, après le départ d'Aylmer et la réception qui sera faite à Amherst par la clique. Rien qu'une république française ou la plus grande apparence d'autorité ne pourra satisfaire les quelques égoïstes turbulents qui se donnent le nom de "la nation canadienne". Il ne faudra pas tenir compte de cette poignée d'hommes quand on rendra justice à la province. Le danger d'admettre la clique dans le Conseil législatif; ce serait comme le renard qui y mettrait le nez. Viger et Morin ont donné à Spring Rice une liste de ceux qui doivent être placés au Conseil ; ce sont les hommes les plus violents et les plus inconsidérés de la province. Neilson et Walker, actuellement à Londres, peuvent donner tous les renseignements nécessaires. Comme Viger et Morin ont l'oreille de la Chambre des Communes, ne voit pas le bien qu'une commission peut faire. Un gouverneur de jugement sain, un homme d'État plutôt qu'un avocat, un homme de décision plutôt qu'un parleur, est ce qu'il faut. Arrivée de navires et le mouvement commence ; agitation au sujet des impôts sur le bois de construction. Les demandes des chefs de la clique.   458

19 juin,
Londres.

Roebuck à Glenelg. Regrette qu'il (Glenelg) n'ait pas fait connaître ses objections pendant qu'ils conversaient, car il y aurait répondu de suite. Représente les idées de l'Assemblée, "qu'il a été autorisé à faire". Le rapport que la pétition de l'Assemblée a avec la commission des griefs. Comment la commission sera reçue. Situation des partis au Canada. Se plaint de ce que l'on prête l'oreille à des agents particuliers qui ne sont pas accrédités, tandis qu'il (Roebuck) est mis de côté sur un point de forme. Les agents particuliers pourront dire et faire ce qu'ils voudront, mais la Chambre d'Assemblée est empêchée de toute discrétion à son agent et l'emploie comme simple intermédiaire de communication. Ceci ne conciliera pas le peuple déjà excité.   39
Inclus. Note de la déclaration faite par Roebuck à Glenelg.   47
Pétition des membres de l'Assemblée, avec observations explicatives. 59
Observations explicatives   71
(La pétition et les observations sont d'une longueur telle qu'on ne peut en donner un sommaire convenable.)

19 juin,
Dublin.

Hamilton à Glenelg. Rend compte de l'origine de l'Association coloniale Nord-Américaine, et inclus documents pour en faire connaître le but. Entre dans des détails minutieux.   525
Incluse. Requête concernant la colonisation des terres sur l'Ottawa, avec proposition de la formation de plans pour mettre à effet le but des promoteurs.   533

21 juin,
Limerick.

Edward Sabine à Hay. Il sera heureux de recevoir les papiers de Douglas. A appris qu'il y a, à la Société d'Horticulture, un paquet de papier qu'il demande d'envoyer.   776

22 juin,
Amirauté.

Wood au même. Ordre a été donné de préparer le *Pique* pour transporter à Québec Gosford, Grey et Gipps, partant en mission spéciale dans le Bas-Canada.   22

22 juin,
Amirauté.

Le même au même. Désire avoir une liste des personnes qui doivent accompagner les commissaires à Québec.   24

1835.

23 juin,
Trésorerie.
Stewart à Grey. Transmet copie du rapport de Rothery sur le tableau des honoraires de la cour de vice-amirauté, Québec. Leurs Seigneuries désirent avoir l'opinion de Glenelg.   Page 273

Inclus. Rapport de Rotheray sur le rapport des honoraires de la cour de vice-amirauté, Québec.   274

25 juin,
Londres.
John Sabine à Hay. Envoie un paquet de papiers adressé par Douglas aux soins de son frère. S'attend à ce que parmi ces papiers on trouve le testament de Douglas; il est important que ce testament voie le jour, car il y a des propriétés.   777

26 juin.
Lettre non marquée à Wood. Il est jugé à propos que le bâtiment qui transportera Gosford à Québec ramène Aylmer.   26

29 juin,
Amirauté.
Wood à Grey. Conformément à la lettre écrite selon le désir de Glenelg, portant que le *Pique* doit ramener Aylmer après avoir transporté les commissaires à Québec, des ordres ont été donnés à cet effet.   25

30 juin,
Limerick.
Edward Sabine à Mayer. Reçu boîte contenant livres et papiers de feu David Douglas, avec observations. Frais de transport non payés, quoiqu'ils soient marqués acquittés. Payé la somme demandée suivant reçu.

— juin.
Mayer à Edward Sabine. Envoie une boîte contenant les livres et papiers de feu M. Douglass, et un paquet de papier brun à lui (Sabine) adressé.   774

Incluse. Liste des livres.   775

— juin,
Downing
Street.
Lettre non signée au lord président du Conseil. Envoie commission et instructions proposées pour Gosford, pour être soumises au roi en conseil.   135

4 juillet,
Édimbourg.
Mémoire de la Compagnie des Marchands.

4 juillet,
Édimbourg.
Lauder à Russell. Ces deux pièces incluses dans Maule à Hay, 8 juillet 1835.

6 juillet,
Leith.
Mémoire de la Compagnie des Marchands de Leith. Inclus dans Maule à Hay, 9 juillet 1835.

7 juillet.
Trésorerie.
Stewart à Grey. Les lords du Trésor approuvent la recommandation concernant le paiement des dépenses de Gosford et des autres membres de la commission. La pleine proportion des £2,000 à chacun des deux commissaires et de £1,000 au secrétaire ne prendra effet que du jour de leur arrivée à Québec; mais comme ils ne reçoivent pas de frais de départ, Leurs Seigneuries n'ont pas d'objections à leur en accorder une moitié lors de leur embarquement, et au secrétaire à partir du moment où Glenelg jugera nécessaire pour l'expédition des affaires de le relever de ses fonctions dans le département de Sa Seigneurie. Les traites pour les dépenses du commissaire en chef seront tirées sur la personne qui sera chargée par Glenelg de recevoir les avances. Toutes les autres dépenses seront tirées avec la sanction des trois commissaires. Autres arrangements. Si Glenelg y consent, il fournira des instructions aux parties intéressées.   283

8 juillet,
Whitehall.
Maule à Hay. Transmet copie d'une lettre du maître de la Compagnie des Marchands d'Édimbourg, avec un mémoire sur la question des débiteurs frauduleux aux États-Unis et dans les possessions britanniques. Lord Glenelg peut-il suggérer un remède?   173

Inclus. Lauder à Russell. Transmet mémoire de la Compagnie des Marchands.   174

Mémoire sur la question de l'émigration des débiteurs frauduleux au delà des mers; demandant un remède.   175

Haig et Fils à la Compagnie des Marchands. Rapporte le cas de John Morrison, qui a pris la fuite avec des dettes au montant de £4,000 à £5,000, et qui a été arrêté et emprisonné à New-York.   178

64 VICTORIA, A. 1901

9 juillet,
Londres.

Adresse de la Chambre des Communes demandant un relevé des titres des bills adoptés par la Chambre d'Assemblée du Bas et du Haut-Canada, envoyés au Conseil législatif, avec les dates, etc.   Page 5

9 juillet,
Whitehall.

Maule à Hay. Encore sur la question de l'émigration des débiteurs frauduleux.   180

Inclus. Haig et Fils. Déjà transcrite.

Mémoire de la Compagnie des Marchands de Leith.   183

10 juillet,
Londres.

Reid à Hay. Les directeurs de la Compagnie Britannique-Américaine des Terres désirent qu'une députation ait une entrevue avec Glenelg. 684

11 juillet,
Trésorerie.

Baring à Grey. Vu les circonstances particulières, les lords du Trésor ne refuserait pas leur assentiment au paiement de la pension de madame d'Eschambault à même le fonds des sauvages.   286

11 juillet,
Trésorerie.

Le même à Hay. Les lords du Trésor désirent appeler la sérieuse attention de Glenelg sur la question du remboursement de la somme avancée dans le Bas-Canada à même la caisse militaire. Comment la somme a été avancée.   287

13 juillet,
Londres.

Gould à Glenelg. Envoie extraits de lettres reçues de Québec.   463

Inclus. Extrait d'une lettre datée Québec 9 mai 1835. L'agitation à propos de l'institution d'une commission de la Chambre des Communes chargée de la question des impôts sur le bois de construction. Le parti français attend les ordres de Papineau, bien que plusieurs se soient retirés de la clique. Il faut de la fermeté; mais si on montre de la faiblesse ou si on parle de conciliation, la population anglaise est perdue. De pareils individus n'apprécient point une conduite libérale ou généreuse, ils la prennent pour de la faiblesse.   434

Extrait d'une deuxième lettre datée Québec 9 mai 1835. Nouvelles commerciales. Le parti franco-canadien toujours déterminé; il persécute le clergé catholique irlandais parce que celui-ci ne se joint pas à lui. Les vols avec effraction et les vols à main armée continuent toujours à Québec, aucune trace des vases sacrés volés à l'église de Québec; le Trésor à Château-Richer, a été dépouillé de tout ce qu'il contenait.   466

14 juillet,

Grey à Maule. Incluse dans Maule à Grey, 22 juillet 1835.

16 juillet,
Londres.

Adresse de la Chambre des Communes demandant copie de la dépêche d'Aylmer en réponse à une dépêche de Spring Rice en date du 27 septembre 1834.   6

17 juillet,
Gardes à
cheval.

Fitzroy Somerset à Hay. Transmet copie de la réponse d'Aylmer à lettre envoyée, tel qu'annoncé dans lettre du 7 avril.   116

Inclus. Aylmer à Hill. Les ordres du roi et de Sa Seigneurie (Hill) seront obéis implicitement. La correspondance avec Stuart est parvenue aux journaux par des moyens à lui (Aylmer) inconnus.   117

17 juillet,
Trésorerie.

Baring à Hay. Envoie extrait d'un rapport des commissaires de l'audition relatif aux arrérages de rente, etc., dus pour terres de la Couronne au 31 décembre 1834, avec état.   289

Inclus. Rapports des auditeurs concernant des arrérages de rente, dont l'accumulation de 21 ans s'élève à £2,918. 15. 0. Recommande que l'on s'assure si la totalité ou une partie de cette somme est irrécouvrable, et que les meilleurs moyens soient employés pour recouvrer les parties qui ne sont pas désespérées, et que celles qui sont désespérées soient biffées, afin de limiter le titre des arrérages de rente.   290

Etat des arrérages,   292

20 juillet,
Londres.

Gould à Grey. Fait observer que si l'article d'amendement B du bill des marchands est adopté, tout contrôle, soit interne ou externe, des colonies cessera. Il ne sache pas qu'un parti dans le Bas-Canada se soit jamais aventuré à suggérer une telle liberté.   468

22 juillet,
Whitehall.

Maule au même. A communiqué à Russell les observations de Glenelg sur mémoire et pétitions d'Edimbourg et de Leith concernant l'émigration de débiteurs frauduleux. Russell s'accorde avec Glenelg, mais est

1835.

d'opinion qu'il sera bon d'attendre ce que fera le parlement au sujet du bill concernant l'emprisonnement pour dettes.   Page 184

Inclus. Grey à Maule. Envoie les observations de Glenelg sur le mémoire et la pétition qui sont retournés. Le crime ayant été commis dans le royaume, il ne peut être instruit que là, et le remède est d'arrêter le fuyard avant qu'il puisse s'échapper, ou de prendre des moyens de le faire revenir pour subir son procès.   185

24 juillet, Artillerie.

Byham à Grey. Le maître général et le conseil de l'Artillerie approuvent les objections de Glenelg à l'achat de terrains pour la défense de Québec, vu la quantité de terres incultes qu'il faudrait donner en échange, ou dont il faudrait disposer.   202

25 juillet, Dublin.

Alley à Glenelg. Désire savoir si le gouvernement concédera des terres à l'Association de colonisation Nord-Américaine des Terres dans le Haut-Canada à un prix raisonnable ; si une charte de constitution serait accordée, ou si le gouvernement colonial mettrait obstacle à la formation d'une compagnie de terres dans le Haut-Canada, le Nouveau-Brunswick ou l'Ile du Prince-Edouard ; si des terres peuvent être achetées de particuliers, l'achat étant pour les fins déjà exposées en détail. Un bill intitulé " Bill de l'Association Nord-Américaine " a reçu ses première et deuxième lectures et a été renvoyé au comité. Est-il probable qu'il devienne loi à cette session? Demande attention immédiate, car une partie considérable de l'argent des actionnaires est renfermé dans les effets 3½ pour 100.   578

27 juillet, Londres.

Robinson au même. Envoie une minute de la conversation qui a eu lieu à une entrevue dans le ministère des Colonies.   685

29 juillet, Ramsgate.

Stephen à O'Hanlon. Remarques sur l'Acte constituant en corporation la *North American Colonial Association*, recommandant l'abandon de tous les articles relatifs aux opérations de l'Association dans les colonies. Alternative proposée si cette idée n'est pas approuvée.   585

Acte constitutif de la *General Colonial Association* d'Irlande.   589

30 juillet, Trésorerie.

Stewart à Hay. Au sujet de l'appel de Caldwell, ci-devant receveur général. Il envoie copie d'une lettre du solliciteur du Trésor.   293

30 juillet,

Opinion d'Hanlan au sujet de la *North American Colonial Association* et de l'application de l'Acte constitutif.   583

31 juillet, Londres.

Reid à Hay. Expose deux considérations qui ont été énoncées par la députation à l'entrevue et que Glenelg a demandé qu'on mette par écrit. L'existence au Canada d'un parti qui a essayé, et jusqu'à un certain point avec succès, d'empêcher les émigrants de s'établir sur les terres anglaises en Amérique. En conséquence, il y aura maintes difficultés à surmonter, et ce ne sera pas avant assez longtemps que l'on retirera quelque profit des grandes dépenses qu'on a faites. Sa Seigneurie pourrait venir en aide à la compagnie en lui faisant remise de l'intérêt sur le prix de vente. Il y a certaines terres arpentées de la Couronne auxquelles la compagnie croit avoir des titres. Il expose les négociations en détail afin de mieux faire comprendre la prétention de la compagnie ; désignation des réserves et des terres arpentées de la Couronne dans les comtés de Sherbrooke, Shefford et Stanstead. Les terres arpentées qui ont fait reversion à la Couronne sont intercalées parmi les autres terres de la compagnie, et les directeurs craignent que si ces terres se vendent en détail il pourra en résulter des obstacles aux plans des travaux de la compagnie.   686

7 août, Londres.

Mahoney à Grey. Il envoie une copie du bill de la *Colonial Association* tel qu'il se propose de le faire modifier par le comité des lords. Si le bill est approuvé, il le fera passer dans cette forme, ou il fera les changements qui lui seront indiqués.   581

24 août, Trésorerie.

Stewart à Hay. Demandes reçues de Glenelg, de £79 10. 8 pour son premier commis, et de £1,170 16. 8 pour certaines dépenses. Les lords

918

1835.

du Trésor désirent qu'on leur fournisse un état spécifique indiquant la manière dont ces sommes seront dépensées. Page 296

27 août,
Downing
Street.

Non signée à Stewart. Wilder, commis principal du département, a reçu instructions de préparer un état détaillé de la dépense mentionnée dans la lettre du 24 courant. 298

28 août,
Québec.

Extrait d'une lettre portant la date ci-indiquée à la marge. Accompagnant la lettre de Gould à Glenelg, du 21 septembre 1835.

28 août,
Québec.

Clemens à Airey.

29 août,
Québec.

Airey à Clemens. Toutes deux accompagnant la lettre non signée à Hill du 5 novembre 1835.

— août,
Downing
Street.

Non signée à Mahoney. Le gouvernement ne peut donner son adhésion à l'article, à la page 37, qu'on propose d'insérer dans le bill constitutif de la *North American Colonial Association.* Les modifications qu'on communique, si elles rencontrent l'approbation, paraissent obvier aux objections que présente le bill. 582

7 septembre,
Québec.

Aylmer à l'adjudant général. Comprise dans la lettre non signée à Hill, du 5 novembre 1835.

12 septembre,
Trésorerie.

Stewart à Grey. Lui envoie copie de la minute de la Trésorerie relative à la lettre du 27 août. 300

Inclus. Minute des lords de la Trésorerie relative au rapport de Wilder. Comment on devrait tenir le compte des droits de façon à ce qu'on puisse toujours voir exactement l'état de ce compte. 301

21 septembre,
Londres.

Wood à Grey. Les directeurs de la *British American Land Company* reconnaissent l'erreur que commettent les commissaires du Canada en croyant que le paiement des terres doit se faire en cours d'Halifax, et ont donné instructions aux commissaires en conséquence.

21 septembre,
Londres.

Gould à Glenelg. Il a reçu des lettres d'amis à Montréal et à Québec. Il en envoie un extrait. Des Américains des Etats-Unis achètent de grands territoires dans les provinces. Avant qu'il soit longtemps les Canadiens français invoqueront l'aide de la métropole contre les empiétements américains. La clique trouvera plus à se plaindre des innovations des Américains que de celles des Anglais. Douze mois de fraternisation avec les Etats feront plus pour détruire l'intégrité et l'existence de la " nation canadienne " que douze ans de domination anglaise. Il croit à propos de porter la chose à la connaissance de Sa Seigneurie, car personne ne peut nier qu'il convienne de garder les terres dans les colonies américaines de l'Angleterre pour le gouvernement et les sujets britanniques. Si les Américains continuent à acheter comme ils ont fait, ils deviendront avant longtemps, sans traité ni conquête, les maîtres du Canada. 470

Inclus. Extrait d'une lettre datée à Québec le 28 août 1835. Arrivée du *Pique* avec Gosford et sa suite. On parle de son départ, mais il sera probablement retardé. Les intérêts britanniques sont sacrifiés aux égoïstes ici et à Roebuck, Hume, O'Connell et Cie de l'autre côté. Ce serait un très mauvais temps de sacrifier les intérêts britanniques, quand ils pourraient être si facilement protégés. Achats considérables de terres par des Américains. L'Etat du Maine est déterminé à prendre possession du Nouveau-Brunswick. 472

30 septembre,
Londres.

Cooper à Grey. Les éditions des volumes de documents publiés qui n'ont pas été envoyés au cinq bibliothèques publiques dans les provinces de l'Amérique du Nord sont épuisées, mais Eyre et Spotiswood ont reçu instruction de se les procurer chez les libraires et de les mettre à la disposition de Grey. En même temps les volumes récemment publiés seront expédiés; il n'en a été présenté à aucune des bibliothèques des Etats-Unis. 779

14 octobre,
Boston.

Manners à Bidwell. Incluse dans la lettre de Strangways à Hay du 5 décembre 1835.

1835.

24 octobre,
Affaires
étrangères.

Strangeway à Hay. Il envoie copie d'une dépêche du consul à New-York au sujet de la demande croissante qui existe aux Etats-Unis pour le bois produit dans les possessions britanniques de l'Amérique du Nord.
Page 154

Inclus. Buchanan, consul, à Palmerston. Au sujet de la demande qui existe aux Etats-Unis pour le bois produit dans les possession britanniques de l'Amérique du Nord.
155

28 octobre,
Londres.

Eyre et Spottiswoode à Grey. Ils expédient les volumes qu'on leur a donné instruction d'envoyer.
780

29 octobre,
Gardes à
cheval.

Hill à Glenelg. Il envoie copie d'une dépêche d'Aylmer disant que Gosford demande des serviteurs militaires. Comme il n'est pas dans le service militaire, les règlements ne pourvoient pas à la chose. Il demande des instructions.

29 octobre.

Non signée à Stewart. Au sujet du rapport du comité du parlement recommandant que les gratuités aux sauvages soient grandement réduites sinon abolies, il dit que le temps n'est pas arrivé où il serait ou sage ou juste d'abolir les gratuités. Excepté dans les cas de paiements pour terres, il ne peut être cité d'obligations solennelles pour les distributions de présents, cependant dans toutes les guerres dans l'Amérique du Nord on a anxieusement recherché la coopération des sauvages. Glenelg croit que la pratique de distribuer des provisions a commencé en 1777; elle existait en 1812 et a continué nombre d'années; il s'est ainsi créé un droit acquis, un titre qu'ont reconnu tous ceux qui les fonctions ont mis à même de continuer la pratique, et sa soudaine abrogation entraînerait de grands mécontentements et peut-être des conséquences sérieuses. Mais on peut réduire les quantités. Kempt a confirmé les fortes raisons qu'avait données Dalhousie à l'encontre de l'idée de remplacer les présents par de l'argent. Les objections qu'ils avaient ont perdu de leur force à cause du changement survenu dans les circonstances, et il pourrait être permis aux gouverneurs du Haut et du Bas-Canada de faire pareille commutation à leur discrétion, mais la chose devrait être restreinte aux sauvages qui se sont établis sur des terres. Il signale les réductions que l'on pourrait faire, mais comme ses renseignements sont incomplets, il désire avoir auparavant un rapport venant de la colonie sur le sujet.
217

31 octobre,
St-Peters-
bourg.

Blyth à Valmerston. Incluse dans la lettre de Strangways à Hay, du 12 novembre 1835.

— octobre,
Downing
Street.

Glenelg à Stewart. (La lettre est signée "Glenelg" mais avait apparemment été écrite par le sous-secrétaire en son propre nom.) Au sujet des honoraires dans la cour de vice-amirauté, à Québec, le bill refondant les lois relatives à la marine marchande est devant la Chambre, et Rothery est d'avis que le bill remédiera aux griefs dont on se plaint. Il propose donc que l'on révoque le tarif établi en 1832 et qu'on en établisse un autre. Glenelg se conformera à la lettre de Grey du 16 mai dernier, demandant la révocation complète de l'arrêté de l'exécutif du 27 juin 1832, le gouvernement s'étant engagé à ce que le parlement n'intervienne aucunement dans les affaires intérieures du Bas-Canada, excepté en cas de nécessité évidente. S'il était porté des plaintes il serait difficile de justifier les choses, et Glenelg désire la révocation complète de l'arrêté de l'exécutif de juin 1832.
279

2 novembre,
Londres.

Higham à Stephens. Décès de Charles J. Peshall, l'une des personnes nommées par le gouvernement en vertu de la Tontine de la 29 Georges III. Il faut la date exacte du décès.
781

5 novembre.

Non signée à Hill. Les ministres de Sa Majesté ne veulent rien faire qui soit contraire aux intérêts du service, mais dans le cas présent on ne saurait refuser l'aide que demande Gosford sans exposer Sa Seigneurie à d'extrêmes inconvénients. Il faut donner l'autorisation demandée de

1833.

fournir à Gosford le nombre de soldats qui seraient alloués à un lieutenant général.   Page 120
    Inclus. Aylmer à l'adjudant général. Il a donné l'autorisation néces-
saire pour que Gosford emploie des soldats en qualité de serviteurs,
bien qu'il ne trouve pas de règlement à cet effet.   122
    Clements à Airey. Il demande des soldats, de la part de Gosford,
pour son service personnel.   '   123
    Airey à Clements. Vu la difficulté qu'il y a à se procurer des servi-
teurs, Aylmer donnera ordre qu'on fournisse des soldats à Gosford, mais
il doit soumettre la chose à la décision du roi dans un rapport.   125

11 novembre,   Stewart à Stephen. Les lords de la Trésorerie ont donné instructions
Trésorerie.   à l'amirauté do prendre les mesures nécessaires pour obtenir un arrêté
de l'exécutif révoquant la partie de l'arrêté du 27 juin 1832 qui établit
un tarif pour la cour de vice-amirauté à Québec.   305

12 novembre,   Strangways à Hay. Palmerston désire avoir l'opinion de Glenelg au
Affaires   sujet des efforts que font les Etats-Unis pour renouveler le traité de 1824
étrangères.   avec la Russie.   158
    Inclus. Bligh à Palmerston. Les efforts que font les Etats-Unis pour
renouveler le traité de 1824 avec la Russie.   159

13 novembre,   Barrow à Grey. On a donné instruction pour que le prochain paque-
Amirauté.   bot pour l'Amérique du Nord prenne à son bord cinq caisses à Falmouth
pour être transportées gratuitement à Halifax.   ·   27

18 novembre,   Stewart à Stephen. Il envoie des copies de lettres au sujet de la solde
Trésorerie.   et des allocations des deux aides de camp de Gosford ; comme Gosford
n'a pas de rang dans l'armée, la solde et les allocations des aides de
camp ne peuvent être au nombre des dépenses ordinaires ou extraordinaires de l'armée. Si Glenelg approuve ces nominations, elles doivent
être considérées comme coloniales, et les frais en être portés contre le
crédit spécial pour la mission de Gosford.   306
    Inclus. Aylmer à Stewart. Il envoie copie d'une lettre expédiée selon
le désir de Gosford, avec une lettre y incluse de la part du commandant
en chef sanctionnant l'emploi de deux aides de camp. Il a pourvu à la
solde et aux allocations des aides de camp.   308
    Clements à Airey. Il transmet une lettre du commandant en chef sanc-
tionnant sa nomination d'aide de camp. Sa Seigneurie a verbalement
sanctionné aussi celle de Moreton.   310
    Hill à Gosford. N'a pas d'objection à ce qu'il nomme Clements un de
ses aides de camp.   311
    Routh à Stewart. Il envoie copie d'un ordre d'Aylmer de payer la
solde et les allocations aux capitaines Clements et ·Moreton en qualité
d'aide de camp de Gosford.   312
    Airey au commissaire général. Aylmer autorise paiement de la solde
d'état-major et les allocations des capitaines Clements et Moreton.   313

19 novembre,   Buchanan à——— . Incluse dans celle de Backhouse à Hay, du 19 dé-
New-York.   cembre 1835.

25 novembre,   Barrow à Grey. On a modifié l'arrêté de l'exécutif au sujet du tarif de
Amirauté.   la cour de vice-amirauté à Québec.   28

26 novem· re,   Fitz Roy Somerset à Stephen. Bien que les constructions militaires à
Gardes à   Saint-Jean soient demantelées, cependant, comme il pourrait devenir bon
cheval.   que la place fut occupée de nouveau, il ne faut pour aucune considération disposer des terrains ; mais comme dans le cas d'une réoccupation,
les casernes, étant en bois, ne cadreraient pas avec le reste, il n'y a pas
d'objection à ce qu'on les démolisse. Le poste de Trois-Rivières étant la
seule station militaire entre Québec et Montréal où l'on puisse commo-
dément loger des troupes, il est essentiel d'y maintenir les casernes
même en temps de paix.   127

4 décembre,   Hill au secrétaire de la Guerre. Incluse dans celle de Howick à
Gardes à   Glenelg du 10 décembre 1835.
cheval.

DOC. DE LA SESSION No 18

1835.
5 décembre,
Affaires
étrangères

Strangways à Hay. Il envoie copie d'une dépêche du consul à Boston, suggérant que l'on exige des certificats consulaires pour empêcher la contrebande entre les Etats-Unis et les possessions britanniques de l'Amérique du Nord.   Page 161

Inclus. Manners à Bidwell, au sujet de certificats consulaires pour empêcher la contrebande.   162

Le percepteur et contrôleur de la douane à Sydney (C.-B.) à Manners. La vérification des déclarations de marchandises empêcherait beaucoup de contrebande.   166

Voonan, percepteur de la douane à Pictou, à Manners. Il approuve le plan d'ajouter des certificats consulaires aux déclarations de marchandises comme moyen d'empêcher la contrebande.   167

5 décembre,
Trésorerie.

Stewart à Grey. Il transmet copie d'une lettre de l'Amirauté au sujet du tarif de la cour de vice-amirauté à Québec.   314

Inclus. Barrow à Stewart. Il transmet un arrêté du conseil du 20 juin dernier annulant l'arrêté établissant le tarif de la cour de vice-amirauté.   315

Arrêté du conseil.   316

9 décembre,
Artillerie.

Byham à Hay. Les officiers de l'artillerie au Canada rapportent que le grand arche du pont qui traverse l'Outaouais à la chute de la Chaudière est dans un état dangereux. Il est probable que les frais de l'entretien des ponts pour le présent et d'ici à quelques années dépasseront la somme des péages. Il a donc été décidé de les transférer au gouverneur général pour qu'il en dispose comme il l'entendra. Il demande qu'on écrive à cet effet à Gosford.   204

10 décembre,
Ministère
de la Guerre.

Howick à Glenelg. Lord Aylmer ayant écrit qu'il avait autorisé le paiement de la solde et des allocations de deux aides de camp pour Gosford, il a écrit à Hill pour lui demander une explication, et il envoie une copie de la réponse. Y a-t-il des raisons spéciales pour allouer des aides de camp à Gosford ?   326

Inclus. Hill au secrétaire de la Guerre. Quand il a permis aux capitaines Clements et Moreton d'accompagner Gosford au Canada, il n'avait aucune idée qu'on s'attendrait à ce qu'ils fussent payés sur les fonds militaires, ni que son consentement serait interprété comme autorisant Gosford à avoir un état-major militaire.   327

10 décembre,
Gardes à
cheval.

Hill à Glenelg. Sir Francis Bond-Head ayant été nommé lieutenant-gouverneur du Haut-Canada pour succéder à Colborne, il y a lieu de prendre les mesures nécessaires pour pourvoir au commandement des troupes au cas où Colborne reviendrait immédiatement. Etat de l'état-major dans l'Amérique du Nord au commencement de l'année; mais par le départ du lieutenant général lord Aylmer et du major général Colborne, l'état-major se trouvera réduit aux majors généraux dans la Nouvelle-Ecosse et le Nouveau-Brunswick, et quand Colborne partira le commandement des troupes ira au plus ancien officier du régiment. Recommande qu'on nomme un lieutenant général au commandement des troupes de l'Amérique du Nord.   129

17 décembre,
Whitehall.

Lack à Grey. Les lords du Commerce n'approuvent pas la proposition des consuls relative à la vérification des déclarations de marchandises à destination des possessions britanniques de l'Amérique du Nord.   139

19 décembre
Affaires
étrangères.

Backhouse à Hay. Il envoie copie d'une dépêche du consul à New-York au sujet du plan de transporter les marchandises anglaises aux colonies d'Amérique par voie des Etats-Unis dans des bâtiments américains.   169

Inclus. Buchanan à ———————. Il envoie un extrait pour faire connaître les mesures prises pour faire transporter les marchandises britanniques de provenance canadienne par voie des Etats-Unis. Effet dommageable de la chose pour les navires britanniques.   170

1835.

Convention d'Utica. Les membres du congrès de l'État de New-York seront priées de favoriser l'adoption d'une loi à l'effet d'autoriser l'importation et le transport de marchandises britanniques par la voie des États-Unis. Avantages de la chose pour le commerce de transport.

Page 171

23 décembre,
Trésorerie.

Stanley à Stephen. Les lords de la Trésorerie approuvent en général la manière de voir de Glenelg à l'égard des distributions aux sauvages.

Leurs Seigneuries ne voient aucune objection à remplacer les présents ordinaires par une somme d'argent, particulièrement lorsque les bénéficiaires vivent de l'agriculture ou de quelque occupation définie ou qu'il ne reste plus en magasin d'articles de distribution. Leurs Seigneuries sont entièrement disposées à sanctionner toute commutation qui permettrait de consacrer à la diffusion de l'instruction morale et religieuse la valeur des présents qu'on distribue aujourd'hui, et lorsque pareille commutation est possible, elles voudraient qu'elle se fît sans retard. On devrait donner aux sauvages d'autres encouragements à se livrer à l'agriculture ou à des occupations stables. Elles approuvent qu'on examine les titres des sauvages qui viennent des États-Unis visiter le Canada périodiquement. Nouvelle réduction suggérée. On devrait substituer les ministres ou instituteurs aux personnes employées à la garde et à la distribution des présents.   318

26 décembre,
Ministère
de la Guerre.

Marshall à Grey. La nomination d'aides de camp à des gouverneurs qui ne sont pas des commandants militaires ne saurait être permise autrement qu'à titre provisoire. Il recommandera à la Trésorerie d'autoriser provisoirement le paiement d'aides de camp à Head et à Gosford.   328

30 décembre,
Downing
Street.

Non signée à Gosford. Envoie la correspondance relative aux aides de camp, par laquelle on verra que vu les circonstances exceptionnelles Howick a pour le présent demandé à la Trésorerie la permission de faire payer les aides de camp, mais il ne doit en garder qu'un seul et remercier l'autre aussitôt que possible.   330

31 décembre.

Non signée à Hill. Il hésite à différer d'opinion avec lui au sujet d'affaires militaires, mais il n'approuve pas l'idée de nommer deux officiers généraux pour remplacer Aylmer et Colborne pour les raisons qu'il exprime.   131

Pas de date.

Non signée à Aylmer. Gosford, qui a été nommé pour le remplacer, part par le *Pique*, qui a l'ordre de ramener Aylmer avec sa suite.   23

DIVERS, 1835.

(Partie I, de page 1 à 210; partie II, de 211 à 434; partie III, de 435 à 616; partie IV, de 617 à 782.)

Q. 225—1-2-3-4.

1821.
27 juillet,
Downing
Street.

Goulburn à Maitland. Inclus dans la lettre de Martin à Grant, 26 septembre 1835.

19 octobre,
Québec.

George à Dalhousie. Inclus dans la dépêche de George au secrétaire des Colonies, 31 mars 1835.

1827.
2 juin,
Londres.

Extrait du témoignage de Stanley.

1829.
— octobre,

Extrait d'un travail lu devant la *Society of Arts*. Tous deux inclus dans la lettre de Haddington à Aberdeen, 17 février 1835.

DOC. DE LA SESSION No 18

1832.
29 mars,
Québec.
George à Aylmer. Inclus dans la dépêche de George au secrétaire des Colonies, 31 mars 1835.

1833.
6 août,
Downing
Street.
Stanley au lord évêque de Québec. Inclus dans la lettre de l'évêque de Québec au secrétaire des Colonies, 28 février 1835.

24 décembre,
Québec.
Pétition de l'Eglise d'Ecosse du Bas-Canada. Inclus dans la dépêche de Glenelg à Gosford, etc., 17 juillet 1835.

1834.
12 septembre,
Bytown.
Extrait d'un procès-verbal d'une assemblée.

18 septembre,
Bytown.
Extrait d'une lettre non signée.

18 septembre,
Bytown.
Mémoire de la part de colons. Ce mémoire et les deux extraits qui précèdent sont inclus dans la dépêche de Haddington à Aberdeen, 17 février 1835.

15 novembre,
Lincoln's Inn.
Collyer à Spring Rice. Inclus dans la dépêche de Collyer à Aberdeen, 2 mars 1835.

— décembre,
Québec.
Déclaration des causes qui ont conduit à la formation de l'Association Constitutionnelle.   Page 764
(Le titre seulement; la déclaration est au vol. Q. 217.)
La même chose en français.   765

— décembre,
Bas-Canada.
Pétition de membres de l'Assemblée et de la minorité du Conseil. Incluse dans la dépêche de Glenelg à Gosford, etc., 17 juillet 1835.

— décembre,
Québec.
Déclarations des causes qui ont conduit à la formation de l'Association Constitutionnelle, et des fins pour lesquelles elle a été formée. 566
Règlement pour la gouverne de l'Association Constitutionnelle de Québec.   577
Formule de pétition.   585
Circulaire de la part de l'Association Constitutionnelle.   590
Membres du comité exécutif de l'Association Constitutionnelle.   595

10 janvier,
Londres.
Pétition de K. C. Chandler et de Joseph Lozeau, présentée par Trigge. Relate la cause du différend relatif à la seigneurie de Nicolet et à l'agrandissement du township d'Aston. Demande une concession gratuite de la partie de la seigneurie de Nicolet qui n'a pas été concédée. 658
Inclus. Procédures dans la cause en appel au Conseil Privé de K. C. Chandler et Joseph Lozeau, appelants, et le procureur général et J. B. Gauvin, intimés, dans l'affaire de la seigneurie de Nicolet. 662
Index de l'Appendice.   668

10 janvier.
Trigge à Aberdeen. Il envoie une pétition demandant une partie de Nicolet, de la part de Lozeau et Chandler, la partie demandée étant en dehors de celles qui appartenaient à d'autres. 653

12 janvier,
Nenagh.
Le secrétaire de la succursale de Nenagh. Circulaire. Incluse dans la dépêche de Haddington à Aberdeen, 17 février 1855. Autres circulaires incluses dans la même lettre.

13 janvier,
New-York.
Buchanan à Hay. Dépêche pour Aylmer reçue et expédiée. Plan suggéré pour amoindrir les délais dans l'envoi des dépêches. 82

15 janvier,
Dalhousie.
Castle.
Dalhousie à Aberdeen. Représente la situation imméritée et cruelle dans laquelle se trouve le juge Kerr. Durant tout le temps qu'il l'a connu ce magistrat a joui à juste titre de la plus grande estime, et il n'hésite pas à le recommander comme un homme qui a servi son roi et son pays avec habileté et fidélité. 212

16 janvier,
Edimbourg.
Kerr à Hay. Il regrette qu'Aberdeen ne puisse arriver à une conclusion plus favorable que son prédécesseur à son égard. Il s'est en conséquence démis de sa charge de juge puisné de la cour du Banc du Roi à Québec. Demande à Sa Seigneurie de s'occuper de son mémoire et de la lettre de Dalhousie. 883

1335.

Inclus. Pétition de Kerr. Exposant ses pertes et ses services et demandant une allocation de retraite.   Page 384

19 janvier, Londres.

Stuart de Rothesay à Hay. Y a-t-il aux bureaux des Colonies ou du Conseil quelques documents relatifs à des concessions de terre à des loyalistes ou des officiers britanniques en Floride ou dans le sud des États-Unis.   618

19 janvier, Dublin.

Coghill à Hardinge. Inclus dans la dépêche de Haddington à Aberdeen, 17 février 1835.

20 janvier, Londres.

Mémoire de Frigge sur la ligne de démarcation entre Nicolet et les terres de la Couronne. Demande que la question soit réglée comme l'a été par Bathurst celle des censitaires et du seigneur de La Salle.   656

22 janvier, Glasgow.

Weir à Aberdeen. Il s'adresse à Sa Seigneurie au sujet des ravages du choléra en 1832 et 1834. Il craint sa réapparition et voudrait la prévenir. L'importance du sujet pour la colonie. Il est un point sur lequel on s'accorde, et c'est que l'encombrement des navires transportant les émigrants a été la cause de la propagation de la maladie. Les conditions défavorables dans lesquelles se font la traversée sont un danger. Le grand nombre de décès à bord des bâtiments en 1832 et 1834, tandis qu'il n'y a pas eu de choléra à New-York à cause de meilleurs règlements. Il recommande qu'on devrait compter comme adultes les enfants de tout âge, attendu que les enfants étant incapables d'avoir soin d'eux-mêmes, sont plus aptes que les adultes à engendrer des miasmes, une des causes principales de maladie à bord des navires d'émigrés. Il résulte d'une loi absurde que des navires qui nominalement n'ont que 200 passagers en ont eu réalité près de 300. Il devrait être pourvu une quantité libérale d'eau pour chaque passager. Nécessité d'une quarantaine efficace. L'établissement actuel est une moquerie ; faits à l'appui. Si le choléra se déclare au Canada cette année ou l'année prochaine, non seulement cela mettra fin à l'immigration, mais tous les marchands qui ne sont pas obligés de rester au pays s'en iront.   704

23 janvier, Chester.

Berkeley au secrétaire des Colonies. Il demande ce qu'il doit faire en sa qualité de magistrat au sujet d'un individu qui se donne le nom de Robinson et se fait passer pour un pasteur de l'Église établie. Il a dupé des membres du clergé et d'autres, il a séduit trois jeunes filles en leur promettant de les épouser, et il est fortement endetté ; en un mot, il déshonore sa profession. Berkely doute qu'il soit réellement un clergyman. A qui doit-il s'adresser pour avoir des renseignements, et qu'est-ce qu'il doit faire ?

26 janvier, Dublin.

Coghill à Hardinge.   8

26 janvier, Waterford.

Non signée à différends membres du parlement. Inclus dans la dépêche d'Haddington à Aberdeen, 17 février 1835.

26 janvier, Temple.

Bliss à Aberdeen. Demande une entrevue au nom des juges puînés de la Nouvelle-Ecosse au sujet de leurs traitements, et au nom de la Chambre de Commerce de Québec au sujet de sa pétition.   34

29 janvier, Londres.

Wood à Aberdeen. Il a été chargé par l'évêque de Québec de représenter l'état de pénurie dans lequel se trouve l'église dans son diocèse pour les besoins présents et aussi en fait de moyens d'étendre ses services aux pauvres émigrés. Il envoie une copie de la demande de l'évêque. Il se plaint qu'on sacrifie les réserves du clergé dans des ventes prématurées, de sorte que les dons du roi sont réduits à rien.   711

30 janvier, Québec.

Poole à Aberdeen. Le félicite de sa nomination au poste de secrétaire des Colonies. Il envoie des imprimés qui font voir les griefs réels dont souffre la province et auxquels la législature locale n'apportera probablement pas de remède avant qu'une loi impériale ne pourvoie à une représentation équitable. Il a ces deux dernières années occupé le poste de surintendant à la Grosse-Île, mais ce n'est qu'une charge annuelle. Il demande à Sa Seigneurie d'écrire quelques lignes pour la lui obtenir

DOC. DE LA SESSION No 18

1835.
de nouveau. Il envoie un relevé du service à la station de quarantaine de la Grosse-Ile.   Page 563

Inclus. Relevé.

— janvier,
Québec.
Circulaire de l'Association Constitutionnelle.   596

Autres listes, circulaires, etc.   599

2 février,
Newtown
Barry.
Pétition de Serah (sic) Roberts demandant un passage pour elle et ses enfants.   610

5 février,
Bas-Canada.
Pétition des habitants du Canada.   Incluse dans la lettre de Glenelg à Gosford, etc, 17 juillet 1835.

Vient ensuite une pétition des habitants demeurant dans le district de Montréal, sans date.

6 février,
Dungarvan.
Farmer à Dare. Inclus dans la dépêche de Dare à Aberbeen, 3 mars 1835.

7 février,
Edimbourg.
Kerr à Hay. Il a reçu une dépêche annonçant qu'Aberbeen a accepté sa démission, mais ne saurait le recommander pour une pension. Sa Seigneurie a fait erreur, car la démission n'était pas absolue, mais conditionnelle. Sa Seigneurie n'avait que l'option d'accorder la requête ou de refuser la démission.   391

9 février,
Londres.
Chandos à Aberbeen. Il recommande Haskyns, qui désire fortement aller au Canada avec quelque importante charge officielle. Sa mère était une vieille amie de la duchesse de Buckingham, c'est pour cela qu'il s'est aventuré de le nommer.   189

Inclus. M. Haskyns à Aberbeen pour un emploi public. Elle envoie des témoignages.   190

9 février,
Chelsea.
Womersley au sous-secrétaire d'Etat pour les Colonies. Il demande quelle quantité de terre a été prise pour John Whitcher en 1817.   713

(?) février,
Bryansford.
Fairfield à l'Association coloniale de l'Amérique du Nord. Inclus dans la dépêche de Haddington à Aberbeen, 17 février 1835.

14 février,
Londres.
Trigge à Aberden. Le remercie de lui avoir appris qu'il écrivait au gouverneur au sujet de la seigneurie de Nicolet, et serait disposé à faire tout ce qui serait raisonnable pour les occupants. Des arrangements en faveur des occupants pourraient manquer de justice à l'égard des seigneurs, qui ont supporté les frais nécessaires pour rendre la terre propre aux établissements et qui ont payé le droit du quint. Il convient de tenir compte de ce paiement quand il s'agit d'accorder des terres, car c'est l'équivalent d'un prix d'achat, et on l'a remboursé à des individus à un chiffre dépassant le prix d'achat de la terre en question, le gouvernement du roi faisant preuve de dispositions équitables. Chandler a passé la plus grande partie de sa vie dans le service militaire, dont il s'est retiré pour cause de santé. Lozeau a longtemps eu des commissions dans la milice du Bas-Canada. Dans ces circonstances, il espère que quelques-uns seront trouvés dignes de la faveur de Sa Seigneurie. 683

Inclus. Liste des concessions de terres sauvages.   686

Plan de la seigneurie de Nicolet.   689a

Procédures devant la cour du banc du roi, à Trois-Rivières, dans la cause de la seigneurie de Nicolet; concession à Douglas.   690

17 février,
Dublin.
Haddington à Aberdeen. Il transmet des documents de la part de l'Association coloniale de l'Amérique du Nord, sur lesquels il attire l'attention, et il s'étend sur les avantages qu'il y aurait à une émigration considérable parmi la population excessive de l'Irlande.   339

Inclus. Cogbill à Hardinge. Il a été nommé une députation chargée de se présenter à lui et lui expliquer les objets de l'Association coloniale de l'Amérique du Nord. Situation déplorable des émigrés qui prennent la mer dans les circonstances ordinaires; facilités que peut offrir l'association, qui a l'appui de personnages distingués par leur rang, leur fortune et leur influence dans les différents comtés de l'Irlande. Autres considérations en faveur de l'association.   341

835.

Haddington à Aberdeen. Il transmet un prospectus en conformité de la suggestion de Hardinge que les plans destinés à favoriser l'émigration sur une grande échelle devraient être soumis au lord lieutenant. L'association propose d'acheter une grande étendue de terre entre l'Ottawa et le lac Huron. Une partie des émigrés s'établiraient et une partie seraient employés à ouvrir la navigation sur l'Outaouais et jusqu'au lac Huron par le lac Nipissing et la rivière des Français, et à mettre la terre en culture. Conditions essentielles auxquelles on entreprendrait la chose.

Page 346

Extrait d'un travail lu devant la Société des Arts et des Sciences au Canada, octobre 1829. Avantages de faciliter l'acquisition des terres en enlevant les obstacles à la colonisation. 350

Extrait du témoignage de Stanley devant le comité (de l'émigration) de la Chambre des Communes, 2 juin 1827. 352

Mémoire de colons sur l'Outaouais demandant l'exécution de certains travaux. 355

Extrait d'une lettre non signée disant que tandis que Colborne est favorable à des travaux sur l'Outaouais, le Conseil s'opposera au projet. 359

Extrait du procès-verbal d'une assemblée à Bytown dans l'intérêt des travaux sur l'Outaouais. 363

Fairfield à l'Association coloniale de l'Amérique du Nord. L'association a-t-elle commencé ses opérations. 365

Secrétaire de la succursale de Nenagh de l'Association coloniale de l'Amérique du Nord. Circulaire accompagnant le prospectus. 367

＿areille circulaire d'autres succursales, non transcrite.

Sans signature et adressé à différents membres du parlement. Projet de mémoire au candidat pour Waterford sur le plan d'améliorer au moyen de l'émigration la condition de la population de l'Irlande. 371

18 février, Londres.

Glossop à Aberdeen. État de détresse du chef sauvage et de ses compagnons. Maintenant que le gouvernement s'est chargé d'eux, il demande qu'on hâte leur départ autant que possible. 259

18 février.

Whalley au sous-secrétaire pour les Colonies. Quels sont les règlements concernant les procureurs et les avocats à Québec. 714

19 février, Carrickmacross.

Colletan au secrétaire des Colonies. Décès de son fils James Colletan noyé à Montréal vers le 1er juin dernier, laissant une petite somme d'argent qui a été mise entre les mains du gouvernement. Il est le parent le plus rapproché, et s'il faut quelques documents pour qu'il puisse obtenir l'argent, il les signera aussitôt qu'on les lui aura envoyés. 192

24 février, Londres.

Draper à Aberdeen. Il vient seulement d'apprendre qu'un bill a été présenté pour imposer une taxe sur les passagers arrivant du Royaume-Uni dans le Bas-Canada. Il parle des opinions exprimées dans la législature du Haut-Canada quand pareille mesure a été proposée en 1831-32, et qui sont restées sans réponse. Aperçu des objections qu'offre le principe de la loi ; la somme en jeu est de peu d'importance, car si le principe est admis on pourra rendre l'impôt tel qu'il ferme la porte du Bas-Canada à tout sujet britannique. Il ajoute des arguments en opposition au bill. 214

24 février, Edimbourg.

Kerr à Hay. Il propose de partir pour Londres à la prochaine occasion, et il espère que le retard apporté à sa réponse ne causera aucun inconvénient à Aberdeen. 393

25 février, Québec.

Secretan à Aberdeen. Sa charge à la douane a été abolie à la suite d'un rapport secret du percepteur. Machinations du percepteur pour nuire à son caractère privé de même qu'à son caractère public et pour l'empêcher d'obtenir le redressement de ses griefs. Il transmet des papiers qui expliqueront l'affaire. Si le percepteur ne l'avait attaqué qu'au sujet de ses émoluments il n'en aurait pas tenu compte, mais en face d'attaques contre son caractère privée il se propose de prendre tous les moyens judiciaires possibles pour se défendre. 619

1835.
25 février,   Bliss à Hay. Il envoie une lettre à Aberdeen sur la question de la
Temple.   cour de vice-amirauté à Québec et de la pétition de la Chambre de Commerce de ce port demandant une réduction du tarif. Sa lettre contient
un exposé complet de la cause des pétitionnaires. Il espère que sa longueur ne sera pas un obstacle à ce qu'on s'occupe sérieusement du sujet.
Il communique une pétition de Glasgow sur le même sujet; d'autres pétitions suivron'. Il espère qu'Aberdeen recommandera comme remède un
nouvel arrêté de l'exécutif réformant les règles de pratique et réduisant
le tarif de la vice-amirauté à Québec.   Page 35
    Inclus. Bliss à Aberdeen. Exposé des faits relatifs aux griefs contre
la vice-amirauté de Québec.   37
    Deux pétitions déjà transcrites. Le titre seul est donné.   53
    Pétition des marchands formant le comité de l'Association coloniale
de l'Amérique du Nord à Londres.   54
    Tarif des droits et honoraires.   55
    Arrêté du Conseil réduisant les droits et honoraires autorisés par l'ar-
rêté du 27 juin 1832, aux deux tiers du montant ainsi autorisé.   71
26 février,   Kerr à Hay. Il écrit privément pour obtenir les bons offices de Hay
Edimbourg.   au sujet de la perte de sa charge. Le mauvais effet qu'aurait pour sa
réputation sa démission sans compensation. Par sa démission il se ferait,
à ses propres yeux et à ceux de ses amis, l'instrument de sa propre
ruine. Il indique comment il pourrait donner sa démission sans préjudice. Comment ses pertes pourraient être compensées. Longue discussion du sujet.   394
26 février,   Neville à Aberdeen. A propos de l'impôt sur les émigrés débarquant
Enniscorthy.   à Québec. Les enfants en sont-ils exempts, et à compter de quel âge ?   394
28 février,   L'évêque de Québec au secrétaire des Colonies. Il envoie une lettre de
Toronto.   Stanley disant que le seul obstacle à la nomination d'un évêque suffragant vient de ce qu'il n'y a pas de fondation pour un nouveau siège. Si
l'archidiacre et rector de Québec était nommé suffragant, en recevant un
tiers du traitement de l'évêque, et en retenant ses autres charges, l'obstacle disparaîtrait. Il espère que le secrétaire des Colonies donnera son
consentement à pareil arrangement.   604
    Inclus. Stanley au lord évêque de Québec. Il a reçu sa demande au
sujet de la nomination d'un évêque suffragant et il regrette les circonstances qui l'empêchent de donner son assentiment à cet arrangement. 606
2 mars,   Collyer à Aberdeen. Il envoie une lettre écrite à son prédécesseur
Lincoln's Inn.   mais qu'il n'a pu recevoir à temps. Elle se rapporte à la proposition de
l'évêque de Québec de diviser ses fonctions ecclésiastiques.   193
    Inclus. Collyer à Spring Rice. Extrait suggérant la nomination d'un
suffragant pour le Bas-Canada, les deux provinces étant aujourd'hui trop
pour un seul homme.   194
2 mars,   Mackintosh à Aberdeen. Il envoie des papiers relatifs à l'enquête du
Dunchattan.   coroner sur les pertes de vie dans les émeutes électorales à Montréal en
1832.   453
    (Ces papiers ont été transcrits dans les volumes 202 et 211 et sont
omis ici.)
2 mars,   Whitley à Aberdeen. Raconte sa malheureuse spéculation avec les
Londres.   sauvages qu'il a engagés pour donner une exposition de leurs mœurs,
etc.; il a été trompé par Gale et Glossop.   715
3 mars,   Dare à Aberdeen. Envoie, de la part de sir George Farmer (qui, avec
Londres.   femme et famille, se trouve réduit à un revenu de £50 par année), une
demande d'emploi dans les possessions britanniques de l'Amérique du
Nord ou en Australie. Services de Farmer.   219
    Inclus. Farmer à Dare. Il dit comment il se fait que son revenu se
trouve réduit. Ses services; il désire beaucoup avoir de l'emploi dans
la Nouvelle-Ecosse s'il est possible.   220

1835.
4 mars,
Londres.

Trigge à Hay. En sus de ce qu'il a déjà exposé, il fait observer que lorsque a été donnée la décision judiciaire, le système des concessions gratuites était en pleine vigueur, et au tribunal il a entendu Ogden, le procureur général, dire qu'il ne connaissait pas d'objection à ce que les seigneurs de Nicolet pussent obtenir une concession de la terre en question. La pétition ne va pas aussi loin, mais se limite à la partie longeant la ligne latérale non établie jusqu'à la ligne de derrière. Il existe une très forte raison pour donner effet à l'intention d'Aberdeen. Page 701

5 mars,
Dublin.

Bowen à Aberdeen. Il est allé au Canada pour s'y livrer à l'agriculture, et il se propose d'y retourner, mais comme il a toujours été accoutumé à une vie active il désire de l'emploi. 10

5 mars.
Londres.

Glossop à Boulton. Il est difficile de dire si ce que dit Whitley ou le chef sauvage est exact, mais le fait que le chef possède le contrat et d'autres marques de confiance supporte ses dires. Les pertes sont dues à ce que Sutton a enlevé toutes les recettes des expositions et aux dépenses qu'on a faites pour l'entretien des sauvages. 261

6 mars,
Londres.

Whitley à Aberdeen. Comme il a appris que sa lettre a été envoyée à Glossop il offre des preuves complètes de sa bonne foi. 717

8 mars,
Londres.

Wortley à ————. Envoie une note qu'il a reçue de Bell, membre du parlement pour Northumberland. 718

Inclus. Bell à Wortley. Demande des renseignements relatifs au contenu de sa lettre. 719

9 mars,
New-York.

Buchanan à Hay. Comme il n'est pas parti de courrier depuis la réception du rapport inclus, il l'envoie, croyant qu'il pourra arriver avant le document officiel. Les dépêches qui lui sont destinées peuvent lui arriver 24 heures plus tôt si on les donne au capitaine du navire postal pour être remis au pilote. 83

Inclus. Procès-verbaux de la législature du Bas-Canada à l'ouverture de la session, le 23 février 1835. 84

10 mars,
New-York.

Buchanan à Hay. Raconte ses services et ce qu'ils lui ont coûté. Il demande qu'on lui rembourse ce qu'il a effectivement payé, et envoie le congé qu'il a reçu à cause du nombre d'émigrés qui visitent son bureau. 87

Inclus. Avis que par suite des inconvénients qui résultent de ses nombreux visiteurs particulièrement à l'arrivée des émigrés, il ne pourra occuper le bâtiment plus longtemps.

Directions pour les personnes à destination du Haut-Canada. 90

13 mars,
New-York.

Barclay à Aberdeen. Dit les services qu'il a rendus et rapporte la promesse d'emploi qui lui a été faite. Demande à être nommé consul à New-York. 13

13 mars,
Londres.

Stevenson à Gladstone. Il expose un plan pour le déboisement des terres incultes. Il se chargera de tout le risque, demandant qu'on le paie en terres vierges; il montre ce que le gouvernement économisera d'après lui. 623

Inclus. Dalhousie à Stevenson. Lui envoie deux lettres. Il trouvera le gouverneur très disposé à favoriser ses plans. 626

14 mars,
Londres.

Kerr à Hay. Envoie une lettre d'une nature publique pour être présentée à Aberdeen. 400

14 mars,
Eyrecourt.

Montgomery au sous-secrétaire des Colonies. Peut-il faire emprisonner à Eyre Court un individu arrêté pour faux en écritures, et qui est en ce moment dans une des colonies britanniques de l'Amérique du Nord ? 451

14 mars,
Londres.

Kerr à Hay. Aberdeen dit que la seule alternative pour lui est de donner sa démission ou d'être destitué par un acte d'autorité. Il ne veut pas donner sa démission, ce qui pourrait être considéré comme admettre la justice de la décision des lords de l'Amirauté. Si Sa Seigneurie avait été en exercice quand les documents de l'Amirauté ont été mis devant le

DOC. DE LA SESSION No 18

1835.

Colonial-Office, il est convaincu qu'il aurait été d'avis que l'affaire devait être soumise au Conseil privé.   Page 401

16 mars, Liverpool.
Baring Bros & Co. à Hay. Ils ont reçu et expédié deux envois adressés à Aylmer.   16

16 mars, Ballymena.
Dempsey au secrétaire des Colonies. Demande qu'on donne instruction au consul britannique en Virginie de prendre des renseignements sur les propriétés de son oncle en cet endroit.   225

18 mars, Londres.
Stevenson à Gladstone. Il demande rien au gouvernement qu'une étendue de terre pour un équivalent supérieur à ce qu'on peut en retirer, ou si la chose n'est pas compatible avec les règlements, demande une lettre au gouverneur disant que si les plans de Stevenson sont trouvés être d'un service essentiel, le gouvernement pourra seconder les vues de Stevenson. Avec pareille lettre, il partira immédiatement pour le Canada.   627

19 mars, Ardrahan.
Le Rév. T. B. Ring à Aberdeen. Au mois de mai prochain, Dwyer, le rector d'Ardrahan reprendra ses fonctions, de sorte qu'il (Ring) perdra son emploi et dans l'état actuel de l'Eglise d'Irlande il est impossible d'en obtenir un autre. Il demande d'être nommé à quelque poste au Canada.   611

21 mars, Dublin.
Ryan à Hay. Il fait voile le 5 avril et il offre de se charger des dépêches. Si le gouverneur du Canada donnait des contingents à la Chambre d'Assemblée avant le passage du bill des subsides, la Chambre pourrait passer aux affaires, mais la chose est douteuse. La publication par James Stewart d'une lettre privée de Ryan à Aylmer a été vue d'un mauvais œil. Stewart a aussi baissé dans l'estime publique en se retirant de l'Association Constitutionnelle, pour la raison qu'elle ne voulai tpas se mêler de ses affaires personnelles.   613

24 mars, Londres.
Kerr à Hay. Il entend demander à l'Amirauté de représenter son affaire, et il enverra d'Ecosse un mémoire à cet effet.   403

27 mars, Downing Street.
Hay à Dempsey. Aberdeen regrette de ne pouvoir l'aider dans l'affaire des propriétés de son oncle, attendu que celui-ci demeure dans les Etats-Unis.   226

27 mars, Lambeth.
Bowden à Hay. Le plaidoyer en défense de Muk Coonse, le chef sauvage, est terminé, et sera présenté à Adolphus immédiatement. Il sera bien obligé si Hay veut lui laisser savoir si le gouvernement entend aider Muk Coonse en argent.   17

28 mars, Valence.
Brown à Neilson. Incluse dans la dépêche de Glenelg à Gosford, 17 juillet 1835.

28 mars, Washington.
Vaughan à Hay. Il a envoyé 19 volumes de documents du congrès, qu'il a payés.   720

29 mars, Londres.
Stevenson à Gladstone. Remerciements pour son entrevue avec Hay. Les effets de son plan seront aussi avantageux pour le Canada que l'a été la machine à vapeur pour le Royaume-Uni-   628

Une autre lettre de la même date a Gladstone dit à peu près la même chose.   629

30 mars, Clonmel.
Alice Butler au secrétaire des Colonies. Elle espère que la lettre incluse sera envoyée à destination, et que la réponse sera envoyée aussitôt que la question aura été examinée.   18

30 mars.
Mémoire de Dempsey. Son oncle a acheté des propriétés dans la Virginie, et il désire qu'on permette au consul anglais d'y prendre des renseignements.   226

31 mars, Québec.
George au secrétaire des Colonies. Il renouvelle sa demande d'aide. Il a déjà envoyé un mémoire par le capitaine Alexander, du 42e Highlanders. Outre d'autres plans qu'il a menés à bonne fin pour l'avantage de ce pays, il en est un qui rend la cavalerie anglaise presque invincible contre l'infanterie ou contre la cavalerie en champ ouvert; il demande un emploi qui lui permette de poursuivre ses expériences.   266

Inclus. Liste de documents inclus.   264

1835.

George à Dalhousie. Détails relatifs au fonctionnement du bureau des terres et machinations qui en ont empêché l'établissement.　Page 267

Le même à Aylmer. Il se plaint de n'avoir pas été reçu à son tour. Il raconte les services qu'il a rendus à son pays.　271

Comment on pourrait obvier aux difficultés qu'on a avec la Chambre d'Assemblée.　275

Plans proposés.　278

Observations sur certaines améliorations internes.　281

31 mars,
Eyrecourt.
Montgomery à ——. Il donne des détails sur le faux en écriture commis par Henry Lawler (voir 14 mars, page 451 de ce volume). Lawler est en ce moment au Canada, Barry étant son bureau de poste. Il paraît établi à Orillia (Aurelia dans la lettre). Il (Montgomery) attend des instructions.　455

— mars,
Londres.
Saint-André à Hay. Il demande les actes funéraires de Pierre Lavallée et sa femme, qui sont morts à Saint-Roch il y a 4 ou 5 ans, et de Boland, décédé à Dominica le 19 octobre dernier.　3

2 avril,
Londres.
Hanmer à ——. Il recommande la nomination de Stafford Jones au poste de magistrat stipendiaire du Canada.　325

Inclus. Stafford Jones demande à être nommé magistrat stipendiaire.　324

4 avril,
Carlisle.
Esther Hope à ——. Désire savoir si on peut lui apprendre la date et le lieu du décès de Henry Hope, autrefois lieutenant-gouverneur du Canada, attendu qu'elle et sa famille sont ses parents les plus rapprochés et qu'il a laissé des biens.　325

(Hope a donné sa démission en faveur de Dorchester (Guy Carleton) qui devint gouverneur général du Canada le 3 octobre 1786.)

6 avril,
New-York.
Buchanan à Hay. Il a reçu une lettre du 14 février lui annonçant l'envoi de trois dépêches. Il n'en a trouvé qu'une pour Aylmer, mais il présume que les trois sont sous la même enveloppe. Il a envoyé la dépêche par un messager spécial. Il exprime de nouveau le désir que ses lettres lui soient envoyées de façon à être confiées au pilote.　92

6 avril,
Londres.
Ivers à Hay. Il a envoyé son adresse en obéissance au désir de lord Stuart de Rothesay.　378

6 avril,
Gullow.
Whelan à ——. Demande des renseignements au sujet de son frère William Whelan.　721

7 avril,
Londres.
Amyot à Aberdeer. Attire l'attention sur les arrérages qui lui sont dus sur sa pension et explique la nature de sa créance.　4

8 avril,
Londres.
Weir à Gladstone. Il envoie une même pli un mémoire adressé à Aberdeen, dans lequel il demande à être nommé imprimeur du roi à Montréal, ainsi qu'une lettre d'Ewing et d'un numéro du Courrier de Glasgow contenant un article de sa plume.　722

Inclus. Mémoire de Robert Weir, junior, rédacteur-propriétaire du Herald de Montréal.　723

23 avril,
Liverpool.
Baring Bros. & Co. à Grey. La dépêche pour Buchanan sera expédiée par le vaisseau de New-York le Napoléon.　19

26 avril,
Devonport.
Rapson à Grey. Il est ouvrier mécanicien et en ce moment sans emploi. Il désire beaucoup aller au Canada et demande un passage.　614

28 avril,
Rome.
Lettre de la Propagande à Bramston. Incluse dans une lettre de Bramston à Hay, du 28 mai 1835.

28 avril,
Rome.
La Propagande à Bramston. Incluse dans le mémoire de Bramston, sans date.

29 avril,
Londres.
Kerr à Grant. Aberdeen lui ayant donné le temps d'adresser un mémoire à l'Amirauté avant de le destituer de ses fonctions de juge puîné, il envoie une copie du mémoire qu'il a présenté à l'Amirauté. Il a cité des faits qui doivent dissiper les accusations de conduite répréhensible.　404

1835.

Inclus. Mémoire à l'Amirauté. Les faits qui se rattachent à son renvoi de la cour. de vice-amirauté. Il demande à être réinstallé ou à recevoir une somme annuelle comme allocation de retraite.   Page 406

Aperçu des prétentions de Kerr à une indemnité pour la perte qu'il a subie par suite de l'abolition de la juridiction sur les prises à Québec en l'année 1801.   415

29 avril,
Londres.

Kerr à Hay. N'ayant pas reçu de réponse de l'Amirauté, il a cru de son devoir d'envoyer au secrétaire Grant une copie du mémoire qu'il a présenté.   421

5 mai,
Londres.

Mandelsloh à Grant. Pour des renseignements sur les biens de Jacob Frederick et John Conrad Haas, établis à Montréal.   456

Inclus. Note relative aux deux frères Haas, décédés à Montréal, un le 26 juillet 1828 et l'autre le 13 juin 1832.   457

9 mai,
Devonport.

Banks à Grey. Certificat attestant les capacités et les habitudes de Rapeon.   615

9 mai,
Londres.

MacKinnon à Glenelg. Au sujet de ce qu'il a été dit que Glenelg ne se croyait pas tenu d'exprimer une opinion sur les accusations portées contre Aylmer à moins qu'il le demandât, tant qu'Aylmer resterait en fonctions il y avait admission tacite que les accusations n'étaient pas fondées. Mais aujourd'hui qu'il a été annoncé que l'on n'aurait plus besoin de ses services, les circonstances ont changé et Aylmer demande une opinion explicite.   470

10 mai,
Wheatley.

Ashurst à Glenelg. Demande de la part de deux hommes, un arpenteur et un charpentier, des passages gratuits qu'on leur a dit qu'ils obtiendraient pour eux-mêmes et leurs familles s'ils fournissent leurs propres provisions et nourriture et emportent assez d'argent pour leurs besoins en arrivant. Il demande s'il existe pareille offre.   6

15 mai,
Londres.

Neilson à Grey. Il remercie Glenelg de s'être donné la peine de faire libérer les pétitions et les documents à la douane. Pour éviter plus d'ennuis il a payé le droit sur les autres. Quand pourra-t-il avoir une entrevue? Il envoie des exemplaires imprimés des documents.   520

Inclus. Circulaire concernant l'Association Constitutionnelle du Bas-Canada.   521

Liste des comtés, villes et autres collèges électoraux qui envoient des représentants à la Chambre d'Assemblée, d'après la loi concernant la représentation, sanctionnée le 17 août 1829, avec la population d'origine française et celle d'origine britannique d'après le recensement de 1830.
                                                                    528

Explication du tableau qui dit: "Si tous les catholiques romains étaient d'origine française, la population, en 1831, serait comme suit—

d'origine française 403,472
d'autres origines 108,445

mais il est certain qu'un grand nombre de catholiques irlandais ont été inclus dans les bordereaux de la population catholique et devraient être déduits et ajoutés à la population d'origine non française."   529

Liste du comité de l'Association Constitutionnelle de Québec.   531

16 mai,
Londres.

Kerr à Glenelg. Envoie extrait d'une dépêche de l'Amirauté. Demande une allocation de retraite lorsqu'il démissionnera comme juge.
                                                                    422

Inclus. Extrait des lords de l'Amirauté. Ils ont envoyé la demande d'une allocation de retraite au Colonial Office.   423

19 mai,
Londres.

MacNeill à Glenelg. Demande à être nommé comme secrétaire de la commission qu'on pourra nommer pour arranger les questions pendantes entre le Canada et la mère-patrie. Ses aptitudes.   459

19 mai,
Temple.

Bliss à Grey. Il apprend que le rapport d'Aylmer au sujet du tarif de la vice-amirauté à Québec a été reçu et que Glenelg s'est trouvé tenu de

1835.

recommander qu'on ne perdît aucun temps pour obtenir un arrêté de l'exécutif rétablissant l'ancien tarif. Revenir à l'ancien tarif ne serait pas remédier au grief dont on se plaint, l'ancien tarif ayant longtemps été une cause de mécontentement, et c'était pour y remédier que fut établi le tarif du 27 juin 1832, qui n'a fait qu'empirer les choses. La simple révocation de ce dernier ne ferait que ramener les anciens griefs. Il a exposé dans sa lettre du 24 février comment on pourrait obvier au mal. Il espère que Glenelg appliquera le meilleur remède.   Page 74

27 mai,
New-York.

Buchanan à Grey. Il a reçu une dépêche qu'il a expédiée à Aylmer comme on voulait.   93

27 mai,
Londres.

Kerr à Grey. Il regrette qu'après tous ses services, les lords de l'Amirauté ne se sentent pas disposés à recommander qu'il reçoive une allocation de retraite. Il demande en conséquence à reprendre ses fonctions à Québec.   424

28 mai,
Londres.

Bramston à Hay. Il envoie un document concernant Montréal pour être présenté au secrétaire des Colonies.   20

28 mai,
Londres.

Inclus. Lettre de la Propagande à Rome à Bramston.   21

Heger à Glenelg. Thomas Douglas, décédé à Montréal, a laissé des biens dont il a disposé par testament, et comme il n'avait pas de parents plus rapprochés que des cousins germains, il est raisonnable de croire qu'il a pu s'occuper d'eux dans ce testament. Il ne peut rien en apprendre à Doctor's Commons, et il demande s'il ne serait pas possible de se renseigner par l'entremise du gouverneur du Bas-Canada.   326

29 mai,
Londres.

Kerr à Grey. Il présentera des observations sur le tort qu'on lui a fait.   426

29 mai,
Londres.

Neilson, Walker et Gillespie à Glenelg. La malheureuse position du Canada au départ de Neilson et de Walker, et l'anxiété des gens qui y ont de grands intérêts, est son excuse pour déranger encore Sa Seigneurie. Ils désirent faire connaître aux pétitionnaires l'opinion du gouvernement de Sa Majesté sur les sujets qui ont été portés à la connaissance de Glenelg, et ce qui sera probablement fait pour donner le poids nécessaire à l'autorité exécutive et donner aux pétitionnaires la pleine protection des lois et la jouissance de leurs justes droits de sujets britanniques.   534

— mai.

Mémoire exposant comment le principal chef des Chippewas a été frauduleusement engagé à venir en Angleterre et ce qu'il a souffert. Demande de secours.   227

Inclus. Mémorandum de l'aide sollicitée au nom du chef sauvage.
                                                                  229

1er juin,
Londres.

Kerr à Grey. Lui demande de présenter des observations à Glenelg.
                                                                  427

Inclus. Observations sur la manière dont on a traité le juge Kerr. 428

1er juin.

D'Este à Hay. La somme destinée aux sauvages peut lui être adressée. On se propose de la distribuer comme suit :—

Passage jusqu'à Détroit.....................	£ 70
Pour être payé à Détroit......	55
Pour être payé au Dr Hodgkin pour frais judiciaires............	75
	£200

                                                                  231

4 juin,
Ipswich.

Dillon à Glenelg. Le remercie de lettres obligeantes ; envoie une note sur les griefs canadiens, et un petit volume qui n'est pas généralement répandu et sur une partie duquel il attire l'attention. L'objet de l'ouvrage était de produire une impression en haut lieu à propos de la question de l'Église.   232

Inclus. Note sur les plaintes des Canadiens relatives à la judicature par sir J. Dillon.   234

1835.

5 juin,
Ipswich.
Nouvelles observations de Dillon au sujet des plaintes des Canadiens à propos de la judicature.   Page 247

5 juin,
Londres.
Neilson, Walker et Gillespie à Glenelg. Comme la décision du gouvernement doit leur être communiquée par Glenelg, ils expriment encore une fois leur désir de pouvoir transmettre des nouvelles certaines à leurs mandataires.   536

Le rapport imprimé contient d'autres lettres. Elles ont été cataloguées d'après leurs dates.

5 juin,
Dublin.
Pétition de Catherine Shephard demandant les 100 acres de terre accordées à son mari, qui est mort du choléra avant d'en avoir pris possession.   630

12 juin,
New-York.
Buchanan à Grey. Dépêches reçues ; comment on pourrait gagner du temps dans la livraison des dépêches.   94

15 juin,
Québec.
Secretan au secrétaire des Colonies. Il demande qu'on lui communique les raisons du procureur général pour ne pas poursuivre une personne accusée d'un crime, afin que si les raisons ne sont pas suffisantes il puisse prendre des mesures pour obtenir justice. Il a écrit au procureur général et au gouverneur. Ce dernier sur preuves *ex parte* s'est déclaré satisfait de la décision du procureur général. Se plaint du manque d'égard avec lequel on l'a traité.   634

17 juin,
Londres.
Walker à Glenelg. Il attire son attention sur les principaux points des résolutions de l'Association de Montréal. Les points sont au nombre de dix et chacun est discuté au long. Le tout est une plainte contre la Chambre d'Assemblée et son arrogation d'autorité illimitée.   540

20 juin,
Londres.
Walker à Grey. Il attire son attention sur ce qu'il est officiellement annoncé que Gosford et ses collègues ont été constitués en commission chargée de s'enquérir des griefs dont se plaignent les sujets britanniques dans le Bas-Canada en ce qui regarde l'administration du gouvernement. Il (Walker) a porté à la connaissance du ministère et du parlement plusieurs sujets qui, étant de nature fiscale ou judicielle, n'ont guère de rapport aux abus de l'administration, et on l'a porté à croire qu'on s'en occuperait.   556

22 juin,
Londres,
Mackinnon à Glenelg. Il envoie une note de dépenses qu'il a encourues dans le service public. Aylmer demande l'autorisation de rembourser le montant.   472

Sans date ni signature à Mackinnon. On ne peut pour le présent autoriser le paiement de Mackinnon ; quand viendra le temps de payer les arrérages dus pour services civils on s'occupera des réclamations de Mackinnon.   473

Inclus. Note de dépenses encourues en 1834 et 1835.   474

23 juin,
Londres.
Kerr à Glenelg. Comme on l'informe qu'avant son avènement (à Glenelg) Aylmer avait reçu instruction de lui choisir un successeur au poste de juge puîné, il se propose de présenter une pétition au roi, attendu que son renvoi d'office sans procès est une atteinte à l'indépendance de la magistrature dans le Bas-Canada.   434

24 juin,
Dublin.
Catherine Shepherd à ——. Demande allocation au lieu des 100 acres de terre concédées à son mari.   632

25 juin,
Québec.
Clapham à Glenelg. Appels de la part des colons de Mégantic.   196

Inclus. Clapham à Aylmer. Expose la situation des colons à Mégantic et demande qu'on leur vienne en aide.   203

Craig à Clapham. Aylmer est incapable pour des raisons indépendantes de sa volonté de venir en aide aux colons de Mégantic.   208

26 juin.
Non signée à Walker. Les termes de la *Royal Gazette* ont été transcrits de l'avis correspondant de la nomination d'Amherst, et il n'est pas question de leur donner l'étroite interprétation que craint Walker. 558

27 juin,
Londres.
Mackinnon à ——. Comme il apprend qu'il existe des doutes sur la question de savoir si Aylmer restera jusqu'à l'arrivée de Gosford à Québec, il rapporte que c'est ce qu'il sera et il attend qu'on aura fait des

1835.

arrangements pour son retour avec sa famille sur le navire qui conduit
Gosford au Canada.   Page 475

1er juillet,
New-York.
Buchanan à Glenelg. En conséquence du grand nombre d'émigrés à
destination du Haut-Canada qui passent par New-York, l'ouvrage de son
bureau a grandement augmenté. Il prie qu'on nomme son fils son agent
avec rémunération convenable.   95

10 juillet,
Londres.
Neilson à———. Inclus dans la dépêche de Glenelg à Gosford, etc., du
17 juillet 1835.
Baring à Hay. Inclus dans la dépêche de Glenelg à Gosford du 18
juillet 1835.

11 juillet,
Trésorerie.
Walker à Glenelg. Rapport du comité d'instruction relatif aux péti-
tions venues du Bas-Canada. Inclus dans la dépêche de Glenelg à
Gosford, etc., du 17 juillet 1835.

17 juillet,
Downing
Street.
Glenelg à Gosford. Grey and Gipps, commissaires d'enquête, affaires
du Bas-Canada. Envoie instructions.   727
  Inclus. Pétitions des habitants du Bas-Canada.   734
Pétition des habitants du Bas-Canada résidant dans le district de Mont-
réal.   735
Pétition des membres de l'Assemblée et de la minorité du Con-
seil.   736 verso
Neilson à Glenelg. Transmet la pétition des membres de l'Eglise
d'Ecosse au Bas-Canada et lettre d'un des anciens.   737
Pétitions.   737 verso
Brown à Neilson. Il envoie une pétition et représente l'état de l'Eglise
d'Ecosse au Bas-Canada.   738 verso
Neilson à———. Indique les amendements à faire pour le bien-être
et la sécurité des provinces de l'Amérique du Nord.   739
Rapport du comité d'instruction relatif aux pétitions venues du Bas-
Canada.   739 verso
Walker à Glenelg. Au sujet des pétitions venues du Bas-Canada.
                                                                 741
Note d'Aberdeen faisant voir comment ont été exécutées les recom-
mandations du comité de 1828 relatif au Canada.   743 verso

17 juillet,
Downing
Street.
Glenelg aux commissaires. Etablissant les règles qui doivent gou-
verner l'accomplissement de leurs fonctions.   747

17 juillet,
Downing
Street.
Le même à Gosford. On lui a envoyé des commissions pour ses différentes fonctions et pour les commissaires. Comment il doit s'attacher à
concilier les différends. Le gouvernement britannique n'a rien fait que
pour le bien des Canadiens.   748

18 juillet,
Downing
Street.
Le même au même. Il envoie copie d'une lettre de la Trésorerie au
sujet du remboursement de £31,000 avancés à la province par Aylmer le
27 novembre dernier. Il partage l'opinion de la Trésorerie.   752
  Inclus. Baring à Hay. Les lords de la Trésorerie ont confiance que
l'avance qui été faite pour prévenir une interruption des affaires civiles
sera remboursée par l'Assemblée.   752 verso

20 juillet,
Nicolet.
Chandler à Fox Maule. Il représente que par suite de l'ambiguité des
titres la ligne entre les terres de la Couronne et la seigneurie de
Nicolet est restée indéterminée. Dans la cause intentée pour le règlement de la question, la décision du Conseil privé a été défavorable à ses
intérêts. Lui et les co-seigneurs ont présenté une pétition demandant la
concession d'une partie de l'étendue dont ils ont été privés par le jugement. Il craint qu'il y ait des retards, et conséquemment il sollicite son
influence et celle de Dalhousie.   209

20 juillet,
Québec.
Secretan à Glenelg. Il n'a pas reçu d'accusé de réception de sa plainte
du 12 février dernier. Il demande qu'on lui fasse savoir si on l'a reçue.
Il ne connaît pas la substance des représentations qu'Aylmer a faites à
Glenelg et à ses prédécesseurs, attendu qu'on lui a refusé accès à la cor-

1835.

respondance concernant ses griefs ; il espère encore que Glenelg lui rendra justice.   Page 637

24 juillet,
Rathmore.

Brophy au secrétaire des Colonies. William Brophy vit-il encore ? Il
a servi au Canada dans la guerre de 1812, et a ensuite été instituteur
militaire. Il a écrit qu'il devait obtenir 290 acres de terre. Les a-t-il
eues ? Est-il encore dans l'armée ?   22

30 juillet,
Londres.

Hicks et Morris au secrétaire des Colonies. Demande qu'on prouve
les signatures de lord Aylmer, gouverneur, et de Daly, secrétaire, que
portent des documents dans la cause de Christopher Yarrow, résidant
près d'Odelltown, qui a présenté une pétition pour obtenir une somme
de £379 4. 1. en possession du tribunal.   328

4 août,
Salterton.

Mⁿ Foley à Glenelg. Elle envoie des papiers concernant une concession de terre à son mari, décédé le 18 juillet 1834. Elle demande la concession pour elle et ses enfants.   252

6 août,
Québec.

Secrétan au même. Il envoie des copies conformes de la correspondance entre Aylmer et lui. Aylmer a jugé à propos de dire qu'il veut
ne plus rien avoir à faire au sujet de la plainte, sous prétexte que Secrétan a refusé d'envoyer à Sa Seigneurie copie d'une lettre privée adressée
à Aberdeen. Aylmer veut apparemment donner lieu à quelque provocation qui lui permette de mettre de nouveaux obstacles à sa plainte.
Il se plaint de la façon dont ses plaintes ont été traitées. Il envoie copies
de la correspondance.   639

Inclus. Secretan à Aylmer. Il s'est écoulé quatorze jours depuis qu'il
(Aylmer) a reçu du secrétaire des Colonies une dépêche au sujet des
représentations de Secretan. Sa Seigneurie a-t-elle l'intention de lui
communiquer quelque renseignement à ce sujet.   644

Le secrétaire civil à Secretan. Son refus de fournir une copie des
documents demandés dans la lettre du secrétaire civil du 21 du mois dernier met nécessairement fin à tout en ce qui est de la plainte de Secretan.   645

10 août,
Trois-Rivières

Mémoire de Moses Hart. Demandant qu'on mette de côté le jugement
de la cour d'appel en la cause dans laquelle Chandler et autres sont
demandeurs et le pétitionnaire et autres sont défendeurs.   331

14 août,
Toronto.

L'évêque de Québec à Glenelg. Le plan qu'il propose relativement au
paiement d'un évêque suffragant ne prendra effet qu'à sa mort.   608

21 août,
Londres.

Mandelsloh à Glenelg. N'ayant pas reçu de réponse à la demande
faite à Spring Rice au sujet des biens de Charles Maisenhoelder, décédé à
Montréal, il demande qu'on donne instruction au gouverneur du Canada
d'obtenir et de remettre la moitié de la somme demandée par les deux
filles de Maisenhoelder.   461

24 août,
New-York.

Buchanan à Grey. Il a reçu une dépêche et l'a expédiée à Aylmer. 97

26 août,
Salterton.

Mⁿ Foley à Glenelg. Son désappointement d'apprendre qu'il n'est
pas au pouvoir de Sa Seigneurie d'accorder sa demande. Détresse que
cette nouvelle lui a causée ainsi qu'à sa famille. La concession pourra-
t-elle être reportée sur son fils aîné quand il sera en âge ?   254

4 septembre,
Londres.

Mémoire de LeLièvre dans lequel il demande ses appointements en
qualité de sous-secrétaire civil, attendu qu'il a reçu ordre de se rendre à
Sierra-Leone.   436

Inclus. Certificat de l'inspecteur général des comptes attestant que la
somme de £54.4.10 est due à LeLièvre en appointements.   438

Certificat d'Aylmer établissant que LeLièvre a été nommé sous-
secrétaire civil et qu'il a donné sa démission quand il a été nommé à un
emploi dans le commissariat.   439

Craig à LeLièvre. Aylmer regrette qu'il lui soit impossible de signer
un mandat pour ses appointements.   440

8 septembre,
Broughshane.

Catherine Sawyers au secrétaire des Colonies. Comment s'y prendre
pour obtenir des renseignements au sujet d'un frère ?   646

1835.
12 septembre,
Salterton.
M⁰ Foley à Glenelg. Elle n'a plus d'espoir de bénéficier de la concession de terre au Canada. Elle va s'adresser au roi, son mari ayant été aide de camp de Sa Majesté quand elle était en mer sous le nom de duc de Clarence. Demande qu'on lui renvoie les papiers qu'elle a communiqués. Page 255

19 septembre,
Broughshane.
Catherine Sayers à l'ambassadeur des Etats-Unis. Demande de renseignements sur son frère James Sayers. 647

25 septembre,
Londres.
McDougall à Glenelg. Il attire l'attention sur la discontinuation des concessions de terres aux soldats licenciés, ce qui est pénible pour plusieurs sous-officiers et soldats très respectables du 79ᵐᵉ dont il était ci-devant le commandant, et il demande qu'on accorde aux soldats (dont il envoie une liste) les concessions auxquelles il croient avoir droit. La liste contient les noms des plus vieux et plus méritants parmi les sous-officiers et les soldats du régiment. Le grand désappointement de ces hommes s'ils ne reçoivent pas les concessions. 504
Liste des sous-officiers et soldats. 507

26 septembre,
Londres.
Le major Martin à Grant. Ses services dans le 99ᵐᵉ régiment. Ayant perdu la santé en conséquence, il ne peut remplir les conditions de la concession. Il demande qu'elle soit reportée sur son fils. 462
Inclus. Goulburn à Maitland. Concession à Maitland égale à celle qu'il aurait reçue s'il était resté au Canada avec son régiment. 464

1er octobre,
Chelsea.
Note à Somerville. Lui rend compte des causes qui l'ont porté à acheter de la terre à Barnston ; il court danger de la perdre par suite de manœuvres frauduleuses et il demande protection. 648

2 octobre,
Coteau-du-Lac.
Leeds à Glenelg. Lui rappelle sa demande d'allocation de retraite et cite la lettre favorable qu'il a reçue de la Société pour la Propagation de l'Evangile. Il attire l'attention sur la réduction des appointements, et demande s'il convient qu'il visite une paroisse éloignée à ses propres frais. 441
Inclus. Leeds à Campbell. Au sujet de l'allocation de retraite, et se plaint des dépenses que lui cause la desserte d'une paroisse éloignée. 443

5 octobre,
Londres.
Le major Martin à Glenelg. Il rappelle sa lettre du 26 septembre et demande de nouveau que sa concession de terre au Canada soit reportée sur son fils. 465

6 octobre,
Downing Street.
Stephen à McDougall. Glenelg regrette de ne pouvoir violer le règlement qui s'oppose à la concession de terres au Canada aux hommes du 79° régiment. 512

9 octobre.
Sans signature à McDougall. Vu ses représentations au sujet des hommes du 79° régiment, Glenelg a donné des ordres pour qu'il reçoivent des terres au Canada. 511

9 octobre,
Londres.
McDougall à Stephen. Il lui envoie la lettre qu'il avait oublié d'inclure. Il corrige le nombre de sous-officiers et de soldats du 79° regiment donné par erreur dans la lettre de Stephen. Il suggère qu'on leur permette de s'adresser au gouverneur du Bas-Canada ou au lieutenant-gouverneur du Haut-Canada pour leurs terres. 515

10 octobre,
Sans signature à Somerville. Glenelg regrette de ne pouvoir donner la protection demandée. Le seul moyen constitutionnel est le recours aux tribunaux. 650

15 octobre,
Irvine.
Ferguson à Glenelg. Il envoie une lettre de son père, marchand à Durham, sur le lac Saint-François, Bas-Canada, sur les mécontentements politiques qui existent. La lettre est une lettre personnelle, mais il l'envoie parce qu'elle peut être utile. 256

21 octobre,
Londres.
L'archidiacre Mountain au même. Situation de l'Eglise d'Angleterre au Canada et proposition de nommer un évêque suffragant pour alléger le fardeau de la surintendance épiscopale. 477

23 octobre,
Londres.
Handley et Durrant au même. Demandent la permission d'examiner les archives du Colonial-Office pour une cause dans laquelle est intéressée la marquise douagère de Devonshire. 336

DOC. DE LA SESSION No 18

1835.

29 octobre, Addington.
L'archidiacre Mountain à Stephen. Il craint d'avoir commis quelque erreur dans sa lettre à Glenelg, n'étant pas à même de consulter les documents. Page 486

31 octobre, Liverpool.
Baring Bros & Co. à Stephen. Ils enverront le paquet à Buchanan, consul à New-York, et donneront instruction au maître du navire de le délivrer aussitôt que possible, 23

31 octobre, Dublin.
Hughes au secrétaire des Colonies. Désire qu'une lettre qu'il envoie soit expédiée à Aylmer. 337

2 novembre.
Non signée à Gosford et Colborne. Il a reçu de la part du colonel McDougall en faveur des hommes du 79e régiment une demande de les soustraire à l'effet de la discontinuation des concessions de terres aux soldats licenciés. Les hommes se sont inscrits pour leur congé avant la promulgation de la nouvelle règle. Croyant que la foi publique se trouve engagée vis-à-vis de ces gens, il se croit tenu de revenir au régime sous lequel a été contractée l'obligation. 509

2 novembre, New-York.
Buchanan à Grey. Il a expédié un rapport qu'il croit n'être pas encore arrivé au Colonial-Office. 98

Inclus. Discours de Gosford à l'ouverture de la législature, omis, ayant été transcrit au volume 223. 99

6 novembre, Londres.
L'archidiacre Mountain à Glenelg. Il attire l'attention sur la situation de R. R. Burrage, maître de la *Royal Grammar School* à Québec, qui est particulièrement pénible. 488

6 novembre, Londres.
Le même au même. Envoie un mémoire du R. J. Bethune. Les désappointements qu'il a subis ont causé des inconvénients. 489

Inclus. Mémoire du R. J. Bethune au sujet d'arrérages de traitement. 490

9 novembre, Temple.
Bliss à Grey. A-t-on obtenu un arrêté de l'exécutif rétablissant l'ancien tarif d'honoraires, ou est-il survenu des circonstances de nature à faire changer les intentions du gouvernement ? 78

10 novembre, Downing Street.
Non signée à l'archidiacre Mountain. Le sujet de l'Eglise d'Angleterre a fort occupé l'attention de Glenelg, mais comme il se rattache à l'enquête que fait en ce moment la commission il ne peut donner de réponse précise. 485

11 novembre, Brighton.
Reid à Hay. Il retourne les papiers qui lui ont été envoyés par erreur. 616

15 novembre, New-York.
Buchanan à Grey. Il envoie une copie de la réponse de l'Assemblée au discours du gouverneur. 100

Inclus. Omis : déjà transcrit, au volume 223.

Réponse de l'Assemblée. 161

Article de l'*Irish Advocate* (publié à Montréal) relatif à la réponse au discours du Trône. 102

16 novembre, Liverpool.
Baring Bros. à Grey. Il envoie le paquet à Buchanan par l'*Europe.* 24

17 novembre, Southampton.
L'archidiacre Mountain à Glenelg. Comme la réponse à son mémoire dépendra du rapport que fera la commission au sujet de l'Eglise anglicane au Canada, il espère qu'on dirigera l'attention de la commission sur cet important sujet. La commission étant en communication avec l'évêque on peut être satisfait. Il demande de nouveau la nomination d'un évêque suffragant. 493

25 novembre, Liverpool.
Baring Bros. & Co. à Grey. Ils envoient le *Columbus* le 1er du mois prochain, et le *South American* le 16, tous deux à destination de New-York, et tous deux sont des paquebots américains de première classe. Un autre part le 8 décembre. Ce ne sont pas eux qui l'envoient, mais c'est aussi un navire tout à fait convenable. 25

2 décembre, Brownham.
Strachey à Grey. Lui demande de faire parvenir une lettre à Gosford. 651

2 décembre, Temple.
Bliss à Grey. Il a reçu une copie de l'arrêté de l'exécutif rétablissant la partie de l'arrêté du 27 juin 1832 qui se rapporte à la cour de vice-

1835.

amirauté. Il en enverra des copies aux chambres de commerce de Québec et de Montréal. Il attire l'attention sur l'effet de l'article de la loi concernant la marine marchande qui en empêche l'application dans une colonie où il existe une Assemblée législative. Il envoie un paragraphe tiré de la *Gazette* de Montréal au sujet de la goélette *Bear*, sur lequel il attire l'attention.   Page 79

Inclus. Extrait de la *Gazette* de Montréal au sujet de la goélette *Bear*, dont le maître, grâce à Roebuck, Chapman et Cie, a eu à payer £13.15s. de frais au lieu de 40s., pour la raison que le navire, appartenant à une colonie où il existe une Assemblée législative, est privé des avantages de la loi concernant la marine marchande.   80

4 décembre, Londres.

James à Murdock. Il prie qu'on lui envoie le nom d'un officier de cour qui puisse signifier légalement un document judiciaire à Donald Borgie.   379

5 décembre, Downing Street.

Glenelg à sir F. B. Head. Lui envoie sa commission de lieutenant-gouverneur du Haut-Canada avec instructions. Il lui indique les principales sources dont il obtiendra les renseignements qu'il doit chercher à se procurer sur l'état des choses dans le Haut-Canada. La lettre d'instruction touche à tant de sujets qu'il est impossible d'en donner un aperçu satisfaisant dans un espace convenable.   752 verso

9 décembre, New-York.

Buchanan à Grey. Il envoie une copie du discours du président, arrivé en 12 heures de Washington, distance de 244 milles.   108

Inclus. Message du président des Etats-Unis.   109

11 décembre, Carrick.

O'Cavanagh au Colonial-Office. O'Meara, qui était employé aux mines de Sydney, dans l'Amérique du Nord, vit-il encore et est-il encore là? Des rumeurs de son décès ont alarmé ses parents.   561

16 décembre, Liverpool.

Baring Bros & Co. à Grey. Ils envoient une dépêche à Buchanan par le *South America*.   26

21 décembre, Montrose.

Kidd au secrétaire des Colonies. Il demande des renseignements sur David Sparks qu'on rapporte être décédé à Québec ou à Montréal.   381

23 décembre, Chantilly.

Laurat au même. Il est instituteur et sa femme aussi, mais comme la profession rapporte peu en France, il désire aller au Canada ou dans les Antilles anglaises, et demande un passage gratuit ou à prix réduit pour lui-même, sa femme et un enfant de trois ans.   448

23 décembre, St-Saviours.

Brooks au même. Il demande des renseignements sur une partie des biens de son frère, qui a reçu 800 acres de terre au Canada pour ses services. Il est entré dans les ordres sacrés en 1829 et est mort à Sierra-Leone en 1825.   27

24 décembre, Liverpool.

Baring Bros. & Co. à Grey. Il expédie une dépêche à Buchanan à New-York par le *Napoléon*.   28

24 décembre, Londres.

L'archidiacre Mountain à Stephen. Lui demande de faire préparer aussitôt que possible la lettre lui offrant la charge d'évêque suffragant.   499

26 décembre, Downing Street.

Glenelg à l'archidiacre Mountain. Après la promesse qui a été faite au parlement de discontinuer le crédit annuel pour le clergé dans l'Amérique du Nord, tout ce qu'il peut faire pour la nomination d'un suffragant à l'évêque de Québec est de sanctionner la nomination d'un membre du clergé à cette charge sans rémunération additionnelle, car il ne peut offrir aucun avantage pécuniaire en compensation des travaux et des responsabilités de la charge. Vu les circonstances, connaissant son désir désintéressé de promouvoir les intérêts de l'Eglise, il lui offre la charge.   495

28 décembre, Fulham.

L'archidiacre Mountain à Glenelg. Il accepte l'offre qu'on lui fait de la charge d'évêque suffragant et désire attirer l'attention de la commission sur ce qu'il dit au sujet des réserves du clergé dans sa lettre du 21 octobre.   500

31 décembre, New-York.

Buchanan au même. Il a reçu une dépêche pour Colborne. Comme le passage a été long et que la lettre de Stephen disait que tout délai aurait des inconvénients, il l'a expédié par courrier spécial à Queenston, le premier bureau de poste du côté canadien.   Page 175

Pas de date.   Bramston. Mémorandum dans lequel il dit qu'il a laissé des copies de lettres; la Propagande attendra des renseignements à leur sujet.   29

Inclus. Lettres de la Propagande à Bramston.   30, 31

Pas de date.   Mémoire relatif au chef michigan Muk-Coonee. Comment on l'a induit en erreur à aller à Londres en lui représentant faussement que le roi désirait le voir. Comment les sauvages pourvoient à leur subsistance. L'objet immédiat du chef sauvage est de voir le roi pour chercher à obtenir une modification d'un traité fait avec le gouvernement.   177

Observations sur le traité passé avec Muk-Coonee et copie du traité.

Pas de date.   Murray à Hay. Il est venu pour le voir au sujet de la concession à Wyld au Canada. Il lui demande de mentionner une heure où il pourrait le recevoir.   452

Mosley à ————. Proposition d'établissement d'une compagnie agraire. Il demande si le gouvernement encouragera le projet. Donnera-t-il une charte ou offrira-t-il, soit gratuitement soit à prix de vente peu élevé, une étendue de terres de 500,000 à 1,000,000 d'acres, au Canada, à la Guyane ou au Cap de Bonne-Espérance, avantageusement situées pour des émigrés. Si le gouvernement ne veut pas donner des terres dans ses nouvelles colonies, donnera-t-il à la compagnie une charte l'autorisant à posséder des terres dans les Etats de l'Amérique.   466

Mémoire de Sarah Harrison, représentant que son mari est mort du choléra à Inverness, dans le Bas-Canada, possesseur de biens qui ne peuvent être transférés autrement que par ordre du Colonial-Office. Il a laissé un fils dont elle est la mère, et elle désire que la terre en question passe à ce fils.   329

Pétition de marchands de Glasgow intéressés dans le commerce et la prospérité des provinces de l'Amérique du Nord exposant les mauvais effets du tarif d'honoraires établi pour les cours de vice-amirauté contrairement aux intentions du roi. Les honoraires sont si élevés et les délais de la procédure sont si considérables que les procès sont devenus une terreur et des instruments d'extorsion, les frais d'une défense étant plus onéreux pour le justiciable que de se soumettre à des demandes injustes. Exemples cités. Demandent qu'on modifie le tarif et les règles de procédures.   760

Pétition des habitants de Montréal d'origine irlandaise, demandant qu'on prenne des mesures pour le prompt établissement des terres incultes du Bas-Canada. Demande qu'on accorde des lettres patentes aux actionnaires de la *North American Land Company.*   777

PAPIERS D'ÉTAT, HAUT-CANADA.

Correspondance, minutes, charte, etc., de la Compagnie du Haut-Canada,
de 1824 à 1831, contenus dans les volumes Q. 359 à Q. 373.

LE LIEUTENANT-GOUVERNEUR SIR J. COLBORNE, 1832.

Q. 374—1.

1832.
31 janvier,
York.

Colborne à Goderich (n° 1). L'adresse de l'Assemblée au roi exprimant son attachement a été probablement provoquée par la conduite de
Mackenzie, le rédacteur du *Colonial Advocate*. Caractère de Mackenzie ;
deux fois expulsé le l'Assemblée ; son agitation constante et sa tentative
de soulever une clameur contre le gouvernement exécutif. Documents
inclus.   Page 1
   Inclus. Adresse de l'Assemblée au roi.   5
   Pétition des habitants et francs tenanciers du Haut-Canada, demandant la dissolution de la législature par suite du fait que la Chambre
d'Assemblée avait employé inutilement et sans profit la plus grande partie
de la dernière session et tout le temps jusqu'à présent de la session
actuelle.   7
   Le président et le secrétaire de l'assemblée ont envoyé une copie de la
pétition à McMahon, le secrétaire du gouverneur. Les personnes en
faveur de l'objet se rendront en corps au palais du gouvernement pour
présenter la pétition.   9
   Assemblée des districts Home et avoisinants. Adresse de W. Lyon
Mackenzie demandant à toutes les personnes présentes de se rendre en
corps à York afin de montrer qu'on est nombreux et pour revendiquer
leurs droits.   10
   Appel au peuple par W. L. McKenzie.   24
   Avis à la population du district de Home et des districts environnants
de venir en corps à York le 19 janvier 1832 pour voir le lieutenant-gou-
verneur et lui demander de dissoudre l'Assemblée.   31
   Acte d'accusation contre le lieutenant-gouverneur de la province et
adresse de Mackenzie qui couvre 40 pages.   33
   Substance de défense faite par Mackenzie.   73
   Opinions de la presse.   75
   Extrait du *Colonial Advocate*.   80
   Procédure lors de la réexpulsion de Mackenzie.   82
   Autres documents, opinions de la presse, etc.   82 à 176

3 février,
York.

Colborne à Goderich (n° 2). Bill présenté pour autoriser Sa Majesté
à reprendre possession des réserves du clergé, mais la Chambre n'a pas
paru disposée à étudier la question avant la prochaine session. A reçu à
ce sujet des dépêches qu'il a promis de transmettre à l'Assemblée. A
fermé la session le 28, la majorité étant opposée à examiner immédiatement le sujet des réserves du clergé. La corporation chargée de l'administration des réserves du clergé sera heureuse de n'avoir pas à accorder
de baux ; ses fonctions. Il y a maintenant plusieurs centaines de demandes de baux qui ont été examinées, et on a promis des baux dès qu'on
pourrait les préparer—ces solliciteurs ont pris possession ayant foi dans
la promesse du gouvernement. Les baux des réserves du clergé ayant
donné aux émigrants de grandes facilités pour s'établir et leurs familles,
au taux de $7 par année, un certain nombre de familles sont établies.

64 VICTORIA, A. 1901

1818.

Les personnes qui ont déjà fait leur demande recevront des réponses, mais avis sera donné qu'il ne sera pas accordé d'autres baux. Le mécontentement que causera le refus d'une demande pour l'achat ou bail d'environ 150,000 acres.   Page 177

Inclus. Motion du procureur général demandant la permission de présenter un bill pour investir de nouveau Sa Majesté des réserves du clergé. Le bill a été lu pour la première fois, mais la seconde lecture a été remise.   182

8 février, York.

Colborne à Goderich (n° 3). Le colon de bonne foi n'est soumis à aucun retard pour obtenir sa terre. Comment cela se pratique. Envoie formules et règlements. Dans les premiers établissements l'on a fait de vastes concessions à des particuliers, mais depuis 1827 ; il n'a été accordé aucunes concessions gratuites sauf aux loyalistes de l'Empire-Uni et aux soldats de l'armée, marine, ou milice constitué qui ont servi durant la dernière guerre; tous les autres obtiennent leurs terres par achat. Les droits d'établissements que l'on mentionne comme un grief ne sont exigés que des personnes ayant droit à des concessions gratuites. Les réserves de la Couronne et du clergé ont augmenté les difficultés des premiers colons, mais comme les réserves de la Couronne sont vendues à la Compagnie du Canada, elles se colonisent rapidement et cette dernière ne met aucun obstacle aux améliorations. Le bail de terre est le système le plus profitable dans les régions éloignées. Considération des systèmes d'établissement. Envoie rapport sur griefs, contenant des observations utiles sur les terres de la Couronne.   184

Inclus. Copie des documents sur l'établissement des colons.   190

Rapport du comité sur griefs.   194

9 février, York.

Colborne à Goderich (n° 4). A fermé la session le 28 janvier. Envoie copie de son discours.   197

Inclus. Discours à la fermeture de la session.   198

Rapport du comité au sujet des griefs.   200

Etat de la dette publique créée pour certaines fins, lesquelles sont mentionnées dans le tableau.   214

Cet état forme partie du rapport, qui se continue jusqu'à la page 229

Second rapport sur griefs.   230

10 février, York.

Colborne à Goderich (n° 5). Transmet adresse de l'Assemblée demandant qu'on annule la charte du Collège du Roi, et qu'il en soit accordée une autre sans dispositions exclusives. Envoie sa réponse à la demande que l'adresse soit transmise.   236

Inclus. Adresse de l'Assemblée.   237

Réponse de Colborne qu'il transmettra l'adresse.   239

11 février, York.

Colborne à Goderich (n° 6). Transmet l'adresse de l'Assemblée demandant que le roi recommande que les réserves du clergé soient vendues et que le produit en soit transporté à la législature pour être appliqué aux fins de l'éducation.   240

Inclus. Adresse.   242

13 février, York.

Colborne à Goderich (n° 7). Envoie adresse de l'Assemblée demandant que les terres réservées pour les écoles soient appliquées à cette fin et que le produit des rentes soit mis à la disposition de la législature. On verra par la dépêche du 25 octobre dernier que la plus grande partie des terres demandées dans l'adresse ont déjà été affectées conformément aux instructions.   245

Inclus. Adresse.   247

14 février, York.

Colborne à Goderich (n° 8). Transmet l'adresse de l'Assemblée au sujet de l'évaluation et de la disposition des terres de la Couronne.   250

Inclus. Adresse.   252

15 février, York.

Colborne à Goderich (n° 9). Envoie adresse demandant que le Haut-Canada puisse participer au revenu provenant des biens des Jésuites.   256

Q. 374—2.

!1818.
18 juillet,
Québec.

Mémoire. Inclus dans la lettre de Colborne à Goderich du 24 février 1832.

1832.
16 février,
York.

Colborne à Hay (personnelle). Rapport sur Mackenzie ; tous les journaux de la province sont contre lui sauf ceux qu'influencent les Ryersons. C'est un démagogue dangereux. Suggère qu'on ne paie point le traitement de l'évêque de Québec à même le revenu territorial, mais les loyers des réserves affermées du clergé. Page 260

Inclus. Extraits du *Canadian Freeman* condamnant la conduite de Mackenzie, dans lesquels on cite les résolutions Scarborough. 365

Continuation. 276

Observations sur le conseil des médecins. Autre grief, défendant les nominations faites par Colborne. 283

— février,
York.

Colborne à Goderich (n° 10). Envoie adresse de l'Assemblée demandant le renvoi de l'aumônier, et qu'il n'en soit pas nommé d'autre. Croyant que le traitement de l'aumônier était fixé par un acte permanent et que la nomination appartient à la Couronne, il ne se croit pas autorisé à mettre fin à la charge. 286

Inclus. Adresse. 288

17 février,
York.

Colborne à Goderich (n° 11). Envoie une esquisse et des observations de Shirreff sur l'augmentation du commerce de bois et du revenu de la Couronne qui suivrait la construction de glissoires aux rapides des Chats et de la Chaudière. Recommande que cela se fasse en prenant à cette fin partie du produit des permis de coupe de bois. 289

Inclus. Observations sur les retards qu'éprouve la descente du bois aux Chats et à la Chaudière, ce qui en augmente le coût. Comment l'on pourrait établir une communication d'amont les chutes de la Chaudière au canal Rideau. 291

18 février,
York.

Colborne à Goderich (n° 12). Envoie pétitions des ministres presbytériens du Haut-Canada qui n'appartiennent pas à l'Eglise d'Ecosse.

Inclus. Pétition du Synode uni presbytérien du Haut-Canada demandant une allocation pécuniaire. 296

20 février,
York.

Colborne à Goderich (n° 13). Transmet pétition du lieutenant Edward O'Brien, qui ne put recevoir sa demi-solde parce qu'il a été employé pour établir les émigrants dans les townships situés sur le lac Simcoe. Comme il n'a été employé que quelques mois, il espère que la pétition sera considérée favorablement. 301

Inclus. Pétition. 303

22 février,
York.

Colborne à Goderich (n° 14). Envoie pétition de la Compagnie du canal Welland demandant de faire un arrangement avantageux en disposant des privilèges de chutes d'eau, mais comme il existe des doutes quant au pouvoir du gouvernement sur les forces hydrauliques, elle demande d'abandonner l'hypothèque et qu'il soit déclaré que la seule réclamation est celle des droits de péages. 304

Inclus. Pétition. 306

24 février,
York.

Colborne à Goderich (n° 15). Transmet pétition d'émigrants et soldats réformés établis à Perth dans laquelle il est allégué qu'ils ont été portés à croire que l'on recommanderait une concession de terres à leurs enfants quand ces derniers seraient capables de cultiver leurs lots. Une copie du document de juillet 1818 est envoyée. Le cas a été plusieurs fois soumis au Conseil exécutif, mais comme la faveur en question n'est

64 VICTORIA, A. 1901

1832.

mentionnée dans aucune correspondance les demandes ont été refusées. Les émigrants établis à Perth sont loyaux et industrieux, mais si on leur accordait la faveur demandée ce serait créer un précédent incommode. La plupart d'entre eux sont capables d'acheter des terres pour leurs enfants.   Page 308

Inclus. Pétition.   310

Mémoire. Que les fils des émigrants recevront la faveur ordinaire d'une terre quand ils atteindront l'âge de majorité.   313

23 mars, York.

Colborne à Goderich (n° 16). Le montant du revenu provenant des loyers, péages et droits sur le canal Rideau devrait être perçu et établi par les officiers de l'artillerie avant qu'il ne soit fait aucun arrangement définitif quant au mode de payer ces frais contingents. L'assemblée ne pourvoiera pas aux réparations à faire aux ponts, etc., mais si l'on en juge par les denrées transportées du lac Erié dans Ontario, ainsi qu'indiqué dans le rapport du canal Welland, une proposition à cet effet serait inutile. Envoie copie de réponse aux officiers respectifs à Québec.   314

Inclus. McMahon aux officiers respectifs. Le retard à répondre est dû à la maladie du procureur général. Le gouverneur n'a pas encore reçu l'état des taux de péages et droits établis par le canal Welland, mais il envoie copie de l'opinion du procureur général, en sorte que l'on pourra prendre des mesures pour faire rapport sur la validité des titres des terrains achetés par By. Le gouverneur croit que même si l'on établit des péages à un taux plus élevé, le produit devrait suffire pour les réparations. La perception des péages, etc, devrait être confiée à la division de l'artillerie jusqu'à ce que l'on puisse s'assurer de l'étendue des relations commerciales par l'Ottawa et le canal Rideau.   316

Boulton à McMahon. N'a rien appris de By depuis quelque temps au sujet des obstacles placés par Merrick à la navigation du canal Rideau, en sorte qu'il suppose que cela a cessé. Si on recommence, il prendra tout de suite les mesures qui pourront être nécessaires, mais il n'appréhende aucune difficulté à cet égard. Les terres et constructions du canal Rideau ne peuvent être dévolues à l'artillerie, les officiers peuvent avoir la charge des constructions, mais la propriété doit être dévolue à la Couronne. La nécessité de faire examiner les titres de toutes les terres achetées par By ou par ses prédécesseurs.   318

MacMahon aux officiers respectifs. Envoie rapport du canal Welland, lequel pourra être utile.   321

La Compagnie du canal Welland à————. Envoie les taux de péages et la méthode de les percevoir.   322

Observations accompagnant les taux de péages sur le canal Welland et les taux projetés sur le canal Rideau.   325

Taux des péages sur le canal Welland en 1831.   331

24 mars, York.

Colborne à Goderich (n° 17). Envoie adresses de différentes régions pour contre-balancer celles que Mackenzie met en circulation pour signatures afin d'encourager l'agitation. Les adresses et les résolutions indiquent le bon esprit et la loyauté qui prévalent dans la province.   332

Inclus. Adresses.
    Kingston.   334
    Hallowell.   349
    Carleton-Place.   355
    Kingston.   358, 385
    Hastings.   390
    Perth.   392
    Grimsby.   393
    Adjalo, Albion, etc.   395

25 mars, York.

Autres assemblées, observations de la rédaction, etc.   334 à 454

Colborne à Goderich (n° 18). Relativement à la suspension de Hurd, il a fait rapport qu'il était prêt à faire voile de Saint-Jean, Nouveau-

Brunswick, le 18 novembre dernier, mais qu'il a été détenu par la maladie.
Il est arrivé aux Etats-Unis le 3 janvier, mais a été empêché de se rendre dans le Haut-Canada par la maladie grave dans sa famille. Est à Utica et à transmis certificat.   **Page 455**

Inclus. Hurd à———. Son arrivée à Saint-Jean après avoir été détenu à Fredericton. Le navire *Julia*, dans lequel il avait pris son passage, avait fait voile avant son arrivée à Saint-Jean, et il doit attendre son retour.   **456**

Certificat de médecin à Utica.   **457**

29 mars,
York.

Colborne à Hay. Assemblées pour arrêter les progrès du démagogue Mackenzie; les avantages à en retirer. Les Ryersons ont maladroitement pris une part politique active de concert avec Mackenzie, qui sait qu'il échouera s'il n'entretient point l'agitation. N'a pas encore reçu la décision du conseil du collège sur l'abandon de la charte. Il y a encore une somme d'à peu près £20,000 de revenu territorial qui reste. Les immigrants établis l'année dernière sur les terres de la Couronne réussissent bien ; des sociétés se forment dans la région de l'Est afin de faciliter le transport des immigrants.   **458**

2 avril,
York.

Colborne à Goderich (nº 19). A communiqué aux autorités du collège du roi les désirs du gouvernement de Sa Majesté au sujet de la charte. Les difficultés de traiter avec la législature.   **461**

Inclus. La charte du collège du roi.   **464**

Rapport du conseil du collège.   **480**

5 avril
York.

Colborne à Goderich (nº 29). Rapporte que la distribution projetée du revenu casuel et territorial doit être modifiée, car la législature n'a pas pourvu aux appointements du receveur général non plus que des commis du bureau de l'arpenteur général. Suggère que le traitement de l'évêque de Québec soit débité au compte des loyers des réserves du clergé au lieu d'être débité au revenu territorial.   **501**

Inclus. Etat de la caisse des revenus du clergé.   **503**

7 avril,
York.

Colborne à Goderich (nº 21). Avant de recevoir leurs terres les émigrants indigents ont signé un arrangement de payer par versements cinq chelins par acre. La plupart ont défriché assez de terre pour entretenir leurs familles et peuvent se supporter eux-mêmes en partie par les gages que leur paient les propriétaires de terres qui sont allés dernièrement dans les townships de l'intérieur. Le système d'entretenir les émigrants pendant quelques mois est le meilleur pour coloniser le pays, si la dépense pouvait être payée au moyen du revenu territorial, ou par les paroisses qui désirent détacher le trop plein de leur population. La dépense de l'année dernière n'a pas excédé £5,000. Les détails sont mentionnés dans les comptes des agents. Le montant a été distribué au plus grand avantage des immigrants et de la province. Les avantages qu'il y aurait pour le gouvernement local de pouvoir rapidement coloniser quelque étendue particulière du pays. Des hommes possédant des capitaux demandent d'acheter des terres dans les townships établis l'année dernière par les immigrants indigents ; les avantages de cette colonisation. La prospérité d'Oro. Sur le montant du revenu territorial il considère qu'il y a à sa disposition £5,000 pour aider aux immigrants envoyés l'année prochaine. Agents nommés. Buchanan a peur que celui nommé à Québec n'intervienne dans les fonctions de sa charge.   **584**

Inclus. Rapport d'une assemblée tenue à Brockville au sujet de l'émigration,   **509**

Même assemblée tenue à Prescott.   **510**

LE LIEUTENANT-GOUVERNEUR SIR JOHN COLBORNE, 1832.

Q. 374—3.

1832.
9 avril,
York.

Colborne à Goderich (n° 22). Envoie pétition de la société établie pour aider les malades et indigents de York.   Page 512

Inclus. Pétition au sujet de la taxe *per capita* imposée par le Bas-Canada aux immigrants et voyageurs débarquant à des ports du Bas-Canada, ainsi qu'extraits de l'acte dont on se plaint.   513

Correspondance à ce sujet dans les journaux.   530, 534, 546, 552

9 avril,
York.

Colborne à Hay (personnelle). Objection de Buchanan qu'il y ait un agent d'immigration à Québec. Un agent peut être utile à Montréal.   556

Inclus. Buchanan à Colborne (personnelle). Les objections à la nomination d'un agent d'immigration à Québec sont approuvées; il est content de l'explication d'envoyer un agent à Montréal. Les efforts qu'il fait pour donner aux immigrants des renseignements exacts sur la province d'en haut.   557

10 avril,
York.

Colborne à Goderich (n° 23). Envoie des adresses de York, signées par les personnes les plus respectables par suite de la conduite injustifiable de Mackenzie, le rédacteur d'un journal qui s'est efforcé de troubler la province.   560

19 avril,
York.

Colborne à Goderich. Relativement à la pétition d'Appleton il envoie des observations du conseil de l'éducation concernant son cas.   562

Inclus. Extrait du rapport sur sur la pétition de Thomas Appleton. La nécessité de réduire les appointements des maîtres d'école.   563

30 avril,
Port-Talbot.

Talbot à Colborne. Inclus dans la lettre de Colborne à Hay, du 7 mai 1832.

4 mai,
York.

Colborne à Goderich (n° 24). A reçu l'approbation des mesures prises pour la réception des immigrants. Tous ceux qui arriveront cette année trouveront de l'emploi. Un agent actif est stationné à Prescott, il correspondra avec les sociétés pour obtenir des informations pour les immigrants quant aux townships dans lesquels ils pourront trouver de l'ouvrage. Un autre agent est stationné à Montréal, et ce dernier correspondra avec Buchanan à Québec. Autres arrangements et correspondance avec les sociétés concernant l'émigration.   566

Inclus. Extrait des instructions données à l'agent à Prescott.   570

Compte des sommes payées par Peter Robinson pour le service des immigrants dans le Haut-Canada.   573

4 mai,
York.

Colborne à Hay. Envoie documents qui feront voir les opérations à l'égard de l'émigration. Le caractère de Buchanan, l'agent à Québec; à peu d'occasions de diriger les opérations dans le Haut-Canada. Le devoir de disperser les établissements dans les deux provinces, mais les difficultés que l'on pourra avoir dans le Bas-Canada.   577

Inclus. Colborne à Aylmer. Buchanan a mal compris les instructions concernant l'émigration; toute intervention auprès des agents créera de la confusion. Il (Colborne) a reçu instruction de placer un agent à Québec pour fournir des renseignements aux émigrants. Par suite des plaintes de Buchanan les agents du Haut-Canada dans la province d'en bas recevront leurs instructions par son entremise. Connaît le zèle de Buchanan, mais personne n'est capable de diriger les opérations des agents à 600 milles de distance. Les avantages d'employer des colons expérimentés pour recevoir les émigrants à Québec.   580

Mémoire sur l'émigration. Buchanan recevra des cartes des terres incultes à vendre, et des townships que le gouvernement a l'intention de coloniser cette année. Instructions quant à ses fonctions, les différents endroits du Haut-Canada où il a été placé des agents et leurs fonctions.   Page 584

Mémoire de M. Patten, l'agent d'immigration à Prescott.   588

Instructions pour la Société d'émigration du district de Johnstown.   592

A. C. Buchanan à Colborne. A été nommé le surintendant en chef de l'émigration pour le Haut et le Bas-Canada.   596

McMahon à Buchanan. Colborne enjoint à Buchanan de ne point venir dans la province d'en haut, où il ne peut être d'aucune utilité. Il suggérera au gouverneur général les instructions nécessaires.   600

7 mai,
York.

Colborne à Hay. Les préparatifs pour la réception des immigrants faciliteront leur dispersion par toute la province. Mécontentement causé par la taxe imposée aux émigrants dans le Bas-Canada. Enverra au roi les loyales adresses adoptées dans chaque district. L'énergie montrée par la portion loyale de la province aura son effet pendant de nombreuses années. Il y aura d'ici à quelques années peu d'embarras au sujet de griefs, si le parti factieux est réprimé et si l'on encourage et supporte les membres respectables.

Mackenzie sait bien qu'il faut de l'agitation pour que l'on supporte ses opinions, et il a commencé quelques mois avant la session. Ses principaux partisans sont des colons des Etats-Unis. Le *Colonial Advocate* de Mackenzie est lu par eux et les a rendus turbulents et mécontents. Les Ryersons font usage de ce journal pour promouvoir leurs propres opinions et leur donner une influence dans la province. Ils ont éprouvé un échec qui les tiendra à leur place. Préparations pour recevoir les émigrants. Dénonce Mackenzie comme un misérable séditieux. Envoie lettre de Talbot qui dit que si Mackenzie est traité comme il le mérite, la paix et le bon ordre continueront à régner dans son district. La prudence à observer dans la discussion de la question des étrangers. La nature changeante de la population américaine. Le nombre des émigrants de la mère patrie, fera échec à l'émigration des Etats. L'avantage que retirerait le Haut-Canada d'un évêque.   601

Inclus. Talbot à Colborne. La satisfaction de voir qu'il y a si peu de mécontents, considérant le tapage qu'ils font. A eu une fête splendide le jour de la Saint-George; les rebelles ont gardé le silence.   608

14 mai,
York.

Colborne à Goderich (n° 25). Arrivée de Hurd, l'arpenteur général. Relativement à la suspension commandée, a permis à cet employé de remplir ses fonctions jusqu'à nouvel ordre.   609

Inclus. Hurd à Colborne. Explique pourquoi il n'est pas arrivé à York au temps dit.   610

15 mai,
York.

Colborne à Goderich (n° 26). Transmet l'adresse au roi de différentes régions ; cette adresse désapprouve la conduite de certains factieux.   615

Inclus. Liste des loyales adresses au roi.   617

Liste des adresses à Colborne.   618

17 mai,
York.

Colborne à Goderich (n° 27). La pétition de Neil Mackinnon demandant une terre n'a pas été recommandée par le Conseil. La réclamation est basée sur une lettre de Wilmot Horton, mais qui n'a été présentée que six ans après avoir été écrite. Les demandes de cette sorte ont toujours été refusées par le Conseil, ce que Mackenzie sait bien.   619

Inclus. Mackenzie à Colborne. Envoie copie de la pétition de Neil Mackinnon demandant une terre.   620

Pétition de Mackinnon en date du 11 mars 1832.   621

Pétition non datée.   622

Wilmot Horton à McLean. Les personnes émigrant au Canada recevront à l'arrivée une concession de terre proportionnée à la somme de leur capital.   462

1832.
Minute du Conseil exécutif. La pétition de Mackinnon pour terre ne
peut être maintenue accordée.   Page 625

18 mai,   Colborne à Goderich (n° 28). Envoie la liste des bills, qu'il a tous
York.   sanctionnés sauf un, intitulé : "Acte à l'effet de protéger les intérêts du
capitaine Alexander Shaw", lequel il a réservé. Envoie rapport du procureur général donnant les raisons pour lesquelles il a réservé cet
acte.   626
    Inclus. Raisons invoquées par le procureur général pour ne pas
recommander la sanction de l'acte pour protéger les intérêts du capitaine Alexander Shaw.   628
    Pétition de Madame Shaw et de M. J. S. Baldwin.   631

19 mai,   Colborne à Goderich (n° 29). Envoie pétition d'Amhersburg
York.   demandant l'abrogation de l'acte pour réduire les droits sur la mélasse
et le café.   641
    Inclus. La pétition des marchands et cultivateurs de la région de
l'ouest. Suivent les signatures.   643

25 mai,   Colborne à Goderich (n° 30). Relativement à la minute du Conseil
York.   dans le cas de madame Farley, recommandant que le terrain réclamé
par elle lui soit cédé, à moins qu'il ne soit exigé par la division de l'artillerie, auquel cas elle devra être indemnisée.   650
    Inclus. Minute du Conseil concernant la réclamation de madame
Farley.   652
    Wright à Mudge. La terre demandée par Kerr se trouve dans les
limites de ce qui a été réservé pour les travaux de défense au township
de Kingston.   657

29 mai,   Colborne à Goderich (n° 31). Transmet plainte de LeBreton contre
York.   By avec réponses et documents de ce dernier. Recommande que le cas
soit soumis aux officiers respectifs.   659
    Inclus. By à Colborne. Nie les accusations portées contre lui par
LeBreton.   661
    Documents se rattachant à la plainte de LeBreton.   671 à 677

LE LIEUTENANT-GOUVERNEUR SIR J. COLBORNE, 1832.

Q. 374—4.

1831.
21 novembre,   Goderich à Colborne. Inclus dans la lettre de Colborne à Hay du 10
Bureau des   septembre 1832.
colonies.
1832.
21 mai,   Pétition du capitaine Allan MacLean, anciennement du 41° régiment.
York.

6 juin,   Pétition de James Fitzgibbon. Les deux pétitions sont incluses dans
York.   la lettre de Colborne à Goderich du 4 décembre 1832.

6 juin,   Colborne à Goderich (n° 32). Transmet pétition de Rintoul, ministre
York.   de la congrégation de York en communion avec l'Eglise d'Ecosse. Il a
rempli toutes les fonctions de son ministère dans le 97° régiment, mais
comme Hudson est l'aumônier le commandant des forces ne peut les
payer tous deux.   Page 778

18 juin,   Le même au même (n° 33). Il regrette la conduite de l'Assemblée,
York.   qui a expulsé Mackenzie, car en attirant l'attention sur ses calomnies,
cela le mettra dans la situation qu'il désire. Les membres qui ont insisté
pour l'expulser n'appartiennent point au gouvernement exécutif et n'ont
pas été influencés par l'opinion du gouvernement. Tentation de Mackenzie de montrer qu'il est persécuté par le gouvernement. Ses attaques
persistantes contre la Chambre d'Assemblée. La conduite de Ryerson
a été soumise à la conférence. L'astuce et l'effronterie de Mackenzie, sa

1832.

persévérance à vouloir créer du mécontentement, ayant fait usage de toutes sortes de calomnies, faussetés et déceptions pour faire triompher ses opinions.   Page 780

Inclus. Mackenzie à Colborne. On croit que le gouvernement approuve secrètement l'abus personnel le plus grave que l'on fait des personnes qui différent d'opinion avec lui (Colborne) relativement à l'administration de la province. Comment cette conduite rabaisse la réputation de la province. Envoie un extrait du *Herald* de Niagara pour montrer les abus auxquels il a été soumis de la part des fonctionnaires, le journal étant la propriété de Crooks, juge de paix et directeur de poste.   787

Mudge à Mackenzie. Le gouvernement n'a aucune influence sur les journaux. La propagation de la calomnie serait plus facilement réprimée par un journalisme honnête que par la loi.   791

Le même à Smart. Il peut y avoir dans chaque région des juges de paix qui n'aient pas toutes les qualités requises pour leurs fonctions, mais des particuliers pourraient souffrir des injustices si le gouvernement devait intervenir dans tous les différends locaux. Dans les cas où la conduite d'un magistrat peut prêter à la critique, le gouvernement doit se guider sur l'opinion des cours trimestrielles et non sur une représentation faite *ex parte.*   792

19 juin,
York.

W. à Jones.

20 juin,
York.

Circulaire aux présidents des cours trimestrielles.

25 juin,
York.

Circulaire aux propriétaires de bateaux à vapeur sur lc lac Ontario.

27 juin,
York.

Rowan à Moe.

30 juin,
York.

Le même à Patton. Cette lettre et les quatre qui précèdent sont incluses dans la lettre de Colborne à Hay du 5 juillet 1832.

30 juin,
York.

Colborne à Goderich (° 34). Envoie les loyales adresses de différents comtés et endroits (marquée).   Page 793

2 juillet,
York.

Le même au même (n° 35). Envoie la pétition du Synode uni presbytérien de Hamilton. Les ministres en communion avec l'Eglise d'Ecosse ne se croient pas autorisés à s'unir au Synode du Haut-Canada. S'il ne peut être fait d'arrangement satisfaisant le gouvernement de Sa Majesté verra probablement la nécessité de donner de l'aide aux pétitionnaires.   794

Inclus. Pétition.   795

5 juillet,
York.

Colborne à Hay. Personnelle et confidentielle. Les plaintes de Mackenzie d'être exclu de la table du gouverneur. Avec une personne du caractère de Mackenzie il ne saurait y avoir d'autres rapports que les rapports officiels. Les efforts pour encourager la sédition sont aussi bien commis aux Etats-Unis qu'au Canada. Il a atteint son but quand il peut faire reproduire ses articles aux Etats-Unis et dans la mère-patrie. Ce qui pourrait seul le rendre plus nuisible ce serait de lui donner la moindre raison de supposer que le gouvernement est alarmé de ses mesures. La réponse (de Colborne) aux méthodistes épiscopaliens n'a pas eu l'effet qu'elle aurait produit si les chefs n'avaient eu que les intérêts de la religion en vue, mais les vérités contenues dans la réponse ont occasionné un changement favorable. Les missionnaires wesleyens sont prêts à entreprendre l'œuvre. Mackenzie dit qu'il a suivi l'avis de Hume et de Viger. La maladie qui faisait rage à Québec et à Montréal s'est déclarée dans le Haut-Canada. A sa première apparition entre Coteau-du-Lac et Prescott, les hommes qui étaient à bord des bateaux les ont quittés et ont adandonné les émigrants. Mesures prises pour faire face à la mala-

1832.

die et faire transporter les émigrants. Envoie rapports des cas de maladie.   Page 801

Inclus. Relevé des cas de choléra à York, Kingston et Prescott. 806

Circulaire au président des cours trimestrielles des districts.   807

W. à Jones, président de la Société des émigrants de Prescott. Des arrangements seront faits avec la banque pour placer à sa disposition £500 qui seront employés à l'avantage de la société. Lui demande d'aller voir les magistrats et autres pour former des bureaux de santé.   809

Rowan à Patton. Les arrangements faits pour donner l'aide des médecins aux émigrants encourageront les propriétaires de bateaux à vapeur et bateliers à continuer leurs efforts pour transporter les émigrants.
                                                                      810

Le même à Moe. Lui demande de visiter tous les endroits du Saint-Laurent où les touristes devront être vraisemblablement détenus faute de moyens de transport, et d'engager par tous les moyens possibles les bateliers à continuer leur service. Le gouverneur espère que l'on a érigé des hangars pour les émigrants aux endroits où ils débarquent ordinairement.   811

Circulaire aux propriétaires de bateaux à vapeur sur le lac Ontario. Les dissuade de leur dessein d'abandonner le service fait par leur bateau pendant cette saison. L'avantage qu'aura pour la province la continuation du service.   812

11 juillet,
York.
Colborne à Goderich (n° 36). Rapporte les précautions qu'il a prises au cas où le choléra se déclarerait.   813

18 juillet,
Queenstown.
Pétition de James Secord, aîné. Document inclus dans la lettre de Colborne à Goderich du 4 décembre 1832.

19 juillet,
York.
Colborne à Goderich (n° 36 bis). Envoie lettre de David Thompson concernant les cartes du tracé de la ligne entre le Haut-Canada et les États-Unis.   816

Inclus. David Thompson à McMahon. Rapporte qu'après le refus de Dalhousie d'avoir des copies des cartes originales de la frontière, il a été obligé de faire préparer à grands frais des copies de celles de Barclay, alors à New-York, lesquelles ne seraient pas reconnues comme officielles.
                                                                      817

20 juillet,
York.
Colborne à Goderich (n° 37). A renvoyé des copies des actes passés à la dernière session.   821

23 juillet,
York.
Colborne à Goderich (n° 38). Par suite de la responsabilité et de l'étendue des fonctions de Dunn et de la diminution récente de son revenu, il pourrait avec à-propos recevoir une somme de £150 par année en sus de ses appointements officiels.   822

24 juillet,
York.
Le même au même (n° 39). Il paraîtrait, d'après la lettre du juge Macaulay, que Dunn ne serait pas trop payé pour ses services au Conseil des réclamations d'indemnités par suite de la guerre s'il recevait le pourcent au taux fixé par le statut provincial sur la somme distribuée par lui.   823

25 juillet,
York.
Le même au même (n° 40). Envoie pétition d'un des chefs des Six-Nations (Onéida Joseph) demandant une pension. Recommande qu'on lui accorde une allocation.   825

26 juillet,
York.
Le même au même (n° 41). D'après le rapport de Coffin, ce serait créer un précédent très incommode que d'accorder les demandes de James Crooks.   826

Inclus. Documents ayant trait à la réclamation de Crooks.   828

27 juillet,
York.
Green. Pétition demandant terre. Contenue dans la lettre de Colborne à Goderich du 13 décembre 1832.

3 août,
York.
Colborne à Goderich (n° 42). Transmet pétition du révérend W. P. MacDonald, autrefois l'aumônier du régiment de Rolle, aujourd'hui pasteur de la congrégation catholique romaine de Kingston.   846

DOC. DE LA SESSION No 18
1832.

Inclus. Pétition du révérend W. P. Macdonald ; expose ses services et demande une concession de terre.   Page 847

20 août.   **Sawers.** Pétition demandant terre. Contenue dans la lettre de Colborne à Goderich du 13 décembre 1832.

5 septembre, York.   **Colborne à Goderich (n° 43).** Envoie rapport sur les ressources provinciales pour le support des ministres de l'Eglise d'Angleterre, suivant les états qui lui ont été fournis. Envoie copie de lettre à l'évêque de Québec pour montrer les arrangements proposés pour les lots attachés aux revenus d'un bénéfice ecclésiastique, et la perspective que l'on a de payer à chacun des missionnaires, au nombre de 30, £100 par année, et 15 autres pourraient être employés. Si elle accomplit bien ses fonctions l'Eglise d'Angleterre au Canada prospérera. Alder, l'agent des méthodistes wesleyens a été autorisé par la conférence britannique à s'assurer de l'état de la société méthodiste. La conférence travaillera à la cause de religion et les méthodistes épiscopaliens s'uniront aux wesleyens. Recommande que l'on place la somme de £900 à la disposition des presbytériens en communion avec l'Eglise d'Ecosse, £900 à la disposition de l'Eglise catholique romaine, et £900 à la disposition de la conférence britannique wesleyenne. Le compte des ventes des réserves du clergé est annexé.   848

Inclus. Montant annuel des réserves du clergé dû par chaque district.   853

Total du montant dû.   854

Ventes des réserves du clergé en 1829 et 1830.   856

Mémoire des sommes payées à l'ordonnateur en chef adjoint à compte des réserves du clergé.   857

Colborne au lord évêque de Québec au sujet des lots attachés aux revenus d'un bénéfice ecclésiastique dans les townships.   858

Alder à Colborne. Le succès de sa mission auprès des méthodistes épiscopaliens. Les concessions à l'autre corps. Un représentant nommé pour se rendre à la conférence britannique afin d'effectuer un règlement définitif. Le révérend E. Ryerson nommé à la charge. Si la question est réglée il (Alder) pourra être nommé le premier président.   860

Ventes des réserves du clergé.   863

Mémoire sur l'affermage des réserves du clergé.   864

Baux en vertu de divers règlements :—

District de l'Est.   865
"   du Centre.   867
"   de Newcastle.   868
   de Home.   869
   de Gore.   870
   de London.   871
"   d'Ottawa.   872

7 septembre, York.   **Colborne à Goderich (n° 44).** Conformément aux instructions fait rapport que le lieutenant Edward O'Brien a cessé d'occuper la charge temporaire de surintendant des émigrants dans le Haut-Canada le 7 septembre 1831.   882

10 septembre, York.   **Colborne à Hay.** Recommande que les appointements du clergé soient payés à même le compte des loyers et de l'intérêt sur les ventes plutôt que du revenu territorial pour avances à l'Eglise. Le paiement de la somme de £250 accordée au Dr Strachan a été discontinué, les lots de ville rapportant un revenu égal au montant débité autrefois au revenu territorial. A recommandé que les missionnaires employés par la Société pour la propagation de l'Evangile reçoivent £100 ; la note des appointements sera payée par la société ou la congrégation. Avait mentionné que l'on pourrait employer 15 missionnaires additionnels ; est convaincu que l'on pourrait en employer le double de ce chiffre s'ils étaient capables de travailler dans un nouveau pays. Dans les townships récemment occupés le

1832.

missionnaire devrait y résider avant la construction d'une église, car il est difficile de prévaloir parmi les membres des sectes. Les méthodistes wesleyens et épiscopaliens ont l'intention de s'unir. On ne peut refuser de l'aide pécuniaire aux wesleyens canadiens qui ont rompu avec les méthodistes épiscopaliens. Propose qu'on leur donne £500. Page 873

Goderich à Colborne (personnelle et confidentielle). Comment d'après lui l'on devra pourvoir à l'avenir à l'Eglise d'Angleterre dans le Haut-Canada, car le système actuel ne peut se continuer. Ebauche d'un plan qu'il suggère. 876

21 septembre, York.

Colborne à Goderich (personnelle et confidentielle). Comment l'on pourrait envoyer les dépêches sans qu'elles soient détenues. Si les affaires au Canada causent des craintes il expédiera des dépêches par toute occasion, mais l'on verra que l'agitation proviendra plutôt de jalousies locales que de griefs véritables. Demande d'être disposé de l'envoi de dépêches hebdomadaires à moins que cela ne soit exigé par l'occurrence de questions importantes. Il n'a été soumis à la législature aucune question qui puisse causer l'excitation souvent encouragée par quelques personnes représentant le mauvais sentiment de la province. On peut compter sur l'affection et la loyauté des habitants de la province. 883

21 septembre, York.

Le même à Hay (personnelle). Regrette le transfert dans le département. On a besoin d'user de circonspection à l'égard des trois partis dans la province. Deux sont fermement attachés à la Grande-Bretagne et à ses institutions. Toute tentative faite pour changer le troisième parti au moyen de concessions ou en prêtant attention à ses propositions échouera, et pourra même être désastreuse dans une colonie où il faut compter sur ceux qui sont opposés à ses opinions. L'immigration dans la province d'en haut est de la meilleure sorte. "Remplissez l'espace vacant dans cette province et occupez les terres incultes de la Couronne aussi vite que possible, et vous n'aurez plus cause d'anxiété par suite de la clameur dans les Canadas." 887

6 novembre, York.

Colborne à Hay (personnelle). A envoyé la pétition de Strachan concernant ses appointements en qualité de président du conseil de l'éducation, lesquels ont été accordés plutôt par des considérations politiques que pour les services qu'il rendra en qualité de président. Diffère d'opinion avec Strachan au sujet de certaines questions, et ce dernier le croit pour cela hostile. Il serait préférable dans ce cas si le secrétaire des Colonies faisait entendre à Strachan qu'il serait à propos pour lui de se retirer du Conseil législatif. Est convaincu qu'il ne se démettra pas. A ouvert la session le 31 du mois dernier. On verra par l'adresse que les émigrants n'auront pas besoin d'encouragement dans la province. Mackenzie perdra du terrain dans la province s'il n'est pas encouragé dans la Grande-Bretagne. Enverra sous peu un état concernant les émigrants. Bon nombre de pensionnaires qui ont échangé leur pension contre de l'argent sont dans une grande misère, tandis que tous ceux qui ont gardé leur pension prospèrent. Un soldat de 40 à 50 ans qui a gaspillé le prix de l'échange devient un sujet mécontent et turbulent et se considère cruellement traité s'il n'obtient pas d'aide. A demandé un relevé des pensionnaires qui se trouvent sans moyens. Suggère que l'on renouvelle la pension pour deux années, pourvu que les pensionnaires restent sur leur terre et défrichent un nombre d'acres suffisant pour se supporter eux-mêmes et leurs familles. On devra faire quelque modification au plan, car le gouvernement local pourra se trouver embarrassé si l'on renvoie de vieux soldats mécontents. S'il est encore permis de faire échange de la pension, on devrait accorder une certaine avance puis une pension réduite pendant quelques années tandis qu'on défricherait les terres. N'a pas permis à Phillpott de communiquer à Strachan la proposition de Goderich, connaissant comme Strachan est sensible pour toute question qui peut concerner ses occupations politiques et autres. Mackenzie

1832.

a été de nouveau déclaré incapable de siéger dans la Chambre d'Assemblée. Les députés et leurs commettants sont trop violents, et il est déterminé à donner suite aux propositions recommandant une ligne de conduite plus modérée.   Page 889

9 novembre, York.

Colborne à Goderich (n° 46). L'Assemblée provinciale a été ouverte le 31 du mois dernier. Envoie son discours et les adresses.   893

Inclus. Discours.   894

Adresse de la Chambre d'Assemblée.   899

Adresse du Conseil législatif.   908

24 novembre, York.

Minute du Conseil exécutif. Document inclus dans la lettre de Colborne à Goderich du 13 décembre 1832.

27 novembre, York.

Colborne à Goderich (n° 50). Envoie les journaux du Conseil législatif et de l'Assemblée des deux précédentes sessions.   909

29 novembre, York.

Le même au même (n° 51). Recommande que la demande de l'évêque de Québec de nommer un évêque suffragant pour le Bas-Canada soit accordée.   910

30 novembre, York.

Le même au même (n° 52). Relativement aux sauvages le gouvernement britannique ne peut se débarrasser d'une dette incommode contractée lorsque l'alliance avec eux était fortement appréciée. On leur a fait des courbettes et on a adopté une politique en leur faveur quand on avait besoin de leur coopération active. L'on ne pourrait cesser de distribuer des présents sans se perdre de réputation. Les tribus dans les régions colonisées ont de fortes réclamations contre le gouvernement britannique, et comme l'on ne peut cesser de faire des présents, il reste à examiner si l'on ne pourrait en réduire la valeur. Le document de Givins explique les règlements suivis dans la distribution. Note de la distribution faite aux différentes tribus. Si la valeur des présents était réduite les sauvages n'entreprendraient point leur pénible voyage pour les obtenir. Estimation de la dépense de la division des sauvages. Les services rendus par les différents officiers sauvages. Comment se fait la distribution, et comment les objets délivrés sont contrôlés. Demande que l'on applique la balance annuelle de £20,000 accordée au département des Sauvages à civiliser ceux qui habitent les régions arpentées du Haut-Canada,—d'autres suiveraient leur exemple.   911

Inclus. Givins à Rowan. Rapport concernant les sauvages et critiquant le rapport de Wilson et les propositions de faire une réduction dans la dépense pour les sauvages.   920

Mémoire de Winniett sur la distribution des présents à l'île Saint-Joseph, quand l'on pourrait s'assurer à quel endroit les sauvages désireraient qu'on leur donne ces présents. Les désavantages de Saint-Joseph. Suggère que l'endroit le plus convenable serait l'île du Grand Manitoulin.   930

1er décembre, York.

Colborne à Goderich (n° 53). A nommé le major Winniett pour remplacer le feu capitaine Brant, mort en septembre dernier. La division des sauvages de la Grande-Rivière en bandes a beaucoup retardé leur civilisation. William Kerr a demandé à remplacer Brant, son beau-frère, mais il ne peut recommander quelqu'un qui est d'aussi près leur allié que lui. Recommande la mise à la retraite de Benjamin Fairchild, l'interprète.   933

4 décembre, York.

Colborne à Goderich (n° 54). Envoie pétition de Fitzgibbon demandant une concession additionnelle de terre à raison de ses services. La valeur de ses services. Recommande que la pétition soit accordée. Envoie aussi deux pétitions de Secord et de McLean, demandant des concessions de terre.   936

Inclus. Pétition de Fitzgibbon.   938

Documents contenant des certificats en sa faveur.   945

Pétition de Secord, aîné, exposant ses services et demandant une concession de terre.   946

64 VICTORIA, A. 1901

1832.
Minute du conseil, recommandant la demande.   Page 948
Pétition de McLean, exposant ses services et demandant une conces-
sion additionnelle de terre.   949
Minutes du conseil. D'après les règlements la demande ne peut être
recommandée.   951
Documents en faveur de McLean.   952

10 décembre,
York.
Colborne à Goderich (n° 55). Transmet copie d'une lettre du prési-
dent de la banque du Haut-Canada concernant la monnaie de cuivre.
Quelle est la meilleure manière de la mettre en circulation.   955
Inclus. W. Allan à Rowan. Concernant l'émission de la monnaie de
cuivre.   956

12 décembre,
York.
Colborne à Goderich (n° 56). Envoie état et estimation du coût des
glissoirs aux Chats et à la Chaudière sur l'Ottawa. L'augmentation en
perspective du revenu par suite de la construction des glissoirs. Si le
Trésor accorde un montant à même les droits sur le bois, les glissoirs
pourraient s'achever dans une année à partir de juillet 1833. Envoie
documents relativement au coût, etc. Les personnes qui habitent sur
l'Ottawa sont convaincues que l'on retirerait un fort revenu des glissoirs ; désirent faire les constructions si elles ont l'autorisation de percevoir les péages.   959
Inclus. Mémoire des plans.   962
État des deniers payés au receveur général, étant le produit du bois
coupé sur les terres de la Couronne.   963

13 décembre,
York.
Colborne à Goderich (n° 57). Le Conseil exécutif désire avoir d'au-
tres instructions relativement aux concessions de terres aux officiers et
soumet une série de questions à ce sujet.   964
Inclus. Minute du Conseil exécutif sur la question des concessions de
terres.   967
Pétitions demandant des terres.   969

31 décembre,
York.
Colborne à Goderich (n° 59). Envoie livre bleu et observations sur
son contenu et des sommaires du revenu et de la dépense ainsi que notes
sur les établissements civils militaires, judiciaires et ecclésiastiques,
l'éducation, le commerce, les travaux publics et la population.   972

31 décembre,
York.
Le même au même (n° 60). Envoie relevé des honoraires sur cer-
tains actes, demandé par une adresse de la Chambre des Communes
transmise dans la circulaire du 30 mars dernier.   979
Inclus. Relevés des honoraires mentionnés dans la lettre qui précède.
                                                                                          980

EMPLOIS PUBLICS ET DIVERS, 1832.

(1re partie, paginée de 1 à 208 ; 2e partie de 209 à 389.)

Q. 375—1-2.

1823.
— février,
Londres.
Bathurst à Maitland.

26 mai,
York.
Hillier à Strachan.

18 juillet,
York.
Strachan aux fidéicommissaires de l'arrondissement scolaire de Home.

23 juillet,
York.
Les fidéicommissaires à Strachan.

1824.
Pas de date.
Extrait des statuts provinciaux, 4 George 4, ch. 8.

1825.
18 juillet,
York.   Hillier à Strachan.

24 octobre,   Hillier au président du Conseil de l'Instruction Publique. Cette lettre
York.   et les dix qui précèdent sont incluses dans la lettre de Strachan à Gode-
                rich du 22 octobre 1832.

1er novembre,   Pétition de Donald Cameron.
York.

21 novembre,   Minute du Conseil dans le cas de Cameron.
York.

1826.
8 mars,   Une deuxième minute du Conseil dans le cas de Cameron.
York.

11 mars,   Rapport de l'arpenteur général. Ce rapport et les trois documents
York.   qui précèdent sont inclus dans la lettre de Cameron à Goderich—janvier
1827.   1832.
4 avril,   Bathurst à Maitland. Inclus dans la lettre de Strachan à Goderich
Londres.   du 22 octobre 1832.

1828.
28 août,   Pétition (extrait) de Charles Shirreff. Document inclus dans la let-
Québec.   tre de Robert Shirreff à Hay du 23 août 1832.

1830.
18 mars,   Pétition des habitants de Thorah et Eldon.
Thorah.

9 septembre,   Autre pétition des habitants de Thorah et Eldon. Toutes deux in-
Thorah.   cluses dans la lettre de Cameron à Goderich—janvier 1832.

18 novembre,   Artillerie, Kingston à Mudge. Document inclus dans la lettre de
Kingston.   Cameron à Goderich—janvier 1832.

19 novembre,
Lancaster.

20 décembre,   Certificat du colonel McLean en faveur de Burton. Inclus dans la
Cornwall.   lettre de Phillips à Hay, du 23 janvier 1832.

1831.
7 janvier,   Peter Robinson à Hay. Envoie relevé des réserves du clergé, du 1er
York.   juillet au 31 décembre.   Page 289
                Inclus. Relevé.   290
                (Cette lettre est datée de 1832—ce qui est évidemment une erreur.)

22 juillet,   Colborne à Goderich. Transmet copie de lettre de l'évêque de Québec
York.   recommandant certains paiements à même les fonds provenant des
                loyers des réserves affermées du clergé. Les officiers en loi croient que
                ces paiements ne peuvent être légalement approuvés par le lieutenant-
                gouverneur. Demande des instructions. Si le procureur général ne se
                trompe point, plusieurs de ces demandes n'auraient pas dû être approu-
                vées.   27
                Inclus. Le lord évêque de Québec à Colborne. Transmet copie des
                résolutions de la corporation du clergé, qu'il recommande d'approuver.
                                                                                   28

                 Résolutions adoptées par la corporation du clergé recommandant cer-
                tains paiements pour les fins de l'Eglise, avancés conformément aux
                instructions de l'évêque.   29
                 Le procureur général à Mudge. Donne son opinion que la corpora-
                tion du clergé n'a aucune autorisation pour ordonner les paiements; la
                corporation n'a que l'autorisation de percevoir et remettre les reve-
                nus.   32
                 Le solliciteur général à ————. Opinion que le lieutenant-gou-
                verneur n'est pas autorisé à appliquer les réserves du clergé à d'autres
                fins que celle de supporter les ministres de l'Eglise établie d'Angleterre,
                mais toutes les dépenses nécessaires pour la perception des loyers des

1831.
    réserves affermées peuvent être payées à même la caisse de réserve du clergé. Opinion détaillée sur ces points.   Page 40
    Relevé des paiements faits à même les loyers de terres affermées.   44
    Relevé des recettes.   51

26 octobre,
Glengary.
    Pétition du capitaine Arthur Burton. Document inclus dans la lettre de Phillips à Hay du 23 janvier 1832.

29 octobre,
Bytown.
    N. H. Baird. Demande de terre. Inclus dans la lettre de Byham à Hay du 6 juin 1832.

— novembre,
Kingston.
    Pétition des magistrats de Kingston. Document inclus dans la lettre de Butler à Hay du 6 juillet 1832.

20 décembre,
York.
    Certificats par Foote. Inclus dans la lettre de Stewart à Hay du 3 avril 1932.

1832.
1er janvier,
Kingston.
    Relevé des armes, etc., distribuées à la milice du Haut-Canada en 1831. Inclus dans la lettre de Byham à Hay du 26 novembre 1832.

2 janvier,
Londres.
    Draper au secrétaire des Colonies. Transmet pétition de Spafford, du Haut-Canada, et est prêt à donner tout autre renseignement dont on pourra avoir besoin.   209
    Inclus. Pétition de Spafford au roi qui contient une pétition à Colborne opposant un acte de la législature du Haut-Canada affectant ses intérêts, auquel, cependant, Colborne a donné la sanction-royale. Renvoie aux documents présentés au lieutenant-gouverneur.   210
    Spafford. Pétition à Colborne concernant le numérotage vicieux du township de Young par suite duquel Henry Weeks a pris possession du lot 18 au lieu du lot 19 ; le lot 18 ayant été ensuite accordé à Murphy, un vieux soldat, à qui il (Spafford) a avancé de l'argent et des marchandises. Un acte a maintenant été passé pour confirmer la possession du n° 18 à Weeks, et il (Spafford) pétitionne afin que cet acte ne reçoive pas la sanction royale.   212
    Minute du conseil recommandant à Spafford de s'adresser à la législature pour obtenir justice.   216

2 janvier,
Londres.
    Draper à Howick. Explique la méthode d'arpenter les townships, la nature, des réclamations de Spafford, dont, prétend-il, aucun honnête homme n'aurait dans les circonstances, accepté la garantie.   218
    (Le titre est " lettre de M. Draper", mais la fin porte les initiales J.S.)

3 janvier,
York.
    Peter Robinson à Hay. Envoie un duplicata d'un relevé transmis le 7 janvier dernier et qui a été égaré.   291

5 janvier,
Londres.
    Thomas Wilson à Hay. Rapporte que presque tous les présents distribués à l'île Drummond ont été donnés à des sauvages vivant aux États-Unis. Les présents ont été donnés aux commerçants américains en échange de boissons et ont été remis aux sauvages en échange de fourrures, en sorte que les sauvages n'ont retiré aucun avantage des présents. Autres détails au sujet de l'emploi des présents.   381

6 janvier,
Londres.
    Thomas Wilson à Hay. A reçu lettre de présentation de lord Lowther. Etait allé au bureau des Colonies, mais il (Hay) était absent, par suite d'indisposition. Irait chez lui si l'on fixait un jour.   386

9 janvier,
Québec.
    Routh à Stewart. Contenue dans la lettre de Stewart à Hay du 3 avril 1832.

12 janvier,
York.
    Réponses aux accusations contre Cameron. Document inclus dans la lettre de Cameron à Goderich de janvier 1832.

17 janvier,
Bolton.
    Armstrong à Howick. Demande à qui il peut écrire à York, Haut-Canada, au sujet de la terre accordée à son frère qui est mort et au sujet duquel il ne peut obtenir aucun renseignement.   147

18 janvier,
Trésorerie.
    Stewart à Howick. Le Trésor approuve la proposition d'affecter la somme de £6,700 pour la construction de nouveaux bureaux publics à York, et de £300 pour préparer et nettoyer le terrain les environnant. 89

1832.
23 janvier,
Whitehall.

Phillipps à Hay. Transmet pétition de Burton demandant une pension. Désire qu'elle soit présentée à Goderich et que sa décision soit communiquée à Burton.   Page 13

Inclus. Pétition de Burton.   14

Certificat du colonel McLean en faveur de Burton.   20

24 janvier,
Kingston.

Artillerie, Kingston à Byham. Inclus dans la lettre de Byham à Hay du 28 novemdre 1832.

26 janvier,
Affaires
étrangères.

Backhouse à Hay. Il a été reçu une dépêche à l'effet que l'on doit omettre la demande des honoraires de congé pour les navires britanniques se rendant dans le Haut-Canada.

Inclus. Avis indirect de Bankhead, Washington, que l'on cessera de percevoir les honoraires sur les vaisseaux mettant à la voile pour le Haut-Canada.   8

Avis à Bankhead que l'on cessera de percevoir les honoraires.   10

McLane à Livingstone. Des instructions ont été envoyées de cesser de demander les honoraires de congé aux navires faisant voile de ports dans le Haut-Canada.   11

— janvier,
York.

Cameron à Goderich. Représente l'injustice à laquelle il a été exposé, ayant été empêché par fausse représentation de prendre des terres à Thorah et Elden.   160

Inclus. Pétition des habitants de Thorah et Eldon en faveur de Cameron.   164

Autres pétitions des habitants.   166

Pétition de Donald Cameron.   169

Minutes du Conseil sur la pétition de Cameron en 1825 et 1826.   173

Réponses aux accusations contenues dans le rapport du Conseil du 26 novembre 1830, contre Cameron.   176

1er février,
Lancaster.

Pétition de Thorah et Eldon. Contenue dans la lettre de Cameron à Goderich, de——— janvier 1832.

1er février,
Londres.

Draper au secrétaire des Colonies. Demande une décision relativement à l'acte qui affecte la réclamation de Spafford, ayant été employé pour la solliciter.   225

3 février,
York.

Peter Robinson à Hay. Pour faciliter la colonisation de la province, envoie les formules employées afin de permettre à Goderich de voir jusqu'à quel point ces formules sont conformes à ce qu'il désire.   292

Inclus. Formule de reconnaissance par un colon indigent.   294

Formule de billet de location.   296

Sommaire des règlements pour la vente des terres.   297

Formule de billet de location aux personnes ayant droit à des concessions gratuites.   300

Nouveaux règlements concernant les droits d'établissements.   301

Formule des certificats qui permettent au concessionnaire d'obtenir des lettres patentes sans retards et sans frais.   304

Formule du reçu donné aux acheteurs des réserves du clergé.   305

6 février,
Woolwich.

Elmsley à Hay. A été autorisé par Beikie de recevoir son *mandamus* en qualité de greffier du Conseil exécutif, et il est prêt à payer les honoraires.   228

21 février,
Downing
Street.

Wickham à———. Demande que Sa Seigneurie fasse ce qu'elle pourra pour l'auteur de la lettre incluse.   91

Inclus. Farley à Althorp. Concernant la demande de madame Farley, fille de sir William Johnson, d'un petit lot de terre près de Kingston; autrefois concédé à la famille de madame Farley, mais qui a fait retour à la Couronne.   92

21 février,
Newry.

Pétition de Robert Minnitt. Désire entrer dans les ordres de l'Église établie dans le Haut-Canada, et demande qu'on lui accorde les moyens 'accomplir son désir.   265

28 février,
York.

McMahon aux magistrats de Kingston. Contenue dans la lettre de Butler à Hay du 6 juillet 1832.

1832.
15 mars,
Penzance.

Ladner à Goderich. Demande des renseignements concernant une propriété située dans le Haut-Canada et appartenant à Kendall, allié aux Kendalls de Cornwall ; écrit au nom de la veuve de John Kendall.

Page 262

27 mars,
Gray's Inn.

Wiglesworth et Ridsdale au sous-secrétaire pour les Colonies. Comment un clerc régulier pourra-t-il pratiquer comme procureur et solliciteur dans le Haut-Canada ?
376

29 mars,
York.

Powell à Goderich. Demande qu'il soit fait une enquête sur le rapport transmis par Maitland à son sujet, afin qu'il soit éliminé des registres du Conseil et ne soit point une flétrissure pour ses enfants. 274

Inclus. Mémoire sur l'absence de Maitland, lieutenant-gouverneur, sans laisser de substitut.
276

Deuxième mémoire concernant la conduite de Maitland et de Robinson, le procureur général.
278

Troisième mémoire concernant l'archidiacre de York (Stratchan). 282

Rapport du Conseil sur la demande de remboursement des dépenses faites par le procureur général Robinson et observations par Powell. 284

29 mars,
Londres.

Wilson à Howick. Pour compléter davantage les renseignements envoie mémoire sur le service des Affaires des sauvages.
387

Inclus. Mémoire proposant comment disposer des réclamations des sauvages.
388

3 avril,
Trésorerie.

Stewart à Hay. Envoie l'accusé de réception de Routh d'une somme de $12,000 du commissaire pour la vente des réserves du clergé. Sargent a reçu instruction de placer £2,412.10 dans les consolidés 3 pour 100, ce qui est le montant sterling équivalent à cette somme. 94

Inclus. Routh à Stewart. Rapporte que Robinson a fait le paiement de $12,000 provenant de la vente des réserves du clergé. 95

Certificat que Robinson a versé le montant dans la caisse militaire. 96

3 avril,
Trésorerie.

Stewart à Hay. Demande l'opinion de Goderich sur la demande d'une concession de terre faite par Crosley.
97

3 avril,
New-York.

Browne à Goderich. Envoie pétition de l'Association Royale Adelaïde. Le renvoie à Vaughan pour son propre caractère.
151

Pétition de l'Association Royale Adelaïde.
154

6 avril,
Artillerie.

Byham à Hay. La terre demandée par madame Farles et par W. G. Kerr à Kingston comme ayant été concédée à Joseph Brant et à sa sœur, de-quels ils descendent, n'est pas requise par l'artillerie ; mais les constructions que l'on y pourrait faire nuiraient à la défense de Kingston ; si ces gens ont une réclamation équitable on pourrait leur accorder des terres ailleurs.
54

7 avril.
Edimbourg.

Scheniman à Goderich. A eu l'intention d'acheter des terres dans le Haut-Canada, mais il remarque qu'une personne s'appelant lord Stirling réclame les terres que le gouvernement doit vendre à la Compagnie du Canada. Désire avoir des renseignements à ce sujet et relativement aux termes, conditions et prix auxquels sont vendus les terrains non réclamés par lord Stirling.
311

9 avril,
York.

Cameron à Goderich. Demande que le gouvernement nomme trois personnes et lui-même trois autres pour s'enquérir de tout ce qu'il a fait.
186

Inclus. Pétition des habitants de Thorah et Eldon demandant une prolongation de délai pour accomplir leurs devoirs d'établissement. 188

Autre pétition au même effet.
190

Cameron à Colborne. Envoie note de partie de l'encouragement qui lui a été donné pour dépenser autant d'argent et passer autant de temps à chercher à coloniser Thorah et Eldon. Envoie copie de la lettre de Bathurst à Maitland demandant qu'on concède des terres à Cameron. 193

Autres documents concernant le cas de Cameron.
194

11 avril,
Trésorerie.

Stewart à Howick. Le Trésor approuve le paiement de £500 additionnels aux lieutenants-gouverneurs Colborne et Campbell en considération

DOC. DE LA SESSION No 18

1832.

du fait qu'on leur a retranché leur solde d'état-major, mais les montants
ne seront point payés à leurs remplaçants.   Page 98

17 avril,
Londres.

Woolmer au secrétaire des Colonies. Désire obtenir des renseignements aux nom de Thomas Bunbury concernant une concession de terre
qui a été faite à son père.   377

23 avril,
Macclesfield.

Bradbury à Goderich. Demande avis comment obtenir la propriété
située dans le Haut-Canada de feu Robert Hall, dont le pétitionnaire est
le plus proche parent.   159

25 avril,
Londres.

Alexander à Hay. Envoie extrait de lettre de Colborne qu'il ne peut
obtenir une concession de terre à moins qu'il ne s'y établisse. Colborne
ne dit rien des gens qu'il avait l'intention d'envoyer s'y établir. Soumet
son cas et demande son (de Hay) opinion.   148

26 avril,
Londres.

Perry, secrétaire de la Compagnie du Canada à Goderich. Transmet
bill reçu du commissaire de la compagnie dans le Haut-Canada à l'effet
de réglementer la procédure légale dans cette province, lequel est envoyé en même temps que des modifications faites à l'encre rouge. 125

Inclus. Bill et les changements marqués.   117
Autres documents concernant le bill.   129

28 avril,
Ridgeway.

Osmond au secrétaire des Affaires étrangères. Demande l'adresse de
Felton, l'arpenteur des terres de la Couronne du Haut-Canada.   272

1er mai,
Cambridge.

Johnstone au secrétaire des Colonies. Désire se rendre au Canada
comme ministre de l'Eglise établie, mais demande des renseignements
concernant la rénumération accordée à un ministre.   241

3 mai,
Hull.

Clarkson à Goderich. Demande une liste des droits imposés sur les
marchandises britanniques manufacturées importées dans le Haut-Canada.   198

14 mai,
York.

Hurd à Hay. Une dépêche a été envoyée aujourd'hui par Colborne à
Goderich relativement à la détention (de Hurd) dans le Nouveau-Brunswick. Lui demande de considérer ce cas particulier avec la plus grande
bienveillance.   238

14 mai,
York.

Le même à Goderich. La reconnaissance de la bonté de Sa Seigneurie.
S'en rapporte entièrement à la bienveillance de Sa Seigneurie, la suppléant de ne pas lui faire perdre sa charge.   239

16 mai,
Trésorerie.

Spring Rice à Crosley. Inclus dans la lettre de Crosley à Goderich du
23 mai 1832.

23 mai,
Camberwell.

Crosley à Goderich. Demande une concession de terre dans le but d'y
cultiver la betterave pour la production du sucre. Le sujet de sa demande par le Trésor.   199

Inclus. Spring Rice à Crosley. Ses propositions devraient être régulièrement adressées au secrétaire des colonies.   205

24 mai,
Londres.

André à Howick. Demande à Sa Seigneurie de faire transmettre une
lettre qui devra être délivrée à un Français en Canada, nommé Benoit
Darron ; et s'assurer s'il vit ou s'il est mort, d'obtenir le certificat nécessaire ainsi que certains détails sur les biens qu'il a laissés.   150

29 mai,
Trésorerie.

Stewart à Howick. Relativement à la vente des constructions hydrauliques sur la ligne du canal Welland, et à la demande des directeurs
d'abandonner l'hypothèque sur la propriété vendue, le Trésor désire
qu'avant de ce faire Colborne s'assure si le canal offre une garantie suffisante pour l'hypothèque et si l'on ne pourrait obtenir une partie de
l'argent provenant de la vente afin de réduire la somme due à l'Etat. 99

4 juin,
Jedburgh.

Rutherford à Minto. Sollicite la protection de Sa Seigneurie en faveur
de Turnbull, ancien locataire du marquis de Lothian, et pour lui donner
une lettre de recommandation au lieutenant-gouverneur du Haut-Canada,
afin d'acheter une terre dans le voisinage de York.   287

4 juin,
Hawkesbury.

Scott à Goderich. Envoie pétition dont des copies ont été transmises
au Trésor. Lui a envoyé la pétition directement, non pas par l'entremise du gouverneur du Haut-Canada, parce qu'il ne connaît pas la formule exacte à employer.   314

64 VICTORIA, A. 1901

1832.

Inclus. Pétition de Scott. Expose ses services et demande de l'emploi à Bytown.   Page 316

Scott à Goderich. A été jusqu'ici épargné par le choléra. Par suite du peu d'affaires, il est obligé de travailler pour se loger et se nourrir. 318

**6 juin,
Artillerie.**

Byham à Hay. En surveillant les constructions du canal Rideau, il a présenté un mémoire au nom de Baird, le commis des travaux, demandant une concession de terre, que l'Artillerie recommande de lui donner à cause de la valeur probable de Baird comme colon et à cause de ses services passés.   56

**8 juin,
Purleigh.**

Johnston à Goderich, Lui demande d'examiner le cas renvoyé au département de Sa Seigneurie. Offre de fournir une meilleure |analyse du Canada, de la province d'en Haut en particulier, à l'égard des ressources, etc., offertes à toutes les classes d'émigrants, ainsi qu'un plan de colonisation complète, analyse qui est faite dans le but de contre-balancer les effets d'une fausse réprésentation artificieuse.   243

Inclus. Divers certificats en faveur du capitaine Johnson, en date de 1803.   245

**25 juin,
Liverpool.**

Le percepteur et contrôleur des douanes à Goderich. A remis au capitaine Phillpot une boîte contenant les dépêches.   133

Inclus. Reçu de Phillpot.   135

**2 juillet,
Trésorerie.**

Ellice à Howick. Transmet pour l'opinion de Goderich la pétition de LeBreton demandant une enquête sur les griefs dont il se plaint. 101

**2 juillet,
Trésorerie.**

Stewart à Howick. Concernant la proposition de construire des glissoirs aux Chutes et à la Chaudière. Le Trésor est disposé à l'accorder, mais l'état concernant la dépense est trop indéfini pour s'y rapporter. Demande qu'il soit envoyé des instructions de faire faire les devis et estimations.   103

**6 juillet,
Artillerie.**

Butler à Hay. Le comité de l'artillerie s'oppose à ce qu'il soit accordé des permis d'occuper les terrains à Kingston, ou dans le voisinage, sans son approbation. Il faudra acheter des terres à Kingston et aux alentours en conformité des plans de défense.   65

Inclus. Pétition des magistrats de Kingston demandant la permission d'occuper certains lots de terre.   68

McMahon aux magistrats de Kingston Le lieutenant-gouverneur a accordé le permis d'occupation demandé.   74

**6 juillet,
Downing
Street.**

Howick à Ellice. Goderich est d'avis que les griefs dont Le Breton se plaint se rapportent à la propriété et qu'ils doivent être soumis aux tribunaux réguliers de la province.   102

**20 juin,
Londres.**

Hamilton à Howich. Envoie la liste des membres du clergé du Haut-Canada, auxquels la Société pour la propagation de l'Evangile désire faire distribuer la somme de £3,552. Suppose que Colborne distribuera sans retard le premier paiement semi-annuel.   136

Inclus. Liste des membres du clergé.   138

**25 juillet,
Dalhousie
Castle.**

Dalhousie à Hay. Présente Shirreff et recommande qu'on le reçoive bien.   227

**26 juillet,
Dalhousie
Castle.**

Le même à Shirreff. Contenue dans la lettre de Robert Shirreff à Hay, du 26 juillet 1832.

**28 juillet,
Londres.**

Gibson, le trésorier de la Compagnie de la Nouvelle-Angleterre à——. Rapporte qu'on a permis aux sauvages d'occuper 1,120 acres de l'emplacement de ville du lac du Riz et 1,600 acres au lac à la Vase; on devait envoyer des concessions complètes qui n'ont pas encore été reçues. Requière que ces concessions soient maintenant faites. La compagnie a bâti et est à bâtir des villages et fait défricher des terres à l'usage des sauvages.   235

**31 juillet,
Londres.**

Résolutions de la Chambre des Communes qu'il soit présenté au roi des adresses pour relevés concernant les réserves du clergé.   1

A la même date il a été adopté une résolution pour une adresse demandant copie d'une adresse de la Chambre d'Assemblée du Haut-Canada concernant l'administration de la justice.   Page 4

**7 août,
Londres.**
Résolutions de la Chambre des Communes, qu'il soit présenté au roi une adresse pour copies des rapports concernant l'administration de la justice dans le Haut-Canada.   5

**8 août,
The Lees.**
Marjoribanks à——. Ecrit en faveur de Herriot, un jeune cultivateur du Berwickshire, pour lequel il désire avoir une lettre pour le gouverneur du Haut-Canada, où il va.   267

**9 août,
Londres.**
Mandelsloh à Goderich. Demande que la signature de J. Allan Napier MacNab, notaire public à Hamilton, soit certifiée.   269

**13 août,
Londres.**
Jones à Goderich. Envoie état concernant une réclamation de £73. 7 ch. pour instruments de mathématiques et d'arpentages lorsqu'il s'est rendu au Nouveau-Brunswick en qualité d'arpenteur général, et demande que Sa Seigneurie emploie son influence en sa faveur.   258

**16 août,
District de
Gore.**
Kerr à Hay. Envoie lettres et certificats avec sa demande; prie qu'on les lui renvoie.   261

**17 août,
Whitehall.**
Lamb à Howick. Transmet copie de lettre de Gosset et mandat d'arrestation contre Cody, maintenant au Canada, sur accusation de meurtre, et demande qu'on envoie les instructions nécessaires pour faire arrêter Cody.   21

Inclus. Documents concernant Cody.   22 à 26

**23 août,
Londres.**
Hamilton à Howick. Attire l'attention sur la différence du crédit pour la Société pour la propagation de l'Evangile, comparativement aux crédits antérieurs.   140

Inclus. Compte des deniers payés aux missionnaires du Haut-Canada en 1831.   142

Compte des deniers payés aux missionnaires dans le Bas-Canada. 144

**23 août,
Londres.**
Mandelsloh à Goderich. Demande à Sa Seigneurie de faire certifier la signature de J. Allan Napier McNab par Colborne, avant que la signature de Sa Seigneurie ne soit apposée au document.   270

**23 août,
Londres.**
Robert Shirreff à Hay. Demande que son père continue à faire la perception du revenu du bois sur les terres de la Couronne de l'Ottawa. La jonction du canal Rideau avec l'Ottawa est le meilleur endroit pour les opérations se rattachant au commerce de bois. Soumet la question à son examen.   347

Inclus. Pétition de Charles Shirreff donnant un aperçu de l'origine du commerce de bois au Canada. Le mauvais effet des mesures prises pour empêcher les gens de couper le bois sans permis préalable. Son avis demandé et donné à ce sujet a été soumis au Conseil exécutif, qui a fait rapport. Rapport envoyé à Bathurst. Les mesures prises par Shirreff dans le Bas-Canada.   350

Dalhousie à Robert Shirreff. Les excellents services rendus par son (de Shirreff) père au commerce de bois dans les Canadas.   359

**28 août,
Londres.**
Mandelsloh à Goderich. Demande de faire authentiquer la signature de Colborne.   271

**29 août,
Londres.**
St. Vincent à Goderich. Profitera de la lettre de recommandation en faveur de Slade Robinson au gouverneur du Haut-Canada.   313

**30 août,
York.**
Peter Robinson à Hay. Envoie relevé des ventes des réserves du clergé dans le Haut-Canada, du 1er janvier au 30 juin 1832.   306

Inclus. Relevé des ventes.   307

**4 septembre,
Ministère
de la Guerre.**
Sullivan à Howick. Le secrétaire du ministère de la Guerre ne peut autoriser aucun paiement au révérend M. Rintoul pour avoir célébré les offices divins pour le 79e d'infanterie, dans le Haut-Canada.   124

1832.
7 septembre,
Trésorerie.
Stewart à Howick. Le Trésor approuve l'avance de £500 faite aux magistrats de chaque circonscription pour leur permettre d'avoir des hôpitaux, etc., pour le choléra. Page 106

28 septembre,
Londres.
Johnston à Howick. Fait voile pour York, Haut-Canada, et offre d'emporter les dépêches. 260

29 septembre,
York.
J. B. Robinson à Strachan. Inclus dans la lettre de Strachan à Goderich du 22 octobre 1832.

29 septembre,
Londres.
Robert Shirreff à Howick. Son père et son frère avaient exploré l'Ottawa dans le but de voir à la construction d'un canal pour relier directement Montréal au lac Huron. Présente un plan, faisant voir les avantages d'ouvrir le pays au moyen de voies de communication. 361

5 octobre,
York.
Pétition de Strachan. Inclus dans la lettre de Strachan à Goderich, du 22 octobre 1832.

16 octobre,
Londres.
Ordre à ————. Demande une lettre de recommandation à Aylmer, car il a l'intention de se rendre dans le Haut-Canada. 273

20 octobre,
Londres.
Freeling à Melbourne. Envoie adresse au roi qui a été enlevée d'un paquet refusé adressé à Mackenzie. 146

22 octobre,
York.
Strachan à Goderich. Transmet pétition et Colbourne l'encourage à espérer qu'elle sera accordée. 320

Inclus. La pétition de Strachan. Expose le revenu qu'il avait avant d'accepter la charge de président du Conseil de l'instruction publique et demande que le salaire ne soit point réduit. 321

Strachan aux Commissaires de l'arrondissement scolaire de Home. Sa nomination à la charge de président avec des émoluments moindres que ceux de la charge qu'il occupe présentement ; il l'a acceptée et offre sa démission d'instituteur-chef de l'école classique d'arrondissement. 327

Les Commissaires à Strachan. Reconnaissent ses mérites. 329

Hillier à Strachan. Lui donne avis de sa nomination à la charge de président du Conseil de l'instruction publique. 331

Autres documents sur le même sujet. 332 à 344

30 octobre,
Trésorerie.
Stewart à Howick. Le Trésor, dans les circonstances, approuvera qu'on accorde une pension à Onéida Joseph, un chef des Six-Nations, mais avis doit être donné aux chefs sauvages qu'ils ne doivent pas s'attendre à recevoir des pensions quand ils seront vieux, sauf dans des circonstances extraordinaires. 107

31 octobre,
Trésorerie.
Stewart à Howick. Le Trésor approuve les propositions de payer £100 par année à même les réserves du clergé à chaque missionnaire de l'Eglise d'Angleterre dans le Haut-Canada. Le Trésor désire connaître l'étendue des lots de la glèbe qui seront données à ces missionnaires. La somme de £900 sera accordée aux presbytériens de l'Eglise d'Ecosse, celle de £700 à ceux qui ne sont pas attachés à l'Eglise d'Ecosse, celle de £900 à la Conférence britannique wesleyenne, celle de £600 à la Conférence méthodiste canadienne, et celle de £900 aux catholiques romains du Haut-Canada, ces crédits devant être appliqués à la construction d'églises et de chapelles. D'autres sectes protestantes que celles mentionnées pourront recevoir des crédits pour la construction d'églises quand le revenu des réserves du clergé sera suffisant. 109

— octobre.
Proposition d'établir à Niagara une ville qui sera appelée la cité des Chutes. 229

5 novembre,
Artillerie.
Byham à Hay. Le Comité de l'Artillerie proteste contre l'aliénation des réserves occupées pour la défense de la frontière et que l'on ait fait si peu de cas du mémoire à ce sujet à la date du 6 décembre 1830. 76

5 novembre,
Trésorerie.
Stewart à Howick. Le Trésor est aussi d'avis que l'on obtienne une copie dûment vérifiée des cartes d'arpentage de la ligne de démarcation entre le Haut-Canada et les Etats-Unis, et qu'elle soit déposée à l'endroit où le secrétaire d'Etat le croira le plus à propos. 112

1832.
18 novembre,
Downing
Street.

—— à Aylmer. Faire rapport sur les propositions de Shirreff pour ouvrir et coloniser le pays.   Page 372

21 novembre,
Artillerie.

Byham à Hay. Le comité de l'Artillerie désire avoir une réponse de Goderich au sujet du permis d'occupation accordé aux magistrats de Kingston.   79

26 novembre,
Artillerie.

Byham à Hay. Le comité de l'Artillerie envoie le rapport des officiers de Kingston avec relevé des armes distribuées à la milice, et désire savoir à qui il faudra s'adresser pour le paiement.   80

Inclus. Artillerie, Kingston à Byham. Envoie le relevé des armes et accoutrements distribués à la milice du Haut-Canada en 1831.   82

Relevé.   83

Artillerie, Kingston, à Mudge. Fait rapport de l'arrivée des armes et accoutrements, ainsi que commandé. D'après les ordres généraux du 27 juillet 1825, il ne devait être distribué aucunes munitions pour le service dans les colonies sauf sur le certificat d'urgence du gouverneur et la promesse par écrit que le paiement en serait fait. Si le gouverneur commande les armes sans la promesse, la commande sera remplie et il sera fait rapport des faits au comité.   84

Ordre général du 25 juillet 1825.   86

28 novembre,
Slingsby.

Walker à ——. Demande des renseignements au nom de Christopher Ward, un de ses paroissiens, au sujet des terres que le fils de Ward possédait dans le Haut-Canada, à sa mort. Comment peuvent-elles être vendues et comment en obtenir le paiement ?   379

1er décembre,
York.

Copie attestée de la commission accordée à Small, le greffier du Conseil exécutif, et à Dorchester, le gouverneur en chef.   345

5 décembre,
Slingsby.

Walker à ——. Lettre reçue. Ward ne connaît personne dans le Haut-Canada à qui il puisse déléguer les pouvoirs nécessaires. Demande des renseignements. Ward est très pauvre, et c'est son but d'éviter la dépense.   380

8 décembre,
Whitehall.

Robert Shirreff à Howick. Autre lettre concernant son père.   373

11 décembre,
Trésorerie.

Stewart à Howick. Relativement aux affaires de l'ordonnateur général adjoint Rendall, dans lesquelles Givins est mêlé, il envoie un rapport du contrôleur des comptes de l'armée, alléguant que le dernier nommé est si peu apte à ses fonctions qu'une partie essentielle en est dévolue à l'intendance. Une enquête sera faite.   113

Inclus. Observations sur une déclaration assermentée de Givins concernant les pièces justificatives qu'il a signées pour Rendall à sa demande et contenant l'explication donnée par Rendall, qui accuse Givins d'être incapable de tenir les comptes de la division des Sauvages, travail qu'il (Rendall) a dû faire.   115

Pas de date.

Mary Tilley au secrétaire des Colonies. Demande qu'on transmette une lettre à son fils, une qu'elle lui a écrite n'est pas parvenue à destination.   375

Pétition des ministres et anciens de l'Eglise à Amherstburg, en rapport avec l'Eglise d'Ecosse.   206

LETTRES, PÉTITIONS, ETC., DE M. MACKENZIE, 1832.

Q. 376—1-2-3-4.

(La 1ʳᵉ partie est paginée de page 1 à page 253 ; la 2ᵉ partie de 254 à 506 ; la 3ᵉ partie de 507 à 722, et la 4ᵉ partie de 723 à 985.)

Pas de date.
1831.

Extraits des constitutions de 16 des Etats-Unis. Adresse à Colborne venant de Georgina et réponse suivie d'observations. Ces deux documents sont inclus dans la lettre de Mackenzie à Goderich du 3 août 1832.

Bill pour la diffusion plus générale de l'instruction.   Page 254

Liste des pétitions et adresses du Haut-Canada se plaignant de griefs et portant nombre de signatures.   917

Deuxième liste.   919

Autres listes.   921, 923

Suivent les adresses.   924 à 985

2 mai,
Downing
Street.

Circulaire du bureau des Colonies. Incluse dans la lettre de Mackenzie à Goderich du 24 juillet 1832.

8 septembre,
York.

Adresse de la Conférence canadienne de l'Eglise méthodiste et réponse de Colborne.

22 septembre,
York.

Magistrats, espions et dénonciateurs.

25 septembre,
York.

Défense de Fitzgibbon.

25 septembre,
York.

Critiques du rapport de Fitzgibbon.

30 septembre,
York.

Cosway à Fitzgibbon.

30 septembre,
York.

Nouvelles explications de Fitzgibbon.

15 décembre,
York.

Défense des méthodistes.

1832.
Pas de date.

Adresse au roi de la circonscription de Gore.

Observations sur la réponse de sir John Colborne à l'adresse de la Conférence méthodiste.

Adresse au roi de la circonscription de Johnstown.

Opinion publique éprouvée.

Accusations contre Colborne. Ces accusations et les onze documents qui précèdent sont inclus dans la lettre de Mackenzie à Goderich du 3 août 1832.

Liste des loyales adresses et pétitions venant de différents endroits dans le Haut-Canada.   897

Adresse de Penetanguishene en opposition aux démagogues factieux et à l'appui de l'administration de Colborne.   900

Adresse de Georgina au même effet.   902

Adresse d'Innisfil au même effet.   904

Autres adresses au même effet.   915

Bill à l'effet de réglementer la nomination des grands et petits jurés par Perry.   239

Liste des pétitions à l'Assemblée de la part de Mackenzie.   497

27 février,
Toronto.

Adresse de Toronto. Contenue dans la lettre de Mackenzie à Goderich du 3 août 1832.

1832.
11 mars,
Markham.

Pétition de Neil MacKinnon. Contenue dans la lettre de Mackenzie à Goderich du 7 août 1832.

19 mars,
Port-Talbot.

Convocation d'une assemblée dans la colonie Talbot. Document inclus dans la lettre de Mackenzie à Goderich du 3 août 1832.

25 mars,
Niagara.

Procès-verbal d'une assemblée tenue à Niagara.

26 mars,
York.

McMahon à Filer. Ces deux documents inclus dans la lettre de Mackenzie à Goderich du 24 juillet 1832.

15 avril,
Bath.

Adresse des comtés de Lennox et Addington approuvant les mesures générales de l'administration de Colborne.   Page 899

23 avril,
Port-Talbot.

Rapport de ce qui a été fait à l'assemblée de la colonie Talbot et discours de Talbot, inclus dans la lettre de Mackenzie à Goderich du 3 août 1832.

17 mai,
St-David.

Woodruff à McMahon.

22 mai,
York.

McMahon à Woodruff. Ces deux documents sont inclus dans la lettre de Mackenzie à Goderich du 24 juillet 1832.

13 juin,
Londres.

Mackenzie à Goderich. On n'a accusé réception qu'une seule fois des documents qu'il a envoyés. Plusieurs milliers de personnes du Haut-Canada l'ont délégué pour apporter des adresses au roi et à la Chambre des Communes, les appuyer par son témoignage et soumettre à l'examen de la nation et du gouvernement britannique l'état du Haut-Canada. Les autres pouvoirs dont il est investi. Omission des représentations faites aux lords et aux Communes sur l'état du Haut-Canada. Fait rapport de ce qui a été fait aux assemblées de plusieurs comtés et autres. Manque de confiance envers le lieutenant-gouverneur. Son succès en qualité de candidat pour la législature. La conduite de l'administration a été condamnée par le corps entier des propriétaires de terres de la circonscription de Home. Hume et Viger sont prêts à aller voir Sa Seigneurie en compagnie de Ryerson et de lui (Mackenzie). On l'a chargé d'obtenir l'autorisation royale pour abroger l'acte à l'effet d'augmenter le capital de la banque à York. Efforts extraordinaires qui ont été faits pour obtenir des témoignages en faveur de sir John Colborne et de ses conseillers politiques. Serait surpris si ces efforts ne réussissaient pas jusqu'à un certain point. La difficulté de faire connaître l'état de la colonie au gouvernement de Sa Majesté, mais il semble impossible qu'un député puisse lire le simple état des faits et refuser ensuite l'enquête ou la différer. Ira voir Sa Seigneurie ou tout comité ou conseil à n'importe quel moment.   3

26 juin,
Londres.

Mackenzie à Howick. A montré la lettre à Hume et à Viger, qui iront voir Goderich au temps fixé. A aussi informé Ryerson de l'heure. Les lettres mentionnées dans celle du 13 ont été écrites relativement aux assemblées publiques et contenaient les pétitions. On l'a informé que d'après les règlements du bureau des Colonies il ne peut être reconnu comme agissant pour d'autres, et qu'en conséquence il n'a pas le droit de s'attendre à des réponses. Cela l'empêchera de soumettre la grande masse de faits qu'il a recueillis, et la décision a été pour lui aussi inattendue qu'elle l'a été pour ceux qu'il représente. Croit qu'il est de son devoir de représenter par pétition qu'un corps non représenté devrait être écouté de la seule manière que cela peut se faire par le gouvernement de Sa Majesté. Donne un exemple comment on a entendu un cas semblable. L'assemblée a voté des félicitations à Rendall pour les efforts qu'il avait faits à cette occasion. Le bon effet de l'Acte de Naturalisation modifié, ce qui n'aurait pas eu lieu si le bureau des Colonies avait été formé à la population du Canada, comme c'est l'intention maintenant. 12

Inclus. "Premier rapport des habitants du Haut-Canada dont les "droits étaient exposés à être affectés par les dispositions du bill de "naturalisation, réservé à la sanction royale à la dernière session du "parlement. Jesse Ketchum, président."   17

64 VICTORIA, A. 1901

1832.
28 juin,
Londres.

Mackenzie à Balfour. Hume ne pouvait être présent au temps fixé, ayant pris un engagement antérieur. Lui, Viger et Ryerson pourraient être présents la semaine prochaine.   Page 69

24 juillet,
Londres.

Ma·kenzie à Goderich. Transmet deux lettres adressées à Sa Seigneurie sur l'état de la représentation dans le Haut-Canada. Les lettres sont mal écrites et très longues, mais Sa Seigneurie les lira sans doute de même que l'annexe, car il y a assez pour démontrer qu'il n'existe aucun canal officiel pour communiquer les sentiments, désirs et opinions du peuple au gouvernement de Sa Majesté. Démontrera que les finances et le commerce de l'Angleterre ont souffert de la négligence prolongée des affaires du Haut-Canada. Comme il serait heureux s'il pouvait rendre le Haut-Canada prospère, libre et content. N'a pas eu le temps de copier les documents envoyés; demandera la permission de les transcrire pour les publier dans le Haut-Canada.   70

Inclus. Pétition de Mackenzie à Goderich. Donnant un aperçu de l'histoire des premiers temps du Haut-Canada ainsi que des observations sur les abus allant graduellement en augmentant, et renvoie aux autorités.   73

Anexe nº 1. Extraits d'une pétition adoptée à l'assemblée de York du 16 juillet 1831.   120
N° 2. Représentation du district du Bas-Canada.   125
N° 3. Une représentation de ville.   130
N° 4. L'influence de la banque.   133
N° 5. Difficultés dans le Bas-Canada relativement au patronage du gouvernement qui influençait l'action de la Chambre d'Assemblée.   136
N° 6. Quelques preuves de tyrannie coloniale.   138
N° 7. Les dépenses des élections.   152
N° 8. Le renvoi des membres turbulents de l'Assemblée.   153
N° 9. Les directeurs de poste et officiers de douane et de l'accise siègent dans l'Assemblée, contrairement à la loi.   157
N° 10. Les shérifs sont envoyés à l'Assemblée.   172
N° 11. Acceptation de charges, ce qui rend les membres de l'Assemblée inhabiles à y voter.   174
N° 12. Fonctions des greffiers de la paix pour les districts.   176
Nº 13. Législation dans l'Assemblée par shérifs, etc.   177
N° 14. Acceptation d'une charge par un membre de l'Assemblée, ce qui rend simplement son siège vacant.   179
N° 15. Quelques effets de l'inégalité dans la représentation.   181
N° 16. La base d'une représentation populaire.   183
N° 17. Le paiement de gages aux députés de ville.   185
N° 18. Population du Haut-Canada (mars 1831).   187
Rapport du comité des privilèges nommé pour s'enquérir de l'état de la représentation de York.   189 à 210
Pétition de Mackenzie à Goderich sur l'état de la représentation de la population du Haut-Canada dans la Chambre d'Assemblée.   211

24 juillet,
Londres.

24 juillet,
Londres.

Mackenzie à Howick. Les mérites de la pétition d'Appleton, l'instituteur, ont été examinés et l'Assemblée a fait un rapport favorable. Malheureusement le Dʳ Strachan oppose sa réclamation, en sorte qu'il devra s'adresser au bureau des Colonies pour le remède. Il n'aurait pas critiqué la conduite de Phillpotts comme officier militaire au Canada s'il n'avait su qu'il était ici pour donner sa propre version, et qu'en sa qualité de surintendant de la milice il, de même que le surintendant des Affaires des sauvages, ne s'était rendu en prison plutôt que de rendre témoignage conformément aux instructions du gouvernement. Le pays se trouvant dans une condition d'agitation, il espère qu'il pourra obtenir une enquête complète.   264

Inclus. Accusé de réception d'une copie de la pétition d'Appleton. 267

1832.

Accusé de réception de documents censés être des copies d'une adresse au roi et d'une pétition à la Chambre des Communes, sur lesquelles on s'est entendu lors d'une réunion publique tenue dans la circonscription de Gore. Des documents semblables ont été reçus de McIntosh et Morrison, censés avoir été adoptés à une assemblée publique tenue à York.
Page 268

24 juillet, Londres.

Mackenzie à Goderich. Envoie copie des résolutions adoptées à une assemblée des francs tenanciers du district de Niagara. L'adresse était signée par 1,618 pétitionnaires et contenait les noms de plus d'habitants respectables, riches et influents qu'aucun document qui eût jamais été approuvé auparavant dans ce district. L'assemblée a fourni la preuve de l'agitation régnante. Après l'organisation faite, la minorité avait quitté pour adopter son adresse. Demande une autre audience. La pétition de Thomas Filer se trouve parmi les documents envoyés.   269

Inclus. Procès-verbal d'une assemblée tenue à Niagara.   272

McMahon à Woodruff. Accuse réception de la part du lieutenant-gouverneur du rapport des prétendues délibérations d'une assemblée tenue à Niagara.   278

Circulaire du bureau des Colonies à l'effet que toutes les représentations à ce bureau doivent être transmises par l'entremise des gouverneurs.   279

McMahon à Filer. A présenté au lieutenant-gouverneur sa demande d'être inscrit sur la liste des U. E.   282

Woodruff à McMahon. Transmet rapport des délibérations à l'assemblée tenue à Niagara.   283

25 juillet, Londres.

Mackenzie à Goderich. Regrette le crédit de £27,000 voté aux évêques et au clergé de l'Amérique Britannique du Nord, car c'est impolitique. L'Assemblée du Haut-Canada a exprimé son opposition formelle au principe d'une église établie. Hume (appelé Home dans la lettre) présentera deux pétitions contre la mesure, le reste attendra.   284

Un *post-scriptum* décrit le Dr Strachan comme possédant plusieurs bénéfices et donne une liste des charges qu'il occupe.   289

3 août, Londres.

Mackenzie à Goderich. État concernant l'administration du Haut-Canada par sir John Colborne, afin d'obtenir une enquête et la réforme des abus existants.   297

Table des matières.   292

Accusations contre Colborne soumises aux propriétaires des terres de York et qu'ils appuient.   334

Opinion publique sondée dans York relativement à Colborne et Strachan.   353

Adresse de la Conférence canadienne de l'Eglise méthodiste à sir John Colborne et la réponse de ce dernier.   356

Réponse.   359

Défense des méthodistes contre les calomnies du lieutenant-gouverneur.   365

Adresse à Colborne de Georgina.   392

Réponse,   393

Observations.   393

Assemblée convoquée dans la colonie Talbot.   395

Rapport des délibérations de cette assemblée et discours de Talbot.   396

Observations sur la réponse faite par Colborne à l'adresse de la Conférence méthodiste.   403

Observations par le révérend E. Ryerson dans la conférence au sujet de l'attaque contre les méthodistes wesleyens par le lieutenant-gouverneur.   417

1832.

Extraits des constitutions de 16 des États-Unis indiquant comment ils ont pourvu à l'instruction publique.   Pages 418 à 430

Autres documents,   431 à 481

7 août, Londres.

Mackenzie à Goderich. A renvoyé la pétition de Thomas Filer et Neil Mackinnon. Toutes les signatures ne se trouvaient point sur l'adresse venant de Lennox et d'Addington, une des feuilles ayant été détruite. Envoie copie de toutes les signatures. L'adresse contient les noms de la grande majorité des propriétaires fonciers à l'aise de ces comtés. Demande des copies des documents qu'il a envoyés au sujet de l'état de la représentation, ainsi que du manuscrit annexé, et la représentation concernant la conduite publique du lieutenant-gouverneur à l'appui des pétitions demandant son renvoi, mais non pas des documents imprimés. Transmet lettre de Cameron, maintenant ou récemment encore, un magistrat du district de Home. Ne connaît rien des sujets mentionnés dans la lettre de Cameron.   494

7 août, Londres.

Mackenzie à Goderich. Envoie pétition de Neil Mackinnon demandant une terre au Canada. Expose son cas.   489

Inclus. Pétition.   491

7 août, Londres.

Mackenzie à Goderich. Représente le cas de Thomas Filer, qui a demandé une terre en qualité de loyaliste E.U.; l'objection à ce qu'on lui accorde une terre dans le Haut-Canada c'est qu'il a vécu dans le Bas-Canada avant le 20 juillet 1798; il n'y a aucun remède. Envoie sa pétition.   482

Inclus. Pétition de Thomas Filer, exposant ses services et demandant une terre.   484

8 août, Londres.

Mackenzie à Goderich. Envoie la pétition du lieutenant McDermid demandant la prime royale. Il a fait des demandes dans le Haut et le Bas-Canada ainsi qu'au bureau des Colonies, mais sans résultat. Son état de pénurie.   502

8 août, Londres.

Hume, Viger et Mackenzie à Goderich. On lui a demandé de transmettre l'adresse des habitants du district du Niagara, en date du 31 mars 1832, pour être présentée au roi.   505

Une note porte que le comité à Fort-George a dit que le nombre des signatures était de 1618.   506

13 août, Downing Street.

Howick à Mackenzie. En parcourant les documents de Filer, Goderich a trouvé que le Conseil exécutif avait décidé justement dans son cas, et il ne voit pas de raisons pour changer la décision. La pétition de Filer aurait dû être envoyée par l'entremise du lieutenant-gouverneur, et Goderich exigera à l'avenir que cela soit fait ainsi.   487

13 août, Downing Street.

Le même au même. A reçu la pétition de Neil Mackinnon demandant une terre. Une pétition semblable de Mackinnon avait été envoyée par le lieutenant-gouverneur et la demande refusée, ayant été faite longtemps après l'établissement du système de vente.   493

13 août, Downing Street.

Le même au même. Ainsi qu'il le demande on lui permettra de prendre des copies des documents concernant les affaires publiques du Haut-Canada, mais on ne pourra les lui fournir.   501

15 août, Downing Street.

Le même au même. Relativement à la demande de McDermid, Goderich ne peut mettre obstacle à la décision de la législature : que son nom soit rayé de la liste des pensions. Sa réclamation d'une année de solde pour blessure devrait être présentée au secrétaire de la Guerre.   504

15 août, Downing Street.

Goderich à Hume, Viger et Mackenzie. A reçu leur lettre contenant la pétition des habitants du district de Niagara, qu'il a présentée au roi.   507

15 août, Londres.

Mackenzie à Goderich. A reçu la lettre lui disant que la pétition de Neil Mackinnon avait été présentée en vain. Demande qu'on lui envoie les papiers. Remercie qu'on permette à un commis de copier les documents. A appris que la pétition de Filer avait été refusée. Demande les papiers. A reçu la circulaire que la pétition aurait dû être envoyée

par l'entremise du lieutenant-gouverneur, règlement qui sera vigoureusement appliqué. S'est toujours efforcé de se conformer aux règlements.
La pétition de Filer a été présentée au lieutenant-gouverneur et accusé
de réception en a été fait par McMahon, le secrétaire particulier. Cela
a été envoyé en même temps que la pétition ou avant. Croit qu'il s'est
conformé aux règlements contenus dans la circulaire du 2 mai 1831,
mais le contenu de la circulaire envoyée aujourd'hui n'a jamais été publié
dans la colonie. Autres observations sur les règlements. Hume a promis de présenter à la Chambre des Communes tous les griefs, mais le
bon vouloir de Sa Seigneurie de remédier à tous les griefs a rendu la chose
inutile. Ses plaintes contre Colborne et Strachan, son désir de prendre
des extraits de journaux en duplicata de l'Assemblée, les originaux ayant
été brûlés. Aucuns extraits ne peuvent être faits au Canada pour cette
raison dans les documents des dix années antérieures à 1824, sauf dans
ceux de l'année 1821. Se plaint de ne pouvoir obtenir les détails de la
dépense publique dans le Haut-Canada, contrairement à la pratique dans
le Bas-Canada, et le secret donne toujours lieu à des soupçons. Concernant les honoraires perçus par le sous-directeur général des Postes, la
pétition d'Appleton, un instituteur et autres sujets.   Page 508

Howick à Mackenzie. La lettre du secrétaire de Colborne accusant
réception de la pétition de Filer était annexée à la résolution des habitants de Niagara et a ainsi échappé à l'attention de Goderich, de sorte
qu'il ne savait pas que Filer s'était conformé aux règlements. Comment
doit être envoyée la correspondance officielle. Les documents transmis
au département deviennent officiels, en sorte que ceux de Filer et de
McKinnon ne peuvent être renvoyés, mais ces documents de même que
tous autres transmis peuvent être copiés. La pétition d'Appleton a été
envoyée au lieutenant-gouverneur du Haut-Canada. Goderich ne peut
lui permettre d'examiner les divers comptes et documents qui se trouvent
dans le bureau de Sa Seigneurie. Des copies en duplicata des journaux et documents législatifs brûlés durant la guerre ont été envoyées
dans le Haut-Canada.   520

Mackenzie à Goderich. A reçu la lettre que l'adresse du district de
Niagara avait été présentée au roi, mais il y avait quarante ou cinquante
autres adresses ou pétitions délivrées à Sa Seigneurie par Hume, Viger
et lui-même qui devaient être présentées au roi, dont quelques-unes
adressées à Sa Majesté en conseil. Elles avaient été délivrées longtemps
avant l'adresse de Niagara, mais il n'a été reçu aucune réponse les
concernant. Les pétitionnaires n'ont pas voulu se soumettre aux
observations faites par Colborne à l'égard des méthodistes, en lui
demandant comme faveur de transmettre l'adresse. Ils se sont conformés
aux conditions de la circulaire en envoyant des copies attestées dont les
accusés de réception ont été transmis au bureau des Colonies. Si c'était
possible on aimerait à avoir une réponse à chaque adresse. La population de la colonie n'a pu encore trouver un acte que le ministère de la
réforme ait adopté pour le bien général durant ses deux années d'existence. Les copies des journaux de l'Assemblée qui seront envoyées ne
vont que jusqu'à 1812, quand la Chambre a été la première fois brûlée.
Elle a été brûlée de nouveau en 1824, et sauf un volume manuscrit et un
imprimé la série manque. Il n'a pas eu de difficulté à avoir accès aux
journaux des Communes, et ne peut comprendre pourquoi sa requête a
été trois fois refusée. Envoie état ainsi que plan pour le règlement des
pertes provenant de la guerre. L'injustice avec laquelle on a traité les
gens qui ont tout perdu. Ce que l'on peut attendre de ce traitement si
l'occasion se présente de nouveau. N'est pas en état de copier les papiers
de McKinnon et de Filer qu'il a reçus comme leur appartenant. Si la
lettre de Bathurst à McKinnon était remise, on ouvrirait une souscription
pour lui, car on lui avait promis les 200 acres. Il a envoyé au Canada la

1832.

circulaire à l'effet que toutes les adresses doivent être transmises par l'entremise du lieutenant-gouverneur ; on lui dit maintenant que c'est une erreur. Ira voir Howick pour s'assurer quelle est réellement la règle. L'adresse du comité de Hastings lui a été envoyée par la poste pour être présentée, la somme de £4, 6, 8 étant demandée pour frais de port, ce que Freeling a offert de réduire à $8. Demande qu'elle soit délivrée franc de port, car c'est pour affaires publiques.   Page 523

Inclus. Remarques du Dr Howison sur les pertes occasionnées par la guerre de 1812.   531

Autres documents, rapports, adresses, etc., se rapportant aux pertes, ainsi que noms des réclamants et montants accordés.   533 à 722

Suite des documents se rattachant aux réclamations pour pertes par la guerre de 1812.   Partie 4, pages 723 à 773

5 septembre, Londres.

Mackenzie à Goderich. Se plaint des inconvénients dont il a souffert parce qu'il n'a pas reçu de réponses à des lettres concernant différents sujets.   774

8 septembre, Downing Street.

Howick à Mackenzie. Toutes les adresses ont été présentées au roi. Il pourra communiquer ce fait aux personnes qui les ont signées, sans recevoir une réponse distincte à chacune. Quant aux pertes de la guerre et à la représentation, Goderich ne peut discuter ces questions avec aucun particulier, mais il recevra toutes les propositions qu'il a à faire et lui accordera une entrevue personnelle. La pétition d'Appleton a été reçue sans accusé de réception du lieutenant-gouverneur, en sorte qu'elle lui a été envoyée en juillet. Quant à la remise des papiers, ceux envoyés par lettres sont gardés pour consultation, et si l'on s'écartait de cette règle cela causerait les plus grands inconvénients. Comme il (Mackenzie) ne connaissait pas le règlement, il pourra avoir les papiers, mais on l'avertit qu'on ne lui accordera plus le même privilège. Il pourra obtenir des informations plus explicites au sujet de la transmission des pétitions. Goderich ne peut intervenir auprès du directeur général des postes au sujet des frais de port de la pétition. Les habitants du Haut-Canada ont une méthode sûre et facile de transmettre leurs plaintes au Trône par le canal officiel.   776

18 octobre, Londres.

Mackenzie à Goderich. Demande une entrevue au sujet des réclamations de guerre et des règlements existants affectant le commerce et l'industrie du Haut-Canada.   779

31 octobre, Londres.

Mackenzie à Goderich. Transmet le premier rapport envoyé concernant les pétitions au roi qui ont été signées par une majorité de la population mâle du Haut-Canada. Sa conduite a été approuvée de n'avoir pas pressé la discussion des griefs en entier par la Chambre des Communes, Sa Seigneurie ayant rendu cela inutile. A rencontré des difficultés inattendues pour obtenir une audience, et il en donne les détails. Demande maintenant une réponse aussitôt que Sa Seigneurie en aura le loisir. 780

Inclus. Résolutions du comité du district de Home et des districts avoisinants, approuvant la conduite de Mackenzie.   782

Deux lettres à Mackintosh, le président du comité du district de Home et des districts avoisinants concernant sa conduite à Londres. 783, 800

8 novembre, Downing Street.

Goderich à Colborne. Dépêche soumise à l'Assemblée du Haut-Canada. Bien qu'il ait refusé de discuter la politique concernant le Haut-Canada, il a fourni à Mackenzie l'occasion de bien présenter sa cause. A choisi trois documents parmi la masse de ceux présentés par Mackenzie, lequel a adopté un genre peu propre à conduire à bonne fin des questions aussi embrouillées et importantes. Il a consacré ses loisirs à examiner la cause de Mackenzie, qui représente le corps comparativement faible en opposition aux corps beaucoup plus nombreux du côté adverse. Il n'est pas nécessaire d'avoir une très longue expérience des démêlés publics pour comprendre avec quelle légèreté on base des prétentions sur les motifs les plus faibles. Les pétitions du côté de Mackenzie sont signées

1832.

par 12,075 personnes, et celles de l'autre côté par 26,854, exprimant leur contentement des lois et institutions que les autres combattent. Critique les allégations contenues dans les documents de Mackenzie.   Page 806

18 décembre,
Londres.

Mackenzie à Goderich. Demande des réformes dans le Haut-Canada, par suite de l'état de trouble dans lequel se trouvent différents pays, et les probabilités d'une guerre générale. Un *post-scriptum* allègue qu'il a été expulsé de l'Assemblée pour avoir soutenu un bill concernant les banques en opposition aux intérêts du gouvernement et que ses écrits accidentels dans un journal ont servi de prétexte.   842

Inclus. Bill pour la réglementation des banques dans le Haut-Canada.
851

24 décembre,
Londres.

Mackenzie à Goderich. Envoie la pétition de John Lumsden demandant une terre à raison de ses services.   890

Inclus. Pétition de Lumsden.   893

LE LIEUTENANT-GOUVERNEUR SIR G. COLBORNE, 1833.

Q. 377-1.

1832.
23 juin,
York.

Peter Robinson à Rowan.

10 août,
Nelson.

Chisholm à Peter Robinson.

27 août,
Nelson.

Le même au même.

13 novembre.

Relevé des sommes d'argent payées pour l'émigration.

18 novembre.

Relevé des pensionnaires dans le dénûment et qui ont changé leur pension.

18 novembre.

Relevé des pensionnaires ayant fait l'échange de leur pension qui ont quitté l'établissement. Ce document et les cinq qui précèdent sont inclus dans la lettre de Colborne à Goderich du 10 janvier 1833.

21 novembre,
York.

Premier rapport du comité de l'instruction publique.

13 décembre,
York.

Deuxième rapport du même comité. Ces deux rapports sont inclus dans la lettre de Colborne à Hay du 14 janvier 1833.

Suit l'annexe, contenant la preuve.

Documents mentionnés dans la preuve.

— décembre,
York.

Rapport du comité au sujet de l'établissement d'une cour en chancellerie. Inclus dans lettre de Colborne à Hay du 14 janvier 1833.

Suit le bill projeté.

1833.
10 janvier,
York.

Colborne à Goderich (n° 1). L'avantage provenant de la dépense faite pour l'émigration l'année dernière, dont le compte est transmis, ainsi que description des colons et sommaire de la dépense. S'objecte au système d'employer les immigrants à faire de nouveaux chemins, car le travailleurs d'expérience pourraient faire l'ouvrage à un tiers du coût. Comment l'on pourrait employer les immigrants d'après un système qui réussirait, croit-il. Donnera instruction aux agents dans les nouveaux districts d'employer les immigrants à défricher les terres à des gages peu élevés.   1

Inclus. Relevé des sommes d'argent payées au commissaires des terres de la Couronne à compte de l'émigration.   9

Chisholm à Peter Robinson. Fait rapport de l'avancement des travaux du chemin et de la nécessité d'obtenir un crédit plus considérable pour l'achever. A moins que cela ne soit fait les émigrants devront être congédiés.   14

Le même au même. Fait rapport de nombre de personnes employées à la construction du chemin du lac.   16

64 VICTORIA, A. 1901

1833.

Relevé des pensionnaires dans le dénûment ou qui ont échangé leur pension, habitant leurs terres à Medonte.   Page 17

Relevé des pensionnaires ayant échangé leur pension qui ont quitté l'établissement faute des moyens nécessaires pour cultiver leurs terres.   19

Objections à la règle que les officiers à demi-solde doivent acheter à l'encan public, recevant la déduction suivant leur grade et leurs services. Recommande de la modifier de façon à ce que ces officiers puissent acheter à la mise à prix.   20

11 janvier, York.

Colborne à Goderich (n° 2). A reçu dépêche et copies des résolutions de la Chambre des Communes concernant les pétitions de la Chambre d'Assemblée. La cause de Forsyth n'aurait pu être comprise à défaut du rapport de Robinson, le procureur général en exercice lors du procès; il l'a reçu et l'envoie présentement.   22

Inclus. Rapport du juge Robinson dans la cause de Forsyth.   24

Rapport de Philpotts concernant l'enlèvement de la clôture sur la réserve militaire près des chutes de Niagara par Forsyth.   45

14 janvier, York.

Colborne à Goderich. Transmet l'état du revenu casuel et territorial, y compris les versements faits par la Compagnie du Canada.   50

14 janvier, York.

Le même à Hay (personnelle). A proposé un plan pour rendre productif le travail des émigrants. L'importance de l'émigration et ses bons effets. Envoie les estimations des déboursés et de la production d'une année, lesquelles sont basées sur la supposition que l'on pourrait défricher et ensemencer 100 acres avant le 10 juin, et que les récoltes et améliorations seraient vendues aux immigrants avant le mois de septembre. Comment le projet donnerait du travail. Le coût pour répartir les immigrants dans les différents endroits, mais l'avantage qu'ils rapporteront à la province. La dépense d'à peu près £10,000 peut être imputée au revenu territorial sans inconvénient. L'expulsion et la réélection de Mackenzie ont eu lieu paisiblement; peu étaient intéressés. Ses dépêches sont très amusantes. La question des réserves du clergé est difficile à résoudre. Comment faire? Transmet trois rapports de comités et attire l'attention sur ceux de l'Université et de l'instruction publique. Croit que le secrétaire d'État approuvera les termes de la nouvelle charte et de la fusion du collège du Haut-Canada avec le collège du roi. Revient à la question de l'émigration et fait remarquer quelle magnifique colonie l'on pourrait avoir dans dix ans, laquelle avec des règlements convenables serait fermement attachée à la mère-patrie. L'estimation pour l'emploi des immigrants pourra soutenir une inspection sévère. Espère que le secrétaire d'État approuvera le projet et qu'il pourra recevoir ses instructions en avril. Si la charte doit être ratifiée il recommande que l'école de médecine soit ouverte aussitôt que possible. Le Dr Rolph est candidat à une chaire de professeur et devrait être encouragé.   51

Inclus. Estimation de la dépense probable pour employer 100 immigrants à défricher la terre, indiquant sa valeur plus grande ainsi que celle des récoltes.   58

Etat des frais pour munir 100 hommes d'attelages, instruments aratoires, etc.   59

Premier rapport du comité de l'instruction publique.   60

Deuxième rapport.   68

Annexe au deuxième rapport contenant la preuve.   83

Documents mentionnés dans la preuve.   134

Rapport du comité sur la taxe *per capita* imposée aux émigrants par le Bas-Canada.   153

Rapport du comité sur l'établissement d'une cour en chancellerie. 176

16 janvier, York.

Colborne à Hay. A reçu la correspondance volumineuse résultant de la visite de Mackenzie. Une majorité des classes respectables le consi-

1833.

dèrent et le tiennent pour un démagogue séditieux et sans principes.
Plusieurs de ses allégations et insinuations sont dirigées contre l'Assemblée et le Conseil législatif; croit en conséquence que la production de
la dépêche avant la prorogation causerait beaucoup d'irritation. Plusieurs des sujets mentionnés par Mackenzie avaient été soumis au secrétaire des Colonies par l'Assemblée et le lieutenant-gouverneur, et deux
des hommes les plus respectables et opulents avaient été envoyés à
Londres pour presser le paiement des pertes de guerre sans résultat,
mais aussitôt qu'un imposteur persévérant donne sa version les réclamations sont prises en considération. Mentionne ces faits pour faire voir
avec quelle prudence on doit agir à l'égard d'un démagogue formidable
par suite de sa persévérance et de son astuce. Si l'on doit comprendre
qu'un démagogue fait impression tandis que ceux sur l'appui desquels on
compte en temps d'urgence continuent à ne pas être écoutés, la réputation du démagogue grandira dans l'estime de ses partisans. On pourrait
le rendre inoffensif en agissant convenablement à son égard, mais il n'a
pas de doute qu'à son retour il cherchera à établir les unions politiques.
La province est tranquille et bon nombre des partisans de Mackenzie ne
sont pas chagrins qu'il soit absent. Espère qu'on n'oubliera pas de nommer Rolph au professorat.   Page 183
(Cette lettre est datée de 1832, par erreur sans doute.)

16 janvier,
York.

Colborne à Goderich. Envoie état de la caisse des loyers de terre et
de l'intérêt sur les ventes des terres du clergé, des sommes provenant des
terres de la Couronne payées aux commissaires adjoints et des terres du
clergé vendues en 1832. Observations sur les paiements et revenus de
ce dernier chef. Se croit autorisé à émettre des mandats pour payer
les appointements des missionnaires de l'Eglise d'Angleterre, pour construire des presbytères, etc.   187
Inclus. Etat des réserves du clergé vendues en 1832.   189
Mémoire des montants payés à l'ordonnateur en chef adjoint à compte
des réserves du clergé.   190
Etat de la caisse E, provenant des réserves du clergé.   191

17 janvier,
York.

Colborne à Goderich (n° 5). Un bill a été passé par la législature pour
payer la partie des pertes par suite de la guerre que la province doit
solder. Recommande que l'on autorise de payer aux réclamants la
somme de £57,000 accordée conditionnellement.   192

24 janvier,
York.

Le même au même (n° 6). Pour montrer les avantages que l'on pourrait retirer de la vente d'une partie des réserves et en encourageant
l'agrandissement de la ville à l'ouest, il envoie un plan de la ville et du
havre de York ainsi que du terrain appelé la réserve militaire. Avait
reçu instruction d'approuver une portion de la réserve, mais rien n'en a
été fait à cause des difficultés qui ont surgi et du doute que la classe de
colons qui pourrait augmenter la prospérité de la ville n'améliorerait
pas un terrain tenu à bail. La valeur des terres a augmenté, et si l'on
vendait une portion de la réserve l'on pourrait obtenir le prix moyen de
£200 l'acre. La raison pour laquelle il recommande la vente de cette
terre c'est parce que la partie de l'est de la ville souffre des exhalaisons
provenant du Don. Autres améliorations mentionnées dans le rapport
inclus.   194
Inclus. Rapport du capitaine Richardson concernant le havre de
York.   198
Esquisse d'un plan pour une place d'armes projetée à York.   202
Plan de York, H.-C.   203

23 janvier,
York.

Colborne à Hay. Considérant l'effet qu'aurait l'habile réfutation faite
par Goderich des allégations de Mackenzie, il a décidé de la transmettre
à l'Assemblée. Mackenzie a dit dans son journal que Hume recommande
l'établissement des unions politiques dans la province. Sa conduite
d'encourager ce démagogue méchant est honteuse.   204

64 VICTORIA, A. 1901

P. S. Si les directeurs de la Compagnie du Canada demandent d'acheter plus de terres, la demande devrait être refusée, parce que les efforts d'une compagnie de terres ne peuvent maintenant augmenter le bien-être du pays.   Page 205

24 janvier,
York.

Colborne à Goderich (n° 7). A transmis à l'Assemblée la dépêche de Sa Seigneurie ainsi que les rapports de Mackenzie accompagnant ses volumineux documents. Envoie copie de son message. Mackenzie a été expulsé mais réélu sans opposition. A raison de croire que les subsides qu'il a recommandés seront accordés.   206

Inclus. Message transmettant la dépêche de Goderich concernant les griefs que l'on dit exister dans le Haut-Canada.   208

2 février,
York.

Colborne à Goderich (n° 8). Envoie adresse de l'Assemblée au roi, pour obtenir au Haut-Canada sa proportion des droits perçus à Québec. 209

Inclus. Adresse.   211

15 février,
York.

Colborne à Goderich (n° 9). Envoie copie de son discours à la clôture de la législature.   213

Inclus. *Gazette* et discours.   214

16 février,
York.

Colborne à Goderich (n° 10). Avait envoyé au Conseil législatif et à l'Assemblée la dépêche du 8 novembre qui a donné lieu à une discussion très orageuse. Envoie les adresses des deux Chambres concernant les allusions faites par Sa Seigneurie et que l'on a cru être un devoir de remarquer. Dans les circonstances et en tant qu'il s'agit des pétitions emportées par Mackenzie il n'a pas de doute que sa (de Colborne) conduite sera approuvée.   218

Inclus. Adresse de l'Assemblée à Colborne le remerciant d'avoir transmis la dépêche concernant les lettres et documents adressés à Goderich pour prouver que la population de l'heureuse et prospère colonie était opprimée et accablée de griefs. Considérant que le porteur de ces lettres et documents, Mackenzie, a été deux fois expulsé de l'Assemblée et qu'il était indigne d'y occuper un siège parce qu'il avait inventé des libelles, on pourrait supposer que Sa Seigneurie, si elle y avait pensé, n'aurait pas cru devoir le reconnaître comme l'agent ou le représentant de l'opinion d'aucune partie des habitants du Haut-Canada. La législature de la colonie possède le pouvoir de remédier à tout mal dont on peut se plaindre. La bonne opinion qu'a de la population le secrétaire des Colonies.
                                                                        220

Adresse du Conseil législatif concernant la dépêche de Goderich et les documents de Mackenzie.   224

28 février
York.

Colborne à Goderich (n° 11). Browne, le magistrat dont se plaint Levi Soper, peut n'avoir pas eu les aptitudes nécessaires pour l'accomplissement de toutes ses fonctions, mais le gouvernement exécutif ne pourrait le congédier, sauf si l'on avait clairement établi un cas d'inconduite. Envoie rapport sur la cause de Browne.   246

Inclus. Plainte de Soper que Browne n'ait pas été congédié.   248

Mémoire sans date ni signature au sujet de la plainte de Soper (appelé ici Léonard et ailleurs Lévi). Les magistrats du district de Newcastle accusent Towke d'avoir écrit la plainte de Soper contre Browne et d'avoir contrefait sa signature. Towke est le correspondant de Hume. Il désire vivement que Hume soit convaincu que la pétition est authentique. 251

LE LIEUTENANT-GOUVERNEUR SIR J. COLBORNE, 1833.

Q. 377—2.

1832. 14 mai.	Observations au sujet de l'adresse demandant un tarif protecteur. Inclus dans la lettre de Colborne à Goderich du 23 mars 1833.
16 août, York.	Bonnycastle à Rowan.
4 septembre, Québec.	Nicolls au même.
5 novembre, Niagara.	Melville à Bonnycastle.
8 novembre, York.	Bonnycastle à Rowan. Cette lettre et les trois qui précèdent sont incluses dans la lettre de Colborne à Goderich du 4 mars 1833.
21 décembre. **1833.**	Rapport sur les pensions. Inclus dans la lettre de Colborne à Goderich du 20 mars 1833.
5 février, York.	Bonnycastle à Rowan. Inclus dans la lettre de Colborne à Goderich du 4 mars 1833.
7 février, York.	Adresse de l'Assemblée. Inclus dans la lettre de Colborne à Goderich du 23 mars 1834.
12 février, York.	Adresse de l'Assemblée concernant les postes. Inclus dans la lettre de Colborne à Goderich du 24 mars 1833.
12 février, York.	Adresse du Conseil législatif. Inclus dans la lettre de Colborne à Goderich du 20 mars 1833. Une deuxième adresse de la même date s'y trouvait aussi jointe.
16 février, York.	Rapport du procureur général. Inclus dans la lettre de Colborne à Goderich du 20 mars 1833.
4 mars, York.	Colborne à Goderich (n° 12). N'a pas reçu avis qu'on avait concédé de trop des terrains marécageux à Niagara qu'après la sanction de l'Acte. Information a été donnée à la Compagnie de docks que l'Acte serait désavoué sauf si le gouvernement pouvait reprendre possession du terrain en question, mais la compagnie ne paraît pas désireuse de garder le terrain marqué sur le plan. 252 *Inclus.* Esquisse indiquant le terrain donné à la Compagnie du havre et du dock de Niagara. 254 Bonnycastle à Rowan. La Compagnie du havre et du dock de Niagara ne désire point garder le terrain, la propriété de l'artillerie, et est consentante à louer le magasin et le quai à Navy Hall ainsi que la seule maison de garde et de les entretenir. Propose d'ajouter un article à l'Acte. 255 Nicolls au même. Objections à la proposition de Bonnycastle et autres documents se rapportant à la terre destinée à la Compagnie du havre et du dock de Niagara. 257
12 mars, York.	Colborne au lord Evêque.
15 mars, York.	Rowan à l'évêque Macdonell, ainsi qu'au synode dans le Haut-Canada en commun avec l'Eglise d'Ecosse et à la Conférence méthodiste. Ces lettres et les précédentes sont jointes à la lettre de Colborne à Goderich du 27 mars 1833.
16 mars, York.	Colborne à Goderich (n° 13). Envoie lettre concernant le fait que le solliciteur général remplit les fonctions d'agent du clergé de l'Eglise d'Angleterre, montrant que le gouvernement exécutif n'a permis au solliciteur général d'agir que comme avocat privé dans la cause. 265 *Inclus.* Hagerman à Rowan. Il se rend en Angleterre dans le but de présenter une pétition au nom de l'Eglise d'Angleterre énonçant le droit

1833.

qu'a cette église aux réserves du clergé, et il demande congé d'absence.
Page 267

Rowan à Hagerman. Le lieutenant-gouverneur n'a aucune objection à ce qu'il s'absente pendant 15 mois, mais il ne peut accorder qu'un congé de 6 mois; lui recommande de s'adresser au secrétaire des Colonies pour le reste. Dans sa défense de l'Eglise d'Angleterre il (Hagerman) ne peut être reconnu que comme avocat privé. 269

Pétition du clergé de l'Eglise d'Angleterre. 271

19 mars, York.
Colborne au lord évêque. Incluse dans la lettre de Colborne à Goderich du 27 mars 1833.

20 mars, York.
Colborne à Goderich (n° 14). Envoie deux adresses du Conseil législatif s'objectant à ce que l'Assemblée n'ait pas pourvu comme à l'ordinaire aux émoluments des juges et officiers de la Couronne et aux appointements des autres employés de la justice. Le traitement de l'Orateur du Conseil législatif devrait être garanti d'une façon permanente, et si l'Assemblée ne veut pas admettre la demande, il a confiance qu'il sera autorisé à payer le traitement à même les fonds provinciaux sous le contrôle de la Couronne. Attire l'attention sur les réductions d'appointements. Si autorisation est donnée de payer les dépenses du gouvernement civil non votées par l'Assemblée à même le revenu de la Couronne, la plus grande partie de la dépense pourrait être graduellement transférée par la Chambre au revenu territorial. Divers documents annexés. 275

Inclus. Adresse du Conseil législatif à Colborne. 278

Deuxième adresse. 284

Copie du deuxième article de l'acte passé en 1833 accordant des deniers pour l'administration civile. 287

Estimation générale de la dépense et des ressources du Haut-Canada pour 1833. 288

Rapport du procureur général à l'effet que tout en ne pouvant recommander de refuser la sanction royale au bill des subsides, il n'approuve pas la manière d'accorder les subsides. Pétition de Cameron demandant des appointements en qualité de secrétaire et registraire provincial. 294

Pétition de C. C. Smith demandant le paiement de ses appointements. 297

Pétition de Jarvis, le chef du district de Home, demandant ses appointements. 299

21 mars, York.
Colborne à Goderich (n° 15). Envoie l'adresse commune du Conseil législatif et de l'Assemblée concernant la taxe imposée par la législature du Bas-Canada aux immigrants arrivant à Québec. 301

Notes portant les initiales E. T. H. au sujet de l'adresse du Haut-Canada concernant la taxe des immigrants. 302

Inclus. L'adresse commune mentionnée dans la lettre. 306

23 mars, York.
Colborne à Goderich (n° 16). Envoie l'adresse de l'Assemblée demandant un tarif protecteur sur le coton et le tabac, la production des Etats-Unis, afin d'obtenir le commerce de ces articles par les canaux et les lacs du Canada. 318

Observations sur l'adresse demandant un tarif protecteur. 319

Inclus. Adresse de l'Assemblée demandant un tarif protecteur. 320

24 mars, York.
Colborne à Goderich (n° 17). Envoie l'adresse de l'Assemblée qui demande de changer la gestion du département des Postes. 322

Inclus. Adresse de l'Assemblée demandant que le département des Postes soit placé sous le contrôle de la législature coloniale. 323

26 mars, York.
Colborne à Goderich (n° 18). Envoie le rapport du comité de Québec au sujet des pensionnaires qui ont échangé leur pension comme colons. Le système n'a pas donné de bons résultats, bien que 400 ou 500 se soient établis sur leurs lots et aient réussi. Envoie la pétition des pensionnaires du district de Newcastle demandant de l'aide. 326

1833.

27 mars,
York.

Rapport au sujet des pensionnaires.   Page 327

Colborne à Goderich (personnelle et confidentielle). Après quelque hésitation il s'est décidé à envoyer la dépêche du 8 novembre au Conseil législatif et à l'Assemblée, connaissant dans quelle disposition elle serait reçue ; mais il a été cru désirable de la faire circuler, vu qu'elle réfutait les allégations de Mackenzie par suite du fait particulièrement que ses adhérents avaient pris un ton très soumis. Il (Goderich) peut se former une bonne opinion de la manière qu'elle a été reçue par les deux journaux envoyés. La différence dans l'estimation du nombre des signatures attachées aux pétitions. N'a pas eu le temps de se procurer une liste des pétitions, mais croit que le rapport qu'il a fait à Hay est exact. L'insuccès des amis de Mackenzie à tenir des assemblées. S'il avaient réussi ils auraient cherché à former des unions politiques, comme Hume leur avait conseillé de le faire.   329

Inclus. Stanton à Rowan. Gumitt a dit à Carfrae qu'il y avait de 32,000 à 33,000 signatures sur les pétitions, mais il (Gumitt) est absent de la ville, en sorte qu'il ne peut voir la copie des noms.   332

Observations du *Kingston Chronicle* au sujet de la dépêche de Goderich.   333

Observations du *Star* au sujet de la dépêche de Goderich.   338

Observations du *London Sun* au sujet de la dépêche de Goderich.   350

Observations du *Herald* du Haut-Canada.   360

Assemblée des francs tenanciers de Lennox et Addington.   363

Deuxième article du *Kingston Chronicle* au sujet de la dépêche de Goderich.   367

Observations en opposition au système actuel d'administration des postes dans le Haut-Canada.   372

27 mars,
York.

Colborne à Goderich (n° 19). A averti l'évêque-catholique romain, le Synode presbytérien et la Conférence méthodiste des crédits accordés pour leur permettre de construire des églises et chapelles. Envoie copies de ses lettres indiquant les montants respectifs accordés. Le crédit supplémentaire ne sera pas requis avant 1834.   376

Inclus. Rowan à l'évêque Macdonell. La somme de £900 a accordée pour être dépensée à la construction d'églises ou de chapelles pour les catholiques romains.   378

Le même au Synode du Haut-Canada en communion avec l'Eglise d'Ecosse. Un crédit de £900 a été accordé pour aider à la construction d'églises ou de chapelles.   379

Rowan à la Conférence méthodiste. Un crédit de £900 a été accordé pour construire des églises et chapelles selon qu'on en aura besoin.   380

Colborne au lord évêque. Concernant les allocations qui seront faites au clergé de l'Eglise d'Angleterre dans le Haut-Canada.   381

Le même au même. Autre lettre au même sujet.   384

27 mars
York.

Colborne à Goderich (personnelle et confidentielle). Recommande que le parlement impérial dispose des réserve du clergé, car l'Assemblée n'adopte jamais aucune mesure satisfaisante à la province, ou que le gouvernement de Sa Majesté approuvera. Quels que soient les arrangements faits, toutes les parties intéressées en seront mécontentes. Le gouvernement ne peut donc adopter une autre ligne de conduite que celle qui protégera les intérêts de l'Eglise épiscopale et des Eglises dissidentes, en tant que les affaires politiques le permettront. Considère que si l'on faisait certains changements l'Eglise épiscopale ne s'opposerait pas, bien qu'à présent elle combatte pour avoir jusqu'au dernier de ses droits. Etat du nombre d'acres vendues et probabilités de ventes futures. Les presbytériens en communion avec l'Eglise d'Ecosse n'ont pas raison de se plaindre, si certains avantages étaient donnés.   385

1833.
28 mars,
York.

Colborne à Goderich (n° 20). Envoie relevés demandés par la Chambre des Communes. On n'aurait pu les envoyer plus tôt par suite du retard à obtenir des états des membres de la législature.   Page 389

Inclus. Titres des bills privés ayant pris naissance dans l'Assemblée et que le Conseil législatif a rejetés.   391

Bills présentés dans l'Assemblée mais ensuite rejetés par elle à cause de modifications faites par le Conseil législatif.   394

Ces relevés étaient pour les dernières dix sessions.   391 à 412

Relevé des noms des membres des Conseils exécutif et législatif et de l'Assemblée, spécifiant toute charge publique qu'ils peuvent occuper, ainsi que relevé des terres concédées à chacun.   413

29 mars,
York.

Colborne à Goderich. Rapporte la mort de Baby, un membre des Conseils exécutif et législatif.   417

30 mars,
York.

Le même au même (n° 21). Envoie pétition de Cattermole demandant une concession de terre, alléguant ses services pour l'encouragement de l'émigration.   418

Inclus. Pétition.   419

5 avril,
York.

Colborne à Goderich (n° 22). Envoie copie de la demande de l'évêque de Québec d'une somme de £50 qui sera payée au révérend Alexander Bethune pour services rendus à la corporation du clergé et copie de la réponse.   422

Inclus. L'évêque (anglican) de Québec à Colborne. Qu'il a informé Bathune qu'il avait une réclamation équitable de £50 pour services rendus à la corporation du clergé.   423

Rowan au lord évêque de Québec. Colborne transmettra la lettre au gouvernement de Sa Majesté.   424

6 avril,
York.

Colborne à Goderich (n° 23). Envoie lettre trouvée sur la personne de Fitzgerald, accusé de meurtre en Irlande, laquelle ne laisse aucun doute de sa culpabilité.   426

8 avril,
York.

Le même au même (n° 24). Envoie lettre du commissaire des terres de la Couronne concernant le montant payé à l'ordonnateur général à compte des réserves du clergé vendues durant le trimestre finissant le 31 mars 1833.   427

Inclus. Peter Robinson à Rowan. A payé à l'ordonnateur général £4,-000 du cours, à compte des réserves du clergé.   428

État des réserves du clergé vendues par le commissaire des terres de la Couronne durant le trimestre terminé le 31 mars 1833.   429

10 avril,
York.

Colborne à Goderich. La somme requise pour compléter le paiement des indemnités à ceux qui ont souffert de la dernière guerre s'élève à £57,910, la législature ayant passé un acte pour prélever la somme nécessaire au moyen de débentures, lesquelles, ajoutées aux droits sur le sel et le whiskey, s'élèveront à £57,412.10 ch. L'à-propos de solder toutes les réclamations pour les raisons mentionnées.   430

Inclus. Dunn, receveur général, à Rowan. N'a aucun doute de pouvoir prélever le montant autorisé par l'acte, et en conséquence il commencera à mettre à exécution les dispositions de la loi.   434

État expliquant la lettre qui précède.   435

15 avril,
York.

Colborne à Goderich (n° 25). Envoie adresse des habitants du village de Port-Hope.   440

Inclus. Adresse.   441

LIEUTENANT-GOUVERNEUR SIR J. COLBORNE, 1833.

Q. 377–3.

1830.
12 octobre,
Québec.

Copie à ——

13 octobre,
Québec.

Kempt à Colborne.

14 octobre,
Québec.

Couper aux (officiers respectifs ?)

18 novembre,
Downing
Street.

Murray à Aylmer. Cette lettre et les documents qui précèdent sont inclus dans la lettre de Colborne à Goderich du 24 avril 1833.

1832.
27 février,
Brockville.

Pétition de madame Gray. Inclus dans la lettre de Colborne à Goderich du 23 mai 1833.

1833.
24 janvier,
York.

Pétition de William Berczy. Inclus dans la lettre de Colborne à Goderich du 28 mai 1833.

24 janvier,
York.

8 mars,
York.

Suivent les certificats.
Rowan à Jarvis. Inclus dans la lettre de Colborne à Goderich du 23 mars 1833.

19 mars,
York.

Pétition d'Arthur Brunet, sans date, le certificat du service signé par Rowan est daté à la marge. Inclus dans la lettre de Colborne à Goderich du 20 mai 1833.

27 mars,
York.

Jarvis au juge en chef.

30 mars,
York.

Pétition du juge en chef et des juges puisnés du banc du roi, Haut-Canada. Ces deux documents sont inclus dans la lettre de Colborne à Goderich du 23 mai 1833.

16 avril,
York.

Colborne à Goderich (n° 26). Observations sur le revenu provenant de la vente des terres de la Couronne et sur le système de répartition des immigrants. Comment la terre au nord est distribuée entre les réserves du clergé et de la Couronne et les autres classes.   443

19 avril,
York.

Colborne à Goderich (n° 27). Envoie rapport des magistrats du district de Newcastle que la pétition que l'on a prétendu avoir été envoyée par L. Soper était un faux et n'avait été ni écrite ni signée par lui.   451
Inclus. Rapport des magistrats du district de Newcastle que le rapport que l'on prétend être de Soper est un faux, Soper lui-même niant qu'il l'a écrit ou signé.   453
Rapport de deux magistrats à l'effet qu'ils sont allés voir Soper, lequel a nié qu'il avait signé une lettre à Goderich, et a donné une reconnaissance à cet effet.   455
Rapport fait par Soper.   456
Déclaration assermentée de Wallis que Soper a nié avoir jamais signé une pétition à Goderich.   457
Déclaration assermentée de Lowden qu'il n'a pas fait usage de l'expression qu'on lui prête.   458
Avis donné par les magistrats à Colborne qu'ils ont adopté des résolutions au sujet de la conduite équivoque de Soper dans la lettre transmise.   459

Résolutions.   460
Lettre de Soper.   461

64 VICTORIA, A. 1901

1833.
20 avril,
York.

Colborne à Hay (personnelle). A dernièrement écrit à Goderich sur différents sujets. Espère que la question des pertes subies durant la guerre ne sera jamais présentée de nouveau à la législature provinciale. La question des réserves du clergé devra être réglée par le parlement impérial et durant la présente session, si c'est possible. Comment on pourrait disposer des réserves, mais aucun des intéressés ne sera satisfait d'un arrangement qui peut être prudemment fait. Ne croit pas que les conditions avantageuses offertes aux immigrants par le Haut-Canada affectent le Bas-Canada, car les avantages qu'offre la province d'en haut sont si grands et si les immigrants n'y peuvent prendre des terres ils se dirigeront vers l'ouest. Progrès fait par les townships grâce aux encouragements donnés aux immigrants. Le mauvais effet de la négligence de cette politique. Ne croit pas que la Compagnie des Terres du Bas-Canada trouve du profit dans ses spéculations de terrains. Les profits réalisés pour la compagnie dans le Haut-Canada provenaient de la vente des réserves de la Couronne dans les vieux townships. Envoie journal pour montrer comment on obtient les signatures des pétitions et le peu de cas qu'on doit en faire, la nature des assemblées et la classe de colons. Quelle circonspection on doit avoir avec Mackenzie ; sa persévérance, astuce et mépris de la vérité lui donnent quelque avantage. La permission qui lui a été donnée d'examiner les journaux de la province, mais il espère que sa folie et son manque de jugement l'ont rendu moins formidable qu'il l'a été. Remercie Goderich de sa dépêche du 8 février.

Page 462

24 avril,
York.

Le même à Goderich (n° 28). Envoie document pour expliquer les motifs pour lesquels il a demandé au commandant des forces de distribuer des armes aux compagnies de milice qui fourniraient elles-mêmes leur accoutrement. S'était cru autorisé à enjoindre aux officiers des volontaires de recevoir les armes. La distribution, a dit le commandant des forces, a été faite d'après l'entente que si le gouvernement insistait sur le paiement de ces armes, il (Colborne) le garantirait, mais subséquemment dans une lettre personnelle le commandant des forces disait qu'il se conformerait à toute demande faite par lui (Colborne). Relevé des armes distribuées envoyées.   471

Inclus. Kempt à Colborne. Se conformera à la demande d'armes avec l'entente que si le gouvernement insiste pour les faire payer, il (Colborne) en donnera la garantie.   474

Couper à ————. Le commandant des forces demande que la quantité d'armes et d'accoutrements à Kingston soit portée au nombre nécessaire pour compléter 600 soldats d'infanterie et 300 de cavalerie.   476

Le même à (officiers respectifs ?). Ordre de distribuer, des magasins de l'artillerie dans le Haut-Canada, les armes de service que Colborne pourra demander pour le service de la milice.   477

Murray à Aylmer. Approuve ses instructions concernant la distribution d'armes à la milice volontaire du Haut-Canada.   479

Relevé des armes, etc., distribuées à une partie de la milice du Haut-Canada.   480

Etat général des armes fournies à la milice du Haut-Canada.   482

Note relativement à la demande de paiement des armes distribuées à la milice du Haut-Canada.   484

30 avril,
York.

Colborne à Goderich (confidentielle). Long et soigneux rapport sur l'état politique du Haut-Canada.   485

Inclus. Rowan à H. J. Boulton. Que ses services et ceux du solliciteur général ne sont plus requis.   502

Rowan à H. J. Boulton. La partie de sa conduite politique et de celle du solliciteur général à laquelle le secrétaire des Colonies fait remarquer, c'est qu'ils encouragent l'expulsion répétée d'un membre de l'Assemblée

DOC. DE LA SÉSSION No 18

1833.

bien qu'on leur ait communiqué les objections constitutionnelles à cette action.   Page 503

H. J. Boulton à Rowan. Désire savoir par suite de quelle infraction des devoirs publics, le solliciteur général et lui ont été destitués.   504

2 mai,
York.

Colborne à Goderich. Espère faire disparaître l'impression défavorable qui existe dans l'esprit de Sa Seigneurie. Dans sa lettre du 10 janvier il avait l'intention de représenter fortement comme il était impolitique de permettre à Mackenzie d'obtenir le crédit d'avoir réglé une question que ni Clarke ni Crooks n'avaient réussi à faire. Ses lettres franches à Hay ont toujours été écrites avec les meilleures intentions.   505

8 mai,
York.

Le même à Hay (personnelle.) Boulton a suggéré qu'on lui donne une lettre de présentation. Ses espérances sont détruites par suite de son renvoi. Ce serait satisfaisant si l'affaire pouvait être conclue par le remplacement de Boulton et de Hagerman.   508

8 mai,
York.

Le même au même (personnelle). Son essai sur sa conduite politique expliquera les difficultés qu'il rencontre. Le gouvernement exécutif ne peut intervenir contre l'opinion des membres de l'Assemblée, mais ça été son but d'encourager les personnes d'influence et dont l'attachement à la mère-patrie était bien connu à chercher à obtenir des sièges dans l'Assemblée. Si la Chambre était bien composée durant la prochaine session, on ne pourrait éprouver de grands inconvénients de l'esprit factieux qu'encourage Mackenzie. L'hostilité de plusieurs à l'égard du gouvernement local peut se retracer à la jalousie et au désappointement. Il peut être à propos d'apaiser ces derniers. Mais les vues d'autres personnes sont dirigées sur les institutions républicaines sans avoir aucun égard pour la mère-patrie. La moindre concession faite à ce parti ne peut qu'augmenter le mal. La difficulté pour décider quant au patronage. Il n'appartient à aucun parti. Croit qu'avec une ligne de conduite ferme on pourrait détruire l'influence de Mackenzie, et les prétendus griefs pourraient être examinés sans crainte du résultat. Le malheureux résultat d'avoir soumis la dépêche du 8 de novembre à l'Assemblée. A écrit à Goderich expliquant ses observations sur les réclamations de pertes. Sait comme il est difficile de se débarrasser du démagogue obstiné. Le caractère des journaux qu'on lui demande de transmettre.   510

9 mai,
York.

Le même à Goderich. La pétition d'Appleton ainsi que le rapport du président du conseil de l'instruction publique sur son cas ont été transmis dans la dépêche du 19 avril 1832. Envoie copie de la dépêche et des documents inclus.   575

Inclus. Colborne à Goderich. Relativement à la pétition d'Appleton il envoie les observations faites par le Conseil de l'Instruction publique sur le cas.   516

Appleton à Colborne. Envoie copie de la pétition adressée à Goderich, et il en demande un accusé de réception.   517

Rapport du Dr Strachan, président du conseil de l'instruction publiques, sur le cas d'Appleton. La nécessité de réduire les appointements des instituteurs, dont aucun autre que le pétitionnaire ne s'est plaint, car on voyait la nécessité de changements.   518

Pétition d'Appleton. Expose ses services en qualité d'instituteur et demande une enquête sur sa plainte d'être privé de l'allocation statutaire.   521

13 mai,
York.

Colborne à Goderich (personnelle et confidentielle). Envoie les considérations qui pourraient influencer la décision de Sa Seigneurie d'approuver la personne recommandée pour la charge de solliciteur général, et qui pourraient faire voir la difficulté de nommer un avocat de la province à ce poste. Boulton est impopulaire et Hagerman pas assez populaire pour occasionner quelque grande sensation dans la province à son sujet, mais le renvoi de ces deux personnes ne peut manquer d'irriter

64 VICTORIA, A. 1901

1833.

un certain nombre de colons, lesquels croient qu'ils s'efforçaient de mettre
fin au système d'agitation commencée par Mackenzie. Considère qu'il
serait imprudent de recommander quelqu'un dont la nomination serait
considérée être un triomphe pour Mackenzie. On lui a laissé peu de
discrétion à l'égard de la nomination d'un remplaçant, car on exigea une
expression d'opinion positive concernant les aptitudes des membres du
barreau dont la conduite politique s'est terminée en désaccord avec celle
des derniers officiers en loi de la Couronne. Dans cette classe doivent
être placés Bidwell, John Rolph et Robert Baldwin, lesquels doivent
être déclarés capables de remplir la charge de solliciteur général.
Aucun de ces derniers ne devrait être nommé, et s'il avait le choix il
recommanderait M. Archibald Maclean, de Cornwall, comme la personne
la plus apte à remplir le poste de solliciteur général. N'écrira pas à ce
dernier avant de savoir jusqu'à quel point cette nomination pourrait
prêter objection. Ses opinions politiques et son influence. Quiconque
sera nommé devra être averti que l'emploi ne sera que temporaire.
Envoie liste des avocats.　　　　　　　　　　　　　　　　　Page 525
　　Inclus. Liste des avocats.　　　　　　　　　　　　　　　　　530

14 mai,
York.

Colborne à Hay (personnelle et confidentielle). La nomination de
John Rolph à la charge de solliciteur général n'a fait qu'ajouter à l'hu-
miliation de ceux qui regrettent le résultat de la mission de Mackenzie.
A toujours été en bons termes avec Rolph, et son refus d'assister aux
assemblées de Mackenzie lui donne un droit au gouvernement exécutif.
Il réside à York et a une forte pratique en qualité de chirurgien. S'il
était nommé à une chaise de professeur à l'université la province en retirerait plus de profit de ses talents de professeur d'anatomie que de la
conduite que ses amis politiques désirent lui voir adopter. Cela mérite
considération.　　　　　　　　　　　　　　　　　　　　　　532

14 mai,
York.

Le même à Goderich (n° 31). Envoie copies des journaux de l'Assemblée en 1830, 1831 et 1832.　　　　　　　　　　　　　　　534

15 mai,
York.

Le même au même (n° 32). A reçu dépêche ainsi que pétition de
Whitlaw concernant une concession de terre faite en 1815. Ne peut
trouver qu'il ait fait une demande personnelle de terres. Envoie le
rapport de l'arpenteur général.　　　　　　　　　　　　　　535
　　Inclus. Hurd à Rowan. Ne peut découvrir aucune trace d'une concession de terre faite à Whitlaw parmi les dossiers du bureau de l'arpenteur.　　　　　　　　　　　　　　　　　　　　　　　　　537

16 mai,
York.

Colborne à Goderich. Renvoie le document que lui a transmis la
Société Philologique et les équivalents remplis par Givins et les employés
de la division des Sauvages.　　　　　　　　　　　　　　　558

17 mai,
York.

Le même au même (n° 33). Relativement à l'allégation de Mackenzie
que de la majorité de 27 membres de l'Assemblée qui ont voté contre une
adresse demandant la dissolution de l'Assemblée 19 occupaient des
charges au bon plaisir de la Couronne, il n'y en avait que 7 qui occupaient
des charges à part de deux directeurs de poste nommés par le sous-
directeur général des Postes, à moins qu'il ne comprenait les magistrats
et officiers de milice, et presque tout propriétaire de terrain intelligent,
habitant ses propriétés et de bonne renommée est soit l'un ou l'autre.
Relativement au retard d'envoyer le livre bleu, les relevés des impôts et
de la population ne sont recueillis qu'en juin, en sorte qu'ils peuvent être
rarement complétés avant la fin de juillet. Notes sur différents sujets.
Les tentations de tenir des assemblées dans différents districts pour
former des unions politiques n'ont pas réussi.　　　　　　　539
　　Note au sujet de la méthode de préparer le livre bleu.　　　543
　　Inclus. Cameron à Rowan. Il est prêt, en qualité de secrétaire provincial, à préparer le livre bleu, mais il devra avoir d'autre aide.　544

18 mai,
York.

Colborne à Goderich (n° 34). Relativement aux observations de
Mackenzie sur les lois du Haut-Canada réglementant la nomination des

1833.

grands et petits jurés, il envoie les observations du juge en chef Robinson. S'il était proposé quelque projet bien étudié pour la réglementation de ces lois, il ferait les plus grands efforts pour encourager un acte modifiant le système actuel.   Page 546

Inclus. Observations du juge en chef Robinson au sujet des lois concernant le jury.   .   548

22 mai, York.

Colborne à Goderich (n° 35). Envoie rapport d'un comité permanent de l'Assemblée au sujet du département des Postes dans le Haut-Canada mais qui n'est pas approuvé. Si l'on soumettait au Conseil législatif et à l'Assemblée un état annuel du revenu et de la dépense, peu de personnes désireraient que la législature eut d'autre contrôle. On pourrait améliorer le système en faisant résider à York un sous-directeur général des Postes.   555

Inclus. Rapport du comité permanent.   557

Bill pour l'établissement d'un département des Postes dans le Haut-Canada.   572

23 mai, York.

Colborne a Goderich (n° 36). Envoie pétition du juge en chef et des juges puisnés exposant que l'Assemblée n'a pas prévu les frais de voyages. A moins que les frais de cette nature ne soient imputés sur le revenu sous le contrôle de la Couronne, leur paiement par la législature provinciale sera très incertain.   584

Inclus. Pétition.   585

Jarvis au juge en chef. Envoie lettre en réponse à sa demande au lieutenant-gouverneur, indiquant qu'il n'avait plus aucun contrôle de la caisse à même laquelle il pouvait émettre un mandat pour son (de Jarvis) allocation de présence au banc du roi, car il était présent par ordre des juges. Espère que par son influence il sera payé.   593

Rowan à Jarvis. La caisse pour faire face aux dépenses de l'administration de la justice n'étant plus sous le contrôle du lieutenant-gouverneur, il ne peut émettre un mandat pour la somme réclamée à raison de sa présence à la cour du banc du roi en 1832.   594

23 mai, Kingston.

Résolutions en faveur de Hagerman. Document inclus dans la lettre de Colborne à Stanley, du 8 juillet 1833.

24 mai, Kingston.

Adresse des habitants de Kingston. Inclus dans la lettre de Colborne à Stanley, du 10 juillet 1833.

28 mai, York.

Colborne à Goderich (n° 37). Transmet pétition de William Berczy d'Amherstburg concernant une réclamation qu'il a souvent présentée. Les copies des arrêtés ministériels indiquent qu'il a été fait au pétitionnaire une concession de 2,000 acres comme une rémunération suffisante de sa réclamation. Berczy jouit d'une haute réputation dans la province et a droit à toute faveur que l'on pourra régulièrement accorder.   596

Inclus. Pétition de Berczy, demandant la ratification de la concession de terres faite à son père, feu William Berczy.   598

Copie de l'acte de vente mentionné dans la pétition.   614

Rapport du Conseil exécutif au sujet de la pétition de William Berczy,   618

Autres documents à ce sujet.   620 à 622

29 mai, York.

Colborne à Goderich (n° 38). Envoie la pétition de madame Sarah Gray demandant une concession de terres à raison des services rendus par son feu mari, tué au havre de Sackett.   623

Inclus. Pétition de madame Sarah Gray. Le Conseil a ajouté à la pétition la note suivante: "Le Conseil regrette de ne pouvoir recommander la prière contenue dans la présente pétition.   625

30 mai, York.

Colborne à Goderich (n° 39). Envoie deux pétitions demandant des terres, mais il ne peut les recommander à cause des courts services militaires des pétitionnaires.   626

Inclus. Pétition d'Arthur Burnet, demandant terre.   627

Pétition de George Evans, demandant terre.   628

64 VICTORIA, A. 1901

1833.

Certificat en faveur de George Evans.   Page 629

31 mai,
York.

Colborne à Goderich (n° 40). Envoie copie des explications au sujet
du fait que Givins a demandé l'aide de l'ordonnateur en chef adjoint Randall. A cause de son âge avancé Givins ne peut exercer une surveillance
active, mais il peut diriger la correspondance et son expérience est précieuse. Recommande la nomination d'un surintendaut adjoint.   630

Inclus. Givins à Colborne. Explique pour quelles raisons il a demandé
de l'aide dans l'exercice de ses fonctions.   633

4 juillet,
York.

Colborne à Stanley (n° 41). Transmet la sentence des arbitres autorisés à régler la proportion des droits à être payés au Haut-Canada sur
les importations à Québec.   Page 637

Inclus. Les arbitres à Colborne. Envoie la sentence arbitrale au
sujet de la proportion des droits qui doivent être payés au Haut-Canada.
                    639

La sentence arbitrale.   640

5 juillet,
York.

Colborne à Stanley. Envoie copies des actes passés à la dernière
session.   643

8 juillet,
York.

Le même au même (n° 43). Envoie à la demande de John S. Cartwright les résolutions adoptées à une assemblée publique tenue à Kingston
concernant le renvoi de Hagerman l'ancien solliciteur général.   644

Inclus. Résolutions en faveur d'Hagerman.   645

10 juillet,
York.

Colborne à Stanley. Envoie adresse des habitants de Kingston dans
le Haut-Canada.   649

Inclus. Adresse approuvant la destitution de Hagerman.   650

12 juillet,
York.

Colborne à Hay (personnelle). Sur sa route à la Longue Pointe et au
retour il a vu la prospérité croissante de l'ouest de la province ; la population entière était contente et heureuse, et les immigrants amélioraient
leurs terres avec beaucoup d'énergie. Les soldats réformés à Adélaïde
ont beaucoup souffert au printemps par suite de leur propre imprudence
et paresse ; la plupart ont présentement de l'emploi, mais plusieurs sont
partis pour chercher du travail. Dix mille immigrants sont arrivés à
Québec ; sur ce nombre 4,000 ont atteint York. Les émigrants de lord
Egremont ont été dirigés dans les townships de l'Ouest pour y rejoindre
leurs compatriotes établis à cet endroit l'automne dernier. La demande
de la main-d'œuvre est considérable. Le nombre des émigrants qui arrivent est plus grand que celui de l'année dernière. Plusieurs personnes
possédant des capitaux mais qui n'ont pas l'intention de s'établir, ont
acheté des blocs de terre, alarmées qu'elles sont de l'état de choses dans
la Grande-Bretagne. A peur que ces spéculateurs ne forment quelques-unes des meilleurs townships. Jameson a commencé à exercer ses fonctions de procureur général, et il se chargera du circuit de l'Est. Draper
a été nommé conseil du roi dans le circuit de l'Est. Les journaux appuyant
Mackenzie s'efforcent de préparer leurs districts respectifs à une élection,
mais ils ne paraissent pas avoir beaucoup d'influence. N'a pas de doute
que Mackenzie a reçu des informations qu'on n'aurait pas dû lui donner.
Transmettra le relevé semi-annuel des recettes et de la dépense du revenu
territorial aussitôt que possible. Les dépenses faites pour les immigrants
l'année dernière ont été très élevées, mais c'était nécessaire à cause de la
maladie qui faisait rage et de la panique.   653

23 juillet,
York.

Le même à Stanley (n° 45). Envoie pétition de Madame Claus au
Trésor pour une pension.   657

Inclus. Pétition.   658

Correspondance antérieure au sujet d'une concession de terres faite
par les sauvages à Claus et d'une pension à sa veuve.   660-661

24 juillet,
York.

Colborne à Stanley (n° 46). Envoie demande de Rees pour une concession de terres à raison de ses services.   663

Inclus. Pétition de William Rees, exposant les services qu'il a rendus en qualité de médecin aux malades et autres soldats à bord du na-

1833.
    vire de transport *Fanny*, et demandant que sa pétition soit transmise au secrétaire des Colonies.   Page 664

    Pétition à Stanley demandant une concession de terres en considéraration de ses services.   665

    Lettres et instructions relativement à l'emploi de Rees.   668-669

25 juillet,
York.
    Colborne à Stanley. Envoie lettres du commissaire des terres de la Couronne concernant le montant qu'il a remboursé à compte des réserves du clergé vendues.   670

    Inclus. Peter Robinson à Rowan. A payé à l'ordonnateur en chef adjoint £2,000 du cours à compte des réserves du clergé vendues.   671

Le Lieutenant-Gouverneur sir J. Colborne, 1833.

Q. 378—1.

1823.
15 décembre.
    Certificat de Robert Nelles des bonnes mœurs de Lévi et Benjamin N. Lewis. Inclus dans la lettre de Colborne à Stanley, du 10 août 1833.

1831.
1er janvier,
Kingston.
    Pétition de Thomas Kirkpatrick.

29 janvier,
York.
    Pétition de George Savage. Ces deux pétitions sont incluses dans la lettre de Colborne à Stanley du 2 septembre 1833.

21 novembre,
York.
    Pétition de la banque du Haut-Canada à l'Assemblée. Documents inclus dans la lettre de Colborne à Stanley, du 2 août 1833.

1832.
23 mai.
    Parkinson à Nixon.
    Un certificat en faveur de Nixon, sans date, suit cette lettre.

4 août,
London H.-C.
    Pétition de John Nixon.

5 août,
London H.-C.
    Pétition de William Jackson.

11 août,
York.
    Rowan à Jackson.

17 octobre.
    Pétition de John Ardell.

19 octobre,
London H.-C.
    Jackson à Rowan.

19 octobre,
London H.-C.
    Nixon à——

24 octobre,
York.
    Mémoire de Rowan.

31 octobre,
Port-Talbot.
    Talbot à Rowan.

Pas de date.
    Pétition de Levi Lewis.

[1833.
28 janvier,
London H.-C.
    Nixon à Rowan.

28 janvier,
London H.-C.
    Ardell au même.

17 avril,
London H.-C.
    Jackson au même.

17 avril,
London H.-C.
    Nixon au même.

17 avril,
London H.-C.
    Ardell au même.

17 avril,
London H.-C.
    Levis au même.

1833.
19 avril,
London H.-C.   Témoignage de Talbot.

6 mai.   Nixon à Colborne.

7 mai.
York.   Rowan au conseiller président. Cette lettre et les dix-neuf documents qui précèdent sont inclus dans la lettre de Colborne à Stanley, du 10 août 1833.

31 juillet,
York.   Pétition du président et des directeurs de la Banque du Haut-Canada. Cette pétition est incluse dans la lettre de Colborne à Stanley, du 2 août 1833.

2 août,
York.   Colborne à Stanley (n° 48). A reçu dépêche et documents inclus concernant les banques du Haut-Canada. Les demandes de remboursement aux banques ont été causées par l'information transmise à Mackenzie que l'acte adopté à l'effet de modifier la charte de la Banque du Haut-Canada et d'établir la Banque Commerciale devrait être désavoué. A en conséquence cru à propos de communiquer le contenu de la dépêche au président et aux directeurs de la Banque du Haut-Canada. Envoie copie de l'avis officiel, qui, il l'espère, empêchera tout résultat nuisible. Suggère que le lieutenant-gouverneur reçoive instruction de retenir l'ordre de désaveu de l'Acte si les dispositions proposées par le gouvernement de Sa Majesté sont adoptées au commencement de la session.   1

Inclus. Rowan à Allan, le président de la Banque du Haut-Canada. Relativement à la modification projetée de la charte de la Banque du Haut-Canada et de la Banque Commerciale, Colborne transmettra toutes les observations que les directeurs désireront présenter.   4

Allan à Colborne. Longs et soigneux détails des opérations de la Banque du Haut-Canada, établie d'après les mêmes principes que ceux des banques dans le Bas-Canada, dont les chartes ont été approuvées.   6

Pétition à l'Assemblée demandant qu'on modifie la charte de la Banque du Haut-Canada et permette l'augmentation de son capital.   40

Pétition du président et des directeurs de la Banque du Haut-Canada priant de retarder la proclamation du désaveu de l'Acte à l'effet d'augmenter le capital de la banque jusqu'à ce que l'on ait fait connaitre au gouvernement de Sa Majesté les conséquences désastreuses de cette mesure.   42

2 août,
York.   Colborne à Hay. Présente Dunn, le receveur général, un directeur de la Banque du Haut-Canada et un actionnaire de la Banque Commerciale; il pourra lui donner des renseignements sur les opérations des banques et les effets probables du désaveu.   44

2 août,
York   Le même au même (personnelle). A fait rapport qu'il avait cru à propos de communiquer au président de la Banque du Haut-Canada les intentions du gouvernement de Sa Majesté de désavouer l'Acte pour augmenter le capital. Le renseignement que Mackenzie et ses amis ont fait circuler aurait occasionné une demande de remboursement à la Banque de Kingston s'il (Colborne) n'avait pas adressé la note officielle au président. Les arrêtés en conseil désavouant l'Acte n'ont pas besoin d'être signifiés avant janvier prochain; il suggère que ce serait dans l'intérêt public d'autoriser le lieutenant-gouverneur de retarder la promulgation de l'ordre, si l'acte modifié peut être mis à effet au commencement de la session.   46

3 août,
York.   Le même à Stanley (n° 49). A accordé un congé de six mois à Dunn, receveur général. Envoie copie de la lettre qu'il a reçu de lui, donnant les raisons pour lesquelles il demande ce congé.   48

Inclus. Dunn à Rowan. N'a pas réussi dans sa tentative d'emprunter de l'argent sur le crédit du Haut-Canada. L'insuccès ne provient pas tant de ce que le chiffre de l'intérêt est limité que de la grande rareté de l'argent. Doit abandonner le système de chercher à emprunter de ce côté-ci de l'Atlantique. Croit qu'il pourra obtenir de l'argent à

1833.

8 août,
York.

8 août,
York.

10 août,
York.

Londres. Envoie copie d'une lettre de cet endroit qui l'engage jusqu'à un certain point à se rendre à Londres. Page 49

Rapport du Conseil. Inclus dans la lettre de Colborne à Stanley, du 10 août 1833.

Rapport du Conseil exécutif. Inclus dans dans la lettre de Colborne à Stanley, du 16 septembre 1833.

Colborne à Stanley (n° 50). Envoie pétitions de la part de Jackson, Nixon, Ardill et Lewis, se plaignant d'avoir été dépossédés par Talbot de terres qu'ils occupaient depuis quelques années. Talbot a expliqué qu'il avait trouvé nécessaire de disposer des lots des pétitionnaires à d'autres personnes afin d'appliquer les lois, et que d'ailleurs ces derniers n'étaient pas des colons désirables. Les pétitionnaires ne sont pas satisfaits et demandent que leur cause soit soumise au gouvernement de Sa Majesté.   53

Inclus. Rowan au conseiller président. Envoie quatre pétitions et rapport de Talbot. Le lieutenant-gouverneur désire que le Conseil exécutif fasse rapport sur ces causes, pour transmettre ce rapport au gouvernement de Sa Majesté.   55

Le Conseil exécutif ne peut fournir d'autres renseignements sur les pétitions transmises que ceux qu'elles contiennent ainsi que le rapport de Talbot. Avant de les transmettre au secrétaire des Colonies le Conseil croit que le présent rapport devrait être communiqué à Talbot afin que ce dernier fournisse un rapport plus détaillé si on le désire.   66

Pétition de William Jackson.   57

Rowan à Jackson. Les allégations contenues dans sa pétition seront soumises à Talbot.   61

Jackson à Rowan. Contredit le rapport de Talbot qu'il a été inscrit pour 100 acres il y a 12 ans et qu'il n'a jamais occupé ni amélioré la terre. L'inscription n'a été faite qu'il y a neuf ans et il a occupé et amélioré une partie considérable de la terre, et comme preuve la concessionnaire a fait inspecter les améliorations et a offert de les payer. Il n'est pas un émigré, comme le dit Talbot, mais il a vécu avec son père à London pendant 13 ans, n'ayant que 19 ans.   62

Mémoire à l'effet que les documents ont été envoyés à Talbot pour lui permettre de faire ses observations.   64

Jackson à Rowan. Comprend que le lieutenant-gouverneur ne croit pas qu'il peut intervenir; serait heureux si la cause était soumise au gouvernement de Sa Majesté, et il demande qu'on envoie ses papiers.   65

Pétition de John Nixon.   67

Parkinson à Nixon. Que son nom a été enlevé de la carte pour le lot pour lequel il y était inscrit.   70

Certificat en faveur de John Nixon donné par ses voisins.   71

Nixon à ———. Contredit Talbot et allègue qu'il avait obtenu son consentement d'acquérir le lot de Welsh et Caldwell quand il a payé pour les améliorations.   72

Mémoire de Rowan à l'effet que le document qui précède a été renvoyé à Talbot pour lui permettre de faire ses observations.   74

Nixon à Rowan. Présente Jackson. A reçu une réponse à sa pétition ainsi que l'explication donnée par Talbot qu'il a prouvée être mensongère. N'a pas reçu de réponse depuis. Si on le considère indigne de lui donner d'autres avis, il demande que sa pétition et ses papiers lui soient envoyés afin qu'il puisse s'adresser au gouvernement de Sa Majesté.   75

Nixon à Rowan. Le lieutenant-gouverneur ne croit pas qu'il soit justifié à intervenir dans son cas. Désire que le gouvernement de Sa Majesté soit informé de tous les faits.   77

Nixon à Colborne. Répète sa dénégation des allégations de Talbot quant à son droit au lot qu'il réclame.   79

Pétition de John Ardill et documents annexés.   82 à 92

64 VICTORIA, A. 1901

1833.

Pétition de Lévi Lewis et documents annexés.   Pages 93 à 102

22 août, Caradoc.   Mount à Hawke. Inclus dans la lettre de Colborne à Stanley du 3 septembre 1833.

24 août, York.   Colborne à Stanley. Envoie les observations du président de la Banque du Haut-Canada relativement au désaveu de l'acte à l'effet de modifier la charte de la Banque du Haut-Canada et pour constituer en corporation la Banque Commerciale, aussi pétition des marchands et autres de Kingston demandant la ratification des chartes des banques.   103

Inclus. Pétition des marchands et commerçants de la ville de York.   105

(La lettre contenant la pétition mentionne Kingston comme l'endroit où la pétition a été faite. La pétition peut ne pas avoir été mise à sa place, car celle de York a été envoyée le 31 août.)

27 août, York.   Colborne à Hay. La jetée que l'on est autorisé à construire près du ravin de la garnison est destinée à augmenter le courant et à empêcher le sable de s'amonceler à l'entrée du port; elle ne nuira pas aux constructions de défense.   110

31 août, York.   Le même à Stanley (n° 52). Envoie pétition des marchands et commerçants de York concernant les inconvénients et les embarras qui pourront se produire si l'acte à l'effet d'augmenter le capital de la Banque du Haut-Canada et d'établir la Banque Commerciale est désavoué. 111

31 août, Caradoc.   Mount à———. Inclus dans la lettre de Colborne à Stanley, du 14 septembre 1833.

2 septembre, York.   Colborne à Stanley (n° 53). Envoie l'explication de la différence entre les relevés envoyés à l'Assemblée et les états contenus dans le livre bleu.   113

Inclus. Prétendues inexactitudes et observations en explication. 114

Relevé par George Savage, percepteur des douanes à York, des émoluments de sa charge pour l'année terminée le 31 décembre 1830.   128

Relevé de Thomas Kirpatrick, Kingston.   129

3 septembre, York.   Colborne à Stanley (n° 54). Transmet les états du revenu casuel et territorial de janvier 1831 à juin 1832, et pour le semestre finissant le 30 juin 1833, ainsi qu'observations sur la situation financière.   130

Inclus. Etat des recettes et de la dépense provenant de la vente de terres à la Compagnie du Canada, caisse D.   134

Récapitulation.   142

Etat des recettes et de la dépense du revenu territorial de la Couronne, caisse K.   143

Recettes et dépenses actuelles et probables pour l'exercice terminé le 30 juin 1833.   155

Budget de 1834.   156

Dépenses à compte de l'émigration.   158

Roswell Mount à Peter Robinson. Envoie ses comptes des deniers dépensés pour les émigrants et fait rapport sur leurs établissements. 159

Etat en sa (de Mount) possession des maisons en troncs d'arbres construites, des provisions avancées et des propriétés de l'Etat.   172

Mount à Hawke. Avant d'obtenir les renseignements les plus complets sur les établissements d'Adélaïde et de Warwick, il en a fait l'inspection, ce qui explique les retards à répondre à la lettre de Peter Robinson.   174

3 septembre, Brockville.   Jessup à Rowan. Inclus dans la lettre de Colborne à Hay du 9 septembre 1833.

4 septembre, York.   Colborne à Stanley (n° 55). Envoie des duplicatas des rapports et estimations concernant l'amélioration de la navigation sur l'Ottawa. 176

5 septembre, York.   Colborne à Stanley (n° 56). Envoie pétition des marchands et commerçants de Belleville demandant de ratifier les bills à l'effet de modifier la charte de la Banque du Haut-Canada et d'établir la Banque Commerciale.   177

DOC. DE LA SESSION No 18

1833.
               Inclus. Pétition.   Page 179

9 septembre,   Colborne à Hay. Envoie lettre de Jessup, le greffier de la paix de
York.   Johnstown, indiquant que la personne dont il est question habite main-
                tenant Gananoque.   183

                Inclus, Jessup à Rowan. Une personne nommée Henry Tully habite
maintenant Gananoque, c'est un boucher qui est très pauvre.   184

14 septembre,   Colborne à Stanley (n° 57). Envoie rapport de l'agent qui a surveillé
York.   l'établissement des émigrants l'année dernière dans Adélaïde et Warwick.
La forte dépense a été causée par les circonstances défavorables dans lesquelles ils sont arrivés. A enjoint qu'une inspection soit faite de leur
condition actuelle.   185

                Mount à ———. Fait rapport de la condition prospère des colons
dans Adélaïde et Warwick. L'état embarrassant des affaires à leur
arrivée par suite du choléra et la pauvreté des gens à leur arrivée à
Port-Stanley, en sorte qu'on a beaucoup laissé à sa discrétion.   Page 187

16 septembre,   Colborne à Stanley (n° 58). Envoie rapport du Conseil exécutif au sujet
York.   des appointements accordés aux officiers de la division dans laquelle se
concèdent des terres au lieu d'honoraires. Le système devrait se continuer tant que les honoraires seront crédités au revenu territorial. Les
honoraires devraient être perçus par le receveur général et non pas par
un receveur spécial. L'arpenteur adjoint des forêts n'a à remplir aucune
fonction dans la division où se concèdent les terres, et la charge étant
une sinécure pourrait être abolie.   193

                Inclus. Rapport du Conseil exécutif relativement aux appointements
au lieu d'honoraires dans la division où se concèdent les terres.   195

                Rapport présenté à Maitland au sujet de la division dans laquelle se
concèdent les terres, en date du 14 mars 1826, lequel mentionne le prix
moyen de la terre dans chaque district et l'effet du nouveau système sur
le revenu des employés.   203

17 septembre,   Colborne à Stanley (n° 59). Envoie correspondance avec Peter
York.   Robinson au sujet du retard à envoyer des explications concernant ses
comptes.   211

                Inclus. Rowan à Peter Robinson. Envoie dépêche du secrétaire des
Colonies et documents inclus concernant ses comptes en qualité de surintendant de l'émigration du sud de l'Irlande.   212

                Peter Robinson à Rowan. Par suite de ses fonctions ardues, il a été
forcé de retarder la préparation des comptes. Mais depuis qu'on a
nommé quelqu'un pour avoir charge de la division de l'émigration il a
pu le faire.   213

                Rowan à Peter Robinson. Si ses comptes de 1823 et de 1825 sont
prêts il devra les transmettre au lieutenant-gouverneur.   214

18 septembre.   Colborne à Stanley (n° 60). Envoie lettre de Thompson, faisant
fonctions de sous-directeur général des Postes, que par suite de l'absence
de Stayner il ne peut fournir les relevés demandés par la Chambre des
Communes. Envoie le rapport du comité permanent.   216

                Inclus. Thomson à Rowan. Comme Stayner a pris les documents
nécessaires pour faire la compilation de l'état, il ne peut envoyer le
relevé demandé.   218

                Rapport du comité permanent des Postes.   220

Q 378-2.

1833.
18 septembre,
York.

Colborne à Stanley (n° 60). Lettre contenant le rapport sur le département des Postes dans Q 378–1, lequel contient également le rapport. Annexe du rapport contenant la preuve. Page 248

19 septembre,
York.

Le même au même (n° 61). A reçu dépêche demandant relevé au sujet des différentes églises. Envoie relevés. 209

Inclus. État des sommes payées aux évêques et autres instituteurs religieux dans le Haut-Canada, 310

20 septembre,
York.

Colborne à Stanley (n° 62). Envoie relevé de .tous les montants reçus de la Compagnie du Canada jusqu'au 31 mai dernier. 311

Inclus. Relevé. 312, 313

21 septembre,
York.

·Colborne à Stanley (n° 63). Envoie pétition d'habitants respectables de Gore. 314

Inclus. Pétition demandant que le gouvernement ne mette pas obstacle aux banques dans le Haut-Canada. 315

22 septembre,
York.

Colborne à Stanley (n° 64). Envoie pétition des actionnaires du canal Welland, demandant au gouvernement de remettre la dette due par le canal, ou d'accorder une somme égale à un neuvième de la dépense. 320

Inclus. Pétition. La forte augmentation du coût en sus des estimation et les autres dépenses les ont privés de l'usage de leur capital, et les actionnaires rappellent au gouvernement que l'aide de un neuvième de la dépense qui avait été promise a été abandonnée contre une avance faite de £50,000. 322

24 septembre,
York.

Colborne à Stanley (n° 65). Envoie pétition des habitants du comté de Prince-Edouard. 326

Inclus. W. Rorke à Rowan. Envoie pétition des marchands et autres demandant la ratification de la charte de la banque. 327

Pétition des marchands et autres du comté de Prince-Edouard. 328

25 septembre,
York.

Colborne à Stanley (n° 66). Envoie lettre de Stanton concernant la dette qu'il doit, d'après lettre du Trésor. Il a déjà payé £200 et recommande qu'on lui permette de payer par versements semi-annuels comme il le propose. 334

Inclus. Stanton à Rowan. A payé £200 du cours sur le montant qu'il doit à l'État. La balance due est de £400 courant. Se propose de payer ce montant dans la proportion de £100 par année en versements semi-annuels. 335

Turquand à Rowan. Renvoie la lettre du receveur général aux commissaires d'audition au sujet de la dette de Stanton. Il a maintenant payé £200 courant à compte. 336

Dunn à Mallet. Transmet pétition de Stanton, le lieutenant-gouverneur ne voulant pas intervenir. 337

26 septembre,
York.

Colborne à Stanley (n° 67). Transmet pétition de Dalton qu'il a gardée pendant plusieurs semaines jusqu'à ce qu'il ait pu obtenir un rapport du Conseil, laquelle réclame une indemnité à raison des pertes subies en sa qualité de directeur de la Banque de Kingston, à laquelle la législature s'est opposée en 1829. 338

Inclus. Pétition et une masse de documents concernant la réclamation de Dalton au sujet de la Banque de Kingston qui n'a pu obtenir de charte, ainsi que copies de lettres au sujet de la banque publiées dans les journaux du Haut-Canada. 340

Minute du Conseil exécutif sur la réclamation de Dalton. 344

LE LIEUTENANT-GOUVERNEUR SIR J. COLBORNE, 1833.

Q. 378-3-4.

1827.
26 décembre,
Toronto.

Pétition de Magrath à Maitland.

1828.
2 janvier,
York.

Arrêté du Conseil ordonnant d'arpenter et vendre lots de terre sur la rivière Crédit.

3 juin,
York.

Pétition de John Goessman.

24 juin,
York.

Certificat de Radenhurst qu'il a arpenté et vendu des lots sur la rivière Crédit. Suit la liste des lots. Ce document et les trois qui précèdent sont inclus dans la lettre de Colborne à Stanley, du 1er octobre 1833.

1832.
20 novembre,
York.

Colborne à Goderich. Inclus dans les lettre de Colborne à Stanley du 14 octobre 1833.

1833.
15 juin,
Toronto.

Pétition d'Adamson.

11 juillet,
Toronto.

Pétition du révérend James Magrath au roi. Cette pétition et celle qui précède sont incluses dans la lettre de Colborne à Stanley du 1er octobre 1833.

Suite des documents de Dalton concernant la banque de Kingston, jusqu'à la page   588

30 septembre,
York.

Colborne à Stanley (n° 68). Vu le caractère du révérend Remegious Goulin et son long séjour dans la Nouvelle-Ecosse, n'a aucun doute qu'on puisse le considérer comme éligible à la dignité d'évêque coadjuteur du Haut-Canada.   589

1er octobre,
York.

Le même au même (n° 69). Transmet des documents concernant les prétentions opposées du colonel Adamson et du révérend James Magrath à des terres situées dans le township de Toronto. Ils semblent tous deux avoir acquis ces terres conjointement, mais Adamson n'est pas satisfait de la décision du Conseil et en appelle.   590

Inclus. Mémoire de Peter Adamson, qui se plaint d'avoir été induit en erreur par le plan dans un achat de terres à la rivière Crédit, et qui désire obtenir les terres qu'il a réellement achetées et ne pas les abandonner suivant la recommandation du Conseil.   592

Requête adressée au roi par le révérend James Magrath relativement aux terres susdites dont lui (Magrath) demande le partage équitable.
597

Mémoire du révérend James Magrath adressé à Maitland en 1827 au sujet des terres.   601

Ordre du Conseil exécutif d'arpenter et d'offrir à l'enchère les terres récemment acquises des Missisaugas; rapport de l'exécution de l'arpentage et de la vente.   603

Liste des ventes.   605

Requête de Goessman, qui demande à renoncer à son achat de terres à la rivière Crédit, vu qu'il a arpenté les terrains.   606

Autres documents, comprenant rapports du conseil, des arpenteurs, plans des terrains, requêtes, etc.   607 à 679

2 octobre,
York.

Colborne à Stanley (n° 70). Envoie livre bleu, avec observations sur les différentes divisions, savoir : établissement civil, revenu, dépenses; établissement judiciaire; établissement religieux; éducation; commerce; agriculture; travaux publics et population.   680

Inclus. Nom des membres du Conseil législatif, avec indication des charges qu'ils tiennent respectivement du gouvernement.   688

1833.
13 octobre,
York.

Jones à Rowan. Incluse dans Colborne à Stanley, 14 octobre 1833.

14 octobre,
York.

Colborne à Stanley (n° 71). Envoie lettre de Jones, demandant des renseignements sur la décision prise au sujet de son offre d'acheter une portion de terre contiguë au lac Huron.   Page 691

Inclus. Jones à Rowan. Demande que Colborne insiste pour avoir réponses à son mémoire relatif à l'achat d'une portion de terre, attendu que son intérêt personnel et celui de sa famille souffrent sérieusement du délai.   692

Copie de dépêche, Colborne à Goderich, relativement à l'offre de Henry Jones.   693

15 octobre,
York.

Colborne à Stanley (n° 72). Envoie requête de Johnstown, demandant confirmation des lois relatives à la Banque Commerciale du Haut-Canada.   694

Inclus. Requête.

19 novembre,
York.

Colborne à Hay. La session s'est ouverte; envoie discours. Changement favorable dans la politique. La popularité de Mackenzie décroît, ou plutôt son influence ne s'étendait que sur des groupes plus redoutables par leurs cris que par leur nombre. Causes de son impopularité. Conduite satisfaisante de Ryerson depuis son retour. Meilleur état dans la province que dans les quelques dernières années. A fait allusion dans son discours à un grand projet d'émigration pour connaître à ce sujet le sentiment de l'Assemblée. Espère qu'il (Hay) a fait bon accueil aux idées suggérées relativement aux préparatifs à faire pour l'entrée annuelle de 100,000 émigrants dans le Haut-Canada. On s'attend à la révocation de la sentence d'expulsion de Mackenzie, car on considère qu'il sera défait si les gens ne le supposent pas persécuté.   697

Inclus. Discours.   699

22 novembre,
York.

Colborne à Stanley (n° 73). Vu qu'on a approuvé un bill semblable à celui qu'on avait rejeté au sujet de la division du comté de Carleton, il ne publiera pas l'ordre du rejet sans avoir reçu d'autres instructions. Croit qu'on pourrait peut-être considérer comme une erreur la nécessité d'une clause suspensive dans les lois de cette province, ou dans celles du Bas-Canada. Instructions relatives aux bills à réserver.   703

Inclus. Rapport du Conseil exécutif sur le rejet de la loi relative à la division du comté de Carleton.   706

25 novembre,
York.

Colborne à Stanley (n° 74). Avait ouvert le Parlement provincial le 19. Envoie copie de discours.   709

Inclus. Discours. (Un double. Le discours avait été inclus dans la lettre à Hay, *voir* page 699.)

Adresse du Conseil législatif.   711

Adresse de l'Assemblée.   714

30 novembre,
York.

Colborne à Stanley (n° 75). L'Assemblée ne votera probablement pas le traitement de l'Orateur du Conseil législatif. S'il en est ainsi, en recommande le paiement à même le revenu casuel et territorial. Le mémoire envoyé établit parfaitement les réclamations du juge en chef actuel. L'Assemblée considère qu'on devrait prendre sur le revenu de la Couronne le traitement du secrétaire provincial et celui du registraire.   717

Inclus. Mémoire de J. B. Robinson contenant un état de ses réclamations, etc.   719

6 décembre,
York.

Colborne à Stanley (n° 76). Une motion faite pour demander que Mackenzie reprenne son siège à l'Assemblée a été rejetée par 18 votes contre 7. A ce sujet et au sujet du rejet de la loi relative à la division du comté d'York, Mackenzie a envoyé un mémoire dont une copie est annexée à la présente. Il s'y plaint que le comté d'York est dépouillé de ses franchises et il réclame sa médiation (celle de Colborne) pour avoir justice. A communiqué avec l'Assemblée à ce sujet. Cette com-

DOC. DE LA SESSION No 18

1833.

munication fera connaître les difficultés qu'à eu à rencontrer le gouvernement exécutif.   Page 732

Inclus. Mémoire de Mackenzie, expliquant sa position.   736

Rowan à Mackenzie. Signale la conduite du gouvernement de Sa Majesté, expulsant Christie dans le Bas-Canada, exemple cité par Mackenzie dans son mémoire.   753

14 décembre,
York.

Colborne à Hay. L'expulsion de Mackenzie augmentera en quelque sorte son influence, mais n'aura aucun effet sur les élections l'an prochain. Il sera, à n'en pas douter, réélu dans York. Ne croit pas qu'il doive intervenir entre l'Assemblée et le comté d'York. La souscription faite pour envoyer Mackenzie en Angleterre montra que son influence se limitait à ce comté. Il est tout à fait justifiable qu'il y ait deux députés pour York, et il trouve que le bill pourvoyant à cette mesure aurait dû être réservé, mais il croit que, comme York contient 40,000 personnes, la loi doit être approuvée, et si on la rejette, que la décision soit envoyée dès les premiers jours du printemps. Observations sur mémoire du juge en chef. Délai dans les améliorations publiques, s'il n'approuve les bills autorisant l'émission du papier monnaie par le gouvernement. Envoie le supplément du *Colonial Advocate.*   757

Inclus. Supplément intitulé : " Nouvel almanach à l'usage des vrais bleus, lequel comprend le manuel du réformiste constitutionnel."   761

Copie du *Colonial Advocate.*   806

14 décembre,
York.

Colborne à Stanley (n° 77). Il envoie copie d'un arrêté du Conseil passé pour régulariser les concessions de terres aux sous-officiers et à des particuliers, lesquels avaient proposé qu'on fit une remise du prix d'achat à certaines classes. Des officiers qui avaient vendu vinrent au Canada dans l'espérance de recevoir cette remise. Autres observations au sujet des concessions de terres.   890

Inclus. Rapport du Conseil exécutif concernant les règlements autorisant des concessions de terre gratuites.   896

Fitzroy Somerset à Colborne. Robert Hamilton, autrefois du 78e régiment, désire s'établir au Canada. Envoie état de ses services   899

Hamilton à Colborne. Persuadé qu'avec la réponse favorable des Gardes à cheval quant à son établissement au Canada il n'avait à redouter aucune difficulté, il avait disposé de tous ses biens en Irlande. S'il est forcé d'y retourner, c'est la ruine.   900

Adresse de l'Assemblée du Haut-Canada demandant une copie des règlements concernant l'établissement des terres.   901

Colborne à l'Assemblée. Envoie réponse.   903

23 décembre,
York.

Colborne à Stanley (n° 78). Election de Mackenzie dans York. Discussion dans l'Assemblée pour savoir si on doit lui permettre de prendre son siège; ordre qu'on lui permette de prêter serment. N'a aucun doute qu'on ne permettra pas à Mackenzie de siéger durant la session. Il (Colborne) a décidé de ne pas dissoudre la Chambre. Envoie copie de correspondance.   905

Inclus. Mackenzie à Colborne. Se plaint que le greffier de la Couronne en chancellerie refuse de lui faire prêter serment à la suite de son élection dans York, et il demande justice.   909

Rowan à Mackenzie. Le greffier du Conseil exécutif a été autorisé à lui faire prêter serment. Envoie rapport du procureur général sur son mémoire.   910

Mackenzie à Rowan. A reçu le rapport favorable du procureur général, mais trop tard, car il (Mackenzie) avait été expulsé avant son arrivée.   911

Copie des procédures de l'Assemblée relativement à l'expulsion de Mackenzie.   912 à 915

24 décembre,
York.

Colborne à Stanley (n° 79) Envoie comptes de Peter Robinson au sujet de l'émigration en 1823 et 1825.   916

1833.

Inclus. Peter Robinson à Rowan. Envoie comptes et réponses à questions pour les commissaires auditeurs.   Page 917

Peter Robinson à Louis Mallet. Envoie ses comptes.   918

Le même au même. Envoie réponses à questions.   919

Comptes courants de l'émigration.   920 à 924

26 décembre, York.

Colborne à Stanley (n° 80). Transmet copie d'un état de l'évêque Macdonell au sujet d'une requête de la part des habitants catholiques romains d'York. Il y a eu récemment beaucoup de division dans le camps des fidèles à la suite d'une discussion entre l'évêque et O'Grady. L'allocation destinée au clergé est payée à l'évêque, qui en rend compte. 925

Inclus. Etat de l'évêque Macdonell au sujet de la requête.   927

27 décembre, York.

Copie d'une lettre du cardinal Weld à l'évêque Macdonell concernant M. O'Grady.   940

Colborne à Stanley (n° 81). Envoie copie des journaux du Conseil législatif et de l'Assemblée.   946

BUREAUX PUBLICS ET DIVERS.

(La partie I est paginée de 1 à 233; la partie 2 de 234 à 485; la partie 3 de 486 à 654.)

Q. 379-1-2-3.

1826.
4 avril,
Lanark.

Certificat par Marshall de services médicaux rendus par Read.

29 juillet,
Lanark.

Hillier à Read. Ces deux lettres sont incluses dans celle de Rowan à Stanley en date du 23 novembre 1833.

1829.
14 mars,
York.

Mudge aux révérends Macdonell et Fraser.

2 avril,
Glengarry.

L'évêque Macdonell à Colborne. Ces deux lettres sont incluses dans celle de Rowan aux marguilliers de l'église catholique romaine d'York.

1832.
1er février,
York.

L'évêque Macdonell était autorisé du secrétaire des Colonies à donner aux instituteurs catholiques romains un quart du montant à répartir aux prêtres. On leur transmettra un compte de distribution des sommes. (Il y a apparemment erreur et ce devrait être l'année 1833.)   152

Inclus. Extrait prouvant l'autorité susdite.   153

2 avril,
Port-Hope.

Davidson à McMahon.

11 avril,
York.

McMahon à Davidson.

16 avril,
Hope.

Mémoire des habitants du township de Hope.

9 mai,
Port-Hope.

Davidson à McMahon.

11 juillet,
Port-Hope.

Le même à Falkner.

12 juillet,
Amherst.

Falkner à Davidson. La présente lettre et les cinq précédentes sont incluses dans celle de Soper à Goderich en date du 28 janvier 1833.

28 juillet.
29 septembre,
Hope.

Gibson à Hay. Lettre incluse dans celle de Gibson à Goderich en date du 15 février 1833.

Rapport d'une assemblée de township. Inclus dans la lettre de Soper à Goderich en date du 28 janvier 1833.

26 octobre,
York.

Rowan à Strachan. Lettre incluse dans celle de Strachan à Goderich en date du 8 mai 1833.

1833.

5 janvier, Navire 'Samson'.
Powell à Goderich. Transmet dépêche. On l'a confiée à ses soins ainsi qu'une boîte contenant des journaux. Il a retenu la dernière pour plus de sûreté jusqu'à l'arrivée du vaisseau. Page 374

7 janvier, Lincoln's Inn.
Opinion des jurisconsultes établissant que l'appropriation des revenus provenant des réserves du clergé est légale, et que rien ne s'oppose dans la loi à la sanction par le gouverneur, avec l'assentiment du Conseil exécutif, des paiements recommandés par l'évêque et le clergé. Ils n'ont pas vu l'acte de constitution du clergé, mais ils prennent pour admis qu'il n'y a en cet acte aucune clause de nature à affecter leur jugement. 28

12 janvier, York.
Rowan au procureur et solliciteur général. Son Excellence regrette les difficultés survenues entre l'évêque catholique romain de Régiopolis (Macdonell) et O'Grady, prêtre desservant d'York. Envoie documents, qu'il soumet à l'examen du procureur et solliciteur général. Son Excellence ne vent pas intervenir, comme le demande O'Grady, mais ne le fera que par devoir évident et s'il peut rétablir la paix Demande l'opinion des jurisconsultes sur les questions suivantes :

"1° Son Excellence a-t-elle le pouvoir d'intervenir, ainsi que l'affirme M. O'Grady ?

2° Si elle n'a pas le pouvoir d'intervenir, peut-on, de droit, lui demander d'intervenir ?

3° Si elle en a le pouvoir et qu'elle puisse être appelée à l'exercer, de quelle manière Son Excellence peut-elle intervenir ?

4° Son Excellence, dans l'opinion des jurisconsultes, peut-elle exercer un pouvoir discrétionnaire sur le sujet ? " 141

14 janvier, York.
Peter Robinson à Goderich. Lui transmet le rapport des ventes des réserves du clergé faites entre le 1er juillet et le 31 décembre 1832; le prix moyen par acre est de 13 s. 4¼ d. 532

Inclus. Compte des ventes. 533

18 janvier Huddersfield.
Coad à Howick. Il demande l'aide de Sa Seigneurie pour le soutien de sa sœur, dont le mari a déserté et est allé se fixer dans le Haut-Canada. 205

28 janvier, Port-Hope.
Soper à Goderich. Il accuse Brown, le député, de différentes offenses criminelles et d'avoir soulevé une émeute. 547

Inclus. Davidson à MacMahon. Il accuse Brown d'avoir excité un de ses employés à assassiner son frère (à Davidson). 598

MacMahon à Davidson. Le lieutenant-gouverneur a transmis une copie de la lettre à Brown et il demandera aux magistrats d'examiner les faits qu'on lui a rapportés. 560

Mémoire des habitants du township de Hope, lesquels se plaignent de la conduite du magistrat Brown. 551

Davidson à Falkner. Quand se fera l'enquête sur la conduite de Brown ? 564

Falkner à Davidson. Il propose, avec l'approbation du gouverneur, que l'enquête se tienne lors de la prochaine session trimestrielle. 565

Davidson à McMahon. Brown se sert de tous les moyens pour tromper le gouverneur sur son caractère. Serait une disgrâce pour tout pays. 567

29 janvier, York.
Hagerman à Rowan. Le lieutenant-gouverneur ne peut intervenir légalement dans l'affaire soumise par O'Grady. 150

6 février, Londres.
Adresses de la Chambre des Communes présentant le rapport du comité de l'Assemblée du Haut-Canada choisi pour examiner les plaintes au sujet de la conduite de Phillpotts et d'autres, et transmettant copie du rapport détaillé des dépenses des sommes d'argent votées pour la Société pour la propagation de l'Evangile, et transmettant aussi un état détaillé des sommes d'argent dépensées dans le Haut-Canada pour le clergé des différentes églises. 3

1833.
15 février,
Londres.

Gibson à Goderich. (La lettre est adressée: "Goodrich".) Il envoie copie de la lettre adressée à Hay, le 28 juillet 1832, laquelle lui fournira les plus complets renseignements sur les moindres occupations de Sa Seigneurie. Il ne peut comprendre le silence de Hay, à moins qu'il ait changé de département.   Page 106

Inclus. Gibson à Hay. Il attire l'attention sur le sujet de la confirmation des concessions de terres dans le Haut-Canada à la Compagnie de la Nouvelle-Angleterre pour le bénéfice des sauvages.   108

16 février,
York.

L'évêque Macdonell à Rowan. Il fait l'histoire de ses efforts pour l'avancement de l'Eglise catholique romaine dans le Haut-Canada. 154

Inclus. Liste des prêtres et des instituteurs catholiques romains qui reçoivent des appointements du gouvernement.   159

18 février,
York.

Boulton à Rowan. Rapporte que le lieutenant-gouverneur n'a pas le pouvoir d'intervenir dans le différend existant entre M. O'Grady et l'évêque Macdonell, et qu'on ne peut légalement le requérir de donner son opinion sur le sujet. Raisons développées à l'appui.   143

21 février,
Londres.

Hume à Howick. Il envoie copie d'une requête qu'on lui a demandé de présenter à la Chambre des Communes.   234

Inclus. Requête de Mackenzie établissant que de nombreuses requêtes ont été signées par tout le Haut-Canada afin d'obtenir le redressement des griefs, mais qu'on n'a pas encore appliqué le remède; il énumère les griefs et demande une enquête.   235

22 février,
York.

Rowan à O'Grady. En réponse à sa requête du 4 dernier, il lui transmet copie d'une lettre adressée aux jurisconsultes.

23 février,
Londres.

Sinclair à (Howick?) Il envoie mémoire adressé à Goderich et veut avoir à ce sujet quelque entretien.   572

27 février,
Trésorerie.

Stewart à Hay. Il demande l'opinion de Goderich sur le fait que J. H. Dunn a tiré pour £400.   55

Inclus. Dunn à Sargent. Il a tiré sur le Trésor pour £400, montant supposé dû sur capital placé dans les fonds pour le soutien du clergé de l'Eglise d'Angleterre dans le Haut-Canada.   56

28 février,
Sunderland.

Stonehouse à Howick. Il a l'intention d'aller se fixer à Goderich, dans le Haut-Canada, et il demande une lettre d'introduction qui pourra lui servir pour obtenir quelque emploi à ses fils.   573

28 février,
Devonport.

Purdon à Goderich. Il est prêt à régler le sujet de la terre achetée dans le township de Seymour, dans le Haut-Canada. Il s'attend qu'on tirera sur lui en s'adressant à Barclay, Tretton et Cⁱᵉ. Est-ce là le mode régulier de paiement?   375

6 mars,
Glasgow.

McAdam à Maxwell. Il adresse un mémoire et il y explique que Buchanan, d'Arden, lui demande le paiement d'une hypothèque et qu'il est en danger de perdre ainsi sa propriété. Il demande qu'on lui renouvelle les concessions faites à son père et à d'autres mentionnés dans le mémoire.   350

8 mars,
Trésorerie.

Stewart à Hay. Il demande une réponse à sa lettre relative à la lettre de change au montant de £400 tirée par Dunn.   57

16 mars,
Londres.

Jameson à Goderich. Il n'y a pas à hésiter pour accepter l'offre d'être nommé avocat général du Haut-Canada.   330

18 mars,
Londres.

Whitelaw à Hay. Il demande une entrevue au sujet d'une concession de terre dans le Canada.   636

21 mars,
York.

Mémoire de Robert Stanton. Inclus dans l'envoi de Spring Rice à Hay, 30 juillet 1833.

22 mars,
Trésorerie.

Stewart à Howick. Les lords de la Trésorerie ne voient aucune objection à confirmer le bill passé dans le Haut-Canada pour éloigner les doutes touchant la juridiction des commissaires de la douane dans le Haut-Canada.   58

22 mars,
York.

L'évêque Macdonell à Goderich. Recommande que le révérend R. Goulin soit nommé son coadjuteur. Il était vicaire durant la guerre avec les Etats-Unis, et on a toutes raisons d'être contents de son activité

DOC. DE LA SESSION No 18

1833.

et de son zèle. Difficulté de remplir tous les devoirs d'évêque catholique romain dans le Haut-Canada. Désire avoir quelqu'un pour y voir, car il est âgé et sa santé est affaiblie. M. Goulin est l'homme voulu. Il est prêt à abandonner une partie de son revenu à son coadjuteur, mais serait-ce agir honnêtement à l'égard de ses créanciers, envers qui il a dû s'endetter pour construire des églises et instruire son clergé. Il indique sommairement quelques-uns des travaux de l'évêque.   Page 353

24 mars,
Epsom.

Gibson à Howick. Il le remercie de sa courtoisie et de celle du vicomte Goderich. Il examinera la correspondance relative à la terre du Lac à la Vase, et s'il y trouve quelque chose d'important, il le communiquera; sinon il attendra le rapport du lieutenant-gouverneur.   111

25 mars,
Trésorerie.

Stewart au même. Relativement à la demande d'un surplus d'appointements faite par Dunn, pour services supplémentaires lors de la distribution des dédommagements aux victimes de la guerre, les lords de la Trésorerie désirent connaître les émoluments de Dunn lorsqu'il avait cet emploi.   59

6 avril,
Port-Hope.

Fowkes à Hume. Pour quelle raison il ne s'excuse pas d'écrire. Il lui adresse copie d'une requête que doit transmettre le lieutenant-gouverneur, mais il a trop peu de confiance en lui pour croire qu'il la fera parvenir promptement; voilà pourquoi il adresse cette copie à un ami de la cause qui la fera porter devant Sa Majesté par le secrétaire des Colonies, dont la dépêche élaborée a provoqué un sentiment d'admiration. A l'instar de ceux de Port-Hope, des habitants d'autres endroits ont tenu des assemblées, mais sans avoir le même succès qu'ici, parce que des esprits violents ont envahi plusieurs de ces assemblées, et beaucoup se sont ainsi trouvés empêchés de signer les requêtes. On a fait de l'opposition aux requérants par divers moyens.   259

8 avril,
Londres.

Dunlop à Stanley. Il avait laissé au bureau des Colonies les dépêches relatives à l'émigration. Colborne avait désiré qu'il fournît des renseignements sur le sujet, et il sera heureux de le faire jusqu'au 13, jour où il s'embarquera pour le Canada. Si on doit envoyer les dépêches, il sera content de s'en charger.   209

10 avril,
Liverpool.

Graham au secrétaire des Colonies. A l'intention d'aller dans le Haut-Canada, et demande une lettre d'introduction au gouverneur et en même temps les publications du bureau. Il transmet un certificat de caractère.   227

10 avril,
York.

Mémoire de Mme White, qui est dans le besoin et qui demande de l'aide; son mari a été congédié du 66e régiment pour cruauté envers elle.   651

Inclus. Certificat établissant l'exactitude du récit de Mme White. 653

11 avril,
Sligo.

Powell à Stanley. Avait obtenu la permission de s'absenter durant six mois pour voir aux affaires de feu son père. Il demande une extension de congé à cause de maladie.   376

Inclus. Certificat de médecin attestant la maladie de Powell.   378

15 avril,
Downing
Street.

Stephen à Hay. Il est d'opinion qu'une loi est nécessaire pour expliquer le sens de la loi 3, George IV, ch. 119, afin d'assurer au Haut-Canada une proportion des droits perçus dans le Bas-Canada.   30

18 avril,
Liverpool.

Graham au secrétaire des Colonies. Il demande de nouveau une lettre d'introduction au gouverneur du Haut-Canada, ainsi que le renvoi de son certificat de caractère. Il est surpris que les classes ouvrières n'émigrent pas davantage du Canada.   30

19 avril,
Glasgow.

Macfarlane à Stanley. Il envoie copie d'une lettre adressée à Goderich, et sollicite bon accueil pour les mémoires transmis par Rintoul et McGill.   359

Inclus. Macfarlane à Goderich. Il recommande d'accueillir favorablement les réclamations de Rintoul, de la ville d'York, et de McGill, de Niagara.   360

1833.
20 mars,
Abingdon
Street.

Macleod à ————. Demande une lettre d'introduction en faveur du révérend Donald Mackenzie, car il comprend que sans cela un homme du clergé ne peut obtenir certains privilèges.　　　Page 361

24 avril,
Port-Hope.

Orton à Goderich. Rappelle à Sa Seigneurie leur entrevue, où il y a eu épanchements d'inoubliables sentiments. A la suite de la réception insultante faite à la dépêche de Sa Seigneurie, il a convoqué une assemblée, où on a adopté des résolutions pour exprimer l'attachement qu'on a envers le souverain. Ailleurs dans la province il se prépare d'autres adresses de la même nature. Des groupes turbulents attaquent l'assemblée. Il prie qu'on se souvienne de ses demandes d'emploi.　365

24 avril,
Londres.

Ross à la commission de l'émigration. Il demande comment on pourrait envoyer une pauvre femme rejoindre son mari, qu'on doit congédier de son régiment et qui doit recevoir une concession de terre au Canada.
394

27 avril,
St. James's
Palace.

Taylor à Hay. Il envoie une recommandation en faveur de M. Boys.
595

Inclus. Recommandation de M. Boys à l'inspecteur général des comptes du Haut-Canada.　　596

29 avril,
Artillerie.

Byham à Lefèvre. L'Artillerie envoie le rapport de l'inspecteur général des fortifications qu'elle accepte. Elle ne voit aucune objection à la vente de la réserve militaire d'York, dans le Haut-Canada, pourvu qu'on y laisse suffisamment de terrain pour y construire une nouvelle caserne, qu'on paiera à même le montant du prix de vente de la réserve. Le commandant des ingénieurs royaux va présenter son rapport à l'Artillerie avec plans et estimés. Il demande que Stanley donne des instructions sur le sujet mentionné dans les conclusions du rapport de l'inspecteur général.　　38

Inclus. Rapport de l'inspecter général des fortifications sur les dépenses d'York.　　41

29 avril,
Port-Hope.

Orton à Goderich. Il se plaint des menaces de Brown, membre de la législature provinciale, et d'autres gens, lesquelles menaces ont été faites à ceux qui ont pris part à l'assemblée. Leur hostilité peut le ruiner, il le craint, et demande du secours.　　369

30 avril,
Cornwall.

Arthur Burton à Goderich. Il envoie mémoire à présenter au roi. Il demande d'envoyer réponse à Cornwall, dans le Haut-Canada.　17

Inclus. Mémoire d'Arthur Burton. Il énumère ses services dans la milice incorporée, lors de la dernière guerre, et demande une pension.
173

2 mai,
Londres.

Madame Jameson à Lefèvre. Jameson ayant été nommé procureur général du Haut-Canada, et ayant été informé de l'urgence de sa présence immédiate il s'était embarqué le 23 avril. Madame Jameson ne sait rien de l'affaire à laquelle on fait allusion.　　331

6 mai,
Artillerie.

Byham à Lefèvre. Il renvoie le plan des réserves militaires d'York dans le Haut-Canada.　　44

8 mai,
York.

Strachan à Goderich. Vu la décision d'abolir le conseil de l'instruction, dont il avait été le président pendant neuf ans, il avait préparé ses réclamations et les avait soumises. Il avait espéré que l'abolition du conseil ne lui ferait pas perdre son revenu. Recommandation de Colborne en sa faveur. Désappointement causé par la réponse de Howick à son mémoire, mais il ne veut pas croire que cette réponse est finale. Considérations sur le sujet. Fait allusion à son revenu de l'école supérieure, qu'il a abandonnée pour devenir le président du Conseil de l'instruction.　　57g

Inclus. Rowan à Strachan. Le lieutenant-gouverneur recommande avec grand plaisir son mémoire au secrétaire des Colonies.　588

9 mai,
Whitehall.

Lack à Hay. Les lords du commerce signalent le manque de garantie suffisante au public dans la loi pourvoyant à augmenter le capital de la banque du Haut-Canada et à établir la banque Commerciale. Nécessité

1833.

de prendre tous les soins voulus avant de confirmer les lois qui accordent une extension du capital et de la charte. Ces conditions fixées dans la minutes de 1830 n'ont pas été observées dans ces lois. Il envoie copie de la minute.   Page 9

Inclus. Copie de la minute du 16 juillet 1830, concernant les conditions d'établissement à l'île Maurice d'une banque chartée. Précautions à prendre dans le choix des termes de la loi.   14

10 mai,
York.

Strachan à Stanley. Le félicite d'avoir pris charge des sceaux du département des Colonies, lui qui, le premier des secrétaires coloniaux, à voyagé dans l'Amérique du Nord.   589

11 mai,
Londres.

Hagerman au même. Depuis son arrivée à Londres a reçu copie de la dépêche de Goderich à Colborne, ordonnant le renvoi du procureur et solliciteur général. Il n'y avait alors aucun reproche spécial de formulé, mais il a appris depuis par le comte de Ripon les raisons de son renvoi. Il s'explique et maintient que bien loin de chercher à entraver les désirs au gouvernement, il avait suivi une autre ligne de conduite. Long détail de ses actes et des procédures de la Chambre au sujet de la dépêche.   271

13 mai,
Londres.

Le même à Hay. Il a été incapable samedi de terminer sa lettre au secrétaire des Colonies, il n'a même pas pu faire une belle copie. N'a pas mentionné la conduite de Boulton, comme il ne se rappelait pas parfaitement la part qu'il avait prise, mais n'a aucune raison de croire qu'il a joué un rôle incompatible avec les devoirs de fonctionnaire public.   288

20 mai,
Artillerie.

Byham à Lefèvre. Le commandant des ingénieurs royaux du Canada rapporte qu'on va construire une jetée attenante au fort d'York, ce qui nécessitera, comme il l'observe, une route publique à travers la réserve jusqu'à la ville. L'Artillerie fait remarquer l'autorité prématurée qu'on a donnée à la loi sans en faire mention à l'Artillerie. En continuant à en agir ainsi dans des cas semblables, on s'expose à de graves préjudices; et dans le présent cas, ou n'a pas pourvu à la formation d'une batterie à la tête de la jetée pour la protection du port. Il demandera au commandant ingénieur de transmettre copie de l'acte, la description de la jetée et tous autres renseignements qu'il jugera concerner les intérêts de l'Artillerie.   45

20 mai,
Londres.

Hume au directeur général des Postes. Le paquet pour lequel on demande £1.14.10 et qu'on lui a expédié du Haut-Canada contient une adresse au roi qu'il demande de renvoyer au secrétaire Stanley.   258

22 mai,
Londres.

Adresse de la Chambre des Communes demandant le rapport de tout l'argent reçu de la Compagnie du Canada, et sa requête.   5

23 mai,
Kingston.

Kennedy à Stanley (privée et confidentielle.) Il envoie le *Courrier* d'York l'organe officiel de l'exécutif, lequel contient dépêche et autres documents relatifs au renvoi des jurisconsultes. Il attire l'attention sur la correspondance échangée entre le lieutenant-gouverneur et le procureur général, laquelle fait voir qu'au moindre reproche ces fonctionnaires jettent le masque de la loyauté, défient ouvertement le gouvernement de Sa Majesté, et s'abandonnent à des sentiments de révolte et à des menaces, et il en cite une. Il regrette qu'il se soit tenu des assemblées publiques, sur l'avis probable du présent Conseil exécutif, dans le but de faire de l'opposition à la politique de Sa Majesté. Il inclut un rapport d'une de ces assemblées, où il y avait 70 personnes présentes sur une population de 4,000, prouve de l'impopularité des fonctionnaires de l'exécutif, quand ils s'opposent au gouvernement impérial. Rapport des actes de l'assemblée de Kingston et observations.   332

24 mai,
York.

Thompson à ———. Il envoie de nombreuses adresses à Sa Majesté sur des sujets intéressant la province. La première contient 18,000 ou 20,000 signatures et a trait à l'appropriation des réserves du clergé. Bien qu'on ait souvent déclaré que le roi désapprouvait ces faveurs de privilèges exclusifs accordés à un seul corps de chrétiens, on a cependant

1833.

donné dernièrement à l'Eglise d'Angleterre de nombreuses terres des plus belles réserves. On enverra encore d'autres adresses portant plus de signatures. On a essayé d'empêcher par la force ces assemblées, et on a fait en vain des appels à l'exécutif local. Il attire l'attention sur la méthode de rendre la famille unie et prête à endurer des abus; il est facile d'apprécier comment l'on traite les habitants lorsque le juge en chef lui-même se permet d'écrire une adresse comme celle qui est ci-jointe. Il y a un sentiment bien fondé que tous ceux qui prennent un parti bien arrêté contre les abus auront à en subir les conséquences en justice, et on rappelle le cas de Francis Collins comme exemple; le lieutenant-gouverneur a refusé tout appel à la clémence. Il communique toutes ces réflexions, car c'est le désir de l'union politique centrale dont il est le président.   Page 597

Inclus. Réponse du Conseil législatif à la dépêche de Goderich, réponse établissant la fausseté des rapports de Mackenzie, écrits avec un mépris peu ordinaire de la vérité. Outrageuses accusations portées contre les autorités et le peuple de la province, qui ne peuvent avoir qu'un complet mépris pour ces rapports adressés par Mackenzie au secrétaire des Colonies. Commentaires un peu longs sur le contenu de la dépêche.   601

Adresse au roi, signée par Charles Thompson, qui y exprime sa reconnaissance pour l'enquête faite au sujet des griefs.

24 mai,
York.

Copie d'un permis de congé donné à Washburn. Incluse dans la lettre de Washburn au secrétaire des Colonies, en date du 29 septembre 1833.

27 mai,
Trésorerie.

Stewart à Lefèvre. Les lords de la Trésorerie partagent l'opinion du secrétaire des Colonies et croient qu'il n'est pas opportun d'augmenter, comme on l'a demandé, le traitement de Dunn.   60

Inclus. Rapport des commissaires auditeurs à la Trésorerie. Les appointements de Dunn de 1824 à 1828 ont été en moyenne de £1,171 12s. 11d. par année, mais ils ne peuvent dire quel profit lui ont donné les balances.   62

État des appointements de Dunn comme receveur général, état mentionné dans le rapport des commissaires auditeurs.   65

30 mai,
Essex.

Wilson à Stanley. Il propose d'envoyer des garçons au Canada et de les placer chez les colons.   640

30 mai,
Essex.

Le même à Hay. Lui transmet sa lettre de ce jour à Stanley et lui fournit d'autres renseignements sur le sujet d'envoyer des garçons au Canada.   643

30 mai,
Port-Hope.

Orton à Goderich. Il lui parle encore de l'assemblée de Port-Hope et sollicite de nouveau la faveur du roi.   371

3 juin,
Trésorerie.

Stewart à Hay. Il lui transmet une lettre de Colborne requérant de la papeterie, mais avant d'y satisfaire, la Trésorerie désire avoir l'opinion du secrétaire des Colonies sur cette demande.   66

8 juin,
Bromley.

Gardner à Goderich. Il désire fournir à son fils de quoi faire un dépôt dans un achat de terre près de Brantford, car on lui a dit que les sauvages avaient abandonné une étendue de terre qu'on devait vendre par parties.   207

10 juin,
Whitehall.

Lack à Hay. Les lords du commerce donnent les raisons pour lesquelles ils s'objectent à l'imposition de tout droit protecteur sur le coton, la laine et le tabac venant des Etats-Unis et passant par Montréal et Québec.   17

10 juin,
Artillerie.

Byham au même. Relativement à la concession de terre de l'artillerie faite par la législature du Haut-Canada à la Compagnie du havre et du quai de Niagara, l'Artillerie considère que dans les circonstances on peut approuver l'arrangement suivant les clauses projetées. L'Artillerie n'aurait aucune objection à faire si on concédait à la compagnie les parties 15 et 16. Il renvoie les papiers et les plans; le conseil fera les communications nécessaires aux officiers du Canada.   47

1833.
11 juin,   Edward au sous-secrétaire des Colonies. Il a l'intention de demander
Burton.   le poste de procureur général du Haut-Canada, mais désire d'abord
           savoir si cette vacance existe encore.   Page 214

14 juin,   Hagerman à Stanley. Il envoie une requête au roi de la part du
Londres.   clergé et de 6,500 autres personnes, lesquels demandent qu'on ne touche
           point aux dispositions concernant l'Eglise établie. Envoie aussi requête
           de la part de la corporation administratrice des réserves du clergé,
           laquelle demande la même chose.   290

15 juin,   Fraser au même. Transmet mémoire, espérant que Sa Majesté sera
Inverness. bien disposée à se rendre à son désir.   219

           Mémoire de Simon Fraser, racontant ses pertes et demandant une
           concession de terre dans le Haut-Canada.   220

19 juin,   Wilson à Hay. Il a hâte d'envoyer quelques-uns des garçons à Québec,
Essex.   d'où ils se rendront à Bytown, où on a fait les démarches nécessaires pour
           former un comité chargé de les recevoir.   645

21 juin,   Baker à Lefèvre. Il demande des lettres de recommandation pour
Londres.   certains jeunes gens du nom de Shore qui s'en vont s'établir dans le
           Haut-Canada et y fonder famille.   379

24 juin,   Ellis au même. Il demande en faveur de M. James Gibson une lettre
Londres.   d'introduction auprès de sir John Colborne, afin de mieux disposer sir
           John envers ce M. Gibson.   215

25 juin,   Finch à Hay. La famille pauvre à laquelle s'intéresse Hay est partie
Londres.   par mer.   224

29 juin,   Stewart au même. Il envoie le rapport des commissaires auditeurs
Trésorerie. au sujet de la dette de Robert Stanton, et la Trésorerie recommande
           d'adopter ce rapport, et de prendre les moyens de compenser cette dette
           par des sommes qui deviennent dues à Stanton à termes réguliers, au
           lieu d'en arriver au paiement par procédés judiciaires.   67

           Inclus. Rapport des commissaires auditeurs.   68
           Détail de la dette de Stanton.   70

29 juin,   Hagerman à Stanley. A été informé qu'on lui a rendu sa fonction de
Londres.   solliciteur général, et il lui en exprime sa grande satisfaction. 292

1er juillet, Hagerman à Hay. Serait-il facile pour Stanley de le présenter au
Londres.   roi au premier lever ?   293

2 juillet, Stewart au même. Les lords de la Trésorerie trouvent que la pre-
Trésorerie. mière chose qui s'impose avant plus amples contributions à la liquida-
           tion des dettes encourues au cours de la guerre de 1812, serait de voter
           et de distribuer dans le Haut-Canada un montant égal à celui déjà souscrit
           par la Trésorerie.   71

2 juillet, Yates au même. Il a reçu du Haut-Canada des listes de mots, des
Londres.   formes de discours et équivalents. Il envoie des remerciements à la
           Société Philologique.   112

2 juillet, E. Ryerson à Stanley. Il le remercie de l'entrevue dont on l'a honoré
Londres.   au sujet des réserves du clergé dans le Haut-Canada. On doit présenter
           à l'encontre une requête signée par 20,000 personnes et dans laquelle on
           s'opposera aussi contre l'établissement d'aucune église dominante. Elle
           est arrivée et on lui a donné instruction de l'appuyer. Il demande la
           permission de faire d'autres communications.   436

2 juillet, Peter Robinson à Goderich. Il envoie le rapport des ventes des
York.   réserves du clergé, lesquelles ont eu lieu entre le 1er janvier et le 30
           juin 1833 ; le prix moyen par acre a été de 14s.   539

           Inclus. Compte des ventes.   540

           (Comme endos à la page 546, il y a un sommaire des ventes faites du
           1er janvier au 30 juin 1833, comportant la date mentionnée dans la
           lettre.)

4 juillet, Burgess à ————. Il se plaint du traitement reçu, lorsqu'il était de
Baltimore. service au canal Rideau, pour avoir fait connaître les transactions rela-
           tives à l'ouvrage et pour avoir fait préparer les pièces justificatives

64 VICTORIA, A. 1901

1833.

(vouchers) d'une certaine façon. Il se plaint aussi de Buchanan, consul à New-York, lequel lui a non seulement refusé des renseignements, mais l'a insulté. Il nie devoir de l'argent à l'Artillerie, comme on l'a allégué, et il demande qu'on règle ses comptes et qu'on lui renvoie ses lettres et ses papiers.   Page 178

Inclus. Papiers relatifs à la cause de Burgess.   184

6 juillet, Reading.

Bigg à Stanley. Lui fait des observations sur l'état politique du Haut-Canada. Exaspération du parti ultra-tory, lors du renvoi des jurisconsultes, et reconnaissance de la grande majorité du peuple canadien. La proximité des Etats-Unis rend dangereux d'accorder à l'une ou à plusieurs sectes de chrétiens des distinctions qu'elles s'envient. Les neuf dixièmes des habitants du Haut-Canada sont opposés à tout ce qui a l'air d'une religion établie. Le peuple est plus disposé à payer pour les écoles qu'à verser de l'argent sur la demande des fonctionnaires du gouvernement. Croit qu'on devrait vendre au moins une partie des terres réservées aux écoles et en consacrer le produit à la formation de nouvelles routes et à d'autres améliorations. Difficile d'en arriver à une conclusion exacte relativement au véritable état du sentiment public. Influence des colons des Etats-Unis. Le peuple canadien est le plus heureux de la terre, quoi qu'en viennent dire certains vendeurs de griefs, qui essaient à le persuader du contraire. La vente des réserves du clergé, faite dans le but d'amener la prospérité du pays, provoquerait l'admiration et l'amour du peuple.   188

8 juillet, Downing Street.

Stephen à Hay. Il est d'opinion que la loi créant une taxe sur les émigrants venant dans le Bas-Canada, est dans les limites du pouvoir de la législature. Son argument à ce sujet est élaboré.   32

9 juillet, Windsor.

Taylor au même. Il envoie une requête du révérend Henry Morgan, de Galway, et il demande réponse.   626

Inclus. Requête de Morgan, qui veut obtenir un changement de bénéfice afin de pouvoir émigrer avec sa famille dans le Haut-Canada.   627

11 juillet, Trésorerie.

Rice à Hay. Les lords de la Trésorerie conviennent avec les lords du Commerce que la loi relative aux banques chartées devrait être sanctionnée conditionnellement au sujet des amendements à faire et qu'il se rédigera des règlements additionnels tel qu'indiqué dans la lettre de Lack.   74

12 juillet, Londres.

Commissaires auditeurs. Rapport au sujet de la dette de Stanton. Inclus dans la lettre de Spring.

12 juillet, York.

Rice à Hay, en date du 30 juillet 1833.

Rowan aux marguilliers de l'église catholique romaine d'York. En réponse à un mémoire, il envoie des documents relatifs à la requête du révérend Angus Macdonell et du révérend William Fraser, reçue en février ou mars 1829, envoyée à l'évêque Macdonell et non revenue.   161

Inclus. Lettre de Mudge aux RR. McDonell et Fraser. N'a reçu d'autres instructions que celles ci-incluses. Le gouvernement impérial n'a accordé aucune somme au clergé catholique romain ; la somme de £300 par année a été accordée aux instituteurs, mais n'a pas été tirée sur le gouvernement du Haut-Canada. Il envoie un extrait d'une lettre qui fait mention d'argent payé par la Compagnie du Canada au clergé catholique romain.   162

L'évêque Macdonell à Colborne. Lui envoie son autorisation de payer aux instituteurs catholiques romains un quart du montant originairement accordé à l'usage des prêtres. Comme Fraser retire £500 par année de sa présente situation, il recommande qu'on ne lui paie pas les £40 qui lui sont alloués chaque année, mais qu'on les passe à O'Grady, qui n'a encore rien reçu.   163

15 juillet, York.

Certificat de la part de King, notaire public, qu'il a remis une copie de requête à l'évêque Macdonell.   165

DOC. DE LA SESSION No 18

1833.
18 juillet,
Londres.

Adresse de la Chambre des Communes, demandant copie de la dépêche transmise par le secrétaire des Colonies au lieutenant-gouverneur relativement à des requêtes où l'on demandait son renvoi, la dissolution de la législature et le remède à certains griefs allégués, ainsi qu'une copie des adresses envoyées à la suite de cette dépêche par les habitants du Haut-Canada réunis en assemblée.   Page 6

18 juillet,
Londres.

E. Ryerson à Stanley. Argumentation longue et élaborée contre les réclamations de l'Eglise d'Angleterre dans le Haut-Canada.   438 à 500
Autres documents.   501 à 513

19 juillet,
Londres.

E. Ryerson à Hay. Il envoie des documents sur la question des réserves du clergé et de l'établissement religieux dans le Haut-Canada.   514

Rapport des comités de l'Assemblée au sujet de la nomination par la Chambre de ses propres fonctionnaires et au sujet d'un chapelain.   523 à 531

22 juillet,
Artillerie.

Cooper à Hay. Y a-t-il eu réception d'une réponse, de la part du lieutenant-gouverneur du Haut-Canada, à la lettre de Goderich en date du mois d'août 1832, et qui se rapportait à la vente des terres du gouvernement, dont les produits devaient servir à acheter des terres pour l'Artillerie, près de Kingston?   49

22 juillet,
Kensington.

Wild au sous-secrétaire des Colonies. Quel encouragement y a-t-il dans le Haut-Canada pour un membre du clergé? Il offre ses services.   647

30 juillet,
Dundas.

William Dickson à Stanley. Lui rappelle sa politesse et lui présente ses deux fils, qu'il a chargé de lui rendre visite et de lui fournir tous renseignements.   213

30 juillet,
Trésorerie.

Spring Rice à Hay. Lui envoie copie d'un rapport des commissaires auditeurs au sujet de la compensation projetée de la dette de Stanton, lesquels recommandent qu'on autorise le lieutenant-gouverneur à régler cette compensation avec Stanton.   75

Inclus. Commissaires auditeurs. Leur rapport à la Trésorerie pour le cas de Stanton.   76

Mémoire de Robert Stanton touchant la dette qu'il doit au gouvernement.   79

1er août,
Londres.

Verney à Hay. Demande des renseignements sur John Clifton; il fit voile vers Québec en juillet 1832.   630

9 août,
Artillerie.

Byham à Hay. Le maître général et le conseil de l'Artillerie, prenant en considération la promesse faite aux législatures, et, vu toutes les circonstances, ne sont pas prêts à recommander qu'on enlève des mains des volontaires les armes venues de Kingston.   50

12 août,
Artillerie.

Butler à Hay. Relativement à la vente de portions de terre près de Kingston, portions non requises par l'artillerie, et à l'achat d'autres pour servir à la construction des travaux de défense, le commandant des ingénieurs royaux a reçu instruction d'acquérir certaines terres. Stanley devra écrire au lieutenant-gouverneur du Haut-Canada pour la conclusion de l'arrangement.   52

14 août,
Trésorerie.

Stewart à Hay. La monnaie de cuivre expédiée est émise à un taux qui assurera 20 à 25 pour 100 de profit pour opérer le retrait. Le président de la Banque du Haut-Canada fait rapport qu'on ne peut la mettre en cours à un taux plus élevé que celui de l'émission. Véritable poids et valeur de la monnaie de cuivre.   84

19 août,
Trésorerie.

Galt à Stanley. Il désire connaître les intentions du gouvernement concernant les réclamations de guerre du Haut-Canada; la province a recueilli pour sa part £58,291.13.4.   229

26 août,
Londres.

Coutts & Co. à Stanley. Avaient reçu instruction de faire honneur aux lettres de Dunn, Markland et Baby pour paiement de dividendes sur valeurs tenues en mains au profit des sauvages Six-Nations. Dunn les a informés de la mort de Baby et leur a dit que lui (Dunn) et Mark-

1833.

land avaient signé la lettre pour le dernier dividende. Veulent savoir si elle sera honorée.   Page 208

1er septembre, Rivière Crédit.

Adamson au même. Envoie des documents dont les originaux ont été communiqués au gouvernement et au Conseil, et il se plaint de la façon dont on l'a traité relativement à sa réclamation d'un contrat pour le lopin de terre n° 4, tandis que l'on cherche à lui donner un co-locataire pour le n° 5. Il avait refusé l'arbitrage, mais ne veut pas accepter la conclusion tirée de là par le Conseil.   136

2 septembre, Londres.

Galt à Lefèvre. Il suggère qu'on prenne arrangement au sujet des réclamations du Haut-Canada à la suite de la guerre, le dit arrangement sujet à son approbation.   230

5 septembre, Whitehall.

Greville à Hay. On a confirmé la loi relative à la protection des intérêts du capitaine Alex. Shaw. Sur réception des honoraires, on transmettra l'ordre confirmant la loi.   7

7 septembre, Ministère de la Guerre.

Sullivan au même. Jarvis, militaire en demi-solde d'un loyal corps provincial, a fait demande de sa demi-solde et de son traitement comme huissier de la verge noire du Conseil législatif du Haut-Canada. Il demande le montant de son traitement, ses émoluments et la date de sa nomination.   100

11 septembre, Trésorerie.

Stewart au même. Il transmet une lettre de Dunn, disant qu'il a tiré pour £400 à compte de dividendes sur fonds placés pour le soutien du clergé de l'Eglise d'Angleterre. Le montant de dividende aujourd'hui en main est de £271 16s. seulement.   87

23 septembre, Londres.

Dunn au même. Il part le 1er et il offre de prendre soin des dépêches pour le Haut ou pour le Bas-Canada.   216

23 septembre, Killybeg.

Powell à Stanley. Il demande encore une extension de congé.   381·

25 septembre, Londres.

Hagerman à Stanley. Récit long et détaillé de l'origine des réserve-du clergé et de la division de la province de Québec en Haut et en Bass Canada.   294

28 septembre, Whitehall.

Greville à Hay. Il envoie l'ordre confirmant la loi privée de Shaw, ayant reçu les honoraires.   8

29 septembre, Dublin.

Washburn au secrétaire des colonies. Demande une extension de congé.   649

Inclus. Copie de son permis de congé accordé par Colborne.   650

30 septembre, Londres.

Hagerman à Hay. Il a écrit la lettre au sujet des réserves du clergé et il la transmettra à Stanley aujourd'hui. Il l'eut transmise il y a longtemps, mais savait Stanley très occupé.   321

2 octobre, Ministère de la Guerre.

Sullivan au même. Désire avoir une réponse à sa demande de renseignement concernant Jarvis.   101

4 octobre, Trésorerie.

Stewart au même. Les lords de la Trésorerie ont placé un autre montant pour le compte des réserves du clergé dans le Haut-Canada.   88

5 octobre, Whitehall.

Lamb à Hay. Il envoie une requête et une lettre de David Browne au sujet d'un achat de terre dans le Haut-Canada, et il veut connaître la décision de Stanley.   20

5 octobre, Londres.

Gould à Stanley. Alerte dans le commerce causée par le prolongement de délai pour la sanction de la loi des banques. Demande des renseignements au sujet des instructions envoyées au Canada à ce propos.   103

5 octobre, Greenock.

Liddell à Stanley. Des gens à l'aise de Greenock, désireux d'émigrer dans le Haut-Canada, voudraient savoir à quelles conditions le gouvernement leur rendrait une portion de terre inculte située avantageusement et d'une superficie de 20,000 à 30,000 acres. Leur intention est d'amener avec eux des commerçants et des cultivateurs expérimentés qui enrichiront le terrain ; ils vendront tout ce qu'ils n'apporteront pas avec eux. Ils espèrent entretenir un courant continuel d'émigration.   347·

8 octobre, York.

Robinson à Maitland. Félicite Maitland de sa bonne santé, puis entre dans de longs et minutieux détails au sujet de sa nomination de juge en

1833.

chef et d'Orateur du Conseil législatif, et finit par se plaindre de la réduction de son traitement d'Orateur, occasionnée par le fait que l'Assemblée
a pris charge du contrôle des droits perçus en vertu du statut 14
George III.   Page 395

10 octobre,
Sligo.

Powell à Hay. Il envoie l'original du certificat de bail accordé par le
lieutenant-gouverneur.   382

Inclus. Permis de congé accordé par le lieutenant-gouverneur; l'avis
signé par Rowan.   383

15 octobre,
Cobourg.

Edwards à Goderich. Il signale le tort causé à l'émigration, bien
opportune cependant, par les récents règlements touchant les concessions
de terre. Il attire l'attention sur les difficultés rencontrées par le major
Shairp.   216

15 octobre,
Londres.

Tarr à————. Après avoir été mis à sa retraite à Kilmainham, en
1818, avait été retranché de la liste l'année suivante, parce qu'il se trouvait en Russie lors de l'appel; il ne peut aujourd'hui être réintégré ni
trouver d'emploi; on l'a même jeté en prison parce qu'il avait voulu se
procurer une maigre subsistance en vendant des allumettes et des brochures. Demande de l'aide, car il est sans ressources.   225

16 octobre,
Whitehall.

Lamb à Hay. Il envoie des lettres avec papiers inclus de la part de
Joseph Parr (ou Farr) qui demande un passage gratuit pour le Haut-
Canada. Soumettre les papiers à Stanley.   21

24 octobre,
Moville.

Allan à Stanley. Il appartient au clergé de l'Eglise d'Angleterre et
veut savoir si en émigrant au Haut-Canada et en y achetant 400 à 500
acres de terre dans un nouveau township, il pourrait espérer se faire
nommer au bénéfice de ce township, étant donné qu'il y viendrait s'établir bon nombre d'amis disposant de certains capitaux.   170

25 octobre,
Londres.

Gould au même. Il envoie copie de la lettre du 5 courant. Chaque
vaisseau qui arrive rend les marchands qui ont des intérêts dans le
commerce du Canada, de plus en plus désireux de connaître la décision
du gouvernement relativement aux banques du Canada.   105

30 octobre,
Trésorerie.

Stewart à Hay. Les lords de la Trésorerie regrettent que des rapports
de leurs intentions, qu'ils n'ont pas autorisées, touchant la banque du
Canada, et la banque Commerciale, aient occasionné une excitation
momentanée. Approuvent le refus judicieux de publier la proclamation.
Changements qui s'imposent pour pourvoir à la protection nécessaire du
public; conditions et règlements à ajouter à la charte; la nature de ceux
existant est trop générale et surtout ne s'applique pas à la banque du
Haut-Canada. Comment l'on propose de faire les affaires avec cette
banque. Explication de la nature des conditions projetées.   89

4 novembre,
Londres.

Richardson, Shield et Hall au secrétaire des Colonies. Ils veulent
savoir si un jeune homme, qu'on a admis avocat et solliciteur à Westminster, peut obtenir sa licence de pratiquer dans le Haut-Canada sur
production de ses certificats d'admission à Westminster.   425

7 novembre,
Trésorerie.

Stewart à Hay. On va faire réponse aux marchands et aux commerçants d'York, dans le Haut-Canada, lesquels ont transmis un mémoire
demandant à augmenter le capital de la banque du Haut-Canada et à
établir à l'intérieur la banque Commerciale, que leur mémoire ne contient
aucune nouvelle information ni aucune raison pour changer l'opinion
touchant l'amendement aux actes d'incorporation.   98

15 novembre,
Londres.

Hagerman à Stanley. Demande la confirmation de son permis de
congé.   322

16 novembre,
Londres.

Le même à Hay. Il a écrit à Stanley au sujet de la confirmation de
son permis de congé; lettre incluse.   323

19 novembre,
Boulogne.

Sawers à Stanley. Enumère ses dépenses pour défricher Verulam et
s'y établir, dans le district de Newcastle, et demande qu'on s'intéresse à
son sort.   592

1833.
22 novembre,
Londres.

Price à Hay.   Demande en faveur de madame Eléonore Gore Caldwell une concession de terre à ses fils, vu les services rendus par leur père.
Page 384

Inclus.   Mémoire de madame Eléonore Gore Caldwell, dans lequel elle énumère les services de feu son mari et demande une concession de terre pour ses fils.   385

Mémoire de Caldwell en 1802.   387

Certificat établissant que les fai's mentionnés dans le mémoire sont vrais.   388

Autres documents.   389 à 393

23 novembre,
Perth-H.-C.

Read à Stanley.   Il demande une concession de terre en récompense des services professionnels qu'il a rendus à la colonie de Lanark.   426

Inclus.   Hiller à Read.   Observations sur les arrangements relatifs à la région où les services ont été rendus.   428

Certificat donné par Marshall au sujet des services rendus par Read à la colonie de Lanark.   430

24 novembre,
York.

Gordon à Stanley.   Il fait rapport qu'il a en mains une balance des parts qu'il a reçues comme payeur du 1er régiment de la milice d'Essex, parts allouées sur la prise du fort Détroit. Il a hâte d'en finir avec cette affaire.   232

27 novembre,
Ministère de
la Guerre.

Sullivan à Hay.   Vu que Rowan a fait demande de sa demi-solde jusqu'au 22 juin 1832, il désire savoir quel est le montant de son traitement et de ses émoluments d'employé public, et la date de sa nomination. 102

6 décembre,
Whitehall.

Lack au même.   Les lords de la Trésorerie désirent savoir si Stanley a pris des mesures concernant les banques, à la suite de leurs recommandations du 9 mai, et s'il en a pris, quelles sont ces mesures.   19

9 décembre,
Londres.

Robert Dickson à Stanley.   Il envoie un paquet qu'on lui a dit contenir une requête de la veuve de Claus, autrefois du département des Affaires des Sauvages. Il demande une entrevue personnelle au sujet de cette requête, ou une réponse à celle-ci, si d'autres occupations ne permettent pas de lui accorder cette entrevue.   211

9 décembre,
Alnwick.

Hagerman à Hay.   La personne qui s'est représentée comme la porte-voix d'une grande partie de la population du Haut-Canada est de retour et a perdu toute la confiance de tous ceux qui l'avaient d'abord appuyée. Cette population est trop habituée au progrès pour se mettre à la remorque de démagogues sans principes et sans valeur. Il y a eu réunion de l'Assemblée le 19 novembre, mais il n'espère pas qu'il s'y fasse des travaux bien importants durant cette session. Il n'a pas oublié sa lettre au sujet du Saint-Laurent.   324

Inclus.   Avis de la part du journal l'*Advocate* que l'édition dans laquelle cet avis a paru sera sa dernière édition régulière.   326

Attaque sur les Ryerson.   327

16 décembre,
Trésorerie.

Stewart à Hay.   Les lords de la Trésorerie adoptent l'opinion de Stanley concernant la demande des fonctionnaires du Haut-Canada ayant pour objet une continuation de commutation au lieu d'honoraires ou de concessions de terrain.   99

17 décembre,
Rosscrea.

Atkinson à Stanley.   Il fait partie de l'Eglise établie (Eglise d'Angleterre) et il est catéchiste depuis nombre d'années. S'il émigrait dans le Haut-Canada et y exerçait le même ministère, devrait-il s'attendre à quelque allocation de la part du gouvernement ?   171

24 decembre,
York.

J. B. Robinson à Hay.   Son frère craint d'être destitué pour avoir différé de rendre compte en sa qualité de surintendant de l'émigration d'Irlande. Dommage que cette destitution causerait à sa réputation. Son zèle, sa diligence et son intégrité. Sir John Colborne sera anxieux de lui rendre justice à cet égard, et Maitland verra à ce qu'il lui soit également rendu justice en Angleterre. Son frère n'avait pas sollicité le poste de surintendant de l'émigration et avait exprimé le désir qu'un autre fonctionnaire fût chargé de faire les paiements et la comptabilité;

1833.

cette dernière et tous les minutieux détails qui s'y rattachent ont présenté les plus graves difficultés. Les retards dont il s'agit ont eu différentes causes, mais il apprend que tous les états de compte sont terminés,
et il espère qu'on les trouvera satisfaisants.   Page 431

26 décembre,
Whitby.

Boys à Stanley. Il renvoie la minute du Conseil exécutif à lui adressée
par le greffier sur sa demande de remboursement de la partie du prix
d'achat de sa terre à laquelle les règlements lui donnaient droit. La
minute lui conseillait d'obtenir un ordre du secrétaire des Colonies. Il
envoie copie de sa requête pour faire voir sur quoi il s'appuie.   193

Inclus. Beikie à Boys. Il expose que la minute du Conseil exécutif
lui recommande d'obtenir un ordre du secrétaire des Colonies.   195

Requête et documents y annexés.   196 à 204

27 décembre,
Whitehall.

Phillips à Hay. Reçu sa lettre du 20 concernant sujets anglais faits
prisonniers de guerre dans le Haut-Canada. Les archives du bureau
impérial ne contiennent pas d'autres renseignements à leur égard. On
a exécuté pour crime de haute trahison certains sujets anglais, dans le
Haut-Canada, en 1814. Melbourne fait remarquer que certains prisonniers de guerre envoyés en Angleterre ont peut-être été ré-expédiés dans
le Haut-Canada pour y subir leur procès, ce dont on pourrait se rendre
compte en consultant les archives du bureau des Colonies.   22

Inclus. Dossier de la cause des prisonniers, et correspondance y
relative.   24

28 décembre,
Erin Dale.

Mémoire du révérend James Magrath ayant rapport à 1,200 acres de
terre sujettes à concession gratuite. Le paiement des frais d'émission
de lettres patentes et des honoraires d'enregistrement, l'exécution des
conditions d'établissement, et l'acquittement des rentes ne semblent pas
lui permettre de se prévaloir de la concession déjà faite.   362

Pas de date.

Mémoire de la corporation chargée d'administrer les réserves du clergé
dans le Haut-Canada, combattant le projet de les confisquer au profit de
la Couronne.   113

Mémoire du clergé et autres membres de l'Eglise d'Angleterre, demandant qu'on laisse subsister les réserves du clergé en faveur de l'Eglise
d'Angleterre au Canada selon le statut 31 George 3 qui en garantit
l'existence.   123

Mémoire des habitants du Haut-Canada, demandant qu'on mette au
service de l'instruction publique le revenu des réserves du clergé.   127

Requête des catholiques romains demandant l'abolition des réserves
du clergé et se plaignant des fausses représentations de l'évêque Macdonell par rapport à une précédente requête.   131

Mémoire des marguilliers de l'église catholique romaine d'York demandant l'institution d'une commission d'enquête concernant le mode de
distribution des fonds destinés au soutien de l'église.   138

Certificat de King, notaire public, établissant que le mémoire ci-dessus
mentionné a été présenté au lieutenant-gouverneur et que la réponse à
icelui a été transmise aux auteurs du dit mémoire, avec documents à
l'appui, par voie du bureau du gouvernement.   140

John Leeky à——. Demande un passage gratuit pour aller rejoindre
son père dans le Haut-Canada.   349

Elisabeth Veal à Palmerston. Sa sœur, domiciliée dans le Haut-
Canada, n'ayant pas répondu à ses lettres, elle veut savoir si le gouvernement peut lui dire ce que sont devenus ses amis.   631

Mémoire de Charles Whitlaw. Ses services, voyages par lui faits dans
le Haut-Canada pour rechercher les qualités des divers terrains de cette
province. Ses pertes. Demande qu'on lui renouvelle la concession de
terre qu'on lui avait faite.   932

Mémoire de George Whitlaw, demandant une concession de 500 acres
de terre dans le Haut-Canada.   637

1836.

Q. 379—4 contient le rapport du comité spécial chargé d'étudier les .
requêtes relatives aux réserves du clergé.

LETTRES DE M. MACKENZIE EN 1833.

(La première partie est paginée de 1 à 264 ; la deuxième partie de 265
à 514 ; la troisième partie de 515 à 790 ; la quatrième partie de
791 à 1002.)

Q. 380—1-2-3-4.

1825.
— mars,
York.

Rapport du comité spécial de l'Assemblée législative du Haut-Canada.
Inclus dans Mackenzie à Howick, 28 mars 1833.

1829.
1er octobre,
Québec.

Routh à Couper.

6 octobre,
Québec.

Le même à Colborne.

1830.
13 février,
York.

Procès-verbaux du comité concernant la circulation monétaire.
Rapport concernant la circulation monétaire.

8 mars,
York.

Résolutions, avec tableau de la valeur de la monnaie. Le tout, joint
aux quatre documents précédents, dans Mackenzie à Goderich, 14 mars
1833.

18 novembre,
Montréal.

Armour à Freeling. Incluse dans Mackenzie à Howick, 28 mars 1833.

Pas de date.

Extrait du rapport du comité touchant la circulation monétaire.

1831.
11 février,
York.

Rapport touchant l'état de la circulation monétaire.

26 mars,
Québec.

Rapport de l'Assemblée législative du Bas-Canada touchant le département des Postes. Ce rapport, ainsi que les deux documents précédents,
sont inclus dans l'envoi de Mackenzie à Goderich, le 14 mars 1833. Ce
rapport renferme l'énumération des bureaux établis et le relevé des perceptions dans le Bas et le Haut-Canada.)

7 avril,
Londres.

Freeling à Armour. Inclus dans l'envoi de Mackenzie à Goderich, le
28 mars 1833.

Pas de date.

Proposition faite deux fois par Mackenzie. Incluse dans l'envoi de
Mackenzie à Goderich, le 14 mars 1833.

1832.
2 janvier,
York.

Discours fait par Mackenzie sur les hustings. Inclus dans l'envoi de
Mackenzie à Goderich, le 5 janvier 1833.

11 janvier,
Québec.

Rapport du comité spécial de l'Assemblée législative du Bas-Canada
sur l'administration des Postes, en même temps que les procès-verbaux.
Relevé du nombre des bureaux abolis. Inclus dans l'envoi de Mackenzie
à Howick, le 28 mars 1833.

19 mars,
Hamilton.

Article extrait du *Free Press* de Hamilton. Inclus dans un envoi de
Mackenzie à Goderich, le 4 février 1833.

8 novembre,
Downing
Street.

Goderich à Colborne. Compris dans l'envoi de Mackenzie à Goderich,
le 8 mars 1833.

17 novembre,
York.

Résolutions passées dans une assemblée publique à York. Incluses
dans un envoi de Mackenzie à Goderich le 12 janvier 1833.

27 novembre,
York.

Correspondance extraite du *Reformer* de Cobourg. Incluse dans l'envoi
de Mackenzie à Goderich le 9 janvier 1833.

7 décembre,
York.

Rapport des débats sur un bill touchant la réglementation du département des Postes. Inclus dans l'envoi de Mackenzie à Howick le 28
mars 1833.

DOC. DE LA SESSION No 18

1833.

22 décembre,
York.

Rapport des débats à propos de la proposition d'annexer Montréal au Haut-Canada.

3 janvier,
York.

Mémoire demandant l'abolition de la taxe sur les émigrants. Les deux documents sont inclus dans l'envoi de MacKenzie à Goderich le 8 mars 1833.

5 janvier,
Londres.

Mackenzie à Goderich. Les règles posées dans sa lettre et dans celle d'Howick ne sont pas compatibles. Il propose de rétablir la vérité auprès du gouvernement, que l'on a induit en erreur. Il a refusé de faire des excuses à l'Assemblée législative pour ce qu'il en a dit de ses membres dans son journal, vu qu'il n'a pas abandonné son droit de critique en sa qualité d'éditeur. Il se retirerait du journalisme et de la législature si son comté, agissant comme jury, déclarait avoir confiance au gouverneur, au Conseil exécutif ou à l'Assemblée. Il a défié le gouvernement de lui susciter un adversaire, et il a répandu des milliers de copies du discours qu'il entendait faire sur les hustings. Il a été réélu par une grande majorité et fut expulsé de nouveau. La majorité qu'il a obtenue dans le cœur de la province démontre que le reste des comtés n'approuve pas le Conseil exécutif. Il a adressé le discours qu'il a fait le 2 janvier pour faire connaître les points qui lui ont valu sa réélection ; c'est ce discours, regardé comme libelleux, qui a été le prétexte de son expulsion. Il rappelle les circonstances dans lesquelles s'est opérée l'expulsion de Christie dans le Bas-Canada ; le gouvernement de Sa Majesté avait refusé la dissolution constitutionnelle des Chambres dans le Haut-Canada, ce qui avait fourni à l'administration locale l'occasion de l'expulser de nouveau. Sa réélection, le 20 novembre dernier, prouve non seulement la confiance de ses électeurs en lui, mais leur manque de confiance envers les autorités locales et le gouvernement général. Le désappointement du Haut-Canada au sujet de l'appui donné par un gouvernement de réforme. Ses prévisions remplies à la lettre, ses doutes sur l'existence que l'on allègue des partisans du gouverneur dont les adresses ont été publiées dans le *Courrier*, tandis que la moindre approbation est refusée par un groupe de pétitionnaires dont le sentiment n'est pas du tout équivoque.   Page 1

Inclus. Copies des adresses avec réponses et observations.

Copie du dit discours prononcé par Mackenzie le 2 janvier 1832. Acte d'accusation porté, est-il dit, par le résultat de l'élection, contre le lieutenant-gouverneur et ses aviseurs.   515

9 janvier,
Londres.

Mackenzie à Goderich. Il donne les raisons qui lui font croire que le gouvernement de Sa Majesté a été trompé sur le caractère réel et le nombre des signataires des mémoires qui expriment des opinions absolument contraires à celles qu'il soutient lui-même. Les requêtes adressées au roi et dont il était le dépositaire contenaient 20,000 signatures recueillies dans un ou deux cents districts, de sorte que les requêtes opposées, envoyées par le lieutenant-gouverneur, ne pouvaient pas être signées par un plus grand nombre. Ou ses requêtes étaient fausses ou celles de Colborne l'étaient. S'il n'avait pas été convaincu qu'il représentait le sentiment du peuple du Haut-Canada, il n'aurait pas traversé l'Atlantique pour remplir la mission qui l'avait retenu. Il avait sollicité la dissolution de la législature et l'appel d'un nouveau parlement provincial afin de s'assurer de l'opinion publique ; c'est par l'entremise de l'Assemblée législative que les pétitionnaires se proposent d'exécuter des plans de réforme. C'eut été agir en Don Quichotte que de l'envoyer à Londres demander la dissolution des Chambres si les pétitionnaires ne s'étaient pas sentis assurés qu'ils pouvaient envoyer une classe différente de représentants à la nouvelle législature. En 1828, les méthodistes wesleyens et des protestants dissidents adressèrent une pétition pour se plaindre de la mauvaise représentation de Strachan et réclamer des privilèges religieux égaux ; les pétitions, qui contenaient 8,000 signatures

1833.

furent présentées par Hume et renvoyées à un comité de la Chambre des Communes, qui fit un rapport favorable; mais on ne procéda point davantage. Il est impossible, vu la longueur de la lettre, d'en condenser le reste dans un espace raisonnable.   Page 14

Inclus. Une correspondance extraite du *Reformer* de Cobourg. 45

12 janvier,
Londres.

Mackenzie à Goderich. Il envoie les procès-verbaux de deux assemblées publiques tenues dans le district de Home. N'a pas encore reçu de copie des résolutions.   47

Inclus. Procès-verbaux d'une assemblée publique tenue à Whitby. 48

Résolutions passées à une assemblée publique tenue à York.   555

18 janvier,
Londres.

Mackenzie à Goderich. Long plaidoyer très élaboré destiné à prouver que la question de l'union de Montréal au Haut-Canada a été agitée avec autorisation.   50

24 janvier,
York.

Rapport du débat à propos de la dépêche de Goderich. Inclus dans l'envoi de Mackenzie à Goderich, le 8 mars 1833.

28 janvier,
Londres.

Mackenzie à Goderich. Observations relatives à l'amendement proposé à la loi concernant la nomination des grands et des petits jurés.

Le titre.   63

Les observations.   64

Faits nouveaux et observations touchant à l'administration de la justice dans le Haut-Canada.   90

Bill réglementant la manière de nommer les grands et les petits jurés.

Le titre seul.   562

Le bill est dans Q. 376.

4 février,
Londres.

Mackenzie à Goderich. Sachant que les paroles dites en parlement ne pouvaient point être le sujet d'une pétition officielle, il avait marqué sa lettre *privée.* Il a envoyé un mémoire concernant l'administration de la justice, ainsi qu'une liste des crimes et des méfaits privés et publics. Il mentionne les observations faites en parlement par Goderich à propos du contenu des requêtes. Différents extraits des discours d'Howick, etc. Se plaint que le vice, le crime et l'anarchie règnent dans le Haut-Canada, et que les magistrats ne peuvent ni être punis ni démis; autres griefs.   329

4 février,
Londres.

Du même au même. Récit complet des attaques faites contre lui (Mackenzie) à Hamilton; il se plaint du montant des honoraires des avocats et d'autres injustices.   96 à 262

Inclus. Un article du *Free Press* d'Hamilton donnant le compte rendu d'une assemblée tenue à Hamilton le 19 mars 1832.   563

Compte rendu de la destruction du thé dans le port de Boston en 1774.   582

Débat qui eut lieu à la législature du Bas-Canada relativement à l'exclusion des juges des conseils exécutif et législatif.   588

6 février,
York.

Remarques faites dans le *Christian Guardian* relativement à sa dépêche (de Goderich). Inclus dans l'envoi de Mackenzie à Goderich le 8 mars 1833.

8 février,
Londres.

Mackenzie à Goderich. Il déclare qu'il n'a que le bien public en vue et qu'il cherche à récompenser les bontés du peuple du Haut-Canada. Il n'est pas étonné que ses motifs aient été incompris, mais il est maintenant convaincu qu'il a été injuste envers Sa Seigneurie, et il est prêt à écouter, autant qu'elles peuvent le mériter, n'importe quelles propositions faites dans l'intérêt public. Il parle du bon effet qui devra résulter de la bonté montrée à l'égard du peuple du Haut-Canada. Il compare les cas de York et de Gaspé, et soutient que le peuple du Haut-Canada avait le meilleur cas. Il renouvelle ses accusations d'injustice contre le gouvernement local et la majorité de l'Assemblée et demande une enquête. Il critique la conduite de l'Assemblée et condamne le maintien à leurs postes des officiers qui sont devenus nuisibles au peuple. La lettre se termine par ces mots: "Va-t-on prendre des moyens de redresser nos

1833.

griefs ? Ou est-ce que la forme et la manière de notre demande doivent être regardées comme un obstacle insurmontable à la mesure de justice, depuis si longtemps différée, que nous devions recevoir de la part du gouvernement de Sa Majesté."   Page 265

Autres documents relatifs à l'élection de York.   296

9 février,
York.

Adresse au roi.

19 février,
Port-Hope.

Résolutions passées à Port-Hope. Ces deux documents sont inclus dans l'envoi de Mackenzie à Goderich, le 2 avril 1833.

11 février,
Londres.

Makenzie à Goderich. Il envoie des affidavits, des extraits de journaux, etc., afin de démontrer comment les signatures des contre-requêtes ont été obtenues.   303

13 février,
York.

Rapport du discours prononcé par le lieutenant-gouverneur lors de la prorogation des Chambres.

15 février,
Ste-Catherine.

Rapport d'une assemblée tenue à Sainte-Catherine.

20 février,
York.

Observations faites par le *Christian Guardian* au sujet des réserves du clergé. Ce document ainsi que les deux précédents sont inclus dans l'envoi de Mackenzie à Goderich, le 2 avril 1833.

27 février,
Londres.

Mackenzie à Howick. Il envoie copie de la pétition qui doit être présentée au Parlement par Hume. Il n'avait pas l'intention de communiquer officiellement avec Stephen lorsqu'il lui envoya copie de la pétition. Sa lettre à Goderich n'est pas admise, bien que la pétition à laquelle elle fait allusion ait été en délibération depuis près de huit mois. Il compare de nouveau les cas de Gaspé et de York. Le retard est une cause de mécontentement. Si le mécontentement croissant doit entraîner des divisions dans l'empire, il espère qu'en justice il sera reconnu pour avoir fait tout ce qui était possible pour en maintenir l'intégrité.   Un P. S. attire l'attention sur une lettre parue dans le *True Sun* contre le secrétaire des Colonies en même temps qu'une copie de la pétition, et il nie avoir envoyé cette pétition au *True Sun*, de même qu'il déclare ignorer complètement l'auteur de la lettre.   325

Inclus. Pétition de Mackenzie. Titre seul. Sa pétition est reproduite dans Q. 379.

7 mars,
Londres.

Mackenzie à Goderich. Se rendra auprès de Sa Seigneurie lundi. 336

8 mars,
Londres.

Mackenzie à Goderich. Il envoie un exemplaire du *Christian Guardian*. Il exprime sa gratitude à Sa Seigneurie pour avoir accueilli favorablement la pétition du peuple du Haut-Canada. Se plaint des officiers en loi de la Couronne et de certains autres employés.   337

Liste des documents inclus.   344

Autre liste.   596

Remarques du *Christian Guardian* au sujet de la dépêche de Goderich.   597

Goderich à Colborne, 8 novembre 1832. Titre seul. Dépêche reproduite dans Q. 376.

Compte rendu du débat au sujet de la dépêche.   602

Adresse à l'Assemblée du Haut-Canada au sujet de l'abolition de la taxe sur les émigrants imposée par l'Assemblée du Bas-Canada.   622

Compte rendu du débat au sujet de la proposition d'annexer Montréal au Haut-Canada.   635

14 mars,
Londres.

Mackenzie à Goderich. Objections à l'Acte pourvoyant à l'augmentation du capital de la banque du Haut-Canada, ainsi qu'à l'Acte établissant une banque à Kingston, dans le district de Midland. Titre. 370

Lettre.   371

Inclus. Bill original.   662

Bill rapporté du comité de la circulation monétaire. Titre.   666

Ce bill se trouve dans Q. 376.

1833.

Rapport sur l'état de la circulation monétaire.   Page 667

Résolutions proposées à deux reprises par Mackenzie pour l'obtention de renseignements de la part de la banque du Haut-Canada.   667

Extrait du rapport du comité au sujet de la circulation monétaire.   681

Routh à Colborne.   Au sujet de la circulation monétaire.   692

Le même à Couper.   Sur le même sujet.   694

Procès-verbaux du comité concernant la circulation monétaire.   702

Brochure démontrant l'intérêt sur les dépôts en espèces dans l'État de New-York.   710

Rapport sur l'état de la circulation monétaire dans le Haut-Canada.   712

Résolutions, avec un tableau de la valeur des monnaies.   717

Rapport du comité spécial de l'Assemblée du Bas-Canada sur le département des Postes.   726

Relevé de l'établissement des bureaux.   751

Relevé des perceptions dans le Haut et le Bas-Canada.   752

20 mars, Londres.   Mackenzie à Howick.   Il envoie la liste des membres du Conseil législatif, avec la mention des emplois qu'ils remplissent; aussi la liste des membres de l'Assemblée législative qui occupent des emplois. Il n'a pas constaté l'établissement du service civil du Haut-Canada en 1830 tel que mentionné par Howick. Comme la législature ne s'est pas réunie avant 1831 les emplois publics ne peuvent pas être prouvés par les livres bleus de 1830. Aucune harmonie ne peut exister entre l'Assemblée et le Conseil législatif à moins d'opérer des changements au sein de celui-ci. Il a été décidé par la Couronne que les juges puisnés devaient, pendant qu'ils administraient la justice, abandonner leurs sièges de législateurs, quitte à les reprendre dès qu'ils cessaient d'être juges. S'il était encore stipulé que tous les employés publics devraient abandonner leurs sièges, une indépendance suffisante pourrait ainsi exister au Conseil. Il ne désire pas comprendre tous les conseillers lorsqu'il parle de ces employés publics.   345

Inclus. Liste des membres du Conseil législatif du Haut-Canada avec celle des emplois qu'ils remplissent en même temps, etc.   349

Liste des membres de l'Assemblée qui occupent des emplois du gouvernement.   357

26 mars, Londres.   Mackenzie à Howick.   Il demande d'accorder la sanction à une entrevue avec Freeling.   415

Inclus. Freeling à Mackenzie.   Il reçoit l'autorisation de communiquer avec le secrétaire des Colonies seulement sur le sujet mentionné dans sa lettre.   416

28 mars, Londres.   Mackenzie à Howick.   Il envoie la seule copie qu'il possède des changements proposés aux règlements des Postes dans l'Amérique Britannique du Nord.   419

Inclus. Règlements proposés, comprenant la correspondance et les autres documents.   429 à 480

Lettres concernant le port.   482

Rapport du comité spécial de l'Assemblée du Bas-Canada au sujet des Postes.   791

Procès-verbaux du comité.   797

Nominations à différentes fonctions dans le département des Postes.   867 à 877

Relevé du nombre actuel des bureaux de poste dans le Bas-Canada.   875

Relevé des bureaux abolis.   879

Port d'une simple lettre de Québec aux bureaux de poste du Bas-Canada.   881

Correspondance entre Freeling et Armour concernant le port des lettres.   Page 888
Rapport du comité spécial relatif à la pétition Bergin touchant les Postes.   893
Titre seul. Rapport dans Q. 377.
Rapport du comité spécial relatif à l'état des Postes dans le Haut-Canada.   894
Titre seul. Rapport dans Q. 378.
Rapport du comité spécial de l'Assemblée du Haut-Canada relatif aux abus que l'on dit exister dans le département des Postes.   895
Extraits de journaux, etc, combattant la taxe imposée sur eux.   900
Débat rélatif à un bill destiné à réglementer le département des Postes.
                                                                          929

2 avril,
Londres.
Mackenzie à Stephen. Il envoie les dernières nouvelles du Haut-Canada. Il exprime la nécessité de grande prudence qui doit exister chez le nouvel officier en loi de la Couronne du Haut-Canada. Il transmet une copie du discours prononcé par Colborne lors de la prorogation; il parle de la difficulté qu'il éprouvera à se choisir un solliciteur général. Il mentionne la défaite du vote de remerciement proposé à l'adresse de Sa Majesté; le vigoureux discours de Strachan; son revenu considérable le rend indépendant. La fréquente adoption par l'Assemblée du bill concernant la succession des intestats a été combattue dans le Conseil. Il ne peut croire que ce soit dans l'intérêt de qui que ce soit d'enrichir extraordinairement des particuliers au moyen de la loi de primogéniture. Il rétracte les opinions erronées qu'il a entretenues au sujet de Goderich. Il parle du mécontentement causé en limitant les causes criminelles au procureur général et au solliciteur général.   485
Inclus. Projet de bill concernant le droit de primogéniture.   947

2 avril,
Londres.
Mackenzie à Goderich. Au lieu de plaintes il sera en mesure de fournir des comptes rendus exprimant de la gratitude dans le Haut-Canada. C'est vrai qu'une adresse de remerciement a été rejetée par l'Assemblée et le Conseil, mais le peuple la passera à leur place.   492
Inclus. Remarques du *Christian Guardian* sur les réserves du clergé dans le compte rendu de l'assemblée tenue à Sainte-Catherine.   960
Pétition au roi approuvée à l'Assemblée.   970
Compte rendu du discours prononcé par le lieutenant-gouverneur lors de la prorogation des Chambres.   978
Adresse au roi votée par la législature du Haut-Canada.   985
Résolutions passées à Port-Hope exprimant des remerciements pour le message du secrétaire des Colonies.   997

7 mai,
Londres.
Mackenzie à Earle.
Vu la maladie dans sa famille il est obligé de retourner au Haut-Canada, où il sera probablement forcé de s'occuper activement des affaires publiques. Il exprime son regret de n'avoir pu obtenir d'entrevue et les raisons pour lesquelles il aurait dû l'obtenir.   496

13 juin,
Londres.
Le même à Stanley. Il transmet ses observations à propos des " livres bleus". Il exprime sa surprise de voir que les renseignements ont été omis, vu que les relevés auraient pu être terminés il y a plus de six mois. Inexactitude des relevés. Remarques relatives au frais de port, etc. Il y a de nombreux commentaires destinés à appuyer l'exposé du texte.   500
Inclus. Remarques relatives aux traitements des membres de la législature qui occupent déjà des emplois publics.   510

DOCUMENTS INCLUS DANS LES LETTRES DE MACKENZIE 1833.

Q. 380-5.

Contient là liste des honoraires et appointements payés à divers employés du Haut-Canada, à différentes dates.

LIEUTENANT-GOUVERNEUR SIR J. COLBORNE, 1834.

La première partie est paginée de 1 à 250; la deuxième de 251 à 510; la troisième de 511 à 741; la quatrième partie, de 1 à 160, contient un rapport du comité spécial sur les concessions de terres.

Q. 381-1-2-3-4.

1825. 27 juin, Downing Street.	Horton à Murray. Inclus dans l'envoi de Colborne à Stanley le 30 avril 1834.
1833 4 juillet, Downing Street.	Extrait d'un message confidentiel. Inclus dans l'envoi de Colborne à Stanley, le 10 janvier 1834.
14 août, St. James.	Arrêté ministériel. Renfermé dans l'envoi de Colborne à Stanley, 29 mai 1834.
21 septembre, Bytown.	Baker à Rowan.
25 septembre, Bytown.	Du même au même.
25 septembre, Bytown.	Rapport d'une assemblée. Ce document et les deux précédents sont inclus dans l'envoi de Colborne à Hay, le 30 avril 1834.
8 novembre, York.	Arrêté ministériel destiné à prévenir l'abus fait par les spéculateurs par l'acquisition des terres des personnes privilégiées.
16 novembre, York.	Elmsley à Colborne.
20 novembre, York.	Du même au même. Ce document et les deux qui précèdent sont compris dans l'envoi de Colborne à Stanley, 10 janvier 1834.
18 décembre, York.	Mémoire de Mackenzie. Inclus dans l'envoi de Colborne à Stanley, le 8 janvier 1834.
18 décembre, York.	Rapport des commissaires relativement à l'amélioration de la navigation du Saint-Laurent. Inclus dans l'envoi de Colborne à Stanley, le 8 janvier 1834.
20 décembre, York.	Adresse de Mackenzie. Inclus dans l'envoi de Colborne à Stanley le 8 janvier 1834.
21 décembre, York.	Rowan à Elmsley.
21 décembre, York.	Elmsley à Rowan.
23 décembre, York.	Elmsley à l'éditeur du *Patriote*. Ce document ainsi que les deux précédents sont inclus dans l'envoi de Colborne à Stanley, le 10 janvier 1834.
26 décembre, York.	Jarvis à Rowan.
26 décembre, York.	Fitzgibbon au même.

1833.
27 décembre,
York.

Rowan à Ketchum et Mackenzie. Ce document ainsi que les deux précédents sont inclus dans l'envoi de Colborne à Stanley, le 8 janvier 1834.

1834.
7 janvier.

Colborne à Stanley (n° 1). Il recommande la nomination d'une personne compétente pour présider le Conseil exécutif, et prête à dévouer tout son temps aux affaires publiques et à la rédaction des rapports judiciaires. Il a consulté le juge Macaulay, qui ne se refuse point à accepter cet emploi. Si ce plan est mis à exécution, il conseille de nommer le solliciteur général juge puîné à la place de Macaulay, et Archibald McLean, le président de l'Assemblée législative, solliciteur général. Le traitement de Macaulay ne devrait pas être moins de £1,000 par année. 1

8 janvier,
York.

Du même au même (n° 2). Il a eu une conférence avec Mackenzie et l'autre député de York au sujet de l'expulsion de Mackenzie et les procédés inconstitutionnels de l'Assemblée; ils demandent la dissolution des Chambres. Il leur a été demandé de produire un exposé auquel il sera fait une réponse. La correspondance établit qu'il a averti les deux députés qu'il ne pouvait pas ainsi dissoudre la Chambre au milieu de la session et interrompre toute l'administration des affaires de la province. Présentation d'une motion destinée à annuler le vote d'expulsion de Mackenzie, mais, après discussion, la Chambre s'ajourna vu le manque de quorum, et s'ajourna de nouveau ensuite de jour en jour à cause du grand nombre de députés qui avaient quitté York. A la reprise de la discussion la motion demandant au lieutenant-gouverneur de dissoudre la Chambre a été rejetée. Il a communiqué à l'Assemblée la raison qui l'empêchait d'accorder la dissolution ainsi que d'intervenir dans une question de privilège.   Page 3

Inclus. Mémoire de W. J. Mackenzie au sujet de son expulsion.   7

Adresse à Mackenzie donnant le compte rendu des événements qui ont accompagné son expulsion de l'Assemblée.   10

Rowan à Ketchum et Mackenzie. Réponse de la part du lieutenant-gouverneur à l'exposé de Mackenzie concernant son expulsion,   38

Jarvis à Rowan. Il explique pourquoi, en sa qualité de greffier de l'Assemblée, il a refusé de recevoir le serment de Mackenzie.   42

Fitzgibbon à Rowan. Il explique pourquoi il a refusé, en sa qualité de commissaire, de recevoir le serment d'allégéance de Mackenzie; c'est que l'expulsion de ce dernier entraînait la perte de sa qualité de membre de l'Assemblée,   45

Liste des membres de l'Assemblée, indiquant les endroits qu'ils représentent, les emplois publics qu'ils remplissent, et la manière qu'ils ont voté au sujet de la motion d'expulsion de Mackenzie.   47

10 janvier,
York.

Colborne à Stanley (n° 3). Il rapporte la démission de Umsley du Conseil exécutif. Il rapporte aussi que ses spéculations (Umsley) sur les terres des loyalistes de l'Empire-uni ayant été réprimées elles amenèrent sa démission, vu qu'il avait vigoureusement combattu la mesure destinée à imposer des droits d'établissement sur les loyalistes de l'Empire-uni qui recevaient des terres gratuitement, et qu'il s'était servi au Conseil d'un langage pour lequel il s'était d'abord excusé, puis il avait offert ensuite sa démission sous le prétexte qu'il ne pouvait pas librement exprimer ses opinions. Les documents relatifs à cette démission son inclus.   48

Résumé sommaire de la réponse faite par le département des Colonies en date du mois de décembre 1834. On y exprime des regrets à l'idée qu'un citoyen puisse se méprendre tellement sur sa position au sein du Conseil exécutif qu'il aille jusqu'à supposer qu'il n'y est pas libre d'exprimer ses opinions. Dunn nommé successeur d'Elmsley.   52

Inclus. Elmsley à Rowan. Il donne avis de l'abandon de son siège au sein du Conseil exécutif.   54

1834.

Arrêté ministériel destiné à prévenir les spéculateurs à acheter les terres accordées aux loyalistes et à l'armée pour leurs services à l'Empire.
Page 56

Elmsley à Colborne. Il explique qu'il n'avait pas l'intention de le blesser par son langage au sein du Conseil, ainsi qu'on a voulu le supposer.
59

Elmsley à Colborne. En termes plus clairs que dans la lettre qui précède, il présente des excuses pour les paroles qu'il a employées au Conseil.
61

Colborne à Elmsley. Il envoie un extrait de message confidentiel qui permet à Elmsley de juger comment il peut d'une manière convenable conserver son siège dans le Conseil.
62

Extrait d'un message confidentiel du secrétaire des Colonies établissant que sur les matières politiques d'importance le gouvernement compte sur l'appui des membres de l'Exécutif.
63

Elmsley à l'éditeur du *Patriote*. La raison de l'abandon de son siège au Conseil exécutif provient de ce qu'il ne pouvait pas exprimer librement ses opinions et ses sentiments sincères
64

14 janvier, York.

Colborne à Hay (confidentiel). Il rapporte comment les émigrants sont reçus et comment ils sont expédiés aux établissements préparés pour eux; la grandeur du défrichement que chacun peut faire. Le salaire payé pour le défrichement. Les obstacles à la colonisation. L'emprunt qui peut être prélevé sur les terres de la Couronne, au profit des émigrants, serait probablement sanctionné par le Parlement impérial. Ce plan ne serait peut-être pas prudent dans toute colonie, mais dans une province où les terrains augmentent en valeur et produisent facilement, il n'y a point de risque.
66

15 janvier, York.

Le même à Stanley (n° 4). Il envoie le plan des réserves militaires, aux environs de la ville de York, que le commissaire des terres de la Couronne a été autorisé à vendre. Il a indiqué 18 lots à vendre d'une acre chacun, afin de s'assurer du prix moyen que l'on pouvait obtenir pour le reste. Il a réservé quelques acres de terre où il recommande de construire une chapelle, ce qui serait principalement utile aux nouvelles casernes qui sont éloignées de l'église. Il demande que le commissaire soit autorisé à payer à l'artillerie £10,000, pourvu que les nouvelles casernes, soient commencées cette année. Il a réservé 10 acres de terre où il recommande de construire de nouveaux édifices du Parlement, vu la dépense annuelle considérable nécessitée par les réparations des édifices actuels. Il indique les sources d'où pourrait être tiré le revenu propre à payer ces dépenses.
70

Inclus. Le tableau des recettes et des dépenses survenues en vertu de 14 George III.
73

Plan pour la nouvelle ville projetée de York.
74

16 janvier, York.

Colborne à———— (confidentiel). Il a expédié le plan des réserves de la milice et une description des lots vendus en novembre. Quelques acres seulement ont été vendues, lesquelles ont produit £7,000. Pour l'amélioration de la ville et l'augmentation de la valeur des lots il a indiqué des endroits convenables pour la construction d'une chapelle et des édifices du Parlement. Les édifices actuels en bois deviennent très dispendieux à cause des réparations annuelles qu'ils exigent. L'Assemblée législative ne votera point le montant nécessaire pendant que le trésor de la Couronne est prospère. Il ne voit pas d'objection à ce que le secrétaire des Colonies en autorise le paiement. Macaulay est recommandé au siège vacant du Conseil exécutif; il est le beau-frère de Hagerman, mais vu que celui-ci est mort il ne reste pas de ce côté d'empêchement à sa promotion.
75

16 janvier, York.

Le même à Hay (confidentiel). Il a expédié une lettre venant de Mackenzie et de l'autre représentant de York, relative à l'expulsion de

1834.

Mackenzie. Les actes de la législature font l'affaire de Mackenzie en tenant son nom devant le public. L'intérêt du peuple sera mieux servi en continuant la session. Il n'a pas l'intention de proroger les Chambres avant mai. A l'exception des districts voisins, la province est calme et croit que malgré les efforts des éditeurs de journaux pour influencer l'électorat, la prochaine Assemblée législative sera bien composée. La faction hostile à l'expulsion de Mackenzie ne demandera point l'émanation d'un nouveau writ (bref d'élection), de sorte que la question restera dans le *statu quo*. Conduite absurde d'Elmsley ; il est fort intéressé dans des spéculations de terrains accordés aux *loyalistes* de l'Empire-Uni, et il a probablement reconnu qu'il valait mieux se retirer d'une position qui ne lui permettait pas de continuer ses spéculations. Il a recommandé Dunn à la succession d'Elmsley, et croit que cette nomination sera avantageuse. Il fait allusion à l'acte, passé pendant la dernière session, destiné à diviser le comté de York en quatre divisions. Cet acte aurait dû être mis de côté, mais il ne peut pas être désavoué maintenant, vu que les élections auront probablement eu lieu avant que la décision soit publique.   ·   Page 77

17 janvier,
York.

Colborne à Hay (confidentiel). La nomination d'une personne bien qualifiée à la présidence du Conseil exécutif est nécessaire. Il peut y avoir inconvénient à créer une nouvelle position, mais ce serait avantageux, et Macaulay est le mieux en état de la remplir. Il y a raison de s'attendre à la réduction prochaine des pensions de retraite des juges. Le traitement du président du conseil, si la position est établie, pourrait être payé à même le revenu des terres. La prudence est nécessaire dans l'augmentation des membres du Conseil législatif.   80

23 janvier,
York.

Du même au même. Il a inclus un mémoire adressé de New-York à l'Assemblée délibérante des États-Unis demandant la construction d'un canal destiné à la navigation autour des chutes Niagara.   82

5 février,
York.

Le même à Stanley. L'établissement de Bear-Creek, où les colons de Sussex sont fixées, a été nommé Egremont. Les cantons indiqués dans le croquis qu'il (Stanley) a envoyé sont occupés par des individus qui ont acheté des terres et pris leurs titres, de sorte que leurs noms ne pourraient pas être facilement changés.   83

15 février,
York.

Du même au même (nº 6). A propos de la lettre du secrétaire de la Compagnie de la Nouvelle-Angleterre touchant les terres des sauvages aux environs du lac du Riz, un arrêté ministériel a été passé en 1831 nommant des gardiens pour prendre soin des 1,200 acres de terre réservées aux sauvages. Quant aux 1,600 acres qu'il a promis de réserver pour les sauvages dans le canton Smith, il ne peut pas recommander l'aliénation de cette étendue de terre, vu qu'il n'y a pas même 20 familles de fixées aux environs du lac à la Vase et que l'agent de la Compagnie de la Nouvelle-Angleterre ne peut pas avoir eu beaucoup de dépenses à faire dans la construction de ces quelques maisons en bois brut, et que les améliorations faites pour l'avantage des sauvages y sont très restreintes.   85

17 février,
York.

Le même au même (nº 7). Selon qu'il l'avait dit dans les journaux, Mackenzie, qui a été expulsé de la Chambre, y a repris son siège. Il a été éconduit et censuré par le président. La foule attirée à la Chambre d'Assemblée par cet événement a été très calme. Le greffier du Conseil exécutif fit prêter le serment d'allégéance à Mackenzie pendant que le greffier de l'Assemblée refusait de le faire. Il communique l'opinion du procureur général sur la conduite qu'il a tenue (Colborne) dans cette affaire.   87

Inclus. Opinion de Jameson, procureur général, exprimant que Beikie a eu tort de ne pas accepter le serment d'allégéance de Mackenzie. Beikie n'a pas à juger si la personne demandant à prêter serment est représentant du peuple ou non. Relativement à la lettre du président de la Chambre, il ne paraît pas avoir réfléchi qu'en s'arrogeant le pou-

1834.

voir discrétionnaire d'administrer ou non le serment, ceci pouvait entraîner de très sérieuses conséquences.   Page 89

17 février,   Colborne à Hay (confidentiel).   Remarques touchant le message de ce
York.   jour (n° 7).   91

19 février,   Colborne à Hay.   En réponse à la demande de renseignements d'Eli-
York.   zabeth Veal, il dit qu'Hillier et sa femme sont en excellente santé et
demeurent sur le Don, à environ cinq milles de York. Leur maison a
été récemment incendiée, mais ils réussissaient passablement bien.   92

26 février,   Le même à Stanley (n° 8). Il envoie le rapport du comité spécial de
York.   l'Assemblée au sujet des chartes de banque.   Lettre du président de la
banque Commerciale et copie de la pétition des directeurs à l'Assemblée
législative. Il croit que le rapport sera adopté et l'adresse au roi
approuvée. Il conseille que les deux actes concernant les banques,
passés en janvier 1832, soient maintenus en vigueur.   93

Cartwright, président de la banque Commerciale, à Rowan. Il attire
son attention sur la pétition concernant les règlements proposés à l'égard
des banques. Il a raison de croire que la législature ne passera pas de
loi rétroactive soumettant les actionnaires aux règlements proposés. Les
directeurs reconnaissent les objections qu'il y a de soumettre les propriétaires d'une banque à des responsabilités qu'ils n'avaient jamais antérieurement soupçonnées, mais ils sont désireux d'accepter les vues du gouvernement de Sa Majesté et ils ont présenté une pétition à la législature
provinciale lui demandant de passer un acte qui réunirait toutes les
conditions exigées pour assurer la confirmation de la charte. Il invoque
le tort que le désaveu causerait au public et aux actionnaires. Les directeurs demandent que leur pétition soit acceptée, avec les observations
propres à assurer l'admission de la charte. Si la législature ne passait
pas l'acte, les directeurs proposent que George Mackenzie soit envoyé à
Londres afin d'expliquer au secrétaire des Colonies leur bonne volonté à
se soumettre à toutes les conditions, autant qu'il leur serait possible.   94

Pétition du président et des directeurs de la banque Commerciale.   97
Rapport du comité spécial concernant les affaires de banque.   100
Procès-verbaux du comité.   139
Requête à la législature s'opposant au désaveu des chartes de banques.
                                                                    219

7 mars,   Colborne à Stanley (n° 9). Il a prorogé la Chambre et il envoie une
York.   copie de son discours.   228

Inclus. Discours prononcé lors de la prorogation.   230

7 mars,   Colborne à Hay (confidentiel). Il a prorogé la Chambre. Il a trans-
York.   mis une copie de l'adresse relativement aux lois des banques. Cette
adresse très répréhensible a été votée en Chambre par 30 représentants
sur 31. Plusieurs d'entre eux ont regretté qu'une pareille adresse ait
été présentée, mais comme un bon nombre de personnes souffraient du
refus de la part des banques de leur continuer l'escompte, il n'a pas
été possible de calculer la portée des termes de cette adresse. Quel que
soit le caractère de l'adresse, la prochaine Chambre sera bien composée,
et les colons respectables établis dans la province au cours des trois dernières années auront bientôt une grande influence. Il croit que les prochaines élections auront le résultat de fournir une classe intelligente de
personnes à la Chambre d'Assemblée. De temps en temps, toutefois, de
mauvais sujets se fixeront dans la province, tous disposés à aller aussi
loin que les démagogues qui y demeurent déjà. Il a expliqué à Stanley
pourquoi il a sanctionné le bill pourvoyant à l'amélioration de la navigation du Saint-Laurent. Nature du bill ; désappointement général s'il
avait refusé de le sanctionner.   233

Inclus. L'adresse de l'Assemblée concernant le désaveu des chartes
de banque sur lequel il a été fait rapport.   236

DOC. DE LA SESSION No 18

1834.
8 mars,
Toronto.

Colborne à Stanley (n° 10). Il transmet une copie de l'Acte pourvoyant à l'amélioration de la navigation du St-Laurent. Sa raison pour consentir à la sanction d'un bill autorisant l'émission d'un fort montant de débentures, bien qu'il ait reçu instruction de réserver tous ces bills. Il n'autorisera l'émission que de £70.000, tel que spécifié dans l'Acte de 1833. La somme de £50.000 a été accordée à la Compagnie du canal Welland. Il envoie une copie du rapport des commissaires concernant l'amélioration de la navigation du Saint-Laurent.   Page 241

Inclus. Copie de l'Acte concernant l'amélioration de la navigation du Saint-Laurent.   244

Rapport des commissaires concernant l'amélioration de la navigation du Saint-Laurent.   251

Annexe.   268

Autres documents, rapports, etc.   277 à 356

14 mars.
Toronto.

Colborne à Stanley (n° 11). Il envoie le calcul des dépenses qui sont proposées pour les présents destinés aux sauvages et pour civiliser ceux du Haut-Canada. Les détails sont groupés dans le message. Rapport concernant la condition des sauvages qui occupent le terrain situé près de l'embouchure de la Grande-Rivière.   357

Inclus. Estimation de la dépense annuelle encourue par le département des Sauvages du Haut-Canada.   362

Estimation du montant dont l'on se propose de charger le revenu des terres.   367

20 mars,
Toronto,

Colborne à Stanley (n° 12). Il envoie une copie de l'acte destiné à étendre les limites de la ville de York et à l'incorporer comme Toronto. Il n'avait pas cru nécessaire de réserver ce bill.   365

Inclus. Une copie de l'acte.   366

21 mars,
Toronto.

Colborne à Stanley (n° 13). Il transmet l'état du revenu casuel et des terres pour 1833, et celui de la dépense encourue, au cours de l'année écoulée, à activer l'émigration et à payer les salaires des émigrants. On constate qu'il est entré dans la province 21,000 émigrants au cours de la dernière saison. Le canton de Sunnidale, sur la Nottawasaga, a été choisi pour y employer les émigrants sans travail dans York. Environ 60 familles y ont été transportées depuis l'automne pour faire du défrichement et sont présentement employées là. Le progrès rapide de la province doit être surtout attribué à l'immigration des trois dernières années. Il mentionne les avantages que la colonie peut rendre à la mère-patrie en recevant le trop-plein de sa population, mais il ne devrait pas être permis aux nécessiteux de quitter leurs provinces dans le but de recevoir l'aide du gouvernement à moins qu'ils ne soient capables de vaincre les difficultés ordinaires d'un nouveau pays. Il parle de l'excellente qualité des terres nouvellement arpentées. Il recommande d'accorder des privilèges à tous les officiers de l'armée ou de la marine disposés à coloniser et qui auraient des recommandations de la part de l'Amirauté ou du commandant-en-chef.

Inclus. Rapport de l'agent d'émigration à York.   436

État des dépenses dues à l'immigration pendant les années 1831, 1832, 1833, et le montant voté pendant la même période par le secrétaire des Colonies.   438

Mémorandum relatif aux sommes dépensées pour l'immigration pendant l'année 1833.   439

État général des recettes et dépenses relatives au revenu casuel et des terres.   440

Paiements à même le fonds D au cours de l'année 1833.   441

Paiements à même le fonds K au cours de l'année 1833.   442

État qui indique les déboursés dus à l'immigration au cours de l'année 1833.   444

64 VICTORIA, A. 1901

1834.
26 mars,
Toronto.

Colborne à Stanley (n° 14). Il transmet le mémoire de Hopkins et explique que ce dernier se plaint de n'avoir pas été autorisé à se fixer sur les terres réservées après avoir fait les dépenses de construction bien qu'il ait été averti qu'il lui fallait acheter ces terrains aux ventes publiques des terres de la Couronne. En réponse à sa requête le Conseil exécutif recommanda de lui permettre d'acheter 25 acres comprenant le lot où sa maison était construite, mais n'étant pas encore satisfait il transporta sa famille à York et réclame maintenant un dédommagement. Page 447

Inclus. Mémoire de W. R. Hopkins, lieutenant en demi-solde au 5me régiment d'infanterie, avec la correspondance. 449

Diagramme du canton situé vers le lac Huron. 469

Rapport de Radenhurst, arpenteur en chef, en réponse à la demande de dédommagement faite par Hopkins. 470

Rapport de Peter Robinson, commissaire des terres de la Couronne, en réponse à la demande de Hopkins. 473

29 mars,
Toronto.

Colborne à Stanley (n° 15). À propos du message l'approuvant de ne pas avoir promulgué l'arrêté ministériel concernant l'acte divisant le comté de Carleton, il renvoie l'arrêté afin qu'il soit révoqué et remplacé par tel autre décret qu'il plaira à Sa Majesté d'émettre. 478

Inclus. L'arrêté ministériel. 480

Extrait du rapport d'un comité du Conseil relatif au bill pourvoyant à la division du comté de Carleton et à une représentation additionnelle pour Lanark et Carleton. 482

31 mars,
Toronto.

Colborne à Stanley (n° 16). Il transmet l'adresse de l'Assemblée législative demandant une concession de terres de la Couronne applicable à l'entretien d'hôpitaux à York et à Toronto. Il recommande l'adresse. 483

Inclus. L'adresse. 484

1er avril,
Toronto.

Colborne à Stanley (n° 17). Il transmet l'adresse de l'Assemblée demandant que les $50,000 dûs par le canal Welland soient abandonnés par le gouvernement impérial. 487

Inclus. L'adresse.

2 avril,
Toronto.

Colborne à Stanley (n° 18). Il transmet l'adresse demandant que le Haut-Canada reçoive une part proportionnelle des impôts perçus à Québec suivant le statut impérial 3 Geo. 4, chap. 44, 45 et 119, de même que de ceux perçus en vertu de l'acte passé depuis. 491

Inclus. L'adresse. 492

3 avril,
Toronto.

Colborne à Stanley (n° 19). Il transmet une adresse de l'Assemblée au sujet de la taxe imposée dans le Bas-Canada sur les immigrants ou passagers qui arrivent à Québec. 493

Inclus. L'adresse du Conseil et de l'Assemblée. 494

Adresse de l'Assemblée. 507

4 avril,
Toronto.

Colborne à Stanley (n° 20). Il transmet une adresse de l'Assemblée demandant que les droits sur les grains et la farine produits dans la province soient remis. 510

Projet de réponse refusant de faire quelque changement, en date de juillet 1834. 511

Inclus. Adresse démontrant l'importance croissante du Canada et demandant la remise des droits sur les grains et la farine. 512

5 avril,
Toronto.

Colborne à Stanley (n° 21). Il transmet l'adresse de l'Assemblée relative aux droits sur le bois étranger importé en Angleterre et aux péage imposés sur le bois qui traverse le canal Rideau. 515

P.S. Il joint une lettre de Shirreff, percepteur des droits sur le bois, qui recommande que le péage imposé sur le bois qui traverse le canal Rideau soit diminué. 516

Inclus. De l'Assemblée tel que rapporté dans la lettre incluse. 517

DOC. DE LA SESSION No 18
1834.

Shirreff à Rowan. Au sujet des changements dans la manière de percevoir les droits de péage il recommande que ceux sur le bois de charpente soient réduits. Page 520

7 avril, Toronto.
Colborne à Stanley (privé et confidentiel). Il explique le motif des termes avec lesquels l'adresse relative aux banques a été rédigée. 522

7 avril, Toronto.
Colborne à Stanley (n° 22). Il transmet l'adresse demandant que les Actes des Banques ne soit pas désavoués. 524

Inclus. L'adresse. 526

8 avril, Toronto.
Colborne à Stanley (n° 23). Il transmet une adresse de l'Assemblée au sujet des concessions de terres aux loyalistes de l'Empire-Uni et aux officiers. Les mesures prises pour prévenir la spéculation au sujet de ces concessions. Les documents expédiés démontrent que des renseignements suffisants ont été fournis à l'Assemblée sur le mode de concession des terres. Il est difficile d'empêcher les terres des loyalistes de tomber entre les mains des spéculateurs, et il serait peut-être à propos de sanctionner l'émission des titres. Il a fait réserver, pour les demandes de la part des loyalistes, 10,000 acres dans un certain nombre de districts. 531

Inclus. Adresse de l'Assemblée en faveur des loyalistes de l'Empire-Uni. 547

Rapport du Conseil exécutif. 556

Rapport du comité spécial concernant les concessions de terrain aux loyalistes et autres de l'Empire-Uni. Q. 481.4, les pages de 1 à 160 forment la quatrième partie en entier.

9 avril, Toronto.
Colborne à Stanley (n° 24). Il envoie l'adresse de l'Assemblée demandant que des explorations soient faites sur les rives nord du lac Huron afin de s'assurer de la qualité du sol, etc. 579

Inclus. L'adresse.

10 avril, Toronto.
Colborne à Stanley (n° 25). Il envoie une adresse du Conseil législatif s'informant des conditions exigées par le gouvernement de Sa Majesté pour la naturalisation des étrangers dans la province. 583

Inclus. L'adresse.

11 avril, Toronto.
Colborne à Stanley (n° 26). Il transmet une adresse du Conseil législatif demandant que des démarches soient faites afin d'assurer une juste répartition des droits perçus à Québec. 589

Inclus. L'adresse. 591

12 avril, Toronto.
Colborne à Stanley (n° 27). Il transmet une copie de l'adresse de l'Assemblée demandant une copie de la charte de la Compagnie de la Baie-d'Hudson. 597

Inclus. L'adresse. 598

14 avril, Toronto.
Colborne à Stanley (n° 28). Il transmet un mémoire de Gray établissant ses services et demandant une concession de terre. 599

Inclus. Le mémoire. 600

15 avril, Toronto,
Colborne à Stanley (n° 29). Il expose les circonstances embarrassantes dans lesquelles le Conseil législatif a été placé au sujet du bill des subsides. Envoie un état des salaires et des devoirs des différents employés, et des réductions faites par l'Assemblée. Il transmet une copie de l'adresse du Conseil législatif. 603

Inclus. Adresse du Conseil législatif au sujet de son embarras à propos du bill des subsides. 607

Estimation de la dépense publique du Haut-Canada pendant l'année 1834, et des arrérages de 1832 et 1833. 612

Adresse du Conseil législatif exprimant son regret de n'avoir reçu aucune réponse à son adresse concernant le traitement de son président. 616

16 avril, Toronto.
Colborne à Stanley (n° 30). Il recommande d'augmenter les traitements de divers employés, vu l'action de la Chambre en discontinuant le mode de paiement par honoraires. 619

1834.

Inclus. Liste des employés du département des terres gratuites dont on proposée d'augmenter le traitement.   Page 623

Mémoire de Markland concernant son traitement.   624

Résumé du travail accompli dans le bureau du secrétaire-archiviste de la province pendant l'année 1833.   626

17 avril, Toronto.

Colborne à Stanley (n° 31). Il a adressé une requête des catholiques romains, en même temps que les observations de l'évêque Macdonell touchant les accusations portées contre lui. Il n'avait pas cru nécessaire, après les explications de l'évêque, d'ordonner une enquête ultérieure, mais si cela paraissait nécessaire on pourrait demander à l'évêque de fournir les pièces justificatives de ses dépenses.   628

18 avril, Toronto.

Colborne à Stanley (n° 32). Il transmet un mémoire des minutes de l'Eglise d'Ecosse du Haut-Canada exposant que la subvention accordée ne suffit pas à leur entretien et demandant qu'un fonds suffisant soit alloué. Il recommande d'accorder un supplément. Il envoie aussi une adresse des mêmes personnes exprimant leur hâte de voir le collège du roi ouvert sous une charte modifiée.   633

Inclus. Adresse de la commission du synode.   636

Adresse du synode à Colborne.   641

19 avril, Toronto.

Colborne à Stanley (n° 33). Il a reçu le message relatif à la manière de disposer du revenu des terres et d'employer le solde disponible des £20,000 à régler les réclamations de guerre. Il a confiance que l'Assemblée pourvoira à prélever £20,000, et que le revenu des terres suffira à acquitter toutes ses obligations. Quant au département des Affaires des Sauvages, il mentionne la difficulté qui existe de trouver un moyen de pousser les tribus à se livrer à l'agriculture. Il n'a pas compris l'arrangement fait par le Haut-Canada lorsque le département fut divisé en 1829, car il en aurait proposé la revision plus tôt. Nombre des sauvages; coût de leurs présents. Un état doit être envoyé, à chaque mois d'octobre, du matériel nécessaire pour l'année suivante. Frais d'administration. Il propose d'allouer la somme de £13,390 pour les dépenses du département et les frais de transport à l'intérieur. Estimation du montant annuel provenant de la location des terres des réserves du clergé. Il recommande d'autoriser la construction sur l'Ottawa de glissoirs pour la descente du bois de construction. Il transmet une copie de lettre de l'évêque de Québec.   654

Inclus. Etat du revenu des réserves du clergé dû le 1er décembre 1833.   652

Etat des réserves du clergé vendues par le commissaires des terres de la Couronne.   653

Etat des sommes payées à la caisse militaire, à York, à compte des réserves du clergé.   639

Colborne à l'évêque de Québec. A propos du montant nécessaire au paiement des missionnaires.   655

Lockhart (secrétaire de l'évêque) à Rowan. Il donne le montant du traitement payé à chaque missionnaire du Haut-Canada par la Société de la propagation de l'Evangile avant la réduction de la subvention en 1832. Plusieurs changements ont eu lieu et le nombre des missionnaires a augmenté. Le relevé en sera ordonné par l'évêque. Satisfaction de l'évêque au sujet des revenus des réserves du clergé.   658

21 avril, Toronto.

Colborne à Stanley (privée et confidentielle). Comme il existe un certain doute relativement à l'intérêt provenant des ventes des réserves du clergé, il propose que la question soit soumise au procureur général afin qu'il décide si le gouvernement peut s'emparer de cet intérêt ou s'il doit être déposé avec le capital. Comment le paiement de l'intérêt a été statué.   661

26 avril, Toronto.

Du même au même (n° 34). Il transmet une adresse de l'Assemblée demandant que l'étendue de terre originairement réservée à l'éducation

DOC. DE LA SESSION No 18
1834.

soit soumise au contrôle de la législature. Historique des concessions
de terrain depuis leur origine en 1797.   Page 664
Inclus. Adresse de l'Assemblée législative concernant les terres destinées à l'éducation.   679
Adresse du docteur Strachan, président de l'université du collège du
Roi. Il indique une erreur grave dans l'adresse de l'Assemblée législative relativement à l'éducation et il donne l'étendue correcte en sous-
trayant les réserves qui ont été calculées à tort, dit-il, comme faisant partie des terres réservées à l'éducation. Il attire l'attention sur ce qu'il
prétend être d'autres erreurs et il les corrige.   685
Rapport du Conseil exécutif touchant le message du lieutenant-
gouverneur au sujet des terres destinées à l'éducation.   691
Bill pour accorder la charte du collège du Roi.   701

28 avril,
Toronto.
Colborne à Stanley (n° 35). Il transmet le mémoire de Samuel Ridout;
il rapporte ses services. Les autres mémoires proviennent de Thomas
Merritt et Samuel P. Jarvis.   708
Inclus. Le mémoire de Samuel Ridout. Il rappelle ses services et
demande qu'on les mentionne aux ministres du gouvernement de Sa
Majesté pour les empêcher de lui enlever son emploi.   710
Mémoire de Thomas Merritt, sous-arpenteur des forêts, demandant une
augmentation de salaire.   717
Mémoire de S. P. Jarvis. Il fait remarquer que la législature accorde
une rémunération insuffisante pour le travail du secrétaire archiviste de
la province et demande un examen favorable de son cas.   718

29 avril,
Toronto.
Colborne à Stanley (n° 36). Il transmet une lettre du colonel Wright,
des ingénieurs royaux, constatant que la propriété disponible du gouvernement à Kingston consiste en une lisière de terra in où se trouvaient
autrefois les édifices du parlement. Il recommande de la conserver en
vue de la construction de quelque édifice public à Kingston, car il serait
difficile de trouver un autre terrain convenable.   724
Inclus. Colonel Wright, I.R., à Colborne. Concernant la propriété du
gouvernement à Kingston.   726

30 avril.
Colborne à Stanley (n° 37). Il transmet un mémoire de l'ex-juge en
chef Powell demandant une enquête au sujet d'un rapport du Conseil
exécutif blessant son caractère. Le gouvernement de Sa Majesté a
refusé, d'après lui, à intervenir dans une affaire qui avait été réglée sous
l'administration Maitland.   729
Inclus. Mémoire.   731
Horton à Murray. Permission accordée au juge en chef Powell de
prendre sa retraite.   733

30 avril,
Toronto.
Colborne à Hay. Au sujet d'un comité supposé avoir été organisé à
Bytown dans le but de recevoir des jeunes gens d'Angleterre par l'entremise de l'agence H. Wilson, il déclare que personne n'a eu connaissance
de l'existence d'un tel comité. Il ne peut recommander aucun plan
destiné à amener des jeunes gens au Canada avant qu'il existe un établissement de refuge propre à les héberger jusqu'à ce qu'ils aient pu être
placés chez les cultivateurs, probablement que 200 à 300 pourraient
annuellement être ainsi acceptés par les cultivateurs. Les documents
ci-inclus proviennent d'un officier qui s'est fixé pendant assez longtemps
à Bytown.   734
Inclus. Baker à Rowan. Après enquête, il déclare qu'il ne trouve
aucune preuve de l'existence d'un comité destiné à recevoir des jeunes
garçons envoyés au Canada par le secrétaire d'Etat. La plupart des
cultivateurs sont trop pauvres pour prendre charge de tels jeunes garçons. Il serait peut-être possible d'en placer quelques-uns comme
apprentis chez la classe à l'aise.   736
Colborne à Hay. Il a consulté les autorités, lesquelles ont été d'avis
de convoquer une assemblée. Il transmet le rapport des délibérations,

1834.

mais en même temps il dit qu'il importe de connaître le plan que l'on propose pour recevoir les enfants qui pourraient être expédiés. Page 738

Procès-verbal de l'assemblée tenue à Bytown le 25 septembre 1833, au sujet de la réception des enfants.　　　　　　　　　　739

— août, Downing Street.

Anonyme à Colborne. Au sujet de la pétition des catholiques romains de Toronto contre l'évêque Macdonell, il ne peut pas s'immiscer dans des affaires qui se rattachent à la discipline de cette Eglise. Toutefois l'accusation de péculat devrait être examinée, et il trouve que les fonds ont été dépensés par l'évêque Macdonell conformément aux instructions qu'il avait reçues.　　　　　　　　　　631

1835.
7 janvier, Downing Street.

Anonyme à Colborne. Etude des questions soulevées par les adresses concernant les concessions de terrains faites pour les besoins de l'éducation.　　　　　　　　　　671

— janvier.

Le secrétaire des Colonies au même (deux lettres). Réponse aux messages concernant les demandes de terre faites par les loyalistes de l'Empire-Uni.　　　　　　　　　535, 545

Sir J. Colborne, 1834.

(La première partie est paginée de 1 à 260, la deuxième partie de 261 à 515.)

Q. 382—1—2.

1815.
18 juillet, Downing Street.

Bathurst à Gore. Inclus dans l'envoi de Colborne à Stanley, le 14 juillet 1834.

1826.
6 octobre, Downing Street.

Le même à Maitland. Inclus dans l'envoi de Colborne à Stanley, le 12 juin 1834.

1827.
17 février, York.

Acte pour régulariser la pratique de la médecine, etc. Inclus dans l'envoi de Colborne à Stanley, le 7 mai 1834.

1829.
25 février, Kingston.

Mémoire des Rvds W. Fraser et A. Macdonell. Inclus dans l'envoi de Colborne à Stanley, le 12 juin 1834. Pour la date indiquée en margo, voir la lettre du 14 mars 1829.

14 mars, York.

Mudge aux Rvds W. Fraser et A. Macdonell. Inclus dans l'envoi de Colborne à Stanley, le 12 juin 1834.

20 avril, York.

Colborne à l'évêque Macdonell.

1831.
26 janvier, Glengarry.

L'évêque Macdonell à O'Grady. Ces deux lettres sont incluses dans l'envoi de Colborne à Stanley, le 12 juin 1834.

1832.
23 juin, York.

P. Robinson à Rowan. Inclus dans l'envoi de Colborne à Stanley, le 6 mai 1834.

1833.
19 janvier, Rome.

Le préfet de la Propagande à l'évêque Macdonell. Inclus dans l'envoi de Colborne à Stanley, le 12 juin 1834.

19 février, Kingston.

Certificat en faveur de Jordan. Inclus dans le mémoire en date du 19 juillet 1834.

1er mars, York.

Certificat fourni par les commissaires nommés pour s'enquérir de l'état de l'Eglise catholique romaine dans le Haut-Canada.

1833.

Le rapport des commissaires.

31 mai,
York.
Affidavit de J. P. de la Haye.

31 mai,
York.
Affidavit de Frank Collins.

1er juin,
York.
Affidavit de W. Bergin.

12 juillet,
Kingston.
Rapport de l'assemblée du clergé catholique romain du diocèse de Kingston.

15 juillet,
York.
Affidavit de James King, notaire public.

20 juillet,
Kingston.
Rév. W. Fraser et A. Macdonell à l'évêque Macdonell. Celle-ci et les sept qui précèdent sont incluses dans celle de Colborne à Stanley, 12 juin 1834.

10 octobre,
Lanark.
Adresse au lieutenant-gouverneur.

10 octobre,
Lanark.
Requête des colons de Lanark.

12 octobre,
Perth.
Morris à Rowan.

12 octobre,
Perth.
McMillan au même. Celle-ci et les trois qui précèdent sont incluses dans celle de Colborne à Stanley, 2 mai 1834.

1834.
Pas de date.
Observations sur la requête des habitants catholiques romains de Toronto. Incluses dans celles de Colborne à Stanley, 12 juin 1834.

Adresse des habitants catholiques romains de York. Incluse dans celle de Colborne à Stanley, 16 juin 1834.

18 mars,
Prterborough.
Shairp à Rowan.

24 mars,
Toronto.
Rowan à Shairp. Les deux incluses dans celle de Colborne à Stanley 20 juillet 1834.

2 mai,
Toronto.
P. Robinson à Rowan. Incluse dans celle de Colborne à Stanley, 6 mai 1834.

2 mai,
Toronto.
Colborne à Stanley (n °38). A ordonné au colonel McMillan de faire un rapport sur la condition des colons de Lanark afin de mettre la trésorerie en mesure de juger jusqu'à quel point il serait expédient de se rendre à leur demande pour une remise de leurs dettes. Aucun rapport n'a encore été reçu, en conséquence il croit à une divergence d'opinion quant à l'étendue de la demande des colons pour une remise. Il n'a aucun doute sur l'impossibilité dans laquelle se trouvent plusieurs colons de rembourser ce qui leur a été avancé.   Page 3

Inclus. McMillan à Rowan. Envoie une requête au secrétaire colonial et une adresse au lieutenant-gouverneur de la part de la Société des colons de Lanark. Les trois arpenteurs qui ont signé les trois certificats connaissent parfaitement la situation des pétitionnaires et la qualité du sol.   5

Requête des colons de Lanark alléguant la mauvaise qualité du sol, duquel ils ne peuvent tirer leur subsistance et supplient pour que leurs dettes envers la Couronne leur soient remises.   10

Certificat comme quoi la requête établit des faits. Adresse des colons au lieutenant-gouverneur lui demandant son intervention en leur faveur.   11

Morris à Rowan. Les pétitionnaires de Lanark ont démontré la mauvaise qualité du sol.   13

5 mai,
Toronto.
O'Grady au même. Incluse dans celle de Colborne à Stanley, 12 juin 1834. La lettre d'O'Grady est par erreur datée du 5 avril au lieu du 5 mai.

1834.
6 mai,
Toronto.

Colborne à Stanley (n° 39). Montre les inconvénients auxquels sont exposés les officiers de la marine et de l'armée en achetant des terres à l'encan et suggère qu'il leur soit permis de les acheter au prix offert.
Page 14

Inclus. P. Robinson à Rowan. Attire l'attention sur les inconvénients auxquels les officiers sont exposés en achetant des terres à l'encan. 16

Le même au même. S'étend sur le sujet de la lettre précédente. 18

6 mai,
Toronto.

Colborne à Hay (personnelle). Envoie des extraits des contrats de concessions de terres sous l'administration du commissaire des terres de la Couronne et sous celle des agents de la Compagnie du Canada. A envoyé une dépêche à Stanley lui suggérant un mode par lequel les officiers de la marine et de l'armée achèteraient des terres. Recommande que les indemnités des ministres de l'Église d'Écosse soient augmentées de manière à ce que chacun d'eux reçoive £60 par année.
21

Inclus. Extraits des ventes par le commissaire des terres de la Couronne pour 1833. 23

Ventes faites par la Compagnie du Canada pour 1833. 24

6 mai,
Toronto.

Colborne à Hay. Le certificat que Mandelsloh désirait faire vérifier doit avoir été perdu avec le *Calypso* en janvier 1833. Si un certificat est envoyé, McNab le signera et il sera renvoyé avec le certificat ordinaire. 25

7 mai,
Toronto.

Colborne à Stanley (n° 40.) Envoie le statut constitutif du bureau médical ainsi que les observations du président. 26

Inclus. Observations du président du bureau médical sur la plainte du " Collège royal de chirurgie " de Dublin. 27

Acte réglant la pratique de la médecine, etc., dans le Haut-Canada.
35

7 mai,
Toronto.

Rowan à O'Grady. Incluse dans celle de Colborne à Stanley, 12 juin 1834.

7 mai,
Toronto.

Colborne à Hay. Les directeurs de la banque du Haut-Canada ne pensent pas qu'il est nécessaire d'avoir un dépôt en espèces pour plus que le cinquième de leurs billets en circulation. Ils comptent sur leurs agents de New-York et de Montréal pour envoyer les espèces aussitôt que requises. 42

Inclus. Observations du président de la banque du Haut-Canada sur les espèces déposées en garantie de la circulation. 43

10 mai,
Toronto.

O'Grady à Rowan.

13 mai,
Toronto.

Rowan à O'Grady.

19 mai,
Toronto.

O'Grady à Rowan.

21 mai,
Toronto.

Rowan à O'Grady. Celles-ci et les trois précédentes sont incluses dans celle de Colborne à Stanley, 12 juin 1834.

24 mai,
Toronto.

Colborne à Stanley (n° 41). Envoie les rapports et la correspondance relatifs aux ventes de terre. 46

Inclus. Hurd, arpenteur général. Observations sur les rapports concernant les ventes de terre. 47

P. Robinson. Titres et rapports avec observations. 49

25 mai,
Peterborough.

Shairp à Rowan.

28 mai,
Toronto.

Rowan à Shairp. Les deux incluses dans celle de Colborne à Stanley, 25 juillet 1834.

28 mai,
Toronto.

Affidavit de Handy.

28 mai,
Toronto.

"   d'O'Grady.

DOC. DE LA SESSION No 18

1834.

28 mai,
Toronto,   Affidavit de W. J. O'Grady.

28 mai,   "   d'O'Grady, McDougall et King.
Toronto.

28 mai,   "   de McKeller.
Toronto.

28 mai,   "   " Prentice.
Toronto.

29 mai,   O'Grady à Rowan.
Toronto.

30 mai,   Rowan à l'évêque Macdonell. Celle-ci et les sept précédentes sont
Toronto.   incluses dans celle de Colborne à Stanley, 12 juin 1834.

5 juin,   Colborne à Hay. Croyant que la vente des réserves du clergé se con-
Toronto.   tinuerait, il a donné des ordres en conséquence. Les élections générales
n'auront pas lieu avant la 2ᵐᵉ ou la 3ᵐᵉ semaine de septembre. Décès
de Darcy Boulton, le 23 mai. Envoie un rapport sur les *U. E. Loyalists.*
Lui demande de lire la lettre abominable de Hume provoquée par des
observations modérées de Ryerson sur le caractère de Hume et du parti
avec lequel il sympathise. Le bon effet du discours de Stanley. Rapports
envoyés.   53
Inclus. Rapport concernant le terrain vendu aux *U. E. Loyalists.* 56
Hume à Mackenzie. Espère que la crise amènera l'émancipation au
Canada de la domination pernicieuse de la mère-patrie. Attaque fielleuse
contre Ryerson.   69
Réponse à la lettre de Hume.   74

7 juin,   L'évêque Macdonell à Rowan. Contenue dans celle de Colborne à
Kingston.   Stanley, 12 juin 1834.

12 juin,   Colborne à Stanley (n° 42). Transmet les documents relatifs à la
Toronto.   conduite de l'évêque Macdonell; envoie aussi les observations de l'évêque;
il a renvoyé une copie de la communication faite par Fraser. La requête
a été envoyée à l'évêque Macdonell le 12 septembre et transmise à lui
(Stanley) le 26 décembre 1833.   93
Inclus. O'Grady à Rowan. Demande qu'une copie de la réponse à la
requête lui soit envoyée.   95
Rowan à O'Grady. Copie de la requête est envoyée.   96
O'Grady à Rowan. Renouvelle son accusation de partialité contre
l'évêque Macdonell envers le lieutenant-gouverneur. Il est prêt à four-
nir une preuve satisfaisante de la vérité de son accusation.   97
Rowan à O'Grady. Le lieutenant-gouverneur transmettra tout docu-
ment envoyé par O'Grady à l'appui de son accusation contre l'évêque
Macdonell.   100
Autres documents sur le même sujet.   101 à 381

16 juin,   Colborne à Sanley (n° 43). Envoie l'adresse des habitants de Toronto,
Toronto.   la lettre de Hume à Mackenzie demandant des expressions de loyauté.
382
Inclus. Adresse.   383
Adresse d'une députation, signée par G. P. Denison à sir John Colborne, répudiant les sentiments de la résolution du conseil de ville
approuvant la lettre de Hume à Mackenzie.   385

16 juin,   Colborne à Hay (privée). La lettre de Hume a provoqué en opposi-
Toronto.   tion une expression très favorable du sentiment public. S'est très occupé
de la question des immigrants.   387
Larratt Smith à Stanley.

16 juin,   Le même à Rowan.
Oro.

17 juin,   Shairp à Rowan. Celle-ci et les deux précédentes incluse dans celle
Peterborough. de Colborne à Stanley, 25 juillet 1834.

1834.
17 juin,
Toronto.
Colborne à Stanley (n° 44). Transmet le livre bleu de 1832. Les changements qu'il y a faits dans la classification de la recette qui montrent distinctement la balance de chaque source de revenu. Observations sur les différents item. La difficulté de comprendre les comptes provinciaux sous leur forme actuelle.   Page 388

Inclus. L'inspecteur général à Colborne. Explications sur certains item des comptes du revenu.   392

18 juin,
Toronto.
Colborne à Stanley (n° 45). Envoie le livre bleu pour 1833, avec observations sur l'établissement civil, le revenu, la dépense, l'établissement militaire et sur d'autres sujets contenus au livre bleu.   395

20 juin,
Toronto.
Rowan à Stanley. Incluse dans celle de Colborne à Stanley, 25 juillet 1834.

20 juin,
Toronto.
Mémoire du lieut. Derinzy. Demande au lieutenant-gouverneur de recommander sa cause et transmet son mémoire aux fins d'obtenir une concession de terres.   511

20 juin,
Toronto.
Colborne à Stanley (n° 46). Transmet observations sur les actes passés par le onzième parlement provincial.   401

Inclus. Liste des actes passés à la quatrième session du onzième parlement du Haut-Canada, avec des observations montrant l'objet de chaque acte.   407

21 juin,
Toronto.
Colborne à Stanley (n° 47). Envoie le vieux sceau de la province, un nouveau ayant été permis.   447

26 juin,
Peterborough.
Mémoire au major Shairp. Inclus dans Colborne à Stanley, 25 juillet 1834.

1er juillet,
Toronto.
Colborne à Stanley (n° 48). Envoie l'adresse du synode des methodistes wesleyens, les expressions sévères avec lesquelles elle qualifie la lettre de Hume.   449

Inclus. Adresse des methodistes wesleyens exprimant leur loyauté et leur attachement à la couronne britannique et à la mère-patrie.   451

Résolutions adoptées par le synode et qu'il a ordonné d'imprimer.   454

Réponse de Colborne.   455

2 juillet,
Toronto.
Colborne à Stanley (n° 49). Transmet la requête de Phillips, principal du collège du Haut-Canada, pour une pension de retraite. La recommande à une considération favorable.   456

Inclus. Mémoire de Phillips.   458

3 juillet,
Toronto.
Colborne à Stanley (n° 50). Envoie les plans et devis de la nouvelle église dont il avait recommandé la construction sur les réserves près de Toronto. Description du site. La valeur des lots à vendre sera augmentée par la construction de l'église.   460

Inclus. Plans et devis.   462

4 juillet,
Toronto.
Colborne à Stanley (n° 51). Vu la vente favorable des réserves, il montre l'avantage de permettre la construction d'un édifice pour le gouvernement sur le lot qu'il avait mis à part. L'ingénieur en chef mentionne le besoin pressant de faire des réparations considérables aux édifices existants et il faudra avant longtemps pourvoir à la construction d'un nouvel édifice du gouvernement.   463

Inclus. Rapport sur l'état actuel des édifices du gouvernement.   465

Résumé des estimations de la dépense probable qu'entraînera la construction d'un nouvel édifice du gouvernement.   468

Philpotts à McMahon. Envoie le rapport du maître-charpentier sur l'état des écuries faisant partie des bâtisses du gouvernement.   469

Rapport du maître-charpentier.   470

11 juillet,
Toronto.
Colborne à Stanley (n° 52). Envoie copie d'une lettre de Peter Robinson, mentionnant qu'il avait payé £1,998. 17s. à la caisse militaire.   471

1834.

Inclus. Peter Robinson à Rowan. A payé comme dernier surintendant de l'émigration la balance entre ses mains, savoir: £1,968, 17s. Envoie copie du reçu.   Page 472

Ordre au sous-commissaire général de recevoir la balance en sa (Robinson) possession, savoir : £1,968.17s. courant.   473

Reçu du sous-commissaire général pour £1,895 18s. 7d. sterling payés par P. Robinson.   474

14 juillet, Toronto.
Colborne à Stanley (n° 53). Givins n'a pas reçu son allocation pour logement et n'a reçu à cause de sa promotion aucune augmentation de salaire. Recommande favorablement le cas.   475

Inclus. Mémoire de Givins pour obtenir que son allocation pour logement lui soit continuée et que les arrérages lui en soient payés.   477

Bathurst à Gore. Autorisant de payer à Givins 20 *shillings* par jour, ce qui lui est personnel, mais qui ne doit pas être le tarif de paye pour le bureau.   480

17 juillet, Niagara.
Mémoire du capitaine Jordan, montrant ses services et demandant une concession de terre.   513

Inclus. Certificat du colonel Nicol en sa faveur.   515

18 juillet, Toronto.
Colborne à Stanley (n° 54). Transmet l'adresse des habitants de Gore relative à la lettre de Hume. La lettre a causé une manifestation de loyauté et d'affection envers la mère-patrie. Nombreuse assemblée lors de la présentation de l'adresse.   481

Inclus. Adresse des habitants de Gore.   483

Réponse.   486

19 juillet.
Colborne à Stanley (n° 55). Envoie l'état du casuel et du revenu territorial.   487

Inclus. Etat du casuel et du revenu territorial aux fonds D et K.   488

23 juillet, Toronto.
Colborne à Stanley (n° 56). Envoie des exemplaires des actes passés à la dernière session.   492

25 juillet, Toronto.
Le même au même (n° 59). Transmet 4 mémoires de certains officiers et explique la nature de leurs réclamations.   493

Inclus. Mémoire du major Sharp ou Shairp.   495

Un autre mémoire de même nature adressé à sir James Graham.   497

Major Shairp à Rowan. A reçu une lettre du greffier du conseil exécutif lui annonçant qu'on ne pouvait lui accorder sa demande pour obtenir une concession de terre vu le dernier ordre du bureau colonial. Il était arrivé avant que cet ordre fut donné et demande à ce que Colborne envoie son mémoire pour le démontrer.   498

Rowan à Shairp. Le gouvernement exécutif n'a plus de permis discrétionnaire pour accorder des terres.   500

Shairp à Rowan. Renouvelle sa demande et invoque ses services. 501

Rowan à Shairp. Nul permis discrétionnaire est laissé au lieutenant-gouverneur relativement aux terres. Enverra son mémoire.   503

Shairp à Rowan. Le remercie de son obligeance. Il enverra le mémoire et lui demande de lui renvoyer une lettre imprimée du secrétaire colonial. L'espérance d'une concession de terre a été la seule cause de sa venue au Canada.   504

Rowan à Shairp. Lui renvoie le document demandé. Sa requête devrait être basée sur le droit qu'il avait de s'attendre à être traité comme les autres officiers en venant au Canada. Le lieutenant-gouverneur se fera un plaisir d'envoyer le mémoire.   505

Larratt Smith à Stanley. Se plaint de ne pouvoir obtenir de terrain à cause d'un ordre donné après son départ.   506

Le même à Rowan. Relativement à une concession de terre.   509

1835, 5 février.
Sans signature à Colborne. Envoie les observations sur des projets de loi laissés à leur examen. Les actes qui avaient été réservés ont été reçus.   404

VENTES DES RÉSERVES DU CLERGÉ ET DES TERRES DE LA COURONNE, 1834.

Q. 382—A.

Le volume contient les comptes courants avec Peter Robinson et qui montrent les ventes, etc.

LETTRE PATENTE POUR LES TERRES DE RÉSERVE DU CLERGÉ, 1834.

Q. 332—B.

Le volume contient les noms des concessionnaires, les lots, le prix de vente, etc., depuis 1828 jusqu'à 1833.

CONCESSIONS DE TERRES APPARTENANT À LA COURONNE, 1834.

Q. 382—C.

Ce volume contient les listes des concessions de terres de la Couronne en Haut-Canada, sans achat, depuis 1823 jusqu'à 1833, ainsi que les noms des concessionnaires, les conditions, etc.

LIEUTENANT-GOUVERNEUR SIR J. COLBORNE, 1834.

(La partie 1 commence à la page 1 et se termine à la page 203, la partie 2 à la page 204 et se termine à la page 385.)

Q. 383-1-2.

1793. 20 février, Newark.	Requête de Andrew Pierce et autres. Incluse dans Colborne à Spring Rice, 20 août 1834.
1794. 20 mars, New-York.	Propositions de Pierce pour régler la succession des terres. Mémoire de Berczy avec autres papiers.
30 avril.	Berczy à Simcoe. Mémoire marqué n° 3 forme partie de la lettre.
17 mai, Newark.	Rapport du Conseil exécutif. Suit un second rapport de la même date et au même effet.
1796. 30 octobre, Haut-Canada.	Proposition de Peter Russell pour faire faire une concession additionnelle de terres à Berczy.
1798. 23 mars, York.	Liste des chefs de familles établis à Markham.
1801. 4 juillet, Whitehall.	Portland à Hunter. Celle-ci et les cinq précédents incluses dans Colborne à Spring Rice, 12 novembre 1834.
1818. 26 février, Victoria.	Certificat d'Anderson en faveur de McCurdy. Inclus dans Colborne à Spring Rice, 3 octobre 1834.
1833. 18 juin, Gardes à cheval.	Certificat de Fitzroy Somerset. Inclus dans Colborne à Spring Rice, 1er septembre 1834.

1833.

18 juin,
Ministère
de la Guerre.
Lukin à McDonald. Incluse dans Colborne à Spring Rice, 12 novembre 1834.

21 décembre,
York.
Rapport des directeurs de la *Tay Navigation Company*. Inclus dans Colborne à Spring Rice, 24 décembre 1834.

1834.

6 janvier,
York.
Long mémoire de Berczy.

27 janvier,
Toronto.
Mémoire de W. Berczy. Les deux inclus dans Colborne à Spring Rice, 20 août 1834.

5 février,
York.
Mémoire de McCurdy. Inclus dans Colborne à Spring Rice, 3 octobre 1834.

7 février,
York.
Rapport sur les personnes que Berczy a établies à Markham. Contenu dans Colborne à Spring Rice, 20 août 1834.

21 février,
Woolwich.
Certificat de D. A. G. Dickson. Inclus dans Colborne à Spring Rice, 1er septembre 1834.

9 mai,
Toronto.
Rapport du Conseil exécutif sur la réclamation de McCurdy. Inclus dans Colborne à Spring Rice, 3 octobre 1834.

24 juillet,
Brockville.
Mémoire de Brockville. Inclus dans Colborne à Stanley, 2 août, 1834.

26 juillet,
Johnstown.
Copie d'adresse. Inclus dans Colborne à ————, 30 août 1834.

29 juillet,
Kingston.
Mémoire des évêques Macdonell et Gaulin. Inclus dans Colborne à Stanley, 5 août 1834.

31 juillet,
Toronto.
Procès-verbal du Conseil exécutif. Inclus dans Colborne à Spring Rice, 20 août 1834.

31 juillet,
York.
Demande en faveur de la *Law Society of Upper Canada*. Incluse dans Colborne à Stanley, 4 août 1834.

1er août.
Certificat de Hollinshead en faveur de McCurdy. Inclus dans Colborne à Spring Rice, 3 octobre 1834.

2 août,
Toronto.
Colborne à Stanley (n° 58). Transmet l'adresse du président et du bureau de police de Brockville relative à la lettre de Hume.   Page. 3
Inclus. Mémoire du président et du bureau de police de Brockville désavouant pour eux-mêmes et pour les habitants de Brockville toute sympathie avec la lettre de Hume et les sentiments y exprimés.   4

4 août,
Toronto.
Colborne à Stanley (n° 59). Transmet et recommande la communication de Baldwin en faveur de la *Law Society of Upper Canada* demandant une copie des ouvrages collectionnés par la *Record Commission.*   7
Inclus. Demande en faveur de la *Law Society of Upper Canada* pour une collection de volumes de la *Record Commission.*   8

5 août,
Toronto.
Colborne à Stanley (n° 60). Transmet la requête des deux évêques catholiques, chefs de l'église du Haut-Canada, demandant à ce que les sommes allouées au soutien des prêtres soient employées au soutien d'un séminaire pour la formation des prêtres, jugeant cela préférable au fait de faire venir d'Irlande des prêtres dont ils ignorent le caractère. Si les catholiques romains approuve cette mesure, il n'y voit aucune objection.   10
Inclus. Mémoire des évêques Macdonell et Gaulin.   12

8 août,
Hamilton.
Rapport sur le procès d'Owen et Rooney. Inclus dans Colborne à Spring Rice, 30 août 1834.
Un plan des lieux du meurtre l'accompagne.

12 août,
Grimsby.
Certificat d'Eakins en faveur de McCurdy. Inclus dans Colborne à Spring Rice, 3 octobre 1834.

16 août,
Duro.
Requête de Caddy. Incluse dans Colborne à Spring Rice, 1er septembre 1834.

20 août,
Toronto.
Colborne à Rice (n° 61). Envoie un nouveau mémoire de Berczy relatif aux demandes de terres faites par son père défunt. Le Conseil exécutif ne voit aucune raison pour revenir sur sa première décision.   15

1834.

Inclus. Procès verbal des procédures du Conseil exécutif sur la requête de Berczy.   Page 16

Long mémoire de Berczy concernant les réclamations de son père et ses services.   18

Autre mémoire de Berczy à Stanley.   54

Autres documents, requêtes.   104 à 134

20 août, Brockville.
Le juge en chef Robinson approuve le verdict du jury rendu dans le procès pour meurtre.

25 août, Toronto.
Macaulay à Ryan.

26 août, Toronto.
Rapport du Conseil exécutif. Celui-ci et les deux précédents contenus dans Colborne à Spring Rice, 30 août 1834.

26 août, Brockville,
Hartwell à Rowan. Incluse dans Colborne à ——— 30 août 1834.

26 août, Toronto.
Rapport par le capitaine Reynell. Inclus dans Colborne à Spring Rice, 1er septembre 1834.

29 août, Grimsby.
Mémoire d'Archibald McCurdy. Inclus dans Colborne à Spring Rice, 3 octobre 1834.

30 août, Toronto.
Colborne à Spring Rice. Envoie un mémoire sur les coupables convaincus de meurtre. Des doutes se sont élevés sur l'étendue de leur culpabilité et on a demandé de donner du délai pour permettre au juge Macaulay de se consulter avec d'autres juges. A accordé un nouveau sursis jusqu'à ce qu'il reçoive des instructions.   135

Inclus. Rapport du juge Macaulay sur le procès d'Owen et Roooney.   137

Plan de l'endroit où le meurtre a été commis.   150

Le juge en chef Robinson approuve le verdict du jury dans le procès pour meurtre.   151

Macaulay à Rowan. Notes sur le procès d'Owen et Rooney.   152

Rapport du Conseil exécutif recommandant un sursis en faveur d'Owen et Rooney jusqu'à ce qu'on ait communiqué avec le gouvernement de Sa Majesté.   158

30 août, Toronto.
Colborne à——— (personnelle). Transmettra bientôt les adresses des districts de Johnstown et Bathurst, relatives à la lettre de Hume. Plusieurs pensent que l'on n'aurait dû accorder aucune attention à cette lettre car c'est donner trop d'importance aux agitateurs de cette espèce, mais il (Colborne) pense que l'expression de loyauté ne peut nuire au gouvernement de Sa Majesté. La publication de la lettre était un essai de Mackenzie pour se rendre compte comment ces projets de séparation seraient acceptés. Rapport sur le progrès du choléra ; apparemment il diminue.   160

Inclus. Hartwell à Rowan. Fait rapport sur le succès obtenu dans l'obtention des signatures contre la correspondance déloyale de Hume-Mackenzie.   163

Copie d'adresses du district de Johnstown.   165

— septembre, Bath.
Adrese du district de Bathurst contre les sentiments de la lettre de Hume.   168

1er septembre, Toronto.
Colborne à Spring Rice (n° 63). Envoie copie d'une requête de Caddy, autrefois lieutenant-colonel, A. R., et un mémoire de Reynell, autrefois capitaine dans l'armée. Ils s'attendaient à recevoir des concessions de terres comme les officiers qui avaient démissionné pour s'établir au Canada.   171

Inclus. Requête de Caddy, officier de l'artillerie royale, pour obtenir une concession de terre.   172

Certificat de D. G. A. Dickson, des services de Caddy.   173

Mémoire du capitaine Reynell relatif à ses services, etc.   174

Certificat de Fitzroy Somerset, des services de Reynell.   176

DOC. DE LA SESSION No 18

1834.
1er octobre,
Toronto.
Colborne à Spring Rice (n° 64). Transmet l'adresse de Johnstown exprimant sa loyauté et condamnant la lettre séditieuse de Hume.
Page 178
(Pour adresse *voir* page 165.)

1er octobre,
Toronto.
Colborne à Hay (personnelle). A envoyé l'adresse de Johnstown au roi. Il ne peut y avoir de doute sur les intentions de trahison de Hume. Résultat, jusqu'à présent, des élections. 180
Inclus. Preuve indéniable du souhait et du désir de Hume et de Mackenzie et de leur faction pour promouvoir la séparation des Canadas et de la mère-patrie. 182

2 octobre,
Toronto.
Colborne à Spring Rice (n° 65). Mort du juge en chef W. Dummer Powell, le 6 septembre. 186

3 octobre,
Toronto.
Le même au même (n° 66). Transmet les mémoires de McCurdy concernant ses réclamations et ses services avant la guerre de la révolution. 187
Inclus. Mémoire d'Archibald McCurdy. 188
Certificats en faveur de McCurdy. 190 à 192
Mémoire de McCurdy pour avoir une concession de terre. 193
Rapport du Conseil exécutif sur la réclamation de McCurdy, laquelle n'est pas recommandée. 195

20 octobre,
Toronto.
Colborne à Hay (personnelle). Fait rapport du résultat des élections. 196

4 novembre,
Toronto.
Rapport de l'inspecteur général. Inclus dans Colborne à Spring Rice, 10 novembre 1834.

6 novembre,
Toronto.
Colborne à Hay. Il est permis par le statut aux receveurs du Haut-Canada de nommer des sous-receveurs. Envoie sur ce sujet une communication de l'inspecteur général. 200
Inclus. Markland à Rowan. Les receveurs sont autorisés à nommer n'importe quel nombre de sous-receveurs. Ceux-ci ne sont pas considérés comme officiers du gouvernement. 201

8 novembre,
Toronto.
Colborne à Hay. L'inspecteur général des comptes a été nommé par le lieutenant-gouverneur sous son sceau et aussi comme commissaire. Cette charge étant considérée comme locale, on n'a pas fait rapport de sa vacance au secrétaire colonial. Sur le nombre de candidats, il n'y a pas eu d'hésitation à nommer Markland à cette charge. 202
Inclus. Rapport de l'auditeur général sur ce sujet. 204

10 novembre,
Toronto.
Colborne à Spring Rice (n° 67). En réponse à la dépêche sur la manière de tenir les comptes concernant l'émigration, il donne la manière que les réclamations furent payées, l'argent étant retiré des terres de la Couronne pour cette fin. L'effet de l'augmentation de la dépense de l'émigration en 1832. 211
Inclus. Rapport de l'auditeur général sur la manière d'auditer les comptes. 214

12 novembre,
Toronto.
Colborne à Spring Rice (n° 68). Envoie les mémoires de Higgins et de McDonald, demandant de participer dans les privilèges des soldats devenant colons. 215
Mémoire de Higgins. 216
Lukin à McDonald. Comme il a donné sa démission MM. Greenwood et Cⁱᵉ ont été autorisés à lui payer son indemnité. 221

15 novembre.
Toronto.
Colborne à Spring Rice (n° 69). En réponse à la dépêche du 29 juillet, donne l'objet de l'adresse concernant l'arpentage des terres au nord du lac Huron. 222

18 novembre,
Toronto.
Le même au même (n° 70). Recommande cinq gentilshommes comme étant qualifiés pour faire partie du Conseil législatif. 224
Caractère des gentilshommes recommandés. 225

19 novembre,
Toronto.
Colborne à Hay (personnelle et confidentielle). A communiqué à Strachan les circonstances qui pourraient placer l'administration du Haut-Canada entre les mains de l'ancien des membres du Conseil exécutif.

1834.

La nomination de Markland par commission spéciale serait l'arrangement qui rencontrerait le moins d'objection. Peter Robinson est son aîné, mais il a des charges qui l'empêchent de prendre en mains les affaires du gouvernement. Ne peut pas en même temps nommer un successeur à Baby. Recommande que la position soit laissée vacante jusqu'à ce qu'il se présente une occasion favorable pour faire la nomination.   Page 227

Inclus. Strachan à Colborne. Relative au gouvernement du Haut-Canada par un des conseillers exécutifs.   229

20 novembre, Toronto.

Colborne à Spring Rice (personnelle et confidentielle). Donne la situation politique du Haut-Canada et l'effet des élections de 1828. Montre l'influence exercée sur les élections subséquentes. Aux élections de 1830 les deux tiers des candidats heureux étaient opposés à ceux qui étaient hostiles aux institutions canadiennes et aux rapports avec la mère-patrie. Les candidats heureux avaient été choisis par les plus vieux colons ou les plus actifs, et qui se sont unis pour promouvoir les mesures de nature à faire le bien du pays. Il y avait cependant certaines questions locales dans lesquelles l'autre partie avait l'avantage. Plusieurs changements dans la représentation dans le parlement actuel peuvent être attribués à un mécontentement local plutôt qu'à des causes de nature à embarrasser le gouvernement. L'influence du parti, dit réformateur, a ajouté son influence à celle de ceux qui constituaient l'opposition dans la dernière Assemblée. Les causes d'attaques dirigées contre les candidats supportant la majorité. Cause de la popularité de Mackenzie. La difficulté pour choisir des magistrats et des officiers pour la milice a aussi été la cause d'un certain mécontentement, mais toute tentative pour changer les institutions de la colonie serait désapprouvée.   232

2 décembre, Toronto.

Le même au même (n° 71). Transmet l'adresse demandant des améliorations dans la navigation sur l'Ottawa.   240

Inclus. Adresse.   241

(Cette lettre, par une erreur évidente, est datée du 22, date du n° 79.)

2 décembre, Toronto.

Colborne à Spring Rice (n° 72). Dépêche reçue ainsi que les demandes de deux sociétés projetées pour acquérir des terres en Haut-Canada. Observations sur des questions qui devraient être considérées en décidant les plans de ces associations. Les vues bienfaisantes de la *Colonial Association of Ireland,* si elles sont supportées par les propriétaires de terres et par les sociétés locales d'Irlande. Combien on pourrait sauver de trouble et d'embarras aux émigrants volontaires, mais il y a de grandes difficultés à surmonter. Les obstacles à l'accomplissement de l'œuvre par les sociétés, vu que le chiffre de ceux envoyés par eux n'équivaudrait pas au cinquième de celui de l'émigration volontaire. Considérations montrant l'avantage pour le public de vendre à des compagnies à fonds social de larges étendues de terres et dans lesquelles il est démontré que si ces compagnies peuvent faire des bénéfices le gouvernement est encore plus en mesure d'y trouver son avantage. Conseille qu'on permette à l'Association d'Irlande de démontrer la valeur de leurs plans au sujet des townships non encore arpentés au nord du district de Gore. Les conditions auxquelles l'allocation pourrait être accordée.   245

Plan des terres du côté du lac Huron.   258, 259

Rapport de Richard Birdsall et de William Hawkins, sous-arpenteurs, sur la frontière nord de la *Canada Company's Huron tract.*   260

2 décembre, Toronto.

Colborne à Spring Rice (confidentielle). Observations supplémentaires sur le projet de formation de société de colonisation.   266

3 décembre, Toronto.

Le même à Hay (personnelle). Préparera les détails des arrangements requis par Spring Rice avant que la charte du *King's College* soit mise en opération. Fera rapport sur la Société pour promouvoir l'Emigration, qui, il en est convaincu, peut devenir utile. L'Association d'Ottawa a surtout en vue le commerce de bois. Si on peut engager les

DOC. DE LA SESSION No 18

1834. directeurs à entreprendre la construction des canaux, ils devraient être encouragés.   Page 270

3 décembre. Colborne à Spring Rice (nº 73). Transmet l'adresse du district de Bathurst niant toute participation au sentiment de la lettre de Hume à Mackenzie. 271

 Inclus. Adresse (un duplicata, l'autre est à la page 168.)

 Morris à Rowan. Envoie l'adresse du district de Bathurst. 272

12 décembre, Colborne à Spring Rice (nº 76). Transmet le rapport de Maitland.
Toronto. auditeur général, au sujet de la réduction de son salaire. Son utilité, son intelligence. 285

 Inclus. Représentations de Maitland, auditeur général. 286

19 décembre, Colborne à Spring Rice (77). Comment les dépenses du collège du
Toronto. Haut-Canada sont défrayées: projet de le joindre au collège Royal. Beaucoup d'obstacles à l'ouverture de l'université écartés et les raisons données l'induisent à croire qu'elle devrait être ouverte sans délai. La discussion sur la question de la charte de l'université dure dans le Conseil législatif et l'Assemblée depuis plus de six ans. Improbabilité que les points sous discussion soient réglés avec satisfaction par l'intervention de la législature. N'aurait aucune hésitation de permettre l'ouverture de l'université sous l'empire de la charte actuelle, aussitôt que des professeurs pourront être nommés: la prospérité dépend de leur habileté et de leur réputation. Demande que les chefs des collèges d'Oxford et de Cambridge choisissent 4 personnes comme professeurs. La nature des règlements quant aux logements, etc. 291

 Plan et projet pour l'université de *King's College* par le Dr Strachan. 297

19 décembre, Colborne à Hay (personnelle). Résume les lettres de Spring Rice au
Toronto. sujet du *King's College.* Espère qu'il prendra un intérêt sérieux dans l'obtention de professeurs pour l'université. Tout de même ce serait une chose difficile que d'obtenir des hommes compétents pour guider une université au milieu des bois, cependant il n'était pas sans espérance que des élèves distingués se lanceraient dans l'entreprise. La coopération volontaire des vice-chanceliers des deux universités pourrait être sincèrement espérée. 303

20 décembre, Colborne à Spring Rice (nº 78). Envoie la demande du major Rains
Toronto. pour obtenir du terrain à l'île Saint-Joseph, où il a l'intention d'établir un nombre de familles. Recommande qu'il soit permis à Rains et aux capitalistes qui veulent se joindre à lui d'acheter 5,000 acres de terre chaque à un schelling l'acre pour être vendues en 200 lots au même prix aux colons actuels. 306

 Inclus. Requête de Rains; proposition d'établir 100 familles sur l'île Saint-Joseph. 308

 Rapport de Peter Robinson, daté du 14 novembre 1834, mentionnant que l'île Saint-Joseph contient 80,000 acres de terre dont 50,000 peuvent être mises en culture. Ses suggestions pour la colonisation. 310

22 décembre, Colborne à Spring Rice (nº 79). Envoie la requête de Lally et de Whitley
Toronto. demandant la permission d'acheter 8,000 acres à vente privée du côté de l'ouest de Collingwood près d'Owen-Sound. Ce terrain n'a pas encore été arpenté ni acheté des sauvages. Lally et Whitley ont acheté du terrain sur le lac Simcoe et sont très respectables, mais il ne paraît pas avantageux d'autoriser les ventes privées à moins que les intérêts de la colonie en bénéficient particulièrement. 311

 Inclus. Mémoire de Lally et de Whitley. 313

 Rapport du commissaire des terres de la Couronne sur la requête. 314

22 décembre, Colborne à Spring Rice (nº 80). Rapport sur les hôpitaux de Toronto
Toronto. et de Kingston, pour lesquels l'Assemblée demande une concession de terre. Notes sur leurs moyens de subsistance. Une concession de 12,000

1834.

acres serait jugée suffisante pour celui de Toronto et de 8,000 acres pour
celui de Kingston.　　　　　　　　　　　　　　　Page 315
　　　Rapport sur l'hôpital général de Toronto, avec tableau des admissions,
revenus, etc.　　　　　　　　　　　　　　　　　317
　　　Rapport sur l'hôpital de Kingston.　　　　　　　　325

24 décembre,　　Colborne à Spring Rice (nº 81). Transmet le mémoire de Patton, maître
Toronto.　　des casernes à Toronto. Recommande favorablement le cas.　　334
　　　Inclus. Mémoire du major Patton pour obtenir une concession de
terre et établissant ses services, etc.　　　　　　　　336

26 décembre,　　Colborne à Spring Rice (nº 82). Au sujet de la lettre de la *New
Toronto.　　England Co.* concernant les procédés de leur agent Scott, rapporte que
sur sa demande les terres sur le lac du Riz ont été mises à part pour les
sauvages. Détails sur les délais qui ont eu lieu et sur les démarches qui
ont été faites pour assurer l'avantage des sauvages dans la possession du
terrain. Désir des sauvages de laisser le lac Chemong.　　　　339
　　　Inclus. Rapport de Markland, auditeur général, sur le contrat concernant les terres sur le lac du Riz.　　　　　　　　　　345

27 décembre,　　Colborne à Spring Rice (nº 83). Transmet le mémoire du colonel
Toronto.　　Nicolls, des ingénieurs royaux. Il avait reçu une concession de 1,200
acres mais avait perdu 800 acres à cause des termes d'un statut provincial, pendant son absence. Le Conseil exécutif ne peut pas recommander
une concession additionnelle de terres sans créer un précédent embarrassant, mais lui (Colborne), vu les longs services de Nicolls, n'hésite pas
à recommander favorablement le cas.　　　　　　　　346
　　　Inclus. Mémoire de Nicolls pour obtenir une concession additionnelle
de terre.　　　　　　　　　　　　　　　　　350

27 décembre.　　Colborne à Hay (personnelle). Transmet les résolutions d'une société
formée par Mackenzie et O'Grady, un prêtre suspendu par l'évêque
Macdonell. Quoique l'esprit soit aussi mauvais que possible, il pense
que ça n'aura que peu d'influence. Envoie une communication du Dr Bains,
du collège du Haut-Canada.　　　　　　　　　　　353
　　　Inclus. Résolutions en vertu de laquelle la *Canadian Alliance
Society* a été fondée.　　　　　　　　　　　　　354
　　　Harris à Colborne. Suggère les changements avantageux qui pourraient être faits dans le personnel de l'université.　　　　371

29 décembre,　　Colborne à Spring Rice. Envoie la demande de la *Tay Navigation
Toronto.　　Company* pour obtenir une aide pécuniaire pour terminer la jonction
de la Tay avec le lac Rideau, le Rideau ayant monté avant que la compagnie eut pu faire les améliorations projetées. Le commissaire des
terres de la Couronne ne peut faire aucun rapport sur ce sujet, ainsi, lui
(Colborne), sur les sollicitations de la compagnie, envoie le mémoire. 373
　　　Inclus. Requête de la *Tay Navigation Company.* La requête est datée
du 21 décembre 1834.　　　　　　　　　　　　375
　　　Rapport de la *Tay Navigation Co.* aux actionnaires.　　　378

30 décembre,　　Colborne au secrétaire colonial (nº 85). Transmet des exemplaires
Toronto.　　des journaux du Conseil législatif et de l'Assemblée et des statuts depuis
1835.　　1831 jusqu'à 1834.　　　　　　　　　　　　　384
10 janvier.　　Sans signature à Colborne. La règle concernant la concession des
terres incultes ne peut être violée sans créer un mauvais précédent, et il
(Colborne) ne peut encourager une application de la loi comme dans le
cas de Nicolls.　　　　　　　　　　　　　　　348
　　　Anonyme à Colborne. Au sujet de la nomination de l'inspecteur
général.　　　　　　　　　　　　　　　　　206

23 mars,　　Rapports imprimés des documents concernant les terres de la Cou-
Downing　　ronne et aux fonds des terres et des bois en Canada.　　　273
Street.　　(Ceux-ci contiennent les comptes et les lettres nos 74 et 75 de Colborne
à Spring Rice en date du 10 et du 11 décembre 1834.)

Q. 384.-1-2-3.

(Partie 1 depuis la page 1 jusqu'à la page 298, partie 2 depuis la page 299 jusqu'à 584, partie 3 depuis la page 585 jusqu'à la page 822.

1827.
22 octobre,
Downing
Street.

Wilmot Horton à Peter Robinson. Incluse dans le commissaire pour l'audition des comptes, 15 mai 1834.

1832.
23 janvier,
Whitehall.

Philipps à Burton. Son mémoire a été déposé devant le roi. D'autres demandes seront faites au secrétaire colonial. 169

1833.
2 novembre,
York.

Foote à Routh (extrait). Inclus dans Stewart à Hay, 26 février 1834

26 novembre,
York.

Mémoire de Mackenzie à Colborne.

27 novembre,
York.

Jameson à Rowan. Les deux incluses dans Mackenzie à Stanley, 29 avril 1834.

27 novembre,
Downing
Street.

Stanley à Colborne. A reçu le mémoire des actionnaires du canal Welland pour obtenir la remise du prêt, mais ne se sent pas à l'aise pour recommander l'acquiescement à cette demande. 607

27 novembre,
York.

Rowan à Mackenzie.

30 novembre,
York.

Le même au même. Les deux incluses dans Mackenzie à Stanley, 29 avril 1834.

3 décembre,
Québec.

Routh à Stewart. Incluse dans Stewart à Hay, 26 février 1834.

15 décembre,
Peterborough.

Hamilton au Dr T. W. Hume. Son désappointement en arrivant de voir qu'il n'ait pas droit à une concession de terre étant donné un ordre récent du bureau colonial. La première idée était de retourner en Irlande, mais comme il avait vendu ses propriétés là, il avait décidé d'attendre le résultat des représentations de Colborne. En même temps, on lui avait permis d'acheter un lot de terrain qui devra être payé de la manière ordinaire si sa demande est rejetée. Il est décidé à rester et Colborne trouvera en lui un colon bien disposé. 450

17 décembre,
York.

Jameson au Rowan.

18 décembre,
York.

Rowan à Mackenzie.

20 décembre,
York.

Mémoire de Mackenzie à Colborne. Celui-ci et les deux précédents inclus dans Mackenzie à Stanley, 29 avril 1834.

25 décembre,
New-York.

Adresse de Robert Gourlay au peuple de New-York. 203
Observations sur un article de la *Gazette de Montréal* sur l'expulsion de Mackenzie de l'Assemblée. 205

26 décembre,
Trésorerie.

Stewart à Byham. Inclus dans Stewart à Hay, 26 février 1834.

26 décembre,
York.

Fitzgibbon à Rowan.

26 décembre,
York.

Jarvis au même.

27 décembre.

Rowan à Ketchum et Mackenzie. Celles-ci et les deux précédentes incluses dans Mackenzie à Stanley, 29 avril 1834.

64 VICTORIA, A. 1901

1834.
3 janvier,
York.

Peter Robinson à Stanley. Fait rapport des ventes des réserves du clergé depuis le 1ᵉʳ juillet jusqu'au 31 décembre 1833.   Page 745

Inclus. Rapport.   746 à 765

12 janvier,
Canterbury.

Stewart à Hay. Remercie pour le trouble qu'il s'est donné ainsi que Stanley. Les noms des personnes exécutées en 1814 peuvent être au nombre des 23 dont il s'enquiert, mais comme il n'est pas dit qu'ils furent capturés à Queenstown, le 13 octobre 1812, il ne peut pas l'assurer comme un fait.   768

17 janvier,
Artillerie.

Byham au même. Demande trois exemplaires de l'acte dit *The Rideau Act*, passé par la législature provinciale.   21

20 janvier,
York.

Mackenzie à Colborne. Incluse dans Mackenzie à Stanley, 29 avril 1834.

22 janvier,
Trésorerie.

Stewart à Hay. A reçu les comptes du casuel et du revenu territorial du Haut-Canada depuis le 1ᵉʳ janvier 1831 jusqu'au 30 juin 1833, et copie de la communication proposée basée sur ces comptes. Le Trésor approuve la communication autorisant Colborne sur le paiement de £57,412 comme indemnité de guerre pour montrer à l'Assemblée qu'il a le pouvoir de disposer de £20,000 pour le même but, étant donné que la législature du Haut-Canada vote un montant semblable et que ceci étant fait le gouvernement demandera au parlement d'accorder £17,910 pour payer le total des balances des réclamations restant dues. Le Trésor approuve d'autres dépenses pour les sauvages.   52

22 janvier,
York.

Rowan à Mackenzie. (Deux lettres de cette date.)

23 janvier,
York.

Jameson à Rowan.

25 janvier,
York.

Rowan à Mackenzie. Celle-ci et la précédente incluses dans Mackenzie à Stanley, 29 avril 1834.

25 janvier,
Moira.

Mason au secrétaire colonial. Avait promis, avant de laisser le district de Newcastle, dans le Haut-Canada, d'envoyer à la Société d'Agriculture copie des règlements de la *North East Society of Ireland* et des succursales sous son contrôle. Peut-il les transmettre par le département colonial, sinon, comment peut-il les envoyer?   599

26 janvier,
Artillerie.

Byham à Stewart. Incluse dans Stuart à Hay, 26 février 1834.

27 janvier,
Irlande.

Harrison à Littleton. Se plaint que les licenciés en médecine et en chirurgie du *Irish College of Surgeons* ne peuvent pratiquer dans l'Amérique du Nord à moins qu'ils n'aient subi un examen et payé un honoraire, tandis qu'on permet de pratiquer à ceux qui ont un diplôme de Londres ou d'Écosse.   151

30 janvier,
York.

Rowan à Mackenzie. Incluse dans Mackenzie à Stanley, 29 avril 1834.

31 janvier,
Ministère
de l'Irlande.

Craig à Earle. Envoie une lettre qui aurait dû être adressée à Stanley.   150

— janvier.

Mémoire d'Arthur Burton pour une pension à cause de ses services dans le 1ᵉʳ régiment de la milice de Stormont.   164

Bordereau et autres documents.   171

3 février,
Ministère
de l'Irlande.

Littleton au secrétaire colonial. Transmet une lettre du Collège irlandais de chirurgie au sujet de la préférence accordée dans le Haut-Canada aux diplômes donnés en Angleterre et en Écosse au détriment de ceux du collège de chirurgie d'Irlande.   153

8 février,
Londres.

Viger à Stanley (en français). Attire son attention sur le cas de Berczi, le priant de lui accorder le terrain concédé à son père, qui a dépensé sa fortune à établir des familles dans la province.   792

8 février,
York.

Rowan à Jarvis. Incluse dans Mackenzie à Stanley, 29 avril 1834

8 février,
Brompton

Gault à Stanley. Envoie une copie de ce qui a été soumis à Goderich et qu'il a déclaré être inadmissible, sans doute sous l'empire d'une fausse impression. L'avantage pour le Haut-Canada de l'établissement de la *Canada Company*. Si le comité décide en sa faveur, il changerait sa demande d'une commission pour celle d'une concession de terre. Suggère que sa réclamation devra être soumise à l'arbitrage de deux hommes d'affaire.   Page 379

Inclus. Le cas de John Gault demandant au gouvernement de Sa Majesté une rémunération pour avoir les terres de la Couronne dans le Haut-Canada.   382

(La cause contient la correspondance sur le sujet.)

Appendice A.   Lettre de Wilmot Horton à Gault, 5 juillet 1824.   409.
Appendice B.   Lettre de Galt au secrétaire d'État, 5 juillet 1824.   416
Appendice C.   Autre lettre de Gault au secrétaire d'Etat, 12 juillet 1824.   434
Appendice D.   Une autre lettre, 17 juillet 1824.   436

8 février,
Brompton.

Galt à Stanley. La décision d'abandonner le système des concessions gratuites a produit un résultat satisfaisant; à l'intention, cet été, de remonter le Saguenay jusqu'à la baie de Ha! Ha!, et il pourra juger si cette place est telle que décrite dans le rapport du bureau colonial; demande une audience, vu qu'étant en Canada il avait formé un plan pour coloniser ce district, lequel il avait soumis à Dalhousie, qui l'avait invité (Gult) à faire un voyage en haut de la rivière, mais sa nomination aux Indes avait empêché tout cela. S'il se fixait en achetant dans ce district il pourrait montrer de quelle manière il pourrait se rendre utile.   438

10 février,
York.

Copie du serment d'allégeance prêté par Mackenzie incluse dans Mackenzie à Stanley, 29 avril 1834.

11 février,
Trésorerie.

Stewart à Hay. Les comptes de Robinson sont rendus d'une manière très défectueuse et irrégulière. Il ne s'occupa pas des réquisitions renouvelées de l'auditeur jusqu'à ce qu'ordre fut donné de suspendre son salaire comme commissaire des terres de la Couronne jusqu'à ce que ses comptes d'émigration fussent réglés.   54

13 février,
Londres.

Rapport du contrôleur, inclus dans Stewart à Hay, 26 février 1834.

14 février,
York.

Macdonald à Stanley. Représente la perte qu'il a subie par la banqueroute de Macdonald et Cⁱᵉ, agent de l'armée, après avoir disposé de sa commission comme capitaine. Secours donné par lord Hill. La partie qui reste due sur le montant est de £550, somme de très grande importance pour lui. Sa gratitude pour l'attention donnée à ses demandes. 600

17 février,
Brompton.

Galt à Hay. Remercie Stanley d'avoir examiné sa cause, qu'il n'avait pas voulu presser depuis qu'il en avait embarrassé Goderich, sachant que tant de choses occupaient le gouvernement. Il considère encore sa réclamation comme valide, et si le gouvernement refuse de consentir à une enquête il fera amener la question sur motion devant les Communes, mais il croit qu'il serait préférable de référer la question à l'arbitrage d'hommes d'affaires. Il lui répugne d'avoir à presser sa réclamation, mais il croit que le refus du gouvernement est dû au seul désir de bien remplir les charges publiques, et qu'ayant l'instrument qui a servi à procurer au gouvernement un demi-million, ce n'est pas une grande faveur que de demander qu'il soit décidé par deux personnes désintéressées s'il a droit à une rémunération pécuniaire.   440

17 février,
York.

Rowan à Mackenzie. Incluse dans Mackenzie à Stanley, 29 avril 1834.

18 février,
Trésorerie.

Stewart à Hay. La Trésorerie croit avec Stanley que £100 par année devraient être donnés au Dʳ Macdonell comme évêque catholique romain du Haut-Canada.   55

19 février,
Brompton.

Galt à Stanley. Il a été avisé à demander la reconsidération de sa cause. Il espère encore qu'elle sera soumise à un arbitrage, et s'il est décidé que sa réclamation n'est pas juste il s'efforcera d'être satisfait. Si la décision est

1834.

en sa faveur, il lui (Stanley) laissera le soin de fixer le montant de la rémunération. Page 443
Inclus. Résumé de la requête de John Galt. 444

25 février, Downing Street.
Hay à Colborne. Transmet le mémoire de Burton. Toutes les demandes venant des colonies devraient être transmises par les gouverneurs. 170

25 février, Londres.
Mandelsloh à Stanley. On ne lui a pas encore retourné le document envoyé le 9 d'août 1832, pour faire vérifier la signature de J. Allan Napier McNab. Demande que des instructions à ce sujet soient envoyées au lieut.-gouverneur du Haut-Canada. 603

26 février, Trésorerie.
Stewart à Hay. Le lieut.-gouverneur doit être informé qu'une charte pourra être accordée à tout individu ayant l'outillage nécessaire qui voudra entreprendre la construction des glissoirs aux chutes des Chats et des Chaudières. 56
Inclus. Stewart à Byham. Transmet les dépêches du lieut.-gouverneur du Haut-Canada au sujet des glissoirs pour le bois aux chutes des Chats et des Chaudières sur l'Ottawa et demande d'avoir l'opinion du bureau de l'Artillerie sur cette question. 58
Inclus. Byham à Stewart. Le bureau de l'Artillerie ayant été consulté sur la construction de glissoirs pour le bois sur l'Ottawa, est d'opinion que ces constructions ne peuvent être qu'avantageuses et ne sont pas de nature à nuire aux canaux. La question d'ajouter des branches aux canaux est différente, et le bureau de l'Artillerie croit que toute la ligne de communication avec la province supérieure devrait rester entre les mains du gouvernement anglais. La construction d'une branche du canal du marais de Don, tout en étant désirable n'est pas encore nécessaire. 60

26 février, Trésorerie.
Stewart à Hay. Transmet le rapport du contrôleur des comptes de l'année au sujet de la solde et de l'indemnité de logement du major Winniett, surintendant des affaires des sauvages à Brantford. 63
Inclus. Rapport du contrôleur des comptes de l'année au sujet de la solde et de l'indemnité de logement du major Winniett. 64
Routh à Stewart. Rapport au sujet de la solde et de l'indemnité de logement du major Winniett. 67
Foote à Routh (extrait). Ordres donnés par le lieut.-gouverneur de payer le major Winniett, malgré que sa nomination ne fût pas publiée dans les ordres généraux; désirerait qu'il (Colborne) envoyât ses raisons pour en agir ainsi à Routh. 69

1er mars, New-York.
Gourlay à Colborne. Allègue que son emprisonnement était illégal et considère qu'il aurait le droit de rentrer dans le Haut-Canada et de reprendre sa propriété par la force des armes. 331
Inclus. Autres documents. 332 à 334
(Ceux-ci furent apparemment aussi envoyés au secrétaire colonial).
Adresse au *Labouring Poor of England*, avec des blancs de requête et autres documents portant différentes dates signées par Gourlay. 335, 356, 360, 374, 375

1er mars, Toronto.
Rapport du comité général sur le comité spécial des banques. Inclus dans Mackenzie à Stanley, 25 avril 1834.

7 mars, York.
Rowan à Mackenzie. Inclus dans Mackenzie à Stanley, 29 avril 1834.

8 mars, Londres.
Hagerman à Hay. Désire avoir une entrevue à propos des réserves du clergé. Ce sera un désappointement pour le clergé et les membres de l'Église s'il ne peut pas rapporter la décision du gouvernement sur la question. 462

8 mars, Toronto.
Merritt à Hay. Les directeurs du canal Welland ont envoyé des requêtes au gouvernement pour la remise de l'emprunt à la compagnie vu le bénéfice que le gouvernement a retiré de l'ouverture du canal, les raisons sont contenues sous divers chapitres. Aucune réponse ayant été donnée

1834.

l'Assemblée législative a demandé au gouvernement de Sa Majesté de faire remise du prêt; c'est le meilleur temps pour le faire.   Page 604

9 mars,
Londres.

Viger à Hay (en français). S'était proposé d'écrire pour rappeler à M. Stanley sa lettre du 8 janvier. Doit maintenant accuser réception de la sienne (Hay) contenant la réponse à Berczy et qui lui sera expédiée aussitôt que possible.   795

10 mars,
Artillerie.

Byham au même. Demande l'adresse d'Hagerman, vu que le solliciteur du bureau veut communiquer avec lui sur la question du canal Rideau.   22

10 mars,
Brompton.

Galt à Stanley. Ayant su que le gouvernement s'opposerait, contrairement à son attente, à la motion pour enquête, tout de même il n'accepte pas la décision comme correcte.   447

12 mars,
Londres.

Allen à Stanley. Le remercie pour sa bienveillance au sujet de sa réclamation (Allen) contre Herd. Demande conseil sur la meilleure manière d'assurer sa réclamation.   157

12 mars,
Trésorerie.

Stewart à Hay. La Trésorerie accepte le projet de Stanley de payer £360 au juge en chef du Haut-Canada, annuellement, comme indemnités autrefois reçues par lui, comme juge en chef et président du conseil, aussitôt longtemps qu'il gardera les deux positions. Mais ceci ne doit pas être un précédent de nature a créer un droit en faveur d'un autre exerçant ces deux fonctions simultanément. Les £100 pour salaire comme conseiller exécutif ne devraient pas continuer à être payés à moins que Stanley soit formellement d'opinion qu'ils doivent être ajoutés au £360.   71

12 mars,
Londres.

Maxwell à Stanley. Présente M. Jones, du Haut-Canada, qui a un mémoire qu'il (Maxwell) croit devoir présenter personnellement de manière à ce que le secrétaire ait l'opportunité d'obtenir toute information sur les établissements de source méritant créance.   608

Inclus. Résumé de la cause de Jones.   609

12 mars,
Ryde.

Projet du capitaine O'Brien, M.R., de bâtir une église à Kempenfeldt sur un terrain concédé par le lieutenant-gouverneur. Conditions de cette construction.   737

14 mars,
Londres.

Adresse à la Chambre des Communes pour avoir un rapport sur les fonds obtenus de la Compagnie du Canada.   3

15 mars,
Castlegarran.

Mémoire de Patrick Ladin au sujet d'une propriété dans le canton Vaughan laissé par John Ladin, il (Patrick Ladin) étant le plus proche parent.   595

20 mars,
Londres.

Hagerman à Hay. Au sujet de la désapprobation projetée des chartes des banques du Haut-Canada, fait remarquer que le pouvoir de réserver ne devrait s'appliquer qu'aux lois de nature à affecter les intérêts généraux de l'empire. Ceux qui agissent en vertu de ces chartes avant qu'elles soient sanctionnées tombent sous le coup de lourdes amendes. Raisons pour lesquelles l'acte des banques ne peut être désavoué sans porter une accusation d'avoir manqué de bonne foi, et qu'agir ainsi aurait pour effet de produire les maux que les amendements ont pour but d'empêcher. Argumente la question.   463

21 mars,
Londres.

Le même au même. S'excuse à cause de la longueur de sa lettre sur les chartes des banques, mais le sujet est très important. Devra, s'il le peut, avoir une entrevue avec Stanley. Presse le règlement des affaires des réserves du clergé. Le besoin dans lequel se trouve le clergé causé par la suspension de son indemnité.   479

22 mars,
Londres.

Mackenzie à Hay. Lui demande de lire les notes du duc de Hamilton et d'envoyer ses instructions afin qu'il puisse y répondre.   612

25 mars,
Berthier.

Percy à Colborne. Répond au rapport du conseil du Haut-Canada contre son défunt père.   808

Autres papiers inclus.   814

1854.
26 mars,
Artillerie.

Byham à Hay. A encore écrit au commandant des ingénieurs royaux au Canada d'envoyer les plans et devis pour les nouvelles casernes et autres édifices publics.   Page 23

mars,
ndres.

Hagerman au même. Envoie les journaux contenant l'amondement de Neilson aux résolutions de Papineau. Roebuck a donné avis d'une motion pour s'enquérir de l'administration du gouvernement du Haut et du Bas Canada. S'il pouvait connaître les points particuliers qui seront discutés, il pourrait être utile en les expliquant.   475

Inclus. Rapport par J. B. Mills sur l'amélioration de la navigation du Saint-Laurent entre Lachine et la frontière des deux provinces, avec les calculs sur le coût.   477

Wright, ingénieur civil, New-York, sur le plan de J. B. Mills.   502

Compte rendu sommaire des commissaires désignés par un acte pour améliorer les communications antérieures de la province.   508

Rapport du comité sur l'élection de Stanstead.   515

Procès-verbaux de la Chambre d'Assemblée.   519

Résolutions de la Chambre d'Assemblée sur l'élection de Stanstead, déclarant Child élu.   522

Procès-verbaux de la Chambre d'Assemblée.   531

10 avril,
Géorgie.

Frazer à Stanley. Demande le terrain dans le Haut-Canada sur lequel on l'a informé qu'il a des droits. Établit ses droits.   327

Inclus. Certificat par E. Molyneux, consul de Géorgie, établissant qu'il connaît personnellement Frazer.   329

12 avril,
Londres.

Gibson à Hay. Le rapport de Scott, agent au Lac du Riz et au Lac à la Vase, montre un progrès beaucoup plus grand que la lettre du lieutenant-gouverneur ne le donnait à entendre. D'après le rapport, la compagnie devait s'attendre à une recommandation beaucoup plus favorable que celle qui lui a été donnée.   113

16 avril,
Londres.

Adam à Stanley. Demande une lettre d'introduction à Colborne en faveur de William Clarke.   159

16 avril,
Londres.

Hagerman à Hay. La satisfaction du discours de Stanley et son admiration pour la précision des détails. La nécessité de cette précision, sans laquelle il serait impossible de donner une réponse satisfaisante aux accusations, cependant, non fondées. La base de la plainte, que le secrétaire colonial ne connaît pas les faits, n'existe plus maintenant. S'était attendu à une attaque plus sérieuse contre le gouvernement colonial, mais ne se rappelle pas une manifestation parlementaire plus faible que celle de Roebuck. Les observations d'O'Connell et Hume étaient plus superficielles, s'il est possible de l'être. Autres observations sur les discours. Laisse la ville pour Richmond ; espère avoir de plus agréables nouvelles au sujet de l'église à son retour.   540

23 avril,
Putney.

Madame Colquhoun à Stanley. Demande une lettre d'introduction à Colborne en faveur de M. Erskine.   300

24 avril,
Trésorerie.

Stewart à Hay. Les commissaires pour l'audition ont désiré que Peter Robinson paie les £1,968.17.0 qu'il doit comme ancien surintendant de l'émigration irlandaise, et demande doit être faite au lieutenant-gouverneur pour pouvoir faire exécuter les ordres sans délai.   73

24 avril.

White à Stanley. Envoie les graines qui devront être expédiées au gentilhomme pour qui la qualification d'Excellence n'est pas seulement un nom mais une réalité. Le caractère admirable du gouverneur.   822

25 avril,
Holloway.

Keele à Stanley. Envoie le mémoire de son parent W. C. Keele, qui vint au Haut-Canada pour pratiquer comme avocat, ce dont il a été empêché par une loi locale. Le prie (Stanley) de faire passer un acte aux fins d'admettre son parent, si possible.   586

Inclus. Mémoire de W. C. Keele, à l'Assemblée du Haut-Canada, demandant qu'un amendement soit fait à la loi qui lui défend de pratiquer comme avocat au Haut-Canada ou qu'un acte soit passé à l'effet de lui permettre de pratiquer.   588

DOC. DE LA SESSION No 18

1834.

25 avril, Walworth.   Macpherson à Hay. Les officiers de demi-paie recevant des concessions de terres de la Couronne paient-ils les mêmes frais qu'une personne privée qui achète ; il constate que cette dernière paie £125 pour une acquisition de 500 acres.   Page 613

28 avril, Toronto.   Mackenzie à Stanley. Envoie copie du vote de l'Assemblée sur les amendements à l'acte des banques proposés par le gouvernement britannique et dont l'échec est dû aux membres du gouvernement provincial. A expédié à Ellice une copie de l'adresse pour l'indépendance qui a suivi cet échec. A été encore élu et encore expulsé. Envoie la correspondance avec Colborne concernant la dernière expulsion et demande justice à ce sujet. A sollicité le renvoi de Colborne et fait encore de même, vu que ce dernier n'a pas de volonté et se laisse guider par le juge en chef et quelques autres. La charte de Toronto comme cité, dont lui, Mackenzie, a été le premier maire.   625

Le rapport du comité spécial des banques précède la lettre.   624

29 avril, Londres.   Hagerman à Hay. Envoie les journaux hauts-canadiens contenant le discours de prorogation du gouverneur et les débats sur différents sujets. Avait été faire visite, mais Hay était absent et Stanley engagé.   543

Inclus. Débats sur la charte de la banque.   545

Extrait du *Patriot* sur les affaires financières aux Etats-Unis.   562

Discours de prorogation par le lieutenant-gouverneur.   564

Débats sur la navigation du Saint-Laurent, sur les subsides pour les chemins et les ponts, etc.   567

Ce dernier document parle des montants alloués pour les chemins et les ponts dans plusieurs districts, savoir :

Ottawa	£1,300
Bathurst	2,350
Oriental	2,350
Johnstown	2,350
Midland	2,750
De ce montant Prince-Edward recevra	650
Newcastle	2,350
Home	2,425
Gore	2,350
Niagara	2,000
London	2,522
Occidental	2,350

29 avril, Toronto.   Mackenzie à Stanley. Réfère sa lettre d'hier concernant son expulsion, qui aurait pu être évitée si la Chambre avait été dissoute. La nécessité d'avoir comme gouverneur du Haut-Canada un homme de décision et d'expérience. Peu importe qu'il soit whig ou tory, mais des hommes tels qu'Aylmer ou Colborne ne sont que les représentants d'hommes intéressés qui se tiennent cachés derrière le rideau.   630

Inclus. Liste des papiers envoyés.   632

Mémoire de Mackenzie à Colborne, se plaignant de son expulsion plusieurs fois répétée de la Chambre d'Assemblée, dont il avait été élu membre par le comté d'York. Demande qu'aussi longtemps que son expulsion continue ses mandataires ne soient pas plus longtemps taxés, contrairement à la loi et à leurs désirs.   634

Autres documents sur le même sujet.   652 à 725

(Une liste des documents est dans les pages 632 et 633, excepté le n° 16, qui a été omis dans la cédule.)

mai, elworth   Manning à Lefebvre. Demande si une enquête peut être faite au sujet de Edward Boxall, fils d'une veuve dont l'adresse est Edward Boxall, township d'Adderley, Haut-Canada.   614

1834.
3 mai,
Londres.

Hagerman à Hay. Espère qu'on ne jugera pas mauvais qu'il adresse une lettre à Stanley. Il est seulement retenu par l'attente de la décision de la question qui l'a amené. Page 576
(La lettre n'est pas datée, la date en marge est la même que celle de la lettre à Stanley.)

3 mai,
Londres.

Le même à Stanley. Réfère au mémoire du clergé, de l'évêque et autres du Haut-Canada, et envoie des faits nouveaux propres à renforcer l'argument en faveur de la nécessité d'accorder au clergé des deux provinces le bénéfice des propriétés réservées à leur soutien. Le gouvernement de Sa Majesté a fait connaître à la Société pour la propagation de l'Evangile qu'il ne sera pas accordé de terres en faveur de l'Eglise établie dans l'Amérique Britannique du Nord. La société a alors décidé de ne distribuer ses propres fonds qu'aux colonies qui ne reçoivent aucun support du fonds public et a décidé de discontinuer l'aide pécuniaire au Canada, la constitution ayant pourvu à son soutien. Cette résolution a été mise en force plus tôt qu'on ne s'y attendait, causant ainsi une grande détresse au clergé par la privation soudaine de ses moyens de subsistance, et surtout parce qu'il avait raison de croire que le gouvernement s'était engagé à continuer de lui payer une indemnité la vie durant. Arguments sur le maintien de l'Eglise établie au point de vue de la politique générale.   577

5 mai,
Dunmow.

Toke à Stanley. Les avantages pour le Bas-Canada qui découleraient de l'établissement d'une cour d'équité. Les causes qui requièrent cette cour sont au sujet de ventes de terres, plusieurs plaintes étant faites par des gens expulsés de leurs terrains après avoir payé la presque totalité du coût de leur achat; de fait, on dit que les contrats de vente ont été faits de manière à ce qu'ils puissent être annulés et l'acheteur expulsé.
780

7 mai,
Toronto.

Sibbald à Stanley. Demande un changement dans les règlements postaux par lequel les lettres payées ou non payées seront envoyées avec la plus grande célérité. La Société d'Agriculture est reconstituée et doit importer les meilleures races d'animaux. La société s'assemblera une fois par mois; les cultivateurs désirent l'amélioration, ne peut ne se faire sans argent. On attend l'assistance du gouvernement britannique. Un montant d'argent est nécessaire pour les primes d'encouragement aux cultivateurs. Son désir d'être nommé professeur d'agriculture. Donne un aperçu de sa vie.   769

10 mai,
Walworth.

Macpherson à Hay. Réitère sa demande au sujet des frais pour concessions de terres de la Couronne.   615

12 mai,
Londres.

Hagerman au même. Discute la question du traité avec les Etats-Unis relativement à la navigation sur le Saint-Laurent.   581

12 mai,
Artillerie.

Byham au même. A été informé qu'un projet de loi a été passé à la Chambre d'Assemblée et au Conseil pour un chemin de fer du lac Ontario au lac Erié, mais a été réservé par le lieutenant-gouverneur. Comme le projet de loi donne à la compagnie le pouvoir de s'emparer des propriétés du gouvernement situées entre les deux lacs, l'ordonnance demande que le projet de loi ne soit pas sanctionné avant qu'elle n'ait l'opportunité de produire ses observations à ce sujet.   25

15 mai,
Somerset
Place.

Observations par les commissaires de l'audition. Incluses dans Stewart à Hay, 20 mai 1834.

17 mai,
Greenwich.

Auckland à Hay. Désire le voir au sujet de la lettre de Hagerman. N'a jamais entendu parler de changements relatifs à la navigation sur le Saint-Laurent.   11

17 mai,
Chelsea.

Neaves à Stewart. Incluse dans Stewart à Hay, 31 mai 1834.

20 mai,
Trésorerie.

Stewart à Hay. Envoie rapport des commissaires de l'audition relatif au compte final de Peter Robinson, surintendant de l'immigration au sud

de l'Irlande, qui devra être mis devant Stanley pour avoir son opinion.
Page 74

Inclus. Observations des commissaires de l'audition sur les comptes de Peter Robinson.   75

Wilmot Horton à Peter Robinson, l'approuvant de charger ses dépenses.   79

28 mai,
Londres.

Halford à Hay. A reçu l'affidavit de Dumaresq pour sa demi-paie, signée en sa qualité de sous-percepteur. Dans ses affidavits antérieurs il était mentionné comme sous-arpenteur, et sa réclamation a été admise sous ce titre. Sa nouvelle nomination doit être certifiée.   453

24 mai,
Montréal.

Berczy à Stanley. N'est pas surpris de l'opinion défavorable émise au sujet de sa demande d'une concession de terre faite pour son père, Stanley n'ayant par devers lui que les décisions du Conseil exécutif, qui nient tous leurs droits (à lui et à son père). Il n'a pas réfuté ces décisions dans son mémoire par cause d'ignorance. Les calomnies et les faux rapports qu'il a trouvés dans le rapport de 1801. Le temps qu'il avait demandé pour préparer ses rapports, qui, il l'espère, ont été reçus. Regrette que ses explications, qui auraient placé la question sous un jour différent, ne lui aient pas été remises avant qu'il (Stanley) n'ait donné sa décision. Résumé de la cause ; il craint d'avoir été importun en pressant la décision.   209

24 mai.

Prospectus de la *City of the Falls* signé par James Robinson, un des propriétaire et agent résidant.   218

26 mai,
Artillerie.

Byham à Stewart. Incluse dans Stewart à Hay, 4 juin 1834.

28 mai,
St-Jean, Terr.

Boulton à Hay. Remercie pour l'occasion fournie de réfuter les calomnies portées contre lui. Il est singulier qu'on ne l'ait pas attaqué avant son départ de l'endroit, où tous les faits étaient connus ; on a attendu probablement son départ, afin de lui ôter tous moyens de se défendre. Préfère laisser la question s'éclaircir par elle-même, n'ayant rien à cacher. Les contradictions dans les rapports de Powell, qui ne sont pas, comme il a été dit, des notes contemporaines sur une transaction importante. Ses certificats prouvent seulement plus clairement que ce n'est pas ce qu'il prétend. Critique les différents documents et les accusations portées par Powell, et l'accuse de plusieurs actes inconvenants, les accutions étant assez étendues.   231

30 mai,
New-York.

Buchanan au même. Entre autres choses qu'il a faites pour le progrès du Canada, il a fondé une ville aux chutes Niagara nommée *City of the Falls*, a donné le nom de Stanley à une des rues, et a donné le nom de Hay au point le plus culminant et qui commande les chutes. Lui conseille de prendre cinq parts comme placement.   216

31 mai,
Trésorerie.

Stewart au même. Envoie copie d'une lettre de l'hôpital de Chelsea concernant l'argent provenant des prises de Détroit resté entre les mains de Gordon, autrefois payeur du 1er régiment de la milice provinciale d'Essex, et demandant que Gordon soit notifié d'en rendre compte et de le payer. Partage l'opinion qu'on ne devra pas procéder contre lui pour ne pas avoir payé tout de suite l'argent à l'hôpital de Chelsea.   81

Inclus. Neave à Stewart. Les commissaires de l'hôpital établissent que d'après les stipulations de l'Acte des prises de l'armée, Gordon devrait donner un état détaillé de la distribution des prises en argent pour Détroit, et devrait payer la balance qui reste à l'hôpital de Chelsea. Les commissaires ne croient pas que Gordon devrait être puni pour ne pas l'avoir fait plus tôt.   82

4 juin,
Trésorerie.

Stewart à Hay. Envoie copie d'une lettre du bureau de l'Artillerie concernant les états de compte des péages sur le canal Rideau. Lorsque les états de compte seront reçus, ils devront être envoyés au département colonial.   83

1834.

Inclus. Byham à Stewart. Il a été ordonné de faire les états de compte des péages perçus sur le canal Rideau, et ils devront être envoyés aussitôt prêts. Page 84

4 juin, Adolphus-town.
Mémoire de Richard Daverne, jeune, pour une concession de terres accordée à son frère, Daniel Daverne, expliquant les premières démarches faites pour rentrer en possession des terres et contenant les preuves et documents. 303

Inclus. Documents en rapport avec la cause. 307 à 330

6 juin, Artillerie.
Byham à Hay. Transmet le rapport des péages perçus et des loyers reçus pour le canal Rideau, du 1er septembre 1832, date de l'ouverture, au 31 décembre 1833. 27

Inclus. État de comptes des péages et loyers. 28

9 juin, Toronto.
Procès-verbaux du conseil de ville au sujet de la lettre de Hume. 726

12 juin, Trésorerie.
Stewart à Hay. Transmet l'état de comptes des péages perçus et des loyers reçus sur le canal Rideau. 85

Inclus. État de comptes des péages et des loyers pour le canal Rideau. 86

12 juin, Trésorerie.
Stewart à Hay. Pour les raisons données, la Trésorerie n'est pas disposée à s'opposer à la sanction du lieutenant-gouverneur en faveur du projet de loi d'émettre des débentures pour l'amélioration de la navigation sur le Saint-Laurent. 87

12 juin, Londres.
Gibson au même. Envoie extraits de la correspondance de Scott, agent de la *New England Company*. Attire l'attention sérieuse sur cette correspondance. La compagnie espère que sa demande sera considérée plus favorablement que ne le laisse croire la dépêche de Colborne; cette espérance est fondée sur les dépenses considérables qu'elle a faites pour la conversion des sauvages. Suggère de faire des concessions de terres aux lacs du Riz et à la Vase (maintenant Chemong) au profit des sauvages, et si ces concessions ne peuvent être faites là, de donner l'équivalent ailleurs. 114

Inclus. Extraits des lettres de Richard Scott, reçues par la Trésorerie, datées de mars 1828 au 5 août 1833, et faisant rapport du progrès des sauvages et de leurs écoles. 117

Exposé de faits qui ont rapport aux lacs du Riz et à la Vase (maintenant Chemong). 136

Pétition de Scott demandant des concessions de terres sur le lac du Riz pour les sauvages, de manière qu'il puisse dépenser avec profit pour eux les fonds destinés à assurer leur avancement. 143

Copie des permis d'occupation. 145

18 juin, Downing Street.
Stephen à Hay. Opinion sur la question de Colborne pour savoir si seulement le capital des ventes des réserves du clergé doit être placé dans les fonds britanniques, ou si les intérêts doivent aussi être inclus. Croit que le parlement entendait que le total serait remis, mais si les intérêts doivent être dépensés sur les réserves non vendues, ce serait une dépense inutile. 17

21 juin.
Lonsdale au même. A reçu l'acte du Haut-Canada relatif aux offenses capitales, ce dont il le remercie (Hay). 597

25 juin, Londres.
Commissaires de l'audition à la Trésorerie. Incluse dans Baring à Hay, 11 juillet 1834.

30 juin, Londres.
Allen à Spring Rice. Concernant sa réclamation contre le capitaine Herd. 160

11 juillet, Trésorerie.
Baring à Hay. Envoie copie d'une lettre des commissaires de l'audition sur certaines sommes payées à Peter Robinson pour pourvoir à la réception et à l'établissement des colons, et demande si des instructions ont été données pour pourvoir à leur demande. 89

Inclus. Commissaires de l'audition à la Trésorerie, concernant les sommes payées à Peter Robinson avec la liste des montants. 90

1834.
19 juillet,
Londres.

Viger à Spring Rice (en français). A reçu une lettre de Berczy qui présente sa demande d'une concession à un tout autre point de vue. Demande une audience concernant la demande de Berczy.   Page 794

23 juillet,
Barrie.

Hewson à ———. Indique les effets préjudiciables de disposer des terres par encan public, ce qui est cause que la classe d'émigrants la plus utile préfère s'établir aux Etats-Unis plutôt qu'au Canada. Une grande étendue de terres au nord n'a pas encore été colonisée parce que la Compagnie du Canada et les agents des Etats-Unis encouragent les acheteurs à se diriger vers l'ouest où ils peuvent s'établir sans délai, au lieu de rencontrer tous les obstacles causés par des délais fâcheux. Donne les détails des obstacles et de la manière de pratiquer des spéculateurs à ces encans publics. Cite le cas d'un de ses amis qui a perdu un site de moulin par le fait d'un de ces spéculateurs, et ce au détriment de la colonisation. Conseille que les agents aient le pouvoir de placer les requérants, pour qui six mois de résidence donneraient droit à un titre.   455

23 juillet,
Artillerie.

Butler à Hay. Relativement à sa lettre (Hay) transmettant copie d'une lettre du lieutenant-gouverneur concernant un morceau de terre à Kingston qui était destiné à être vendu, et exprimant aussi le désir de Spring Rice d'être informé s'il ne serait pas possible d'offrir à Cartwright quelque compensation équivalente en échange d'une propriété publique à Kingston. Le but du bureau de l'Artillerie en suggérant de disposer de ce morceau de terre était d'en appliquer le produit à certains achats de terre pour des travaux de défense d'une nécessité absolue, mais sur la demande du lieutenant-gouverneur de garder ce morceau de terre, le bureau de l'Artillerie ne veut pas en presser la vente. Pour diminuer le coût de ces travaux, le lieutenant-gouverneur devra recevoir des instructions pour l'achat des terres nécessaires pour procurer à la Couronne un terrain d'une valeur égale.   29

24 juillet,
Whitehall.

Lack à Hay. Concernant la remise proposée des impôts sur le blé, etc., au Haut-Canada. Les lords du commerce ne croient pas sage de faire aucun changement.   12

28 juillet,
Artillerie.

Butler à Hay. L'amélioration de la navigation sur le Saint-Laurent est impolitique au point de vue militaire, mais voyant ses avantages commerciaux, le bureau de l'Artillerie ne veut pas s'y opposer. L'achèvement des canaux Rideau et Ottawa assure une arrière communication par eau avec le Haut-Canada.   32

30 juillet,
Artillerie.

Le même au même. Transmet la lettre des sapeurs et des mineurs qui ont des réclamations pour des terres vu l'achèvement du canal Rideau, mais n'a pas la liste de ceux qui ont l'intention de les faire valoir. Pour terminer les affaires, le bureau de l'Artillerie a donné avis que ceux qui ne feront pas valoir leurs droits pendant les douze mois, à partir de la date de l'avis, perdront ces droits.   34

Inclus. By à Ellicombe. Tous les sous-officiers et les hommes de la 7e et de la 15e compagnie des sapeurs et mineurs qui ont travaillé sur le Rideau ont droit à 100 acres pour leurs services, mais n'a pas la liste de ceux qui ont obtenu possession de ces étendues de terre.   36

Liste nominale des sous-officiers, soldats et clairons des compagnies des sapeurs royaux et des mineurs licenciés sur le canal Rideau en décembre, 1831.   38

Hommes retournés en Angleterre après le licenciement des compagnies.   41

30 juillet,
New-York.

Moore à Stanley. Envoie une boîte de documents de Colborne par le *Hannibal*, en destination de Londres.   616

Inclus. Reçu de la boîte de documents.   617

2 août,
Liverpool.

Michael Hynes au secrétaire colonial. Désire obtenir des informations au sujet de son frère, John Hynes.   458

64 VICTORIA, A. 1901

1834.
2 août,
Londres.

Viger à Spring Rice (en français). Remercie pour l'attention accordée et pour la promesse que, quoique ne pouvant lui accorder une entrevue, il examinera la réclamation de Berczy si elle est écrite. Une courte entrevue empêcherait d'envoyer les observations suivantes. A référé à la correspondance antérieure et à la réponse de Hay qui n'était pas favorable à Berczy, qui dans le temps ne pouvait avoir accès aux derniers documents qui pour la première fois, tombèrent sous son observation. Ce qu'il explique pour prouver la justice de sa demande et de sa réclamation qui selon ce document ne serait qu'une petite partie du prix stipulé. Mémoire au sujet de la réclamation de Berczy.   Page 796

2 août,
Londres.

Viger à Hay (en français). Accuse réception de la lettre du 22 juillet et s'excuse de ne pas l'avoir pas fait plus tôt.   801

5 août,
Londres.

Alder à————. Demande une entrevue au sujet de concessions à la Conférence des Méthodistes du Haut-Canada. La justification de cette requête est due à la position qu'il occupe comme un des secrétaires chargés des missions du Canada.   154

7 août,
Londres.

Adresse de la Chambre des Communes pour avoir un rapport sur l'allocation de £4,000 aux presbytériens, catholiques romains, wesleyens et méthodistes canadiens, avec tous les autres documents s'y rapportant.   4

8 août,
Artillerie.

Butler à Hay. Le bureau de l'Artillerie acquiesce au plan de Spring Rice, qu'aucune vente des terres de la Couronne pour payer les propriétés achetées pour les travaux publics ne soit complétée sans la sanction du secrétaire colonial.   42

8 août.

Mémoire de Kirkpatrick. Inclus dans Baring à Hay, 17 novembre 1834.

12 août,
Downing
Street.

Circulaire de Hay concernant les concessions de terre aux officiers de l'armée.   6

13 août,
Toronto.

Colborne à Stewart. Incluse dans Baring à Hay, 17 novembre 1834

24 août,
Ste-Catherine.

Merritt à Hay. Regrette que sa dernière lettre ne soit pas parvenue elle attirait son attention sur une adresse de la Chambre d'Assemblée pour remettre les £50,000 prêtés pour le canal. La prochaine session doit en faire un travail provincial et l'aide du gouvernement britannique ne sera plus demandée. Ils retirent un revenu considérable, étant donnée la valeur augmentée des terres de la Couronne. L'extension jusqu'à Brantford sera finie cette année, faisant une autre communication intérieure de 50 milles. Les affaires du canal Welland sont deux fois celles de l'année dernière. L'élection aura lieu en octobre, et il y a tout lieu d'espérer une bonne Chambre.   618

25 août,
Londres.

Viger à Spring Rice (en français). Remercie de l'attention accordée aux documents concernant la réclamation de Berczy, qui était sous considération depuis trente ans. L'improbabilité d'un changement de vue après un examen qui a duré un si grand nombre d'années et l'adoption d'opinions contraires à celles d'abord formulées par les autorités successives n'ayant aucun intérêt personnel. Continue de faire valoir les droits de la réclamation de Berczy, voyant les nouvelles preuves fournies.   802

25 août,
Londres.

Le même à Hay. N'a pas pu accuser réception samedi soir de la lettre du 22 reçue le même soir. Ses observations, envoyées d'après l'ordre de Spring Rice, exigeraient de lui (Viger) quelques observations qu'il envoie à l'adresse de Spring Rice, avec copie des lettres de Berczy du 6 et du 27 janvier dernier.   818

27 août,
Londres.

Viger à Spring Price (en français). Demande une audience pour discuter certains sujets sur lesquels il a déjà appelé l'attention. Désirerait aussi parler de la réclamation de Berczy pendant cette entrevue.   819

1834.

3 septembre,
Londres.

Viger à Hay (en français). N'a pas eu le temps d'accuser réception plus tôt de la lettre du 1er du mois ; et informera Berczy de la partie qui le concerne. Page 820

8 septembre,
Waterford.

Strangman à Spring Rice. A acheté des terrains du Haut-Canada, mais pour cause d'absence n'a pas pu remplir ses obligations comme colon et qu'ainsi il perdra son terrain. Demande qu'il soit écrit à Colborne afin de pouvoir obtenir son terrain s'il n'a été vendu à aucune autre personne, et il accomplira ses obligations comme colon dans six mois. 778

10 septembre,
Trésorerie.

Baring à Hay. Envoie copie d'une letttre du bureau de l'Artillerie et son contenu concernant une réduction de péage sur les billots passant par le canal Rideau. 92

Inclus. Butler à Stewart. Envoie copie du rapport de By au sujet de la réduction du péage sur les billots passant par le canal Rideau, aussi copie du rapport d'une assemblée du commissariat et des officiers respectifs concernant une pétition de 450 personnes intéressées dans le commerce du bois sur la ligne du canal Rideau. La conduite des officiers respectifs est approuvée et leur rapport officiel ainsi que celui des officiers du commissariat est satisfaisant. La construction d'une écluse aux rapides Sainte-Anne est sous considération au bureau de l'artillerie. 93

By à Fanshaw. L'utilité du canal et les taux modérés du droit de passage auraient dû inspirer la gratitude plutôt que les pétitions pour réduction de droit de passage qui sont déjà trop bas. Le Rideau devrait être entièrement sous le contrôle du gouvernement britannique, et en temps de paix devrait être ouvert aux bateaux américains jusqu'à Montréal, ce qui augmenterait le revenu de l'Angleterre et rendrait le canal productif. Recommande de construire une écluse à Sainte-Anne, ce qui pourrait être fait pour £5,000, laissant £5,000 pour l'enlèvement des battures. 95

Rapport du commissaire général et des officiers respectifs sur la pétition pour une réduction de droit de péage sur les billots sur le canal Rideau. 98

26 septembre,
Trésorerie.

Stewart à Hay. La Trésorerie croit, de même que Spring Rice, que £150 serait un salaire suffisant pour l'auditeur général des comptes du Haut-Canada et que c'est ce qui devrait être donné à Markland. A Cameron qui quitte le bureau du secrétaire provincial, il serait suffisant d'accorder £300 par année comme salaire. 103

30 septembre,
Kensington.

Boyd à Spring Rice. A livré le paquet pour lequel il demande un reçu afin de prouver à Colborne qu'il a fait selon son désir. Envoie les journaux de New-York. L'émancipation aux Indes occidentales va mieux qu'on l'avait prévu. La satisfaction des nègres aux Etats-Unis. 229

3 octobre,
Castletown.

Mémoire d'Edwards pour faire ratifier son droit de propriété sur des terres qu'il avait acquises, bien qu'il ait été empêché de demeurer au Haut-Canada le temps nécessaire pour acquérir droit à un titre. 324

6 octobre,
Toronto.

Howell à Spring Rice. L'insuccès du commerce de distillerie l'a engagé à venir au Canada, où il a acheté une terre ; mais les seuls travaux d'agriculture ne lui suffisent pas. Demande une position où ses habitudes d'affaires seront utiles. 459

15 octobre,
Temple.

Campbell à Spring Rice. Croit qu'il aurait été mieux que le jury eût prononcé un verdict d'homicide involontaire dans la cause de Owen et Rooney ; demande que la peine de mort soit commuée et qu'il soit infligé la punition donnée dans le cas d'homicide involontaire. 14

16 octobre,
Edimbourg.

Nisbett au secrétaire colonial. Rapporte les circonstances concernant la formation de l'établissement colonial de Wilberforce. Les efforts du peuple pour fonder un collège théologique qui formerait des missionnaires pour les régions sauvages d'Afrique. Paul, leur représentant, porte des lettres de créance de Colborne, pourra faire rapport sur l'état

1834

de la colonie, et être le moyen d'améliorer et de christianiser les
fils d'Afriq..e jusqu'à présent si dégradés.   Page 733

22 octobre,
Toronto.

Boulton au secrétaire colonial. Une balance de £329.17.1 lui est due
pour indemnité comme procureur général. Aucun fonds n'ayant été
fourni par la législature du Haut-Canada, il a été contraint d'en aviser
le secrétaire d'État. Histoire de l'emploi et ses émoluments.   259

Inclus. Compte de Boulton, procureur général.   263
Sommaire montrant la balance.   279

27 octobre,
Artillerie.

Kempt à Spring Rice (personnelle). Suggère que la propriété du
département naval au Canada, qui est surtout à Kingston et qui a été
mire sous la charge du secrétaire colonial, soit transférée au bureau de
l'artillerie.   44

30 octobre,
Haut-Canada.

Vidal au comte de Limerick. Se plaint que 14,000 acres de terre ont
été annoncées pour être vendues en un seul lot au prix ridicule de 1.10½ d.
l'acre, quand les autres terres dans le même territoire ont été vendues
par lots de 100 acres à 10s. l'acre, et demande que cette plainte soit portée à la connaissance du secrétaire colonial. Les autres possessions de
Jones, au profit de qui on doit disposer des 14,000 acres de terre, sont
décrites, et il est allégué qu'elles lui ont été données en compensation des
pertes qu'il a subies en amenant les immigrants. C'est une spéculation
privée pour obtenir une terre. Il ne voit pas pourquoi une vente aussi
extraordinaire serait faite à cause de son insuccès. A été obligé de prendre
ses concessions militaires 14 milles plus loin, à raison de cette étendue de
terre qui d'abord avait été déclarée non vacante, quoique maintenant elle
soit offerte en vente publique. On l'a dit ouverte à la concurrence publique, mais le dépôt exigé est si considérable sur une aussi grande quantité
de terre qu'il empêchera des centaines de mettre des enchères et qui
seraient heureux d'avoir une moindre étendue de terre. Les désavantages pour la navigation à cause de la situation de ces terrains; l'arrêt
de la vente après que des arrangements eussent été faits pour ruiner le
monopole.   783

Inclus. Plan des terrains dont il est parlé dans la lettre.   790

17 novembre,
Trésorerie.

Baring à Hay. Transmet la lettre de Kirkpatrick et son contenu,
demandant la remise d'une amende encourue pour usure. Étant donné
les circonstances qui prouvent que Kirkpatrick n'a retiré aucun profit
du prêt, la Trésorerie recommande que l'amende soit remise.   104

Inclus. Colborne à Stewart. Envoie le mémoire concernant l'amende
imposée à Kirkpatrick. A toute raison de croire que l'exposé du mémoire est conforme à la vérité.   106
Mémoire.   107

21 novembre,
Toronto.

Dunn à Hay. Renouvelle sa demande pour une allocation pour services additionnels.   321

24 novembre,
Artillerie.

Byham au même. En réponse faite à la demande pour savoir quelle
modification pourrait être suggérée dans le projet de loi constituant
la Compagnie de chemin de fer Érié et Ontario, le bureau de l'artillerie a
ordonné un rapport du Canada dont le résultat sera communiqué après
sa réception.   46

9 décembre,
Trésorerie.

Spearman à ——. Désire savoir qui a précédé Gore et qui lui a
succédé dans le gouvernement des Bermudes et celui du Canada.   111

16 décembre,
Londres.

Mémoire de Remney pour secours ayant renoncé à sa pension, se
trouve maintenant dans le besoin.   592

29 décembre,
Toronto.

Boulton au secrétaire colonial. A, avec l'assentiment du lieutenant-
gouverneur, transmis copie du mémoire concernant les émoluments de
son bureau d'auditeur général des patentes. Ne voit pas comment il est
possible, après les explications du mémoire, qu'une plus longue interruption de la réception de ses émoluments soit sanctionnée.   280

Inclus. Mémoire de Boulton.   281

DOC. DE LA SESSION No 18

1834.
31 décembre,   Byham à Hay. Sur l'état des casernes à Toronto, et sur les démarches
Artillerie.   rendues nécessaires par l'extension de la ville.   Page 48

Pas de date.   —— à Stanley. Longs états de compte sur différents sujets, sans
date ni signature.   175

Mémoire de James Godbolt demandant aide pour ramener la veuve de
son frère laissée sans appui à Toronto.   376

Mémoire de Patrick Ladin, relatif au legs de John Ladin, qui mourut à
Little York Island, Canada. Il a déjà envoyé un mémoire en mai dernier
mais n'a pas eu de réponse.   594

Mayne au secrétaire colonial. Est sur le point de partir pour le
Canada. Une concession de terre ou une position dans la milicelui serait
très utile.   620

Inclus. Certificats de services de Mayne.   621

LIEUTENANT-GOUVERNEUR SIR J. COLBORNE.

(La première partie comprend la page 1 à la page 257 ; 2ᵉ partie, page
258 à page 539 ; 3ᵉ partie, page 540 à page 773.)

Q. 385-1-2-3.

1831.
31 mai,   Brown à——.
Rivière Trent.

6 juin,   Rapport du conseil.
York.

6 juin,   Brown à Robinson.
Barge de
canal.

7 juin,   Rapport du conseil sur l'Association Adélaïde.
York.

9 juin,   Robinson à Brown.
York.

13 juin,   Gill à Robinson. Celle-ci et les cinq précédentes incluses dans Colborne
York.   à Aberdeen, 19 mai 1835.

1833.
2 mars,   Opinion du procureur général.
Toronto.

1834.
10 novembre,   Jameson, procureur général, à Brown. Les deux incluses dans Colborne
Toronto.   à Spring Rice, 3 janvier 1835.

31 décembre,   Rapport de C. Rankin. Inclus dans Colborne à Spring Rice, 3 janvier
Toronto.   1835.

1835.
3 janvier,   Colborne à Spring Rice (nᵒ 1). McMillan, le surintendant, trouvant
Toronto.   difficile d'en venir à une décision dans plusieurs des causes au sujet des
colons de Lanark, n'a pas envoyé un rapport satisfaisant. Envoie rapport et les remboursements des colons à qui des avances avaient été
faites, avec observations. Le terrain occupé par les colons de Lanark
est improductif et il est persuadé que les sommes avancées ne pourront
jamais être perçues.   Page 1

Rapport de C. Rankin sur le district de Bathurst. La région entière
est de qualité inférieure, avec une veine de bonne terre formant le canton
de Fitzroy, la partie est de Ramsay, Drummond et une partie de Bathurst
le traversant du nord au sud. La région de l'est est formée pour la plus
grande partie de glairo et de rochers plats de calcaire, couverts
d'une légère couche de terre. A l'ouest c'est une succession de chaînes

1835.

rocheuses séparées par des lambeaux de bonne terre. Sur 670 lots concédés aux colons de Lanark environ 50 étaient bons; on n'aurait jamais
dû essayer de coloniser les autres. C'est, comme il a déjà été dit, une
succession de chaînes rocheuses séparées par des lambeaux de bonne
terre rarement dépassant une acre. Montre la situation des colons placés
sur ces terres sans moyens, les terres ayant été choisies par eux sans
discernement, simplement au point de vue d'avoir un foyer; en outre
que la vue de la terre dans sa nature est propre à tromper même un
expert. Description du bois; émigration des jeunes gens. Remboursements d'un nombre de colons restant sur les terres.   **Page 3**

5 janvier,
Toronto.
  Beikie à Rowan.

8 janvier,
Toronto.
  Rapport du Conseil exécutif. Tous les deux inclus dans Colborne à
Spring Rice, 12 janvier 1835.

12 janvier,
Toronto.
  Colborne à Spring Rice (n° 2). Transmet la lettre de Beikie, greffier
du Conseil exécutif, concernant la réduction de son salaire. Soumet la
réclamation de Beikie à une considération favorable.   8
  Inclus. Beikie à Rowan. Demande que l'interprétation de l'ordre
pour la réduction de son salaire soit soumise au gouverneur en conseil. 9
  Rapport du Conseil. Le Conseil exécutif ne croit pas que le salaire de
Beikie soit trop élevé et recommande que son cas soit considéré favo-
rablement.   11

26 janvier,
Toronto.
  Colborne au secrétaire colonial (n° 3). Fait rapport de l'ouverture
de la législature coloniale et envoie son discours et les adresses. 15
  Inclus. Discours.   16
  Adresse du Conseil.   20
  Adresse de l'Assemblée.   24

26 janvier,
Toronto.
  Message concernant les pertes de la guerre. Inclus dans Colborne
à Aberdeen, 21 mai 1835.

9 février,
Britannia.
  Mémoire de LeBreton. Inclus dans Colborne à Aberdeen, 28 mars
1834.

11 février,
Toronto.
  Colborne au secrétaire colonial (n° 4). Envoie copie d'une lettre de
Gordon, qui a payé au sous-commissaire général le montant non réclamé
provenant des prises de guerre.   29
  Inclus. Gordon à Rowan. A payé au sous-commissaire général le
montant non réclamé des prises de guerre.   30

12 février,
Toronto.
  Colborne au secrétaire colonial (n° 5). A reçu une dépêche que la
papeterie ne devra plus être fournie par la Trésorerie, mais pourra être
prise à la Trésorerie moyennant le coût. Envoie une réquisition dont le
coût sera remis aussitôt connu.   31

26 février,
Toronto.
  Colborne au secrétaire colonial (n° 6). Transmet le livre bleu avec
observations sur différents sujets dont : (1) Service civil. (2) Revenu.
(3) Service judiciaire. (4) Service ecclésiastique. (5) Eglise d'Ecosse.
(6) Education. (7) Commerce, etc. (8) Agriculture. (9) Travaux
publics. (10) Population.   33

26 février,
Toronto.
  Markland à Rowan. Explique la cause du retard de l'envoi des états
de compte, comme auditeur général des comptes, pour le livre bleu. 39

28 février,
Toronto.
  Colborne au secrétaire colonial (n° 7). Le manque de provisions est un
obstacle à la nomination d'un évêque suffragant au lord évêque de Québec.
Comment provisions peuvent être faites.

18 mars,
Toronto.
  Le même à Aberdeen (n° 8). Transmet l'état de compte du casuel et
du revenu territorial pour la moitié de l'année finissant le 31 décembre. 49
  Inclus. L'état de compte.
  Reçus.   50
  Paiements.   52
  Récapitulation.   59

19 mars,
Toronto.
  Colborne à Aberdeen (n° 9). Envoie liste des terrains de la Couronne
et du clergé vendus et concédés en 1834.   60

DOC. DE LA SESSION No 18
1835.

Inclus. Rapport.   Page 61

23 mars, Toronto.
Colborne à Hay (personnelle). N'a pas écrit depuis qu'il a envoyé les adresses du Conseil législatif et de l'Assemblée, mais rien d'important ne s'est passé depuis les deux mois que la législature est à l'œuvre. Observations sur les différents partis de la législature et les mesures proposées. Le but du parti de Mackenzie est de tenir le pays dans l'excitation et de créer une alarme en Angleterre. Les questions qui seront proposées.   68

Inclus. Adresse pour une liste des juges de paix et des commissaires de la cour des requêtes; adresse pour copies des instructions aux différents employés concernant l'attention personnelle à apporter à leurs devoirs; pour liste des personnes qui étaient membres de l'ancienne Chambre et qui ont accepté des charges rémunératrices sous le gouvernement provincial; pour liste de tous les membres de la Chambre qui ont des charges ou emplois rémunérateurs, aussi pour informations sur les pouvoirs, devoirs et responsabilités du conseil exécutif.   75

Réponse à une adresse demandant les noms des juges de paix, comment ils ont été nommés, leurs appointements, etc.   77

23 mars, Toronto.
Colborne à Aberdeen (confidentielle). Rien de particulier n'a été fait à l'Assemblée jusqu'à il y a quelques jours, quand un projet de loi a été introduit pour autoriser de disposer des réserves du clergé. N'appréhende pas qu'aucune des procédures de la législature embarrasse le gouvernement local durant cette session, qui se terminera à bonne heure le mois prochain. Les crédits dans le bill des subsides pourront déterminer le Conseil à le rejeter. Envoie les journaux, avec le rapport des débats sur les réserves du clergé. Une résolution a été proposée au Conseil à l'effet d'envoyer une adresse au roi demandant que la question des réserves du clergé soit amenée devant le parlement impérial sans renvoi à la législature provinciale. Les difficultés de la question des réserves du clergé ne peuvent être résolues qu'en les soumettant.   65

28 mars, Toronto.
Colborne à Aberdeen (n° 10). Transmet le mémoire de Le Breton pour dommages subis par le détournement du cours de l'Ottawa.   82

Inclus. Mémoire se plaignant des dommages causés à sa propriété en détournant le cours de l'Ottawa, qui passe devant le terrain de l'auteur du mémoire. Ne peut obtenir aucun dédommagement ni pour cet empiétement ni pour d'autres. Fait connaître ses efforts pour obtenir un règlement. Opinion du procureur général opposée à sa demande, demande une enquête équitable.   83

Opinion du procureur général (Boulton); les fonds affectés à un arbitrage pour déterminer le montant de dommages qui peuvent avoir été subis.   87

Jameson, procureur général, à Rowan. La question Le Breton est trop générale pour donner une réponse définitive.   90

30 mars, Toronto.
Colborne à Aberdeen (n° 11). Transmet le mémoire de James Wickens pour une concession de terres en rémunération de ses services. Le recommande à une considération favorable.   91

Inclus. Mémoire de Wickens.   92

31 mars, Martintown.
Adresse du synode de l'Eglise d'Ecosse au Canada. Incluse dans Colborne à Aberdeen, 23 mai 1835.

11 avril, Toronto.
Opinion du solliciteur général sur les projets de loi qui doivent être réservés.   185

16 avril, Toronto.
Opinion du procureur général sur les projets de loi qu'il a conseillé de réserver.   182

17 avril, Toronto.
Colborne à Hay (personnelle). Prorogation de la législature provinciale. Envoie par son fils les journaux qui montreront l'état actuel des affaires. La réduction honteuse des salaires du procureur général et du solliciteur général. Son inquiétude pour la clôture de la session. La

64 VICTORIA, A. 1901

1835.

partie des procédures qui est le plus susceptible d'objections était de faire imprimer 2,000 copies du rapport du comité des griefs avant qu'il n'ait été lu en Chambre. Mackenzie avait fait une motion pour la formation de ce comité spécial à bonne heure dans la session. Ne peut obtenir une copie du rapport mais croit qu'il contient la plus grande partie des états de compte emportés par Mackenzie à Downing Street, et ses commentaires sur les pétitions. Le parti du gouvernement se composait de 28 membres environ, dont 6 ou 7 furent généralement absents, de sorte que leurs adversaires purent faire réussir presque toutes les mesures proposées. Recommande son fils.   Page 95

18 avril,
Toronto.

Mémoire de William Dickson et autres. Inclus dans Colborne à Aberdeen, 21 mai 1835.

18 avril,
Toronto.

Colborne à Hay (personnelle). Envoie les documents qui doivent être soumis au secrétaire colonial et sur lesquels il n'a pas le temps de faire des observations.   97

Inclus. Adresse du Conseil législatif concernant les réserves du clergé.   99

Rapport du comité spécial du Conseil législatif sur les réserves du clergé.   104

Résolutions de la Chambre d'Assemblée concernant les réserves du clergé.   147

Adresse de la Chambre sur l'état de la province.   152

Résolutions de la Chambre d'Assemblée affirmant ses droits à l'entier contrôle du casuel et du revenu territorial.   160

18 avril,
Toronto.

Colborne à Aberdeen (n° 12). Déclare avoir prorogé la législature et envoie copie de son discours.   166

Inclus. Discours.   167

22 avril,
Toronto.

Colborne à Aberdeen (n° 13). Envoie copie des projets de loi réservés, c'est-à-dire le bill pour amender la charte de la banque du Commerce du district de Middland, l'Acte pour constituer la banque de Gore et l'Acte pour constituer la Compagnie *Upper Canada Life Insurance and Trust.* Envoie un état de compte des officiers de la Couronne et demande que la décision sur les projets de loi soit communiquée aussitôt que possible.   171

mai,
Toronto.

Le même au même (n° 14). Envoie copies du bill pour amender la charte du *King's College* passé à la dernière session de la Chambre d'Assemblée mais rejeté par le Conseil. Ne croit pas qu'un projet de loi pour amender la charte puisse passer, mais croit que le parlement impérial peut l'amender de telle sorte qu'il ne puisse y avoir matière à mécontentement. L'intérêt de la province exige que l'ouverture de l'université soit autorisée et qu'une revision de la charte soit conseillée. Envoie des arguments qui devront rencontrer les conditions essentielles de la cause. La clause qui exige que les professeurs soient membres de l'Eglise d'Angleterre pourrait être mal vue par le conseil, mais sera généralement bien vue par la province, étant un des principes sur lesquels le collège a été fondé. Espère que Sa Seigneurie recommandera que l'ouverture du conseil se fasse d'après les conditions indiquées. Il a 145 élèves qui reçoivent une éducation libérale du Collège du Haut-Canada. Sa prospérité est d'une grande importance pour la province, il devrait être affilié au *King's College* et protégé par une charte. Espère que les clauses additionnelles du gouvernement seront approuvées. A communiqué la dépêche à l'archidiacre et transmet ses observations.   189

Inclus. Copie du projet de loi pour amender la charte du *King's College.*   200

Charte de l'université du *King's College.*   232

Strachan à Colborne. Concoure d'une manière générale dans les changements proposés à la charte du *King's College,* mais n'appouve pas que la charge de président soit occupée par nul autre que par un

DOC. DE LA SESSION No 18

1835.

membre du clergé.   Ne se croit cependant pas justifiable de faire
à ce sujet une objection sérieuse.   Page 248

6 mai,
Toronto.

Colborne à Hay (personnelle).   Il ne peut y avoir aucun doute sur
l'importance d'établir le *King's College* sur des principes généralement approuvés de la province.   Dans les dispositions préparatoires on
ne trouve rien autre chose que cinq des membres du conseil devront
faire partie de l'Eglise d'Angleterre.   Observations sur les autres changement proposés à la charte.   Il s'est appliqué à ne laisser aucune matière à objection ; autres observations.   249

15 mai,
Toronto.

Le même à Aberdeen (n° 15).   Envoie l'adresse de la Chambre d'Assemblée demandant de redresser certains griefs.   Le défaut de la Chambre
d'Assemblée à promouvoir le bien public est attribué au fréquent renvoi de ses mesures par le Conseil législatif et à ce qu'il n'y a
aucune communauté de sentiments entre le peuple et le Conseil.   Des
projets de loi importants sont mentionnés par l'Assemblée comme ayant
été renvoyés à la dernière session.   Envoie ces projets de loi avec observations sur les raisons du Conseil pour les renvoyer.   La difficulté de
trouver des hommes aptes à faire partie du Conseil, qui devrait être
composé de colons qui sont dans le pays depuis plusieurs années et qui
peuvent remplir la charge parfaitement.   La composition du Conseil tel
qu'il existait en 1831.   Sa composition actuelle.   253

Inclus.   Adresse de l'Assemblée signée par Bidwell, orateur. L'Assemblée a envoyé une adresse qui d'après sa demande devra être envoyée au
secrétaire colonial.   257

Exposé explicatif des principes qui gouvernent le Conseil législatif en
rapport avec les projets de loi de l'Assemblée.   Les projets de loi y sont
traités avec détail.   258

Acte pour imposer une taxe sur les articles importés des Etats-Unis.
                                                            288

Division des rôles sur le projet de loi.   294
Acte pour la division la plus équitable des propriétés des personnes
mortes sans testament.   296
Division des votes sur le projet de loi.   309
Acte pour amender la loi du jury.   310
D.vision des votes sur le projet de loi.   326
Acte pour rappeler les lois imposant une amende aux Quakers, aux
Mennonites et aux Tunkers qui n'ont pas accompli leur devoir militaire
en temps de paix.   327
Acte pour encourager l'éducation.   330
Division des votes sur le projet de loi.   339
Acte pour amender la charte du *King's College.*   341
Division des votes sur le projet de loi.   343
Acte pour disposer des réserves du clergé aux fins de l'éducation géné-
rale.   344
Division des votes sur le projet de loi.   369
Acte pour protéger la liberté, la paix, etc., en temps d'élection, et pour
assurer l'indépendance de la Chambre en adoptant le vote au scrutin. 370
Division des votes sur le projet de loi.   378
Acte pour accorder une subvention aux académies de Grantham et Bath.
                                                            380

15 mai,
Toronto.

Colborne à Aberdeen.   Fait un rapport sur la propriété, l'occupation
et le temps de résidence des membres du Conseil législatif, avec renvoi à
l'appel de la Chambre d'Assemblée sur le sujet.   384
Inclus.   Liste des membres du Conseil législatif.   390

15 mai,
Toronto.

Colborne à Hay.   Edward Roxall réside dans le canton d'Adélaïde, et
les lettres envoyées aux soins de Radcliffe, maître de poste de l'endroit,
seront expédiées.   512

1835.
16 mai,
Kingston.

16 mai,
Toronto.

Mémoire de l'évêque Macdouell. Inclus dans Colborne à Aberdeen,
23 mai 1835.

J. B. Robinson à Colborne. A envoyé des explications sur la conduite du Conseil au sujet des projets de loi qui ont été renvoyés, ce dont
se plaint l'Assemblée, et a envoyé aussi des copies des plus importants
projets de loi. N'a pas cru nécessaire d'envoyer des explications au
sujet des projets de loi non mentionnés par l'Assemblée.   Pendant quarante ans le Conseil et l'Assemblée ont procédé avec harmonie,
et une seule fois, il y a dix-huit ans, il y a eu dissentiment.
Depuis 1829 le plus grand nombre des lois d'un intérêt public et général
ont originé dans le Conseil ou ont été émanés par le Conseil comme
amendements aux projets de loi envoyés par l'Assemblée.   391

Inclus. Liste des projets de loi qui ont originé dans le Conseil législatif pendant la 1re session du 12e parlement et qui sont devenus loi. 399

Liste des projets de loi qui vinrent de l'Assemblée et qui furent
sanctionnés.   404

Liste des projets de loi qui ont passé les deux branches de la législature et qui furent reservés par le lieutenant-gouverneur.   408

Projet de loi pour permettre aux gens appelés "Séparatistes" d'affirmer au lieu de prêter serment.   415

Projet de loi pour amender la loi concernant les lettres de change et
les billets promissoires.   417

Projet de loi pour désigner le lieu et le temps pour tenir les sessions
trimestrilles.   420

Projet de loi pour rendre le remède plus efficace en cas de séduction et
pour obliger les pères responsables à supporter leurs enfants illégitimes.
                                                                   426

Projet de loi pour établir la différence entre le larcin simple et le
larcin avec circonstaces aggravantes.   430

Projet de loi pour permettre aux personnes d'être admises comme avocats après un service de cinq ans en conformité des articles.   432

Projet de loi pour créer de nouveaux moyens d'appel de la cour du banc
du roi.   434

Projet de loi pour amender de nouveau la loi et le plus grand progrès de la justice.   444

Projet de loi pour mitiger la loi concernant l'emprisonnement pour
dette.   468

Projet de loi pour prévenir la multiplication non nécessaire des poursuites et pour augmenter les frais sur les billets, etc.   477

Projet de loi pour établir un étalon de poids pour différentes espèces
de grains et légumes.   483

Projet de loi pour changer le temps des sessions trimestrielles dans le
district de Niagara.   485

Projet de loi pour permettre aux plaideurs dans les cours de district
d'avoir des témoins d'autres districts.   487

Projet de loi pour amender et continuer pour un certain temps un
acte pour encourager l'établissement de sociétés d'agriculture.   500

Projet de loi pour continuer les actes des chemins de 1833 et 1834. 502

Projet de loi pour lever un impôt plus considérable dans le district du
Prince-Edouard pendant trois années.   504

Proclamation divisant le canal Rideau en trois districts aux fins de la
perception des droits sur les billots.   508

16 mai,
Toronto.

Colborne à Aberdeen (no 16). Le but du projet de loi imposant une
taxe sur les terres adjoignant le chemin Canborough et Simcoe est
d'améliorer un très mauvais chemin parcourant une partie de la réserve
des sauvages. Il avait été d'abord réservé principalement parce qu'il confé-
rait le droit d'intervenir au sujet des terres non concédées de la Couronne et des réserves du clergé. A cause de bénéfices qui s'en suivrait

1835.

il pense qu'on devrait permettre à l'acte d'entrer en force. Envoie copie de son message à l'Assemblée avec les observations du secrétaire d'Etat sur l'acte permettant aux exécuteurs du défunt Thomas Stoyell d'entrer en force.   Page 513

Inclus. Message avec la dépêche concernant le projet de loi de la succession de Stoyell.   516

Dépêche du secrétaire colonial sur la succession de Stoyell.   517

16 mai,
Toronto.

Colborne à Aberdeen (n° 17). En rapport avec le mémoire de l'auditeur sur les patentes de terres et sur leur enregistrement. Le sujet a été porté devant le procureur général. A averti Boulton qu'il n'y avait aucune objection à ce qu'il transmette une copie de son mémoire au secrétaire colonial. Les lettres montreront quand le mémoire de Boulton a été envoyé au solliciteur général et donneront les causes du délai. Recommande que la charge soit continuée.   521

Inclus. Requête du lieutenant-gouverneur aux officiers de la Couronne leur demandant si la charge d'auditeur des patentes de terres peut-être abolie et comment le public est protégé par le bureau.   532

Jameson, solliciteur général, s'excuse du retard de l'envoi de son opinion sur l'utilité de continuer la charge d'auditeur des patentes, qui ajoute à la garantie des concessionnaires et donne la cause de ce retard.   533

Rapport de Hagerman, solliciteur général, sur l'importance de la charge d'auditeur des patentes; la garantie qu'elle donne contre la perte des titres au cas d'incendie dans le bureau général des terres.   536

Formule proposée de blanc de patente sur lequel on a apposé le grand sceau et la signature de l'auditeur.   539

18 mai,
Toronto.

Colborne à Aberdeen (n° 18). Le malentendu à propos des salaires des employés publics doit provenir de ce que la plupart des positions sont fixées par un acte qui ne spécifie pas le mode de nomination. Comment les nominations sont faites maintenant.   540

Inclus. Listes des employés et par qui nommés.   543

19 mai,
Toronto.

Colborne à Aberden (n° 19). Envoie le rapport du commissaire des terres de la Couronne sur la pétition de David Browne. Les papiers égarés. L'encouragement donné à Browne et à sa société appelée l'Association Adélaïde; des terres avaient été choisies pour être mises à part pour eux, mais étant donné les malentendus du comité, aucun arrangement satisfaisant n'a pu être fait. A expliqué à Browne que le gouvernement n'était pas à blâmer et que l'insuccès était dû à son seul défaut d'entente. Est persuadé que Browne n'avait ni les moyens ni l'influence pour mener à bonne fin un plan d'émigration.   546

Inclus. Peter Robinson, commissaire des terres, à Colborne. Dit l'encouragement donné à l'Association Adélaïde. La colonisation empêchée par des différents dans le comité, Browne préférant Puslinch, tandis que Gell, un autre membre de l'association, a écrit que des arrangements avaient été faits pour coloniser Seymour. Autres circonstances coïncidant avec l'établissement.   548

Browne à————. Fait rapport qu'après le tour d'inspection pour l'Association Adélaïde, le comité fait rapport que Seymour est un endroit préférable et désire connaître les conditions proposées par le lieutenant-gouverneur.   553

Procès-verbal du Conseil, que le comité de l'Association Adélaïde a fait choix du township de Seymour.   554

Procès-verbal du Conseil faisant rapport sur la cause de l'Association Adélaïde.   555

Peter Robinson à Brown. Communique avec lui concernant les terres de l'Association Adélaïde et envoie des extraits du procès-verbal du Conseil.   560

1835.

Brown à Robinson. L'Association Adélaïde s'est fixée à Puslinch préférablement à Seymour.   Page 563

Gell à Robinson. Il faudra quelque délai avant de s'installer à Seymour, et demande que des arrangements soient faits.   564

19 mai,
Toronto.

Colborne à Hay. A produit un rapport tel sur des projets de loi rejetés qu'il fournira au secrétaire colonial le moyen de juger si les plaintes de l'Assemblée sont fondées. La première division sur l'adresse était 22 contre 18, et quand elle est passée 26 contre 15. Elle a été amenée sans avis préalable et pendant l'absence de 12 ou 13 membres qui auraient voté contre. Observations sur les procédures du Conseil législatif.   566

Inclus. Division à la seconde lecture de l'adresse.   568

Liste des votes.   571

20 mai,
Toronto.

Colborne à Aberdeen (n° 20). Envoie l'adresse du Conseil législatif sur l'établissement des réserves du clergé. Le rapport mentionné contenu dans l'adresse. Appelle l'attention sur la résolution de l'Assemblée au sujet du message du Conseil concernant les réserves du clergé. Copie d'un projet de loi pour disposer de ces réserves rejeté par le Conseil a été envoyée le 15 mai. Est convaincu qu'aucune mesure pour régler la question des réserves du clergé ne sera consentie par le Conseil et l'Assemblée.   575

Inclus. Rapport du comité spécial du Conseil législatif sur les décisions légales pour le maintien d'un clergé protestant dans la province.   578

Appendice A. Clauses du statut britannique, 31 George 3, c. 31, qui a rapport au maintien et au support d'un clergé protestant.   634

Appendice B. Acte relatif au droit de dîme au Haut-Canada.   646

Appendice C. Acte autorisant la vente d'une partie des réserves du clergé au Haut et au Bas-Canada.   648

Appendice D. Copie de l'opinion des officiers en loi de Sa Majesté concernant les réserves du clergé.   653

Appendice E. Extrait du rapport d'un comité spécial de la Chambre d'Assemblée pour faire rapport sur le gouvernement civil au Canada.   657

Appendice F. Adresse du Conseil législatif au sujet des réserves du clergé.   666

Appendice G. Message du lieutenant-gouverneur concernant les réserves du clergé et exemplaire du bill ayant pour objet de les rendre à la Couronne.   674

Appendice H. Bill ayant pour objet la disposition des réserves du clergé en faveur de l'éducation.   684

Appendice I. Passage d'une lettre adressée par Hay à Stewart. 709

Résolution de l'Assemblée concernant les réserves du clergé.   710

20 mai,
Toronto.

Colborne à Aberdeen (n° 21). Il lui adresse les résolutions de l'Assemblée par rapport au contrôle que, dans l'opinion de ce corps, la législature provinciale devrait pouvoir exercer sur toutes réserves de la Couronne, dans la province.   715

Inclus. Adresse de l'Assemblée à Colborne, demandant que la résolution relative à l'application des deniers prélevés dans la province soit envoyée au secrétaire des Colonies.   724

Résolutions de l'Assemblée par rapport au contrôle de tous les deniers prélevés dans la province. Il regrette que le domaine des Hurons se soit vendu à une compagnie de Londres pour un prix nominal, et il le prie d'augmenter les subsides nécessaires au gouvernement de la province.   725

21 mai,
Toronto.

Colborne à Aberdeen (n° 22). Envoie copie d'un message relatif au rajustement de réclamations provenant des pertes éprouvées pendant la guerre et exposant l'intention du gouvernement de Sa Majesté au sujet d'indemnité. En dépit d'une discussion prolongée, l'Assemblée n'est arrivée à aucune conclusion définitive. Il envoie mémoire de parties

1835.

intéressées à recevoir indemnité pour pertes subies pendant la guerre.
Page 731

Inclus. Message concernant pertes subies pendant la guerre.   735

Mémoire de William Dickson et autres concernant pertes subies pen-
la guerre.   737

22 mai,   Colborne à Aberdeen (n° 23). Avait reçu dépêche ainsi que projet
Toronto.   du bill relatif à la réglementation du service postal, bill qui fut présenté
à l'Assemblée, mais qu'on ne songea pas à discuter avant d'avoir reçu
certain renseignement du directeur général des postes de Québec.   739

22 mai,   Le même à Hay (confidentielle). Motion de Mackenzie demandant
Toronto.   l'institution d'un comité pour l'examen des griefs, adoptée, et Mackenzie
élu président. On a commandé l'impression du rapport adopté par les
membres du comité réprésentant un peu plus que le quorum, et de 2,000
exemplaires du dit rapport, avec documents qu'on a dit avoir examinés.
Observations au sujet de ce rapport et explication de son attitude concernant la mise en liberté de Collins.   741

23 mai,   Le même à Aberdeen (n° 24). Envoie copie du mémoire de l'évêque
Toronto.   Macdonell au sujet de colons catholiques romains.   747

Inclus. Mémoire demandant participation au bénéfice des réserves
du clergé. Loyauté des catholiques romains et leur courageuse défense
du pays.   748

23 mai,   Colborne à Aberdeen (n° 25). Envoie adresse du synode de l'Église
Toronto.   d'Écosse avec sommaire de ce qu'elle contient. Il recommande l'allocation de £500 par année afin de pourvoir à l'augmentation du salaire des
ministres.   755

Inclus. Adresse au roi.   757

Adresse à Colborne.   760

30 mai,   Colborne à Aberdeen (n° 26). Envoie mémoire de l'église Saint-
Toronto.   André de Toronto demandant une allocation pour aider au paiement de la dette de l'église.   768

Inclus. Mémoire de l'église Saint-André de Toronto.   769

5 juin,   Anonyme à Colborne. Observations concernant le livre bleu destiné
Downing   à guider le secrétaire, et indication des modifications exigées dans les
Street.   rapports.   40

15 juin.   Anonyme au même. Concernant la décision rendue dans la cause des
bills réservés, avec motifs de la décision de la cause de la compagnie
d'assurance ; Sa Majesté sanctionnerait la loi si on faisait disparaître les
objections.   173

17 juin.   Anonyme au même. Ne peut faire droit à la demande contenue
dans sa lettre du 6 mai au sujet des modifications à faire à la charte du
collège, pour les raisons y mentionnées. Croit son plan réalisable,
attendu que les résolutions de l'Assemblée ne permettent pas d'espérer
que cette dernière accorde pour toujours à l'Église d'Angleterre le privilège de compter 5 de ses membres dans le bureau de direction du
collège, qui, d'après son plan, n'aurait en tout que 7 membres, et cela,
lorsque l'un des deux nouveaux membres en sus de 5, doit être lui-même
(Colborne), et lorsque l'autre, c'est-à-dire le 7e, doit être Strachan.
D'après ce plan, il est demandé pour l'Église établie des privilèges que
ses meilleurs amis, ceux qui comprennent le mieux ses véritables
intérêts, ne croiraient pas prudent de réclamer pour elle. Il regrette
d'apprendre la dissension qui a eu lieu à cet égard entre le Conseil et
l'Assemblée. Sa Majesté serait heureuse d'intervenir comme médiatrice
si on l'en priait.   194

1er juillet. Anonyme à Colborne. On rappelle à Colborne les ordres par lui
donnés autrefois au sujet du maintien de la charge d'auditeur des lettres
patentes relativement à la concession des terrains. Son silence prolongé a
causé du malaise et on désire qu'il fasse rapport immédiatement. Sa
réponse à la demande de renseignements de Spring Rice n'est pas du

1835.

tout pertinente. Devoirs que comporte cette charge, et risques auxquels est exposé l'enregistrement des lettres patentes. Précautions
auxquelles la conservation de ces dernières exige qu'on ait recours.
Page 524

2 juillet.   Anonyme au même. Arrivée de dépêches attendues avec impatience,
vu que, d'après les journaux, l'Assemblée s'est montrée hostile au gouvernement de Sa Majesté, mais on n'a reçu aucun rapport officiel avant
le 26 juin. Reçu dépêches importantes, mais qu'on a négligées, pour
faire remarquer à Colborne qu'il ne donnait pas assez de renseignents
sur des sujets de haute importance, dont on n'avait connaissance que par
l'entremise des journaux, et sur lesquels il (Colborne) gardait le silence.
On verra à faire aussitôt que possible et le plus minutieusement rapport
sur les points qu'il a signalés.   716

11 septembre.   Anonyme au même. Le roi a sanctionné les bills ayant pour objet
l'extension de la charte de la Banque Commerciale du district de Midland et la constitution de la Banque Gore. Dans l'un et l'autre cas on
a omis de pourvoir à la sécurité du public, mais cela s'explique par le
fait qu'on a décidé de ne pas chercher à faire prévaloir les principes établis dans le Royaume-Uni sur ceux adoptés par la législature provinciale,
ne doutant pas que cette dernière soit tant disposée à prendre les mesures nécessaires à la sécurité du public. On se propose de signaler
ce point à l'attention de qui de droit à la prochaine session.   178

19 novembre.   Anonyme au même. Envoyé papeterie et donné ordre d'en payer le
prix à même le revenu casuel du département de la Milice.   32

LIEUTENANT-GOUVERNEUR SIR J. COLBORNE, 1835.

Q. 386–1–2.

Première partie : de page 1 à page 187 ; deuxième partie : de page 188
à page 348.

1796.
6 avril,
York.   Proclamation de Simcoe.

1806.
31 octobre,
York.   Proclamation de Gore.

1816.
27 janvier,
York.   Minute du Conseil exécutif. Cette minute et les deux précédentes
sont incluses dans la correspondance de Colborne à Aberdeen, 22 juin
1835.

1830.
26 novembre,
Toronto.   Minute du Conseil exécutif. Incluse dans la correspondance de Colborne à Glenelg, 21 août 1835.

1831.
14 novembre,
York.   Le Conseil recommande qu'on attribue lopin au canal Welland et qu'on
enlève de la carte le nom de Dickson. Inclus dans le rapport du comité,
8 avril 1835.

1832.
29 mars,
Thorah.   Certificat de colons. Inclus dans la correspondance de Colborne à
Glenelg, 21 août 1835.

1833.
30 mars,
York.   Mémoire des juges. Incluse dans la correspondance de Colborne à
Glenelg, 10 août 1835.

8 mai.   Minutes du Conseil sur requête de Davidson.   page 49

27 mai.   Minutes du Conseil sur requête de Davidson.   49

22 novembre,
York.   Macdonell à Davidson. Inclus dans rapport du comité, 8 avril 1835.

DOC. DE LA SESSION No 18

1834.

18 janvier, Toronto.
Message de Colborne à l'Assemblée. Inclus dans la correspondance de Colborne à Glenelg, 19 août 1835.

10 mars, Toronto.
Ordre du Conseil exécutif pour émission de lettres patentes à la Compagnie du canal Welland par rapport au lopin n° 27, 1re concession de Humberstone. Inclus dans rapport du comité, 8 avril 1835.

24 mars, Toronto.
S. P. Jarvis à Colborne. (Il y a deux lettres qui portent cette même date.)

24 mars, Toronto.
Le même à Stanley. Ces deux lettres incluses dans la correspondance de Colborne à Glenelg, 19 août 1835.

7 juin, Eldon.
Certificat en faveur de Cameron. (Suit certificat pour dates attestant l'exactitude du certificat ci-dessus mentionné.)

16 juin, Thorah.
Requête de Thorah.

28 juillet.
Certificat établissant que Cameron a offert 200 acres de terre à des colons. Ce certificat et trois précédents sont inclus dans la correspondance de Colborne à Glenelg, 21 août 1835.

5 septembre, Downing Street.
Spring Rice à Colborne. Inclus dans la correspondance de Colborne à Glenelg, 19 août 1835.

13 novembre, Sunnidale.
Rapport de H. C. Young à Hawke. Inclus dans la correspondance de Colborne à Glenelg, 25 août 1835.

14 novembre, Toronto.
Jarvis à ————. Inclus dans la correspondance de Colborne à Glenelg, 19 août 1835.

27 novembre, Lancaster.
Requête de Lancaster. Incluse dans la correspondance de Colborne à Glenelg, 21 août 1835.

12 décembre, Toronto.
Rowan au receveur général. Inclus dans la correspondance de Colborne à Glenelg, 24 août 1835.

1835.
1er janvier.
État des recettes et dépenses relatives au fonds du clergé.

Compte courant de Hawke. Inclus dans correspondance de Colborne à Glenelg, 25 août 1835.

5 janvier, Toronto.
Cameron à Rowan. Inclus dans la correspondance de Colborne à Glenelg, 21 août 1835.

2 février, Toronto.
Colborne à Aylmer. Inclus dans Colborne à Glenelg, 10 août 1835.

2 février, Toronto.
Adresse de l'Assemblée du Haut-Canada. Incluse dans la correspondance de Colborne à Aberdeen, 22 juin 1835.

4 février, Toronto.
Rapport du procureur général.

5 février, Toronto.
Rapport en conseil sur le cas de Forsyth. Tous deux inclus dans la correspondance de Colborne à Aberdeen, 26 juin 1835.

24 février, Nelson.
Mémoire de Davidson. Inclus dans le rapport de comité, 8 avril 1835.

27 février, Toronto.
Greffiers de l'Assemblée aux juges. Inclus dans la correspondance de Colborne à Glenelg, 19 août 1835.

4 mars, Toronto.
Rapport concernant règlement par H. C. Young. Inclus dans la correspondance de Colborne à Glenelg, 25 août 1835. Suit état de dépenses représentant emploi d'ouvriers.

23 mars, Québec.
Autres représentations de la part de Givins. Incluses dans la correspondance de Colborne à Glenelg, 10 août 1835. (Non datées, soumises à Aylmer à la date mentionnée en marge.)

31 mars, Toronto.
Hawke à Rowan. Inclus dans la correspondance de Colborne à Aberdeen, 1er juin 1835.

1er avril, Toronto.
Rapport de l'Assemblée sur le cas de Forsyth. Inclus dans la correspondance de Colborne à Aberdeen, 26 juin 1835.

2 avril, Toronto.
Rowan à Hopkins. Sa lettre a été renvoyée au Conseil exécutif. Colborne ne peut voir d'objection à ce qu'on envoie les documents au comité.

Page 32

64 VICTORIA, A. 1901

1835.
8 avri',
Tor 1.to.
Rapport du comité constatant que les documents demandés n'ont pas encore été reçus et qu'il faut faire le rapport quand même.   Page 32

Suit le rapport daté le même jour et constatant que Davidson a souffert des dommages.   33

Inclus. Mémoire de James Davidson demandant qu'on l'indemnise du terrain qu'on lui a enlevé.   36

Certificat de McBride, J. P., établissant l'exactitude de l'exposé de Davidson.   41

Documents officiels se rattachant au cas de Davidson.   42 à 51

9 avril,
Toronto.
Adresse de l'Assemblée à Colborne. On lui demande d'étudier le cas de Davidson afin que justice soit rendue.   .   31

13 avril,
Toronto.
Adresse de l'Assemblée. Incluse dans la correspondance de Colborne à Aberdeen, 2. juin 1835.

28 avr.l,
Toronto.
Prior à Rowan. Inclus dans la correspondance de Colborne à Aberdeen, 2 juillet 1835.

11 mai,
Glengarry.
Requête des Montagnards Ecossais. Inclus dans la correspondance de Colborne à Aberdeen, 27 juin 1835.

22 mai,
Toronto.
S. S. P. Jarvis à Colborne. Inclus dans la correspance de Colborne à Glenelg, 19 août 1835.

Suit mémoire portant la même date.

23 mai,
Toronto.
Jameson à Rowan. Inclus dans la correspondance de Colborne à Glenelg, 19 août 1835.

30 mai,
Toronto.
Minute du Conseil exécutif. Incluse dans la correspondance de Colborne à Aberdeen, 22 juin 1835.

30 mai,
Toronto.
Hawke à Rowan. Inclus dans la correspondance de Colborne à Aberdeen, 1er juin 1835.

30 mai,
Toronto.
Minute du Conseil exécutif sur l'adresse de l'Assemblée au sujet de la requête de Davidson. Incluse dans la correspondance de Colborne à Aberdeen, 13 juin 1835.

1er juin,
Toronto.
Colborne à Aberdeen (n° 27). Il appelle l'attention de ce dernier sur le malheureux état où se trouvent réduits les soldats qui ont transigé sur leur solde. Le déplacement auquel ils ont été soumis dès leur arrivée en des endroits avantageux. Ceux qui étaient forts, bien portants, industrieux et sobres sont demeurés sur leurs terres ; quant aux impotents et aux infirmes, on les a envoyés à Toronto pour y vivre d'aumônes. Il a donné ordre d'en expédier un certain nombre à Penetanguishene, où un fonctionnaire en charge de ce poste devra en prendre soin. Les cultivateurs verront probablement à la protection des enfants. Il envoie des tableaux faisant voir quels secours on a accordés à ceux qu'on a expédiés à Penetanguishene et ce qu'on y a fait pour eux durant l'hiver. Il fait allusion à ses lettres où il disait prévoir ce qui est arrivé. Il espère qu'ils n'ont pas perdu toute réclamation contre le pays pour avoir accepté une commutation.   1

Inclus. Retour de ceux qu'on avait envoyés à Penetanguishene comme pensionnaires ayant fait échange de leur solde.   5

Hawke à Rowan. Observations au sujet des pensionnaires ayant fait échange de leur solde et qu'on avait envoyés à Penetanguishene.   6

Le même au même. Rapport au sujet de l'aide accordée durant l'hiver aux soldats ayant fait échange de leur solde.   8

3 juin,
Toronto.
Colborne à Aberdeen (n° 28). Vu le mauvais état de sa santé, le Dr Phillips s'est retiré du collège et on lui a confié une mission. Il recommande qu'on lui paie £100 par année à même les fonds du collège.   10

Inclus. Phillips à Colborne. Donne un état détaillé de ce qu'on lui a fait entrevoir pour le déterminer à venir à Toronto, et expose quel a été son désappointement. On l'a transféré de la *Royal Grammar School* au *Upper Canada College.* Sa santé altérée s'améliore graduellement depuis qu'on l'a envoyé dans une partie salubre du pays.   11

1835.

Certificat de médecin établissant l'état de santé du D' Phillips. Page 16

4 juin,
Toronto.

Rapport du Conseil sur la requête de Richard Daverne. Inclus dans la correspondance de Colborne à Aberdeen, 29 juin 1835.

4 juin,
Toronto.

Rapport du Conseil sur la requête des loyalistes de l'E. U. Inclus dans la correspondance de Colborne à Aberdeen, 27 juin 1835.

8 juin,
Toronto.

Hawke à Rowan. Rapport de l'inspection concernant les colons indigents. Inclus dans la correspondance de Colborne à Glenelg, 25 août 1835.

9 juin,
Québec.

Le percepteur et contrôleur à Craig.

11 juin,
Québec.

Aylmer à Colborne. Inclus tous deux dans la correspondance de Colborne à Aberdeen, 22 juin 1835.

13 juin,
Toronto.

Rapport de l'arpenteur général. Inclus dans la correspondance de Colborne à Aberdeen, 30 juin 1835.

13 juin,
Toronto.

Colborne à Aberdeen (n° 29). Il envoie copie de l'adresse de l'Assemblée concernant la plainte de James Davidson soumise à l'examen d'un comité spécial. En 1796 on avait inscrit sur le lopin n° 27 le nom de Dickson, dont Davidson se prévaut pour présenter sa réclamation, qu'il tient de lui ; mais, cette réclamation, on n'a pas cherché à la faire valoir tant que la Compagnie du canal Welland n'eût pas décidé de faire passer le canal à travers ce lopin ; alors, elle se l'est fait concéder à la condition qu'un autre lopin sur la ligne du canal fût accordé à Davidson. Il envoie à titre de renseignement copie d'un rapport du Conseil à ce sujet.   17

15 juin,
Toronto.

Cameron à Colborne. Inclus dans la correspondance de Colborne à Glenelg, 19 août 1835.

16 juin,
Toronto.

Certificat de Cameron. Inclus dans la correspondance de Colborne à Aberdeen, 20 juin 1835.

20 juin,
Toronto.

Colborne à Aberdeen (n° 30). Il envoie copies de rapports au sujet de la concession de 1,000 acres de terre au colonel Guy Johnson et de la façon dont il en a été disposé.   52

Rapport de l'arpenteur général établissant que les lopins 10, 11 et 12, de la 6° concession, et 11 et 13 de la 7° concession de Hawkesbury, ont été réclamés par et accordés à Mary Campbell et Julia Johnson, cohéritières de Guy Johnson.   53

Certificat de Cameron établissant l'émission de lettres patentes au sujet des terrains mentionnés dans le paragraphe précédent immédiatement celui-ci.   54

22 juin,
Toronto.

Colborne à Aberdeen (n° 31). Il transmet l'adresse de l'Assemblée demandant un état des réclamations du Haut-Canada au sujet d'une partie des droits perçus à Québec.   55

Inclus. Adresse de l'Assemblée demandant que Québec fournisse un état annuel des droits perçus.   57

Aylmer à Colborne. Il inclut rapport concernant les droits perçus depuis 1823.   58

Le percepteur et contrôleur des douanes, Québec, à Craig. Il envoie rapport concernant les droits perçus depuis 1823.   59

État annuel des droits perçus depuis 1823.   60

22 juin,
Toronto.

Colborne à Aberdeen (n° 32). Il envoie rapport du Conseil exécutif faisant voir précautions prises pour vérifier les réclamations des loyalistes de l'Empire-Uni et de leurs enfants. Le Conseil fait remarquer l'inconvénient que présenterait la détermination d'une limite de temps pour les concessions gratuites à faire aux enfants des loyalistes de l'Empire-Uni et aux membres de la milice canadienne. Il est lui-même convaincu que tous ceux qui dans cette province ont droit à des concessions gratuites devraient adresser à l'inspecteur général leur désignation et les documents sur lesquels ils fondent leurs prétentions. Il a exprimé le désir que l'arpenteur général envoie une liste de toutes les réclamations produites à son bureau par des loyalistes, afin de déterminer plus

64 VICTORIA, A. 1901

1835.

facilement par ce moyen l'étendue des obligations et des responsabilités.   Page 61
    Inclus. Rapport du Conseil exécutif au sujet des loyalistes de l'Em-
pire-Uni. Copie de la proclamation faite par Simcoe en 1796, y
annexée.   64
    Proclamation de Gore.   72
    Minute du Conseil exécutif établissant que toute requête de fils ou de
filles de loyalistes de l'Empire-Uni devra, pour être reçue, être accompagnée du certificat des magistrats.   73

25 juin,   Markland à Colborne. Inclus dans la correspondance de Colborne à
Toronto.   Aberdeen, 25 juin 1835.
25 juin,   Colborne à Aberdeen (nº 33). Il envoie l'adresse de l'Assemblée au
Toronto.   sujet de concessions gratuites de terrains à des loyalistes de l'Empire-
Uni. Il signale le rapport de l'inspecteur général des comptes où se
trouvent expliquées les déclarations faites dans l'adresse.   78
    Inclus. Adresse de l'Assemblée au sujet de concessions à des loyalistes
de l'Empire-Uni comme article de commerce.   80
    Markland à Colborne. Observations sur l'adresse de l'Assemblée.   86
26 juin,   Colborne à Aberdeen (nº 34). Il envoie rapport de l'Assemblée sur
Toronto.   le cas de Forsyth. Les procédures à ce sujet sont toutes expliquées dans
la dépêche du 11 janvier 1833. Clark et Street ayant acheté la propriété
de Forsyth ont obtenu un verdict pour empiétement sur le terrain qui
avait été réservé en 1798, et l'Assemblée fait rapport que Forsyth a
droit à compensation. Ce cas est expliqué plus au long dans l'arrêté du
conseil et dans le rapport du procureur général.   91
    Inclus. Adresse de l'Assemblée priant Colborne d'expédier rapport
sur le cas de Forsyth.   99
    Réponse par Colborne qu'il lui est impossible de recommander qu'on
juge le cas de Forsyth dans un sens favorable.   101
    Rapport de la Chambre d'Assemblée sur la requête de Forsyth.   102
    Rapport du Conseil sur la requête de Forsyth.   109
    Rapport du procureur général défavorable à la réclamation Forsyth.
                                                                     111
27 juin,   Colborne à Aberdeen (nº 35). Envoie requête de colons du district
Toronto.   de l'Est, établissant qu'on leur a enlevé des terres qu'on leur avait concédées comme loyalistes de l'Empire-Uni et demandant qu'on leur en
concède d'autres. L'imposition d'une taxe sur les terres incultes expliquée dans un rapport du Conseil exécutif; on avait vendu la propriété
des requérants parce que ces derniers n'avaient pas payé la taxe imposée
par la loi.   114
    Inclus. Requête de Montagnards Ecossais et de loyalistes de l'Empire-
Uni du comté de Glengarry.   115
    Rapport du Conseil exécutif sur la requête des loyalistes de l'Empire-
Uni du comté de Glengarry, établissant qu'on a vendu leurs terres pour
défaut de paiement des taxes.   119
29 juin,   Colborne à Aberdeen (nº 36). Il envoie copie du rapport du Conseil
Toronto.   exécutif concernant le mémoire de Richard Daverne. Le commandant
des forces a contremandé l'ordre de faire une concession à Daniel
Daverne et le Conseil a persisté à rejeter les requêtes de ce dernier, qui
s'est trouvé obligé de prouver qu'à l'époque où on lui a fait la concession
il y avait droit et que, par conséquent, on avait eu tort de rejeter sa
requête.   122
    Inclus. Rapport du Conseil sur le cas de Richard Daverne, dont la
requête n'a jamais été admise, la concession faite à feu Daniel Daverne
ayant été contremandée. On recommande que Daverne s'adresse à
Cockburn, actuellement lieut.-gouverneur du Honduras.   124
2 juillet, Colborne à Aberdeen (nº 37). Il fait rapport qu'on a d'abord accueilli
Toronto.   favorablement la requête par laquelle les nègres demandaient la permis-

sion de s'établir à Wilberforce, mais que les commissaires, probablement à cause de certaines représentations à eux faites par les habitants du district de London et de l'Ouest, ne se sont pas crus autorisés à pousser plus loin les négociations. Il y a environ 20 familles à Wilberforce; elles ont une école et sont bien dirigées. Paul, leur chef, est un ministre de l'Eglise baptiste et est doué d'un excellent caractère.   **Page 128**

Inclus. Prior à Rowan. Rapport des commissaires de la *Upper Canada Land Company* concernant l'établissement de Wilberforce et exposant qu'un certain nombre des nouveaux colons sont respectables, mais que la plupart sont paresseux et dissolus, et que les premiers ont exprimé hautement le désir de se faire concéder des terrains ailleurs. Dans des circonstances plus favorables, les commissaires auraient pu leur vendre plus de terrains, mais vu la mauvaise conduite qu'ils tenaient, en général, on a cru que, en leur vendant des terrains, on rendrait plus difficile la vente des terrains adjacents. Les commissaires ont donc refusé de leur en vendre davantage et leur ont même proposé de reprendre les 800 acres qu'ils leur avaient déjà concédées à condition de les indemniser raisonnablement des améliorations qu'ils y avaient faites. On va donc fonder ailleurs l'établissement qu'il n'est plus possible de poursuivre àWilberforce. Sous la direction d'un homme tel que Paul, il peut prospérer et produire les bons effets auxquels Nisbett fait allusion dans sa lettre.   131

8 juillet, Québec.   L'évêque de Québec à Colborne. Inclus dans la correspondance à Glenelg, 21 juillet 1835.

10 juillet, Toronto.   Colborne à Glenelg (n° 38). Il envoie copie des lois passées à la dernière session, avec annexe et liste des bills réservés.   134

Inclus. Résumé des lois passées à la dernière session.   143

Observations du procureur général au sujet de bills que, d'après lui, on aurait dû réserver.   165

21 juillet, Toronto.   Colborne à Glenelg. Il présente le Dr Mountain, archidiacre de Québec. L'évêque désire un suffragant et il préfère le Dr Mountain. 169

Inclus. L'évêque de Québec à Colborne. Il demande une lettre de présentation pour le Dr Mountain afin d'accréditer celui-ci auprès du bureau colonial.   172

28 juillet, Toronto.   Colborne à Glenelg (n° 39). Au sujet de la requête demandant des renseignements concernant la concession de 58,515 acres de terre, en 1834, il envoie le rapport du commissaire des terres de la Couronne et un état explicatif de l'arpenteur général, où celui-ci décrit à quels colons on a accordé des lettres patentes.   173

Inclus. Peter Robinson à Rowan. Il envoie un état explicatif au sujet de certaines terres concédées en 1834.   175

Rapport concernant les terres de la Couronne concédées en 1834. 176

Etat détaillé concernant 58,515 acres de terre.   177

30 juillet, Toronto.   Mémoire des juges. Inclus dans la correspondance de Colborne à Glenelg, 19 août 1835.

30 juillet.   Anonyme à Colborne. Le cas de Davidson réexaminé, le bien fondé de sa réclamation reconnu et l'attitude du Conseil exécutif, à cet égard, condamnée.   19

30 juillet.   Anonyme au même. Observations au sujet de l'intervention de Strachan concernant le cas de Davidson; il a contrecarré le désir de l'Assemblée; on pensait qu'il avait renoncé à la politique et qu'il n'avait gardé son siège au Conseil que pour l'honneur. Efforts de Ripon pour induire Strachan à se contenter de ses fonctions ecclésiastiques. La modification du Conseil exécutif de chaque province du Canada fera peut-être partie des changements exigés par l'état des affaires, et dans ce cas il n'est pas probable que Strachan soit appelé à siéger au Conseil. Les principes défendus par Ripon et ses successeurs s'opposent à ce que les dignitaires ecclésiastiques participent à la direction des affaires publiques. En ce

1835.

retirant de lui-même, Strachan épargnerait au roi le désagrément d'une mesure qui serait de nature à amoindrir le mérite d'un citoyen qui s'est distingué par des longues années de dévouement.   Page 28

1er août,
Toronto.

Colborne à Glenelg (n° 40). Il envoie exemplaire des lois adoptées à la dernière session.   178

3 août,
Toronto.

Le même à Hay (confidentiel). Il vient de recevoir un livre contenant le rapport, avec appendice, du comité spécial institué pour l'examen des griefs. Si les documents exigent quelque explication ou remarque, il écrira lorsqu'il aura eu le temps de les examiner.   179

10 août,
Toronto.

Colborne à Genelg (n° 41). Au sujet du mémoire de Givins concernant loyer, il transmet copie de la correspondance se rattachant à la réclamation de Givins.   180

Inclus. Colborne à Aylmer. Il transmet copie de dépêche. Quand on a déterminé les salaires, Givins devait toucher £400 par année. Il recommande qu'on ordonne au commissaire général de payer en conséquence.   182

Colborne à Aylmer. Il envoie état de Givins, où celui-ci fait voir qu'on l'a privé de ce qui lui revenait à titre de loyer parce qu'on supposait qu'il avait été promu sur demande du secrétaire d'État, à un salaire de £400 par année.   183

Givins à Colborne. Il explique sa situation par rapport à salaire.   184

Aylmer au même. Il envoie état faisant voir que Givins n'a droit à rien de plus que son salaire actuel.   186

Autre représentation à Aylmer par le surintendant en chef du département des Affaires des Sauvages au sujet de son sujet.   188

15 août,
Toronto.

Colborne à Glenelg (n° 42). Il a nommé William Hepburn secrétaire permanent du surintendant du département des Affaires des Sauvages. Il recommande que son salaire soit fixé à £150 par année.   193

19 août,
Toronto.

Le même au même (n° 43). En suggérant la vente de la réserve de Toronto, il voulait faire voir qu'elle aurait l'avantage d'assurer la construction de casernes convenables sans qu'il en coûtat à l'artillerie, que les dépenses relatives aux réparations seraient ainsi réduites et que Toronto se trouverait agrandi et profiterait de l'emploi des émigrés. Afin d'assurer la réalisation des projets qui intéressent l'artillerie au plus haut degré, il faut entreprendre immédiatement les autres améliorations, et la réserve devenant un lieu d'habitation convenable, on fournira les fonds nécessaires à l'érection de casernes et de moyens de défense. Il expose comment, d'après lui, les travaux devraient se faire. Il est persuadé que la vente d'emplacements assurera l'exécution graduelle des travaux dont le parachèvement dépendra de l'augmentation de la valeur des terrains dans la partie ouest de Toronto ; mais le projet en question ne peut manquer de servir l'intérêt de l'artillerie et celui de la Couronne   197

Inclus. Tableau des terres vendues sur la réserve militaire de Toronto.   203

Total de la valeur présumée des terrains situés à l'est de la garnison.   204

Plan de la réserve militaire de Toronto.   205

19 août,
Toronto.

Colborne à Glenelg (n° 44). Il transmet avec hésitation les mémoires du juge en chef, du procureur général, du secrétaire et registraire et autres fonctionnaires du gouvernement dont on avait retranché ou réduit les appointements après décision de l'opinion émise par le secrétaire des colonies en réponse aux dépêches du 20 mars et du 23 mai 1833, sachant aussi qu'on avait déchargé le gouvernement de l'obligation de subvenir aux frais de justice et d'administration dans tous les cas où il y avait eu cession du revenu prévu par le statut 14 George III et applicable au paiement de ces frais ; mais c'est aux juges et au procureur général d'envoyer des états démontrant l'insuffisance de leur rémunération.

DOC. DE LA SESSION No 18
1835.

On avait réduit à £750 et à £375 les appointements qu'on avait substitués aux honoraires ci-devant fixés, pour le procureur général et le solliciteur général, à £1,00 et £600 par année. Il y a tout lieu de prétendre que si le gouvernement impérial reconnaissait l'insuffisance de ces traitements, les allocations établies par la législature se paieraient avant peu à même les fonds de la Couronne. Cependant, il soumet que dans ces circonstances particulières, il convient de considérer dans un sens favorable les différents cas dont il s'agit.   Page 206

Inclus. Mémoire des juges demandant qu'on leur paie les traitements et arrérages de traitements à eux dus.   215

Mémoire des juges faisant remarquer qu'on n'a pas payé leurs frais de déplacement, ni les comptes subsidiaires des greffiers de cours d'assises, ni l'allocation due au shérif du district principal. Raisons établissant l'obligation de payer dans chacun de ces cas.   220

Jarvis à————. Par rapport au défaut de paiement de son traitement comme shérif du district principal du Haut-Canada.   229

Les greffiers des assises aux juges. Ils demandent qu'on leur paie les arrérages qui leur sont dus.   231

Jameson à Ryan. Concernant la réduction du traitement des officiers en loi de la Couronne par la Chambre d'assemblée.   235

Cameron, secrétaire et régistraire, à Colborne. Il signale la négligence de l'Assemblée à pourvoir aux appointements et aux réclamations subsidiaires des fonctionnaires du gouvernement pour l'année courante.   240

S. P. Jarvis au même. Il lui rappelle qu'il a déjà présenté une requête. L'Assemblée ayant négligé de pourvoir aux appointements, il se trouve dans l'alternative de perdre tout son revenu ou de demander de nouveau qu'on fasse droit à sa réclamation. Il a préparé un second mémoire destiné au secrétaire des Colonies, et il demande qu'il lui soit adressé.   242

Mémoire de S. P. Jarvis à Aberdeen. Exposant que l'Assemblée a négligé de faire droit à sa réclamation au sujet du montant qui lui est dû.   251

Le même à Colborne. Il considère qu'on devrait lui faire au bureau d'enregistrement une meilleure situation que celle qu'il occupe actuellement.   257

Message de Colborne à l'Assemblée exposant qu'on a négligé de pourvoir à l'administration de la justice.   258

Spring Rice à Colborne. Bien que Jarvis ait déjà touché des honoraires au sujet de terrains dont la Couronne s'était chargée, cependant on ne peut le payer de façon à augmenter le crédit voté par l'Assemblée.   259

Rapport de l'émigration pour l'année 1834. Inclus dans la correspondance de Colborne à Glenelg, 25 août 1835.

21 août,
Toronto.

Colborne à Glenelg (n° 45). Il envoie requête adressée par Donald Cameron. Le Conseil ayant pris en considération les documents y annexés, il envoie en même temps le rapport du Conseil ; ce dernier est d'avis que ni M. Cameron ni les colons qu'il a établis n'ont à faire aucune réclamation qui n'ait pas encore été examinée.   260

Inclus. Requête de Lancaster demandant qu'on rende justice à Donald Cameron et à ses colons, et qu'on les protège contre l'injustice du Conseil exécutif.   265

Requête de Thorah à même fin.   269

Certificat en faveur de Donald Cameron.   273

Certificat des colons de Thorah en faveur de Cameron.   275

Cameron à Rowan. Il demande que les documents qu'on lui a passés soient présentés à Colborne.   276

Minute du Conseil exécutif. Que copie de l'ordre du 26 novembre 1830 soit transmise au gouvernement de Sa Majesté avec requête concernant Cameron.   277

1835.

Minutes du Conseil exécutif de 1830 telle que mentionnée dans la minute qui précède immédiatement.   Page 278

23 août,
Toronto.

Colborne à Glenelg (n° 46). Il envoie état du revenu casuel et territorial avec explication de certaines dépenses qui y figurent. Doit-on continuer à faire des allocations aux églises ? Le commissaire des terres de la Couronne estime le revenu de la vente de ces terres à £9,000 par année, le revenu total à £30,000 et les dépenses permanentes à £19,000.
                                                                           293

Inclus. Rapport général des recettes et dépenses imputables au fonds provenant de la vente des terres de la Couronne à la *Canada Company*
                                                                      297 à 306

24 août,
Toronto.

Colborne à Glenelg (n° 47). Il envoie rapport des recettes et paiements relatifs au fonds du clergé avec observations.   307

Inclus. Rowan au receveur général. Les missionnaires de la Société de la Propagation de la Foi, qui reçoivent £100 par année, doivent être payés à même le revenu provenant du louage des réserves du clergé et à même l'intérêt provenant des sommes remises à l'Angleterre, et la différence représentée par la réduction du traitement de ceux que l'on paie plus de £100 doit être à la charge du revenu territorial. Comment les revenus doivent répondre aux exigences de ces obligations. La liste produite par l'évêque de Québec fait voir le montant qu'il faut payer annuellement et la différence requise pour payer tout leur traitement jusqu'à la fin de l'année. Il a sanctionné le paiement des traitements comme devant se faire à compter du 1er janvier au lieu du 1er avril, sujet aux modifications que le secrétaire des Colonies jugera à propos d'y apporter, et à condition que la société paie les appointements du premier quartier. Comment il conviendrait de payer les pensions dues aux ministres qui ont pris leur retraite ainsi que celles dues aux veuves. 311

Rapport des recettes et paiements se rattachant au fonds du clergé, depuis le 1er janvier jusqu'au 30 juin 1835.   314

25 août,
Toronto.

Colborne à Glenelg (n° 481). Il envoie rapports des arrangements faits au sujet de l'emploi des émigrés et de ce qu'on a décidé au sujet de ceux qui ont été envoyés par des sociétés ou par les agents de lord Egremont. Observations au sujet de l'état financier. Diminution du nombre des émigrés ayant du capital et ses causes. Ce qu'on a dépensé pour les soldats infirmes et sans ressources qui ont accepté l'échange de leur solde figurera au compte de l'émigration jusqu'à nouvel ordre. 317

Inclus. Mémoire concernant frais d'émigration, et observations au sujet de leur provenance.   321

Rapport concernant l'émigration pour l'année 1824.   323

Observations relatives aux frais d'émigration jusqu'au 30 juin 1835. 331

Rapport de H. C. Young, Sunnidale, à Hawke. Le chemin ayant été ouvert jusqu'à Nottawasaga, il a envoyé les émigrés sur leurs terrains. Il n'est pas encore en état de dire combien on a déblayé et essarté de verges sur le chemin de Sunnidale ; il devra avoir recours à une personne digne de confiance pour l'établir. Il a été obligé d'engager quelqu'un pour surveiller les travaux. On devrait faire l'arpentage du chemin le plutôt possible ; s'il survenait une forte tempête de neige il faudrait le différer jusqu'au printemps. Christian Bornes, un émigré d'outre mer, s'est égaré dans les bois et on ne l'a pas retrouvé. Les difficultés que présente pour lui la direction des émigrés d'outre-mer.   334

Compte courant de Hawke, agent d'émigration, par rapport à H. C. Young.   337

Rapport constatant l'établissement par H. C. Young de colons indigents à Nottawasaga.   338

État de compte des dépenses que représente l'emploi des émigrés. 343

Hawke à Rowan. Rapport concernant l'état des émigrés indigents établis à Nottawasaga.   349

1835.

2 septembre. Anonyme à Colborne. A reçu copies des lois votées à la dernière session ainsi que des bills réservés. Désireux d'en arriver à une décision au sujet des bills réservés, mais des circonstances imprévues ont retardé les procédures nécessaires à cet égard. Nécessité de fournir tous les renseignements possibles sur l'objet des bills réservés afin de permettre au secrétaire des Colonies de dire ce qu'il faudrait décider; mais ni lui (Colborne) ni le procureur général ne les ont fournis. Observations au sujet des bills réservés. Conclusion recommandant la sanction du bill relatif à la famille de DesGardins (*sic*) afin d'assurer aux sujets anglais la possession des terres qu'ils tiennent de certains aubains.   135

4 septembre,
Toronto. Mémoire relatif aux frais d'émigration et observations.   321

8 octobre, Anonyme à Colborne. La lettre du 26 juin reçue seulement le 10 octobre. Regrette d'avoir différé l'envoi de l'adresse douze semaines après en avoir eu communication. A présenté l'adresse au roi et a reçu ordre de déclarer que l'Assemblée a la garde des revenus publics de la province et que si elle recommande qu'on indemnise quelqu'un pour dommages à lui causés par le gouvernement local les ministres de la Couronne, sauf les cas exceptionnels, ne peuvent conseiller à Sa Majesté de suspendre l'allocation de l'indemnité. L'Assemblée va être informée que par respect pour sa décision, et bien que celle-ci soit contraire à l'opinion des justiciers de la Couronne, Sa Majesté a ordonné qu'on indemnise complètement Forsyth. Comment il faudrait déterminer le montant de l'indemnité. Sa Majesté espère que l'Assemblée ne préjugera pas la question du droit qu'avait la Couronne à la terre dont Forsyth a été dépossédé. D'après certaines décisions rendues cette terre n'appartenait pas à Forsyth, mais avait été attribuée à la Couronne pour certaines fins publiques. Les inconvénients qui résulteraient de l'abandon de cette réclamation. Il admet avec Murray que l'attitude de Maitland à cet égard était fausse.   93

31 octobre. Anonyme à Colborne. Dépêche du 19 août reçue, mais avait eu auparavant des nouvelles du juge en chef. Explique que d'après les règles du bureau il ne pouvait répondre à personne autrement que par l'entremise du lieutenant-gouverneur (Colborne). La dépêche et la requête ont pour objet de faire payer le montant des appointements réduits par l'Assemblée. Autant qu'il peut en juger, les réclamations sont raisonnables. Il s'agit de savoir si cette admission peut se concilier avec le refus ou la négligence qu'on a opposé aux demandes des réclamants. Croit qu'il est temps que la question de finances soit réglée par le gouvernement exécutif de concert avec les deux chambres qui composent la législature locale. La réunion de l'Assemblée générale qui doit avoir lieu à la fin de janvier prochain, d'après l'ordre qu'il (Colborne) en a reçu de Sa Majesté aura surtout ce règlement pour objet. Ne peut mettre à l'étude certains aspects de la question seulement, mais lorsqu'il s'agira du règlement de la question elle-même, on verra que l'intérêt des fonctionnaires publics qui ont envoyé des mémoires n'a pas été négligé.   210

30 novembre. Anonyme au même. A reçu dépêche avec état de compte relatif au fonds du clergé. Résume la dépêche. Approuve l'intention de repayer le montant dû au receveur général à même les sommes à recevoir des délinquants. Espère que l'augmentation des ventes aidera au revenu casuel et territorial à payer le traitement des missionnaires.   309

30 novembre, Anonyme au même. A reçu et déposé au pied du Trône les requêtes de Thorah et de Lancaster en faveur de Donald Cameron, demandant protection pour ce dernier et ses coions contre les agissements du Conseil exécutif. En 1831, s'inspirant du rapport du dit Conseil, Ripon a refusé de s'occuper de ce cas. Les auteurs du mémoire, bien que, en termes généraux, ils taxent le Conseil exécutif d'injustice, ne vont pas

1836.

jusqu'à réfuter les allégations sur lesquelles sa décision se fonde. Ne peut conseiller à Sa Majesté d'intervenir. Ne peut comprendre pourquoi le Conseil a différé de s'occuper de ce cas. Désire explication. Page 262

30 décembre,   Anonyme au même. A reçu dépêche concernant émigrés. Est heureux de voir que tous, à l'exception de ceux qui ont échangé leur solde contre une pension, et au sujet desquels on avait déjà donné des ordres, ont trouvé de l'emploi. A écrit à Gosford, qui fera sans doute tout son possible pour amoindrir les inconvénients de la quarantaine. Pour ce qui est des naufrages, la Trésorerie est disposée à faire en sorte que l'on place des phares sur les îles de Scatterie et Saint-Paul, pourvu que les colonies qui en bénéficieront consentent à les entretenir. Inclut copie de dépêche aux gouverneurs concernant la proposition de la Trésorerie.
319

31 décembre,   Anonyme à Head. Ne peut confirmer la nomination de Hepburn pendant qu'on est à poursuivre l'enquête au sujet de dépenses relatives aux affaires des sauvages. Hepburn sera informé du regret que l'on éprouve en songeant qu'on n'a malheureusement pas besoin de ses services.
195

Pas de date.   Anonyme à Colborne. A soumis propositions du 18 août à l'Artillerie, qui n'a pu lui donner les renseignements utiles à sa gouverne. Doit donc lui (à Colborne) soumettre de nouveau la question. Avant de transmettre les estimations dont le conseil de l'artillerie devra peut-être s'inspirer pour agir, il va les communiquer au commandant des ingénieurs royaux.
201

1er mars.   Anonyme à Head. Avait soumis le cas de Richard Daverne à Cockburn, et envoie maintenant son rapport. Daverne va être informé que la question ne sera pas étudiée de nouveau.
126

LIEUTENANT-GOUVERNEUR SIR J. COLBORNE, 1835.

Q-387-1.

1831.
17 octobre,
Hamilton.
     Lois et règlements à être observés dans les prisons du district de Gore. Inclus dans la correspondance de Colborne à Glenelg, 8 septembre 1835.

1833.
13 septembre,
York.
     Le juge Macaulay à Rowan. Inclus dans la correspondance de Colborne à Glenelg, 22 septembre 1835.

1834.
août,
Distrit
de Gore.
     Dénonciation spontanée faite par le grand jury. Inclus dans la correspondance de Colborne à Glenelg, 8 septembre 1835.

1835.
28 janvier,
Toronto.
     Rowan à l'inspecteur général.

31 janvier,
Toronto.
     Le même au même.

26 février,
Toronto.
     Le même au receveur général.

27 février,
Toronto.
     Le même à l'évêque Macdonell.

27 février,
Toronto.
     Le même à l'archidiacre d'York.

27 février,
Toronto.
     Le même à l'arpenteur général.

28 février,
Toronto.
     Le même au receveur général.

1835.

11 mars,
Toronto.   Rowan à Mackenzie.

18 mars,
Toronto.   Le même au secrétaire et registraire.

30 mars,
Toronto.   Le même au receveur général.

2 avril.
Toronto.   Le même à Mackenzie.

11 avril,
Port Talbot.   Talbot à Rowan. Ce message et les onze précédents inclus dans la correspondance de Colborne à Glenelg, 22 septembre 1835.

14 avril,
Toronto.   Délibérations de la Chambre d'Assemblée. Incluses dans la correspondance de Colborne à Glenelg, 12 septembre 1835.

15 avril,
Toronto.   Délibérations de l'Assemblée. Incluses dans la correspondance de Colborne à Glenelg, 12 septembre 1835.

2 juillet,
Toronto.   Procès-verbal du Conseil sur requête de Mackenzie. Incluse dans la correspondance de Colborne à Glenelg, 10 septembre 1835.

21 juillet,
Toronto.   Certificat de Hurd.

24 juillet,   Certificat de Cameron.

30 juillet,
Londres.   Certificat de Harris. Ce certificat et les deux précédents inclus dans la correspondance de Colborne à Glenelg, 11 septembre 1835. (Suit l'état des arrérages, lequel ne porte pas de date.)

11 août,
Glengarry.   Mémoire de Mackenzie. Inclus dans la correspondance de Colborne à Glenelg, 10 septembre 1835.

17 août,
District
de Gore.   Résumé de l'adresse du juge Macaulay au grand jury du district de Gore.

28 août,
District de
Gore.   Trois dénonciations spontanées du grand jury, à la même date.

29 août,
Toronto.   Le juge Macaulay à Rowan. Inclus, ainsi que les deux item précédents, dans la correspondance de Colborne à Glenelg, 8 septembre 1835.

3 septembre.
Toronto.   Colborne à Glenelg (n° 49). Il envoie requête de Daniel Arnot demandant permission d'acheter une réserve du clergé dont il est locataire et que le commissaire des terres de la Couronne a recommandé de ne pas vendre. Le rapport du Conseil exécutif, qui est aussi envoyé, contient explication relativement à ce cas. 3

Inclus. Requête de Daniel Arnot. Il y fait mention de ce qu'il a souffert par suite d'un naufrage, etc., et demande permission d'acheter le terrain n° 31 de la 1re concession de Clark. 5

Rapport du Conseil exécutif sur la requête d'Arnot. Même si l'on permettait la vente du terrain qu'il veut acheter, il n'aurait pas le moyen d'en payer le prix. Arnot s'est trompé relativement à l'effet que peut avoir l'inscription de son nom. 8

3 septembre,
Londres.   État dressé par Harris des taxes dues sur les terrains de Windham. Inclus dans la correspondance de Colborne à Glenelg, 11 septembre 1835.

4 septembre,
Toronto.   Colborne à Glenelg. En ce qui concerne John Sloane, il envoie copie de lettre du lieutenant-colonel Wright, commandant des Ingénieurs Royaux de Kingston. 11

Inclus. Wright à Rowan. John Sloane demeure à Kingston, où il est secrétaire des travaux depuis qu'il y est arrivé, c'est-à-dire depuis 1832. 12

4 septembre,
Toronto.   Rowan à LeBreton. Inclus dans la correspondance de Colborne à Glenelg, 7 septembre 1835.

5 septembre,
Toronto.   Colborne à Glenelg (n° 50). Il transmet documents de Peter Robinson, où ce dernier se justifie de l'imputation de négligence consistant à avoir retenu certaines sommes d'argent dont il lui restait à rendre compte. La dépêche du 16 août 1834 n'exigeait que le rapport des recettes et dépenses pour les années 1830, 1831 et 1832. 13

1835.

Inclus. Peter Robinson à Rowan. La méthode de tenue de livres donnant à penser qu'il restait des sommes considérables entre les mains de l'arpenteur général, il l'a modifiée de manière à ce qu'il ne paraisse plus y avoir d'erreur au sujet des différences de sommes d'argent. Pour élucider ce point, il envoie état des droits perçus par Shirreff à Bytown en 1830, 1831 et 1832. Le montant qui se rapporte à l'année 1833 a été assuré par obligation. Le montant des autres droits perçus est assez minime et il a différé d'en faire mention parce qu'il espérait que Shirreff se le ferait payer et l'enverrait; mais comme il n'y avait aucun temps de déterminé, il va dresser immédiatement les états de compte relatifs aux années 1833 et 1834. Page 15

État faisant voir l'époque du paiement des droits relatifs à la coupe du bois, pour les années 1830, 1831, 1832. 16

7 septembre, Toronto.

Colborne à Glenelg (n° 51). Le dommage que LeBreton dit avoir souffert, par suite du mauvais état du chenal destiné au flottage du bois dans la rivière Ottawa, ne peut être attribué à la navigation de la rivière Rideau, et la loi relative au canal Rideau défend de soumettre la réclamation à l'arbitrage. Il a demandé des renseignements au bureau des ingénieurs de Bytown. 18

Inclus. Rowan à LeBreton. Colborne lui fait remarquer que Ripon a répondu que la décision de sa réclamation appartient aux cours de justice. Quant au dommage permanent qu'on allègue avoir souffert, Colborne a reçu ordre d'en faire enquête. 20

8 septembre, Toronto.

Colborne à Glenelg (n° 54). Il fait rapport que McCarthy est mort la veille du jour qu'il devait être libéré, après une altercation avec le gardien de la prison. Il envoie rapports du grand jury faisant mention de cet événement et de l'état de la prison d'Hamilton. Il envoie aussi copie d'une lettre du juge Macaulay où il est fait mention du cas de McCarthy et de l'état des prisons de la province. Le shérif et les grands jurés les visitent toutes régulièrement. On les trouve trop petites, et il espère qu'on imposera de nouvelles taxes afin de les agrandir. 22

Inclus. Dénonciation spontanée par le grand jury du district de Gore, du cas de McCarthy et de l'état des prisons. 33

Seconde dénonciation spontanée au sujet de la mort de McCarthy. 36

Dénonciation spontanée du grand jury relativement à l'état de la prison. 38

Dénonciation spontanée du grand jury exposant que la condition des prisonniers est satisfaisante, mais que, cependant, ils se trouvent trop à l'étroit, les prisons n'étant pas assez grandes. 40

Le juge Macaulay à Rowan. Il a envoyé les dénonciations du grand jury pour l'année 1835, et une de ces dénonciations pour l'année 1834. Leur nature. Il a visité la prison et l'a trouvée fort encombrée. Cet édifice est neuf et bien situé, mais trop petit et pas assez sûr. Il n'y a pas moyen de classer les prisonniers, et il y a là une promiscuité très regrettable. L'envoi de certains détenus au pénitencier de la province diminuera pour quelque temps le nombre de ceux qui se trouvent dans la prison, mais cette dernière se trouvera encore encombrée avant le prochain terme de la cour. Il est d'avis que la plupart des prisons de la province sont jugées trop petites et que l'agrandissement de la prison actuelle ou la construction de nouveaux édifices s'imposent. Il serait bon que la législature s'occupât de pourvoir aux plans et aux règlements dans l'intérêt de l'uniformité. 43

Résumé de l'adresse faite au grand jury le 17 août 1835. 47

Lois et règlements à observer dans les prisons du district de Gore. 62

10 septembre, Toronto.

Colborne à Glenelg (n° 53). Il envoie mémoire de Mackenzie, un colon respectable de Glengarry. Il demande une concession de terre pour avoir amené des colons; feu le général Hunter lui avait promis

1,300 acres, dit-il, et c'est ce qu'il demande. Le conseil ne croit pas pouvoir s'occuper de cette réclamation avant d'en avoir reçu ordre.

Page 75

Inclus. Mémoire de Mackenzie demandant la concession de terre à lui promise par le général Hunter.   82

Procès-verbal du conseil sur la requête de Mackenzie.   83

10 septembre,
Toronto.

Fitzgibbon à Rowan. Inclus dans la correspondance de Colborne, 11 septembre 1835.

11 septembre,
Toronto.

Colborne à Glenelg (n° 54). Il envoie documents relatifs à une concession de 1,200 acres à Littlehales en 1796. S'il n'intervient pas d'arrangement pour le paiement des arrérages de cotisation, une partie de ce terrain sera peut-être vendue l'année prochaine.   84

Certificat de Hurd au sujet de la concession de 1,200 acres à Littlehales.   86

Certificat de Cameron établissant qu'on a complété les lettres patentes le 2 juillet 1796 et qu'on les a émises pour une concession de 1,200 acres au colonel Shank, le 26 janvier 1799.   87

Certificat de Harris établissant que les terrains de Windham mentionnés dans la lettre de Rowan seront vendus en octobre si les arrérages qui s'y rapportent ne sont pas payés. Autrefois, c'est M. James Fitzgibbon qui payait la taxe.   88

Etat des arrérages de 12 années.   89

Fitzgibbon à Rowan. Il corrige une erreur qui s'est glissée dans l'état des taxes dues sur les terrains de Windham.   90

Etat, par Harris, des taxes dues sur les terrains de Windham. 92

12 septembre,
Toronto.

Colborne à Glenelg (n° 55). Il a reçu dépêche, et dans quelques jours il sera en état de s'occuper des questions y mentionnées. Il envoie rapport du comité spécial institué pour l'examen des griefs. Les notes du greffier de l'Assemblée font voir comment on en est arrivé à présenter ce rapport, et ce qui s'est fait depuis.   93

Inclus. Délibérations de la Chambre d'Assemblée au sujet des griefs, et notes du greffier faisant voir comment le rapport a été présenté et adopté.   95

16 septembre,
Toronto.

Colborne à Glenelg (n° 56). Il a reçu dépêches. On l'a accusé de ne pas avoir envoyé des renseignements complets au sujet de l'état de la province ; il envoie une défense assez volumineuse à l'encontre de cette accusation. Plusieurs des omissions dont on se plaint se rapportent à des questions qui lui étaient depuis longtemps familières et qu'il ne considérait pas comme neuves, ni comme exigeant une mention spéciale. 98

Inclus. Mémoire établissant l'objet de chacun des six rapports au sujet des griefs survenus avant le septième et principal rapport.   130

Motion de Mackenzie pour faire rayer du journal de l'Assemblée la motion qui demande son expulsion.   133

Deuxième motion de Mackenzie concernant les élections d'York. 135

Délibérations de l'Assemblée sur l'adresse au roi.   137

16 septembre,
Toronto.

Colborne à Glenelg (séparément). Par rapport aux observations concernant le Conseil législatif, il soumet les noms de ceux qu'il faudrait recommander comme digne de siéger au conseil. Si l'on nomme Robert Baldwin sans nommer son père il n'acceptera probablement pas. Caractère du Dr Baldwin et de son fils Robert. Il recommande qu'on soumette au roi leurs noms et celui d'Isaac Fraser comme futurs conseillers législatifs. Il demande qu'on donne avis de leur nomination aussitôt que possible après qu'elle aura eu lieu.   174

18 septembre,
Toronto.

Le même au même (n° 57). Il transmet requête des méthodistes wesleyens demandant secours et subventions en argent pour l'établissement d'un système d'éducation. Il recommande qu'on prenne cette requête en considération.   178

1836.

Inclus. Requête des méthodistes wesleyens demandant des secours d'argent pour le séminaire qu'ils construisent à Cobourg et qui doit porter le nom de *Académie du Haut-Canada.* Système qui doit présider à sa direction.   Page 182

Formule de la charte du séminaire de Cobourg.   187

22 septembre, Toronto.

Colborne à Glenelg (n° 58). Il envoie observations sur les parties du septième rapport au sujet des griefs qui demandent explication. Ne s'est pas occupé des observations au sujet des appointements, le dernier livre bleu contenant tout ce qui s'y rapporte. Différentes questions signalées ont été discutées à fond dans les dépêches du 15 et du 20 mai. Les dernières observations s'appliquent aux constitutions de toutes les colonies américaines et n'exigent aucun autre commentaire.   196

Inclus. Notes sur le septième rapport du comité spécial institué pour l'examen des griefs.   198 à 222

Rowan à l'inspecteur général. Il va se mettre en communication avec le receveur général et le commissaire des terres de la Couronne au sujet des états requis par l'Assemblée.   223

Le même au même. Il lui demande d'examiner les documents envoyés pour être présentés à la Chambre et de signaler aux chefs de départements tous documents qui peuvent paraître incomplets.   224

Le même au receveur général. Si l'on demande des rapports déjà envoyés, ils ne seront pas fournis, mais on dira au lieutenant-gouverneur à quelle date on les a envoyés.   225

Le même à l'évêque Macdonell. Il transmet copie de l'adresse et lui demande de fournir les renseignements qui permettront au lieutenant-gouverneur de se rendre au désir de l'Assemblée.   226

Le même à l'archidiacre d'York. Lettre semblable à celle qui précède immédiatement.   227

Autre semblable lettre à l'arpenteur général.   228

Rowan au receveur général. Le lieutenant-gouverneur l'approuve d'envoyer à l'Assemblée n'importe quel document pouvant contenir les renseignements requis, mais il ne doit pas oublier qu'il est nécessaire de conserver les documents originaux.   229

Le même à Mackenzie. Le lieutenant-gouverneur s'est toujours rendu aux désirs exprimés dans l'adresse de l'Assemblée au sujet des comptes publics, et il sait peut-être que l'inspecteur général a reçu ordre de fournir tous renseignements. On a ordonné la préparation des documents demandés. Le receveur général a envoyé des doubles de comptes et mandats, mais dans les autres départements il faut plus de temps.   231

Rowan au secrétaire et registraire. Le lieutenant-gouverneur lui apprend que l'Assemblée peut avoir, si elle le désire, la copie du livre bleu destinée au bureau, mais qu'elle devra la renvoyer.   233

Le même au receveur général. Le comité aura tous les renseignements qu'il désire. Le comité s'étant plaint de ne pas les avoir encore reçus, le receveur général doit faire rapport établissant pourquoi il n'a pas fourni tous les renseignements demandés.   234

Le même à Mackenzie. Il transmet au comité chargé de l'examen des griefs des documents relatifs aux paiements faits au clergé des différentes églises, et une note explicative de l'inspecteur général concernant l'omission, dans le livre bleu, de la somme de £550 payée aux méthodistes wesleyens anglais.   235

Le juge Macaulay à Rowan. Il fait rapport du cas des émeutiers actuellement emprisonnés et en faveur desquels James Gray et autres ont présenté un mémoire.   236

Talbot au même. Il ne peut envoyer aucun rapport au sujet des colons, vu que tant qu'ils n'auront pas rempli les devoirs relatifs à leur établissement il ne considère pas cet établissement comme final. Il n'a reçu des colons aucun honoraire ni aucune gratification, de sorte qu'il ne

DOC. DE LA SESSION No 18

1935.

peut faire aucun rapport à ce sujet. Il n'a pas vendu de terre aux colons. N'ayant pas à s'occuper de la préparation ni de la rédaction des contrats, il ne sait rien de ce qu'il faut payer pour les obtenir, comment on traite les colons au sujet du certificat qu'il s'agit de leur accorder pour devoirs relatifs à leur établissement. Il a perçu de l'argent provenant de la vente de terrains destinés au soutien des écoles et des collèges et il l'a remis aux fonctionnaires ayant mission de le toucher. Page 246

28 septembre, Toronto.

Colborne à Hay. Il a envoyé par l'entremise de son fils une dépêche qui devait être remise au bureau de Downing Street.   247

26 octobre,

Anonyme à Colborne. Au sujet de la direction de la correspondance il l'assure (Colborne) de son respect et répudie d'avance toute expression qui pourrait comporter une signification contraire. Sommaire des délibérations de la Chambre d'Assemblée et de ses dépêches qui ont précédé celles du bureau colonial du 2 juillet. Excepté en ce qui concerne le bill relatif aux réserves du clergé, les questions se rapportant à la composition du conseil et le renvoi, par ce dernier, des bills à lui adressés par l'Assemblée, il (Glenelg) n'a aucune explication à donner, ni aucune observation à faire au sujet de ce qui s'est passé d'important pendant la session de 1835. Il discute ce que Colborne a dit à titre de justification pour établir que ses lettres confidentielles à Hay contenaient tous les renseignements nécessaires, et il fait remarquer la situation embarrassante dans laquelle tels procédés peuvent mettre le secrétaire d'état.   140

28 octobre,

Anonyme au même. L'adresse de l'Assemblée a été reçue et présentée au roi, qui l'a examinée attentivement. Il a aussi présenté au roi le rapport concernant les griefs, avec observations. Il s'écoulera bien du temps avant qu'on puisse recevoir la réponse du roi. Il a reçu ordre de faire faire des démarches pour faire prendre des mesures pour que l'Assemblée se réunisse vers la fin de janvier, afin de prendre connaissance de ce que Sa Majesté a à lui dire par rapport au sujet dont il est question. Il devra déposer cette dépêche sur le bureau de la Chambre. Le message du roi prouvera d'une façon catégorique son intention arrêtée de redresser les véritables griefs de tous ses sujets du Haut-Canada.   168

2 8 octobre,

Anonyme au même (privé et confidentiel). Le grand cas que l'auteur (Glenelg) fait de la nature de la correspondance, et sa connaissance des hautes qualités de Colborne.   171

18 novembre,

Anonyme au même. A reçu dépêche concernant la mort de McCarthy. Demandera au Dr Thomas de faire concorder les déclarations par lui faites au sujet de l'état de santé de McCarthy. Se plaint du long délai qui s'est écoulé depuis la date du décès de McCarthy jusqu'à celle du rapport du grand jury, ce délai rendant le rapport inutile. Doit supposer qu'il s'est fait une enquête sévère lors du décès et regrette qu'il (Colborne) n'ait pas fourni les plus entiers renseignements. Il ne doit perdre aucun temps à suppléer à cette lacune. Il déplore la condition imparfaite des prisons et le manque de classement ; l'encombrement qui y règne et la paresse des employés ont provoqué certaines tentatives de fuite ; quelques-unes ont réussi. Les défauts qui existent dans l'organisation des prisons sont indiqués par lui.   24

1er décembre,

Anonyme à Colborne. Il donne le résumé des plaintes contenues dans la pétition de Mackenzie, envoyée le 16 de septembre, et qu'il a résolu de ne pas approuver pour les raisons déjà données.   77

2 décembre,

Anonyme au même. Sir Francis Bond Head a été nommé lieutenant-gouverneur du Haut-Canada.   173

1836.

23 mars.

Anonyme à Head. Satisfaction du roi devant l'expression d'attachement des méthodistes wesleyens à sa personne et à son gouvernement. Quant à l'aide pécuniaire à donner au séminaire de Cobourg, il n'y a point moyen de l'accorder. Il transmet une copie de la lettre écrite sur ce sujet à Ryerson.   180

LIEUTENANT-GOUVERNEUR S. J. COLBORNE, 1835.

Q.-387-2.

1835.
20 février,
Toronto.

Lockhart à Rowan.

24 juillet,
Toronto.

Rapport du procureur général. Ces deux documents sont inclus dans l'envoi de Colborne à Glenelg, le 2 décembre 1835.

35 août,
Toronto.

Foster aux employés respectifs. Inclus dans l'envoi de Colborne à Glenelg le 20 novembre 1835.

12 septembre,
Toronto.

Brydone à Rowan.

14 septembre,
Toronto.

Rowan au commissaire des terres de la Couronne.

1er octobre,
Toronto.

Du même au même. Ce document ainsi que les deux autres sont inclus dans l'envoi de Colborne à Glenelg, le 3 octobre 1835.

3 octobre,
Toronto.

Colborne à Glenelg (n° 59). Il transmet des copies de la correspondance avec Brydone, agent du comte d'Egremont, employé à la surveillance du transport des émigrants de Surrey. Brydone a reçu l'autorisation d'acheter un morceau de terre afin d'y établir les émigrants de Surrey et leur donner de l'emploi jusqu'à ce qu'ils puissent pourvoir à leur propre subsistance. Il conseille d'examiner favorablement la proposition d'acheter 20,000 acres de terre par contrat privé.   Page 249

Inclus. Brydone à Rowan. Il a arpenté le terrain au nord de celui de la Compagnie du Canada sur le lac Huron, ainsi que celui avoisinant le lac Balsam; il préfère le sol au nord de Goderich et propose d'acheter 6,000 acres; il en demande davantage pour former un total de 100,000 acres; cette quantité supplémentaire devant être réservée pas moins de trois ans ni plus de cinq. Il indique les difficultés qui retardent l'arrangement. Dans les circonstances, il prétend que le prix du terrain ne devrait pas dépasser un dollar l'acre, que les endroits surtout couverts de pruche, ou propres à la pruche, ne vaudraient qu'un demi-dollar, et que rien ne serait payé pour les marais, que le quart du prix d'achat serait employé pour la construction de ponts et de chemins, et que le reste serait payé au bout de douze mois et par versements, suivant le goût du comité. Il s'engage à abandonner toute réclamation à quelque part que ce soit des réserves qu'il n'aurait point payée à l'expiration du temps spécifié. Comme il serait nécessaire de construire, avant son départ, une digue en vue d'y établir un moulin, il demande que l'on examine son offre au plus tôt.   251

Rowan au commissaire des terres de la Couronne. Il renvoie les propositions de Brydone relativement à l'achat d'une étendue de terre à l'ouest du terrain de la Compagnie Canadienne du lac Huron. Le lieutenant-gouverneur ne voit aucune objection à ce que Brydone achète dans cette région, mais il ne peut sanctionner aucun acte contraire à la loi sans instructions, ni recommander l'aliénation de plus d'un canton à la fois.   255

Rowan au commissaire des terres de la Couronne. Le lieutenant-gouverneur lui demande d'avertir Brydone qu'il doit s'adresser au secrétaire des Colonies au sujet des terres et qu'il apprendra de lui les conditions que le lieutenant-gouverneur pose.   257

25 octobre,
Burford.

Duncombe à Rowan. Inclus dans l'envoi de Colborne à Glenelg le 4 novembre 1835.

26 octobre,
Toronto.

Strachan à Colborne. Inclus dans l'env   Colborne à Glenelg, le 3 novembre 1835.

1835.

3 novembre,
Toronto.

Colborne à Glenelg (n° 60). Il a communiqué à Strachan le contenu de la dépêche privée. Selon sa réponse il a l'intention de quitter le Conseil exécutif au mois de janvier. Zèle et activité de Strachan. Il demande que l'autorisation de prendre son siège au sein du Conseil législatif soit accordée à Dunn aussitôt que possible.　　　Page 260

Inclus. Strachan à Colborne. Il le remercie pour lui avoir communiqué une dépêche qui le concernait. Il expose sa situation à l'égard du conseil et demande d'être relevé de sa charge le premier de janvier prochain.　　　269

4 novembre,
Toronto.

Colborne à Glenelg (n° 61). Il transmet le rapport de Duncombe, chargé par la législature de prendre des informations concernant les aliénés, les écoles, et d'autres institutions offrant un intérêt public dans la province.　　　269

Inclus. Duncombe à Rowan. Il est anxieux de posséder les rapports sur l'éducation, ainsi que les autres documents, vu qu'ils peuvent l'aider beaucoup à compléter ses informations.

6 novembre,
Toronto.

Colborne à Glenelg (n° 62). La population du Canada reconnaît avec satisfaction la protection que l'examen des actes provinciaux lui garantit, mais il compte qu'aucun délai inutile ne reviendra à l'égard des bills réservés. Les deux bills concernant les banques sont maintenant en vigueur et les parties qui y étaient intéressées sont satisfaites qu'on les ait promptement examinés. Remarques au sujet de deux bills réservés, que le lieutenant-gouverneur ne pouvait point sanctionner à cause d'un ordre péremptoire le lui défendant. Il reste une chose à décider dans le bill Desjardins si la Couronne doit abandonner ses droits en faveur de la famille Desjardins, vu ses liens de parenté avec feu Pierre Desjardins, l'auteur du projet de construction du canal Desjardins, ou s'il lui est permis de se rabattre sur une demande de la prime royale. Autres observations au sujet de bills réservés.　　　271

9 novembre,
Toronto.

Du même au même (n° 63). A propos de l'accusation de transmettre des rapports insuffisants des procédures de l'Assemblée, il a confiance que le contenu de sa dépêche du 16 septembre chassera les impressions fausses qu'il pouvait entretenir. Il n'y a pas de doute que la nomination d'une personne antipathique comme Mackenzie au poste de président du comité spécial choisi pour examiner les griefs, doit causer du malaise et de la surprise, de même que la distribution qui a dû être faite par son influence, d'une couple de mille copies d'un rapport très blessant. La publication de ce rapport n'a produit aucune mauvaise impression dans la province et on lui a attribué peu d'importance, ainsi qu'aux documents promulgués en même temps. Si quelque chose de blâmable est trouvé à l'adresse du gouvernement dans les documents, l'Assemblée est compétente à en poursuivre l'enquête. Il n'a rien de plus à mentionner concernant la province; il croit qu'elle n'a jamais été plus calme; le tapage reprendra cependant à la réunion de la législature, car il n'y a pas à se dissimuler l'influence des démocrates, quoi qu'elle soit contrecarrée par la bienfaisante influence d'une classe respectable de nouveaux colons.　　　279

10 novembre,
Toronto.

Bonnycastle à Colborne. Inclus dans l'envoi de Colborne à Glenelg, le 23 novembre 1835.

11 novembre,
Toronto.

Colborne à Glenelg (n° 64). Il transmet le tableau demandé par la dépêche du 24 juillet.

Inclus. Liste des titres des bills de 1832 à 1834.

Approuvés par l'Assemblée et rejetés par le Conseil.　　　284

Amendés par le Conseil et rejetés par l'Assemblée.　　　293

Acceptés par la Législature et approuvés par Sa Majesté.　　　295

12 novembre,
Toronto.

Colborne à Glenelg (n° 66). Il transmet le relevé demandé par le message du 31 juillet.　　　298

Inclus. Tableau des pensions et des allocations de retraite, du 20 novembre 1834 au 17 avril 1835.　　　299

Employés nommés au cours de la même période.　　　300

1835.
16 novembre,
Toronto.
Colborne à Glenelg (n° 66). En transmettant la demande de l'église de Saint-André, il a agi suivant l'habitude, et vu les avantages offerts il a recommandé d'accorder l'objet de cette requête. S'il est accordé, la somme de £600 pourrait être donnée aux signataires du mémoire à même le revenu des terres, le seul fonds d'où cette somme pourrait raisonnablement être tirée.   Page 301

17 novembre,
Toronto.
Le même au même (n° 67). A propos de la réclamation de Henri Morton, il a demandé qu'une enquête soit faite.   304

20 novembre,
Toronto.
Le même au même (nᵛ 68). Il transmet le mémoire des habitants des districts de Niagara et de l'Ouest contre l'enlèvement des troupes. Il transmet aussi une communication adressée aux officiers respectifs relativement au retrait des troupes de Niagara et Amherstburgh et à l'emploi des casernes. Il a fait des arrangements pour fournir des présents aux Sauvages de l'île Manitouline.   306

Inclus. Mémoire des habitants de Niagara combattant le retrait des troupes de Niagara.   311

Mémoire des magistrats et d'autres personnes de du district de l'Ouest.
                                                                  314

Foster aux officiers respectifs des troupes. La date du retrait des troupes casernées à Niagara et Amherstburgh dépendra de l'importance que le commandant attribue à ces forces militaires.   316

21 novembre,
Toronto.
Colborne à Glenelg (n° 69). Le règlement, accompli le 17 octobre, concernant certaines réclamations de loyalistes de l'Empire-Uni, lequel réglait les questions les plus embarrassantes qui eussent été soumises à l'Assemblée, restera en suspens jusqu'à ce qu'il soit décidé par le gouvernement de Sa Majesté en même temps que toutes les autres réclamations qui n'auront pas alors été réglées; aucun permis n'ayant été accordé aux colons depuis les instructions du secrétaire des Colonies le 18 février.   318

Inclus. Message au Conseil exécutif lui demandant d'examiner les droits des loyalistes et des officiers. Il demande que sa proposition soit adoptée.   243

Procès-verbal du Conseil qui recommande que, selon la proposition faite par le lieutenant-gouverneur, les titres soient émis au nom des bénéficiaires originaires des terres destinées aux loyalistes.   326

23 novembre,
Toronto.
Colborne à Glenelg (n° 70). La proposition d'ériger un observatoire a été reçue; l'établissement d'un tel observatoire ferait un grand honneur au pays. Avantages qu'offre Toronto pour la construction de cet observatoire. Il transcrit des documents à ce sujet.   3:8

Inclus. Énumération des avantages que l'érection d'un observatoire dans la capitale du Haut-Canada peut produire.   330

Bonnycastle à Colborne. Après examen et considération, il propose que Toronto soit choisi pour y construire l'observatoire en question. Il considère que l'île en face de la ville serait le bon endroit.   333

24 décembre,
Toronto.
Colborne à Glenelg (n° 71). Tel que requis, il a expédié une copie de sa dépêche contenant les documents reçus de James Gordon et il a fait avertir le sous-maître général des postes que l'original n'est pas parvenu au département des Colonies.   338

28 novembre,
Toronto.
Rowan au procureur général. Inclus dens l'envoi de Colborne à Glenelg, le 2 décembre 1835.

30 novembre,
Toronto.
Colborne à Glenelg (n° 72). Remarque à propos de la dépêche concernant le maintien du bureau de l'auditeur des patentes de terres publiques. Il discute l'opportunité du maintien de ce bureau. Son utilité. Les avocats de la Couronne demandent son maintien. Aucun inconvénient ne peut survenir à cause des retards, excepté pour ceux qui demandent des rémunérations quelconques. A propos de la remarque faite par Sa Seigneurie qu'elle ne peut point maintenir un bureau inutile, dans un simple but d'intérêt privé, il (Colborne) fait observer qu'il n'a

DOC. DE LA SESSION No 18
1835.

pas recommandé le maintien du bureau de l'auditeur des patentes des terres publiques en disant qu'il était nécessaire ou non.   Page 339

Inclus. Cameron à Rowan. Inconvénient qui résulte du fait que les tables des matières ne soient point dans le même corps de bâtiment que les livres. Dangers d'incendie. Les précautions à prendre.   343

30 novembre, Toronto.
Le procureur général à Rowan. Inclus dans l'envoi de Colborne à Glenelg, le 2 décembre 1835.

1er décembre, Toronto.
Markland à Rowan. Il a examiné les tables dans le bureau de l'archiviste, et il les a trouvées complètes, contenant même plus de renseignements qu'on ne pouvait en désirer d'un simple index. Il envoie une page-échantillon. Ce serait ennuyeux de les conserver dans des bâtiments séparés, bien qu'on puisse les enlever pour la nuit jusqu'à ce qu'un accommodement plus avantageux soit fourni.   345

Inclus. Page échantillon de l'index.   347

2 décembre, Toronto.
Colborne à Glenelg. Il attire l'attention sur la nature de la correspondance et sur les circonstances où il a démontré que les dépêches n'étaient pas correctes. Sa bonne volonté à faire un rapport sur la situation de la province si le secrétaire d'Etat le désire. Le danger pécuniaire qu'il a encouru par plusieurs de ses propositions.   410

2 décembre, Toronto.
Le même au même (n° 73). Il se défend assez longuement contre les attaques portées contre sa conduite en qualité de lieutenant-gouverneur du Haut-Canada.   349

Inclus. Exposé des faits relatifs à la réclamation de William Forsyth au sujet de ses prétendues pertes à Niagara.   377

Rapport du procureur général au sujet des tentatives de Clark et de certaines autres personnes de s'emparer des réserves de la Couronne aux Chutes Niagara, bien que la réclamation du propriétaire antérieur du terrain voisin ait été renvoyée dans plus d'un procès. Le procureur général fait l'historique complet du cas.   393

Rowan au procureur-général. Il a été chargé de s'assurer de la raison qui a fait retenir la dépêche du lieutenant-gouverneur du 26 juin dernier.   405

Le procureur général à Rowan. Il ne peut pas encore savoir pourquoi le rapport au sujet de la réclamation de Clark et de Street n'a pas été délivré. Menace de réduire le personnel du bureau du procureur général quand il y a cependant augmentation constante d'affaires.   406

3 décembre, Québec.
Goldie à ———. Inclus dans l'envoi de Colborne à Glenelg, le 18 décembre 1835.

Lockhart à Rowan. Inclus dans l'envoi de Colborne à Glenelg, le 23 décembre 1835.

10 décembre, Toronto.
Colborne à Glenelg (n° 74). James Reilly, d'abord résidant à Wolford, puis à Kitley, a été vu dans la ville de Hamilton en juillet ou août dernier.   426

Inclus. Danby à Rowan. Il fait rapport de ses recherches à la découverte de Reilly; il a vécu à Wolford et on le croit maintenant à Toronto. On rapporte qu'il a été vu à Hamilton en juillet.   427

Affidavit de Charles Dickenson établissant qu'il a vu Reilly à Hamilton en juillet et qu'il a parlé avec lui.   429

18 décembre, Toronto.
Colborne à Glenelg (n° 75). Il transmet les documents qui établissent que Henry Morton a droit à la part de £16 5s. accordés aux sous-officiers et aux soldats à propos de l'évacuation de l'île Drummond.   430

Inclus. Go die à ———. Il transmet des copies de lettres, etc., relativement aux réclamations des sous-officiers et des soldats à propos de la cession de l'île Drummond.   431

Réclamation.   433

Extrait des réclamations.   434

23 décembre,
Anonyme à Head. Il est heureux d'apprendre que Strachan démissionnera sitôt son successeur nommé. La demande de Dunn d'être nommé

1835.

membre du bureau repose sur une promesse d'Aberdeen. Mais comme il sera responsable de la nomination, il ne peut pas aller plus loin sans demander son avis (à Head). Dans l'état actuel de la province, cette nomination exige plusieurs importantes considérations. Il va signifier à Strachan que le roi accepte sa démission et lui exprimer les remerciements du ministère pour lui avoir évité l'embarras de son opposition à l'opinion exprimée par l'Assemblée et les ministres de la Couronne. Il nommera temporairement à la place de Strachan qui que ce soit qu'il croira le mieux qualifié.   Page 262

23 décembre, Toronto.

Colborne à Glenelg (n° 76). Il joint une copie de la correspondance du secrétaire à l'évêque de Québec au sujet des missionnaires exerçant leur ministère dans le Haut-Canada.   435

Inclus. Lockhart à Rowan. Il rapporte la mort du révérend Thomas Morley ; sa veuve a droit à une pension de £50.   438

Du même au même. Il rapporte la mort des révérends John Houghton et Weagent ; ce dernier était un missionnaire en retraite. Leurs veuves ont droit à une pension de £50 chacune, et elles ont reçu instruction de retirer la part qui leur était due le 1ᵉʳ janvier suivant. La suspense du révérend Robert Short a été confirmée par l'évêque. Il avait déjà été donné avis de la mort de M. Campbell à Belleville, ainsi que de la pension annuelle de £50 à laquelle sa veuve a droit.   439

26 décembre, Toronto.

Colborne à Glenelg (n° 77). Il parle des dépêches qui recommandent qu'une partie du revenu produit par l'impôt sur le bois soit employée à la construction de glissoirs pour la descente du bois aux rapides des Chats et autres de l'Ottawa ; il transmet le rapport concernant le commerce du bois de charpente. Il a visité Bytown et les environs jusqu'aux Chats et il a eu l'occasion de constater l'importance de ce commerce. Il croit que l'amélioration de la navigation sur la rivière augmenterait le commerce. Il attire l'attention sur la navigation du canal Ottawa et Rideau, laquelle a été interrompue par la première écluse qui est entre les mains de la Compagnie d'exportation de Montréal. Il propose que cette écluse soit achetée ou qu'une nouvelle soit construite entre l'île Perrot et Sainte-Anne ; l'estimation est de £15,000. Il est impossible de croire que le gouvernement, après les dépenses qu'il a faites, permettra que l'entrée de la navigation soit obstruée.   441

Inclus. Extrait du rapport du comité de la banque du Haut-Canada ; cet extrait touche surtout au commerce de bois de charpente.   447

28 décembre, Toronto.

Colborne à Glenelg (n° 78). Il transmet une pétition et une communication du juge Sherwood au sujet de McAuliffe convaincu de meurtre. Doutes légaux chez Sherwood ; il a soumis la question aux autres juges, qui ne pourront faire connaître leur jugement qu'en juin ou juillet prochain ; il demande qu'on soumette le cas aux officiers en loi de la Couronne.   453

**1836.
29 février,
Downing
Street.**

Anonyme à Head. Colborne a reconnu nécessaire de confirmer certaines concessions de terre faites aux loyalistes en février 1834, sans attendre la décision finale du gouvernement de Sa Majesté. Il espère qu'il communiquera à l'Assemblée la substance de la dépêche d'Aberdeen concernant les loyalistes, laquelle modifiera—il en a la confiance—les sentiments de cette Chambre. La dépêche n'étant pas arrivée avant la clôture de la session, le gouvernement de Sa Majesté retardera encore sa décision. Il refuse d'exprimer une opinion quelconque au sujet des cantons que l'on propose d'offrir pour calmer les réclamations des loyalistes.   321

**2 mars,
Downing
Street.**

Anonyme au même. Il a soumis au commandant en chef le mémoire des habitants de Niagara et d'Amherstburg contre le retrait des troupes de ces districts, et il regrette de ne pouvoir se rendre à leur demande. Sa Majesté considère que le maintien de la paix publique appartient à l'administration civile et non à l'administration militaire.   309

1836.
15 mars,

Anonyme à Head. Il a reçu la dépêche du 26 décembre. Importance qu'il y a d'établir des communications dans un pays nouveau; mais quand il en a été d'abord question l'on s'est aperçu que les grandes dépenses à encourir pour l'amélioration des canaux n'étaient pas autorisées. En attendant le règlement de la question concernant l'approbation du revenu des terres, il ne peut pas sanctionner l'emploi d'aucune partie de ce fonds. Head doit attirer l'attention de l'Assemblée sur ce point.   Page 444

Pas de date.

Anonyme à Head. Dépêche reçue de Colborne concernant les accidents survenus parmi les missionnaires du Haut-Canada.   437

EMPLOYÉS PUBLICS ET AUTRES, 1835.

(Première partie, de la page 1 à 274; deuxième partie, de 375 à 495; troisième partie, de 496 à 736; quatrième partie, de 737 à 960).

Q. 388—1-2-3-4.

1811.
9 mai,
Dublin.

Pouvoir du procureur.

1812.
31 janvier,
York.

Mémorandum au sujet d'une recherche.

6 avril,
Québec.

Sbank à McDonell. Ce document et les deux qui précèdent sont inclus dans l'envoi de Baker à Hay, le 12 avril 1835.

1824.
10 juin,
Londres.

Strachan à Bathurst. Inclus dans l'envoi de Strachan à Aberdeen le 28 mai 1835.

25 juin,
York.

Hillyer à Hayes. Inclus dans l'envoi de Hayes à Grey le 26 juin 1835.

1825.
16 juillet,
York.

Strachan à Bathurst.

7 août,
Downing
Street.

Bathurst à Strachan.

9 septembre,
Downing
Street.

Le même au même. Ce document et les deux qui précèdent sont inclus dans l'envoi de Strachan à Aberdeen le 24 mai 1835.

1828.
5 septembre,
Londres.

Hay à Colborne.

30 septembre,
Downing
Street.

Le même à Hayes. Les deux documents sont inclus dans l'envoi de Hayes à Grey le 6 juin 1835.

1830.
5 juillet,
Edimbourg.

Forbes à Peel.

5 juillet,
Edimbourg.

Mémoire de Charles et John Maclean.

5 juillet,
Edimbourg.

Certificat de lord Forbes.

17 juillet,
Whitehall.

Sir Walter Scott à Maclean.

17 juillet,
Whitehall.

Peel à Forbes. Ce document et les quatre qui précèdent sont inclus dans l'envoi de Maclean à Aberdeen le 19 janvier 1835.

1831.
9 juin,
York.

Peter Robinson à Browne. Inclus dans l'envoi de Browne au secrétaire des Colonies le 3 octobre 1835.

1833.
2 juillet,
York.

Présentation d'une pièce d'argenterie à Strachan par ses anciens élèves. Inclus dans l'envoi de Strachan à Aberdeen le 28 mai 1835.

3 septembre,
Boston.

Browne à Peel. Inclus dans l'envoi de Browne au secrétaire des Colonies le 3 octobre 1835.

1834.
30 juillet,
Toronto.

Certificat à l'adresse de Peter Robinson.

22 août
Québec.

Routh à Stewart. Ces deux documents sont inclus dans l'envoi de Stewart à Hay le 9 mars 1835.

24 novembre,
Wellington
Square.

Kerr à Rowan. Inclus dans l'envoi de Stanley à Hay le 21 mai 1835.

22 décembre,
Québec.

Certificat à l'adresse de Felton.

24 décembre,
Québec.

Routh à Stewart. Les deux documents sont inclus dans l'envoi de Stewart à Hay le 9 mars 1835.

1835.
3 janvier,
Toronto.

Colborne à Gibson. Inclus dans l'envoi du roi à Hay le 26 mars 1835.

12 janvier,
Baltimore.

Pétition de David Browne, président de l'Association Adélaïde, au duc de Wellington, demandant d'examiner le cas qui concerne cette association. Page 188

17 janvier,
Whitehall.

Gregson à Hay. Il transmet une deuxième pétition de David Browne devant être soumise à Aberdeen, et il demande que Sa Seigneurie lui fasse connaître sa décision. 26

Inclus. Browne au secrétaire des Colonies. Il transmet cette deuxième pétition vu qu'il craint que la première n'ait pas été soumise au roi. Les pertes que ses associés et lui ont encourues à cause de leur constant attachement au roi et à la constitution. 27

Pétition de David Browne se plaignant d'être maltraité et demandant le redressement de ses griefs. 30

Certificat établissant qu'Alexander Smith a été admis membre de l'Association Adélaïde. 48

Titre d'une brochure par David Browne. 49

19 janvier,
Édimbourg.

Maclean à Aberdeen. Il écrit en faveur d'un jeune homme qui est allé s'établir à Seymour et qui demande la concession des 200 acres de terre qui touchent au lot qu'il a acheté. 438

Inclus. Mémoire au sujet de Charles et John Maclean. 440

Certificat par lord Forbes. 444

Forbes à Peel à propos du mémoire des Maclean. 446

Sir Walter Scott à Maclean à propos du mémoire de Maclean, et il lui exprime sa sympathie dans ses malheurs. 447

Peel à Forbes. Il n'a pas le pouvoir de donner des positions aux Maclean. 449

27 janvier,
Londres.

Karslake et Crealock au sous-secrétaire des Colonies. Il demande la concession des 500 acres de terres accordées à Guy Johnson afin de les employer à payer la dette de Macdonald et Campbell, Campbell étant l'héritier de Mme Campbell, une des co-héritières de Guy Johnson. 411

2 février,
New-York.

Buchanan à Hay. Défaite de Mackenzie dans la lutte pour la mairie de Toronto et élection du neveu de Baldwin. Il déplore l'oubli et le mépris où l'on tient l'homme qui ne se soumet pas au fouet du parti triomphant; on le qualifie même de déloyal. Sentiments de mécontentement causés en tenant à l'écart les hommes d'indépendance et en appelant des jeunes hommes au Conseil législatif. Il recommande à ce

1835.

poste son gendre, William Augustus Baldwin. Ses qualifications. Venant
de la rue Downing cette nomination serait bien vue.   Page 163

5 février,
Toronto.

Certificat à l'adresse de Robinson. Inclus dans l'envoi de Stewart à
Hay, le 3 juillet 1835.

18 février,
Artillerie.

Byham à Hay. Il a reçu la lettre au sujet de l'érection des casernes
et de leurs moyens de défense à Toronto. Instructions nécessaires qui
doivent être données ordonnant de payer au département de l'Artillerie
les deux tiers des produits des réserves de l'armée jusqu'à ce que les
ventes aient produit la somme exigée pour la construction des travaux;
la première estimation établit que le montant nécessaire ne dépassera pas
£59,205, mais le montant exact ne peut pas être calculé avant que l'on
ait de nouveaux renseignements. La somme que Colborne doit payer
à compte doit être remise aux officiers de l'artillerie; mais aucune partie
des travaux projetés ne sera commencée avant qu'une part considérable
du montant complet n'ait été payée.   51

24 février,
Trésorerie.

Stewart au même. Avant que le département du Trésor puisse prendre
une décision au sujet de la proposition de Colborne de construire une
nouvelle chapelle et une maison pour le gouverneur, ils ont jugé nécessaire de demander des informations spéciales à l'Artillerie sur le montant que contenaient les casernes et autres travaux militaires, etc.; ils
demandent donc que l'autorisation qui doit être donnée à Colborne de
commencer les travaux soit remise à plus tard. Avant d'autoriser la
construction de la maison du gouverneur, en supposant que les fonds le
permettent, la Trésorerie exigera qu'on lui soumette un plan.   84

26 février,
Québec.

Routh à Stewart. Inclus dans l'envoi de Stewart à Hay le 3 juillet
1835.

27 février,
Trésorerie.

Stewart à Hay. A propos de la correspondance concernant le salaire
de l'auditeur général des comptes, les lords de la Trésorerie croient que
la somme de £200 par année ne doit pas être dépassée dès qu'on le prend
à même le fonds des terres publiques.   86

27 février,
Londres.

Gibson, trésorier de la New England Company, au même. Il a reçu
une copie de la dépêche et des lettres de Colborne. Il exprime ses
remercîments pour l'attention portée par Aberdeen, qu'il représente
(Hay) si parfaitement. Il a reçu une dépêche de Colborne touchant la
question en jeu.   125

28 février,
Londres.

Campbell au même. A la demande de la Société de la propagation de
l'Evangile, il attire l'attention sur le cas de quatre membres du clergé du
Haut-Canada qui souffrent de la réduction de salaire causée par les règlements dernièrement adoptés et il demande que ce traitement soit le même
qu'auparavant.   150

28 février.
Amirauté.

Houghton au même. Il demande une lettre de recommandation auprès
de Colborne en faveur de Battersby afin qu'il puisse obtenir un emploi
du gouvernement dans le Haut-Canada.   309

4 mars.
Hamilton.

Mémoire de McCarthy établissant les circonstances de son procès et de
sa condamnation à mort, le sursis qu'il a obtenu et la commutation de sa
peine, etc.   454

Certificat établissant l'état de santé de McCarthy, donné par Thomas,
le médecin de la prison.   458

7 mars,
Trésorerie.

Stewart à Hay. Les lords de la Trésorerie s'accordent avec Aberdeen
à propos de l'idée d'arpenter le pays au nord du lac Huron et d'augmenter
la somme allouée aux ministres presbytériens; mais au sujet de ces derniers ils demandent que l'attention d'Aberdeen soit attirée sur l'arrangement concernant les établissements religieux dans les colonies de l'Amérique du Nord établissant que l'allocation ne sera accordée que durant
la vie des titulaires actuels.   89

8 mars,
Toronto.

Le juge en chef Robinson à Hay. Inclus dans l'envoi de Hewson à
Hay le 12 mars 1855.

1835.
9 mars,
Trésorerie.

Stewart à Hay. Il transmet des copies des lettres, ainsi que les documents inclus dans l'envoi du commissaire général Routh, établissant les sommes payées à compte des ventes des réserves du clergé. Il a été ordonné d'en placer le montant dans les rentes consolidées de trois pour cent.   **Page 91**

Inclus. Routh à Stewart. Il transmet une copie du reçu donné à Peter Robinson pour la remise du produit de la vente des réserves du clergé. Il a été ordonné d'en placer le montant dans les rentes consolidées à trois pour cent.   92

Certificat donné à Peter Robinson constatant le paiement des réserves du clergé à l'intendance.   93

Routh à Stewart. Il transmet copie du certificat donné à W. B. Felton en retour du paiement des réserves du clergé à la banque.   94

Certificat donné à Felton.   95

9 mars,
Inverness.

Troughton à Aberdeen. Il est l'unique fils et héritier de feu le lieutenant Felix Troughton qui mourut en mer lors de son retour de la guerre au Canada. Il a droit à une concession de terre qui n'a jamais été réclamée. Il craint que son retard à la demande n'ait annulé ses droits. Il énumère les témoignages favorables rendus à son père ; il peut produire son propre certificat de naissance, etc.   919

10 mars,
Toronto.

Hagerman à Hay. Il se défend contre les attaques fausses faites contre sa conduite. Se plaint de l'ennui que lui causent certaines gazettes. Il n'en parlerait pas si ces attaques se bornaient à la province mais elles se répandent au delà de l'Atlantique, c'est son opposition à Bidwell qui en est la cause. Il trace le caractère d'O'Grady, un prêtre suspendu pour mauvaise conduite qui se portait à Kingston candidat à la législature avec l'appui de Bidwell, dont il avait lui-même combattu la candidature à la présidence. De là l'inimitié de Bidwell. Il nie qu'il ait voté contrairement aux vues du gouvernement de Sa Majesté. Attaques malhonnêtes portées contre lui par le journal d'O'Grady. Trahison contenue dans la lettre de Hume en invitant à abandonner l'allégeance à l'empire ; sympathie de la population pour le lien britannique. La prochaine Assemblée différera de celle d'aujourd'hui, vu que beaucoup d'immigrants qui avaient d'abord refusé de voter à cause de leur récente arrivée dans le pays voient maintenant la nécessité de le faire. Nomination faite par l'Assemblée de Roebuck en qualité d'agent avec £600 de traitement et £500 pour dépenses imprévues. Si le Conseil allait rejeter cet arrangement, l'Assemblée proposerait de payer Roebuck à même les sommes affectées aux dépenses imprévues, ce qui serait inconstitutionnel.   311

P.S.—Il espère que l'on tentera de régler la question des réserves du clergé.   321

11 mars,
Beccles.

Cutting au secrétaire des Colonies. Il n'a pas reçu un seul mot de son fils depuis près de 18 mois ; il vivait alors à Adolphustown. Il demande s'il s'adresse au bon endroit pour obtenir des renseignements, sinon il demande qu'on l'en informe.   276

12 mars,
Toronto.

Hewson à Hay. Il a reçu une lettre du juge en chef Robinson à son adresse ; il a adressé des amis à lui, Hay. La connaissance qu'il a du pays. Les pertes occasionnées par le défaut de faire connaître les ressources du pays alors que tant de ses compatriotes souffrent de privations par manque d'emploi. Le système d'émigration suivi jusqu'ici a été désavantageux au paysan irlandais, qui se voyant trop vite propriétaire de terrain devient paresseux et dissolu. Il recommande un mode de location à taux minime. Il a été depuis son arrivée magistrat et commissaire de la cour d'enquête. Bien qu'il s'attend d'opérer en qualité d'agent de l'Association coloniale de l'Amérique du Nord.   322

Inclus. Juge en chef Robinson à Hay. Il atteste la respectabilité et la bonne conduite de Hewson.   324

1835.

14 mars,
Toronto.
Certificat à l'adresse de Peter Robinson. Inclus dans l'envoi de Stewart à Hay le 7 juillet 1835.

16 mars,
Northampton.
Gordon à Hay. Il demande que son frère soit employé au département de l'Artillerie à Kingston, Haut-Canada.   Page 306

17 mars,
Londres.
Gibson au même. Il a déposé la correspondance entre les mains de la Compagnie de la Nouvelle-Angleterre. Il demande une audience.   126

19 mars,
Londres.
Campbell à Gladstone. Il donne la raison de l'erreur dans l'exposé des salaires qui doivent être payés aux quatre membres du clergé.   154

20 mars,
Londres.
Gibson à Hay. Tel que proposé, il ira avec le directeur de la Compagnie de la Nouvelle-Angleterre rendre visite à Aberdeen.   128

21 mars,
Liverpool.
Low au même. Il demande une lettre de présentation au lieutenant-gouverneur du Haut-Canada en faveur du docteur Mathews, qui se rend à Toronto. Il propose d'ajouter les Indes occidentales, l'Australie, le Cap de Bonne-Espérance, etc., dans le bill de Gladstone destiné à amender " l'Acte concernant les passagers ".   427

23 mars,
Trésorerie.
Freemantle à Hay. Le jugement, dans la cause de Markland, l'auditeur général des comptes, a été rendu si récemment, et comme aucun fait nouveau n'est survenu depuis, il ne voit pas comment cette résolution pourrait être changée. Si Markland faisait une deuxième demande et établissait plus distinctement l'étendue de ses devoirs, peut-être qu'une augmentation de traitement pourrait être accordée.   88

26 mars,
Londres.
By au même. Il lui est très reconnaissant de l'avis qu'il lui donne qu'il pourrait être appelé devant le comité concernant les dépenses militaires au Canada, mais lui serait impossible de s'y rendre vu la sévère attaque de paralysie qui l'a frappé. Il le renvoie au docteur Thomson, qui l'a traité pendant cette maladie qu'il attribue à la censure imméritée que lui a infligée le ministère des Finances. Tous les documents concernant les dépenses faites au sujet du canal Rideau sont déposés devant le bureau de l'Artillerie et fournissent des renseignements aussi complets qu'il pourrait en fournir lui-même.   167

26 mars,
Londres.
Le même au même. Il a reçu la dépêche ainsi que la pétition de la Compagnie de navigation Tay. Il ne doute pas, d'après la respectabilité des signataires, de l'exactitude des faits exposés dans la requête, mais comme il n'était pas au Canada à cette époque il ne connaît point les intentions du gouvernement; lorsqu'il lui a prêté main-forte il a toujours été enchanté du résultat obtenu. Pour diverses raisons il croit qu'il serait juste et raisonnable d'accorder la requête.   165

26 mars,
Londres.
Le roi au même. Il transmet une copie de la dépêche de Colborne à la Compagnie de la Nouvelle-Angleterre.   129

Inclus. Colborne à Gibson. Le gouvernement du lieu est décidé à accorder aux agents de la Compagnie de la Nouvelle-Angleterre sa complète assistance à l'œuvre de civilisation des tribus sauvages. Description des terrains et désirs des sauvages.   130

26 mars,
Québec.
Routh à Stewart. Inclus dans l'envoi de Stewart à Hay le 7 juillet 1835.

28 mars,
Trésorerie.
Stewart à Hay. L'allocation à même les réserves de la Couronne du Haut-Canada, à l'établissement presbytérien d'Écosse, suffira à remplir le but que la Trésorerie a en vue.   96

28 mars,
Martintown.
Mémoire adressé au roi par le synode de l'Eglise d'Ecosse, du Canada; inclus dans l'envoi de Thomson à Glenelg le 1er juin 1835.

30 mars,
Milford.
Pogson à Hay. Vu l'offre généreuse de Taylor, il va se fixer dans le Haut-Canada. Il demande de dire un mot sympathique à tous ceux qui s'informeront sur son compte auprès de lui.   847

mars,
Anonyme à Campbell. La liste dont il se plaint dans sa lettre du 28 février est copiée sur celle fournie par la Société de la Propagation de l'Evangile, et s'il existe quelque erreur Aberdeen consentira immédiatement à la laisser rectifier, mais si les traitements ont été réduits pour des raisons attribuables aux bénéficiaires eux-mêmes ou à leurs postes,

1835.

Aberdeen ne pourra pas consentir à ce qu'ils soient calculés suivant un autre taux que la société elle-même a regardé comme juste. Il désire savoir si les traitements, tels que fixés par la liste de juin 1834, l'ont été par erreur ou s'ils ont été réduits pour des raisons autres que celle de la diminution des revenus de la société.   Page 152

11 avril,
Londres.

Gibson à Hay. La Compagnie de la Nouvelle-Angleterre ne peut qu'arriver à la conclusion établie dans le document ci-joint.   135

Inclus. Mémoire relatif à l'échange de terre pour celle du lac Balsam; la Compagnie de la Nouvelle-Angleterre désire avoir les conditions de la concession.   135

12 avril,
Epsom.

Shaw à Gladstone. Il transmet des lettres auxquelles il n'aura pas besoin de répondre par écrit, pourvu qu'il puisse envoyer quelque chose qui satisfasse ses amis.   871

12 avril,
Dorset.

Baker à Hay. Il transmet la copie des papiers relatifs à la concession des 1,200 acres de terre faite à son père.   169

Inclus. Procuration donnée par E. B. Littlehales au colonel Edward Macdonell pour recevoir le terrain qui lui est accordé dans le canton de Wyndham.   170

Shank au colonel Macdonell. Combien il avait payé en honoraires pour la terre donnée à Littlehales.   172

Mémoire pour le colonel Macdonell d'une recherche faite dans le bureau du secrétaire de la province le 31 janvier 1812.   173

13 avril,
Baltimore.

David Brown à Aberdeen. Nouveaux détails concernant ses réclamations et celles de ses associés.   201

15 avril,
Artillerie.

Byham à Hay. Au sujet de l'exposé qui établit que les dépenses de construction des casernes à Toronto sont plus élevées que celles auxquelles s'attendait Aberdeen, il demande au bureau de l'Artillerie si la somme qui y est mentionnée est nécessaire. Les établissements militaires à Toronto ne font point partie du système de défense générale du Canada; ils ne sont que d'une utilité locale. Le bureau ne désire pas faire de grands travaux et il a été ordonné dans ce but de reviser les premières estimations. Tout ce qui concerne l'aliénation ou l'appropriation des réserves militaires doit être soumis au bureau de l'Artillerie, qui a communiqué avec la Trésorerie à ce sujet.   53

Inclus. Byham à Stewart. Le bureau de l'Artillerie ne peut pas exprimer qu'il a confiance que la vente de la partie des réserves militaires près de Toronto produira le montant calculé. La somme de £1,000 est insuffisante à l'érection des casernes projetées, et même si la vente produisait £43,000, ça n'atteindrait pas la dépense de construction des casernes et des moyens de défense, de sorte qu'il ne resterait rien pour les autres besoins. Il serait sans doute désirable qu'une petite chapelle fût construite auprès des casernes, mais le bureau ne peut pas autoriser dans ce but l'emploi de la moindre partie des fonds provenant des réserves militaires.   56

16 avril,
Toronto.

Acte autorisant un emprunt. Inclus dans l'envoi de Dunn à———le 2 juillet 1835.

24 avril,
Toronto.

Copie d'une minute. Inclus, dans l'envoi de Battersby au secrétaire des Colonies le 3 juillet 1835.

6 mai,
Trésorerie.

Stewart à Hay. Au sujet de la construction projetée d'une chapelle pour la milice et des édifices du gouvernement, le lieutenant-gouverneur doit être mis en garde contre toute idée d'entreprendre ces travaux dans l'espérance qu'une certaine partie des produits des réserves sera employée dans ce but.   97

9 mai,
Toronto.

Présentation par le juge en chef et d'autres d'une pièce d'argenterie au docteur Strachan. Inclus dans l'envoi de Strachan à Aberdeen le 28 mai 1835.

11 mai,
Artillerie.

Byham à Hay. Le bureau accorde que la construction des casernes devrait être remise pour le moment, mais il est préférable de procéder à la vente des réserves militaires en anticipation de l'usage que l'on pourrait décider d'en faire. Si ça convient le Bureau conseille de prendre les mesures qui assureraient l'emploi des produits à n'importe quelle reconstruction militaire qui serait jugée à propos.   **Page 58**

12 mai,
Ballymena.

Wolseley au même. Il a acheté du terrain dans le Haut-Canada et il est désireux de payer le troisième versement, mais il voudrait connaître quel est le plus sûr moyen.   947

12 mai,
Dublin.

McDonagh au même. Comme il a été affirmé par une personne d'influence que les titres des propriétés dans le Haut-Canada étaient sans valeur, il désire être renseigné sur ce point et connaître si le colonel Talbot a le pouvoir de vendre du terrain aux émigrants. A-t-il acheté le terrain aux environs de Saint-Clair ou s'il en est seulement l'administrateur ?   459

21 mai,
Londres.

Stanley au même. Il transmet les documents en même temps qu'une lettre de Kerr à l'appui de sa réclamation. Il ne peut faire rien de plus qu'envoyer les documents au bureau des colonies.   872

Inclus. Kerr à Rowan. Il désirait rester à Toronto afin d'assister à la réunion du Conseil exécutif dans le but de donner son appui au mémoire de Mme Brant et sa famille concernant le produit de vente du lot n° 4 (canton Nichol), concédé à son défunt mari le 10 octobre 1804, mais il fut obligé de partir. Circonstances qui se rattachent à cette concession.   873

Rapport des représentants des sauvages des Six-Nations au sujet des réclamations que produisent différentes personnes sur les terres que possèdent les sauvages à la Grande-Rivière.   879

Certificat établissant la validité de la procuration produite par W. J. Kerr à une assemblée du conseil général des sauvages.   886

26 mai,
Strubley.

Lindsay à————Remarques sur l'état décourageant de l'agriculture. Le remède consiste dans l'émigration vers les colonies où il y a de l'espace, surtout dans le Haut-Canada, et les émigrants deviendraient de bons clients pour les marchandises manufacturées. Il propose, afin de les amener à coloniser, de distribuer par loterie les terres de la Couronne et du clergé. Comment cette loterie pourrait fonctionner.   429

25 mai,
Toronto.

J. B. Robinson à Hay. Vu le prochain départ de l'archidiacre Mountain quelque arrangement concernant la division du diocèse de Québec devra vraisemblement être soumis au gouvernement. Droits du Dr Strachan à ce poste, ses qualifications. Ses services et sa longue expérience ne peuvent être ignorés. La bonté qu'il lui a montrée l'amène à proclamer ses droits.   849

27 mai,
Toronto.

Mackenzie au secrétaire des Colonies. Il transmet une copie de la requête de Daniel Arnot de Clarke exposant que le clergé est sur le point de lui enlever un lot qu'il avait convenu d'acheter.   464

Inclus. Requête d'Arnot.   485

28 mai,
Toronto.

Strachan à Aberdeen. Il discute la question de diviser le diocèse de Québec. Il expose ses droits à la position d'évêque du nouveau diocèse et ne peut croire que quelque autre puisse être placé au-dessus de lui dans n'importe quel arrangement concernant l'Église au Canada.   868

Inclus. Strachan à Bathurst. Il presse les droits qu'il a d'être nommé évêque à la place du dernier évêque de Québec.   904

Bathurst à Strachan. Il ne sera pas question d'établir un épiscopat dans le Haut-Canada avant qu'il ne soit assuré qu'il y a une dotation raisonnable.

Du même au même. Il a informé le révd M. Stewart, en l'avertissant qu'il était nommé évêque, qu'en attendant la division du diocèse il y aurait deux archidiacres attachés aux provinces d'en haut, Strachan devant être archidiacre de Kingston.   907

Présentation à Strachan d'une pièce d'argenterie par ses anciens élèves.   908

1835.

     Présentation d'une pièce d'argenterie par le juge en chef et d'autres particuliers,   Page 913

28 mai,
Toronto.

     Bastable à Glenelg. Il est heureux de trouver Sa Seigneurie à la tête du département des Colonies et déclare son désappointement de n'avoir point reçu le terrain qui lui avait été accordé. Il demande une audience.   174

28 mai,
Toronto.

     Strachan à Hay. Il lui demande de déposer sa lettre et ses documents entre les mains du secrétaire des Colonies et de juger favorablement sa présente réclamation.   887

1er juin,
Edimbourg.

     Thomson, modérateur de l'Assemblée générale de l'Eglise d'Ecosse, à Glenelg. Il transmet le mémoire du synode du Canada à propos de l'Eglise d'Ecosse ; il appuie son droit à une partie des réserves du clergé et recommande d'accorder la requête.   949

     Inclus. Mémoire du roi de la part du synode de l'Eglise d'Ecosse du Canada, exposant la loyauté de ses membres et leurs désirs d'entretenir leurs ministres malgré les difficultés qu'ils éprouvent à le faire, ce qui fait que plusieurs endroits sont privés d'enseignement religieux et envahis par des vagabonds ignorants qui cherchent à tromper la population. Le synode réclame pour son clergé une partie des réserves du clergé en commun avec celui de l'Eglise d'Angleterre.   952

6 juin,
Londres.

     Bastable à Glenelg. Il demande une réponse à sa dernière lettre.   177

11 juin,
Montréal.

     P. Q. R. au secrétaire des Colonies. Critique défavorable du bill réservé destiné à incorporer la Compagnie de Crédit et d'Assurance sur la vie du Haut-Canada.   921

     Une note dit : La lettre précédente fut d'abord publiée dans le *Herald* de Montréal par Adam Thom, éditeur de ce journal.

13 juin,
Amirauté.

     Adam à Grey. Il lui demande de recommander à des emplois deux jeunes gens qui partent pour le Haut-Canada.   6

13 juin,
Toronto.

     Nicolls à Rowan. Inclus dans l'envoi de Butler à Hay, le 2 septembre 1835.

15 juin,
Montréal.

     P. Q. R. (Adam Thom) au secrétaire des Colonies. Une deuxième lettre au sujet de la "Upper Canada Life Insurance and Trust Company."   930

15 juin,
Toronto.

     Rowan à Nichols. Inclus dans Butler à Hay, 2 septembre 1835.

20 juin,
Trésorerie.

     Steward à Hay. Routh rapporte que Gordon a payé à la caisse militaire £89 12s.9d, différence que l'on disait exister de l'argent non encore payé. Il n'a pas transmis l'exposé spécial demandé.   99

25 juin,
Londres.

     Hayes au même. Il craint de ne être pas bien expliqué. Il lui demande (Hay) de renvoyer les documents afin de les faire parvenir à Grey.   326

25 juin,
Londres.

     Le même au même. Il était sous l'impression que le Haut-Canada appartenait encore à son département. Comme il appartient maintenant à celui de Grey, il demande que la lettre qu'il a laissée lui soit renvoyée ou adressée à Grey afin qu'elle lui parvienne.   327

     Inclus. Mémorandum concernant le cas de Hayes, daté de 1828.   328

26 juin,
Granard.

     Shea au secrétaire des Colonies. Il demande avis au sujet d'une paroissienne : une pauvre femme dont le frère est mort au Canada et laissa une propriété à laquelle elle croit avoir droit.   916

26 juin,
Londres.

     Hayes à Grey. Il joint deux lettres : l'une adressée par Murray à Colborne, par laquelle il l'autorise à faire don d'une terre à Hayes ; l'autre vient de Hay. Il a été très honoré de l'envoi de ces lettres et de la concession de terrain qu'on lui accorde pour avoir établi à grands frais des forges dans le Haut-Canada, entreprise très importante selon qu'il est constaté par une troisième lettre, celle de Maitland à Wilmot Horton. Panique financière à Londres qui a été cause de l'insuccès de ces forges. Son emploi subséquent à l'émigration et son insuccès à obtenir la position permanente qui lui avait été promise. Désir qu'il a de voir se réaliser la lettre de Colborne.   331

1835.
    Inclus. Hay à Hayes. Sa proposition de transporter à un autre les 5,000 acres de terre qu'il a été autorisé à recevoir serait trop en dehors des règles. Sir George Murray est prêt à lui donner une position dans son département dès qu'il en trouvera l'occasion.   Page 335
    Hillier au même. Le lieutenant-gouverneur recommandera une prolongation de temps pour l'exécution de son contrat. Il a été content de l'apparence de l'établissement.   337
    Hay à Colborne. Vu l'importance des travaux commencés par Hay, Murray l'autorise à recevoir une concession de 5,000 acres de terre. 339

2 juillet, Londres.
    Dunn à ————. Il demande que trois bills qui ont été réservés soient examinés afin que le Haut-Canada puisse profiter de leurs stipulations, dont deux seront d'un grand avantage pour prévenir l'établissement de banques privées. L'augmentation de la banque Commerciale et l'établissement d'une banque nouvelle à Hamilton devront pour le moment rendre service. L'autre bill pourvoyant à l'établissement d'une compagnie de crédit et d'assurance sur la vie devra, comme on l'espère, produire de grands avantages.   280
    Inclus. Congé de trois mois accordé à Dunn.   282
    Acte autorisant un emprunt.   283

2 juillet, Montréal.
    Adam Thom (P. Q. R.) au secrétaire des Colonies. Une troisième lettre à propos du bill concernant la Compagnie de Crédit et d'Assurance sur la vie du Haut-Canada, en réponse à la défense de "Colonus" et "d'un ami du bill d'emprunt".   936

3 juillet, Drogheda.
    Battersby au même. Il transmet une copie de l'arrêté du conseil approuvé par le lieutenant-gouverneur et demande qu'une décision favorable soit prise à ce sujet.   178
    Inclus. Copie de la minute à laquelle renvoie la requête de Battersby pour obtenir une concession de terrain.   179

3 juillet, Trésorerie.
    Stewart à Hay. Il transmet des copies des lettres et des certificats établissant le paiement des produits des réserves du clergé reçus à Toronto.   100
    Inclus. Routh à Stewart. Il transmet une copie du certificat de paiement des produits des réserves du clergé, donné à Pierre Robinson le 2 février 1830.   101
    Certificat.   102
    Routh à Stewart. Il transmet une copie du certificat donné à Peter Robinson en retour du paiement du produit des réserves du clergé le 5 février 1835.   103
    Certificat.   104

6 juillet, Williamstown.
    Mackenzie à Glenelg. Il transmet une copie de la requête des loyalistes adressée à Colborne pour qu'elle soit remise au roi. Il envoie aussi une liste des loyalistes et de leurs familles, excepté de quelques-unes qui sont absentes ; tous sont atteints par l'Acte provincial de 1819 et demandent que leur cause soit examinée favorablement.   461
    Inclus. Requête des Montagnards d'Écosse, loyalistes de l'empire, représentant que l'exemption de taxe a été annulée par l'Acte provincial. Comme beaucoup de concessions de terrain ont été exposées à la confiscation à cause de cette loi, les propriétaires se disent prêts à subir leur part de taxes, mais ils demandent d'amender la loi de manière à leur garantir ainsi qu'à leurs enfants la conservation des terres obtenues gratuitement comme prime du roi.   463
    Liste des loyalistes de l'empire et de leurs descendants habitant Glengarry en 1835. Il y a 80 chefs de famille et le nombre des descendants est donné jusqu'aux arrière-petits-enfants.   467

6 juillet, Camberwell.
    James à Glenelg. Il rappelle à Sa Seigneurie qu'il est sur la liste des aspirants à une position. Il énumère ses qualifications.   346

7 juillet, Amirauté.
    Wood à Hay. Il demande de vouloir attirer l'attention de Glenelg sur l'à-propos de hâter l'établissement d'un observatoire dans le Haut-Canada.

1835.

La moitié du globe est reliée par une chaîne d'observatoires, tandis que l'autre est privée des moyens de populariser l'astronomie. L'outillage propre à l'étude de la géographie manque également. Ce côté a été singulièrement dédaigné. L'observatoire de Sainte-Hélène qui doit être prochainement démoli pourrait fournir les instruments au nouveau laboratoire projeté, ce qui éviterait des dépenses. Si cette proposition était approuvée, le détail de l'inventaire des instruments pourrait être fourni à l'Amirauté afin de constater quels sont ceux qu'il faudrait encore.
Page 7

10 juillet, Londres.

Boulton à Grey. Il a laissé une lettre venant de son frère D'Arcy Boulton ainsi qu'un mémoire auquel on lui a dit qu'aucune réponse ne pouvait être donnée avant de recevoir une dépêche de Colborne. Comme il sait que Dunn a apporté cette dépêche il a hâte de savoir si la demande de son frère a été accordée, vu qu'il se propose de partir prochainement pour le Canada. 180

14 janvier, Amirauté.

Wood à Hay. Les lords de l'Amirauté ont demandé à Gosford de pousser l'établissement d'un observatoire au Canada et surtout de faire les démarches pour choisir un endroit convenable. 9

15 juillet, Whitehall.

Lack au même. Remarques au sujet de la charte des banques du Haut-Canada faites par les ministres du Commerce ; ils ne peuvent pas recommander l'approbation de l'Acte des banques de Gore, ni l'augmentation de la banque du district de Midland, tel qu'on le conseille actuellement.
11

20 juillet, Londres.

Francis à Glenelg. Il soumet à son approbation des exemplaires du *Land Advertiser* du Haut-Canada. Plusieurs immigrants ont déjà été amenés par la lecture de ce journal ; avec le tirage que Talbot peut lui donner et l'appui du gouvernement il y aurait moyen d'activer beaucoup l'immigration. 298

Inclus. Joseph Talbot au secrétaire des Colonies. Il lui soumet quelques numéros d'un journal entièrement consacré à la colonisation. Il en a adressé des numéros à New-York afin d'influencer le mouvement d'émigration. Il en a aussi distribué aux nouveaux arrivants. Il demande, si le journal est approuvé, que le département des Colonies lui accorde le patronage qu'il jugera suffisant. 300

22 juillet, Londres.

Mandelsloh à Glenelg. Il demande que la signature de Colborne soit certifiée. 470

27 juillet, Dublin.

Hayes à Grey. Il a été informé dans une audience que les lettres patentes accordant des terrains seraient annulées si on ne les utilisaient point. Il ne connaissait pas cela, de sorte qu'il espère que la concession qui lui a été faite ne lui sera pas retirée bien qu'il ait malheureusement retardé à l'accepter. Il suppose qu'au cas de mort sa terre retournerait à sa famille. Il a confiance qu'on ne révoquera point la concession qui lui a été faite. 341

27 juillet, Toronto.

Mackenzie à Glenelg. Il transmet une copie d'un document législatif nécessité par les obstacles suscités par le département des Colonies. La preuve ne s'est pas faite que d'un seul côté et les employés ont eu tous les avantages d'expliquer leur conduite. Si sir John Colborne est maintenu en fonction, il n'y aura plus de troubles qu'il n'y en a jamais eu dans le Bas-Canada. Il se plaint de la conduite des gouvernements qui se sont suivis. 488

28 juillet, Londres.

La Compagnie de la Nouvelle-Angleterre à Colborne. Inclus dans l'envoi de Gibson à Hay. Août 1835.

28 juillet, Londres.

Boulton à Hay. Il est désireux de pouvoir rapporter à son retour que le bill autorisant l'augmentation des actions de la banque Commerciale du Haut-Canada avait été sanctionné. Il repose sur les mêmes données que celui qui pourvoyait à l'augmentation des actions de la banque du Haut-Canada et qui a cependant été sanctioné après enquête complète. 182

1835.

28 juillet,
Ministère
de la Guerre.

Sullivan à Grey. Les militaires dont la pension a été changée ont reçu tout ce que la loi permet, et rien ne leur sera accordé de plus par le bureau de la Guerre. Page 122

31 juillet,

Anonyme à Lack. Glenelg reconnaît l'exactitude des principes posés par les lords du commerce au sujet des chartes de banque, mais il y a certaines considérations qui ne se rattachent pas au commerce et dont il faut tenir compte en rendant une décision. L'état inquiétant des affaires au Bas-Canada leur est connu. Mais probablement qu'ils ignorent le mécontentement qui existe dans le Haut-Canada, où les partisans du gouvernement ont été en minorité pour la première fois dans la Chambre; celle-ci a voté une adresse où elle demande de réparer les griefs dont elle se plaint, si non, elle refusera de voter les subsides. Glenelg croit donc que le rejet des bills en question expose la paix de la province. L'Assemblée sait qu'elle est d'accord sur ce point avec l'opinion des lords du commerce. Aucune réponse à ces objections, si raisonnable qu'elle puisse être, ne sera acceptée par l'Assemblée; il conseille donc que les bills soient sanctionnés afin d'éviter toute lutte et que le lieutenant-gouverneur attire l'attention de l'Assemblée sur les remarques faites par les lords du commerce pour que les amendements puissent être proposés à la session suivante. 15

14 août,
Toronto.

J. B. Robinson à Glenelg. Il transmet une copie de la lettre adressée à Colborne au sujet des dépenses imprévues relatives à l'administration de la justice. Il donne des explications sur la nature des réclamations, qu'il divise en catégories. 856

Inclus. Copies des lettres indiquées déjà. 867, 868

3 août,
Toronto.

Mackenzie à Glenelg. Il lui adresse une brochure dont l'Assemblée a commandé l'impression de 2,000 exemplaires. Il en a envoyé d'autres avec l'intention de donner avis du tort que sa fabrique (Glenelg) causait, plutôt qu'avec l'espérance de voir les whigs rendre au Canada meilleure justice que leurs prédécesseurs. Avec son approbation (Mackenzie) aucune demande de réparation de griefs ne devrait être envoyée au delà de l'Atlantique excepté par la Chambre d'Assemblée. Comment les émigrants Écossais qui ont traversé la mer afin de ne pas être pillés par le gouvernement tory sont dépouillés ici par la même engeance soutenue par un gouvernement qui se dit réformiste. La lettre sera remise à Hay, un ennemi des principes libéraux et par conséquent le sous-secrétaire accompli de toutes les administrations qui se sont succédées depuis Castlereagh à Sa Seigneurie (Glenelg). 490

Inclus. Mémoire de McKenzie au sujet de la propriété de Randall, qui a été cruellement traité pendant sa vie. Il demande que la correspondance soit transmise afin qu'elle puisse être déposée devant la Chambre d'Assemblée. 492

Rapport sur la pétition qui a été faite contre la loi d'impôt sur les terres vierges. 496

Rapport sur la pétition de Robert Randall. 511

Procès-verbal du comité au sujet de la pétition de Robert Randall. 527

Relevé général des écoles publiques et des écoliers dans les différents districts en 1827. 562

Autres rapports supplémentaires concernant les écoles publiques. 536

4 août,
Toronto.

J. B. Robinson à ——. Il adresse des observations au secrétaire des Colonies au sujet des affaires officielles. 869

10 août,
Trésorerie.

Stewart à Hay. Il transmet la réclamation de Henry Morton, où il demande la part qui lui revient à propos de la cession de l'île Drummond. 105

10 août,
Londres.

Les frères Baring à Grey. Ayant fait l'engagement de prêter au gouvernement du Haut-Canada pour la construction de travaux publics, il désire savoir si le bill autorisant l'emprunt a été sanctionné. 184

1835.
14 août,
Londres.

Adresse de la Chambre des Communes demandant les propositions votées par la Chambre d'Assemblée relativement aux griefs.   Page 3

19 août,
Artillerie.

Byham à Hay. Un bill autorisant l'artillerie à vendre ou à acheter des terrains au Canada a été soumis à la Chambre du Haut-Canada pendant la dernière session mais aucune décision n'a été prise. Il demande que le secrétaire des Colonies fasse connaître à ce sujet ses instructions au lieutenant-gouverneur. Le bureau de l'Artillerie a besoin de cet acte pour obtenir un titre parfait sur les terres qu'il achètera pour les besoins de l'armée.   60

27 août,
Trésorerie.

Stewart au même. Il transmet une lettre de Routh constatant qu'il a déposé au crédit de la Trésorerie le produit des ventes des réserves du clergé. Le montant, tel qu'ordonné, doit être placé dans les rentes consolidées à trois pour cent.   106

Inclus. Routh à Stewart. Le commissaire qui voit à la vente des réserves du clergé en a déposé le revenu   107

— août,
Londres.

Gibson à Colborne. Inclus dans l'envoi de Gibson à Hay de la même date.

—août,
Londres.

Le même à Hay. A propos des communications avec le lieutenant-gouverneur du Haut-Canada la Compagnie de la Nouvelle-Angleterre croit que le plus simple moyen de les soumettre au secrétaire des Colonies est de lui envoyer des copies des dépêches adressées à Colborne ou venant de lui. L'expression "conditions" se trouve dans la lettre de Markland à Colborne.   137

Inclus. La Compagnie de la Nouvelle-Angleterre à Colborne. Il espérait pouvoir répondre plus tôt à sa dépêche. Contentement ressenti par la compagnie en constatant les bonnes dispositions du gouvernement local à l'aider dans ses desseins. Avantage que les sauvages gagnent en changeant Chemong pour le lac Balsam. Si le gouvernement impérial autorise l'aliénation des terres de Chemong, il indique comment celle-ci devra se faire. Bon effet de la visite de Colborne à Chemong et au lac du Riz. La compagnie approuve le transport projeté de Scott et des sauvages de Chemong au lac Balsam et n'a point d'objection à ce que Scott conduise le travail au lac Balsam. Reconnaissance de la compagnie pour ceux qui ont des dispositions favorables envers elle. Elle transmet les documents.   139

Gibson à Colborne. Il transmet des remarques qui sont régulièrement soignées et soumises pour l'examen.   144

Remarques à propos d'une concession de 1,120 acres de terre faite à Richard Scott et autres.   145

2 septembre,
Whitehall.

Lack à Grey. Les lords du commerce ont reçu la lettre de Glenelg, et conformément à ses désirs ils recommanderont que les deux actes des banques soient sanctionnés, mais ils demandent que lord Glenelg signale au lieutenant-gouverneur l'importance d'examiner les défauts de ces bills afin de les faire amender.   21

2 septembre,
Artillerie.

Butler à Hay. Il transmet une copie de la correspondance concernant la vente d'une partie des réserves militaires sur la frontière à Niagara, les revenus devant servir à la construction de nouveaux travaux à la pointe Missisauga ou à payer le terrain enlevé ou endommagé par le canal Rideau. Remarques sur la possession et le caractère des réserves militaires. Une étendue de quatre acres de terre, mentionnée dans les documents inclus, n'ayant jamais été requise pour les besoins militaires, ne devrait pas être vendue par le bureau de l'Artillerie ; celle-ci, d'ailleurs, n'interviendra point dans cette vente.   62

Inclus. Nichols à Rowan. A propos de l'offre de Clements d'acheter quatre acres des réserves militaires de Niagara, il a été accordé de faire une proposition spéciale au bureau de l'Artillerie, mais il a hésité dans l'espérance que la législature du Haut-Canada passerait un bill à la dernière session pour permettre à l'Artillerie de posséder du terrain dans la province. Mais le bill n'ayant pas passé, il demande si sur le paiement de £800 pour les quatre acres le lieutenant-gouverneur lui donnerait un titre légal. Dans ce cas, il proposerait de recommander l'application de cette somme ainsi que d'autres provenant des réserves à une partie du paiement du terrain pris ou endommagé par la construction du canal Rideau.   Page 65

Rowan à Nichols. Il transmet une copie de la correspondance relative aux réserves militaires. Aucune partie de ces réserves qui auront été mises de côté et qui ne sont plus nécessaires, ne sera mise à la disposition du département de l'Artillerie. Le lieutenant-gouverneur a été autorisé à louer des parties des réserves de Niagara, mais il ne l'a pas fait, autant à cause des objections que soulevait la population de Niagara qu'à cause de la difficulté de trouver de bons locataires. Le lieutenant-gouverneur ne se croit pas autorisé à livrer les terres de la Couronne à l'Artillerie, excepté celles qui pourraient servir aux fortifications ou aux travaux de l'artillerie. Buts auxquels les revenus des ventes peuvent être appliqués. Le lieutenant-gouverneur ne vendra pas de lots séparés des réserves de Niagara aux spéculateurs, car cela défigurerait les rives. En vendant les réserves de Toronto, plusieurs objets importants pour la province ont été atteints.   67

5 septembre, Sandwich.

McDonagh à Glenelg. Son désappointement au sujet des projets qu'il avait formés en venant au Canada. Il cherche la position de maître d'école de district. Il transmet les certificats qui établissent ses capacités.   471

Inclus. Certificats de McDonagh.   474

11 septembre, Berwickshire.

Barbaria Herriot à Glenelg. Il désire savoir si le terrain vendu par le shérif dans le Bas-Canada peut être racheté au bout d'un certain temps par le propriétaire originaire.   344

3 octobre, Baltimore.

Browne au secrétaire des Colonies. Il ne peut pas expliquer plus clairement les griefs des sujets anglais maintenant aux États-Unis, lesquels, sur la promesse de Colborne faite sous le sceau de la province, ont immigré dans le Haut-Canada afin de s'emparer des terrains qu'on disait leur être donnés dans le canton de Seymour.   210

Anonyme à Browne. Glenelg désire l'informer que la manière adoptée dans ses communications l'empêche de bien comprendre les plaintes qu'il formule contre les autorités du Haut-Canada, et il n'a pas, à l'heure qu'il est, apporté de raisons nouvelles. Glenelg ne se croit pas alors justifiable de donner des instructions spéciales au lieutenant-gouverneur. Au sujet de sa demande de rémunération, il n'y a pas de fonds applicables à ce but.   221

Pétition de Browne. Il attire l'attention sur l'excitation qui existe aux États-Unis à cause des tentatives faites par des délégués partisans de la politique anti-dîme d'O'Connell d'établir une alliance entre les protestants et les Irlandais catholiques des États-Unis. L'opposition a été soulevée par lui et ses amis.   223

Browne à Peel. Il expose, en faveur du comité spécial des royalistes, que cette question est importante pour plusieurs milliers de sujets anglais. Il expose leurs griefs réels et la manière insultante avec laquelle ils ont été traités par Peter Robinson. A moins que ces griefs ne soient réparés, l'attachement de beaucoup de fidèles sujets anglais disparaîtra. Leurs efforts pour réfuter les calomnies répandues contre la Grande-Bretagne ; il se plaint du traitement que les sujets anglais ont reçu de Buchanan, le consul, et des exactions illégales que ce dernier a exercées ; il cite des exemples. Liste des membres de l'Association Adélaïde.   228

Peter Robinson à Browne. La demande par l'Association Adélaïde de terres dans le canton Seymour a été renvoyée au Conseil par Colborne, et le Conseil a recommandé que ces terres, accordées à l'éducation, soient vendues 10s. l'acre, et que cette proposition restât pendante jusqu'à ce

1835.

que l'association prenne une décision finale. Le gouvernement a jugé convenable de réduire ce prix en faveur de l'Association Adélaïde à 7 schellings et six sous. Sympathie qu'entretient le gouvernement à l'égard de l'Association Adélaïde.　　　　　　　　　　　Page 269

Browne à l'avocat des Colonies. Il se défend de l'accusation d'être venu au Haut-Canada établir un foyer du toryisme.　　　　　　273

5 octobre,
Londres.

Church à Stewart. Inclus dans l'envoi de Stewart à Grey, le 4 novembre 1835.

8 octobre.
Kenmay.

Ogg à Elliott. Il s'est occupé à prendre des renseignements concernant la colonisation du Haut-Canada et demande tous les détails qu'il pourrait lui fournir. Son but est de former une société de colonisation qui serait prête à dépenser £80,000 à £100,000 pour les terrains et les améliorations. Il désire des renseignements spéciaux sur le district de Gore et s'informe quels sont les terrains disponibles dans le canton Nichol ou aux environs. Si Elliott ne possède point ces renseignements, il voudrait bien lui dire où il pourrait les obtenir.　　　　　　844

9 octobre,
Artillerie.

Butler à Stephen. Il résume le contenu de la lettre de Stephen et mentionne que l'Artillerie n'a pas encore reçu les estimations revisées de la reconstruction des édifices militaires près de Toronto. L'officier en chef du génie au Canada doit examiner les plans et les estimations avant de quitter le pays.　　　　　　　　　　　　　　　　　　79

17 octobre,
Bureau de paie

Sargent à Stewart. Inclus dans l'envoi de Stewart à Hay, le 24 octobre 1835.

17 octobre,
New-York.

Buchanan à Grey. Il a expédié à Colborne une dépêche adressée à ses soins (Buchanan).　　　　　　　　　　　　　　　　　186

17 octobre,
Londres.

Coutts et Compagnie à Hay. Ils demandent s'ils peuvent accepter un billet fait par Dunn à son propre nom en sa qualité de représentant des sauvages des Six-Nations.　　　　　　　　　　　　　　277

23 octobre
Artillerie.

Byham à Grey. Au sujet de la législation destinée à assurer à l'Artillerie des titres légaux sur les terrains au Canada, le bureau craint que l'objet en vue ne soit pas aussi bien compris qu'il serait nécessaire qu'il le fût. La lettre ne parle que d'instructions adressées au Haut-Canada, mais la même nécessité existe pour les provinces d'en bas, alors que le département est chargé de la construction des canaux de l'Ottawa et d'autres travaux. Importance de communiquer les instructions convenables à toutes les provinces ou colonies.　　　　　　　73

24 octobre,
Trésorerie.

Stewart à Hay. Les lords de la Trésorerie ont permis le paiement de deux traites de £500 tirées toutes deux par Dunn, receveur général du Haut-Canada.　　　　　　　　　　　　　　　　　108

Inclus. Sargeant à Stewart. Demande l'autorisation de payer deux traites tirées par Dunn, le receveur général du Haut-Canada.　　109

25 octobre,
Woolwich.

Nicklin à Spring Rice. Il avait décidé en 1815 de venir dans le Haut-Canada, où il devait recevoir 100 acres de terre ainsi que ses fils. Ayant perdu les documents nécessaires, ses fils ne peuvent pas obtenir de terrain. Il ne croit pas que ses fils soient privés des mêmes privilèges qui sont accordés aux fils d'autres émigrés qui sont venus en même temps que lui. Les misères qu'il a endurées, car le Canada n'était alors qu'un pays sauvage.　　　　　　　　　　　　　　　　838

Inclus. Liste des passagers et des colons qui traversèrent sur le Tyne.　　　　　　　　　　　　　　　　　　　　840

20 octobre,
Ministère
de la Guerre.

Sullivan à Hay. Il désire savoir le traitement et les émoluments attachés à la position de percepteur des douanes à Cobourg présentement remplie par Robert Brown.　　　　　　　　　　　　　123

4 novembre,
Trésorerie.

Stewart à Grey. Il demande le règlement du montant dû pour la papeterie fournie aux départements du Haut-Canada.　　　110

Inclus. Church à Stewart. Suivant instructions il a expédié au Haut-Canada de la papeterie au montant de £101 6s. et 6d.　　111

DOC. DE LA SESSION No 18

1835.

5 novembre, Londres.
Knill à Glenelg. Il demande une entrevue en faveur des colons noirs du Haut-Canada. Page 414

6 novembre, Artillerie.
Byham à Stephen. Les officiers de l'artillerie au Canada n'ont pas encore envoyé de rapport sur la construction projetée du chemin de fer Érié et Ontario. Aucun rapport n'a été reçu depuis le 31 mars 1834. 76

10 novembre, Warwick.
Alison au secrétaire colonial. Il fait un appel au sujet de la décision du Conseil concernant une concession de terrain qui lui fut accordée en 1819 et d'une autre à l'époque de sa sortie de l'armée. 157

14 novembre, Londres.
Jones à Glenelg. Il représente les habitants de Johnstown qui sont désireux de voir sanctionner le bill incorporant la Compagnie de Crédit et d'Assurance sur la vie du Haut-Canada. Il donne les raisons de son retard à agir comme agent, emploi auquel il a été nommé. 348

Inclus. Résolutions adoptées à une assemblée tenue à Brockville. 356

Bill destiné à constituer la Compagnie de Crédit et d'Assurance sur la vie. 361

19 novembre, Londres.
Knill à Glenelg. Il a fourni certains renseignements touchant l'établissement d'une colonie de noirs en Canada, mais si on lui accordait une audience il en fournirait davantage. Avantages considérables qui reviendraient à la Grande-Bretagne de l'établissement de noirs au Canada. 416

Inclus. Mémoire au sujet de l'établissement des noirs dans le Haut-Canada. 421

24 novembre,
Anonyme à Jones. Il envoie une copie de la dépêche transmise à Colborne au sujet du bill destiné à constituer la Compagnie de Crédit et d'Assurance sur la vie. Glenelg sera heureux de recevoir et de considérer avec soin les réponses qu'il peut avoir à offrir aux objections soulevées contre l'acte. 354

25 novembre, Londres.
Jones à Glenelg. Il a reçu la copie de la dépêche adressée à Colborne et il en remercie Sa Seigneurie. Il a aussi reçu de New-York les documents qui manquaient. Il transmet une copie des objections au bill. Il préparera, sans retard, sa réponse aux objections. 381

27 novembre, Londres.
Le même au même. Il fournit sa réponse aux objections faites au bill constituant la Compagnie de Crédit et d'Assurance sur la vie du Haut-Canada. 383

29 novembre. Kingston.
Pétition d'Alexander Ferguson établissant ses services et demandant le paiement des arriérés de sa pension. 302

30 novembre, Londres.
Allen et Nicol au sous-secrétaire colonial. Ils demandent des renseignements au sujet d'un juge de paix devant lequel une procuration a été donnée. 160

—novembre,
Anonyme à Knill. Glenelg ne peut pas accorder aux colons noirs des avantages plus grands qu'aux autres. Toutes les personnes de couleur qui s'établissent en Canada jouiront des mêmes libertés civiles et religieuses que les blancs. Glenelg ne peut pas fixer de date pour une entrevue ; il demande que toutes nouvelles demandes soient faites par écrit. 418

1er décembre, Toronto.
Leach à Glenelg. Il expose l'embarras causé à la congrégation par la construction de l'église Saint-André, vu qu'elle est obligée d'acheter le terrain convenable. Demandes sans succès d'un terrain gratuit. Coût de la vie à Toronto. 432

7 décembre, Londres.
Jones à Stephen. Il offre ses excuses, s'il s'est exprimé d'une manière blessante. Il rappelle le but de son voyage à Londres ; s'il éprouve un refus, le résultat sera désastreux pour ses affaires. Mauvais effets qu'entraînerait le refus de sanctionner le bill destiné à incorporer la Compagnie d'Assurance. 398

P. S.—Il transmet la commission qui démontre qu'il a été mis à la tête de 2,000 fidèles sujets et qu'il occupe plusieurs autres postes. 402

12 décembre, Londres.
Jones à Glenelg. Il exprime sa gratitude pour la sympathie qu'on lui a montrée. Il sent qu'il a imparfaitement démontré l'importance de la

1835.

mesure qu'il a reçu mission de défendre.   Importance qui existe d'obtenir la sanction de l'Acte d'assurance.   Page 403

14 décembre,
Trésorerie.

Stanley à Hay.   Au sujet du mémoire venant de Lanark destiné à obtenir la rémission anticipée de leurs réclamations, ces avances devront être faites à même le fonds des terres, lequel devra être prélevé en même temps.   114

14 décembre,
Trésorerie.

Stanley à Grey.   Les lords de la Trésorerie ont reçu avis de la demande projetée d'une partie du revenu des terres et du revenu casuel pour l'appliquer au paiement des réclamations non réglées au sujet des dommages causés par la guerre avec les Etats-Unis, et ils ont autorisé le lieutenant-gouverneur à prendre £20,000 à cet effet sans attendre qu'une somme équivalente soit votée par la législature locale ; mais ils se proposent de ne sanctionner aucune dépense à même le fonds impérial jusqu'à ce que la législature ait fourni les £20,000.

14 décembre,
Artillerie.

Byham à Hay.   A propos de la correspondance relative aux nouvelles casernes, etc., à Toronto, il transmet des extraits de lettres de l'officier du génie en chef à l'inspecteur général des fortifications.   Au sujet des casernes, Colborne et Nicolls désirent qu'une aile soit commencée avant que la somme nécessaire à la construction complète soit fournie, car il est à souhaiter que les troupes abandonnent la caserne en pièces de bois brut qui a été condamnée.   Dans les circonstances le bureau approuve cette proposition, et sur réception du consentement de Glenelg des ordres seront adressés aux officiers du Canada.   Les plans et l'estimation ne laissent prévoir aucune diminution dans le montant total prévu.   Le plan n° 2 doit être renvoyé à l'Artillerie.   77

Inclus.   Extrait d'un rapport de Nicolls à l'inspecteur général des fortifications.   80

Plan de la partie des réserves militaires données au bénéfice de la ville de Toronto.   82a

17 décembre,
Toronto.

Mackenzie à Glenelg.   Il transmet un premier rapport au sujet du montant dépensé pour le canal Welland.   Il a sacrifié beaucoup de temps à s'enquérir du mode d'administration du canal et il a trouvé qu'il était le même que dans la plupart des bureaux publics.   Un voyage dans le Bas-Canada l'a convaincu que la position qu'il a prise était correcte relativement à la politique du gouvernement dont il (Glenelg) fait partie alors que des tentations étaient faites d'opprimer les Irlandais. Glenelg a essayé de rendre nul l'Acte de de la Constitution du Canada, et au lieu d'appuyer un gouvernement économe, il a permis toutes espèces d'abus.   Il ne consentira jamais à une taxe supplémentaire pour rembourser aux capitalistes les dépenses faites à payer l'intérêt des emprunts, comme pour compenser l'insuccès subi dans leur entreprise de canaux.   Le rapport exposant les griefs, ainsi que le premier rapport du commerce, contiennent des preuves complètes, dont on n'a cependant point tenu compte.   Il lui a semblé que la politique de partisan faite par Colborne avait l'approbation du gouvernement anglais et ça ne fait rien que ce soit une administration réformiste ou anti-réformiste.   Il ridiculise les concessions faites par Gosford dans le Bas-Canada.   Lorsque le Canada aura appris les leçons qu'il (McKenzie) enseigne, aucun gouvernement ne pourra fouler aux pieds les droits de ce pays, et alors l'Angleterre constatera son désappointement si elle désirait entretenir des relations amicales.   Il voit clairement que Glenelg ne prend l'avis que des ennemis de la réforme.   Cinq années d'administration par les whigs ont suffi pour lui démontrer qu'ils étaient les pires ennemis que le Canada put avoir à combattre.   Il se plaint au sujet du Conseil et sur d'autres points.   571

Inclus.   Rapport sur le canal Welland, où se trouvent dénoncées son insécurité et sa mauvaise condition.   577

1835.

Aux actionnaires de la Compagnie du canal Welland, en Angleterre, à New-York et en d'autres endroits.   Page 581

Compte rendu des procédures suivies par le président et les directeurs du canal Welland.   593

Attaques contre l'administration de la Compagnie du canal Welland ajoutées à celles contenues dans le rapport.   855

20 décembre, Kingston.

L'évêque Macdonell à Glenelg. Il envoie sa lettre par l'entremise de Macgregor, qui possède une connaissance parfaite du pays. Excellentes qualités et satisfaction des Canadiens-français. Papineau a cependant entretenu ses agitateurs pendant plusieurs années parmi eux, s'efforçant de les convaincre qu'ils étaient opprimés mais qu'il réussirait à faire redresser leurs griefs. Malgré ses démonstrations d'amitié il est l'ennemi de leurs intérêts, qu'il serait prêt à sacrifier à sa propre ambition. Les plus intelligents sont parfaitement au fait de ses idées et de ses intentions. Chaque concession qui lui est faite ne fait que le rendre plus hardi et plus insolent, car il cherche à faire croire que toute faveur qui lui est accordée il la doit à la crainte. Papineau a appelé à sa suite les deux plus grands agitateurs de la province, Mackenzie et O'Grady; ce dernier, un personnage infâme et immoral; le premier un fabricant de savon banqueroutier de Dundee qui, une fois émigré ici, se livra à des procédés malhonnêtes en politique. Comment il réussit à trouver de l'aide pour répandre ses calomnies. Sa manière de dresser des pétitions. A Glengarry il a ajouté un millier de signatures fausses au bas de ses pétitions. Dès qu'il eût obtenu un nombre suffisant de pétitions, il imposa une taxe à ses dupes afin de payer ses dépenses de voyage à Londres. Là il s'attacha Hume et Roebuck, mais aucune de ses promesses ne fut remplie; ses partisans ont perdu confiance en lui. O'Grady a aussi fondé un journal qui dépasse en grossièreté celui de Mackenzie, si cela est possible. Ils ont donc uni leurs talents, confiants que leurs insultes réunies auraient plus d'effet sur l'opinion publique. Ce sont là les dignes adjoints de l'agitateur du Bas-Canada dans l'importante entreprise d'obtenir la liberté et le bonheur de ses concitoyens. 476

22 décembre, Trésorerie.

Stanley à Grey. Les lords de la Trésorerie doivent refuser de sanctionner la nomination d'un commis dans le département des Affaires des Sauvages comme à toute augmentation du personnel.   120

26 décembre, Toronto.

Mackenzie à Glenelg. Il a adressé une lettre à Hume, aux soins du département de Sa Seigneurie.   836

28 décembre. Londres.

Jones au même. Il rappelle le cas de Yates, un citoyen américain, en faveur duquel un bill fut passé pour lui permettre de posséder du terrain, mais comme il n'a pas été sanctionné dans l'intervalle de deux ans, il est devenu lettre morte. Yates a l'intention de demander à la législature de passer un nouveau bill, s'il pouvait être sûr qu'il recevrait la sanction royale. Il est un fort actionnaire du canal Welland.   408

31 décembre,

Anonyme à Stanley. Il a reçu une lettre l'informant que la Trésorerie est d'avis que les avances fournies aux colons de Lanark devraient être payées à même le fonds des terres. Glenelg combat cette opinion pour certaines raisons auxquelles s'en ajoutent d'autres de nature politique qui rendent cette mesure impossible. Glenelg s'accorde avec Aberdeen sur l'avis que les colons ne devraient pas être appelés à payer de nouveau, mais que les pertes devraient être à la charge du Royaume-Uni.   116

Pas de date.

O'Conor Don à Grey. Il désire savoir si John Sloane est vivant et, dans l'affirmative, où il demeure.   279

Mémoire de Angus McDonell. Il a reçu un permis de s'établir sur le lot 37, dans le canton Moore, et il a mis en ordre et amélioré cette propriété. Peter Robinson, l'agent des terres de la Couronne, a cependant vendu ce lot à un autre. Il demande qu'on lui permette d'en conserver

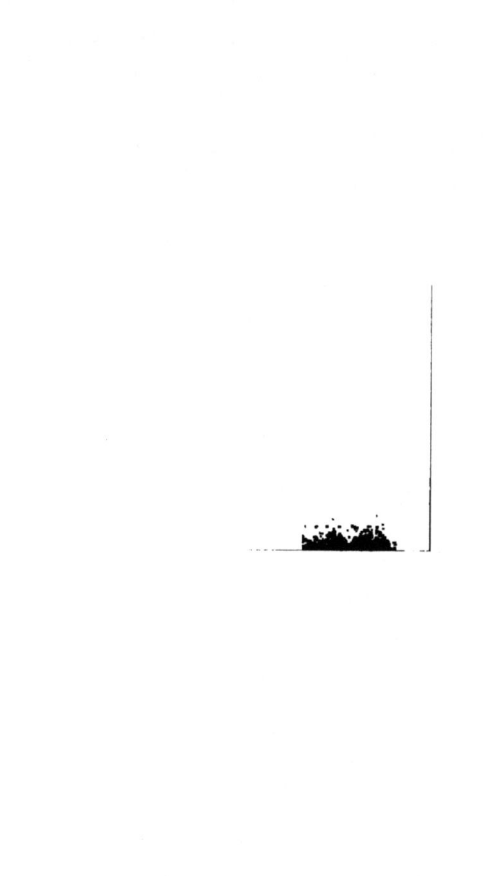

RAPPORT

SUR LES

ARCHIVES CANADIENNES

PAR

DOUGLAS BRYMNER, LL.D., M.S.R.C.,'ARCHIVISTE

1901

(Annexe au rapport du ministre de l'Agriculture)

IMPRIMÉ PAR ORDRE DU PARLEMENT

OTTAWA
IMPRIMÉ PAR S. E. DAWSON, IMPRIMEUR DE SA TRÈS EXCELLENTE
MAJESTÉ LE ROI
1902

[No 18—1902].

TABLE DES MATIÈRES.

	PAGE.
RAPPORT DE L'ARCHIVISTE	v
Liste des livres, etc., présentés, avec les noms des donateurs.......................	vii

PAPIERS D'ÉTAT, BAS-CANADA—LISTE.

Q. 226-1. LE GOUVERNEUR, COMTE DE GOSFORD, 1836....................................	941
Q. 226-2. LE GOUVERNEUR, COMTE DE GOSFORD, 1836	943
Q. 226-3. LE GOUVERNEUR, COMTE DE GOSFORD, 1836....................................	945
Q. 227-1-2-3-4. LE GOUVERNEUR, COMTE DE GOSFORD, 1836..............................	946
Q. 228-1. LE GOUVERNEUR, COMTE DE GOSFORD, 1836....................................	954
Q. 228-2. LE GOUVERNEUR, COMTE DE GOSFORD, 1836....................................	956
Q. 228-3. LE GOUVERNEUR, COMTE DE GOSFORD, 1836....................................	960
Q. 229-1. LE GOUVERNEUR, COMTE DE GOSFORD, 1836....................................	963
Q. 229-2. LE GOUVERNEUR, COMTE DE GOSFORD, 1836....................................	965
Q. 229-3. LE GOUVERNEUR, COMTE DE GOSFORD, 1836....................................	967
Q. 229-4. LE GOUVERNEUR, COMTE DE GOSFORD, 1836....................................	969
Q. 230-1-2-3. BUREAUX PUBLICS, 1836..	971
Q. 231-1-2-3. DIVERS, 1836...	986
Q. 232 À Q. 235. COMMISSAIRES DE L'ENQUÊTE SUR LES GRIEFS...........................	997
Q. 236-1. LE GOUVERNEUR, COMTE DE GOSFORD, 1837....................................	998
Q. 236-2-3. LE GOUVERNEUR, COMTE DE GOSFORD, 1837..................................	1002
Q. 237-1-2. LE GOUVERNEUR, COMTE DE GOSFORD, 1837	1009
Q. 238-1-2. LE GOUVERNEUR, COMTE DE GOSFORD, 1837..................................	1025
Q. 239-1-2. LE GOUVERNEUR, COMTE DE GOSFORD, 1837..................................	1036
Q. 240-1-2-3. BUREAUX PUBLICS, 1837..	1048
Q. 241-1-2-3. BUREAUX PUBLICS, 1837..	1061

PAPIERS D'ÉTAT, HAUT-CANADA—LISTE.

Q. 389-1-2. LIEUT.-GOUVERNEURS SIR J. COLBORNE ET SIR F. B. HEAD, 1836.	563
Q. 390-1-2-3. LIEUT.-GOUVERNEUR SIR F. B. HEAD, 1836	573
Q. 391. LIEUT.-GOUVERNEUR SIR F. B. HEAD, 1836.....................................	585
Q. 392-1-2. RÉCLAMATIONS DE COZENS ET BRANT, 1836...............................	593
Q. 393. LIEUT.-GOUVERNEUR SIR F. B. HEAD, 1836.....................................	596
Q. 394-1-2. BUREAUX PUBLICS ET DIVERS, 1836..	598
Q. 395-1-2-3. DIVERS, 1836...	608
Q. 395 A. PROJETS DE DÉPÊCHES À SIR F. B. HEAD, 1835–1836...........................	619

RAPPORT SUR LES ARCHIVES CANADIENNES

DOUGLAS BRYMNER, L.L.D., M.S.R.C., ARCHIVISTE.

A l'honorable
  SYDNEY A. FISHER,
      Ministre de l'Agriculture,
          etc., etc., etc.

MONSIEUR,—J'ai l'honneur de vous présenter mon rapport sur les archives pour 1901.

Depuis la publication du dernier rapport nous avons reçu de Londres 64 volumes de copies de papiers d'état, savoir : Haut-Canada, 1840, 1841, 10 volumes ; Bas-Canada, 1840, 3 volumes ; Nouvelle-Ecosse, correspondance 3 volumes, dépêches aux gouverneurs, de 1768 à 1834, 13 volumes ; minutes du conseil exécutif, de 1753 à 1785, 13 volumes ; journaux du conseil législatif, de 1758 à 1764, 4 volumes ; Nouveau-Brunswick, de 1784 à 1796, 7 volumes ; documents concernant la Baie-d'Hudson, 1673 à 1759, 3 volumes ; documents de Dartmouth, 1759 à 1784, 2 volumes ; documents de l'Amirauté, 1812 à 1815, 6 volumes. De Paris nous avons reçu 24 volumes, savoir : Ile Royale, 1740 à 1762, 18 volumes ; Missions 1760 à 1768, 2 volumes ; Ile Saint-Jean, 1717 à 1758, 2 volumes ; Prise de Louisbourg, 1758, 2 volumes. Tous ces documents ont été étiquetés d'après les casiers et placés sur les rayons, et forment, en sus de la collection antérieure, 88 volumes de papiers d'Etat.

Le travail se fait avec le plus grand soin, pour empêcher toute erreur et assurer une transcription fidèle des pièces. On a donné instructions d'indiquer par une légère marque au crayon les endroits où il paraît y avoir une erreur dans l'original, afin d'éviter de la correspondance. On exerce la plus stricte économie dans le travail de cette division, en autant qu'elle n'affecte pas son efficacité.

A cause de ma longue et grave maladie, je n'ai pu préparer le sommaire ordinaire des volumes que couvre le rapport, ou choisir les documents à imprimer au long dans le rapport. Le travail a été fait cependant sous ma direction par M. Alexander Duff et Mademoiselle M. Casey, mes assistants, de sorte que durant ma maladie l'ouvrage n'a pas souffert. Les listes contenues dans le présent rapport se rattachent, en grande partie, à une époque très critique de l'histoire du Canada et donnent un résumé des événements qui ont mené à la rébellion aussi bien que de ceux de la rébellion elle-même. A part les documents contenus dans les papiers d'Etat, on pourra consulter avec avantage les volumes se rapportant au même sujet dans la série C. Sir Francis Bond Head, lieutenant-gouverneur à cette époque, a publié sous différentes formes une narration des événements de cette époque, mais la plus accessible est celle contenue dans un volume publié par John

Murray, de Londres, en 1839.   Cette narration est
a aussi des documents relatifs aux réserves du clerg
brûlante, surtout dans le Haut-Canada, parce qu
Canada.   Il faut aussi remarquer les dépêches au su
l'est.   Les rapports de la Commission Gosford se tro
232 à 235, dans lesquels on pourra les consulter.   U
une bonne idée du contenu des papiers d'Etat qui y so
sujets, et autant que leurs lettres peuvent expliquer,
le Bas-Canada, et par Mackenzie, dans le Haut-Ca
jour leurs adversaires observaient leurs mouvements

Le tout respectueusement so

Ottawa, 31 décembre 1901.

Noms.	Résidence.	Ouvrages.
Antiquarian Society	Worcester, Mass	Procès-verbaux.
Armitage, rév. W. J.	Halifax.	Brochure.
Audette, L. A.	Ottawa	Rapport de la cour de l'Echiquier.
Bates, E. B.	Ottawa	Almanachs des adresses.
Biggar, E. B.	Toronto	Brochure.
Collège Bourget.	Rigaud, P.Q.	Rapport.
Bryce, rév. Geo., LL.D.	Winnipeg	Brochure.
Campbell, A. M.	Ottawa	Brochure.
Surintendant en chef des écoles	Frédéricton	Rapport.
Association des Laitiers	Toronto	Rapport.
Gagnon, W. F.	Northampton	Brochures.
Gérin, Léon	Ottawa	Brochures.
Halkett, J. B.	Ottawa	Brochures.
Université Harvard	Cambridge	Procès-verbaux.
Hardy, Ed	Lindsay	Brochure.
Johnson, Geo., chef de la statistique.	Ottawa	Annuaire statistique de 1899.
Library Association	New-York	Journal mensuel.
Lighthall, W. D. S.	Montréal.	Brochures.
Maingy, L. A.	Ottawa	Carte du Manitoba.
Manitoba Historical Society	Winnipeg	Rapport.
Moreau, rév. S. A.	St-Jacques le Mineur	Histoire de St-Luc.
Newberry Library	Chicago	Collections.
Nova Scotia Historical Society	Halifax.	Rapport.
New York Historical Society	New-York	Collections.
Niagara Historical Society	Niagara	Procès-verbaux.
Numismatic and Antiquarian Society	Montréal.	Publications.
O'Connor, Daniel	Ottawa	Journal de Daniel O'Connor.
Ontario Land Surveyors	Toronto	Rapport.
Oregon Historical Society	Orégon.	Procès-verbaux.
Providence Library	Providence, R. I.	Bulletins.
Record Commissioners	Providence, R. I.	Anciennes archives de la ville de Providence.
Les Pères Rédemptoristes	Ste-Anne de Beaupré	Annales, français et anglais.
Rhode Island Historical Society	Providence, R. I.	Procès-verbaux.
Société Royale	Ottawa	Procès-verbaux.
Royal Scottish Geographical Society	Edimbourg	Revues mensuelles.
Séminaire de Nicolet	Nicolet	Rapport.
State Historical Society of Wisconsin.	Madison, Wis.	Rapport.
Shortt, Adam, M.A.	Kingston.	Histoires du système de banque
State Library	New-York	Documents publics.
Stephens, W. S.	Lowville	Vie et aventures de Nat Foster.
Université de Toronto	Toronto	Publications, études.
Université de Michigan	Ann Arbor	Calendrier.
Université de Pennsylvanie	Philadelphie	Le mouvement révolutionnaire.
Université Yale	New-Haven	Publications.
Université Yale	Newhaven, Conn	Ecole forestière d'été.
Walker, B. E.	Toronto	Brochure.
White, Richard, The Gazette	Montréal	The People's Almanac, 1901.
Women's Canadian Historical Society.	Toronto	Rapport.
Wyoming Historical Society	Wilkes Barre	Procès-verbaux et rapport.

PAPIERS D'ÉTAT, BAS-CANADA.

COMTE DE GOSFORD, GOUVERNEUR, 1836.

Q. 226—1.

1835.

30 décembre. C. Fremont à S. Walcott, secrétaire civil.

31 décembre, Relevé semestriel des réserves du clergé. Tous deux inclus dans Gosford
Québec. à Glenelg, 6 janvier 1836.

1836.
1er janvier. Gosford à Glenelg (n° 1). Transmet liste des dépêches adressées de Qué-
Québec. bec au cours de 1835. Page 3

Inclus. Liste 4

4 janvier, Gos ord au secrétaire colonial (n° 2). Demande sanction du bill réservé,
Québec. voté unanimement par l'Assemblée et pourvoyant à la dignité et à l'indépendance des Conseils législatif et exécutif ; lors de son voyage en Angleterre, Nelson avait instruction d'en obtenir confirmation. Objection soulevée à l'exclusion des juges du Conseil législatif ; il s'est en pratique conformé aux termes de la loi. 22

6 janvier, Le même à Glenelg (n° 3). A reçu des plaintes de la part du comman-
Québec. dant du trois mâts *Helena*, arrivé à Québec avec des immigrés. Difficultés à encourir dans la mise en exécution de la quarantaine. Revisera
les règlements au printemps s'il devient nécessaire de continuer la quarantaine. 34

6 janvier, Le même au même (n° 4). Transmet relevé semestriel des ventes des
Québec. réserves du clergé. 41

Inclus. Relevé des ventes des réserves du clergé à partir du 1er juillet
jusqu'au 31 décembre 1835. 42

6 janvier, Gosford à Glenelg (n° 5). Transmet recettes et dépenses relatives aux
Québec. terres de la couronne, licences, etc. 50

Inclus. Recettes et dépenses ; tableaux divers. 51

9 janvier, Mémoire du comité du corps projeté des carabiniers britanniques. Inclus
Montréal. dans Gosford à Glenelg, 15 janvier 1836. Suivent les résolutions.

11 janvier, Gosford à Glenelg (n° 6). Transmet relevé semestriel des Conseils légis-
Québec. latif et exécutif. 59

Inclus. Relevé. 60

11 janvier, Gosford à Glenelg (n° 7). Transmet copie certifiée des actes du Conseil
Québec. exécutif. 65

15 janvier, Le même au même (n° 8). Avait fait entendre au comité du corps pro-
Québec. jeté des carabiniers britanniques que leurs procédures étaient illégales et
inconstitutionnelles. 66

Inclus. Mémoire du comité du corps projeté des carabiniers britanniques,
signé par F. C. T. Arnoldi, F. Hunter, R. Weir, jr., A. P. Hart et
R. Mackay. 70

Résolutions d'une assemblée du corps des carabiniers britanniques. 74

15 janvier, Proclamation contre la formation du corps des carabiniers britanniques.
Québec. Incluse dans Gosford à Glenelg et portant même date.

Proclamation contre la formation du corps des carabiniers britanniques,
considérée illégale et inconstitutionnelle. 80

16 janvier, Gosford à Glenelg (n° 9). Rapporte la mort de John Molson, survenue
Québec. le 11 courant. 83

19 janvier, Le même au même (n° 10). Transmet adresse présentée aux habitants
Québec. de l'Amérique Britannique et signée par William Robertson et J. G. Scott,

1-2 EDOUARD VII, A. 1902

1830.

aussi copie de lettre adressée aux lieutenants-gouverneurs du Haut-Canada, du Nouveau-Brunswick et de la Nouvelle-Ecosse.   Page 84
    Inclus. Copie de l'adresse.   86
    Copie de la lettre aux gouverneurs provinciaux.   101

27 janvier, Québec.
    Gaspard à Glenelg (n° 11). Transmet mémorandum du paiement des sommes affectées aux dépenses imprévues de l'Assemblée législative.   103

31 janvier, Québec.
    Le même au même (personnelle). Transmet mémoire de W. Smith, greffier du Conseil législatif, et recommande d'accorder sa demande de retraite.   148

1er février, Québec.
    Le même au même (n° 12). Transmet aperçu des procès-verbaux de la Chambre au sujet d'accorder arrérages pour les services rendus par le gouvernement civil.   150
    Inclus. Résolutions que doit proposer Morin sur rapports des comptes publics.   153
    Résolution que doit proposer Bédard en amendement à la neuvième résolution de Morin.   164

1er février, Québec.
    Gosford à Glenelg (n° 13). Transmet liste des dépêches reçues au cours du dernier mois. Craintes au sujet de la solidité du paquebot *Star.*   166
    Inclus. Liste.   168

6 février, Québec.
    Gosford à Glenelg (n° 14). Fait rapport que le Conseil avait reconsidéré la clause à laquelle on s'était opposé, mais que l'Assemblée ne fut pas satisfaite des amendements additionnel, et que le bill avait été rejeté.   172

6 février, Québec.
    Le même à sir George Grey (personnelle). Présente le capitaine Haynes, lequel pourra fournir renseignements au sujet des outrages sur le territoire de Indian-Stream. Violence des partis politiques ; le parti tory ne l'épargne pas (Gosford).   177

9 février, Québec.
    Le même à Glenelg (n° 15) Réfère aux lettres du 15 septembre et signale d'autres empiétements de la part des autorités du New-Hampshire. A nommé une commission.   179
    Inclus. Liste des documents accompagnant dépêche.   185
    (1). Instructions aux commissaires.   187
    (2). Rapport des commissaires.   192
    (3). Rapport d'arpentage de Hereford par le capitaine Haynes.   200
    (4). Plan figuratif de Hereford et Drayton.   207a
    (5). Plan figuratif de la rivière Connecticut.   207b
    (6). Copie de la déposition de Alex. Rea.   208
    (7).   "   "   Bernard Young   231
    (8).   "   "   Marcus Beacher.   240
    (9).   "   John H. Tyler.   254
    (10).   "   Henry Watson.   259
    On trouvera les autres dans Q. 226-2.
    (11).   "   Wm. Pope.   261
    (12).   "   Alexander J. McKinnon.   265
    (13).   "   Zelnan Flanders.   271
    (14).   "   John Hughes.   279
    (15).   "   Jonathan C. L. Knight.   282
    (16).   "   'J. Alaman Cumming.   285
    (17).   "   Paschal G. Blood.   294
    (18).   "   Nathan Judd.   299
    (19).   "   Reuben Sawyer.   302
    (20).   "   "   William White.   309
    (21). Copie d'une lettre au ministre à Washington.   315
    (22). Lettre personnelle au même.   322
    (23). Lettre personnelle venant du même.   325

3 mars, Downing Street.
    Anonyme à Gosford. A reçu lettre et envois et approuve son attitude relativement à l'adresse présentée aux habitants de l'Amérique Britannique.   85

DOC. DE LA SESSION No. 18

1836.

3 mars. Anonyme à Gosford. Enumère les difficultés qui se présentent quant à la sanction de la loi pourvoyant à l'indépendance des Conseils législatif et exécutif, et quant à l'administration de la justice de la province, et ses raisons pour retarder décision en cette matière. Page 28

17 mars. Anonyme au procureur et solliciteur général. Relativement à opinion sur acte réservé pourvoyant à la dignité et à l'indépendance des Conseils législatif et exécutif du Canada. Incluse, l'opinion du procureur général du Bas-Canada. 26

30 mars. Anonyme à Gosford. Approbation de l'attitude de Sa Seigneurie envers le corps des carabiniers britanniques. 68

30 mars, Downing Street. Anonyme à Gosford. Reçu mémorandum relatif aux sommes affectées aux dépenses imprévues, lequel le justifie de son attitude envers l'Assemblée. 105

Inclus. Mémorandum relatif aux sommes affectées aux dépenses imprévues des deux Chambres de la législature du Bas-Canada.

Extraits du témoignage de T. A. Young. 139, 144

30 mars. Anonyme à Gosford. Les conseillers en loi de la Couronne font rapport que le roi ne peut, en se conformant à l'acte constitutionnel, sanctionner le bill pourvoyant à la dignité et à l'indépendance des Conseils législatif et exécutif. 31

31 mars, Downing Street. Anonyme au même. L'explication donnée par l'ex-surintendant médical relativement à la quarantaine du *Helen* est satisfaisante. 105

Inclus. Rapport de C. Frémont, ex-surintendant médical, Grosse-Isle, relativement au cas du *Helen* navire portant émigrés. 37

20 juillet, Downing Street. Anonyme à Gosford. Les amendements nécessaires n'ayant pas été faits à la loi ayant pour but de régulariser les élections contestées, il est forcé à regret d'en recommander le rejet. 175

Comte de Gosford, gouverneur, 1836.

Q. 226–2.

1836. 6 janvier, Washington. Bankhead à Gosford (personnelle).

6 février, Québec. Gosford à Bankhead. Deux lettres, l'une personnelle, l'autre publique. Toutes deux incluses dans celle de Gosford à Glenelg, datée du 9 février 1836.

9 février, Québec. Le même à Glenelg (n° 16). Concourt dans le projet d'établir deux diocèses catholiques romains en Canada en séparant Montréal de Québec. Page 328

Inclus. Mémorandum de la demande d'un évêché catholique romain à Montréal. 333

Sommaire de la correspondance.

9 février, Québec. Gosford à Glenelg (n° 17). Transmet mémoire de l'honorable William Smith, un vieil employé public. 347

Inclus. Mémoire de William Smith, greffier du Conseil législatif, etc. 351

19 février, Québec. Gosford à Glenelg (n° 18). Explique qu'il a communiqué à la législature partie des instructions adressées à ses collègues et à lui-même, à cause de l'inexactitude des extraits présentés à la législature du Haut-Canada par Head et transmis à l'Orateur de l'Assemblée du Bas-Canada. Envoie imprimé faisant voir différences entre les extraits et les instructions. 353

Inclus. Observations sur les extraits communiqués par Head. 363

Suite des observations. 369

Les mêmes en français. 383

Message du gouverneur. 397

1836.

    Copies des instructions.   Page 398
    Suite   403
    Extraits fournis par Gosford.   417
    Message du gouverneur rédigé en français et copies des instructions aussi rédigées en français.   427

22 février, Québec.
    Gosford à Glenelg (n° 19). A nommé Elzéar Bédard juge, sous condition de ratification, aux lieu et place du juge Kerr. Ses aptitudes.   458

22 février, Québec.
    Le même au même (confidentielle). Pourquoi il a nommé Bédard juge.   460

27 février, Québec.
    Le même au même (n° 20). Transmet adresse de l'Assemblée demandant copie du plan du Saint-Laurent depuis Trois-Rivières jusqu'à Montréal. Transmet aussi copie de l'adresse de la Maison de la Trinité, de Québec, demandant qu'on hâte la publication de la carte de la rivière Saint-Laurent en bas de Québec ainsi que du golfe.   464
    Inclus. Copie des résolutions demandant copie du plan du Saint-Laurent depuis Trois-Rivières jusqu'à Montréal.   468
    Demande de la Maison de la Trinité, de Québec.   469

1er mars, Québec.
    Gosford à Glenelg (n° 21). Transmet états financiers.   472
    Inclus. Compte des recettes ordinaires de l'exercice finissant le 10 octobre 1835.   475
    Compte du revenu des propriétés de la Couronne.   476
    Compte du revenu casuel.   477
    Compte de la liste civile.   478
    Chefs de la dépense.   479
    Recettes et dépenses de la Maison de la Trinité, de Québec.   486
    Relevé du revenu local perçu par la corporation de Québec.   488
    Même relevé pour Montréal.   489

3 mars, Québec.
    Gosford à Grey. Transmet les procès-verbaux de la Chambre d'Assemblée. Enverra commentaires à la fin de la session. Envoie liste de documents.   490
    Inclus. Troisième et cinquième rapports du comité chargé des griefs, et demande de la destitution du juge Gale.   492
    Réponse du gouverneur à l'adresse demandant la destitution de Gale. 494
    Résolutions de l'Assemblée au sujet de l'affaire Gale.   496

5 mars, Québec.
    Gosford à Glenelg (n° 22). Envoie troisième rapport et résolutions relatives aux griefs, avec observations et liste de correspondance.   504
    Inclus. Troisième rapport.   510

30 mars, Downing Street.
    Anonyme à Gosford. On approuve sa conduite lorsqu'il a adressé à l'Assemblée des extraits exacts des instructions transmises. Les erreurs qui s'étaient glissées dans les extraits envoyés par sir Francis Bond Head étaient le fait du copiste, qui avait expédié ces extraits d'un document non revisé.   359

7 avril, Downing Street.
    Anonyme au même. Il n'y a pas de fonds à la disposition du gouvernement de Sa Majesté permettant d'accorder une pension à W. Smith. Conseille de référer et de recommander ce sujet à la Chambre d'Assemblée.   349

12 avril, Downing Street.
    Anonyme à Gosford. A transmis à l'Amirauté les demandes de copies des plans du Saint-Laurent.   466

23 avril, Downing Street.
    Anonyme au même. Envoie copie d'une lettre de l'Amirauté recommandant de faire parvenir à la Chambre d'Assemblée une copie de la carte du Saint-Laurent à partir de Trois-Rivières jusqu'à Montréal, aussitôt que cette carte sera gravée.   467

26 mai, Downing treet.
    Anonyme au même. On ne peut reconnaître officiellement le titre des évêques catholiques romains dans le Bas-Canada.   330

COMTE DE GOSFORD, GOUVERNEUR, 1836.

Q. 226—3.

1836.
5 janvier,
Québec.

Troisième rapport du comité permanent des comptes publics.   Page 537
Le même en français.   541
Inclus.   Tables des finances.   545 à 551
Procès-verbal (en français et en anglais).   552

10 mars,
Québec.

Gosford à Glenelg (n° 23).   Transmet l'adresse de l'Assemblée sur l'état
de la province et sur certaines parties des instructions aux commissaires.
                                                                    523
Inclus.   Adresse.   524

12 mars,
Québec.

Gosford à Glenelg (n° 24).   Fait rapport que l'Assemblée a manqué de
pourvoir aux besoins financiers de la province.   527, au verso.
Inclus.   Résolutions de l'Assemblée au sujet du budget.   528, au verso.
Extrait des journaux de l'Assemblée du 26 février 1836.   528, au verso.
Etat comparatif des dépenses de l'Etat de 1833 et de 1836.   529
Mémorandum des items omis dans le budjet semestriel de 1836.
                                                          531, au verso.
Mémorandum des items réduits.   531, au verso.

14 mars,
Québec.

Gosford à Glenelg (n° 25).   Transmet adresse de l'Assemblée demandant
la destitution du juge Gale et documents relatifs à cette affaire.   S'il ne
s'était agi que du cas de Gale, qu'on a si souvent ramené sur le tapis, il
n'aurait fait aucune mention de l'adresse, mais comme on s'y plaint de
l'attitude qu'il (Gosford) a prise dans l'honnête exercice de son jugement, il
est devenu nécessaire qu'il y attire l'attention ; veut savoir si le roi approuve
sa conduite, qu'il explique au long et en détail.   649
Inclus.   Adresse de l'Assemblée demandant la destitution de Gale, et se
plaignant de la conduite de Gosford.   665
Cinquième rapport du comité permanent des griefs.   673
Documents y relatifs.   750

7 juin,
Downing
Street.

Glenelg à Gosford.   Le roi regrette l'insuccès de ses efforts pour apaiser
la défiance et la jalousie dans l'esprit des représentants du Bas-Canada.
Instructions libérales aux commissaires.   Aucune considération d'à-propos
provisoire ne déterminera le roi à révoquer la chose ou à reprendre les
terrains accordés à la *British American Land Company*, car ce serait
compromettre la formation de tous titres de propriétaire et de droits
sociaux.   Il n'y a en réalité aucune différence d'opinion entre les ministres
de la Couronne et la Chambre d'Assemblée.   On n'avait allégué aucune
plainte qui n'eût été écartée promptement ou n'eût fait le sujet d'une
enquête impartiale.   On ne l'avait pas accusé (Gosford) de mauvaise
administration.   Les ministres de Sa Majesté croient qu'on doive attribuer
la conduite de la Chambre à la publication de quelques passages détachés
des instructions, laquelle leur aurait mal fait interpréter ces dernières ;
ordre est en conséquence transmis d'en communiquer copie entière.   532

8 juin,
Downing
Street.

Glenelg à Gosford.   Confiance mise en son zèle et en son jugement sain.
On attend un rapport final à la fin de l'été.   Obligations à acquitter envers
les employés publics, ils réclament encore la rémunération qui leur est due.
Si l'Assemblée ne vote pas les subsides, ce sera à lui (Gosford) de décider de
l'opportunité de prononcer la dissolution.   533

Pas de date.

Anonyme à Gosford.   Reçu dépêche du 14 mars et envois.   Son refus de
destituer Gale.   Le roi l'approuve, car ceux qui appliquent la loi, pour

1-2 EDOUARD VII, A. 1902

1836.

rendre justice impartiale, doivent de fait se sentir eux-mêmes sûrs de leurs sièges, et le roi ne peut s'éloigner de ce principe, à moins d'un cas d'une nécessité urgente. Et il n'y a pas telle nécessité dans le présent cas; d'ailleurs on n'attaque point la science légale de Gale.   Page 662

COMTE DE GOSFORD, GOUVERNEUR, 1836.

1835.

Q. 227—1, 2, 3, 4.

La partie 1 est paginée de 1 à 225 ;—la partie 2, de 226 à 464 ;—la partie 3, de 465 à 674 ;—l'index, de 675 à 691 ;—la partie 4, de 692 à 896.

9 janvier.

Felton à Craig. (Deux lettres portant même date).

14 janvier,
Québec.

Craig à Felton.

13 juin,
Québec.

Rapport d'un comité du Conseil.

16 juin,
Québec.

Craig à Geiton.

18 juin,
Québec.

Felton à Craig-

13 juillet,
Québec.

Rapport d'un comité du Conseil exécutif.

15 août,
Québec.

Craig à Hayne.

1836.
6 février,
Québec.

Hayne à Walcott. La présente lettre et les sept précédentes sont incluses dans celle de Gosford à Glenelg, datée du 11 mai 1836.

15 mars,
Québec.

Gosford à Glenelg (n° 26). Expose qu'il a été fait rapport par un comité spécial sur un bill ayant pour but de régler les communications avec l'agent. Le bill n'a pas été voté, mais il craint qu'on agisse d'après le rapport, détruisant ainsi la prérogative royale.   Page 3

Inclus. Rapport d'un comité spécial sur les moyens de communiquer avec l'agent pendant prorogation.   5

16 mars,
Québec.

Gosford à Glenelg (n° 27). Transmet liste des dépêches reçues du bureau des colonies depuis sa dernière communication datée du 1ᵉʳ février.   12

Inclus. Liste.   13

19 mars,
Québec.

Gosford à Glenelg (n° 28). Comme il n'y a pas de quorum, il a l'intention de proroger la session le 21.   16

19 mars,
Québec.

Le même au même (n° 29). Transmet une adresse du Conseil législatif sur le commerce de bois.   18

Inclus. Adresse dans laquelle on constate l'alarme causée par le changement projeté dans le tarif du bois.   20

Etat comparatif de sept années relatif au tonnage et au nombre de marins concernés dans le commerce d'exportation.   28

21 mars,
Québec.

Gosford à Glenelg (n° 30). A prorogé le parlement provincial; envoie discours prononcé.   29

Inclus. Discours de prorogation.   32

22 mars,
Québec.

Gosford à Grey (distincte). Fait remarquer qu'il a commis une erreur en signalant que les sommes affectées aux dépenses imprévues du Conseil avaient été réduites dans le budget. Demande qu'on corrige cette erreur.   35

22 mars,
Québec.

Le même à Glenelg (n° 31). Envoie adresse du Conseil législatif ayant pour but d'accorder, suivant promesses, des terres incultes, et d'en gratifier certaines institutions de connaissances utiles. Observations sur l'adresse et sur les réclamations de l'Institution royale.   36

Inclus. Adresse du Conseil législatif ayant pour but d'accorder des terres incultes à certains établissements consacrés à l'instruction, suivant promesses faites.   42

DOC. DE LA SESSION No. 18

1836

Extrait du rapport sur les réclamations de l'Institution royale.   Page 48

24 mars,
Québec.
Gosford à Glenelg (confidentielle).   Indique les principes sur lesquels il s'est basé pour préparer son discours de prorogation.   49

26 mars,
Québec.
Le même au même (n° 32).   Transmet quatrième rapport au sujet des griefs.   Comme il concerne en grande partie Aylmer, il réfère à lui sur ce sujet.   Fait voir que le juge en chef Sewell n'est intervenu ni politiquement ni judiciairement dans l'adresse du Conseil législatif et l'a simplement signé en sa qualité d'Orateur.   51

Inclus.   Quatrième rapport au sujet des griefs.   55

26 mars,
Québec.
Gosford à Glenelg (n° 33).   Transmet pétition signée par 29 individus, qui disent former le comité exécutif de l'Association constitutionnelle de Montréal, et qui demandent le rejet de la loi du gouvernement provincial pourvoyant à régulariser les procédures relatives aux élections contestées, vu l'injustice de cette loi envers certains membres de leur association.   65

Inclus.   Pétition.   Signatures données.   65

28 mars,
Québec.
Gosford à Glenelg (n° 34).   Transmet liste des dépêches reçues depuis le 16 courant.   70

Inclus.   Liste des dépêches.   72

29 mars,
Québec.
Gosford à Glenelg (n° 35).   Suivant ses instructions, il a pris des arrangements pour faire cesser le 31 courant la solde de l'état-major et les allocations faites à l'un de ses aides de camp.   73

31 mars,
Québec.
Le même au même (n° 36).   Transmet l'adresse du Conseil législatif au sujet de la direction des postes dans la province, ainsi que copie de la loi pourvoyant à leur établissement.   Spring Rice a transmis sur ce sujet, le 5 octobre 1834, un bill qu'on a renvoyé à un comité spécial, lequel a préparé et présenté un nouveau bill.   Autres observations et documents.   Il se plaint du sous-directeur général des postes, et dit qu'il s'est approprié partie des revenus des postes ; il explique pourquoi il (Gosford) n'avait pu intervenir, car les arrangements ont été l'œuvre du directeur général, mais il correspondra avec le gouvernement de Sa Majesté, et il recommandera qu'on prenne immédiatement ce sujet en considération.   Recommande de retrancher le privilège de Stayner, qui transmet à son profit des journaux et des brochures.   Certains documents ne sont pas encore prêts et ne peuvent ainsi s'expédier.   75

Inclus.   Bill ayant pour but d'établir un département des postes dans la province et de pourvoir à sa future administration.   84

Le même, rédigé en français.   153

Délibérations du comité spécial du Conseil législatif.   226

Rapport du comité.   277

Exposé succinct préparé par le comte de Gosford, à la demande de MM. Leslie et O'Callaghan, ayant pour but d'arrêter la remise de £3,000 ; revenu trimestriel du département des postes.   312

Adresse de l'Assemblée demandant l'adoption de mesures pour faire rembourser à Stayner certains montants provenant du transport de journaux et de brochures, lesquels montants Stayner s'est appropriés.   •   314

Freeling à Armour.   Le port des lettres est une gratification du sous-directeur des postes.   315

Réponse de Gosford qu'il ne peut, pour les raisons données, accéder à la demande de faire rembourser au sous-directeur des postes les montants qu'il a perçus pour port de journaux et de brochures.   317

1er avril,
Québec.
Gosford à Glenelg (n° 37).   Transmet états des recettes du revenu casuel et territorial et des ventes des terres de la Couronne, etc.   321

Inclus.   Etat des recettes du revenu casuel et territorial.   322

Etat des recettes provenant de la vente des terres de la Couronne et des permis de couper du bois.   323

5 avril,
Québec.
Gosford à Glenelg (n° 38).   Envoie copies de lettres concernant William Brophy.   324

1-2 EDOUARD VII, A. 1902

1836.

Inclus. Brown envoie à Walcott copie d'une lettre de William Brophy.
Page 326

Lettre de William Brophy à Brown, dans laquelle il déclare être la personne dont on s'enquiert, et il donne un état de ses services.   327

6 avril,
Québec.

Gosford à Glenelg (n° 39). A reçu de la part du fils du juge Kerr une demande des arrérages de son traitement. Désire savoir quand Kerr a cessé d'être juge.   329

6 avril,
Québec.

Le même au même (personnelle). Se propose de payer six mois d'arrérages d'appointements aux employés publics et de dépenses contingentes. Comment traiter les ecclésiastiques qui possèdent plusieurs bénéfices. Le mécontentement augmente contre le parti violent qui a fait manquer le paiement des arrérages. La force de l'opinion publique peut décider certains représentants à changer leurs votes. Influence de Roebuck.   334

13 avril,
Québec.

Le même au même (n° 40). Transmet pétition de Mme Bridget Rhodes demandant pension à titre de veuve de feu Joseph de Varennes.   336

Inclus. Pétition, rédigée en français, de Mme Bridget Rhodes, veuve de l'enseigne Varennes.   338

Certificat d'inhumation de Varennes.   340

Certificat de mariage de Varennes et de Bridget Rhodes.   341

Certificats de la position officielle des signataires.

14 avril,
Québec.

Gosford à Glenelg (n° 41). Annonce la dissolution du "Corps des carabiniers britanniques" et la tentative infructueuse de former la "Légion britannique de Montréal".   344

15 avril,
Québec.

Le même au même (distincte). Envoie rapport de William Walker, nommé délégué par l'Association constitutionnelle ; rapport de son entrevue avec Sa Seigneurie (Glenelg).   346

Inclus. Copie du *Quebec Mercury* contenant rapport.   348

16 avril,
Québec.

Gosford à Glenelg (n° 42). Bien que les actes de l'Association constitutionnelle de Montréal n'aient pas attiré l'attention des autres provinces, cependant il doit s'y tenir des assemblées de délégués de Québec et de Montréal. Le parti canadien-français semble porté à faire de même.   408

18 avril,
Québec.

Gosford à Glenelg (n° 43). Envoie rapports d'assemblées tenues à Mégantic et dans la paroisse de Saint-Benoit de Deux-Montagnes. L'assemblée de Saint-Benoit condamne la conduite du gouvernement britannique ainsi que les actes de l'administration locale, mais à l'autre on désapprouve la conduite de la majorité de l'Assemblée, on prise les motifs qui ont déterminé le gouvernement à envoyer Commission, et on approuve l'intention du gouvernement d'appliquer les revenus de la Couronne au paiement des traitements publics.   411

Inclus. Copie du *Vindicator* contenant rapport de l'assemblée de Saint-Benoit.   414

Rapport de l'assemblée de Mégantic.   428

Rapport, rédigé en français, de l'assemblée de Saint-Benoit, dans Deux-Montagnes.   452

23 avril,
Québec.

Gosford à Glenelg (n° 44). Indique ses vues quant au refus de l'Assemblée de payer les appointements des employés publics, qui n'ont rien reçu depuis la fin de 1833. Leur paiement intégral, pour plusieurs d'entre eux, viendrait même trop tard pour leur permettre de se tirer d'un profond embarras. Zèle et intégrité des employés publics dans les circonstances. Envoie états de l'actif et du passif dont dispose la Couronne et qu'on peut appliquer à la rénumération des employés publics. Division des réclamations. Pour détails complets, réfère aux tableaux n° 1 et n° 3.   692

Inclus. Projet de paiement des arrérages.   700

Récapitulation.   713

Etat des revenus en caisse, le 10 avril 1836, et dont dispose la Couronne.   715

Liste des items omis dans le projet du paiement des arrrérages.   716

DOC. DE LA SESSION No. 18

1836.

Sommaire des dépenses contingentes et indispensables au gouvernement civil jusqu'au 10 octobre 1836.   Page 718

25 avril, Québec. Gosford à Glenelg (n° 45). Transmet adresse de l'Assemblée relativement aux réclamations du corps de milice, ainsi que des observations sur les démarches préalables à ce sujet. Envoie copies de correspondance.   720

Inclus. Résolutions de l'Assemblée relativement aux réclamations de terrain du corps de milice.   734

Premier rapport du comité sur la réponse du gouverneur à l'adresse relative aux concessions de terrain à la milice.   737

Formule de concession.   743

Nombre des miliciens formés en corps et rangés en service, et étendue du terrain requis pour satisfaire à leurs réclamations.   747

État du nombre des officiers, etc., qui ont reçu des billets d'emplacement.
                                                                       748

Gosford à la Chambre d'Assemblée au sujet des réclamations de terrain de la part de la milice.   749

État indiquant le nombre de réclamations d'officiers non satisfaites, etc.
                                                                       752

26 avril, Québec. Gosford à Glenelg (n° 46). Recommande dix personnes à nommer au Conseil législatif. Son but est de faire disparaître la prévention qui existe contre ce dernier.   753

27 avril, Québec. Le même au même (confidentielle). Indique les principes politiques du ceux qu'il recommande, en la liste incluse, de nommer au Conseil. Résumé des vues politiques des sept premiers. Est porté à adopter leurs vues quant au principe électif pour ce qui est du Conseil.   763

Inclus. Liste de noms dont il recommande la nomination au Conseil législatif.   765

28 avril, Québec. Gosford à Glenelg (personnelle). On est à la veille de compléter le rapport sur le Conseil exécutif, mais pour des raisons qui concernent Head dans le Haut-Canada, on en retardera la transmission.   766

3 mai, Québec. Walcott à Felton.

3 mai, Québec. Le même au procureur général.

4 mai, Québec. Felton à Walcott.

5 mai, Québec. Le même à Craig.

5 mai, Québec. Le même au procureur général. Cette lettre et les quatre précédentes sont incluses dans Gosford à Glenelg, 11 mai 1836.

5 mai, Québec. Gosford à Glenelg (n° 47). A décidé de renouveler l'établissement de la quarantaine et a préparé des règlements modifiés surtout quant aux restrictions.   769

Envoie copies de règlements à distribuer.   769

Inclus. Proclamation renouvelant l'établissement de la quarantaine par lord Gosford.   774

La même rédigée en français.   794

Proclamation sur le même sujet par lord Aylmer.   816

Extrait du statut provincial 35 George III, ch. 5.   834

Même extrait en français.   844

5 mai, Québec. Gosford à Glenelg (confidentielle). Avait adressé liste dans sa dépêche officielle portant cette date ; envoie aujourd'hui une liste de noms qu'il recommande avec observations sur les principes politiques de ces personnes ; si on approuve la liste, demande d'envoyer *mandamus*. Ignorant ce qui se fera, il n'a pas prévenu les personnes qu'il a recommandées. Quelques-unes pourraient refuser la nomination, mais un nombre suffisant acceptera. On ne se plaint pas du pouvoir accordé au gouverneur, mais de la trop

1-2 EDOUARD VII, A. 1902

1836.

grande intervention du gouvernement impérial. Le gouverneur devrait nommer aux charges, non qu'il désire ce pouvoir, car, lorsqu'il l'avait exercé, il s'était trouvé en butte aux plus grands tracas. On l'avait pressé de nommer Papineau, mais il fait voir ce qui s'oppose à cette décision.   Page 855

Inclus. Liste des personnes dont la nomination au Conseil exécutif est recommandée.   858

6 mai,
Québec.

Rétrocessions par W. Locker et Elisa M. Felton. Deux documents inclus dans Gosford à Glenelg, 11 mai 1836.

6 mai,
Québec.

Gosford à Glenelg (n° 48). Insuffisance du Conseil exécutif. A fait rapport des démarches préliminaires par lui, entreprises pour apporter modifications. Raisons pour lesquelles il retarde de faire le changement après avoir reçu l'approbation de Sa Seigneurie, et obstacles rencontrés dans la réorganisation du Conseil. Il a cru plus à propos de continuer avec l'ancien Conseil, plutôt que d'en venir à des arrangements incertains, temporaires et conditionnels. Les commissaires ont terminé leur rapport sur le Conseil exécutif, et il est à désirer qu'il ne soit donné effet à leurs recommandations que par un nouveau Conseil. A transmis, en conséquence, une liste de personnes aptes à entrer au Conseil.   859

(La liste a été envoyée, et copiée dans la lettre précédente.)

7 mai,
Québec.

Gosford à Glenelg (n° 49). Transmet une lettre des juges signalant l'instabilité de l'administration judiciaire, et demandant qu'il soit pourvu à leur traitement et à leur allocation de retraite de manière qu'ils restent indépendants de tous les partis.   865

Inclus. Lettre des juges de Montréal à Gosford, dans laquelle ils veulent qu'on leur assure leur traitement, afin qu'ils se trouvent ainsi plus indépendants.   868

9 mai,
Québec.

Gosford à Glenelg (n° 50). Transmet adresse du supérieur et des directeurs du séminaire de Québec, demandant à se faire indemniser de la perte de leurs immeubles en France.   873

9 mai,
Québec.

Le même au même. Présente le révérend J. Holmes, directeur du séminaire de Québec, lequel s'est dévoué à l'éducation de la jeunesse.   877

10 mai,
Québec.

Le même au même (n° 51). Avait adressé une lettre aux maires et aux conseils de Montréal et de Québec avant l'expiration de la constitution en corporation de ces derniers, et ce, relativement à leurs règlements de police. Comme on n'avait pas compris son intention, il n'avait rien fait de plus sur ce sujet.   880

Inclus. Circulaire adressée aux maires de Québec et de Montréal relativement aux règlements de police.   883

Rapport du conseil de ville de Québec établissant qu'il lui est impossible de donner une opinion sur les recommandations importantes contenues dans la lettre du gouverneur.   885

Jean Langevin à Walcott. Transmet le rapport.   887

Résolutions du conseil municipal de Montréal déclarant qu'il ne peut concourir dans les intentions bienveillantes du gouverneur concernant la ville.   888

Viger à Walcott. Transmet les actes du conseil de Montréal.   894

11 mai,
Québec.

Walcott au maire de Montréal. Le gouverneur regrette qu'on n'ait pas compris l'objet de sa lettre ; il l'explique.   895

Gosford à Glenelg (n° 52). Démarches entreprises pour recouvrer Felton le surplus de terrain accordé à lui et à ces enfants. Documents transmis.   465

Inclus. Craig à Felton. Il doit prendre les moyens de rendre à la Couronne le surplus de terrain accordé à ses enfants en sus de l'étendue autorisée.   473

Felton à Craig. Conformément à son désir, est prêt à faire la rétrocession requise des terrains.   474

1836.

Craig à Felton. Il doit correspondre avec le procureur général relativement à la rétrocession du surplus de terrain.   Page 476

Felton à Craig. A consulté le procureur général au sujet de la rétrocession
de terrain. Difficultés à résoudre. Offre l'équivalent en terre ou en argent.
477

Rapport du comité de tout le Conseil Vu la difficulté de rendre le
terrain, on demanderait à Felton de payer la valeur du surplus.   480

Craig à Felton. Transmêt extrait du rapport du Conseil et désire qu'il
soit pris des mesures pour donner suite à la recommandation.   482

Felton à Craig. Est content que l'affaire puisse se régler. Comment
établir la valeur du terrain.   483

Rapport du Conseil exécutif déterminant que l'évaluation du surplus de
terrain accordé à Felton et à sa famille se fasse au moyen de l'arpentage,
suivant la proposition de Felton.   486

Craig à Hayne. Lui demande d'évaluer, au moyen de l'arpentage, le
surplus de terrain accordé à Felton et à sa famille.   487

Hayne à Walcott. Le terrain situé à Oxford est de peu de valeur.
Instruction a été donnée à Wysse de porter grande attention au terrain en
y faisant son arpentage.   490

Walcott à Felton. Le délai apporté pour donner suite aux instructions
du secrétaire colonial touchant le surplus de terrain a forcé de confier
l'affaire au procureur général pour qu'il l'expédiât au plus tôt.   492

Walcott au procureur général. Qu'il prenne les moyens de hâter la
rétrocession de terrain de la part de Felton.   494

Felton à Walcott. Lui reproche de recourir aux services du procureur
général pour hâter cette affaire, car le retard ne vient pas de lui.   496

Felton au procureur général. Au sujet de ses instructions d'avoir à hâter
le règlement d'une réclamation pour valeur de terrains.   501

Rétrocessions par W. Locker Felton et Elisa M. Felton, toutes deux datées
du 6 mai.   506

12 mai,   Gosford à Glenelg (n° 53). Transmet documents relatifs à l'affaire de
Québec.   Felton, y compris deux rapports sur griefs.   507

D'autres documents concernant ce sujet, et mentionnés dans le relevé
imprimé de la Chambre des Communes, sont insérés dans le dossier de
Felton, accusé d'avoir obtenu frauduleusement du terrain.

13 mai,   Gosford à Glenelg (n° 54). Envoie copie d'avis agréé par le comité exécutif
Québec.   de l'Association constitutionnelle de Québec et faisant connaître certaines
résolutions, etc. Il avait dit que le nombre des délégués du district de
Québec serait de 30, mais il voit qu'il y en aura 36 de choisis.   524

Inclus. Avis donné par l'Association constitutionnelle que les délégués
seront choisis le 30 mai prochain, et qu'ils se réuniront à Montréal le 23 juin
suivant.   527

Liste des endroits d'élection et résolutions, etc.   528

16 mai,   Gosford à Glenelg (n° 55). Sur les 59 bills votés par les deux Chambres,
Québec.   il n'en a réservé qu'un, celui pourvoyant à l'établissement d'un chemin de
fer à partir du Saint-Laurent jusqu'à la limite de la province. La sauve-
garde constitutionnelle des terres incultes de la Couronne exigeait qu'il réser-
vât ce bill. Bons effets de la ligne projetée. Envoie rapport du procureur
général, pétition en faveur du bill, etc. Demande de présenter le bill au
parlement, et de le sanctionner, si on ne s'y oppose pas.   533

Inclus. Copie du bill pourvoyant à la construction du chemin de fer.
543

Résumé du bill.   598

Opinion de Ogden, procureur général.   611

Pétition des habitants de Québec. Signatures adjointes.   615

17 mai,   Gosford à Glenelg (n° 56). Envoie liste des dépêches reçues du bureau
Québec.   des colonies.   620

1836.

**19 mai,
Québec.**

Inclus. Liste.   Page 621
Gosford à Glenelg (n° 57). Transmet mémoire de Sa Grandeur l'évêque
de Québec qui attire l'attention sur la gêne dans laquelle se trouvent les
affaires des missionnaires et qui a été occasionnée par la réduction de 25
pour 100 sur leurs revenus, et il (l'évêque) demande l'érection et la dotation
d'une maison dans chaque canton et à chaque endroit où il y a mission. A
refusé de se rendre à cette prière. Demande ce que Sa Seigneurie pense
sur le sujet.   625
Inclus. Mémoire de Sa Grandeur l'évêque de Québec et du clergé du Bas-
Canada, suivant la teneur de sa lettre.   628
Walcott à l'évêque. Transmet la réponse du gouverneur.   631

**20 mai,
Québec.**

Gosford à Glenelg (distincte). Fait rapport sur l'emménagement de la
maison retenue pour lord Amherst et qu'il a occupée (Gosford) durant quelques semaines, et sur la vente des meubles. Il espère qu'on ne lui chargera
pas, à lui personnellement, le montant de £302 12s. 11d. sterling, mais
qu'on le considérera une dépense publique.   633
Inclus. Etat des dépenses de la maison, etc., occupée par le commissaire.
                                                                      636
Suivent comptes et reçus.   637 à 642

**21 mai,
Québec.**

Gosford à Glenelg (n° 58). Transmet, pour qu'on l'adresse au roi des
Français, une pétition de la part de personnes répondant au nom de Richard.
                                                                      643

**23 mai,
Québec.**

Le même au même (n° 59). Envoie documents concernant réclamations de
l'Assemblée relatives à l'occupation du collège des jésuites par les autorités
militaires, ainsi que la valeur du loyer, des bâtiments et du terrain. Après
débat sur la question, on en remit à plus tard la considération. Il croit que
l'Assemblée va s'en tenir à sa réclamation, demandant restauration pure et
simple de la propriété, et qu'elle ne construira pas de caserne et ne mettra
aucuns fonds pour ce faire à la disposition de Sa Majesté.   645
Inclus. Réponse du gouverneur à l'Assemblée faisant savoir que le roi
désire fort voir rétablir le plus tôt possible le collège des jésuites dans sa
destination primitive.   652
Premier rapport du comité permanent sur l'établissement des jésuites. 654
Deuxième rapport.   661

**28 mai,
Québec.**

Gosford à Glenelg (n° 60). Envoie liste des dépêches reçues depuis le 17
courant.   664
Inclus. Liste.   666

**31 mai,
Québec.**

Gosford à Glenelg (personnelle). Sir John Colborne nommé commandant
des forces; son opinion que Sorel appartient au commandant militaire.
Traite la question de savoir si c'est le chef civil ou le commandant militaire
qui a droit de résider à Sorel.   668

**10 juin,
Downing
Street.
11 juin.**

Anonyme à Gosford. A reçu dépêche annonçant prorogation du parlement provincial (discours inclus). Discours présenté au roi.   31
Anonyme au même. La pétition incluse dans la dépêche du 26 mars a
été déposée au pied du Trône. Le roi est content de recevoir une demande
de la part de ceux qui ont signé la pétition, mais à leur titre de simples
particuliers, car il ne peut reconnaître leur caractère de représentants. On
considérera soigneusement l'objet de la pétition.   64

**12 juin,
Downing
Street.**

Anonyme à Gosford. A reçu dépêche du 25 avril relativement aux réclamations du corps de milice. Les officiers et soldats qui avaient déposé leurs
pétitions avant le 1er août 1830 devaient recevoir des terrains. N'a pu
recommander qu'il en fût fait autant pour ceux qui avaient négligé de produire leurs réclamations avant cette date. On s'enquerra de l'accusation du
retard apporté dans l'émission des lettres patentes.   729

22 juin.

Anonyme au même. A reçu dépêche du 22 mars et convient qu'il serait
prématuré de se rendre à l'adresse du Conseil avant d'avoir reçu un rapport.
Il va déclarer qu'on a remis décision à plus tard.   40

DOC. DE LA SESSION No. 18

1836.

26 juin, Downing Street.

Glenelg à Gosford. Envoie renseignement sur la date à laquelle Kerr a cessé de remplir les fonctions de juge du banc du roi et de la cour de vice-amirauté. Page 332

1er juillet.

Anonyme au même. On approuve les mesures prises en vue de recouvrer le surplus de terrain reçu par Felton et sa famille. 472

2 juillet, Downing Street.

Glenelg au même. Approuve sa conduite relativement aux accusations portées contre Felton, mais s'abstient de toute autre observation tant qu'on ne connaîtra pas le résultat de l'enquête. 523, au verso.

3 juillet, Downing Street.

Anonyme au même. Reçu dépêche concernant l'occupation du collège des jésuites. Ne peut donner d'instructions sur le sujet ou le séparer des autres mesures générales à considérer, lorsque les commissaires auront complété leur rapport. 651

4 juillet, Downing Street.

Anonyme au même. A reçu et distribué copies des règlements de la quarantaine. Approbation de sa conduite relativement aux règlements. 772

5 juillet, Downing Street.

Anonyme à Gosford. Dépêche et lettre des juges incluses. Le gouvernement de Sa Majesté continuera à faire des efforts pour garantir l'indépendance des juges. 867

6 juillet, Downing Street.

Anonyme au même. On approuve sa réponse, dans laquelle il refuse de se rendre à la requête de l'évêque de Québec demandant d'ériger et d'accorder maisons destinées au culte. 627

8 juillet, Downing Street.

Anonyme au même. Reçu mémoire de M\u1d50ᵉ Bridget Rhodes, lequel on a transmis au secrétaire de la Guerre. On avait demandé à cette dame d'envoyer pièces justificatives des services rendus par feu son mari, mais elle ne s'était pas exécutée. 337

9 juillet, Downing Street.

Circulaire adressée aux agents d'émigration avec copies des règlements de quarantaine. 773

12 juillet, Downing Street.

Anonyme au solliciteur général. Lui adresse bill réservé pourvoyant à la construction d'un chemin de fer à partir du Saint-Laurent, et lui demande son opinion et celle du procureur général. 542

19 juillet, Downing Street.

Anonyme à Gosford. Reçu dépêche du 20 mai. Il (Gosford) chargera au compte général de la commission les dépenses de maison et de meubles. 635

20 juillet, Downing Street.

Anonyme au même. A reçu dépêche du 10 mai avec lettre adressée aux conseils de ville de Montréal et de Québec au sujet de leurs règlements de police. Si cette correspondance attire l'attention publique, il devra se prévaloir de l'information transmise. 882

22 juillet. Downing Street.

Anonyme au même. Reçu lettre du 31 mai. A référé à l'Artillerie la question de l'occupation de l'édifice du gouvernement à Sorel. 671

Juillet (?).

Lettre sans signature et sans date, adressée à Gosford. Transmission de l'approbation du principe en vertu duquel furent acquittés les arrérages dus aux fonctionnaires civils. 699

3 août, Downing Street.

Glenelg au même. A reçu dépêche contenant mémoire du séminaire de Québec, demandant à se faire indemniser de la perte d'immeubles en France, et a référé cette demande aux commissaires chargés de voir aux réclamations de France, mais sans résultat avantageux. 875

31 août, Downing Street.

Anonyme au même. A reçu dépêche du 16 mai, contenant copie du bill réservé pourvoyant à la construction d'un chemin de fer à partir du Saint-Laurent jusqu'à la limite de la province, et il a été approuvé par l'Exécutif. 539

8 septembre, Downing Street.

Anonyme au même. Sur rapport de l'Artillerie, le gouvernement de Sa Majesté a décidé que l'édifice du gouvernement à Sorel est à l'usage du gouvernement civil et ne doit pas servir de quartier militaire. 673

31 octobre, Downing Street.

Anonyme au même. Reçu dépêches contenant listes de noms de personnes recommandées pour siéger aux Conseils législatif et exécutif. On s'oppose à cette mesure, qui est impolitique, alors que la commission siège encore. Autres raisons, politiques et générales, pour lesquelles on s'oppose à la proposition. 756

COMTE DE GOSFORD, GOUVERNEUR, 1836.

Q. 228—1.

1836.
2 juin.

Gosford à Glenelg (n° 61). A reçu permission de publier instructions au complet, s'il trouve la chose à propos, mais comme la Chambre n'est pas en session et qu'il règne une atmosphère calme qui pourrait se troubler, il va attendre l'ouverture de la session pour les publier. Page 3

3 juin, Québec.

Le même au même (n° 62). Transmet lettre de change, en faveur de G. S. Wilder, de £11 5s. 6d., montant des appointements du juge Bédard sur nomination. 5

4 juin, Québec.

Le même au même (personnelle). Envoie note du procureur général concernant Sorel. 8

Inclus. Note du procureur général affirmant que la seigneurie de Sorel est sujette au contrôle militaire. 9

12 juin, Québec.

Gosford à Glenelg (n° 63). Transmet mémoire de la part de l'Institution royale pour la diffusion de l'instruction demandant dotation pour le Collège McGill. 10

Inclus. Mémoire. 13

14 juin, Québec.

Gosford à Glenelg (n° 64). Le procès criminel de Felton n'aura pas lieu, les conseillers en loi ne trouvant aucun crime dont on puisse l'accuser en cour criminelle. 22

Inclus. Documents concernant Felton, mentionnés dans la copie imprimée du relevé de la Chambre des Communes et insérés dans le dossier. 24

16 juin, Québec.

Gosford à Glenelg (confidentielle). Désire savoir s'il a le droit de prendre certains appointements ; ne se sent pas justifié d'apporter une modification quelconque dans la pratique suivie jusqu'ici. 29

16 juin, Quebec.

Le même au même (n° 65). Il se rend à Montréal, où les commissaires le rejoindront dans quelques jours. Les fonctionnaires publics, contre lesquels l'Assemblée a porté des accusations, adressent réponses. Il les transmettra aussitôt après en avoir pris connaissance. Etat de la cour de vice-amirauté, auquel on devrait remédier. 32

20 juin, Québec.

Le même au même (n° 66). Croit qu'on peut se dispenser à l'avenir des services de Hayne. Création et nature de son emploi. La correspondance est devenue si peu nombreuse qu'il n'est plus besoin pour l'expédier de fonctionnaire surnuméraire dans le bureau du commissaire des terres de la Couronne, et la surintendance des améliorations à faire peut s'exercer à peu de frais par l'arpenteur général. Si on continue à employer Hayne, il ne sait quand se termineront ses services. Quant aux sommes affectées aux dépenses imprévues, il n'a été fixé aucun montant défini, sinon qu'on a approuvé une dépense de £18 par année pour frais de bu eau. Transmet état de certaines autres dépenses imprévues. Si on accorde quelque chose à Hayne, il recommande que ce soit une somme de 10 schellings par jour durant son emploi. 34

Inclus. Dépenses imprévues du capitaine Hayne. 40

29 juin, Montréal.

Gosford à Grey (personnelle) Etait arrivé ici jeudi, et avait trouvé que tout était plus tranquille qu'il ne l'avait pensé. Bonne apparence des choses. 44

1er juillet, Montréal.

Le même à Glenelg (n° 67). Il y a eu assemblée des délégués des Associations constitutionnelles. Transmet copie des résolutions. 46

Inclus. Résolutions. 48

1er juillet, Montréal.

Gosford à Grey. Présente le révérend Edward Black. 50

1836.

1er juillet,
Montréal.

Gosford à Glenelg. Présente le révérend Edward Black.   Page 51

2 juillet,
Montréal.

Le même au même (n° 68). N'a pu entendre parler de Ferrero, sujet de la Sardaigne.   52

5 juillet,
Montréal.

Le même à Grey. Envoie brochure écrite par un ami de DeBleury. Ce dernier était un des fervents de Papineau, mais avait encouru disgrâce en votant pour subsides.   54

Inclus. Revue, "La petite clique dévoilée".   55

5 juillet,
Montréal.

Gosford à Glenelg (confidentielle). A reçu lettre officielle, et autant qu'il peut en juger maintenant, il approuve les vues du gouvernement. Exprime ses remerciements pour les bons termes que renferme la lettre non officielle. Espère pouvoir transmettre la substance de la communication à l'Assemblée. Les affaires se font paisiblement, et ceux des fonctionnaires qui ne sont pas payés supportent patiemment les contretemps. L'esprit de parti s'échappe ; les conservateurs sont enivrés du résultat de l'élection dans la province supérieure.   151

6 juillet,
Québec.

Le même au même (n° 69). Envoie livre des rapports de 1835, ordinairement désigné sous le qualificatif de "livre bleu".   154

7 juillet,
Downing
Street.

Anonyme à Gosford. Reçu lettre de change pour traitement du juge Bédard.   7

9 juillet,
Québec.

Gosford à Glenelg (n° 7). Transmet les lois sanctionnées lors de la dernière session. Deux d'entre elles pourvoient au relèvement des débiteurs insolvables. Explique comment il se fait que certains articles sont les mêmes. Envoie rapport du procureur général sur certaines lois requérant considération spéciale. Elles sont au nombre de six. Suivent observations.   156

Inclus. Liste des lois sanctionnées.   165

Le procureur général à Walcott. Fait rapport qu'il n'existe en loi aucune raison de refuser sanction à l'abrogation de certaines parties d'une ordonnance concernant personnes à admettre à la pratique du droit ou du notariat dans la province, mais il met en doute l'opportunité de certaines clauses.
                                                                       174

Rapport du procureur général dans lequel il recommande de réserver le bill pourvoyant à la construction d'un bâtiment de douane à Montréal, car certaines clauses touchent à la prérogative royale.   176

Autres rapports.   178, 180, 186, 188.

Pétition des habitants de Québec contre les conditions du bill pourvoyant à l'établissement d'écoles normales.   183

Copies des lois.   190 à 292

Aussi dans Q.—228–2.   292 à 358

25 juillet,
Downing
Street.

Anonyme à Gosford. Il a à lui répondre sur sa demande (du 16 juin) de renseignements concernant appointements, de les payer au caissier de la commission.   31

10 août,
Downing
Street.

Anonyme à Gosford. On ne continuera pas son emploi à Hayne après le 1ᵉʳ octobre, mais on lui accordera 10 schellings par jour tant qu'il sera surintendant de l'arpentage des terrains vendus à la *British American Land Company.*   43

12 août,
Downing
Street.

Anonyme au même. On doit attendre la réception du rapport des commissaires avant de rendre décision sur mémoire adressé le 12 juin et demandant dotation en faveur du collège McGill.   11

COMTE DE GOSFORD, GOUVERNEUR, 1836.

Q.—228-2.

1835.
16 juin,
Québec.

Secretan au gouverneur.

5 décembre,
Québec.

Le même au même.

9 décembre,
Québec.

Walcott à Secretan.

1836.
1er février,
Québec.

Secretan à Gosford.

2 février,
Québec.

Walcott à Secretan.

3 février,
Québec.

Secretan à Walcott.

4 février,
Québec.

Le même à Gosford.

21 février,
Québec.

Le même au même.

26 février,
Québec.

Walcott à Secretan.

1er mars,
Québec.

Secretan à Gosford.

30 mars,
Québec.

Le même au même.

4 avril,
Québec.

Walcott à Secretan.

5 avril,
Québec.

Secretan à Gosford.

16 mai,
Québec.

Secretan à Gosford,

19 mai,
Québec.

Walcott à Secretan.

21 mai,
Québec.

Secretan à Gosford.

28 mai,
Québec.

Le même au secrétaire des colonies. Cette lettre et les seize précédentes sont incluses dans Gosford à Glenelg, datée du 12 juillet 1836.

9 juillet,
Montréal.

Gosford à Glenelg (n° 70). Transmet accusations portées par l'Assemblée contr· le juge Fletcher. Laisse la décision de cette affaire entre les mains du gouvernement de Sa Majesté. 359

Inclus. Adresse de l'Assemblée dans laquelle on demande la destitution du juge Fletcher. 360

Réponse de Gosford dans laquelle il montre que Fletcher n'a pas eu l'occasion de se défendre, et qu'il ne peut en conséquence en venir à une décision sur ce sujet. 360, au verso.

Septième rapport du comité des griefs. 360, au verso.

Procès-verbaux. 363

Fletcher à Glegg. Observations sur le rapport et la preuve faits contre lui. 367

Notes de Fletcher sur accusations portées contre lui et critique de la preuve. 367

DOC. DE LA SESSION No. 18

1836.

Procès-verbal du 30 juin 1826, dans l'affaire Dickerson, et aussi celui du 27 septembre.   Pages 369 au verso et 370.

Walcott au procureur général. Demande son opinion et celle du solliciteur général quant aux pouvoirs du juge Fletcher relativement à la punition qu'il peut infliger pour injures ou résistance au tribunal.   370

Opinion conjointe dans laquelle on affirme que le juge Fletcher a plein pouvoir d'infliger punition pour injures ou résistance au tribunal.   370

Walcott à Fletcher. Le gouverneur, après avoir pris communication de l'affaire, en est arrivé à la conclusion qu'il n'y a point de raison de le déranger (Fletcher) dans l'accomplissement de ses devoirs.   370

11 juillet, Montréal.   Gosford à Grey. Les dépêches mises à bord du paquebot parti le 1ᵉʳ juin ne sont pas encore arrivées. Il les attend avec anxiété.   372

11 juillet, Montréal.   Le même à Glenelg (n° 72). Transmet un état des recettes et des dépenses relatives aux terres de la Couronne et aux permis de couper du bois, pour les six mois expirés le 30 juin 1836. Autre état trimestriel du même compte.   373

Inclus. (1) Etat semestriel des recettes relatives aux terres de la Couronne et aux permis de faire la coupe du bois.   374

(2) Etat trimestriel du même compte.   376

(3) Etat des recettes du compte relatif au revenu des canaux et au revenu territorial.   377

11 juillet, Montréal.   Gosford à Glenelg (n° 73). Transmet un état des sommes reçues et payées durant un an par la corporation des réserves du clergé.

11 juillet, Montréal.   Gosford à Glenelg (n° 74). Envoie copie certifiée des actes du Conseil exécutif du Bas-Canada.   380

11 juillet, Montréal.   Le même au même (n° 75). Envoie comme à l'ordinaire le relevé semestriel des membres des Conseils exécutif et législatif.   381

Inclus. Relevé.   382

12 juillet, Montréal.   Gosford à Glenelg (n° 76). Transmet une lettre de C. Secretan, fils, laquelle il adresse au secrétaire colonial, et dans laquelle il se plaint d'avoir été délibérément trompé par Gosford. Ce mécontentement de la part de Secretan provient de ce que ce dernier n'a pas été invité à un bal, d'où il s'en est suivi que Secretan s'est plaint dans plusieurs lettres confidentielles.   387

Inclus. Lettre de Secretan adressée au secrétaire colonial. Il accuse Gosford de l'avoir trompé délibérément et demande que l'on fasse des démarches pour venger l'honneur de la Couronne.   398

Secretan à Gosford. Demande un certificat attestant qu'il s'est conformé à la règle prescrite pour transmettre ses lettres au bureau des colonies.   403

Walcott à Secretan. Le gouverneur ne peut lui donner le certificat demandé, car il n'a pas observé la règle.   406

Secretan à Gosford. Désire savoir si on a satisfait à la demande qu'il a faite dans sa lettre du 4 décembre.   407

Walcott à Secretan. Comment doivent se transmettre au secrétaire colonial les dépêches adressées par des particuliers. Dans son cas, on ne s'est pas conformé à la règle, et on ne peut lui fournir certificat que la règle a été observée.   408

Secretan à Gosford. Transmet copie de la lettre qu'il a adressée au secrétaire colonial.   410

Le même au même. S'étonne d'apprendre qu'on n'a pas communiqué sa lettre au secrétaire colonial sous le prétexte qu'il ne s'est point conformé à certaines règles arbitraires.   411

Autres lettres sur le même sujet.   415 à 432

13 juillet, Montréal.   Gosford à Glenelg (n° 77). Envoie pétition de John Snell, matelot, lequel réclame arrérages de paye et parts de prises.   433

Inclus. Pétition de John Snell.   436

1836.
14 juillet,
Montréal.

·Gosford à Glenelg (n° 78). Envoie renseignements sur Louis Charbonnier, Urbain Amber et François Lajus, suivant réquisition contenue en la lettre du 3 mars.   Page 438

15 juillet,
Montréal.

Le même au même (n° 79). Le jugement ayant été confirmé dans la cause de la seigneurie de Lauzon, la vente pourrait avoir lieu immédiatement, mais il l'a retardée pour ne pas sacrifier la propriété. Offre d'un Américain qui voulait payer £150,000 pour l'achat de la seigneurie, mais à la suite d'incidents la vente ne se fit pas. Propriété avantageuse, mais une vente immédiate ne rapporterait pas le montant dû par Caldwell. A de nouveau retardé la vente.   443

Les documents relatifs aux obligations de John Caldwell se trouvent au rapport imprimé de la Chambre des Communes, inséré dans Q. 228-2, et commencent à la page 441.

18 juillet,
Montréal.

Gosford à Glenelg (n° 80). Recommande l'établissement d'une cour où mettre en accusation pour trahison les hauts fonctionnaires. Inconvénients résultant de la faute de l'un deux. Difficulté d'appliquer un remède.   446

25 juillet,
Montréal.

Le même au même (n° 81). Signale l'insuffisance de l'approvisionnement de l'eau à bord du *Kingston* et du *Celia*, laquelle insuffisance provient de barriques impropres ; construction défectueuse des cabines destinées aux passagers dans ce dernier vaisseau. Recommande de faire une inspection à Liverpool et de prévenir ainsi de semblables exemples de négligence.
                                                                              449

Inclus. Lettre du Dr Poole à Walcott. Le prie de noter le mémorandum qui se trouve au bas des patentes de santé du *Kingston* et du *Celia*, et qui signale l'insuffisance de l'eau à bord des deux vaisseaux, et ce, à cause de l'état impropre des barriques à eau.   451

28 juillet,
Montréal.

Gosford à Glenelg (n° 82). Il en est venu à la conclusion que le nombre des officiers à qui on accorde des patentes de terres est excessif et cause beaucoup de retards, mais il ne peut faire aucun changement sans la sanction de Sa Majesté, et il transmet maintenant le renseignement obtenu. Il envoie une description de l'ancien mode d'accorder des terres. Comment il se pratiquait sous la domination française, et comment se conservaient les titres. Ce système était aussi effectif que le système plus compliqué en usage aujourd'hui. On n'a établi ce dernier, sous la domination britannique, qu'en 1796, alors que furent émises les premières patentes ; on conserve les originaux au bureau du secrétaire de la province, et on n'en délivre au concessionnaire que des copies sur demande. Description et étendue des cantons intérieurs et de ceux situés sur les bords de l'eau. Comment on a accordé des terres de cantons, et montant des premiers honoraires. Résumé détaillé du présent système.   454

Inclus. Extrait des instructions relatives à l'émission des patentes de terres.   454

Liste des honoraires payés et de ceux dus sur concession d'un lot dans le comté de Chatham.   491

Permis d'occuper accordé à Lewis Stalker sur paiement d'un versement sur lot susdit.   492

Certificat du paiement complet fait par Stalker.   495

Copies d'autres documents requis pour disposer d'une concession.
                                                                        496 à 533

2 août,
Montréal.

Gosford à Glenelg (n° 83) Envoie relevé semestriel (au 30 juin 1836) de la vente des réserves du clergé.   535

Inclus. Relevé.   536

4 août,
Montréal.

Gosford à Glenelg (n° 84). A convoqué la législature provinciale pour le 22 septembre.   537

5 août,
Montréal.

Le même au même (n° 85). Suivant convention avec la *British American Land Company*, elle recevra sans frais les patentes de ses terres. Ceux des fonctionnaires qui ne reçoivent pas de traitements fixes devront-

1836.

ils être payés de leurs honoraires, et, si oui, comment et à quelle date ?
Page 539

6 août,
Montréal.

Gosford à Glenelg (n° 86). A reçu dépêche lui disant de payer au complet Aylmer et le colonel Craig. Il avait pris d'autres dispositions. En les payant au complet, il lui était impossible de secourir les fonctionnaires publics de la manière qu'il voulait le faire. Difficultés à rencontrer dans le règlement des salaires s'il restait décidé de les payer suivant les instructions de Glenelg. 543

8 août,
Montréal.

Le même au même (n° 88). A reçu un compte pour frais de transport de 18 condamnés de différents régiments aux pontons de Portsmouth. Ne croit pas qu'on doive présenter cette réclamation à la Chambre. Elle sera, pense-t-il, rejetée. 553

9 août,
Montréal.

Le même au même (n° 87). Envoie une autre lettre de Secretan dans laquelle il accuse Gosford de ne pas avoir transmis une dépêche qu'il avait écrite pour se plaindre de la soustraction d'une lettre, laquelle eût fourni la preuve de la réception par Gosford de la plainte du 28 mai. La présente lettre a été écrite par Secretan lorsqu'il savait parfaitement que sa plainte du 28 mai avait été transmise. 550

Inclus. Lettre de Secretan, dans laquelle il se plaint de la soustraction d'un document. 552

9 août,
Montréal.

Gosford à Glenelg (n° 89). N'a aucune raison de mettre en doute l'exactitude de l'exposé du révérend M. Ryland concernant les services rendus par son père, conservateur des documents et greffier du Conseil exécutif, mais n'approuve pas le choix de son fils pour lui succéder, car il est opposé à cette transmission héréditaire de fonction à cause des mauvais effets probables. 556

10 août,
Montréal.

Le même au même. Fait rapport que Felton a terminé sa défense, excepté qu'il a demandé d'appeler l'arpenteur général relativement à la divergence entre la preuve écrite et celle donnée par l'un des témoins. Plainte de Felton sur la manière dont le comité examinait les témoins ; lorsque les réponses n'étaient pas favorables à leurs vues, les membres du comité les supprimaient et en substituaient d'autres. Résumé des déclarations de Felton en réponse aux accusations portées contre lui ; mais il ne peut les croire satisfaisantes, et il a en conséquence suspendu Felton. 561

Inclus. Felton à Walcott. Au sujet de la preuve dans sa cause. 564

Walcott à—(l'arpenteur général). Lui pose des questions au sujet du paiement à lui fait par Felton. 564, au verso

Bouchette, arpenteur général, à Walcott. Répond aux questions.
564, au verso

Mémorandum de l'Assemblée relativement à la preuve dans la cause de Felton ; on devra faire la correction au sujet des réponses aux quatre dernières questions posées à Dodds, qui se trouvent ajoutées à la déposition de Weir, et les réponses de Weir à celle de Dodds. 565, au verso

Walcott à Felton. Sa défense n'est pas satisfaisante et Son Excellence va envoyer le dossier au gouvernement de Sa Majesté et en attendant il le suspendra. 565, au verso

22 août,
Downing
Street.

Glenelg à Gosford. On approuve sa conduite concernant Fletcher. Ce qu'il faut à l'accusation de la Chambre d'Assemblée, c'est une enquête.
370, au verso

27 août,
Downing
Street.

Le même au président du Conseil. Transmet copie d'une dépêche reçue de Gosford dans laquelle il fait rapport que l'Assemblée l'a requis de destituer Fletcher de ses fonctions de juge du district de Saint-François. Envoie documents inclus dans la dépêche de Gosford et demande de les référer au comité judiciaire du Conseil privé. 371

7 septembre,
Downing

Le même à Gosford. Regrette qu'il ait eu à passer tant de temps à expliquer sa conduite envers Secretan et à réfuter ses accusations. Il a eu l'occasion d'observer l'état d'esprit de Secretan et sa conduite à l'égard des

18½

1836.

officiers publics tant dans le Bas que dans le Haut-Canada ; toute personne respectable désapprouverait son langage.   Page 396

12 septembre, Downing Street.

Anonyme au même. Relativement à une dépêche du 25 juillet, transmet copie d'une lettre du lieutenant Low, qui se justifie de l'imputation de négligence au sujet des vaisseaux le *Kingston* et le *Celia.*   453

18 septembre, Downing Street.

Glenelg au même. Approuve la remise de la vente de Lauzon et les autres mesures prises à ce sujet. Lors de la prochaine session de la législature, s'il ne se fait rien, il ne devra pas retarder davantage, mais il le laisse à même de décider ce qu'il y aura à faire.   445

19 septembre, Downing Street.

Anonyme au même. Relativement à la lettre du 5 août se rapportant aux honoraires des fonctionnaires qui préparent les patentes de terres pour la *British American Land Company,* on l'autorise à leur payer les mêmes honoraires auxquels ils auraient droit sans cette convention avec la compagnie.   542

20 septembre.

Anonyme à Aylmer. Transmet copie de la dépêche reçue de Gosford, dans laquelle il explique pourquoi on a exclu des crédits de la Couronne votés dernièrement le paiement des arrérages dus à Sa Seigneurie et à son secrétaire particulier. Ses regrets à cause du retard apporté à ce règlement.   549

20 septembre, Downing Street.

Anonyme à Gosford. Relativement à son opinion concernant la nomination de Ryland en remplacement de son père, il ne sera fait aucune démarche pour en venir à un arrangement.   560

24 septembre, Downing Street.

Anonyme à Gosford. On a transmis à l'Amirauté la pétition de John Snell réclamant arrérages de paye et parts de prise. On a fait réponse que comme c'était un déserteur, on ne pouvait se rendre à sa demande.   435

30 septembre, Downing Street.

Anonyme au même. Remerciements pour exposé précis du système d'émission des patentes de terres. Avait déjà attiré son attention sur l'inconvénient du présent système. Concourt dans l'opinion de Gosford que la multiplication inutile des chèques dans les affaires de peu d'importance n'offre pas un bon résultat, et il croit qu'on peut se dispenser de l'intervention du procureur général et de l'auditeur. Quant au procureur général, on peut cesser immédiatement de recourir à ses services, mais on continuera à s'adresser à l'auditeur jusqu'à ce qu'il soit transmis d'autres instructions signées par le roi. Liste du changement projeté des honoraires. Requête de Cochran, l'auditeur, pour obtenir pension de retraite si on abolit son bureau.   485

23 novembre, Downing Street.

Glenelg à Gosford. Résume les accusations portées contre Felton. A recommandé d'approuver l'attitude de Gosford et de destituer Felton.   566

15 décembre.

Anonyme à Gosford. N'avait pas transmis les instructions d'avoir à se dispenser des services de l'auditeur des patentes de terres, car il les faut réviser au complet, et il ne serait pas convenable d'y faire des changements partiels.   490

COMTE DE GOSFORD, GOUVERNEUR, 1836.

Q. 228—3.

1836.
22 janvier.

Rapport de la commission d'enquête au sujet des accusations portées contre Chisholme, correspondance, preuve et autres documents. Pages 603 à 632
(Le rapport imprimé communiqué à la Chambre des Communes est inséré dans le volume.)

4 mars, Assemblée.

Résolutions de l'Assemblée. Incluses dans Gosford à Glenelg, 26 août 1836.

15 avril.

Le témoignage de Burrage est inclus dans Gosford à Glenelg, 24 octobre 1836, et il fait la matière de la lettre dans Q. 229-1.

1836.
11 août.
Montréal.

Gosford à Glenelg. Transmet adresse de l'Assemblée dans laquelle celle-ci demande la destitution de Gugy, shérif de Montréal ; on l'accuse d'avoir gardé frauduleusement un certain montant de ses honoraires et d'avoir négligé les prisonniers enfermés à la prison de Montréal. Ses avances (celles de Gosford) consacrées à procurer le nécessaire aux prisonniers, comme il est constaté dans le rapport du Dr Arnoldi.   Page 573

Inclus. Accusations portées par l'Assemblée contre Gugy, qu'on dit avoir fait un rapport frauduleux des honoraires reçus en sa qualité de shérif, et qu'on accuse aussi de négligence envers les prisonniers de la prison de Montréal.   574

Gosford à la Chambre d'Assemblée. Il va prendre en considération l'accusation portée contre Gugy, et il va s'en occuper.   574, au verso.

Premier rapport du comité dans lequel on résume la preuve faite contre Gugy.   575

Suivent les documents de la preuve.

Formule de mandat préparé par le shérif Gugy.   580

Rapport sur la mort de John Collins à la prison de Montréal et sur l'état de la prison.   580, au verso.

Autre preuve.   582, au verso.

Le shérif Gugy au secrétaire civil. Demande une avance de £200 pour acheter combustible, etc., pour les prisonniers.   589

Autre demande de pourvoir aux besoins de la prison.   589

Autres documents relatifs à l'accusation portée contre Gugy. 589 à 602 (Le rapport imprimé fait à la Chambre des Communes est inséré dans le volume.)

12 août.
Montréal.

Gosford à Glenelg (personnelle). Il vient de terminer une excursion qu'il a faite par la province ; il a été bien reçu partout, mais il n'entrevoit aucun changement dans les affaires politiques, à moins qu'on n'améliore le conseil.
                                                                        568

16 août,
Montréal.

Gosford à Glenelg (nᵒ 93). Transmet liste des dépêches reçues du bureau colonial depuis le 28 mai.   633

Inclus. Liste.   634

22 août,
Montréal.

Gosford à Glenelg (nᵒ 94). L'Assemblée a présenté à la dernière session 72 adresses, dont 8 avaient trait à la destitution de fonctionnaires publics, et dans 48 on demandait des renseignements. Il a fait une simple réponse négative à 5 de ces adresses, dont deux comportaient demande de production de documents. Fait connaître les faits auxquels ces demandes étaient relatives, et donne les raisons pour lesquelles il a refusé d'accéder à l'adresse dans laquelle on demandait l'opinion légale des conseillers en loi de la Couronne, car, se rendre à cette prière eût été priver l'Exécutif de l'aide complète et sans réserve de ses conseillers. Il compare la charge et les devoirs de procureur général dans les colonies à ceux du même dignitaire dans la Grande-Bretagne ; utilité de recevoir quelque chose de plus qu'une simple réponse catégorique à une question.   637

24 août,
Montréal.

Le même au même. Division dans le parti de langue anglaise relativement à leurs opinions ; il envoie aux commissaires une pétition couverte de nombreuses signatures.   647

Inclus. Pétition.   650

26 août,
Québec.

Walcott à Grey. Les 13 condamnés à la déportation ont été envoyés à Londres. Demande de prendre les mesures nécessaires pour les garder en sûreté. Le gouverneur demande de mitiger la punition de George Holland.   667

26 août,
Montréal.

Gosford à Glenelg (nᵒ 95). En mars dernier, l'Assemblée a présenté une adresse demandant qu'il fût accordé des facilités pour régler la question des postes du roi. Une adresse de cette nature avait été présentée à Kempt en 1829. Le terrain dont il s'agit a été loué dans une enchère pour 20 ans en l'année 1822, et les revenus s'en vont maintenant à la Compagnie de la

1836.

Baie-d'Hudson.   Les obligations à rencontrer à la fin du bail.   A fait réponse à l'Assemblée que les présents engagements l'empêchaient de donner suite à leur projet ; désireux de répondre à leurs désirs, il recommande que l'on n'accorde plus de bail à l'avenir, mais qu'on demande à l'Assemblée de rendre bonnes les obligations du bail.   Page 660
    Inclus.   Adresse de l'Assemblée concernant les postes du roi.   664

5 septembre, Montréal.

Gosford à Glenelg (n° 96).   Relativement à la dépêche où il était dit que la législature serait convoquée, il annonce que déjà elle est convoquée pour le 22.   Elle aurait pu l'être plus tôt, mais il voulait retarder le plus possible afin de recevoir réponses aux dépêches du 26 avril et du 6 mai ; dans la première, il recommandait certaines personnes à nommer au Conseil législatif, et dans la seconde, certaines autres au Conseil exécutif.   Funestes effets du manque de sanction aux nominations ou du retard à les autoriser.   Impossibilité d'accepter les démissions offertes, car ce serait fermer la cour d'appel. La continuation de cet état de choses nuit à l'administration locale.   670

7 septembre, Québec.

Le même au même (n° 97).   Envoie relevé des pensionnaires.   Enverra annuellement un semblable relevé.   675
    Inclus.   Relevé des pensionnaires.   676

9 septembre, Québec.

Gosford à Glenelg (n° 98).   Transmet accusations contre Whitcher, shérif de Saint-Franç ois, et les accompagne d'un résumé de leur nature, etc.   677
Copies imprimées des documents contenus dans le rapport fait à la Chambre des Communes sont insérées dans le volume.   678 à 696

12 septembre, Québec.

Gosford à Glenelg (n° 99).   Envoie rapport d'enquête relativement à la propriété laissée par M. DesRue, de Montréal.   697
Rapport du protonotaire qu'il avait trouvé le certificat de décès de Jean-Baptiste DesRue, survenu en 1760, mais l'endroit de son inhumation indiquerait qu'il est mort dans une extrême pauvreté ; il n'y a aucune trace de testament.   Il a laissé deux petits enfants, qui doivent leur subsistance à leur travail de chaque jour.   698

13 septembre, Québec.

Gosford à Glenelg (n° 100).   Envoie liste des dépêches reçues du bureau des Colonies depuis le 16 du mois dernier.   700
    Inclus.   Liste.   701

15 septembre, Québec.

Gosford à Glenelg (n° 101).   A reçu du procureur général un rapport dans lequel il est dit que le mandat donné à Primrose par le juge Kerr de présider la cour de vice-amirauté n'est plus en vigueur, qu'il n'avait pas le pouvoir de remplir les fonctions de juge de la cour de vice-amirauté, et que lui (Gosford), en sa qualité de vice-amiral, avait le droit de faire la nomination sujette à l'approbation du roi.   Il a nommé Henry Black pour remplacer Kerr.   Ses qualifications.   Il ne pouvait offrir cette dignité à Primrose, qui est déjà inspecteur des domaines du roi.   705
    Inclus.   Walcott demande au procureur général un rapport sur le poste de Primrose relativement à la cour de vice-amirauté.   708
Rapport du procureur général.   710
Mémoire de Primrose concernant les honoraires de la cour de vice-amirauté.
                                                        712
Mémoire relatif aux règles de pratique de la cour de vice-amirauté, signé par Primrose.   716
Liste des honoraires.   728

15 septembre, Québec.

Gosford à Glenelg (n° 102).   Envoie liste des dépêches reçues du bureau colonial.   734
    Inclus.   Liste.   735

21 septembre, Québec.

Gosford à Glenelg (confidentielle).   Est revenu le 12 d'une excursion dans la province.   Le feu a beaucoup ravagé Québec.   Attend toujours la confirmation des nominations à faire aux conseils législatif et exécutif.   Si elle arrive à temps, la perspective sera plus brillante.   Quel discours il se propose de faire à l'ouverture.   Ne fera pas entrer la réponse du roi dan

1836.

son discours, mais l'enverra par message, accompagné de ses instructions et de celles des commissaires.   Page 738

21 septembre,
Québec.
Le même au même (n° 103).   Envoie copie du discours qu'il a l'intention de faire à l'ouverture de la session de la législature.   741

(Inclus dans le rapport imprimé à la page 764 et inséré dans le volume).

24 septembre,
Québec.
Gosford à Glenelg.   Envoie la réponse projetée à son discours d'ouverture.   743

Inclus.   Réponse de l'Assemblée.   764, au verso.

La même en français.   745

26 septembre,
Québec.
Gosford à Gleneg (n° 104).   A reçu dépêche que la loi provinciale pour le règlement des élections contestées a été rejetée, mais on n'a pas transmis les documents requis pour l'annonce officielle de cette décision.
                                                                              751

26 septembre,
Québec.
Résolution de l'Assemblée déclarant que MM. Stewart et de Saint-Ours attendent que le gouverneur leur fasse savoir quand toute la Chambre pourra présenter une adresse.   760

27 septembre,
Québec.
Gosford à Glenelg (n° 105).   Transmet une lettre de la part d'Alleyn relativement à la demande par lui faite pour être nommé agent d'émigration.
                                                                              753

Inclus.   Alleyn au même.   Dit qu'il a simplement demandé la place d'agent d'émigration pour le cas où elle deviendrait vacante, et pour laisser savoir qu'il est candidat si elle le devient.   755

28 septembre,
Québec.
Gosford à Glenelg (n° 106).   Copiée au volume Q. 226.

3/ septembre,
L .wning
Street.
Anonyme à Gosford.   Croit que Sa Seigneurie a exercé une juste discrétion en ne se rendant pas aux demandes des deux divisions de la législature.   646

1er octobre,
Québec.
Gosford à Glenelg (n° 107).   Se trouve dans le rapport imprimé fait à la Chambre des Communes.   765

Documents présentés à la législature.   764, 765

6 octobre,
Downing
Street.
Anonyme à Gosford.   Approbation de sa réponse à l'Assemblée.   Le roi a décidé de ne plus renouveler les baux de poste du roi après leur expiration.   666

COMTE DE GOSFORD, GOUVERNEUR, 1836.

Q. 229-1.

29 septembre,
Québec.
Rapport du Conseil exécutif.   Inclus dans Gosford à Glenelg, 8 octobre 1836.

1er octobre,
Québec.
Gosford à Glenelg (n° 108).   Envoie mémoire de MM. Leeds et Abbott, missionnaires, lesquels se plaignent du tort à eux causé par la réduction de leur allocation annuelle.   Page 5

Inclus.   Mémoire des missionnaires de l'Eglise anglicane.   8

Rapport de l'entrevue qui a eu lieu avec les missionnaires.   13

3 octobre,
Québec.
Gosford à Glenelg (n° 109).   Copié dans le rapport imprimé fait à la Chambre des Communes, Q. 228–3.

Inclus. Adresse de la Chambre d'Assemblée insérée dans le même rapport imprimé.

4 octobre,
Québec.
Gosford à Glenelg (n° 110).   Se trouve dans le rapport imprimé fait à la Chambre des Communes, Q. 228–3.

Inclus.   Discours prononcé devant l'Assemblée.

8 octobre,
Québec.
Gosford à Glenelg (n° 111).   Après avoir vu à régler toutes les affaires ecclésiastiques, on avait assermenté Messire Lartigue en qualité d'évêque de Montréal.   Le nouvel évêque lui a demandé de sanctionner, s'il est voté, un bill à l'effet de constituer en corporation l'évêque catholique de Montréal,

1836.

et à lui permettre de posséder des propriétés en main-morte. Demande instructions à ce sujet.   Page 22
    Inclus.   Serment des députés catholiques.   29
    Rapport du Conseil exécutif concernant la nomination de M. Lartigue.
                                                                          30

10 octobre.
Québec.

Gosford à Glenelg (n° 112). Envoie état trimestriel des recettes du compte relatif au revenu casuel et territorial, et de celui des terres de la Couronne et des permis de faire la coupe du bois.   32
    Inclus.   Recettes du compte relatif au revenu casuel et territorial. 33
    Recettes du compte des terres de la Couronne.   34

10 octobre,
Québec.

Gosford à Glenelg (confidentielle). S'il trouve l'occasion bonne, il dissoudra la Chambre. Si on avait nommé au Conseil dix autres citoyens en qui le pays avait confiance, l'Assemblée aurait peut-être voté arrérages et subsides. L'Assemblée a perdu du terrain, mais pas assez pour lui donner à penser que la dissolution serait avantageuse. Les obstacles à vaincre pour opérer un changement dans le Conseil exécutif. Demande comment réaliser la promesse de payer les appointements et arrérages dus aux employés publics.   35

14 octobre,
Québec.

Le même au même (n° 113). On a nommé une commission chargée de s'enquérir des meilleurs endroits où installer des phares, et d'assigner aux différentes provinces chacune sa part dans les frais de leur entretien futur, et ce, grâce à l'offre libérale du gouvernement britannique de construire des phares sur les îles Scatari et Saint-Paul. Envoie copie du rapport qui recommande de placer un phare sur l'île Saint-Paul et un autre sur celle de Scatari, et de fixer la quote-port des frais de leur entretien pour chaque province comme suit : £500 pour le Bas-Canada ; pour le Nouveau-Brunswick et la Nouvelle-Ecosse, £250 chacun, et £30 pour l'Ile du Prince-Edouard. La Nouvelle-Ecosse aura charge de voir au maintien de ces phares au moyen de cette somme de £1030, et si en aucune année elle ne suffit point, la différence sera fournie par les différentes législatures dans la proportion susdite. Convention entre le Nouveau-Brunswick et la Nouvelle-Ecosse.   39
    Inclus.   Rapport.   42

17 octobre,
Québec.

Gosford à Glenelg (n° 114). Transmet pétition des directeurs de la Banque de Montréal, dans laquelle ils font voir les inconvénients dont souffrirait la province si on laissait expirer la constitution en corporation de la banque, et ils demandent une charte royale ou une loi impériale permettant à la corporation de se maintenir pendant un certain nombre d'années ou plutôt jusqu'à la fin de la prochaine session du parlement provincial. Il y a dans la province deux autres banques à part cette dernière, et, comme la Banque du Peuple, qui n'a pas de charte, a été établie par des banquiers de France en vertu de l' "Acte de Commandite", les actionnaires savent qu'ils ne sont responsables que jusqu'à concurrence de leur mise. Il ne peut se prononcer sur ce sujet, qui ne s'est jamais présenté devant une cour de justice.   58
    Inclus.   Pétition des actionnaires, du président, et des directeurs de la Banque de Montréal.   62

18 octobre,
Québec.

Gosford à Glenelg (n° 115). Il a reçu des demandes de renseignements sur l'état des prisons et sur la discipline qui s'y pratique. Ce fut un des sujets sur lequel se porta son attention lors de son arrivée, et il soumit en conséquence la question à la législature. L'Assemblée la référa à un comité spécial, lequel recommanda d'offrir une prime pour le meilleur plan de construction d'une prison ; l'Assemblée agréa cette proposition, mais il ne fut rien fait de plus. Il a transmis les questions posées par Glenelg aux différents shérifs, leur demandant de faire rapport, et il communique le résultat. Il pourra y constater le nombre des prisons, un compte rendu de leur condition, etc.   67

DOC. DE LA SESSION No. 18

1835.

Rapport du comité spécial qui avait recommandé le système de prisons d'Auburn.   Page 80

Délibérations.   100

Lettre sur le sujet par William Powers.   117

Les documents rédigés en français.   141 à 200

Règles et règlements concernant l'ordre interne et la police de la prison à Québec.   201

19 octobre, Québec.

Gosford à Glenelg (n° 116). Transmet sur réquisition du colonel Wetherall une demande, en faveur de son père, de ce qui reste de terrain dans le township de Buckland ; le surplus a été accordé à différentes personnes.   213

Pétition de Wetherall.   215

24 octobre.

Gosford à Glenelg (n° 117). Le révérend M. Burrage s'en va en Angleterre. Rapporte la cause, et ne considère pas que Burrage a sujet de se plaindre.   218

2 décembre.

Anonyme à Gosford. En réponse au rapport de Gosford, le roi autorise ce dernier à reconnaître l'évêque catholique de Montréal.   26

2 décembre.

Anonyme au même (confidentielle). Il n'y a rien dans les statuts britanniques qui l'empêche de sanctionner un bill colonial pour permettre à l'évêque catholique romain de Montréal de posséder des propriétés en mainmorte.   27

8 décembre.

Anonyme à Gosford. Reçu dépêche du 17 octobre. Importance de la question soulevée dans la pétition de la Banque de Montréal, mais on ne pourra terminer cette affaire avant d'avoir reçu communication de la charte projetée.   65

29 décembre, Downing Street.

Anonyme au même. A référé les plaintes de Leeds et d'Abbott, au sujet de la réduction de leur allocation annuelle, à la Société de propagation de l'Evangile ; et il transmet réponse à montrer aux auteurs de ces mémoires. 7

Lettre anonyme et sans date au même. En réponse à la demande de Wetherall, transmet lettre semblable à celle qu'il a adressée à sir F. Wetherall sur le même sujet,   217

COMTE DE GOSFORD, GOUVERNEUR, 1836.

Q. 229—2.

1834.
23 janvier.

Rapport des Commissaires relativement à la cause de Burrage.

1835.
24 décembre,
1836.

Mémoire de Burrage.

Tous deux inclus dans Gosford à Glenelg, 24 octobre 1836, dans Q. 229—1.

21 octobre, Québec.

Le percepteur et contrôleur des douanes à Walcott. Incluse dans Gosford à Glenelg, 3 novembre 1836.

Témoignage de Burrage.   235

25 octobre, Québec.

Gosford à Grey. Présente Burrage.   242

27 octobre, Québec.

Le même à Glenelg (n° 118). A reçu dépêches suivant liste.   243

Inclus. Liste.   245

29 octobre, Québec.

Gosford à Glenelg (n° 119). Transmet par Voyer réponse au secrétaire de la Guerre.   247

31 octobre, Québec.

Le même au même (n° 120). Il a destitué David Chisholm de ses fonctions de greffier de la paix et de coroner des Trois-Rivières, car il n'a pas répondu à l'accusation d'avoir manqué de rendre compte des honoraires de permis qu'il avait accordés.   248

Les documents relatifs à l'accusation suivent dans le rapport imprimé fait à la Chambre des Communes et inséré dans le volume.

2 novembre, Québec.

Gosford à Glenelg (n° 121). A reçu dépêche contenant avis que Primrose a été nommé juge de la cour de vice-amirauté, pour laquelle il (Gosford) avait nommé Henry Black. Primrose n'acceptera pas s'il ne peut conser-

1-2 EDOUARD VII, A. 1902

1836.

ver sa charge d'inspecteur général et de greffier du bureau des terres formant le domaine du roi. Il a averti Primrose qu'il ne pouvait cumuler les deux emplois, et Primrose avait informé l'amirauté qu'il ne pouvait accepter la dignité. Présume qu'on va confirmer la nomination de Black sans qu'il survienne d'autres difficultés.   Page 258

3 novembre, Québec.

Gosford à Glenelg (n° 122). Transmet rapport du percepteur et surveillant des douanes à Québec relativement à la plainte, faite par l'agent d'émigration à Belfast, qu'il avait recueilli à Québec des pièces d'argent à double effigie. Ils avaient fait rapport en conséquence au bureau des douanes, mais aucune réponse n'a encore été donnée.   262

Inclus. Rapport qu'on s'est plaint de cette monnaie à double effigie en vertu de la loi provinciale 2, Guillaume IV, ch. 17, sec. 1ère. Les émigrants n'ayant point les certificats nécessaires, on fit rapport de cette affaire au bureau dès le commencement de juin dernier.   264

4 novembre, Québec.

Gosford à Glenelg (n° 123). Transmet relevé établissant qu'il n'y a eu aucun changement dans le montant des pensions et des allocations de retraite.   266

Inclus. Relevé,   268

5 novembre, Québec.

Gosford à Glenelg (n° 124). Envoie réponse concernant réclamation faite par Shadwell contre Daly au sujet d'une dette. Il appert par la réponse que Shadwell se méprend.   269

Inclus. Daly au secrétaire civil. Il ne doit rien à Shadwell, et ce dernier ne lui a jamais demandé de paiement.   271

8 novembre, Québec.

Gosford à Glenelg (n° 125). La pratique suivie jusqu'en 1795 pour déterminer les bornes de concessions considérables de terres était de faire supporter le coût du bornage extérieur au gouvernement et aux concessionnaires conjointement, et de laisser à ces derniers tous les frais du bornage intérieur. A compter de cette date, les concessionnaires ont acquitté le coût du bornage tant intérieur qu'extérieur.   273

9 novembre, Québec.

Le même au même (n° 126). Envoie un état détaillé de la correspondance échangée entre lui et la Chambre d'Assemblée, ainsi que les actes de la législature.   275

Inclus. Liste des bills qui prendront fin le 1er mai 1838.   283

Liste de lois votées temporairement et qui prendront fin à différentes dates.   287

Liste de ces dernières lois, rédigées en français.   305

10 novembre, Québec.

Gosford à Glenelg (n° 127). Transmet mémoire du Dr Strachan en faveur du collège McGill.   324

Inclus. Mémoire du Dr Strachan.   326

Mémoire de certains habitants du Bas-Canada demandant au gouvernement de l'aide en terre ou en argent en faveur du collège McGill. Cause de l'intimé devant le Conseil privé relativement au collège McGill.   338

Annexe à la cause.   349

Lettres patentes dans lesquelles on nomme des commissaires aux écoles de fondation royale.   395

Plaidoyer des défendeurs.   400

Interrogatoires de la part des défendeurs.   409

Réplique.   414

Autres documents.   415 à 490

Lettre anonyme et sans date à Gosford. Envoi triplicata de la dépêche du 12 août dernier.   244

Lettre anonyme et sans date à E. Wood. Accuse réception de l'avis que Primrose n'acceptait pas la dignité de juge de la cour de vice-amirauté, et transmet copie de la dépêche adressée par Glenelg à Gosford à ce sujet, et dans laquelle Sa Seigneurie approuve la conduite de Gosford, et comme le refus de Primrose est complet, il (Gosford) peut mettre de l'avant le nom de Black.   261

Q. 229-3.

1836.
1er novembre. Suite des procédures dans la cause de des Rivières et du collège McGill.
Pages 491 à 568

11 novembre, Gosford à Glenelg (n° 128). Transmet deux mémoires sur réquisition du
Québec. révérend Thaddeus Osgood. Le premier est relatif à la suppression de l'intempérance, et dans le second, on demande l'entrée en franchise des livres destinés aux sociétés religieuses, et aussi de l'aide pour établir dans les cantons des bibliothèques qui seront à la disposition de l'union de l'école dominicale. L'importation de ces livres était, d'après la coutume, exempte des droits impériaux et commerciaux, mais depuis la circulaire du bureau des Douanes, il a restreint cette faveur aux droits provinciaux. Recommande la remise des droits impériaux. 569

14 novembre, Le même au même (n° 129). Transmet mémoire du juge en chef Reid,
Québec. lequel demande qu'on pourvoie à ce qu'il puisse prendre sa retraite. Recommande qu'on soit favorable à sa réclamation, vu les services de longue durée du juge. Il n'y a au Canada aucun fonds disponible à cet effet à part le revenu casuel et territorial, et celui de la vente des terres et du bois, sur lesquels on prend déjà le paiement de £800 de pensions. 577

Inclus. Mémoire du juge en chef Reid. 579

16 novembre, Gosford à Glenelg (n° 130]. Transmet documents judiciaires se rappor-
Québec. tant à une poursuite pour libelle dirigée contre la *Minerve,* au sujet du décès à la prison de John Collins, un indigent, et il donne la liste des jurés pour prouver que l'affirmation de la *Minerve* était fausse, quand elle disait qu'on avait exclu les jurés de langue française, car, contrairement à cette déclaration, sur 20 jurés assermentés, 11, c'est-à-dire la majorité, étaient d'origine française. 583

Inclus. Procédures de la cour du Banc du roi survenues entre le 9 mars et le 10 septembre. 591

Questions à poser à Duvernay. 603

Réponses. 606

Résumé du juge en chef, appuyé par les juges Pyke, Rolland et Gale. 609

Opinion distincte du juge Rolland (en français). 618

Jugement de la cour. 625

Ogden, procureur général, à Walcott. N'a eu à poursuivre pour libelle qu'une seule fois depuis sa nomination en qualité de procureur général. 652

Rapport (en français) dans lequel il est dit que le gouverneur a satisfait à la demande de la Chambre d'Assemblée, qui requérait la destitution du geôlier et du chirurgien de la prison, et commentaires sur le verdict du jury d'accusation. 654

17 novembre, Gosford à Glenelg (n° 131). Transmet mémoire à lui (Gosford) adressé par
Québec. le président et le secrétaire des Constitutionnels du Bas-Canada. Ils sont aussi à adresser un mémoire au roi. 663

Inclus. Mémoire. 665

18 novembre, Gosford à Glenelg (n° 132). Donne les raisons de son retard à répondre
Québec. aux questions relatives à la meilleure méthode à suivre pour diminuer les dépenses du département des Affaires des Sauvages. 669

1836.
22 novembre, Québec.   Gosford à Glenelg.   Envoie tête d'orignal à Sa Seigneurie et une autre à lord Ducie.   Page 677

22 novembre, Québec.   Le même au même (personnelle).   Fait part de la demande de Smith, conseiller législatif et greffier du Parlement, lequel veut obtenir un congé de trois ans.   Il lui est difficile de demander qu'on accorde ce congé.   678

29 novembre, Québec.   Le même au même(n° 133).   Transmet liste des dépêches reçues du bureau colonial depuis le 27 du mois dernier.   681
     Inclus.   Liste.   682

29 novembre, Québec.   Gosford à Grey.   Annonce la mort de Charles Grant, président de l'Association constitutionnelle.   Sa mort met fin à la question de lui faire sentir le déplaisir du roi à cause des déclarations de son mémoire, qui avaient laissé une pénible impression.   685

3 décembre, Québec.   Le même à Glenelg (n° 134).   Il a reçu la décision relative à la maison de Sorel.   Colborne se propose de faire des observations à ce sujet au commandant en chef.   Il n'avait point affirmé son droit à la maison lors de la prise de possession de Colborne, mais s'en était toujours prétendu le maître depuis son arrivée, après s'être entendu avec Aylmer pour en garder le mobilier suivant estimation.   Aylmer avait par hasard parlé d'un certain droit qu'y avait le corps des militaires, mais ceux-ci, avait-il dit, ne semblaient y attacher aucune importance.   Autres motifs de sa croyance au sujet de Sorel.   Sa surprise d'apprendre que Colborne ignorait qu'il eût écrit à Londres à ce propos.   Il est content de savoir que tous les documents adressés par Colborne à lord Hill avaient été soumis au gouvernement de Sa Majesté, lorsqu'on en arriva à une décision, en sorte qu'on ne basa pas ce jugement sur une preuve *ex parte*.   Fait valoir le droit qu'il a à titre de gouverneur civil, en vertu de décisions précédentes.   688

31 décembre.   Anonyme au procureur général et au solliciteur général.   Transmet copie d'une dépêche de Gosford, renfermant procédures judiciaires relatives à l'accusation de libelle portée contre la *Minerve*.   Il désire leur opinion conjointe pour savoir si on a conduit la cause conformément aux lois d'Angleterre.
                                                                                           589

1837.
12 janvier.   Anonyme à Spearman.   Envoie dépêche reçue de Gosford, dans laquelle ce dernier dit que jusqu'au 18 novembre il n'avait pu recueillir aucuns renseignements pour en faire rapport concernant les sauvages, et qu'il avait dû acheter les présents nécessaires.   Glenelg est d'opinion que le Trésor devrait approuver l'acte de Gosford.   675

28 janvier, Downing Street.   Anonyme à———.   Transmet pour être soumis aux lords de la Trésorerie un extrait de la dépêche de Gosford accompagné du mémoire où l'on demande l'entrée en franchise de livres destinés aux sociétés religieuses.   Il y avait aussi un mémoire relatif à la suppression de l'intempérance.   572
     Inclus.   Mémoire de la part des partisans de la tempérance.   573
     Mémoire de la part des amis du progrès moral et religieux.   575

28 janvier.   Anonyme à Byham.   Transmet pour être soumise à l'Artillerie copie d'une dépêche venant de Gosford, contenant une lettre adressée par Colborne au commandant en chef, et relative à la revendication du commandant des troupes, qui demande à occuper la maison de Sorel.   La lettre de Colborne est accompagnée de nombreux documents qui établissent qu'à compter de la date la plus reculée on a considéré la maison comme propriété militaire.   Demande de soumettre les documents à l'Artillerie, pour savoir si on y pourra trouver une raison de changer l'opinion maintes fois exprimée par ce corps, relativement à la revendication des autorités militaires concernant la maison de Sorel.   701
     Inclus.   Colborne à Hill.   Longue argumentation pour prouver le droit du commandant des forces du Canada à la possession de la maison de Sorel.
                                                                                           703

COMTE DE GOSFORD, GOUVERNEUR, 1836.

Q. 229—4.

1835.
13 novembre,
Downing
Street.

Goulburn à Besserer.

1836.
9 février,
Downing
Street.

Glenelg à Gosford.   Toutes les deux incluses dans Gosford à Glenelg, 24 décembre 1836.

1er décembre,
Québec.

Etat de la part du juge Bowen.

1er décembre,
Québec.

Compte du juge en chef Sewell pour allocation de tournée.   Tous deux inclus dans Gosford à Glenelg, 17 décembre 1836.

3 décembre,
Québec.

Gosford à Glenelg.   Couvre lettre contenue en Q. 229—3.
Suite des documents envoyés par Colborne et relatifs à la propriété de Sorel.   Page 719

4 décembre,
Québec.

Gosford à Glenelg (personnelle).   Ecrit simplement pour dire qu'il s'applique à toujours donner à Colborne toutes les preuves de déférence possible.   Ne peut s'accuser d'avoir jamais dévié de cette ligne de conduite. Raisons principales qui l'ont poussé à prendre cette attitude à l'égard de Colborne.   775

6 décembre,
Québec.

Le même au même.   Transmet accusations préparées par la Chambre d'Assemblée contre le juge Thompson de Gaspé, et portées par DeBlois, avocat et membre de l'Assemblée.   On trouvera l'affaire dans le sixième et le septième rapports du comité des griefs et dans la défense de Thompson. On l'accuse de malversation, de négligence dans ses devoirs et d'ivresse.   Il a refusé de se prononcer en cette affaire avant d'avoir entendu la défense. Accusations erronées portées contre le juge au cours de l'administration de lord Dalhousie.   779
Sixième rapport du comité permanent des griefs.   783
Preuve et autres documents se trouvent dans le rapport imprimé fait à la Chambre et inséré dans le volume.   785

10 décembre,
Québec.

Gosford à Glenelg.   Relativement à la dépêche du 3 courant concernant la maison de Sorel, Colborne désire faire quelques observations avant qu'on en vienne à une décision définitive.   837

10 décembre,
Québec.

Le même au même (n° 136).   Transmet une autre communication de Secretan.   838
Inclus.   Secretan au secrétaire colonial.   Demande qu'on lui fournisse copie des rapports du gouverneur.   840

12 décembre,
Québec.

Rapport de A. C. Buchanan. Inclus dans Gosford à Glenelg, 23 décembre 1836.

16 décembre,
Québec.

Gosford à Glenelg (n° 137).   Avait écrit un mot à Eden pour lui expliquer une expression contenue dans l'une de ses lettres (celles de Gosford), laquelle l'avait blessé.   Envoie copie de la lettre et de la réponse.   842
Inclus.   Gosford à Eden.   Lui explique le sens d'une phrase contenue dans une lettre adressée au secrétaire colonial, laquelle avait blessé ses sentiments (d'Eden).   844
Eden à Gosford.   Remerciements pour la lettre bienveillante reçue, laquelle lui avait donné le sens de l'expression.   846

17 décembre,
Québec.

Etat des revenus du Bas-Canada à la disposition de la Couronne.   Inclus dans Gosford à Glenelg, 17 décembre 1836.

1-2 EDOUARD VII, A. 1902

1836.
17 décembre, Québec. Gosford à Glenelg (n° 138). Fait rapport que comme la somme disponible pour le paiement des traitements des fonctionnaires publics et des créanciers du gouvernement aurait apporté un dédommagement à peine sensible, il n'avait fait la distribution qu'aux juges. Envoie état des finances. Transmet réclamation du juge en chef Sewell et celle du juge Bowen, lesquels demandent £75 au lieu de £25 pour chacune de leurs tournées. Comment fut autorisé un tel paiement. Page 847

Inclus. Etat des revenus du Bas-Canada à la disposition de la Couronne, après déduction des paiements faits. 851

Réclamation du juge en chef Sewell. 852

Désignation par le juge Bowen de son autorisation de produire réclamation, et il envoie état du montant dû, £1,112 16s. 8d. 853

Etat de la balance due à Bowen, laquelle est de £1,110 6s. 8d., au lieu de s'élever à la somme mentionnée dans la lettre. 856

Bathurst à Prevost. Le prince régent ne peut sanctionner une augmentation du traitement des juges du Bas-Canada, mais il permet de leur payer £75 pour chaque tournée par eux faite. 860

York à Bowen. Kempt autorise l'émanation d'ordres de payer à compte de l'allocation donnée aux juges pour faire leur tournée. 862

21 décembre, Québec. Gosford à Glenelg (n° 139). Fait part de l'état anormal de la circulation de la monnaie. Nécessaire d'y remédier. 863

Inclus. Routh à Spearman. Au sujet des embarras causés par le manque de circulation métallique et remède à apporter. 867

22 décembre, Québec. Pétition de la part de Besserer. Inclus dans Gosford à Glenelg, 24 décembre 1836.

23 décembre, Québec. Gosford à Glenelg (n° 140). Transmet rapport annuel de l'agent d'émigration. 874

Inclus. Rapport de A. C. Buchanan, agent d'émigration. Rapport imprimé inséré dans le volume. 874

24 décembre, Québec. Gosford à Glenelg (n° 141). Transmet pétition de la part de Besserer, notaire de Québec; ses services. Il avait reçu concession de la Grande-Ile, située dans la rivière Saint-Jean, mais on ne la lui livra point, car elle se trouvait en dehors des limites du Nouveau-Brunswick. Il demande à la place 1,200 acres de terre. 888

Inclus. Pétition (en français). 890

Ordre donné par Goulburn au gouverneur du Nouveau-Brunswick de faire concession de la Grande-Ile, située dans la rivière Saint-Jean. 893

Glenelg à Gosford. Offrir remerciements à Besserer pour avoir transmis l'original d'une lettre de Goulburn, ce qui empêchera qu'elle ne tombe en mauvaises mains. 894

26 décembre, Québec. Gosford à Glenelg (n° 142). Envoie mémoire de François Vallerand, qui demande une pension ou une concession de terre pour services rendus. 895

26 décembre, Québec. Le même au même. Le pays est tranquille et restera tranquille, vu les dispositions du peuple; seulement la violence des extrémistes empêche la solution des questions en litige. La réouverture de la législature n'apportera probablement aucun bon résultat. 899

28 décembre, Québec. Le même au même (n° 143). Il a reçu lettre dans laquelle on demande s'il y a des objections à ce qu'il s'exécute une convention avec l'Autriche pour mettre un terme à certains impôts grevant la transmission internationale de la propriété individuelle. Il n'y voit aucune objection, et transmet copie du rapport fait sur le sujet par le Conseil exécutif. 901

29 décembre, Québec. Le même au même (n° 144). Envoie liste des dépêches reçues du bureau colonial. 903

Inclus. Liste. 904

31 décembre, Québec. Gosford à Glenelg. Il a reçu de Colborne copie de la lettre qu'il a adressée à lord Hill relativement à la maison de Sorel. Observations au sujet de la propriété. 905

DOC. DE LA SESSION No. 18

<table>
<tr><td>1837.
24 janvier,
Downing
Street.</td><td>Glenelg à Gosford. Approuve son refus de suspendre le juge Thompson durant l'enquête, et tant qu'on n'aura pas fourni à l'accusé l'occasion de répondre. Recommande de référer la cause au comité judiciaire du Conseil privé. Blâme l'Assemblée d'avoir conduit l'enquête comme elle l'a fait et de ne pas avoir appelé l'accusé à se défendre. Il trouverait injuste dans les circonstances de suspendre le juge Thompson.   Page 831</td></tr>
<tr><td>27 janvier,
Downing
Street.</td><td>Glenelg au président du Conseil. Envoie copie d'une dépêche reçue de Gosford, ainsi que le rapport d'un comité de l'Assemblée du Bas-Canada concernant l'accusation de honteuse inconduite portée contre le juge Thompson. L'Assemblée demandait en conséquence la destitution de Thompson. Demande de référer les documents au comité judiciaire du Conseil privé.   835</td></tr>
<tr><td>31 janvier.</td><td>Anonyme à Spearman. Envoie copie d'une dépêche reçue relativement à la circulation métallique dans le Bas-Canada. Une copie de la lettre de Routh accompagnait la dépêche, mais comme la lettre se trouve à la Trésorerie, il n'en transmet pas de copie. Glenelg désire connaître l'opinion de la Trésorerie sur le sujet.   866</td></tr>
<tr><td>17 février,
Downing
Street.</td><td>Anonyme à Byham. Transmet pour être remise à l'Artillerie copie de la dépêche de Gosford relative à la maison de Sorel.   907</td></tr>
<tr><td>17 février.</td><td>Anonyme à Spearman. Transmet mémoire de Vallerand. Il est impossible de lui faire une concession de terre, mais, vu son âge avancé et l'importance de ses services, il recommande à la Trésorerie d'accueillir favorablement sa demande de pension.   897</td></tr>
<tr><td>14 mars,
Downing
Street.</td><td>Anonyme à Barrow. Il transmet à l'Amirauté le mémoire de François Vallerand, et le fait en des termes à peu près semblables à ceux dont il s'est servi pour écrire à Spearman, le 17 février   898</td></tr>
</table>

BUREAUX PUBLICS, 1836.

Q. 230–1–2–3.

La partie 1 est paginée de 1 à 187 ; la partie 2, de 198 à 394 ; la partie 3, de 385 à 576.

<table>
<tr><td>1834.
— février,
Montréal.</td><td>Pétition à laquelle on s'oppose à l'augmentation des droits imposés sur le bois et les articles de bois.   557</td></tr>
<tr><td>1835.
27 mai,
Québec.</td><td>Les signatures commencent à 574.
Secretan à Hill.</td></tr>
<tr><td>14 août,
Hôtel du
Commandant
en chef.</td><td>Fitzroy Somerset à Secretan. Toutes les deux sont incluses dans Hill à Glenelg, 6 septembre.</td></tr>
<tr><td>12 septembre,
Gaspé.</td><td>Sous-percepteur au percepteur et contrôleur des douanes, Québec.</td></tr>
<tr><td>9 novembre,
Québec.</td><td>Le percepteur et contrôleur des douanes à Gosford. Toutes les deux sont incluses dans Backhouse à Stephen, 13 février 1836.</td></tr>
<tr><td>27 novembre,
Québec.</td><td>Routh à Gosford.</td></tr>
<tr><td>28 novembre,
Québec.</td><td>Le même à Stewart. Toutes les deux sont incluses dans Baring à Grey, 13 janvier 1836.</td></tr>
<tr><td>26 décembre,
Québec.</td><td>Gosford à Bankhead. Lettre incluse dans Backhouse à Stephen, 13 février 1836.</td></tr>
<tr><td>31 décembre,
Québec.</td><td>Extrait inclus dans Gillespie à Glenelg, 8 mars 1836.</td></tr>
</table>

1-2 EDOUARD VII, A. 1902

1836.
5 janvier,
Trésorerie.

Baring à Grey. Relativement à la fourniture du combustible, de l'huile et de l'eau à la maison du gouvernement, et comment cela doit être porté en compte.   Page 176

6 janvier,
Washington.

Bankhead à Forsyth. Lettre incluse dans Backhouse à Stephen, 13 février 1836.

8 janvier,
Haut-Canada.

Extrait. Inclus dans Gillepsie à Glenelg, 12 mars 1836.

13 janvier,
Londres.

Pelly à Glenelg. Envoie la liste des personnes que la Compagnie de la Baie-d'Hudson a employées dans son territoire jusqu'au 1er juin 1835.
                                                                          469

Suit la liste :

Gouverneur	1
Agents principaux et intendant............ }	
Commerçants .... }	54
Aumônier..................................	1
Aide-aumônier.............................	1
Chirurgien................................	1
Commis...................................	116
Hommes de service........................	985
Total..............................	1,159

13 janvier,
Washington.

· Bankhead à Palmerston. Lettre incluse dans Backhouse à Stephen, 13 février 1836.

13 janvier,
Trésorerie.

Baring à Grey. Les lords de la Trésorerie approuvent la dépêche que Glenelg se propose d'envoyer au sujet des présents faits aux Sauvages, et il transmet copies de la lettre et du rapport de Routh concernant ce sujet, lesquels contiennent des vues qui coïncident avec celles du gouvernement de Sa Majesté.   178

Inclus. Routh à Stewart. Envoie copie d'une lettre qu'il a adressée à Gosford relativement aux dépenses du département des Affaires des Sauvages.   180

Routh à Gosford. Recommandations faites en vue de diminuer les dépenses du département des Affaires des Sauvages, et comment on pourrait économiser.   181

14 janvier,
Londres.

L'Association coloniale de l'Amérique du Nord à Hay. Envoie copies des rapports de l'assemblée annuelle qui se tient sur avis donné par Glenelg.
                                                                          381

Inclus. Sixième rapport de l'Association.   382

16 janvier,
Amirauté.

Wood à Hay. On lui a rapporté que le paquebot le *Star* avait été démâté, que le maître d'équipage et partie de l'équipage avaient été entraînés à la mer, et que le vaisseau s'était dirigé sur Antigua.   11

Une communication de Barrow dit que le *Star* pour échapper au naufrage, s'est porté vers Antigua, d'où l'on transmettra les dépêches pour Halifax.

Rapport du démâtage du *Star* communiqué par un vaisseau portugais.
                                                                           13

18 janvier,
Washington.

Forsythe à Bankhead. Lettre incluse dans Backhouse à Stephen, 20 février 1836.

19 janvier,
Trésorerie.

Baring à Grey. Les lords de la Trésorerie en sont venus à une décision relativement aux aides de camp des gouverneurs civils et des lieutenants-gouverneurs.   187

20 janvier,
Washington.

Bankhead à Gosford.

21 janvier,
Washington.

Le même à Palmerston. Toutes les deux sont incluses dans Backhouse à Stephen, 20 février 1836.

21 janvier.

Circulaire contenant instructions adressées à la douane. Incluse dans Backhouse à Stephen, 5 mars 1836.

DOC. DE LA SESSION No. 18

1836.

25 janvier.
Ministère de la Guerre.

Marshall à Grey. Les lords de la Trésorerie ont permis de payer deux aides de camp, l'un à Gosford et l'autre à Head, mais les services du premier devront cesser sitôt qu'avis en sera reçu en Canada. Howick considère cette mesure comme temporaire, et il est d'opinion qu'une semblable dépense ne peut être assumée que par l'armée, quand on ne pourra subvenir à l'entretien d'un gouverneur civil à même les revenus de la colonie.   Page 268

25 janvier,
Whitehall.

Lack à Grey. Les lords du Commerce, relativement aux craintes entretenues par le consul anglais de New-York au sujet des effets que peut avoir pour la marine britannique le libre transit par les États-Unis des marchandises destinées au Canada, signalent que, à moins d'un changement opéré par le Parlement dans les lois actuelles, on ne peut ainsi transporter ces marchandises.   55

30 janvier,
Amirauté.

Wood à Grey. Envoie dépêche de l'hydrographe relative aux phares du Saint-Laurent.   14

Inclus. Beauford, hydrographe. Rapport au sujet des phares du Saint-Laurent.   15

30 janvier,
Doctors' Commons.

Dodson à Glenelg. A reçu avis du choix de l'archidiacre Mountain, qui va devenir évêque de Montréal, et qui, en cette qualité, sera le coadjuteur de Sa Grandeur l'évêque de Québec, car Montréal n'a pas d'évêché distinct.   135

3 février,
Trinity-House.

Hubert à Baing. Lettre incluse dans Spearman à Grey, 22 février 1836.

3 février,
Doctor's Commons.

Dodson, etc., à Glenelg. Il n'y a rien dans la loi qui soit contraire à l'acte par lequel on nomme l'évêque suffragant de Montréal.   138

5 février,
Washington.

Bankhead à Palmerston. Lettre incluse dans Backhouse à Stephen, 5 mars 1836.

5 février.

Spearman à Stephen. Est-il arrivé à Elliott quelque accident auquel on puisse attribuer le changement de son écriture.   189

5 février.
Bureau général des Postes.

Freeling à Grey. Envoie copies de lettres de la part de Stayner, au sujet du retard apporté dans la remise d'une forte somme d'argent perçue pour port de lettres.   521

Inclus. Stayner à Freeling. S'il a retardé à faire remise, c'est qu'il subit un interrogatoire devant un comité du Parlement, et qu'il a reçu instruction de la part de Gosford de ne la point faire sans sa permission.   522

7 février,
Québec.

Extrait. Inclus dans Gillespie à Glenelg, 12 mars 1836.

8 février,
Montréal.

Extrait. Inclus dans Gould à Glenelg, 10 mars 1836.

11 février,
Irish-Office.

Morpeth à Glenelg. Si la compagnie dite l'Association coloniale de l'Amérique du Nord acquiert les terres qu'elle cherche à obtenir du Nouveau-Brunswick et à Terre-Neuve, il n'a aucun doute que les Irlandais pauvres et sans ressources en bénéficieront grandement.   525

13 février,
Affaires étrangères.

Backhouse à Stephen. Transmet correspondance relative aux empiétements commis par des pêcheurs des États-Unis dans les pêcheries du Saint-Laurent. Palmerston ne croit pas que le gouvernement des États-Unis soit en état d'arrêter efficacement ces empiétements, et que le seul moyen sûr à prendre est d'y envoyer un bâtiment de guerre.   60

Inclus. Bankhead à Palmeston. Rapporte les empiétements des pêcheurs des États-Unis, et dit que Gosford s'est mis en communication à ce sujet avec l'amiral qui est à Halifax.   62

Gosford à Bankhead. Écrit relativement aux empiétements des pêcheurs des États-Unis.   64

Le percepteur et contrôleur des douanes de Québec à Gosford. Fait part des plaintes se rapportant aux empiétements des pêcheurs des États-Unis.   65

1-2 EDOUARD VII, A. 1902

1836.

Le sous-percepteur au percepteur et contrôleur des douanes de Québec. Envoie rapport détaillé des empiétements des pêcheurs des Etats-Unis.
Page 66

Bankhead à Forsyth.   Fait voir les empiétements des pêcheurs des Etats-Unis.   71

16 février,
Whitehall.

Haulton à Stephen.   Il a transmis au ministère de la Guerre la lettre de Gosford relative à la réclamation de Heath.   526

20 févaier,
Bureau de la
papeterie.

Clench à Spearman.   On a expédié du bureau le 24 juillet dernier, la papeterie destinée à l'usage du secrétaire du département à Québec; la valeur de l'envoi était de £162 9s.   199

20 février.
Affaires
étrangères.

Backhouse à Stephen.   Il envoie, pour la gouverne de Glenelg, copie d'une dépêche de la part du Chargé d'Affaires à Washington au sujet des empiétements des pêcheurs des Etats-Unis.   73

Inclus. Bankhead à Palmerston.   Rapporte qu'on a reçu les griefs avec bienveillance et qu'on a pris des mesures pour remédier à l'état de choses.
74

Forsyth à Bankhead.   Mesures prises par le président pour forcer les pêcheurs à se tenir dans leurs limites.   76

Bankhead à Gosford.   Transmet copies de sa communication et de la réponse reçue relativement aux empiétements commis dans les pêcheries. 78

22 février,
Trésorerie.

Spearman à Grey.   Transmet rapport de Trinity-House relativement à un phare flottant dans le golfe Saint-Laurent.   190

Inclus. Hubert à Baring.   Observations présentées par Trinity-House au sujet des recommandations d'établir un phare flottant dans le Saint-Laurent.   Doute de sa convenance et de son efficacité pour raisons données.   191

23 février.

Chambre des Communes.   Adresse au sujet de la correspondance ayant trait aux terres accordées à Felton.   3

23 février,
Whitehall.

Haultain à Stephen.   Envoie copie de la réponse relative à la réclamation d'une pension faite par Heath.   527

Inclus. Sulivan à Haultain.   Signale le montant accordé aux quatre enfants de feu le lieutenant Heath; John a reçu tout ce qui fut originairement accordé, et il ne lui est rien dû maintenant.   528

23 février,
Trésorerie.

Spearman à Stephen.   Les lords de la Trésorerie ont reçu le rapport du commissaire du Canada faisant connaître l'achat destiné aux sauvages, et ils approuvent les mesures prises par Gosford pour suppléer à ce qui manquait.
195

24 février,
Québec.

Routh à Stewart.   Lettre incluse dans Spearman à Stephen, 19 mars 1836.

25 février,
Londres.

Haultain à Stephen.   On doit transmettre à Québec ordre de payer à Mᴵˡᵉ May Heath sa part du fonds de secours.   529

1er mars,
Londres.

Le comte d'Aglie à Palmerston.   Lettre incluse dans Strangways à Stephen, 17 mars 1836.

4 mars,
Ministère de
la Guerre.

Howick à Gosford.   Rend compte des premières demandes de Voyer.   Il n'y a rien dans l'explication maintenant donnée pour motiver un changement dans la décision de Howick.   Les réclamants devraient s'adresser à Québec à M. Wm. Burns, qui se trouvait en communication avec Munro immédiatement avant sa mort en 1803.   278

5 mars,
Affaires
étrangères.

Backhouse à Stephen.   Transmet instructions de la part du secrétaire du Trésor des Etats-Unis relativement aux empiétements commis dans les pêcheries.   79

Inclus. Bankhead à Palmerston.   Transmet instructions de la part du secrétaire du Trésor des Etats-Unis, relativement aux empiétements commis dans les pêcheries.   80

Circulaire aux percepteurs des douanes relativement aux pêcheries.   81

1836.

8 mars,
Downing
Street.

Stephen à Barrow. Adresse aux lords de l'Amirauté correspondance relative aux pêcheries, afin de leur permettre d'envoyer un vaisseau de guerre pour faire respecter les conditions du traité de 1818.　　　Page 83

8 mars.

Mémoire de la part de Tubby. Inclus dans Spearman à Stephen, 7 juillet 1836.

8 mars,
Trésorerie.

Spearman à Grey. Transmet rapport concernant l'approvisionnement de papeterie destinée à l'usage du secrétaire du département à Québec. La somme de £162 9s., qui y est spécifiée, sera payée à même la caisse de l'armée.　　　197

8 mars,
Ministère de
la Guerre.

Sulivan à Stephen. Transmet demi-solde au capitaine Richard Hayne, montant annuel de son traitement en qualité de fonctionnaire civil, et donne la date de sa nomination.　　　270

8 mars,
Londres.

Gillespie à Glenelg. Envoie extrait de la lettré d'un correspondant établissant la nécessité de rappeler Gosford. Il serait humiliant d'avoir à apprendre qu'il y a eu destruction de la propriété et pertes de vie sans qu'il se soit élevé une voix pour prévenir le gouvernement de l'état des colonies et pour essayer d'empêcher les colonies de l'Amérique du Nord de se séparer de leur mère-patrie. A cause de ses convictions, il va partir dans quelques jours pour le Canada pour tâcher d'y sauver la vie de ses parents et de ses amis et d'empêcher sa propre famille de se faire ruiner. Il ne s'était jamais mêlé à la politique et avait ainsi certaine influence, mais on ne peut abattre le courage de la population anglaise ou irlandaise, lorsque de gaieté de cœur on se rend aux demandes d'une division de la législature sans l'acquiescement de l'autre.　　　396

Inclus. Extrait.　　　399

9 mars,
Amirauté.

Barrow à Stephen. Relativement aux griefs formulés au sujet des empiétements commis par des pêcheurs des Etats-Unis sur les pêcheries britanniques. Le vice-amiral Halkett a reçu des intructions à ce sujet.　　　17

10 mars,
Londres.

Gould à Glenelg. Transmet extrait d'une lettre reçue du Canada. Une crise s'annonce à la suite des efforts qui se font pour concilier un petit groupe de partisans de l'égotisme anti-national.　　　409

Inclus. Extrait.　　　410

11 mars,
Ministère de
la Guerre.

Sullivan à Strangways. Lettre incluse dans Strangways à Stephen, 17 mars 1836.

12 mars,
Londres.

Gillespie à Glenelg. Au risque de passer pour importun, il transmet des extraits de lettres reçues du Haut et du Bas-Canada. Le remède signalé est trop évident pour être méconnu, et il est temps pour le gouvernement impérial de légiférer au sujet du Bas-Canada. Les lettres ne sont pas aussi récentes que les journaux reçus, et elles ne mentionnent point les actes extraordinaires de Head, lesquels font voir un grand manque de discernement qui va causer une rupture dans le Bas-Canada,　　　418

Inclus. Extrait relatant la condition politique et commerciale du Haut-Canada.　　　420

Extrait concernant l'état politique du Bas-Canada.　　　425

14 mars.

Chambre des Communes. Adresse dans laquelle on demande copie des instructions données aux commissaires chargés de s'enquérir des griefs dont on se plaint dans le Bas-Canada, et copie des instructions transmises à Head, lieutenant-gouverneur du Haut-Canada.　　　4

17 mars,
Affaires
étrangères.

Strangways à Stephen. Demande d'engager Glenelg à prendre les moyens de lui procurer des renseignements au sujet d'un Sarde répondant au nom de Donas Ferrers.　　　85

Inclus. Inclus le comte d'Aglie à Palmerston (en français). Veut s'assurer si Donat (ou Donas) Ferrers est vivant ou mort.　　　86

Sulivan à Strangways. Ferrers faisait partie du régiment de Meuron et reçut son congé en 1814. On n'a pu encore obtenir aucun autre renseignement, mais on prendra de nouvelles informations　　　87

18 mars,
Temple.

Les conseillers en loi à Glenelg.   Le roi ne peut sanctionner la loi réservée pourvoyant à la dignité et à l'indépendance des Conseils législatif et exécutif du Bas-Canada, car cette loi est contraire au statut 31 George III, ch. 31, et intitulé : Acte constitutionnel.   Page 139
    Inclus. Bill réservé.   142
Observations du procureur général sur le bill.   146
Motifs de dissentiment de la part des membres du Conseil législatif,
                                                                                147

19 mars,
Horse-
Guards.

Anonyme à Stephen.   Transmet copie d'une lettre de Colborne à soumettre au secrétaire colonial, et dans laquelle il annonce qu'il a établi sa résidence à Montréal et que, malgré son désir de retourner en Angleterre, il ne quittera pas le Canada avant d'avoir reçu des nouvelles du major général.   Nomination de sir James Lyon pour le remplacer.   34
    Inclus. Lettre de Colborne.   35

19 mars,
Trésorerie.

Spearman à Stephen.   Transmet pour être soumises à Glenelg copie d'une lettre de Routh et estimations des présents destinés aux sauvages pour 1836 et 1837.   200
    Inclus. Routh à Stewart. Transmet estimation relative aux présents destinés aux sauvages pour 1836 et 1837.   201
Demande d'un crédit pour pourvoir aux présents des sauvages pour 1836 et 1837.   203

25 mars,
Londres.

Compagnie des terres Anglo-Américaine.   Liste des employés, procès-verbaux, et deuxième rapport.   282

26 mars,
Londres.

Rapport des commissaires des douanes. Inclus dans anonyme à Gosford, 25 juin.

27 mars,
Dublin.

Henchey à Grey.   Depuis qu'il a quitté ses fonctions de pasteur, il a eu affaire avec les fripons les plus fieffés, les agents des bâtiments d'émigration.   Avait conseillé aux émigrants de poursuivre l'agent et le maître d'équipage du *Lord John Russell*, et ils avaient été forcés de rembourser tout l'argent des émigrants et de payer £3 pour les avoir détenus.   Avait chargé quelqu'un de voir aux plaintes, mais aucun d'eux ne peut inspecter les vaisseaux pour savoir s'ils sont en bon état et bien équipés. L'emploi d'Aiken n'est pas une sinécure.   Quatre vaisseaux embarquent des émigrants.   Les promesses que leur font les agents sont très larges tant qu'ils ne se sont pas emparés du dernier schelling, mais ils les oublient ensuite.   452

29 mars.

Sulivan à Stephen.   Demande de plus amples renseignements au sujet de l'emploi civil de Hayne, de sa durée probable, etc.   271

30 mars,
Trésorerie.

Spearman au même.   Felton va obtenir certificats d'examen des comptes des terres de la Couronne pour 1832, 1833, 1834 et le premier semestre de 1835.   205

30 mars,
Horse-
Guards.

Hill à Glenelg.   Transmet lettre de la part de sir James Lyon, lequel donne les raisons qui lui font refuser le commandement des troupes de Sa Majesté dans l'Amérique du Nord.   36
    Inclus. Lyon à Hill, lettres portant même date.   37

31 mars,
Downing
Street.

Anonyme à Gosford.   Transmet une demande de la part du ministre de la Sardaigne au sujet de Ferrers.   89

4 avril,
Bureau
général des
Postes.

Freeling à Stephen.   On a remis les deux dépêches à l'adresse du consul de New-York au capitaine du *Montréal*, lequel a refusé d'en donner reçu. Il n'y est pas obligé.   530

6 avril,
Bath.

Aylmer à Melbourne.   Lettre incluse dans Melbourne à Glenelg, 8 avril 1836.

7 avril,
Downing
Street.

Anonyme à Gosford.   Transmet copie d'une lettre de la Trésorerie ainsi qu'un rapport des commissaires dans lequel ils déclarent qu'un certificat d'examen devrait accompagner les comptes des terres de la Couronne. 207
    Inclus. Extrait d'un rapport des commissaires-auditeurs sur le sujet.
                                                                                208

DOC. DE LA SESSION No. 18

1836.

8 avril,
Panshanger. Melbourne à Glenelg. Transmet lettre de la part d'Aylmer. Les documents auxquels il réfère sont ils arrivés ?   Pafie 210

Inclus. Aylmer à Melbourne. Envoie rapport dans lequel l'Assemblée du Bas-Canada l'accuse de conduite criminelle, mais il ignore sur quoi elle se base. Demande une copie du rapport du comité.   211

8 avril,
Bureau
général des
Postes. Freeling à Stephen. L'envoi reçu de Québec aurait été plus volumineux si ce n'eût été du gouvernement local, qui n'avait pas payé le port dû, et auquel un vote de l'Assemblée pourvoit ordinairement.   532

Inclus. Rapport de Stayner adressé à Freeling, le prévenant du non paiement des frais de port par le gouvernement local.   533

avril. Anonyme à Aylmer. On a reçu de Gosford le quatrième rapport relatif aux griefs formulés au cours de la session de 1835-36, mais sans le procèsverbal, qu'il a été impossible d'obtenir. Transmet le rapport dans son état incomplet.   214

13 avril. Chambre des Communes. Adresse relative aux instructions transmises aux gouverneurs du Haut-Canada et du Bas-Canada concernant les dépenses du département des Affaires des Sauvages.   5

16 avril. Anonyme à Aylmer. Transmet quatrième rapport relatif aux griefs. 213

16 avril,
Londres. Bruyères à Grey. Attire l'attention sur les mauvais effets causés à l'émigration vers le Bas-Canada par les états partiels fournis par Buchanan, l'agent d'émigration.   313

Inclus. Lettre publiée sur l'émigration par A. C. Buchanan et copies de lettres écrites par émigrants.   315

19 avril,
Amirauté. Wood à Stephen. En réponse à la demande de l'Assemblée du Bas-Canada qui veut avoir copie d'un plan du Saint-Laurent à partir des Trois-Rivières jusqu'à Montréal, le plan du fleuve en haut de Québec n'est pas encore arrivé. La carte du bas du fleuve est presque complètement gravée, et sitôt qu'elle sera prête on en enverra copie.   18

20 avril,
Londres. Bruyères à Grey. Demande une entrevue à Glenelg au sujet du plan intérieur du territoire de Saint-François.   331

21 avril,
Londres. Goghill et Henchey à Grey, lettre incluse dans Henchey à Grey, 12 mai 1836.

23 avril,
Trésorerie. Spearman à Stephen. Les lords de la Trésorerie vont retarder de donner leurs instructions relativement à la transmission des présents destinés aux sauvages jusqu'à ce qu'ils aient reçu les rapports des gouverneurs des provinces canadiennes.   216

27 avril,
Artillerie. Byham à Grey. Demande passage jusqu'à Québec en faveur de la veuve et des six enfants de John Campbell, sergent de caserne.   163

30 avril,
Ministère de
la Guerre. Sulivan à Stephen. Désire savoir quand Craig a cessé de retirer traitement et émoluments en qualité de secrétaire particulier de lord Aylmer. A-t-il quelque autre emploi civil dans le département colonial ?   272

30 avril,
Québec. Routh à Spearman. Lettre incluse dans Spearman à——, 24 juin 1836.

5 mai,
Québec. Walcott aux officiers respectifs. Gosford n'a encore reçu aucune communication du secrétaire des colonies relativement aux ponts sur l'Ottawa, mais il approuve l'enlèvement d'une partie des tabliers pour empêcher qu'on y passe avec de lourdes charges.   170

6 mai,
Londres. Coghill et Henchy à Grey. Lui demandent d'exposer le sujet de leur lettre à Glenelg. Ils espèrent qu'il sera possible à l'Association (Association coloniale irlandaise de l'Amérique du Nord) de faire immédiatement des démarches pour trouver et procurer de l'ouvrage et des moyens faciles de gagner leur vie à des centaines de familles, qui dans un mois seront dans le dénûment.   455

10 mai. Chambre des Communes. Adresse de la part des habitants de l'Amérique Britannique du Nord pour demander copies de pétition, etc., relativement au principe électif dans leurs Conseils législatifs respectifs.   6

10 mai,
Trésorerie. Spearman à Stephen. Il a été donné des instructions d'émettre un mandat au montant de £1000 pour les dépenses de Gosford.   217

1-2 EDOUARD VII, A. 1902

1836.
13 mai,
Horse-
Guards.

Hill à Glenelg.   Les navires qui doivent transporter dans l'Amérique du Nord le régiment royal et le 85ᵉ étant à la veille de quitter la rivière pour se rendre à Cork, Sa Seigneurie a-t-elle des instructions à donner au sujet des compagnies de service des régiments qui doivent être relevés ?   Page 39

Inclus.   Anonyme à Hill.   On pourra saisir cette occasion pour renforcer peu à peu l'armée, si Gosford trouve la chose désirable.   40

13 mai,
Londres.

Henchy à Grey.   A été surpris d'apprendre qu'on n'avait pas reçu la lettre écrite par Coghill et lui, car il était certain qu'elle avait été expédiée. Inclus copie de la lettre,   456

Inclus.   Coghill et Henchy à Grey.   Récapitule les points discutés lors de l'entrevue et relatifs à l'acquisition de terres dans les provinces de l'Amérique Britannique du Nord.   458

17 mai,
House-
Guards.

Hill à Glenelg.   Signale les difficultés à rencontrer pour renforcer les troupes selon le désir de Sa Seigneurie.   43

18 mai,
Londres.

Aylmer à Melbourne.   Désire demander encore qu'on soumette au Parlement ses dépêches du 5 mars 1834 et du 18 mars 1835, comme on ne s'est pas montré disposé à en agir ainsi à moins que les affaires du Canada ne fussent autrement présentées au Parlement.   Vu qu'il en est question maintenant, il aimerait à voir soumettre ses dépêches, car il est temps d'en finir avec les accusations portées contre lui.   219

19 mai,
Liverpool.

Banning à Freeling.   Explique la cause du retard, peu fréquent d'ailleurs, qui survient dans la livraison des dépêches.   536

21 mai.

Anonyme à Coghill et Henchy.   A remis à Glenelg la lettre de Henchy ; Glenelg trouve le projet important, mais recommande fortement la prudence. Difficulté relative à l'établissement de colonies soit en Afrique, soit à Terre-Neuve.   Insuccès des expériences précédentes, dans lesquelles on s'était fié aux émigrants pour la recherche de leur subsistance, qu'ils devaient trouver non dans leur salaire, mais dans les produits de la terre.   Les émigrants pauvres doivent être précédés ou accompagnés de personnes qui disposent d'un capital leur permettant d'opérer des travaux utiles dans les régions incultes.   Les concessions gratuites de terres n'ont jamais eu d'aussi heureux résultats que les ventes à bon prix.   On a mis en vigueur la défense des concessions gratuites de terre pour éloigner le danger d'une population nécessiteuse.   Quant à l'approbation de certains marchés faits avec les gouvernements locaux, ces derniers ont été autorisés à vendre sous certaines conditions les terres non réclamées de la Couronne.   Ils ne peuvent rien faire de plus, et les arrangements ainsi faits n'ont nul besoin d'une sanction subséquente.   463

24 mai,
Québec.

Nicolls à Mulcaster.   Lettre incluse dans Byham à Stephen, 13 juillet 1836.

25 mai,
Bureau
général des
Postes.

Freeling à Stephen.   Comment on pourrait éviter les délais dans la livraison des dépêches à leur arrivée à Liverpool.   534

25 mai,
Brocket Hall.

Melbourne à Glenelg.   Quelle réponse donner à la lettre d'Aylmer ?   218

26 mai,
Affaires
étrangères.

Backhouse à Stephen.   Demande une lettre de présentation à Gosford en faveur de Chapman, qui a été longtemps consul britannique à Elsinore.   90

27 mai,
Whitehall.

Les lords du commerce à Baring.   Lettre incluse dans anonyme à Gosford, 25 juin 1836.

4 juin,
Londres.

Gould à Glenelg.   Transmet pétition venant de Montréal et dans laquelle on se déclare contre tout changement dans les droits imposés sur le bois de charpente.   Observations à l'appui de la pétition.   430

8 juin,
Québec.

Routh à Spearman.   Lettre incluse dans Spearman à Stephen, 30 juillet 1836.

1836.
9 juin,
Affaires
étrangères.
9 juin.

Cowper à Stephen. Palmerston demande de remettre à George Tattersall une lettre de recommandation. Page 91

Anonyme à Hill. Le gouvernement de Sa Majesté ne considère pas nécessaire de renforcer les troupes et demande permission de retirer sa lettre du 16, vu qu'il n'y a aucune instruction à donner aux compagnies de service. 46

9 juin,
Londres.

La Banque de l'Amérique Britannique du Nord à Glenelg. Envoie copie d'un bill dont est saisie la Chambre des Communes, et dont l'objet est de faire autoriser la banque à poursuivre et à être poursuivie en Grande-Bretagne. Si quelque chose dans le bill comporte l'extension de ses opérations aux colonies, les directeurs limiteront immédiatement le bill à la Grande-Bretagne. 349

Inclus. Bill ayant pour objet de faire autoriser la banque à poursuivre et à être poursuivie. 350

Liste. 371 à 376

10 juin.

Anonyme à Aylmer. Le gouvernement de Sa Majesté accordera toute motion faite pour demander la production des dépêches auxquelles il réfère. A reçu une copie officielle du rapport au sujet des griefs, mais de nouveau sans la preuve. 223

11 juin,
Halifax.

L'Amiral Halkett au secrétaire de l'Amirauté. Lettre incluse dans Maule à Stephen, 22 août 1836.

11 juin,
Downing
Street.

Anonyme à Sabine. On a de nouveau fait une demande au Bureau des Colonies en faveur des représentants de feu D. Douglas, et Glenelg désire savoir s'il y a lieu de payer une rémunération, et quelle rémunération on doit payer en vertu de son manuscrit, 518

Inclus. Coût des instruments choisis dont Douglas doit faire usage. 519

13 juin,
Horse-
Guards.

Hill à Glenelg. Renvoie la lettre reçue le 16. Les deux régiments qui sont à Québec et à Halifax reviendront à bord des navires qui auront transporté les nouveaux régiments. 47

15 juin,
Londres.

Pearce à Grey. Lui adresse le bill de la Banque de l'Amérique Britannique du Nord accompagné des amendements proposés. 378

Inclus. Bill. On avait copié le titre seulement à la page 350. 379

16 juin,
Affaires
étrangères.

Cowper à Stephen. Lord Palmerston demande une lettre de présentation en faveur de 'Richard Tattersall; on a accordé une lettre au frère de ce dernier il y a quelques jours. 92

17 juin,
Downing
Street.

Anonyme à Head. Envoie copie de correspondance au sujet du retard dans la livraison des dépêches. 535

18 juin,
Whitehall.

Le Marchant à Stephen. Les lords du commerce ont reçu copie de l'adresse du Conseil législatif du Bas-Canada au sujet du changement qu'on redoute dans les droits sur le bois de charpente colonial, et ils vont prendre cela en considération. 57

20 juin,
Trésorerie.

Spearman au même. Transmet rapport des commissaires de la douane sur le mémoire de Ramsay, qui s'attend à ce que les officiers de douane s'opposent à l'importation des publications britanniques réimprimées à l'étranger. 225

21 juin,
Amirauté.

Barrow à Stephen. L'amirauté a fait savoir au juge Kerr, le 24 septembre 1834, qu'on ne lui demanderait point de reprendre ses fonctions. 19

22 juin,
Limerick.

Sabine à Grey. A beaucoup avancé la mise en ordre des observations de Douglas. Pour compléter les observations sur le magnétisme terrestre, il aura besoin de deux aiguilles dont s'est servi Douglas en Amérique. Nature des recherches de Douglas. Envoie partie des observations pour faire faire des calculs comme peuvent en résoudre les compteurs ordinaires. Balance due pour papeterie, etc., et pour avance faite à Douglas. 511

23 juin,
Ministère de
la Guerre.

Sulivan à Stephen. A reçu lettre du 16 courant, accompagnée d'une dépêche de Gosford et d'une pétition de la veuve de Joseph de Varennes, laquelle demande une pension. Le 13 juin 1835, on l'avait requise de

1836.

transmettre la commission de son mari ou tout document établissant la durée de ses services et son grade militaire. Elle ne s'était point conformée à cette demande, et il est impossible au secrétaire de la Guerre de rien décider sans documents.   Page 273

24 juin,
Trésorerie.

Spearman à———. Les recommandations de Routh concernant les affaires des sauvages ont-elles reçu l'approbation de Gosford, et Glenelg est-il prêt à suggérer que l'on prenne, au sujet des présents destinés aux sauvages, des mesures basées sur ces recommandations?   232

Inclus. Routh à Spearman. Transmet observations sur une couple de points relatifs aux Affaires des sauvages, savoir : le rapport de l'obligation imposée aux sauvages de garder leurs costumes, pour ceux d'entre eux qui sont sous la direction des prêtres catholiques romains, et l'opportunité de les faire vacciner.   233

25 juin,
Downing
Street.

Anonyme à Gosford. Envoie copies de la correspondance échangée entre la Trésorerie et le Bureau colonial au sujet du mémoire de Ramsay touchant l'admission des publications réimprimées aux Etats-Unis.   226

Inclus. Rapport des commissaires des douanes sur le mémoire de Ramsay, dans lequel on indique les statuts qui défendent l'importation d'ouvrages réimprimés. Ils ne peuvent en recommander l'admission.   227

Les lords du Commerce à Baring. Ont examiné le rapport des commissaires des douanes ; ils partagent l'opinion exprimée dans ce rapport et recommandent d'en transmettre une copie à Stephen pour la gouverne de Glenelg.   230

27 juin,
Ministère de
la Guerre.

Sulivan à Stephen. A reçu lettre accompagnée d'une pétition de la part de certains pensionnaires dont les pensions avaient été commuées, et qui demandent le rétablissement de leurs pensions. Le secrétaire de la Guerre ne permet pas de remettre leurs noms sur la liste.   275

27 juin,
Whitehall.

Le Marchant à Stephen Les lords du Commerce ont reçu deux pétitions dans lesquelles on demande qu'il ne se fasse aucun changement dans le tarif des bois coloniaux.   58

28 juin.

Chambre des Communes. Adresses dans lesquelles on demande copies des lettres envoyées par Aylmer au secrétaire des colonies, et datées du 5 mars 1834 et du 18 mars 1835.   7

30 juin.

Chambre des Communes. Adresse dans laquelle on demande une copie du quatrième rapport sur les griefs concernant la conduite de lord Aylmer en sa qualité de gouverneur général.   8

6 juillet.
Downing
Street.

Anonyme à Barrow. Envoie copie d'une lettre de Sabine relative à des documents laissés par Douglas et qu'on a transmis à Sabine pour qu'il les fasse valoir. Les parents de Douglas ont de nouveau fait la demande d'une rémunération, et Glenelg prie de soumettre la lettre de Sabine aux lords de l'Amirauté pour avoir leur opinion au sujet de cette rémunération.   516

7 juillet,
Trésorerie.

Spearman à Stephen. Transmet une demande d'emploi en Canada de la part de Tubby, fonctionnaire de l'intendance. Ses services sont parfaitement établis et sa conduite est satisfaisante.   236

Inclus. Mémoire de Tubby.   237

8 juillet,
Amirauté.

Wood à Stephen. Les lords de l'Amirauté ont fait les démarches nécessaires pour faire faire les calculs demandés par Sabine. Ils ne se sentent pas compétents pour donner une opinion sur la compensation réclamée par les représentants de Douglas.   20

11 juillet,
Downing
Street.

Anonyme à Gosford. Fait rapport qu'on ne peut pas agréer la requête présentée par les pensionnaires de l'Assomption pour être inscrits de nouveau sur la liste des pensions.   276

13 juillet,
Artillerie.

Byham à Stephen. On a reçu le rapport relatif à l'écroulement de l'arche principale du pont construit sur l'Ottawa aux chutes de la Chaudière. 165

Inclus. Nicolls à Mulcaster. Parle de l'écroulement de l'arche principale du pont construit sur l'Ottawa.   168

1836.
14 juillet,
Temple.

Les conseillers en loi à Glenelg.   On peut sanctionner le bill ayant pour objet la concession de terres incultes, car ce bill ne touche pas à la prérogative royale.   Page 158

14 juillet,
Trésorerie.

Spearman à Stephen.   Les lords de la Trésorerie ont conseillé une nouvelle émission de £1,000 pour subvenir aux dépenses de Gosford en Canada.
                                                                              243

16 juillet,
Québec.

Observations soumises au gouverneur par Routh.   Incluses dans Spearman à Stephen, 20 septembre 1836.

18 juillet,
Londres.

Bruyères à Grey.   Glenelg en est-il arrivé à une décision au sujet de l'arpentage intérieur du territoire Saint-François.   Glenelg a promis de ne prendre aucune décision défavorable sans consulter de nouveau la Compagnie de terres Anglo-Américaine.   Les directeurs sont prêts à fournir tout renseignement désiré.   332

20 juillet,
Amirauté.

Wood à Stephen.   Vu les services rendus par le capitaine Pelly, gouverneur de la Compagnie de la Baie-d'Hudson, son fils a été promu au grade de lieutenant de marine, attendu qu'on ne peut accorder aucune marque de distinction au capitaine Pelly lui-même.   22

21 juillet,
Amirauté.

Wood à Stephen.   Envoie une autre lettre, la première ayant été annulée.
                                                                              21

21 juillet,
Downing
Street.

Anonyme à Spearman.   Vu certaines garanties données, Glenelg ne peut conseiller aux gouverneurs du Canada de nommer Tubby à aucune charge, et il le regrette.   241

23 juillet,
Downing
Street.

Anonyme à Gosford.   On lui avait annoncé que l'Artillerie avait l'intention de céder les ponts construits sur l'Ottawa, car ils ne sont plus d'aucune utilité au point de vue militaire.   166

25 juillet,
Whitehall.

Rich à Stephen.   Les commissaires des réclamations des Français ont reçu sa lettre, accompagnée de la pétition et du mémoire du supérieur et des directeurs du Séminaire de Québec au sujet d'une indemnité pour compenser la perte d'immeubles survenue en France; en juin 1827, on avait rejeté cette réclamation pour la raison, admise par l'agent, qu'elle ne tombait point sous la juridiction de la convention.   Cette question ayant déjà été décidée, on n'y peut revenir.   539

27 juillet,
Londres.

Macfarlan à Glenelg.   Il est trop tard pour qu'il ait une entrevue; il envoie donc un mémoire de la part du comité de la dernière assemblée générale de l'Eglise d'Ecosse, relativement aux églises presbytériennes des colonies.   Différentes opinions légales établissent que l'on peut pourvoir au soutien des ministres de l'Eglise d'Ecosse en Canada à même les revenus des terres réservées au clergé.   Considérations pour montrer l'opportunité d'accorder cette autorisation.   541
Inclus.   Mémoire du D⟨r⟩ Macfarlan.   544

28 juillet,
Québec.

Routh à Spearman.   Lettre incluse dans Spearman à Stephen, 20 septembre 1836.

28 juillet.

Chambre des Communes.   Adresses dans lesquelles on demande copies des dépêches adressées aux gouverneurs du Haut et du Bas-Canada relativement aux loges orangistes.   9

30 juillet,
Trésorerie.

Spearman à Stephen.   Transmet copies de lettre et d'envoi de la part de Routh, relativement aux dépenses concernant les sauvages.   244
Inclus.   Routh à Spearman.   Envoie copie de la lettre adressée à Head au sujet des dépenses concernant les sauvages.   Désire obtenir complets renseignements sur les ressources des sauvages.   Valeur du terrain si on le mettait en vente.   Il n'est d'aucune valeur pour les sauvages aujourd'hui, et c'est un obstacle qui nuit à la province, en empêchant les colons de s'y établir, et en rompant les voies de communication.   245

30 juillet,
Downing
Street.

Anonyme à Bruyères.   Glenelg a demandé à Gosford des renseignements sur l'arpentage intérieur des terres de la Compagnie de terres Anglo-Américaine, n'ayant pu s'en procurer auprès des fonctionnaires nouvellement arrivés.   333

1836.
2 août,
Affaires
étrangères.

Strangways à Stephen. On a accordé au révérend M. Holmes des lettres de présentation auprès des autorités de Paris et de Berlin.   Page 93

6 août,
Douanes.

Scovell à Baring. Lettre incluse dans Spearman à Stephen, 19 août 1836.

10 août,
Amirauté.

Wood à Phillipps. Lettre incluse dans Maule à Stephen, 22 août 1836.

19 août,
Trésorerie.

Spearman à Stephen. Envoie lettre reçue du Bureau des Douanes relativement à la remise de certificats aux vaisseaux transportant des passagers aux colonies de l'Amérique du Nord, la dite lettre référant à la communication d'Howick, datée du 2 avril 1832, et devant être soumise à Glenelg pour avoir son opinion sur les mesures à recommander.   247

Inclus. Scovell à Baring. Relativement à l'ordre du 4 avril 1832, donné par la Trésorerie aux officiers de douane, d'avoir à fournir aux vaisseaux transportant des émigrants aux colonies de l'Amérique du Nord des certificats que ces derniers s'étaient embarqués avec l'autorisotion du gouvernement ; on a fait la demande pour le *Roseland,* mais les officiers doutent s'ils peuvent accorder un certificat lorsque les passagers ne se sont pas embarqués avec l'autorisation du gouvernement. On a abrogé la loi qui s'appliquait au présent cas, et les officiers ne voient plus de vaisseaux transporter un passager par chaque cinq tonneaux. Demande de plus amples instructions.   248

22 août,
Whitehall.

Maule à Stephen. Transmet copie d'une lettre et documents inclus relatifs au débarquement, des vaisseaux du roi, des prisonniers condamnés aux Antilles et dans l'Amérique Britannique du Nord à la déportation.   129

Inclus. Wood à Phillipps. Transmet lettres de l'amiral Halkett, lequel fait remarquer l'inconvénient de transporter des prisonniers à bord des vaisseaux de Sa Majesté.   132

L'amiral Halkett au secrétaire de l'Amirauté. Veut avoir ses instructions pour le cas où on lui demanderait à transporter les condamnés à la déportation.   133

24 août,
Londres.

Bruyères à Glenelg. Attire l'attention sur un article paru dans le *Vindicator* et reproduit dans le *Morning Chronicle,* et ayant pour titre : "Avis aux émigrants." Caractère injurieux de l'article. La compagnie recherche l'intervention du gouvernement pour protéger ses droits sur les propriétés achetées de la Couronne.   335

Inclus. Extrait du *Vindicator* dans lequel on avertit les émigrants de ne pas acheter de terres de la Compagnie de terres Anglo-Américaine.   337

27 août,
Trésorerie.

Spearman à Stephen. On a émis une somme additionnelle de £1,000 pour pourvoir aux dépenses de Gosford, commissaire du Canada.   250

31 août,
Amirauté.

Barrow à Stephen. Francis Ward Primrose a succédé à Kerr en qualité de juge de la cour de vice-amirauté de Québec.   24

31 août,
Downing
Street.

Anonyme à Maule. On a déjà donné des instructions relativement à la lettre du 22 courant. Il peut résulter des maux plus grands que ceux conjurés par l'amiral, et notamment l'encombrement des prisons des Indes Occidentales.   130

31 août,
Downing
Street.

Anonyme à Bruyères. En réponse à la lettre de Bruyères, datée du 24 courant, il veut savoir quelles mesures spéciales de protection désire la Compagnie de terres Anglo-Américaine, car on a tout fait pour faire connaitre la décision de la Couronne au sujet du titre des terres.   338

2 septembre,
Artillerie.

Byham à Stephen. Le Conseil de l'Artillerie est d'avis que la maison du gouvernement à Sorel est sur le même pied que le Château de Québec, et se trouve être, par conséquent, assurément la résidence du gouverneur civil. Réfère à la correspondance de 1826, 1827.   171

4 septembre.

Anonyme à Gosford. Fait rapport que l'Amirauté a nommé Primrose juge de la cour de vice-amirauté.   25

1836.
6 septembre,
Hardwick
Grange.

Hill à Glenelg. Fait le résumé de la cause de Secretan, n'ayant pas l'intention de transmettre sa correspondance volumineuse. Remarque que Secretan échange aussi une correspondance également volumineuse avec le secrétaire de la Guerre, le secrétaire civil du gouverneur général, le procureur général et le percepteur des douanes. Secretan avait reçu pleine justice de la part d'Alymer. Page 48

Inclus. Secretan à Hill. S'oppose à ce que sa cause soit soumise au commandant des forces du Canada en sa qualité de meilleur juge pour décider du mérite de son affaire, car il a eu à se plaindre d'un examen précédent. 51

Fitzroy Somerset à Secretan. Puisqu'il met en doute la qualification du commandant des forces du Canada pour connaître de cette affaire, Hill refuse de communiquer avec lui sur ce sujet. 53

8 septembre,
Downing
Street.

Anonyme à Byham. Glenelg a remarqué la correspondance à laquelle il réfère. Puisque l'Artillerie continue à être d'avis que la maison de Sorel n'est pas destinée aux fins militaires, Glenelg se propose d'en notifier Gosford. 173

9 septembre,
Londres.

Bruyères à Glenelg. Les directeurs de la Compagnie de terres Anglo-Américaine font voir que l'article paru dans le *Vindicator* est une attaque dirigée contre la constitution du gouvernement et la prérogative de la Couronne, et tendant à supprimer l'autorité du roi en faveur de la Chambre d'Assemblée, à retrancher les droits de propriétés, etc, et menaçant les propriétaires de confisquer leurs terres. Comme cette attitude est séditieuse, on demande au gouvernement de défendre leurs droits en réprimant et punissant dès le début cette sédition très dangereuse. Autres observations dont l'objet est de recommander instamment que l'on prenne des mesures contre les libellistes. 340

19 septembre,
Downing
Street.

Anonyme à Bruyères. Glenelg refuse de faire poursuivre les propriétaires du *Vindicator*, car cette mesure ne semble pas être de l'intérêt de la grande majorité des sujets de Sa Majesté. 346

20 septembre,
Trésorerie.

Spearman à Stephen. Envoie lettre de Routh relative à la réduction et à l'abolition graduelle des dépenses se rapportant aux présents destinés aux sauvages. 251

Inclus. Routh à Spearman. Au sujet de la réduction et de l'abolition graduelle des présents aux sauvages. 252

Observations soumises au gouverneur sur la réduction projetée des dépenses concernant les sauvages. 255

22 septembre,
Amirauté.

Barrow à Stephen. A reçu de la part de John Snell demande d'arrérages de paye et de part de prises ; comme il a déserté, on ne peut se rendre à son désir. 26

24 septembre,
Québec.

Routh à Spearman. Lettre incluse dans Spearman à Stephen, 22 novembre 1836.

8 octobre,
Trésorerie.

Baring à Stephen Les lords de la Trésorerie ont fait émettre £1000 pour les dépenses de Gosford. 262

22 octobre,
En mer.

Gillepsie à Glenelg. Transmet copie de la réponse subséquente de la Chambre d'Assemblée au discours du gouverneur, laquelle confirme la résolution de ne voter aucun subside tant qu'on n'aura point rendu électif le Conseil législatif. Il est à espérer que le gouvernement ne fera aucune concession sur ce point et fera connaître immédiatement sa réponse, ce qui empêchera beaucoup de mal de se produire. Le Haut-Canada ne permettrait pas qu'on gênât son commerce comme le fait l'Assemblée du Bas-Canada, et comme le ferait le Conseil législatif si on le modifiait. 433

11 novembre,
Downing
Street.

Circulaire adressée par le bureau colonial aux gouverneurs de l'Amérique du Nord relativement au pouvoir que demande l'Artillerie concernant les propriétés appartenant au département. 161

22 novembre,
Trésorerie.

Spearman à Stephen. Les lords de la Trésorerie transmettent lettre de Routh relativement aux présents faits aux sauvages lors de leur visite et

1-2 EDOUARD VII, A. 1902

1836.

désirent savoir si on a reçu sur le sujet un rapport du lieutenant-gouverneur.
Page 263

Inclus. Routh à Spearman. Le lieutenant-gouverneur a changé son intention de discontinuer de faire des présents aux sauvages lors de leur visite à Amherstburg, et il a ordonné de suivre la coutume et d'acheter tout ce dont on aurait besoin. 265

6 décembre, Affaires étrangères.

Strangways à Grey. Transmet de la port de Pelly copie de lettre et envois à être soumis à Glenelg relativement à une bande d'aventuriers qui sont partis pour l'intérieur de l'Amérique du Nord. 94

6 décembre, Londres.

Gillespie à Glenelg. Envoie observations sur l'état politique du Bas-Canada. L'Assemblée a virtuellement suspendu la constitution ; aucune politique déterminée ne produirait des maux comparables à ceux qui existent aujourd'hui par la faute d'un homme qui cherche à soulever la révolte, un homme sans fortune, l'ennemi des Anglais, un homme que reconnaissent comme adversaire du progrès les Canadiens-français les plus instruits et ceux qui sont indépendants, mais on l'admire et on va l'appuyer. Conseille de passer immédiatement une loi ayant pour but d'unir le Haut et le Bas-Canada, et cette loi sera acceptée sans opposition ou à peu près. L'union serait la meilleure mesure à prendre ; et ensuite, l'annexion de Montréal au Haut-Canada. La création d'une troisième province, laquelle comprendrait Montréal et le côté sud du Saint-Laurent, serait peut-être aussi un bon remède. 436

Inclus. Observations sur les Canadas qui avaient accru leur population et leur commerce dans la tranquillité jusqu'à il y a environ dix ans, alors que Hume, le grand homme aux griefs, se mit à organiser des comités au sujet des griefs. Erreurs commises relativement aux Canadas. Obscurité des lois qu'on a confondues, car le droit français se mêle au droit romain ; on a passé des ordonnances provinciales, les unes avant, les autres après la conquête, et il y a aussi les lois de la province. Folie et inconséquence de la Chambre d'Assemblée. On doit redresser les torts, mais non se départir des principes justes et constitutionnels. Raisons pour ne pas abandonner les Canadas. Indique fortement comme remède l'union des provinces, accompagnée de certaines modifications ; ainsi on exigerait que les représentants sussent lire et écrire et possédassent la qualification foncière et on ne leur paierait aucune indemnité, devenue un ennui intolérable. Autres remèdes destinés à améliorer la condition des électeurs. 439

9 décembre, Amirauté.

Barrow à Stephen. Envoie copie d'une lettre dans laquelle Primrose explique pourquoi il ne peut se charger immédiatement de la dignité de juge de la cour de vice-amirauté 27

Inclus. Primrose à l'Amirauté. Explique pourquoi il ne peut se charger de la dignité de juge de la cour de vice-amirauté de Québec. 28

14 décembre, Londres.

Gillespie à Grey. Demande une entrevue. 450

15 décembre.

Stephen à Strangways. A reçu la communication du gouverneur de la Cie de la baie d'Hudson, laquelle lettre a été transmise par le ministère des Affaires Etrangères et a trait à une bande d'aventuriers. Leur conduite ne lui fait appréhender aucun danger pour les intérêts britanniques, mais Glenelg transmettra copies des documents au lieutenant-gouverneur du Haut-Canada. 95

Inclus. Pelly à Palmerston. Décrit la formation et les vues de la bande des aventuriers, dont le but avoué est de s'unir aux gens du Texas contre ceux du Mexique. 100

Simpson à Pelly. Transmet renseignements sur les actes de la bande des aventuriers, dirigés par un homme qui se donne le titre de "général Dickson." 105

Extrait de l'*Advertiser* de Détroit, lequel signale la saisie d'un vaisseau qu'on soupçonnait fort d'avoir pratiqué la piraterie. Le vaisseau était commandé par un chef qui se donnait le titre de "général Dickson". 111

George Simpson à John McDonell. Envoie lettres à remettre à McLoughlin et à McLeod, qui se sont joints inconsidérément à la troupe dirigée par Dickson.   Page 114

Lettres adressées par Simpson à McLoughlin et à McLeod pour les engager à quitter la troupe de Dickson.   115, 117

John McDonell à George Simpson. Rapport sur vaisseau et sur Dickson, commandant des aventuriers.   118

Nourse à Siveright. Raconte l'arrivée des aventuriers au Saut-Sainte-Marie.   121

Liste des chefs. La lettre dit : " Ils se classifient comme suit, selon le rang qu'il se sont eux-mêmes donné : "   124

" Le général Dickson,
" Les majors McLeod
            et McLoughlin,
" Les capitaines McLeod,
                McBean,   } Métis.
                Hays,
                Green. "

" Trois sous-chefs, un guide et trois voyageurs, ce qui forme en tout 14 " personnes."

Autres lettres sur ce sujet.   126

16 décembre,
Londres.
Campbell à Stephen. Le comité de la Société de propagation de l'Evangile a reçu de Gosford copies de lettres de la part des révérends MM. Leeds et Abbott relativement à la réduction du traitement des missionnaires de la société. Contredit l'état de ces deux pasteurs quant aux sommes promises. La société s'est engagée à affecter une somme n'excédant pas £10,285 par an au paiement du traitement des missionnaires des différentes provinces. Comment se sont faits les paiements aux missionnaires. La société exprime ses regrets au sujet des désagréments causés par la réduction, mais elle n'approuve pas qu'il soit fait aucune allusion aux traitements des évêques, des archidiacres et des titulaires des paroisses de ville.   550

17 décembre,
Londres.
Smith à Stephen. Aucun employé du nom de James Sayers ne travaille pour la Compagnie de la Baie-d'Hudson. On a déjà fait cette communication à Catherine Sayers.   508

Inclus. Lettre de Smith à Catherine Sayers pour lui dire qu'on ne trouve aucune personne qui réponde au nom de John Sayers (James dans la lettre précédente).   509

20 décembre,
Amirauté.
Barrow à Stephen. Transmet à Glenelg avis qu'on a nommé Henry Black juge de la cour de vice-amirauté aux lieu et place de Primrose, qui a démissionné.   31

22 décembre,
Ministère de
la Guerre.
Sulivan à Stephen. Reçu de M. P. Voyer une lettre qui n'affecte aucunement la décision première de Howick.   277

27 décembre.
Anonyme à Gosford. On a nommé Henry Black juge de la cour de vice-amirauté aux lieu et place de Primrose, qui n'a pas accepté la dignité.   32

28 décembre.
Anonyme au même. Il n'y a rien dans la dernière de Voyer qui puisse modifier la décision de Howick.   280

29 décembre,
Londres.
Pressly à Stephen. Envoie lettre à remettre à Gipps.   555

30 décembre.
Anonyme à Head. Transmet copie d'une lettre du ministère des Affaires étrangères au sujet d'une troupe d'aventuriers conduits par un homme qui se donne le titre de "général Dickson". Ne redoute aucun danger de la part de ces individus, mais ils peuvent essayer de se mêler aux sauvages établis dans les régions plus reculées du Haut-Canada. Prévenir les fonctionnaires du département des Affaires des sauvages.   98

Pas de date.
Anonyme à Campbell. Glenelg a reçu lettre comportant plaintes de Leeds et d'Abbott, et il exprime l'opinion que la société a fait preuve de son même esprit de justice et de sollicitude touchant les grands intérêts qu'elle a entrepris de favoriser.   554

1-2 EDOUARD VII, A. 1902

1836.

Anonyme à Bruyères. Réfère à la lettre du 17 et à la réponse du 30 juillet, et fait savoir que Glenelg a reçu de Gosford un rapport où il est établi que l'arpentage intérieur devrait être à la charge du gouvernement. Comme cette pratique serait contraire à l'usage, Glenelg refuse d'en prendre la responsabilité.　　　　　　　　　　　　　　　　　　　　　　　Page 334

Lettre anonyme et non datée à————. Spearman a soumis à Glenelg sa lettre du 8 mars 1836, relativement à la papeterie destinée aux bureaux publics du Bas-Canada, mais, vu l'état de la province, Glenelg ne croit pas maintenant à propos d'ordonner de rembourser le montant. Comme le parlement vient de voter une somme destinée à solder les arrérages, ne pourrait-on pas acquitter cette obligation à même cette somme votée ? 198

Divers, 1836.

Q. 231—1-2-3.

(La partie 1 est paginée de 1 à 193 ; la partie 2 de la page 194 à 406 ; la partie 3 de la page 407 à 601.)

1834.
25 février,
Whitehall.

Copie imprimée des minutes de la Trésorerie au sujet des réclamations de la part de certains Français.　　　　　　　　　　　　　　　　　　Page 333

1835.
20 juin,
New York.

James Buchanan à Glenelg. Lettre incluse dans Buchanan à Glenelg 28 mai 1836.

1836.
5 janvier,
Cornwall.

Aylmer au même. A reçu réponse. Le sujet dont traite le mémoire ayant nécessité une délibération peu ordinaire, il doit sans doute considérer la décision comme finale, en autant qu'il (Glenelg) est concerné. Il désire donner des explications, et, quelles que soient les raisons qui ont motivé son rappel, il n'a jamais supposé qu'il ait eu pour cause certains doutes entretenus sur la droiture de ses actions. Il critique la lettre de Glenelg, dans laquelle il démontre qu'on n'eût surmonté les difficultés dont parle Glenelg si on s'en était rapporté à ses recommandations. Il commente les actes de l'Assemblée, etc.　　　　　　　　　　　　　　　　　　　　　　32

12 janvier,
Southampton.

Mountain à Glenelg. L'archevêque de Canterbury désire être sacré le 14 février, le jour même du sacre de l'archidiacre Broughton. Recommande de commencer sans délai les préparatifs nécessaires. Ignorait qu'on avait soumis son nom au roi. L'archevêque de Canterbury croit qu'il lui serait préférable de prendre le titre de lord-évêque de Montréal. A la mort du lord-évêque de Québec, on pourrait unir les deux titres, et le nouvel évêque porterait le nom d'évêque de Québec et de Montréal.　　　　　　　　431

13 janvier,
Québec.

Craig à Hayne. Lui donne instruction d'avoir à arpenter pour la Cie de terres Anglo-Américaine.　　　　　　　　　　　　　　　　　　300

13 janvier,
New York.

Buchanan à Grey. A transmis les dépêches de Gosford. Head est arrivé, et part le matin même pour le Haut-Canada.　　　　　　　　　87

14 janvier,
Southampton.

Mountain à Glenelg. A reçu lettre du 8. Le remercie de lui avoir fait connaître son intention de soumettre au roi son nom (de Mountain) pour qu'on le nomme suffragant de l'évêque de Québec, et de lui avoir dit qu'il transmettrait aux commissaires des représentations au sujet des réserves du clergé. Ses doutes quant à la convenance d'adresser directement aux commissaires son plan relatif aux fonds destinés à l'Eglise anglicane en Canada.　　　　　　　　　　　　　　　　　　　　　　　　434

14 janvier,
New York.

Buchanan à Grey. A transmis dépêches. Vu le retard causé par les tempêtes de neige et par l'état de surexcitation qui existe en Canada, il suggère, quand on voudra expédier des dépêches, de les confier à un messager spécial.　　　　　　　　　　　　　　　　　　　88

1836.

16 janvier,
Liverpool.
Baring Frères au même. Ont transmis dépêches à Buchanan, consul à New-York. Page 89

18 janvier,
Londres.
Mountain à Grey. Envoie les documents qu'il (Grey) désire voir. 436

19 janvier,
Cornwall.
Aylmer à Glenelg. Ecrit au sujet de l'imputation qu'il s'était mépris sur le sens des expressions de Glenelg, lequel explique qu'il n'a jamais eu l'intention de laisser entendre qu'Aberdeen se proposait de l'éloigner du gouvernement du Canada, et qu'il avait soigneusement évité de se servir d'expressions qui auraient nui à son retour, quand les fonctions d'Amherst prendraient fin. Il n'appert pas en vertu de quelle autorité il a dû quitter le Bas-Canada, soit de son propre chef, soit par un arrêté du secrétaire d'Etat. Il a senti que son allusion (de Glenelg) à la depêche d'Aberdeen le touchait de très près. (Aylmer). 43

19 janvier,
Downing Street.
Spring Rice à ———. Reçu lettre du 17. Il n'y a aucun changement dans l'opinion qu'on a à son sujet, mais le ministre des Finances, dont on a modifié la fonction officielle, n'a plus l'occasion de faire connaître ses vues. Lui recommande de s'adresser à lord John Russell. 581

20 janvier,
Durham.
Skene à Glenelg. Demande compensation pour les pertes subies par son père au cours de la guerre de la révolution américaine. 540
Plan d'une roue à aubes brevetée appartenant à Skene. 541

21 janvier,
Southampton.
Mountain à Grey. Avait oublié de dire que l'archevêque de Canterbury désirait consulter les conseillers en loi de la Couronne au sujet des arrangements ecclésiastiques, lorsque ceux-ci auraient transmis leur opinion sur la question relative à la nomination d'un suffragant de l'évêque de Québec. Fait savoir que ce dernier désire voir diviser immédiatement le diocèse. 437

22 janvier,
Liverpool.
Mémoire de James Birnie au sujet d'une concession de terre faite à James McDonald, dont il est l'héritier légal. 92

23 janvier,
Liverpool.
Pearl à A. C. Buchanan. Lettre incluse dans A. C. Buchanan à Grey, 28 janvier 1836.

23 janvier,
Liverpool.
Birnie à Glenelg. Vu la perte de ses biens, il désirerait se rendre au Canada s'il pouvait obtenir une concession de terre, dont les revenus, joints à ceux de sa profession, lui permettraient de faire vivre sa famille. 90

24 janvier,
Paris.
Bannister à ———. S'en va au Canada et fait l'offre de ses services pour s'enquérir de l'état des affaires des sauvages et pour trouver le moyen d'y remédier. Ses aptitudes pour faire ce travail. 97

25 janvier,
Baltinglass.
Brophy au secrétaire colonial. Envoie lettre pour qu'on la transmette au gouverneur. 100

27 janvier,
Lybster.
Sinclair à Glenelg. Signale les services rendus par son père, la perte de ses terres sur la rivière aux Pins, ses propres services et ceux rendus par son frère. Demande rénumération pour les pertes subies par son père. 543

28 janvier,
Londres.
A. C. Buchanan à Grey. Recommande de nouveau de placer un phare flottant à l'extrémité ouest de Green-Bank et un autre sur l'île Saint-Paul. Autres précautions à prendre pour la sûreté des émigrants. A trouvé le moyen de secourir les paysans qui sont sans ouvrage et qui meurent de faim dans le sud et l'ouest de l'Irlande. 101
P. S. Demande à Grey de lire la lettre incluse qu'il a reçue il y a quelques jours. 105
Inclus. Pearl à A. C. Buchanan. Fait connaître ce qu'il a appris en sa qualité de lieutenant d'un vaisseau de guerre sur la côte de Terre-Neuve, et il approuve son projet d'installer un phare flottant et un. 106

28 janvier,
Greenock.
Galt à Glenelg. Signale l'insuccès des commissaires du Canada et la cause de cet insuccès. Différence de tempérament entre le peuple britannique et le peuple canadien-français. 257

30 janvier,
Londres.
Mountain à Grey. Les lettres patentes seront prêtes à être sanctionnées lundi (1ᵉʳ février). 439

4 février,
Londres.
Roebuck à Glenelg. Transmet copie des résolutions de la Chambre d'Assemblée pour prouver qu'il n'a pas parlé à tort. La Chambre est contente de Gosford. 523

1836.

Inclus. Résolutions de la Chambre d'Assemblée à l'appui des avancés de Roebuck.   Page 525

8 février, New York.
James Buchanan à Glenelg. Offre ses services en qualité d'arbitre au cas où il y aurait désaccord relativement à la part payable au Haut-Canada sur les droits perçus dans le Bas-Canada.   108

12 février, Jersey.
Ellison à ——. Demande du délai pour prendre possession de la concession de terre qu'on lui a faite en sa qualité de colon militaire, et il donne les raisons qui l'empêchent de remplir ses obligations.   235

16 février, Québec.
Anonyme à Glenelg. Un loyal sujet britannique demande à Glenelg de prendre connaissance de deux lettres qui décrivent la vraie condition des habitants de langue anglaise qui demeurent dans les Canadas, et dont le sort ne tient qu'à un fil.   5

Inclus. Lettres troisième et quatrième, dans lesquelles on traite de l'état des deux Canadas, et signées N. N.   6, 9

17 février, Edimbourgh.
Hew Ramsay à Grey. Envoie mémoire à soumettre à Glenelg. Si le sujet dont on se plaint n'est pas dans les attributions de Glenelg, demande de faire parvenir le mémoire aux autorités compétentes.   493

Inclus. Mémoire dans lequel on demande à continuer d'importer par voie des Etats-Unis des œuvres de propriété littéraire.   194

18 février, Hollybrook.
Mémoire de John Condron. Il a servi en Canada dans le 89e d'infanterie et a été licencié sans obtenir de pension. Demande un passage gratuit pour le Canada et une concession de terre.   197

Inclus. Certificat du lieutenant-colonel Clifford en faveur de John Condron.   198

22 février, Downing
Anonyme à Ellison. En raison du motif qui l'empêche de prendre possession au temps fixé de sa concession, Glenelg lui accorde une extension jusqu'au 1er juin 1837.   238

22 février, Londres.
Cox et Cie à Hay. Demandent renseignements sur les appointements temporaires de Hayne, afin qu'il puisse faire les démarches nécessaires pour obtenir sa demi-solde.   195

Inclus. Hayne à Cox et Cie. Veut avoir renseignements du bureau colonial touchant la nature de son emploi temporaire afin de pouvoir obtenir sa demi-solde.   196

29 février. Londres.
Saint-André à Grey. La famille d'un Français, instituteur à Saint-Cyprien, Montréal, désire avoir de ses nouvelles, n'en ayant pas reçu de lui depuis 1826. On fait la même demande au sujet d'Auber, un autre Français, dont on n'a pas entendu parler depuis deux ans.   3

29 février, Liverpool.
Baring Frères au même. Ont transmis dépêche à l'adresse de Buchanan, consul à New-York.   109

8 mars, Londres.
Molloy à ——. Demande des secours pour finir la construction d'un asile d'orphelins destiné aux émigrants et pour terminer l'église catholique Saint-Patrice, Québec.   408

13 mars, Roehampton.
Lyon à Grey. Il lui est important de savoir quel montant il recevra pour ses dépenses de table, etc., à part son traitement de lieutenant général. Le coût des préparatifs à faire pour aller vivre sous un tel climat fait de cette question un sujet de la plus haute considération. Désire aussi savoir si on lui allouera une maison pour son domicile, ou quelle allocation on lui accordera à la place. Il croit qu'il aura à sa disposition la maison de Sorel pour demeure. Jusqu'à quel point sera-t-il soumis aux Chambres d'Assemblée du Bas et du Haut-Canada ?   345

21 mars, Québec.
Le lord-évêque de Québec à Glenelg. Sa satisfaction de voir l'archidiacre de Québec accepter la dignité d'évêque suffragant.   489

24 mars, New-York.
James Buchanan à Grey. Sa connaissance parfaite des deux provinces du Canada et des principaux hommes. Changement politique nécessaire pour mettre fin aux mécontentements. Ses recommandations à ce sujet.   110

1836.
**25 mars,
Londres.**

Aylmer à Hayne. S'il avait continué son administration dans le Bas-Canada, il lui eût accordé $4 par jour pour ses dépenses de voyage et autres, lorsqu'il se serait absenté du siège du gouvernement pour les intérêts de la Couronne ; et ce, indépendamment de ses appointements annuels de £200 qui lui étaient déjà assignés.   Page 298

**28 mars,
Québec.**

Tracy Thomas à Glenelg. Envoie deux gazettes ; à lire les articles marqués à l'encre rouge. On a recommencé à s'ameuter samedi. Espère transmettre un compte rendu publié dans la *Gazette* du soir. Est obligé de se faire protéger par les soldats depuis le refus de l'Assemblée de voter le traitement des présidents des sessions trimestrielles. Il n'y aura plus de paix tant que la police ne sera pas organisée. L'élection est terminée, mais les troubles continuent. La résistance seule vaincra l'Assemblée. Quels que soient les autres moyens qu'on emploira, il devrait y avoir une police organisée et payée. L'Assemblée gouverne tout, et est gouvernée par ses membres les plus dangereux.   564

**28 mars,
Downing
Street.**

Anonyme à Lyon. Le renvoie au secrétaire de la Guerre, qui lui donnera une réponse à la question relative aux dépenses accessoires. Le gouvernement ne pourra lui fournir une maison à Québec, et il sera impossible de mettre celle de Sorel à sa disposition. Quant à sa position à l'égard de l'Assemblée, il devra se faire un devoir de se conformer à toute sommation régulière d'avoir à comparaître ou de transmettre renseignements.   347

**31 mars,
Liverpool.**

Baring Frères à Stephen. Ont envoyé dépêche à Buchanan, consul. à New-York.   115

**— mars,
Downing
Street.**

Anonyme à Gosford. Envoie copies d'un mémoire et d'une lettre reçus de M. Molloy, lequel demande des secours pour terminer un asile d'orphelins destiné aux émigrants et l'église catholique romaine Saint-Patrice, Québec. A informé Molloy qu'on recommandera d'accorder sa demande.   409

**4 avril,
Northampton.**

Hayne à Glenelg. A reçu son congé et se présente. car Gosford lui a dit qu'on tiendrait probablement à avoir de lui de plus amples renseignements sur les empiétements du New-Hamphire, car il vient d'être employé à faire l'arpentage du district. Aylmer lui avait laissé entendre qu'il serait rétribué pour avoir exercé la surintendance de l'arpentage des terres à céder à la Cie de terres Anglo-Américaine et il s'était adressé à Gosford pour avoir une allocation spéciale à raison de son emploi, mais ce dernier n'avait pu rien faire que lui suggérer de s'adresser à Aylmer, lequel, dans la réponse qu'il avait donnée à sa demande, avait mentionné la somme qu'il lui eût déterminée, fût-il resté en fonctions. Il espère qu'on lui accordera un montant fixe.   293

**4 avril,
Québec.**

Tracy Thomas à Glenelg. Signale ce qu'il croit avoir été des erreurs commises au temps de la conquête. Considère comme une de ces erreurs d'avoir autorisé l'usage de la langue française à la législature, et argumente au long pour se donner raison. Comment faire le choix de l'homme supérieurement qualifié, qu'il soit Français ou Anglais. Incapacité de Papineau et de ses suivants de se maintenir au pouvoir.   567

**6 avril,
Londres.**

Medley à ———. Transmet copie d'une lettre et demande réponse. Importance de la question. Si le gouvernement ne prend pas l'affaire en main, des capitalistes new-yorkais vont s'en emparer et on va perdre le contrôle naturel qu'on aurait pu avoir sur les deux Canadas.   204

Inclus. Medley à Spring Rice. Les connaissances pratiques (de Rice) des bienfaits d'un système de banque dans un pays. Profits considérables occasionnés par l'établissement de la Banque provinciale d'Irlande. S'adresse à lui pour qu'il contribue à l'établissement d'une banque semblable dans l'Amérique Britannique du Nord.   205

**9 avril,
Southampton.**

Parkin à Glenelg. Connaît les différents gouverneurs du Canada et est parfaitement renseigné sur l'état de ce dernier. Envoie projet détaillé au sujet de la pacification du Bas et du Haut-Canada.   479

1836.
13 avril,
Downing
Street.

Anonyme à Gosford. Lui demande de prendre en considération les documents concernant Hayne ainsi que le rapport, et de s'assurer si Hayne a droit à une allocation, et si oui, quelle peut être cette allocation additionnelle relativement à l'arpentage des concessions faites à la Cie de terres Anglo-Américaine.   Page 302

14 avril,
Glasgow.

Morris à Glenelg. Attire l'attention sur les états fournis par Maria Monk, dont il faudra s'assurer de l'exactitude ou de la fausseté.   410

14 avril,
Londres.

Mémoire de Campbell de la part des associés d'une banque par actions qu'on se propose d'établir en Canada, et demande d'une charte de constitution en corporation.   199

15 avril,
Londres.

Amherst à Glenelg. Transmet lettre adressée par Murdoch, employé de son bureau (de Glenelg), et accompagnée d'un état des sommes perçues et déboursées par lui en qualité de haut-commissaire du Canada. Observations sur chaque item, tous numérotés.   14

15 avril,
Rawdon.

Griffith au secrétaire colonial. Envoie pétition de la part des pensionnaires du 3ème bataillon de la milice de l'Assomption qui ont commué leurs pensions et qui étaient sous ses ordres. Ils sont fixés dans les montagnes de Rawdon, qu'il leur est impossible de cultiver, et même de défricher, car ils sont tous blessés et infirmes.   264

19 avril,
Londres.

Bliss à Glenelg. Les marchands de Montréal sont à préparer une pétition dans laquelle ils vont demander au roi de désavouer la loi ayant pour but de réglementer les élections, car elle a pour effet de priver tout marchand anglais de ses droits d'électeur.   116

19 avril,
Londres.

Roebuck à Grey. Transmet avis de son intention de poser certaines questions au sujet de documents provenant du Canada.   535

20 avril.

Anonyme à———(sir Robert Campbell). Glenelg ne pense pas que le gouvernement puisse sans délibérer beaucoup accorder une charte à la compagnie qu'on a en vue de former (voir page 199).   208

23 avril,
Londres.

Macgregor à Grey. Envoie des notes au sujet de la condition présente du Canada et du système mis en opération par Roebuck.   413

25 avril,
Liverpool.

Baring Frères à Stephen. Transmettent dépêche à Buchanan, consul à New-York.   118

27 avril,
St. Albans.

W. D. Ryland. Signale les services publics rendus par son père durant 56 ans. Il désirerait maintenant résigner ses fonctions en faveur de son fils, George Herman Ryland, qui peut remplir la charge avec toute la compétence voulue.   497

Inclus Certificats relatifs aux services publics de Herman W. Ryland.
                                                                  500 à 512

— avril,
Downing
Street.

Anonyme à Amherst. A reçu le rapport de Murdoch. Le compte rendu de Sa Seigneurie relativement à la dépense de £1,000 est satisfaisant, et il est déchargé de toute autre responsabilité à ce sujet.   17

2 mai,
Londres.

Aylmer à Glenelg. On a clos la session de l'Assemblée législative du Bas-Canada sans voter aucune somme pour payer les arrérages du traitement et les allocations dus aux fonctionnaires publics. Attire l'attention sur le montant qui lui est dû ainsi qu'à son secrétaire civil. Ne veut rien arguer de nouveau pour prouver sa réclamation, mais lui rappelle (à Glenelg) que lors de son entrée en fonctions, on lui avait assuré le paiement exact de son traitement et de ses allocations.   45

3 mai.

Anonyme à Aylmer. Il a reçu sa lettre comportant demande de paiement d'arrérages. Il soumettra sans délai cette demande à ses collègues. 47

7 mai,
New-York.

J. C. Buchanan (consul) à Stephen. Sur l'ordre de Glenelg, a transmis dépêches à Gosford et à Head.   119

9 mai,
Londres.

Hobart à Grey. Son fils a-t-il droit à une concession de terre? Fait connaître les circonstances de sa vie.   306

10 mai,
Londres.

Fresfield et Fils à Glenelg. La Cie du Canada leur a demandé d'attirer l'attention sur l'aperçu d'un projet pour étendre de façon absolument sûr leur circulation aux deux Canadas, et les directeurs désirent que le public

1836.

reconnaisse que c'est répondre aux besoins du Canada que d'établir une banque disposant d'un capital suffisant et administrée par des personnes intéressées à la prospérité du Canada.   Page 245

Inclus. État en faveur de la Cie du Canada transmis à l'appui de leur demande de pouvoirs additionnels.   247

14 mai, New-York. J. C. Buchanan à Stephen. A transmis dépêche à Gosford. Comme il attend Colborne et sa famille le 20 courant, il lui remettra sa dépêche à New-York.   120

16 mai, Liverpool. Baring Frères à Grey. Ont transmis dépêche à Buchanan; consul à New-York.   121

17 mai, Londres. St. André à Grey. Demande des renseignements sur certains biens laissés par Desrue à Montréal. Le seul point à noter est le suivant que je traduis du français : " La succession du sieur Desrue s'est ouverte à Montréal (Canada). Existe-t-il un testament, et quel est l'état actuel de la succession ? "   19

19 mai, Downing Street. Anonyme à Gosford. Il envoie documents concernant Ryland, et il désire avoir son rapport sur sa demande de permission de résigner son emploi en faveur de son fils.   513

20 mai. Alleyn à Glenelg. Demande à succéder à A. C. Buchanan en qualité d'agent d'émigration.   21

23 mai, Liverpool. Baring Frères à Stephen. Ont transmis dépêche au consul résident à New-York.   122

23 mai, New-York. James Buchanan (consul) à Stephen. La dépêche à l'adresse de Colborne lui fut remise à son arrivée. Il contremanda son billet de passage et retourna au Canada. On peut gagner deux jours en se servant d'un messager spécial entre New-York et le Haut-Canada, et trente heures entre New-York et Montréal.   123

24 mai, Horkesley Park. Le lord-évêque de Montréal à Glenelg. Envoie mémorandum de la part de Bethune au sujet de la réponse qu'on lui a adressée sur sa demande d'une augmentation de l'allocation qu'on lui a promise. Si on n'a point de fonds pour lui payer ce qu'il demande, il suggère qu'on lui concède des terrains incultes.   461

La lettre est datée du 24 juin, mais dans la réponse datée du 1er juin, on accuse réception de la lettre du 14 du mois dernier, c'est-à-dire de mai.

25 mai, Downing Street. Anonyme à Gosford. Transmet lettre de la part du consul français, dans laquelle ce dernier demande renseignements sur biens laissés par Desrue, de Montréal.   20

25 mai, Londres. Mountain à Glenelg se prépare à faire la traversée en juillet. Demande qu'on lui procure passage pour lui et sa famille.   441

26 mai, Londres. Le lord-évêque de Montréal au même. Demande à habiter gratuitement à Québec une maison du gouvernement, ou à ne payer qu'un loyer modéré et fixe. Toutes les maisons du gouvernement qu'il connaît à Québec sont sous le contrôle de l'Artillerie. Ne fait pas la demande pour la maison qu'il a en vue, car deux commandants des officiers royaux du Génie l'ont occupée successivement. Si sa demande se trouvait en contradiction avec les droits du prochain officier du Génie, il lui faudrait la retirer ou laisser à l'officier le choix de cette maison, qui est réservée au commandant des officiers du Génie.   447

26 mai, Londres. Le lord-évêque de Montréal à ———. Désire savoir si la colonie de la rivière Rouge ou autres établissements de la Compagnie de la Baie-d'Hudson seront soumis à sa juridiction d'évêque de Montréal.   445

28 mai, Londres. Oddie, Forster et Lumley à Glenelg. Désirent savoir si on en est venu à une décision relativement à une rémunération des services de David Douglass, car on a demandé à l'administrateur de faire des paiements, et les peaux et autres produits naturels se sont vendus pour £60 seulement.   471

1836.
28 mai,
New-York.

James Buchanan à Glenelg. Arrivée à New-York de 15,825 émigrants anglais ; à Québec, il est arrivé 63 bateaux sur lest, et six bâtiments ayant 664 émigrants à leur bord. Renouvelle sa demande d'une plus forte rémunération, vu le surcroît de besogne, car New-York est devenu le port par excellence des émigrants qui se dirigent vers le Canada. A retenu les services d'un autre commis, et demande au gouvernement de lui payer ses appointements à même le produit de la vente des terres dans le Haut-Canada.   Page 125

Inclus. Copie de la lettre de Buchanan, qui demande une augmentation de son traitement.   127

25 mai,
Londres.

Le lord-évêque de Montréal à Glenelg. Désire savoir si on le nommera au conseil en sa qualité d'évêque de Montréal. Si, au cours de l'excitation politique, quelqu'un abandonnait son droit à un siège, l'Eglise anglicane aurait bien le droit de se faire représenter au conseil, mais il ne sollicite pas cette faveur pour le présent. Si on le nommait, il suivrait l'exemple de l'évêque de Québec, et il éviterait de se mêler de politique.   450

30 mai,
New-York.

James Buchanan à Spring Rice (personnelle et confidentielle). Lettre incluse dans Buchanan à Stephen, juin 1836.

1er juin,
Downing
Street.

Anonyme au lord-évêque de Montréal. Regrette de ne pouvoir accéder à la proposition d'accorder des terres de la Couronne à Béthune pour les raisons qu'il donne.   465

1er juin,
Liverpool.

Baring Frères à Grey. Ont transmis dépêche à Buchanan, consul à New-York.   130

1er juin,
New-York.

James Buchanan à Stephen. Transmet documents relatifs aux Canadas, sachant combien il (Stephen) saura les apprécier à leur juste valeur.   131

Inclus. Buchanan à Spring Rice. A suggéré d'envoyer lord Killene au Canada. Insuccès de Gosford. On devrait demander au clergé de s'adresser au peuple et de maîtriser Papineau. Ses services (de Buchanan) relativement au Canada. Il recommande fortement que justice soit faite, mais qu'on ne fasse pas de concessions. Ses intérêts au Canada, où sont établis ses nombreux enfants. Ses efforts pour rétablir la paix dans une partie importante de l'empire.   132

1er juin,
Dublin.

Hill à Hay. Constate qu'une lettre affranchie est arrivée des Etats-Unis à l'adresse de Catherine Hunt, on l'a envoyée au bureau de poste de Londres. Il y a avis d'un mandat de £4 payable à la dite personne, et il est à supposer que la lettre contient ce mandat. Demande de la renvoyer au plus tôt.   308

3 juin,
Glasgow.

Crombie au secrétaire des Affaires Etrangères. Ecrit pour Alexander Leake, un pauvre homme qui ne peut payer les frais de ses avocats Il est devenu héritier de Robert Lake ou Leake, commissaire général de l'Amérique du Nord.   209

9 juin.

Anonyme à Roebuck. Glenelg ne croit pas qu'il soit désirable d'entrer en discussion, mais il désire attirer l'attention sur le fait que, lors de la dernière réunion des membres de la Législature, on ne pouvait prévoir que l'on enverrait un commissaire. C'est pourquoi il ne peut s'en rapporter à l'opinion de Roebuck relativement aux sentiments de l'Assemblée sur le sujet.

9 juin.

Anonyme à Aylmer. On a transmis à Gosford des ordres de se servir des réserves de la Couronne qui pourraient être mises à sa disposition pour régler les arrérages qui lui sont dus ainsi qu'à Craig.   48

9 juin,
Downing
Street.

Anonyme à l'évêque de Montréal. Regrette qu'il ne soit pas en son pouvoir de lui accorder suivant sa demande un passage gratuit jusqu'à Québec pour lui et sa famille ; il consultera l'Artillerie pour ce qui est de son autre demande.   443

9 juin.

Anonyme au même. Le territoire de la Cie de la Baie-d'Hudson ne tombe pas sous la juridiction ecclésiastique de l'évêque de Québec.   446

9 juin.

Anonyme au même. Son abstention de faire valoir immédiatement sa revendication d'un siège dans l'un des Conseils ; on ne permettra pas qu'il

1836.

en subisse aucun préjudice à l'avenir. Cette acceptation de la dignité d'évêque de Montréal comportait la promesse qu'au cas de survie, il succéderait à l'évêque de Québec, mais le gouvernement s'est engagé envers le parlement à ne pas demander de continuer le traitement attaché à cette fonction.   Page 452

10 juin,
Temple.
Bliss à Glenelg. On lui a transmis, pour qu'il la dépose au pied du trône, une pétition dans laquelle on s'oppose à un changement dans le tarif sur le bois de charpente. Les raisons sur lesquelles s'appuie la demande contenue dans la pétition sont tirées des avantages que cela pourrait avoir pour le commerce du Canada. Importance du sujet qui avait été mis en discussion.   136

Inclus. Pétition,   139

11 mai,
Londres.
Aylmer à Grey. Désire savoir si l'article paru dans le *Morning Post* est un exposé fidèle de ce qu'il (Grey) a dit au sujet de Head.   51

12 juin,
Londres.
Oddie, Forster et Lumley à Glenelg. Les manuscrits et les instruments ont été délivrés au bureau colonial ; les instruments appartenaient à ce bureau et on doit procéder à l'évaluation des manuscrits. Douglass ne possédait rien autre chose ; il appert, au contraire, qu'il était endetté envers la société d'horticulture. Il était à l'emploi du bureau colonial, lequel devait fixer sa rémunération.   473

12 juin,
Londres.
Aylmer à Grey. Le remercie de sa diligence. Lorsqu'il (Aylmer) a écrit, il n'avait pas en mains le billet de Glenelg ; autrement, il ne l'eût pas dérangé.   52

14 juin,
New-York.
James Buchanan à Stephen. A reçu et a transmis dépêches à Gosford et à Head.   143

18 juin,
Londres.
Pearce à Grey. A reçu billet de la Banque de l'Amérique Britannique du Nord, et le présentera au comité avec les changements qu'on avait requis. Il a profité de la recommandation de Grey concernant le ministre des Finances.   487

18 juin,
Trois-Rivières
Chisholm à Glenelg. Fait connaître sa cause pour en faciliter la décision, avant qu'on la soumette au roi.   210

18 juin,
Blunham.
Le lord-évêque de Montréal attire de nouveau l'attention sur le cas de Burrage, directeur de l'Ecole royale supérieure de Québec. On a porté la chose devant le parlement provincial du Bas-Canada, mais il n'y a rien à espérer de ce chef. Raconte les circonstances de la nomination et il demande instamment qu'on lui permette de prendre sa retraite.   454

20 juin,
Londres.
Aylmer à Glenelg. A reçu avis que le gouvernement consentira à produire ses dépêches sur motion présentée pour demander cette production. Lord Elrington présentera la motion. Comme on n'a point transmis à l'Assemblée le quatrième rapport concernant les griefs, il ne pourra en être question dans sa pétition.   53

20 juin,
Downing
Street.
Anonyme à Gosford. Reçu pétition de la part des pensionnaires du 3ᵐᵉ bataillon de la milice de l'Assomption, qui ont fait commuer leurs pensions, et il fera savoir à Griffiths que cette pétition a été renvoyée au ministère de la Guerre.   265

20 juin,
Londres.
Kerr à Grey. Le gouverneur du Bas-Canada a refusé d'émettre un mandat pour lui payer son traitement. Demande la permission de le recevoir à Londres.   342

20 juin,
Downing
Street.
Hay à Oddie, Forster et Lumley. Reçu leur lettre. On fera les démarches nécessaires pour s'assurer de la valeur des documents qu'a laissés David Douglass.   474

20 juin.
Anonymes aux mêmes. On a soumis les documents de David Douglass à l'Amirauté et à la Société royale pour qu'elles voient si le gouvernement serait justifiable d'accorder une gratification à ses représentants. Ses amis croient qu'on rendrait toute justice à sa mémoire en érigeant une inscription commémorative quelconque, soit au lieu de sa naissance en Ecosse, ou sur son tombeau à Owhyhee.   476

1836.
21 juin.
Downing
Street.

Anonyme à Aylmer. Lui expose le plan adopté par Gosford pour payer les arrérages dus aux fonctionnaires publics. On lui a réparti la somme de £2,250 (à Aylmer) et celle de £250 à Craig, ce qui n'affecte pas les instructions transmises à Gosford. Page 49

30 juin,
Londres.

Aylmer à Glenelg. Il regrette qu'au lieu de se faire payer ses arrérages en Grande-Bretagne, il lui faille s'adresser au gouvernement local du Canada, dont les maigres fonds sont grevés de très fortes charges. Étant gouverneur, il ne se sentait pas à l'aise pour réclamer ce qui lui était dû, lorsque tant de fonctionnaires publics ne recevaient pas non plus leurs appointements, mais aujourd'hui qu'il n'est plus gouverneur, il considère qu'on doit lui payer ses arrérages avec intérêt. 55

30 juin,
Downing
Street.

Anonyme au lord-évêque de Montréal. On ne peut accorder d'allocation à M. Burrage, et il ne peut être promu à aucune fonction dans l'Église anglicane. 460

4 juillet,
Chalford.

Strachey à Grey. Envoie lettre à remettre à Gosford. 553

6 juillet,
Londres.

Gibson au même. Transmet mémoire et demande qu'on lui accorde une audience sous peu. 266

Inclus. Mémoire au sujet de l'amélioration des terres incultes des colonies, et emploi du surplus de la population. 267

7 juillet,
Québec.

Cochran à Stephen. Attire l'attention sur l'abolition projetée de la charge d'auditeur des patentes de terres sans rétribution à l'auditeur. Envoie mémoire. 217

Mémoire inclus dans la dépêche de Gosford, 28 juillet 1836, au volume 228, où se trouve aussi une lettre à Walcott.

9 juillet,
Downing
Sreet.

Anonyme à Gosford. Le commandant Alleyn a fait demande de la charge de Buchanan. Comme cette charge n'est point vacante, on ne peut prendre cette demande en considération. On aurait dû lui transmettre (à Glenelg) ses lettres par l'intermédiaire de Gosford. 23

16 juillet,
Downing
Street.

Anonyme à Aylmer. Regrette qu'il ne soit pas satisfait du mode de paiement des arrérages, mais il n'y a point en Angleterre de fonds disponibles pour payer soit les arrérages, soit les intérêts. Gosford a reçu instructions de voir au paiement complet de sa réclamation et de celle de Craig. 59

16 juillet,
Londres.

Holmes à Glenelg. On lui avait confié le soin de voir à l'établissement d'une école normale dans chacune des villes de Québec et de Montréal. Il demande des lettres de recommandation pour le continent afin d'obtenir des renseignements, et il désire les avoir le plus tôt possible. Les collèges de Nicolet, de Québec, de Saint-Hyacinthe et de Sainte-Anne l'ont chargé de faire l'achat de livres et d'appareils de différentes sortes. Ils veulent qu'on leur fasse remise des droits sur ces importations. La trésorerie a transmis aux Douanes la demande de cette remise des droits impériaux, pour savoir si on peut légalement l'accorder. Il a confiance qu'on concédera aisément cette faveur, car il y a de nombreux précédents. Le séminaire de Québec a envoyé une pétition au sujet de biens confisqués par les Français durant la la révolution. Les commissaires exigent de plus amples renseignements avant d'accorder une réduction. 309

Inclus. Annexe A. (Confidentielle.) Le révérend John Holmes représente les écoles normales de Québec et de Montréal. 317

21 juillet,
Londres.

Ball à Glenelg. Avait apporté des dépêches qui lui ont coûté plus qu'il ne peut payer à cause de la retenue des subsides dans le Haut-Canada. Demande rémunération et veut être nommé porteur officiel des dépêches adressées à Québec, ce qui lui permettra de subvenir à ses dépenses. 144

21 juillet,
Downing
Street.

Anonyme à Backhouse. Le révérend John Holmes représente qu'il doit visiter la France et peut-être la Prusse, et il demande des lettres de créance qui lui faciliteront l'exécution de son mandat. Recommande qu'on lui fournisse les documents nécessaires. 318

1836.

22 juillet,
Edinburgh.

Kerr à Glenelg. Désire savoir si on a décidé de recommander qu'il prenne sa retraite moyennant une allocation déterminée, et si tel est le cas, quel est le montant de cette pension. Il ne peut croire qu'après 40 ans on le priverait de ce dont il jouit sans lui accorder une compensation.   Page 343

24 juillet,
Blackheath.

Hannah Ball à Glenelg. Demande qu'on nomme son fils au service de Gosford en qualité de courrier, et qu'on lui accorde une lettre de recommandation auprès de ce dernier. Comme son fils, à cause de la retenue des subsides, vit à mêmes ses faibles gages (à elle), ce serait l'aider grandement.   145

26 juillet,
Londres.

Hume à Grey. S'oppose à ce qu'on accorde une charte à la Banque Coloniale de l'Amérique du Nord.   320

— juillet, -
Downing
Street.

Anonyme à Hume. N'a reçu aucuns renseignements au sujet d'une pétition dans laquelle la Banque Coloniale de l'Amérique dn Nord demandait une charte. S'il en recevait, Glenelg adhérerait aux principes contenus dans ses instructions.   321

1er août,
Londres.

Cox et Cie à Grey. Transmet documents à l'appui d'une demande faite pour obtenir le prix de son passage au capitaine Moreton, du 10ème des Hussards. S'est adressé aux Horse Guards, et il envoie copie de la réponse.   224

Inclus. Fitzroy Somerset à Cox et Cie. La demande d'une allocation pour prix du passage du capitaine Moreton doit être envoyée au bureau colonial.   225

Autres documents relatifs à la demande du capitaine Moreton. 226 à 229.

2 août,
Londres.

Ferguson à Glenelg. Recommande le lieutenant-colonel MacDougall, autrefois du 79ème des Highlanders.   253

Inclus. McDougall à sir Ronald Ferguson. Veut avoir son opinion relativement à sa demande (de McDougall) de succéder à Hale en qualité de receveur général du Bas-Canada. A transporté tous ses biens au Canada, afin de pouvoir s'y fixer.   254

12 août,
Downing
Street.

Anonyme à Hayne. Conformément au rapport de Gosford, sa nomination prendra fin le 1er octobre, mais on a consenti à lui accorder la somme de dix schellings pour chaque jour de travail.   304

25 août,
Loughrea.

Shadwell à Melbourne. Avait transmis un mémoire dont il inclut copie et dans lequel il faisait connaître que Dominick Daly lui devait £66. 1s. 7. pour vêtements à lui fournis, et qu'il avait payés au moyen d'une lettre de change, que lui (Shadwell) avait dû acquitter. A demandé à Sa Seigneurie d'intervenir, et n'ayant point eu de réponse, il renouvelle sa demande.   554

30 août,
Leamington.

Aylmer à Glenelg. Au sujet des accusations portées par la Chambre d'Assemblée et contenues dans le quatrième rapport sur les griefs, lesquelles accusations sont basées sur des documents publics, le gouvernement a dû en prendre connaissance lorsque son prédécesseur (de Glenelg) lui a signifié l'approbation de sa conduite (d'Aylmer) dans l'administration du gouvernement du Bas-Canada. Ne considère pas nécessaire d'entreprendre la défense formelle de sa conduite, mais il fournira des explications sur tout point au sujet duquel on les croira à propos.   61

1er septembre,
Downing
Street.

Anonyme à Aylmer. Observations à son sujet. Ne voit pas qu'il soit possible d'interpréter les déclarations présentées par Aberdeen comme des accusasations contre son honneur (d'Aylmer). Sommaire des accusations portées par l'Assemblée. Il peut se procurer au bureau toutes copies de documents qu'il désirera.   64

2 septembre,
Leamington.

Aylmer à Glenelg. Demande qu'on lui envoie à son hôtel de Carleton, rue Regent, les documents annexés au quatrième rapport du comité au sujet des griefs.   69

3 septembre.

Anonyme à Aylmer. On n'a pas reçu l'annexe du quatrième rapport sur les griefs. En lui offrant de lui transmettre des copies, il voulait parler des dépêches d'Aylmer aux secrétaires précédents des colonies. Si on lui transmet l'annexe sous peu, il ne manquera pas de la lui adreser.   70

1-2 EDOUARD VII, A. 1902

1836.
5 septembre,
Londres.

Aylmer à Glenelg. S'oppose à l'emploi du mot "acquittement" contenu dans sa lettre (de Glenelg) du 1er courant. Ne cherche pas à éluder aucune enquête quelconque qu'on désirerait instituer sur sa conduite publique basée sur la teneur de la lettre d'Aberdeen. Il explique les faits sur lesquels reposent les accusations portées par le comité de l'Assemblée. Tout y est si dénaturé qu'il transmet copie de sa réponse à l'Assemblée. Il entre dans de minutieux détails. Page 71

6 septembre.

Anonyme à Gosford. Transmet la lettre reçue de Shadwell pour qu'il la communique à Daly et reçoive de lui une explication. 557

8 septembre.

Anonyme à Aylmer. N'a jamais douté qu'il pouvait repousser les imputations injurieuses portées contre son honneur. Sa lettre du 5 confirme entièrement cette opinion. 83

20 septembre,
Londres.

Taylor à———. Envoie pétition. Bienveillance témoignée à son égard par Spring Rice ; on lui avait promis un emploi, mais cet emploi était déjà retenu. Sa réclamation, par l'entremise de sa femme, au sujet du remboursement de fortes sommes dues pour travaux publics. Ses pertes considérables causées par la révolution américaine. Demande une concession de terres de la Couronne dans la partie habitée du Canada. 576

Inclus. Mémoire établissant qu'il est l'héritier du général Gordon, gouverneur de la Pennsylvanie, et que sa famille avait perdu ses biens lors de la révolution américaine, et n'avait jamais rien reçu pour l'indemniser de ses fortes pertes. Sollicite rémunération tant pour sa femme que pour lui. 578

21 septembre,
Londres.

Mémoire de Secar.' Il énumère ses services, raconte la persécution dont il a eu à souffrir, dit qu'il désire rencontrer sir George Gipps, et pour cela il demande son passage pour le Canada. 558

23 septembre,
St. Albans.

W. D. Ryland à Glenelg. Le remercie d'avoir bien voulu s'occuper de son mémoire. Désappointement que lui a causé le refus du gouvernement provincial d'accorder la demande, mais il a confiance qu'on n'oubliera pas complètement son frère 514

23 septembre,
Dawgreen.

Langley au secrétaire colonial. Y a-t-il quelques documents qui appartiennent à Aaron Crowling, qui a quitté l'Angleterre en 1766 ou 1769, et qui a laissé certains effets dont il est l'héritier, s'il y a quelque argent à recueillir. 350

24 septembre,
Leamington.

Aylmer à Glenelg. A reçu copie d'une dépêche de la part de Gosford relativement aux arrérages qui lui sont dûs ainsi qu'au secrétaire civil. Comme Glenelg a assuré qu'ils seraient payés, il n'est pas nécessaire de commenter la lettre de Gosford. 84

28 septembre,
Greenock.

Galt à Stephen. Transmet projet de Nixon relatif à la colonisation de la région du Saguenay. Le Labrador est propre à la colonisation. 277

Inclus. Nixon à Galt. Projet relatif à la colonisation de la région du Saguenay.

7 octobre,
Dublin.

Sarah Hughes à——. Demande des nouvelles de son gendre, Bryan Conoy, et de sa fille, lesquels se sont rendus à Québec en mai 1832 à bord de l'Alchymist. 322

8 octobre,
Downing Street.

Anonyme à Galt. Son projet de coloniser le Labrador requiert un examen attentif, qu'on n'aura pas besoin de renouveler l'an prochain. Glenelg sera heureux de recevoir de nouvelles observations sur le sujet. 285

8 octobre,
Québec.

Tracy Thomas à Glenelg. Donne un aperçu des délibésations de l'Assemblée et des résultats que pourrait avoir l'institution d'un conseil électif. 582

11 octobre,
Greenock.

Galt à Stephen. L'empressement de Glenelg à recevoir les renseignements sur le Labrador est tout ce qu'on peut désirer. Lorsque son rapport (de Galt) sera prêt, il sera possible à Glenelg de se prononcer sur la valeur de l'inspection projetée, mais il ne sera rien fait tant qu'il n'aura pas lu le rapport. N'a pas de cartes suffisantes. Si l'esquisse de Bayfield est à l'Amirauté, il aimerait à en avoir un calque. 286

1836.

12 octobre,
Liverpool.

Court à Glenelg. Envoie copie du discours prononcé à la législature par le Gouverneur général, et qu'un voilier rapide a apporté de Québec.
Page 230

13 octobre,
Londres.

Laurie au sous-secrétaire des colonies. Transmet une lettre de Mme Charles, dans laquelle il est question d'une concession de terre faite en 1790 ou 1791 à son père, le capitaine John Griffiths. S'il y a au bureau colonial documents relatifs à cela, demande de donner à Mme Charles un certificat de cette concession. 351

Inclus. Mme Charles à Laurie. Demande un certificat de l'étendue de terre à laquelle son père, le capitaine Giffiths, avait droit en Canada. 352

15 octobre,
Montréal.

Marconnay à Glenelg. Transmet des observations sur l'état des partis politiques du Bas-Canada. Désire qu'on ne publie pas le nom de l'auteur, car ce serait mettre sa vie en danger. 355

Inclus. Observations confidentielles sur l'état de la province du Bas-Canada. 358

(Cet exposé est trop long pour en donner un résumé convenable.)

15 octobre,
Greenock.

Galt à Stephen. Projet relatif à la colonisation d'une partie du Labrador et proposition de dresser le levé du havre des Sept-Iles. 288

17 octobre.
Québec.

Mémoire du lieutenant-colonel Hetherall. Inclus dans la lettre du lieutenant général Weterall à Glenelg, 6 décembre 1836.

17 octobre,
Londres.

Mandelsloh à Glenelg. A reçu copie de la dépêche relative aux biens laissés par Charles Maysenholder, et il le remercie sincèrement de ses renseignements. Doucet a été nommé administrateur il y a neuf ans, et les héritiers n'ont reçu aucune part de l'immeuble. Demande de nouveau ses services pour obtenir un règlement. 421

8 octobre.
Québec.

Tracy Thomas à Glenelg. Rend compte des projets formés pour régler les difficultés du Bas-Canada et transmet observations de la part des promoteurs. On veut rendre le Conseil électif et réunir les deux provinces. L'indépendance du Canada prêchée par Mackenzie, lequel passe sa vie à faire de l'agitation, et se déclare en faveur de l'abrogation de la loi de 1831. Tous devraient s'unir et faire leur devoir, en restant fidèles à la constitution. 586

26 octobre,
Québec.

Le lord-évêque de Montréal à Stephen. Présente Burrage. 467

1er novembre,
Dumbarton.

Wood à Glenelg. A séjourné longtemps au Canada où il a eu à construire le Baron of Renfrew et le Columbus. La population de l'Ile d'Orléans se compose des plus honnêtes gens qu'il ait jamais rencontrés. On devrait avoir des égards pour les Français; les Anglais sont trop portés à les traiter en esclaves. Les grands parleurs comme William Walker ne sont pas moins dangereux que Papineau et les autres avocats français qui ont causé tant de mal par leurs rapports exagérés. On devrait enseigner parfaitement la langue anglaise à tous les Français et non la leur apprendre d'une façon superficielle, car il n'y a pas à douter de leur loyauté. Ils ne seraient pas alors humiliés à tout propos par certains Anglais impertinents, ni leurrés par d'artificieux Français. 592

2 novembre,
Londres.

Holmes à Glenelg. Le remercie de ses lettres de créance qui lui ont été très utiles relativement à l'établissement d'écoles normales. Demande une réponse à la pétition du Séminaire de Québec, qui a réclamé une indemnité pour les propriétés qu'on leur a confisquées en France en 1793. 323

2 novembre,
Montréal.

Evans à Glenelg. A transmis trois exemplaires de son traité sur l'agriculture. 240

3 novembre.

Anonyme au même. Envoie un document important. 24

5 novembre,
Québec.

Walcott à Hayne. On lui a temporairement alloué £200 par année, sans compter les bénéfices accessoires. 296

12 novembre,
New-York.

R. S. Buchanan (vice-consul) à Stephen. Il a transmis dépêches à Gosford et à Head. 147

1836,
20 novembre,
Londres.

Hay à Grey. Avait reçu à Lyon sa lettre du 20 septembre. A dû garder la chambre à cause d'une maladie d'yeux, mais il espère se trouver à la Banque d'Angleterre la semaine prochaine pour voir à ce dont il lui a parlé.
Page 326

21 novembre,
Londres.

Le lord-évêque de Québec à Glenelg. Vu son état de santé, a quitté Québec le 26 septembre et est arrivé à Londres le 5 courant. Demande une entrevue à jour fixe. Ne peut dire encore que sa santé est bien meilleure.
490

23 novembre,
Montréal.

Evans à Glenelg. A transmis trois exemplaires de son traité sur l'agriculture, un pour le roi et les deux autres pour lui (Glenelg) en sa qualité de secrétaire des colonies. Pourquoi il a publié ce livre. 241

29 novembre,
Enfield.

Ruthven à Glenelg. Lui viendrait-on en aide, s'il envoyait des familles de la classe agricole se fixer en Canada ? On redoute la misère en Irlande. où les prix sont trop élevés. 517

3 décembre,
Waterford.

Pétition de la part d'Anne Lawless, dans laquelle elle demande des renseignements au sujet des biens de son frère qui est mort en Amérique. 353

3 décembre.

Burrage à Stephen. Lui transmet en manuscrit un sermon à lire, et lui demande de le passer à la première occasion à Glenelg et à Grey. On pourra le renvoyer à Amyot. 148

Inclus. Sermon prononcé par Burrage dans la cathédrale de Québec. le 23 avril 1836. 149

Pétition de la part de John Hannan. lequel demande des renseignements au sujet de son frère, dont il n'a pas eu de nouvelles depuis huit ans.
327

5 décembre,
Six Mile
Bridge.

6 décembre,
Brighton.

Le lord-évêque de Québec à Grey. Transmet lettre à expédier à l'évêque de Montréal. 491

6 décembre,
Great Ealing.

Wetherall à Glenelg. Expose certaines particularités relatives au canton de Buckland, dont il est question dans un mémoire présentement soumis à Sa Seigneurie. Lorsqu'il a quitté le Canada, il a laissé une somme d'argent pour remplir les conditions de sa concession, mais comme il s'est fait enlever ses titres en revenant du Cap de Bonne-Espérance, il ne peut prouver ses assertions, ni dire qu'il a droit aux terres maintenant concédées à d'autres : cependant, il a confiance qu'après avoir servi 61 ans et reçu quatre blessures sans qu'on lui ait accordé de pension, on accueillera avec faveur la revendication qu'il fait de telles parties des terres du canton de Buckland qu'on n'a pas encore arpentées ni concédées. 595

Inclus. Mémoire du lieutenant-colonel Wetherall dans lequel il demande qu'on rende à son père les parties non arpentées et non concédées du canton de Buckland. 597

10 décembre,
Manchester.

McPherson à Glenelg. Est né à Québec où ses parents vivent assez à l'aise. Est rendu dans la Grande-Bretagne depuis trois ans, mais des circonstances malheureuses l'ont réduit à la misère. Demande si on peut lui accorder un passage pour Québec. 424

12 décembre,
Broughshane.

Madame Sayers au sous-secrétaire colonial. Existe-t-il encore une société connue sous le nom de la Compagnie de la Baie-d'Hudson ; elle désirerait savoir si cette compagnie a à son emploi un marin du nom de James Sayers.
562

14 décembre,
Dublin.

Anderson à Glenelg. Attire de nouveau l'attention sur les services rendus par son père, et dont on ne l'a pas encore rémunéré. Indique comment on pourrait le récompenser en lui concédant par exemple 100,000 acres de terre, ce qui lui permettrait de mettre ordre au mauvais état de ses affaires. Demande une réponse favorable et prompte. 26

20 décembre,
Londres.

Malhiot au secrétaire colonial. Raconte la fâcheuse occurrence dans laquelle il se trouve, car il lui est impossible de se faire payer deux mandats.
427

26 décembre,
Portadown.

Budden au même. Sollicite un passage gratuit pour se rendre dans l'Amérique britannique. 521

DOC. DE LA SESSION No. 18

1836.

27 décembre,
Londres.

Holmes à Glenelg. A reçu la lettre de Grey dans laquelle on l'informe que la pétition du séminaire de Québec, lequel demandait à se faire indemniser de la confiscation de ses biens en France, ne peut de nouveau être prise en considération, ayant déjà été refusée. Il soutient qu'on a rejeté sur de fausses données les réclamations du Séminaire et des Ursulines,—car il est évident qu'elles sont suivant l'esprit et le sens de la convention. Les vues du Séminaire.   Page 328

29 décembre,
New York.

James Buchanan à Stephen. A transmis dépêche à Gosford.   192

30 décembre.

Anonyme à Anderson. A reçu demande d'une concession de 100,000 acres dans le Haut-Canada, mais les promesses qu'on a déjà faites au sujet des concessions de terres incultes l'empêchent de se rendre à cette demande.   29

30 décembre.

Anonyme à Gosford. On s'informe d'un nommé Etienne Aussignac, qu'on croit établi à Québec.   30

30 décembre,
Lincoln's Inn
Fields.

Norton à Grant. Désire savoir si la fonction de shérif à Montréal est vacante par suite de la maladie mentale dont souffre Gregory.   469

— décembre,
Downing
Street.

Anonyme à (Ruthven). Importance que le gouvernement attache à un système effectif d'émigration vers l'Amérique britannique du Nord, mais il n'a aucuns fonds dont il puisse disposer à cette fin, et les engagements qui le lient déjà l'empêchent de faire des concessions de terres.   519

— décembre,
Londres.

Mariotte à Glenelg. Il arrive du Canada et désire remettre un colis qu'on lui a confié. Il demande à cet effet qu'on lui accorde une audience au plus tôt.   426

Pas de date.

Mémoire de T W. Davidson, maitre d'équipage du *Morning Star*, dans lequel il demande la remise des droits payables par les passagers débarqués à Québec.   233

Madame Mackie au sous-secrétaire des colonies. Elle désire savoir si on a eu quelque renseignement au sujet de l'arrivée à Québec de l'évêque de Montréal, car son fils accompagne l'évêque.   420

Londres.

Ponsomby à Stephen. Son serviteur avait reçu ordre d'envoyer les chaussures de son frère de (Ponsomby), lesquelles il expédiait par la même voie qu'il avait transmis les lettres. Le serviteur avait instruction de rapporter le paquet en allant jeter la lettre dans le sac.   486

Anonyme à Roebuck. Accuse réception de la lettre et des résolutions. Il lui fait plaisir de savoir l'Assemblée satisfaite de Gosford. Il rectifie l'erreur dans laquelle tombe l'Assemblée relativement à ce qu'il pense (Glenelg) de l'emploi de Roebuck en qualité d'agent. Sa Seigneurie reçoit respectueusement les communications de l'Assemblée faites par Roebuck.
                                                                    533

Anonyme à Wetherall. On a annulé, en 1795, la concession de Buckland, et Glenelg ne trouve pas juste d'accorder la réintégration qu'on veut lui demander lorsqu'il s'est écoulé au delà de 41 ans.   600

1837.
16 janvier.

Stephen à Spearman. Envoie pour être prise en considération une pétition de la part du supérieur et des directeurs du séminaire de Québec, lesquels demandent à se faire indemniser de la confiscation de leurs biens en France en 1793. Transmet copie d'une lettre de Holmes.   337

6 juin.

Anonyme à Holmes. Transmet lettre de la Trésorerie, dans laquelle Leurs Seigneuries se déclarent forcées de ne pouvoir accorder la permission d'aller en appel.   339

COMMISSAIRES CHARGÉS DE S'ENQUÉRIR DES GRIEFS.

Q. 232 à 235.

Les rapports des commissaires forment quatre volumes.

1-2 EDOUARD VII, A. 1902

LE COMTE DE GOSFORD, GOUVERNEUR, 1837.

Q. 236—1.

<table>
<tr><td>1802.
22 mai,
Québec.</td><td>Extraits des minutes du Conseil exécutif.</td><td>Page 204.</td></tr>
<tr><td>1804.
29 mai,
Québec.</td><td colspan="2">Drapeau à Bouchette.</td></tr>
<tr><td>1806.
9 juillet,
Québec.</td><td colspan="2">Bouchette à Ryland. Ces deux lettres sont incluses dans Gosford et Gipps à Glenelg, 31 janvier 1837.</td></tr>
<tr><td>1822.
25 novembre,
Québec.</td><td colspan="2">Pétition de Vanfelson.</td></tr>
<tr><td>1823.
18 février,
Québec.</td><td colspan="2">Certificat donné par Sewell. Ces deux documents sont inclus dans Gosford à Glenelg, 1er février 1837.</td></tr>
<tr><td>5 décembre,
Québec.</td><td colspan="2">Rapport d'un comité du Conseil sur la pétition de William Ross. Inclus dans Gosford et Gipps à Glenelg, 31 janvier 1837.</td></tr>
<tr><td>20 décembre,
Downing
Street.</td><td colspan="2">Bathurst à Dalhousie.</td></tr>
<tr><td>1824.
30 mars.
Québec.</td><td colspan="2">Cochran au procureur général. Ces deux lettres sont incluses dans Gosford à Glenelg, 1er février 1837.</td></tr>
<tr><td>5 juin,
Québec.</td><td colspan="2">Le même à Archibald Campbell. Lettre incluse dans Gosford et Gipps à Glenelg, 31 janvier 1837.</td></tr>
<tr><td>24 août,
Québec.</td><td colspan="2">Acte de vente consentie à William Ross. Inclus dans Elliot à J. S. Campbell, 6 février 1837.</td></tr>
<tr><td>9 novembre.</td><td colspan="2">Extrait d'un rapport fait par un comité du Conseil exécutif.</td></tr>
<tr><td>16 décembre.</td><td colspan="2">Montizambert à Archibald Campbell.</td></tr>
<tr><td>1830.
11 septembre,
Québec.</td><td colspan="2">Extrait d'un rapport de tout le Conseil. Ce document et les deux précédents sont inclus dans Gosford et Gipps à Glenelg, 31 janvier 1837.</td></tr>
<tr><td>1832.
30 juin,
Québec.</td><td colspan="2">Craig à Vanfelson. Lettre incluse dans Gosford à Glenelg, 1er février 1837.</td></tr>
<tr><td>1835.
15 mai,
Québec.</td><td colspan="2">Rapport de l'inspecteur général.</td></tr>
<tr><td>13 juin,
Québec.</td><td colspan="2">Rapport d'un comité de tout le Conseil. Tous deux inclus dans Gosford à Glenelg, 18 janvier 1837.</td></tr>
<tr><td>1836.
26 octobre,
Québec.</td><td colspan="2">Mémoire de John Sexton Campbell.</td></tr>
<tr><td>19 décembre,
Québec.</td><td colspan="2">Mémorandum de Ryland.</td></tr>
<tr><td>21 décembre,
Québec.</td><td colspan="2">Cochran à Walcott. Cette lettre et les deux documents précédents sont inclus dans Gosford et Gipps à Glenelg, 31 janvier 1837.</td></tr>
<tr><td>24 décembre,
Québec.</td><td colspan="2">Adresse au Conseil par Gosford.</td></tr>
<tr><td>26 décembre,
Québec.</td><td colspan="2">Mémorandum relatif à l'allégement des censitaires. Ces deux documents sont inclus dans Gosford à Glenelg, 18 janvier 1837.</td></tr>
<tr><td>28 décembre,
Québec.</td><td colspan="2">Bouchette à Walcott. Lettre incluse dans Gosford et Gipps à Glenelg, 31 janvier 1837.</td></tr>
<tr><td>— décembre,
aint-Roch.</td><td colspan="2">Pétition de la part des censitaires à Gosford.</td></tr>
</table>

1836.
— décembre.
Saint-Roch.

Pétition de la part des censitaires au roi. Toutes les deux sont incluses dans Gosford à Glenelg, 18 janvier 1837.

1837.
2 janvier,
Québec.

Gosford à Glenelg (n° 1). Envoie liste des dépêches transmises au cours de 1836.   Page 3.

Inclus. Liste.   4

5 janvier,
Québec.

Gosford à Glenelg (n 2). A obtenu au sujet des écoles rentées des renseignements qu'il transmet sous forme de tableaux, et qu'il accompagne de renseignements additionnels non demandés dans l'adresse. Il y a sept collèges, mais il n'y a pas d'écoles rentées. Un seul collège, le McGill est anglais ; les autres sont français.   27

Inclus. Relevés des collèges et des écoles rentées du Bas-Canada ; établissements anglais.   29

Etablissements français.   34

6 janvier,
Québec.

Gosford à Glenelg (n 3). Envoie maintenant le mémoire du montant des achats destinés aux sauvages, lequel mémoire s'élève à £2,310 17s. Le Conseil exécutif n'a pas encore pu préparer un rapport général sur les présents destinés aux sauvages, mais il n'y a aucune négligence sous ce rapport. On a demandé à Routh de fournir un rapport qui est présentement soumis à la considération du Conseil. On peut mettre en pratique immédiatement quelques-unes de ses recommandations sans attendre le rapport du Conseil, si on trouve qu'il est à propos de continuer l'ancien système des présents. Il suggère de diminuer les espèces d'étoffes à donner aux sauvages et de leur en fournir davantage de la qualité plus commune, ce à quoi les sauvages ne s'opposeront pas. Il a fait préparer un état estimatif des économies qu'on pourrait ainsi réaliser et il en transmet copie. Il envoie un échantillon de coton écru. Il envoie liste des différences dans l'article et la valeur des présents actuels et de ceux projetés. On pourrait décider de la cessation future de la fourniture d'armes à feu et de munitions, mais il serait inopportun d'en agir ainsi dès maintenant. Vu le perfectionnement des armes à feu et l'assortiment considérable dont on dispose en Canada, il est mieux de continuer à en faire la distribution jusqu'à épuisement de l'approvisionnement. Son désir d'épargner aux sujets britanniques toutes dépenses inutiles, et de profiter de toute occasion de pratiquer l'économie.   43

Inclus. Etat estimatif des présents destinés aux sauvages du Bas-Canada pour l'année 1837.   48

Rapport concernant les sauvages du Bas-Canada auxquels sont destinés les présents.   49

Comparaison entre les présents vêtements et ceux qu'on pourrait leur donner.   50

Prix moyens.   52

Dépenses présentes et celles projetées.   53

Récapitulation.   54

7 janvier,
Québec.

Gosford à Glenelg (n 4). Écrira souvent pour tenir Sa Seigneurie au courant de l'état des affaires. Il a reçu les lettres venues par voie d'Halifax avant celles venues par New-York.   55

9 janvier,
Québec.

Gosford à Glenelg (n 5). Transmet le rapport semestriel ordinaire des Conseils législatif et exécutif du Bas-Canada.   56

Inclus. Rapport.   57

9 janvier,
Québec.

Gosford à Glenelg (n 6). Transmet rapport semestriel des ventes des réserves du clergé pour jusqu'au 31 décembre 1836.   62

Inclus. Rapport.   63

10 janvier,
Québec.

Gosford à Glenelg. (n 7). Transmet relevé des recettes et des dépenses relatives aux terres de la Couronne, aux permis de couper du bois et au revenu casuel et territorial.   69

Inclus. Etat des recettes et des dépenses relatives aux terres de la Couronne, aux permis de couper du bois pour le semestre expiré le 31 décembre 1836.   70

1837.

Même état pour le trimestre expiré à la même date.   Page 72

Etat des recettes du compte relatif aux revenus casuel et territorial pour le trimestre expiré à la même date.   73

11 janvier, Québec.
Gosford à Glenelg (n° 8). Transmet communication de la part de la British American Land Company au sujet de sa demande d'une allocation pour faire faire l'arpentage intérieur de l'étendue de terre qu'elle a achetée dans le Bas-Canada.   74

Inclus. Communication de la British American Land Company.   75

12 janvier, Québec.
Gosford à Glenelg (confidentielle). Recommande de charger Sir George Gipps du règlement de la frontière qui sépare le Canada des Etats-Unis.   81

12 janvier, Québec.
Campbell à Elliott. Observations supplémentaires au sujet des réclamations de la famille Ross. Incluses dans Gosford et Gipps à Glenelg, 31 janvier 1837.

13 janvier, Québec.
Gosford à Glenelg (n° 9). A reçu la lettre du 31 octobre, mais elle était en retard. Ne considérera pas maintenant la question de ses recommandations au sujet des nominations à faire aux Conseils législatif et exécutif. On va se hâter de terminer les travaux de la commission. Gipps s'en retournera en Angleterre à la première occasion. Il n'est pas facile de voyager l'hiver avec une famille, mais Gipp s'attend de partir en février, et il espère arriver avant la fin des vacances de Pâques. Il en est heureux, car le ministère peut avoir besoin de renseignements. Elliot attendra d'autres instructions.   82

14 janvier, Québec.
Gosford à Glenelg. S'est adressé à Viger au sujet de Prisas, qu'on dit s'être rendu au Texas. Transmet la lettre de Viger.   85

Inclus. Viger à Walcott. De Prisas a quitté Montréal pour aller à New-York ; on le croit en route pour la Nouvelle-Orléans, mais on dit qu'il s'est rendu au Texas.   86

16 janvier, Québec.
Gosford à Glenelg (n° 10). La loi réglementant la dissolution et la convocation de la législature du Bas-Canada.   87

16 janvier, Québec.
Le même au même (n° 11). Lettre dans laquelle il présente le capitaine Yule.   90

17 janvier, Québec.
Campbell à Elliott. Communique d'autres renseignements au sujet de la réclamation de la famille Ross. Lettre incluse dans Gosford et Gipps, 31 janvier 1837.

18 janvier, Québec.
Gosford à Glenelg (n° 12). Transmet pétition de la part des censitaires des environs de Québec, lesquels demandent qu'on leur fasse remise des arrérages de lods et ventes. Législation sur le sujet. Transmet copies des rapports du Conseil exécutif. Difficulté de régler cette question des arrérages ; projet de règlement, et division des censitaires en classes. Transmet copie de sa réponse aux censitaires, laquelle on a publiée dans la *Gazette officielle* et que l'on a fait circuler au moyen de feuilles détachées imprimées en français et en anglais. Ne peut, à cause des lacunes relevées dans le *papier terrier*, donner un état approximatif des remises faites. Le domaine du roi s'étend surtout aux environs de Québec et de Trois-Rivières, et le relevé fait voir qu'on peut porter à £13,490 courants le montant des remises, ce qui laisserait encore environ £15,000 à percevoir. Ne peut obtenir aucun renseignement exact relativement à Trois-Rivières. Approbation d'un plan relatif à la confection du nouveau *papier terrier*. Placera sur un meilleur pied l'administration du domaine de la Couronne.   91

Inclus. Pétition rédigée en français et adressée au roi de la part des censitaires.   102

Pétition adressée par les censitaires à Gosford.   113

Inspecteur général. Projet relatif aux remises à faire aux censitaires.   118

Rapport d'un comité de tout le Conseil.   127

Adresse de Gosford au Conseil.   132

DOC. DE LA SESSION No. 18

1837.

Mémorandum concernant les remises faites aux censitaires.   Page 136

21 janvier.
Québec.
Gosford à Glenelg (n° 13).   Transmet liste des dépêches reçues.   138
Inclus. Liste.   139

23 janvier,
Québec.
Gosford à Glenelg (n 14).   Donne l'état des finances de la province, lequel accuse un passif de £142,160 14s. 4d. et un actif de £148,992, ce qui laissera au 1er mai prochain une balance dans le Trésor de £6,831 5s. 8d. sterling.   Transmet un état comparatif du revenu des deux dernières années, et il l'accompagne d'observations.   141
Inclus. Etat comparatif.   142

24 janvier,
Québec.
Gosford à Glenelg (n 15).   Transmet copie des actes du Conseil exécutif pour le semestre expiré le 31 décembre 1836.   145

25 janvier,
Québec.
Pétition de Vanfelson.

25 janvier,
Québec.
Mémorandum rédigé en français et transmis par Vanfelson.   Tous deux sont inclus dans Gosford à Glenelg, 1er février 1837.

25 janvier,
Québec.
Gosford à Glenelg (confidentielle).   Donne en détail les raisons pour lesquelles on doit remettre les lods et ventes.   146

26 janvier,
Québec.
Le même au même (n 16).   Transmet lettre du juge Pyke au sujet de l'allocation de tournée qu'il réclame depuis 1828.   Il n'a reçu cette lettre qu'après avoir reçu semblables demandes de la part du juge en chef et de M. le juge Bowen ; une demande lui a été aussi faite par M. le juge Gale, mais il l'a retirée ensuite, car il n'avait été nommé qu'après l'avis de la réduction.   148
Inclus. Pyke à Walcott.   Attire son attention sur les arrérages d'allocation de tournée qu'il prétend lui être dus.   150
Compte de la prétendue somme due.   155

27 janvier,
Québec.
Gosford à Glenelg (n 17).   A payé £51 15s. sterling à Hayne, ce qui représente 10s. par jour pour le temps qu'il a dirigé l'arpentage des terres vendues à la British American Land Company.   156

28 janvier,
Québec.
Campbell à Elliot.   Lettre incluse dans Gosford et Gipp à Glenelg, 31 janvier 1837.

28 janvier,
Québec.
Gosford à Glenelg (n 18).   Envoie pétition de la part de la veuve de Robert Grant, de Lachine, et l'accompagne des documents à l'appui de sa réclamation en dommages soufferts au cours de la dernière guerre avec les Etats-Unis.   Ne peut fournir aucuns autres renseignements que ceux contenus dans les documents.   157
Inclus. Pétition.   159

31 janvier.
Québec.
Gosford et Gipps à Glenelg.   Transmettent copie d'une pétition et lettres de la part de Campbell, marchand, au sujet de la réclamation d'une famille nommée Ross concernant un immeuble, et copie de la réponse qu'on lui a adressée.   Longs et minutieux détails de l'origine et du caractère de la réclamation.
Inclus. Liste des envois.   178
Mémoire de John Saxton Campbell, représentant les héritiers de feu William Ross.   179
Liste des documents à l'appui du mémoire de Campbell.   189
Campbell à Elliot.   Observations supplémentaires au sujet de la réclamation de la famille Ross.   190
Campbell à Elliot.   Communications de plus amples renseignements relatifs à la réclamation de la famille Ross.   196
Autres documents relatifs à ce sujet.   199 à 224

1er février,
Québec.
Gosford à Glenelg (n 19).   Transmet mémoire dans lequel Vanfelson demande le paiement de certains arrérages de traitement.   Détails des paiements et façon dont se sont accumulés les arrérages.   237
Inclus. Pétition de Vanfelson, procureur général.   241
Mémoire (rédigé en français) de la part de Vanfelson, dans lequel il explique les faits racontés dans sa pétition.   246

1-2 EDOUARD VII, A. 1902

1837

Annexe *A*. Contient en substance la teneur des documents précédents,
et porte la date de 1822.　　　　　　　　　　　　Page 252

Annexe *B*. Certificat du juge en chef Sewell établissant les aptitudes de
Vanfelson.　　　　　　　　　　　　　　　　　　254

Annexe *C*. Lettre de Bathurst à Dalhousie, dans laquelle il autorise de
payer au procureur-général un traitement de £200 par année.　　255

Annexe *D*. Cochrane au procureur général. Transmet autorisation de
la part de Bathurst de lui payer un traitement de £200 par année.　256

Annexe *E* Craig à Vanfelson. On a accepté sa résignation.　　257

2 février,
Québec.

Gosford à Glenelg. Transmet mémoire dans lequel Young, ex-auditeur
général, demande paiement d'arrérages. Détails de la nature et de l'origine
de cette réclamation.　　　　　　　　　　　　　258

3 février,
Québec.

J. S. Campbell à Elliott. A reçu sa lettre dans laquelle il donne avis
que les commissaires ont conseillé au secrétaire d'Etat de payer £600 pour
la réclamation de la famille Ross. Il explique la particularité du titre, son
enregistrement le 14 avril 1824, et les formalités subséquentes qu'on a remplies. Il suggère qu'on s'en rapporte à l'arbitrage pour régler le différend
qui existe entre les représentants des familles Drapeau et Ross. Demande
la permission de soumettre sa cause au secrétaire d'Etat, qui reconnaitra le
bien fondé de sa demande.　　　　　　　　　　　225

6 février,
Québec.

Elliot à James Campbell. Il a reçu sa lettre, dans laquelle il demande à
faire ajouter les frais d'arpentage et de patentes à la somme de £600 qu'on
a décidé de payer pour le terrain. Le droit qu'a acquis Archibald Campbell en faisant compléter les patentes des terres de la famille Ross est
un droit contestable, que Campbell eût ou non raison d'espérer le faire régler
au moyen de l'arbitrage. Et peu importe qu'il eût ou n'eût pas cette espérance, la réclamation qu'il a acquise est douteuse et il y a de grands risques
à courir. Les frais d'arpentage n'incombent pas à la famille Ross, ni à son
frère, mais ils sont compris dans le montant du prix d'achat. Observations
au moyen desquelles on arrive à la somme de £600.　　　　229

Inclus. Acte de vente des terres à William Ross.　　　　233

COMTE DE GOSFORD, GOUVERNEUR, 1837.

236—2—3.

1825.

(La partie 2 va de la page 263 à la page 525 ; la partie 3, de la page 526
à la page 726.)

28 août,
Québec.

Certificat de l'arpenteur général.

29 août,
Québec.

Mémoire de Ralph Gore. Tous deux inclus dans Gosford à Glenelg,
12 avril 1837.

Pas de date.
1834.

Extrait du rapport de l'ingénieur. Inclus dans Gosford à Glenelg,
3 février 1837.

11 février,
Québec.

Cinquième rapport du comité permanent des comptes publics. Inclus
dans le mémoire Young, 14 janvier 1837.

1835.
12 octobre.
Québec.

Routh à Clément. Lettre incluse dans Gosford à Glenelg, 3 février
1837.

27 novembre,
Québec.

Premier rapport du comité permanent des comptes publics. Inclus dans
le mémoire de Young, 14 janvier 1837.

— novembre,
Trois-Rivières

Burroughs à Walcott.

10 décembre,
Québec.

Walcott à Burroughs.

DOC. DE LA SESSION No. 18

1836.
8 juin,
Trois-Rivières   Burroughs à Walcott. Cette lettre et les deux précédentes sont incluses dans Gosford et Glenelg, 13 avril 1837.

31 décembre,
Québec.   Rapport d'Ogden, procureur général, sur la cause de Chisholm. Inclus dans Gosford à Glenelg, 20 février 1837.

10 décembre,
Trois-Rivières   Burroughs à Gosford. Inclus dans Gosford à Glenelg, 13 avril 1837.

8 décembre,
Québec.   Rapport de Black au sujet de certains honoraires, etc., et tableau des honoraires. Inclus dans Gosford à Glenelg, 9 février 1837.

Pas de date.   Mémoire de Stephen Burrows à Gosford. Inclus dans Gosford à Glenelg, 13 avril 1837.

1837.
14 janvier,
Québec.   Mémoire dans lequel Young, ex-auditeur général, demande paiement d'arrérages de traitement, etc., le tout formant une somme de £534 4s. 1d.

            Page 263

   Inclus. Cinquième rapport du comité permanent des comptes publics relativement au traitement de Young.   265

   Premier rapport du comité permanent des comptes publics au sujet de la réclamation de Mathew Jack.   269

14 janvier,
Québec.   Mémoire de Parkyn accompagné d'un état de ses services rendus.

23 janvier,
Québec.   Power à Walcott. Ces deux documents sont inclus dans Gosford à Glenelg, 9 février 1837.

   États comparatifs, etc., fournis le même jour.

28 janvier,
Québec.   Elliot à Andrew Stuart. Lettre incluse dans Gosford et Gipps à Glenelg, 4 février 1837.

3 février,
Québec.   Gosford à Glenelg (n° 21). Transmet communication relative à la maison de Sorel, mais il ne l'accompagne d'aucune observation, car cette question a déjà été suffisamment discutée.   270

   Inclus. Colborne à Hill. Relativement à la maison de Sorel et à l'officier qui a droit de l'occuper.   271

   Extrait de l'annexe du rapport du commissaire ingénieur au sujet de la seigneurie de Sorel.   275

   Routh à Clements. Relativement à l'occupation de la maison du gouvernement à Sorel.   276

4 février,
Québec.   Gosford et Gipps à Glenelg. Relativement à la revendication de Sillery faite par les sauvages de Lorette. Ils regrettent qu'on n'ait pas accordé à ces sauvages, en 1830, des lots de jardins Ils espèrent qu'on ne perdra pas ce sujet de vue.   278

   Inclus. Elliot à Andrew Stuart. Raconte comment la réclamation des sauvages de Lorette a pris naissance, réclamation qu'aucune cour de justice ne pourrait maintenir. On communiquera les vues des commissaires aux chefs eux-mêmes.   281

   Réponse aux sauvages de Lorette, faite par Gosford en son propre nom et au nom de ses collègues, et relative au droit de propriété de la seigneurie de Sillery.   289

6 février,
Québec.   Gosford à Glenelg (n° 22). Transmet liste des dépêches reçues.   292

   Inclus. Liste.   293

9 février,
Québec.   Gosford à Glenelg (n° 23). Attire l'attention sur le besoin d'un tarif d'honoraires à la cour de vice-amirauté. Inconvénient grave qui résultera du manque d'un tarif, s'il n'y en a pas un en vigueur en mai prochain. Transmet rapports et observations de la part de Primrose, et mémoire du greffier.   295

   Inclus. Rapport de Black sur la rémunération des fonctionnaires, de la cour de vice-amirauté, y compris leurs honoraires et leur traitement. Il envoie un tableau à considérer.   301

   Tableau projeté des honoraires.   307

1-2 EDOUARD VII, A. 1902

1837.

Rapport de Power au sujet du tableau projeté des honoraires ; il donne dans ce rapport des exemples fournis par les tableaux qui étaient en vigueur en 1809 et 1832, et il les compare au tableau actuellement projeté.

Page 344

Honoraires alloués par le tarif de 1809, celui de 1832 et le tableau projeté.   350

Power à Walcott. Au sujet de sa demande de rémunération pour les services qu'il a rendus à la cour de vice-amirauté.   364

Nombre comparatif des causes soumises en 1836 à M. Primrose et à M. Black respectivement.   368

Montant total des honoraires perçus par le greffier, en 1836, lorsque Primrose était juge.   370

Montant des mémoires de frais dus au greffier pour l'année 1836. 371

Nombre des actions réglées.   372

(Cet état comprend différents modes de règlement et se continue jusqu'à la page 376.)

Mémoire dans lequel Parkyn demande rémunération en qualité de *marshal* de la cour de vice-amirauté.   377

Etat des services rendus.   379

13 février,
Québec.

Gosford à Glenelg (n° 24). La charte de la Banque de Montréal expire le 1er juin. Transmet mémoire dans lequel le président et les directeurs demandant renouvellement de la présente charte, à laquelle ils ont apporté deux amendements, l'un, relatif à la durée de la charte, et l'autre, à l'augmentation du capital, qu'ils déclarent absolument nécessaire aux intérêts du pays. Des agents seront chargés de se rendre au bureau colonial pour voir à la discussion des amendements et s'entendre à ce sujet, si on trouve nécessaire de faire des modifications.   384

Inclus. Pétition du président et des directeurs de la Banque de Montréal.   386

Projet de la nouvelle charte de la Banque de Montréal.   391

15 février,
Québec.

Gosford à Glenelg (n° 25). Conformément à la dépêche dans laquelle on lui demande de voir à réduire les dépenses du département des affaires des Sauvages, il recommande de réduire les allocations de moitié dans le Bas-Canada. Il avait donné notification aux intéressés, mais leur avait dit qu'il recommanderait de leur payer une pension de retraite. Economies à réaliser. A transmis un état de la nature et de la durée des services des fonctionnaires qui doivent prendre leur retraite, et un état estimatif des dépenses probables du département. Sommaire des dépenses encourues depuis 1830. Il recommande au roi de considérer dans un esprit libéral les cas des fonctionnaires dont on abolira les emplois.   433

Inclus. Relevé de la nature et de la durée des services des fonctionnaires du département des Affaires des Sauvages.   439

Etat estimatif des dépenses probables de l'administration des Affaires des sauvages dans le Bas-Canada.   440

16 février,
Québec.

Gosford à Glenelg (n° 26). Elliot se prépare à partir le plus tôt possible. Gipps est parti la semaine dernière. Il a transmis le résultat de leur enquête.   441

18 février,
Québec.

Gosford à Glenelg (n° 27). Transmet état estimatif annuel des présents destinés aux sauvages. La partie relative au Haut-Canada a reçu l'approbation du lieutenant-gouverneur, qui ne croit pas à propos de faire de modifications, vu les conditions différentes des deux provinces.   442

Inclus. Etat estimatif des présents à faire aux sauvages en 1838. 443

20 février,
Québec.

Gosford à Glenelg (n° 28). A rapporté au procureur général le cas de Chisholm, qu'on a destitué de son emploi de greffier de la Paix et de la Couronne, et il transmet une copie du rapport du procureur général. Ce dernier est d'avis que la Couronne ou le secrétaire provincial ne peuvent légalement poursuivre Chisholm au civil, mais on peut le poursuivre au criminel

1837.

pour avoir obtenu de l'argent sous de faux prétextes ; seulement comme cette mesure n'amènerait qu'une punition sans dédommagement, il ne croit pas nécessaire de l'inquiéter de nouveau, car on l'a puni en le destituant. N'a pas donné à la même personne les deux emplois qu'il cumulait, mais les a séparés. Il a nommé définitivement Turcotte greffier de la Paix ; ses émoluments s'élèveront en moyenne à £160 par année.   Page 444
Inclus. Rapport du procureur général Ogden sur le cas de Chisholm.
                                                                                448

22 février,
Québec.

Gosford à Glenelg (n° 29). Tout est tranquille. La récolte des grains, qui a manqué, a causé de la détresse en maints endroits de la province. On s'efforce de soulager ceux qui sont réduits à la misère.   451

27 février,
Québec.

Le même au même (n° 30). Transmet copies officielles des dossiers de onze prisonniers condamnés à la déportation. Donne explication des raisons qui ont motivé le transport irrégulier des prisonniers.   452

28 février,
Québec.

Le même au même (personnelle). Envoie copie d'un bill que lui a adressé Fletcher, juge du district de Saint-François, et qui a pour objet de prévenir les embarras qui pourront surgir à l'expiration des statuts temporaires. N'a d'observations à faire que sur les pouvoirs extraordinaires que le bill accorde au gouverneur.   456
Inclus. Copie d'un bill ayant pour objet d'autoriser le gouverneur, etc. du Bas-Canada à maintenir en vigueur par proclamation certains statuts temporaires.   457

28 février,
Québec.

Gosford à Glenelg (n° 31). Il transmet de la part du président et des directeurs de la Banque de Québec une pétition dans laquelle ils demandent une charte royale leur permettant de maintenir leur compagnie, dont l'existence, sans cela, prendrait fin le 1er juin prochain. Il envoie le projet de la charte. On a chargé Noah Freer de se mettre en relations au sujet de leur demande. Il s'en rapporte à la lettre du 17 octobre, pour ce qui est de la pétition de la Banque de Montréal.   462
Inclus. Pétition dans laquelle la Banque de Québec demande une charte royale.   464
Projet de la charte.   468
Rapport du procureur général au sujet de la charte.   500

1er mars,
Québec.

Gosford à Glenelg (n° 32). Transmet pétition dans laquelle la *City Bank of Montreal* demande une charte royale. Noah Freer agira en qualité de mandataire tant pour cette dernière que pour la Banque de Québec.   501
Inclus. Pétition de la *City Bank of Montreal.*   502

4 mars,
Québec.

Gosford à Glenelg (n° 33). Transmet lettre dans laquelle Hamilton, de Hawkesbury, fait connaître que Conboy habite son lopin de terre dans le canton de Harrington, et qu'il est dans une profonde misère.   506
Inclus. Hamilton à Walcott. Transmet renseignements au sujet de Conboy, pensionnaire.   507

6 mars,
Montréal.

Rapport du procureur général sur le projet de la charte de la Banque de Québec. Inclus dans Gosford à Glenelg, 28 février 1837. Les dates sont les mêmes que dans les originaux.

6 mars,
Québec.

Gosford à Glenelg (n° 34). Demande de la papeterie. Le dernier envoi était de qualité très inférieure.   509
Inclus. Demande.   510

7 mars,
Québec.

Gosford à Glenelg (n° 35). A reçu du Séminaire le relevé des collèges et des écoles rentées de la province, et il le transmet pour compléter le rapport fait sur les écoles.   512
Inclus. Relevé transmis par le Séminaire et relatif aux collèges et aux écoles rentées.   513

8 mars,
Québec.

Gosford à Glenelg (personnelle et confidentielle). S'était borné à cette partie de la dépêche du 31 octobre qui annonçait la fin des travaux de la commission, mais il répond maintenant au sujet de la composition du Conseil. Il avait compris que son devoir quant à son autorité exécutive était

1-2 EDOUARD VII, A. 1902

1837.

de ne point contrecarrer ceux qui avaient même qualité que lui, et c'est pourquoi il avait recommandé de changer la composition des Conseils. Il n'avait aucunement en vue de faire reconnaître le principe électif, et il en donne la preuve. Un sentiment de mécontentement au sujet des actes de l'Assemblée lors de la courte session dernière commence à se répandre, mais cela n'est pas suffisant pour justifier la dissolution, bien qu'il s'ensuivrait un certain affaiblissement dans les rangs de l'Assemblée. L'adoption brusque d'une politique de coercition pourrait amener de funestes résultats ; c'est une mesure qu'on doit craindre et à laquelle on ne devrait recourir qu'en dernier ressort.　　　　　516

11 mars,
Québec.

Gosford à Glenelg (n° 36). Transmet (1) état des recettes et des dépenses du Bas-Canada pour l'année 1836 ; (2) relevé des sommes perçues par la Trinity House, à Québec, pour la caisse des pilotes invalides de Québec ; (3) même relevé relatif à la caisse des pilotes de Montréal ; (4) relevé du revenu local provenant des autorités municipales de Québec, pour l'année 1836 ; (5) relevé du revenu local provenant de l'administration des magistrats.　　　　　524

Inclus. Relevés indiqués dans la lettre.　　　　526 à 547.

13 mars,
Québec.

Mémoire de Sally Anne Gore. Inclus dans Gosford à Glenelg, 12 avril 1837.

15 mars.

Gosford à Glenelg (n° 37). Transmet relevé des terres de la Couronne et des réserves du clergé dont on a disposé au cours des années 1834, 1835 et 1836.　　　　　548

Inclus. Relevé.　　　　　549

17 mars,
Québec.

Gosford à Glenelg (n° 38). Il a reçu dépêches relatives aux phares du Saint-Laurent, mais il avait cru que l'Amirauté les lui ferait parvenir en même temps que les instructions de Bayfield.　　　　　550

21 mars,
Québec.

Le même au même (n° 39). Envoie liste des dépêches reçues du bureau colonial depuis le 6 du mois dernier.　　　　　552

Inclus. Etat.　　　　　553

22 mars,
Québec.

Session de la cour criminelle tenue en mars.

25 mars,
Québec.

Condamnation prononcée contre John Gillan.

25 mars,
Québec.

Notes relatives aux témoignages rendus dans l'affaire Gillan. Ce document ainsi que les deux qui précèdent sont compris dans l'envoi de Gosford à Glenelg, le 21 avril 1837.

26 mars,
Trois-Rivières

Mémoire de Stephen Burroughs. Inclus dans l'envoi de Gosford à Glenelg, le 13 avril 1837.

29 mars,
Quebec.

Gosford à Glenelg (n° 40). Il envoie la liste des dépêches reçues *viá* Halifax.　　　　　556

Inclus. Etat.　　　　　557

3 avril.
Québec.

Gosford à Glenelg (n° 41). Gugy n'est plus shérif ; difficulté de lui trouver un successeur ; le choix est rendu plus difficile à cause des haines politiques. Les plaintes faites au sujet du choix des jurés, etc., nécessitent la nomination de quelqu'un qui obtienne la confiance générale. Roch de S¹ Ours choisi après enquête minutieuse ; ses titres à cet emploi. Il sait que cette nomination sera combattue, d'après le principe qu'un emploi, rapportant bénéfice et accordé par la Couronne, ne devrait pas être octroyé à un conseiller législatif. Il reconnaît la justesse de ce principe et s'il avait trouvé quelqu'un en dehors du conseil aussi bien qualifié que M. de St-Ours, il l'aurait nommé. Il n'avait pas toutefois violé les règlements suivi par la Chambre des Communes, et il invoque la position du Conseil législatif pour l'établir. Il énumère les devoirs du shérif et il en conclut que celui-ci est plus indépendant que la plupart des employés publics. Il combat l'accusation que ces deux positions sont incompatibles et ne peuvent être occupées par le même homme. Il discute ce point, non

1837.

pas parceque cette dernière nomination a besoin d'être défendue, mais parcequ'elle pourrait être attaquée par quelqu'un.   Page 560

12 avril, Québec.   Gosford à Glenelg (n° 42). Il envoie un mémoire, provenant de D^{elle} Sally Anne Gore réclamant une concession de terrain, suivant la demande du colonel Gore empêché par la maladie de poursuivre ses démarches.   569

Inclus. Mémoire.   570

Mémoire de Ralph Gore.   573

Cértificat de l'arpenteur en chef qui accompagne la demande de Gore.   575

13 avril, Québec.   Gosford à Glenelg (n° 43). Il transmet le mémoire de Stephen Burroughs où celui-ci réclame des dommages et le redressement de ses griefs au sujet de dommages qu'il prétend avoir éprouvés. Il renvoie à la correspondance qui a été échangée antérieurement.   576

Inclus. Mémoire de Stephen Burroughs au Roi où le signataire réclame des dommages et le redressement de ses griefs au sujet d'un lopin de terre qui lui a été enlevé à Stanstead.   578

Mémoire de Stephen Burroughs à Gosford.   583

Burroughs à Walcott. Il énumère les difficultés qu'il a rencontrées et la conduite d'Ogden à son égard.   587

Walcott à Burroughs. Malgré les regrets de Gosford de ne pouvoir récompenser ses services (à Burroughs) il lui faut agir ainsi, vu qu'il n'existe pas d'argent disponible.   593

Burroughs à Walcott. Long exposé de ses griefs.   594

Burroughs à Gosford. Il en demande le redressement.   659

14 avril, Québec.   Gosford à Glenelg (n° 44). Il transmet la liste des dépêches reçues du Bureau des Colonies depuis le 29 dernier.   675

Inclus. État.   676

15 avril.   Rapport de Davidson. Inclus dans l'envoi de Gosford à Glenelg, le 17 avril 1837.

17 avril.   Gosford à Glenelg (n° 45). Il énumère les divers émoluments du commissaire des terres de la Couronne. La commission qu'il perçoit sur la vente des terres ne doit pas dépasser £600, mais elle n'a pas atteint ce montant. Il n'y a point de limite de ce genre fixée à la commission provenant des terres concédées au clergé et cette commission a dépensé £600 l'an dernier. Il est impossible de prédire quel peut être à l'avenir le maximum du revenu du commissaire. Il ne faut pas laisser l'excellente occasion qui se présente. Il envoie le rapport de Davidson afin de démontrer quels sont les devoirs du département des terres publiques. Afin de faire disparaitre tout motif de jalousie, il conseille de nommer deux commissaires, l'un anglais et l'autre canadien, et un secrétaire, qui recevraient en tout £1,350 pris à même le fonds provenant des terres, des forêts et des réserves du clergé ; c'est-à-dire que les salaires seraient fixes et ne varieraient point suivant les ventes faites, et seraient de £600 pour chaque commissaire et de £150 pour le secrétaire. Il recommande alors A. N. Morin et John Davidson au poste de commissaire. Titres de Morin, qui devrait avoir la priorité. Il n'est pas nécessaire de mentionner les titres de Davidson. Il défend sa proposition de nommer deux commissaires.   678

Inclus. Rapport de Davidson concernant les droits perçus par le commissaire des terres publiques.   690

18 avril, Québec.   Gosford à Glenelg (confidentielle). Il a reçu les documents se rapportant aux résolutions proposées par lord John Russell et au compte-rendu du débat qui s'en est suivi. Il ne prévoit pas que la politique de Glenelg doive produire de commotion sérieuse. Le parti canadien, excepté la faction Roebuck, est favorable à son gouvernement (à Gosford) et il s'attend à ce que ce sentiment s'accentue davantage, mais il prend toutes les précautions possibles. Il ne voit pas de raison de s'attendre à une résistance à main armée. On rapporte qu'à l'ouverture de la navigation, un régiment

1837.

sera embrigadé à Québec pour service actif. Il annoncera à Colborne son désir de voir aussi un régiment consigné à Montréal, prêt à intervenir s'il éclatait quelque émeute, ce qui vaudrait mieux que d'envoyer des troupes après qu'il se serait produit trop de désordres. Il se conduira avec prudence, mais sans manifester aucune crainte, et il ne pense pas qu'il s'ensuive rien de bien grave   Page 695

19 avril, Québec.

Le même au même (n° 46). Il envoie le relevé des recettes provenant, pendant trois mois. du revenu casuel et territorial, ainsi que des ventes des terres de la Couronne et des permis accordés pour la coupe du bois.   697

Inclus. Relevé des recettes provenant du revenu casuel et territorial.   698

Relevé des recettes provenant de la vente des terres publiques et des permis accordés pour la coupe du bois.   699

21 avril, Québec.

Gosford à Glenelg (n° 47). Il fait rapport que Gillan, simple soldat dans le 66ᵉ régiment, qui avait été convaincu de meurtre, a obtenu un sursis, vu que le jury l'avait recommandé à la clémence de la cour. Il transmet les documents qui concernent le procès et la condamnation.   700

Inclus. Procès-verbal de la condamnation de John Gillan.   702

Prononcé du jugement.   708

Notes relatives aux témoignages rendus dans l'affaire Gillan.

26 avril.

Anonyme à Phillips. Il transmet un message de Gosford au sujet des condamnés. Il propose que le condamné, dont le jury a recommandé de commuer la sentence, reçoive la rémission de sa peine, dans la colonie où il a été déporté.   454

29 avril, Québec.

Gosford à Glenelg (confidentielle). Tout est tranquille, mais les journaux avancés se portent ouvertement à des excès. Ils cherchent à provoquer une réunion publique dans le comté de Richelieu afin de protester contre les résolutions de lord John Russell ; cette assemblée sera probablement suivie d'autres assemblées. Ce sera probablement un fiasco. La plus grande partie du peuple canadien est en faveur de son administration. Tous les partis sont grandement divisés au sujet de ces résolutions. Il ne voit pas qu'il soit nécessaire d'augmenter les forces militaires, mais, si cela était décidé, le meilleur plan serait de compléter les effectifs au Canada même. De la sorte, on aurait augmenté l'armée sans éveiller trop d'attention, ce qui, selon lui, est chose fort désirable. Combien d'ennuis auraient été évités s'il (Glenelg) avait accepté la proposition qui lui avait été faite d'augmenter le nombre des conseillers législatifs. Il est maintenant inutile d'en parler.   724

16 mai.

Anonyme à Spearman. Il soumet à la considération de la Trésorerie une copie d'un message de Gosford où celui-ci propose certaines économies dans le département des Affaires des sauvages. Les lords de la Trésorerie sont priés de bien vouloir faire connaître à Glenelg le montant d'allocation retirée qu'ils seraient disposés à accorder.   938

LE COMTE DE GOSFORD, GOUVERNEUR, 1837.

Q. 237.—1-2,

(La 1ere partie comprend les pages 1 à 269, la 2e partie les pages 270 à 548.)

1828.
23 juin,
Québec.
Dalhousie à Woolsey.   Inclus dans l'envoi de Gosford à Glenelg, le 5 juin 1837.

1830.
15 juillet,
Québec.
Discours fait par Cooper aux Abénaquis.   Inclus dans l'envoi de Gosford à Glenelg, le 17 juillet 1837.

1834.
29 novembre,
Nicolet.
Acte notarié.

1835.
22 mai,
Nicolet.
Concessions faites par Pierre Michel Cressé.   Ces deux documents sont inclus dans l'envoi de Gosford à Glenelg, le 16 mai 1837.

8 septembre,
Québec.
Aylmer à Burton.   Inclus dans l'envoi de Gosford à Glenelg, le 5 juin 1837.

27 novembre,
Québec.
Routh à Gosford.

1836.
28 avril,
Québec.
Routh à Gosford.   Ces deux documents sont compris dans l'envoi de Gosford à Glenelg, le 13 juillet 1837.

5 juin,
New-Carlisle.
Macdonald à Felton.   Inclus dans l'envoi de Gosford à Glenelg, le 12 juillet 1837.   Suit la désignation du terrain demandé.

13 juillet,
Québec.
Walcott au secrétaire des Affaires des sauvages.   Inclus dans l'envoi de Gosford à Glenelg, le 13 juillet 1837.

15 juillet,
Québec.
Opinion légale de l'avocat, W. McTavish.   Inclus dans l'envoi de Gosford à Glenelg, le 16 mai 1837.

27 juillet,
Saint-Régis.
Conseil des sauvages de Saint-Régis.   Inclus dans l'envoi de Gosford à Glenelg, le 13 juillet 1837.

28 juillet,
Québec.
Felton à Macdonald.   Inclus dans l'envoi de Gosford à Glenelg, le 12 juillet 1837.

30 juillet,
St-François.

3 août,
Lac des Deux-
Montagnes.
Conseil des sauvages du lac des Deux-Montagnes.

6 août,
Caughnawaga
Conseil des sauvages de Caughnawaga.

20 août,
Montréal.
Hughes à Napier.

22 août,
Québec.
Duchesnay au même.   Ces cinq derniers documents sont compris dans l'envoi de Gosford à Glenelg, le 13 juillet 1837.

23 août,
Cox.
Copie d'avis.   Inclus dans l'envoi de Gosford à Glenelg, le 12 juillet 1837.

28 septembre,
Nicolet.
Chandler et Lozeau à Stephen.   Inclus dans l'envoi de Gosford à Glenelg, le 16 mai 1837.

7 octobre,
Québec.
Walcott au Conseil exécutif.   Inclus dans l'envoi de Gosford à Glenelg, le 13 juillet 1837.

18 novembre,
Québec.
Gosford à Glenelg (n° 132).   Il explique le retard qu'il a mis à répondre à son message du 14 janvier 1836.   Page 480

12 décembre.
Rapport concernant les sauvages ainsi que divers autres documents. Inclus dans l'envoi de Gosford à Glenelg, le 13 juillet 1837.

1836.
15 décembre,
New Carlisle.

Avis de vente.

1837.
2 janvier.

Relevé mensuel des ventes de terres publiques

5 janvier,
New Carlisle.

Copie de projet de loi ; ce document et les deux qui précèdent sont compris dans l'envoi de Gosford à Glenelg, le 12 juillet 1837.

6 janvier,
Québec.

Gosford à Glenelg (n° 3). Il envoie le compte des présents, destinés aux sauvages, dont il avait autorisé l'achat. Il conseille de mettre de côté plusieurs tissus donnés aux sauvages,' ce qui serait à la fois une économie et un avantage pour les sauvages eux-mêmes. Il transmet le coût probable des présents requis pour l'année 1837.   Page 480 verso.
Inclus. Coût probable des présents pour 1837.   481 à 483

11 janvier,
Québec.

Certificat de Daly. Inclus dans l'envoi de Gosford à Glenelg, le 5 juin 1837.

28 janvier,
Québec.

Rapport relatif aux réclamations des sauvages de Lorette. Inclus dans l'envoi de Gosford à Glenelg, le 13 juillet 1837.

2 février,
Québec.

Vente de permis pour la coupe du bois.

2 février,
Québec.

Relevé mensuel des terres publiques vendues. Ces deux documents sont inclus dans l'envoi de Gosford à Glenelg, le 12 juillet 1837.

3 février,
Sault St. Louis

Adresse (en français) à lord Gosford de la part des Sept-Nations. Inclus dans l'envoi de Gosford à Glenelg, le 13 juillet 1837.

13 février,
New-York.

Protêt d'une lettre de change tirée sur Charles Schilliter.

14 février,
Québec.

Davidson à Macdonald. Ces deux documents sont compris dans l'envoi de Gosford à Glenelg, le 12 juillet 1837.

15 février,
Québec.

Gosford à Glenelg (n° 25). Au sujet de la réduction des dépenses dans le département des Affaires des sauvages, il recommande que le personnel soit diminué de moitié, ce qui ferait une économie annuelle de £627, moins l'allocation retirée. Il donne les dépenses probables de 1838 et il expose la nature et l'étendue des services rendus par les divers employés. 483 verso.
Inclus. Relevé de la longueur et de la nature des services rendus par les officiers du département des sauvages.   484
Estimation approximative des dépenses du département des sauvages pour jusqu'au 31 mars 1837.   484 verso.

24 février,
Québec.

Macdonald à Davidson.

28 février,
Québec.

Davidson à Bruce.
De la même date et au même sujet à Winter. Tous ces documents sont inclus dans l'envoi de Gosford à Glenelg, le 12 juillet 1837.

23 mars,
Montréal.

Christie à Napier. Inclus dans l'envoi de Gosford à Glenelg, le 13 juillet 1837.

28 mars,
Québec.

Walcott aux commissaires de la "British American Land Company." Inclus dans l'envoi de Gosford à Glenelg, le 10 mai 1837.

Mars ?

Adresse (en anglais) de la part des tribus algonquines et Nippissing. Inclus dans l'envoi de Gosford à Glenelg, le 13 juillet 1837.

1er avril,
Montréal.

La "British American Land Company" à Walcott. Inclus dans l'envoi de Gosford à Glenelg, le 10 mai 1837.

1er avril,
Montréal.

Christie à Napier. Inclus dans l'envoi de Gosford à Glenelg, le 13 juillet 1837.

3 avril,
Québec.

Macdonald à Bruce. Inclus dans l'envoi de Gosford à Glenelg, le 12 juillet 1837.

3 avril,
Montréal.

Christie à Napier. Inclus dans l'envoi de Gosford à Glenelg, le 13 juillet 1837.

4 avril,
Québec.

Bruce à Davidson.

6 avril,
Québec.

Davidson à Bruce. Ces deux documents sont inclus dans l'envoi de Gosford à Glenelg, le 12 juillet 1837.

DOC. DE LA SESSION No. 18

1837.

11 avril,
Québec. Daly à Walcott. Inclus dans l'envoi de Gosford à Glenelg, le 26 juin 1837.

12 avril.
Québec. Soumission au montant de £1,692, 12s. 7d. de la part de Bruce.

13 avril,
Québec. Accusé de réception par la Banque de Québec.

13 avril,
Québec. Mémoire de Bruce et de ses associés. Ce document et les deux qui précèdent sont compris dans l'envoi de Gosford à Glenelg, le 12 juillet 1837.

19 avril,
Québec. Walcott à la " British American Land Company. Inclus dans l'envoi de Gosford à Glenelg, le 10 mai 1837.

21 avril,
Québec. Walcott à Bruce, etc. Inclus dans l'envoi de Gosford à Glenelg, le 12 juillet 1837.

24 avril,
Québec. Rapport du procureur général. Inclus dans l'envoi de Gosford à Glenelg, le 1er mai 1837, suivi d'une liste de documents.

25 avril,
Montréal. La " British American Land Compagny " Walcott. Inclus dans l'envoi de Gosford à Glenelg, le 10 mai 1837.

Le dossier de ce cas ainsi que l'opinion légale s'y rapportant accompagnent l'envoi.

29 avril,
Québec. Bruce, etc., à Walcott. Inclus dans l'envoi de Gosford à Glenelg, le 12 juillet 1837.

1er mai,
Québec. Gosford à Glenelg (n° 48). Il mentionne l'atteinte à la propriété commise à Indian Streams et qu'une commission du New-Hampshire a reçu mission d'examiner. La preuve établit qu'il y a eu atteinte et cependant le gouvernement fédéral ne fait rien pour obtenir justice. Poursuites intentées contre ceux qui ont commis cette atteinte, et leur mise en accusation ; ils n'ont cependant pas été arrêtés. Nécessité de fixer les bornes de la frontière, vu la construction d'un chemin de fer entre Québec et Saint-André. Protêt énergique fait contre ce projet qui porte atteinte aux droits de propriété des Etats-Unis. Il demande qu'on lui donne des instructions. 3
Inclus. Rapport du procureur général concernant les poursuites intentées au sujet de l'atteinte à la propriété commise à Indian Streams.
Page 9
Liste des documents judiciaires relatifs à cette cause. 11

2 mai,
Québec. Gosford à Glenelg. Il transmet un mémoire et une lettre du juge en chef Sewell en faveur de son fils. 13
Inclus. Sewell à Gosford. Dans ce mémoire, il explique le genre d'instruction que son fils a reçue et l'intention qu'il entretient (son fils) de devenir ministre de l'Eglise d'Angleterre. Son insuccès dans ses efforts pour obtenir un titre religieux et son retour au Canada où il recevra les ordres sacrés à Whitsuntide. 14
Mémoire de Sewell en faveur de son fils. 16

2 mai,
Québec. Gosford à Glenelg. (n° 49). Il transmet une lettre de l'évêque de Montréal en réponse à celle qui lui avait été adressée au sujet de la division du diocèse de Québec. 18
Inclus. L'évêque de Montréal à Glenelg. Lettre et autres documents reçus concernant l'érection du Haut-Canada en un nouveau diocèse. Vif désire que l'évêque de Québec entretient de voir se réaliser le projet, tel que démontré par une lettre écrite à son collègue. 19

3 mai,
Québec. Gosford à Glenelg (n° 50). Il transmet la pétition du bureau de commerce de Québec à l'Amirauté demandant la publication d'une carte aussi complète que possible du Saint-Laurent d'après l'arpentage fait jusqu'ici par Bayfield. 25
Inclus. Requête. 26

6 mai,
Québec. Gosford à Glenelg (personnelle et confidentielle). Il s'accorde avec lui (Glenelg) au sujet de l'envoi de nouvelles troupes, vu qu'il ne voit pas de besoin présentement d'augmenter les forces militaires de la province. Il a fait part à Colborne de son désir de voir un régiment fixé en permanence à

1-2 EDOUARD VII, A. 1902

1837.

Montréal. Il ne prévoit aucun soulèvement général. Les troupes du Nou‑ veau-Brunswick et de la Nouvelle-Ecosse ne sont pas aussi nombreuses qu'il (Glenelg) l'imagine. Il y a trois régiments dans la Nouvelle-Ecosse, et un dans le Nouveau-Brunswick, comprenant probablement 430 hommes en tout. Il serait à souhaiter que les régiments canadiens eussent des effectifs com‑ plets ; ce serait le meilleur moyen d'augmenter la force militaire. Navi‑ gation ouverte ; la misère produite par le manquement complet des récoltes de l'an dernier, a été grande ; le prix des comestibles est énorme. Il a été obligé de prêter de l'argent à certains voisins. Assemblée con‑ voquée dans le comté de Richelieu, par la faction Roebuck, dans le but de protester contre les résolutions Russell. Il croit que ce sera un fiasco. Prudence qu'il faut mettre en jeu dans le choix des membres du Conseil exécutif. Le bien que peut produire un choix judicieux. Page 26

8 mai,
Québec.

Opinion du procureur général. Inclus dans l'envoi de Gosford à Glenelg le 10 mai 1837.

8 mai,
Québec.

Walcott à Bruce. Inclus dans l'envoi de Gosford à Glenelg, le 12 juillet 1837.

10 mai,
Québec.

Gosford à Glenelg (n° 51). Il transmet la correspondance échangée entre les commissaires de la "British American Land Company" et le gouver‑ nement au sujet de la date où les intérêts sur les versements non-payés deviendront dus ; il demande qu'on lui donne des instructions et s'informe si l'intérêt doit être exigé sur la moitié des sommes dépensées pour les tra‑ vaux d'amélioration. Il considère que l'intérêt doit être exigé et employé de la même manière que le capital.   33

Inclus. La "British Americain Land Co" à Walcott. Elle main‑ tient son mode de paiement des intérêts sur les montants dus pour l'achat des terres.   44

Walcott à la Compagnie anglo-américaine. Cette question sera soumise à la considération du gouvernement de Sa Majesté.   47

La Compagnie Anglo-Américaine à Walcott. Elle soumet sa cause tout en l'appuyant sur l'opinion légale d'un avocat au sujet de la manière de payer les intérêts.   49

Mémoire destiné à être soumis au Conseil.   51

Opinion légale.   53

Exposé des deux méthodes de paiement des intérêts.   55

Opinion exprimée par le procureur général que l'intérêt qui doit être payé par la Compagnie Anglo-Américaine n'est pas exigible annuellement. 56

Tableau indiquant le montant d'intérêt payable par la "British American Land Co."   58

11 mai,
Montréal.

Correspondance confidentielle du *Vindicator* relativement à une agitation faite par les marchands de Londres en faveur d'accorder le suffrage aux Canadiens ; il est allégué que l'oppression provient non du peuple anglais mais de quelques puissants commerçants écossais.   103

13 mai,.
Québec.

Gosford à Glenelg (n° 52). Il transmet un mémoire adressé par la Com‑ pagnie d'assurance maritime canadienne requérant la publication du plan du Saint-Laurent, tel que fait jusqu'ici, par Bayfield.   59

13 mai,
Québec.

Inclus. Mémoire.

Opinion du Conseil (Ogden). Inclus dans l'envoi de Gosford à Glenelg. le 16 mai 1837.

16 mai,
Québec.

Gosford à Glenelg (n° 53). Il transmet une lettre de MM. Chandler et Lozeau, propriétaires de la seigneurie de Nicolet, par laquelle ils demandent £1,338 1s. 9d., ce qui est, suivant eux, une réclamation raisonnable, vu qu'ils ont dépensé cette somme sur une propriété maintenant jugée apparte‑ nir à la Couronne. Il joint tous autres documents reçus depuis. Historique de la concession de Nicolet et de la partie usurpée, maintenant appelée augmentation, dont la Couronne a repris possession. Il transmet une copie du rapport du procureur général qui considère que Chandler et Lozeau n'ont

1837.

aucun droit, excepté sur £75 qu'ils ont dépensés dans un procès contre Douglas, qu'ils ont retirés à la demande du gouvernement afin d'en arriver à un règlement à l'amiable.   Page 62

Inclus. Chandler et Lozeau à Stephen. Il transmet l'exposé détaillé de leur réclamation afin qu'il soit soumis à Glenelg.   66

Acte notarié.   71

Concessions de terrain faites par Pierre Michel Cressé de 1804 à 1809 inclusivement.   77

Opinion légale de W. McTavish portant que la demande faite par le seigneur de Nicolet d'une partie des terres non-concédées de *l'augmentation* parait bien établie.   81

Plan de Nicolet et de l'augmentation.   88

Opinion légale du Conseil (Ogden) dans la cause de Chandler et Lozeau. La réclamation manque de fondement.   89

17 mai,
Québec.

Procès-verbal du Conseil exécutif. Inclus dans l'envoi de Gosford à Glenelg, le 23 mai 1837.

18 mai,
Montréal.

Compte rendu, d'après le *Vindicator*, d'une assemblée de protestation tenue dans le comté de Montréal.   109

20 mai,
Québec.

Rapport d'un comité du Conseil exécutif. Inclus dans l'envoi de Gosford à Glenelg, le 2 juin 1837.

22 mai,
Québec.

Gosford à Glenelg (n° 54). Les 39 individus condamnés à la déportation partiront à bord de la *Cérès*, le 25. Les documents nécessaires seront confiés au capitaine. Difficulté d'obtenir des billets de passage au prix fixé pour le transport des condamnés. Ne voyant pas de moyen de les faire transporter au prix fixé, il a permis de payer plus cher,—ce qui serait à la fin une économie,—et le *Cérès* les conduira au taux de £20 chacun.   95

22 mai,
Québec.

Extrait des minutes du Conseil.

22 mai,
Québec.

Walcott au président du comité du commerce, Québec.

22 mai,
Québec.

Walcott à la Banque de Québec et à la succursale de la Banque de Montréal.

Simpson à Walcott.

22 mai.
Québec.

22 mai,
Québec.

Walcott au percepteur des douanes, Québec. Ce document et les quatre qui précèdent sont compris dans l'envoi de Gosford à Glenelg, le 2 juin 1837, en même temps que d'autres documents.

23 mai,
Québec.

Gosford à Glenelg (n° 55). L'évêque catholique romain de Montréal a demandé un coadjuteur. Il a approuvé le choix du révérend Ignace Bourget.   98

Inclus. Procès-verbal du Conseil. Le révérend M. Bourget a prêté le serment ordinaire d'allégeance.   100

23 mai,
Québec.

Gethings à Walcott. Inclus dans l'envoi de Gosford à Glenelg, le 2 juin 1837.

25 mai,
Québec.

Gosford à Glenelg. Désappointement éprouvé par le parti de la violence à l'occasion du fiasco, considéré au point de vue du nombre et de la respectabilité des assistants, obtenu à l'assemblée de Richelieu. Il corrige les faux rapports faits au sujet de certaines personnes que l'on disait y avoir assisté. Il transmet les résolutions soumises alors. Autre assemblée, tenue le 15 à Saint-Laurent, où Papineau fit avec la violence qui lui est ordinaire, un grand discours plein d'inexactitudes. Il transmet une copie des résolutions qui y ont été passées. Il cite, même chez ceux qui désapprouvent la politique de refuser de voter les subsides, un fort sentiment contre la proposition de Russell de prendre l'argent de la caisse publique. Il est porté à dissoudre les Chambres ; il considère que la nouvelle assemblée serait mieux disposée à prendre les moyens de faire cesser les difficultés qui existent dans la province. Comment les difficultés pourraient être aplanies.   542

1-2 EDOUARD VII, A. 1902

1837.

Inclus. Résolutions passées à l'assemblée du comté de Montréal (tenue à Saint-Laurent).   Page 543

Résolutions passées à l'assemblée tenue dans le comté de Richelieu.   544 verso.

25 mai, Québec.
Lemesurier à Walcott. Inclus dans l'envoi de Glenelg, le 2 juin 1837.

26 mai, Québec.
Gosford à Glenelg (n° 56). Les condamnés, dont il est fait mention dans le message du 22, se sont embarqués aujourd'hui sur la *Cérès* qui mettra tout de suite à la voile. Comme ceux qui se sont engagés à transporter les condamnés ne pouvaient point se procurer d'armes pour se défendre à bord du vaisseau, il a été obligé d'émettre des permis, afin de leur en fournir. Ils doivent remettre ces armes ainsi que les munitions ou en payer la valeur. Il transmet la pétition de l'un des condamnés, John McAuliff, qui demande sa grâce. Sa conduite dans la prison a toujours été irréprochable.   113

Inclus. Recours en grâce de John McAuliff.   115

27 mai, Québec.
Certificat donné par Woolsey. Inclus dans l'envoi de Gosford à Glenelg, le 5 juin 1837.

29 mai, Québec.
Walcott au procureur général. Inclus dans l'envoi de Gosford à Glenelg, le 24 juin 1837.

30 mai, Montréal.
Christie à Napier. Inclus dans l'envoi de Gosford à Glenelg, le 13 juin 1837.

Mai (?)
Rapport de l'Assemblée, tenue dans le comté de Richelieu, publié dans le *Vindicator* sous le titre: " Les voix du peuple."   108

— mai, Québec.
Mémoire du lieutenant Burton. Inclus dans l'envoi de Gosford à Glenelg, le 5 juin 1837.

1er juin, Québec.
Mémoire de Bruce, etc. Inclus dans l'envoi de Gosford à Glenelg, le 2 juin 1837.

Simpson à Walcott.

1er juin, Québec.
Walcott au percepteur des douanes. Ces deux documents sont inclus dans l'envoi de Gosford à Glenelg, le 2 juin 1837.

2 juin, Québec.
Gosford à Glenelg (n° 57). Les nombreuses banqueroutes et la suspension des paiements au comptant, survenues aux Etats-Unis, ont affecté les opérations financières des banques du Bas-Canada lesquelles ont décidé, avec l'assentiment des classes commerciales, de cesser les paiements en numéraire. Difficultés qu'éprouvent les importateurs obligés de payer les droits de douane en numéraire. La Chambre du commerce de Québec a présenté un mémoire expliquant l'impossibilité de trouver du numéraire pour payer les droits, et demandant que les officiers des douanes soient autorisés à accepter les reçus et débentures des banques présentés par les importateurs. Après enquête, il a résolu de porter secours aux classes commerciales, pourvu que les banques consentissent à certaines conditions qui assureraient au gouvernement le paiement des droits d'ici au 20 septembre. Plan qui serait adopté par les officiers de douanes pour obtenir le paiement de certaines sommes affectées aux dépenses imprévues. La banque de Québec a accepté les conditions, mais non la banque de Montréal.   119

Inclus. Pétition de la Chambre de commerce de Québec.   125

Rapport à ce sujet fait par un comité du Conseil exécutif.   127

Extrait d'un procès-verbal du Conseil en date du 22 mai.   137

Walcott à la banque de Québec, à la banque de Montréal et à la City Bank de Montréal (circulaire), demandant l'état des opérations financières de chacune d'elle.   139

Etat général des finances de la banque de Québec.   140

Etat général des finances de la banque de Montréal.   141

Walcott au président de la Chambre de commerce de Québec. Il transmet la décision du gouverneur au sujet de la pétition.   142

Mémoire indiquant le montant et la nature de l'aide que le gouvernement accordera aux classes commerciales au sujet des paiements des droits de douane.   145

1837.

Walcott à la banque de Québec et à la succursale de la banque de Mont-réal. Il transmet le mémoire indiquant le montant et la nature de l'aide accordée.   Page 147

Simpson à Walcott. Il sera prêt à émettre des reçus qui pourront être remis au bureau des douanes.   150

Gethings à Walcott. Les directeurs de la banque de Québec acceptent les conditions faites au sujet du paiement des droits de douane.   151

Walcott au percepteur des douanes. Mesures à prendre pour mettre en vigueur ce mode de paiement des droits de douane au lieu du paiement en espèces.   152

Duplicata du mémoire concernant l'aide accordée ainsi que la clause qui y a été ajoutée. Pour l'original, voyez à la page 145.   154

Lemesurier à Walcott. Il transmet les remerciements de la Chambre du Commerce de Québec au gouverneur pour avoir consenti à sa demande. 155

Simpson au même. La direction de la banque de Montréal, à Montréal, à refusé d'accepter l'arrangement concernant le paiement des droits. Il est prêt à racheter tous les reçus que la banque a émis.   156

Walcott au percepteur des douanes de Québec. La banque de Montréal a refusé d'accepter le mode de paiement proposé. Des mesures doivent être prises pour obtenir de l'argent à la place des reçus accordés par la succursale de Québec.   157

5 juin,
Québec.

Gosford à Glenelg. Il transmet des documents au sujet du lieutenant Burton ; il le recommande à sa bienveillance.   158

Inclus. Mémoire du lieutenant Burton.   159

Dalhousie à Woolsey. Il voudrait lui être utile ainsi qu'à son gendre, Burton, mais il ne le peut pas vu qu'il n'y a aucune position de disponible. Il connait les capacités de Burton.   161

Aylmer à Burton. Il serait désireux de lui être utile, mais il a pris pour règle de conduite de s'abstenir de faire des recommandations ; il peut dire cependant qu'il a toujours cherché une occasion de prendre Burton dans le service civil. Il lui a été impossible de réussir.   162

Certificat de Daly attestant les services de Burton.   164

Certificat de Woolsey établissant les promesses faites par Dalhousie de donner un emploi à Burton.   165

6 juin.
Québec.

Gosford à Glenelg (n° 58). Il transmet la liste des dépêches reçues du Bureau des Colonies depuis le 14 avril.   166

Inclus. La liste.   167

7 juin,
Québec.

Ogden (procureur général) à Walcott. Inclus dans l'envoi de Gosford à Glenelg, le 24 juin 1837.

10 juin,
Québec.

Gosford à Glenelg (n° 59). Il croit que Papineau est à organiser une agitation. Il est décidé à appliquer, si c'est nécessaire, des mesures promptes. Il se prépare à demander un nouveau régiment à sir Colin Campbell afin de prévenir les troubles, d'arrêter l'agitation et de donner confiance aux timides.

12 juin,
Québec.

Walcott au secrétaire de la guerre. Inclus dans l'envoi de Gosford à Glenelg, le 24 juin 1837.

13 juin,
Downing
Street.

Glenelg à Gosford. Il espère que rien ne viendra détruire l'espoir de voir la paix se continuer. Il n'a pas encore reçu la liste des noms. La maladie du roi a retardé la présentation du projet de loi relatif au Bas-Canada.   32

14 juin,
Québec.

Walcott aux divers officiers. Inclus dans l'envoi de Gosford à Glenelg, le 24 juin 1837.

15 juin,
Québec.

Gosford à Glenelg (n° 60). Après réflexion, il a demandé à sir Colin Campbell de lui envoyer l'un des régiments qu'il a sous son commandement.   545 verso.

Inclus. Proclamation contre les discours séditieux.   545 verso.

15 juin,
Québec.

Rowan au secrétaire de la ville. Inclus dans l'envoi de Gosford à Glenelg, le 24 juin 1837.

1-2 EDOUARD VII, A. 1902

1837,
16 juin,
Québec.

Proclamation (en français) publiée dans la *Gazette* de Québec contre les assemblées séditieuses.　　　　　　　　　　　　Page 173

17 juin,
Québec.

Gosford à Glenelg (n° 61). Vu la récente conduite politique de Morin, il retire la recommandation qu'il lui avait donnée pour le poste de commissaire des Terres de la Couronne.　　　　　　　　178

17 juin,
Québec.

Gosford à Glenelg (personnelle et confidentielle). Il retire la recommandation qu'il avait faite au sujet de Morin. Même si sa nomination avait été approuvée et reçue, il n'en aurait pas tenu compte avant de nouvelles communications. Il lui est impossible présentement de recommander quelqu'un à cette position, mais, si son plan est approuvé, il est certain de choisir quelqu'un qui agira de concert avec Davidson. Rumeurs concernant sa méthode de faire les nominations.　　　　　　　　180

19 juin,
Québec.

Gosford à Colborne. Inclus dans l'envoi de Gosford à Glenelg, le 9 juillet 1837.

19 juin,
Québec.

Gosford à Glenelg (n° 61 bis). Il a reçu la dépêche que son commissariat prendra fin le 18 février, date où il commencera à recevoir les émoluments attachés à la position de gouverneur jusqu'au 10 août, alors qu'il touchera £4,500. Tel que requis, il transmettra aussitôt que possible ses comptes clos à cette date. Avant de recevoir sa dépêche, il avait retiré £1,000 du Trésor ; ce lui serait un ennui de ne point les employer, vu qu'il a pris pour habitude de payer tous les mois ses comptes courants. Il ne lui avait pas encore été possible d'acquitter, à même ses ressources personnelles, les dettes qu'un gouverneur civil est exposé à faire. Un traitement de £4,500 n'est pas suffisant lorsque la position de gouverneur est remplie par un civil qui n'occupe pas d'autre poste. Le relevé qu'il a fourni le 23 janvier comprend le traitement depuis le jour ou son prédécesseur a été payé.　　　182

20 juin,
Québec.

Gosford à Glenelg (n° 62). Il transmet la liste des dépêches reçues du Bureau des Colonies depuis le 6.　　　　　　　　188
Inclus. Liste.　　　　　　　　　　　　　　　　189

21 juin,
Québec.

Colborne à Gosford.

24 juin,
Québec.

Gosford à Colborne. Ces deux documents sont compris dans l'envoi de Gosford à Glenelg, le 9 juillet 1837.

24 juin,
Québec.

Gosford à Glenelg (n° 63). A propos de la dépêche du 23 mars, il a déposé les documents entre les mains du procureur général afin qu'il prenne les mesures pour remettre la propriété de Sorel aux officiers de l'Artillerie. Difficultés mentionnées par le procureur général, mais Colborne prétend qu'il n'en existe point et il va donner ordre aux officiers respectifs de s'emparer de la propriété comme ils l'ont fait à Sainte-Hélène.　　192
Inclus. Walcott au procureur général. Il transmet les dépêches concernant la propriété de Sorel afin qu'il prenne des mesures pour la remettre en la possession des officiers de l'Artillerie.　　　　195
Ogden (procureur général) à Walcott. Il a reçu instructions de remettre la propriété de Sorel aux officiers de l'Artillerie. Il mentionne les empêchements à cette démarche.　　　　　　　　196
Walcott au secrétaire de la Guerre. Gosford a donné instructions au procureur général de prendre les moyens de remettre à l'Artillerie la propriété de Sorel, mais cet officier a découvert des empêchements légaux à ce transport. Il transmet une copie de son opinion légale et mentionne la bonne volonté de Gosford de faire exécuter les désirs du gouvernement. 198
Walcott aux officiers respectifs. A peu près la même chose que dans la lettre précédente.　　　　　　　　　　　　　200

26 juin,
Québec.

Gosford à Glenelg (confidentielle). Il envoie une liste de noms de personnes dignes d'être nommées membres des Conseils exécutif et législatif, ainsi que des observations qui peuvent l'aider. Sans être absolument certain de la justesse de ces observations, il les croit exactes. Il n'a pas fait la liste d'après l'ordre de préférence qu'il peut avoir. Il demande la per-

1837.

mission de biffer certains noms qu'il avait d'abord soumis et de substituer la présente liste à celle qu'il avait expédiée dans son envoi du 26 avril 1836. Si l'on trouvait à propos d'augmenter le nombre des membres du Conseil législatif, il demande de consulter l'envoi marqué n° 1. Observations touchant certaines personnes nommées, mais dont la nomination pourrait être annulée. Page 204

26 juin,
Québec.

• Gosford à Glenelg (n° 64). Il a transmis la réclamation, faite par Shadwell contre Daly à ce dernier officier public, et il joint une copie de sa réponse. 214

Inclus. Daly à Walcott. Ou Shadwell est devenu illégalement possesseur d'une obligation réglée depuis longtemps, ou bien son agent (à Daly) l'a trompé, ce qu'il ne peut croire. Il fera faire des recherches. 215

27 juin,
Quebec.

Gosford à Glenelg (n° 65). Il donne une réponse aux questions posées par la Trésorerie au sujet des sauvages. 217

Inclus. Réponse aux questions de la Trésorerie. 218

28 juin,
Québec.

Colborne à Gosford.

29 juin,
Québec.

Gosford à Colborne. Ces deux documents sont inclus dans l'envoi de Gosford à Glenelg, le 9 juillet 1837.

29 juin,
Downing
Street.

Glenelg à Gosford. Décès du roi. Il est contraire à l'intérêt public de poursuivre la discussion des mesures non terminées par le parlement ou d'introduire de nouvelles mesures. Un projet de loi, permettant d'avancer l'argent nécessaire au paiement de l'arriéré des salaires des employés publics, sera dans son opinion sanctionné par le parlement. Il espère que la législature du Bas-Canada reconnaîtra qu'il existe un sincère désir de s'abstenir de toute intervention concernant les droits et les privilèges de la chambre d'Assemblée. Satisfaction qu'éprouverait Sa Majesté, si le commencement de son règne était marqué par le retour d'une confiance mutuelle entre la chambre d'Assemblée et le gouvernement exécutif du Bas-Canada. 32

30 juin,
Québec.

Colborne à Gosford. Inclus dans l'envoi de Gosford à Glenelg, le 9 juillet 1837.

30 juin.

Anonyme aux officiers en loi de la Couronne. Inclus dans un envoi anonyme à Gosford, en juin 1837.

— juin.

Anonyme à Gosford. La question du paiement des intérêts par la " British American Land Co " fut référée aux officiers en loi de la Couronne ; la compagnie doit se conformer à leur rapport qui a été envoyé. Les intérêts et les arrérages doivent être payés, et il doit être tenu un compte exact des dépenses faites pour les travaux publics afin que l'intérêt régulier soit exigé. 36

Inclus. Anonyme aux officiers en loi de la Couronne. Il transmet la correspondance échangée avec la "British American Land Co", et il demande une opinion légale quant au paiement de l'intérêt sur les versements non encore dus. 38

Walcott aux commissaires de la "British American Land Co". Le gouverneur a accordé un délai jusqu'au 4 avril pour le paiement du versement et de l'intérêt dus le 20 mars. Le gouverneur considère que le mode de paiment des intérêts ne s'accorde pas avec l'esprit et la lettre des clauses du marché ; les intérêts ne sont payés que sur le versement alors dû quand ils devraient l'être sur les autres versements à venir. Extraits du contrat qui démontrent la manière dont les intérêts devraient être payés. 40

1er juillet,
Québec.

Colborne à Gosford.

1er juillet,
Québec.

Gosford à Colborne.

1er juillet,
Québec.

Gosford à Colborne. Ce document et les deux qui précèdent sont compris dans l'envoi de Gosford à Glenelg, le 9 juillet 1837.

1-2 EDOUARD VII, A. 1902

1837.
3 juillet,
Québec.

Le même à Glenelg, (n° 66). Il mentionne la mort de W. B. Felton.
Page 233

4 juillet,
Québec.

Le même au même (personnelle). Afin de l'empêcher (Glenelg) de tirer
des conclusions d'après les comptes rendus de la *Minerve* et du *Vindicator*,
il annonce que Papineau, avec quelques membres de son parti, a tenu des
assemblées publiques pour soulever les esprits apparemment contre les résolutions de Russell, mais en réalité pour prêcher des doctrines séditieuses.
Les journaux ci-dessus mentionnés représentent les assemblées comme obtenant de grands succès, mais d'après tous les rapports ces comptes rendus
sont très exagérés ; en fait, quelques assemblées ont été de véritables fiascos.
C'est Munn, un important constructeur de navires, qui sera élu à l'élection
qui se tiendra à la basse-ville pour le remplacement de Vanfelson ; le parti
de la révolte soutient Conolly, un épicier. Munn est chaudement appuyé
tant par les Anglais que par les Français. Papineau perd du terrain. Il
ne s'attend pas à quelque agitation sérieuse. Colborne dit qu'il a communiqué au général en chef la correspondance qu'ils (Gosford et Colborne) ont
échangée. Il écrira à ce sujet, mais pas maintenant.
234 et 547 au verso.

8 juillet,
Montréal.

Rapport du *Morning Courrier*, contenant les discours prononcés à
l'assemblée de la Place d'Armes, le 6.   270

8 juillet,
Québec.

Gosford à Glenelg (n° 67). Tel qu'ordonné, il a convoqué la législature.
Selon l'usage, il faut donner un avis de pas moins de 40 jours.   237

9 juillet,
Québec.

Le même au même (n° 68). Il transmet la correspondance échangée
avec Colborne au sujet de la distribution des troupes afin de démontrer son
intention d'agir de concert avec sir John et de se mettre en garde contre
l'accusation de manquer de courtoisie.   238

Inclus. Gosford à Colborne. Il désire qu'on ne fasse pas de déplacement de troupes sans qu'il en ait été d'abord informé.   243

Colborne à Gosford. Il a donné ordre que les mouvements des troupes lui
soient communiqués aussi complètement qu'un gouverneur civil peut être
instruit sur ces choses militaires. Des rapports périodiques ont été régulièrement adressés, y compris celui de la distribution des troupes. Aucun
déplacement n'a eu lieu depuis qu'il a le commandement, à l'exception de
celui du 15°, conduit à Québec pour compléter sa tournée ordinaire de service et être prêt ensuite à retourner en Angleterre. Les autres mouvements des troupes ont été communiqués. Sa responsabilité au sujet de la
position des troupes qui doit être telle que celles-ci puissent être promptement rassemblées. S'il survenait quelque révolte, la responsabilité militaire
retomberait sur le commandant en chef des troupes. Il désire sincèrement
agir de concert.   245

Gosford à Colborne. Il croyait sa lettre du 19 tellement claire qu'il ne
soupçonnait pas de malentendu possible ; il a seulement demandé des renseignements que tout gouverneur civil mérite de connaître. Il n'a pas l'intention d'intervenir dans l'accomplissement de ses fonctions, mais tout gouverneur civil a le droit de connaître les mouvements des troupes afin qu'il
puisse s'y opposer, s'il les considère nuisibles à un point de vue politique.
Autres raisons à l'appui de son opinion.   250

Colborne à Gosford. Il ne voyait rien qui pût motiver cette discussion
touchant leurs devoirs respectifs. Les rumeurs relatives au rassemblement
des troupes étaient sans fondement, et il a été informé du poste de chaque
corps militaire ; aucun autre déplacement de troupes n'est projeté que celui
qui se fait périodiquement. Les règlements de 1826 n'accordent d'autorité
militaire que dans les choses locales. Il explique la nature et les stipulations des règlements. La responsabilité qui retombera sur l'autorité militaire dans le cas d'une résistance à main armée.   256

Gosford à Colborne. Le but de sa communication du 19 juin n'était pas
d'expliquer les devoirs respectifs de l'autorité civile ou militaire, mais sim-

plement d'obtenir des renseignements touchant les mouvements militaires que l'on avait en vue. Comme ceci paraissait passer pour une intervention, il a voulu faire disparaître cette impression. Il s'agit maintenant de savoir sur qui repose le maintien de la paix et du bon ordre dans la province. Est-ce sur le gouverneur ou sur le général en chef ? A moins de ne pas avoir compris ses instructions, il considérait que cela reposait et devait reposer sur le gouverneur. Il ne s'était pas opposé au transport du 15ᵉ du Haut-Canada, ni à la mobilisation des troupes à Québec, bien qu'il aurait peut-être demandé de retarder ces déplacements s'il en avait été informé, et s'il s'était présenté quelque considération politique qui aurait rendu la chose préférable. Page 260

Colborne à Gosford. La continuation de cette correspondance ne rend aucun service au public. Jusqu'à ce qu'il ait reçu l'avis du général en chef, il continuera à suivre les instructions qui lui ont été données. 264

Gosford à Colborne. Il renouvelle l'expression de son désir d'être instruit sur tout mouvement projeté des troupes. 265

Colborne à Gosford. Il continuera à lui fournir tous les renseignements au sujet du mouvement des troupes. 266

Gosford à Colborne. Il l'en remercie. 267

10 juillet, Montréal.

Extraits relatifs à la politique tirés de la *Minerve*. 318, 331

Rapport de l'assemblée du comté de Missisquoi. 338

11 juillet, Québec.

Gosford à Glenelg (n° 69). Tel que déjà dit, il a demandé à sir Colin Campbell un nouveau régiment, et il a lancé une proclamation dont il a commandé de donner lecture à chaque régiment. Elle a été lue presque partout, mais elle a été reçue avec mépris dans certains endroits, surtout dans le comté des Deux-Montagnes. Raizenne a eu sa commission enlevée, vu qu'il avait désobéi aux ordres. L'inconvenance de conduite de certains magistrats. La proclamation a produit un effet salutaire ; toutes les assemblées publiques n'ont eu depuis aucun succès. Il y en a eu une d'un caractère différent à Montréal le 6 courant, à laquelle beaucoup de Canadiens-Français ont pris part. Il transmet une copie des résolutions. Actes de violence dans le comté des Deux-Montagnes. Il a confiance que les poursuites en justice et l'arrivée du 83ᵉ régiment vont ramener la paix. Il ne s'attend pas à des troubles sérieux. 548

Inclus. Résolutions passées à l'assemblée de Montréal. 548 verso.

12 juillet, Québec.

Gosford à Glenelg (n° 70). Il transmet le mémoire de Duncan Bruce, Charles Shilliton, John D. McIntyre et Alexander Martin, qui demandent la ratification de l'achat qu'il avait désapprouvé de 66,242 acres de terre dans le district de Gaspé. Il fournit les moindres détails de la transaction et les raisons pour lesquelles il l'avait désapprouvée. 342

Inclus. Mémoire qui explique longuement les circonstances de l'achat. 348

Macdonald à Felton. Il expose que les terres des cantons de Hamilton et de Cox sont nécessaires pour la colonisation. 378

Désignation des terres demandées. 380

Plan des terres annexé à la lettre. 381

Felton à Macdonald. Le gouverneur a sanctionné l'arpentage et la vente de dix milles acres de terre dans les cantons de Cox et d'Hamilton. 382

Copie de l'avis public, affiché à New-Carlisle, etc., concernant la vente de permis pour la coupe du bois. 383, 385

Vente des permis. 389

Relevé mensuel des terres vendues. 392 à 400

Macdonald à Bruce. Les billets qu'il avait reçus de lui en paiement du premier versement sur l'achat des terres lui ont été renvoyés protestés. 401

Duncan Bruce à Davidson. Ces billets n'ont pu avoir été protestés qu'à cause du manque de diligence de celui à qui ils avaient été remis. Le plein montant de leur valeur sera déposé à la banque de Québec avant l'échéance. 402

1-2 EDOUARD VII, A. 1902

1837.

Davidson à Bruce.   La vente des terres à New-Carlisle ne sera point
ratifiée.   Page 403
A Winter à la même date et sur le même sujet.   404
Davidson à Bruce.   Il attire son attention sur l'avis officiel et sur la cir-
culaire annonçant que les ventes de terres ont été annulées.   405
Offre légale faite de la part de Bruce de £1,692, 12s. 7d. pour l'achat des
terres.   406
Certificat de la banque de Québec attestant que Bruce a déposé £1,694-
0s. 11d.   410
Mémoire de Bruce et de ses associés au sujet de l'achat de terres dans
Gaspé.   411
Walcott à Bruce, etc.   Le gouverneur, pour les raisons énoncées, a jugé
à propos d'annuler les ventes.   422
Bruce, etc. à Walcott.   Il expose ses raisons par solliciter la ratification
de la vente des terrains dans Gaspé.   424
Walcott à Bruce, etc.   Le gouverneur, après délibération, a décidé
d'annuler les ventes et il ne peut pas renverser cette décision.   437
Davidson à Macdonald.   Dans la lettre de 28 juillet dernier, c'est par
oubli que l'étendue de terres à vendre n'a pas été indiquée.   441
Protêt par Bruce d'une lettre de change tirée sur Charles Schillitoe
(alias Schillitor).   443
Une note indique qu'un protêt semblable a aussi été signifié pour une
autre lettre de change.   444
Copie d'une traite tirée sur Charles Schillotoe par Bruce.   445
Macdonald à Davidson.   Il a été destitué de son emploi jusqu'à ce qu'il
puisse expliquer les ventes considérables de terres faites dans le district de
Gaspé.   Il expose l'état des affaires en sa faveur.   446
Une note indique qu'il a été rétabli dans son emploi.   455

13 juillet,
Québec.

Gosford à Glenelg (n° 71).   Il a référé au Conseil la question de diminu-
tion des dépenses relatives aux sauvages.   Il transmet les documents à ce
sujet.   Résumé du rapport du Conseil.   Il renvoie au traité fait avec les
Iroquois de Saint-Régis.   457
Inclus.   Liste des documents inclus.   457 verso.
Rapport du comité du Conseil exécutif.   458
Discours fait aux Abénaquis par Cooper, le secrétaire militaire.   462
Nombre des sauvages dans les villages du Bas-Canada, en 1835.
                                                            462 verso.
Routh à Gosford.   Proposition de diminuer les dépenses touchant les
sauvages.   463
Le même au même.   Nouveaux détails concernant les sauvages.
                                                            463 verso.
Walcott au secrétaire des Affaires des sauvages.   Pour s'assurer de la
possibilité de changer le système de faire des présents aux sauvages et de la
manière de pourvoir à l'éducation des sauvages.   Afin de tenir sa parole,
il les consultera à ce sujet.   464 verso.
Conseil tenu par les sauvages de Saint-Régis pour considérer les points
mentionnés par Walcott.   465
Conseil tenu dans le même but par les sauvages de St-François.
                                                            465 verso.
Conseil tenu dans le même but par les sauvages des Deux-Montagnes.
                                                                   466
Conseil tenu dans le même but par les sauvages de Caughnawaga.   467
Duchesnay à Napier.   Il mentionne que les sauvages sont opposés à un
changement dans la méthode de donner des présents.   467 verso.
Hughes au même.   Il croit qu'il y aurait moyen d'économiser sans
alarmer les sauvages ni éveiller leur défiance, en faisant un arrange-
ment convenable.   Il transmet le tableau de la réduction projetée.   468

1837.

Routh à Spearman. Il fait rapport à la Trésorerie que Fielde est retourné à Penetanguishene après avoir laissé les présents destinés aux sauvages à la grande Ile Manitoulin. Head n'a pas encore terminé son voyage.

Page 468 verso.

Walcott au Conseil Exécutif. Le gouverneur désirerait connaître l'opinion du Conseil au sujet de la question des présents des sauvages. Il transmet des documents pour faciliter l'étude de cette question. 469

Relevé du nombre des sauvages vivant sous la protection du département des Sauvages. 469 verso.

Inclus dans le relevé des notes concernant les sauvages du Sault-St-Louis, St-Régis et autres tribus ainsi que des renseignements et des rapports supplémentaires à propos de l'éducation, etc. 471

Rapport touchant la réclamation par les sauvages de Lorette de la seigneurie de Sillery. 475

Adresse (en français) à Lord Gosford de la part des Sept-Nations du Canada. 475 verso.

Adresse (en anglais). Les Algonquins et les Nipissings demandent le redressement de leurs griefs. 476

Christie à Napier. Concernant l'éducation des sauvages. 477

Christie à Napier. Il transmet les estimations approximatives des dépenses relatives aux sauvages. 477 verso.

Du même au même. Il transmet un rapport concernant la location du terrain du gouvernement à St-Jean ainsi que le rapport revisé des dépenses relatives aux sauvages. 478

Du même au même. Il transmet l'état des dépenses encourues pour l'école d'agriculture des sauvages. La somme requise pour les clôtures. 478 verso.

(Deux états sont joints à cet envoi).

14 juillet, Québec.

Gosford à Glenelg (n° 72). Il transmet l'état des recettes et des dépenses attribuables aux terres publiques et aux permis pour la coupe du bois, ainsi que l'état des recettes provenant du revenu casuel et territorial. 486

Inclus. État des recettes et des dépenses attribuables aux terres de la Couronne et aux permis accordés pour la coupe du bois pour les six mois terminés le 30 juin 1837. 487

Recettes pendant trois mois. 488

Recettes provenant du revenu casuel et territorial. 489

15 juillet, Québec.

Gosford à Glenelg. (Personnelle et confidentielle). Il a convoqué la Législature pour l'expédition des affaires le 18 août ; diverses opinions sont exprimées sur la possibilité de voter ou de ne pas voter les subsides à moins que le nombre des conseillers législatifs ne soit augmenté ; il a en réalité peu d'espérance de succès. Il a retardé autant que possible à convoquer la Législature dans l'espoir de recevoir une communication officielle et il lui a été difficile de pouvoir tâter le sentiment politique des chefs. Il croit cependant avoir adressé une liste fidèle et juste, mais il ne peut s'imaginer d'après quel principe se fera le choix des conseillers. Ce ne sera pas facile à décider si ceux qui ont signé les 92 résolutions doivent être exclus, car il y en a parmi eux qui sont des plus loyaux et des plus attachés à la Couronne britannique et qui ne voudront cependant pas voter pour le principe que le Conseil Législatif soit à l'avenir élu par le peuple. 505

15 juillet, Québec.

Gosford à Glenelg (n° 73). Il transmet son rapport bi-annuel de la vente des réserves du clergé. 490

Inclus. Le rapport. 491

17 juillet, Québec.

Gosford à Glenelg (n° 74). Il a autorisé les officiers respectifs à prendre possession de la propriété du gouvernement à Sorel. 495

Inclus. Les officiers respectifs à Walcott. Ils prendront possession de la propriété de l'Etat à Sorel quand ils auront reçu des ordres. 496

1837.

18 juillet,
Québec.

Walcott aux officiers respectifs. Il a reçu instructions du gouverneur de les autoriser à prendre charge de la propriété de l'Etat à Sorel. Page 497

Gosford à Glenelg (n° 75). Il a soumis à la Chambre la dépêche du 10 février 1836 demandant pourquoi la Chambre, dans la nomination de Parent, s'était écartée de la règle ordinaire. Une proposition a été faite pour considérer cette question, mais rien n'a été fait. Des instructions ont été reçues recommandant d'exercer le droit que donne la constitution, même si ce droit était refusé, de nommer le sergent-d'armes, le greffier et le greffier en loi de la Législature. Il a nommé Olivier Valleyrand sergent-d'armes en remplacement de Cochran Coulson, mais il ne serait pas surpris de voir l'Assemblée faire une autre nomination. Va-t-il payer les arriérés du salaire de Parent, vu que sa nomination n'a pas encore été ratifiée par la Couronne. 498

Inclus. Rapport du procureur général pour décider si certaines nominations relèvent de la Couronne ; il répond dans l'affirmative. 502

19 juillet,
Québec.

Gosford à Glenelg (n° 76). Il transmet un état des sommes payées par la British American Land Company au percepteur général, ainsi que celui des dépenses faites pour les travaux publics, de même que le relevé des sommes que la compagnie a été autorisée à dépenser pour les chemins, etc. Autres relevés transmis. 510

Inclus. Etat des sommes payées au percepteur général par la British American Land Company. 514

Etat des sommes dépensées pour les travaux publics. 515

Relevé des terres de la Couronne et des réserves du clergé vendues à la British American Land Company. 516

20 juillet,
Québec.

Gosford à Glenelg (n° 77). Il ne peut pas obtenir de renseignements au sujet d'Etienne Aussignac que l'on dit s'être établi dans la paroisse de St-Michel, Québec. 517

21 juillet,
Québec.

Le même à Grey (détachée). Les relevés concernant les sauvages expédiés le 27 courant doivent être ajoutés à (voir le message du 27 juin n° 65). 519

22 juillet,
Québec.

Gosford à Glenelg (n° 78). Il transmet le rapport des Conseil législatif et exécutif. 520

Inclus. Rapport du Conseil exécutif. 521

Rapport du Conseil législatif. 523

25 juillet,
Québec.

Gosford à Glenelg. St-Ours est prêt à abandonner sa position de Conseiller législatif, dès qu'il pourra le faire légalement, vu qu'il est nommé shérif du district de Montréal. Il transmet la copie des lettres de St-Ours. 525

Inclus. St-Ours à Gosford (en français). Avant d'accepter la position de shérif, il a déclaré son intention de ne plus faire partie du Conseil, tant qu'il sera shérif, vu qu'il considère que les conseillers doivent être indépendants du gouvernement. 527

25 juillet,
Downing
Street.

Glenelg à Gosford. Tout en regrettant la nécessité des mesures prises, la Reine les approuve. 546

25 juillet,
Downing
Street.

Le même au même. Il a reçu le message ainsi que les extraits du *Vindicator* qui contiennent les rapports des assemblées publiques. Il a confiance que rien ne viendra troubler la paix publique. 546 verso.

25 juillet,
Québec.

Gosford à Glenelg. Le procureur général a été envoyé pour s'enquérir des excès commis dans le comté des Deux-Montagnes qui avait été calme jusqu'à l'assemblée tenue par Papineau. Il ne doute pas que les discours incendiaires et les fausses représentations ont été la cause des illégalités qui s'en sont suivies. Les derniers rapports du procureur général étaient favorables. Il était heureux de dire qu'il n'y avait pas de nécessité de recourir à la force militaire. Il a transmis une copie de la correspondance qu'il a eue avec Colborne. 529

1837.
26 juillet.
Québec.
Le même au même (confidentielle). Accident survenu au juge en chef Sewell. Il a repris ses fonctions, mais il faut se préparer à toute éventualité. Il énumère les qualifications de ceux qui peuvent être appelés à lui succéder. Il propose la nomination d'un avocat d'Angleterre, mais il expose les difficultés qu'il y a pour cela. Page 531

A. P. S. attire l'attention sur les mérites de Quesnel, mais il a été, dit-on, mêlé à des transactions financières qui ont un peu affecté sa réputation. Jusqu'à ce que ces soupçons soient disparus, il lui faut se priver de le recommander, ainsi qu'il l'aurait fait sans cela. 536

28 juillet,
Québec.
Gosford à Glenelg (détachée). Arrivée du 83ᵉ régiment à bord de deux bateaux de guerre. Les fatigues que se sont imposées les officiers et les hommes d'équipage pour rendre les bateaux convenables pour les troupes, et la promptitude qu'ils ont montrée, ont été chaudement représentées par l'amiral sir Peter Halkett. 540

— juillet.
Anonyme à Gosford. Dépêche concernant la nomination de Bourget au poste de coadjuteur, soumise à la Reine. 101

(La dépêche n'est pas datée ; probablement en juillet).

2
Downing
Street.
Glenelg à Gosford. Il a reçu la liste des personnes désignées pour les Conseils. Les fonctions judiciaires sont encore exercées par le Conseil, de sorte que les avocats sacrifieraient leur honoraires en acceptant d'en faire partie. On peut exclure cinq noms, ce qui en réduirait le nombre à huit. Cinq seront choisis qui, avec les autres nommés par lui (Gosford), formeront le conseil. Il a soumis à la Reine les noms des dix personnes recommandées pour la position de conseiller. 547

27 août,
Downing
Street.
Glenelg à Gosford. La Reine approuve les démarches qu'il a faites. 548 verso.

31 août.
Lettre non signée à Gosford. Le Trésor approuve ces propositions pour la réduction du département des Sauvages. page 485

Septembre (?).
Lettre non signée au même. La lettre confidentielle du 26 juillet a été reçue. La jalousie causée par la nomination d'un membre du barreau anglais est une objection. En règle générale, il est reconnu que le procureur général a le droit de succéder à une charge judiciaire vacante, mais les officiers en loi n'ont pas un droit absolu de succéder. La difficulté de nommer aux vacances ; le choix doit lui être laissé. 537

Pas de date.
Noms des personnes ayant les qualités requises pour être nommées au Conseil. Liste contenue dans la lettre de Gosford à Glenelg du 26 juin 1837.

Lettre non signée à Spearman. Envoie un extrait de la lettre de Gosford à l'effet qu'il a tiré la somme de £1,000 sur le Trésor. Demande que la traite soit honorée comme d'habitude. 186

LE GOUVERNEUR, COMTE DE GOSFORD, 1837.

Q. 238.—1—2.

(1ʳᵉ partie, de la page 1 à la page 219 ; 2ᵉ partie, de la page 220 à la page 405.)

1776.
15 mars,
St. James's.
Rapport du Conseil.

1832.
17 avril,
Québec.
Rapport du comité. Ces deux rapports sont contenus dans la lettre de Gosford à Glenelg, du 25 septembre 1837.

1835.
20 juillet,
Québec.
L'archidiacre Mountain à Craig. Incluse dans une lettre de Gosford à Glenelg du 11 septembre 1837.

1-2 EDOUARD VII, A. 1902

1836.
26 octobre,
Québec.
1837.
14 juillet.

Rapport du juge Black. Inclus dans une lettre de Gosford à Glenelg du 14 août 1837.

Extrait d'une lettre de Glenelg à Gosford concernant la nomination du Commissaire des terres de la Couronne. Le traitement disproportionné de Felton, l'occasion de faire une économie. Approuve l'idée de nommer deux commissaires ayant des pouvoirs également étendus. Page 125

1er août,
Québec.

Gosford à Glenelg (personnelle). On a reçu la nouvelle que le roi est mort et que la reine a été proclamée. Elle est lancée sur un océan impétueux. Elle a été bien élevée, et sa mère la consolera. Beaucoup dépendra de son début. La mort du roi doit causer une grande confusion politique, à laquelle le Canada doit avoir sa part. Il agira d'après l'esprit de sa dépêche (de Glenelg) lorsque l'Assemblée se réunira le 18. Il y a eu une très nombreuse assemblée de Québec pour proposer des résolutions afin de combattre la clique de Papineau. Un bon ordre et un bon esprit ont régné. Les gens de Papineau perdent du terrain. Le bon effet de la proclamation. Assemblée à Napierville ; on y a désapprouvé la conduite de ceux de ses membres qui ont assisté à une assemblée de Papineau. Page 3

3 août,
Québec.

Black à Walcott. Incluse dans la lettre de Gosford à Glenelg du 4 août 1837.

3 août,
Québec.

Adresse (en français) des habitants de Québec, à l'effet que le gouvernement peut compter sur les fidèles services de l'assemblée et sur la loyauté des habitants représentés. 21

4 août,
Québec.

Gosford à Glenelg (n° 79). A communiqué la dépêche concernant les honoraires accordés au juge Black, de la cour de vice-amirauté. Envoie copie de son rapport. La question n'a pas avancé pratiquement d'un pas depuis sa dépêche précédente. L'opinion du procureur et du solliciteur général est à l'effet que l'arrêté de Sa Majesté, du 20 novembre 1835, remet la question au même point qu'avant l'arrêté de juin 1832, et que le juge n'a pas le pouvoir d'établir un tarif d'honoraires. Sa Seigneurie (Glenelg) ne savait pas, apparemment, qu'antérieurement à 1832 il n'y avait pas de tarif légal en vigueur, le juge en préparait un qui existait *de facto* et non *de jure*. Il envoie à ce sujet une copie de la lettre reçue du juge Black, en octobre dernier. page 6

Inclus. Rapport du juge Black sur la loi concernant les honoraires de la cour de vice-amirauté, à Québec. 9

Black à Walcott. A reçu la copie d'une dépêche du secrétaire des colonies, ainsi que de l'opinion des officiers en loi de la Couronne concernant les honoraires de la cour de vice-amirauté. Est de l'avis que le juge n'est pas autorisé à établir un tarif d'honoraires. 15

4 août,
Kingston.

Demande de l'évêque Macdonell. Incluse dans la lettre de Gosford à Glenelg du 28 septembre 1837.

7 août,
Québec.

Gosford à Glenelg (n° 80). Transmet la loyale adresse d'une assemblée publique tenue à Québec à la suite d'une convocation, laquelle porte 3,000 signatures. Plus de 6,000 personnes assistaient à l'assemblée. 375

Incluse. La loyale adresse. 375

Réponse. 375 au verso.

8 août,
Québec.

Gosford à Glenelg (n° 81). Envoie une liste des dépêches reçues du ministère des colonies depuis le 20 juin. 26

Inclus. Liste. 27

9 août,
Québec.

Gosford à Glenelg (n° 82). Envoie le livre bleu de 1836. 30

14 août,
Québec.

Le même au même (n° 83). Ne connaissant pas l'adresse de Mackinnon, il envoie la lettre de change, au montant de £196, en faveur de ce dernier au bureau des colonies Il a fallu, pour acheter cette lettre de change, tirer sur la caisse des terres et bois £23, 7ch. 0d. 31

18 août,
Québec.

Gosford à Glenelg (n° 84). Envoie copie de son discours à l'ouverture du parlement provincial du Bas-Canada. 376

Inclus. Copie du discours.   Page 376

19 août,   Gosford à Glenelg (n° 85).   Envoie une copie attestée des procès-verbaux
Québec.   du conseil exécutif du Bas-Canada.   35

21 août,   Le même au même (n° 86).   Envoie la pétition des évêques catholiques
Québec.   romains de Québec et Montréal à l'effet que l'évêque de Montréal et ses
           successeurs puissent être constitués en corporation par lettres patentes, avec
           pouvoirs de posséder d'autres propriétés en main-morte.   Envoie également
           un rapport du procureur général à ce sujet, ainsi qu'une lettre de l'évêque
           de Montréal.   Recommande la demande.   La réduction qui se produirait
           dans le revenu des successeurs de l'évêque de Québec, partie du montant
           étant accordée personnellement au présent titulaire.   Laisse à Glenelg le
           soin de considérer si le fait que les évêques futurs de Montréal recevront
           un plus fort revenu que les évêques de Québec doit être une objection à la
           présente demande.   36

           Inclus. Pétition (en français), de l'évêque catholique romain de Mont-
           réal.   39

           Le rapport du procureur général recommande qu'on accorde la pétition,
           mais que le revenu net n'excède point celui de l'évêque catholique romain
           de Québec.   46

           Lartigue à Gosford (en français).   Ainsi qu'on le lui a conseillé, il a
           adressé une pétition au roi.   Ne croit pas que le montant demandé (£2,000
           sterling), qui doit être possédé en main-morte pour l'évêque de Montréal et
           ses successeurs, soit exorbitant.   En outre l'évêque de Québec possède le
           même revenu.   48

26 août,   Gosford à Glenelg (n° 87).   Transmet des copies des adresses du conseil
Québec.   législatif et de l'Assemblée législative, et des réponses.   377

           Inclus. Adresse du Conseil législatif du Bas-Canada.   377 au verso.
           Adresse de l'Assemblée législative.   377 au verso.
           Réponses au conseil et à l'assemblée.   379

26 août,   Gosford à Glenelg (confidentielle).   A prorogé la législature aujourd'hui.
Québec.   Recevra cette après-midi l'adresse de l'Assemblée.   Papineau et quelques
           membres de sa clique ont, par crainte d'intimidation, pris une telle influence
           sur la plus grande partie des représentants qu'on ne pourra les satisfaire
           qu'en accordant tout ce qu'il demande.   Papineau et ses partisans immédiats
           ont tiré avantage du fait qu'il fallait un changement dans l'un ou l'autre
           Conseil.   L'avantage que des changements auraient pu produire.   La clique
           de Papineau est déterminée à se séparer de l'Angleterre, mais il (Gosford) ne
           croit pas que ces gens puissent gagner le peuple à se soulever.   Envoie une
           copie des résolutions proposées par Stuart, mais rejetées par un vote de 12
           pour et 58 ou 60 contre.   On s'est débarrassé de l'autre en proposant la
           question préalable.   page 58

           Inclus. Résolutions de Stuart.   61

28 août,   Gosford à Glenelg (n°88).   Envoie la loyale adresse du Conseil législatif
Québec.   exprimant son chagrin de la mort du feu roi et ses félicitations de l'avéne-
           ment de Sa Majesté au trône.   Transmet aussi du même corps législatif une
           adresse à la reine douairière.   63

           Inclus. · Adresses à la reine.   67

27 août.   Pétition de R. N. Harwood.   Incluse dans la lettre de Gosford à Glenelg
           du 25 septembre 1837.

30 août,   Gosford à Glenelg (n° 89).   A prorogé l'Assemblée immédiatement après
Québec.   avoir répondu à l'adresse, car il ne pouvait servir à rien d'utile de pro-
           longer une session durant laquelle les membres avaient décidé que rien
           ne serait fait.   Rapport des délibérations de l'Assemblée durant cette session
           de neuf jours.   379 au verso.

           Inclus. Duplicata de l'adresse de l'Assemblée.   380 au verso.

31 août,   Rapport commun du procureur et du solliciteur général.   Inclus dans la
Montréal. lettre de Gosford à Glenelg du 27 septembre 1837.

1837.
— septembre, Pétition des habitants de Québec.   Contenue dans la lettre de Gosford à
Québec.   Glenelg du 12 octobre 1837.

1er septembre, Le lord évêque de Montréal à Glenelg.   Contenue dans la lettre de Gos-
Québec.   ford à Glenelg du 11 septembre 1837.

2 septembre, Gosford à Glenelg (personnelle et confidentielle).   A envoyé une dépêche
Québec.   officielle, en date du 30 août, rendant compte des délibérations de l'assemblée,
depuis le jour où elle s'est réunie le 18 jusqu'au jour où elle s'est prorogée,
le 26.   La faction Papineau ne sera satisfaite d'aucune concession, sauf de
ce qui lui permettra d'atteindre son but ultérieur, savoir la séparation de
l'Angleterre et l'établissement d'une république.   Papineau a poussé les
choses si loin qu'il lui faut persévérer ou se soumettre à une défaite, qui lui
enlèvera tout pouvoir et influence.   Papineau a pris avantage des attaques
violentes et injustifiables du parti ultra tory contre les Canadiens-Français ;
c'est à cette cause que l'on peut attribuer une forte partie de l'influence qu'il
exerce sur les membres de l'Assemblée.   Il faut une grande prudence pour
se préserver des maux que pourraient causer les émissaires de Papineau, et
il peut être nécessaire de suspendre la constitution ; il dit cela avec un profond regret.   Envoie des observations sur le Conseil législatif, tirées d'un
journal ; elles paraissent être justes.   Page 71
    Inclus. Changement dans la composition du Conseil législatif, et liste
des membres.   74

8 septembre, Gosford à Glenelg (personnelle et confidentielle).   Les assemblées du
Québec.   parti de Papineau ont été moins fréquentes.   Le but que l'on se proposait,
en tenant ces assemblées dans un certain nombre de circonscriptions électorales, avant la réunion de l'Assemblée, était d'influencer les membres.   Maintenant on veut tenir le pays dans un état d'agitation au moyen d'une convention à Montréal, à laquelle Papineau et son parti se font un devoir d'assister.   Les actes de ces derniers tendent à la rébellion, mais on n'a pas encore
poussé les choses assez loin pour que l'Exécutif intente raisonnablement des
poursuites légales.   Dès qu'une occasion se présentera il aura recours à la
loi, mais à moins d'avoir un cas fortement établi, cela ferait plus de mal que
de bien.   Le mal causé par la convention est manifeste, et il peut être
poussé à exercer un pouvoir qu'il préférerait de beaucoup ne pas exercer.
Mais si l'occasion arrive il lui faudra agir avec fermeté.   On ne peut plus
maintenant faire d'arrangement avec Papineau.   En augmentant les pouvoirs de l'Exécutf, et en suspendant la constitution, on paralysera la force
de ces hommes malfaisants.   Tant qu'on n'aura pas rendu nul le pouvoir de
Papineau, il n'y a pas à traiter avec un homme qui a des desseins aussi
funestes.   S'étend sur ce sujet et termine ainsi : " J'espère avoir un rapport
triomphant du résultat des élections."   Page 79
    (Des extraits imprimés se trouvent à la page 182.)

9 septembre, Gosford à Glenelg (n° 90).   N'a pas entendu parler d'aucunes assemblées
Québec.   publiques, au cours des trois ou quatre dernières semaines, et commence à
croire qu'on a abandonné ce mode d'agitation.   Depuis le mois de mai, alors
que l'on a connu les résolutions adoptées par le ministère, il a été tenu 23
assemblées, dans le district de Montréal en grande partie.   Le principal
objet de ces assemblées était de condamner les mesures ministérielles, de
recommander la contrebande et d'autres moyens de diminuer le revenu, de
suggérer la formation de sociétés politiques et de créer une opinion publique
en faveur de la rupture des liens unissant à la Grande-Bretagne.   Renvoie
à l'organe du parti, le *Vindicator*, pour l'exactitude de ce rapport.   Les
difficultés qu'il y a de poursuivre en justice les personnes coupables d'un
offenses commises.   Envoie un rapport au sujet de l'insuccès récent d'une
poursuite judiciaire.   Renvoi des magistrats et officiers de milice, y compris Papineau.   Transmet la copie d'une lettre qui lui a été adressée, et sa
réponse.   Les efforts tentés pour troubler l'ordre de choses établi ne dimi-
nuent pas, ainsi que l'indiquent les publications séditieuses et l'organisa-

tion de comités dans un ou deux comtés du district de Montréal. A l'exception des habitants de quelques comtés dans le district de Montréal, la masse du peuple est satisfaite. Il a été rapporté qu'on avait tenu à Québec et à Montréal six assemblées en opposition aux assemblées mentionnées ci-dessus. Page 382 verso.

Inclus. Rapport du procureur général sur les actes d'accusation soumis au grand jury, et qui n'ont pas été jugés fondés. 383 verso.

Walcott à Papineau. Lui demande si en sa qualité de magistrat il a quelque explication à donner pour avoir pris part à une assemblée, dans laquelle il a été recommandé de violer la loi. 383 verso.

Papineau à Walcott. Considère que le gouverneur commet une impertinence en lui demandant une explication de sa conduite. Nie qu'il ait été fait, à quelque assemblée, une recommandation de violer la loi. 383 verso.

11 septembre, Québec. Gosford à Glenelg (n° 91). Envoie lettre du lord Evêque de Montréal sur la situation que lui fait la mort de l'Evêque de Québec. Envoie aussi une lettre de l'Evêque contenant l'ébauche d'un projet pour l'entretien de l'Eglise du Bas-Canada. Le plan a été soumis aux Commissaires, et l'Evêque croit que l'on pourrait, sans difficulté, l'incorporer dans les mesures adoptées pour régler les difficultés dans la province. Ne peut suggérer de plan pour pourvoir d'une façon convenable à l'Evêque, bien qu'il espère que l'on pourra trouver quelque moyen pratique de placer l'Evêque sur un pied, que son rang et ses mérites personnels lui donnent lieu d'attendre. 90

Inclus. Le lord Evêque de Montréal à Glenelg. Concernant la mort du lord Evêque de Québec. Le motif qui lui a fait accepter le ministère sacré d'Evêque de Montréal ; comment le ministère devrait être soutenu. 92

L'Archidiacre Mountain soumet un plan pour venir en aide à l'Eglise d'Angleterre au Canada, et il espère que ce plan sera approuvé par Son Excellence. Explique le plan, qui se divise en cinq sections. 98

12 septembre, Québec. Gosford à Glenelg (n° 92). A la demande du juge en chef Reid, il attire de nouveau l'attention sur sa demande d'une allocation de retraite. 104

12 septembre, Québec. Le même au même (n° 93). Envoie la liste des dépêches reçues du Bureau des Colonies, depuis le 8 août. 106

Inclus. Liste. Page 107

13 septembre, Québec. Gosford à Glenelg (personnelle). Envoie le *Vindicator* qui fournit, avec la *Minerve*, les seuls moyens à peu près d'obtenir des renseignements sur le parti de Papineau. Ce journal dit qu'il s'est formé dernièrement une association appelée " Les Fils de la liberté," mais il ne connait pas encore quel est le but de cette association, sauf ce qu'en dit le journal. Des poursuites criminelles ont été intentées contre les conspirateurs de Saint-Benoit, en faveur desquels le grand jury avait rendu un verdict de non-lieu. On ne peut s'attendre à ce que le jury, composé comme il l'est, prononce la mise en accusation de ces gens. Il y a sans doute exagération, quant au nombre de personnes qui assistent à ces assemblées séditieuses, mais il est nécessaire d'user de vigilance pour se préserver des maux que peuvent causer ces assemblées, ou plutôt ces associations. Un des objets est de créer autant d'alarme que possible. 111

18 septembre, Québec. Le même au même (séparée). Envoie pétition du lieutenant Louis Guy. Il est très respectable. Serait heureux de lui être utile de quelque façon. 114

18 septembre, Québec. Le même au même (n° 94). N'a pu obtenir des renseignements au sujet de Charles Preston, du 32e régiment, depuis qu'il est parti de Québec avec sa famille en 1833, mais l'on suppose en général qu'il est allé aux Etats-Unis. 113

19 septembre, Québec. Le même au même (n° 95). Envoie la liste des dépêches reçues du Bureau des Colonies depuis le 12. 116

Inclus. Liste. 117

1-2 EDOUARD VII, A. 1902

1837.
20 septembre,
Downing
Street.

Glenelg à Gosford. L'adresse envoyée dans la dépêche du 7 août a été reçue et présentée à la reine, qui l'a reçue avec une grande satisfaction.

Page 376

22 septembre.

Sans signatu e à Mackinnon. Par ordre de Glenelg, il a transmis la lettre de change de £196 en sa faveur, et lui demande d'en accuser réception. 32

23 septembre,
Québec.

Gosford à Glenelg (n° 96). A reçu la dépêche approuvant la nomination de Davidson au poste de Commissaire des terres de la Couronne, mais non celle de Morin, par suite de sa conduite politique. Avait déjà enlevé son nom, et il recommande maintenant Tancrède Bouthillier. Sa grande réputation. Pour ne pas perdre de temps il l'a nommé provisoirement, et ce dernier, ainsi que Davidson, commenceront à exercer leurs fonctions le 1er du mois prochain. Les gens qui seront employés. Croit qu'en présence des fonctions supplémentaires que la corporation du clergé impose aux commissaires, cette dernière devrait contribuer £300 au lieu de £250 sterling par année pour les appointements. Le coût annuel du département pour les appointements sera de £1,326 sterling, et sur ce montant, la Couronne paiera £1,026 au lieu de £1,100, ainsi que mentionné dans sa lettre. On a demandé des cautions à Davidson et à Bouthillier.

25 septembre,
Québec.

Gosford à Glenelg (n° 97). Envoie la pétition de Madame Harwood pour elle-même et ses sœurs, madame Bingham et madame Joly, réclamant 150,-000 acres de terres à titre de petites-filles du chevalier Michel Chartier de Lotbinière, terres auxquelles leur grand-père avait droit, disent-elles, en vertu d'un arrêté du conseil du 15 mars 1776, dont copie est envoyée en même temps qu'une copie d'un rapport du conseil en 1832. I a répondu qu'il ne se croyait pas autorisé à appliquer un arrêté qu'on avait laissé ineffectif pendant plus de 60 années mais qu'il soumettrait le cas au gouvernement de Sa Majesté. 128

Inclus. Pétition de madame Harwood. 130

Rapport du conseil sur la demande de Michel Chartier de Lotbinière de lui accorder les Seigneuries d'Alainville et d'Hoquart. 135

Pétition de R. U. Harwood à Gosford. Demande que sa pétition à l'effet d'accorder des terres aux héritiers de feu M. de Lotbinière soit accordée. 146

Rapport du Comité du Conseil sur la pétition des héritiers de feu M. de Lotbinière. 148

26 septembre,
Québec.

Gosford à Glenelg (n° 98). A reçu la dépêche lui demandant d'envoyer des relevés de banque. La seule banque, qui a acquiescé à l'arrangement concernant les droits de douane, est la banque de Québec, mais elle n'a rien fait à ce sujet ; la banque de Montréal avait refusé d'accepter les conditions, mais dans l'intervalle la succursale de Québec a payé à la douane, à compte des droits, la somme de £7,468, 0ch. 8d. Après la décision du conseil de Montréal le conseil de Québec a offert de racheter les reçus en espèces, mais a demandé qu'on laisse la monnaie à la banque, à titre de dépôt, alléguant que l'enlèvement des espèces dans le moment pourrait diminuer la confiance du public. Pour cette raison et pour d'autres, il a consenti à ne pas exiger le rachat immédiat des reçus, à condition que les espèces soient mises à part dans les voûtes et considérées comme un dépôt spécial. A convenu d'accepter des états mensuels au lieu d'états hebdomadaires des affaires de la banque, ainsi qu'un relevé à tous les quinze jours des espèces en caisse. La succursale de Québec a depuis payé tous ses reçus, et ce qu'il avait été convenu de faire a cessé d'être fait. 150

26 septembre,
Québec.

Gosford à Glenelg (n° 99). Envoie les journaux, etc., du Conseil législatif et de l'Assemblée pour les sessions finissant le 21 mars et le 4 octobre 153

27 septembre,
Québec.

Cochrane à Walcott. Contenue dans la lettre de Gosford à Glenelg, du 30 septembre 1837.

1837

27 septembre,
Québec.

Gosford à Glenel (n° 100). Envoie le rapport commun du procureur et du solliciteur général à l'effet que les actes du dernier parlement provincial n'ont point constitué une session, et que la Cour du district de Saint-François, dont la durée était limitée à la fin de la session, n'a pas été close par suite de la prorogation. Avait retardé à envoyer le rapport en attendant une décision judiciaire, mais la cour a continué ses opérations sans que la question fût soulevée.   Page 154

Inclus. Rapport commun du procureur et du solliciteur général.   156

28 septembre,
Québec.

Gosford à Glenelg (n° 101). Envoie la demande du révérend Alex. Macdonell, l'Evêque catholique romain du Haut-Canada, à l'effet de lui accorder une aide pécuniaire pour la construction d'un séminaire catholique romain à Kingston. Recommande qu'on accorde la demande.   161

Inclus. Demande de l'Evêque Macdonell.   162

29 septembre,
Québec.

Gosford à Glenelg (n° 102). Envoie la liste des dépêches reçues du Bureau des Colonies.   167

Inclus. Liste.   167

30 septembre,
Québec.

Gosford à Glenelg. Présente A. W. Cochran. Ses réclamations.   169

Inclus. Cochran à Walcott. A l'intention de demander une indemnité pour la perte de sa charge, et demande une recommandation de Gosford.   172

1er octobre,
St-Benoit.

Progrès de l'organisation.

4 octobre,
Montréal.

Adresse des " Fils de la liberté." Ces deux documents sont inclus dans la lettre de Gosford à Glenelg, du 12 octobre 1837.

4 octobre,
Québec.

Gosford à Glenelg (n° 103). Envoie un état des recettes à compte du revenu casuel et territorial et des ventes des terres de la Couronne et des permis de couper le bois. Billets reçus au lieu d'espèces. Pourquoi cela a été permis. Aussitôt que les espèces deviendront plus abondantes, il demandera à la banque de racheter ses billets.   175

Inclus. Etat des recettes à compte du revenu casuel et territorial.   177

Etat des recettes à compte des terres de la Couronne et du permis de couper du bois.   178

4 octobre,
Carillon.

Extrait d'une lettre à Colborne.

5 octobre,
Québec.

Gosford au solliciteur général. Les deux derniers documents sont contenus dans une lettre de Gosford à Glenelg, du 12 octobre 1837.

5 octobre,
Québec.

Le même à Glenelg (n° 104). Le procureur général a fait le rapport que le grand jury a rejeté les actes d'accusation contre le Dr Duchesnois, et qu'il a *ex officio* fait une dénonciation pour le même délit. Il envoie un rapport donnant la raison pour laquelle il a agi ainsi.   383 verso.

Inclus. Rapport du procureur général sur l'état des affaires dans le voisinage de Montréal, le verdict de non-lieu prononcé par le grand jury, et mentionnant qu'il a fait *ex officio* une dénonciation afin de rétablir la confiance.   384

Suivent les dépositions des témoins.

6 octobre,
Québec.

Colborne à Gosford. Inclus dans la lettre de Gosford à Glenelg, du 12 octobre 1837.

6 octobre,
Downing
Street.

Glenelg à Gosford. A reçu les dépêches ainsi que les adresses du Conseil et de l'Assemblée législative.   Page 381 au verso.

7 octobre,
Québec.

Réponse du Gouverneur à la pétition des habitants de Québec.

9 octobre,
Montréal.

O'Sullivan à Gosford. Ces deux documents sont inclus dans la lettre de Gosford à Glenelg, du 12 octobre 1837.

11 octobre,
Québec.

Gosford à Glenelg (personnelle et confidentielle). Stuart (fils de lord George Stuart) a offert de porter les lettres, offre qui a été acceptée. Est occupé à arranger les deux conseils, et il éprouve quelque difficulté, principalement par suite du fait qu'il ne reçoit pas de réponses des personnes à qui il

1837.

a écrit à ce sujet. Espère que cette affaire sera réglée dans quelques jours, et qu'il pourra envoyer une liste des noms. Enverra un rapport sur l'état du pays, lequel est assez décourageant quant à Montréal. Papineau et son parti poursuivent un système d'agitation et ont par leurs menaces jeté l'alarme dans l'esprit de personnes bien disposées, et paralysé ainsi leurs efforts. Espère obtenir une dénonciation assermentée, et il pourra alors arrêter quelques-uns des chefs, et dans ce cas, il s'attend de rétablir certainement le bon ordre. Le jeu de Papineau est un jeu désespéré, il ne peut expliquer la folie de ses actes, à moins qu'il n'espère avoir l'aide des puissances. Désirerait qu'il y eût un ou deux régiments de plus pour donner confiance aux timorés. Toute cette agitation se borne au district de Montréal.   Page 187
(Extrait à la page 390, l'extrait est daté du 10 octobre.)

12 octobre,
Québec.

Gosford à Glenelg (confidentielle). Les tentatives faites par Papineau pour amener une révolution sont plus audacieuses que jamais. La plupart des représentants du district de Montréal sont rangés du côté de Papineau, et ils ont eu dans ce district plus de succès qu'il ne s'y attendait ; bien que la majorité des habitants de la campagne soient peu portés à partager les opinions des agitateurs, ces derniers ont réussi, par la crainte, à faire une impression sur leur esprit, ce qui a produit de l'inertie dans leur opposition. Cet état de choses mérite qu'on s'en occupe sérieusement. Le mode employé pour soutenir l'agitation consiste à faire parader chaque nuit dans Montréal des bandes organisées, à prononcer des discours incendiaires et distribuer des publications séditieuses, tenir les paroisses loyales dans une sorte d'excommunication et la crainte de dommages causés pendant la nuit. D'autres moyens de troubles sont énumérés. Perte de vie à un charivari, qui a eu lieu à Saint-Denis, et au cours duquel il a été tiré des coups de feu d'après les ordres de Mme Saint-Jacques, laquelle a été mise en prison. Les mauvais effets du système. Envoie rapport du procureur général indiquant qu'il est impossible d'obtenir des condamnations d'un jury. Envoie de documents pour montrer dans quel état se trouve le pays.   190
Inclus. Extrait d'une lettre à Colborne sur l'état d'agitation du comté des Deux-Montagnes, et le progrès du mouvement de Papineau.   208
(Extrait à la page 390.)
Gosford au Solliciteur général. On pense dans le pays que les magistrats ne sont pas suffisamment actifs. Lui dire ce qu'il en sait par expérience. Les occupations de plusieurs des magistrats demandent une attention spéciale, mais les lois doivent être observées, et il pourrait être bon de nommer quelques magistrats stipendiaires. Désire savoir qui, à Montréal, est le plus apte à remplir ces fonctions. Les aptitudes qu'exige la charge.   213
O'Sullivan à Gosford. N'a pas observé qu'aucun des magistrats ait manqué d'activité. Les renvois récents ont peut-être été la cause qu'il ne reste pas un nombre suffisant de magistrats dans plusieurs endroits, mais il vaut mieux que ces endroits n'aient pas de magistrats, attendu que ces derniers se servaient de leur pouvoir à l'encontre du gouvernement. Il n'y a pas de doute que des magistrats stipendiaires remplaceraient avantageusement les magistrats locaux. On ne voit pas qu'il y ait personne de plus apte à cet emploi que M. de Rocheblave et Jules Quesnel. Ne peut obtenir de renseignements sur les mouvements de Papineau et de ses alliés. On a obtenu de Fréchette, qui demande un emploi, le renseignement que les Fils de la liberté se composent de six divisions, toutes exercées, et qu'ils parlent de se procurer des armes à feu. S'il est franc, il serait important d'avoir Fréchette pour soi, mais on l'accuse d'avoir abusé de son autorité en faveur de Papineau, lors de la dernière élection. A son retour à Montréal Debartzch pourrait voir Fréchette. Les Fils de la liberté au nombre de 500 ont paradé dans les rues de Montréal avec fifres et tambours. Quelle conduite ils ont tenue en face de la maison du docteur Robertson. La position alarmante

1837.
prise par le jury, en sorte que le pays n'est plus gouverné par la loi mais par la force. Page 215

Considérations politiques par la *Gazette* de Montréal sur les changements dans le Conseil législatif. 220

Colborne à Gosford. Envoie un état des mouvements du " parti factieux." 391 verso.

Adresse des " Fils de la Liberté " aux jeunes gens des Colonies de l'Amérique du Nord. 391 verso.

Progrès de l'organisation. Comité permanent du comté des Deux-Montagnes. Résolutions adoptées, et assemblées fixées. 393

Pétition des habitants de Québec à l'effet d'être enrôlés comme un corps de carabiniers. 394

Réponse du Gouverneur. 394

16 octobre, Québec.
Gosford à Glenelg. Envoie la pétition de E. A. Clark, qu'il pourra, à sa discrétion, présenter à la Reine. On lui a re ommandé Clark comme un homme de caractère et de talent. Le climat ne lui va pas, et il désire avoir une situation sous un climat plus doux. 229

19 octobre, Québec.
Le même au même (n° 105). A reçu cinq instruments pour les membres de l'Exécutif, et dix pour les membres du Conseil législatif. Toutes les personnes nommées au Conseil exécutif ont accepté, sauf Marchand qui a refusé pour cause de mauvaise santé. De ceux appelés au Conseil législatif, Neilson et Caron n'acceptent pas, le premier à cause de la mort de son fils, et l'autre parce qu'il est avocat, et que sa nomination nuirait à ses affaires. Observations au sujet des personnes nommées. 394 verso.

20 octobre, Québec.
Pétition du conseil de fabrique et des marguilliers de la cathédrale de Québec. Incluse dans la lettre de Gosford à Glenelg, du 31 octobre 1837.

20 octobre, Québec.
Nouvelles questions posées par le Gouverneur général au Conseil exécutif au sujet des moyens à prendre pour rendre le gouvernement exécutif indépendant de l'Assemblée, jusqu'à ce que la paix soit rétablie dans le pays. 253

20 octobre, Québec.
Gosford à Glenelg. A payé à l'ordonnateur en chef £1,000, le montant qu'il a tiré le 19 juin dernier. A aussi versé dans la caisse militaire £7,095 4ch. 2d., le montant de ses appointements depuis son arrivée jusqu'au terme de sa commission canadienne. 232

20 octobre, Québec.
Le même au même (n° 106). Avait envoyé au Conseil exécutif la réclamation du séminaire de Saint-Sulpice à la force hydraulique située vis-à-vis sa propriété, sur le Saint-Laurent. Envoie le rapport du Conseil. 233

Inclus. Rapport du conseil sur la propriété du séminaire de Saint-Sulpice. 234

23 octobre, Québec.
Gosford à Glenelg (n° 107). Envoie la pétition des juges du banc du roi dans le Bas-Canada à l'effet qu'on leur assure l'indépendance, non seulement de leur charge, mais aussi le montant de leurs appointements, de même qu'une allocation de retraite raisonnable. 260

Inclus. Pétition. 261

Extrait de l'acte à l'effet de rendre les juges de la Cour du banc du roi indépendants de la Couronne. 270

24 octobre, Québec.
Gosford à Glenelg (n° 108). N'avait pas l'intention de payer la somme de £4,048, 8ch. sterling en frais de port pour les départements si Stayner n'avait pas représenté qu'une forte partie de ce montant était due aux Etats-Unis, et qu'en ne payant pas on faisait manquer tous les arrangements et mettait en péril les relations postales. Ne s'est pas cru autorisé à refuser le paiement, et il a délivré un mandat à cet effet. L'objet qu'il se proposait en consultant Sa Seigneurie avant de payer Stayner. Il aurait payé ses arrérages à même la balance des revenus de la Couronne en caisse, s'il n'avait déjà destiné la somme au paiement des services débités à ces revenus, et d'autres services que l'Assemblée a refusé de payer depuis quelques années. A payé les £4,048 8ch. au moyen d'un mandat sur l'ordon

1887.

nateur en chef, au lieu de débiter le montant au bordereau de paie. Recommande qu'il soit fait un arrangement en vertu duquel les lettres et journaux du gouverneur et de son secrétaire particulier, seront reçus et envoyés francs de port. D'autres fonctionnaires (dénommés) devraient avoir le même prévilège. Si l'on y objecte, comment refuter l'objection. Cela est en conformité de l'opinion du directeur général des postes et de la Chambre d'Assemblée. Sommaire des frais de port pour les différents départements.　　　　　　　　　　　　　　　　　　　　　Page 278

Inclus. Etat indiquant le montant des frais de port pour les trois dernières années, finissant le 5 octobre 1837.　　　　　　　　　　　286

25 octobre, Québec.

Gosford à Glenelg (n° 109). A obtenu à New-York des espèces pour payer les arrérages dus aux fonctionnaires publics. Expose le principe qu'il a suivi pour régler ces arrérages. A autorisé l'ordonnateur en chef Routh à tirer £65,000, ce qui, joint au revenu de la Couronne en caisse, liquide les obligations du gouvernement provincial, sauf les £31,000 avancés de la caisse militaire, ainsi que les arrérages dus à lord Aylmer, son secrétaire particulier, Amyot et Buchanan, lesquels, s'il a bien compris, devraient être réglés à Londres. Autres remarques au sujet de la transaction.　　395

Inclus. Paiement jusqu'au 10 avril 1837, soit les balances pour arrérages d'appointements jusqu'au 31 mars, et pour dépenses contingentes jusqu'au 10 avril 1837.　　　　　　　　　　　　　　　　　　　396 au verso.

Liste des personnes auxquelles l'on doit payer la somme accordée par le parlement impérial, soit la balance due jusqu'au 31 mars 1837. 397 au verso.

Liste de ces mêmes personnes auxquelles on doit payer les arrérages ou frais contingents.　　　　　　　　　　　　　　　　　398 au verso.

26 octobre, Montréal.

Rapport d'une assemblée loyale tenue à Montréal, tiré du *Montreal Herald.*　　　　　　　　　　　　　　　　　　　　　　　321

26 octobre, Montréal.

Assemblée loyale à Montréal. Inclus dans la lettre de Gosford à Glenelg, du 30 octobre 1837.

26 octobre, Québec.

Gosford à Glenelg (n° 110). Avait rapporté qu'il tirerait pour parfaire le montant nécessaire afin de payer aux fonctionnaires publics leurs arrérages; avait tiré par l'entremise de l'ordonnateur en chef £65,000, ce qui a laissé un profit de £3,204, 8ch. 2d. sterling. A quel crédit ce profit doit-il être reporté. L'ordonnateur en chef croit que cela relève de ses opérations ordinaires, et que tout profit doit être acquis à la caisse militaire. Dans ce cas, il conçoit que ce ne sera qu'une avance de la caisse militaire, comme cela a eu lieu en 1834. Routh cependant a agi en qualité d'agent du gouvernement provincial, et non pas à titre d'ordonnateur en chef. La vraie nature de la transaction est celle d'un prêt fait par le gouvernement impérial au gouvernement local, prêt que ce dernier est obligé de remettre. A soulevé ce point dans l'intérêt de la province. Que le profit soit crédité au revenu général de la province ou à celui qui est sous le contrôle immédiat de la Couronne, c'est une question de peu d'importance, car ce dernier est celui auquel il est pourvu d'abord.　　　　　　　　　　　　　　　　　　294

Inclus. Routh à Walcott. Envoie le compte-rendu de la négociation de la somme de £65,000 en billets du Trésor, ainsi que les dépenses d'assurance, courtage, etc. Croit que le montant, dont il doit être rendu compte au gouverneur général, est limité à la somme provenant de la caisse militaire, et à son remboursement. N'a pas d'instructions formelles, et pour cette raison soumet tous les frais, afin de donner satisfaction à Son Excellence. Remarques au sujet des frais de voyages, comment les fonctions ont été remplies, etc. Recommande d'augmenter l'allocation à Price de façon à couvrir ses dépenses réelles.　　　　　　　　　　　　　　300

Compte courant avec Routh.　　　　　　　　　　　　303

27 octobre, Montréal.

Rapport du *Vindicator*, contenu dans la lettre de Gosford à Glenelg, du 30 octobre 1837.

1837.
27 octobre,
Québec.

Gosford à Glenelg (n° 111). Par suite du retard dans les malles venant d'Halifax, à cause du poids des imprimés, il a donné instructions au directeur général des postes d'envoyer les lettres par un courrier spécial dès leur arrivée, les journaux et imprimés devant suivre par les moyens de transport ordinaires.   Page 305

27 octobre,
Québec.

Gosford à Glenelg. A fait connaître au nouveau Conseil l'état de la province, et lui a soumis les questions dans une minute par écrit. Comme le rapport sur ces questions était contradictoire, il a soumis d'autres questions, lesquelles il envoie sous pli en même temps que les réponses.
          399 au verso.

Inclus. Questions sur lesquelles le gouverneur général désirerait avoir l'opinion et l'avis du Conseil exécutif.   399 au verso.
Rapports sur les questions au sujet desquelles il est demandé avis.   400
Question relative à la suspension de l'effet de l'acte constitutionnel.
          400 au verso.
Rapport du Conseil, lequel tout en ne recommandant pas le rappel de l'acte constitutionnel, suggère qu'il serait à propos de suspendre l'effet de cet acte pendant une période de temps limité.   400 au verso.

28 octobre,
Québec.

Gosford à Glenelg (n° 112). Attire l'attention sur le manque de sûreté des dépêches du bureau des colonies envoyées par New-York, et donne un exemple. Envoie l'extrait d'une lettre du directeur des postes de New-York.   307

Inclus. Extrait d'une lettre du directeur des postes de New-York.   309

30 octobre,
Québec.

Gosford à Glenelg (n° 113). Envoie le premier rapport détaillé de ce qui s'est passé à l'assemblée des Six Comtés, tenue à Saint-Charles, Richelieu, tel que publié par le *Vindicator*. Les résolutions indiquent les projets des chefs, mais ces derniers ne pourront engager la masse de leurs concitoyens à les suivre. Papineau et d'autres ont fait des discours violents. Les rapports, au sujet du nombre de personnes qui assistaient à cette assemblée et à l'assemblée loyale de Montréal, diffèrent. Transmet un document important, soit une lettre pastorale de l'évêque catholique romain de Montréal, adressée à son clergé, et qui, s'il (Gosford) comprend bien, a été lue dans les différentes églises de Montréal.   400 au verso.

Inclus. Rapport publié par le *Vindicator* de ce qui a été fait par les Six Comtés jusqu'à la soirée de lundi, le 23 courant.   401
Assemblée loyale tenue à Montréal, le 23, du *Herald* de Montréal, en date du 26 octobre.   403
Lettre pastorale de l'évêque Lartigue, enjoignant la paix et la suppression de tout ce qui peut porter à la révolte.   403 au verso.

31 octobre,
Québec.

Gosford à Glenelg (n° 114). Transmet la pétition des marguillers de la cathédrale de Québec. Cela lui donnerait beaucoup de satisfaction si l'évêque se trouvait au point de vue pécuniaire dans une meilleure situation qu'il ne l'est présentement.   364

Inclus. Pétition de la fabrique et des marguilliers de la cathédrale de Québec.   365

31 octobre,
Québec.

Gosford à Glenelg (n° 115). Envoie pétition de Smith, le greffier du Conseil législatif et assesseur en cour de Chancellerie, demandant de prendre sa retraite moyennant une allocation de £400 par année. Recommande sa demande. Il désire abandonner ses fonctions actuelles, qui lui rapportent £531 sterling, et se retirer de la vie publique. Comment on pourrait payer l'allocation. Il y a peu d'apparence que la législature locale y pourvoie. Smith désire conserver le titre d' "honorable."   369

Inclus. Pétition de William Smith.   372

11 novembre,
Downing
Street.

Glenelg à Gosford (extrait). La reine approuve la nomination de Tancrède Bouthillier.   127

13 novembre.

Non signée au procureur et solliciteur général. Transmet, pour obtenir opinion, la dépêche de Gosford contenant la pétition des évêques catholiques

1837.

romains de Québec et de Montréal, à l'effet de constituer en corporation l'évêque de Montréal et ses successeurs, avec liberté de posséder des terres en main-morte dans le Bas-Canada.   Page 38

18 novembre,
Downing
Sreet.

Glenelg à Gosford. Les circonstances racontées par le procureur général dans son rapport justifient ses actes. Le résultat dépend tellement des circonstances locales qu'il ne peut exprimer d'opinion à ce sujet. Le procureur général a sans doute bien pesé les conséquences qu'aurait un deuxième insuccès.   389 au verso

29 novembre,
L wning
Street.

Grey à Spearman. Envoie correspondance concernant la nomination des commissaires des terres de la Couronne.   124

29 novembre.

Non signée à Fitzroy Somerset. Transmet copie d'une lettre de Gosford, ainsi que pétition du lieutenant Guy, qui sera présentée au commandant en chef. Demande d'être renseigné sur la décision qui sera prise.   115

9 décembre.

Non signée à Spearman. Envoie les dépêches de Gosford au sujet de la somme retirée du Trésor. De quelle manière les sommes avancées pourront-elles être remboursées ? Le profit devrait-il être crédité à la province, ou au Trésor d'Angleterre ?   299

Décembre (?).

Non signée au même. Envoie, pour l'information du Trésor, l'explication donnée par Gosford pour avoir liquidé la dette due au sous-directeur général des postes, sans avoir réservé cette question à la considération du gouvernement. Demande que ces arrérages ne soient pas inclus dans la note qui doit être soumise au parlement impérial. Approuve la proposition d'accorder la franchise de port au gouverneur et à son secrétaire particulier, mais doute si ce serait à propos d'accorder le même privilège aux autres. Croit que l'on pourrait adopter le plan de faire affranchir les lettres officielles par le secrétaire particulier.   288

Pas de date.

Rapport de la grande assemblée des Six Comtés.   312

LE GOUVERNEUR, COMTE DE GOSFORD, 1837.

Q. 239— —2.

1834.

(1re partie de la page 1 à 210 ; 2e partie de la page 211 à 385.)

12 mars.

Reçu pour paiements des droits de l'amirauté.

24 septembre,
Amirauté.

Barrow à Kerr.

11 novembre,
Downing
Street.

Spring Rice à Aylmer.

1835.
13 janvier,
Dalhousie
Castle.

Dalhousie à Aberdeen.

9 mars,
Londres.

Extrait du discours de Spring Rice.

1837.
16 mars,
Windsor.

Taylor à Murray. Cette lettre, et les cinq qui précèdent, sont contenues dans la lettre de Gosford à Glenelg, du 1er décembre 1837.

27 septembre,
Québec.

Cochrane à Walcott. Contenue dans la lettre de Gosford à Glenelg, du 26 décembre 1837.

23 octobre.

Rapport de l'assemblée de la confédération des six comtés, ainsi que des résolutions adoptées et des noms des personnes, qui les ont proposées et secondées.   Page 30

23 octobre,
Québec.

Autre lettre concernant les accusations.

1837.

24 octobre,
Québec.

Le lord Evêque de Québec à Gosford au sujet des accusations portées par le docteur Black contre la corporation du clergé. Ces deux lettres sont incluses dans la lettre de Gosford à Glenelg, du 7 décembre 1837.

30 octobre,
St-Valentin.

Magistrat d'Acadie.

31 octobre,
Montréal.

Rapport par le *Vindicator* des événements de la deuxième journée de l'assemblée des Six Comtés, le 24. Tous deux inclus dans la lettre de Gosford à Glenelg, du 6 novembre 1837.

1er novembre,
Québec.

Pétition de Kerr à la Reine. Contenue dans la lettre de Gosford à Glenelg, du 1er décembre 1837.

3 novembre,
Québec.

Le *Libéral* (journal français) fait des extraits des "Sermons politiques" de la *Minerve*. Critiques de Baillargeon, curé de Québec, qui a prononcé un prétendu discours politique du haut de la chaire de la Cathédrale.

Page 21

Un correspondant signant *Un ouvrier* dénonce Etienne Parent.   51

Observations faites par le *Libéral* sur Etienne Parent, qu'on appelle un jésuite.   57

3 novembre,
Montréal.

Rapport par le *Libéral* des délibérations du comité central et permanent.

4 novembre,
Montréal.

Déclarations assermentées de personnes de Montréal.

4 novembre,
Québec.

Walcott au procureur général (deux lettres). Toutes contenues dans la lettre de Gosford à Glenelg, du 6 novembre 1837.

4 novembre,
Montréal.

Déclaration assermentée d'une émeute probable.

6 novembre,
Montréal.

Proclamation par les magistrats de Montréal. Ces deux documents sont inclus dans la lettre de Gosford à Glenelg, du 9 novembre 1837.

6 novembre,
Québec.

Gosford à Glenelg (confidentielle). Depuis qu'il a écrit le mois dernier, les plans des révolutionnaires sont devenus plus apparents, et pour les arrêter, il faudrait des mesures plus rigoureuses que celles que l'Exécutif peut appliquer ; des corps considérables font les exercices tous les dimanches, et les autorités civiles ne cherchent d'aucune façon à faire cesser ces pratiques criminelles, ou à punir ceux qui y prennent part. Un des exercices publics a eu lieu sur la propriété de D. B. Viger, qui paraît approuver les actes des mécontents, et des exercices ont lieu tous les jours dans des cours de particuliers, plusieurs officiers français ayant été amenés des Etats-Unis pour donner l'instruction. D'autre part le club Doric a été ressuscité, et les membres s'arment, et il craint que quelque regrettable conflit n'ait lieu. Fait tous ses efforts pour arrêter le progrès de l'anarchie dans le district de Montréal, mais les pouvoirs ordinaires de l'Exécutif sont insuffisants. Du consentement de Colborne et de l'Ordonnateur en chef, il est à faire des arrangements pour tirer sur la caisse militaire jusqu'à concurrence de la somme de £2,000, afin d'obtenir des renseignements. Envoie copie des résolutions adoptées à l'assemblée des Six Comtés. Envoie aujourd'hui l'adresse au peuple canadien, qu'un comité nommé, dans cette occasion, a préparée. Moyens pris pour forcer les magistrats et les officiers de la milice à se démettre. Beaucoup ont fui à raison de menaces, et ont abandonné leurs propriétés pour se rendre dans les villes, ou aux Etats-Unis. Envoie la copie d'une lettre d'un magistrat de l'Acadie exposant en détail l'état de ce pays. Le Côté mentionné dans la lettre était un magistrat congédié à raison de conduite séditieuse, et l'objet est d'empêcher que quelqu'un accepte la charge de magistrat. A demandé par écrit un régiment à sir Colin Campbell, et une semaine après, Colborne a envoyé un exprès demandant deux régiments, et il a détaché autant de soldats que possible de la province d'en haut. A envoyé le procureur général à Montréal, lui donnant instruction de s'efforcer à maintenir le bon ordre et à organiser un corps de police capable. Lui a aussi conféré l'autorité nécessaire pour agir à l'égard des

1-2 EDOUARD VII, A. 1902

1837.

officiers militaires étrangers, que l'on découvrirait s'occuper d'exercices militaires criminels. Autres moyens adoptés, mais il n'a pas encore été nommé de magistrat stipendiaire, car l'offre de cet emploi aurait pu être refusée. Demande les pouvoirs extraordinaires de suspendre l'acte d'*habeas corpus*, et de proclamer la loi militaire. Il ne peut envisager qu'avec une grande répugnance l'alternative des opérations militaires. Les chefs ont aujourd'hui mis de côté les prétextes, qui cachaient leurs desseins de rébellion. 4

6 novembre,
Montréal.

Gosford à Glenelg (personnelle et confidentielle). A la goutte, mais il lui reste l'usage de ses mains et il espère être de nouveau sur ses pieds bientôt. Il arrive des choses qui peuvent alarmer Downing Street, mais l'on a besoin de prudence, préparation et vigilance. Il se trouve placé entre Scylla et Charybde, avec les démolisseurs de Papineau d'une part et le parti anglais de l'autre.   page 3

6 novembre,
Montréal.

Waterwall à Gosford. Il n'y a rien à communiquer ; on entend de vaines rumeurs d'intentions, qui se terminent comme pour l'enfant qui crie et le loup. D'après l'apparence extérieure, Montréal est tranquille, sauf qu'on y construit des casernes. Ordre lui a été donné de se rendre à Chambly, à la suite d'un rapport de Hatt que la populace menaçait d'incendier les casernes à cet endroit. N'était-ce pas les moulins de Hatt au lieu des casernes. Il a été fait rapport qu'on s'était emparé de l'Isle-aux-Noix, et demande a été faite de protéger Saint-Jean, mais ces deux endroits restent dans le *statu quo* ; les troupes sont enfermées dans les casernes, dans l'attente de la parade de toutes les forces des " patriotes ", alors qu'on arborera, dit-on, le pavillon tricolore. Les magistrats ont lancé une proclamation pour défendre l'assemblée, et Papineau a donné ordre d'arrêter la parade qu'il considère prématurée. Il n'y a pas lieu de craindre pour la sûreté de Montréal, car il est plus facile de défendre cette place que toute autre qu'il y ait en vue ; 600 hommes et 4 canons constituent un ample moyen de défense. C'est à peine si les deux régiments comptent ce nombre ; la grande masse des habitants sont des constitutionnels, ainsi qu'ils s'appellent, tout en étant aussi violents que le parti opposé. Mais ils sont mieux organisés que les " patriotes " qui ne commenceront jamais la rébellion dans la ville. Le 24e est stationné à Carillon et à Saint-André, et tout Glengarry désire s'unir à lui pour supprimer l'insurrection, en sorte que cette partie du pays est sûre. Mais les rebelles font ce qu'ils veulent dans les six comtés, de sorte que l'on a donné instruction d'envoyer par Longueuil les munitions destinées à Chambly, que l'on devait faire passer par le canal. L'arrangement pour les processions à Montréal. Troubles dans l'Acadie, et enrôlement des hommes à Chambly. Ne croit pas que les Canadiens se livrent à aucun acte de rébellion, sauf peut-être d'attaquer la propriété de certains particuliers. Le faible rassemblement des mécontents le porte à croire que la parade passera inaperçue.   67

6 novembre,
Québec.

Gosford à Glenelg. Depuis qu'il a écrit, les plans des séditieux sont devenus plus apparents. Pourquoi les magistrats ont été inactifs. Outre les exercices publics, il y a des exercices particuliers sous la direction d'officiers français des Etats-Unis. Le parti britannique a ressuscité l'ancien " Doric Club " qui est armé, et s'exerce dans la crainte d'un conflit. Fait tous les efforts possibles pour arrêter le progrès de l'anarchie, mais les pouvoirs ordinaires de l'exécutif sont insuffisants. Avait fait rapport d'une assemblée des six comtés, tenue à Saint-Charles, et il a envoyé les résolutions. Envoie aujourd'hui une adresse au peuple canadien préparée par un comité. Le poison répandu par les agitateurs se propage. Le système de terreur employé pour forcer les magistrats et les officiers de la milice à se démettre, en sorte que plusieurs personnes bien disposées se sont laissées intimider, et ont cherché un refuge dans les villes. J'inclus des représentations à ce sujet de la part d'un magistrat de l'Acadie. L'aide militaire tirée des autres provinces. Le procureur général a reçu instruction d'organiser un corps de

1837.

police capable à Montréal. On l'a autorisé à prendre des mesures contre les officiers étrangers. Le comité central conseille de faire l'exercice militaire à Québec. Demande que des pouvoirs extraordinaires soient conférés au Conseil exécutif. Les griefs, mis de l'avant tout d'abord, n'ont été employés qu'à cacher des projets plus ténébreux   Page 366

Inclus. Déclaration assermentée de citoyens de Montréal sur l'état d'alarme dans cette cité.   367 au verso.

Rapport du *Vindicator* sur les événements de la deuxième journée de la confédération des six comtés.   367 au verso.

Adresse par la confédération à la population du Canada.   368

Un magistrat du comté d'Acadie sur l'état d'alarme dans la province.   369

Walcott au procureur général. L'autorisant à se rendre à Montréal, afin de prendre des mesures pour rétablir la tranquillité.   369 au verso.

Walcott au procureur général. Il devra s'enquérir de l'état du corps de police à Montréal, il le mettra sur un bon pied.   Page 370

Rapport, du *Libéral*, des résolutions adoptées à une assemblée des comités central et permanent.   370

7 novembre,
Québec.

Wetherall à Gosford. Contenue dans la lettre de Gosford à Glenelg, du 9 novembre 1837 (*voir* le rapport imprimé soumis au parlement). La lettre est imprimée comme ayant été écrite le 6.

7 novembre,
Montréal.

Le solliciteur général à Gosford. Contenue dans la lettre de Gosford à Glenelg, du 9 novembre 1837.

9 novembre,
Québec.

Gosford à Glenelg (n° 116). Sa crainte d'un conflit à Montréal s'est réalisée. Il n'y a pas eu de pertes de vies, mais beaucoup de personnes ont été blessées. La propriété de Papineau aurait été endommagée, si les soldats ne l'avaient protégée. Le bureau du *Vindicator* a été attaqué, et les caractères d'imprimerie, etc., ont été détruits. Envoie rapports. Quesnel lui a donné l'information que, dans la nuit du 7, Montréal était tranquille.   370 au verso.

Inclus. Proclamation des magistrats de Montréal.   371

Déclaration assermentée d'une émeute probable, avec demandes et réponses du solliciteur général.   371

Le solliciteur général à Gosford. Rapporte qu'il y a eu émeute à Montréal, et que la sédition se propage.   371 au verso.

Wetherall à Gosford. Fait le rapport de l'émeute de Montréal. La tentative de causer des dommages à la maison de Papineau, et l'attaque contre le bureau du *Vindicator*.   372

9 novembre,
Québec.

Gosford à Glenelg (personnelle). A envoyé une dépêche officielle donnant les détails de la rixe à Montréal, lundi dernier. Tout paraît tranquille dans le moment ; et il espère que l'arrestation des principaux agitateurs aura un bon effet. Le système d'intimidation se continue, spécialement à Saint-Jean et dans les comtés d'Acadie, et plusieurs magistrats et officiers de la milice ont envoyé leur démission, craignant pour leurs propriétés. Lorsque la maison de Papineau a été attaquée, il n'y avait que Mᵐᵉ Papineau, une servante et les enfants. Le bureau du *Vindicator* a été pillé avant l'arrivée des soldats. On doit garder des troupes considérables à Montréal. Les deux partis sont si excités qu'il faudra beaucoup de prudence pour prévenir un autre conflit. On attend un autre régiment ou deux de Halifax.   73

11 novembre,
Québec.

Gosford à Glenelg (n° 117). Transmet l'adresse du lord-évêque et du clergé de l'église d'Angleterre, offrant des sympathies à l'occasion de la mort de Guillaume IV, et des félicitations sur l'avènement de la reine au trône.   75

Inclus. Adresse de l'évêque de Montréal et du clergé du Bas-Canada.   76

13 novembre,
Québec.

Gosford à Glenelg (n° 118). Envoie l'adresse des habitants de Victoria, dans le district de Saint-François, pour être présentée à la reine.   78

1-2 EDOUARD VII, A. 1902

1837

Inclus. Adresse des habitants de Victoria à l'occasion de la mort de Guillaume IV.   **Page** 79

14 novembre, Québec.

Gosford à Glenelg (personnelle). Désire qu'on lui nomme un remplaçant ; il souffre de la goutte, et il n'est pas désirable qu'il voyage par terre et dans la neige jusqu'à New-York ; mais il ne demandera rien de nature personnelle. Tout est tranquille à Montréal depuis l'émeute. Il y a eu du trouble et l'on a vu des bandes armées à Saint-Jean et dans le voisinage, mais elles se sont dispersées à l'arrivée d'une compagnie du régiment royal. Il n'y a pas eu pertes de vies dans les rixes. L'attaque tentée à Québec a été facilement réprimée par l'autorité civile ; et deux personnes, qui y ont pris une part dirigeante, sont en prison. Si les magistrats de Montréal avaient fait comme ceux de Québec, tout trouble y aurait été facilement réprimé.   86

14 novembre, Québec

Gosford à Glenelg. A la demande de James Buchanan, consul à New-York, il atteste que le jeune Buchanan, en l'absence de son oncle, a accompli les fonctions d'agent intérimaire pour la surveillance des colons et émigrants d'une manière satisfaisante.   88

14 novembre, Québec.

Gosford à Glenelg (n° 119). Envoie la liste des dépêches venues du bureau des colonies depuis le 29 septembre dernier.   89
Inclus. Liste.   90

14 novembre, Québec.

Gosford à Glenelg. Si l'on doit adopter des mesures de rigueur à l'égard de la province, il (Glenelg) pourra croire qu'il est désirable d'en confier l'application à d'autres qu'à lui, attendu qu'il est en quelque sorte engagé à suivre une ligne politique de douceur. Il désire s'en retourner, et peut maintenant attribuer ce désir à des raisons publiques.   373

16 novembre, Québec.

Gosford à Glenelg (personnelle). Rien de remarquable ne s'est passé depuis qu'il a écrit, le 14. Morin a été arrêté et est maintenant en prison. Les rapports venant des endroits, où il y avait trouble, sont plus favorables.   94

16 novembre, Montréal.

Rapport du procureur et solliciteur général.

16 novembre, Québec.

Rapport des actes du comité permanent. Ces deux documents sont inclus dans les lettres de Gosford à Glenelg, du 22 novembre 1837.

18 novembre, Montréal.

Rapport du *Morning Courier.*   374

18 novembre, Québec.

Dénonciation de Symes par le *Libéral.*

20 novembre, Québec.

Rapport du Conseil exécutif.

20 novembre, Montréal.

Rapport du *Herald.* Ce document et les trois qui précèdent sont contenus dans la lettre de Gosford à Glenelg, du 22 novembre 1837.

21 novembre, Québec.

Gosford à Glenelg (n° 120). Envoie liste des dépêches reçues du bureau des colonies, depuis le 14.   95
Inclus. Liste.   96

21 novembre, Québec.

Walcott au procureur général. Contenue dans la lettre de Gosford à Glenelg, du 30 novembre 1837.

22 novembre, Montréal.

Rapport du *Mercury.*

22 novembre, Québec.

Rapport du Conseil exécutif. Ces deux rapports sont inclus dans la lettre de Gosford à Glenelg, du 22 novembre 1837.

22 novembre, Québec.

Rapport du conseil. Inclus dans la lettre de Gosford à Glenelg, du 28 novembre 1837.

22 novembre, Québec.

Black à Walcott. Inclus dans la lettre de Gosford à Glenelg, du 4 décembre 1837.

22 novembre, Québec.

Gosford à Glenelg (personnelle). Les agitateurs sont dans un état d'alarme. Papineau a été vu de l'autre côté du Saint-Laurent ; des hommes sûrs remplissant les fonctions de constables seront envoyés pour l'arrêter. Si on parvient à le prendre, il y aura bientôt changement pour le mieux. Il a été délivré un mandat pour son arrestation, sur une accusation de haute trahison. Les choses commencent à prendre un aspect favorable, mais pas assez cependant pour justifier quelque diminution des mesures de rigueur. Les poursuites doivent être dirigées avec fermeté et prudence, et il ne fait rien qui puisse causer de l'irritation. Il a déjà eu des communications d'hommes importants de la majorité, lesquels se sont alarmés de voir jusqu'où les • choses ont été poussées et se montrent aujourd'hui mieux disposés à l'égard de l'administration. N'a rien fait pour décourager ces communications mais il faut observer la prudence. Il n'a pas grande confiance dans ces premières propositions, attendu qu'elles peuvent n'être faites que pour endormir sa vigilance. Page 107

22 novembre, Québec.

Gosford à Glenelg (n° 121). Envoie six documents, le plus court moyen de lui donner un compte-rendu détaillé ce ce qui s'est passé depuis l'émeute. Des 26 individus contre lesquels il a été délivré des mandats, 9 sont en prison, 2 ont été délivrés près de Longueuil par une troupe armée, qui a blessé quatre membres de la police. Les autres, y compris Papineau et O'Callaghan, ne peuvent être trouvés, quelques-uns ayant fui aux Etats-Unis. Le procureur général n'a pas voulu risquer le succès des poursuites contre les prévenus, tant que certaines personnes feront partie de la magistrature. A délivré une nouvelle commission, en omettant les noms de ces derniers. A autorisé la formation d'un corps de volontaires armés de 800 hommes dans les Cantons de l'Est. Cela, joint à la désertion des chefs, devra ouvrir les yeux des habitants qui ont été trompés, il en a la confiance, sans qu'il faille déclarer que certaines parties du district de Montréal sont dans un état d'insurrection. 98

Inclus. Rapport du procureur et solliciteur général au sujet des poursuites contre les rebelles, à Montréal. 373 au verso.

Noms des personnes contre lesquelles des mandats ont été délivrés.

Rapport du *Morning Courier* au sujet des arrestations à Montréal, et de la délivrance par la force de deux prisonniers arrêtés à Saint-Jean.

Rapport du *Mercury.* Marche des troupes vers Chambly. Arrestation de sept prisonniers le long du chemin. Compte-rendu tiré du *Courier.* 375.

Rapport du *Herald* de Montréal au sujet de l'expédition contre Chambly. 375 au verso.

Dénonciation de Symes, un magistrat, par le *Libéral.* 375 au verso.

Rapport des actes du comité central et permanent de Québec. 376

Rapport du Conseil exécutif du 20 novembre. 376 au verso.

Rapport du 22 novembre, à l'effet qu'il a été délivré un mandat contre Papineau. 376 au verso.

25 novembre, Montréal.

Le procureur général à Gosford. Inclus dans la lettre de Gosford à Glenelg, du 30 novembre 1837.

25 novembre, Montréal.

Gore à Colborne.

27 novembre, St-Charles.

Wetherall à l'adjudant général adjoint. Toutes deux incluses dans la lettre de Colborne à Somerset, du 29 novembre 1837.

27 novembre, St-Charles.

Le même à Colborne. Inclus dans la lettre de Gosford à Glenelg, du 30 novembre 1837.

27 novembre.

Glenelg à Gosford. L'état du Bas-Canada a attiré la plus sérieuse attention du gouvernement de Sa Majesté. Le premier objet est de réaffirmer la suprématie de la loi, et d'inspirer confiance aux gens bien disposés. La satisfaction qu'éprouvent les ministres de savoir qu'ils sont entièrement libres de lui continuer, ou de lui retirer son emploi. La ligne de conduite désintéressée qu'il a suivie, mais la politique que l'on doit maintenant poursuivre sera suivie d'une façon plus convenable par quelqu'un qui aura été moins mêlé que lui aux événements des dernières quelques années. En dehors de toutes considérations personnelles, le gouvernement se trouve dans l'obligation de profiter de sa générosité en mettant son emploi à sa

1-2 EDOUARD VII, A. 1902

1837.

discrétion.   Le ministère a conseillé à la reine d'accepter sa démission, et cet avis a été accepté et il doit revenir.   Envoie dépêche à Colborne, à qui l'administration sera dévolue jusqu'à l'arrivée de son remplaçant.   Il (Gosford) se retire avec l'entière approbation de sa conduite.

Inclus.   Glenelg à Colborne.   Il devra administrer le gouvernement du Bas-Canada jusqu'à ce qu'on ait nommé un successeur à Gosford, qui se retire sans que le ministère ait la moindre diminution de confiance en lui. Ses (de Colborne) fonctions comportent une grave responsabilité.   A été heureux d'apprendre qu'il avait dirigé ses préparatifs militaires avec prévoyance et décision, et qu'ils auront puissamment contribué à réprimer les tentatives des chefs les plus hardis.   L'objet immédiat à obtenir est de rétablir la tranquillité, et d'affirmer l'autorité de la loi.   303

27 novembre,
Montréal.

Rapport de la prise de Saint-Charles, tiré du *Morning Courier*, avec liste des tués et blessés.

28 novembre,
Montréal.

Le procureur général à ————.

28 novembre,
Québec.

Colborne (?) à Gosford (?)

28 novembre,
Québec.

Rowan à Walcott.   Cette lettre et les deux précédentes sont contenue dans la lettre de Gosford à Glenelg, du 30 novembre 1837.

28 novembre,
Québec.

Iffland au docteur Morrin.   Incluse dans la lettre de Gosford, du 2 décembre 1837.

28 novembre,
Chambly.

Wetherall à l'adjudant général adjoint.   Incluse dans la lettre de Colborne à Somerset, du 29 novembre 1837.

28 novembre,
Québec.

Gosford à Glenelg (n° 122).   Envoie rapport du conseil approuvant la proposition de la banque de Montréal de monnayer du cuivre.   Chaque monnaie ne devra pas avoir une valeur de plus d'un sou.   Page 109

Inclus.   Rapport du conseil que la pétition à l'effet de monnayer du cuivre soit accordée.   111

29 novembre,
Montréal.

Colborne à Fitzroy Somerset.   Rapporte les opérations militaires à Saint-Denis et à Saint-Charles.   377

Inclus.   Liste des documents accompagnant le rapport.   312

Austin Cuvillier et Turton Penn, magistrats de Montréal, demandent l'aide de la force armée.   313

Gore à Colborne.   Détails de l'expédition à Saint-Denis et à Saint-Charles.   377 au verso

Liste des tués et blessés.   378

Deuxième rapport.   378 au verso

30 novembre,
Québec.

Gosford à Glenelg (n° 123).   Rapporte le malheureux résultat d'une expédition de la force civile envoyée de Montréal à Saint-Jean.   Sommaire des opérations militaires rapportées par Wetherall.   379

Inclus.   Gore à Wetherall.   Il devra se rendre à Chambly, conformément à la demande des magistrats de Montréal.   380 au verso

Wetherall à Gore.   Est arrivé à Chambly.   Les maisons à Longueuil et sur un parcours de sept milles sont fermées.   Prisonniers faits. 380 au verso

Colborne à Gosford.   Les troupes qui ont marché sur Saint-Denis s'étaient retirées, les maisons étant si fortement occupées.   Demande qu'on lève un corps de volontaires à Québec, et qu'on en lève un autre pour le service général.   381

Liste des personnes contre lesquelles il a été délivré des mandats, sur une accusation de haute trahison.   381 au verso

Proclamation d'amnistie aux insurgés ordinaires, qui redeviendront fidèles.   381 au verso

Rapport des sessions particulières des juges de paix à Montréal.   382

Wetherall à ————.   Rapport des opérations militaires à Saint-Charles.   121

1837.

Colborne (?) à Gosford (?). Absence de certaines nouvelles; différente rumeurs de prétendues attaques qui doivent être faites contre Montréa.
Page 125

Rowan à Walcott. Kirby n'a pas un nombre d'hommes suffisant pour servir les canons. Suggère que l'on engage quelques volontaires à cette fin.
131

Walcott au procureur général. Demande son opinion et celle du Solliciteur général sur des points de droit se rapportant à la rébellion. 142

Le procureur et solliciteur général. Opinion sur les questions de droit qui leur ont été soumises. 145

Le procureur général à Gosford. Demandant qu'on accorde l'amnistie à ceux qui ont été trompés, et que de fortes récompensés soient offertes pour l'arrestation des principaux traîtres. 127

— novembre, Montréal.
Le procureur et le solliciteur général à Walcott. Incluse dans la lettre de Gosford à Glenelg, du 30 novembre 1837.

1er décembre, Québec.
Gosford à Glenelg (personnelle). La lettre officielle. Ceci donnera tous les détails. Les bons effets du succès de Wetherall, quand il sera connu généralement, mais il faut encore de la prudence. La violence de parti existe à un point lamentable. Quelques-uns seraient enclins à encourager les émeutes. Rumeurs au sujet de Papineau et de ses partisans. On croit généralement qu'ils sont partis pour les Etats-Unis. 174

1er décembre, Québec.
Gosford à Glenelg (n° 124). Envoie les pétitions du juge Kerr, l'une pour qu'on entende sa cause de façon à ce qu'on lui vienne en aide au moyen d'une pension ou autrement par suite de son renvoi. L'autre a trait au paiement de ses appointements à partir du 2 avril 1835. Aussi ses appointements en qualité de juge de la cour de vice-amirauté jusqu'à la date de la nomination de Black. Le montant total de la réclamation est de £1,225 sterling. Le pétitionnaire jouit d'une réputation irréprochable. 158

Inclus. Pétition à la reine à l'effet qu'on fasse une enquête à son sujet, et qu'on lui vienne en aide au moyen d'une pension ou autrement. 160

Reçu pour le paiement par le juge Kerr des droits de l'Amirauté. 167

Barrow à Kerr. Il ne lui sera pas demandé de reprendre ses fonctions, attendu que l'on doit nommer une autre personne. 167

Autres documents se rapportant au cas en question. 168 à 171

1er décembre, Québec.
Gosford à Glenelg (n° 125). Envoie le relevé demandé par le Trésor. Il y a cette année une diminution de £250 dans les pensions, par suite de l'abolition et de la réduction des emplois. 172

Inclus. Relevé des allocations de retraite pour 1837. 173

2 décembre, Québec.
Gosford à Glenelg (n° 126). En faisant des démarches pour obtenir le certificat du décès de Jean Denis Daulé, l'ancien curé de Saint-Jean, il a découvert que ce dernier vit encore et habite chez le curé de Lorette. Envoie la copie de la lettre de Baillargeon à ce sujet. 176

Inclus. Monsieur l'abbé C. F. Baillargeon à Walcott. Monsieur l'abbé Jean Denis Daulé est vivant et reçoit une pension accordée par la Société ecclésiastique de Québec. 177

2 décembre, Québec.
Gosford à Glenelg (n° 127). Rapporte que Thomas Cook est mort le 10 mai dernier. Envoie la copie d'une lettre du médecin attaché à l'hôpital de la marine. 178

Inclus. Iffland à Morrin Crook (Cook dans la lettre). Un matelot a été admis à l'hôpital de la marine le 22 octobre 1836, et est mort le 10 mai 1837. 179

3 décembre, Montréal.
Colborne à Fitzroy Somerset. A envoyé des troupes à Sorel, qui marcheront sur Saint-Denis. 384 au verso.

4 décembre, Québec.
Minute du Conseil exécutif contenue dans la lettre de Gosford à Glenelg, du 6 décembre 1837.

4 décembre, Montréal.
Adresse loyale des Canadiens-français.

1-2 EDOUARD VII, A. 1902

1837.

Réponse. Ces deux documents sont inclus dans la lettre de Gosford à Glenelg du 23 décembre 1837.

4 décembre, Québec.

Gosford à Glenelg (n° 128). Avait renvoyé au juge la question des honoraires dans la cour de vice-amirauté, le priant de bien communiquer ses observations à ce sujet. Transmet sous pli le rapport de Black, qui est très clair ; il est d'opinion qu'un état indépendant peut seul établir une cour de cette nature, et la fixation des honoraires s'ensuit sans qu'il faille de prescription statutaire à cet effet ; et que la fixation d'un tarif provincial d'honoraires serait nul et de nul effet, étant incompatible avec le statut 2 Guillaume IV, ch. 51. La question est maintenant soumise pour décision finale. Demande de considérer de nouveau la réclamation du registraire et maréchal de la cour. Afin de ne pas fermer la cour, ils ont continué à faire le service, comptant que le gouvernement les rémunérerait ; espère que Sa Seigneurie partagera son avis qu'ils ont droit à une indemnité. Recommande qu'il soit payé au registraire £250 et au maréchal £125 pour acquit complet de leur réclamation à raison de 18 mois de service, mais s'ils continuent à remplir leurs fonctions, ils n'auront pas droit de s'attendre à une autre rémunération de la part de l'exécutif.   Page 180

Inclus. Black à Walcott. Rapport au sujet des honoraires qui doivent être perçus dans la cour de vice-amirauté.   185

5 décembre, Québec.

Gosford à Glenelg (n° 129). Rapporte le décès de James Baxter, un conseiller législatif.   194

5 décembre, Montréal.

Résolutions supplémentaires des sessions particulières.

5 décembre, Québec.

Walcott à Colborne.

5 décembre, Québec.

Proclamation de la loi martiale. Ce document et les deux qui précèdent sont inclus dans la lettre de Gosford à Glenelg, du 6 décembre 1837.

6 décembre, Québec.

Gosford à Glenelg (n° 130). A lancé une proclamation déclarant la loi martiale, mais enjoignant à Colborne d'appliquer la loi ordinaire dans tous les cas où cela se pourra. Suite du rapport des opérations militaires. Les récompenses offertes pour la capture des insurgés.   382 au verso

Inclus. Minute du conseil exécutif, approuvant la loi martiale.   383
Proclamation de la loi martiale dans le district de Montréal.
     383 au verso
Walcott à Colborne. L'autorise à appliquer la loi martiale. 383 au verso
Résolutions supplémentaires des sessions particulières de juges de paix pour Montréal concernant l'établissement de la loi martiale.   384

6 décembre, Downing Street.

Glenelg à Colborne. L'a informé que par suite de la retraite de Gosford, il doit administrer le gouvernement du Bas-Canada. C'est son devoir de le (Colborne) décharger de sa responsabilité ardue, mais il ne touchera pas présentement aux questions de politique permanente, qui doivent disparaitre devant la nécessité de maintenir la paix publique. Discute les arrangements militaires.   306

7 décembre, Montréal.

Colborne à Fitzroy Somerset. Rapporte les opérations de Gore à Saint-Denis et à Saint-Hyacinthe. Les habitants de Deux-Montagnes sont encore sous les armes. Consultera les autorités civiles dans tous les cas où il faudra prendre des mesures pour rétablir l'ordre.   384 au verso

Inclus. Gore à Colborne. Rapporte ses opérations après son arrivée à Sorel.   384 au verso

7 décembre, Montréal.

Gore à Colborne. Incluse dans la lettre de Colborne à Fitzroy Somerset, du 7 décembre 1837.

7 décembre, St-Armand.

Rapport officiel de la défaite des rebelles. Inclus dans la lettre de Gosford à Glenelg du 23 décembre 1837.

7 décembre, Québec.

Gosford à Glenelg (n° 131). Envoie deux représentations du lord évêque de Montréal, l'une au sujet des réclamations de l'Eglise d'Ecosse à une partie des réserves du clergé, et de l'inexactitude des observations du docteur

1837.

Black à Sa Seigneurie (Glenelg); l'autre concernant l'accusation portée par le même ecclésiastique contre la corporation du clergé d'avoir très mal administré les réserves du clergé, et l'évêque fait allusion à un autre reproche piquant du docteur Black.   Page 200

Inclus. Le lord évêque de Montréal à Gosford. Concernant les accusations portées par le docteur Black au sujet des réserves du clergé.

Le lord évêque de Montréal à Gosford. Autre lettre concernant les sations portées par le docteur Black contre la corporation du clergé.

**8 décembre,
Laprairie.**

Loyale adresse de Laprairie.

Réponse. Ces deux documents sont contenus dans la lettre de Gosford à Glenelg, du 23 décembre 1837.

**8 décembre,
Québec.**

Gosford à Glenelg (n° 132). Remarques sur l'application qu'on lui enjoint de faire des fonds à sa disposition. N'a pas payé les pensions, sauf celle à madame Livingstone, qui est dans une grande pénurie. Comment il a appliqué la balance de £1,000.

Observations sur ses (de Glenelg) minutes concernant les salaires, etc. Envoie l'état des services qu'il paierait à même les réserves à la disposition de la Couronne.   214

Inclus. Liste des item payé à même l'excédent des revenus à la disposition de la Couronne.   222

Dépenses des prisons et maintien de la paix.   223

Services qu'il est proposé de payer à même les revenus de la Couronne.   224

**9 décembre,
Québec.**

Gosford à Glenelg (n° 133). A rempli la vacance causée dans le bureau du secrétaire civil, par la nomination de Davidson comme l'un des commissaires des terres de la Couronne, en nommant C. N. Montizambert et G. Langevin secrétaires civils adjoints. A augmenté les appointements des commis de la classe cadette de £90 à $180, mais c'est encore une rétribution moindre que celle payée aux commis occupant des charges moins importantes. Le nouvel arrangement n'a rien ajouté à la force numérique du bureau, et la seule dépense additionnelle, au delà de ce que la Chambre a toujours voté volontiers, sera de £200 au chef des dépenses contingentes. Avis a été donné, à ceux que les arrangements concernaient, que ces arrangements pouvaient être revisés par la législature provinciale.   225

Inclus. Watts à Walcott. Propose de ne pas remplir la vacance, mais de diviser le salaire entre Paul et lui-même, donnant à chacun £180. Cela rétablirait la position primitive que Kempt a changé en 1830. Vu les longues heures de bureau les commis ne peuvent ajouter à leur service en se livrant à d'autres travaux. Envoie la liste des appointements dans d'autres départements.   229

Liste des appointements dans les différents départements.   233

**11 décembre,
Québec.**

Lettre pastorale de l'évêque catholique romain de Québec. Incluse dans la lettre de Gosford à Glenelg, du 23 décembre 1837.

**12 décembre,
St. Vincent
de Paul.**

Adresse loyale de Saint-Vincent de Paul.

Réponse. Ces deux documents sont inclus dans la lettre de Gosford à Glenelg du 23 décembre 1837.

**13 décembre,
Québec.**

Gosford à Glenelg (n° 134). Ainsi qu'il en a reçu instruction, il a demandé à Debartzch, Quesnel et Pemberton leurs honoraires pour le *mandamus* les appelant au Conseil exécutif. N'a pas reçu les honoraires des deux premiers, mais Pemberton lui a donné une traite sur W. Pemberton et Cie qu'il transmet. N'a pas demandé les honoraires aux deux autres, car il ne croit pas qu'ils soient dus avant que la sommation n'ait été faite.   234

**16 décembre,
Québec.**

Gosford à Glenelg (personnelle). Les mouvements militaires ont été heureux. La conduite de Wetherall et de ses troupes à Saint-Charles a découragé les insurgés. Ces derniers ne sont pas réunis en grand nombre, sauf dans le comté des Deux-Montagnes. Une force militaire sous les ordres de Colborne a quitté Montréal pour cet endroit. Espère apprendre bientôt la

1837.

défaite des insurgés, et croit que les choses prendront alors une tournure plus paisible. On attend les 43ᵉ et 85ᵉ régiments du Nouveau-Brunswick. On rapporte que quelques-uns des fugitifs ont rassemblé des troupes sur la frontière du Vermont ; il leur est arrivé des armes des Etats, et l'on a attiré l'attention du gouvernement sur la chose. Plusieurs des principaux chefs sont enfermés dans la prison de Montréal. Les cultivateurs ne se sont pas joints au mouvement, sauf ceux qui se sont laissés intimider, et les rangs des insurgés se composent de la lie du peuple sous la direction de onze chefs. Papineau n'a pas encore été pris ; aurait désiré que Gipps l'eût pris. Ne croît pas qu'il reste longtemps libre, car la récompense de £1,000 devra le faire arrêter. La révolte inattendue à Toronto a été réprimée par Head sans l'aide de troupes, la population y contribuant en foule de toutes les directions.   Page 236

16 décembre, Québec.

Black à Walcott. Incluse dans la lettre de Gosford à Glenelg du 24 décembre 1837.

18 décembre, Québec.

Gosford à Glenelg (n° 135). Envoie la liste des dépêches reçues du bureau des colonies, depuis le 21 du mois dernier.   238

Inclus. Liste.   239

21 décembre, Québec.

Gosford à Glenelg. La province est aujourd'hui apparemment tranquille. Il n'est pas du tout improbable que l'on puisse prendre Papineau, car il est encore, il (Gosford) est porté à le croire, dans la province. Les prisons sont remplies, et il faudra bientôt prendre des arrangements au sujet des prisonniers. Si le parti ultra-tory montrait un peu de modération, il aurait confiance de voir l'ordre et la paix se rétablir. Les troupes sont toutes rentrées à Montréal. Croit que le 43ᵉ et le 85ᵉ arriveront dans à peu près une semaine ; il faudra de la prudence et de la vigilance, car il règne une grande agitation. Ses rapports avec les Canadiens-français sont très satisfaisants, et il croit que ces derniers ont confiance en lui.   240

21 décembre, Québec.

Le même au même (personnelle et confidentielle). Attire de nouveau l'attention sur l'insuffisance du traitement. Il est impossible de vivre avec ce traitement, même en pratiquant la plus stricte économie. Croit qu'il a raison de demander qu'on le garantisse contre toute perte pécuniaire.   242

23 décembre, Québec.

Gosford à Glenelg. Avait rapporté que Wetherall était revenu, et que Gore avait été envoyé une seconde fois à Saint-Denis. Ce dernier avait traversé Saint-Denis et Saint-Charles en se rendant à Saint-Hyacinthe où les rebelles s'étaient rassemblés. Il a découvert que ce rapport était inexact, car Gore a traversé Saint-Hyacinthe sans opposition et sans réussir à appréhender aucun des chefs des rebelles. Il est revenu amenant 5 soldats blessés et le corps de Weir, qui avait été caché dans le Richelieu. A offert des récompenses de £500 et de £300 respectivement pour l'arrestation des meurtriers de Weir et de Chartrand, un Canadien loyal. Les chefs se sont enfuis aux Etats-Unis. Wolfred Nelson a été capturé par un petit parti de volontaires de Missisquoi, et il est aujourd'hui en prison. Un parti rebelle, revenu du Vermont, a été défait près de Philipsburg. Le zèle et la détermination des volontaires ont un bon effet. Rapport détaillé des événements à Deux-Montagnes, avec noms des chefs des insurgés tués ou fait prisonniers. Les adresses loyales de la population canadienne-française arrivent en grand nombre ; l'opinion parmi la basse classe des Américains vivant sur la frontière des Etats est excitée en faveur de la rébellion, mais les meilleures classes et les autorités la désapprouvent. Apprend que le président a publiquement déclaré qu'il était déterminé à faire son devoir, et particulièrement celui qui exige qu'il n'y ait aucune intervention dans les querelles intestines d'une nation amie. Différentes circonstances le convainquent qu'il n'y aura probablement pas d'autre tentative organisée pour troubler la tranquillité publique.   245

Inclus. Adresse loyale de La Prairie.   246 au verso
Adresse loyale de Saint-Vincent de Paul.   247

DOC. DE LA SESSION No. 18

1837.

Adresse loyale des Canadiens-français de Montréal.   Page 247
Suivent les réponses.

Lettre pastorale de l'évêque catholique romain de Québec sur la rébellion.
248

Compte rendu officiel de la défaite d'un corps de rebelles par les volontaires de Missisquoi.
250

Etat des membres de l'assemblée impliqués dans la dernière rébellion.
264

23 décembre,
Downing
Street.

Glenelg à Gosford. A la suite de ses lettres personnelles, on a recommandé à Sa Majesté d'accepter sa démission. La haute opinion qu'a le gouvernement des motifs généreux qui l'ont fait agir.
373

24 décembre,
Québec.

Gosford à Glenelg (n° 137). Envoie la lettre de Black au sujet de l'insuffisance du traitement du juge de la cour de vice-amirauté. C'est le seul emploi officiel de Black.
267

Inclus. Black à Walcott. Concernant le traitement du juge de la cour de vice-amirauté.
269

26 décembre,
Québec.

Gosford à Glenelg (n° 138). Transmet la copie de la demande de A. W. Cochrane qu'il soit permis à la société littéraire et historique de Québec de faire copier les documents historiques.
274

Inclus. Cochrane à Walcott. Demande l'aide du gouverneur pour se procurer des copies de documents se rapportant à l'histoire primitive du Canada.
278

Liste des documents dont la Société littéraire et historique désire avoir les copies.
283

28 décembre,
Québec.

Gosford à Glenelg (n° 139). Depuis la dispersion des insurgés dans le comté des Deux-Montagnes, tout a été tranquille. Dans les villes de la frontière des Etats-Unis on a paru disposé à aider les insurgés, mais les habitants respectables s'y opposent, et il espère qu'il ne sera plus parlé de cela. Le gouvernement des Etats-Unis a écrit officiellement aux autorités des Etats de la frontière. Lafontaine est parti pour New-York en route pour l'Angleterre. Depuis son départ le gouverneur général l'a informé (Gosford) qu'il a été délivré un mandat d'amener contre Lafontaine pour haute trahison. Liste des prisonniers; offres de fugitifs de se rendre. N'a pas encore été informé si les prisonniers seront jugés d'après la loi martiale ou par les tribunaux ordinaires. James Stuart, ancien procureur général, et Walker, de Montréal, doivent défendre les prisonniers et c'est leur intention de soulever la question s'ils peuvent être jugés d'après la loi martiale, et ils refusent de procéder devant le juge en chef M. Pyke et M. Gale jusqu'au retour du juge Rolland. On lui a demandé avec instance de convoquer la législature, mais il y a de fortes raisons contre cela. Arrivée de la première division du 43e régiment.
291

Inclus. Mandat contre Lafontaine pour haute trahison délivré par Le Clerc, un magistrat.
295

Certificat à l'effet que Leclerc est magistrat et que l'on doit ajouter foi à sa signature.
296

Certificat de Benjamin Delisle, le grand connétable, à l'effet qu'il a cherché à arrêter Lafontaine, mais n'a pu le trouver.
297

30 décembre,
Downing
Street.

Glenelg à Colborne. A reçu la dépêche de Gosford du 22 novembre, et le commandant en chef a soumis au gouvernement sa dépêche (de Colborne) à Fitzroy Somerset. Ces dépêches ont été soumises à la reine qui approuve ce qui a été fait. Regrette que l'esprit d'insurrection ait fait tant de chemin dans les districts près de Richelieu, et il demande qu'on lui donne bientôt et souvent des nouvelles.
378 au verso

Décembre (?).

Etat des membres de l'assemblée impliqués dans la dernière rebellion. Inclus dans la lettre de Gosford à Glenelg du 23 décembre 1837.

1838.
6 janvier,
Downing
Street.

Glenelg à Colborne. A reçu les dépêches de Gosford du 30 novembre et du 6 décembre, lesquelles avec ses (de Colborne) dépêches à Fitzroy Somer-

1-2 EDOUARD VII, A. 1902

1838.

set contiennent les rapports des opérations militaires dans le Bas-Canada. La Reine approuve ce qui a été fait. D'après les dépositions des habitants, il croit que le temps n'est pas éloigné où l'autorité de la loi sera vengée. Regrette qu'il y ait eu nécessité de proclamer la loi martiale. L'offre de lever un corps de volontaires est accepté de tout cœur.　　　　　　　Page 385

8 mars.

Non signée à Spearman. Demande au Trésor d'étudier la question du traitement du juge de la cour de vice-amirauté, ainsi que celle des appointements des officiers subordonnés.　　　　　　　　　　　　　273

9 mars,
Downing
Street.

Non signée à Le Marchant. Il a été envoyé, il y a quelque temps, une demande de la Société littéraire et historique de Québec à l'effet qu'il fût permis de copier les documents se rapportant à l'histoire primitive du Canada. Comme il pourrait y avoir des inconvénients à publier les parties de documents qui se rapportent aux frontières du Canada et des Etats-Unis, les documents devront être transmis au bureau des colonies, afin de décider s'il y aura quelque inconvénient d'accéder aux désirs de la société.　　276

28 mars.

Non signée à Spearman. Envoie copie de la dépêche de Gosford concernant les changements qu'il a faits dans le bureau du secrétaire civil, alors que Davidson a été transféré au département des terres de la Couronne. Glenelg propose d'approuver la mesure à titre d'arrangement temporaire, et de laisser décider la question de permanence par le comte de Durham, à son arrivée. Demande au Trésor d'approuver la légère augmentation qui serait alors encourue.　　　　　　　　　　　　　228

EMPLOIS PUBLICS, 1837.

Q. 240.—1-2.

1833.

(1ère partie, de la page 1 à 205 ; 2e partie, de la page 206 à 383.)

16 novembre,
Kinsale.

Le major Kelly à l'adjudant général. Incluse dans la lettre de Fitzroy à Stephen, du 1er août 1837.
Une lettre de la même date du major Kelly au Dr Pitcairne est aussi incluse.

1834.
24 février,
Québec.

Liste des articles comprenant les présents à donner aux sauvages. Incluse dans la lettre de Spearman à Stephen, du 23 février 1837.

1835.
2 septembre.
Québec.

Liste de l'équipement de la même date, incluse dans la même lettre.
Airey à Wells, agent, Sorel.

2 septembre,
Québec.

Le même à Craig.

17 septembre,
Québec.

Le même à Wells, agent, Sorel.

8 octobre,
Québec.

Clements à Wells, intendant de casernes, Sorel. Cette lettre et les trois qui précèdent sont contenues dans une lettre non signée à Byham, de mars (?) 1837.

1836.
28 juillet,
Londres.

Autre lettre de Airey de la même date.
Rapport, de la date mentionnée à la marge, concernant les loges orangistes.　　　　　　　　　　　　　　　　　　　　　　8
Autres documents concernant ces loges.　　　　　　　　　10

21 novembre.

Remarques au sujet des observations de Gosford.

3 décembre.

Remarques sur certaines parties de la dépêche de Gosford à Glenelg.

12 décembre,
Québec.

Observations par Eden. Ce document et les deux qui précèdent sont inclus dans une lettre non signée à Byham, de mars (?) 1837.

16 décembre,
Sorel.

Colborne à Fitzroy Somerset. Contenue dans la lettre de Fitzroy Somerset à Stephen, du 27 janvier 1837.

1836.
27 décembre, Sorel. Observations par Colborne.

Décembre (?). Observations sur quelques-uns des documents. Ces deux documents sont inclus dans la lettre non signée à Byham, de mars (?) 1837.

1837.
5 janvier, Temple. Les officiers en loi à Glenelg. Les poursuites contre l'éditeur de la *Minerve* étaient irrégulières et contraires à la pratique. La publication de l'article dont on s'est plaint était diffamatoire, et exposait son auteur à une poursuite. Mais les poursuites ont été irrégulièrement intentées ; comment le procès aurait dû être fait.   Page 109

12 janvier, Trésorerie. Spearman à Stephen. Envoie copie de la lettre de Routh, rapportant le versement à la caisse militaire de £3,033, 6ch. 8d., le produit des ventes des réserves du clergé, et demande que le montant en soit placé en valeurs consolidées trois pour cent.   203

Inclus. Routh à Spearman, Fait le rapport du versement à la caisse militaire de £3,033, 6 ch. 8 d.   204

19 janvier, Amirauté. Barrow à Stephen. Les lords de l'amirauté ont retiré leur réclamation pour le transport des forçats, et y pourvoieront à l'avenir dans les estimations budgétaires.   17

20 janvier, Horse-Guards. Fitzroy Somerset à Stephen. Envoie dépêche et documents de Colborne au sujet de la maison à Sorel, laquelle, selon qu'il cherche à le démontrer, a toujours appartenu à l'officier commandant au Canada. Lord Hill croit que les circonstances tendent à prouver le droit qu'a le département militaire de posséder ce bâtiment, et il n'a aucune hésitation à renvoyer les documents à Glenelg.   23

20 janvier, Trésorerie. Baring à Stephen. Les autorités des douanes ont été autorisées à délivrer les livres et journaux des deux Chambres francs de droits.   205

24 janvier, Downing Street. Stephen à Spearman. Envoie copie de la dépêche de Head relativement à la dépense pour les sauvages du Haut-Canada. On pourra sous peu faire une économie en discontinuant les présents aux sauvages habitant les Etats-Unis. Le renseignement est incomplet, rien n'étant dit du transfert à l'intendance. Glenelg ne croit pas que les allocations de retraite doivent être faites en terres, mais qu'elles doivent l'être en deniers. Recommande que Givins se retire avec son traitement entier. S'il doit être nommé un remplaçant, recommande Hepburn.   211

27 janvier, Horse-Guards. Fitzroy Somerset à Stephen. Envoie de nouvelles lettres de Colborne au sujet du cottage à Sorel.   24

Inclus. Colborne à Fitzroy Somerset. Demande que le commandant en chef intervienne au sujet de la maison à Sorel.   26

Observations par Eden, l'adjudant général adjoint au sujet de la lettre de Gosford relative à Sorel.   28

31 janvier. Sans signature à Fitzroy Somerset. Envoie lettre de Gosford concernant le malentendu au sujet de la maison à Sorel.   25

31 janvier, Trésorerie. Spearman à Stephen. L'amirauté a retiré la réclamation pour le transport des forçats.   206

Inclus. Barrow à Spearman. A la suite de la lettre du Trésor, l'Amirauté a retiré la réclamation pour le transport des forçats militaires.   207

3 février, Temple. Les officiers en loi à Glenelg. L'acte passé en Canada pour céder à la législature le produit des terres et forêts en échange d'une liste civile devra être soumis au parlement avant de recevoir le sanction royale.   112

6 février, Horse-Guards. Fitzroy Somerset à Stephen. Envoie une nouvelle dépêche de Colborne à l'appui de sa réclamation quant à l'occupation du logement à Sorel.   36

7 février, Horse-Guards. Le même au même. Envoie les remerciements de lord Hill pour lui avoir communiqué un document aussi satisfaisant que la dépêche de Gosford concernant l'erreur commise par Eden au sujet de la maison à Sorel.   37

9 février, Trésorerie. Spearman à Glenelg. On a besoin d'autres renseignements à l'égard de la situation actuelle des sauvages du Haut et du Bas-Canada. Questions annexées à la lettre.   208

1837.
9 février,
Trésorerie.

Le même à Stephen. Les lords du Trésor approuvent les arrangements faits par Gosford au sujet des présents aux sauvages, aussi la discontinuation projetée des présents aux sauvages habitant les Etats-Unis, et le placement projeté afin de faire face aux réclamations futures des tribus. Les lords approuvent de plus l'ordre donné par Glenelg de transférer le service de la division des sauvages à l'intendance. Remarques concernant les divers fonctionnaires du département. Il ne sera pas possible d'effectuer une économie l'année prochaine. Head n'a pas confiance que les sauvages se livreront à la culture, mais les rapports des pensionnaires expriment une opinion contraire. Envoie liste des questions concernant les sauvages.
Page 211

10 février,
Douanes.

Rapport des commissaires de douanes. Inclus dans la lettre sans signature à Spearman, du 28 février 1837.

14 février,
Québec.

Routh à Spearman. Incluse dans la lettre de Spearman à Stephen, du 25 avril 1837.

15 février.

Extrait d'une lettre du secrétaire de la guerre au commandant en chef. Inclus dans la lettre de Howick à Glenelg, du 6 mars 1837.

20 février.
Horse-
Guards.

Fitzroy Somerset à Stephen. Envoie dépêche de Colborne ainsi que les documents y contenus au sujet de la maison à Sorel.   38

Inclus. Colborne à Hill. Juge que les documents démontrent que la propriété à Sorel a été achetée pour des fins militaires. L'argument à cet effet est élaboré.   40

Le document inclus n° 1 est copié dans   Q-229
Le document inclus n° 2 est copié dans   Q-236

22 février,
Trésorerie.

Spearman à Stephen. A reçu la dépêche relative à l'exaction d'un droit par tête des émigrants arrivant sans avoir un certificat, du port du Royaume-Uni d'où le navire a reçu ses lettres de congé.   214

23 février,
Trésorerie.

Spearman à Stephen. Envoie état de l'équipement pour les sauvages approuvé par lord Aylmer, ainsi qu'un état revisé de celui approuvé par Gosford, et extrait d'une lettre de Routh à ce sujet.   225

Inclus. Extrait d'une lettre de Routh. Envoie nouvelle liste.   226
Liste de l'équipement approuvé par Gosford.   228
Liste des articles non compris dans la liste des objets pour présents, 1834.
229
Liste approuvée par Aylmer, 1834.   230

28 février,
Downing
Street.

Non signée à Byham. Envoie pour le grand maître et le Conseil de l'Artillerie une nouvelle lettre de Colborne au sujet de la maison à Sorel.
39

28 février,
Downing
Street.

Non signée à Spearman. A reçu sous le couvert de la lettre du Trésor le rapport de Gosford concernant l'exaction d'un double droit par tête des émigrants. Observations.   216

Inclus. Rapport des commissaires de douanes sur le droit imposé par tête aux émigrants.   218

28 février,
Trésorerie.

Spearman à Stephen. Renvoie la pétition de Villerand demandant une pension à titre de charpentier de navires dans le Haut-Canada. Comme il a été employé dans le département de la Marine, sa demande devrait être envoyée à l'amirauté.   231

3 mars,
Artillerie.

Byham à Stephen. Le grand maître et le Conseil de l'artillerie considèrent que le gouvernement local n'a aucun droit à la terre à Sorel, et que le poste doit être conservé, car il occupe une position importante. 133

4 mars,
Trésorerie.

Spearman à Stephen. Envoie un autre rapport des commissaires de douanes au sujet du double droit par tête imposé aux immigrants à Québec.
232

Inclus. Nouveau rapport des commissaires de douanes suggérant que l'on avertisse les percepteurs aux ports dépendants de délivrer des certificats aux capitaines ou propriétaires de navires qui en feront la demande.   233

1837.

6 mars,
Ministère de
la Guerre.

Howick à Glenelg. Envoie des copies de la lettre et des rapports de Colborne. Demande à Glenelg d'enjoindre aux gouverneurs du Haut et du Bas-Canada de donner toute assistance possible à Colborne.   Page 362

Inclus. Fitzroy Somerset à Colborne. Concernant un plan pour arrêter les désertions.   363

Extrait du secrétaire de la Guerre au commandant en chef. Attire l'attention sur l'effet salutaire exercé sur les soldats par l'arrêté de 1833 relatif aux désertions.   369

Remarques au sujet du grand nombre de désertions au Canada.   371

7 mars,
Londres.

Relevé de l'armée au Canada et du nombre de désertions durant les cinq dernières années.   379

9 mars,
Québec.

Routh à Spearman. Incluse dans la lettre de Baring à Stephen, du 10 mai 1837.

15 mars,
Artillerie.

Byham à Stephen. Renvoie les documents inclus dans la lettre du 28 février.   181

16 mars,
Londres.

Adresse à la Chambre des Communes demandant des rapports sur les fonctionnaires du Bas-Canada.   3

16 mars,
Londres.

Adresse à la Chambre des Communes demandant un état de la dépense déjà faite, ainsi qu'une estimation du montant additionnel nécessaire pour la commission envoyée au Canada.   6

18 mars,
Trésorerie.

Spearman à Stephen. Le Trésor a donné des instructions d'expédier les articles dont on a besoin pour le service de la division des sauvages.   236

25 mars,
Amirauté.

Barrow à Stephen. Les lords de l'amirauté ne croient pas que Vallemand (Vallerand ?) ait droit à une pension, car il n'a été employé que pendant à peu près trois semaines en 1814, et avant ce temps l'établissement au Canada était sous le contrôle du ministère des Colonies.   18

25 mars,
Horseguards.

Fitzroy Somerset à Stephen. Lord Hill approuve la lettre projetée de Glenelg concernant la maison à Sorel. Il est aussi de l'avis du Conseil d'artillerie qu'il faut considérer Sorel comme une position d'importance, mais si l'on doit construire une maison pour le commandant des forces au Canada, elle doit être construite à Québec ou à Montréal. La question de savoir si le commandant doit payer loyer à Sorel dépend du fait qu'il reçoit ou non une allocation d'indemnité de logement.   47

28 mars,
Amirauté.

Barrow à Stephen. Les lords de l'amirauté sont de l'avis de Sabine et croient que les observations de David Douglas devraient être présentées à la Société royale, mais ils ne peuvent se former d'opinion quant à l'indemnité pécuniaire qui devrait être accordée aux représentants.   19

Mars ?

Non signée à Byham. Envoie les copies de la correspondance concernant le terrain à Sorel, ainsi que copie des instructions qui sont à la veille d'être envoyées à Gosford à ce sujet.   138

Inclus. Observations de Colborne adressées à lord Hill au sujet des droits qu'a l'officier commandant d'occuper le cottage à Sorel. Les observations sont très longues.   139

Observations sur certains des documents transmis par Colborne aux gardes à cheval. (Certifié vraie copie par Walcott, secrétaire civil.)   152

Autres documents sur la question de la maison à Sorel.   158 à 180

6 avril,
Trésorerie.

Spearman à Stephen. Envoie le compte des dépenses faites pour la commission au Canada, qui sera présentée à la Chambre des lords.   237

Inclus. Compte de la dépense de la commission envoyée au Canada. 238

7 avril,
Trésorerie.

Spearman à Stephen. Les lords du Trésor envoient les rapports des commissaires de douanes et lords du commerce sur la pétition des amis de la religion à Montréal pour l'admission en franchise des livres et opuscules venant des Etats-Unis au profit des société bibliques, des écoles du dimanche et pour la propagation des petits livres de religion, avec la recommandation de Gosford que la pétition soit accordée. Les objections mentionnées dans les rapports sont si fortes que les lords du Trésor ne se croient pas autorisés à accéder à la recommandation de Gosford.   236

1-2 EDOUARD VII, A. 1902

1837.

Inclus. Rapport des commissaires de douanes sur la recommandation de Gosford.   Page 241

Rapport des lords du Commerce sur le même sujet.   245

7 avril, Ministère de la Guerre. Sullivan à Stephen. Colborne n'a retiré aucune allocation pour son logement depuis qu'il a pris le commandement, et il n'aurait aucun droit de le faire tant qu'il logera dans le bâtiment de l'Etat ; autorisation a été donnée de payer à même la caisse militaire le loyer de la maison à Montréal.   380

8 avril, Whitehall. Rapport des commissaires sur les réclamations françaises. Inclus dans la lettre de Spearman à Stephen du 26 mai 1837.

8 avril, Whitehall. Le Marchant à Stephen. Les lords du Commerce ont reçu copie de la lettre du commanant Smith au sujet de la conduite désordonnée des matelots anglais dans les ports des colonies, ainsi que les propositions pour remédier à l'état de choses existant. L'intention vaut mieux que l'exécution du projet. Plusieurs gouvernements étrangers se plaignent de la conduite de leurs matelots dans les ports britanniques, mais les plaintes venant des colonies sont peu nombreuses, ce qui prouve que le mal n'est pas très grave, et il est plus sûr d'accepter cette preuve négative de personnes si intéressées plutôt que la preuve positive d'une personne ayant peu d'occasions d'obtenir des renseignements. Mais en admettant même la vérité des allégations du commandant Smith, les lords du Commerce ne savent comment l'on pourrait adopter des mesures préventives sans nuire à l'industrie des particuliers. Le sujet de la navigation en général, sans le borner à la sûreté des navires dans les voyages aux colonies, est aujourd'hui à l'étude par la législature.   81

8 avril, Temple. Cas et opinion des officiers en loi sur le double droit par tête. Inclus dans la lettre de Spearman à Stephen, du 15 mai 1837.

21 avril, Artillerie. Byham à Stephen. Les officiers d'artillerie à Montréal reçoivent instruction de prendre possesion de la maison à Sorel, et d'en faire la résidence du commandant des forces. Toute question concernant le loyer est maintenant inutile.   182

24 avril, Londres. Adresse de la Chambre des Communes demandant des copies des instructions envoyées au Canada au sujet des loges orangistes à cet endroit.   7

Réponse à l'adresse.   8

25 avril, Temple. Cas et opinion revisés des officiers en loi au sujet du double droit par tête. Inclus dans la lettre de Spearman Stephen, du 15 mai 1837.

25 avril, Trésorerie. Spearman à Stephen. Envoie copie de la lettre de Routh à l'effet qu'il a été versé à la caisse militaire £2,860 à compte des ventes des réserves du clergé. Ordre a été donné de placer le montant en rentes viagères consolidées trois pour cent.   246

Inclus. Routh à Spearman. La somme de £2,860 sterling a été versée à la caisse militaire, à compte des réserves du clergé.   247

25 avril, Ministère de la Guerre. Sullivan au sous-secrétaire des Colonies. Howick désire savoir s'il a été décidé que Colborne reçoive un traitement de £3,000 par année au lieu de la solde militaire.   381

2 mai, Whitehall. Le Marchant à Stephen. Les lords du Commerce ont reçu la lettre du 22 avril. Avant que le représentant de Sa Majesté ne sanctionne aucun acte relatif à la valeur de l'argent ou à l'effet d'établir des banques qui émettront des billets payables à demande, il faudra s'assurer d'une façon évidente que les dispositions en seront de telle nature que le gouvernement de Sa Majesté pourra les approuver. L'embarras causé par le désaveu serait pire que le léger retard dans l'application des dispositions de l'acte. Exemples de la confusion que pourrait causer le désaveu d'un bill déjà sanctionné. 84

5 mai, Douanes. Rapport des commissaires de douane. Inclus dans lettre de Spearman à Stephen, du 19 mai 1837.

6 mai. Sans signature au procureur et au solliciteur général, Québec. Concernant les règlements relatifs aux honoraires dans la cour de vice-amirauté de Québec.   116

1837.

6 mai,
Artillerie.
Fox à Stephen. Yule, des ingénieurs royaux, étant absent de Québec, en congé, afin de fournir des renseignements concernant un chemin de fer projeté de Québec à Saint-André, l'on demande de s'informer pendant combien de temps on aura besoin de lui. Page 183

9 mai,
Trésorerie.
Baring à Stephen. Des instructions ont été données de prendre les mesures nécessaires pour transférer le produit des réserves du clergé aux noms des fidéicommissaires actuels. 248

10 mai,
Trésorerie.
Baring à Stephen. Envoie copie de la lettre de Routh à l'effet qu'il a été versé à la caisse militaire la somme de £606, 13 ch. 4 d. sterling à compte des réserves du clergé. Des ordres ont été donnés de placer le montant en valeurs consolidées trois pour cent. 249

Inclus. Routh à Spearman. Rapporte qu'on a crédité aux comptes de février la somme de £700 courant comme £606 13 ch. 4 d. sterling. 250

15 mai,
Trésorerie.
Spearman à Stephen. Envoie documents concernant la demande d'un double droit par tête aux émigrants arrivant sans avoir de certificats. Les lords du Trésor ont exprimé aux commissaires des douanes le désir qu'ils enjoignent à leurs employés des différents ports de Québec de délivrer des certificats de congé aux navires à destination des ports du Bas-Canada, bien que l'acte ne l'exige pas nécessairement. 251

Inclus. Rapport des commissaires des douanes à l'effet qu'ils ont soumis aux officiers en loi deux cas ; des copies de ces cas et de l'opinion des officiers en loi sont envoyées. S'il ne doit pas être pris de mesure pour abroger les actes provinciaux, il devra être envoyé aux officiers du Royaume-Uni des instructions d'accorder des certificats. 253

Cas soumis aux officiers en loi. 255

Opinion. 257

Deuxième cas soumis aux officiers en loi. 258

Opinion reconsidérée mais non changée. Comment on pourra obvier à la difficulté. 263

17 mai,
Temple.
Les officiers en loi à Glenelg. Réponse aux questions concernant les honoraires de la cour de vice-amirauté, à Québec. 113

18 mai,
Downing
Street.
Sans signature à Spearman. Envoie copie d'une dépêche de Gosford suggérant des situations dans le département des Sauvages du Bas-Canada. Quelle allocation de retraite devrait être accordée aux employés dont les services devront cesser ? 210

20 mai.
Sans signature à Sulivan. Le traitement de £3,000 à Colborne a été fixé lorsque la nomination a été faite, outre l'usage de la maison appartenant à l'État à Sorel. 382

26 mai,
Trésorerie.
Spearman à Stephen. Envoie copie du rapport du commissaire des réclamations françaises au sujet de la pétition du supérieur et des directeurs du séminaire de Québec réclamant une indemnité par suite de la perte de propriétés situées en France. Les lords du Trésor auraient été heureux d'accéder à la prière de la pétition, mais se serait rouvrir plusieurs causes décidées depuis longtemps. 264

Inclus. Rapport des commissaires des réclamations françaises au sujet de la pétition du séminaire de Québec. 266

2 juin,
Londres.
Sargent, payeur, à Spearman. Incluse dans la lettre de Baring à Stephen, du 13 juin 1837.

2 juin,
Whitehall.
Le Marchant à Stephen. Après avoir examiné la demande de la Compagnie de la Baie d'Hudson de renouveler le permis exclusif de faire le commerce dans les parties de l'Amérique du Nord, au delà des limites de sa charte, les lords du Commerce croient que la demande devrait être accordée. 88

12 juin,
Ministère de
la Guerre.
Sulivan au même. Lorsque le capitaine Mackinnon lui aura fourni les certificats réguliers, l'allocation fixée en aide de ses frais de voyage lui sera délivrée. Aucune allocation ne sera accordée pour la dépense supplémentaire faite pour des objets non militaires. 383

1837.
13 juin,
Trésorerie.

Baring au même. Envoie copie de la lettre du payeur des services civils au sujet du transfert des actions des réserves du clergé à lui-même et à Spearman. Page 271

Inclus. Sargent, payeur, à Spearman. A effectué le transport des actions dans les valeurs consolidées trois pour cent et envoie les reçus. 272

17 juin,
Douanes.

Rapport des commissaires de douane. Inclus dans la lettre de Spearman à Stephen, du 29 juin 1837.

21 juin,
Québec.

Routh à Spearman. Est revenu de New-York où il a négocié £20,000, somme sur laquelle il a été perçu de $55,000 à $60,000, mais il doute d'après la hausse dans le prix du change si l'on peut obtenir davantage. L'extravagance qui règne à New-York. La nécessité de reviser tout le système des banques aux Etats-Unis. La difficulté qu'éprouvent les banques canadiennes à reprendre les paiements en espèces. Lors de sa réunion la législature considérera l'à-propos de suspendre les paiements en espèces. Les rapports entre les banques et l'intendance ont virtuellement cessé, quand les banques ont arrêté les paiements en espèces, mais il y a encore des balances dues par les banques. Suggère plans pour surmonter les difficultés, y compris l'émission d'une monnaie de cuivre. 294

29 juin,
Trésorerie.

Spearman à Stephen. Envoie copie de la pétition de la banque de l'Amérique britannique du Nord pour un état des droits imposés sur les livres importés de la Grande-Bretagne, par voie de New-York. 273

Inclus. Pétition. 274

Rapport des commissaires des douanes à l'effet que les employés des douanes à la frontière étaient autorisés à demander les droits sur les livres, mais les commissaires suggèrent que, s'il est prouvé à la satisfaction du gouverneur que les livres sont publiés dans le Royaume-Uni, le percepteur peut être autorisé à rembourser les droits. 277

30 juin,
Amirauté.

Barrow à Stephen. Le levé hydrographique du fleuve Saint-Laurent a été publié, celui du golfe n'a pas encore été complété. 20

5 juillet,
Trésorerie.

Spearman au même. On a reçu la demande des présents pour les sauvages. Les lords du Trésor ont retardé de commander les articles jusqu'à ce qu'il ait été reçu un état de ce qui peut rester en magasin. 279

6 juillet,
Trésorerie.

Le même à Routh. Incluse dans la lettre de Spearman à Stephen, du 19 juillet 1837.

8 juillet.

· Garrat et Cie à l'Amirauté. La condition défectueuse du navire britannique *Edward*, destiné au transport des émigrants britanniques 21

15 juillet,
Temple.

Les officiers en loi à Glenelg. Opinion relative à l'interprétation de l'arrangement pour le paiement de l'intérêt sur la balance du montant payable par la compagnie *British American Land.* 118

Inclus. Extrait de l'arrangement entre Stanley et les directeurs de la compagnie *British American Land.* 122

19 juillet,
Trésorerie.

Archer à Stephen. Demande que l'on puisse envoyer les lettres officielles à Routh par le messager spécial qui doit bientôt partir pour le Canada. Demande aussi que l'on renvoie les lettres originales de Routh. 280

19 juillet,
Trésorerie.

Spearman à Stephen. Transmet la correspondance avec Routh au sujet des arrangements afin de pourvoir aux fonds nécessaires pour la dépense militaire dans les Canadas. · 281

Inclus. Spearman à Routh. Les lettres ont été examinées par le Trésor.. L'on croit désirable qu'il soit demandé à Coffin de remettre les £75,000, comme il (Routh) l'explique à Coffin. ' Précautions pour éviter le danger de déposer les deniers dans les banques particulières. Le Trésor ne serait pas justifiable de permettre que l'on fasse de nouveaux dépôts dans les banques, qui ont suspendu les paiements en espèces, en sorte qu'il devra verser à la caisse militaire toute consignation et tous les deniers reçus à la suite de ses propres négociations. Le Trésor s'en rapporte à son jugement. 282

Spearman à Routh. La satisfaction que le Trésor éprouve de ce qu'il a fait à la suite de la demande du lieutenant-gouverneur du Haut-Canada qu'il intervint pour soutenir le crédit de la banque du Haut-Canada. Le Trésor n'est pas autorisé par la loi à approuver le dépôt de deniers dans aucune banque, afin de soutenir son crédit, ni ne peut le faire.   Page 287

Spearman à Routh. Les lords du Trésor ont reçu l'avis de son arrivée à New-York afin de se procurer des espèces pour les lettres de change sur le Trésor. On le renvoie à la lettre du 6 juillet au sujet de ses opérations pécuniaires.   289

19 juillet,
Trésorerie.

Le même au même. Les lords du Trésor ont reçu l'information que des instructions spéciales ont été données au gouverneur du Canada pour le paiement de £142,160, 14ch. 4 d. à compte d'arrérages. Il devra informer le gouverneur qu'il a reçu ordre de suivre les instructions de Sa Seigneurie. Il devra faire comprendre à Gosford qu'il serait nuisible au service public si quelque arrangement devait empêcher de pourvoir à la caisse militaire destinée à faire face au paiement des troupes et des munitions.   292

19 juillet,
Trésorerie.

Le même au même. Les lords du Trésor approuvent ce qu'il a fait pour se procurer de l'argent à New-York. Les deniers aujourd'hui déposés dans les banques seront disponibles pour les fins que lui-même, et l'officier commandant, croiront être le mieux. Ils approuvent ce qu'il suggère relativement aux retraits de l'argent des banques, sans perte pour le public ou tort pour les banques ou pour les particuliers. Ils ne sont pas prêts à approuver dans le moment qu'un officier de l'intendance aille résider à New-York. Les lords donneront sous peu leur opinion au sujet du monnayage.   301

20 juillet.

Sans signature à Bruyères. La question du paiement de l'intérêt sur la partie impayée du prix d'achat de terres par la compagnie *British American Land* a été renvoyée aux officiers en loi, qui sont d'opinion que l'intérêt est payable annuellement, au taux de 4 pour 100.   129

20 juillet,
Trésorerie.

Spearman à Stephen. Envoie copie de la lettre du Trésor à Routh, ainsi que des copies de la lettre de Routh et de la réponse.   296

25 juillet.

Stephen à Le Marchant. Glenelg partage l'opinion des lords du Commerce relativement à la demande de la Compagnie de la Baie d'Hudson, mais il est désirable qu'on insère dans la charte une clause à l'effet de concéder les terres pour la colonisation ou l'établissement. Glenelg croit que l'on ne peut accepter comme indubitables les allégués au sujet de l'infertilité d'une grande partie des terres, et il est porté à se méfier des dires à cet effet.   91

26 juillet,
Portsmouth.

Le major Stark à Fitzroy Somerset. Incluse dans la lettre de Fitzroy Somerset à Stephen, du 1er août 1837. Extrait du registre de la cour martiale, de la même date, également inclus.

29 juillet,
Artillerie.

Byham à Stephen. A reçu avis de la distribution d'armes et de munitions pour protéger un navire marchand transportant 39 forçats. Ces armes et munitions ont été envoyées à la tour, à l'exception de 10 cartouches que l'on ne fera pas payer.   184

29 juillet,
Trésorerie.

Spearman à Stephen. Dans les circonstances, les lords du Trésor approuveront le paiement de la lettre de change de £1,000 tirée par Gosford. Ce montant doit être versé à la caisse militaire, nulle disposition n'ayant été prise pour que ce paiement fasse partie de la dépense prévue dans les estimations.   303

29 juillet,
Trésorerie.

Spearman au même. A reçu la lettre contenant une dépêche de Gosford ainsi que de nombreux documents concernant les difficultés pécuniaires dans le Bas-Canada, et expliquant les moyens adoptés pour venir en aide aux marchands, et pourquoi il a consenti à ce que l'on paie les droits de douane autrement qu'en espèces. Il a été reçu une lettre des douanes au même sujet. Dans les circonstances particulières, Leurs Seigneuries ne désapprouvent point les mesures adoptées par les douanes. Les employés des douanes devront faire des rapports mensuels indiquant le montant des droits perçus en

1837.

espèces et autrement, celui des reçus de banques rachetés durant le mois, et le montant non racheté à la fin du mois. Les plans de Gosford sont approuvés.
Page 305

1er août, Horse Guards.

Fitzroy Somerset à Stephen. A soumis au commandant en chef une lettre de Gosford et la pétition de McAuliff. Envoie copie d'un rapport de l'officier commandant sur son cas. Lord Hill ne voit pas de raison pour appliquer la clémence royale à McAuliff. 49

Inclus. Le major Stark à Fitzroy Somerset. Expose les circonstances dans lesquelles McAuliff a commis le crime qui l'a fait condamner à mort. 51

Extrait du registre de la cour martiale au sujet du châtiment infligé à John McAuliff. 53

Le major Kelly à l'adjudant général. Rapporte la conduite de McAuliff, du 24e régiment. 54

Le même au Dr Pitcairn. Attire l'attention sur le cas de McAuliff. 57

3 août.

Sans signature à Spearman. Le montant dû à Aylmer pour ses appointements est de £5,156 10ch. 1d. et celui dû à Craig, le secrétaire civil, de £572 18ch. 11d. Demande que l'on paie ces montants à même le crédit du Bas-Canada. 291

7 août, Whitehall.

Hume à Stephen. La Compagnie de la Baie d'Hudson n'a entrepris aucune négociation pour renouveler son permis, ni n'a adopté de mesures, sauf de transmettre une réponse à la date du 2 juin, à la lettre du 28 février. Les lords du Commerce sont prêts, cependant, si Glenelg le désire, à conférer avec la compagnie à ce sujet. 94

7 août, Trésorerie.

Spearman à Stephen. Y a-t-il des objections à renouveler certaines nominations ? 308

15 août.

Stephen à Hume. A reçu sa lettre du 7. Glenelg croit que comme les lords du Commerce ont déjà fait une enquête au sujet du renouvellement de la charte de la Compagnie de la Baie d'Hudson, les négociations quant aux conditions de la charte seront conduites d'une façon plus avantageuse par eux que par lui (Glenelg). Relativement à la colonisation, Glenelg expliquera son opinion à la compagnie si les lords du Commerce croient que cela est à propos, mais, craignant la comparaison, et comme son opinion se renferme dans d'étroites limites il vaudrait mieux peut-être que les lords du Commerce exposent ce qu'ils désirent plutôt que Glenelg lui-même. 96

15 août.

Sans signature à Spearman. Il n'y a pas de raisons pour que les receveurs généraux du Haut et du Bas-Canada ne reçoivent pas de nouvelles nominations, sauf que chacun d'eux devra se démettre sous peu. Comment ces nominations doivent être faites. Dans le cas actuel le receveur général appartient à une clase d'employés que le secrétaire des Colonies nomme ordinairement. C'est une question que Glenelg considère avec la plus parfaite indifférence par suite des obligations relatives au patronage. 309

21 août, Trésorerie.

Spearman à ————. Mentionne les allocations qui devront être données aux officiers en retraite de la division des sauvages. 210

21 août, Trésorerie.

Spearman à Stephen. A soumis les propositions faites par Gosford pour opérer des réductions dans la division des sauvages. Allocations données aux employés en retraite (noms et montants mentionnés). 311

22 août, Trésorerie.

Le même au même. A soumis aux lords du Trésor copie de la lettre de Lockhart pour la balance du traitement de l'évêque. Le traitement du feu évêque a été régulièrement retiré jusqu'au 31 mars dernier. Avant de payer, le Trésor désire être informé de la date de la mort de l'évêque, et savoir si Lockhart peut donner l'assurance que le traitement dû ne sera pas retiré à Québec. 312

28 août, Québec.

Craig à Airey. Incluse dans une lettre non signée à Byham, de mars (?) 1837.

30 août, Trésorerie.

Spearman à Stephen. Les lords du Trésor désirent avoir l'opinion de Glenelg sur la proposition de Scholefield, de Birmingham, de monnayer du

1837.

cuivre pour la banque de Montréal, monnaie qui sera mise en circulation dans le Bas-Canada.   Page 313

**31 août,
Downing
Street.**

Glenelg à Gosford.   A renvoyé la dépêche du 15 février au Trésor, laquelle approuve les mesures prises relativement aux employés de la division des sauvages, et a sanctionné le paiement des sommes mentionnées par Spearman à ceux qui prennent leur retraite.   209

**7 septembre,
Downing
Street.**

J. S. R. (Spring Rice ?) à Glenelg.   Demande des lettres de présentation aux gouverneurs de l'Amérique Britannique du Nord pour Cornell qui se rend aux Etats-Unis en mission importante au sujet des relations commerciales, et qui pourra aussi examiner la question des banques dans l'Amérique britannique du Nord.   315

**9 septembre,
Downing
Street.**

Helps à Grant.   Les lettres de présentation pour Cornell devront être envoyées sous enveloppe à T. A. Curtis, le gouverneur de la banque d'Angleterre.   316

**13 septembre,
Trésorerie.**

Baring à Stephen.   Dans les circonstances, les lords du Trésor ont autorisé le paiement à Lockhart de £200, à compte du traitement de l'évêque de Québec, s'il fournit une autorisation lui donnant droit de toucher cette somme.   314

15 septembre.

Circulaire non signée aux gouverneurs des provinces présentant M. Cornell.   318

**20 septembre,
Downing
Street.**

Ricketts à Stephen.   Les lettres de présentation pour M. Cornell devront être envoyées à M. Curtis pas plus tard que le 22.   317

**21 septembre,
Trésorerie.**

Spearman au même.   A défaut de renseignements précis de la part des gouverneurs du Bas-Canada, les lords du Trésor diffèrent de sanctionner l'envoi de la monnaie de cuivre qui doit être mise en circulation dans le Bas-Canada, mais ils désirent que Glenelg demande au gouverneur du Bas-Canada de faire immédiatement un rapport sur le sujet.   319

25 septembre.

Observations sur la seigneurie de Sorel dont on est à faire le transport à la division de l'Artillerie.   189

**25 septembre,
Trésorerie.**

Baring à Stephen.   Il a été fourni à Gosford du combustible jusqu'au 30 juin dernier.   Les lords du Trésor ne s'opposent point à ce que l'on continue à lui faire cette distribution, mais le coût devra être remboursé par Gosford.   321

**3 octobre,
Downing
Street.**

J. S. (Stephen) à Spearman.   Le gouverneur du Bas-Canada a fait le rapport de la réunion et de la prorogation de la législature de cette province, ainsi que du refus par elle de pourvoir au paiement des arrérages de salaires, etc., dus aux fonctionnaires.   C'est donc le moment d'appliquer les deniers votés par le parlement au paiement de leurs réclamations.   Demande que des instructions soient données en conséquence.   Les montants dus à Aylmer, Craig, Amyot et Buchanan respectivement sont notés.   332

4 octobre.

Sans signature à Baring.   La commission canadienne a cessé d'exercer ses fonctions le 18 février dernier.   323

**12 octobre,
Trésorerie.**

Spearman à Stephen.   On a fait à Colborne des avances au taux de £3,000 par année, avances que le secrétaire de la guerre refuse de rembourser.   L'allocation a été payée d'après l'autorisation d'une lettre de Glenelg, et les lords du Trésor désirent obtenir des renseignements qui leur permettront de décider sur quel compte imputer la dépense.   324

**12 octobre,
Trésorerie.**

Le même au même.   Les lords du Trésor ont reçu copie de la dépêche de Gosford, ainsi que le rapport de Napier sur les sauvages du Bas-Canada. Ils diffèrent de faire des observations jusqu'à ce qu'ils aient reçu le rapport du Haut-Canada.   Le rapport paraît indiquer, cependant, que les dépenses doivent être débitées au profit des terres incultes.   328

**12 octobre,
Trésorerie.**

Spearman à Stephen.   On a donné l'autorisation de payer les montants dus à Aylmer, Craig, Amyot et Buchanan à même les deniers votés par le parlement.   330

**14 octobre,
Trésorerie.**

Maule au même.   Amos a demandé ses honoraires pour avoir donné ses conseils et opéré le règlement de trois chartes canadiennes.   Ce qu'il connaît

1-2 EDOUARD VII, A. 1902

1837.

de la réclamation.   Désire savoir comment cette réclamation devra être réglée.   Page 334

19 octobre,
Trésorerie.

Baring à Stepnen.   Bien que la commission ait pris fin le 18 février dernier, Gosford continue cependant à tirer sur l'intendance, ce qui est contre les règlements.   Il devra donc rembourser tout ce qu'il a retiré ainsi.   337

21 octobre.

Sans signature à Spearman.   Demande le paiement de £200 L'avancés par Wilder à A. C. Buchanan.   Envoie l'engagement de Buchanan de transférer le montant à Wilder.   331

21 octobre.

Sans signature à Maule.   Glenelg a demandé au Trésor d'autoriser le paiement à Amos des honoraires qui pouvaient lui être dus.   335

21 octobre.

Sans signature à Spearman.   Envoie la demande de Maule de payer les honoraires à Amos.   Engager les Lords du Trésor à donner l'ordre de faire le paiement.   336

25 octobre.

Sans signature au même.   Détails de l'arrangement fait avec Colborne pour le paiement de £300 par année.   On demandera aux lords du Trésor de pourvoir au paiement des montants.   325

28 octobre,
Québec.

Colborne à sir Colin Campbell.   Inclus dans la lettre de Fitzroy Somerset à Stephen, du 25 novembre 1837.

30 octobre,
Québec.

Gosford à Colborne.

30 octobre,
Québec.

Colborne à Gosford.   Ces deux lettres sont incluses dans celle de Spearman à Stephen, du 9 décembre 1837.

31 octobre,
Trésorerie.

Maule à Spearman.   Incluse dans la lettre de Spearman à Stephen, du 15 novembre 1837.

— octobre.

Sans signature à Gosford.   Envoie copie de la lettre du secrétaire au Trésor au sujet du fait qu'il a tiré irrégulièrement sur l'intendance.   Il devra faire des arrangements pour payer à l'intendance tout ce qui a été retiré depuis le 31 mars.   339

2 novembre,
Sorel.

Colborne à————.   Incluse dans la lettre de Fitzroy Somerset à Stephen, du 25 novembre 1837.

4 novembre,
Sorel.

Colborne à Spearman.   Incluse dans la lettre de Spearman à Stephen, du 9 décembre 1837.

4 novembre,
Artillerie.

Fox à Stephen.   Yule, des ingénieurs royaux, a terminé sa tournée au Canada.   Le secrétaire des colonies désire-t-il qu'il retourne en service spécial ?   185

9 novembre,
Québec.

Gore à————.   Envoie rapport des manœuvres régimentaires d'après les ordres du lieutenant général, son intention étant d'occuper Montréal et de rendre la place aussi forte que possible.   Les dispositions qui y ont été prises ainsi qu'à d'autres endroits (nommés) pour loger les troupes.   Les autres arrangements militaires sur l'Outaouais, le Richelieu, etc.   Le pays dans les environs de l'Acadie est dans un état de rébellion ; sur le Richelieu c'est la même chose, et les agitateurs s'enrôlent et font l'exercice militaire à différents endroits.   Colborne a décidé de rester à Montréal.   L'état ordinaire des troupes mentionné dans la lettre ne peut être prêt à temps pour ce poste.   75

Inclus.   Distribution générale des troupes dans le Haut et le Bas-Canada.   79

14 novembre,
Whitehall.

Phillips à Grey.   Lord John Russell a donné des ordres à Legrasse jusqu'à ce qu'il se présente une occasion de l'envoyer au Canada pour être jugé.   105

14 novembre,
Trésorerie.

Spearman à————.   Gosford a-t-il donné ordre de payer les arrérages d'appointements ?   Si oui, des arrangements doivent être pris pour remettre le montant à l'ordonnateur.   340

15 novembre,
Trésorerie.

Spearman à Stephen.   Envoie une copie de la lettre du solliciteur à la Trésorerie où il dit qu'il a payé à Amos £126 (120 guinées) pour la préparation des chartes accordées à trois banques du Bas-Canada, le gouverneur devant recevoir instructions de recouvrer ce montant des banques.   341

DOC. DE LA SESSION No. 18

1837.

Incluse. Lettre de Maule à Spearman au sujet des honoraires payés à Amos pour la préparation des chartes de banque.   Page 342

16 novembre, Artillerie.
Vivian à Grey. Le prie d'envoyer une lettre à Gosford.   186

21 novembre, Trésorerie.
Sperman à Stephen. La lettre de Grey contenant le rapport de Carter sur la monnaie courante coloniale. Les lords de la Trésorerie sont à étudier la question et profiteront des précieux renseignements fournis par Carter. Ce rapport les confirme dans l'opinion que le cours de la monnaie doit être établi d'après des principes généraux.   343

21 novembre, Trésorerie.
Les lords de la Trésorerie à Stephen. On a attiré leur attention sur le paiement de £18, 14s, 1¾d, à James Hughes, surintendant du département des sauvages, pour frais payés par lui au cours d'un procès qu'il a subi en sa qualité officielle; ils désirent avoir l'opinion de Glenelg sur l'à-propos de ce paiement.   344

23 novembre, Bureau de l'Auditeur.
Les commissaires du Contrôle à la Trésorerie. Envoient la lettre de Spearman à Stephen, 28 décembre 1837.

24 novembre, Trésorerie.
Sperman à Stephen. Au sujet de la demande de Glenelg, pour que l'on pourvoie aux salaire et gratification de Colborne au montant de £3,000 par année, les lords de la Trésorerie désirent savoir s'il reçoit quelque autre gratification militaire.   345

25 novembre.
Ordre général d'envoyer aussitôt que possible un régiment à Halifax. Le régiment destiné à être envoyé de Gibraltar et de la Jamaïque n'est pas encore parti, et ne sera plus remplacé.   59

25 novembre, Horse Guards.
Fitzroy Somerset à Stephen. Transmet copie de dépêche avec lettres reçues de Colborne.   58

Inclus. Colborne à ————. Envoie copie de lettre à sir Colin Campbell, demandant des renforts.   60

Colborne à sir Colin Campbell. Demande des renforts vu la situation critique dans le Bas-Canada.   61

27 novembre, Horse Guards.
Lord Hill à Glenelg. Les compagnies de service du 93e ont reçu ordre de se rendre à Halifax aussitôt que le navire sera prêt à Cork. Autres arrangements militaires rendus nécessaires.   63

27 novembre, Artillerie.
Byham à Stephen. Transmet une copie du rapport des " respective officers " de Québec concernant la propriété à Sorel. Le rapport est défectueux, de sorte qu'il a fallu demander d'autres informations, mais le Maître général et le Bureau de l'Artillerie ont cru bon d'envoyer les informations données, surtout le fait qu'il y a des arrérages de loyer au montant de £4,600, monnaie courante.   187

30 novembre.
Anonyme à Spearman. Envoie copie de lettre de Glenelg à Colborne par laquelle il appert que Colborne ne reçoit aucune gratification en plus des £3,000.   346

5 décembre, Horse Guards.
Fitzroy Somerset à Grey. On va s'occuper de la demande du lieutenant Grey, mais vu les services rendus par tant d'autres, Lord Hill craint qu'il ne soit pas en son pouvoir d'exaucer prochainement les désirs de Grey.   65

5 décembre, Trésorerie.
Spearman au même. Dans les circonstances, les lords de la Trésorerie seront prêts à honorer les notes de dépense de Gosford à son retour.   347

7 décembre, Trésorerie.
Le même à Colborne.

7 décembre, Londres.
Baker à Bidwell. Toutes deux mises dans l'envoi de Backhouse à Stephen, 9 décembre 1837.

8 décembre, Horse Guards.
Lord Hill à Glenelg. Le gouvernement de Sa Majesté ayant décidé de retirer deux régiments des îles Ioniennes, il ne perdra pas de temps à mettre à exécution ce qui a été décidé. Au sujet des troupes pour Québec, il mobilisera les deux régiments pour le service à l'étranger d'abord, à moins qu'il n'y ait d'autre mesure en vue.   66

9 décembre, Affaires étrangères.
Backhouse à Stephen. Palmerston donne instruction d'envoyer une copie de la lettre de Baker, consul à Mobile, relativement à l'envoi d'armes à New-York et supposées destinées au Canada.   100

1837.

Inclus. Baker à Bidwell. Il a été informé que les armes sont expédiées d'Angleterre à New-York pour être envoyées au Canada ; ne connaît pas de loi pour empêcher ce commerce ; si l'on désire savoir qui le fait, on peut le savoir facilement par le consul à New-York. La destination probable des armes.   Page 101

9 décembre, Trésorerie.
Spearman à Stephen. Envoie copie de lettre et de pièce reçues de Colborne qui annonce avoir autorisé le paiement, à même la caisse militaire, de £2,000 au gouverneur en chef. Il demande que Glenelg trouve le moyen par lequel cette avance sera remboursée.   348

Inclus. Colborne à Spearman. Etant donnée la situation politique du Bas-Canada, il avait autorisé Gosford à tirer £2,000 de la caisse militaire pour permettre d'obtenir des renseignements exacts sur les mécontents. 350

Gosford à Colborne. Demande que pouvoir soit donné au Commissaire général de payer ses warrants (à Gosford) pour un montant ne devant pas excéder £2,000.   352

Colborne à Gosford. Le Commissaire général sera autorisé à placer à la disposition de Gosford la somme de £2,000.   354

Spearman à Colborne. Dans les circonstances, les lords de la Trésorerie sanctionnent l'avance de £2,000 à Gosford.   355

12 décembre, Whitehall.
Philips à Grey. Lord John Russell envoie, pour la gouverne de Glenelg, une copie d'une lettre confidentielle de Baker, consul à Mobile, au sujet des armes expédiées à New-York et que l'on croit destinées au Canada.   106

Une autre copie envoyée par Palmerston. *Voir* page 101.   101

14 décembre.
Anonyme à Byham. A reçu le rapport concernant Sorel, et qui est si défectueux qu'il ne peut formuler d'opinion sur les arrérages ; cependant, comme il s'agit de propriété militaire, la question du recouvrement de ces arrérages est du ressort de l'Ordonnance.   188

20 décembre.
Anonyme à Spearman. Les £2,000 avancés provenant de la caisse militaire seront remboursés de la même manière que les autres sommes qui peuvent être tirées pour la même fin, mais Glenelg désire retarder de répondre à la question jusqu'à ce que le gouvernement ait décidé la conduite à tenir au sujet du Canada.   349

22 décembre, Glynn.
Vivian à Glenelg (confidentielle). Fox a envoyé une lettre et sa réponse qui est très convenable. Avant de quitter la ville il était en correspondance avec lord Hill au sujet de l'artillerie et avait donné des ordres pour qu'une compagnie se tint prête à embarquer immédiatement. S'il y a apparence de conflit, on devrait envoyer une force nombreuse sans tarder et ne pas renouveler l'erreur commise pendant la guerre américaine. Les gens du Canada sont français et ils sont un peuple militaire. Il espère que des troupes considérables régleront la difficulté. On devrait aussi envoyer un peu de cavalerie.   195

23 décembre, Artillerie.
Byham à Stephen. L'Ordonnance a donné des ordres au sujet de l'équipement de troupes dans le Bas-Canada.   197

25 décembre, Artillerie.
Fox à Glenelg. On ne peut pas obtenir dans les Canadas des chevaux pour la cavalerie, mais il y en a beaucoup aux Etats-Unis. On pourrait envoyer discrètement un agent à New-York pour en acheter. Il y a justement un bataillon de carabiniers de retour du Nouveau-Brunswick, qui connaît bien le pays ; il suppose que lord Hill l'enverra.   198

26 décembre, Trésorerie.
Spearman à Stephen. Les lords de la Trésorerie ont donné instructions aux commissaires de payer à même la caisse militaire les dépenses encourues sous l'autorité de Colborne et munies de son warrant   356

27 décembre, Artillerie.
Vivian à Glenelg. C'est l'amirauté qui a les vaisseaux. l'Ordonnance ne fait que les demander. L'Ordonnance n'a actuellement aucuns approvisionnements à envoyer, sauf quelques tentes et d'autres articles de campement qui ne peuvent être d'aucune utilité avant l'ouverture de la navigation. 200

1837.

28 décembre. Lord Hill à Glenelg. A donné ordre d'embarquer les compagnies de service du 93e régiment aussitôt que le navire arrivera à Cork, et le nombre des hommes doit être porlé à 100 par compagnie. Page 68

28 décembre, Horse Guards. Lord Hill à Glenelg. A reçu ordre de maintenir la force militaire dans l'Amérique Britannique du Nord à 10,000 hommes, y compris de 400 à 500 cavaliers mais non compris l'artillerie; 1,000 seront envoyés à Halifax et le reste devrait arriver sur le Saint-Laurent à l'ouverture de la navigation; les compagnies de service seront portées à 100 hommes chacune. On ne perdra pas de temps dans l'exécution des ordres. S'informe quant au transport des chevaux et recommande qu'une partie soit achetée au Canada. Comment l'état-major devrait être composé. 69

28 décembre, Trésorerie. Spearman à Stephen. Des instructions ont-elles été envoyées à Gosford relativement au remboursement de £ 162, 9s. 0d. pour papeterie fournie au département du secrétaire ? 357

Inclus. Les Commissaires du Contrôle à la Trésorerie. Ordre a été donné de payer à la caisse militaire £162 9s. 0d. pour papeterie, mais ce paiement ne paraît pas avoir été fait. 360

29 décembre, Horse Guards. Fitzroy Somerset à Grey. Lord Hill recommande que, vu la saison où les soldats vont s'embarquer, il leur soit distribué des chemises et des caleçons de flanelle. Il suggère la meilleure méthode de distribuer cet approvisionnement. 73

30 décembre, Artillerie. Vivian à Glenelg. Lui demande d'inclure une compagnie de sapeurs avec des officiers en nombre proportionné à la requête qu'il est à préparer. 201

Décembre (?). Anonyme à Barrow. Les caissiers (*pursers*) des navires devant transporter les renforts dans l'Amérique Britannique du Nord fourniront des chemises et caleçons en flanelle. 74

1838.
9 février. Anonyme à Spearman. La raison du retard apporté à régler la réclamation au sujet de la papeterie fournie au département du secrétaire. 358

BUREAUX PUBLICS, 1837.

Q. 241-1-2-3.

1836.

Première partie de page 1 à 257 ; 2ᵉ partie de page 258 à 548 ; 3ᵉ partie de page 549 à 831.

3 décembre, Québec. Stayner à Maberly. Lettre contenue dans celle de Lawrence à Stephen, 27 janvier 1837.

1837.
5 janvier, Londres. Maberly à Stephen. Fait rapport sur les améliorations introduites dans le service postal du Canada. Le montant excessif du salaire payé à Stayner, sous-maître des postes. Les misères que causerait au public l'abolition du système de privilège, la mesure pour réduire le tarif postal ayant été bloquée. 409

12 janvier, Londres. Lechmere à Stephen. On a fait de soigneuses recherches mais on n'a pas trouvé le nom de Lachlan Macleane présumé avoir été nommé percepteur à Philadelphie en 1772. 414

18 janvier, Glasgow. Macfarlane à Grey. Il recommande le rév. Dr Black qui est choisi pour faire valoir les réclamations de l'Eglise d'Angleterre. 638

27 janvier, Londres. Lawrence à Stephen. Envoie une lettre du sous-maître général des Postes au Canada où il est dit que le port dû par l'Assemblée et le Conseil législatif du Haut-Canada a été payé, mais pas celui que doit le gouvernement du Bas-Canada. 415

1837.

27 janvier.

Inclus. Stayner à Maberly. Fait rapport du paiement des frais de poste dus par le Haut-Canada mais que ceux dus par le Bas-Canada ne sont pas encore réglés. Page 416

Lawrence à Stephen. Envoie le rapport du sous-maître général des Postes où il est dit que, jusqu'au 5 avril, 33 nouveaux bureaux de poste ont été ouverts ; que l'on a augmenté de 307 milles la voie postale établie ; que le nombre additionnel de milles parcourus chaque semaine par la poste est de 896 et qu'il y a eu une augmentation considérable dans le revenu brut des postes des Canadas. 417

Inclus. Rapport du département des postes des Canadas pour l'année finissant le 5 avril 1836. 418

(Il y a une erreur dans les chiffres de ce rapport ; elle s'est produite dans l'original.)

29 janvier.

L'archevêque de Canterbury à Glenelg. Il avait écrit à l'évêque de Québec au sujet d'un siège épiscopal projeté pour le Haut-Canada, mais l'évêque est si malade qu'on ne lui a pas présenté cette lettre. Depuis cette époque, il a eu des attaques d'apoplexie d'un caractère très grave. Il serait donc bon de consulter l'évêque de Montréal avant d'en arriver à une décision. 503

30 janvier, Londres.

Gillespie à Glenelg. N'a pas écrit depuis le 17 courant. Il avait compté avoir des renseignements sur les mouvements de Stuart. La mort de Grant. président des délégués constitutionnels. Les lettres de ses correspondants confidentiels ne sont pas venues régulièrement en ces derniers temps, de sorte qu'il ne peut communiquer avec assurance ce qui se passe. La législature du Haut-Canada était à la veille de demander un port de mer et un changement de la ligne de frontière entre le Haut et le Bas-Canada de façon à englober l'île de Montréal, ce qu'elle préfère à une union ; mais plutôt que de ne pas avoir un port de mer elle l'accepterait. Excepté pour la population de l'île, aucune de ces mesures ne serait satisfaisante. Il parle du projet soumis le 17 du mois dernier comme étant plus satisfaisant que n'importe lequel de ces projets. Les propriétaires canadiens-français croient que quelque chose sera et doit être fait pour satisfaire "les Anglais." Il est convaincu que son adoption immédiate épargnerait beaucoup d'ennuis aux ministres et ferait rapidement disparaître toute agitation bien que, pendant un certain temps, cela pourrait causer quelque excitation parmi les Canadiens-français ; mais elle se dissiperait quand ils verraient que leurs libertés ne sont pas entamées et que leurs propriétés prennent plus de valeur. Il ne voit pas d'objection à l'augmentation du nombre des représentants. Il suggère que le collège de Cobourg envoie un de ses membres, ce qui assurerait le concours d'une secte importante. Il est porté à croire que les réserves du clergé du Haut-Canada seront vendues et que le produit sera appliqué à l'éducation générale. 3

31 janvier.

Anonyme à l'évêque de Montréal. Il envoie une copie d'une adresse du clergé anglican du Haut-Canada demandant l'érection d'un nouveau siège épiscopal ; aussi une copie de la correspondance de l'archevêque de Canterbury et d'une lettre à l'archevêque de Québec, qui est trop malade pour s'occuper d'affaires. Il demande donc de soumettre les remarques que sa connaissance du pays le met en mesure de faire. 505

3 février, Londres.

Gillespie à Stephen. Il a écrit à Glenelg. Il enverra un rapport sur l'origine des dépenses contingentes de la législature, si c'est demandé. A moins que le gouvernement de la mère patrie donne de l'assistance aux intérêts britanniques au Canada, l'agitation recommencera et il sera difficile d'en enrayer le progrès. Il envoie une copie d'une lettre adressée à des amis au sujet des Banques de la Cité et de Montréal en ce qui a trait aux requêtes pour obtenir des chartes. Il attire l'attention sur le gros montant des importations du Canada pour démontrer son importance croissante, la valeur totale en étant de £3,800,000, un chiffre plus fort qu'il ne croyait.

1837.

Les craintes des marchands de Londres qu'il n'éclate des troubles au Canada à moins qu'on ne donne signe de protection au parti anglais.   Page 7

Inclus. Gillespie à John Jamieson, Banque de Montréal, et John Fotheringham, banque de la Cité. Si demande en est faite, une charte sera accordée, ou il sera passé un acte quelconque rendant facile la transaction des affaires. La requête devrait être rédigée conformément à la charte. On devrait nommer à Londres un agent pour recevoir et faire valoir la demande. Il ne désire pas voir son nom mentionné en rapport avec cette demande, mais il fera de son mieux pour les intéressés, si on lui confie la requête.   10

3 février,
Londres.

Gillespie à Glenelg. Il est reconnaissant pour la confiance reposée en lui. Il regrette que le gouvernement ne soit pas en mesure d'agir avec le Bas-Canada de façon à assurer la tranquillité permanente. Il voit avec plaisir qu'aucune concession ne sera faite à l'Assemblée au sujet d'un conseil électif. La conservation de cette Chambre telle qu'elle est, rendra plus sérieuse la détermination de maintenir la constitution. L'établissement d'une cour d'appel à Montréal sera accueillie avec gratitude, de même qu'une charte ou un acte pour donner une existence permanente aux banque provinciales. Il conseille de retarder l'octroi d'une charte à la banque de l'Amérique Britannique du Nord jusqu'à ce que les gens d'affaires la demandent. On a, sans doute, l'intention de créer un fonds pour payer les arrérages de salaire dus aux fonctionnaires publics en même temps que les dépenses contingentes de la législature. Le mécontentement soulevé par la suspension des travaux du port de Montréal. Cette suspension s'est produite quand le port était presque terminé ; les dommages qu'il subira tel quel ; son parachèvement apaiserait beaucoup de mécontentement et embellirait la ville. L'impraticabilité à peu près complète au printemps et à l'automne du chemin qui conduit au port ; en été, les dépôts qui s'y forment causeront probablement des maladies, puis les personnes ayant des propriétés dans le voisinage ne peuvent en tirer jouissance. Le mauvais effet des améliorations faites ailleurs sur la partie inachevée du port et les pertes de vie et de propriété qui sont la conséquence de cet état de choses. Il insiste pour qu'on termine le port.   12

4 février,
Londres.

Bruyères à Grey. Suivant instructions reçues de la British American Land Company il envoie le mémorial adressé à Gosford par les commissaires de la compagnie au Canada, dans l'espoir qu'il induira Glenelg à reconsidérer son opinion.   172

7 février,
Londres.

Maberly à Stephen. Il craint que le rapport demandé ne puisse être fourni, mais il consultera le comptable pour voir si on peut donner à part la remise venant de chacune des deux provinces.   419

8 février,
Londres.

Le même au même. Il envoie un état des sommes payées pour frais de poste par le Haut et le Bas-Canada, et une copie du mémorandum du comptable.   420

Inclus. État des sommes payées pour frais de poste dans les Canadas au cours des cinq dernières années.   421

Mémorandum du comptable général. Il a envoyé un état des remises pour les derniers cinq ans, mais il ne peut établir la proportion perçue par chaque province ni la dépense encourue pour le paquebot d'Halifax, laquelle est payée par l'Amirauté.   422

8 février,
Londres.

Mémoire du rév. E. Black en faveur de l'Eglise d'Ecosse au Canada.   682

8 février,
Londres.

Rév. E. Black à Glenelg. Envoie la lettre de Gosford et son mémoire sur la situation présente de l'Eglise écossaise dans les Canadas.

10 février,
Londres.

Pelly au même. La paix et l'ordre dans les territoires sous la Compagnie de la Baie d'Hudson ne demandent pas qu'on dérange le département colonial, mais l'expiration prochaine de certains monopoles de commerce lui fait un devoir de porter toute l'affaire à l'attention du gouvernement de Sa

1-2 EDOUARD VII, A. 1902

1837.

Majesté, afin de savoir quelles mesures il y aura à prendre pour l'administration de la justice, la police, etc. Histoire des origines de la Compagnie de la Baie d'Hudson. La traite des fourrures par les Français antérieurement à la cession du Canada, époque jusqu'à laquelle il n'y eut pas de concurrence, mais après quoi il s'en forma, ce qui aboutit à la formation d'une compagnie sous le nom de Compagnie du Nord-Ouest qui se fusionna avec la Compagnie de la Baie-d'Hudson en 1821. Récit des opérations des traitants américains et russes avant la fusion. Il demande une prolongation du permis. Après une concurrence acharnée, la Compagnie de la Baie-d'Hudson a réussi à établir des postes et à obtenir un quasi-monopole du commerce de fourrures. Actes du gouvernement russe désavouant la conduite de ses officiers.   Page 270

Inclus. Simpson à Pelly. Rapport sur la situation dans la région indienne et sur le commerce avant et après l'année 1821.   288

11 février,
Londres.

Gillespie à Glenelg. Il a insisté sur l'union des provinces comme le remède efficace pour les griefs existants dans le Bas-Canada et propre à donner le pouvoir politique aux habitants anglais, pouvoir dont l'absence a été le germe des difficultés. Son autre plan était de faire siéger à Montréal l'union fédérale des législatures du Haut et du Bas-Canada. Il a encore la même opinion que celle exprimée dans ses lettres précédentes. Dans tous les cas, il sera bon de voir à ce qu'un certain revenu soit à la disposition du gouvernement pour défrayer les dépenses civiles et autres. Il espère qu'une mesure dans ce sens pourra être présentée et adoptée, vu que s'adresser au comité ne servirait qu'à causer du délai et du désappointement, de même qu'à provoquer des actes de violence dans la province. On doit craindre plus de troubles du fait d'agir trop peu que du contraire, et les fonctions de la Couronne pourront être reprises sans causer beaucoup d'excitation. Le crédit que s'attirerait un homme d'Etat qui donnerait une constitution libre à une colonie plus populeuse que l'Ecosse se trouvait dans son union avec l'Angleterre.   17

15 février,
Londres.

Le même au même. Il envoie des états des droits perçus sur les importations au Canada l'année dernière. Il établit le montant qui devrait être à la disposition du gouvernement. Outre cela, il doit y avoir de l'argent restant improductif dans la caisse du Revenu général.   22

Inclus. Droits perçus à Québec et à Montréal en 1836.   25

15 février,
Londres.

Rév. E. Black à Glenelg. Il établit les sommes reçues par les ministres de l'Eglise d'Angleterre au Canada en qualité de chapelains de régiments, etc.   689

15 février,
Londres.

Rév. D. Brown au même. Il est allé dans le Bas-Canada comme missionnaire ; il s'est établi à Val Cartier mais n'a pu y rester à cause de la pauvreté des gens. Il demande une aide suffisante pour lui permettre de reprendre l'exercice de son ministère.   727

16 février.

Anonyme à Bruyères. Il a reçu un mémoire sur la demande faite par la British North American Company, copie duquel a été envoyée à Gosford pour qu'il puisse faire ses observations. D'ici qu'on les ait reçues, Glenelg ne prendra pas de décision définitive.   174

17 février,
Londres.

Gillespie à Grey. Il envoie des journaux contenant l'adresse de l'Assemblée, ainsi que les forts arguments que le Haut-Canada peut mettre de l'avant en faveur de l'annexion de Montréal à cette province. Il y a à cette annexion des objections que pourrait soulever le Bas-Canada. Il croit que l'union fédérale est la meilleure mesure qui puisse être adoptée.   26

18 février,
Londres.

Bruyères au même. Les directeurs de la British American Land Company envoient un rapport concernant les Cantons de l'Est et les progrès satisfaisants faits dans cette région grâce aux efforts de la compagnie. 189

Inclus. Rapport fait par R. Carter sur les progrès satisfaisants faits par les Cantons de l'Est.   190

DOC. DE LA SESSION No. 18

1837
20 février,
Londres.
Rév. E. Black à Grey. Il a reçu sa lettre demandant son adresse (à Black) en Ecosse, pour que la décision de Glenelg pût y être envoyée. Ellice lui conseille de ne pas partir avant d'avoir reçu la décision ; il restera donc jusqu'à mercredi soir. Dans le cas où il ne recevrait pas de réponse favorable, il soumettra l'affaire au Roi en conseil et ensuite, si nécessaire, la portera devant le parlement.   Page 702

22 février,
Londres.
Gillespie à Glenelg. Il s'excuse de faire perdre du temps à Sa Seigneurie. Il avait espéré que le gouvernement n'avait pas besoin d'autre preuve de la disposition où se trouvait l'Assemblée de déjouer les vues de l'administration impériale et d'enrayer le développement du pays. Il avait aussi espéré qu'on adopterait une mesure tant rétrospective que prospective, établissant d'une façon permanente un gouvernement civil et donnant de l'influence aux classes mercantiles, mais cette attente avait disparu. Il espère que les mesures qui doivent être proposées seront plus complètes qu'il s'y attend, mais son attente sous ce rapport est peu enthousiaste. Il désire qu'on donne aux gens de Montréal quelques marques d'encouragement. Le mémoire de Strachan sur le collège McGill a dû être reçu avant ceci ; il espère que le gouvernement jugera à propos de se conformer aux intentions du testateur. Le mémoire énumère largement les avantages d'un collège pour Montréal. Il demande aussi que le port de Montréal soit terminé.   28

22 février,
Londres.
Rév. E. Black à Grey. Il le remercie de sa courtoisie et il espère connaître la décision le ou avant le 15 mars, vu qu'il est impatient de reprendre ses fonctions. Son désir le plus vif est d'arracher ses frères de la pauvreté et, si c'est nécessaire, il retournera à Londres dans ce but.   704

— février.
Anonyme au Rév. D. Brown. Glenelg lui a donné instruction de dire que la question des réserves du clergé est devant le gouvernement de Sa Majesté et que sa lettre sera prise en considération.   731

Autres représentations sur le même sujet 732 à 775, 798 à 813 et 815.·

8 mars,
Londres.
Etat préparé par le bureau des paiements, du stock retenu dans les fonds publics pour ventes de réserves du clergé dans le Canada.   687

9 mars,
Londres.
Mémoire du Rév. M. Palmer à Glenelg demandant de l'aide pour assurer l'éducation religieuse de la population croissante en établissant des églises et des maisons d'école.   622

Rapport relatif à Guelph dans le Haut-Canada.   625

11 mars,
Londres.
Gillespie à Glenelg. Sa satisfaction de voir la question canadienne discutée et l'adoption par une si grande majorité de résolutions qui n'empiètent sur aucuns des privilèges de l'Assemblée et qui, si on les met à exécution, donneront de la sécurité à la population d'origine britannique. Il sait que la minorité ne négligera aucun plan pour retarder ou empêcher le vote des résolutions. Il supplie le gouvernement d'en presser le vote. Si on laisse à l'agent de l'Assemblée le temps de consulter ses commettants, des événements se produiront qui alarmeront le peuple et les communes de la Grande-Bretagne et les amèneront à croire qu'ils sont encore à la veille d'une révolution américaine. Ces événements pourraient amener une réaction et si les résolutions sont par la suite adoptées ce ne sera plus que par une majorité réduite. Il croit lui aussi au bon effet qu'aurait la mesure si elle était adoptée par une forte majorité. Il parlera de cette question à Stanley s'il (Glenelg) le lui permet. La question telle qu'elle est dans le moment met les marchands plus mal à l'aise. Ils ont l'intention d'énumérer à Sa Seigneurie les désastreux effets de l'atermoiement.   31

14 mars,
Londres.
Gould au même. Il a reçu instruction de la North American Colonial Association d'exprimer son contentement au sujet des résolutions présentées aux Communes par le gouvernement. Il y aura divergence d'opinion parmi les gens d'origine britannique de la province, mais les membres du comité ont résolu d'user de toute leur influence pour assurer l'unanimité. Le comité n'appréhende aucun dommage à la personne ou à la propriété,

1-2 EDOUARD VII, A. 1902

1837.

résultant de l'opposition des gens d'origine française à ce que les résolutions soient mises à exécution ; pourvu que les résolutions soient rapidement adoptées, mais ils considèrent avec alarme le succès possible de la minorité pour les retarder. Le grand effet moral de l'écrasante majorité obtenue le 8 courant sera perdu si on montre de l'indécision, et le Canada sera le théâtre d'une agitation d'autant plus grande que l'on aura l'espoir de faire rejeter les résolutions. Page 35

17 mars.

Anonyme à Gillespie. Gosford a été informé du résultat des débats sur la 4e résolution et du fait qu'il ne sera pas perdu de temps pour obtenir une décision pour les autres. Glenelg refuse d'émettre une opinion sur l'à-propos de communiquer avec Stanley au sujet des affaires du Canada. 34

17 mars.

Anonyme à Gould. Il a reçu la lettre exprimant les sentiments de la North American Colonial Association sur les résolutions présentées par Russell. Le résultat du vote donné le 8 courant a été communiqué à Gosford. Il ne se produira pas de retard inutile dans l'obtention d'une décision sur les autres résolutions. Glenelg ne voit pas la nécessité pour le présent de causer aux membres de l'association le dérangement de venir le trouver, mais si la nécessité s'en présentait, il profitera de l'offre. 38

25 mars, Londres.

Robinson à Grey. La British American Land Company a payé £12,480 pour remboursements partiels, en outre de £15,754 5s. 6d. dépensés pour routes et autres améliorations. Un autre remboursement de £6,000 sterling, avec trois ans d'intérêt, a été, il n'y a aucun doute, payé par les commissaires. 197

24 mars, Dumfries.

Rév. E. Black à Glenelg. Il avait compté que sa décision lui serait communiquée avant ce jour. Il demande de nouveau une réponse à son mémoire. 706

25 mars.

Anonyme au rév. E. Black. Glenelg a pris en considération la lettre et le mémoire. Il explique l'obligation de continuer l'allocation, vie durante, aux ministres de l'Eglise d'Angleterre au Canada. Il ne sera épargné aucun effort pour que les justes réclamations de l'Eglise d'Ecosse puissent être reconnues et réglées. 695

30 mars, Dumfries.

Rév. E. Black à Grey. Il regrette que la lettre de Glenelg soit défavorable. On ne peut pas compter que les adhérents de l'Eglise d'Ecosse au Canada se soumettent de bonne volonté au traitement partial de la part du gouvernement, quand ils voient voter annuellement des allocations aux Eglises Romaine et Episcopale et refuser tout secours à la branche de l'Eglise Nationale. Il envoie une liste de griefs dont Glenelg n'a pas tenu compte dans sa réponse. Dans le but de ne rien épargner personnellement dans l'intérêt de ses frères, il a envoyé, à ses frais, un ministre de l'Eglise d'Ecosse à Montréal, de sorte qu'il peut rester ici jusqu'après la réunion de l'assemblée générale. 708

— mars.

Anonyme à Palmer. Il a reçu sa lettre du 9, touchant l'insuffisance des fonds pour ériger des églises et des écoles destinées aux adhérents de l'Eglise d'Angleterre au Canada. C'est une question à laquelle le gouvernement s'est fortement intéressé, mais les ventes des réserves du clergé ne permettent pas d'acquiescer à la demande, et comme il a été proposé de transporter le revenu casuel et territorial à la législature, le gouvernement ne se croit pas justifiable d'imposer des charges sur ce fonds autres que celles auxquelles il était assujetti lorsque ce délaissement a été proposé. 631

15 avril, Londres.

Lechmere, Bureaux des Documents d'Etats, à Stephen. Il a envoyé dix volumes de correspondances militaires américaines, quatre volumes de correspondances mixtes américaines, 58 volumes de correspondances avec les provinces, de 1775 à 1778, soit en tout 72 volumes. Il y en a d'autres au bureau des affaires étrangères et au bureau colonial. 423

19 avril, Londres.

Children à Stephen. Il annonce ce qui sera fait en rapport avec les observations faites par M. David Douglas. 425

1837.

22 avril,
Londres. Bruyères à Grey. Les directeurs de la British American Land Company ont fait savoir au colonel McDougall qu'ils recevraient avec grand plaisir toutes propositions du bureau Colonial concernant l'émigration.   Page 199

24 avril. Anonyme à E. Black. Il écrit au nom de Glenelg au sujet des griefs qu'il (Black) prétend n'avoir pas été pris en considération.   713

26 avril,
Londres. Gillespie à Glenelg. Il félicite Sa Seigneurie sur le vote des résolutions concernant le Bas-Canada. Il est à désirer que la mesure basée sur ces résolutions soit adoptée sans délai. Il envoie des observations sur les événements courants et l'ennui que lui causent certaines nominations.   41

26 avril,
Londres. Le même à Stephen. Il lui transmet une lettre adressée à Glenelg et contenant des faits qu'il ne sait peut-être pas, mais que ses relations et sa connaissance du terroir le mettent en mesure de lui apprendre. Il n'a aucun intérêt particulier à servir. Il demande des copies imprimées des instructions concernant leCanada et une copie de la mesure basée sur elles. Il espère qu'elle contiendra un article pour permettre au gouverneur d'obtenir des fonds de l'Assemblée pour compléter des travaux publics, et tout particulièrement le port de Montréal.   39

26 avril,
Glasgow. Macfarlane à Glenelg. Il envoie un mémoire en faveur de l'Eglise d'Ecosse.   639

Inclus. Mémoire faisant valoir les réclamations de l'Eglise d'Ecosse pour obtenir une part égale avec l'Eglise d'Angleterre dans les réserves du clergé.   640

29 avril,
Brockville. Autorisation pour Morris incluse dans l'envoi de Morris à Glenelg, 7 juin 1837.

1er mai,
Londres. Bettridge et Cronyn à Glenelg. Ils ont été nommés délégués du clergé du Canada et ils demandent une entrevue.   525

Inclus. Appel en faveur de l'Eglise d'Angleterre au Canada, accompagné d'un état de la situation religieuse dans la province.   526

Forme de la liste de souscription.   530

5 mai,
Londres. Attwood à Grant. Le but de l'entrevue sollicitée est de savoir si l'obstacle à l'octroi d'une charte royale à la Banque de l'Amérique Britannique du Nord a été aplani et de faire voir l'effet qu'aura, ce printemps, l'expiration des chartes de toutes les banques.   228

6 mai. Anonyme à Gillespie. La requête des banques du Bas-Canada munies d'actes d'incorporation, etc., a été envoyée aux officiers en lois. Advenant le cas où ces officiers ne verraient pas d'objection, l'intention est de conseiller l'octroi à ces banques d'une charte contenant les mêmes stipulations que celles qui se trouvent dans les actes provinciaux d'incorporation, mais restreinte à douze mois. C'est sa lettre qui a porté à Glenelg la première nouvelle des nominations auxquelles il objecte. Il ne doute pas que dans la distribution du patronage Gosford consulte les intérêts de la province tout entière et non ceux d'un parti. La remise de l'amende imposée à la *Minerve* a été faite d'après les instructions de Glenelg, instructions basées sur l'opinion des officiers en loi.   46

9 mai,
Londres. Gillespie à Grey. Il n'a pas vu la requête ou le projet de charte envoyé par la Banque de Montréal mais il craint qu'elle ne contienne des privilèges qui ne sont pas dans la charte provinciale. Il a confiance que si le tout ne peut être accordé, une charte renfermant toutes les stipulations des actes provinciaux peut être donnée avec liberté de porter le capital de £250,000 à £500,000. L'augmentation est d'un grand besoin et permettra à la banque d'éviter des calamités imminentes.   49

10 mai,
Londres. Pelly à Glenelg. Conformément aux conditions que comporte le permis, il envoie des copies des registres des personnes employées dans les territoires.   307

1-2 EDOUARD VII, A. 1902

1837.

Inclus. Liste :

Gouverneur.............................	1
Premiers facteurs et premiers traitants..........	55
Chapelain................................	1
Assistant-chapelain........................ .	1
Commis, maîtres de poste......	105
Serviteurs........	921

1,084   308

12 mai,
Londres.

Attwood à Grant. Les directeurs de la Banque de l'Amérique du Nord seraient reconnaissants si on fixait une date prochaine pour leur entrevue.

231

13 mai,
Londres.

Anonyme à Attwood. L'obstacle qu'il y a à l'octroi d'une charte royale à la Banque de l'Amérique Britannique du Nord subsiste encore. Quelle que soit l'aide qui pourra être donnée aux compagnies ayant obtenu leur charte en vertu d'actes de l'Assemblée, qu'on a laissé expirer, elle ne peut pas être étendue aux compagnies qui n'ont pas obtenu ces actes.   230

15 mai,
Londres.

Requête des représentants de la Banque de Montréal, de la Banque de Québec et la Banque de la Cité demandant d'étendre à sept ans leurs chartes, au lieu d'un an.   50

15 mai.

Gould et Freer à Glenelg. Ils demandent une entrevue.   55

15 mai,
Londres.

Attwood à Grant. Les directeurs de la Banque de l'Amérique Britannique du Nord ont reçu la lettre de Grey en date du 13, mais ils désirent quand même avoir une entrevue avec Glenelg.   233

15 mai,
Londres.

Stephen à Attwood. La lettre de Grey en date du 13 a été envoyée avant que celle d'Attwood ait été reçue. Si les directeurs de la Banque de l'Amérique Britannique du Nord désirent encore avoir une entrevue, Glenelg sera heureux de les rencontrer le 19.   232

17 mai,
Londres.

Gould à Grey. Le capital additionnel pour la Banque de Montréal a été souscrit. Il suggère à Glenelg d'autoriser cette augmentation. Les résolutions, s'il faut en croire un correspondant, n'auront pas pour effet d'abattre Papineau et son parti, ou Roebuck et Hume. La seule bonne chose est la perspective du paiement des arrérages. Les remèdes proposés par le correspondant.   56

17 mai,
Londres.

Attwood à Stephen. Il a reçu sa lettre du 15. Les directeurs se rendront chez Glenelg au jour et à l'heure fixés.   234

17 mai,
Londres.

Campbell au même. La Société pour la Propagation de l'Evangile annonce qu'il a été reçu de l'évêque de Montréal une lettre avec une copie d'une autre lettre adressée aux commissaires du Bas-Canada, où est faite une pressante demande pour avoir encore d'autres ministres de la religion. Il demande au gouvernement de Sa Majesté la somme annuelle de £600 à prendre à même les réserves du clergé ; la société consent à accorder le même montant annuellement.   426

20 mai,
Londres.

Anonyme à Gosford. La requête de la commission du commerce de Montréal a été présentée par une députation de la Banque de l'Amérique Britannique du Nord et déposée devant le Roi.   261

22 mai,

Anonyme à Gillespie, Gould et Freer. Sa Majesté a été avisée d'intervenir pour le rétablissement du caractère corporatif des banques, vu que les actes provinciaux vont expirer et ne peuvent être remis en vigueur par suite de circonstances politiques avec lesquelles les banques n'ont rien à faire.   52

23 mai,
Londres.

Quelques représentants des banques à Grey. Ils demandent que les trois chartes pour les banques du Bas-Canada soient préparées en conformité avec la forme approuvée par les officiers en loi de la Couronne et que le temps soit restreint à 12 mois après la fin de la session suivante.   262

——mai.

Liste des propriétaires de la Banque de l'Amérique Britannique du Nord

236

1837.

31 mai.   Anonyme à Macfarlane. Tout en désirant beaucoup répondre favorablement au mémoire, Glenelg fait remarquer qu'il n'y a pas de fonds disponibles pour payer des émoluments au clergé de l'Eglise d'Ecosse ; cependant comme les ventes des réserves du clergé sont considérables dans le Haut-Canada, il espère que cette difficulté sera bientôt surmontée.   Page 654

2 juin, Londres.   Attwood à Glenelg, Les directeurs de la Banque de l'Amérique Britannique du Nord demandent de nouveau une charte royale. Le refus de la leur accorder quand pareil octroi a été fait à d'autres institutions, ne peut manquer en fait de causer du tort à la situation de la banque tant dans la Grande-Bretagne que dans les colonies.   263

2 juin.   Anonyme à Campbell. Il mentionne les réclamations de l'Eglise d'Ecosse pour avoir une part des réserves du clergé et regrette de ne pouvoir s'occuper de la proposition faite par la Société pour la Propagation de l'Evangile.   427

2 juin.   Anonyme au rév. E. Black. Glenelg constate qu'il y a entre les mains du payeur de l'administration civil un petit montant provenant des réserves du clergé et non encore employé. Désireux de donner effet aux desseins de son prédécesseur et à l'opinion des officiers en loi de la Couronne, il donnera tout de suite à Gosford instruction de payer à l'Eglise d'Ecosse dans le Bas-Canada la somme de £500 pour la présente année, mais il ne peut pas être fait en ce moment d'appropriation permanente.   720

4 juin, Montréal.   Requête de la commission du commerce de Montréal. Elle montre les désavantages auxquels le commerce est exposé par suite des actes temporaires pour incorporer les institutions de banque de l'Amérique Britannique du Nord afin d'assurer la permanence des opérations banquières dans les provinces.   258

4 juin, Montréal.   Anonyme à————. Lettre incluse dans l'envoi de Gillespie à Grey, Montréal, 17 juillet 1837.

5 juin, Londres.   Gillespie à Grey. Il lui demande de s'enquérir où en est le Receveur général du Haut-Canada avec Thomas Wilson & Co. ; il a constaté qu'il est créancier mais il ignore pour quel montant. Il (Gillespie) apprendra avec bonheur que les chartes de banque ont reçu la signature royale et sont en route pour la province. Il a attendu impatiemment la présentation des mesures qui seraient le fruit des résolutions ; il espère que la mesure n'a pas été abandonnée.   59

5 juin.   Anonyme à Bruyères. Glenelg a reçu le mémoire envoyé à Gosford par les commissaires au Canada de la British American Land Company. Il cite des cas pour montrer que les concessionnaires de terre payaient les frais d'arpentage, tant externe qu'interne. La British American Land Company n'a pas prouvé qu'elle avait droit d'en être exemptée.   175

    Inclus. Mémoire des commissaires au Canada de la British American Land Company.   182

6 juin, Montréal.   Anonyme à————. Incluse dans l'envoi de Gillespie à Grey, 17 juillet 1837.

7 juin, Londres.   Morris à Glenelg. Si la sanction royale n'a pas encore été donnée à la loi pour établir une banque à Brockville, il serait heureux de pouvoir être reçu par Sa Seigneurie.   776

    Inclus. Liste des souscripteurs de la Banque de Brockville.   777

    Autorisation à Morris de voir le ministre au sujet de la Banque de Brockville.   780

    Réunion des marchands et autres personnes à Brockville.   781

10 juin, Londres.   Bruyères à Grey. Les directeurs de la British American Land Company désirent avoir une entrevue avec Glenelg au sujet de l'intérêt sur l'achat de terres de la Couronne.   209

10 juin.   Anonyme à Attwood. Le gouvernement de Sa Majesté a décidé, vu la situation politique dans le Bas-Canada, de ne créer aucune autre banque incorporée dans la province.   268

1837.
13 juin.

Anonyme à Spearman. Conformément à des instructions reçues de Glenelg, il envoie à la Trésorerie un état des promesses faites à l'Eglise d'Ecosse en rapport avec les réserves du clergé. Gosford a reçu instruction de payer £500 à l'Eglise d'Ecosse au Canada, mais de déclarer que le gouvernement ne peut garantir la permanence de cette aide.   Page 668

14 juin,
Dumfries.

Rév. É. Black à Grey. Il remercie Glenelg pour les instructions qu'il se propose de donner à Gosford pour faire payer £500 au conseil de l'Eglise d'Ecosse dans le Bas-Canada. Le fait est important en ce qu'il est la première reconnaissance par le principal secrétaire d'Etat des droits de l'Eglise d'Ecosse à une part des réserves du clergé. Il regrette que le montant n'ait pas été rendu plus considérable et il ne peut admettre que ce soit là le rachat de la promesse donnée à Bathurst. Il demande que chaque ministre de la religion dans le Bas-Canada reçoive £100 par année. On pourrait ajouter à l'octroi en prenant à même les paiements faits par la Land Company. 722

17 juin,
Londres.

Carter à Grey. Il envoie un rapport de la North American Colonial Association pour être soumis à Glenelg.   60

Inclus. Ce rapport.   61

27 juin.

Anonyme au rév. E. Black. Il explique le regret de Glenelg de ne pouvoir se rendre à sa suggestion (à Black) d'ajouter à l'octroi en prenant à même les paiements faits par la British American Land Company.   725

30 juin,
Londres.

Morris à Grey. Il a reçu une lettre disant que le bill pour établir une banque à Brockville n'est pas encore arrivé au Bureau Colonial. S'il ne doit y avoir qu'un seul bill pour établir une banque dans le district de Johnstown, il dit que Brockville devrait avoir la préférence.   793

1er juillet,
Londres.

Bettridge et Cronyn à Glenelg. Il fait un appel pour un secours qui permettrait à l'Eglise d'Angleterre de remplir convenablement ses fonctions ecclésiastiques.   531

6 juillet,
Londres.

Gillespie à Grey. Il entend dire que des espèces monnayées doivent être envoyées dans le Bas-Canada pour payer les arrérages. La perte que ce mode de paiement causerait.   77

17 juillet,
Londres.

Le même au même. Il envoie des extraits de lettres récemment reçues du Canada.   78

Inclus. Anonyme à——. A envoyé et envoie présentement des journaux contenant des rapports des discours de Papineau à Saint-Laurent et de ce qui s'est passé à Sainte-Scholastique. Il ne doute aucunement que la procession venue de Saint-Benoit n'ait été affaire montée par Papineau. Le caractère méprisable des hommes qui provoquent l'agitation. La démonstration est dans le but d'aider Roebuck à intimider le parlement britannique, car les héros mimiques n'ont pas plus l'idée de s'engager dans un conflit que de s'envoler dans les airs, et, sauf Lafontaine et deux ou trois autres, ils ne compteraient pas comme chefs. Il décrit individuellement six des agitateurs à Sainte-Scholastique—tout ce qu'il connaît. L'assemblée tenue en cet endroit a été la plus effective mais est loin d'être la voix du pays. Les divisions sur le sujet, qui ont empêché plusieurs des assemblées d'être tenues aux endroits primitivement désignés. Effort tenté pour soulever Québec. La division se produira quand le gouvernement prendra une attitude énergique.   79

Anonyme à——. L'influence du parti de Papineau commence à disparaître, mais si le ministère continue à vaciller, l'effet sera de renforcer ce parti. Si le ministère garantissait la sécurité des gens bien disposés, la clique serait vite abattue. Il paraît y avoir une franche scission à Québec, des divisions ailleurs, et dans bien des endroits on s'occupe peu de l'affaire. La grande majorité semble fatiguée de l'agitation. Le calme peut être rétablit, mais ce n'est pas en faisant de nouvelles ouvertures au parti, ce qui ne ferait que lui donner une autre occasion de faire des vantardises. Il envoie le discours de Papineau à Saint-Laurent; il lui conseille de le lire,

1837.

quand ce ne serait qu'afin de voir jusqu'à quel point cet individu est dénué de tout principe.   Page 84

17 juillet,
Londres.

Les rév. MM. Bettridge et Cronyn à Glenelg. Ils ont reçu la lettre de Glenelg. Ils demandent une copie de l'opinion des officiers en lois de la Couronne sur la question des rectorats, de même que la dépêche de Sa Seigneurie qui l'accompagne.   582

20 juillet,
Londres.

Bettridge au même. Il fait valoir les réclamations de l'Eglise d'Angleterre au Canada et demande que les résolutions du gouvernement à ce sujet lui soient communiquées pour la gouverne de l'Eglise.   549

Inclus. Mémoire de Bettridge à la Reine en faveur de l'Eglise d'Angleterre au Canada.   567

21 juillet,
Londres.

Bruyères à Stephen. Il a reçu la lettre que Glenelg enverra à Gosford— l'opinion du solliciteur et procureur général—désirant qu'il donne instruction aux commissaires au Canada d'agir conformément à cette opinion. Les directeurs demandent qu'on n'écrive pas à Gosford d'ici à ce que leur président soit de retour et qu'on ait encore conféré avec lui.   201

23 juillet.

Anonyme aux révs MM. Bettridge et Cronyn. Il attire leur attention sur l'état des affaires de l'Eglise en Australie, qui ne tire aucune ressource de la Grande-Bretagne. Là, les fonds publics ont été mis à la disposition de la législature.   543

25 juillet,
Londres.

Macfarlane à Grey. Il lui présente Mathieson qui est délégué par le clergé presbytérien du Bas-Canada. Il énumère les questions que Mathieson s'apprête à aborder au cours de l'entrevue qu'il a sollicitée.   672

7 août.

Anonyme à Bettridge. Il admet quelques-uns de ses avancés mais la question doit attendre la décision du Conseil législatif et de l'Assemblée du Haut-Canada.   575

16 août,
Addington.

L'archevêque de Cantorbéry à Glenelg. Il attire son attention sur le cas malheureux de l'évêque de Montréal par suite de la mort de l'évêque de Québec, qui le prive de toutes ressources, même pour les dépenses urgentes. Le mauvais effet de ceci pour la cause de la religion. Quand les allocations du parlement manquent, on devrait tirer les fonds de sources locales.
                                                                        506

22 août,
Londres.

Alder à Glenelg. Incluse dans l'envoi de Glenelg à Head, 4 septembre 1837.

23 août,
Margate.

Rolph à Glenelg. Il envoie une reconnaissance signée par Howell, à l'effet que le sceau de l'officier de douane avait été placé sur deux paquets de dépêches.   432

Inclus. La reconnaissance de Howell.   433

29 août,
Québec.

Extrait d'une lettre anonyme. Inclus dans l'envoi de Gillespie à Stephen, 25 septembre 1837.

29 août.

Anonyme à l'Archevêque de Cantorbéry. Sa sollicitude pour l'Eglise d'Angleterre au Canada. La difficulté apparemment insurmontable de donner de l'argent aux évêques. Le pouvoir limité que possède le gouvernement de Sa Majesté sur les affaires internes des provinces.   509

1er septembre,
Croydon.

L'archevêque de Cantorbéry à Glenelg (?) Le remercie de sa lettre, mais il ne fera aucune remarque pour le présent.   513

4 septembre,
Londres.

Glenelg à Head. Il envoie une copie d'une lettre d'Alder et demande un rapport sur les faits, afin que les Indiens puissent être protégés dans leurs droits.   430

Inclus. Alder à Glenelg. Il demande une concession de terre dans la Baie de Quinté pour les Indiens Chippewas, afin qu'ils ne perdent pas le bénéfice des améliorations qu'ils ont faites.   430

5 septembre,
Stanstead.

Carter à Gould. Incluse dans l'envoi de Bruyères à Grey, 18 février 1837.

9 septembre,
Londres.

Pelly à Glenelg. Il démontre l'importance qu'il y a pour eux de connaître la décision du gouvernement au sujet du renouvellement du permis de la Compagnie de la Baie d'Hudson.   343

1837.

12 septembre, Londres.
Bruyères à Grey. Les directeurs de la British American Land Company demandent un autre ajournement pour ce qui se rapporte à la lettre à écrire à Gosford au sujet de l'intérêt sur l'argent d'achat, jusqu'à ce qu'ils soient prêts à demander une entrevue pour discuter l'affaire. Page 202

19 septembre.
Anonyme à Pelly. Le gouvernement n'a pas d'objection à renouveler le permis de la Compagnie de la Baie d'Hudson, mais à la condition que cela n'empêchera pas la formation, dans son territoire, de nouvelles colonies ou provinces que le gouvernement se dispose à établir. 344

25 septembre, Londres.
Gillespie à Stephen. Il envoie le *Morning Courier* du 24 août et un extrait d'une lettre d'un correspondant. 87

Inclus. L'extrait. Les affaires politiques ne sont pas bien dirigées. Si Papineau avait accordé une liste civile, la population britannique aurait été laissée à la tendre merci du parti français. 88

25 septembre, Ramsgate.
Bettridge à Glenelg. Long plaidoyer à l'appui de la prétention de l'Eglise d'Angleterre au Canada sur les réserves du clergé. 583

27 septembre, Londres.
Laurence à Stephen. Il envoie une lettre du sous-maître général des Postes à Québec, au sujet de l'expédition des malles d'Halifax au Nouveau-Brunswick et au Canada par express. L'arrangement n'a pas été heureux. Il demande si on doit le continuer. 434

28 septembre, Londres.
Latrobe à Glenelg. Il décrit les dangers de la mission de la " Church of the Brethren " parmi les Indiens Delaware, et donne une description de son établissement. 443

Inclus. Extrait d'une lettre de l'évêque de la "Church of the Brethren" au sujet des terres concédées pour le bénéfice des Indiens. 445

Divers documents relatifs à la concession des terres. 446

4 octobre.
Anonyme à Laurence. En rapport avec la lettre du 27 dernier, Stayner a prouvé la mauvaise politique qu'il y a à maintenir le système actuel en autant qu'il a trait aux journaux, mais il ne dissuade pas de continuer ce système pour ce qui se rapporte aux lettres. Glenelg hésiterait à recommander l'abandon du présent arrangement. 435

Inclus. Stayner à Maberly. Les objections à l'envoi des malles d'Halifax par express. Les misères endurées par les conducteurs d'express. 436

7 octobre, Londres.
Bruyères à Grey. Les directeurs de la British American Land Company désirent attirer l'attention sur les dommages qui seront causés aux colons dans les Cantons de l'Est si on laisse expirer les actes concernant le district de Saint-François. 203

7 octobre, Londres.
Gould à Glenelg. Il attire l'attention sur les sérieuses conséquences qui découleront vraisemblablement de l'expiration des actes, l'un pour établir le district de Saint-François et y ériger des cours de justice, et l'autre pour établir un bureau d'enregistrement dans les cantons. De grands inconvénients résulteront si on laisse expirer ces actes. 89

12 octobre, Londres.
Extrait. Incluse dans l'envoi de Gillespie à Glenelg, 11 novembre 1837.

17 octobre, Montréal.
Anonyme à Gillespie. Incluse dans l'envoi de Gillespie à Glenelg, 29 novembre 1837.

21 octobre.
Anonyme à Gould. La question de l'expiration de deux actes mentionnée dans la lettre du 7 sera bientôt considérée par le gouvernement. 91

25 octobre, Londres.
Pelly à Stephen. Il envoie le projet de la concession du privilège exclusif de traiter avec les Indiens, préparé conformément aux conditions soumises. 345

26 octobre, Londres.
Carter à Glenelg. Dans le cours de l'année dernière il a visité les principaux endroits des provinces de l'Amérique du Nord, sauf Terreneuve, dans le but d'établir des succursales de la Banque de l'Amérique Britannique du Nord et il s'est occupé de la condition du numéraire courant. Il lui a semblé que les affaires commerciales des provinces étaient plus lésées par l'état défectueux du numéraire que par toutes autres causes. Aux Etats-Unis, le pouvoir de frapper l'argent et de fixer la valeur des pièces

1837.

étrangères est réservé au gouvernement fédéral. On n'agissait pas de la même manière dans les possessions britanniques, mais les législatures changeaient le numéraire sous la pression d'une difficulté temporaire ou d'une nécessité présumée, ce qui a changé la valeur de la propriété et jeté du désordre dans les opérations mercantiles Il envoie un tableau des pièces qui circulent dans l'Amérique du Nord avec leur valeur aux Etats-Unis. Il donne des exemples de différences dans le numéraire courant et les lettres de change. Il donne beaucoup de détails sur la question.   Page 96

Inclus. Tableau des pièces de monnaie avec leur valeur dans différents endroits.   108

Remarques.   109

— octobre, Londres.

Gillespie à Glenelg. Les rapports qui arrivent du Bas-Canada sont de nature à causer des craintes aux habitants anglo-canadiens. Le refus réitéré de l'Assemblée de pourvoir aux dépenses du gouvernement civil à moins d'en avoir le contrôle paralyse l'initiative publique et privée. Le refus du gouvernement impérial d'intervenir a été tourné de façon à signifier peur au lieu d'indulgence et on en profite pour pervertir les dispositions de l'habitant paisible de façon qu'il se portera à des actes de violence. Des bandes de séditieux sont formées pour être appelées à agir aux assemblées publiques, surtout à l'occasion d'une élection générale, si l'on fait un effort pour rejeter Papineau. Le parti anglais est moins violent, mais il est en mesure d'agir de la façon la plus énergique là où ses adversaires lui en donneront l'occasion. Il demande que l'on envoie des renforts à l'exécutif, car la paix ne sera pas maintenue sans aide militaire. Ils n'approuvent pas la démarche des " constitutionels " dans leur demande d'une union des provinces avant qu'une pétition eût été envoyée par la législature du Haut-Canada. Une agitation basée sur cette question réunirait, du coup, les Canadiens-français bien disposés et ceux qui ne le sont pas, car tous sont opposés à l'union. Rien, si ce n'est une bonne mesure de représentation parlementaire, ne saura satisfaire le colon anglais, laquelle mesure étoufferait la tentative de révolte d'un parti et satisferait l'autre qui est bien décidé à empêcher toute violence. Il est évident qu'aucune matière à accusation ne sera trouvée contre un Canadien-français, quelle que soit l'énormité de son crime, si celui-ci est de quelque façon lié à la politique. Un admirateur de Papineau a dit : " Nous ne serons satisfaits que lorsque nous aurons chassé ces canailles," désignant par là la population de langue anglaise.   92

10 novembre, Londres.

Pelly à Stephen. Il envoie, pour être soumise à Glenelg, une copie de la concession faite à la Compagnie de la Baie d'Hudson du privilège exclusif de faire la traite avec les Indiens de l'Amérique du Nord, accordée le 5 décembre 1821.   349

Inclus. La charte accordée par George IV, dont il est question ci-dessus.   350

11 novembre, Londres.

Gillespie à Glenelg. Il envoie une copie d'une lettre d'un ami résidant depuis longtemps dans le Bas-Canada, écrite dans un ton modéré et avec beaucoup de bon sens. Il corrige une erreur qui se trouve dans la lettre du 24 octobre.   113

Inclus. Extrait d'un rapport sur la condition alarmante de la province qui se trouve en pleine ébullition. Les mécontents nomment leurs propres magistrats, etc. La nouvelle de l'arrivée de troupes militaires.   114

11 novembre, Londres.

Crosse à Glenelg. Il écrit au nom de la Compagnie de la Baie d'Hudson au sujet du créole Lagrasse, accusé du massacre de onze Indiens en décembre 1835.   360

18 novembre.

Anonyme à Phillipps. Sur les instructions de Glenelg il a transmis à lord John Russell la lettre de la Compagnie de la Baie d'Hudson. Le magistrat refuse d'emprisonner Lagrasse pendant un temps suffisant pour être ensuite envoyé subir son procès. Il demande qu'on envoie les instructions qui seront jugées nécessaires.

1837.
14 novembre,   Franken à Grey.   Il envoie une lettre destinée à être expédiée à l'évêque
Londres.   de Montréal.   Page 447
17 novembre,   Pelly à Glenelg.   Il avertira quand partira le vaisseau sur lequel Lagrasse
Londres.   peut être envoyé à Québec.   365
18 novembre,   Macfarlane à Grey.   Il lui demande de présenter à Glenelg le mémoire du
Glasgow.   comité de l'assemblée générale de l'Eglise d'Ecosse.   676
                 Inclus. Mémoire à l'appui du mémoire de l'Eglise au Canada demandant
                 une juste part des réserves du clergé.   677
23 novembre,   Gould à Glenelg.   Il a appris que le gouvernement s'occuperait des diffi-
Londres.   cultés appréhendées par suite de l'expiration des Actes établissant le district
                 de Saint-François et des bureaux d'enregistrement dans les cantons.
                 L'anxiété au sujet de ces actes va en augmentant dans le Bas-Canada. 118
29 novembre,   Gillespie au même.   La faiblesse du caractère public de Gosford ; il espère
Londres.   que son successeur aura du jugement et de la fermeté.   Il ne peut pas blâ-
                 mer les magistrats, les officiers de milice et autres personnes non protégées
                 de démissionner quand on les menace de violence, mais il ne peut croire que
                 des paysans canadiens-français feront face à des " civiliens ", encore moins à
                 des troupes.   L'agitation a pour but de produire de l'effet et d'empêcher le
                 gouvernement et les communes d'adopter des mesures pour réprimer les
                 réfractaires, afin que le parti populaire puisse régner comme à venir jusqu'à
                 présent.   Il n'y aurait pas de révolte proprement dite, mais une violente
                 disposition d'esprit sera maintenue, si elle n'est pas enrayée.   Cet état de
                 choses a amené la suspension de toutes opérations commerciales et indus-
                 trielles.   Il insiste sur l'envoi de renforts militaires, même s'ils doivent res-
                 ter derrière les ramparts de Québec et les casernes de Montréal.   Le temps
                 est venu de mettre fin à l'état de choses existant.   Il conseille l'adoption de
                 certains actes.   122
                 Inclus. Extrait d'une lettre de Montréal définissant les demandes réelles
                 de la majorité de l'Assemblée ; pour arriver à ses fins, cette majorité attribue
                 à Papineau tous les avantages qu'elle a pu obtenir   128

30 novembre.   Anonyme à Gould.   En réponse à sa question du 23 au sujet de l'ex-
                 piration des Actes constituant le district de Saint-François et établissant
                 des bureaux d'enregistrement, les officiers en loi de la Couronne ont tous été
                 d'opinion que la dernière réunion de la législature ne constituait pas une
                 session et que, par conséquent, les actes ne prenaient pas fin.   Le gouver-
                 nement ne considère donc pas nécessaire d'intervenir.   120
1er décembre,   Bruyères à Grey.   Les directeurs de la British American Land Company
Londres.   désisent avoir une entrevue avec Glenelg au sujet de la situation que leur
                 fait le présent état des affaires au Canada.   205
1er décembre.   Anonyme à Bettridge.   Sa lettre du 25 septembre n'a été reçue que le
                 28 octobre.   Glenelg ayant été mis au courant de sa manière de voir (à
                 Bettridge) sur le maintien de l'Eglise d'Angleterre au Canada, ne voit aucune
                 utilité à continuer la correspondance   610
5 décembre,   Laurence à Stephens.   La réclamation du bureau des postes contre le
Londres.   gouvernement du Bas-Canada a enfin été réglée.   448
                 Inclus. Stayner à Maberly.   Il annonce que la réclamation pour frais
                 de poste contre le gouvernement du Bas-Canada a été réglée.   449
7 décembre,   Gould à Glenelg   Il envoie une copie des résolutions adoptées par les
Londres.   marchands et autres intéressés à la prospérité du Canada, et il demande une
                 entrevue.   132
                 Inclus. Les résolutions.   134
9 décembre.   Anonyme à Gould.   Glenelg sera heureux de recevoir la députation en
                 question.   133
14 décembre,   Alder à Glenelg.   Il envoie des pièces contenant ses vues sur ce qui de-
Londres.   vrait être fait pour le bénéfice des Indiens chrétiens du Haut-Canada.
                 Arrivée de Kahkwaquonaby, ou Peter Jones, un chef indien, avec une

1837.

requête au sujet d'un titre de propriété sur la terre que les siens occupent présentement. Il désire avoir une entrevue.   Page 451

14 décembre, Londres.
Le même au même.   Long rapport au sujet des Indiens du Haut-Canada, établissant une distinction entre les tribus chrétiennes et non-chrétiennes.   453

Inclus. Mémoire couvert de nombreuses signatures pour protéger les Indiens contre toute aliénation de leur terre et pour leur enseigner les habitudes de la civilisation.   491

Extrait d'une lettre d'un missionnaire wesleyen qui était présent quand sir F. B. Head a fait le traité mentionné dans le mémoire.   497

Extrait de la même lettre contenant une description de l'établissement qui fait le sujet du mémoire.   499

18 décembre, Londres.
Robinson à Glenelg.   Histoire de l'origine de l'hostilité de la Chambre d'Assemblée à la British American Land Company.   État des sommes déboursées pour la terre.   206

18 décembre, Addington.
L'archevêque de Cantorbéry à Glenelg.   Il croit savoir qu'un nouveau gouverneur se rend au Canada. Il recommande l'Eglise établie au Canada à sa bienveillante attention. Les alarmes de ceux qui s'intéressent à sa situation. L'évêque de Montréal n'a présentement aucun traitement et le diocèse de Québec, qui est sous ses soins, a tellement augmenté en population et en étendue qu'il est devenu une trop forte charge pour un seul évêque.   Il espère qu'un évêque pourrra être nommé pour chacune des provinces.   Le traitement de l'évêque de Québec—£3,000 par année—n'était pas excessif, mais, dans les circonstances présentes, il ne demande que £2,000 pour chacun des évêques. Il a confiance que l'on pourvoiera aux traitements du clergé. Ils possèdent des droits sur les réserves du clergé, et quand les traitements accordés par le gouvernement furent retirés, on leur laissa entendre qu'ils recevraient de l'aide d'une autre source.   Si on n'y pourvoit pas de cette manière, ils auront raison de se plaindre.   514

18 décembre, Harrowgate.
Bettridge à Glenelg.   Si l'archevêque de Cantorbéry jugeait qu'un évêque est nécessaire pour un diocèse dans le Haut-Canada, le gouvernement émettrait-il le mandat nécessaire ? Il donne un estimé de la population du Bas-Canada, et de son augmentation probable, puis il en fait autant pour le Haut-Canada, mais il n'existe aucun moyen, dans l'une et l'autre de ces provinces, de déterminer la proportion des membres de l'Eglise d'Angleterre comparativement aux autres.   614

19 décembre, Londres.
Bruyères à Grey.   Il lui demande de soumettre à Glenelg un état préparé par la British American Land Company.   218

Inclus. État du petit nombre de ventes faites par suite de la situation agitée du pays et pour autres causes, y compris l'hostilité d'un parti dans l'Assemblée législative ; aussi un rapport de l'entrevue avec Grey.   219

19 décembre, Londres.
Gillespie à Glenelg.   Il envoie un extrait d'une lettre venant de Montréal. Peu de lettres sont arrivées par le dernier paquebot.   La lettre annonce que tout est tranquille à Montréal, mais qu'une grande excitation règne dans le district. Tout le pays est empoisonné par les doctrines du parti de Papineau. La cavalerie volontaire est partie pour opérer des arrestations, mais il y a menace de résistances.   Des régiments de milice s'organisent.   On ne peut confier des armes à la milice canadienne-française.   Fuite de Papineau qui avait envoyé sa famille aux Etats-Unis.   La milice et les troupes régulières capables de défendre la ville contre n'importe quel nombre de rebelles.   La confiance des habitants dans Papineau.   141

Pas de date.   Anonyme à Gillespie.   Il le remercie des renseignements envoyés dans la lettre du 21.   143

20 décembre, Londres.
Pelly à Glenelg.   Il envoie copie des registres des personnes employées par la Compagnie de la Baie d'Hudson.   366

1837

Inclus. Liste.　　　　　　　　　　　　　　　　　　　　　Page 367

Gouverneur 1
Principaux agents.   }
Principaux commerçants. } 54
Aumôniers................................ 3
Chirurgien............................... 1
Commis, directeurs des postes, etc.............. 97
Employés................................ ... 1,045
　　　　　　　　　　　　　　　　　　　　　　　　　　─────
　　　　　　　　　　　　　　　　　　　　　　　　　　1,201

21 décembre,
Londres.

Gillespie à Glenelg. Transmet des articles et des journaux publiés au Canada. Colborne prend les précautions nécessaires. Danger des mesures qui ne donnent pas satisfaction à la population de langue anglaise. On devrait expédier plus de troupes pour renforcer le gouvernement provincial.
　　　　　　　　　　　　　　　　　　　　　　　　　　138

21 décembre.

Anonyme à Macfarlane. On a reçu le mémoire. Le gouvernement de Sa Majesté sera en tout temps disposé à accueillir respectueusement les observations du Synode de l'Eglise Ecossaise du Canada. Il désire ardem‐ ment qu'on pourvoie d'une façon plus efficace à l'instruction religieuse des habitants du Haut-Canada.　　　　　　　　　　　　　　680

23 décembre,
Londres.

Gould à Glenelg. Il recommande de nommer juge-en-chef l'ex-procureur général Stuart.　　　　　　　　　　　　　　　　　　150

24 décembre,
Londres.

Gillespie au même. Il a laissé à Grey une lettre datée du 25 novembre et suivie d'un postcriptum du 27, dans lesquels il raconte en détail les inci‐ dents survenus dans le voisinage de Montréal, et il adresse une autre lettre pour confirmer son récit et dans laquelle il ajoute certains renseignements qui lui font croire que Saint-Denis a partagé le sort de Saint-Charles. S'il en est ainsi, on doit inviter les rebelles à se disperser, sinon la punition infligée à Saint-Charles ne fera que les exaspérer et les porter à attaquer Montréal, sitôt que le pont de glace se sera formé ; mais les mesures de Colborne ont hâté les choses. Comme il ne peut arriver de renforts d'ici à quelques mois, il va régner de l'anxiété. On devrait envoyer par voie de New-York, pour instruire les miliciens, un certain nombre d'officiers du ser‐ vice actif, et on devrait donner instruction à Colborne de s'assurer les ser‐ vices de tout homme utile, qu'il soit militaire ou non. Stuart, ex-procureur général, est tout qualifié pour cette œuvre et il le lui recommande. Meil‐ leurs moyens de rétablir la paix. Il n'y aurait pas de changement parmi ses membres, si on convoquait la législature.　　　　　　　　　146

25 décembre,
Londres.

Gould au même. Rien de neuf au Canada ; il ne croit pas aux rapports des journaux de New-York, les seuls véritables étant ceux transmis par Gillespie et par lui-même. Mouvements des troupes de Saint-Jean, Nou‐ veau-Brunswick. Il conseille d'appliquer des mesures énergiques tant qu'on n'aura pas pacifié tout le Canada ; un autre acte de conciliation décourage‐ rait les loyaux sujets. Il conseille encore de réinstaller Stuart ou de le nommer à une fonction plus éminente. Il propose des arrangements relatifs à l'approvisionnement des troupes. Mauvaises récoltes dans l'Amérique du Nord. Erreur qu'on a commise en relâchant sous caution les rebelles de Québec. Conduite digne d'éloges de Robert Symes, de Québec.　151

28 décembre,
Addington.

L'archevêque de Canterbury au même. Après avoir exposé le malheu‐ reux état de l'Eglise en Canada, il a appris les événements survenus dans le Bas-Canada et il a presque regretté de l'avoir dérangé ; mais en réfléchissant davantage, il a compris qu'après l'apaisement de l'insurrection, on prendrait des mesures pour consolider les institutions civiles et religieuses, et c'est pourquoi il a senti que ce serait manquer à son devoir que de ne pas insister de nouveau pour qu'on pourvoie d'une façon complète à l'instruction reli‐ gieuse du peuple, politique suivie par les gouvernements précédents. Demande instamment qu'on s'occupe de ce sujet.　　　　　　517

...embre,
...dres.

Gould au même. Se réjouit de la décision qu'on a prise d'envoyer des troupes au Canada par voie du portage de Témiscouata. Comment on pourrait débarquer les troupes à Halifax ou à Saint-Jean et les diriger à travers le lac Témiscouata. Page 154

29 décembre,
Londres.

Le secrétaire de la Société du clergé du Haut-Canada à Grey. Lui demande de transmettre la lettre ci-incluse pour le compte du comité. 501

30 décembre,
Londres.

Gould à Glenelg. Conseille d'envoyer des fournitures de chaussures en même temps que les troupes. Renouvelle sa recommandation au sujet de James Stuart. 162

30 décembre,
Londres.

Le même au même. C'est peut-être une mesure qui n'est pas prudente que de faire arrêter à Halifax les navires qui transportent des troupes en destination de Saint-Jean. On pourrait en éprouver des délais. On pourrait employer avec avantage Carter en qualité de pilote. Les vaisseaux qui partiront de la Grande-Bretagne du 20 au 25 mars, atteindront Québec plus tôt que ceux qui ont hiverné dans les ports d'en bas. 164

30 décembre,
Londres.

Carter au même. Transmet journal d'un voyage fait au cours de l'hiver 1827 de Québec à Frédéricton, après avoir quitté Québec le 19 janvier 1827. 166

Inclus. Carte indiquant la route. 170a

1838.
1er janvier.

Anonyme à l'archevêque de Canterbury. Il a reçu sa recommandation pressante de favoriser la cause de l'Eglise du Canada lors de la nomination d'un nouveau gouverneur. Il n'y a aucun sujet sur lequel il a appuyé plus fortement auprès de sir George Arthur que sur celui qui se rapporte au développement du culte chrétien. Il a confiance que le lieutenant-gouverneur, par ses efforts, fera régler la question longtemps discutée des réserves du clergé sans qu'on ait recours à aucun compromis quant aux réclamations de l'Eglise anglicane, et il espère que tout doute disparaîtra sur la validité des dotations accordées par Colborne. Inconvénient qui résulterait de l'agrandissement du diocèse de Québec ; le gouvernement serait prêt à sanctionner l'établissement d'un autre diocèse, s'il se trouvait dispensé de faire une dotation. Dans les circonstances on peut mettre dans l'aperçu des dépenses à faire une certaine somme destinée à l'évêque de Montréal, laquelle, jointe à ses autres revenus, pourra lui suffire. 520

5 janvier.

Anonyme à FitzRoy Somerset. Lui transmet la lettre de Gould pour qu'il la transmette au commandant en chef. 161

12 janvier.

Anonyme à Bettridge. En réponse à la question qu'il lui a adressée pour savoir s'il serait pourvu au soutien d'un évêque si le gouvernement, suivant les dispositions de la constitution, émettait un mandat royal pourvoyant à cette nomination, il lui signale la correspondance que Glenelg a eue antérieurement avec l'archevêque de Canterbury, et dans laquelle il lui disait que le gouvernement serait tout disposé à sanctionner l'érection d'un second diocèse dans la province supérieure. 619

3 février.

Anonyme à Spearman. Vu le genre particulier du commerce de la Cie de la Baie d'Hudson, les lords du commerce sont d'avis d'accorder à la compagnie sa demande de renouvellement d'un permis de commerce exclusif. 303

3 février.

Anonyme à Pelly. Recommandera au roi d'accorder, sauf un changement qu'il indique, la charte permettant à la Compagnie de la Baie d'Hudson de faire le commerce exclusif avec les sauvages. 346

PAPIERS D'ETAT, HAUT-CANADA.

LIEUTENANTS-GOUVERNEURS SIR J. COLBORNE ET SIR F. B. HEAD, 1836.

Q. 389—1-2.

La partie 1 est paginée de 1 à 216, la partie 2 de 217 à 440.

1818.
24 juillet,
York.

Jarvis à Hagerman. Demande de relâcher un vaisseau des Etats-Unis sur garantie personnelle de Crooks et du propriétaire.   •   Page 178

1829.
11 août,
York.

Mackenzie à————. On croit dans le pays que le gouvernement approuve les abus commis par certaines gens de l'opposition. La presse de la province est avilie, les mœurs du peuple sont corrompues et le gouvernement s'est abaissé dans l'estime des étrangers. Exemples rapportés. S'il fallait que Crooks fît la preuve des accusations portées contre lui (Mackenzie) il se sentirait forcé d'agir avec plus de discrétion.   165

1833.
6 mars,
Downing
Street.

Goderich à Colborne. Le procureur général et le solliciteur général en leur qualité de représentants ont le droit d'agir dans les meilleurs intérêts de la province, mais ils ne peuvent conserver leurs fonctions et être opposés à la politique déclarée du gouvernement de Sa Majesté. Le roi ne peut donc plus longtemps mettre à profit leurs services.   161

8 juillet,
York.

Colborne à Stanley. A la demande de Cartwright, il a transmis des résolutions passées à une assemblée tenue à Kingston.   169

Il a transmis d'autres avis de résolutions.   170, 171

1835.
2 juillet.

Glenelg à Colborne. Accuse réception de certaines dépêches.   175

12 septembre,
Toronto.

Colborne à Glenelg (n° 55). Il donnera dans quelques jours des détails sur le sujet auquel la dépêche fait allusion, et il présentera des observations sur des questions qui requièrent la plus sérieuse attention. Transmet rapport de la Commission d'enquête sur les griefs.   175

Mémorandum indiquant le sens des rapports sur les griefs.   176

24 septembre.
Coldwater.

Anderson à Colborne. Lettre incluse dans Colborne à Glenelg, 22 janvier 1836.

21 décembre,
Government
House.

Rowan à Markland. Le lieutenant-gouverneur désire savoir pendant combien d'années la somme de £284 15s. 5d. est restée entre les mains de Hagerman, ci-devant percepteur à Kingston.   179

22 décembre,
Toronto.

Autorisation de payer à Hagerman, ci-devant percepteur à Kingston, la somme de £211 5s. 11½d. sterling, montant d'une réclamation sur les fonds de la Couronne et admise conditionnellement.   182

22 décembre,
Toronto.

Lettre de Hagerman à l'inspecteur général pour lui expliquer la réclamation de sa part dans la prise d'un vaisseau des Etats-Unis qui avait enfreint les lois de la navigation, et il accompagne cette lettre de l'opinion du procureur général, datée du 28 avril 1817 et des détails de la saisie et des autres procédures.   183

Compte du montant réclamé à titre de part de prise.   198

30 décembre.

Anonyme à lord Hill. Sir Francis Bond Head nommé lieutenant-gouverneur du Haut-Canada en remplacement de Colborne.   115

30 décembre,
Downing
Street.

Glenelg à Head. Envoie copies de la correspondance échangée avec le secrétaire de la Guerre au sujet de la nomination d'un aide de camp, pour la solde duquel on s'est adressé à la Trésorerie.   116

(Rapport imprimé. Copie manuscrite se trouve à la page 141).

1-2 EDOUARD VII, A. 1902

1835.
30 décembre,
Toronto.

Rowan à Markland. Si l'inspecteur général a laissé le percepteur de Kingston garder une balance en mains durant onze ans avant de clore son compte, le comptable a raison de craindre de passer pour concussionnaire et de s'en plaindre. On peut soumettre cette affaire à la commission des finances, laquelle fera droit à cette réclamation ou la soumettra à la décision du gouvernement de Sa Majesté. Page 180

1836.
2 janvier,
Toronto.

Beikie à Colborne. Lettre incluse dans Colborne à Glenelg, 13 janvier 1836.

5 janvier,
Toronto.

Colborne à Glenelg (distincte). Il a reçu lettre et dépêches. La correspondance ne peut avoir causé plus de chagrin à Sa Seigneurie qu'à lui-même (Colborne). Il n'a jamais, dans ses relations publiques ou privées, échangé de correspondance de cette nature, sinon au temps où Ripon a été secrétaire des colonies, mais la chose s'était réglée à leur satisfaction réciproque. Ne peut s'attendre qu'on approuve sa conduite politique, mais il lui est impossible de se persuader que le ton des dépêches soit bien celui qu'on aurait dû prendre pour s'adresser à un fonctionnaire chargé par le roi d'administrer le gouvernement d'une colonie importante. Si, en relisant les dépêches qui portent la signature de Sa Seigneurie, il ne trouve pas qu'il (Colborne) ait sujet de se plaindre, il sera heureux alors de voir la correspondance tirer à sa fin. 30

5 janvier,
Toronto.

Le même au même (n° 1). Il a reçu les dépêches et une lettre personnelle, dans lesquelles on lui annonce qu'il sera bientôt remplacé dans le gouvernement de la province. Glenelg doit avoir maintenant en mains, ou il l'aura dans quelques jours, sa lettre de démission, datée du 2 décembre. Le caractère de la correspondance de Sa Seigneurie l'a forcé de se démettre d'une charge, dans l'exercice de laquelle il s'est considéré traité injustement, et il n'a aucun autre motif de continuer à correspondre que le désir naturel de défendre sa conduite. Il la justifie en de longues pages. 3

6 janvier,
Toronto.

Le même au même (n° 2). Continuera, comme on le désire, la session de la législature jusqu'à ce qu'il reçoive d'autres instructions. Il informe le consul de New-York de la date où arrivera le messager porteur de dépêches. 33

8 janvier.

Markland recommande de soumettre l'état de Hagerman au Conseil exécutif. 199

11 janvier,
Toronto.

Colborne à Glenelg (n° 3). Transmet relevé des terres de la Couronne et des réserves du clergé vendues ou concédées au cours de l'année jusqu'au 31 décembre 1835. 35

Inclus. Relevé des terres de la Couronne vendues et de celles concédées jusqu'au 31 décembre 1835. 36

Même relevé relatif aux réserves du clergé. 39

13 janvier,
Toronto.

Colborne à Glenelg (n° 4). Les émolument du greffier du Conseil exécutif ayant été bien moindres qu'on ne les avait fixés dans l'estimation, il recommande de payer à Beikie un traitement annuel de £600 et de verser les honoraires dans la caisse publique. 40

Inclus. Beikie à Colborne. Ses émoluments annuels en qualité de greffier du Conseil exécutif ne se sont élevés qu'à £52 15s. 6d. Il demande un traitement fixe de £600, à part certains honoraires d'occasion. 42

13 janvier,
New-York.

Head à Glenelg. Est arrivé la veille et va se rendre à Toronto, où il espère arriver le 20. 117

La lettre est datée de 1835 par erreur.

15 janvier,
Toronto.

Colborne à Glenelg (n° 5). Il a ouvert la législature provinciale le 24. Transmet copie de son discours d'ouverture. 44

Inclus. Discours. 45

15 janvier,
Toronto.

Rapport du Conseil exécutif. Recommande de payer à Hagerman £234 15s. 6d., pourvu qu'il s'engage à rembourser ce montant, si la Trésorerie ne l'approuve pas. 199

Inclus. Garantie de remboursement. 200

1836.
17 janvier,
Toronto.

Garantie de remboursement au cas où on ne reconnaîtrait pas la réclamation. Incluse dans le rapport du Conseil exécutif du 15 janvier 1836.

22 janvier,
Toronto.

Colborne à Glenelg (n° 6). Transmet copie des adresses présentées en réponse à son discours.   Page 54
    Inclus. Adresse du Conseil législatif.   55
    Réponse.   62
    Adresse de l'Assemblée législative.   63
    Réponse.   74

22 janvier,
Toronto.

Colborne à Glenelg (n° 7). Envoie copie du message qu'il a transmis à la Chambre d'Assemblée.   75
    Inclus. Message à la Chambre d'Assemblée, accompagné d'une dépêche du secrétaire colonial.   76

22 janvier,
Toronto.

Colborne à Glenelg (n° 8). Demande qu'on approuve l'établissement à l'île Manitoulin des sauvages de la rive nord du lac Huron. Économie à réaliser dans la distribution des présents. Anderson, le surintendant, un missionnaire et un instituteur demeureront constamment au milieu des tribus pour les civiliser. Si le projet réussit, Sa Majesté pourra être sûre, en dépit des on dit, que toutes les tribus du Canada sont groupées par villages, qu'on y tient des écoles à leur avantage, et que des personnes intéressées à leur bien-être savent les diriger. Il y a peu d'ivrognerie, et ceux qui s'y livrent sont des sauvages en visite qui demeurent aux États-Unis. L'état ci-annexé fera voir le progrès réalisé.   77
    Inclus. Anderson à Colborne. Rend compte de l'état des établissements de sauvages confiés à ses soins.   80

24 janvier,
Toronto.

Head à Glenelg. N'a pu arriver à Toronto que la veille à cause de l'amoncellement des neiges; il sera assermenté le lendemain (le 25). Prononcera son discours aux deux chambres vendredi ou samedi.   118

29 janvier,
Toronto.

Compte rendu paru dans le *Christian Guardian.* Inclus dans Colborne à Glenelg, 9 février 1836.

2 février,
Downing
Street.

Glenelg à Head. Les lords de la Trésorerie ont consenti à payer en attendant, suivant demande, un aide de camp qui s'attachera à Head.   116

4 février,
Toronto.

Head à Glenelg. Il insiste sur la nécessité d'être bien soutenu dans son gouvernement. Sinon, il sera forcer de donner sa démission.   142

5 février,
Toronto.

Head à Stephen. Il verra sans doute sa correspondance publique et sa correspondance confidentielle. Lui demande la faveur de faire savoir à lady Head s'il doit rester ou non lieutenant-gouverneur de la province. La décision de Glenelg ne changera rien à ses vues, mais il désire naturellement ne pas laisser sa famille en suspens. Il a abandonné sa maison de Kensington. Il a retenu des cabines pour sa famille et ses domestiques; le navire arrivera en Angleterre en mars, et lady Head devra alors donner sa réponse au capitaine. Si on doit le remplacer, il désire retourner dans sa famille le plus tôt possible et on devrait dépêcher immédiatement son successeur. S'il n'avait à sa disposition que le traitement qu'on lui assigne, il est convaincu qu'un ange du ciel prendrait son essor et s'enfuirait. Si on doit lui nommer un successeur, qu'on le fasse au plus vite. Colborne, au lieu de vivre modérément et d'économiser comme on le croyait, a reçu avec prodigalité, et, en ces temps de troubles, il est impossible de changer l'usage, et le gouvernement ne peut permettre que les exigences sociales lui absorbent non seulement son traitement, mais épuisent sa propre bourse. Son accession à une charge publique ne lui est pas une trop grande rémunération pour avoir abandonné son revenu et sa position dans la société, lesquels il n'avait réussi à obtenir qu'après avoir lutté toute sa vie. Dans un postscriptum il fait remarquer l'insuffisance de ses émoluments.   144

5 février,
Toronto.

Le même à Glenelg (n° 3). A fait rapport de son arrivée. A été assermenté en qualité de lieutenant-gouverneur, La foule a afflué au départ de Colborne. Après avoir eu des entrevues avec les gens de toutes les classes, il croit qu'il règne généralement de bons sentiments. Les meilleurs éléments

1–2 EDOUARD VII, A. 1902

1836.

se tiennent à distance, et ce sont seulement les turbulents qui font parler d'eux Les journaux ont publié de faux rapports touchant les événements publics. Il s'en est suivi peu de mal à Toronto, où l'on est au courant de ce qui se passe, mais ces nouvelles disséminées dans les régions éloignées et dans le Bas-Canada ont contaminé les esprits. Rien ne peut satisfaire le parti républicain, qui est devenu implacable et dont l'objet est d'arriver au pouvoir dans un but de lucre. Il a pris la résolution de ne recourir aucunement à la conciliation, mais d'agir sans crainte. Il envoie des extraits du discours qu'il a adressé à la Chambre lors de l'ouverture de la session. Raisons pour lesquelles il a communiqué à la Chambre ses instructions au complet.   Page 355

5 février, Toronto.

Head à Glenelg (n° 4). Se plaint du manque des fonds dont il dispose pour faire face aux exigences qui l'entourent. Sa dépêche se rattache à trois points, savoir : (1) Au présent état politique du Haut-Canada ; (2) à la façon dont le gouvernement du Haut-Canada a été administré jusqu'ici et à la somme d'ouvrage qui lui incombe ; (3) aux moyens insuffisants qu'il possède. Ses biens personnels lui font défaut pour continuer à exercer l'hospitalité ; son rang militaire est inférieur à celui de beaucoup dans la province, et il y a nécessité pour lui d'avoir le domestique voulu pour faire honneur aux différents devoirs qu'il devra remplir.   357 au verso.

6 février, Montréal.

Départ de sir John et de lady Colborne. Détails au long rapportés dans la *Gazette* de Montréal, et reproduits des journaux de Toronto.   120

9 février, Montréal.

Colborne à Glenelg. Il attire l'attention sur un compte rendu paru dans le *Christian Guardian* au sujet d'un débat de l'Assemblée de Toronto, pour montrer que le rapport touchant le grief y relatif n'avait jamais reçu la sanction de la Chambre d'Assemblée. Sa Seigneurie y a attaché beaucoup d'importance, bien qu'il n'ait pas été approuvé par la Chambre ni transmis par lui (Colborne) et qu'il ait contenu des inexactitudes et des faussetés criantes.   85

Inclus. Rapport paru dans le *Christian Guardian* relativement au débat.   87

10 février au 20 avril.

Quatre adresses de l'Assemblée requérant mandats au sujet des sommes affectées à des dépenses imprévues. On a accordé celles du 10 février et du 10 mars, mais on a refusé celles du 14 et du 20 avril.   395

Inclus. Discours du lieutenant-gouverneur prononcé lors de la clôture de la session, et dans lequel il récapitule les principaux événements de la session.   396

Adresses portant signatures et présentées à Head de différentes parties de la province.   398

Adresse dans laquelle on se déclare, à Toronto, en faveur de Head.   398

Autres adresses analogues.   398, au verso, à 401, au verso.

11 février, Toronto.

Article de fond du *Courrier* au sujet des instructions de Glenelg à Head. Leur nature satisfaisante.   203

15 février, Toronto.

Réponse à une résolution passée pour demander copie de l'adresse de la Chambre d'Assemblée.   371

Adresse de l'Assemblée sur l'état languissant de l'agriculture, causé par les lois relatives au commerce et à la marine du Royaume-Uni.   371

12 février, Toronto.

Noms et dates de leur nomination des membres du Conseil et des conseillers en loi de la Couronne.   172

15 février, Toronto.

Head à Glenelg (n° 6). Transmet résolution votée par l'Assemblée.   368

Inclus. Résolution relative à des résolutions concernant réforme.   368

15 février, Toronto.

Head à Glenelg (n° 5). Transmet adresse proposée par Mackenzie à l'Assemblée, et dont on a imprimé 2,000 exemplaires. A envoyé copies de dépêches qu'on a demandées, et qu'il aurait pu refuser en d'autres circonstances. Il est convaincu que la population du Bas-Canada va s'unir pour appuyer le gouvernement. Il transmet copie d'une adresse que lui a présentée la ville de Toronto, et il l'accompagne de sa réponse.   361

DOC. DE LA SESSION No. 18

1836.

Inclus. Actes de l'Assemblée relativement à une adresse à présenter à Head pour le mettre au courant des affaires de la colonie.   Page 361

Message en réponse à l'adresse.   365 au verso.

Adresse à Head de la part de la municipalité de Toronto qui y exprime son attachement au roi et à la constitution.   367 au verso.

Réponse.   368

15 février, Toronto.   Head à Stephen. Il a hâte, pour sa famille, de savoir ce qu'on a décidé à son sujet ; personnellement, il n'est pas inquiet. Il est convaincu qu'il n'a pas demandé plus que ne le requiert l'importance de ses devoirs, et que, vu le développement du Haut-Canada, la moitié de ce qu'on accordait à Maitland ne lui est pas suffisante aujourd'hui. Lorsqu'un gouvernement requiert les services d'un individu qui occupe une position lucrative, il ne doit pas le laisser sans rémunération et l'exposer à dépenser ses propres biens. Lorsqu'il rentre ensuite dans son pays, il se trouve de nouveau aux prises avec la grande lutte de la vie et se sent trop vieux pour combattre. Insiste pour qu'on lui alloue un montant plus élevé.   149

16 février, Toronto.   Adresse de l'Assemblée à Head, dans laquelle elle lui demande de transmettre une adresse au roi sur l'état des affaires et du commerce.   220

16 février, Toronto.   Head à Glenelg (n° 7). Transmet copie d'une lettre du procureur général, dans laquelle on trouvera des renseignements complets au sujet du bill ayant pour objet de faire autoriser l'Artillerie à vendre et à acheter du terrain.   210

Inclus. Le procureur général au lieutenant-gouverneur. Transmet renseignement au sujet du bill ayant pour objet de faire autoriser l'Artillerie à vendre et à acheter du terrain.   211

16 février, Toronto.   Head à Glenelg (n° 8). Demande la prompte confirmation de la nomination de Hepburn, que son prédécesseur a recommandé de nommer commis au département des Affaires des Sauvages ; Hepburn est actif et intelligent et bien qualifié.   212

Inclus. Hepburn à John Joseph. Lui écrit au sujet de sa nomination au département des Affaires des Sauvages.   213

17 février, Toronto.   Head à l'évêque de Régiopolis et à l'archidiacre Strachan.

22 février, Toronto.   Strachan à Joseph. Toutes les deux sont incluses dans Head à Glenelg, 29 février 1836.

23 février, Toronto.   Head à Glenelg (n° 9). Le Conseil exécutif a déclaré qu'il était nécessaire d'augmenter le nombre de ses membres. Refus de Robert Baldwin d'accepter le poste, à moins qu'on ne destitue les trois membres actuels pour plaire à l'Assemblée, ce à quoi il (Head) n'a pas voulu se rendre pour plusieurs motifs. Le docteur Baldwin, qu'on a fait venir, a fait la même demande qui a de nouveau été refusée. Robert Baldwin accepte ensuite. Bidwell croit que les nominations sont satisfaisantes à l'Assemblée. Il (Head) ne s'attend pas que l'Assemblée cesse de longtemps ses agitations, mais il ne va lui fournir aucun sujet de se plaindre. Transmet copies de deux adresses de l'Assemblée.   368 au verso.

Inclus. Avis officiel de la nomination de trois membres du Conseil exécutif.   369 au verso.

Adresse de l'Assemblée au sujet d'une plainte portée par les Hurons contre Ironside, et dans laquelle ils disent que leurs terres ont été concédées sans droit à des métis, et on demande production des documents relatifs à cette affaire.   369 au verso.

Message de Head dans lequel il déclare refuser de produire les documents, et ce, surtout parce qu'il y a une contre-pétition dans laquelle les Hurons expriment leur confiance en la justice du gouvernement.   370

Adresse dans laquelle l'Assemblée demande qu'on lui transmette cette partie de la dépêche de Colborne, qu'on ne lui a pas encore communiquée.   370

1836.

Head à l'Assemblée. Il ne peut sans l'autorisation du secrétaire colonial transmettre la dépêche qu'on lui demande. Inconvenance de rendre publiques des dépêches individuelles, et cette partie des instructions de Glenelg, qu'il n'a pas communiquée à l'Assemblée, en était bien une.

Page 370 au verso.

Glenelg à Head. Il a reçu dépêche. Il approuve ses nominations au Conseil exécutif, et il recommandera de les confirmer.   370 au verso.

29 février,
Montréal.

Colborne à Glenelg. Au sujet de la construction d'un canal aux rapides de Sainte-Anne sur l'Ottawa, il transmet un plan et un mémoire de la part des habitants de divers endroits.   97

Inclus. Plan de Montréal sur lequel on indique la position que devra avoir le canal requis aux rapides de Sainte-Anne de manière à rendre complète la navigation du canal Rideau.   98

Mémoire des habitants de Midland, Johnstown, Bathurst et Ottawa. Ils reconnaissent la libéralité que leur a faite le gouvernement britannique en creusant le canal Rideau, mais les profits en ont été en grande partie monopolisés par une compagnie d'expéditeurs dite la Compagnie de transport de l'Ottawa et de Rideau, laquelle s'est fait construire sur sa propriété de Vaudreuil une écluse, où elle empêche les bateaux qui lui font concurrence de passer, même en frayant un droit. Ils demandent instamment la construction immédiate d'une écluse aux rapides de Sainte-Anne.   99

Mémoires similaires, dont on indique seulement les signatures.

101, 103, 105, 107, 109, 111, 113.

29 février,
Toronto.

Head à Glenelg (n° 12). Transmet la demande que fait Radenhurst de la position d'arpenteur général, devenue vacante par suite de la démission de Hurd, qui n'est plus en état de remplir ses devoirs. Il a refusé de recommander Radenhurst à cette charge, mais il a conseillé de nommer Macaulay. Radenhurst ne nie pas qu'il ait agi en qualité d'agent particulier au sujet des terres de la Couronne.   373

Inclus. Documents relatifs à l'imputation portée contre Radenhurst d'avoir agi en qualité d'agent particulier, lorsqu'il était employé au bureau de l'arpenteur général, et se rapportant aussi à la retraite de Hurd.

375 au verso à 377 au verso.

29 février,
Toronto.

Head à Glenelg. Envoie copie d'une lettre adressée à l'archidiacre Strachan et copie de la réponse de ce dernier. Il a aussi écrit pour le même sujet à l'évêque de Régiopolis, mais il n'a pas encore reçu de réponse.   221

Inclus. Head à l'évêque de Régiopolis et à l'archidiacre Strachan. Bien que membres du Conseil, ils ne doivent pas intervenir dans les affaires temporelles. Il doute qu'ils aient le droit de siéger au Conseil.   223

Strachan à Joseph. Sa reconnaissance envers le lieutenant-gouverneur pour la délicatesse avec laquelle il lui a communiqué le désir du gouvernement de Sa Majesté. Ses intentions détaillées quant à la conduite qu'il entend tenir en qualité de conseiller.   227

29 février,
Toronto.

Head à Glenelg. Transmet adresse de l'Assemblée au sujet de l'état des affaires et du commerce.   218

5 mars,
Toronto.

Le même à Stephen. N'a que le temps de suggérer quelle réponse donner à l'adresse de l'Assemblée du Bas-Canada. Il ne ferait qu'en accuser réception et déclarer qu'on s'en occuperait soigneusement. La fermeté et une conduite énergiques sauveront seules les colonies ; il faut de la justice mais ne pas la mêler de trop d'indulgence, car toute concession serait considérée comme une marque de faiblesse. Les chambres d'Assemblée se montreront tumultueuses, mais on gagnera le peuple.   259

Adresse aux électeurs de Kent au sujet de la réforme longtemps différée.
261

12 mars,
Toronto.

Head à Glenelg (n° 14). Transmet maintenant la réponse de l'évêque de Régiopolis.   266

Inclus. L'évêque de Régiopolis au lieutenant-gouverneur. Fait des observations sur quelques passages de l'œuvre extraordinaire de l'Assemblée ; il est absolument faux que le pays s'est senti blessé profondément de la nomination au Conseil du juge-président, et les soupçons n'ont trouvé place que dans le cœur des auteurs de l'adresse, qui ne se forment une idée de l'honneur des autres que d'après le manque complet qu'ils en ont chez eux ; d'ailleurs personne n'a répété qu'il entretenait des doutes, à l'exception de ceux qu'on a dressés pour qu'ils se fissent l'écho des clameurs d'une faction téméraire. Strachan est doué de bonnes qualités, et il n'a jamais entendu dire qu'il se fût livré à la lutte politique ; au contraire, on lui a parlé de son zèle infatigable à accomplir ses devoirs de pasteur et de sa charité pour les pauvres et les indigents de toutes croyances. Ses propres services lui font attacher peu d'importance aux accusations qu'on fait peser sur lui. Aperçu de ses services. Page 267

14 mars,
Toronto.

Avis de la nomination au Conseil exécutif de MM. Sullivan, Elmsley, Baldwin et Allan, et de celle du lieutenant Frederick Halkett en qualité d'aide de camp du gouverneur. 283

Courte biographie de chacun des nouveaux conseillers. 284

19 mars,
Toronto.

Head à Glenelg (n° 16). Moore, agent préposé au soin des dépêches à New-York, transmet un avis qu'on peut retenir à la douane de New-York les dépêches pesant plus d'un certain poids. Demande de prendre des mesures pour prévenir toute rétention inutile. 280

Inclus. Note de Moore au sujet de la rétention des dépêches à New-York. 281

21 mars,
Toronto.

Head à Glenelg (n° 15). Démission soudaine du Conseil exécutif, précédée des fâcheux indices d'une conspiration. Soumission de quatre membres du Conseil, mais il refuse de les réintégrer tant qu'on n'aura pas retiré le document d'une façon aussi formelle qu'on l'a remis. Envoie des papiers qui renseigneront sur cet incident. 378

Inclus. Adresse de l'Assemblée qui demande des renseignements sur la démission du Conseil exécutif. 379

Réponse du lieutenant-gouverneur. 379

Les conseillers exécutifs représentent qu'ils ne sont pas responsables de l'administration du pays, car on entrave l'exécution de leurs devoirs. 379 au verso

Réponse du lieutenant-gouverneur. 380 au verso

Adresse de la municipalité de Toronto pour exprimer son manque de confiance dans le Conseil exécutif nouvellement nommé. 382

Réponse à l'adresse. 382 au verso

21 mars,
Toronto.

Head à Glenelg (n° 17). Envoie les noms de quatre personnes nommés au Conseil exécutif, 286

Inclus. Pétition adressée au roi de la part de l'Assemblée pour demander le redressement des torts et le maintien de l'honneur et de la dignité de la couronne. 394

La pétition de la Chambre des Communes donne le détail des torts dont on se plaint.

22 mars,
Toronto.

Head à Glenelg. Transmet, pour faire connaître le vrai caractère de Mackenzie, copie d'une feuille imprimée qu'il fait circuler. 287

22 mars,
Toronto.

Le même au même (n° 13). Suivant ses instructions, il a biffé le mot "suffisant" dans la 14ème section. 265

22 mars,
Downing
Street.

Glenelg à Head. Il a reçu dépêches. Dans quel esprit doit s'échanger la correspondance officielle. La confiance qu'il peut avoir en sa discrétion (de Head) lui permettra de poser des questions sans craindre qu'on y voie un motif de défiance. Il doit y avoir dans la correspondance officielle de la franchise et de la confiance mutuelle. Fait des observations sur la façon dont il a adressé en personne son message aux Chambres, bien que la session fût avancée. Il a confiance qu'il ne sera porté aucune accusation de rupture

1836.

de privilège par ni l'une ni l'autre des Chambres. Il ne peut le blâmer d'avoir communiqué au complet la copie de ses instructions au lieu de n'en avoir donné que la substance, car il n'y a aucune règle fixe. Il craint que la communication des instructions que l'on adressait aux commissaires du Bas-Canada n'ait causé des embarras à Gosford, et que le fait d'avoir suivi une politique différente de celle de Gosford n'ait créé du mécontentement dans le Bas-Canada et nui au succès de sa mission. L'adresse de la Chambre d'Assemblée, le 5 février, l'a mis dans une position difficile, d'où il s'est tiré avec adresse et jugement. Il approuve sa conduite à l'égard de la Chambre d'Assemblée.   **Page 353**

**22 mars,
Downing
Street.**

Glenelg à Head. Il se rappelle ce qui s'est passé entre eux avant son départ (de Head) pour le Canada. On a réglé heureusement la question relative à l'aide de camp. Il est difficile de le créer baronnet, ce qui d'ailleurs n'élèverait point son grade militaire. Il admet la justesse de partie de ses plaintes au sujet de ses allocations, mais il doute que la position de Colborne lui enjoignit de faire les dépenses nombreuses qu'il a encourues. Il ne peut pour le moment recommander de rendre son allocation plus forte, car son séjour en Canada est encore trop récent pour être apprécié à sa juste valeur, et s'il recommandait une augmentation de concert avec ses collègues, la Chambre des Communes s'y opposerait. Il ne peut croire qu'il renoncerait à son poste, vu les fâcheux résultats directs et indirects d'une telle décision. Il ne peut prendre en considération son intérêt personnel qu'en autant qu'il s'accordera avec les intérêts de la nation.   359

**25 mars,
Toronto.**

Head à Glenelg (n° 19). Transmet une lettre de Hurd, dans laquelle il donne un état des service rendus par son père.   289

Inclus. J. P. Hurd à Head. Il énumère ses services en qualité d'inspecteur général.   290

Mémoire de Hurd.   292

Hurd fils à Head. Envoie un état des services rendus par son père dans la marine royale.   299

Etat des services rendus dans la marine royale par feu le capitaine Thomas Hurd.   •   300

**31 mars,
Downing
Street.**

Glenelg à Head. Il a reçu la dépêche de Colborne du 22 janvier. Il est content du rapport d'Anderson qu'on y avait inclus. Ne peut décider de sanctionner le projet de l'établissement des sauvages à l'île du Grand-Manitoulin avant d'avoir reçu son rapport (de Head).   83

**— mars,
Downing
Street.**

Grey à Phillpotts. Répond à sa lettre, dans laquelle il sollicitait en faveur de son frère la charge d'inspecteur général ; il n'y a présentement aucune vacance et Glenelg ne s'attend pas à la retraite du titulaire actuel.
                                                                        247

**2 avril,
Toronto.**

Head à Glenelg n° 20). Transmet pour qu'on la dépose au pied du trône une adresse de la part du président et des membres du conseil de la police de Brockville.   304

Inclus. Adresse dans laquelle on exprime des regrets au sujet de l'effet tenté par le Conseil exécutif du pays pour exclure le lieutenant-gouverneur
                                                                        305

Réponse du lieutenant-gouverneur dans la laquelle il déclare avoir transmis l'adresse au secrétaire colonial pour qu'il la soumette au roi.   308

**4 avril,
Toronto.**

Head à Glenelg (n° 21). A reçu dépêches notées en marge et adressées à son prédécesseur.   309

**5 avril,
Toronto**

Le même au même (n° 22). Transmet livre bleu de 1835.   310

**5 avril,
Toronto.**

Le même au même (n° 23). A reçu dépêches notées en marge.   311

**6 avril,
Toronto.**

Le même au même (n° 24). Se propose de proroger le 20. Remèdes appliqués au redressement des griefs dont on se plaignait. Sa détermination lors de sa nomination de mettre ces remèdes à effet, mais le parti répu-

blicain n'en veut pas. Transmet copie de messages et autres documents
établissant son vif désir de redresser tous griefs. Défaite de Mackenzie à
une assemblée tenue à 10 milles de Toronto. L'appui qu'on lui a donné (à
Head). C'est à Glenelg de le supporter.   Page 383
    Inclus. Adresse d'une assemblée publique tenue à Toronto. 385 au verso
    Réponse de Head. Il y démontre que l'adresse n'est pas tout à fait con-
    forme à la vérité.   386
    Adresse de l'Assemblée. Exprime son regret de ce que Head a été cause
de la démission des Conseillers exécutifs. L'Assemblée n'a aucune confiance
dans le nouveau conseil.   387 au verso
    Réponse du lieutenant-gouverneur. Il désire assurer la liberté au peu-
ple, et comme il constitue l'une des branches de la législature, il affirme
son droit à la liberté de penser de même que les deux autres branches.
                                                       387 au verso
    Circulaire signée par Mackenzie et adressée aux différentes localités du
Haut-Canada dans le but de faire prendre des mesures pour arrêter le vote
des subsides.   388 au verso
    Adresse stéréotypée à passer suivant la teneur de la circulaire.
                                                       388 au verso
    Assemblée publique convoquée dans le comté de York.   389 au verso

20 avril,   Head à Glenelg (confidentielle). Transmet son discours de prorogation.
Toronto.   Écrira au long la semaine suivante.   318
              Inclus. Copie imprimée du discours.   396

21 avril,   Head à Glenelg (n° 26). L'Assemblée n'ayant pas voté les subsides, il a
Toronto.   réservé tout le bill se rapportant aux finances et refusé d'accorder les sommes affectées aux dépenses imprévues. Il fait la récapitulation des rapports
précédents. Le rapport sur les griefs est un pur *ignis fatuus*, car on n'a aucunement essayé de mettre les remèdes à effet. Dispersion de la faction dont
le but est de détruire la constitution et de s'emparer du pouvoir et du patronage de la Couronne. La dépêche est très longue.   390

22 avril,   Le même au même (n° 25). Transmet réquisition de papeterie pour l'u-
Toronto.   sage des bureaux du lieutenant-gouverneur et de l'inspecteur général. Le
montant du compte sera versé dans la caisse militaire dès qu'on le connaîtra.
                                                       320
              Inclus. Réquisition.   322

22 avril,   Head à Glenelg (n° 27). Transmet adresse dans laquelle l'Assemblée re-
Toronto.   mercie le roi d'avoir pris en considération l'affaire de James Davidson. 330
              Inclus. Adresse de l'Assemblée.   331

26 avril.   A. Baldwin à Head. Corrige une erreur qui s'est glissée dans le rapport
Toronto.   de son témoignage donné devant un comité de l'Assemblée.   395

27 avril,   Head à Glenelg (n° 28). Transmet copie d'une lettre adressée par Papi-
Toronto.   neau, orateur de l'Assemblée du Bas-Canada à Bidwell, orateur de l'Assemblée du Haut-Canada. Inutile de faire des observations sur son langage
déloyal et révolutionnaire. Bidwell a reçu la lettre le 20 mars, mais ne l'a
communiquée que quelques heures avant la prorogation de la Chambre.
Nomination de délégués qui devront rencontrer ceux du Bas-Canada ; parmi
eux se trouve Dunn. Il le fait venir pour lui demander d'écrire une lettre
à l'Assemblée et de refuser cette nomination. Lettre non satisfaisante.
                                                       437
              Inclus. Papineau à Bidwell. (Très longue lettre traitant de prétendus
abus).   437
    Dunn à Joseph. Refuse d'être délégué au Bas-Canada ; il en a plus qu'il
ne peut faire, et il ne peut accepter l'honneur qu'on lui fait sans le consentement du lieutenant-gouverneur.   439 au verso
    Suit la réponse.
    Dunn à Joseph. Autres observations au sujet de sa nomination en qua-
lité de délégué.   439 au verso

1836.
27 avril,
Toronto

Head à Glenelg (personnelle et confidentielle).   Il a longuement combattu la faction révolutionnaire et l'a défaite.   On devrait cesser de faire des concessions, car plus on donne, plus la faction devient exigeante.   On a fait appel au peuple et il s'est ainsi opéré une réaction.   Il allègue qu'on ne doit pas rendre électif le Conseil législatif et que le Conseil exécutif doit continuer à être le Conseil privé du lieutenant-gouverneur ; il est cependant impossible de le consulter sur tous les sujets.   Il demande une lettre courte et énergique.   Page 333

27 avril.
Toronto.

Le même à ————.   Cite la fable de la belette tuant le rat pour montrer comment il en a agi avec le parti républicain.   Il est déterminé à continuer la lutte.   Comment les républicains excitent le peuple.   L'état de ses affaires personnelles.   337

26 avril,
Toronto.

Le même à Glenelg (n° 29).   Transmet minutes du Conseil pour montrer qu'en refusant d'accorder les sommes affectées aux dépenses imprévues de l'Assemblée, il avait agi suivant l'avis du Conseil.   Un des motifs de son refus, c'est qu'il savait qu'il serait alloué une somme considérable pour envoyer un agent à Londres.   Robert Baldwin, part pour Londres sous prétexte de mauvaise santé, mais il est reconnu qu'il est prêt à répondre sur toutes les questions.   440

Inclus. Minutes du Conseil relatives à la question d'accorder les sommes affectées aux dépenses imprévues, et qui sont soumises à ses membres pour avoir leur avis.   440 au verso

21 mai,
Downing
Street.

Glenelg à Head.   Il a reçu sa dépêche lui annonçant qu'il avait l'intention de proroger les Chambres.   La confiance que le ministère repose en sa sagesse et en son jugement diminue ses inquiétudes.   Dès qu'il aura reçu d'autres dépêches, le gouvernement s'occupera de l'état général du Haut-Canada.   360 au verso

13 juin,
Downing
Street.

Le même au même.   Hume a présenté, le 10 courant, à la Chambre des Communes, la pétition de l'Assemblée.   Hume n'a fait aucune observation à ce propos, mais il a donné avis qu'il demanderait de faire imprimer cette pétition.   Grey a fait remarquer, vu qu'elle contenait une accusation portée contre Head, laquelle ce dernier réfutait complètement dans sa dépêche, qu'il proposerait de faire publier un extrait de cette dépêche en même temps que la pétition.   Il (Glenelg) trouve que l'explication répond parfaitement à l'accusation.   .   327

14 juin,
Downing
Street.

Le même au même.   Il étudiera soigneusement ses dépêches, mais il ne peut pas se prononcer sur certaines d'entre elles, tant qu'il ne les aura pas soumises à ses collègues.   Il nie avoir écrit une lettre de blâme à Head.   Il approuve son zèle, son ardeur, la fermeté et la rapidité de sa décision.   Envoie copie de ses instructions confidentielles à Gosford.   On trouvera cette lettre parmi les papiers imprimés le 20 février 1837.   436

16 juillet,
Toronto.

Head à Glenelg (n° 49).   Quarante nouveaux représentants constitutionnels ont été élus à la Chambre d'Assemblée.   Les républicains, sentant leur cause perdue, se sont réunis plusieurs soirs à Toronto pour voir à demander de l'aide au gouvernement de Sa Majesté, et ont délégué un agent secret (Duncombe) pour porter certaines plaintes relatives aux élections.   Il a confiance qu'on n'encouragera pas cette pratique inconstitutionnelle de dépêcher des agents porteurs d'accusations contre le lieutenant-gouverneur.   435

25 juillet,
Downing
Street.

Glenelg à Head.   Il a reçu dépêche dans laquelle on le prévient de la nomination de Sullivan, Elmsley, Baldwin et Allan au Conseil exécutif.   Il espère transmettre par la prochaine occasion la décision de Sa Majesté.
                                        282

Pas de date.

Assemblée constitutionnelle à Lennoxville.   129

Rapport du comité à l'Assemblée ; ce rapport est trop long pour en donner un résumé convenable.   401 au verso

Liste de documents formant annexe au rapport.   415

1836.
Les documents s'étendent jusqu'à   Page 435
Anonyme à Head. On l'approuve d'avoir demandé la démission de Hurd,
inspecteur général. On avait nommé le capitaine Macaulay pour lui succéder, mais, animé par un sentiment d'amour public, il a refusé la charge, et
Radenhurst a transmis un mémoire accompagné de fortes recommandations
et priant qu'on le nommât en remplacement de Hurd. Il (Head) ne peut
appuyer la demande contenue en ce mémoire. Radenhurst a agi en qualité
d'agent des individus, de sorte qu'il ne serait pas de l'intérêt des biens de la
Couronne de le nommer. Il doit le prévenir du regret de Glenelg qu'il ne
puisse le recommander. Il désire que Macaulay accepte la charge. Ce que
l'on veut obtenir, ce n'est pas tant un avantage immédiat, que la prospérité
de tous les sujets de Sa Majesté, qui habitent le continent de l'Amérique du
Nord, mais on ne peut arriver à ce résultat que par la co-opération active
des fonctionnaires subalternes, laquelle on n'a pu constater jusqu'à aujour-
d'hui à cause de la mollesse de l'inspecteur général, mollesse qui ne se verra
plus à l'avenir. Si l'on reproche à des fonctionnaires du département des
concessions de terres de se livrer, pendant leurs heures de travail ordinaire
ou en dehors de ces heures, à des occupations incompatibles avec leur position officielle, il sera institué une enquête rigoureuse, et si on trouve les
accusations fondées, le coupable devra être suspendu ou démis. Le sujet de
cette dépêche devra être communiqué à Radenhurst à titre de réponse à son
mémoire.   241

LE LIEUTENANT-GOUVERNEUR SIR F. B. HEAD, 1836.

Q. 390.—1-2-3.

1818.
La partie 1 est paginée de 1 à 245 ; la partie 2, de 246 à 503 ; la partie
3, de 504 à 749.

26 février.
Bathurst au président Smith (extrait.) Inclus dans Head à Glenelg, 4
1832.   juin 1836.
12 juillet,   Témoignage de John Jones en faveur de Hepburn. Inclus dans Head à
Lincoln's Inn. Glenelg, 5 mai 1836.

1834.
13 février,   Rayne à Rowan.
Kingston.

21 avril,   Rapport du Conseil exécutif sur le mémoire de Rayne. Tous deux inclus
Toronto.   dans Head à Glenelg, 23 juin 1836.

7 juin,   Témoignage donné en faveur de Donald Cameron par les Commissaires
Eldon.   de la cour des enquêtes de la division n° 8 du district de Newcastle. Inclus
dans Head à Glenelg, 10 juin 1836.

14 juin,   Rapport de Hurd, inspecteur général, sur la réclamation de Rayne.
Toronto.

31 juillet,   Décision du Conseil exécutif. Tous deux inclus dans Head à Glenelg,
Toronto.   23 juin 1836.

7 septembre,   Témoignage des Commissaires du district de Home en faveur de Came-
Thorah.   ron. Inclus dans Head à Glenelg, 10 juin 1836.

1835.
4 avril.   Certificat des voisins de Lévi Lewis.
Londres.

4 avril.   Certificat de Springer. Tous deux inclus dans Head à Glenelg, 14 juin
1836.

avril.   Rapport de la commission d'enquête du Conseil législatif sur bills relatifs
à l'éducation.   Page 367

1835.
4 mai,
Londres.
Parke, de la part du comité de l'Assemblée du Haut Canada, à Colborne. Lettre incluse dans Head à Glenelg, 14 juin 1836.

13 juillet,
Thorah.
Certificat des habitants de Thorah pour établir les services de Donald Cameron. Inclus dans Head à Glenelg, 10 juin 1836.

31 août,
Kingston.
Mémoire de Rayne. Inclus dans Head à Glenelg, 23 juin 1836.

22 décembre,
Glengarry.
Pétition de Donald Cameron. Incluse dans Head à Glenelg, 10 juin 1836.

22 décembre,
Londres.
Certificat du greffier de la paix, établissant le paiement de ses taxes par Lévi Lewis, du township de Londres.

22 décembre,
Londres.
Certificat du greffier de la paix, établissant le paiement de ses taxes par William Jackson, du township de Londres. Tous deux inclus dans Head à Glenelg, 14 juin 1836.

1836.
26 mars,
Port Talbot,
Mémoire de Talbot. Inclus dans Head à Glenelg, 4 juin 1836.

29 mars,
Toronto.
Certificat donné par Duncombe et établissant les incapacités physiques de William Jackson.

6 avril,
Londres.
Affidavit de Lévi Lewis. Tous deux inclus dans Head à Glenelg, 14 juin 1836.

18 avril.
Macaulay à Joseph. Lettre incluse dans Head à Glenelg, 3 juin 1836.

19 avril.

19 avril,
Rivière Trent.
Pétition des habitants de River-Trent. Incluse dans Head à Glenelg, 4 mai 1836,

19 avril,
Napanee.
Adresse des habitants de Lenox. Incluse dans Head à Glenelg, 19 mai 1836.

19 avril,
Toronto.
Le procureur général (Jameson) à Joseph. Lettre incluse dans Head à Glenelg, 3 juin 1836.

20 avril.
Pétition.
Signatures.   Page 72

20 avril,
Lansdowne.
Pétition du conseil des commissaires. Titre.   75

20 avril,
Lanark.
Adresse des habitants du township de Lanark.   722 au verso

22 avril,
South Crosby.
Pétition du conseil des commissaires. Titre.   99

22 avril,
Perth.
Adresse de Perth. Incluse dans Head à Glenelg, 4 mai 1836.

23 avril,
Belleville.
Signatures additionnelles.

24 avril,
Isthmus.
Adresse des habitants de Crosby-Nord.

23 avril,
Plympton.
Adresse du canton de Plympton. Ce document et les deux précédents sont inclus dans Head à Glenelg, 11 mai 1836.

23 avril,
Orillia.
Pétition des habitants d'Orillia. Signatures.   39

25 avril.
Pétition des habitants de Bastard. Titre.   79
26 avril.
Pétition des habitants de Yonge. Titre.   91
27 avril,
Kingston.
Pétition des magistrats du district de Midland. Titre.   48

27 avril.
Pétition des habitants de Elizabethtown. Titre.   102
29 avril,
Toronto
Township.
Adresse des habitants du township de Toronto. Incluse dans Head à Glenelg, 4 mai 1836.

30 avril.
Pétition des habitants de Nelson et de Hambro-Est. Titre.   81
30 avril.
Pétition des habitants de Bayham. Titre.   100
Avril (?),
Port Hope.
Adresse des habitants de Port-Hope.

DOC. DE LA SESSION No. 18

1836.
Avril (?).　Adresse des habitants de Brantford.　Toutes deux sont incluses dans Head à Glenelg, 4 mai 1836.

Avril (?),　Adresse des habitants de Toronto.　Incluse dans Head à Glenelg, 19
Toronto.　mai 1836.

Avril (?).　Pétition des habitants de Toronto.　Titre.　　　　Page 54

Avril —,　Rapport du comité du Conseil sur le cas de Donald Cameron.　Inclus
Toronto.　dans Head à Glenelg, 10 juin 1836,

Avril (?).　Pétition des habitants de Pickering.　Titre.　　　78
　　　Pétition.　　　734

Avril (?).　Pétition de la congrégation de l'église St-Andrew, Aldborough.　Titre
　　　et signatures.　　　82
　　　Pétition.　　　735

Avril (?).　Pétition des Canadiens.　Titre.　　　87
　　　Pétition.　　　736, au verso.
　　　(La pétition n'indique pas par qui elle a été dressée).

Avri (?).　Pétition des habitants de Streetsville.　Titre.　　　90
　　　Pétition.　　　738

Avril (?).　Pétition des habitants du district de Home.　Titre.　　　93
　　　Pétition.　　　738, au verso.

Avril (?).　Pétition des habitants de Camden.　Titre.　　　94
　　　Pétition.　　　739

Avril (?).　Pétition des habitants de Nichol et de Woolwich.　Titre.　　　50
　　　Pétition,　　　726, au verso.

Avril (?),　Adresse des habitants du township de Darlington.　Incluse dans Head à
Darlington.　Glenelg, 11 mai 1836.

Avril ?　Pétition du district de New-Castle.　Titre.　　　74
　　　Pétition.　　　733

2 mai.　Pétition des habitants de Trafalgar.　Titre.　　　89
　　　Pétition.　　　310

3 mai.　Macaulay à Joseph.　Lettre incluse dans Head à Glenelg, 11 mai 1836.
Kingston.
3 mai.　Pétition des habitants de Kitley.　Titre.　　　88
　　　Pétition.　　　309

4 mai,　Head à Glenelg (n° 30).　Transmet six adresses loyales reçues depuis
Toronto.　qu'il a adressé sa dépêche du 21 du mois dernier.　　　721
　　　Inclus.　Adresse de Perth.　　　721
　　　Adresse de River-Trent.　　　721, au verso.
　　　Adresse du township de Toronto.　　　722
　　　Adresse de Brantford.　　　722
　　　Adresse de Port-Hope.　　　722

4 mai.　Pétition des habitants de Woodstock.　Titre.　　　80
　　　Pétition.　　　304

4 mai.　Pétition des habitants d'Elmsley.　Titre.　　　95
　　　Pétition.　　　313

5 mai,　Head à Glenelg.　On a attiré son attention sur les dépenses du départe-
Toronto.　ment des Affaires des sauvages tant pour le Haut que pour le Bas-
　　　Canada ; on a, depuis 1830, limité ces dépenses à £20,000.　Il a l'intention
　　　de se rendre à la réunion des sauvages aux îles Manitoulin, où, suivant le
　　　projet de Colborne, on se propose de les faire établir, et il espère faire con-
　　　naître jusqu'à quel point il serait possible en toute bonne foi et saine politi-
　　　que de diminuer graduellement le nombre des présents jusqu'à l'abrogation
　　　complète de cette coutume et voir en même temps si on ne pourrait la
　　　remplacer par des paiements en argent.　Il indiquera quelle réduction on
　　　peut opérer dans le département des Affaires des sauvages, après s'être assuré
　　　du minimum auquel cette réduction peut être amenée,　Il signale les services
　　　de Givins et ceux rendus par Hepburn.　On devrait permettre à Givins de
　　　prendre sa retraite et de retirer son présent traitement et le remplacer par
　　　Hepburn.　Il inclut la lettre de Colborne relative à la retraite de Givins.　4

1836.

Inclus. Colborne à Head. Lui écrit au sujet des services de Givins et des devoirs additionnels qu'il y a à remplir au département des Affaires des sauvages et nécessités par le changement de système.   Page 8

5 mai,
Toronto.

Témoignage de John Jones en faveur de Hepburn.   . 12

Head à ———. Il a envoyé à Glenelg son discours de prorogation. La réaction est si forte dans la province qu'il désire plus la modérer que l'accélérer ; les journaux de la réforme même le supportent et le journal des méthodistes a dénoncé Mackenzie ; Bidwell répète qu'il va se retirer de la vie publique. Il s'aperçoit que ses commettants le désertent, et qu'il ne sera plus nommé orateur à la prochaine session, car la majorité des constitutionnels est certaine. Il reçoit des adresses de partout, mais pas une seule n'est en faveur des radicaux, qui sont battus à plate couture. Sa politique de paix ; tout dépend du ferme appui qu'on lui donnera. Conseille d'attaquer Papineau avant que son parti soit prêt. Le système de conciliation ne donnera rien de bon; Gosford en a essayé. Se justifie d'avoir communiqué à l'Assemblée le texte complet de ses instructions. Craint qu'on ne trouve son discours de prorogation trop long et trop familier, mais il a tout gagné en se montrant au peuple comme il se faisait tromper par les réformistes. Il enverra dans quelques jours une dépêche au sujet du bill des subsides. Il n'est pas heureux loin de sa famille. Il insiste pour qu'on ne fasse aucune concession. Le Haut-Canada est la pierre angulaire ; qu'on l'affermisse, et le reste sera forcément solide. Il demande à Downing Street de le laisser agir seul et de ne pas lui nuire par des voies détournées. Robert Baldwin a pris le frère du docteur Rolfe en qualité de secrétaire ; s'ils s'adressent à Downing Street, il espère qu'on leur répondra d'une façon énergique et il aimerait avoir communication de la réponse.   14

Extrait de la dépêche du 9 mai concernant l'accusation qu'on portait contre lui d'avoir transmis à l'Assemblée copie de la dépêche de Colborne, mais dans laquelle dépêche du 8 il prétend ne pas en avoir agi ainsi, bien qu'il en ait exprimé l'intention dans le brouillon de son message, mais il a changé d'idée.   21

5 mai.

Pétition des h bitants des chutes Niagara. Titre et signature du président et du secrétaire.   101

Pétition.   317

6 mai.

Pétition des habitants de Saint-Thomas. Titre.   92

Pétition.   311

6 mai.

Pétition des habitants de Burgess. Titre.   98

Pétition.   315

7 mai.

Pétition des habitants de Beckwith. Titre et signatures.   83

Pétition.   306

8 mai,
Toronto.

Head à Glenelg. Il renonce complètement à sa demande d'augmentation de traitement et il est prêt à donner gratuitement ses services, mais il tient à prendre rang dans la vie civile. Le prix de ses services est qu'il soit nommé baronnet sans qu'il lui en coûte rien, et ce, à compte des fortes dépenses qu'il encourt.   23

8 mai,
Toronto.

Le même à ———. Il ne peut comprendre la critique de Glenelg au sujet de son premier discours du Trône ou son allusion à une rupture de privilège relativement aux observations faites sur Duncombe· On a dû prendre ses renseignements dans les journaux de Toronto, car il n'a rien dit de la chambre du conseil, et ce n'est pas là qu'il a prononcé son discours, mais bien du haut du Trône. S'il doit être condamné d'après les journaux de Toronto, la perspective est triste. On semble avoir complètement oublié ses services, bien qu'il ait renoncé à toute compensation pécuniaire dans la dépêche qu'il vient d'envoyer, ne demandant qu'à prendre lerang qui lui appartient dans le service civil. Si toute peine ne mérite pas salaire, il veut qu'on le déclare. Il est résolu de ne pas rester si on ne l'élève dans le service civil. Désire savoir ce qu'on a décidé afin de prévenir sa famille.   25

DOC. DE LA SESSION No. 18

1836.

8 mai,
Toronto.

Le même à Glenelg (n° 32). Il reçoit avec déférence et sans mot dire la manifestation de la désapprobation de Sa Seigneurie. Il a adressé la parole à l'Assemblée du haut du Trône dans la salle du Conseil législatif. Il a communiqué aux deux Chambres la teneur de ses instructions en se servant des phrases de Sa Seigneurie et non des siennes propres.   Page 723

8 mai,
Toronto.

Le même au même (n° 33). On ne s'est pas rendu à ses deux demandes, mais comme on lui donne l'assurance qu'on a confiance en lui, il retire sa démission et sa demande d'allocation, malgré l'insuffisance probale de son présent revenu. Continue à solliciter un plus haut degré d'élévation dans la vie civile.   723

9 mai,
Toronto.

Le même au même (n° 34). Transmet mémoire du capitaine Higgins. Colborne a envoyé le 12 novembre 1834 une demande semblable. Réponse donnée par Aberdeen ; copie de cette réponse a été adressée à Higgins.   28

Inclus. Mémoire de Higgins relatif à une concession de terres.   29

9 mai,
Toronto.

Rapport du Conseil exécutif sur le cas de Donald Cameron. Inclus dans Head à Glenelg, 10 juin 1836.

10 mai,
Toronto.

Manahan à Joseph.   725

Pétition des habitants de Leeds et de Landsdown. Titre.   76

11 mai.

Pétition.   302

11 mai,
Toronto.

Head à Glenelg (n° 35). Transmet huit adresses additionnelles. Dans les adresses de district on a débuté vigoureusement, demandant la dissolution de la Chambre. La réaction qui s'est opérée. S'attend à prononcer la dissolution dans un mois.   723 au verso.

Inclus. Adresse du township de Plympton.   723 au verso.

Adresse de Darlington.   724

Adresse de Crosby-Nord.   724 au verso.

Macaulay à Joseph. Lui signale que Manahan présentera une adresse de la part des magistrats du district de Midland.   725

Manahan à Joseph. Fait savoir que, en présentant l'adresse, il a omis de signaler que plusieurs autres cours de magistrats avaient l'intention d'envoyer des adresses à Head.   725

Signatures additionnelles de magistrats auxquels il était impossible d'assister aux sessions trimestrielles de Kingston.   725

Autres signatures de la part de certains magistrats.   725 au verso et 726

13 mai.

Pétition des habitants d'Adélaïde. Titre et signatures.   105

Pétition.   319

14 mai,
Toronto.

Head à Glenelg (n° 36). Le remercie d'avoir approuvé son attitude relativement aux conditions que Baldwin a voulu imposer pour les attacher à son acceptation du poste de Conseiller législatif. Il n'a aucun doute qu'il écrasera les républicains si on continue à l'appuyer ainsi.   727

16 mai.

Pétitions des habitants du township de Medonte. Titre.   77

Pétition.   302

16 mai,
Toronto.

Head à Glenelg (n° 37). Il désire ardemment savoir si on doit le remplacer. Si oui, il demande d'envoyer immédiatement son successeur. Fâcheux résultats dus à l'incertitude. Indique ce que sa nomination lui a occasionné de dépenses.   727

19 mai,
Toronto.

Le même au même (n° 38). Transmet adresses de la cité de Toronto et du comté de Lenox.   728

Inclus. Adresse de Toronto.   728

Réponse de Head.   728 au verso.

Adresse de Lenox.   729

23 mai,
Toronto.

Head à Glenelg. Les dépêches sont en retard. Il avait prévu le désir de Sa Seigneurie de nommer le docteur Rolph au Conseil exécutif et avait presque décidé de faire nommer Bidwell juge. Les radicaux se sont fait tort à eux-mêmes. Ils capitulent maintenant. Il espère qu'il sera bientôt temps de prononcer la dissolution, car le pays sera bien disposé. En attendant, on l'inonde d'adresses.   56

1836.
27 mai,
Toronto.

Le même au même (n° 39). Il a reçu dépêches.   Page 58

28 mai,
Toronto.

Le même au même (n° 40). Envoie copie de la Gazette contenant avis de la dissolution de la législature provinciale. Le nombre des signatures couvrant les adresses reçues jusqu'à ce jour et dans lesquelles les sujets expriment leur loyauté est de 24,100 et d'autres adresses sont à se signer en grand nombre.   729

Inclus. La Gazette annonçant la dissolution de la législature provinciale et la proclamation de la réunion d'une nouvelle législature.   729 au verso.

28 mai,
Toronto.

Head à Glenelg (personnelle). Lui signale la dissolution et le prévient qu'il va s'engager une lutte violente, mais il est assuré du résultat. Envoie copie de réponse à une adresse du district de Home, dans laquelle réponse il parle de la lettre adressée par Papineau à l'Orateur de l'Assemblée du Haut-Canada, mais il est certain que cette lettre va faire le plus grand tort à Papineau.   730

Inclus. Réponse à l'adresse des électeurs du district de Home, qui demandent la dissolution de l'Assemblée.   730

30 mai,
Toronto.

Head à Glenelg (n° 42). Transmet 31 adresses additionnelles dans lesquelles les sujets expriment leur loyauté.   730, au verso.

Inclus. Adresses.

Johnstown.   731
Newcastle.   731
Kingston (ville).   731, au verso.
Kingston (township).   731, au verso.
Loborough.   732
Kingston (townships environnants).   732
Marmora.   732, au verso.
Newcastle (district).   733
Leeds et Landsdowne.   733
Medonte.   733, au verso.
Pickering.   734
Bastard.   734, au verso.
Woodstock (ville), Oxford (comté).   734, au verso.
Nelson et Flamboro-Est.   735
Eglise Saint-André, Oldborough.   735
Beckwith.   735, au verso.
Ernesttown.   736
Scarborough.   736
Kitley.   737
Trafalgar.   737, au verso.
Streetsville.   738
Yonge.   738
Saint-Thomas.   738
District de Home.   738, au verso.
Camden-Est.   739
Elmsley.   739
Richmond.   739, au verso.
Glanford.   739, au verso.
Burgess.   740
Crosby-Sud.   740
Bayham.   740
Niagara.   741
Elizabethtown.   741, au verso.
Lettres relatives à l'adresse d'Adélaïde.   741, au verso.
Adélaïde.   742

— mai.

Pétition des habitants d'Ernesttown. Titre.   85
Pétition.   307

1836.
1er juin,
Toronto.

Head à Glenelg (n° 41). Ne pouvant s'entendre avec les commissaires, il offre de nouveau sa démission, car, s'il reste, il leur causera probablement des embarras. Page 742

3 juin,
Toronto.

Le même au même (n° 43). Transmet une adresse du Conseil législatif, accompagnée du rapport imprimé du Conseil au sujet de l'adresse et de certains autres rapports. Copies des bills auxquels l'Assemblée réfère sont entre les mains de Sa Seigneurie pour lui avoir été transmises l'année précédente. Comme l'Assemblée a soigneusement cherché à faire entendre qu'il fallait modifier la constitution du Conseil législatif, il n'a aucun doute que Sa Seigneurie va prêter une grande attention à la défense que présente le Conseil. 108

Inclus. Rapport de la commission d'enquête du Conseil législatif du Haut-Canada sur les griefs de la Chambre d'Assemblée. 110

3 juin,
Toronto.

Head à Glenelg (n° 44). Il a réservé tous les bills relatifs aux subsides ; il a cependant recommandé d'en sanctionner immédiatement trois, l'un pourvoyant à l'entretien du pénitencier, l'autre à celui des phares, et un troisième aux réparations à faire à la demeure du gardien du phare de la Pointe Gibraltar. Pourquoi il n'a pas approuvé les bills tout de suite. 375

Inclus. Macaulay à Joseph. Raisons pour lesquelles sanction a été donnée au bill pourvoyant à l'entretien du pénitencier pour l'année courante. 377

Opinion du procureur général dans laquelle il se déclare d'avis qu'on ne devrait pas sanctionner le bill pourvoyant à l'entretien des pénitenciers, car on y peut subvenir en prenant à même le montant dont dispose le roi dans la province. 380

3 juin,
Toronto.

Head à Glenelg (n° 45). Transmet copie des bills relatifs aux subsides et qu'il a réservés. Demande qu'on refuse de les sanctionner tous à l'exception de trois, savoir : celui pourvoyant à l'entretien du pénitencier provincial, celui pourvoyant à l'entretien des phares, et celui pourvoyant aux réparations à faire à la demeure du gardien du phare de la Pointe Gibraltar. Le seul autre bill est celui ayant pour objet de fournir un avocat, qui verra à la défense des prisonniers lors de leur procès. 382

4 juin,
Toronto.

Le même au même (n° 46). Reçu dépêches et rapport sur prisons, etc. 384

4 juin,
Toronto.

Head à Glenelg (n° 47). Il transmet le mémoire de Talbot où celui-ci défend sa conduite, au sujet de l'établissement Talbot, contre les accusations de l'Assemblée. Il n'a pas de raison de mettre ses explications en doute, et sa méthode de colonisation a très bien réussi. 385

Inclus. Le mémoire de Talbot. 386

Bathurst au président Smith. Extrait relatif à l'établissement Talbot. 395

8 juin,
Toronto.

Head à Glenelg (personnelle). Il croit que le résultat des élections sera favorable ; défaite de Perry ; Bidwell n'a pas encore déclaré qu'il persistera. Les radicaux remuent ciel et terre pour le renverser (Head), mais les adresses approbatrices pleuvent. 397

10 juin,
Toronto.

Le même au même (n° 48). Il transmet le rapport du conseil exécutif sur le cas de Donald Cameron. Ce cas a été souvent soumis au gouvernement local et au gouvernement impérial, sans qu'aucun nouveau fait n'ait été apporté. 399

Inclus. Rapport du conseil exécutif sur le cas de Donald Cameron. 400

Rapport du comité. 410

Témoignage des commissaires de la Cour des Requêtes de la division n° 8, du district de New-Castle, en faveur de Donald Cameron. 414

Témoignage des commissaires du district Home attestant que le témoignage ci-dessus n'exagère pas les services rendus par Cameron. 414

Pétition de Donald Cameron exposant les services qu'il avait rendus au Canada, amenant des immigrants au Canada. 415

1-2 EDOUARD VII, A. 1902

1836.

Certificat donné par les habitants de Thorah reconnaissant les services rendus par Donald Cameron en ouvrant des chemins et en augmentant ainsi la valeur des terrains environnants.   Page 420
Autres documents relatifs à Cameron et Thorah.   423 à 434

10 juin,   Gordon à Joseph.   Inclus dans l'envoi de Head à Glenelg le 28 juillet,
Amherstburg. 1836.

14 juin,   Head à Glenelg (n° 49).   Il transmet un rappport d'un comité spécial de
Toronto.   la Chambre qui n'avait pas, par mégarde, été envoyé auparavant.   435
    Inclus.   Rapport du comité sur les requêtes de John Ardil, William Jackson et Levi Lewis relativement à leurs lots dans l'établissement Talbot. Ce rapport recommande que les lots soient remis à Ardil, Jackson et Levois.
                                                        436
Certificat, signé par Springer, attestant les améliorations faites sur la moitié nord du lot 9 de la 7me concession, de London.   452
Autres documents relatifs aux pétitions Ardil, Jackson et Lewis.
                                                        452 à 459

15 juin,   Head à Glenelg.   Il transmet neuf loyales adresses expédiées de divers
Toronto.   endroits de la province ; elles contiennent 26,703 signatures,   460
    Inclus.   Adresse du second arrondissement de York.   461
Adresse du canton de Moore, comté de Kent.   463
Adresse de la ville de London.   469
Adresse du district d'Ottawa.   472
Adresse du canton de Sombra.   475
Adresse du comté de Kent.   479
Deuxième adresse du même comté, canton de Zora.   484
Mémoire du même comté.   485
Adresse du township de Toronto.   487
Adresse du comté d'Essex.   489
Adresse des habitants d'origine française de l'Assomption. 492
Pétition de Kingston et Loughboro.   496

16 juin,   Head à Glenelg (personnelle).   Perspective de succès des prochaines
Toronto.   élections.   498

17 juin,   Head à Glenelg, (n° 51).   Il transmet une copie des résolutions adoptées
Toronto.   par les colons de la société Lanark, exprimant leur gratitude pour l'abandon des réclamations qui existaient contre eux pour des avances d'argent.
                                                        500
    Inclus.   Adresse des colons.   501

17 juin,   McKenzie " à Sir Francis Head, le héraut de la Famine et de la Peste."
Toronto.   Une dénonciation des divers gouverneurs et des membres du Conseil législatif.   536
    (Elle est datée du 17 au commencement et du 16 juin à la fin.)

22 juin,   Head à Glenelg (n° 52).   Il transmet un extrait d'une lettre de Macken-
Toronto.   zie, publiée dans le " Correspondent and Advocate," qui démontre son dessein.   743

23 juin,   Le même au même (n° 53).   Il transmet le mémoire de Rayne deman-
Toronto.   dant une compensation en retour de la perte de terrain entraînée par l'annulation de la concession dans le canton de Cavan.   L'affirmation qu'il contient que la concession de terrain a été faite sans la condition d'être habitée ou améliorée, n'est pas exacte, selon que l'établit l'arrêté ministériel du 14 octobre, 1818, destiné à corriger le système de complaisance administrative qui fonctionnait alors.   615
    Inclus.   Mémoire de Rayne pour réclamer une compensation en retour de la perte de sa concession de terre.   617
Rayne à Rowan.   Exposé de ses griefs relatifs à son terrain.   620
Rapport du Conseil exécutif au sujet du mémoire de Rayne. 626
Rapport de Hurd, inspecteur-général, au sujet de la réclamation de Rayne.   628

1835.
23 juin,
Toronto.

Head à Glenelg (n° 54).   Dépêches reçues.   Page 632

24 juin,
Toronto.

Le même au même (n° 55).   Il transmet une copie de l'opinion des officiers en loi au sujet de la compétence du lieutenant-gouverneur à sanctionner le projet de loi constituant la Compagnie de Prêt et d'Asssurance sur la
vie du Haut-Canada, après que ce projet eut été réservé.   633

Inclus.   Opinion exprimée par les officiers en loi au sujet de la question
de compétence du lieutenant-gouverneur à sanctionner le projet de loi
constituant la Compagnie d'Assurance sur la Vie et de Prêt, après que le
projet eut été réservé.   634

Juin (?).

Mackenzie à————.   Il envoie la copie d'une lettre adressée à Home,
au mois de décembre, 1835, sur " l'Etat de la Colonie."   504

8 juillet,
Toronto.

Head à Glenelg (n° 56).   Il annonce la défaite des républicains aux
élections générales.   L'effet de ses réponses aux adresses.   Il demande
instamment d'être relevé de sa charge de gouverneur, maintenant que les
élections ont eu lieu.   743, au verso.

8 juillet,
Toronto.

Le même au même (personnelle).   Sa dépêche annonce la défaite complète
du parti républicain ; ce résultat est dû à la fermeté plutôt qu'à la conciliation qui n'aurait pas réussi dans les circonstances.   Le résultat dépendra
de la conduite suivie par le gouvernement-britannique.   638

12 juillet,
Toronto.

Joseph à Baldwin.

12 juillet,
Toronto.

Coffin à Ridout.

12 juillet,
Toronto.

Joseph à Ridout.

14 juillet,
Toronto.

Ridout à Coffin.

14 juillet,
Toronto.

Le même au même.

14 juillet,
Toronto.

Le même à Joseph.   Ce document ainsi que les cinq qui précèdent sont
inclus dans l'envoi de Head à Glenelg, le 20 juillet 1836.

16 juillet,
Toronto.

Head à Glenelg (n° 57).   Il l'a informé que les élections avaient ajouté
40 votes constitutionnels à l'Assemblée.   Réunions secrètes tenues par les
républicains dans le but d'en appeler au gouvernement de Sa Majesté.
Agents envoyés.   744

16 juillet,
Toronto.

Head à Glenelg (n° 58).   Il transmet la copie d'un rapport du procureur-
général au sujet des instructions données d'appliquer rigoureusement la loi
pour empêcher de pénétrer qui que ce soit à plus de 1.000 verges des fortifications, sur les terrains réservés pour les besoins militaires.   641

Inclus.   Rapport du procureur-général annonçant, au sujet des instructions de Glenelg d'appliquer rigoureusement la loi pour empêcher de pénétrer qui que ce soit à moins de 1,000 verges des fortifications sur les terrains
réservés pour les besoins militaires, que ces instructions peuvent être
régulièrement suivies à l'égard du chemin de fer Erié et Ontario, aucune
demande de permis nécessaire n'ayant encore été faite par la compagnie.   Il
s'entendra avec le commandant des soldats du génie Royaux sur la formule
du permis.   Afin de corriger les lacunes des projets de loi relatifs aux
chemins de fer et aux ports, à propos des droits de la Couronne, il a introduit un acte général pour obliger ces compagnies à se soumettre aux instructions.   642

18 juillet,
Toronto.

Head à Glenelg (n° 59).   Il transmet la copie du rapport du procureur-
général au sujet de la proposition de Galt de drainer le grand marais de la
région huronne.   644

Inclus.   Rapport du procureur-général déclarant que le grand marais
forme partie de la propriété de la compagnie des terres et que la proposi-

1-2 EDOUARD VII, A. 1902

1836.

20 juillet, Toronto.

tion de Galt provient d'une erreur qu'il faisait au sujet des droits de la Couronne.   Page 645

Numéro du *Correspondent and Advocate*.   Inclus dans l'envoi de Head à Glenelg, le 20 juillet 1836.

20 juillet, Toronto.

Head à Glenelg (personnelle). Il envoie un numéro du *Correspondent and Advocate*. Le journal du jour (une note dit que le numéro et la lettre sont du 27) contient une lettre de Baldwin à son adresse (Head) ; il le lui envoie seulement pour son information personnelle, car cela n'offre pas d'intérèt public. Chaque heure qui s'écoule démontre davantage l'écrasement des républicains du Haut-Canada et il est connu que Papineau sent aussi sa cause perdue ; plusieurs familles françaises importantes se détacheraient de lui si elles savaient de se trouver du côté de la majorité. Beaucoup de monde dans la province sont reconnus pour se ranger toujours du côté de la majorité ; c'est à quoi se résume toute leur politique.   647

Inclus. Numéro du *Correspondent and Advocate* qui contient l'article appelé " la lettre du docteur Baldwin."   649

Joseph à Ridout. Il attire son attention sur le ton d'une adresse imprimée mise en circulation par une société dont il (Ridout) est un membre actif. Le lieutenant-gouverneur considère absolument nécessaire de ne point maintenir en place quiconque occupe une position de confiance et qui l'insulte ; en conséquence il renvoie Ridout.   664

Ridout à Joseph. Il réfute les accusations qui ont été la cause de son renvoi d'office.   667

Coffin à Ridout. Il a reçu ordre de l'avertir que ses services ne sont plus requis en sa qualité de colonel du 2ᵐᵉ régiment de milice de York-Est.   669

Autres documents relatifs au renvoi de Ridout.   669 à 671

Joseph au docteur Baldwin. Il attire l'attention sur les expressions d'une circulaire lancée par une société dont il est le président. La lettre est presque la même que celle qui a été adressée à Ridout à la page 664.   672

21 juillet, Toronto.

Le docteur Baldwin à Head. Il avoue qu'il est président de l'association de réforme, et bien qu'il n'ait ni rédigé ni aidé à rédiger cette circulaire, il n'en approuve pas moins les expressions dont il se plaint. Il défend sa conduite.   674

23 juillet, Toronto.

Head à Glenelg (n° 60). Il demande l'autorisation de déclarer à la Chambre, bien qu'il ait reçu le pouvoir d'abandonner le contrôle des revenus héréditaire et territorial en retour d'une liste civile convenable, que la conduite de la dernière Chambre d'Assemblée a demontré que cet arrangement n'était ni sûr ni prudent. L'odieux du refus retomberait alors sur les républicains et le gouvernement de Sa Majesté échapperait au besoin de faire des concessions qui ne serviraient qu'à provoquer de nouvelles exigences. Il demande que l'on examine si le lieutenant-gouverneur ou la Chambre doit avoir la direction du revenu territorial.   744 au verso.

23 juillet, Toronto.

Head à Glenelg (n° 61). Il demande des instructions au sujet du cas de William Forsyth ; il attire aussi l'attention sur ses dépêches relatives à la démission de Head.   686

25 juillet, Adolphus-town.

Daverne au même. Inclus dans l'envoi de Head à Glenelg du 29 juillet 1836.

25 juillet, Downing Street.

Glenelg à Head. Il énumère en marge les dépêches auxquelles il répond ; il ne voudrait pas se départir de la règle concernant les correspondances officielles, qui exige qu'une réponse distincte soit faite à chaque communication ; mais les questions auxquelles il a à répondre sont si compliquées qu'il est impossible de suivre strictement la règle. Observations sur la nomination de Macaulay à la position d'inspecteur-général. Il approuve ce qui a été fait au sujet de Hurd, de même que le refus de nommer Radenhurst. Il ne peut pas hésiter à accepter la démission de Macaulay et à imposer à Head le devoir de choisir un autre homme. Il n'accepte pas la con-

1836.

clusion admise par le conseil que le Gouverneur doit toujours s'abstenir d'exercer ses prérogatives jusqu'à ce qu'il ait examiné son avis et qu'il l'ait adopté ou rejeté. Il accepte la démission de Robinson, de Markland et de Wells ; quant à Dunn, Baldwin et Rolph, il considère que leur cas peut être interprété plus favorablement. Il ne peut pas découvrir quelle est bien la limite de responsabilité fixée par l'Assemblée. Il ne peut pas démettre Dunn de sa position de Receveur-général pour les raisons indiquées. Il approuve généralement ses discours aux corps publics, mais il a été obligé d'exprimer le désir que certaines expressions eussent dû être mieux pesées. Au sujet de la critique de la conduite des commissaires et de la promotion de Bédard, il (Head) ne connaissait qu'imparfaitement les circonstances. Il ne peut conseiller à Sa Majesté d'accepter sa démission. Il ne voit pas de raison de se départir des instructions antérieurement données. S'il (Head) a résolu de gouverner le Haut-Canada d'une façon contraire à ses instruc- tions, il conseillerait à Sa Majesté d'accepter sa démission, mais il ne le fera point, à moins d'une nécessité absolue. Le gouvernement de Sa Majesté désire travailler au bien général de la population en adhérant résolument à ce qu'il faut considérer comme les règles sacrées de la politique de l'Amé- rique du Nord.   Page 33

27 juillet, Toronto.

Head à Glenelg (n° 62). Il indique que le seul grief qu'il peut constater se trouve dans l'administration du département qui distribue les terres. L'incapacité de Peter Robinson provenant de son mauvais état de santé ; il a démissionné très à propos. Nomination de Robert A. Sullivan ; ses qua- lités ; ses sacrifices lui donnaient le droit d'obtenir un emploi du gouver- nement. Il transmet la *Gazette* qui contient l'avis de la nomination de Sul- livan et le renvoi de Baldwin et de Ridout ; il envoie aussi la circulaire im- primée, signée par Baldwin, qui contient à son adresse (Head) des expressions incompatibles avec la situation qu'il occupe. Conduite de Ridout. Lettre de lui qui a été renvoyée (sous enveloppe ouverte). La copie.   745 au verso.

Inclus. Peter Robinson à Joseph. Il démissionne à cause de son mau- vais état de santé.   746

Gazette contenant la nomination de Sullivan et le renvoi de Baldwin et de Ridout.   746

Adresse des membres de la Chambre au sujet des subsides.   746

Adresse de l'Association de Réforme constitutionnelle.   747

Liste des lois de finances que le lieutenant-gouverneur a refusé de sanctionner.   747 au verso.

Ridout à Head. Il se plaint de l'injustice du traitement qu'il a reçu en étant destitué sans motifs valables.   747 au verso.

28 juillet, Toronto.

Head à Glenelg (n° 63). Il transmet l'état fourni par Gordon de la dis- tribution des primes, accordées pour la prise de Détroit ainsi que les lettres de Gordon.   693

Inclus. Gorden à Joseph. Il transmet l'état de la distribution de primes, mais comme il ne s'attendait pas à être appelé à le fournir, il n'est pas cer- tain s'il est rédigé convenablement. Il transmet la liste des documents qui accompagnent cet état. Il explique la cause du retard qu'il a mis à rendre compte de la distribution.   694

29 juillet, Toronto.

Head à Glenelg Après avoir appris la décision prise relativement au mémoire de Daverne, il a envoyé une lettre (incluse) à l'adresse de Sa Sei- gneurie. Il ne croit pas nécessaire de faire d'observations à ce sujet. 701

Inclus. Daverne à Glenelg. Il cite un extrait d'une dépêche de Glenelg relativement à son cas, sur lequel il fait des réflexions.   702

29 juillet, Toronto.

Head à Glenelg (n° 64). Il part pour les Iles Manitoulin. Usage incons- titutionnel auquel des commissaires salariés nommés par l'Assemblée sou- mettent £50,000 de l'argent des chemins. Il refusera de sanctionner de telles lois de finances à moins que les commissaires ne soient choisis par le Conseil exécutif.   748

1-2 EDOUARD VII, A. 1902

1836.

Liste des commissaires nommés par l'Assemblée, ainsi que la compensation que l'on se propose d'accorder.   Page 748 au verso.

30 juillet, Toronto.

Head à Glenelg (n° 65).   A même quel fonds ses dépenses de voyage seront-elles payées ?   749

30 juillet, Toronto.

Le même au même.   Il part pour les Iles Manitoulin où les sauvages doivent se rassembler pour recevoir leurs présents.   Tout est tranquille au Canada, mais il voit deux nuages noirs, l'un, au-dessus de la rue Downing, et l'autre au-dessus du Palais des Commissaires du roi à Montréal ; il en attend du tonnerre et des éclairs.   Il s'est fait des amis et des ennemis.   705

8 septembre, Downing Street.

Glenelg à Head.   Dépéches reçues.   Le roi est satisfait du résultat des élections, ainsi que du courage, de Head, etc.   Obstacles qui l'empêchent de recevoir le titre de baronnet.   Nécessité qu'il y a pour lui de répondre aux accusations de Duncombe.   Observations sur la nature des instructions qu'il a à suivre.   Il diffère d'opinion avec lui (Head) au sujet dn retrait d'une promesse faite au roi et s'oppose à la proposition qu'il fait, maintenant que les élections ont réussi, de se livrer à des actes administratifs durs et autoritaires qui n'auraient que l'effet de grouper le parti maintenant débandé.
684

Pas de date.

Requête des habitants des environs de Kingston.   Signatures.   69
Requête.   732
Requête des habitants de Scarborough.   Titre.   86
Requête.   736
Requête des habitants de Richmond.   Titre.   96
Requête.   739 au verso
Requête des habitants de Glanford.   Titre.   97
Requête.   736 au verso

Résolutions adoptées par le Conseil législatif et transmises à l'Assemblée pour y être approuvées.   247

Annexes A à I au rapport du comité spécial au sujet de l'Acte pourvoyant à la disposition des réserves du clergé pour l'éducation générale. 252

Rapport du comité spécial sur l'Acte pourvoyant à une distribution plus juste des propriétés des intestats.   323

Discours électoraux prononcés par Mackenzie devant les réformistes de divers comtés.   554 à 614

Différentes dates.

Délibérations du Conseil législatif du Haut-Canada relativement au bill transmis par l'Assemblée et intitulé : "Acte pour amender les lois du jury de cette province."   168

1837.

4 janvier, Downing Street.

Glenelg à Head.   Arrangements qui doivent être faits pour payer les dépenses de sa récente tournée d'inspection à travers le Haut-Canada.   700

28 janvier, Downing Street.

Le même au même.   Il a reçu la dépêche annonçant la nomination de Robert Baldwin Sullivan au poste de Commissaire des Terres de la Couronne ainsi qu'à l'agence de la vente des réserves du clergé à la place de P. Robinson.   Il a retardé à répondre parce qu'il s'attendait à pouvoir faire un arrangement général qui aurait diminué les frais et les retards qui accompagnent la concession des terrains, ce qui pourrait facilement fonctionner plus efficacement.   La nomination de Sullivan ne peut donc être considérée que comme faite provisoirement, bien qu'elle soit approuvée ; la position est susceptible de varier quant aux fonctions à remplir et aux traitements à recevoir, de sorte qu'il n'y aura pas de raison de réclamer des dédommagements.   692

LE GOUVERNEUR SIR F. B. HEAD, 1836.

Q. 391.

'1836.
15 janvier,
Toronto.

Minute du Conseil exécutif relative aux octrois accordés aux cures.

17 février,
Montréal.

Rapport sommaire des délibérations relatives aux cures. Ces deux documents sont inclus dans l'envoi de Head à Glenelg, le 17 décembre 1836.
(Le rapport est daté par erreur de 1837.)
Minute du Conseil exécutif relative aux octrois accordés aux cures.
Page 202
Relevé des patentes de terres accordées à l'Eglise d'Angleterre.
202 au verso.

4 juillet,
Cobourg.

Réverend A. N. Bethune à l'évêque de Québec. Inclus dans l'envoi de Head à Glenelg, le 13 octobre 1836.

9 juillet,
Toronto.

Joseph à Carey. Inclus dans l'envoi de Head à Glenelg, le 16 novembre 1836.

18 juillet,
Québec.

Nicols à Head. Inclus dans l'envoi de Head.à Glenelg, le 20 août 1836.

25 juillet,
Downing
Street.

Glenelg à Head. Il a reçu une communication de Bidwell renfermant des observations au sujet de son (Head) administration du gouvernement du Haut-Canada. Les règles l'empêchent de recevoir des communications des colonies, si ce n'est par l'entremise du gouverneur ; il peut encore moins les examiner avant que le gouverneur n'ait eu le temps suffisant d'y répondre. Il doit donc demander à Bidwell une copie de sa lettre et lui transmettre une copie de cette dépêche.
132

25 juillet,
Downing
Street.

Le même au même. Il a reçu de Morrison une plainte à son (Head) adresse. Le reste de la lettre est le même que celui des deux autres de la même date.
134

25 juillet,
Downing
Street.

Le même au même. Il a reçu de Rolph un rapport des circonstances qui ont provoqué la démission du Conseil exécutif. Même conclusion de lettre que dans celle concernant Bidwell.
134

26 juillet,
Downing
Street.

Le même au même. Il transmet la copie d'une lettre de R. Baldwin au sujet de certains événements survenus au Haut-Canada. Il demande qu'il y réponde.
134

Inclus. Robert Baldwin à Glenelg. Il transmet un journal qui contient les résolutions passées par l'Association de réforme constitutionnelle du Haut-Canada. Autres questions dont il tire des sujets de plaintes contre Head.
134 au verso.

Résolutions de l'Association de réforme reprochant le choix des bureaux de votation pour les prochaines élections.
135

Adresse sans date de Toronto pour demander où Head a appris que le Haut-Canada allait être envahi. D'où devait partir l'invasion ?
135

Réponse de Head déclarant qu'il était bien connu que des individus du Bas-Canada affirmaient qu'il y aurait une intervention de l'étranger.
135 au verso.

Observations faites par un journal de New-York sur ce point.
135 au verso.

Glenelg à Head. Il transmet la correspondance qu'il a eue avec Baldwin.
136 au verso.

Correspondance.
136 à 142

17 août,
Toronto.

Head à Glenelg (n° 67). Dépêches reçues dont il donne le nombre et les dates.
3

1836.
18 août,
Toronto.

Le même au même (n° 68). Il transmet 32 bills qu'il a sanctionnés.
Page 4

20 août,
Toronto.

Head à Glenelg (n° 69). L'Assemblée législative se réunira à la fin de novembre. Il demande qu'on donne la preuve que le triomphe des principes constitutionnels sur les principes républicains reviendrait à l'avantage d'une colonie anglaise. Il demande qu'on lui confie tous les pouvoirs raisonnables et qu'on le lie le moins possible, surtout en ce qui concerne le département qui concède les terres d'où vient la majorité des griefs de la population ; les institutions républicaines ont été louées et les institutions anglaises blâmées parce qu'il était plus facile pour les émigrants de s'établir aux Etats-Unis qu'au Canada. Il n'est pas disposé cependant à donner son opinion sur ce point ; il se prépare à faire l'inspection de la province, ce qui permettra de constater les choses de ses propres yeux. Il espère qu'ensuite il sera en position d'agir avec justice, dans les véritables intérêts du pays. Le parlement provincial aura presque fini ses travaux, lorsqu'il recevra des nouvelles du bureau des colonies. Instructions qu'il désire recevoir qui le débarasseraient de ces restrictions à propos de la concession et de la vente des terres publiques, ce qui lui permettrait de tenir en échec les spéculateurs qui, par les prix élevés qu'ils demandent, chassent les immigrants aux Etats-Unis. S'il en avait le pouvoir, le gouverneur amènerait ces spéculateurs à la raison, mais il lui faut actuellement rester simple spectateur, jusqu'à ce qu'on ait enlevé les restrictions qui le lient. 5

Inclus. Nichols à Head. Il donne son avis sur la nécessité pour l'Artillerie de conserver la possession de terres, destinées aux besoins militaires de certaines réserves militaires dans le Haut-Canada. Il mentionne les suivantes :

Toronto, Missisauga, Fort George, Queenston, Chippewa, Fort Erié, Grande Rivière qui se décharge dans le lac Erié, Amhertsburg, Pointe-Edouard à l'entrée de la rivière Saint-Clair, Ile Saint-Joseph, tête du lac Huron, Penetanguishene, la ville de Chatham sur la rivière Thames, hauteurs de Burlington, Kingston. Il fait des observations particulières sur chacun de ces postes. 12

Plans des divers postes. 23 à 28

30 août,
Toronto.

Head à Glenelg (n° 70). Les arrangements faits par Colborne pour la distribution des présents aux sauvages des Iles Manitoulin devaient être changés, mais l'avis n'est pas parvenu à temps, ce qui n'a pas permis d'avertir les sauvages de ne point se réunir là. Il est allé personnellement les visiter. Il a eu l'occasion, au cours de son voyage, de visiter les îles qui sont au nombre de 23,000 (*sic*). Bien que d'un sol granitique, il y pousse des arbres entre les crevasses, ainsi que des fruits dont les sauvages se nourrissent. Avantage qui reviendrait aux sauvages et à la province s'ils pouvaient être amenés à émigrer dans les Iles Manitoulin. Compte rendu de la rencontre quil a eue avec les sauvages. Les Chippewas ont consenti à céder les 23,000 iles et les Saugeens à céder un million et demi d'acres dont il a fait un mémoire complet et dont il transmet une copie accompagnée d'un *wampum*. Il y a longtemps que l'on désire cette cession de terrain par les Saugeens, et il convient d'y attacher d'autant plus d'importance que cela dénote un des premiers résultats de la tranquillité politique. 29

31 août,
Downing
Street.

Glenelg à Head. Il désire avoir une explication complète du relevé des patentes accordées en dotation aux cures de l'Eglise d'Angleterre, ainsi que, autant que possible, les raisons pour lesquelles ces divers octrois ont été accordés. 201

12 septembre,
Toronto.

Head à Glenelg (n° 71). Il transmet l'adresse de l'Assemblée au sujet des titres de Nelson Cozens aux terres de la Grande-Rivière, ainsi que le rapport du Conseil exécutif qu'il approuve. 38

DOC. DE LA SESSION No. 18

1836.

12 septembre, Toronto. — Glenelg à Head (n° 72). Il transmet le mémoire de Ridout dans lequel il se plaint d'avoir été maltraité par lui (Head). Pourquoi Ridout a été renvoyé d'office.   Page 219

Inclus. Ridout à Glenelg. Il transmet la requête qui suit.   219

Autres documents relatifs à Ridout.   220

12 septembre, Toronto. — Head à Glenelg (n° 73). Il transmet des copies imprimées des actes.   41

12 septembre, Downing Street. — Glenelg à Head. Il transmet la copie de la correspondance qu'il a eue avec Duncombe, lequel lui demande de retarder quelques jours afin qu'il puisse lui donner plus de renseignements, mais il n'a encore rien reçu. Il lui enverra une copie de ce qu'il recevra.   168

20 septembre, Kingston. — Requête de l'Eglise presbytérienne du Canada. Inclus dans l'envoi de Head à Glenelg, le 19 octobre 1836.

22 septembre, Québec. — L'évêque de Québec à Joseph. Inclus dans l'envoi de Head à Glenelg du 13 octobre 1836.

28 septembre, Toronto. — Head à Glenelg (n° 74). Il a reçu avec beaucoup de peine la dépêche de Sa Seigneurie du 25 juillet. Il refuse de donner des raisons justificatives, mais il retire sa demande d'être élevé par un titre au rang de ses prédécesseurs.   225

29 septembre, Toronto. — Capitaine Macaulay à Head. Il abandonne, d'après son conseil (Head), sa position d'inspecteur général et il désire que Glenelg en soit informé.   225 verso.

29 septembre, Toronto. — Head à Glenelg (n° 75). Dépêches reçues.   43

30 septembre, Toronto. — Le même au même (n° 76). Il transmet la liste des collèges et des écoles qui reçoivent des octrois.   44

Inclus. Cameron à Joseph. Il transmet la liste des collèges et des écoles qui reçoivent des octrois.   45

Liste.   46

30 septembre, Toronto. — Head à Glenelg (n° 77). Il transmet le mémoire de Mad. Catherine Foster.   49

Inclus. Mémoire de Mad. Foster. Elle expose les services rendus par son père et son oncle, qui n'ont pas été rémunérés; son père a perdu en outre £200 chaque année pendant qu'il était en service. Elle demande un dédommagement soit en argent ou en terre.   50

30 septembre, Toronto. — Head à Glenelg (n° 78). A propos du révérend M. McIsaac, dont la congrégation a demandé de lui accorder l'octroi annuel alloué à son prédécesseur, il ne reste pas de fonds disponibles; la vacance étant demeurée si longtemps sans être remplie.   53

4 octobre, Downing Street. — Glenelg à Head. Il a reçu la dépêche lui demandant de faire les changements dans le système de concession de terre qu'il (Head) juge nécessaires et afin qu'il puisse disposer des portions des réserves militaires qui ne sont pas utiles. Relativement à sa deuxième demande, il ne peut pas répondre avant de recevoir un rapport de l'artillerie. S'il comprend bien sa première demande, il devra inévitablement refuser. Les terres publiques doivent rester à la disposition de la Couronne, d'après certains principes acceptés solennellement par le gouvernement, et si on lui donnait (à Head) le pouvoir de changer ce système, de manière à enfreindre ces principes, ce serait manquer aux engagements solennels de Sa Majesté. Il ne voit pas quelle autorité supplémentaire il peut lui accorder dans les circonstances. Le but de Head paraît être de fournir aux immigrants de plus grandes facilités pour leur établissement dans le Haut-Canada et faire ainsi cesser les comparaisons odieuses qui se font entre le système américain et anglais. Ce point est tellement important qu'il n'est pas nécessaire de le discuter et si le gouvernement était libre, il serait disposé à laisser le choix à son propre jugement.   9

Glenelg à Head.   Il est certain de sa sympathie envers les sauvages.   Il s'est cru obligé de sanctionner l'arrangement qu'il a conclu (*voir* 20 août). Le Roi désire que tous les moyens soient tentés pour empêcher les sauvages qui restent de subir le triste sort qui leur est si souvent survenu.
                                                              Page 35 au verso.

John Macaulay à Head.   Québec dans l'envoi de Head à Glenelg, le 17 octobre 1836.

Adresse du clergé de l'Eglise d'Angleterre du Canada.   Inclus dans l'envoi de Head à Glenelg, le 19 octobre 1836.

Head à Glenelg (n° 79).   Il a convoqué la Chambre pour la dépêche des affaires.   Pourquoi il l'a convoqué plus tôt qu'il ne s'y attendait.   225

Head à Glenelg (n° 80).   Il transmet la copie d'une lettre de l'évêque de Montréal et ce qu'elle contient ; elle explique la demande d'une somme de £50, faite par A. N. Bethune, de Cobourg, en retour des services qu'il a rendus à la communauté religieuse en administrant les réserves du clergé.
                                                                            58
Inclus. L'évêque de Québec à Joseph.   Il transmet le document qui explique la nature des services rendus par Bethune et une lettre écrite par lui qui devra, espère-t-il, être trouvée satisfaisante.   59
Le révérend A. N. Bethune à l'évêque de Québec.   Il fait de nouveau l'exposé de la nature des services pour lesquels il réclame £50.   61

Head à Glenelg (n° 81).   Tel qu'ordonné, il a choisi un successeur à Hurd au poste d'inspecteur général.   C'est John Macaulay ; il n'est pas le parent du capitaine Macaulay.   Ses qualités.   Il transmet une communication de Macaulay qui démontre qu'il a abandonné un fort traitement pour accepter cet emploi.   225
Inclus. Macaulay à Head.   Il établit le revenu qu'il a actuellement ; tandis qu'il a peur d'être à la gêne pour vivre à même le traitement attaché à la position.   225 verso.

Head à Glenelg (n° 82).   Il transmet une lettre de Head à Glenelg, ainsi qu'une autre de Hurd à lui-même (Head) et la réponse du secrétaire.
                                                                            66
Inclus. Hurd à Glenelg.   Réception d'une réponse à son mémoire concernant la position d'inspecteur général.   Il a confiance que sa lettre fera disparaître l'idée qu'il a agi avec dissimulation vu qu'il n'avait pas l'intention d'attribuer au lieut.-gouverneur des sentiments hostiles à ses intérêts.   Il expose sa cause et demande qu'elle soit reconsidérée.   67
Mémoire de Hurd à Sir Francis B. Head pour demande d'être réinstallé au poste d'inspecteur général.   73
Joseph à Hurd.   Un successeur a déjà été nommé ; son nom paraîtra dans le prochain numéro de la *Gazette.*   Compte rendu des procédures antérieures.   76

Head à Glenelg (n° 83).   Il transmet une requête du synode de l'Eglise presbytérienne du Canada et une adresse du clergé de l'Eglise établie.   La haute opinion de Strachan.   78
Lettre non-signée à l'archevêque de Canterbury.   Il transmet une adresse au gouvernement, de la part du clergé de l'Église anglicane du Canada, pour demander l'érection d'un nouveau diocèse, dont les bornes coïncideraient avec celles du Haut-Canada.   Avant de répondre il a voulu connaître l'avis de Sa Grâce mais il doit ajouter, si elle consent, que le gouvernement ne pourra point accorder de traitement au nouvel évêque.   79
Lettre non-signée à l'évêque de Québec.   Il transmet une adresse du clergé de l'Eglise anglicane qui demande un nouveau diocèse.   Une copie a été transmise à l'archevêque de Canterbury.   Si ce nouveau diocèse est érigé, le gouvernement ne pourra point lui accorder de subvention.   80
Requête de l'Eglise presbytérienne du Canada conjointement avec l'Eglise d'Ecosse pour protester contre l'acte qui établit les cures.   81

DOC. DE LA SESSION No. 18
1836.

Adresse du clergé de l'Eglise anglicane du Canada au sujet des moyens d'entretenir les services religieux et du besoin d'un nouveau diocèse.
Page 84

19 octobre, Toronto.

Head à Glenelg (n° 84). Il transmet deux adresses réunies : la première demande la réduction des droits sur le tabac ; la deuxième, le rétablissement, pour les pensionnaires dont la pension avait été changée, de la pension qu'ils recevaient primitivement ; il transmet aussi une adresse et un rapport du Conseil législatif au sujet de la vente des terres publiques. Il recommande la réduction des droits sur le tabac et le rétablissement des pensions des invalides. Il croit qu'il suffira de quelques hivers canadiens pour emporter ces invalides et mettre fin à ces pensions. Il s'accorde avec le Conseil à blâmer le système actuel de vente des terres. 93

Inclus. Mémoire démontrant les désavantages du transport qui leur ont permis, vu l'éloignement des districts de l'ouest du Haut-Canada, d'obtenir une réduction, cependant insuffisante, des droits sur le tabac ; une réduction supplémentaire est demandée. 96

Mémoires réunis demandant le rétablissement des pensions. 99
Mémoire du Conseil au sujet de la vente des réserves de la Couronne. 100
Rapport sur la même question, 103

20 octobre, Toronto.

Head à Glenelg (n° 85). Il a transmis, le 12 septembre, le mémoire de Nelson Cozens ainsi que des volumineux documents relatifs à la réclamation qu'il fait d'une grande étendue de terre, réservée aux sauvages, sur la Grande-Rivière. Il transmet maintenant un mémoire de Mme Catherine Brant et de ces quatre fils ; ce mémoire contient aussi une demande de quelques-unes de ces terres. 110

28 octobre, Toronto.

Le même au même (n° 86). Il transmet un exposé de l'état politique actuel du Bas et du Haut-Canada. 226

Inclus. Exposé. Il contient les propositions qui suivent : (1) Annulez l'Acte 14 George III, qui cède le revenu. (2) Unissez Gaspé au Nouveau-Brunswick. (3) Unissez Montréal au Haut-Canada. (4) Faites de la rive nord de l'Ottawa la borne du Bas-Canada ; abandonnez au Haut-Canada les eaux de la rivière et faites retomber sur lui les travaux nécessaires à la navigation ; le Bas-Canada possédera le droit de naviguer sur l'Ottawa en payant les mêmes péages que le Haut-Canada. 226

Une note, de la même date, conseille l'exécution des plans qu'il propose. 228 verso.

6 novembre, Toronto.

Head à Glenelg (n° 89). Il n'a point reçu de copie des lettres écrites contre lui, de sorte qu'il ne saurait réfuter les citations nécessaires qui sont tirées du rapport qui contient les griefs de 1835 ; cela provient de ce que les citations ont été prises dans [l'annexe au lieu du rapport. Son expression "qu'ils viennent s'ils l'osent" se rapporte à la lettre de Papineau au président de la Chambre. 231

Inclus. Copie de la demande d'envoi des lettres adressées aux ministres de Sa Majesté et des dépenses qui ont suivi la dépêche en réponse à la lettre de Morrison et à l'accusation qu'il a portée. 233

7 novembre, Toronto.

Head à Glenelg (n° 87). Il parle des détails des procédures parlementaires ; le gouvernement de Sa Majesté ne s'en est pas soucié depuis longtemps. 230

9 novembre, Toronto.

Le même au même (n° 88). Il transmet la copie du discours prononcé à l'ouverture de la Chambre. 121

Inclus. Discours. 122

10 novembre, Montréal.

Adresse d'un comité de constitutionnels du Bas-Canada. Inclus dans l'envoi de Head à Glenelg, le 27 novembre 1836.

10 novembre.

Joseph à Head.

12 novembre, Toronto.

FitzGibbon à Joseph. Ces deux documents sont inclus dans l'envoi de Head à Glenelg du 16 novembre 1836.

1-2 EDOUARD VII, A. 1902

1836.
16 novembre,   Head à Glenelg (n° 90). Il transmet les copies des adresses du Conseil
Toronto.   législatif et de l'Assemblée ainsi que les réponses.   Page 143
                   Inclus. Adresse du Conseil législatif.   144
                   Réponse.   151
                   Adresse de l'Assemblée législative.   152
                   Réponse.   158

16 novembre,   Head à Glenelg (n° 91). A propos de la demande de £50 faite par Carey
Toronto.   pour avoir pris charge des dépêches, il transmet le rapport de son secrétaire
               au sujet de l'affaire.   159
                   Inclus. Joseph à Head. Il explique comment les dépêches ont été
               confiées à Carey et il ajoute qu'il ne soupçonnait point qu'il demanderait le
               remboursement de ses frais de route.   160
                   Joseph à Carey. Lettre contenant des instructions relatives à la déli-
               vrance des dépêches.   162

16 novembre,   Head à Glenelg (n° 92). Il transmet les journaux du Conseil et de
Toronto.   l'Assemblée parus au cours de la session de 1835. Il transmet une lettre
               du greffier de la Chambre qui donne l'explication du retard de l'envoi. 163
                   Inclus. Le greffier de la Chambre à Joseph. Les copies des journaux
               du Conseil et de la Chambre étaient empaquetées et scellées, mais elles ont
               été laissées de côté par mégarde.   164

17 novembre,   Head à Glenelg (n° 93). Il transmet les journaux du Conseil et de
Toronto.   la Chambre de l'an dernier. Le supplément ne sera point prêt avant quel-
               ques semaines.   166

20 novembre,   Le même au même (n° 95). Il raconte qu'il a eu l'occasion de faire la
Toronto.   connaissance de tribus sauvages et il transmet à ce sujet un rapport dont
               voici les conclusions : (1) Les tentatives pour amener les Peaux-Rouges à cul-
               tiver ont généralement échoué complètement. (2) Le fait de les grouper
               dans le but de les civiliser a causé beaucoup plus de mal que de bien,
               de sorte que le mieux que l'on puisse faire pour cette population si
               intelligente et simple est de l'éloigner et de la prémunir autant que possible
               contre tout rapport avec les blancs. Il rend compte de ses négociations,
               des habitudes des sauvages, de leur nombre, des dépenses du département
               des Sauvages, du coût des présents, etc.   214 verso.
                   Inclus. Résumé des dépenses atnuelles du département des Sauvages du
               Haut-Canada.   217 verso.
                   Valeur annuelle des présents donnés aux sauvages.   218
                   Avis donné aux sauvages.   214

23 novembre,   Head à Glenelg (n° 94). Il a reçu la dépêche ainsi que l'exposé des accu-
Toronto.   sations portées contre lui par Duncombe ; il a transmis ces documents
               à la Chambre. Il le remercie d'avoir refusé de permettre à Duncombe et
               à Baldwin de l'attaquer verbalement.   233

25 novembre,   Le même au même (n° 96). A propos de la lettre de Talbot, représentant
Toronto.   de New-Ross, relativement à l'achat de terrain fait par Peter Walker de
               John Mills Jackson, il transmet le rapport du gardien des registres de York
               qui démontre que malgré la vente faite par Jackson à Walker il (Jackson)
               a depuis disposé autrement de son terrain.   173
                   Inclus. Rapport du gardien des registres du comté de York au sujet de
               l'enregistrement des propriétés de John Mills Jackson mentionné dans la
               lettre.   174

27 novembre,   Head à Glenelg (personnelle). Il transmet la copie imprimée d'une
Toronto.   adresse de la part des constitutionnels du Bas-Canada aux deux Chambres.
               Les choses marchent paisiblement ; le parti républicain a été anéanti. Il
               espère que toutes les questions embarrassantes seront réglées. Les réserves
               du clergé seront subdivisées.   178
                   (Sa lettre est datée par erreur de 1837.)

1836.

Inclus. Adresse de la part du comité des constitutionnels du Bas-Canada à l'Assemblée du Haut-Canada pour se plaindre de la conduite de l'Assemblée du Bas-Canada.   Page 180

28 novembre, Toronto.
Head à Glenelg (n° 97). Dépêches reçues.   187

29 novembre, Toronto.
Lettre non signée à Glenelg. Il a mentionné que les réserves du clergé seraient divisées entre les quatre sectes religieuses. L'on s'attend à ce que les 10 républicains votent en faveur du clergé protestant. Il voudrait réunir l'Eglise et l'Etat, si c'était possible, mais il est trop tard. Le docteur Duncombe est arrivé juste à temps pour être examiné par la Chambre d'Assemblée. Une note dit : " L'original n'est pas signé."   179

29 novembre, Downing Street.
Glenelg à Head. Le roi a approuvé la nomination de Macaulay à la position d'inspecteur général. Jusqu'à l'arrivée de Macaulay, il (Glenelg) ne doutait pas que la démission fût sans conditions. Il regrette ce malentendu. Le capitaine Macaulay a souffert des dommages, mais il (Glenelg) n'est pas responsable de l'erreur.   64

29 novembre, Downing Street
Le même au même. Comme il n'existe aucune preuve contre Ridout, il ordonne qu'il soit réinstallé. Répugnance qu'il a de renverser ainsi une décision prise publiquement.   223

30 novembre, Toronto.
Head à Glenelg (n° 98). Il transmet un rapport et un plan fait par Bonnycastle relativement aux lots à bâtir vendus récemment près de Toronto. Le revenu total des ventes a été de £11,609,15s et le prix des 100 acres de terre à l'ouest de la réserve avoisinant les lots à bâtir est évalué à £20,000. Comme il y a assez d'argent pour construire les casernes, il recommande que la construction en soit commencée sans retard ; les casernes actuelles ont été déjà reconnues impropres et leur aspect est humiliant. Mauvais effet moral produit par l'état des casernes. Il ne recommande point de construire un nouvel édifice du parlement ; l'ancien emplacement est préférable au nouveau qui a été choisi. Il a fait réparer l'ancien édifice du parlement qui est maintenant aussi convenable qu'il peut le désirer.   188

Inclus. Rapport par Bonnycastle de la vente des lots à bâtir et de la valeur approximative de ceux qui restent.   191

Plan des lots vendus par le gouvernement à Toronto.   196

Liste des déserteurs qui sont revenus.   197

Novembre (?).
Head à Stephen. Il désire rayer une ou deux phrases de son mémoire du 28 du mois dernier (octobre, *voir* page 226) et ajouter une observation qu'il a omise. Il transmet une copie corrigée. Il n'est pas encore prêt à répondre à Duncombe ; il attend le rapport du comité. Les fonctions si peu rémunératrices qu'il a remplies dans le bureau des colonies ; il s'endette de plus en plus. Il n'a pas les moyens de tenir un double train de maison et il a en conséquence écrit à lady Head de s'en venir à Toronto. Si elle arrivait avec sa famille, elle le trouverait démoralisé et appauvri.   185

1er décembre, Toronto.
Le même à Glenelg (n° 99). Dépêches reçues.   199

14 décembre, Toronto.
Le même au même (n° 100). Il transmet le message de la Chambre l'informant que les subsides ont été votés.   223 verso

17 décembre, Toronto.
Le même au même (n° 101). Il transmet les documents qui établissent la nature et le nombre des octrois accordés par son prédécesseur à l'Eglise anglicane. Ils ont été accordés au moment où il faisait le trajet de New-York au Canada et ils ont été une des causes de ses premiers déboires. 201

Inclus. Rapport abrégé des délibérations au sujet des cures.   201 verso

23 décembre, Toronto.
Head à Glenelg (n° 102). Il transmet une requête de l'Eglise presbytérienne de Toronto.   206

29 décembre, Toronto
Le même au même (personnelle). L'on a projeté d'ériger à l'extrémité de la superbe rue Brock, dont l'ouverture vient d'avoir lieu, un monument à la mémoire des soldats morts au cours de la dernière guerre. Le roi devrait inscrire son nom sur la liste des souscripteurs.   207

1-2 EDOUARD VII, A. 1902

1836.
30 décembre,
Toronto.

Le même au même (n° 103). Il a reçu une dépêche qui lui apprend que
12 bills qui avaient été réservés ont été approuvés. Il transmet un extrait.
Confusion qui en est résultée et joie des républicains. Mauvais effets entraînés par la promulgation des ordres qui ont été donnés de choisir les
membres du Conseil exécutif parmi les personnes qui possèdent la confiance
de ceux qui sont cependant déjà représentés dans l'Assemblée législative.
Observations au sujet des règlements qui regardent la vente des terres publiques et au sujet de la protection des immigrants.   Page 233 verso
    Inclus. Documents relatifs aux accusations portées contre Head.   237

31 décembre. Lettre non signée à l'évêque de Québec.   80

1837.
6 janvier,
Downing
Street.

Glenelg à Head. Il ne fera point d'observations à propos du ton singulier
de sa lettre, mais il le renvoie à certains extraits de sa dépêche du 22 mars
1836 et il considère qu'il était tout à fait justifiable de faire des remarques
au sujet de sa conduite publique.   229

20 janvier,
Downing
Street.

Le même au même. Le roi approuve sa conduite vis-à-vis les sauvages.
Vif désir du gouvernement anglais de réparer les torts qui leur ont été faits
et d'aider à leur futur bien-être. Il croit que les mauvais effets causés par
les rapports avec les blancs doivent être attribués à l'action de circonstances
défavorables plutôt qu'au tempérament naturel des sauvages qui les rendrait
réfractaires à une religion si propre à élever le caractère. Son plan d'établir
les trois tribus sur les Iles Manitoulin a été approuvé, de même que ses
engagements envers les Hurons et les Moraves. Impôts qui doivent être
appliqués sur les terrains nouvellement concédés. Il lui demande s'il croit
que le département des Sauvages pourrait être englobé dans le commissariat,
ce qui serait une économie. Il appuiera les représentations qu'il fait en
faveur de Givins.   171

24 janvier.

Stephens à Spearman. Il transmet la copie d'une dépêche expédiée par
Head. Economies qui seront faites dans le département des Sauvages.
Réduction proposée et qui doit être sanctionnée. Démission de Givins. 172

26 janvier,
Downing
Street.

Glenelg à Head. Il a reçu sa dépêche ainsi que son mémoire relatif à la
situation politique du Canada.   229 verso

27 janvier,
Downing
Street.

Le même au même. Il a reçu la dépêche qui lui apprend les efforts qu'il
a fait pour obtenir des copies des lettres de Bidwell et de Rolph. Comme
elles n'ont pas été expédiées, elles ne peuvent avoir d'influence sur son
esprit. Ses explications relatives à la lettre de Baldwin et à celle de
Morrison sont satisfaisantes. Il approuve d'avoir transmis la requête de
Duncombe à l'Assemblée.   239

2 mars,
Downing
Street.

Le même au même. Il ne tiendra pas compte du ton de ses observations,
il se bornera à parler des affaires pratiques. Il l'approuve de ne pas avoir
supprimé l'arrêté ministériel qui confirme les 12 bills. Ce serait grave s'il
(Head) allait tenir une ligne de conduite opposée. Il fait des observations
relativement aux instructions données au lieutenant-gouverneur et qu'il
(Head) a mal exposées. Il cite ses propres paroles ; on leur a donné une
signification contraire à celle que comporte le véritable sens des expressions.
Le roi n'a pas été autorisé à donner son assentiment à la loi qu'il combat
concernant la disposition des terres publiques, pas plus qu'il ne voudrait conseiller au roi de sanctionner un tel acte, s'il lui avait donné son assentiment. Tout en approuvant en général sa conduite, il (Glenelg) ne peut
croire qu'il (Head) soutient sérieusement que les mesures prises par son
gouvernement doivent être nécessairement sévères et inflexibles, car le
grand désir du gouvernement de Sa Majesté est de se concilier la bonne
volonté de la population du Canada.   209

17 avril,
Downing
Street.

Le même au même. Il a reçu ordre de Sa Majesté de prendre les
moyens de lui expédier le titre de baronnet qu'il lui confère comme une
marque de la faveur royale.   238

RÉCLAMATIONS FAITES PAR COZENS ET BRA, 18 3 6.

Q. 392.—1-2.

(La 1re partie est paginée de 1 à 16, la 2me partie de 217 à 248.)

1796.
14 juillet. Mémoire de l'arrangement intervenu entre Joshua Y. Cozens et Joseph Brant, au sujet de terrains sur la Grande-Rivière, par lequel il était stipulé qu'il recevait 100,000 acres de terre en retour d'une somme annuelle de £1,200 payée aux Cinq-Nations ; Cozens devant être libre de payer quand il le voudrait le capital évalué à £20,000, et s'il ne pouvait point se procurer le montant complet, soit £1,200, il s'engageait à payer une somme annuelle de £600 en retour de 50,000 acres ; il devait de plus remettre £500 à Brant s'il ratifiait la vente de 100,000 acres et £250 s'il ne ratifiait que celle de 50,000 acres. Page 59

8 septembre, Copie du contrat.
4 décembre, Certificat qui établit l'exactitude de la copie. Ces deux documents sont
Middlesex compris dans l'affidavit de Joshua Henshaw, le 9 octobre 1796.
Conn.

1797.
Pas de date. Extrait de l'agenda tenu par Samuel Clark alors qu'il était à Londres. 75

1798.
4 janvier, Joshua Y. Cozens à Samuel Clark. Il n'a pu jusqu'ici mettre la main sur
Montréal. les documents qu'il pensait pouvoir lui expédier par la malle d'Halifax. 51
7 mars, Le même au même. Il a été surpris d'apprendre qu'il n'avait pas reçu
Montréal. de lettre depuis avril, vu qu'il en avait écrit dix et qu'il avait expédié deux certificats, signés par le secrétaire provincial, qui comprenait tout ce qui était
1799. nécessaire. 51
16 mars, Barrell et Servanté à Samuel Clark. Ils envoient la liste des documents
Londres. qu'ils possèdent. 70
Inclus. Certificat de Théodore Barrell attestant que la lettre qui précède a été écrite par l'associé principal. 72
Certificat du consul anglais attestant que Théodore Barrell, qu'il connaissait personnellement, avait certifié l'authenticité de la déclaration précédente. 74
16 mars, Clark à Barrell et Servanté. Ils ont accepté son billet (Clark) provi-
Londres. soire de £216 3s.3d. qu'il doit payer à l'échéance. 76
1818.
22 décembre, J. Henshaw à J. Y. Cozens. Offre faite par l'un des neveux des associés
Montréal. de la maison où Clark a laissé les actes, de faire des recherches moyennant une rémunération convenable. Il désire connaitre la nature et la situation des terrains. 77

1825.
24 février, Révocation de la procuration accordée par J. Y. Cozens et Samuel Clark. 78
New
Longueuil.
1827.
12 février. Révocation de la procuration donnée à J. B. Henshaw par J. Y. Cozens. 79

1828.
8 novembre, Watson à Henshaw. Il transmet la réponse du bureau du commerce
Liverpool. que le porte à croire qu'il a été induit en erreur. 82
Inclus. Les lords du commerce à Watson et Byron. Il n'existe rien,
dans le bureau, des actes dont ils parlent. 82
1831.
15 juillet, Avis public demandant des renseignements sur le compte des successeurs
Londres. de Barrell et Servanté. 83
2 décembre, Ward à Nelson Cozens. Recherches infructueuses qu'il a faites des
Londres. documents relatifs aux terres sur la Grande-Rivière. 83

1-2 EDOUARD VII, A. 1902

1833.
12 mars,
Londres.

E. Servanté à Nelson Cozens. Elle l'informe qu'elle n'a pas réussi à trouver les actes relatifs aux terres sur la Grande-Rivière. Elle transmet certains documents qu'elle a découverts   Page 86

2 juillet,
Cornwall.

Contrat de vente de terre par J. Y. Cozens à Nelson Cozens.   46

9 octobre,
Montréal.

Affidavit de Joshua Henshaw certifiant le transport à Clark de l'acte d'achat fait par Cozens, ainsi que la perte de l'acte, etc. Il transmet une copie de l'acte.   37

    Inclus. Copie de l'acte.   40

    Copie du reçu fait par Brant.   44

    Certificat attestant l'exactitude des documents.   45

9 décembre,
Ulster village.

Théodore Barrell à Nelson Cozens. Il fait des conjectures au sujet du lieu où les actes pouvaient se trouver, ainsi qu'au sujet des personnes qui pourraient avoir eu connaissance des dits actes.   90

1834.
6 janvier,
Ulster village.

Le même à mademoiselle Servanté. Il demande de faire des recherches parmi les papiers, s'ils existent encore, de Barrell et Servanté, afin de découvrir les actes relatifs aux terrains de la Grande-Rivière.   98

15 janvier,
Ulster village.

Théodore Barrell à Nelson Cozens. Il a expédié, par l'entremise de sa sœur, une lettre à mademoiselle Servanté. S'il reçoit des renseignements, il lui en fera part. Ce serait presque inutile d'écrire à la veuve de Henri Servanté, vu qu'il est un étranger pour elle. Il craint que ses recherches ne réussissent point.   96

12 février.

Nouvelle révocation de la procuration donnée à J. B. Henshaw par J. Y. Cozens au sujet de la vente des terrains achetés des sauvages des Cinq-Nations.   80

22 mai,
Chambly.

Deuxième affidavit de Joshua Henshaw attestant le transport par Cozens à Clark de l'acte relatif aux terrains de la Grande-Rivière.   56

1er juillet.

Mémoire de Joshua Y. Cozens, de Cornwall, à Colborne. Il rappelle les services qu'il a rendus, ainsi que l'achat de terrains qu'il a fait de Brant ; il explique au long que l'acte a été laissé à Londres et confié par Clark à un bureau d'avocats, qui est devenu insolvable, et que l'acte est maintenant perdu ; il demande, si l'on vend quelque partie de son terrain, que l'équivalent en soit donné à son fils Nelson.   12

1er juillet,
Cornwall.

Affidavit de Joshua Y. Cozens attestant que l'achat a eu lieu et que l'acte a été confié par Clark à un bureau d'avocats de Londres, Angleterre.   31

14 juillet,
Toronto.

Mémoire de Nelson Cozens, fils de Joshua Y. Cozens, par lequel il expose que le titre du terrain, au sujet duquel son père a présenté un mémoire, lui appartient, parce qu'il a avancé de l'argent ; il demande, pour son père et lui, qu'on l'aide à régler la question au plus tôt.   26

19 septembre,
Addison County.

Affidavit de M. et Mad. Hart, qui atteste que Page a induit Clark à lui remettre les copies notariées des contrats relatifs aux terrains achetés par J. Y. Cozens de Joseph Brant, agent des sauvages des Cinq-Nations.   133

27 septembre,
Cornwall.

Nelson Cozens à Markland. Il transmet un troisième affidavit de Joshua Cozens qui atteste qu'il était présent lorsque Joshua Y. Cozens a remis les actes à Clark. Malhonnêteté de Page au sujet des actes. Si les lettres écrites par la fille de Page avaient été produites, elles auraient confirmé les déclarations faites par son père et lui-même, au sujet des moyens frauduleux pris par ce misérable pour tirer parti du document qu'il avait dérobé. Il espère que l'intervention du Conseil poussera Page à produire les documents. Correspondance relative aux documents.   117

    Inclus. Affidavit d'Henshaw.   122

Affidavit de J. Y. Cozens au sujet du terrain acheté de Joseph Brant.   125

6 octobre,
Cornwall.

Nelson Cozens à Markland. Il a transmis, le 27 du mois dernier, la lettre et les affidavits qui confirment l'authenticité des faits nouveaux relatifs à l'achat des terrains fait par son père. L'affidavit qu'il a envoyé incrimine Page encore davantage.   127

DOC. DE LA SESSION No. 18

1836.
6 décembre,
Toronto.

Lee à Nelson Cozens. Il transmet des documents. Ce sont d'abord trois contrats : (1ᵉʳ) passé le 8 septembre 1796, entre J. Y. Cozens et Brant pour la vente d'un morceau de terre sur la Grande-Rivière ; (2ᵐᵉ) passé le 17 octobre 1796, entre J. Y. Cozens et Clark pour la vente, pour la somme de $90,000, du même morceau de terre ; (3ᵐᵉ) passé le 20 mars 1825, entre Clark et Page pour la vente, pour la somme de $100,000, du même morceau de terre. Puis ce sont trois procurations : la première, (4ᵐᵉ) en date du 17 mai 1796, est des sauvages des Cinq-Nations à Joseph Brant ; la deuxième, (5ᵐᵉ) en date du 13 octobre 1799, est de J. Y. Cozens à Clark pour l'autoriser à vendre le terrain ; la troisième, (6ᵐᵉ) en date du 14 février 1797, est de Clark à Page pour l'autoriser à se procurer, de Barrell et Servanté, certains documents que ceux-ci ont reçus de Clark vers le 17 septembre 1798.

Page 130

19 décembre,
Ulster village.

Theodore Barrell à Nelson Cozens. Il transmet la lettre de sa sœur qui l'informe que mademoiselle Servanté a tenté vainement de retrouver les documents qui manquent ; elle lui demande de ne point lui écrire vu qu'elle quitte Londres et que même le coût du port d'une lettre du Canada est plus qu'elle ne peut payer.   104

25 décembre,
Middletown.

Stow à Nelson Cozens. Inclus dans l'envoi de Nelson Cozens à Markland, du 3 janvier 1835.

1835.
2 janvier,
Cornwall.

Affidavit donné par J. Y. Cozens au sujet de l'acte passé en faveur de Clark relativement à l'achat supposé du terrain de la Grande-Rivière. L'acte avait été passé pour permettre à Clark de vendre le terrain pour le compte de Cozens. Comment Page a pu obtenir les documents de Clark, qui avait l'esprit dérangé.   135

3 janvier,
Cornwall.

Nelson Cozens à Markland. Son père a transmis hier une déclaration faite sous serment relativement à la réputation de Clark. Il a recherché les deux Hosmer, les témoins de l'acte en blanc passé en faveur de Clark, mais ils sont morts. Il fait rapport des recherches faites sans succès par Stayner et autres.   140

Inclus. Stow à Nelson Cozens. Il lui apprend que les deux Hosmer sont morts.   145

2 février,
Ulster village.

Théodore Barrell à Nelson Cozens. Il raconte les rapports qu'il a eus avec la maison Barrell et Servanté ; il est convaincu, par les livres qu'il a consultés, que les documents requis étaient entre ses mains, le 16 mars 1779. Il cite des extraits des livres.   107

Il conseille dans un post-scriptum de faire attester ces faits, mais il considère que cette attestation doit être faite suivant la forme absolument légale.   114

23 février,
Cornwall.

Affidavit qui établit la raison qui l'a empêché (J. Y. Cozens) de faire enregistrer son contrat relatif au lopin de terre n° 4.   52

20 avril,
Wellington Square.

Kerr à Nelson Cozens. Il transmet une copie de l'arrangement, intervenu entre son père et Brant, qui diffère du reçu, et il ne peut pas comprendre cela.   60

30 avril,
Cornwall.

Affidavit de J. Y. Cozens au sujet des transactions faites avec Brant. 61
Reçu de £500, c'est le deuxième paiement d'une semblable somme.   65

10 mai,
Rochester.

Wallace à————. Il se rappelle avoir entendu la lecture du contrat passé en faveur de Wallace, qui confirme que le lopin de terre n° 3 appartenait aux sauvages.   66

14 septembre,
Rochester.

Affidavit relatif à l'achat des terres des sauvages par J. Y. Cozens.   68

1836.
14 avril,
Toronto.

Rapport du comité de la Chambre d'Assemblée qui déclare que Cozens, le pétitionnaire, a complètement prouvé le droit qu'il a de réclamer une compensation au sujet des terres en question. Ton évasif du rapport du procureur-général.   9

28 juin,
Toronto.

Affidavit de Joshua Y. Cozens où il déclare qu'il a reçu les copies de quatre lettres, adressées par Claus à Alexander Stewart ; les originaux de

18—13

1836.

trois sont au département des Affaires des Sauvages, à Toronto, mais le quatrième ne peut être découvert. Les lettres ont été remises par un Français, mais il n'y avait pas de signature qui indiquât qui les avait expédiées.   Page 4

Inclus. Claus à Stewart. Il désire savoir s'il voudrait signer l'hypothèque qui couvre le lopin de terre n° 4 et envoyer le certificat.   6

Claus à Stewart. Il lui demande de nouveau s'il voudrait signer l'hypothèque et envoyer le certificat à Clark au sujet du lopin n° 4 vu que c'est le désir tout particulier des Six-Nations.   6

Stewart à Claus. Il refuse de signer l'hypothèque ou le certificat sans consulter un homme de loi. Il ne commettra point d'imprudences.   7

Claus à Stewart. Il découvre qu'il (Stewart) a dit à Clark qu'il était présent, en 1796, lorsque Brant a donné un contrat à Cozens pour le terrain qui renferme le lopin n° 4 et qu'il (Stewart) a vu Cozens payer £500 en espèces à Brant. Le contrat n'a jamais été enregistré et il n'en a pas entendu parlé depuis 1798, alors que Langan lui avait annoncé qu'il était en Angleterre. Si l'on a disposé de la partie qui doit être vendue à Clark, Cozens ne pourra que recouvrer l'équivalent de ce qu'il a payé à Brant. Il espère qu'il (Stewart) signera les actes exigés par Clark lorsqu'il (Claus) ira le voir.

Le reste du volume, qui est divisé en deux parties, renferme d'autres correspondances et affidavits semblables relatifs aux terrains, réclamés par Cozens sur la Grande-Rivière, ainsi que les décisions à ce sujet.

LIEUTENANT-GOUVERNEUR SIR F. B. HEAD, 1836.

Q. 393.

1818.
9 mai,
Carlton House

Instructions données au duc de Richmond, gouverneur en chef du Haut-Canada.   34

1834.
3 mars,
Toronto.

Serment prêté par tous les membres du Conseil exécutif.   39

Adresse de la chambre d'Assemblée demandant que le projet de désaveu de l'Acte des banques ne soit pas mis à exécution.   40

1835.
15 avril,
Toronto.

Adresse au roi de la part de la Chambre d'Assemblée au sujet du Conseil législatif.   39

1836.
5 février,
Toronto.

Liste des lettres-patentes relatives aux terres destinées à constituer un fonds de dotation à l'église d'Angleterre du Haut-Canada.   42 au verso.

Cures qui reçoivent des bénéfices de dotation depuis que ce dernier document a été reçu, et relevé des propriétés remises par certains membres du clergé de l'église d'Angleterre.   43 au verso.

4 mars,
Toronto.

Adresse du Conseil exécutif exposant que la condition malheureuse du pays provenait de la réduction inconstitutionnelle des prérogatives du Conseil exécutif. S'il arrivait que le lieutenant-gouverneur ne voulût point consentir à consulter le Conseil exécutif, celui-ci demande la permission de pouvoir alors désabuser le public sur la fausse opinion qu'il peut entretenir au sujet de ses devoirs.   28 au verso.

Réponse du lieutenant-gouverneur.   29

14 mars,
Toronto.

Représentations faites par la chambre d'Assemblée au sujet de la démission des conseillers exécutifs.   41

Réponse faite par Head.   41 au verso.

16 mars,
Toronto.

Robert Baldwin à Perry. Il déclare que les membres du Conseil ont offert leur démission. Il en donne les causes et les circonstances. 30 au verso

Copie de la proposition faite à Baldwin de faire partie du Conseil exécutif et de son acceptation de la proposition.   32

DOC. DE LA SESSION No. 18

1836.
24 mars,
Toronto
Adresse de la Chambre d'Assemblée au sujet des membres du Conseil exécutif.   Page 41, au verso.
Réponse faite par Head.   42

25 mars,
Toronto.
Requête d'une assemblée publique présentée à Head. Les habitants de Toronto n'ont point confiance en les personnes appelées au Conseil exécutif.
32 au verso.
Réponse par Head.   33 au verso.

Mars?
Toronto.
Adresse du conseil municipal de Toronto à Head. Il n'a pas confiance dans l'administration actuelle.   32
Réponse par Head.   32

4 avril.
Toronto
Joseph à Perry. Le document demandé a été expédié. La réponse à la lettre que le lieutenant-gouverneur avait adressée en réponse à la requête des citoyens de Toronto a été renvoyée sans être lue.   44
Réponse des " Citoyens de Toronto."   44

5 avril.
Requête faite par le canton de Guelph. Signatures.   104

11 avril,
Toronto
Examen de Robert Baldwin Sullivan, le 28 mars, et de Augustus Baldwin, à la date en marge, au sujet de l'obligation à laquelle Sullivan est tenu de ne pas administrer le gouvernement de la province.   40 au verso.

12 avril,
Toronto.
Robert Baldwin à Perry. Il indique le malentendu qui existe relativement au devoir du Conseil exécutif d'exprimer son avis, même s'il n'est pas demandé.   46 au verso.

13 avril,
Toronto.
Examen de Robert Baldwin et du docteur Rolph devant le comité de la Chambre d'Assemblée au sujet des fonctions du Conseil exécutif. 46 au verso

14 avril,
Toronto.
Rapport du comité de la chambre contenant des accusations contre Head ; exposé de la position constitutionnelle du Conseil exécutif, et autres questions, trop longues à résumer.   14 au verso.
Notes sur le rapport du comité.   70

21 avril,
Toronto.
Head à Glenelg. Il n'a pas constaté le mécontentement de la Chambre relativement au manque d'avancement de A. E. McDonnell qui a toujours fortement appuyé Mackenzie. Lui donner l'influence qu'entraîne le commandement d'un régiment, de préférence à un loyal officier qui a servi pendant huit ans de plus que lui, ce serait décourager ceux qui soutiennent la constitution.   50
Inclus. Liste des documents contenus dans la dépêche.   51
Adresses, etc., tel que mentionné dans la liste.   53 etc.

21 avril,
Toronto.
Head à Glenelg (n° 26). Il transmet les adresses de l'Assemblée au roi et à la Chambre des Communes, dénonçant sa conduite comme lieutenant-gouverneur. L'Assemblée a empêché le vote des subsides, elle a remis à plus tard le vote des sommes d'argent et refusé d'affecter toute somme quelconque aux dépenses imprévues. Il cite des extraits de dépêches antérieures pour établir l'opinion qu'il s'est formé du caractère irréconciliable des républicains et sa détermination de ne leur offrir aucun sujet de plainte. Le discours qu'il a prononcé lors de la prorogation des Chambres démontre les efforts qu'il a faits pour en venir à une entente. Le rapport contenant les griefs n'a pas été mis au jour ; c'est un véritable feu-follet. Les mesures prises en toute hâte pour remédier aux griefs réels ont désorganisé la faction républicaine, et le pays est resté loyal. C'est la première fois que les subsides sont refusés et cela arrive justement au moment où il recevait instructions de faire disparaître les griefs. La raison de ce refus de voter les subsides provient de ce que des ordres avaient été donnés de faire cesser les sujets de plainte des républicains, ce qui a forcé ceux-ci à dévoiler leur véritable dessein qui était de s'emparer du pouvoir et du patronage de la couronne. Il expose les devoirs du Conseil exécutif et sa non-responsabilité ; il cite des témoignages à ce sujet ; il contredit aussi l'accusation faite contre lui d'avoir conclu une entente secrète. Autres faits qui établissent que son discours a été bien accueilli.   3

1-2 EDOUARD VII, A. 1902

1836.

Inclus. Requête de l'Assemblée au roi dénonçant la conduite du lieutenant-gouverneur.   Page 7
Requête, dans le même sens, de la Chambre d'Assemblée à la Chambre
des Communes.   7
A. Baldwin à Head. Il corrige une erreur dans le témoignage qu'il a
rendu devant le comité.   8
Quatre adresses de l'Assemblée au lieutenant-gouverneur au sujet des
sommes affectées aux dépenses imprévues en 1896, et les réponses qui y ont
été faites. Trois adresses se suivent.   8
Quatrième adresse ainsi que la réponse.   8 au verso.
Discours prononcé par Head lors de la prorogation.   9
Adresses venant de la province, au lieutenant-gouverneur.   11
Nombre des signatures : 6,782. La liste. Puis les adresses au nombre
de 14 en tout.

Avril (?).   Adresse du grand jury à Head pour lui exprimer sa confiance dans son
administration.   47 au verso.
             Réponse de Head.   48
Avril —.   Liste des documents.   76
Avril (?).   Adresse de la ville de Niagara. Nouvelles signatures.   89
Avril (?).   Adresse du canton de Stamford. Signatures.   95
Avril (?).   Adresse de Bytown et des environs. Signatures.   99
Avril (?).   Adresse du canton de Georgina. Signatures.   102
16 juillet, Head à Glenelg (n° 57). Il a fait rapport que 40 votes constitutionnels
Toronto.   avaient été ajoutés à l'Assemblée. Les républicains sentent leur cause
             désespérée.   48
             Adresse du Conseil exécutif à Colborne.   109
1831 à 1835. Délibérations de la Chambre d'Assemblée, qui ont lieu à diverses dates, à
             partir du 6 décembre 1831.   de 130 à 198

BUREAUX PUBLICS ET DIVERS, 1836.

Q. 394-1-2

1835.
            (La 1ʳᵉ partie comprend de la page 1 à la page 217 ; la 2ᵐᵉ partie de la
            page 218 à la page 407.)

8 octobre, Duncombe à Jamieson.
Toronto.

12 octobre. Opinion du procureur général. Ces deux documents sont inclus dans
            le mémoire de Duncombe. Octobre 1836.

10 novembre, Rowan aux officiers respectifs. Le lieutenant-gouverneur sait que les
Toronto.   directeurs du chemin de fer Erié et Ontario n'ont pas fixé définitivement le
            tracé. Il n'est pas probable qu'il soit continué au delà de Queenston. Une
            clause empêche la compagnie de passer sur les terres de la Couronne sans la
            sanction du roi.   56

14 novembre, Rowan à Duncombe.
Toronto.

18 novembre, Opinion du solliciteur général. Ces deux documents sont inclus dans le
Toronto.   mémoire de Duncombe—octobre 1836.

19 novembre, Cartwright à Wright. Inclus dans l'envoi de Byham à Hay, le 10
Toronto.   février 1836.

25 novembre, Opinion du procureur général rédigée pour le lieutenant-gouverneur.
Toronto.

28 novembre, Copie de la minute du Conseil.
Toronto.

DOC. DE LA SESSION No. 18

1835.

30 novembre,
Toronto.
Rowan à Duncombe.

— novembre.
Rapport de Hepburne.

12 décembre,
Toronto.
Rowan à Duncombe. Ce document ainsi que les quatre qui précèdent sont inclus dans le mémoire de Duncombe, octobre, 1836.

14 décembre,
Québec.
Officiers respectifs à l'artillerie. Ils sont informés que les directeurs de la Compagnie de chemin de fer Erié et Ontario n'ont pas encore fixé de tracé de la route et qu'il n'est pas probable que la ligne soit continuée au delà de Queenston. Ils supposent qu'ils ne devront point s'opposer au parcours de la ligne, même si celle-ci devait empiéter sur les terres réservées pour les besoins militaires.   Page 54

22 décembre,
Virginie.
C. Bonnycastle à Glenelg. Inclus dans l'envoi de R. H. Bonnycastle à Glenelg, le 13 janvier 1836.

1836.
8 janvier,
Chambre de
Commerce.
C. Poulett Thompson à Glenelg. Il lui demande de lire et de lui renvoyer sa lettre ; il prouvera que Mackenzie est en désaccord avec l'Assemblée qui l'a fait consentir à approuver de mauvais actes concernant les banques.   31

13 janvier,
Toronto.
R. H. Bonnycastle à Glenelg. Il le sollicite de se rendre à la demande de son frère. Qualités qu'il possède pour remplir cet emploi.   140
Inclus. C. Bonnycastle à Glenelg. Demande la position d'astronome dans le Haut-Canada.   141

14 janvier,
Trésorerie.
Baring à Grey. Vu que Head ne doit recevoir aucune partie de l'allocation accordée à la milice, ni aucun émolument supplémentaire provenant du fonds des colonies, il sera exempt de l'impôt du timbre à dater de sa commission.   64

14 janvier,
Londres.
Alder à Glenelg. Il expose l'offre faite par lord Goderich aux méthodistes wesleyens de prendre soin des sauvages et l'acceptation de cette offre par eux.   115

16 janvier,
Baltimore,
Md.
Browne à Glenelg. Comme il croit savoir que Sa Seigneurie a dit qu'elle ne lui ferait accorder aucune réparation, il demande que tous ses papiers lui soient renvoyés, à moins que Sa Seigneurie n'ait changé d'avis.   144

23 janvier,
Trésorerie.
Baring à Grey. Les lords de la Trésorerie consentent à ce que les sommes, avancées aux colons de Lanark en 1820 et 1821, soient remises.   65

26 janvier,
Trésorerie.
Spearman à Grey. A propos de l'argent accordé comme prise de guerre, qui n'a pas été réclamé et qui a été payé à la caisse militaire de Toronto, Gordon devrait fournir un état détaillé pour faire connaître comment il a été disposé des primes accordées pour la prise de Détroit.   66

4 février,
Toronto.
Arrêté ministériel concernant le mémoire de Campbell. Comme il ne paraît pas y avoir eu d'occasion où il aurait pu remettre sa patente et en obtenir une nouvelle, sa requête ne peut pas être approuvée.   290

6 février,
Horse-
Guards.
Fitzroy Somerset à Stephen pour lui transmettre la requête de John Longworth accusé de bigamie. Est-ce que quelque communication concernant ce cas a été reçue du Haut-Canada ?   22

8 février,
Horse-
Guards.
Le même à Grey. Il a reçu une lettre et une dépêche de Colborne. Dans les circonstances, le commandant en chef, tout en ne considérant pas les postes du Fort-George et d'Amherstburg nécessaires pour les besoins militaires seuls, ne s'opposera point à leur maintien si cela est jugé utile. 23

10 février,
Artillerie.
Byham à Hay. Vu le prix élevé demandé, aucun arrangement n'a encore été fait au sujet de la terre de Cartwright qui avoisine la réserve du gouvernement, à Fort-Henry. Il demande que l'on donne instructions au lieutenant-gouverneur du Haut-Canada de prendre les mesures nécessaires pour faire remettre ce terrain à l'artillerie.   44
Cartwright à Wright. Il ne se désaisira pas du terrain qu'il a à vendre avant le 1er mai 1836. Si on lui donne pas alors avis de la décision prise par l'artillerie, il vendra son terrain au premier acheteur qui acceptera ses conditions.   47

1836.
13 février,
Toronto.

Campbell à Joseph. Il transmet une résolution du Conseil en réponse à sa demande de remboursement de dommages encourus à cause d'une erreur dans l'émission de sa patente. Il explique comment la cession et la réémission ont été autorisées par le procureur-général et demande qu'il ne se contente pas de la décision du sous-greffier qui a été cause de l'erreur, mais qu'il soumette la question aux officiers légaux   Page 291

18 février
Temple.

Rolfe à Glenelg. Il n'existe pas de raison en loi pour empêcher l'exécution de la condamnation rendue contre John McAuliffe, mais celle-ci pourrait être commuée en déportation.   35

19 février,
Artillerie.

Byham à Hay. Il désirerait connaître l'opinion des officiers de Québec sur la meilleure manière de disposer des bâtisses qui doivent être abandonnées. Il veut savoir si quelqu'une doit être conservée, à Niagara ou Amherstburg, comme commodité pour les casernes.   48

19 février,
Artillerie.

Le même à Stephen. Au sujet du projet d'acte pour constituer en compagnie le chemin de fer Erié et Ontario, le tracé de la route n'est pas suffisamment encore déterminé pour établir jusqu'à quel point les intérêts du département seront lésés. Il existe une clause prohibitive dans la dépêche du lieutenant-gouverneur, qui n'est pas mentionnée dans le projet de loi ; mais l'artillerie sera satisfaite si Glenelg donne instructions au lieutenant-gouverneur de ne pas sanctionner la loi, permettant l'arrivée du chemin à moins de 1,000 verges d'un port, sans en donner antérieurement avis à l'artillerie.   50

22 février,
Amirauté.

Wood à Grey. Pour s'informer du calcul approximatif de l'observatoire projeté dans le Haut-Canada et si l'Assemblée paierait une partie des frais d'entretien.   11

26 janvier,
Huron.

Cameron à la Chamble d'Assemblée. Il transmet les résolutions adoptées dans une assemblée des habitants du comté de Huron, tenue à la date indiquée à la marge ; la communication de Cameron n'est pas datée.   283

Inclus. Résolutions blâmant la nomination de nouveaux venus à la magistrature.   284

— février,
Londres.

Colquhoun à Grey. Il était allé chez lui pour obtenir une lettre d'introduction, auprès du gouverneur du Haut-Canada, pour le fils d'un respectable marchand des Indes Occidentales.   280

10 mars,
Greenock.

Galt à Stephen. Découverte du grand marais dans la région de Huron ; son dessein de le drainer. La perte de l'usage de ses membres l'empêche d'exécuter ce plan lui-même, mais son fils le ferait, si on lui accordait le temps suffisant pour prélever le capital nécessaire.   399

Inclus. Proposition de drainer, sans dépenses de la part de l'Etat, le grand marais qui se trouve dans la région de Huron.   401

17 mars
Downing
Street.

Anonyme à Head. Il attire l'attention sur une clause de l'Acte constituant en compagnie le chemin de fer Erié et Ontario, laquelle empêche la compagnie de pénétrer dans les terres de la Couronne sans le consentement du roi ; cette clause a été communiquée par le lieutenant-gouverneur de la province, et l'artillerie désire empêcher toute compagnie de pénétrer sur les terrains tenus en réserve à plus de 1,000 verges de toutes fortifications.   52

21 mars,
Temple.

Officiers en loi à Glenelg. Il n'y a pas d'empêchement légal à constituer en société une académie destinée à donner l'enseignement chrétien, mais il en existe beaucoup contre l'acte, tel que présenté par Ryerson, et cela pourrait soulever de grands ennuis. Si une charte était accordée, il faudrait constituer un certain nombre de particuliers en société et pourvoir à ce que celle-ci soit continuéé.   37

22 mars,
Canal Rideau.

Etat indiquant le montant des amendes perçues. Inclus dans l'envoi de Spearman à Stephen, le 27 juillet 1836.

24 mars,
Liverpool.

Baring Frères et Cie à Stephen. Ils ont reçu une dépêche pour Buchanan, consul à New-York, qu'ils expédieront par le "George Washington."   146

1836.

28 mars,
War Office.

Walpole à Grey. Howick demande pour Orde une nouvelle lettre d'introduction auprès du lieut-gouverneur du Haut-Canada, celle qu'il a reçue ayant été adressée à Colborne.   Page 111

28 mars,
Londres.

Alder à Stephen. Inclus dans l'envoi d'un anonyme à Ripon, le 30 mars 1836.

30 mars.

Anonyme à Ripon. Les méthodistes wesleyens demandent des secours en argent. L'agrandissement des missions méthodistes a été proposé par lui (Ripon) en 1832 et la somme de £900 fut accordée pour la construction d'églises et d'écoles. La correspondance n'indique pas que cette subvention dût être permanente, vu qu'en 1834 elle a été considérablement réduite et et qu'elle n'a pas été renouvelée avant 1835. C'était l'opinion des méthodistes wesleyens qu'elle devait être permanente, de sorte qu'ils ont contracté des obligations qui deviendront probablement onéreuses. Ils réclament les arriérés qu'ils considèrent dus pour 1834 et 1835 et demandent qu'une subvention régulière leur soit accordée à même le revenu imprévu et territorial. Cela ne pourrait se faire que si la Couronne s'était vraiment engagée à supporter le poids de ces dépenses faites par les méthodistes. Il demande à Ripon de se rappeler les circonstances de la négociation.   122

Inclus. Alder à Stephen. Il rapporte les différents points de la négociation avec Ripon au sujet de l'octroi accordé aux méthodistes wesleyens.   125

30 mars,
Edinburgh.

Gordon à———. Suivant le désir de lord Fife, il expose son affaire et demande d'être remis en possession de sa concession de terre dans le Haut-Canada.   403

31 mars,
Baltimore.

Avertissement donné au secrétaire des colonies par David Brome, président de l'Association Adélaïde.   150

31 mars,
Baltimore.

Browne à Glenelg. Il transmet une copie d'une lettre de Peter Robinson au sujet de l'Association Adélaïde ; la lettre de Browne finit ainsi " Il n'est pas probable que l'on puisse trouver dans n'importe quel autre document, autant de duplicité et de fourberie."   185

12 avril,
Québec.

Nicolls à Byam (sic). Inclus dans l'envoi de Spearman à Stephen, le 27 juillet 1836.

13 avril,
Leicester.

Brown à Glenelg. Il propose d'activer l'émigration au moyen de tableaux. Il demande pour lui et son fils aîné, de l'emploi dans le Haut-Canada.   147

14 avril,
Dublin.

Burdett à Grey. Les gratifications accordées aux sergents permanents et aux tambours du corps des Yeomen d'Irlande seront payées par son bureau. Il transmet une liste de personnes de divers endroits qui ont droit à ces gratifications. Existe-t-il quelqu'un devant qui leur identité doit être établie et leurs reçus attestés ?   133

Liste déjà mentionnée.   135

16 avril,
Liverpool.

Baring Frères et Cᵉ à Stephen. L'envoi adressé à Buchanan a été expédié par le " South America."   149

21 avril.

Le révérend James Buchanan à Glenelg. Il attire l'attention sur la détresse navrante de McIsaac, ministre de Lochiel à Glengarry.   188

22 avril,
Downing
Street.

Anonyme à Alder. Il transmet une lettre de Ripon au sujet de l'octroi ccordé aux méthodistes wesleyens.   132

a

22 avril,
Downing
Street.

Anonyme à Head. Il transmet la copie d'une lettre de Burdett demandant qu'on l'aide à prévenir toute fraude dans le paiement des gratifications. Il a reçu avis de lui écrire directement (à Head).   134

23 avril,
Trésorerie.

Spearman à Stephen. Il transmet la copie d'une lettre de Routh annonçant que la somme de £1,733,6s, 8d. a été payée à la caisse militaire ; c'est le revenu de la vente des réserves du clergé. Cette somme doit être placée dans les rentes à trois pour cent des fonds consolidés.   68

Inclus. Routh à Stewart. Peter Robinson a payé à la caisse militaire $8,000 provenant de la vente des réserves du clergé.   69

1836.
26 avril,
Londres.

Adresse de la Chambre des Communes demandant la copie de l'adresse de la Chambre d'Assemblée et des résolutions concernant le commerce du Haut-Canada.   Page 3

27 avril,
Downing
Street.

Anonyme à Head. Pour s'informer du cas de McIsaac, ministre de Lochiel, et pour demander de faire rapport.   191

16 mai,
Toronto.

Adresse de la Société de Réforme Alliance " à ses frères partisans de la réforme au Haut-Canada " signée par T. D. Morrison, maire, président ; John McIntosh, vice-président ; J. E. Tims et T. Parsons, secrétaires. 229

20 mai,
Chelsea.

Alger à Stephen. Demande des renseignements au sujet des salaires indiqués dans la liste.   137

Inclus. Liste des salaires.   138

23 mai,
New-York.

Colborne à Glenelg. Il remercie sa Seigneurie pour ses mots de recommandation. Il accepte la position de commandant des forces militaires dans le Bas-Canada.   281

23 mai,
Londres.

Ebbs au même. Il demande une situation dans le Haut-Canada, où il s'en va.   389

26 mai,
Toronto.

Procès-verbal du Conseil concernant la demande de Campbell que le Conseil ne peut pas appuyer.   293

27 mai,
Downing
Street.

Anonyme à Brown. Il n'a pas le pouvoir de lui accorder un consulat. S'il a quelque accusation directe à porter contre Peter Robinson, le commissaire des terres de la Couronne, ou tout autre employé public dans le Haut-Canada, Sa Seigneurie fera faire une enquête, mais il ne peut forcer Robinson à répondre à une accusation aussi vague. Il est d'autant moins disposé à intervenir que des accusations contre la conduite privée de Robinson ont été portées en même temps que contre sa conduite publique.   183

29 mai,
Canal Rideau.

Règlements imposant des amendes à ceux qui causent des dommages au canal Rideau. Inclus dans l'envoi de Spearman à Stephen, le 27 juillet 1836.

30 mai,
Temple.

Les aviseurs légaux à Glenelg. Ils s'étaient opposés à l'acte tel que rédigé demandant la mise en société de l'Académie méthodiste. Après consultion avec les promoteurs, un nouvel acte a été préparé contre lequel il n'existe aucune objection.   39

4 juin,
Québec.

Routh à Head. Il ne peut pas fournir un rapport complet des dépenses concernant les sauvages dans le Haut-Canada, vu qu'il n'a pas les documents nécessaires. Il transmet des copies des rapports fournis à Gosford relativement aux sauvages du Bas-Canada. Différences caractéristiques des sauvages des deux provinces. Le projet d'établir une succursale aux Iles Manitoulin mérite d'être étudié avant de l'adopter définitivement. Ce serait utile pour visiter les sauvages, mais les dépenses que cela entraînerait rendraient le résultat douteux, à moins qu'on puisse exécuter ce projet en opérant une réduction suffisante dans les autres postes des sauvages. Projet de substituer des paiements en argent au système de distribution de présents. Cela a souvent été proposé mais a toujours été combattu par le département des Affaires des Sauvages.   81

7 juin,
Toronto.

Mémoire du capitaine Campbell à Glenelg demandant le remboursement de £2.10s. qu'il a payés à cause de l'erreur commise, lors de l'émission de sa patente, par le bureau.   286

Un mémoire paraît avoir été antérieurement expédié au Conseil exécutif qui a pris une première décision, le 4 février 1835, et une deuxième, le 26 mai 1836.

8 juin,
Ministère de
la Guerre.

Sullivan à Stephen. Il désire savoir pendant combien de temps le lieut.-colonel Foster a pris temporairement le commandement militaire du Haut-Canada et l'allocation qui doit lui être payée en conséquence.   112

8 juin,
Ministère de
la Guerre.

Le même au même. Il désire connaître le traitement et les émoluments de Wilkinson en sa qualité de juge de la cour inférieure du district ouest du Haut-Canada, ainsi que la date de sa nomination.   113

DOC. DE LA SESSION No. 18

1836.

14 juin,
Londres.   Adresse de la Chambre des Communes demandant des extraits d'une dépêche de Head ainsi que les documents mentionnés dans ces extraits.
                                                                     Page 4

16 juin,
Liverpool.   Baring Frères et Cⁱᵉ à Stephen. Le paquet destiné à Buchanan, con-
sul à New-York, est arrivé une demi-heure après le départ du *Caledonia.*
Il l'expédiera par la prochaine bonne occasion.   192

17 juin,
Londres.   Adresse de la Chambre des Communes demandant une copie de l'adresse
de l'Assemblée du Haut-Canada au roi, ainsi que les documents transmis
dans l'envoi de Head du 21 avril 1836.   5

20 juin.   Robert Baldwin à Hume. Il lui transmet la lettre qu'il a adressée à
Glenelg pour lui demander une entrevue afin de lui expliquer les derniers
événements survenus dans le Haut-Canada, et il espère qu'il (Hume) amènera Glenelg à la lui accorder.   104

20 juin.
Londres.   Le même au même. Il considère important que la lettre de Rolph au
secrétaire d'Etat soit déposée devant la Chambre des Communes de même
que les autres documents.   105

24 juin,
Artillerie.   Byham à Spearman. Inclus dans l'envoi de Spearman à Stephen, le 27
juillet 1836.

29 juin,
Trésorerie.   Spearman à Stephen. Les lords de la Trésorerie désirent savoir si quelque acte concernant le numéraire a été définitivement passé et ils demandent qu'on leur fournisse une copie des actes antérieurs qui ont été abrogés.
La lettre indique la valeur respective des monnaies anglaises et canadiennes.   70

1er juillet,
Amirauté.   Barrow à Stephen. Les instruments d'astronomie de Sainte-Hélène ont
été placés dans l'observatoire royal de Greenwich, tel que proposé par
Glenelg.   12

4 juillet,
Londres.   Adresse de la Chambre des Communes demandant copie d'une dépêche de
Head, du 28 mai 1836, contenant un numéro spécial de la *Gazette* où se
trouvait publié l'avis de dissolution de l'Assemblée législative du Haut-
Canada.   6

5 juillet,
Downing
Street.   Anonyme au lord président du Conseil. Il transmet de nouvelles instructions, destinées à être données au lieut.-gouverneur pour l'autoriser à
sanctionner la mise en société de l' "Académie du Haut-Canada" et afin
qu'elles soient soumises au Conseil des ministres.   40

5 juillet.   Donnelly à Glenelg. Il lui a laissé une lettre d'introduction de la part
d'O'Connor pour 'appuyer dans sa demande d'une place de professeur dans
le nouveau collège de Toronto. Sa présence sera requise dans quelques
jours au collège de Dublin ; il ira lui demander une réponse.   305

6 juillet,
St. James's.   Arrêté ministériel sanctionnant l'émission de lettres-patentes constituant
en société l'académie du Haut-Canada.   29

7 juillet,
Lenox.   Mémoire des habitants de Lennox et d'Addington pour se plaindre de
l'intervention d'Hagerman lors de l'élection qui a eu lieu dans le comté. 394

8 juillet,
Camberwell.   Beeston à Glenelg. Il expose la nature de ses services dans le bureau où se fait la vente des terres publiques. Son renvoi ;
il demande une enquête.   193

22 juillet,
Bureau de
l'Auditeur.   Cour des comptes à la Trésorerie. Inclus dans l'envoi de Spearman à
Stephen, le 24 octobre 1836.

23 juillet,
New-York.   J. Buchanan à Stephen. Il transmet le tableau des électeurs dans le
Haut-Canada. Il est heureux de constater que les Irlandais sont tous
loyaux, vu que c'est lui qui les a envoyés. Si toutes les dénominations religieuses possédaient les mêmes terrains publics que ceux des cures rien ne
pourrait ébranler le dévouement et l'attachement de la province. Des milliers se réjouissent ici (New-York) de voir la défaite du radicalisme au
Canada.   197

Inclus. Tableau des élections du Haut-Canada d'après le "New-York
Albion".   198

1836.
26 juillet,
Downing
Street.

Anonyme à Head. Il lui transmet de nouvelles instructions qui l'autorisent à émettre les lettres-patentes constituant en compagnie l' "Académie du Haut-Canada ". Aucun octroi en argent ne peut être accordé par le gouvernement, mais Head désire soumettre la question à la Chambre et proposer un tel octroi.
Page 41

27 juillet,
Home Office.

Russell à Grey. Il transmet une lettre de Baldwin qui contient des renseignements pour Glenelg.
33

27 juillet,
Trésorerie.

Spearman à Stephen. Il transmet des copies de la lettre et les documents reçus du bureau de l'artillerie au sujet de la manière dont devaient être appliquées les amendes infligées d'après l'Acte du canal Rideau.
73

Inclus. Byham à Spearman. Le bureau de l'artillerie pense qu'une demande devrait être faite pour autoriser le receveur général à remettre les amendes perçues d'après l'Acte du canal Rideau, afin qu'elles soient payées à la caisse militaire.
74

Nicolls à Byham. Il transmet une copie du règlement concernant le canal Rideau, en accord avec la clause xxi de l'acte, et un état des amendes payées suivant ce règlement et il demande que Bolton soit autorisé à retirer £41 du receveur général pour qu'ils soient remis au payeur du canal et portés à l'avoir du gouvernement comme droit de péage, et que cette méthode sait continuée à l'avenir, à moins que les lords de la Trésorerie ne préfèrent que ce paiement soit fait directement, sans l'entremise du receveur général.
76

Règlement décrétant des amendes pour dommages aux écluses du canal Rideau.
78

Etats des amendes perçues.
80

3 août,
New-York.

J. Buchanan à Stephen. Il a reçu des dépêches et il les a expédiées à Head.
200

11 août,
Downing
Street.

Anonyme à Head. Il a reçu un mémoire de Campbell du 7 juin 1836, à qui il demandera une copie, et il lui fournira les renseignements nécessaires à ce sujet.
294

13 août,
Brighton.

E. et R. Faithfull au secrétaire des colonies. Le lieutenant Hughes à emprunté £66 d'un pauvre homme et il est parti pour le Canada où il est mort. Existe-il quelque moyen de recouvrer cet argent ?
391

19 août.

Requête de Charles Duncombe à la Chambre des Communes. Il sollicite une enquête au sujet des accusations de violence et de manœuvres illégales qui ont été encouragées par Head lors des élections.
308

(Requête non datée ; reçu à la date indiquée en marge).

20 août,
Londres.

Adresse pour demander copie des documents relatifs à la vente ou à l'octroi de terres dans le Haut-Canada, ainsi que ceux concernant l'abandon de terres par les sauvages.
7

25 août,
Downing
Street.

Anonyme à Head. Demande de renseignements sur certains points relatifs aux concessions de terres dans le Haut-Canada, afin de répondre à l'adresse de la Chambre des Communes.
9

29 août,
Clonmell.

Carey à Grey. Il demande le remboursement des dépenses encourues pour le transport des dépêches.
295

3 septembre,
Artillerie.

Elliot à Stephen. Sir Henry Vivian désire savoir si le capitaine Macaulay, des officiers du génie royaux, a été nommé à la position d'inspecteur en chef pour laquelle il avait été recommandé.
58

6 septembre,
Downing
Street.

Lettre non signée à Head. Lettre de Carey (incluse) réclamant £50 pour dépenses encourues dans le transport des dépêches ; comme celles-ci n'étaient pas d'une nature urgente et qu'il n'a pas reçu de rapport de lui (Head) il ne s'est pas cru justifiable de payer ce montant. Il désire savoir pourquoi Carey a été choisi, quelles instructions il avait reçues et s'il avait été prouvé que ces frais de voyage seraient payés.
297

6 septembre,
Greenock.

Galt à Stephen. Il a reçu la lettre et les papiers et il a en conséquence abandonné l'entreprise. Avantageux échange que le gouvernement a fait avec la Compagnie des Terres.
406

1836.

12 septembre,
Londres.
Cox et Cⁱᵉ à Grey. La société désire obtenir un certificat établissant que Rowan a cessé d'être secrétaire particulier du lieutenant-gouverneur du Haut-Canada, afin qu'elle puisse faire sanctionner par le commandant en chef la délivrance de sa demi-solde.   Page 298

13 septembre,
Trésorerie.
Baring au même. Vu la mort de Stewart et la démission de Hay, les lords de la Trésorerie nomment Spearman et Stephen administrateurs des revenus des réserves du clergé.   86

14 septembre,
Trésorerie.
Spearman à Stephen. Il fait rapport que Peter Robinson a été obligé, à cause de son mauvais état de santé, de démissionner et de demander au lieutenant-gouverneur de conclure un arrangement temporaire. Il désire savoir si le bureau colonial a été informé de la nature de cet arrangement.
                                                                               88

16 septembre,
Trésorerie.
Spearman à Stephen. Les amendes perçues d'après l'Acte du canal Rideau doivent être uniquement employées pour les besoins du canal.   90

16 septembre,
Londres.
Duncombe à Glenelg. Il critique la lettre de Stephen et nie qu'il ait accusé qui que ce soit, et il demande que son mémoire soit favorablement examiné.   347

17 septembre,
Londres.
Blackwood à Taylor. Il sollicite son influence pour l'aider à obtenir l'une des deux positions vacantes au Canada, celle d'inspecteur général et celle de commissaire des terres de la Couronne ; c'est cette dernière qu'il préférerait.   201

20 septembre,
Londres.
Duncombe à Glenelg. Il expose au long son opinion relativement aux causes du bouleversement des affaires dans le Haut-Canada.   359

21 septembre.
Lettre non signée à Duncombe. Sa lettre reçue. Glenelg ne considère pas nécessaire de s'occuper des accusations lancées contre le solliciteur général et il se borne à observer que des accusations, que les accusés n'ont pas eu l'occasion de réfuter, ne peuvent pas, sans entraîner d'injustice, être admises contre eux. Raison pour laquelle Glenelg a refusé de le recevoir (Duncombe). Il analyse la réclamation de Duncombe et tout en admettant la force des documents fournis, il renvoie l'affaire aux autorités du lieu pour qu'elle soit une dernière fois examinée.   353

21 septembre.
Grey au même. Les accusations qu'il (Duncombe) a portées contre Head doivent lui être adressées aussitôt que possible et Glenelg suspendra son jugement en attendant.   386

25 septembre,
Downing
Street.
Lettre non signée à Head. Les amendes prélevées d'après l'Acte du canal Rideau doivent être remises par le receveur général à l'Artillerie pour qu'elles soient appliquées aux besoins du canal.   92

3 octobre,
Worthing.
Hume à Melbourne. Inclus dans l'envoi de Melbourne à Glenelg, le 4 octobre, 1836.

4 octobre,
Trésorerie.
Baring à Stephen. Il transmet la lettre de Routh, relativement au revenu des réserves du clergé, afin qu'elle soit soumise à Glenelg. Le payeur du service civil a reçu instruction de placer la somme de £3,033 6s. 8d. qui provient des réserves du clergé.   93

Inclus. Rapport de Routh qui constate que le commissaire des réserves du clergé avait payé à la caisse militaire, à Toronto, la somme de £3,500, circulation de la banque d'Halifax.   95

4 octobre,
Downing
Street.
Melbourne à Glenelg. Il transmet une lettre de Hume.   96

Inclus. Hume à Melbourne. Il lui demande de présenter au roi le mémoire des citoyens de Lennox et d'Addington dans lequel ils se plaignent de l'intervention de Hagerman dans l'élection. Il se plaint de la conduite de Glenelg vis-à-vis les partisans de la réforme dont il n'a pas voulu recevoir les représentants bien qu'ils aient parcouru 4,000 milles de distance pour l'aller voir. Il se plaint de la conduite de Head.   97

6 octobre,
Hartford.
Bidwell à Glenelg. Il a reçu, transmise du Parlement de Toronto, la communication où Sa Seigneurie exprime le désir qu'il adresse à Head une copie d'une certaine lettre, ce qu'il a refusé de faire. Il sait qu'il a pris là trop de liberté ; il énumère les objections qu'il y avait et il offre de retirer

1-2 EDOUARD VII, A. 1902

1836.

la lettre. Celle-ci n'était destinée qu'à le préserver contre les fausses représentations que Head pouvait faire et elle était personnelle. La dépêche de Head déposée devant la Chambre des Communes, démontre sous quel jour sont représentés ceux qui ont le malheur de lui déplaire. Les craintes qui l'ont poussé (Bidwell) à écrire à Sa Seigneurie ne manquaient point de bon sens. Page 203

21 octobre.
Downing
Street.

Grey à Hume. Glenelg a reçu sa lettre, à l'adresse de Melbourne, dans laquelle il se plaint de Head. Une meilleure occasion se présentera probablement avant longtemps pour discuter l'administration des affaires du Canada. Cela ne servirait de rien de la discuter actuellement, mais il saisit l'occasion de dissiper ses illusions au sujet de Baldwin et de Duncombe, représentés comme les agents des réformistes. Ils ne sont les agents de personne. Quant aux accusations portées contre Head, on a demandé aux accusateurs de les mettre par écrit, car ce n'est que sous cette forme qu'elles peuvent être nettement formulées, bien comprises et soumises à une enquête complète.
100

22 octobre,
Amirauté.

Barrow à Stephen. Il transmet une copie de lettre de Airy au sujet des instruments d'astronomie de Saint-Hélène. Le surintendant a reçu avis de les mettre en lieu sûr jusqu'à ce qu'ils soient demandés. 13

Inclus. Airy à Wood. Il fait des observations relatives aux instruments qui viennent de Sainte-Hélène. Il en recommande le déménagement vu qu'il n'y a pas de place où les déposer, à l'observatoire. 14

Observations au sujet des instruments.

Au sujet du cercle mural contenu dans la boîte 1. 15

Au sujet de l'appareil dans la boîte 2. 16

Au sujet de la chaîne d'observation dans la boîte 3. 18

Au sujet de l'horloge fabriquée par Barraud, boîte 4. 18

Au sujet du télescope, dans une boîte en acajou, contenu dans la caisse 5.
19

Au sujet du porte-télescope dans la caisse 6. 20

24 octobre,
Trésorerie.

Spearman à Stephen. Il transmet le rapport de la cour des comptes relativement à la différence due par Dunn, le receveur-général, pour l'année 1834, et il demande que, malgré le montant des garanties, des mesures soient prises par le lieutenant-gouverneur pour la garde de telle partie des épargnes, qui peut être nécessaire pour les dépenses ordinaires, en déposant ce montant en sûreté et dont il ne pourra être disposé que sur les ordres réunis du receveur général et de deux des principaux employés du gouvernement. 106

Inclus. Cour des comptes à la Trésorerie. Elle attire l'attention sur les montants considérables déposés entre les mains du receveur général du Haut-Canada et sur la probabilité que ces sommes augmenteront encore.
108

26 octobre,
Amirauté.

Byham à Stephen. Au sujet des réserves, le lieutenant-gouverneur a transmis un rapport du commandant des soldats du génie royal au sujet duquel l'opinion du bureau de l'Artillerie est requise. Le bureau approuve généralement le rapport, si ce n'est qu'il ne voit point la nécessité de conserver les réserves qui sont seulement occupées comme positions de campagne, telles que Quenstown, Chippawa, Chatham et Burlington. Dans un cas de guerre, tout le pays serait soumis aux manœuvres militaires et les constructions privées pourraient être utilisées dans ce but plutôt que dans un autre. Le maintien de Saint-Joseph, Amherstburgh et Pointe-Edouard ne se fera que si l'on en fait de nouveau des stations navales. 59

Octobre (?).

Mémoire de Charles Duncombe demandant le titre, sujet à la taxe ordinaire, d'un terrain qu'il détient en vertu d'un bail Brant. Nature de ce genre de bail. Il croit qu'il l'aurait obtenu, si ce n'eût été des votes indépendants qu'il a donnés dans la Chambre. 316

Inclus. Duncombe à Jamieson, procureur général, au sujet de la portée de la loi des étrangers et il demande, si les baux Brant étaient ratifiés, si le

DOC. DE LA SESSION No. 18
1836.
titre serait à son nom ou si les héritiers de Malloy ou la Couronne pourraient
le déposséder.   Page 323
Opinion de Jamieson, procureur général, à Duncombe.   326
Opinion, soigneusement élaborée, de Jamieson au lieut.-gouverneur.   329
Opinion de Hagerman, solliciteur général, au lieutenant-gouverneur.   334
Rowan à Duncombe. Le lieutenant-gouverneur ne pourrait que référer
sa demande aux officiers en loi de la Couronne, et si la propriété eut dû être
confisquée, le gouvernement local ne peut point lui accorder de patente, et
le lieutenant-gouverneur ne peut transmettre la demande au gouvernement
de Sa Majesté si les réclamants ne sont satisfaits.   339
Rowan à Duncombe. Il transmet les arrêtés ministériels que le lieutenant-gouverneur regrette de voir défavorables à sa demande. Il peut
obtenir, s'il le désire, les opinions des officiers légaux.   340
Copie de la minute du Conseil. Le Conseil ne peut pas recommander la
confirmation du titre de Duncombe.   341
Rowan à Duncombe. Il transmet le rapport des commissaires des sauvages des Six-Nations.   342
Rapport de Hepburne, commissaire des Six-Nations, qui établit que Duncombe a acheté le terrain lors de la dernière vente à Brantford ; et il ne
voit aucune raison pour empêcher Duncombe d'obtenir ses lettres-patentes.
                                                                       343

1er novembre,   Ferguson à Glenelg. Il démontre la nécessité d'épurer cette partie du
Nelson.   système judiciaire qui est administrée par les shérifs.   392

19 novembre,   Le révérend James Buchanan à Glenelg. Il renouvelle ses représentations
North Leith.   au sujet de McIsaac, ministre à Lochiel.   207

21 novembre,   Fitzroy Somerset à Stephens. Il communique la demande, faite par le
Horse-   major Fortye, du 7e bataillon des Vétérans Royaux, que son fils soit autorisé
Guards.   à construire une maison pour l'usage de sa famille (major Fortye) et qu'il lui
                     soit permis, sans se soumettre aux règlements concernant les colons, de faire
                     traite pour le tiers du montant retenu de sa commission sur MM. Cox et Cie.
                                                                       25

29 novembre,   Lettre non-signée à Head. Copie de la correspondance expédiée au sujet
Downing   de la demande du major Fortye de diminuer à son égard la rigueur des
Street.   règlements ; sa demande a été accordée vu les circonstances, mais cela ne
                     fera pas précédent.   26

8 décembre,   Lettre non signée à Barnham. Glenelg ne s'explique pas pourquoi le
Downing   paquet de documents n'a pu être déposé au bureau de poste de Liverpool,
Street.   vu qu'il n'y avait aucun avantage dans la venue de Barnham à Londres.
                     Ce serait d'ailleurs un mauvais précédent que de se soumettre à cette de-
                     mande.   216

23 décembre,   L'archevêque de Canterbury à Glenelg. Il recommande dans le Canada,
Addington.   l'établissement d'un nouveau diocèse délimité par les bornes du Haut-Canada.
                     Avantages qui en découleraient.   299

30 décembre,   Byham à Stephen. Les officiers intéressés doivent s'assurer si les deux
Artillerie.   acres de terre, avoisinant le marché, à Niagara, que l'on propose de vendre,
                     sont occupés par l'Artillerie. S'ils le sont, ils pourraient être mis en
                     vente avec le consentement du commandant en chef ; s'ils ne le sont pas,
                     l'on doit faire rapport au lieutenant-gouverneur et l'informer que le terrain
                     n'est pas utile à l'Artillerie.   61
                     Inclus. Rapport de Nicolls, le commandant des officiers du génie royal.
                     Il recommande de diviser en lots les deux acres avoisinant l'emplacement du
                     marché, à Niagara, et de les vendre à l'enchère publique.   62

— décembre,   Lettre non-signée au rév. J. Buchanan. Il explique longuement les rai-
Downing   sons de la discontinuation de l'octroi à la congrégation de Lochiel. 211
Street.

. Pas de date.   Barnham à Grey. Il demande le remboursement des dépenses encourues
                     pour le transport des dépêches.   215

1837.
5 janvier,
Downing
Street.

Glenelg à l'archevêque de Canterbury. Il propose de consulter l'évêque de Québec, actuellement à Brighton, au sujet du nouveau diocèse. Il craint qu'il ne survienne quelque difficulté relativement à l'établissement récent du diocèse de Montréal. Il ne peut promettre de traitement à aucun nouvel évêque au Canada. La promesse a été faite à la Chambre des Communes qu'il ne serait demandé aucune nouvelle allocation pour l'Eglise d'Angleterre du Canada. Il espère que l'Assemblée législative y pourvoiera.

Page 302

19 décembre,
Downing
Street.

Lettre non-signée à Spearman. Glenelg attire l'attention sur la lettre, du 21 juin dernier, qui contient la dépêche du lieutenant-gouverneur du Haut-Canada au sujet de la circulation monétaire, et il désire savoir quel avis il doit donner au roi relativement à l'Acte concernant la circulation monétaire du Haut-Canada.   72

DIVERS, 1836.

Q. 395—1-2-3.

1818.

La 1re partie comprend de 1 à 260 ; la 2me partie de 261 à 503 ; la 3me partie de 504 à 793.

26 février.

Bathurst à Smith (extrait). Aucune autre restriction ne sera imposée dans le choix des colons par Talbot que celles stipulées par les actes du parlement.   492

1833.
10 novembre,
Portsmouth.

D'Urban à Hackett. Inclus dans l'envoi de Hackett à Glenelg, le 11 janvier 1836.

1835.
28 mai,
Toronto.

Strachan à ———. Inclus dans l'envoi de Strachan à Glenelg, le 14 mai 1836.

5 juillet,
Downing
Street.

Glenelg à ———. Il a reçu une lettre de l'archidiacre Strachan dans laquelle ce dernier expose avec insistance ses titres à la position d'évêque suffragant, s'il en est nommé un. Son impuissance à opérer la division du diocèse et sa satisfaction pour les témoignages rendus aux mérites de Strachan.   485

30 juillet,
Downing
Street.

Glenelg à Colborne. Inclus dans l'envoi d'un anonyme à Head, le 18 juin 1836.

1836.
11 janvier,
Teignmouth.

Hackett à Glenelg. Il expose les services qu'il a rendus dans la Guyane Anglaise et demande une situation, ou une concession de terre, dans le Haut-Canada afin qu'il puisse pourvoir aux besoins de sa nombreuse famille.   3

Inclus. D'Urban à Hackett. Il certifie la bonne conduite et les capacités d'Hackett comme employé public, pendant qu'il (D'Urban) était le gouverneur de la Guyane Anglaise.   6

29 janvier,
Londres.

Jones à Glenelg. Il transmet les documents en faveur d'une pension que réclame Mme Buell, la veuve d'un loyaliste. C'est la seule veuve de loyaliste qui ne retire point de pension.   78

Inclus. Jones à Howick. Il transmet les documents à l'appui de la pension que demande Mme Buell en sa qualité de veuve de loyaliste.   79

Jones à Glenelg. Il transmet les documents qui se rapportent au capitaine Sherwood, qui demande qu'une pension lui soit accordée en retour de ses importants services.   80

29 janvier,
Londres.

30 janvier,
Londres.

Le même au même. Sacrifices que son père et ses oncles ont faits en qualité de loyalistes de l'Empire-Uni. De la nombreuse famille de son père, il ne reste plus que lui et l'un de ses frères. Il demande une position. Il s'attendait à ce que la position de juge en chef de Terreneuve fût vacante à son arrivée en Angleterre et qu'il aurait pu parfaitement la rem-

1836.

plir. S'il n'existe pas de position convenable, il considère qu'il a droit à une place dans les Conseils législatif ou exécutif de sa province natale.   81

**1er février,
Dublin.**

Le docteur Robinson à Grey. Il demande la légalisation de la signature de Colborne.   Page 202

La lettre est adressée à sir *Charles* Grey au lieu de sir *George*.

**1er février,
Toronto.**

McKenzie à ————. Si les instructions confidentielles données à Head lui permettent d'appeler au Conseil exécutif des hommes tels que le docteur Rolph, le docteur Baldwin et Dunn, s'il désire profiter de leurs services et si eux-mêmes consentent à accepter ces positions, les défectuosités des ordres de Glenelg pourront passer; sinon, sir Francis aura probablement peu d'agrément. Pour plaire au parti tory, son parti peut adopter le septième rapport sur les griefs encore et encore, et si les représentants actuels sont renvoyés devant leurs électeurs, leurs successeurs seront plus difficiles à satisfaire. Les principes de la réforme gagnent du terrain à Toronto et à Québec. Colborne était un homme sans énergie que l'on trompait, mais il était bon, généreux et bien intentionné. Il a une belle famille et son déplacement est un bienfait. Il ne sait pas comment le maintien en office de Hagerman, de Markland, de Robinson et autres, qui ont protesté contre la dépêche de Ripon, peut s'accorder avec les instructions données. Cela devrait être étudié. Il lui est inutile de protester de son attachement sincère aux institutions britanniques et anglaises; malheureusement les ministres qui font de ces retentissantes protestations dans la Chambre des Communes, inspirent par leurs actes du dégoût chez les Canadiens.   109

**4 février,
Lambeth.**

Sherlock à ————. A cause d'une attaque de paralysie qui l'a tenu au lit et à la chambre pendant douze mois, il demande une concession de terrain au gouvernement; si elle n'est pas approuvée, elle pourra être annulée sans entraîner de dommages au gouvernement, vu que le lot sera facilement vendu.   460

**7 février,
Toronto.**

McKenzie à Stephen. Il a inclus la dépêche de Glenelg, publiée en brochure; les procès-verbaux de la Chambre étant imprimés tous les jours, il (Stephen) pourra en prendre connaissance plus vite qu'auparavant. Adresse expédiée au lieut.-gouverneur lui demandant de choisir un Conseil exécutif en qui l'Assemblée législative et lui puissent avoir confiance; s'il ne le fait pas, il ne peut pas voir quelles autres concessions ont pu être faites en dehors de la démission de Colborne et de la nomination de Head. Les réformes que Glenelg propose ne sont que de pures duperies, si elles doivent être exécutées par des hommes opposés au parti de la réforme. L'Assemblée a exprimé son approbation du célèbre rapport des griefs et a transmis une adresse à Head pour lui communiquer les résolutions adoptées. Tristes effets du système actuel; mais rien ne peut prolonger le triomphe de la minorité sur la majorité.   112

9 février.

Le docteur Robinson à Grey. Il le remercie de sa lettre; il envoie l'honoraire dû pour la légalisation de la signature de Colborne.   203

11 février.

Jones à Glenelg. Il le remercie de sa lettre au sujet du projet de loi pour instituer la compagnie d'assurances sur la vie et de prêt du Haut-Canada. Il s'est mis à douter cependant, pour les raisons données, que Head se sente autorisé à le sanctionner.   86

**12 février,
Londres.**

Ryerson à Grey. Il transmet un état relatif à la société littéraire du Haut-Canada. Il envoie un dernier rapport des missions à propos des résultats opérés par le christianisme sur les sauvages et il lui demande de le passer à Glenelg quand il l'aura examiné. Comme c'est la seule copie qu'il a pu obtenir, il demande de la lui renvoyer. Le rapport démontre que l'octroi que le gouvernement avait commencé d'accorder en 1833, a été entièrement dépensé pour les sauvages; aucune partie n'a servi aux missions méthodistes. Secours apporté aux sauvages par le gouvernement des Etats-Unis.   263

1829.
12 février,
Londres.

Le même à Glenelg. Il envoie un exposé écrit au sujet de l'institution littéraire à propos de laquelle il a eu une entrevue avec lui ; il demande de bien examiner la question et il transmet une copie de la charte projetée.

                                            Page 271

    Inclus. Exposé écrit.   276

    Charte proposée.   291

13 février,
Londres.

Stewart à Stephen. Il sollicite ses bons offices.   462

    Inclus. L'évêque (anglican) de Québec. Il désire lui rappeler la demande faite au secrétaire des colonies (Goderich) de la somme de £50 pour le révérend A. Bethune, en retour des services qu'il a rendus au clergé ; Colborne a écrit à Goderich à ce sujet.   463

19 février,
Londres.

Jones à Glenelg. Nouveaux détails relatifs à l'établissement de la compagnie de Prêt et d'Assurance sur la vie du Haut-Canada.   88

23 février,
Londres.

Ryerson au même. Il renouvelle sa demande d'une subvention pécuniaire pour l'Académie du Haut-Canada ; il offre de lui fournir tous les renseignements supplémentaires qu'il peut désirer.   300

25 février,
Londres.

Jones au même. D'après la constitution, le gouverneur ne peut pas, après avoir réservé un bill, le confirmer ensuite par proclamation ou autrement ; cela ne peut être fait que par le conseil des ministres. Ce serait alors inutile de soumettre la question aux officiers en loi de la Couronne du Haut-Canada. Il n'y aurait qu'un seul moyen d'éluder la difficulté et il désirerait en causer avec lui personnellement.   89

25 février,
Toronto.

Rolph à McDonald. Il a transmis sa lettre au lieutenant-gouverneur. Il conseille certains changements qu'il lui demande de faire.   222

26 février,
Toronto.

Hewson à Hay. Il a reçu une lettre de Hay lui apprenant qu'il n'avait pu transmettre sa demande, vu qu'il n'existait pas d'Association coloniale de l'Amérique du Nord d'Irlande. Il a appris depuis que cette société devait prochainement fonctionner. Le juge en chef serait heureux si son opinion (Hewson) pouvait être transmise.   9

27 février,
Downing
Street.

Lettre non signée à Head. Il envoie la copie d'une lettre de Jones par laquelle il demande une situation de juge ou bien d'être nommé membre du Conseil législatif ou exécutif. Il envoie aussi une copie de la réponse, dans laquelle il verra que Jones a été informé que la recommandation du gouvernement de la colonie était nécessaire pour être appelé au Conseil législatif ou exécutif.   85

27 février,
Londres.

Jones à Stephen. Il craint d'échouer tant dans sa mission publique que dans ses affaires privées.   90

27 février,
Londres.

Le même à Glenelg. Il serait heureux si le projet de loi constituant la Compagnie de prêts et d'assurance sur la vie était immédiatement sanctionné. Si cela ne se pouvait, comment faudrait-il procéder pour réussir ?

                                             92

29 février,
Downing
Street.

Grey à Ryerson. Les sentiments de Glenelg relativement aux avantages de la propagation de l'instruction sont les mêmes que ceux de Ripon et c'est son devoir autant que sa satisfaction d'appuyer les désirs de Sa Majesté sur ce point, mais le transfert de l'administration du revenu territorial et imprévu empêche le gouvernement d'obérer davantage ce revenu et il ne serait pas justifiable de demander au gouvernement impérial de prendre la place du gouvernement local, auquel seul il faut s'adresser, et Glenelg ne peut qu'avoir confiance qu'une question aussi importante ne suscitera pas de luttes de partis quant au mode de concession de terre. Ce système a été complètement changé depuis la concession faite au collège du roi, et il ne se fait plus de concessions gratuites.   266

— février.

Lettre non signée au procureur général et au solliciteur général. Il leur donne instruction de faire rapport au sujet de la charte projetée de l'Académie wesleyenne.   273

Février (?).

Rolph à Head. Il transmet la lettre qu'il vient justement de recevoir, afin qu'il ne perde pas son temps à des démarches inutiles. Importance

DOC. DE LA SESSION No. 18

1836.

qu"il y a de ne pas se départir du système de promotion des officiers de la milice du Canada.   Page 221

Février (?), Downing Street.

Lettre non signée au même. L'attention a été attirée sur une dépêche adressée à Ripon relativement à une réclamation faite par Bethune, en retour des services rendus à la communauté religieuse ; l'évêque de Québec a fait un rapport à ce sujet pour recommander qu'une somme de £50 lui soit payée, mais aucun exposé de la nature de ces services n'a été fait. Il n'a pas l'intention de discuter la décision de l'évêque, mais il faut des détails supplémentaires.   464

3 mars, Londres.

Hutt à Grey. Il transmet une lettre pour qu'elle soit remise à un pauvre émigrant.   12

3 mars, Londres.

Ryerson au même. Nouvelles raisons à l'appui de la demande d'une subvention pécuniaire pour l'académie du Haut-Canada.   303

21 mars, Londres.

Le même à Stephen. Il exprime sa reconnaissance pour sa bonté et celle de Glenelg. Les officiers en loi ont promis de ne pas retarder de faire rapport au sujet de la charte, qu'il espère pouvoir être bientôt accordée, afin qu'il puisse être en position d'emprunter l'argent pour tirer les administrateurs d'embarras.   312

21 mars, Londres.

Le même au même. Il le remercie de sa bonté. Quel que soit le succès qu'il obtienne dans sa demande, il sent qu'il en sera redevable à lui (Stephen). Il avait compris par les lettres de Glenelg qu'en pressant l'affaire, ce serait vouloir enfreindre la décision du gouvernement dans sa méthode d'administrer les affaires du Haut-Canada. Il ne demande pas d'argent, ni pour lui ni pour les méthodistes wesleyens, mais pour l'académie, si cela peut se faire sans heurter les plans du gouvernement. Il repose sa confiance en lui. Services qu'ont rendus son père et ses frères.   321

Prospectus de l'Académie de Cobourg accompagné de recommandations données par diverses personnes.   326

Londres.

Ryerson à Glenelg. Ripon confirme l'exposé relatif à l'octroi accordé au comité de méthodistes wesleyens. Il demande qu'il lui envoie la lettre de recommandation promise.   314

22 mars, Londres.

Le même à Stephen. Il se rappelle parfaitement sa lettre du 3, dans laquelle il exprimait sa détermination de ne pas appuyer la demande de subvention pécuniaire faite par la conférence wesleyenne et il demande de considérer ses explications comme simplement destinées à lever les difficultés qui peuvent exister dans l'esprit de Glenelg. Il déclare qu'il serait inutile de s'adresser à l'Assemblée législative locale.   316

24 mars, Londres.

Phillpotts à Glenelg. Il demande que son frère soit nommé inspecteur général dans le Haut-Canada.   189

25 mars, Teignmouth.

Hackett à Grey. Il exprime sa reconnaissance à Glenelg pour la lettre d'introduction au gouverneur du Haut-Canada. Il s'offre de prendre charge de toute communication que lui ou Glenelg pourrait désirer envoyer.   13

— mars.

Ryerson à———. Il a vu Ripon au sujet de la subvention destinée au comité wesleyen. S'il peut en avoir le temps, il lui rapportera le résultat de l'entrevue.   315

4 avril, Londres.

Ripon à Glenelg. Il se rappelle parfaitement ses rapports avec les méthodistes wesleyens et le désir qu'ils avaient de s'allier à leurs confrères d'Angleterre. Voyant l'importance de leurs desseins, il a donné instruction de leur venir pécuniairement en aide, bien qu'il ne pût pas s'engager pour la continuation de ce secours. Il ne connait rien qui le lie, lui ou ses successeurs, à accorder une somme déterminée, mais, s'il était demeuré en fonction, il n'aurait point conseillé d'en suspendre le paiement.   204

5 avril, Toronto.

Rapport de la Chambre d'assemblée sur l'affaire Hopkins. Inclus dans l'envoi d'un anonyme à Head, 18 juin, 1836.

5 avril, Londres.

Jones à Glenelg. Il demande une prolongation de congé.   94

13 avril, Downing Street.

Grey à Jones. Vu les circonstances, Glenelg accordera le congé demandé à partir du 21 courant, date où son congé expirait.   95

1-2 EDOUARD VII, A. 1902

1836.
13 avril,
Downing
Street.

Stephen à Ryerson. Il expose les objections que trouvent les officiers en loi de la Couronne à la charte projetée de l'Académie du Haut-Canada ; les aviseurs légaux recommandent que par l'Acte certaines personnes soient nommées comme demandant l'établissement en société et que la continuation en soit maintenue par un corps reconnu ou un fonctionnaire spécial.
Page 274

15 avril,
Londres.

Ryerson à Stephen. Il discute les objections que soulèvent les officiers en loi de la couronne contre l'acte destiné à constituer en compagnie l'Académie Cobourg. 337

Inclus. Constitution d'un " Séminaire d'éducation qui doit être établi sous la direction de la conférence de l'Eglise méthodiste wesleyenne du Canada." 361

20 avril,
Downing
Street.

Lettre non signée à Ryerson. Il a reçu la lettre où il propose les moyens de prévenir les objections des officiers en loi relativement à l'Acte constituant en société l'Académie du Haut-Canada. Glenelg a donné avis aux officiers en loi de lui accorder une entrevue dans laquelle ils pourraient chercher s'il n'existait pas de moyens légaux par lesquels il atteindrait son but. Glenelg serait content de voir les obstacles levés. 353

22 avril,
Downing
Street.

Lettre non signée à Ryerson. Glenelg ne se sent pas libre d'abandonner la décision qu'il a prise au sujet de la demande de subvention de l'Académie Cobourg. Il transmet la copie de.la réponse faite par Ripon à ce sujet, en 1832, à la Société Wesleyenne. 319

23 avril,
Toronto.

Hopkins à Joseph. Inclus dans l'envoi d'un anonyme à Head, le 18 juin 1836.

25 avril,
Eckington.

Mémoire de Joseph Hutton exposant la cause des dispositions séditieuses des deux provinces qu'il attribue aux ambitions de deux avocats qui désirent les positions de juge en chef ou autres fonctions semblables. Papineau dans le Bas-Canada et Bidwell, qui se sert comme agent d'un imprimeur déchu, McKenz'e, dans le Haut-Canada. Accorder cela ne servirait qu'à soulever une multitude de protestants qui seraient prêts à recommencer les mêmes manœuvres pour obtenir de semblables avantages. Le plus sérieux grief du Haut-Canada consiste dans le besoin d'un port d'entrée. On pourrait y remédier en établissant un bureau de douanes sur une petite île, entre Montréal et Laprairie. Difficulté que rencontre le projet d'unir les deux provinces. 18

26 avril,
Downing
Street.

Lettre non signée à Head. Mémoire reçu de Talbot au sujet de la colosation, apparemment parce qu'il prévoyait quelque plainte. S'il en était fait, Talbot peut être convaincu qu'aucune détermination ne sera prise sans que son mémoire n'ait été examiné. 494

27 avril,
Toronto.

Rolph à Glenelg. Il parle de sa nomination à la position de conseiller exécutif et de sa démission. Il ajoute une copie imprimée de la lettre de Baldwin à Perry où se trouvent les détails. 206

(La copie de la lettre imprimée est dans le volume 389).

30 avril,
Toronto.

Hopkins à Glenelg. Il transmet les documents relatifs à son affaire. Il ne peut pas trouver de copie des témoignages rendus devant le comité, mais il envoie les noms des témoins. 21

30 avril,
Downing
Sreet.

Lettre non signée au procureur général. Il lui demande d'accorder une entrevue à Ryerson au sujet du projet de constitution en société de l'Académie du Haut-Canada. Le gouvernement de Sa Majesté est désireux de se rendre au désir des requérants. 354

Avril (?),
Londres.

Thornley à Grey. Il demande à Head une lettre en faveur de John Langton, de Liverpool. 495

7 mai,
Londres.

Ryerson à Glenelg. Il signale les erreurs qu'il considère avoir été commises par Head au sujet du Conseil exécutif et il expose ce qui aurait dû être fait. Le ton indigne des réponses soulèvera les préjugés du peuple contre Head. Habilité de Head. L'excitation de son esprit a excédé le calme de son jugement. Il prétend que la nomination des conseillers actuels

1836.

ne devait pas être ratifiée, mais que l'avantage soit donné aux anciens conseillers de reprendre leurs fonctions. Propositions longuement énoncées relativement à l'administration des affaires du pays.   Page 356

9 mai,
New York.

Mackenzie à Stephen. Bien qu'il n'ait pas reçu de réponse, il n'en est pas moins disposé à lui écrire quand l'occasion s'en présente. Il reproche au bureau des Colonies d'avoir sanctionné la charte des banques et il fait divers autres reproches. Il lui a adressé les procès-verbaux de la Chambre qui étaient imprimés tous les jours ; il en a envoyé une copie à Hume. A moins que le bureau des Colonies ne change ses méthodes, il surviendra des malheurs ; les Canadiens voient ses injustices. Il souhaite ardemment que les whigs et tous ceux qui s'y rattachent soient expulsés du pouvoir et que les réformistes ou le duc y soient appelés. Jamieson n'est pas un réformiste, selon que l'on a prétendu ; les manœuvres électorales ont porté temporairement bonheur à Leeds. Contradiction dans les actes du bureau des colonies. Il faut louer le ciel de ce qu'ils vivent à côté du pays le plus florissant de la terre, sans cela ils renouvelleraient les misères de l'Irlande. Il réitère ses accusations de duperie et de mauvaise foi à l'adresse de Head.
116

Inclus. Avis donné au public d'éviter de signer une pétition d'une nature très séditieuse.   124

Discours fait par le lieutenant-gouverneur lors de la prorogation.   126

Délibérations de la Chambre d'Assemblée.   148

12 mai,
Westminster.

Talbot à Grey. La famille de l'oncle de Walker, M.P. pour Wexford, Canada, désire savoir entre quelles mains est sa propriété, vu qu'aucun document n'établit qu'elle ait été vendue.   496

Inclus. Acte contenant le contrat de vente d'une terre de York à Thomas Bingle.   497

Une note dit : "Cette terre a été achetée de M. Thomas Bingle par M. John Miles Jackson, de Southampton, le 6 mars 1810, et a été vendue par lui à M. Peter Walker, le 26 avril 1810.

14 mai,
Toronto.

Joseph à Stephen. Envoie des copies certifiées du rapport du comité choisi. La copie imprimée eût été plus commode pour la lecture, mais elle ne contient pas l'annexe. Head a fait des observations sur des bandes de papier dans le rapport envoyé, mais il n'en a pas gardé copie.   96

14 mai,
Toronto.

Strachan à Glenelg. Lui donne l'espoir d'être nommé évêque dans le cas où le diocèse de Québec serait divisé, ou d'être son suffragant pour donner l'aide nécessaire au vénérable chef de l'Eglise dans ces provinces. Suit la recommandation de discontinuer d'occuper un siège dans le Conseil exécutif. Il avait obéi à cette recommandation de sorte qu'il n'y avait pas même l'apparence d'un prétexte qu'il se mêlât d'affaires politiques. Rappelle la nomination du docteur Mountain qui passe par-dessus lui, bien qu'étant un homme plus jeune que lui. Expose ses services pour la cause de l'éducation. Son vif ressentiment de l'injustice s'il n'est pas nommé évêque.   470

Inclus. Strachan à ————. Envoie des observations sur l'église établie au Canada. Remarques sur la nomination de Stewart au siège épiscopal de Québec, bien que lui (Strachan) ait travaillé plus longtemps et avec de meilleurs résultats. Ses services dans l'Eglise.   478

24 mai,
Downing
Street.

Sans signature à Head. Envoie une note et un document inclus de M. Talbot demandant des renseignements sur les terres dans le Haut-Canada.
499

31 mai,
Downing
Street.

Sans signature à Hurd. Dans les circonstances ne peut le remplacer dans sa charge d'arpenteur général qu'il avait convenu de résigner. La convenance de la ligne de conduite suivie par Head. Quant à une allocation de retraite il n'y a pas de fonds dans la Grande-Bretagne sur lequel on puisse tirer, mais Head recevra instruction de soumettre la question à la législature du Haut-Canada.   16

1836.
4 juin,
Londres.

Ryerson à Grey. Avait reçu de bienveillantes lettres du procureur et du solliciteur général au sujet du projet de charte de l'Académie du Haut-Canada. La charte est maintenant au bureau colonial. Remarques sur l'académie, ses moyens et ses objets. **Page 387**

8 juin,
Londres.

Le même au même. A reçu la charte proposée par les officiers en loi, qui est parfaitement acceptable, excepté qu'il demande que le mot "Church" soit inséré au lieu de "Connection" et il croit que les avocats de la Couronne n'ont aucune objection au changement pour la raison que les ministres ne sont pas autorisés pour la Wesleyan Methodist "Connection", mais pour la Wesleyan "Church". **393**

14 juin,
Londres.

Baldwin à Hume. Incluse dans Hume à Glenelg, 16 juin 1836.

15 juin,
Londres.

Ryerson à Glenelg. Envoie des observations sur les principaux sujets de l'agitation canadienne, savoir, les réserves du clergé, le Conseil législatif et le gouvernement exécutif. Les observations sont assez longues. **398**

Un P.S., du 17, dit qu'il avait reçu des lettres de messieurs bien renseignés dans différents districts du Haut-Canada, s'accordant tous à dire que la majorité appuie Head, et est mécontente de l'attitude de l'Assemblée. **420**

16 juin,
Londres.

Hume à Glenelg. Son vif désir de voir régler les difficultés survenues entre l'Assemblé et Head l'induit à transmettre les opinions de Baldwin sur le sujet. La décision favorable au sujet des bills pourra empêcher quelques-unes des conséquences que redoute Baldwin. Étant retiré de la vie publique ses opinions méritent une plus grande attention. **42**

Incluse. Baldwin à Hume. Ne peut s'empêcher d'exprimer son opinion sur l'état alarmant des affaires publiques dans le Haut-Canada; qu'il faut de promptes concessions pour faire revivre la confiance. Les propositions sont divisées en quatre chefs, qu'il étudie au long. **45**

— juin,
Downing
Street.

Non signée à Ryerson. Glenelg n'a aucune objection à substituer le mot "Church" au mot "Connexion". Sa Seigneurie pense que le chiffre des biens à placer entre les mains de syndics devrait être limité à £2,900. S'il consent à cette limite, Glenelg recommandera d'accorder la charte. Il n'a pas le pouvoir d'accorder une aide pécuniaire. Tant qu'on n'aura pas réglé la question de l'affectation du casuel et du revenu territorial, Glenelg ne se croirait pas justifiable de les affecter à un autre objet. Le regret de Sa Seigneurie de ne pouvoir aider un établissement auquel il porte un si vif intérêt. **395**

17 juin,
Londres.

Ryerson à Grey. Accepte la limite de £2,000 à posséder par les syndics de l'académie. Se lamente de ce qu'on ne puisse accorder aucune aide pécuniaire. S'il peut obtenir au moyen de souscriptions particulières assez d'argent pour sortir les syndics de leurs embarras, il ne doute nullement qu'une assemblée future aidera à encourager les objets de l'académie. Exprime sa vive reconnaissance de la bonté de Glenelg. **421**

18 juin.

Non signée à Head. Envoie une lettre d'Hopkins avec copie de l'adresse de la Chambre d'assemblée au sujet de la réclamation d'Hopkins des terres dans Vespra, sur laquelle il se garde à présent de faire des observations, si ce n'est de recevoir de lui (Head) une communication sur le sujet. **23**

Incluse. Hopkins à Joseph. Explique pourquoi il a présenté sa cause à l'Assemblée législative au lieu de s'adresser au lieutenant-gouverneur; croit qu'un rapport de l'Assemblée donnerait plus de force au lieutenant-gouverneur. **28**

Rapport de la Chambre d'assemblée sur la cause de Hopkins. **24**

Glenelg à Colborne. Remarques sur la réclamation de Davidson à des terres dans le canton d'Humberston, requises pour le canal Welland et qui avaient été concédées 35 ans auparavant mais non habitées; c'étaient des marais sans valeur jusqu'à ce que le canal Welland leur en eût donné. **33**

21 juin,
Campden
House.

Lady Head à Stephen. Abandonnera Little Hampden House et ira passer une semaine chez son frère, lord Somerville, 28 Hill Street, Berkley Square. **55**

1836.
22 juin.

Non signée à Hume. A reçu sa lettre du 16 avec celle de Baldwin. Il ne croit pas qu'il soit de l'intérêt du public de communiquer personnellement avec Baldwin sur les affaires du Haut-Canada, mais Sa Seigneurie accordera une considération attentive à toute communication par écrit venant de Baldwin ou de n'importe quel autre gentleman. . Page 44

23 juin,
Londres.

Hume à Glenelg. Fait des remontrances au sujet du refus d'accorder à Baldwin une entrevue personnelle au sujet des affaires du Canada.   56

23 juin,
Downing
Street.

Glenelg à Hume. Est surpris du ton de ses remarques. Il (Glenelg) est si éloigné de refuser de recevoir des renseignements, qu'il en désire toujours vivement, et la lettre même sur laquelle on fait des commentaires exprimait son désir à cet effet. Il lui appartenait de décider si les renseignements devaient être donnés dans une conversation ou par écrit, et il préférait ce dernier mode comme étant la meilleure manière de s'entendre. Il ne voit aucun motif de changer de décision.   60

27 juin,
Londres.

O'Conor Don à Glenelg. Présente Donnelly qui possède une haute instruction scientifique et littéraire, et désire être nommé professeur dans l'université qu'on est sur le point d'établir dans le Haut-Canada.   186

29 juin,
Londres.

Reade à Glenelg. Envoie un exposé de l'état politique dans le Haut-Canada Il se fait une réaction contre le républicanisme qui levait la tête parmi quelques exilés de bas étage. Le courage des partisans de la constitution et leur détermination de conserver le lien qui les unit à la Grande-Bretagne. Des adresses de chaque canton et village arrivent à Head, qui a convaincu une vile faction démocratique de l'honnêteté de ses intentions. La milice du Haut-Canada ne désire aucunement la démocratie ; elle vénère le Roi, la constitution et les lois, et elle sera prête lorsque la trompette l'appellera.   224

30 juin,
Downing
Street.

Non signée à Head. D'après la lettre de l'archidiacre Strachan, il regrette de voir que la nomination de Mountain lui a causé un désappointement et même qu'elle soit injuste. Il n'avait aucune intention de traiter à la légère les réclamations de Strachan dont il a fréquemment reconnu le mérite. L'intention était que l'évêque de Montréal recueillît la succession de Québec, lorsqu'il y aurait une vacance.   487

1er juillet.

Non signée à O'Conor Don. Donnelly a dû être mal renseigné quant à l'établissement d'un collège dans le Haut-Canada. Les méthodistes Wesleyens doivent en établir un, mais, par suite de difficultés le King's College n'a pas encore été ouvert. Il renvoie les certificats de Donnelly.   187

4 juillet,
Londres.

Reade à Glenelg. Il part pour le Canada jeudi matin et se chargera de dépêches pour Gosford ou pour Head.   227

4 juillet,
Londres.

Webster à Stephen. Désire avoir des signatures et des documents de Kingston, Haut-Canada, dont l'exactitude aura été certifiée.   505

5 juillet,
Londres.

Lady Head à————. Head lui ayant conseillé de ne pas quitter l'Angleterre avant qu'on ait accordé sa demande d'une baronnie, elle restera à Londres jusqu'à ce qu'on puisse lui donner une réponse impériale.   62

8 juillet,
Londres.

Holland à Glenelg. Présente avec urgence la réclamation de Boulton de recevoir la commutation d'allocation de la charge qu'il occupe, mais qui avait été discontinuée.   63

9 juillet,
Toronto.

Pétition de Markland demandant de succéder à Robinson dans les charges de commissaire des terres de la Couronne et pour la vente des réserves du clergé. Les services et les pertes de sa famille durant la guerre de la révolution.   172

12 juillet,
Toronto.

Peter Pobinson au secrétaire colonial. Pour cause de mauvaise santé il a été obligé de résigner ses charges de commissaire des terres de la couronne et pour la vente des réserves du clergé. Il sera prêt à clore ses comptes le mois prochain et à remettre ses livres et papiers, et dans l'intervalle il demande d'être relevé de toute responsabilité ultérieure. Avait eu en 1825 une maladie qui l'avait laissé dans un état de santé très précaire et le 23 juin il avait eu une grave attaque de ce qu'il croyait être un accident arrivé le jour

1836.

précédent. Doute qu'il recouvre jamais sa santé de jadis, mais sa guérison devra s'opérer graduellement. N'a pas demandé de résigner sa charge de commissaire des bois et forêts parce qu'elle n'exige pas le même travail ardu. Envoie une lettre conçue dans le même sens au Trésor.   Page 228

12 juillet, Downing Street.

Stephen à Ryerson. On a approuvé des instructions et ordonné de préparer les instruments nécessaires pour signature. Le regret de Glenelg que dans les présentes conditions politiques, il ne puisse accorder d'aide pécuniaire à l'académie, mais donnera instruction au lieutenant-gouverneur de présenter ses réclamations devant la législature provinciale.   423

13 juillet, Londres.

Ryerson à Stephen. A reçu une lettre au sujet de l'approbation de la charte de l'académie et des documents nécessaires à sa mise en vigueur. Sa gratitude envers Glenelg. Le ministre de l'Eglise wesleyenne, leurs congrégations, et la population générale du Canada apprécieront dûment le sentiment libéral de Glenelg.   425

15 juillet, Liverpool.

Reade à Glenelg. Envoie un extrait sur la condition politique du Haut-Canada qui dit que les constitutionnalistes seront victorieux et les destructionnistes défaits. Ses raisons pour lui avoir écrit (à Glenelg).   231

16 juillet, Lambeth.

Sherlock à———. Craint que sa lettre du 4 février ne soit pas arrivée et répète son contenu.   466

21 juillet, Londres.

Ryerson à Stephen. L'affectation d'aucune partie de l'argent destiné au comité des missions wesleyennes pour aider l'Académie du Haut-Canada serait-elle étrangère à l'intention de Glenelg de donner instruction de continuer l'octroi.   427

Incluse. Le même à———(confidentielle). Envoie unelettre du rév. E. Evans, rédacteur du *Christian Guardian*, écrite en réponse à des demandes de renseignements; il l'a incluse pour sa considération et celle de Glenelg. Ne voit pas comment la considération des réserves du clergé peut être sûrement retardée. Lui et ses associés avaient fait tout en leur pouvoir pour apaiser l'esprit public sur le sujet et ils avaient même été tellement loin que la presse radicale les avait accusés de vouloir établir une église dominante dans le Haut-Canada. La question présentée par Colborne sera une meule au cou du gouvernement exécutif. L'érection de cures tendrait à détuire la confiance dans le gouvernement exécutif.   428

22 juillet, Toronto.

Pétition de Markland. Retire sa demande des places de commissaire des terres de la Couronne et pour la vente des réserves du clergé, ces places ayant été remplies par le lieutenant-gouverneur, aux désirs avoués duquel il ne veut pas faire d'opposition.   175

22 juillet, Detroit.

McDonagh à Glenelg. Accuse réception de lettre le renvoyant au lieutenant-gouverneur du Haut-Canada au sujet de la place demandée. Il avait demandé mais n'avait reçu aucune place. Le désir de sa femme de retourner en Irlande, mais ses moyens sont diminués et un mot de Sa Seigneurie pourrait lui faire avoir une place en Irlande. Désire être inspecteur des écoles nationales ou maître de poste dans quelque ville de campagne près de Dublin ou autre situation convenable.   161

28 juillet, Downing Street.

Non signée à Ryerson. En réponse à sa demande du 21, il n'y a aucun désir de limiter la dédicace de l'octroi en faveur des méthodistes wesleyens à aucun objet spécifique.   430

29 juillet, Downing Street.

Grey à Holland. En réponse à la réclamation de Boulton, les autres officiers ont été pensionnés lorsqu'il y avait au Canada un fonds à la disposition de Sa Majesté pour les pensions, mais cela avait cessé lorsque Boulton s'était retiré.   66

29 juillet, Toronto.

Jones à Glenelg. Etait arrivé à temps pour prendre part aux élections, dont le résultat satisferait sans doute Sa Seigneurie. Sa position embarrassante, comme conséquence de ce que les banques ont pressé leurs réclamations. La dépréciation de la valeur de la propriété et ses craintes au sujet de son avenir, et il ne peut que s'adresser à Sa Seigneurie pour en recevoir des bontés. Mentionne plusieurs places, qu'il serait heureux d'occuper. 99

DOC. DE LA SESSION No. 18

1836.
30 juillet,
Leamington. Sir George Head à Stephen. Envoie une lettre pour l'expédier à son frère dans le Haut-Canada.   Page 67

Juillet (?). Non signée à Sherlock. Sa lettre reçue ; avait préparé et signé une réponse à la lettre antérieure, mais ne l'avait pas envoyée. S'il a reçu un titre pour la terre en question il peut la vendre pour son propre bénéfice. Le gouvernement n'a pas de fonds pour acheter des terres.   468

4 août,
Montréal. Thompson au secrétaire colonial. Expose ses services et demande la place d'arpenteur général.   500

17 août,
Londres. Ryerson à Glenelg. A la récente conférence des méthodistes wesleyens une adresse a été préparée pour exprimer leur attachement au Souverain, exposant en même temps l'opportunité de régler la question des réserves du clergé pour calmer l'agitation. A été délégué pour présenter l'adresse et demande quand il lui sera convenable de le recevoir.   431
Incluse. L'adresse.   433

18 août,
Toronto. Ridout à Joseph. Envoie selon l'usage établi, une pétition à être expédiée à Glenelg. Envoie copie de la pétition et autres documents.   235
Incluse. La pétition. Ses services mentionnés. Avait voté pour les candidats de la réforme sans remontrance de la part de Maitland et de Colborne. Demande justice contre l'acte de Head, de la décision duquel il appelle.   236
Liste des documents inclus.   241

20 août,
Londres. Hume à Grey. Fera une motion pour obtenir un rapport sur les règles et règlements concernant les concessions de terre. Envoie la forme de sa motion. Espère qu'il verra Duncombe pour apprendre toute la vérité sur les différends dans le Haut-Canada.   69

22 août,
Toronto. Joseph à Ridout. Avait reçu sa lettre, avec la pétition et les documents inclus. Il les avait remis à Head, qui partait pour Kingston et les expédierait à Glenelg à son retour.   243
Inclus. Certificat de Septimus Adolphus Ridout que la précédente était écrite par Joseph.   244

2 septembre,
Paris. Payne à Glenelg. Demande les 800 acres que Bathurst lui avait autrefois accordés. Causes du retard à se présenter, et demande un double de l'ordre adressé au présent lieutenant-gouverneur. Prie que la concession soit augmentée à 1,200 acres.   191

14 septembre,
Downing
Street. Glenelg à Head. L'adresse des méthodistes wesleyens reçue et déposée devant le roi qui a gracieusement voulu la recevoir et a commandé de communiquer sa satisfaction.   437

17 septembre,
Hexham. Waddilove à Glenelg. Envoie l'appel de l'évêque de Québec en faveur de son diocèse. Par suite de l'arrivée d'une forte émigration et des difficultés de l'Eglise, plusieurs tombent virtuellement dans le paganisme. Avait reçu un contre-seing de Stewart à condition de ne s'en servir que pour l'œuvre de l'église. Demande la même faveur maintenant que Stewart est mort.   507
Incluse. Communication au *Newcastle Journal* par Waddilove sur les missions canadiennes, avec un état de débit et de crédit.   509
Adresse de l'évêque de Québec au public britannique en faveur de l'Eglise d'Angleterre au Canada.   516
Liste des souscripteurs.   527
Rapport de l'évêque de Québec sur le fonds des missions du Haut-Canada.   539

24 septembre,
Paris. Payne à Glenelg. Son désappointement de n'avoir pas fait envoyer le double de la concession, et que par un changement de règlement il n'aura pas la terre. Espère que, sur reconsidération, Glenelg rendra une décision différente. Demande de nouveau un double de l'ordre de Bathurst.   193

30 septembre,
Downing
Street. Non signée à Payne. Après des recherches minutieuses, on ne peut trouver aucune trace du prétendu ordre de Bathurst accordant des terres dans le Haut-Canada à Payne.   195

1-2 EDOUARD VII, A. 1902

1836.
30 septembre. Non signée à Gosford. Thompson devra être informée que sa demande sera étudiée avec d'autres.   Page 502

9 octobre, Paris. Payne à Stephen. La lettre qu'on a cherchée inutilement n'était pas adressée au lieutenant-gouverneur mais à lui-même (Payne) et on pourrait la trouver en cherchant dans le livre des lettres du général.   196

15 octobre, Paris. Le même au même. La négligence de copier les lettres affecte gravement ses projets. Renvoie à Maitland et à Hillier pour la confirmation de sa déclaration. A confiance que lorsque Glenelg sera convaincu de l'existence de la réclamation il renouvellera la concession.   197

21 octobre, Perth. Reade à Grant. Envoie le *Bathurst Courier* contenant une lettre signée Z, qu'il a écrite pour défendre Bathurst qui était attaqué par les partisans de Papineau d'une manière grossière. La province du Haut-Canada est heureuse d'avoir secoué le joug de la faction radicale ; l'Assemblée est bonne et Head est le meilleur gouverneur que la province ait eue.   245

Incluse Lettre dans le *Bathurst Courier* adressée à Glenelg.   248

21 octobre, Toronto. Rolph à Glenelg. A appris pour la première fois qu'il avait enfreint une règle officielle. Avait envoyé une copie de sa lettre aux autres membres qui s'étaient retirés. Avait cru qu'il était nécessaire d'exposer à Sa Majesté les raisons de sa résignation du Conseil exécutif.   255

Inclus. Extrait de la dépêche de Ripon au sujet de l'envoi de pétitions.   260

22 octobre, Londres. Hume à Grey. Ses raisons pour insister qu'une entrevue personnelle soit accordée par Glenelg à Baldwin et Duncombe. L'inconvenance d'appuyer Head dans ses procédés arbitraires et inconstitutionnels.   72

4 novembre, Hexham. Waddilove à Grey. Mission sans succès du rév. S. S. Wood. Sa résolution (de Waddilove) d'encourir le risque d'appuyer le ministère au Canada. Réconnaissance de l'évêque de Québec. Grâce à l'aide des contre-seings de Stewart, il a pu faire circuler le rapport. Son contenu montre comment l'évêque a appliqué les sommes d'argent reçues. Les fonds sont uniquement à la disposition de l'évêque, qui tire lorsqu'il lui plaît. Les seules déductions sont pour les impressions et les frais de port depuis que Stewart s'est retiré de la Trésorerie. Le mauvais effet des frais de port pour entraver l'œuvre. Exemples du bien accompli dans le Haut-Canada par ses collectes. Utilité de l'aide officielle. Objections à lui accorder le privilège de l'affranchissement. Le service essentiel qu'il a rendu à Sa Majesté dans la province.   548

5 novembre, Londres. Macaulay au secrétaire colonial. Explique la raison de sa résignation de la charge d'arpenteur général qu'il demande.   164

6 novembre, Londres. Jones à Howick. Incluse dans Jones à Glenelg, 29 janvier 1836.

7 novembre, Paris. Payne à Glenelg. A reçu lettre déclinant le renvoi proposé. Comme Hillier lui a écrit officiellement il ne pourrait y avoir aucune objection à prendre son témoignage. Malgré les objections de Glenelg, il persévérerait dans sa demande, et avec succès, parce qu'aucune loi *ex post facto* ne pourrait affecter des droits antérieurement acquis.   199

9 novembre, Downing Street. Grey à Macaulay. Nouvelle explication du paragraphe relatif à sa résignation de la place d'arpenteur général.   167

10 novembre, Londres. Macaulay à Grey. Envoie des extraits de lettres pour montrer que sa résignation de la place d'arpenteur général n'était pas volontaire.   169

11 novembre, Toronto. Pétition de Markland. Se plaint qu'on ait passé pardessus lui comme arbitre du différend entre le Haut-Canada et le Bas-Canada, et vu qu'il a antérieurement réussi. Les services rendus et les pertes subies par ses parents dans la guerre de la révolution.   177

11 novembre, Hexham. Waddilove à Grey. Est reconnaissant de son offre dont il ne se servira que pour l'objet indiqué. Pour le poids ordinaire il a dans le parlement des amis à qui il peut s'adresser, mais les rapports excèdent le poids et très souvent au cours d'un long voyage l'humidité augmente le poids, ce qui fait qu'on exige des frais de port. Les obstacles provenant des dépenses de frais de port.   556

DOC. DE LA SESSION No. 18

1836.

Inclus. Sommaire des rapports de la Société pour la conversion et la civilisation des sauvages, avec documents et correspondance. Pages 558 à 748

14 novembre, Bytown.

Joynt à Glenelg. Envoie une pétition qu'il le prie de déposer devant le roi en l'appuyant de quelques paroles.   102

Inclus. Pétition exposant ses services avec une dissertation sur la manière dont la milice était levée en Irlande, et demandant un octroi d'argent pour lui permettre d'acheter un petit lot de terre.   103

Novembre (?). Downing Street.

Non-signée à Waddilove S'excuse de lui avoir demandé de lui faire visite, ne sachant pas qu'il était permanemment établi dans le Nord de l'Angleterre. On ne peut permettre un affranchissement général mais les communications au sujet de l'œuvre de l'église seront expédiées comme faveur occasionnelle.   555

13 décembre, Londres.

Thwaites à Glenelg. Demande une place soit dans le Haut-Canada ou à Sydney.   503

13 novembre, Londres.

Ryerson à Glenelg. A donné sur les affaires du Haut-Canada des états et des opinions qui se sont réalisés, mais il y a certaines choses sur lesquelles il aimerait à dire quelques mots à Sa Seigneurie. Des remarques sur le gouvernement du Bas-Canada seraient superflues en présence du rapport des commissaires. A offert ses observations au point de vue personnel, non pas en sa qualité officielle ; elles ne devront pas être placées dans les archives du ministère, parce qu'il y a quelques années un individu d'un parti politique a eu accès aux papiers, en a pris des extraits, a ensuite publiés dans le Haut-Canada sous une forme tronquée au grand dommage de plusieurs personnes. Pour alléger les embarras des syndics de l'académie, un gentleman a offert d'avancer la somme et on l'a prié de rester jusqu'à ce qu'il eût prélevé assez de fonds pour rembourser la somme avancée. Envoie un document imprimé indiquant le résultat de ses efforts.   438

Inclus. Prospectus avec attestations.   442

Liste des donations.   450

Décembre (?), Downing Street.

Non signée à Ryerson. Ses communications seront traitées comme confidentielles, mais ayant été adressées à Glenelg comme secrétaire colonial, elles resteront avec beaucoup d'autres dans les archives.   458

PROJETS DE DÉPÊCHES À SIR F. B. HEAD, 1835–1836.

Q. 395—A.

1er janvier, Downing Street.

Glenelg à Head (n° 7). Le bureau de l'Artillerie fait rapport que la grande arche du pont sur l'Ottawa est dans un état dangereux. Comme il ne sert à aucun usage militaire, le bureau de l'artillerie, voyant que les péages ne suffiront pas à payer les frais d'entretien, a donné des ordres de livrer ces ponts au gouvernement exécutif.   2

2 janvier, Downing Street.

Le même au même (n° 8). D'examiner la réclamation d'Alison, ci-devant payeur du 90e régiment, d'une concession de terres, et de l'informer qu'à l'avenir les lettres adressées au Bureau Colonial devront être envoyées par l'entremise du lieutenant-gouverneur.   3

4 janvier, Downing Street.

Le même au même (n° 9). Quant à la demande d'une pension de la part de Philipps, le seul fonds sur lequel on pourrait tirer serait le revenu casuel et territorial, mais dans les circonstances présentes, il ne peut lui imposer de nouvelles charges. Il doit exprimer le regret qu'il ne soit pas à présent au pouvoir de Glenelg d'accorder une pension.   4

5 janvier, Downing Street.

Le même au même (n° 10). Le cas des réclamants pour perte subies durant la guerre avec les Etats-Unis était un de ceux sur lesquels sont attention avait été attirée lorsqu'il a reçu les sceaux d'office. Jusqu'en 1834 on a fait des progrès vers leur liquidation, les montants ayant été réduits de

1-2 EDOUARD VII, A. 1902

1836.

£182,180 à environ £57,900. Le gouvernement de Sa Majesté a offert de contribuer £20,000 à même le revenu casuel, si l'Assemblée voulait prélever un montant égal, et l'on demanderait le reste au Parlement. L'Assemblée s'est séparée sans adopter aucune mesure à l'égard de cette proposition. Son désir, en dépit de cette motion, de régler ces réclamations, et il a obtenu du Trésor la permission d'avancer £20,000 à même le revenu casuel avant que l'Assemblée vote sa part, mais cela ne devra pas gêner un arrangement général. Page 6

7 janvier, Downing Street.

Le même au même (n° 11). A transmis les rapports parlementaires que demandait Duncombe. 10

14 janvier, Downing Street.

Le même au même (n° 12). A étudié la question des dépenses des sauvages, et le rapport de la Chambre des Communes sur le sujet. Réflexion faite, il croit que ce serait un manque de foi de retirer les présents aux sauvages, un titre pour l'avenir ayant été établi. Il (Head) fera faire une enquête pour connaître le nombre des sauvages, vivant aux Etats-Unis, qui reçoivent des présents, et il obtiendra un rapport établissant dans quelles circonstances ils les ont reçus. Bien qu'il serait injuste et impolitique de retirer soudainement, sans une compensation, ces présents aux sauvages vivant au Canada, il ne peut admettre qu'on les perpétue indéfiniment. Ne peut exprimer une opinion définitive sur la proposition de commuer ces présents en argent. Dalhousie s'oppose fortement à cette proposition. Autres opinions sur le sujet. Le Trésor a sanctionné un paiement en argent, mais il devra étudier si la commutation fera plus de bien aux sauvages, et n'aura lieu qu'avec leur libre consentement. Tout ce qu'on fera devra avoir pour objet leur avantage permanent. La convenance de réduire les dépenses faites pour le département des sauvages, parce qu'elles représentent une trop forte proportion relativement au coût total, et comme le travail sera diminué par la commutation des présents en argent ou autrement, on pourrait fort à propos opérer une réduction dans le département. Routh devra faire rapport sur cette partie de la question. Ses capacités. 11

15 janvier, Downing Street.

Glenelg à Head (n° 13). On devra informer le colonel Cameron que les mêmes considérations qui ont empêché qu'on se départît des règlements concernant les concessions de terres nous empêchent encore de faire une exception en sa faveur. 23

20 janviei, Downing Street.

Le même au même (n° 14). A reçu la dépêche de Colborne et la pétition de l'Eglise de Saint-André, Toronto, demandant une aide pécuniaire pour terminer le bâtiment. On ne pourrait accorder de l'aide qu'en puisant dans la caisse du revenu casuel et territorial, mais, dans les circonstances actuelles il n'est pas libre d'ordonner que l'on accorde quelque nouveau crédit. 25

2 février, Downing Street.

Le même au même (n° 15). Les lords du Trésor ont donné leur assentiment au montant prévu dans les estimations de l'année pour la solde de l'aide-de-camp, mais l'arrangement n'est que provisoire. 26

3 février, Downing Street.

Le même au même (n° 16). Obtenir de Gordon le relevé de la distribution des parts de prise, dont il a eu la disposition. 27

4 février, Downing Street.

Le même au même (n° 17). Conformément à leurs pétitions, les lords du Trésor ont consenti à abandonner la réclamation pour avances faites aux colons de Lanark. 28

6 février, Downing Street.

Le même au même (n° 18). A reçu la pétition de Ferguson, ancien caporal de l'artillerie royale pour arrérages de pension. L'artillerie à déjà rejeté la réclamation. Il ne peut intervenir. 29

7 février, Downing Street.

Le même au même (n° 19). A reçu la lettre de Leach, pasteur de l'Eglise de Saint-André, Toronto, demandant une aide pécuniaire pour compléter le bâtiment. Une lettre donnant les raisons qui l'empêchent d'accéder à cette demande a été envoyée à Colborne. 30

10 février, Downing Street.

Le même au même (n° 20). A reçu la dépêche de Colborne concernant McAuliffe, trouvé coupable de meurtre. La sentence de mort ne devra pas

1836.

être exécutée, car elle sera commuée en une autre peine. L'historique de
la cause.　　　•　　　　　　　　　　　　　　　　　　　　　　　　Page 31

15 février,
Downing
Street.

Le même au même (n° 22).　A reçu la dépêche de Colborne du 15 janvier, ainsi que son discours à l'ouverture de la législature provinciale, le
14.　　　　　　　　　　　　　　　　　　　　　　　　　　　　　　　33

25 février,
Downing
Street.

Le même au même (n° 23).　Envoie des copies de correspondance avec
Jones, lequel s'est rendu à Londres pour obtenir du roi son assentiment au
bill pour l'établissement de la Compagnie d'assurance sur la vie et de fidéicommis du Haut-Canada.　Lui avait dit qu'il ne pouvait lui donner d'avis
pendant que la question était soumise à la législature provinciale.　Le roi
donnera une décision immédiate.　Confusion quant à la manière dont le
bill pourrait être sanctionné par le lieutenant-gouverneur, parce qu'il a été
réservé.　Il consultera les officiers en loi sur la question.　S'ils décident
qu'il peut sanctionner le bill il devra le sanctionner tout de suite.　Si non,
on devra lui communiquer la chose au plus tôt, afin d'en avertir le roi au
premier moment.　　　　　　　　　　　　　　　　　　　　　　　34

•

26 février,
Downing
Street.

Le même au même (n° 24).　Les officiers en loi rapportent qu'il n'y a pas
de raison suffisante en droit pour ne point exécuter la sentence de mort prononcée contre McAuliffe.　On l'a déjà informé que la peine capitale serait
remise.　McAuliffe devra être envoyé en Grande-Bretagne, pour être conduit à l'endroit fixé.　　　　　　　　　　　　　　　　　　　　　37

29 février,
Downing
Street.

Le même au même (n° 27).　Envoie lettre des lords de l'Amirauté, désirant savoir si la législature provinciale construirait l'observatoire, ou pour-
voirait à une partie de son entretien annuel.　　　　　　　　　38

29 février,
Downing
Street.

Le même au même (n° 28).　Présente Hackett, qui a servi fidèlement
dans la Guyane britannique.　A été empêché d'approuver une concession
de terres en sa faveur, mais on pourra convenablement le choisir comme
candidat à toute charge, qui doit être remplie.　　　　　　　　40

3 mars,
Downing
Street.

Le même au même (n° 35).　A reçu la dépêche de Colborne ainsi qu'une
copie du message transmettant ses dépêches (de Glenelg) à l'assemblée, du
28 octobre 1835.　　　　　　　　　　　　　　　　　　　　　　41

14 mars,
Downing
Street.

Glenelg à Head (n° 37).　Envoie la proposition de Galt de drainer le
grand marécage dans la région Huron, que l'on examinera et sur laquelle on
fera un rapport.　　　　　　　　　　　　　　　　　　　　　　42

19 mars,
Downing
Street.

Le même au même (n° 39).　Attire l'attention sur une clause de l'Acte à
l'effet d'établir la Compagnie de chemin de fer Erié et Ontario, dont l'effet
est d'empêcher la compagnie de traverser toutes terres de la Couronne sans
le consentement du roi signifié par le lieutenant-gouverneur.　Le conseil de
l'Artillerie désire fortement que cette cause soit appliquée afin que personne
ne puisse traverser des terres dans la limite de 1,000 verges de toute fortification.　　　　　　　　　　　　　　　　　　　　　　　　　43

22 mars,
Downing
Street.

Le même au même (n° 40).　A reçu les dépêches.　Comment conduire la
correspondance pour lui permettre de décider convenablement.　Lui fera
résoudre les doutes qui peuvent se présenter.　Les relations devront être
caractérisées par une entière franchise et une confiance mutuelle.　Remarques sur son adresse d'inauguration dans la chambre du Conseil pendant la
séance.　Espère que l'Assemblée ne considérera pas qu'on a porté atteinte à
ses privilèges en l'appelant alors en la présence du gouverneur.　Remarques
sur son discours et sur le fait qu'il a communiqué le texte complet de
ses instructions, au lieu d'en faire connaître la substance.　Autres remarques sur sa ligne de conduite en qualité de lieutenant-gouverneur.　　45

22 mars,
Downing
Street.

Le même au même (n° 41).　Remarques sur des plaintes (de Head) relativement aux obstacles mis à ses actes en qualité de lieutenant-gouverneur,
et sur l'insuffisance de son revenu pour faire face aux dépenses nécessaires.
　　　　　　　　　　　　　　　　　　　　　　　　　　　　　52

30 mars.

Le même au même (n° 42).　Les extraits des instructions données à Gosford, qu'on lui a envoyés, étaient inexacts, ayant été copiés d'une série

1836.

d'instructions non revisées. Envoie maintenant des copies corrigées. Par suite de la promulgation de parties des instructions, le tout devra être soumis au parlement.   Page 61

30 mars, Downing Street.

Le même au même (n° 43.) A été informé qu'il a nommé Dunn, Baldwin et Rolph membres du Conseil exécutif. Recommandera que les nominations soient ratifiées. Est heureux que Baldwin n'ait pas insisté sur les conditions qu'il désirait mettre avant d'accepter la nomination.   63

31 mars, Downing Street.

Le même au même (n° 44.) A reçu la demande de Colborne d'approuver qu'il se forme un établissement sur l'île Manitoulin pour les sauvages du rivage nord du lac Huron. A également reçu le rapport d'Anderson sur l'état des sauvages de Coldwater, rapport qui lui a donné satisfaction, mais il remettra sa décision jusqu'à ce qu'il ait reçu le rapport qu'on doit lui envoyer, d'après ses instructions, au sujet de la dépense faite pour le département des Sauvages.   64

5 avril, Downing Street.

Le même au même (n° 45). Relativement à la nomination de Hepburn (Hepburne ailleurs) dans la division des Sauvages, il le renvoie à la dépêche du 31 décembre, laquelle exposait les circonstances qui l'ont mis dans l'impossibilité de la ratifier.   66

7 avril, Downing Street.

Le même au même (n° 46). A soumis au roi l'adresse de l'Assemblée sur le sujet du commerce, et le roi l'a renvoyée aux lords du commerce qui l'examineront.   67

15 avril, Downing Street.

Le même au même (n° 47). A reçu une lettre de la Société des méthodistes Wesleyens relativement au fait que l'on a cessé de donner l'aide accordée jusqu'à présent. Examine de nouveau dans quelles circonstances l'aide a été accordée, et décide qu'on continuera à l'imputer sur le revenu casuel et territorial, et que le montant en sera fixé par lui (Head).   68

16 avril, Downing . Street.

Le même au même (n° 48). A reçu la correspondance avec Strachan relativement à sa démission du Conseil législatif. Regrette sincèrement la peine causée à Strachan, mais l'avis donné par Ripon en 1832 était rédigé en termes bienveillants et courtois. Lui-même a été mû par la même bienveillance, sans aucune intention de porter atteinte à l'estime que tout le monde a pour l'archidiacre. Ne se plaint pas que l'archidiacre refuse de prendre l'avis, attendu qu'il est hors du contrôle de toute autorité positive. Ne peut nier qu'il ait allégué de graves raisons à l'appui de son refus, mais espère que cela ne nuira ni à son confort ni à son utilité, en tant qu'occupant le premier rang dans le clergé de l'Eglise d'Angleterre en Canada,   72

18 avril, Downing Street.

Glenelg à Head (n° 49). A reçu une lettre de Beikie concernant des appointements, ainsi qu'une recommandation de Colborne à l'effet qu'ils soient fixés à £600, les honoraires devant être remis au receveur général pour le compte public. Ne peut décider tant qu'il n'aura pas reçu le rapport au sujet des appointements, qu'on a donné instruction de présenter.   75

14 mai, Downing Street.

Le même au même (n° 54). A envoyé des copies des instructions données à Gosford, aux commissaires d'enquête et à lui-même, telles qu'imprimées par ordre de la Chambre des Communes.   77

16 mai, Downing Street.

Le même au même (n° 55). A reçu la dépêche concernant le fait qu'on , a détenu à la douane, à Liverpool, des lettres à son adresse (Glenelg). On rapporte que la chose a eu lieu parce que les dépêches avaient un volume plus qu'ordinaire, et il doit les rédiger de façon à prendre le moins d'espace que possible.   78

21 mai, Downing Street.

Le même au même (n° 56). Découvre qu'il a été entraîné à se servir à l'égard de Colborne d'expressions qui n'étaient pas nécessaires, et que le manque de rapports de Colborne, circonstances sur lesquelles il a fait des commentaires, avait été rectifié dans des dépêches subséquentes. A écrit à Colborne afin de rétracter toute expression qui paraîtrait critiquer ses actes avec une sévérité inutile, et il a envoyé une copie de sa lettre à Colborne à

1836.

23 mai,
Downing
Street.

31 mai,
Downing
Street.

10 juin,
Downing
Street.

11 juin,
Downing
Street.

13 juin,
Downing
Street.

14 juin,
Downing
Street.

20 juin
Downing
Street.

4 juillet,
Downing
Street.

5 juillet,
Downing
Street.

6 juillet,
Downing
Street.

25 juillet,
Downing
Street.

Montréal pour être placée avec les autres dépêches dans les archives du
Haut-Canada.   Page 79
    Le même au même (n° 58). Reçu de Colborne le plan de l'île de Mont-
tréal, ainsi qu'une pétition pour une écluse aux rapides de Sainte-Anne, sur
l'Outaouais. Lui ayant déjà donné instruction de soumettre à l'Assemblée
tout le sujet des améliorations de l'Outaouais, lui envoie simplement les
documents.   81
    Le même au même (n° 60). A reçu dépêche l'informant qu'il a prorogé
la législature le 20 mars. Son grand désir d'avoir plus de nouvelles. La
confiance que lui et ses collègues ont en Head.   82
    Le même au même (n° 61). A reçu la dépêche contenant la pétition de
Hurd, arpenteur général. Avait déjà reçu une copie de la pétition de
Hurd. Envoie copie de la réponse.   84
    Le même au même (n° 62). Dépêches reçues ainsi que la réponse de
l'évêque de Regiopolis, relativement à son siège au Conseil législatif. Ses
bonnes qualités. Doit respecter le droit qu'il a d'agir dans cette cause
d'après son propre jugement. Regrette le différend qui existe entre l'évêque
et le gouvernement, mais est heureux d'apprendre qu'il n'a pas eu l'habitude
de se mêler aux discussions politiques.   85
    Le même au même (n° 63). Pétition de l'Assemblée du Haut-Canada,
que Hume a présentée contre lui (Head). Grey a dit que si la Chambre
faisait imprimer la pétition, il proposerait qu'on présente en même temps
un extrait de sa dépêche (de Head), laquelle le disculpe.   87
    Le même au même (n° 64). Le profond intérêt que le gouvernement
porte aux événements dans le Haut-Canada, et la conviction qu'a le gouvernement de l'influence décisive de ses mesures (de Head) sur les affaires de
l'Amérique Britannique du Nord. Il ne discutera pas les sujets mentionnés
dans ses dépêches avant d'avoir eu plus le temps de les examiner avec ses
collègues. Explique ses intentions, suivant qu'exprimées dans la dépêche
du 22 mars, laquelle n'a pas été écrite dans le but de le trouver en faute.
L'explication est détaillée. Observations sur sa demande de le faire baronnet.
Relativement à la libre discrétion qui lui est laissée pour la conduite des
affaires du Haut-Canada et sa désapprobation de toute intervention inutile, il
envoie des extraits d'une dépêche à Gosford.   89
    Glenelg à Head (n° 68). A reçu et déposé au pied du Trône l'adresse du
Conseil de la police de Brockville. Les termes de l'adresse font plaisir au
roi.   95
    Le même au même (n° 70). A reçu avis de son intention d'envoyer un
rapport sur les affaires des sauvages recommandant que Givins prenne dans
l'intervalle sa retraite, et soit remplacé par Hepburn. Il ne décidera pas la
question avant d'avoir reçu le rapport complet.   96
    Le même eu même (n° 71). A reçu dépêche ainsi que pétition de Higgins,
demandant qu'on lui accorde une concession de terre. Regrette de ne pouvoir
accéder à la demande.   97
    Le même au même (n° 72). A reçu 16 bills réservés au bon plaisir de Sa
Majesté, et une recommandation de s'occuper au plus tôt de quatre d'entre
eux. Envoie arrêté du conseil ratifiant spécialement ces bills.   98
    Le même au même (n° 73). Contrairement au règlement ordinaire, il
examine dans une dépêche une série de dépêches de lui (Head), les sujets
en étant si intimement liés ensemble. Discute la question de la nomination
à la charge d'inspecteur du Haut-Canada, ses actes (de Head) étant approuvés, ainsi que les nominations au conseil exécutif et les démissions. Ne
peut, d'après les procès-verbaux de l'Assemblée, déterminer le principe précis
sur lequel s'appuie la majorité de la Chambre à l'égard de la
responsabilité, par suite de la diversité des résolutions et des
rapports. Quelles que soient les opinions des membres de la Chambre,
la ligne de conduite qu'on a tenue paraît avoir rendu inévitable la

1-2 EDOUARD VII, A. 1902

1836.

rupture. Dans les circonstances, il approuve qu'on ait réservé les bills de finances. Remarques sur la recommandation de démettre Dunn de sa charge de receveur général, et sur d'autres sujets. Page 99

25 juillet, Downing Street.
Le même au même (n° 74). A reçu dépêche concernant la nomination par lui de Sullivan, Elmsley, Baldwin et Allan au Conseil exécutif. Espère envoyer par le prochain courrier la décision de Sa Majesté. 113

25 juillet, Downing Street.
Le même au même (n° 75). A reçu une lettre de Bidwell se plaignant de son (de Head) administration. C'est une règle que toutes lettres de cette nature soient transmises par le gouverneur, et comme cette lettre l'inculpe, on ne peut la prendre en considération avant qu'il (Head) ait eu l'occasion d'y répondre. On demandera à Bidwell de fournir une copie de sa lettre, et une copie de la présente lettre devra lui être envoyée. 114

25 juillet, Downing Street.
Le même au même (n° 76). A reçu une lettre de Rolph, ainsi qu'un état des circonstances qui ont amené la résignation de l'ancien Conseil exécutif. Le reste de la lettre est en substance la même chose que celle de la même date, adressée à Head (n° 75). 116

25 juillet, Downing Street.
Le même au même (n° 77). A reçu la lettre de Morrison se plaignant d'une citation inexacte faite par lui (Head) du rapport du comité de 1835. Le reste de la dépêche se rapporte, comme dans les lettres précédentes, à la règle concernant la correspondance des colonies. 118

27 juillet, Downing Street.
Le même au même (n° 79). Envoie copie de la lettre du greffier dans le bureau des commissaires des terres de la Couronne, se plaignant qu'on l'a démis de sa charge. 119

30 juillet, Downing Street.
Le même au même (n° 80). Envoie une copie de la lettre de Baldwin au sujet d'événements récents dans le Haut-Canada, sur lesquels il devra faire des observations. 120

10 août, Downing Street.
Le même au même (n° 81). A reçu dépêche ainsi que l'adresse du Conseil relativement à l'adresse adoptée par l'Assemblée. Le plaisir du roi à raison des expressions de loyauté du Conseil; si l'adresse de l'Assemblée est de nouveau mentionnée, celle du Conseil sera prise en considération. 121

10 août, Downing Street.
Le même au même (n° 82). L'inconvénient de ne pas recevoir promptement les journaux du Conseil et de l'Assemblée. Des arrangements devront être faits pour empêcher le retard. 122

10 août, Downing Street.
Glenelg à Head (n° 83). A reçu la dépêche ainsi que l'adresse de l'Assemblée sur les cas de trois colons, qui ont été dépossédés de leurs terres. Résumé de l'affaire. Pétition envoyée à Talbot. Renvoie la question au gouvernement local. 123

12 août, Downing Street.
Le même au même (n° 85). Adresse de l'Assemblée sur la nomination de Van Koughnet pour commander le 1er régiment de la milice de Stormont. Le roi ne peut accepter l'adresse, car sa conduite (de Head) à propos de la nomination ne peut être blâmée. 129

20 août, Downing Street.
Le même au même (n° 86). Envoie des copies de toute la correspondance de Baldwin et du bureau des colonies, depuis son arrivée. 130

20 août, Downing Street.
Le même au même (n° 89). A reçu la pétition de Raynes pour indemnité pour terrain, mais après mûr examen, il ne voit pas de raison d'intervenir. 135

21 août, Downing Street.
Le même au même (n° 87). Envoie quatre mandats à l'effet d'appeler au Conseil exécutif R. B. Sullivan, John Elmsley, Augustus Baldwin et William Allan. Chacun devra payer £31 10 ch. pour honoraires et timbres. 131

24 août, Downing Street.
Le même au même (n° 88). Envoie réponse présentée à la Chambre des Communes. Remarques de l'ordre des orangistes et sur les maux causés par les querelles sur des sujets religieux. 132

27 août, Downing Street.
Le même au même (n° 91). Doute s'il doit conseiller de sanctionner le bill pour l'établissement de la Compagnie d'assurance et de fidéicommis du Haut-Canada. Il devra fournir à la législature l'occasion d'examiner de nouveau le bill. 136

1836.

31 août,
Downing
Street.

Le même au même (n° 92). Envoyer des relevés complets au sujet des terres concédées à titre de dotation à l'église d'Angleterre. Jusqu'à ce que la question des réserves du clergé soit réglée, il ne devra plus être fait d'autres répartitions des terres d'église. Page 138

6 septembre,
Downing
Street.

Le même au même (n° 93). A conseillé qu'on sanctionne les bills de finances réservés. La satisfaction de n'être plus obligé à continuer de refuser la sanction aux bills. 140

8 septembre,
Downing
Street.

Le même au même (n° 95). Dépêches venues. La satisfaction du roi que les résultats de l'élection aient justifié la dissolution. Approbation de sa conduite. Considérations pour et contre sa nomination au rang de baronnet. Obstacle mis à la nomination par les accusations de Duncombe ; ces accusations auraient dû être portées quand l'on pouvait s'assurer de la vérité. Le gouvernement est persuadé qu'il (Head) peut réfuter les accusations, mais les convictions personnelles de membres du gouvernement ne justifieraient pas son élévation au rang de baronnet dans le moment ; on aurait pu ignorer une accusation anonyme, mais cette accusation a été spécifique et sérieuse, et il faut en tenir compte. Considérations politiques sur différents sujets. 141

12 septembre,
Downing
Street.

Le même au même (n° 96). Envoie des copies de la correspondance entre Duncombe et le bureau des colonies, sur les élections récentes dans le Haut-Canada. On enverra une copie de l'état quand on l'aura reçu. 153

22 septembre,
Downing
Street.

Le même au même (n° 98). Envoie copie de la pétition de Duncombe pour lettres patentes de terre en franc-alleu à Brantford. Examiner le cas. Si les dires de Duncombe sont confirmés, il devra donner suite à cette pétition. 154

22 septembre,
Downing
Street.

Le même au même (n° 99). Transmet copie de la lettre de Duncombe spécifiant les accusations contre Head au sujet de l'élection. 156

30 septembre,
Downing
Street.

Le même au même (confidentielle). La nécessité d'une ligne de conduite dans l'administration des différentes provinces. Les instructions pour le Nouveau-Brunswick doivent être observées dans le Haut-Canada, en tant qu'elles y sont applicables, tandis que l'on doit accorder toute latitude pour les exigences du service public. Comment devraient être tenues les réunions des différentes assemblées. 157

4 octobre,
Downing
Street.

Le même au même (n° 101). A reçu la dépêche demandant qu'on autorise dans le système de concéder les terres les changements qu'il pourra croire nécessaires, et aussi qu'il puisse disposer, si on le demande, de telles portions des réserves militaires dont on n'a pas besoin. Pour la deuxième partie il doit attendre un rapport qu'il a demandé. Pour la première, il doit refuser d'y accéder pour les raisons mentionnées. 162

5 octobre,
Downing
Street.

Glenelg à Head (n° 102). A reçu le rapport de son expédition au lac Huron et du traité qu'il a passé avec les sauvages, traité que le roi a ratifié. 166

29 novembre,
Downing
Street.

Le même au même (n° 113). A reçu la pétition de Ridout se plaignant d'avoir été destitué de différents emplois. Comme question de justice, d'après la preuve faite, Ridout doit être réintégré dans ses charges. 168

29 novembre,
Downing
Street.

Le même au même (n° 114). La nomination de Macaulay au poste de solliciteur général a été ratifiée par le roi. Son regret du malentendu concernant la démission du capitaine Macaulay de la charge d'arpenteur général. 173

29 novembre,
Downing
Street.

Le même au même (n° 115). Reçu la pétition des habitants de Lenox et Addington se plaignant de la conduite de Hagerman à la dernière élection. Envoyer copie de la pétition à Hagerman lui demandant de faire des observations et de les envoyer en même temps que son propre rapport. 175

17 décembre,
Downing
Street.

Le même au même (n° 117). A reçu la demande de Hurd d'être réintégré dans ses fonctions. Ne peut lui envoyer d'autre réponse que celle déjà envoyée par le sous-secrétaire. 176

1836.
19 décembre,
Downing
Street.

Le même au même (n° 118). A présenté au roi l'adresse du synode de l'Eglise presbytérienne au Canada. N'a pu donner d'avis au sujet des plaintes concernant l'établissement de cures. Espère que la législature du Haut-Canada règlera durant cette session la question des réserves du clergé.

Page 177

20 décembre,
Downing
Street.

Le même au même (n° 119). A présenté au roi l'adresse au clergé de l'Eglise d'Angleterre au Canada. Ne voit pas de raison de changer son opinion au sujet de la question du soutien du clergé à même les réserves du clergé, ainsi qu'il l'a déjà écrit. La question de l'établissement d'un diocèse séparé dans le Haut-Canada a été renvoyée à l'archevêque de Canterbury. Quand il aura fait son rapport, le roi examinera de nouveau la question, mais même si la décision est favorable, le roi n'a pas le pouvoir de fixer aucune dotation pour le nouvel évêché.   179

21 décembre,
Downing
Street.

Le même au même (n° 120). A reçu la plainte de Markland, qu'on l'a ignoré lors de la nomination d'un arbitre pour répartir les droits entre les deux provinces. Obtenir de Markland une copie de la plainte, et la lui (à Glenelg) remettre ainsi que ses observations.   181

22 décembre,
Downing
Street.

Le même au même (n° 121). A reçu les dépêches et adresses, qui ont été renvoyées aux départements qu'ils concernent spécialement.   182

23 décembre,
Downing
Street.

Le même au même (n° 122). A reçu copie du discours à l'ouverture de la session.   184

24 décembre,
Downing
Street.

Le même au même (n° 123). A soumis au roi les adresses du Conseil et de l'Assemblée législative en réponse au discours à l'ouverture de la session.   185

662376

RAPPORT

SUR LES

ARCHIVES CANADIENNES

PAR

,GEO. F. O'HALLORAN

SOUS-MINISTRE DE L'AGRICULTURE

1902

(Annexe au rapport du ministre de l'Agriculture)

IMPRIMÉ PAR ORDRE DU PARLEMENT

OTTAWA
IMPRIMÉ PAR S. E. DAWSON, IMPRIMEUR DE SA TRÈS EXCELLENTE
MAJESTÉ LE ROI
1903

RAPPORT

SUR LES

ARCHIVES CANADIENNES

PAR

GEO. F. O'HALLORAN

SOUS-MINISTRE DE L'AGRICULTURE

1902

(Annexe au rapport du ministre de l'Agriculture)

IMPRIMÉ PAR ORDRE DU PARLEMENT

OTTAWA
IMPRIME PAR S. E. DAWSON, IMPRIMEUR DE SA TRÈS EXCELLENTE
MAJESTÉ LE ROI
1903

[N° 18—1903.]

TABLES DES MATIÈRES.

———

	PAGE.
Rapport de l'Archiviste..................................	v
Listes des livres, etc., présentés, avec les noms des donateurs................	vi

PAPIERS D'ÉTAT, BAS-CANADA—LISTE.

Q. 242-1-2-3-4. Divers, 1837..	1079
Q. 242 A. Texte des dépêches au comte de Gosford, 1836, 1837........	1098
Q. 243-12. Le gouverneur comte de Gosford, 1838.	1112
Q. 244-1-2. Le lieutenant-gouverneur sir J. Colborne, 1838............	1119
Q. 245-1-2-3. Le lieutenant-gouverneur sir J. Colborne, 1838....	1131
Q. 246-1. Le gouverneur comte de Durham, 1838........	1142
Liste alphabétique des livres qui composent les Archives du Dominion en 1902..	1

RAPPORT SUR LES ARCHIVES CANADIENNES.

A l'honorable
> Sydney A. Fisher,
>> Ministre de l'Agriculture,
>>> etc., etc.

Monsieur,—J'ai l'honneur de vous présenter le rapport sur les archives pour 1902.

Depuis la publication du dernier rapport il a été reçu de Londres les copies de papiers d'Etat suivant : Correspondance générale de la Nouvelle-Ecosse jusqu'à 1728 ; journaux de l'Assemblée législative de la Nouvelle-Ecosse jusqu'à 1759 ; journaux du Conseil législatif de la Nouvelle-Ecosse jusqu'à 1800 ; dépêches aux gouverneurs jusqu'à 1840 ; correspondance générale du Nouveau-Brunswick, de 1797 à 1801. On a reçu de Paris : Collection de Moreau de St. Méry ; Mémoires, 1540 à 1686 ; Etat civil, Louis-bourg, 1722 à 1754. Tous ces documents ont été étiquetés d'après les casiers et placés sur les rayons, et forment, en sus de la collection antérieure, 55 volumes de papiers d'Etat.

Par suite de la longue maladie qui s'est terminée par la mort de M. Douglas Brymner, L.L.D., archiviste du ministère, il n'a pas été préparé, cette année, de sommaire des volumes que couvre le rapport, ni fait aucun choix des documents à imprimer au long. Depuis la mort du Dr Brymner, le travail du bureau a été fait par ses aides, M. Alex Duff et mademoiselle M. Casey, et rien n'a donc été négligé.

Les listes contenues dans le rapport de cette année forment la continuation de l'histoire du Canada et donnent le sommaire des événements se rattachant à la rébellion de 1837-8, plus particulièrement dans le Bas-Canada.

Le présent rapport contient aussi une liste alphabétique des livres qui composent les archives du Canada.

Le tout respectueusement soumis,

GEO. F. O'HALLORAN,
Sous-ministre de l'Agriculture.

Noms.	Résidence.	Ouvrages.
Antiquarian Society........	Worcester, Mass....	Procès-verbaux
Audette, L. A............	Ottawa.....	Rapport de la Cour Suprême
Collège Bourget.......	Rigaud............	Annuaire.
Société historique du comté de Brôme	Knowlton	Rapport.
Surintendant en chef de l'éducation...........	Frédéricton, N.B...	Rapport pour 1901.
Société canadienne des ingénieurs civils.... ...	Montréal....	Brochures.
Dawson, G. M., C.M.G., LL.D., F.R.S.C.....	Ottawa....	Brochures et rapports.
Douglas, Robert C................................	Ottawa.	Brochures.
Filson Club	Louisvillé, Ky.....	Publications.
Ganong, W. F..............................	Northampton, Mass.	Brochures.
Historical and Philosophic Society of Ohio......	Cincinnati, Ohio...	Rapport.
Historical and Scientific Society of Manitoba....	Winnipeg, Man....	Brochures.
Historical Society of Illinois..................	Springfield, Ill.....	Publications.
Historical Society of Iowa	Des Moines	Rapport trimestriel.
Johnson, George, Statistician..................	Ottawa..........	Annuaire statistique de 1901.
Johns Hopkins University Library	Baltimore, Md.....	Herbert B. Adams.
Leafloor, John............	Ottawa..........	Débats sur la Confédération de 1865.
Library Association.	New-York.... ...	Journal mensuel.
McLaughlin, R. W........	Montréal.... ...	Brochure.
New York Historical Society................	New-York.......	Publications.
Newcastle-on-Tyne Public Library............	Newcastle-on-Tyne..	21e rapport.
Numismatic and Antiquarian Society.... .	Montréal...... ...	Publications.
Ontario Agricultural College..	Guelph............	Bulletin.
Oregon Historical Society..	Oregon............	Procès-verbaux.
Providence Public Library	Providence, R.I....	Procès-verbaux annuels.
Powell, P. W., Bureau of Ethnology...........	Washington	18e et 19e rapports d'Ethnologie américaine.
Société royale.	Ottawa.	Mémoires et comtes rendus.
Société royale	Londres, Angleterre.	Mémoires et comptes rendus.
Reynolds Library..	Rochester.	Rapport.
Les révérends Pères Rédemptoristes....	Ste-Anne de Beaupré	Annales, en français et en anglais.
Royal Scottish Geographical Society........ ..	Edimbourg..........	Revues mensuelles.
Séminaire de Nicolet	Nicolet	Rapport.
Surintendant de l'instruction publique....... ..	Québec........ ..	Rapport.
Université Laval.......	Québec.. .	Annuaire.
University of Michigan..	Ann-Arbor	Bulletins.
University of the State of New York...........	New-York.....	Bulletins.
Université de Toronto............	Toronto	Revue des publications.
Ministère de la Guerre	Washington	Atlas des Philippines.
Water Sewerage Department..................	Saint-Jean, N.-B....	26e rapport annuel.
Wentworth Historical Society..	Hamilton	Comptes rendus et journal.
White, Richard, Montreal Gazette...........	Montréal........ ..	Almanac, 1902.
Whitman's College......	Walla Walla, Wash.	Rapport trimestriel.
Yale University	New-Haven.........	Rapport et catalogue.

PAPIERS D'ETAT, BAS-CANADA.

DIVERS, 1837.

Q. 242—1-2-3-4.

Partie I paginée de 1 à 287 ; partie 2, de 288 à 561 ; partie 3, de 562 à 862, partie 4 de 863 à 1123.

1831.

19 novembre,
Québec. Aylmer à Kerr.

20 novembre,
Québec. Kerr à Aylmer.

21 novembre,
Québec. Aylmer à Kerr.

1835.

15 janvier.
Dalhousie
Castle. Dalhousie à Aberdeen. Cette lettre et les trois précédentes sont renfermées dans la lettre de Taylor à Glenelg, 16 mars 1837.

23 février,
New-York. Copie de pétition de Gourlay à Guillaume IV. Renfermée dans la lettre de Wheatley à Grey, 8 décembre 1837.

1836.

8 août,
New-York. Résolutions relatives à Maria Monk. Renfermées dans la lettre de Tight à Glenelg, 5 mars 1837.

20 août,
Toronto. Anonyme (Isaac Buchanan) sur les réserves du clergé et les terres des écoles dans le Haut-Canada. page 178

6 novembre. Stephens à ———. Envoie copie d'un billet de banque de la South Australian Bank Company pour six pence. 474

12 novembre,
Toronto. Isaac Buchanan à Draper. La lettre sur les réserves du clergé et les terres des écoles a été publiée dans l'*Albion*, du Haut-Canada, de ce jour. 139

19 décembre,
Québec. Walcott à George H. Ryland. Gosford a reçu sa pétition demandant que la demande de son père (de Ryland) de se démettre de sa charge de greffier du Conseil en sa faveur, mais Sa Seigneurie considère cette ligne de conduite inopportune. L'objection de Gosford n'est pas contre lui personnellement, mais vient de ce qu'il ne veut prendre aucune mesure qui paraîtrait admettre le droit de succession héréditaire, et il ne s'oppose pas à sa demande d'avancement dans aucun autre département. 964

1837.
3 janvier,
Newton
Stewart. Lochart à Grey. Envoie un paquet de documents sur les affaires d'église pour les transmettre à l'archevêque de Canterbury. 888

5 janvier,
Québec. Tracy Thomas à Glenelg. Demande l'emploi de commissaire des terres de la Couronne laissé vacant par le déplacement de Felton. Il avait antérieurement demandé cet emploi au Roi, qui cependant a écrit par l'entremise de Taylor qu'il ne se mêle pas des nominations faites par le secrétaire d'Etat ou par le gouvernement local. 1031

6 janvier,
Allerby. Brewster à Glenelg. Il est sur le point d'écrire un ouvrage sur Junius. Demande si le Bureau colonial possède des archives montrant si Lachlan Macleane a été nommé à la charge de percepteur à Philadelphie en 1772 et s'il y est allé. Le point qu'il veut élucider est de savoir s'il y est allé ou non. 90

9 janvier,
Tenbury. Lochart à Glenelg. La lettre, avec l'extrait de l'adresse, envoyée à l'évêque de Québec, est tombée entre ses mains (à Lockhart). L'état de

2-3 EDOUARD VII, A. 1903

1837.

santé de l'évêque a décidé son médecin d'ordonner de ne pas lui soumettre les questions d'affaires.   page 889

26 janvier, Londres.

Burrage à Glenelg. Se plaint de ne pouvoir se faire payer ses services par l'Assemblée. L'insuccès de l'école à cause des conditions attachées à son fonctionnement, savoir, que l'instituteur donne l'instruction à au moins 20 enfants de parents indigents.   91

Un postscriptum ajouté à la page.   95

28 janvier, New-York.

James Buchanan. A expédié des dépêches à Gosford et à Head.   136

30 janvier, Québec.

Tracy Thomas à Glenelg. Avait le 2 (5) informé Sa Seigneurie des démarches qu'il avait faites pour obtenir du Roi la nomination de commissaire des terres de la Couronne. Envoie un rapport sur l'état des affaires politiques dans le Bas-Canada. La majorité des habitants des townships est d'origine britannique et étrangère et opposée au parti Papineau.   1035

(La lettre renferme différents tableaux de la population du Bas-Canada, pages 1037-1038.)

31 janvier, Dublin.

Sarah Hughes au Bureau colonial. Inclut une lettre de James Stephen au sujet de son gendre, Bryan Conboy, et demande qu'une enquête soit faite à son sujet et à celui de sa famille ruinée.   647

31 janvier, Québec.

Kerr à Taylor. Envoie aux Communes une pétition de la part de son père qui avait été juge de la Cour du Banc du Roi à Québec, et de la Cour de Vice-Amirauté du Bas-Canada. Les souffrances de son père par suite de la manière dont on l'avait traité ; son attaque de paralysie, etc. Ses propres services dans la marine.   866

Inclus. La pétition.   870

Papiers relatifs au cas de M. le juge Kerr.   874 à 880 ·

31 janvier, Loughrea.

Shadwell à Glenelg. A reçu la lettre de Sa Seigneurie, et est étonné que Daly non seulement nie la dette mais essaie de s'en débarrasser au moyen d'une subtilité en s'appuyant sur une erreur dans sa (à Shadwell) déclaration à l'époque où il avait promis de payer le compte. Consent à payer les frais d'une enquête.   972

Inclus. Les articles du compte.   974

6 février, St. Mary's College.

Révérend R. Haldane à Glenelg. Transmet une petition de la veuve de feu le révérend George Buchanan, qui est mort en laissant une famille dans la pauvreté au Canada. Peut consciencieusement attester l'exactitude des déclarations.   648

Pétition de madame Buchanan incluse, exposant les services de feu son mari et demandant des terres.   651

Certificats relatifs à feu le révérend George Buchanan.   653 à 656

11 février, Limerick.

Sabine à Grey. Envoie un rapport sur les papiers de D. Douglas. La manière dont il avait conduit l'enquête.   975

12 février, Greenock.

Galt à Glenelg. Envoie un rapport de journal et attire l'attention sur le principal paragraphe. Les opinions de ses correspondants ne sont pas unanimes, mais d'après leur diversité on peut se faire une certaine opinion du sentiment général. On se demande si par la réunion des provinces supérieure et inférieure la population anglaise du Bas-Canada jointe à la population du Haut-Canada dépasserait en nombre celle des Français du Bas Canada. C'est la base de son argumentation sur l'union en congrès de toutes les provinces. Les restrictions imposées au commerce des colonies doivent être abolies.   535

Inclus.—Remarques du *Star* sur l'union des provinces et l'annexion de Montréal.   537

15 février, Londres.

Delisser et Crawford à Glenelg. Nicholas Cox avait obtenu une concession de l'île de Bonaventure que les pétitionnaires ont perdu en conséquence de certains règlements, dans le Bas-Canada. Demande une indemnité.   399

DOC. DE LA SESSION No. 18

1837.

18 février,
Downing-
Street.

Anonyme au rév. R. Haldane. A reçu la pétition de madame Buchanan mais il ne peut accéder à sa demande de terres parce que les règlements s'opposent à ce qu'on accorde la demande contenue dans cette pétition.   page 649

20 février,
Québec.

Tracy Thomas à Glenelg. Morin, un des révolutionnaires de l'Assemblée, a
eu l'effronterie de s'offrir à Gosford comme candidat à la charge vacante de
commissaire des terres de la Couronne. Il est dégoûtant de voir cet homme,
après avoir insulté le gouvernement, s'efforcer de se le rendre favorable.
                                                           1040

21 février,
Londres.

Aylmer à Glenelg. Dans le paiement des arriérés de solde qui lui étaient
dus ainsi qu'au lieutenant-colonel Craig il avait demandé que le paiement
fut effectué dans la Grande-Bretagne, et de lui accorder l'intérêt depuis
l'époque de son départ du Bas-Canada, mais on n'avait tenu aucun compte
de ces demandes.   60

25 février,
Liverpool.

Baring Bros. & Co. à Grey. Ont expédié un paquet de lettres à James
Buchanan, New-York.   306

27 février,
New-York.

James Buchanan à Stephen. A reçu et expédié des dépêches à Gosford
et Head.   208

27 février,
Perth.

Read à Glenelg. Renouvelle ses recommandations au sujet de l'union
du Haut et du Bas-Canada. Eût été très heureux de lire la proclamation dissolvant l'Assemblée du Bas-Canada, si la réaction s'y était faite
comme dans le Haut-Canada, mais dans l'état actuel, il croit que la dissolution est inopportune. La représentation dans le Bas-Canada doit être
diminuée ou celle du Haut-Canada augmentée, ou bien les deux, mais la
mesure à prendre pour porter remède devrait être décisive. Soutient formellement qu'une dissolution de l'Assemblée du Bas-Canada serait impolitique et peu sage.   956

28 février.

Anonyme à Delisser et Crawford. L'île de Bonaventure, concédée au
colonel Cox en 1792, a été concédée de nouveau en 1819, aucun héritier ne
s'étant présenté.   402

3 mars,
Norwich.

Burrage à Glenelg. Représente que la preuve soumise démontre qu'il
était employé et que ses appointements auraient dû être imputés sur les
revenus de la Couronne au Canada.   96

Inclus. Correspondance au sujet de ses (à Burrage) appointements comme
instituteur de l'école de grammaire.   101 à111

4 mars,
Londres.

Delisser et Crawford. Faisant suite aux lettres relatives à la concession
au gouverneur Cox de l'île de Bonaventure, et pourquoi les héritiers ne
pouvaient pas en réclamer la possession à l'époque de sa mort.   405

5 mars,
Reading.

Tight à Glenelg. Insiste sur la convenance d'une enquête sur les accusations portées par Maria Monk.   1007

Inclus. Résolutions relatives à Maria Monk, adoptées à une assemblée
tenue dans les salles de l'American Tract Society, New-York.   1010

6 mars,
Jersey.

Ellison au Secrétaire des Colonies. Sollicite le renouvellement du prolongement de temps fixé pour se présenter au Canada pour réclamer sa terre.
                                                              462

8 mars,
Retford.

Brooks au Secrétaire des Colonies. Ecrit au sujet de 800 acres de terres
accordées à son frère pour ses services.   112

8 mars,
Liverpool.

Baring Brothers & Co. à Grey. Ont expédié un paquet de lettres à
James Buchanan, New-York.   307

10 mars,
Londres.

Robinson, Brocking & Garland à Glenelg. Les premiers navires à destination du Saint-Laurent partiront vers le 20 ou le 25 du courant.   960

11 mars,
New-York.

James Buchanan à Stephen. A reçu et expédié les dépêches adressées à
Gosford et Head.   209

13 mars,
Liverpool.

Baring Brothers & Co. à Grey. N'ayant pu substituer le paquet de
lettres envoyé pour James Buchanan le 10 à celui envoyé le 6, ils renvoient le premier.   308

2-3 EDOUARD VII, A. 1903

1837.
16 mars,
Londres.

Pétition de Gregory. Expose ses services et demande qu'on lui fasse l'honneur de recevoir le troisième degré dans l'ordre de Guelph.   page 544

16 mars,
Windsor
Castle.

Taylor à Glenelg. Le Roi réfère à Sa Seigneurie le cas du juge Kerr, de la cour du Banc du Roi, Québec, que Sa Majesté croit digne de considération.   1016

Inclus. Pétition du juge Kerr.   1018

Aylmer au juge Kerr. Que les juges puisnés n'auront plus à l'avenir de sièges dans le Conseil exécutif, de sorte que sa retraite va de soi.   1022

17 mars.

Anonyme à Delisser et Crawford. Glenelg dit que la forfaiture de la propriété de Bonaventure a eu lieu par la négligence des héritiers. Depuis plusieurs années le gouvernement a refusé de concéder à nouveau des terres perdues par la négligence des concessionnaires ou leurs descendants, et Glenelg ne peut s'écarter de cette règle.   411

17 mars,
Downing-
Street.

Anonyme à Kerr. Le cas de son père a été étudié d'une manière très complète. Glenelg doit refuser d'en recommencer la discussion. Son regret d'être obligé de faire cette réponse défavorable.   869

18 mars,
Londres.

Delisser et Crawford à Grey. Demande d'une entrevue.   414

Inclus. Mémoire sur la concession au gouverneur Cox de l'île de Bonaventure avec descendance à ses héritiers.   415

20 mars,

Anonyme à Ellison. Que sa demande de prolonger le temps fixé pour se rendre au Canada sera étudiée.   463

21 mars.

Anonyme à Aylmer. Un des objets principaux de la mesure soumise par le gouvernement au parlement était d'obtenir des fonds pour le paiement des engagements pris envers ceux qui remplissaient des charges dans le service de Sa Majesté dans le Bas-Canada. Lorsque cette mesure aura été adoptée, il accordera de nouveau son attention à la lettre de Sa Seigneurie. Dit qu'il ne sera pas au pouvoir du gouvernement de Sa Majesté de payer l'intérêt.   61

21 mars.

Maule à Glenelg, Inclut une lettre envoyée par Burrage, qui est l'une des nombreuses personnes qui ont souffert de la hardiesse du parti de Papineau.   899

25 mars,
Londres.

Delisser et Crawford à Grey. Relativement encore à la concession de l'île de Bonaventure au gouverneur Cox avec les principales dates. Ils récusent la légalité de la transaction par laquelle ils ont été dépouillés de leurs droits qui n'ont absolument aucun rapport à la famille du lieutenant-colonel Cox de la négligence duquel ils ne sont pas responsables.   417

27 mars,
New-York.

James Buchanan à Ellis. A reçu et expédié des dépêches à Gosford et Head.   210

27 mars,
Londres.

Pitcairn et Amor à Grey. Expédié une lettre de Robert Johnston, qu'ils connaissent favorablement depuis longtemps.   944

27 mars.

Anonyme à Barrow. Envoie une lettre de Sabine avec un rapport sur les papiers laissés par Douglas. Demande de soumettre les documents aux commissaires de l'amirauté afin qu'ils puissent transmettre leur opinion à Glenelg, sur le chiffre de la rémunération qui devrait être payée aux représentants de Douglas.   977

28 mars.

Buxton à———Il y a au Canada un grand nombre de nègres respectables, mais ils ne peuvent acquérir les terres de la Compagnie du Canada pour la raison que l'obtention de terres par eux empêcherait l'établissement des immigrants blancs. Recommande que le gouvernement concède des terres aux nègres.   114

Inclus. Rapports au sujet des nègres au Canada.   115

28 mars.

Anonyme à Taylor. Envoie un mémoire indiquant les motifs du déplacement du juge Kerr.   1017

30 mars,
Londres.

Aylmer à Glenelg. Croit que le temps est arrivé d'appeler l'attention sur la demande de Mackinnon de se faire rembourser les dépenses qu'il a faites en 1835. A l'appui de cette demande, il envoie un extrait d'une lettre écrite par Lord, alors M. Stanley, exprimant le désir qu'une ou des

1837.

personnes soient envoyées pour être interrogées de la part du gouvernement devant un comité de la Chambre, lorsque la communication a été reçue. Mackinnon était en route et a été interrogé. La seconde fois Mackinnon portait une pétition de l'Assemblée et une dépêche de lui (Aylmer) à ce sujet. Dans ces circonstances il recommande de payer Mackinnon.   page 63

30 mars, Lambeth.

Jackson à Stephen. Le gouvernement envoie-t-il des instituteurs au Canada? Dans ce cas, y a-t-il des vacances?   864

31 mars.

Anonyme à Buxton. Le gouvernement ne peut intervenir dans les affaires de la Compagnie du Canada, et Glenelg ne se croit pas justifiable de séparer les nègres des autres habitants, même dans le cas où il n'eût pas été lié envers la Compagnie du Canada de ne pas disposer des terres autrement que par vente.   120

31 mars, Lochgilphead.

Dick au Secrétaire des Colonies. Désire savoir où il peut se procurer une copie de testament de feu son frère Robert Dick.   427

1er avril, Perth.

Clarke à Gordon. Demande des renseignements au sujet de Donald Clarke, qui est mort il y a quelques années près de Québec, et dont une annonce demande le plus proche parent.   326

5 avril, Londres.

Murray à Stephen. Un de ses parents est sur le point de s'établir au Canada. Est-ce que le fait qu'il a servi pendant douze ans dans la marine lui facilitera l'obtention d'une terre?   900

6 avril, Londres.

Aylmer à Glenelg. Considère que le refus de lui accorder l'intérêt sur l'arriéré de solde qui lui est dû est une décision injuste. S'il avait pu réconcilier cela avec son sens de la justice envers les fonctionnaires publics dans la province il n'y aurait eu aucun arriéré, attendu que les instructions de Goderich l'eussent justifié d'émettre un mandat pour sa propre solde et pour les appointements du secrétaire provincial et des officiers en loi de la Couronne à même les revenus à la disposition de Sa Majesté. Bien que l'intérêt ait été refusé il ne regrette pas la ligne de conduite qu'il a suivie. Il est dur pour lui de souffrir d'un état de choses qu'il s'est efforcé de prévenir.   69

6 avril, Londres.

Burrage à Glenelg. Écrit pour demander une réponse à deux lettres. Si sa réclamation se règle d'une manière satisfaisante, il se propose de retourner prendre son service aussitôt que possible.   122

8 avril.

Anonyme à Burrage. A reçu des représentations. Regrette les difficultés qu'il (Burrage) a subies depuis son arrivée dans le Bas-Canada. Il aurait accordé volontiers des secours convenables, mais le bill présenté au parlement ne pourvoit qu'aux choses absolument nécessaires, et il ne peut laisser espérer aucun arrangement, car ce serait simplement se préparer à un désappointement.   98

13 avril, Londres.

Burrage à Grey. Demande avec instance que sa réclamation soit transférée comme on l'a fait dans le cas de Sewell. N'avait pas été alarmé de certains rapports qui pourraient affecter sa solde et son indemnité. N'avait pas entendu dire que les revenus de la Couronne devaient être remis, avant que l'acte ne fut accompli, car il aurait exposé quels étaient ses engagements.   123

15 avril, Montréal.

Marconnay à Russell (en français). L'état des partis à Montréal. Le parti extrême a deux journaux au moyen desquels il inculque au peuple les idées les plus fausses. Il a fondé un journal, dont il envoie trois numéros, pour combattre ces idées. La difficulté de faire payer ce journal et demande quels moyens prendre pour en assurer l'existence.   558

Inclus. Dans la partie 3, deux numéros du journal *Le Populaire.* 562, 602

19 avril.

Anonyme à Gregory. Bien que Glenelg de la part du gouvernement ne peut faire aucune promesse qu'il (Gregory) atteindra son objet, cependant Sa Seigneurie accordera toute son attention aux réclamations de Gregory.   548

19 avril, Londres.

Goulburn à Glenelg. Transmet un exposé du cas du rév. M. Burrage, et en laisse la décision entre ses mains (de Glenelg).   549

1837.
20 avril,
Greenock.

Galt à Glenelg. A envoyé au Haut-Canada une copie du projet de pétition qu'il adressera au Bureau colonial. Désire soumettre une question semblable à celle posée à Howick avant la formation de la *British American Land Company*, de laquelle compagnie on a reçu des renseignements satisfaisants. A reçu une lettre d'Irlande au sujet de la formation d'une nouvelle compagnie de terres et plusieurs communications quant à la nécessité d'établir un système d'émigration des *Highlands* occidentales, et c'est ainsi qu'il demande une réponse à la question de savoir si le gouvernement concéderait ou vendrait des terres suffisantes pour y établir des colons. Remarques sur le projet de cet établissement.   page 553

20 avril,
Greenock.

Galt à Grey. Envoie une commande d'un exemplaire de son ouvrage " Literary Life and Miscellanies".   557

24 avril,
Londres.

Booth à———. Le major Sabine l'a renvoyé à lui pour le paiement du compte contre feu David Douglas.   129
  Inclus. Le compte.   130

24 avril.

Anonyme à Delisser et Crawford. D'après les instructions de Glenelg, il récapitule les faits se rattachant à la réclamation d'indemnité à raison de leur perte de l'île de Bonaventure.   422

25 avril,
Chatham.

McCumming au Secrétaire Colonial. Est seigneur de 54 milles carrés de territoire sur la rive sud du Saint-Laurent, vis-à-vis Antis.osti, et demande de l'aide pour coloniser ses terres.   328

— avril.

Anonyme à Booth. Le renvoie aux représentants de David Douglas pour le paiement du compte dû par ce gentleman.   131

1er mai,
Londres.

Burrage à Goulburn. Se trouve obligé de retourner à Québec pour des affaires de famille. N'a reçu aucune réponse à ses lettres. Demande une courte entrevue. L'école de grammaire ne réussissant pas, il accepterait $200 par année comme allocation de retraite, à être portée au compte de fonds qui ne tomberont probablement pas sous le contrôle de l'Assemblée. Dans ce cas-là il s'occuperait d'une mission ou bien il ouvrirait une école particulière. Espère avec confiance qu'à la première occasion favorable il (Goulburn) s'occupera du règlement de sa réclamation.   126

1er mai,
Brackley.

W. D. Ryland à Glenelg. Avait envoyé, il y a plus d'un an, une pétition demandant la permission pour son père, après 56 ans de service, de se démettre de sa charge de registraire et greffier du Conseil exécutif, en faveur de son fils qui depuis seize ans occupe la charge de sous-greffier. Cette pétition a reçu l'approbation du comte de Gosford, qui cependant s'y oppose parce qu'elle tendrait à rendre ces charges héréditaires. Il ne s'y opposait pas personnellement, et ne considérait pas que cela s'appliquât à l'avancement dans n'importe quel autre département. Son frère a envoyé une autre pétition demandant à être nommé shérif de Montréal, emploi qui était sur le point de devenir vacant. Dans le cas où son frère serait nommé à une charge d'une valeur égale à celle de greffier, son père consentirait à se démettre en stipulant seulement que sa pension de £300 retourne à sa femme, si elle lui survit ; elle a un an de moins que lui—77 ans.   961

1er mai,
Québec.

Sewell à Stephen. Demande une promotion en Angleterre pour son fils qui est sur le point d'entrer dans les ordres sacrés de l'Eglise d'Angleterre. Ses capacités. Envoie copie de la pétition à cet effet.   978
  Inclus. Copie de la pétition.   980

5 mai,
New-York.

James Buchanan à Stephen. A reçu des dépêches et les a expédiées à Gosford et à Head.   211

5 mai.

Anonyme aux commissaires Grey et Gipps. Copie d'une lettre de Goulburn envoyée. La lettre contient elle quelque chose qui exige quelque justification de l'opinion déjà transmise sur le cas de Burrage.   552

12 mai.

Anonyme à McCumming. Glenelg dit que le gouvernement n'ayant aucuns fonds pouvant s'appliquer à la colonisation, il ne peut que réserver sa proposition (celle de McCumming) pour y revenir plus tard.   332

1837.

15 mai.

Campbell à Grant. Demande encore une entrevue avec Glenelg de la part des directeurs de la Banque *British North America*.   page 334

17 mai. Londres.

Forsyth à Grey. Désire se faire présenter par Glenelg à la réception de l'anniversaire de la naissance du Roi.   484

18 mai, Downing-Street.

Anonyme à Aylmer. La lettre de Stanley est concluante quant à la première traversée en 1834, et par conséquent il n'hésite nullement à ordonner le paiement, mais il craint de ne pouvoir agir de la même manière quant à la seconde, et sa traversée à cette époque n'entraînait aucuns frais supplémentaires parce qu'il lui fallait revenir à l'expiration de son (d'Aylmer) terme d'office.   66

19 mai, New-York.

James Buchanan à Grey. Avait été appelé dans le Bas-Canada par une grave affaire de famille, et comme les banques des Etats-Unis avaient suspendu les paiements en espèces il avait recommandé que l'argent monnayé qui se trouvait entre les mains du Receveur général fut remis aux banques, mais en conséquence de la demande qui s'en ferait, il conseillerait plutôt d'envoyer un approvisionnement suffisant de cuivre monnayé pour faciliter les affaires journalières.   212

Inclus. Le même à Gosford sur l'à-propos de soutenir les banques du Bas-Canada.   217

20 mai.

Anonyme au Rév. W. D. Ryland. Glenelg ne peut nommer G. H. Ryland à aucun emploi dans le service public du Canada, à moins qu'après un soigneux examen le Gouverneur ne considère qu'il mérite plus d'être choisi qu'aucun autre. La pension de son père ne peut être continuée à sa mère dans le cas où elle survivrait.   966

22 mai.

Anonyme à Aylmer. Le gouvernement ne s'est pas cru libre de s'écarter de l'opinion qu'il avait exprimé de ne pas payer l'intérêt sur les arriérés.   72

22 mai, Londres.

Cavan à Glenelg. Envoie une petition des marchands de Grenade exposant les avantages qui résulteraient probablement de la construction d'un chemin de fer entre les colonies et le Nouveau-Brunswick. Demande l'appui de Sa Seigneurie pour cette entreprise.   335

Inclus. La pétition.   338

23 mai, Londres.

Aylmer à Glenelg. A reçu la lettre refusant de payer l'intérêt sur les arriérés. Il préfère souffrir que de se rendre coupable avec le gouvernement d'une semblable injustice.   73

23 mai, Londres.

Holmes à Grey. Envoie, ainsi qu'on le désire, un état imprimé des dommages causés au séminaire de Québec sur sa propriété dans et près la cité, avec un résumé de l'affaire.   657

Inclus. Etat relatif aux griefs du séminaire de Québec, ainsi que rapports et autres documents.   966 à 820

25 mai, Londres.

MacKinnon à Glenelg. Avait reçu de Sa Seigneurie une lettre que lui avait remise lord Aylmer, disant que la somme dépensée par lui en frais de voyage en 1834 serait remboursée par le Bureau Colonial, mais qu'il doit s'adresser au Secrétaire de la Guerre pour ses frais de voyage en 1835. Il l'a fait, en déduisant £6 10s. de dépenses à Londres depuis la date de son arrivée jusqu'à celle où il a reçu avis que sa présence au Bureau Colonial n'était plus nécessaire. Il ne croit pas avoir droit de réclamer cette somme du Bureau de la Guerre.   901

29 mai, Athlone.

Pétition de Edmond P. Molloy, au nom de ses sœurs, qui se proposent de s'établir au Canada, et qui désirent savoir si elles continueront à recevoir l'allocation du fonds de commisération lorsqu'elles y seront établies.   907

29 mai, Liverpool.

Hart à Glenelg. Représente que son père et M. J. Hays avaient été nommés juges de paix mais qu'ils n'étaient pas éligibles, puisque le serment repose sur la "vraie foi d'un chrétien" et qu'ils sont Juifs. Trouve que ces deux noms ont été omis de la liste des juges de paix, et désire savoir pourquoi la lettre d'Aylmer est restée sans réponse. Le gouvernement peut redresser ce grief.   822

2-3 EDOUARD VII, A. 1903

1837.

29 mai,
Londres.   Stevenson à Glenelg. Demande des copies de documents ayant rapport à la vallée de la Mohawk, pour l'usage d'une personne qui écrit son histoire et qui suppose qu'il existe des lettres de Sir Williams Johnson et de Sir J. Johnson concernant la guerre. Il demande aussi des discours ou des documents relatifs à Joseph Brant.   page 982

30 mai,
New-York.   James Buchanan à Grey. Envoie un extrait d'un journal de Montréal à l'appui de sa proposition relative à la fourniture de monnaie de cuivre. 256

31 mai.   Anonyme à Aylmer. Aussitôt que le Parlement aura adopté la mesure relative au paiement des arriérés dus aux employés civils, il sera pris des mesures pour payer en Angleterre ceux qui sont dus à Sa Seigneurie.   75

2 juin.   Anonyme à Sullivan. D'après les instructions de Glenelg le paiement des frais de voyage du capitaine MacKinnon est recommandé.   903

2 juin.   Anonyme à MacKinnon. Glenelg a recommandé au Bureau de la Guerre de lui (à McKinnon) rembourser ses frais de retour en 1735.   905

3 juin,
Arundel.   Sabine à Grey. Offre ses services pour mettre à effet les recommandations contenues dans la lettre accompagnant celle-ci. Désire savoir si le gouvernement choisira l'artiste à employer ou bien si ce sera lui (Sabine).   985

3 juin,
Arundel.   Le même au même. Suggère qu'une simple tablette commémorative de Douglas soit placée dans l'église de Scone, dans le Perthshire, où il est né, ou à Owhyee, où il a été inhumé, ou aux deux endroits.   986

5 juin.   Anonyme à Cavan. En réponse à la lettre du 22 mai. Le gouvernement a déjà depuis longtemps donné toute l'aide possible au chemin de fer de Québec et St-Andrews.   337

5 juin.   Anonyme à Homes. Glenelg peut en arriver à une décision dans le cas du Séminaire avant d'en avoir conféré avec le gouvernement local. Sa Seigneurie transmettra les documents à Gosford à la première occasion.   827

6 juin,
Downing-
Street.   Anonyme à Stevenson. A demandé de la part d'un citoyen des Etats-Unis la permission de prendre copie des documents relatifs à la vallée de la Mohawk. Glenelg fera faire des recherches et donnera toute l'aide possible sans préjudice pour le service de Sa Majesté.   984

9 juin,
New-York.   James Buchanan à Stephen. A reçu et expédié des dépêches à Gosford et Head.   257

10 juin,
New-York.   Le même au même. Demande à Stephen d'expédier une lettre à son frère (à Buchanan).   258

12 juin,
Gibraltar.   Creig à Grey. Le beau caractère des paysans canadiens-français. Ne croit pas qu'ils se rebellerait, quoi qu'en disent Papineau, Viger, etc., et quoi qu'en écrive le *Vendicator*. Demande l'établissement d'une compagnie de terres par l'Etat dans le Bas-Canada. L'insignifiante population de la province quant au nombre La longueur de temps qu'il faudra pour coloniser le Bas-Canada d'après le système actuel. Son expérience.   640

14 juin,
Belfast.   James Duncan ou Preston au Secrétaire des Colonies. Demande l'adresse de son frère Charles Preston, ci-devant du 32e régiment.   428

15 juin,
Londres.   Lushington à Glenelg. Comme il (Glenelg) avait promis que les titres d'achat qu'il avait fait seraient envoyés au Canada pour être signés, il espère que la question de la signature sera recommandée à Head.   891

19 juin,
New-York.   J. C. Buchanan à Stephen. A reçu et expédié dépêche à Gosford. 259

19 juin.   Anonyme à MacKinnon. Le Secrétaire de la Guerre, sur réception des certificats convenables, est prêt à recommander le paiement de l'allocation réglementaire pour billet de passage, mais non pas les dépenses supplémentaires pour son retour, parce que cela n'avait aucun rapport avec le service militaire.   906

22 juin.   Anonyme à Hart. Quant à sa plainte, il appartient à la législature du Bas-Canada de redresser les griefs, non pas au gouvernement de Sa Majesté.   827

25 juillet,
8 juillet,
New-York.   Amyot à Stephen. Demande le paiement de l'arriéré de sa pension. 3

            James Buchanan au même. Dépêches reçues et expédiées.   260

1837.
, 8 juillet,
Québec.

Tracy Thomas à Glenelg. Sa gratitude pour la bonté qu'il a eu de répondre à sa demande de la place de commissaire des terres de la Couronne. On lui a dit qu'aucune nomination ne serait faite avant de connaître l'opinion du gouverneur. L'agitation de Papineau en faveur des 92 résolutions, et celle de Morin qui proclame la sédition. Les assemblées seront dispersées, on a lancé une proclamation que Papineau a déchirée en petits morceaux devant ses partisans, et du contenu de laquelle il s'est moqué. Des mesures indulgentes ne serviront de rien à l'égard de cet homme et de sa faction, car ils se sont débarrassés eux-mêmes des liens de la loi, de l'honneur et de la justice. On aurait dû émettre des mandats d'arrestation et les jeter dans la prison commune. Cette mesure aurait dû être prise lorsque les esprits étaient excités, au lieu de permettre à Papineau de répandre ses pernicieux principes, parce qu'il croit maintenant que le gouvernement a peur de lui et de son parti. On ne pourrait trouver un jury pour le condamner. Gosford est un excellent homme, mais il est trop indulgent pour des héros révolutionnaires comme Papineau ; il faut le nerf et la détermination de Craig, et la vigueur et le talent de Stewart (Stuart), le cidevant procureur général. On ressent grandement la perte de Stuart dans ces temps-ci. Conseillerait fortement que le gouverneur le consultât (Stuart), en sa qualité d'avocat constitutionnel. Munn a été élu à Québec à l'Assemblée. Le parti de Papineau a amené les femmes voter contre Munn. Plaidoyer de Morin en faveur de cette mesure. Envoie les deux derniers journaux, l'un rendant compte d'une assemblée loyale tenue à Montréal, et l'autre rendant compte des violentes mesures prises à Saint-Eustache. L'état des affaires le porte de nouveau à recommander l'établissement d'un corps de police payé par la Couronne pour maintenir la paix. Craint des émeutes.   page 1042

12 juillet.

Anonyme à Aylmer. Est près à recommander à la Trésorerie le paiement des arrérages dus à Sa Seigneurie et au secrétaire civil, mais ne peut trouver d'état précis indiquant les sommes auxquelles ils ont respectivement droit. Demande l'état des sommes dues présentement.   85

14 juillet,
Liverpool.

Elder à Glenelg. Demande de l'emploi au Canada où ailleurs ; deux charges de greffier sont vacantes au Canada. Expose les services qu'il a rendus.   465

14 juillet,
Londres.

Forsyth à Grey. Demande en sa qualité de conseiller législatif du Bas-Canada une prolongation de son congé.   485

14 juillet,
Londres.

Lockhart à Glenelg. Rapporte la mort arrivée hier (le 13 juillet) à 2.20 de l'évêque de Québec, à la résidence de son neveu le comte de Galloway. L'église du Canada se ressentira de la perte.   893

14 juillet,
Québec.

Tracy Thomas à Stephen. La prédiction que nul de ceux qui ont adopté les résolutions ne désavouera une des 92 résolutions se confirme. Ne sait pas comment réussira la tentative de conciliation au moyen de la convocation de la législature. Cela donnera à ces gens une autre occasion de contribuer à la bonne administration du pays, mais il y a des députés qui ne voient pas d'autres moyens que la trahison et l'effusion du sang pour promouvoir le bien-être public, croyant qu'ils s'assureront ainsi le pouvoir individuel. Un discours prononcé par Papineau à Montréal indique la ligne de conduite que suivra probablement l'Assemblée. Cite le discours de Papineau, qui est un vrai fléau pour le pays.   1050

15 juillet.

Anonyme à Spearman. MM. Buchanan et Amyot ont demandé le paiement des montants qui leur sont dus. Ne connaît pas de motifs suffisants pour refuser le paiement.   4

15 juillet,
Cowes.

Aylmer à Glenelg. Ne peut dire quelle balance d'arrérages lui est due et à Craig, le secrétaire civil, parce que tous ses papiers sont à Londres, mais lui demande de consulter la dépêche de Gosford à ce sujet.   76

15 juillet,
New-York.

James Buchanan à Gray. Dépêche reçue et transmise.   261

1837.
20 juillet,
Gort.

Douglas au Bureau des Colonies.　Désire connaître le sort de son frère Stephen Douglas.　　　　　　　　　　　　　　　　　　　page 439

20 juillet.

Anonyme à Elder.　Les charges dans la division du génie et de l'artillerie sont à la disposition du grand maître et du conseil de l'artillerie.　467

20 juillet,
Londres.

Lockhart à Stephen.　Demande le paiement d'une somme de £200 du traitement de feu l'évêque de Québec ; les fonds de la sucession en Angleterre n'étant pas suffisants pour acquitter les gages des serviteurs, payer le prix de leur passage pour le Canada, etc.　　　　　　　　　　　　892

21 juillet,
Londres.

Forsyth à Stephen.　En réponse à la demande qui lui est faite pour savoir quand il retournera habiter le Bas-Canada, il ne le peut dire d'une manière déterminée, parce que ses affaires ne sont pas réglées.　　　486

24 juillet,
New-York.

James Buchanan au même.　Dépêche à l'adresse de Head reçue et transmise.　　　　　　　　　　　　　　　　　　　　　　　　　　262

27 juillet,
Cowes.

Aylmer à Glenelg.　En réponse à l'allégation qu'il n'y a au Bureau des Colonies aucuns documents indiquant quels arrérages lui sont dus, ainsi qu'à Craig, rappelle à Glenelg que peu de temps après son (d'Aylmer) retour, il a envoyé un état officiel du montant dû.　　　　　　　　　　　　77

31 juillet.

Ainsworth à Grey.　Demande des lettres de présentation en faveur de E. Corrie au consul de New-York et aux gouverneurs du Haut et du Bas-Canada.　　　　　　　　　　　　　　　　　　　　　　　　　　7

31 juillet.

Anonyme à Forsyth.　A moins qu'il ne fixe d'une manière déterminée l'époque assez prochaine où il se propose de retourner au Canada, Glenelg ne pourra lui accorder la prolongation de son congé.　　　　　　　487

1er août.

Anonyme à Aylmer.　Relativement à l'allégation que Gosford a envoyé un rapport des arrérages dus à Sa Seigneurie et à son secrétaire civil.　S'il consulte la dépêche il trouvera que l'allégation est erronée, et que les sommes réputées dues ont été comptées jusqu'au 10 octobre 1835.　Possède un relevé des sommes dues lors de son départ du Bas-Canada, et en conséquence se croît autorisé à demander à la Trésorière de payer le montant.　　79

2 août,
New-York.

James Buchanan à Stephen.　Les dépêches envoyées le 14 juin ont été reçues et transmises.　　　　　　　　　　　　　　　　　　　　263

3 août.

Anonyme à Gosford.　Mort du Lord Evêque de Québec.　On communiquera les dispositions qui seront prises à la suite de ce décès.　　894

3 août,
Birmingham.

Scholefield à Glenelg.　Envoie une lettre contenant la proposition de la banque de Montréal d'émettre de la monnaie de cuivre.　Apparemment MM. Boulton et Watt disaient qu'il y a une amende à payer pour une émission de cette nature, mais que la permission est ordinairement accordée à ceux qui en font la demande.　　　　　　　　　　　　　　　987

7 août,
Clonmel.

Mary Williams au Secrétaire des Colonies.　Demande qu'on transmette une lettre à Halifax.　　　　　　　　　　　　　　　　　　　1090

8 août,
Québec.

Tracy Thomas à Glenelg.　Craint que ses lettres ne soient jugées ennuyeuses, comme elles sont un peu longues.　Envoie des journaux qui montrent le vrai caractère de Papineau.　Si son opinion prévaut il n'y aura pas de session de la législature qui vient d'être convoquée.　Les arrérages des traitements des fonctionnaires doivent être acquittés.　L'opinion de Papineau d'en venir à une rébellion.　Réflexions à ce sujet et citations du discours de Papineau à l'Assomption.　　　　　　　　　　1055

Inclus.　Article intitulé : Institutions purement démocratiques.　1067

9 août,
Clonmel.

Margaret Mulcahey au Secrétaire des Colonies.　Espère qu'il enverra la lettre ci-incluse, selon qu'il indique.　　　　　　　　　　908

11 août,
New-York.

James Buchanan à Stephen.　La dépêche envoyée le 29 juin a été reçue et transmise.　　　　　　　　　　　　　　　　　　　264

12 août,
Christ Church.

Lochart à Stephen.　Répète la demande faite le 20 du mois dernier d'une avance de £200 sur le traitement de feu l'évêque afin d'acquitter les gages des serviteurs, etc.　　　　　　　　　　　　　　895

12 août,
Loughrea.

Shadwell à Glenelg.　A reçu la visite d'un beau-frère de Daly, qui lui a demandé s'il (Shadwell) accepterait le principal de la dette, et a dit en

DOC. DE LA SESSION No. 18

1837.

réponse à son intention de n'accepter aucun règlement sans consulter l'administration, que Daly n'était pas sous le contrôle de Glenelg, attendu qu'il exerçait ses fonctions en vertu de lettres patentes.   page 989

14 août,
Londres.

Pétition de Martin Manning. Sa famille et lui meurent de faim, car il ne peut se procurer de l'emploi. Demande un passage pour l'Amérique. 902

15 août,
New-York.

James Buchanan à Stephen. La dépêche pour Gosford a été reçue et transmise.   265

15 août,
Norwood.

Pizey à——— Demande son admission dans le clergé du Canada, ne pouvant être ordonné dans l'Eglise d'Angleterre parce qu'il n'a pas de diplôme de l'une des universités.   945

18 août,
Québec.

Tracy Thomas à Stephen. Envoie des copies d'une lettre du secrétaire civil à Papineau, et de la réponse, laquelle est rédigée en termes des plus outrageants.   1075
Les documents inclus sont omis parce qu'ils ont été précédemment copiés.

21 août,
Vauxhall.

Mary Crook à Glenelg. Son mari, un matelot, a été laissé à l'hopital parce qu'il ne pouvait être transporté au navire lorsqu'on a mis à la voile. N'a pu obtenir de renseignements à son sujet depuis. Demande à Glenelg de s'efforcer d'en obtenir pour elle.   341
Inclus. Certificat de la maladie de Thomas Crook, matelot, daté à Québec le 29 octobre 1836.   343

24 août,
Londres.

St-André à Grey. Demande des certificats de sépulture de Jean Jacques Gimbert et Jean Denis Daulé.   8

25 août,
Montréal.

Opinions de la faction Papineau. Dans la lettre de Tracy Thomas à Stephen du 4 septembre 1837.   1079

26 août,
Christ Church.

Lochart à Stephen. Conformément à la lettre de la Trésorerie, rapporte que le décès du Lord Evêque de Québec a eu lieu le 13 du mois dernier, et qu'il a écrit à Sewell, son exécuteur conjoint, que sa demande de £200 avait été soumise à la Trésorerie, et qu'il devait déduire cette somme du montant qu'il doit recevoir au Canada.   896

26 août,
Woodbridge.

Norton à Glenelg. Demande d'être nommé évêque de Québec en remplacement de l'évêque décédé. Les principes politiques de même que ceux de sa famille sont conformes aux principes de l'administration actuelle. Son éducation.   934
Une lettre semblable à lord John Russell.

28 août,
New-York.

James Buchanan à Stephen. Les dépêches à Gosford et à Head ont été reçues et expédiées, de même qu'une lettre séparée pour Gosford.   266

31 août,
New-York.

Le même au même. Les dépêches à Gosford et à Head ont été reçues et transmises.   267

4 septembre,
Québec.

Tracy Thomas au même. Envoie d'autres opinions de la faction Papineau et deux autres articles. Recommande qu'on fixe le paiement annuel des fonctionnaires de la Couronne dans le Bas Canada, car il y a eu dernièrement une altercation constante à ce sujet entre l'Assemblée et l'Exécutif, donnant à croire que les fonctionnaires étaient des pensionnaires de l'Assemblée, ce qui portait à les mépriser au lieu de les respecter.   1077
Inclus. Opinions de la faction Papineau d'après la correspondance du Daily Express de New-York, copiée dans le Vindicator.   1079
Autres rapports traduits de la Minerve.   1085

6 septembre,
New-York.

James Buchanan à Stephen. La dépêche à Head a été reçue et transmise.   268

10 septembre.

Anonyme à Doherty. Il devra obtenir le certificat de sépulture de Jean Jacques Gimbert.   9

10 septembre,
Londres.

Aylmer à Glenelg. Critique l'état du montant qui lui est dû et au secrétaire civil, tel que mentionné dans la lettre de Glenelg et la dépêche de Gosford.   81

13 septembre.
Québec.

Tracy Thomas à Stephen. Il n'a pas mentionné dans ses lettres sur les affaires du Canada sa demande d'être nommé commissaire des terres de la Couronne, croyant la chose inutile. Suggère que le prix des terres de la

2-3 EDOUARD VII, A. 1903

1837.

Couronne soit mis au crédit du Receveur général.   Le prochain mariage de Walcott, le secrétaire du gouverneur, à la fille de Davidson, explique sans doute pourquoi Gosford presse la demande faite par Davidson de la charge de commissaire des terres de la Couronne.   page 1087

20 septembre,   Aylmer à Glenelg.   Voit qu'on n'a payé ni les arrérages qui lui sont dus
Londres.   ni ceux qui sont dus au lieutenant colonel Craig.   Il ne peut comprendre la cause du retard à remplir l'engagement de l'administration.   86

22 septembre,   Anonyme à Norton.   Glenelg regrette qu'il ne puisse accéder à sa de- mande (de Norton) d'être nommé évêque de Québec, car en vertu d'un arrangement intervenu en 1835, l'évêque de Montréal doit lui succéder. Cela ne créera pas de vacance à Montréal, parce que le siège de Montréal n'est pas distinct.

23 septembre,   James Buchanan à Stephen.   Des dépêches à Gosford, à Head et à
New-York.   Harvey ont été reçues et transmises.   269

25 septembre,   Aylmer à Glenelg.   A moins qu'il ne lui soit demandé d'aller le voir
Londres.   demain, c'est son intention de s'absenter de la ville pour y revenir dans la soirée.   Les inconvénients que lui cause le retard apporté à remplir l'en- gagement de lui payer les arrérages dus.   Il s'est écoulé plusieurs semaines depuis qu'on a pris l'engagement de le payer immédiatement.   87

25 septembre,   Holmes à Glenelg.   La réponse de Grey que Glenelg ne pourrait accéder
Londres.   à sa demande l'a surpris et chagriné, particulièrement vu qu'il savait que si l'appel au Conseil Privé avait été accordé, on n'aurait pu produire de nouvelles preuves, et le Séminaire et les Ursulines n'auraient pas dû être privés d'un privilège accordé à d'autres.   Donne un résumé du rapport des commissaires, auquel il répond et envoie des copies de la correspondance échangée avec les commissaires en 1826.   838
                Inclus.   Extraits de correspondance.   839 à 841

25 septembre,   Mackinnon à Stepher.   Accuse réception d'une traite de £196 tirée en
Londres.   sa faveur par l'ordonnateur en chef du Bas-Canada.   910

26 septembre.   Glenelg à Aylmer.   Regrette les embarras qui lui ont été causés.   Lui aurait expliqué la cause du retard, mais cela n'est pas nécessaire maintenant.
                                                                           88

1er octobre,   W. Smith à Glenelg.   Envoie pétition qu'il lui demande de recommander
Québec.   à la Reine, s'il l'approuve.   991
                Inclus.   Représentations à l'effet qu'il ne soit pas démis du Conseil Exécu- tif.   S'il est démis, sollicite l'honneur d'être créé chevalier ou de rester membre honoraire du conseil, comme il est maintenant le membre le plus ancien de l'Exécutif.   992

9 octobre,   Weyland à Glenelg.   Désire obtenir des renseignements sur les terres
Dublin.   près de Trois-Rivières, sur les bords de la rivière Toranto, afin de lui per- mettre d'indiquer leur localité.   Désire coloniser ces terres par de vieux soldats de son régiment.   1095

11 octobre,   Anonyme et sans adresse.   Il est envoyé un document important pour
Bas-Canada.   lord Aylmer.   13

13 octobre.   Anonyme à Spearman.   Relativement à la réclamation d'indemnité du Séminaire de Québec, envoie une nouvelle lettre du révérend J. Holmes.
                                                                           842
                Inclus.   Holmes à Grey.   Il doit s'absenter pendant quelque temps, et il a autorisé James Tullock à le remplacer pendant son absence.   844

13 octobre,   Pétition de Gourlay.   Incluse dans la lette de Wheatey à Grey, 8 décem-
16 octobre,   bre 1837.   1095
Montréal.   Pétition de Madame Harriet Ansley demandant l'allocation faite aux veuves des membres du clergé.   10

16 octobre,   Anonyme au Secrétaire des Colonies.   La pétition de madame Harriet
Montréal.   Ansley a été envoyée.   Les amis seraient très heureux d'apprendre que cette pétition a été présentée à la Reine, grâce à l'influence de Sa Seigneurie.   14

1837.

17 octobre,
New-York.
James Buchanan à Stephen. La dépêche à Gosford a été reçue et transmise. page 270

19 octobre,
Sherbrooke.
Fraser à Glenelg. Envoie copie du bill qu'il propose pour assurer la fidélité des habitants et obtenir une paix durable au Canada. Une bonne éducation et les institutions religieuses préviendront les querelles puériles et les vantardises des réunions démagogiques. 488

Inclus. Projet d'acte pour l'amélioration des affaires du Canada. 490

20 octobre,
New-York.
James Buchanan à Stephen. Dépêches reçues et transmises à leurs destinations respectives. 271

20 octobre,
Walworth.
Darton au Bureau des Colonies. Proposition à l'effet d'accroître l'émigration aux colonies. 430

25 octobre.
Anonyme à Darton. Glenelg désire offrir ses remerciements pour la lettre de Darton au sujet de l'émigration. 434

25 octobre,
Shoreham.
Le révérend E. Symons au Secrétaire des Colonies. Demande l'adresse du major Jones, qui a vendu son grade dans le 69e régiment et a acheté des terres avec l'intention de s'établir au Canada. 994

30 octobre,
New-York.
James Buchanan à Grey. Dépêche reçue et transmise à sa destination. 272

2 novembre,
New-York.
Le même à Stephen. Dépêches reçues et transmises à leurs destinations respectives. 273

3 novembre,
Londres.
McDougall à Glenelg. Envoie copie du *Vindicator* indiquant que Papineau a plus d'influence que l'évêque sur les habitants ignorants, particularité grave dans les affaires canadiennes. Le changement d'opinion qui se produira quand il aura été découvert qu'un fort corps de volontaires s'unit aux troupes régulières contre les habitants. La nomination de deux officiers qu'il a désignés ferait disparaître la nécessité d'envoyer d'autres troupes régulières, car il n'y aurait aucune difficulté de lever un assez grand nombre de volontaires. 911

6 novembre,
Londres.
Delisser à Grey. Demande une entrevue pour expliquer les renseignements qu'il a reçus du Canada. 435

9 novembre.
James Ellice au même. Discute la question du droit de possession du territoire de la rivière Colombie, qu'occupait la Compagnie du Nord-Ouest. Avant qu'Astor n'eut projeté son entreprise et été forcé d'employer d'abord des Canadiens et sujets britanniques. 468

16 novembre,
Londres.
Delisser au même. Conformément à sa demande, envoie les détails de la réclamation à l'île Bonaventure. 436

16 novembre,
The Heath.
Mountain au même. L'évêque de Montréal exprime dans une lettre la crainte que sa nomination à l'évêché de Québec n'entraîne une dépense en honoraires qu'il ne pourra faire. Comme la charge ne comporte pas de traitement, est convaincu que l'Etat pourvoira à ces honoraires. Espère de plus qu'il sera pris des dispositions pour couvrir la forte dépense des tournées dans son diocèse, etc. 915

17 novembre,
Jersey.
Ellison à Glenelg. Fait observer la perte qu'il a subie par la vente du phare Longships, duquel l'Etat tirait tant d'avantages, ce qui, joint à son long service dans le 60e carabiniers, devrait suffire pour lui donner droit à quelque considération de la part de l'administration. Envoie un certificat de médecin. Demande la permission de prendre possession de sa terre au Canada par représentant. 475

Inclus.—Certificats de médecin. 478 à 480

25 novembre,
Londres.
Power et Talbot à Grey. Recommande d'employer Stewart et envoie sa pétition. 946

Inclus.—Stewart à Power. Explique l'objet de sa pétition à l'effet d'obtenir une charge dans les colonies de l'Amérique du Nord, d'agent d'émigration spécialement, Buchanan, l'agent actuel à Québec, étant depuis quelques années malade. 947

Pétition. 949

Certificat en faveur de Stewart. 952

1837.
27 novembre,
St-Léonard.

Howe à Glenelg. Transmets réponse à l'adresse de condoléance envoyée à la reine Adélaïde par l'Assemblée du Bas-Canada, pour être expédiée. 845

27 novembre,
Londres.

McDougall au même. Est convaincu qu'il y aura bientôt rupture de l'union entre le Canada et la mère-patrie s'il n'est adopté les plus prompts moyens de défense contre un parti révolutionnaire. Le parti constitutionnel est déterminé à ne jamais se soumettre à rien de ce qui put ressembler au républicanisme français. Plutôt que de s'y soumettre on cherchera l'union aux Etats-Unis, il en est certain. Il est permis au parti rebelle de s'organiser et de s'armer, tandis qu'on défend aux partisans de la constitution d'organiser des compagnies de volontaires. Un corps de volontaires vraiment loyaux pourrait être formé, ce qui permettrait à l'administration de contrôler physiquement et moralement les révolutionnaires. Dans l'état d'inertie actuel du Bas-Canada, personne de marque ou de caractère ne s'y rendra pour y subir des humiliations de ne pouvoir être utile, mais si le Parlement impérial passait des lois d'une rigueur judicieuse, toutes ces personnes s'uniraient de main et de cœur pour conserver des institutions sous lesquelles elles désirent vivre et mourir. Les mesures qui devraient être prises promptment. 916

29 novembre.

Anonyme à Ellison. A reçu de Glenelg l'instruction d'accuser réception de sa lettre demandant une prorogation de congé et de prendre possession de sa terre au Canada par représentant. Son congé pourra être prolongé jusqu'à juin prochain, mais pas au delà. On ne peut permettre qu'il prenne possession de sa terre par représentant. 481

29 novembre,
Edimburg.

Demande de Gourlay. Contenue dans la lettre de Wheatley à Grey, 8 décembre 1837.

30 novembre.

Anonyme à Delisser. Après avoir examiné d'autres raisons, Glenelg ne peut voir qu'il y ait lieu de changer sa décision dans le cas. 441

30 novembre,
Versailles.

Grainger à ————. Envoie des plans pour unir les deux Canada. La nécessité de maintenir une force considérable à Québec afin de montrer que le gouvernment est plus fort. Remarques sur les titres irlandais. La difficulté de supprimer le commerce des esclaves. 644

30 novembre.

Anonyme à Howe. Renvoie la réponse à la lettre de condoléance qui a été adressée à l'orateur de l'Assemblée au lieu du président du Conseil. L'orateur de l'Assemblée est Papineau, et aucunes adresses semblables à celles-ci transmises à Sa Seigneurie n'ont été envoyées par ce corps. 846

1er décembre,
St-Léonard.

Howe à Glenelg. Renvoie la réponse à l'adresse de condoléance régulièrement adressée au Conseil. 847

2 décembre,
Liverpool.

Court à Glenelg. Envoie un journal de Québec du 10 novembre contenant le rapport d'un conflit entre les deux partis à Montréal. 344

Inclus. Extrait du *Montreal Herald* sous la rubrique: Déroute complète des "Fils de la Liberté". 345

Rapport du procès pour libelle diffamatoire de Girod *vs.* Pinet, dans lequel il a été adjugé des dommages-intérêts d'un chelin et frais d'un chelin. 350

5 décembre,
Londres.

McDougall à Grant. Demande de renvoyer le *Vindicator* à la Société des Colonies, qui lui avait permis d'envoyer le journal afin que Glenelg en prit connaissance. 914

6 décembre,
Brighton.

Hanchett à Glenelg. Recommande de placer sur les lacs une forte flotille de steamers et des chaloupes canonnières pour inspirer la confiance. Comme il connaît le pays, il pourrait équiper les chaloupes canonnières à très peu de frais. 848

7 décembre,
Hamilton.

Anonyme et sans adresse. (Extrait.) Rapport sur les troubles dans le Haut-Canada. 15

7 décembre,
Londres.

Pétition de Maloney. Expose les services qu'il a rendus, et demande une charge civile ou militaire en Canada. 923

Inclus. Certificat des services de Maloney dans le 89e régiment. 926

1837.
8 décembre,
Loughrea.

Burke à Glenelg. Se plaint que Shadwell ait faussement représenté qu'il ait dit que Daly ne pouvait être déplacé parce qu'il tenait sa charge en vertu d'une lettre patente. Nie qu'il ait jamais dit cela.   page 132

8 décembre,
New-York.

James Buchanan à Stephen. Les précautions à observer pour la transmission des dépêches durant la rébellion.   274

8 décembre,
Loughrea.

Shadwell à Glenelg. Demande de renvoyer la note de Daly et le protêt, attendu que Burke, le beau-frère de Daly, ne veut payer le montant tant qu'il n'aura pas ces pièces. Par suite de la rigueur des temps il a été obligé d'accepter le principal de la réclamation, sans intérêt.   995

8 décen.bre,
Londres.

Wheattey à Grey. Transmet d'après l'ordre de la Reine une pétition que Glenelg devra examiner.   1093

Inclus. Demande de la part de Gourlay qu'on adresse la réponse à sa pétition à sa tille, à Kinghorn, dans le Fifeshire.   1094

Pétition à Gourlay.   1095

Copie de la pétition de Gourlay à Guillaume IV.   1099

10 décembre.

Anonyme et sans adresse. Lettre très importante envoyée à Aylmer. S'il avait quitté Londres, Lord Saltoun pourrait connaître son adresse. McKenzie est à la tête de 600 scélérats et menace de détruire Toronto. Rapport du décès de Moodie. Il est fait rapport d'autres excès. Zèle de Head ; on peut attribuer le salut des provinces à Colborne.   34

10 décembre,
Portsmouth.

Colborne à Grey. Remettra dans le moindre délai possible la dépêche à Sir John Colborne.   351

10 décembre,
Brighton.

Hanchett à Glenelg. Si, comme il en est fait rapport, Arthur ne peut se rendre au Canada en qualité de gouverneur, il offre d'organiser une flottille de canonnières et 5,000 des habitants établis sur les bords des lacs. La conjuration de Papineau est ourdie par les républicains de la France, qui n'ont ni religion, ni honneur, ni moralité.   850

11 décembre,
Québec.

Anonyme et sans adresse. Tout est paisible à Québec, 1,200 volontaires sont enrôlés et armés, et on attend le 43ᵉ.   16

11 décembre,
Montréal.

(Extrait sans signature et adresse.) Les chefs des rebelles ont été faits prisonniers. Les rebelles sont entièrement dispersés, sauf à Saint-Eustache et au Grand-Brûlé, que l'on visitera sous peu. Nouvelles alarmantes venant de Toronto.   17

Post-scriptum décrivant la force qui sera envoyée au Grand-Brûlé et les troupes qui composent la garnison. Défaite des rebelles à Toronto. Wolfred Nelson et le Dᵣ Valois sont prisonniers.

11 décembre,
New-York.

James Buchanan à Glenelg. Envoie copie de la lettre transmise au ministre de Sa Majesté à Washington, et des circulaires imprimées convoquant une assemblée à Troy afin de venir en aide aux rebelles. La violence des journaux des Etats-Unis.   175

Inclus. Buchanan à Fox. Envoie des renseignements concernant les mouvements en faveur des rebelles aux Etats-Unis.   276

11 décembre,
Londres.

Cooke à Glenelg. Remarques sur l'état politique des Canadas, et propositions pour améliorer le Conseil législatif.   352

12 décembre,
Sherbrooke.

Fraser à Glenelg. Comme les affaires du Canada occuperont vraisemblablement son attention plus qu'il ne le croyait, il envoie l'explication des clauses de son acte projeté, de même qu'une copie revisée de cet acte. Glenelg peut faire de l'acte projeté l'usage qu'il lui plaira ; demande qu'il le passe à celui qui sera chargé de rédiger l'acte véritable. A ouvert tout son cœur et demande pardon s'il a dépassé les bornes convenables en ce faisant. Ne croit pas que les pauvres Français se seraient soulevés, et le gouvernement provincial aurait pu adopter plus vite des mesures plus libérales et lever une force plus puissante. La folle tentative de rébellion sera bientôt réprimée, même avec les moyens dont on peut disposer, et il désire

1837.

vivement que l'on remédie radicalement aux erreurs qui ont occasionné les troubles..   page 503

Inclus.—Projet d'acte revisé omis, sauf les dispositions qu'on y ajoute.   504

Notes confidentielles annexées à l'acte projeté.   507

13 décembre,
Montréal.

(Extrait.) Colborne est parti pour le Grand-Brûlé. L'esprit qui anime la population britannique. Envoie des journaux, *Le Courrier* donne le nombre des prisonniers de Missisquoi. On attend avec anxiété des nouvelles de Toronto ; on s'attend à ce qu'elles soient favorables, mais bon nombre de vies précieuses seront sacrifiées. La folie de Head, le lieutenant-gouverneur.   21

13 décembre,
Sherbrooke.

Rapport d'une assemblée et des résolutions loyales adoptées.   41

Extrait d'un discours de Papineau aux électeurs du quartier ouest de Montréal en 1820.   48

14 décembre,
Londres.

Cochran à Grey. L'indemnité au lieu d'honoraires. En jouira-t-il lorsque sera aboli la charge d'auditeur des lettres patentes de terres. Observations au sujet de la charge qu'il a occupée en qualité de conseiller exécutif ; la nécessité dans laquelle il se trouve de chercher de l'emploi ailleurs. Sa surprise d'avoir été destitué.   359

15 décembre,
Philadelphie.

Cowell à ——— (Extrait). L'état de choses au Canada occasionnera une affluence de notes dans le bureau du Trésor. La population de Philadelphie ne s'intéresse nullement aux Canadiens. Le président a donné instruction aux gouverneurs des différents Etats d'observer la neutralité. Ni le président ni les gouverneurs n'ont le moyen de faire observer cette neutralité, mais ces instructions ont une forte influence morale.   371

15 décembre,
Leeds.

Foster Shaw à Glenelg. Envoie des publications que l'on demande à Sa Seigneurie de lire, car les rapports sont affreux, s'ils sont vrais. Les crimes y énumérés sont de nature à blesser les sentiments. Le livre a eu une circulation immense, bien que d'une façon privée, par suite de la nature de ce qu'il renferme ; cependant il existe un fort désir que l'on fasse une enquête parfaite de toute l'affaire.   996

16 décembre,
Toronto.

Patriot, extra. Copie d'une dépêche de A. N. Macnab commandant des forces employées pour débarrasser le district de London des bandits, une adresse des magistrats de Barrie à Head et réponse.   288

16 décembre.

Proclamation offrant des récompenses pour l'arrestation des rebelles.   294

Observations sur la probabilité que les rebelles soient envoyés à l'échafaud. Des sauvages sont employés à les poursuivre dans les bois.   295

Dernières nouvelles venant du Bas-Canada, de la même date, au sujet de la rébellion.   296

Autres rapports de la rébellion, soit des extraits de journaux pour et contre.   299, 301

20 décembre,
New-York.

James Buchanan à Stephen. Les dépêches peuvent être sûrement envoyées par le commandant de tout paquebot de New-York faisant voile de Liverpool ou de Portsmouth. Date des départs.   278

20 décembre,
Sandhurst.

Maria Chapman à ———. Demande de s'intéresser à obtenir le paiement d'une note due par le capitaine John Sewell. Envoie note des articles.   373

Inclus. Articles du compte s'élevant à £17. 1. 4, dû par le capitaine John Sewell.   375

22 décembre,
Fludyer-
Street.

Wainwright à Glenelg. Creswell désire obtenir une entrevue afin de soumettre à Sa Seigneurie les résolutions adoptées par les membres de l'Association de l'Amérique Britannique du Nord de Liverpool sur les troubles dans le Bas-Canada.   1104

23 décembre,
London, H.-C.

(Extrait.) Dispersion de la bande de Duncombe ; on a fait environ 500 prisonniers. On peut donner des détails sur les allées et venues des troupes. Arrivée le 20 de MacNab, qui a licencié la milice, comme on ne paraissait plus avoir besoin de ses services.   36

1837.

23 décembre, Londres. Cochran à Grey. Envoie un document ayant trait au gouvernement du Bas-Canada qu'il communiquera à Glenelg s'il croit à propos et convenable de le faire. page 377

Inclus. Mémoire concernant le gouvernement du Bas-Canada. 937

23 décembre, Londres. McDougall à Glenelg. Insiste pour qu'il soit immédiatement envoyé à Colborn des officiers actifs et zélés, de façon à ce qu'il puisse organiser promptement les habitants loyaux. A moins que ces derniers ne supportant activement le gouvernement, les troupes qui pourraient être envoyées ne seraient pas capables de garder le pays. Les Anglais, Écossais et Irlandais sont loyaux et devraient être organisés de suite pour protéger leurs vies et leurs biens. Comme il y a dans le Bas-Canada abondance d'hommes et d'armes, il serait injuste et cruel de ne pas permettre aux habitants d'origine britannique de s'organiser. En hiver et par suite de l'état des chemins les troupes régulières envoyées au secours des sujets fidèles courraient grand risque d'être mises en déroute, de sorte qu'il faudrait organiser suffisamment les habitants loyaux pour mettre les troupes en état de se maintenir durant tout l'hiver. Demande de nouveau instamment qu'il soit envoyé des officiers actifs pour organiser les gens, et serait lui-même heureux de surveiller une organisation militaire de cette nature. 927

24 décembre, Liverpool. Hart à Glenelg. Envoie des extraits d'une lettre importante venant du Canada. Sa reconnaissance parce que la Reine a bien voulu appeler son père à occuper le "banc des magistrats" du Canada. La gratitude de la population juive se manifestera par les services qu'elle rendra dans la présente rébellion. Demande un congé. 852

Inclus. Extrait d'une lettre de Montréal. Rapport de la mort de Gore et échec infligé à l'avant-garde. Défaite des rebelles par Wetherall. Autres événements de la rébellion. 855

25 décembre, Haut-Canada. Un vieil officier fait rapport de la défaite des rebelles dans le Haut-Canada. 57

25 décembre, Londres. James Davies à Glenelg. Envoie un rapport des mouvements contre les rebelles au Canada, rapport copié des journaux de Saint-Jean, N.-B. 444

Inclus. Extraits des journaux concernant les mouvements de l'armée au Canada. 445

26 décembre, New-York. James Buchanan à Stephen. Envoie copie d'une lettre de Creighton, lettre dont une copie a été envoyée au ministre britannique à Washington. Le gouvernement des Etats-Unis ne peut empêcher son peuple de prendre part à la rébellion. Rapport que Duncomb a licencié son parti rebelle. 279

Inclus. Creighton à Buchanan. Rapporte ce qu'a fait le rebelle MacKenzie à Buffalo après son évasion du Canada. Une force armée a marché de Buffalo à Black-Rock puis de là à Navy-Island, se servant de bateaux américains partant de rivages américains. 280

Rapport de journal à l'effet qu'un fort corps de volontaires commandé par MacNab s'en va opposer les rebelles. London (Haut-Canada) est paisible, les rebelles n'osant pas s'attaquer aux "true blues". 283

26 décembre, London Dock. Cooper au Secrétaire des Colonies. Offre son vaisseau (*l'Aurora of Jersey*) pour transporter du matériel au Canada. 389

26 décembre, Londres. H. J. Davies. Demande une situation au Canada. 443

26 décembre, Londres. Junius Smith à Glenelg. Propose de prendre des soldats comme passagers en passant par New-York. 1000

27 décembre, Montréal. (Copie) Discussion de droit devant avoir lieu pour déterminer le droit des prisonniers au bénéfice de l'*habeas corpus*. 37

27 décembre, Goudhurst. Dennistoun à Glenelg. Envoie mémoire du président de] la *British American, West Indian and General Shipping Association* sur lequel il n'exprime aucune opinion. 448

Inclus. Mémoire. 450

28 décembre, New-York. James Buchanan à Gray. A reçu et expédié dépêche. 304

2-3 EDOUARD VII, A. 1903

1837.
28 décembre,
Londres.

Devreux à Melbourne. Soumet à la considération de qui de droit la question de savoir si ses services ne seraient pas plus précieux pour régler la crise actuelle en Canada que ceux de la plupart des autres pour les raisons données à l'appui de ses aptitudes.   .   464

28 décembre,
Londres.

H. F. King à Grant. Demande de l'emploi. Énumère ses services. 881

28 décembre.

West à Grey. Envoie une lettre adressée à lord Russell. Le secrétaire particulier de Sa Seigneurie lui avait conseillé de voir Grey au sujet de la lettre, qui est importante.   1108

Inclus. West à Russell. Offre de fournir de prompts renseignements sur les événements du Canada, vu qu'il est correspondant et agent à Liverpool du *Morning Herald* de Londres.   1109

28 décembre,
Cork.

Turner à Glenelg. Etant retenu par le temps a appris que l'on peut-être besoin de quelque chose au Canada. Offre ses services. En ce qui concerne sa réputation, se réfère au commandant en chef. S'est embarqué pour rejoindre son régiment à la Jamaïque, mais si l'on a besoin de lui au Canada, pourra facilement se rendre de la Jamaïque au Canada pour y rejoindre l'armée servant en ce pays.   1028

29 décembre,
Southampton.

Cochrane à Grey. Soumet le plan relatif aux mesures à prendre pour pourvoir aux besoins de l'évêque de Montréal, plan soumis par l'évêque lui-même au commissaire.   390

Inclus.   391

29 décembre,
Londres.

Richard King à Russell. Est prêt à donner des renseignements concernant les affaires du Canada, ayant une parfaite connaisance de ses affaires pour avoir demeuré au Canada.   885

29 décembre,
Londres.

Murray à Glenelg. Suggère de placer un ouvrage de fortification sur un promontoire entre Québec et Trois-Rivières, mais oublie le nom de la localité. N'a vu aucun autre endroit aussi bien placé pour obstruer la navigation. Se ferait un grand plaisir de voir le général McBean, mais craint de ne pouvoir lui donner beaucoup de renseignements, vu que, durant son séjour au Canada, qui remonte au printemps de 1815, il a surtout été employé à faire des voyages rapides.   931

29 décembre,
Londres.

Nolan à Grey. Croit pouvoir mettre sous les yeux de Glenelg un plan pour augmenter l'effectif en Canada moyennant une légère dépense.   939

Inclus. Plan du major Nolan pour obtenir une levée d'hommes au Canada.   940

29 décembre,
Loughrea.

Shadwell à Glenelg. A reçu le compte et les protestations de Daly. Sur réception, Burke, qui avait promis de payer lorsque ces documents arriveraient, a dit qu'il n'avait pas de crédit pour payer le montant. Vu l'état du commerce et la dureté des temps, il est forcé de laisser l'affaire entre les mains de Sa Seigneurie.   1002

29 décembre,
Londres.

West à Grey. A retardé son départ pour Londres. Ce qu'il se propose de fournir au gouvernement, relativement aux affaires canadiennes, il le fournira moyennant £250 par trimestre toutes dépenses comprises.   1112

30 décembre.

Non signée à Cochrane. Remerciements pour ses recommandations relatives au gouvernement du Bas-Canada.   378

30 décembre.

Non signée à Cresswell. Mémoire reçu. Le gouvernement a pris des mesures pour réprimer les mouvements insurrectionnels.   388

30 décembre,
Wangford.

Clissold au Secrétaire Colonial. Requête demandant l'argent appartenant à un émigrant nécessiteux envoyé par l'entremise des bureaux du gouvernement.   .   397

30 décembre,
Irvine.

Ferguson à——. A passé l'été dans le Haut et le Bas-Canada. N'a pu constater l'existence d'un véritable grief. T. S. Brown s'est rallié à la faction Papineau par vanité, pour faire imprimer ses discours enfantins dans les journaux. Les Canadiens-Français désirent faire le commerce avec la France et n'avoir aucune communication avec la Grande-Bretagne excepté pour la vente de leur bois de construction. On dit que plusieurs de leurs

1837.

dédputés au parlement provincial ne peuvent signer leurs noms. Mauvais effet de l'indulgence.
page 531

30 décembre, Gateshead.

Price à Glenelg. Des troupes peuvent être débarquées à Saint-Jean, Nouveau-Brunswick, en 16 jours par un moyen qu'il peut suggérer.   953

30 décembre, Dayton.

Riley à Glenelg. Demande une situation en Canada afin de pouvoir aider à réprimer la rébellion.   967

Inclus. Extrait d'une lettre de Corbett à Melbourne en faveur de Riley.
969

30 décembre.

Non signée à Junius Smith. Glenelg lui est reconnaissant de sa recommandation, mais voit des objections très sérieuses au plan suggéré.   1001

30 décembre, Londres.

West à Grey. Comme il doit partir le soir même et qu'il désire conclure des arrangements, il ira voir Grey entre 4 et 5 heures. Si Grey n'a pas vu Glenelg pour régler les affaires, West attendra d'autres communications à Liverpool.   1116

31 décembre, Londres.

Hicks à Glenelg. Offre ses services pour exercer l'effectif local en Canada ou pour tout autre emploi.   862

31 décembre, N.S.M. *Star.*

Charles Smith à Glenelg. Vu sa traversée rapide, croit qu'il apporte les premières nouvelles de la province rebelle et, en conséquence, envoie des journaux. Il demande que ces journaux, après lecture, soient envoyés à l'évêque de la Nouvelle-Écosse. L'enthousiasme du peuple.   1004

— décembre.

West à Grey. Ira voir Grey le soir même ou le lendemain si Grey peut le recevoir.   1111

Diverses dates, Liverpool.

Baring, Frères et Cⁱᵉ, au Bureau Colonial. Lettres du 13 mars au 1ᵉʳ décembre 1837, à Stephen et Grey. A l'effet qu'ils ont expédié à James Buchanan, New-York, des colis reçus à diverses dates.   309 à 324

Pas de date.

Non signée à Glenelg. Une collection de prophéties qui, croit-on, prédisent la fin du monde.   23

Une collection supplémentaire intitulée "Assemblée en faveur du Canada" 38 et "Prophétie" 39. Cette dernière est datée du 27 décembre 1837, et une note déclare qu'elle a été placardée dans la ville de New-York. Le document est signé "Un ami de la paix et de la bonne volonté".   38 à 40

James Buchanan à Stephen. Demande à être admis aux Chambres des Lords et des Communes.   137

Pas de date.

Raisons soumises par James Buchanan en faveur d'une mesure en faveur du transport en transit de marchandises à travers le Canada jusqu'au Michigan sans payer de droits, avec remarques sur l'importance du fleuve Saint-Laurent pour étendre le commerce des Canadas et le commerce britannique en général. De nombreux extraits de diverses lettres sont donnés.   222

Protestation contre l'importation d'une monnaie de cuivre dépréciée. 253

Cresswell à Grey. Envoie mémoire envoyé de Liverpool et demande qu'il soit soumis à Glenelg.   385

Inclus. Mémoire de la *British North American Association* de Liverpool.   386

Pas de date. Cheltenham..

Nagle au Bureau Colonial. A qui doit-il s'adresser pour apprendre ce qu'est devenu Michael Long, qui a fait voile pour Québec en 1816 afin de s'établir au Canada ?   938

Pas de date.

David Wilson à ——En sa qualité de fils aîné de son père, demande à entrer en possession du terrain, près de Québec, concédé à son oncle, John Wilson, qui a servi dans la marine.   1105

Pas de date.

Adresse de condoléance au sujet de la mort de Guillaume IV, de la part des habitants de la colonie de Victoria, dans le district de Saint-François, Bas-Canada.   1118

1838.
2 janvier.

(Copie.) Réunion d'hommes armés à Navy-Island pour se préparer à une descente dans le Haut-Canada. C'est une honte que le gouvernement des États-Unis permette à une troupe armée de se réunir là afin d'aider à l'assujettissement du Canada. On rapporte qu'à moins que le gouverne-

1838.

5 janvier.

ment des Etats-Unis ne prenne des mesures actives, le ministre britannique demandera ses passeports.   **page** 37

Non signée à Cochran. Lord Glenelg reconnaît la réclamation de Cochran touchant la continuation de l'allocation au lieu d'honoraires. Les fonctions de greffier en loi du Conseil législatif et celles de membre de ce corps sont incompatibles.   368

5 janvier.

Non signée à Dennistoun. Lui demande d'assurer à l'association que Glenelg soumettra le mémoire à ses collègues. Des mesures ont déjà été prises pour enrayer le progrès de la rébellion dans le Bas-Canada.   449

9 janvier.

Non signée à Clissold. Au sujet d'une remise d'argent aux amis d'un émigrant décédé qui avait laissé cet argent, recommande que demande en soit faite à la personne administrant le gouvernement du Bas-Canada.   398

10 janvier.

Non signée à Price. Glenelg ne peut entreprendre de discuter le plan de Price dans sa forme actuelle.   954

24 janvier.

Non signée à Shaw. Glenelg a reçu la brochure intitulée : " Les terribles révélations de Maria Monk." Une enquête est demandée. Glenelg a déjà pris les mesures nécessaires en cette affaire.   999

— janvier.

Non signée et non datée à Richard King. Sa lettre à Lord John Russell a été transmise au Bureau Colonial. Glenelg sera heureux de recevoir toute communication qu'il lui plaira de donner au sujet du Canada.   886

BROUILLONS DE DÉPÊCHES AU COMTE DE GOSFORD, 1836, 1837.

Q. 242—A.

1836.
1er janvier,
Downing
Street.

Glenelg à Gosford (n° 37). A reçu dépêche avec résolutions de l'Assemblée concernant l'annexion de Gaspé au Nouveau-Brunswick. Un avis préalable n'a pas été l'objet d'un accusé de réception, mais le gouvernement ne se considère pas comme suffisamment renseigné pour soumettre la question au parlement, l'opinion de ceux qui sont sur les lieux étant très divisée. Considérations sur la question. Désire obtenir des renseignements complets à ce sujet.   2

7 janvier,
Downing
Street.

Glenelg à Gosford (n° 38). Envoie lettre de la Trésorerie à l'effet que le coût du combustible devrait être payé de même que les autres dépenses de sa maison.   6

14 janvier,
Downing
Street.

Le même au même (n° 40). A reçu dépêche à l'effet que nulle copie des instructions à Dalhousie n'est parmi les papiers dans le Bas-Canada. Envoie maintenant copie. On remarquera que ces instructions ont besoin d'être considérablement révisées, mais cela ne saurait être fait maintenant sans préjuger des questions de recherches qui ont été soumises à Sa Seigneurie pour enquête.   7

14 janvier,
Downing
Street.

Le même au même (n° 41). N'a pas reçu de dates subséquentes à celles du 21 novembre. Désir du gouvernement d'avoir des comptes rendus officiels de la législature du Bas-Canada. L'approche de la session du parlement rend cela encore plus nécessaire. Glenelg regrette de n'avoir reçu presque aucun renseignement officiel de la part de Gosford au sujet du Bas-Canada. Envoie liste des dépêches reçues. Elles ne contiennent aucun avis de son discours du trône ; comme autres renseignements, il a reçu de Gosford une copie imprimée de son discours et en ce qui concerne les autres délibérations, il a dû s'en rapporter aux journaux publics. Le paquebot qui a fait voile de Halifax au cours du mois dernier contiendra probablement les dépêches demandées, mais comme le départ du paquebot n'a lieu qu'une fois par mois, il demande que l'on envoie par New-York des doubles des dépêches de conséquence.   9

20 janvier,
Downing
Street.

Glenelg à Gosford (n° 42). Parle d'une lettre préalable relative aux cadeaux donnés aux sauvages. Ne parlera que de l'un des sujets mentionnés par Routh, savoir : la distribution de cadeaux aux missionnaires catholiques romains employés parmi les sauvages, cadeaux pour lesquels il n'y a pas d'autorisation, et l'on ne peut permettre d'en continuer la distribution. 12

30 janvier, Downing Street. Le même au même (n° 43). A reçu dépêche concernant l'organisation proposée du " Corps de Carabiniers Irlandais " avec reçu de l'adresse et sa réponse. Exprime son approbation de l'attitude de Gosford. 14

1er février, Downing Street. Glenelg à Gosford. (n° 44). Des arrangements ont été faits pour la solde de son aide de camp, mais on ne doit pas pourvoir au traitement de cet officier pour l'année commençant le 1er avril prochain. 16

3 février, Downing Street. Glenelg à Gosford. A reçu des représentations réitérées du désir de l'évêque de Québec d'avoir un coadjuteur, vu l'augmentation de son diocèse et ses infirmités toujours croissantes. Il désirerait vivement se rendre à la demande de l'évêque, mais il lui a été impossible de pourvoir à une dotation en faveur d'un deuxième évêque. Le gouvernement doit adhérer à l'engagement qu'il a pris envers le Parlement à l'effet que le vote annuel pour aider à l'entretien du clergé dans l'Amérique du Nord doit cesser, de sorte que nul changement n'est projeté au sujet de cette subvention. Le seul moyen de venir en aide au clergé c'est d'investir des fonctions épiscopales un membre du clergé déjà dans l'établissement. A cette fin, l'archidiacre Mountain a offert son concours, mais l'intention n'est pas d'ériger un nouvel évêché. 17

4 février. Non signée aux Commissaires sur les griefs. Envoie copie de la correspondance de l'archidiacre Mountain au sujet des réserves du clergé dans le Bas-Canada, et croit que toute communication à ce sujet reçue de la part de l'évêque ou de la corporation du clergé sera l'objet de l'attention des autorités. 21

6 février, Downing Street. Glenelg à Gosford (n° 46). A reçu requête de Patrick Donoly demandant une concession de terre à cause des services de son père. On doit l'informer qu'en vertu des règlements existants on ne saurait accéder à sa demande. 213

8 février, Downing Street. Le même au même (n° 48). Décès annoncé le 1er décembre dernier de Young, lieutenant-gouverneur de l'Ile du Prince-Edouard. Harvey doit lui succéder. 24

9 février, Downing Street. Glenelg à Gosford (n° 49). A reçu dépêche avec lettre de Goulburn à Besserer concernant concession d'une île dans la rivière Saint-Jean. Il devra remercier Besserer de lui avoir remis la lettre afin de l'empêcher de tomber en mauvaises mains. 25

11 février. Glenelg aux Commissaires sur les griefs. T. Fred Elliott a été nommé secrétaire. Ses titres. On ne doit pas l'empêcher de fournir un procès-verbal authentique du travail fait par la commission, et il doit fournir à Glenelg un sommaire exprimant son approbation ou sa désapprobation des conclusions de la commission. Ne recommandera pas un autre commissaire. Il n'a aucune méfiance contre la commission. 26

23 février, Downing Street. Glenelg à Gosford (n° 52). On lui avait rappelé la lettre de son prédécesseur Spring Rice au sujet des grandes concessions de terre obtenues par Felton, qui devait en concéder autant qu'il en avait obtenu pour lui-même et sa famille en sus de l'étendue que le gouvernement avait eu l'intention de donner. Nul rapport n'a été reçu au sujet des mesures prises en conséquence de la dépêche de Spring Rice. Il devra prendre des mesures immédiates pour mettre à effet les instructions qui sont en vigueur. 30

3 mars, Downing Street. Le même au même (n° 58). Pour renseignements concernant Louis Charbonnier, instituteur, Urbain Auber et François Lajus. 32

7 avril, Downing Street. Le même au même (n° 69). Envoie bref pour la nomination de Bédard comme l'un des juges de la cour du Banc du Roi à Québec. Les redevances devront être payées. 33

1836.
7 avril,
Downing
Street.
7 avril.

Le même au même (n° 73). A prorogé le congé d'absence d'A. C. Buchanan.   34

Le même au même (n° 74). Demande au Bureau de la Guerre combien de temps l'on doit continuer à employer Hayne et quel est le montant de contingents qu'il reçoit.   35

22 avril,
Downing
Street.

Glenelg à Gosford (n° 77). Si Colborne résignait le commandement des forces de l'Amérique Britannique du Nord, sir Archibald Campbell devra lui succéder, mais on espère que Colborne gardera le commandement, l'avis à Campbell n'est que conditionnel.   36

— avril,
Downing
Street.

Non signée à Gosford. A été informé que l'Assemblée Législative a refusé de pourvoir aux arrérages des appointements des employés publics et que le bill pour le paiement de six mois d'appointements pour cette année a été rejeté par le Conseil. Il est autorisé à dépenser les fonds à la disposition du Roi dans le but de payer ces arrérages, etc., en tant que ces fonds pourront suffire. Cette mesure pourra offenser la législature, mais c'est une obligation sacrée d'employer les moyens dont on peut disposer pour faire honneur aux engagements du Roi envers ses serviteurs dans la province.   38

5 mai,
Downing
Street.

Glenelg à Gosford (n° 79). A reçu des accusations contre Felton au sujet desquelles Gosford n'a pas fait de rapport. Si Felton a eu l'occasion de répondre à ces accusations et ne l'a pas fait à la satisfaction de Sa Seigneurie, il doit être démis de toutes les fonctions qu'il tient du gouvernement, mais s'il n'a pas eu cette occasion, une explication de ses actes doit lui être demandée immédiatement.   42

14 mai,
Downing
Street.

Glenelg à Gosford (n° 80). Envoie trois copies d'un document émané de la Chambre des Communes et contenant les instructions à Head ainsi que ses propres instructions.   46

16 mai,
Downing
Street.

Le même au même (confidentielle et privée). Envoie copie de la correspondance avec le commandant en chef sur remplacement des régiments en Canada. Elles lui indiqueront les vues du gouvernement. La question du remplacement est laissée à sa propre discrétion.   47

22 mai,
Downing
Street.

Le même au même (n° 83). Le gouvernement a résolu de ne pas demander le rappel du statut 1 et 2 Guillaume 4, chap. 23, ni de demander des fonds pour pourvoir au service public dans le Bas-Canada. Regrette de ne pouvoir maintenant envoyer les raisons de cette décision.   48

1er juin,
Downing
Street.

Le même au même (n° 86). La législature provinciale n'ayant pas pris de mesures pour payer les arrérages des employés du service civil, il espère que Sa Seigneurie a déjà pris des mesures pour appliquer le produit des recettes casuelles et territoriales à cette fin. Aylmer et son secrétaire civil devront être payés le plus tot possible. S'il y avait des objections à ce que l'on applique à cette fin la somme disponible, il devra faire rapport au Bureau Colonial.   50

8 juin,
Downing
Street.

Glenelg à Gosford (n° 58). A reçu les dépêches des 10 et 12 mars. Seuls, des motifs de la nature la plus urgente ont pu amener le retard des réponses. Du résultat des différends de Head avec l'Assemblée du Haut-Canada devront dépendre les efforts de Gosford pour concilier le Bas-Canada. N'avait pas reçu le rapport de Head sur la clôture de la session et le refus des subsides avant le 7 courant. Demande de Head à l'effet qu'on lui donne la liberté d'agir dans les circonstances sans être entravé par des instructions spécifiques. La même liberté devra lui (à Gosford) être accordée. Résumé de l'état des affaires dans les Canadas et la nature des instructions aux commissaires, que les instructions soumises par Head à l'Assemblée du Haut-Canada avaient fait mal interpréter. (La dépêche est très compliquée.)   52

24 juillet,
Downing
Street.

Le même au même (n° 114). Requête de la *British American Land Company* demandant que le gouvernement paye les frais d'arpentage intérieur

1836.

du grand bloc vendu à la compagnie. Gosford devra instituer une enquête à ce sujet et faire rapport. page 98

22 août,
Downing
Street.

Glenelg à Gosford (n° 118). Approuve son refus d'enlever au juge Fletcher ses fonctions judiciaires du district de Saint-François sans qu'il soit permis au juge de faire entendre sa propre défense. La question doit être déférée au comité judiciaire du Conseil Privé. 69

15 novembre,
Downing
Street.

Le même au même (n° 142). Dans une dépêche précédente avait prévu qu'après le départ de Grey et de Gipps, Sa Seigneurie, avec l'aide d'Elliot, pourrait terminer l'enquête de la commission. Cependant, comme cela pourrait donner lieu à des malentendus, il désire laisser à Gosford et à Elliot lui-même le soin de décider si Elliot doit rester. 72

29 novembre,
Downing
Street.

Le même au même (n° 147). Après avoir pris connaissance des accusations portées contre Felton et de sa réponse, il a été obligé de conseiller le renvoi d'office de Felton. Pour pourvoir à l'exercice des fonctions, la tâche de nommer un homme compétent est confiée à Sa Seigneurie qui devra aussi faire rapport au sujet de la rémunération comparée aux devoirs de cette charge. En attendant, Davidson devrait continuer à exercer ces fonctions. 75

5 décembre,
Downing
Street.

Glenelg à Gosford. Sur la question de savoir si Elliot doit rester dans le Bas-Canada, tel que mentionné dans la dépêche du 15 novembre, il a jugé plus commode qu'il soit au Bureau Colonial durant les séances du Parlement, et en conséquence il désire qu'Elliot s'en retourne. 77

1837.

6 janvier,
Downing
Street.

Le même au même (n° 162). A reçu le rapport de la poursuite intentée par le procureur général contre l'éditeur de la *Minerve*. Nul doute qu'Ogden n'ait été mû par un désir sincère de favoriser les intérêts de la justice. Il regrette cette poursuite. Des mesures seront prises pour annuler la sentence prononcée contre Duvernay ; il suppose que son terme d'emprisonnement est déjà expiré, mais l'amende imposée devrait être remboursée. 78

14 janvier,
Downing
Street.

Le même au même (n° 163). Le gouvernement a pris tous les moyens possibles pour remédier aux griefs dont se plaint l'Assemblée au sujet du service postal dans le Bas-Canada. 80

20 janvier,
Downing
Street.

Le même au même (n° 164). A reçu d'Evans une lettre à l'effet qu'il avait envoyé trois exemplaires de son ouvrage sur l'"Agriculture ". Demande que ses remerciements soient transmis à Evans. 82

21 janvier,
Downing
Street.

Glenelg à Gosford (n° 165). A reçu dépêche avec pétition du juge en chef Reid demandant une pension que Gosford recommande. La prise en considération de cette pétition doit être retardée jusqu'à ce que les questions en litige entre le gouvernement et l'Assemblée aient été réglées. 83

22 janvier,
Downing
Street.

Le même au même (n° 166). A reçu dépêche avec deux pétitions, l'une pour la suppression de l'intempérance, l'autre pour l'admission en franchise au Canada des livres et imprimés pour l'usage de sociétés religieuses. Le Roi désire que la première soit présentée à la législature provinciale, mais craint qu'il ne soit impossible de remédier à l'intempérance au moyen d'une loi. Le Roi désire que l'autre soit déférée aux lords de la Trésorerie. 84

23 janvier,
Downing
Street.

Le même au même (n° 167). Les lords de l'Amirauté, en conséquence des représentations de Gosford, ont retiré leur réclamation pour le remboursement des frais de transport des forçats militaires à partir de Québec. 86

24 janvier,
Downing
Street.

Le même au même (n° 168). A reçu copies des accusations portées contre le juge Thompson de Gaspé avec sa réponse, lesquelles sont déférées au comité judiciaire du Conseil Privé comme étant le tribunal convenable pour juger cette affaire. La manière inconvenante avec laquelle on a procédé. 87

30 janvier,
Downing
Street.

Glenelg à Gosford n° 169). A reçu dépêche concernant les lois expirantes ainsi que la recommandation à l'effet qu'un acte impérial devrait pourvoir à la continuation de leur mise en vigueur. S'il désire que le Par

2-3 EDOUARD VII, A. 1903

1837.

lement impérial intervienne, il devrait spécifier les raisons et envoyer une liste de ces actes.   page 90

31 janvier, Downing Street.

Le même au même (n° 170). Pour éviter tout malentendu, Gipps devra être informé que le gouvernement désire qu'Elliot et lui s'en retournent par le premier navire.   92

31 janvier, Downing Street.

Le même au même (n° 171). Avait reçu dépêche avec mémoire de Strachan à l'effet que la somme de £10,000 léguée par McGill pour construire un collège s'était accrue par l'intérêt à £22,000 courants, que les fidéicommissaires sont prêts à transporter à l'Institution Royale avec la succession Burnside, dès que les conditions auront été remplies. Le docteur Strachan fait erreur quant aux conditions, soit en ce qui concerne l'aide du gouvernement, soit en ce qui concerne l'exclusivisme religieux. Résume la correspondance à ce sujet depuis 1803, mais il ne peut trouver nulle part d'engagement à l'effet de fournir une aide pécuniaire. Appelle l'attention sur la correspondance récente à ce sujet.   93

31 janvier, Downing Street.

Glenelg à Gosford (n° 172). A reçu dépêche avec lettre de Colborne réclamant le droit, en sa qualité de commandant de l'effectif en Canada, d'occuper la maison à Sorel. Il ne doit pas douter de sa courtoisie en ce qui concerne la reconnaissance de cette prétention. Il soumettra à l'état-major la question de savoir qui doit occuper la maison, du gouverneur ou de l'officier commandant les troupes.   100

31 janvier, Downing Street.

Le même au même (n° 173). A reçu le rapport sur la manière dont il a appliqué la somme provenant des recettes de la Couronne dans le Bas-Canada et approuve ce rapport.   102

31 janvier, Downing Street.

Le même au même (n° 174). A reçu dépêche avec copie de la lettre de Routh à la Trésorerie concernant la monnaie ayant cours dans le Bas-Canada. Ceci étant particulièrement du ressort de la Trésorerie, il a transmis une copie de la dépêche de Gosford, avec demande qu'on lui fasse connaître (à lui, Glenelg) la décision à ce sujet.   103

6 février, Downing Street.

Le même au même (n° 175). A reçu dépêche avec lettre de Secretan, jr, demandant qu'il soit ordonné que copies des lettres de Gosford au sujet des plaintes de Secretan soient envoyées à celui-ci. Il (Glenelg) ne peut envoyer un ordre à cet effet.   104

7 février, Downing Street.

Glenelg à Gosford (n° 176). Envoie l'opinion des officiers en loi à l'effet que tout bill passé par la législature du Bas-Canada, en vertu duquel les recettes de la vente des terres et des bois en échange pour une liste civile doivent être transmises par sa Majesté à la Chambre d'Assemblée, tombe sous le dispositif de l'article 42, 31 George 3, chap. 31. Au cas ou un bill de ce genre serait introduit, il doit prendre des mesures pour que les formalités prescrites soient observées et transmettre immédiatement le bill à Glenelg.   105

8 février, Downing Street.

Glenelg à Gosford (n° 177). Envoie réponse de Shadwell à la lettre de Daly dont copie lui avait été envoyée. La lettre de Shadwell devra être communiquée à Daly, qui devra envoyer tous les autres renseignements en sa possession.   106

15 février, Downing Street.

Le même au même (n° 178). Il partage l'avis des commissaires sur les griefs, à l'effet qu'aucune terre inculte ne devrait être payée par versements, et il a envoyé une circulaire aux gouverneurs pour qu'ils publient un avis à l'effet qu'après le 1er juin, 10 pour 100 devront être payés pour les terres lors de la vente, et le reste dans un délai de 14 jours sous peine de confiscation du dépôt.   107

16 février, Downing Street.

Glenelg à Gosford (n° 179). A reçu dépêche de Vallerand pour une concession de terre ou une pension pour ses services. Une concession de terre ne peut être accordée, mais il (Glenelg) a recommandé à la Trésorerie d'accorder un petite pension à Vallerand.   108

20 février, Downing Street.

Le même au même (n° 180). Envoie lettre de la Trésorerie et demande les renseignements requis par Leurs Seigneuries au sujet des sauvages. 109

DOC. DE LA SESSION No. 18

1837.
22 février,
Downing
Street.

Le même au même (n° 181). Envoie copies imprimées des rapports des commissaires canadiens et autres documents présentés au Parlement. 110

24 février,
Downing
Street.

Le même au même (n° 182). A reçu dépêche avec mémoire de Besserer pour une concession de terres, la concession d'une île dans la rivière Saint-Jean ayant été promise à Besserer. Il s'est produit depuis lors un changement de système, de sorte qu'on ne peut accorder une concession. 111

25 février,
Downing
Street.

Le même au même (n° 183). A reçu dépêche avec pétition des censitaires de Québec. Le Roi approuve les mesures que Gosford a prises à leur égard, et il espére que l'humanité dont ils ont été l'objet assurera le paiement de leurs arrérages. 113

6 mars,
Downing
Street.

Glenelg à Gosford (n° 184). Cette dépêche (non copiée) devait en remplacer une autre marquée confidentielle et privée si cette dernière eut pu être rapportée de Liverpool. 115

11 mars,
Downing
Street.

Le même au même (n° 185). Ne peut dans le moment donner toutes les raisons pour la ligne de conduite adoptée par le gouvernement au sujet du Bas-Canada, mais croit de son devoir de l'informer des délibérations du Parlement à ce sujet, Envoie copie imprimée des résolutions introduites par Lord John Russell. Un amendement à la 4me résolution pour rendre le Conseil Législatif électif a été rejeté par 318 contre 56. Après plusieurs votes sur des questions d'ajournement, la question principale concernant le Conseil Législatif a été adoptée par 144 contre 16. Envoie liste des divers votes. Remarques sur les résolutions, sur l'effet que les fortes majorités auront dans le Bas-Canada, et sur les dépenses. 116

Incluses. Résolutions devant être introduites par Lord John Russell. 123
Liste civile 125

12 mars,
Downing
Street.

Glenelg à Gosford n° 186). A reçu dépêche à l'effet que la somme de £51 15s 5d a été payée au capitaine Hayne. 126

13 mars,
Downing
Street.

Glenelg à Gosford (n° 187). Les lords de la Trésorerie font rapport qu'il n'y a pas de fonds pour payer une pension à Vallerand, mais comme le suggèrent Leurs Seigneuries, son mémoire a été envoyé à l'Amirauté, 127

13 mars,
Downing
Street.

Le même au même (n° 188). Ne peut accéder à la demande du juge Pyke relativement à une augmentation d'allocation pour tournées. 128

14 mars,
Downing
Street.

Glenelg à Gosford (n° 189). Le roi approuve les mesures qu'il a prises contre les censitaires de Québec. 129

15 mars,
Downing
Street.

Le même au même (n° 190). Gosford doit donner à Colborne toute l'aide possible au sujet des désertions qui se produisent dans l'armée au Canada. 130

16 mars,
Downing
Street.

Le même au même (n° 191). Envoie lettre de R. A. Tight concernant les accusations portées par Maria Monk. Il devra instituer une enquête minutieuse. 131

23 mars,
Downing
Street.

Le même au même (n° 192). A reçu dépêche concernant les prétentions contradictoires à la maison de Sorel. Les nouvelles preuves produites ont convaincu l'état-major que le commandant militaire a droit à la maison, opinion qu'il partage lui-même. 133

23 mars,
Down.

Le même au même (n° 194). Envoie la décision au sujet de la maison à Sorel. Se range à l'avis du conseil de l'état-major au sujet de la décision vu que la question n'implique pas de point de droit. 137

24 mars,
Downing
Street.

Le même au même (n° 193). A reçu récemment d'A. C. Buchanan des communications au sujet de l'émigration de la part de l'agent suppléant à Québec, lequel doit être informé que ces communications à lui (Glenelg) doivent être envoyées par l'entremise de Sa Seigneurie (Gosford). 136

27 mars,
Downing
Street.

Le même au même (n° 195). Les lords de l'Amirauté font rapport qu'ils ne peuvent accorder une pension à Vallerand. Celui-ci devra être informé des mesures prises et de leur résultat. 139

28 mars,
Downing
Street.

Le même au même (n° 196). La Trésorerie a envoyé au Canada des articles pour le département des Sauvages. 140

2-3 EDOUARD VII, A. 1903

1837.
12 avril,
Downing
Street.

Le même au même (n° 197). Le major général Campbell a résigné la charge de lieutenant-gouverneur du Nouveau-Brunswick. Sir John Harvey doit lui succéder au Nouveau-Brunswick et Fitz Roy remplace Harvey à l'Ile du Prince-Edouard.   141

13 avril,
Downing
Street.

Glenelg à Gosford. (n° 198). A reçu de Tracy Thomas une requête demandant à être nommé commissaire des terres de la Couronne. Il a été informé qu'aucune nomination ne doit être faite jusqu'à ce que Gosford ait fait connaître ses vues au roi.   142

18 avril,
Downing
Street.

Glenelg à Gosford (n° 199). Désire qu'un rapport soit envoyé des dépenses faites par la *British American Land Company* pour fournir les renseignements demandés dans une adresse de la Chambre des Communes, et qu'à l'avenir on envoie tous les six mois un relevé des dépenses de cette compagnie.   143

19 avril,
Downing
Street.

Le même au même (n° 200). Envoie rapport de la Trésorerie, etc., indiquant les raisons qui l'ont empêché de se conformer aux désirs des pétitionnaires au sujet de l'admission de livres et d'imprimés pour les sociétés religieuses. Son regret doit être communiqué aux signataires de la pétition.   145

20 avril,
Downing
Street.

Le même au même (n° 201). Le mémoire de la veuve de Robert Grant, de Lachine, pour compensation des pertes subies durant la guerre de 1812, a été retardé si longtemps que, n'y eut-il pas d'autres raisons, cette objection serait fatale. Cette pétition ne saurait être prise en considération.   147

21 avril,
Downing
Street.

Glenelg à Gosford (n° 202). A reçu rapport de la misère dans le Bas-Canada, par suite du manque de la récolte de l'année dernière. Il est convaincu que le gouvernement fera tout en son pouvoir pour soulager la détresse. Il désire vivement obtenir de plus amples renseignements à ce sujet.   148

26 avril,
Downing
Street.

Le même au même (n° 203). Il l'approuve de ne pas avoir institué des poursuites contre Chisholm. Approuve aussi le principe d'après lequel il a confié les fonctions exercées récemment par Chisholm à deux individus que le roi a confirmés dans leurs charges respectives.   150

27 avril,
Downing
Street.

Le même au même (n° 204). A reçu dépêches avec mémoires de Young et de Van Felson pour paiement d'arrérages de leurs appointements. On leur paiera les sommes spécifiées par lui, savoir : £507 7s. 11d. et à Van Felson £700 à même toute la partie disponible des recettes de la Couronne entre les mains du Receveur général.   151

29 avril,
Downing
Street.

Glenelg à Gosford (n° 205). Les résolutions dont il a envoyé une copie ont été adoptées par la Chambre des Communes. Il ne sera pas introduit des bill basé sur ces résolutions avant que la Chambre des Lords ne se soit prononcée à ce sujet. Envoie relevé des divers votes qui ont eu lieu sur cette question. Enverra instructions sur les mesures à prendre dans les circonstances actuelles. Le retard apporté à l'adoption des résolutions est dû à l'encombrement des affaires publiques, de sorte qu'il a été obligé de retarder plus que d'ordinaire l'envoi des instructions, mais elles seront envoyées à temps pour qu'on se prépare à la réunion de la législature. La date de la réunion devra dépendre des circonstances locales, mais sur ce point il écrira séparément.   153

29 avril,
Downing
Street.

Glenelg à Gosford (confidentielle et privée). Le remercie de l'exposé clair et complet de ses opinions sur l'état des affaires dans le Bas-Canada. En refusant d'agir l'an dernier, au sujet d'une modification considérable de la composition des Conseils, il n'avait pas l'intention de donner à entendre qu'il désapprouvait les recommandations, mais, au contraire, il a considéré cela comme étant une nouvelle preuve de son désir de ne négliger aucun moyen constitutionnel pour régler les différends dans la province. La raison du retard a été le désir du gouvernement de considérer immédiatement toutes les principales questions en litige, après avoir reçu des commissaires un rapport complet sur les sujets qui leur avaient été soumis. On a l'intention de

1837.

recommander au Roi d'adjoindre au Conseil Législatif des hommes respectables non compromis en faveur d'opinions extrêmes. Le gouvernement est également disposé à sanctionner la reconstruction du Conseil Exécutif dès que les résolutions auront été approuvées par la Chambre des Lords. Il désire avoir la liste des noms qui lui a été promise, et il pourra alors l'autoriser à appeler au Conseil des hommes dignes d'en faire partie. Regrets du gouvernement au sujet des moyens qu'il a été forcé d'employer. Le gouvernement désire accorder à l'Assemblée tout ce qui, dans ses demandes, n'est pas incompatible avec l'intégrité de l'empire.   page 155

29 avril, Downing Street.

Glenelg à Gosford (n° 206). A reçu dépêches avec pétitions des banques du Bas-Canada demandant une charte constitutive. Le gouvernement a décidé de recommander ces chartes et les a déférées aux officiers en loi. Il inclut copie d'une lettre adressée au procureur général au sujet de la pétition de la banque de Montréal comme étant le moyen le plus facile d'indiquer les conditions auxquelles on a l'intention d'accorder les chartes.   159

4 mai, Downing Street.

Le même au même (n° 207). Gipps et Elliot étant arrivés à Londres, les travaux de la commission sont terminés et l'arrangement en vertu duquel les dépenses étaient payées a pris fin. Lui demande de clore les comptes de la commission aussitôt que possible.   161

12 mai, Downing Street.

Glenelg à Gosford (n° 208). Envoie la correspondance avec la Trésorerie au sujet de la double capitation exigée des émigrants.   164

19 mai, Downing Street.

Le même au même (privée). A reçu rapport à l'effet qu'il a nommé de St. Ours comme successeur de Gugy aux fonctions de shérif de Montréal. On avait soulevé des objections qu'il a mises de côté. Glenelg approuve la nomination ; en même temps, il semble y voir incompatibilité entre les fonctions de shérif et celles de conseiller législatif. Il retardera la confirmation de la nomination de de St. Ours jusqu'après l'adoption du bill conférant aux Conseillers Législatifs le pouvoir de donner leur démission comme tels, et sa nomination comme shérif ne sera confirmée qu'à la condition qu'il résigne son siège de conseiller législatif.   165

22 mai, Downing Street.

Le même au même (n° 210). Les résolutions relatives au Bas-Canada ayant été adoptées par les Lords, un bill pour les mettre à effet sera introduit à la Chambre des Communes. Jusqu'à ce que ce bill soit adopté, il ne doit pas se considérer comme autorisé à se départir de la ligne de conduite suivie jusqu'à présent en ce qui concerne l'emploi d'aucune partie des recettes publiques, mais le gouvernement espère encore que l'intervention de la législature provinciale obviera à la nécessité d'exercer les pouvoirs conférés. Il en coûte au gouvernement de violer le grand principe de la constitution canadienne, et en conséquence il est prêt à faire tous les sacrifices à l'exception de celui de l'honneur de la Couronne et de l'intégrité de l'empire. Veut encore essayer s'il existe quelque possibilité de conciliation. L'occasion offerte par le retard pour arriver à une entente. Remarques générales et assez longues sur les questions affectant la province.   168

26 mai, Downing Street.

Glenelg à Gosford (n° 211). Envoie lettre de la Trésorerie avec le rapport des douanes concernant la double capitation des émigrants.   178

30 mai, Downing Street.

Le même au même (n° 209). Envoie copie de la correspondance avec Aylmer au sujet des dépenses de McKinnon. Il devra remettre à McKinnon la somme de £196 à même le solde disponible des recettes casuelles et territoriales.   167

2 juin, Downing Street.

Le même au même (n° 212). A reçu de F. Henderson une demande d'emploi à laquelle il n'a aucun moyen de se conformer.   179

2 juin, Downing Street.

Le même au même (n° 213). Envoie copies de la correspondance avec le docteur Black au sujet de la réclamation de l'Eglise d'Ecosse pour de l'aide pécuniaire du gouvernement. La somme de £500 devra être payée au presbytère du Bas-Canada pour cette année, mais il faudra expliquer que cela ne peut être permanent.   181

1837.
5 juin,
Downing
Street.

Glenelg à Gosford (n° 214). Holmes, agissant pour le séminaire de Québec, en a appelé de la décision des commissaires des réclamations françaises contre lui au Roi en Conseil. La Trésorerie explique pourquoi elle a été obligée de rejeter la demande.   page 183

5 juin,
Downing
Street.

Le même au même (n° 215). Envoie copie de sa lettre aux officiers en loi de la Couronne avec leur réponse sur le système relatif aux honoraires de la cour de vice-amirauté. Il devra envoyer au juge la substance de ceci pour sa gouverne.   184

5 juin,
Downing
Street.

Le même (n° 216). Envoie copie d'une représentation de la part de Holmes en faveur du séminaire de Québec au sujet de sa prétention aux droits riverains exclusifs en face de sa propriété sur le Saint-Laurent, demande un rapport à ce sujet.   185

6 juin,
Downing
Street.

Glenelg à Gosford (n° 217). Une pétition du comité du commerce de Montréal demandant une charte pour la banque de l'Amérique Britannique du Nord a été reçue et soumise au Roi.   186

6 juin,
Downing
Street.

Le même au même (n° 218). Lettres patentes sous le Grand Sceau pour constituer légalement les Banques de Montréal, de Québec et de la ville.   187

9 juin,
Downing
Street.

Glenelg à Gosford (n° 220). A reçu dépêche sur les outrages commis par des citoyens armés des Etats-Unis à Indian Streams. A reçu copie d'une dépêche du ministre de Sa Majesté à Washington et espère envoyer bientôt des instructions.   188

9 juin,
Downing
Street.

Le même au même (n° 221). A reçu de la part du juge Sewell une demande de quelque bénéfice ecclésiastique pour son fils. Il regrette d'avoir à dire qu'il n'est pas en son pouvoir d'accorder ce bénéfice.   189

13 juin,
Downing
Street.

Le même au même (confidentiel et privé). Est heureux de constater qu'il ne prévoit pas la nécessité d'une augmentation de l'effectif militaire de la province, et partage son opinion au sujet de l'inopportunité de faire une démonstration quelconque sans qu'il y ait un impérieux besoin de le faire. N'a pas encore reçu la liste de noms promise. Regrette d'avoir à l'informer de la maladie du Roi, ce qui a occasionné des retards à l'introduction du bill relatif au Bas-Canada.   190

28 juin,
Downing
Street.

Le même au même (n° 224). A reçu dépêche à l'effet que 39 forçats condamnés à la déportation ont été embarqués. A demandé au secrétaire de l'Intérieur de pourvoir à leur réception et à leur sécurité. Approuve sa décision de ne pas retarder plus longtemps leur déportation. Espère qu'il n'y aura pas d'objection insurmontable à ce que l'on puisse substituer autre chose à la déportation.   192

29 juin,
Downing
Street.

Glenelg à Gosford (n° 225). L'interruption de la besogne parlementaire causée par la mort du Roi a décidé le ministère à ne pas hâter l'adoption de mesures déjà partiellement étudiées et à ne pas introduire de nouvelles mesures excepté celles qui ne pourraient pas être retardées vu l'urgence. Parmi les mesures abandonnées se trouve le bill fondé sur les résolutions adoptées par le Parlement. Répugnance du ministère à faire passer un pareil acte en tout temps, surtout maintenant, au commencement du règne de Victoria. Cependant il a résolu de pourvoir au paiement des arrérages dus pour services publics. Une estimation a déjà été soumise au Parlement et il profitera de la première occasion pour faire savoir à Gosford la décision de la Chambre des Communes, et il espère que la Chambre d'Assemblée reconnaîtra qu'on n'a pas l'intention d'empiéter sur ses droits et privilèges au delà de ce qui est absolument nécessaire. Il est à espérer que le résultat de la législation de la Chambre d'Assemblée sera de nature à obvier à la nécessité pour le Parlement d'agir en vertu de la 8ᵐᵉ résolution adoptée.   193

uin,
Downing
Street.

Glenelg à Gosford (n° 227). A reçu copie de la correspondance relative au cas de Temple qui demande la remise ordinaire sur l'achat de terres pour la raison qu'il a été officier dans l'armée. Gosford avait raison dans son

1837.

interprétation de la loi lorsqu'il a refusé d'accéder à la demanhe de Temple, mais, bien que Temple eut tort selon la lettre de la loi, il s'était conformé à l'esprit de la loi et en conséquence il obtiendra la même remise que s'il eut déclaré lors de la vente qu'il avait l'intention de s'établir.   page 197

29 juin,
Downing
Street.

Le même au même (n° 228). Avait accusé réception de la dépêche concernant les outrages commis par les gens du New-Hampshire sur la frontière du Canada. Envoie copie d'une lettre adressée au sous-secrétaire d'Etat pour les Affaires Etrangères. Envoie aussi d'autre correspondance et les instructions nécessaires, vu que le gouvernement est très désireux de continuer les relations amicales qui existent avec les Etats-Unis. Tout en désirant maintenir les relations les plus amicales avec les Etats-Unis, il protégera tous les sujets britanniques, mais ne désire pas avoir recours à des mesures extrêmes avant d'avoir tenté tous les autres moyens. Le gouverneur de New-Hampshire a retiré la milice de la frontière, diminuant ainsi le risque de collisions hostiles. Si les agressions se renouvelaient, il devra prendre les moyens d'y résister et de livrer les coupables à la justice. Même dans ces cas extrêmes, l'unique but du gouvernement est la protection des sujets britanniques et non l'agression contre les citoyens du New-Hampshire. A donné des instructions générales mais s'en rapporte à lui pour les détails.   199

30 juin,
Downing
Street.

Glenelg à Gosford (n° 229). Relativement à la réclamation de Cousins, à qui l'on devait donner son congé le 3 juillet 1833, il recevra la concession de terre si Gosford y consent.   204

1er juillet,
Downing
Street.

Le même au même (n° 230). A reçu dépêche avec mémoire de Burroughs pour compensation des torts provenant de certaines poursuites, la première remontant à 1799 et la plus récente datant de 1813. L'ancienneté des griefs et la longue période d'inaction, ainsi que les accusations sérieuses portées contre les principaux officiers de l'Exécutif demandent des explications complètes qui n'ont pas été données, de sorte que la question ne saurait être étudiée.   205

2 juillet,
Downing
Street.

Le même au même (n° 231). Envoie copie d'une lettre à la British American Land Company concernant sa demande à l'effet que l'arpentage intérieur de sa concession de terre soit fait aux frais du gouvernement. 207

3 juillet,
Downing
Street.

Glenelg à Gosford (n° 232). Envoie copies de lettres du sous-secrétaire des Affaires Etrangères et de la réponse relative à l'outrage commis par des habitants du New-Hampshire sur le territoire du Bas-Canada.   208

4 juillet,
Downing
Street.

Le même au même (n° 233). Avait reçu dépêche rapportant qu'un sursis avait été accordé à Gillan, soldat du 66e. Il eut été satisfaisant de connaître les raisons du sursis et de savoir si le juge l'a approuvé. Sans cela, le gouvernement ne peut aviser, et en réservant la décision jusqu'à ce que les raisons soient connues on occasionnerait au prisonnier des frais de longue durée. En conséquence, la Reine désire qu'un châtiment secondaire soit infligé mais non la déportation.   209

5 juillet,
Downing
Street.

Le même au même (n° 234). Envoie copie d'une lettre de la Trésorerie approuvant une demande de la part des directeurs de la Banque de l'Amérique Britannique du Nord pour la remise des droits étrangers inscrits sur les livres des Manufactures Britanniques. A moins qu'il n'y ait une objection insurmontable, il devra adopter la ligne de conduite suggérée par les commissaires des douanes.   211

11 juillet,
Downing
Street.

Glenelg à Gosford (n° 235). A transmis à la Trésorerie sa dépêche avec la liste des cadeaux requis pour les sauvages. Envoie copie de la réponse qui explique la raison de la Trésorerie pour retarder l'envoi des cadeaux.   212

12 juillet,
Downing
Street.

Glenelg à Gosford (n° 236). Au sujet des pétitions du comité du commerce de Québec, une série de sept cartes du Saint-Laurent, de la Pointe de Mont à Québec, a été publiée en avril, mais la levée du golfe n'a pas encore été terminée.   213

1837.
14 juillet,
Downing
Street.

Glenelg à Gosford (n° 237). A reçu mémoire de la Compagnie d'Assurance Maritime du Canada à l'Amirauté, demandant la publication du rapport de Bayfield sur la levée hydrographique du fleuve et du golfe Saint-Laurent. L'a déjà informé, le 12 courant, des mesures prises pour sa publication.   page 214

14 juillet,
Downing
Street.

Le même au même (n° 238). A reçu dépêche dans laquelle il recommande la nomination de deux commissaires des terres de la Couronne à £600 par année chacun au lieu d'un seul commissaire avec des émoluments plus élevés. Partage son avis au sujet du revenu disproportionné de Felton comparé à ses devoirs et à l'état de la société dans le Bas-Canada. La proposition actuelle au sujet de ces nominations effectuera une épargne et promet d'assurer l'accomplissement fidèle des devoirs de cette charge. Accepte sa recommandation au sujet de la source d'où le paiement devra être tiré. Doute de l'opportunité de nommer Morin à une charge de la Couronne, d'après sa conduite à une assemblée publique à Québec. Ne prendra de mesures décisives que sur les preuves les plus claires. Il devra en conséquence s'assurer si l'affaire a été exactement rapportée, car s'il en est ainsi, il ne peut recommander la nomination de Morin. La nomination de Davidson est approuvée et il sera fait commissaire des terres de la Couronne, et devra être informé qu'un coadjuteur lui sera adjoint.   215

14 juillet,
Downing
Street.

Glenelg à Gosford (n° 239). A considéré récemment la partie du rapport général de la Compagnie Canadienne et admet que la charge de commissaire des droits d'aubaine devrait être abolie. Regrette cela à cause de Cochran, vu que cela lui enlèvera un fort bénéfice pécuniaire. Espère, vu la réputation et les services de Cochran, avoir l'occasion de le recommander pour une charge.   220

14 juillet,
Downing
Street.

Glenelg à Gosford (n° 240). Le retard est venu de la difficulté de choisir les candidats les plus aptes à occuper un siège dans le bureau recommandé par le troisième rapport des commissaires. Est encore incapable de soumettre les noms des nouveaux conseillers exécutifs. A en conséquence recommandé que le choix soit laissé à Gosford, lequel est autorisé à nommer neuf membres du Conseil Exécutif. Il eut été satisfaisant d'avoir les noms pour les mettre dans les brefs. Comment les choix devraient être faits. Extraits du rapport des commissaires.   222

14 juillet,
Downing
Street.

Le même au même (confidentielle et privée). Retard causé par l'attente des listes promises dans le *post-scriptum* de la lettre du 8 mars. Lui a, dans sa dépêche publique, donné des instructions sur la ligne de conduite qu'il doit suivre au sujet du nouveau Conseil. La difficulté du choix.   234

14 luillet,
Downing
Street.

Le même au même (n° 241). Le 27 mai, lui a donné instructions de convoquer l'Assemblée dans le but, entre autres choses, de voter les fonds nécessaires pour payer les arrérages du service civil. Vu la mort du roi, on a résolu de demander au Parlement le vote d'un crédit par voie d'emprunt pour le paiement des arrérages. La somme de £142,160, 14s. 4d. a été en conséquence votée. Ses instructions cessent d'être applicables au nouvel état de choses ; il faut laisser quelque latitude aux autorités locales. Il est possible que lors de la réception de cette dépêche, la législature se sera réunie et qu'une proportion considérable soit disposée à abandonner la ligne de conduite qu'elle a suivie. Si Sa Seigneurie entrevoit quelque possibilité que cela arrive, elle pourra différer le paiement durant un certain temps, mais si des indices d'hostilité sont apparents, elle est autorisée à tirer sur la Trésorerie immédiatement pour les montants dus. La répugnance avec laquelle le gouvernement s'est décidé à prendre des mesures extrêmes.   236

14 juillet,
Downing
Street.

Glenelg à Gosford (n° 242). Instructions additionnelles concernant le paiement aux employés publics.   242

14 juillet,
Downing
Street.

Le même au même (confidentielle). A reçu dépêche marquée confidentielle quelques heures avant le départ du paquebot, de sorte qu'il ne peut

1837.

donner qu'une réponse courte et imparfaite. Enumère les sujets traités dans la dépêche envoyée. 246

22 juillet, Downing Street.

Le même au même (n° 243). A reçu dépêche rapportant la suspension des paiements en espèces par les banques du Bas-Canada et les mesures prises pour atténuer les embarras ainsi causés à la classe commerciale. 248

22 juillet, Downing Street.

Glenelg à Gosfold (n° 244). Envoie extrait de lettre de la Trésorerie au commissaire général au sujet de paiements à même le montant voté par le Parlement. 249

22 juillet, Downing Street.

Le même au même (n° 245). Sa Majesté approuve ses mesures relatives à la procédure aux assemblées publiques convoquées pour exprimer des opinions sur les résolutions adoptées par le Parlement impérial. Sa Majesté regrette profondément la nécessité de ces mesures, mais a confiance que la patience et le sang-froid nécessaire s'uniront à toute la fermeté qu'il faudra pour rétablir efficacement la confiance publique s'il devenait nécessaire d'avoir recours aux pouvoirs qui lui sont conférés par la loi. 250

23 juillet, Downing Street.

Le même au même (n° 246). A reçu lettre de Fitzroy Somerset concernant une réclamation de terres de la part de Costello du 66ᵐᵉ régiment. Si les faits sont exactement rapportés, Costello aura le terrain. 252

24 juillet, Downing Street.

Glenelg à Gosford (n° 247). A reçu dépêche concernant son bill pour £1,000 retirés subséquemment au départ de ses collègues de la Commission Canadienne. A recommandé à la Trésorerie de remettre le règlement de la question à plus tard. Soumettra la question de l'insuffisance du traitement du gouverneur à ses collègues. 253

25 juillet, Downing Street.

Le même au même (n° 248). A reçu dépêche contenant article du *Vindicator* qui renferme le compte rendu des résolutions adoptées par le Parlement. Son vif intérêt pour les affaires du Bas-Canada. Il espère qu'il n'arrivera rien pour troubler la paix publique. Croit qu'on le tiendra renseigné sur toutes les délibérations. 255

1er août, Downing Street.

Glenelg à Gosford (n° 249). Envoie copie de lettre à Aylmer relative au paiement des arrérages dus à lui-même et à Craig. Le calcul des sommes qui leur sont dues respectivement est pris du rapport de l'inspecteur général des comptes et des montants payés depuis. 256

2 août, Downing Street.

Le même au même (n° 250). Avait reçu et soumis à la Trésorerie le rapport de la suspension par les banques des paiements en espèces. Envoie copie de la réponse et lui demande d'envoyer les relevés hebdomadaires. 257

8 août, Downing Street.

Glenelg à Gosford (n° 252). Les armes et munitions fournis à la *Ceres* ont été remis au magasin de l'artillerie à l'exception de dix cartouches dont le paiement ne sera pas exigé. 258

11 août, Downing Street.

Le même au même (n° 253). Envoie copie de la correspondance avec la Trésorerie expliquant comment les £1,000 retirés par Gosford devront être réglés. 259

12 août, Downing Street.

Le même au même (n° 254). Envoie copie d'une lettre du secrétaire au commandant en chef, laquelle explique pourquoi la demande contenue dans la pétition de McAuliffe ne peut être accordée. 260

15 août, Downing Street.

Le même au même (n° 255). A reçu dépêche avec réclamation de Chandler et Lozeau pour remboursement de dépenses dans la seigneurie de Nicolet, le montant total étant de £1,358 1. 9. Les réclamations sont inadmissibles et il n'est guère croyable que Chandler et Lozeau puissent avoir espéré qu'on les admettrait. Cependant, en ce qui concerne les frais du procès contre Douglas il ne peut se prononcer faute de renseignements suffisants. Il instituera une enquête à ce sujet. 261

22 août, Downing Street.

Glenelg à Gosford (n° 256). A reçu les listes des gentlemen qu'il se proposait de nommer au Conseils Exécutif et Législatif. Apparemment il avait compris que les fonctions judiciaires devraient être exercées par des membres du Conseil, vu que la liste comprend les noms de cinq hommes exerçant la profession d'avocat. Le changement aurait été fait si la mort du Roi n'était pas survenue, mais en attendant, les fonctions doivent rester

1837.

les mêmes qu'elles étaient. Il serait déraisonnable de s'attendre à ce que des hommes tels que Van Felson, Stuart, Huot, Panet et Mondelet acceptassent des fonctions entraînant de sérieux sacrifices professionnels. Quesnel, croit-il, a abandonné sa profession, de sorte qu'il n'aurait peut-être pas d'objection. Il est désirable qu'on ait des avocats dans le Conseil. Ses intentions au sujet des Conseils.   **page** 265

22 août
Downing
Street.

Glenelg à Gosford (distincte). Désire qu'il remette au commis-chef les honoraires de ceux qui ont été nommés aux Conseils Exécutif et Législatif respectivement.   271

23 août
Downing
Street.

Le même au même (n° 257). Envoie copie d'une autre lettre de Shadwell relativement à ce que l'on prétend être dû par Daly. La lettre devra être soumise à Daly pour sa réponse.   272

24 août
Downing
Street.

Le même au même (n° 258). Envoie lettre de Mary Cook demandant des renseignements au sujet de son mari laissé à l'hôpital de Québec vers la fin de l'année.   273

27 août
Downing
Street.

Glenelg à Gosford (n° 259). A reçu dépêche rapportant l'état des affaires publiques dans le Bas-Canada, les mesures qu'il a prises pour faire respecter la loi, et les délibérations d'une nombreuse assemblée tenue à Montréal La Reine approuve les diverses mesures.   274

29 août
Downing
Street.

Le même au même (n° 260). A reçu l'adresse de la Chambre d'Assemblée du Bas-Canada demandant la destitution du juge Gale. C'est avec regret que Sa Majesté refuse d'accéder à cette demande.   275

30 août
Downing
Street.

Le même au même (n° 261). Le consul général de France désire avoir un certificat de l'inhumation de Jean Denis Daulé, vicaire de Saint-Jean, Québec, décédé vers l'année 1814.   276

30 août
Downing
Street.

Le même au même (n° 262). A reçu dépêche avec copie de la correspondance avec Colborne au sujet des rapports devant être envoyés à Gosford touchant les changements projetés des troupes avant que ces changements soient mis à exécution. N'a pas encore eu de nouvelles de Lord Hill, lorsqu'il en aura, il écrira.   277

31 août
Downing
Street.
31 août
Downing
Street.

Le même au même (secrète et confidentielle). Remarques sur l'état des affaires dans le Bas-Canada. Espère que l'ordre sera rétabli.   278

Glenelg à Gosford (n° 264). A l'arrivée de Burrage, son affaire a été examinée avec soin. C'est un cas bien regrettable, mais après mûr examen, il lui a été impossible de lui venir en aide. Burrage est retourné au Canada depuis, et avant son départ a demandé que l'affaire fut de nouveau prise en considération. Il a obtenu de Goulburn une lettre exposant l'entente avec laquelle la nomination a été faite. Apparemment les prévisions de Burrage se sont réalisées d'abord, mais subséquemment son école a décliné au point qu'en 1832 il n'y avait plus que des élèves admis gratuitement, et la Chambre d'Assemblée a réduit son salaire de moitié. Comme ceci est un droit constitutionnel, il ne voit pas de probabilité de venir en aide à Burrage. Autres remarques sur l'affaire Burrage et sur l'impossibilité de lui venir en aide.   295

5 septembre,
Downing
Street.

Le même au même (n° 265). Approuve sa ligne de conduite au sujet de la réclamation des Indiens de Lorette au fief de Sillery. Il ne prendra aucune décision finale avant d'avoir devant lui le rapport complet au sujet des Indiens.   299

Downing
Street.

Glenelg à Gosford (n° 266). A reçu le rapport apporté par Elliott sur la réclamation de F. S. Campbell, comme représentant de la famille Ross, demandant une compensation pour des terres à elle concédées, mais qui, d'après ce que l'on a découvert subséquemment, avaient été établies par un autre. D'après les états détaillés, la somme de £600 devait lui être payée à certaines conditions.   300

16 septembre,
Downing
Street.

Le même au même (n° 299). Remarques sur les honoraires du juge et des officiers de la cour de vice-amirauté.   302

1837.
20 septembre,
Downing
Street.

Le même au même (n° 270). A reçu dépêche avec adresse exprimant la fidélité à la Couronne, de la part d'une assemblée publique. Cette adresse a été l'objet de l'appréciation de la reine.   page 307

28 septembre,
Downing
Street.

Le même au même (n° 272). Scholefield, de Birmingham, demande la permission d'exécuter une commande de la banque de Montréal pour monnayage de cuivre destiné à la circulation dans le Bas-Canada. Il a été renvoyé à la Trésorerie, qui ne peut accorder cette permission, n'ayant pas reçu de rapport de la part de Gosford. Celui-ci devra envoyer un rapport.   308

29 septembre.

Le même au même (n° 270). Reçu rapport de la mort de Coulson, sergent d'armes, et de la nomination de Vallerand, laquelle est approuvée. Les appointements de Parent ne devront pas être payés à même le crédit parlementaire.   309

6 octobre,
Downing
Street.

Glenelg à Gosford (n° 274). A reçu copies d'une adresse du Conseil et de l'Assemblée et des réponses. A aussi reçu une dépêche du 30 août contenant les procès-verbaux des deux Chambres jusqu'à leur prorogation. Approuve sa conduite et écrira plus au long.   310

11 novembre,
Downing
Street.

Le même au même (n° 275). A reçu rapport de la nomination de Tancrède Bouthillier pour être commissaire conjoint des terres de la Couronne avec Davidson. Approbation de la nomination de Bouthillier a été envoyée. Demande que les honoraires soient envoyés.   311

15 novembre,
Downing
Street.

Le même au même (n° 276). A reçu mémoire de l'évêque catholique romain de Kingston demandant de l'aide pour construire un séminaire catholique romain à cet endroit. Le gouvernement serait heureux de venir en aide aux membres de tous les groupes chrétiens s'il en avait les moyens. L'avance faite aux méthodistes wesleyens n'était pas un don mais un prêt fait sur la déclaration conjointe du Conseil et de l'Assemblée pour être remboursée à la prochaine session.   313

17 novembre,
Downing
Street.

Le même au même (n° 277). A reçu rapport du procureur et du solliciteur général du Bas-Canada à l'effet que la dernière réunion de la législature provinciale n'a pas constitué une session, et que conséquemment les cours du district de Saint-François n'ont pas cessé d'exister. En outre, les deux cours de ce district ont siégé sans que l'on ait contesté leur juridiction.   315

18 novembre,
Downing
Street.

Glenelg à Gosford (n° 278). Avait reçu dépêche contenant le rapport du procureur général du Bas-Canada à l'effet qu'il avait produit ex-officio une plainte contre le docteur Duchesnois et autres dans le comté des Deux-Montagnes, les brefs de mise en accusation ayant été mis en oubli. Les circonstances ont justifié le résultat en ce qui concerne tous les moyens constitutionnels, mais il s'agit ici d'une question d'opportunité, et il ne peut exprimer une opinion à ce sujet.   317

20 novembre,
Downing
Street.

Le même au même (n° 279). On lui a rappelé le désir exprimé par le juge Reid de se retirer avec une pension. Il ne peut donner une réponse différente de celle qui a déjà été envoyée au sujet d'un mémoire précédent.   319

23 novembre.

Le même au même (n° 280). Adresse du Conseil Législatif a été déposée devant la Reine. Elle en a été très satisfaite. L'adresse à la Reine douairière a été expédiée.   320

27 novembre,
Downing
Street.

Le même au même (n° 281). L'état actuel du Bas-Canada a été l'objet de la considération la plus anxieuse de la part du gouvernement. Le devoir immédiat est de réprimer les efforts des mécontents, de ré-affirmer la suprématie de la loi, et d'inspirer courage et confiance à ceux qui sont bien disposés. Sens gouvernemental et le désintéressement de Gosford qui offre de se retirer ou de rester selon qu'on en décidera pour le mieux. Sacrifiant l'estime personnelle aux devoirs envers le public, il a été décidé de conseiller à la Reine de le relever immédiatement du gouvernement du Bas-Canada.

1837.

L'administration du Bas-Canada sera confiée à Colborne. Gosford se retire avec la pleine approbation du gouvernement.   page 321

27 novembre,
Downing
Street.

Glenelg à Gosford (distincte). Au cas où il éprouverait des difficultés à obtenir le montant nécessaire pour lui permettre de revenir, la Trésorerie lui a permis de tirer sur elle pour ses dépenses, quitte à rendre compte de l'argent retiré.   325

28 novembre,
Downing
Street.

Le même au même (n° 282). Désire savoir les circonstances, qui ont amené les poursuites contre Hughes comme surintendant des sauvages et si ce doit être une accusation publique.   326

29 novembre,
Downing
Street.

Le même au même (283). A reçu dépêche avec réclamation de la part des petites-filles de Lotbinière pour 150,000 acres de terres à lui accordées en 1776, mais elles n'avaient produit aucune réclamation depuis nombre d'années et les héritières ne peuvent réclamer le bénéfice de l'acte.   327

6 décembre,
Downing
Street.

Le même au même (n° 285). Envoie, par le porteur, des dépêches adressées à lui (Gosford) et à Colborne, ces dernières parce qu'il suppose que Colborne est actuellement le chef de l'administration. S'il (Gosford) n'a pu se démettre de sa charge, les deux dépêches sont pour lui.   331

7 décembre,
Downing
Street.

Glenelg à Gosford (n° 286). Transmet la réponse de la reine douairière à l'adresse de condoléance envoyée par le Conseil Législatif.   332.

21 décembre,
Downing
Street.

Glenelg à l'administrateur en exercice (n° 287). A soumis la demande de Guy au général commandant en chef, lequel craint qu'il ne puisse accéder dans un temps prochain aux désirs de Guy.   333

22 décembre,
Downing
Street.

Le même au même (n° 288). A présenté à la Reine la pétition de William Smith, à l'effet qu'il lui soit accordé une pension de £400 par année lorsqu'il se démettra de ses charges de greffier du Conseil Législatif et de maître de chancellerie, ainsi qu'une marque d'approbation honoraire de ses services. On continuera à lui donner ses titres, mais la pension de retraite ne peut être accordée.   334

23 décembre,
Downing
Street.

Le même au même (n° 289). A présenté à la Reine la pétition de Madame Ansley, veuve d'un missionnaire de l'Eglise d'Angleterre, représentant son état de dénûment. Ne peut recommander de supplément à ce que Madame Ansley a déjà reçu.   335

23 décembre,
Downing
Street.

Glenelg à Gosford (n° 290). A reçu sa lettre confidentielle du 14 novembre, exposant les motifs d'après lesquels il serait dans l'intérêt du service public, croit-il, qu'on le remplace comme gouverneur du Canada. Les dépêches démontrent que le gouvernement avait déjà conseillé d'accepter sa démission.   336

30 décembre,
Downing
Street.

Glenelg à Gosford (n° 291). A reçu la pétition de l'évêque catholique romain de Montréal, demandant la permission de posséder certaines propriétés en main-morte pour les fins y énumérées. Rien dans la loi ne s'oppose à ce que cette pétition soit accordée.   337

30 décembre,
Downing
Street.

Glenelg à l'administrateur en exercice (n° 292). A reçu la pétition des juges du Banc du Roi du Bas-Canada, à l'effet d'adopter des mesures pour assurer leur indépendance. Le gouvernement ne peut accéder à leur demande présentement, mais le fera aussitôt que l'occasion se présentera.   339

30 décembre,
Downing
Street.

Glenelg à l'administrateur en exercice. Envoie la copie d'une lettre di Madame Gordon, se plaignant d'extorsions commises par Bouchette, que devra donner des explications sur sa conduite.   341

LE GOUVERNEUR COMTE DE GOSFORD. 1838.

Q. 243-1-2.

(La première partie est paginée de 1 à 180 ; la deuxième partie est de 181 à 364.)

1834.
14 octobre,
Haut-Canada.

Acte de vente à Archibald Petrie par Colborne, lieutenant-gouverneur du Haut-Canada. Inclus dans la lettre de Glenelg à Durham du 25 mai 1838.

1836.

11 octobre,
Québec.
Walcott au Conseil Exécutif.

3 novembre,
Québec.
Extrait d'un rapport du comité du Conseil Exécutif.

1837.

23 février,
Québec.
Proclamation relativement à la manière pour la milice d'obtenir des terres.

29 mars,
Québec.
Langevin à Walcott. Cette lettre et les trois qui précèdent sont inclusses dans la lettre de Gosford à Glenelg du 12 janvier 1838.

30 mars,
Montréal.
Rapport de Hughes. Inclus dans la lettre de Gosford à Glenelg du 3 février 1838.

5 avril,
Québec.
Walcott au Conseil Exécutif.

24 avril,
Québec.
Rapport du Conseil Exécutif.

25 avril,
Québéc.
Relevé moyen. Ce document et les deux qui précèdent sont inclus dans la lettre de Gosford à Glenelg du 12 janvier 1838.

27 avril,
Québec.
Rapport du procureur général sur les causes de Hughes. Inclus dans la lettre de Gosford à Glenelg du 3 février 1838.

17 juillet,
Québec.
Liste des townships. Inclus dans la lettre de Gosford à Glenelg du 12 janvier 1838.

22 juillet,
Montréal.
Rapport du solliciteur et procureur général sur les frontières entre le Haut et le Bas-Canada. Inclus dans la lettre de Glenelg à Durham du 25 mai 1838.

28 juillet,
Québec.
Relevé du nombre des réclamants de la milice et de leur rang.

10 août,
Québec.
Pétition (en français) des miliciens du Bas-Canada.

25 août,
Québec.
Avis officiel.

2 septembre,
Québec.
Walcott au Conseil Exécutif.

13 septembre,
Québec.
Extrait de rapport. Ce document et les quatre qui précèdent sont inclus dans la lettre de Gosford à Glenelg du 12 janvier 1838.

15 septembre,
Québec.
Rapport d'un comité du Conseil Exécutif. Inclus dans la lettre de Glenelg à Durham du 25 mai 1838.

21 septembre,
Québec.
Walcott à l'adjudant général de la milice.

4 novembre,
Québec.
Kerr à Walcott.

14 novembre,
Québec.
Le même au même. Cette lettre et les deux qui précèdent sont incluses dans la lettre de Gosford à Glenelg du 12 janvier 1838.

27 décembre,
Québec.
Bédard à Gosford. Incluse dans la lettre de Gosford à Glenelg du 23 janvier 1838.

28 décembre,
Ile aux
Allumettes.
Pas de date.
Samuel Adams. Pétition à Glenelg. Incluse dans la lettre de Glenelg à Durham du 25 mai 1838.
Day à Weed. Incluse dans la lettre de Gosford à Glenelg du 8 janvier 1838. D'autres documents de différentes dates sont également inclus.

Pas de date.
Règlements pour la gouverne du Conseil sur les réclamations aux terres de la milice. Contenus dans la lettre de Gosford à Glenelg le 12 janvier 1838.

1838.

1er janvier,
Québec.
Gosford à Glenelg. (n° 1). Transmets liste des dépêches adressées au secrétaire d'État durant l'année 1837.   3
Inclus. Liste.   4

5 janvier,
Québec.
Rapport accompagné d'un supplément par Andrew Russell. Inclus dans la lettre de Gosford à Glenelg du 7 février 1838.

2-3 EDOUARD VII, A. 1903

1838.
5 janvier,
Québec.

Gosford à Glenelg. (n° 2). La demande de Stewart et Walker d'é-
mettre un bref *d'habeas corpus* en faveur de Cherrier et Pelletier n'a pas
été accordée, les juges alléguant que le pays était régi prévôtalement.
page 29

5 janvier,
Québec.

Le même au même (confidentielle). A fait un rapport officiel au sujet
de la décision des juges relativement aux prisonniers. Nécessité d'être
prudent en décidant comment et devant quels tribunaux ils seront jugés.
Préférerait qu'ils subissent leur procès devant un tribunal civil, s'il était
sûr qu'un jury rendrait une décision consciencieuse. Suggère d'adopter
quelques mesures d'amnistie afin de calmer l'agitation en faveur de Mackenzie et autres aux États-Unis. A des doutes que le gouvernement
central des États-Unis soit assez fort pour contrôler une certaine partie de
la population, de sorte que ce gouvernement doit se préparer au pire. 31

8 janvier,
Québec.

Gosford à Glenelg. Envoie un rapport de l'attaque contre la *Caroline*,
lequel, il a raison de le craindre, est en substance exact. Tout marchera
bien si le gouvernemet des États-Unis peut réprimer l'agitation qui règne
sur la frontière. Head fera sans doute ce qui sera possible pour contenter
le gouvernement des États-Unis. Page 35
Inclus. Day à Weed. Rapport de l'attaque contre la *Caroline.* 36
Autres documents concernant le même sujet. 39 à 43

11 janvier,
Québec.

Autres détails des réclamations de la milice.

11 janvier,
Québec.

État du nombre de personnes appartenant au corps de milice, les deu^x
documents contenus dans la lettre de Gosford à Glenelg du 12 janvier 1838

11 janvier.

Gosford à Glenelg (confidentielle). Envoie les propositions de l'honorable Hugues Henry, conseiller exécutif, qu'il soumet à Sa Seigneurie sans
observations. 44
Inclus. Propositions (en français) de Hugues Henry. 45

12 janvier,
Québec.

Gosford à Glenelg (n° 3). Envoie les pétitions des miliciens qui ont
servi pendant la guerre, lesquels demandent qu'il leur soit accordé des
terres, la décision de Sa feue Majesté les privant de ce privilège. Son (de
Gosford) calcul qu'il faudrait 100,000 acres doit être porté à 600,000 si l'on
admet la demande des différents corps. Renvoie la question toute entière
à la décision du gouvernement impérial. 52
Inclus. Liste des documents transmis au bureau des colonies par
Gosford. 58
Walcott au Conseil Éxécutif. Transmets la dépêche du secrétaire des
colonies en réponse à la résolution de l'Assemblée concernant les réclamations de terres par les miliciens. La lettre demande l'avis du Conseil sur
la manière de donner suite à la résolution. 60
Extrait de rapport d'un comité du Conseil Exécutif sur les moyens à
adopter pour donner suite aux intentions de l'administration d'accorder des
terres à la milice. 63
Proclamation relativement à la manière pour la milice d'obtenir des
terres. 67
Walcott au Conseil Exécutif. Demande au Conseil de nommer un comité
pour examiner la lettre de Langevin sur les concessions de terres aux
miliciens. 69
Langevin à Walcott. Observations sur les réclamations de terres par
les miliciens présentées aux commissaires. 71
Rapport du Conseil Exécutif sur les réclamations de la milice. 73
Walcott au Conseil Exécutif. Envoie de nouveaux renseignements concernant les réclamations de la milice. 76
Liste des townships qui devront être arpentés pour les officiers et soldats
de la milice. 79
Extrait du rapport d'un comité du Conseil sur les réclamations de la
milice. 80

DOC. DE LA SESSION No. 18

1838.

Suit en état des terres qui conviennent.   page 83

Walcott à l'adjudant général de la milice. Demande une explication afin d'établir l'indentité des différents bataillons ou corps de milice.   85

L'adjudant général de la milice à Walcott. Rapports des corps de milice qui ont été appelés sous les armes.   87

Kerr au même. Résume le contenu des messages du gouverneur concernant les concessions de terres à la milice. La plainte du retard à répartir les terres, et prétend que tous les corps de volontaires qui ont fait du service ont droit aux terres.   89

Le même au même. Renvoie aux articles de l'Acte de la milice afin de prouver que les corps de volontaires et autres ont droit aux terres.   94

Pétition (en français) des miliciens du Bas-Canada.   95

Etat du nombre des personnes de chaque grade appartenant aux corps de milice.   100

Relevé moyen des terres accordées aux miliciens depuis 1818.   103

Avis officiel qu'il a été préparé des lettres patentes pour certains officiers et soldats de la milice.   104

Etat du nombre et du rang des réclamants de la milice et observations.   106

Autres détails et récapitulation des réclamations de la milice.   110

Règlements pour la gouverne du Conseil sur les réclamations de terres de la milice.   121

21 janvier, Québec. — Rapport d'un comité du Conseil Exécutif. Inclus dans la lettre de Gosford à Glenelg du 26 janvier 1838.

22 janvier, Québec. — Gosford à Glenelg (n° 4). A reçu l'avis qu'il a été relevé de sa charge de gouverneur. Avertira Colborne, qui administrera jusqu'à l'arrivée de son (de Gosford) remplaçant. Ne pourrait quitter son poste plus tôt.   124

22 janvier, Québec. — Le même au même (n° 5). Envoie le relevé semi-annuel des Conseils Exécutif et Législatif.   127

Inclus. Relevé.   128

22 janvier, Québec. — Gosford à Glenelg (n° 6). Envoie le relevé annuel des terres de la Couronne vendues et concédées, ainsi que des réserves du clergé occupées pendant la même période.   133

Inclus. Relevé.   135

22 janvier, Québec. — Gosford à Glenelg (n° 7). Envoie le relevé semi-annuel des ventes des réserves du clergé jusqu'au 31 décembre 1837.   137

Inclus. Relevé.   138

22 janvier, Québec. — Gosford à Glenelg (n° 8). Envoie relevé des recettes et dépenses à compte des terres de la Couronne et des permis de couper du bois, aussi recettes des terres de la Couronne, etc., pendant les trois mois finissant le 31 décembre 1837.   140

Etats inclus.   141 à 148

23 janvier, Québec. — Gosford à Glenelg (n° 9). A enjoint d'émettre un mandat pour acquitter la réclamation de Campbell contre la famille Ross pour des terres qui lui ont été concédées mais ne lui ont pas été transférées, parce qu'il a été découvert que ces terres avaient déjà été concédées à un autre.   149

23 janvier, Québec. — Le Gouverneur en Conseil considère le cas de Debartzch. Inclus dans la lettre de Gosford à Glenelg du 26 janvier 1838.

23 janvier, Québec. — Gosford à Glenelg (n° 10). Envoie le rapport sur l'émigration aux Canadas pour l'année 1837.   154

Inclus. Rapport.

23 janvier, Québec. — Gosford à Glenelg (n° 11). Avait envoyé les documents appartenant à François Lajus obtenus de son petit-fils le juge Bédard, qui désire maintenant apprendre du consul de France quels sont les motifs de l'enquête faite au sujet de M. Lajus.   167

Inclus. Bédard à Gosford. Avait envoyé les documents demandés par le consul de France au sujet de François Lajus.   169

1838.
24 janvier,
Québec.

Gosford à Glenelg (n° 12). Envoie l'estimation annuelle des présents dont on a besoin pour les sauvages des Canadas.   page 172

Inclus Estimation.   174

25 janvier,
Québec.

Gosford à Glenelg. Incluse dans la lettre de Glenelg à Durham du 25 mai 1838.

26 janvier,
Québec.

Gosford à Glenelg (n° 14). Demande des instructions relativement à l'indemnisation, s'il en est, qui doit être accordée pour les pertes causées par la rébellion. Rapporte le cas de Debartzch, à qui on a avancé la somme de £1,000.   186

Inclus. Rapport d'un comité du Conseil Exécutif recommandant qu'il soit avancé une somme aux sujets fidèles qui ont éprouvé des pertes par la faute des rebelles.   191

Le Gouverneur en Conseil considère le cas de Debartzch et consent à lui avancer £1,000.   194

29 janvier,
Québec.

Gosford à Glenelg. Il a délivré, comme il était autorisé, des lettres patentes nommant Davidson et Bouthillier commissaires des terres de la Couronne, et envoie les honoraires.   196

30 janvier,
Québec.

Le même au même. Envoie la liste des dépêches reçues du département des Colonies depuis le 18 décembre.   198

Inclus. Liste.   200

30 janvier,
Québec.

Gosford à Glenelg (confidentielle). Remercie pour l'approbation de sa conduite pendant qu'il a gouverné le Canada, les difficultés qu'il a dû surmonter. La question de dissoudre le Parlement actuel et d'en convoquer un nouveau.

Des adresses de fidélité arrivent de toutes parts. Regret de la population française que bon nombre aient été trompés et trahis. Tout est tranquille dans les Canadas, et si le gouvernement des Etats peut supprimer l'agitation causée par quelques personnes sur la frontière, la paix et le bon ordre seront vite rétablis. On peut s'attendre à des embarras de la part du parti anglais extrême à Québec et à Montréal, dans ce dernier endroit en particulier. Quittera le 13 du mois prochain.   204

31 janvier,
Québec.

Gosford à Glenelg (n° 17). Avait eu l'intention de se démettre de ses fonctions le 1er février et de séjourner ici quelque temps comme un simple particulier. Apprend cependant que tant qu'il sera ici il reste gouverneur, et que pendant ce temps Colborne ne peut se charger de l'administration. Il a donc désigné le 13 au lieu du 1er février comme le jour où il remettra les rênes du pouvoir.   209

3 février,
Québec.

Le même au même. Comme explication des frais de £18. 4. 1½ supportés par Hughes pour dépense dans un procès, envoie un état de Hughes et aussi le rapport du procureur général sur les frais. Peine imposée pour acheter, recevoir en nantissement ou échanger des vêtements ou armes à feu appartenant à un sauvage.   212

Inclus. Etat de Hughes expliquant les mesures qu'il a prises relativement à l'achat d'armes à feu des sauvages. La poursuite a été intentée 20 mois après, alors qu'il a été condamné par le jury, bien que le juge l'ait acquitté.   214

Rapport du procureur général recommandant que l'on paie à Hughes ses dépenses dans la poursuite intentée par Mallet.   220

7 février,
Québec.

Gosford à Glenelg (n° 19). Envoie copie d'un rapport détaillé d'Andrew Russell sur l'étendue et la nature des constructions entreprises par la compagnie British American Land.   223

Inclus. Rapport.   225

Annexe.

Titre.   247

Matières.   248

Rapport détaillé sur le chemin de Sherbrooke à Montréal.   249

Le chemin de Richmond au Port Saint-François.   262

DOC. DE LA SESSION No. 18

1838.

Constructions au Port Saint-François. page 276

Relevés du commerce pour 1836 et 1837. 277

Rapports sur d'autres chemins dans les townships de l'Est. 278

Statistique se rapportant à Sherbrooke. 307

8 février, Québec.
Gosford à Glenelg (n° 20). Désire remplir sa promesse de soumettre à la séance les adresses de fidélité envoyées par la population du Canada. Croit qu'il suffit de donner les noms des localités d'où les adresses ont été envoyées ainsi que le nombre des signatures. 311

Inclus. Listes des adresses et nombre des signatures. 313

10 février, Québec.
Gosford à Glenelg (n° 21). Envoie copie des procès-verbaux du Conseil Exécutif. 315

11 février, Québec.
Le même à Colborne. Rapporte qu'il lui est arrivé un accident qui le retiendra ici. 337

12 février, Québec.
Le même à Glenelg (n° 22). A fait connaître aux officiers du département des Sauvages que leurs charges étaient abolies, et quelle était l'indemnité accordée. Dans l'état actuel des choses au pays il a employé Chesley à Saint-Régis, mais quand il n'y aura plus lieu, les choses seront mises dans l'état ordinaire. 317

13 février, Québec.
Le même au même (n° 23). Envoie le rapport fait par le Conseil Exécutif sur le cas de Miss Gore et d'autres détails communiqués par elle. Le rapport est inclus. 321

Inclus. Rapport. 323

Mémoire sur la famille du feu lieutenant-colonel Ralph Gore. 327

Testament de Gore. 332

14 février, Québec.
Certificat de Wetherall. Inclus dans la lettre de Gosford à Grey du 22 octobre 1838.

15 février, Québec.
Gosford à Colborne. Espère être en état de partir sous peu de jours. Page 338

16 février, Québec.
Gosford à Glenelg (personnelle). Rapporte l'accident qui lui est arrivé et qui a retardé son départ. Le Conseil Exécutif à Montréal est prêt à assermenter Colborne. Tout est tranquille au Canada et sur les frontières. On ne peut se fier aux rapports des journaux. La question de la frontière est embrouillée par les intrigues de la campagne électorale aux Etats-Unis, mais il faudra la régler. 339

22 février, Québec.
Le même au même. Le retard apporté dans la remise des pouvoirs à Colborne a été causé par un accident, alors qu'il a été blessé. Les médecins croient qu'il pourra se risquer à voyager mardi le 27. A écrit afin de s'assurer si un navire de guerre ne pourrait pas le prendre à Boston ou à New-York, non pas qu'il veuille ainsi contribuer à son bien-être personnel, car l'aménagement des paquebots de New-York est excellent, il le sait. A fixé par proclamation le 26 courant comme jour d'actions de grâces pour le rétablissement de la paix publique, le Conseil et lui ne croient pas qu'il y ait lieu d'appréhender de nouveaux troubles. Quelques-uns des membres du parti de la violence disent que la dernière rébellion n'a pas été étouffée, mais qu'il y a eu simplement un échec. 341

22 mars, Washington.
Le même au même (personnelle). Il a trouvé qu'on avait aux Etats-Unis les meilleures dispositions à l'égard de la Grande-Bretagne, et qu'on y condamnait la conduite de ceux de la frontière qui ont pris part aux troubles en Canada. Conseil lui a été donné de visiter le président, et il a été heureux d'avoir suivi cet avis. A appris avec plaisir la nomination de Durham. 346

28 avril, Downing Street.
Glenelg à Durham. La satisfaction éprouvée par la Reine à la réception de la lettre de Gosford contenant les adresses de fidélité. 314

30 avril.
Anonyme au consul de France. Transmets la demande du juge Bédard relativement aux demandes de renseignements concernant son grand-père François Lajus. 171

2-3 EDOUARD VII, A. 1903

1838.
1er mai,
Londres.

Elliot à Stephen. Incluse dans la lettre de Glenelg à Durham du 21 mai 1838.

9 mai.

Anonyme à Spearman. Glenelg est d'avis que l'explication donnée par Gosford au sujet du paiement des dépenses faites par Hughes suffit pour le justifier. page 222

9 mai.

Anonyme au même. Envoie la dépêche de Gosford à l'effet qu'il a employé un des agents des sauvages, et Glenelg désire que le Trésor approuve la mesure. 320

15 mai.

Anonyme à Spearman. Envoie le rapport des commissaires sur la réclamation de John Saxton Campbell à l'égard de la famille Ross. Rapporte qu'on a fait à Campbell un paiement qui devra être approuvé par le Trésor. 151

21 mai,
Downing
Street.

Glenelg à Durham. Envoie la copie d'une lettre de l'agent d'émigration, qui recommande de réimposer la taxe pour venir en aide aux émigrants malades ou indigents. 164

Inclus. Elliot à Stephen. Est heureux de la faible mortalité parmi les émigrants. Approuve la proposition de Buchanan de réimposer la taxe pour venir en aide aux émigrants. 165

Rapport du solliciteur et procureur général sur les frontières entre le Haut et le Bas-Canada. 181

22 mai,
Chambly.

Certificat de T. et S. R. Andres. Inclus dans la lettre de Gosford à Grey du 22 octobre 1838.

25 mai,
Downing
Street.

Glenelg à Durham. Rapporte qu'il s'est élevé un doute relativement à la question de la frontière entre le Haut et le Bas-Canada. Samuel Adams a demandé par pétition qu'il lui soit permis d'acheter à un prix peu élevé 200 acres sur l'île des Allumettes. Il ne peut acheter à des conditions plus avantageuses que celles pour lesquelles les terrains sont en général vendus. 177 au verso.

Inclus. Gosford à Glenelg. Explique le cas de la demande de Samuel Adams pour des terres sur l'île aux Allumettes. 177

Rapport d'un comité du Conseil Exécutif sur la ligne frontière entre le Haut et le Bas-Canada. Page 177 au verso.

Acte de vente à Archibald Petrie, de Clarence, de deux petites îles en face de Clarence et Cumberland, signé par Colborne, le lieutenant-gouverneur du Haut-Canada. 178

Samuel Adams. Pétition à Glenelg pour terres sur l'île aux Allumettes. 178

18 juillet,
Downing
Street.

Glenelg à Durham. A soigneusement examiné tous les documents qu'il a pu se procurer au sujet des réclamations de la milice, mais il en manque un bon nombre. La promesse du Prince Régent, que Gosford mentionne avoir été faite en 1819, de concéder des terres à la milice, ne peut être trouvée, bien qu'il y ait des promesses à des régiments particuliers de troupes régulieres et étrangères. Bien que Sa Majesté désire traiter avec libéralité la milice qui a pris part à la guerre avec les Etats-Unis, cependant comme elle représente le public il faut apporter un grand soin lorsqu'il s'agit de disposer des terres de l'Etat. 57

18 août,
Québec.

Relevé de W. Power. Inclus dans la lettre de Gosford à Grey du 22 octobre 1838.

23 août,
Wangford.

Gosford à Grey. Demande qu'une lettre soit envoyée en même temps que les dépêches du Bureau des Colonies. 349

22 octobre,
Gosford.

Le même au même. Le document inclus a trait à des opérations mentionnées au long dans ses dépêches. L'affaire a probablement été réglée depuis qu'il (Gosford) a cessé d'administrer Québec. 350

Inclus. Relevé par W. Power de sa réclamation d'une allocation convenable en qualité de régistraire de la cour de vice-amirauté. 351

22 octobre,
Gosford.

Gosford à Grey. Envoie sous pli des lettres concernant la conduite de Hertel de Rouville dans le cours des derniers troubles, qu'il a demandé de

1838.

soumettre au Bureau des Colonies à l'appui de sa pétition pour une indemnité.   359

Inclus. Certificat de fidélité et mentionnant les pertes subies, donné par T. et S. R. Andres à Hertel de Rouville.   360

Témoignage rendu par Wetherall quant à l'hospitalité et à la bienveillance de de Rouville, tant avant qu'après l'affaire de Saint-Charles.   363

Pas de date. Propositions de la part de Hugues Heney. Contenues dans la lettre de Gosford à Glenelg du 11 janvier 1838.

LE LIEUTENANT-GOUVERNEUR SIR J. COLBORNE, 1838.

Q. 244-1-2.

(La première partie est paginée de 1 à 274 ; la seconde de 275 à 464.)

1835.

5 décembre, Londres. Hume à Mackenzie.

1837.

5 décembre, Montréal. Procès-verbaux des sessions publiques, ces deux documents sont inclus dans la lettre de Colborne à Durham du 24 janvier 1838.

12 décembre, Montréal. Ordre du jour. Inclus dans la lettre de Colborne à Glenelg du 30 mars 1838.

15 décembre, D'Aillebout. Berczy à Colborne.

18 décembre, D'Aillebout. Le même au même. Ces deux documents sont inclus dans la lettre de Colborne à Glenelg du 17 mars 1838.

26 décembre, Toronto. Head à Colborne. Incluse dans la lettre de Colborne à Fitz Roy Somerset du 2 janvier 1838.

28 décembre, Montréal. Prohibition. Incluse dans la lettre de Colborne à Glenelg du 30 mars 1838.

29 décembre, Chippewa. Témoignage de Gauder concernant les coups de feu tirés par des gens sur la Grande-Ile et l'île de la Marine.

29 décembre, Chippewa. Lockwood à McNab. Rapporte que des pirates sur la Grande-Ile construisent un pont sur un ravin.

29 décembre, Chippewa. Elmsley au même. Rapporte que des pirates, qui se trouvent sur l'île de la Marine, tirent sur un bateau appartenant à la marine de Sa Majesté.

30 décembre, Chippewa. Témoignage de Wrigley concernant l'emploi de la *Caroline.*

30 décembre, Chippewa. McNab à Jones (deux lettres).

30 décembre, Chippewa. Témoignage de Nolop qu'il a été fait prisonnier par les rebelles.

30 décembre, Chippewa. Témoignage de Walker concernant la prise du *Caroline.* Ce document et les sept qui précèdent sont inclus dans la lettre de Colborne à Fitzroy Somerset le 9 janvier 1838.

— décembre, Québec. Walcott à Colborne. Incluse dans la lettre de Colborne à Durham du 24 janvier 1838.

1838.

1er janvier, Montréal. Gore à Foster.

1er janvier, Montréal. Colborne à Head.

1er janvier, Montréal. Gore à Biscoe. Cette lettre et les deux qui précèdent sont incluses dans la lettre de Colborne à Fitzroy Somerset du 2 janvier 1838.

2 janvier, Montréal. Colborne à Fitzroy Somerset. Transmets copie d'une lettre du lieutenant-gouverneur du Haut-Canada exposant qu'un parti d'américains a pris possession de l'île de la Marine dans l'intention de venir en aide aux rebelles.

1838.

L'île se trouve dans le territoire britannique. Envoie la copie des instructions données pour un mouvement militaire qui réussira, il le croit. Page 8

Inclus. Head à Colborne. Rapporte que des Américains bien exercés et armés ont pris possession de l'île de la Marine. En théorie c'est ennuyeux que l'on permette à ces brigands de prendre et garder possession du territoire britannique, mais en pratique pour en prendre possession il faut qu'un certain nombre de soldats s'emprisonnent dans l'île, et tout serait à recommencer.

Colborne à Head. Propose si la distance le permet qu'on inquiète les envahisseurs de l'île de la Marine par un feu constant du côté gauche, et a l'intention d'ériger une batterie à mortiers dans ce but.   14

Gore à Foster. Envoie les instructions de Colborne à l'effet qu'il soit pris des mesures pour déloger l'ennemi de l'île de la Marine.   16

Gore à Biscoe. Il devra se rendre sur la frontière de Niagara afin de se renseigner sur la situation de l'île de la Marine, sa distance de la terre ferme, etc., et déterminer si l'on pourrait ériger des batteries pour chasser l'ennemi de l'île.   page 18

6 janvier, Downing Street.

Glenelg à Colborne. A reçu les dépêches concernant la deuxième expédition de Gore sur les bords du Richelieu, et la proclamation de loi martiale dans le district de Montréal. On désire qu'il lui communique que la Reine approuve sa conduite et celle de Gosford. N'a pas reçu de renseignements quant au motif de l'arrestation de certains individus. Il est très satisfaisant d'apprendre que les habitants ont changé d'avis et qu'ils donnent leur aide. D'après les indications, il espère que l'autorité de la loi sera avant peu vengée et que la paix sera rétablie. La nécessité qu'il y avait de proclamer la loi martiale, dont l'application sera cependant limitée dans ses bornes les plus étroites, il fait plaisir de l'observer. La Reine accepte cordialement l'offre de service des volontaires de Québec, elle est grandement touchée de la fidélité d'un grand nombre de ses sujets du Bas-Canada. Espère qu'aussitôt que la saison permettra des mouvements militaires, les rebelles encore sous les armes seront dispersés.   3

9 janvier, Montréal.

Colborne à Fitz Roy Somerset. Les Américains occupent encore l'île de la Marine, ils sont en nombre d'à peu près 700 bien armés et possèdent 9 pièces de campagne. Les volontaires du Haut-Canada accourent en foule sur la frontière de Niagara. Des renforts arrivent. Il a été reçu un rapport à l'effet que les Américains se préparent à envahir le district ouest du Haut-Canada, cependant les nouvelles sont si vagues qu'il n'y attachent pas beaucoup de foi.

La conduite déshonorante des Américains à New-York et au Vermont. Envoie un corps de troupes sur la frontière de Niagara, à Toronto et à Kingston. Communique le rapport de Head relativement à la prise du *Caroline*, qui était sans doute au service des pirates. A donné instruction à Foster de ne pas s'exposer à de grands risques en attaquant l'île de la Marine, car il espère qu'on délogera ou dispersera les pirates au moyen d'un feu constant.   21

(Duplicata imprimé à la page 31.)

Inclus.—McNab à Jones. Envoie des journaux parlant de la prise du bateau à vapeur *Caroline*.   31

Le même au même. Rapporte la prise du *Caroline*.   31 au verso.

Différentes déclarations assermentées au sujet de la conduite des pirates sur la Grande-Ile, etc.   31 au verso à 32 au verso.

17 janvier, Montréal.

Colborne à Gosford. Envoie des dépêches arrivées d'Angleterre. N'hésiterait pas à se rendre à Québec pour se mettre en communication avec Sa Seigneurie au sujet de ces dépêches ; mais il ne doit pas quitter Montréal à présent. Les nouvelles venant du Haut-Canada ne sont pas satisfaisantes ; a envoyé des renforts.   35

1838.

20 janvier.   Pétition de Ryland. Contenue dans la lettre de Colborne à Glenelg du 14 avril 1838.

21 janvier,   Gosford à Colborne. A reçu les dépêches qui, sauf une, sont des dupli-
Québec.   cata. Envoie une copie de la dépêche qui l'autorise officiellement de se retirer quand cela lui conviendra. Parle d'instructions dont il demande une copie. Désire être relevé de ses fonctions publiques aussitôt que possible, et il a l'intention de se démettre le premier février, à moins qu'il ne pense que le service public exige que Sa Seigneurie demeure en exercice quelques jours de plus, ou que cela soit plus commode.   page 36

23 janvier,   Goldie à Ogden. Incluse dans la lettre de Colborne à Glenelg du 24
Montréal.   janvier 1838.

23 janvier,   Colborne à Glenelg. Présente Badgley, qui représente l'Association Cons-
Montréal.   titutionnelle de Montréal.   33

24 janvier,   Le même au même. Aucune réception de la dépêche à l'effet que Gosford
Montréal.   abandonne le gouvernement du Canada. Il est encore en exercice, mais il a l'intention de se démettre le 1ᵉʳ février.   34

24 janvier,   Ogden et O'Sullivan à Goldie. Incluse dans la lettre de Colborne à
Montréal.   Glenelg du 24 janvier 1838.

24 janvier,   Colborne à Gosford. Transmets les dépêches de Glenelg. Assure Sa
Montréal.   Seigneurie que c'est son désir qu'il fixe, à sa propre convenance, l'époque à laquelle il abandonnera le gouvernement. Les nouvelles constantes d'incursions et d'invasions projetées l'empêchent de quitter Montréal tant que le gouvernement des États-Unis n'aura fait échec à la population turbulente des différents États. Demande qu'on envoie à Montréal le greffier et quelques membres du Conseil Exécutif pour lui faire prêter le serment en qualité d'administrateur. L'embarrassante question du procès des prisonniers d'État. Désire avoir l'opinion de Sa Seigneurie relativement au mode de procès, et si ce procès peut avoir lieu devant un tribunal militaire.   38

24 janvier,   Colborne à Glenelg. (nᵒ 2). N'a pas fait juger aucun des prisonniers par
Montréal.   le conseil de guerre. N'a pas reçu d'instructions de Gosford à ce sujet. A renvoyé la question aux jurisconsultes de la Couronne et transmets présentement leur opinion. A déjà libéré 200 personnes. Cette douceur inattendue a jeté l'alarme parmi les habitants fidèles, qui ont représenté le danger de renvoyer tant de rebelles, lesquels, s'ils ne sont pas punis, pourront facilement être portés au pillage et à prendre les armes à l'instigation de tout rebelle qui a encore de l'influence. L'embarras que le règlement de cette question pourra causer au gouvernement impérial, mais le gouvernement local ne pouvait en justice à l'égard du public, ou sans danger pour la province, faire juger les criminels politiques par les tribunaux ordinaires, et on ne pouvait les traduire devant le conseil de guerre sans adopter une mesure législative à cet effet.

Transmets projet d'un acte rédigé par le procureur général.   41

Inclus. Liste des documents qui accompagnent la dépêche.   45

Goldie à Ogden, procureur général. Demande l'opinion des jurisconsultes de la Couronne sur la question du procès des criminels politiques. Page 48

Ogden et O'Sullivan à Goldie. Opinion sur le procès des criminels politiques.   50

Acte projeté concernant le procès des prisonniers politiques.   60

24 janvier,   Colborne à Glenelg. Envoie lettre de Hume à Mackenzie trouvée parmi
Montréal.   les papiers de Papineau.   68

Inclus. Hume à MacKenzie. Le félicite au sujet de la nomination de Head comme lieutenant-gouverneur. Envoie lettre de présentation. Il a donné à Head les 1ᵉʳ et 7ᵉ rapports sur les griefs et quelques-unes de ses (de Mackenzie) dernières lettres. Demande qu'on fasse attention à Head. Remarques sur la politique du gouvernement impérial.   70

24 janvier,   Colborne à Durham. Transmets copie des instructions concernant le con-
Montréal.   seil de guerre qu'il ne s'est pas cru autorisé à convoquer à son retour de la

2-3 EDOUARD VII, A. 1903

1838.

région du lac des Deux-Montagnes. A déjà libéré plus de 200 personnes, ce qui a occasionné de nombreuses plaintes de la part des sujets fidèles. Envoie documents soumis aux jurisconsultes de la Couronne et l'opinion de ces derniers à ce sujet.   page 443

Procès-verbaux des sessions publiques de Montréal. Résolutions concernant la grâce accordée aux rebelles.   443 au verso.

25 janvier, Montréal.

Colborne à Glenelg (personnelle). Les Américains et les rebelles ont quitté l'île de la Marine et la force armée assemblée à Détroit s'est retirée de Bois-Blanc après la prise de leur goélette par la milice de Kent. Tant que l'agitation durera au Vermont et à New-York, il ne sera pas prudent de licencier la milice.   •   79

1er février, Montréal.

Colborne au gouverneur Marcy. Incluse dans la lettre de Colborne à Glenelg du 10 février 1838.

6 février, Londres.

Maitland à Gore. Incluse dans la lettre de Colborne à Glenelg du 17 février 1838.

8 février, Amherstburg.

Townshend à Maitland. Incluse dans la lettre de Colborne à Glenelg du 17 février 1838.

10 février, Québec.

Acte à l'effet d'établir des mesures provisoires pour le gouvernement du Bas-Canada.   252

Le même acte en français.   370

10 février, Montréal.

Colborne à Glenelg (n° 3). On lui a appris la retraite des Américains sous les armes. Rassemblement sur la frontière, près de Champlain et de Plattsburgh, d'hommes qui se préparent à une invasion. A écrit à ce sujet au gouverneur de New-York. Envoie des copies de la lettre et de la réponse.   89

Inclus. Colborne au gouverneur Marcy. Attire l'attention sur les agissements de la population armée de New-York qui s'assemble sur la frontière et se prépare à envahir la province.

Le gouverneur Marcy à Colborne. Le gouvernement de l'Etat n'a pas l'autorité d'agir dans le cas en question. Le gouvernement fédéral seul a le pouvoir, et il a écrit aux autorités régulières.   89 au verso

10 février, Londres.

Maitland à Gore. Incluse dans la lettre de Colborne à Glenelg du 17 février 1838.

12 février, Montréal.

Pétition à madame Attrill. Incluse dans la lettre de Colborne à Glenelg du 2 avril 1838.

13 février, Toronto.

Foster à Colborne. Incluse dans la lettre de Colborne à Glenelg du 17 février 1838.

17 février, Montréal.

Colborne à Glenelg (n° 4). Gosford a été détenu à Québec à la suite d'un accident qui lui est arrivé. Les brigands assemblés dans le Michigan n'ont pas été dispersés. Le général Wood prend des mesures pour empêcher les rebelles et ceux qui les supportent de faire un mouvement. N'a pas de doute que les généraux Scott et Wood continueront à agir avec énergie.   89 au verso.

Inclus. Maitland à Gore. Tout est tranquille sur la frontière de l'ouest. Retour des officiers de l'armée des Etats-Unis à la frontière de Niagara. A loué une maison pour servir de casernes. Plusieurs familles américaines partent. A demandé de réduire le nombre des miliciens afin de diminuer la dépense.   89 au verso.

Foster à Colborne. On n'ajoute pas foi à la nouvelle d'une invasion de Cleveland, les 400 hommes que l'on dit marcher sont dans un misérable état de dénûment et n'ont pas d'armes. Ne manquera pas d'envoyer des renforts dans la région de London, si cela est nécessaire.   90

Townshend à Maitland. Demande des renforts afin de faire face à l'attaque de 1,000 hommes venant de Cleveland.   90 au verso

Maitland à Gore. Envoie les rapports reçus de Townshend. Ces nouvelles peuvent n'être pas vraies, mais il s'est rendu à Amherstburgh avec

1838.

des renforts. La situation de la défense militaire dans la région de London.   page 90 au verso

18 février. Lee, de l'artillerie des Etats-Unis, à Vidal. Rapporte qu'il n'y a pas de rassemblements de forces des rebelles, de l'endroit où il est à Détroit. Les rebelles dispersés ont à peine des armes et ne sont pas prêts à entreprendre des opérations hostiles.   100

19 février, Chenal Ecarté. Dunlop à ———. Après avoir réduit sa troupe, il a dû, à la suite de rapports reçus de l'autre côté, faire revenir les hommes et augmenter leur nombre. La milice des Etats-Unis n'obéira pas au général Brady, en sorte qu'il l'a désarmée, mais la milice du Michigan est bien armée et s'unira aux rebelles, et elle a arrêté le transport des provisions. Provisions obtenues à Port-Huron. L'ennemi a quitté Détroit samedi, en sorte qu'on peut s'attendre à ce qu'il soit ici ce soir. L'estimation du nombre varie, mais les mieux renseignés croient qu'il y a à peu près 600 hommes, en sorte que si ce corps n'est pas renforcé à Mount-Clements, il l'attaquera. Ces hommes sont commandés par Duncombe. Les soldats (de Dunlop) sont bien mieux disciplinés que les autres.   97

19 février, Downing Street. Glenelg à Colborne. A transmis l'acte à l'effet d'établir des mesures provisoires pour le gouvernement du Bas-Canada. Explication des termes de l'acte.   440

21 février, Montréal. Colborne à Campbell. Incluse dans la lettre de Campbell à Glenelg du 15 mars 1838.

22 février, Sidney. Témoignage de John Sharp que les rebelles devaient se réunir à Bath. Dénonciation de Turner et d'autres.   121

23 février, Gananoque. Wilkinson à Phillpots. Rapporte qu'il a été fait prisonnier, et ce qu'il a vu dans le camp rebelle. Sa mise en liberté. Sympathie pour les rebelles sur la frontière des Etats-Unis. Le petit nombre des rebelles et leur manque de discipline.   102

23 février, Kingston. Bonnycastle au même. Envoie des renseignements sur les projets des rebelles des environs de Bath et Belleville qu'il a reçus ce matin. Le général Brady rapporte qu'on ne peut contrôler la foule à Détroit et qu'il a été de nouveau volé des armes. N'a pas vu l'indigne proclamation de Fairbanks au sujet des armes volées. Il offre à peu près un demi-dollar la pièce pour celles qui seront remises. Comment est disposée la milice à Kingston ; d'autres corps de milice sont distribués le long des routes. La population accoure en foule de toutes les parties du pays, en sorte que si les rebelles avaient la témérité d'attaquer, il en resterait peu pour raconter ce qui aurait eu lieu. Tout va bien. Le colonel Cameron est trop malade pour remplir ses fonctions. Renforts envoyés à Gananoque.   116

24 février, Brockville. Phillpots à Gore. D'après les renseignements reçus de Bonnycastle il paraîtrait que les projets des rebelles étaient plus importants qu'il (Phillpots) l'avait imaginé. Tout est maintenant sûr ici ; plus de 1,000 hommes avec quatre canons se trouvaient au creek des Français dans la nuit du 22 pour faire une attaque, et une partie de la troupe a pris possession de l'île Hickory. On n'a besoin que d'une autre compagnie du 83ᵉ. Avec les deux compagnies les volontaires auraient pleine confiance.

A depuis reçu le renseignement que les brigands se dispersaient.   113

24 février, Brockville. Le même à Colborne. Rapporte que les brigands sont dispersés ; ils possèdent 1,500 fusils et 6 pièces de campagne. La milice a fait le service magnifiquement. Si l'on pouvait envoyer une autre compagnie du 83ᵉ, il (Colborne) pourrait être en paix quant à cette partie du pays. Le rapport fait par Wilkinson des préparatifs et des dispositions de la population a jeté la panique parmi les bandits. Bonnycastle écrit que McKenzie a traversé à Brockville pour attaquer Kingston de ce côté-là tandis que Johnson et d'autres se rendaient à Brockville.   128

25 février, Amherstburg. Maitland à Foster.

2-3 EDOUARD VII, A. 1903

1838.
25 février,
Amherstburg.
Townshend à Maitland. Ces deux lettres sont incluses dans la lettre de Colborne à Glenelg du 3 mars 1838.

27 février,
Montréal.
Proclamation à l'effet de continuer la loi martiale. Incluse dans la lettre de Colborne à Glenelg du 28 février 1838.

27 février,
Montréal.
Colborne à Glenelg. Il a pris charge du gouvernement du Bas-Canada, Gosford étant parti à matin. Envoie des copies de la lettre de Gosford et de sa (de Colborne) proclamation.   page 446

Inclus. Gosford à Ryland. Convoquer le Conseil Exécutif pour faire prêter le serment à Colborne.   446

Proclamation de Colborne qu'il est entré en fonctions comme gouverneur.   446

28 février,
Montréal.
Colborne à Glenelg. Les jurisconsultes ont représenté qu'il serait incommode de faire désigner un jour d'actions de grâce. L'abandon virtuel de la loi martiale. Il a été lancé une proclamation continuant la loi martiale.   446 au verso

Incluse la proclamation continuant la loi martiale.   446 au verso

28 février.
Colborne à Fox. Inclus dans la lettre de Colborne à Glenelg du 3 mars 1838.

28 février,
Montréal.
Le même à Campbell. Incluse dans la lettre de Colborne à Glenelg du 15 mars 1838.

28 février,
Toronto.
Foster à Colborne. Incluse dans la lettre de Colborne à Glenelg du 3 mars 1838.

— février.
Proclamation et déclaration de la part des rebelles incluses dans la lettre de Colborne à Glenelg du 3 mars 1838.

(?) février,
Watertown.
Whiting à Jones. Rapport sur l'état d'agitation en faveur des rebelles sur les frontières des Etats-Unis.   122

3 mars,
Montréal.
Témoignage du Dr Dorion. Inclus dans la lettre de Colborne à Glenelg du 17 mars 1838.

3 mars,
Montréal.
Colborne à Glenelg. Des partis de rebelles qui s'étaient rendus à Platsburg et à Champlain ont traversé et pénétré dans la province le 28, mais les volontaires de Missisquoi ont marché contre eux, et ils se sont retirés et ont été désarmés par Wool, E.U. d'A., qui a arrêté Côté et Robert Nelson. Envoie les rapports des officiers commandant dans le district de l'ouest. Envoie des imprimés distribués par les rebelles sur les frontières.   447

Inclus. Colborne à Fox. Rapports des désordres sur la frontière. Les officiers américains n'ont pas les forces suffisantes pour les réprimer.   447

Foster à Colborne. Rapporte que 250 brigands à peu près avaient traversé à la Pointe Abino, sur le bord britannique du lac Erié, poursuivis par Worth, de l'armée américaine, duquel ils ont réussi à s'échapper. A envoyé un renfort de volontaires canadiens sur la frontière de Niagara.   447 au verso.

Maitland à Foster. Une bande de rebelles, faisant le métier de pirates, de Détroit, a pris possession de l'île au Combat, de laquelle elle a été délogée. Deux compagnies du 32e et une du 83e ont été envoyées avec à peu près 250 miliciens Les rebelles délogés étaient en grande partie des citoyens américains qu'on avait laissés prendre terre et tirer du rivage des Etats-Unis.   447 au verso.

Townshend à Maitland. Détails sur le combat pour déloger les brigands de l'île au Combat. Attire l'attention sur les services des colonels Elliot et Askin du 2e de la milice d'Essex ; du capitaine Glasgow de l'artillerie royale ; du capitaine Ermatinger des volontaires de Saint-Thomas et du lieutenant-colonel Prince ; fait aussi des louanges de la bonne volonté des sauvages du voisinage.   448

Wool à Colborne. Les docteurs Nelson et Côté et toutes leurs forces se sont rendus, livrant les causes, armes et munitions, et ils ont été remis aux autorités des Etats-Unis. Tout est maintenant tranquille sur la frontière.
448 au verso.

1838.

	Proclamation des rebelles.	page 448 au verso.
	Déclaration des rebelles.	449

(Ces deux documents portent la signature de Robert Nelson.)

4 mars, Amherstburg. Maitland à Foster. Incluse dans la lettre de Colborne à Glenelg du 9 mars 1838.

8 mars, Montréal. Colborne à Campbell, incluse dans la lettre de Colborne à Glenelg du 15 mars 1838.

9 mars, Montréal. Le même à Glenelg (n° 4). Envoie liste des dépêches reçues du département des Colonies. 136

Inclus. Liste. 137

9 mars, Montréal. Colborne à Glenelg (n° 5). Envoie un rapport de Maitland à l'effet qu'il à attaqué un parti de brigands qui avait pris possession de l'île de la Pointe Pelée. La frontière est aujourd'hui bien gardée par les volontaires, en sorte que les brigands n'y peuvent rien tenter de sérieux. Espère que la conduite outrageante des habitants des Etats-Unis forcera le gouvernement américain à adopter des mesures pour empêcher la répétition d'actes déshonorants. 139

9 mars, Montréal. Colborne à Glenelg. Transmet copie de la lettre de Maitland rapportant l'attaque et la défaite d'un parti de brigands de l'Ohio qui avait pris possession de l'île Pelée, sur le lac Erié. 449 au verso.

Inclus. Maitland à Foster. Rapporte l'attaque contre les brigands de l'Ohio qui avait pris possession de l'île Pelée et l'échec qu'ils ont subi. 449 au verso.

10 mars, Montréal. Colborne à Glenelg (n° 6). Envoie la pétition des officiers des miliciens de la Reine, de Niagara, demandant qu'on les maintienne d'une façon permanente à titre de corps provincial. 143

Inclus. Pétition. 145

15 mars, Montréal. Colborne à Glenelg (n° 7). Malgré que l'on ait supprimé la rébellion dans le Haut et le Bas-Canada, il espère qu'on enverra des renforts, comme c'était l'intention, les rebelles ayant eu la promesse d'aide de sources étrangères, et l'on sera sous le coup de cette menace tant qu'il n'y aura pas ici une force suffisante pour inspirer la confiance aux habitants. Envoie des copies de lettres adressées à Campbell pour montrer ce qu'il pense des frais énormes causés par ces fréquentes alarmes. Il est difficile d'évaluer le nombre des aventuriers, mais quelques centaines de gens causent une alarme pour laquelle il faut bientôt appeler les volontaires sous les armes, mais il est convaincu qu'en plaçant d'une manière judicieuse les troupes régulières cela aura pour effet de calmer plus facilement l'agitation et de repousser l'agression que tous les efforts faits par le gouvernement des Etats-Unis. Recommande que l'on stationne des corps de volontaires sur la frontière. Ne doute pas que l'on puisse se procurer des chevaux pour les régiments des dragons destinés au Canada. 148

Inclus. Colborne à Campbell. Explique la cause de la dépense faite pour les opérations militaires et la nécessité de tenir compte des rapports envoyés par des officiers commandant au loin au sujet d'invasions qu'ils craignent. La valeur des volontaires, mais on ne peut arrêter la dépense lorsqu'il faut faire des levées à la hâte. Recommande de placer une armée d'occupation pendant une année ou plus longtemps, ce qui sera une économie. 154

Colborne à Campbell. Rapporte les mouvements des rebelles et l'espoir entretenu par ces derniers d'entraîner dans des difficultés et embarras les gouvernements de la Grande-Bretagne et des Etats-Unis. 158

Le même au même. Les rebelles se sont avancés à partir d'Alberg-Springs, mais se sont retirés le 1er mars. S'ils étaient sortis il aurait été difficile, lors de la poursuite, après leur défaite, d'empêcher les volontaires de traverser la frontière. L'à-propos d'avoir un nombre convenable de soldats réguliers. 161

1838.
16 mars,
Montréal.

Colborne à Glenelg (n° 8). Remercie pour sa (de Glenelg) considération en obtenant du gouvernement qu'il (Colborne) reçoive le traitement civil entier de la charge de gouverneur général.   Page 165

17 mars,
Montréal.

Le même au même (personnelle et confidentielle). Rapporte l'état de la province et son désir qu'il soit adopté une mesure pour le protéger contre toute poursuite lorsque les lois militaires auront été abrogées.   167

Inclus. O'Sullivan, solliciteur général à Colborne. Envoie un état de la procédure dans les causes de Peltier, Cherrier et Viger, accusés de haute trahison.   175

Témoignage du D' Dorion concernant le D' Wolfred Nelson.   179

Berczy à Colborne. Représente qu'il y a des troubles dans son voisinage. Peut-il avoir de l'aide pour arrêter les personnes coupables de sédition.   182

Le même au même. Le changement dans l'opinion publique depuis le succès obtenu à Saint-Eustache, et il y a apparence de voir revenir la paix.   190

17 mars,
Montréal.

Colborne à Glenelg (personnelle et confidentielle). Insiste de nouveau sur l'à-propos d'être protégé après l'abrogation de la loi martiale.   193

19 mars,
Downing
Street.

Glenelg à Colborne. Observations relativement au projet de faire juger les prisonniers politiques par un conseil de guerre. Cela ne devrait pas être fait avant d'avoir fait l'épreuve de procès devant les tribunaux ordinaires. Le crime de meurtre ne devrait pas être confondu avec les délits purement politiques.   441

19 mars,
Montréal.

Colborne à Wool. Incluse dans la lettre de Colborne à Glenelg du 30 mars 1838.

19 mars,

Maitland à Foster. Incluse dans la lettre de Colborne à Glenelg du 26 mars 1838.

19 mars,
Montréal.

Colborne à Glenelg (n° 9). Transmet la lettre du général Wool, E.-U. d'A., relativement aux Canadiens de Champlain qui désirent retourner au Canada. Envoie une lettre interceptée de Robert Nelson.   443 au verso et 450

Inclus. Wool à Colborne. Envoie la pétition de 20 habitants qui demandent la permission de retourner. Il serait avantageux d'accéder à leur demande.   444 et 450 au verso

Lettre interceptée de Robert Nelson à Ryan. Les plans des rebelles pour envahir le Haut et le Bas-Canada de concert avec McKenzie. Comment Colborne et Wool ont été trompés.   444 et 450 au verso

22 mars,
Montréal.

Colborne à Glenelg (n° 10). Transmets la pétition de François Chartrand au nom de la famille de son frère tué par les insurgés, et la recommande. 197

Inclus. Pétition des enfants de feu Joseph Chartrand.   199

22 mars,
Montréal.

Christie à Odell. Incluse dans la lettre de Colborne à Glenelg le 30 mars 1838.

23 mars,
Toronto.

Foster à Colborne. Incluse dans la lettre de Colborne à Glenelg du 26 mars 1838.

24 mars,
Odelltown.

Rapport d'un interrogatoire des insurgés. Inclus dans la lettre de Colborne à Glenelg du 30 mars 1838.

24 mars,
Montréal.

Colborne à Glenelg (n° 11). Envoie la liste des dépêches reçues du Bureau des Colonies depuis le 9 courant.   203

Inclus. Liste.   204

24 mars,
Montréal.

Colborne à Glenelg. A reçu la dépêche de Head contenant les accusations portées contre lui (Colborne). Demande que Sa Seigneurie ne se prononce pas tant que la correspondance ne lui aura pas été soumise.   209

26 mars,
Montréal.

Colborne à Glenelg (n° 12). Envoie des lettres privées de Foster et Maitland que des partis de brigands, qui ont causé des alarmes sur la frontière de l'ouest, se sont dispersés, et Maintland a licencié plusieurs corps de volontaires.   211

DOC. DE LA SESSION No. 18

1838.

Inclus Foster à Colborne. Envoie les plus récentes nouvelles de la frontière de l'ouest, où les affaires ont pris une tournure plus pacifique. 213

Maitland à Foster. Rapporte l'état des choses sur la frontière de l'ouest. page 216

27 mars,
Montréal.
Proclamation. Inclus dans la lettre de Colborne à Glenelg du 31 mars 1838.

27 mars,
Montréal.
Colborne à Glenelg (n° 13). Envoie les relevés des destitutions et nominations des magistrats du Bas-Canada. Envoie une liste séparée des destitutions au cours du mois d'août. 219

Inclus. Liste des magistrats du Bas-Canada destitués depuis le 1ᵉʳ septembre 1837. 220

Liste des magistrats du district de Montréal le 1ᵉʳ décembre 1837. 225

Liste des magistrats du district de Montréal destitués avant le 1ᵉʳ septembre 1837. 236

28 mars,
Montréal.
Colborne à Glenelg (n° 14). A reçu l'avis de la nomination de Durham à la charge de gouverneur en chef de toutes les provinces de l'Amérique du Nord, et qu'il (Colborne) sera le commandant des forces du Haut et du Bas-Canada, 238

28 mars,
Montréal.
Le même au même (n° 15). La personne pour laquelle le Dʳ Hodgkin intercède doit être, croit-il, le Dʳ Robert Nelson, qui est maintenant un fugitif. 240

29 mars,
Montréal.
Le même au même (n° 16). A reçu une dépêche annonçant qu'il a été promu chevalier grand-croix de l'ordre du Bain. Envoie ses remerciements. 242

30 mars,
Montréal.
Colborne à Glenelg (n° 17). Le remercie de l'approbation donnée à sa conduite. Rapporte l'état des comtés du lac des Deux-Montagnes et de Terrebonne avant l'arrivée des troupes ; les conditions malheureuses des sujets fidèles. Incendie à Saint-Eustache. Envoie documents. 451

Inclus. Christie à Odell. Lui demande de transmettre les lettres au général Wool. 451 au verso.

Colborne à Wool. Mesures prises pour recevoir sur la frontière les Canadiens qu'il sera prudent d'y admettre. 451 au verso.

Rapport d'un interrogatoire des réfugiés dans le village Champlain, lesquels ont demandé la permission de retourner au Canada. 452

Ordre du jour relativement à la bonne conduite des volontaires. 452

Défense de prendre les biens des personnes accusées ou non. 452·

31 mars,
Montréal.
Circulaire adressée à ceux qui doivent faire partie du comité spécial. Incluse dans la lettre de Colborne à Glenelg du 6 avril 1838.

Suit la liste de ceux qui ont été proposés, sans date.

31 mars,
Montréal.
Actes temporaires. Inclus dans la lettre de Colborne à Glenelg du 24 avril 1838.

31 mars,
Montréal.
Colborne à Glenelg (n° 19). Envoie la liste des dépêches reçues depuis le 24 courant. 261

Inclus. Liste. 263

31 mars,
Montréal.
Colborne à Glenelg (n° 18). A reçu la dépêche renfermant l'Acte pour le gouvernement provisoire du Canada, ainsi que l'ordre de former un Conseil spécial. Espère convoquer bientôt le Conseil, afin de faire passer un Acte pour suspendre l'Acte de l'habeas corpus. 452 au verso.

Inclus. Proclamation à l'effet qu'il (Colborne) est en vertu de l'Acte gouverneur du Bas-Canada. 452 au verso.

31 mars,
St. Eustache.
Globensky, à　　　　. Attire l'attention sur les plaintes que l'on fait preuve d'une douceur excessive à l'égard des rebelles. 299

2 avril,
Montréal.
Colborne à Glenelg (n° 20). Transmets la pétition de Madame Attrill pour une pension. 268

Inclus. Pétition. 270

Dickson à Attrill. Envoie certificat pour lui obtenir sa promotion. 273

2-3 EDOUARD VII, A. 1903

1838.
2 avril,
Québec.

Une deuxième lettre envoyant le certificat. Les deux lettres ne portent aucune date.   274

Relevés (deux) concernant les recettes des terres de la Couronne, etc. Inclus dans la lettre de Colborne à Glenelg du 3 avril 1838.

2 avril,
Québec.

Réponse de Daly à la réclamation de Shadwell. Inclus dans la lettre de Colborne à Glenelg du 4 avril 1838.

2 avril,
Québec.

Explications de l'inspecteur général des comptes. Contenues dans la lettre de Colborne à Glenelg du 5 avril 1838.

3 avril,
Montréal.

Colborne à Glenelg (nº 21.) Envoie un relevé des recettes à compte du revenu casuel et territorial et des ventes des terres de la Couronne et des permis de couper du bois pendant les trois mois finissant le 31 du. mois dernier.   275

Inclus. Etat des recettes à compte du revenu casuel et territorial. 276

Relevé semblable à compte des terres de la Couronne et des permis de couper du bois.   277

4 avril,
Montréal.

Colborne à Glenelg (nº 22). Envoie la réponse de Daly au sujet de la réclamation de Shadwell pour le paiment d'une prétendue dette.   278

Inclus. Réponse de Daly à la réclamation de Shadwell.   280

4 avril,
Sherbrooke.

La Compagnie dite *British American Land Company,* par les commissaires Fraser et Webster, à Rowan, secrétaire civil. Explique pourquoi le paiement semi-annuel ne peut se fait dans le moment.   397

5 avril,
Québec.

Rapport du Conseil Exécutif sur la demande de Ryland. Inclus dans la lettre de Colborne à Glenelg. Inclus dans la lettre de Colborne à Glenelg du 14 avril 1838.

5 avril,
Montréal.

Colborne à Glenelg (nº 23). Transmets rapport de l'inspecteur général des comptes au sujet de la papeterie fournie à la division du secrétaire civil.   283

Inclus. Explication de l'inspecteur général des comptes au sujet de la papeterie fournie à la division du secrétaire civil.   287

5 avril,
Montréal.

Le procureur général à Rowan. Inclus dans la lettre de Colborne à Glenelg du 9 avril 1838.

6 avril,
Montréal.

Colborne à Glenelg (nº 24). A convoqué le conseil spécial constitué en vertu de l'Acte pour pourvoir au gouvernement provisoire du Canada, lequel se réunira à Montréal le 18 courant, et envoie copie de la lettre de convocation. Plusieurs ont consenti à faire partie de ce conseil.   289

Inclus. Circulaire à ceux qui ont été proposés comme membres du conseil spécial. Demande s'ils veulent en remplir les fonctions.   290

Liste des personnes proposées comme membres du conseil spécial.   293

7 avril,
Montréal.

Colborne à Glenelg (confidentielle). Les documents relatifs à l'arrestation de Lafontaine étaient en la possession de Badgley, de Montréal, qui se trouvait au bureau des colonies le 27 février. Le procureur général ne peut donner des copies du mandat d'amener et des témoignages, mais les documents en la possession de Badgley suffisent pour autoriser les poursuites contre Lafontaine.   295

8 avril,
Montréal.

Liste des conseillers spéciaux.   396, aussi 453

9 avril,
Montréal.

. Colborne à Glenelg. Envoie rapport du procureur général qu'il n'a pu encore clore l'examen des documents se rapportant à la dernière rébellion. Aucun des prisonniers ne peut être jugé avec justice pour la société en général par les tribunaux ordinaires. Les habitants fidèles ne permettraient pas aux détenus trouvés coupables de rester dans la province qui a tellement souffert de leurs actions pendant qu'ils dirigeaient la révolte de leur refuge aux Etats-Unis.   444 au verso.

Le procureur général à Rowan. N'a pu terminer son rapport sur la rébellion. A libéré environ 340 personnes, et il en reste à peu près 174 ; quelques-uns ont été élargis sous caution, d'autres sans avoir à fournir de cautionnement.   444 au verso.

DOC. DE LA SESSION No. 18

1838.
(?) avril,
Québec.
Réponse aux questions posées par le greffier adjoint du Conseil Exécutif. Inclus dans la lettre de Colborne à Glenelg du 14 avril 1838.

14 avril,
Montréal.
Colborne à Glenelg (n° 25). Transmets la réclamation de Ryland pour honoraires sur concessions de terres à la milice et les documents qui accompagnent cette réclamation. page 309

Inclus. Pétition de Ryland. 312

Extraits des procès-verbaux du Conseil Exécutif. 316

Rapport du Conseil Exécutif sur la demande de dédommagement faite par Ryland pour pertes d'honoraires sur les concessions de terres à la milice. 320

Réponses aux questions posées au greffier adjoint du Conseil Exécutif. 323

(?) avril,
Québec.
Rapport concernant Duchemin *alias* Froude. Inclus dans la lettre de Colborne à Glenelg du 17 avril 1838.

17 avril.
Colborne à Glenelg (n° 26). Envoie les renseignements concernant Duchemin *alias* Froude, demandés par le consul général de France. 328

Inclus. Rapport concernant Duchemin *alias* Froude. 331

19 avril,
Montréal.
Colborne à Glenelg (n° 27). Envoie les relevés des recettes et de la dépense pour les divers services du Bas-Canada. 333

Inclus. Etat du revenu net et de la dépense du Bas-Canada pour 1837. 335

20 avril.
Règles et ordres pour le conseil spécial. 379

Mêmes règles et ordres en français. 387

Aussi. 453

21 avril,
Montréal.
Colborne à Glenelg (n° 28). Envoie la liste des dépêches reçues le 31 du mois dernier. 358

Inclus. Liste. 359

23 avril,
Montréal.
Acte à l'effet de déclarer à quelle date les lois seront mises en vigueur.

23 avril,
Montréal.
Ordonnance. Ces deux documents sont inclus dans la lettre de Colborne à Glenelg du 24 avril 1838.

23 avril,
Montréal.
Colborne à Glenelg (n° 29). A convoqué le Conseil spécial qui se compose maintenant de 21 membres, dont 5 n'ont pu se rendre ici à raison des mauvais chemins. Smith, de Stanstead, ne peut accepter, et l'offre du siège a été fait à Austin, de Lennoxville. Des 21 membres du Conseil, 11 sont des Canadiens français. Espère qu'on approuvera son plan de soumettre au Conseil une mesure pour lui permettre d'acquitter les arrérages dus aux fonctionnaires publics. La Compagnie dite *British American Land Company* n'est pas en état de solder la moitié du versement annuel. Envoie un mémoire concernant le manque de revenu de la Couronne. 360

Aussi. 453

23 avril,
Montréal.
Mémoire par l'inspecteur général concernant les fonds provenant de la rente des terres de la Couronne et des permis de couper du bois. 400

24 avril,
Montréal.
Colborne à Glenelg (n° 30). Envoie les copies des ordonnances. 455 au *verso*.

Inclus. Acte à l'effet de déclarer à quelle époque les lois seront mises en vigueur. 454 au *verso*.

Ordonnance à l'effet d'autoriser l'arrestation de personnes accusées de haute trahison, etc. 455

Lois temporaires devenues caduques depuis le 1er mai 1832 ou qui le deviendront avant le 1er mai 1840. 456

24 avril,
Montréal.
Colborne à Glenelg (distincte). Les personnes détenues pour haute trahison ne peuvent être, en justice pour la société, jugées par les tribunaux ordinaires ; a proposé qu'on adopte une loi suspendant l'*habeas corpus.* Sauf quelques exceptions, les prisonniers doivent être détenus jusqu'à ce que Durham décide s'ils doivent être élargis ou condamnés à subir un procès. 462

25 avril,
Montréal.
Colborne à Glenelg (n° 31). Donnant à Sa Seigneurie l'avis des nomination du greffier et de ses adjoints du Conseil spécial. 406

2-3 EDOUARD VII, A. 1903

1838.
25 avril,
Montréal.
Colborne à Glenelg (n° 32). Envoie la liste des membres du corps de volontaires qu'il a été donné instruction de licencier. Recommande que l'on maintienne quelques compagnies sur la frontière, à Missisquoi, La Colle et Hemmingford.   page 408

Inclus. Relevé indiquant les rapports que l'on a donné l'instruction de faire préparer dans la milice.   411

Circulaire ordonnant le licenciement du corps de milice.   412

Liste mensuelle des corps de volontaires à solde au Canada.   414

Liste mensuelle des corps de volontaires ne recevant pas de solde.   416

25 avril,
Montréal.
Colborne à Glenelg (n° 33). Envoie la liste des dépêches du Bureau des Colonies.   417

Inclus. Liste.   418

26 avril,
Montréal.
Ordonnance à l'effet de continuer l'Acte pour venir en aide aux émigrants malades et dans le dénûment.

26 avril,
Montréal.
Ordonnance à l'effet de continuer l'Acte concernant les bureaux d'enregistrement.

26 avril,
Montréal.
Ordonnance à l'effet de continuer l'Acte concernant les bailleurs et locataires.

26 avril,
Montréal.
Ordonnance à l'effet de continuer l'Acte relatif aux gages des matelots.

26 avril,
Montréal.
Ordonnance à l'effet d'autoriser la nomination de commissaires pour s'enquérir des pertes subies par les sujets fidèles.

26 avril,
Montréal.
Ordonnance à l'effet de continuer l'Acte pour le transport des délinquants.

26 avril,
Montréal.
Ordonnance à l'effet de continuer l'Acte relatif aux lettres de change protestées. Cette ordonnance et les six qui précèdent sont contenues dans la lettre de Colborne à Glenelg du 30 avril 1838.

27 avril,
Montréal.
Colborne à Glenelg (n° 34). A la suite de l'état de paix qui règne dans la province, il a fait cesser la loi martiale.   420

27 avril,
Montréal.
Colborne à Glenelg (n° 34). A lancé une proclamation abrogeant la loi martiale.   459 au verso.

28 avril,
Montréal.
Ordonnance autorisant le remboursement des deniers avancés à même le Trésor impérial.

28 avril,
Montréal.
Ordonnance à l'effet d'indemniser les personnes arrêtées, etc., les personnes soupçonnées de haute trahison, etc. Cette ordonnance et la précédente sont incluses dans la lettre de Colborne du 30 avril 1838.

30 avril,
Montréal.
Colborne à Glenelg (n° 35). Il a été rendu une ordonnance mettant à la disposition du gouvernement exécutif £47,344 14ch. 7d. sterling pour payer les arrérages de la dépense du gouvernement civil, etc. Envoie les estimations et des observations.   424

Inclus. Estimation des dépenses du gouvernement civil et détails.   428

30 avril,
Montréal.
Colborne à Glenelg (n° 36). Envoie la liste des ordonnances rendues par le Conseil spécial.   459 au verso.

Inclus. Les ordonnances en question dans la lettre.   460 à 464

30 avril.
Anonyme à Fitz Roy Somerset. A reçu de Glenelg l'instruction d'envoyer un extrait de la dépêche de Colborne relativement à l'achat de chevaux au Canada. Le gouvernement ne changera cependant pas sa décision d'envoyer des chevaux pour les soldats.   153

9 mai.
Anonyme à Spearman. A reçu de Glenelg l'instruction d'envoyer un extrait de la dépêche de Colborne pour l'usage des lords du Trésor, dépêche expliquant les causes de la forte dépense des dernières expéditions militaires dans les Canadas.   152

12 mai.
Anonyme au même. Envoie des copies des dépêches de Gosford et de Colborne relativement aux réclamations d'indemnité d'individus qui ont éprouvé des pertes par la dernière insurrection du Bas-Canada, et copie de la réponse que Glenelg se propose de faire. Désire savoir si les lords du

DOC. DE LA SESSION No. 18

1838.

Trésor approuvent l'opinion exprimée dans la dépêche de Sa Seigneurie à Durham.   page 198

28 mai.

Anonyme au même. Envoie copie de la dépêche de Colborne exposant son intention de licencier graduellement les volontaires à mesure qu'arriveront les troupes régulières.   410

29 mai, Downing Street.

Glenelg à Durham. A reçu la dépêche de Colborne exposant qu'il a ouvert la session du Conseil spécial, envoyant une copie des règlements et disant qu'il a l'intention de proposer au Conseil une ordonnance pour acquitter les arrérages dus aux fonctionnaires public . Tout cela est approuvé.   367

29 mai, Downing Street.

Glenelg à Durham. A reçu la dépêche de Colborne dans laquelle il est dit qu'il a mis fin à la loi martiale. La conduite de Colborne est approuve.   421

30 mai.

Anonyme à Saint-André. Envoie un rapport de la personne qui administre le gouvernement de Québec au sujet de Duchemin *alias* Froude.   330

31 mai, Downing Street.

Glenelg à Durham. A reçu la dépêche de Colborne. Le renvoie pour les instructions à une dépêche antérieure.   445

2 juin, Downing Street.

Le même au même. A reçu la dépêche de Colborne rapportant la capture de Saint-Benoit et la dispersion des rebelles. La Reine est heureuse d'apprendre que la haute réputation des troupes a été sauvegardée.   445

5 juin.

Anonyme à Spearman. Envoie la copie du rapport de l'inspecteur général concernant la papeterie. Le montant était inclus dans le calcul des arrérages, mais n'a pas été payé en Canada. Les instructions envoyées à raison de sa lettre (de Spearman) auraient sans doute amené le versement de la somme à la caisse militaire.   285

5 juin.

Anonyme à Spearman. Glenelg désire qu'il envoie une copie de la dépêche de Colborne à l'effet qu'il a été rendu une ordonnance pour acquitter les arrérages de la dépense du gouvernement civil, et que Glenelg a donné son approbation.   427

15 juin, Downing Street.

Glenelg à Durham. Le gouvernement approuve l'action de Gosford relativement aux réclamations pour pertes, mais il remettra sa décision sur les réclamations présentées maintenant jusqu'à ce qu'il ait été établi quelque règle générale.   202

LE LIEUTENANT-GOUVERNEUR SIR J. COLBORNE, 1838.

Q. 245—1-2-3.

(La première partie est paginée de 1 à 240, la deuxième partie de 241 à 504, la troisième partie de 505 à 755).

1837.
13 septembre, Trois-Rivières   Dossier du procès préliminaire de Baptiste Cadieu.

1838.
19 mars, Montréal.   Rapport du juge en chef sur le procès et la sentence de Cadieu.

30 mars, Trois-Rivières   Déclaration assermentée de Joseph Morin.

— mars, Trois-Rivières   Cas de Cadieu jugé à Trois-Rivières sur l'accusation de meurtre.

6 avril, Trois-Rivières   Le juge Vallières de Saint-Réal à Rowan.

11 avril, Montréal.   Réponse à la pétition.

13 avril, Trois-Rivières   Demande du clergé catholique romain.

1838. 26 avril, Trois-Rivières	Bernard à Rowan.
26 avril, Trois-Rivières	Le même à John Stuart.
26 avril, Trois-Rivières	Le même à Cuthbert.
28 avril, Montréal.	Cuthbert à Barnard.
28 avril, Montréal.	Le juge en chef à Rowan.
(?) avril, Trois-Rivières	Barnard à Judah. Pétition.
1er mai, Trois-Rivières	Rowan à Barnard.
2 mai, Trois-Rivières	Le juge Vallières de Saint-Réal à Barnard.

2 mai, Trois-Rivières — Barnard au juge Vallières de Saint-Réal. Ce document et les quatorze qui précèdent sont inclus dans la lettre de Colborne à Glenelg du 21 mai 1838.

2 mai, Montréal. — Colborne à Glenelg (n° 37). A reçu une dépêche à l'effet qu'on ne devra pas s'écarter de la méthode ordinaire pour la mise en jugement des prisonniers de façon à enfreindre les principes de la loi criminelle. Croit qu'on ne la désapprouvera pas d'avoir résolu de remettre la poursuite des prisonniers jusqu'au moment de l'arrivée de Durham. Par suite des délais nécessaires l'époque du procès se trouvera à la date de l'arrivée de Durham, lequel devrait régulièrement fixer le temps des procès. Est convaincu de l'inopportunité de mettre les premiers en jugement devant les tribunaux ordinaires, mais il en réduit le nombre. 326 ont été élargis, on en détient maintenant 161, dont 72 sont supposés avoir été les principaux fauteurs de la dernière révolte. page 4

2 mai, Montréal. — Colborne à Glenelg (n° 38). Envoie la liste des dépêches reçues depuis le 28 du mois dernier. 6
Inclus. Liste. 7

3 mai, Montréal. — Demande de Ogden, procureur général, incluse dans la lettre de Colborne à Glenelg du 28 mai 1838.

3 mai, Montréal. — Colborne à Glenelg (n° 41). A clos la session du Conseil spécial le 5. Sommaire des opérations. 28 au verso
Inclus. Copie de la circulaire adressée aux membres du Conseil spécial. 29 au verso.

4 mai, Montréal. — Colborne à Glenely (n° 39). Envoie l'estimation de la dépense probable pour les sauvages pendant l'année. 11
Inclus. Estimation. 13

5 mai, Montréal. — John Stuart à Barnard. Inclus dans la lettre de Colborne à Glenelg du 21 mai 1838.

7 mai, Montréal. — Colborne à Glenelg (n° 40). Envoie des copies imprimées des ordonnances rendues par le Conseil spécial du Bas-Canada. (La liste se trouve dans les lettres.) 15
Suit le texte en entier des ordonnances. 15 au verso à 28 au verso.

9 mai, Montréal. — Colborne à Glenelg (n° 42). Envoie une copie de la lettre de Henry Valotte au sujet duquel le consul de France demande des renseignements. 34
Inclus. Valotte à Rowan. Il a vécu à Montréal pendant dix-huit mois, a prêté le serment d'allégeance et est maintenant sujet britannique. 36

10 mai, Montréal. — Rowan au président du Conseil Exécutif. Incluse dans la lettre de Colborne à Glenelg du 28 mai 1838.

11 mai, Montréal. — Colborne à Glenelg (n° 43). A appris le départ de Portsmouth d'un bataillon de grenadiers de la garde et qu'un bataillon des Coldstreams et

DOC. DE LA SESSION No. 18

1838.

du 71e devaient bientôt faire voile pour le Saint-Laurent. *Les deux bataillons sont arrivés saufs à Québec le 29.*   page 38

12 mai,   Le même au même (n° 44).   Envoie la liste des dépêches reçues depuis
Montréal.   le 2 courant.   40

         Inclus. Liste.   41

21 mai,   Rapport du comité du Conseil Exécutif.   Inclus dans la lettre de Col-
Québec.   borne à Glenelg du 28 mai 1838.

21 mai,   Colborne à Glenelg (n° 45).   A la suite du rapport fait par le juge en
Québec.   chef il a été accordé un sursis à Cadieu, condamné à mort, et soumet la
question à Sa Seigneurie.   43

       Inclus. Rapport du juge en chef sur le cas de Cadieu.   46

Barnard, avocat de Cadieu, croit que la sentence de mort prononcée contre ce dernier est nulle, et qu'elle n'a pas été prononcée en conformité de la loi.   58

Le juge en chef à Rowan.   A reçu une copie de la lettre de Barnard concernant le procès et la sentence de Cadieu.   L'omission de la sentence dans le dossier ne peut, il lui semble, rendre la sentence nulle en ce qui concerne le détenu, mais comme il a été jugé en Angleterre dans un cas semblable que cela avait cet effet, on peut supposer que ce jugement affecte la cause de Cadieu et justifie le changement à la pénalité.   60

Dossier du procès préliminaire de Baptiste Cadieu pour meurtre.   63

Cas de Cadieu jugé pour meurtre à Trois-Rivières.   75

Déclaration assermentée de Joseph Morin.   92

Réponse à la pétition.   95

Le juge Vallières de Saint-Réal à Rowan.   Rapporte qu'il a des doutes si l'on doit pendre Cadieu.   97

Demande de la part du clergé catholique romain de Trois-Rivières à Colborne qu'il soit accordé un nouveau sursis à Cadieu.   102

E. Barnard et H. Judah à Colborne, pétition indiquant les erreurs dans la preuve contre Cadieu, le défaut de juridiction du tribunal, et demandant le changement de la pénalité.   104

Rowan à Barnard.   La lettre a été reçue et soumise à Colborne.   112

Barnard à Cuthbert.   S'adresse à lui pour obtenir de l'Exécutif les documents concernant Cadieu.   113

Cuthbert à Barnard.   Croit qu'on accordera un nouveau sursis.   114

Barnard à John Stuart.   Lui demande d'intervenir afin de sauver la vie à Cadieu.   115

Stuart à Barnard.   A appris qu'on avait accordé à Cadieu un nouveau sursis devant précéder un sursis conditionnel.   120

Barnard au juge Vallières de Saint-Réal.   Le remercie du sursis accordé à Cadieu.   121

Le juge Vallières de Saint-Réal à Barnard.   Son contentement d'apprendre qu'on a accordé un sursis à Cadieu.   122

24 mai,   Colborne à Glenelg (n° 46).   Rapporte le décès de John Delisle, un des
Québec.   greffiers conjoints de la paix.   A nommé provisoirement William Henry
Bréhart.   Rapport au sujet des émoluments.   123

28 mai,   Le même au même (n° 47).   Envoie pour copie de la lettre du procureur
Québec.   général demandant de le rémunérer pour des services extraordinaires rendus durant l'insurrection.   Partage l'opinion du Conseil Exécutif au sujet des services rendus par Ogden, et a émis un mandat pour le montant recommandé par le Conseil.   Ogden envoie cependant une réclamation pour un montant plus considérable.   126

       Inclus. Demande d'une allocation supplémentaire de la part de Ogden, procureur général.   130

Rowen au président du Conseil exécutif.   Transmets le rapport de Ogden, procureur général.   134

1838.

Rapport du comité du Conseil Exécutif sur les réclamations de Ogden d'une rétribution supplémentaire.   page 135

30 mai.
Downing
Street.

Glenelg à Durham. A reçu la dépêche de Colborne qu'il a remis le procès des prisonniers accusés de haute trahison jusqu'à l'arrivée de Durham. Il approuve la conduite de Colborne.   5

3 juin,
Québec.

Colborne à Glenelg. Rapporte qu'il a été fait une réception flatteuse à lord Durham.   141

5 juillet,
Downing
Street.
6 juillet.

Glenelg à Durham. Attendra pour recommander la nomination de Bréhart qu'il sache si Durham l'approuve.   125

Anonyme au procureur et solliciteur général. Envoie le rapport du juge en chef sur le cas de Cadieu et demande leur opinion.   45

7 juillet,
Downing
Street.

Glenelg à Colborne. La lettre du 3 juin a été soumise à la Reine. Elle accepte sa démission avec regret et le remercie pour son zèle, habileté et discrétion.   142

10 juillet,
Downing
Street.

Anonyme à Spearman. Envoie d'après les instructions de Glenelg la dépêche de Colborne qu'il a émis un mandat en faveur de Ogden pour services supplémentaires rendus durant l'existence du régime militaire. Le mandat s'élevait à £1,500, mais la réclamation de Ogden est pour un montant plus considérable. Recommande qu'on approuve le montant de £1,500, mais il ne voit pas de motif d'accorder plus ample rémunération.   128

2 août,
Downing
Street.

Glenelg à Durham. A reçu des copies imprimées des ordonnances, mais non pas des copies authentiques, en sorte qu'il ne peut les soumettre à la Reine en Conseil. Si Colborne n'a pas envoyé ces copies, il (Durham) devra les expédier aussitôt que possible.   30

18 août,
Downing
Street.

Glenelg à Colborne. Lui demande de demeurer encore quelque temps en exercice au Canada.   143

26 septembre.
Sorel.

Colborne à Glenelg. Considère qu'il est de son devoir de demeurer en exercice au Canada, ainsi qu'on le lui demande.   page 145

26 septembre,
Sorel.

Le même au même. Il sera heureux de continuer à faire le service en Canada et de retenir le commandement, et il est fier qu'on approuve sa conduite.   147

12 octobre,
Sorel.

Le même au même. Envoie copie de la pétition de Donald McGillis et une lettre du révérend John Mackenzie, demandant que la pétition soit transmise.   149

20 octobre,
Québec.

Colborne à Glenelg (personnelle et confidentielle). N'avait pas d'abord ajouté foi aux rapports d'invasion du Canada, mais est maintenant convaincu que des tentatives seront faites. Plusieurs townships du Haut-Canada sont habités par des gens de la pire classe des Etats-Unis, et dans le Bas-Canada le mécontentement s'exprime librement. A demandé des renforts de Sir Colin Campbell et a pris des mesures pour appeler les volontaires sous les armes. A conseillé à Arthur d'appeler sous les armes les volontaires des districts du Saint-Laurent, de Niagara, de London et de l'Ouest. Ces préparatifs coûteront une immense somme d'argent, mais on ne pourra éviter le danger qu'en montrant aux Américains et aux rebelles les difficultés qu'ils auront à surmonter. Transmets une partie des lettres confidentielles que Durham a dernièrement reçues. Des hommes du Bas-Canada se sont rendus à Champlain, où ils ont été assermentés par Côté et Gagnon, et il a reçu des rapports dignes de croyance qu'il est fait des préparatifs dans l'Ohio. On a apporté des armes qui ont été distribuées dans les seigneuries.   158

29 octobre,
Vaudreuil.

Harwood à Buller. Incluse dans la lettre de Colborne à Glenelg du 27 novembre 1838.

2 novembre,
Québec.

Colborne à Glenelg (n° 1). Durham a fait voile hier, et il (Colborne) a pris l'administration du Bas-Canada.

Envoie une copie de la proclamation lancée à cette occasion.   167

Inclus. Proclamation.   167

1838.

5 novembre, Montréal.   Colborne à Glenelg (n° 2). Envoie des copies attestées des ordonnances rendues par Durham et le Conseil spécial.   page 169
    Inclus. Copies attestées de trois ordonnances.   169, 170

5 novembre, Montréal.   Colborne à Glenelg (n° 85). Rapporte les mouvements des rebelles. Les habitants s'assemblent en corps nombreux. Ils ont attaqué le village de Caughnawaga, mais ont été repoussés et il a été fait 70 prisonniers. Se prépare à marcher contre les rebelles en Acadie.

7 novembre. Trois-Rivières   Mandat de dépôt contre Houde. Inclus dans la lettre d'Anonyme au procureur et au solliciteur général du 2 février 1839.

11 novembre, Odeltown.   Colborne à Glenelg (n° 87). Mouvements des rebelles. La plus grande partie des rebelles du Richelieu, après avoir découvert que les armes et munitions promises n'étaient pas prêtes, sont retournés chez eux. Avait envoyé un corps sous le commandement du major général Macdonnell et de Clitheron pour attaquer, mais les rebelles, apprenant qu'il était en marche, prirent la fuite. Brave conduite des volontaires de LaColle, Odelltown, Hemmingford et Sherrington qui ont défait les rebelles, lesquels cherchaient à se mettre en communication avec leurs amis de New-York et du Vermont. Enverra sous peu un compte rendu exact de ces événements, et des rapports des officiers commandant les volontaires sur la frontière.   175
    Inclus. Déclarations par les rebelles.   176
    Proclamation.   176 au *verso*
    (Les deux portent la signature de Robert Nelson.)

11 novembre, Montréal.   Supplément (*extra*) de la *Gazette* de Montréal sous la rubrique : " Elargissement des prisonniers faits par les rebelles." Prise de Beauharnois.   169
    Nouveau supplément. La malle transportée par le *Brougham*, lorsqu'il a été pris, était apportée à la ville aujourd'hui.   199

12 novembre,   Colborne à Fitz Roy Somerset. Croit que cette deuxième tentative de révolte a été étouffée, et que les provinces seront en paix pendant l'hiver, à moins qu'il en soit fait une attaque contre le Haut-Canada par des gens des Etats-Unis. A demandé des renforts à sir Colin Campbell, croyant que si les Américains savaient que l'on fait des préparatifs complets pour la défense ils renonceraient à leur projet de se joindre aux rebelles.   180
    Young à Goldie. Incluse dans la lettre de Colborne à Fitz Roy Somerset du 17 novembre 1838.

14 novembre, Prescott.

15 novembre, Downing Street.   Glenelg à Colborne. Envoie le duplicata d'une dépêche adressée à Durham. S'il est parti, il (Colborne) considérera la partie qui se rapporte à la défense comme adressée à lui-même.   181

16 novembre. Québec.   Carey, inspecteur général, à Montizambert. Inclus dans la lettre de Colborne à Glenelg du 20 novembre 1838.
    Avis par Aylwin.

17 novembre, Québec.   Poursuite au bureau de police de Québec.

17 novembre, Québec.   Pétition de Teed. Cette pétition et les deux documents qui précèdent sont inclus dans la lettre de Colborne à Glenelg du 14 décembre 1838.

17 novembre. Québec.   Colborne à Glenelg (n° 4). Les seigneuries dans le voisinage de Sorel

17 novembre, Montréal.   étaient en alarme par suite des mouvements des habitants. A déclaré la loi martiale dans le district de Montréal, et il a proposé au Conseil spécial des ordonnances qui seront approuvées, il l'espère. Une liste des ordonnances se trouve dans la dépêche.   184
    Inclus. Proclamation de la loi martiale.   184 au *verso*
    Ordonnances.   184 au *verso* à 188 au *verso*

17 novembre. Montréal.   Colborne à Glenelg (n° 5). Envoie les rapports des officiers commandant le corps contre les rebelles, dont la dispersion a été complète. Mouvements des troupes. Le major Young rapporte que les brigands américains étaient

1838.

17 novembre,
Montréal.

18 novembre,
Montréal.

18 novembre,
Montréal.

19 novembre,
Downing
Street.

20 novembre,
Montréal.

21 novembre,
Downing
Street.

21 novembre,
Québec.
21 novembre,
Québec.
21 novembre,
Québec.
21 novembre,
Québec.
21 novembre,
Québec.
21 novembre,
Québec.
24 novembre,
Québec.
21 novembre,
Québec.
21 novembre,
Québec.
21 novembre,
Québec.
21 novembre,
Québec.

descendus à deux milles en aval de Prescott. La force envoyée suffira sans doute à repousser toute nouvelle attaque. page 191

Inclus. Rapports des officiers commandant le corps. 192 à 193 au *verso*
Colborne à Fitz Roy Somerset. Le major Young rapporte la défaite des brigands des Etats-Unis, qui sont descendus à deux milles en aval de Prescott. Brave conduite de la milice canadienne et des volontaires. Recommande le major Young. Perte sérieuse en repoussant l'attaque. Si le gouvernement des Etats-Unis ne met pas fin à ces actes honteux, il deviendra bientôt impossible d'empêcher qu'on use de représailles. 204

Inclus. Rapport détaillé fait par le major Young de l'attaque contre les brigands des Etats-Unis qui sont descendus à deux milles en aval de Prescott. Le feu des brigands a été droit et constant, et bien qu'il (Young) n'ait pas encore reçu la liste des tués et blessés, il y a eu sans doute une forte perte. 206

Colborne à Glenelg. Envoie le rapport du lieutenant-colonel Dundas au sujet de la reddition des brigands des Etats-Unis. Bien que le Haut-Canada soit constamment exposé à des agressions semblables, les efforts de la population vicieuse des Etats-Unis amèneront sa destruction. 211

Inclus. Rapport de Dundas. 212

Colborne à Glenelg (confidentielle). Arthur est convaincu qu'il y a de sérieux mécontentements dans le Haut-Canada, en sorte qu'il (Colborne) a détaché de nouveaux renforts de la Nouvelle-Ecosse, mais les volontaires du Saint-Laurent ont fait preuve de tant de détermination et de vigueur contre les envahisseurs et les rebelles qu'il ne peut croire que les conspirateurs des Etats-Unis puissent réussir. L'insuccès des rebelles et des insurgés du Bas-Canada a été si complet et leur punition si rigoureuse qu'il ne peut croire que leurs chefs aient assez d'influence pour les porter à s'assembler de nouveau. 214

Glenelg à Colborne. La proclamation d'une amnistie aux criminels politiques par Durham est contraire aux vues du gouvernement de Sa Majesté. La proclamation ne peut cependant être révoquée. 217

Colborne à Glenelg (n° 7). Envoie le rapport sur le cas de Douglas, dont la réclamation a été examinée, et à qui il a été accordé £300 au lieu des £380 qu'il réclamait. Envoie le rapport de l'inspecteur général. 218

Inclus. Rapport de l'inspecteur général sur le cas de A. G. Douglas. 220

Glenelg à Colborne. Comme il doit de nouveau administrer les affaires de la province par suite de la démission de Durham, il est autorisé à retirer le plein traitement du gouverneur en sus de sa solde militaire. 222

Procès-verbaux.

Mandat d'arrêt contre John Teed.

Pétition de John Teed.

Témoignage de Aylwin.

Raisons alléguées par le juge Panet.

Témoignage d'Eliza Teed.

Mandat à Bowles.

Témoignage de Aylwin.

Mandat contre Bowles.

Déclaration assermentée de Aylwin.

Ordre au shérif.

DOC. DE LA SESSION No. 18

1838.

22 novembre,
Québec.
Bowles au juge Bédard.

22 novembre,
Québec.
Motion par A. W. Cochran.

22 novembre,
Québec.
Décision du juge Panet.

22 novembre,
Québec.
Ordre au shérif de Québec.

22 novembre,
Québec.
Motion par Aylwin.

22 novembre,
Québec.
Mandat pour l'arrestation de Bowles.

22 novembre,
Québec.
Motion par Aylwin.

22 novembre,
Québec.
Motion par Aylwin.

23 novembre,
Québec.
Bédard à Colborne.

23 novembre,
Montréal.
Goldie aux juges Panet et Bédard.

23 novembre,
Québec.
Ordre au Shérif.

24 novembre,
Québec.
Bref ordonnant l'emprisonnement de John Jefferys.   Ce document et les vingt-trois qui précèdent sont inclus dans la lettre de Colborne à Glenelg du 14 décembre 1838.

24 novembre,
Downing
Street.
Glenelg à Colborne.   L'anxiété des ministres en apprenant de Fox qu'il y avait un projet d'invasion du Canada.   Confiance de l'administration dans les mesures de défense adoptées par Colborne.   page 223

26 novembre,
Montréal.
Colborne à Glenelg (n° 8).   Envoie le relevé annuel des allocations retirées lors de l'abolition et de la réduction des emplois.   225
Inclus. Etat.   227

27 novembre,
Montréal.
Colborne à Glenelg, (n° 9).   Envoie un état par Harwood en réponse à la dépêche concernant la réclamation présentée par Madame Harwood et ses sœurs de 150,000 acres de terre concédées au feu chevalier Michel Chartier de Lotbinière, leur grand'père.   228
Inclus Harwood à Buller concernant la réclamation faite par Madame Harwood et ses sœurs de la terre concédée à leur grand-père.   230

28 novembre,
Trois-Rivières
Pétition de Célestin Houde.   Incluse dans la lettre anonyme au procureur et au solliciteur général du 2 février 1839.

29 novembre,
Montréal.
Colborne à Glenelg (n° 10).   Envoie des copies imprimées des ordonnances rendues par le Conseil spécial.   242
Inclus. Ordonnances.   242 au *verso* à 245 au *verso*

29 novembre,
Montréal.
Colborne à Glenelg (n° 11).   A reçu les dépêches suivant la liste.   246
Inclus. Liste.   247

29 novembre,
Québec.
Les juges Panet et Bédard à Colborne.   Incluse dans la lettre de Colborne à Glenelg du 14 décembre 1838.

30 novembre,
Trois-Rivières
Avis de Houde.   Inclus dans la lettre non signée adressée au procureur et au solliciteur général le 2 février 1839.

30 novembre,
Montréal.
Colborne à Glenelg, (confidentielle).   Rapporte les mesures qui ont été prises pour réprimer la rébellion.   Renforts envoyés au Haut-Canada.   Conduite courageuse des volontaires dans les townships de l'Est.   249
Inclus. Nickle à Griffin.   Succès à Barnston.   Confiance des sujets fidèles rétablie.   254

30 novembre,
Montréal.
Colborne à Glenelg (n° 13).   En réponse à la demande du consul général de France, envoie la lettre de M. Courcanebeck lui-même.   256

(?) novembre,
Québec.
Ordre par Young.   Inclus dans la lettre de Colborne à Glenelg du 14 décembre (?).

— novembre,
Différentes
dates.
Continuation des procès-verbaux du conseil de guerre.   505 à 553
Protêt par les prisonniers au sujet de la juridiction du tribunal.   554
Demande de délai par les prisonniers pour l'instruction de leurs procès.   559

2-3 EDOUARD VII, A. 1903

1838.

Motion pour délai.   page 560
Cardinal désire faire comparaître certains témoins.   563
Thibert désire également faire comparaître des témoins pour la défense.
                                                                           565
Louis Lesiege, autrement Lesage dit Laviolette, demande d'être acquitté
et élargi, les autres prisonniers ayant besoin de son témoignage.   568
Opposition à la constitution du tribunal pour le procès des délits.   572
Observations de Léandre Ducharme.   578
Adresse par Jean Marie Thibert pour sa propre défense.   583
Adresse de Jean Louis Thibert pour sa propre défense.   587
Observations de J. M. Cardinal.   590
Observations de Antoine Côté.   593
Observations de Edouard Thérien   595
Observations de Joseph L'Ecuyer.   596
Adresse par Louis Lesiege *alias* Lesage dit Laviolette.   597
Observations par quatre des prisonniers.   598
Observations par les mêmes prisonniers.   599
Adresse sur le cas par le commissaire du gouvernement.   604

3 décembre.   Observations du procureur général.
4 décembre.   Opinion du procureur général.
4 décembre,   Goldie aux juges de Montréal.
Montréal.

5 décembre,   Opinion des juges. Ce document et les trois qui précèdent sont inclus
Montréal.   dans la lettre de Colborne à Glenelg du 14 décembre 1838.

6 décembre,   Ordre d'amener Houde devant le tribunal.
Trois-Rivières   Inclus dans la lettre non signée adressée au procureur et au solliciteur
                 général le 2 février 1839.

7 décembre,   Le juge Rolland à Goldie.
Montréal.

8 décembre,   Opinion de Stuart, solliciteur général.
Montréal.

8 décembre,   Goldie à Bowles.
Montréal.

8 décembre,   Goldie aux juges Panet et Bédard.
Montréal.

8 décembre,   Rapport du Conseil Exécutif.
Québec.

8 décembre,   Goldie à Bédard.
Montréal.

12 décembre,   Bédard à Goldie. Cette lettre et les dix autres qui précèdent sont
Montréal.   incluses dans la lettre de Colborne à Glenelg du 14 décembre 1838.

12 décembre,   Vallières de Saint-Réal à Goldie. Inclus dans la lettre non signée adres-
Trois-Rivières   sée au procureur et au solliciteur général le 2 février 1839, suivies des
                 Raisons alléguées par Vallières de Saint-Réal.

13 décembre,   Glenelg à Colborne. Dans sa dépêche du 10 n'avait pas fait attention à
Downing   la recommandation que l'on devrait pourvoir aux familles des volontaires
Street.   tombés dans les engagements avec les rebelles. Elles devront être mises
                 sur le même pied que les officiers et soldats de l'armée régulière et de la
                 marine. Comment les règlements seront appliqués.   178
                     Duplicata à la page 213.

13 décembre,   Le même à Arthur. Envoie copie de la dépêche à Colborne concernant
Downing   les réclamations par la milice ou les volontaires. La législature du Haut-
Street.   Canada a devancé dans le cas de Madame Moodie les arrangements qu'il a
                 faits à l'égard de deux cas de même nature dans le Bas-Canada.   434

13 décembre,   Goldie à Bédard. Inclus dans la lettre de Colborne à Glenelg le 14
Montréal.   décembre 1838.

DOC. DE LA SESSION No. 18

1838.
14 décembre,
Downing
Street.
   Glenelg à Colborne. A reçu du commandant en chef une dépêche contenant des copies de ses (de Colborne) lettres à Arthur. Approuve les mesures qu'il a prises pour la défense des Canadas.   page 164

14 décembre.
   Anonyme à Colborne. A reçu le rapport qu'il avait réuni le Conseil spécial qui a rendu les ordonnances dont des copies ont été envoyées, et qui ont été renvoyées aux jurisconsultes de la Couronne. Communiquera leur décision aussitôt que possible. Il devra envoyer les noms des membres du Conseil spécial.   183

14 décembre,
Montréal.
   Colborne à Glenelg (confidentielle). Rapporte qu'il a suspendu deux des juges du Banc du Roi, savoir, les juges Panet et Bédard. Explique au long la cause de la suspension.   259

   Inclus. Goldie aux juges Panet et Bédard. Désire savoir, pour la gouverne du lieutenant-gouverneur, pour quelles raisons elles ont accordé un bref d'*habeas corpus.*   267

   Les juges Panet et Bédard à Colborne. Un très long rapport de leur mode de procédure concernant la demande d'un bref d'*habeas corpus.*   268

   Suivent les procès-verbaux.   293

   Bref ordonnant l'emprisonnement de John Jefferys.   297

   Avis d'Aylwin, procureur du pétitionnaire au solliciteur général.   300

   Ordre par Young, l'inspecteur de la police, d'arrêter et d'incarcérer John Teed.   301

   Pétition de John Teed.   303

   Mandat d'arrêt de John Teed.   306

   Motion par A. W. Cochran pour la remise de la cause de John Teed.   308

   Décision rendue par le juge Panet dans le cas de Teed sur la demande d'Aylwin, son avocat.   309

   Ordre au shérif de Québec d'amener devant le juge Panet John Jefferys, accusé de désobéissance aux règles et ordres de la cour.   311

   Motion de Aylwin à l'effet que John Jefferys, le geôlier, amène Teed à la cour.   313.

   Motion de Aylwin qu'il soit rendu jugement contre Jefferys pour refus d'obéissance au tribunal.   314

   Ordre par le shérif d'incarcérer John Jefferys pour refus d'obéissance au tribunal.   315

   Montant pour l'arrestation de Bowles par suite de refus d'obéissance dans cette cause.   317

   Pétition de John Teed à l'effet qu'il soit relevé à la garde de Bowles. 319

   Témoignage de Aylwin qu'il a eu une entrevue avec Bowles, lequel lui a dit qu'il gardait Teed prisonnier.   321

   Eliza Teed rend témoignage au sujet du lieu de naissance de John Teed, son frère.   323

   Mandat à Bowles de remettre en liberté John Teed.   324

   Témoignage de Aylwin que Bowles a refusé d'obéir au bref d'*habeas corpus.*   326

   Mandat contre Bowles.   329

   Déclaration assermentée de Aylwin pour l'émission d'un mandat contre Bowles.   331

   Ordre au shérif d'arrêter Bowles.   332

   Motion par Aylwin de faire émettre un mandat contre Bowles.   331

   Raisons alléguées par le juge Panet pour ce qu'il a fait dans le cas de Teed.   335

   Observations du procureur général sur le rapport des juges concernant le cas de Teed.   360

   Opinion du procureur général au sujet de l'émission d'un bref d'*habeas corpus* par les juges Panet et Bédard.   372

   Opinion de Stuart, solliciteur général, sur le cas de Teed.   376

1838.
        Goldie aux juges de Montréal demandant leur opinion si l'acte de
l'*habeas corpus* a été ou non suspendu par l'autorité compétente.   page 378
        Opinion des juges que l'acte a été suspendu par l'autorité compétente. 379
        Le juge Rolland refuse d'exprimer son opinion.   381
        Rapport du Conseil Exécutif que pour la sûreté de la province le pouvoir
exécutif ne devrait pas être contesté par l'autorité locale.   384
        Goldie aux juges Panet et Bédard. Annonce leur suspension par suite
de leur action illégale.   387
        Bédard à Goldie. Accepte en son nom et au nom de Panet la suspension
de leurs fonctions, heureux si cela peut contribuer au maintien de la loi et
du bon gouvernement.   390
        Goldie à Bédard. Colborne l'ayant suspendu ainsi que Panet, ne peut
avoir d'objection à ce qu'ils portent leur cause au pied du trône. 392
        Bédard à Colborne. Se plaint de la lettre de Bowles.   394
        Bowles au juge Bédard. Concernant le bref d'*habeas corpus*. Si l'on tente
de l'arrêter (Bowles) par la force, cela pourra entraîner une effusion de
sang.   399
        Goldie à Bédard. Colborne regrette les termes de la lettre de Bowles et
lui a exprimé sa forte désapprobation. La responsabilité de prendre la
garde de Teed militairement était inévitable à la suite du rapport du magistrat de police.   401
        Goldie à Bowles. Colborne a reçu la copie de sa lettre (de Bowles) à
Bédard et regrette qu'il ait employé des termes qu'il désapprouve fortement.   403

14 décembre,   Colborne à Glenelg. Envoie les procès-verbaux du conseil de guerre
Montréal.   général tenu pour le procès de Cardinal et autres et opinion des jurincon-
              sultes que la sentence de déportation rendue contre plusieurs ne peut être
              ratifiée. A donné instruction au conseil de guerre de se réunir de nouveau
              à cause de la sentence de déportation.   631

15 décembre,   Rapport du conseil de guerre recommandant que Joseph Narcisse Car-
Montréal.   dinal subisse la peine de mort pour haute trahison. 419

15 décembre,   Anonyme à Spearman. Envoie pétition de McGillis demandant une
              somme d'argent pour ses services militaires.   150
                  Inclus. Pétition de Donald McGillis.   151
                  Lettre du révérend John McKenzie recommandant la pétition de Donald
              McGillis.   156

16 décembre,   Pétition conjointe de Smith et deLéry. Incluse dans la lettre de Colborne
Québec.   à Glenelg du 20 décembre 1838.

16 décembre.   Glenelg à Colborne. Diverses ordonnances rendues par le Conseil spécial
Downing   seront mises en vigueur.   31
Street.
18 décembre.   Rapport du conseil de guerre recommandant que Duquette soit conduit
Montréal.   sur le lieu de l'exécution pour y subir la peine de mort. 422

19 décembre,   Colborne à Glenelg (confidentielle). Les instructions de faire rendre une
Montréal.   ordonnance pour la constitution de tribunaux devant juger les rebelles et
              meurtriers ne laissent pas de doute que c'est l'intention du gouvernement
              d'empêcher tout échec à l'administration de la justice. Le renouvellement
              soudain de la révolte a occasionné au gouvernement provincial les mêmes diffi-
              cultés que celles de l'année dernière. Critique la constitution des tribunaux
              projetés. A donné aux tribunaux établis par le Conseil spécial les pouvoirs
              après le crime perpétré, car les prisonniers qui avaient déjà commis des
              délits augmentaient d'heure en heure. Autres observations concernant les
              tribunaux chargés du procès des rebelles et meurtriers, et rapport du
              nombre de ceux qui cherchent à se procurer des armes. 405
                  Un duplicata imprimé se trouve à la page   425

20 décembre,   Colborne à Glenelg. Envoie la pétition de William Smith, greffier, et
Montréal.   Charles E. C. deLéry, greffier adjoint du conseil, pour le paiement de leurs
              appointements, pétition qu'il recommande.   427

1838.

Inclus. Pétition collective de Smith et de Léry.   page 429

25 décembre, Montréal. Colborne à Glenelg. Envoie les procès-verbaux du conseil de guerre général sur les causes de Joseph Narcisse Cardinal et autres.   435

Procès-verbaux.   436 à 504

26 décembre, Montréal. Colborne à Glenelg. A la suite des mouvements insurrectionnels empêchant la réunion du Conseil Exécutif, il a été nécessaire de faire différentes nominations afin d'avoir un conseil qu'il pourrait consulter. Envoie la liste de ceux qu'il a convoqués.   632

Inclus. Liste.   634

27 décembre, Montréal. Colborne à Glenelg (n° 17.) Envoie pour le secrétaire de la Guerre un relevé des allocations aux médecins militaires pour fonctions supplémentaires durant l'année terminée le 30 avril 1838.   635

Inclus. Relevé.   637

30 décembre, Trois-Rivières Déclaration assermentée de Verboncœur. Inclus dans la lettre non signée au procureur et au solliciteur général du 2 février 1839.

31 décembre, Montréal. Colborne à Glenelg (n° 18.) Envoie les raisons données par le juge Vallières de Saint-Réal pour accorder un bref d'*habeas corpus* à Célestin Houde. A déjà fait le rapport de la suspension des juges Panet et Bédard. L'action du juge Vallières de Saint-Réal a causé le même embarras, en sorte qu'il a été également suspendu. Envoie les opinions des juges de Québec et de Montréal à l'effet que l'ordonnance est une loi obligatoire.   638

31 décembre, Downing Street. Glenelg à Colborne. Les instructions envoyées avant la dernière révolte devront cesser d'être en vigueur. A pleine confiance dans son jugement.   743

31 décembre, Montréal. Colborne à Glenelg (confidentielle). Envoie des copies imprimées de trois ordonnances rendues par le Conseil spécial.   735

31 décembre, Downing Street. Glenelg à Colborne. Est convaincu que s'il (Colborne) a été obligé de décider du sort des personnes trouvées coupables d'avoir participé aux récents troubles dans les Canadas ; il l'a fait d'une façon judicieuse.   743

1839.
1er janvier, Downing Street. Le même au même. Les ordonnances de 1 à 12 rendues par le Conseil spécial ne prêtent à aucune objection en droit, a-t-on rapporté. En conséquence il les soumettra à l'approbation de la Reine en Conseil.   187

3 janvier, Downing Street. Glenelg à Colborne. A reçu le rapport des mesures qu'il a prises pour réprimer la rébellion, etc. Envoie l'approbation unanime du gouvernement.   255

19 janvier. Le même au même. A reçu la dépêche qu'il a établi un tribunal pour juger des délits commis dans la dernière insurrection, et qu'il avait l'intention de promettre que la sentence de mort eût effet dans le cas de deux sur les dix prisonniers. Le gouvernement approuve sa décision.   418

2 février. Anonyme au procureur et solliciteur général. Envoie la dépêche de Colborne concernant la suspension du juge Vallières de Saint-Réal pour avoir leur opinion.   641

Inclus. Vallières de Saint-Réal à Goldie. Envoie la pétition de Houde et toute la procédure, de même que les motifs de son jugement.   642

Raisons alléguées par de Saint-Réal pour la décision à laquelle il en est arrivée d'émettre le bref d'*habeas corpus* en faveur de Houde.   644

Pétition de Houde pour un bref d'*habeas corpus*.   664

Déclaration assermentée de Verboncœur au sujet de la bonne renommée de Houde.   667

Avis que Houde demandera par pétition un bref d'*habeas corpus*.   669

Ordre d'amener Houde en présence du tribunal.   671

Mandat d'incarcération de Houde.   673

Cautionnement en faveur de Houde.   675

Sommaire de la pétition et de l'ordre pour l'émission d'un bref d'*habeas corpus* en faveur de Houde.   678

Procédure pour que Célestin Houde soit admis à fournir caution.   680

2-3 EDOUARD VII, A. 1903

1839.

Le procureur général à Goldie.   Envoie pour le soumettre à Coiborne un état de la procédure afin que Célestin Houde soit admis à fournir caution.   page 683

Déposition par Lesieur Désaulniers contre Célestin Houde.   685

Déposition par Joseph Béland contre Houde.   687

Déposition de James Douglas contre Houde.   689

Déposition de François Béland contre Houde.   691

Déposition par J. B. Lussier contre Houde.   694

Déposition de Léandre Béland contre Houde.   696

Déclarations de Célestin Houde pour sa propre défense.   698

Procès-verbaux du Conseil du 27 décembre 1838.   701

Opinion des juges que l'Acte suspendant l'Acte de l'*habeas corpus* était valide.   704

Rapport par le procureur général sur l'Acte pour suspendre l'*habeas corpus* ; qu'il était valide.   718

Opinion du solliciteur général que l'acte pour suspendre l'*habeas corpus* était valide.   722

Goldie à Valières de Saint-Réal. Son action en élargissant Houde par un bref d'*habeas corpus* met en danger le salut public, et en conséquence Colborne le suspend de ses fonctions de juge.   732

4 février,

Anonyme aux jurisconsultes de la Couronne. Leur transmet trois ordonnances rendues par le conseil spécial pour qu'il les examine et passe un rapport à leur sujet.   741

LE GOUVERNEUR COMTE DE DURHAM, 1838.

Q. 246-1.

1828.
12 avril,
Londres.

Durham à Glenelg.   Est obligé de se rendre dans le nord par suite de la maladie de son oncle.   Sera probablement prêt à faire voile le 21.   20

1835.
8 avril.
Trésorier.

Freemantle à Hay.

10 avril.
Downing
Street.

Hay à Freemantle.   Ces deux lettres sont incluses dans la lettre de Glenelg à Durham du 21 avril 1838.

1838.
20 janvier,
Downing
Street.

Glenelg à Durham. Le gouvernement croit préférable de communiquer la ligne générale de politique la plus propre à amener une paix durable. La tranquillité étant rétablie il faudrait préparer la voie pour en revenir au principe de gouvernement fondé sur la liberté accordée par l'Acte impérial de 1791. Le pays sera gouverné pendant un espace de temps restreint d'après un système différent. Il devra préparer les voies pour un système plus constitutionnel et à cette fin employer tous les moyens possibles. Observations générales sur l'état de choses et l'à-propos de modifier l'Acte de 1791.   5

— janvier,
Montréal.

Pétition contenue dans la lettre de Glenelg à Durham du 19 avril 1838.

1er février,
Downing
Street.

Stephen au Trésor.   Incluse dans la lettre de Glenelg à Durham du 21 avril 1838.

6 février.
Trésorier.

Spearman à Stephen. Incluse dans la lettre de Glenelg à Durham du 21 avril 1838.

10 mars,
Londres.

Durham à Grey.   Envoie memorandum de ses appointements projetés.   10

Inclus. Mémorandum des appointements requis pour la liste civile projetée de Durham.   12

1838.
24 mars,
Londres.
Durham à Glenelg. Envoie copie de sa lettre à Grey du 10 courant au sujet des appointements nécessaires pour l'exécution de ses devoirs. page 17

31 mars.
Westminster.
Commission à Durham.   57
Suivi de l'avis pour dissoudre le Conseil spécial.   61
Le même en français.   66 et 70

2 avril,
Downing
Street.
Aberdeen au Trésor. Incluse dans la lettre de Glenelg à Durham du 21 avril 1838.

3 avril,
Downing
Street.
Glenelg à Durham (n° 6). Transmet quatre commissions de Sa Majesté la revêtant de l'autorité du gouverneur général des colonies britanniques de l'Amérique.   92

Inclus. Instructions pour le Nouveau-Brunswick et pour l'Ile du Prince-Edouard. Celles pour le Haut et le Bas-Canada sont envoyées dans la dépêche subséquente du 21 avril.   92 au *verso*

Circulaire aux lieutenants-gouverneurs du Haut-Canada, du Nouveau-Brunswick, de l'Ile du Prince-Edouard, de la Nouvelle-Ecosse et de Terre-neuve transmettant une copie de la dépêche à Durham.   93

7 avril,
Trésor.
Spearman à Stephen. Les lords du Trésor approuvent les salaires proposés par Durham ainsi que les propositions pour l'application des revenus perçus dans le Bas-Canada, etc.   13

17 avril,
Fredericton.
Harvey à Glenelg (n° 23). Politique et (confidentielle). Transmet un message (extrait de journaux) du gouverneur de l'Etat du Maine et certaines résolutions adoptées par la législature de cet Etat demandant la construction d'une fortification sur la frontière de l'Est du Maine dans le but d'étendre la protection des lois de l'Etat aux citoyens habitant ce voisinage. Demande des instructions à ce sujet   131

19 avril.
Downing
Street.
Glenelg à Durham. Envoie la lettre qui lui a été adressée (à Durham) par Moffatt et Badgeley concernant la composition du Conseil Législatif et l'état de la représentation dans le Bas Canada.   21

Inclus. Moffatt à Durham. Etat de la représentation du Bas-Canada. 21
Moffatt et Badgeley à Glenelg. Envoie état. Le bien-être futur du Canada dépend de l'union législative. Une union fédérale n'aurait qu'un effet extérieur. Ces sujets devront être fortement représentés à Durham.   22 au *verso*

Grey à Moffat et Badgeley. La lettre adressée à Durham contenant l'état de la représentation du Bas-Canada a été transmise.   23

19 avril,
Downing
Street.
Glenelg à Durham. Envoie pétition sur les griefs des habitants du Bas-Canada.   23

Inclus. Pétition demandant une union législative.   23

20 avril.
Downing
Street.
Glenelg à Durham. Transmet copie d'une lettre du Trésor relativement aux dépenses faites au Canada par suite de la dernière insurrection. Des instructions ont été envoyées à Colborne de licencier les volontaires dont il pourrait se passer, mais s'il trouve, à son arrivée, que ces volontaires font encore le service, il devra en réduire le nombre autant que cela pourra se faire sans danger.   24 au *verso*

Inclus. Spearman à Stephen. Attire l'attention par ordre du Trésor sur les dépenses faites au Canada par suite de la dernière insurrection et sur la nécessité de réduire les forces de la milice et des volontaires.   24 au *verso*

Stephen à Spearman. Au reçu de la lettre du 26 février Glenelg avait donné instruction à Colborne de licencier la milice autant que cela pouvait se faire sans danger.   24 au *verso*

21 avril,
Downing
Street.
Glenelg à Durham. Envoie des copies de la correspondance échangée entre le département des Colonies et le Trésor. Il devra créditer le gouvernement de la partie du traitement du gouverneur de la province et des émoluments en réduction des dépenses de sa mission.   18

Inclus. Stephen à Spearman. Envoie copie de la lettre de Durham concernant ses appointements projetés. Les traitements impayés du gou-

18—5

1838.

verneur et du secrétaire de la province devront être reportés au crédit de
l'Etat.   page 18

21 avril, Glenelg à Durham. Envoie des copies de la correspondance échangée
Downing   avec le Trésor relativement à la manière d'administrer les affaires finan-
Street.   cières du Canada pendant que sera en vigueur l'Acte 1 Vict., ch. 9.   25

Inclus. Gray à Spearman. Désire attirer l'attention sur l'à-propos de
donner des conseils à Durham quant à l'application des fonds prélevés dans
le Bas-Canada.   25

Spearman à Grey. Les lords du Trésor envoie à Durham des instructions concernant l'application des deniers prélevés dans le Bas-Canada.   25

21 avril, Glenelg à Durham. Envoie les instructions en vigueur depuis la con-
Downing   quête de Québec. On aurait préparé de nouvelles instructions, mais cela
Street.   n'aurait pu se faire sans préjuger des questions importantes dont la seigneurie devra s'enquérir. Les anciennes instructions seront un guide
précieux.   26

21 avril, Glenelg à Durham. Envoie des instructions relativement à la ligne de
Downing   conduite à suivre relativement à la protection des provinces canadiennes.
Street.   Les difficultés que le règlement de la rébellion donneront aux tribunaux
ordinaires. La tâche consiste à assurer une paix durable.   27

21 avril, Durham à Glenelg. A reçu les dépêches jusqu'au n° 21.   29
Londres.

21 avril, Le même au même. Grâce à la bonté d'un ami il peut se dispenser de la
Londres. nomination d'un conseiller.   30

21 avril, Glenelg à Durham. Mesures prises pour que les dépenses soient payées.
Downing   31
Street.   Inclus. Stephen au Trésor. Les dépenses de Durham devront être
payées comme le sont celles d'une mission spéciale.   32

Spearman à Stephen. Le Trésor devra pourvoir aux dépenses de Durham.
                                                                         32

Spearman à Stephen. Les mesures que Durham devra prendre relativement à ses dépenses personnelles.   32 au verso

Aberdeen au Trésor. Les mesures prises pour la mission d'Amherst.
                                                                    34 au verso

Freemantle à Hay. Les mesures que le Trésor devra prendre pour les
dépenses d'Amherst.   32 au verso

Hay à Freemantle. Comment l'on paiera le traitement, etc., d'Amherst.
                                                                         33

24 avril, Durham à Glenelg. A reçu les dépêches jusqu'au n° 23.   34
Portsmouth.
29 avril. Glenelg à Durham. Explique les termes de l'Acte de 1791 relativement
Downing   aux réserves du clergé. L'administration désire que la chose soit réglée
Street.   d'une manière définitive.   35

30 avril, Le même au même. Envoie document intitulé: " Chefs d'objections à
Downing- une union fédérative des provinces de l'Amérique Britannique du Nord ",
Street.   qui lui a été remis par A. Stuart.   35a

Inclus. Chefs d'objections.   35a

7 mai.   Glenelg à Durham. Menaces de troubles dans l'Ile du Prince-Édouard
Downing   au sujet de la question de deshérence. Envoie dépêche expliquant la partie
Street.   générale de cette question   36

26 mai,   Le même au même. Envoie des copies des adresses de l'Assemblée et
Downing- du Conseil du Haut-Canada au sujet de l'union du Haut et du Bas-Canada.
Street.   Il (Durham) devra examiner les renseignements contenus dans les adresses.
                                                                         37

Inclus. Glenelg à Arthur. A reçu la dépêche de Head ; l'administration
l'examinera avec soin.   39

A présenté à la Reine les adresses du Haut-Canada relativement à l'union
des deux provinces. Pouvoir lui (à Durham) a été donné de s'enquérir de
ces questions et de soumettre son opinion au Parlement.   40

1838.

29 mai,
Downing
Street.

Glenelg à Durham. Le ministre anglais à Washington lui a écrit dans quelles circonstances Vail a été envoyé au Canada pour s'enquérir des cas de citoyens américains qui peuvent avoir été emprisonnés par suite de la dernière insurrection, et lui a aussi transmis des copies de lettre à Colborne et au lieutenant-gouverneur du Haut-Canada. La satisfaction du gouvernement de Sa Majesté.   page 42

31 mai.
Québec.

Durham à Glenelg (n° 1). Est arrivé le 27, mais n'est descendu que le 29 à cause du mauvais temps. A alors prêté le serment. A été accueilli avec cordialité lorsqu'il est allé prêter le serment. La proclamation qu'il a lancée a été bien reçue.   45

Inclus. Proclamation.   47

Même proclamation en français.   51

31 mai,
Québec.

Durham aux membres du Conseil Exécutif. Circulaire. Que ce n'est pas son intention de continuer le Conseil Exécutif tel qu'il est constitué actuellement. Ce n'est pas qu'il ait raison d'être mécontent, car il estime ses services et croit qu'on l'estime et le respecte personnellement. Donne des raisons à l'appui de son projet.   62

Même circulaire en français.   71

31 mai,
Fredericton.

Harvey à Durham (confidentielle). Transmet le livre bleu annuel pour 1837, ainsi qu'une dépêche du secrétaire d'Etat de Sa Majesté, aussi une copie de la dépêche à lord Glenelg traitant des mesures nécessaires à prendre pour délimiter et *localiser* la ligne de la frontière suivant la réclamation de l'Etat du Maine sur sa frontiè e nord-est aux termes du traité de 1783.   125

Un post-scriptum attire l'attention sur la note de lord Aberdeen à M. Lawrence en date du 14 août 1828 qui contient une déclaration aussi claire et forte du cas qu'on en peut trouver dans tout document à ce sujet.   130

1er juin,
Québec.

Avis qu'il sera tenu une levée le 5 courant.   56

Même avis en français.   25

1er juin,
Québec.

Durham à Glenelg (n° 2). Rapporte des excès scandaleux commis par des pirates américains sur les frontières du Haut-Canada. L'intention de continuer cette méthode de causer des ennui. Les mesures de défense prises. Le coût considérable de la défense.   77

Inclus. Dundas à Goldie. La prise du steamer *Sir Robert Peel.* Arrivée des passagers, leurs pertes.   77 au verso

Proclamation offrant une récompense de £1,000 pour la découverte et la condamnation de ceux qui ont participé à la prise du steamer *Sir Robert Peel* et enjoignant qu'une force militaire soit placée dans l'endroit où elle pourra le mieux protéger la frontière.   78

3 juin,
Québec.

Durham à Glenelg (n° 3). Envoie des copies d'une lettre des magistrats de Brockville relativement à la destruction du steamer *Sir Robert Peel.*   38

Inclus. Demande de la part des magistrats de Brockville qu'on y place une force militaire.   83

Déposition du capitaine du *Sir Robert Peel* mentionnant les circonstances dans lesquelles a eu lieu l'attaque contre ce steamer.   83

3 juin.
Québec.

Durham à Glenelg (n° 4). Envoie le rapport de Colborne au sujet de la répartition projetée des troupes dans le Haut et le Bas-Canada.   87

Inclus. Rowan à Durham. Répartition projetée des troupes dans le Haut et le Bas Canada pendant que la province est dans un état d'alarme.   88

6 juin,
Québec.

Durham à Glenelg (n° 5). Envoie des copies de ses dépêches aux lieutenants-gouverneurs des différentes provinces.   page 91

Inclus. Durham à Prescott. Envoie copie de sa commission. Demande que la correspondance officielle soit de la nature la plus franche et la plus confidentielle.   91

Circulaire aux autres lieutenants-gouverneurs. De la même nature que la précédente.   91

2-3 EDOUARD VII, A. 1903

1838.
8 juin,
Chateau St.
Louis.

Durham à Glenelg (n° 6). A besoin d'un bâtiment à vapeur bien équipé et armé, mais s'aperçoit qu'une certaine compagnie a établi un monopole du voiturage à la vapeur entre Montréal et Québec. Cette compagnie refuse de pourvoir un bâtiment à l'Etat pour moins de £100 (du cours) par jour. Recommande qu'on envoie à Québec et mette à sa (de Durham) disposition un navire de guerre d'un tirant d'eau ne dépassant pas 11 pieds.   page 97

9 juin,
Downing
Street.

Glenelg à Durham (n° 31). Demande qu'on lui transmette pour la présenter à la Chambre des Communes une copie des actes adoptés par la légi-lature canadienne, lors de la dernière session, pour la conservation de la paix et le procès des personnes accusées de s'être révoltées contre le gouvernement établi.   98

9 juin,
Frédéricton.

Harvey à Durham (n° 2). Accuse réception de la dépêche et des commissions.   143

Inclus. Dépêches reçues, n° 22 à 33.   145

9 juin,
Toronto.

Arthur à Durham. Accuse réception des commissions. L'un le (Durham) nommant capitaine général et commandant en chef de cette province, l'autre le (Arthur) continue dans son emploi de lieutenant-gouverneur. L'état de la province est très peu satisfaisant, mais il n'y a pas lieu de désespérer.   147

Inclus. Ordre général de la milice.   147 au verso.

11 juin,
département
de la Guerre.

Poinsett à Forsyth. Mesures à adopter dans l'espoir de rétablir l'ordre sur la frontière.   175

12 juin,
Downing
Street.

Glenelg à Durham (n° 32). L'arrivée dans le Bas-Canada des renforts envoyés de ce pays met fin à la nécessité de maintenir tout corps de milice ou de volontaires. Il (Durham) saisira la première occasion de les licencier et prendre les mesures nécessaires pour faire remettre aux officiers d'artillerie les mousquets et munitions non dépensées distribués à ces corps.   99

12 juin,
Washington.

Poinsett au major général A. Macomb. Le président désire que vous vous rendiez sans retards inutiles à la frontière du Canada pour y prendre le commandement et arrêter toutes les personnes qui s'engagent dans des expéditions hostiles à la paix d'une puissance amie.   176 au verso.

14 juin,
Québec.

Copie des instructions du vice-amiral sir Charles Paget aux capitaines des navires de Sa Majesté *Hastings* et *Hercules*.   186

16 juin,
Chateau St.
Louis.

Durham à Glenelg (n° 12). Envoie copie de la dépêche à M. Fox et instructions au lieutenant-colonel Grey.   101

Inclus. Rapports du colonel Dundas relativement à l'incendie du steamer *Sir Robert Peel*, à l'île de Wells.

Sir John Colborne a quitté Québec pour se rendre aux frontières. Envoie l'honorable Charles Grey, qui est porteur d'une dépêche afin qu'il puisse avoir une entrevue.   101

16 juin,
Chateau St.
Louis.

Durham à Glenelg (n° 9). Le lieutenant général sir J. Colborne a terminé sa tournée d'inspection et a pris toutes les dispositions nécessaires afin de répartir les troupes le long de la frontière. Son Excellence rapporte qu'il y avait beaucoup d'excitation, et que l'on répend à dessein des rumeurs exagérées d'invasion le long de la frontière américaine. Recommande qu'il (Durham) se rende aussitôt que possible dans la province d'en haut. Le gouverneur Morcy dit que l'agitation le long de la frontière est si forte qu'il n'a pas à sa disposition les moyens de la contrôler.   119

16 juin,
Chateau St.
Louis.

Durham à Glenelg (n° 10). Demande au parlement avant la fin de la session d'étendre les pouvoirs d'imposer des impôts conférés à un conseil spécial. Il paraît essentiel aux meilleurs intérêts de la province que l'on étende quelque peu les pouvoirs du Conseil spécial avant la fin de la présente session du parlement.   119 au verso.

16 juin,
Chateau St.
Louis.

Le même au même (n° 11). A demandé d'avoir une entrevue personnelle avec le lieutenant-gouverneur de la province du Nouveau-Brunswick au sujet de la question de la frontière.   123.

DOC. DE LA SESSION No. 18

1838.
16 juin,
Chateau St.
Louis.

Durham à Glenelg (nᵒ 13). Envoie deux rapports du capitaine Sandom de la marine royale sur l'état des forces navales sous son commandement à Kingston, ainsi qu'une dépêche de sir John Colborne au même sujet. 107

Inclus. Sandom à Durham. Il a préparé deux petits bâtiments pour faire le service sur le lac Érié ou ailleurs, n'a pas acheté de bâtiments à vapeur parce qu'il n'avait pas les officiers ou personnes convenables à mettre à bord de ces bâtiments. Afin d'équiper ces bâtiments avec toute la prudence nécessaire, demande qu'on envoie des navires de Sa Majesté à Québec les officiers et matelots mentionnés ci-dessous :—

    3 lieutenants.
    6 sous-lieutenants.
    2 seconds capitaines.
    4 aspirants de marine de classe ancienne.
    3 aides-chirurgiens.
    1 commis expérimenté.
    4 quartiers-maîtres.
    4 menuisiers.
    10 canonniers.
    24 bons matelots.

Total: 61   page 108

Des copies des dispositions au sujet des outrages commis hier matin sur l'île de Tanti sont annexées, pour l'information de Votre Excellence. 110

Sandom à Durham. Rapporte les mesures prises afin d'empêcher que se renouvellent des outrages comme ceux dernièrement commis par la destruction du navire à vapeur *Sir Robert Peel.* 110

16 juin,
Washington.

Fox à Durham. Dépêche remise par le lieutenant-colonel Charles Gray, dont la mission a été très satisfaisante. Le colonel Gray a eu des entrevues avec le président et le secrétaire d'État et aussi le secrétaire du ministère de la Guerre. Envoie une lettre du secrétaire du ministère de la Guerre des États-Unis, laquelle énonce les mesures qui seront adoptées dans l'espoir de rétablir le bon ordre sur la frontière. 173

17 juin,
Chateau St.
Louis.

Durham à Glenelg. Accuse réception des dépêches. 145

18 juin,
Chateau St.
Louis.

Le même à Harvey. Dépêches reçues. Désire vivement avoir une entrevue personnelle avant son (de Durham) départ pour le Haut-Canada. 141

18 juin,
Chateau St.
Louis.

Le même à Glenelg. Envoie des copies de la dépêche de sir George Arthur et de la réponse. 147

18 juin,
Chateau St.
Louis.

Le même au même. Accuse réception des dépêches. 162

Liste des dépêches. 163

23 juin,
Chateau St.
Louis.

Le même au même. Transmet des copies d'une dépêche au ministre de Sa Majesté à Washington et d'une lettre du lieutenant-colonel Gray. Mentionne les mesures subséquentes adoptées afin de maintenir la paix sur les frontières et l'impression que cela fera probablement sur l'administration américaine. Demande qu'on maintienne le plus possible durant la présente année les forces navales et militaires. 164

Inclus. Ordres généraux pour la gouverne des affaires de l'armée des États-Unis dans le service sur la frontière. 178

23 juin,
Québec.

Grey à Durham. A remis les dépêches à M. Fox et a eu une entrevue avec le président. Lui a communiqué les désirs de Votre Excellence de cultiver des relations cordiales avec le gouvernement des États-Unis, ce qu'il a approuvé dans les termes les plus forts, exprimant en même temps le désir sincère du gouvernement américain de conserver la bonne entente avec l'Angleterre. Peut compter sur la plus entière coopération. 176

2-3 EDWARD VII., A. 1903

1838. 25 juin, Chateau St. Louis.	Durham à Glenelg. Envoie copie d'une dépêche transmise au ministre de Sa Majesté à Washington. 183

Inclus. Durham à Fox. Est heureux d'apprendre que le gouvernement des États-Unis adopte des mesures actives pour rétablir la paix sur les frontières. Des mesures pour se défendre contre des pirates et bandits ont été prescrites par les deux gouvernements. 183

12 juillet,
Downing
Street.

Glenelg à Durham. (n° 38). Accuse réception de dépêches rapportant la destruction du bateau à vapeur britannique *Sir Robert Peel* par un parti armé des États-Unis. Le gouvernement de Sa Majesté approuve pleinement la teneur des instructions au lieutenant-colonel Grey. 103

13 juillet,
Downing
Street.

Glenelg à Durham (n° 39). Ses collègues approuvent entièrement les mesures qui ont été adoptées pour la défense du Canada. Le gouvernement de Sa Majesté partage votre opinion qu'il est préférable d'employer une force militaire régulière au lieu de volontaires, mais il espère que les forces qui se trouvent dans le moment dans l'Amérique Britannique du Nord suffiront pour la sécurité des possessions de Sa Majesté. 111

15 juillet,
Downing
Street.

Le même au même. Après avoir pleinement examiné les raisons alléguées par Votre Seigneurie au sujet de la modification de l'Acte 1 Vict., ch. 9, nous sommes d'avis qu'il serait impossible à la période actuelle de la session de présenter un bill à l'effet de modifier les dispositions législatives de l'Acte 1 Vict., ch. 9. 121

16 juillet,
Downing
Street.

Glenelg à Durham (n° 70). Accuse réception des dépêches. Le gouvernement de Sa Majesté approuve entièrement les termes des lettres adressées aux différents lieutenants-gouverneurs et en attend les résultats les plus avantageux pour les intérêts généraux des sujets de Sa Majesté dans l'Amérique Britannique du Nord. 149

7 septembre,

———— à J. Backhouse. Transmet la copie ci-jointe d'une dépêche de Durham adressée au ministre de Sa Majesté à Washington pour l'information du vicomte Palmerston, et afin de lui permettre d'expliquer au gouvernement des États-Unis les motifs qui ont engagé les autorités canadiennes à organiser une flottille armée sur les lacs et sur le Saint-Laurent. 184

1838 (?7).
10 septembre,
Frédéricton.

Harvey au gouverneur de l'État du Maine. M. E. S. Greely étant de nouveau venu dans la province et y ayant repris l'exercice de juridiction et déclaré que c'est l'intention de Votre Excellence de le supporter, il (Harvey) a des instructions de ne permettre l'exercice d'aucun acte de juridiction dans les territoires en contestation par toute puissance étrangère. Aurait-il besoin de la force militaire entière de l'Amérique Britannique pour lui permettre de donner suite à ces instructions, cette force serait mise à sa disposition. Espère que Son Excellence ne l'obligera pas à avoir recours à ces mesures. 135

LISTE ALPHABÉTIQUE DES LIVRES AUX ARCHIVES DU CANADA, À OTTAWA, 1902.

VOLUMES.

ABEILLE, L'. Petit séminaire de Québec, 1848 à 1862 3

ABSTRACTS and results of magnetical and meteorological observations at the Magnetic Observatory, Toronto, de 1841 à 1871 1

ABSTRACT of all the Statutes made concerning aliens trading in England and the great damage done by the Jews to the plantations in America, par Samuel Haynes, 1685. 1

ACADIE. Différends des Couronnes de la Grande-Bretagne et de la France touchant l'Acadie, etc., 1756 1

ACADIE. Mémoires des Commissaires du Roi et de ceux de Sa Majesté Britannique sur les possessions et les droits respectifs des deux Couronnes en Amérique, 1755-1757 4

ACADIE. The Neutral French, par Mrs. Williams, 1841 1

ACADIE. or Seven Years' Explorations in British America, par Sir James E. Alexander, 1849 1

ACADIE. or a Month with the Blue Noses, par Frederick S. Cozzens, 1859 1

ACADIE. or History of Nova Scotia or Acadie, par Beamish Murdoch, 1865... 3

ACADIE. Histoire de l'Acadie Françoise, 1598-1775, M. Moreau 1

ACADIE. Colonie Féodale en Amérique, 1604-1710, M. Rameau 1

ACADIE. History of, from its first discovery to its surrender to England by the Treaty of Paris, par James Hannay, 1879 1

ACADIE. A Lost Chapter in American History, par P. H. Smith, 1884..... 1

ACADIE. Pèlerinage au pays d'Evangéline, par l'Abbé Casgrain, 1887....... 1

ACADIE. Documents inédits, Demers et frère, 1888 1

ACADIE. Missing Links of a lost Chapter in American History, par Edouard Richard, 1895. 2

ACADIE. Le Père Lefèbvre et Montréal, par Pascal Poirier, 1898.......... 1

ACADIE. Jesuit Relations and Allied Documents, 1610-1613, par Reuben G. Thwaites, 1896 73

ACADIE. Vide Voyages and Travels, 1750-1751, Chabert, 1753 ....

ACADIE. Mémoire présenté au Protecteur d'Angleterre, par le Marquis de Leyde et Alphonse de Cardenas, 1655 1

ACADIE. Discussion sommaire sur les anciennes limites de l'Acadie et sur les stipulations du Traité d'Utrecht, qui y sont relatives ....

ACADIE. Répliques des Commissaires Anglais, ou Mémoire présenté par les Commissaires de Sa Majesté aux Commissaires de Sa Majesté Très Chrétienne le 23 janvier 1753 ....

ACADIE. Contenant le précis des faits pour servir de réponse aux observations envoyées par l'Angleterre dans les cours d'Europe. Paris, 1756........ 1

ACHINTRE (A). L'Ile Sainte-Hélène, 1876. 1

ADAIR (James). History of the American Indians, E. C. Dilly, 1775. 1

ADAMS (A. Leith). Field and Forest Rambles, with notes on the Natural History of Eastern Canada, 1873 1

ADAMS (Daniel). Arithmetic suited to Halifax Currency, 1833 4

ADAMS (Herbert B.). Thomas Jefferson and the University of Virginia...... 1

ADMIRALTY. VICE, COURT for Lower Canada, Cases selected from those heard and determined in the, with rules, &c., and original commission, par Geo. O. Killstuart, 1858. 1

VOLUMES.

AFFAIRES diverses. Lettres, etc., de Colbert, par P. Clément, 1650 7
AGOSTINI, E. La France et le Canada, 1886. 1
AGRICOLA, Letters of, par John Young, 1822. 1
AGRICOLES. Les Cercles dans la Province de Québec, par N. E. Dionne, 1881. 1
AGRICULTURE. Forêts, Haros. Lettres, etc., de Colbert, 1869 . . . .
AGRICULTURE. Hemp. Transactions of the Society for the encouragement of
    Art, &c. Report on the culture and preparation of hemp in Canada,
    1804 1
AGRICULTURE. Treatise on the theory, &c., of, William Evans, 1835 1
AGRICULTURE. Supplementary volume to a treatise on the theory and practice
    of Agriculture in Canada, par William Evans, 1836 1
AGRICULTURAL Tour in the United States and Upper Canada, C. Barclay, 1842. 1
AGRICULTURAL Canadian Reader, John Simpson, 1845 1
AGRICULTURE, Rapport du Comité spécial sur l'état de l'Agriculture du Bas-
    Canada, 1850, Louis Perreault . . . .
AGRICULTURE. Essay on the Insects and Diseases injurious to the wheat crops,
    par H. Y. Hind, 1857 . . . .
AGRICULTURE. Le nouveau Manuel du Cultivateur ou Culture raisonnée des
    Abeilles, de la vigne et de la canne à sucre, par J. B. La Montagne,
    1881 . . . .
AGRICULTURE. Traité sur l'élevage et les maladies des bestiaux, par J. A.
    Couture, 1884 1
AGRICULTURE. Crop bulletins, Manitoba, 35 livraisons reçues. 2
AILLEBOUT, la famille d', par l'Abbé Daniel 1
AKINS, Thomas B. Selections from the public documents of the province of
    Nova Scotia . . . .
ALASKA. Investigation of the Fur Seal and other fisheries of, Washington,
    1889 1
A LA VEILLÉE, par Faucher de Saint Maurice, 1882 1
ALBION. New York, 1845-46 (contenant des documents et les débats, etc.,
    concernant la question de la frontière de l'Orégon). 2
ALBUM du Canadien, 1849 1
ALEXANDER (Sir James E.) L'Acadie, or seven years explorations in British
    America, 1849 2
ALEXANDER Capt. J. E, Transatlantic stretches, 1833 2
ALEXANDER (Col. Sir James E.) Salmon Fishing in Canada, 1860 1
ALGONQUIAN. Bibliography of the Algonquian Languages, par James Constan-
    tine Pilling, 1891 1
ALMANAC. Oliver and Boyd's New-Edinburgh, 1882 1
ALMANACH de Gotha. Annuaire Généalogique, etc., 1870 7
ALMANACS. Canadian. 1848 onwards. . . . .
AMERICAN Atlas, Historical, Chronological and Geographical, Carey and Lea,
    1823 . . . .
AMÉRIQUE ANGLOISE, description des Isles et Terres du Roi d'Angleterre
    dans l'Amérique, avec de nouvelles cartes de chaque isle et Terres, par
    Richard Blome, 1688 1
AMERICAN CIVIL WAR. Michigan in the war. John Robertson, 1882 1
AMERICAN CIVIL WAR. St. Alban's Raid investigation before Judge Coursol
    and Hon. Mr. Justice Smith, compilé par L. N. Benjamin, 1865 1
AMERICAN CIVIL WAR. David Têtu et les raiders de Saint-Alban . . . .
AMERICAN ENCROACHMENTS, on British rights (ayant trait aux traités passés
    avec les Etats-Unis), J. Butterworth, 1808 1
AMERICAN ENCROACHMENTS vide Navigation and Trade. Atcheson, 1808 1
AMERICAN MEMORANDA of 1843, Glasgow, Bell & Bain, 1844 1
AMERICAN GAZETTEER. 1798 1
AMERICAN ORNITHOLOGY, par Alexander Wilson, 1865 3

DOC. DE LA SESSION No 18

VOLUMES.

AMERICA. Accurate description of the New World, &c. Adorned with maps and sculptures, &c., par John Ogilvy, 1671........................ ᴀ

AMERICAN REVOLUTIONARY WAR. A candid examinition of the mutual claims of Great Britain and the Colonies, 1775........... .... ᴊ

AMERICAN REVOLUTIONARY WAR. Account of the rise and progress of the, London, 1780........ .... ᴀ

AMERICAN REVOLUTIONARY WAR. Additional Observations, par Richard Price, D.D., 1777........ .... ᴀ

AMERICAN REVOLUTIONARY WAR. Address to the Army in reply to strictures par Roderick MacKenzie, on Tarleton's history of the campaigns of 1780 and 1781, par George Hanyen, 1789........................ ᴀ

AMERICAN REVOLUTIONARY WAR. Answer to that part of the narrative of Lieut. General Sir Henry Clinton, K. B., which relates to the conduct of Lieut. General Earl Cornwallis during the campaign in North America, 1781 .... ᴀ

AMERICAN REVOLUTIONARY WAR. Anticipation containing the substance of His Majesty's Most Gracious Speech, &c. (publié trois jours avant la session) Anon. par Richard Tickell, 1778 ....

AMERICAN REVOLUTIONARY WAR. Authentic History of the late war between the United States and Great Britain, par Paris M. Davis, 1836 1

AMERICAN REVOLUTIONARY WAR, vide Appel à la Justice, par du Calvert, 1785. 1

AMERICAN REVOLUTIONARY WAR. Battles of Saratoga, par Mrs. Ellen Hardin Walworth, 1892... ᴀ

AMERICAN REVOLUTIONARY WAR. Battles of Saratoga, 1777. The Saratoga Monument Association, 1856-1891, Walworth..................... ᴀ

AMERICAN REVOLUTIONARY WAR. Border Wars of the American Revolution, par Wm. L. Stone, 1874.. .... ᴀ

AMERICAN REVOLUTIONARY WAR. British Invasion from the North. The Campaigns of General Carleton and Burgoyne from Canada, 1776-1777, with the Journal of Lieut. William Digby of the 53rd or Shropshire Regiment of Foot. Illustré avec notes de James Phinney Baxter, A.M. ᴊ

AMERICAN REVOLUTIONARY WAR. Vide Burgoyne, 1777..................

AMERICAN REVOLUTIONARY WAR. Capture of Ticonderoga, par L. E.. Chittenden, 1872......... .... ᴀ

AMERICAN REVOLUTIONARY WAR. Campaign of Lieut. Genl. John Bourgoyne and the Expedition of Lieut.-Col. Barry St. Leger, 1777, par W. L. Stone. 1

AMERICAN REVOLUTIONARY WAR. Col. George Rogers Clark. Sketch of his Campaign with the Illinois, 1778................. .... ᴀ

AMERICAN REVOLUTIONARY WAR. Col. George Rogers Clark's sketch of the Campaign, 1778-79, with an introduction by Hon. Henry Pritle of Louisville and an appendix containing the public and private instructions to Col. Clark and Major Bowman's journal of the taking of Post St. Vincents, 1867...................... .... ᴀ

AMERICAN REVOLUTIONARY WAR. Clinton Cornwallis Correspondence, with supplement containing extracts from the Journals of the House of Lords, &c., compilée et annotée par B. F. Stevens, 1888................... 2

AMERICAN REVOLUTIONARY WAR. Considerations on behalf of the Colonists in a letter to a noble Lord, 1765............................... ᴀ

AMERICAN REVOLUTIONARY WAR. Considerations upon the American enquiry attribuées à Joseph Galloway, 1779............................ ᴀ

AMERICAN REVOLUTIONARY WAR. Correspondence between Genl. Sir Henry Clinton, K.B., Commander-in-Chief, and Lieut.-Genl. Earl Cornwallis relative to the Campaigns in North America (Le titre manque), 1783..... ᴀ

AMERICAN REVOLUTIONARY WAR. Diary and Orderly Book of Jonathan Burton, compilé et publié par I. W. Hammond, 1885............... ᴀ

18—A½

VOLUMES.

AMERICAN REVOLUTIONARY WAR.   Essay on the Constitutional Power of Great
Britain over the Colonies in America.   Anonyme, écrit par John
Dickinson, 1774 ....   ▲

AMERICAN REVOLUTIONARY WAR.   Considerations upon the American enquiry
attribuées à Joseph Galloway......   ....   ▲

AMERICAN REVOLUTIONARY WAR.   Examination of Joseph Galloway, Esq.,
before the House of Commons on the American papers, 1779...........   ▲

AMERICAN REVOLUTIONARY WAR.   Friendly Address to all Reasonable Americans, 1774 ....   ▲

AMERICAN REVOLUTIONARY WAR.   Further examination of our present American measures, 1776..   ▲

AMERICAN REVOLUTIONARY WAR.   Hadden's Journal and Orderly Books.   A
journal kept in Canada and upon Burgoyne's Campaign in 1776 and 1777,
by Lieut. James Hadden, R.A., with explanatory chapter, &c., par Horatio
Rogers, 1884...   ▲

AMERICAN REVOLUTIONARY WAR.   The Hessians and other German auxiliaries
of Great Britain during the Revolutionary War, par Edward J. Lowell,
1884.......................................   ▲

AMERICAN REVOLUTIONARY WAR.   History of the Campaign for the Conquest
of Canada in 1776, from the death of Montgomery to the retreat of the
British army under Sir Guy Carleton, par Charles Henry Jones, 1882....   ▲

AMERICAN REVOLUTIONARY WAR.   History of the Seige of Boston, &c., with
illustrative documents, par Richard Frothingham, 1873...............   ▲

AMERICAN REVOLUTIONARY WAR.   The History of the Rise, Progress and
Establishment of the Independence of the United States of America ; including an account of the late war, and of the thirteen colonies from their
origin to that period, par William Gordon, D.D., 1788...............   ▼

AMERICAN REVOLUTIONARY WAR.   Histoire Impartiale des Événements Militaires de la dernière guerre dans les quatre parties du monde (attribuée à
Longchamps), 1785.............................   ▲

AMERICAN REVOLUTIONARY WAR.   History of the war with America, France,
Spain and Holland commencing in 1775 and ending in 1783, par John
Andrews, LL.D................................   ▲

AMERICAN REVOLUTIONARY WAR.   Historical and political reflections on the
rise and progress of the American Rebellion, par l'auteur des Lettres à un
noble, etc. (Joseph Galloway), 1780 ....   ▲

AMERICAN REVOLUTIONARY WAR.   Invasion of Canada, 1775.   Voir collections de la Société Historique du Maine, 1831......................

AMERICAN REVOLUTIONARY WAR.   Impartial History of the War between
Great Britain and her Colonies to the end of the year 1779............   ▲

AMERICAN REVOLUTIONARY WAR.   Indian Atrocities.   Narratives of the perils
and sufferings of Dr. Knight and John Slover among the Indians, 1782..   1

AMERICAN REVOLUTIONARY WAR.   Introduction to the History of the Revolt
of the American Colonies, par George Chalmers, 1845................   ▲

AMERICAN REVOLUTIONARY WAR.   Invasion of Canada in 1775, including the
journal of Captain Simeon Thayer describing the perils, &c., of the army
under Colonel Benedict Arnold, with notes, &c., par E. M. Stone........   ▲

AMERICAN REVOLUTIONARY WAR.   Invasion du Canada par les Americains en
1775.   Collection de mémoires par Sanguinet, Badeaux, Berthelot, De
Lorimier et F. Baby, publié par l'Abbé Verreau, 1873...............   ▲

AMERICAN REVOLUTIONARY WAR.   Journal of Captain Pauch during the Bourgoyne Campaign, traduction, etc., de W. L. Stone, 1886..............   ▲

AMERICAN REVOLUTIONARY WAR.   Journal of Capt. Jonathan Heart, on the
march from Connecticut to Fort Pitt, 1785, with notes, &c., par le Consul
W. Batterfield, 1885.....   ....   ▲

VOLUMES.

AMERICAN REVOLUTIONARY WAR. Journals of the Military Expedition of Major-General John Sullivan against the Six Nation Indians in 1779, par Frederick Cook, 1887...

AMERICAN REVOLUTIONARY WAR. Journal and letters of the late Samuel Curwen, with illustrative documents, par George Akinson Ward, 1844..   1

AMERICAN REVOLUTIONARY WAR. Journals, &c., in the Connecticut Historical Society's collections, Vol. VII., 1899........................ ....

AMERICAN REVOLUTIONARY WAR. King's Mountain and its Heroes. History of the Battle of King's Mountain, 1780, L. C. Draper.................   1

AMERICAN REVOLUTIONARY WAR. Letters by David Hartley, 1778.........   1

AMERICAN REVOLUTIONARY WAR. Letters of Brunswick and Hessian Officers during the American Revolution, traduction de W. L. Stone, 1891......

AMERICAN REVOLUTIONARY WAR. Letters from Lieut.-General Burgoyne to his constituents upon his late resignation ; with the correspondence between the Secretaries of War and him relative to his return from America, 1779..... ....

AMERICAN REVOLUTIONARY WAR. Letters from a-farmer in Pennsylvania, John Dickinson, to the inhabitants of the British Colonies, John Holt, 1768.....

AMERICAN REVOLUTIONARY WAR. Letters and journals relating to the war of the American Revolution and the Captain of the German troops at Saratoga, by Mrs. (General) Riédesel, traduction de W. L. Stone, 1867...

AMERICAN REVOLUTIONARY WAR. Letter from Lieut.-Gen. Sir Henry Clinton, 1784, and authentic copies of letters between the commissioners of Public Accounts in 1793. (Les deux sont sous le même couvert)............

AMERICAN REVOLUTIONARY WAR. Le Maréchal de camp Desandrouins. Guerre du Canada, 1756-60. Guerre de l'Indépendance Américaine, 1780-1782, par l'Abbé Gabriel Verdun, 1887........................

AMERICAN REVOLUTIONARY WAR. Memoirs, letters and journals of Major-General Riedesel, during his residence in America, traduction de W. L. Stone, 1868......   2

AMERICAN REVOLUTIONARY WAR. Men and times of the revolution, par W. C. Watson....:...

AMERICAN REVOLUTIONARY WAR. Military operations in Eastern Maine and Nova Scotia during the Revolution, chiefly compiled from the journals and letters of Colonel John Allan with notes and a memoir of Allan, par Fred'k. Kidder, 1867......................................

AMERICAN REVOLUTIONARY WAR. Montresor Journals, New York Historical Society, 1881 ....

AMERICAN REVOLUTIONARY WAR. Narrative of the captivity and sufferings of Benjamin Gilbert and his family, taken by the Indians in the spring of 1780 ....

AMERICAN REVOLUTIONARY WAR. Narrative of Lieutenant General Sir Henry Clinton relative to his conduct during part of his command of the King's troops in North America, with correspondence, &c., J. Debrett, 1783....   1

AMERICAN REVOLUTIONARY WAR. Narrative of General Sir William Howe (in a committee of the House of Commons), 29th April, 1779, relative to his conduct during the late command of the King's troops in North America, 1781......................................

AMERICAN REVOLUTIONARY WAR. New York in the Revolution, J. A. Roberts, 1898 .. ..

AMERICAN REVOLUTIONARY WAR. Vide North America letter, Paine à l'Abbé Raynal, 1782..

AMERICAN REVOLUTIONARY WAR. Nouveau voyage dans l'Amérique Septentrionale en 1781, et campagne de l'armée de M. le comte de Rochambeau, 1783, par M. l'abbé Robin...

2-3 EDOUARD VII, A. 1903

VOLUMES.

AMERICAN REVOLUTIONARY WAR. Observations on Mr. Steadman's History of
the American War, par le Lieutenant-General Sir Henry Clinton, K.B., 1794.   1

AMERICAN REVOLUTIONARY WAR. Orderly Book of Sir John Johnson during
the Oriskany Campaign, 1776-77, annoté par William L. Stone, ainsi
que description historique, par J. Watts de Peyster, 1882 . . . .   *

AMERICAN REVOLUTIONARY WAR. Original and authentic journals of occurrences during the late American war, from its commencement to the year
1783, par R. Lamb, ancien sergent des Royal Welsh Fusileers, 1809 . . . .   *

AMERICAN REVOLUTIONARY WAR. Original compiled and corrected account of
Burgoyne's campaign, par Charles Neilson, 1844 . . . .   *

AMERICAN REVOLUTIONARY WAR. Papers relating to the Maryland line during
the Revolution. McCurtin's Journal, &c. Thomas Balch, 1857 . . . .   *

AMÉRICAN REVOLUTIONARY WAR. Papers relating to public events in Massachusetts preceding the American Revolution, 1765 à 1775 . . . .   *

AMERICAN REVOLUTIONARY WAR. Papers relating chiefly to the Maryland Line
during the Revolution, including Daniel McCurtin's Journal of the siege
of Boston. Correspondence between Gen. Weedon (U.S.A.) and Gen.
Phillips (British Army), &c., 1857 . . . .   *

AMERICAN REVOLUTIONARY WAR. Papers in relation to the case of Silas
Deane, 1855 . . . .   *

AMERICAN REVOLUTIONARY WAR. Political and Military Episodes in the latter
half of the eighteenth century, derived from the life and correspondence
of the Right Hon. John Burgoyne, par Edward Barrington de Toublanque,
1876 . . . .   *

AMERICAN REVOLUTIONARY WAR. Regulations lately made concerning the
Colonies, and the taxes imposed on them considered, J. Wilkie, 1765 . . . .   *

AMERICAN REVOLUTIONARY WAR. Remarks on the Principal Acts of the 13th
Parliament of Great Britain, par John Lind. The Acts relating to the
Colonies with a plan for reconciliation, 1775 . . . .   *

AMERICAN REVOLUTIONARY WAR. The Remembrancer, au Impartial Reposi-
tory of public events, 1775 . . . .   *

AMERICAN REVOLUTIONARY WAR. Révolution de l'Amérique, par M. l'Abbé
Raynal, 1781 . . . .   *

AMERICAN REVOLUTIONARY WAR. Rights of Great Britain Asserted against
the claims of American, Charles Elliot, 1776 . . . .   *

AMERICAN REVOLUTIONARY WAR. State of the Expedition from Canada as
laid before the House of Commons by Lieutenant General Burgoyne, and
verified by evidence, &c., J. Almon, 1780 . . . .   *

AMERICAN REVOLUTIONARY WAR. Siege of Penobscot, 1779, par le Dr. John
Califf, B. 149, collection Haldimand, page 87 (coupures de journal) . . . . .

AMERICAN REVOLUTIONARY WAR. Speech of General Conway on moving in
the House of Commons, 1780, for leave to bring in a bill for quieting the
troubles now reigning in the British Colonies of America, &c. . . . .   *

AMERICAN REVOLUTIONARY WAR. Secret journals of the Acts and Proceedings of Congress, from the first meeting thereof to the dissolution of the
Confederation, by the adoption of the Constitution of the United States,
1775-1788 . . . .   *

AMERICAN REVOLUTIONARY WAR. Simcoe's Military Journal. A History of the
operations of a partisan corps called the Queen's Rangers, commanded by
Lieut.-Col. J. G. Simcoe, during the War of the American Revolution, 1844.   1

AMERICAN REVOLUTIONARY WAR. The affair at Kings Mountain, par John
Watts de Peyster . . . .   *

AMERICAN REVOLUTIONARY WAR. The Reader's Handbook of the American
Revolution, 1761-1783, par Justin Winsor . . . .   *

AMERICAN REVOLUTIONARY WAR. The Province of Quebec and the early
American Revolution, par Victor Coffin, 1896 . . . .   *

VOLUMES.

AMERICAN REVOLUTIONARY WAR. View of the Evidence relative to the conduct of the American War under Sir William Howe, Lord Howe, and General Burgoyne, 1779... 1

AMERICAN REVOLUTIONARY WAR. Vindication of the Captors of Major André, par Egbert Benson, 1817.. 1

AMERICAN REVOLUTIONARY WAR. Visits to the Saratoga Battle grounds, par William L. Stone, 1895... 1

AMERICAN REVOLUTIONARY WAR. The Winning of the West, par Theodore Roosevelt, 1889.... 2

AMERICAN REVOLUTIONARY WAR. Washington-Irvine Correspondence. The official letters between Washington and Brigadier Irvine from 1781 to 1783, mises en ordre et annotées par C. W. Butterfield, 1882 1

AMERICAN REVOLUTIONARY WAR. Yorkton Campaign and the Surrender of Cornwallis, 1781... 1

AMERICAN REVOLUTIONARY WAR. Letters to a Nobleman, 1780. La réponse aux observations de Sir Wm Howe se trouve à la fin du volume........

AMERICA AND THE AMERICAN CHURCH, par le rév. Henry Carswell, 1851..... 1

AMERICA. Voir Etats-Unis.

AMERICA. Civilized America, par Thomas Colley Grattan, 1849. (Contient d'importantes allusions aux frontières)............................... 2

AMERICA, Correspondence in 1809 relating to, 1811.................... 1

AMERICA, Diary in America with remarks on its Institutions par le capitaine Marryat, C. B., 1839..... 1

AMÉRIQUE. Deux Pages de l'Histoire d'Amérique, 1857, par Bibaud........ 1

AMERICAN Antiquities and Discoveries, par Joseph Priest, 1833............ 1

AMÉRICAINES, Antiquités,—par Charles Christian Rafa, 1845 1

AMERICA and the British Colonies, an abstract of all the most useful information relative to the United States of America and the British Colonies, par William Kingdom, 1820............................. 1

AMERICA, History of, par William Robertson, 1805 3

AMERICAN History, Magazine of, 1877–1893............................. 32

AMERICAN Narrative and Critical History, par Justin Winsor, 1889 8

AMERICA not discovered by Columbus, par R. B Anderson, 1874........... 1

AMERICA. Notes on a journey in America, par Birkbeck, 1818 1

AMERICA. The Pre-Columbian Discovery of the Northmen, par B. F. de Costa, 1890.. 1

AMERICA, Popular History of the Discovery of, par J. G. Kohl, 1865........ 1

AMERICAN War. Les Français en Amérique pendant la guerre de l'Indépendance, par Thomas Balch.. 1

AMÉRIQUE du Nord, Campagnes et stations sur les Côtes de l'—, par L. du Hailly, 1864 1

AMERICAN WAR OF 1812, par G. Auchinleck, 1862...................... 1

AMERICAN WAR OF 1812. An address of members of the House of Representatives of the Congress of the United States to their Constituents on the subject of the War with Great Britain (1812)..................... 1

AMERICAN WAR OF 1812. An exposition of the causes and character of the late war with Great Britain published by authority of the American Government (attribuées à Madison), W. I. Clement, 1815 (suivant les instructions de Madison, ayant pour auteur A. J. Dallas, secrétaire du Trésor)...... 1

AMERICAN WAR OF 1812. La Bataille de Châteauguay, par B. Sulte, 1899.. 1

AMERICAN WAR OF 1812. Battle of Lake Erie, par l'hon. Tristam Burges, 1839...................... 1

AMERICAN WAR OF 1812. Naval War, Battle of New Orleans, par Theo. Roosevelt, 1883.. 1

2-3 EDOUARD VII, A. 1903

VOLUMES.

AMERICAN WAR OF 1812. Barbarities of the enemy, a report to the House of Representatives of the United States, 1814 ......   ▲

AMERICAN WAR OF 1812, *vide* Brief Review of the settlement of U. C., par McLeod, 1841 ....   ▲

AMERICAN WAR OF 1812. Campaigns of the British Army at Washington and New Orleans in the years 1814–1815, par G. R. Gleig ... .   ▲

AMERICAN WAR OF 1812. Campaigns of 1812–1813 and 1814, &c., par Jas. McQueen, 1815 ....   ▲

AMERICAN WAR OF 1812. A chapter of the History of the War of 1812, &c., &c., par Colonel William Stanley Hatch, 1872 ....   ▲ .

AMERICAN WAR OF 1812. A chapter of the History of the War of 1812 in the North-west embracing the surrender of the North-west arranged for at Detroit, August 16, 1812, with description, &c., of Tecumseh, par Colonel William Stanley Hatch, 1872 ....   ▲

AMERICAN WAR OF 1812. The History of the War between the United States and Great Britain which commenced in June, 1812, and closed 18th February, 1815 ....   ▲

AMERICAN WAR OF 1812. History of the Hartford Convention, par Theodore Dwight, 1833 ....   ▲

AMERICAN WAR OF 1812. History of the political and military events of the late War, par Samuel Perkins, 1825 ....   ▲

AMERICAN WAR OF 1812. Historical sketch of the late War between the United States and Great Britain, par J. L. Thomson, 1818 ....   ▲

AMERICAN WAR OF 1812. History of the late war between the United States and Great Britain par H. M. Brackenridge, 1844 ....   ,

AMERICAN WAR OF 1812. Campaign of 1812, par James Freeman Clarke, *voir* services pendant la révolution, etc., 1848 ....   ▲

AMERICAN WAR OF 1812. Impartial and Correct History of the War between the United States of America and Great Britain, 1816 ....   ▲

AMERICAN WAR OF 1812, *voir* les lettres de Cobbett sur l'histoire de la dernière guerre entre les Etats-Unis et la Grande-Bretagne, 1815 ....   ▲

AMERICAN WAR OF 1812. The documentary history of the Campaign on the Niagara Frontier in 1814, par le capitaine E. Cruikshank... ....   ▲

AMERICAN WAR OF 1812. Full and correct account of the chief naval occurrences of the late war between Great Britain and the United States of America, 1817 ....   ▲

AMERICAN WAR OF 1812. A full and correct account of the chief military occurrences of the late war between Great Britain and the United States of America, with an appendix and plates, by William James, 1818   2

AMERICAN WAR OF 1812. Geographical view of the British possessions in North America with a concise view of the war in Canada, par M. Smith, 1814 ......   ▲

AMERICAN WAR OF 1812. Laura Secord the heroine of 1812, by Sarah H. Curzon. Dans l'annexe se trouve une lettre du lieut.-colonel Evans, en date du 13 oct. 1812. ....   ▲

AMERICAN WAR OF 1812. Letters on the late war between the United States and Great Britain, together with other miscellaneous writings on the same subject, par William Cobbett, 1815 ....   ▲

AMERICAN WAR OF 1812. Messages from the President of the United States to the Congress, Washington, 1814 ....   ▲

AMERICAN WAR OF 1812. Narrative of the operations of the right division of the Army of Upper Canada during the American War of 1812, par le Major Richardson, 1842 ....   -

AMERICAN WAR OF 1812. Notices of the war of 1812, by John Armstrong, 1840   2

VOLUMES.

AMERICAN WAR OF 1812. *Voir* les séries historiques de la Vallée de l'Ohio. Two Western Campaigns, 1871 .... ᴬ

AMERICAN WAR OF 1812. Observations on the Impressment of American Seamen, par un citoyen des Etats-Unis .... ᴬ

AMERICAN WAR OF 1812. Papers relating to America (1808). George Canning, Secretary of State. Encounter between H.M.S. *Leopard* and U.S. Frigate *Chesapeake*, 1810 .... ᴬ

AMERICAN WAR OF 1812. Prisoners Memoirs, or Dartmoor Prison, 1815, par Charles Andrews .... ᴬ

AMERICAN WAR OF 1812. Pictorial Field Book of the War of 1812 or illustrations by pen and pencil of the History of the last war for American Independence, par Benson J. Lossing, 1869 .... ᴬ

AMERICAN WAR OF 1812. Public papers of Daniel D. Tomkins, Governor of New York, 1898 .... ᴬ

AMERICAN WAR OF 1812. Revolutionary services and civil life of General William Hull, par Marion Campbell. History of the campaign of 1812, par James E. Clarke, 1848 .... ᴬ

AMERICAN WAR OF 1812. Rules and articles of war; with the different Acts of Congress (U.S.) on military affairs, with list of staff officers, &c., Burlington, Vt., Samuel Mills, 1813 .... ᴬ

AMERICAN WAR OF 1812. Report of the Trial of Brig. Gen. William Hull, commanding the North-western Army of the United States, held at Albany, 3rd January, 1814, &c., rédigé par le lieutenant-colonel Forbes, 1814 .... ᴬ

AMERICAN WAR OF 1812. Reply to an 'American Examination of the Right of Search', par un Anglais, 1842 .... ᴬ

AMERICAN WAR OF 1812. Subaltern in America comprising the Campaigns of the British Army during the late war, par le Rév. G. R. Gleig, 1833 .... ᴬ

AMERICAN WAR OF 1812. Sketch of the events which preceded the capture of Washington in 1814, par Ed. D. Ingraham .... ᴬ

AMERICAN WAR OF 1812. Two western campaigns in the war of 1812, par Samuel Williams, Ohio Valley Historical Series .... ᴬ

AMERICAN WAR OF 1812. The second war with England, par J. T. Headley, 1853 .... ᴬ

AMERICAN WAR OF 1812. Ten Years of Upper Canada in Peace and War, 1805 à 1815, par Matilda Edgar, 1890 1

AMERICAN WAR OF 1812. The Wars of the Gulls, 1812 1

AMERICAN WAR OF 1812. Why are we still at war? (Tiré du Pamphleteer) 1814 .... ᴬ

AMERICAN WAR OF 1812. A veteran of 1812. The life of James Fitzgibbon, par Agnes Fitzgibbon, 1894 .... ᴬ

AMERICAN WAR OF 1812. The War and its moral. A Canadian chronicle, par William F. Coffin, 1864 1

AMUSART, J. Benjamin Sulte, Causons du pays, 1893 1

ANALYTICAL statement of the case of Alexander Earl of Stirling and Dovan, par Thos. C. Banks, 1832 .... ᴬ

ANDERSON (David). Canada, or a view of the importance of the British American Colonies, 1814 1

ANDERSON (R. B.) America not discovered by Columbus, 1874 1

ANDERSON (George William). Captain Cook's first, second, third and last voyages, 1781 1

ANDERSON (James). Church of England in the Colonies, 1856 3

ANDERSON (Lord Bishop). Charge delivered to the clergy of Rupert's Land, Thomas Hatchard, 1856 .... ᴬ

ANDERSON (Dr. William James). Life of F. M. H. R. H. Edward Duke of Kent, illustrated by his correspondence with the de Salaberry family, 1791 à 1814 ....

2-3 EDOUARD VII, A. 1903

VOLUMES.

ANDREWS (Israel D.). Report on the trade and commerce of British North
    America and the great lakes, 1852.....   1
ANDRÉ, The Life and career of Major John, Adjutant General of the British
    Army in America, par Winthrop Sargent..........................   1
ANDRÉ. Authentic narrative of the causes which led to the death of Major
    André, par Joshua Hett Smith, 1808. (Vide American Revolutionary
    War, vindication of his captors)....................... ....
ANDRÉ, Major. See Read's Simcoe, 1890. ....
ANDREWS (Charles). The Prisoner's Memoirs or Dartmoor Prison, 1815.....   1
ANDREWS (John, LL.D.). History of the war with America, France, Spain
    and Holland, commencing in 1775 and ending in 1783   4
ANGLICAN CHURCH, Six months of a Newfoundland Missionary's Journals....   1
ANGLICAN CHURCH. The church in Upper Canada with documents, par
    William Bettridge, 1838..............................   1
ANGLICAN CHURCH. Missionary Records, 1837...   1
ANGLICAN CHURCH. The Church, a weekly paper devoted to the interest of
    the Church of England in the Provinces of Upper and Lower Canada,
    1838 à 1840..   3
ANGLICAN CHURCH in the Colonies, including the dioceses of Toronto, Quebec,
    Newfoundland, &c., 1846   1
ANGLICAN CHURCH. Historical Notices of the Mission of the Church of Eng-
    land in the North American Colonies, par Ernest Hawkins, 1845   1
ANGLICAN CHURCH Journal of the Bishop of Montreal during a visit to the
    Church Missionary Society's North American Mission, 1845...........   1
ANGLICAN CHURCH. Annals of the Diocese of Fredericton, par Ernest
    Hawkins   1
ANGLICAN CHURCH. Emigrant Churchman in Canada, par le révérend Henry
    Christmas, 1849..   2
ANGLICAN CHURCH. Elements of Natural Theology, par James Beaven......   1
ANGLICAN CHURCH. Church of England in the Colonies, par James Anderson,
    1856   1
ANGLICAN CHURCH. Report of the S.P.G. on Nova Scotia, Newfoundland,
    Canada, &c., for 1861   1
ANGLICAN CHURCH. Tales illustrating Church History in America and our
    Colonies, 1862......   1
ANGLICAN CHURCH of Canada. The last three Bishops appointed by the
    Crown, par Fennings Taylor, 1869.............   1
ANGLICAN CHURCH. My first year in Canada, par le très révérend Ashton
    Oxenden, 1871............................   1
ANGLICAN CHURCH. Forty-ninth report of the Church Society for 1890.....   1
ANGLICAN CHURCH Society, Quebec Report for 1890......   1
ANGLICAN CHURCH. Classification of the Records of the Society for the
    Propagation of the Gospel, 1701-1894..   1
ANGLICAN CHURCH, voir Terreneuve, Moreton, 1863, voir Réserves du clergé..
ANGLICAN CHURCH. Letter to the Congregation of St. James' Church, York,
    U. C., occasioned by the Hon. John Elmsley's publication, &c., par John
    Strachan, D.D., 1834 ...   1
ANNAPOLIS. History of the county, by the late W. A. Calrek..............   1
ANNUAL REGISTER, Dominion, publié par H. J. Morgan..................   8
ANNUAL REGISTER, 1758 à 1881. Index, 1758 à 1782, 1758 à 1819........   124
ANSPACH (Rev. Lewis Amadeus). A History of the Island of Newfoundland
    containing a description of the Island, &c., 1827...................   1
ANTI-BUREAUCRAT vide Thom (Adam)..................................
ANTICIPATION. Containing the substance of His Majesty's most gracious
    Speech, &c., 1778.......   1
ANTICOSTI. Labrador et—par l'Abbé V. A. Huan..............   1

VOLUMES.

APPEL à la Justice de l'Etat. Un Recueil de Lettres au Roi, au Prince de Galles et aux Ministres ; avec une lettre à Messieurs les Canadiens, une lettre au Général Haldimand, enfin une dernière lettre à Milord Sidney, par Pierre du Calvet, 1784.... 1

ARBITRATION. Case of Great Britain before the tribunal at Geneva, 1872... 4

ARCHIBALD (E. M.) Digest of the laws of Newfoundland, 1847............ 1

ARCHIVES DES MINISTÈRES de la Marine et de la Guerre à Paris, 1755-60..... 1

ARCHIVES. Ancient French, or extracts from the minutes of council relating to the Records of Canada while under the government of France (en français et en anglais), 1791................................... 1

ARCHIVES NOVA SCOTIA. Selections, par T. B. Atkins, 1869........ 1

ARCHIVES NOVA SCOTIA. Selections, par A. M. Macmechan, 1900......... 1

ARCHIVES OF THE STATE OF NEW YORK. Documents relating to the Colonial History, Vol. XV., Vol. I des Archives, 1887..................... 1

ARCHIVES (Pennsylvania). Compilées par Samuel Hazard, 1855.. 1

ARCTIC. A chronological history of voyages into the Arctic Regions, &c., &c., par John Barrow, F.R.S., 1818 1

     Edition française, 1818.. 1

ARCTIC. Discovery, by John J. Shillinglaw, 1851...................... . 1

ARCTIC. Journal of a voyage in Baffin's Bay and Barrow's Straits (1850-51) in search of the crews of H. M. S. Erebus and Terror under command of William Penny, par Peter C. Sutherland, M.D., 1852............... 2

ARCTIC. Journal of a voyage of discovery to the Arctic Regions (1818) in His Majesty's Ship Alexander, William Edward Parry, Lieut. and Commander, 1819... .

ARCTIC. U. S. Grinnell Expedition in search of Sir John Franklin, par Elisha Kent Kane, 1853.... 1

ARCTINUS. A Canadian journal, 1887.... 1

ARGENTEUIL. History of the county of, par C. Thomas................ 1

ARMORIAL Bearings, A collection of the, of baronets, &c., connected with Scotland, par James Haig, 1800.................................... 2

ARMSTRONG (John). Notices of the war of 1812........................ 2

ARMY BILL, Act. The war of 1812 in connection with the, par James Stevenson. 1892...... 1

ARMY, Historical Record of the 21st Foot, par Richard Cannon, 1849....... 1

ARNOLD'S CAMPAIGN, Account of, against Quebec, and of the hardships and sufferings of that Band of Heroes who traversed the Wilderness of Maine from Cambridge to the St. Lawrence in the Autumn of 1775, par John Joseph Henry, un des survivants de 1877.......................... .

Art Association of Montreal. Incorporation, Reports and Exhibitions, 1864 à 1884..

     Montreal Sketch Club, 1879.............................

     Montreal Literary Club, 1864.........................

Arts and Manufactures, Journal of the Board of, 1862, 1863, 1864, 1865.... 4

Assiniboia Hudson's Bay Co.'s Land tenures, par A. Martin, 1898. 1

Atcheson (Nathaniel). American Encroachments on British Rights. (Se rapportant aux traités avec les Etats-Unis, etc., 1808) ....

Atcheson (Nathaniel). Collection of Reports and Papers on Navigation and Trade, 1807, and American Encroachments on British rights, 1808...... 1

Atkinson (Rev. W. Christopher). Nouveau-Brunswick, 1844.............. 1

Atlas Maritime, le petit,—par S. Bellin, 1764......................... . 1

Atlas Minor Gerardi Mercatoris, 1607...................... 1

A Travers l'Europe. Impressions et Paysages, par A. B. Routhier, 1881, 1883. 2

Aubert, voir Gaspé.................. ....

Aubry, vide Faribault, 1867......................................

Auchinleck (G.) The War of 1812.......................

VOLUMES.

Au Coin du Feu, Histoire et Fantaisie. Benjamin Sulte, 1882.   1
Austin, W. A. *Voir* Tracé du chemin de fer de Terreneuve de 1875.   1
Australia, Commonwealth of, Constitution Bill debates, &c., 1890.   1
Autographs, Catalogue of the collection of Gerald E. Hart, 1895.   1
Avezac d'—. Navigation, Terre de Jean Sebastian Cabot (brochure).   1

B.

BACK (Captain R. N.) Narrative of the Arctic Land Expedition to the mouth
    of the Great Fish River. &c., années 1833, 1834, 1835.   1
BACKWOODS OF CANADA, par Mrs. Traill, 1833 to 1835.   1
BACKWOODS OF CANADA, being letters from the wife of an Emigrant Officer. . . .   1
BAILLARGÉ (Chs.) Clef du Tableau Stéréométrique, 1874.   1
BAILLARGÉ (Chas.) Geometry, Mensuration and the Stereometrical tableau,
    1879. (Clef de ce tableau dans le même volume). . . . .
BAILLARGÉ (Chas.) Nouveau Traité de Géométrie et de Trigonométrie recti-
    ligne et sphérique, etc., 1866.   1
BAILLARGÉ (Chas.) The Stereometrican, 1884.   1
BAILLIE (Thomas). Account of the Province of New Brunswick.   1
BAILLIERE (C. E.) The New World en 1859.   1
BAIN (James). Travels and Adventures of Alexander Henry.   1
BAIRD (Charles W.) History of the Huguenot Emigration to America.   2
BALCH (Thomas). Les Français en Amérique pendant la guerre de l'Indépen-
    dance. . . . . .
BALCH (Thomas). Papers relating to the Maryland line during the Revolu-
    tion, 1857.   1
BALLANTYNE (R. M.) Hudson's Bay, 1848.   1
BANCROFT (Hubert Hare). History of British Columbia, 1887.   1
BANKING, History of, in Canada, par B. E. Walker, 1899.   1
BANKING, Traité Historique des Monnoyes de France, 1692.   1
BANKS (Sir Thomas C.) An analytical statement of the case of Alexander
    Earl of Stirling, &c., 1832.   1
BANKS (Sir T. C., Bart, N.S.) Baronia Anglica Concentrata, 1844.   2
BARAGA (R. R. Bishop). Grammar and dictionary of the Otchipwe language,
    1878.   1
BARBARITIES of the enemy. Vide American War of 1812.   1
BARBEZIEUX (Le R. P. Alexis de). Histoire de la province ecclésiastique
    d'Ottawa et de la colonisation dans la vallée de l'Ottawa, 1897.   2
BARCLAY (Captain). Agricultural tour in the United States and Upper
    Canada, 1842.   1
BARREN GROUND (The) of Northern Canada, par Warburten Pyke.   1
BARRETT-LENNARD (Capt. C. E.) Travels in British Columbia, 1862.   1
BARRISTER-AT-LAW. Wrongs and rights of a traveller, 1875. (Un sommaire
    des droits et obligations des voituriers et voyageurs par terre et par eau,
    et cas). . . . .
BARROW (John). Histoire Chronologique des Voyages vers le Pôle Arctique,
    1818. . . . .
BARROW (John). The Geography of Hudson's Bay (being remarks of Captain
    W. Coats. . . .1727 à 1751), with extracts from the log of Capt. Middle-
    ton, 1741-2.   1
BARTHE, J. G., Le Canada reconquis par la France, 1855.   1
BARTHE, J. G., Souvenirs d'un demi-siècle, 1855.   1
Barton Lodge, A. F. & A. M., Historical sketch of, 1895.   1

VOLUMES.

BASQUES, Canada et les. Trois écrits de M. Faucher de Saint Maurice, M. Marmette et M. LeVasseur. Avant-propos de M. le Comte de Premio Real, 1879.. 1

BASTONNAIS (The), par John Lespérance, 1877 1

BATIMENTS. Lettres, etc., de Colbert, par Pierre Clément, 1650-61, Tome V, 1868........

BATTLE RIVER VALLEY, par William Laurie, Battleford, 1883.... 1

BATTLE OF TIPPE CANOE, par le Capt. Alfred Pirtle, Filson Club, Vol. 15.... 1

BAUDONCOURT, (Jacques de)—Histoire populaire du Canada, 1887........... 1

BAUDRY (l'Hon. J. U.) Code des Curés, Marguilliers et Paroissiens.........

BAXTER (James Phinney). The British Invasion from the North. The Campaigns of Generals Carleton and Burgoyne from Canada, 1776-1777, with the Journal of Lieut. William Digby, 53rd or Shropshire Regiment of Foot, 1887.. 1

BAXTER, Katharine Schuyler, A godchild of Washington, a picture of the past, 1898... 1

BAY OF FUNDY. Report of the Select Committee of the St. John Board of Trade on the Bay of Fundy and Harbour of St. John, N.B........... 1

BEAUBIEN, (Henri des Rivières.) Traité sur les lois civiles du Bas-Canada, 1832.. 1

BEAUCE. Notes sur la paroisse de St. François de la,—par l'abbé Benj. Demers, 1891.. 1

BEAUCHÊNE. Les aventures de M. Robert Chevalier dit de Beauchêne, Capitaine de flibustiers dans la Nouvelle-France, par LeSage, 1780 1

BEAUDET (Abbe L.) Recensement de la ville de Québec, 1716............. • 1

BEAUFOY, (Col.) The possibility of approaching the North Pole, 1818....... 1

Beaujeu. La famille de, par l'Abbé Daniel sous le titre : " Une page de notre Histoire ", 1865... 1

BEAUMARCHAIS, (P. A. de.) Observations sur le mémoire justificatif de la Cour de Londres, 1770... 1

BEAUVOIS, (E.) Les Derniers Vestiges du Christianisme préché du 10e au 14e siècle dans le Markland et la Grande Islande. Les porte-croix de la Gaspésie et de l'Acadie, 1877... 1

BEAVEN, (Mrs. F.) Nouveau-Brunswick. Life in the Backwoods, 1845 1

BEAVEN, (James.) Elements of Natural Theology, 1850................. 1

BEAVER, History of Canadian, par Horace T. Martin, 1892.............. 1

Beaux-Arts, Lettres, etc., de Colbert, par Pierre Clément,1650-1661, Tome V, 1868.. 1

BEACH, (Allan L.) New York State Centennial Celebration, Albany 1

BÉCHARD, (A.) Histoire de la Paroisse de St. Augustin (Portneuf) 1

BÉCHARD, (A.) L'Hon. A. N. Morin, 1885 1

BÉDARD, (T. P.) Histoire de cinquante ans (1791-1841)................. 1

Beechey, (Capt. F. W., R.N.) Narrative of a voyage to the Pacific and Behring's Strait in 1825-1828.. 2

BEERS, (Geo. W.) Over the Snow, or the Montreal Carnival, Montreal, 1883 1

BEGG, (Alexander.) ' Dot it down.' Life in the North-west, 1871.......... 1

BEGG, (Alexander.) History of British Columbia, 1894.................. 1

BEGG, (Alexander.) The Great Canadian North-west, 1881............... 1

BEGG, (Alexander.) Red River Troubles, 1871....................... 1

BEGG, (Alexander.) History of the North-west, 1894................... 3

BEGG, (Alexander.) Ten years in Winnipeg, 1879.................... 1

BÉGIN, (l'Abbe Louis Nazaire). Le Culte Catholique, ou exposition de la foi de l'Eglise Romaine, 1875.... 1

BÉGIN, (l'Abbé Louis Nazaire). La Primauté et l'infaillibilité des Souverains Pontifes, 1873... 1

BÉGIN (l'Abbé Louis Nazaire). La Sainte Ecriture et la règle de Foi, 1874... 1

2-3 EDOUARD VII, A. 1903

VOLUMES.

BELL, (B. T. A.)   The Canadian Mining Manual, 1890...................... 1
BELL (Robert).   Report on Geology of Lake Superior, &c., 1877-82..........
BELL (Rev. William).   Hints to Emigrants in a series of letters from Upper
     Canada, 1824... i
BELLIN, (S.)   Le petit Atlas Maritime, Vol. I, Amérique Septentrionale et
     Isles Antilles, 1764...
BELLOMENT.   *Vide* DePeyster, Address, 1879 ....
BENDER, (P.)   Literary Sheaves, 1881...................................
BENDER, (P.)   Old and New Canada, 1753-1844.......................
BENJAMIN, L. N.   The St. Alban's Raid investigation before Judge Coursol
     and Hon. Mr. Justice Smith.......................................
BENOIST   Notice Biographique sur le Chevalier, par l'Abbé Daniel, sous le
     titre 'Une page de notre Histoire', 1865........................... 1
BENSON (Egbert).   Vindication of the captors of Major André, 1817........ 1
BERNIÈRES, *voir* Henri de, 1897.
BERTHIER.   Précis de l'Histoire de la Seigneurie, etc., par M. S. A. Moreau,
     Ptre, 1889 1
BETHUNE, A. W.   Memoir of the Right Rev. John Strachan............. 1
BETTRAMI (J. C.).   La Découverte des sources du Mississipi, etc., Nouvelle-
     Orléans, 1824... 1
BETTRIDGE (William).   The church in Upper Canada with documents, 1838.. 1
BEYARD (Col. Nicholas) and Lieut.-Colonel Charles Lodawick.   A journal of
     'the late actions of the French in Canada, &c., 1693.................. 1
BIBAUD.   L'Arithmétique en quatre parties, 1816..................... 1
BIBAUD (F. M. Maximilien).   Biographie des Sagamos Illustres, 1848....... 1
BIBAUD (M.).   Bibliothèque Canadienne, Montréal, 1825 à 1828, 1830 7
BIBAUD.   Deux Pages de l'Histoire d'Amérique, 1857.................... 1
BIBAUD (Jeune).   Dictionnaire des hommes illustres, 1857............ 1
BIBAUD.   L'Encyclopédie Canadienne, Journal littéraire et scientifique,
     1842-3.. 1
BIBAUD (M.).   Epitres, Satires, etc., 1830......................... 1
BIBAUD (M.).   Histoire du Canada.   1, Sous la Domination Française ; 2me,
     Sous la Domination Anglaise, 1843 ; 3me, Continuation 3
BIBAUD (Jeune).   Les Institutions de l'Histoire du Canada, ou Annales Cana-
     diennes, 1855... i
BIBAUD.   Mémorial des honneurs étrangers conférés à des Canadiens ou
     domiciliés de la Puissance du Canada, 1855 1
BIBAUD (Jeune).   Le Panthéon Canadien, 1858 1
Bibliotheca Canadensis, or A Manual of Canadian Literature, 1867, par H. J.
     Morgan, Ottawa.
BIBLIOGRAPHY of the Algonquin Languages, par James Constantine Pilling,
     1891 1
BIBLIOGRAPHIE Canadienne.   Essai de, par Philéas Gagnon, 1895 1
BIBLIOGRAPHY.   The early Bibliography of the Province of Ontario, par W.
     Kingsford, 1892... .... -
BIBLIOGRAPHER'S Manual of English Literature, par Wm. Thomas Lowndes,
     1864.. 4
BIDDLE (O.).   Memoir of Sebastian Cabot, etc., 1831................... 1
BIGGAR (H. P.).   The early trading companies of New France, 1901........ 1
BIGGAR (E. B.).   Canadian Textile Directory, 1885.................... 1
BIGOT (François).   Intendant de Justice, etc., en Canada accusé.   Mémoire de
     la défense... 1
BIGSBY (John J.).   The Shoe and Canoe.   Travel in the Canadas, 1850....... 2
BILLAUDÈLE (Dom Remi).   Vie de M. Pierre Louis Billaudèle, 1885........ 1
BILLON (Frederick L.).   Annals of St. Louis under French and Spanish
     Dominions, 1886... -

VOLUMES.

BILLINGS (E.). Fossil remains. Vol. 1 and part 1 Vol. II, 1861-65........
BIRDS OF ONTARIO, par Thomas McIlwraith, 1886....................... 1
BIRKBECK (Morris). Notes on a journey in America, 1818 1
Buckingham (Wm.). The hon. Alexander Mackenzie, his life and times,
  1892.. 1
BIOGRAPHY, Daniel Boone and the Hunters of Kentucky, par W. H. Bogart,
  1854 1
BIOGRAPHIE. Vie de la Sœur Bourgeoys, fondatrice de la Congrégation de Notre-
  Dame de Ville-Marie en Canada, par l'Abbé Faillon, 1853............. 2
Biographie, Bourget, M., St. Ignace, par A. Leblond de Brumath, 1885...... 1
BIOGRAPHIE. Biographical notice of Bishop Plessis, by Abbé Ferland, traduc-
  tion de T. B. French, 1864...... 1
BIOGRAPHIE. Lives and Opinions of B. F. Butler and Jesse Hart, and Life
  and Times of M. Van Buren, par William L. Mackenzie, 1845 à 1846 .. 1
BIOGRAPHIE. Cyclopædia of American Biographies, 1897................. 4
BIOGRAPHIE. Ethan Allen and the Green Mountain Heroes of '76, par Henry
  W. De Puy, 1853 1
BIOGRAPHIE. Sir Isaac Brock. The Life and Correspondence of Sir Isaac
  Brock, par Ferdinand Brock Tupper, 1845 1
BIOGRAPHIE. Life of Joseph Brant, including the Indian Wars of the
  American Revolution, par William L. Stone, 1838.................. 2
BIOGRAPHIE, Bellomont, Life and Administration of Richard, Earl of Bello-
  mont, 1879........................... 1
BIOGRAPHIE. Vie de M. Pierre Louis Billaudèle, par Dom Remé Billaudèle,
  1885 1
BIOGRAPHIE. Life and speeches of George Brown, par Alexander Mackenzie,
  1882...: 1
BIOGRAPHIE. Histoire abrégée de la Mère Madeleine Sophie Barat, fondatrice
  de la Société du Sacré Cœur de Jésus, par Alexandre Brunet, 1883....... 1
BIOGRAPHIE. Souvenir du Jubilé Sacerdotal de Mgr. C. F. Cazeau, célébré
  à Québec en 1880, n.p.n.d....................................... 1
BIOGRAPHIE. Canadian Portrait Gallery, par John S. Dent............... 2
BIOGRAPHIE. Life and Times of The Most Rev. John Carroll, par John Gil-
  many Shea, 1763-1815 1
BIOGRAPHIE. Jacques Cartier, his life and voyages, par Joseph Pope, 1890... 4
BIOGRAPHIE, Life and Letters of the late Hon. Richard Cartwright, born 1759,
  died 1815, par le révérend C. E. Cartwright....................... 1
BIOGRAPHIE. Life and correspondehce of Major Cartwright, par sa nièce F.
  D. Cartwright, 1826 2
BIOGRAPHIE. Memoir of Thomas Chittenden, first Governor of Vermont, 1849 1
BIOGRAPHIE. Chapleau (Hon. J. A.) Sa Biographie et ses Discours, etc., 1887. 1
BIOGRAPHIE. Samuel de Champlain, par l'Abbé Laverdière............... 1
BIOGRAPHIE. Autobiographie du R. P. Chaumonet, S.J., et son complément,
  par R. P. F. Martin, 1885....... 1
BIOGRAPHIE. Cabot, Memoir of Sebastian, with a review of the history of
  maritime discovery, illustrated by documents from the rolls. 1831, par O.
  Biddle...... 1
BIOGRAPHIE. Remarkable Life, Adventures and Discoveries of Sebastian
  Cabot, par J. F. Nicholls, 1869 1
BIOGRAPHIE. Memoir of Sebastian Cabot, 1832. 1
BIOGRAPHIE. The Life of General Sir Howard Douglas, 1863........... 1
BIOGRAPHIE. Letters and Journals of James, eighth Earl of Elgin, Governor
  of Jamaica, Governor General of Canada, &c., &c., publié par Theodore
  Walrond, 1873 1
BIOGRAPHIE. Notices Biographiques. Les Évêques de Québec, par Mgr.
  Henri Têtu, 1889... 1

VOLUMES.

BIOGRAPHIE.   Filson (John), the first Historian of Kentucky, par Ruben T. Durrett, 1884 1
BIOGRAPHIE.   Life of James Fitzgibbon, 1894 1
BIOGRAPHIE.   Faucher de St. Maurice, par Louis H. Taché 1
BIOGRAPHIE.   Biographies Canadiennes Faribault, par l'Abbé H. R. Casgrain, 1867 1
BIOGRAPHIE.   Notice sur la Famille Guy, etc., 1867 1
BIOGRAPHIE.   Ferdinand Gagnon, sa vie et ses œuvres, par le révérend J. R. Ouellette, Worcester 1
BIOGRAPHIE.   François-Xavier Garneau, sa vie et ses œuvres, par J. O. Chauveau, 1883 1
BIOGRAPHIE.   History of the Girtys, par le Consul Willshire Butterfield, 1890 1
BIOGRAPHIE.   The Autobiography of John Galt, 1833 2
BIOGRAPHIE.   Vie de M. Dominique Granet, Vicaire Général 1
BIOGRAPHIE.   The Ancestry of General Grant and their contemporaries, par Edward C. Marshall, 1869 1
BIOGRAPHIE.   Life and Times of Rev. Anson Green, D.D., written by himself, 1877 1
BIOGRAPHIE.   Life and Times of Hon. Joseph Howe, par G. E. Fenety, 1896. 1
BIOGRAPHIE.   Life of Thomas Hutchinson, par James K. Hosmer, 1896 1
BIOGRAPHIE.   Le R. P. Isaac Jaques, de la Compagnie de Jésus, premier Apôtre des Iroquois, par Le R. P. F. Martin, 1874 1
BIOGRAPHIE.   Lives of the Judges of Upper Canada and Ontario from 1791 to the present time, 1888 1
BIOGRAPHIE.   Jessup, Edward, and his descendants, par le révérend H. G. Jessup, 1887 1
BIOGRAPHIE.   The Jarvis family, or the descendants of the first settlers of the name in Massachusetts and Long Island, and those who have more recently settled in other parts of the United States and British America, 1879 1
BIOGRAPHIE de l'honorable Barthélémi Joliette et de M. le Grand Vicaire A. Manseau, 1874 1
BIOGRAPHIE.   Life and Times of Sir William Johnson, par William L. Stone, 1865 2
BIOGRAPHIE.   Life of F. M. H. R. H. Edward, Duke of Kent, illustrated, by his correspondence with the De Salaberry family, 1791 à 1814 1
BIOGRAPHIE.   Esquisse de la vie et des Travaux Apostoliques de sa Grandeur Mgr Fr.-Xavier de Laval Montmorency, par l'Abbé Bois, 1845 1
BIOGRAPHIE.   Life of Sir William E. Logan, par J. Bernard Harrington, 1883. 1
BIOGRAPHIE.   Leonard (The Hon. Elijah), A memoir autobiography, 1894 ... 1
BIOGRAPHIE.   Accounts of the descendants of Capt. William Leighton (donne des détails relatifs à Wentworth Peppenell, &c.), 1885 1
BIOGRAPHIE.   Melle Le Ber l'Héroïne Chrétienne du Canada, par l'Abbé Faillon, Ville-Marie, Sœurs de la Congrégation, 1860 1
BIOGRAPHIE.   Vie de Mgr de Laval, par l'Abbé A. Gosselin 2
BIOGRAPHIE.   Notice Biographique de François de Laval de Montmorency, 1674-1874. Deuxième centenaire, par le vicaire général Edmond Langevin... 1
BIOGRAPHIE.   Mémoires de Pierre de Sales Laterrière et de ses traverses, 1873. 1
BIOGRAPHIE.   Le père Lefebvre et l'Acadie, par Pascal Poirier, 1898 1
BIOGRAPHIE.   Mountain, A. W., a memoir of George Jehosaphat Mountain, late Bishop of Quebec, 1866 1
BIOGRAPHIE.   Montcalm et le Canada Français, par Charles de Bonnechose, 1882 1
BIOGRAPHIE.   Life and Correspondence of Charles, Lord Metcalfe, par John William Kaye, 1858 2
BIOGRAPHIE de l'honorable W. H. Merritt, par J. P. Merritt ....

VOLUMES.

BIOGRAPHIE. Histoire de la Vénérable Mère Marie de l'Incarnation, première supérieure des Ursulines de la Nouvelle-France, par l'Abbé H. R. Casgrain, 1882 1

BIOGRAPHIE. Vie de la R. Mère Marie de l'Incarnation, par l'Abbé P. F. Richaudeau, 1873 1

BIOGRAPHIE. Discours de l'hon. Honoré Mercier, par J. O. Pelland, 1890.... 1

BIOGRAPHIE. Notes pour servir à l'histoire de l'Empereur Maximilien, par Faucher de St. Maurice, 1889. 1

BIOGRAPHIE. Life of the Rev. Alexander Mathieson, D.D., par James Croil, 1870. 1

BIOGRAPHIE. Mason (Captain John). The Founder of New Hampshire ; including his tract on Newfoundland, 1620, &c. Memoir par Charles Wesley Tuttle. 1

BIOGRAPHIE. Vie de Mademoiselle Mance et Histoire de l'Hotel-Dieu de Ville Marie en Canada, par l'Abbé Faillon, 1854 2

BIOGRAPHIE. Vie de Mademoiselle Mance et commencements de la Colonie de Montréal, par Adrien Leblond, 1883. 1

BIOGRAPHIE. Histoire de la vie de M. Paul de Chomedey, sieur de Maisonneuve, par R. Rousseau, 1646-1676 1

BIOGRAPHIE. Mackenzie (Hon. Alex.). His life and times, par William Buckingham et l'honorable Geo. W. Ross, 1892 1

BIOGRAPHIE. A Merchant Prince, Life of Hon. Senator Macdonald, par le révérend Hugh Johnston, D.D., 1893 1

BIOGRAPHIE. Memoirs of the Right Honourable Sir John Alexander Macdonald, par Joseph Pope, 1894.. 2

BIOGRAPHIE. Mgr. Provencher et les Missions de la Rivière Rouge, par l'abbé G. Dugas, 1889. 1

BIOGRAPHIE. Some account of the public life of the late Lieutenant-General Sir George Prevost. A reply to the 'Quarterly Review', 1823. 1

BIOGRAPHIE. Mgr. Joseph Octave Plessis, Evêque de Québec, par l'Abbé Ferland, 1878 1

Traduit de la première édition par T. B. French, 1864. 1

BIOGRAPHIE. Perreault (Joseph François) vide Bender (P.), Old and New Canada, 1882 1

BIOGRAPHIE. L. J. Papineau ; L. H. Lafontaine ; A. W. Morin, 1872...... 1

BIOGRAPHIE. M. C. F. Painchaud, fondateur du collège de Sainte-Anne, 1891. 1

BIOGRAPHIE. Sydenham (Lord Charles). Memoirs of his Life, 1843 1

BIOGRAPHIE. Memoir of the Right Reverend John Strachan, D.D., L.L.D., first bishop of Toronto, par A. M. Bethune, D.D., D.C.L., 1870 1

BIOGRAPHIE. Saint-Vallier, Mgr. de, et l'Hôpital Général de Québec, 1882... 1

BIOGRAPHIES. Sainte-Clotilde, par l'abbé J. B. H. Monteil, 1878. 1

BIOGRAPHIES des Sagamos Illustres de l'Amerique Septentrionale, par F. M. Maximillien Béland, 1848.. 1

BIOGRAPHIES. Letellier de Saint-Just et son temps, 1885................. 1

BIOGRAPHIES. Life of Tecumseh, vide Indians, Drake, 1841...............

BIOGRAPHIES. Tupper, Sir Charles, by Charles Thibault, 1883............. 1

Une édition en français publiée à Québec en 1884. ....

BIOGRAPHIE. Life and work of Sir John Thompson, 1895................. 1

BIOGRAPHIE. Le R. P. Louis Taché, par le P. H. E. Duguay, 1890. 1

BIOGRAPHIE. Talbot. Life of Colonel Talbot and the Talbot settlement, its rise and progress, St. Thomas, 1859 1

BIOGRAPHIE. Vie (la) de la B. Catherine Tegakoüita, dite à présent la Sainte Sauvagesse, par le R. P. Claude Chauchetière, 1887 1

BIOGRAPHIE. Wolfe, par A. G. Bradley, 1895. 1

BIOGRAPHIE. Vie de Mme. d'Youville, fondatrice des sœurs de la Charité de Ville Marie dans l'Ile de Montréal, en Canada Ville Marie ; sœurs de la charité, 1852 1

2-3 EDOUARD VII, A. 1903

VOLUMES.

BIOGRAPHY (A cyclopædia of Canadian), by George Maclean Rose, 1886...... 1
BIOGRAPHIE. Nos gloires nationales ou histoire des principales familles du
    Canada (Abbé Daniel publié sans nom d'auteur), 1867................ 2
BIOGRAPHICAL EXPERIMENTATION. Answers to questions submitted from the
    Leigh-Browne Trust, par Sir B. W. Richardson, 1896................ 1
BISHOP (Mathew). The Life and Adventures of, written by himself, 1744... 1
BISHOP (N. H.). Canot de Papier, 1879................................ 1
BLANCHARD (Rufus). The Discovery and Conquests of the North-west,
    1880 1
BLENNEHASSETT papers, par W. H. Stafford, 1891...................... 1
BLENNEHASSETT. The Spanish Conspiracy, par Thomas M. Green.......... 1
BLISS (Eugene F.). Diary of David Zeisberger, 1885.................. 2
BLOOM (Richard). L'Amérique Angloise, 1688.......................... 1
BOARD OF TRADE, DOMINION proceedings, 1871 à 1879.................. 2
BOARD OF TRADE, MONTREAL semi-centennial report, 1892..............
BOARDMAN (Oliver). Journal in the Burgoyne campaign. Dans la collection
    de la Société historique du Connecticut, Vol. VII................
BOARDMAN (Rev. Samuel). Logbook of Timothy Boardman in 1778........ 1
BOGART, (W. H.). Daniel Boone and the Hunters of Kentucky, 1854...... 1
BOIS (Abbé). Esquisse de la vie et des travaux apostoliques de Sa grandeur
    Mgr Fr. Xavier de Laval, 1845 ....
BOLTON (E. C.), and H. H. Webber. The Confederation of British North
    America, 1866 ....
BONIN (Joseph). Biographies de l'hon. Barthélemy Joliette et de M. le grand
    vicaire A. Manseau, 1874... 1
BONNECHOSE (Charles de). Montcalm et le Canada Français, 1882......... 1
BONNEYCASTLE (Sir Richard H.). The Canadas in 1841................. 2
BONNEYCASTLE (Sir Richard H.). Canada and the Canadians in 1846....... 2
BONNEYCASTLE (Sir Richard H.). Newfoundland in 1842................ 2
BOONSBOROUGH, by George W. Ranck, Louisville, Filson, Club No. 16.......
BORRETT (George Tuthill). Out west. Letters from Canada, 1866........ 1
BORTHWICK (J. Douglas). History of the Montreal Prison, 1886.......... 1
BORTHWICK (Rev. J. Douglas). History and Biographical Gazetteer of Mon-
    treal, 1892... 1
BOSTON and Montreal Turnpike Co., 1806............................. 1
BOSWORTH (Newton). Hochelaga Depicta, 1839........................ 1
BOTANY. Catalogue of Canadian Plants Polypetalæ, par John Macoun,
    1883 1
BOTANY. Studies of Plant Life in Canada, par Mrs. C. P. Traill, Ottawa,
    1885 ....
BOUCHER de Boucherville, La famille, par l'Abbé Daniel, sous le titre "Une
    page de Notre Histoire", 1865....................................
BOUCHER (Pierre). Canada in the Seventeenth Century, traduction de Ed-
    ward Louis Montizambert, 1883....................................
BOUCHER (Pierre). Histoire Véritable et Naturelle des Mœurs et Productions
    du Pays de la Nouvelle France.................................... 1
BOUCHERVILLE (Boucher de). Dictionnaire du Langage des Nombres, 1889.. 1
BOUCHETTE (Joseph). Time Tables at the most important places, 1857...... 1
BOUCHETTE (Joseph). Statistical Tables, Lower Canada, 1831.......... 1
BOUCHETTE (Joseph). British Dominion in North America, 1832.......... 3
BOUCHETTE (Joseph). Description topographique de la province du Bas-
    Canada, 1815... 1
BOUCHERVILLE, Histoire de, une vieille seigneurie, 1890............. 1
BOUGAINVILLE. La jeunesse de, par R. de Kerallain, 1896............. 1
BOURGET (Mgr. Ignace). Fioretti Vescovili; ou extraits des Mandements,
    etc., 1872... 1

VOLUMES.

BOUNDARIES *vide* Acadia Mémoires des Commissaires du Roy, 1755-1757....
BOUNDARIES *vide* America, Civilized America, 1849....................
BOUNDARIES.   Report on the, of the province of Ontario, par David Mills, 1873.   1
BOUNDARIES.   An investigation of the unsettled, of Ontario, par Charles Lind-
    sey, 1873......   1
BOUNDARIES.   Survey of the Northern Boundary of the United States from
    Lake of the Woods to the summit of the Rocky Mountains, 1878.......   1
BOUNDARIES.   Notice respecting the Boundary between His Majesty's posses-
    sions in North America and the United States, with a map exhibiting the
    principal stations of the North-west Co., 1817.....................   1
BOUNDARIES.   Succinct Account of the Treaties, &c., between Great Britain
    and the United States of America, relating to the Boundary between the
    British possessions of Lower Canada and New Brunswick and the United
    States of America, 1838   1
BOUNDARIES.   Maine Boundary, Congressional papers, 1838   1
BOUNDARIES.   Correspondence relative to the question of the disputed right
    to the Oregon Territory, 1846.................................   1
BOUNDARIES.   Oregon Question examined in respect to facts and the law of
    nations, par Travers Twiss, 1846.................................   1
BOUNDARIES.   Oregon Territory, par le révérend C. G. Nicolay, 1846........   1
BOUNDARIES.   History of the San Juan Water Boundary Question as affect-
    ing the division of territory between Great Britain and the United States,
    par le vicomte Milton, M.P., 1869................................   1
BOUNDARIES.   Report on the Geology and resources.....in the 49th parallel,
    par George Mercer Dawson pour la commission des frontières, 1875.....   1
BOUNDARY Commission, 49th parallel *vide* Dawson, 1875..................
BOUNDARIES, Statutes, Documents and Papers bearing on the discussion res-
    pecting the Northern and Western Boundaries of Ontario.   Compilés
    d'après les instructions du gouvernement d'Ontario, 1878..............   1
BOUNDARIES.   Report of the Select Committee on the Boundaries between
    Ontario and the unorganized territories of the Dominion, 1880........   1
BOUNDARY (Maine).   *Vide* Maine Historical Society, Vol. 8..............
BOUNDARY, North Eastern Boundary.   Hon. Israel Washburn, jr., Maine
    Historical Society, Vol. VIII., 1881   1
BOUQUET.   Relation Historique de l'expédition contre les Indiens de l'Ohio en
    MDCCLXIV., commandée par le Chevalier Henry Bouquet, etc., etc.,
    1769...   1
        (Edition anglaise de 1868 accompagnant cette édition de 1764).
BOURGEOYS (Sœur).   Sa vie, *vide* Biographies, 1853, 1882...............
BOURASSA (N.)   Nos Grand'mères, 1887   1
BOURINOT (John George).   The Intellectual Development of the Canadian
    people, 1881..   1
BOURINOT (J. G.)   How Canada is governed, 1895.......................   1
BOURINOT (John George).   Local Government in Canada, 1887.............   1
BOURINOT (J. G.)   Story of Canada, 1896...............................   1
BOURINOT (J. G.)   Manual of the Constitutional History of Canada, 1888....   1
BOURLAMAQUE au Chevalier de Lévis.   Lettres publiés sous la direction de
    l'abbé H. R. Casgrain, 1891......................................   1
BOURNE (George).   Picture of Quebec, 1829   1
BOUTHILLIER (Jean Antoine).   Traité d'arithmétique pour l'usage des écoles,
    1809..   1
BOUTHILLIER (Chavigny).   Justice aux Canadiens Français, 1890........   1
BOVELL (James).   Outlines of Natural Theology, 1859...................   1
BOXER (F. N.)   Hunters Handbook of the Victoria Bridge..   1
BOYLE (David).   Canadian Catalogues, 1883-86.......................   1

18—B½

2-3 EDOUARD VII, A. 1903

VOLUMES.

BRACKENRIDGE (H. M.) History of the late war between the United States and Great Britain, 1844 ....

BRADDOCK History of an expedition against Fort du Quesnel in 1755, par Winthrop Sargent, 1855 .... :   1

BRADFORD (John). Address to the inhabitants of New Brunswick, 1788   1

BRADFORD (Alden). History of the Federal Government for fifty years, 1840.   1

BRADLEY (A. G.) The Fight with France for North America, 1900   1

BRADLEY (A. G.) Wolfe, 1895   2

BRANT (Captain). Gospel, according to St. Mark, traduit dans le langage Mohawk, 1829 ....

BRANT (Joseph). Life of, par Stone, 1838 ....

BRANT (Joseph). Voir Read's Simcoe, 1890 ....

BRASSEUR DE BOURBOURG (L'Abbé). Histoire du Canada, 1852   2

BRASSEUR DE BOURBOURG, vide Canada Observations, Ferland, 1853 ....

BRAÜN (le R.P.A.) Mariages Chrétiens, 1873 ....

BRAÜN (le R. P.) Mémoire sur les Biens des Jésuites en Canada, par un Jésuite, 1874 ....

BRAÜN (R. P. Antoine). Une Fleur du Carmel (Marie Lucie Hermine Frémont), 1881 ....

BRESSANI (Le R. P. F. J.). Relation abrégée des Missions dans la Nouvelle France, 1852   1

BRIÈRE (L. de la). L'Autre France, Voyage au Canada, 1886   1

BRIGGS (William). Canadian Catalogues, 1897 ....

BRITAIN REDEEMED, vide Railways, vide Carmichael Smyth ....

BRITISH CASE before the tribunal of arbitration at Geneva, 1872   4

BRITISH AMERICA. Historical and Descriptive Account of, 1839   3

BRITISH COLONIES in North America (in North American atlas) 1777 ....

BRITISH COLONIES in North America, 1847 ....

BRITNELL (Albert). Canadian Catalogues, 1883 to 1897 ....

BRITISH COLUMBIA. Four years in British Columbia and Vancouver Island, par le commandant R. C. Mayne, M. R., 1862 ....

BRITISH COLUMBIA. The great gold fields of Cariboo, with an authentic description brought down to the latest period, of British Columbia and Vancouver's Island, par William Carew Hazlett, 1862   1

BRITISH COLUMBIA. History of, par Alexander Begg, 1894 .... •   1

BRITISH COLUMBIA. History of, par Hubert Hume Bancroft, 1887   1

BRITISH COLUMBIA. Statistical Accounts of. Arthur Harvey, 1867   1

BRITISH COLUMBIA. The New West, 1888   1

BRITISH COLUMBIA. Travels in, with the narrative of a yacht voyage round Vancouver Island, par le capitaine C. Barrett Lennard, 1862   1

BRITISH COLUMBIA, vide Vancouver Island, 1860   1

BRITISH COLUMBIA, vide Vancouver Island, 1862, vide aussi Mathew Macfie, 1865 ....

BRITISH COLUMBIA. Victoria. Avec gravures, 1891 ....

BRITISH COLUMBIA. Year Book, 1897, par R. E. Gosnell ....

BRITISH DOMINIONS in North America. History of the, from the first discovery of that vast continent by Sebastian Cabot in 1497 to its present glorious establishment, as confirmed by the late treaty of Peace in 1763 ....

BRITISH EMPIRE in America. Containing the History of the discovery, settlement, progress and state of the British Colonies on the continent and Island of America, 1741   1

BRITISH EMPIRE in America, a general History, par Mr. Wynne, 1770   2

BRITISH NORTH AMERICA. Eighty Years Progress of   1

BRITISH MUSEUM. Catalogue of, additions to the Manuscripts, 1875   1

BRITISH PLANTATIONS. Present state of, with a map dated 1712: "according to the patent granted by the King of France to Mr. Crozat", 1743 ?.....   .

VOLUMES.

BRITISH TRAVELLER.   Colonial policy of Great Britain with respect to her
  North American Colonies, 1816.............. ....   ı
BROCK (Isaac). *Voir* Biographies, 1845.
BROME County Historical Society................................
BROUGHAM (Henry). · An inquiry into the Colonial Policy of the European
  Powers, 1803...   2
BROWN (Alexander). The Genesis of the United States, 1890..............   2
BROWN (George). Life and speeches of Alexander Mackenzie..............   1
BROWN (George S.). Yarmouth, Nova Scotia, a sequel to Campbell's History, of
  1888..   1
BROWN (Ellen G.). Early history of Yarmouth Post Office...............   1
BROWN (John Mason). The political beginnings of Kentucky. Filson Club
  publications, Vol. VI, 1889........................
BROWN (William). British Catalogues, 1887–1897...... ....·...
BROWN (Richard). A history of the Island of Cape Breton..............   ı
BROWN (Jas. B.). · Canada and the Colonists, 1851   1
BROWNELL (Charles de Wolf). The Indian races of North and South America,
  1873................................   1.
BRUCHÉSI (M. l'abbé). Conférence sur la charité, 1882.................   1
BRUMATH (A. Leblond de). Histoire populaire de Montréal,1890...........   1
BRUMATH (L. Leblond de). Mgr Ignace Bourget, 1885..................   1
BRUNET (Ls. Alexandre). La Famille et ses Traditions........   1
BRUNET (Alexandre). Histoire abrégée de la Mère Sophie Barat, fondatrice
  de la société du Sacré Coeur de Jésus..............................
BRYANTS Station, and the memorial proceedings, par Reuben T. Durrett.
  Filson Club No. 12...   1
BRYANT Wilbur F. The Blood of Abel (Riel) Hastings 1887.............   1
BRYCE (Dr. George). A Short History of the Canadian People...........   1
BRYCE (Dr. George). Holiday Rambles between Winnipeg and Victoria,
  1888..
BRYCE (Dr. George). Manitoba, its infancy, &c., 1882.. ....
BRYCE (Dr. George). The remarkable history of the Hudson's Bay Company,
  1900.....................................   1
BUBBLES OF CANADA, par T. C. Haliburton, 1839.......................   1
BUCHANAN (Isaac). Industry of Canada, 1864........................   1
BUCHANAN (James). Sketches of the history, &c., of the North American
  Indians.......................................   1
BUCKINGHAM (James S.). Canada, Nova Scotia, New Brunswick...........   1
BUIES (Arthur). La Lanterne, 1868................................   1
BUIES (Arthur). Chroniques Canadiennes, 1884......................   1
BUIES (Arthur). L'Outaouais Supérieur, 1889   1
BUIES (Arthur). Au portique des Laurentides, 1891, Le Curé Labelle.......   1
BUIES (Arthur). Le Saguenay et le lac Saint-Jean, 1880..................   1
BURGES (Hon. Tristram). Battle of Lake Erie, 1839....................   1
BURGOYNE (Lieut. Genl.) A state of the Expedition from Canada as laid
  before the House of Commons and verified by evidence, &c.. 1780.......
BURGOYNE (Lieut. Genl.) Letter to his constituents upon his late resignation,
  with the correspondence between the secretaries of war and him relative
  to his return from America, 1779..................................   1
BURGOYNE (Sir John F.) The Military opinions of......................   1
BURGOYNE Ballads, Annotées par Wm. L. Stone, 1893..................   1
BURKE (Sir Bernard). Peerage and Baronetage, 1863..................   1
BURKE (Edmund). European Settlements in America, 1760....   2
  Sixième édition augmentée, 1777....   2
BURKE (Edmund). Letters and speeches concerning Colonial affairs (une
  collection de différentes dates à partir de 1777...................,...

2-3 EDOUARD VII, A. 1903

VOLUMES.

BURN (J. I.) Case of the Right Hon. Alexander, Earl of Sterling and Dovan, &c., 1833..   ▴

BURNABY (Rev. Andrew). Travels through the middle settlements in North America, 1759 and 1760..   1

BURR (Arron). The Spanish Conspiracy, par T. M. Green................   1

BURROWS (C. Acton). The annals of the town of Guelph.................   1

BURROWS (Acton). North Western Canada, Winnipeg, 1880..............   1

BURTON (Jonathan). Diary and Orderly Book, compilé par Isaac W. Hammond, 1885...   1

BURY (Viscount). Exodus of the Western Nations, 1865.................   2

BUTLER (W. F.) The Wild North Land, 1874...........................   1

BUTLER (W. F.) The Great Lone Land, 1881............................   1

BUTTERFIELD (Consul Willshire). Capt. Jonathan Hart's Journal, 1885............

BUTTERFIELD (Consul Willshire). History of the discovery of the North-west, par Jean Nicolet en 1634......................................   ▴

BUTTERFIELD (Consul Willshire). The Washington Irvine Correspondence, 1781 à 1783...   1

BUTTERFIELD (Consul Willshire). History of the Girtys, 1890...........   1

BYSTANDER. Monthly Review, 1880–1881...............................   2

BYTOWN AND BY. *Voir* Transatlantic sketches, Vol. 2, pp. 147, 179, 1833....   1

C

CABOT Calendar, par Sarah Nickle et Mary Agnes Fitz-Gibbon, 1497 à 1897..   1

CABOT Discovery of North America, par G. E. Weare, 1897...............   1

CABOT (John and Sebastian), par Henry Harrisse, 1896..................   1

CABOT *vide* Nicholls, 1869...

CABOT, Sebastian, Memoir of, with a review of Maritime discovery, 1831....   1

CADASTRES des Seigneuries de la Couronne, 1863........................   1

CADASTRES. Parish of Montreal, 1872. Hochelaga, 1863...............   1

CADASTRES des Seigneuries de Montréal, numéros 1 à 132, 1863...........   3

CADASTRES des Seigneuries de Québec, numéros 1 à 110, 1863...........   2

CADASTRES des Seigneuries des Trois-Rivières, 1863....................   1

CADBY, J. H. W. Catalogues..

CAISSE (Rev. J. C.). L'Institut des Frères des Ecoles Chrétiennes, 1883.....   ▴

CALEFF (Dr. John). Account of the siege of Penobscot in 1779, B. 149 après page 87..

CALENDARS from A.D. 1752 to A.D. 1925, par Fred Wm. Terrill, 1893......   ▴

CALNEK (the late W. A.) History of the County of Annapolis, par W. A. Calnek, 1897..   1

CAMPBELL (Duncan), Nova Scotia, Montreal, 1873.....................   1

CAMPBELL (Duncan). History of Prince Edward Island, Charlottetown, 1875.   1

CAMPBELL (J. R.) History of the County of Yarmouth, 1876.............   1

CAMPBELL (James V.) Outlines of the political History of Michigan, 1876...   1

CAMPBELL (Maria). Revolutionary services and Civil life of General William Hull. History of the Campaign of 1812, par James Freeman Clarke, 1848   1

CAMPBELL (P.) Travels in the interior parts of North America in the years 1791 and 1792...   ▴

CAMPBELL (Robert). A History of the Scotch Presbyterian Church, St. Gabriel Street, 1887   1

CAMPING in the Canadian Rockies, par Walter D. Wilcox, 1896...........   1

CANADA. Abrégé de l'Histoire du Canada, par J. F. Perrault, 1832.........   1

CANADA. Abrégé de l'Histoire du Canada depuis sa découverte jusqu'à 1840, par F. X. Garneau, 1865..   1

CANADA. A few words on Canada by a Canadian, 1871..................   1

CANADA. Affairs of the Canadas by a Canadian, 1837.   1

CANADA. Album du Canadien, 1849....................................   1

Volumes.

CANADA or a view of the Importance of the British American Colonies, par
David Anderson, 1814.. ▲

CANADA (le) et les Canadiens-Français, pendant la guerre Franco-Prussienne,
par Faucher de Saint-Maurice......... 1

CANADA and its capital, par l'honorable J. D. Edgar, 1898............ 1

CANADA et Amérique. (Documents inédits sur) Publiés par le Canada
Français 1888................................ ▲

CANADA. Analysis of travels through Canada, &c., par George Heriot, sous-
directeur général des postes de l'Amérique britannique du Nord, 1807... 1

CANADA. Autre France, l', Voyage au, par L' de la Brière, 1886 1

CANADA. Commentaires sur les Lois du Bas-Canada ou Conferences de l'Ecole
de Droit, 1859 et 1861 1

CANADA COMPANY. In the days of the, par Ranck, 1896................. 1

CANADA COMPANY. List of the proprietors in 1835 with M.S. statement of
the affairs of the Company..................................... 1

CANADA. The Canadas as they now are, by a Late Resident, 1833........ 1

CANADA. Census. Voir Census...

CANADA. Compendium History of Canada, par J. F. N. Dubois, 1874 1

CANADA. Cours d'Histoire du Canada, par J. B. A. Ferland, 1861, 1865.... 2

CANADA. Expedition to, in 1690, par Walter Kendall Watkins, 1898 1

CANADA. Extraits des Archives. M.M. Duquesne et Vaudreuil, 1755-60... 1

CANADA. Facts and observations respecting Canada and the United States,
par Charles F. Grece, 1819.................................... 1

CANADA. Français (Le), Revue publiée par l'Université Laval, 1888........ 4

CANADA. Handbook for the British Association, 1897................... 1

CANADA. Histoire de la Colonie Française en, par l'Abbé Faillon, 1865..... 5

CANADA. Histoire du Canada à l'usage des Maisons d'Education, par C.
H. Laverdière, 1873.. ▲

CANADA. Histoire Chronologique de la Nouvelle France en Canada, par le
Père Sixte Le Gac (1504 à 1632), publiée par Eug. Réveilland, 1888.... ▲

CANADA. Histoire du Canada depuis sa découverte jusqù'à nos jours, par. F.
X. Garneau, 1852.. 3

CANADA. History of, par John MacMullen, 1868...................... 1

CANADA. History of, par J. George Hodgins, 1866, Vol. I.............. 1

CANADA. History of Free Masonry in, par J. Ross Robertson, 1899........ 2

CANADA. History of, par Charles G. D. Roberts, 1897................. 1

CANADA. History of, from its first discovery, par George Heriot, 1804...... 1

CANADA. History of, Vol. I., from its first discovery to the peace of 1763.
Vol. II.,from the establishment of civil government in 1764 to the siege
of Quebec in 1775, par William Smith........................... 2

CANADA. Histoire du, Depuis sa découverte jusqu'à nos jours, par F. X.
Garneau 6

CANADA. Histoire du, par C. H. Laverdière, 1878..................... 1

CANADA. History of, par William Kingsford......................... 10

CANADA. Histoire populaire du, par Jacques de Baudoncourt 1

CANADA in the Seventeenth Century, from the French of Pierre Boucher,
par Edward L. Montizambert, 1883. 1

CANADA : Its rise and progress, par G. Barnett Smith, 1898.............. 1

CANADA in 1864, par Henry T. Newton Chesshyre, 1864... 1

CANADA. It Blows, It Snows, a winter's rambles through Canada, par C. H. C.,
1846.. ▲

CANADA. Les Institutions de l'Histoire du Canada, ou Annales Canadiennes,
par Bibaud Jeune, 1855....................................... 1

CANADA (Le). Ses Institutions, etc., par Hector L. Langevin, Quebec, 1855.. 1

CANADA. Settlers sent Home. Out and Home again by way of Canada and
the United States, par William Morris, 1875...... .... ▲

VOLUMES.

CANADA (le), par M. le Comte de Lambel, 1880   1
CANADA (le), par Paul Champion, 1886   1
CANADA : its History, Productions and Natural Resources, prepared for the
   Colonial and Indian Exhibition, 1886 . . . .   ▲
CANADA (Bas). Histoire de cinquante ans, 1791–1841, par T. P. Bédard,
   1869 . . . .   ▲
CANADA. Histoire Populaire du Canada, ou Entretiens de Madame Genest à
   ses petits enfants, par Hubert LaRue, 1877   1
CANADA. Notes Diverses sur le Bas-Canada, par Amury Girod, 1835   1
CANADA. La Nouvelle France de Cartier à Champlain, 1540–1603, par N. E.
   Dionne . . . .   ▲
CANADA. In North American Atlas, No. 4, 1776 . . . .   ▲
CANADA. Northern, The barren ground of, 1892   1
CANADA. Notes upon Canada, by A Traveller, 1835   1
CANADA. Notes upon Canada and the United States (La page du titre manque;
   vers 1840)   1
CANADA. Notes sur le Canada, par Paul de Cazes, 1882   1
CANADA. Observations sur un ouvrage intitulé Histoire du Canada, etc., par
   M. l'Abbé Brasseur de Bourbourg, etc., par J. B. A. Ferland, prêtre, 1853   1
CANADA. Old and New Canada, 1753–1844. Historic Scenes and Social
   Returns on the life of Joseph François Perrault, par P. Bender, 1882 . . . .   ▲
CANADA on the Pacific, being an account of a journey from Edmonton to the
   Pacific, by the Peace River Valley ; and of a Winter Voyage along the
   Western Coast of the Dominion, &c., par Chas. Horetzky . . . .   ▲
CANADA. The Pioneers of New France in New England, par James Phinney
   Baxter, 1894 . . . .   ▲
CANADA. Present Condition (On the) of United Canada, par Henry Taylor,
   1843   1
CANADA. Present State of the Canadas, 1833   1
CANADA, reconquis par la France, par J. G. Barthe, suivi de pièces justifica-
   tives, 1855   1
CANADA and Scotland, Memoirs of, par le Marquis de Lorne, 1884   1
CANADA and the States, Recollections, 1851 à 1886, par Sir E. W. Watkins,
   1887   1
CANADA. Voir Nouvelle France, Collection de Manuscrits etc., 1492   4
CANADA. (Le) Sous l'Union, 1841-1867, par L. P. Turcotte   1
CANADA. The Story of, by J. G. Bourinot, 1896   1
CANADA. Tableau Statistique et Politique des deux Canadas, par Isidore
   Lebrun   1
CANADA. Travels through the Canadas, par George Heriot   1
CANADA. Travels in and through the States of New York and Pennsylvania,
   par J. G. Kohl, 1861   1
CANADA. Under the Administration of Lord Lorne, par J. E. Collins, 1884 . .   1
CANADA. Under the National Policy. Arts and Manufactures, 1883   1
CANADA vide Cape Breton. History Brown, 1869, vide New York Historical
   Society Collections, Vol. III, Negotiations between New England and
   Canada, 1648–51 . . . .
CANADA vide Voyages and Travels. Travels through. Duncan, 1823 . . . .
CANADA. West Retrospect of thirty-six years residence in, par J. Carruthers,
   1861   1
CANADIANA. A collection of Canadian notes, 1889–90   2
CANADIAN. The affairs of the Canadas, 1837   1
CANADIAN Album. Men of Canada. Rev. W. Cochrane, 1891   4
CANADIAN Agricultural Reader, 1845   1
CANADIAN Almanacs, depuis 1848   1
CANADIENS (Les Anciens), par Philippe Aubert de Gaspé, 1877 . . . .   ▲

VOLUMES.

CANADIAN (A.) A political and historical account of Lower Canada, with remarks on the present situation of the people, 1830 1
CANADIAN Archaeology, par William Kingsford, 1886 1
CANADIAN Ballads, par Thomas D'Arcy McGee, 1858 1
CANADIAN Biography. A Cyclopedia of, par George Maclean Rose 1
CANADIAN Christian Examiner, Vols. 2. 3, 4, 1838–40 3
CANADIAN Club, New York, Canadian Leaves, 1887 1
CANADIENS de l'Ouest (Les), par Joseph Tassé, 1882 2
CANADIAN Dominion, par Charles Marshall, 1871 1
CANADIAN Economics. Papers prepared for the British Association of 1884 .. 1
CANADIAN Etomologist, 1868–1884 8
CANADIENS FRANÇAIS. Actes et délibérations du Congrès Catholique Canadien Français, 1879–80 1
CANADIENS FRANÇAIS des Etats-Unis 1
CANADIENS FRANÇAIS (Les) de la Nouvelle Angleterre, par E. Hamon 1
CANADIENS FRANÇAIS, Fête Nationale des, célébrée à Québec, 1880 1
CANADIENS FRANÇAIS, Grand cinquantenaire de la St. Jean-Baptiste, 1884 1
CANADIENS FRANÇAIS. Histoire des Canadiens Français, 1608–1880, par Benjamin Sulte 4
CANADIENS FRANÇAIS. Illustrations Canadiennes (les), par P. Dupuy, 1ᵉʳᵉ série —1494–1676 4
CANADIENS FRANÇAIS. Justice aux Canadiens Francais, par Rév. Bouthillier Chavigny, 1890. 4
CANADIENS FRANÇAIS. La question du jour, Resterons-nous Francais, par Faucher de Saint-Maurice 1
CANADIENS FRANÇAIS. Petit Manuel Canadien, par Paul de Cazes, 1884 1
CANADIAN FREEHOLDER in dialogues between an Englishman and a Frenchman settled in Canada 3
CANADIAN GAZETTE, depuis 1883 30
CANADIAN GUIDE BOOK with Map, 1849 1
CANADIAN HANDBOOK. 1867 1
CANADIAN HISTORY. One Hundred Prize Questions in and the answers of Humes, 1880, Henry Miles. 1
CANADIAN ILLUSTRATED NEWS. 1869 à 1883 14
CANADIAN INDEPENDENCE. Annexation and Imperial Federation, par James Douglas, 1894 1
CANADIAN JOURNAL. 1856 à 1866, Toronto 11
CANADIAN JOURNAL, par la Marquise de Dufferin, 1872–8 1
CANADIEN (LE), VOL. 1. du 22 novembre 1806 au 19 novembre 1807 1
Vol. 3, du 26 novembre 1808 au 14 mars 1810 ....•.... 1
Vol. 10. 1840 1
CANADIAN LEASES. Canadian Club, 1887 1
CANADIAN LEGAL DIRECTORY. Publié par Henry Morgan, 1878 1
CANADIAN·LIFE. (Sketches of.) David Boyle, 1849. 1
CANADIAN NATURALIST (The), par P. H. Gosse. 1840 1
CANADIAN NUMISMATICS, par R. W. McLachlan, 1886. 1
CANADIAN PACIFIC RAILWAY. The Confederation of the British North American provinces, par Thomas Rawlings, 1865 4
CANADIAN PACIFIC RAILWAY. Employment of the People and Capital of Great Britain in her own Colonies explained in a letter from Major Robert Carmichael Smyth. Project of a railway from the Atlantic to the Pacific, 1849. 4
CANADIAN PACIFIC RAILWAY. From Ontario to the Pacific by the C.P.R., par Madame Arthur Spragge 1887 1
CANADIAN PACIFIC RAILWAY. Summer Tours, 1887 1

2-3 EDOUARD VII, A. 1903

VOLUMES.

CANADIAN PEN and Ink Sketches, par John Fraser, 1890. 1
CANADIAN PEOPLE (Short History of the), par George Bryce 1
CANADIAN POLITICS. Letters of a Nova Scotian and of Scævola on, 1828. . . . .
CANADIAN PORTRAIT gallery, par John S. Dent, 1881. 2
CANADIAN ROCKIES (Camping in). Par Walter Dwight Wilcox, 1896. 1
CANADIAN SAVAGE FOLK, par John MacLean, M.A., 1896. 1
CANADIAN SCRAP BOOK, par Lady Jepson, 1897. 1
CANADIAN SETTLER. The Immigrants Informant, or a guide to Upper Canada
    1834. 1
CANADIAN SETTLER's GUIDE, 1860. 1
CANADIAN SKETCHES of Celebrated Canadians, par Henry J. Morgan, 1862. . . . 1
CANADIAN TOURIST. Hugh Ramsay, 1856. 1
CANADIAN VICTORIA BRIDGE at Montreal, Canada, 1860. Who is entitled to
    the credit of its conception ?. 1
CANALS OF CANADA, par Thomas C. Keefer, 1894 1
CANAL DU LANGUEDOC. Lettres, etc., de Colbert, par Pierre Clément, 1650-1661 4
CANALS. William Kingsford, 1865. 1
CANAUX ET MINES. Lettres, etc., de Colbert, par Pierre Clément, 1650-1661. . 4
CANIVET (Charles). Les Colonies Perdues, 1884. 1
CANNIFF (William). History of the Province of Ontario, 1869. 1
CANNIFF (William). History of the Settlement of Upper Canada, 1869. 1
CANNING (George). Correspondence with the Hon. D. Erskine relating to
    America, 1809. . . . .
CANNING (George). Papers relating to America (1808). Encounter between
    H.M.S. Leopard and the U. S. frigate Chesapeake, 1810. . . . .
CANNON (Richard). Historical Record of the 21st Foot or Royal North British
    Fusiliers, 1849. 1
CANOT de Papier, par N. H. Bishop, 1879. 1
CAPE BRETON. History of the Island of Cape Breton and some account of the
    Discovery and settlement of Canada, Nova Scotia and Newfoundland, par
    Richard Brown, 1869. 1
CAPE BRETON. Avec gravures, par J. M. Gow, 1893. 1
CAPE BRETON, Importance of, considered in a letter to a member of Parliament
    from an inhabitant of New England, 1746 . . . .
CAPE BRETON vide Nova Scotia. Histoire Géographique de la Nouvelle-Ecosse,
    1775. Pichon, 1760, sous le même couvert. 1
CAREY (M.). The Olive Branch, 1817. 1
CAREY (Mathew). An address to William Tudor Esq., (voir) Olive Branch,
    1821. 1
CAREY (M.). Appendix to the eighth edition of the Olive Branch, 1817. 1
CARICATURE. History of the Georges, par Thomas Wright, 1876. 1
CARLETON (Sir George). Portrait in "Political Magazine" for 1782 with
    sketch of his life, page 351. . . . .
CARLETON (Gouverneur Guy). An abstract of those parts of the custom of Paris
    received and practiced in the Province of Quebec in the time of the
    French government, 1772. 1
CARMICHAEL (Sir James). Precis of the wars in Canada from 1775 to 1814. . 1
CARMICHAEL SMYTH (Major Robert). The employment of the people and
    capital of Great Britain in her own colonies, 1849. . . . .
CARNOCHAN (Janet). Centennial St. Andrew's, Niagara 1794-1894. 1
CARON (l'abbé N.) Deux Voyages sur le Saint-Maurice, Trois-Rivières, 1887. 1
CARRIER (L. N.) Les Événements de 1837-38. 1
CARROLL (Archevêque). Life and times, par John G. Shea 1888. 1
CARROLL (Rev. John). Exposition expounded, 1881. 1
CARRUTHERS (J.) Retrospect of thirty-six years residence in Canada West,
    1861. . . . .

DOC. DE LA SESSION No 18

VOLUMES.

CARSWELL & Co. Canadian Catalogues 1883–86.................. ....·......

CARTIER (Sir George). Discours, notices, par Joseph Tassé 1

CARTIER (Jacques). Une fête de Noël sous Jacques Cartier, par Ernest Myrand, 1888.. 1

CARTIER (Jacques). Par N. E. Dionne, 1889 1

CARTIER (Jacques). His life and voyages, par Joseph Pope, 1890.......... 1

CARTIER (Jacques). Relation originale du voyage au Canada en 1534 et Bref récit et succincte narration de la navigation faite en 1535 aux iles de Canada, Hochelaga, Saguenay et autres........................... 2

CARTIER (Jacques). vide Ramé 1534................................

CARTWRIGHT (Rev. C. E.) Life and letters of the late Hon. Richard Cartwright, 1876.. *

CARTWRIGHT (George). A journal of translations and events during a residence of nearly sixteen years on the Coast of Labrador, 1792..........., 3

CARTWRIGHT (Major John). Life and correspondence, publié par sa nièce F. D. Cartwright, 1826............................... 2

CARVER (J.) Travels through the interior parts of North America in 1766... 1

CASGRAIN (Abbé H. R.) Biographies Canadiennes (Faribault, Garneau, Aubry), 1867 1

CASGRAIN (l'Abbé H. R.) Guerre du Canada, 1756–60. Montcalm et Lévis. 2

CASGRAIN (l'Abbé H. R.) Histoire de l'Hôtel-Dieu de Québec 1

CASGRAIN (l'Abbé H. R.) Histoire de la Mère Marie de l'Incarnation, 1864. 1

CASGRAIN (l'Abbé H. R.) Légendes Canadiennes, 1876. ....·. 1

CASGRAIN (P. B.) Letellier de Saint-Just et son temps, 1885 1

CASGRAIN (l'Abbé H. R.) Œuvres complètes, 1875..................... 1

CASGRAIN (l'Abbé H. R.) Une Paroisse Canadienne au XVII siècle, 1880... 1

CASGRAIN (l'Abbé H. R.) Un Pèlerinage au Pays d'Evangeline............ 1

CASTOROLOGIA or the history of the Canadian Beaver, par Horace T. Martin, 1892 1

CASWALL (Rev. Henry). America and the American church, 1851......... 1

CATALOGUE of additions to the manuscripts in the British Museum, 1875 1

CATALOGUES, Canadian, 1883–1897................................ 6

British, 1883–1897................................. 8

United States, 1872–1897............................ 4

Paris, 1881–1897 8

CATALOGUE des Brochures de la Bibliothèque de la Législature de Québec (Catalogue of Pamphlets of the Library of the Legislature of Quebec), 1879 1

CATALOGUES. Catalogue of an extraordinary collection of books and M.S.S. relating to North and South America, 1869........................... *

CATALOGUE of the Library of the late E. B. O'Callaghan, compilé par E. W. Nash, 1882............................... 1

CATALOGUE. Harts collection of Montreal sold by auction at Boston....... 1

CATALOGUE. Index to the British, 1837 à 1857...................... 1

CATALOGUE. Index to the English, 1856 à 1876...................... 1

CATALOGUES. British, Canadian, Paris, United States..................

CATALOGUE of Pamphlets of the Library of the Legislature of Quebec, French and English, 1879 1

CATALOGUE. Young Men's Association Library, Buffalo, 1871............. 1

CATALOGUE of the Library of the Corporation of London 1

CATALOGUE des Livres rares et précieux, etc., composant la Bibliothèque de M. Alph. L. Pinart....................... 1

CATALOGUE of the collection of autographs of Gerald E. Hart............. 1

CATALOGUE of Westminster. Records, par John E. Smith, 1900........... 1

CATALOGUE, vide Libraries and Catalogues.........................

CATALOGUES, vide Nouvelle France, Faribault, 1837 ....

CATET (Pierre Victor). Chronologie Novenaire, 1608................. 3

VOLUMES.

CATHOLIC CHURCH in Colonial Days, par John Gilmary Shea, 1886 1
CATHOLIC CHURCH. A History of, within the limits of the United States, par
    John Gilmary Shea, 1890 2
CATHOLIQUE UN. La source du Mal de l'Epoque au Canada, n. p. n. d. (1883). 1
CATLIN (George). Adventures of the Ojibbeway and Ioway Indians in
    England, 1852 2
CATLIN (George). North American Indians, 1876 2
    Album with 31 lithographs of Indian life 1
CAUSERIES du Dimanche, par A. B. Routhier, 1871 1
CAUSONS du Pays. Benjamin Sulte, 1893 1
CAVENDISH (Sir Henry, Bart). Debates of the House of Commons, in the
    year 1774, on the bill for making more effectual provision for the govern-
    ment of the province of Quebec, 1839 ....
CAZEAU (Mgr. C. F.) vide Eglise Catholique en Canada, 1880 ....
CENSUS. Canada, Province and Dominion 1
    1850-1860 .... 1 ·
    1851 2
    1851-52 2
    1860-61 2
    1861-62 2
    1870-71 F. et A. 9
    1880-81 " 10
    1890-91 " 4
CENSUS. Manitoba, 1870. 1
            " F. et A., 1885-86 2
    "   New Brunswick, 1840 1
    "   North-west Territories, 1884-85 1
    "   Nova Scotia, 1861 1
    "   Prince Edward Island, 1861-71 1
    "   Red River, 1831 à 1846 1
CENTENNIAL Celebration (The) of the evacuation of Detroit by the British, 1896. 1
CENTENNIAL. St. Andrews, Niagara, 1794-1894, par Janet Carnochan, 1895.. 1
CERCLE Catholique de Québec, vide Eglise Catholique en Canada, Actes et
    Délibérations, 1880 ....
CHABERT (M. de). Voyage fait par ordre du Roi en 1750 ....
CHADENAT (Ch.) Picard, Catalogues, 1889-91 ....
    Paris   "   1891-95 ....
        " 1897 ....
CHALAMET (ANTOINE). Les Français au Canada, 1886 ....
CHALMERS (GEORGE). Collection of Treaties between Great Britain and other
    powers, 1790 2
CHALMERS (George). Political Annals of the present United Colonies from their
    settlement to the peace of 1763 ....
CHALMERS (GEORGE). Introduction to the History of the Revolt of the Ameri-
    can Colonies, 1845 1
CHAMBERLAIN (HON. JOSEPH). Foreign and Colonial Speeches 1
CHAMBON. Traité Général du Commerce de l'Amérique 1
CHAMPION (PAUL). Le Canada, 1886 1
CHAMPLAIN. Expeditions to Northern and Western New York, 1609, 1615... 1
CHAMPLAIN (SAMUEL). Histoire, &c., N. F. Dionne, 1891 1
CHAMPLAIN (SAMUEL DE) Œuvres, 1632 2
CHAMPLAIN. Le Tombeau de, par Dionne, pas de titre n.p.n.d. (1879).......... 1
CHAMPLAIN (SAMUEL DE). Voyages, Translated by Charles Pomeroy Otis with
    historical illustrations and a memoir, par le révérend E. F. Shafter, 1880. 3
CHAMPLAIN, vide Biographies, Voyages and travels ....
CHAMPLAIN, vide Historiopolitographia Mathæi, 1610 2

VOLUMES.

CHANTIER *voir* Lobinière...
CHANNELL (L. S.) History of Compton County, 1692-1896.............. 1
CHANSONS POPULAIRES du Canada, recueillies par Ernest Gagnon, 1880...... 1
CHANSONS. 1ère Edition, 1865....................................... 1
CHAPLEAU (Hon. J. A.) Sa Biographie, ses discours, etc.................. 1
CHAPMAN (E. J.) Exposition of the Minerals and Geology of Canada, 1864 . 1
CHAPPELL (Edward R. N.) Narrative of a voyage to Hudsons Bay, in H.M.S.
    Rosamond, 1817.. 1
CHAPPELL (Edward R. N.) Voyage in H.M.S. *Rosamond* to Newfoundland
    and the Southern Coast of Labrador, 1818........................ 1
CHARBONNEAU. Un voyageur des pays d'en haut, par l'Abbé G. Dugas,
    1890... 1
CHARITÉ. Conférence sur la Charité, par M. l'Abbé Bruchési, 1882........ 1
CHARLAND (Louis), *vide* Vondenvelden. Extrait des titres, 1802.......... 1
CHARITIES and Reformatory Institutions of the district of Columbia, par Charles
    Moore, 1898.. 1
CHARLESBOURG, *vide* Trudelle (Abbé Charles), 1887......................
CHARLEVOIX (le P.de). Histoire de la Nouvelle France, 1744.............. 3
CHARLEVOIX (le P.de). Vie de la Mère Marie de l'Incarnation, 1735........ 1
CHASSE ET PÊCHE, par J. M. LeMoine, 1887............................. 1
CHASTELLEUX (Marquis de). Travels in North America in 1780.. 2
CHATEAUGUAY. La Bataille de, par Benjamin Sulte, 1899................. 1
CHATEAUCLAIR (Wilfréd). Young Seigneur or Nation making.............. 1
CHAUCHETIÈRE (R. P. Claude). La vie de la B. Catherine Tegakoüita, dès à
    présent La Sainte Sauvagesse, 1887.............................. 1
CHAUDIÈRE (GOLD FIELDS). Lindsay & McGuire (Map), 1865 ....
CHAUVEAU (P. J. O.) François-Xavier Garneau, sa vie et ses œuvres, 1883. 1
CHAUVEAU (P. J. O.) L'Instruction Publique au Canada, 1876........... 1
CHEADLE (W.B.), *vide* Milton (Viscount) North-west passage.. 1
CHEMINS. Rapports du Comité Spécial sur les, Assemblée Législative, 1829 . 1
CHERCHEUR (Le) de Trésors, par Ph. Aubert de Gaspé, 1878.............. 1
CHESAPEAKE. The encounter between the Leopard and the, Diplomatic
    correspondence, 1810... 1
CHESSHYRE (Henry T. Newton). Canada in 1864....................... 1
CHICAGO ANTIQUITIES. Henry H. Hurlburt, 1881..................... 1
CHIPLOQUORGAN. By Richard Lewes Dashwood, 1871.................. 1
CHIPMAN (Daniel). Memoir of Thomas Chittenden the first Governor of
    Vermont, 1849.. 1
C. H. C. Winter Rambles through Canada, 1846....................... 1
CHISHOLM'S all Around Route and Guide to the St. Lawrence, 1873........ 1
CHITTENDEN (L.E.). The Capture of Ticonderoga, 1872 1
CHOUINARD (H. J. J. B.) Centenaire de l'assaut de Québec, 1876........ 1
CHOUINARD (H. J. J. B.) Fête Nationale des Canadiens-Français célébrée à
    Québec en 1880... 1
CHOUINARD (Mathias). Code de l'Instruction Publique dans la Province de
    Québec, 1882... 1
CHRISTIAN SENTINEL, Vol. I, Three Rivers, 1831......................... 1
CHRISTMAS (Rev. Henry). The Emigrant Churchman in Canada, 1849...... 2
CHRISTIE (Robert). History of Canada, 1848.......................... 6
CHRISTY (Miller). The Silver Map of the World, 1900................... 1
CHRISTY (Robt. Miller). Manitoba described, 1885 1
CHRONIQUES CANADIENNES. Arthur Buies, 1884....................... 1
CHRONOLOGIE NOVENAIRE, Contenant l'Histoire de la Guerre, sous le Règne du
    Très Chrestien Roy de France et de Navarre, Henri IV, 1608....... 3
CHRONOLOGY. The Hand Book of Canadian Dates, par F. A. McCord, 1888.. 1
CHRONOLOGY of Montreal and Canada Calendars, par Frederick Wm. Terrill,
    1893... 1

VOLUMES.

CHURCH OF ENGLAND in Canada, par le révérend H. C. Stuart.............   1

CHURCH, History of the Separation of Church and State in Canada, par le révérend E. R. Stimson, 1887...................................   ⅟

CHURCH History in America and our Colonies. Tales illustrating, 1862.. ..

CHURCH (The). 1838 à 1840, Cobourg, U. C......   3

CHURCH (The), in Canada Journal of Visitation, par le lord évêque de Toronto, 1842 ....   ⅟

CHURCH (Thomas). The History of Philips War commonly called the Great Indian War of 1675 and 1676 ; also the French and Indian Wars in 1689, 1690, 1692, 1696 and 1704, with notes and appendix, par Samuel G. Drake, 1716 ....   ⅟

CHURCHILL (Charles). Memorials of Missionary Life in Nova Scotia, 1845. (Methodist) ....   ⅟

CITIZEN OF BALTIMORE.' Observations on the Impressment of American Seamen, 1806......   1

CIVIL CODE OF LOWER CANADA. Reports of the Commissioners...........   3

CIVIL CODE OF LOWER CANADA. Reports of the Commissioners vide Code of Civil Procedure, 1865, F et A........   3

CIVIL ENGINEERING. Sketch of the, of North America, comprising remarks on the Harbours, Rivers, &c., par David Stevenson, 1838...............   ⅟

CIVIL GOVERNMENT of Canada. Report from the Select Committee (Imperial House of Commons), 1827..   ⅟

CIVIL SERVICE. Report from the Select Commitee (Imperial House of Commons, 1827) on the Civil Government of Canada........... ....   ⅟

CIVIL SERVICE. Reports of the Commissioners appointed to inquire into the Public Departments in Upper Canada, 1840...... ....   ⅟

CIVIL WAR in United States, New York at Gettysburg. Final report on the battlefield, 1900..   3

CLAIMS against the U. S. Sundry resolutions of the Board of Commissioners for carrying into effect the sixth article of the treaty (1783). Publié par l'agent des pétitionnaires, 1798...............................   1

CLARK (George Rogers). Sketch of his Campaign in the Illinois, 1778- 9....   1

CLARK (Col. George Rogers), vide American Revolutionary War. Sketch of the Campaign in the Illinois, 1778-79........ ....   ⅟

CLARKE (Isaac W.) Culture and Preparation of Hemp in Canada. Transactions of the society for the encouragement of Art, &c., 1804..........   ⅟

CLARKE (James Freeman). Campaign of 1812. Vide American War of 1812. Revolutionary services of Hull, 1848 ....   ⅟

CLARK, (A. S.) Catalogues U.S., 1893-95, 1895-97.....................

CLARKE Co. (Robert). Catalogues U.S., 1872 à 1897..................

CLARK, W. P. The Indian sign language with brief explanatory notes, 1885..   1

CENTENARY OF KENTUCKY. Proceedings at the Filson Club, No. 7..........   1

CLAY (Mrs. Mary Rogers). The Clay family, Filson Club publications No. 14..   1

CLAY FAMILY. Filson Club, Volume 14..............................   1

CLÉMENT (Pierre). Lettres, Instructions et mémoires de Colbert, 1650-1661..   9

CLEF DU MYSTÈRE, par P. Leroy, 1885.............................   1

CLERGY RESERVES. Secular state of the church in the Diocese of Toronto, n. p. n. d., 1850...   ⅟

CLERGY RESERVES, vide Rectories Attorney General vs Grassett St. James' Rectory (in Chancery), 1854......................................

CLERK OF THE " CALIFORNIA". An account of a voyage for the discovery of North-west passage by Hudson's Straits to the Western and Southern Ocean of America, performed in 1746 and 1747 in the ship California....   2

CLINTON (Sir Henry). Letters to the Commissioners of Public accounts, 1784. Correspondence with the same.......................................   ⅟

VOLUMES.

CLINTON (Sir Henry). Narrative relative to his conduct during part of his command of the King's troops in North America, with correspondence, &c., 1783..   ▲

CLINTON (Sir Henry). Observations on Mr. Stedman's History of the American War, 1794..   ▲

CLINTON (Sir Henry). Letters to and correspondence with the Commissioners of Public Accounts, 1784–1793......................................   ▲

CLINTON CORNWALLIS. Correspondence with supplement containing extracts from the Journals of the House of Lords, 1888....................   2

CLINTON, vide American Revolutionary War...... ....

CLOUGHER BROTHERS. Canadian Catalogues, 1883–1886......................

CLUVERINS (Philip). Introductio in universam geographram Amsterdam, 1697..   1

COATS (Capt. W.) vide Barrow (John) geography of Hudson's Bay, 1852   1

COBBETT (William). The Emigrants' Guide in ten letters to the tax payers of England, 1829..   ▲

COBBETT (William). Letters on the late war between the United States and Great Britain, 1815..   ▲

COBBETT (William). Porcupine's Works from the end of the war in 1783 to the election of the President in March 1801........................   12

COBBETT'S letters on the history of the late war between the United States and Great Britain, 1815...   1

COCHRANE (Rev. Wm.) Canadian Album, Men of Canada, 1891....   5

CODE des Curés, Marguilliers et Paroissiens, par l'hon. J. U. Baudry, 1870...   1

CODE DE PROCÉDURE Civile, par Dorais et Dorais...................   1

CODE CIVIL. Rapport sur les Observations relatives au Code de procédure civile, 1888.. ....   ▲

CODE OF CIVIL PROCEDURE of Lower Canada, English and French Reports of Commissioners, 1866   1

COFFIN (William). The War of 1812...............................   1

COFFEY (Rev. John F.) City and Diocese of London, 1885....   1

COFFIN (Victor). The Province of Quebec and the Early American Revolution, 1896.... ....   ▲

COITS (Capt. William). Orderly book of his company at siege of Boston, 1775. Connecticut Historical Society's collections, Vol. VII.................   1

COKE (E.T.) A Subaltern's Furlough, 1833   1

COLBERT. Lettres, Instructions et Mémoires de, par Pierre Clément..............

COLLECTION de manuscrits, etc. relatifs à la Nouvelle France, 1492, etc......   4

COLLINS (J. E.) Canada under the administration of Lord Lorne   1

COLLINS (J. E.) Sir John A. Macdonald, 1883...   1

COLONIAL and Foreign Speeches, by Right Hon. Joseph Chamberlain, 1897...   1

COLONIAL Policy of Great Britain considered with relation to the North American Provinces.......................................   1

COLONIAL Policy of Lord John Russell's administration, by Earl Grey, 1853..   2

COLONIAL WARS. Society of, Constitution of the General Society, 1898......   1

COLONIES. A Summary, historical and political, of the first planting, progressive improvements and present state of the British settlements in North America, &c., par William Douglass, M. D., 1760....................   2

COLONIES. Britain and her, par J. Beauford, 1865.....................   1

COLONIES. British in North America, S. P. C. K., 1847..................   1

COLONIES. Colonial Policy of Great Britain, with relation to her North American Provinces, par un voyageur anglais, 1816.................   ▲

COLONIES. Discussions on colonial questions, report of the proceedings of a conference held at Westminster Palace Hotel, July 1871 ....   ▲

COLONIES. England and her colonies or Progress in unity; a plea for individual rights and imperial duties, par Robert Fletcher, 1857.............   ▲

VOLUMES.

COLONIES of England. A plan for the government of some portion of our
colonial possessions, par John Arthur Roebuck, M. P., 1849............   1
COLONIES. European settlements in America, par Edmund Burke, 1760.....   2
COLONIE Féodale en Amérique (l'Acadie 1604-1707), par M. Rameau, 1877 ..   1
COLONIE FRANÇAISE en Canada, par l'Abbé Faillon, 1865..................   3
COLONIES. Histoire et Commerce des Colonies Anglaises dans l'Amérique
Septentrionale, où l'on trouve l'état actuel de leur population, etc........   ᴬ
COLONIES. Historical and descriptive sketches of the maritime colonies of
British America, par J. McGregor, 1828...................   ᴬ
COLONIES. The history of the colony of Massachusetts Bay from the first
settlement thereof, in 1628, until its incorporation with the colony of Ply-
mouth, Province of Maine, &c., by the charter of King William and
Queen Mary in 1691, par M. Hutchinson, Lieutenant-Gouverneur de la
province du Massachusetts, 1765................................   1
Le deuxième volume, 1767..   1
COLONIES. Colonial history of the State of New York, 1856..............   15
COLONIES. Instructions au Marquis de Seignuelay, Lettres, etc., de Colbert, par
Pierre Clément, 1650-1661......................................
COLONIES. Memoirs of an American Lady with sketches of manners and
scenery in America as they existed previous to the Revolution, by the
author of Letters from the Mountains, Mrs. Grant of Laggan, 1808.....   ᴬ
COLONIES. Miscellaneous essay concerning the courses pursued by Great
Britain in the affairs of her, &c., 1755...........................   ᴬ
COLONIES. Present state of the British Plantations (pas de titre), 1744.
Cartes par Moll..   1
COLONIES. Responsible government for, James Ridgway, 1840...........   1
COLONIES. Political annals of the present United Colonies, from their settle-
ment to the peace of 1763, par George Chalmers, 1780...............   ᴬ
COLONIES. A concise account of North America, containing description of the
several British Colonies. An account of the several nations and tribes of
Indians, &c., par le major Rogers, Dublin, 1769 ....
COLONIES, Considerations on behalf of the Colonists in a letter to a Noble
Lord, 1765 ....   ᴬ
COLONIES. Consideration on the expediency of admitting representatives
from the American Colonies into the British House of Commons, par le
Baron Masères, 1770..   ᴬ
COLONIES. Considerations on the measures carrying on with respect to the
British Colonies in North America, 1774.........................   1
COLONIES Françaises, Histoire Monétaire des, par E. Gay, 1892..........   1
COLONIES. Concise Historical account of all the British Colonies in North
America, 1775 ....   ᴬ
COLONIES. An inquiry into the Colonial Policy of the European Powers, par
Henry Brougham, 1803......................................   2
COLONIES, Letters from an American Farmer describing certain Provincial
situations, &c., and conveying some idea of the late and present interior
circumstances of the British Colonies in North America, par J. Hector
St. John, 1782...   ᴬ
COLONIES. Letters and speeches concerning colonial affairs, par Edmund
Burke. A collection of various dates from 1777...................   ᴬ
COLONIES. Captain John Mason the Founder of New Hampshire ; including
his tract on Newfoundland in 1620, &c. Memoir, by Charles Wesley
Tuttle, 1887...   ᴬ
COLONIES. Original lists of Persons of quality, &c., who went from Great
Britain to the American Plantations, 1600-1700....................   1
COLONIES, PERDUES (les), par Charles Canivet, 1884....................   1
COLONIES. Currency of the British Colonies, 1848.   1

VOLUMES.

COLONIES *voyez* America and the British Colonies, 1820.

COLONIES *voyez* North America, *voyez* Canada *voyez* American Revolutionary War.... ....

COLONISATION. Au portique des Laurentides, Le Curé Labelle, 1891 ......   ı

COLONISATION. Canada, Nova Scotia, New Brunswick and the other British Provinces in North America, with a plan of national colonisation, par James S. Buckingham, 1843...................................   ı

COLONISATION. Philémon Wright ou Colonisation et Commerce de Bois, par Joseph Tassé, 1871...

COLONISATION, Plan for the systematic colonization of Canada, par un officier éminent, 1850.. 1

COLONISATION. Œuvre de la Colonisation, par S. Prévost, 1883............ 1

COLONISATION. Le Nord, par B. A. T. de Montigny, 1887................. 1

COLONISATION *voyez* Paroisses St. Jean de Matha, Provost, 1888. ....

COLONISATION *voyez* Emigration et Colonisation, 1844....................

COLONISATION. Histoire de la province ecclésiastique d'Ottawa et de la Colosation de la Vallée d'Ottawa, par le R. P. Alexis de Barbezieux, 1897... 2

COLTON, C. Tour of the American Lakes and among the Indians of the North-west Territory, 1830... 2

COLOMBIE. Charities and Reformatory institutions of the district of, par Chas, Moore, 1898.. ı

COLOMBIE, RIVIÈRE. *Voir* Journals of Henry and Thompson...............

COLUMBUS. America not discovered by, R. B. Anderson, 1874............. ı

COLOMBUS *voyez* Indians, 1836...

COMÉDIE INFERNALE (La) ou Conjuration Libérale aux Enfers....... ...... ı

COMMERCE. Collection of Reports and papers on Navigation and Trade, 1807 and American Encreahments on British Rights, 1808, par Nathaniel Atchecan... ı

COMMERCE. Divers Mémoires pour servir à l'étude des relations commerciales entre l'Espagne et les Provinces Confédérées du Canada.............. . 1

COMMERCE. The Early trading Companies of New France................ 1

COMMERCE. Histoire Générale et Particulière des Finances, par DuFre'ne de Francheville, 1738.. ı

COMMERCE. Industrie, Lettres, etc., de Colbert, par Pierre Clément, 1650-1661. Tome II, partie II....:......................................

COMMERCE. Les intérêts commerciaux de Montréal et Québec, 1889........ ı

COMMERCF. Memoir concerning the commercial relations of the United States with Great Britain, by M. de Talleyrand (In the Pamphleteer), 1814....

COMMERCE. Nova Scotia Registry of Shipping with Standard Rules for construction and classification, par Thos. R. Dewolf, 1866............. ı

COMMERCE. Order of the Governor in Council of the 7th July, 1796, for the regulation of Commerce between this Province and the United States of America.. ı

COMMERCE. Proceedings of the International Commercial Convention held in Portland, Me., 1868....................................... 1

COMMERCE. Protection and Free Trade, par J. Beaufort Hurlbert, 1882..... 1

COMMERCE. The relations of the Industry of Canada with the Mother Country and the United States by a speech by Isaac Buchanan and a series of articles in defence... ı

COMMERCE. Sketches of the late depresion, its cause, &c., par William Wickcliffe Johnson, 1882.. ı

COMMERCE. Table of the cubical contents of Masts, par John Charles Grant, 1810... ı

2-3 EDOUARD VII, A. 1903

V LUMES

COMMERCE. Tariff Hand Book, Showing the Canadian Tariff with changes for thirty years; the British and American Tariffs in full, and the more-important portions of the Tariffs of France, Germany, &c., par John Maclean, 1878 .... ▲

COMMERCE. Trade between the North-west Coast of America and China *voir* Means, John. Voyages, 1790 .... ▲

COMMERCE. Trade and Navigation of Great Britain considered, par Joshua Gee, 1767 1

COMMERCE. Trade and Shipping Port of Quebec, 1893 1

COMMERCE. Traité Général du Commerce de l'Amérique, par M.C. (Chambon), 1783 .... ▲

COMMERCE. Universal dictionary of Trade and, par Malachy Postlethwaite, 1776 2

COMMERCE *voyez* Treaties and Tariffs, 1875 ....

COMMON LAW. Common placed, by Jacob Giles, Gent. In the Savoy, 1733... ▲

COMPLETE HISTORY of the late war, with details of the landing of the forces at Cape Creton, &c., 1774 1

COMPTON COUNTY. History of, par L. S. Chanell, 1896 1

CONCESSIONS DE TERRE. Extraits des Titres des Anciennes concessions de terre en fief, etc., par William Vondenvelden et Louis Charland, 1803 .... ▲

CONCILIATOR. Why are we still at War? or the American question considered. (in the Pamphleteer), 1814 ....

CONDUITE DES FRANÇOIS. Justifiée, Observations sur un écrit Anglois intitulé: Conduite des François à l'égard de la Nouvelle-Ecosse, 1756 .... ▲

CONDUCT OF THE FRENCH with regard to Nova Scotia: from its first settle-ment to the present time, 1754 .... ▲

CONES (ELLIOTT). The Manuscript Journals of Alexander Henry and David Thompson, 1799-1814... 3

CONFEDERATION of the British North American provinces, by Thomas Rawlings, 1865.... .... ▲

CONFEDERATION of British North America, par E. C. Bolton et H. H. Web-ber, 1866 .... ▲

CONFEDERATION (On the) of the Imperial Government to unite the Provinces of British North America, par Henry Taylor, 1850 .... ▲

CONFEDERATION. Letter to the Right Hon. Lord Canarvon, &c., &c., in re-ply to a pamphlet entitled Confederation considered in relation to the in-terests of the Empire, par Charles Tupper, 1866 .... ▲

CONFÉDÉRATION. Lettres sur l'interprétation de la Constitution Fédérale, par T. J. J. Loranger.... .... ▲

CONFÉDÉRATION. Provinces (des) de l'Amérique du Nord et d'une Union Fédérale, par J. C. Taché, 1858..... .... ▲

CONFEDERATION. A series of unpublished documents bearing on the British North America Act, publié par Joseph Pope 1895 .... ▲

CONFEDERATION. Speeches and Addresses, par l'honorable Thomas D'Arcy McGee, 1865 .... ▲

CONFEDERATION. Union of the British Provinces, par l'honorable Edward Whelan, Charlottetown .... ▲

CONGRÉGATION DE NOTRE-DAME DE Ville Marie *voyez*, Burgeoys, 1853 ....

CONGRESS OF THE U.S., of America in 1789, Acts passed at the first Session, 1794........ .... ▲

CONGRESS. Secret journals from the first meeting to its dissolution by the ad-option of the Constitution, 1821 .... ✗

CONNECTICUT. Celebration of the 250th anniversary of the adoption of the first Constitution of the State of Connecticut, 1889 .... ▲

CONNECTICUT Historical Society Collections, Volume VII................ ▲

1775, Orderly Book of Capt. W Cit's Company ....

VOLUMES.

Journal of Ensign Nathaniel Morgan..................... ....

Journal of Simeon Lyman.................................

Benjamin Turnball's Journals (2) ....

Roll of Benjamin Turnball's Company........... ....

Journal of Oliver Beardman.........................

Journal of Bayze Wells.............................

Journal of Joseph Joslin.............................

CONQUEST OF CANADA. An historical memorial of the negotiations of France and England from 26th March 1761 to 20th September of the same year, 1761..   1

CONQUEST OF CANADA. Authentic account of the reduction of Louisbourg in June and July 1758, par un spectateur, 1758   1

CONQUEST OF CANADA. A discourse of the conduct of the Government of Great Britain in respect to the neutral nations during the present war, 1758 ..   1

CONQUEST OF CANADA. His. de la guerre contre les·Anglais, 1759..........   1

CONQUEST OF CANADA. The fight with France for North America, par A. Bradley, 1900   1

CONQUEST OF CANADA. A letter to an Honourable Brigadier General Commander-in-Chief of His Majesty's Forces in Canada, 1760 ....
(La réfutation attribuée à Thurlow est sous le même couvert)..........

CONQUEST OF CANADA. A letter addressed to two great men on the prospect of peace, 1760   1

CONQUEST OF CANADA. The conduct of Major General Shirley, late General and Commander-in-Chief of His Majesty's Forces in North America, 1758 ....

CONQUEST OF CENADA. General history of the late war, par le révérend John Entick, 1765   5

CONQUEST OF CANADA. Great Britain in respect to Neutral Nations during the present war, 1758   1

CONQUEST OF CANADA. Memoirs of the Principal Transactions of the last war between the English and French in North America from 1744 to the treaty at Aix-la-Chapelle, 1757   1

CONQUEST OF CANADA. The mystery revealed ; or the truth brought to light, par un patriote, 1759   1

CONQUEST OF CANADA. Present conduct of the War, 1746...............   1

CONQUEST OF CANADA. Journals of Major Robert Rogers containing an account of the several excursions he made under the General who commanded upon the continent of North America during the late War, 1765...   1

CONQUEST OF CANADA. Historical Journal of the Campaign in North America for the years 1757, 1758, 1759, 1760, par le capitaine John Knox.   2

CONQUEST OF CANADA. Complete History of the late War, 1755 to 1762, Dublin : John Exshaw, 1774.....................................   1

CONQUÊTE DU CANADA. Guerre du Canada, 1756–1760, Montcalm et Lévis, par l'abbé H. R. Casgrain...........................   2

CONQUEST OF CANADA, par le Major George Warburton, 1849   2

CONQUÊTE DU CANADA. Journal des campagnes du Chevalier de Lévis en Canada de 1756 à 1760.................................   1

CONQUÊTE DU CANADA. Journal des campagnes au Canada, de 1755 à 1760, par le comte de Maurès de Malartic   1

CONQUEST OF CANADA. Military Memoirs of Great Britain, 1755–1763.....   1

CONQUEST OF CANADA. Memoir of the late war in North America between the French and English, 1755–1760, par M. Pouchot, traduction de Franklin B. Hough, 1866...................................... •   1

2-3 EDOUARD VII, A. 1903

VOLUMES.

CONQUEST OF CANADA. First English, with some account of the earliest
  settlement in Nova Scotia and Newfoundland, par Henry Kirfle, 1871 . .   1
CONQUEST OF CANADA. A complete history of the late war   1
CONQUEST OF CANADA. Montresor Journals, New York Historical Society,
  1881 . . . .
CONQUEST OF CANADA. Journals of Major Robert Rogers, 1755–60, annotated
  by F. B. Hugh, with the documents relating to his command at Michilli-
  makinac in 1767 . . . . :   1
CONQUEST OF CANADA. Fall of New France, 1755–1760, par Gerald E. Hart.   1
CONQUEST OF CANADA. Journal of the late siege against the French at Cape
  Breton, the city of Louisbourg, &c., 1745 . . . .
CONQUEST OF QUEBEC. A prize Poem, by Middletow Howard, 1768, in
  Oxford Prize Poems, 1807 . . . .
CONQUEST OF CANADA. Dialogue in Hades. A parallel of military errors
  during the campaign of 1759, in Canada, 1866–68   1
CONSEIL LÉGISLATIF. Constitutions, Règles et Règlements, 1864   1
CONSEILLER du Peuple, ou Réflexions adressées aux Canadiens-Français, par
  un Compatriote, 1877 . . . .
CONSEIL SOUVERAIN. (Supérieur) Jugements et délibérations du, de 1663 et
  après   6
CONSEIL SUPÉRIEUR. Extraits ou Précédents des arrests tirés des registres
  du, de Québec, par Joseph François Perrault, 1824   1
CONSIDERATIONS on behalf of the colonists in a letter to a Noble Lord, 1765 . .   1
CONSTITUTIONAL. Ordinances made for the Province of Quebec . . . . since
  the establishment of the civil government 1767 . . . .
CONSTITUTIONAL. Abstract of parts of the Custom of Paris received and prac-
  ticed in the Province of Quebec, &c., &c,, 1772, Sequel, Royal Edicts, &c.   1
CONSTITUTIONAL. A view of the political situation of Upper Canada, par
  John Mills Jackson, 1809 . . . .
CONSTITUTIONAL. Traité de la Loi de Fiefs, Traité des anciennes Lois de Pro-
  priété en Canada. Traité de la police. Extraits des édits. Déclarations
  etc., tirés des Registres du Conseil supérieur et de Ceux d'Intendance,
  par François Joseph Cugnet, 1775   1
CONSTITUTIONAL. Questions et Réponses sur le droit civil du Bas-Canada, 1810.   1
CONSTITUTIONAL. Government of Canada. Debates of the House of Commons in the year 1774 on the bill for making more effectual provision for
  the government of the Province of Quebec d'après les notes du Très honorable Sir Henry Cavendish, Bart., 1839 . . . .
CONSTITUTIONAL CONSIDERATIONS on the measures carrying on with respect to
  the British Colonies in North America, 1774   1
CONSTITUTION FÉDÉRALE. Lettres sur l'interprétation, par T. J. J. Loranger . .   1
CONSTITUTIONAL. Standing rules and regulations of the Legislative Assembly
  of Canada, 1841 . . . .
CONSTITUTIONAL. Practice and privileges of the two Houses of Parliament,
  par Alpheus Todd   1
CONSTITUTIONAL. Responsible government for colonies   1
CONSTITUTIONAL. Reports of the Commissioners appointed to inquire into
  the Public Departments, 1840   1
CONSTITUTIONAL. State of the Province of Upper Canada. Report from the
  select committee of the Legislative Council, 1838 . . . .
CONSTITUTIONAL. Remarks on the petition of the convention and on the peti-
  tion of the Constitutionalists, par Anti-Bureaucrate (Adam Thorn), 1835.   1
CONSTITUTIONAL. Review of the proceedings of the Legislature of Lower
  Canada in the session of 1831, with an appendix containing some import-
  ant documents, 1832. Attribué à Andrew Stewart . . . .

VOLUMES.

CONSTITUTIONAL. Rapport du Comité choisi sur le gouvernement civil du Canada, 1829.. 1

CONSTITUTIONAL. Manual of Parliamentary Practice with an appendix containing the rules of the Legislative Council and House of Assembly of Upper Canada... 1

CONSTITUTIONAL. Letter from Delta to Senex containing some observations &c., on a late manifesto, 1827............. 1

CONSTITUTIONAL. The Federalist on the new constitution written in the year 1788, par Mr. Hamilton, Mr. Madison et Mr. Jay, 1826.............. 1

CONSTITUTIONAL. The proceedings in the Assembly of Lower Canada on the accusations against Pierre Bédard, Esq, Provincial Judge of the District of Three Rivers, 1819... 1

CONSTITUTIONAL. *Voyez* Elections de 1886, Québec......................

CONSTITUTIONAL. Documents illustrative of the Canadian Constitution, publié par William Houston, 1891.... 1

CONSTITUTIONAL. Canada and the Canadian Bill, par John Beverly Robinson, 1841........................... 1

CONSTITUTIONAL. Correspondence between the Hon. W. H. Draper and the Hon. R. E. Caron, and between the Hon. R. E. Caron and the Hon. L. H. Lafontaine and A. N. Morin, referred to in a recent debate in the Legislative Assembly, 1846.................................... 1

CONSTITUTIONAL. How we are governed, par Albany de Foublanque, 1872..

CONSTITUTIONAL. Histoire du Droit Canadien, par Edmond Lareau.........
           Domination Française ....
           Domination Anglaise (1888).......................... 2

CONSTITUTIONAL. Local Government in Canada, par John George Bourinot, 1887.. 1

CONSTITUTIONAL. History of Canada, Manual of the, par John George Bourinot, 1888..... 1

CONSTITUTIONAL. Sir Charles Metcalfe defended against the attacks of his late Counsellors, par Egerton Ryerson, 1844......................... 1

CONSTITUTIONAL. Parliamentary Government, Alpheus Todd, 1880......... 1

CONSTITUTIONAL. Provinces and the States. Why Canada does not want annexation, par Watson Griffin, 1884............................... 1

CONSTITUTIONAL. Questions et Réponses sur le droit criminel, par J. F. Perrault, 1814.. 1

CONSTITUTIONAL Rules, orders and forms of proceeding of the Legislative Assembly of Ontario, 1868..................................... 1

CONWAY (General). Speech on moving in the House of Commons (on the 5th of May, 1780) that leave be given to bring in a bill for quieting the troubles now reigning in the British Colonies in America, &c., 1781........ 1

COOKE AND CLERKE. Voyage performed in search of a North-west Passage between the Continents of Asia and America, 1782.............. 2

COOK (Frederick). Journals of the Military Expedition of Major General John Sullivan against the Six Nations of Indians, 1779................... 1

COOKE (George Alexander). A modern and authentic system of modern geography, 1804.. 2

COOPER (Rev. Dr.) History of North America, 1789................... 1

COPEWAY (G.) The traditional history of the Ojibway Nation, 1850........ 1

CORNWALL. Lunenburgh, or The old Eastern District, par J. F. Pringle, 1890... 1

CORNWALLIS. *Voyez* American Revolutionary War, 1783................

CORNWALLIS (Comte). An answer to that part of the narrative of Lieut. General Sir Henry Clinton, K.B., which relates to the conduct of Lieut. General Earl Cornwallis during 1781............................. 1

2-3 EDOUARD VII, A. 1903

VOLUMES

CORNWALLIS (Lord).   Correspondence between General Sir Henry Clinton and
   Lieut. General Earl Cornwallis relative to the Campaign in North
   America, 1783 . . . .   ▴

CORNWALLIS (K.)   Royalty in the New World or The Prince of Wales in
   America, 1860   1

CÔTÉ (N. Omer).   Political appointments, de 1867 à 8195   1

COURRIER DU LIVRE.   De 1896 à 1898   2

COUNSEL for Emigrants.   Aberdeen, 1838   1

COUSIN (Paul).   Book of reference of the city of Quebec and village of St.
   Sauveur, 1875 . . . .   ▴

COUTURE (Guillaume).   Le premier colon de Lévis, par Joseph Edmond Roy,
   1884   1

COUTURE (J. A.).   Traité sur l'élevage et les maladies des bestiaux, 1884   1

COUNTIES Dundas.   Or a sketch of Canadian History, par James Croil, 1861 . .   1

COUNTIES.   History of the County of Huntingdon, par Robert Sellon, 1888 . .   1

COUNTIES.   History of the County of Peterborough, 1884   1

COUNTIES.   History of the County of Pictou N. S., par le révérend Geo.
   Patterson, 1877 . . . .   ▴

COUNTIES, OXFORD Gazetteer : A complete History of the County of Oxford,
   1852 . . . .   ▴

COUNTIES, TOWNS &c.   Yarmouth, Nova Scotia, a sequel to Campbell's His-
   tory, par George S. Brown, 1888 . . . .   ▴

COUNTIES, YORK voyez Toronto.   History, 1885 . . . .

COUNTRY LIFE in Canada fifty years ago, par Caniff Haight, 1885   1

COUNTY WARDEN and Municipal Officers, par Thomas S. Shenston, 1851   1

COZZENS (Frederick).   Acadia ; or A month with the Blue Noses, 1859   1

CRAICK (W. A.)   Port Hope.   Historical sketches, 1901   1

CREE LANGUACE.   Katolik.   Livre de prières en langue crise, 1886   1

CREE LANGUAGE.   Prières, cantiques, catéchisme en langue crise   1

CRESPEL (R. P. Emmanuel, Récollet).   Voyage au Nouveau Monde, et Histoire
   intéressante du naufrage du R. P. Crespel.   Amsterdam, 1757 . . . .   ▴

CRESPEL (Louis).   Voyages du R. P. Emmanuel Crespel dans le Canada et son
   naufrage en revenant en France, 1742   1

CRIS (Dictionnaire).   Par le Rév. Père Lacombe, 1874   1

CROIL (James) Dundas.   A sketch of Canadian History, 1861   1

CROIL (James).   Life of the Reverend Alex. Mathieson, D. D   1

CROIL (James).   Steam Navigation, 1898   1

CROP. BULLETINS.   1883-1894   2

CROWN LANDS.   Reports on (third to sixth with appendices), par Andrew
   Stuart, 1821 . . . .   ▴

CROWN LANDS.   Voyez Terres de la Couronne . . . .

CRUIKSHANK (Cap. E.)   The documentary history of the campaign on the
   Niagara frontier in 1814 . . . .   ▴

CUGNET (François Joseph).   Abstracts of Royal Edicts, &c., voyez Carleton
   1772-1773 . . . .

CUGNET (François Joseph).   Traité de la loi des Fiefs ; des anciens loix de
   Propriété en Canada ; de la Police, 1775 . . . .   ▴

CULTE CATHOLIQUE (le).   Ou exposition de la foi de l'Eglise Romaine, par
   l'Abbé Louis Nazaire Bégin, 1875   1

CUMBERLAND (Barlow).   Northern Lakes of Canada   1

CUOQ (J. A. Prêtre).   Etudes Philologiques sur quelques langues sauvages
   de l'Amérique, par N. O., 1866 . . . .   ▴

CUOQ (J. A. Prêtre).   Jugement erroné de M. Ernest Renan sur les langues
   sauvages, par l'auteur des Etudes Philologiques, 1870 . . . .   ▴

CUOQ (J. A. Prêtre).   Lexique de la langue Iroquoise avec notes et appendices
   1871 . . . .   ▴

VOLUMES.

CURÉS (Code des). Marguilliers et Paroissiens, par l'Hon. J. U. Baudry, 1870. 1
CURRENCY of the British Colonies, 1848. 1
CURWEN (Samuel). Journal and letters of the late, publié par George Atkinson Ward, 1842, deuxième édition en 1844. 1
CURZON (Sarah Anne). Laura Secord the Heroine of 1812, 1887. 1
CUSHING (Caleb). Treaty of Washington, 1873. 1
CUSTOMS (Provincial laws of, &c.) Containing Acts of Canada, of Lower and Upper Canada, Imperial Acts, &c., 1844. 1
CUSTOMS. The Provincial Laws, compilés par J. W. Dunscomb, 1844. 1
CUSTOMS. Supplement for 1832, to the Laws of Customs with general index of the consolidated Acts of 1825. . . . . :. 1
CYCLOPÆDIA of American Biographies, 1897. 4
CYCLOPÆDIA of Canadian Biography, par George Maclean Rose, 1886. 1

D.

DABLOW voyez Jésuites, mission du Canada, 1672–1679. 2
D'AILLEBOUST. La famille, par l'Abbé Daniel, 1865. 1
DAINVILLE (D.) Beautés de l'Histoire du Canada, 1821. 1
DANIEL (l'Abbé). Nos Gloires Nationales, 1867. . . . . : 2
DANIEL (l'Abbé). Notice Biographique sur le chevalier Benoist et sur plusieurs familles Canadiennes, 1865, une page de notre histoire. i
DAOUST (Charles R.) Cent vingt jours de service actif. La Campagne du 65me au Nord-Ouest en .1886. . . . .
DARLINGTON (William M.) Illustrative notes on Journal and Letters of Col. John May of Boston, 1873. 1
DASHWOOD (Richard Lewes). Chiploquorgan, 1871. 1
DAVID (L. O.) Biographies Papineau, L. H. Lafontaine, A. N. Morin, 1872. 1
DAVIDSON (Alexander). Canada Spelling Book, 1845. 1
DAVIES (E. C.) Journal of General Rufus Putnam, during the old French and Indian War, 1757–1760. 1
DAVIN (Nicholas Flood). The Irishman in Canada. 1
DAVIS (Paris M.) An authentic history of the late war between the United States and Great Britain, 1836. 1
DAVY (Humphrey). Leçons de Chimie (traduction), 1820. 1
DAWES (E. C.) Journal of Gen. Rufus Putnam during the old French and Indian war, 1757–1760. 1
DAWN OF LIFE, par J. W. Dawson. 1
DAWSON (Rev. Æneas M.) Strength of the North-west Territory. 1
DAWSON (George Mercer). Plants, voir Geology. . . . .
DAWSON (George M.) Report on the geology and resources . . . . Forty-ninth parallel, &c., for the Boundary Commission. i
DAWSON (Geo. M.) Report of exploration from Port Simpson to Edmonton, 1879, voir Geology. . . . .
DAWSON (John William). Acadian geology, 1868, Londres. 1
DAWSON (John W.) Acadian Geology, Edinburgh, 1855. 1
DAWSON (J. W.) Fossil men and their modern representatives. 1
DAWSON (J. W.) Origin of the world, 1877. 1
DAWSON (J. W.) Story of the earth and man, 1874. 1
DAWSON (S. E.) Handbook for the city of Montreal, 1882. 1
DAWSON. Voyez North West exploration, 1858. . . . . : . . . .
DAY (Mrs. C. M.) Pioneers of the eastern townships, by, 1863. 1
DAY (Mrs. C. M.) History of the eastern townships, 1869. 1
DEAN (John Ward). Voyez Colonies. Capt. John Mason, 1887. . . . .

2-3 EDOUARD VII, A. 1903

VOLUMES.

DEANE (Silas). *Voyez* American Revolutionary War. Papers in relation to the case of, 1895 . . . .   ▲

DEBLEURY. Réfutation de l'écrit de Louis Joseph Papineau . . . . intitulé Histoire de l'Insurrection, etc., 1839   1

DEBRISAY (M. B.) History of the county of Lunenburg, 1895   1

DECAZES (Paul). Le Petit Manuel Canadien . . . .'.   1

DECAZES (Paul). Code de l'Instruction Publique de la Province de Québec, 1888   1

DECELLES (A. D.) Les États-Unis, 1896   1

DECOSTA (B.F.) The Pre-Columbian Discovery of America by the Northmen, 1890 . . . .   ▲

DEERFIELD. *Voyez* French wars. The Redeemed Captive, 1853 . . . .

DEFOUBLANQUE (Albany). How we are governed, 1872 . . . .   ▲

DEFOUBLANQUE (Edward Barrington). Political and military episodes in the latter half of the eighteenth century derived from the life and correspondence of the Right Hon. John Burgoyne, 1876   1

DEGASPÉ (Philippe Aubert). Les Anciens Canadiens   1

DEGASPÉ (Philippe Aubert). Mémoires, 1866   1

DELÉVIS. *Voir* Lévis   1

DELTA TO SENEX. Letter containing some observations, &c., on a late manifesto, 1827 . . . .   ▲

DEMERS (l'Abbé Benj.) Notes sur la paroisse de St. François de la Beauce, 1891 . . . .   ▲

DENISON (Captain Fred, C.) Historical Record of the Governor General's Body Guard, 1876   1

DENT (John Charles). The Canadian Portrait Gallery, 1881   4

DENT (John Charles.) The Last Forty Years, or Canada since the Union of 1841   4

DENT (John Charles). The story of the Upper Canadian Rebellion, 1885   2

DE PEYSTER (Arent Schuyler). Miscellanies, 1888   1

DE PEYSTER (Frederic). Life and Administration of Richard, Earl of Bellomont, Governor of New York   1

DE PEYSTER (John Watts). The affair at King's Mountain, 1880   1

DE PEYSTER (Gen. John Watts). *Voyez* American Revolutionary War. Orderly Book of Sir John Johnson   1

DE PUY (HENRY W.) Ethan Allen and the Green Mountain Heroes of, '76   1

D'ERBRÉE (Jean). La Franc-Maçonnerie dans la Province de Québec, 1883   1

DE ROOS (The Hon. Frederick Fitzgerald). Personal Narrative of Travels in the United States and Canada in 1826   1

DESANDROUINS (Maréchal de Camp), 1729-1792   1

D'ESCHAMBAULT : *voir* Eschambault . . . .

DESCHAMPS (C.E.) List of Municipalities in the Province of Quebec, 1886 . . .   1

DESCRIPTIVE ESSAYS, par Sir Francis B. Head, 1857   2

DE SOTO, *voyez* Marquette . . . .

DESSIN INDUSTRIEL, *voyez* Education Manuel, 1877 . . . .

DETROIT. Centennial celebration of the Evacuation   1

DETROIT. History of Detroit and Michigan, par Silas Farmer   1

DEWART (Edward Hartley). Selections from Canadian Poets, 1864   1

DEWOLF (Thomas R.) Nova Scotia Registry of Shipping, 1866   1

DEXTER (Franklin Bowdetch). Sketch of the History of Yale University   1

DIARY AND ORDERLY BOOK of Jonathan Burton. Compilé et publié par Isaac W. Hammond, 1885 . . . .   ▲

DICKINSON (John). Essay on the Constitutional power of Great Britain over the Colonies in America, with resolves of the Committee of the Province of Pennsylvania and their instructions to their representatives, 1774 (Anonyme.) . . . .   ▲

DOC. DE LA SESSION No. 18

VOLUMES.

DICKINSON (John), *voyez* American Revolutionary War. Letters from a Farmer, 1768 ....

DICTIONARY UNIVERSAL of Trade and Commerce, par Malachy Postlethwayt, 1766 ....

DICTIONNAIRE DES CRIS. Par le Rév. Père Lacombe, 1874 ....

DICTIONNAIRE GÉNÉALOGIQUE des familles Canadiennes, par M. Cyprien Tanguay 7

DICTIONNAIRE du langage des nombres, par Boucher de Boucherville, 1889 . . 1

DICTIONNAIRE MILITAIRE ou Recueil Alphabétique de tous les termes propres à la guerre, 1757 ....

DIÉRVILLE. Relation du voyage du Port Royal de l'Acadie ou de la Nouvelle France, 1710..

DIESKAU. *Voir* France. Lettres de la Cour de Versailles ....

DIFFÉRENDS DES COURONNES de la Grande Bretagne et de la France touchant l'Acadie, 1756 1

DIGBY JOURNAL, *voyez* American Revolutionary War...................

DIGEST of the Records of the Society for the propagation of the Gospel...... 1

DIONNE (N.E.) Les Cercles Agricoles dans la Province de Québec, 1881.... 1

DIONNE (N.E.) Jacques Cartier, 1889................................ 1

DIONNE (N.E.) La Nouvelle France, 1540-1603....................... 1

DIONNE (N.E.) Samuel Champlain, 1891............................ 1

DIONNE. Le Tombeau de Champlain, 1679 (?)...................... 1

DISCOURS. Etienne Parent, 1878 1

DISTURNELL (J.) Influence of climate in North and South America 1

DIVORCE. The practice of the Parliament of Canada, 1889............... 1

DIXON (George). Voyage autour du Monde et principalement à la côte Nord Ouest de l'Amérique, fait en 1785, 1786, 1787 et 1788. (Original.) 1789 ....

DOBBS (Arthur). An account of the Counties adjoining the Hudson's Bay, 1744...

DOBELL (Bertram). British Catalogues, 1896......................

DOCUMENTARY HISTORY of the Campaign on the Niagara Frontier, 1812, Lt. Col. Cruikshank.. 2

DOMENACH (l'Abbé M.) Seven years residence in the great Deserts of North America, 1860 2

DOMINION Annual Register, publié par H. G. Morgan.................. 8

DOMINION OF CANADA. Graphic description of the Dominion of Canada and its Provinces, 1875..

DOMINION OF CANADA. Guide Book to the Canadian Dominion, par Harvey J. Philpot, 1871..

DOMINION OF CANADA. Hand-book of the Parliamentary, &c., buildings, with plans, &c., of buildings and City of Ottawa, 1868 1

DOMINION ILLUSTRATED. History of the, par Charles R. Tuttle, 1877........ 2

DOOM OF MAMELON, &c., par W. H. H. Murray, 1888 1

DORAIS ET DORAIS. Code de Procédure Civil de la Province de Québec, 1897. 1

DORCHESTER (Lord). Minutes of an investigation into the past administration of justice in the province of Quebec, 1787 ....

DOUBLET DE BOISTHIBAULT. Les Vœux des Hurons et des Abénaquis à Notre Dame de Chartres, 1857.......................................

DOUGLASS (A.G.) *Voyez* Humphry Davy, 1820.........................

DOUGLAS & Co. (R. W.) Canadian Catalogues ....

DOUGLAS (General Sir Howard.) Life of, par S. W. Fallon, 1863. ....

DOUGLAS (James). Canadian Independence, Annexation and British Imperial Federation, 1894..... 1

DOUGLAS (William.) British Settlements in North America, 1760.......... 2

DOUKHOBORTSI. Christian Martyrdom in Russia, 1899.............. 1

2-3 EDOUARD VII, A. 1903

VOLUMES.

DRAKE (Benjamin.)   Life of Tecumseh, 1841   1
DRAKE (Samuel G.)   The Aboriginal Races of North America, 15th edition,
    revisé par J. W. O'Neill, 1860...............................   .
DRAKE (Samuel G.)   Biography and History of the Indians of North America,
    1848   1
DRAKE (Samuel G.)   The Book of the Indians of North América, 1833......   1
DRAKE (Samuel G.)   Phillips War published in 1716, with notes &c.,
    1834   1
DRAKE (Samuel G.)   Voyez Hubbard Indian Wars, 1677..................   2
DRAKE (Samuel G.)   Voyez Indians narative of the troubles with the Indians,
    reprint 1865 with the title 'History of the Indian Wars', 1677.   2
DRAKE (Samuel G.)   A particular history of the Five Years French and
    Indian War in New England and parts adjacent, 1744-1749, sometimes
    called Shirley's War, 1870. ....
DRAKE (Samuel G.)   Result of some researches among the British Archives
    for information relative to the Founders of New England..............   1
DRAPEAU (Stanislas.)   Colonisation du Bas Canada, de 1851 à 1861........   1
DRAPER (Lyman C.)   King's Mountain and its Heroes   1
DRAPER (Lyman C.)   Narrative of a journey down the Ohio and Mississippi
    in 1789-90 ....
DREW (Benjamin).   The Refugee : or the Naratives of the fugitive slaves in
    Canada, &c., 1856..............................   1
DROLET (Gustave A.)   Zouaviana, 1893........................   1
DUBOIS (J. F. M.)   Compendium of the History of Canada, 1874..........   1
DU CALVET (Pierre).   Appel à la justice de l'état ; ou recueil de lettres au Roi ;
    au Prince de Galles et aux Ministres ; avec une lettre à Messieurs les
    Canadiens, une lettre au général Haldimand, enfin une dernière lettre à
    Milord Sidney, 1784............................   1
DU CALVET.   The case of Peter Du Calvet, 1784................   1
DUCHARME (Chas. M.)   Ris et croquis, 1889...................   1
DUCHESNAY (Juchereau).   La famille, par l'Abbé Daniel, sous le titre " Une
    page de notre Histoire"...........................   1
DUDLEY OBSERVATORY.   Annals, 1866.......................   1
DUER (William Alexander).   The Life of William Alexander, Earl of Stirling,
    1847   1
DUFFERIN (Marchioness of).   My Canadian Journal, 1872.................   1
DUFOSSE (E.)   Catalogues   5
DUGAST (M.)   Légendes du Nord-Ouest, 1883....................   1
DUGAS (l'Abbé G.)   Mgr. Provencher et les missions de la Rivière Rouge, 1889.   1
DUGAS (l'Abbé G.)   Un voyageur des pays d'en haut, 1890.............   1
DUGAS (l'Abbé G.)   Un voyageur des pays d'en haut...................   1
DUGUAY (le P. H. E.)   Le R. P. Louis Taché, 1890....................   1
DUMAS (C. G. F).   Relation historique de l'expédition contre les indiens de
    l'Ohio en MDCCLXIV, commandée, par le Chevalier Henry Bouquet, etc.,
    etc., 1769......................................   1
DUMONT, Mémoires Historiques sur la Louisiane, 1753..................   2
DUNCAN (Francis M. A.)   Our Garrisons in the West, 1864................   1
DUNCAN (John M.)   Travels through parts of the United States and Canada
    in 1818 and 1819   2
DUNCOMBE (Dr. Charles).   Report on the subject of Education made to the
    Parliament of Upper Canada, 1836....................   .
DUNLOP (Dr. William).   Statistical sketches of Upper Canada for the use of
    Emigrants, by a Backwoodsman, 1833.........................   .
DUNN (John).   History of the Oregon Territory and the North American Fur
    Trade, 1844..   .

VOLUMES

DUNN (Oscar). Glossaire Franco-Canadien et vocabulaire de locutions vicieuses usitées au Canada, 1880.................................... 1
DUNN (Oscar). Lecture pour Tous, 1878............................... 1
DUNSCOMB J. W.) Provincial Laws of the Customs, &c., containing Acts of Canada, 1844.............. 1
DUPLESSIS (le P. F. X.) Lettres, 1892.... 1
DUPUY (Paul). Les Illustrations Canadiennes, 1494-1676........ 1
DUPUY (Paul). Villemarie, 1885........ 1
DUQUESNE, Gouverneurs Généraux, Extraits des Archives à Paris, 1890...... 1
DURHAM (Earl of). Reports and Despatches, 1839..... 1
DURHAM'S Report. Remarks upon that portion of the Earl of Durham's report relating to Prince Edward Island, par un propriétaire, 1839......   ▲
DURRETT (Reuben T.) Bryants Station and the Memorial Proceedings, Filson Club, vol. 12.. ▲

DURRETT (Reuben T.) The Centenary of Louisville, Filson Club, vol. 8...... 1
DURRETT (Rouben T.) John Filson, the first historian of Kentucky, vol. 2.. 1
DUBRIE (Daniel S.) Bibliographia genealogica Americana : An Alphabetical index to American genealogies, &c., 1886. Supplement, 1888.......... 2
DUSSIEUX (L.) Le Canada sous la domination française, 1855.... 1
DUVAL (Sieur). Geographia Universalis : The present state of the whole world, 1690.. ▲
DWIGHT (Theodore). History of the Hartford Convention and a review of the policy of the U. S. Government which led to the war of 1812........ 1
DWIGHT (Theodore). Northern Traveller, 1841.............. 1
DYER (Mary). The Quaker Martyr, par Horatio Rogers.... 1

E

EARDLEY WILMOT (John). Historical View of the Commission for inquiring into the losses, &c., of the American Loyalists, 1783................ 1
EARLY MACKINAC. Par le révérend Meade C. Williams, 1898............. 1
EARTH AND MAN. Story of the, par J. W. Dawson, 1874............... 1
EASTERN TOWNSHIPS. History of, par Mrs. C. M. Day, 1869............. 1
EASTERN TOWNSHIPS. Pioneers of, par Mrs. C. M. Day, 1863............. 1
ECCLESIASTICAL. History of the Separation of Church and State in Canada, 1887.. 1
ECHOS (Les). Par A. B. Routhier, 1882..... ....'........ 1
EDES (Rev. Richard S.) Biographical Sketch prefixed to Journal and Letters of Col. John May, 1873... 1
EDGAR (Hon. J. D.) Canada and its Capital.......................... 1
EDGAR (Matilda). Ten years of Upper Canada in Peace and War, 1805 to 1815.. 1
EDINBURG, NEW. Almanac, Oliver and Boyd's, 1882....... 1
EDITS, ORDONNANCES ROYAUX et arrêts du conseil d'Etat du Roi concernant le Canada.. 1
EDUCATION. Adam's Arithmetic, suited to Halifax currency, &c., 1833..... 1
EDUCATION. Arithmétique en quatre parties, par Bibaud, 1816............ 1
EDUCATION. Canada Spelling Book, par Alexander Davidson, Niagara, 1845.. ▲
EDUCATION. Code de l'Instruction publique de la province de Québec, compilé par Paul de Cazes, 1888....................................... ▲
EDUCATION. Code de l'Instruction Publique dans la Province de Québec, par Mathias Chouinard, 1882.... ....:........ ▲

EDUCATION.   Code of Public Instruction of the Province of Quebec, compilé par Paul de Cazes, 1889..... ᴸ

EDUCATION.   Conférences sur l'Instruction Obligatoire, par le Révérend Père L. P. Paquin, 1881..... ᴸ

EDUCATION.   Cour d'éducation élémentaire à l'usage de l'école gratuite, établie dans la cité de Québec en 1821..... ᴸ

EDUCATION.   L'enseignement primaire : questions diverses, par C. J. Magnan, 1888..... 1

EDUCATION.   Industrial education in the South, par le Rév. A. D. Mayo, 1888.   1

EDUCATION.   L'Institut des Frères des Écoles Chrétiennes, par le Révérend J. C. Caisse, 1883..... ᴸ

EDUCATION.   L'Instruction Publique au Canada, Précis Historique et Statistique, par P. J. O. Chauveau..... ᴸ

EDUCATION.   Journal of, for Upper Canada, publié par Egerton Ryerson, 1848..... ᵀ

EDUCATION.   Journal de l'Instruction Publique, with Journal of Education, de 1857 à 1879..... 25

EDUCATION.   Leçons de Chimie, par Humphrey Davy (Traduction), 1820...   1

EDUCATION.   The Legislation and History of Separate Schools in Upper Canada, 1897..... ᴸ

EDUCATION.   Letters on Elementary and Practical Education, et traduction en français par Charles Mondelet, 1841..... ᴸ

EDUCATION.   Lois sur l'Instruction Publique dans la Province de Québec, 1876..... ᴸ

EDUCATION.   Lois sur l'Instruction Publique dans la Province de Québec, mises en demandes et réponses, 1877..... ᴸ

EDUCATION, Manuel de l'.   Dessin Industriel à l'usage des Maitres d'Écoles Primaires d'après la méthode de Walter Smith, 1877..... 1

EDUCATION, ou la grande question sociale du jour, 1886 1

EDUCATION.   Rapport du comité spécial de la Chambre d'Assemblée du Bas Canada, 1824, sur l'éducation..... ᴸ

EDUCATION.   Report on the subject of Education made to the Parliament of Upper Canada, par Charles Duncombe, 1836..... 1

EDUCATION.   School History of Canada, par Henry H. Miles, 1870..... 1

EDUCATION.   Schools of Greater Britain, par John Russell, 1887..... 1

EDUCATION.   Schools in New Brunswick, Reports..... 7

EDUCATION.   Syllabaire François, par M. Porny, 1810..... 1

EDUCATION.   Thomas Jefferson and the University of Virginia, par Hebert B. Adams, 1888..`..... ᴸ

EDUCATION.   The United States Bureau of Education.   Report of the Commissioners for 1890-91..... 2

EDUCATION.   Traité d'arithmétique pour l'usage des écoles, 1809..... 1

EDUCATION.   Tutor's Assistant, par Francis Walkingame, 1818..... 1

EDWARDS (Francis).   British Catalogues, 1896-97.....

EDWARD'S PAPERS.   Relating to Illinois, 1884..... 1

EGLISE CATHOLIQUE EN CANADA.   Acts et Délibérations du Premier Congrès Catholique Canadien Français tenu à Québec, 1880..... ᴸ

EGLISE CATHOLIQUE EN CANADA.   Analyse et Observations sur les Droits relatifs aux Évêques de Québec et de Montréal et au Clergé du Canada, par Charles Tétu, 1842..... ᴸ

EGLISE CATHOLIQUE EN CANADA.   Deuxième Centenaire (Le) de l'érection du Diocèse de Québec, 1874..... ᴸ

EGLISE CATHOLIQUE EN CANADA.   Essai sur le luxe et la vanité des Parures, par Al. Mailloux, Ptre, 1882..... 1

EGLISE CATHOLIQUE EN CANADA.   Estat présent de l'Eglise, 1688..... 1

VOLUMES.

EGLISE CATHOLIQUE EN CANADA. L'influence spirituelle Indue, etc. Trois-Rivières, "Journal", 1881............................... .....

EGLISE CATHOLIQUE EN CANADA. Les servantes de Dieu en Canada. Essai sur l'Histoire des Communautés Religieuses des Femmes de la Province, par C. de Laroche-Héron, 1855........................... 1

EGLISE CATHOLIQUE EN CANADA. Premier Cardinal Canadien, 1886......... 1

EGLISE CATHOLIQUE EN CANADA. Primauté (La) et L'Infaillibilité des Souverains Pontifes, par l'Abbé Louis Nazaire Bégin, 1873..............

EGLISE CATHOLIQUE AU CANADA. Rapport sur les missions du Diocèse de Québec, 1847....................... .... -

EGLISE CATHOLIQUE EN CANADA. Recueil d'ordonnances synodales et épiscopales du diocèse de Québec............................ .....

EGLISE CATHOLIQUE EN CANADA. Rituel Romain, Appendice au Compendium, etc., à l'usage des diocèses de la Province ecclésiastique de Québec, 1852 1

EGLISE CATHOLIQUE EN CANADA. Souvenir du Jubilé Sacerdotal de Mgr. C. F. Cazeau, 1880. ....

EGLISE CATHOLIQUE EN CAMADA. Vingt Années de missions dans le Nord-Ouest, par Mgr. Alex. Taché, 1866. 2e Edition augmentée, 1888...... 2

EGLISE CATHOLIQUE EN CANADA. Voyez Mgr Henri Têtu. Notices Biographiques, 1889...

EGLISE CATHOLIQUE ROMAINE. Henri de Bernières, premier curé de Québec, par l'Abbé A. Gosselin..

EGLISE CATHOLIQUE ROMAINE. Histoire de la province ecclésiastique d'Ottawa et de la colonisation dans la vallée de l'Ottawa, par R. P. Alexis, 1897. 2

EIGHTY YEARS. Progress of British North America, 1863 1

ELECTIONS DE 1886. Situation Politique et Administrative de la Province de Québec, 1866.......... 1

ELECTIONS PROVINCIALES, 1890. Le Gouvernement Mercier............... 1

ELECTORAL ATLAS of the Dominion of Canada, 1895...................... 1

ELGIN, HISTORICAL SKETCHES of the Country of, 1895.................... 1

ELGIN (James, Eighth Earl). Letters and Journals, 1873................. 1

ELLIS (Henry). A voyage to Hudson's Bay, 1748...................... 1

ELLIOTT (Charles B.) United States and other North Eastern Fisheries, 1887 1

EMIGRANTS GUIDE in ten letters to the tax payers of England, 1829........ 1

EMIGRANTS GUIDE to Upper Canada, par C. Stuart, 1820................. 1

EMIGRANT (Canadian). Housekeeper, par Mrs C. P. Traill, 1861.......... 1

EMIGRANT (The). Par Sir Francic B. Head, 1846....................... 1

EMIGRATION. The Emigrants Directory and Guide, par Francis A. Evans, 1833.. 1

EMIGRATION (le Canada et l'). Française, par Frédéric Guerbié, 1884...... ... 1

EMIGRATION to Canada. Narrative of a voyage to Quebec and journey from thence to New Lanark, &c., &c., par Joseph McDonald, 1822..........

EMIGRATION and Colonization embodying the results of a mission to Great Britain and Ireland in 1839 to 1842, par Thomas Rolph..............

EMIGRATION. Exodus of the Western Nations, par Viscount Bury, M. P., 1865. 2

EMIGRATION. Counsel for Emigrants, 1838..... 1

EMIGRATION. The Canadas, 1836...... 1

EMIGRATION. Emigrants Information or a Guide to Upper Canada, par un colon canadien, 1834................................. 1

EMIGRATION. Voyez New Brunswick, Gesner, 1847. 1

2-3 EDOUARD VII, A. 1903

VOLUMES.

EMIGRATION. On the present state of the Highlands of Scotland with a view
of the causes and probable consequences of Emigration, par le comte de
Selkirk, 1805,...   1

EMIGRATION. Remarks on the Earl of Selkirk's observations on the present
state of the Highlands of Scotland, with the causes and probable consequences of Emigration, 1806.......................................   1

EMIGRATION. Statistical account of Upper Canada with a view to a grand
system of Emigration, par Robert Gourlay, 1822....................   3

EMIGRATION. Statistical sketches of Upper Canada for the use of Emigrants;
by a Backwoodsman, 1833...   1

ENCYCLOPÉDIE CANADIENNE. Journal littéraire et scientifique, 1842–3......   1

ENGINEERS (ROYAL). Professional papers of the corps of, 1844–1847.-......   9

ENGLAND (HISTORY OF), par lord Mahon, 1713–1783....................   7

EN RACONTANT, par J. U. Gregory, 1886.............................   1

ENTICK (REV. JOHN). General History of the late war, 1765.............   5

ENTOMOLOGIST, Canadian, 1868–1884..................................   8

ENTRE-NOUS, par Léon Ledieu 1889..................................   1

EPITRES, SATIRES, etc , par M. Bibaud, 1830..........................   1

ERBRÉE (JEAN D'). La Franc-Maçonnerie dans la Province de Québec en
1883......   1

ERMATINGER (EDWARD). Life of Colonel Talbot and the Talbot settlement,
1859   1

ESCHAMBAULT, (La famille Fleury d'), par l'abbé Daniel, sous le titre Une page
de notre Histoire..   1

ESPY (JOSIAH). A Tour in Ohio, &c., in 1805, voyez Ohio Valley Historical
Series 1871 ....

ESSAI de Bibliographie Canadienne, par Philéas Gagnon...............   1

ETHNOLOGY. Report of the Bureau of, par J. W. Powell, 1885–97.........   11

ETUDES Historiques et Légales sur la Liberté Religieuse au Canada, par S.
Pagnuelo, 1872..   1

EUROPE, The present state of, 1752................................   1

EVACUATION of Detroit. Centennial Celebration of........   1

EVANS (FRANCIS A.) The Emigrants Directory and Guide...............   1

EVANS (WILLIAM). Supplementary volume to a treatise on the theory and
practice of Agriculture in Canada, 1836...........................   1

EVANS (WILLIAM). Treaties on the theory, &c., of Agriculture, 1835......   1

EVEREST (REV. ROBT.) Journey through the United States and Canada, 1825   1

EXCURSION through the United States during the years 1822–23, par un
Anglais, 1824..   1

EXHIBITION. Address at the Provincial Industrial, Montréal, par l'honorable
Chas. D. Day, 1850..   1

EXHIBITION. Colonial and Indian Exhibition in 1886. Report on the Colonial
section, par H. T. Wood.........   1

EXHIBITION. Paris Universal Exhibition of 1878. Catalogues.............   1

EXPEDITION to Canada in 1690, par Walter Kendall Watkins.............   1

EXPLORATION of Jonathan Oldbuck, par J. M. Lemoine, 1889.............   1

EXPOSITION (The) Expounded, Defended and Supplemented, par son auteur,
John Carroll, D. D., 1881....................................   1

EXTRADITION (l', de Limirande). Réponse à une adresse de la Chambre des
Communes relative à l'extradition de Lamirande, 1868.............   1

VOLUMES.

F.

FABLES CANADIENNS, par L. Pamphile LeMay, 1882..................... ١

FAILLON (L'Abbé). Abrégé de la vie de M. Olier, fondateur du Séminaire de
St. Sulpice.. ١

FAILLON (L'Abbé). L'héroïne Chrétienne du Canada, ou vie de Melle Le Ber,
Ville Marie, 1860.......................... ١

FAILLON (L'Abbé). Histoire de la Colonie Française en Canada, Ville Marie,
Bibliothèque paroissiale, 1865....................... 3

FAILLON (L'Abbé). Vie de la Sœur Bourgeoys, Fondatrice de la Congrégation
de Notre-Dame de Ville Marie en Canada, suivie de l'Histoire de cet Institut
jusqu'à ce jour, 1853......................... 2

FAILLON (L'Abbé). Vie de Mademoiselle Mance et Histoire de l'Hôtel-Dieu,
1854.. 2

FALGAIROLLE (Edmond). Montcalm devant la Postérité, Etude Historique,
1886...................................... 1

FALKENAU (Harry). Catalogues........................ 2

FAMILLE (La) et les Traditions, par Ls. Alexandre Brunet, 1881.......... 1

FARIBAULT (G. B.) Catalogues d'Ouvrages sur l'Histoire de l'Amérique, et en
particulier sur celle du Canada ci-devant connu sous le nom de Nouvelle-
France, 1837................................ 1

FARMERS ALMANACK, Belcher's, for 1879 1

FARMER in Pensylvania (Letters from) to the inhabitants of the British
Colonies, 1768 1

FARMER (Silas). The History of Détroit and Michigan, 1884............ 1

FAUCHER DE SAINT MAURICE. Le Canada et les Canadiens-Français pendant
la guerre Franco-Prussienne, 1888....................... 1

FAUCHER DE SAINT MAURICE. A la veillée, 1882 1

FAUCHER DE SAINT MAURICE. De Tribord à Babord. Trois croisières dans le
golfe Saint-Laurent, 1877......................... 1

FAUCHER DE SAINT MAURICE. Deux ans au Mexique, 1881............. 1

FAUCHER DE SAINT MAURICE. Loin du Pays. Souvenirs d'Europe, d'Afrique et
d'Amérique............................... 2

FAUCHER DE SAINT MAURICE. M. Marmette et M. Le Vasseur. Le Canada et
les Basques. Avant-propos du comte de Premio Réal, 1879........... ١

FAUCHER DE SAINT MAURICE. Montgomery. Les Etats de Jersey et la langue
française. Honni soit qui mal y pense, 1893................ ١

FAUCHER DE SAINT MAURICE. Notes pour servir à l'histoire de l'empereur
Maximilien, 1889.............................. 1

FAUCHER DE SAINT MAURICE. Promenades dans le golfe Saint-Laurent, 1881, 1

FAUCHER DE SAINT MAURICE. La question du jour : Resterons-nous Français,
1890...................................... ١

FAUCHER DE SAINT MAURICE. Relations de ce qui s'est passé lors des fouilles
faites.... dans une partie des Fondations du Collège des Jésuites de
Québec, 1879... .... ١

FEDERALIST. An answer to certain parts of a work published by Mathew
Carey, entitled "The Olive Branch", 1817................ ١

FEDERALIST on the new Constitution written in the year 1788, par Mr. Hamilton, Mr. Madison et M. Jay, et appendice, 1826.. 1

FENETY (G. E.) Life and times of Hon. Joseph Howe, 1896... 1

FENETY (G. E.) Political notes and Observations, 1867.... 1

FERGUSSON (Adam). Agricultural state of Canada, 1832................ 1

FERGUSSON (Adam). Tour in Canada, 1833..................... 1

FERLAND (Abbé). Biographical notice of Bishop Plessis, traduction de T. B.
French, 1864................................ 1

FERLAND (l'Abbé). Opuscules, 1877........................ 1

VOLUMES.

FERLAND (l'Abbé). Mgr Joseph O. Plessis............................   1
FERLAND (J. B. A.) Cours d'histoire du Canada, 1861.. ....
FERLAND (J. B. A.) Observations sur un ouvrage intitulé 'Histoire du
    Canada, par M. l'abbé Brasseur de Bourbourg, 1854..................
FERNAND (Michel).—Dix-huit ans chez les sauvages, 1870..................   ₁
FERNOW (Berthold). Documents relating to the Colonial History of the State
    of New York, Volume XV in State Archives...   1
FERNOW (Berthold). The Ohio Valley in Colonial Days, 1890............   1
FERNOW (Berthold). The records of New Amsterdam from 1653 to 1674....   7
FÊTE NATIONALE des Canadiens Français célébrée à Québec en 1880, par H.
    J. J. B. Chouinard, 1881......   1
FEYROL (Jacques). Les Français en Amérique, 1886.....................   1
FIDLER (Rev. Isaac). Observations on professions, literature, manners and
    emigration in the United States and Canada, 1832...................   1
FIEFS. Traité de la loi Cugnet, 1775.............................   1
FIELD OF MARS. Alphabetical digestion of the principal Naval and Military
    engagements of Great Britain to the peace of 1801......   2
FILSON Club. Publications...................................
FILSON Club and its members, Louiseville, 1897..... ....   ₁
    "   Bryants Station and the memorial proceedings, par Reuben T.
                Durrett....   1
    "   Battle of Tippe Canoe, par Capt. A. G. Pistle...............   1
    "   Boonesborough, par George W. Ranch, 1901.......   1
    "   The Centenary of Louiseville, par R. T. Durrett, 1893........   1
    "   The Centenary of Kentucky, 1892....   1
    "   The Clay Family, par J. É. Smith et Mrs. Mary Rogers Clay,
                Louiseville, 1899...........................   ₁
    "   First explorations of Kentucky. Journals of Dr. Thomas
                Walker, 1750, et Christopher Gist, 1751................   1
    "   The Old Masters, par Genl. S. W. Price, 1902...............   1
    "   Political beginnings of Kentucky, 1889....................   1
    "   The Political Club, Danville, par T. Speed........... ..   1
    "   The Wilderness Road, par Thos. Speed, 1886   1
FILSON (John). The first Historian of Kentucky, par Reuben T. Durrett, 1884   1
FIGHT (The) with France for North America, par A. G. Bradley, 1900......   1
FILTEAU (J. O. et frère.) Canadian Catalogues, 1891–93............   1
FINANCES. Imports, Monnaies, Lettres, etc., à de Colbert, par Pierre Clément,
    1650–1691...
FIORETTI VESCOVILI, ou extraits des Mandements, lettres pastorales, etc., de
    Mgr Ignace Bourget.......................................   ₁
FIRST explorations of Kentucky, Journals of Dr. Thomas Walker, 1750, and
    Christopher Gist, 1751 (Filson Club Publications)........................,..
FISHERIES Exhibition, Official Catalogue, 1883........................   ₁
FISHERIES. Investigation of the Fur, Seal and other fisheries of Alaska, 1889.   1
FISHERY Question, par Charles Isham, 1887............................   1
FISHERIES (Salmon) of the St. Lawrence and its tributaries, par Richard Nettle,
    1857...,   1
FISHERIES. Salmon Fishing in Canada, by a Resident, 1860.............   ·1
FISHERIES. United States and the North Eastern Fisheries, par Charles B.
    Elliott, 1887..   ₁
FITZGERALD (James Edward). Hudson's Bay Company and grant of Vancou-
    ver's Island...   1
FITZGIBBON (Mary A.) A trip to Manitoba, 1880...................   1
FITZGIBBON (Mary Agnes). A veteran of 1812. The Life of James Fitzgibbon.   1
FITZGIBBON (Mary Agnes and Sara Mickle). Cabot, 1497 à 1897. Historic
    Days Calendar...   ₁

VOLUMES

FLEMING (Sanford). An historical sketch of the Inter-Colonial Railway, 1876. 1
FLEMING (Sanford). Newfoundland Railway, 1875.......................... 1
FLEMING (Sanford). Papers on time reckoning and the selection of a time
    Meridian, 1879 1
FLETCHER (Robert). England and her Colonies, 1857................... 1
FLEURY. Voir Eschambault................................... 1
FLEUR (Une) du Carmel. La Première Carmélite Canadienne, Marie Lucie
    Hermine Frémont, par Rev. Pére Antoine Braun, 1881.... 1
FOUBLANQUE. Voyez Albany de Foublanque. How we are governed, 1872.. 1
FORBES (Lieut. Col.) Report on the trial of Brig. General William Hull, 1
    commanding the North Western Army of the United States, held at
    Albany, 1814................................... 1
FORD (Worthington Chauncey). The Writings of George Washington, 1748
    to 1798... 14
FOREIGN and Colonial. Speeches by the Right Hon. Joseph Chamberlain.... 1
FORÊTS. Agriculture, Haras, Lettres etc., du Colbert, par Pierre Clément,
    1650–1661..
FORMAN (Major Samuel S.) Voyez Draper, Lyman C., 1888. ....
FORSTER (John Reinhold). History of the voyages and discoveries made in
    the North 1
FORTIFICATIONS. Lettres, etc., du Colbert, 1650–1661..... ....
FOSSIL, MEN and other modern representatives, par J. W. Dawson, 1880..... 1
FOYER CANADIEN. Littérature, de 1850 à 1860.......... 2
FOYER CANADIEN. Québec, 1863–1865................................ 3
FOYER DE MON PRESBYTÈRE (Au). L'Abbé Apollinaire Gingras, Québec, 1881. 1
FRANC-Maconnerie dans la Province de Québec, en 1883, par Jean d'Erbrée.. 1
FRANÇAIS, (les) en Amérique, par Jacques Feyrol........................ 1
FRANÇAIS D'AMÉRIQUE (Cinq Mois chez les). Voyage au Canada, 1879....... 1
FRANÇAIS (les) au Canada, par Antoine Chalamet, 1886.................. 1
FRANCE (la) et le Canada. Rapport par E. Agostini, 1886................ 1
FRANCE. Lettres de la Cour de Versailles au Baron de Dieskau, au Marquis
    de Montcalm et au Chevalier de Lévis........................... 1
FRANCE. Voir Nouvelle France, Collection de Manuscrits, etc., 1492....... 4
FRANCHÈRE (Gabriel fils). Relation d'un voyage à la côte du Nord-Ouest de
    l'Amérique septentrionale, dans les années de 1810 à 1814............. 1
    Traduction en anglais. New York, 1854................... 1
FRANCHEVILLE (DuFrène de). Histoire générale et particulière des finances,
    1738.. 1
FRANCIADOS. Le Brun 1653.. 1
FRANKLIN (Sir John). Narrative of Artic discovery, par John J. Shillinglaw,
    1851 ....'..... 1
FRANKLIN (Capt. John). Narrative of a journey to the shores of the Polar
    Sea in the years 1819–20–21 and 22............................ 2
FRANKLIN (John). Narrative of a second expedition to the shores of the
    Polar Sea in 1825, 1826 and 1827 2
FRASER (John). Canadian pen and ink sketches........................ 1
FRASER (John). Tale of the sea, 1870............. 1
FRASER (Rev. Joshua). Shanty, forest and river life................... 1
FRÉCHETTE (Louis). Jean Baptiste de la Salle. Fondateur des écoles
    chrétiennes, 1889........ 1
FRÉCHETTE (Louis). La légende d'un peuple, 1887...................... 1
FRÉCHETTE (L. H.) Originaux et Détraqués, 1892..................... 1
FREDERICTON. Voyez Anglican Church................................
FREELAND (Mary deWitt). Records of Oxford, Mass, from 1630.......... 1
FREE MASONRY. (History of) in Canada, par J. Ross Robertson, 1899...... 2
FREE MASONRY. Historical sketch of the Barton Lodge................. 1

2-3 EDOUARD VII, A. 1903

VOLUMES.

FRENIER. *Voir* Hertel ....

FRÉMONT. (Marie Lucie Hermine.) *Voir* Fleur du Carmel................

FRENCH (T.B.) Biographical notice of Bishop Plessis, par l'Abbé Ferland, 1864. 1

FRENCH CANADA. Le Maréchal de camp. Desandrouins, guerre du Canada 1755–1760, guerre de l'Indépendance Américaine, 1780–1782, par l'Abbé Gabriel Verdun.. *

FRENCH DOMINION in North and South America. *Voyez* Jefferys (Thomas) 1760.

FRENCH WARS. Impartial representation of the conduct of the several powers of Europe engaged in the late General War (1729–1748), par Richard Robt. Cork, 1750 .... *

FRENCH WARS. Journal of the late action of the French at Canada, with the manner of their being repulsed, par Son Excellence, Benjamin Fletcher, 1693... *

FRENCH WARS. Memoirs of the principal transactions of the last war between the English and French in North America from 1744 to the Treaty of Aix-la Chapelle... *

FRENCH WARS. Siege and capture of Fort Loyall, destruction of Falmouth, 20th May, 1690, par John T. Hull... *

FRENCH WARS. The redeemed captive returning to Zion, 1707, par John Williams, 1853.. 1

FRIENDLY ADDRESS to all reasonable Americans, 1774... 1

FROTHINGHAM (Richard). History of the seige of Boston, &c., with illustrative documents I

FULLOM (S. W.) Life of General Sir Howard Douglas, 1863. 1

FUR TRADE. *Voir* Alexander Mackenzie, voyages, 1801................. 1

FUR TRADE. History of Oregon Territory and British North America fur trade, &c., par John Dunn, 1844...................................... *

FUR TRADE. Sketch of the British fur trade in North America with observations relative to the North West Company of Montreal, par le comte de Selkirk 1816... 1

FUR SEAL. (Investigation of the) and of other fisheries of Alaska, 1889..... 1

FUR TRADE. The present state of Hudson's Bay, &c., par Edward Umfreville, 1790. .... *

G

GABRIEL (Abbé). Le Maréchal de Camp 1729–1792...................... *

GAFFAREL. Journal des Campagnes au Canada, de 1755 à 1760, par le comte de Maurès de Malartic, 1890...................................... 1

GAGNON (Ernest). Chansons Populaires du Canada, 1865............. 1

Nouvelle édition, 1880.. 1

GAGNON (Ernest). Le Comte de Paris à Québec, 1891............. 1

GAGNON (Ernest). Le Fort et le Chateau Saint-Louis, Québec, 1895........ 1

GAGNON (P). Canadian Catalogues......................................

GAGNON (Philéas). Essai de Bibliographie Canadienne................... *

GALLOWAY (Joseph). A candid examination of the mutual claims of Great Britain and the Colonies, 1775.................................. 1

GALLOWAY (Joseph). Considerations upon the American inquiry, 1779...... 1

GALLOWAY (Joseph). Examination before the House of Commons on the American Papers.. *

GALLOWAY (Joseph). Historical and political reflections on the rise and progress of the American Rebellion, by the author of letters to a nobleman, 1780.. 1

GALT (John). The autobiography of, 1833............................. 2

VOLUMES.

GALT (John). The Canadas, comprehending topographical information for the use of Emigrants and Capitalists. Les documents ont été fournis par John Galt et compilés par Andrew Picken .... ᴀ

GALT (John). Laurie Todd, on the settlers in the woods, 1832, deuxième édition, 1840 2

GALT (John). Life of Lord Byron, 1831 1
(Un échantillon des premiers travaux d'imprimerie dans le Haut-Canada, à part les documents officiels.)

GALT (John). Preface to memoirs of a life chiefly passed in Pennsylvania, réin primé à Edinburgh, 1832................................ 1

GALT (Town of). Reminiscences, par James Young, 1880 1

GARDENING. Le Verger, le Potager et le Parterre dans la Province de Québec, par l'Abbé Provencher 1

GARDINER (Hebert F.) Noth'ng but names, 1899 1

GARNEAU (F. X.) Abrégé de l'Histoire du Canada..................... 1

GARNEAU, voyez Biographies Faribault, 1867......... ....

GARNEAU (F. X.) Histoire du Canada (1re édition), 1845............... 4

GARNEAU (F. X.) Histoire du Canada (2e édition), 1852. 3

GARNEAU (F. X.) Histoire du Canada (4e édition). Le quatrième volume contient une notice biographique par P. J. O. Chauveau, une table analytique par M. B. Sulte et un poème par M. Louis Fréchette, 1883....... 4

GARNEAU (F. X.) Voyages, 1881.................................. 1

GASPÉ. La famille Aubert de, par l'Abbé Daniel sous le titre "Une page de Notre Histoire".. ᴀ

GASPÉ (Philippe Aubert de). Voyez de Gaspé.... ....

GASPÉSIE. Nouvelle relation de la, par le père Chrestien Le Clercq, 1691.... 1

GATIEN (l'Abbé F. X.) Histoire de la Paroisse du Cap-Santé, 1884........ 1

GAUVREAU (Charles A.) L'Isle Verte, 1889 1

GAY (James). Canada's Poet, 1880................................... · 1

GAZETTEER of British North America............................... 1

GEE (Joshua). The Trade and Navigation of great Britain considered, 1767. 1

GEMMILL (John Alexander). The practice of the Parliament of Canada upon bills of divorce, 1889................................... ᴀ

GENEALOGICA Bibliographia Americana. An Alphabetical Index of American Genealogies, &c., par Daniel S. Durrie, 1886 1
Supplément, 1888 1

GENEALOGICAL Dictionary of the First settlers in New England, showing three generations of those who came before May, 1692, par James Savage, 1860 4

GENEALOGICAL Notes of the families of the Hon. Lyman Hall 1

GENESIS of the United States, par Alexander Brown, 1890............... 2

GENEVA. The case of Great Britain before the tribunal of arbitration, 1872.. 1

GEOGRAPHIA Universalis : the present state of the whole world, par Sieur Duval, 1690 .... ᴀ

GEOGRAPHICAL view of the British possessions in North America, voyez American War of 1812, M. Smith, 1814.............................. :

GEOGRAPHICAL view of Upper Canada, par M. Smith........ 1

GEOGRAPHIAN (Introductie in Universam). 1697..................... . 1

GÉOGRAPHIE Dramatique, par M. Jauffret, 1830..................... · 1

GEOGRAPHY of the British Colonies, &c., par Jas. Hewitt................. 1 .

GEOGRAPHY. Modern and Authentic system of Universal Geography, par G. A. Cooke, 1804 (?)................................. 2

GEOGRAPHY. Physical Atlas of the Dominion, par J. Beaufort Hulbert, 1888 . . 1

GEOGRAPHY. The Scottish Geographical Magazine, 1888................. : 6 ·

GEOGRAPHICAL Scottish Magazines, 1888-97.......................... 10

GEOLOGY (Acadian). An account of the Geological Structure and Mineral resources of Nova Scotia, par J. W. Dawson, 1855................... ᴀ

18—D½

2-3 EDOUARD VII, A. 1903

VOLUMES.

GEOLOGY (Acadian), par John William Dawson, 1868   1
GEOLOGY (Exposition of the Minerals and) of Canada, par E. J. Champman, 1864   1
GEOLOGY. L'Antiquité Reculée de l'homme non prouvée, 1889   1
GEOLOGY. Fossil remains, par E. Billings, 1861–65.   2
GEOLOGY. Fossil, par J. F. Whiteaves. . . . .
GEOLOGY. Geological Pamphlets (New Brunswick).   1
GEOLOGY. Geological survey of Newfoundland, 1867.   1
GEOLOGY. Notes on gold of Eastern Canada, 1848–63. . . . .
GEOLOGY. Organic remains. . . . . ,.   2
GEOLOGY. Plants, par George M. Dawson, 1871–73. . . . .
GEOLOGY. Report of Explorations fr m Fort Simpson to Edmonton with part
   of British Columbia and the Peace River County, 1879 . . . .
GEOLOGY. Report on the Geology of the North-west side of Lake Superior
   and the Nipegon district, par Robert Bell, 1877–82 . . . .
GEOLOGY and Resources. . . . Forty-ninth parallel, par George Mercer
   Dawson, pour la Commission des frontières. . . . .   ⌐
GEOLOGY. Report of Select Committee on Geological Survey, 1855. . . . .: . . . .
GEOLOGY, voir Voyages and Travels in North America, 1845. . . . .
GEOMETRY. Mensuration and Stereometrical tableau, par Charles Baillargé
   avec clef, 1873.   1
GEORGE'S SONS (William). British Catalogues.   1
GERBIÉ (Frédéric). Le Canada et l'Emigration Française, 1884.   1
GERMAN allied troops in the North American War of Independence, 1776–1783   1
GERMAN ALMENAC for Nova Scotia, 1789.   1
GERMAN CHURCH. The Congregation of St. Mary at New Albany, Indiana,
   par le révérend Edm. J. P. Schmitt, 1890   1
GESNER (Abraham). Industrial resources of Nova Scotia, 1849.   1
GESNER (Abraham). New Brunswick, with notes for Emigrants, 1847.   1
GESNER (Abraham). Remarks on the Geology and Mineralogy of Nova
   Scotia, 1836.   1
GETTYSBURG. New York at. Final report on the battlefield.   3
GIBSON (James). Journal of the late siege. . . . . . . against the French at Cape
   Breton, the City of Louisburg, &c., 1745 . . . .   ⌐
GILBERT (Benjamin). Narrative of the Captivity and Sufferings of, and of his
   family, taken by the Indians in the spring of 1780. . . . .   ⌐
GINGRAS (Abbé J. A.) Le Bas Canada entre le moyen âge et l'âge moderne,
   1880.   1
GINGRAS (Abbé J A.) Au Foyer de mon Presbytère, 1881.   1
GIROD (Amury). Notes diverses sur le Bas-Canada, 1835.   1
GIROUARD (Désiré). Lake St. Louis. Old and New. 1893.   1
GIROUARD (Désiré). Supplément au Lake St. Louis, 1900   1
GIROUARD (Désiré). Le Vieux Lachine et le Massacre du 5 Août, 1689.   1
GIRTY. History of the Girtys, par le Consul W. Butterfield.   1
GIST (Christopher). Journal, 1751, publié par J. Stopdard Johnson. Filson
   Club publications. . . . .
GIST (Christopher). Journal. First explorations of Kentucky. Filson Club
   publications . . . .
GLADMAN. Voir North-west exploration, 1858. . . . .
GLEIG (G. R.) A subaltern in America ; comprising the narrative of the
   campaigns of the British Army during the late War, 1833 . . . .   ⌐
GLEIG (G. R.) The campaigns of the British Army at Washington and New
   Orleans in the years 1814–1815. . . . .   ⌐
GLENELG (Lord). Despatches to Sir F. B. Head during his administration of
   the Government of Upper Canada, 1839. . . . .   ⌐
GLENGARRY in Canada. (Sketches illustrating early settlement and history
   of), par J. A. Macdonell. . . . .   ⌐

VOLUMES.

GLENGARRY HIGHLANDERS. Par l'évêque Macdonell de Kingston, 1833. Edinburgh Magazine... 1

GLOBENSKY (C. M. A.) La Rébellion de 1837 à Saint-Eustache, 1883...... 1

GLOSSAIRE Franco Canadien et Vocabulaire de locutions vicieuses usitées au Canada, par Oscar Dunn....................................... 1

GOD-CHILD OF WASHINGTON. A picture of the past, par Katharine Schuyler Baxter, 1898 1

GODLEY (John Robert). Letters from America, 1844..................... 2

GOLD. Notes on Gold of Eastern Canada. *Voir* Geology, 1848–63........

GOLDSMID (Edmond) on the origin of the native races of America. A dissertation by Hugo Grotius ; traduit du latin........................... 1

GOOCH (John.) Manual of the Constitution of Canada, 1867............. 1

GORDON (Hon. Arthur Hamilton). Wilderness Journeys in New Brunswick in 1862–'3... 1

(GORDON William). History of the Independence of the United States of America, 1788 4

GOSNELL (R. E.) Year Book of British Columbia, 1897... 1

GOSPELS. Traduites dans le langage des Esquimaux de la Côte du Labrador, 1813 ....

GOSPELS. Digest of the records of the Society for the Propagation of the, 1894 1

GOSSE (P. H.) The Canadian Naturalist, 1840......................... 1

GOSSELIN (l'Abbé A.) Henri de Bernières, 1897...'.................. 1

GOSSELIN (ABBÉ D.) Tablettes Chronologiques, &c., de l'Histoire du Canada, 1887 1

GOSSELIN (ABBÉ AUGUSTE). Vie de Mgr de Laval, 1890.......... ... 2

GOTHA (ALMANACH DE). Annuaire Généalogique, etc.....................

GOULAY (J. L.) History of Ottawa Valley, 1899....................

GOURLAY (ROBERT). Statistical account of Upper Canada, with a view to a grand system of education, 1822 2

GOW (J. M.) Cape Breton illustrated, 1893.......................... 1

GRAHAME (JAMES). The History of the rise and progress of the United States of North America till the British Revolution, 1688................... 2

GRAHAME (JAMES). History of the United States, 1836.................. 4

GRAND TRUNK RAILWAY. Notes and corrections to the report on, par Walter Shanly, 1861... 1

GRANT (JOHN CHARLES). Tables of the cubical contents of masts, &c., 1810... 1

GRANT (MRS., OF LAGGAN). Memoirs of an American Lady, 1808 2

GRATTON (THOMAS COLLEY). Civilized America, 1849 2

GRAVIER (GABRIEL). Découverte de l'Amérique par les Normands au X* siècle, 1674...

GRAVIER (GABRIEL). Étude sur une carte inconnue, la première dressée par Louis Joliet, 1674.......................................

GRAYDON. Memoirs of a life chiefly passed in Pennsylvania, within the last sixty years, 1811...

GRAY (HENRY). British Catalogues ....

GRAY (HUGH). Letters from Canada, written in 1806, 1807, 1808.......... 1

GREAT BRITAIN in respect to neutral nations during the present war, 1758... 1

GREAT COMPANY (THE). History of the Hudsons Bay Company, par Beckles Willson ....

GREAT PEW CASE. James Johnston and the Minister and trustees of St. Andrews Church, Montreal, 1877................................

GRECE (CHARLES F.) Facts and observations respecting Canada and the United States, 1819........... 1

GREEN (REV. ANSON). His Life and Times, written by himself, 1877....... 1

2-3 EDOUARD VII, A. 1903

VOLUMES.

GREEN (THOMAS MARSHALL). The Spanish Conspiracy ....   1 .
GREENLAND, the adjacent seas and the north-west passage, par Bernard O'Reilly,   1
    1818   1
GREENWOOD (THOMAS). British Library Year Book, 1900-1901   1
GREGORY (J. U.) En Racontant, 1886   1
GREY (EARL). The Colonial Policy of Lord John Russell's administration,
    1853   1
GRIEVANCES. Report of special committee of Assembly of Lower Canada, 1st,
    2nd, 3rd and 4th reports   1
GRIFFIN (WATSON). The Provinces and the States. Why Canada does not
    want annexation   1
GROTIUS (HUGO). Vide Indians ; On the origin of the Native Races of America.   1
GUAY (ABBÉ CHARLES). Chronique de Rimouski, 1873   1
GUELPH. The Annals of the town of, by C. Acten Burrows, 1877 ....   1 .
GUÊPES Canadiennes, 1881, 1883   2
GUÉRIN (LÉON). Les Navigateurs Français, 1846   1
GUIBORD. History of the Guibord Case, 1875   1
GUIDE BOOK, Canadian, with map, 1849   1
GUNN (DONALD). History of Manitoba, with continuation, par C. B. Tuttle,
    1880   1
GUY. Notice sur la Famille Guy et sur quelques autres familles, 1867 ....
GZOWSKI (C. S.) Description of the International Bridge construction over
    the Niagara River near Fort Erie, Canada, and Buffalo, U.S., 1873 ....   .

                                H

HADDOCK (John A.) The Thousand Islands of the St. Lawrence, Alexandria
    Bay, 1896   1
HAIGHT (Canniff). Country life in Canada fifty years ago, 1885   1
HAILLY (L. du.) Campagnes et stations sur les Côtes de l'Amérique du
    Nord, 1864 .... '''' ....
HAKLUYT (Richard.) The principal navigations, voyages and discoveries of the
    English nation, 1589   1
HALDANE (J. W. C.) 3,800 miles across Canada, 1900   1
HALE (Horatio.) The Iroquois Book of rites, 1883   1
HALIBURTON (T. C.) Rule and Misrule of the English in America, 1851   1
HALIBURTON (H.) An Historical and Statistical Account of Nova Scotia,
    1829   2
HALF CENTURY OF CONFLICT, par Francis Parkman, 1892.   2
HALIFAX. Annals of the North British Society of, compilé par James S.
    Macdonald, 1868 ....
HALKETT (John). Historical Notes respecting the Indians of North America,
    1825 ....
HALL (Capt. Charles Francis). Life with the Esquimaux, de 1860 à 1862,   .
    Londres   1
HALL (E. Heppel). Lands of Plenty in Manitoba and North-west Territory.   1
HALL (Benjamin). History of Eastern Vermont from its earliest settlement
    to the close of the eighteenth century, 1858 ....   .
HALL (Theo. Parsons.) Genealogical Notes relating to the family of Hon.
    Lyman Hall, &c., 1886   1
HAMILTON. The Birmingham of Canada   1
HAMILTON vide Federalist, 1826   1
HAMMOND (Isaac W.) Diary and Orderly Book of Jonathan Burton, 1855...   1
HAMMON (E. S. J.) Les Canadiens Français de la Nouvelle Angleterre, 1891.   1
HANDBOOK OF CANADA. For the British Association, 1897   1

DOC. DE LA SESSION No 18

VOLUMES.

ᵁᴵ♣ (George). Address to the Army in reply to the strictures by Roderick
Mackenzie on Tarleton's History of the campaigns of 1780 and 1781.... 1

HANGER (George). Life, adventures and opinions, 1801.................. 2

HANNAY (James). The History of Acadia, from its first discovery to its surrender to England by the Treaty of Paris......................

HARAS. Agriculture, Forêts. Lettres, etc, de Colbert, 1650-61............

HARBOUR COMMISSIONERS, Montreal. Reports for 1884-8 and 1889-94......

HARDY (Lady Duffus). Through cities and prairie lands, 1881............. 1

HARGRAVE (Joseph James). Red River, 1871........................ 1

HARMON (Daniel Williams). Journal of voyages and travels in the interior of
North America, 1820...................................... 1

HARPER (Francis P.) Catalogues................................ 1

HARRINGTON (Bernard). Life of Sir William E. Logan, 1883............ 1

HARRISSE (H.) Bibliographie de la Nouvelle France, 1872.............. 1

HARRISSE (Henry). John Cabot and Sebastien, his son, 1896.................. 1

HART (Gerald E.) The Fall of New France, 1755-60.................... 1

HART (Gerald E.) Collection of Autographs, &c., 1895................ 1
(catalogue pour la vente de la collection)..............

HARTFORD CONVENTION, voyez Dwight Theodore, 1833..................

HARTHILL (Alexander). Panorama of the River St. Lawrence from Niagara
to Quebec, 1859... 1

HARTLEY (David). Letters on the American War, 1778.................. 1

HARVEY (Arthur). British Columbia, 1867...... 1

HASTINGS (Hugh). State Historian of New York. Report of 1897. Colonial
Series, Vol. II...................... 1

HASTINGS (Hugh). State Historian. Report for 1896. Colonial Series, Vol.
I...

HATCH (Colonel William Stanley). A chapter of the History of the War of
1812, &c.. 1

HATCH (Colonel W. S.) The War of 1812........................... 1

HAWKINS (Ernest). Annals of the Diocese of Fredericton, 1847............ 1

HAWKINS (Ernest). Annals of the Diocese of Quebec, 1849.............. 1

HAWKINS (Ernest). Annals of the Diocese of Toronto, 1848.............. 1

HAWKINS (Ernest). Historical Notices of the Missions of the Church of
England in the North American Colonies, 1845... 1

HAWKINS (Alfred). Picture of Quebec, 1834..................... 1

HAWLEY (W. F.) Quebec and other Poems, Montreal Herald, 1829........ 1

HAYES (John L.) Vindication of the rights and titles of Alexander, Earl of
Stirling and Dovan, 1853.....................................

HAYNES (Samuel). Abstract of all the statutes made concerning aliens trading in England, and the great damage done by the Jews to the plantations in America, 1685..................................... 1

HAYNE (M. H. E) The Pioneers of the Klondyke, par, 1897............. 1

HAZARD (Samuel). Pennsylvania Archives, Vol. XI, 1855............... 1

HAZLITT (William Carew). The great gold fields of Cariboo, British Columbia and Vancouver Island, 1862................................ 1

HEAD (Sir Francis B.) Descriptive Essays, 1857........................ 2

HEAD (Sir Francis B.) The Emigrant, 1846....................... 1

HEAD (Sir F. B.) Voyez Glenelg despatches, 1839......................

HEAD (Sir Francis Bond). Speeches, Messages and Replies as Lieutenant
Governor, 1836...

HEAD (Sir Francis Bond). Narrative of his Administration of Upper Canada
1839... 1

HEAD (Sir George). Forest Scenes and Incidents in North America, 1838... 1

HEADLEY (J. T.) The Second War with England, 1853.................. 2

HEARNE (Samuel). A journey from the Prince of Wales-Fort in Hudson's
Bay to the Northern Ocean, in the year 1769, 1770, 1771 and 1772....   ⌐
HEART (Capt. Jonathan). Journal on the march from Connecticut to Fort
Pitt, 1785, with notes, &c., par le consul Willshire Butterfield..........   ⌐
HEATHERINGTON (A.). A practical guide. Gold Fields of Nova Scotia,
Montreal, 1868 ....   ⌐
HENNEPIN (le R. P. Louis). Description de la Louisiane, nouvellement décou-
verte, 1688...   1
          Traduction par John Gilmary Shea........................ ..   1
HENNEPIN (le R. P. Louis). Nouvelle découverte d'un très grand pays situé
dans l'Amérique entre le Nouveau Mexique et la Mer Glaciale, 1697....   ⌐
HENNEPIN (le R. P. Louis). Nouveau voyage d'un pais plus grand que l'Europe,
etc., 1698..................   1
HENRI DE BERNIÈRES, premier curé de Québec, par l'Abbé A. Gosselin.......   1
HENRY (Alexander), 1897. Manuscript Journals. (Les journaux de Henry
et de Thompson sont contenus dans les mêmes volumes)...............
HENRY (Alexander). Travels and Adventures, 1901..................   ⌐
HENRY (Alexander). Travels and Adventures in Canada and the Indian
Territories between 1760 and 1776.............................   ⌐
HENRY (John Joseph). Accurate and interesting account of the hardships
and sufferings of that band of heroes who traversed the wilderness in
the campaign against Quebec in 1775...........................   ⌐
HENRY (J. J.) Account of Arnold's Campaign against Quebec in the
autum of 1775..   1
HERBERT (C.) British Catalogues, 1896...   1
HERIOT (George). Analysis of his travels through Canada, 1807..........   1
HERIOT (George). History of Canada from its first discovery, 1804........   1
HERIOT (George). Travels through the Canadas, 1813..................   1
HERIOT (George). Travels through the Canadas........to which is sub-
joined a comparative view of several of the Indian Nations of North and
South America, 1807..   1
HÉROISME ET TRAHISON, par Joseph Marmette, 1882..................   1
HERTEL DE LA FRENIÈRE, la famille, par l'abbé Daniel sous le titre "Une page de
Notre Histoire"...   ⌐
HERTSLET (Edward). Treaties and tariffs regulating the trade between Great
Britain and foreign countries........in force on the 1st January 1875...   1
HEURES DE NOTRE DAME. 1758..............................   1
          (Obtenu lors de la reddition de Cataracoui en 1758)
HEURES SÉRIEUSES (Les) d'un jeune homme, par Charles Sainte Foi, 1876....   1
HEWITT (James). Geography of the British Colonies, &c.................   1
HIEOSEMANN (Karl W.) British Catalogues, 1891-3. ....
HIEOSEMANN (Karl W.) U. S. Catalogues, 1895-7....................
HILL (Alex. Stanley). From Home to Home Autumn Wanderings in the
North-west, 1887..   1
HINCKS (Sir Francis). Reminiscences of his public life, 1884............   1
HIND (H.Y.) Essay on the insects and diseases injurious to the wheat crops,
1857..   ⌐
HIND (Henry Yule). Sketch of the old parish burying ground, Windsor,
Nova Scotia, 1889...   ⌐
HIND (Henry Yule). The Canadian Red River, Assiniboine and Saskatchewan,
1860..   2
HIND. Voyez North-west Explorations, 1858........................
HINSDALE (B. A.) The old North-west with a view of the thirteen Colonies
as constituted by the Royal Charters, New York, 1888..............   1
HISTORICAL Society (Collections). New York, 1872, 1886, 1887, 1888......   1

DOC DE LA SESSION No 18

VOLUMES.

HISTORICAL SKETCHES of the Missions of the United Brethren, par le révérend John Holmes, 1827..   1

HISTORIOPOLITOGRAPHIA. Petri Mathœi, Francofurti, 1610, containing the contemporary account of Champlain's settlement in Quebec.......... .   2

HISTORICAL. Memorial of the negotiation of France and England from 26th March 1761 to the 20th of September of the same year...............   1

HISTORICAL. Transactions of Royal Historical Society, 1884 to 1901........

HISTOIRE DE L'ILE D'ORLÉANS, par L. P. Turcotte, 1867.................   1

HISTOIRE DE LA COLONIE FRANÇAISE en Canada, par l'Abbé Faillon, 1865–1866..................... .... 4.   3

HISTOIRE DU CHEVALIER D'IBERVILLE, 1663–1706....................·. .   1

HISTOIRE de la guerre contre les Anglais, 1759......................   1

HISTOIRE GÉOGRAPHIQUE de la Nouvelle-Ecosse, 1755, et Lettres et Mémoires pour servir à l'histoire naturelle, civile et politique du Cap-Breton, 1760 .   1

HISTORY OF CANADA, par W. Kingsford 1887..............................   10

HISTORY OF ENGLAND, par Lord Mahon. 1713 to 1783..................   7

HISTORY of the discoveries and settlements of the English in North America and West Indies, 1764..   1

HISTORY of the North-west, par Alexander Begg, 1894...... ....:3   3

HISTORY OF CANADA, par George Hodgins, 1866........   1

HISTORY OF AMERICAN LITERATURE, par J. N. Larued, Bibliographical Guide, 1902.......   1

HISTORY of the separation of Church and State in Canada, par le révérend E. R. Stimson, 1887..:.....   1

HOCHELAGA. CADASTRE, 1872...

HOCHELAGA DEPICTA. William Greig, 1839.... ....

HODDER (M.) The Harbours and ports of Lake Ontario in a series of Charts, &c., 1857...   1

HODGES (James). Construction of the great Victoria Bridge in Canada, 1860   2

HODGINS (J. George). History of Canada, 1866..................   1

HODGINS (J. George). The Legislation and History of Separate Schools in Upper Canada, 1897................................   1

HOGAN (J. Sheridan). Canada Prize Essay, 1855.... ....

HOLMES (l'Abbé). Nouvel Abrégé de la Géographie. J. B. Rolland, 1870.   1

HOLMES (Rév. John). Historical sketches of the Missions of the United Brethren, 1827...   1

HÔPITAL GÉNÉRAL. Voyez Saint Vallier, 1882.........................   1

HOPKINS (J. Castell). Life and works of Sir John Thompson, 1895........   1

HORETZKY (Charles). Canada on the Pacific, 1874....   1

HORTICULTURE pratique, Manuel—, par le Dr G. Laroque...............   1

HOSKINS (Nathan). History of the State of Vermont, 1831   1

HOSMER, (James K.) Life of Thomas Hutchinson, 1896...............   1

HOTEL-DIEU. Histoire de l'Hôtel Dieu de Québec, par sœur Françoise Juchereau de St. Ignace, 1671.............. ....

HOTEL-DIEU, Ville Marie. Voyez Biographie de Mlle Mance, par Taillon, 1854

HOTTEN (John Camden). The original list of persons of quality, &c., who went from Great Britain to the American plantations, 1600-1700...........   1

HOUGH (Franklin B.) Results of Meteorological Observations, 1855........   1

HOUGH (Franklin B.) Translator of Memoir upon the late War in North America, by M. Pouchot, 1866................................   1

HOUGH (Franklin B.) The Thousand Islands, 1880.....................   1

HOUSE OF LORDS. A complete collection of all the protests made in the House of Lords from 1641 to 1745.......................   5

HOUSTON (William). Documents illustrative of the Canadian Constitution, 1891...........   1

Volumes.

INDIANS. Dix ans chez les sauvages, 1870 1

INDIANS. Études philologiques sur quelques langues sauvages de l'Amérique, par N. O., J. A. Cuoq, ptre de St. Sulpice, 1866. 1

INDIAN. The expeditions of Captain John Lovewell and his encounters with the Indians, par Frederic Kidder, 1865 1

INDIAN. Gospel according to St. Mark translated into the Mohawk tongue by Captain Brant, 1829 1

INDIAN. Gospel of St. Mathew in Indian, 1831 1

INDIAN. Grand Esquimaux, par Emile Petitot, 1887 1

INDIANS. Historical notes respecting the Indians of North America with remarks, &c., 1825 1

INDIANS. Histoire des Abénakis depuis 1605 jusqu'à nos jours, par l'Abbé J. A. Maurault, 1866 1

INDIANS. History of the American Indians, by James Adair, 1775 1

INDIANS. History of the Catholic missions among the Indian tribes of the United States, 1529-1854, par John Gilmary Shea, 1855 1

INDIANS. History of the Ojibway Indians, with especial reference to their conversion to Christianity, par le Rév. Peter Jones (Kah Kewaquonaby), 1861 1

INDIANS. History of the Ojibways, by William W. Warren (Minnesota Historical Collections, vol. 5), 1885 1

INDIANS. History of Philip's war, called the great Indian war of 1675 and 1676 ; also of the French and Indian wars of 1689, 1690, 1692, 1696 and 1704, par Thomas Church, ainsi que notes et appendice, par S. Drake, 1834   1

INDIANS. History of the wars of New England, &c., 1726 1

INDIANS. Illustrations of the manners, customs and condition of the North American Indians, with letters and notes, par Geo. Catlin, 1876 1

INDIANS. Indian races of North and South America, by Charles De Wolf, Brownell, 1873 1

INDIAN. Iroquois Book of Rites, par Horatio Hale 1

INDIANS. Journal of Gen. Rufus Putnam, during the old French and Indian war, 1757-1760, with notes, &c., par E. C. Dawes 1

INDIANS. Jugement erroné de M. Ernest Renan sur les langues sauvages, par l'auteur des études philologiques (J. A. Cuoq), 1870 1

INDIANS. La découverte des sources du Mississipi. Observations critico-philosophiques sur les mœurs, etc., de plusieurs nations indiennes, etc., etc., par J. C. Beltrami, 1824 1

INDIANS. League of the Iroquois, par Hebert M. Lloyd, 1901 2

INDIANS. Lexique de la langue Iroquoise, avec notes et appendices, par J. A. Cuoq, prêtre de Saint-Sulpice, 1871 1

INDIANS. Les vœux des Hurons et des Abénaquis à Notre Dame de Chartres, avec des lettres des Missionnaires Catholiques au Canada, par M.Doublet de Boisthibault, 1857 1

INDIANS. Life with the Esquimaux, 1860 to 1862, par le Capt. Charles F. Hall.   1

INDIAN Life of Ma-Ka-Tai-Me-She-Kia-Kiak, or Black Hawk, dictated by himself, 1834 1

INDIANS. Life of Tecumseh and his brother the Prophet ; with a historical sketch of the Shawanoe Indians, par Benjamin Drake, 1841 1

INDIANS. Life of Te-Ho-Ra-Gwa-Ne-Gen, alias Thomas Williams, a chief of the Caughnawaga tribe of Indians, par Elezear Williams, 1859 1

INDIANS. Memoirs of a captivity among the Indians of North America, par John D. Hunter, 1823 1

INDIANS. Mémoire sur les mœurs, coutumes et religion des sauvages de l'Amérique septentrionale par Nicholas Perrot, publié pour la première fois, par le R. P. J. Tailhan, 1864 1

VOLUMES.

INDIANS.   Moravian missions, 1838   1
INDIAN.   Names of places near the Great Lakes, par Dwight H. Kelton, 1888   1
INDIANS.   Narrative of the manner in which the campaign against the Indians
   in 1791 was conducted under the command of Major General St. Clair,
   1812   1
INDIANS.   Essay on the causes of the variety of complexion, &c., in the
   human species ; dealing with the Indian tribes, par S. Stanhope Smith,
   1810   1
INDIANS.   Narrative of the troubles with the Indians in New England, from
   the first planting thereof in the year 1607 to the year 1677, to which is
   added a discourse about the Warre with the Pequods in the year 1637,
   par W. Hubbard   1
INDIANS.   Notes on the Iroquois, par Henry R. Schoolcraft, 1847   1
   Même titre ; Report to Congress, 1846   1
INDIANS.   Original History of Ancient America, by George Jones, 1843   1
INDIANS.   Origin of the Native Races of America, a dissertation, par Hugo
   Gratius, traduit par E. Gosmidt   1
INDIANS.   A Particular History of the Five Years French and Indian War in
   New England and parts adjacent, from its declaration by the King of
   France, March 15, 1744, to the Treaty with the Eastern Indians, Oct. 16,
   1749, sometimes called Governor Shirley's War, par Samuel G. Drake,
   1870   1
INDIAN Prayer Book.   1844, Nehiri Irinini   1
INDIAN Prayer Book, " Nuna Aiamie Masiuargan ", 1854   1
INDIANS.   Prières, Cantiques, Catéchisme, etc., en langue crise, 1886   1
INDIANS.   Report of Executive Council in 1837.   Voir Q. 237-2, p. 458 .....
INDIANS.   Recherches philosophiques sur les Américains, etc., par Don. Pernety,
   1770   3
INDIANS.   Voir Red Jacket and his people, 1866 ....
INDIANS.   Selections of some of the most interesting narratives of outrages
   committed by the Indians in their wars with the white people, by Archi-
   bald Loudon, 1808   2
INDIANS.   Sketches of the History, Manners and Customs of the North Ameri-
   can Indians, par James Buchanan, 1824   1
INDIANS.   Sullivan's Campaign against the Western Indians, 1779, voyez
   Cayuga County Historical Society, Number I., 1879 ...   .
INDIANS.   Seven Years Residence in the Great Deserts of North America, par
   l'abbé Em. Domeneck, 1860   2
INDIANS.   The Indian sign language, with brief explanatory notes, par W. P.
   Clark   1
INDIANS.   The present state of Hudson's Bay, &c., par Edward Umfreville, 1790   1
INDIANS.   The Six Nations Indians, par J. B. Mackenzie, 1896   1
INDIANS.   Traditional History of the Ojibway Nation, par G. Copway, 1850 ..   1
INDIANS.   Traditions Indiennes du Canada Nord-Ouest, par Émile Petitot,
   1886   1
INDIANS.   Travels and Adventures, par Alexander Henry, 1901   1
INDIAN Treaties of Surrenders from 1680 to 1890   1
INDIANS.   Treaties of Canada with the Indians of Manitoba, the North-west
   Territories and Keewatin, par l'honorable Alexander Morris   1
INDIANS.   Traités de Paix conclus entre S. M. le Roy de France et les Indiens
   du Canada, Iroquois, 22me May, 12me Juillet, 13me Décembre, 1666 ...   1
INDIANS.   The Treaty held with the Indians of the Six Nations at Phila-
   delphia in July, 1742, to which is prefixed an account of the first confe-
   deracy of the Six Nations, their present tributaries, dependents and
   allies, 1743   1
INDIAN Tribes of the United States, par H. R. Schoolcraft, 1851 to 1857   6

VOLUMES.

INDIANS *voyez* Bouquet. Relation historique, Dumas, and Historical Account, 1764, (publié de nouveau en 1868)...

INDIANS *voyez* Colonies. A concise account, Major Robert Rogers, 1769.....

INDIANS *voyez* Voyages and Travels, Travels through the Canadas, Heriot, 1807....

INDIANS *voyez* Travels and Aventures, Henry, 1809...

INDIANS. Voyages chez différentes nations sauvages de l'Amérique septentrionale, etc., avec un état exact des postes situés sur le fleuve Saint-Laurent, le lac Ontario, etc., par J. Long, 1793...   1

INDIANS. Voyages dans les deux Louisianes, et chez les nations sauvages du Missouri en 1801, 1802 et 1803, par M. Perrin du Lac, 1805...

INDIANS. Voyages and Travels of an Indian Interpreter and Trader, par J. Long, 1791...

INDIANS. Wanderings of an Artist among the Indians of North America, par Paul Kane, 1859...

INDIAN Wars of the American Revolution, *voyez* Biographies Brant, 1838...

INDUSTRIE, Commerce, Lettres, etc, de Colbert, 1650...

INFLUENCE Spirituelle indue, devant la liberté religieuse et civile, *Journal* 1881.   1

INGRAHAM (Edward). A sketch of the events which preceded the capture of Washington in 814 ...   1

INSTITUT Canadien de Québec, 1889...   1

INTERNATIONAL Commercial Convention held in Portland Me., 1868...   1

INVASION of Canada, 1775. Collections of the Maine Historical Society, containing Montressors, Journal, Arnold's letters and other documents relating to the Invasion...

INVASION du Canada. Collection de Mémoires recueillis et annotés, par M. l'abbé Verreau, 1873...

INVASION of Québec, 1775. Accurate and interesting account of the hardships and sufferings ot that band of heroes who traversed the wilderness in Campaign against Quebec in 1775, par John Joseph Henry, 1812...

INVASION of Quebec, 1775, *voyez* Arnold Campaign...

INVASION de Québec. Centenaire de l'assaut de Québec, par les Américains, par L. P. Turcotte, vision de Montgomery, par Pamphile LeMay, Discours par H. T. Taschereau, 1876...

INVESTIGATION (An) of the unsettled boundaries in Ontario, par Charles Lindsey, 1873...   1

INVESTIGATION of the fur, Seal and other fisheries of Alaska, 1889...   1

IOWA. Semi-centennial Record of the commemoration, *Hawkeye* 1883...   1

IRISHMEN in Canada, par Nicholas Flood Davin, 1877...   1

IROQUOIS, League of the, par Herbert M. Lloyd, 1901...   2

ISHAM (Charles). The Fishery Question, 1887...   1

ISLE VERTE (Saint-Jean-Baptiste), par Charles A. Gauveau, 1889...   1

J

JACKSON (John Mills). A view of the political situation of the Province of Upper Canada in North America, 1809...

JACOB (Giles, Gent). The Common Law common placed, &c. In the Savoy. (1835)...

JAMES (William). Account of *Military occurrences* of the late war between Great Britain and the United States, 1818...

JAMES (William). A full and correct account of the chief *Naval occurences* of the late war betwenn Great Britain and the United States of America, 1817...

DOC. DE LA SESSION No 18

VOLUMES.

JAMESON (Mrs.) Sketches in Canada, 1852............................. 1

JAQUES (J. E., jr.) Chronicles of St. James street Methodist church, 1888 .. 1

JARVIS FAMILY (The). Descendants of the first settlers of the name in Massachusetts and Long Island and more recently in other parts of U. S. and British America, 1879...... 1

JAUFFRET. Géographie Dramatique, 1830.............................. 1

JAY, vide Federalist, 1826........ ....

JEFFERYS (Thomas). Natural and Civil History of the French Dominion in North and South America, 1760............................... ▲

JEFFERYS (Thomas). Voyages from Asia to America for completing the discoveries of the north-west coast of America, 1764............... 1

JENKINS (Edward). The times and Mr. Patton on Canadian Railways, 1875 . 1

JEPHSON (Lady). Canadian Scrap Book, 1897........................ 1

JESUITS (Travels of the) into various parts of the world, par Mr. Lockman. Contient des renseignements au sujet de la Baie d'Hudson. :............ 2

JESUITS (les) Marchands, usuriers, etc., La Haye, 1759. Nouvelle édition annotée, 1824.... 1

JESUIT'S ESTATES in Canada, Public Property, par A. Rankin, 1850......... 1

JESUITS' MISSION du Canada. Relations inédites de la Nouvelle France, 1672-1679, pour faire suite aux anciennes relations, 1615-1672.... 2

JESUIT (Early) Missions in North America, par le très révérend William Ingraham, Kip. D.D., &c..... 1

JÉSUITES, Journal des, de 1645 à 1668............................. 1

JÉSUITES, Relations and allied documents, par Reuben G. Thwaites........ 73

JÉSUITES, Mémoire sur les Biens des Jésuites en Canada, par un Jésuite (R. P. Braun)........ .... ▲

JÉSUITES, Le R. P. Jean de Brébeuf, sa vie, ses travaux, son martyre, par le R. P. Martin, 1877...... 1

JÉSUITES, RELATIONS DES, de 1611 à 1672.... 1

JÉSUITES, Relations de ce qui s'est passé lors des fouilles faites dans une partie des fondations du Collège des Jésuites de Québec, par Faucher de Saint-Maurice, 1879..........

JESUITS' Missions among the Cayuagas, voyez Cayuga County Historical Society, vol. V., Jesuits' Missions among the Senacas, No. 3.......... 2

JÉSUITES. Notice, historique sur la Compagnie de Jésus au Canada, par un Collaborateur de la Revue Canadienne, 1889...................... 1

JESUITS. The end justifies the means, by J. B. Hurlbert, 1890........... 1

JESSUP (Rev. H. G.) Edward Jessup and his descendants, 1887... 1

JEUNESSE (La). de Bougainville, par René de Kerallain............... 1

JODOIN (Alex. et J. L. Vincent). Histoire de Longueuil, 1889............. 1

JOHNSON (Fort). Seat of Sir William Johnson in Royal Magazine for 1759..

JOHNSON (George). Graphic statistics of Canada....................

JOHNSON (Sir John). Orderly Book during the Oriskamy Campaign, 1776–77. Annoté par William L. Stone, et introduction historique par J. Watts de Peyster, 1882........ .... ▲

JOHNSON (Sir William). Conferences with Indians (la page du titre manque) 1755 et 1756.... .... ▲

JOHNSON (William Wickliffe). Sketches of the late depression, its causes, &c., 1882..... .... ▲

JOHNSTON (George P.) British Catalogues ....

JOHNSTON (J. Stoddard). First explorations of Kentucky, voir Filson Club Publications (No. 13)..

JOHNSTON (Henry P.) The Yorktown Campaign and the surrender of Cornwallis, 1781...... .... ▲

JOHNSTON (Rev. Hugh D. D.) A Merchant Prince, Life of Hon. Senator MacDonald, 1893........... .... ▲

VOLUMES.

JOHNSTON (James). The great Pew case, 1877 1
JOHNSTON (James F. W.) Notes on North America, Agricultural, economical
    and social, 1851 2
JOHNSTON (William). Canadian Catalogues, 1884 ....
JOHNSTON (Walter). Travels in Prince Edward Island in the years 1820–21.
    Aussi lettres en 1821 .... ᴸ
JOLIET. *Voir* Marquette ....
JOLIET. Étude sur une Carte inconnue, la première dressée par Louis Joliet en
    1674, par Gabriel Graviser, 1880 .... ᴸ
JONES (Charles Henry). History of the Campaign for the conquest of Canada
    in 1776 1
JONES (George). Original History of Ancient America, 1843 1
JONES (Rev. Peter). History of the Ojibeway Indians, 1861 1
JORDAN (Tristram Frost). An account of the descendants of Captain William
    Leighton, 1885 .... ᴸ
JOSLIN (Joseph, Jr.) Journal. Connecticut Historical Society's Collections,
    volume VII .... ᴸ
JOURNAL des Campagnes au Canada, 1755 à 1760, par le comte de Maurès de
    Malartic .... ᴸ
JOURNAL AND LETTERS of the late Samuel Curwen with illustrative documents,
    &c., par George Atkinson Ward, 1844 .... ᴸ
JOURNAL AND LETTERS of Colonel John May, of Boston, relative to two
    journeys to the Ohio Country in 1788 and 1789.. .... ᴸ
JOURNAL DU COMMERCE, Montréal, de 1875 à 1898 ....
JOURNAL DE L'INSTRUCTION PUBLIQUE with Journal of Education, 1857 to
    1879 25
JOUTEL (M.) Journal Historique du dernier voyage que feu M. de la Sale fit
    dans le Golfe de Mexique, 1713 1
JUBILEE HISTORY. Thorold, par J. H. Thompson 1
JUCHEREAU DE ST IGNACE. (Sœur Françoise) Histoire de l'Hôtel-Dieu de
    Québec, 1671 1
JUGEMENTS ET DÉLIBÉRATIONS du Conseil Souverain, de 1663 6
JUKES (J. B.) Excursions in and about Newfoundland during the years 1839-
    1840 .... ᴸ
JUNIUS. " A letter to an Honourable Brigadier General Commander in Chief
    of His Majesty's forces in Canada ", now first ascribed to Junius with a
    refutation added, 1760 .... ᴸ
JUSTICE ET POLICE. Lettres, etc., de Colbert, 1650–1661 ....

K

KANE (Elisha Kent). The U.S. Grinnell Exposition in search of Sir John
    Franklin, 1853 .... ᴸ
KANE (Paul). Wanderings of an artist among the Indians of North America,
    1859 1
KARSLAKE & Co. Early portraits of Queen Victoria, 1820-55 1
KASTNER (Adolphe). Analyse des Traditions religieuses des peuples indigènes
    de l'Amérique, 1845 1
KATOLIK .... livre de prières en langue crise 1
KAYE (John William). Life and Correspondence of Charles Lord Metcalfe,
    1858 2
KEATING (William H.) Narrative of an expedition to the source of St. Peters
    River, Lake Winepeck, 1825 .... ᴸ

VOLUMES:

KEEFER (Thomas C.) The Canals of Canada, 1894....... 1
KEEFER (Samuel). Report of the Railway Commissioners of Canada for
    1858.. 1
KEEFER (J. Scott). Stateman's Year Book, 1884............ 1
KENTUCKY. The Centenary of Louiseville, par J. T. Durrett, Publications du
    Filson Club, vol. 8.. L
KENTUCKY. First explorations of, Journals of Dr. Thomas Walker, 1750, and
    Christopher Gist, 1751. Publications du Filson Club, vol. 13..........
KENTUCKY. Political Beginnings of, par John M. Brown. Publications du
    Filson Club, n° 6...
KENTUCKY. Wilderness Road, by Thomas Speed, Publications du Filson
    Club, vols. 1, 2.......................... ....
KENYON. News Agency Catalogues....................................
KER (John of Kersland). Memoirs relating to politicks, trade and history... L
KERALLAIN (René de). La jeunesse de Bougainville.....................
KIDD (Adam). The Huron Chief, &c., 1830........................... L
KIDDER (Frederick). The expeditions of Capt. John Lovewell against the
    Indians, 1863.. L
KIDDER (Frederick). Military Operations in Eastern Maine and Nova Scotia
    during the Revolution, 1867. L
KING (John). The other Side of the Story. The rebellion of 1837-38 in
    Upper Canada, 1888.. L
KING (Richard). Narrative of a journey to the shores of the Artic Ocean in
    1833-1835.. 1
KINGDOM (William Junr.) America and the British Colonies, 1820........ 1
KING's COLLEGE (University of). Proceedings of the Ceremony of laying the
    Foundation Stone, 1842, and at the Opening, 1843..... 1
KINGSFORD (William). Canadian Archeology, 1886.................... 1
KINGSFORD (William). Canadian Canals, 1885...... 1
KINGSFORD (William). The early Bibliography of the Province of Ontario,
    1892... 1
KINGSFORD (William). The History of Canada 10
KINGSFORD (William). Impressions of the West and South, 1858........ 1
KING's MOUNTAIN. The affairs at, par J. Watts de Peyster............. 1
KIP. Right Rev. William Ingraham. The Early Jesuit Missions in North
    America, 1866... L
KIRKE (Henry). The First English Conquest of Canada, with some accounts
    of the earliest settlements in Nova Scotia and Newfoundland......... L
KIRKWOOD (A.) and J. J. Murphy. The Undeveloped lands in Northern and
    Western Ontario, 1878. 1
KITCHI GAMI. Wanderings round Lake Superior, par J. G. Kohl, 1860..... 1
KLONDYKE. (Pioneers of the), par M. H. E. Hayne, 1897............... 1
KNIGHT (Dr.) and John Sloven, voyez American Revolutionary War, Indian
    Atrocities.. 1
KOHL (J. G.) Popular History of the discovery of America, 1865.......... 1
KOHL (J. G.) Kitchi Gami. Voyez Kitchi Gami.
KOHL (J. G.) Travels in Canada and through the States of New York and
    Pennsylvania, 1861.. L
KNOX (Captain John). An Historical Journal of the Campaigns in North
    America for the years 1757 to 1760............................. 2

L

LABAT (GASTON P.) Les Voyageurs Canadiens à l'expédition du Soudan, 1886. 1
LABELLE (LE CURÉ). Au Portique des Laurentides, par Arthur Buies, 1891. L
LABRADOR et Anticosti, par l'abbé V. A. Huard, 1897.................. L

VOLUMES.

LABRADOR, Journal of Transactions and events during a residence of nearly
    sixteen years on the coast of Labrador, par George Cartwright, 1792....   3
LABRADOR, *voyez* Newfoundland, History of, par Anspach, 1827............   1
LABRADOR, *voyez* Newfoundland, voyage of the Rosamond, 1818.......... .
LABRADOR (RÉCITS DU), par Henri de Puyjalon, 1894.....................   *
LABRADOR, sailing directions, *voyez* Newfoundland, 1802..................
LA CASSE (R. P. ZACH). Une Mine produisant l'or et l'argent découverte et
    mise en réserve pour les cultivateurs seuls............................   *
LA CHAPELLE (le DR. SEVERIN). La Santé pour tous ou notions élémentaires
    de Physiologie..   *
LA CHAUME (HENRI DE). Terre-Neuve et les Terre-Neuviennes, par Henri de
    la Chaume, 1886...   *
LACHINE, Le Vieux Lachine, et le Massacre du 5 août 1689, par Désiré
    Girouard.   1
LACOMBE (LE RÉV. PÈRE ALB.) Dictionnaire de la Langue des Cris, 1874...   1
LACOMBE (Patrick). La Terre Paternelle, 1877.......................   1
LAFITAU (LE P.) Mœurs des Sauvages Ameriquains, Paris, Saugrain, 1724..   2
    Le même ouvrage.   4
LAFONTAINE (L. H.) Analyse de l'ordonnance du Conseil Spécial sur les
    bureaux d'hypothèques, 1842..................................   *
LAFONTAINE, (L. H.) *voyez* Biographies Papineau, 1872.
LA HONTAN (LE BARON DE). Nouveaux Voyages dans l'Amérique Septentrio-
    nale, La Haye, 1704 ....   *
LAKE CHAMPLAIN. History of Lake Champlain from its first exploration by
    the French in 1609 to the close of the year 1814, par Peter S. Palmer..   *
LAKE ONTARIO, Harbours and Ports of Lake Ontario in a series of Charts, &c.,
    par Edward M. Hodder, 1858..................................   1
LAKES (NORTHERN) of Canada, par Carlow Cumberland.................   1
LAKES, EN CANOT, Petit voyage au Lac St. Jean, A. B. Routhier, 1881....   1
LAKE ST. LOUIS (Supplément au), par Désiré Girouard...................   1
LAKE ST. LOUIS, par D. Girouard, 1893..............................   1
LAMB (R.) An original and authentic journal of occurrences during the late
    American war from its commencement to the year 1783..............   1
LAMBEL (LE COMTE DE). Le Canada, 1880............................   1
LAMBERT (JOHN). Travels through Canada and the United States of North
    America in the years 1806, 1807, 1808.............................   3
LAMIRANDE, Réponse à une adresse de la Chambre des Communes relative à
    l'extradition de, 1868..... ....   *
LAMOND (ROBERT). A narrative of the rise and progress of Emigration to the
    new settlement of Upper Canada, 1821....... ....   *
LA MONTAGNE (J. B.) Le nouveau manuel du cultivateur, ou culture raisonnée
    des abeilles, de la vigne et de la canne à sucre, 1881.....   1
LAMOTHE (H. de). Cinq mois chez les Français d'Amérique..............   *
LAMPMAN (Archibald). Poems edited with a memoir by Duncan C. Scott, 1900   1
LANARK. Emigration to Canada, McDonald, 1822.....................   1
LANAUDIÈRE, La famille Tarieu de, par l'Abbé Daniel, sous le titre: Une page de
    Notre Histoire, 1865 ....   *
LANDED CREDIT. The question of the seignorial tenure of Lower Canada
    reduced to a question of Landed Credit, par A. Keirzkowski, 1852......   1
LANDMARKS OF TORONTO, par John Ross Robertson, 1890........   2
LANDMANN (Adventures and Recollections of Colonel), 1862..... :......   1
LANGEVIN, (EDMOND V. G. de Rimouski), 1674–1874, Deuxième Centenaire,
    Notice Biographique sur François de Laval de Montmorency 1er évêque
    de Québec, 1874..   2
LANGEVIN (HECTOR L.) Le Canada, les institutions, etc., 1855............   1

DOC. DE LA SESSION No 18

VOLUMES.

LANGEVIN (JEAN, Prêtre). Notes sur les Archives de Notre Dame de Beauport, 1860.. 1

LANGUEDOC (Canal du). Lettres, etc., de Colbert, 1650................

LA LANTERNE (Canadienne), par Arthur Buies, 1868...................

LAPERRIÈRE (Aug.) Les Guêpes Canadiennes, 1881......... 2

LA POTHERIE (Bacqueville de). Histoire de l'Amérique Septentrionale, 1722.. 4

LAREAU (EDMOND). Histoire du Droit Canadien, I Domination Française, II Domination Anglaise, 1888....................................... 2

LAREAU (EDMOND). Histoire de la Littérature Canadienne, 1874.......... 1

LARNED (J. N.) Literature of American History, 1902................. 1

LAROCHE-HÉRON (C. de). Les servantes de Dieu en Canada, Essai sur l'Histoire des communautés religieuses de Femmes de la Province, 1855.......... 1

LAROQUE (Dr. G.) Manuel d'Horticulture pratique, 1883............... 1

LARUE (HUBERT). Histoire populaire du Canada, ou entretiens de Madame Genest à ses petits enfants, 1877.................................. 1

LARUE (HUBERT). Mélanges Historiques, littéraires, et d'Économie Politique, 1870.. 2

LaSALLE (ROBERT CAVELIER). Life of Jared Sparks, 1844.............. 1

LA SALLE Voyez Marquette, 1873. Voir aussi Voyages and Travels, 1697, 1698,

LATE RESIDENT. The Canadas as they now are, 1833................ 1

LATERRIÈRE. Mémoires de Pierre de Sales Laterrière et de ses traverses, 1873.. 1

LATE WAR IN NORTH AMERICA. Memoir, par M. Pouchot, tradution de Franklin B. Hough, 1866.. 1

LATROBE (CHARLES-JOSEPH). The Rambler in North America, 1832-33..... 2

LAURENCE (WILLIAM BEACH). Visitation and Search, 1858.............. 1

LAURIE (William). Battle River Valley, 1853...................... 1

LA SOURCE DU MAL DE l'Epoque au Canada, par un Catholique (n.p.n.d.), 1883.. 1

LAURIER (WILFRID) à la tribune, 1871-90.......................... 1

LAUZON. Histoire de la Seigneurie de, par J. Edmond Roy, 1897.......... 2

LAVAL UNIVERSITÉ, L'Ecole de Médecine et de Chirurgie de Montréal, 1883... 1

LAVAL. Vie de Mgr de Laval, par l'Abbé A. Gosselin................. 2

LAVERDIÈRE (l'Abbé). Samuel de Champlain, 1877.................... 1

LAVERDIÈRE (C. H.) Histoire du Canada, 1878....................... 1

LAVERDIÈRE (C. H.) Histoire du Canada à l'usage des maisons d'éducation, 1873.. 1

LAW (Judge). The Colonial History of Vincennes, under the French, Bristish and American Governments from its first settlement, 1858............ 1

LAWRIE (Todd) on the Setters in the Woods, par John Galt, 1832, 1re et 2e éditions, 1840... 2

LEAGUE OF THE IROQUOIS, par Herbert M. Lloyd, 1901................. 2

LEATHERWOOD GOD., par R. H. Taneyhill. In Ohio Valley. Historical series, 1871.. 1

LE BAS. Voyages dans les parties intérieures de l'Amérique pendant le cours de la dernière guerre, par un officier de l'Armée Royale, 1790. (Une traduction de Anbury publiée en 1789)................................. 2

LE BEAU. Ses Aventures, ou voyage curieux et nouveau parmi les sauvages de l'Amérique Septentrionale, 1738............................... 2

LE BLANC. Traité Historique des Monnoyes de France, 1612.......... 1

LE BLOND (ADRIEN). Vie de Mademoiselle Mance et commencement de la colonie de Montréal, 1883............. 1

LE BLOND DE BRUMATH (A.) Mgr. Ignace Bourget.................. 1

LEBRUN (ISIDORE). Tableau Statistique et Politique des deux Canadas, 1833. 1

18—E½

VOLUMES.

LeBrun (Lavrentii, S. J.) Ecclesiastes, &c., Franciados. Incommoda &
Calamitatem Noua Francia explicat &c 1653   1
Le Clercq. Nouvelle relation de la Gaspésie, 1691...   1
Le Clercq (Father Christian). First establishment of the Faith in New
France, 1691. Traduction, New York, J. G. Shea, 1881.   2
Lecture pour tous. Oscar Dunn, 1878...   1
Ledieu (Léon). Entre nous, 1889...   1
Lefaivre (Albert). Essai, 1881...   1
Lefebvre (Le père) et l'Acadie, 1898, par P. Poirier   1
Legal. Analyse de l'Ordonnance du conseil spécial sur les bureaux d'hypo-
thèques, par L. H. Lafontaine, 1842...   1
Legal. Digest of the laws of Newfoundland, par E. M. Archibald, 1847...   1
Legal. Rapport sur les observations relatives au code de procédure civile,
1888...   1
Legal. Traité de la Loi des Fiefs, par François Joseph Cugnet, 1775... ...   1
Légendes Canadiennes. L'abbé Casgrain, 1876...   1
Legendre (N.) Mélanges. Darveau, 1891   1
Legislative Assembly. Reports of Committees, 1829...   1
Legislature of Lower Canada. Reports of Committees, 1831   1
Leigh Brown Trust. Biological experimentation. Answers to questions by
Sir W. B. Richardson...   1
Lelièvre et Angers. Seigniorial Questions : a compilation containing the
Act, pleadings, decisions of the Judges, &c., 1856 ... ...
Lemay (L. Pamphile). Fables Canadiennes, 1882   1
Lemay (L. Pamphile). Petits Poèmes, 1883...   1
Lemay (L. Pamphile). Les Vengeances, 1875   1
Lemieux (Oct.) Canadian Catalogues, 1883-86 ... ...
LeMoine (J. M.) Album Canadien, Québec, 1870...   1
  "   "   L'Album du Touriste, 1872...   1
  "   "   Chasse et Pêche, 1887...   1
  "   "   Chronicles of the St. Lawrence, 1878...   1
  "   "   Explorations of Jonathan Oldbuck, 1889   1
  "   "   Historical and sporting notes on Quebec and its environs,
1889... ... ...
  "   "   Maple Leaves (1re série) 1863, Quebec Morning Chronicle,
1863, et 3e série, Québec, 1865...   2
  "   "   New series, 1873   1
  "   "   Monographies et Esquisses, 1885   1
  "   "   Les Oiseaux du Canada, 1861...   2
  "   "   Quebec Past and Present...   1
  "   "   Picturesque Quebec. A sequel to Quebec Past and Pre-
sent, 1882...   1
  "   "   The Tourists Note Book, 1876...   1
Leroux (Joseph). Médaillier du Canada, 1888...   1
Leopard. The encounter between the Leopard and the Chesapeake. Diplo-
matic correspondence, 1810...   1
Leroy (P.) La Clef du Mystère, 1885...   1
Lesage. Les aventures de M. Robert Chevalier dit de Beauchêne, capitaine
des flibustiers dans la Nouvelle-France, 1780   1
Lescarbot (Marc). Histoire de la Nouvelle-France, 1615-1629...   3
Lescarbot (Marc). Les Muses de la Nouvelle-France, 1612. (A la fin du
vol. III, Histoire de la Nouvelle-France)   1
Lespérance (John). The Bastonnais, 1877...   1
LeSueur (Peter). Memorial of the Quebec Conference, 1863...   1

DOC. DE LA SESSION No 18

VOLUMES.

LETTRES, Beaux Arts, etc. L:ttres, etc., de Colbert, par Pierre Clément, 1650–
1661...

LETTRES. Instructions et mémoires de Colbert, 1650–61 ....

LETTRES PRIVÉES. Lettres, etc., de Colbert..........................

LETTER TO TWO GREAT MEN, on the prospect of peace, 1760 1

LEVIGNE (Capt. R. G. A.) Echoes from the Backwoods, 1849 ....,.. 1

LÉVIS. Premier Colon de, Guillaume Couture, par Joseph Edmond Roy, Lévis,
1884 1

LÉVIS. Journal des Campagnes du Chevalier de Lévis, 1756 à 1760........ 1

LÉVIS. Lettres du Chevalier de Lévis concernant la guerre du Canada (1756
à 1760)... ⅄

LÉVIS (Chevalier de). Lettres de la Cour de Versailles et du Baron de Dieskau
au Marquis de Montcalm... 1

LÉVIS. Voir Montcalm and Lévis, 1891............................... 2

LÉVIS (Chevalier de). Pièces militaires publiées sous la direction de l'Abbé
Casgrain, 1891... ⅄

LETAC (Père Sixte). Histoire Chronologique de la Nouvelle France, au
Canada, 1504 à 1632 .... ⅄

LIBRAIRIE AFRICAINE. Coloniale. Catalogues de Paris ....

LIBRARIES AND CATALOGUES. The co-operative Index to Periodicals for 1887

LIBRARIES AND CATALOGUES. Library Journal ....

LIBRARY JOURNAL. New York, 1887 to 1899 13

LIBRARY (British). Year Book, 1900–1901 1

LIFE, ADVENTURES and opinions of Col. George Hanger.................. 2

LIGHTHALL (William Dow). Songs of the Great Dominion, 1889........... 1

LILLIE (A.) Canada Physical, Economical and Social, 1855............. 1

LIND (John). Remarks on the principal Acts of the 13th Parliament of Great
Britain. The Acts relating to the Colonies with a plan of reconciliation,
1775...

LINDSAY AND McGUIRE. Chaudière Goldfield (carte) 1865 ....

LINDSEY (CHARLES). Rome in Canada, 1877......................... ⅄

LINDSEY (CHARLES). Life of W. Lyon Mackenzie, with an account of the
Canadian Rebellion 2

LINDSEY (CHARLES). An investigation of the unsettled boundary of Ontario,
1873 1

LITERATURE. CANADA'S POET. James Gay (1880?) 1

LITTÉRATURE (CANADIENNE), Histoire de la, par Edmond Lareau, 1874 1

LITERATURE. The Intellectual Development of the Canadian People, par J. G.
Bourinot.. 1

LITERATURE, MISCELLANIES, by an Officer Arent Schuyler de Peyster, 1813 .. 1

LITTÉRATURE. Coups d'Œil et Coups de Plume, par Alpohnse Lusignan, 1884 1

LITTÉRATURE. Forestiers et voyageurs, par J. C. Taché................. 1

LITTÉRATURE. Légende d'un peuple, par Louis Fréchette................ 1

LITTÉRATURE. Nos Grand'mères, par N. Bourassa, 1887.. ....· 1

LITERATURE. Poems of Archibald Lampman, edited with a memoir, par Duncan C. Scott, 1900..

LITTÉRATURE. Ris et croquis, par Chs. M. Ducharme..................

LITTÉRATURE. Récits et Souvenirs, par Joseph Marmette................ 1

LITERATURE. Songs of the Great Dominion, par W. D. Lighthall. 1

LITTÉRATURE. Un revenant, par Rémi Tremblay, 1884................ 1

LITERARY NEWS. A monthly journal of current Literature 16

LITERARY SHEAVES, or La Littérature au Canada Français, par P. Bender, M.D. 1

LITTÉRATURE CANADIENNE de 1850 à 1860, publiée par la direction du "Foyer
Canadien", 1863... 2

LITTLEFIELD (GEORGE E.) Catalogues ....

LIZARS (R. and K. M.) Humours of '37....................... .... ⅄

VOLUMES.

LIZARS (R. and K. M.) In the days of the Canada Company, 1896......... 1
LLOYD (HEBERT M.) League of the Iroquois......................... 2
LOCKHART (EPHRAIM). Narrative of the oppressive law proceedings to over-
power the Earl of Stirling, 1836 1
LOCKMAN (M.) Travels of the Jesuits to various parts of the world, 1743... 2
LOCKWOOD (ANTHONY). Brief description of Nova Scotia, with plans, 1818.. 1
LODOWICK *Voyez* BEYARD (Col. Nicholas). A Journal of the late Actions of
the French at Canada, 1693..
LOIS CIVILES du Bas Canada. Traité sur les, par H. DesRivières Beaubien,
1832... 1
LONG (STEPHEN H.) Narrative of an expedition, 1824.................. 2
LONG (J.) Voyages and travels of an Indian interpreter and trader, 1791. 1
Aussi traduction en français, 1793 1
LONG POINT settlement. Pioneer sketches of, par E. A. Owen 1
LONGSCHAMPS, de. Histoire impartiale des événements militaires et politiques
de la dernière guerre dans les quatre parties du monde, 1785 3
LONGUEUIL, Histoire, par Alex. Jodoin et J. L. Vincent, 1889............ 1
LORANGER (S. J. J.) Lettres sur l'Interprétation de la Constitution Fédérale,
1883-4...
LONGUEUIL, La famille de, par l'Abbé Daniel sous le titre : une page de notre
Histoire, 1865...
LONGUEUIL. Letters patent. *Voir* M. 391...........................
LORNE (MARQUIS OF). Memoirs of Canada and Scotland, 1884.......... .....
LORRAINE (MGR. N. Z.) *Voyez* Hudsons Bay, 1886 ....
LOSSING (BENSON J.) Pictorial Field Book of the War of 1812............
LOTBINIÈRE, sous le titre " Une page de notre Histoire", 1865 ....
LOUDON (Archibald). Selection of some of the most interesting narratives
of outrages committed by the Indians in the wars with the white people,
1808... 2
LOUISIANA, by Father Louis Hennepin, traduction de l'édition de 1683, par
John Gilmary Shea, 1880...
LOUISIANE (Description de la). Nouvellement découverte, par le R. P. Louis
Hennepin, 1688.. 1
LOUISIANE. Mémoires Historiques, 1753............................. 2
LOUISIANAS. Travels through the two Louisianas, par Perrin du Lac, 1887.. 1
LOUISIANA. The Spanish Conspiracy, par T. M. Greene, 1891............ 1
LOUISIANA. Blennerhasset papers, par W. H. Safford, 1891............ 1
LOUISIANA. The History of Illinois and, under French rule, par Joseph Wal-
lace, 1893....
LOUISVILLE. The Centenary. Filson Club Publications No. 8............
LOVELL (John). Gazetteer of British North America, 1873.............. 1
LOVELL (John). Graphic description of the Dominion of Canada, 1876 1
LOVELL (John & Son). Gazetteer of British North America, 1895 1
LOVELL (John). Statement of the tenders for the printing, &c., required by
the Corporation of the City of Montreal, 1881.........................
LOW (Sampson). Index to the British catalogue of books, de 1837 à 1857,
Londres... 1
To English Catalogues, de 1856 à 1876....................... 1
LOWELL (Edward J.) The Hessians and the other German auxiliaries of
Great Britain in the Revolutionary War, 1884.......................
LOWER CANADA. Reports (1st, 2nd; 3rd and 4th) of the Special Committee
of Assembly on Grievances, 1829.................................. 1
LOWER CANADA. Review of the Proceedings of 1831.................. 1
LOWER CANADA. 'Watchman', Kingston, 1829. Préface sous la signat. T.L.C.W. 1
LOWER CANADA Statistical Tables, Province of Lower Canada, 1831, Joseph
Bouchette..

VOLUMES.

Lowe (Charles). British Catalogues, 1897...... ....

Lowndes (William Thomas). Continuation, par H. G. Rohn, Bibliographer's
    Manual, 1864.. 1

Loyalists. Journal and letters of the late Samuel Curwen, par George Atkin-
    son Ward, 1842................... 1

Loyalists. The claim of the American loyalists reviewed and maintained,
    1788.. 1

Loyalists. Centennial souvenir, St. John, N.-B., 1887...... 1

Lunenburg. History of the County of, par M. B. DesBrisay.............. 1

Lunenburgh, or the old Eastern District, par J. F Pringle............... 1

Lusignan (Alphonse). Coups d'œil et coups de plume................... 1

Lyell (Charles). Travels in America, 1845 2

Lyman (Simon). Journal, 1775, In Connecticut Historical Society's collec-
    tions, vol. VII... ....

Lynch (Francis). *Voir* Newfoundland Railway, 1875.................. 1

Lyon (Capt. G. F.) Private Journal during the recent voyage of discovery
    under Captain Parry, 1824.. 1

Lyon (Capt. G. F.) A brief narrative of an unsuccessful attempt to reach
    Repulse Bay, 1825.............................. 1

M

MacAlpine (J.) Genuine Narrative and Memoirs of Adventures, &c., in
    America, 1780.................................... 1

McCarthy (Justin). Early portraits of Queen Victoria, 1820-1855. Préface
    par, 1897... 1

MacClure's Despatches. The North-West Passage. John Betts, 1853.... 1

McCord (F. A.) Hand-book of Canadian dates, 1888.................. 1

MacCuloh (Lewis Lake). The Scribble, vol. II, Montréal, 1822......,.... 1

MacCurtin (Daniel). Journal. *Voir* American Revolutionary War. Balch
    (Thomas). Papers on Maryland, 1857............................

MacDonald (Archibald). Peace River Journal, 1872.................. 1

MacDonald (James S.) Annals of the North British Society of Halifax, N.S.,
    1868.... 1

MacDonald (Hon. Senator John). A Merchant Prince. Life of, par le
    révérend Hugh Johnston, D.D., 1893...................... .. 1

MacDonald (John). Emigration to Canada. Narrative of a voyage to
    Quebec and journey from thence to New Lanark, &c., 1822............ 1

MacDonald. Memoirs of the Right Honourable Sir John Alexander, par
    Joseph Pope, 1894 2

MacDonell (J. A.) Sketches illustrating the early settlement and history of
    Glengarry in Canada, 1893.... :............................ 1

MacDonough (Joseph). Catalogues, U.S., 1886-1893............... ... 1

MacDougall (William). Correspondence respecting the North-West. Docu-
    ments de la session (Vol. 5, No. 12)...... 1

Macfie (Matthew). Vancouver Island and British Columbia, 1865..... ... 1

McGee (Thomas D'Arcy). Canadian Ballads, 1858........... 1

McGee (Hon. Thos. D'Arcy). Speeches and Addresses on British-American
    Union, 1865....................................... 1

McGill College. Publications relating to, 1760................... ... 1

McGill College. Catalogue of authors in the library, 1876.. 1

MacGregor (John). Commercial and Financial Legislation of Europe and
    America... 1

McGregor (J). Historical and descriptive sketches of the Maritime Colonies
    of British America, 1828.......................... 1

2-3 EDOUARD VII, A. 1903

VOLUMES.

MACHABÉES (Les) de la Nouvelle France, par Joseph Marmette, 1882....... 1
MCILWRAITH (Thomas). Birds of Ontario, 1886...... 1
MCKAY (Charles). Life and Liberty in America, 1859.................. 2
MCKAY (J.) Quebec Hill (1797)............................... 1
MCKEEVOR (Thomas). A voyage to the Hudson's Bay during the summer of
    1812.. .... ⸱
MACKENZIE. The Hon. Alexander. His life and times, par William Buck-
    ingham et l'honorable Geo. W. Ross, 1892...'..................... 1
MACKENZIE (Alex). Life and Speeches of George Brown.... 1
MACKENZIE (Hon. Alex.) Speeches during his recent visit to Scotland, &c.,
    1876... .... ⸱
MACKENZIE (Sir Alex.) Voyages through the Continent of North America in
    1789 and 1793... 1
MACKENZIE J. B.) The Six Nations Indians, 1896.... 1
MACKENZIE (J. B.) Thayendnegea, 1898....................... 1
MACKENZIE (W. L.) The lives and opinions of B. F. Butler and Jessie Hoyt,
    1845. Life and times of M. Van Buren, 1846 (le tout dans un volume). 1
MACKENZIE (W. L.) Life and times of. Charles Lindsey, 1862........... 2
MACKENZIE (W. L.) Sketches of Canada and the United States, 1833...... 1
MACKENZIE (W. L.) Seventh Report on Grievances, 1832.... 1
MACKINAC (Early), par le révérend Meade C. Williams, 1898............. 1
MACKINAW (Old), or the Fortress of the Lakes, and its surroundings, by W. P.
    Strickland, 1860....... 1
MACKINTOSH (J.) The discovery of America by Christopher Columbus, 1856. 1
MCLACHLAN (R. W.) Canadian Numismatic, 1886, Part I............... 1
MACLEAN (John, M. A.) Canadian savage folk, 1896................. 1
MCLEAN (John). Notes of a twenty-five years service in the Hudson's Bay
    Territory, 1849....................................... 1
MACLEAN (John). Tariff Handbook, 1878......................... 1
MCLEOD (Alexander). Trial for the Murder of Amos Durfee. (La destruc-
    tion du steamer Caroline.) Trial October 4, 1841...... 1
MCLEOD (D.) A brief review of the settlement of Upper Canada, 1841...... 1
MCLEOD (Malcolm). Peace River, a canoe voyage (Sir George Simpson and
    Archibald McDonald), 1872... 1
MACMULLEN (John). The History of Canada, 1868.... 1
MACOUN (John). Manitoba and the Great North-west, 1882.............. 1
MCQUEEN (James). The Campaigns of 1812, 1813 and 1814............. 1
MACTAGGART (John). Three years in Canada, 1826, 1827, 1828........... 2
MADISON (James). An exposition of the causes and character of the late war
    with Great Britain, published by authority of the United States Govern-
    ment, 1815... 1
    Traduction (en français), 1816.............................. 1
MADISON, voyez Federalist, 1826..................................
MAGNAN (C. J.) L'enseignement primaire, questions diverses, 1888.. .... ⸱
MAGNETICAL and METEOROLOGICAL observations, abstracts and results at the
    Magnetic Observatory, 1841 to 1871...................... ⸱
MAGRATH (T. W.) Letters from Upper Canada, publiées par le révérend T.
    Radcliffe, 1833........... .... ⸱
MAGUIRE and GREGG. Discussion between these gentlemen at Montreal in
    1838....................................... 1
MAHON (Lord). History of England, 1713 to 1783..................... 7
MAILLOUX (Al., Prêtre, V.G.) Essai sur le luxe et la vanité des parures, 1882 1
MAINE Boundary. Congressional papers, Washington, 1838.......... ... 1
MAINE Historical Society collection of papers relating to the Invasion of Can-
    ada in 1775.. ..... ⸱

VOLUMES.

MAINE Historical Society, collection containing the north-eastern boundary, par l'honorable Israel Washburn, et autres documents, 1881, dans le vol. 8.

MALARTIC, le comte de Maurès de. Journal des Campagnes au Canada, de 1755 à 1760.. 1

MANITOBA Census, 1870, 1885–86 4

MANITOBA crop bulletins... 2

MANITOBA described by Robert Miller Christy............................ 1

MANITOBA *Gazette*, 1883–1897.. 13

MANITOBA, History of, par l'honorable Donald Gunn, et continuation par C. B. Tuttle, 1880..... 1

MANITOBA. Its infancy, growth and present condition, par le professeur Bryce, 1882... 1

MANITOBA, *voyez* Newfoundland, par Fraser Rea, 1881 ....

MANITOBA. The new West, 1888.. 1

MANITOBA. Political Manual of the Province of Manitoba and the North-west Territories, 1887... 1

MANITOBA (Trip to), par Mary Fitzgibbon, 1880.......................... 1

MANSEAU Vicaire Grand, *voyez*. Biographies, Barthélemi Joliette, 1894 1

MANUFACTURES, Canadian, Textile Directory, par E. B. Biggar, 1880........ 1

MAPLE Leaves, par J. M. Lemoine, séries, 1863, 1873, 1894................

MAPS, VOL. A. THE ATLANTIC NEPTUNE, 1781.   Contient :

Canso Harbour, 1 carte.
Basin of Mines, 1 carte.
Saunders, Deane, Tangier, Knowles and Keppell Harbours, 1 carte.
Egmont Harbour, 1 carte.
Cape George and Antigonish Harbour and the Barn, 1 carte.
Block Island, Watch Point, Point Judith and Great Lake, 1 carte.
Six Views on the Nova Scotia Coast, 1 carte.
Partridge Island, 1 carte.
Richibucto and Buctush, 1 carte.
River St. Lawrence, Quebec to Anticosti, and Anticosti to St. George's Bay, Newfoundland, 1 carte.
Mingan Harbour, River St. John, Quarry Island, 1 carte.
   Do   Quarry Island to St Geneviève Island, 1 carte.
Bay of Seven Islands, 1 carte.
Harbour and Bay of Gaspé and Malbaie, 1 carte.
Island of Bonaventure and Cape Rowland to Little Pabos, 1 carte.
Bay of Chaleurs, 1 carte.
River St. Lawrence, Quebec to Kamarasky Islands, 1 carte.
Plans of Posts at York and Gloucester, Virginia, established by Lord Cornwallis, with the attacks by Washington and Count Rochambeau, resulting in the capitulation by Lord Cornwallis on the 17th October, 1781, 1 carte.
(The positions of the different armies are given with a table of references.)
Part of Hudson's River, showing Fort Montgomery and Fort Clinton, and the positions of the obstructions to the passage of His Majesty's Forces under Sir Henry Clinton, 2 cartes.
Charleston Harbour, with part of James' Island and Defences, 1 carte.
New York from the Atlantic to Haverstraw Bay, with a sketch of operations under Lord Howe in 1776, 1 carte.
River St. Lawrence, from Kamarasky Island to Cock Cove, 1 carte.
River St. Lawrence from Quebec, Foulon Cove, to Point Levy, with plans of intrenched Camps of the French under Montcalm, and works of the British under Wolfe in 1759, 2 cartes.
View of Quebec, 1 carte.

·

2-3 EDOUARD VII, A. 1903

VOLUMES.

VOL. A—*Fin.*

River St. Lawrence, from Chaudière to Lake St. Francis, 1 carte.
Montreal Island, Isle Perreault to Lake St. Peter, and from Lake St.
  Peter to Chaudière, 2 cartes.
Miramichi Bay, 1 carte.
Harbour of Richibucto and Buctush, 1 carte.
Magdalen Isles, 1 carte
South-east coast of the Island of St. John, 1 carte.
Cardigan Bay, Burnt Wood Cove to Rollo River, 1 carte.
View of Louisbourg Harbourg, Cape Breton, 1 carte.
St. Ann Bay, Seymour Cove, Indian Bay, 1 carte.
Chart north-east coast of Cape Breton from St. Ann Bay to Cape Morien,
  1 carte.
South-east coast Cape Breton, 2 cartes.
Harbour of Louisbourg, 1 carte.
          Total de 41 cartes...   ₁

VOL. B.   THE ATLANTIC NEPTUNE, 1781.   Contient :—

The coast of Nova Scotia, New York, Jersey, the Gulf and River St.
  Lawrence from Lake Ontario to Newfoundland, 1777, 1 carte.
Views of Petit Passage and Grand Passage, Bay of Fundy, 2 cartes.
Port Haldimand and Port Amherst, 1 carte.
Gambier Harbour and Liverpool, 1 carte.
King's Bay, Lunenburgh Bay and Harbour, 1 carte.
Egmont Harbour and view, 1 carte.
Keppel, Knowles, Tangier, Saunders and Deane Harbours, with views, 1
  carte.
Spry Harbour, Port Dalhousie, Port North, Port Parker, Beaver Har-
  bour and Flemming River, with view, 1 carte.
White Islands Harbour, Port Stephens, Liscomb Harbour, Houlton
  Harbour and River St. Mary, 1 carte.
Sandwich Bay, Port Bickerton, Montague County Harbour, Port Hinch-
  inbroke, Island Harbour, 1 carte.
Northumberland Straits, Bay Verte to Pictou Island, 1 carte.
St. George's Bay, Gut of Canso, Bay of Chedabucto, 2 cartes.
Port Hood, 1 carte.
Port Hood, view of, 1 carte.
George's Bay, view of Plaister Cliffs, 1 carte.
Frederick Bay, Ramsbeg Harbour to Pictou Harbour, 1 carte.
Pictou Harbour, Pictou Island to Cape George, 1 carte.
Northumberland Straits, Buctouche to Bay Verte, 1 carte.
Port Shediac to Cocagne, 1 carte.
Sable Island, 1 carte.
Sable Island views, 5 cartes.
Chart with all the surroundings showing Sable Island (on a large scale),
  1766, 2 cartes.
Sable Island, additional views, 5 cartes.
View of the Naked Sand Hill, Sable Island, 1 carte.
          Nombre total des cartes, 34.................................   ₁

VOL. C.   THE SEA COAST OF NOVA SCOTIA (pas de date) vers 1775.

Chart of soundings round Sable Island with sailing directions, 2 cartes.
Chignecto Bay, 1 carte.
Annapolis Royal, St. Mary's Bay and view of Gullivers Hole, 1 carte.
Chart, south-east part of the Bay of Fundy, 1 carte.
South-west coast of Nova Scotia, 1 carte.
Barrington Bay, 1 carte.
Ports Amherst and Haldimand, 1 carte.

VOLUMES.

MAPS, VOL. C—*Fin.*
    Port Campbell, 1 carte.
    Port Mills to Liverpool, 1 carte.
    King's Bay and Lunenburgh Bay, 1 carte.
    Mecklenburgh Bay, Prince Harbour, 1 carte.
    Charlotte Bay, Margaret's Bay, 1 carte.
    Leith Harbour, Prospect Harbour, Bristol Bay, Sambro Harbour, with
        view, 1 carte.
    South-east Coast of Nova Scotia, 1 carte.
    Halifax Harbour, with views, Egmont Harbour, with views, 1 carte.
    Keppel to Deane Harbours, with views, 1 carte.
    Spry Harbour to Fleming River, with views, 1 carte.
    White Island to River St. Mary, 1 carte.
    Sandwich Bay, 1 carte.
    Tor Bay, 1 carte.
    Whitehaven, with view, 1 carte.
    Canso Harbour to White Point, with view, 1 carte.
    Crow Harbour, with view, 1 carte.
    Milfordhaven, with view, 1 carte.
    Conway Harbour, Port Aylesbury, Bay of Rocks, 1 carte.
    East Entrance of Lenox Harbour, with view, 1 carte.
    Gut of Canso, 1 carte.
    Port Hood, 1 carte.
    Ramsheg Harbour to Cape George, 1 carte.
        Total, dans le volume C 30 cartes............................

VOL. D. THE ATLANTIC NEPTUNE, 1781.
    Coast of Nova Scotia, &c., 1780, 1 carte.
    Nova Scotia West, Bay of Fundy and Northumberland Straits (*sic*), 1
        carte.
    Nova Scotia East, Cape Breton and Sable Island, 1 carte.
    Bay of Fundy, River St. John, Greville Cove to Cape Spencer, with view,
        1 carte.
    Views of the Wolves, the Grand Manan and the west of St. John River, 3 cartes.
    Isthmus of Nova Scotia, Chignecto Bay, Mines Channel and Basin of
        Mines, 1 carte.
    Chignecto Bay and Bay Verte, 1 carte.
    Annapolis Royal and St. Mary's Bay, 1 carte
    View of Annapolis Royal, 1 carte.
    Townshend Bay, 1 carte.
    River St. John to Beaver Point with Mingan Island, 1 carte.
    Bay of Fundy (West), part of Tusket Island and Cape Sable, 1 carte.
    Barrington Bay to Druid Bay, 1 carte.
    Ports Amherst and Haldimand, 1 carte.
    Port Campbell, Buller Bay to Port Amherst, 1 carte.
    Port Mills, 1 carte.
    Stormont River to Liverpool, 1 carte.
    Liverpool Bay and Harbour, 1 carte.
    Port Jackson, 1 carte.
    King's Bay, Lunenburgh Bay and Harbour, to Mecklenburgh Bay, 1 carte.
    Views, Cape Prospect, Cape Sambro, Hospatageon, The Ovens, Cape
        Sable, 2 cartes.
    Entrance to Barrington Bay, 5 cartes.
    Mecklenburgh Bay, Prince Harbour to Crown Point, 1 carte.
    Charlotte Bay, 1 carte.
    Leith Harbour to Sambro Harbour, 1 carte.

2-3 EDOUARD VII, A. 1903

MAPS, VOL. D—*Fin.*   VOLUMES.

S. E. Coast, Nova Scotia, Bristol Bay to Rugged Island, 1 carte.
   "   "   Keppel Harbour to Wreck Inlet, 1 carte.
Bay of Chedabucto, 1 carte.
Halifax Harbour, Sambro Harbour, to Rocky Inlet with views, 1 carte.
   "   and Bedford Basin, 1 carte.
   "   Fresh Water River to the Narrows, 1 carte.
(Cette carte indique tous les quais, batteries et chantiers le long du havre.)
Views of Halifax, 6.
Egmont Harbour, 1 carte.
Keppell Harbour to Deane Harbour, 1 carte.
Views of Cape Egmont, entrance to Egmont Harbour, entrance to Kep-
  pel Harbour, entrance to Chisetcook Inlet, Dartmouth Shore and
  Falls of Hinchinbroke River, 6 cartes.
Spry Harbour to Fleming River, 1 carte.
White Island Harbour to River St. Mary, 1 carte.
Sandwich Bay, 1 carte.
Tor Bay, with view, 1 carte.
Whitehaven with view, 1 carte.
Canso Harbour, Glasgow Harbour and Durell Island to White Point, 1
  carte.
Crow Harbour, 1 carte.
Lenox Passage, Bay of Rocks to St. Peter's Isle, 1 carte.
Chedabucto and Milfordhaven, 1 carte.
Conway Harbour, Port Aylesbury and Bay of Rocks, 1 carte.
Views of the coast from White Islands of St. Mary's River, entrance to
  Milfordhaven, entrance to Port Bickerton, entrance of Beaver Har-
  bour and the offing (2) shore to the westward of Canso and the
  Beaver Islands, 8 cartes.
Gut of Canso, part of Cape Breton and the Richmond Isles, 1 carte.
Gut of Canso, Bay of Rocks to St. Peter's Island, 1 carte.
Frederick Bay, Cliff Cape to Plaister Cliffs, 1 carte.
Views of Sable Island, 4 cartes.
Views : Port Hood and Plaister Cliff, 2 cartes.
     Total, 79 cartes dans le vol. D................... ....

VOL. E. THE AMERICAN ATLAS, 1776. Contenant :—
North and South America, 3 cartes.
Russian Discoveries previous to 1763, 1 carte.
North America, with the West India Islands, divided according to the
  Treaty of Peace of 10th February, 1763, with the Provinces which
  composed the British Empire, 2 cartes.
The Continent of North America, 1 carte.
The British Empire in North America, 1 carte.
The River St. Lawrence from Fort Frontenac to Anticosti (with sound-
  ings, &c.), 1 carte.
The Gulf of St. Lawrence, 1 carte.
The Island of St. John, divided into Counties and Parishes, the lots granted
  by government with list of proprietors, &c., 1 carte.
The Island of Newfoundland, 1 carte.
The Banks of Newfoundland, 1 carte.
Nova Scotia and Cape Breton, 1 carte.
New England (Provinces and Divisions of Counties and Townships, &c.)
  2 cartes.
New York and New Jersey, divided into Manors, Counties and Town-
  ships ; all the grants made by French Governors between Lake Cham-
  plain and Montreal, 1 carte.

VOLUMES.

MAPS, VOL. E—*Fin.*

Lake Champlain, including Lake George, &c., 1762, 1 carte.
The Province of Quebec, according to the Royal Proclamation of 17th
    October, 1763, 1 carte.
Pennsylvania, 1 carte.
Virginia and Maryland, 2 cartes.
North and South Carolina, showing Indian Frontiers, Roads, Boundaries, Town-
    ships and other Divisions, 2 cartes.
Florida, East and West, 1 carte.
The River Mississippi from the Balise to Fort Chartres, 1 carte.
Bay of Honduras, 2 cartes.
South America, 1 carte.
The Straits of Magellan, 1 carte.
    Total, 30 cartes dans le vol. E   L

VOLUME F. NOUVELLE-FRANCE AND CANADA, DE 1593 À 1820. Contenant :—

1593. Americæ pars, 1 carte.
1632. Nouvelle-France, par Champlain, 1 carte.
1656. Canada, par Samson, 1 carte.
1680. Amérique, Canada, 1 carte.
1683. Nouvelle-France, par Hennipen, 1 carte.
1685. Nouvelle-France, par Jaillot, 1 carte.
1690. Nouvelle-France, 1 carte.
1693. Siège de Québec, 1 carte.
1700. Canada, par Delisle, 1 carte.
1720. Canada, 1 carte.
1720. Canada, 1 carte.
1720. Canada, 1 carte.
1720. Fleuve Saint Louis, 1 carte.
1720. Description des Castors, 1 carte.
1720. Chasse des bœufs sauvages, 1 carte.
1720. Amérique Septentrionale, 1 carte.
1730. Louisiana, 1 carte.
1740. Baie de Hudson et Labrador, 1 carte.
1740. Canada, 1 carte.
1740. Canada, 1 carte.
1744. Fond de la baie de Hudson, 1 carte.
1744. Carte de la Bay de Hudson, 1 carte.
1744. Fort Dauphin, 1 carte.
1744. Partie de l'Amérique Septentrionale, 1 carte.
1750. Découverte au Nord de la Mer du Sud, 1 carte.
1750. Newfoundland.—Cape Breton, 1 carte.
1754. Carte dressée par le sauvage—Ochagach, 1 carte.
1755. Partie orientale du Canada par Lerouge d'apres Jeffreys, 1 carte.
1755. Partie occidentale de la Nouvelle-France, par Bellin, 1 carte.
1755. Canada, Louisiane et Terres anglaises, par Danville, contenant
    quatre feuilles, 1 carte.
1755. Nouvelle-France, par de Vaugondy, 1 carte.
1756. Nouvelle-France, par Nolin, 1 carte.
1760. British and French plantations in North America, 1 carte.
1760. Newfoundland, 1 carte.
1760. Map Province of New York and New Jersey, 1 carte.
1760. Province of Quebec, 1 carte.
1760. River St. Lawrence, 1 carte.
1760. Siege of Quebec, 1 carte.
1760. Chart of the River St. Lawrence, 1 carte.
1760. Plan of the seat of war at and near Quebec, 1 carte.

2-3 EDOUARD VII, A. 1903

Volumes.

Maps, Vol. F—*Fin.*

1760. Plan of Quebec, 1 carte.
1760. Five Great Lakes, 1 carte.
1760. French Settlements in North America, 1 carte.
1760. English Colonies in North America, 1 carte.
1760. New Orleans, 1 carte.
1760. New England and Nova Scotia, 1 carte.
1760. River Mississippi,.1 carte.
1760. Plan of the town and fortifications of Montreal, 1 carte.
1760. British and French settlements in North America, 1 carte.
1760. Fall of Niagara, 1 carte.
1760. Quebec, 1 carte.
1762. Cours du Fleuve St. Laurent, 1 carte.
1762. Fleuve St. Laurent; partie orientale de l'Amérique septentrionale, 1 carte.
1763. New map of North America, from the latest discoveries, 1 carte.
1770. Map of Quebec, 1 carte.
1776. Seat of War, North America, 1 carte.
1777. Ile de Terre-Neuve, 1 carte.
1778. Plan de l'Ile St. Jean, 1 carte.
1780. Cours du fleuve St. Laurent, 1 carte.
1780. Suite du cours du fleuve St. Laurent, 1 carte.
1780. Carte du Golfe St. Laurent, 1 carte.
1780. Lacs du Canada, 1 carte.
1780. Louisiane, 1 carte.
1786. New Map of Nova Scotia, 1 carte.
1794. Lake Champlain, 1 carte.
1794. British Colonies in North America, 1 carte.
1795. Canada, 1 carte.
1820. Possessions Anglaises dans l'Amérique du Nord, 1 carte.
Nombre total, 68 cartes, vol. F......................................

Volume G.   Canada—de 1695 à 1786, contient :—

1695. Fleuve St. Laurent, 1 carte.
1744. Baie de Chedabouctou, 1 carte.
1760. Town and Harbour of Halifax, 1 carte.
1760. Navigation de Terre-Neuve à New York, 1 carte.
1766. Isle Magdeleine, Golfe St. Laurent, 1 carte.
1775. Banks of Newfoundland, 1 carte.
1778. Plan du port Dauphin, 1 carte.
1778. Isle Royale, plan particulier, 1 carte.
1778. Grand banc de Terre-Neuve, 1 carte.
1778. Détroit de Canseau, 1 carte.
1778. Baye de Chaleur, 1 carte.
1778. Port Restigouche, 1 carte.
1778. Partie Orientale Méridionale de Terre-Neuve, 1 carte.
1778. Entrée Méridionale du Golfe St. Laurent, 1 carte.
1778. Rivière St. Laurent, 1 carte.
1778. Côte occidentale de l'Ile de Terre-Neuve, 1 carte.
1778. Détroit de Belle Ile, 1 carte.
1778. Plan de l'Ile St. Jean, 1 carte.
1779. Plan de la baie de Gabarrus, 1 carte.
1779. Plan de la baie de Nérichac et port Toulouse, 1 carte.
1779. Plan de l'Isthme de l'Acadie, 1 carte.
1779. Plan de la Rivière du Port Royal ou Annapolis, 1 carte.
1779. Plan du port de Chiboustou, 1 carte.
1779. Le Golfe St. Laurent, 1 carte.

VOLUMES.

MAPS, VOL. G—*Fin.*
1779. Rivière St. Jean, 1 carte.
1780. Baie des Chaleurs, 1 carte.
1780. Carte de l'Ile Royale, 1 carte.
1780. Carte des côtes orientales de l'Amérique Septentrionale, 1 carte.
1784. Carte réduite de l'Ile de Terre-Neuve, 1 carte.
1786. Chart of the Gulf St. Lawrence, 1 carte.
Nombre total de cartes, 30 dans le vol. G 1

VOL. H. PETIT ATLAS MARITIME. Par le S. Bellin, Ingénieur de la Marine.
Vol. I. Amérique Septentrionale et Isles Antilles. Il y a trois autres volumes qui ont trait à d'autres parties de l'univers.
1764. Le Globe Terrestre, 1 carte.
1764. L'Amérique et les Mers voisines, 1 carte.
1764. La Baye de Hudson, 1 carte.
1764. Les Païs du Canada en général, 1 carte.
1764. Partie orientale du Canada et fleuve St. Laurent, 1 carte.
1764. Les cinq grands Lacs du Canada, 1 carte.
1764. Partie du Fleuve St. Laurent et la Traverse, 1 carte.
1764. Bassin de Québec et Isle d'Orléans, 1 carte.
1764. Ville de Québec, 1 carte,
1764. Fleuve St. Laurent depuis Québec jusqu'à Montréal et carte du lac Champlain, 1 carte.
1764. Isle de Montréal et environs, 1 carte.
1764. Carte de la Rivière du Détroit et Plan de la Ville, 1 carte.
1764. Isle de Terre-Neuve et Golfe de St. Laurent, 1 carte.
1764. Détroit de Belle-Isle, 1 carte.
1764. Isles et Port du Mingan, 1 carte.
1764. Isles Miquelon et St. Pierre et coste voisins, 1 carte.
1764. Les Isles St. Pierre et Miquelon, 1 carte.
1764. Isle de St. Pierre, 1 carte.
1764. Rade et Port de St. Pierre, 1 carte.
1764. Port de Plaisance, 1 carte.
1764. Havre, St. Jean dans l'Isle de Terre-Neuve, 1 carte.
1764. Isle Royale et Passage de Fronsac, 1 carte.
1764. Port de Louisbourg, 1 carte.
1764. Ville de Louisbourg, 1 carte.
1764. Le Port Dauphin, 1 carte.
1764. Acadie, Isle St. Jean et Païs voisins, 1 carte.
1764. Port Royal d'Acadie ou Annapolis, 1 carte.
1764. Baye de Chébuctou et Ville d'Halifax, 1 carte.
1764. Nouvelle-Angleterre, Nouvelle-York, Pensilvanie, etc., 1 carte.
1764. Bay de Baston, 1 carte.
1764. Ville de Baston, 1 carte.
1764. Baye de New-York et Isle des Etats, 1 carte.
1764. Ville de New-York ou Manate, 1 carte.
1764. Environs de Philadelphie, 1 carte.
1764. La Virginie, 1 carte.
1764. La Caroline, 1 carte.
1764. Baye et Ville de Charles Town, 1 carte.
1764. La Nouvelle-Georgie, 1 carte.
1764. Baye St. Augustin dans la Floride, 1 carte.
1764. Carte générale de la Louisiane et Païs voisins, 1 carte.
1764. Coste de la Floride jusqu'à la Mobile, 1 carte.
1764. Baye de Pensacole, 1 carte.

ARCHIVES DU CANADA

MAPS, VOL. H—*Suite.*

1764. Cours du Fleuve Mississippi depuis la Mer jusqu'au-dessus de la Nouvelle-Orléans et coste voisine, 1 carte.
1764. Embouchure du Fleuve Mississippi, 1 carte.
1764. Plan de la Nouvelle-Orléans, 1 carte.
1764. La Rivière Rouge et Partie du cours du Mississippi, 1 carte.
1764. Le Golfe du Mexique, 1 carte.
1764. Les Isles Bermudes, 1 carte.
1764. Les Isles Lucayes, 1 carte.
1764. L'Isle de Cube, 1 carte.
1764. Port et Ville de la Havane, 1 carte.
1764. Baye de Matance, 1 carte.
1764. Baye Mariane, 1 carte.
1764. Baye de St. Yago, 1 carte.
1764. Entrée de la Baye de St Yago et ses Forts, 1 carte.
1764. Isle de la Jamaïque, 1 carte.
1764. Baye de Kingston, dans l'Isle de la Jamaïque, 1 carte.
1764. Ville de Port Royal, 1 carte.
1764. Ville de Kingstown, 1 carte.
1764. Le Port Antonio, 1 carte.
1764. L'Isle de St. Dominique, 1 carte.
1764. Les Debouquements de St. Dominique, 1 carte.
1764. La Plaine du Cap et ses Environs, 1 carte.
1764. La Rade du Cap, 1 carte.
1764. La Ville du Cap, 1 carte.
1764. Baye de Bayaha ou Port Dauphin, 1 carte.
1764. La Partie françoise de St. Dominique 1 carte
1764. Environs de.Leogane et du Port au Prince, 1 carte.
1764. Plan du Port au Prince, 1 carte.
1764. Le Petit Goave, 1 carte.
1764. La Baye de St. Louis, 1 carte.
1764. Carte des Bayes du Mesle des Flamands et de Cavaillon, 1 carte.
1764. Carte de l'Isle à Vache, 1 carte.
1764. La Ville de St. Dominique, 1 carte.
1764. L'Isle de Porto Rico et l'Isle Ste. Croix, 1 carte.
1764. Port et ville de St. Jean de Porto Rico, 1 carte.
1764. Carte des Isles des Vierges, 1 carte.
1764. L'Isle de St. Thomas l'une des Vierges, 1 carte.
1764. Carte générale des Petites Antilles, 1 carte.
1764. Les Antilles, 1ère Partie, 1 carte.
1764. Les Antilles, 2ième Partie, 1 carte.
1764. Les Antilles, 3ième Partie, 1 carte.
1764. Isle de St. Christophle, 1 carte.
1764. Isle de Nieves, 1 carte.
1764. Isle d'Antigue, 1 carte.
1764. Isle de la Guadeloupe en général, 1 carte.
1764. Partie occidentale de la Guadeloupe, 1 carte.
1764. Partie orientale de la Guadeloupe, 1 carte.
1764. Environs du Fort Louis de Guadeloupe, 1 carte.
1764. L'Isle de Marie Galante, 1 carte.
1764. L'Isle Martinique, 1 carte.
1764. Partie Septentrionale de la Martinique, 1 carte.
1764. Partie Méridionale de la Martinique, 1 carte.
1764. Le Cul de Sac Royal de la Martinique, 1 carte.
1764. L'Isle de Ste. Lucie, 1 carte.
1764. Le Cul de Sac du grand carénage Isle Ste. Lucie, 1 carte.

. VOLUMES.

MAPS, VOL.—*Fin.*

1764. Le Cul de Sac des Roseaux dans cette Isle, 1 carte.
1764. L'Isle de la Barbade, 1 carte.
1764. L'Isle de St. Vincent, 1 carte.
1764. Le Port de Cariacoua dans l'Isle de St-Vincent, 1 carte.
1764. Maps and plans, 1 carte.
1764. L'Isle de la Grenade, 1 carte.
1764. Le Port Louis de la Grenade, 1 carte.
    Nombre total de cartes : 103 dans les volumes H et I.........

VOLUME J—ATLAS GÉNÉRAL contenant plusieurs cartes, parmi lesquelles :—
    A Chart of the World showing the latest discoveries of Capt. Cook, between 1768 and 1780.
    A map of North America, by Thomas Kitchin about 1760.
    A map of the West Indies.
    A map of the United States of America, agreeable to the peace of 1783.
    A map of British Dominion in America, by Thomas Kitchen, about 1760.
    A map of the British Colonies in North America.
    Total, 6 cartes dans le volume J.........................

VOLUME K—ATLAS DE L'AMÉRIQUE DU NORD, contenant outre une carte générale et celles des Etats-Unis, des cartes des colonies britanniques dans l'Amérique du Nord. 3.
    Canada. 4.
    Plan of the City of Quebec. 5.
    Nova Scotia. 6.
    London, 1777.
    Total, 18 cartes dans le volume K.............. ....

MAP. (Silver) of the World par Miller Christy, 1900 1
MARCY (Randolph B.) Exploration of the Red River of Louisiana in 1852.. 1
MARGRY (Pierre). Mémoires et documents pour servir à l'histoire des Origines françaises dans l'Amérique Septentrionale, 1614–1698 6
MARGRY (Pierre). Les Navigations Françaises du XIV au XVI Siècle...... 1
MARGUILLIERS. Code des Curés et paroissiens, par l'Hon. J. U. Baudry, 1870. 1
MARIAGE Chrétien, par le R. P. A. Braun, 1873..................... 1
MARIE de l'Incarnation (Lettres de la Révérende Mère), par l'Abbé Richaudeau, 1876.... 2
MARINE et Galères. Lettres, etc., de Colbert, par Pierre Clément, 1650-1661.
    (Tome III en deux parties).. 1
MAJORIBANKS (Alexander). Travels in South and North America, 1854.... 1
MARKHAM (Clements R.) The Threshold of the Unknown Region, 1873..... 1
MARMETTE. Héroisme et trahison, 1882............................. 1
MARMETTE (Joseph). Les Machabées de la Nouvelle-France, 1882......... 1
MARMETTE (Joseph). Récits et Souvenirs, 1891...................... 1
MARMETTE (Joseph). Le Tomahahk et l'Épée, 1877.................... 1
MARMETTE (Joseph). Le Canada et les Basques. *Voyez* Basques.......... 1
MARMIER (Xavier). Les États-Unis et le Canada, 1875 1
MARQUETTE. La Découverte du Mississipi, etc., 1873.................. 1
MARQUETTE (Le P.) et Sr Joliet. Voyage et découverte de quelques pays et nations de l'Amérique Septentrionale, 1681 ....
MARRIOTT (Advocate General). Plan of a Code of Laws for the Province of Quebec, 1774.......... 1
MARRYAT (Capt.) A Diary in America with remarks on its institutions, 1839. 1
MARRYAT (Frank). Mountains and Molehills, 1855.................... 1
MARSDEN (Joshua). Narrative of a Mission to Nova Scotia, New Brunswick, &c., 1816....... 1
MARSHALL (Charles). Canadian Dominion, 1871...................... 1

VOLUMES.

MARSHALL (Edward C.) The Ancestry of General Grant and their contemporaries, 1869.. ▲

MARSHALL (Orsamee H.) The Historical writings relating to the early History
of the West, 1887.. 1

MARTIN (Archer). Hudson's Bay Co's. Land Tenure...................... 1

MARTIN (Dom. Claude). La vie de la vénérable Mère Marie de l'Incarnation,
Première supérieure des Ursulines de la Nouvelle-France, 1677.......... 1

MARTIN (Horace T.) Castorologia, or the history of the Canadian Beaver, 1892. 1

MARTIN (Le R. P. F.) Autobiographie du R. P. Chaumonot, S. J., et son complément, 1885... ▲

MARTIN (Le R. P. F.) Le R. P. Jean de Brébeuf, sa vie, ses travaux et son
Martyre, 1877.. ▲

MARTIN (Le R. P. F.) Le R. P. Isaac Jogues, de la Compagnie de Jésus, premier apôtre des Iroquois.. 1

MARTIN (R. P.) Les Jésuites Martyrs du Canada...................... 1

MARTIN (Joseph) et T. H. Oliver, Code Municipal de la Province de Québec
(annoté), 1888... 1

MARTIN (R. Montgomery). History of Upper and Lower Canada.......... 1

MARTIN (P. M.) Hudson's Bay Territories and Vancouver's Island, 1849.... 1

MASERES (Baron). Additional papers concerning the Province of Quebec,
1776... ▲

MASERES (Baron). An account of the proceedings of the British and other
Protestant Inhabitants of the Province of Quebeck in order to obtain an
House of Assembly, 1775.. 1

MASERES (Baron). The Canadian Freeholder, 1777, 1779................ 3

MASERES (Baron). Considerations on the expediency of admitting representatives from the American colonies into the British House of Commons,
1770... 1

MASERES (Baron). Occasional essays on various subjects, 1809........ 1

MASERES (Francis). A collection of several commissions and other public
instruments, &c., relating to the state of the Province of Quebec, since the
Conquest, 1772... 1

MASON (Captain John). Voyez Colonies Prince Society, 1887........... 1

MASON (Captain John). The Founder of New-Hampshire; including his tract
on Newfoundland, 1620, &c., Memoir par Charles Wesley Tuttle....... ▲

MASSACHUSETTS. Papers relating to public events preceeding the American
Revolution, 1856... 1

MASSACHUSETTS. Report upon the condition of the Record, &c.......... 1

MASSON (S. R.) Les Bourgeois de la Compagnie du Nord-Ouest........... 2

MATHEWS (J.) A Colonist on the Colonial Question, 1872.............. 1

MATHURIN (Napoléon). Nos Hommes forts, par A. N. Montpetit, 1884..... 1

MATHŒI (Petri). Historiopolitograhia, Francofurti, 1610.............. 2

MAURAULT (l'Abbé J. A.) Histoire des Abénakis, depuis 1605 jusqu'à nos
jours, 1866.. 1

MAVOR (James). Introduction to the Doukhobortsi, 1899............... 1

MAXWELL (Lieut Col. A. M.) A run through the United States, 1841...... 2

MAY (Col. John of Boston). Journal and letters relative to two journeys to
the Ohio Country in 1788 and 1789.................................. ▲

MAYNE (Commander R. N.) Four years in British Columbia and Vancouver
Island, 1862... 1

MAYO (Rev. A. D.) Industrial education in the South................. 1

MEARES (John). Voyages made in 1788 and 1789 from China to the North-
west Coast of America, introductory narrative of a voyage in 1786, from
Bengal in the ship Nortka, and some account of the trade between the
North-west coast of America and China, &c., 1790................... 1

MECHANICS' MAGAZINE, from 1873 to 1882............................. 10

VOLUMES.

MEDAILLIER DU CANADA, par Joseph Leroux, 1888...................... 1
MEILLEUR (J. B.) Nouvelle Grammaire Anglaise, St. Charles, 1833........ 1
MEILLEUR (J. B.) Mémorial de l'Education du Bas-Canada, 1876 1
MÉLANGES HISTORIQUES. Littéraires et d'Economie Politique, par Hubert La
    Rue, 1870.. 2
MÉLANGES d'Histoire et de Littérature, par Benjamin Sulte, 1876 1
MEMOIRS of An American Lady, voyez Colonies, Mrs. Grant, 1808..........
MEMOIRS of a life chiefly passed in Pennsylvania within the last sixty years,
    1811 .... ᴸ
MEMOIRS of the principal transactions of the last war between the English and
    French in North America from 1744 to the treaty of Aix la Chadelle, 1757 1
MÉMOIRE présenté au protecteur d'Angleterre, par le Marquis de Leyde et
    D'Alonse de Cardenas, Ambassadeurs du Roy Catholique en Angleterre,
    21 mai 1655.. ᴸ
MÉMOIRE contenant le précis des faits pour servir de réponse aux observa-
    tions envoyées par les Ministres d'Angleterre dans les cours d'Europe,
    1756.. ᴸ
MÉMOIRES des Commissaires du Roi et de ceux de Sa Majesté Britannique sur
    les possessions et les droits respectifs des deux Couronnes en Amérique,
    1755-57 4
MEMOIR of Sebastian Cabot, with a review of maritime discovery, 1831...... 1
MÉMORIAL des honneurs étrangers conférés à des Canadiens ou domiciliés de
    la Puissance du Canada, par Bibaud............................... ᴸ
MEN OF CANADA. Canadian Album, publié par le révérend Wm. Cochrane,
    1891-95 5
MERCATORIS (Guardi) Atlas Minor, 1607............................ 1
MERCHANT PRINCE (A). Life of Hon. Senator John Macdonald, par le révé-
    rend Hugh Johnston, D.D. 1
MERCIER (Honoré). Biographie, discours, etc., par J. O. Pelland, 1890.... . 1
MERCIER, Le Gouvernement, Elections Provinciales, 1890. 1
MERCIER (Procès). Par J. I. Tarte, 1892............................ 1
MERCURE FRANÇOIS, de 1605 à 1638................................ 19
MERRITT (J. P.) Biography of the Hon. W. H. Merritt, 1875............. 1
MESSAGE of the President of the United States accompanying documents, 1864. 5
METCALFE (Charles, Lord). Life and correspondence, par John William Kaye,
    1858.. 2
METEOROLOGICAL (Magnetical and). Abstracts and results at the Magnetic
    Observatory, de 1841 à 1871.................................... ᴸ
METEOROLOGY. Results of Meteorological observations, par Franklin B. Hough,
    1855.. 1
METHODIST CHURCH. Narrative of a Mission, par Joshua Marsden, 1816.... ᴸ
METHODIST CHURCH. Memorial of the Quebec Conference................ 1
METHODIST CHURCH. History of Methodism in Canada, par George F. Playter,
    1862.. ᴸ
METHODIST CHRONICLES of the St. James Street Methodist Church, par G. E.
    Jaques, 1888... ᴸ
METHODIST CHURCH. Memorials of Missionary life in Nova Scotia, 1845.... 1
METHODIST Episcopal Church in Canada, History of the, 1870 1
MEXIQUE. Deux Ans au, par Faucher de Saint-Maurice, 1881............. 1
MICHIGAN (Outlines of the political history of), par James V. Campbell,
    1876 .... ᴸ
MICHIGAN in the War (1861-65), compilé par John Robertson Lansing,
    1882 .... ᴸ
MICHIGAN, voyez Detroit, History Farmer, 1884 ....
MICKLE (Sara). Cabot Calendar, de 1497 à 1897, avec l'aide de M. A. Fitzgibbon

18—F½

2-3 EDOUARD VII, A. 1903.

VOLUMES

MIDDLETON (Capt.) *voyez* Barrow (John). Geography of Hudson's Bay, 1852.   1
MILES (Henry H.)   School History of Canada, 1870.....................   1
MILES (Henry, jun.)   One hundred prize questions in Canadian History and
    the Answers of Humes, 1880......   1
MILITARY LIFE of Field Marshall George, first Marquess Townshend........   1
MILITARY.   (The King's Regulations and Orders for the Army)............   1
MILITARY.   Historical Record of the 21st Foot, par Richard Cannon, 1850..   1
MILITARY Memoirs of Great Britain, 1755-1763, par David Ramsay........   1
MILITARY History of the Scottish Regiments in the British Army, par Arch.
    K. Murray, 1863...   1
MILITARY opinions of Sir John G. Burgoyne, 1859......................   1
MILITIA.   Historical Record of the Governor General's Body Guard, par le
    capitaine Fred'k C. Denison, 1876................................   ▲
MILITIA.   Historical Records of the 62nd St. John Fusiliers, par le major E.
    T. Surdee, 1888..   1
MILITIA.   Reports, par le lieutenant Mansell, adjudant général, 1865......   1
MILITAIRE Dictionnaire ou Recueil Alphabétique de tous les termes propres à
    la guerre, 1751..   2
MILITIAMEN of 1812-15 pensioned, 1876..............................   1
MILITIA.   Règles et Articles pour mieux gouverner toutes les Forces de Sa
    Majesté depuis le 24me jour de Mars 1794.........................   ▲
MILICE.   Précis de l'Acte pour mieux régler la milice de cette Province,
    1803..   ▲
MILITIA.   Rules and Articles for the better government of the Militia of the
    Province of Lower Canada, when embodied for service.   French and
    English, 1812...   ▲
MILITIA.   Rules and Regulations for the formation, exercise and movements
    of the Militia of Lower Canada.   Anglais et français, 1812............   1
MILLS (David).   Report on the boundaries of the Province of Ontario, 1873..   1
MILTON (Viscount) and Cheadle (W.B.)   The North West Passage, 1865....   1
MILTON (Viscount).   A History of the San Juan Water Boundary Question
    as affecting the division of territory between Great Britain and the
    United States, 1869...   ▲
MINE produisant l'or et l'argent découverte et mise en réserve pour les
    cultivateurs, seuls, par leur ami R. P. Zach, 1880.................   1
MINING.   Canadian Mining Manuel, par B. T. A. Bell, 1890..............   1
MINERALS and Geology, Chapman, 1864..............................   1
MINERVE (La), Montréal, vols. 1, 2, 3, 1827-28-29.....................   3
MINNESOTA and the Far West, par Lawrence Oliphant, 1855..............   1
MINNESOTA Historical Society in vols. V, VI, VII.   History of the Ojibways,
    . par William W. Warren, 1885...................................   3
MIRROR (London) various dates, vols. 17 to 34, in....................   9
MIRROR of Parliament, being a report of the debates of both Houses of the
    Canadian Legislature, 1859.....................................   1
MISSIONS des Oblats, des années 1862 à 1892 (l'année 1871 exceptée)........   30
MISSION du Diocèse de Québec de 1839 à 1865.........................   3
MISSIONS.   Missionary labours of Fathers Marquette, Menard and Allouez in
    the Lake Superior Region, par le révérend C. Verwyst.   1
MISSIONARY Records, North America, 1837...........................   1
MISSISSIPPI.   (La Découverte du) avec notices sur les explorateurs de Sotto,
    Jolliet, Marquette et de la Salle ....   ▲
MISSISSIPPI.   Narrative Journal of travels from Detroit North-west through
    the great chain of the American lakes to the sources of the Mississippi in
    1820, par Henry R. Schoolcraft..................................   ▲
MISSISSIPPI *voyez* Indians, La Découverte des sources, Beltrami, 1824.   *Voir*
    aussi Minnesota Historical Society...............................

VOLUMES.

Moll (Herman). Present state of the British Plantations, 1744 1
Mondelet (Charles). Letters on Elementary and Practical Education (En
    anglais et en français), 1841 1
Monétaire (Histoire) des Colonies Françaises, par E. Zay 1
Monetary (Times), 1871 ....
Monographies et Esquisses, par J. M. LeMoine, 1885 ....
Monro (Alexander). New Brunswick, with a brief outline of Nova Scotia
    and Prince Edward Island, 1855 ....
Montcalm et Lévis. Guerre du Canada (1756–1760), par l'Abbé H. R. Cas-
    grain 2
Montcalm, Marquis de, Lettres de la Cour de Versailles, et au Baron de
    Dieskau et au chevalier de Lévis ....
Montcalm, devant la Postérité. Étude Historique, par Edmond Falgairolle,
    1886 1
Montcalm and Wolfe, par Francis Parkman, 1884 1
Monteil (Abbé J. B. H.) Sainte-Clotilde 1
Monthly Review, devoted to the Civil Government of Canada, 1841 1
Montigny (B. A. T. de), Colonisation du Nord, 1886 1
Montigny (La famille Testard de), par l'Abbé Daniel, sous le titre " Une page
    de Notre Histoire " ....
Montizambert (Edward Louis), Voyez Boucher, (Pierre). Canada in the seven-
    teenth Century ......
Montpetit (A. N.) Nos hommes forts. Napoléon Mathurin 1
Montreal. Parish Cadastre, 1872 1
Montreal. The case of the Canadians at Montreal distressed by fire
    1766 1
Montreal. Boston and Montreal Turnpike Co, 1806 1
Montreal Corporation. Annual Reports from 1841 to 1882. (Le rapport
    pour 1881 manque) 19
    Exhibition programme for 1882 1
Montreal Harbour (Papers relating to) from 1844 (including papers relating
    to the deepening of the St. Lawrence to Quebec) ....
Montreal, voir York, Lower Canada, grievances, 1829 ....
Montreal Hochelaga Depicta, 1839 ....
Montreal (Bishop of). Journal during a visit to the Church Missionary
    Society's North-west American Mission, 1845 ....
Montreal. Annuaire de Ville-Marie, 1864, 1867, 1873 3
Montreal and its Fortifications, par Alfred Sandham, 1874 1
Montreal. Statement of the tenders of the printing, &c., required by the
    Corporation of the City of Montreal, 1881 ....
Montreal. History of the Montreal Prison, par le révérend J. Douglas
    Borthwick, 1886 ....
Montreal. View of the town in 1758. Royal Magazine, 1760 ....
Montreal. Les intérêts commerciaux de Montréal et Québec, 1889 1
Montreal. Histoire populaire de, par A. Leblond de Brumath, 1890 1
Montreal. Map with street directory, &c., 1890 1
Montreal. History and Biographical Gazetteer, to the year 1892, par le rév.
    J. Douglas Borthwick, 1892 1
Montreal. Board of Trade, semi-centennial report, 31st December, 1892 1
Montreal (Chronology of), and of Canada, par F. W. Terrill 1
Montreal Harbour. Commissioners Reports from 1892 ..... ,..........
Montreal Art Association, voyez Art Association ....
Montreal Literary Club, voyez Art Association ....
Montreal Sketching Club, voyez Art Association ....
Montreal. Retrospective Glance at the Progressive State of the Natural
    History Society of Montreal, par le Major R. Lachlan, 1852 ....

VOLUMES.

MONTRESOR Journals, *voyez* Scull (G. D.), 1881 ; *voyez* Conquest of Canada ;
voyez American Revolutionary War..........................

MONTULE (E). A voyage to North America and the West Indies in 1817... 1

MOODIE (Susanna). Roughing it in the Bush ; or, Life in Canada, 1817.... 1

MOORE (Charles). Charities and Reformatory Institutions of the District of
Columbia. (Esquisses historiques), 1898....................... 1

MOORSON (Capt. W.) Letters from Nova Scotia, 1830.................. 1

MORAVIANS. Diary of David Zeisberger, traduit et publié par Eugène F.
Bliss, 1885.. 2

MORAVIANS. Historical Sketches of the Missions of the United Brethren,
par le révérend John Holmes, 1827........................ 1

MORAVIANS in Labrador, 1833............................ 1

MORAVIAN Mission among the Indians, &c., by a member of the Brethren's
Church, 1838.. 1

MOREAU (M. S. A. Ptre). Précis de l'histoire de la Seigneurie, etc., de Berthier, 1889... 1

MOREAU (M.) Histoire de l'Acadie Françoise (de 1598 à 1755)........... 1

MORETON (Rév. Julian). Life and Work in Newfoundland............. 1

MORGAN (H. J.) Bibliotheca Canadensis, or a Manual of Canadian Literature, 1865... 1

MORGAN (H. J.) Canadian Legal Directory, 1898.................... 1

MORGAN (H. J.) Dominion Annual Register, 1878 to 1886............. 8

MORGAN (Henry J.) Sketches of Celebrated Canadians, 1862.......... 1

MORGAN (Ensign Nathaniel). Journal at Siege of Boston, 1775. In Connecticut Historical Societies Collection, Vol. VII....................

MORIN (Hon. A. N.) Par A. Béchard, 1885........................ 1

MORIN (A. N.) *Voyez* Papineau, 1872..........................

MORRIS (Alexander). Canada and Her Resources. Prize Essay, 1855...... 1

MORRIS (Alexander). Nova Britannia, 1884........................ 1

MORRIS (Alexander). The Treaties of Canada with the Indians of Manitoba
and the North-west Territories, 1880...................... 1

MORRIS (William). Letters sent home, 1875...................... 1

MORRISSON (N. F.) Catalogues, de 1893 à 1897....................

MORSE (Lt.-Col. Robert, R. E.) General Description of the Province of Nova
Scotia, 1784, with maps copied from the papers in the British Museum.. 2

MOUNTAIN (A. W.) A Memoir of George Jehoshaphat Mountain, late Bishop
of Québec, 1866... 1

MOUNTAINS and Molehills, par Frank Marryat, 1855.................. 1

MULLABY (John). A trip to Newfoundland, 1855 1

MULLER, (S.) Voyages from Asia to America for completing the discoveries
of the North-west Coast of America ; a translation from the High Dutch,
1764.. 1

MULVANEY (Charles Pelham). The History of the North-west Rebellion of
1885... 1

MUNICIPAL, CODE, de la Province de Québec (annoté), Joseph Martin et T. H.
Oliver 1888... 1

MUNICIPALITIES (List of) in the Province of Quebec, compilée par C. E. Deschamps... 1

MURDOCH (Beamish). A History of Nova Scotia or Acadia, 1865......... 3

MURPHY (Henry C.) Voyage of Verrazzano. A chapter in the early history
of maritime discovery in America, 1875...................... 1

MURPHY (J. J.) *Voyez* Kirkwood (A.) 1878.........................

MURRAY (A.) Geological Survey of Newfoundland....................

MURRAY (Hon. Amelia M.) Letters from the United States, Cuba and
Canada, 1856... 1

VOLUMES.

MURRAY (Arch. K.) History of the Scottish Regiments in the British Army, 1863... 1
MURRAY (Hugh). British America, 1839................................ 3
MURRAY W. H. H.) Doom of Mamelons, &c., 1888.................... 1
MYERS (L. Bailey). The Tories or Loyalists in America, 1882.............. 1
MYRAND (Ernest). Sir William Phips devant Québec, Histoire d'un Siège, 1893... 1
MYRAND (Ernest). Une Fête de Noël, sous Jacques Cartier, 1888........... 1

N

Nantel (R. P. A.) Les Fleurs de la Poésie Canadienne, 1869............... 1
Nantel (G. A.) Notre Nord-Ouest, 1887.............................. 1
Napoléon Bonaparte. Recueil de Décrets, Ordonnances, Traités de paix, etc., depuis le 18 Brumaire (ou 8 novembre) 1799 jusqu'à l'année 1812. Avec supplément jusqu'à 1815...................................... 6
Narrative and Critical History of America. Publié par Justin Winsor, 1889.. 8
Nash (E. W.) Catalogues, &c., 1872 à 1897...........................
Nash & Pierce. Catalogues, U. S., 1893, 1895........................
Navigateurs Français, par Léon Guérin, 1846......................... ▲
Navigation. Voir Navigateurs, par Léon Guérin......................
Neild (Ashton) British Catalogues, de 1888 à 1890.....................
Neild (Edward). " 1896.......................
Neild (Edward D.) History of the Virginia Company, 1869............... 1
Neild (Edward D.) Virginia Carolorum, 1886.......................... 1
Neild (Edward D.) Virginia Vetusta Albany, 1885...................... 1
Neilson (Charles). Original, compiled and corrected account of Burgoyne's Campaign, 1884 ....
Nesbitt (Thomas T.) Directions de navigation pour Terreneuve, la côte du Labrador, etc., 1864... ▲
New-France. Natural and Civil History of the French dominions in North and South America, par Thomas Jefferys, 1760........................ ▲
NETTLE (RICHARD). The Salmon Fisheries of the St. Lawrence and its tributaries, 1857.. 1
NEUTRAL FRENCH, par Williams, 1841................................ 1
NEW-ALBANY. The Congregation of the German Church of St. Mary at Cincinnati... ▲
NEW-AMSTERDAM (The records of) from 1653 to 1674 Anno Domini, publiés par Berthold Fernow... 7
NEW-BRUNSWICK (Account of the Province of), par Thomas Baillie, 1832...... 1
NEW-BRUNSWICK (Address of the Inhabitants of), par John Bradford, 1788.... 1
NEW-BRUNSWICK. Recensement, 1840. 1
NEW-BRUNSWICK. Echoes from the Backwoods, par le capitaine R. G. A. Levigne, 1849.. ▲
NEW-BRUNSWICK. Historical and Statistical Account of New Brunswick, B. N. A., with Emigrants, par le Rév. W. Christopher Atkinson, 1844.........
NEW-BRUNSWICK. Narrative of a Mission, par Joshua Marsden, 1816........ 1
NEW-BRUNSWICK. Report on Mititia, par le lieutenant-colonel Maunsell, adjudant général, 1865-67... ▲
NEW-BRUNSWICK Schools, de 1872 à 1901 ....
NEW-BRUNSWICK. Sketches and Tales Illustrative of Life in the Backwoods of New-Brunswick, N. A., par Mrs. F. Beavan, 1845.................... ▲
NEW-BRUNSWICK (Statistical and Practical observations relative to), par Alexr. Wedderburn, 1835.. ▲

88 ARCHIVES DU CANADA

VOLUMES.

NEW-BRUNSWICK, with notes for Emigrants, the early History, &c., par Abraham Gesner, 1847..

NEW-RRUNSWICK, with a brief outline of Nova Scotia and Prince Edward Island, 1855... ▲

NEW-ENGLAND (History of), de 1630 à 1649, par John Winthrop, et notes par James Savage, 1853.. 2

NEW-ENGLAND, negotiations with Canada, 1648-1651, voyez New-York Historical Society Collections, Vol. III, 1857............................

NEW-ENGLAND. (Notes on the history of), 1630 à 1649, par John Winthrop, et notes par James Savage..

NEW-ENGLAND. Result of some researches among the British Archives for information ralative to the Founders of New-England, par Samuel G. Drake, 1860... ▲

NEW-ENGLAND. (The Pioneers of New-France in), par James Phinney Baxter, 1894.. 1

NEW-FRANCE. The early trading companies of New-France, 1901........... 1

NEWFOUNDLAND. A history of the Island of Newfoundland, containing a description of the Islands, the Banks, the Fisheries and Trade and the Coast of Labrador, par le révérend Lewis A. Auspach, 1827................. ▲

NEWFOUNDLAND. The History of Newfoundland from the earliest times to the year 1860, par le révérend Charles Pedley, 1863..................... ▲

NEWFOUNDLAND. As it was and as it is in 1877, par le révérend Philip Tocque, 1878.. ▲

NEWFOUNDLAND. Concise History and Description of Newfoundland, par F. R. Page, 1860.. 1

NEWFOUNDLAND. Digest of the Laws, par E. M. Archibald, 1847........... 1

NEWFOUNDLAND. (Discourse and Discovery of), par Richard Whitbourne, 1620 1

NEWFOUNDLAND. Excursion in and about Newfoundland during the years 1839 and 1840.. 2

NEWFOUNDLAND. French Treaty Rights. The case for the Colony, 1890...... 1

NEWFOUNDLAND. Geological Survey, par A. Murray, 1867.................. 1

NEWFOUNDLAND. The Golden Fleece, par Orpheus Junior. (Sir W. Vaughan) 1626 .... ▲

Ecrit pour attirer les émigrants à la colonie de Vaughan à Terreneuve.

NEWFOUNDLAND. (History of the Government of the island of), with an appendix containing the Acts of Parliament, &c., par John Reeves, Chief Justice, 1793.. 1

NEWFOUNDLAND in 1842, par Sir Richard Henry Bonnycastle, 1842........., 2

NEWFOUNDLAND. Life and Work in Newfoundland ; reminiscences of thirteen years spent there, par le révérend Julien Moreton, 1863............ ▲

NEWFOUNDLAND Railway. Preliminary survey and explorations in 1875, Sandford Fleming, ingénieur en chef................................. ▲

NEWFOUNDLAND, voir Cartwright, Major, 1826..........................

NEWFOUNDLAND. Six months of a Newfoundland Missionary's Journal, 1836.. 1

NEWFOUNDLAND to Manitoba, par W. Fraser Rae, 1881.................... 1

NEWFOUNDLAND, (Trip to) with an account of laying the submarine telegraph cable, 1855... ▲

NEWFOUNDLAND, voyez Cape-Breton, History, Brown, 1869, voir Kirke, First Conquest of Canada, 1871..

NEWFOUNDLAND, voir Colonies, Capt. John Mason, 1887.................

NEWFOUNDLAND, voir Nova Scotia, McGregor J., 1828..................

NEWFOUNDLAND. Voyage of His Majesty's ship Rosamond, to Newfoundland and the southern coast of Labrador, par le lieutenant Edward Chappell, 1818... ▲

VOLUMES.

NEWFOUNDLAND. Westward Hoe for Avalon in the Newfoundland as described by Capt. Richard Whitbourne, 1622.......................... ▲

NEW-HEVEN, CT. Historical Society Papers, Vol. V......................

NEW-SOUTH-WALES (Historical Records of) de 1762 à 1795. Vol. I. (Parts 1 and 2) Vol. II. and one atlas of charts to accompany Vol. I.. 4

NEW-WORLD in 1859, par C. E. Baillière............................. 1

NEW-WEST (The), Winnipeg, 1888................................... 1

NEW-YORK, Archives of the State of, Documents relating to the Colonial History. 1

NEW-YORK at Gettysburg. Final report on the Battlefield, 1900.......... 3

NEW-YORK (Colonial History of the State of), 1856-1883 15

NEW-YORK (Documentary History of the State of), par E. B. O'Callaghan, 1849-50......... 4

NEW-YORK Historical Society Collections, 1892..................... 1

NEW-YORK Historical Society, Negotiations between New-England and Canada, 1648-51... 1

NEW-YORK in the Revolution, James A. Roberts, 1898.... 1

NEW-YORK in the Spanish-American War, 1900...................... 2

NEW-YORK. Laws of the State in force against the Loyalists, and affecting the trade of Great Britain and British Merchants and others having property in that State, 1786... 1

NEW-YORK Manual of the Corporation, 1861......................... 1

NEW-YORK Meteorology, Returns from 1826 to 1850.................... 1

NEW-YORK Monuments Commission, New York at Gettysburg, &c........

NEW-YORK STATE LIBRARY. Annual Report of State Engineer and Surveyor for 1876...,... 1

NEW-YORK STATE. Cabinet of Natural History, 1868................ 1

NEW-YORK STATE Centennial Celebration, par Allan A. Beach, 1879........ 1

NEW-YORK STATE Electric Medical Society, Transactions, 1868............ 1

NEW-YORK STATE LIBRARY. Annual Report, 1883 1

Niagara, Centennial St. Andrew's, Niagara, 1794-1894, par Janet Carnochan, 1895... 1

Niagara Falls. Report of the Commissioners of the state reservation, 1895.. 1

"The duration of the Niagara Falls", par J. W. Spencer, est sous le même couvert ....

Niagara frontier (the documentary history of the campaign on the) in 1814. Publié par le capitaine Ernest Cruikshank....................... ▲

Niagara River. Description of the International Bridge constructed over the Niagara River near Fort Erie, Canada, and Buffalo, par C. S. Gzowski, 1873 1

Nicholls (J. F.) Remarkable Life, Adventures and Discoveries of Sebastian Cabot, 1869... 1

Nicolay (Rev. C. G.) The Oregon Territory, 1846..................... 1

Nootka Sound : Voir Meares, John, 1790............................

Normal School, Toronto, Jubilee Celebration, 1897. .... ▲

Norsemen. America not discovered by Columbus, par R. B. Anderson, Chicago, 1874..... .... ▲

North America. A letter addressed to Abbé Raynal on the affairs of North America, &c., par Thomas Paine, 1782.................. .... ▲

North America. America and the British Colonies. An abstract of all the most useful information relative to the United States of America and the British Colonies, par William Kingdom, 1820........................ ▲

North American Atlas, containing besides maps of the United States, the British Colonies of North America, Canada, Plan of the City of Quebec, Nova Scotia, 1777. Voir maps, Vol. K... ....

NORTH AMERICA. Campagnes et stations sur les côtes de l'Amérique du Nord, par L. Duhailly, 1864.. ▲

VOLUMES.

NORTH AMERICA (Excursions in), par P. Wakefield, 1810   1
NORTH AMERICA (History of the British Dominions in) from the first dis-
    covery of that vast continent, par Sebastien Cabot, 1497, to its present
    glorious establisment as confirmed by the late treaty of peace in 1763. . . .   ₄
NORTH AMERICA (History of the discoverers and settlements of the English in)
    and the West Indies, 1764   1
NORTH AMERICA (History of). Leeds, 1820   3
NORTH AMERICA (History of). Par le révérend Mr. Cooper, 1789   1
NORTH AMERICA (History of the Rise and Progress of the United States of)
    till the British Revolution in 1688, par James Grahame   3
NORTH AMERICA, its agriculture and climate, par Robert Russell, 1857   1
NORTH AMERICA missionary records, 1837   1
NORTH AMERICA (notes on), Agricultural, Economical and Social, par Jas. F.
    Johnston, 1851   2
NORTH AMERICA (Present state of), 1755   1
NORTH AMERICA (Ramble in), 1832-1833, par Charles Joseph Latrobe   2
NORTH AMERICA (Three years in), par James Stuart, 1833   2
NORTH AMERICA (Topographical Description of), par T. Pownall, M.P., 1776 . .   1
NORTH AMERICA (Topographical description of the Western Territory of), par
    Gilbert Imlay, 1797   1
NORTH AMERICA (Travels in), 1831   1
NORTH AMERICA (Travels in the interior inhabited parts of) in the years 1791
    and 1792 par P. Campbell . . . .
NORTH AMERICA (Travels through the Midland settlements of) in 1759 and
    1700, par le révérend Andrew Burnaby, 1775 . . . .
NORTH AMERICA (Travels through Canada and the United States of) in the
    years 1806, 1807 and 1808, par John Lambert   5
NORTH AMERICA, voyage to, and the West Indies in 1817, par E. Martule. . . .   1
NORTH BRITISH FUSILIERS (Royal) or 21st Foot. Historical Record par
    Richard Cannon, 1849 . . . .
NORTH AND SOUTH AMERICA. Influence of climate in North and South Ame-
    rica, par J. Dusternell, 1867   1
NORTH AND SOUTH AMERICA (Travels in), par Alexander Majoribanks, 1853 . .   1
NORTHERN TRAVELLER, par Theodore Dwight, 1841 . . . . :   1
NORTH-WEST. BATTLE RIVER VALLEY, par William Laurie, 1883   1
NORTH WESTERN CANADA, par Acton Burrows, 1880   1
NORTH-WEST COMPANY. Notice of Boundary (Voir Boundaries) . . . .
NORTH-WEST Correspondence, sessional papers, Vol. 5, No. 12, 1870 . . . .
NORTH-WEST. Discovery and Conquests of the North-West, par Rufus Blan-
    chard, 1880 . . . .
NORTH-WEST. "Dot it Down." Life in the North-West, par Alexander Begg,
    1871 . . . .
NORTH-WEST. Exploration of the country between Lake Superior and the
    Red River Settlement, par Gladham Dawson Hind, 1858 . . . .
NORTH-WEST. Esquisse sur le Nord-ouest de l'Amérique, par M. Taché,
    1869   1
NORTH-WEST (Great Canadian), its past history, &c., 1881   1
NORTH-WEST. From Home to Home. Autumn wanderings in the North-
    West, par Alex. S. Hill, 1887 . . . .
NORTH-WEST (History of the Discovery of the), par John Nicolet, in 1634,
    with a Sketch of his life, par C. W. Butterfield, 1881   1
NORTH-WEST (History of the), par Alexander Begg   3
NORTH-WEST. Holiday Rambles between Winnipeg and Victoria, par le doc-
    teur George Bryce, 1888 . . . .
NORTH-WEST. Journal of Voyages and Travels in the interior of North Ame-
    rica, par Daniel W. Harmon, 1820 . . . .

DOC. DE LA SESSION No. 18

VOLUMES.

NORTH-WEST. Journey beyond the Rocky Mountains, in 1835, 1836 and 1837, par le révérend S. Parker....................................   ·

NORTH-WEST. Légendes du Nord-Ouest, par M. Dugas, prêtre, 1883........

NORTH-WEST. Les Bourgeois de la Compagnie du Nord-Ouest, par L. R. Masson, 1889...   ·

NORTH-WEST. Manuscript Journals of Alexander Henry and David Thomson, par Elliot Cones..   3.

NORTH-WEST (Old). With a view of the Thirteen Colonies as constituted by Royal Charters, par R. A. Hinsdale, 1888.........................   ·

NORTH-WEST Passage (Greenland, the adjacent seas, and the), par Bernard O'Reilly, 1818..   ·

NORTH-WEST. Narrative of an expedition to the source of St. Peter's River, Lake Winnepeek, Lake of the Woods, &c., performed in the year 1823.
        Under the command of Stephen H. Long......................   2
        Une autre édition compilée par William H. Keating, 1825.........   2

NORTH-WEST. Notre Nord-Ouest provincial. Etude sur la vallée de l'Ottawa, 1887...   1

NORTH-WEST. Our North Land, par Charles R. Tuttle, 1885...............   1

NORTH-WEST PASSAGE. (Account of a voyage for the discovery of), by Hudson's Straits ' to the Western and Southern Ocean of America, in 1746-47, in the ship *California*', written by the clerk of the *California*...   2

NORTH-WEST PASSAGE. An authentic narrative of a voyage performed by Captain Cook and Captain Clerke, in His Majesty's ships *Resolution* and *Discovery*, during the years 1776-1780, in search of a North-West passage between the Continents of Asia and America, 1782..........   2

NORTH-WEST PASSAGE. Voyage of Discovery in H.M.S *Isabella* and *Alexander*, for the purpose of exploring Baffin's Bay and inquiring into the probability of a North-West passage, par John Ross, 1819.............   ·

NORTH-WEST. Peace River, a canoe voyage from Hudson's Bay to Pacific, by the late Sir George Simpson in 1828, and journal of Archibald McDonald who accompanied him..   ·

NORTH-WEST. Radisson's Voyages, with historical illustrations and an introduction, par Gideon D. Scoll, 1855........   1

NORTH-WEST REBELLION, 1885. Blood of Abel, par W. F. Bryant.......   1

NORTH-WEST REBELLION, 1885. Cent vingt jours de service actif, la compagnie du 65me au Nord-Ouest, par Charles R. Daoust...............   1

NORTH-WEST REBELLION OF 1885. History of Charles Pelham..........   1

NORTH-WEST REBELLION OF 1885. The Story of Louis Riel.............   1

NORTH-WEST REBELLION OF 1885. Polémiques et documents touchant le Nord-Ouest et l'exécution de Louis Riel (extraits de l'Etendard)........   ·

NORTH-WEST REBELLION OF 1885. The Gibbet of Regina. The truth about Riel, by one who knows..   ·
        Une édition en français..................................   ·

NORTH-WEST REBELLION. 1885. Reminiscences of a bungle.... ....   ·

NORTH-WEST. Relation d'un voyage à la côte du Nord-Ouest de l'Amérique Septentrionale, dans les années 1810–11–12–13 et 14, par G. Franchère .   1

NORTH-WEST SASKATCHEWAN and the Rocky Mountains, par the Earl of Southesk, 1875..   1

NORTH-WEST. Sea of Mountains (The), par Molyneux St. John, 1877   2

NORTH-WEST. *Voir* Alexander Mackenzie, Voyages, 1801................   1

NORTH-WEST Territories, Recensement, 1884–85.....................   1

NORTH-WEST TERRITORIES GAZETTE, 1883–1892.....................   5

NORTH-WEST. The great lone land narrative of travels and adventures in the North-west of America, par le major W. F. Butler....................   1

NORTH-WEST, THE NEW WEST. Winnipeg, 1888................   1

VOLUMES

NORTH-WEST, the present state of Hudson's Bay &c., par Edward Umfreville, 1790. . . . .

NORTH-WEST. The wild North Land, being a story of a winter journey with dogs across Northern North America, par le major W. F. Butler, 1874. .   1

NORTH-WEST. Un voyageur des pays d'en haut, par l'abbé G. Dugas, 1890 . .   1

NORTH-WEST. Vingt années de missions dans le Nord-Ouest de l'Amérique, par Mgr Taché, 1866. . . . .

NORTH-WEST. Voyages from Asia to America for completing the discoveries of the North-west coast of America, par Thomas Jefferys 1761. . . . .

NORTH-WEST, voyez Indians, La Découverte des sources du Mississipi, par J. C. Beltrami, 1824. . . . .

NORTH-WEST, voyez Red River Country, Alexander Russell, voyez Riel, N. W. Rebellion. . . . .

NOS FAIBLESSES et nos forces à l'égard de la vérité, par Alphonse Villeneuve, 1871.   1

NOS HOMMES forts, par A. N. Montpetit, 1884   1

NOTES upon Canada and the United States, 1840   1

NOTES upon Canada, by a traveller in 1835.   1

NOTHING BUT NAMES, par Herbert F. Gardiner, 1899.   1

NOUVELLE-FRANCE. Catalogue d'ouvrages sur l'histoire de l'Amérique et en particulier sur celle de Canada, etc., ci-devant connus sous le nom de Nouvelle-France, en trois parties, par G. B. Faribault, 1837. . . . .

NOUVELLE-FRANCE. Collection de manuscrits contenant lettres, mémoires, etc., relatifs à la Nouvelle-France, 1492, mis en ordre et édités sous les auspices de la Législature de Québec. . . . .

NOUVELLE-FRANCE. (Etat présent de l'église et de la Colonie Française dans la), par l'évêque de Québec, 1688. . . . .
(Aussi une réimpression de l'ouvrage).

NOUVELLE-FRANCE. De Cartier à Champlain, 1540-1603, par N. E. Dionne, 1891. . . . .

NOUVELLE-FRANCE. Histoire Chronologique de la Nouvelle-France au Canada de 1504 à 1632, par le Père Sixte le Tac, Récollet. . . . .

NOUVELLE-FRANCE. Histoire véritable et naturelle des mœurs et productions du Pays de la Nouvelle-France, par Pierre Boucher, 1882. . .   1

NOUVELLE RELATION de la Gaspésie, par le Père Chrestien Le Clercq, 1691. . . .   1

NOVA-BRITTANIA, or our new Canadian Dominion foreshadowed, par l'honorable Alex. Morris, 1884.   1

NOVA-SCOTIA (Brief Description of), with plans ; par Anthony Lockwood, 1818   1

NOVA-SCOTIA, RECENSEMENT, 1861   1

NOVA-SCOTIA (Conduct of the French with regard to), from its first settlement to the present time, 1754. . . . .

NOVA-SCOTIA. La Conduite des Français justifiée, ou Observations sur un écrit anglais ; intitulé conduite des Français à l'égard de la Nonvelle-Ecosse, 1756.   1

NOVA-SCOTIA (History of) or Acadie, par Beamish Murdock, 1865.   3

NOVA-SCOTIA. Histoire Géographique de la Nouvelle-Ecosse, 1755. Lettres et Mémoires pour servir à l'histoire naturelle, civile et politique du Cap-Breton, 1760. . . . .

NOVA-SCOTIA. Historical and Statistical Account of Nova Scotia, par Thomas C. Haliburton, 1829.   2

NOVA-SCOTIA (Industrial Resources of). Par Abraham Gesner, 1849.   1

NOVA-SCOTIA. In North America, Atlas K, 1777.

NOVA-SCOTIA. Its Condition and Resources, par Joseph Outram, 1850.   1

NOVA-SCOTIA. Letters of, Scœvola on Canadian politics, 1828.   1

NOVA-SCOTIA. Memorials of missionary life in, par Charles Churchill, 1845. .   1

NOVA-SCOTIA. Narrative of a mission par Joshua Marsden, 1816.   1

DOC. DE LA SESSION No. 18

VOLUMES

NOVA-SCOTIA, (Practical Guide, gold fields of) par A. Heatherington, 1868... 1
NOVA-SCOTIA. Rambles among the Blue Noses, par Andrew L. Spedon, 1863. 1
NOVA-SCOTIA. (Present State of) With a brief account of Canada and the British Islands on the Coast of North America, 1787..... ....
NOVA-SCOTIA. Record Commission catalogue or list of manuscript documents in the government office, Halifax, 1877. (Corrigé et continué jusqu'à 1882)..
NOVA-SCOTIA. Remarks on the Geology and Mineralogy of Nova Scotia, par Abraham Gesner, 1836..
NOVA-SCOTIA. Royal letters, charters and tracts relating to the colonization of New Scotland and the institution of the order of Knight Baronets of Nova-Scotia, 1621, 1638... 1
NOVA-SCOTIA. Selection from Archives, par T. B. Atkins, 1869........ 2
NOVA-SCOTIA. Voyez Cape-Breton. History Brown, 1869...............
Voyez Acadia..................... ....
Voyez Kirke first Conquest of Canada.....................
Voyez Monro, New-Brunswick, 1855.....................
Voyez Principal transactions of the last war, 1757..........

O.

OBLATS (Missions des). Des années 1862 à 1892 (l'année 1871 exceptée)..... 30
O'CALLAGHAN (E. B.) Documentary history of the State of New-York, 1849–1851...
O'CONNOR (Daniel). Diary and memoirs of one of the pioneers of Bytown, 1827. ....
OGDEN (J. C.) A tour through Upper and Lower Canada by a citizen of the United States, 1799.... ...
OGILBY (John). America, accurate description of the New World, &c., adorned with maps and sculptures and collected from most authentic authors, par John Ogilby, 1671................................
OHIO DIARY of David Zeisberger Moravian Missionary among the Indians of Ohio, traduit et édité par Eugene F. Bliss, 1885.................... 2
OHIO. HISTORICAL AND PHILOSOPHICAL SOCIETY of Ohio, partial list of books in library, 1893 1
OHIO. The Ohio Valley in Colonial days, par Berthold Fernow, 1890....... 1
OHIO. Transactions of the Historical and Philosophical Society, Vol. I, part II, 1839...
OHIO VALLEY HISTORICAL SERIES. (1.) A town in Ohio, Kentucky and Indiana Territory in 1805, par Joshua Espy. (2.) Two Western Campaigns in the War of 1812, par Samuel Williams. (3.) The Leatherwood God, by R. H. Taneyhill.. 1
OLDMIXON (John). British America in 1741........................ 2
(Anonyme, première édition en 1808, le deuxième volume traite des Antilles).................... ....
O'LEARY (Peter). Travels and experiences in Canada, the Red River Territory and United States, 1874 ....
OLIER. Abrégé de la vie de M. Olier, fondateur du séminaire de St. Sulpice, 1866..
OLIPHANT (Laurence). Minnesota the far west, 1855. 1
OLIVER AND BOYD. Edinburgh Almanac, 1882...................... 1
OLIVER (T. H.) Voyez Martin (Joseph), Code municipal, 1888.......... .. 1
ONTARIO. An investigation of the unsettled boundaries of, par Charles Lindsey, 1873..
ONTARIO GOVERNMENT. Statutes, &c., bearing on the discussion respecting the northern and western boundaries of Ontario, 1878..................

2-3 EDOUARD VII, A. 1903

VOLUMES.

ONTARIO. History of the Province of Ontario, par William Canniff, M.D.....   1
ONTARIO. Report on the boundaries of the Province of Ontario, par David
    Mills, 1873...   .
ONTARIO. Rules, orders and forms of proceeding of the Legislative Assembly
    of Ontario, 1868..   .
ONTARIO. The early bibliography of the province, par W. Kingsford,
    1892...   .
ONTARIO. Undeveloped lands in northern and western Ontario, par A. Kirk-
    wood, 1878...   1
OPINION PUBLIQUE. Montreal, 1870 à 1883............................   14
ORDINANCES AND STATUTES of Lower Canada to the 57th George III. Com-
    plete index, 1817...   .
ORDINANCES AND STATUTES. (Continuation of the index to the) from 58th
    George III to 6th George IV, 1826 ....
ORDINANCES made for the Province of Quebec......since the establishment of
    the civil government, 1767..   1
ORDONNANCES SYNODALES ET EPISCOPALES du Diocèse de Québec, 1859......   1
ORDONNANCES SYNODALES ET EPISCOPALES du Diocèse de Québec, 1865   1
ORDRE SOCIAL. Journal hebdomadaire, 1850   1
ONTARIO Educational Association, 1900...............................   1
OREGON. Adventures of the first settlers on the Oregon, &c., Pacific Fur
    Company, par Alexander Ross, 1849...................................   .
OREGON TERRITORY. Correspondence relative to the question of the disputed
    right to Oregon Territory, 1846....................................   .
O'REILLY (Bernard). Greenland, the Adjacent Seas and the North-west Passage
    to the Pacific, 1818...   1
ORIGIN OF THE WORLD. Par J. W. Dawson, 1877...........   1
ORPHEUS, JUNIOR. The Golden Fleece, 1626   1
    (Ecrit par Sir W. Vaughan pour attirer les emigrants à sa colonie à Terre-
    neuve)...
OTCHIPWE LANGUAGE. Grammar and Dictionary, par le très révérend évêque
    Baraga, 1878...   1
OTTAWA HAND BOOK of the Parliament Buildings, with plans....   1
OTTAWA. Histoire de la province ecclésiastique et de la colonisation dans la
    vallée de l'Ottawa, par le R. P. Alexis.............................   2
OTTAWA HUNTERS. Ottawa Scenery, 1855...   1
OTTAWA. L'Outaouais supérieur, par Arthur Buies, 1889..............   1
OTTAWA. Notre Nord-Ouest Provincial, Etude sur la vallée de l'Ottawa,
    1887, par G. A. Nantel..   1
OTTAWA VALLEY. History of, par J. L. Gourlay, 1896....................   1
OUELLETTE (M. A. Chanoine, J.R.) Ferdinand Gagnon, sa vie et ses œuvres,
    1886...   1
OUR NORTH LAND. Par Charles R. Tuttle, 1885.......................   1
OUTLINES OF NATURAL THEOLOGY. Par James Bovell, 1859...............   1
OUTRAM (Joseph). Nova Scotia, its condition, &c., 1850...............   .
OUT WEST. Letters from Canada, par George Tuthill Barrett, 1866........   1
OWEN (Ed.) Pioneer sketches of Long Point Settlement.....   1
OXENDEN (Right Rev. Ashton). My first year in Canada, 1871............   1
OXFORD GAZETTE. A complete history of the County of Oxford, par Thomas
    S. Shenston, 1852..   1
OXFORD, MASS. (The Records of) from 1630, par Mary deWitt Freeland....   1

P.

PAGE (F. R.) Concise History and Description of Newfoundland, 1860......   1
PAGE (Une) de Notre Histoire, par l'Abbé Daniel, 1865.................   1

VOLUMES.

PAINCHAUD (M. C. F.) Fondateur du Collège de Ste. Anne, 1891.......... 1
PAINE (Thomas.) A letter addressed to the Abbé Raynal on the affairs of
    North America, 1782... 1
PALMER (Peter S.) History of Lake Champlain from its first exploration by
    the French to the close of year 1814.............................. 1
PAMPHLETEER. 1814. (Volume 4).................................... 1
PANTHÉON. Canadien, par Bibaud, 1858..... 1
PAGNUELO (S.) Études Historiques et Légales sur la Liberté Religieuse en
    Canada, 1872.. 1
PAQUIN (R. P. L. P.) Conférences sur l'Instruction, 1881............... ... 1
PARENT (Etienne.) Discours, 1878).................................... 1
PARIS (Le Comte de) à Québec, par Ernest Gagnon....................... 1
PARKER (Rev. Samuel). A journey beyond the Rocky Mountains in 1835,
    1836 and 1837.. 1
PARKMAN (Francis). A half Century of Conflict........................ 1
        "   Conspiracy of Pontiac........................... 2
        "   Count Frontenac and New France................. 1
                Discovery of the Great West..................... 1
                Montcalm and Wolfe........................... 2
                Pioneers of France in the New World.............. 1
                The Jesuits in North America.................... 1
                The Old Regime in Canada...................... 1
        "   The Oregon Trail.............................. 1
PARLIAMENTARY. A Manual of Parliamentary Practice with an appendix con-
    taining the Rules of the Legislative Council and House of Assembly of
    Upper Canada, 1828... 1
PARLIAMENTARY COMPANION.. 13
PARLIAMENTARY ELECTORAL ATLAS of the Dominion of Canada, 1895...... 1
PARLIAMENTARY GOVERNMENT in the British Colonies, par Alpheus Todd, 1880. 1
PARLIAMENTARY Government in England, par Alpheus Todd, 1867......... 2
PARLIAMENTARY. How Canada is Governed, par J. G. Bourinot.......... 1
PARLIAMENTARY. Reports of the Commission appointed to inquire into the
    Public Departments of Upper Canada, 1840..................... 1
PARLIAMENTARY RULES, Orders and forms of Proceeding of the Legislative
    Assembly of Ontario, 1868... 1
PARLIAMENTARY STANDING RULES and Regulations of the Legislative Assem-
    bly of Canada, 1841... 1
PARLIAMENTARY (The) Practice upon Bills of Divorce, par J. A. Gemmill, 1889. 1
PARLIVMENTARY. Voyez Constitutional.
PAROISSES. Annales de la Bonne Ste-Anne de Beaupré à partir de 1874.....
PAROISSES. Berthier, par M. Moreau, 1889.............................. 1
PAROISSE CANADIENNE (Une) au XVIIme siècle, par le Rév. Abbé Casgrain.. 1
PAROISSE DE CHARLESBOURG, par l'Abbé Charles Trudelle, 1887........... 1
PAROISSIEN. Code des Curés, Marguilliers, etc,, par l'Hon. J. U. Baudry, 1870. 1
PAROISSES. Histoire de Boucherville, une vieille seigneurie, 1890 1
PAROISSES. Histoire de la Paroisse du Cap Santé, par l'Abbé·F. X. Gatien... 1
PAROISSES. Histoire de Longueuil et de la famille de Longueuil, par Alexis
    Jodoin et G. L. Vincent, 1889.....................................
PAROISSES. Histoire de la Paroisse de St. Augustin, Portneuf, par A. Béchard,
    1885.. 1
PAROISSES de St. François du Lac, par Benjamin Sulte................... 1
PAROISSES. Histoire d'un établissement paroissial de Colonisation, St. Jean
    de Matha, par Th. S. Provost, prêtre, 1888 1
PAROISSES DE L'ISLE VERTE (St. Jean Baptiste), par Charles A. Gauvreau, 1889. 1
PAROISSES. Notes sur les archives de Notre Dame de Beauport, par M. Jean
    Langevin, prêtre, 1860..

2-3 EDOUARD VII, A. 1903

VOLUMES.

PAROISSES, Notes sur la Paroisse de St. François de la Beauce, par l'Abbé Benj.
Demers, 1891.. 1

PAROISSES, Congrégation des hommes de la Paroisse de St. Roch de Québec,
1883 1

PARRY. (*Voir* ARCTIC.) Journal of a Voyage, 1818................ 1

PATRIOT. The Mystery Revealed ; or, Truth brought to Light, 1759....... 1

PATTEN (Edmund). A Glimpse at the United States and the Canadas during
the Autumn of 1852.. 1

PATTERSON (Rev. George). History of the County of Picton, 1877......... 1

PAUSCH, Journal, *voyez* W. L. Stone, 1886 ....

PEDLEY (Rév. Charles). The History of Newfoundland from the earliest times
to the year 1860.. 1

PEERAGE AND BARONETAGE, par Sir Bernard Burke, 1863,.............. 1

PELLAND (J. O.) Biographie, Discours, etc., de l'honorable Honoré Mercier, 1890 1

PEMBERTON (J. Despard). Facts and figures relating to Vancouver Island and
British Columbia, 1860..................................... 1

PENHALLOW (Samuel). History of the Wars of New England with the Indians, *voyez* Indians ....

PENNSYLVANIA ARCHIVES, compilé par Samuel Hazard, 1855.............. 1

PENNSYLVANIA (Memoirs of a life chiefly passed in) within the last sixty years,
1811 1

PENOBSCOT, Account of the siege of, in 1779, par le docteur John Califf (in B.149). 1

PENSIONED militiamen of 1812-15................................. 1

PERIODICALS (Index to), 1888.................................... 1

PERKINS (Samuel). History of the political and military events of the late
war, 1825... 1

PERNETY (Don). Recherches philosophiques sur les Américains, 1770....... 3

PERRAULT (J. F.) Abrégé de l'histoire du Canada, en quatre parties, 1832... 1

PERRAULT (Jos. Frs.) Cour d'éducation élémentaire à l'usage de l'école gratuite
établie dans la cité de Québec en 1821........................ 1

PERRAULT (Joseph François). Extraits ou précédents des arrêts tirés des
registres du conseil supérieur de Québec, 1824.................. 1

PERRAULT (Joseph François). Extraits ou précédents tirés des registres de la
Prévosté de Québec, 1824................................... 1

PERRAULT (J. F.) Questions et réponses sur le droit criminel, 1812........ 1

PERRAULT (Jos. Frs.) Questions et réponses sur le droit civil du Bas-Canada,
1870 1

PERRAULT (Joseph François). *Voir* Old and New Canada................

PERRIN DU LAC (M.) Voyage dans les deux Louisianes, etc., 1805. Traduit
en anglais.. 1

1807. (*Voyez* Indians) 1

PERROT (Nicolas). Mémoire sur les mœurs, coustumes et religion des sauvages
de l'Amérique septentrionale, 1864........................... 1

PETERBOROUGH (Ontario). History of the county, 1884................. 1

PETITOT (Emile). Les grands Esquimaux, 1887...................... 1

PETITOT (Le Rév. P.) Monographie des Esquimaux Tchiglit.............. 1

PETITOT (Emile). Traditions Indiennes du Canada nord-ouest, 1886........ 1

PHILIP'S (War). History of, by Thomas Church, with notes, &c., par Samuel
G. Drake, publié en 1716................................... 1

PHILPOT (Harvey). Guide Book to the Canadian Dominion............. 1

PHIPPS (Constantine John). A voyage towards the North Pole undertaken
by His Majesty's command, 1773............................. 1

PHIPS (Sir William), devant Québec, histoire d'un siège, par Ernest Myrand.. 1

PICAUD (Alphonse). Catalogues 1

VOLUMES.

PICHON. Lettres et mémoires pour servir à l'histoire naturelle, civile et politique du Cap-Breton, 1760. *Voyez* Histoire géographique de la Nouvelle-Ecosse (1755), avec lequel cet ouvrage est relié........................

PICKEN (Andrew). The Canadas, compilé d'après les documents originaux fournis par John Galt, 1836... ⅄

PICKERING (Joseph). Inquiries of an emigrant ; narrative of an English farmer who traversed the U.S. and Canada from 1824 to 1830......... 1

PICTURESQUE Canada... 2

PICTURESQUE St. Lawrence River. The Thousand Islands, par John A. Haldock, 1896... ⅄

PIDDINGTON. Canadian Catalogues, 1885-86..........................

PIÈCES MILITAIRES, ETC. Le chevalier de Lévis, 1891.................. 1

PIKE (Warburton). The barren ground of Northern Canada, 1892........ 1

PILLING (James Constantine). Bibliography of the Algonquin languages..... 1

PILLING (James C.). Bibliography of the Eskimo language............... 1

PINKERTON (JOHN). General collection of voyages and travels in all parts of the world... 17

PINSONNEAULT (MGR.), évêque de Birtha, 1874.......................... 1

PIONEERS OF THE EASTERN TOWNSHIPS, par Mrs. C. M. Day, 1863.......... 1

PIONEERS (THE) OF THE KLONDYKE, par M. H. E. Hayne and West Taylor, 1897. 1

PIONEER SKETCH OF LONG POINT SETTLEMENT, par E. A. Owen, 1898........ 1

PIONEERS (THE) of New-France in New-England, par James Phinney Baxter, 1894.. ⅄

PIRTLE (CAPT. ALFRED). The Battle of Tippe Canoe. Filson Club News, No. 15..

PITON (E. C.) Histoire de la découverte de l'Amérique, 1836.............. 2

PLANS FOR THE SYSTEMATIC COLONIZATION OF CANADA, by an officer of rank, 1850.. 1

PLAYTER (GEORGE F.) History of Methodism in Canada.................. 1

PLESSIS (BISHOP JOSEPH OCTAVE.) Biographical note, par l'Abbé Ferland, 1864.. ⅄

POEMS BY ARCHIBALD LAMPMAN. Publié avec un mémoire par Duncan C. Scott, 1900... ⅄

POÉSIE. Essai sur la Littérature Allemande. La poésie aux Etats-Unis, par Albert Lefaivre... 1

POÉSIE FRANÇAISE au Canada, Compilation par Louis H. Taché........... 1

POÉSIE CANADIENNE, Les Fleurs de la, A. Nantel, 1869.................. 1

POÉSIE, LES MUSES de Nouvelle-France, par Marc Lescarbot, 1612........ 1

POÉSIE, PETITS POÈMES, par L. Pamphile Lemay, 1883................... 1

POÉSIE. *Voyez* POETRY......................................

POETRY, QUEBEC, and other Poems, par W. F. Hawley, 1829 1

POETRY, QUEBEC HILL, or Canadian scenery, par J. MacKay, 1797........ 1

POETRY, SELECTIONS FROM CANADIAN POETS, par Edward Hartley Dewart, 1864. 1

POETRY, TALE OF THE SEA, &c., par John Fraser, 1870 ....

POETRY. *Voyez* POESIE......................................

POIRIER, PASCAL. LE PÈRE LEFEBVRE ET L'ACADIE, 1898................ 1

POISSON (M. J. A.) Chants Canadiens à l'occasion du 24 juin 1880........ 1

POLICE, JUSTICE ET LETTRES, ETC., de Colbert, par Pierre Clément, 1650.....

POLITICAL APPOINTMENTS, de 1867 à 1895, par N. Omer Côté.............. 1

POLITICAL BEGINNINGS OF KENTUCKY, par John Mason Brown, 1889........ 1

POLITICAL, CANADIAN INDEPENDENCE, Annexation and British Imperial Federation, par James Douglas... ⅄

POLITICAL CLUB. Danville, Kentucky, par Thos. Speed. Filson Club Publications...

POLITICAL ÉLECTIONS, Provinciales, 1890.............................. 1

POLITICAL, ELECTORAL ATLAS of the Dominion of Canada................ 1

VOLUMES.

POLITICAL, L'INFLUENCE Spirituelle, etc.................................. 1

POLITICAL NOTES and observations, par G. E. Fenety............... 1

POLITICAL STATE OF THE PROVINCE. Report of the select committee of the
Legislative Council of Upper Canada, 1838..................... .. 1

POLITICAL. The present state of Europe, 1752.......................... 1

PONCEAU (M. P. ET DU). Mémoire sur le système grammatical des langues de
quelques nations indiennes de l'Amérique du Nord...................

POPE (JOSEPH). Confederation, a series of unpublished documents bearing on
the British North America Act 1

POPE (JOSEPH). JACQUES CARTIER, his life and voyages, 1890.............. 1

POPE (JOSEPH). Memoirs of the Right Honourable Sir John Alexander
Macdonald, 1894......... 1

POPE (JOHN). Tour through the Southern and Western territories, &c., 1792. 1

PORCUPINE'S WORKS from the end of the War in 1783, to the election of the
President in March 1801, par William Cobbett..................... 12

PORNY-SYLLABAIRE FRANÇOIS, 1810... 1

PORT-HOPE. W. A. Craick, Historical Sketches, 1901.................... 1

PORTRAITS (EARLY) of Queen Victoria, 1820-1855, avec préface, par Justin
McCarthy, M.P.....

POSTLETHWAYT (MALACHY). The Universal Dictionary of Trade and Commerce, 1766... 2

POST OFFICE. Union postal from 1st October 1875.....................

POST OFFICE, Yarmouth. Early History, par Ellen G. Brown............. 1

POTHERIE, voir La Potherie, 1722 4

POTTER (WILLIAM). British Catalogues, 1897......................

POUCHOT. Memoir upon the late War in North America, between French
and English, translated from the original edition, 1866............. 2

POWELL (J. W.) Reports of the Bureau of Ethnolygy, Washington......... 12

POWNALL (THOMAS) The Administration of the Colonies, 1768............ 1

POWNALL (T.) Three Memorials most humbly addressed to the sovereigns of
Europe, Great Britain and North America, 1784.................. 1

POWNALL (T.) Topographical description of North America, 1776.......... 1

PREMIO-REAL (COMTE DE). Divers Mémoires pour servir à l'étude des relations
commerciales entre l'Espagne et les Provinces Confédérées du Canada,
1878-79...

Voir aussi Faucher de Saint-Maurice, Le Canada et les Basques.

PRENTIES (S. W.) Narrative of a shipwreck on the island of Cape-Breton in
a voyage from Quebec in 1786.....................................

PRESBYTER OF THE DIOCESE OF TORONTO. Sketches of Canadian Life, Lay and
Ecclesiastical, 1849... 1

PRESCOTT. History of the County of, par C. Thomas..................... 1

PRESENT CONDUCT OF THE WAR. W. Webb, 1746......................... 1

PRESENT STATE OF THE CANADAS. Geo. Hébert, 1833.................... 1

PRESENT STATE OF EUROPE. 1752...................................... 1

PRESENT STATE OF NORTH AMERICA. 1755............................. 1

PRESTON (J. R.) Three years' residence in Canada, de 1837 à 1839......... 2

PRÉVOSTÉ DE QUÉBEC. (Extraits ou Précédents tirés des Registres de la) par
Joseph François Perrault, 1824....................................

PRICE (RICHARD D. D.) Additional Observations...... War with America,
1777...: 1

PRIEST (JOSIAH). American Antiquities and Discoveries............... 1

PRIEUR (F. X.) Notes d'un Condamné politique de 1838.. 1

PRINCE EDWARD ISLAND (ACCOUNT OF) in the Gulf of St. Lawrence, par John
Stewart, 1806.....................................

PRINCE EDWARD ISLAND (Acts of the General Assembly of), from the first establishment of the legislature, 1773 to 1820...................

VOLUMES.

PRINCE EDWARD ISLAND, RECENSEMENT. 1861-1871 1
PRINCE EDWARD ISLAND, RECENSEMENT. 1871 1
PRINCE EDWARD ISEAND (HISTORY OF), par Duncan Campbell, 1875 1
PRINCE EDWARD ISLAND. (Series of letters descriptive of), par Walter John-
  stone, 1822, including Travels 1
PRINCE EDWARD ISLAND (SHORT ACCOUNT OF), 1839 1
PRINCE EDWARD ISLAND. Voyez Durham's report, 1839, voyez Munro. New-
  Brunswick, 1855 . . . .
PRINCE SOCIETY, voir Radison, 1855 1
PRINCE OF WALES, Tour through British America 1
PRINGLE (J. F.) Lunenburgh or the old Eastern District, 1890 1
PROCÉDURE CIVILE. Rapport sur les Observations relatives au Code 1
PROCÈS. Provencher-Boisclair, 1868 1
PROPAGATION OF THE GOSPEL. (Society for the) 1701-1892 1
PROPRIETOR. Facts v. Lord Durham. Remarks upon that portion of Lord
  Durham's report relating to Prince Edward Island, 1839 1
PROULX, (J. B.) A la Baie d'Hudson, ou récit de la première visite pastorale
  de Mgr. N. Z. Lorrain, 1886 1
PROVANCHER (l'Abbé L.) Le verger, le potager et le parterre dans la Pro-
  vince de Québec, 1874 1
PROVIDENCE. (Early records of the town of) 16
PROVOST (T. prêtre). Histoire d'un établissement paroissial de Colonization,
  Saint-Jean de Matha, 1888 1
PROVOST (Th. S.) Œuvre de la Colonisation ; La Bourse et la vie, 1883 1
PUBLIC DEPARTMENTS. Reports of the commissioners appointed to enquire
  into, 1840 1
PUBLISHER'S TRADE LIST ANNUAL, par J. L. Tapley Co., N.Y., 1902 et index. 5
PUNCH IN CANADA. 1849-1850 1
PURCHAS (Samuel). Purchas, his Pilgrimage, 1613 1
PUYJALON (Henry de). Récits du Labrador, 1894 1

Q

QUAKERS, MARY DYER, The Quaker Martyr, par Horatio Rogers, 1896 1
QUEBEC. Additional papers concerning the Province of, 1776 1
QUEBECK. An account of the proceedings of the British and other Protestant
  inhabitants of the Province of Quebeck . . . . . . in order to obtain an House
  of Assembly, par Baron Maseres, 1775 1
QUEBEC as it was and as it is, par Willis Russell, 1864 1
QUEBEC (Province). Bas-Canada entre le moyen âge et l'âge moderne, 1880,
  par l'Abbé J. A. Gingras . . . .
QUEBEC (Book of reference of the city of) and village of St. Sauveur, par Paul
  Cousin, 1875 . . . .
QUEBEC. Cases argued and determined in the Court of King's Bench for the
  district of Quebec in Hilary term, 1810 . . . .
QUEBEC GAZETTE for the month of March 1804, with supplements (March 1
  to 29) . . . .
QUEBEC. Historical and sporting notes on Quebec and its environs, par M.
  LeMoine, 1889 1
QUEBEC. Le fort et le chateau Saint-Louis, par Ernest Gagnon, 1895 1
QUEBEC. Les intérêts commerciaux de Montréal et Québec, 1889 1
QUEBEC. Picture of Quebec, par George Brown. 1829 1
QUEBEC. Plan of the City, in North American Atlas K 1
QUEBEC, Political and Historical. Account of Lower Canada with remarks
  on the present situation of the people, by a Canadian, 1830 . . . .

18—G½

662376

2-3 EDOUARD VII, A. 1903

VOLUMES.

QUEBEC, Province of, and the early American Revolution, par Victor Coffin, 1896.. 1
QUÉBEC. Sir William Phips devant, Histoire d'un siège, par Ernest Myrand I
QUEBEC. Stadacona depicta or Quebec and its environs, 1842............ 1
QUEBEC. State of the present form of government of the province of, with extracts from minutes of an investigation into the past administration of justice in that province instituted by Lord Dorchester in 1787........ .

R

RADISSON (Peter Esprit). Voyages with historical illustrations and an introduction, par Gideon D. Scull, 1885............................... 1
RAE (W. Fraser). Columbia and Canada, 1879................... 1
RAE (W. Fraser). Newfoundland to Manitoba, 1881.................... 1
RAFN (Charles Christian). Antiquités Américaines, 1837................ 1
RAILWAY (Board of) Commissioners of Canada. Report of Samuel Keefer, Inspector of Railways for the year 1858........................... .
RAILWAYS, Britain Redeemed and Canada Preserved, par F. A. Wilson et Alfred B. Richards, 1850... .
RAILWAYS, Description of the International Bridge over the Niagara River, near Fort Erie, Canada and Buffalo, U. S. of America, par C. S. Gzowski, 1873.. .
RAILWAYS. The International Railway. A Historical sketch, &c., 1876, par Sandford Fleming... 1
RAILWAYS. Newfoundland Railway Survey, St. John's, N.F., 1876........ 1
RAILWAYS. Notes and corrections to the report on the Grand Trunk Railway, 1861.. 1
RAILWAYS, Railways of Canada, 1870-71, par J. M. et E. Trout........... 1
RAILWAY STATISTICS of the United States. First report ending on 30th June 1888.. 3
RAILWAYS. Summer Tours on the Canadian Pacific..................... 1
RAILWAYS. The Confederation of the British North America provinces, with map of railway route from the Atlantic to the Pacific, par Thomas Rawlings, 1865..
RAILWAY TIMES (the), and Mr. Potter on Canadian Railways, par Edw. Jenkins.. 1
RAMÉ (Alfred). Voyage de Jacques Cartier au Canada en 1534............ 1
RAMEAU (E.) La France aux Colonies, 1859.......................... 1
RAMEAU (M.) Une Colonie Féodale en Amérique (L'Acadie, 1604-1710)..... 1
RAMSAY (David). Military Memoirs of Great Britain, 1755-1763.......... 1
RAMSAY (Thomas). Voir Newfoundland Railway survey of 1875........... 1
RANCK (George W.), Bonesborough, Louisville (Ky.), Filson.............
RAND (Rev. Silas Tertius). Dictionary of the language of the Micmac Indians, 1888... 1
RANKIN (A.) Jesuits Estates in Canada public property, 1850........... 1
RATTRAY (Alexander). Vancouver Island and British Columbia, 1862...... 1
RAWLINGS (Thomas. The Confederation of the British North American Provinces, voir Railways..
RAYNAL (Abbé). A philosophical and political history of the British settlements and trade in North America, 1779. (Ouvrage traduit en anglais.) 1
RAYNAL (Abbé). History of the settlements and trade of Europeans in the East and West Indies, 1782...................................... 6
RAYNAL (Abbé). Révolution de l'Amérique, 1781..................... 1
READ (D. B.) Life and Times of General John Graves Simcoe, 1890...... 1
READ (D. B.) Lives of the Judges of Upper Canada and Ontario, from 1791 to the present time, 1888.. .

VOLUMES.

REBELLION OF 37–8, Canada, in 1837-8, par E. A. Theller, Philadelphia.... 2
RÉBELLION, 1837–8. Evénements de 1837-38. Esquisse historique de l'Instruction du Bas-Canada, par L. N. Carrier.......................... 1
REBELLION OF 1837-8. Humours of 37, par R. and K. M. Lizars.......... 1
REBELLION OF 1837-8, in Upper Canada. Life and Times of W. D. Mackenzie, par Charles Lindsay, 1862...................................... 2
RÉBELLION DE 1837-8. La Rébellion de 1837, à Saint-Eustache, précédé d'un exposé de la situation politique du Bas-Canada, depuis le Cession, par C. A. M. Globensky... 1
RÉBELLION DE 1837-8. Notes d'un Condamné Politique de 1838, par F. X. Prieur 1
REBELLION OF 1837-38. Other side of the story of Upper Canana's Rebellion, par John King.... 1
RÉBELLION DE 1837-8. Réfutation de l'écrit de Louis Joseph Papineau intitulé, Histoire de l'insurrection, etc., attribuée à M. de Bleury, 1839... 1
REBELLION OF 1837-8. Report of the affairs of Bristish North America, from the Earl of Durham, 1839.................................... 1
REBELLION OF 1837-8. State trials. The late Rebellion in Lower Canada, 1839.......... 2
REBELLION OF 1837-8. Story of the Upper Canadian Rebellion, par Charles Dent.. 2
REBELLION OF 1837-8. Trial of Alexander McLeod for the murder of Amos Durfee, 1841.......... 1
REBELLION OF 1837-8. Van Dieman's Land, written during four years' imprisonment for offences committed in Upper Canada, par Benjamin Wait, 1843.. 1
REBELLION OF 1837-8. Voyez U. E. Loyalists. Brief review of the settlement of Upper Canada, par D. McLeod, 1841.......................... 1
RÉCITS ET SOUVENIRS, par Joseph Marmette, 1891................... 1
RECTORIES. Attorney General vs Grasset. The Rectory of St. James', Toronto, in Chancery, 1854..................................... 1
RED JACKET. Account of Sa-Go-Ye-Wat-Ma, or Red Jacket and his people, 1750-1830, par J. Niles Hubbard................................ 1
RED RIVER COUNTRY, Hudson's Bay and North-Vest Territory, considered in relation to Canada, par Alexander J. Russell, 1859................ 1
RED RIVER. Par Joseph James Hargrave, 1871..................... 1
RED RIVER. Expédition par le capitaine G. L. Huyche, 1871........... 1
RED RIVER. Notes of the Flood at the Red River, 1852, par l'évêque de la Terre de Rupert, 1852..................................... 1
RED RIVER SETTLEMENT ; its rise, progress and present state, par Alexander Ross, 1856... 1
RED RIVER. Substance of a journal during a residence at the Red River Colony in 1820, 1821, 1822, 1823, par John West, M. A.............. 1
RED RIVER. Voyez Biographies. Mgr Provencher, 1889.............. 1
RED RIVER. Recensement, 1831 à 1846.......................... 1
RED RIVER. History of Red River, par l'honorable Donald Gunn, et suite par C. B. Tuttle, 1880....................................... 1
RED RIVER. Voir Journals of Henry and Thompson.................. 1
REEVES (John). History of the Government of the Island of Newfoundland, 1793.. 1
REGISTRES. (A travers les registres). Notes, par l'abbé Tanguay, 1886..... 1
REGISTRY HOUSE, EDINBURGH : Reports of Deputy Clerk Register of Scotland, 1807 a 1868... 1
Treasury Minute regulating the various offices, 1881................. 1

VOLUMES.

Reports of the Commissioners on the state of the Registers of Land rights
  in the counties and boroughs of Scotland, 1863 . . . .
Report of Parliament Committee on Writs . . . .
Registration (Scotland-Bill, 1763. (Deux rapports reliés en un seul volume) 1
REGLES ET RÈGLEMENTS du Conseil Législatif du Canada 1
REGULATIONS lately made concerning the colonies and the taxes imposed upon
  them considered, 1765 . . . . ⸱
RELATIONS DES JÉSUITES. Voir Jésuites . . . .
RELIGIEUSES (Affaires). Lettres, etc., de Colbert, par Pierre Clément, 1650-
  1661 . . . .
RELIGIOUS CONTROVERSY. History of the separation of Church and State in
  Canada, 1887 1
REMARKABLE HISTORY of the Hudson Bay Company, par George Bryce, 1900. 1
REMEMBRANCER, or Imperial Repository of Public Events, 1775 1
REMINISCENCES of a Canadian Pioneer, 1884 1
REMINISCENCE of his public life, par Sir Francis Hincks 1
RÉPERTOIRE GÉNÉRAL du Clergé Canadien, par Mgr Tanguay, 1893 1
RÉPERTOIRE NATIONAL, 1846. Pas de titre 1
REPORT on Militia of the Province of New-Brunswick, 1865 1
REPORT on the boundaries of the province of Ontario, par David Mills, 1873.. 1
RÉPLIQUE des Commissaires Anglois, ou mémoire présenté par les Commissaires
  de Sa Majesté aux Commissaires de Sa Majesté Très Chrétienne, le 23
  Janvier 1753, concernant Nouvelle-Ecosse eu L'Acadie, La Haye, 1756... 1
RESPONSIBLE GOVERNMENT for Colonies, 1840 1
REVEILLAND (Eug.) Voyez Le Lac (Père Sixte), 1888 1
REVOLUTION, Year-Book of the Society of the Sons of the Revolution in New-
  York, 1899 1
RHODE-ISLAND. The Early Records of the Town of Providence 15
RHODE-ISLAND. Report of the Record Commissioners 1
RICHARD (Edouard). Acadia Missing Links of a lost chapter in American
  History, 1895 . . . . ⸱
RICHARDS (Alfred B.) Voyez Wilson, F. A., Britain Redeemed, 1850, voyez
  Railways . . . .
RICHARDSON (John M. D.) Voyez Franklin narrative of a second expedition.
RICHARDSON (Sir B. W.) Biological experimentation. Answers to questions
  of the Leigh Brown Trust 1
RICHARDSON (Major). Movements of the British Legion, 1837 1
RICHARDSON (Major). Narrative of the operations of the right division of the
  Army of Upper Canada during the American War of 1812 1
RICHARDSON (Major). The Canadian Brothers, 1840 2
RICHARDSON (Major). The Guard in Canada, 1848.. 1
RICHARDSON (Major). War of 1812. A reprint with life of Richardson
  notes and additions 1
RICHARDSON (Sir John). The Polar regions, 1861 1
RICHAUDEAU (l'abbé, F. P.) Vie de la R. Mère Marie de l'Incarnation, 1873. 1
  Lettres de la Révérende Mère Marie de l'Incarnation, 1876 2
RIDEAU CANAL. Voir Trans-Atlantic sketches, 1833 . . . .
RIDOUT (Thomas). Ten Years in Upper Canada in Peace and War, 1810 to
  1815, par Mathilda Edgar 1
RIEDESEL (Madame). Letters and Journals, traduction de W. L. Stone, 1867 1
RIEDESEL (Major General). Memoirs and Letters and Journals, traduction de
  W. L. Stone, 1868 2
RIEL vide NORTH-WEST REBELLION . . . .
RIGHTS OF GREAT BRITAIN asserted against the claims of America, 1776 1
RIMOUSKI, par l'abbé Chas. Guay, 1873 . . . . ,. . . . 1
RIVOT (M. L. E.) Voyage au lac Supérieur, 1855 1

VOLUMES.

ROBERTS (Charles G. D.)   History of Canada, 1897   1
ROBERTS (James A.)   New York in the Revolution, 1898   1
ROBERTSON (J. P.)   A political manual of Manitoba and the North-west Ter-
    ritories, 1887   1
ROBERTSON (J. Ross).   History of Free Masonry in Canada.   2
ROBERTSON (J. Ross).   Landmarks of Toronto, 1896   2
ROBERTSON (John).   Michigan in the War, 1861-65   1
ROBERTSON (William D. D.)   History of America, 1805   3
ROBERVAL, *voyez* Voyages and Travels, Cartier . . . .
ROBIN (M. l'Abbé).   Nouveau Voyage dans l'Amérique Septentrionale en
    1781 et Campagne de l'armée de M. le Comte de Rochambeau, 1783   1
ROBERTSON (John Beverly).   Canada and the Canadian Bill, 1841   1
ROBSON (Joseph).   An account of six years residence in Hudson's Bay, 1752.   1
ROCHESTER.   Historical Society, N. Y. (publication de la) . . . .:   1
ROCKY MOUNTAINS.   Camping in the Canadian Rokies, par Walter Dwight
    Wilcox, 1896   1
ROEBUCK (John Arthur).   The colonies of England, 1849   1
ROGER (Charles).   History of Canada, 1856   1
ROGERS (Rév. Charles).   Memorials of the Earl of Stirling and the House of
    Alexander, 1877   2
ROGERS (Major Robert).   A concise account of North America, containing a
    description of the several British Colonies, &c. An account of the several
    nations and tribes of Indians, &c., 1769 . . . .   ⸴
ROGERS (Major Robert).   Journals containing an account of the several excur-
    sions he made under the generals who commanded upon the continent of
    North America during the late war, 1765 . . . .   ⸴
        (Une autre édition continuée jusqu'à 1767, annotée par F. B. Hough)
ROGERS (Horatio).   Hadden's Journal and Orderly Book, 1884   1
ROGERS (Horatio).   Mary Dyer, the Quaker Martyr, 1896   1
ROLPH (Dr. Thomas).   A brief account, with observations on the West Indies,
    with a statistical account of Upper Canada, 1836 . . . .   ⸴
ROLPH (Thomas).   Emigration and Colonization, embodying the result of a
    mission to Great Britain and Ireland during 1839 to 1842 . . . .   ⸴
ROLT (Richard).   An Impartial representation of the conduct of the several
    Powers of Europe engaged in the late general war, 1739 to 1748   4
ROMAN CATHOLIC CHURCH.   Appendice au Compendium du Rituel Romain à
    l'usage des diocèses de la Province ecclésiastique de Québec, 1853 . . . . . .   ⸴
ROMAN CATHOLIC CHURCH.   City and Diocese of London, Ontario, par le
    révérend John P. Coffey, 1885 . . . .   ⸴
ROMAN CATHOLIC CHURCH.   First establishment of the Faith in New-France.
    Traduction par John G. Shea, or Le Clercq's Work of 1691   2
ROMAN CATHOLIC CHURCH.   Missionary Labours of Fathers Marquette, Menard
    and Allouez in the Lake Superior region, par le revérend C. Verwyst, 1886   1
ROMAN CATHOLIC CHURCH.   Rome in Canada.   The ultramontane struggle
    for supremacy over the civil authority, par Charles Lindsay, 1877 . . . . . .   ⸴
ROOSEVELT (Theodore).   Naval War of 1812.   Battle of New Orleans added,
    1883   1
ROOSEVELT (Theodore).   The Winnipeg of the West, 1889   2
ROSE (George Maclean).   A Cyclopædia of Canadian Biography, 1886   1
ROSENGARTEN (J. G.)   German allied troops in the North American War of
    Independence, 1776-1783 . . . .   ⸴
ROSS (Alexander).   Adventures of the first settlers on the Oregon, &c. (Pacific
    Fur Company), 1849 . . . .   ⸴

VOLUMES.

Ross (Alexander). The Red River Settlement, 1856   1
Ross (Hon. Geo. W.) Biography of the Hon. Alexander Mackenzie, his life and
     times, 1892..   *
Ross (Sir John). Second Voyage in search of a North-west Passage, 1829–
     1833, with an Appendix, 1835....   2
     Aussi la première édition de 1834...   1
Ross (Captain John, R.N.) Voyage of discovery . . . in H.M.S. *Isabella*
     and *Alexander* for the purpose of exploring Baffin's Bay and inquiring into
     the probability of a North-west passage, 1819.......................   1
ROULEAU (C. E.) Souvenirs de voyage d'un soldat de Pie IX, 1881........   1
ROUSSEAU (P.) Histoire de la vie de M. Paul de Chomedey, Sieur de Maison-
     neuve, 1640–1676...   1
ROUTHIER (A. B.) A travers l'Europe, 1881............................   2
ROUTHIER (A. B.) Causeries du Dimanche, 1871.....................   1
ROUTHIER (A. B.) De Québec à Victoria................................   1
ROUTHIER (A. B.) En Canot, Petit voyage au Lac Supérieur, 1881........   1
ROUTHIER (A. B.) Les Echos, 1882..................................   1
ROUTHIER (l'Hon. Juge). Conférences et Discours, 1889..................   1
ROUTES. Canaux et Mines, Lettres, etc., de Colbert, par Pierre Clément,
     1650–1661..
ROY (J. Edmond). Au royaume du Saguenay, Voyage au pays de Tadoussac,
     1889...   1
ROY (J.) History of Canada, 1858.......................................   1
ROY (J. Edmond). Histoire de la Seigneurie de Lauzon, 1897.............   2
ROY (J. Edmond). Le premier colon de Lévis, 1884.....................   1
ROYAL CANADIAN ACADEMY Records, Exhibitions, &c., from 1879.... ......
ROYAL CHARTER for incorporating the Hudson's Bay Co., 1670...........   1
ROYAL ENGINEERS (Professional papers of the Corps of), 1844.............   5
ROYAL HISTORICAL SOCIETY. Comptes rendus de 1884 à 1901.............   15
ROYAL SOCIETY OF CANADA. Comptes rendus, etc., de 1882 à 1901...   19
RULE AND MISRULE of the English in America, par l'auteur de Sam Slick,
     etc. (juge Haliburton), 1851.......................................   1
RUN (A), through the United States, par le lieut.-colonel A. M. Maxwell, 1841   2
RUPERT'S LAND (Evêque de). Notes of the Flood at the Red River, 1852...   1
RUPERT'S LAND. Report of the Synod of the Diocese of, for 1867 and 1869..   1
RUSSELL (W. Howard). Canada, its defences, &c., 1865........   1
RUSSELL (Willis). Quebec as it was and as it is, 1864....................   1
RUSSELL, jr. (J.) The History of the war between the United States and
     Great Britain, which commenced June 1812, and closed 18th January
     1815..   *
RUSSELL (Lord John). Colonial Policy of his administration, par le comte
     Grey, 1853...   2
RUSSELL (Alexander J.) The Red River Country, Hudson's Bay and North-
     west Territories, 1869...   1
RUSSELL (Robt.) North America, its Agriculture and Climate, 1857.......   1
RUSSELL (John). The Schools of Greater Britain, 1887.....   1
RYERSON (Rev. John). Hudson's Bay, 1855   1
RYERSON (Egerton). Journal of Education for Upper Canada, 1848   1
RYERSON (Egerton). The Loyalists of America and their times from 1620 to
     1816..   2

S.

SABINE (Lorenzo). Biographical sketches of Loyalists of the American Revo-
     tion, 1864.....   2
SABLONS (les) et l'Ile Saint-Barnabé, par J. C. Taché, 1885.   1

VOLUMES.

SACHÉ (Le R. P. Louis), par le P. H. E. Duguay, 1890   1

SAFFORD (W. H.). Blennerhassett papers, 1891   1

SAGARD (Fr. Gabriel). Histoire du Canada, 1636   4

SAGARD (Fr. Gabriel). Le Grand Voyage au pays des Hurons, etc., Paris,
   1632 . . . .   ₄

SAGUENAY. Au royaume du Saguenay, Voyage au pays de Tadoussac, par J.
   Edmond Roy   1

SAGUENAY ET LAC SAINT-JEAN. Par Arthur Buies   1

SAINT-ALBANS. David Tétu et les raideurs   1

SAINT ANDREWS CHURCH, Montreal. The great Pew Case, 1877   1

ST. CLAIR (Major General). Narrative of the manner in which the Campaign
   against the Indians was conducted, 1812 . . . .   ₄

SAINTE ÉCRITURE (La) et la Règle de Foi, par l'Abbé Louis Nazaire
   Bégin . . . .   ₄

SAINTE-FOI (Charles). Les Heures Sérieuses d'un Jeune Homme, 1876 . . . . . .   ₄

SAINT-FRANÇOIS DE LA BEAUCE. Notes sur la paroisse de, par l'Abbé Benj.
   Demers, 1891 . . . .   ₄

SAINT GABRIEL CHURCH, Montreal. A History of the Scotch Presbyterian
   Church, par le révérend Robert Campbell   1

ST-JEAN BAPTISTE. Grand Cinquantenaire de L'Etendard, 1884   1

ST. JOHN (J. Hector). Letters from an American Farmer, 1782   1

ST. JOHN (Molyneux). The Sea of Mountains, 1877   2

ST. JOHN BOARD OF TRADE. Report on the Bay of Fundy and Harbour of
   St. John, 1877 . . . .   ₄

ST. LAWRENCE. Chisholms, All round route and guide to the St. Lawrence,
   1873 . . . . : . . . .   ₄

ST. LAWRENCE, deepening between Montreal and Quebec voyez Montreal
   Harbour . . . .

ST. LAWRENCE (Panorama of the) from Niagara to Quebec, 1850 . . . .   ₄

SAINT-LAURENT (Promenades dans le Golfe), Faucher de Saint-Maurice,
   1881 . . . .   ₄

ST. LAWRENCE, sailing directions, voyez Newfoundland, 1862 . . . .

ST. LOUIS (Annals of) under French and Spanish Dominions, compilées par
   Frédéric L. Billon   1

ST-LOUIS, Le Fort et le Château, par Ernest Gagnon   1

ST-MAURICE (Deux voyages sur le), par l'Abbé N. Caron, 1887   1

ST-OURS (La famille de), par l'Abbé Daniel, sous le titre, Une page de Notre
   Histoire, 1865 . . . .   ₄

ST-ROCH. Congrégation des hommes de la Paroisse de Saint-Roch de Québec,
   1883   1

ST-VALLIER (Monseigneur de) et l'Hôpital Général de Québec, 1882   1

SANDHAM (Alfred). McGill College and its Medals, 1871   1

SANDHAM (Alfred). Montreal and its fortifications, 1874   1

SANDHAM (Alfred). Ville-Marie, Sketches of Montreal, 1870   1

SANGSTER (Charles). The St. Lawrence and the Saguenay, Kingston,
   1856   1

SANITARY CONFERENCE of Washington of 1881   1

SANSON (Joseph). Travels in Lower Canada, 1820   1

SANTÉ (La). Pour Tous, ou Notions élémentaires de Physiologie, etc., par le
   Dr Séverin Lachapelle, 1880   1

SARATOGA. Battles of 1777, par Mrs. Ellen Hardin Walworth, 1892   1

SARATOGA. Battle grounds (visits to), par W. L. Stone, 1895   1

SARGENT (Winthrop). History of an expedition against Fort du Quesne in
   1755 under Major General Edward Braddock, 1855   1

SARGENT (Winthrop). The Life and Career of Major John André, 1861   1

SASKATCHEWAN. Voyez Journals of Henry and Thompson . . . .

VOLUMES.

SAUNDERS (Admiral).   Portrait in Royal Magazine for 1760...............
SAVAGE (James).   Genealogical Dictionary of the first settlers in New
   England, 1860...   *
SAVAGE (James).   Notes on History of New England, 1630 to 1649, par John
   Winthrop, 1853..   *
SAVARY (A. W.).   History of the country of Annapolis, by the late A. W.
   Calnek, publié et compilé par...................................   1
SAVINGS BANKS.   (New-York.)   Annual Report, 1879.....................   1
SCADDING (Henry).   Toronto of Old, 1873...........................   1
SCÆVOLA.   (Letters of a Nova Scotian and of) on Canadian politics, 1828....   1
SCHERER (J. B.).   Recherches historiques et géographiques sur le nouveau
   monde, 1777...   *
SCHMITT (Rev. Edm. J. P.).   Loose sheets on the history of the German con-
   gregation of St. Mary at New Albany, 1890......................   *
SCHOOLCRAFT (Henry R.)   Historical and Statistical information respecting
   the history....of the Indian tribes of the United States, 1851.........   6
SCHOOLCRAFT (Henry R.).   Narrative journal of the travels from Detroit
   North-west through the great chain of the American lakes to the sources
   of the Mississipi in 1820..   1
SCHOOLCRAFT (Henry R.).   Notes on the Iroquois, 1847   1
   Same title Report to Congress of the United States, 1846.............   1
SCHOOLS.   New-Brunswick, 1872 to 1897........   7
SCIENCES, lettres, beaux-arts, bâtiments.   Lettres, etc., de Colbert, par Pierre
   Clément, 1650-1661...
SCOTT (Duncan Campbell).   Poems of Archibald Lampman, publié avec un
   mémoire par, 1900....................................   *
SCOTTISH GEOGRAPHICAL JOURNAL, 1888 to 1902 (monthly)...............   *
SCRIBBLER. (The) Par Lewis Luke Macculloh, vol. II, 1823......   1
SCROPE (Parlett).   Lord Charles Sydenham, 1843......................   1
SCULL (G. D.).   The Montresor Journals, 1781.   New-York Historical Society   1
SCULL (G. D.).   Raddisson Voyage with historical illustrations, 1885.......   1
SÉGUR (Count de).   Memoirs and recollections, 1825....................   1
SEIGNELAY.   Instructions au Marquis de, par Pierre Clément, 1650-1661....
SEIGNIORIAL QUESTIONS.   A compilation containing the act, pleadings, deci-
   sion of the judges, &c., par Lelièvre et Angers, 1856.................   *
SEIGNIORIAL TENURE.   The question of the seigniorial tenure of Lower Canada
   . reduced to a question of landed credit, par A. Kierzkowski, 1852.......   *
SEIGNIORIAL.   Tenure seigneuriale en Canada (Bas) et projet de commuta-
   tion, par J. C. Taché, 1854   1
SEIGNEURIES.   Traité de la loi des Fiefs, 1775.........................   1
SELKIRK (Earl of).   A sketch of the British Fur Trade in North America, with
   observations relative to the North-west Company of Montreal, 1816......   1
SELKIRK (Lord).   Hudson's Bay Co.'s land tenures, par Archer Martin, 1898.   1
SELKIRK (Earl of).   Letter to the Earl of Liverpool on the subject of the Red
   River Settlement in 1817, 1818 and 1819.   Pas de date et la page du titre
   manque.   Précédé d'une brochure traitant de la nécessité d'un système
   plus efficace de défense nationale, laquelle a été publiée à Londres en 1808.   1
SELKIRK (Earl of).   Observations on the present state of the Highlands of
   Scotland with a view of the causes and probable consequences of Emigration, 1805..   *
SELKIRK SETTLEMENT.   Letter to the Right Hon. the Earl of Selkirk, on his
   settlement at the Red River, par John Strachan, D.D., 1816.........
SELKIRK SETTLEMENT.   North-west Proceedings.   Une narration des événements dans les pays sauvages de l'Amérique du Nord depuis que le Très
   honorable le comte de Selkirk fait partie de la Compagnie de la Baie-
   d'Hudson, 1817..   1
   Original " Récit des événements", 1818...........................   1

DOC. DE LA SESSION No. 18

VOLUMES.

SELKIRK SETTLEMENT.   Notice of Boundary, &c.   *Voir* Bounderies, 1817....

SELKIRK SETTLEMENT.   Report of the Trials of Charles de Reinhard, Archibald McLellan and others for the murder committed in the Indian Territories, 1819...   4
   (Le titre du second volume est "Report of the proceedings connected with the disputes between the Earl of Selkirk and the North-west Co."

SELKIRK SETTLEMENT.   Statement respecting the Earl of Selkirk's settlement of Kildonan upon the Red River ; its destruction in 1815 and 1816 and Massacre of Governor Semple, &c..   1
   Même titre augmenté et changé, 1817..............................   1

SELKIRK SETTLEMENT.   Précis touchant la Colonie de Lord Selkirk sur la Rivière Rouge, sa destruction en 1815 et 1816 ....

SELKIRK SETTLEMENT, *voyez* Indians, La Découverte des sources du Mississippi, 1824   1

SELLAR (Robert).   History of the County of Huntingdon, 1888.........   ...   1

SEPARATE SCHOOLS in Upper Canada.   The Legislation and History of, par J. George Hodgins, 1897...   ....

SEPARATION OF CHURCH and State in Canada.   History of, par le révérend E. R. Stimson, 1887.........................

SHANLY (Walter).   Notes and corrections to the report on the Grand Trunk Railway, 1861...   1

SHANTY, FOREST AND RIVER LIFE, par Joshua Fraser, 1883   1

SHEA (John Gilmary).   A History of the Catholic Church within the limits of the United States, 1890......................................

SHEA (John Gilmary).   First establishment of the faith in New-France, traduction de l'ouvrage de Le Clercq de 1691....   2

SHEA (John Gilmary).   History of Catholic Missions among the Indian tribes of the United States, 1529-1854...............................

SHEA (John Gilmary).   Life of Times of the most Rev. John Carroll (1763-1815)..   1

SHEA (John Gilmary).   The Catholic Church in Colonial Days.   1886......   1

SHEA (John. Gilmary).   *Voyez* Chauchetière, le R. P. Claude.   1887........

SHENSTON (Thomas S.)   County Warden and Municipal Officers Assistant. 1851...   1

SHENSTON (THOMAS S.)   Oxford Gazetteer, 1852.......................   1

SILVER MAP OF THE WORLD, par Miller Christy, 1900................   1

SIMONS (N. W.)   A letter to an Hon. Brigadier General ascribed to Junius, 1760, refutation added..

SIMPSON (THOMAS).   Narrative of the discoveries on the North Coast of America; effected by the officers of the Hudson's Bay Company during 1836-39...

SIMPSON (SIR GEORGE).   Narrative of a journey round the World during the years 1841 and 1842.......................................   2

SIMPSON (SIR GEORGE).   Peace River, a canoe voyage, 1872..............   1

SMITH (PHILIP).   Acadia : A lost chapter in Canadian History, 1884.......   1

SMITH (JOSHUA HETT).   An authentic narrative of the causes which led to the death of Major André, 1808   1

SMITH (JOHN EDWARD).   A Catalogue of Westminster Records............   1

SMITH (M.)   British Possessions in North America, 1814...............   1

SMITH (W. H.)   Canadian Gazetteer, 1846...........................   1

SMITH (W. H.)   Canada past, present and future, 1852   1

SMITH (G. BARNETT).   Canada, its rise and progress, 1898..............   1

SMITH (SAMUEL STANHOPE).   Essay on the causes of the variety of complexion, &c., in the human species, dealing with the Indian tribes, 1810 ....

SMITH (M.)   Geographical view of the Province of Upper Canada in two Parts, 1813...
   Une deuxième édition de 1814 contient "une brève opinion de la guerre au Canada jusqu'à la date du volume"............................

VOLUMES.

SMITH (WILLIAM). History of Canada, 1815   2
SMITH (PHILIP H.) Green Mountain Boys, or Vermont and the New-York
    Land Jobbers, 1885..   ı
SMITH (Z. F.) The Clay Family. Filson Club Publications...............
SMITHERS (LEONARD). British Catalogues, 1896 ....
SMITHSONIAN INSTITUTION. Report on Ethnology, par J. W. Powell, 1885 to
    1901...   15
SMYTH (DAVID WILLIAM). A short Topographical Description of His Majesty's
    Province of Upper Canada, 1799.............................   ı
    (Aussi deuxième édition, 1813, revisée par Charles Gore. L'ouvrage est de
    Smith, l'arpenteur général du Haut-Canada. Le nom a été imprimé
    Smyth à Londres par erreur................ : ....   ı
SMITH. Voir SIR JAMES CARMICHAEL.
SOCIETIES. Digest of the records of the Society for the Propagation of the
    Gospel, 1894.. :   1
SOCIETY OF COLONIAL WARS. Constitution of the General Society, 1898....   1
S. P. G. Report of 1861, on Nova Scotia, Newfoundland, Canada, &c.,
    1861   1
SOCIETY OF SONS OF THE REVOLUTION in the State of New-York..........   1
    Year Book of the Society, 1899..................................   1
SOULÉS (FR.) Histoire des troubles de l'Amérique Anglaise, écrite sur les
    mémoires les plus authentiques, 1787   2
SOUTHESK (EARL OF). Saskatchewan and the Rocky Mountains, 1875......   1
SOUVENIRS d'un demi-siècle, par J. G. Barthe, 1885   1
SOUVENIRS DE VOYAGE d'un soldat de Pie IX., par C. E. Rouleau, 1887   1
SPANISH-AMERICAN WAR, New York in the, 1900......................   3
SPANISH CONSPIRACY, par Thomas Marshall Green   1
SPARKS (JERED). Life of Robert Cavelier de la Salle, 1844..............   1
SPECTATOR. An Authentic account of the reduction of Louisbourg in June
    and July, 1758...   1
SPEDON (ANDREW LEARMONT). Rambles among Blue Noses, 1863   1
SPEDON (ANDREW LEARMONT). Tales of the Canadian Forest, 1861   1
SPEED (Thomas), voyez Filson Club Publications. The Wilderness Road. The
    Political Club............. : ....
SPENCER (J. W.) The duration of Niagara Falls and the history of the great
    lakes, voyez Niagara Falls......................................   1
SPRAGGE (Arthur). From Ontario to the Pacific by the C. P. R., 1887. ...   1
STADACONA Depicta, voyez Québec, 1857 .... :..............
STANDING Orders of the Legislative Council of Canada, 1847   1
STATE of the present form of Government of the province of Quebec, 1789...   1
STATE Trials. The late rebellion in Lower Canada, 1839................   2
STATESMAN's Year Book, 1884..   1
STATISTICS. Johnston's Graphic Statistics of Canada, 1888..............   1
STATISTICAL Records of Canada for 1886 and 1889.......................   3
STATUTES. Report of the Commission for the Revision and Consolidation of
    the General Statutes of Quebec, with First Part of the Draft for the
    Revised Statutes, 1883..   ı
STATUTES (Ordinances and). A complete index of, to the 57 George III, in-
    clusive, 1817..
STEAM Navigation, par James Croil, 1898...... . ...   ı
STECKEL (R.) Essay on the contracted liquid vein affecting the present
    theory of the science of hydraulics, 1884..........................
STEEL's Book of Niagara Falls, 1840................................   1
STEPHEN (James). War in disguise, or the frauds of the neutral flags. Pu-
    blié anonymement, 1806... ....   ı

VOLUMES.

STEREOMETRICAN. New system of measuring all bodies by one and the same rule, par C. Baillairgé, 1884.. 1

STÉRÉOMÉTRIQUE, Clef du Tableau, par C. Baillairgé, 1874................. 1

STEVENS (B. F.) Voyez American Revolutionary War, Clinton Cornwallis....

STEVENS (Henry). The Cabots, John and Sebastian, 1870................. 1

STEVENS (Henry et Fils). British Catalogues, 1887 to 1897................

STEVENSON (David). Sketch of the Civil Engineering of North America..... 1

STEVENSON (James). The war of 1812 in connection with the Army Bill Act. 1

STEWART (John). Account of Prince Edward Island, 1806................ 1

STEWART (George, fils). The Great Fire in St. John, N.B, 1877........... 1

STIRLING Peerage. Analytical Statement of the case of Alexander, Earl of Stirling, par Thomas C. Banks, 1832 1

STIRLING Peerage. Baronia Anglica concentrata, containing an historical account of the first settlement of Nova Scotia, &c., by Sir T. C. Banks, 1844 2

STIRLING Peerage. Case of the Right Hon. Alexander, Earl of Stirling and Dovan, &c., 1833, par J. T. Burn 1

STIRLING Peerage. Earl of Stirling, Register of Royal Letters relative to the affairs of Scotland and Nova Scotia from 1615 to 1635 2

STIRLING PEERAGE. Life of William Alexander, Earl of Stirling, by William Alexander Duer, 1847...................................... 1

STIRLING Peerage. Memorials of the Earl of Stirling and of the House of Alexander, par le révérend Charles Rogers, 1877 2

STIRLING Peerage. Narrative of the oppressive law proceedings, &c., to overpower the Earl of Stirling, &c., par Ephraim Lockhardt, 1836 1

STIRLING Peerage. Report of the Trial of Alexander Humphreys or Alexander, claiming the title of the Earl of Stirling, &c., for the crime of forgery, par Archibald Swinton, 1839............................... 1

STIRLING Peerage. Royal Letters, charts and tracts relating to the colonization of New Scotland and the institution of the Knight baronets of Nova Scotia, 1621-1638 1

STIRLING PEERAGE. Trial of Alexander Humphreys or Alexander, styling himself Earl of Stirling, for forgery, par William Turnbull, 1839...... 1

STIRLING PEERAGE. Vindication of the rights and titles political and territorial of Alexander, Earl of Stirling and Dovan, &c., par John L. Hayes, 1853 1

STIRNSON (Rev. E. R.) History of the Church and State in Canada, 1887 1

STONE (William L.) Border Wars of the American Revolution, 1874 2

STONE (E. M.) Invasion of Canada in 1775—Captain Simeon Thayer. Notes par E. M. Stone. Rhode Island Historical Society, 1867 1

STONE (W. L.) Journal of Captain Pausch during the Burgoyne Campaign (traduction), 1886...................................... 1

STONE (W. L.) Letters and Journals relating to the War of the American Revolution and the Capture of the German troops at Saratoga, par Mrs. General Riedesel, 1867 1

STONE (W. L.) Letters of Brunswick and Hessian Officers during the American Revolution, 1891 1

STONE (W. L.) Life of Joseph Brant, 1838 2

STONE (W. L.) Life and Times of Sir William Johnson, 1865........... 2

STONE (W. L.) Memoirs and letters and journals of Major General Riedesel during his residence in America, 1868.............................. 2

STONE (W. L.) The Campaign of Lieut. Gen. John Burgoyne and the expedition of Lieut. Col. Barry St. Leger in 1777 1

STONE (W. L.) Visits to the Saratoga Battle Grounds, 1895 1

STORY (The) of the Great Fire, St. John, N.B., 1877, by George Stewart, fils.. 1

VOLUMES.

STRACHAN (John D. D.) A letter to the congregation of St. James Church, York, U.C. Occasioned by the Hon. John Elmsey's publication, 1834..... 1

STRACHAN (John D. D.) Letter to the Right Hon. the Earl of Selkirk on his settlement at the Red River, 1816................................... 1

STRICKLAND (W. P.) Old Mackinaw or the Fortress on the Lake and its surroundings, 1860................................... 1

STRICKLAND (Major). Twenty-seven years in Canada West, 1853.......... 2

STUART (George O'Neill). Cases in the Vice Admiralty Court for Lower Canada, 1858 1

STUART (Andrew). Reports on Crown Lands, 1821.... 1

STUART (Andrew). Review of the proceedings of the Legislature of Lower Canada in the Session of 1831 1

STUART (Rev. H. C.) The Church of England in Canada, 1759-1793....... 1

STUART (C.) The Emigrants Guide to Upper Canada, 1820............... 1

STUART (James). Three years in North America, 1833 1

STURDEE (Major E. T.) Historical Records of the 62nd St. John Fusiliers, 1888 1

SUBMARINE CABLE. Voyez Mullaly (John). A Trip to Newfoundland, 1855.

SULLIVAN (Edouard). Rambles and Scrambles in North and South America, 1852 1

SULTE (B.) Album de l'histoire des Trois-Rivières, 1634-1721. Avec facsimilés des documents primitifs 1

SULTE (B.) Au coin du feu, 1882 1

SULTE (B.) J. Amusart. Causons du pays, 1893 1

SULTE (B.) Histoire des Canadiens-Français, 1608-1880 4

SULTE (B.) Histoire de Saint-François-du-Lac, 1886 1

SULTE (B.) Histoire de la ville des Trois Rivières et de ses environs, 1870... 1

SULTE (B.) La Bataille de Châteauguay, 1899... 1

SULTE (B.) Mélanges, d'Histoire et de Littérature, 1876 1

SUMMER TOURS. By the Canadian Pacific Railway, 1887 1

SUPREME COURT. Reports, 1876 to 1897.............................. 27

SUPREME COURT REPORTS. Manual of Practice......................... 1

SURRENDERS. Indian Treaties, 1680 to 1890 1

SUTHERLAND (W) Canadian Catalogues, 1833 to 1897 ....

SUTHERLAND (Peter, C., M. D.) Journal of a Voyage (1850-51) in search of the Crews of H. M. S. Erebus and Terror (voir Arctic)..... 2

SUTTON (Robert). British Catalogues, 1897.........................

SWINTON (Archibald). Voir Stirling Peerage.........................

SYDENHAM (Lord Charles). By Poulett Scrope, 1843 ....

T

TABLETTES CHRONOLOGIQUES, etc., de l'Histoire du Canada, par l'Abbé D. Gosselin, 1887...... 1

TACHÉ (J. C.) Canada Prize Essay, 1856.. 1

TACHÉ (J. C.) De la Tenure Seigneuriale en Canada et projet de Commutation, 1854.....

TACHÉ (J. C.) Des Provinces de l'Amérique du Nord, et d'une Union Fédérale, 1858......... 1

TACHÉ (J. C.) Forestiers et Voyageurs, 1884........ 1

TACHÉ (J. C.) Les Sablons et l'Isle Saint-Barnabé, 1885................... 1

TACHÉ (Louis H.) Faucher de St. Maurice, 1886...................... 1

TACHÉ (Louis H.) La poésie Française au Canada, 1881............ 1

TACHÉ (Mgr). Esquisse sur le Nord-ouest de l'Amérique, 1869............. 1

TACHÉ (Mgr). Sketch of the North-west of America, 1870................ 1

DOC. DE LA SESSION No. 18

VOLUMES.

TACHÉ (Mgr Alex.) Vingt années de missions dans le Nord-ouest, 1866.... 1
    Deuxième édition, considérablement augmentée, 1888.. 1
TADOUSSAC, *voyez* Saguenay. Roy, 1889,.................. 1
TAILHAN (R.P.J.) Nico!as Perrot. Mémoire sur les Sauvages de l'Amérique
  Septentrionale, 1864........................ 1
TALBOT (T. A.) Action des boissons enivrantes sur l'organisme humain, 1888 1
TALBOT (Edward Allan). Five Years' Residence in the Canadas, 1824...... 2
TALES OF THE CANADIAN FOREST, par Andrew Learmont Spedon, 1861...... 1
TALLEYRAND (M. de). Memoir concerning the commercial relations of the
  United States with Great Britain, 1814................. 1
TANEYHILL (R. H.) The Leatherwood God. In Ohio Valley. Historical
  Series, 1871................................ ·.... 1
TANGUAY (Abbé C.) A Travers les Registres, 1886.................... 1
TANGUAY (l'Abbé C.) Dictionnaire Généalogique des Familles Canadiennes,
  de 1608 à 1700... 7
TANGUAY (l'Abbé C.) Répertoire Général du Clergé Canadien, 1868........ 1
TANGUAY (l'Abbé C.) Répertoire Général du Clergé Canadien, 1893........
    Seconde édition augmentée...................... 1
TAPLEY (J. F.) Co. The Publishers' Trade List Annual, 1902............. 4
          Index............. 1
TARIEU, *voir* LANAUDIÈRE...
TARIFF Handbook, *voyez* Commerce, Maclean, 1878....................
TARIFF Supplement (for 1832) to the Laws of Customs, with general index of
  the Consolidated Acts of 1825................................. 1
TARIFF. The Provincial laws of the Customs, par J. W. Dunscomb, 1844.... 1
TARTE (J. I.) Procès Mercier, 1892.................................. 1
TASCHEREAU (Henri T.) Discours. Centenaire de l'Assaut de Québec. ...
TASCHEREAU (Cardinal E. A.) Jubilé sacerdotal de S. E. le, 1892.........
TASCHEREAU (Cardinal). *Voyez* Premier Cardinal Canadien............... 1
TASSÉ (Joseph). Les Canadiens de l'Ouest, 4me éd., 1882............... 2
TASSÉ (Joseph). Philemon Wright, ou Colonisation et Commerce de Bois,
  1871..
TAYLOR (Henry). On the intention of the Imperial Government to unite the
  Provinces of British North America, 1858...................... 1
TAYLOR (Henry). On the present condition of United Canada, 1843 1
    Autre ouvrage par le même auteur sous le même titre, 1850 1
TAYLOR (Fennings). The last three Bishops appointed by the Crown for the
  Anglican Church of Canada, 1869...............................
TAYLOR (H. West). The Pioneers of the Klondyke par, and M. H. E. Hayne,
  1897..
TAYLOR (W. D.) Canadian Catalogues, 1896.........................
TCHERTKOFF (Vladimir). Christian Martyrdom in Russia, Doukhobortsi, 1899 1
TEMPERANCE. Action des boissons enivrantes sur l'organisme humain, par T.
  A. Talbot, 1888.................................
TERRES DE LA COURONNE. Lettres des Curés des Paroisses du Bas-Canada,
  1823..
TERRENEUVE, Directions de Navigation pour la Côte du Labrador, etc., traduit
  par Thomas T. Nesbitt, 1864.................................. 1
TERRE-NEUVE et les Terre-Neuviennes, par Henri de la Chaume, 1886....... 1
TERRE PATERNELLE (La), par Patrice Lacombe, 1877.................... 1
TERRILL (Fredk. W.) Chronology of Montreal and of Canada, 1893........
TESTARD *voir* Montigny.....................................
TÉTU (Charles). Analyse et Observations sur les droits relatifs aux évêques
  de Québec et de Montréal, et au Clergé du Canada, 1842.............. 1
TÉTU (David) et les raideurs de Saint-Alban, 1891..................... 1
TÉTU (Mgr H.) et l'Abbé C. O. Gagnon, Mandements, Lettres pastorales et
  circulaires des Évêques de Québec, 1888.........................

VOLUMES.

TÉTU (Mgr Henri).   Notices Biographiques, Les Évêques de Québec, 1889...   1

THAYUNDANEGEA.   An Historical Military Drama, par J. B. Mackenzie, 1898   1

THAYER (Captain Simeon).   Invasion of Canada in 1775.   Notes par E. M. Stone, 1867...   2

THELLER (E. A.)   Canada in 1837-8, with personal adventures of the author, 1841...   2

THIBAULT (Charles).   Biography of Sir Charles Tupper, 1883..............
   Le même ouvrage en français, 1884.................   1

THOM (Adam).   Remarks on the petition of the convention and on the petition of the constitutionalists, par un Anti-Bureaucrate, 1835..........   1

THOMAS (C.)   The Eastern Townships, 1866...........................,........   1

THOMAS (C.)   History of the Counties of Argenteuil, Qué., and Prescott, Ont., 1896..   1

THOMPSON (David).   History of the late War between England and the United States of America, 1832....................   1

THOMPSON (David).   Journal, publié par Elliott Cones, 1897..............   3

THOMPSON (Sir John S.D.)   Life and work of, par J. Castell Hopkins, 1895..

THOMPSON (J. H.)   Jubilee History of Thorold, 1898....................   1

THOMPSON (Samuel).   Mirror of the Parliament, being a report of the debates in both Houses of the Canadian Legislature, 1859...................   1

THOMPSON (Samuel).   Reminiscences of a Canadian Pioneer, 1884..........   1

THOMPSON (Kadock).   History of the State of Vermont, 1858..............   1

THOMPSON (John Lewis)   Historical sketches of the late War between the United States and Great Britain (5e édition) 1818....................   1

THOROLD.   Jubilee History, voir Thompson...............................

THOUSAND ISLANDS (The) of the River St. Lawrence, publié par Franklin B. Hough, 1880...   1

THOUSAND ISLANDS, Picturesque St. Lawrence River, par John A. Haddock, 1896..   1

THREE MEMORIALS most humbly addressed to the Sovereigns of Europe, Great Britain and North America, par T. Pownall, 1784.................   1

THREE RIVERS.   Voir Trois-Rivières ....

THRESHOLD of the Unknown Region, par Clements R. Markham, 1873......   1

THROUGH cities and prairie land, par Lady Duffus Hardy, 1881............   1

THURLOW (Lord).   A refutation of the letter to an Hon. Brigadier General Commander of His Majesty's forces in Canada, by an officer (Thurlow), 1760....   73

THWAITES (Reuben G.)   Jesuit relations and allied documents with index....   1

TICKELL (Richard).   Anticipation : containing the substance of His Majesty's most gracious speech, &c. (anonyme), 1778........................   1

TIME RECKONING.   Papers on time reckoning and the selection of a time meridian, par Sandford Fleming, 1879   1

TIME TABLES.   At the most important places in British North America and the northern parts of the United States, par Joseph Bouchette, 1857....   1

TIMBERLAKE (J.)   Toronto, past and present, 1877.....................   1

TIPPE CANOE.   Battle of, by Captain Alfred Pirtle, voir Filson club ....

TOCQUE (Rev. Philip).   Newfoundland as it was and as it is in 1877........   1

TODD (Alpheus).   On Parliamentary government in England, 1867........   2

TODD (Alpheus).   On Parliamentary government in the British Colonies, 1880   1

TODD (Alpheus).   The Practice and Privileges of the two Houses of Parliament, 1840...   1

TOLSTOY (Leo).   Christian martyrdom in Russia, 1899...............   1

TOMAHAHK (Le) et l'épée, par Joseph Marmette, 1877....   1

TONER (J. M.)   Journal of my journal over the mountains, par George Washington, publié par J. M. Toner, 1892.........   2

DOC. DE. LA SESSION No 18

VOLUMES.

TONTI (Chevalier). Dernières découvertes dans l'Amérique septentrionale de
    M. de la Sale, 1687... 1
    Traduit en anglais, 1698........................... 1
TORCY (M. de). Mémoires pour servir à l'histoire des négociations depuis le
    Traité de Ryswyck jusqu'à la paix d'Utrecht, 1758................... 3
TORONTO abstracts and results of magnetical and meteorological observations
    at the magnetic observatory from 1841 to 1871..................... 1
TORONTO, Handbook of, 1858.. 1
TORONTO. History of Toronto and County of York, 1885................ 2
TORONTO ILLUSTRATED. Past and present, being an historical and descriptive
    guide book. *Voir* Timperlake...................................
TORONTO in the camera, 1868... 1
TORONTO landmarks, par John Ross Robertson, 1896..................... 2
TORONTO Normal School. Jubilee celebration, 1897.................... 1
TORONTO OF OLD. Collections and recollections illustrative of the early settle-
    ment and social life of the capital of Ontario, par Henry Scadding, D.D.,
    1873 1
TORONTO, Past and Present. Historical and descriptive, par le révérend Henry
    Scadding et John Charles Dent, 1884............................. 1
TOWNSHEND (Lord). A letter to an Honourable Brigadier General Commander-
    in-Chief of His Majesty's forces in Canada, 1760. (Attribuée à Junius
    et au duc de Cumberland ; la réfutation est reliée avec la lettre)........
TOWNSHEND (George, Marquis of): Military Life, par le lieutenant-colonel C.
    V. L Townshend.... .... : 1
TOWNSHIP LAWS. A brief view of, 1835.......................... 1
TRADE AND COMMERCE. Universal Dictionary, par Malachy Postlethwaite, 1766 2
TRADE of British North America and the Great Lakes, 1852, par Israel D.
    Andrews. 1
TRAILL (Mrs.) Backwoods of Canada, 1834............................. 1
TRAILL (Mrs. C. P.) Canadian Emigrant Housekeeper, 1861.............. 1
TRAILL (Mrs.) Canadian Settlers Guide, 1835....................... 1
TRAILL (Mrs. C. P.) Studies of Plant Life in Canada, 1885..... 1
TRANSACTIONS. Royal Historical Society, 1884 (avant).................
TRANSATLANTIC. Sketches of Captain J. E. Alexander, 1833.............. 2
TRAVELS in North America, 1831.................... 1
TRAITÉS, Actes, Mémoires et autres pièces authentiques concernant la Paix
    d'Utrecht depuis l'année 1706 jusqu'a présent, 1713................
TREATIES and tariffs regulating the trade between Great Britain and Foreign
    Countries, in force on 1st January, 1875, par Edward Hertslets........
TRAITÉS de Confédération entre les Rois de France et d'Angleterre et parti-
    culièrement celui de Saint-Germain-en-Laye, 1603 à 1632............
TREATIES (collections of) between Great Britain and other Powers, par George
    Chalmars, 1790........... 2
TREATIES. Papers relating to the Treaty of Washington. Vols. I to IV.
    General Arbitration, Vol. V. Berlin Arbitration, 1872..... 5
TRAITÉ de Paix entre les Rois de France et d'Angleterre, 1605 1
    "   " entre les couronnes de France et d'Angleterre conclus à Breda
    le 31 juillet 1677...
TREATIES of Peace, alliance and commerce between Great Britain and other
    Powers from 1688 to the present time, 1772...................... 2
TREATIES. Traités de Paix conclus entre S. M. le Roy de France et les
    Indiens du Canada, Iroquois, 22me may, 12me juillet, 13me décembre
    1666 1
TRAITÉ Historique de Monnoyes de France, par M. LeBlanc, 1692...... 1
TREATIES, Indian and Surrenders, from 1680 to 1890 1
TRAITÉ sur les lois civiles du Bas-Canada, par H. DesRivières Beaubien, 1842. 1
18—H

VOLUMES.

TREATIES. The Treaty of Washington, its negociation, execution and the dis-
cussion relating thereto, par Caleb Cushing, 1783   I
TREMBLAY (RÉMI). Un Revenant, 1884   1
TREMENHERE (HUGH SEYMOUR). A Tour in the United States and Canada,
1852   1
TREVELYAN (GEORGE OTTO). The Early History of Charles James Fox, 1881.   1
TRIBORD (DE) à Bâbord. Trois croisières dans le Golfe Saint-Laurent, Faucher
de St. Maurice, 1877   1
TRIFLES from my Portfolio, Upper and Lower Canada, par un chirurgien
d'état-major, 1839   1
TROIS-RIVIÈRES. Album de l'histoire des, 1634-1721, par B. Sulte, et fac-
simile des documents originaux   1
TROIS-RIVIÈRES. (Histoire de la ville des) et de ses environs, par Benjamin
Sulte, 1re division (non continuée) 1870   1
TROIS SOUVENIRS, par l'Abbé Trudelle, 1878   1
TROUT (J. M. & E.) Railways of Canada for 1870-1   1
TRUDELLE (ABBÉ). Trois Souvenirs, 1878   1
TRUDELLE (ABBÉ CHARLES). Paroisse de Charlebourg, 1887   1
TRUMBALL (BENJAMIN). Two Journals and roll of his company (dans les
collections de la Société Historique) ....
TUCKER (S.) The Rainbow in the North. First establishment of Christianity
in Rupert's Land, 1851   1
TUPPER (HON. CHARLES). Letter to the Right Hon. the Earl of Carnarvon,
&c., &c., &c., reply to a pamphlet entitled Confederation considered in
relation to the interests of the Empire, 1866   1
TUPPER (Ferdinand Brock). Family Records containing Memoirs of Sir Isaac
Brock, &c., 1855, and Life and Correspondence of Sir Isaac Brock, 1845..   1
TURCOTTE (Louis P.) Histoire de l'Ile d'Orléans, 1867   1
TURCOTTE (Louis P.) Invasion du Canada ....
TURCOTTE (Louis P.) Le Canada sous l'union, 1841-1867   2
TURGOT (Ministre d'Etat, et autres). Mémoire sur les Colonies Américaines,
1791   1
TURNBULL (William). Trial of Alexander Humphreys or Alexander, styling
himself Earl of Stirling, for forgery, 1839   1
TUTTLE (Charles R.) Illustrated History of the Dominion, 1877   2
TUTTLE (Charles R.) Our North Land, 1885   1
TUTTLE (Charles Wesley). Voyez Colonies. Capt. John Mason, 1887 ....
TWISS (Traverse). The Oregon question examined in respect to facts and the
Law of Nations, 1846   1
TYTLER (Patrick Fraser). Historical view of the progress of discovery of the
more Northern coasts of America   1
TYTLER (Patrick Fraser). The Northern Coast of America and the Hudson
Bay Territories, 1854   1

U

UNION POSTALE, from 1st October 1875 to date ....
UNITED EMPIRE LOYALISTS. Biographical sketches of loyalists of the American Revolution, par Lorenzo Sabine, 1864   2
UNITED EMPIRE LOYALISTS. Brief review of the settlement of Upper Canada
by the U. E. Loyalists and Scotch Highlanders in 1783. It includes grievances leading to the rebellion of 1837-38; sketch of the campaigns of
1812-14, &c., par D. McLeod, 1841   1

VOLUMES.

UNITED EMPIRE LOYALISTS. Historical view of the Commission for inquiring into the losses, &c., of the American loyalists (1783), par John Eardley-Wilmot, 1815... ᴸ

UNITED EMPIRE LOYALISTS. Laws of the Legislature of the State of New York in force against the Loyalists and affecting the Trade of Great Britain and British merchants and others having property in that State, 1786... ᴸ

UNITED EMPIRE LOYALISTS. Loyalists of America and their times from 1620 to 1816, par Egerton Ryerson, DD., 1880............ 2

UNITED EMPIRE LOYALISTS. Sundry resolutions of the Board of Commissioners for carrying into effect the sixth article of the Treaty published by the agent of the claimants, 1798..................................... ᴸ

UNITED EMPIRE LOYALISTS. The case and claim of the American Loyalists impartially stated and considered, n. p. n. d., 1783.................... ᴸ

UNITED EMPIRE LOYALISTS. The Centennial of settlement of Upper Canada, 1784–1884. .... ᴸ

UNITED EMPIRE LOYALISTS. Loyalists Centennial Souvenir, St. John, N.B., 1887... ᴸ

UNITED EMPIRE LOYALISTS. Tories or Loyalists in America, par T. Bailey Myers, 1882....... 1

UNIS, LES ETATS-, par A. D. de Celles, 1896...... 1

UNITED STATES and Canada as seen by Two Brothers in 1858 and 1861.. .. 1

UNITED STATES (A RUN THROUGH THE), par le lieutenant-colonel A. M. Maxwell, 1841.. 2

UNITED STATES. Blennerhasset papers, par W. H. Safford, 1891.......... 1

UNITED STATES CONGRESS. Congress of the United States of America in 1879, Acts passed at the first session, 1794............................... ᴸ

UNITED STATES CONGRESS. Rules and Articles of War, with the different Acts of Congress (U.S.) in Military Affairs, with list of staff, officers, &c., 1813.. 1

UNITED STATES CONGRESS. Secret Journals of the Acts and proceedings from the first meeting to the adoption of the Constitution of the United States, 1775–1788... ᴸ

UNITED STATES CONGRESS. State Papers and Public Documents of the United States, from the accession of George Washington to the Presidency, exhibiting a complete view of foreign relations since that time, including confidential documents, 1819 12

UNITED STATES (GENESIS OF THE), par Alexander Brown, 1890........... 2

UNITED STATES (HISTORICAL, &c., VIEW OF THE), par W. Winterbotham, 1795. 4

UNITED STATES (HISTORY OF THE), par James Grahame, 1836............. 4

UNITED STATES. HISTORY OF THE FEDERAL GOVERNMENT for fifty years, par Alden Bradford, 1840...... .... ᴸ

UNITED STATES (HISTORY OF THE) from the first settlement as colonies to the close of the war with Great Britain in 1815........................... 1

UNITED STATES INDEX to Government publications, 1889.................. 1

UNITED STATES. Les Etats-Unis, par A. D. De Celles, 1896.............. 1

UNITED STATES. Message of the president and accompanying documents to the two Houses of Congress, 1864........................... 3

Abrégé.. 1

UNITED STATES and Canada (Observations on Professions, Litterature, Manners and Emigration, in the), made during a residence there in 1832, par le révérend Isaac Fidler..... .... ᴸ

UNITED STATES. Secret journals of Congress from the first meeting to its dissolution by the adoption of the constitution, 1831.................. 4

UNITED STATES (THE CASE OF THE) to be laid before the Tribunal of Arbitration to be convened at Geneva, 1872............................... ᴸ

UNITED STATES, voyez Colonies and North America....................

VOLUMES.

UNIVERSAL DICTIONARY of Trade and Commerce, par Malachy Postlethwayt, 1766..

UNIVERSITIES OF CANADA, their history and organization, 1896............   1
UNIVERSITÉ LAVAL Annuaires, 1861 to 1897 (in)...........................   3
UPPER CANADA. A short topographical description, 1799...................   1
UPPER CANADA (Short topographical description of), par David W. Smith, 1813.   1
UPPER CANADA (The Legislation and History of Separate Schools in), par J. George Hodgins, 1897..   1
URSULINES DE TROIS-RIVIÈRES, 1888......................................   2
URSULINES DE QUÉBEC, depuis leur établissement jusqu'à nos jours, 1866.....   4
    Depuis leur établissement jusqu'à nos jours, 1888....................   1
UTRECHT, ACTES, MÉMOIRES et autres pièces authentiques concernant la paix d'Utrecht depuis l'année 1706 jusqu'à présent, 1713.....................   1
UMFREVILLE (Edward). Present state of Hudson Bay, &c., &c., 1790........   1

V

VANCOUVER (George). A voyage of discovery to the North Pacific Ocean and round the world, 1801...   6
    Aussi l'ouvrage traduit en français, par P. F. Henry..............   5
    Edition de 1798 en anglais..   3
VANCOUVER ISLAND and British Columbia, par Matthew Macfie, 1865........   1
VANCOUVER ISLAND. Facts and figures relating to Vancouver Island and British Columbia, par J. Despard, 1860...................................   1
VANCOUVER ISLAND, voyez British Columbia. The great gold fields of Cariboo, 1862....
VANCOUVER ISLAND, voyez British Columbia, 1858.........................
VANCOUVER ISLAND, voyez British Columbia, Hazlett, 1858................
VANCOUVER ISLAND and British Columbia, where they are ; what they are ; and what they may become. Une esquisse, etc., par Alexander Rattray, M.D., 1862...   1
VANCOUVER ISLAND, voyez four years in British Columbia, Mayne, 1862......
VAUDREUIL, GOUVERNEUR GÉNÉRAL. Extraits des Archives à Paris, 1890....   1
VAUDREUIL. LA FAMILLE Rigaud de, par l'Abbé Daniel, sous le titre. "Une page de Notre Histoire", 1865   1
VAUGHAN (SIR WILLIAM), voyez Newfoundland, 1626.......................
VENGENCES Les, par L. Pamphile LeMay, 1875............................   1
VERGER (Le). Le Potager et le parterre dans la Province de Québec, par l'Abbé L. Provancher, 1874..   1
VERMONT, BOSTON AND MONTREAL TURNPIKE Co., 1806.................   1
VERMONT STATE PAPERS, being a collection of records and documents connected with the assumption and establishment of government by the people of Vermont ; together with the Journal of the Council of Safety ; the first constitution, the early journals and the laws from the year 1779 to 1786.   1
VERMONT. History of eastern Vermont from its earliest settlement to the close of the eighteenth century, par Benjamin H. Hall, 1858...........   1
VERMONT. History of the State of Vermont, par Nathan Haskins, 1831....   1
VERMONT. History of the State of Vermont, par Zadock Thompson, 1858...   1
VERMONT. Green Mountain Boys of Vermont and the New York Land Jobbers, par Philip H. Smith, 1885..   1
VERMONT. Narrative of Colonel Ethan Allen's Captivity, écrite par lui-même, 1846..   1
VERMONT voyez Biographies Chittenden, 1849............................
VERMONT, voir ETHAN ALLEN, 1853......................................

VOLUMES.

VERREAU (Abbë). Invasion du Canada: Collection de mémoires recueillis et annotés, 1873.. ⅃

VERSAILLES (Lettres de la Cour de) au Baron de Dieskau et Marquis de Montcalm et au Chevalier de Lévis, 1890........................... ⅃

VETERAN OF 1812. The life of James Fitzgibbon, par Mary Agnes Fitzgibbon, 1894... 1

VICTORIA Bridge at Montreal, par un Canadien, 1860.................... 1

VICTORIA Bridge. Hunter's Handbook of the Victoria Bridge, par F. W. Boxer, 1860.. ⅃

VICTORIA. Early portraits of the Queen, 1820–1855, préface par Justin McCarthy, M.P., 1897... 1

VICTORIA Illustrated, 1891... 1

VILLE-MARIE (Annuaire de), 1864 et 1867............................. 1

VILLE-MARIE, par Paul Dupuy, avec une introduction par M. H. A. Verreau, 1885.. 1

VILLENEUVE (Alphonse). La Comédie Infernale, 1871................... 1

VILLENEUVE (Alphonse). Nos faiblesses et nos forces à l'égard de la verité, 1871.. ⅃

VINCENNES (Colonial History of). Under the French, British and American Governments from its first settlement, 1858....................... 1

VINCENT (J. L.) et Alex Jodoin. Histoire de Longueuil, 1889............. 1

VIRGINIA CAROLORUM. Par Edward D. Neill, 1886...................... 1

VIRGINIA COMPANY (History of the). Par Edward D. Neill, 1869......... 1

VISITATION AND SEARCH. Par William Beach Lawrence, 1858............. 1

VISITATION AND SEARCH. Right of Search. Inquiry into the validity of the British claim to a right of visitation and search of American vessels suspected to be engaged in the African slave trade, par Henry Wheaton, L.L.D., 1842.. ⅃

VONDENVELDEN (William) et Louis Charland. Extraits des titres des anciennes concessions de terre en fief, etc., 1803.................... ⅃

VOYAGES AND TRAVELS. Account of Monsieur de la Salle's last expedition and discoveries in North America, présenté au roi de France et publié par le chevalier Tonti, 1698... ⅃

VOYAGES AND TRAVELS. A journey through the United States and a part of America, par Daniel Williams Harmon, 1820...................... ⅃

VOYAGES AND TRAVELS. A journey through the United States and a part of Canada, par le révérend Robert Ernest, 1855..................... 1

VOYAGES AND TRAVELS. Artic Land Expedition in the years 1833, 1834, 1835. 1

VOYAGES AND TRAVELS. Au royaume du Saguenay, Voyage au pays de Tadoussac, par J. Edmond Roy, 1889.............................. ⅃

VOYAGES AND TRAVELS. Brief narrative of an unsuccesful attempt to reach Repulse Bay, through Sir Thomas Rowe's "Welcome", in His Majesty's Ship Griper in the year 1824, par G. F. Lyon...................... ⅃

VOYAGES AND TRAVELS. Cabot's Discovery of North America, par G. E. Weare, 1897.. ⅃

VOYAGES AND TRAVELS. De Jacques-Cartier au Canada en 1534, par Alfred Ramé... ⅃

VOYAGES AND TRAVELS. Cartier (Jacques). Relation originale du voyage au Canada en 1534, et bref récit et succinte narration de la navigation faite en 1535 aux îles de Canada, Hochelaga, Saguenay et autres.......... 2

VOYAGES AND TRAVELS. Cook's first, second, third and last voyages, par G. William Anderson, 1781.. :

VOYAGES AND TRAVELS. Découverte de l'Amérique par les Normands au Xe siècle, par Gabriel Gravier, 1874............................... ⅃

VOYAGES AND TRAVELS. De l'Atlantique au Pacifique à travers le Canada et le Nord des Etats-Unis, par le Baron Etienne Hulot, 1888............. ⅃

VOLUMES.

VOYAGES AND TRAVELS. Dernières découvertes dans l'Amérique Septentrionale de M. de la Sale, mises au jour, par M. le Chevalier Tonti, 1697.   1

VOYAGES AND TRAVELS. Excursion through the United States and Canada during the years 1822-23, by an English Gentleman (le capitaine Blaney), 1824. . . . . :   1

VOYAGES AND TRAVELS. Exploration of the Red River of Louisiana in the year 1852, par Randolph B. Marcy, aidé de George B. McClellan, 1853.   1

VOYAGES AND TRAVELS. Field and Forest Rambles, with notes on the Natural History of Eastern Canada, par A. Leith Adams, 1873.   1

VOYAGES AND TRAVELS. Forest scenes, and incidents in the wilds of North America ; being a diary of a winter's route from Halifax to the Canadas, &c., par Sir George Head, 1838   1

VOYAGES AND TRAVELS (GENERAL COLLECTION OF) in all parts of the World, par John Pinkerton, 1808 to 1814.   17

VOYAGES AND TRAVELS. Glimpses at the United States and the Canadas during the autum of 1852, par Edmond Patten.   1

VOYAGES AND TRAVELS. Le Grand Voyage au pays des Hurons, etc., par F. Gabriel Sagard, 1632.   1

VOYAGES AND TRAVELS. Historical view of the progress of discovery on the more Northern Coast of America, par Patrick Fraser Tytler, 1833.   1

VOYAGES AND TRAVELS. Histoire Chronologique des voyages vers le Pôle Arctique, par John Barrow, 1818.   1

Édition anglaise, 1818.   1

VOYAGES AND TRAVELS. Histoire de la découverte de l'Amérique, 1836.   1

VOYAGES AND TRAVELS. History of the discoveries and settlements of the English in North America and the West Indies, 1764   1

VOYAGES AND TRAVELS. History of the voyages and discoveries made in the north, par John Rembold Forster, 1786.   1

VOYAGES AND TRAVELS. Journal Historique du Dernier Voyage que feu M. de la Salle fit dans le Golfe de Mexique, etc., par M. Joutel, 1713   1

VOYAGES AND TRAVELS. Journal of a voyage in search of the crews of H.M.S. Erebus and Terror, par Peter C. Sutherland, 1852.   2

VOYAGES AND TRAVELS. Journal of a voyage of discovery to the Artic Regions (between April and November, 1818), by H.M.S. Alexander, W. E. Perry, Commander, 1819.   1

VOYAGES AND TRAVELS. Letters from America, par John Godley, 1844   2

VOYAGES AND TRAVELS. Life and Liberty in America, sketches of a tour in the United States and Canada in 1857, 1858.   1

VOYAGES AND TRAVELS. Loin du Pays, Souvenirs d'Europe, d'Afrique et d'Amérique, par Faucher de St. Maurice, 1889   2

VOYAGES AND TRAVELS. Mémoir of Sebastien Cabot, with a review of the history of maritime discovery, 1831.   1

VOYAGES AND TRAVELS. 3,800 miles across Canada, par J. W. C. Haldane, 1900.   1

VOYAGES AND TRAVELS. Narrative of Arctic discovery, par John J. Shillinglaw, 1851.   1

VOYAGES AND TRAVELS. Narrative of the Artic Land Expedition to the Mouth of the Great Fish River, &c., in the years 1833, 1834 and 1835, par le capitaine Black, R.N.   1

VOYAGES AND TRAVELS. Narrative of a Journey down the Ohio and Mississippi in 1786-90, by Major Samuel S. Foran, with a memoir and illustrative notes, par Lyman C. Draper, 1888.   1

VOYAGES AND TRAVELS. Narrative of a Journey round the World, during the years 1851 and 1842, par Sir George Simpson.   2

VOYAGES AND TRAVELS. Narrative of a journey to the shores of the Arctic Ocean, 1833-1835, par Richard King.   1

DOC. DE LA SESSION No. 18

VOLUMES.

VOYAGES AND TRAVELS. Narrative of a Journey to the Shores of the Polar
    Sea in the years 1819-20-21-22, par le capitaine John Franklin.........   2
VOYAGES AND TRAVELS. Narrative of a second expedition to the shores of the
    Polar Sea in the years 1825, 1826 and 1827, by John Franklin, Capt.,
    R. N., including an account of the progress of a detachment to the Eastward
    par John Richardson...   1
VOYAGES AND TRAVELS. Narrative of a shipwreck on the island of Cape
    Breton in a voyage from Quebec, 1780, par. S. W. Prenties.......... ...   1
VOYAGES AND TRAVELS. Narrative of a voyage to Hudson's Bay in H.M.S.
    Rosamond, par Edward Chappell, R.N., 1817.........................   1
VOYAGES AND TRAVELS. Narrative of a voyage to the Pacific and Behring's
    Strait in 1825-1828, par le capitaine F. W. Beachy, R.N....   2
VOYAGES AND TRAVELS. Narrative of the discoveries on the North Coast of
    America effected by the officers of the Hudson's Bay Company, during the
    years 1836-1839, par Thomas Simpson........   1
VOYAGES AND TRAVELS. Narrative of the second voyage of Captain Ross to
    the Arctic Regions in the years 1829-30-31-32-33...................   1
VOYAGES AND TRAVELS. Les Navigateurs Français : Histoire des Navigations,
    Découvertes et Colonisations Françaises, par Léon Guérin, 1846........   1
VOYAGES AND TRAVELS. Our Garrisons in the West, par Francis Duncan,
    1864...   1
VOYAGES AND TRAVELS. Pine Forest and Hacmatack Clearings, par le lieute-
    nant-colonel Sleigh, 1853...   1
VOYAGES AND TRAVELS. Polar Regions, par Sir John Richardson, 1861 ...   1
VOYAGES AND TRAVELS. Practical Notes of a tour in Canada and a portion
    of the United States in 1831, par Adam Ferguson, 1833.............   1
VOYAGES AND TRAVELS. Principal navigation, voyages and discoveries of the
    English nation, made by sea or over land to the most remote and furthest
    distant quarters of the earth at any time within and compass of these
    1,500 years, par Richard Hackluyt, 1589.......................   1
VOYAGES AND TRAVELS, Purchas, his Pilgramages, par Samuel Purchas,
    1613...   1
VOYAGES AND TRAVELS. Rambles and Shambles in North and South America,
    by Edward Sullivan, 1852...   1
VOYAGES AND TRAVELS. Récit des voyages et des découvertes de R. P. Jacques
    Marquette en l'année 1673   1
VOYAGES AND TRAVELS. Run through the United States, par le lieutenant-
    colonel A. M. Maxwell, 1841....................................   1
VOYAGES AND TRAVELS. Subaltern's Furlough, par E. T. Coke, 1833.......   1
VOYAGES AND TRAVELS. The early trading companies of New-France, 1901..   1
VOYAGES AND TRAVELS. The possibility of approaching the North Pole, par le
    colonel Beaufoy, 1818.....   1
VOYAGES AND TRAVELS. The Pre-Columbian Discovery of America by the
    Northmen, par B. F. de Costa, 1890.............................   1
VOYAGES AND TRAVELS. The present state of Hudson's Bay, &c., par Edward
    Umfreville, 1790...   1
VOYAGES AND TRAVELS. The private journal of Captain G. F. Lyon, of
    H.M.S. Hecla during the recent voyage of discovery under Captain Parry,
    1824..   1
VOYAGES AND TRAVELS. Through cities and prairie lands, par Lady Duffus
    Hardy, 1881..   1
VOYAGES AND TRAVELS. Travels and adventures, par Alexander Henry, 1801.   1
VOYAGES AND TRAVELS. Travels and adventures in Canada and the Indian
    Territories, between 1760 and 1776, par Alexander Henry, 1809.......   1
VOYAGES AND TRAVELS. Travels in Lower Canada, par Joseph Samson, 1820.   1

2-3 EDOUARD VII, A. 1903

VOLUMES.

VOYAGES AND TRAVELS. Travels in North America in the years 1780, 1881 and 1787, par le marquis de Chastelleix, et notes du traducteur, 1787 2

VOYAGES AND TRAVELS. Travels in North America in the years 1841-1, with geological observations on the United States, Canada and Nova Scotia, par Charles Lyell, 1845 1

VOYAGES AND TRAVELS. Travels in North America, 1831 1

VOYAGES AND TRAVELS. Travels in South and North America, par Alexander Majoribanks, 1854 .... ․

VOYAGES AND TRAVELS. Travels through parts of the United States and Canada in 1818 and 1819, par John M. Duncan .... ․

VOYAGES AND TRAVELS. Travels through the Canadas....to which is subjoined a comparative view of the manners and customs of several of the Indian nations of North and South America, par George Heriot, 1807... ․

VOYAGES AND TRAVELS. Travels through the interior parts of America par un officier (Thomas Aubury), 1789 (aussi traduction de LeBas, 1790) 2

VOYAGES AND TRAVELS. Travels through the interior parts of North America in 1766, 1767 and 1768, par Jonathan Carver .... ․

VOYAGES AND TRAVELS. Tour in Ohio, Kentucky and Indiana Territory in 1805, par Josiah Espy .... ․

VOYAGES AND TRAVELS. Tour through North America, together with a comprehensive view of the Canadas and United States as adapted for agricultural emigration, par Patrick Shirreff, 1835 .... ․

VOYAGES AND TRAVELS. Tour through the southern and western Territories, &c., par John Pope, 1792 .... ․

VOYAGES AND TRAVELS. Tour through Upper and Lower Canada par un citoyen des Etats-Unis (J. C. Ogden), 1799 .... ․

VOYAGES AND TRAVELS. Voyage of Verrazzano, A chapter in the early history of Maritime discovery in America, par Henry C. Murphy 1

VOYAGES AND TRAVELS. par F. X. Garneau, 1881 1

VOYAGES AND TRAVELS. Voyez North-west the great lone land ....

VOYAGES AND TRAVELS. Voyages dans les parties intérieures de l'Amérique, etc., 1790 2

(Traduction de Anbury publiée en 1789) ....

VOYAGES AND TRAVELS. Voyages du R. P. Emmanuel Crespel, par le Sieur Louis Crespel, 1742 .... ․

VOYAGES AND TRAVELS. Voyage fait par Ordre du Roi en 1750 et 1751 dans l'Amérique septentrionale pour rectifier les Cartes des côtes de l'Acadie, etc., par M. de Chabert, 1753 .... ․

VOYAGES AND TRAVELS. Voyages made in the year 1788 and 1789, from China to the North-west coast of America, introductory account of a voyage in 1786, from Bengal, in the ship Nootka, par John Meares, 1790 1

VOYAGES AND TRAVELS. Voyage of H. M. S. Rosamond to Newfoundland and the southern coast of Labrador, 1818 .... ․

VOYAGES AND TRAVELS. Voyages of Samuel de Champlain, traduction de Charles Pomery Otis, avec illustrations historiques et un mémoire par le révérend Edmund F. Slaften, 1880 3

VOYAGES AND TRAVELS. Winters Rambles through Canada, par C. H. C., 1846 1

VOYAGEURS CANADIENS à l'expédition du Soudan, par Gaston P. Labat, 1886 .. 1

DOC. DE LA SESSION No. 18

VOLUUES.

WACOUSTA, par l'auteur de Bcarté, 1832...................................... 3
WAIFS IN VERSE, par G. M. Wicksteed, C.R., 1887........ 1
WAIT (Benjamin). Van Dieman's Land, written during four years' imprison-
    ment for political offences committed in Upper Canada, 1843. 1
WAKEFIELD (P.) Excursions in North America, 1810. 1
WALES (Prince of) in Canada and the United States, 1861. 1
WALES, Royalty in the New World or the Prince of Wales in America, 1860. 1
WALKER (B. E.) History of Banking in Canada, 1899 1
WALKER (Sir Hovenden). Journal or full account of the late expedition to
    Canada, 1720.. 1
WALKER (Dr. Thomas). Journal. First explorations of Kentucky (voir Filson
    Club Publications).. ———— 1
WALKER (Dr. Thomas). Journal of 1750 1
WALKINGAME (Francis). Tutor's Assistant, 1818... 1
WALLACE (Joseph). The History of Illinois and Louisiana under the French
    rule, 1893 1
WALKER (John). British Catalogues, 1888-90... 1
WALWORTH (Mrs. Ellen H.) Battles of Saratoga, 1777 1
WANDERER IN AMERICA, par C. H. Wilson, 1823.. 1
WARBURTON (Eliot). Hochelaga, or England in the New World, 1846... . 2
WARBURTON (Elliot). Conquest of Canada, 1849... 2
WARD (George Atkinson). Journal and letters of the late Samuel Curwen,
    1775 to 1784 1
WARS (Colonial). Society of, Constitution of the general society, 1898.... 1
WARS IN CANADA. Précis of the Wars in Canada from 1775 to 1814, par Sir
    James Carmichael. 4
WAR IN DISGUISE, or the frauds of the neutral flags (anonyme), James Stephen,
    1806... 4
WAR OF 1812. Address of Members of the House of Representatives of the
    Congress of the United States to their Constituents. (Voir American
    War of 1812).............. ....
WAR OF 1812 in connection with the Army Bill Act..................... 4
WAR OF 1812. (Voir American War of 1812)......
WAR, Philips. History of, by Thomas Church, 1716, notes, &c., par Samuel
    G. Drake, publiés de nouveau en 1834...... ...., .. 1
WARREN (William). History of the Ojibways, Minnesota Historical Society. 1
WASHBURN (Hon. Israel). Maine Boundary. Voir Maine Historical Society,
    Vol. VIII, 1881........
WASHINGTON (A God-child of). A picture of the past, par Katharine Schuyler
    Baxter, 1898.................... 1
WASHINGTON (George). The writings of, réunis et publiés par W. C. Ford... 1
WASHINGTON'S JOURNAL, 1747, par J. M. Toner... 3
WASHINGTON TREATY. Papers. General Arbitration.................... 5
WATKINS (Sir E. W.) Canada and the States. Recollections, 1851 to 1886.. 1
WATKINS (Walter Kendall). Expedition to Canada in 1690. .. ..: 1
WATSON (W. C.) Men and Times of the Revolution, 1856 1
WEARE (G. E.) Cabot's discovery of North America, 1897............... 1
WEBBER (H. H), voyez Bolton (E.C.) Confederation, 1866 .. ..
WEBSTER (Thomas). History of the Methodist Episcopal Church in Canada,
    1870 ....
WEDDERBURN (Alexander). Statistical and Practical observations relative to
    New-Brunswick, 1835....... 4
WELD (Isaac, Junr). Travel through the States of North America and the
    provinces of Upper and Lower Canada in 1795, 1796 and 1797........ 2

2-3 EDOUARD VII, A. 1903

VOLUMES.

WELLS (Bayze) Journal. In the Connecticut Historical Society's collection.
Vol. VIII..

WEST (John.) Journal during a residence at the Red River Colony, British
North America, 1820, 1821, 1822 and 1823........................... 1

WESTMINISTER RECORDS (A Catalogue of), par John Ed. Smith, 1900........ 1

WHEATON (Henry, L. L. D.) Inquiry into the validity of the British claim to
a right of visitation and search of American vessels suspected to be engaged in the African slave trade, 1842.... 1

WHELAN (Hon. Edward). Union of the British Provinces, 1865. 1

WHITBOURNE (Richard). A Discourse and Discovery of Newfoundland, 1620. 1

WHITBOURNE (Capt. Richard). Westward Hoe for Avalon in the Newfoundland, 1622 1

WHITEAVES (J. F.) Fossils, voir Geology, 1876...................... 1

WHO'S WHO, in 1887...

WICKSTEED (G. W.) Waifs in verse, 1887. ... .

WILCOX (Walton Dwight). Camping in Canadian Rockies, 1896.... ....

WILDERNESS ROAD, par Thomas Speed. Voir Filson Club publications, vols.
1, 2....

WILLIAMS (Rev. Eleazer). Life of Le-Ho-Ra-Gova-Ne-Gen alias Thomas
Williams, a chief of the Caughnawaga tribe of Indians...... 1

WILLIAMS (Rev. Meade C.) Early Mackinac, 1898..................... 1

WILLIAMS (Mrs). The Neutral French, 1841...... 1

WILLIAMS (John). The redeemed captive returning to Zion (Deerfield), 1707. 1

WILLIAMS (Samuel). Two Western Campaigns in the War of 1812. In Ohio
Valley Historical Series, 1871..................................

WILLIAMSON & Co. Canadian Catalogues, 1883 to 1893..................

WILLING & Co. Canadian Catalogues, 1891-93.......................

WILSON (Breckles). The Great Company History of the Hudson's Bay Company, 1899...

WILMOT, voyez (Eardley Wilmot). 1783.............................

WILSON (Alexander). American Ornithology......................... 3

WILSON (F. A.) and Alfred B. Richards, Britain Redeemed and Canada Pre-
serve, 1850 1

WILSON (C. H.) The Wanderer in America, 1823...................... 1

WINDSOR, N. S., Sketch of the old Parish Burying Ground, Windsor, Nova-
Scotia, par Henry Youle Hind, 1889.............................

WINNING OF THE WEST, voyez American Revolutionary War, Theodore Roosevelt...

WINNIPEG, par Alexander Begg, 1879............................. 1

WINSOR (Justin). Narrative and Critical History of America, 1889........ 8

WINSOR (Justin). The Readers Handbook of the American Revolution, 1880. 1

WINTERBOTHAM (W.) Historical, &c., view of the United States, 1795...... 4

WINTER RAMBLES through Canada, par C. H. C., 1846.................... 1

WINTHROP (John). History of Newfoundland, from 1630 to 1649, with notes,
par James Savage, 1853.. 2

WISCONSIN STATE Historical Society. Historical Collections and Reports,
1855... 9

Catalogue of Library, Madison, Wisconsin......................... 5

WISCONSIN HISTORICAL SOCIETY (Proceedings of). 1888-91...............

WIX (Edward). Six months of a Newfoundland Missionary's Journal, 1835.. 1

WOLFE, par H. Bradley, 1895................................... 1

WOLFE (Life of Major General James). Par Robert Wright, 1869......... 1

WOLFE (General). Portrait in Royal Magazine, 1759..................

WOOD (H. Trueman). Colonial and Indian Exhibition, 1886. Report on the
Colonial Sections, 1887....................................... 1

WOOD (H. Trueman). Colonial and Indian Exhibition, 1886.............. 1
Report on the Colonial Sections................................ 1

DOC. DE LA SESSION No. 18

VOLUMES.

Woods (N. H.) The Prince of Wales in Canada and the United States, 1861.
Woodward (Charles L.) Catalogues, 1872 to 1897.....................
Wright (Thomas). Caricature History of the Georges, 1876.............   1
Wright (Philemon) ou Colonisation et Commerce de Bois, par Joseph Tassé,
   1871...........   1
Wright (Robert). Life of General James Wolfe, 1864......   1
Wrongs and Rights of a traveller, par un avocat, 1875..................   1
Wynne (Mr.) A General History of the British Empire in America, 1770..   2

Y.

Yale College. Catalogus Senatus Academici Novo-Portu (New-Haven)....
Yale College (Sketch of the History of), par Franklin B. Dexter, 1887....   1
Yale University Catalogue, 1890 and 1891.....   2
Yamachiche (Histoire de la paroisse de), par L'Abbé N. Caron and F.
   Desaulniers...   1
Yarmouth Post Office (Early History of), par Ellen G. Brown, 1895......   1
Year Book (Statesman's), publié par J. Scott Keltie....................   1
York Gazette, 1811-1812...   2
York(Lower Canada) and Montreal. Reports and Evidence of the Special
   Committee of the House of Assembly on Grievances, 1829....   1
Young (John). Letters of Agricola, 1822....   1
Young (James). Reminiscences of the Early History of Galt, 1880........   1
Young Seigneur, or nation making, par Wilfrid Chauteauclair, 1888.......   1
Youville, fondatrice des Sœurs de la Charité, 1852.....................   1

Z.

Zay (E.) Histoire Monétaire des Colonies Françaises, 1892...............   1
Zeisberger (David). Diary of Moravian Missionary, among the Indians of the
   Ohio, traduit et publié par Eugène F. Bliss, 1885...................   2

662377

RAPPORT

SUR LES

ARCHIVES CANADIENNES

PAR

GEO. F. O'HALLORAN

SOUS-MINISTRE DE L'AGRICULTURE

'1903

(Annexe au rapport du ministre de l'Agriculture)

IMPRIMÉ PAR ORDRE DU PARLEMENT

OTTAWA
IMPRIMÉ PAR S. E. DAWSON, IMPRIMEUR DE SA TRÈS EXCELLENTE
MAJESTÉ LE ROI
1904

N° 18—1904.]   *Prix : 15 cents.*

RAPPORT

SUR LES

ARCHIVES CANADIENNES

PAR

GEO. F. O'HALLORAN

SOUS-MINISTRE DE L'AGRICULTURE

1903

(Annexe au rapport du ministre de l'Agriculture)

IMPRIMÉ PAR ORDRE DU PARLEMENT

OTTAWA
IMPRIMÉ PAR S. E. DAWSON, IMPRIMEUR DE SA TRÈS EXCELLENTE
MAJESTÉ LE ROI
1904

N° 18—1904.]

TABLE DES MATIÈRES.

	PAGE.
Rapport du Sous-ministre...............	1
Liste des livres, etc., présentés, et les noms des donateurs...................	2
Liste alphabétique des livres qui composent les archives du Dominion en 1902..	3

RAPPORT SUR LES ARCHIVES CANADIENNES.

A l'honorable
SYDNEY A. FISHER,
   Ministre de l'Agriculture,
      etc.,   etc.

MONSIEUR,—J'ai l'honneur de vous présenter le rapport sur les archives pour 190

Depuis la publication du dernier rapport il a été reçu de Londres les copies de papiers d'Etat suivants :—Correspondance générale de la Nouvelle-Ecosse jusqu'à 1742 ; journaux de l'Assemblée législative de la Nouvelle-Ecosse jusqu'à 1800 ; gouverneurs par intérim de la Nouvelle-Ecosse, de 1743 à 1749 ; dépêches aux gouverneurs du Haut-Canada jusqu'à 1840 ; procès-verbaux du Conseil Exécutif de l'Ile du Prince-Edouard jusqu'à 1801. Il a été reçu de Paris : la collection de Moreau de St-Méry jusqu'à 1696 ; Correspondance générale ; Mémoire sur le Canada, de 1706 à 1710 ; Lettres de la cour et réponses, 1700 ; Instructions du roi aux Gouverneurs, de 1704 à 1708 ; Pontchartrain aux Randot, de 1703 à 1708 ; Réponses des Randot, de 1705 à 1708 ; Etat civil, Canada, de 1715 à 1756 ; Etat civil, Louisbourg, de 1728 à 1758 ; Etat civil, Répertoire.

Ces volumes ont tous été étiquetés suivant les casiers et placés sur les rayons, ils composent en sus de la collection antérieure, 94 volumes de papiers d'Etat.

Il n'a été préparé aucun sommaire des volumes qui couvrent les rapports de l'année dernière et de la présente année, et il n'a été non plus fait aucun choix des documents à imprimer au long, à raison de la maladie prolongée de feu l'archiviste, qui n'a pas encore été remplacé.

Le travail dans cette division du ministère n'a toutefois pas été négligé, et a été fait l'année précédente, par M. Duff et mademoiselle Casey, qui tous deux ont été pendant nombre d'années les aides de l'archiviste défunt.

Le rapport de l'an dernier contenait une liste alphabétique des livres qui composent les archives du Canada. Le présent rapport donne une liste alphabétique des brochures.

Ces listes auront une grande valeur pour le département, de même que pour ceux qui chercheront à se renseigner en consultant nos archives.

Le tout respectueusement soumis,

GEO. F. O'HALLORAN,
Sous-ministre de l'Agriculture.

LISTE DES LIVRES, Etc., PRÉSENTÉS,

ET LES

NOMS DES DONATEURS.

Noms.	Résidence.	Ouvrages.
Audette, L. A.	Ottawa.	Rapport de la cour Suprême.
Collège Bourget.	Rigaud, Qué.	Annuaire.
Institut militaire du Canada	Toronto.	Documents choisis.
Société des ingénieurs civils du Canada.	Montréal.	Rapport.
Caneda, D. Finacola	Havane, Cuba.	Publications.
Chicago Historical Society.	Chicago	Brochure.
Bibliothèque de l'Université de Chicago.	"	Publications.
Cruikshank, Lieut.-colonel E.	Fort-Érié.	15 brochures.
Filson Club.	Louisville, Ky	Publications.
L'honorable Sydney Fisher	Ottawa.	The French Canadian and Canadian Politics.
Ganong, W. F., M.A.	Northampton.	Île Dochet et brochures.
L'honorable juge Girouard.	Ottawa.	Brochures.
Bibliothèque de l'Université de Harvard.	Cambridge, Mass.	Rapport.
Historian for the State of New York.	Albany.	Publications.
Historical and Philosophical Society of Ohio.	Cincinnatti, O.	Rapport.
Historical and Geological Society of Wyoming.	Wilkès Barré.	Procès-verbaux.
Historical Society of Chicago	Chicago.	Rapports.
" " Dakota, South.	Pierre, S.D.	Collections.
" " Herkimer County	Lowville, N.-Y.	Mémoires et comptes rendus.
" " Manitoba.	Winnipeg.	Brochures.
" " Missouri.	Saint-Louis.	Collections.
" " Niagara.	Niagara.	Rapport.
" " Oregon.	Portland.	Rapport trimestriel.
" " Rhode Island	Providence, R.I.	Procès-verbaux.
" " Vermont	Montpelier.	"
" " Wentworth	Hamilton	Photographies.
Hodgins, Thomas, K.C.	Toronto	Brochures.
Iowa Historical Department.	Des Moines.	Annales d'Iowa.
Jack, D. Russell	Saint-Jean, N.-B.	Revues trimestrielles.
Johnson, George.	Ottawa.	The All Red Line Around the World et annuaire.
Jones, rév. A. E., Collège Loyola.	Montréal.	Brochures.
Mallet, Edmond.	Washington	Congressional Directory.
Murdock, Wm.	Saint-Jean, N.-B.	Water Sewerage Report.
Société d'histoire naturelle.	"	Bulletins.
Bibliothèque de Newberry	Chicago	Rapport.
" publique de Newcastle-on-Tyne.	Newcastle-on-Tyne.	Brochures.
Société des numismates et antiquaires.	Montréal.	"
Collège d'agriculture d'Ontario.	Guelph.	Bulletins.
Société des arpenteurs d'Ontario.	Toronto.	Rapport.
Bibliothèque publique de Providence.	Providence, R.I.	"
"Record", commissaires	"	Early Records.
Bibliothèque de Reynolds.	Rochester.	Rapport.
Les Pères Rédemptoristes.	Ste-Anne de Beaupré	Annales en français et en anglais.
Robertson, H. H., C.R.	Hamilton.	Brochures.
Royal Scottish Geographical Society.	Edinburgh	Revues.
Société Royale.	Londres, Angl.	Mémoires et comptes rendus.
"	Ottawa.	"
Smithsonian Institute.	Washington.	Publications.
Bibliothèque publique de Toronto	Toronto.	Rapport.
" de l'Université de Toronto.	"	Publications.
Turner, R. J.	Bismark, N.D.	Rapport.
United States, Department of Agriculture.	Washington	Bulletins.
Université de Chicago.	Chicago	Catalogue.
" Michigan.	Ann-Arbor	Bulletins.
White, Richard, Gazette de Montréal.	Montréal.	Almanach.
Bibliothèque de l'Université de Yale	New-Haven.	Catalogue et rapport.

BROCHURES.

A.

VOLUME.

ABENAKIS. *Voir* Sauvages, C. Gill, 1886...........................P. 222-7

ABERGAVENNY. Manuscripts of the Marquis of, 1887..................P. 414-6

ABRAHAM (ROBERT). Some remarks upon the French Tenure of " Franc
    Aleu Roturier," 1849...................................P. 27-5, P. 88-4

ABRAHAM (les Plaines d')..P. 392-3

ACADIENS. Banishment and removal of the Acadians by the cruelty and
    unfeeling tyranny of England, by Madame A. Morel de la Durantaye
    (version anglaise et française)................................P. 193-7

ACADIAN. Epistola ex Portu-regali in Acadia, A. R. Petro Biardo (réim-
    pression 1611)..P. 126-1

ACADIA. " Evangeline " and the "Archives of Nova Scotia," or the poetry
    and prose of history, par le docteur W. J. Anderson.............P. 203, E-5

ACADIA. Expulsion of Acadians by Sir Adams G. Archibald (two parts)..P. 281, B-1

ACADIE. Expatriation Acadienne due à la férocité des Anglais, par Dame
    A. Morel de la Durantaye.....................................P. 193-7

ACADIEN FRENCH. Dr. Brown's Collection, 1881.....................P. 281-12

ACADIAN FRENCH. Journal of Colonel John Winslow while engaged in their
    removal, 1755..P. 281, A. 2 et 5

ACADIE. La Corvée des fileuses (Scène Acadienne), par J. O. Fontaine....P. 207-4

ACADIE. Lettre de M. l'Abbé Le Guerne, Missionaire de l'Acadie trouvée
    récemment et publiée par C. O. Gagnon, prêtre ....P. 288-11

ACADIA. Nova Scotia, formerly Acadia, par William Pryor............P. 197-2

ACADIA. Ruine de Grand Pré, 1755................................P. 82-3

ACADIANS. What caused the deportation of. J. F. Baxter.............P. 496

ACADIENNE (des Beaux Arts à Montréal). Projet d'organization, par l'Abbé
    P. J. Verbist...P. 317-17, P. 195-5

ACADIENNE. (La question) et le rapport sur les Archives du Canada pour
    1894, par l'Abbé H. R. Casgrain..............................P. 347-9

Account of the operations of the Indian Contingent with Our Forces on the
    Niagara Frontier, 1812-13, par le colonel Wm. Claus..............P. 519-2

ACT TO REGULATE and consolidate the general clauses relating to railways,
    1851..P. 484-1

ACTUAL SETTLER. Suggestions on the propriety and practicability of secur-
    ing Colonization by an Actual Settler, 1865......................P. 257-8

ADAMS (CHARLES FRANCIS). Address to the Wisconsin Historical Society. P. 498-11

ADAMS (HENRY) as a historian. A case of hereditary Bias, par Housatonic. P. 287-10

ADAMS (REV. JOHN). Lectiones selectæ, 1825.......................P. 191-2

ADAMS (A. LEITH). Maltese Caves.................................P. 174-17-18

ADAMS (FRANK D.). Notes on the Quebec Group.....................P. 476-16

ADAMSON (W. AGAR). Sermon, 1846................................P. 490-3

ADAMS (J.). Sketches of the Tête de Boule Indians, 1831.............P. 203, B-3

ADDISON (REV. ROBERT). An old time sermon......................P. 501, A-6

A. DE F. Le Libéralisme Catholique ou observations critiques sur l'opuscule
    de M. l'Abbé Benjamin Paquet, intitulé Le Libéralisme, 1872........P. 152-4

ADHÉMAR et Delisle, 1784. Questions et réponses...................P. 119-2

ADLER (SIMON L.). Sullivan's campaign in Western New York, 1779.....P. 438-4

3-4 EDOUARD VII, A. 1904

VOLUME.

AFRICA, EAST CENTRAL. Narrative of an exploration survey par le capitaine P. G. Twining, 1894...................................P. 306-13

AFTERMATH of a revolution, par George Sterling Ryerson, 1896..........P. 355-11

AGRICULTURE. Agricultural Colleges and Experimental Farm Stations, par William Saunders....................................P. 447-3

AGRICULTURE. Essay on the Insects and Diseases injurious to the Wheat Crops, par Hy. Hind, 1857 ....P. 128-6 & O. P. 40-1

AGRICULTURE and Immigration for 1897..............................P. 450-7

AGRICULTURE. AGRICULTURAL SOCIETIES, Manitoba and North-west, 1883 à 1885 ....P. 134

AGRICULTURE. AGRICULTURAL STATISTICS for Manitoba and the North-west Territories, 1885..O. P. 46-3

AGRICULTURE. ASSINIBOIA Agricultural Society Prize List, 1885.........P. 234-23

AGRICULTURE AND IMMIGRATION. REPORT of the department, for Manitoba, 1895...P. 381-15

AGRICULTURE. BRITAIN'S FUTURE CORN SUPPLY. Foreign or Canadian. Par Robert Wilkes, 1880. ....P. 115-2

AGRICULTURE. CANADA'S GREAT EASTERN EXHIBITION. Sherbrooke, 1890.P. 244-4

AGRICULTURE. CONCOURS À L'INSTITUT CANADIEN :—

    Rapport. Hubert LaRue....................................P. 207, A-12

    Éloge. E. A. Barnard......................................P. 207, A-13

    L'État où en est l'art en notre Province ....P. 207, A-14

AGRICULTURE. CERCLES AGRICOLES dans la province de Québec. Par N. E. Dionne, 1881..P. 121-3

AGRICULTURE. COLORADO POTATO BEETLE and how to oppose its ravages, par Douglas Brymner, 1880.

    Translation of " La Mouche ou Chrysomèle des Patates," par J. C. Taché...P. 35-2

AGRICULTURE. COMPARISONS OF ENGLISH AND AMERICAN FARMING, par Alfred C. Thomas..................................P. 162-5, P. 200-4

AGRICULTURE. CONFÉRENCES AGRICOLES. La Culture du Blé, 1882......P. 121-5

AGRICULTURE. CONFÉRENCES AGRICOLES. La Destruction du Chiendent, etc., 1882..P. 121-6

AGRICULTURE. CONFÉRENCES AGRICOLES. Les Semences..............P. 121-7

AGRICULTURE. CONFIDENTIAL REPORT on the wheat and flour supply of the United Kingdom, par William Jago, 1885.......................P. 142-15

AGRICULTURE. CONTAGIOUS DISEASES of Cattle. Prize Essay, par J. T. Duncan, 1880 ....P. 35-1

AGRICULTURE. Essai sur les Insectes et les maladies qui affectent le Blé, par Emilier Dupont, 1857...........................P. 22-7, P. 128-5

AGRICULTURE. North Dakota Report, 1898 ....P. 438-5

AGRICULTURE. Papiers et lettres sur l'Agriculture, recommandé à l'attention des Cultivateurs Canadiens par la société d'agriculture en Canada, 1789...P. 156-2

AGRICULTURE. Agricultural progress in New Brunswick, par James Robb, 1856...P. 174-1

AGRICULTURE. Eléments de l'Agriculture, par James Smith, 1862.......P. 190-3

AGRICULTURE. Verger Canadien, par l'Abbé L. Provencher, 1862.......P. 15-3

AGRICULTURE. Flax. Directions for its cultivation and management, 1863.P. 161-7

AGRICULTURE. Rapport de l'Ecole d'Agriculture et de la Ferme Modèle de Sainte-Anne, 1861..P. 128-1-2

    Pour l'année 1863 ....P. 22-8

AGRICULTURE. Rapport du Ministre de l'Agriculture et de la Statistique du Canada, 1863..O. P. 9-8

AGRICULTURE. Rapport du comité spécial de l'enseignement agricole, 1864O. P. 48-1

DOC. DE LA SESSION No 18

VOLUME.

AGRICULTURE. Report of the Select Committee on the cultivation of the Vine in Canada..O. P. 39-1
AGRICULTURE. Catéchisme d'Agriculture ou la Science Agricole, par l'Abbé N. A. Leclerc, 1869...P. 32-12
AGRICULTURE. Agricultural Education, par l'hon. Donald Ferguson, 1884.P. 148-3
AGRICULTURE. Agricultural Resources of Canada. Reports of Tenant Farmers' Delegates, and other information on the North-west Territories and other parts of the Dominion, 1881............ ....E. P. 8-4
AGRICULTURE. Dans le Nord-Ouest du Canada, 1885.................E. P. 28-4
AGRICULTURE. Dairy Farming, Ranching and Mining in Alberta and Assiniboia, 1889...P. 306-15
AGRICULTURE, LES ECOLES de la Province de Québec Vengées : Réponse à une " Etude sur l'éducation agricole " de l'hon. Louis Beaubien, par Narcisse Proulx, 1877...P. 154-15
AGRICULTURE. ENGLISH TENANT FARMERS on the Agricultural resources of Canada...P. 385-10
AGRICULTURE. Etude sur l'éducation agricole, par l'hon. Louis Beaubien, 1877...P. 154-16
AGRICULCURE. FLAX and HEMP, par A. Kirkwood...................P. 117-11
AGRICULTURE. FOOD ZONES OF Canada, par J. B. Hurlbert.............P. 200-5
AGRICULTURE. GENERAL RULES and Regulations adopted by the Council of Agriculture of the Province of Quebec, for the direction of Agricultural Societies...E. P. 5-12
AGRICULTURE. For the locust in Manitoba &c., *voyez* George M. Dawson's notes, 1875...P. 114-2
AGRICULTURE. Jour (le) de la fête des Arbres, 1885.................P. 122-2
AGRICULTURE, MANITOBA. Report of the pure bred Cattle breeders' Association and Sheep and Swine breeders' Association, 1895...........P. 381-9
AGRICULTURE, MANITOBA. CENTRAL FARMERS' INSTITUTE..............P. 381-11
AGRICULTURE, MANITOBA. Dairy Association.......................P. 381-12
AGRICULTURE, MANITOBA. Milk and Cheese factories.................P. 381-13
AGRICULTURE. MANUAL OF ACTS &c., Manitoba, 1885.................P. 380-3
AGRICULTURE. REMARKS of William Grout on the bill to tax oleomargarine, 1886. ....P. 140-21
AGRICULTURE, ONTARIO. The San José scale, 1900, par W. Lochead .....P. 505-5
AGRICULTURE, (PETIT MANUEL D'). Par Hubert LaRue, 1870.........P. 158-5
AGRICULTURE, (PAPIERS ET LETTRES SUR L'). Recommandés à l'attention des cultivateurs Canadiens par la Société d'Agriculture en Canada, 1789..P. 156-2
AGRICULTURE. PRACTICAL TESTS or gardening for Manitoba, &c., par Robert McNeil, 1884...P. 162-8
AGRICULTURE. PREMIER CONGRÈS des cercles agricoles tenu à Trois Rivières, 1887..P. 228-16
AGRICULTURE. RAPPORT de la société d'industrie laitière de Québec, 1882.P. 310-3
AGRICULTURE. RAPPORT du comité spécial........d'obtenir des renseignements sur les Industries Agricoles du Canada, 1884..............O. P. 46-5
AGRICULTURE, (RAPPORT SUR LE CONCOURS D'). Par le docteur Hubert LaRue, 1879...P. 120-11
AGRICULTURE. RÉGLEMENTS généraux adoptés et approuvés par le Conseil d'Agriculture de la Province de Québec, 1870.................P. 51-3
AGRICULTURE. REPORTS of the Canadian Dairymen's Association for 1873, to 1875..P. 240
AGRICULTURE. REPORT of the Commissioner to the Governor of North Dakota..P. 505-4
AGRICULTURE. REPORT of the department of Manitoba for 1882-1883....P. 380-1 & 2
AGRICULTURE. REPORT of the Entomologist (James Fletcher), 1884......O. P. 16-1

Volume.

AGRICULTURE. Report of the Select Committee........on the operation
of the tariff on the Agricultural Interests of the Dominion..........O. P. 39-4
AGRICULTURAL RETURNS of Great Britain with abstract returns for the
United Kingdom, British possessions and foreign countries, 1893.....P. 376-10
AGRICULTURE. Romaine's Modern Steam Farmer, 1887................P. 199-10
AGRICULTURE. Seventh report of the Dairy Association of Quebec, 1888..P. 310-5
AGRICULTURE. State Agricultural Address par l'hon. Wm. Jesup, 1878....P. 128-8
AGRICULTURE. Traité Populaire de la culture de la betterave, etc., par Oct.
Cuisset...P. 121-2
AILESBURY (MARQUIS OF). Manuscripts Appendix 7 ....P. 414-46
AITKEN. Manuscripts of George A. Aitken, 1891 ....P. 414-22
AKINS (T. B.). The first Council (of Nova Scotia), 1881.... ....P. 281-7
(Cet ouvrage renferme des esquisses biographiques de Mascarene,
Edward How, John Graham, Benjamin Green, John Salisbury et
Hugh Davidson.)
AKINS (THOMAS B.) Report of the Record Commission for 1886.........P. 255-4
AKINS (DR. T. B.). History of Halifax City.......................P. 281C-1
ALASKAN BOUNDARY DISPUTE. The Canadians' View, par l'honorable David
Mills, 1899 ....P. 491-8
ALASKA. Map of British Columbia, the Yukon district and Alaska, issued
by the Canadian Bank of Commerce, 1899......................P. 45-1
ALASKA Commercial Co. Klondike and Alaska gold fields, 1898........P. 424-5
ALASKA. Maps in the Library of Congress of the United States, 1898....P. 424-6
ALBERTA, N. W. T. Red Deer District, Rev. Leo Gaetz, 1890.........P. 254-11
ALBERTA Farming and ranching in Western Canada, 1897.............P. 385-14
ALBERTA, voir North-west...P. 306-15
ALBRIGHT (GEO. S. J.). The first organized government of Dakota.......P. 356-4H.
ALDEN (GEORGE HENRY). New Governments west of the Alleghanies
before 1780...P. 372-3
ALGONQUINS. National Park of Ontario, par Archibald Campbell, 1901..P. 503-2
ALGOMA DISTRICT. Emigration pamphlet, 1884......................P. 305-3
ALGONQUIN LEGENDS (Two), par J. C. Hamilton, 1894...............P. 311-9
ALGOMA. Northern District of Ontario.............................P. 369-8
ALGONKIN Forest and Park. · Letter to Hon. J. B. Pardee, by A. Kinwood.P. 229-3
ALIQUIS Observations...on the Canada Company, four letters to Frederick
Widder, 1845... P. 99-3
ALIENS. Abstract of all the Statutes made concerning aliens trading in
England, &c., 1685.. P. 348-2
ALIÉNÉS, Nos Asiles, par Napoléon Legendre........................P. 259-4
ALLEGHANIES (New Government West of the) before 1780, par George H.
Alden..... ....P. 372-3
ALLAN (HUGH). The times, &c., on Canadian Railways. Northern Coloni-
sation Railway, 1875...P. 60-2
ALLAN (J. A.). Orangism, Catholicism and Sir Francis Hincks, 1877 ....P. 215-4
ALLEN (ANDREW HUSSEY). The Historical Archives of the Department of
State, 1895..P. 350-19
ALLEN (CHARLES) of Worcester, par George F. Hoar...................P. 518-3
ALLEN (ETHAN). Narrative of Captivity and treatment by the British,
from 1775 to 1778...P. 332-3
ALLEN (J. ANTISELL) Dr. Ryerson. A review and a Study, 1884 ....P. 94-8
ALLIANCE SCIENTIFIQUE Universelle, par le Comité de Québec, 1892.......P. 289-6
ALLISON (D.) " Notes on a General Return of the Several Townships in the
Province of Nova Scotia for the first day of January, 1767.".........P. 281, B-9
ALLISON (LEONARD). Rev. Oliver Arnold, 1892...... ....P. 352-10
ALLOUEZ. Missionary labours in the Lake Superior region. Par le rév. C.
Verwyst.. ....P. 334-2

VOLUME.

ALLOUEZ (CLAUDE JEAN). The Apostle of the Ottawas. Par Joseph Stephen
  Labonté, 1897...P. 459, A-6
ALMANACS. 1827, 1854, 1855, 1876...............................P. 456
  "   1867, 1869 to 1877, 1879 to 1883......................P. 457
  "   de Québec Ecclésiastique et civil, pour 1853..........P. 6-5
  "   différentes dates.....................................P. 319 et 319 A.
  "   Belcher's Farmers Almanack, 1879-80...................P. 471-1-2
  "   (Illustrated) du Canada, 1887.........................P. 319, A-9
  "   Newfoundland, St. John's, Nfld., 1882 ....P. 471-4
  "   Nova Scotia (en allemand) 1789, Citizen, Ottawa,1865.
         Prince Edward Island............................P. 305-1-2-4
  "   The People's, 1897, Gazette, Montreal...............P. 355-18
  "   "   1898   "   ....P. 386-1
  "   "   supplement to the Gazette, 1899.............P. 448-3
ALMONTE. Sketch of the Parish of St. Mary, 1885.............P. 229-8, P. 303-10
ALMONTE. Voir Ramsay Library,......................................
ALPHABET of first things in Canada. Par George Johnson, 1890, aussi 1897.
                                   P. 244-1, P. 300-1, P. 446-4
ALPHA GOLD MINING COMPANY. Prospectus, &c., 1868................P. 179-11
ALPHONO STILLETH. Pacific Scandal, 1874.........................P. 19-3
AMI des Canadiens Français, Le Canada ou quelques mots de réfutation à
  M. le pasteur Grand Pierre, 1854 ....P. 119-8
AMERICA. The study of Nations, her religious destiny. Par W. Stevens
  Perry, 1893..P. 350-8
AMERICAN ANTIQUARIAN SOCIETY. Procès-verbaux, 1899, 1900, 1901..P. 496 et P. 518-1-2
Amérique du Nord. Carte des Grands Lacs de l'. Par Brehan de Gallinée,
  1670 ....P. 515-8
AMERICAN CIVIL WAR. Canada : Is she prepared for war ? By a native
  Canadian, 1861..P. 257-5
AMERICAN CIVIL WAR. Correspondence relative to the case of Mason and
  Sliddell, 1861...P. 257-6
AMERICAN CIVIL WAR. Espion Fédéral (Un). Par William L. Hughes,
  1865 ....P. 4-11
AMERICAN CIVIL WAR. Affaire St. Albans, Maximilien Bibaud, 1864....P. 34-8
AMERICAN CIVIL WAR. L'Affaire St. Albans, Maximilien Bibaud.......P. 153-2
AMERICAN CIVIL WAR. Notes on some questions suggested by the case of
  the " Trent." Par Montague Bernard.........................P. 49-11
AMERICAN CIVIL WAR. St. Albans Raid. Investigation by the Police Com-
  mittte of the City Council of Montreal into the charges preferred par B.
  Devlin against Guillaume Lamothe, Chief of Police, 1864...........P. 33-8
AMERICAN CIVIL WAR. (Some lessons to be learned from the). Par R. E.
  Kingsford ....P. 347-11
AMERICAN CIVIL WAR. The American Conflict. Par Rev. John Cordner,
  1865 ....P. 257-9
AMERICAN CIVIL WAR. United States Provisional Court for the State of
  Louisiana, a reminiscence of the late Civil War (1861-66) ....P. 109-12
AMERICAN CIVIL WAR. Voyez Fenians...........................O. P. 38-6
AMERICAN COLONIES. Estimate of population, par Franklin Bowditch Dexter.P. 215-13
AMERICAN HISTORICAL ASSOCIATION ....P. 356-2
  "   "   The Droit de banalité, par W. Bennett
  Munro...P. 498-1
AMERICAN HISTORICAL ASSOCIATION. The employment of Indians in the
  War of 1812, par le lieutenant-colonel Cruikshank.................P. 519-13
AMERICAN INSTITUTE. Mining Engineers, 1885.. ....P. 224-3
AMERICAN LOYALIST. Letter on a pamphlet by John Mills Jackson (1809 ?)P. 147-2

3-4 EDOUARD VII, A. 1904

VOLUME.

AMERICAN MILITARY POCKET ATLAS. Collection of correct maps of the seat
  of War, 1776...P. 469
AMERICAN NUMISMATIC SOCIETY. 1883.................................P. 210A-1
AMERICAN REVOLUTIONARY WAR. A History of the equestrian statue of
  Israel Putman at Brooklyn...P. 256-13
AMERICAN REVOLUTIONARY WAR. Answer to the Declaration of the Amer-
  ican Congress, 1776...P. 59-2
AMERICAN REVOLUTIONARY WAR. Appeal to the justice and interests of the
  people of Great Britain in the present disputes with America, 1775...P. 184-1
AMERICAN REVOLUTIONARY WAR. Articles from the British Critic, 1798..P. 507-1
AMERICAN REVOLUTIONARY WAR. Burgoyne's speech on taxation of the
  Colonies, 1775..P. 225-1
AMERICAN REVOLUTIONARY WAR. Canadian History : the siege and block-
  ade of Quebec by Generals Montgomery and Arnold, in 1775-6, par le
  docteur W. J. Anderson ....P. 203 E-21
AMERICAN REVOLUTIONARY WAR. Centenary fête for the defence of Quebec,
  1775...P. 203 G-1
AMERICAN REVOLUTIONARY WAR. Claim of the Colonies to an exemption
  from internal taxes imposed by Parliament, 1765..................P. 104-3
AMERICAN REVOLUTIONARY WAR. British evacuation of the United States,
  par Howard L. Osgood ....P. 438-2
AMERICAN REVOLUTIONARY WAR. Case of Great Britain and America
  Addressed to the King and both houses of Parliament, 1769.........P. 72-3
AMERICAN REVOLUTIONARY WAR. Centenaire de l'Assaut de Québec par les
  Américains, 1775...P. 207-9, P. 228-17
AMERICAN REVOLUTIONARY WAR. Considerations on the expediency of
  admitting Representatives from the American Colonies into the British
  House of Commons, 1770.. ....P. 138-3
AMERICAN REVOLUTIONARY WAR. Considerations on the measures carrying
  on with respect to the British Colonies in North America, 1774.... P. 184-3
AMERICAN REVOLUTIONARY WAR. Diary of the weather kept at Quebec
  during the siege in 1776...P. 441-10
AMERICAN REVOLUTIONARY WAR. Letter to the Right Hon. Lord Camden
  on the Bill for restraining the Trade and Fishery of the four provinces
  of New England, 1775...P. 183-6
AMERICAN REVOLUTIONARY WAR. Reminiscence of Quebec with a view and
  maps. It contains Siege of Quebec in 1759 and in 1775, &c., &c.....P. 142-5
AMERICAN REVOLUTIONARY WAR. Siege of Charleston. Journal of Captain
  Peter Russell...P. 450-4
AMERICAN REVOLUTIONARY WAR. Speech intended to have been spoken on
  the Bill for Altering the Charters of the Colony of Massachusetts Bay,
  1774 ....P. 163-3
AMERICAN REVOLUTIONARY WAR. Considerations relative to the North
  American Colonies, 1765 ....P. 183-1
AMERICAN REVOLUTIONARY WAR. Considerations on the present situation
  ot Great Britain and the United States of North America, with a view
  to their future Commercial Connections, 1784 ....P. 52-9
AMERICAN REVOLUTIONARY WAR. Dialogue between the Ghost of General
  Montgomery and an American delegate, 1865 ....P. 348-3
AMERICAN REVOLUTIONARY WAR. An enquiry whether the guilt of the pre-
  sent Civil War in America ought to be imputed to Great Britain or
  America, 1776...P. 52-8
AMERICAN REVOLUTIONARY WAR. Invasion of Canada in 1775, par Henry
  Caldwell...P. 203. M-2

VOLUME.

AMERICAN REVOLUTIONARY WAR. Journal de Campagne de Claude Blanchard, &c., 1780–1783...P. 82-1
AMERICAN REVOLUTIONARY WAR. Journal of Charles Carroll, of Carrolton, during his visit to Canada in 1776, as one of the Commissioners from Congress, par Brantz Mayer.... ....P. 150-1
AMERICAN REVOLUTIONARY WAR. Journal des opérations de l'Armée Américaine lors de l'Invasion du Canada en 1775-6, par M. J. B. Badeaux...P. 203. N-6
AMERICAN REVOLUTIONARY WAR. Journal of the siege and blockade of Quebec by the American Rebels in Autumn, 1775, and Winter, 1776.P. 203. R-4
AMERICAN REVOLUTIONARY WAR. Late Occurrences in North America, and Policy of Great Britain considered, 1766.......................P. 183-4
AMERICAN REVOLUTIONARY WAR. Late regulations respecting the British Colonies on the Continent of America, 1765, par John Dickinson.....P. 183-2
AMERICAN REVOLUTIONARY WAR. Letter to Lord George Germain, 1776..P. 183-8
AMERICAN REVOLUTIONARY WAR. Letter to the Right Hon. Lord Viscount H.-E. (Howe) on his naval conduct in the American War, par Joseph Galloway, 1779...... ....P. 183-11
AMERICAN REVOLUTIONARY WAR. Letter to the Right Hon. the Earl of Shelburne, 1782...P. 183-13
AMERICAN REVOLUTIONARY WAR. Letter to Right Hon. L—d Th————w, L—d H—h C————r of E————d (Lord Thurlow, Lord High Chancellor of England), 1780........ ....P. 183-14
AMERICAN REVOLUTIONARY WAR. Letter to the People of America, lately printed at New York ; (signed Americanus) now repulsed by an American, with a postscript by the editor, addressed to Sir W****** H***, 1778.. ....P. 59-4
AMERICAN REVOLUTIONARY WAR. Letter to the Whigs, by an Englishman, 1779..P. 183-12
AMERICAN REVOLUTIONARY WAR. Le siège du Fort St. Jean en 1775, par Lucien Huot..P. 228-21
      Versions anglaises et françaises.......................P. 229-1. P. 310-2
AMERICAN REVOLUTIONARY WAR. Lieut. Moody's narrative from 1776 ....P. 242
AMERICAN REVOLUTIONARY WAR. Loughery's defeat and Pigeon Roost Massacre, par Charles Martindale...............................P. 197-1
AMERICAN REVOLUTIONARY WAR. McFingal : a modern epic poem, or The Town Meeting, par le docteur John Trumbull, 1782................P. 163-4
AMERICAN REVOLUTIONARY WAR. Military Pocket Atlas, 1776..........P. 469
AMERICAN REVOLUTIONARY WAR. Narration Authentique de l'Echange des Prisonniers faits aux Cèdres pendant la Guerre Américaine de 1775...P. 82-2
AMERICAN REVOLUTIONARY WAR. Narrative of Col. Ethan Allen's captivity and treatment by the British from 1775 to 1788...................P. 332-3
AMERICAN REVOLUTIONARY WAR. Notes pour servir à l'histoire des Officiers de la Marine et de l'Armée Française qui ont fait la Guerre de l'Indépendence Américaine, par Faucher de Saint-Maurice ....P. 360-1
AMERICAN REVOLUTIONARY WAR. Observations on the Nature of Civil Liberty........and the Justice and Policy of the War with America, par Richard Price...P. 163-1
      Additional Observations, 1777 ....P. 163-2
AMERICAN REVOLUTIONARY WAR. Old Fort Schuyler in History, 1759-1783, par Isaac S. Hartley ....P. 132-12
AMERICAN REVOLUTIONARY WAR. On some additional incidents in connection with the siege and blockade of Quebec in 1775-6 ......P.203 F-1
AMERICAN REVOLUTIONARY WAR. Plain Truth Addressed to the Inhabitants of America, containing Remarks on a late Pamphlet entitled, " Common Sense." par Candius, 1776................... ....P. 183-9

3-4 EDOUARD VII, A. 1904

VOLUME.

AMERICAN REVOLUTIONARY WAR. The Plea of the Colonies, on the Charges brought against them by Lord M—d (Mansfield) and others in a letter to His Lordship...P. 184-2

AMERICAN REVOLUTIONARY WAR. Political debates, 1766. The Stamp Act.P. 183-3

AMERICAN REVOLUTIONARY WAR. Political Reflections on the late Colonial Governments, in which their original constitutional defects are pointed out, &c., 1783. ....P. 72-2

AMERICAN REVOLUTIONARY WAR. Public papers of George Clinton.P. 470-1-2-3-4-5-6-7

AMERICAN REVOLUTIONARY WAR. Regulations lately made concerning the Colonies, and the taxes imposed on them considered, 1765...........P. 104-1

AMERICAN REVOLUTIONARY WAR. Reply to the observations of Lieut. Gen. Sir William Howe, on a pamphlet, entitled Letters to a Nobleman with an appendix, by the author of Letters to a Nobleman, 1780..... ....P. 62-8

AMERICAN REVOLUTIONARY WAR. Rights of the British Colonies asserted and proved, par James Otis, 1765..................................P. 104-2

AMERICAN REVOLUTIONARY WAR. Rights of Great Britain Asserted against the claims of America, 1776....................... .. ....P. 59-1

AMERICAN REVOLUTIONARY WAR. Sentiments of Lord Chatham on the American Measures, 1776 ....P. 183-7

AMERICAN REVOLUTIONARY WAR. Sermon by Alexander Carlyle, D.D., 1777.P. 352-1

AMERICAN REVOLUTIONARY WAR. Short History of the Opposition, 1775 ..P. 184-5

AMERICAN REVOLUTIONARY WAR. Some observations on a pamphlet lately published, entitled The Rights of Great Britain Asserted against the Claims of America, 1776 ....P. 138-4

AMERICAN REVOLUTIONARY WAR. Substance of General Burgoyne's speeches, on Mr. Vyner's motion, on 26th May, and Mr. Hartley's motion 28th May, 1778, with an appendix ....P. 183-10

AMERICAN REVOLUTIONARY WAR. Taxation no Tyranny, 1775 ....P. 104-4

AMERICAN REVOLUTIONARY WAR. The alleged "Toryism" of the clergy of the United States at the breaking out of the war of the Revolution, par W. S. Perry..P. 353-3

AMERICAN REVOLUTIONARY WAR. The capture of Mount Washington. The Result of Treason, par Edward F. de Lancey ...:...................P. 350-1

AMERICAN REVOLUTIONARY WAR. The Dutch, our allies in the revolution, par le révérend W. E. Griffis.................................P. 356. A-1

AMERICAN REVOLUTIONARY WAR. The province of Quebec and the early American revolution, a study, par Victor Coffin...................P. 372-1

AMERICAN REVOLUTIONARY WAR. The revolutionary movement in Pennsylvania, 1760-1776, par Charles H. Lincoln....................P. 492-1

AMERICAN REVOLUTIONARY WAR. The Wars of the Gulls. An Historical Romance...P. 350-6

AMERICAN REVOLUTIONARY WAR. Thoughts on the Origin and Nature of Government occasioned by the late disputes between Great Britain and her American Colonies, 1766..................................P. 72-2

AMERICAN REVOLUTIONARY WAR. Thoughts on the present state of affairs with America, and the means of Conciliation, par William Pulteney, 1778P. 59-3

AMERICAN REVOLUTIONARY WAR. Sullivan's campaign in Western New York, 1779, par Simon L. Adler..............................P. 438-4

AMERICAN REVOLUTIONARY WAR. The Story of Bryan's Station, par George W. Ranck. ....P. 438-3

AMERICAN WAR OF 1812. American Question. Letter from a calm observer to a Noble Lord, on the subject of the late declaration relative to the Orders in Council, 1812...P. 138-7

AMERICAN WAR OF 1812. An exposition of the causes and character of the late war with Great Britain, published by authority of the American Government, 1815..P. 55-1

VOLUME.

AMERICAN WAR OF 1812. Anticipation of, marginal notes on the Declaration of Government, 1813...................P. 138-9

AMERICAN WAR OF 1812. A short account of the Hartford Convention, with an attested copy of the Secret Journal of that body, 1823...........P. 230-1

AMERICAN WAR OF 1812. An enquiry into the Causes and Consequences of the Orders in Council, &c., par Alex. Baring, M.P., 1808.............P. 241-1

AMERICAN WAR OF 1812. Battlefield of the Niagara Peninsula, by Ernest Cruikshank, 1891...................P. 250-6

AMERICAN WAR OF 1812. Battle of Queenston Heights, par Ernest Cruikshank, 1890.......................P. 254-8, P. 257-13

AMERICAN WAR OF 1812. Battle of Queenston Heights. Being a Narrative of the Opening of the War of 1812, with notices of the Life of Major General Sir Isaac Brock, K.B...................P. 55-1

AMERICAN WAR OF 1812. Excerpts from Letters from Lieut. and Adjutant William MacEwen, 1813......................P. 245-2

AMERICAN WAR OF 1812. Extracts from the Bee, published at Niagara in 1812, par James Durand......................P. 235-10

AMERICAN WAR OF 1812. Fort Megis. A Condensed History of the Most Important Military Point in the North West...................P. 196-18

AMERICAN WAR OF 1812. Guerre de 1812 à 1815. Bataille navale du Lac Champlain, par un Témoin Oculaire...................P. 204-5

AMERICAN WAR OF 1812. Héroïne de Châteauguay. Épisode de la guerre de 1813, par H. Emile Chevalier...................P. 3-2

AMERICAN WAR OF 1812. Le Héros de Châteauguay, par L. O. David.....P. 73-2

AMERICAN WAR OF 1812. Historical documents relating to the War of 1812. (Collection de différents documents)...................P. 203-R.

AMERICAN WAR OF 1812. History of the Battle of Lake Erie, Sept. 10th, 1813, par le capitaine W. W. Dobbins...................P. 224-11

AMERICAN WAR OF 1812. Journal of Events principally on the Detroit and Niagara Frontiers during the War of 1812, par le capitaine W. H. Merritt...................P. 148-5

AMERICAN WAR OF 1812. Letter to the Right Hon. Lord Castlereagh on the North American export trade during the War, &c., &c., par Charles Lyne, 1813...................P. 81-3

AMERICAN WAR OF 1812. Orderly book in possession of A. C. Macdonell. P. 235-9

AMERICAN WAR OF 1812. Pigeon Roost Massacre...................P. 197-1

AMERICAN WAR OF 1812. Royal Newfoundland regiment, par E. Crnikshank, 1893-4...................P. 306-13

AMLRICAN WAR OF 1812. Sermon preached in the Scotch Church in City of Quebec, &c., par le révérend Alex. Spinks, D.D...................P. 217-3

AMERICAN WAR OF 1812. Services of Canadian Regiment, the 104th, by E. Cruikshank, 1895-6...................P. 355-3

AMERICAN WAR OF 1812. The Battle of Lundy's Lane, par Ernest Cruikshank...................P. 257-12

AMERICAN WAR OF 1812. The Battle of Lundy's Lane, par Ernest Cruikshank...................P. 230-17

AMERICAN WAR OF 1812. The cause and commencement of the War, par James Stevenson...................P. 203 G-15

AMERICAN WAR OF 1812. The Fight in the Beechwoods...................P. 230-20

AMERICAN WAR OF 1812. The Story of Laura Secord, par S. A. Curzon...P. 260-12

AMERIGO VESPUCCIS. Account of his first voyage. Old South Leaflets, No. 34. P. 299A.

AMI (HENRY M.). Geological Notes, 1889...................P. 231-1

AMYOT (G.). Adresse à Messieurs les Electeurs du Comté de Lotbinière, 1878...................P. 120-6

AMYOT (G.). Conférence sur la protection au Canada, 1895...................P. 361-3

3-4 EDOUARD VII, A. 1904

VOLUME.

AMYOT (G.). Deuxième Lettre Aux Electeurs du Comté de Lotbinière....P. 120-7
AMYOT vs. "LE CANADIEN," 1886......................................P. 249-7
ANAHUAC. Travels in the Great Western Prairies, the Anahuac and Rocky
   Mountains, par Thomas J. Farnham   ....P. 336-7
ANCASTER. Manuscript of the Earl of, 1893........................P. 414-29
ANDERSON (ALEXANDER CAULFIELD). The Dominion at the West, 1872.E.P. 12-3. P.35-9
ANDERSON (DR.). The Goldfields of Nova Scotia, 1863-4.............P. 203 D-15
ANDERSON (W. J.). The Goldfields of the Worlds, &c...........P. 161-8. P. 175-16
ANDERSON (DR. WM. JAS.). On the Coal like substance or "altered bitumen"
   found in the excavation at fort No. 3, Point Levis...............P. 203 D-34
ANDERSON (WILLIAM JAMES). Two chapters in the life of H.R.H, Edward
   Duke of Kent, 1869...P. 142-8
ANDERSON (DR. W. J.). "Evangeline" and "The Archives of Nova Scotia"
   or the poetry and prose of history, 1869-70.......:........P. 203, E-5
ANDERSON (DR. W. J.). Military operations at Quebec from the capitula-
   tion, par DeRamezay...P. 203, E-9
ANDERSON (DR. W. J.). Opening address "Review of the past year; moving
   accidents by flood and field"..................................P. 203, E-11
ANDERSON (WILLIAM JAMES). The Valley of the Chaudière ...........E.P. 3-2
ANDERSON (DR. WM. JAS.). Canadian History : The siege and blockade of
   Quebec by Generals Montgomery and Arnold, 1775-6..............P. 203, E-21
ANDERSON (DR. W. J.). The Archives of Canada, 1871-72............P. 203, E-23
ANDROS, RECORDS. American Antiquarian Society....................P. 496
ANGERS (A. R.). Constitutional, Letellier, 1879...............•..O.P. 29-3-4
ANGERS (A. R.). Explications Ministérielles. Renvoi du Cabinet de
   Boucherville, 1878.............................P. 120-A6 & P. 14-9
ANGERS (F. R.). Les révélations du crime ou Cambray et ses complices,
   1837..P. 342-6
ANGERS (F. R.). Les révélations du crime ou Cambray et ses complices,
   1867..P. 28-8
   "   "   Les révélations du crime ou Cambray et ses complices...P. 164-4
ANGLICAN CHURCH. Act to incorporate the church societies of the United
   Church of England and Ireland in the dioceses of Quebec and Toronto.P. 146-3
ANGLICAN CHURCH. An Account of the Propagation of the Gospel in Foreign
   Parts, 1704, 1705...P. 217-1-2
ANGLICAN CHURCH. Annual reports (eighth & ninth) of the Newcastle Dis-
   trict Committee of the Society for promoting Christian Knowledge,
   1838..P. 160-1
ANGLICAN CHURCH. Annual report (fourteenth) of the Quebec Diocesan
   Committee of the Society for promoting Christian Knowledge, 1832.
   Liste des officiers, membres, etc.............................P. 160-2-3
ANGLICAN CHURCH. Annual report of the Quebec Diocesan Committee of
   the Society for promoting Christian Knowledge, 1824-5.............P. 146-2
ANGLICAN CHURCH. Answer to His Lordship the Bishop of Ontario's state-
   ment, that the late Metropolitan "told him he had never anything to
   do with bringing Dr. Balch to Montreal," &c....................P. 55-9
ANGLICAN CHURCH. British Catholic Church, par Richard Harrison......P. 162-5
ANGLICAN CHURCH. Centenary of the British Colonial Episcopate, par
   William Stevens Perry, Bishop of Iowa.........................P. 246-7
ANGLICAN CHURCH. Centennial Commemoration of the Ordination of Rev.
   Frederick Diblee..P. 257-14
ANGLICAN CHURCH. Charge delivered to the clergy of the diocese of Rupert's
   Land byDavid Anderson, Lord Bishop of Rupert's Land, 1856........P. 108-11
ANGLICAN CHURCH. Charge delivered at the visitation at Halifax, 1854, par
   Hibbert, le lord Evêque de la Nouvelle-Ecosse ....P. 117-2

DOC. DE LA SESSION No 18

VOLUME.

ANGLICAN CHURCH. Charge of Lord Bishop of Toronto to the Synod. Report of the Church Association and Meeting of the Protestant Episcopal Divinity School, Toronto..P. 146-4

ANGLICAN CHURCH. Christ Church, Montreal, 1875...........P. 185-1 & P. 217-10

ANGLICAN CHURCH. Christian Education. A sermon by Maurice S. Baldwin, 1871..P. 118-17

ANGLICAN CHURCH. Church Services. A series of sermons by Rev. Jas. Carmichael, 1872...P. 25-5

ANGLICAN CHURCH. Church Society of the Diocese of Montreal, 14th Report for 1864-5, 17th Report, 1867-8.......................P. 373-5-6

ANGLICAN CHURCH. Church University of Upper Canada. Letter from the Lord Bishop of Toronto, 1851.................................P. 160-5

ANGLICAN CHURCH. Constitution and Canons of the Diocese of Qu'Appelle, 1885...P. 307-4

ANGLICAN CHURCH. Correspondence arising out of the Pastoral Letter of the Right Rev. Francis Fulford...............................P. 139-17

ANGLICAN CHURCH. Correspondence between the Most Rev. the Metropolitan and the Rev. the Rector of the Parish of Montreal, 1874.....P. 55-10

ANGLICAN CHURCH. Diocese of Huron, 1888, 1889............... .....P. 307-5-6

    "   Diocesan Synod of Nova Scotia, 1884 ....P. 307-3
             Diocese of Montreal, Church Mission, 1868.........P. 55-5
             Diocesan Church Society of Nova Scotia, 30th, 31st, 32nd, 33rd Reports, 1867, 1868, 1869, 1870..P. 373-7-8-9-10

ANGLICAN CHURCH. Episcopal Elections. Ancient and Modern. A study in Ecclesiastical Polity, par S. E. Dawson, 1877....................P. 185-2

ANGLICAN CHURCH. Episcopal Elections. Ancient and Modern. A study in Ecclesiastical Polity, par S. E. Dawson, 1877...................P. 217-11

ANGLICAN CHURCH. First provincial synod to ninth provincial synod, Montreal, 1861............. ....P. 373-1 to 373-9

ANGLICAN CHURCH. First Colonial Bishopric, par Hubert Hall ....P. 350-13

ANGLICAN CHURCH. First Bishop of Nova Scotia, par l'évêque Perry, de Iowa ....P. 246-1 to 5 also 9

ANGLICAN CHURCH. Fearful condition of the Church of England in the Diocese of Huron, with comments, par Henry Landor, 1866 ....P. 139-27

ANGLICAN CHURCH. Holy Trinity Church, Winnipeg.................P. 162-11

ANGLICAN CHURCH. Huron, the Bishop of, Objections to the theological teaching of Trinity College, with the Provost's reply, 1862..........P. 92-5-6

ANGLICAN CHURCH. Historical Sketches. Nova Scotia, Newfoundland, Quebec and Rupert's Land ....P. 237-5-6-7-8

ANGLICAN CHURCH. Influence of American ideas in the Anglican Church, in the Diocese of Montreal, 1870..............................P. 118-20

ANGLICAN CHURCH. Journal of the Synod of Quebec, ninth session, 1871.P.373, C-7

ANGLICAN CHURCH. Judgments of the Canadian bishops on the documents submitted to them by the Corporation of Trinity College............P. 139-24

ANGLICAN CHURCH. Journal of a Voyage of Visitation in the "Hawk" church ship, on the coast of Labrador, and round Newfoundland, 1850.P. 353-6

ANGLICAN CHURCH. Journal of the eighth session of the diocesan synod of Nova Scotia, 1869 ....P. 373-11

ANGLICAN CHURCH. King's College and episcopate in Nova Scotia, 1783..P. 281, B-6

ANGLICAN CHURCH. Letter to the Right Reverend Francis Fulford, Lord Bishop of Montreal, 1862, par Adam Crooks............P. 139-18

ANGLICAN CHURCH. Letters to the Bishops and Clergy of the United Church of England and Ireland in Canada, par Francis Fulford, 1862.P. 139.16 to 23

ANGLICAN CHURCH. Letter to the members of the United Church of England and Ireland in the Township of Scarborough, 1855........... P. 139-11

VOLUME.

ANGLICAN CHURCH.   (Letters and other papers relating to the early history
    of) in Nova Scotia...................................... ....P. 281 B-11
ANGLICAN CHURCH.   Minutes of a conference of the Bishops at Quebec, from
    24th September to 1st October, 1851...................... ....P. 162-2
ANGLICAN CHURCH.   Notes on the early history of St. George's Church,
    Halifax, 1898, par le révérend Francis Partridge......... .... P. 281 B-7 & 10
ANGLICAN CHURCH.   No Honesty separate from Veracity. W. M. Har-
    vard, 1844...P. 139-6
ANGLICAN CHURCH.   Order of Confirmation, &c., York, U. C., imprimés par
    Robert Stanton, 1829................................. ......P. 52-6
ANGLICAN CHURCH. Proceedings of the Synod in the diocese of Toronto, 1864P. 2 8-4-5
ANGLICAN CHURCH.   Plain words for plain people, par Edward H. Dewar,
    1861 ....P. 139-15
ANGLICAN CHURCH.   Pastotal letter to the clergy of his diocese par le révé-
    rend Francis Fulford, 1851...............................P. 139-9
ANGLICAN CHURCH.   Pastoral letter to the clergy and laity of the diocese of
    Toronto, par l'Evêque Strachan, 1854.......................P. 139-12
ANGLICAN CHURCH.   Parochial duties, 1836.........................P. 490-1
ANGLICAN CHURCH.   Proceedings of the Provincial Synod in Montreal, Sep-
    tember, 1865...P. 307-2
ANGLICAN CHURCH.   Pastoral of the Right Reverend the Lord Bishop of
    Toronto, dated 20th December, 1873, in reply to a manifesto published
    by the so-called Church Association of Toronto, 1874...............P. 217-9
ANGLICAN CHURCH.   Proposed constitution for the establishment of a con-
    templated synod for the diocese of Newfoundland, 1870.............P. 346-2
ANGLICAN CHURCH.   Proceedings of the Synod of Fredericton, 1869-70...P. 373-13-14
ANGLICAN CHURCH.   Reply to a second and third letter of the Right Rev-
    erend the Lord Bishop of Montreal, par I. Hellmuth, D.D., 1862....P. 139-20-22
ANGLICAN CHURCH.   Report of the second Conference of Clergy and Lay
    Delegates from parishes in the Diocese of Rupert's Land, 1867....P. 108- 12 & 13
ANGLICAN CHURCH.   Report of the committee appointed by the vestry of St.
    James church to report on the rebuilding, 1849................ ..P. 233-17
ANGLICAN CHURCH.   Synod of Ontario, 1864 to 1872...............P. 373, B-1 to 8
    "   "   Huron, 1861 to 1886..... ....P. 373, A-1 to 13
    "   Strictures on the two letters of Prevost Whitaker in
    answer to charges brought by the Lord Bishop of Huron, &c., 1861...P. 92-4
ANGLICAN CHURCH.   Second Report of the Upper Canada Clergy Society,
    1839 ....P. 216-9
ANGLICAN CHURCH.   Secular State of the Church in the diocese of Toronto,
    Canada West, 1850, Bishop Strachan.........................P. 90-8
ANGLICAN CHURCH.   Sermon, Rev. Philip Wood Loosemore, 1868........P. 5 8-6
    "   Conference of the clergy at Ottawa, 1872 ....P. 5 8-8
               Church service par le rév. Jas. Carmichael, 1872...P. 5 8-9
               Charge par l'Evêque de Fredericton, 1874..... ......P. 5 8-1
               Election of the Bishop of Toronto, 1879............P. 5 8-2
               Synod of Toronto, 1879........ ....P. 5 8-3
               Provincial Synod, Montreal, 1880.................P. 5 8-4
    "   Synod of Toronto, 1881........................P. 5 8-5
    "   Provincial Synod, 1882 ....P. 5 8-6
ANGLICAN CHURCH.   Sermon preached before the Synod of the Diocese of
    Toronto, par le révérend James Beaven, 1859....................P. 139-14
ANGLICAN CHURCH.   Sermon by the Rev. W. Agar Adamson, 1846......P. 490-3
ANGLICAN CHURCH.   Salaries of the Clergy, with introduction par le rév. H.
    Patton, 1858. ....P. 139-13
ANGLICAN CHURCH.   Short History of the Canon for the election of a
    Bishop of Montreal, by a Lay Delegate, 1869..... ....P. 55-6

VOLUME.

ANGLICAN CHURCH. A Sermon preached in Christ Church Cathedral on
    Christmas Morning, 1869 . . . . P. 55-7
ANGLICAN CHURCH. Twenty-second (1863), third (1864), fifth (1866),
    seventh (1868) Reports of the Synod . . . . P. 373-1-2-3-4
ANGLICAN CHURCH. Thoughts on the Present State and Future Prospects
    of the Church of England in Canada, &c., by a Presbyter of the Diocese
    of Quebec, 1836 . . . . P. 94-2
ANGLICAN CHURCH. Ten Letters on the Church and Church Establish-
    ment in answer to certain letters of the Rev. Dr. Ryerson, by an
    Anglo-Canadian, 1839 . . . . P. 90-6, P. 99-2 & P. 67-1
ANGLICAN CHURCH. The Protest of the Minority of the Corporation of
    Trinity College against the resolution of Approving of the Theological
    Teaching of that Institution, 1864 . . . . P. 233-21
ANGLICAN CHURCH. The Primary Address of the Rt. Rev. I. Hellmuth,
    1872 . . . . P. 217-8, P. 212-1
ANGLICAN CHURCH. Thirty-third Report of the Diocesan Church Society
    of New Brunswick, 1868. . . . . P. 373-12
ANGLICAN CHURCH. Tenth Synod of the Diocese of Montreal, 1868, 1869-
    1870, 1871, 1875 . . . . P. 373 C-1-2-3-4-5-6
ANGLICAN CHURCH. Voyez Indians, Huron Mission . . . . P. 160-12
ANGLICAN CHURCH. Which shall we believe? The late Metropolitan or
    the Junior Canon and Senior Curate of Christ Church Cathedral, 1870. P. 55-8
ANGLICAN CHURCH. Year Book of St. Paul's Parish, Halifax, 1899 . . . . . . P. 446-3
ANGLICISME (L') voilà l'ennemi, par J. P. Tardivel, 1880 . . . . P. 74-4
ANGLO-CANADIAN. Ten Letters on the Church and Church Establishment
    in answer to Rev. Egerton Ryerson, 1839 . . . . P. 352-3
ANGLO-CANADIAN. (To the) Electors of the City and County of Montreal,
    1827 . . . . P. 127-5
ANGLO-SAXON Cold Mining Co. (Madoc, Ont.) Prospectus, 1868. . . . . P. 179-10
ANGLO-SAXON. Notes sur la formation de l', et du Franco-Normand, par
    Faucher de Saint-Maurice, 1892 . . . . P. 363-4 &
        Voyez Themmerel . . . . P. 363-5
ANNAPOLIS, Journal of Colonel Nicholson at the Capture of, 1710. . . . . . . P. 281-3
ANNEXATION. Voir A few Observations par Fitz-Gibbon, 1849 . . . . P. 217-6
ANNEXATION Association of Montreal, Circular of the Committee, 1849. P. 83-4, P. 138-11
ANNEXATION and British Connection. Address to Brother Jonathan par
    William Pitman Lett, 1889 . . . . P. 234-6
ANNEXATION. Canada for Canadians. A Royalist "Roland" for the
    Annexationist "Oliver," par John Hague, 1889 . . . . P. 234-5
ANNEXATION (Do you want) to the United States, written to an American
    friend, par Bastion Old . . . . P. 385-5
ANNEXATION and Imperial federation (facts and reflections on.) Par James
    Douglas . . . . P. 300-5
ANNEXATION. (Renseignements au sujet de l') et autres questions. George
    Johnson, 1889 . . . . P. 234-9
ANNEXATION. Patriotic speech par W. Geo. Beers . . . . P. 237-12
ANNEXATION. Progress of Canada. George Johnson . . . . P. 239-9
ANNEXATION. Relations with Canada. Speech by Hon. John Sherman,
    1888 . . . . P. 234-15
Annuaire du Collège Bourget, 1901-02 . . . . P. 515-2
    "   "   1902-1903 . . . . P. 515-3
Annuaire de L'Université Laval, 1902-1903 . . . . P. 515-1
ANNUAIRE de l'Institut Canadien pour 1866 . . . . P. 18-11, P. 153-12
    "   "   1868, 1869, 1870 . . . . P. 18-14-16. P. 153-10
               1877 . . . . P. 207 A-1
                                            P. 18-12, P. 46-6-7

3-4 EDOUARD VII, A. 1904

VOLUME.

ANNIBAL, par Napoléon Legendre, 1898...........................P. 392-1-2

ANTICOSTI. Its shipwrecks, what has been done since Confederation to prevent Marine Disasters. Par J. U. Gregory, 1881.. ....P. 93-4

ANTICOSTI. Notes on the resources and capabilities of the Island of Anticosti par A. R. Roche, 1842.................................P. 203, C-14

ANTIQUARIAN (CANADIAN) and Numismatic Journal, Montreal .... P. 426-1-2-3-4

ANTWERP EXHIBITION, 1885 ....P. 313, B-5

APATITE CANADIAN. Par Christian Hoffmann ....P. 476-13

APESS (WILLIAM.) Experience of five Christian Indians of the Pequod tribe, 1837...... ....P. 216-3

APPEALS. Reports of cases argued and determined in the Courts of King's Bench and Appeal, 1835. Parts 4, 5 and 6....................P. 341-2-3-4

ARBOR DAY for the year 1885. ....P. 122-1

Archaeological and Ethnological Research in the United States. Par Frederick W. Putnam, dans l'*American Antiquarian*...................P. 518-8

ARCHÆOLOGICAL Committee of the Wyoming Society on the Athens locality.P. 318-2

ARCHIBALD (SIR ADAMS GEORGE). In memoriam, born 1814 ; died 1893 .P. 281, C-7

ARCHIBALD (ADAM G.)   Sir Alexander Croke, 1881 ....P. 281-11

       "   Government House, Halifax ....P. 281, A-3

       "   The Province Building at Halifax...:..........P. 281, A-6

       "   Expulsion of the Acadians (2 parts) ....P. 281, B-1-1½

ARCHIBALD (SIR ADAMS G.) Story of deportation of negroes from Nova Scotia to Sierra Leone, 1891 ....P. 281, B-12

ARCHAEOLOGICAL REPORT (Annual) 1902 .... P. 514-7

ARCHAEOLOGY CANADIAN. Historical portraits and other objects relating to Canadian Archaeology. Exhibition by the Numismatic and Antiquarian Society, 1887.....................................P. 260-2

ARCHAEOLOGY. Notes on primitive man in Ontario. By David Boyle, 1895.P. 369-13

ARCHAEOLOGY. Catalogue of specimens in the Ontario Archaeological Museum, 1897...P. 369-7

ARCHITECTS CANADIAN, Institute of, Constitution and By-laws, 1870......P. 245-5

ARCHITECTS, ONTARIO Association, Constitution, &c ....P. 245-6

ARCHIVES. On Canadian Archives. Par Henry H. Miles.........P. 203, E-13

ARCHIVES OF CANADA. Par le docteur W. J. Anderson, 1871-72 ....P. 203, E-23

ARCHIVES OF CANADA. Memorial for a Public Record Office, 1879....... P. 203, C-12

ARCHIVES, INVENTAIRE. Sommaire des, de la Marine................. P. 311-6

ARCHIVES (les) du Canada, Conférence par Louis P. Turcotte, 1877........P. 207, A-7
                                                             P. 44-8

ARCHIVES. Letter from the Secretary of State, U.S., transmitting memorials relative to documents in Europe bearing on the early history of the United States... ....P. 196-3-4

ARCHIVES. Nos Archives, Les Statistiques, Québec... ....P. 91-9

ARCHIVES. Un des Immortels. Par Scrutan........................P. 230-19

ARCHIVES DU CANADA. La Question Acadienne et le rapport sur les, pour 1894. Par l'Abbé H. R. Casgrain.............................P. 347-9

ARCHIVES DEPARTEMENTALES, le service des Conférences. Par Gustave Desjardins..P. 263

ARCHIVES. The Historical, of the Department of State, Washington. Par Andrew H. Allen, 1895.......................................P. 350-19

ARGENSON. Conquest of Canada.................................P. 214

ARGENTEUIL. Contested election, 1855..........................P. 254-15

ARICHAT. Diocese of. London, Ont., 1884........................P. 336-4

ARMSTRONG (REV. J. GILBERT). Speech on Separate Schools, Kingston ....P. 507-4

ARMSTRONG (JAMES); A treatise on the Law relating to Marriages in Lower Canada, 1857..P. 49-9

DOC. DE LA SESSION 'No 18

VOLUME.

ARMY LISTS, for 1818, 1821, 1822, 1823, 1824, 1842, 1865, 1880..P. 391-P.391A, P.391B
ARLONDI (JOHN R.). Report of public accounts committee, report and evidence, 1891...P. 371-1
ARNOLD (REV. OLIVER). First rector of Sussex, 1892.................P. 287-5
ARNOLD (REV. OLIVER). Par Leonard Allison, 1892..... ....P. 352-10
ART. Canada in sculpture, par Henry Scadding.....................P. 198-9
ART. Montreal Sketching Club, 1879... . ...P. 393-22
ART, SOCIETY OF CANADIAN ARTISTS, 1879.................. ....P. 393-17-18-19
ART ASSOCIATION OF MONTREAL, 1864, &c.....................P. 393 to P. 393-16
      "   "   Special Exhibition..........P. 393-20-21 & P. 249-4
      "   "   Act of Incorporation, By-Laws.... ......P, 344-1-2
ART. Académie des Beaux Arts à Montréal....................P. 195-5, P. 317-17
ART ASSOCIATION OF OTTAWA. Report for 1887-8..... ....P. 317-16
ART. Royal Canadian Academy of Arts, 1896.......................P. 355-16
ART. Royal Canadian Academy of Arts, 1897............... ....P. 386-2
ARTS AND MANUFACTURES. Rapport du Sous-Comité de la Chambre des
    Arts et Manufactures du Bas-Canada, 1859......................P. 194-5
ASHBURTON (LORD). Speech on the second reading of the Canada Government bill, 1838..P. 67-4
ASHBURTON TREATY (The Acadian Boundary disputes and the), par M, le
    juge Weatherbee...P. 281-B-3
ASCOT MINING Co. Reports, with Charter, &c., 1864..... ....P. 178-3
ASHE (W. A.) Elementary Discussion of the Nebular Hypothesis. ......P 203-S-5
ASHE (LIEUT. E. D.) Latitude of the observatory (Quebec), 1863-4.....P. 203-D-23
ASHE (LIEUT. E. D., R.N.) Motions of the top Teetotum and Gyroscope,
    1863-4...P. 203-D-19
ASHE (E. D., R.N.) Notes of a journey across the Andes, in Peru......P. 203-D-1
ASHE (E. D.) On the physical Constitution of the Sun, 1868-9 ... .P. 203-E-3
ASHE (E. D., R.N.) Plan of the construction of a raft to rescue passengers
    from sinking ships........................ ....P. 203-C-16
ASHE (E. D., R.N.) The Canadian Eclipse party, 1869................P. 203-E-8
ASHE (E. D., R.N.) Water power of Quebec, 1842................ ....P. 203-C. 15
ASILES D'ALIÉNÉS de la Province de Québec........................P. 153-14
ASILES D'ALIÉNÉS de la Province de Québec et leurs détracteurs, par J. C.
    Taché, 1885. ....P. 194-15
ASSINIBOIA, Agricultural Society Prize List, 1885..... ....P. 234-23
ASSINIBOIA, Farming and ranching in Western Canada, Manitoba, Assiniboia, Alberta and Saskatchewan, 1897.....................,......P. 385-14
ASSINIBOINE. Older geology of the Red River and Assiniboine Valleys, par
    Geo. Bryce, 1891..P. 205-B-6
ASSINIBOIA. Voir North-west....................................P. 306-15
ASSINIBOINE. Surface Geology of the Red River and Assiniboine Valleys,
    by Geo. Bryce, 1891.....................................P. 205-B-4
ASSOCIATION CATHOLIQUE de Tempérance de la paroisse de Beauport, 1843..P. 342-7
ASTRONOMY. On recent spectroscopic observations of the Sun, and the
    total eclipse of the 7th August, 1869............................P. 203-E-7
ATHABASCA, (Notes and observations of travels on the), and Slave Lake region
    in 1899, par W. J. McLean.....................................P. 500-9
ATHOL, Manuscripts of the Duke of, 1891.........................P. 414-21
ATKINSON, (A. E.) Manitoba Birds of prey........................P. 500-4
ATKINSON, (EDWARD.) Two letters on Commercial Union, 1887..........P. 367-7
ATKINSON, (GEORGE E.) The game birds of Manitoba, 1898........ ....P. 441-6
ATLANTIC STEAM SHIP LINE. (Papers in reference to)................P. 349-12
ATLANTIS. The lost island of Atlantis par E. Taylor Fletcher...........P. 203 D-30
ATLAS. American Military Pocket, 1776............................P. 469

VOLUME.

AUCLAIR, (Rév. J.)   Notice Biographique, 1888 ....P. 256-12-P. 287-11
AULNEAU, (THE.)   Collection of rare unpublished documents edited by Rev.
    Arthur E. Jones, S. J...P. 514-4
AUSTIN, (F. W. G.)   On some of the fisheries of the St. Lawrence........203 D-38
AUSTIN, (F. W. G.)   Remarks on the Fisheries Bill addressed to Hon. A.
    Campbell, 1865...P. 254-6
AUSTIN, (PRINCIPAL).   The Jesuits, 1890.............................P. 249-10
AUSTRALIA.   The Commonwealth of, Constitution debates, &c...........P. 485-1
AUTOGRAPHS of leading Canadians, 1870.............................P. 86-2
AVERILL, (JAMES P.)   Fort Meigs.   A condensed history of the most impor-
    tant military point in the North West, 1886.... ....P. 196-18
AVEZAC, (M. D').   Les navigations Terre Neuviennes de Jean et Sébastien
    Cabot...P. 120-2

B.

BACHAND (HON. B.)   Budget speech, 18th June, 1878..... ....P. 17, A. 9
BACKWOODSMAN.   The Crown and Confederation.   Three Letters to the
    Hon. John Alexander Macdonald, 1864.. ....P. 78-5
BACON (LORD.)   The last years of.   Par Edward D. Neill...............P. 368-10
BACON (LT.-COL. THOMAS.)   The Queen's Birthday in Montreal, 1879......P. 96-1
BADDELEY (LIEUT., R.E.)   Additional notes on the geognosy of St. Pauls
    Bay, 1831...P. 203, B. 6
BADDELEY (LIEUT., R.E.)   An essay on the localities of metallic minerals
    in the Canadas, &c.......... ....P. 203, B. 15
BADDELEY (LIEUT., R. E.)   Geology of a portion of the Labrador coast,
    1829..P. 203, A. 7
BADDELEY (LIEUT., R. E.)   Geology of a part of the Saguenay country,
    1829..P. 203, A. 8
BADDELEY (CAPT. F. H., R.E.)   Tabular view of minerals which decrepitate
    with heat, 1842-55........... ....P. 203, C. 10
BADEAU (J. B.)   Journal des opérations de l'armée américaine lors de
    l'Invasion du Canada en 1775-1776, par..... ....P. 203, N. 6
BADEN-POWELL (GEORGE.)   National Unity (1884)....................P. 132-9
BAGOT (manuscripts of Captain Josceline F.) of Levens Hall.............P. 414-4
BAIE DES CHALEURS.   L'affaire de la, devant la Commission Royale, 1891..P. 261-5
BAIE d'HUDSON.   Par G. F. Baillairgé ....P. 292-2
BAILEY (ALFRED.)   Taste in common things, 1858. ....P. 19-17
BAILEY (L. W.)   Notes on the geology and botany of New Brunswick, 1864.P. 174-9
BAILEY (L. W)   Observations on the geology of southern New Brunswick,
    1865...O.P. 40-5
BAILEY (L. W.)   Report on the mines and minerals of New Brunswick,1864.O.P. 40-3
                                                                        P. 107-4
BAILEY (L. W.)   Report on the pre-Silurian rocks of New Brunswick..P. 476-13-19-21-
                                                                        22-28-30-35
BAILLAIRGÉ (C. F.)   Canal de la Baie-Verte, 1874.......'... ...........O.P. 39-7
BAILLAIRGÉ (CHARLES.)   Geometry, mensuration and the steremetrical tab-
    leau, 1871-2.............. ....P. 203, E. 22
BAILLAIRGÉ (CHARLES.)   Québec, passé, présent, futur, 1885.............P. 156-11
BAILLAIRGÉ (C.)   Stereometrican, 1884.........................,...P. 344-8
BAILLAIRGÉ (CHARLES.)   The municipal situation, 1878.................P. 25-4
BAILLAIRGÉ (G. F.)   le détroit et la Baie d'Hudson, 1888 ....P. 238-7
                                                                        P. 292-2

DOC. DE LA SESSION No 18

VOLUME.

BAILLAIRGÉ (G. F.) Revised Record, Engineers and their assistants employed on public works, Canada, 1779-1890 .... P. 349-10
BAIN (JAMES, JR.) Canadian Libraries, 1900. .... P. 497-14
BAIRD (HENRY CAREY.) The silver dollar, 1883 .... P. 216-25
BAKER (C. ALICE.) A scion of the Church in Deerfield (Evêque Plessis) 1888 .... P. 231-3
BAKER (C. ALICE.) My hunt for the Captives, 1888 .... P. 231-2a
BAKER (C. ALICE.) Thankful Stebbins, an unredeemed captive, Deerfield, 1891 .... P. 231-4a
BAKER (C. ALICE.) Two Captives, Deerfield, Mass ....P. 231-4
BAKER (HON. JAMES H.) The sources of the Mississippi .... P. 173-3 & 199-5
BALCH (CANON.) Answer to the Lord Bishop of Ontario's statement regarding the late Metropolitan, 1870 ....P. 55-9
BALCER (GEORGE.) The city of Three Rivers .... P. 60-4
BALDWIN (MAURICES.) Christian Education .... P. 118-17
BALFOUR. Manuscripts of B. A. T., 1807 .... '........ P. 414-16
BANALITÉ, droit de, during the French regime in Canada. Par Bennett Munro .... P. 498-1
BANCKS (WILLIAM.) Letter on the proposed new colonial system, 1836 ....P. 300-2
BANKING. A brief historical sketch of Canadian Banking and Currency, the laws, &c., par W. J. Robertson, 1888 .... P. 234-4
BANKING. Address by B. E. Walker at Saratoga 10th July, 1895 .... P. 366-2
BANKING. A Government specie-paying bank of issue, par Isaac Buchanan, 1866 .... P. 345-7
BANKING and Currency. Report and proceedings of Committee, 1859 ..... O.P. 3-5
BANKING. Bensalem or the New Economy, par Thomas Galbraith, 1874 . .P. 346-1
BANKING. (Early History of Canadian, under French Rule), par Adam Shortt .... P. 443-1 to 11
    "   (Early History of Canadian), par Adam Shortt .... P. 377-4-5-6
BANKING. Canadian Bankers' Association Journal .... P. 397 to 397 F
BANKING. Canadian Currency, banking and exchange. .... P. 503-11 to 14
    "   "   "   " after the Conquest, par Adam Shortt .... P. 355-12-12½
BANKING in Canada. Paper read at Chicago, 23rd June, 1893, par B.E.Walker P. 366-3
BANKING. Programme d'Etude pour la formation d'une Banque Agricole Nationale pour le Bas-Canada, par G. B. de Boucherville, 1862 ...... P. 23-17
BANKING. Returns from the several Chartered Banks stating the name of each stockholder and the nominal value of the shares held by each: 1868, 1862, 1865 and 1860 .... O.P. 18-2-3'
                                                                    O.P. 23-6
BANKING. Système de Crédit Foncier, par George Henry Macaulay, traduit de l'Anglais par Emn. Blain de St. Aubin, 1863 (?) .... P. 23-18
BANKING System of Landed Credit or La Banque de Credit Foncier, par George H. Macaulay... .... P. 26-11
BANKING. The Canadian system and the National Banking system of the United States, par B. É. Walker, 1890. .... P. 366-1
BANKING. The Consolidated Bank of Canada, compilé par John F. Norris, 1879 .... P. 232-7
BANKING. Thoughts on the Banking system of Upper Canada and on the present crisis : 1837 .... P. 232-8
BANKING. Why Canada is against bi-metallism, par B. E. Walker, 1898 . .P. 448-5
BANKS and Banking. Address before the American Bankers' Association par Edmond J. James, 1891 .... P. 250-12
BANK NOTE CONTRACT. A little inside history of how the Government treated the .... P. 376-4

3-4 EDOUARD VII, A. 1904

VOLUME.

BANCROFT (EDWARD). Remarks on the Review of the Controversy between
    Great Britain and her Colonies, 1769. . . . . .P. 184-4
BANGALORE to Calcutta. Notes of a Tour by Major George E. Bulger, 1869P. 467-3
BANISHED BRITON. Neptunian Proceedings par Robt. Gourlay, en -12
    livraisons, 1843 . . . . .P. 335-1
BAPTISM. Learned testimonies on baptism and the Lord's Supper, 1863. . .P. 352-7
BARCLAY (REV. JOHN). Circular respecting the Temporalities fund, 1882. .P. 375-B-17
BAR OF LOWER CANADA. Section of Quebec Report with reference to the
    conduct pursued by two of the judges of the Court of Appeals towards
    one of the advocates of the Quebec section during the October term,
    1851, 'Gazette'. . . . ./. . . . .P. 186-2
BARING (ALEXANDER, M.P.) An enquiry into the causes and consequences
    of the Orders in Council, 1808. . . . . .P. 241-1
BARNABO (CARDINAL) (Dernière Correspondance entre) et l'Hon. M. Des-
    saulles, 1871. . . . . .P. 18-15
. BARNARD (E. A.) Eloge de l'Agriculture à l'Institut Canadien, 1878. . . . .P. 207-A-13
BANQUET to graduates of McGill University, 1880. . . . .P. 382.B-8
BARRINGTON (B. J.) and J. W. Dawson, Geological Structure, &c., of P. E.
    I., 1871. . . . . .O.P. 59-9
BARRISTER (A.) A few words on the subject of Canada, &c., 1837. . . . . . . P. 136-2
BARTON (SAMUEL) The Battle of the Swash and the Capture of Canada, 1888P. 237-12
BASS (CHARLES) Lectures on Canada Illustrating its present position and
    showing forth its onward progress, &c., 1863. . . . . .P. 198-3
"BASTION OLD" Do you want annexation to the United States ? 1890. . . . .P. 385-5
BATTLE OF LUNDY'S LANE, par le lieutenant-colonel Criushank. . . . . .P. 519-8
BATES (WALTER) Kingston and the Loyalists of 1783. . . . . .P. 235-8 P. 269-2
BAUMGARTEN (A.) Industrial Canada, 1876. . . . . .P. 343-11
BAXTER (Rev. Joseph) Journal of several visits to the Indians on the Ken-
    nebec River, 1717 et notes par le révérend Elias Nason, 1867. . . . . . . .P. 215-12
BAXTER vs the TOWNSHIP of NEPEAN. Sanitary Warning, &c . . . . .P. 291-4
BAYFIELD (COMMANDER W. H.) Outlines of the Geology of lake Superior
    1829. . . . . .P. 203A-2
BAYFIELD (CAPTAIN R. N.) Remarks on Coral animals in the Gulf of St.
    Lawrence, 1831. . . . . .P. 203B-1
BAYNES (GEORGE A.) Disposal of the dead, 1875. . . . . .P. 118-21
BEATSON (LT. COLONEL) The Plains of Abraham, '858. . . . . .P. 132-5
BEATTY (MAJOR ERKURIES). Journal in Sullivan's expedition against the
    western Indians. Clinton's March. Cayuga Historical Society, 1879.P. 209-3
BEAUBIEN (LOUIS). Etude sur l'Education Agricole, 1877. . . . . .P. 154-17
BEAUDET (L.) Recensement de la ville de Québec, pour 1716, par.. . . . . . .P. 197-4
BEAUDOIN, L'abbé J. D. Jean Cabot, par . . . . .P. 392-2
BEAUDOIN, L'ABBÉ. Journal de l'expédition de d'Iberville en Acadie et à
    Terre-Neuve, par, avec une introduction et des notes par l'abbé Gos-
    selin . . . ./. . . . . .P. 487-8
BEAUGRAND, (HONORÉ). Across the continent vià the Canadian Pacific
    Railway, 1887. . . . . .P. 198-10
BEAUGRAND (HONORÉ) De Montréal à Victoria, 1887. . . . . .P. 344-15
BEAUJEU (M. DE). Bataille du Malangueulé, 1755. . . . . .P. 211, C-1
BEAUJEU. Voir CONQUEST OF CANADA. . . . . .P. 214
BEAUJEU (MONONGAHELA). Documents Inédits sur le Colonel de Longueuil,
    1891. . . . . .P. 250-4, P. 361-2
BEAUFORT. MANUSCRIPTS of the Duke of, 1891. . . . . .P. 414-2
BEAUPORT, la paroisse de. Association Catholique de Tempérance, 1843 . .P. 342-7
BEAUPORT. The seigniorial manor of the first Seigneur of Beauport, 1634. .P. 203, H-6
BEAUREGARD (GEORGE). Le 9me Bataillon au Nord-Ouest, 1886. . . . . .P. 157-15

VOLUME.

BEAVEN (JAMES). Sermon preached before the Synod of the Diocese of Toronto, 1859..P. 139-14

BEAUVOIS (E.) Les Derniers Vestiges du Christianisme prêché du 10e au 14e siècle dans le Markland et la Grande Islande. Les Porte-Croix de la Gaspésie et de l'Acadie, 1877..................................P. 125-3

BÉCHARD (AUGUSTE). Biographie de M. François Vézina, 1878.........P. 22-12

BÉCHARD (A.) L'Honorable Joseph G. Blanchet, 1884 ....P. 159-17

BECKWITH (HIRAM W.) The Fort Wayne Manuscript containing Indian speeches and a Treatise on the Western Indians, 1883.............P. 229-11

BECKWITH (HIRAM W.) The Illinois and Indiana Indians, 1884........P. 229-12

BEDARD (T. P.) Deuxième administration du comte de Frontenac, 1689-1698. Conférence à l'Institut Canadien........................P. 207, B-5

BÉDARD (T. P.) Dix ans de notre Histoire, 1660-1670. Conférence à l'Institut Canadien......................................P. 207, A-16

BÉDARD (L. P.) Première Administration du Comte de Frontenac (1672-1682)..P. 207, B-1

BÉDARD (P. H.) Lettre à M. Chaboillez, curé de Longueuil, relativement à ses questions sur le gouvernement ecclésiastique du District de Montréal, 1823. ....P. 127-8

BEDFORD (DISTRICT OF.) Canadian loyalists and early settlers in, par J. P. Noyes...P. 506-11

BEERS (W. GEORGE.) Patriotic speech at Syracuse, N.Y...............P. 237-13

BEGG (ALEXANDER.) Practical Hand Book and Guide to Manitoba, &c., 1877..P. 143-9

BEGG (ALEXANDER.) Seventeen years in the Canadian North-west, 1884..P. 160-18

BEGG (ALEXANDER.) Voyez Julius, 1881.............................P 143-11

BÉGIN (ABBÉ L. N.) L'Église, le progrès et la civilisation.............P. 207, B-3

BEHRING SEA. Controversy Extracts from official papers, 1790-1892......P. 289-1

BEHRING SEA. The Seal Arbitration, 1893, pe Donald MacMaster, 1894.P. 303-4

BEHRING SEA. Correspondence respecting the seizure of British American vessels by the United States authorities, 1886-87. ....P. 59 K

BELCHER's Farmers' Almanack for 1879.............................P. 471-2-3

BELL (CHARLES N.) HENRY's Journal, 1799-1801...................P. 205, A-11

BELL (CHARLES N.) Inaugural Address, Historical Society of Manitoba, 1889...P. 205, A-13

BELL (CHARLES N.) Our Northern Waters, 1884....................P. 108-7

BELL (CHARLES N) Selkirk Settlement and the Settlers, 1887..........P. 199-9

BELL (CHARLES N.) Some Red River Settlement history, 1887.........P. 205, A-10

BELL (ROBERT). Commercial Importance of Hudson's Bay, par..........P. 86-8

BELL (ROBT. JR.) On the Natural History of the Gulf of St. Lawrence, 1859. ....P. 221-8

BELL (ROBERT) Report on an Exploration of the east coast of Hudson's Bay, for 1877-1896.........................P. 476-13-14-16-19-21-22-28-35

BELLE (C. E.) Enquête Emigration, 1874.......................O. P. 54

BELLEAU, (EUSÈBE)Des empêchements dirimants du mariage. Thèse, 1889.P. 259-3

BELLEFEUILLE (Chevalier Ed. Lef. de). Paroisse de St. Eustache, Rivière-du-Chêne, 1871...P. 36-1

BELLEFEUILLE (E. L.) Thèse sur les mariages clandestins. L'Ordre, 1860.P. 190-2

BELLINGHAM (SYDNEY). Proposed B.N.A. Confederation. A reply to Mr. Penny's reasons, 1867..P. 256-5

BELLINGHAM (SYDNEY). Reasons why British Conservatives voted against the Boucherville ministry.......................................P. 75-5

BELLE ISLE. Ministre de la Guerre.................................P. 214

BELMONT (L'ABBÉ DE). Histoire du Canada d'après un manuscrit à la Bibliothèque du Roi à Paris (1608 à 1700).........................P. 81-2

3-4 EDOUARD VII, A. 1904

VOLUME.

BELMONT (ABBÉ DE). Histoire du Canada..................P. 203, J. 4, P. 203, S-2
BELVIDERE MINING AND SMELTING CO. Reports, &c., 1866..............P. 175-15
BENOIT (RÉMI) To the electors of Richmond, Nova Scotia.............P. 302-20
BENOIT (SAMUEL). La Charloiade, 1872......................P. 28-4, P. 157-4
BERNARD. Biographie par P. A. J. Voyer, 1883.................. .... P. 344-5
BERNARD (MONTAGUE). Notes on some questions suggested by the case of
    the "Trent," 1862.......................................P. 49-11
BERMEN, SIEUR DE LA MARTINIÈRE (CLAUDE DE) par J. E. Roy.......... P. 293-3
BERNARD (MONTAGUE). On the principle of non-intervention........... P. 49-10
BERNARD (P.). Un manifeste Libéral. L. O. David et le clergé Canadien,
    1895...P. 362-2
BERNATCHEZ. Biographie par P. A. J. Voyer, 1883.................P. 344-5
BERNIER (ALPHONSE). Discours sur Napoléon 1er, 1880.................P. 191-15
BERTHELOT (AMABLE). Dissertation sur le canon de bronze trouvé en
    1826, sur un banc de Sable dans le Fleuve St. Laurent...........P. 203, B-8
BERTHELOT (A.). Dissertation sur le canon de bronze................ P. 228-1
BERTHELOT (A.). Essai de grammaire Française suivant les principes de
    l'abbé Girard, 1840, 1842, 1846...........................P. 192-2 to 7
BETA. A contribution to a proper understanding of the Oka question,
    1879...P. 48-7, P. 91-8
BETHLEHEM. The military hospitals at, during the revolutionary war, par
    John Woolf Jordan, 1896...................................... P. 368-22
BETHUNE (A. N.). The Clergy Reserve Question in Canada, 1853.... P. 67-6, P. 90-9
BEVERLEY (Corporation of). Manuscripts............................ P. 509-8
BIARDO (PETRO). Epistola ex Portu regali in Acadia, 1611 .... P. 126-1
BIBAUD (JEUNE). Exercices de jurisprudence, 1850-1............. .... P. 153-1
BIBAUD (M.). L'Affaire St. Albans, 1864.................... P. 34-8 P. 153-2
BIBAUD (JEUNE). L'Hon. L. A. Dessaules et le système judiciaire des Etats
    Pontificaux, par... P. 36-8
BIBAUD Magazin du Bas Canada................................. P. 464-35
BIBAUD (M.). Tablettes Historiques Canadiennes, 1859............... P. 119-1
BIBLE SOCIETY of Upper Canada, first report for 1841................. P. 212-2
BIBLE SOCIETY of Upper Canada, 28th report, 1868................. P. 92-7
BIBLIOGRAPHY, Canadian. Catalogue de livres par W. R. Haight, 1896.... P. 340
BIBLIOGRAPHY OF HISTORY, Politics and Economics, 1876-1901......... P. 518-11
BIBLIOTHÈQUE CANADIENNE................................. P. 322 to 392-5
BIBLIOGRAPHY of Wyoming Valley, par le reverénd Horace E. Hayden.... P. 318-5
BIBLIOTHÈQUES populaires, par Eugène Rouillard...... .... P. 261-4
BIDWELL (SPEAKER). Resolutions sent by Speaker Papineau on constitu-
    tional changes, 1835-36.....................................P. 71-3
BIENVENU, J. M. Les Finances de la Province de Québec, 1879.. ....P. 194-11
BIGGAR, (E. B.). Boer War, 1900 .... P. 503-4
BIGOT, CHATEAU. Par J. M. Lemoine, 1874.................... P. 354-9
BIGOT, (INTENDANT). Conquest of Canada. .... P. 214
BIGOT, (JACQUES). Copie d'une lettre l'an 1684, pour accompagner un
    Collier de porcelaine envoyée par les Abnaquis. Relation de la Mission
    Abnaquise...P. 211, D. 5-7
BIGOT. Lettres de l'Intendant au chevalier de Lévis..................... P. 413, H.
BILLINGS (ELKANAH). List of the published writings, par B. E. Walker.. P. 503-15
BILLINGS, (EDWARD). On certain theories of the formation of Mountains,
    1860. ....P. 175-6
BILL OF RIGHTS, 1689. An Act for Declaring the Rights and Liberties of
    the Subject and Settling the Succession of the Crown. Old South
    Leaflets, No. 19....................................... P. 299
BIMETALLISM, (Why Canada is against), par B. E. Walker..... .... P. 366-4

DOC. DE LA SESSION No 18

VOLUME.

BINAU DE, Grand Vicaire. Raymond et le Libéralisme Catholique, 1872.. P. 154-12

BIOGRAPHIE. Albani, par Napoléon Legendre.................. .... P. 124-2

BIOGRAPHIES, AUBRY (L'ABBÉ JOSEPH) 1875............................ .... P. 158-4

BIOGRAPHIES, BAILLARGEON (Monseigneur) Archevêque de Québec, sa vie, son oraison funèbre, etc., 1870................................... .. P. 1-10

BIOGRAPHIES DE SIR N. F. BELLEAU, par Stanislas Drapeau................ P. 73-1

BIOGRAPHY OF BISHOP McDONELL, 1884............................. P. 336-3

BLANCHET, (L'HONORABLE JOSEPH G.), par A. Béchard, 1884............P. 159-17

BIOGRAPHY OF HERBERT B. ADAMS...................................P. 518-10

BIOGRAPHIES. L'Abbé Edouard Bonneau, par l'Abbé Th. G. Rubeau, 1888.P. 223-1

BIOGRAPHIES. BOURGET (MGR.). Ça et là, par Jean-Baptiste........... P. 155-4

BIOGRAPHIE (BRÉBEUF, LE PÈRE JEAN DE) par le P. Fred. Rouvier, S. J..P. 262-1

BIOGRAPHIES. James Valentine Campbell, 1890 ....P. 265

BIOGRAPHIES. CARON (L'HON. R. E.). Lieutenant-Gouverneur de la province de Québec, par Louis P. Turcotte..........................P. 124-5

BIOGRAPHIES. CARTIER (SIR GEORGE ETIENNE), par L. O. David, 1873....P. 16-8

BIOGRAPHIES. CARTIER, GEORGE ETIENNE, par Benjamin Sulte......P. 124-4 P. 18-17

BIOGRAPHIES. CHAMPLAIN (Samuel de), par l'abbé Laverdière..........P. 98-3

BIOGRAPHIES. CHRISTOPHE COLOMB. La Ruine de Grand Pré. Institut Canadien de Québec, 1876 ....P. 82-3

BIOGRAPHIES. Eloge Funèbre de M. l'Abbé L. J. Casault, premier Recteur de l'Université Laval, 1863 ....P. 1-1

BIOGRAPHIES. Jacques-Cartier. Recherches sur sa personne et sur sa famille, par H. Harvut, 1884...P. 156-11

BIOGRAPHIES. Notice Biographique sur le Révérend J Auclair, 1888......P. 256-12

BIOGRAPHIES. Giubileo Sacerdotale di Monsignor Bourget Vescovo di Montreale..P. 22-13

BIOGRAPHY (REV. BERNARD PAGE) in Wyoming Historical Society.......P. 318-3

BIOGRAPHY. Sketch of the life of Antoine de la Mothe Cadillac, par C. M. Burton, 1895...P. 351-3

BIOGRAPHY. Souvenir du Jubilé Sacerdotal de MM. Clément et Joseph Aubry, Célébré au Séminaire de Sainte-Thérèse, 1870..............P. 22-17

BIOGRAPHY (Langevin, Mgr. Jean). Notice Biographique, 1892..........P. 293-1

BIOGRAPHY. MGR. SAINT VALLIER et son temps, par l'Abbé A. Gosselin, 1898.P. 472-4

BIOGRAPHY. Vie de Samuel Champlain, par Gabriel Gravier, 1900.......P. 482

BIOGRAPHY. LAVERDIÈRE (L'ABBÉ C. H.), par Faucher de St. Maurice, 1885.P. 157-17

BIOGRAPHY. Narrative of Remarkable occurrences connected with the death of Louis XVI by the Abby Edgeworth of Fairmont. Traduit par Stephen Cleveland Blyth, 1812................................P. 127-7

BIOGRAPHIES. Reminiscences of the late Hon. and Right Rev. Alexander MacDonell, first Catholic Bishop of Upper Canada................P. 224-10

BIOGRAPHIES. Short Sketch of the Life of the Hon. Thomas d'Arcy McGee, par Henry J. O'C. Clarke, 1868............................P. 95-3

BIOGRAPHIES. McGEE (Thomas D'Arcy). An address before the St. Patrick's Society of Sherbrooke, par R. D. McGibbon, 1884.................P. 95-10

BIOGRAPHIES. MABANE (Le juge A.) Etude Historique.................P. 98-5

BIOGRAPHIES. Sketch of the Life of Bishop Macdonell, par J. A. Macdonell, 1890..P. 352-9

BIOGRAPHIES. Notice sur le très révérend Alexis Mailloux, Vicaire Général, 1877...P. 190-7 P. 191-3

BIOGRAPHIES. M. Flavien Martineau, prêtre à St. Sulpice, 1889........P. 249-3

BIOGRAPHIES. Mercier, Joly, Irvine, Marchand, Stephens, Gagnon, Shehyn, Watts, Rinfret, McShane, Bernatchez, Demers, Bernard, Cameron et Laberge, par P. A. Voyer, 1883..............................P. 344-5

VOLUME

BIOGRAPHIES. Souvenir du Révérend Pierre Marie Migneault, par J. O. Dion, 1868..P. 5-5

Biographies, Gamelin, Rev. Mère, fondatrice des sœurs de charité de la Providence, 1885. ....P. 293-4

BIOGRAPHIES. Eloge Historique de M. le Marquis de Montcalm, 1855 ....P. 119-3

BIOGRAPHIES. MORIN, (L'HON. A. N.) par L. O. David, 1872...........P. 124-1

BIOGRAPHIES. PAPINEAU (LOUIS JOSEPH). Brief Sketch of the life and times of the late, 1872...P. 116-8

BIOGRAPHIE DE JOSEPH FRANÇOIS PERRAULT, Protonotaire, 1834. ....P. 238-1

BIOGRAPHY. Sketch of the life of William Stevens Perry, second Bishop of Iowa...P. 353-2

BIOGRAPHIE. PICARD, (M. E.) Prêtre de St. Sulpice, 1886.......... ...P. 192-11

BIOGRAPHY. Histoire Populaire du Pape Pie IX, par le rédacteur de la "Gazette de Campagnes" Sainte-Anne de la Pocatière...........P. 33-7

BIOGRAPHY. Histoire populaire du Pape Pie IX, vie du Pape Pie IX, ses Œuvres et ses douleurs, par J. P. Tardivel, 1878..................P. 20-2

BIOGRAPHIE DE CHRISTOPHE COLOMB, par un prêtre du diocèse de Montréal P.. 73-6

BIOGRAPHY. Panégyrique du Révérend Edouard Crevier, par Charles Thibault, 1881........... ....P. 156-8

BIOGRAPHIES. Dambourgès (Le Colonel). Etude historique Canadienne, 1866...P. 119-12

BIOGRAPHIES. DESAULNIERS, (ISAAC S.) par L. O. David, 1883..........P. 73-3

BIOGRAPHIES. Etude Le Chevalier Noel Brulart de Sillery, 1871..........P. 82-6

BIOGRAPHIES. EUGÈNE DROLET, Saint-Hyacinthe.. ....P. 34-4

BIOGRAPHIES. FARIBAULT, (G.B), et la famille Laterrière, par Abbé H. R. Casgrain..P. 333-4

BIOGRAPHIES. GABOURY, (MARIE ANNE). Premier Canadien du Nord-Ouest, 1883... ....P. 73-7

BIOGRAPHIES. HOLMES, (ABBÉ JEAN) et ses Conférences de Notre-Dame, étude littéraire et biographique, par l'Hon. P. J. O. Chauveau, 1876....P. 4-13

BIOGRAPHY. HOLT, (MISS.) Autographical sketch of a Teacher's Life by, 1875...P. 20-8

BIOGRAPHIES. IBERVILLE, (D'), ou le Jean Bart Canadien et la Baie d'Hudson...P. 82-4

BIOGRAPHY. JACOB, (Journal of the Rev. Peter), from Rice Lake to the Hudson's Bay Territory and return, with a brief account of his life, 1853..P. 38-4

BIOGRAPHIES. JOGUES (Le Père Isaac), par le R. P. Fred Rouvier, S.J....P. 262-2

BIOGRAPHIES. JOHNSTON. (Brief Memoir of the late Hon. James William Johnston), first Judge in Equity of Nova Scotia, par W. Arthur Calnek.P. 141-8

BIOGRAPHY. KENT. Two chapters in the life of F. M., H.R.H. Edward Duke of Kent, par W. J. Anderson, 1869..........................P. 142-8

BIOGRAPHY. LIFE OF MA-KA-TAI-ME-SHE-KIA-KIAK, or Black Hawk, 1834. P. 332-1

BIOGRAPHIE. LABELLE. Biographie et Oraison Funèbre du Rev. M. F. Labelle et autres documents relatifs à sa mémoire ainsi qu'à la visite de Philippe Aubert de Gaspé, écr, au Collège l'Assomption, suivis d'une lettre de Mgr. de Montréal et d'un bref du Souverain Pontife, 1865...P. 11-4

BIOGRAPHIES. LABERGE (CHARLES). Conférence par l'Hon., H. Mercier...P. 157-10

BIOGRAPHY. Le P. GABRIEL LALEMANT, par le Père Fred. Rouvier, S.J....P. 262-3

BIOGRAPHIES. LARTIGUE. Notice Biographique sur Mgr. J. J. Lartigue, par C. LaRocque, Prêtre, 1841.................................P. 23-16

BIOGRAPHIES, LAVAL (MGR. DE) premier évêque de Québec. Esquisse par l'Abbé H. Tétu, 1887.......... ....P 188-3

BIOGRAPHIES. LAVERDIÈRE (L'ABBÉ C. H.) par Faucher de Saint-Maurice, 1870 (?)..P 28-10

VOLUME.

BIOGRAPHIES. PLESSIS (MONSEIGNEUR JOSEPH OCTAVE), par L. O. David, 1883............P 73-5

BIOGRAPHIES. RACINE (MGR. DOMINIQUE), par l'Abbé Victor A. Huart,, 1889............P 249-2

BIOGRAPHY. DR. RYERSON. A Review and a Study, par Antisell Allen ..P 94-8

BIOGRAPHIES. SAINT MALO, Les Grands Hommes, et Fac Simile de leur Signature avec Notices Biographiques, par H. Harvut, 1882............P 156-10

BIOGRAPHIES. MICHEL Sarrasin, Médecin du Roi à Québec, &c.........P 152-2

BIOGRAPHY. SERMON on the life, labours and character of the late John Strachan, Lord Bishop of Toronto, par l'archidiacre Patton, 1868.....P 139-30

BIOGRAPHY. SYDFNHAM. Notices of the death of the late Lord Sydenham by the Press of British North America with prefatory Remarks, 1841.P 69-2

BIOGRAPHIES. TACHÉ, Monseigneur Alexandre A. par L. O. David, 1883. P 73-4

BIOGRAPHIES. TANGUAY. Notices Nécrologiques de R. C. Tanguay, Avocat, par Joseph Marmette, 1874:............P 4-1

BIOGRAPHIES. SAINT-THOMAS D'AQUIN (Entretien sur) l'occasion du sixième Centenaire célébré en son honneur, 1874.......:............P 16-3

BIOGRAPHIES. SOUVENIR CONSACRÉ à la mémoire vénérée de Mgr. P. F. Turgeon, Archevêque de Québec et Premier Visiteur de l'Université Laval, 1867............P 12-10

BIOGRAPHIE. DE URSO (CAMILLE) par J. O. Turgeon, 1865............P 5-9

BIOGRAPHIE. VAGNA. Life of Father Della Vagna par H. F. McIntosh, 1888............P 249-9

BIOGRAPHIE. VEZINA (DE M. FRANÇOIS) par Auguste Béchard, 1878......P 22-12

BIOGRAPHIE. VOYER (MAJOR L. N.) Surintendant de la Police Provinciale, par A. N. Montpetit............P 36-9

BIOGRAPHY. WILKES (REPORT OF THE). Jubilee Testimonial............P 89-5

BIOGRAPHIE. LES DEUX PAPINEAU, par L. O. David, 1896............P 362-1

BIOGRAPHIE. MORIN (l'honorable A. N.) Biographie par A. Béchard, 1885.P 293-2

BIOGRAPHIE. Notice biographique Le R. P. Bouchard, par Mgr. Henri TêtuP 363-3

BIOGRAPHIE. ORAISON Funèbre du Général de Lamoricière, prononcée par Mgr. Dupanloup, Evêque d'Orléans, 1865............P 4-8

BIOGRAPHY. TUPPER (SIR CHARLES) par Charles Thibault 1883..........P 293-5

BIRDS (CATALOGUE OF CANADIAN) par John Macoun, 1900............P 486-7

BIRTHA (L'EVEQUE DE). Lettres à un député, 1874............P 334-3

BISHOP'S CASTLE CORPORATION. Manuscripts of............P 414-4

BISHOP RIDLEY COLLEGE. St. Catharines, 1896............P 355-8

BLACK HAWK WAR. (The story of the) par Reuben Gold Thwaites, 1892P 270-7

BLACK HEATH COAL Co. statuts, etc., 1864............P 179-13

Procès-verbaux et rapports............P 179-13

BLACKWELL (E. T.) Hydrology of the St. Lawrence with appendices, par W. J. Patterson, 1874............P 343-7

BLACKWELL, (T. E.) Descriptive statement of the Great Highways of the Dominion, Annexe par W. J. Patterson, 1874............P 57 1

BLACKWELL (THOMAS E.) Report of the Grand Trunk Railway Co. for 1859P 215-11

BLAIN MONUMENT SPEECHES, &c., St. Louis, Mo., 1885............P. 231-8

BLAKE (EDWARD). Address at Bowmanville............P. 41-7

BLAKE (EDWARD). "A National Sentiment." Speech at Aurora, with comments, 1874............P. 31-1 P. 41-2

BLAKE (EDWARD). Argument in the Ontario Land Case, St. Catharines Milling and Lumber Co., 1888............P. 257-19

BLAKE (EDWARD). Liberal Principles ; Anti-Monopoly and Provincial Rights, 1882............P. 41-11

BLAKE (EDWARD). Picnic speeches, 1877............P. 41-9, P. 12-14

BLAKE (HON. EDWARD). Speech on the Orange Incorporation Bill, 1884...P. 306-4

VOLUME.

BLAKE (EDWARD).   The Orange Association unmasked.................P. 200-6
BLAKE (EDWARD).   Three speeches on the Pacific Scandal, 1873.........P. 41-1
BLAKE (WM. HUME).   Letter to the Hon. Robt. Baldwin on the Adminis-
   tration of Justice in Western Canada, 1845......................P. 232-1
BLAKELEY (CAPT. RUSSELL).   Opening of the Red River of the north to
   commerce and civilization.......................................P. 356-4b
BLANCHET (JEAN).   Sir George Prévost, 1812.   Conférence à l'Institut
   Canadien, 1875...P. 207-7
BLANCHET (L'HON. J.)   Speech on the autonomy of the provinces, 1884.....P. 115-5
BLANDFORD (TOWNSHIP).   Settlement by English Emigrants, 1834.........P. 78-1
BLATCH (F. K.)   Perpetual Ready Reference guide to the Statutes of
   Canada, 1891.... ....P. 266
BLONDIN (M. A.)   Recueil de Chansons Comiques, Romances et Chansonnettes,
   1869 ....P. 5-7
BLUE (ARCHIBALD).   Mahlon Burnwell.............................P. 460-4
BOARD OF TRADE, British Columbia, 1897.........................P. 377-8
BOARD OF TRADE, Montreal, Report for 1887......................P. 323-3
BOARD OF TRADE, Quebec, Report of 1868. ....P. 323-1
BOARD OF TRADE, Toronto, Report, 1887..........................P. 323-2
BOARD OF TRADE, WINNIPEG.   Constitution revised 1886. (différents docu-
   ments dans le même volume)....................................P. 323, A. 1
BOARD OF TRADE, WINNIPEG.   Rapports 6 à 9, 1884 à 1888.........P. 323, A. 2 to 5
   "   "   pour 1889, 1890, 1902, 1904....P. 323-4-5-6-7
BOER WAR. Par E. B. Biggar, 1900 ....P. 503-4
BOIS (M. l'ABBÉ L. E)   L'île d'Orléans, 1895..................P. 361-5
BOLDUC (J. B. Z.)   Mission de la Colombie, J. B. Fréchette, 1843.......P. 472-1
BOLINGBROKE (LORD).   The Craftsman Extraordinary ; under the pseu-
   donym of Caleb D'Anvers......................................P. 62-2-3-4
BOLTON (CHARLES KNOWLES).   The librarians of Harvard College. Par
   Alfred Claghorn Potter, 1897.................................P. 368-19
BONAMI (FRANÇOIS).   Placet aux Chambres, La Bourse ou la Vie, par .....P. 34-5
BONAPARTE ET PIE VII.   Conférence par l'Abbé Gosselin, 1901.........P. 487-5
BONNEAU (l'ABBÉ EDWARD)............................. ....P. 223-1
BONNEMANT (EMILE).   Projet pour l'établissement d'une sucrerie de bette-
   raves au Canada..P. 22-11
BONNYCASTLE (CAPTAIN).   An account of some meteorological phenomena
   observed in Canada in the years 1826-7.......................P. 203, A. 4
BONNYCASTLE (CAPTAIN, R. E.)   Desultory observations on a few of the
   rocks and minerals of Upper Canada...........................P. 203, A. 6
BORLAND (JOHN).   An appeal to the Montreal Conference and Methodist
   Church generally, Seminary of St. Sulpice and the Oka Indians, 1883.P. 144-9
BORLAND (JOHN).   The assumptions of the Seminary of St. Sulpice to be
   the owners of the Seigniory of Two Mountains, &c., exposed and de-
   nounced, 1872...P. 144-8
BORROW (E.B.)   Report on the basin of Moose River and adjacent countryP. 253-3
BOSSANGE (GUSTAVE).   La Nouvelle France, imprimée par..............E.P. 13-3
BOSSANGE (GUSTAVE).   La Nuova Francia..........................E.P. 14-1
BOSSUET (M.)   Instructions et méditations pour le temps du jubilé, 1827...P. 158-9
BOSTON.   A tabular representation of its present condition, &c., &c., also, a
   few statements relative to the commerce of Canada..............P. 216-26
BOSTON LIBRARY, 1898...P. 495-4
BOSTON PUBLIC LIBRARY REPORT, 1874...........................P. 252-7
     "   "   1893-1894. ....P. 308-11
     "   "   1895-1896. ....P. 308 A-9-10
     "   "   1897-1898. ....P. 439-5-6

VOLUME.

BOTANY. A few thoughts on the botanical geography of Canada, par S.
Sturton, 1863...P. 203 D-13

BOTANY. Catalogue of Canadian plants collected in 1827, presented to the
L. & H. S., Quebec, par la comtesse de Dalhousie, 1829..............P. 203 A-16

BOTANY. Eléments de Botanique, par l'abbé Ovide Brunet, 1870.........P. 158-3

BOTANY. Experimental Farm. Report of the Entomologist and Botanist
(Fletcher) for 1894...P. 349-11

BOTANY. List of New Brunswick Plants, par James Fowler (1879-1880)..P. 107-6-7.

BOTANY. New Species of Loftusia from British Columbia, par Geo. M.
Dawson, 1879..P. 114-6

BOTANY. Notes on some of the plants of Lower Canada, par W. Sheppard.P. 203 B-4

BOTANY. Notice sur les Plantes de Michau et son voyage au Canada et à
la Baie d'Hudson, par l'Abbé Ovide Brunet, 1863.... ....P. 25-9

BOTANY. Observations on the American plants described by Charlevoix,
par William Sheppard, 1829.....................................P. 203 A-13

BOTANY. Some observations upon the Myrtus Cerifera or Myrtle Wax
Shrub, par W. Green, 1829 ....P. 203 A-14

BOUCHARD (R. P.) Notice Biographique par Mgr. Henri Tétu, 1897......P. 363-3

BOUCHER DE LA BRUÈRE FILS. Le Canada sous la domination Anglaise,
1863..P. 23-2, P. 91-1

BOUCHETTE (JOSEPH). Scaling of the St. Maurice, 1851................P. 17-1 to 5

BOUCHETTE (R. S. M.) Weights and Measures, 1863.........P. 203 D 6 & P. 140-2

BOUCHETTE (R. S. M.) The Justinian Paudects. Their origin, progress and
completion...P. 203 G-2

BOUCHERVILLE (G. B. DE). Programme d'étude pour la formation d'une
Banque Agricole Nationale pour le Bas Canada, 1862..............P. 23-17

BOUGAINVILLE. Conquest of Canada..............................P. 214

BOULLARD (ABBÉ). Itinéraire de Rouen à Rome en 1869, par l'.........P. 33-6

BOULTON, J. G. Georgian Bay and North Channel Pilot................O. P. 50-2

BOUNDARIES. Boundary between Maine and New Hampshire and the adjoining British Provinces. Message from the President of the United
States, 1842...P. 197-5

BOUNDARIES. Defences of the North-eastern Frontier. Report to U. S.
Congress, 1864..P. 109-5

BOUNDARIES. Exposition of the boundary differences between Great Britain
and the United States subsequent to their adjustment by arbitration,
par David Urquhart, 1840 ....P. 468 a P. 336-5

BOUNDARIES. Acadian Boundary disputes and the Ahsburton Treaty, par
le juge Weatherbee, 1887..P. 281 B-3

BOUNDARIES formerly in dispute between Great Britain and the United
States. Conférence par Sir Francis Hincks, 1885..................P. 107-12a

BOUNDARIES. History of the Oregon Territory, it being a demonstration of
the title of the United States of North America to the same, par
Thomas J. Farnham, 1844.......................................P. 336-6

BOUNDARIES. Message from the President of the United States, 1845.....P. 132-2

BOUNDARIES. Message. San Juan Island. Claims of Canada for losses,
&c., in repelling Fenian Invasion, 1869..........................P. 109-7

BOUNDARIES. Minnesota's northern boundary, par Alexander N. Wirchell.P. 356-4k

BOUNDARIES. No Mistake; or a vindication of the negotiators of the
Treaty of 1783, respecting the north-eastern Boundary of the United
States in a conversation between John Bull and Jonathan, par W. R.
Hamilton, 1842 ....P. 59-5

BOUNDARIES. North-eastern boundary of Massachusetts and Maine with
the British Provinces. Report and resolves in the Senate of Massachusetts, 1838..P. 197-11

3-4 EDOUARD VII, A. 1904

VOLUME

BOUNDARIES (northerly and westerly) of the Province of Ontario and the award. Conférence, l'honorable Sir Francis Hincks................P. 49-16
BOUNDARIES. North West Ontario. Its Boundaries, Resources and communications, 1879...P. 43-2, P. 87-7
BOUNDARIES. Notes upon the South Western Boundary line of the British Provinces of Lower Canada and New Brunswick and the United States of America, par Andrew Stuart, 1830................ ....P. 84-1
BOUNDARIES. Paper by R. A. Ramsay, 1885, on Treaties...............P. 107-12
BOUNDARIES. San Juan, Alaska and the North West Boundary, par A. G. Dallas, 1873...P. 65-2
BOUNDARIES. Statement of the case of the Province of Ontario, respecting the westerly and northerly boundaries of the Province. Préparé pour l'arbitrage entre le Dominion et la province, 1878.......... ....P. 83-7
BOUNDARIES. The international boundary between Lake Superior and Lake of the Woods, 1895....................................P. 356-3a
BOUNDARIES. The right of the United States of America to the North East Boundary claimed by them, par Albert Gallatin, 1840..........P. 468
BOUNDARIES. Traité entre sa Majesté et les Etats-Unis d'Amérique signé à Washington le 9 août 1842......................................P. 225-3
BOUQUET, Celebration on Bushy Run Battlefield, 1883.................P. 354-11
BOURDALOUE (P.) Sermon sur le Jubilé, Québec, 1827...............P. 158-8
BOURGET COLLEGE, Annuaire 1899-1900, 1900 01.....................P. 487-2-3
        1898-99, 1901-02, 1902-03...................P. 472-2, P. 515-2-3
BOURGET (MGR.) Cà et là, par Jean Baptiste, 1881....................P. 155-4
BOURGET (MGR.) Giubileo Sacerdotale, 1872......................P. 22-13
BOURGET (MGR.) Lettres pastorales contre les erreurs du temps, 1858. P. 18-13, P. 2-3
        10 to 13
BOURGET (MGR). Noces d'Or, compte rendu des fêtes du 29 octobre 1872. .P. 16-1
BOURGET (MGR). Oraisons funèbres le 12 juin, 1885, par M. Colin et le lendemain, par Mgr. Taché, 1885..................................P. 223-9
BOURINOT, (JOHN GEORGE). Canada as a home, 1882............. P. 115-4 P. 507-9
BOURINOT, (J.G.). The Fishery Question ; Its Imperial Importance, 1886. P. 136-17
BOURLAMAQUE. Conquest of Canada................................P. 214
BOURLAMAQUE. Lettres de M. de, au chevalier de Lévis .... .P. 413d
BOURS (ALLEN L.) History of Michigan, 1873.......................P. 367-4
BOURS (ALLEN L.) Inaugural proceedings at the dedication of the new Capitol of Michigan, 1879. :.....................................P. 350-3
BOURS (ALLEN L.) Laying the corner stone of the new Capitol of Michigan, 1873..P. 367-3
BOUVERIE. Manuscripts of R.P., 1887.............................P. 414-6
BOVELL (JAMES). Defence of the doctrinal statements, 1860............P. 160-8
BOWELL (L'honorable SIR MACKENZIE, Minister of Customs: speech on the Moiety system, &c., 1889. ....P. 346-16
BOWELL (SIR MACKENZIE). Speeches of, and of Mr. Davin at the Press Banquet at Toronto, 1892...................................P. 366-16
BOWEN, (N. H.) An Historical Sketch of the Isle of Orleans, 1860......P. 84-5
BOWEN (CHIEF JUSTICE). Documents relative to his claims for increased salary, 1849...P. 39-1
BOWERMAN (A.) Chinook Winds, Winnipeg, 1886.................P. 205 A-4
BOWMANVILLE and Vicinity. History of the Early Settlement, par J. T. Coleman, 1875...P. 229-9
BOXER (F. N.) Rapport du Secrétaire aux directeurs de la Compagnie du Chemin de fer de Québec et du Saguenay, 1854..................P. 153-8
BOXER (F. N.) Report of the Chief Engineer on the survey of the line of the Quebec and Saguenay railway, &c., 1854.....................P. 130-3

DOC. DE LA SESSION No 18

VOLUME.

BOXER (F. N.) Hunter's Handbook of the Victoria Bridge, 1860.......P. 15-4
BOYCOTT. Manuscripts of the Misses Boycott of Hereford.......... ....P. 414-4
BOYD (MARY). Inquest, 1868. Facts respecting her death..... ...... P. 216-23-24
BOYD (J. EDWARD, C.E.) Narrow Gauge Railways, 1865..............P. 111-8
BOYLE (DAVID). Archæological report (Indian remains). Canadian Insti-
    tute, 1886-7....................................... ....P. 227-15
BOYLE (DAVID). History taught by Museums........................P. 501-5b
BOYLE (DAVID). Notes on primitive man in Ontario, 1895.............P. 369-13
BOYLE (JOHN). Trials of George Arnold against Boyle, 1822...........P. 72-7
BRADDOCK. La Bataille du Malangueulé, 9 juillet 1775 ....P. 211 C. 1
BRADDOCK. *Voir* Conquest of Canada...............................P. 214
BRADFORD. Memoir of Elder Brewster. Old South Leaflets...........P. 299
BRADFORD (R.) versus Messrs. Taylor & Oates. Fraudulent transactions
    exposed.. .. ..P. 232-6
BRADLEY (FRANK H.) Description of a new trilobite from the Potsdam
    sandstone, 1860..............................'....................P. 175-7
BRADSTREET (GOV. SIMON). Remarks on the Maverick Family and the an-
    cestry of, par Isaac J. Greenwood, 1894............... ....P. 350-12
BRANT. Some descendants of Joseph. In·Ontario Historical Society for
    1898 ....P. 460-2
BRANTFORD. Canada, 1886 ....P. 229-17
BRANTFORD. Rules and regulations of the John H. Stratford Hospital, 1885P 239-3
BRAYE. Manuscript of the Lord Braye, 1887..........................P. 414-6
BRAY (A. J.) England and Ireland, 1880...... ....P. 140-16
BRAZIL and her railways 1883.......................................P. 216-22
BRÉBEUF (R. P.), par le P. Fred Reuvier, S. J., 1891.................P. 262-1
BRETON (P. N.) Le collectionneur illustré des monnaies Canadiennes, 1890.P. 250-3
Britannicus. The Pacific Railway 1875, par M. McLeod.............P. 106-8
BRITISH AMERICAN LAND COMPANY. Information Respecting the Eastern
    Townships of Lower Canada, 1835..............................˙P. 136-1
BRITISH AMERICAN LEAGUE. Minutes of the proceedings of the second con-
    ˊvention with report of the debates, 1849 ....P. 69-4
BRITISH AMERICAN LEAGUE. Speech of J. W. Gamble at the convention of
    delegates, 3rd November, 1849.......................... ....P. 216-17
BRITISH ASSOCIATION. Hand-book of Canada........................P. 359 1 to 6
BRITISH ASSOCIATION. Report of Conveyance, 1884.....................P, 80-9
BRITISH ASSOCIATION. Views of the Members and others, 1884.........EP. 29-5
BRITISH ASSOCIATION. Visit to the Canadian North West, 1884......... .P. 254-10
BRITISH COLUMBIA and the Canadian Pacific Railway Complimentary
    Dinner to the Hon. M. Trutch 1871...........................P. 215-8
ˊBRITISH COLUMBIA and Vancouver, par Wm. Carew Hazlitt, 1858...... .P. 331-2
BRITISH COLUMBIA and Vancouver's Island 1858 ....P. 141-5
BRITISH COLUMBIA. Board of Trade, 1897...... ....P. 377-8
BRITISH COLUMBIA. CARIBOO the newly discovered gold fields of, par a
    Returned Digger, 1862........................... ....P. 331-3
BRITISH COLUMBIA. Constitution and by-laws of the Agricultural and
    Historical Society of, 1872................................ .....P. 108-14
BRITISH COLUMBIA. Debate in the Senate on the resolutions respecting
    British Columbia, 1871.................................. .....OP. 59-8
BRITISH COLUMBIA. Dominion. A Brief description of the Province of
    British Columbia par Alexander Caulfield Anderson, 1872..P. 33-9 and EP. 12-3
BRITISH COLUMBIA EXHIBITION, 1891.................................P. 313A-3
BRITISH COLUMBIA. Geological report by G. M. Dawson for 1877........P. 476-13
BRISISH COLUMBIA. Its present resources and future possibilities 1893....P. 385-15
ᴅRITISH COLUMBIA. Lecture by the Hon. Malcolm Cameron, 1865........P. 233-12

\` VOLUME.

BRITISH COLUMBIA.   Conférence par l'honorable M. Cameron............P. 343-5
BRITISH COLUMBIA, MAP OF. The Yukon district and Alaska, issued by
   the Canadian Bank of Commerce 1899......................:...P. 451
BRITISH COLUMBIA.   Message relative to the terms of union, 1875...P. 349-6 OP. 24-5
BRITISH COLUMBIA.   MINES and minerals of economic value in, par : eo. M.
   Dawson...P. 477-5
BRITISH COLUMBIA.   Official Hand-book of, 1897...................P. 370-9
BRITISH COLUMBIA.   Report on the climate, &c., par George M. Dawson...P. 477-8
BRITISH COLUMBIA.   Rapport de l'hon. H. L. Langevin, 1872.........OP. 24 1-2-3-4
BRITISH COLUMBIA.   Series of resolutions respecting its admission into union
   with Canada to be proposed by Sir Geo. E. Cartier, 1871.... ....P. 108-1
BRITISH COLUMBIA.   Report for 1870..................................P. 400-3
BRITISH COLUMBIA.   Statistical Account of British Columbia, compiled by
   Arthur Harvey, 1867..P. 108-2
BRITISH COLUMBIA.   (SYNOD OF THE DIOCESE OF). Report on the election
   of a Bishop, 1893...P. 287-6
BRITISH COLUMBIA.   Year Book, par R. E. Gosnell ....P. 450-9
   "   "   "   ....P. 479
BRITISH COLUMBIA.   Yukon district and Alaska......................P. 451
BRITISH CONSTITUTIONAL SOCIETY.   Declaration of the views and objects of,
   on its reorganisation, 1836....`...............................P. 94-1
BRITISH EMIGRANT of fifty-six years' standing. The Political destiny of
   Canada..P. 343-13
BRITISH EMPIRE.   Speech at Boston by Nicolas Flood Davin, 1897.......P. 366-17
BRITISH MUSEUM.   1893..P. 350-11
BRITISH MUSEUM.   NEW READING ROOM and Libraries; 1857, with the
   plan..P. 75-6
BRITISH NORTH AMERICAN COLONIES.   Letter to the Right Hon. E. G. S.
   Stanley on fishery treaties, &c, 1834..........................P. 337-1
BRITISH SUBJECT.   The Great Game ; A Plea for a British Imperial Policy,
   1875...P. 25-6
BRITISH VERSUS AMERICAN CIVILIZATION by Nicholas Flood Davin, 1873...P. 237-4
BROCK (REV. ISAAC). Sermon preached at Westminster................P. 490-7
BRUCHÉSI (MGR. PAUL). Les Catacombes de Rome...................P. 392-1
BRUCHÉSI (L'ABBÉ P. N.) Les conférences de Notre-Dame de Paris, 1884.P. 188-1
BROWER (HON. J. V.) Prehistoric man at the head waters of the Missis-
   sippi river...P. 356-4n
BROWN (J. GORDON). Essay on the advantages of the Canals to the Farmers
   of Canada, 1850..P. 148-1
BROWNE.   Manuscript of George, of Montbeck, 1885...................P. 414-4
BROWN (HON. JAMES). New Brunswick as a home for emigrants, 1860....EP. 14-7
                                                                  P. 354-5
BROWN (THOMAS STORROW). A History of the Grand Trunk Railway of
   Canada, 1864...P. 86-1
BROWN (THOMAS STARROW). Brief sketch of the life and times of the late
   Hon. Louis Joseph Papineau, 1872...............................P. 116-8
BROWN (THOMAS STARROW), 1837. My connection with it..............P. 441-3
BROWN MINING Co. Reports 1863...................................P. 178-3
BROWN (CHARLES J). The relationships which bar marriage considered
   Scriptually, Socially and Historically, 1871 ....P. 55-3
BROWN UNIVERSITY. Catalogue, 1889-90.............................P. 309-11
BROWN (GEORGE). Voyez Thornton (Edward) memorandum, 1874....P. 140-8 P. 89-1
BROWNING (Oscar). Aspects of Education, 1888.....................P. 217-20
BROUSSEAU, FRÈRES. Réponse au mémoire de, par F. A. H. LaRue, 1862..P. 222-1
BRUNCKEN (ERNEST). The Germans in Wisconsin politics, 1896.....:....P. 459-10

DOC. DE LA SESSION No 18

VOLUME.

BRUNET (L'ABBÉ OVIDE).   Eléments de Botanique, 1870.... ....P. 158-3

BRUNET (ABBÉ OVIDE).   Notice sur les plantes de Michaux et sur son voyage
   au Canada et à la Baie d'Hudson 1863 ... .P. 25-9

BRUNET (ABBÉ OVIDE).   Catalogue des végétaux ligneux du Canada pour
   servir à l'intelligence de bois économiques, 1867....................P. 12-9

BRUNET (O.)   Voyage d'André Michaux en Canada, depuis le lac Champlain
   jusqu'à la Baie d'Hudson....................................... P. 228-3

BRYAN'S STATION.   The story of, par George W. Ranck................ P. 438-3

BRYCE (MRS. GEORGE).   Charitable Institutions of Winnipeg, (aussi) Early
   Red River........ ....P. 500-5, P. 500-8

BRYCE (REV. GEORGE).   Early Reminiscences of Manitoba College. 1891... P. 381-8

BRYCE (REV. GEORGE).   Educational, 1897.... .... P. 376-7

BRYCE (REV. GEO., LL.D.)   Lake of the Woods, 1897.................P. 205, B.18

BRYCE (GEORGE).   Life of John Tanner, a famous Manitoba Scout, 1888..P. 205, A.14

BRYCE (GEO., LL.D.)   Older geology of the Red and Assiniboine valleys,
   1891........ .... P. 205, B.6

BRYCE (GEORGE).   Sketch of the life and discoveries of Robert Campbell,
   1898... .... P. 441-7

BRYCE (GEORGE).   Souris Country, 1887............................ P. 205, A.6

BRYCE (GEORGE, LL.D.)   Surface geology of the Red River and Assiniboine
   valleys, 1891... P. 205, B.4

BRYCE (GEORGE, LL.D.)   The first recorder in Rupert's land, 1890....... P. 205, B.2

BRYCE (GEORGE, REV.)   The new Canadianism.. .... P. 497-7
   University Education .... P. 497-8
   Inner history of Manitoba University.................. P. 497-9

BRYCE (GEO., LL.D.)   Worthies of old Red River, 1896 ....P. 205, B.16

BRYDGES (C. J.)   Grand Trunk Railway of Canada.   Letter from C. J.
   Brydges in regard to trade between Canada and the Lower provinces,
   1866.. P. 11-9

BRYDONE (JAMES MARR).   Narrative of voyage with a party of emigrants
   sent out from Sussex in 1834... Settled in the township of Blandford. P. 78-1

BRYMNER (DOUGLAS).   Church of Scotland's endowment by T. A. McLean
   and, 1882......... ....P. 375, B. 18

BRYMNER (DOUGLAS).   Sauvages Dènè-Dindjié.   Voir Petitot............ P. 125a

BRYMNER (DOUGLAS).   Evidence on the endowments of the Church of Scotland in Canada before the Senate committee, 1882................P. 375, B.20

BRYMNER (DOUGLAS).   Faults and failures of the late Presbyterian Union
   in Canada, 1879 ....P 375, B. 12

BRYMNER (DOUGLAS).   Presbyterian Union a help to the intelligent discussion of the question, by an Elder, 1873...................... P. 375-4

BRYMNER (DOUGLAS).   Property and civil rights in relation to Judge Jette's
   decision in the case of Dobie vs. Temporalities Board, 1880....P. 375, B. 16

BRYMNER (DOUGLAS).   Report on Civil Service Allowances, 1877......... P. 131-1

BRYMNER (DOUGLAS).   The Colorado Potato Beetle, 1880........... ..... P. 35-2

BRYMNER (DOUGLAS).   "The Mercury" On the resignation of............. P. 519-3
   "   "   Death of Dr. D. Brymner.... .... P. 519-3a

BUCCLEUCH (Duke of, and Queensbury).   Manuscripts at Montague House,
   1899 ....P. 434-1-2-3
   Appendix...P. 414-47

BUCHANAN (HON. ISAAC).   A government specie-paying bank of issue, 1866. P. 345-7

BUCHANAN (ISAAC).   First series of five letters against the Baldwin faction,
   1844.. P. 92-1

BUCHANAN (ISAAC).   Letters illustrative of the present position of politics
   in Canada, 1859.. P. 136-4

BUCHANAN (HON. ISAAC)   Oregon Claim of the United States, 1846......P. 421-3
   Appendix : Counter-statement, par Mr. Pakenham ....P. 421-4

VOLUME.

BUCHANAN (A. C.)   Reports on Emigration, 1854, 1857, 1858, 1860, 1861,
    1862, 1863..O. P. 36-2-3-5-7-8-10-11
BUCK (WALTER M.)   The best route for the Intercolonial railway, 1867 ..P. 111-9
BUCKALEW (CAPT. JOHN N.)   The frontier forts within the north and west
    branches of the Susquehanna river, 1896,.,........................P. 368-21
BUCKLEY (P. J.)   For the occasion of the Ecumenical Council, 1869......P. 118-18
BUFFALO HISTORICAL SOCIETY, 1894, 1895, 1896, 1897, 1898....P. 356-8-9-10 P. 440.1
BUFFALO LIBRARY Finding list, 1886.........'........................P. 252-5
    "   " -   Fifty-third report, 1889...........................P. 6
    "   "   Report for 1890, 1891, 1892...........…......... P. 258-12. P. 251-7
    ..   "'   "   1894 ....P. 270-5. P. 308-12
    "   "   "   1895, 1896, 1897...............P. 308, A. 12-13-14
BUFFALO.   Report of the Committee of the Young Men's Association for
    1882, 1883, 1885.. ....P. 201-4-5-6
BUFFALO.   The Niagara ship canal andreciprocity papers, par J. D. Hayes,
    1865 ....P. 348-8
BUFFALO Young Men's Christian Association, Report for 1885...........P. 307-13
BUIÈS (ARTHUR).   Anglicismes et Canadianismes.... ....P. 223-6
BUIÈS (ARTHUR).   Conférences. La Presse Canadienne française et les
    améliorations de Québec................................. ....P. 32-6. P34-10,
    "   L'ancien et le futur Québec, 1876................P. 32-7
    "   La Vallée de la Métapédia, Québec, 1895.............P. 361-4
    "   Question Franco-Canadienne. Construction des navires
                   Français au Canada. Commerce de vins avec la
                   France, 1877...............................P. 12-8
BUIÈS (ARTHUR).   Québec en 1900, conférence......................P. 290-4
BUIÈS (ARTHUR).   Réminiscences, Les Jeunes Barbares ....P. 301-5
BUIÈS (ARTHUR).   Sur le parcours du chemin de fer du Lac St-Jean.P.223-4 P. 292-1
BUIÈS (ARTHUR).   Une Evocation, 1883..........................P. 120-14
BUDGET DEBATE.   Speech of Mr. Thomas White, M.P., on the National
    Policy House of Commons, 23rd March, 1880.....................P. 219-2
BUDGET SPEECHES, PROVINCE OF CANADA, 1801........................P. 77-1
    "   "   and Dominion, Galt, 1862......P. 77-2
    "   "   "   "   1865......P. 77-3
    "   "   "   "   1866..·.P. 77-4, P. 11-8
    "   "   "   "   1867 in Fch.P. 11-7
    "   "   Rose, 1868..P. 14-20, P. 77-5
    "   "   "   "   1869 .....P. 77-6-7
BUDGET SPEECHES, DOMINION OF CANADA, Hincks, 1870...............P. 77-8, P. 22-4
    "   "   "   1871................P. 14-19
    "   "   "   1872................P. 14-22
                         En français ....P. 77-9
                         Tilly, 1873...... ....P. 14-1
                         En français.................P. 77-10
                         Cartwright, 1874.P. 22-15, P. 77-11, P. 118-5
                         Debate, Tupper, in French......P. 14-32
                         Cartwright, 1875..............P. 77-12
                         "   1876..............P. 77-13
                         "   1877..............P. 77-14
                         "   1878..............P. 77-15
                         Tilley, 1879.................P. 77-16
                         John A. Macdonald, 1878......P. 77C-1
    "   "   G. W. Ross, 1878...........P. 77C-2
BUDGET SPEECHES, DOMINION OF CANADA, Tilly, 1880.............. ....P. 77-17
    "   "   "   1881....... ....P. 77-18

DOC. DE LA SESSION No 18

			VOLUME.
BUDGET SPEECHES, DOMINION OF CANADA,		Débats, White	P. 41-10
"	"	Tilly, 1882	P. 77-19
"	"	Débats, Tupper	P. 77-20
		Tilly, 1883	P. 77-21
		" 1884	P. 77-22
		John Charlton, 1878	P. 77C-3
		Budget, 1882	P. 77C-4
		Foster sur le budget, 1883	P. 219-6
		Tilly, 1885	P. 77C-5
		McLelan, 1886	P. 219-10
		Tupper, 1887	P. 77C-6
		" 1888	P. 77C-7
		Foster, 1889	P. 77C-8
		" 1890	P. 77C-9
		" 1891	P. 77C-10
		1892	P. 77C-11
		1893	P. 77C-12
		1894	P. 77C-13
		" 1895	P. 77C-14
		L'hon. W. S. Fielding, 1897	P. 370-1
		" 1898	P. 449-4
	"	L'hon. Sir R. Cartwright	P. 449-5
"	"	L'hon. W. Paterson	P. 449-6
BUDGET SPEECH, MANITOBA—		L'hon. John Norquay, 1884	P. 381-3
" DEBATE "	"	Thos. Greenway "	P. 381-4
BUDGET SPEECH, ONTARIO—		L'hon. E. B. Wood, 1869	P. 233-5
"	"	A. Mackenzie, 1872	P. 100 A-1
"	"	Adam Crooks, 1873	P. 100 A-2
	"	1874	P. 100 A-3
	"	1875 (Decr.)	P. 100 A-4
	"	1877 (Jany.)	P. 100 A-5
	"	1878 (suit l'annexe)	P. 100 A-6
	"	S. C. Wood, 1879	P. 100 A-7
	"	en duplicata	P. 100 A-5
	"	1880	P. 100 A-8
		1881	P. 100 A-9
		1882	P. 100 A-10
	"	1883	P. 100 A-11
	"	A. M. Ross, 1884	P. 100 A-12
	"	1885	P. 100 A-13
	"	1886	P. 100 A-14
		1887	P. 100 B-1
		1888	P. 100 B-2
		1889	P. 100 B-3
	"	1890	P. 100 B-4
	"	R. Harcourt, 1891	P. 100 B-5
	"	1892	P. 100 B-6
	"	1893	P. 100 B-7
		1894	P. 100 B-8
		1895	P. 100 B-9
"	"	" 1896	P. 100 B-10
BUDGET SPEECH, QUEBEC—		Dunkin, 1868	P. 17 A-1
"	"	French	P. 17 A-2
"	"	Robertson, 1870	P. 17 A-3
	"	1871	P. 17 A-4

VOLUME.

BUDGET SPEECH, QUEBEC—Robertson, 1872. ....P. 17 A-5
"   "   French   "   ....P. 17-3
"   '   "   Robertson, 1874.......................P. 17 A-6
"   "   Shehyn,   1888. ....P. 17 C-2
"   "   "   1889...................... P. 17 B-6
"   "   "   1890...................... P. 17 B-7
"   "   Mercier, in French, 1890..................P. 17 B-8
"   "   Shehyn, 1890.........................P. 17 B-9-10
"   "   Mercier " ....P. 17 B-11-12
"   "   Hall   1892.........................P. 17 B-13
BULGER (A. E.) Contributions on Selkirk settlement, Rupert's land......P. 494
BULGER (GEO. E) Tours, namely, South African journal, A week in the
  neighborhood of Lake Etchemin and Quebec, and from Bangalore to
  Calcutta, &c., 1867, Secunderabad, 1869........................P. 467-3
BULL (REV. CANON). Fort Niagara, N.Y., 1783, 1796, Niagara, 1897.....P. 386-6
BURDETT (SIR F.) and Mr. Whitbread. Full report of the proceedings of
  the electors of Westminister 29th March, 1809, to express their senti-
  ments on the enquiry into the conduct of the Duke of York........P. 168-1
BURDETT (SIR F.) Parliamentary Reform, full and accurate report of the
  meeting on 1st May....................................P. 168-2
BURGOYNE (MONTAGU). Letter to the freeholders, &c. of the county of.
  Essex on the present state of public affairs and a pressing necessity of
  a reform in the Commons House of Parliament, 1809............P. 168-6
BURGOYNE (MAJOR GÉNÉRAL). Speech on taxation of the Colonies 20th Feb.,
  1775...P. 225-1
BURGOYNE (GÉNÉRAL). Substance of his speeches on Mr. Vyner's motion,
  on 26th May, and upon Mr. Hartley's motion, on the 28th May, 1778,
  &c..P. 183-10
BURLINGTON BAY. Beach and Heights in History, par Mary Rose Holden,
  1898...P. 442-3
BURMAN, REV. W. A. Present status of natural science in Manitoba and
  the North-West..P. 500-6
BURPEE (E. R.) Report of the survey for the extension of the European
  and North American Railway, 1865.........................P. 110-8
BURR (ROWLAND). Extracts from the report of the select committee of the
  Legislative Assembly of Canada on the Prohibitory Liquor Law, 1859.P. 160-9
BURROWS (ACTON). North Western Canada, 1880...................P. 108-6
  The Annals of the Town of Guelph, 1827 to 1877....P. 48-5
BURSTING (THE) of Pierre Marguy's Lasalle bubble by John Gilmary Shea,
  1879...P. 350-2
BURTIS (W. R. M.) New Brunswick as a home for Emigrants, 1860.E.P. 14-9, P. 354-2
BURTON (C. M.) Cadillac's Village or Detroit under Cadillac, with list of
  property owners, &c., 1701 to 1710.........................P. 351-4
BURTON (C. M.) Condensed statistics of Detroit, 1898.................P. 445-4
BURTON (C. M.) In the footsteps of Cadillac......................P. 441-4
BURTON (C. M.) List of streets in Detroit the names of which have been
  changed..P. 260-10
BURTON (C. M.) Sketch of the life of Antoine de la Mothe Cadillac,
  founder of Detroit, 1895.................................P. 351-3
BURTON (REV. JOHN). The French Canadian Imperium in Imperio, 1887..P. 227-6]
BURWELL (MAHLON) par Archibald Blue ....P. 460-4]
BUSHE (GERVASE PARKER). The case of Great Britain and America,
  addressed to the King and both Houses of Parliament, 1769.........P. 72-3
BUTLER COUNTY, OHIO. Description of ancient fortifications in, par James
  McBride, 1872...P. 329, A-2e

VOLUME.

BYRNE (REV. JAMES T.)   The claims of Temperance societies.   Conférence,
    1841......... ....P. 237-1
BYSTANDER, 1890...P. 507-11
BYTOWN COONS, (CHANSONS POLITIQUES), 1900........................P. 497-12

C.

CABOT CONTROVERSIES, and the right of England to North America, par
    Justin Winsor, 1896 ... ,................................ ....P. 351-5
CABOT and the transmission of English power in North America, Address
    by Justin Winsor, 1896......................................P. 351-6
CABOT (JOHN AND SEBASTIAN), par N. E. Dionne, 1898.................P. 450-1
CABOT'S DISCOVERY OF NORTH AMERICA.   Mr. G. E. Weare's reply to Mr.
    Henry Harrisse, 1897......................................P. 364-6
CABOT.   Some facts about John and Sebastian.   American Antiquarian
    Society...P. 496
CABOTS.   The voyages and discoveries of the, par le rév. M. Harvey, 1895.P. 281C-2
CABOTS.   The voyages of the .....:..............................P. 299
CADIEUX ET DEROME.   Almanach Illustré du Canada pour 1887.........P. 319A-9
CADILLAC, In the footsteps of, par C. M. Burton, 1899.............P. 441-4
CADILLAC'S VILLAGE, or Detroit under Cadillac, with list of property owners,
    &c., 1701 to 1710, par C. M. Burton, 1896.....................P. 351-4
CADILLAC (ANTOINE DE LA MOTHE).   Sketch of the life of, par C. M. Burton,
    1895 ....P. 351-3
CALCUTTA, Bangalore to.   Notes of a tour by Major George E. Bulger.....P. 467-3
CALDWELL (HENRY).   The invasion of Canada in 1775................P. 203M-2
CALHOUN (HON. J. C.). Oregon.   Claim of the United States, 1846.   Ap-
    pendix....'...P. 421-3-4
CALIFORNIA.   Report by Thomas Butler King, 1850.................P. 150-3
CALNEK (W. ARTHUR).   A Brief Memoir of the late Hon. James William
    Johnson, First Judge in Equity of Nova Scotia, 1884.............P. 141-7
CALVARY CHURCH.   Medal, 1877.................................P. 210-8
CAMBRO-SILURIAN..   Contributions to the Mico-palæontology of, par Arthur
    H. Foord...P. 477-1
CAMBIST Condensed in ' Revenue Book,' 1846......................P. 336-8
CAMBRAY et ses complices, les Révélations du Crime ou, par F. R. A.
    (Angers), 1837 ....P. 342-6
CAMERON.   Biographie par P. A. J. Voyer, 1883 ....P. 344-5
CAMERON (HON. MALCOLM).   Lecture on British Columbia, &c., 1865......P. 343-5
CAMPAGNE politico-religieuse de 1896-97, par Justitia...............P. 362-3
CAMPAIGNS OF 1812-14, by Lt.-Col. Cruikshank....................P. 519-2
CAMPBELL (ARCHIBALD).   Algonquin Natural Park of Ontario, 1901......P. 503-2
CAMPBELL (ARCHIBALD).   " The Royal William," the pioneer of Ocean
    Steam Navigation 1891....................................P. 260-13
CAMPBELL (L'HON. ALEX.)   Debate on the Fisheries Bill, 1865.......P. 136-8, P. 100-2
CAMPBELL (L'HON. A.)   Remarks on the Fisheries Bill addressed to, par F.W.
    G. Austin ....P. 254-6
CAMPBELL (SIR Alexander).   Report in the case of Louis Riel convicted of
    treason and executed, 1885................................P. 311-17
CAMPBELL (HENRY COLIN).   Exploration of Lake Superior.   Voyages of
    Radisson and Groseilliers, 1896.............................P. 459-3
CAMPBELL (HENRY COLIN).   Père René Ménard, the predecessor of Allouez
    and Marquette in the Lake Superior region....................P. 459A-1
CAMPBELL, Manuscripts of Sir Hugh Hume, 1894...................P. 414-34

VOLUME.
CAMPBELL (JUDGE JAMES VALENTINE), of Detroit, 1890.. ....P. 265
CAMPBELL (PROF. J.). Origin of the Aborigines of Canada.............P. 203H-3
CAMPBELL, Sketch of the life and discoveries of Robert, par George Bryce.
   1898................ ....P. 441-7
CAMPBELL (REV. C. A.). The Catacombs of Rome, a lecture, 1896.........P. 364-7
CAMPBELL (ROBERT). Discovery and exploration of the Yucon (Pelly)
   River, 1885..P. 161-12
CAMPBELL (REV. R.) James Johnston vs. the Minister and the trustees of
   St. Andrews Church, 1874...P. 375 B-6
CAMPBELL (ROLLO). Two lectures on Canada, Greenock, 1857.......P. 36-10, P. 75-8
CAMPBELL. Journal of Capt. William Owen, R.N., during his residence in
   1770 and 1771. St. John, N.B... ....P. 355-20
CANADA. A brief outline of her geographical position, productions, climate
   &c., 1857 ....P. 144-2-3
               Third Edition, 1861...................................EP. 9-1
CANADA. Abstract of statistics.................................... P. 409-4
CANADA (FOUR KINGS OF). Account of the four Indian Princes lately
   arrived from North America, 1710....................................... P. 268-6.
CANADA. A field for emigration, 1896................................P. 385-12
CANADA. A hand-book of information for intending emigrants,1877..E P. 16-4, EP.18-5
CANADA. A letter on, in 1806 and 1817 during the administration of
   Governor Gore, 1853...P. 354-1
CANADA as a home, par John George Bourinot ....P. 507-9
CANADA AT PARIS, 1900. Various. Hand-book, Official Catalogue, Canadian
   Commission, Women of Canada ....P. 483, N. 83a
               Femmes du Canada................................. P. 483 B.
               Forest Wealth of Canada, le même ouvrage en français.
               Food Products, Economic Minerals, Wood pulp.
               Les poissons et animaux à fourrure, Horticulture et Agri-
                  culture.. P. 483-C.
CANADA BILL. Thoughts on, 1791 ....P. 348-4
CANADA BUSINESS COLLEGE. Chatham, 1884-5......................P. 346-10
CANADA CENTRAL RAILWAY. Statutes, &c., 1870 ....P. 349-3
CANADA COMPANY. A statement of the satisfactory results which have
   attended Emigration to Upper Canada since the establishment of the
   Company, 1841..P. 232-3
CANADA. Considerations sur l'état présent du Canada, 1758............P. 119-6
CANADA. Courte esquisse de sa position géographique, ses productions, &c.,
   1860..E P. 5-2, P. 128-4
CANADA. Errors in Canadian History culled from "Prize answers," par
   Fred. A. McCord, 1880.......................................P. 89-4
CANADA. English tenant farmers on the agricultural resources of, 1894...P. 385-10
CANADA, étendue, ressources, &c., Ottawa, 1885 ....E P. 28-3
CANADA ET L'EMIGRATION EUROPEENNE, 1874.........................E P. 15-8
CANADA. Farming and ranching in Western Manitoba, Assiniboia, Alberta
   and Saskatchewan..P. 385-14
CANADA. For the information of intending emigrants, 1864............E P. 13-7
CANADA GOLD MINING Co. Reports, &c., 1863......................P. 179-1
CANADA. Graphic description of the Dominion of, 1876 ....P. 343-12
CANADA, HISTOIRE DU CANADA en Tableaux, par Jean Langevin, Prêtre, 1865.P. 76-7
                                                                  P. 27-1
CANADA. HISTOIRE DU CANADA par M. l'Abbé de Belmont, d'après un
   Manuscrit à la Bibliothèque du Roi à Paris (1608 à 1700)..........P. 81-2
CANADA IRON MINING AND MANUFACTURING Co. Prospectus and charter,
   1866......... ....P. 178-17

VOLUME.
CANADA. Its political past, present and probable future, 1858..........P. 342-12
CANADA LEAD MINING Co. Reports, 1864............................P. 179-22
CANADA. LETTERS from settlers in, 1896.............................P. 385-11
CANADA. LETTRES sur le Canada. Etude sociale, 3me lettre, 1867.......P. 118-7
CANADA. Mémoire sur le Canada, attribué à Beauharnois, 1840.........P. 119-5
CANADA. Mémoires sur les affaires du Canada, depuis 1749 jusqu' à 1760..P. 203 P-1
CANADA. OFFICIAL HAND-BOOK, 1896................................P. 385-9
   "   "   of the Dominion, 1897.................P. 370-9
   "   "   1890.............................P. 254-4
CANADA. On the history of Canada, by John Wilson Cook, 1865-6..... .P. 203 D–36
CANADA. Opuscule sur le présent et l'avenir du Canada, par Henry Lacroix,
   1867...P. 137-12, P. 157-2
CANADA. Papers of the Literary and Historical Society of Quebec :—
   Mémoire sur l'état présent du Canada, par Talon (1667).........P. 203-51
   Memoir (1738?)..P. 203-52
   Considérations sur l'état présent du Canada (1758)............P. 203-53
   Histoire par l'Abbé Belmont................................P. 203-54
CANADA. Petites notes sur le Canada, par Paul de Cazes, 1882..........P. 333-3
CANADA. Review of historical publications relating to, publié par George
   M. Wrong..P. 428-1
CANADA. REPORTS.....................P. 402-1-2, P. 403-3, P. 404-1, P. 416-1-2-3
CANADA, STATE OF POLITICAL PARTIES, Economy in the government. The
   St. Lawrence as a great Commercial Highway, &c., 1851............P. 138-12
CANADA WESTERN. A few facts, 1896.................................P. 452-1
CANADA WESTERN. Its great resources, 1897, testimony of settlers, &c....P. 370-11
CANADA WESTERN, 1897..P. 452-9
CANADA EASTERN, 1898..P. 452-10
CANADIANISM (THE NEW) par le révérend Geo. Bryce, 1898..............P. 497-7
"CANADIEN" Amyot vs. le, 1886...................................P. 249-7
CANADIEN. Analyse d'un Entretien sur la conservation des établissements du
   Bas-Canada, des Lois, des Usages, &c., des habitants, 1826......... P. 119-9
CANADIAN ANTIQUARIAN and Numismatic Journal...................P. 426-1-2-3-4
CANADIAN BANKERS ASSOCIATION, Vol. 1 to 7...........P. 397, D. E. & F.
   "   "   Journal, 1894.....................P. 397
CANADIAN BANK OF COMMERCE. Map of British Columbia, the Yukon dis-
   trict and Alaska, 1899 ....P. 451
CANADIAN CATALOGUE of Books, par W. R. Haight, 1896..............P. 340
CANADIAN CHRONOLOGY. Alphabet of First Things in Canada, par George
   Johnson, 1890..P. 244-1
CANADIAN COMMUNION tokens, par R. W. McLachlan...................P. 257-18
CANADIAN CURRENCY, Banking and Exchange par Adam Shortt, 1900-01.P. 503-11 to 14
CANADIAN DAIRYMEN'S ASSOCIATION Report for the years 1873 to 1875....P. 240
CANADIENNES DES ÉTATS-UNIS. Ce qu'on perd à Emigrer, par T. St. Pierre,
   1893..P. 452-3
CANADIEN EMIGRANT, par douze Missionaires des Townships de l'Est, 1851.P. 97-1
CANADIAN FARMER'S TRAVELS in the United States of America, 1837......P. 331-1
CANADIAN FORESTRY ASSOCIATION, First Meeting, 1900.................P. 486-2
CANADIEN-FRANÇAIS de Lowell, Mass., Recensement, etc., 1896.........P. 351-2
CANADIEN-FRANÇAIS. Trois types de l'habitant, par Léon Gerin..........P. 472-3
CANADIAN FREEMAN. An abridged view of the Alien Question unmasked,
   1826..P. 24-1
CANADIAN GOLD FIELDS. Report on, and the best means of their develop-
   ment, 1865...O.P. 59-5
CANADIAN HISTORICAL EXHIBITION, Act respecting the, 1896. Prospectus..P. 376-5-6
CANADIAN HISTORICAL EXHIBITION, 1900..............................P. 497-2

3-4 EDOUARD VII, A. 1904

VOLUME.

CANADIAN HISTORY READINGS:
  The expulsion of the Canadians par James Hannay, D.C.L. . . . . P. 519-9
  Nicholas Denys   "   "   . . . . P. 519-10
  Villebon and Fort Nashawaak   "   "   . . . . P. 519-11
  Responsible Government   "   "   . . . . P. 519-12
  Frontenac and his Times par G. W. Hay . . . . P. 519-9
  The Acadian Land in Louisiana. . . . . P. 519-11
  Traits of Indian Character, par le révérend W. O. Raymond . . . . P. 519-10
  Founders of Fredericton   "   "   . . . . P. 519-9
  Notes on Madawaska   "   "   . . . . P. 519-12
  General Campbell's Muster   "   "   . . . . P. 519-11
  The War song of a Passamaquoddy Legend . . . . P. 519-9
  The Foundation of Halifax, par Harry Piers. . . . . P. 519-9
  The Hessians, par J. Vroom. . . . . P. 019-9
  The Capture of Mackinac in 1812, par le lieutenant-colonel Cruikshank. P. 519-9
  The Defence of Mackinac in 1814   "   "   . . P. 519-10
  The Early Postal Service in British North America   "   . . P. 519-11
  The Combat at the Mill on Lacolle   "   . . P. 519-12
  Inheritances from our Historic past par W. F. Ganong. . . . . . . P. 519-10
  The New England Movement to Nova Scotia   "   . . . . P. 519-11
  Suggestions for the Investigation of Local History   "   . . . . P. 519-12
  The Maroons in Nova Scotia, par Arthur P. Silver. . . . . P. 519-10
  The First Siege and Capture of Louisbourg, par V. H. Pallsits. . . . . . . P. 519-10
  The Siege of Louisbourg in 1758, par Sir John Bourinot. . . . . P. 519-11
  Slavery in Canada, par le révérend T. W. Smith. . . . . P. 519-12
CANADIAN INSTITUTE. Annual Report, 1886-87 . . . . P. 227-15
CANADIAN LETTER TO THE RIGHT HON. EARL GREY, 1846 . . . . P. 149-8
CANADIAN LIBRARIES, par James Bain, Jr., 1900 . . . . P. 497-14
CANADIAN LOYALIST. The Question answered: Did the Ministry intend to
  pay rebels, 1849 . . . . P. 42-2
CANADIAN MAGAZINE, 1823, 1824, Montreal. P. 425 B-C-D-E
CANADIAN MAGAZINE, York, 1833 . . . . P. 425 F
CANADIAN M. P., Short lessons for members of Parliament (En anglais et
  français), 1862 . . . . P. 116-2
CANADIAN MERCHANT'S MAGAZINE, Magazine and Commercial Review, 1857,
  1858 . . . . P. 425 G-H
CANADIAN MILITARY INSTITUTE, Selected Papers from the Transactions, 1891. P. 250-6
CANADIAN MILITARY INSTITUTE. Selected Papers, 1893-4 . . . . P. 306-13
     "   "   "   1895. . . . . P. 347-11
     "   "   "   1895-6 . . . . P. 355-3
     "   "   "   1896-7 . . . . P. 448-1
CANADIAN MONTHLY AND NATIONAL REVIEW, 1872-3 . . . . P. 425, P. 425A
     "   ROSE-BELFORDS. . . . . P. 425, J to Q
CANADIAN NATIONAL LEAGUE of Montreal, Constitution, &c. . . . . P. 317-14
     "   "   Entertainment, 1893 . . . . P. 317-15
CANADIAN NORTH WEST. Climate and productions, a misrepresentation
  exposed . . . . EP. 8-11
CANADIAN ORGANIC REMAINS, Decade I, 1759. . . . . P. 476-6
     "   "   II, 1759 . . . . P. 476-7
CANADIAN Student, address by Sir William Dawson, 1891 . . . . P. 382 B-18
CANADIAN PACIFIC RAILWAY. A Holiday Trip, 1888 . . . . P. 215-9
     "   "   and North-Territories. Speech by W. A. Ross,
  M.P., 1885 . . . . P. 219-14
CANADIAN PACIFIC RAILWAY. Annual Report, 1889. . . . . P. 385-4
     "   "   De Montreal à Victoria, par Honoré Beaugrand P. 344-15

VOLUME.

CANADIAN PACIFIC RAILWAY. Miscellaneous pamphlets, time-tables, land
    regulations, &c..P. 226
CANADIAN PACIFIC RAILWAY. Open letter to the shareholders, 1887......P. 381-6
CANADIAN PACIFIC RAILWAY. Report by Sanford Fleming, 1879........P. 349-5
CANADIAN PACIFIC RAILWAY. Short line to Atlantic ports from Montreal,
    1855 (une carte précède le rapport)...............................P. 379 G-12
CANADIAN PALÆONTOLOGY. J. F. Whiteaves ....P. 477-8
CANADIAN PLANTS, par John Macoun......................................P. 477-4-5-6
CANADIAN REGIMENTS in War of 1812, by E. Cruikshank, the 104th, to 1895-6P. 355-3
CANADIAN. THE VICTORIA BRIDGE. Who is entitled to the Credit of its
    Conception ? 1860...P. 230-6
CANADIAN Thoughts on defence, from a Canadian point of view, 1870.....P. 117-13
CANALS. A British waterway to British prairies, 1898.................P. 448-8
CANALS. A minority report on the proposed Baie Verte Canal, par J. W.
    Lawrence, 1876....:..P. 219-1
CANALS AND HARBOURS in the Dominion of Canada. Regulations for the
    management and protection of, 1873...............................P. 186-1
CANALS, BAIE VERTE. Report of the Chief Engineer of Public Works, with
    appendix, C. F. Baillairgé and Samuel Keefer, 1874.............. O P. 39-7
CANAL DES CÈDRES, étude par Jean J. P. Lantier, 1871................P. 155-13
CANALS ENLARGEMENT. Report of the Chief Engineer, 1877............O P. 28-5
CANALS. L'agrandissement des canaux voyez Rapport de l'Ingénieur en
    Chef, 1897..O P. 28-6
CANALS. COTEAU LANDING AND CASCADES BAY, par J. P. Lantier, 1874....P. 136-10
CANALS. Correspondance relative aux expropriations nécessaires à l'agran-
    dissement projeté du canal Lachine, 1878.........................O P. 27-9
CANALS. Debate on the Montreal, Ottawa and Georgian Bay Canal, 1898,
    in the House of Commons...................................P. 449-1
    Debate in the Senate......................................P. 449-2
    Report of Senate Committee.... ....P. 449-3
CANALS. Deep Waterways Commission, Canadian Commissioners........P. 376-1
    United States Commissioners...........................P. 376-2
CANALS. Descriptive statement of the great water highways of Canada,
    1874 ....P. 343-7
CANALS. Essay on the advantages of the Canals to the Farmers of Canada,
    par J. Gordon Brown, 1850..................................P. 148-1
CANALS. Mr. Merritt's Review of the origin, progress, &c., of the Welland
    Canal, 1852...P. 230-4
CANALS. Ottawa and ocean port by McLeod Stewart, 1893.............P 366-11
ÇANALS. Proceedings of the first annual convention of the international
    deep waterways association, 1895...............................P 351-1
CANALS (PROVINCIAL). Regulations for the Management and protection of,
    1857..P 160-6
CANALS. Report of W. Shanly to the Directors of the Caughnawaga Ship
    Canal Co., 1874...P 44-8
CANALS. Report of Select Committee on Georgian Bay and Lake Ontario
    Ship Canal, 1864 ....P 371-7
CANALS. Report, &c., Select Committee of the Senate on Fort Francis Lock,
    1878..O P 27-3
CANALS. Return to an address from the Legislative Assembly. Report of
    J. B. Jarvis on the proposed Caughnawaga Canal, 1855...... ......O P 17-1
CANALS. Report to the Hon. J. H. Pope, on the necessity of deepening the
    Welland Canal, &c., par Robert C. Douglas, 1884.................O P 39-9
CANALS. Soulanges, 1898...P 502-2
CANALS. Summary report of the Huron and Ottawa Ship Canal, 1869....P 230-5

                                                    VOLUME.
CANALS. The Canal and the Rail, three chapters on a triple project, 1848. P 213-6
CANALS. The Montreal, Ottawa and Georgian Bay Waterway par A. J.
    Forward, 1897 . . . . P 366-5
CANDIDERS. Plain Truth, addressed to the inhabitants of America con-
    taining remarks on a late pamphlet intitled Common Sense, 1776, &c. . P 183-9
CANNIFF (WILLIAM.) Canadian Nationality, 1875. . . . . P 36-3, P 75-4
CANON DE BRONZE trouvé en 1826 sur un banc de Sable, dans le Fleuve St-
    Laurent. . . . . P 203 B-8
          Dissertation par Amable Berthelot, 1830 . . . . P 228-1
CAPE BRETON. Explorations by Hugh Fletcher, 1877 . . . . P 476-13
CAPE BRETON. Railway Specification, 1886. . . . . P 196-2
CAPE BRETON. Voyez Johnstone (Chevalier). . . . . P 203 M-4
CAPTURE OF MOUNT WASHINGTON.   The result of treason by Edward F. de
    Lancey, 1877. . . . . P 350-1
CARABINIER. Organisation Militaire des Canadas L'ennemi! l'ennemi! 1862. P 194-6
CARD MONEY. Currency with reference to Card Money in Canada during
    the French domination, par James Stevenson, 1874-5 . . . . P 203 F-10
CAREY (DANIEL.) Judgments in the Queen's Bench, Manitoba reported by,
    1875. . . . . P 260-6
          En français . . . . P 260-5
CARIBOO. The newly discovered gold fields of British Columbia, by a
    Returned Digger, 1862 . . . . P 331-3
CARILLON (VICTOIRE DE) 8 Juillet, 1758. Conquest of Canada. . . . . P 214
CARLISLE (EARL OF). Manuscripts appendix 6. P 414-45
CARLYLE (REV. ALEXANDER, D.D.) Sermon on the American Rebellion,
    1777 . . . . P 352-1
CARMICHAEL (REV. JAMES). A plea for young men of Montreal, 1889. . . . . . P 233-9
CARMICHAEL (REV. JAMES). Church service, 1872. . . . . P 208-9 P 25-5
CARNOCHAN (MISS). Slave rescue in Niagara sixty years ago, 1897. . . . . . . P 386-6
CARNOCHAN (JANET), Monuments. . . . . P. 501-5d
          Evolutions of a historic room. . . . . P. 601-6a
          Niagara Library. . . . . P. 501-7a
          Early schools of Niagara. . . . . P. 501-7b
          Two frontier churches. . . . . P. 501-8a
CARNOCHAN (JANET). Niagara one hundred years ago. . . . . '. P. 290-9, P. 306-7
CARNOCHAN (JANET). " Two frontier churches " (St. Marks and St. Andrews
    of Niagara). . . . . P. 287-7
CAROLINE ALMANACK and American Freeman's Chronicle for 1840. . . . . . . P. 149-13
CAROLINE. The burning of the, by Rear Admiral Drew ; The cutting out
    of the, by Judge Wood, 1896. . . . . P. 132-3
                                                              P. 355-10½
CARON (l'ABBÉ N.) Petit vocabulaire à l'usage des Canadiens-Français,
    1880 . . . . P. 157-6
CARON (R. E.) Revue de la Revue du Pamphlet de l'Honorable. . . . . P. 249-5
CARON, HON. R. E. Correspondence between Hon. W. H. Draper and . P. 9-3 & P. 23-6
CARPENTER (W. B.) On the Eozoon, 1865. . . . . P. 175-19
CARREAU (LUGER). Célèbre procès LeMoine vs. Lionais, 1874 . . . . P. 4-3
CARROLL (REV. DR) A vindication of the Methodist Episcopal Church in
    Canada against the ungenerous attacks and false accusations of. Par
    le révérend William Pirritti, 1879 . . . . P. 374 C-2
CARROLL (CHARLES OF CARROLLTON). Journal during his visit to Canada
    in 1776. . . . . P. 150-1
CARROLL INSTITUTE. Report for 1894. . . . . P. 308-13
CARROLL (JOHN.) A needed exposition, 1877 . . . . P. 224-7

DOC. DE LA SESSION No 18

VOLUME.

CARSON (WILLIAM). Reasons for colonising the Island of Newfoundland, 1813 ....P. 72-5
CARTIER (CHAMPLAIN not) made the first reference to Niagara Falls in literature, par Peter A. Porter, 1896.................................... P. 460-6
Carnet de la Sabretache, Revue Militaire rétrospective.. .... P. 515-9a
CARTE DES GRANDS LACS de l'Amérique du Nord....................P. 515-8
CARTIER (JACQUES). Documents relating to his origin, life and voyages, 1861 .... P. 203 D-4
CARTIER (JACQUES). *Voyez* Voyages and Travels, Letters by Noel....P. 203 K-1-4-5
CARTWRIGHT (HON. J. R.) Picnic speeches, 1878.......................P. 41-9
CARTWRIGHT (JOHN). Reasons for Reformation, 1809....................P. 168-4
CARTWRIGHT (R. J.) Remarks on the Militia of Canada, 1864..........P. 216-21
CARTWRIGHT (HON. SIR RICHARD). Speech on the Budget..............P. 449-5
CARVER (JONATHAN). His travels in the North-west in 1766-8, par John Goodby Gregory...P. 459-6
CASGRAIN (ABBÉ H. R.) G. B. Faribault et la famille Laterrière, 1886....P. 333-4
CASGRAIN. La question Acadienne et le rapport sur les Archives du Canada pour 1894... P. 347-9
CASGRAIN. Laverdière et Casgrain, 1866..............................P. 76-2
CASGRAIN (ABBÉ H. R.) Les Sulpiciens et les prêtres des Missions étrangères en Acadie, 1897...P. 360-3
CASGRAIN (ABBÉ). Opuscules, 1876.....................................P. 98-1
CASGRAIN (ABBÉ). The French War papers of the Marechal de Lévis.....P. 231-6
CASGRAIN (P. B.) La vie de Joseph François Perrault, 1898............P. 420
CASTOR. Le Pays, le parti, et le grand Homme.........................P. 42-10
CASTORISME, voila l'ennemi, par un vrai Conservateur, 1892..............P. 303-9
CATACOMBES (LES) DE ROME, par Mgr. Paul Bruchési....................P. 212-1
CATACOMBS OF ROME. A lecture by Rev. C. A. Campbell.................P. 364-7
CATALOGUES CONDENSED. Catalogue of manuscripts, &c., on exhibition at the Caxton...P. 117-15
CATALOGUE of the books in the library of the Legislative Assembly of Canada, 1842. Supplement ....OP. 38-1-2
CATÉCHISME ALGONQUIN avec Syllabaire et Cantiques, 1865 ....P. 122-3
CATÉCHISME à l'usage du diocèse de Québec, 1829......................P. 353-8
CATHOLIQUE, DIALOGUE sur une question importante.....................P. 154-9
CATHOLIC TRUTH SOCIETY of Canada, 1890..............................P. 243-1
CATHOLIQUES, REFLEXIONS à l'occasion de l'affaire Guibord.............P. 154-8
CATHOLIC Ultramontane policy in Quebec and its results, 1889..........P. 303-8
CATTLE, Tuberculosis in, 1897..P. 369-5
CAUCHEMAR, L'ENTENTE CORDIALE, 1875 ....P. 36-5
CAUCHON (JOSEPH). Union des Provinces de l'Amérique Britannique..P. 37-2, P. 84-4
CAUCHON (JOSEPH, L'HONORABLE) The Union of the Provinces of British North America, traduit par G. H. Macaulay, 1865..................P. 327
CAUCHON (JOSEPH), un chapitre des contradictions de, 1861.............P. 85-2
CAUGHNAWAGA CANAL. *Voyez* Jarvis, 1855.....................OP. 1-4, OP. 17-1
CAVALRY, by Lt.-Col. J. F. Turnbull, 1894............................P. 306-13
CAVEN (PROFESSOR). Correspondence with M. Mercier respecting the Equal Rights Association, 1890...P. 306-10
CAVEN (PRINCIPAL). The Scripture Readings, a Statement of Facts, 1886 . P. 227-18
CAXTON CELEBRATION. Manuscript and printed books in the Irish language and character and facsimiles of the national manuscripts of Ireland, exhibited by Edward Murphy, 1877 ....P. 117-16
CAXTON CELEBRATION. Condensed catalogue of manuscripts, &c.........P. 117-15
CAYLEY (EDWARD). Up the River Moisie ....P. 203D-11

3-4 EDOUARD VII, A. 1904

Volume.

Cayuga County Historical Society. Papers containing early chapters on Cayuga history (Jesuit missions), par Charles Hawley. Journal of John L. Hardenberg (1779), &c., &c., relating to the expedition against the Cayugas in 1779, &c. Sketches of Jesuit missions among the Sonnontouans (1656–1684), with other papers relating to the history of Cayuga county, &c ....P. 209 *a.b.c.d.*

Cazeau (Mgr. C. F.). Adresse à l'occasion du 50e anniversaire de sa prêtrise, 1880..:...........P. 207B-4

Census. Canadian Census of 1871. Remarks on Mr. Harvey's paper par J. C. Taché..P. 38-5

Census, New Brunswick, 1861..P. 388-1

Census. Notes, "A general return of the townships in Nova Scotia, 1767".P. 281B-9

Census. The Census of 1861, par John Layton......................P. 203D-20

Central Canada Exhibition, 1901..P. 491-5

Cercle de Québec, Constitution du, 1869.........................P. 191-12

Chaboillez (M., Pretre). Questions sur le gouvernement ecclésiastique du district de Montréal, 1823......................................P. 119-16

Chaboillez (M., Pretre). Remarques sur les observations publiées à Trois Rivières, 1824......................................P. 127-11

Chaboillez (M., Pretre). Réponse à la lettre de P. H. Bédard, 1824....P. 127-9

Chagnon (J. A.) et H. E. Poulin. Index Alphabétique des Statuts de la Province de Québec..P. 189-2

Chalmer's Church Riot. Report of the Commissioners, 1854..........OP. 59-2

Chalmers (Rev. Thomas), Letters to, par le révérend docteur Hobart, 1832.P. ᴬ⁹ᴬ-10

Chamber of Commerce, Nova Scotia, report for 1881..................P. 379-2

Chamber of Commerce. Thirty-seventh annual meeting, Hotel Metropole, March, 1897...P. 444-5

    Special meeting, Middlesborough, September... ....P 444-6

Chamberlain (Mr.) Despatch from and replies. Trade of the British Empire and foreign competition, 1897...........................P. 120-4

Champlain. The Astrolobes of Samuel Champlain and Geoffrey Chaucer, par Henry Scadding, D.D., 1880.............................P. 221-13

Champlain. A. J. Russell on Champlain's Astrolobe lost on 7th June, 1613 and found in August, 1867.................................P. 76-5

Champlain. Découverte du Tombeau de Champlain, par Messrs Laverdière et Casgrain, 1866...P. 76-2

Champlain. Journal de Québec (le) et le Tombeau de Champlain, par Stanislas Drapeau, 1867...............................P. 118-15, P. 76-3 and 4

Champlain's Tomb. Le Tombeau de Champlain, par N. E. Dionne, 1880..P. 97-5, P. 164-7, & P. 236-4

Champlain, Mémoire en requête pour la continuation du paiement de sa pension, publié par Gabriel Marcel ....P. 222-5

Champlain not Cartier made the first reference to Niagara Falls in literature, par Peter A. Porter..............................P. 460-6

Champlain. Note on an incident of early Canadian History............P. 203 D-17

Champlain. On a lately discovered MS. of Samuel Champlain, par T. D'Arcy McGee...P. 203 D.-7

Champlain's Tomb, par Dr. J. M. Harper........................P. 203 S-6 & 234-20

Champlain, vie de Samuel, par Gabriel Gravier, 1900.................P. 482

Chandonnet (Rev. Thomas Aimé). Discours prononcés à Notre Dame de Québec, au triduum de la société de Saint-Vincent-de-Paul, 1864......P. 11-2

Chaney (J. B.) The historical value of newspapers, 1896.............P. 356-4f

Chapais (Thomas). Les congrégations enseignantes et le brevet de capacité, 1893...P. 287-12

Chapleau. Administration (l'), 1881................................P. 152-9

DOC. DE LA SESSION No 18

VOLUME.

CHAPLEAU (L'HON. J. A.) Constitution of the Dominion of Canada, 1891..P. 253-5
CHAPLEAU (L'HONORABLE J. A.) Discours, 1883 ....P. 152-13
CHAPLEAU (L'HONORABLE J. A.) Discours en proposant la vente du chemin
   de fer, Québec, Montreal, Ottawa, et Occidental, 1882 ....P. 96-5
CHAPLEAU (J. A.) Le coup d'état, 1878.......................P. 14-9, P. 120-6a
CHAPLEAU (J. A.) Papers relating to Lieut.-Governor Letellier, 1879.....OP. 29-3-4
CHAPLEAU (J. A.) Question des chemins de fer, 1875.................P. 13-10
CHAPLEAU (L'HONORABLE J. A.)   Speech on Provincial politics, on the 6th
   September, 1883...P. 219-8
CHAPLEAU (J. A.) The Quebec coup d'état speech at Levis 1878.......P. 14-30
CHAPLEAU (L'HONORABLE J. A.) The Riel Question, 1885..............P. 140-20
   Le même en français..P. 157-12
CHAPMAN (W.) Mines d'or de la Beauce, 1881......................P. 123-1
CHAPMAN (E. J.) Popular and practical exposition of the minerals and
   geology of Canada ....P. 477-2
CHARGE TO THE CLERGY OF QUEBEC by the Right Rev. Jacob, Bishop of
   Quebec...P. $\frac{508}{1}$-6
CHARGE TO THE CLERGY OF TORONTO. Par l'évêque de Toronto..........P. $\frac{508}{1}$-17
CHARITIES, PUBLIC. By-laws &c., of the Commissioners from Nova Scotia,
   Report of Commissioners. 1885 ....P. 379-4-5
CHARIVARI OR CANADIAN POLITICS. A table after the manner of Beppo,
   1824..P.1-2
CHARLEMONT. Manuscript of the first Earl of 1891.................P. 414-23-31
CHARLEVOIX. Chemins de Colonisation, ou de Québec au Lac Saint-Jean,
   par Charlevoix, 1869...P. 256-6
CHARLTON (JOHN, M.P.) Condition of Canada, 1885.................P. 115-14
   "   "   Sabbath Observance.......................P. 115-15
CHARLTON (JOHN, M.P.) Speech on Unrestricted Reciprocity with the
   United States, 1888...P. 219-16
CHARLTON (JOHN, M.P.) Speech on Unrestricted reciprocity, Ottawa, 1889.P. 234-17
CHARLTON (JOHN, M.P.) The French language in the North West, 1890 ..P. 311-16
CHARNOCK (JOHN, H.) English Immigration Mission 1873.............EP. 12-1
CHARTER RIGHTS. The earlist contest on, in America begun in A.D. 1619 in
   Virginia legislature, par Edward D. Neill......................P. 368-5
CHARTERED BANKS. Returns, giving name &c., of each stockholder 1860,
   1861, 1865, 1868..............................OP. 4-10 OP. 3-6 OP. 18-3-2
CHARTRES (OLD FORT) Voyez Edward G. Mason.......................P. 142-14
CHATHAM (EARL OF) LETTERS TO. On the case of the Lieutenants of the
   Royal Navy, 1790..P. 216-1
CHATHAM (LORD). Sentiments on the American Measures, 1776.........P. 183-7
CHATEAU BIGOT, par J. M. Lemoine, 1874..........................P. 354-9
CHATEAU ST-LOUIS et le Chateau Haldimand, par Ernest Gagnon........P. 203S-8
CHAUDIÈRE Gold Mining Co. Reports, &c., 1863(?).................P. 179-3
CHAUMONOT. La vie du R. P. Pierre J. M. Chaumonot de la Compagnie de
   Jésus, 1858...P. 211-1-2
CHAUVEAU (P. J. O.) Bertrand de la Tour, par....................P. 392-2
CHAUVEAU (P. J. O.) Discours Institut Canadian, 1876..............P. 207-13
CHAUVEAU (P. J. O.) and J. C. Taché, La Pléiade Rouge.............P.23-5
CHAUVEAU (P. J. O.) Dies Irae, traduction en vers français avec le texte en
   regard, 1887...P. 302-4
CHAUVEAU (P. J. O.) Discours à la cérémonie de la pose de la pierre angu-
   laire du monument à la mémoire des braves tombés sur les plaines
   d'Abraham, 1855..P. 152-3
CHAUVEAU (P. J. O.) L'Abbé Jean Holmes et ses conférences..........P. 4-13
CHAUVEAU (P.J.O.) Légendes Canadiennes, 1877..................P. 207A-1

VOLUME.
CHAUVEAU (P. J. O.) Noces d'Or de Pie IX., 1869................P. 195-3
CHAUDIÈRE. Rapport sur les mines d'or de la...................OP. 60-9
CHEBUCTO. Gold Mining Co. of Nova Scotia Reports 1864 ....P. 179-7
CHEESE, par H. B. M. Buchanan, 1898.......................P. 448-8
CHEMICAL contributions to the Geology of Canada, par G. Christian Hoffman P. 477-1
CHERRINAU (J. B.) Report on Civil service allowance, 1877............P. 131-1
CHERUBIN (UN.) La Carabinade (1871)....................P. 28-5
CHESLEY (QUEEN vs) A narrative of the case, 1895..............P. 386-12-13
CHEVALIER (H. Emile). L'Héroine de Chateauguay (1813).............P. 3-2
CHEVALIER (H. Emile). L'Iroquoise de Caughnawaga, 1858............P. 3-3
CHEWETT (James G.) Upper Canada Almanac, 1831................P. 319A-1
CHICAGO HISTORICAL SOCIETY. Report 1901...................P. 504-3
                                   Report 1902...................P. 517-4
CHICAGO PUBLIC LIBRARY. Report of the Directors for 1885-86, 1886-87..P. 201-2-3
CHICOINE (J. A.). Colonisation dans les cantons de l'Est, 1871 ....P. 28-11
CHICOUTIMI. Annuaire du Séminaire de, 1881...................P. 155-9-10
CHIGNECTO. Marine Transport railway, 1882...................P. 311-7
CHIGNECTO "Post and Borderer". Anniversary number, 1895 ....P. 347-13
CHIMNEY ISLANDS (The), par J. M. M ....P. 519-5
CHINESE IMMIGRATION. Report of the Royal Commission on, 1885.......OP. 45
CHINESE JUNK. Description of the Royal Chinese Junk "Keying", 1848.P. 32-10
CHINIQUY (Rév. Charles). L'Eglise de Rome, 1870................P. 25-2
CHINIQUY (le) d'autrefois, 1875.........................P. 154-14
CHINIQUY (Rev. C.). Manual of the Temperance Society, 1847 ....P. 180-3
CHINIQUY (C.). Réponse au Rév. J. M. Bruyère, 1869..............P. 194-9
CHINIQUY (Rev. C.). The perversion of Dr. Newman to the church of Rome. P. 386-9
CHINOOK WINDS, by A. Bowerman, 1886.....................P. 205 A-4
CHISHOLM & DICKSON. Farmers, Miners and Tourists Guide to Manitoba..P. 143-10
CHITTENDEN (NEWTON H.). Ocean to Ocean, by the C. P. R., 1885......EP. 30-8
CHOLERA (Memorandum on), prepared by Dr. Roome, President, Dr. Fer-
  guson, Secretary of Dominion Health Association, 1893............P. 385-6
                                        En français.P. 385-7
CHOLERA (Memorandum on). Medical conference held in the bureau of
  Agriculture in 1866.............................P. 291-1 & 2
CHOLERA OF 1812. Retrospect of the Summer and Autumn of 1832. A
  sermon by the Venerable G. J. Mountain, 1833.................P. 352-2
CHOLERA, Practical views on, Montreal, 1854 ....P. 342-11
CHOQUET, A. Statistiques vitales des Catholiques de Montréal, 1874......P. 17-7
CHOUINARD (H. J. J. B.). Discours à l'inauguration des nouvelles salles
  de l'Institut, 1882 ....P. 207 B-7
CHOUINARD (H. J. J. B.). Inauguration des salles de l'Institut Canadien
  Français d'Ottawa, 1877...........................P. 207A-6
CHOUINARD (H. J. J. B.). La Pologne, ses origines, sa gloire, ses malheurs,
  conférence à l'Institut Canadien, 1875...................P. 207-5
CHOUINARD (H. J. J. B.). Paul de Chomedey, Sieur de Maisonneuve, 1640-
  1653.....................................P. 207B-6
CHRISTIAN KNOWLEDGE, York Committee Report, 1830.............P. 191-9
CHRISTIAN religion, recommended in a letter, par le rév. John Strachan, 1807.P. 191-1
CHRISTIAN SENTINEL, and Anglo-Canadian Churchman's Magazine, 1828...P. 191-1
CHROME MINING Co., Bolton, C. E. Prospectus, &c.............P. 179-24
CHURCH (The) and Church establishments in answer to certain letters of
  Rev. Egerton Ryerson, by an Anglo-Canadian, 1839..............P. 352-3
CHURCHES (Two frontier), par Janet Carnochan ....P. 501-8a
CHURCH (L. Ruggles). Budget speech, 6th. Dec. 1875............P. 17A-8
      "   "   "   " 1st. Dec, 1876.................P. 13-14

DOC. DE LA SESSION No 18

VOLUME.

CHURCH (L. Ruggles), Lieut. Governor Letellier Correspondence, 1879.....OP. 29-3-4
CHURCH (L. Ruggles). Report of Argument respecting the vested rights of
  limit holders, 1880...P. 88-8
CHURCH OF SCOTLAND. Endowments, evidence of Mr. Douglas Brymner
  before the Senate committee, 1882................................P. 375B-20
CHURCH OF SCOTLAND's endowments, par T. A. McLean et Douglas Brymner, 1882. ... .P. 375B-18
CHURCH OF SCOTLAND in Canada ; reasons and considerations in favour of
  the claims of the, 1828.................................. ......P. 375B-1
CHURCH OF SCOTLAND. Letters on union with the, and on Church independence, par le révérend James Middlemiss, 1874......... ....P. 375B-5
CHURCH OF SCOTLAND. Meetings of synod, 1831 to 1855 .... .P. 375
  1856 to 1864, 1865 to 1875. ....P. 375A, P. 375B
CHURCH OF SCOTLAND. Memorial of the Presbytery of Quebec to the com-
  missioners on grievances, 1835.... ....P. 375B-2
CHURCH OF SCOTLAND. Presbyterian Union a help to the intelligent discus-
  sion of the question by an Elder (Douglas Brymner), 1873 ....P. 375-4
CHURCH OF SCOTLAND. Report of Colonial Committee, 1893....... .. .P. 347-6
CHURCH OF SCOTLAND. Report of Synod's Committee on Sabbath Schools,
  1860.... ....P. 307-7
CHURCH OF SCOTLAND. Rev. Robert Dobie vs Board for the management
  of the Temporalities fund of the......... ....P. 375B-10-11
CHURCH OF SCOTLAND. Thomas H. Johnson to W. H. Johnson, Lots Letter
  H. Concession C. of the township of Nepean not required for canal pur-
  poses were granted to the Temporal Committee of the St. Andrews
  Church, Ottawa, in connection with the Church of Scotland, 1831....P. 375-3
CHURCH OF SCOTLAND. The Temporalities fund with judgment of the Privy
  Council, 1882........................ ....P. 375B-19
CHURCH REGISTERS. Ontario Historical Society, 1898.................P. 460-2
CHURCH SOCIETY. Diocese of Nova Scotia Thirtieth to Thirty-third report,
  1867 to 1870......................................P. 373-7-8-9-10
CHURCH SOCIETY. Huron, 1859-1874.... ....P. 373H, P. 373J
CHURCH SOCIETY of the Diocese of Montreal, 14th and 17th report.......P. 373-5-6
CHURCH SOCIETY of Quebec 20th report, 1862 ....P. 398-1
  42nd report, 1883........ .... .P. 398-7
CHURCH SERVICE SERMONS, par le révérend James Carmichael, 1872......P. 398-9
CHURCH SOCIETY, Toronto, 1843-1851................. ....P. 373E
     "   1852-1859............................P. 373F
     "   1859-1869............................P. 373G
CHURCH SOCIETY. Twenty-second report of the, 1863.................P. 373-1
  Twenty-third   "   1864..................P. 373-2
  Twenty-fifth   "   1866..................P. 373-3
  Twenty-seven   "   1868.............. .....P. 373-4
CHURCH SOCIETY. Thirty-third report of the diocesan, of New Brunswick,
  1868........ ....P. 373-12
CITY SURVEYOR. Reports of various dates, 1868 to 1882...............P. 357
CIVIL ENGINEERS, Transactions, 1887 to 1892 ....P. 294A to F
  "   "   1893, 1894, 1895, 1896 .... P. 294G-H-J-K
  "   "   1897, 1898, 1900 ....P. 294L-M, P. 294-14
CIVIL CODE OF LOWER CANADA. Analytical Index, Ottawa, 1867....... P. 13-4
CIVIL SERVICE ALLOWANCES. Reports by Brymner, Courtney and Cherriman
  (1877)...P. 131-1
CIVIL SERVICE. Historique des Fonds de Retraite en Europe et en Canada,
  par E. P. Dorion, 1862........................... .... P. 36-4

3-4 EDOUARD VII, A. 1904

VOLUME.

CIVIL SERVICE INCOME TAX. Court of Appeal, Ontario, J. P. Leprohon and
the Corporation of the City of Ottawa. Judgment............... P. 46-5
CIVIL SERVICE LISTS, 1883, 1886 to 1894... ....OP. 33, OP. 33 A. to J. & P.
  "   "   1895-96, 1897-98, 1899-1900......................P. 422 A-3.
CIVIL SERVICE. Rapports de la commission du Service Civil, Premier, 1869,
1869, 1870......... ....OP. 20-1-2-3-4-5-6-7
CIVIL, SERVICE. Relevé indiquant les noms, origine, religion, fonctions et
salaires de tous les employés du gouvernement Canadien, 1872........OP. 20-9
CIVIL SERVICE. Report of the select committee, 1877...................P. 371-4
CIVIL SERVICE. Reports of the Civil Service Commission, 1881-1882.
Analytical Index...OP. 32-1-2-3
    Appendices and Minority Report.....................,.........OP. 32-4-5-6
CIVIL SERVICE. Reports on public Departments, Upper Canada, 1839-1840.P. 345-3
CIVIL SERVICE. Report of the Select Committee of the Legislative Assem-
bly in the case of Dr. Rees, with an Appendix, 1861................P. 39-2
CIVIL SERVICE. Return of the names and salaries, &c., of the members of
the Civil Service, of the officers of the paid Militia staff and of the
Senate and House of Commons, 1883..............................OP. 44
CIVIL SERVICE. Return of persons appointed to office between 1st January
and 7th November, 1873............... .... OP. 61-3
CIVIL SERVICE. Return showing the names, origin, creed, position and pay
of the employees of the Dominion government, 1872................OP. 61-8
CITIZEN (OTTAWA) Almanac for 1868 ....P. 319, A-4
CITIZEN thoughts on Emigration, Education, &c., in a letter addressed to
the Right Hon. Lord John Russell, 1847.........................P. 19-14
CIVIL WAR in the United States. Incidents of Fair Oaks and Malvern
Hill battles, par Edward D. Neill......................... P. 368-15
CLARE (EARL OF), Lord High Chancellor of Ireland, on motion of the Earl
of Moira, 1798...P. 297-5
CLARK (CHARLES). A few more words upon Canada, 1838..............P. 64-4
CLARK (GEORGE ROGERS) and his Illinois campaign, par Dan B. Starkey, 1897.P. 452-2
CLARKE (HENRY J. O'C.) A short sketch of the life of the Hon. Thomas
D'Arcy McGee, 1868 .... P. 19-15 & P. 95-3
CLARK (CAPT. WILLIAM). The Canadian North-west, 1886..............P. 186-9
CLARKE (H. J. H.) Report of a conference on Immigration, made to Lieut-
enant-Governor Archibald, Manitoba, 1871 ....P. 143-1
CLAUS (COLONEL WILLIAM). An account of the operations of the Indian con-
tingent with our Forces on the Niagara Frontier, 1812-13...........P. 519-2
CLERGÉ CANADIEN et la déclaration de, 1732, par l'abbé Gosselin..........P. 487-7
CLERGÉ CATHOLIQUE, Requête relative à l'introduction des notables dans les
assemblées de fabrique, 1831.. ....P. 154-4
CLERGY RESERVES. Act to provide for the sale of the Clergy Reserves,
&c., and An Act to make provision for the management of the Tem-
poralities of the Church of England and Ireland, in this province.....P. 90-7
CLERGY RESERVES (THE). A letter from the Lord Bishop of Toronto (Dr.
Strachan) to the Duke of New Castle, 1853......................P. 90-10
CLERGY RESERVES. A letter from the Bishop of Toronto to the Hon. A. N.
Morin, 1854..P. 90-11
CLERGY RESERVES. Circular from the Bishop of Montreal, with correspon-
dence of Archdeacon Mountain with the Colonial Department of His
Majestys Government, 1836.....................................P. 90-3
CLERGY RESERVES. Copies of letters, &c., read in the Legislative Council in
the debate on the Clergy Reserve Bill, 17th January, 1840, par l'hono-
rable P. B de Blaquière... P. 352-5

VOLUME.

CLERGY RESERVES. Exclusive Right of the Church to the Clergy Reserves defended. In a letter to the Right Hon. the Earl of Liverpool, by a Protestant, 1826 .... P. 90-1

CLERGY RESERVES. Letter from the Hon. and Venerable Dr. Strachan, Archdeacon of York to Dr. Lee, Convener of a Committee of the General Assembly of the Church of Scotland, 1829 .... P. 90-2

CLERGY RESERVES. Message from Legislative Council with certain resolutions on the subject of the Clergy Reserves ; and Address to His Majesty on U. E. Loyalist Claims, 1835 .... P. 64-1

CLERGY RESERVES. Observations on the provision made for the maintenance of a Protestant Clergy in Upper and Lower Canada by John Strachan, Archdeacon of York, 1827 .... P. 139-1

CLERGY RESERVE. Question as a Matter of History. A Question of Law and a subject of legislation in a series of letters by Egerton Ryerson, 1839. P. 99-1

CLERGY RESERVE Question in Canada, par A. N. Bethune, archidiacre de York, 1853 .... P. 67-6 P. 90-9

CLERGY RESERVES. Rectories of Upper Canada. Return to an address of the House of Commons, 11th March, 1839 .... P. 139-10

CLERGY RESERVES. Religious Endowments in Canada. The Clergy Reserves and Rectory Questions. A chapter of Canadian History, par Sir Francis Hincks, 1869 .... P. 67-7

CLERGY RESERVES. Remarks and suggestions on that portion of the Clergy Reserve Property of Upper Canada, not specifically appropriated, &c., in a letter to Sir George Arthur, par le révérend. W. M. Harvard (église méthodiste), 1838 .... P. 90-5

CLERGY RESERVES. Reply of William Morris, Member of the Legislative Council, to six letters addressed to him by John Strachan, D.D., 1838. P. 90-4

CLERGY RESERVES. Religious endowments in Canada. The Clergy Reserve and Rectory questions by Sir Francis Hincks, 1869 .... P. 352-6

CLERGY RESERVES. Report of a Select Committee of the Legislative Council of Upper Canada upon the provision made by law for the support of a Protestant Clergy in that province, 1835 .... P. 352-4

CLERGY RESERVES. Reserve Question, or a word for the Church, by one of its Clergy, 1837 .... P. 94-4

CLERGY RESERVES. Secular state of the Church in the Diocese of Canada West, par l'évêque Strachan, 1850 (?) .... P. 90-8

CLERGY RESERVES. Speech by John Rolph on the Clergy- Reserve Question .... P. 90-12

CLERGY RESERVES. Speeches of Dr. John Rolph and Christopher A. Hagerman on the bill for appropriating the proceeds of the, to the purposes of general education, 1837 .... P. 345-4 P. 94-3

CLERGY RESERVES. Their History and present position showing the systematic attempts that have been made to establish, in connection with the state, a dominant church in Canada, par Charles Lindsay, 1851 .... P. 9-1

CLINT (WILLIAM). The Aborigenes of Canada under the British Crown.... P. 203, G-8

CLINTON (GEORGE). Public papers, Vol. I. II. III. IV .... P. $\frac{470}{3}$ to P. $\frac{470}{7}$

CLUB NATIONAL, MONTREAL. Banquet, avril, 1888 .... P. 311-14

COAL FIELD (SYDNEY), par Hugh Fletcher, 1900 .... P. 486-8

COAL. Its discovery, &c., in the Wyoming valley .... P. 318-8

COALITION, MÉMOIRES sur la, étude politique .... P. 249-6

COBB (REV. SANFORD H.) The Palatine or German immigration to New York and Pennsylvania, 1897 .... P. 368-24

COCHRANE (HON. A. W.) Notes on the measures adopted by government, between 1775 and 1786, to check the St. Paul's Bay disease .... P. 203 C-12

VOLUME

COCKBURN (GEO. R. R.) Principal of U. C. College, statement to the
Legislative Committee on Education, 1869 .. ..P. 227-14
CODERRE (J. EMERY, M.D.) Vaccination, 1872......................P. 13-7
COFFIN (LIEUT.-COL.) Quirks of Diplomacy, 1874..................P. 30-4
COFFIN (VICTOR). Die organisation des höheren Unterrichts in Kana-
dischen Burd, 1897...P. 372-2
COFFIN (VICTOR). The province of Quebec and the early American revolu-
tion. A study..P. 372-1
COFFIN (WILLIAM). Memorial to His Excellency Sir Edmond Walker
Head, 1855...................... ....P. 80-1
COFFIN (WILLIAM F.) "On some additional incidents in connection with
the siege and blockade of Quebec, 1775-6."......................P. 203 F-1
COFFIN (WM. F.) The Canal and Rail, 1840.......................P. 213-6
COINAGE OF CANADA AND Newfoundland, par le révérend R. W. McLachlan,
1890...P. 257-16
COLBY (C. C.) Canada's National Policy, 1878...................P. 60-10
COLBY (C. C., M.P.) Parliamentary Government in Canada, 1886.......P. 245-3
COLEMAN (J. T.) History of the early settlement of Bowmanville and
vicinity, 1875................. ....P. 229-9
COLERA. Règlement sur le, 1832 ....P. 153-4
COLIN (REV. M.) Discours sur l'Ouvrier, 1869...................P. 5-4
COLIN (REV. M.) Le Pape Honorius, 1870.........................P. 26-15
COLIN (REV. M.) Oraison Funébre de Mgr. Bourget, 1885..........P. 223-9
COLIN (REV. M.) Sermon Fête, de Pie IX, 1869...................P. 26-14
COLLEGE D'OTTAWA. Aperçu du plan d'études, &c., 1882............ ...P. 193-12
COLLINGWOOD Jubilee History, 1888 (?)..........................P. 229-18
COLLINS (FRANCIS). Faithful report of the trial and acquittal of Robert
Randall, Esq., accused of perjury, 1825...... ....P. 52-1 P. 149-7
COLLINS (DAVID). "The Chesapeake" case of Collins et al, on a charge of
piracy, 1864..P. 218-6
COLMER (JOSEPH G.). The Dominion of Canada, as it will appear to the
members of the British Association.............................EP. 4-6
COLOMB (CHRISTOPHE). Par le Père Louis Albert Gaffre, 1893........P. 289-9
COLOMBIE, Mission de la, par J. B. Z. Bolduc, 1843 ....P. 472-1
COLOMBIENNES, Fêtes...à Québec, 1893...........................P. 289-10
COLONIAL and Indian Exhibition of 1886. A revelation of Canada's progress
and resources...P. 313B-6
COLONIAL Cambist ; or tables of the assay, or fineness, &c., of foreign coins,
by James Spearman, 1844.......................................P. 38-1
"COLONIAL COMMITTEE". Report submitted by Rev. P. M. A. Muir, DD.,
1893..P. 287-3
COLONIAL CONFERENCE. Proceedings at London in 1887.............P. 296
COLONIAL funding system, Letter on the proposed new, par William Bancks,
1836..P. 300-2
COLONIAL OFFICE regulations, 1843, 1856, 1867 ....P. 169 to P. 171
COLONIAL POSSESSIONS. Reports on.............................P. 416-1-2-3-5
COLONIAL QUESTIONS pressing for immediate solution in the interest of the
Nation and the Empire, par R. A. Macfie, 1871..................P. 30-12
COLONIES. Celebrated Essay on England and her Colonial Policy, par le comte
de Montalembert, 1858...P. 74-1
COLONIES. Return to an address on the state of the Colonies. Includes
returns to the Imperial Parliament from Nova Scotia, Prince
Edward Island, Van Diemens Land, Canada, New Brunswick,
New South Wales and Victoria, 1853............................OP. 4-6
COLONIES. Vice Rois et lieutenants généraux des Rois de France en Amé-
rique, 1859...P. 204-3

VOLUME.

COLONISATION au Nord. Brochure accompagnée d'une carte géographique, par M. le Curé Labelle, 1883...EP. 5-10
COLONISATION, Belges (les) et les Alsaciens-Lorrains au Canada, par l'abbé P. J. Verbist Turnhout, 1872..............................P. 33-5, EP. 13-2
COLONISATION. Canadien Emigrant (le), par douze missionnaires des Township de l'Est,1851..P. 97-1
COLONISATION. Chemins de Colonisation ou de Québec au Lac Saint-Jean par Charlevoix, 1869..P. 256-6
COLONISATION. Coup d'œil sur la Colonisation, 1864................ P. 6-8 P. 159-6
COLONISATION. Curé Labelle et la Colonisation ....EP. 28-7
COLONISATION dans le comté de Portneuf, 1872.......................P. 159-9
COLONISATION du Lac Témiscamingue et du Lac Kippewa, 1888..........P. 306-16
COLONISATION Française au Canada, par Pierre Foursin, 1893...........P. 452-4
COLONISATION. Colonie Française de Metgermette, par A. W. Montpetit, 1874...P. 22-10, P. 14-13
COLONISATION (LA) dans les Cantons de l'Est, par J. A. Chicoine, 1871 ....P. 28-11
COLONISATION (LA), par Eugène Rouillard, 1901.. ....P. 487-4
COLONISATION. Notes on the Saguenay, par Samuel J. Kelso, 1862 ....P. 142-6
COLONISATION. Observations on the History and Recent Proceedings of the Canada Company, addressed in four letters to Frederick Widder, Esq., one of the Commissioners, 1845. ....P. 99-3
COLONISATION. Ottawa and Pontiac Colonisation Roads. Réport by A. J. Russell.. ....OP. 1-7
COLONISATION. Oeuvre de la Colonisation. La Bourse et la Vie, Recueil de renseignements utiles sur les cantons du nord, &c., par Thos. S. Provost...EP. 3 1
COLONISATION. Plan of Settlement and Colonisation adapted to all the British North American Provinces, in a series of letters from James Fitzgerald, 1850...P. 84-2
COLONISATION. Rapport du Comité Permanent d'Immigration et Colonisation, 1885..OP. 46-6
COLONISATION. Report of the Select Standing Committee on Immigration and Colonization, 1869...............................OP. 35-1, EP. 11-13
1873 ....OP. 35-2, EP. 11-14
1875 ....OP. 34, OP. 35-3
1876, 1877.......................................OP. 35-4, OP. 34-3
1878, 1879.......................................OP. 34-4, OP. 35-5
1880, 1881.......................................OP. 34-5, OP. 35-6
1883...OP. 35-7
1884...OP. 46-4
COLONISATION. Rapport sur le Chemin de Colonisation d'Elgin, 1862......OP. 9-4
COLONISATION. Rapport sur les chemins de colonisation dans le Bas Canada, 1861..OP. 9-2 and 7
COLONISATION. Rapport sur les chemins de colonisation d'Ottawa et Pontiac, 1862..OP. 9-3
COLONISATION. Rapport sur la colonisation dans le Bas-Canada, 1862.....OP. 9-6
COLONISATION. Rapport sur les progrès des travaux de colonisation, 1860 ..OP. 9-1
COLONISATION. Rapports sur les travaux de colonisation, 1855 à 1859 ...OP. 2-3-4-5-6
COLONISATION. Saguenay en 1851. Histoire du passé, du présent et de l'avenir probable.......................................P. 122-8
COLONISATION. Suggestions on the propriety and practicability of securing colonisation, by an actual settler, 1865 ....P. 257-8 .
COLONIST. An appeal to the Right Hon. William Huskisson on the present condition of...New Brunswick, 1828............................P. 72-8
COLONIST. A Northern Kingdom, 1866 (?).............................P. 138-17

VOLUME.

COLSTON (J. G.) Thesis res judicata in the civil and criminal law of Quebec, 1870 ....P. 196-14
COLUMBIAN EXPOSITION. Report of progress on the Canadian section by William Saunders, 1892..P. 313B–8 to 13
COLUMBUS. The discovery of America. Old South Leaflets, No. 29 and 33 . P. 299
COMITÉ CONSTITUTIONEL. Manifeste adressé au peuple du Canada, 1847 ... P. 79-2
COMMERCE. A tabular representation of the present condition of Boston, &c., &c. Also a few statements relative to the commerce of the Canadas, 1851.... ....P. 216-26
COMMERCE. Bay of Fundy and Harbour of St. John, N. B. Report of the St. John Board of Trade.....................................P. 182-8
COMMERCE. Brazil and her railways, 1883..............................P. 216-22
COMMERCE. Comptoir Canadien-Français. L. E. Frenette et Cie 1884....P. 157-9
COMMERCE. Chambre de Commerce de Trois-Rivières, 1886.... ....P. 192-10
COMMERCE. Commercial Industries of Canada, Province of Quebec, 1888..P. 255-7
COMMERCE. Dépression Actuelle, voyez Rapport du comité, 1876 ....OP. 25-2
COMMERCE. Depression vide Report of the select committee on, 1876.....OP. 25-1
COMMERCE. Descriptive Statement of the great water highways of the Dominion of Canada, Hydrology of the Basin of the Gulf and River St. Lawrence, by the late T. E. Blackwell with Appendices relating to the Commerce and Navigation of Canada, par T. E. Patterson, 1874......P. 57-1
COMMERCE. Etude sur l'Acte concernant la Faillite, 1364, par Désiré Girouard ....P. 13-9
COMMERCE. Fallacy of Insolvency Laws and their baneful effects, par Thomas Ritchie, 1885.. ....P. 232-15 P. 137-7
COMMERCE. Free Trade and Protection, par R. W. Phipps.............P. 140-13
COMMERCE. Free Trade, Protection and Reciprocity par Thomas C. Keefer.P. 216-18
COMMERCE. Future commercial policy of British North America, par Thomas Hunter Grant.............................:.....................P. 196-13
COMMERCE. GAMBLE'S (Mr.) Speech on the Commercial Policy of the Country, in the House of Assembly, 1852 (?)...............................P. 45-1
COMMERCE. How to make business pay, on the principles of success in trade, par Thos S. Milner, 1865 ....P. 200-1
COMMEECE. Imperial consolidation in, and defence by Thomas Macfarlane, 1897...P. 503-3
COMMERCE. Important Insurance Case Morison, Cameron & Empy vs The Phœnix Insurance Co.. 1856...................................P. 181-4
COMMERCE, Insolvent Act of 1864 and the proposed amendment bill &c., par Désiré Girouard..P. 37-5
COMMERCE. Inspections obligatoires de leur nécessité et de leurs avantages, par L. E. Morin, 1871 ....P. 22-1
COMMERCE. Instructions to measuring surveyors employed in the measuring of shipping in Canada, 1885...................................OP. 50-1
COMMERCE. Lettre à l'hon. François Lemieux sur le commerce et la navigation du Canada, 1855.. ....P. 26-10
COMMERCE. Letters, &c., first published in the 'Northern Journal' during 1871 by the Hon. John Young, on various questions of Public Interest (En français)..P. 19-16
COMMERCE. Letters to the Hon. Francis Lemieux, on Canadian Trade, &c., par l'honorable John Young, 1855 ....P. 142-4
COMMERCE. Memorials, &c., &c., by Ruggles Wright with reference to his slides at the Chats and Chaudière on the Ottawa River, 1849.......P. 186-5
COMMERCE. Memorial of the Chamber of Commerce of New York on Ocean Steam Navigation........ ....P. 113-11
COMMERCE. Mercantile Navy List for 1885, par Robert Jackson ....OP. 50-3

Volume.

COMMERCE of Montreal for 1871. Annual Report ....P. 291-5

COMMERCE. Parsee Letters addressed to Horace Greeley, 1860 ....P. 140-4

COMMERCE. Order of the Governor in Council of the 7th July, 1796, for the regulation of commerce between this Province and the United States of America ....P. 83-1

COMMERCE. Origin of the Ocean Mail Steamers between Liverpool and the St. Lawrence and the advantages of the Northern Route, par l'honorable John Young, 1877.... ....,.P. 61-4

COMMERCE. Peruvian Guano Trade Statements, &c. in relation to the Bill imposing a sliding scale of duty on the importation, in the United States, 1854... . ...P. 128-7

COMMERCE. Pleas for Protection examined by Augustus Mongredien,1882.P. 224-5

COMMERCE. Rapport du comité spécial sur les causes de la dépression actuelle, 1876..OP. 25-2

COMMERCE. Rapport des Commissaires de l'Amérique Britannique du nord nommés pour s'enquérir du commerce des Antilles, Mexique et Brésil 1866.... ....OP. 19-16

COMMERCE. Reflexions sommaires sur le commerce qui s'est fait en Canada d'apres un manuscrit à la Bibliothèque du Roi à Paris (1760?).......P. 81-1

COMMERCE. Reflexions sommaires sur le commerce qui s'est fait en Canada.P. 203 J-7

COMMERCE. Remarks upon the desertion of seamen at the Port of Quebec, 1852 ....P. 216-10

COMMERCE. Report from the special committee of the Legislative Council, L.C., on extending and securing the coasting trade, &c., reported by the Hon. William B. Felton, 1824............................P. 116-1

COMMERCE. Report of the commissioners from B.N.A. to inquire into the trade of the West Indies, Mexico and Brazil, 1866.................OP. 59-6

COMMERCE. Report of the Select Committee on the causes of the present depression, 1876 ....OP. 25-1

COMMERCE, Sandwich Islands and China. Message from the President of the U.S. respecting trade and commerce with, 1842 ....P. 197-9

COMMERCE, voir Reciprocity speech, par John Charlton, M.P., 16 mars 1888 ....P. 219-16

COMMERCE. Self reliance, or a plea for the protection of Canadian Industry par Joseph Wright, 1864. (L'annexe renferme un plaidoyer en faveur du libre échange)...P. 232-13

COMMERCE. Sketch of the trade of British America, par Nathaniel Gould, 1833 ....:......P. 140-1

COMMERCE. Statements concerning the trade and commerce of the city of Montreal for 1862......................................OP. 59-4

COMMERCE. The Dominion Finances and the National Policy, discours de Thomas White, M.P... ....P. 219-5

COMMERCE. The National Policy and the Financial Administration of the Present Government Speeches, 1880 and 1882................ ....P. 219-2-3

COMMERCE, Trade and Shipping, Port of Quebec, 1793..... ... .P. 203R-6

COMMERCE. Trade Letters (Two) I. Can the Commerce with the Australian Colonies be increased? II. What is the Commercial outlook? par William J. Patterson, 1876 ....P. 105-2-3

COMMERCIAL POLICY of Great Britain, report on, by Sir A. T. Galt to Lord Lorne, 1882... .. ..P. 365

COMMERCIAL RELATIONS with British America, 1866 ....P. 348-7

COMMERCIAL UNION. A Study by a Quebec Liberal, 1888 and 1889......P. 306-5

COMMERCIAL UNION between United States and Canada... ....P. 367-5

COMMERCIAL UNION between the United States and Canada. Deux letters de Edward Atkinson, 1887 ....P. 367-7

VOLUME.

COMMERCIAL UNION. Between the United States and Canada, some letters,
papers and speeches, 1889.... .... P. 234-11
COMMERCIAL UNION. Dominion Statistician on Mr. Wiman's panacea,
1889......... ....P. 311-12
COMMERCIAL UNION. Our farmers, their condition and that of the farmers
of the United States. The two positions compared by George Johnson,
1889... ....P. 234-10
COMMERCIAL UNION. Progress of Canada, George Johnson, 1889 ..... .P. 234-8
COMMERCIAL UNION. The greater half of the Continent, par Erastus
Wiman, 1889.................. ....P. 237-15
COMMERCIAL UNION with greater Canada from a United States point of
view, par Erastus Wiman, 1887.... .... P. 367-6
COMMON SCHOOLS. New Brunswick Act passed in 1871. (Relevé se rap-
portant à l'Acte)......... . ... P. 388-3
COMMON SCHOOL System (sept lettres) on, par Adam Townley, 1853 ......P. 5¢ª-15
COMPTES PUBLICS. Second et troisième rapports du Comité Spécial pour
1829.. ....P. 222-11
CONAN (LAURE). Si les Canadiennes le voulaient...... ....P. 188-2
CONCHOLOGY. Mrs. Sheppard of Woodfield on the recent shells which char-
acterize Quebec and its environs, 1829................ ....P. 203A-11
CONCILIUM QUEBECENSE. Acta et decreta primi Concilii Provinciæ Quebec-
ensis in Quebecensi Civitate, 1851...... ....P. 154-1
CONFEDERATION. Arbitration between the Provinces of Ontario and Quebec
under the British North America Act, 1867..............P. 21-7
CONFEDERATION. British America Arguments against a Union of the Pro-
vinces reviewed; with further reasons for Confederation par l'honorable
J. McCally, 1867. ....P. 65-3
CONFEDERATION. Contre Poison. La Confédération, c'est le salut du Bas-
Canada, 1867... ....P. 22-5, P. 26-3
CONFEDERATION. Correspondence and negotiations connected with the
affairs of Nova Scotia, 1869.............................·.........P. 87-5
CONFEDERATION. Couronnement des dix années de mauvaise administration,
1867...P. 26-2
CONFEDERATION (THE CROWN AND THE). Three letters addressed to the
Hon. John Alexander McDonald, 1864... ....P. 77-5
CONFEDERATION. Etude sur l'union Projetée des Provinces Britanniques de
l'Amerique du nord, par Joseph Cauchon, 1858...................P. 84-4
CONFEDERATION. Federation Union of the British North American Pro-
vinces, par Henry Sherwood....... ....P. 56-6
CONFEDERATION. Intercolonial Union. The Proposed Constitution, as
adopted by the Quebec Conference in October, 1864................P. 138-13
CONFEDERATION. Future of British America, 1865....................P. 42-6
CONFEDERATION. Interests of the British Empire in North America, 1868.P. 45-4
CONFEDERATION. Letter to His Grace the Duke of New Castle upon a
Union of the Colonies of British North America, par P. S. Hamilton,
1860...P. 136-6
CONFEDERATION. Message relative to the terms of Union with the Province
of British Columbia, 1875............................OP. 24-5
CONFEDERATION. New Canadian Dominion. Dangers and Duties of the
people in regard to their Government, par le révérend docteur Ryerson,
1867..P. 45-2
CONFEDERATION. Northern Kingdom, by a Colonist, 1866 (?)...........P. 138-17
CONFEDERATION. Notes on Federal Governments Past and Present, par
l'honorable T. D'Arcy McGee, 1865. ....P. 117-9
CONFEDERATION. Notes sur les Gouvernements Fédéraux Passés et Présents,
par l'honorable Thomas D'Arcy McGee, traduit par L. G. Gladu, 1865.P. 118-10

DOC. DE LA SESSION No 18

VOLUME.

CONFEDERATION. Partage et la répartition de l'actif et du passif du Haut-
Canada et du Bas-Canada, opinion et jugement de l'arbitre, 1870....OP. 60-10-12
CONFEDERATION. Plea for the Confederation of the Colonies of British
North America addressed to the People and Parliament of Prince
Edward Island par Matthew Richey, D.D., 1867.............P. 97-3
CONFEDERATION. Proposed British North American Confederation. Why
it should be imposed upon the Colonies by Imperial Legislation, par
Edward Goff Penny, 1866..P. 42-8
CONFEDERATION. Reply to the Speech of the Hon. Joseph Howe, of Nova
Scotia, on the union of the North American Provinces and on the right
of British Colonists to representation in the Imperial Parliament, par
l'honorable Francis Hincks, 1855................................P. 60-5
CONFEDERATION. Réponses aux censeurs de la Confédération, 1867..... P. 5-3
CONFEDERATION. Report of the delegates of the Executive Council to Ottawa
with regard to the claims of Manitoba upon the Dominion, 1873.....P. 143-4
CONFEDERATION. Series of Resolutions respecting the admission of British
Columbia into the Union with Canada to be proposed by Sir George E.
Cartier, 1871...P. 108-1
CONFEDERATION. Speech delivered in the Legislative Assembly by Alexander
Morris during the debate on the subject of Confederation of British
North American Provinces, 1865 ....P. 47-4
CONFEDERATION. Speech on the proposed union of the British North Ameri-
can Provinces delivered at Sherbrooke, 1864, par l'hon. A. T. Galt....P. 42-4
CONFEDERATION. The proposed B.N.A. Confederation. A reply to Mr.
Penny's reasons, 1867 ....P. 256-5
CONFEDERATION. Two Speeches on the Union of the Provinces par l'hono-
rable Thos. D'Arcy McGee, 1865...................P. 343-2 P 42-5
CONFEDERATION. Union des Provinces de l'Amérique Britannique du Nord,
par l'Hon. Joseph Cauchon, 1865, aussi traduction.............P. 180-6 P 37-2
CONFEDERATION. Union of the British North American Provinces and the
Hon. Joseph Howe by "A Nova Scotian in Canada," 1866 ......P. 42-7
CONFEDERATION. Union of British North America, par P. S. Hamilton, 1864 P. 198-1
CONFEDERATION. The Union of the Provinces of British North America par
l'honorable Joseph Cauchon, Traduction....................... P. 327
CONFEDERATION. Voyez Financial Division of debts and assets. P. 140-5 O P. 60-10-12
CONGREGATIONAL College, the story of the fifty years 1839 to 1889, par
le révérend F. H. Marling...P. 366-10
CONNECTICUT. Report on Ancient Court Records, 1889.................P. 258-10
CONNECTICUT. (The Fundamental Orders of) Old South Leaflets (No. 8)—
Wheeler's Narrative Indian Schools (No. 22).....................P. 299
CONNOLLY (ARCHBISHOP). Letter to Henry J. Clarke on the claims of T.
D'Arcy McGee to the confidence and support of the Irish in Canada,
1867...P. 139-29
CONNOLLY vs. WOOLRICH. Case involving the question of the validity of an
Indian marriage, 1867..P. 232-5
CONOVER (GEO. S.) Biographical ....P. 302-17
CONOVER (GEO. S.) Sayenqueraghta, King of the Senecas, 1885. ....P. 302-16
CONOVER (GEO. S.) Seneca Indian villages by—1889..................P. 302-18
CONQUEST OF CANADA. A Dialogue in Hades, a parallel of military errors,
of which the French and English armies were guilty, during the cam-
paign of 1759, in Canada...P. 203 M-3
CONQUEST OF CANADA. A Journal of the expedition up the River St. Law-
rence, 1759, (attribué à Allsopp)................................P. 203 R-1
CONQUEST OF CANADA. Campaign of Louisbourg, 1750-58. A short account
of what passed at Cape Breton (attributed to Chevalier Johnstone)...P. 203 M-4

18—D½

3-4 EDOUARD VII, A. 1904

                                                              VOLUME.
CONQUEST OF CANADA. Capture of Quebec in 1759....................P. 76-9
CONQUEST OF CANADA. Collections des manuscrits du Maréchal de Lévis.
                              P. 413 P. 413 A. B. C. &c.
              Expéditions ....·......................... ......P. 413-K
              Table Analytique.......................... .....P. 413-L
CONQUEST OF CANADA. Discours prononcé par l'Hon. P. J. O.Chauveau à
  la cérémonie de la pose de la pierre angulaire du monument à la mémoire
  des braves tombés sur la plaine d'Abraham, 1855................ ..P. 152-3
CONQUEST OF CANADA. Evénements de la guerre en Canada durant les
  années 1759 et 1760........ ....P. 203-1
CONQUEST OF CANADA. Extract from a Manuscript Journal relating to the
  operations before Quebec in 1759. Journal du col. Malcolm Fraser. ...P. 203, M-1
CONQUEST OF CANADA. Fall of Oswego (14th August, 1756). A chapter
  in British History ....P. 108-8
CONQUEST OF CANADA. Form of Prayer and Thanksgiving for the taking of
  Louisbourg, 1758 .... P. 235-1
              For the taking of Quebec, 1759.................P. 235-2-3
CONQUEST OF CANADA. Fourth Letter (A) to the people of England on the
  conduct of the M—rs in alliances, fleets and armies, since the first
  differences on the Ohio to the taking of Minorca by the French, 1756..P. 52-7
CONQUEST OF CANADA. General orders in Wolfe's Army during the expedi-
  tion up the River St. Lawrence, 1759 ....P. 203 R-2
CONQUEST OF CANADA. Glimpses of Quebec during the last ten years of
  French Domination in Canada, 1749-59. J. M. LeMoine............P. 50-3
CONQUEST OF CANADA. Governor Murray's Journal of Quebec, from 18th
  September, 1759 to 25th May, 1760.....................P. 203 N-5
CONQUÊTE DU CANADA. Histoire de la, manuscrit inédit, 1898.........P. 441-9
CONQUEST OF CANADA. Historical Memorial of the Negotiation of France
  and England, 1761..... . ...P. 62-5
CONQUEST OF CANADA. Journal of the Expedition up the River St. Lawrence
  (1759) from the New York Mercury............................P. 203 M-6
CONQUEST OF CANADA. Journal of the Siège of Quebec by a gentleman on
  the spot, 1759..... .....·.... ....P. 471-1
CONQUEST OF CANADA, Journal de l'Expédition sur le fleuve Saint-Laurent
  ......depuis l'embarquement à Louisbourg jusqu'à la reddition de
  Québec en 1759..................................P. 76-8
CONQUEST OF CANADA. Jugement Impartial sur les opérations militaires de
  la Campagne en Canada, en 1759.. ....P. 119-7
CONQUEST OF CANADA. Jugement impartial sur les opérations de la campagne en Canada, en 1759...............................P. 203 J-6
CONQUEST OF CANADA. La perte du Canada, par M. A. Héron, 1887......P. 228-8
CONQUEST OF CANADA. Mémoire de sieur de Ramezay, commandant à Qué-
  bec, au sujet de la reddition de cette ville, le 13 septembre 1759......P. 203 L-2
CONQUEST OF CANADA. Military operations at Quebec, from the capitulation
  by de Ramezay on the 18th September 1759, to the raising of the Siege
  by de Lévis, between the night of the 17th and the morning of the 18th
  May 1760, par le docteur W. J. Anderson...... .. ..P. 203 E-9
CONQUEST OF CANADA. Note on the spurious letters of Montcalm, 1759, par
  Justin Winsor...P. 196-23
CONQUEST OF CANADA. Plains of Abraham, par le lieut.-col. Beatson, 1858..P. 132-5
CONQUEST OF CANADA. Reflections on the terms of peace, 1763..........P. 138-2
CONQUEST OF CANADA. Règne Militaire 1760-1764. Jacques Viger. Pièces
  officielles ou placards. Législation du gouvernement des Trois-RivièresP. 204-7
CONQUEST OF CANADA. Relation du Siège de Québec en 1759, par une
  Religieuse de l'Hôpital Général de Québec...........P. 97-2 P. 445-7 P. 203 J-5

DOC. DE LA SESSION No 18

VOLUME.

CONQUEST OF CANADA. Siege of Quebec and Conquest of Canada 1759 by a
  nun of the general Hospital Quebec................ ....P. 138-1
CONQUEST OF CANADA. Siège de Québec, 1759........................P. 342-5
CONQUEST OF CANADA. Siège de Québec en 1759, journal tenu par M. Jean
  Claude Panet...P. 203 R-3
CONQUEST OF CANADA. Series of letters, &c., 1755-60..................P. 214
CONQUEST OF CANADA. The Campaign of 1760 in Canada attribuée au
  Chevalier Johnson...P. 203 M-5
CONQUEST OF CANADA. The glorious enterprise, par W. D. Lighthall......P. 506-13
CONSERVATEUR CATHOLIQUE. M. l'Abbé Sax et ses souffleurs...........P. 79-3
CONSOLIDATED BANK OF CANADA, A compilation by John F. Norris, 1879.P. 232-7
CONSTANTINE (Rev. J.) On the influence of American ideas in the Anglican
  Church in the diocese of Montreal, 1870.......................P. 118-20
CONSTITUTIONAL ACT of the Province of Lower Canada, 31 Geo. III., Cap
  XXXI, 1791..P. 62-11
CONSTITUTIONAL ACT, thoughts on the Canada Bill, 1791 ....P. 348-4
CONSTITUTIONAL ADDRESS TO H.E. Sir Francis Bond Head for copies of
  despatches on the subject of the Independence of the Judges and the
  cession of the Revenue to the Legislature of this Province. Answer
  with the documents desired and proceedings on the passing of a bill for
  the payment of the principal officers, 1836....................P. 71-5
CONSTITUTIONAL ADDRESS to the House of Lords against the Bill before
  Parliament for the Union of the Canadas, &c., by Sir Francis Bond
  Head, 1840.... ....P. 56-5
CONSTITUTIONAL. Analyse d'un entretien sur la conservation des établisse-
  ments du Bas-Canada, des lois, des usages, etc., de ses habitants, par
  un Canadien, 1826.....   P. 119-9
CONSTITUTIONAL. Annexation Manifesto of 1849 with the names of the
  signers..... ....:...P. 42-1
CONSTITUTIONAL. Apology for Great Britain, in allusion to a pamphlet,
  intituled, Consideration, &c. par un Canadien M. P. P., 1809... ....P. 116-4
CONSTITUTIONAL ASSOCIATION. Representation on the Legislative union of
  the Provinces of Upper and Lower Canada, 1837..................P. 138-9
CONSTITUTIONAL. Brief suggestions in regard to the formation of Local
  Government for Upper and Lower Canada, in connection with a
  Federal Union of the British North American Provinces, par Alpheus
  Todd, 1866.....   P. 60-6
CONSTITUTIONAL CANADA : 1849 à 1859, par l'hon. A. T. Galt. .P. 30-2 P. 25-7 P. 75-7
CONSTITUTIONAL. Canada since the Union. Conférence par J. H. O'Neill 1871.P. 17-4
CONSTITUTIONAL. Catéchisme Politique ; ou Eléments du Droit Public et
  Constitutionnel du Canada, par A. Gérin-Lajoie, 1851.............P. 23-1
CONSTITUTIONAL. Chambre d'Assemblée 21 février, 1834. Résolutions et
  rapport sur l'état de la Province et adresse au Parlement signée par L.
  J. Papineau.........   OP. 3-6
CONSTITUTIONAL. Condition and Prospects of Canada in 1854, from the
  dispatches of Lord Elgin ....OP. 4-5
CONSTITUTIONAL. Corporations Religieuses Catholiques de Québec, et les
  nouvelles taxes qu'on veut leur imposer, par Hubert Larue..........P. 118-2
CONSTITUTIONAL. Despatch from the Right Hon. Lord Glenelg, to Sir
  Francis Bond Head. Containing His Majesty's Answer to the
  separate addresses and representations which proceeded from the
  Legislative Council and House of Assembly during the session of 1836.P. 56-1
CONSTITUTIONAL. Discours prononcés à l'Assemblée Législative de la Pro-
  vince de Québec à l'appui des Résolutions Joly, par les Hon. Joly,
  Mercier, Ross et Irvine, etc., compilés par Aug. Choquette, 1879......P. 96-4

3-4 EDOUARD VII, A. 1904

VOLUME.

CANSTITUTIONAL.   Discours sur la situation des Canadiens aux Etats-Unis,
   par Edmond Mallet, 1880 . . . . P. 152-8
CONSTITUTIONAL.   Documents relating to the resignation of the Canadian
   Ministry in September 1854.   Speech of the Hon. Inspector General
   Hincks.   Address and Correspondence . . . . P. 49-8-8a
CONSTITUTIONAL.   Eight years in Canada, embracing a review of the Admi-
   nistrations of Lords Durham and Sydenham, Sir Chas. Bagot and Lord
   Metcalfe, &c., par le Major Richardson, 1847 . . . . P. 69-3
CONSTITUTIONAL.   État et Avenir du Canada en 1854, tel que retracé dans
   les dépêches du très Honorable Comte d'Elgin et Kincardine, Gouver-
   neur Général, etc . . . . P. 23-4
CONSTITUTIONAL.   Executive Council (U.C.) Differences with the Lieut.
   Governor, 1836 . . . . P. 147-9 P. 149-6
CONSTITUTIONAL.   Existing Difficulties in the Government of the Canadas,
   par J. A. Roebuck, M.P. . . . . P. 30-1
CONSTITUTIONAL.   Extra Official State papers, addressed to the Right Hon.
   Lord Rawdon, &c., by a late Under Secretary of State (William Knox),
   1789 . . . . P. 444-1
CONSTITUTIONAL.   Fundamental Principles of the laws of Canada, par N. B.
   Doucet, 1841 . . . . P. 133-2
CONSTITUTIONAL.   Important debate on the adoption of the Report of the
   Select Committee on the Differences between His Excellency and the
   late Executive Council in the House of Assembly, 1836 . . . . P 71-1
CONSTITUTIONAL.   Important letter on responsible government, from Lieut.
   Col. Gowan, 1839 . . . . P. 149-1
CONSTITUTIONAL.   Independence of Canada, par L. S. Huntington, 1869. . . P. 138-18
CONSTITUTIONAL.   Interests of the British Empire in North America, 1868. P. 45-3-4
CONSTITUTIONAL.   Letellier (His Honor Luc), voyez Return to Address, voyez
   Réponse à une adresse, 1879 . . . . O P. 29-3-4
CONSTITUTIONAL.   Letter from Thomas, Lord Lyttelton to William Pitt,
   Earl of Chatham, on the Quebec Bill, 1774 . . . . P. 183-5, P. 62-6
CONSTITUTIONAL.   Letters on Responsible government, par Légion, 1844 . . . . P. 69-7
CONSTITUTIONAL.   Letter to the Earl of Chatham on the Quebec Bill, 1774. P. 62-7
CONSTITUTIONAL.   Letters to the Right Hon. Lord John Russell on the
   government of British America, 1846, par Joseph Howe . . . . P. 138-14
CONSTITUTIONAL.   Lieutenant-Gouverneur (le) de Québec, et les Prérogatives
   Royales, 1878 . . . . P. 10-1, P. 156-13
CONSTITUTIONAL.   Notes Politiques et Précédents, le Conseil Législatif et les
   subsides, &c., 1879 . . . . P. 194-12
CONSTITUTIONAL.   New Hampshire memorial respecting representation in
   the U. S. Congress, 1842 . . . . P. 197-6
CONSTITUTIONAL.   Observations upon the doctrine, lately advanced, that
   His Majesty's Council have no constitutional power to control individual
   Appropriations, or to amend or alter money bills, &c., 1828 (Le juge
   en chef Sir B. Haliburton) . . . . P. 117-1
CONSTITUTIONAL of the Dominion of Canada, prepared par l'honorable J. A.
   Chapleau, 1891 . . . . P. 253-5
CONSTITUTIONAL.   Ontario Land Case.   The St. Catharines Milling and
   Lumber Co.   Mr. Blake's argument . . . . P. 257-19
CONSTITUTIONAL.   Petition (Copy of a), from the British inhabitants of the
   Province of Quebeck to the Commons House of Parliament, 1783 . . . . . P. 138-6
CONSTITUTIONAL.   Position of a Constitutional Governor under Responsible
   Government, par Alpheus Todd, 1878 . . . . P. 14-5
CONSTITUTIONAL.   Premiers Rudiments de la Constitution Britannique, par
   Jacques Labrie, 1827 . . . . P. 127-6, P. 62-12

VOLUME.

CONSTITUTIONAL. Principles of non-intervention. A Lecture by Montague Bernard, 1860..P. 49-10

CONSTITUTIONAL. Principe (Le) de nationalités, par Gonzalve Doutre.....P. 2-2

CONSTITUTIONAL. Protest of Peter McLaren, lumberer and manufacturer, residing at Perth, against " An Act for protecting the Public Interests in Rivers, Streams and Creeks"................................P. 100-6

CONSTITUTIONAL. Quebec Act, 1774. ....P. 62-10

CONSTITUTIONAL. Question du jour (la). Le Gouvernement Fédéral peut-il révoquer le Lieutenant-Gouverneur de Québec? par Ernest Tremblay, 1878...P. 91-6

CONSTITUTIONAL, les Questions sur lesquelles on souhaite de sçavoir les réponses de Monsieur Adhémar et de Monsieur de Lisle, et d'autres habitants de la Province de Québec, 1784.......................P. 119-2

CONSTITUTIONAL. Report at large of a debate in the House of Assembly of the Province of Lower Canada, par Wm. S. Simpson, 1821.........P. 147-4

CONSTITUTIONAL. Reponse à une adresse. Copie de la pétition adressée au Gouverneur en Conseil par les honorables Chapleau, Church et Angers, demandant la destitution de son Honneur Luc Letellier......et les documents se rettachant à ce sujet............................OP. 29-4

CONSTITUTIONAL. Report of the Select Committee of the Legislative Council of Upper Canada upon the complaints contained in an address to the King, from the House of Assembly, passed 15th April, 1835, of the rejection, by the Legislative Council, of Bills sent from the House of Assembly, and the address of the Legislative Council to His Majesty on that subject, 1836....................................P. 71-3.

CONSTITUTIONAL. Report of the Select Committee, to which was referred the answer of the Lieut.-Governor to an address of the House of Assembly relative to a responsible Executive Council, 1836..........
P. 147-8, P. 68-1, P. 149-5

CONSTITUTIONAL. Report of a Spécial Committee on petition from Gaspé complaining of various grievances, 1830 ....OP. 60-4

CONSTITUTIONAL. Représentation au Parlement du Royaume-Uni, 1836...P. 228-2

CONSTITUTIONAL. Representation on the legislative union of Upper and Lower Canada, by the Constitutional Association of the city of Montreal, 1837...P. 138-9

CONSTITUTIONAL. Review of the Government and grievances of the Province of Quebec since the conquest, 1788...........................P. 147-1

CONSTITUTIONAL. Revue Critique (La) de Législation et de Jurisprudence du Canada, 1871..P. 51-2

CONSTITUTIONAL. Speech by the Hon. J. Blanchet on the Autonomy of the Provinces, 1884...P 115-5

CONSTITUTIONAL. Speeches of the Earl of Dufferin, J. Ross Robertson, 1878P 117-8

CONSTITUTIONAL. Speech of C. A. Hagerman, Esq., M.P.P., in the House of Assembly against the adoption of the Report of the select committee on the subject of the differences between His Excellency and the Executive Council, 1836..P 198-8

CONSTITUTIONAL. Tableau de la Constitution d'Angleterre à l'usage des Ecoles, par A. Mahul..P 2-5

CONSTRUCTION (LA) des navires à Québec et ses environs, par Narcisse Rosa, 1897...P 447-4

COOK (JOHN WILSON). On the history of Canada...................P 203D-36

COONS (BYTOWN). Political songs, 1900........................:P 497-12

COPPER MINING. Sieur de la Ronde the pioneer in, par Edward D. Neill....P 388-7

CORAL. Remarks on Coral animals in the Gulf of St. Lawrence, par le capitaine Bayfield, 1831................................ ....P 203B-1

VOLUME.

CORBET (SIR WALTER). Historical Manuscripts Commission, 15th report,
   part X..P 414-49
CORDNER (REV. JOHN). The American Conflict, 1865 ....P 257-9
CORDNER (REV. JOHN). The Philosophic Origin and Historic Progress of
   the Doctrine of the Trinity, 1851.................................P 142-3
CORNELL COLLEGE. Catalogue, 1894-5 ....P 440-2
CORNELL UNIVERSITY. Register, 1890-91.............................P 280
CORRIGAN MURDER. Report of Commissioners, 1857..................P 40-1
CORRIVEAU, Jean Baptiste, 1856.....................................P 83-5
CORTES. Account of the City of Mexico..............................P 299
COSMOPOLITAN dates by Jean Pastorin, 1884, Spanish................P 304-2
   Français..P 304-3
COSTIGAN (HON. JOHN). The Riel and Home Rule questions, 1886......P 250-1
COTE (M. L'ABBÉ). Sermon 23 Mai, 1888, à l'occasion du deuxième cente-
   naire de l'église de Notre-Dame des Victoires ....P 238-6
COTE (J. O). Political appointments and elections, 1841 à 1860. P 9-4, P 18-1 OP. 10-1
COTTON (LT. COL. W. H). Supply of ammunition to artillery in the field..P 306-13
COUNCIL MINUTES. New York State Library...........................P 511
COUNTIES OF LOWER CANADA. Electoral Divisions, 1829.............P 161-1
COUNTIES AND TOWNS. Annals of the Town of Guelph, 1827 à 1877.....P 48-5
COUNTIES, Argenteuil, Kamouraska, Laval, Saguenay, Contested elections,
   1855..P 254-15
COUNTIES, TOWNS, &c. Brantford, Canada, 1886....................P 229-17
COUNTIES, TOWNS, &c. City of Hamilton and County of Wentworth, 1884..P 197-3
COUNTIES, TOWNS, &c. Description of townships surveyed in Lower Canada
   in 1861 and 1862 with extracts from Surveyors Reports............OP 1-6
COUNTIES, TOWNS, ETC. Hamilton and its industries, 1884..........P. 229-16
COUNTIES, TOWNS, ETC. Historical and Descriptive Sketch of the County of
   Welland, 1886...P. 137-6
COUNTIES, TOWNS, ETC. Historical Notes on the Environs of Quebec, par J.
   M. Lemoine..P. 50-4-5
COUNTIES, TOWNS, ETC. Sketch of the Island of Orleans, par N. H. Bowen,
   1860...P. 164-6 P. 84-5
COUNTIES, TOWNS, ETC. History (The) of Shefford, par C. Thomas, 1877...P. 74-2
COUNTIES, TOWNS, ETC. Jubilee History of Collingwood, 1888 (?)........P. 229-18
COUNTIES, TOWNS, ETC. List of Counties, Cities, Towns, in Lower Canada,
   up to 1st January, 1861 ....OP. 5 P. 88-7
COUNTIES, TOWNS, ETC. Peterborough.......................P. 229-4
COUNTIES. Railway development in the County of Ottawa, 1882.........P. 250-2
COUNTIES, TOWNS, ETC. Report of E. H. Keating upon the preliminary survey
   of Windsor Water Works, 1881....................................P. 196-1
COUNTIES, TOWNS, ETC. Report of D. M. Greene to the Water Works Com-
   mittee of the Corporation of the City of Ottawa ....P. 68-3
COUNTIES, TOWNS, ETC. Returns from Sheriffs of Counties and Districts and
   from Police Magistrates of cities and towns, 1854.............OP. 4-9
COUNTIES, TOWNS, ETC. St. John, N. B., Summer Carnival and Electrical
   Exhibition, 1889...P. 229-19
COUNTIES, TOWNS, ETC. Town of Stratford, 1882..................P. 229-15
COUNTIES, TOWNS, ETC. The report of the debate in the City Council
   (Toronto) on the 21st February, 1853, respecting the issuing of City
   debentures...P. 239-1
COUNTIES, TOWNS, ETC. Water supply for the City of Charlottetown, P.E.I.,
   par Gilbert Murdoch, 1882-83-84................................P. 145-1 to 6
COUNTIES, TOWNS, ETC. Report on the Water supply for the City of Char-
   lottetown, par Gilbert Murdoch, 1881............................P. 182-6

SESSIONAL PAPER No. 18

VOLUME.

COUNTIES, TOWNS, ETC. Water Supply of St. John, N.B., report by A.
Fetley, 1884................ ....P. 145-3
COUNTIES, see PARLIAMENTARY, 1829..... ....P. 222-9
COWPER (WILLIAM). List of Coleoptera....... taken at Quebec and other
parts of Lower Canada....... ... . P. 203 D-24 and P. 203D-18
COWPER, WILLIAM, (Orders) sub-orders and Genera of insects....... ... P. 203D-22
COURRIER (Le) du Livre ....P. 429-1-2-3-4-5
COURTNEY (J.M). Report on Civil Service allowances, 1877............P. 131-1
COURTS OF JUSTICE. Rules of Practice voyez Sewell, 1814. Version anglaise
et française ....OP. 58
COVENTRY CORPORATION. Historical Manuscripts Commission, 15th report
part X..P. 414-49
COWIE (ISAAC). Edmonton, a mixed farming and mining country, 1897...P. 452-7
COWLEY (JUDGE). A dialogue between Dionysius, Damon and Pythias, by
Archbishop Fenelon. Traduction, 1880 .. ..P. 233-7
COWPER MANUSCRIPTS of the Earl, 1888, Coke MSS..................P. 414-15-16
COYNE (JAMES). Memorial to U. E. Loyalists....................P. 501-5a
CREMAZIE (JACQUES). Manuel des notions utiles, 1852. ....P. 333-5
CREMILLE. Conquest of Canada ....P. 214
CRICKET. Canadian Cricketer's Guide...........................P. 236-5
CRIMINAL LAW. Upper Canada Statute, 3rd Wm. IV., cap. 4, relating to
capital offences, &c. Charge of Chief Justice Robinson, April, 1833..P. 232-2
CRIMINAL STATISTICS....................................P. 412 to 412 E.
CRIMINAL STATISTICS. Returns from the Sheriffs, &c., 1854.............OP. 4-9
CRISPIN (MARIE ANNE) 1854..P. 14-2
CROCKER (WILLIAM P.) Report of the survey of the projected line of rail-
road from Stanstead to Montreal, 1845.........................P. 213-2
CROFTON (F. BLAKE). For closer union............................P. 355-19
CROKE (SIR ALEXANDER) par Adams G. Archibald..................P. 281-11
CROOKS (ADAM). Voir Budget Speeches (Ontario).
CROOKS (ADAM). Correspondence arising out of the Pastoral letter of the
Right Rev. Francis Fulford, Lord Bishop of Montreal, 1862.....P. 139-17 and 18
CROOKS (HON. ADAM), Minister of Education. Speeches respecting the
Department of Education of Ontario, 1879, and general circular......P. 137-5
CROOKS (HON. ADAM). Reform Government in Ontario. Eight years'
review ....P. 136-13
CROP BULLETINS, MANITOBA, 1883 à 1894, 1895 à 1897. ....P. 326, 326 A.B.
CROWN LANDS. Correspondence respecting the dismissal of Mr. P. M.
Partridge, par l'honorable Alex. Campbell, 1867...................P. 30-11
CROWN LANDS. État des sommes dépensées pour aider à l'établissement des
terres vacantes de la couronne, 1855...........................OP. 2-1
CROWN LANDS. Terres de la couronne. Liste des agents, P.M. Vankoughnet,
Commissaire, 1861.....................................P. 159-7
CROWN LANDS. Lettres des curés des paroisses, 1823................P. 342-2
CROWN LANDS. Ontario Acts, Orders and Regulations, compilés par J. J.
Murphy, 1890...P. 253-4
CROWN LANDS. Reports (eighth and ninth) of the Committee of the House
of Assembly on that part of the speech of His Excellency which relates
to the settlement of the Crown Lands, with the minutes of evidence,
1824........................ ....P. 88-2
CRUIKSHANK (ERNEST). A century of municipal history of county of Wel-
land, 1792-1892 ....P. 290-7 & 8
CRUIKSHANK (ERNEST). Battle of Fort George.....................P. 442-8
CRUIKSHANK (ERNEST). Battle of Lundy's Lane....... P. 257-12, P. 230-17, P. 519-8
CRUIKSHANK (ERNEST). Battlefields of the Niagara Peninsula, 1891 .....P. 250-6

VOLUME.
CRUIKSHANK (ERNEST). Blockade of Fort George, 1898 . . . . P. 501-4 & P. 442-10
CRUIKSHANK (ERNEST). Battle and descriptive sketch of the county of
    Welland, 1886. . . . . P. 137-6
CRUIKSHANK (ERNEST). Battle of Queenston Heights. . . . . P. 254-8
CRUIKSHANK (ERNEST). The Fight in the Beechwoods, 1889 . . . . P. 230-20
CRUIKSHANK (ERNEST). Glengarry Light Infantry, Canadian Military
    Institute, 1895. . . . . P. 347-11
CRUIKSHANK (ERNEST). Queenston Heights. Niagara Falls, 1891 . . . . . . P. 257-13
CRUIKSHANK (ERNEST). The Niagara Peninsula, a lecture, May, 1889. . . . P. 229-2
CRUIKSHANK (ERNEST). Royal Newfoundland Regiment, 1893-4 . . . . P. 306-13
CRUIKSHANK (ERNEST). Service of Canadian Regiments in 1812. The
    104th. . . . . P. 355-3
CRUIKSHANK (Lieut. Col. E.) The Employment of Indians in the War of
    1812-13. . . . . P. 519-13
    "   The Fur Trade, 1783-7 . . . .   "   14
    "   The Contest for the Command of Fort Erie in 1812-13 . . . . . .   "   15
    "   Joseph Brant in the American Revolution   16
    "   The Capture of Mackinac in 1812   9
    "   The Defence of Mackinac in 1814   10
    "   The Early postal Service in British North America   11
    "   The Combat at the Mill on Lacolle   12
CUSSET (OCT.) Traité populaire de la Culture de la betterave et de la fabri-
    cation du sucre en Canada, 1880 . . . . P. 121-2
CURZON (Mrs S. A.) The battle of Queenston Heights . . . . P. 442-7
CRYSTALLINE ROCKS sent to the London International Exhibition, 1862,
    descriptive catalogue by T. S. Hunt . . . . P. 477-1
CULLERS. Report of the Supervision (William Quinn) on the Lumber
    Trade . . . . P. 254-17
CULTIVATEUR. Le Bill seigneurial exposé sous son vrai jour . . . . P. 88-6
CUOQ (J. A.) Jugement erroné de M. Ernest Renan sur les langues sauva-
    ges, par N. O. Montreuil, 1864 . . . . P. 228-4
CURÉ DE N.-D. DE QUÉBEC. Les danses et les bals, sermons, etc., Québec,
    1879. . . . . P. 191-14
CURRAN (J. J.) Debate on Louis Riel, speech on 15th March, 1886 . . . . . . P. 219-11
CURRAN (J. J.) Quebec East, An Address to the English Speaking Electors,
    1877. . . . . P. 140-11
CURRENCY. The currency of Canada after the Capitulation, par James
    Stevenson, 1890. . . . . P. 256-7
CURRIE (J.G.) The battle of Queenston Heights . . . . P. 501-5b
CURZON (S. A.) The Story of Laura Secord, 1813 . . . . P. 260-12
CURZON (MRS.) Centennial Poem. Niagara Hist. Soc'ty, 1897 . . . . P. 386-6
CUSHING (ELMER). An appeal addressed to a candid public, &c., 1826. . . . P. 75-2
CUSTOMS TARIFF. Consolidation of the Acts of 1879, 1880 and 1881 . . . . . OP. 39-3
CUSTOMS. Speech of Hon. Mackenzie Bowell (Minister) on the Moiety
    System, &c., 1889. . . . . P. 346-16
CYNOSURIDIS (ALPH.) Foule et solitude . . . . P. 3-4
CYPRIEN. Petite Histoire des Rois de France, 1885 (?) . . . . P. 192-8

D

DABLON, voyez JESUITS RELATION, 1672-73 . . . . P 211b-1
DADE (REV. C). Notes on the cholera seasons of 1832-4 . . . . P 136-5
DAINTRY (VALENTINE). Investigation of the rules contained in Judge
    Fletcher's paper . . . . .P 203c-1-2

VOLUME.

DAIRY ASSOCIATION OF QUEBEC. Seventh report, 1888.......... ....P 310-5
DAIRY PRACTICE SCIENTIFIC, for Canadian farmers by W. H. Lynch, 1887..P 452-2
DAIRYING FOR PROFIT. Par Mrs. E. M. Jones, 1894...................P 316-1
DAIRYING REPORT (FIRST) of the Immigration and Colonization Committee
    relative to the manufacture of butter and cheese, 1884 ....OP 46-2
DAKOTAH, NORTH. Report of the Commissioner of Agriculture ....P 505-4
DAKOTAH OR SIOUX INDIANS. The language of, par F. L. O. Rochrig, 1872.P 367-1
DAKOTA, NORTH. Report on Agriculture ending June, 1898.............P 438-5
DAKOTA. The first organized government of, par le gouverneur Samuel J.
    Allright, 1896..P 356-4h
DALAVAL FAMILY. Manuscript of the, 1893..................P 414-29
DALHOUSIE (EARL). Addresses to His Excellency the Governor in Chief
    from different parts of Lower Canada, with His Excellency's answers,
    1827...P 233-4
DALHOUSIE COLLEGE. Calendar, 1884-5...........................P 309-4
DALLAS (ANGUS). Appeal to the Common School law, &c., 1858 ....P 257-2
DALLAS (A. G).San Juan, Alaska and the North West boundary, 1873... .P 65-2
DAMBOURGÈS (LE COLONEL). Etude Historique Canadienne, 1866........P 119-12
DAMEN (R. P., S. J.) Conférences données à la cathédrale d'Ottawa, 1873.P. 190-6
DANFORTH (HON. ELLIOT). The Indians of New York, 1894 ....P. 356-1h
DANSEREAU (ARTHUR). Protection et Libre-Echange, 1879..............P. 152-12
D'ANVERS (CALEB). The Craftsman ; the Second Craftsman and some
    further Remarks, 1729...P. 42-2-3-4
DARBY (JOSEPH). Wreck of the "Arno," 1858.......................P. 75-3a
DARLING (GEN. CHARLES W.) Roads good and bad, 1900........... ...P. 497-13
DARTMOUTH. MANUSCRIPTS of the Earl of, 1887....................P. 414-11
    Supplementary report, 1892...................P. 414-39b, P. 414-27
DARVEAU, L. M. Histoire de la Tribune, 1863.................P. 195-2, P. 12-13
DARWIN, Manuscripts of Francis, 1888..............................P. 414-13
DAVENPORT (MRS.) Journal of fourteen days' ride through the Bush from
    Quebec to Saint John, 1872 ....P. 84-7
DAVENPORT, Manuscripts of W. Bromley, 1887.......................P. 414-6
DAVID (L. O.) Mgr. Alexandre Antoine Taché, 1883.................P. 73-4
DAVID (L. O.) et le clergé Canadien, un manifeste Libéral, 1896........P. 362-2
DAVID (L. O.) Les deux Papineau, 1896...........................P. 362-1
DAVID (L. O.) Les Héros de Chateauguay, 1883................ .....P. 73-2
DAVID (L. O.) L'honorable A. N. Morin, 1872......................P. 124-1
DAVID (L. O.) Mgr. Joseph Octave Plessis, premier Archevêque de Québec,
    1883...P. 73-5
DAVID (L. O.) Monsieur Isaac S. Desaulniers, 1883...................P. 73-3
DAVID (L. O.) Sir George Etienne Cartier, 1873......................P. 16-8
DAVIES (W. H. A.) Notes on Esquimaux Bay and the surrounding countryP. 203 C-9
DAVIES (W. H. A.) Notes on Ungava Bay and its vicinity, 1842-1855....P. 203 C-11
DAVIDSON (JOHN NELSON). Negro Slavery in Wisconsin, 1896..........P. 459-7
DAVIN (NICHOLAS FLOOD). British versus American Civilization, 1873. .P. 237-4
DAVIN (NICHOLAS FLOOD). Culture and practical power, an address, 1890..P. 366-13
DAVIN (NICHOLAS FLOOD). Eos and other poems, 1884 ....P. 300-3
DAVIN (NICHOLAS FLOOD). Eos—A Prairie Dream, 1884........P. 224-9, P. 162-13
DAVIN (NICHOLAS FLOOD). Ireland and the Empire, a speech by, 1885 ...P. 366-12
DAVIN (NICHOLAS FLOOD). Speeches of Premier Bowell and Mr. Davin at
    the Press Banquet, Toronto, 1892............................ ....P. 366-16
DAVIN (NICHOLAS FLOOD). The British Empire, a speech at Boston, 1897.P. 366-17
DAVIN (NICHOLAS FLOOD). The Fair Grit, 1876.... ....P. 34-7
DAVIN (NICHOLAS FLOOD). The Session of 1891, a speech ....P. 366-14
DAVIN (NICHOLAS FLOOD). The Secretary of the Royal Society, a literary
    fraud, 1882 ....P. 45-5

3-4 EDOUARD VII, A. 1904

VOLUME.
DAVIN (NICHOLAS FLOOD). The springs of national progress, a speech, 1892.P. 366-15
DAVIS (ANDREW MCFARLAND). Analysis of the early records of Harvard
    College, 1895...P. 368-18a
DAVIS (A.). Lecture on the Discovery of America, by the Northmen, five
    hundred years before Columbus, 1839..... ....P. 150-2
DAVIS (CAPT. JOSEPH) and Lieut. William Jones, an address by Mrs. John
    Case Phelps, on the erection of a monument to, with sketch of two
    officers, par le révérend Horace E. Hayden........................P. 368-23
DAVIS (HON. E. J.). Public Institutions, Speech by, 24th March, 1897 ...P. 369-2
DAVIS (ROBERT). The Canadian Farmers ; travels in the United States of
    Ameřica, 1837...P. 331-1
DAVIS (ROBERT). The currency ; What it is and what it should be, 1867. .P. 27-9
DAWSON (REV. ÆNEAS MCDONELL). The North West Territories and Bri-
    tish Columbia, 1881...EP. 8-1
DAWSON (REV. ÆNEAS MCDONELL). The Catholic Church in Nova Scotia,
    New Brunswick and Prince Edward Island, 1885...................P. 81-5
DAWSON (GEORGE M.). General notes on the mines and minerals of Econo-
    mic Value of British Columbia, 1877.............................OP. 49-4
DAWSON (G. M.). Geological report of British Columbia for 1877........
                              P. 476-13-14-16-19-21-22-24-27-33
DAWSON (G. M.). Lignite formations in the West. Foraminifera of Mani-
    toba, 1874..P. 114-1
DAWSON (GEORGE M.). Mines and Minerals of economic value in British
    Columbia..................... .... P. 477-1
DAWSON (GEORGE M.). Notes of the appearance and migrations of the
    locust in Manitoba and the North West Territories, 1875 .... P. 114-2
DAWSON (GEORGE M.). Notes on the Coals and Lignites of the Canadian
    North West, 1884.................................P. 80-8 P. 114-10
DAWSON (GEORGE M.). Notes on the glaciation of British Columbia, 1878.P. 114-5
DAWSON (GEORGE M.). Report on the climate and agricultural value, etc.,
    of the Northern portion of British Columbia and the Peace River
    Country, 1879..OP. 49-7
DAWSON (GEO. M.). Notes on the geology of the Peace River Region, 1881.P. 114-7
DAWSON (GEORGE M.) Report on the climate &c., of British Columbia and
    of the Peace River country...P. 477-1
DAWSON (GEORGE M.) Superficial geology of British Columbia 1878 and
    1881..P. 114-4-8
DAWSON (GEORGE M.) Sketch of the geology of British Columbia, 1881...P. 114-9
DAWSON (GEORGE M.) Travelling notes on the surface Geology of the
    Pacific slope, 1878... P. 114-3
DAWSON (GEORGE M.) On a new species of Loftusia from British Columbia,
    1879..P. 114-6
DAWSON (HENRY B.) Historical Magazine, 1867, &c............P. 427 A.B.C.D.E.F.
DAWSON (J. W.) and B. J. Barrington, Report on the Geological Structure,
         &c., of Prince Edward Island............ ....OP. 59-9
    "   "   Annual University lecture, 1863...................P. 382B-3
    "   "   A plea for the extension of University education in
                    Canada, 1870............ ....P. 582B-5
    "   "   Fossil plants (two reports)...................P. 477-3
    "   "   Geological papers, a collection............. P. 174-2 to 5-7-8-10-11
    "   "   History and prospects of Protestant Education in Lower
                    Canada, 1864.................................P. 382B-4
    "   "   Inaugural discourse McGill University, 1855..........P. 382B-1
    "   "   James McGill and the origin of his university.........P. 382B-2

DOC. DE LA SESSION No 18

VOLUME.

DAWSON (J. W.)   Notes on Post Pliocene Deposits at Rivière du Loup and
           Tadoussac, 1865................................P. 175-17
"   "   Notes on Fossils in the Laurentian rocks, 1867......P. 175-23-24-26
"   "   On the conditions of the deposition of Coal, 1865......P. 218-7
"   "   On the Eozoon, 1865...............................P. 175-19
"   "   On the Flora of the Devonian period in North Eastern
           America, 1862 ....P. 218-4
DAWSON (J. W.)   Science education abroad, 1870.....................P. 382B-6
DAWSON (J. W.)   Recent history of McGill University, 1883...........P. 382B-9
DAWSON (J. W.)   Report on Higher education of Women. Letter on the
    subject, 1884......................................P. 382B-10a
DAWSON (J. W.)   The future of McGill University, 1881...............P. 382B-7
DAWSON (J. W)   University lecture, 1884-5.........................P. 382B-11
DAWSON (SIR WILLIAM). An ideal college for women..................P. 382B-22
DAWSON (SIR WILLIAM). Appendix to memoranda of June 1892 on the
    subject of free tuitions in the faculty of arts, Little Metis, July, 1892..P, 382B-29
DAWSON (SIR WILLIAM). Association of Protestant teachers of the Province
    of Quebec, 1886..P. 382B-12
DAWSON (SIR WILLIAM). Educated Women ; an address............P. 382-17
DAWSON (SIR WILLIAM). Inauguration of the chancellor Sir Donald A. Smith
    and annual address....................................P. 382B-15
DAWSON (SIR WILLIAM). In memoriam Peter Redpath with historical notice
    of the Peter Reapath Museum, 1894....................P. 382B-24
DAWSON (SIR WILLIAM). Loyalty. Letter to McGill students. No date
    (1893)...P. 382B-23
DAWSON (SIR WILLIAM). Memoranda and statements relating to benefactors,
    exemptions, &c., 1891..................................P. 382B-28
DAWSON (SIR WILLIAM). McGill University, Memorandum prepared for the
    information of the Governors, 1890 ....P. 382 B-27
DAWSON (SIR WILLIAM). Notes on trees on the grounds of McGill Univer-
    sity, 1891...P. 382 B-19
DAWSON (SIR WILLIAM). On specimens in the Peter Redpath Museum illus-
    trating the physical characters and affinities of the Guanaches........P. 382 B-25
DAWSON (SIR WILLIAM). The Canadian Student, 1891..................P. 382 B-18
DAWSON (SIR WILLIAM). The Constitution of McGill University, 1888.....P. 382 B-14
DAWSON (SIR WILLIAM). Thoughts on Hospital sites signed "Onlooker"...P. 382 B-16
DAWSON (SIR J. WILLIAM). The University in relation to professional educ-
    ation, 1887...P. 382 B-13
DAWSON (SIR WILLIAM). Thirty eight years of McGill, 1894..........P. 382 B-20
DAWSON (S. E.)   A short history of the canon for the election of a Bishop
    of Montreal and Metropolitan of Canada, by a Lay Delegate, 1869....P. 55-6
DAWSON (S. E.)   Christ Church, Montreal, as Parish Church and Cathedral.
    Report by the Select Vestry, 1875....................P. 185-1
DAWSON (S. E.)   Episcopal Elections. Ancient and modern. A study in
    ecclesiastical polity, 1877..............................P. 185-2
DAY (HON. CHARLES D.) Address at the Provincial Industrial Exhibition,
    Montreal, 1850......................................P. 199-1
DAY (C. D.)   Report in the matter of the division and adjustment of the
    debts and assets of Upper Canada and Lower Canada, 1870.........P. 140-5
DAY breaking if not the sun rising of the gospel with the Indians in New
    England. Reprint from the edition of 1647.............P. 348-1
DAYTON, OHIO. BRIEF history of the settlement of the town of, par John
    W. Van Clere, 1872..................................P. 329 A-2
DE BLAQUIÈRE (HON. P. B.) Copies of letters etc., read in the Legislative
    Council in the debate upon the Clergy Reserve Bill, 1840..........P. 352-5

3-4 EDOUARD VII, A. 1904

VOLUME.

DECEASED WIFE'S SISTER. Marriage with, Correspondence. ....P. 85
DE CAZES (PAUL). Petites notes sur le Canada, 1882 ....P. 333-3
DE CELLES (A. D.) A la conquête de la liberté en France et au Canada...P. 392-1-4
DECISIONS of the speakers of the Legislative Assembly and House of Com-
   mons of Canada, 1841 to 1872, with appendix containing decisions on
   election petition recognizances................................. ....P. 335-3
DECLARATION of the court of Great Britain respecting the late negotiation,
   1797...P. 297-4
DECLINE AND FALL OF Keewatin, or the Free Trade Redskins, 1876... .....P. 160-16
DEEP WATERWAYS ASSOCIATION. Proceedings of the first annual conven-
   tion, 1895..P. 351-1
DEEP WATERWAYS COMMISSION.—
   Canadian Commissioners ....P. 376-1
   United States Commissioners.....................................P. 376-2
DEERFIELD, MASS. Catalogue of relics, etc., in the Memorial Hall, 1886..P. 216-29
DEERFIELD. My hunt for the captives, par C. Alice Baker, 1888.........P. 231-2a
DEERFIELD. A scion of the Church in Deerfield (Bishop Plessis), par Alice
   Baker..P. 231-3
DEERFIELD. Two Captives, par C. Alice Baker, 1889..... ....P. 231-4
DEERFIELD. Narrative of the Captivity of Stephen Williams who was taken
   by the French and Indians at Deerfield, February 29, 1703-4........P. 231-5
DEERFIELD. Thankful Stebbins, an unredeemed captive, par C. Alice Baker,
   1891...P. 231-4a
DEFENCE. Is she prepared for War ? by a Native Canadian, 1861. ......P. 257-5
DEFENCE. Imperial Consolidations in commerce and, by Thomas MacFarlane,
   1897... ....P. 503-3
DEGUISE (CHARLES). Le Cap du Diable, Sainte-Anne de la Pocatière, 1863 P. 33-1
   Edition de 1873.. ....P. 228-13
DEGUISE (PRÊTRE). Déclaration relativement à un pamphlet intitulé
   " Questions sur le gouvernement ", etc., 1824 ....P. 127-10
DELANCEY (EDWARD F.). The capture of Mount Washington, the result of
   treason, 1877..P. 350-1
DELANCEY (EDWARD F.). New York and Admiral Sir Peter Warren at the
   capture of Louisbourg, 1745......................................P. 367-14
DE LA TOUR, Bertrand, par P. J. O. Chauveau, 1898.............:......P. 392-2
DELISLE (A. M.) The Unpacific Scandal at the Custom House of Montreal,
   par Henry LaCroix, 1873........ .... P. 385-2
DEMERS (F. X.). L'ordre des Frères Prêcheurs et les Institutions Reli-
   gieuses, 1873..P. 26-17
DEMERS, (F. X.). Lettres Québecquoises, 1882.......................P. 74-5
DEMERS. Biographie par P. A. J. Voyer, Trois-Rivières, 1883..........P. 344-5
DENISON (CAPT. GEO. T.). The National Defences, or observations on the
   best defensive force for Canada, 1861............................P. 51-2
DENISON (GEORGE T.). The Fenian Raid on Fort Erie, 1866.............P. 155-1
D'ENTRAGUES, (Major de St. H). Riel's Revolt, 1886 ....P. 445-1
DEPEYSTER (CAPT. ABRAHAM). His Cartel, Kings Mountain, 7th October,
   1780 ....P. 231-14
DEPEYSTER (ARENT SCHUYLER). Military (1876-79) Transactions.......P. 231-12
DEPEYSTER (GENERAL J. WATTS). Sir John Johnson, the first American
   born Baronet, an address, 1880............... ....P. 231-16-17-18
DEPEYSTER (GEN. JOHN WATTS). Address to the Historical Society of New
   Brunswick, 1883...P. 311-3
DEPEYSTER (GEN. JOHN WATTS). Address to the Historical Society of New
   Brunswick, 1883........................... .... P. 288-5, P. 311-3
DEPEYSTER and Watts. Local memorials, 1881..................:......P. 231-11

DOC. DE LA SESSION No 18

VOLUME.

DePeyster. The battle or affair of Kings Mountain, 7th October, 1780, an Address, 1881..P. 231-1b
DePeyster (Gen'l John Watts). Anthony Wayne, third General in Chief of the United States Army, 1885................................P. 231-9
DePeyster (J. Watts). John Watts, the founder of an Asylum, 1887.....P. 231-13
DePeyster (J. Watts). Was the Shakespeare, after all, a myth? 1888...P. 350-4
Deputé Canadian. Tactique de l'Assemblée Legislative, Québec, 1862....P. 116-2
Desaulniers (M. Isaac, Prétre). Cérémonies funèbres, 1861..........P. 11-1
Desaulniers (Frs. L.) Réunion des Paroissiens d'Yamachiche, 1876.....P. 164-5
Desbarats (George, jr.) L'Esclavage dans l'Antiquité et son abolition, par le Christianisme, 1858...P. 218-12
Desertion of Seamen. Remarks upon, at the Port of Quebec, 1852......P. 216-10
Desforges, Jean Baptiste, 1858....................................P 14-2
Desjardins (Louis George). Discours sur les Finances de la Province de Québec, 1883...P. 96-7
Desjardins (Louis George). Discours sur la résolution relative à la vente de la partie ouest du chemin de fer, Québec, Montréal, Ottawa et Occidental, 1882..P. 96-6
Desjardins (Gustave). Le service des Archives départementales, 1890..P. 263
Desjardins (Louis George). M. Laurier devant l'histoire, 1877......P. 14-3, P. 85-6
Desor (E.) Les cascades du Niagara et leur marche rétrograde, 1854....P. 195-1
De Soto. Death of, Old South Leaflets, No. 36.....................P. 299
Dessaulles (L. A.) A Messieurs les électeurs de la division de Rougemont 1858..P. 23-7
Dessaulles (L. A.) et Cardinal Barnabo, 1871......................P. 18-15
Dessaulles, (L. A.) Six Lectures sur l'annexion du Canada aux Etats Unis, 1851...P. 15-1
Detroit. All about, an illustrated guide, "The Convention City"......P. 491-1-2
Detroit Board of Trade vs. Grand Trunk Railway, 1873..............P. 130-6
Detroit, Burton's condensed Statistics, par C. M. Burton, 1898.........P. 445-4
Detroit, Cadillac's village with list of property owners, &c., 1701 à 1710, par C. M. Burton...P. 351-4
Detroit. Commerce of, for 1861...................................P. 507-3
Detroit. 1805-1815. (Gouverneur, juge et prêtre)..................P. 287-8
Detroit. List of streets the names of which have been change, compilé par C. M. Burton, 1891..P. 260-10
Detroit. Speech by Hon. Israel T. Hatch in the convention at, July, 1865.P. 348-8
Dewar, Edward H. Plain words for plain people, 1861...............P. 139-15
Dewart (E. H.) The Scripture Readings, a statement of facts, 1886....P. 227-18
Dewey (Fred. P.) Some Canadian Iron ores, 1883...................P. 114-12
Dexter (Franklin Bowtitch). Estimates of population in the American Colonies, 1887..P. 215-13
Dexter (Franklin B.) The founding of Yale College................P. 282-1
Deziel (Mgr. J. D.) Noces D'or, 1880.............................P. 158-7
Diamond Jubilee. The British Empire, a speech at Boston, par Nicholas Flood Davin, 1897...P. 366-17
Diary (J. H. Dorwin), 1811-1840..................................P. 454
                            1822-1859..................................P. 454 A
                            1860-1863..................................P. 454 B
                            1864-1866..................................P. 454 C
                            1867-1872..................................P. 454 D
                            1873-1877..................................P. 454 E
                            1878-1881..................................P. 454 F
                            1881-1883..................................P. 454 G

3-4 EDOUARD VII, A. 1904

VOLUME.

DIBBLEE (REV. FREDERICK). Centennial commemoration of the ordination, 1891 ....P. 257-14, P. 287-4
DICKINSON (JOHN). The late regulations respecting the British Colonies on the continent of America considered, 1765.... ....P. 183-2
DIES IRÆ, traduction en vers français avec le texte en regard, par M. Chauveau, 1887..... ....P. 302-4
DIESKAU. Lettres de la cour de Versailles au Baron Dieskau, 1890 .....P. 413 B
DIESKAU, voir CONQUEST OF CANADA............................. ... P. 214
DIGBY. Manuscript of G. Wingfield of Sherborne, 1885...............P. 414-2
DILLON DIVORCE CASE, 1894....... ....P. 303-3
DIONNE (N. E.) Etats-Unis, Manitoba et Nord-Ouest, 1883 . .....P. 238-3, E P. 1-1
DIONNE (N. E.) Historique de l'Eglise de Notre-Dame des Victoires, 1888.P. 238-5
DIONNE (N. E.) John and Sébastien Cabot, 1898.................P. 450-1
DIONNE (N. E.) , Hennepin, 1897..... ....P. 450-2
DIONNE (N. E.) Les Cercles Agricoles dans la Province de Québec, 1881. .P. 121-3
DIONNE (N. E.) Le Fort Jacques Cartier et la Petite Hermine, 1891 ....P. 236-10
DIONNE (N. E. M.D.) Le Tombeau de Champlain, 1880.........P. 236-4, P. 164-7
DION (J. O.) Souvenir du révérend Pierre Marie Migneault, 1868. ....P. 5-5
DISMAS, the good thief, par le rév. E. J. P. Schmitt, 1892... ....P. 300-6
DIVORCE-CASE. Notes on Parliamentary divorce in Canada, par J. A. Gemmill, 1888...... ....P. 303-2
DOBBINS (CAPT. W. W.) History of the Battle of Lake Erie, Sept. 10th, 1813..... ....P. 224-11
DOBIE (REV. ROBT.) vs Board of Management of the Temporalities Fund, 1878 .... P. 375 B-10-11
DOBIE (REV. ROBT.) Appeal to Privy Council in case against the Board for the management of the Temporalities Fund. Record of proceedings...... ... .P. 375 B. 14-15
Documents rares inédits, voyez mission du Saguenay ....P. 514-3-4
DOHERTY (ABBÉ). Ses principaux écrits en français, 1872............ .P. 165-3
DOHERTY (ABBÉ). Principal English writings, 1873............. ... . P. 34-1
DOLLIER DE CASSON. Histoire de Montréal, 1640-1672. Société Historique de Montréal..P. 204-6
DOLLIER ET GALINÉE. Voyage. Société Historique de Montréal, 1875....P. 204A-1
DOMINION OF CANADA. The Children of Mrs. Dominion, 1871...........P. 257-10
DOMINION RIFLE ASSOCIATION 1872-1873............................P. 320
                        1877 à 1882, 1883 à 1887...............P. 320 B & C
                        Programme 1887.......................P. 300-7
                        1889 à 1891 & 1892 à 1894...... ...... P. 320 E & F
DONOUGHMORE. Manuscripts of the Earl of, 1891.....................P. 414-22
DOVASTON. Manuscript of John, 1892 ....P. 414-27
DOREIL. Conquest of Canada....................................P. 214
DORION (E. P.) Historique des fonds de retraite en Europe et en Canada..P. 36-4
DORION (Dr J. E.) Institut Canadien de New York, 1854 ....P. 6-3
DORION (J. B. E.) Institut Canadien en 1852........................P. 2-3
D'ORSONNENS (ERASTE). Une apparition. Episode de l'émigration Irlandaise au Canada, 1860...:..P. 3-1
D'ORSONNENS (L. G. D'ODET). Considérations sur l'organisation militaire, 1874...P. 195-6
DORWIN (J. H.) Collection of Almanacs, 1841-1842, 1844 à 1849, 1851 à 1854, 1855 à 1859, 1860 à 1864, 1865 à 1881,...............P. 455 A.B.C.D.
DORWIN (J. H.) Diary 1811 à 1883.............. ......P. 454 to P. 454G
DOUCET. (N. B.) Fundamental Principles of the Laws of Canada, 1841 ...P. 133-2
DOUGLAS (GEORGE M., M.D.) On the natural history of the Ursus Americanus or Americanus Black Bear............................,.....P. 203C-7 ·

DOC. DE LA SESSION No 18

VOLUME.

DOUGLAS (JAMES, M.D.) Account of the attempt to form a settlement on
the Mosquito shore, in 1823.....................................P. 203E-2
DOUGLAS (JAMES). Consolidation of the Iroquois Confederacy, 1897......P. 438-7
DOUGLAS (JAMES). Facts and reflections on Annexation, Independence and
Imperial federation, n.d............................... ....P. 300-5
DOUGLAS (JAMES jr,) Notes on the copper deposits at Harvey Hill.......P. 203E-12
DOUGLAS (JAMES jr.) On recent spectroscopic observations of the sun, and
the total eclipse of the 7th August 1869........................P. 203E-7
DOUGLAS (REV. JAMES). On two Mummies from Thebes in Upper Egypt..P. 203D-29
DOUGLAS (REV. JAMES). The belief of the ancient Egyptians respecting a
future state...P. 203D-5
DOUGLAS (REV. JAMES). The Gold fields of Canada, 1863 and 1864......P. 142-7 P.
144-4 P. 175-13 P. 203 D-16
DOUGLAS (ROBT. C.). Report to the Hon. J. H. Pope on the necessity of
deepening the Welland Canal, 1884..............................OP. 39-9
DOUTRE (GONZALVE). Le Principe des Nationalités, 1864.. ....P. 2-2
DOWD (P.). Objections and Remonstrances against the dismemberment of
the ancient Parish of Montreal, 1867...........................P. 139-28
DOWSE (THOMAS). Manitoba and the Canadian North West, 1877...... EP. 17-1 to 8
DOYLE (MARTIN). Hints on Emigration to Upper Canada, 1831.........EP. 6-1
DRAPEAU (STANISLAS). Biographie de N. T. Belleau, 1883.............P. 73-1
DRAPEAU (STANISLAS). Le Journal de Québec et le Tombeau de Champlain,
1867...P. 76-3
DRAPEAU (STANISLAS). Observations sur la Brochure de MM. les abbés
Laverdière et Casgrain relativement à la découverte du Tombeau de
Champlain, 1866... ....P. 118-15
DRAPEAU (STANISLAS). La Question du Tombeau de Champlain, 1880 ....P. 76-4
DRAPER (LYMAN COPELAND). A memoir by Reuben Gold Thwaites, 1892..P. 270-6
DRAPER (W. H.). Correspondance, R. E. Caron, L. H, Lafontaine et A. N.
Morin, Montréal, 1846..P. 23-6
DRAPER (W. H.). Speech at the Bar of the Legislative Assembly of Canada
in defence of the chartered rights of the University of King's College,
1843.. ....P. 507-2P. 67-3
DREUILLETTES (LE R. P. GABRIEL). Narré du voyage faict pour la maison
des abnaquiois, et connaissance tirez de la Nouvelle Angleterre, Shea,
1866...P. 211d-3
DREUILLETTES (RÉV. P. GABRIELIS). Societatis Jesu Presbyteri Epistola
ad Dominum, etc., Joanunem Wintrop Maria Shea, 1869...........P. 211d-b
DREW, REAR ADMIRAL and Judge Woods. The burning of the Caroline,
1896...P. 355-10-10½
DRISCOLL (FREDERICK). Sketch of the Canadian Ministry, 1866.........P. 57-5
DRISCOLL (FREDERICK). The twelve days campaign, 1866 ....P. 57-6
DROLET (EUGÈNE). Saint-Hyacinthe ....P. 34-4
DROLET (GUSTAVE A.). Union Allet, 1872.........................P. 13-15
DRUCOUR, LE CHEVALIER DE. Conquest of Canada ....P. 214
DRUMMOND (A. T.). Canadian Timber Trees, their distribution and pre-
servation, with maps, 1879...................................P. 507-8
DRUMMOND (A. T.). Our Colonial Indebtedness, 1876...............P. 132-11
DRY DOCK. Halifax, Rapport par E. H. Keating, 1883...............P. 379c-10
DRY DOCK. Report of the American, par E. H. Keating.............P. 379-11
DUBLIN. Voir Archives de, 1885................................P. 414-5
DUBLIN EXHIBITION. Nova Scotia, 1865 ....P. 313 B-1
DUBUQUE, IOWA. Historical address delivered in St. John's Church by
William Stevens Perry, Bishop of Iowa, 1876................ ...P. 353-1

VOLUME.

DUCLOS (R. P.) La vraie source du mal, ou encore la question de l'Université Laval.. ..P. 223-5
DUFFERIN (LORD). Canada the Place of the Emigrant, 1874.....; EP. 15-3
DUFFERIN (LORD). Speeches, 1878................................P. 117-8
DUGAST (L'ABBÉ G.) La Première Canadienne du Nord-Ouest ou biographie de Marie-Anne Gaboury, 1883.................................P. 73-7
DUMESNIL (CLEMENT). De l'abolition des droits féodaux et seigneuriaux au Canada, 1849... P. 119-18
DUMESNIL (CLEMENT). Réflexions préliminaires des vrais principes politiques ....P. 122-10
DUNCAN (J. T.) Contagious diseases of Cattle........................P. 35-1
DUNCAN (Major Francis.) The Royal Province of New Scotland and her baronets, 1878 ....P. 108-9
DUNDURN (The Gates of). Wentworth Historical Society............. P. 519-6
DUNKIN (CHRISTOPHER). Address at the Bar of the Legislative Assembly of Canada on behalf of certain proprietors of seigniories ....P. 445a
  Pour le rapport en français, voir...........................P. 445
DUNKIN (CHRISTOPHER). Discours devant l'Assemblée Législative du Canada, 1853..P. 445-5
DUNKIN (CHRISTOPHER). Budget speech 14th June, 1868............P. 17 A-1-2
DUNN (OSCAR). L'union des partis politiques dans la Province de Québec, 1874 '..P. 85-5
DUNN (OSCAR). Lévis, 1898................................P. 592-1-4a
DUPANLOUP (MGR.) Oraison funébre du Général de Lamoricière.........P. 4-8
DUPIN (M., ADVOCATE, PARIS). Opinion on the rights of the Seminary of Montreal in Canada, 1826................................P. 52-3
DUPONT (EMILIEN). Essai sur les insectes, et les Maladies qui affectent le blé, 1857..P. 22-7, P. 128-5
DUQUET (EDOUARD). Pierre et Amélie, 1866....................... P. 36-7
DURAND (JAMES). Extracts relating to the war of 1812, from the Bee published at Niagara in 1812, par ....P. 235-10
DURFEE (W. F.) An account of a Chemical Laboratory, 1860....... ....P. 114-1
DUTCH, THE. Our allies in the revolution, par le révérend W. E. Griffis, 1894.P. 356-1a

E.

EADS (JAMES B). Report on Toronto Harbour, 1882...........OP. 41-2, OP. 39-8-8a
EARLY DAYS IN WINNIPEG, par George Bryce, LL.D., 1894 ....P. 205 B-13
EASTERN TOWNSHIPS, voyez British American Land Co., voyez Emigration..
EASTERN TOWNSHIPS. Canada's Great Eastern Exhibition, Sherbrooke, 1890. P 244-4
ECCLESIASTICAL Address to the Female Members of the Church of Christ in Toronto, 1837. ....P 67-5
ECONOMIC MINERALS sent to the London International Exhibition for 1862.P 477-1
ECROYD (W. FARRER). The policy of self help. Suggestions towards the Consolidation of the Empire, 1879..............................P 60-8
EDGAR (JAMES). New Brunswick as a Home for Emigrants, 1860 .. ..EP 14-6
EDGAR (JAMES). New Brunswick as a Home for Emigrants, 1860 ....P 354-4
EDGAR (J. D.). Loyalty: An Address, 1885 ....P 138-20
EDGEWORTH DE FIRMONT, Abbé. Narrative of remarkable occurrences connected with the Death of Louis XVI, 1812.....................P 127-7
EDMONTON. A Mixed Farming and Mining Country, par Isaac Cowie, 1897.P 452-7
EDUCATION. A few observations on the importance of aiming at the Establishment of some general system of Education in Canada, at this time, 1841, par Daniel Wilkie, LL.D............. ....P 203 C-3

VOLUME.

EDUCATION. Anglicisme (l'), voilà l'ennemi, par J. P. Tardivel, 1880......P 74-4

EDUCATIONAL. Annuaire du Séminaire de Chicoutimi, Chicoutimi, 1881 ..P 155-9-10

EDUCATIONAL. Annuaire du Collège de Lévis, 1886 ....P 155-8

EDUCATIONAL. Appeal to the Common School law, its incongruity and maladministration, &c., par Angus Dallas, 1858...................P 257-2

EDUCATIONAL. Aperçu du plan d'études, &c., suivis au Collège d'Ottawa, 1882 ....P 193-12

EDUCATION. Appendix to the Education Law for the Province of Manitoba, by the Catholic Section of the Board of Education, 1879...........P 220-3

EDUCATION. Aspects of Education, par Oscar Browning, 1888..........P 217-20

EDUCATION. Association des Libraires-Editeurs, imprimeurs et relieurs, etc.P 191-16

EDUCATION. Bénédiction du nouveau Séminaire de Saint-Germain de Rimouski, 1878...P 20-7

EDUCATION. Bishop Ridley College, St. Catharines, 1896.............P 355-8

EDUCATION. Brief reference to the documentary history of, par J. G. Hodgins ....P 355-13

EDUCATION. Calendar and Catalogue of the Mount Allison Wesleyan College, 1879...P 117-3

EDUCATION. Canada Educational Directory, 1857...................P 233-20

EDUCATION. Catalogue des élèves du Collège de Sainte-Anne, 1829 à 1867.P 155-6

EDUCATION. (Catechism of), par W. L. Mackenzie, 1830..........P 149-2

EDUCATION. Co-education: A letter to the Hon. G. W. Ross, par Daniel Wilson, 1884..P 140-17

EDUCATION. Catalogue des Officiers et des Elèves du Séminaire de Québec, 1847-48-53 ....P 159-3-4-5

EDUCATION. Collège de l'Assomption, 1885-86 ....P 195-13

EDUCATION. Collège d'Ottawa. Prospectus, &c., Ottawa, 1876.........P. 194-10

EDUCATION. Collège de Rimouski. Qui l'a fondé? 1876. ....P. 154-15

EDUCATION. Copie de la correspondence échangée entre l'Evêque Catholique Romain de Toronto et le Surintendant en chef des écoles au sujet des écoles separées, 1852...P. 14-28

EDUCATION. Réponse aux cinq Lettres du Rév. M. Verreau (1880) n. p. n. d., par Fr. Réticius..P. 91-11

EDUCATION. Petit vocabulaire à l'usage des Canadiens-Français, par M l'Abbé Caron, 1880...P. 157-6

EDUCATION, Denominational or Free Christian Schools in Manitoba, 1877. Winnipeg Standard..P. 11-6, P. 162-12

EDUCATION. Denominational or Free Christian Schools in Manitoba, par l'archevêque Taché, 1877...P. 220-1

EDUCATION DEPARTMENT (Ontario). Speeches of the Hon. Adam Crooks, Minister of Education in the Legislative Assembly of Ontario, 1879...P. 137-5

EDUCATION. Dépôt de livres et la pétition des libraires, 1879.........P. 195-10

EDUCATION, Die organisation des höheren Unterrichts im Kanadischen Bund, Von Victor Edwin Coffin, 1897.........................P. 372-2

EDUCATION. Difficulté scolaire de Manitoba, 1897................P. 364-8

EDUCATION. Education Technique, traduit de l'anglais, par Adolphe Lavèque.P. 120-12

EDUCATION. Eléments de Chimie et de Physique Agricoles, par F. A. H. LaRue, 1868...P. 1-9

EDUCATION. Entretien sur les Etudes Classiques, par J. S. Raymond, 1872..P. 25-10

EDUCATION. Essay on Common School Education, par Miss Margaret Robertson, 1864..P. 199-3

EDUCATION. Essay on Educational subjects, par le rév. John May, 1880..P. 123-7

EDUCATION. Essai de Grammaire Française suivant les principes de l'Abbé Girard, par A. Berthelot, 1840, 1842 à 1846.............P. 192-2, P. 192-3 to 7

3-4 EDOUARD VII, A. 1904

VOLUME.

EDUCATION. Etude des Langues. Réforme de l'Enseignement, par P.
    Leroy, 1874 ....P. 5-6
EDUCATION (Gaume Mgr.) Sa Thèse et ses Défenseurs. Les Classiques
    Chrétiens et les Classiques Payens dans l'Enseignement .... P. 11-5
EDUCATION. Guide de l'Instituteur, par F. X. Valade, 1852. ....P 191-8
EDUCATION. Higher of Women. Report by J. W. Dawson, 1884 ....P 382 B-10
    Letters on the subject................................... „   -10a
EDUCATION. La loi naturelle du développement de l'instruction populaire,
    par Léon Gérin, 1897 ....P 447-6-7-8, P. 360-4
EDUCATION. La question scolaire des écoles du Manitoba, par l'hon. M.
    Laurier .... P 361-8
EDUCATION. Lecture on the History of Medicine, par R. J. Smith, 1857. . P 60-12
EDUCATION. Lettre à Monseigneur Baillargeon, évêque de Tloa, sur la
    question des Classiques et Commentaire sur la lettre du Cardinal
    Patrizi, par George Saint-Aimé.................................... P 12-7
EDUCATION. Lectures selected, par le révérend John Adams, 1825........P 191-2
EDUCATION. Letters on Medical Education addressed to the Members of
    the Provincial Legislature of Canada, par Archibald Hall, M.D., 1842.P 181-1
EDUCATION. Lower Canada. Proceedings of the House of Assembly on the
    state and progress of education, &c., 1815........................ P 147-3
EDUCATION. Manitoba school settlement, 1898.   Encyclical of Pope
    Leo XIII, 1897... ....P 385-8
EDUCATION. Manual of the School law of New Brunswick, 1892........ P 388-4
EDUCATION. Mémoire appuyant la demande d'une école normale dans la
    ville des Trois-Rivières, par l'Evêque des Trois-Rivières .. ..P 225-6
        Réponse aux remarques de M. l'abbé Verreau, 1881........P 225-7
EDUCATION. National Schools for Manitoba, by Libertas, 1877.... ....P 162-9
EDUCATION. National University. University Consolidation, 1874 ...... P 160-14
EDUCATION. Notice sur les écoles relevant du Bureau des Commissaires
    catholiques romains de la cité de Montréal, 1886...................P 222-2
EDUCATION. Nouvelle Arithmétique commerciale et pratique, par J. C. L.,
    1867 .... P 158-2
EDUCATION. Observations sur l'assemblée tenue à Montréal pour former
    une association dans le but de protéger les intérêts des Protestants dans
    l'instruction publique, 1865 ....P 28-12
EDUCATION. On Length and Space by the Rev. D. Wilkie, 1831 ... .P 203 B-5
EDUCATION. Our Public Schools : Their Wants, par George Babington
    Elliott, 1872..P 100-3
EDUCATION. Observations au sujet de la dernière loi concernant l'Instruc-
    tion publique dans la province de Québec, 1877.................P. 12-4
EDUCATION. On the different modes of reducing the apparent distance
    between the Moon and the Sun, or a Star, in Lunar Observations, to
    the true distance for the purpose of ascertaining the Longitude, by
    Hon. Justice Fletcher ....P. 203 C-1
EDUCATION. Rapport sur l'Ecole d'Agriculture de Sainte-Anne, par
    Georges Leclerc, 1865................................ ......P. 159-11
EDUCATION. Collège L'Assomption. Hommage d'un Médaillon présenté,
    par M. Maximilien Bibaud, 1865.......................P 26-13
EDUCATION. Proceedings in the Legislature of Upper Canada during 1831-
    2-3, on the subject of the Lands set apart for the purpose of Schools, &c.,
    1839 ....P 56-4
EDUCATIONAL. Professional. The university in relation to, par Sir J.
    William Dawson, 1887 ....P 382B-13
EDUCATION. Petite Histoire des Rois de France, par Cyprien, 1885.......P 192-8

DOC. DE LA SESSION No 18

VOLUME.

EDUCATION.   Plan raisonné d'Education Générale et Permanent, par Joseph
F. Perrault...P 203B-13
EDUCATION.   Petite Histoire des Etats-Unis, par Hubert LaRue, 1880 ...P 190-9
EDUCATION.   Petite Grammaire Française, par Hubert LaRue, 1880......P 190-10
EDUCATION.   Pierre Leroy.   Son Système, sa Marotte, ses Luttes Homéri-
ques et ses travaux Herculéens, par B. Lippens, 1874...............P 14-23
EDUCATION.   Petit Manuel d'Agriculture à l'usage des Ecoles, par Hubert
LaRue...P 1-7
EDUCATION.   Practical and National, par le rév. J. H. Johnson, 1870-71.P 203E-14
EDUCATION.   (Protestant).   A few remarks on the meeting at Montreal for
the formation of an Association for the promotion and protection of the
Educational interests of Protestants in Lower Canada, 1864....... ..P 139-26
              En français, 1865....................................P 28-12
EDUCATION.   (Protestant).   History and prospects of, par le Principal Daw-
son, 1864...P 382B-4
EDUCATION.   Petit Abrégé de Géographique Moderne, par F. X. Toussaint,
1870...P 158-1
EDUCATION.   Hellmuth College, 1868............................P 136-9
EDUCATION.   Prospectus de l'école d'Agriculture de Sainte-Anne, 1859.... P 128-1
EDUCATION.   Quelque Leçons sur l'Art Epistolaire et la Politesse, par P. D.
de Villers, Prêtre, 1869 .. ..P 6-6
EDUCATION.   Quelques Considérations sur les Temps Actuels, Anon (Gagnon),
1882..P 121-4, P 97-6
EDUCATIONAL.   Record of Quebec, 1885........................P 344-12
EDUCATION.   Report of School Commissioners, Halifax, 1883 ....P 309-3
EDUCATION.   Réponse aux remarques de M. l'Abbé Verreau, sur le
Mémoire appuyant la demande d'une école normale dans la ville des
Trois-Rivières, par Mgr. L. F. Laflèche, 1881.............. ....P 155-12
EDUCATION.   Report of the Superintendent of Catholic Schools in the Pro-
vince of Manitoba, 1874-75 . ...P 220-2
EDUCATION.   Réforme de l'enseignement, Nouvelle Méthode pour apprendre
les langues en peu de temps, par P. Leroy, 1875...................P 6-2
EDUCATION.   Rapport des directeurs de l'école de réforme à Montréal pour la
Province de Québec, 1874.................................P 195-23
EDUCATION.   Returns and Message relative to the Act of New Brunswick
of 1871 respecting Common Schools...........................P 388-3
EDUCATION.   Report of the Fifth Annual Convention of the Provincial
Association of Protestant Teachers of the Province of Quebec, 1869...P. 180-8
EDUCATION.   Report of the Endowment Board of the University of Toronto,
&c., for 1851..P. 133-3
EDUCATION.   Réponses aux programmes de Pédagogie et d'Agriculture, &c.,
rédigées par M. Jean Langevin, prêtre, 1862. ....P. 236-6
EDUCATION.   Ryerson's (Dr.) Letters in reply to the attacks of the Hon.
George Brown, M.P.P., 1859....................................P. 55-2
EDUCATION.   Ryerson (Dr.) Letters in reply to the attacks of Foreign
Ecclesiastics against the schools and municipalities of Upper Canada,
including the letters of Bishop Charbonnell, Mr. Bruyère and Bishop
Pinsoneault, 1857. ....P. 92-2
EDUCATION.   Rules and regulations for the Examination of Candidates for
Teachers' Certificates, or Diplomas and for the establishment of New
Boards of Examiners and to define the jurisdiction of old Boards in
Lower Canada, 1863..P. 180-4
EDUCATION.   Short school time, with military or naval drill, par E. A.
Meredith...P. 203 D-28

EDUCATION. Separate Schools. The No Popery Cry, &c. Memorandum by the Hon. Oliver Mowat, 1886 .... P. 196-16

EDUCATION. Separate Schools. Attacks by the 'Mail' on Catholic Institutions, 1886 .... P. 196-10

EDUCATION. Séminaire de Nicolet, 1867 .... P. 17-8

EDUCATION. Seven Letters on the non-religious common school system of Canada and the United States, 1853 .... P. 146-11

EDUCATION. School house, its architecture, &c. Publié par J. George Hodgins, 1858 .... P. 131-8

EDUCATION. Synopsis of Natural History, par A. Macallum, 1857 .... P. 224-4

EDUCATION. Speeches of Dr. John Rolph and Christopher A. Hagerman on the bill for appropriating the proceeds of the clergy reserves to the purposes of general, 1837 .... P. 345-4

EDUCATION. Thoughts on the University Question, by a Master of Arts, 1845 P. 139-7

EDUCATION. Traité sur la tenue des livres, par Jos. Laurin, 1837 .... P. 191-6

EDUCATION. The earliest efforts to promote education in English North America, par Edward D. Neill .... P. 368-9

EDUCATION. The public schools in the French districts, speech by Hon. Oliver Mowat, 1889, at Woodstock .... P. 306-1
    "   Embro and Platteville .... P. 306-2
                1890, at Tavistock .... P. 306-3

EDUCATION. Trinity College School, Port Hope Calendar, 1896 .... P. 355-9

EDUCATION. The legislation and History of separate schools in Upper Canada, 1897, par John George Hodgins .... P. 443-13

EDUCATION. The laws relating to grammar and Common Schools, 1855 ... P. 443-12

EDUCATION. School Book Question. Letters in reply to the Brown-Campbell Crusade against the Educational Department of Upper Canada, 1866 . P. 132-6

EDUCATION. The Scripture Readings. A statement of facts by Principal Caven and Dr. Dewart, ... P. 227-18

EDUCATION. (University). A plea for the extension of, in Canada, par J. W. Dawson, 1870 .... P. 382 B-5

EDUCATIONAL thoughts, par le révérend professeur G. Bryce, 1897 .... P. 376-7

EDUCATED WOMEN. Address by Sir William Dawson .... P. 382B-17

EELLS (MYRON) DD. "The Whitman Legend" par .... P. 517-1

EDWARDS (J. P.). Louisbourg, an historical sketch .... P. 281C-6

EGLINTON (Manuscripts of the Earl of) and Winton, 1885 .... P. 414-2

EGLISE CATHOLIQUE IN CANADA. Acta et decreta. Primi concilii Provinciæ Quebecensis in Quebecensi civitate .... P. 154-1

EGLISE CATHOLIQUE EN CANADA. Almanach ecclésiastique et civil de Québec pour 1853 .... P. 6-5

EGLISE CATHOLIQUE EN CANADA. Catalogue des membres de la congrégation des hommes de Saint-Roch de Québec .... P. 190-11

EGLISE CATHOLIQUE EN CANADA. Cathédrale de Montréal .... P. 18-18

EGLISE CATHOLIQUE EN CANADA. Cérémonies de la consécration d'un évêque conformées au pontifical romain .... P. 193-6

EGLISE CATHOLIQUE EN CANADA. Cérémonial du concile Provincial de Québec .... P. 193-4-5

EGLISE CATHOLIQUE EN CANADA. Cérémonies Funèbres dans les Eglises Cathédrales du Bas-Canada, en l'honneur des glorieux défenseurs du Saint-Siège tombés en résistant à l'invasion Piémontaise, avec les discours prononcés par M. Louis Laflèche .... P. 11-1

EGLISE CATHOLIQUE EN CANADA. Clergé (le). Les Droits, nos devoirs, par J. I. Tarte, 1880 .... P. 124-3

EGLISE CATHOLIQUE. Conférences de Notre-Dame de Paris, par l'Abbé P. N. Bruchési, 1884 .... P. 188-1

VOLUME.

EGLISE CATHOLIQUE EN CANADA. Conférences données à la Cathédrale d'Ottawa, par le R. P. Damen, S.J., 1873 . . . . .P. 190-6

EGLISE CATHOLIQUE EN CANADA. Corporations Religieuses Catholiques de Québec, par Hubert Larue, 1870. . . . . .P. 31-2

EGLISE CATHOLIQUE EN CANADA. Danses (les) et les bals, sermons, etc., par le curé de N.-D. de Québec, 1879 . . . . .P. 191-14

EGLISE CATHOLIQUE EN CANADA. Déclaration relativement à un pamphlet intitulé " Questions sur le gouvernement," etc., signée par les Prêtres du District de Montréal, certifiée par De Guise, Prêtre, de Varennes, 1824.P. 127-10

EGLISE CATHOLIQUE EN CANADA. Devoirs envers le Pape. Discours Prononcé par M. Raymond,V. G., au collége de Saint-Hyacinthe, 1861...P. 23-14

EGLISE CATHOLIQUE EN CANADA. Discours à l'occasion du service solennel pour les soldats pontificaux, par l'Abbé A. Racine, 1861. . . . . .P. 191-5

EGLISE CATHOLIQUE EN CANADA. Discours de l'honorable G. Ouimet au banquet du 24 juin, 1884. . . . . .P. 194-14

EGLISE CATHOLIQUE EN CANADA. Discours pour le 20e anniversaire du Sacre de Mgr. Taché, par M. Raymond, V.G., 1871 . . . . .P. 12-3

EGLISE CATHOLIQUE EN CANADA. Discours prononcé à l'occasion du 192e anniversaire de l'heureuse mort de la Vén. Mère Marie de l'Incarnation, par M. l'Abbé A. Racine, 1870.. . . . . .P. 159-13

EGLISE CATHOLIQUE EN CANADA. Discours Prononcés à Notre-Dame au triduum de la Société de Saint-Vincent-de-Paul, 1864. . . . . .P. 11-2

EGLISE CATHOLIQUE EN CANADA. Discours prononcé dans la Basilique de Québec, le 1er Octobre 1874, deuxième centenaire de l'érection du siège Episcopal de Québec, par Mgr. Antoine Racine, 1874. . . . . .P. 32-3

EGLISE CATHOLIQUE EN CANADA. Discours prononcé par M. Raymond, V.G., à la translation du corps de Messire Girouard au séminaire de Saint-Hyacinthe, 1861. . . . . .P. 23-15

EGLISE CATHOLIQUE EN CANADA. Doctrine de l'Eglise Catholique d'Irlande et de celle du Canada sur la révolte, 1838. . . . . .P. 333-2

EGLISE CATHOLIQUE EN CANADA. Fête de Pie IX à Notre-Dame de Montréal le 11 avril, 1869. M. L. Colin et M. F. Martineau. . . . . .P. 26-14

EGLISE CATHOLIQUE EN CANADA. Histoire abrégée de l'église paroissiale de Québec . . . . .P. 203 8-7

EGLISE CATHOLIQUE EN CANADA. Histoire et statistique des Institutions Catholiques de Montréal, par Henri Giroux, 1869. . . . . .P. 31-3

EGLISE CATHOLIQUE EN CANADA. Histoire Populaire par l'Abbé D. Gosselin, 1889 . . . . .P. 244-3

EGLISE CATHOLIQUE EN CANADA. Inauguration à Notre-Dame de Montréal, de la statue de la Sainte-Vierge donnée par N. S. P. le Pape Pie IX, au Rév. Mgr. Rousselot, P.S.S. et curé de la paroisse. . . . . .P. 6-9

EGLISE CATHOLIQUE EN CANADA. Instructions en forme de Catéchisme sur le jubilé précédées de la Bulle de N. S. P. le pape Léon XII, 1827 . . . .P. 34-11

EGLISE CATHOLIQUE EN CANADA. Instructions et méditations pour le temps du jubilé par M. Bossuet, 1827 . . . . .P. 158-9

EGLISE CATHOLIQUE. Le grand catéchisme à l'usage du diocèse de Québec, imprimé par l'ordre de Mgr. Bernard Claude Panet, 1829. . . . . .P. 353-8

EGLISE CATHOLIQUE. Les sulpiciens et les prêtres des missions étrangères en Acadie, par l'Abbé H. R. Casgrain, 1897. . . . . .P. 360-3

EGLISE CATHOLIQUE EN CANADA. Lettre à M. Chaboillez, curé de Longueuil, relativement à ses questions sur le gouvernement ecclésiastique du district de Montréal, 1823. . . . . .P. 127-8

EGLISE CATHOLIQUE. Lettres à un député, par Mgr. l'Evêque de Birtha, 1874 . . . . P. 334-3

VOLUME.

EGLISE CATHOLIQUE EN CANADA. Lettres Pastorales de Mgr. l'Evêque de
Montréal (Ignace Bourget) contre les erreurs du temps, etc., 1858. P. 18-13, P. 23-
10 to 13

EGLISE CATHOLIQUE EN CANADA. Liste chronológique des évêques et des
prêtres du Canada depuis l'établissement de ce pays, etc ....P. 81-4

EGLISE CATHOLIQUE EN CANADA. Mandement de Monseigneur l'Evêque de
Québec, du 12 mai, 1830..P. 83-2

EGLISE CATHOLIQUE EN CANADA. Mandements, lettres pastorales et circulaires des Evêques de Québec, 1887.............................P. 195-19

EGLISE CATHOLIQUE EN CANADA. Mandements, lettres pastorales et circulaires des Evêques de Québec, publiés par Mgr. H. Tétu et l'Abbé C. O.
Gagnon, 1887. (6 vols.).................P. 435, P. 435 A. B. C. D. and E.

EGLISE CATHOLIQUE EN CANADA. Mémoire au soutien de l'appel de la Fabrique de Notre-Dame de Montréal, 1867.......................P. 14-16

EGLISE CATHOLIQUE EN CANADA. Mémoires pour servir à l'histoire du chapitre de la Cathédrale de Saint-Jacques de Montréal, 1882 ....P. 334-1

EGLISE CATHOLIQUE EN CANADA. Mémoire sur l'Amovibilité des curés en
Canada, 1837 ....P. 154-6

EGLISE CATHOLIQUE EN CANADA. Mission de la Colombie par J. B. Z.
Bolduc, 1843..P. 472-1

EGLISE CATHOLIQUE EN CANADA. Missionary labours of Fathers Marquette,
Menard and Allouez in the Lake Superior region, par le révérend C.
Verwyst, 1886 ....P. 334-2

EGLISE CATHOLIQUE. Mgr. St-Vallier et son temps, par l'Abbé A. Gosselin,
1898 ....P. 472-4

EGLISE CATHOLIQUE. Noces d'or de Mgr. J. D. Déziel, 1880......... P. 158-7

EGLISE CATHOLIQUE. Noces d'or de Mgr. l'Evêque de Montréal. Compte-
Rendu des Fêtes du 29 Octobre, 1872 ....P. 16-1

EGLISE CATHOLIQUE. Noces d'or de Messire Nicholas de Tolentin Hébert,
curé de Saint-Louis de Kamouraska, Grand Vicaire de Mgr. L'Evêque
de Chicoutimi..P. 191-18

EGLISE CATHOLIQUE. Noces d'or du Rév. Messire Thomas Pepin, 1873 . .P. 26-16

EGLISE CATHOLIQUE. Noces d'Or de Pie IX. Discours prononcé par M.
Chauveau, Québec, 1869 ....P. 195-3

EGLISE CATHOLIQUE EN CANADA. Notes sur l'inamovibilité des curés dans
le Bas-Canada, par L. H. Lafontaine, 1837 ....P. 192-1

EGLISE CATHOLIQUE EN CANADA. Ordre des Frères Prêcheurs et les institutions religieuses, par F. X. Demers, 1873....................P. 26-17

EGLISE CATHOLIQUE EN CANADA. Pape Honorius. Réponse au Révérend
Père Gratry, par M. L Colin, 1870...........................P. 26-15

EGLISE CATHOLIQUE. Pastoral letter of the Fathers of the sixth Council of
Quebec, 1878..P. 139-35

EGLISE CATHOLIQUE EN CANADA. Poignée (une) de Vérités à propos des
dernières fêtes, par Charles Lepine, 1872.....................P. 18-4

EGLISE CATHOLIQUE EN CANADA. Procès entre Messire Tessier et Michel
Tétro, 1838..P. 27-7

EGLISE CATHOLIQUE. Projet de Réglement pour qu'il y ait uniformité dans
le gouvernement des curés du diocèse de Montréal, 1846 ....P. 158-6

EGLISE CATHOLIQUE EN CANADA. Question sur le Gouvernement Ecclésiastique du District de Montréal, par M. Chaboillez................P. 119-16

EGLISE CATHOLIQUE EN CANADA. Questions sur le mariage. Résumé des
Conférences Ecclésiastiques du Diocèse de Montréal dans les années
1857 et 1858..P. 154-3

EGLISE CATHOLIQUE EN CANADA. Rapide Aperçu de l'Histoire Sainte, par
les Ursulines de Québec, 1868..............................P. 32-4

DOC. DE LA SESSION No 18

VOLUME.

EGLISE CATHOLIQUE ROMAINE. Remarques sur les observations publiées aux Trois-Rivières, par M. Chaboillez, curé de Longueuil, 1824.......P. 127-8
EGLISE CATHOLIQUE EN CANADA. Réponse de Monsieur Livernois à M. le Grand Vicaire Hamel...P. 155-3
EGLISE CATHOLIQUE EN CANADA. Réplique au second mémoire de Mgr. l'Evêque des Trois-Rivières, 1881...............................P. 195-20
EGLISE CATHOLIQUE. Requête du Clergé Catholique relative à l'admission des notables dans les assemblées de fabrique, 1831................P. 154-4
EGLISE CATHOLIQUE. Résumé des conférences Ecclésiastiques du Diocése de Québec Commencées en 1854.................................P. 154-2
EGLISE CATHOLIQUE EN CANADA. Résumé des Conférences ecclésiastiques du diocése de Québec Commencées en 1854....................P. 155-7
EGLISE CATHOLIQUE EN CANADA. Résumé des Conférences ecclésiastiques du Diocèse de Montréal 1880................................P. 154-20
EGLISE CATHOLIQUE. Réponse de Messire Chaboillez à la Lettre des P. H. Bédard, 1824....... ....P. 127-8
EGLISE CATHOLIQUE. Servants de Dieu en Canada, par C. de Laroche-Heron, 1855..P. 31-1
EGLISE CATHOLIQUE. Sermon du P. Bourdalone sur le Jubilé, 1827.......P. 158-8
EGLISE CATHOLIQUE. Un manifeste Libéral, M. L. O. David et le clergé Canadien, Québec, 1896....................................P. 362-2
EGLISE CATHOLIQUE. Vingt-cinquiéme anniversaire de l'épiscopat de sa Grandeur Monseigneur Taché, Archevéque de Saint-Boniface, 1875 ...P. 80-6
E. L. Trois Jours au Monastère au Précieux-Sang de Saint-Hyacinthe, 1874.P. 33-4
ELDON. Presbyterian Union, appeal from the judgment of the Court of Chancery, 1879..P. 375 B-13
ELEAZER, WILLIAM. His Forerunners. Himself, par William Ward Wight, 1896 ....:........P. 459-8
ELECTIONS (1891). Collection of circulars and addresses ....P. 247 P. 248
ELECTIONS, DECISION of the Speakers, 1841 to 1872 ....P. 335-3
ELECTION du COMTÉ de NORTHUMBERLAND. P. de Sales Laterrière, 1820...P. 342-1
ELECTIONS. Minutes des délibérations du Comité des élections des Comtés de Saguenay, de Kamouraska et de Laval, 1854...................P. 256-1-2-3
ELECTIONS. Minutes of Proceedings of the County of Lotbinière, Election Committee, 1854-55...P. 253-2
ELECTIONS. Political appointments and elections in the Province of Canada, 1841 to 1860. Compiled by J. O. Coté from 1841 to 1865.OP. 18-1 OP.10-1 P. 116-1, P. 9-4
ELECTIONS. Rapport du greffier de la Couronne en Chancellerie (L. R. Fortier) compilé des Archives des Elections de la présente Assemblée · Législative, 1858.........................OP. 10-3 O P. 4-7
    Les élections des conseillers Législatifs ....OP. 4-8
ELECTIONS. Rapport du greffier de la couronne en chancellerie, montrant le nombre des votes enregistrés dans chaque comté, etc., 1854..........OP. 10-2
ELECTIONS. Report and Evidence respecting the last election for the electoral district of Kamouraska, 1868 ....OP. 48-2
ELECTIONS. Return from the Clerk of the Crown in Chancery (L. R. Fortier), prepared from the records of the elections for the present Legislative Assembly, 1861..OP. 10-4
ELECTIONS. Return from the Clerk of the Crown in Chancery (L. R. Fortier), prepared from the records of the elections to the Legislative Council and Legislative Assembly, 1856, 1858, 1860, 1862 and 1863..OP. 10-5
ELECTIONS. Return of the elections to House of Commons.......préparé par Edward J. Langevin, 1868........................OP. 48-3 OP 18-4

VOLUME.

ELECTIONS. Return of the fourth general election and of elections held
    subsequently to the 2nd April, 1879, par Richard Pope..............OP. 29-1-2
ELECTIONS. *Voir* Parliamentary. Division de la province en comtés, 1829.P. 222-9
ELECTIONS. Select committees on the Saguenay, Argenteuil, Kamouraska
    and Laval contested elections,1855............................P. 254-15
ELECTRIC Company, Ottawa, April, 1895...........................P. 386-5
ELGIN (Earl of). Condition and prospects of Canada in 1854............OP. 4-5
ELGIN (Comte d'). Etat et avenir du Canada, 1854.................,....P. 23-4
ELGIN (Lord). The crisis in Canada or vindication of Lord Elgin and his
    cabinet......in reference to the Rebellion Losses Bill, par Alexander
    MacKay, 1849...P. 233-2
ELIOTS. Brief narrative to the society for the propagation of the Gospel,
    1670, in Old South Leaflets...P. 299.
ELLIOTT (A. Marshall). Contributions to a history of the French language
    of Canada (?)..P. 199-4
ELLIOTT (Capt. John), of Boston, 1722.................................P. 350-7
ELLIOTT (George Babington). Our Public Schools, 1872................P. 100-3
ELLIOTT AND BROKORSKI. Preliminary investigation and trial of Ambroise
    D. Lépine, for the murder of Thomas Scott, 1874...................P. 20-9
ELLIOTT (Judge Robert Thomas), par son fils Richard R. Elliott, 1895....P. 350-17
ELLIOTT (George B.). Winnipeg as it is in 1874 and as it was in 1860...EP. 10-1
ELLIOTT (T. Fred.). The Canadian Controversy, its origin, nature and
    merits, 1838...P. 24-3
ELLIS (J. V.). New Brunswick, as a home for emigrants, 1860......P. 354-1 EP.14-5
ELLIS (Robert). *Voir* Trials, 1827...................................P. 216-7
ELLS (R. W.). Roport on the silurian rocks of New Brunswick, 1877-8...
                                P. 476-13-14-19-21-22-24-27
ELMSLEY (Hon. J.). *Voir* Strachan, John, 1834.......................P. 227-4
ELY. Manuscript of the Dean and Chapter, 1891......................P. 414-22
EMIGRANT. Par Standish O'Grady, 1842...............................P. 332-2
EMIGRANTS. Experience in Canada par A. Roeboro Farmer, (1848?)......P. 186-6
EMIGRANTS Guide by a Scotch minister, 1867...........................P. 507-5
EMIGRANTS. Hints to, 1831...P. 161-2
EMIGRATION (and Quarantine). Acts concerning the naturalization of
    aliens, 1865...P. 450-6
EMIGRATION. Algoma District, 1884.................P. 305-3 et EP. 29-1
EMIGRATION. All about Canada, par le révérend D. V. Lucas, 1883.......EP. 2-1
EMIGRATION and Colonization in Canada, speech by Thomas D'Arcy McGee,
    1862 ....P. 343-1
EMIGRATION. Apparition (Une). Épisode de l'Emigration Irlandaise au
    Canada, par Eraste d'Orsonnens, 1860.............................P. 3-2
EMIGRATION. A Tour through Canada in 1879, by Thomas Moore, to which
    is added a report on Manitoba, 1880..............................P. 220-10
EMIGRATION. A travers le Canada. Notes du professeur J. P. Sheldon,
    1884..EP. 28-2
EMIGRATION. Auskunft über die Dominion Canada....................EP. 7-3
EMIGRATION. Backwoods Life, par W. F. Munro.......................P. 200-2
EMIGRATION. British Columbia Information for Emigrants. Gilbert M.
    Sproat, 1873..EP. 12-4
EMIGRATION. Baird's Slanders on Canada answered and refuted, 1859....P. 128-11
EMIGRATION. Canada : A brief outline of her geographical position, pro-
    ductions, climate, &c., 1857......................................P. 144-2-3
EMIGRATION. Canada. An Essay, par J Sheridan Hogan, 1855..P. 23-3 and P. 48-2
EMIGRATION. (Canada a field for), 1896..............................P. 385-12

VOLUME.

EMIGRATION. Canada. A Geographical, Agricultural and Mineralogical
Sketch par F. Sterry Hunt, 1865................................EP. 5-3

EMIGRATION. A statement of the satisfactory results which have attended
emigration to Upper Canada, since the establishment of the Canada
Company, 1841...P. 232-3

EMIGRATION. Friendly advice to emigrants from Europe on their arrival in
Canada, by an old country-man, 1834............................P. 161-3

EMIGRATION. Great Dominion (The). An address by Edward Jenkins, 1875P. 118-9

EMIGRATION. Information respecting the Eastern Townships of Lower Canada; British American Land Company, 1835.....................P. 136-1

EMIGRATION. Les Canadiens des Etats-Unis, ce qu'on perd à émigrer, par
T. St-Pierre, 1893 ....P. 452-3

EMIGRATION. Narrative of a voyage with a party of emigrants sent out
from Sussex in 1834, to Montreal, &c., from Hamilton to the township
of Blandford where the families were settled, 1834.............P. 78-1

EMIGRATION. Practical information respecting New Brunswick, &c., &c., by
the New Brunswick and Nova Scotia Land Company, 1843.........P. 141-2

EMIGRATION. Prince Edward Island. A brief but faithful account of this
fine colony, par J. L. Lewellin, 1833...........................P. 218-1

EMIGRATION. Remarks for Emigrants, par John J. E. Linton, 1847......P. 213-5

EMIGRATION. A Sketch of Highlanders with an account of their early arrival in North America, 1843....................................P. 336-2

EMIGRATION. (Thoughts on) Education, &c., in a letter addressed to the
Right Honourable Lord John Russell by a citizen, 1847.. ....P. 19-14

EMIGRATION to Canada. A brief outline of her geographical position, productions, climate, capabilities, &c., 1861......................EP. 9-1

EMIGRATION and Quarantine. Acts concerning the Naturalization of Aliens,
1865.. ....P. 450-6

EMIGRATION. A Hand-book of information for intending emigrants to Canada, 1877..EP. 16-4

EMIGRATION (Canada) and her resources. An Essay, par Alexander Morris,
1855 ....P. 47-1

EMIGRATION. Canada as a Home. Par John George Bourinot, 1882... ..P. 115-4

EMIGRATION. Canada and Illinois Compared, being an answer to Caird's
Slanders on Canada, 1859......................................P. 128-10

EMIGRATION. Canada en Europe, par Benjamin Sulte, 1873............P. 14-6

EMIGRATION. Canada for the information of intending emigrants, 1864....P. 128-12
                                                                EP. 13-7

EMIGRATION. Canada Information for Emigrants, settlers, &c. Wm. Mc-
Dougall, 1862...OP. 36-9

EMIGRATION. Canada, its financial position and resources, par l'honorable
Francis Hincks, M.P.P., 1849..................................P. 115-17

EMIGRATION. Canada : Its Growth and Prospects. Two lectures by the
Rev. Adam Lillie, 1852..P. 78-2

EMIGRATION. Canada (Le) Courte Esquisse de sa Position Géographique,
Les productions, &c..EP. 5-2, P. 128-4

EMIGRATION. Canada et l'Emigration Européenne, 1874. ....EP. 15-8

EMIGRATION, Canada (le). Etendue, ressources, etc., 1885............EP. 28-3

EMIGRATION. Canada, Memorandum by the Minister of the Interior, 1895.P. 409-3

EMIGRATION, Canada, par G. Vikeman, Bruxelles, 1887................P. 301-8

EMIGRATION. Canada, the place for the Emigrant, speeches delivered by
Lord Dufferin during a tour in the summer of 1874.............EP. 15-3

EMIGRATION. Canada vs. Nebraska. A refutation by David Gardiner,
1873..EP. 14-2

EMIGRATION. Canadian Homes, par Maple Knot, 1858. ....P. 161-6

76   ARCHIVES DU CANADA

VOLUME.

EMIGRATION. Canadiens-Français Emigrés, Discours aux, par Joseph Tassé,
1883................................... ... . EP. 5-11
EMIGRATION. Canadian Guide, a book of reference, par Henri Lacroix.... P. 137-8
EMIGRATION. Canadian Immigration in 1875. Report by Edward Jenkins,
Esq., M.P.. P. 181-11
EMIGRATION. Climates, Productions and Resources of Canada, par J. Beau-
fort Hurlbert, 1872.......................................EP. 11-7
EMIGRATION. Counties of Nova Scotia : Condition and capabilities, by
Joseph Outram, 1867. ....EP. 11-1
EMIGRATION. Description of the Province of Nova Scotia, containing in-
formation of interest and value to intending emigrants, 1870........ EP. 11-3
EMIGRATION. Deutsche (der) in Canada, 1874... . ... EP. 17-9
EMIGRATION. District of Alberta, 1884.......................... EP. 29-4
EMIGRATION. Dominion of Canada. A Guide-book containing information
for intending Settlers, 1883...... .. .. EP. 9-3-4-6
EMIGRATION. Dominion of Canada as it will appear to the members of the
British Association for the Advancement of Science in 1884, par Joseph
G. Colmer..EP. 4-6
EMIGRATION. Dominion von Canada Die Provinz Manitoba und die Nord-
wesbichen Ländergebiete, 1880....................... ....EP. 7-1-2
EMIGRATION. Dominion Canada. Ein Wegweiser für Deutsche Einwanderer
nach Canada, 1876... EP. 16-2
EMIGRATION. Dominion of Canada, Eastern Townships. Information for
intending Emigrants, 1879, 1881, 1882, 1883......EP. 18-4, EP. 5-5, EP. 5-6-7-8
EMIGRATION. Dominion of Canada. Information for intending Emigrants,
1873.............................. ....EP. 11-8-9-12, P. 18-5
EMIGRATION. Dominion of Canada. Information for intending Emigrants,
1874..................................... .. ..EP. 15-5
EMIGRATION. The Dominion of Canada. The Province of Manitoba and
North-west Territory, 1881 ....EP. 10-5
EMIGRATION. Dominion of Canada, with particulars as to its extent, &c. ;
also, Details of Home and Foreign Commerce, &c. Wm. J. Patterson,
1881... P. 89-7
EMIGRATION. Einwanderung nach Manitoba. W. Wagner, 1872....... EP. 11-9
EMIGRATION from Europe during the present century ; Its causes and effects,
par A. Jorgensen, 1865.................................. ....EP. 13-4
EMIGRATION to Canada. Chas. Foy, 1870...........................EP. 12-2
EMIGRATION to the Province of Ontario, par John Carling, 1871..........EP. 12-5
EMIGRATION. English Emigration Mission Report, presented to the meeting
of subscribers, John H. Charnock, 1873 ....EP. 12-1
EMIGRATION. Englishmen in Canada, (A Satire), par Mac, 1880..........P. 57-9
EMIGRATION. Esquisse sur la Gaspésie, par J. C. Langelier, 1884 ....P. 84-8
EMIGRATION. Etats-Unis, Manitoba et Nord-Ouest, par N. E. Dionne, 1882.P. 238-3
EMIGRATION. Etude sur les Territoires du Nord-Ouest du Canada, par J. C.
Langelier, 1873.......................................P. 13-5 P. 151-6
EMIGRATION (The British). Farmer's and Labourer's Guide to Ontario.... EP. 6-3
EMIGRATION. Facts for the information of intending Emigrants about the
Province of New Brunswick, par Samuel Watts, 1870............EP. 14-4
EMIGRATION. Farmer's, Miner's and Tourist's Guide to Manitoba, 1881. ..P. 143-10
EMIGRATION. Fifteen years in Canada, par le rév. William Haw, 1850...P. 116-5
                                                              P. 213-8
EMIGRATION. France (La) et le Canada Français. Discours prononcés au
Banquet donné le 18 novembre 1880, par les citoyens de Montréal,
à MM. Thors de Molinari et de La Londe.................... EP. 5-13

VOLUME.

EMIGRATION. Free Grant Lands of Canada, Muskoka and Parry Sound, par Thomas McMurray, 1871 ....EP. 12-6

EMIGRATION. Further Letters furnished to the Department of Agriculture, by Miss Rye in rebuttal of Mr. Doyle's Report, 1875 ....P. 107-1

EMIGRATION. Gross Mismanagement of Immigration in the hands of the Government in Quebec, exposed and illustrated, par Hans Wilhelm Muller, 1873.. P. 17-1

EMIGRATION. Guide Book, Ottawa, 1885 ....EP. 29-7

EMIGRATION. Hints to Emigrants respecting North America, 1831.......P. 161-2

EMIGRATION. Hints on Emigration to Upper Canada, par Martin Doyle, 1831. EP. 6-1

EMIGRATION. Industries and Manufactures compiled by H. B. Small, 1885. EP. 30-6

EMIGRATION. Information for Emigrants to the British Colonies, issued by H. M. Emigration Commissioners, 1871 ....P. 17-2

EMIGRATION. Information for Emigrants to the British Colonies, by the Colonial Office, 1880 ....P. 141-6
P. 301-7

EMIGRATION. Information for intending Emigrants to Nova Scotia, 1886 ..P. 186-14

EMIGRATION. Information for intending settlers on the Ottawa and Opeongo Road, par T. P. French, 1857 ....EP. 14-10

EMIGRATION. Immigration in Quebec, par Hans Wilhelm Muller, 1873....P. 181-10

EMIGRATION. In the track of our Emigrants. The new Dominion as a Home for Englishmen, 1872 ....P. 25-1

EMIGRATION. Lake St. John and the Great North-East, 1883. ....P. 196-23

EMIGRATION. Lectures on Canada, illustrating its present position and shewing forth its onward progress, etc., par feu Charles Bass, 1863....P. 198-3

EMIGRATION. Letters from Canada, 1862 (!)........................P. 19-12

EMIGRATION. Letters from Canada. Fredk. Algar, 1863...............P. 128-9

EMIGRATION. Letters on Canada, by a Presbyterian Clergyman, John R. McCleery, 1874... ....P. 80-5

EMIGRATION. List of Improved and Unimproved Lands in the Province of Ontario. John Carling, 1871..... ....EP. 12-7

EMIGRATION. Macdougall's Illustrated Guide, Gazetteer and Practical Hand-book for Manitoba and the North-west, 1882, 1883.........'. EP. 10-7 – 8

EMIGRATION. Manitoba and the Canadian North-west. Thomas Dowse, 1877 .... EP. 17-1 to 8

EMIGRATION. Manitoba et le Nord-Ouest du Canada, ses ressources et ses avantages pour l'émigrant et le capitaliste, par Thomas Spence, 1874..EP. 15-7

EMIGRATION. Manitoba and the North-west of the Dominion, its ressources and advantages, &c., par Thomas Spence, 1871 ....EP. 2-2, EP. 14-2
EP. 15-6, EP. 19-8

EMIGRATION. Manitoba and the North-west. Notes of a visit, par C. A. Pringle, 1882..EP. 4-3

EMIGRATION. Manitoba and North-west Territories. Letters by James Trow, M.P., 1878..................................... ....EP. 16-5

EMIGRATION. Manitoba and the North-west. The great wheat fields and stock-raising districts of Canada, 1881..........................P. 143-18

EMIGRATION. (Marine and). Hospital Rules and Regulations of, 1854....P. 342-10

EMIGRATION. Mineral Resources of the Dominion of Canada, 1882....... EP. 9-5

EMIGRATION. Mineral Resources of the Dominion of Canada, 1885.......EP. 30-2

EMIGRATION. Muskoka and Lake Nipissing Districts. (Headed : 'Information for intending settlers.') 1880.......................EP. 6-2

EMIGRATION. Narrative of a journey to Manitoba, par J. Y. Shantz, with an abstract of the Dominion Lands Act, &c., 1873..........EP. 11-10 P. 19-9 •

EMIGRATION. New Brunswick, As a Home for Emigrants, par l'honorable James Browne, 1860... ....BP. 14-7

3-4 EDOUARD VII, A. 1904

VOLUME.

EMIGRATION. New Brunswick, As a Home for Emigrants, par W. R. M.
Burtis, 1860..EP. 14-9
EMIGRATION. New Brunswick, As a Home for Emigrants, par James Edgar,
1860..EP. 14-6
EMIGRATION. New Brunswick, As a Home for Emigrants, par J. V. Ellis,
1860..EP. 14-5
EMIGRATION. New Brunswick, As a Home for Emigrants, par William
Till, 1860..EP. 14-8
EMIGRATION. New Brunswick as a Home for the Farmer emigrant, 1884..EP. 29-6
EMIGRATION. Nord (Le) ou Esquisse sur la partie de la Province de Québec
située au nord du fleuve Saint-Laurent entre l'Outaouais et le Labrador,
par J. C. Langelier, 1882....................................EP. 5-9
EMIGRATION. Nordwestern Canadas. Eine Aurede von Seiner Excellenz
dem Marquis Von Lerne, 1882.................. ....EP. 7-4
EMIGRATION. North-west, par Elie Tassé, 1882....................EP. 10-9
EMIGRATION. Notes on Gaspesia, 1885......... ....EP. 31
EMIGRATION. Francia Antica Colonia Francese Appello alle Classi Operaie,
1873..EP. 14-1
EMIGRATION. Nouvelle France (La). Le Canada, ancienne Colonie Française.
Appel aux classes ouvrières, 1872...........................P. 1-6
EMIGRATION. Nouvelle France (La) Le Canada. Appel aux Classes Néces-
siteuses de France ....EP. 13-3
EMIGRATION. Ontario as a Home for the British tenant farmer, 1886P. 180-17 & P. 200-8
EMIGRATION. Ontario and Manitoba, by a Canadian who has visited Mani-
toba to discover the truth, 1870.............................P. 19-10
EMIGRATION. Ontario (Province of). Map and general information, 1872.P. 137-8
EMIGRATION. Our Great West. Conférence de Thomas White, fils, 1873....EP. 11-4
                                                              P. 19-6
EMIGRATION. (l) par G. Vekeman, 1884...................,........EP. 28-1
EMIGRATION. Percheronne au Canada pendant le 17e Siècle, par M. Léon
de la Sicotière....................... ....P. 255-5
EMIGRATION. Petites notes sur le Canada, par Paul de Cazes, 1882.......P. 333-3
EMIGRATION. Plain facts from farmers in the Canadian North-west, 1885.P. 134-15
EMIGRATION. Practical Hints from farmers in the Canadian North-west,
1885..P. 134-16
EMIGRATION. Practical Hand-book and Guide to Manitoba and the North-
west..... ....P. 143-9
EMIGRATION. Practical Hand-book and Guide to Manitoba and the North-
west, 1879..EP. 10-3
EMIGRATION. Practical Hand-book and Guide to Manitoba, &c., par Alexan-
der Begg, 1877......... ....P. 143-9
EMIGRATION. Prairie Lands of Canada, &c., par Thomas Spence, 1879 ....EP. 18-1
EMIGRATION. Prince Edward Island, information, 1883................P. 301-9
EMIGRATION. Province of British Columbia, 1884....................EP. 29-2
EMIGRATION. Province of Manitoba and North-west Territory of the Do-
minion of Canada, 1876.............................EP. 16-13 & EP. 18-2
EMIGRATION. Province of Manitoba and North-west Territory of the Do-
minion of Canada. Information for emigrants, 1878. EP. 10-2,EP. 15-1-2
EMIGRATION. Province de Manitoba et Territoire du Nord-Ouest du Can-
ada, 1878.. .EP. 18-3
EMIGRATION. Province de Québec et l'Emigration Européenne, 1870..P. 16-9 EP. 13-6
EMIGRATION. Province of Nova Scotia, 1884....................EP. 29-3
EMIGRATION of New Brunswick, par Charles H. Lugrin, 1886...........P. 141-3
EMIGRATION. Province of Quebec and European Emigration, 1870. .....EP. 13-5
EMIGRATION. Puissance du Canada. Le Grand Occident Canadien, 1882..EP. 10-6

VOLUME.

EMIGRATION. Relation d'un voyage à Manitoba, par J. Y. Shantz; accompagnée d'une Analyse de l'Acte concernant les Terres de la Puissance, &c., 1873...EP. 11-11

EMIGRATION. Réponse à une adresse au sujet de l'Hôpital de Marine et des émigrés de Québec, 1851...P. 338-2

EMIGRATION. Réponse. Enquête sur la conduite de C. E. Belle, 1874....OP. 54

EMIGRATION. Report (first) of the Special Committee appointed to inquire into the causes which retard the settlement of the Eastern Township of Lower Canada, 1851 ....EP. 5-1

EMIGRATION. Report on alleged exodus to Western United States at Port Huron, par John Lowe, 1884..................................OP. 61-4

EMIGRATION. Report on the Agricultural Capabilities of New Brunswick, par J. F. W. Johnston, 1850...............................OP. 40-2, P. 107-5

EMIGRATION. Report on Canada and its agricultural resources, par William Fream, 1885.......................P. 141-8, EP. 30-4, EP. 30-7

EMIGRATION. Report on the causes and importance of the emigration which takes place annually from Lower Canada to the United States, 1849..P. 218-2

EMIGRATION. Report of the Chief Agent for the Superintendence of Emigration, A. C. Buchanan, 1854-1863....................OP. 36-2-3-5-7-8-10-11

EMIGRATION. Report of the Honourable Attorney General (H. J. H. Clarke) of a Conference on Immigration, made to Lieutenant Governor Archibald, 1871...P. 143-1

EMIGRATION. Report of the Joint Committee of both Houses, on Agriculture, Immigration and Colonization, 1871.......................EP. 11-2

EMIGRATION. Report of the Select Committee of the Senate on the subject of Rupert's Land, Red River and the Northwest Territory, with Minutes of Evidence, 1870...OP. 34-1

EMIGRATION. Report of Special and Select Committees on Emigration, 1857, 1860, 1863. ....OP. 36-4, OP. 36-6, OP. 36-12

EMIGRATION. Reports of Tenant Farmers' Delegates on the Dominion of Canada as a field for settlement, 1884........................EP. 4-5

EMIGRATION. Resources of the Ottawa District, 1872.............. ... EP. 11-6

EMIGRATION. Saskatchewan Country of the Northwest of the Dominion of Canada, par Thomas Spence, 1877...............................EP. 18-6

EMIGRATION. Les principales causes, par C. E. Rouleau, 1896... ....P. 364-9

EMIGRATION. Sketch on Gaspesia, par J. C. Langelier, 1884.............P. 180-14

EMIGRATION. Some Plain Statements about Immigration and its Results, par William J. Patterson, 1872...........................EP. 9-2, OP. 39-2

EMIGRATION. Southern Manitoba and Turtle Mountain Country, 1880....EP. 8-2

EMIGRATION. Successful Emigration to Canada, par le professeur Henry Tanner, 1885...............................P. 144-13, EP. 30-5

EMIGRATION to Canada and through it, par J. P. Sheldon, 1885.........EP. 30-1

EMIGRATION. Tour through Canada, 1884..... ....P. 144-12

EMIGRATION. Tour through Canada in 1879, par Thomas Moore, to which is added a report on Manitoba, 1880.........................EP. 10-4

EMIGRATION. Trip to the Dominion of Canada, par Hugh Fraser, 1883...EP. 4-4

EMIGRATION. Two lectures on Canada, par Rollo Campbell, 1857....P. 75-8, P. 36-10

EMIGRATION. Useful and Practical Hints for the settler on Canadian Prairie Lands, &c., 1881..EP. 8-3

EMIGRATION. Views of members of the British Association and others, 1884.EP. 29-5

EMIGRATION. Warrants for assisted passages, 1872....................P. 267

EMIGRATION. West and North-west. Notes of a Holiday Trip, par l'honorable Peter Mitchell, 1880.............................EP. 4-1

EMIGRATION. What Canada Produces. Information for Intending Emigrants, 1874.. EP. 15-4, P. 19-13

VOLUME.

EMIGRATION. What farmers say of their personal experience at the Canadian
  North-west, 1881, 1882, 1883.............. ....EP. 8-8, EP. 8-9, EP. 8-10
EMIGRATION. What settlers say of Manitoba and the North-west, 1884....P. 144-11
EMIGRATION. Farm Lands, *Winnipeg*, 1887.........................P. 186-15
EMIGRATION. Province de Manitoba et Territoire du 'nord ouest du Canada,
  1878...EP. 18-3
ENGINEERING AND ENGINEERS, par le lieut.-colonel B. H. Martindale, C.B..P203 E-17
ENGINEERS and their assistants employed on Public Works, Canada, 1779
  à 1890..P. 349-10
ENGLEDUE (COLONEL). Papers, &c., relating to a license of occupation on
  Rainy River, 1897...P. 369-3
ENGLISH (CAPT. C. E.) Manufacture of small arm ammunition, 1895-6 and
  the duties of Artillery in combination with the other arms...........P. 355-5-6
ENGLISHMAN. Letter to the Whigs, 1779............................P. 183-12
ENGLISH REVOLUTION OF 1641. Petition of Right, 1828. Old South
  Leaflets, No. 23..P. 299
        The Grand Remonstrance, 1641, No. 24.................P. 299
        The Agreement of the People, 1648-9, No. 26.............P. 299
        The Instrument of Government, 1653, No. 27.............P. 299
        Cromwell's first speech to the Little Parliament, 1653, No. 28.P. 299
ENGLISH REVOLUTION OF 1688. The Bill of Rights. Old South Leaflets,
  No. 19...P. 299
ENGLISH tenant farmers on the Agricultural resources of Canada, 1894....P. 385-10
ENGRAVING. An outline of the history of, par William McLennan, 1881..P. 366-8
ENTOMOLOGY. Report of the Entomologist and Botanist, Experimental
  Farm for 1894..P. 349-11
Eos and other poems, par Nicholas Flood Davin, 1884..................P. 300-3
EQUAL RIGHTS ASSOCIATION of Ontario. (Réponse de l'honorable Honoré
  Mercier à la brochure de) 1890.......................... ....P. 306-10
EQUAL RIGHTS ASSOCIATION of Ontario. Letter by a Quebec Loyalist, 1889.P. 306-9
EQUAL RIGHTS ASSOCIATION of Ontario, Ordinances and by-laws, 1889.....P 306-8
EQUAL RIGHTS ASSOCIATION of Ontario, 1890.... ....P 386-10
ERINENSIS. The Orange Pole and the Papist White Boy, 1871..........P 224-2
ERMATINGER (EDWARD). The Hudson's Bay Territories, a series of letters,
  1858........ ....:.....P 256-4
ERSKINE (HON. THOMAS.) A view of the causes and consequences of the
  present war with France, 1797 ....P 297-2
ERSKINE (CAPT. R. N.) Report on the Newfoundland and Labrador Fish-
  eries, 1875....................:......... ....OP 62
ESQUIMAUX BAY. Notes on Esquimaux Bay and the surrounding country,
  par W. H. A. Davies, 1844-1852..... .. ..P 203C-9
ESKIMOS OF Hudson Straits, conférence de W. A. Ashe, 1888..........P 302-6
ESSEX COUNTY, Manuscript of 1885.... ....P 414-4
ESTIMÉS DE CERTAINES dépenses du Gouvernement civil, 1852, 1853, 1854,
  1855, 1856, 1857, 1858, 1860, 1861, 1862, 1863, 1864, 1865..........O P 15-1-2-
              3-4-5-7-10-13-14-15-16-17-18-19-20-21-22-23-24
ESTIMATES OF THE DOMINION OF CANADA for 1868, 1869, 1870, 1871, Supple-
  mentary; 1872, Supplementary; 1873, Supplementary; 1874, Sup-
  plementary; 1875, Supplementary; 1876, Supplementary; 1877
  Supplementary; 1878 Supplementary; 1879, Supplementary....OP 19-3-6 OP 19.
              4-5, P. 25-3, OP 37-1, OP 37-2-3-5-6-4
ESTIMATES OF THE PROVINCE OF CANADA for the fiscal year ending 30th June,
  1866, 1867, 1868, 1869 ....OP 19-1-2-3-6-4-5
ETCHEMIN LAKE. Week in the neighborhood of, and Quebec, par le Major
  George E. Bulger.... . . ..P 467-2

• DOC. DE LA SESSION No 18

VOLUME.

ETHIER (MARCEL,) Narration authentique de l'échange des prisonniers faits aux Cèdres, 1873...P 82-2

ETHNOLOGY. On the measurement of heads in Ethnological investigations, par John Langton...P 203D-40

ETUDIANT EN DROIT. Lettre à l'honorable Edward Bowen, un des juges pour le district de Québec, 1825................................P 127-2

EVANS (SIR DE LACY). (Personal memoirs of Major Richardson as connected with the singular oppression of that officer while in Spain by), 1838...P 336-1

EVOLUTION OF AN Historic room by Janet Carnochan...................P 501-6d

EXCHEQUER COURT REPORTS. Vols. 1, 2a, 3b, 4c, 5d, 6e, 7.............P 453-A to 7

EXHIBITIONS Agricultural, of Nova Scotia held at Halifax, 1853.........P 196-7

EXHIBITION. Canada's Great Eastern Exhibition, Sherbrooke, 1890.....P 244-4

EXHIBITIONS. Catalogue of Canadian Collection for the International Exhibition, London, 1862................................OP 61-1

EXHIBITION CENTRAL CANADA. 11th and 12th 1898-99, 1901. P 447-1-2, P 313-a b c &c

EXHIBITION CENTRAL CANADA. Ottawa, 1900, 1901....................P 502-8-9

EXHIBITION. Canada's Eastern Exhibition, 1891.....................P 261-7

EXHIBITIONS. International Fisheries Exhibition, Edinburgh. Official Catalogue, 1882...P 80-7

EXHIBITIONS VARIOUS...P 313-A-B-C

EXODUS from Canada to the United States report on the alleged, par John Lowe, 1881...P 311-13

EXPERIMENTAL FARM. Guide to the Central.........................P 377-1

EXPERIMENTAL FARM. Report of the Entomologist and Botanist for 1894-5 P 349-11

EXPOSTULATUS. Observations to the professors of the Roman Catholic Faith, 1854...P 353-7

EXPLORATIONS of Lake Superior, voyages of Radisson and Groseilliers, by Henry Colin Campbell, 1896...P 459-3

EXTRADITION. Traité entre sa Majesté et les Etats-Unis d'Amérique, signé à Washington le 9 Aout, 1842...P 225-3

EYE CORPORATION. Manuscript of, 1885............................P 414-4

F

FABRE (HECTOR). Confédération. Indépendance, Annexion............P. 119-19

FABRE (HECTOR). On Canadian Literature..........................P. 203 D-37

FABRE (HECTOR). L'Election du Comté de Québec, 1873..............P. 152-5

FACTS AND Reflections bearing on Annexation, Independence and Imperial Federation, par James Douglas................................P. 300-5

FAILLIBLE, UN Examen. Critique de la soi-disant réfutation de la grande guerre ecclésiastique de l'honorable L. A. Dessaulles sans réhabilitation de celui-ci, 1873.......................................P. 18-3

FAIRCHILD (GEO. M., Jr.) Notes on Jesuit Manuscript, 1887...........P. 215-6

FAIRLIE (R. F.) Locomotive Engineers, 1864........................P. 111-7

FALCONER (THOMAS). The Oregon question, British claims, 1845 ....P. 421-2

FAMILY HISTORY. In Niagara Historical Society—
    The Servos Family..P. 519-1
    The Whitmore Family.."
    The Jarvis Letters..."
    Robert Land U.E.L., par John Land ...."

FAMILY PRAYER. By the Lord Bishop of Montreal, 1870..............P. 490-6

FAREWELL (A.) and G. P. Ure. The Marine Law illustrated. Being the result of an investigation, 1855...P. 144-1

3-4 EDOUARD VII, A. 1904

VOLUME

FARIBAULT (G. B.) Notice sur la destruction des Archives et des Bibliothèques des deux Chambres Législatives du Canada, lors de l'émeute qui eu lieu à Montreal le 25 Avril, 1849............................P. 236-1

FARIBAULT (G. B.) et la famille Laterrière, par l'Abbé H. R. Casgrain, 1886P. 333-4

FARMER'S ALMANAC (Miller's) for 1882.... ....P. 319 A-5

FARM LIFE in the Selkirk Colony, par R. G. MacBeth, 1897.............P. 205 B-19

FARNHAM (THOMAS J.) History of the Oregon territory, it being a demonstration of the title of these United States of North America to the same, 1844...P. 336-6-7

FARRELL (EDWARD M.D.) Report of the Congress on Tuberculosis, 1899..P. 486-3

FARRIES (REV. F. W.) Sermon delivered before the St. Andrew's Society of Ottawa, 1886...P. 186-13

FARRIES (REV. F. W.) Sermon to St. Andrew's Society, 1888...........P. 353-5
" in 1890, anniversary sermon ···· ....P. 260-8

FAUCHER DE SAINT-MAURICE. Notes pour servir à l'histoire des officiers de la marine et de l'armée française qui ont fait la guerre de l'Indépendance Américaine, 1896...P. 360-1

FAUCHER DE SAINT-MAURICE. Organisation Militaire des Canadas, par un Carabinier, 1862.. ....P. 18-2

FAUCHER DE SAINT-MAURICE. L'Abbé C. H. Laverdière 1870 (?) 1885 (?)P. 28-10 & P. 157-17

FAUCHER DE SAINT-MAURICE. Discours de. Le chemin de fer projeté des Comtés du Sud, 1886. Affaire Riel.....................P. 222-6 P. 222 6a

FAUCHER DE SAINT-MAURICE. " ....P. 194-16

FAUCHER DE SAINT-MAURICE. Notes sur la formation du Franco-Normand et de l'Anglo-Saxon, 1892. Thommerel.....................P. 363-4 P. 363-5

FAYRER (SIR JOSEPH). Rainfall and climate of India..............P. 477-1

FEATHERSTONHAUGH (George William). Observations upon the Treaty of Washington signed 9th August, 1842, with treaty annexed and map..P. 63-1

FEUDAL TENURE. Various documents relating to.....................P 423

FEDERAL CONSTITUTION, par T. J. J. Loranger, 1884...................P. 344-7

FEDERALIST, Nos. 1 & 2. With exhibit of claims to the authorship. Old South Leaflets, No. 12...P. 299

FEDERATION OF THE EMPIRE. Address by Arch. McGoun, jr., 1884.......P. 344-9

FÉNÉLON, Les Deux Abbés de, par l'Abbé H. A. Verreau, 1898..........P. 392-1-3

FENIAN RAID on Fort Erie, with an account of the Battle of Ridgeway, June, 1866, par le major G. T. Denison, fils......................P. 115-1

FENIAN, Twelve Days (The) Campaign, par Frederick Driscoll, 1866.......P. 57-6

FENIANS. Correspondence relating to the Fenian Invasion and the rebellion of the Southern States, 1869.................................OP. 38-6

FENIAN RAID into Canada, at Fort Erie, June, 1866................ ....P. 148-6

FENIANS. Letters of John O'Connor, M.P., on Fenianism, 1870..........P. 180-9

FENIAN RAID OF 1870, by reporters present. ....P. 17-6 & P. 148-7

FENIAN RAID. Open letter from Archbishop Taché to Hon. Gilbert McMicken, 1888...P. 239-7

FENIAN. The abortive Fenian raid on Manitoba, par Gilbert McMicken, 1888 ....P. 205 A 16

FERGUSON (DONALD). Agricultural Education, Charlottetown, 1884......P. 148-3

FERGUSON (DONALD). Love of Country, 1885.......................P. 160-19

FERGUSON (DR.) Memorandum on Cholera, 1883. En anglais et en français.P. 385-6-7

FERGUSON (C. F) Speeches on the Canadian Pacific Railway, 1884......P. 102-2

FERGUSON vs. GILMAN. Full and accurate report of the Slander case, 1853.P, 196-8

FERLAND (J. B. A.) Notes sur les registres de Notre-Dame de Québec, 1863. ....:............P. 91-2

FEUDAL RIGHTS and duties. Act of the abolition of, in Lower Canada, 1854.P. 371-5

VOLUME.
FEW (A) FACTS. Western Canada Immigration Board, 1896 . . . . .P. 452-1
FIELDING (HON. W. S.) Budget Speech, 1897 . . . . .P. 370-1
" " " 1898 . . . . .P. 449-4
" " " 1900 . . . . .P. 486-1
          Diagrams of the trade, &c., are attached to the speech.
FIELD NATURALISTS CLUB, OTTAWA. Transactions 1 to 7, 1879 to 1886 . . .P. 314-2 to 8
FINANCIAL and Departmental Commission. First report, May, 1863, with
  · evidence, &c. Second report, February, 1864, with evidence (en français)
                                                    OP. 11-1-2-3-4-5-6, CP. 12
FINANCIAL. Bank of England and the Act of 1844, par Sir Francis Hincks,
  1873. . . . . .P. 49-13
FINANCIAL. Banques d'épargnes scolaires, par Alphonse Gagnon, 1887 . . . .P. 193-8
FINANCIAL CURRENCY (The). What it is and what it should be, par Robert
  · Davis, 1867 . . . . .P. 28-9
FINANCIAL DIFFICULTIES of Lower-Canada, 1824. . . . . .P. 88-3
FINANCIAL LETTER on the proposed new Colonial funding system, par William
  Bancks, 1836. . . . . .P. 300-2
FINANCIAL. New Chapter added to Political Economy, pointing out 100
  million dollars capital that may be made available to Canadian
  Industries by the establishment for Mortgage Bank of Issue. T.
  Galbraith, Port Hope, 1882. . . . . .P. 86-9
FINANCIAL. Remarks on Currency and Banking, par Francis Hincks. 1876.P.49-14
FINANCIAL. Report of the Committee on Public Accounts, 1863 . . . . .OP 43-3
FINANCIAL. Report and proceedings of Committee on Banking and Cur-
  rency, 1859 . . . . .OP. 3-5
FINANCIAL. Report in the matter of the Division and adjustment of the
  Debts and Assets of Upper Canada and Lower Canada, par larbitre
  C. D. Day, 1870. . . . .'. . . . . .P. 140-5
FINANCIAL. Report of the Legislature of Upper Canada on the Financial
  concerns of this Province (U.C.) with Lower Canada, 1821 . . . . .P. 88-1
FINANCIAL. Report of the Select Committee to which was referred the sub-
  ject of the Currency, 1835 . . . . .P. 147-7, P. 149-9
FINANCIAL. Report of the Special Committee of the House of Assembly,
  Lower Canada, on the state of the currency, 1830. . . . . .OP. 60-3
FINANCIAL. Report of the Standing Committee on Public Accounts, 1854.OP. 43-1
FINANCIAL. Report of the Standing Committee on Public Accounts, 1858.OP. 43-2
FINANCIAL. Rapport sur la question du partage et de la répartition de
  l'actif et du passif du Haut-Canada et du Bas-Canada. Opinion et juge-
  ment de l'arbitre, 1870 . . . . .OP. 60-10
          Correspondance, &c., 1870 . . . . .OP. 60-12
FINANCIAL. The Dominion Investment, &c., Co., of Ottawa, 1887 . . . . .P. 237-10
FINANCIAL. The silver dollar, the original standard of payment of the
  United States of America, and its enemies, par Henry Carey Baird,
  1883 . . . . .P. 216-25
FINGALL. Manuscripts of the Earl of, 1885. . . . . .P. 414-5
FIRE DEPARTMENT. Halifax, 1859 and 1883 . . . . .P. 379A-1-C-3 to 7
FIRST RECORDER of Rupert's Land, par George Bryce, LL.D., 1890. . . . . . .P. 205 B-2
FIRST THINGS IN CANADA. Alphabet of, par George Johnson, 1890. . . . . . .P. 300-1
FISHER (JAMES) M.P.P. Speech on the School question, 1893 . . . . .P. 285-17
FISHERIES. Actes des Pêcheries, Ottawa, 1879 . . . . .P. 151-9
FISH AND GAME in the province of Quebec, par Eug. Rouillard, 1895 . . . . . .P. 445-8
FISHERIES DISPUTE. A letter to the Hon. William M. Evarts, par John
  Jay, 1887. . . . . .P. 196-20
FISHERIES. Canada at the Great International Fisheries Exhibition, 1883.
  Samuel Wilmot. . . . . .P. 80-7

3-4 EDOUARD VII, A. 1904

VOLUME.

FISHERIES.   Debate on the Fisheries Bill.   Alex. Campbell, 1865...P. 100-2, P. 136-8
FISHERIES EXHIBITION, 1883.......,.................................P. 313 B 3-4
FISHERIES.   Indemnité des Pêcheries.   Discours par Pierre Fortin, 1879..P. 254-14
FISHERIES.   International Exhibition, 1882.   Catalogue................P. 80-7
FISHERIES.   Les Pêcheries de Terreneuve, sans date...................P. 254-7
FISHERIES.   Message of the President of the United States, with correspon-
   dence relative to the proposed Treaty, 1888. ....P. 202-1
FISHERIES.   Message on the protection of the Fisheries, 1869...........P. 109-7
FISHERIES OF CANADA, par J. L. Z. Joncas, 1885....................EP. 30-3
FISHERIES.   Paper by R. A. Ramsay, 1885, on treaties................P. 107-12
FISHERIES.   Pèche (la) aux marsouins dans le fleuve Saint-Laurent, 1873...P. 159-15
FISHERIES.   Pêcheries de Terreneuve.   Droits de la France, 1876........P. 118-8
FISHERIES.   Practical notes on the Legislation for the Fisheries of the St.
   Lawrence to William Rhodes, par Publicus, Québec, 1864..........P. 100-1
FISHERY QUESTION.   Letters from the N. Y. *Herald's* Special Commission,
   1870 ....P. 21-5
FISHERY QUESTION.   Its Imperial Importance, par J. G. Bourinot, 1886....P. 136-17
FISHERY QUESTION, Newfoundland, report, 1875.....................P. 507-6
FISHERIES.   Rapports Annuels de Pierre Fortin, protection des pêcheries,
   1861 et 1862. ....OP. 60-8
FISHERIES.   Remarks on the Fisheries Bill addressed to Hon. Alex. Camp-
   bell par F. W. G. Austin, 1865...............................P. 254-6
FISHERIES.   Report of the joint commission relative to the preservation of
   the fisheries in waters contiguous to Canada and the United States,
   1897 ....,.................P. 370-2
FISHERIES, Report on the Fishery Articles of Treaties between Great
   Britain and the United States of America and questions arising out of
   the same, par W. F. Whitcher, 1870........ ....P. 21-4
FISHERIES.   Report on the Herring Fishing Industry of Great Britain and
   Holland, by William Gunn, of Walkerton, and M. G. McLeod, of New
   Haven, N.S., 1889...P. 349-9
FISHERIES.   Report of the Sea and River Fisheries of New Brunswick, par
   M. H. Perley, 1852..P. 337-2
FISHERIES.   Report on the Newfoundland and Labrador Fisheries, 1875,
   par le capitaine Erskine, R.N....:...............'...........OP. 62
FISHERIES.   Return of the correspondence between the Government and the
   Dominion and the Imperial Government, 1871, on the subject of the
   Fisheries...OP. 59-7
FISHERIES.   *Voyez* Newfoundland.
FITZGERALD (JAMES).   A plan of settlement and colonization adapted to all
   the British North American provinces, 1850 ....P. 84-2
FITZGIBBON (COLONEL).   An appeal to the people of the late Province of
   Upper Canada, 1847..P. 24-6
FISHERIES.   Shore and deep sea of Nova Scotia, par Thomas F. Knight,
   1867..P. 366-7
FISHERIES.   Speech in the House of Commons, May, 1879, par le docteur P.
   Fortin, M.P....... ....P. 109-9
FISHERIES.   The British North American Colonies.   Letters to the Right
   Hon. E. G. S Stanley on Fishery treaties, par George R. Young, 1834.P. 337-1
FISHERIES.   The relation of the fisheries to the discovery and settlement of
   North America, par Charles Levi Woodbury, 1880................P. 230-11
FISHERIES.   Review of President Grant's recent message relative to the Can-
   adian fisheries, 1870.......................................P. 21-3
FITZHERBERT, Manuscripts of Sir William, 1893........ ....P. 414-29
FITZPATRICK (L'honorable CHAS.)   Les écoles du Manitoba, 1896........P. 362-5

DOC. DE LA SESSION No 18

VOLUME.

FLANDAU (JUDGE CHARLES E.) Lawyers and courts of Minnesota prior to and during its territorial period, 1896...........................P. 356-4d

FLEET (W. H.) How I came to be Governor of the Island of Cacona, par l'honorable Francis Thistleton, 1852.......................P. 10-2

FLEMING (SANDFORD). Canadian Pacific Railway circular to Engineering staff, 1880...P. 106-7

FLEMING (SANDFORD). Canadian Pacific Railway. Instructions to the staff, 1875...P. 106-1

FLEMING (SANDFORD). Canadian Pacific Railway. Reports in reference to location of second section west of Red River, 1880..................P. 106-3

FLEMING (SANDFORD). Canadian Pacific Railway, Reports and documents in reference to the location of the line and a western terminal harbour, 1878...OP. 27-8

FLEMING (S. H. LE.) Manuscripts, 1890...........................P. 414-20

FLEMING (SANDFORD). Memorandum in respect to a scheme for completing a great Intercolonial and Transcontinental telegraph system by establishing an electric cable across the Pacific Ocean, 1882.............P. 106-4

FLEMING (SANDFORD). Papers on time reckoning and the selections of a prime Meridian to be common to all nations, 1879..................P. 346-4

FLEMING (SANDFORD). Reports on Bridging Red River, 1879.. ....P. 106-2

FLEMING (SANDFORD). Reports in reference to the Canadian Pacific Railway, 1879...P. 349-5

FLEMING (SANDFORD). Report on the Intercolonial Railway, Exploratory survey in 1864...P. 110-2
    Reprinted, Ottawa, 1868...............................OP. 17-12
    With Wilkinson's observations.........................OP. 17-13
    Version française.....................................OP. 17-9-10-11
    For report with maps.................................OP. 13-14

FLEMING (SANDFORD). Universal or Cosmic Time, 1885, other papers follow P. 218-11

FLETCHER (HUGH). Sydney coal field, 1900 (with a table and maps)......P. 486-8

FORESTRY Association, Canadian first meeting, 1900...................P. 486-2

FORTIN (PIERRE). Discours. Indemnité des Pêcheries, 1879...........P. 254-14

FLETCHER (HUGH). Explorations in Cape Breton, 1877.........P. 476-13-14-19-29

FLETCHER, (LIEUT. COL.) Memorandum on the Militia system of Canada, 1873...P. 107-14

FLETCHER (E. TAYLOR). Notes of a journey through the interior of the Saguenay Country..P. 203E-1

FLETCHER (E. TAYLOR). On the secular change of Magnetic declination in Canada from 1790 to 1850.....................................P. 203D-31

FLETCHER (M. LE JUGE). On the different modes of reducing the apparent distance between the Sun and Moon, &c., for the purpose of ascertaining the longitude...P. 203-C-12

FLETCHER (JAMES). Report of the Entomologist, 1884.................OP. 46-1

FLETCHER (E. TAYLOR). The lost island of Atlantis.................P. 203D-30

FLETCHER (E. TAYLOR). The twenty years siege of Candia............P. 203C-13

FLETCHER (E. TAYLOR). The Kalevala or natural epos of the Finns......P. 203E-4

FLETCHER (JAMES). Report of the Entomologist and Botanist for 1894....P. 349-11

FONTAINE (J. O.). Essai sur le mauvais goût dans la littérature canadienne, 1876..P. 14-7

FONSECA (W. G.). St. Paul trail in the sixties.......................P. 500-7

FONTAINE (R. E.). Un Duel à Poudre, 1868.........................P. 28-2

FONTAINE (R. E.). Un parti de tire, rapporté par Pékin, 1871..........P. 28-3

FONTAINE, (J. O.). La Corvée des fileuses (Scène Acadienne) Conférence, 17 Dec. 1874...P. 207-4

3-4 EDOUARD VII, A. 1904

VOLUME.

FOORD (ARTHUR H.)   Contributions to the micro-palæontology of the Cambro-
Siluria rocks of Canada...P. 477-1
FORD (PAUL).   Our National Pie, Montreal, 1877.....................P. 221-6
FORESTS AND PRODUCTS.   Rapport sur le commerce des bois, par William
Quinn, 1861...OP. 60-7
FORESTS AND PRODUCTS.   Collection of the products of the forests and waters
of Upper Canada, par J. B. Hurlbert, 1862.......................P. 196-11
FORESTS AND PRODUCTS.   Catalogue des végétaux ligneux du Canada pour
servir à l'intelligence des collections des bois économiques, par l'Abbé
Ovide Brunet, 1867..P. 12-9
FORESTS AND PRODUCTS.   Report of the supervisor of cullers (William Quinn)
on the lumber trade, 1861.... ....P. 254-17
FORESTS AND PRODUCTS.   Lumber trade of the Ottawa Valley, 1872......EP.9-7
FORESTS AND PRODUCTS.   The timber supply question of the Dominion of
Canada and the United States of America, par James Little, 1876...P. 218-8
FORESTS AND PRODUCTS.   Report of the argument submitted to the Hon-
ourable the Executive Council for the Province of Quebec, by Hon. L.
Ruggles Church on presentation of a memorial respecting the vested
rights of limit holders in their limits, 1880......................P. 88-8
FORESTS AND PRODUCTS.   Past, present and future sources of the timber
supplies of Great Britain, par P. L. Simmond, 1884................P. 107-11
FORESTS AND PRODUCTS.   Forêts du Canada et leurs produits, par H. B.
Small, 1885...EP. 28-5
FORESTS AND PRODUCTS.   Canada Forests, &c., par H. B. Small, 1884 ....P. 115-13
FORESTS AND PRODUCTS.   Forest Fires and Forest Ranging, rapport de Aubrey
White, 1886...P. 142-17
FORESTS AND PRODUCTS.   Saw Dust Nuisance in the River Ottawa, par
Antoine Ratté, 1886...P. 186-8
FORESTS AND PRODUCTS.   On the Age of Timber Trees and the prospects of
a continuous supply of Timber in Canada, by John Langton.........P. 203D-3
FOR CLOSER UNION, par F. Blake Crofton, 1897.....................P. 355-19
FORGOTTEN NORTHERN FORTRESS, par l'honorable John Schultz, 1894......P. 205B-14
FORSTER (W. E.)   Imperial Federation, 1885.........................P 132-10
FORTESCUE Manuscripts of J. B., 1892..........................P. 414-26 & 509-4
FOLEY (REV. D. F.)   Sketch of the parish of St. Mary, Almonte, 1885.....P. 303-10
FOLJAMBE (F. J. SAVILE).   Manuscripts.........................P. 414-44
FOOD PRODUCTS OF CANADA, 1901.................................P. 497-11
FORT GEORGE.   Battle of, par Ernest Cruikshank, 1896...............P. 442-8
FORT GEORGE.   Blockade of, par Ernest Cruikshank (n.d.) 1898 (?)......P. 442-10
                (In Niagara Historical Society)....................P. 501-4
FORTIER (ONÉSIME).   Christophe Colomb.   La Ruine de Grand Pré, 1755.P. 82-3
FORTIER (ONÉSIME).   Eloge Historique de Christophe Colomb à l'Institut, 1875.P. 207-15
FORTIER (FELIX).   Rapport du greffier de la couronne en chancellerie, mon-
trant le nombre des votes enregistrés dans chaque comté, &c., 1854....OP. 10-2
FORTIER (L. R.)   Rapport du greffier de la couronne en chancellerie, com-
pilé des archives des élections de la présente assemblée législative, 1858OP. 10-3
FORTIER (L. R.)   Return from the clerk of the Crown in Chancery, pre-
pared from the records of the elections for the present Legislative
Assembly, 1861..OP.10-4
FORTIER (L. R.)   Return from the Clerk of the Crown in Chancery, pre-
pared from the records of the elections to the Legislative Council and
Legislative Assembly for 1856, 1858, 1860, 1862 and 1863.......... OP. 10-5
FORTIER (L.R.)   Rapport du greffier de la couronne en chancellerie, com-
pilé des archives des élections de la présente Assemblée législative, 1854
et 1857-8..OP. 4-7

DOC. DE LA SESSION No 18

VOLUME.

FORTIER (L. R.) Rapport du greffier de la couronne en chancellerie. Les élections des conseillers législatifs, 1858..........................OP. 4-8

FORTIN (PIERRE). Rapports Annuels de Protection des Pêcheries, 1861-1862..OP. 60-2

FORTIN (PIERRE). The Fisheries. Speech in the House of Commons, 3rd May, 1879...P. 109-9

FORT JACQUES CARTIER et la Petite Hermine, par N. E. Dionne, 1891.....P. 256-10

FORT ST. JOHN. Siege of, by Lucien Huot, version angl. et franç..P. 228-21 P. 229-1-2

FORWARD. The National question, 1885.................................P. 230-18

FOSDICK (H. M,) Rapport, chemin de fer de Québec et du Saguenay, 1854.P. 153-7

FOSTER (GEO. E.), M. P. A speech upon the Budget 5th April, 1883......P. 219-6

FOSTER (GEO. E.) Canadian Temperance Manual, 1881................P. 148-2

FOSTER (W. A.) Canada First or our new nationality, 1871.............P. 34-9

FOSTER (JOHN). Railway from Lake Superior to Red River settlement, 1869...P. 118-14

FOSTER (JOHN). Rapport sur le chemin de fer de Phillipsburg, Farnham, et Yamaska, 1872...P. 230-9

FORWARD (A. G.) The Montreal, Ottawa and Georgian Bay Waterway, 1897..P. 366-5

FOSSILS MESOZOIC. Volume I,III Parts. Palæozoic Vol. III, par J. F. Whiteaves...P. 477-7

FOSIL PLANTS, par J. W. Dawson (deux rapports)......................P. 477-3

FOUCHER (L'HONORABLE LOUIS CHARLES.) Procédés contre lui, dans l'Assemblée du Bas-Canada, 1817.......................................OP. 57

FOURSIN (PIERRE). Colonisation française au Canada, 1893.............P. 452-4

FOWLER (JAMES). List of New Brunswick Plants.......................P. 107-6-7

FOY (CHARLES). Emigration to Canada.................................EP. 12-2

FRANÇAISE (La Langue), en Canada par Benjamin Sulte................P. 392-1-5

FRANCE. A view of the cause and consequence of the present war with, par l'honorable Thomas Erskine, 1797.......................................P. 297-2

FRANCE. Declaration of the Court of Great Britain respecting the late negotiation, 1797..P. 297-4

FRANCE. Observations on the dispute between United States and, par R. G. Harper, 1798..P. 297-1

FRANCE. The official correspondence relative to the negotiation for peace between Great Britain and the French Republick, 1797.........P. 297-3

FRANCO-NORMAND. Notes sur la formation du, et de l'Anglo-Saxon, par Faucher de Saint-Maurice, 1892 ....P. 363-45

FRANC PARLEUR. Réponse au Factum intitulé; "Quelques remarques sur l'Université Laval," 1872...P. 91-3

FRANKLAND. RUSSELL-ASTLEY (Mrs.) Manuscripts at Chequers Court Bucks.P. 509-6

FRANKLIN. Plan of Union of the British American Colonies. Old South leaflets...P. 299

FRANKLIN (BENJAMIN). The Ideal versus the real, par Edward D. Neil....P. 368-11

FRASER (HUGH). A trip to the Dominion of Canada, 1883..............EP. 4-4

FRASER INSTITUTE. Report from 1879 to 1891.. ....P. 411
1891 to 1898...P. 443-1 to 6

FRASER (MALCOLM). Journal relating to the operations before Quebec in 1759..P. 203M-1

FRASER W. The Emigrants Guide, by a Scotch minister, 1867..........P. 261-3

FRASER (C. F.) The Fraser Banquet, 1879...............................P. 140-14

FREAM (WILLIAM). North West Prairies, attached to speech of A.W. Ross.P. 219-14

FREAM (WILLIAM). Report on Canada and its Agricultural Resources, 1885P. 141-8
Revised edition, 1886...EP. 30-4-7

FRÉCHETTE (LOUIS). Chénier, 1885......................................P. 157-16

VOLUME.
FRÉCHETTE (L. H.) Les calomniateurs confondus, 1872 ....P. 118-3
FRÉCHETTE (LOUIS). Le dernier des Martyrs, 1885....................P. 157-13
FRÉCHETTE (LOUIS H.) Le Retour de l'exilé, 1880....................P. 166-4
FRÉCHETTE (L. H.) La voix d'un exilé, 1868.............P. 22-16 & P. 28-1
FRÉCHETTE (L. H.) Papineau, drame historique canadien, 1880..........P. 166-5
FRÉCHET (L. W. T.) Tourists Guide, Quebec & Ottawa, 1879...........P. 244-5
FRÉCHETTE (OVIDE). Grand anniversaire de Québec, 1882..............P. 51-4
FRÉCHETTE (OVIDE). Grand Annuaire de Québec pour 1881.............P. 338-4
FREDERICTON. Proceedings of the Synod of, 1869-70..................P. 373-13-14
FREEHOLDERS (A.) To the freeholders of Canada. Political facts.... Free
      trade and Protection, 1878 (?)....................................P. 140-12
FREE MASONRY in New York. Report of the Historian, 1900..........P. 505-1
FREMONTS PEAK. First ascent of, from Fremonts Journal. Old South
      Leaflets No. 45...P. 299
FRENCH (T. P.) Information for intending settlers on the Ottawa and
      Opeongo Road, 1857..EP-14-10
FRENCH CANADIANS Imperium in Imperio. A lecture on our creed and
      Race Problem, par le révérend John Burton, 1887...............P. 227-6
FRENCH CANADIANS. La France et le Canada-Français. Discours pro-
      noncés au banquet donné le 18 novembre 1880, par les citoyens de
      Montréal, à MM. Thos. de Molinari et De LaLonde................EP. 5-13
FRENCH CANADIANS. Origin of, par Benjamin Sulte, 1897.............P. 445-6
FRENCH CANADIANS. Histoires (les) de M. Sulte. Protestation par J. C.
      Taché, 1883...P. 46-2
FRENCH CANADIANS. Race française au Canada, par M. E. Rameau, 1873..P. 14-6½
FRENCH DOMINATION. The last French Post in the valley of Upper Missis-
      sippi, &c., &c., par Edward D. Neill, 1887....................P. 216-15
FRENCH AND INDIAN WAR, 1760. Journal kept by Sergeant David Holden,
      1889...P. 310-1
FRENCH QUESTION, par Joseph Tassé, 1888............................P. 216-16
FRENCH SETTLEMENTS. Early French Settlements in America, par John
      Langton..P. 203 F-7
FRENCH WARS. Recuëil de ce qui s'est passé en Canada au sujet de la
      guerre tant des Anglais que des Iroquois, depuis l'année, 1682........P. 203 N-3
FRENCH WARS. Relations Diverses sur la Bataille de Malargueule, 1755
      par les François sous M. de Beaujeu, Shea, 1860..................P. 211 C-1
FRENETTE (L. E. & CIE). Comptoir Canadien-Français................P. 157-9
FRONTENAC. Première Administration, 1672-1682. Conférence à l'Institut
      Canadien, par T. P. Bédard, 11 Déc. 1879.......................P. 207 B-1
FRONTENAC. Deuxième Administration (1689-1698). Conférence à l'Institut
      Canadien par T. P. Bédard......................................P. 207 B-5
FRONTENAC Lead Mining Co. Reports and Prospectus, 1868.........P. 179-23
FRONTENAC AND MILES STANDISH. In the North West, par l'honorable
      Edward S. Isham, 1889........ ....P. 311-4
FRUIT. Instructions in Spraying. 1897.............................P. 369-6
FRY (ALFRED A.) Report of the Case of the Canadian prisoners, with an
      introduction on the writ of habeas corpus by, 1839.................P. 69-1
FTELEY (A.) Report on the System of Water Supply of St. John, N.B.,
      1884...P. 145-3
FULFORD (BISHOP). Letters to the Bishop and clergy of the United Church
      of England and Ireland in Canada, 1861.........................P. 139-16
      Voyez aussi P. 139-17 to 23 in continuance of the controversy
FULFORD (BISHOP). Pastoral letter to the Clergy of his diocese, 1851.....P. 139-9
FULLER(THOMAS). Remonstrance against proposed plans in the State Capi-
      tol of New York, 1876...P. 254-5

DOC. DE LA SESSION No 18

VOLUME.

FULLER (THOMAS). Ventilation, 1892 .... P. 303-6
FUR TRADE. Henry's Journal, 1799-1801, par Chas. N. Bell .... P. 205 A-15
FUR TRADE, 1783-7, par le lieutenant-colonel Ernest Cruikshank. .... P. 519-14

G.

GAEL (THE). An Gaidheal, 1873. .... EP. 13-1
GAETZ (REV. LEO) Six years experience in the Red Deer District, 1890.... P. 254-11
GAGNON (C. A. E.) Biographie, par P. A. J. Voyer, Trois-Riviéres, 1883.. P. 344-5
GAGNON (ALPHONSE). Les Banques d'épargne scolaires, 1887 .... P. 193-8
GAGNON (ERNEST). Le Château Saint-Louis et le Château Haldimand...... P. 203 S-8
GAHAN (JAMES JOSEPH). Canada, 1877 .... P. 99-6
GALBRAITH (T.) A new chapter added to Political Economy. (Mortgage
   Bank of issue), 1882 .... P. 86-9
GALBRAITH (THOMAS). Bensalem, or the new economy, 1874 .... P. 346-1
GALINÉE. Voyage de M. M. Dollier et Galinée, 1875 .... P. 204 A-1
GALLATIN (ALBERT). The right of the United States of America to the
   North East Boundary claimed by them, 1840 .... P. 468
GALLOWAY (JOSEPH). A reply to the observations of Lieut. Gen. Sir
   William Howe, on a pamphlet entitled Letters to a nobleman, 1780... P. 62-8
GALLOWAY (JOSEPH). Letter to the Right Hon. Lord Viscount H—E.
   (Howe) on his naval conduct in the American War, 1779 .... P. 183-11
GALLOWAY (JOSEPH). Political reflection on the late Colonial governments,
   in which their original constitutional defects are pointed out, by an
   American, 1783 .... P. 70-2
GALT (SIR A. T.) A protest against the efforts now being made in Canada
   by the Roman Catholic Hierarchy to put into practice among Her
   Majesty's Protestant subjects the doctrines of the Syllabus and the
   Vatican, 1877 .... P. 99-5
GALT (L'HONORABLE A. T.) Canada, 1849 à 1859 .... P. 30-2
   Autre édition, 1860.... .... P. 75-7
GALT (SIR A. T.) Church and State .... P. 117-10
GALT (SIR A. T.) Civil Liberty in Lower Canada, 1867 .... P. 139-34
GALT (SIR A. T.) Commercial Policy of Great Britain .... P. 365
GALT (SIR A. T.) Speech on the proposed union of the British North
   American Provinces delivered at Sherbrooke, 23rd November, 1864... P. 42-4
GALT (SIR A. T.) The future of the Dominion of Canada. A paper read
   before the royal Colonial Institute, 1881 .... P. 292-3
GALWAY, town of. Archives, 1885 .... P. 414-5
GAMBLE (J. W.) British American League. Speech at the convention of
   delegates, 3rd November, 1849 .... P. 216-17
GAMBLE (M.) Speech on the commercial policy of the country in the House
   of Assembly, 28th October, 1852 .... P. 45-1
GAME BIRDS of Manitoba, par George E. Atkinson, 1898 .... P. 441-6
GANONG (W. F.) A plan for a general History of the province of New
   Brunswick .... P. 512-1
GANONG (W. F.) A Monograph of the place nomenclature of the Province
   of New Brunswick .... P. 512-4
GANONG (W. F.) A Monograph of the Cartography of the Province of New
   Brunswick .... P. 512-6
GANONG (W. F.) A Monograph of the Evolution of the Boundaries of the
   Province of New Brunswick .... P. 512-7
GANONG (W. F.) A Monograph of Historic sites in the Province of New
   Brunswick .... P. 512-5

VOLUME.

GANONG (W. F.) (Voir Nouveau-Brunswick.) Moses H. Perley..........P. 245-1
GANONG (W. F.) Material for a History of the Province of New Brunswick.P. 512-2-3
GANONG (W. F.) Journal of Captain Owen, R.N., during his residence at
 Campobello in 1770-1..P. 355-20
GANONG (W. F.) Inheritances of our Historic past...................P. 519-10
 The New England movement to Nova Scotia.................P. 519-11
 Suggestions for the Investigation of Local History............P. 519-12
GATHER AND KEEP. Wentworth Historical Society....................P. 519-6
GASPÉ. Report from the special committee on the petition of inhabitants
 of, complaining of grievances, 1830. En français et en anglais. OP. 60-4, P. 342-3
GASPÉ Bay Co., Reports and Prospectus, 1865.........................P. 179-15
GASPÉ Lead Mining Co. Reports, &c., 1865.........................P. 179-19
GASPÉ Oil region. Extracts from geological reports, &c..................P. 179-14
GASPÉ Petrolium. Its geological relations, par T. Sterry Hunt, 1865......P. 395-2
GASPESE. Les derniers vestiges du Christianisme......................P. 125-3
GATINEAU VALLEY RAILWAY, 1882...................................P. 250-2
GASPESIA Notes, 1885...EP. 31
GAWDY Family Manuscripts, 1885.........................P. 431, P. 414-40
GATACRE. Manuscripts of E. Loyd, 1885..........................P. 414-4
GEDDES (REV. J. GAMBLE.) Sermon, June, 1857....................P. 50 2-18
GEMMILL (J.A.) Notes on Parliamentary Divorce in Canada, 1888.......P. 303-2
GENAND (J. A.) Notes de Voyage, 1872...............................P. 28-9
GENDRON (LE SIEUR.) Quelques Particularitez du pays des Hurons et la
 Nouvelle-France, 1660...P. 211d-9
GENERAL CHRONICLE and Literary Magazine, 1811....................P. 399
GENESEE TRACT, par George S. Conover, 1889........................P. 302-19
GENTLEMAN'S MAGAZINE for 1778.....................................P. 463/7
GENEALOGICAL SOCIETY (MAINE.) Report for 1896...................P. 438-4½
GENEALOGY. Capt. John Elliott, of Boston, 1722.... ....P. 350-7
GENEALOGY. Judge Robert Thomas Elliott, of Detroit. 1796-1841, par son
 fils, Richard R. Elliott..P. 350-17
GENEALOGY. King's County (N. Y.) Genealogical Club Collections, 1882.P. 250-7 to 10
GENEALOGY. Record of the ancestry and kindred of the children of
 Edward Tompkins, Sr, 1893......................................P. 350-9
GENEALOGY. Remarks on the Moverick Family and the ancestry of Gov.
 Simon Bradstreet, par Isaac Greenwood..........................P. 350-12
GEOGRAPHICAL SOCIETY of Quebec. List of members, founders of the society,
 1878, E. & F., 1880 to 1885..................................P. 130-6 P. 206
GEOGRAPHICAL SOCIETY of Quebec. Transactions, 1893 to 1897........P. 206C
GEOGRAPHY. Régime (de) et Morilus Canadensium auctore Josepho pevencio
 S.J., 1710..P. 126-8
GEOGRAPHY. Resumé of a Report read before the Swedish Geographical
 Society, by Hugo Gylden, &c., &c., concerning the use of equidistant
 meridians for the fixation of the hour, 1880......................P. 113-9
GEOGRAPHY. "Some observations on Chorography and Topography, and on
 the meritorious services of the late Jean Baptiste Duberger, senr." par
 H. Miles..P. 203 F-4
GEOGRAPHY. Southern Africa and the Kaffirs, par le major R. E. Robertson.P. 203 E-19
GEOGRAPHY. Strabo's Introduction to, Old South Leaflets, No. 30 ....P. 299
GEOLOGICAL. Cascades du Niagara et leur marche rétrograde, par E. Desor,
 Neuchatel, 1854..P. 195-1
GEOLOGICAL PAPERS, including copper mining and minerology.........P. 175-1, 176-1
GEOLOGICAL. Papers by Dawson, Logan, Bailey, &c................P. 174-1 to 20
GEOLOGICAL. On the geognosy of a part of the Saguenay Country, par
 le lieutenant Baddeley, R.E....................................P. 203A-8

VOLUME.

GEOLOGY. Additional notes on the Geognosy of St. Paul's Bay, par le lieu-
tenant Baddeley, R.E...P. 203 B-6
GEOLOGY. Age du Sault Montmorency. Conférence par M. l'Abbé J. C.
K. Laflamme, à l'Institut Canadien, 1879 ....P. 207A-17
GEOLOGY. Apatite Deposits of Canada, par le docteur T. Sterry Hunt,
1884..P. 93-6
GEOLOGY. Azoic and Palazoic Rocks of Southern New Brunswick, par G.
F. Matthew, 1865..P. 174-12-14
GEOLOGY. Canadian Organic remains, Decade 1 & 2, 1759............P. 476-6-7
GEOLOGY. Chemical Contributions to the Geology of Canada, par G.
Christian Hoffman, 1881...OP. 49-5
GEOLOGY. Commission Géologique du Canada, esquisse Géologique du
Canada, etc..P. 156-6
GEOLOGY. Contributions to the Micro-Palæontology of the Cambro Silu-
rian Rocks of Canada, par Arthur H. Foord, 1883...............OP. 49-9
GEOLOGY. Descriptive Catalogue of Economic Minerals of Canada, par Sir
W. E. Logan, 1862.................................P. 38-6, OP. 49-1
GEOLOGY. Differential sampling of bituminous coal seams, par le docteur
James P. Kimball, 1883...P. 114-14
GEOLOGY. Explorations in the Pictou Coalfield, par R. G. Haliburton.....P. 174-20
GEOLOGY. Hunt (J. Sterry). Collection of his various papers on Geology,
Chemistry, &c., from 1854 to 1880 (31 papers)...............P. 172
GEOLOGY. Le Canada d'autrefois, esquisse géologique, par M. l'Abbé J. C.
K. Laflamme à l'Institut Canadien, 1882.......................P. 207 B-12
GEOLOGY. Letter addressed to M. Joachim Barrande on the rocks of the
Quebec Group at Point Lévis, par Sir W. E. Logan, 1863...........P. 221-9
GEOLOGY. Maltese Caves, par A. Leith Adams, 1865-6................P. 174-17-18
GEOLOGY. Miscellaneous...P. 477-1 to 8
GEOLOGY. New Specimens of Eozoon, par Sir W. E. Logan, 1867......P. 174-6
GEOLOGY. Notes of the country in the neighbourhood of the Falls of Mont-
morency, par William Green.......................................P. 203 A-10
GEOLOGY. Notes on the Geology and Botany of N. Brunswick, 1864.....P. 174-9
GEOLOGY. Notes on the Geology of the Peace River Region, par George M.
Dawson, 1881...P. 114-7
GEOLOGY. Observations on Canadian Geology, par Thomas Macfarlane, 1871P. 93-1
GEOLOGY of a portion of the Labrador coast, par le lieut. Baddeley, R.E.. .P. 203 A-7
GEOLOGY of New Brunswick. Preliminary Report par Henry Youle Hind,
1865..P. 388-2
GEOLOGY of some islands in Lake Winnipeg, par J. Hayes Panton, 1886....P. 205 A-2
GEOLOGY. Older, of the Red River and Assiniboine Valleys, par George
Bryce, LL.D., 1891...P. 205 B-6
GEOLOGY. On the chemical and mineralogical relations of Metamorphie
rocks, par T. Sterry Hunt, 1863....................................P. 218-5
GEOLOGY. On the conditions of the deposition of coal, par J. W. Dawson,
1865..P. 218-7
GEOLOGY. On the Flora of the Devonian period in North Eastern America,
par J. W. Dawson, 1862...P. 218-4
GEOLOGY. Observations on the Geology of Southern New Brunswick, par L.
W. Bailey, 1865..OP. 40-5
GEOLOGY. Observations on the Geology of St. John's County, N.B., par G.
F. Matthew, 1869 (?)...P. 174-13
GEOLOGY. Outlines of the Geology of Lake Superior, par le Commandant
H. W. Bayfield..P. 203 A-2
GEOLOGY. Petroleum, its Geological relations. T. Sterry Hunt, 1865....P. 395-2
GEOLOGY. Plans, &c., in English to accompany geological reports for 1853
to 1856..P. 476-3A

3-4 EDOUARD VII, A. 1904

VOLUME

GEOLOGY. Preliminary Report on the Geology of New Brunswick together with a special report on the distribution of the 'Quebec Group' in the province, par Henry Y. Hind, 1865.............................OP. 40-1

GEOLOGY. Remarks on Canadian Stratigraphy, par Thomas Macfarlane, 1879 ....P. 93-3

GEOLOGY. Remarks on the Country lying between the Rivers St. Maurice and Saguenay, par le lieutenant Ingall, 15th Regiment.............P 203 B-9

GEOLOGY. Remarks on the District traversed by the St. Maurice expedition, in the summer of 1829, par le lieutenant Ingall, 15th Regiment...P. 203 B-2

GEOLOGY. Reports of A. Michel and T. Sterry Hunt on the Gold region of Canada, 1866...P. 395-4-5

GEOLOGY. Report of the Geological Structure, &c., P.E.I., par Dawson and Harrington, 1871,...OP. 59-9

GEOLOGY. Report of Henry G. Vennor on the Geology of Hastings County, 1870..... ....OP. 49-2

GEOLOGY. Report of progress of the Geological Survey of Newfoundland for 1881...OP. 49-8

GEOLOGY. Report of the Select Committee of the House of Commons on the Geological surveys, 1881..................... ....OP. 49-10

GEOLOGY. Report on Canadian Goldfields, Quebec, 1865..............P. 395-3

GEOLOGY Reports, French. 1844-5-6, 1849-50, 1850-51, 1851-52, 1852-53, 1853-56, 1858-59 ; general, 1863, 1866, 1878-79........P. 475, 475 A B C D E F

GEOLOGY REPORTS, 1844, 1848, 1855, 1857-58-59, 63-65, 1866-69-70-71, 72-74-7576-77-78-79-81 to 1896 with maps, catalogue, &c., &c., &c....P. 476-1 to 35
  Report for 1897.....................................P. 476-36
  Maps, 1893 to 1897.................................P. 476-37

GEOLOGY. E. S. DeRottermund, Mineral Springs, 1846 .. ..P. 222-10

GEOLOGY. Sketch of the Geology of British Columbia, par George M. Dawson, 1881 ....P. 114-9

GEOLOGY. Some observations relating to the physical condition of the superficial deposits in Canada, par Charles Robb, 1862.................P. 174-19

GEOLOGY. Summary report of the Geological Survey Dept. for 1898 .....P. 449-12

GEOLOGY. Surface Geology of the Red River and Assiniboine valleys, par George Bryce, 1891...P. 205 B-4

GEOLOGY. Superficial Geology of British Columbia, &c., par George M. Dawson, 1881..P. 114-8

GEOLOGY. Superficial Geology of the Valley of the Ottawa and the Wakefield Cave, par James A. Grant, 1869............................P. 84-6

GEOLOGY. Survey of Newfoundland. Report of progress for 1878........P. 346-3

GEOMETRY. Mensuration and the Stereometrical tableau, par Charles Baillargé, I.C..P. 203E-22

GERIN-LAJOIE (A.) Catéchisme Politique ou éléments du droit public et constitutionnel du Canada, 1851..................................P. 23-1

GERIN (LÉON). La loi naturelle du développement de l'instruction populaire, 1898-99..................................P. 447-6-7-8 P. 360-4

GERIN (LÉON). La Seigneurie de Sillery et les Hurons de Lorette, 1901...P. 487-6

GERIN (LÉON). The Hurons of Lorette... ....P. 501-1

GERIN (LÉON). Trois types de l'habitant Canadien Français.............P. 472-3

GERMANS in Wisconsin politics, par Ernest Bruncken, 1896..............P. 459-10

GERMAN Palatine, or immigration to New York and Pennsylvania, par le révérend Sanford H. Cobb, 1897................................P. 368-24

GEORGE THE THIRD. Discourse on the character of, par le révérend John Strachan ; 1810.. P. 235-4

GEORGIAN BAY CANAL. Debate in the House of Commons. Debate in the Senate and Report of the Senate Committee......................P 449-1-2-3

DOC. DE LA SESSION No 18

VOLUME.
GEORGIAN BAY CANAL. Reports, 1858......................... ....P. 507-12
GEORGIAN BAY and Lake Ontario Ship Canal, 1864....................OP. 17-3
GIBB (CHARLES). The Nomenclature of our Russian Fruits, 1887.......P. 225-11
GILBERT (PROFESSOR). Manitoba soils..............................P. 219-14
GILDEA (JAMES N.) Reports on the Survey of the North Shore railway, 1854P. 130-2
GILES (PEARCE). The true source of the Mississippi, 1887..............P. 173-2
GILL (CHARLES). Notes sur de Vieux Manuscrits Abénakis, 1886........P. 222-7
GILPIN (E., JR.) Underground certificates in Nova Scotian coal mines, 1899P. 449-11
GILPIN (E., JR.) Ores of Nova Scotia, 1898.........................P. 450-8
GILPIN (J. BERNARD). Lecture on Sable Island with illustrations, 1858...P. 75-3
GINGRAS (ABBÉ J. A.) Le Bas-Canada entre le moyen-âge et l'âge moderne,
    1880...P. 123-4
GIROUARD (DÉSIRÉ). Etude sur l'Acte concernant la faillite, 1864.......P. 13-9
GIROUARD (DÉSIRÉ). Insolvent Act of 1864 and the proposed amendment. P. 37-5
GIROUARD (DÉSIRÉ). Les anciens postes du Lac Saint-Louis, 1895.......P. 347-10
GIROUX (HENRI). Histoire et Statistiques des institutions Catholiques de
    Montréal, 1869...P. 31-3
GLACIAL PHENOMENON. Indiana Historical Society.................. P. 498-4
GLADU (P.) Le Rév. P. Marquette, S. J., ou notes sur les découvertes du
    Mississippi par un collaborateur de Franc Parleur., 1873............P. 91-5
GLENELG (LORD). A despatch to Sir Francis Bond Head containing His
    Majesty's answer to the separate addresses and representations from
    the Legislative Council and House of Assembly, Session of 1836.....P. 56-1
GLENGARRY LIGHT INFANTRY, by E. Cruikshank, Canadian Military Insti-
    tute, 1895..P. 347-11
GLOBENSKY (C.A.M.) La Rébellion de 1837-38....................P. 152-21
GLOBENSKY (C.A.M.) La Rébellion de 1837-38 ou réponse de M. C. A.
    Globensky à M. L. O. David..................................P. 152-20
GLOBENSKY (C.A.M.) La Rébellion de 1837, à Saint-Eustache...........P. 152-19
GLOUCESTER CORPORATION. Manuscripts of, 1891....................P. 414-22
GOAT ISLAND. Par Peter A. Porter, 1900..........................P. 485-6
GODERICH. A statement of facts, &c., &c., including a railroad to, par Fred-
  · erick Widder, 1853..P. 337-3
GOLD FIELDS (CANADIAN). Voyez Canadian Gold Fields, 1865.OP.13-2, OP. 59-5, P. 395-3
GOLD OF EASTERN CANADA (NOTES ON). par Sir W. E. Logan, 1864.......P. 395-1
GOLD FIELDS, Klondike, par R. G. McConnell, 1900, map attached ......P. 486-6
GOLD in grain, in cattle, in nuggets, 1897.·.... ....P. 452-6
GOLDEN NORTH, par Malcolm MacLeod, M.S., 1898..................P. 458
GOLDIE (JOHN). A Diary of a journey through Upper Canada and some
    of the New England States in 1819 ....P. 446-1
GOLD MINING. The Goldfields of Canada, par le révérend James Douglas.P. 203D-16
GOLD MINING. The Goldfields of Nova Scotia, par le docteur Anderson..P. 203 D-15
GOLD REGIONS OF CANADA. Reports by A. Michel and T. Sterry Hunt, 1866P. 395-4-5
GOLD REGION OF NOVA SCOTIA. Report of T. Sterry Hunt, 1868........P. 395-9
GOLD STANDARD DEFENCE ASSOCIATION. Why Canada is against bimetallism,
    par B. E. Walker, 1897......................................P. 366-4
GOODEVE (CAPTAIN H. H. A.R.) Notice sur les Munitions et Artifices de
    Guerre en usage dans l'artillerie, 1874...................... ....P. 187-5
GOODHUE ESTATE BILL. Statement of its true object, 1871 ....P. 140-6
GOODHUE WILLS. Case in the Court of Error and Appeal, 1872.........P. 180-11
GORDON, one of the officers engaged in the siege of Louisbourg in 1758 : his
    journal..P. 281B-2
GORDON (HON. ARTHUR HAMILTON). Wilderness journeys in New Brunswick
    in 1862-3...P. 117-7
GORMAN (THOMAS P.) Why not have Reciprocity, 1890...............P. 367-8

3-4 EDOUARD VII, A. 1904

VOLUME.

GOSNELL (R. E.) Year Book of British Columbia, 1897.............P. 450-9 & 479
GOSSELIN (ABBÉ). Bonaparte et Pie VII, Conférence ....P. 487-5
GOSSELIN (ABBÉ). François de Montmorency Laval, 1901.............P. 488
GOSSELIN (ABBÉ D.) Histoire Populaire de l'Eglise du Canada..........P. 244-3
GOSSELIN (ABBÉ D.) La France au XIXe siècle.....................P. 515-7
GOSSELIN (L'ABBÉ). Introduction et notes sur un journal de l'expédition
  de d'Iberville en Acadie et à Terre Neuve, par l'Abbé Beaudouin.....P. 487-8
GOSSELIN (ABBÉ A.) Jean Nicolet, 1893...........................P. 286-3
GOSSELIN (ABBÉ). Le Clergé Canadien et la déclaration de 1732, par l'Abbé
  Gosselin..P. 487-7
GOSSELIN (L'ABBÉ A.) Le Dr. Jacques Labrie......................P. 392-4
GOSSELIN (L'ABBÉ A.) Mgr. Saint-Vallier et son temps, par............P. 472-4
GOSSELIN (L'ABBÉ A.) Les Normands au Canada, par 1634-1668........P. 311-10
GOSSELIN (M. L'ABBÉ). Réponse à un mémoire intitulé Observations à pro-
  pos du P. Le Jeune et de M. de Queylus, 1897....................P. 362-4
GOUPIL (RENE). Voyez Novum Belgium.............................P. 211C-3
GREENWOOD (ISAAC I.) Remarks on the Maverick Family and the ancestry
  of Gov. Simon Bradstreet, 1894.................................P. 350-12
GORDON (LIEUT. A. R.) Report on the Hudson's Bay Expedition, 1884...P. 113-5
GOUDIE (D. R.) Perpetual sleigh road supersedes the railway, 1874......P. 230-10
GOULD (NATHANIEL). Sketch of the Trade of British America, 1833.....P. 140-1
GOURLAY (ROBERT). Specific plan for organizing the people and for obtain-
  ing Reform independent of Parliament, 1809....................P. 168-9
GOURLAY (ROBERT). Address to the Jury at Kingston Assizes in the case
  of the King v. Robert Gourlay for libel, with a report of the trial, 1818P. 180-1
GOURLAY (ROBERT). Proceedings at a meeting of the townships of Hope
  and Hamilton in the district of New Castle, 1818................P. 72-6
GOURLAY (ROBERT). The Banished Briton Nepthuman, in 12 parts, 1843..P. 335-1
GOURLAY (ROBERT). Chronicles of Canada, being a record of Robert Gour-
  lay, Esq., now Robert Fleming Gourlay. No. 1 Convention and gag-
  ging law, 1818. Mr. Gourlay's arrest and trial, 1857.............P. 181-6
GOURLAY (Mr.) Case before the Legislature with his Speech. In two parts,
  1858...P. 181-5
GORE (GOVERNOR). A letter on Canada in 1806 and 1817 during the ad-
  ministration of...P. 354-1
GOVERNMENT HOUSE at Halifax, par Sir Adams Archibald, Halifax, 1883..P. 281 A-3
GOWAN (LIEUT.-COL.) Important letter on responsible government, 1839..P. 149-1
GRADUATE, UNIVERSITY Question Considered.......................P. 139-8
GRAIN AND PRODUCE Exchange, Winnipeg, 1897.....................P. 377-10
GRAIN TRADE, par Arthur Harvey, 1863...........................P. 203 D-10
GRAND JURY SYSTEM, How say you ? Review of the movement for abolish-
  ing, par John Alexander Kains,1893.............................P. 303-1
GRAND TRUNK COPPER MINES. South Stukely Reports, &c., 1864........P. 178-10
GRAND TRUNK RAILWAY. Celebration in Montreal at the opening.......P. 484-11
GRAND TRUNK RAILWAY Co. Report of Thomas E. Blackwell for 1859....P. 215-11
GRAND TRUNK RAILWAY. Notes and corrections to the Government Com-
  mission of Enquiry into the Condition and Management, par Walter
  Shanly, 1861..P. 225-4
GRANT (SIR J. A.) Four papers on medical subjects (1880, 1885 and 1887)P. 233-13 to 16
GRANT (SIR J. A.) Gymnastics of the Brain, 1880.................P. 113-10
GRANT (JAMES A., M.D.) Superficial Geology of the Valley of the Ottawa
  and the Wakefield Cave, par...................................P. 84-6
GRANT MONUMENT. Dedication at St. Louis, Mo., 1888 ....P. 231-10
GRANT (J. C.) Reasons and considerations in favour of the claims of the
  Church of Scotland in Canada, 1828...........................P. 375 B-1

DOC. DE LA SESSION No 18

VOLUME.

GRANT (THOMAS HUNTER). The future commercial policy of British North America, 1867...P. 196-13

GRANT (U.S.) The International boundary between Lake Superior and Lake of the Woods, 1895....................................P. 356-3a

GRAVIER (le R. P. JACQUES). Lettre sur les affaires de la Louisiane 23 février, 1708..P. 211d-6

GRAVIER (R. P. JACQUES). Relation ou Journal du Voyage de 1700......P 211a-2

GRAVIER (GABRIEL). Vie de Samuel Champlain, 1900..................P. 482

GREAT BRITAIN and France. Declaration of the Court of Great Britain respecting the late negotiation : 1797..... ....P. 297-4

GREAT BRITAIN. Report on Herring Fishery Industry, 1889............P. 349-9

GREAT BRITAIN. The official correspondence relative to the negotiation for peace between Great Britain and the French republic, 1797.........P. 297-3

GREAT WESTERN PRAIRIES. Travels, par Thomas J. Farnham, 1843 .....P. 336-7

GREAT WESTERN RAILWAY. Meeting of shareholders, 1852..............P. 484-2

GREEN (WILLIAM). Memoranda respecting colouring materials produced in Canada, 1829...P. 203 A-3

GREEN (SAMUEL A., M. D.) Notes and introduction to journal kept by Sergeant David Holden.......................................P. 310-1

GREEN (WILLIAM). Notes on the Country in the neighborhood of the Falls of Montmorency, 1829......................................P. 203 A-10

GREENE (D. M.) Report to the Water Works Committee of the Corporation of Ottawa, 1871..P. 48-3

GREEN (WILLIAM). Some observations upon the Myrtus Cerifera or Myrtle Wax Shrub...P. 203 A-14

GREENE (D. M.) Voyez McAlpine, M. J. Reports on Sawdust, 1873....P. 114-6

GREENWAY. Budget Debate, Manitoba, 1884.........................P. 381-4

GREENWOOD (I. J.) The de Lotbinieres. A bit of Canadian Romance and History, 1896...P. 350-14

GREGOR (Leigh R.) The new Canadian patriotism....................P. 441-12

GREGORY (J. N.) Anticosti. Its shipwrecks. What has been done since Confederation to prevent marine disasters, 1881..................P. 93-4

GREGORY (JOHN GOADBY). Jonathan Carver : his travels in the North-west in 1766-8..P. 459-6

GREGORY (JOHN GOADBY). The land limitation movement, a Wisconsin episode, 1897...P. 459 A. 4

GRENIER (DR. GEORGES). Contagion de la variole, par le............P. 5-8

GRENIER (DR. GEORGES). Quelques considérations sur les causes de la mortalité des enfants, 1871.................................P. 13-2

GRESHAM LECTURE. A discourse on the real principles of the Revolution, the Bill of Rights, &c., &c., in which the representations of Sir Francis Burdett, Mr. Maddox and others are considered, 1809.............P. 168-8

GREY NUNNERY, Montreal. Report on the cause of the fire, 1854........P. 254-16

GRIEVANCES. Report from the Special Committee on the petition of inhabitants of Gaspé. Version française et anglaise, 1830............P. 342-3

GRIEVANCES. Thoughts on the position of the British inhabitants composing the minority in Lower Canada, par John Henry Willan, 1859..P. 342-13

GRIFFIN, Shipyard of the. A brigantine built by René Robert Cavelier de la Salle, par Cyrus K. Remington, 1891.........................P. 256-14

GRIFFIS (REV. W. ELLIOT). The Dutch, our Allies in the revolution.....P. 356-1a.

GRIFFIN (JUSTUS A.) United Empire Loyalists.......................P. 289-2

GROSEILLERS AND RADISSON. Exploration of Lake Superior, par Henry Colin Campbell...P. 459-3

GROUT (WILLIAM W.) Oleomargarine. Remarks on the bill to tax oleomargarine...P. 140-21

VOLUME.

GROUT (WILLIAM W., of Vermont). Remarks in the House of Representatives on a bill to reduce taxation, 15 May, 1888.................P. 216-27
GROUX (EUGENA A). Opinions in the case of, 1858..................P. 232-17
GUÉRISON (UNE). Lévis, 1898...............................P. 392-1b.
GUIBORD. *Voyez* Institut Canadien, 1869............. P. 18-14, P. 153-11
GUIBORD. Plaidoiries des advocats *in re* Henrietta Brown vs. la Fabrique de Montréal. Refus de Sépulture, 1870..........................P. 8-1
GUIBORD. Réflexions d'un Catholique à l'occasion de l'affaire Guibord, 1870.P. 154-8
GUANCHES. An extinct people of the Canaries. On Specimens in the Peter Redpath Museum, Sir J. William Dawson......................P. 382B-25
GUNN (WILLIAM). Report on the Herring Fishing Industry of Great Britain and Holland, 1889......................................P. 349-9
GYROSCOPE. Motions of the top, teetotum and Gyroscope, par le lieutenant E. D. Ashe, R.N., 1863....................................P. 203D-91
GUGY (COL.) Letters addressed to Sir E. B. Head, Gov. Gen'l, &c., 1855..P. 137-1
GUGY (COL.) Some Remarks on the Pamphlet of William F. Coffin.......P. 137-3
GUGY (COL.) How I lost my money.............................P. 137-2
GUGY (A.) Incidents in the life of a Provincial Rebellion of 1837-38, par..P. 217-7
GUGY (B.C.A.) Une explication adressée à mes concitoyens, 1871........P. 95-6
GUGY (B.C.A.) Certaines attestations dédiées au jury éclairé qui a décidé la cause de Gugy *vs* Brown, 1871.................................P. 193-3
GUGY (A.) Legal Intelligence. Hon. Mr. Justice Andrew Stuart, 1872P. 16-4b. P. 30-10
GUGY (B.C.A.) Legal Intelligence, Chief Justice Duval, 1872......P.16-4-4a, P. 30-9
GUGY (B.C.A.) Beauties of the administration of the laws in Quebec (1868?)...P. 95-4
GUGY (B.C.A.) Facts disclosed in some undisputed cases published for the public good by a victim, 1870 ?..................... ....P. 30-8 P. 95-5
GURNEY. Manuscripts of John Henry, 1891 ....P. 414-22
GYLDEN (HUGO) Resumé of a report read before the Swedish Geographical Society, by Hugo Gylden concerning the use of Equidistant Meridians for the fixation of the Hour, (about 1880)......................P. 113-9
GZOWSKI (C.S.) Correspondence MS...............................P. 484-9
    ″   ″   The Esplanade contract.............................P. 484-10

H

HAIGHT (C.). Before the coming of the Loyalists, par..................P. 497-3
HAMILTON'S CRYSTAL PALACE...................................P. 519-6
HARVARD COLLEGE. Early records of, par Andrew McFarland Davis, 1895..P. 368-18a
HARVARD COLLEGE. The librarians of, par Alfred Claghorn Potter et Charles Knowles Bolton, 1897.................................P. 368-19
HARVARD COLLEGE. Twelfth Report of Justin Winsor, Librarian, 1889...P. 252-1
HARVARD UNIVERSITY. Bibliographical contributions edited by Justin Winsor, 1888-9......................................P. 311-5
HARVARD UNIVERSITY. Bibliographical contributions (No. 53), 1898.....P. 439-9
HARVARD UNIVERSITY. Calendar of the Sparks Manuscripts, 1889-91.....P. 278
HARVARD UNIVERSITY. First Report of William Coolidge Lane, Librarian, 1898...P. 440-3
HARVARD UNIVERSITY. Report of the Librarian.....................P. 439-7
HARVARD UNIVERSITY. Publications, Political Science and Economics....P. 517-5
HARVARD (W. M.). No honesty separate from veracity (controversial letters respecting the Church of England in Canada), 1844-45..............P. 139-6
HARVARD (W. M.). Remarks and suggestions respectfully offered, on that portion of the Clergy Reserve property of Upper Canada not specifically appropriated (Lettre à Sir George Arthur), 1838.............P. 90-5

VOLUME.

HARVEY (F. L.) and E. P. Morgan, Hamilton and its industries, 1884.....P. 306-6
HARVEY (ARTHUR). The Grain Trade, 1863..........................P. 203D-10
HARVEY (ARTHUR). Statistical account of British Columbia...........P. 108-2
HARVEY (REV. M.). Voyages and discoveries of the Cabots...........P. 281C-2
HARVUT (H.). Notices sur les rues, ruelles, etc., etc., de la ville de Saint-
    Malo, 1884...P. 156-9
HARVUT (H.). Les Grands Hommes de Saint-Malo. Fac-simile de leur
    signatures avec notices biographiques, 1882 ....P. 156-10
HARVUT (H.). Jacques-Cartier, Recherches sur sa personne et sur sa famille,
    1884...P. 156-11
HARZFELD (S. K.). Catalogue of Coins and Medals, 1877..............P. 210-3
HASTINGS COUNTY. Report on Geology par Henry G. Vennor...........P. 477-2
HASTINGS CORPORATION. Manuscripts of, 1892.......................P. 414-27
HATCH (HON. ISRAEL T.). Speech in the Convention at Detroit, July 1865..P. 348-8
HAW (REV. WILLIAM). Fifteen years in Canada, 1850.........P. 213-8, P. 116-5
HAWLEY (CHARLES). Missions among the Cayugas Jesuits, 1656-1684.
    Sulpicians, 1668. Cayuga Historical Society, 1879................P. 209-1
HAYDEN (REV. HORACE EDWIN). Sketch of Capt. Joseph Davis and Lieut.
    William Jones, 1897...P. 368-23
HAYES (J. D.). The Niagara Ship Canal and Reciprocity, papers, par......P. 348-8
HAZLITT (WILLIAM CAREW). British Columbia and Vancouver Island, 1858.P. 331-2
HEAD (SIR FRANCIS BOND). An address to the House of Lords against the
    bill before Parliament for the Union of the Canadas, 1840..........P. 56-5
HEAD (SIR FRANCIS BOND). Messages, addresses, &c. to him, on his resign-
    ation of the Government of Upper Canada, 1838 ....P. 56-2
HEAD (SIR FRANCIS BOND). Message in answer to the address of the House
    of Assembly of 5th February, 1836, with sundry documents.....P. 71-4, P. 149-4
HEAD (SIR FRANCIS BOND). Speech of Hon. John Rolph, M.P.P., on the
    charges against Simcoe, 1851 ....P. 345-5
HEATHCOTE (J. M.). Manuscript at Conington Castle.................P. 509-3
HÉBERT (NICOLAS DE TOLENTIN). Curé de Saint-Louis de Kamouraska, &c.,
    &c., &c. Noces d'Or, Sainte-Anne de la Pocatière, 1884...........P. 191-18
HELLMUTH (BISHOP). Primary address to the Synod of the Diocese of
    Huron, 5th June, 1872...... ....P. 212-1
HELLMUTH (BISHOP OF HURON). Primary address delivered before the
    Synod of the Diocese, 1872.....................................P. 217-8
HELLMUTH COLLEGE. Prospectus, 1868.............................P. 136-9
HELLMUTH (DR.). Reply to a second letter of the Right Reverend the
    Lord Bishop of Montreal, 1862, also reply to a third letter......... P. 139-20-22
HEMP. Early attempts to introduce its cultivation in Eastern British
    America by Jonas Howe, 1892....................................P. 288-4
HENDERSON (LT.-COL. G. F. R.). The framing of orders in the field, 1895-6.P. 355-7
HENNEPIN. Ses voyages et ses œuvres, par N. E. Dionne, 1897..........P. 450-2
HENRY V. Esquisse d'une grammaire de la langue Innok étudiée, etc....P. 125-2
HENRY's JOURNAL. Fur trade on Red River, 1799-1801, par Charles N.
    Bell..P. 205A-15
HEREFORD CORPORATION. Manuscripts of 1892......................P. 414-27
HERBERT B. ADAMS. Tribute of friends...........................P. 518-10
HÉROINES (LES) de la Nouvelle-France, par J. M. Lemoine, 1888.........P. 324-4
HERON (M. A.). La perte du Canada, 1887.......... ....P. 228-8
HERVIEUX (J. A.). Analyse des lois d'enregistrement (Bas-Canada), 1864.P. 1-4
HEWETT (F. CRESWELL). Recollections of Sedan, 1877...............P. 117-14
HEWSON (M. BUTT). The Canadian Pacific Railway, 1880.............P. 130-8
HEWSON (M. BUTT). The Grand Trunk Railway of Canada, 1876........P. 93-2

3-4 EDOUARD VII, A. 1904

VOLUME.

HIBBARD (ASHLEY). A narrative and exposure of the evil of secret indict-
    ments by grand juries, 1866...................................P. 260-1
HIBBERT (LORD BISHOP) of Nova Scotia. Charge delivered at the visita-
    tion......at Halifax, 1854. ....P. 117-2
HICKS (FREDERICK C.). Territorial revenue system of Missouri, 1896.....P. 356-7b
HIGHAM FERRERS Corporation, Manuscript of, 1891................P. 414-22
HIGHLANDERS, SKETCHES of, with an account of their early arrival in North
    America, par R. C. Macdonald, 1843..................................P. 336-5
HILDRETH (S. P.). Brief history of floods in the Ohio river from 1772 to
    1832..P. 329 A-2a
HILLSBOROUGH (LORD). Regulations lately made concerning the Colonies
    and the taxes imposed on them considered, 1765...................P. 104-1
HILL (REV. GEO. W.) History of St. Paul's Church : Parts I, II, III, IV,
    1878-1883...P. 281-2-9-9½, P. 281 A-1
HINCKS (SIR FRANCIS). Banquet to, at the City Club. Montreal, 31st May,
    1833..P. 148-4
HINCKS (SIR FRANCIS). Boundaries formerly in dispute between Great
    Britain and the United States, 1885...........................P. 107-12a
HINCKS (SIR FRANCIS). Remarks on Currency and Banking, 1876 (?).....P. 49-14
HINCKS (SIR FRANCIS). Reply to Goldwin Smith, 1877.................P. 60-7
HINCKS (SIR FRANCIS). Speech delivered at Pembroke, 27th October, 1870,
    on public affairs...P. 49-12
HINCKS (SIR FRANCIS). The Bank of England and the Act of 1844.......P. 49-13
HINCKS (SIR FRANCIS). The northerly and westerly Boundaries of the Pro-
    vince of Ontario, 1881..P. 49-16
HINCKS (SIR FRANCIS). The political history of Canada, between 1840 and
    1855...P. 85-7, P. 49-15
HINCKS (SIR FRANCIS). The Orange question treated by him and the Lon-
    don Times, 1877..P. 4-4
HINCKS, voir BUDGET. Speeches, Orangism, &c......................P. 215-4
HINCKS (SIR FRANCIS). Inspector General. Documents relating to the
    resignation of the Canadian Ministry in September, 1854. Speech,
    address and correspondence.....................................P. 49-8
        A copy with imprint, 1852....................................P. 49-8a
HINCKS (FRANCIS). Canada. Its financial position and resources, 1849...P. 115-17
HINCKS (SIR FRANCIS). Reply to the speech of the Hon. Joseph Howe, of
    Nova Scotia, on the union of the North American provinces and on the
    right of British Colonists to representation in the Imperial Parliament,
    1855..P. 60-5
HINCKS (SIR FRANCIS). Religious endowments in Canada. The Clergy
    reserve and Rectory questions, 1869...................P. 67-7, P. 352-6
HINCKS (FRANCIS). The Ministerial Crisis. Mr. D. B. Viger and his posi-
    tion, by a reformer of 1836.............................P. 49-4 & P. 85-1
HIND (HENRY Y.) Essay on the insects and diseases injurious to the wheat
    crops, 1857...P. 128-6, OP. 40-1
HIND (HENRY Y.) Report on a topographical and geological exploration
    of the canoe route between Fort William and Fort Garry, &c., during
    the summer of 1857...OP. 1-1
HIND (HENRY YOULE). Preliminary report on the geology of New Bruns-
    wick, with a special report on the distribution of the Quebec group, 1865.P. 388-2
HIND (HENRY YOULE). Sketch of the old parish burying-ground, Windsor,
    N.S., 1889..P. 255-6
HINDE (GEORGE JENNINGS). The glacial and interglacial strata of Scar-
    borough Heights, 1877...P. 114-13
HINDLEY (REV. J. E.) Indian Legends, 1885.......................P. 216-6

DOC. DE LA SESSION No 18

VOLUME.

HISTORICAL EXHIBITION. Canadian, 1900.............................P. 497-2
HISTORICAL EXHIBITION. Act respecting the Canadian, 1896. Prospectus,
1897...P. 376-5-6
HISTORICAL ADDRESS delivered in St. John's Church, Dubuque, Iowa, par
William Stevens, 1896.......................................P. 353-1
HISTORIC HOUSES, par Alexander Servos..........................P. 501-6c
HISTORICAL MAGAZINES. Henry B. Dawson, 1867............P. 427, A.B.C.D.E.F.
HISTORICAL Manuscripts Commission, 15th report, 1899P. 414-40 to 48, P. 509-10, P. 432
HISTORICAL Manuscripts Commission Reports.............P. 414-1 to 39, P. 509-10
HISTORICAL Data re State and Church, par Mrs. J. Rose Holden.........P. 519-6
HISTORICAL St. Paul's. Wentworth Historical Society.................P. 519-6
HISTORIC Value of Smith's Knoll   "   ....P. 519-6
HISTORICAL PORTRAITS. (Record of Canadian) and antiquities exhibited by
the Numismatic and Antiquarian society of Montreal, 1892..........P. 347-2
HISTORICAL SOCIETY. Rhode Island from 1896......................P. 465, &c.
HISTORICAL SOCIETY of Toronto. Women's Constitution, &c., 1896, 1897-98
& 1899...P. 442-5-6-7
HISTORICAL SOCIETY of Ontario. Papers, &c., 1898-99.................P. 460-2-3
HISTORICAL SOCIETY of Toronto. Woman's Canadian, 1895..............P. 364-2
HISTORICAL AND PHILOSOPHICAL Society of Ohio, Journal 1872. Catalogue of
Torrence papers, Report, Annual, 1890 to 1896........ ......P. 329A-3 to 10
HISTORICAL SOCIETY OF OHIO. Annual discourse, 1850..............P. 329A-1
HITTEL ON GOLD MINES and gold mining, 1864.........P. 175-15, P. 180-5
HOBART, LETTER to Rev. Thomas Chalmers on Dr Hobart, par le révérend
John Strachan, 1832..P. 402-10
HODGINS (J. G.) Brief reference to the documentary history of Education
in Upper Canada...P. 355-13
HODGINS (THOMAS). Canada Education Directory, 1857........ ....P. 233-20
HODGINS (J. GEORGE). Hints and suggestions on school architecture, 1886.P. 369-12
HODGINS (J. GEORGE). Irishmen in Canada, 1875 ....P. 100-4
HODGINS (J. GEORGE). The School House, its architecture, &c., 1858.....P. 131-8
HODGKIN (J. ELIOT) Manuscripts Appendix ....P. 414-41
HOFFMANN (CHRISTIAN). Canadian Apatite, 1879, 1880-1-2-1896.P.476-13-16-19-21-22
24-27-29-30-33-35
HOFFMANN (CHRISTIAN). Paper on the Eucalyptus of Australia, 1873.....P. 233-22
HOFFMAN (G. CHRISTIAN). Chemical contributions to the geology of CanadaP. 477-6
HOGAN (J. SHERIDAN). Canada ; an Essay, 1855...................P. 23-3, P. 48-2
HOLDEN (MARY ROSE). Burlington Bay ; Beach and Heights, in History,
1898...P. 442-3
HOLDEN (SERGEANT DAVID). Journal kept during the latter part of the
Indian War, 1760 ....P. 310-1
HOLLAND. Report on Herring Fishing Industry of Great Britain and
Holland, 1889..P. 349-9
HOLMES (MAJOR J. G.) Dominion Artillery Association a prize essay, 1878.P. 115-12
HOLT (MISS). An Autobiographical sketch of a teacher's life, 1875.......P. 20-8
HOME, Manuscripts of the Earl of, 1891...........................P. 414-21
HORETZKY (CHARLES). Some startling facts relating to the Canadian Pacific
Railway and the North West lands, 1880.......................P. 65-4
HORETZKY (CHARLES). The North West of Canada, 1873...............P. 19-7
HORTICULTURE. The Nomenclature of our Russian fruits, par Charles Gibb,
1887...P. 225-11
HOSPITAL SITES. Thoughts on by "Onlooker" (Sir William Dawson) 1889..P. 382B-16
HOTHFIELD, MANUSCRIPTS OF LORD, 1888..........................P. 414-13
HOUSE OF LORDS MANUSCRIPTS 1889 1893.......................P. 414-19 & 28
HOUSE OF LORDS, MANUSCRIPT, 1887 ....P. 414-8
HOWE (JOSEPH), Address, Ottawa, 1872...........................P. 506-1

18—G½

VOLUME.

HOWE (JOSEPH). Letters to the Right Hon. Lord John Russell on the
Government of British America, 1846 ....P. 138-14
HOWE (JOSEPH). Sable Island, 1858...................... ....:..P. 75-3
HOWE (JOSEPH). The Reciprocity Treaty, its history general features and
commercial results, 1865..P. 85-3
HOWE (JONAS). Early attempts to introduce the cultivation of hemp in
Eastern British America, 1892 ....P. 288-4
HOWE (DANIEL WAITE). The laws and Courts of North-West and Indiana
Territories, 1886...................................... ....P. 142-13
" HOW SAY YOU ?". Review of the movement for abolishing the Grand Jury
system in Canada, par John Alexander Kains, 1893. ....P. 303-1
HOWELLS (W. C.). Parties in the United States, Presidential Elections and
manner of conducting them, (1878 ?)....................... ....P. 13-6
HOWELLS (W. C.). Presidential Elections and manner of conducting them,
1876...P. 203G-3
HOWELLS (W.C.). Printing and the Public Press, read before the Institut
Canadien, 23rd December, 1876...............................P. 207A-5
HOWELLS (WILLIAM C.). Some things belonging to the settlement of the
Valley of the Ohio.........:. ....P. 203F-11
HOWLAN (SENATOR). Speech on communication between Cape Tormentine
and Cape Traverse.......................... ....P. 107-13
HUART (L'ABBÉ VICTOR A.). Notice Biographique de Mgr. Racine, 1889..P. 249-2
HUBBARD (J. H.). Sport in the Manitoba North West, 1886.. ....P. 142-16
HUBBARD (ROBERT J.). The Mystery of the Muller Mansion, 1894.......P. 356-1c.
HUBERT (PETRUS). Lois organiques et jurisprudence sur le notariat actuel
en la province de Québec, 1870................................P. 34-6
HUDDART (JAMES). Papers in reference to Atlantic Steamship Line, 1894.P. 349-12
HUDSON'S BAY and Pacific Railway route with a map, par le Colonel Josiah
Harris, 1897..P. 376-3
HUDSON'S BAY Co. Charter 1670 and supplementary charter (1884) of the
Hudson's Bay Company...P. 109-1
HUDSON'S BAY Co. Claim of chief factors and chief traders to the Oregon
Indemnity, 1892.... ....P. 306-14
HUDSON'S BAY Co. Seven Oaks. Unveiling the monument to mark the
spot where Semple fell, 1891...................................P. 205B-8
HUDSON'S BAY. Commercial Importance of Hudson's Bay, par Robert Bell,
1881...................... ... .P. 86-8
HUDSON'S BAY. Le Bassin Méridional de la Baie d'Hudson, par J. C. Lan-
gelier, 1887...................... ....P. 228-20
HUDSON'S BAY. Opinions and award of the commissioners under the Treaty
of 1 July, 1863, for the settlement of the claims of the Hudson's Bay
and Pujet Sound Companies, 1869...............................P. 109-2
HUDSON'S BAY. Our Northern Waters, a report presented to " The Winnipeg
Board of Trade " regarding the Hudson's Bay and Strait, par Charles
M. Bell, 1884......................................P. 108-7
HUDSON'S BAY. Report of the Select Committee to inquire into the question
of the navigation of Hudson's Bay, 1884...................... .OP. 39-6
HUDSON'S BAY. Report of the Hudson's Bay Expedition under the command
of Lieut. A. R. Gordon, R.N., 1884.......................P. 113-5
HUDSON'S BAY. Report of the Select Committee of the Legislative Assem-
bly of Manitoba on the practicability of communication via Hudson's
Bay, 1884..P. 133-8
HUDSON'S BAY. Report on an Exploration on the east coast by Robert Bell,
for 1877..P. 476-13
HUDSON'S BAY. Return to an address of the Legislative Assembly (16th
March, 1857) respecting the title of the Hudson's Bay Company......P. 87-3

VOLUME.

HUDSON'S BAY   Return to the Legislative Assembly for copies of Charters, Leases, &c., under which the Hudson's Bay Company claim title to H. B. Territory, 1857...P. 109-3

HUDSON'S BAY.   The Hudson's Bay Territories.   A series of letters on this important question, par Edward Ermatinger, 1858..................P. 256-4

HUDSON'S BAY.   Le Détroit et la baie d'Hudson, par G. F. Baillairgé......P. 238-7

HUDSON, Possible grave of, May 22, 1897...........................P. 386-7

HUDSON'S BAY.   Voyez Ungava Bay........ ....P. 203 C 11

HUGHES (JAMES L.) Introductions to " The Jesuits," par le Principal Austin, 1890 ....P. 249-10

HUGHES (WILLIAM L.) Un Espion Fédéral, 1865.....................P. 4-11

HUGUET-LATOUR. Annuaire de Ville-Marie ....P. 46-3

HULL Electric Company, 1900.... ....P. 502-7

HULTON. Manuscripts of W. B., 1891.............................P. 414-22

HUMANE SOCIETY, Ottawa. Report, 1893-4.........................P. 306-11

HUME (JOSEPH M. P.) The celebrated letter to William Lyon Mackenzie, declamatory of a design to " Free these Provinces from the baneful Domination of the Mother Country," with comments, 1834..........P. 95-1

HUNSTANTON HALL. Manuscripts at, 1888 ....P. 414-13

HUNTER (ANDREW F.) Sites of Huron villages in the Township of Tiny, 1899 ....P. 441-16

HUNTER (A. F.) Sites of Huron Villages, 1900.....................P. 497-4

HUNTER (J. HOWARD). Upper Canada College question and U. C. College question, 1868...P. 146-12-13

HUNT (T. STERRY) and A Michel. Reports on the gold region of Canada, 1866 ....P. 107-15
                                                              P. 395-4-5

HUNT (T. STERRY) and A. Michel. Reports on the gold regions of the County of Hastings, 1867....................................P. 107-16

HUNT (T. STERRY) Canada, geographical, &c., 1865............EP. 5-3, P. 175-20

HUNT (T. STERRY). Descriptive catalogue cf crystalline rocks sent to the London International exhibition, 1862......... ....P. 477-1

HUNT (T. STERRY). Collection of his various papers on Geology, Chemistry, &c., 1854 to 1880. (There are 31 papers)...... ....P. 172

HUNT (T. STERRY). On the chemical and mineralogical relations of the metamorphic rocks, 1863.....................................P. 218-5

HUNT (DR T. STERRY). On the Eozoon, 1865.........................P. 175-19

HUNT (T. STERRY). Petroleum, its geological relations, with special reference to Gaspé, 1865..P. 395-2

HUNT (T. STERRY). The apatite deposits of Canada, 1884 ....P. 93-6

HUNT (T. STERRY). The gold regions of Nova Scotia, report, 1868.........P. 395-9

HUNT FOR THE Captives (My), par C. Alice Baker, Deerfield, 1888 ....P. 231-2a

HUNTINGTON (L. S.) Independence of Canada, 1869 ....P. 21-8 P 138-18

HUNTINGTON (L. S.) Reform government in the Dominion, 1878......P. 12-14 P 41-9

HUOT (L. H.) Le rougisme en Canada, par un Observateur, 1864.....P. 2-1, P. 122-5

HUOT (LUCIEN). Le Siège du Fort de Saint-Jean en 1775. Version anglaise et française ....P. 228-21, P. 229-1, P. 310-2

HURLBERT (J. B.) Collection of the products of the forests and waters of Upper Canada, 1862..P. 196-11

HURLBERT (J. B.) Current of air and ocean in connection with climates, 1883...................................P. 196-12 & P. 200-3

HURLBERT (J. B.) Field and Factory side by side, 1870..............P. 27-10

HURLBERT (J. B.) Food Zones of Canada, 1884....................... P. 200-5

HURLBERT (J. BEAUFORT). Jesuit Teaching on the ten commandments, 1890,P. 244-2

HURLBERT (J. B.) The climate, productions and resources of Canada, 1872,EP. 11-7

VOLUME
HURON CHURCH Society, 1859 to 1868...............................P. 373 H
   "   1869 to 1874................................P. 373 J
HURON AND OTTAWA Territory. Remarks on the Surveys, 1861, 1862, 1863.P. 109-4
HURON COLLEGE. Inaugural Address by the Rt. Rev. C. P. McIlraine, 1864.P. 490-5
HURON, DIOCESE of, Synod Journal, 1888...........................P. 307-5
   "   "   1889...... ....P. 307-6
HURONS DE LORETTE et la seigneurie de Sillery 1901, par Léon Gerin.....P. 487-6
HURONS OF LORETTE, par Léon Gerin.................................P. 501-10
HURON, BISHOP of. Objections to the theological teaching of Trinity Col-
   lege, and reply, 1862...P. 92-5-6
HURON, SYNOD of the United Church of England and Ireland in the diocese
   of, 1861, with abstracts from minutes of 1858-59 and 1860. 1865 to
   1886..P. 373 A 1 to 13
HURON TRACT. A statement of facts, &c., on public improvements, 1853..P. 337-3
HURON VILLAGES. Sites of, par A. F. Hunter, 1899, 1900........P. 497-4, P. 441-16
HUSBANDMEN. Money and the Money Question in Canada, 1897. ....P. 446-2
HUTCHINGS (CAPT. ROBERT.) Sermon on the death of, par le révérend Philip
   Toque, 1853...P. 508-14
HUTTON (WILLIAM). Canada and Illinois compared, being an answer to
   Caird's slanders on Canada, 1859...............................P. 128-10
HYDE (WILLIAM). Newspapers and newspaper people of three decades....P. 356-7a
HYDRAULIC tables, Halifax, par E. H. Keating......................P. 379c-9
HYDROGRAPHIC Office, U. S. Sailing directions for English Channel......P. 292-11
HYDROGRAPHIC Office, U. S. The Atlantic Ocean, 1886................P. 292-8 & 9
HYDROGRAPHIC Office, U. S. The Mediterranean Sea, 1886.............P. 292-10
HYDROLOGY of the St. Lawrence, by the late T. E. Blackwell ; annexes par
   W. J. Patterson, 1874..P. 343-7
HYNDMAN, P. K. Inverness Railway, Cape Breton, 1890..............P. 385-3

I.

IBERVILLE. Conférence 11 mars, 1875, par P. J. Jolicœur..............P. 207-3
IBERVILLE. Journal de l'expédition d'Iberville en Acadie et à Terreneuve,
   par l'Abbé Beaudoin, avec une introduction et notes par l'Abbé Gosselin,
   1900 ....P. 487-8
IBERVILLE. Journal du voyage fait par deux frégates du Roi, 1698.P. 203, N.4,P.82-5
ICE BRIDGE opposite Quebec. Report of the select committee on, 1853....OP. 59-1
ICELANDIC Settlements in Canada, par Sigti Jonasson. Manitoba Histori-
   cal Society..P. 500-10
ILLINOIS. Campaign of George Rogers Clark, par Dan B. Starkey, 1897..P. 422-2
ILLINOIS STATE HISTORICAL LIBRARY. The Territorial Records of Illinois..P. 517-2
ILLINOIS STATE HISTORICAL SOCIETY. Transactions, 1901.................P. 517-3
ILLINOIS in the 18th century, by Edward G. Mason, 1881 ....P. 142-14
ILLINOIS. State Historical Library Report.................. ....P. 498-2
   "   "   "   1896.....................P. 308, A. 11
IMMIGRATION. A few facts about Manitoba, 1897....................P. 370 10
IMMIGRATION. A mixed farming and mining country, 1897, par Isaac Corvie.P. 452-7
IMMIGRATION. Gold in grain, in cattle, in nuggets, 1897...............P. 452-6
IMMIGRATION. Report and evidence before the Public Accounts Committee,
   1891 ....P. 371-2
IMMIGRATION. Northern districts of Ontario, Canada..... ....P. 452-5
IMMIGRATION. Report of the Department of Agriculture and Immigration
   for Manitoba, 1895.......................................P. 381-15

DOC. DE LA SESSION No 18

. VOLUME.

IMMIGRATION. Western Canada, 1897. Manitoba, Assiniboia, Alberta, Saskatchewan, Eastern Canada, 1898 . . . . P. 452-9-10
IMPERIAL Consolidation in commerce and defence, par Thomas Macfarlane, 1897 . . . . P. 503-3
IMPERIAL FEDERATION. Address by Arch. McGoun, jr., Montreal, 1884 . . . P. 344-9
P. 115-11
IMPERIAL FEDERATION. Adjustable Federation, by W. D. Lighthall,1888. . P. 257-4
IMPERIAL FEDERATION. Annexation, Independence and, facts and reflections on, par James Douglas . . . . P. 300-5
IMPERIAL FEDERATION. The Great game. A plea for a British Imperial Policy, by a British subject, with an introduction by a Canadian, 1875.P. 25-6
IMPERIAL FEDERATION and Parliamentary Reform. British Colonial World, 1884 . . . . P. 138-24
IMPERIAL FEDERATION, par le Très honorable W. E. Foster, 1885 . . . . P. 132-10
IMPERIAL FEDERATION LEAGUE. Expressions of opinion by public men,1885,P. 138-21
IMPERIAL FEDERATION. For closer union, par F. Blake Crofton, 1897 . . . . . P. 355-19
IMPERIAL FEDERATION LEAGUE in Canada, 1887 . . . . P. 216-13
IMPERIAL FEDERATION LEAGUE in Canada. Speech at Paris, Ont., par A. McNeill, M.P., 1888 . . . . P. 216-14
IMPERIAL FEDERATION LEAGUE. Report of the adjourned conference and of the first meeting of the League, 1884 . . . . P. 115-10
IMPERIAL FEDERATION. National Unity, par George Baden Powell, 1884. . . P. 132-9
IMPERIAL FEDERATION. Policy of Self Help. Suggestions towards the Consolidation of the Empire and the defence of its industries and commerce. Deux lettres par W. Farrer Ecroyd, 1879 . . . . P. 60-8
IMPERIAL FEDERATION. Political Organization of the Empire, par Francis P. Labrillière, 1881 . . . . P. 60-9
IMPERIAL FEDERATION. Report of the conference held July 29, 1884.P. 138-22, P. 115-9
IMPERIAL FEDERATION. Review of British Diplomacy and its fruits, par Robert G. Haliburton, 1872 . . . . P. 138-19
IMPERIAL FEDERATION. The Colonies and the Cannon Street meetings, 1870.P. 224-6
IMPERIAL FEDERATION. United Empire Paper read by Thomas Macfarlane, 1885, 1891 . . . . P. 257-15, P. 138-23
IMPERIAL UNITY LEAGUE of Ottawa, 1899 . . . . P. 503-7
IMRIE (PETER). Canadian Politics, 1882 . . . . P. 115-3
INDEPENDENCE, Annexation and Imperial federation facts and reflections on, par James Douglas . . . . P. 300-5
INDIA. Rainfall and climate, par Sir Joseph Fayrer . . . . P. 477-1
INDEX Polémique, 1870 . . . . P. 151-2
          Pour la première lecture, voyez . . . . P. 153-11
INDEX to Periodicals, 1891 . . . . P. 277 and 277a
INDIANA. Historical Society, St. Joseph, Kankakee, Portage . . . . P. 498-3
                Glacial Phenomenon . . . . P. 498-4
                Supreme Court . . . . P. 498-5
INDIAN. A Cry from the Saskatchewan, 1885 . . . . P. 302-3
INDIAN. Catalogue of a few remarkable coincidences, &c., which induce a belief of the Asiatic Origin of the North American Indians, par le major Mercer, R.A . . . . P. 203A-15
INDIANS. Copie d'une lettre escrite, par le Père Jacques Bigot l'an 1684 pour accompagner un collier, 1858 . . . . P. 211d-7
INDIANS. Aborigines of the North-West, par Frank Taylor Terry . . . . P. 459-5
INDIANS. Aborigines of the Ohio Valley, parWilliam Henry Harrison, 1883,P. 229-10
INDIANS. Abrégé de la Mission de Quinté . . . . P. 203N-2
INDIANS. Account of the four Indian Princes lately arrived from North America, 1710 . . . . P. 268-6

3-4 EDOUARD VII, A. 1904

VOLUME

INDIANS. Account of the opening of a new mission to the Indians of the
diocese of Huron, Canada....................................P. 160-12

INDIANS ADMINISTRATION in the North-West, 1886....................P. 346-17

INDIANS. Appeal to the Montreal Conference and the Methodist Church
generally, by Rev. John Borland, against charges by Rev. William Scott
in respect to the Oka Indians, 1883............................P. 144-9

INDIAN (David Boyle), Archæological report (Indian remains), Canadian
Institute, 1886-7...P. 227-15

INDIANS. Assumptions of the Seminary of St. Sulpice to be the owners of
the Seigniory of the Lake of Two Mountains, &c., exposed and denounced
par le révérend John Borland, 1872............................P. 144-8

INDIANS. Catéchisme Algonquin avec Syllabaire et Cantiques, 1865..... P. 122-3

INDIANS. Contribution to a Proper Understanding of the Oka Question, par
Beton, 1879...P. 48-7, P. 91-8

INDIANS. Esquisse d'une grammaire de la Langue Innok, par V. Henry, 1878,P. 125-2

INDIANS. Experience of five Christian Indians of the Pequod Tribe, publié par William Apess, 1837...................................P. 216-3

INDIANS (Facts on the) respecting Indian Administration in the North-West.P. 198-7

INDIANS. Fort Wayne, Manuscript containing Indian Speeches and a
Treatise on Western Indians, publié par W. Beckwith, 1883........P. 229-11

INDIANS. Grammar of the Huron language, by a missionary of the village
of Huron Indians at Lorette, near Quebec.......................P. 203 B 7

INDIANS. Guerre au Canada, publié par les classes ouvrières de Montréal,
1881...P. 190-12

INDIANS. Histoire de l'Eau-de-vie en Canada, 1705..................P. 152-1

INDIANS. Histoire de l'Eau-de-vie en Canada........................P. 203 T-8.

INDIANS in New England. The day breaking if not the rising of the Gospel
with the, 1865...P. 348-1
    Réimprimé de l'édition de 1647.

INDIANS. Iowa Indians. The first at Montreal, par Edward D. Neill ....P. 368-12

INDIANS, Iroquoise (L') de Caughnawaga, par H. Emile Chevalier, 1858.....P. 3-3

INDIANS. Jesuit Missions among the Cayugas, 1656-1684. also an account
of the Sulpitian Mission among the Cayugas about Quinte Bay in 1668.P. 209-1

INDIANS. Jesuit Missions among the Senecas, Cayuga Historical Society,No.
3, 1884...P. 209A

INDIANS.. Journal de la guerre du Mississipi contre les Chicachas en 1739,
et finie en 1740...P. 211A-1

INDIANS. Journal of Lieut. John L. Hardenbergh, May 11 to October 3,
1779, in General Sullivan's campaign against the Western Indians.
Cayuga Historical Society.....................................P. 209-2

INDIANS. Journal of several visits to Indians on the Kennebec River, by
Rev. Joseph Baxter of Medfield, Mass., with notes par le rév. Elias
Mason, 1867...P. 215-12

INDIANS. Journey across the Continent of North America by an Indian
Chief, about the middle of last century, as taken from his own mouth,
and reduced to writing by M. LePage du Pratz, communicated by
Andrew Stuart...P. 203A-12

INDIANS. Jugement erroné de M. Ernest Renan sur les langues sauvages,
par N. O. (J. A. Cuoq..P.'228-4

INDIANS. Indian Legends, par le révérend J. I. Hindley. 1885 ....P. 216-1

INDIANS. Lettre du Père Charles L'Allemant où sont contenues les mœurs
et façons de vivre des sauvages, &c., 1627.....................P. 126-5

INDIANS. Life of Ma-Ka-Tai-She-Kia-Kiak or Black Hawk, 1834........P. 332-1

INDIANS. Livres Sauvages, 1857, Lovell...........................P. 155-1

    "   "   1844, Fréchette.........................P. 155-2

IN VOLUME.

INDIANS. (Canadian). Medals awarded to, par R. W. McLachlan, 1899...P. 503-16
INDIAN. Memorial of Sa-Sa-Na, the Mohawk Indian..................P. 408-13
INDIANS. Memorial of the Chippeway tribe of Indians praying that they
    may be allowed to form themselves into one tribe as they were prior to
    1831, and to hold their lands, &c., in common, 1871..................P. 161-9
INDIANS. Mémoire sur les difficultés entre MM. les Ecclésiastiques du
    Séminaire de Saint-Sulpice de Montréal et certains Indiens de la Mission
    d'Oka, Lac des Deux-Montagnes, 1876 ....P. 91-7
INDIAN. Mishiniigin. Livre de Messe en langue sauvage, 1852.........P. 122-4
INDIANS. Missions de la Colonie Huronne et la colonie Iroquoise, 1861....P. 211b
INDIANS. Monographie des Déné Dindjié par le R. P. E. Petitot, 1876....P. 125-1
INDIANS (Moravian). Founding of their mission on the River Thames.....P. 269-3
INDIANS. Narré du voyage fait pour la Mission des Abnaquiois, &c., par
    Gabriel Dreuillette..P. 211 d-3
INDIANS. Narrative Visit of the Governor General and the Countess of
    Dufferin to the Six Nation Indians, 1885.......................P. 136-11
INDIANS. Notes of diseases among the Indians frequenting York Factory,
    Hudson's Bay, par Percy W. Mathews, 1885.....................P. 136-15
INDIAN. Notes sur de Vieux Manuscrits Abénakis, par Charles Gill, 1886.P. 222-7
INDIANS of the Lake of Two Mountains and the Seminary of St. Sulpice,
    1878 (?)...P. 144-10
INDIANS of New York, par l'honorable Elliot Danforth, 1894 ....P. 356-1h
INDIANS, Oka. Petition of the Iroquois and Algonquin Indians and others.P. 144-7
INDIANS. Origin of the Aborigines of Canada, par le professeur J. Campbell.P. 203 H-3
INDIANS. Part of the New Testament of our Lord and Saviour Jesus Christ
    translated into the Chippewa tongue par Peter Jones, 1829..........P. 49-2
INDIANS. Quelque Particularitez du Pays des Hurons en la Nouvelle France
    remarquée, par le Sieur Gendron, 1660.........................P. 211 d-9
INDIANS. Relation de la Mission Abénaquise par le P. Jacques Bigot, 1865,P. 211 d-5
INDIANS. Remarks on the Indians of North America in a letter to an
    Edinburgh Reviewer, 1822... ....P. 49-1
INDIAN Sayenqueraghta the King of the Senecas, par George S. Conover, 1885,P. 302-16
INDIAN. Seneca Indian Villages, par G. S. Conover...................P. 302-18
INDIAN. Sketches of the Tête de Boule Indians, River St. Maurice, par J.
    Adams...P. 203 B-3
INDIANS. Tenth Report on the North-western tribes of Canada, 1895.....P. 347-7
INDIANS. The Abenaki Indians ; their treaties of 1713 and 1717 and a
    vocabulary, par Frederic Kidder, 1859.........................P. 216-5
INDIANS. The Aborigines of Canada under the British Crown, par William
    Clint..P. 203 G-8
INDIANS. The Illinois and Indiana Indians, par Hiram W. Beckwith, 1884.P. 229-12
INDIANS. The language of the Dakota or Sioux, par F. L. O. Roehring, 1872.P. 367-1
INDIANS. The Indian of New England and the North-eastern Provinces,
    with vocabularies, 1851.................... ....P. 216-4
INDIANS. The New England, a bibliographical survey, 1630–1700, par
    Justin Winsor, 1895.......................................P. 350-18
INDIANS. The use of Maize by Wisconsin, par Gardner P. Stickney, 1897..P. 459a-3
INDIAN WAR. French and, 1760. Journal kept by Serjeant David Holden,
    1889 ....P. 310-1
INDIANS. Rapport des Commissaires Spéciaux le 8 de Septembre, 1856,
    pour s'enquérir des Affaires des Sauvages en Canada................OP. 38-3
INDUSTRIES. Industrial Canada. The duty of development and how to
    accomplish it, par A. Baumgarten, 1876.....................P. 343-11 P. 20-4
INDUSTRIES. Labour and Capital. How to unite them and produce uni-
    versal Industry and Prosperity, par F. P. MacKelcan, 1872..........P. 27-11
INDUSTRIES. Londonderry Iron Mines, 1857 ....P. 114-15

VOLUME.

INDUSTRIES. Projet pour l'établissement d'une sucrerie de Betteraves au Canada, par Émile Bonnemart, 1872....................P. 22-11
INDUSTRIES. Rapport du Comité Spécial pour prendre en considération les meilleurs moyens de développer l'Industrie dans cette province, 1872..P. 13-13
INDUSTRIES. Short Treatise on the milk weed or silk weed and the Canadian nettle viewed as Industrial Resources, par Alexander Kirkwood, 1867 ....P. 117-12
INFLUENCE OF COLLEGE. Inspiration on after life, par Horatio Rogers,1898.P. 440-5
INGALL (LIEUT.) Remarks on the district traversed by the St. Maurice expedition in the summer of 1829.............................P. 203 B-2
INGALL (LIEUT.) Remarks on the country lying between the Rivers St. Maurice and Saguenay, 1831....................................P. 203 B-9
INGLIS (RIGHT REV. CHARLES). First Bishop of Nova Scotia, par l'évêque Perry of Iowa (parts 1 to 4) ....P. 246-1 to 5
    Voir aussi...P. 246-9
INHABITANT OF THE PROVINCE. Sketches of New Brunswick containing an account of the first settlement, &c., 1825.......................P. 141-1
INLAND REVENUE. Returns and Statistics, July to December, 1875.......OP. 22-11
INTERNATIONAL Coal Mining Co. Reports, 1866. Charter, 1866... .....P, 179-17
INTERCOLONIAL Railway in connection with a harbour at Rimouski, 1869...P. 260-3
INTERCOLONIAL Railway. The genesis of its bridges, 1875..............P. 349-4
INTERNATIONAL Gold Mining Co., prospectus, 1863 ....P, 179-9
INTERPROVINCIAL Conference at Quebec, Oct. 1887....................P. 227-16
    Version française...P. 228-14
INVASION OF Canada. Invasion of Quebec, 1775. Voir American Revolutionary War.
INSANITY. Report of the Medical Superintendent of Nova Scotia Hospital for the Insane, 1872...... ....P. 378-10
            1884..P. 378-11
INSECTS of Canada, 1883 ....P. 274
INSURANCE. Report of the Second Annual Meeting of the Provincial Mutual and General Insurance Co., 1851......................P. 221-7
INSURANCE. Report, &c., of the First Annual Meeting of the Provincial Mutual Insurance Company, 1850...........................P. 232-9
    Second, third and fifth meetings....................P. 232-10-11-12
INSTRUCTION. Manuel des notions utiles, par Jacques Crémazie, 1852.....P. 333-5
INSOLVENCY. Fallacy of Insolvency Laws and their baneful effects, 1888..P. 232-15
INVERNESS Railway, Cape Breton, par P. K. Hyndman, 1890.... ......P. 385-3
INVENTAIRE. Sommaire des Archives de la Navire, 1882................P. 311-6
IRELAND and the Empire. A speech, par Nicholas Flood Davin, 1885.....P. 366-12
IRELAND. Report of Deputy Keeper of Records, 1884-1885.............P. 417-1-2
IRELAND. Speech of the Earl of Clare on the motion of the Earl of Moira, 1798..P. 297-5
IRISH Protestant Benevolent Society of Montreal. Report, 1889.........P. 307-9
IROQUOIS Confederacy. Consolidation of, by James Douglas, 1897.......P. 438-7
IRRIGATION and Canadian irrigation surveys. General report, 1894-1895,..P. 387-1-2
IRRIGATION, 1894-95. Maps to accompany reports of the Department of the Interior..P. 387A
IRVINE, l'hon. M.. par P. A. J. Voyer, 1883.........................P. 344-5
ISHAM (EDWARD S.). Frontenac and Miles Standish in the North-west, 1889...P. 311-4
ISLES DE LA MAGDELEINE. Réponse des habitants. "L'Echo." 1874......P. 151-7
ISLE AUX ŒUFS. Analyse chronologique relative à la Concession du 25 février, 1661..P. 151-3
IVES (W. B.). Speeches on the Canadian Pacific Railway, 1884.........P. 102-3

VOLUME.

J.

JACKSON (JOHN MILLS).　Answer to his pamphlet by an "American Loyalist," no date (1809 ?)..P. 147-2

JACKSON (ROBERT).　Mercantile Navy List, London Lloyds' Committee, 1885...OP. 50-3

JACKSON (LT. COL. W. H.).　Report on matters in connection with the suppression of the rebellion in the N.W. Territories, 1885...........OP. 61-8

JACOBS (REV. PETER).　Journal from Rice Lake to the Hudson's Bay Territory, with a brief account of his life, 1853.......................P. 38-4

JACQUES CARTIER.　Commission de s'enquérir de certaines accusations contre l'élection d'un député, 6 juin, 1884........................OP. 52

JAGO (WILLIAM).　Confidential report on the wheat and flour supply of the United Kingdom, 1885.......................................P. 142-15

JAMAICA Exhibition, 1891...P. 313B-7

JAMES (C. C.).　A Bibliography of Canadian Poetry, 1899..............P. 460-1

JAMES (EDMUND J.).　Address before the American Bankers' Association, 1891...P. 250-12

JAPAN.　Sketch of the life of Date Masamune and an account of his embassy to Rome, par C. Merriwether, 1892.......................P. 447-9

JARVIS (The) Letters, par Miss M. A. Fitzgibbon.....................P. 519-1

JARVIS (J. B.).　Report relative to the survey of the proposed Caughnawaga Canal, 1855..OP. 17-1, OP. 1-4

JAY (JOHN).　The Fisheries Dispute, a letter to the Hon. W. M. Evarts, 1887...P. 196-20

JENKINS (EDWARD).　Canadian Immigration in 1875.　Report..........P. 181-11

JENKINS (EDWARD).　The Great Dominion, 1875........................P. 118-9

JEPHSON (ALFRED R. N.).　Ostrich farming at the Cape of Good Hope....P. 203G-14

JEUNES (les Barbares) par Arthur Buies..............................P. 301-5

JESSUP (HON. WILLIAM).　State Agriculture Address, 1878.............P. 128-8

JESUITS.　Canadian Missions.　Relatio auctore Josepho juvencio, S. J.....P. 126-7

JESUITS.　Complete and revised edition of the debate on the Jesuits' Estates Act in the House of Commons, Ottawa, March, 1889.............P. 227-10

JESUITS.　Copie de trois lettres escrittes és années 1625 et 1626, par le P. Charles L'Allemant Supérieur.........en la Nouvelle-France........P. 126-3

JESUITS.　Dreuillette, le R. P. Gabriel, 1650.......................P. 211d-3

JESUITS.　EPISTOLA.　Rev. P. Gabriel Dreuillette societatis Jesu Presbyteri ad domimum Joannem Winthrop scutarium, Neo-Eboraci, 1869.....P. 211d-8

JESUITS IN IRELAND.　Archives of the, 1885..........................P. 414-5

JESUITS.　Jesuit Missions among the Cayugas, 1656–84.　Cayuga Historical Society...P. 209-1

JESUITS.　Jesuit Mission among the Senecas, 1884...................P. 209A.

JESUITS.　La Question du règlement des biens des Jésuites, 1889........P. 302-5

JESUITS.　Les Biens des Jésuites.　Discours de l'hon. M. Mercier, prononcé à l'Assemblée Législative le 28 juin, 1888.....................P. 227-11

JESUITS.　Lettre du Révérend Père Charles L'Allemant, Supérieur....... en la Nouvelle-France, datée du 22 novembre, 1629 ....P. 126-6

JESUITS.　Notice Historique sur la Compagnie de Jésus au Canada, 1889..P. 259-1

JESUITS.　Notes on the two Jesuit manuscripts belonging to the estate of the late Hon. John Neilson, par l'abbé Sasseville et Dr. J. Gilmary Shea, 1887...P. 215-6

JESUITS.　Notes sur les biens que les Jésuites possédaient en Canada, et sur l'affectation que ces biens doivent recevoir aujourd'hui, 1845........P. 119-13

JESUITES. (Règlement des biens des).　Article de l'Electeur, Québec, 1889, P. 287-14

JESUITS.　Origin, History, &c., par le Principal Austin, 1890............P. 249-10

VOLUME.

JESUITS. Relation de ce qui s'est passé en la Nouvelle-France en l'année
1626, par Charles L'Allemand, 1629 .... P. 126-4
JESUITS. Relation de ce qui s'est passé de plus remarquable aux missions
des Pères de la Compagnie de Jésus en la Nouvelle-France les années
1672 et 1673, par le R. P. Claude Dablon .... P. 211b-1
JESUITS. Relation des affaires du Canada en 1696 et des Missions jusqu'
en 1702.. .... P. 211d-4
JESUITS. Relation de sa captivité parmi les Onneionts en 1690, par le R.
P. Pierre Milet... P. 211d-2
JESUITS. Relation ou Journal du voyage du R. P. Jacques Gravier, en 1700
depuis le pays des Illinois jusqu' à l'embouchure du Mississipi .... P. 211a-2
JESUITS. Their apologists and their enemies. A lecture par le révérend
M. J. Whalen, 1889... P. 227-9
JESUITS. The Jesuit Order, or an infallible Pope who being dead, speaketh
about the Jesuits. Sermon par le révérend J. J. Ray, 1889......... P. 227-12
JESUIT TEACHING on the Ten Commandments, par J. Beaufort Hurlbert,
1890... P. 244-2
JESUITS. Trois Apôtres de la Nouvelle-France ses Rév. Pères Jean de
Brebeuf, Isaac Jogues et G. Lalemant, par le Rév. P. Fred. Rouvier,S.J..P. 262-1-2-3
JOANNES (Major de Quebec). Conquest of Canada.................... P. 214
JOHN BROWN in Canada, par James Cleland Hamilton, 1894............ P. 311-8
JOHNSON (GEORGE). Alphabet of first things in Canada, 1897.P. 244-H, P. 300-1, also
P. 446-4
JOHNSON (GEORGE), Dominion Statistician on Mr. Wiman's panacea, 1889..P. 311-12
JOHNSON (GEORGE). Progress of Canada, 1889..............P. 234-7-8-9-10, P. 239-9
JOHNSON (GEORGE). Statistical Abstract and Record, 1886............. P. 480
    "   · Graphic Statistics.................................. P. 480
    "   Statistical Year Book, 1893.................... P. 480 1 to 16
JOHNSON (REV. J. H.) Education, Practical and National............. P. 203 E-14
JOHNSON (FRANK) Giles and Jancy, 1872......................... P. 18-9
JOHNSON (SAMUEL). Taxation no tyranny ; an answer to the resolutions
and address of the American Congress, 1775....................... P. 104-4
JOHNSON (SIR JOHN). The first American born Baronet, an address by Gen-
eral J. Watts de Peyster, 1880, with proofs... .... P. 231-16, 17, 18
JOHNSTON (JAMES) vs. the Minister and Trustees of St. Andrew's Church, a
review by Rev. R. Campbell, 1874. Factum.................... P. 375 B-6 & 8
JOHNSON (THOS. H.) Respecting lots to St. Andrew's Church, Montreal, in
connection with the Church of Scotland......................... P. 375-3
JOHNSON (W.) Voir Trials, 1827.............................. P. 216-7
JOHNSTONE (CHEVALIER). The Campaign of 1760 in Canada............ P. 203 M-5
JOHNSTONE (J. J. HOPE). Manuscripts, Appendix 9................... P. 414-48
JOHNSTON (J. F. E. W.) Report on the agricultural capabilities of New
Brunswick, 1850.. P. 107-5, P. 40-2
JOHNSTONE (CHEVALIER). The Campaign of Louisbourg, 1750-58. A short
account of what passed at Cape Breton......................... P. 203 M-4
JONASSON (LIGH). Early Icelandic settlements in Canada. Manitoba His-
torical Society.. P. 500-10
JONES (LIEUT. WILLIAM). Address by Mrs. John Case Phelps on the erec-
tion of a monument to Capt. Joseph Davis, with sketch by Horace
Edwin Hayden, 1897.. P. 368-23
JONES (REV. ARTHUR E.) Mission du Saguenay, 1720-30.............. P. 514-3
    "   The Auleneau Collection, 1734-1745.......... P. 514-4
JONES (PETER). Part of the new Testament of our Lord and Saviour Jesus
Christ translated into the Chippewa Tongue, 1829................... P. 49-2
JONES (MRS. E. M.) Dairying for Profit, 1894.................... P. 316-1

VOLUME.

JONES (A.) The Revenue Book containing tariffs, &c., 1846 . . . . .P. 336-8
JOLICŒUR (P. J.) Les Frères des écoles chrétiennes. Conférence à l'Institut Canadien, 10 avril 1877 . . . . .P. 207 A-2
JOLICŒUR (P. J.) D'Iberville, Conférence à l'Institut Canadien. . . . . .P. 207-3
JOLICŒUR (P. J.) Madame de Maintenon. Ditto . . . . .P. 207-11
JOLIET ET LE P. MARQUETTE. 200e Anniversaire de la Découverte du Mississipi, Soirée à l'Université Laval, 1873. . . . . .P. 195-4
JOLY (J. G.) Discours prononcés à l' Assemblée Législative à l'appui des résolutions Joly, par Joly et autres . . . . .P. 96-4
JONCAS (L. Z.) The Fisheries of Canada, 1885. .EP. 30-3
JONCAS (L. Z.) Fisheries Exhibition, 1883. . . . . .P. 313 B-4
JOLY. Biographie par P. A. J. Voyer, 1883 . . . . .P. 344-5
JONQUIÈRE (M. DE LA). Voyez Canadian Memoire (1749-1760). . . . . .P. 203 P-1
JORDON (JOHN WOOLF). The military hospitals of Bethlehem and Lititz during the revolutionary War, 1896.. . . . . .P. 368-22
JORGENSEN (A.) The Emigration from Europe during the present century, 1865 . . . . .EP. 13-4
JOURNALISM (EARLY) in Nova Scotia, par J. J. Stewart. . . . . .P. 281 B-5
JOURNAL of Canadian Bankers' Association, 1894. . . . . .P. 397, P. 397F
JOURNAL des Campagnes du chevalier de Lévis en Canada de 1756 à 1760. . P. 413
JOURNAL du Marquis de Montcalm, durant ses campagnes en Canada, 1895..P. 413F
JOURNAL de Québec, Canada, State of political parties. Economy in the Government. The St. Lawrence as a great commercial Highway, 1851. . .P. 30-3
JOURNAUX DE QUÉBEC. Historique par Horace Têtu, 1889 . . . . .P. 236-2
JOURNAUX ET REVUES de Montréal par Ordre Chronologique, 1881, 1883. . .P. 98-6-7
JUBILEE ADDRESS to Her Most Gracious Majesty Victoria, by an Englishman, 1887. . . . . .P. 346-15
JUBILEE MEDALS (DIAMOND), par R. W. McLachlan, 1898. . . . . .P. 448-4
JUDICIAL. Proceedings of the House of Assembly in the present state of the Courts of Justice, 1815. . . . . .P. 245-4
JULIUS. Letters on the situation in the North-west 1881 (Alexander Begg)P. 143-11
JUNIUS, JR. Review of Militia Policy, 1863. . . . . .P. 216-20
JURY LAWS. Proceedings of the Legislative Council of Upper Canada on the bill sent up from the House of Assembly entitled An Act to amend the Jury Laws of this province, 1836. . . . . .P. 345-2
JUSTITIA LA CAMPAGNE. Politico- Religieuse de 1896-97. . . . . .P. 362-3
JUVENCIO (JOSEPH). Canadicae Missionis relatio Rome, 1710. . . . . .P. 126-7
JUVENCIO (JOSEPH). De regione et moribus Canadensium. . . . . .P. 126-8
J. K. The Church and the Wesleyans, Cobourg, 1838. . . . . .P. 160-4
J. K. Plain Reasons for loyalty addressed to plain people, 1838 . . . . .P. 138-10

K

KAINS (JOHN ALEXANDER). " How say you ? " A review of the movement for abolishing the Grand Jury system in Canada, 1893. . . . . .P. 303-1
KALM. Voyage en Amérique, Société Historique de Montréal, 1880. . . . . . .P. 204A-2-3
KAMOURASKA. Minutes des délibérations du Comité de l'élection du Comté de Kamouraska, 1854 . . . . .P. 256-2
KAMOURASKA. Report and evidence respecting the last election for the electoral district of Kamouraska, 1868. . . . . .OP. 48-2
KAMOURASKA. Contested election, 1855. . . . . .P. 254-15
KASKASKIA and its parish records (Mason) . . . . .P. 142-14
KEATING (E. H.) Hydraulic tables. . . . . .P. 379C-9
                 Dry docks in Halifax. . . . . .P. 379C-10

VOLUME.

KEATING (E. H.) Report upon the preliminary survey of the Windsor
    waterworks, 1881...P. 196-1
KEEFER (GEORGE A.) Report on the preliminary examination of the Ontario
    and Quebec Railway from Ottawa to Toronto, 1872 ....P. 103-2
KEEFER (SAMUEL). Report for 1858. Board of Railway Commissioners of
    Canada, 1859 ..: ....OP. 38-4
KEEFER (SAMUEL). Baie Verte Canal. Appendix 1874................OP. 39-7
KEEFER (SAMUEL). Papers relating to the claims of Murray & Co., contrac-
    tors, 1879..OP. 30-3
KEEFER (THOMAS C.) The Canada Central Railway, 1868... ....P. 130-4
KEEFER (THOMAS C.) Report on a survey for the Railway bridge over the
    St. Lawrence at Montreal in 1851-52...........................P. 61-1
KEEFER (THOMAS C.) Free Trade, Protection and Reciprocity, 1876......P. 216-18
KEEFER (THOMAS C.) Philosophie des chemins de fer, 1853 ....P. 118-16
KEEWATIN. Extracts from surveyor's reports of township surveys, 1879,
    1882.. ....P. 324-1-2
KEEWATIN. Surveyor's reports of township surveys....................P. 474
KELLY (WILLIAM). Librarian of the New York Historical Society. Memoir
    by John Austin Stevens, 1898..................................P. 440-4
KELSO (SAMUEL J.) Notes on the Saguenay ... .P. 142-6
KELTON (DWIGHT H., U.S.A.) Annals of Fort Makinac, 1886, 1888, 1893,
    1894...'.P. 264-354-12
KENDAL CORPORATION. Manuscript of, 1885.........................P. 414-4
KENNEBEC. Chemin de Lévis et Kennebec. Réfutation de la brochure de
    S. A. Scott, 1877...P. 256-8
KENT GOLD MINING Co. (CHAUDIÈRE). Reports, &c., 1863.............P. 179-5
KENYON. Manuscript of Lord, 1894.................................P. 414-35
KERMESSE. Revue hebdomadaire Nos. 1 to 10, 1892-3..............P. 311-18 to 26
KERR (W. H.) The Kidnappers, 1866................................P. 233-1
KERR (W. H.) Address of the Hon. John Thorn, 1868................P. 232-14
KETCHUM (H. G. C.) Information respecting the proposed marine transport
    railway across the Isthmus of Chignecto.......................P. 107-9
KETCHUM (H. G. C.) Chignecto Marine Transport Railway. The Isthmus
    transit between the Bay of Fundy and the Gulph of St. Lawrence, 1884, P. 43-5
KETCHUM (H. G. C.) The cost, feasibility and advantage of a ship railway
    across the Isthmus of Chignecto, 1882....................P. 107-8-OP. 39-10
KETCHUM (REV. CANON). Sermon Centennial commemoration of the ordi-
    nation of Rev. Frederick Dibblee, 1891. ....P. 257-14
KETTON. Manuscript of R. W., 1891...............................P. 414-22
KIDDER (FREDERIC). The Abenakis Indians, their treaties of 1713 and
    1717, with a vocabulary..P. 216-5
KIERZKOWSKI (L.) Trois lettres adressées à R. Laflamme, C. R., 1873.....P. 28-6
KILMOREY. Manuscript of the earl of, 1885.........................P. 414-4
KIMBALL (DR. JAMES P.) Differential sampling of bituminous coal seam, 1883,P. 114-14
KING'S BENCH. Cases argued and determined in, for the district of Quebec,
    1810..P. 341-1
KING (DAVID). An Historical Sketch of the Redwood Library and Athen-
    aeum in Newport, R. I., 1876...................................P. 309-8
KING (REV. JAMES M.)Romanism in relation to Education, 1889.. ....P. 227-8
KING (THOMAS BUTLER). California, 1850............................P. 150-3
KING (THOMAS D.) A brief chronicle of the chapel of St. Croix, Tadousac .P. 51-1
KING (THOMAS D.) Meteorology and its professors, 1873...............P. 46-9
KING'S LYNN CORPORATION. Manuscript of, 1887.....................P. 414-9
KINGSBURY (REV. OLIVER A.) Watagua and Franklin, 1894.............P. 356-1c
KINGSBURY (D. L.) United States Government publications, St. Paul, 1896 P. 356-4g

DOC. DE LA SESSION No 18

VOLUME.

KINGS COLLEGE. Speech of the Hon. W. H. Draper (Q.C.) at the Bar of the Legislative Assembly of Canada in defence of the chartered rights of the University of King's College, 1843....................P. 67-3, P. 507-2

KING's COLLEGE. Origin History and Management of the University of King's College, 1844...P. 94-5

KING's COLLEGE, and Upper Canada College. Final report, 1848. Sessional Papers (*EEE*), Vol. 4 ....

KING's COLLEGE, Windsor, N.S. Calendar, 1885-6-7-8.........P. 309-5-6 and P. 279

KING's COLLEGE and episcopate in Nova Scotia, plan submitted by Lord Dorchester in 1783...P. 281B-6

KINGS COUNTY (N.Y.) Genealogical Club collections, Nos. 1 to 4, 1882, P. 250-7 to 10

KINGSFORD (WILLIAM). The Victoria Bridge, 1859.....................P. 112-1

KINGSFORD (WILLIAM). Correspondence respecting the Grand Trunk Railway Co., 1872 ....P. 130-5

KINGSFORD (WILLIAM). A Canadian political coin, 1874................P. 55-11

KINGSFORD and Sir H. Langevin. A memo for the historian of the future, par William Kingsford, 1882.......................................P. 346-8

KINGSFORD (WILLIAM). Mr. Kingsford and Sir H. Langevin, C.B. The case considered with official correspondence, 1882.........P. 93-5

KINGSFORD (WILLIAM). Translation of address by Abbé Laflamme, 1891..P. 347-1

KINGSFORD (DR.) Reply to the strictures on Volume VII of the " History of Canada "..P. 370-3

KINGSFORD (R. E.) Some lessons to be learned from the American Civil War. Canadian Military Institute, 1895...........................P. 347-11

KINGSMILL (G. R.) Voir John Lowe...................................P. 311-13

KINGSMILL (COLONEL). The Greenwood tragedy. Three addresses delivered to the prisoners in Toronto gaol, 1864...........................P. 139-25

KINGS MOUNTAIN. Cartel of Capt. Abraham de Peyster, 1780..........P. 231-14

KING's MOUNTAIN. The Battle or affiair of, 7th October, 1780, address by General J. Watts de Peyster, 1881..............................P. 231-15

KINGSTON and the Loyalists of 1783, par Walter Bates................P. 269-2

KIPPEWA. Colonisation du Lac Kippewa, et du Lac Témiscamingue, 1888, P. 306-16

KIRKWOOD (A.) Flax and Hemp, (1866 ?).............................P. 117-11

KIRKWOOD (A.) A short treatise on the milkweed or silkweed, and the Canadian nettle, viewed as industrial resources, 1867.............P. 117-12

KIRKWOOD (A.) Algonquin Forest and Park. Lettre à l'honorable T. B. Pardee, 1886..P. 229-3

KIRWAN (M. W.) Lecture in Reply to Reverend Mr. Bray on the " Romish Church," 1877..P. 4-5

KNIGHT (THOMAS F.) Shore and deep sea Fisheries of Nova Scotia, 1867...P. 366-7

KLONDYKE. Gold Fields, by R. G. McConnell, 1900. Map attached.....P. 486-6

KLONDYKE and Yukon reports, by William Ogilvie and others, 1897, 1898, P. 424

KNOX (WILLIAM). Extra Official State papers addressed to the Rt. Hon. Lord Rawdon, &c., 1789..P. 444-1

L.

LABELLE (CURÉ) Au Nord. Brochure accompagnée d'une carte géographique, 1883...EP. 5-10

LABERGE. Biographie par P. A. J. Voyer, 1883.....................P. 344-5

LABILLIÈRE (FRANÇOIS P.). The political organisation of the Empire, 1881.P. 60-9

LABRADOR. Notes on the coast of Labrador, par Samuel Robertson......P. 203C·5

LABRADOR. Journal of a voyage of visitation in the " Hawk " church ship, 1850...P. 353-6

VOLUME.

LABRADOR. Sailing directions for the island of Newfoundland and the adjacent coast of Labrador, 1862...................................P. 335-2
LABRADOR. *Voyez* Esquimaux Bay....................................P. 203C-9
LABRADOR. Letters to the Right Hon. E. G..S. Stanley on fishery treaties, par George R. Young, 1834.................................P. 337-1
LABRADOR. History of the missions of the Church of the United Brethren in, 1871...P. 444-3-4
LABRIE (JACQUES). Les premiers rudimens de la constitution Britannique, 1827...P. 62-12, P. 127-6
LABRIE (Le DR JACQUES), par l'Abbé Auguste Gosselin, 1898............P. 392-4
LABOULE (JOSEPH STEPHEN). Claude Jean Allouez, the apostle of the Ottawas, 1897..P. 459A-6
LACHLAN, (MAJOR R.). A retrospective glance at the progressive state of the Natural History Society of Montreal, 1852.....................P. 95-2
LA CORNE (SAINT LUC). Journal du voyage dans la navie l'Auguste en l'an 1761...P. 76-1
LA COSTE. *Voyez* Hamel et Lacoste Plaidoyers... ....P. 304C
LACROIX (HENRY). The man of faith, 1866............................P. 137-9
LACROIX (HENRY). Coup d'Œil sur l'homme et sa Chute, 1866..........P. 137-10
LACROIX (HENRY). Excursions in the Holy Land of Thought, 1867.......P. 137-13
LACROIX (HENRY). The present and future of Canada, 1867. ....P. 137-11
LACROIX (HENRY). Opuscule sur le présent et l'avenir du Canada, 1867..
                                            P. 137-2, P. 137-12
LACROIX (HENRY). The un-Pacific Scandal at the Custom House of Montreal, 1873...P. 385-2, P. 19-4
LACROIX (HENRY). Flying trip to the Modern America Baby-Lon-Don,1868.P. 137-14
LACROIX (HENRY). Canadian Guide and Book of Reference, 1873........P. 137-8
LAC SAINT-JEAN. Chemins de Colonisation de Québec au Lac Saint-Jean, par Charlevoix, 1869..P. 256-6
LAC SAINT-JEAN. Le chemin de fer du, 1882.........................P. 153-13
LAC SAINT-JEAN. La Contrée du....................................P. 228-19
LAC SAINT-LOUIS. Les Anciens Postes du, par Désiré Girouard, 1895.....P. 347-10
LADURANTAYE (Dame A. Morel de). Banishment and removal of the Acadians by the cruelty and unfeeling tyranny of England, 1886. Version anglaise et française.....................................P. 193-7
LAFLAMME (ABBÉ). Age du Sault-Montmorency. Conférence à l'Institut Canadien, 1879...P. 207A-17
LAFLAMME (ABBÉ J. C. K.). Le Canada d'autrefois. Esquisse géologique à l'Institut Canadien, 1882.....................................P. 207B-12
LAFLAMME (ABBÉ J. C. K.). Address before the Royal Society, 1891.....P. 347-1
LA FAMILLE GIROUARD en France, par Désiré Girouard, 1902............P. 515-4-5
LAFLÉCHE (LOUIS, V. G.) Cérémonies, 1861..........................P, 11-1
LAFLÉCHE (MGR. L. F.) Réponse aux remarques de M. l'Abbé Verreau sur le 'Mémoire appuyant la demande d'une école normale dans la ville des Trois-Rivières,' 1881.....................................P. 155-12
LAFLEUR (THEO.) La Vraie source du mal, ou encore la question de l'université Laval, 1884..P. 223-5
LAFONTAINE (L. H.) Notes sur l'Inamovibilité des curés dans le Bas-Canada, 1837..P. 192-1
LAFONTAINE (Sir L. H.) De la famille des Lauson. Société Historique de 1859..P. 204-2
LAFONTAINE (L. H.) Les Deux Girouettes. Lettre à Dominique et Charles Mondelet, 1834...P. 119-11
LAFONTAINE (L. H.) Correspondance, 1846......................P. 9-3, P. 23-6
LAFRANCE (J. C. L.) Nouvelle Arithmétique Commerciale et pratique, 1867.P. 158-2

DOC. DE LA SESSION No 18

VOLUME

LAFRANCE (C. J. L.) Nos Divisions politiques. Revue de nos lettres depuis 1840 . . . . .P. 26-7
LA FRANCE au XIXe siècle, par l'abbé Gosselin. .P. 515-7
LAFRENAYE ET DOHERTY. Correspondance, documents, &c., dans l'enquête dans le Bureau du greffier de la Couronne et greffier de la Paix, 1864. .P. 39-3
LAIDLAW (G.) Reports and letters on light narrow gauge railways, 1867. .P. 230-7
LAITIÈRE. Rapport de la société de l'industrie, de Québec 1882. . . . . .P. 310-3
LAJOIE. Voyez Gérin-Lajoie. . . . . .P. 23-1
LAKE FOREST UNIVERSITY. Addresses at the inauguration of, William C. Roberts, D.D., 1887. . . . . .P. 218-14
LAKE FOREST UNIVERSITY. Catalogue, 1887-88. . . . . .P. 309-10
LAKE OF THE WOODS, par George Bryce, D.D., 1887. . . . . .P. 205 B-18
LAKE OF THE WOODS. The international boundary between Lake Superior and Lake of the Woods, par U. S. Grant, 1895. . . . . .P. 356 3a
LAKE ST. JOHN and the Great North-East, 1883. P. 196-22
LAKE ST. PETER. Report of the Board of Engineers as well as that of W. E. Logan upon the survey of Lake St. Peter, 1850. . . . . P. 216-2, P. 230-3
LAKE SUPERIOR. Development of trade on, and its tributaries during the French régime, par Edward D. Neill. . . . . ,. . . . . .P. 368-4
LAKE SUPERIOR. Sieur de la Ronde, the first navigation of, par Edward D. Neill . . . . .P. 388-7
LAKE SUPERIOR. The international boundary between, and the Lake of the Woods, par Ulysses S. Grant, 1895. . . . .'. . . . . .P. 356 3a
LALLEMANT (CHARLES). Copie de trois lettres escrittes és années 1625 et 1626. . . . . .P. 126-3
LALLEMANT (CHARLES). Relation de ce qui s'est passé en la Nouvelle-France, 1626 . . . . .P. 126-4
LALLEMANT (CHARLES). Lettre où sont contenues les mœurs et façons de vivre des sauvages habitans de ce pays, 1627. . . .'. . . . . .P. 126-5
LALLEMANT (CHARLES). Lettre envoyée de Bordeaux datée du 22 Novembre · ·1629. . . . . .P. 126-6
LALEMANT (LE P. GABRIEL) par le P. Fred. Rouvier, 1891. . . . . .P. 262-3
LAMBE (LAWRENCE M.) Canadian Palæontology, 1899. . . . . .P. 486-5
LAMBE (W. B.) Duties on successions in the Province of Quebec, 1896. En français et en anglais. . . . . .P. 355-14-15
LAMOTHE (GUILLAUME). St. Alban's Raid. Investigation into the charges against Lamothe. . . . . .P. 343-4
LANDON (HENRY, M.D.) The fearful condition of the Church of England in the County of Huron. . . . . .P. 139-27
LAND (ROBERT). U. E. Loyalist, par John H. Land. . . . . .P. 519-1
LAND LIMITATION movement in the Wisconsin, par John Goadby Gregory. .P. 459 A-4
LAND TRANSFER reform, par J. Herbert Mason, 1890. . . . . .P. 507-10
LAND LAW Amendment Association, Prospectus and constitution, 1883. . . .P. 369-11
LANDMARKS, Wentworth, par différents auteurs, 1897 . . . . .P. 442-1
LAND SURVEYORS, ONTARIO. Proceedings, 1898, Toronto. . . . . .P. 448-7
         Third annual meeting, 1895 . . . . .P. 386-14
         Proceedings, 1897. . . . . .P. 377-7
LAND TITLES. Letter on the bill for quieting titles to real estate in Upper Canada to Hon. John A. Macdonald, par l'honorable Oliver Mowat, 1865 . . . . .P. 345-6
LANE (WILLIAM COOLIDGE). First report as librarian of Harvard University, 1898. . . . . .P. 440-3
LANG (REV. G.) Pastoral address at the close of a ten years ministry in St. Andrew's Church, 1881. . . . . .P. 375 B-21
LANGELIER (HON. F.) Budget Speech, 22nd July, 1879 . . . . .P. 17 A-10

3-4 EDOUARD VII, A. 1904

VOLUME.

LANGELIER (J. C.)   Etude sur les Territoires du Nord-Ouest du Canada,
1873,..P. 151-6, P. 13-5
LANGELIER, (F.)   Lettres sur les affaires municipales de la Cité de Québec,
1868...,...P. 157-3
LANGELIER (J. C.)La nécessité et la possibilité d'un chemin de fer de Québec
au Lac Saint-Jean, 1873....................................P. 44-4
LANGELIER (J. C.)   Le Nord, ou esquisse sur la partie de la Province de
Québec située au nord du fleuve Saint-Laurent, entre l'Outaouais et le
Labrador, 1882...EP 5-9
LANGELIER (J. C.)   Sketch on Gaspesia, Quebec, 1884..................P. 180-14
LANGELIER (J. C.)   Esquisse sur la Gaspésie (deux cartes), 1884.........P. 84-8
LANGELIER (J. C.)   Le bassin méridional de la Baie d'Hudson, 1887......P. 228-20
LANGEVIN BLOCK.   Report and evidence before the Public Accounts Com-
mittee, 1891...P. 371-3
LANGEVIN (EDOUARD J.).   Return of the elections to the House of Commons,
1867...OP. 18-4, OP. 48-3
LANGEVIN (JEAN,—PRÊTRE).   L'Histoire du Canada en tableaux, 1865.....P. 27-1
3e édition, 1869..P. 76-7
LANGEVIN (JEAN,—PRÊTRE).   Réponses aux programmes de pédagogie et
d'agriculture, 1862..P. 236-6
LANGEVIN (H. L.)   British Columbia, Ottawa, 1872.   En anglais et en fran-
çais...OP. 24-1-2-3-4
LANGEVIN (L'honorable H. L.)   Lettres par J. Israël Tarte, 1880.........P. 238-2
LANGEVIN (SIR H.)   Mr. Kingsford and a memoir for the historian of the
future par William Kingsford, 1882.....   ....P. 346-8
LANGEVIN (H. L.)   Speech on the Canadian Pacific Railway, 1880........P. 65-7
LANGEVIN (H. L.)   Toronto Harbour, 1881..........................OP. 41-1
LANGHORN (REV. JOHN).   In Ontario Historical Society, 1898, Toronto....P. 460-2
LANGLADE (CHARLES).   First Settler of Wisconsin, par Montgomery E. Mc-
Intosh, 1896..P. 459-9
LANGTON (JOHN).   On the age of timber trees, and the prospects of a con-
tinuous supply of timber in Canada..........................P. 203D-3
LANGTON (JOHN).   Note on an incident of early Canadian History, 1863-4..P. 203D-17
LANGTON (JOHN).   On the measurement of heads in ethnological investiga-
tion...P. 203D-40
LANGTON (JOHN).   Early French settlements in America.................P. 203F-7
LANGTON (JOHN).   On some early records of the magnetic declination ir.
North America...P. 203D-32
LANGTON (JOHN).   The Census of 1861............................P. 203D-20
LANGTON (JOHN).   Statement made before the Committee of the Legislative
Assembly on the University of Toronto......................P. 94-6
LANTHIER (J. P.)   Adresse à tous les électeurs du Bas-Canada, sur le choix
de leurs représentans à l'élection prochaine, par un habitant, 1827....P. 15-2
LANTIER (J. P.).   Canal des Cèdres. Etude, 1873...................P. 155-13
LANTIER (J. P.).   Coteau Landing and Cascades Bay, 1874.............P. 136-10
LAPERRIÈRE (AUG.).   Decisions of the Speakers, 1841 to 1872, and appen-
dix containing decisions on election petition recognizances, 1872......P. 335-3
LAPERRIÈRE (AUG.).   Les Pauvres de Paris, 1877...................P. 156-14
LAPERRIÈRE (AUG.).   Monsieur Toupet ou Jean Bellegueule, 1884........P. 153-3
LAREAU (EDMOND).   Mélanges historiques et littéraires, 1877..........P. 74-3
LAREAU (EDMOND).   Libéraux et Conservateurs, 1879..................P. 228-6
LAROCHE-HÉRON (C. DE).   Les servantes de Dieu en Canada, 1855.......P. 31-1
LAROCHELLE (L. N.).   Chemin de Lévis et Kennebec, 1877.............P. 256-8
LAROCQUE (F. ANT.).   Voyez Pothier, 1830.......................P. 147-5-6
LAROQUE (C.—PRÊTRE).   Notice biographique sur Mgr. J. J. Lartigue, pre-
mier évêque de Montréal, 1841............................P. 23-16
LaRUE (F.A.H.).   Thèse pour le doctorat en médecine. Du Suicide, 1859.P. 155-11

DOC. DE LA SESSION No 18

VOLUME.

LaRue (Dr. F. A. H.) *Voyez* Note au " Le Défricheur de Langue", 1859. .P. 14-25
LaRue (F. A. H.). Eléments de Chimie et de physique agricoles, 1868. . . .P. 1-9
LaRue (F. A. H.). Eloge funèbre de M. l'abbé L. J. Casault, premier
Recteur de l'Université Laval, 1863 . . . . .P. 1-1
LaRue (F. A. H.). Réponse au Mémoire de MM. Brousseau Frères, 1862. P. 222-1
LaRue (Hubert). Les corporations religieuses catholiques de Québec,
1870-1876 . . . . .P. 31-2, P. 118-2
LaRue (Hubert). Petite grammaire Française, Québec, 1880 . . . . .P. 190-10
LaRue (Hubert). Petite Histoire des Etats-Unis, 1880. . . . . .P. 190-9
LaRue (Hubert). Petit Manuel d'Agriculture, 1870, 1872 . . . . .P. 158-5
LaRue (Hubert). Rapport sur le concours d'Agriculture à l'Institut
Canadien, 1878 . . . . .P. 1-7, P. 207A-12
LaRue (Hubert). Rapport sur le concours d'Agriculture, 1879. . . . . . . .P. 120-11
LaRue (Hubert). Voyage sentimental sur la rue Saint-Jean, Québec,
1879 . . . . .P. 97-8
Larned (J. N.). Report on the state of trade between the United States
and British possessions in North America. . . . . .P. 105-1
La Sabretache (Carnet de). Revue Militaire rétrospective . . . . .P. 515-9a
          " List of Members, 1901 . . . . .P. 15-9
LaSalle. Homestead of, 1666. Historic Canadian ground, 1892 . . . . .P. 289-5
LaSalle (Robert Cavelier de). Shipyard of the Griffon, par Cyrus K.
Remington, 1891 . . . . .P. 256-14
LaSalle (Jean-Baptiste de). Fondateur des Ecoles Chrétiennes, par
Louis Fréchette, 1889 . . . .
LaSalle (J. B. de). Triduum Solennel en l'honneur du bien-heureux,
1888 . . . . .P. 249-8
La Salle. The bursting of Pierre Margry's LaSalle bubble, par John
Gilmary Shea, 1879. . . . . .P. 350-2
Late Resident Prince Edward Island, 1821 ? . . . . .P. 87-1
Laterrière (P. de Sales). Election du comté de Northumberland, 1820. .P. 342-1
Laterrière (G. B.) Faribault et la famille, par l'abbé H. R. Casgrain,
1886 . . . . .P. 333-4
Laurie (Major Gen.) Report upon matters in connection with the sup-
pression of the rebellion in the North-West Territories in 1885 . . . . . . .OP. 61-7
Laurie (William). The Battle River Valley, 1883 . . . . .P. 162-1
Laurier (W.) Discours sur le libéralisme politique, 1877 . . . . .P. 12-13 P. 41-4
En anglais et en français . . . . .P. 96-3
Laurin (Jos.) Traité de tenue des Livres, 1837 . . . . .P. 191-6
Laval-Montmorency, (François de). L'abbé A. Gosselin, 1901 . . . . .P. 488
Laval Contested Election, 1855 . . . . .P. 254-15
Laval Minutes des délibérations du Comité de l'élection du Comté de Laval,
1854 . . . . .P. 256-3
Laval, Université. Annuaire, 1902-1903 . . . . .P. 515-1
Laval, Université. Questions sur la succursale à Montréal, 1881 . . . . . . .P. 304C
Laval, Université. Plaidoyers de MM. Hamel et Lacoste, devant le
comité des Bills privés, Québec, 1881 . . . . .P. 304C
Laval, Université. Sixième Centenaire de Saint Thomas d'Aquin à Saint-
Hyacinthe et à Québec, 1874 . . . . .P. 16-2
Laval, Université. Soirée musicale à l'occasion du deuxième centenaire
de l'érection du siège épiscopal de Québec, 1874 . . . . .P. 14-29
Laval, Université. Documents relatifs à l'érection canonique de l'Uni-
versité Laval. Mandement de Mgr. E. A. Taschereau, &c., 1876 . . . . .P. 83-3
Laval, Université. Mémoire établissant l'injustice et l'illégalité du
maintien de l'Université Laval à Montréal, 1880 . . . . .P. 91-4
Laval, Université, et les études classiques, Montréal, 1881 . . . . .P. 195-16

3-4 EDOUARD VII, A. 1904

VOLUME.

LAVAL, UNIVERSITÉ. Projet de loi de l'Université Laval. Discours de l'honorable F. X. A. Trudel contre le Bill, 1881..........................P. 195-18

LAVAL, UNIVERSITÉ, UNE RÉPONSE à l'Université Laval................P. 154-18

LAVAL, UNIVERSITÉ. La succursale de l'Université Laval. Exposé de quelques difficultés, 1884...P. 195-17

LAVAL. La succursale de l'université à Montréal, 1884...................P. 361-1

LAVAL, UNIVERSITÉ. La conscience catholique outragée, &c., par Dr. E. Paquin, 1882...P. 195-15

LAVAL, UNIVERSITÉ. Voir Quebec Seminary....................................

LAVAL, UNIVERSITÉ. Annuaires, 1861 à 1898.............P. 304-1 and A. to H.

LAVAL, UNIVERSITÉ. Démonstration en faveur du Pouvoir Temporel du Pape...P. 228-10

LAVAL, UNIVERSITÉ. Description, &c., 1884.......................P. 223-8

LAVAL, UNIVERSITÉ. Le jubilé Pontifical..............................P. 228-9

LAVAL, UNIVERSITÉ. La vraie source du mal ou encore la question de l'Université Laval. Précis Historique, par R. P. Duclos...........P. 223-5

LAVAL, UNIVERSITÉ. Evêque Laval. Notice historiographique sur la fête célébrée à Québec le 16 juin, 1859, jour du deux-centième anniversaire de l'arrivée de Monseigneur Laval-Montmorency en Canada, par J. C. Taché...P. 11-3

LAVAL, UNIVERSITÉ. Réponse au Factum intitulé "Quelques remarques sur l'université Laval, Novembre, 1872," par la Rédaction du Franc-Parleur...P. 91-3

LAVAL, UNIVERSITÉ. Réponse au second Factum intitulé "Suite aux remarques de l'Université Laval"..............................P. 154-10

LAVAL, UNIVERSITÉ. Souvenir décennal de l'école normale Laval, 1857-1867..P. 194-8

LAVAL, UNIVERSITÉ. Translation des restes de Mgr. de Laval à la chapelle du Séminaire de Québec, 1878......................................P. 20-1

LAVAL, UNIVERSITÉ. Thèse pour le doctorat en médecine, par F. A. H. Larue, 1859...P. 155-11

LAVELEYE (E. M. de). Le Protestantisme et le Catholicisme, 1876.......P. 34-12

LAVERDIÈRE ET CASGRAIN. Découverte du tombeau de Champlain, 1866..P. 76-2

LAVERDIÈRE (ABBÉ). Samuel de Champlain, 1877...................P. 98-3

LAWRENCE (J. W.) A letter on the Intercolonial Railway, 1867.........P. 118-11

LAWRENCE (J. W.) A minority report on the proposed Baie Verte Canal, 1876...P. 219-1

LEBLANC (OV.) Lettre à l'honorable Jean Chabot, commissaire en chef des travaux publics, 1854..P. 23-9

LECLERC (GEORGES). Rapport sur l'école d'agriculture de Sainte-Anne, 1865..P. 159-11

LECLERC (ABBÉ N. A.) Catéchisme d'agriculture, Québec, 1869.........P. 32-12

LECTURE COURSE...P. 491-6

LEECH (D. D. T.) The Post Office Department of the United States of America, its history, &c...P. 123-2

LEE (THOMAS, FILS). Proceedings in the House of Assembly, on his bill to make turnpike roads in the vicinity of Quebec, 1815. En français et en anglais..P. 227-1-2

LEE (CAPT. A. H.) The solving of tactical schemes, &c., 1893...........P. 306-13

LEE (CAPT. A. H.) Waterloo, Napoleon's last campaign, 1895-6 ....P. 355-4

LEEDS, Manuscript of the Duke of, 1888.................................P. 414-13

LEEDS MINING AND SMELTING Co. Reports, &c., 1863....................P. 178-7

LEFAIVRE (A.) Conférence sur la littérature canadienne, 1877...........P. 195-9

LEFAIVRE (ALBERT). Grüenwald. Réminiscences d'Allemagne, 1878. ... P. 207, A-9

LEFAIVRE (ALBERT). Stratowich, Esquisse Autrichienne, 1870.........P. 207, A-15

LEFOY (A. H. F.) The Lawyer's Statutory Record, 1889...............P. 232-16

LEGAL. Addenda to the factum of W. Power, circuit judge, 1853........P. 221-11

DOC. DE LA SESSION No 18

VOLUME.

LEGAL. Analyse des Lois d'Enregistrement comprenant le chapitre 37 et les Sections 7 et 8 du Chapitre 36 des statuts Refondus pour le Bas-Canada, &c., par J. A. Hervieux, 1864............................P. 1-4

LEGAL. Analytical Index to the Civil Code of Lower Canada, 1867......P. 13-4

LEGAL. A narrative and exposure of the evil of secret indictments by Grand Juries, par Ashley Hibbard, 1866..................................P. 260-1

LEGAL. Answer to an Introduction to the observations made by the Judges of the Court of Common Pleas on the Investigation into the Administration of Justice in Quebec, with remarks on the Law and Government of the Province, 1790...................................... .....P. 23-20

LEGAL. Answers of the Judges as to the Jurisdiction and Practice of the Division Courts, 1879.....................................P. 131-6

LEGAL. Articles in the Court of Chancery and the fusion of law and equity, par Richard Snelling, 1871...................................P. 198-6

LEGAL. Beauties of the Administration of the Law in Quebec..........P. 95-4

LEGAL. Case argued and determined in the Court of King's Bench for the district of Quebec, 1810...P. 341-1

LEGAL. Certaines attestations dédiées au jury éclairé qui a décidé la cause de Guy vs. Brown..P. 193-3

LEGAL. Code rural édigé par Jos. Frs. Perrault, 1832.................P. 159-1

LEGAL. Complaint to the Council of the Quebec Bar against Messrs. Andrews, Caron and Andrews, 1877....................................P. 57-2

LEGAL. Connolly vs. Woolrich. A case involving the question of the validity of a Cree marriage with a white man, 1867....................P. 232-5

LEGAL. Constitution and By-laws of the Law Students' Society, Manitoba, 1877. ....P. 162-7

LEGAL. County Courts Act, 1879.....................................P. 381-1

LEGAL. De la nullité des contrats. Thèse par N.N. Oliver, 1889........P. 259-2

LEGAL. Des empêchements dirimants du mariage. Thèse par Eusèbe Belleau, 1889 ....P. 259-3

LEGAL. Relative to the claim of Chief Justice Bowen for increased salary.P. 39-1

LEGAL. Droit Canadien, par J. Z. Martel, 1877......................P. 189-1

LEGAL. Duties on successions in the province of Quebec, par W. B. Lambe. En anglais et en français, 1896........................... ...P. 355-14-15

LEGAL. Essay on the judicial history of France so far as it relates to the law of the Province of Lower Canada, par le juge en chef Sewell, 1824 ..P. 133-1

LEGAL. Exégèse de jurisprudence, par Bibaud Jeune (1850?)...........P. 153-1

LEGAL. Une explication adressée à mes concitoyens de toutes les origines, par A. Gugy, 1871 ....P. 95-6

LEGAL. Extraits des Procédés de la Chambre d'Assemblée dans la Première session du Huitième Parlement Provincial du Bas-Canada sur la Constitution existante des Cours de Justice, Criminelle et Civile.........P. 75-1

LEGAL. Facts disclosed in some unreported cases published for the public good by a victim, 1870.............................. ....P. 30-8 & P 95-5

LEGAL. Factum of the case of William Power, Esq., circuit judge, 1853...P. 198-2

LEGAL. General Rules and Orders of the Court of Queen's Bench, Manitoba, 1875......................... :.............................. :.....P. 143-17

LEGAL. Glance at the present state of the common gaols of Canada, E. A. Meredith ....P. 203 D-21

LEGAL. Goodhue Estate Bill. Statement of its true object, 1871.......P. 140-6

LEGAL. Goodhue will case in the Court of Error and Appeal, 1872.......P. 180-11

LEGAL. Great Defect (the) in the law of Evidence in Civil Suits in Canada, par Alfred Rimmer, 1867................. ....P. 30-6

LEGAL. How I lost my money, par le Colonel Gugy, 1859...............P. 137-2

LEGAL. How say you ? A review of the movement for abolishing the Grand Jury System in Canada, par John Alexander Kains, 1893.....P. 303-1

3-4 EDOUARD VII, A. 1904

VOLUME.

LEGAL.   Index alphabétique des Statuts de la Province de Québec, par J.
A. Chagnon et H. E. Poulin, 1880................................P. 189-2
LEGAL INTELLIGENCE, Le juge en chef Dorval, 1872............P. 30-9, P. 16-4 & 4½
LEGAL INTELLIGENCE, L'hon. M. le juge Andrew Stuart, 1872 (?)...P. 16-4¾ & P. 30-10
LEGAL.   Judgments in the Queen's Bench, Manitoba, reported by Daniel
Carey, 1875.   En français et en anglais...................P. 260-5, P. 260-6
LEGAL LAND LAW Amendment Association. Prospectus and Constitution,
1883...P. 369-11
LEGAL.   Land Transfer Reform, par J. Herbert Mason, 1884........... P. 160-17
LEGAL.   Laval University. Thesis by J. G. Colston, B.A., &c., Res Judi-
cata in the Civil and Criminal law of Quebec, 1870.................P. 196-14
LEGAL.   Law and History, par Walter B. Scaife, 1890.................P. 233-6
LEGAL.   Law respecting the Bar of Lower Canada with the By-laws of the
General Council, &c., 1866..........................P. 18-5
LEGAL.   Lawyers' Statutory Record, par A. H. F. Lefoy, 1889.........P. 232-16
LEGAL.   Legislative Assembly.   List of expiring Laws, 1854............OP. 3-7-8
LEGAL.   Letters . . . . . addressed to Sir E. W. Head, Governor General,
&c., &c., par le colonel Gugy, 1855............................ P. 137-1
LEGAL.   Letter to the Attorney General of the Province of Quebec, on the
administration of Justice, par M. le juge Torrance, 1873............P. 30-7
LEGAL.   Lettre à l'honorable Edward Bowen, Ecuyer, un des juges, &c., pour
le District de Québec, par un Etudiant en droit, 1825.............. P. 127-2
LEGAL.   Letter to the Hon. Robert Baldwin from William Hume Blake,
upon the administration of Justice in Western Canada, 1845........P. 232-1
LEGAL.   Lettres sur la réforme judiciaire, par S. Pagnuelo, 1880..........P. 238-3
LEGAL.   Loi du Barreau du Bas-Canada suivie des règlements du Conseil
Général, &c., 1866...P. 18-5
LEGAL.   Lois organiques et jurisprudence sur le notariat actuel en la
Province de Québec, 1870.....................................P. 34-6
LEGAL.   Notre système judiciaire, par Charles B. Rouleau, 1882..........P. 152-10
LEGAL.   Ordinances of the North-West Territories, 1890................P. 260-7
LEGAL.   Papers relating to the estate of the late Andrew Mercer, 1878. ...P. 131-7
LEGAL.   Perpetual Ready Reference Guide to the Statutes of Canada, par
T. K. Blatch, 1891..P. 266
LEGAL.   Petitions and Reply to the charges preferred against the Hon. E.
B. Wood, C.J., 1882..P. 43-4
LEGAL.   Pétition de William L. Mackenzie agissant comme curateur à la
succession de feu Robert Randall......................... ....P. 38-2
LEGAL.   Petition from Montreal complaining of malversation of office by
James Stuart, Attorney General, 1820 ....OP. 60-5
LEGAL.   Prerogative Rights in Canada.   Hereditary Revenues of the
Crown.   Argument of the Hon. W. Macdougall, C.B., in the Mercer
Escheat case, 1881...................................... P. 76-7
LEGAL.   Procédés dans l'Assemblée du Bas-Canada sur les accusations contre
l'honorable Louis Charles Foucher, 1817 ....OP. 57
LEGAL.   Proceedings in the Assembly of Lower Canada on the rules of
Practice of the Courts of Justice and the Impeachment of Jonathan
Sewell and James Monk, 1814.   En anglais et en français......OP. 58, P. 225-5
LEGAL.   Proceedings of the Legislative Council of Upper Canada on the
Bill sent up from the House of Assembly, entitled An Act to amend
the Jury Laws of the province..................................P. 71-6
LEGAL.   Report of Attorney General, Manitoba, 1885...... ....P. 380-4
LEGAL.   Reports of cases argued and determined in King's Bench and
Courts of Appeals for Lower Canada, Privy Council, etc., 1835.......P. 341-2-3-4

VOLUME.

LEGAL. Report of the Committee of the Bar of Lower Canada, Section of the District of Quebec. With reference to the conduct pursued by two of the Judges of the Court of Appeals towards one of the Advocates of the Quebec Section, during the October term, 1851................P. 186-2

LEGAL. Report from the Special Committee appointed to inquire into the manner in which juries in criminal matters have been drawn in Lower Canada, 1830 ....P. 52-5

LEGAL. Report of the Special Committee of the House of Assembly on the Bill from the Senate respecting the administration of justice in Lower Canada, 1824..... ....OP. 60-1

LEGAL. Résumé du droit Canadien, par J. Z. Martel, 1878.............P. 189-3

LEGAL. Revue critique de législation et de jurisprudence du Canada. 1871.P. 51-2

LEGAL. Specification for District Court Houses and Jails in Lower Canada, 1860.. ....P. 38-7

LEGAL. Spécification pour l'érection des cours de justice et prisons de district dans le Bas-Canada, 1860.......................P. 38-8

LEGAL. Summary of the report of the Secretary-Treasurer of the Eastern Judicial district, 1885... ....P. 220-5

LEGAL. Synopsis of the changes in the law effected by the Civil Code of Lower Canada, par T. McCord, 1866..........................P. 13-8

LEGAL. Table of the Statutes of the Dominion of Canada, par R. J. Wicksteed, 1887 . ...P. 349-8

LEGAL. The inferior magistrates and legal pluralism in Ontario, par R. J. Wicksteed, 1888, 1886, 1887.............. P. 236-3 & 186-12, P. 230-13

LEGAL. The Justinian Pandects. Their origin, progress and completion, par R. S. M. Bouchette..... ....P. 203 G-2

LEGAL. Sur les mariages clandestins, par E. L. de Bellefeuille, 1860..... P. 190-2

LEGAL. J. J. Spragge to the Attorney and Solicitor General on the Court of Chancery, 1847....... ....P. 302-2

LEGAL. Treatise on the laws relating to marriages in Lower Canada, par James Armstrong, 1857......................... ... .P. 49-9

LEGAL. Trois lettres adressées à R. Laflamme, par S. Kierzkowski, 1873..P. 28-6

LEGENDRE (NAPOLÉON). Albani, 1874...........................P. 124-2

LEGENDRE (NAPOLÉON). Annibal, 1898.. ....P. 391-1-2

LEGENDRE (NAPOLÉON). Nos Asiles d'aliénés, 1890...................P. 259-4

LEGENDRE (NAPOLÉON). Notre constitution et nos institutions, 1878..P. 20-6, P. 151-1

LEGGE (CHARLES) and Duncan Macdonald. Report on the exploration of routes, north and south sides of the Ottawa river, for the Montreal Northern Colonisation Railway from Grenville to Ottawa City, 1871..P. 44-5

LEGGE (CHARLES). Montreal Northern Colonisation Railway. Report on Hochelaga and St. Jerome Branch, 1869 ....P. 44-2

LEGGE (CHARLES). Montreal Northern Colonisation Railway. Report on the Ottawa Valley extension, 1874.............................P. 44-7

En français...P. 61-3

LEGGE (CHARLES). Report on the Montreal Northern Colonisation Railway to the city of Ottawa, with branch line to St. Jérome, 1872......P. 102-4 & 103-1

LEGION. Letters on Responsible Government, 1844. R. B. Sullivan.....P. 49-7

LEGISLATIVE INQUIRIES. Commission pour s'enquérir de certaines accusations, &c., relativement à l'octroi du contrat pour la construction du Palais Législatif, 1884...................... ....OP. 53

LEGISLATIVE INQUIRIES. Correspondance, documents, témoignages et procédés dans l'enquête de MM. Lafrenaye et Doherty dans le Bureau du greffier de la Couronne et greffier de la Paix, 1864..... ....P. 39-3

LEGISLATIVE INQUIRIES. Correspondence relative to the dismissal of Dr. Russell from the Commission of the Peace, 1859............ .....P. 138-15

LEGISLATIVE COUNCIL in Upper Canada. Report of a select committee of, upon the provision made by law for the support of a Protestant clergy in that province, 1835...P. 352-4
LEGISLATIVE UNION. (Plans for a general) of the British Provinces in North America, 1824. Suivi d'observations.........................P. 339-1-2
LEGLER (HENRY E.) A Moses of the Mormons, 1897..................P. 459A-5
LEGLER, (HENRY E.) Chevalier Henry de Tonty. His exploits in the valley of the Mississippi, 1896..P. 459-4
LeGUERNE (ABBÉ). Lettre trouvée récemment et publiée, par C. O. Gagnon, prêtre, 1889 . . . .'. . . . . .P. 228-11
LEIGHTON. Manuscripts of Stanley, 1885...... ....P. 414-4
LeJEUNE (P.) Réponse à un mémoire intitulé: Observations à propos du P. Le Jeune, et de M. de Queylus, par M. l'abbé Gosselin, 1897......P. 362-4
LELIÈVRE AND ANGERS. Trial of Joseph Bérubé and Césaire Thériault, 1853.P. 131-5
LeMAY (PAMPHILE). Fêtes et Corvées, conférence à l'Institut Canadien le 29 Mars, 1878..................................P. 392-1, P. 207A-10
LeMAY (PAMPHILE). Les Vengeances, 1876 . ...P. 18-1
LeMAY (PAMPHILE). Poésie à l'inauguration des nouvelles salles de l'Institut Canadien, 1882.. . . . . .P 207B-9
LeMOINE (J. M.) Maple Leaves, 1863, 1865 ....P. 50-1-2
LeMOINE (J. M.)   ‖   3e série, 1865.. . ...P. 343-6
LeMOINE (J. M.) Brighton, Scarborough and Versailles, 1882......... P. 50-8
LeMOINE (J. M.) Château-Bigot, 1874 ....P.-36-6
LeMOINE (J. M.)   ‖   ‖   ....P. 354-9
LeMOINE (J. M.) Edinburgh, Rouen, York, 1881..................P. 50-9
LeMOINE (J. M.)   ‖   1881-2.................P. 203H-7
LeMOINE (J. M.) Glimpses of Quebec during the last ten years of French domination in Canada, 1749-59...........................P. 203G-13, P. 50-3
LeMOINE (J. M.) Histoire des fortifications et des rues de Québec, 1875,P.18-8, P.343-10
LeMOINE (J. M.) Historical notes of the environs of Quebec, 1880 ..P. 504-5, P.164-6
LeMOINE (J. M.) Les Héroïnes de la Nouvelle-France, 1888...........P. 324-4
LeMOINE (J. M.) L'Ornithologie du Canada, 1874, Institut Canadien ... P. 207-2 & 8
LeMOINE (J. M.) Les rues de Québec, 1875.........................P- 14-8
LeMOINE (J. M.) On the Birds of Canada ....P. 203D-39
LeMOINE (J. M.) On the history of Literature.......................P. 203D-35
LeMOINE (J. M.) Tableau synoptique de l'ornithologie du Canada, 1864...P. 4-2
LeMOINE (J. M.) Quebec, its gates and environs...... ....P. 50-6
LeMOINE (J. M.) The Scot in New France, 1535-1880..........P. 289-4, P. 203H-1
LeMOINE (J. M.) Tourists Note Book, 1876......................... P. 165-4
LeMOINE (J. M,) The Scot in New France, 1881.....................P. 50-7
LENNARD. Manuscripts of Sir Thomas Barrett, 1892..................P. 414-27
LENOX LIBRARY. Annual report for 1889 ....P. 308-8
LEPAGE DU PARTZ. Journey across the continent of North America par un chef sauvage, 1829...P. 203A-12
LÉPINE (AMBROISE). Message with correspondence relating to the commutation of the sentence of death on him for the murder of Thomas Scott at Fort Garry, 1875. En anglais et en français.............. OP 21-2, OP. 38-9
LÉPINE (CHARLES). Une poignée de vérité à propos des dernières fêtes, 1872..P. 18-4
LEPROHON (MRS.) Armand Durand, 1868.........................P. 227-23
LEPROHON (MADAME J. L.) Cantata in honour of His Royal Highness the Prince of Wales on the occasion of his visit to Canada, 1860.........P. 14-27
LE P. MARTIN...P. 514-2
LEPROHON (J. P.) Income tax. Court of Appeal. Leprohon and the Corporation of Ottawa. Judgment, 1878..........................P. 46-5

DOC. DE LA SESSION No 18

VOLUME.

LEPROSY. Questions regarding leprosy, answers by J. C. Taché, M.D. and A. C. Smith, M.D., 1885 . . . . P. 225-8
LEROUX (JOSEPH). Atlas numismatique du Canada, 1883 . . . . P. 210-12
LEROUX (JOSEPH). Vade Mecum du Collectioneur (Numismatique), 1885 . . P. 210-13
LEROY (P.) Etude des Langues. Réforme de l'enseignement, 1874 . . . . . . P. 5-6
LEROY (P.) Réforme de l'enseignement, nouvelle méthode pour apprendre les langues en peu de temps, 1875 . . . . .P. 6-2
LESAGE (S.) La Province de Québec et l'Emigration Européenne, 1870 . . .P. 16-9
LESUEUR (M. JEAN). Les Normands au Canada, par l'abbé Gosselin, 1894.P. 311-10
LETELLIER, 1878, voyez Political . . . . .P. 156-13
LETELLIER (HIS HONOUR LUC). Petition addressed to the Governor in Council by the Hon. Messrs. Chapleau, Church and Angers, praying for his dismissal from the office of Lieut. Governor, 1879. En français et en anglais . . . . .OP. 29, 3 & 4
LETT (WILLIAM PITMAN). Annexation and British Connection, 1889 . . . . . .P. 234-6
LETT (WILLIAM PITMAN). Recollections of Bytown and its old inhabitants, 1874 . . . . .P. 48-4
LETTRES à un député par Mgr. l'évêque de Birtha, 1874 . . . . .P. 334-3
LETTERS, &C., READ in the Legislative Council in the debate on the Clergy Reserve Bill, par P. B. de Blaquière, 1840 . . . . .P. 352-5
LETTER to the Clergy and Laity of Quebec, par George J. Mountain, D.D. .P. 192-20
LEVASSEUR (PROF. E.) The question of the sources of the Mississippi river, 1896 . . . . .P. 356-4l
LÉVÊQUE (ADOLPHE). Education technique : 1883 . . . . .P. 120-12
LÉVIS (COLLÈGE DE) Annuaire . . . . .P. 309-7
       "   "   1886 . . . . .P. 155-8
LÉVIS, Chemin de Lévis et Kennebec. Réfutation de la Brochure de C. A. Scott, 1877 . . . . .P. 256-8
LÉVIS (CHEVALIER DE). Conquest of Canada . . . . .P. 214
LÉVIS (CHEVALIER DE). Journal de Campagnes en Canada, de 1756 à 1760.P. 413
LÉVIS (CHEVALIER DE). Lettres concernant la guerre du Canada, 1756-1760P. 413 A
LÉVIS. Lettres de la cour de Versailles au Chevalier de Lévis, 1890 . . . . . .P. 413 B
LÉVIS. Lettres de divers particuliers au Chevalier de Lévis . . . . .P. 413 J
LÉVIS (THE MARECHAL DE). The French War, papers of, described by the abbé Casgrain, 1888 . . . . .P. 231-6
LEWELLIN (J. L.) Emigration Prince Edward Island. A brief but faithful account of this fine Colony, 1833, London . . . . .P. 218-1
LEWELLIN (J. L.) Prince Edward Island : a brief but faithful account of this fine Colony, 1834 . . . . .P. 129-7
LEWIS (BENJAMIN T.) The Madog tradition . . . . .P. 356-1f
LEWIS (T. H.) Description of some copper relics of the collection of, par Edward D. Neill . . . . .P. 388-6a
LEWIS. Capt. Merriwether, par Thomas Jefferson . . . . .P. 299
LEYBORNE-POPHAM (F. W.) Manuscript at Little Cote, County of Wilts. .P. 509-5
LIBÉRAL-CONSERVATIVE party. Speech by Thomas White, jr., 1874 . . . . . . .P. 343-8
LIBERTAS. National Schools for Manitoba, 1877 . . . . .P. 162-9
LIBERTÉ. A la conquête de la, en France et au Canada, par A. D. DeCelles, 1898 . . . . .P. 392-1-4
LIBRARY. Accessions to Legislative, of Ontario, 1895, 1896. . . . . .P, 369-4
LIBRARY. Annual Report of the Hamilton Public Library, 1890 . . . . .P. 251-2
LIBRARY. Annual Report of St. Louis Public Library, 1889-90 . . . . .P. 251-1
LIBRARY. Boston Public Library Report for 1893 . . . . .P. 308-11
LIBRARY. Boston Report of the Trustees, 1893 . . . . .P. 284-1
LIBRARY. Boston Public Library, 1896-99 . . . . .P. 439-5-6

VOLUME.

LIBRARY.　Buffalo Library Report, 1891..............................P. 251-7
LIBRARY.　　　　"　　　　　"　　1893...................................P. 284-5
LIBRARY.　　　　"　　　　　"　　1894...................................P. 308-12
LIBRARY.　Carrol Institute report for 1894. ....P. 308-13
LIBRARY.　Catalogue of books in the Ramsay Library, Almonte, 1818... .P. 301-1-2
LIBRARY.　First report of William Coolidge Lane of Harvard University...P. 440-3
LIBRARY.　Harvard University, fifteenth Report, 1892..... ....P. 284-3
LIBRARY.　Lenox. Annual report for 1889, New York, 1890............P. 308-8
LIBRARY.　Les Bibliothèques populaires, par Eugène Rouillard, 1890.....P. 261-4
LIBRARY.　Memoir of William Kelby, librarian of the New York Histori-
　　　　cal Society, par John Austin Stevens, 1898......................P. 440-4
LIBRARY.　Milwaukee Public Library Report, 1889.....................P. 308-9
LIBRARY.　Newberry. Proceedings of the Trustees, 1891...............P. 251-8
LIBRARY.　Newberry Library, proceedings of trustees, 1889.............P. 308-10
LIBRARY.　Newcastle on Tyne Report, 1892-3-4.................... .P. 308-14-15
LIBRARY.　New York State Report, 1889............................P. 251-6
LIBRARY.　Notice sur la destruction des Archives et des Bibliothèques des
　　　　deux Chambres Législatives du Canada, lors de l'émeute qui a eu lieu à
　　　　Montréal le 25 avril, 1849, par G. B. Faribault.... ....P. 236-1
LIBRARY.　Nova Scotia Report for 1885 . ...P. 379-6
LIBRARY.　Omaha Public Library, 1891.............................P. 251-9
LIBRARY OF PARLIAMENT, Supplement to the Catalogue, 1897-8-9....P. 449-7, P. 370-4
LIBRARY.　Report of the Directors of the Chicago Public Library for
　　　　1885–86–87 ....P. 201-2-3
LIBRARY.　Report for 1880 of the Library Commissioners of Nova Scotia...P. 107-10
LIBRARY.　REPORT of Harvard University for 1897..... ....P. 439-7
LIBRARY.　REPORT of the Newberry Library for 1896, 1897.........P. 439-1 & 2
LIBRARY.　Report of the Trustees of the New York State Library for 1885.P. 201-1
LIBRARY.　REPORT of the Y. M. C. A. of Buffalo, 1882, 1883, 1885.....P. 201-4-5 & 6
LIBRARY.　Reynolds Library, Eighth Annual Report, 1893.............P. 284-4
LIBRARY.　St. Louis Mercantile Library, report for 1897......... ... .P. 439-3
　　　　　　　　　　　　　　　　　　　1895–96.... ......P. 439-8
LIBRARY.　Special report of the Librarian of Congress, 1895............P. 350-15
LIBRARY.　Statistics of Public Libraries in the United States and
　　　　Lower Canada, 1893...P. 284-2
LIBRARY.　Toronto Public, Finding List, 1886......................P. 308-3
　　　　Annual Report, 1887, 1889, 1892, 1894, 1897, 1898...P. 308-4-5-6-7-8-9
　　　　Catalogue of Books in the Central Circulating Library, 1897.P. 308-10
LIBRARIES.　Various, Canadian, 1900...........................P. 495, P. 497-14
LIBRARIES.　Divers. Voir sous leurs noms spécifiques...... ....P. 308A.
LIFE INSURANCE.　Special to the Honourable Senators, etc., of the
　　　　Dominion of Canada, par Thomas L. Wilson, 1879........ ....P. 218-9
LIFE RAFT.　Plan of the construction of a raft to rescue passengers from
　　　　sinking ships, par E. D Ashe, R.N...............................P. 203C-16
LIGHT (H. L.)　Remarks by the Government Engineer on the Eastern
　　　　division of the Q. M. O. and O. Railway, on the contractors Statement
　　　　of Facts...'......P. 44-10
LIGHTHALL (W. D.)　Adjustable Federation, 1888....................P. 257-4
LIGHTHALL (W. D.)　Voir Forward, the National Question, 1885........P. 230-18
LIGHTHALL (W. D.)　The Glorious Enterprise.......................P. 506-13
LIGHTHALL (W. D.)　Thoughts, Moods and Ideals. 1887............P. 217-15
LIGNITE formation, rapport de George M. Dawson.................P. 477-1
LILLIE (REV. ADAM).　Canada, its growth and prospects, 1852 ....P. 78-2
LINCOLN.　Inaugural Speeches, 1861-1865. Preliminary Proclamation of
　　　　Emancipation, 1862. Proclamation, 1863......................P. 299

VOLUME.

LINCOLN.   Manuscript of the Dean and Chapter. 1891.................P. 414-22
LINCOLN.   District Manuscript of Registry............................P. 414-22
LINDSAY (CHARLES).   The Clergy Reserves, their history and present position
    1851...P. 9-1
LINCOLN COUNTY.   The Niagara Peninsula, par Ernest Cruikshank, 1889..P. 229-2
LINCOLN (CHARLES H.)   The Revolutionary Movement in Pennsylvania,
    1760–1776..P. 492-1
LINDSAY (LT. COL. W. H.)   A few ideas with a view to the improvement of
    rural corps--infantry, 1894.................................. P. 306-13
LINDSAY (CRAWFORD).   Government buildings in Quebec.   Translation of
    Le palais législatif de Québec, 1897................................P. 363-2
LINDSAY.   Municipal reports of the town of Lindsay (various) from 1891 to
    1900...P. 499
LINDSAY (CHARLES).   The prairies of the Western States. their advantages
    and their drawbacks, 1860.......................................P. 261-1
LINDSAY.   The twenty club of ....P. 491-7
LINTON (J. J. E.)   A prohibitory liquor law of Upper Canada, 1860......P. 233-10
LINTON (J. J. E.)   Remarks for Emigrants, 1847......................P. 213-5
LIPPENS (B.)   Pierre Leroy, son système, sa marotte, ses luttes homériques
    et ses travaux herculéens, 1874 ....P. 14-23
LIQUOR TRAFFIC.   Act to regulate the sale of intoxicating liquors and the
    granting of licenses in this Province (Manitoba) 1878..............P. 220-7
LITERARY AND HISTORICAL SOCIETY.   Conférences, par P. B. Casgrain......P. 501-9
LITERARY AND HISTORICAL SOCIETY OF QUEBEC.   By-laws 1832, 1854, 1862.
    Reports, 1830, 1833 to 1839, 1841 to 1846, 1852, 1860, 1862........P. 203
    Transactions, 1829...P. 203 A.
LITERARY AND HISTORICAL SOCIETY OF QUEBEC.   Transactions, 1831.....P. 203 B.
    Transactions, 1843, 1854, 1855........ ....P. 203 C.
        "   1862 à 1866...... ....P. 203 D.
        "   1867 à 1872............................ .....P. 203 E.
        "   1872 à 1875............. ....P. 203 F.
        "   1876 à 1880....   ....P. 203 G.
    Our Library, par F. C. Wurtele, 1889....................P. 234-19
    Transactions, 1880 à 1883.......................... ....P. 203 H
        "   1883 à 1889.......................... ....P. 203 S.
        "   1889 à 1892...... ....P. 203 T.
    Memoirs, various, see under Canada....................P. 203 J.
    Historical documents, 1843. ....P. 203 K.
        "   list, 1840....... ... .P. 203 L.
        "   "   1861...... ....P. 203 M.
        "   "   1866 à 1868, 1871...................P. 203 N.
        "   "   1873...... ....P. 203 P.
        "   "   1875 à 1882...........................P. 203 Q.R.
LITERARY.   Brighton, Scarborough and Versailles.   Inaugural address par
    J. M. LeMoine, 1882..P. 50-8
LITERARY GARLAND, Montreal ....P. 425. R.S.T.V.W.
LITERARY.   Borrowed and stolen feathers, par J. P. Tardivel ....P. 136-12
LITERATURE.   A Cry from the Saskatchewan, 1885 .. ..P. 302-3
LITERATURE.   A dialogue between Dionysius, Damon and Pythias, par l'ar-
    chevêque Fénelon, 1880..P. 233-7
LITERATURE.   Alcott, the Concord Mystic, par George Stewart, fils ....P. 203, G. 16
LITERATURE.   Anglicismes et Canadianismes, par A. Buies, 1888........P. 223-6
LITERATURE.   Armand Durand, par Madame Leprohon, 1868...........P. 227-23
LITERATURE.   Le Bas-Canada entre le moyen-âge et l'âge moderne, par
    l'abbé J. A. Gingras, 1880... ....P. 123-4

VOLUME.

LITERATURE.   Canada, par James Joseph Gohan, 1877 . . . . P. 99-6
LITERATURE.   Canada in sculpture, par Henry Scadding, D.D., 1887 . . . . . . P. 217-17
LITERATURE.   Cap du Diable, par Chas. DeGuise, Sainte-Anne de la Poca-
    tière, 1863 . . . . P. 33-1
LITERATURE.   The Charivari or Canadian Poetics. A tale after the man-
    ner of Beppo, 1824 . . . . P. 1-2
LITERATURE.   La Charloiade par Samuel Benoit, 1872 . . . . P. 28-4, P. 157-4
LITERATURE.   Château-Bigot, par J. M. LeMoine, 1874 . . . . P. 36-6
LITERATURE.   Chénier, par Louis Fréchette, 1885 . . . . P. 157-16
LITERATURE.   Le choix d'une femme par Raoul de Navery . . . . P. 4-10
LITERATURE.   Conférences. La Presse Canadienne-française et les améliora-
    tions de Québec, par Arthur Buies, 1875 . . . . P. 32-6 & 36-10
LITERATURE.   Conférence sur la littérature canadienne, par A. Lefaivre, 1877. P. 195-9
LITERATURE.   Contributions to a History of the French Language of
    Canada, par A. Marshall Elliott, 1885 (?) . . . . P. 199-4
LITERATURE.   Coups de Crayon, par F. A. Baillargé, prêtre, 1889 . . . . P. 238-8
LITERATURE.   Le dernier des Martyrs, par Louis Fréchette, 1885 . . . . P. 157-13
LITERATURE.   Dies Irae, traduction en vers français avec le texte en regard,
    par M. Chauveau, 1887 . . . . P. 302-4
LITERATURE.   Discours sur Napoléon 1er, par Alphonse Bernier, 1880 . . . . P. 191-5
LITERATURE.   The Dominion in 1983, par Ralph Centennius, 1883 . . . . . . P. 45-8
LITERATURE.   Edinburgh, Rouen, York.—Glimpses, Impressions, Contrasts.
    Inaugural Address, par J. M. LeMoine, 1881 . . . . P. 203H-7, P. 50-9
LITERATURE.   Emerson the Thinker, par George Stewart, jr., 1877–8–9. . . P. 203G-9
LITERATURE.   Eos—A Prairie Dream, etc., par Nicholas Flood Davin, 1884.
    P. 162-13, P. 224-9
LITERATURE.   Erreur n'est pas compte, par F. G. Marchand, 1872 . . . . . . P. 34-3
LITERATURE.   Essai sur le mauvais goût dans la littérature canadienne,
    1876 . . . . P. 14-7
LITERATURE.   Excursion in the Holy Land of thought, par Henry Lacroix,
    1867 . . . . P. 137-13
LITERATURE.   Foule et Solitude. Mémoires d'un Vieux garçon recueillis et
    commentés, par Alph. Cynosurides . . . . P. 3-4
LITERATURE.   Giles and Janey, par Frank Johnson, 1872. . . . . P. 18-9
LITERATURE.   L'héritière d'un millionaire, par Charles Marcil, 1867 . . . . . . P. 16-10
LITERATURE.   Histoire de la Tribune, par L. M. Darveau, 1863 . . . . . P. 13-12, P. 195-2
LITERATURE.   Historique des journaux de Québec, par Horace Têtu, 1875. P. 97-4
LITERATURE.   Intendant Bigot, par Joseph Marmette, 1872 . . . . P 46-4
LITERATURE.   Irishman in Canada, par J. George Hodgins, 1875 . . . . P. 100-4
LITERATURE.   Journaux et Revues de Montreal, par ordre chronologique,
    1881 . . . . P. 98-6
LITERATURE.   Journaux et Revues de Québec, par ordre chronologique,
    1883 . . . . P. 98-7
LITERATURE.   Lecture on Alcott, par George Stewart, jr., 1880 . . . . P. 217-13
LITERATURE.   Lettres sur le Canada. Etude sociale, 1867 . . . . P. 118-7
LITERATURE.   Les Excommuniés. Traduction par G. W. Wicksted . . . . . . P. 217-19
LITERATURE.   Love of Country, par l'honorable Donald Ferguson, Charlotte-
    town, 1885 . . . . P. 160-19
LITERATURE.   Loyalty. An address, par J. D. Edgon, 1885 . . . . P. 138-20
LITERATURE.   Maple Leaves. A Budget of Legendary, Historical, Critical
    and Sporting intelligence, par J. M. LeMoine, 1863 . . . . P. 50-1
LITERATURE.   Maple Leaves (Third Series). Canadian History and Quebec
    Scenery, par J. M. LeMoine, 1865 . . . . P. 50-2
T ERATURE.   Martyrs de la Foi en Canada, par Eustache Prudhomme, 1869. P. 118-6

DOC. DE LA SESSION No 18

VOLUME.

LITERATURE. Mélanges historiques et littéraires, par Edmond Lareau, 1877...P. 74-3

LITERATURE. Men of the North and their place in History, Conférence par R. G. Haliburton, 1869 ....P. 56-4

LITERATURE. Metallic Records of Martin Luther, par Henry Scadding, DD., 1884...P. 139-37

LITERATURE. Le meurtrier d'Albertine Renouf, par Henri Rivière, 1865..P. 4-9

LITERATURE. Monsieur Toupet ou Jean Bellegueule, par Aug. Laperrière, 1883...P. 153-3

LITERATURE. Montreal Literary Club, 1864, Constitution...............P. 393-23

LITERATURE. Newspapers, their development in the Province of Quebec, par Thomas White, M.P., 1883. ....P. 219-4, P. 41-13

LITERATURE. Norman Conquest, par M. le juge Monk, 1870............P. 123-3

LITERATURE. Notes on some emendations in the text of Shakespeare, par E. A. Meredith... P. 203 D-8

LITERATURE. For the Occasion of the Œcumenical Council, 8th December, 1869, par P. J. Buckley. ....P. 118-18

LITERATURE. Oeufs de Paques.. P. 166-3

LITERATURE. Of the ancient Etruscans, Tyrrhenians or Tuscans, par Andrew Stuart..P. 203 A-9

LITERATURE. On Canadian Literature, par Hector Fabre ....P. 203 D-37

LITERATURE. One more Unfortunate, par Joe (J. E. M. Whitney) 1880...P. 123-5

LITERATURE. On the history of literature, par James M. LeMoine.......P. 203 D-35

LITERATURE. On two mummies from Thebes in Upper Egypt, par le révérend James Douglas...P. 203 D-29

LITERATURE. Opuscules. L'abbé Casgrain, 1876.....................P. 98-1

LITERATURE. Papineau, drame historique canadien, par Louis H. Fréchette, 1880 ....P. 166-5

LITERATURE. Les Pauvres de Paris, par Aug. Laperrière...............P. 156-14

LITERATURE. Pierre et Amile, par Edouard Duquet, 1866 ....P. 36-7

LITERATURE. La Pléiade Rouge par Gaspard le Mage, 1855............P. 23-5

LITERATURE. Poisson d'Avril 1865. Rêveries d'un Joueur de Pigeon Hole.P.22-2

LITERATURE. Principal English Writings of the late Rev. P. J. Doherty, 1873 ....P. 34-1

LITERATURE. Recollections of Sedan, par F. Creswell Hewett, 1877......P. 117-14

LITERATURE. Recueil de Chansons comiques, Romances et Chansonnettes, par M. A. Blondin, 1869.. P. 5-7

LITERATURE. Le Retour de l'exilé, par Louis H. Fréchette, 1880.........P. 166-4

LITERATURE. The Scot in New France. An Ethnological Study. Inaugural Address, par J. M. LeMoine, 1881 ....P. 50-7

LITERATURE. Secretary of the Royal Society of Canada, a Literary Fraud, par Nicholas Flood Davin, 1882 ....P. 45-5

LITERATURE. Situation de la Langue Française au Canada, par Benjamin Sulte, 1885... P. 151-11

LITERATURE. Soir d'automne, par James E. P. Pendergast..............P. 195-11

LITERATURE. La Statue de Cartier, Benjamin Sulte, 1885..............P. 119-21

LITERATURE. Taste in Common things, Essai par Alfred Bailey, 1858.....P. 19-17

LITERATURE. La terre et l'univers, par l'abbé Michel Méthol, 1869 ......P. 26-12

LITERATURE. The belief of the Ancient Egyptians respecting a future state, par le révérend J. Douglas, 1862...............................P. 203 D-5

LITERATURE. The Genius and Life Work of Longfellow, par George Stewart, Jr..P. 203 H-13

LITERATURE. The Kalevala or natural epos of the Finns, par E. Taylor Fletcher. ....P. 203, E-4

3-4 EDOUARD VII, A. 1904

VOLUME.

LITERATURE. The Literature of Queen Anne's reign, par le lord Evêque de
    Québec, 1869-70. . . . . P. 203 E-6
LITERATURE. The Origin and development of the Greek Drama, par John
    Harper. . . . . P. 203H-12
LITERATURE. The present state of literature in Canada, and the intellectual
    progress of the people during the last fifty years, par James Douglas. . . P. 203F-9
LITERATURE. The twenty years siege of Candia, par Edward Taylor Flet-
    cher. . . . . P. 203 G-13 H-9
LITERATURE. Thomas Carlyle. A paper, par George Stewart, fils. . . . . P. 217-14
LITERATURE. Thoreau. The Hermit of Walden, par George Stewart, fils. . P. 203H-9
LITERATURE. Thoughts, Moods and Ideals, par W. D. Lighthall. . . . . P. 217-15
LITERATURE. Towers, Bulwarks, Strong Places. Adresse par Henry
    Scadding, D.D. . . . . P. 139-38
LITERATURE. Trois Légendes de mon Pays, par J. C. Taché. . . . . P. 98-2
LITERATURE. Une Evocation. Conférence par M. Arthur Buies. . . . . P. 124-14
LITERARY. Wreck of the Schooner Arno, par Joseph Darby, Sable Island. . P. 75-3
LITERARY. Les vengeances, par Pamphile LeMay. . . . . P. 18-1
LITERARY. Voix d'un Exilé, par L. H. Fréchette. . . . . .P. 28-1, P. 22-16
LITERATURE. Voyage sentimental sur la rue Saint-Jean, par Hubert LaRue. P. 97-8
LITERATURE. Was Shakespeare, after all, a Myth, par J. Watts de Peyster.P. 350-4
LITITZ. The military hospitals at Bethlehem and Lititz, pár John Woolf
    Jordon, 1896. . . . . P. 368-22
LITTLE (JAMES). The Timber supply question for the Dominion of Canada
    and the United States, 1876. . . . . P. 218-8
LITTLEHALES (EDWARD BAKER). Journal of an exploratory tour from
    Niagara to Detroit in 1793. . . . . P. 230-15
LIVERNOIS (VICTOR). Réponse à M. le Grand-Vicaire Hamel . . . . P. 155-3
LLOYD (S. ZACHARY). Manuscripts of, 1885. . . . . P. 414-4
LOCHHEAD (WILLIAM). San Jose Scale, 1900. . . . . P. 505-5
LOCKHART (E.) Statements with reference to the Knights Baronets of Nova
    Scotia, 1831 . . . . P. 129-6
LOCKHART (EPHRAIM). Historical-view of the Province of Nova Scotia, &c.,
    1836. . . . . P. 129-1
            En français. . . . . P. 129-2
            Appendix, Charter to Sir William Alexander en latin et en
            anglais, 1621, et notes manuscrites. . . . . P. 129-3
LODER-SYMONDS. Manuscript of Capt. L. C., 1892. . . . . P. 414-27
LOGAN (W. E.) Remarks on the Mining Region of Lake Superior, 1847. . P. 175-1
LOGAN (W. E.) Report upon the survey of Lake St. Peter, 1850. . . . . P. 216-2
LOGAN (SIR W. E.) Notes on the gold of Eastern Canada, 1864. . . . . P. 395-1
LOGAN (SIR W. E.) Descriptive Catalogue of a collection of the economic
    minerals of Canada, &c., sent to the London International Exhibition
    for 1862. . . . . P. 38-6, P. 175-10
LOGAN (SIR W. E.) Letter addressed to Mr. Joachim Barrande on the rocks
    of the Quebec Group at Point Lévis, 1863. P. 221-9
LOGAN (SIR W. E.) Notes on the gold of Eastern Canada, 1864. . . . . P. 175-14
LOGAN (SIR W. E.) On new specimens of Eozoon, 1867. . . . . P. 174-6, 175-19-22
LOIZEAU (PAUL J.) Voyez Mann (Daniel), 1871. . . . . P. 161-10
LONDON. The chronicle of Londonia, the City of the Forest. . . . . P. 229-7
LONDON. International Exhibition, 1862. Economic Minerals sent from
    Geological Survey. Crystalline rocks, par T. Sterry Hunt. . . . . P. 477-1
LONDON ROYAL MAGAZINE. London, 1740, 1755. . . . . P. 463, P. 463A
LONDON and Port Stanley Railway. Report 1857 . . . . P. 484-5
            Report of Committee. . . . . P. 484-8
LONDONDERRY. Iron Mines, 1857. . . . . P. 114-15

VOLUME

LONGUEUIL. Documents inédits sur le Colonel de, annotés et publiés, par Monongahela de Beaujeu, 1890...... .... P. 361-2
LONGUEUIL. Documents inédits sur le Colonel de, par Monongahela de Beaujeu, 1891 .... P. 250-4
LONGWORTH (ISRAEL). A chapter in the township of Onslow, Nova Scotia, 1895.. .... P. 281C-3
LOOSEMORE (REV. R. W.) Sermon on the death of the Metropolitan, 1868. P. ⁴⁰⁹²⁴-6
LORANGER (T. J. J.) Letters upon the interpretation of the Federal constitution, 1884... P. 344-7
LORDS (HOUSE OF). Manuscripts.................................... P. 510-1
LORDS' SUPPER. Learned testimonies on the, Parts 1 and 2, 1863........ P. 352-7-8
LONSDALE. Manuscript of the Earl of, 1893......................... P. 414-30
LORNE (MARQUIS VON). Der Nord-western Canadas, 1882 .... E P. 7-4
LORNE (MARQUIS OF). Our Railway to the Pacific, 1886................ OP. 61-2
LORNE (MARQUIS OF). The Canadian North-West, 1881, 1882.... P. 65-6, EP. 8-5, 6, 7
                                                                            P. 346-5
LOTBINIÈRE. Minutes of proceedings of the election Committee, 1854-1855. P. 253-2
LOTBINIÈRE (THE DE). A bit of Canadian romance and history par I. J. Greenwood, 1896 ....P. 350-14
LOUDON (JAMES). Convocation Address University of Toronto, 1899...... P. 506-8
LOUDOUN (LORD). Conquest of Canada .... P. 214
LOUIS (LE FRÈRE). Les derniers Récollets canadiens, par l'abbé Charles Trudelle, 1898.. ....P. 392-1
LOUISBOURG. Conquest of Canada................................ P. 214
LOUISBOURG. Copy of Journal kept by Gordon, one of the officers engaged in the siege in 1758.. P. 281B-2
LOUISBOURG. An historical sketch par J. P. Edwards, 1895............ P. 281C-6
LOUISBOURG. New York and Admiral Sir Peter Warren at the capture of, par E. F. de Lancy, 1895.............. .... P. 367-14
LOUISBOURG. Medals par R. W. McLachlan, 1891.................... P. 257-17
LOUISBOURG in 1745, in an anonymous letter translated by George M. Wrong, 1897.. P. 450-3
LOUISBOURG. Voyez Johnstone (Chevalier)........................... P. 203M-4
LOUISIANA. Relation du voyage des premières Ursulines à la Nouvelle-Orléans, 1859... P. 211-3
LOUISIANA. Lettre du Père Jacques Gravier, S. J., le 23 février, 1708, sur les affaires de la Louisiane....... .... P. 211d-6
LOYOLA COLLEGE. Officers, Masters and Students, prospectus, 1901-2-3... P. 514-5-6
LOVELL (JOHN). Exposé of the Corporation (Montreal). Printing and Stationary Scandal, 1881...................................... P. 45-7
LOWE (JOHN). Report on alleged exodus from Canada to the United States, 1881... P. 311-13
LOWE (JOHN). Year Book, 1867–69, 70–72, 73–75–76–79............. P. 461-a.b.c.
LOWE (JOHN). Report on alleged exodus to the Western United States at Port Huron, 1884....................................... OP. 61-4
LOWELL (AUGUSTUS). Massachusetts Institute of Technology. Commemorative Address, 1890........................... ....P. 251-3
LOYALISTS. Kingston and the Loyalists of 1783, par Walter Bates....... P. 235-8
LOYALISTS and early settlers in the district of Bedford, 1900............ P. 506-11
LOYALISTS. Before the coming of the, par C. Haight, 1897.............. P. 497-3
LOYALISTS (UNITED EMPIRE), par Justus A. Griffin................... P. 289-2
LOYALISTS (UNITED EMPIRE), par le révérend W. O. Raymond, 1893...... P. 289-12
LOYALTY. Letter to McGill Students from the principal (Sir William Dawson, 1893), mais sans date................................... P. 382B-23
LOYOLA COLLEGE, 1901... P, 506-10

VOLUME.

LUCAS (REV. D. V.) All about Canada, 1883.........................EP. 2-1
LUCAS (REV. D. V.) The Twins. A reply to the Anti-Scott Act address
     of Mr. Goldwin Smith, 1885....................................P. 215-1
LUDLOW (GEORGE). A leader of the republican party in Virginia, par
     Edward D. Neill...P. 368-13a
LUGRIN (CHARLES H.) Province of New Brunswick, 1886..............P. 141-3
LUIGI. Le Don Quichotte Montréalais ou M. Dessaulles et la Grande guerre
     ecclésiastique, 1873...P. 157-5
LUMBER. Report of the Supervisor of Cullers on the Lumber Trade, 1861.P. 254-17
LUMBER TRADE of the Ottawa Valley, 1872..........................P. 345-10
LUMBER TRADE. The Staple Trade of Canada, par George H. Perry, 1862.P. 257-7
LUNATIC ASYLUM, Ontario. Narrative of the recent difficulties in the
     Provincial Lunatic Asylum, par George H. Park, 1849..........P. 142-2
LUNDY'S LANE. The battle of, par Ernest Cruikshank, 1888......P. 519-6, P. 257-12
LUNSFORD (THOMAS). The Unlovely Knight, par Edward D. Neill.......P. 368-13
LUTTRELL. G. F. Manuscripts, 1887...............................P. 414-6
LYNCH (W. H.) Scientific dairy practice for Canadian farmers, 1887.....P. 452-1
LYNCH (ARCHBISHOP OF TORONTO). Questions and objections concerning
     Catholic doctrine and practices answered, 1877...............P. 235-6
LYNE (CHARLES). Letter to the Right Hon. Lord Castlereagh, on the North
     American export trade, 1813..................................P. 81-3
LYSONS (COL. D.) Drill and rifle instruction for the corps of rifle volunteers,
     1862...P. 301-6
LYSONS (COL. D.) Parting words on the rejected Militia Bill, 1862...OP. 3-1, P. 78-3
LYSONS (COL. D.) Drill and rifle instruction for the corps of rifle
     volunteers, 1862...P. 160-10
LYTTLETON (ANNESLEY). Manuscript of General, 1893................P. 414-29
LYTTLETON (THOMAS LORD). Letter from William Pitt, Earl of Chatham,
     on the Quebec Bill, 1774.....................................P. 183-5
          Autre édition, 1774.....................................P. 62-6

Mc and Mac.

McALPINE (W. J.) Reports on Wood and Sawdust deposits in the Hudson
     and Ottawa Rivers, 1873......................................P. 144-6
McARTHUR (ALEX.) Our Winter Birds, Winnipeg.....................P. 205 A-7
          The Fate of Thomas Simpson..............................P. 205 A-8
MACBETH (REV. R. G.) Farm Life in the Selkirk Colony.............P. 205 B-19
MACBETH (JOHN). The social customs and amusements in the early days
     of the Red River settlement and Rupert's Land................P. 205 B-10
McBRIDE (JAMES). A sketch of the topography, &c., of Oxford and the
     Miami University...P. 329 A-2d
          Description of ancient fortifications in Butler County..........P. 329 A2e
MACALESTER COLLEGE. Contributions by Edward D.Neill, Numbers 1 to 8,P. 368-1 to 8
          Deuxième série, n° 2 à 7, n° 9 à 11.................P. 368-9 to 14, 15, 16
          Troisième série, n° 1 ....P. 368-17
MACALLUM (A.) Synopsis of Natural History, 1857.................P. 224-4
MACAULAY (GEO. H.) Canada, its political past, present and probable futureP. 342-12
MACAULAY (GEO. H.) Passé, présent et avenir du Canada.............P. 27-2
MACAULAY (GEO. H.) The system of landed credit or la Banque de Crédit-
     Foncier..P. 26-11
          En français. ....P. 23-18
MACAULAY (GEO. H.) The union of the provinces of British North America,
     par l'honorable Joseph Cauchon, traduit par G. H. Macaulay ....P. 327

DOC. DE LA SESSION No 18

VOLUME.

MACAULAY (JOHN). Letters to my orphans and to the people of Canada...P. 161-11

MAC. Canada from the Lakes to the Gulf.............................P. 57-10

"   The Englishman in Canada..................................P. 57-9

McCHARLES (A.) The Footsteps of time in the Red River Valley........P. 205 A-9

McCLEERY (JOHN R.) Emigration, Letters on Canada..................P. 80-5

McCLURE (CAPT. ROBT.) The North West passage. Capt. McClure's despatches from H.M.S. discovery ship "Investigator" off Point Warren
and Cape Bathurst...P. 108-4

McCONNELL, R. G. Klondyke gold fields. (Carte annexée)............P. 486-6

McCORD (FRED A.) Errors in Canadian History culled from "Prize Answers"...P. 89-4

McCORD (F.) Synopsis of the changes in the law effected by the Civil Code
of Lower Canada..P. 13-8

McCORMICK (JOHN). The conditions of labour and modern civilization....P. 234-3

McCULLY (HON. J.) British America. Arguments against a Union of the
Provinces received, with further reasons for Confederation..........P. 45-3

McDIARMID (REV. A. P.) Sermon before St. Andrew's Society, Ottawa,
1887..P. 221-12

MACDONELL (BISHOP). Sketch of the life of, par J. A. Macdonell........P. 352-9

MACDONALD (R. C.) Sketches of Highlanders with an account of their early
arrival in North America, 1843.................................P. 336-2

McDONELL (BISHOP). London, Ont., 1884...........................P. 336-3

MACDONALD (SIR JOHN A.) Demonstration on the fortieth anniversary of
his entrance into public life, 1885................................P. 302-1

MACDONALD (SIR JOHN A.) Discours en présentant le projet de loi pour
mettre à effet le Traité de Washington, 1872.....................P. 26-8

MACDONALD (SIR JOHN A.) Dominion campaign speech at Toronto, May,
1881..P. 142-10

MACDONALD (L'HON. JOHN A.) Letter on the bill for quieting titles to real
estate in Upper Canada addressed to, par l'hon. Oliver Mowat, 1865..P. 345-6

MACDONALD (SIR JOHN A.) Political speech, 1876....................P. 13-16

MACDONALD (SIR JOHN A.) Speech on introducing the bill to give effect to
the Treaty of Washington, 1872...........................P. 21-6, P. 109-8

MACDONALD (SIR JOHN A.) Speech reviewing forty years of Canada's progress, 1884..P. 234-13

MACDONALD (SIR JOHN A.) Speech to the Workingmen's Liberal Conservative association, Ottawa, 1886...................................P. 346-14

MACDONALD (S. D.) Sable Island and its attendant phenomena, 1883.....P. 48-8

MACDONALD (S. D.) Ships of War lost on the coast of Nova Scotia and
Sable Island during the eighteenth century.....................P. 281 G-5

MACDONALD (DUNCAN). Report of exploration of routes, Montreal Northern
Colonization Railway, 1871.....................................P. 44-5

MACDONELL (W. J.) Reminiscences of the Right Rev. Alexander Macdonell, first Catholic Bishop of Upper Canada, 1888.........P. 224-10, P. 237-14

MACDONELL (BISHOP OF KINGSTON). The Glengarry Highlanders, 1833....P. 4$\frac{6\,3}{0}$

MACDOUGALL (HON. W.) Argument in the Mercer Escheat case, 1881....P. 86-7

MACDOUGALL (HON. W.) Canada. Information for Immigrants, 1862....OP 36-9

MACDOUGALL (HON. W.) His conduct reviewed re Red River Insurrection,
1870..P. 80-3

MACDOUGALL (W. B.) Illustrated Guide, &c., &c., for Manitoba and the
North-west, 1882-1883..EP. 10-7-8

MACDOUGALL (HON. W.) The Red River Rebellion. Eight letters to Hon.
Joseph Howe in reply to an official pamphlet, 1870.............P. 54-3

McEACHRAN (D.F., R.C.V.S) Notes of a Trip to Bow River, 1881......EP. 4-2

VOLUME.

McEACHRAN (DUNCAN). Report of a visit to Great Britain and the continent of Europe, in 1897-98.....................................P. 448-6
MacEWAN (LIEUT. AND ADJUT. WILLIAM). Excerpts from letters to his
wife, 1813-1814.................. ....P. 245-2
MacFARLANE (THOMAS). A United Empire, 1885... . ...P. 138-23
MacFARLANE (THOMAS). Collection of papers on geology, mining and miner-
ology, 1862 to 1879.......... ....P. 176-1 to 14
MacFARLANE (THOMAS). Imperial consolidation in commerce and defence,
1897...... .... P. 503-3
MacFARLANE (THOMAS). Observations on Canadian geology, 1871.......P. 93-1
MacFARLANE (THOMAS). Remarks on Canadian Stratigraphy, 1879 (?)....P. 93-3
MacFARLANE (THOMAS). Within the Empire; an essay on Imperial Feder-
ation, 1891.... ....P. 257-15
MACFIE (R. A.) Colonial questions pressing for immediate solution in the
interests of the nation and the Empire, 1871.......... :.........P. 30-12
McFINGAL, A modern epic poem, Or the town meeting, 1776..........P. 163-4
McGEE (THOMAS D'ARCY). Emigration and Colonization in Canada, 1862,P. 343-1
McGEE (THOMAS D'ARCY). Notes on Federal Governments past and present,
1865.......................................P. 117-9, P. 118-10
McGEE (THOMAS D'ARCY). Sketch of his life and death, par Fennings
Taylor, 1868...P. 343-3
McGEE (THOMAS D'ARCY). Two speeches on the Union of the Provinces,
1865............. ....P. 42-4, P. 343-2
McGEE (THOMAS D'ARCY). The Irish position in British and in Republican
North America, 1866. ....P. 23-19, P. 25-8
McGEE (THOMAS D'ARCY). On a lately discovered MS. of Samuel Cham-
plain, 1863 ....P. 203 D-7
McGIBBON (.R D.) The Dillon Divorce Case, 1894.... ....P. 303-3
McGIBBON (ROBERT D.) Thomas D'Arcy McGee; An address, 1884......P. 95-10
McGILL COLLEGE. Semi-Centennial celebration of the Medical Faculty,
1882 ....P. 95-9
McGILL COLLEGE. Various documents catalogued by their respective titles,
except the calendars, list of professors, &c ....P. 382, P. 382a, P. 382b
McGILL UNIVERSITY. Annual Calendar Faculty of Medicine, 1890.......P. 258-5
McGILL UNIVERSITY. Annual convocation for degrees in arts, 1893......P. 382 B-21
McGILL UNIVERSITY. New Endowment Fund, 1881 ....P. 95-8
McGINN (THOMAS). Final report on the completion of the improvements in
the north-east wing of the common jail at Montreal, &c., &c., 1857....P. 218-3
McGOUN (ARCH., JR.)Federation of the Empire, an address, 1884........P. 115-11
P. 344-9
McINTOSH (MONTGOMERY E.) Charles Langlade—First settler of Wiscon-
sin ....P. 459-9
MACIKNTOSH (C. H.) Liberal-Conservative Hand-Book, 1876...........P. 13-16
McINTOSH (H. F.) Life of Father Louis Della Vagna, introduction by
Right Rev. John Walsh, Bishop of London........................P. 249-9
McILVAINE (RIGHT REV. C. P.) Inaugural Address at the opening of Huron
College, 1864...P. 490-5
MacKAY (ALEXANDER). The Crisis in Canada; or vindication of Lord
Elgin and his cabinet........in reference to the Rebellion Losses
Bill, 1849 ....P. 233-2
MACKELCAN (F. P.) Labour and Capital, 1872 ....P. 27-11
MacKENZIE (WILLIAM LYON). Catechism of Education, 1830...........P. 149-2
MacKENZIE (WILLIAM LYON). Head's Flag of Truce. Defence of Col.
Samuel Lount against the charge made by Dr. Rolph, 1854 ....P. 24-7

VOLUME.

MACKENZIE (ALEXANDER & Co.)   Indenture for an engagé in the fur trade,
1802 ....P. 138-5
MACKENZIE (W. L.)   Life and Times of Martin Van Buren, 1846. Suit la
correspondance ....P. 507-13
MACKENZIE (WILLIAM LYON).   Narrative of the late rebellion, 1837......P. 311-11
MACKENZIE (WILLIAM LYON).   Pétition de, agissant comme curateur à la
succession de feu Robert Randall, Ecuyer, du Comté de Lincoln, 1852, P. 38-2
MACKENZIE (HON. A.)   Reform Government in the Dominion.   Picnic
Speeches, 1877...P. 12-14, P. 41-9
MACKENZIE (HON. A.)   Speeches during his recent visit to Scotland, with
his principal speeches in Canada since the Session of 1875...........P. 58-1
MACKENZIE (WILLIAM LYON).   The Mackenzie Homestead.   Minutes of
proceedings of two meetings in Toronto on behalf of W. Lyon Mac-
kenzie, 1856,..P. 38-3
MACKINAC.   Annals of Fort, par Dwight H. Kelton, 1886, 1888, 1893, 1894, P. 354-12,
P. 264
MACKINAC (EARLY).   A sketch, par Meade C. Williams, 1901............P. 504-1
McLACHLAN (R. W.)   Canadian Communion tokens, 1891.............. P. 257-18
McLACHLAN (R. W.)   Canadian Diamond Jubilee Medals, 1898..........P. 448-4
McLACHLAN (R. W.)   Canadian Numismatic Bibliography, 1886 ....P. 210 a-2-3
McLACHLAN (R. W.)   Canadian Temperance Medals, pas de date... ....:. P. 210-11
McLACHLAN (R. W.)   Money and Medals of Canada under the old regime,
pas de date (1883 ?)...................................... P. 210-9
McLACHLAN (R. W.)   Statistics of the Coinage of Canada and Newfound-
land, 1890...................................... ....P, 257-16
McLACHLAN (R. W.)   The Glastonbury Penny (pas de date)........ ....P. 210-10
McLACHLAN (R. W.)   The Louisbourg Medals, 1891...................P. 257-17
McLAREN (PETER).   The Protest against the enactment of a bill intituled :
' An Act, for the protecting the public interests in Rivers, Streams and
Creeks', 1881..P. 100-6
MACLAREN (WILLIAM).   The Romish doctrine of the Rule of Faith exam-
ined, 1872.......,...P. 139-31
McLEAN (T. A), AND DOUGLAS BRYMNER, 1882   Church of Scotland's
endowment..P. 375 B-18
McLELAN (A. W.)   Finances of the Dominion.   Budget Speech 30th
March, 1886...P. 219-10
McLEAN (W. J.)   Notes and observations of travels on the Athabasca and
Shore Lake Regions in 1899, in Manitoba Historical Association.....P. 500-9
MACLEAN (JOHN).   Protection and Free Trade, 1867............P. 27-8, P. 37-1
McLENNAN (WM.)   An outline of the history of engraving, 1881 ....P. 366-8
McLENNAN (JOHN, M.P.)   Speech on the Canadian Pacific Railway, 1880..P. 86-3
McLEOD (ALEXANDER).   Letter to the Hon. Sir A. N. MacNab, 1845.....P. 24-10
McLEOD (ALEXANDER).   Trial for the murder of Amos Durfee and as an
accomplice in the burning of the steamer Caroline in the Niagara River
during the Canadian Rebellion in 1837-38.......................P. 24-8
McLEOD (M. G.)   Report on the Herring Fishing Industry of Great Britain
and Holland, 1889...P. 349-9
McLEOD (MALCOLM).   The Problem of Canada, 1880...............P. 65-5, P. 446-5
MACLEOD (MALCOLM).   Golden North and Notes on Peace River, par Sir
Geo. Simpson, 1828...................................... .....P. 458
McMAHON (REV. P.)   Letters containing the report of a conference between
him and two itinerant preachers, 1843.... ....P. 235-7
MACMASTER (DONALD).   The Seal arbitration, 1893............. P. 303-4, P. 347-5
McMICKEN (GILBERT).   The Abortive Fenian Raid on Manitoba, 1888...P. 205, A. 16

VOLUME.

McMILLAN, (Hon. Dr.) Letters and extracts on the " Riel Question,"
    with notes..P. 199-8
McMurray (Thomas). The Free Grant Lands of Canada, Muskoka and
    Parry Sound, 1871...E.P 12-6
McNeill (Alex., M.P.) Imperial Federation League in Canada. Speech
    at Paris, 1888..P. 216-14
McNeill (Robert). Practical Tests on gardening for Manitoba, &c., 1884,P. 162-8
Macoun (John). Catalogue of Canadian Birds....... ....P. 486-7
MacPherson (Hon. D.L.) Exposure of the misrepresentation of the public
    accounts contained in the campaign sheet issued by the leaders of the
    Reform Party, 1882. ....P. 41-8
MacPherson (Hon. D.L.) Reply to ministerial attacks upon his speeches
    and reflections on the public expenditure of the Dominion, 1877.. P. 41-7, P. 14-4
MacPherson (Hon. D. L.) Speeches on the public expenditure of the
    Dominion, 1877......... ....P. 41-5
           Second edition..P. 41-6
MacPherson (John, Brigade Major). List of officers of the Volunteer
    Militia force of Montreal, 1865.................................. P. 187-2
McPherson (Laughlin T.) vs. George Arnold, tried in the Court of King's
    Bench, 1823..... ....P. 72-7a
MacQuister (P.) Report of the chief engineers of the Megantic Junction
    Railway, 1853..... ....P. 182-1
Macray. Manuscripts of the Rev. W. D., 1892.....................P. 414-27
McShane. Biographie, par P. A. Voyer, 1883.....................P. 344-5
McVicar (Rev. D. H.) Recent aspects of Materialism, 1871.......... P. 18-6
MacVicar (Rev. Principal). Roman Catholicism in Canada, 1889 ......P. 227-8
Mabane (Juge A.) Etude Historique, 1881........................P. 98-5
M. A. de F. Quelques observations critiques sur l'ouvrage de M. L'Abbé
    B. Paquet intitulé : Le Libéralisme, 1872.....................P. 12-11
Macoun (John). Canadian Plants. Six parts......................P. 477-4-5-6
Madison. An exposition of the causes and character of the late war with
    Great Britain, published by authority of the American Government.
    1815...P. 241-2
Madog Tradition, par Benjamin F. Lewis, 1894 ....P. 356-1f
Magasin du Bas-Canada. M. Bibaud, 1832, tome 1 and 2............P. 464-35
Magazine. Canadian, York, 1833................................P. $\frac{4 2 5}{F}$
Magazine. Canadian, Merchants and Commercial Review, Toronto, 1857-
    1858. ....P. $\frac{4 2 5}{G}$, P. $\frac{4 2 5}{H}$
Magazine. Canadian Monthly and National Review, 1872–73.......P. 425, P. $\frac{4 2 5}{I}$
Magazine. Canadian Magazine, Montreal, 1823-4-5. .... P. $\frac{4 2 5}{B}$, $\frac{4 2 5}{C}$, $\frac{4 2 5}{D}$, $\frac{4 2 5}{E}$
Magazine. Catholic, with life of Bishop Macdonell of Upper Canada,
    1833...P. $\frac{4 6 3}{O}$
Magazine. General Chronicle and Literary Magazine, 1811............P. 399
Magazine. Gentleman's for 1778.............................P. $\frac{4 6 3}{P}$
Magazine. Literary Garland, Montreal....................P. 425, R. S. T. U. W.
Magazine. London, 1740, 1755, 2 volumes... ....P. 463, P. 463A.
Magazine. New Brunswick, 1898 99........................P. 462, P. 462A.
Magazine. Pennsylvania, 1877, etc., 14 volumes.. ....P. $\frac{4 6 3}{A}$, etc., P. 466
Magazine. Political London, 1780, 1781, 1782, 3 vols...... ....P. 463-L.M.N.
Magazine. Queen's Quarterl'y, 1900, &c............................P. 473-1, etc.
Magazine. Revue Canadienne, 1864 à 1879. Nouvelles séries, 1881 à 1887.
    Troisième série, 1888–89, 25 vols ....P. 464, P. $\frac{4 6 4}{1}$ à P. $\frac{4 6 4}{24}$
Magazine. Rose, Belford's Canadian Monthly, 8 vols..............P. $\frac{4 2 5}{1}$ à P. $\frac{4 2 5}{8}$
Magazine. Royal Magazine, vols. 1759, 1760, 1762, 1763...P. 463, P. 463 A.B.C.D.E.
Magazine. Soirées Canadiennes, 1861 à 1865, 1882 à 1897 ....P. 464-25 à 34

DOC. DE LA SESSION No. 18

VOLUME.

MAGAZINE. Town and Country, London, 1776-78-79-80-81......P. 463-G.H.I.J.K.
MAGDALEN ISLANDS. Report of Special Committee, 1853....-........... P. 87-2
MAGNA CHARTA. King John, 1215, in Old South Leaflets (No. 5)........P. 299
MAGNETIC DECLINATION. On the secular change of magnetic declination in
    Canada from 1700 to 1850, par E. Taylor Fletcher.................P. 203D-31
MAGNETIC DECLINATION. On some early records of the magnetic declination
    in North America, par John Langton.................................P. 203D-32
MAHON JOHN. Miraculous Agency considered as a basis of religious opinion, P. 180-10
MAHUL (A.) Tableau de la Constitution d'Angleterre à l'usage des écoles, .P. 2-5
MAILLEFERT AND RAASLOFF. Documents relative to the survey and improve-
    ments of the Rapids of the River St. Lawrence.............OP.1-5, OP. 17-2
MAIL STEAMERS, (OCEAN). The origin of, par l'honorable John Young.....P. 410 A
MAINE GENEALOGICAL SOCIETY. Report for Portland. ....P. 438-4½
MAINE HISTORICAL AND GENEALOGICAL RECORDER. Vol. VI., No. 1.....P. 286-1
MAINWAIRING (Manuscripts of Sir P. T..)............................P. 414-4
MAISONNEUVE (PAUL DE CHOMEDEY). Étude par H. J. J. B. Chouinard à
    l'Institut Canadien...P. 207B-6
MAISONNEUVE. Founder of Montreal, statue of, inaugurated 1895...P. 361-6a, P. 445-9
MAISONNEUVE. 1er Governeur de Montréal. Société Historique de
    Montréal..P. 204-4
MAIZE (USE OF) by Wisconsin Indians, par Gardiner P. Stickney.........P. 488-3
MALANGUEULÉ (Relations diverses sur la bataille du,) gagnée le 9 juillet,
    1755. -...P. 211C-1
MALHOIT (XAVIER). Mémoire sur sa destitution, par Lord Dalhousie, en
    juin, 1828. ....P. 27-6
MALIJAY (PAUL DE). Le Colonel d'Orsonnens. Considérations sur l'organi-
    sation militaire de la Confédération Canadienne...................P. 195-6
MALLET (EDMOND). Discours sur la situation des Canadiens aux Etats-
    Unis, 1880...P. 152-8
MANDAN INDIANS. First visit of white men to the ....P. 368-12a
MANDEMENTS, etc., des Evêques de Saint-Hyacinthe, par l'Abbé A. X. Ber-
    nard, Vol. I., 1888 ; Vol. 11, 1889.......................P. 436, P. 436A
MANDEMENTS, etc., des Evêques de Québec, Vol. I, 1659-1740; Vol. II.,
    1741-1806 ; Vol. III., 1806-1850 ; Vol. IV., 1850-1871. Voyez Eglise
    Catholique en Canada.......................................P. 435, P. 435A to E
MANDEMENTS. Lettres pastorales et circulaires des Evêques de Québec, 1887,
    1888, 6 volumes......................................P. 435, P. 435 A & C
MANHATTAN Salt Mines, Goderich ....P. 507-7
MANITOBA. A few facts, 1897......................................P. 370-10
MANITOBA. Agricultural bulletins.........................P. 445-10-11-12
Manitoba. Agricultural Statistics....................................OP. 46-3
MANITOBA AND NORTHWEST. Agricultural Societies...................P. 134
MANITOBA AND NORTHWEST. The great wheat fields and stock raising dis-
    tricts of Canada..P. 143-18
MANITOBA. Annual report of the pure bred cattle breeders association....P. 381-9
MANITOBA. A souvenir of the Province of Manitoba and the City of
    Winnipeg. ....P. 216-12
MANITOBA. Birds of prey, par A. E. Atkinson......................P. 500-4
MANITOBA. Budget debate, Greenway, 1884....................P. 381-4
MANITOBA. Budget speech, Hon. John Norquay, 1884.................P. 381-3
MANITOBA. Central Farmers' Institute, Brandon.....................P. 381-11
MANITOBA COLLEGE, 30 years old, 1901.............................P. 506-9
MANITOBA College, Early reminicences of, par le révérend George Bryce.. P. 381-8
Manitoba. Constitution and By-laws of the Manitoba Club.............P. 162-6
MANITOBA. County Courts Act.....................................P. 381-1

3-4 EDOUARD VII, A. 1904

VOLUME

MANITOBA Crop bulletins, 1883 to 1897.........................P. 326, 326A & B
MANITOBA Dairy Association Report................................P. 381-12
    Milk for cheese factories......................................P. 381-13
    Visit of the Dairy Superintendent to British Columbia..............P. 381-14
MANITOBA, difficulté scolaire de..P. 364-8
MANITOBA. Extracts from surveyor's reports of township surveys........P. 324-1-2
MANITOBA. Farming and ranching in Canada West....................P. 385-14
MANITOBA. General Rules and Orders of the Court of Queen's Bench.....P. 143-17
MANITOBA. Hints to settlers in 1897.............................P. 491-16
MANITOBA. Historical Society. Reports............P. 205, 205A & C, P. 500-1-2-3
MANITOBA. Historical and Scientific Society Reports, &c......... ...P. 205B-1 to 17
     "   "   " ....P. 441-5
MANITOBA. Judgments in the Queen's Bench, par D. Carey....... .....P. 260-5-6
MANITOBA. La question des écoles du.................................P. 361-7-8
MANITOBA. Laws respecting the Pound Keepers......................P. 220-11
MANITOBA. Law students Society Constitution, &c...................P. 162-7
MANITOBA. Legislative Assembly, Rules, Orders, &c...................P. 143-19
MANITOBA. (Les écoles du), par un avocat constitutionnel (l'honorable C. Fitz-
patrick)... ....P. 362-5
MANITOBA. Letters of Rusticus.....................................P. 343-14
MANITOBA. Letters on the situation in the North-west par Julius (Alexander
Begg)............. ....P. 143-11
MANITOBA. List of lands open for homesteading.......... ....P. 385-13
MANITOBA. Manual of Acts and Orders in Council relating to the Depart-
ment of Agriculture.................................. .... P. 380-3
MANITOBA. Manual of the Acts relating to Agriculture, statistics and health.P. 324-3
MANITOBA. Message with Orders in Council, &c., regarding the extension
of the limits of the Province, its financial relations, &c..............P. 255-1
    En anglais et en français....... ....P. 255-3
MANITOBA. Municipal Institutions Act................ ....P. 381-7
MANITOBA. Official Handbook..P. 370-9
MANITOBA. Plain facts regarding the disallowance of railway charters ....P. 381-5
MANITOBA. Plea for the early development of our resources...........P. 143-5
MANITOBA. Public Accounts for 1873......................... ....P. 220-9
MANITOBA. Public Works report for 1880........................P. 381-2
MANITOBA. Railway Charters, Plain facts on disallowance (différents docu-
ments)..P. 323A-6
MANITOBA. Rapport des délégués du Conseil Exécutif de Manitoba à
Ottawa, 1880-1881...P. 254-13
MANITOBA. Relation d'un voyage, par J. Y. Shantz....................P. 254-1
MANITOBA. Report of the Attorney General.........................P. 380-4
MANITOBA. Report of the delegates of the Executive Council to Ottawa
with the claims of Manitoba upon the Dominion...'...........P. 220-4, P. 143-4
MANITOBA. Report of the department of agriculture........... .. ....P. 380-1-2
MANITOBA. Report of the department of agriculture and immigration.P. 450-7, P. 381-15
MANITOBA. Report of the government inspector of public institutions.....P. 381-10
MANITOBA. Report of the Librarian for 1884........................P. 255-2
MANITOBA. Report of the Committee of both Houses on Agriculture, Immi-
gration and Colonization...EP. 11-2
MANITOBA. Report on Crops, &c., August 1899, December 1899 and June
1900...P. 491-1 to 13
MANITOBA. Report of the Select Committee of the Legislative Assembly
on the practicability of the establishment of communication via Hudsons'
Bay ....P. 133-8
MANITOBA. Return. Instructions to the Hon. A. Archibald Lieut-Governor,OP. 21-1

DOC. DE LA SESSION No. 18

VOLUME.

MANITOBA SCHOOLS. La Campagne politico-religieuse de 1896-97, par
Justitia...P. 362-3
MANITOBA. School question, Pamphlets, par Sa Grandeur l'Archevêque
Taché et autres..P. 285
MANITOBA School Settlement. The Pope's encyclical 8th December, 1897..P. 385-8
MANITOBA. Surveyors reports of township surveys.....................P. 474
MANITOBA. The game birds of, par G E. Atkinson....................P. 441-6
MANITOBA University. Act of Parliament, Statutes and regulations.......P. 143-2
MANITOBA University. The Inner History of, par le révérend Geo. Bryce...P. 497-9
MANN (DANIEL). The last twenty-one days of, par Paul J. Loizeau.......P. 161-10
MANNING. Manuscripts of the Rev. C. R.................................P. 414-4
MANTEO and Jack Straw. American Antiquarian Society...............P. 496
MANUEL des notions utiles, par Jacques Crémazie......................P. 333-5
MANUFACTURES. Art de fabriquer les fleurs artificielles en papier, par
Prévost Wenzel...P. 32-11
MANUFACTURERS' ASSOCIATION. Proceedings of special meeting held in
Toronto...P. 234-1
MAPLE Knot, Canadian Homes..P. 161-6
MAPLE Leaves (Troisième série), par J. M. Lemoine...................P. 343-6
MAPS. Voir l'annexe à la fin du volume.
MAPS. American Military Pocket Atlas. Collection of correct maps of
the seat of war, 1776..P. 469
MAPS. British Columbia and Yukon District, issued by the Canadian
Bank of Commerce..P. 451
Cité et environs de Québec.................................P. 451
Saint-Dominique...P. 451
Yukon, issued by government................................P. 451
MARCHAND. Biographie, par P. A. Voyer...........................P. 344-5
MARCHAND (F. G.) Erreur n'est pas compte..........................P. 34-3
MARCIL (CHARLES). L'héritière d'un millionaire......................P. 16-10
MARCEL (GABRIEL). Mémoire, Champlain............................P. 222-5
MARCO POLO. Account of Japan and Java. Old South Leaflets, No. 32..P. 299
MARGRY (PIERRE). The bursting of Margry's LaSalle bubble, par John Gil-
mary Shea...P. 350-2
MARIAGE. Questions sur le. Résumé des Conférences Ecclésiastiques du
Diocèse de Montréal dans les Années 1857 et 1858................P. 154-3
MARINE DISASTERS. Losses during the last twenty-two years in the Gulf of
St. Lawrence..P. 48-9
MAROONS. Story of deportation of negroes from Nova Scotia to Sierra Leone,
par Sir Adams G. Archibald...P. 281 B-12
MARQUETTE. Missionary labours in the Lake Superior Region, par le révé-
rend C. Veroyst...P. 334-2
MARRIAGE with a deceased wife's sister. The debates in the Senate and
House of Commons of Canada to legalise..........................P. 227-13
MARRIAGE with a deceased wife's sister. The Gunhilda Letters, Mrs. E.
Stone Wiggins..P. 281-1
MARSH (LUTHER R.) The unresponsive roll call at tattoo..............P. 356-1b
MARTEL (J. Z.) Le Droit Canadien..................................P. 189-1
MARTEL (J. Z.) Résumé du Droit Canadien..........................P. 189-3
MARTINDALE (LIEUT.-COL. B. H.) Engineering and Engineers.........P. 203 E-17
MARTINDALE (CHARLES). Indiana Historical Society Pamphlets. Longhery's
defeat and Pigeon Roost massacre....................................P. 197-1
MARTINEAU (M. F.) Fête de Pie IX..................................P. 26-14
MARTINEAU (M. FLAVIN) prêtre de Saint-Sulpice....................P. 249-3
MASON (EDWARD G.) Illinois in the 18th century...................P. 142-14

VOLUME.
MASON (J. HERBERT)   Land Transfer Reform.........................P. 160-17
       "   "   ....P. 507-10
MASON (REV. ELIAS). *Voir* Baxter's Journal, 1717....................P. 215-12
MASCOUTINS. American Antiquarian Society........................:P. 496
MASSACHUSETTS BAY.   Charter, 1629. Old South Leaflets, No. 7........P. 299
MASSACHUSETTS Historical Society.   Proceedings, 1859.................P. 270-2
MASSACHUSETTS Institute of Technology.   Commemorative Address by
    Augustus Lowell, 1890.......................................P. 251-3
             Annual Report, 1890.....................................P. 251-4
             Annual Catalogue, 1890.................................P. 251-5
MASSACHUSETTS Institute of Technology.   Twenty-eighth annual catalogue,
    1892 ....P. 288-3
MASSACHUSETTS. Speech intended to have been spoken on the Bill for alter-
    ing the charters of the Colony of Massachusetts Bay, 1774..........P. 163-3
MASSON (PHILIPPE). Le Canada Français et la Providence, 1875.........P. 32-5
MASTER OF ARTS. Thoughts on the University Question, 1845.... .....P. 139-7
MÉTAPÉDIA. La Vallée de la, par Arthur Buies, 1895..................P. 361-4
MATHER (COTTON). Letter on Witchcraft, 1692........ ....P. 203 B-12
MATTHEW (G. F.) Azoic and Paleozoic Rocks of Southern New Brunswick,
    1865...P. 174-12-14
MATHEWS (PERCY W.) Notes of diseases among the Indians frequenting
    York Factory, Hudson's Bay, 1885.............................P. 136-15
MATTHEW (G. F.) Observations on the Geology of St. Johns County, N.B.,
    1869 (?)...P. 174-13
MATTHEW (G. F.) Report on the upper Silurian rocks of New Brunswick,
    1879 ....P. 476-13
MAVERICK FAMILY. Remarks on and the ancestry of Gov. Simon Brad-
    street, par Isaac Greenwood, 1894..............................P. 350-12
MAXWELL MANUSCRIPT of J. Stirling, of Kin, 1885....................P. 414-2
MAY (REV. JOHN). Essays on Educational Subjects, 1880..............P. 123-7
MAY (JOHN) 'John A.' and John May, the struggle between Carleton and
    the clique, 1882..P. 303-7
MAYER (BRANTZ). Notes on Carroll's Journal of 1776.................P. 150-1
MEARS (LIEUT. JOHN). Memorial to the Right Hon. William Wyndham
    Grenville, dated 30th April, 1790, containing every particular respect-
    ing the capture of the vessels in Motka Sound.......... ....P. 72-4
MECHANICS' INSTITUTE Montreal. Catalogue of books in the Library, 1884
MECHANICS' INSTITUTE, Toronto. Annual report, 1875...............P. 308-2
MEDALS awarded to the Canadian Indians by R. W. McLachlan, 1899.....P. 503-16
MEDALS. Canadian Diamond Jubilee, par R. W. McLachlan, 1898.......P 448-4
MEDALS. Silver and Copper, presented to the American Indians by the
    sovereigns of Britain, France and Spain among the Wyoming Collec-
    tions ....P. 318-4
MEDICAL. Address on Medical Biography by J. M. Toner, 1876.........P. 367-10
MEDICAL. By-laws and regulations of the Board of Commissioners of Pub-
    lic Charities for the management of the Provincial and City Hospital,
    1885...P. 220-12
MEDICAL. Carabinade (La) ou Combat entre les Carabins et les Chérabins,
    par un Chérabin, 1871.......................................P. 28-5
MEDICAL. Congenital fissure of the Sternum. Opinions au sujet du cas de
    M. Eugène A. Groulx, 1858....................................P. 232-17
MEDICAL. Contagion de la variole. Lecture par le Dr. George Grenier,
    1872...P. 5-8
MEDICAL. Crime and Insanity (On), par Joseph Workman, 1877........P. 60-11

DOC. DE LA SESSION No. 18

VOLUME.

MEDICAL. Disposal of the Dead, by land, by water, or by fire, par George
A. Baynes, 1875..P. 118-21
MEDICAL. Earth Sewage versus Water Sewage, par E. A. Meredith, 1868.
P. 180-7, P. 181-9
MEDICAL. Epidémie de la variole, 1886.............................P. 153-15
MEDICAL (SIR JAMES A. GRANT.) Four papers, 1880, 1885, 1887......P. 233-13 to 16
MEDICAL. Gymnastics of the Brain, par J. A. Grant, M.D., 1880......P. 113-10
MEDICAL. La Terre sèche substituée à l'eau dans le curage des fosses d'ai-
sances, par le révérend Harry Moule, rédigé par E. A. Meredith, 1868, P. 222-4
MEDICAL, Lecture on the history of medicine and the science of Homœopathy,
par R. J. Smith, M.D., 1857 ....P. 217-18
MEDICAL. Mémoire sur le Choléra, par J. C. Taché, 1866..............EP. 5-4
MEDICAL. Notes on the Cholera Seasons of 1832-4, par le révérend C. Dade.P. 136-5
MEDICAL. Notes on the Measures adopted by Government between 1775
and 1786 to check the St. Paul's Bay disease, par A. W. Cochrane....P. 203C-12
MEDICAL. Practical views on Cholera, 1854.....................P, 342-11
MEDICAL. Quelques considérations sur les causes de la Mortalité des Enfants,
contenant des conseils aux Mères, etc., par le Dr. Georges Grenier,1871,P. 13-2
MEDICAL. Questions regarding leprosy. Réponses par les docteurs J. C.
Taché et A. C. Smith, 1885..............................P. 225-8
MEDICAL. Règlements sur le choléra, 1832 ....P. 153-4
MEDICAL. Réponse à une adresse au sujet de l'Hôpital de Marine et des
émigrés de Québec, 1851..............................P. 338-2
MEDICAL. Report of Drs. Nelson and Macdonnell and Zephrin Perault of
the Quebec Marine and Emigrant Hospital, 1853..................OP 36-1
MEDICAL. Rules and regulations of the Marine and Emigrant hospital of
Quebec, 1854..............................P. 342-10
MEDICAL. The Toner lectures, Lecture 4, par Horatio C. Wood, M.D., 1875,P. 367-9
MEDICAL. Trinity Medical School, 1885 ....P. 346-13
MEDICAL. Vaccination. Etude lue à la Société Médicale de Montréal, par
J. Emery Coderre, M.D., 1872..............................P. 13-7
MEDUCTIC Fort (The old) New Brunswick Historical Society.............P. 497-5
MEEHAN (JOHN). Execution. Quebec, 1864.....................P. 190-4
MELANCTHON. Notice of books with manuscript annotations of, par Edward
D. Neill...P. 368-2
MEMBER OF the Legislative Assembly from Upper Canada. The Seigniorial
Question. Its present position, 1854.......................P. 181-3
En anglais et en français......................P. 88-5
MÉMOIRES pour servir à l'histoire du Chapitre de la Cathédrale de Saint-
Jacques de Montréal, 1882.......................P. 334-1
MÉNARD (PÈRE MÉNARD), par Henry Colin Campbell, 1897..............P. 459-1
MÉNARD. Missionary labours in the Lake Superior region, par le révérend
C. Verwyst..P. 334-2
MEPLEATS (ISIDORE DE). Le Défricheur de langue, 1859..............P. 14-25
MERCER (MAJOR R. A.) Catalogue of a few remarkable coincidences, &c.,
which induce a belief of the Asiatic origin of the North American Indians.P.203A-15
MERCER ESTATE. Papers relating to the, 1878 ....P. 131-7
MERCIER (HON. HONORÉ). Answer to the pamphlet of the Equal Rights
Association, 1890..............................P. 306-10
MERCIER. Biographie, par P. A. J. Voyer, Trois-Rivières, 1883.........P. 344-5
MERCIER (HON. HONORÉ). Budget Speeches, 1890, En anglais et français.P. 17B 8-10-12
MERCIER (L'HONORABLE HONORÉ). Charles Laberge, conférence, 1884.....P. 157-10
MERCIER (L'HON. HONORÉ). Discours à la convention des nationaux, Mai, 1890.P. 311-15
MERCIER (L'HONORABLE HONORÉ). Discours au banquet Franco-Canadien,
16 avril, 1891..............................P. 249-1

3–4 EDWARD VII., A. 1904

VOLUME.

MERCIER (L'HONORABLE HONORÉ).   Discours prononcé le 10 avril, 1888 au
  banquet du Club National...P. 236-7
MERCIER (L'HON. HONORÉ).   Esquisse générale de la Province de Québec...P. 269-6
MERCIER (HON. HONORÉ).   General sketch of the Province of Quebec.....P. 234-22
MERCIER (L'HON. HONORÉ).   La France et le Canada. Conférence, Chartres.P. 256-11
MERCIER (L'HONORABLE HONORÉ).   Le Patriotisme : Conférence, 1882.....P. 157-7
MERCIER (HON. HONORÉ).   Speech at the Club National, April, 1888.....P. 311-14
MERCIER (M.)   Discours sur la question Riel, 1886....................P. 152-23
MERCIER (l'honorable M).   Les Biens des Jésuites.   Discours à l'Assemblée
  Législative, le 28 juin, 1888 ....P. 227-11
MERCIER.   Les cinq mille piastres de M. Mercier ....P. 195-24
MERCIER.   Les Contes de M., 1883..................................P. 343-15
MERCHANTS (CANADIAN).   Magazine and Commercial Reviews, 1857-1858, P.425, P.425
"MERCURY" (THE).   The resignation of Dr. D. Brymner.................P. 519-3
MEREDITH (E. A.)   An important but neglected branch of social science
  ('Destitute and Neglected Children,') 1861.......................P. 203D-2
MEREDITH (E. A.)   Notes on some emendations in the text of Shakespeare,
  1863..P. 203D-8
MEREDITH (E. A.)   Short school time—with military or naval drill, 1864 5.P. 203D-28
MEREDITH (E. A.)   Earth sewage versus water sewage, 1868.........P. 181-9. P. 180-7
MEREDITH (E. A.)   Glance at the present state of the common gaols of
  Canada, &c..P. 203D-1
MEREDITH (E. A.)   La terre sèche substituée à l'eau dans le curage des
  fosses d'aisances, 1868...P. 222-4
MERRILL (GEORGE).   Honour roll of surviving veterans of 1837-9 ....P. 257-11
MERRITT (CAPT. WM. HAMILTON).   Brief review of the origin, progress, &c.
  of the Welland Canal..P. 230-4
MERRITT (CAPT. W. H.)   Personal Narrative of the Campaign..........P. 519-2
MERRITT (CAPT. W. H.)   Journal of events principally on the Detroit and
  Niagara frontier during the war of 1812.........................P. 148-5
MERRIWETHER (C.)   Sketch of the life of Date Masamune and an account
  of his embassy to Rome..P. 447-9
MÉRY.   Un Acte de désespoir, 1865..............   ....P. 4-12
MESOZOIC FOSSILS, par J. F. Whiteaves ....P. 477-7
METCALFE (SIR CHARLES).   A letter on the Ministerial Crisis, 1843.......P. 233-3
METCALFE (SIR CHARLES T.)   Address presented to, with His Excellency's
  reply, 1844...P. 49-5
METEOROLOGY: An account of some meteorological phenomena observed in
  Canada by Captain Bonnycastle, R.E., in the years, 1826-7......P. 203A-4
METEOROLOGY.   A few notes upon the Dark Days of Canada, par l'hono-
  rable juge en chef Sewell.......................................P. 203 B-10
METEOROLOGY.   Currents of air and ocean in connection with climates, par J.
  B. Hurlbert...P. 196–12
METEOROLOGY.   Mean results of Meteorological observations taken during
  the winter of 1853-54, par le lieutenant Noble, A.R............P. 203 C-17
METEOROLOGY AND ITS PROFESSORS.   A review by the Editor of the Canada
  Medical and Surgical Journal.   A Counter Statement of facts by the
  "Authorities" of McGill University with a reply thereto, par Thomas
  D. King...P. 46-9
METEOROLOGY.   Meteorological Journal and Report relative to the currents
  climate and Navigation of the Strait of Belle-Isle, compilé par le capi-
  taine D. Vaughan, 1860...P. 113-1
METEOROLOGY.   Rainfall and Climate of India, par Joseph Fayrer........OP.49-6
METEOROLOGY.   The Planetary Almanac for 1887, par Walter H. Smith...P. 221-2

VOLUME.

METEOROLOGY. Wiggin's Storm Herald with Almanac, 1883, par E. Stone
Wiggins..P. 89-6
METHODISM. A needed exposition, par John Carroll ....P. 224-7
METHODISM SPURIOUS Catholicity or Socinianism unmasked, par un ministre
Méthodiste ....P. 224-8
METHODIST CHURCH. Dominion Ottawa, 1893 to 1897-374 F–1 to 10, 1899-
1901..P.506-3-4
McLeod Street, Ottawa, 1899-1901.....................   ....P. 506-5-6
METHODIST CONFERENCE. 1857, 1869, 1873, 1874..................·..........P. 374-1-2-3
New Connexion and Wesleyan...4-5
METHODIST CONFERENCE. First general in Canada, 1874................P. 374 C. 1
METHODIST CONFERENCE LONDON, 1877, 1878, 1880..................P. 374 B..6-7 8
"   "   MONTREAL, 1877, 1880......................ι.........P. 374 A. 7-8
"   "   NEW BRUNSWICK AND PRINCE EDWARD ISLAND,
1875, 1876...P. 374 B-1-2
"   "   NOVA SCOTIA, 1875-1877............P. 307-8 & P. 374 B-5-6
"   "   NEWFOUNDLAND, 1875-1877.....................P. 374 B-3-4
"   "   TORONTO, 1875, 1877, 1878, 1879, 1880......P. 374 A-1 to 5
METHODIST DOCTRINE and discipline of the Methodist Church, 1894.......P. 374 G-4
METHODIST EPISCOPAL. A vindication against the ungenerous attacks and
false accusations of Rev. Dr. Carroll, par le rév. William Pirritte, 1879.P. 374 C-2
METHODIST FINANCES of the Dominion Methodist Church, Ottawa, 1891....P. 374 C-3
METHODIST REPORT of the Missionary Society, 1874 to 1875.............P. 374 D-1
"   "   1875 to 1876-1876 to 1877... ....P. 374 D-2-3
"   "   of the Missionary Society, June, 1878 to June, 1879...P. 374 E-1
"   "   1879 to June, 1880–1883 to 1884................P. 374 E-2-3-4
"   "   to 1885–1880 to 1882............................5 & 6
METROPOLITAN Sermon on the death of, par le rév. Philip Wood Loosemore,
1868..P. 524-6
MÉTHOT (ABBÉ MICHEL). La Terre et l'Univers, 1869...................P. 26-12
MÉTIS DU NORD OUEST. Rapport détaillé sur toutes les demandes de terrains,
&c., &c...OP. 61-6
MIAMIS. Man eating ....P. 367-2
MIAMI UNIVERSITY. Sketch of the topography, &c., par James McBride,
1872..P. 329 A 2d.
MICHAUX (ANDRÉ). Voyage en Canada depuis le lac Champlain jusqu'à
la baie d'Hudson, par O. Brunet, 1861......................................P. 228-3
MICHEL (A.) and T. Sterry Hunt. Reports on the gold regions of Canada,P. 107-15
1866..P. 395-4-5
MICHEL (A.) and Sterry Hunt. The gold regions of Hastings, 1867 .....P. 107-16
MICHIGAN. History of, compilée par Allen L. Bours, 1873..............P. 367-4
MICHIGAN. Inaugural proceedings at the dedication of the new Capitol of,
compilés par Allen L. Bours, 1879..P. 350-3
MICHIGAN. Lakes Michigan and Superior, a critical period for the French
traders of, in 1684, par Edward D. Neill...................................P. 368-14
MICHIGAN. Laying the corner stone of the new Capitol, proceedings
compilés par Allan L. Bours, 1873...P. 367-3
MICHIGAN. Pioneers Collection, 1874 to 1900 ....P. 473-1 to 29
MICHIGAN UNIVERSITY. Calendar 1896-1901...............P. 398 and P. 489
MICIO PALŒONTOLOGY of the Cambro Silurian rocks of Canada, par Arthur
H. Foord..P. 477-1
MICHON (L'ABBÉ J. H.) Solution nouvelle de la question des lieux saints,
1852 ....P. 32-2
MIDDLEMISS (REV. JAMES). Letters on Union with the Church of Scotland
and on Church independence, 1874 ....P. 375 B-5

VOLUME.

MILES EMERITUS. Canada defended by her militia, 1864 . . . . P. 78-4
MILES (H. H.) On " Canadian Archives,"1870-71 . . . . P. 203 E-13
MILES (H. H.) Some observations on Canadian Chorography and Topo-
    graphy and on the meritorious services of the late Jean Baptiste
    Duberger, Sen'r, 1872-3 . . . . P. 203 F-4
MILES STANDISH, and Frontenac in the North-west, par l'honorable Edward
    S. Isham, 1889 . . . . P. 311-4
MILET (LE R. P. PIERRE). Relation de sa captivité parmi les Onneionts en
    1690-1 . . . . P. 211 d-2
MILITARY. Artillerie et les explosifs de notre époque, lecture, par le Major
    Oscar Prévost . . . . P. 302-6
MILITARY. Artillery retrospect of the last great war, par le lieut.-colonel
    T. B. Strange . . . . P. 203 E-20
MILITARY ASYLUM, CANADA. Report from 1st October, 1869 to 31st March,
    1871 . . . . P. 144-5
MILITARY. Canadian Military Institute transactions for 1890-91-92-93,
    Toronto . . . . P. 283
MILITARY. Canadian Institute. Selected papers, 1896-7, containing
    Canadian regiments in the war of 1812, by Major Cruikshank . . . . P. 448-1
    Early History of the Militia, 1636-1700, par Benjamin Sulte.
    The Back Door of Canada, par le lieutenant-colonel T. C. Scoble.
    Formation influence in Canadian History, Hon. G. W. Ross.
    Modern Battlefield, lieutenant-colonel T. C. Scoble.
    Réimpressions.
MILITARY CANADIAN INSTITUTE. 1897-1899 . . . . P. 503-9-10
MILITARY CAVALRY, par le lieutenant-colonel J. F. Turnbull, 1894 . . . . P. 306-13
MILITARY. Notice sur les munitions et artifices de guerre en usage dans
    l'artillerie, par le capitaine H. H. Goodève. 1874 . . . . P. 187-5
MILITARY. Pocket Atlas (American Revolutionary War), 1776 . . . . P. 469.
MILITARY Records of the State of New York. Council of appointment . . .
                                                                P.470-470-470-470
                                                                  10 11 12 13
MILITARY. Report of the Military Asylum (Canada) from 1st October, 1869,
    to 31st October, 1871 . . . . P. 144-5
MILITARY. Sieges, and changes produced by modern weapons, par le lieut.-
    colonel Strange 206 F-6
MILITARY. Supply of ammunition to artillery, par le lieut.-colonel Cotton. . P. 306-13
MILITARY. Subsistence of troops in the field, par le lieutenant-colonel T. C.
    Scoble, 1893, ... P. 306 13
MILITARY. The framing of orders in the field, par le lieutenant-colonel
    G. F. R. Henderson, 1895-6 . . . . P. 355-7
MILITARY. The solving of tactical schemes, &c., par le capit. A. H. Lee,1893-4,P. 306-13
MILITIA. A few ideas with a view to the improvement of rural corps
    — infantry, par le lieutenant-colonel W. H. Lindsay, 1894 . . . . P, 306-13
MILITIA. Aide-Mémoire du carabinier volontaire, &c., &c., par L. T. Suzor.
                                                            P. 228-12 and P. 194-7
MILITIA. A review of the militia policy of the present adminstration, par
    Junius, fils, 1863 . . . . P. 216-20
MILITIA. Canada defended by her militia, par Miles Emeritus, 1864 . . . . . . P. 78-4
MILITIA. Canada : Is she prepared for war ? by A Native Canadian, 1861,P. 257-5
MILITIA. Canadian : A historical sketch by W. R. Oswald, 1886 . . . . P. 138-25
MILITIA. Canadian volunteers, hand book, par J. H. Siddons, 1863 . . . . . . P. 187-1
MILITIA. Considérations sur l'organisation militaire, par L. G. d'Odet
    D'Orsonnens, 1874 . . . . P. 156-3
MILITIA. Considérations sur Notre Organization Militaire, par un officier
    de milice, 1864 . . . . .P. 78-6

DOC. DE LA SESSION No. 18

VOLUME.

MILITIA. Drill and rifle instruction for the corps of rifle volunteers, 1862,P. 160-10 par le colonel D. Lysons, A. A. G........ .... P. 301-6

MILITIA. Dominion Artillery Association, A Prize Essay, par le major J. G. Holmes, 1875 ....P, 115-12

MILITIA. Extracts from General Orders for the guidance of troops in affording aid to the civil power................................. P. 165-2

MILITIALetter from a volunteer of 1806 to the volunteers of 1860, par A. W. Playfair.. ....P. 138-16

MILITIA OF CANADA. Officers' Association, 1898...................... P. 448-2

MILITIA OF CANADA. The Officers' Association, 1899.................P. 503-8

                    Services...................................P. 503-9

MILITIA LIST OF CANADA, 1895...................................P. 446-6

       "   "   1829 ....P. 298

       "   "   1851.................................P. 298 A

       "   "   1863, 1865, 1866, 1870 ....P. 298 B. & C.

       "   "   1873, 1883...........................P. 298 D.

       "   "   1885 to 1897, 1898 to 1890.............P. 298 E. & F.

       "   "   1891 to 1893..... ....P. 298 G.

MILITIA. Memorials of the late Civil Service Rifle Regiment, par J. C. Patterson...P. 88-7

MILITIA. Memorials of the late Civil Service corps, par J. B. Simpson....P. 187-4

MILITIA. Memorandum on the militia system of Canada, par le lieutenant-colonel Fletcher, 1873....................................P. 107-14

MILITIA. Mémoire de Xavier Malhoit, Ecuyer, Membre de l'Assemblée du Bas-Canada, sur sa destitution par Lord Dalhousie en juin 1828, de la place de lieutenant-colonel dans la milice du comté de Surrey, 1830..P. 27-6

MILITIA Defences of Canada, considered in respect to our Colonial relations with Great Britain, par un canadien du Haut-Canada............... P. 53-2

MILITIA. My camp life at Niagara, 1871 .... P. 224-1

MILITIA Force of Montreal. List of the officers according to seniority, 1865.P. 187-2

MILITIA. National Rifle Association, 1867 .... P. 66-2

MILITIA National Defences : or Observations on the best defensive force for Canada, par le capitaine George T. Denison, fils, 1861.. .... P. 52-2

MILITIA New South Wales Rifle Association Report for 1879 .... P. 66-1

MILITIA. Non Professional notes of the Cadets Tour of Instruction to Montreal, Quebec, Halifax, &c., par A. A. G. Wurtele, 1881.........P. 123-8

MILITIA. Organisation Militaire des Canadas ! L'Ennemi ! L'Ennemi ! par un Carabinier (Faucher de Saint-Maurice) 1862...............P. 18-2, P. 194-6

MILITIA. Parting Words on the rejected Militia Bill, par le colonel D. Lysons, 1862 ....P. 78-3, O.P. 3-1

MILITIA. Première lecture du Bill concernant la Milice et la Défense de la Puissance du Canada, 1868 ....P. 26-9

MILITIA. Queen's Birthday in Montreal, 24th May, 1879. Orders for the Military Review, &c., with a Field Sketch, par le lieut.-col. Thomas Bacon.P. 96-1

MILITIA. Quelques Réflexions sur l'Organisation des Volontaires et de la Milice de cette Province, par un Vétéran de 1812. (Sir E. P. Taché).P. 11-6

MILITIA. Rapport du Comité Spécial auquel a été référée cette partie de la harangue de son excellence relative à l'organisation de la Milice, 1829, P. 53-1

MILITIA. Remarks on the Militia of Canada, par R. J. Cartwright, 1864..P. 216-21

MILITIA. Report of the Commissioners appointed to report a plan for the better organization of the Department of Auditor General of Militia and the best means of reorganizing the Militia of this Province, 1862..O.P. 3-3

MILITIA. Report of the state of, 1865 ....P. 371-8

MILITIA. Regulations and standing orders of the Montreal Light Infantry, 1857 ....P. 366-6

MILITIA REPORT. Report of the Commissioners appointed to investigate and report upon the best means of re-organizing the Militia of Canada, and upon an improved system of Police, 1855 ....................O.P. 3-2
MILITIA. Rolls of 1866. Wentworth Historical Society...............P. 519-6
*MILITIA. Standing Orders of the Brigade of Montreal Garrison Artillery, 1865 ....P. 187-3
MILITIA. Thoughts on Defence, from a Canadian Point of view, par un Canadien, 1870:..... ....P. 117-13
MILITIA. VOYEZ shrot school time ....P. 203 D. 28
MILLER's Canadian Farmer's Almanac for 1882...... ....P. 319 A. 5
MILLER (FRANK H.) The Polanders in Wisconsin : 1896............P. 459-11
MILLS (HON. D.) Reform Government in the Dominion. Picnic speeches, 1878.. ..P. 12-14. P. 41-9
MILLS (HON. D.) Speech on the present and future political aspects of Canada, 1869, with an appendix on the Irish Question, 1870.........P. 58-2
MILLS (HON. D.) The Canadian view of the Alaska boundary dispute, 1899,P. 491-8
MILLIGAN (REV. G. M.) An open letter addressed to him by Hon. Oliver Mowat. Protestantism not in danger, 1886.....................P. 227-7
MILNER (THOMAS S.) How to make business pay, or the principles of success in trade, 1865.................. ....P. 200-1
MINERALS AND GEOLOGY of Canada. Popular exposition of, par E. J. ChapmanP. 477-2
MINERAL SPRINGS. Rapport de E. S. de Rottermand, chimiste de l'exploration Géologique de la Province, 1846........................P. 222-10
MINES AND MINERAL ORES of Nova Scotia by E. Gilpin, Jr., 1898........P. 450-8
MINES AND MINERALS. Yukon Gold Fields, mining regulations, 1897.....P. 370-5
MINES. Report of the Chief Commissioner, Nova Scotia for 1866, 1869, 1879, 1882, 1883.....................................P. 378-1 to 5
MINGAN. Réponse au mémoire produit par les prétendus seigneurs de Mingan, 1868.........................:.................P. 151-4 P. 37-4
MINING AND MINERALS. Account of a chemical laboratory erected at Wyandotte in 1863, par W. F. Durfee.....................P. 114-11
MINING AND MINERALS. Albert Cannel Mines (1868?)..................P. 111-10
MINING AND MINERALS. American Institute Mining Engineers, 1885.....P. 224-3
MINING AND MINERALS. An essay on the localities of metallic minerals in the Canadas, par le lieutenant Baddeley, I. R., 1831...............P. 203 B. 15
MINING AND MINERALS. Cariboo, the newly discovered gold fields of British Columbia, by a returned digger ....P. 331-3
MINING AND MINERALS. Catalogue of the Mineralogical Collection belonging to the L. and H. S., Quebec, 1829.......................P. 203 A-17
MINING AND MINERALS. Copper mining in Canada East, par Herbert Williams, 1864-5 ....P. 203 D-25
MINING AND MINERALS. Desultory observations on a few of the rocks and minerals of Upper Canada, par le capitaine Bonnycastle, I. R., 1829...P. 203 A. 6
MINING AND MINERALS. General note on the mines and minerals, of economic value, of British Columbia, par George M. Dawson, 1877....OP. 49-4
MINING AND MINERALS. Gold fields of Canada, par le révérend James Douglas, 1863.......................P. 142-7, P. 144-4
MINING AND MINERALS. Goldfieldsof the World, &c., parW. J. Anderson,1864,P. 161-8
MINING AND MINERALS. Gold mines, Act respecting, 1864..............P. 178-6
MINING AND MINERALS. Information received by the society last year on the localities of minerals, mineral waters, &c., 1831.................P. 203 B-16
MINING AND MINERALS. Lacs Superior & Huron, 1857.................P. 292-4
MINING AND MINERALS. "L'Amiante c'est le million", par A. N. Montpetit, 1884 ....P. 238-4
MINING AND MINERALS. Les mines d'or de la Nouvelle-Ecosse, 1866 .....P. 261-2

VOLUME.

MINING AND MINERALS. Memoranda respecting colouring materials pro-
duced in Canada, par William Green...............................P. 203A-3
MINING AND MINERALS. Mineral resources of the new Dominion, conférence
par H. B. Small, 1868...P. 395-8
MINING AND MINERALS. ►Mines d'Or (Les) du Bas-Canada, ou Guide du
Mineur contenant d'importants renseignements sur les mines de la
Chaudière, &c., 1864...P. 1-8
MINING AND MINERALS. Mines d'Or de la Beauce. W. Chapman, 1881...P. 123-1
MINING AND MINERALS. Mining companies. (Gold, silver, lead, &c.)...P. 178-1 to 17
                                                                 P. 179-1 to 24
MINING AND MINERALS. Montreal Mining Co. Reports, surveys, &c., 1846
to 1853..P. 177
MINING AND MINERALS. Newfoundland Consolidated Copper Mining Co.,
New York...P. 133-7
MINING AND MINERALS. Notes on the analysis of the Georgian Spring
water, par Archibald Hall......................................P. 203 C-8
MINING AND MINERALS. Notes on the Coals and Lignites of the North-
west par George M. Dawson, 1884.................P. 80-8, P. 114-10
MINING AND MINERALS. Notes on the coal field of Pictou, par H. Poole, 1860,P. 174-16
MINING AND MINERALS. Notes on the copper deposits at Harvey Hill, par
James Douglas, fils, 1870-71...................................P. 203 E-12
MINING AND MINERALS. Notes on the gold of eastern Canada, par Sir W.
E. Logan, 1864..P. 395-1
MINING AND MINERALS of economic value in British Columbia, par George M.
Dawson..P. 477-1
MINING AND MINERALS. On the coal-like substance or 'altered bitumen'
found in the excavations at fort No. 3, Pointe Lévis, par le docteur
William James Anderson..P. 203 D-34
MINING AND MINERALS. Prospectus of the Winnipeg Consolidated Gold
Mining Co., 1882..P. 143-20
MINING AND MINERALS. Rapport sur les mines d'or de la Chaudière, 1863, O.P. 60-9
MINING AND MINERALS. Reports of Dr. T. Sterry Hunt and Mr. A. Michel
on the gold region of the county of Hastings, 1867.............P. 107-16
MINING AND MINERALS. Report on the Canadian gold fields, 1865.......P. 395-3
MINING AND MINERALS. Report on the Canadian gold fields and the bestOP. 13-2
means of their development, Quebec, 1865......................OP. 59-5
MINING AND MINERALS. Reports of the chief commissioner of mines for
Nova Scotia...P. 395-6-7
MINING AND MINERALS. Report of Mr. A. Michel and Dr. T. Sterry Hunt
on the gold region of Canada, 1866............................P. 107-15
MINING AND MINERALS. Report on the mines and minerals of New Bruns-P. 107-4
wick, &c., par L. W. Bailey, 1864.............................OP. 40-3
MINING AND MINERALS. Ressources Minérales de la Puissance du Canada..EP. 28-6
MINING AND MINERALS. Rocky Bar Mining Company..................P. 150-4
MINING AND MINERALS. Silver Islet and Wood's location, lettre de H. H.
Sibley, 1872..P. 107-17
MINING AND MINERALS. Some Canadian Iron Ores, par Fred P. Dewey, 1883,P. 114-12
MINING AND MINERALS. Tabular view of Minerals which decrepitate with
heat, par le capitaine F. H. Baddeley, I. R. 1842-1855.........P. 203 C-10
MINING AND MINERALS. Technical progress of the nineteenth century, par
James Douglas...P. 505-2
MINING AND MINERALS. The discovery and development of the iron ores of
Minnesota, par N. H. Winchell.................................P. 356-3C
MINING AND MINERALS. The gold region of Nova Scotia, par T. Sterry
Hunt, 1868..P. 395-9

VOLUME.
MINING, dairy farming, ranching in Alberta and Assiniboia, 1889........P. 306-15
MINING, Mineral resources of Canada, 1898.........................P. 452-8
MINING, under ground certificates in Nova Scotian Coal Mines, par E. Gilpin,
fils. ....P. 449-11
MINING, Valley of the Chaudiere, its scenery and gold fields, par le docteur
W. J. Anderson, 1872...EP. 3-2
MILWAUKEE PUBLIC LIBRARY. Report 1889.......... ....P. 308-9
MILWAUKEE LIBRARY. Report 1890 ....P. 258-13
MINISTERIAL CRISIS, (LETTER ON) by the old correspondent of the Colonial
Gazette, Kingston, 1843......................................P. 233-3
MINNESOTA CHAMBER of COMMERCE, memorial respecting Reciprocity Treaty,
1862 ....P. 348-11
MINNESOTA HISTORICAL SOCIETY, St. Paul. Report for 1883-4..........P. 201-8
    "   "   Charter &c. 1879 ....P. 201-9
              Collections Vol. VIII part 1, 1895, P. 356-3
              "   "   2, " P. 356-4
              Report, 1895................ P. 356-5
              " 1897................P. 356-6
              " 1899.................P. 440 6
    "   "   Collections Vol. VIII part 3, 1898, P. 440-7
MINNESOTA. How it became a State, par le professeur Thomas F. Moran,
1896..P. 356-4i
MINNESOTA (LAWYERS AND COURTS OF) during its territorial period, par le
juge Charles E. Flandrau, 1896...........................P. 356-4d
MINNESOTA'S NORTHERN BOUNDARY, par Alexander N. Winchell, 1896.....P. 356-4k
MINNESOTA TERRITORY. Last days of Wisconsin territory and early days of,
par l'honorable Henry L. Moss. 1896..........................P. 356-4c
MINNESOTA. The beginning of organized society in the Saint Croix Valley,
par Edward D. Neill...P. 368-3
MIRAMICHI. Survey in M. S. Field Book........................P. 484-12
MIRROR. London, various dates, Vols. 17 to 34.....................P. 481-1c
MISSIONARY LABOURS of Fathers Marquette, Menard and Allouez, par le
révérend C. Verwyst, 1886 ....P. 334-2
MISSIONS, de la Colombie, par J. B. Z. Bolduc, 1843 ....P. 472-1
MISSION du Saguenay. Relation inédite du R. P. Pierre Laure, S.J.,
1720-1730 par le révérend A. E. Jones, S.J....................P. 514-3
MISSIONS, Le Doight de Dieu est là, ou épisode émouvant d'un événement
étrange raconté par un témoin oculaire, L'Abbé Peonin ....P. 3-5
MISSIONS, DREUILLETTE, 1650................................P. 211 D-3
MISSIONS, NORTH AMERICAN. Church Missionary Society, 1841.. ....P. 230-2
MISSIONS (E.) LES derniers vestiges du Christianisme prêché du 10e au 14e
siècle dans le Markland et le grand Irlande. Les porte-croix de la
Gaspésie et de l'Acadie, par E. Beauvois........................P. 125-3
MISSIONS. Rapport de Mgr. Alexander Taché, Vicaire des Missions de
Saint-Boniface au mois d'avril, 1887..........................P. 222-8
MISSIONS. Report of the Board of French Evangelization, 1884.........P. 215-10
MISSIONS. Relatio Rerum Gestarum in Nova Francico Missione Annis,
1613 et 1614...P. 126-2
MISSIONS. Relation des affaires du Canada en 1696 et des missions des
pères de la compagnie de Jésus jusqu'en 1702.....................P. 211 d-4
MISSIONS. Relation de la Mission Abénaquise, 1702 ....P. 211 d-5
MISSIONS. Relation de la Mission du Mississipi du Séminaire de Québec en
1700, par M. M. de Montigny, de Saint-Cosme, et Thaumur de la source. P. 211 c:2
MISSIONS. Report of the Wesleyan Methodists Auxiliary Missionary
Society of Canada west for 1843...............................P. 139-4

DOC. DE LA SESSION No 18

VOLUME.

MISSISSIPPI. Chevalier Henry de Tonty. His exploits in the valley of, par Henry E. Legler, 1896.................................. ... .P. 459-4

MISSISSIPPI. Inaccurate knowledge. of the sources of, at the close of last century, par Edward D. Neill..............................P. 368-17

MISSISSIPPI. Prehistoric man at the head waters of, par l'hon. J. V. Brown.P. 356-4n

MISSISSIPPI RIVER, the question of the source of, par le prof. E. Levasseur..P. 356-4b

MISSISSIPPI. The last French post in the Valley of the Upper Mississippi, par Edward D. Neill.................................P. 231-19

MISSISSIPPI. (The source of) par le professeur N. H. Winchell..........P. 356-4m

MISSOURI HISTORICAL SOCIETY. Blair Monument, 1885.................P. 231-8

MISSOURI HISTORICAL SOCIETY. Report.......................P. 356-7

"   "   Collections..................P. 498-6

MISSOURI, territorial revenue system of, par Frederick C. Hicks...........P. 356-7b

MISTASSINI (Lake) Geographical Society of Quebec, 1889..............P. 206a

MITCHELL (HON. PETER). Review of President Grant's recent message to the United States Congress relative to the Canadian Fisheries and the navigation of the St. Lawrence river.....................P. 21-3, P. 132-7

MITCHELL (HON. PETER). Statement and evidence in relation to 'An Act respecting Deck loads'.......................................P. 61-2

MITCHELL (HON. PETER). The West and North-west, notes of a holiday trip...EP. 4-1

MOFFAT (REV. JOHN). Remember Zion: An address, 1877..............P. 217-12

'MOHAWK.' Canadian Pacific Railway and its assailants, 1882..........P. 180-13

MOISIE RIVER, Voyez Surveys.....................................P. 203 D-11

MOLPHY (REV. FATHER). Religious Controversy with Rev. Robert Scobie, 1877..P. 227-5

MOLSON. Inauguration of the William Molson Hall, 1862.............P. 382-8

MONARQUE (J. B.) voir Trials, 1827 ....P. 216-7

MONCKTON (NOTES OF FORT). Compilé par E. T. P. Shewen..........P. 289-2

MONCREIFF (W. G.) Party and Government by Party................P. 160-13

MONDELET (CHARLES). Letters on elementary and practical education, 1841.P. 7-1

En français..P. 7-2

MONEY and the Money Question in Canada, by a Husbandman..........P. 446-2

MONGREDIEU (AUGUSTUS). Pleas for Protection examined ....P. 224-5

MONK (JAMES). Impeachment Voyez Sewell, 1814....................O. P. 58

En anglais et en français.

MONK (MR. JUSTICE). Norman Conquest (vers 1870) ....P. 123-3

MONK (JAMES). Proceedings in the Assembly of Lower Canada on...... the impeachment, 1814 ....P. 225-5

MONONGAHELA. Relations diverses sur la bataille du Malangueulé, gagnée 9 juillet 1755 par les François sous M. deBeaujeu......sur les Anglois sous M. Braddock...P. 211 C-1

MONTAGU HOUSE. Manuscripts of the Duke of Buccleuch & Queensbury..P 434

MONTAGU (LORD OF BEAULIEU). Manuscripts ....P. 509-7

MONTALEMBERT (COUNT DE). Essay on the Colonial policy of England, 1858.P. 74-1

MONTCALM. Lettres de la cour de Versailles au Marquis de............P. 413 B

MONTCALM. Journal du Marquis de, durant ses campagnes en Canada....P. 413-F

MONTCALM. Lettres du Marquis de, au Chevalier de Lévis ....P. 413-E

MONTGOMERY DIALOGUE between the ghost of, and an American delegate ..P. 348-3

MONTGOMERY (H. E.) The questions: Was the late rebel paying measure forced on the present Ministry by their predecessors? And is that Bill a transcript of the Rebellion Claim Bill for Upper Canada? Set at rest by a retrospect, &c., 1849 ....P. 9-2

MONTIGNY (B. A. T. de). Catéchisme politique, 1878.................P. 97-7

3-4 EDOUARD VII, A. 1904

VOLUME.

MONTIGNY (DE), Relation de la Mission des Missisipi du Séminaire de Québec, 1700..P. 211 C-2

MONTPETIT (A. N.) Colonie Française de Metgermette, 1874........P. 14-13 P. 22-10

MONTPETIT (A. N.) L'Amiante, C'est le Million.....................P. 238-4

MONTPETIT (A. N.) Major L. N. Voyer surintendant de la Police Provinciale..P. 36-9

MONTREAL ART Association Exhibition, March, 1891..................P. 249-4

MONTREAL (BISHOP OF). A sermon preached in Christ Church Cathedral on Christmas morning.... ....P. 55-7

MONTREAL BOARD of Trade, Report for 1887.........................P. 323-3

MONTREAL Athletic Association. Constitutions and by-Laws of, 1886.....P. 187-7

MONTREAL (BISHOP OF). Circular with correspondence of Archdeacon Mountain with the Colonial Department of His Majesty's government, (1836?)..P. 90-3

MONTREAL (BISHOP OF). Correspondence between him (Bishop) and the Rector of the Parish of Montreal..............................P. 55-10

MONTREAL CANADIAN National League...............................P. 317-14-15

MONTREAL CELEBRATION Committee in 1856..............P. 44-1&P. 47-2

MONTREAL COMITÉ CENTRAL. Observations sur la réponse de Mathieu Lord 'Aylmer et sur le discours du très honorable E. G. Stanley secrétaire pour les Colonies................................. ....P. 119-10

MONTREAL COMMERCE for 1871. Annual Report......................P. 291-5

MONTREAL (DE) à Victoria pour le transcontinental Canadien par Honoré Beaugrand...P. 344-15

MONTREAL (Diocèse de), Projet de Règlement pour qu'il y ait uniformité dans le gouvernement des Curés................................P. 158-6

MONTREAL. ETAT des Affaires du Séminaire de Saint-Sulpice, 1852......P. 253-1

MONTREAL, Exports from, season of 1896............................P. 377-2

"   "   " 1897.........................P. 377-3

MONTREAL GAOL. Final report on the completion of the improvements in the north-east wing. &c., &c., par Thomas McGinn. ....P. 218-3

MONTREAL, Fourteenth report of the Church Society, of the Diocese of, 1864-5 P. 373-5

"   Seventeenth report   "   1867-8.. P. 373-6

MONTREAL GARRISON Artillery. Standing orders of the Brigade, 1865....P. 187-3

MONTREAL. Guide et souvenir de la Saint-Jean-Baptiste................P. 324-5

MONTREAL HARBOUR. Report of the Board of Engineers, as well as that of W. E. Logan upon the survey of Lake St. Peter, 1850...........P. 230-3

MONTREAL HARBOUR. Reports, 1844-62......................P. 410

"   "   " 1871-77....................P. 410-A

"   "   Special Report, 1877.... ....P. 410-B

"   "   "   1878-1883....................P. 410-C

"   "   Ship Channel, 1884....................P. 410-D

"   "   "   1884 to 1888...... ....P. 410-E

"   "   "   1889 to 1891.............. .....P. 410-F

"   "   "   1892 to 1894.......... ....P. 410-G

"   "   "   1895 to 1897....................P. 410-H

"   "   Rapport du Comité special du Sénat, sur les causes de la destitution de certains employés de la commission de Havre de Montréal.......... .....OP. 28-7

"   "   Report of commissioners, 1899...................P. 505-6

MONTREAL. Histoire de Montréal, 1640-1672, attribuée à M. Francois Dollier de Casson..P. 203 N-1

MONTREAL IN 1856. A sketch prepared for the celebration of the opening of the Grand Trunk Railway of Canada, by a Sub-Committee of the Celebration Committee ....P. 44-1, P. 47-2

VOLUME.

MONTREAL IN 1856. Celebration of the opening of the Grand Trunk Railway, 1856. ....P. 484-11
MONTREAL LES véritables motifs de Messieurs et Dames de la Société de Notre-Dame de Montréal. Société Historique de Montréal, 1880.....P. 204 A-4
MONTREAL LIGHT INFANTRY. Regulations and standing orders, 1857.....P. 366-6
MONTREAL LITERARY CLUB. Constitution, 1864......................P. 393-23
MONTREAL (LORD BISHOP OF). Family prayers.............. ....P. 490-6
MONTREAL. Exposé of the Corporation Printing and Stationery Scandal, 1881, (Lovell)..P. 45-7
MONTREAL Mechanics' Institute. Catalogue of books in the library, 1884..P. 308-1
MONTREAL. Mémoires pour servir à l'histoire du chapitre de la Cathédrale de Saint-Jacques de Montréal..................................P. 334-1
MONTREAL MINING Co. Reports, surveys, &c., 1846 to 1853.... ....P. 177
MONTREAL. MOUNT ROYAL CEMETERY Company. Acts of Incorporation and By-Laws, 1879...P. 55-12-13
MONTREAL. PROJET d'organisation d'une Académie des Beaux-Arts à, par l'abbé P. J. Verbist.......................................P. 317-17
MONTREAL. REPORTS OF CITY Surveyor, of various dates, 1868 to 1882...P. 357
MONTREAL Sketching Club 1879 ....P. 393-22
MONTREAL REPORT of the City Treasurer for 1882....................P. 344-3
" Auditor's Report ....P. 344-4
MONTREAL SOUVENIR of the Montreal Winter Carnival, pas de date, (1887),P. 354-8
MONTREAL STATEMENTS concerning the Trade and Commerce of the City for 1862 ....OP. 59-4
MONTREAL. Tenth Synod of the Diocese of Montreal..................P. 373 C-1
    Special Synod, 1868....................................... " 2
    do adjourned Meeting, 1869.............................. " 3
    Eleventh Synod, 1870.................................... 4
    Twelfth Synod, 1871 5
    Synod, 1875... " 6
MONTREAL. The first settlement, 1889.............................P. 239-8
MONTREAL. The Canadian Engineer of the Victoria Bridge, 1860........P. 230-6
MONTREAL Veterinary College, 1885..............................P. 344-11
MONTREAL Winter Carnival......................................P. 180-15
MONUMENT SITES, in Wentworth Historical Society.......... ....P. 519-6
MONUMENTS, par Janet Carnochan.................................P. 501-5d
MOORE (Thomas). A tour through Canada in 1879, to which is added a report on Manitoba...... ....P. 220-10 EP. 10-4
MOOSE RIVER. Report on the Basin of, and adjacent country, par E. B. Brown...P. 253-3
MORAVIANS. BRIEF account of the Missionary ships employed in the services of the Mission on the Coast of Labrador from 1770 to 1877.........P 414-4
MORAN (THOMAS F.) How Minnesota became a state..................P. 356-4i
MORAVIANS. History of the Mission of the Church of the United Brethren in Labrador...P. 444-3
MORAY MANUSCRIPT of Charles S. H. Drummond of Blair Drummond.....P. 414-2
MORE MANUSCRIPTS of Jasper...................................P. 414-4
MOREAU (Le révérend S. A.) Histoire de Saint Luc..................P. 505-7
MOREAU (FRANÇOIS). Son crime, son procès, son exécution.............P. 191-17
MORGAN (E. P.) and L. L. Harvey. Hamilton and its industries........P. 306-6
MORGAN (HENRY J.) Lecture...................................P. 354-7
MORIN (A. N.) Correspondence with Hon. R. E. Caron, &c., En français et en anglais...P. 23-6 P. 9-3
MORIN (L. E.) Inspections obligatoires...........................P. 22-1
MORISON, Cameron and Empey. An important insurance case...........P. 181-4

3-4 EDOUARD VII, A. 1904

VOLUME.

MORMONS (A MOSES OF THE) par Henry E. Legler. . . . . P. 459-5

MORRIS (ALEXANDER). The Hudson's bay and Pacific Territories . . . . P. 47-3

MORRIS (PATRICK). A short review of the history, &c., &c., of Newfound-
land in a series of letters to Earl Grey. . . . . P. 71-7

MORRIS (ALEXANDER). Canada and her resources. . . . . P. 47-1

MORRIS (ALEXANDER). Speech in the Legislative Assembly in the debate
on Confederation. 90-4

MORRIS (WILLIAM). Reply to six letters addressed to him by John Strachan,
D.D.. 47-4

MORRISON (THOMAS F.) A description of the Province of Nova Scotia,. . . . P. 87-6

MORRISON (DR. J. H.) Paper on the Manitoba School Question . . . . P. 285-18

MORRISON (DR., M.P.P.) Trial for High Treason, 1838 . . . . P. 24-5

MORTON (A. C.) Report on the gauge for the St. Lawrence and Atlantic
Railroad. . . . . P. 111-1-2

MORTON (A. C.) Report on the Survey of the European and North Ameri-
can Railway . . . . P. 111-4

MORTON (A. C.) Report on the York and Cumberland Railroad. . . . . P. 111-3

MORTON (A. C). Report on the Surveys of the Quebec and Richmond
Railway . . . . P. 84-3

MOSS (HON. HENRY L.) Last days of Wisconsin territory and Early days
of Minnesota territory . . . . P. 356-4c

MOTHON (R. P., A.L.) Le présent et l'avenir de la race Française en
Amérique . . . . P. 207A-8

MOUNTAIN (VENERABLE G. J.) A retrospect of the Summer and Autumn of
1832. A sermon on cholera. . . . . P. 352-2

MOUNTAIN (VEN. G. J.) Correspondence with the Colonial Department of
His Majesty's Government . . . . P. 90-3

MOUNTAIN (VEN. G. J.) Letter to the clergy and laity of Quebec, Con-
siderations . . . . P. 508-20

MOUNTAIN (G. J., BISHOP OF MONTREAL). Thoughts on Annexation . . . . . . P. 213-7

MOUNTAIN (RIGHT REV. JACOB). Sermon for the Royal Humane Society . . P. 508-3

Charge to the Clergy of Quebec. . . . . P. 1-6

MOUNTAIN PRIDE Gold and Silver Mining Co. Reports, &c. . . . . P. 179-4

MOUNT ALLISON. Wesleyan College Calendar and Catalogue. . . . . P. 117-3

MOUNTED POLICE. Rapport du Commissaire de la Police Montée du Nord. P. 151-8

MOUNTED POLICE. Return to Order Expenditure for North-west Mounted
Police . . . . O.P. 29-5

MOUNT WASHINGTON. The capture of, the result of treason par Edward F.
de Lancy . . . . P. 350-1

MOUSSEAU (J. A.) Contre-poison. La Confédération c'est le salut du Bas-
Canada . . . . P. 26-3

MOUSSEAU (J. A.) Lecture publique sur Cardinal et Duquet, victimes de
1837-38. . . . . P. 14-14

MOUSSEAU (LE SCANDALE). Révélations complètes. . . . . P. 152-16

MOUSSEAU (J. O., M.D.) Une page d'histoire. . . . . P. 192-12

MOWAT (HON. OLIVER). An open letter to Rev. G. M. Milligan 29th
October, 1866, Protestantism not in danger. . . . . P. 227-7

MOWAT (HON. OLIVER). Letter on the bill for quieting titles to real estate
in Upper Canada addressed to Hon. John A. Macdonald. . . . P. 196-17, P. 345-6

MOWAT (HON. OLIVER). Reform Government in Ontario. Speeches at
Woodstock . . . . P. 79-5

MOWAT (HON. OLIVER). The public schools in the French districts. . . . . . P. 306-1-2-3

MOWAT (HON. OLIVER). The separate schools. The No Popery Cry. Mem-
orandum . . . . P. 196-16

MULLER (HANS WILHELM). Gross mismanagement of Immigration in the
hands of the Government of Quebec . . . . P. 17-1-181-10

DOC. DE LA SESSION No 18

VOLUME.

MULLER MANSION, The Mystery of, par Robert J. Hubbard..............P. 356-1e
MUNICIPAL LOAN Fund and the Hospitals and Charities of the Province of
  Canada ....O.P. 19-7 to 11
MUNICIPAL Manitoba. Institutions Act.............................. P. 381-7
MUNICIPAL Situation (The) par Charles Baillairgé..................... P. 25-4 .
MUNICIPALITIES. Parochial and township subdivisions for Lower Canada.. P. 371-6
MUNICIPAL Returns for Lower Canada.............................O.P. 4-3 & 4
    "   "   Upper Canada and Lower Canada.....O.P. 19-13-14, O.P. 48-5
MUNRO (W. F.) Backwoods Life .... P. 200-2
MUNRO (W. B.) Droit de Banalité during the French regime in Canada .. P. 498-1
MURDOCK (REV. JAMES). 1767-1799 ....P. 281-10
MURDOCH (GILBERT). Sewerage and Water supply for St. John and Portland P. 257-20-21
MURDOCH (GILBERT). Water Supply for the City of Charlottetown, P.E.I.. P. 145-6-182-6
MURDOCK (GILBERT). Water Supply for the town of Portland and St. John.. P. 145-1 to 5
MURPHY (J. J.) Acts, &c., Respecting Crown Lands in Ontario........ P. 25-3-4
MURRAY (GEN. JAMES). Journal of Quebec from 18th September, 1759, to
  25th May, 1760...P. 203 M-5
MURRAY (ALEXANDER). Report of progress of the Geological Survey of
  Newfoundland ....O.P. 49-8
MUSEUMS. (History taught by) by David Boyle ....:.. ......P. 501-5b
MUSEUMS, Surveys, &c., and the need of increased expenditure thereon, par
  B. E. Walker...P. 486-4
MUSKOKA REGION. Tourists Guide................................ .P. 445-3
MYRAND (ERNEST). La Charité Catholique à Québec.................P. 207B-2

N

NARRATIVE of the case of Queen vs. Chesley. Halifax Petition...P. 386-12. P. 386-13
NASAGIWEYA. The early history of, par J. Moorish ....P. 364-1
NATIONAL COUNCIL OF WOMEN. Report of proceedings, 1894-1895-1896
  1897...P. 384-1-2. P. 384-A & B
NATIONAL GALLERY. Catalogue, 1880—Additions....................P. 394-5-6-7
NATIONAL QUESTION, par Forward..................................P. 230-18
NATIONAL RIFLE ASSOCIATION.. ....P. 66-2
NATIONAL UNIVERSITY, University Consolidation ....P. 160-14
NATIVE CANADIAN, Canada, Is she prepared for war ?................P. 257-5
NATURAL HISTORY. List of coleoptera taken at Quebec and other parts of
  Lower Canada, par William Couper.............................P. 203D-24
NATURAL HISTORY. List of coleoptera and diptera taken at Quebec and
  other parts of Lower Canada, par William Couper ....P. 203D-18
NATURAL HISTORY. Mammals of Manitoba, par Ernest E. Thompson.....P. 205A-5
NATURAL HISTORY. Notes on the Massasgua, a species of rattlesnake, par
  Augustus Sewell..P. 203C-4
NATURAL HISTORY of the Gulf of St. Lawrence, par Robert Bell, fils......P. 221-8
NATURAL HISTORY. Orders, sub-orders and genera of insects, par William
  Couper..... ....P. 203 D-22
NATURAL HISTORY. On some of the fishes of the St Lawrence, par F. W.
  G. Austin..P. 203 D-38
NATURAL HISTORY. On the natural history of the Ursus Americanus ; or
  American Black Bear, par Geo. M. Douglas.......................P. 203C-7
NATURAL HISTORY. Our winter birds, par Alex. M. C. Arthur.........P. 205A-7
NATURAL HISTORY. Ostrich farming at the Cape of Good Hope, par Alfred
  Jephson...P. 203 G-14
NATURAL HISTORY Society, New Brunswick.........................P. 389-3

NATURAL HISTORY. Some observations on the Menobranchus Lateralis, par
  Wm. Sheppard......:..P 203 B-6
NATURAL SCIENCE (Present status of) in Manitoba and the North-west, par
  le révérend W. A. Burnham...P. 500-6
NAUD. L'ABBÉ JEAN...P. 392-1a
NAVAL. Canada's maritime position and responsibilities, par H. J. Wickham.P. 347-11
NAVERY (Raoul de). Le choix d'une femme.........................P. 4-10
NAVIGATION du golfe et du fleuve Saint-Laurent pendant la saison d'hiver,
  rapport du comité spécial...OP. 60-11
NAVIGATION of the St. Lawrence. Message from the President of the U.S.
  with report and correspondence relative to the free navigation...... ...P. 197-10
NAVIGATION REPORT of the Select Committee of the Legislative Assembly on
  Ice Bridge opposite Quebec.... ....OP. 59-1
NAVIGATION Statements and Evidence submitted by the Hon. P. Mitchell,
  in relation to a Bill, entitled, 'An Act respecting Deck Loads.'.......P. 61-2
NAVY LISTS, 1865, 1877, 1890.........................P. 390. P. 390A. P. 390B
NEGRO SLAVERY in Wisconsin and the underground railroad, par John Nel-
  son Davidson...P. 152-7
NEILL (EDWARD D.) Macalester College contributions................P. 368-1 to 17
NEILL (EDWARD D.) The last French post in the Valley of the Upper
  Mississippi...P. 231-9 & P. 216-15
NEILSON (DR. J. L. HUBERT). Royal Canadian Volunteers ....P. 347-8
NELSON (JOSEPH). Grand Trunk Railway of Canada. Address to the
  Bond and Stockholders...P. 112-6
NELSON (JOSEPH). The very latest Grand Trunk scheme................P. 103-3
NELSON VALLEY Railway Company. A new route from Europe to the
  interior of North America..P. 108-5
NEPTUNIAN. The Banished Briton. Proceedings of Robert Gourlay, in 12
  parts...P. 335-1
NEWARK CORPORATION. Manuscripts of..............................P. 414-22
NEWBERRY LIBRARY. Proceedings of trustees, 1889 ....P. 308-10
NEWBERRY LIBRARY. Reports of the trustees, 1888, 1890, 1891.P. 251-8 & P. 258-7-8-9
NEWBERRY LIBRARY. Proceedings and Report, 1892 to 1895.......P. 308A-7 & 8
   "   "   1896, 1897.............P. 439-1 & 2
   "   "   1898, 1899, 1900........P. 495-7-8-9
NEW BRUNSWICK. Act passed in 1871 respecting Common Schools......P. 388-3
NEW BRUNSWICK Almanac for 1849..................................P. 319A-2
NEW BRUNSWICK and Nova Scotia Land Company, practical information, &c.P. 141-2
NEW BRUNSWICK. Appeal to the Right Honourable Wm. Huskisson, on
  the present condition of the maritime and internal interests of the pro-
  vince, by a Colonist, 1828...P. 72-8
NEW BRUNSWICK Census, 1861......................................P. 388-1
NEW BRUNSWICK Centenial, commemoration.. ....P. 257-14
NEW BRUNSWICK. Essays by Burtis, Ellis Edgar Brown and Fill, 1860..P. 354-2 to 6
NEW BRUNSWICK Historical Society, 1896-1897......................P. 497-5-6
NEW BRUNSWICK Magazine, 1898, 1899..................P. 462. P.452
NEW BRUNSWICK. Manual of the School Law........................P. 388-4
NEW BRUNSWICK Natural History Society............................P. 389-3
NEW BRUNSWICK. Official hand book. 1897..........................P. 370-9
NEW BRUNSWICK. On the early history of, par Moses H. Perley......P. 245-1
NEW BRUNSWICK. Preliminary report on the geology of, par Harry Youle
  Hind..P. 388-2
NEW BRUNSWICK. Report of the Railway commissioners of, 1861......P. 310-6
NEW BRUNSWICK. Report on the sea and river fisheries of, par M. H. PerleyP. 337-2
NEW BRUNSWICK. Report on the Silurian rocks, par R. W. Ells, 1877-78..P. 476-13

DOC. DE LA SESSION No 18

VOLUME.

NEW BRUNSWICK. Rifle Association. Report of Council ....P. 389-1-2
NEW BRUNSWICK. School law manual.............................P. 506-12
NEW BRUNSWICK. Sewerage and Water Supply......................P. 389-4-5-6
NEW BRUNSWICK. Sketches of, containing an account of the first settle-
ment of the Province...P. 141-1
NEW BRUNSWICK. Thirty-third report of the diocesan Church Society.....P. 373-12
NEW BRUNSWICK. Wilderness journeys in, par l'honorable Arthur Hamilton
Gordon...P. 117-7
NEWCASTLE ON TYNE. Public Libraries...................P. 308-14-15 P. 308 A-6
NEWCASTLE ON TYNE. Library, 1898 to 1900 ... .P. 495-13-14
NEW ENGLAND. Contribution to the early history of, par Edward D. Neil..P. 368-8
NEW ENGLAND Indians. A biographical survey, par Justin Winsor.......P. 350-18
NEW ENGLAND. Winthrop's conclusion for the plantation in, &c., Old
South Leaflets...................................... ....P. 299
NEWFOUNDLAND. Almanac ....P. 471-4
NEWFOUNDLAND. Brief notes relating to the resources, &c. of, par J.
Patterson .... P. 20-5 P. 142-9
NEWFOUNDLAND. Consolidated Copper Mining Co................. ....P. 133-7
NEWFOUNDLAND. Fishery question, report on........................P. 507-6
NEWFOUNDLAND. Geological survey of, Report........................P. 346-3
NEWFOUNDLAND. Journal of a voyage of visitation in the "Hawk"
churchship ....P. 353-6
NEWFOUNDLAND. Lecture on, and it's fisheries, par M. H. Warren........P. 136-3
NEWFOUNDLAND. Letters to the Right Hon. E. G. S. Stanley on Fishery
treaties, par Geo. R. Young ....P. 337-1
NEWFOUNDLAND. Observations on the present state of, in reference to its
courts of justice, local government and trade....................P. 52-10
NEWFOUNDLAND. Pêcheries de Terreneuve........................P. 254-7
NEWFOUNDLAND. Proposed constitution of the establishment of contem-
plated synod for the diocese of.............................P. 346-2
NEWFOUNDLAND. Reasons for colonizing the island of Newfoundland, par
Wm. Carson, M.D., 1813......... ....P. 72-5
NEWFOUNDLAND. Report of geological progress....................P. 477-1
NEWFOUNDLAND. Sailing directions for the island of, and the adjacent
coast of Labrador................. ....P. 335-2
NEWFOUNDLAND (Royal) Regiment, par E. Cruikshank..................P. 306-13
NEWFOUNDLAND. Short Review (A) of the History, Government, Constitu-
tion, Fishery and Agriculture of, par Patrick Morris ....P. 71-7
NEWFOUNDLAND. Statistics of the Coinage of Canada and Newfoundland,
par R. W. McLachlan..P. 257-16
NEW HAMPSHIRE. Silver Lead Co. Prospectus.....................P. 179-12
NEW HAVEN, CONNECTICUT. Commemoration of the settlement of the
town (1638)..P. 219-13
NEW HAVEN, CONNECTICUT. First church, sermon par le révér'd N. Smyth...P. 254-12
NEW HAVEN. Colony, Historical Society, Catalogue of the objects of
interests in..P. 201-7
NEWMAN (JOHN B.) The early peopling of America and its discovery before
the time of Columbus..P. 198-5
NEWMAN (Dr.), Perversion of, to the Church of Rome, par le rév. C. Chiniquy.P. 386-9
NEW MEXICO. Coronado's letter to Mendoza, 1540...................P. 299
NEW NETHERLANDS. Papers relating to the state of religion in the province,
1657-1712...P. 12-6
NEW SOUTH WALES. Rifle Association, Report for 1879..............P. 65-1
NEWSPAPERS and Newspaper People of three decades, par William Hyde ...P. 356-7a
NEWSPAPERS, THE historical value of, par J. B. Chaney ....P. 356-4f

NEW YORK, and Admiral Sir Peter Warren at the capture of Louisbourg in
1745, par E. F. Delancey...P. 367-14
NEW YORK Capitol. Remonstrance of Thomas Fuller and others against
change of plans.. P, 254-5
NEW YORK CHAMBER of Commerce. Report of the Select Committee on
the Reciprocity Treaty...P. 348-9
NEW YORK CITY. How it is governed, par James Parton,.............P. 237-3
NEW YORK, CONSTITUTION and By-laws of the Reform Club............P. 239-6
NEW YORK. Public papers of George Clinton first Governor...........P. 470 to 470
            and P. 470a
NEW YORK. Public papers of Daniel D. Tompkins with introduction by
the State Historian of New York.............................P. 470
NEW YORK STATE Ecclesiastical Records..........................P, 470-8 & 9
NEW YORK STATE Historians Report and Public papers of George Clinton.P. 470
NEW YORK STATE Historical Report for 1896......................P. 470
NEW YORK STATE Library Bulletin, No. 1, 2, 3, 4................P. 485-2 to 5
NEW YORK STATE Library. Calendar of Council Minutes..............P. 511
NEW YORK STATE LIBRARY. Report of Trustees.....................P. 201-1
NEW YORK STATE LIBRARY. Seventieth Report....................P. 252-3
    "   "   Report 1890..........................P. 251-6
    "   "   Seventy-first Report ....P. 252-4
NEW YORK Historical Society. Before and after the Treaty of WashingtonP. 518-9
NEW YORK STATE (Military Records of). Council of Appointment...P. 470-10 to 13
NIAGARA FALLS. A brief history of old fort, par Peter A. Porter..P. 460-5 et P. 351-9
NIAGARA FALLS. Champlain not Cartier made the first reference to
Niagara Falls in literature, par Peter A. Porter..................P. 460-6
NIAGARA FALLS Public Library, Finding list..........................P. 485-8
NIAGARA HISTORICAL Society various papers........................P. 501-4-8
NIAGARA HISTORICAL SOCIETY (No. 2). Mrs. Curzon, Rev. Canon Bull,
Miss Carnochan...P. 386-6
NIAGARA HISTORICAL SOCIETY. Second annual report................P. 442-9
NIAGARA HISTORICAL SOCIETY. Family History. Servos family, Whit-
more family, The Jarvis Letters, Robert Land, U.E.L..............P. 519-1
NIAGARA. Legend of the Whirlpool (birds-eye view of the river, &c., accom-
panies the work)....   ....P. 161-4
NIAGARA LIBRARY by Janet Carnochan..............P. 501-7 a & b
NIAGARA. One hundred years ago, by Janet Carnochan.........P. 290-9 & P. 306-7
NIAGARA. Original sketches by C. Breckinridge Porter.................P. 485-7
NIAGARA PENINSULA. Settlement and early history, par Ernest Cruikshank.P. 229-2
NIAGARA. Report of Commissioners of State Reservation at.....P. 351-7-8 & P. 505-3
            P. 438-1 & P. 289-3
NIAGARA SHIP CANAL and reciprocity papers, par J, D. Hayes...........P. 348-8
NICHOLSON (W. L.) Continuation of history of the Post Office Department,
U.S.A., voyez Leech...P, 123-2
NICHOLSON (Colonel). Journal at the capture of Annapolis, 1710........P. 281-3
NICOLET ANTIMONY Mining Co. Surveys and Reports, 1864...........P. 175-16
NICOLET (JEAN) par l'Abbé A. Gosselin ....P. 286-3
NICOLET. Le Séminaire ....P. 17-8, P. 487-1
NICOLET. Séminaire, Année Académique......................P. 228-7, P. 515-6
NIPISSING. Northern districts of Ontario........................P. 369-8
NOBLE (LIEUT., R.A.) Mean results of Meteorological observations taken
during the winter of 1853-54..............................P. 203 C 17
NORD-OUEST, par Elie Tassé...P. 254-2-3
NORMANDS (LES) au Canada, M. Jean Le Sueur, 1634-1668, par l'Abbé
Gosselin...P. 311-10

DOC. DE LA SESSION No. 18

VOLUME.

NORQUAY (JOHN).   Budget Speech, Manitoba.........................P. 381-3
NORRIS (W. H.)   Letter to the members of the United Church of England
     and Ireland in the township of Scarborough.......................P. 139-11
NORRIS (WILLIAM).   The Canadian question...........................P. 12-1
NORRIS (J. F.)   The Consolidated Bank of Canada ....P. 232-7
NORRISH (J.)   The early history of Nasagiwega.......................P. 364-1
NORTH CAROLINA.   A bibliography of the historical literature of, par Stephen
     B. Weeks...P. 368-18
NORTH SHORE Railway, Statutes, &c...............................,....P. 34ν-1
NORTH SUTTON.   Mining and Smelting Co., Reports....................P. 178-9
NORTHUMBERLAND.   Election du Comté................................P. 342-1
NORTH WEST.   Administration Speech, par Thomas White........P. 140-18, P. 343-9
NORTH WEST.   Agriculture dans le Nord-Ouest du Canada..............P. 223-7
NORTH WEST.   Alberta, Red River District, par le révérend Leo Gaetz....P. 254-11
NORTH WEST.   Battle River Valley, par William Laurie...............P. 162-1
NORTH WEST.   British Association, Report of their Visit...............P. 254-10
NORTH WEST.   Canadian North West, par le capitaine Wm. Clark.......P. 186-9
NORTH WEST.   Canadian North West, Speeches delivered by the Marquis
     of Lorne at Winnipeg................................P. 346-5, E.P. 8-5-6-7
NORTH WEST.   Canadian North West. Climate and Productions. A mis-
     representation exposed...E.P. 8-2
NORTH WESTERN CANADA, par Acton Burrows.........................P. 108-6
NORTH WEST COMPANY.   Unveiling the monument at Seven Oaks where
     Semple fell...P. 205, B-8
NORTH WEST.   Dairy farming, ranching and mining in Alberta and Assini-
     boia...P. 306-15
NORTH WEST.   Detailed reports upon all claims to land, &c., &c., in the
     Northwest Half-Breed Grant, &c., &c. En anglais et en français.....O.P. 61-5-6
NORTH WEST.   Dominion Lands Act. Consolidated and amended.P. 109-10, P.109-11
NORTH WEST.   Elie Tassé..E.P. 10-9
NORTH WEST.   Facts respecting Indian administration in the...........P. 346-17
NORTH WEST.   ·French language in the, par John Charlton, M.P.........P. 311-16
NORTH WEST.   Golden North, par Malcolm MacLeod, M.S.............P. 45-8
NORTH WEST.   Hudson's bay and Pacific Territories. Conférence par Alex-
     ander Morris ....P. 47-3
NORTH WEST.   Jonathan Carver, His travels in 1766-8, par John Goadby
     Gregory...P. 459-6
NORTH WEST.   Journeys of David Thompson in North Western America,
     par J. B. Tyrrell..P. 218-16
NORTH WEST.   Journey beyond the Rocky mountains in 1835, 1836 and
     1837, par le révérend Samuel Parker..............................P. 376-8
NORTH WEST.   Laws and Courts of North West and Indiana Territories,
     par Daniel Warte Howe...P. 142-13
NORTH WEST MOUNTED POLICE.   Police Montée du Nord-Ouest. Rapport
     du Commissaire..P. 151-8
NORTH WEST MOUNTED POLICE.   Report on a trip to the Yukon, par l'Ins-
     pecteur W. H. Scarth...P. 370-6
NORTH WEST MOUNTED POLICE.   Return of Expenditure for 1876-7.8....O.P. 29-5
NORTH WEST.   Letters of Rusticus....................................P. 343-14
NORTH WEST.   Mackenzie (Alexander & Co.) Indenture for an engagé in
     the fur trade...P. 138-5
NORTH WEST.   Notes on the appearance and migrations of the Locust in
     Manitoba and the North-west Territories, par Geo. M. Dawson......P. 114-2
NORTH-WEST.   Notes on Peace river, a Canoe Voyage, par Sir George Simp-
     son in 1828 ....P. 458

3-4 EDOUARD VII, A. 1904

VOLUME.

NORTH-WEST. Notes of a Trip to Bow river, North-west Territories, par D.
McEachran . . . . EP. 4-2
NORTH-WEST. North-west of Canada, being a brief sketch of North-Western
regions &c., par Charles Horetzky . . . . P. 19-7
NORTH-WEST. Ordinances of North-west Territories, from 1878 to 1884 . . . P. 135-2 to 5
NORTH-WEST REBELLION. Affaire Riel. Discours de M. Faucher de Saint-
Maurice . . . . P. 222-6a
NORTH-WEST REBELLION. Amnesty Again, par l'Archevêque Taché . . . . P. 140-9
NORTH-WEST REBELLION. Amnistie aux Métis de Manitoba, Mémoire sur
les causes des troubles du Nord-Ouest et sur les négociations qui ont
amené leur règlement amiable par Louis Riel . . . . P. 54-4
NORTH-WEST REBELLION. Amnistie &c., par Louis Riel . . . . P. 26-6
NORTH-WEST REBELLION. Amnistie par Mgr. Taché . . . . P. 33-2 & 54-5
NORTH-WEST REBELLION. Debate on Louis Riel, Discours par J. J. Curran,
M. P. . . . . P. 219-11
NORTH-WEST REBELLION. Dépêches Concernant la Commutation de la sen-
tence de Lépine et l'amnistie relative aux troubles du Nord-Ouest . . . . . OP. 38-9
NORTH-WEST REBELLION. Discours de l'honorable M. Mercier, sur la ques-
tion Riel . . . . P. 152-23
NORTH-WEST REBELLION. Encore l'Amnistie par Monseigneur Taché . . . . . . P. 120-13
NORTH-WEST REBELLION. Expédition Militaire de Manitoba 1870, par Ben-
jamin Sulte . . . . P. 13-3
NORTH-WEST REBELLION. Exposé des réclamations adressées au gouvernement
Fédéral en conséquence de l'Insurrection survenue dans les territoires
du Nord-Ouest . . . . P. 151-5
NORTH-WEST REBELLION. From Toronto to Fort Garry, second expedition
to Red River, Diary of a private soldier (Justus A. Griffin.) . . . . P. 290-5
NORTH-WEST REBELLION 1885. In the case of Louis Riel, convicted of
treason and executed, rapport de Sir Alexander Campbell . . . . P. 311-17
NORTH-WEST REBELLION. Letters and Extracts on 'The Riel Question'
with notes by the Hon. Dr. McMillan . . . . P. 199-8
NORTH-WEST REBELLION. Letter from Louis Riel to Dr. Fiset . . . . P. 234-14
NORTH-WEST REBELLION. Lepine (Ambroise) Correspondence relating to
the Commutation . . . . OP. 21-2
NORTH-WEST REBELLION. Louis Riel, Martyr du Nord Ouest . . . . P. 157-14
NORTH-WEST REBELLION. Mot (le) de la fin. Voici le vote ! Conspiration
armée contre les Métis français . . . . P. 194-17
NORTH-WEST REBELLION. Neuvième Bataillon au Nord-Ouest, par George
Beauregard . . . . P. 157-15
NORTH-WEST REBELLION. Page (une) d'histoire par J. O. Mousseau . . . . . . P. 192-12
NORTH-WEST REBELLION. Poésies Religieuses et Politiques par Louis David
Riel . . . . P. 159-18
NORTH-WEST REBELLION. Preliminary Investigation and trial of A. D. Le-
pine for the murder of Thomas Scott . . . . P. 20-9
NORTH-WEST REBELLION. Question (la) Riel, lettre de l'honorable J. A. Cha-
pleau . . . . P. 140-20 and P. 157-12
NORTH-WEST REBELLION. The Red River expedition of 1870, par le lieu-
tenant H. S. H. Riddell . . . . P. 203 E-15
NORTH-WEST REBELLION. Red River Expedition . . . . P. 108-3
NORTH-WEST REBELLION. Red River Insurrection. Hon. Wm. McDougall's
conduct reviewed . . . . P. 19-11. P. 54-2
NORTH-WEST REBELLION. Red River Rebellion. Eight letters to Hon.
Joseph Howe . . . . P. 54-3
NORTH-WEST. Relations between the United States and North-west British
America . . . . P. 348-6

DOC. DE LA SESSION No 18

VOLUME.

NORTH-WEST REBELLION. Reminiscences of the Red River Rebellion . . . . . P. 54-1
NORTH-WEST REBELLION. Riel Rebellion, how it began, how it was carried
    out, and its consequences. . . .   . P. 180-16
NORTH-WEST REBELLION. Situation (la) au Nord-Ouest, par Mgr. A. Taché P. 152-18
NORTH-WEST REBELLION. Unveiling a statue to the memory of Osgoode and
    Rogers. . . . . P. 300-8
NORTH-WEST REBELLION. Véritable Riel (le) tel que dépeint dans des lettres
    de sa Grandeur Mgr. Grandin, &c. . . . . P. 194-18
NORTH-WEST REBELLION. Riel (Louis) son procès à Régina. . . . . P. 286-4
NORTH-WEST. Report of delegates appointed to negotiate for the acquisition
    of Rupert's Land and the North-west Territory. . . . . P. 87-4
NORTH-WEST. Report of Major-General Laurie upon matters in connection
    with the suppression of the rebellion in the North-west. . . . . O. P. 61-7-8
NORTH-WEST. Report of the Select Committee on the causes of the diffi-
    culties in the North-west Territory. . . . . O. P. 38-8
NORTH-WEST. Report of the Select Committee of the Senate on the subject
    of Rupert's Land. . . . . O. P. 34-1
NORTH-WEST. Seventeen years in the Canadian North-west, par Alex. Begg..P. 160-18
NORTH-WEST. Sport in the Canadian North-west, par J. H. Hubbard . . . . P. 142-16
NORTH-WEST TERRITORIES and British Columbia, par le révérend Æneas
    McDonnell Dawson. . . . . E. P. 8-1
NORTH-WEST TERRITORIES. U. S. and Western Reserve, par James A. Garfield P. 299
NORTH-WEST TERRITORIES. Papers transmitted by His Excellency the Gov-
    ernor-General, relating to the recent North-west Rebellion . . . . O. P. 38-7
NORTH-WEST TERRITORIES. Extracts from Surveyors' reports of township
    surveys. . . . . P. 324-1-2
NORTH-WEST TERRITORIES. Official Hand Book. . . . . P. 370-9
NORTH-WEST TERRITORIES Ordinances. . . . . P. 260-7
NORTH-WEST TERRITORIES. Surveyors' reports of township surveys. . . . . . . P. 474
NORTH-WEST TERRITORIES. Speech by A. W. Ross, M.P., on Pacific Rail-
    way and North-west Territories. . . . . P. 219-14
NORTH-WEST. The Aborigines of, par Frank Terry. P. 459-5
NORTH-WESTERN Tribes of Canada, tenth report. . . . . P. 347-7
NOTRE-DAME DES ANGES. Report of proceedings of the Committee to
    investigate. . . . . . . The Government rights upon the farm of Notre
    Dame des Anges. . . . . O. P. 55
NOTRE-DAME DE MONTRÉAL. Notice sur l'église. . . . . P. 76-6
NOTRE-DAME DES VICTOIRES. Historique de l'église de, par N. E. Dionne.
    Sermon par l'Abbé Côté. . . . . P. 238-5-6
NOUAILLE JOURNAL de la guerre du Mississipi. . . . . P. 211A-1 '
NOVA SCOTIA. Agricultural Exhibition of, 1853. . . . . P. 196-7
NOVA SCOTIA. At Dublin International Exhibition, 1865. . . . . P. 313B-1
NOVA SCOTIA. Annual Report of the Library Commissioner and Librarian
    for 1880. . . . . P. 107-10
NOVA SCOTIA. By-laws, &c., of the Commissioners for public charities (also
    Report 1885). . . . . P. 379-4-5
NOVA SCOTIA. Correspondence and negotiations connected with the affairs
    of Nova Scotia. . . . . P. 43-1
NOVA SCOTIA. Journal of the eighth session of the diocesan synod. . . . . . . P. 373-11
NOVA SCOTIA. Reports of the City Government of Halifax for 1884-5 . . . . . P. 379-3
NOVA SCOTIA. Peoples' Almanac (Nugent's) for 1852 . . . . P. 319-A3
NOVA SCOTIA. Ores of, par E. Gilpin, fils. . . . . P. 450-8
NOVA SCOTIA. Underground certificates in Nova Scotian coal mines, par E.
    Gilpin, fils. . . . . P. 449-11
NOVA SCOTIA's Political Case. . . . . P. 239-10

3-4 EDOUARD VII, A. 1904

VOLUME.

NOVA SCOTIA.   An account of, in 1743 ....P. 281-4
NOVA SCOTIA Conference, Methodist Church..........................P. 307-8
NOVA SCOTIA.   Description of the Province of Nova Scotia, par Thomas F.
   Morrison..P. 87-6
NOVA SCOTIA.   Historical Society collections.   Vols. 1 to 11..........P. 281 A to E
NOVA SCOTIA.   Importance of settling and fortifying Nova Scotia, with a
   particular account of the climate, soil and native inhabitants of the
   country, by a gentleman lately arrived from the colony, 1751........P. 62-1
NOVA SCOTIA.   Information for emigrants............................P. 301-7
NOVA SCOTIA in Canada.   The union of the British North American Prov-
   inces and the Hon. Joseph Howe.............................P. 42-7
NOVA SCOTIA.   Letters to the Hon. E. G. S. Stanley on fishery treaties, par
   George R. Young...P. 337-1'
NOVA SCOTIA Medical Superintendent.   Hospital for the insane for 1872 and
   1884..P 378-10-11
NOVA SCOTIA.   Official handbook.................................P. 370-9
NOVA SCOTIA.   Proposals for attack on............................P. 281-6
NOVA SCOTIA.   Record Commission...............................P. 311-2
NOVA SCOTIA.   Report of the Chamber of Commerce..................P. 379-2
NOVA SCOTIA.   Report of the Chief Commissioner of Mines.... ......P. 395-6-7
NOVA SCOTIA.   Report of Provincial Engineers on subsidized railways for
   1879 ....P. 379-1
NOVA SCOTIA.   Report of the Record Commission....................P. 255-4
NOVA SCOTIA.   Report on the gold regions of, par T. Sterry Hunt.....P. 395-9
NOVA SCOTIA.   The establishment of responsible government (1848)......P. 450-5
NOVA SCOTIA.   The first colonial bishopric ....P. 350-13
NOVA SCOTIA.   The first Council, par T. B. Akin ....P. 281-7
NOVA SCOTIA.   Diocesan Church Society, thirtieth report, 1867..........P. 373-7
   Thirty-first, 1868...P. 373-8
   Thirty-second, 1869.......................................P. 373-9
   Thirty-third, 1870..P. 373-10
NOVA SCOTIA.   Historic garrison at Annapolis Royal, par J. Herbert Run-
   ciessan...P. 186-10
NOVA SCOTIA.   Les Mines d'or de la Nouvelle Ecosse..... ....P. 261-2
NOVA SCOTIA.   Report of the Chief Commissioner of Mines for 1866, 1869,
   1879, 1882, 1883...P. 378-1 to 5
NOVA SCOTIA.   Registration Report, 1866, 1871, 1874, 1875..........P. 378-6 to 9
NOVA SCOTIA.   Sketch of the old parish burying ground of Windsor, par H.
   Y. Hind, M.A..P. 255-6
NOVA SCOTIA.   The first bishop, par l'Evêque Perry de Iowa........P. 246 1 à 5 & 9
NOUVELLE FRANCE.   Histoire du Nouveau Monde, Livre second (ré-im-
   pression) 1882...P. 153-10
NOVUM BELGIUM.   Description de Nieuw Netherland, par le R. P. Isaac
   Jogues...P. 211 C. 3
NUMISMATIC and Antiquarian Society.   Canadian Antiquarian, Montreal,
   1886..P. 44-13-14
NUMISMATIC and Antiquarian Society.   Loan exhibition of Canadian
   historic portraits..... ....P. 260-2
NUMISMATIC and Antiquarian Society.   Record of Canadian historical port-
   raits and antiquities, Montreal.............................,....P. 347-2
NUMISMATICS.   Canadian Communion tokens, par R. W. McLachlan... ...P. 257-18
NUMISMATICS.   Canadian Political coin (A), par William Kingsford......P. 55-11
NUMISMATICS.   Colonial Cambist ; or tables of the assay or fineness, &c., of
   foreign coins, &c., &c ....P. 38-1
NUMISMATIC.   Historic Medals of Canada, par Alfred Sandham..........P. 203 F-3

DOC. DE LA SESSION No. 18

VOLUME.

NUMISMATIC. Le collectionneur illustré des monnaies Canadiennes, par P. N. Breton...P. 250-3
NUMISMATICS. Sandham, Hartzfeld, McLachlan, Leroux, &c.........P. 210, P. 210 A
NUMISMATICS. The Louisbourg Medals, par R. W. McLachlan.........P. 257-17
NUGENTS. Nova Scotian Peoples' Almanac for 1852.................P. 319A-3
NUN of the General Hospital. Siege of Quebec and conquest of Canada, 1759...•.................P. 138-1

O.

OCEAN STEAM NAVIGATION. Memorial of the Chamber of Commerce of New York..P. 113-11
O'CONNOR (JOHN L.) Reply to the Rev. W. Stephenson, or an Enquiry into the reason given Why I am a Protestant.................P. 118-19, P. 139-33
O'CONNOR (J., M. P.) Letters on Fenianism.........................P. 180-9
ODDS AND ENDS of Early Life in Hamilton......,...................P. 519-6
ODDY (J. JEPSON). Address to the electors of the borough of Stamford, &c., relative to Parliamentary Reform.......................P. 168-7
O'DONNELL (J. H.) Manitoba Matters, being a short chapter devoted and dedicated to the Davis Royal Administration...............P. 143-8
ŒUFS DE PAQUES..P. 166-3
O'FARRELL (JOHN). Address at the Annual Concert, &c., of St. Patrick's Society..:.....P. 166-1
OFFICERS' ASSOCIATION of the Militia of Canada.....................P. 448-2
OFFICIAL CORRESPONDENCE relative to the negotiation for peace between Great Britain and the French Republic...................P. 297-3
OFFICIAL HANDBOOK of the Dominion of Canada.......................P. 370-9
OFFICIER DE MILICE. Considérations sur Notre Organisation Militaire....P. 78-6
OGILVIE (WILLIAM). Reports on the Yukon and Klondike, par........P. 424-1-3, 4
O'GRADY (STANDISH). The Emigrant....................................P. 332-2
O'HANLY (J. L. P.) Political standing of Irish Catholics in Canada.P. 30-5, P. 140-7
O'HANLY (J.) The Intercolonial railway............................P. 110-3
OHIO, Constitution of...P. 299
OHIO, Historical and Philosophical Society of.............P. 329, A-2 to 10
OHIO, Historical Society of...P. 329 A
    "   Reports...P. 498-7
OHIO. History of the floods in the river from 1772 to 1832, par S. P. Hildreth..P. 329, A-2a
OHIO. Some things belonging to the settlement of the valley of the Ohio, par William C. Howells....................................P. 203, F-11
OLD COUNTRYMAN. Friendly advice to emigrants from Europe on their arrival in Canada...P. 161-3
OLD CROW WING TRAIL, par l'honorable John Schultz.................P. 205, B-12
OLIVE BRANCH. An address to Wm. Tudor, author of Letters on the Eastern States...P. 418
OLIVE BRANCH. Answer to certain parts of a work published by Mathew Carey..P. 418-2
OLIVE BRANCH. Appendix to the eighth edition of the Olive Branch, par M. Carey...P. 418
OLD SOUTH LEAFLETS..................................P. 299, A B C D, &c., &c.
OLIVER (THOMAS J.) Guide ; the City of Quebec and environs..........E P-3-3
OLIVER (N. N.), de la nullité des contrats, thèse...................P. 259-2
OMAHA Public Library Report, 1891...................................P. 251-9
ONE OF THE CLERGY. The Reserve question ; on a word for the Church...P. 94-4

3-4 EDOUARD VII, A. 1904

> VOLUME.
ONEIDA Historical Society. Transactions ....P. 356-1
O'NEILL (J. H.) Canada since the Union.........\.........P. 17-4
ONSLOW. Chapter in the township of, by Israel Longworth.............P. 281, C-3
ONTARIO Accessions to legislative library, 1895-6......................P. 369-4
ONTARIO Acts, Orders and Regulations respecting Crown Lands. A. S.
  Hardy...P. 253-4
ONTARIO Algonquin National Park, par Archibald Campbell.............P. 503-2
ONTARIO Business College..P. 346-12
ONTARIO ELECTIONS, 1883..P. 354-10
ONTARIO, CANADA, Northern districts of ....P. 452-5
ONTARIO Historical Society, Constitution and By-laws. Annual Report,
  1898..P. 441-13-14
ONTARIO Historical Society. Papers, &c., 1899......................P. 460-2-3
ONTARIO Ladies' College. Annual Calendar ....P. 346-9
ONTARIO Lands Case. The St. Catherines Milling and Lumber Company..P. 257-19
ONTARIO Land Surveyors. Proceedings.......................P. 448-7, P. 513-1,
ONTARIO Land Surveyors' third Annual meeting.....................P. 386-14
ONTARIO Land Surveyors'. Proceedings of, for 1897 ....P. 337-7
    "   "   Report for 1900-1-2-3................P. 513-2-3-4-5
ONTARIO. Third to Eleventh session of the Synod of the Anglican
  Church.. ....P. 373 B. 1 to 8
ORANGE Incorporation Bill. Discours de l'honorable Edward Blake.. ...P. 306-4
ORANGE Institutions. Meeting of the Grand Lodge at Brockville.......P. 307-1
ORANGE POLE AND PAPISTS WHITE BOY, par Erinensis ....P. 224-2
ORANGEISM, CATHOLICISM and Sir Francis Hincks, par J. A. Allan .... . P. 215-4
ORDNANCE. Manufacture of small arm ammunition, par le capitaine C. E.
  English, 1895-6 .. ..P. 355-5
      The duties of Artillery in combination with the other arms .... ..P. 355-6
ORDE DE MALTE en Amerique, par J. Edmond Roy....................P. 250-11
OREGON. Claim of the United States, par l'hon. J. C. Calhoun et J.
  Buchanan, et annexe par R. Pakenham.... ....P. 421-3-4
OREGON. Correspondence .. ..P. 421-5
OREGON. History of the Oregon territory, it being a demonstration of the
  title of these United States, &c., par Thomas J. Farnham...... . ..P. 336-6
OREGON HISTORICAL SOCIETY. Quarterly publications..................P. 498-8
OREGON INDEMNITY. Claim of chief factors and chief traders of the Hudson's
  Bay Co..P. 306-14
OREGON, question de l', par le major T. G. Poussin ....P. 338-1
OREGON QUESTION. Statement of British claims to the Oregon Territory,
  par Thomas Falconer..P. 421-2
OREGON TERRITORY (Claims to) considered, par Adam Thom............P. 421-1
OREGON TERRITORY. Travels by Thomas J. Farnham ....P. 336-7
ORGANIC REMAINS, Canadian Geology decade 1 and 2, 1759.............P. 476-6-7
ORLEANS, L'ILE D', par M. l'Abbé L. E. Bois ....P. 361-5
ORMONDE. Manuscript of the Marquis of, 1885.......................P. 414-5
    "   "   "   "   1895....................P. 414-38
    "   "   "   "   1899................. ....P. 433
ORNITHOLOGY du Canada. Conférence, par J. M. Lemoine.......P. 207-2, P. 207-8
ORNITHOLOGY. Oiseaux du Canada, par l'Abbé L. Provenceau..........P. 195-7
ORNITHOLOGY. On the Birds of Canada, par J. M. Lemoine.............P. 203 D-39
ORNITHOLOGY. Tableau Synoptique de l'Ornithologie du Canada, par J.
  M. Lemoine...P. 4-2
ORPHAN'S HOME of Ottawa, 33rd Report......... ....P. 386-4
OSGOOD (HOWARD L.) British evacuation of the United States..........P. 438-2
OSGOOD (PRIVATE), unveiling a statue to the memory of, killed in the North-
  west Rebellion of 1885 ....P. 300-8

DOC. DE LA SESSION No. 18

VOLUME.
Oswald (W. R.)   The Canadian Militia.   A Historical Sketch.......... P. 138-25
Oswego.   Relation de la prise des forts de Choueguen ou Oswego........ P. 211e
Otis (James).   The rights of the British Colonies asserted and proved..... P. 104-2
Ottawa.   Birds-eye view of Exhibition Grounds..................... P. 502-6
Ottawa.   1892.   .... P. 347-4
Ottawa 'Citizen' Almanac for 1868............................... P. 319 A-4
Ottawa an Ocean Port, par McLeod Stewart...................... P. 290-2
     "   "   "   ... . P. 366-11
Ottawa and Pontiac Colonisation roads.   Rapport par A. J. Russell,
                                                       OP. 1-7, OP. 9-3
Ottawa, Art Association.   Report for 1887-8..................... P. 317-16
Ottawa, Assessment rolls of, for 1872............................. P. 345-9
Ottawa Central Canada Exhibition Association.. .....'............. P. 313-1 to 8
Ottawa County, Report on Apatite by B. J. Harrington.............. P. 476-13
Ottawa.   Eighteenth annual report of the Assessment Commissioner..... P. 366-18-19
Ottawa Electric Company.   Meeting, 1895............... .... P. 386-5
Ottawa Field Naturalists Club.   Transactions.................... P. 314-2 to 8
Ottawa.   Hand Book to the Parliamentary and Departmental Buildings,
     Canada.. P. 229-6
Ottawa (History of), par Andrew Wilson........................ P. 290-1
Ottawa Humane Society.. P. 306-11
Ottawa.   Incidents connected with Ottawa City and vicinity, par Charles
     Pope.. P. 229-5
Ottawa Natural History Society.   Act of incorporation, &c....... P. 80-2, P. 314-7
Ottawa.   Parish of St. Patrick's................................ P. 506-7
Ottawa.   Parliamentary and Departmental Buildings, &c.............. P. 290-3
Ottawa, Past and Present, par Charles Roger.................... P. 345-8
Ottawa.   Railway development in the county........... ..... P. 250-2
Ottawa.   Recollections of Bytown and its old inhabitants, par William
     Pittman Lett .... P. 48-4
Ottawa River.   The saw-dust nuisance memorandum, par Antoine Ratté.. P. 239-4
Ottawa Rowing Club.   Year Book, 1900............................ P. 503-1
Ottawa, St. Lawrence and Grand Junction Railway Company.   Reports of
     the directors and Chief Engineer................................ P. 342-9
Ottawa.   Sermon to the St. Andrew's Society, par le révérend F. W. Farries P. 353-5
Ottawa Tourists Guide.   Quebec and Ottawa...................... P. 244-5
Ottawa Tourists, guide to.. P. 355-2
Ottawa Unity Protestant Benefit Society Directory and Business register,
     1899 and 1900, 1896, 1897............................ P. 491-5-4, P. 364-3-4
Ottawa, Vallée de l'Outaouais, par Joseph Tassé.................. P. 14-21, P. 86-5
Ottawa Valley, the lumber trade................................. P. 345-10
Ottawa Waterworks.   Annual report for 1875, 1886............ P. 132-8 & P. 215-2
     "   "   Report by R. Surtees on Anchor Ice, 1885...... P. 113-12
Ottawa Young Men's Christian Association.   Annual Report, 1883-4,
     1889-90, 1898.................................. P. 307-10, P. 258-6, P. 506-2
Ouimet (l'honorable G.).   Discours au Banquet du 24 juin, 1884........ P. 194-14
Our Canadian Cousins, from Rockhampton (Queensland) Bulletin, 1886... P. 306-12
Our First President.   Wentworth Historical Society................. P. 519-6
Outram (Joseph).   The Counties of Nova Scotia.   Condition and Capa-
     bilities.. EP. 11-1
Owen (Capt. Wm.), Journal of, during his residence in Campobello in
     1770-1771 .... P 355-20
Owen (Capt. Wm., R.N.)   New Brunswick Historical Society.   Papers for
     Journal of... P. 497-5
Oxford, Ohio.   Sketch of the topography, &c., and of the Miami University,
     par James McBride................................,.......... P. 329a-2d

P

VOLUME.

PACIFIC CABLE Document, 1899 .... P. 486-9
PACIFIC. The new British route to the, par le colonel J. Harris .... P. 355-17
PACIFIC RAILWAY. Great Britain one Empire. On the union of the Dominions
    of Great Britain by inter-communication with the Pacific and the East,
    via British North America (with Maps), par le capitaine M. H. Synge,
    I. R .... P. 332-4
PAGE (JOHN). Baie Verte Canal. Report with Appendix .... OP. 39-7
PAGE (REV. BERNARD). Biography, par Sheldon Reynolds .... P. 318-3
PAGNELO (S.) Lettres sur la réforme judiciaire .... P. 338-3
PAGNELO (S.) The Universities and the Professions .... P. 233-18
PAINE (WILLIAM). American Antiquarian Society .... P. 496
PALÆONTOLOGY CANADIAN, par Lawrence M. Lambe .... P. 486-5
PALÆONTOLOGY CANADIAN, par J. F. Whiteaves .... P. 477-8
PALÆOZOIC FOSSILS, par J. F. Whiteaves .... P. 477-7
PALAIS LÉGISLATIF. Commission de s'enquérir de certaines accusations, &c.. OP. 53
PALATINE or German immigration to New York and Pennsylvania, par le
    révérend Sanford H. Cobb .... P. 368-24
PANTON (J. HAYES). Geology of some islands in Lake Winnipeg .... P. 205A-2
PAPAL ZOUAVES. Cérémonies funèbres .... en l'honneur des glorieux
    défenseurs du Saint-Siège .... P. 11-1
PANET JEAN CLAUDE. Siège de Québec en 1759, Journal .... P. 203R-3
PAPERS Relating to Colonial Possessions .... P. 4½?
PAPINEAU (les deux) par L. O. David .... P. 362-1
PAPINEAU (L. J.) Histoire de l'Insurrection du Canada .... P. 156-4
PAPINEAU (L. J.) Les 92 résolutions concernant l'état de la Province ..... OP. 56
PAPINEAU (LOUIS J.) Speech at the election for the City of Montreal 11
    August, 1827, his reply to Peter McGill, &c .... P. 79-1
PAPINEAU (SPEAKER). Resolutions sent to Speaker Bidwell on Constitu-
    tional changes .... P. 71-3
PAQUET (ABBÉ BENJAMIN). Le Libéralisme .... P. 154-11
PAQUIN (LE DR. ÉLZÉAR). La conscience Catholique outragée et les droits
    de l'intelligence violés par les deux principaux défenseurs de l'Université
    Laval .... P. 195-15
PARENT (ET.) Lecture. Considérations sur le sort des classes ouvrières ..... P. 118-1
PARENT (ET.) Lecture Importante de l'étude de l'Economie Politique ..... P. 159-2
PARIS EXHIBITION (Canada at the) .... P. 483 ABC
PARISHES BILL for the relief of certain parishes in distress .... P. 227-3
PARISH OF ST. GEORGE. Halifax, N. S., Year Book .... P. 117-4
PARISHES. SKETCH of the Parish of St. Mary, Almonte .... P. 229-8
PARISHES. MÉMOIRE sur la paroisse, le village, le collège et l'école d'agricul- P. 22-3 &
    ture de Sainte Anne .... P. 156-5
PARISHES. Parochial and township subdivisions of Lower Canada .... P. 371-6
PARK (GEORGE H.) Narrative of the recent difficulties in the Provincial
    Lunatic Asylum .... P. 142-2
PARKER (REV. SAMUEL). A journey beyond the Rocky Mountains in
    1835-36-37 .... P. 376-8
PARKINSON. Manuscripts of J. Lechmere .... P. 414-4
PARKMAN CLUB. Papers .... P. 459 A
PARLIAMENTARY. An Act to change the Constitution of the Legislative
    Council by rendering the same elective .... P. 215-14
PARLIAMENTARY. Constitutions, Règles, &c., de l'Assemblée Législative ... P. 116-3
PARLIAMENTARY. Decisions of the Speakers of the Legislative Assembly and
    House of Commons of Canada for 1841 to 1872, avec a nnexe .... P. 335-3
PARLIAMENTARY Documents relating to the construction of the Parliamen-
    tary and Departmental Buildings .... OP. 56-2

DOC. DE LA SESSION No 18

VOLUME.
PARLIAMENTARY Government in Canada, conférence par C. C. Colby, M.P...P. 245-3
PARLIAMENTARY.   Instructions respecting the formalities, &c., for passing a ʼ
private bill in the Legislature of Quebec.   En anglais et en français...P. 221-3-5
PARLIAMENTARY.   La Législature de Québec, par Pierre Georges Roy.....P. 364-10
PARLIAMENTARY.   Le palais législatif de Québec. Traduit en anglais.P. 363-1 & P. 363-2
PARLIAMENTARY.   Legislative Assembly. List of Expiring Laws. ......OP. 3-7 & 8
PARLIAMENTARY.   Les Règles et Ordres Permanents du Conseil Législatif
relatifs aux Bills Privés..P. 221-4
PARLIAMENTARY.   List of members, diagram, &c.......................P. 250-5
PARLIAMENTARY.   Minutes des Témoignages en rapport du Comité spécial
sur le Bill pour faire une division de la Province en Comtés.........P. 222-9
PARLIAMENTARY.   Parliament of Canada.   Annual Lists plans, &c., of Sen-
ate and House of Commons, 1877 to 1884........................P. 101
PARLIAMENTARY Correspondence in reference to plan for the arrangement of
Public Grounds in front of the Parliament Buildings at Ottawa.......P. 113-13
PARLIAMENTARY Petition against James Stuart for malversation of office
with report...P. 342-4
PARLIAMENTARY Proceedings of the Council of Upper Canada on the Bill
from Assembly entitled, 'An Act to amend the Jury Laws of the
Province...P. 345-2
PARLIAMENTARY Proceedings of the House of Assembly on the present state
of the Courts of Justice.... ....P. 245-4
PARLIAMENTARY Privileges. William Simpson........................P. 147-4
PARLIAMENTARY.   Rapport du Comité Spécial permanent des Comptes Pu·
blics relativement aux contrats à Winnipeg......................OP. 27-2
PARLIAMENTARY.   Report from Special Committee on the petition of inhabi-
tants of Gaspé, complaining of grievances....................P. 342-3
PARLIAMENTARY.   Report of the Special Committee of the House of Assem-
bly of Lower Canada on Road laws and the office of Grand Voyer....OP. 60-2
PARLIAMENTARY.   Report of Select Committee of the Legislative Council of
Upper Canada...P. 345-1
PARLIAMETARY.   Revue Parlementaire de 1875.....................P. 14-15
PARLIAMENTAZY RULES, orders and forms of proceeding of the Legislative
Assembly of Manitoba...P. 143-19
PARLIAMENTARY.   Rules, orders, &c., of the Legislative Assembly of Canada,P. 116-3
PARLIAMENTARY.   Sabbath Observance, discours de John Charlton.......P. 115-15
PARLIAMENTARY.   Seat of Government (Canada), par Duncan Ross ....P. 83-6
PARLIAMENTARY.   Seat of Government of Canada, first published in 1843,
also the composition and functions of the Legislative Council and the
'Double Majority' Question, par Dunbar Ross.....................P. 21-2
PARLIAMENTARY.   Tactique de l'Assemblée Législative, par un Député
Canadien.... ....P. 116-2
PAROCHIAL.   Duties ....P. 490-1
PAROISSES.   Notices sur l'Eglise de Notre-Dame de Montréal........ ...P. 76-6
PAROISSES.   Notes de Saint-Eustache, Rivière du Chêne. ....P. 36-1
PAROISSES.   Notes Historiques sur la Paroisse et les Curés de Sainte-Anne
de la Pocatière depuis les Premiers Etablissements, par M. le Curé de
Sainte-Anne, 1869.............................P. 116-4, P. 159-8, P. 165-1
PAROISSES.   Notes sur les Registres de Notre-Dame de Québec, par J. B. A.
Ferland ....P. 91-2
PAROISSES.   Objections and remonstrances against the dismemberment of
the Ancient Parish of Montreal. Lettre de P. Dowd........... ...P. 139-28
PAROISSES.   Subdivisions du Bas-Canada en Paroisses et Townships......OP. 5-2
PARSEE LETTERS Addressed to Horace Greeley about 1860..............P. 140-4
PARSONS (GEO. M.) Collection of Coins and Medals........... ......P. 210-7

18—K

VOLUME.

PARTON (JAMES). How New York City is Governed ....P. 237-3

PARTRIDGE (P. M.) Correspondence respecting his dismissal by the Hon. Alex. Campbell...P. 30-11

PARTRIDGE (DR. FRANCIS). Notes on the early history of St. George's Church...P. 281B, 7 & 10

PATENT TRIALS for claims, &c., 1877 to 1889........................P. 302-7 to 15

PATENT CASE. Barter vs. Smith ....P. 142-11

PATENT CASE. Toronto Telephone Manufacturing Co. vs. The Bell Telephone Company..P. 142-12

PATERSON (HON. W.) Speech on the Budget..........................P. 449-6

PATRIE (LA) Troisième Anniversaire...... ....P. 157-8

PATRIOTISM. New Canadian, par Leigh R. McGregor..............P. 441-12

PATTERSON (WM. J.) Brief notes relating to the resources, &c., of Newfoundland ....P. 20-5, P. 142-9

PATTERSON (WM. J.) Description, Statement of the Great Water Highways, par feu T. E. Blackwell ....P. 57-1

PATTERSON (REV. GEO.) Hon. Samuel Vetch......... ....P. 281A-4

PATTERSON (W. J.) Introduction and appendices to the hydrology of the St. Lawrence........ ....P. 343-7

PATTERSON (JAMES COLEBROOK.) Memorials of the late Civil Service Rifle Regiment........................ ....P. 78-7

PATTERSON (WM. J.) Some plain statements about immigration and its results...OP 39-2, EP. 9-2

PATTERSON (WM. J.) The Dominion of Canada, with particulars as to its extent, &c...P. 89-7

PATTERSON (WM. J.) Two Trade Letters. I. Can our commerce with the Australian Colonies be increased ? II. What is the Commercial outlook...P. 105-2-3

PATTON (ARCHDEACON). Sermon on the life, labours and character of the late John Strachan...P. 139-30

PATTON (REV. HENRY). Sermon ....P. 208-16

PATTON (ALFRED CLAGHORN). The librarians of Harvard College and Charles Knowles Bolton ....P. 368-19

PATTON (H.) The Salaries of the Clergy an article republished with introduction by...P. 139-13

PEACE RIVER COUNTRY. Report on the climate, &c., par George Dawson...P. 471-1

PEACE RIVER. Notes on a canoe voyage by Sir George Simpson in 1828, par Malcolm MacLeod..P. 458

PEKIN. Scènes et portraits de mon village. Fricots politiques..........P. 22-6
P. 28-3 & P. 85-4

PELLETIER (ABBÉ). Voyez Saint-Aimé...............P. 154-12 P. 12-7

PELLETIER (ANTONIO). Memorial to Hon. W. H. Seward.............P. 22-14

PELLETIER (L'ABBÉ ALEXIS). La question des classiques...............P. 287-13

PELLETIER (ABBÉ). Quelques considérations sur les réponses des quelques Théologiens de Québec aux questions proposées par Mgr. de Montréal et Mgr. de Rimouski...P. 154-13

PELLETIER (ABBÉ). Réponse au second factum intitulé "Suite aux remarques de l'Université Laval"....................................P. 154-10

PELLETIER (LOUIS). Voyages par terre et par mer....................P. 32-13

PENETANGUISHENE. Voyez Sheriff....................................P. 203 B-11

PEINARTH. Manuscripts in the Welsh language......................P. 432A

PENNINGTON (WM.) A trip to the old country.......................P. 300-4

PENNSYLVANIA. History of the revolutionary movement in 1760-1776, par Charles H. Lincoln ....P. 492-1

PENNSYLVANIA. Magazine of History and Biography, 14 volumes......P. 466, &c., &c.

VOLUME.

PENNY (EDWARD GOFF). The proposed B. N. A. Confederation. A reply
to Mr. Penny's reasons, par Sydney Bellingham...................P. 256-5
PENNY (EDWARD GOFF). The proposed British North American Confederation. Why it should not be imposed on the Colonies by Imperial
Legislation..P. 42-8
PEOPLE'S ALMANAC for 1893, Montreal Gazette.......................P. 319a-10
  "   "   1898   "   ....P. 386-1
  "   "   1899..P. 448-3
  "   "   1900, 1901, 1902, 1903........................P. 516-1-2-3-4
PEPIN (REV. MESSIRE THOMAS). Noces d'Or.........................P. 26-16
PERLEY (MOSES H.) On the early history of New Brunswick..........P. 245-1
PERLEY (M. H.) Reports on the sea and river fisheries of New Brunswick,P. 337-2
PERLEY (H. F.) Reports on Toronto harbour, 1881-1882......OP. 41-2 and OP. 39-8
PERNIN (l'ABBÉ). Le doigt de Dieu est là.......................P. 3-5
PERROT (NICHOLAS), par Gardner P. Stickney.......................P. 459-2
PERRAULT (JOSEPH FRANÇOIS, protonotaire). Biographie.............P. 238-1
PERRAULT (JOS. FRS.) Code Rural...............................P. 159-1
PERRAULT (JOS. FRANÇOIS). La vie, par P. B. Casgrain............P. 420
PERRAULT (JOS. FRS.) Moyens de conserver nos institutions, notre langue
et nos lois..P. 2-4
PERRAULT (JOS. FRS.) Plan raisonné d'Education générale et permanente.P. 203B-13
PERRY (RIGHT REV. WILLIAM STEVENS, Bishop of Iowa). Addresses,
Sermons, &c..P. 246-1 to 12
PERRY (WILLIAM STEVENS). America, the study of nations; her religious
destiny, Columbian Sermon..P. 350-8
PERRY (WILLIAM STEVENS) Historical Address delivered in St. John's
Church...P. 353-1
PERRY (WILLIAM STEVENS). Sketch of the life of...................P. 353-2
PERRY (WILLIAM STEVENS). The alleged "Toryism" of the Clergy of the
United States at the breaking out of the war of the revolution.....P. 353-3
PERRY (WILLIAM STEVENS). The first Bishop of Nova Scotia, parts 1 to 4..P. 246-1-5&9
PERRY (GEORGE H.) The staple trade of Canada...................P. 257-7
PERSONAL. Memoirs of Major Richardson as connected with the singular
oppression of that officer while in Spain by Lieut.-General Sir de Lacy
Evans..P. 336-1
PERSONAL NARRATIVE by Capt. W. H. Merritt.......................P. 519-2
PERVERSION OF DR. NEWMAN to the Church of Rome, par C. Chiniquy....P. 386-9
PETERBOROUGH. A sketch of the early settlement, par Thomas W. Poole,
M D..P. 229-4
PETERBOROUGH. Manuscript of the Dean and Chapter.................P. 414-22
PETITE HERMINE. Le Fort Jacques Cartier et la Petite Hermine, par
N. E. Dionne...P. 256-10
PETITOT (LE REV. P.). Esquisse d'une grammaire de la langue Innok....P. 125-2
PETITOT (LE REV. P.). Monographie des Déni Dindjié..............P. 125-1
PETROLEUM. Its geological relations, with especial reference to Gaspé, par
T. Sterry Hunt...P. 395-2
PHELPS (MRS. JOHN CASE). Address on the erection of a monument to
mark where Capt. Joseph Davis and Lieut. William Jones were slain
by Indians in 1779, et esquisse par le révérend Horace Edwin HaydenP. 368-23
PHILADELPHIA. Report of the Commissioner of Agriculture on the pro-
ducts, &c., of Ontario at..P. 313B-2
"PHILANTHROPY." Care of our destitute and criminal population........P. 199-2
"PHILO VERITAS." The Canadian Pacific Railway. An appeal to public
opinion..P. 106-10
PHIPPS (R. W.). Free Trade and Protection.......................P. 140-13

VOLUME.

PICARD (E.).   Prêtre de Saint-Sulpice...............................P. 192-11
PICHÉ (E. U.).   Aux habitants du comté de Berthier..................P. 23-8
PIE IX ET BONAPARTE, par l'Abbé Gosselin...........................P. 487-5
PINSONEAULT (Mgr. Evêque de Birtha).   Le dernier chant du cygne sur le
 tumulus du gallicanisme.............................P. 18-7, P. 195-14
PIONEER AND HISTORICAL ASSOCIATION of Ontario, special meeting.......P. 441-15
PIRACY......... ....P. 218-6
PIRRITTE (REV. WILLIAM).   A vindication of the Methodist Episcopal
 Church in Canada against the ungenerous attacks and false accusations
 of Rev. Dr. Carroll..P. 374G-2
P. J. B.   Pencillings by the way during a vacation visit in Chebucto, by a
 student who is a native of Halifax................................P. 1-5
PLAINS OF ABRAHAM.   An Appeal.....................................P. 441-2
PLAINES D'ABRAHAM (LES)..P. 392-3
PLAMONDON (JUDGE).   Discours à l'inauguration des nouvelles salles de
 l'Institut Canadien...P. 207B-10
PLAN OF OLD FORT NIAGARA...P. 519-3
PLAN for a general legislative union of the British Provinces in North
 America...P. 339-1-2
PLAYFAIR (A. W.).   A letter from a volunteer of 1806 to the volunteers
 of 1860...P. 138-16
PLESSIS (BISHOP).   A scion of the Church in Deerfield, par C. Alice Baker.P. 231-4
PLOWDEN.   Manuscripts of W. F.....................................P. 414-4
PLUMB (J. B.)   Speech in Niagara..................................P. 160-15
PLUMB (J. B.)   The Pacific Railway................................P. 65-7
PLUNKETT (LORD) Protestant Archbishop of Dublin.   The Irish Church,
 who are the "Irish People?".......................................P. 196-21
PLYMOUTH CORPORATION.   Manuscript of..............................P. 414-4
POCOMTUCK VALLEY Memorial Association, Catalogue of relics, &c........P. 216-29
POETRY.   Bibliography of Canadian, par C. C. James.................P. 460-1
POINT LEVI.   Voir Commerce..P. 255-7
POISSON (J. A.)   Chants Canadiens.................................P. 98-4
POLANDERS in Wisconsin, par Frank H. Miller........................P. 459-11
POLITICAL.   Abridged view of the Alien Question unmasked, by the Editor
 of the Canadian Freeman...P. 24-1
POLITICAL.   Adresse à tous les électeurs du Bas-Canada sur le choix de leurs
 représentants à l'élection prochaine, par un habitant.............P. 15-2
POLITICAL.   Address to the Irish Inhabitants of Quebec by a true Irishman.P. 127-3
POLITICAL ADDRESS to the electors of the Borough of Stanford, &c., &c.,
 relative to Parliamentary Reform, par J. Jepson Oddy..............P. 168-7
POLITICAL.   Adresse à tous les électeurs du Bas-Canada, par un Loyal
 Canadien..P. 127-4
POLITICAL ADDRESSES.   A travers les documents officiels...........P. 152-11
POLITICAL ADDRESSES by Mr Blake at Bowmanville ....P. 21-9
POLITICAL ADDRESSES presented to His Excellency the Right Hon. Sir Chas.
 T. Metcalfe, on the occasion of the resignation of his late advisers, with
 His Excellency's replies..P. 49-5
POLITICAL.   Adresse à MM. les électeurs du comté de Lotbinière, par G.
 Amyot, suivie de divers documents.................................P. 120-6-7
POLITICAL ADDRESSES.   Administration Chapleau.....................P. 152-9
POLITICAL ADDRESSES.   Au Pilori, la trahison des chefs conservateurs dé-
 montrée par les témoignages recueillis devant le comité du Nord-Ouest.
              P 95-7 P. 18-10
POLITICAL ADDRESSES.   Commission de s'enquérir de certaines accusations
 contre l'élection pour Jacques-Cartier............................O. P. 52

DOC. DE LA SESSION No 18

VOLUME.

POLITICAL ADDRESSES. Deux girouettes (Les) par L. H. Lafontaine. Lettre à Dominique et Charles Mondelet............................P. 119-11

POLITICAL ADDRESSES. Discourse on the real principles of the Revolution, the Bill of Rights, &c.. &c., in which the representations of Sir Francis Burdett, Mr. Maddox and others are considered, &c................P. 168-8

POLITICAL. A few observations on Canada and the other Provinces of B. N. A. par le colonel James Fitz Gibbon...........................P. 217-6

POLITICAL. Amyot Le Canadien.....................................P. 249-7

POLITICAL. Appointments and Elections Canada, 1841 to 1860. Quebec, 1860...P. 9-4 P. 18-1 O.P. 10-1

POLITICAL. A view of the causes and consequences of the present war with France, par l'honorable James Erskine ....P. 297-2

POLITICAL (BLAKE W.). His claim to special purity examined...........P. 196-5

POLITICAL. Canada, a Battle ground, par Alexander Somerville.........P. 136-7

POLITICAL CANADIANA. Containing sketches of Upper Canada and the Crisis in its political affairs, par W. B. Wells ....P. 64-2

POLITICAL. Catéchisme, par B. A T. de Montigny...................P. 97-7

POLITICAL. Calomniateurs confondus, Louis H. Fréchette..............P. 118-3

POLITICAL. CANADA. Dublin University Magazine...................P. 213-9

POLITICAL. Canada first or the New Nationality. Addresse par W. A. Foster...P. 34-9

POLITICAL. Canada Français et la Providence, par Philippe Masson......P. 32-5

POLITICAL. Canada from the Lakes to the Gulf, par le capitaine Mac.....P. 57-10

POLITICAL. Canada (le) ou quelques mots de réfutation à M. le Pasteur Grand-Pierre, par un ami des Canadiens........................P 119-8

POLITICAL. Canadian Nationality. Its growth and development, par William Canniff...P. 36-3, P. 75-4

POLITICAL. Canada's National Policy. M. C. Colby's speech on tariff revision...P. 60-10

POLITICAL. Canadian Politics, par Peter Imrie......................P. 115-3

POLITICAL. Canadian Question (The), par Wm. Norris.................P. 12-1

POLITICAL. Canada sous la Domination anglaise (analyse historique), par Boucher de la Bruère....................................P. 23-2, P. 91-1

POLITICAL CANADA. State of Political Parties Economy in the Government, &c., &c...P. 30-3, P. 138-12

POLITICAL. Celebrated letter of Joseph Hume, Esq., M.P., to William Lyon Mackenzie, &c., &c...P. 95-1

POLITICAL. Chronicles of Canada, being a record of Robert Gourlay, Esq., now Robert Fleming Gourlay. No. 1 Convention and gagging law, 1818. Mr. Gourlay's arrest and trial............................P. 181-6

POLITICAL. Chambre des Communes. Revue parlementaire de 1875, suivie de considérations sur les élections locales......................P. 14-15

POLITICAL CHANGE needed in Cannada.............................P. 254-9

POLITICAL. Chapitre des contradictions de l'honorable Joseph Cauchon....P. 85-2

POLITICAL. Circular of the Committee of the Annexation Association of Montreal...P. 138-11

POLITICAL. Cinq années d'administration grite ou le Canada Ruiné, par un membre du Club Cartier......................................P. 120-8

POLITICAL. Cinq (les) mille piastres de M. Mercier..................P. 195-24

POLITICAL. Civil Government, the late Conspiracy. A discourse by Egerton Ryerson...P. 142-1

POLITICAL. Civil Liberty in Lower Canada, par Sir A. T. Galt.........P. 139-34

POLITICAL. Climax of Protection and Free Trade capped by Annexation..P. 36-2

POLITICAL. Comment la Province de Québec s'appauvrit. Etude politique, par R. Pamphile Vallée.................................P. 6-7, P. 32-1

3-4 EDOUARD VII, A. 1904

VOLUME.
POLITICAL. Comments on the proceedings on L. S. Huntington's charges..P. 16-7, 19-1
POLITICAL. Comté de Laval. Pour qui voter, M. David ou M. Ouimet....P. 120-5
POLITICAL. Condition of Canada, Industrial, Financial and Political, dis-
   cours de John Charlton, M.P..P. 115-14
POLITICAL. Confédération (La). Couronnement de dix années de mauvaise
   administration...P. 26-2
POLITICAL. Confédération, Indépendance, Annexion, par Hector Fabre...P. 119-19
POLITICAL. Congrès de la Baie Saint-Paul.................................P. 194-13
POLITICAL. Conseil Législatif et les subsides. Le refus des subsides......P. 120-9
POLITICAL. Conservative Administration. A review of the speech of Sir
   Richard Cartwright, par Thomas White, M.P............ .....P. 219-7
POLITICAL. Conservateurs et la politique nationale de 1878 à 1882.......P. 192-9
POLITICAL. Considerations on the past, present and future conditions of the
   Canadas, par Henry Taylor...P. 213-1
POLITICAL. Constitution du Club des Amis Politiques................ P. 5-2
POLITICAL. Constitution du Club Cartier..................... ....P. 5-1
POLITICAL. Correspondence between the Hon. W. H. Draper and the hon.
   R. E. Caron ; and between the Hon. R. E. Caron and the Hon. L. H.
   Lafontaine and A. N. Morin referred to in a recent debate in the Legis-
   lative Assembly containing many suppressed letters.............P. 9-3, P. 23-6
POLITICAL. Correspondence of James Stuart, Esq., with the Right Hon.
   Spring Rice, Lord Aylmer and others on subjects connected with his
   suspension and removal from the office of Attorney General of Lower
   Canada...P. 83-8
POLITICAL. Correspondance Parlementaire de l'Echo de Lévis...........P. 26-5
POLITICAL. Coup d'Etat ou le renvoi du Cabinet de Boucherville. Expli-
   cations Ministérielles données par l'honorable M. Angers, suivies du
   discours de l'honorable M. Chapleau.......................... P. 14-9
POLITICAL. Coup d'œil sur le Libéralisme Européen et sur le Libéralisme
   Canadien. ....P. 195-8, P. 119-14 and P. 120-6a
POLITICAL. *Craftsman Extraordinary. Being remarks on a late Pamphlet
   intitled observations on the conduct of Great Britain, &c..........P. 62-2-3 & 4
POLITICAL. " Crise " (The) Metcalfe and the Lafontaine Baldwin Cabinet
   defended. Letter of Zeno to the Legislative Assembly of Canada....P. 115-16
POLITICAL. Crise (La) Ministérielle et Mr. Denis Benjamin Viger, etc.P. 154-7
POLITICAL. Declaration of the views and objects of the British Constitu-
   tional Society on its reorganization.......................................P. 94-1
POLITICAL. Decline and Fall of Keewatin or the Free Trade Redskins....P. 160-16
POLITICAL. Dépenses (les) du Gouvernement Libéral d'Ottawa...........P. 6-1
POLITICAL Défricheur de Langue. Tragédie Bouffe par Isidore de Méplats.P. 14-25
POLITICAL. Destiny of Canada, by Goldwin Smith, with a reply by Sir
   Francis Hincks.. ....P. 60-7
POLITICAL. Destiny of Canada being determined by its financial policy by
   a British Immigrant of fifty-six years standing...................P. 234-2
POLITICAL. Discours de l'honorable R. J. Cartwright....................P. 22-15
POLITICAL. Discours de l'honorable J. A. Chapleau ....P. 152-13
POLITICAL. Discours sur le Libéralisme Politique prononcé par M. W.
   Laurier..P. 96-3
POLITICAL. Discours de l'honorable M. Tupper.......................P. 22-15½
POLITICAL. Dominion Campaign (1881) Sir John A. Macdonald ; discours
   prononcé à Toronto...P. 142-10
TOLITICAL. Dominion Elections, 1882. Edward Blake and Liberal Prin-
   ciples Anti-Monopoly and Provincial Rights ....P. 41-11
PTOLIICAL. Droits sur le tabac canadien, rapport officiel de la discussion
   sur une motion de M. Bolduc demandant l'abolition des droits........P. 119-17

DOC. DE LA SESSION No 18

VOLUME.

POLITICAL.   Duel à poudre, par R. E. Fontaine.................,......P. 28-2
POLITICAL.   Electeurs de la Division de Rougemont.... ....P. 23-7
POLITICAL.   Electeurs du Bas-Canada..... ....P. 26-1
POLITICAL.   Election Campaign, Summary of the Public Records of the
             past five years....................................,...........P. 140-15
POLITICAL.   Élection du Comté de Québec, par Hector Fabre............P. 152-5
POLITICAL.   Election of 1891. Collection of election circulars and addresses, P. 247 P. 248
POLITICAL GUIDE. Four years of Reform Government.................P. 198-4
POLITICAL.   Electors Political Catechism, par Richard John Wicksteed....P. 115-6
POLITICAL.   Electors (To the) of the City and County of Montreal, by an
             Anglo-Canadian..P. 127-5
POLITICAL.   England and Ireland, par le révérend A. J. Bray ....P. 140-16
POLITICAL.   Entente cordiale, par J. B. Cauchemar....................P. 36-5
POLITICAL.   Exposure of the Misrepresentation of the Public Accounts con-
             tained in the campaign sheet issued by the leaders of the Reform Party,
             par l'honorable D. L. Macpherson ....P. 41-8
POLITICAL.   Fall report of the proceedings of the electors of Westminster
             on the 29th March, 1809. Speeches by Sir F. Burdett and Whitbread, P. 169-I
POLITICAL.   First series of Five Letters against the Baldwin Faction, by an
             Advocate of Responsible Government and of the New College Bill....P. 92 .
POLITICAL.   Facts for the people, Mr. Mercier judged by his record........P. 234-16
POLITICAL.   Facts for the people : Consider them well...................P. 216-11
POLITICAL.   Facts for the Irish electors...............................P. 227-20
POLITICAL.   Facts for the Electors. A Record of the Conservative Adminis-
             tration...P. 41-12
POLITICAL.   Fraser Banquet to the Hon. C. F. Fraser...................P. 140-14
POLITICAL.   Finances (les) de la province de Québec, par J. N. Bienvenu ..P. 194-11
POLITICAL.   Freeholders (To the) of Canada. Free Trade and Protection...P. 140-12
POLITICAL.   Fair Grit, par Nicholas Flood Davin ....P. 34-7
POLITICAL.   Field and Factory side by side, or How to establish and deve-
             lope Native Industries, par Beaufort Hurlbert .... .P. 27-10, P. 200-3
POLITICAL.   Few (A) plain observations upon the end and means of political
             reform, &c., &c., in a letter by a member of Parliament..............P. 168-3
POLITICAL.   Financial Difficulties of Lower Canada ... .P. 88-3
POLITICAL.   Gourlay's case before the Legislature, with his speech.......P. 181-5
POLITICAL.   Gouvernement de la Puissance du Canada pendant les années
             1874-78...P. 17-9
POLITICAL.   Gouvernement (le) de la province de Québec pendant les années
             1875, 1876 et 1877...P. 154-19
POLITICAL.   Government Commissions of Inquiry, par T. K. Ramsay.. ...P. 19-2
POLITICAL.   Grand-Vicaire Raymond et le libéralisme catholique, par Binan..P. 154-12
POLITICAL.   Guerre au Canada, publié par les classes ouvrières de Montréal.P. 190-12
POLITICAL.   Habitants du comté de Berthier (Aux). Réponses aux injures
             de la *Minerve*, etc., etc., contre M. E. U. Piché...................P. 23-8
POLITICAL.   Hier, Aujourd'hui et Demain, ou Origines et Destinées cana-
             diennes, discours de Charles Thibault............................P. 91-10
POLITICAL.   History of Canada between 1840 and 1845. Conférence de
             l'honorable Sir Francis Hincks...............................P. 49-15, P. 85-7
POLITICAL.   History of the Lake Superior Ring ....P. 21-10
POLITICAL.   How I came to be Governor of the Island of Cacona ; with a
             particular account of my administration of the affairs of that island, par
             l'honorable Francis Thistleton ....P. 10-2
POLITICAL.   Influence spirituelle indue devant la liberté religieuse et civile, P190-13
POLITICAL.   Irish Church (The). Who are the "Irish People." An answer
             delivered by Lord Plunket, Protestant Archbishop of Dublin...... ..P196-21

3-4 EDOUARD VII, A. 1904

VOLUME

POLITICAL. Irish Position (The) in British and Republican North America. Lettre de l'honorable Thomas D'Arcy McGee................P. 23-19, P. 25-8

POLITICAL. John A. and John May, the struggle between Carleton and the Clique ....P. 303-7

POLITICAL. John Bull and Dame Europa ....P. 1-3

POLITICAL. Jugement de son Honneur le juge Routhier contestation de l'élection de l'honorable Hector Langevin, Député Fédéral du Comté de Charlevoix.......................   ....P. 13-11, P. 14-18

POLITICAL. Kingsford, Mr., and Sir H. Langevin, C.B. The case considered, with the official correspondence, par William Kingsford.............P. 93-5

POLITICAL. La Conférence Inter Provinciale. Autonomie des Provinces.. P. 222-3

POLITICAL. La Croisade Anti-Française et anti-Catholique dirigée par Sir John A. Macdonald... P. 256-9

POLITICAL. L'affaire de la Baie des Chaleurs devant la Commission Royale.P. 261-5

POLITICAL. Land Swap (The). A satire. ....P. 57-8

POLITICAL. La Politique Fédérale. Elections générales de 1891 ....P. 243-2

POLITICAL. Laurier (M.) Devant l'histoire. Les erreurs de son discours et les véritables principes du parti conservateur, par L. G. Desjardins.P. 14-3, P. 85-6

POLITICAL. Le Castorisme voilà l'ennemi, par un vrai conservateur...... P. 303-9

POLITICAL. Lecture. Importance de l'étude de l'Economie Politique, par E. Parent..P. 159-2

POLITICAL. Lecture on Political Liberalism delivered by Wilfrid Laurier, Esq., M.P., on the 26th June, 1877, under the auspices of the Club Canadien..P. 12-13, P. 41-4

POLITICAL. Le moyen de s'enrichir................................P. 243-3

POLITICAL. Les 92 résolutions concernant l'état de la Province, 21 février 1834, et la Pétition, 1er mars 1834.............. ....OP. 56

POLITICAL. Letter addressed to John Cartwright, Esq., on the subject of Parliamentary Reform, par le comte de Selkirk ....P. 168-5

POLITICAL. Lettres à l'honorable H. L. Langevin, par J. Israel Tarte....P. 159-10

POLITICAL. Letter on the Ministerial Crisis, by the old Montreal correspondent of the Colonial Gazette....................................P. 233-3

POLITICAL. Letters from an American Loyalist in Upper Canada to a friend in England on a pamphlet published by John Mills Jackson....P. 147-2

POLITICAL. Letter from His Grace the Archbishop (Connolly) of Halifax to Henry J. Clarke on the claims of T. D'Arcy McGee to the confidence and support of the Irish and their descendants in the Dominion of Canada ....P. 139-29

POLITICAL. Letter from Montague Burgoyne to the freeholders, &c., in the County of Essex on the present state of public affairs and the pressing necessity of a reform in the Commons, House of Parliament.........P. 168-6

POLITICAL. Letters illustrative of the present position of politics in Canada, par Isaac Buchanan......................................P. 136-4

POLITICAL. Lettres Québecquoises, par F. X. Demers ....P. 74-5

POLITICAL. Letter of Hon. Robt. J. Walker on the annexation of Nova Scotia and British America ....P. 196-9

POLITICAL. Letter to the Right Honorable Earl Grey, par un Canadien..P. 149-8

POLITICAL. L'honorable Honoré Mercier, Discours prononcé le 10 avril, 1888, au banquet du Club National..............................P. 236-7

POLITICAL. Libéralisme Catholique ou Observations critiques sur l'opuscule de M. l'Abbé Benjamin Paquet intitulé, 'Le Libéralisme, par A. de L.P. 152-4

POLITICAL. Libéralisme (le) par l'Abbé Benjamin Paquet. ....P. 154-11

POLITICAL. Liberal Conservative Hand Book. Grits in Office. Profession and Practice contrasted. Sir John A. Macdonald's speech at Montreal. Sir Charles B. Tupper's speech at Halifax.....................P. 13-16

DOC. DE LA SESSION No 18

VOLUME.

POLITICAL.   Liberal Conservative hand book.................. ....P. 227-17
POLITICAL.   Liberal-Conservative Party.   A Sketch of Canadian Political
History, &c...P. 41-3, P. 19-5, P. 118-4
POLITICAL.   Libéral Conservateur, par Edmond Lareau.................P. 228-6
POLITICAL.   Lieutenant Gouverneur de Québec et les Prérogatives
Royales.......................................P. 10-1, P. 156-13
POLITICAL.   Mackenzie Homestead.   Minutes of Proceedings of two meet-
ings in Toronto on behalf of William Lyon Mackenzie..... ....P. 38-3
POLITICAL.   Métier (le) de Ministre.... ....P. 153-5
POLITICAL,   Messages, addresses, &c.   Francis B. Head, Bart., &c., &c....P. 56-2
POLITICAL.   Message from His Excellency Sir Francis Bond Head in
answer to the address of the House of Assembly, 5th February, 1836..P. 149-4
Et divers documents...................................P. 71-1
POLITICAL.   Metcalfe, Sir Charles, defended against the attacks of his late
counsellors, par Egerton Ryerson...........................P. 49-6
POLITICAL.   Ministerial Crisis.   Mr. D. B. Viger and his position, being a
review of the Hon. Mr. Viger's Pamphlet, La Crise Ministérielle et Mr.
Denis B. Viger, &c., by a Reformer.................P. 75-1, P. 49-4
POLITICAL.   Ministerial Crisis and Mr. D. B. Viger..................P. 49-3
POLITICAL.   Minutes des délibérations des Comités des élections des Comtés
de Saguenay, de Kamouraska et de Laval.......................P. 256-1-2-3
POLITICAL.   Minutes of the Proceedings of the second Convention of dele-
gates of the British American League, with an appendix containing a
report of the Debates.......................................P. 69-4
POLITICAL.   Moyens de Conserver nos institutions, notre langue et nos lois,
par J. F. Perault...P. 11-4
POLITICAL.   "National Sentiment," (A).   Discours de l'honorable Edward
Blake, M.P., à Aurora ....P. 13-1, P. 41-2
POLITICAL.   Nos Divisions Politiques.   Revue de nos Luttes depuis 1840,
&c., par C. J. L. Lafrance...............................P. 26-7
POLITICAL.   Notre Constitution et nos Institutions, par Napoléon
Legendre .... P. 20-6, P. 151-1
POLITICAL.   Nova Scotia Case ....P. 239-10
POLITICAL.   Observations on the conduct of Great Britain with regard to
the Negotiations and other transactions abroad...................P. 62-1
POLITICAL.   Observations on the dispute between the United States and
France, par R. G. Harper.................................P. 297
POLITICAL.   Observations sur la Réponse de Mathieu, Lord Aylmer, &c., et
sur le Discours du très honorable E. G. Stanley, secrétaire d'Etat pour
les Colonies..P. 119-10
POLITICAL.   Ontario Elections, 1883.   Facts for the People.......... ...P. 100-7
POLITICAL.   Ontario Elections, Toronto, 1883.......................P. 354-10
POLITICAL.   Orange Association Unmasked.   Edward Blake...... ....P. 200-6
POLITICAL.   Orange Question treated by Sir Francis Hincks and the Lon-
don Times..P. 4-4
POLITICAL.   Our Colonial Indebtedness, par A. T. Drummond..........P. 132-11
POLITICAL.   Our National Future.   Four letters by James Young in oppo-
sition to Commercial Union and Imperial Federation...............P. 199-7
POLITICAL.   Our National Pie, par Paul Ford.......................P. 221-6
POLITICAL.   Ouverture de la campagne électorale discours par l'honorable
Honoré Mercier ....P. 311-15
POLITICAL.   Parliamentary Reform.   Full and accurate report of the meet-
ing of May 1, 1809.....................................P. 168-2
POLITICAL.   Parti de Tire (Un) rapporté par Pekin (R. E. Fontaine).P. 85-4 & P. 28-3
POLITICAL.   Parties in the United States, Presidential elections and manner
of conducting them, par W. C. Howells ....P. 13-6

VOLUME.

POLITICAL. Party and Government by party, par W. G. Moncrieff . . . . P. 160-13
POLITICAL. Passé, Présent et Avenir du Canada. Essai par G. H.
Macaulay. . . . . P. 28-2
POLITICAL. Patriotisme. Conférence, par l'honorable Honoré Mercier . . . . P. 157-7
POLITICAL. Pays (Le) Le Parti et le Grand Homme, par Castor. . . . . P. 42-10
POLITICAL. Politique (LA) de la Province de Québec, de 1871 à 1875. . . . . P. 26-4
POLITICAL. Plain reasons for Loyalty addressed to plain people, par J. K . . P. 138-10
POLITICAL. Pleas for protection examined by Augustus Mongredien. . . . . . P. 224-5
POLITICAL. Present and future of Canada, par Henry Lacroix . . . . P. 137-11
POLITICAL. Proceedings in the Common House of Assembly, on the subject
of an address to His Excellency Sir J. B. Head, for certain information
on the affairs of the Colony. . . . . P. 149-3
POLITICAL. Proceedings of the Interprovincial Conference held at the City
of Quebec. . . . . P. 228-14 & P. 227-16
POLITICAL. Proceedings at a meeting of the inhabitants of Hope and Ham-
ilton, in the District of Newcastle, U.C., held agreeable to notice from
Robert Gourlay. . . . . P. 62-6
POLITICAL. Proceedings of the Reform Convention held at Toronto . . . . .P. 140-3
POLITICAL. Protection and Free Trade, par John Maclean. . . . . P. 27-8 & P. 37-1
POLITICAL. Protection et Libre Echange, par Arthur Dansereau . . . . P. 152-12
POLITICAL. Protection (la) combattue et refusée par le Gouvernement
Libéral. . . . . .P. 20-3, P. 152-7
POLITICAL. Provincial politics. Discours de l'honorable J. A. Chapleau . . P. 219-8
POLITICAL. Politique Provinciale ; Le Gouvernement national devant
l'opinion. . . . . P. 223-2
POLITICAL. Public Pensions . . . . P. 227-21
POLITICAL. Standing of Irish Catholics, par J. L. P. O'Hanly . . . . . P. 30-5 & P. 140-7
POLITICAL. Quatrième Parlement de la Province de Québec. . . . . . . P. 120-4, P. 152-14
POLITICAL. Québec. Coups d'Etat. Discours de l'honorable Mr Chapleau. P. 14-30
POLITICAL. Quebec East. Address delivered by J. J. Curran to the English-
speaking electors . . . . P. 140-11
POLITICAL. Quebec. Political Crisis, (Notes and Precedents). The Opposi-
tion Pamphlet, better known as the Dansereau Brochure examined
and refuted . . . . : . . . . P. 42-9
POLITICAL. Quelques Observations Critiques sur l'ouvrage de M. l'Abbé
B. Paquet intitulé Le Libéralisme, par M. A. de F . . . . P. 12-11
POLITICAL. Question (Une) de Véracité . . . . P. 157-11
POLITICAL. Rapport du Comité spécial Permanent des Comptes publics sur
l'emploi de certains Fonds au service secret . . . . OP. 28-3-4
POLITICAL. Rapport du Comité spécial permanent des Comptes publics con-
cernant les paiements faits à J. G. Moylan. N. & F. . . . . . . O.P. 274-5, OP. 30-5
POLITICAL. Reasons for Reformation, par John Cartwright . . . . P. 168-4
POLITICAL. Revue de la session Parlementaire . . . . P. 152-6
POLITICAL. Reasons why British Conservatives voted against The Boucher-
ville Ministry, par Sydney Bellingham . . . . P. 75-5
POLITICAL. Réflexions préliminaires des vrais principes politiques, par
Clément Dumesnil . . . . P. 122-10
POLITICAL. Reform Government in the Dominion. The picnic speeches
delivered in the Province of Ontario during the summer of 1877, by
Hons. A. Mackenzie, E. Blake, R. Cartwright, L. S. Huntington and
D. Mills . . . . P. 12-14, P. 41-9
POLITICAL. Reform Government in Ontario. Eight years' Review, par l'ho.
norable Adam Crooks . . . . P. 136-13
POLITICAL. Reform Government in Ontario. The Benefits it has conferred
on the people. Discours de Oliver Mowat . . . . P. 79-5

DOC. DE LA SESSION No 18

VOLUME.

POLITICAL. Reform in Parliament, Proceedings of the electors of West-
minster on the 9th...P. 168·10
POLITICAL. Remi Benoit to the Electors of Richmond, Nova Scotia.......P. 302-20
POLITICAL. Renégats (les) du 29 octobre...........................P. 123-6
POLITICAL. Reply to the Hon. D. L. Macpherson, Senator of Canada, to
Ministerial Attacks upon his speeches and reflections on the public
expenditure of the Dominion........ ....,........P. 14-4, P. 41-7
POLITICAL. Report of a select committee o: the House of Assembly on the
political state of the Provinces of Upper and Lower Canada.........P. 71-2
POLITICAL. Review of the Government and grievances of the Province of
Quebec since the Conquest........... ....P. 147-1
POLITICAL. Review of the session. Speech at Mono Mills, par l'honorable
Thomas White...P. 140-19
POLITICAL. Revue de la Session de la Légis'ature Provinciale de Québec..P. 152-15
POLISICAL. Revue de la Session de la Législature Provinciale de Québec...P. 260-4
POLITICAL. Revue de la Revue du Pamphlet de l'honorable R. E. Caron....P. 249-5
POLITICAL. Rouges (les) et les Bleus devant le pays. Quelques pages de
politique...P. 119-20
POLITICAL. Rouges (les) et leurs Œuvres ....P. 22-9
POLITICAL. Rougisme en Canada, par un observateur... ....P. 2-1, P. 122-5
POLITICAL. Ruines Libérales (les). Quelques pages de politique........ P. 79-4
POLITICAL SCANDALE. Mousseau (Le) Révélations complètes............P. 152-16
POLITICAL. Scenes et Portraits de Mon Village ; Fricots Politiques, par
Pekin ....P. 22-6
POLITICAL. SHORT LESSONS for Members of Parliament, par un député cana-
dien ....P. 116-2
POLITICAL. Si les Canadiennes le voulaient, par Laure Conan............P. 188-2
POLITICAL. Six Lectures sur l'annexion du Canada aux Etats-Unis, par
L. A. Dessaulles ....P. 15-1
POLITICAL. Sketch of the Canadian Ministry, par Frederick Driscoll......P. 17-5
POLITICAL. Specific Plan for organizing the people and for obtaining Re-
form independent of Parliament................................P. 168-9
POLITICAL. Solution nouvelle de la question des Lieux Saints, &c., par M.
L'Abbé J. H. Michon ....P. 32-2
POLITICAL. Speeches by Thomas White, M. P.......................P. 219-9
POLITICAL. Speech delivered at Pembroke by Sir F. Hincks, C.B........P. 49-12
POLITICAL. Speeches from the Hon. Alexander Mackenzie during his recent
visit to Scotland, with his principal speeches in Canada since the session
of 1875 ....P. 58-1
POLITICAL. Speech of Mr. Plumb in Niagara........................P. 160-15
POLITICAL. Speech of the Hon. John Rolph, M.P.P., delivered on the
occasion of the late inquiry into charges of high misdemeanors at the
late elections preferred against His Excellency Sir Francis Bond Head
before the Commons House of Assembly ....P. 64-3, P. 345-5
POLITICAL. Speech of Louis J. Papineau at the election for the City of Mont-
real. and his reply to Peter McGill, Esq., with speech of the Earl of
Dalhousie, &c. ....P. 79-1
POLITICAL. Speech on the Present and Future political aspects of Canada,
par David Mills, M.P., et annexe au sujet de la question irlandaise....P. 58-2
POLITICAL. Speeches on the Public Expenditure of the Dominion, by Hon.
D. L. Macpherson, during the Session of 1877.................P. 41-5 & 6
POLITICAL SPORTING Intelligence. The Race for the Mitre............P. 160-11
POLITICAL. M. L'Abbé Sax et les souffleurs, par un Conservateur Catho-
lique ....P. 79-3
POLITICAL TENDANCES Libérales (les). Les Rouges sont aussi dangereux
qu'autrefois..P. 14-11 & P. 12-2

VOLUME.

POLITICAL. The Address of the Hon. John Thorn (John Rose) attributed
to W. H. Kerr...P. 232-14
POLITICAL. The Battle of the Swash and the capture of Canada, par
Samuel Barton...P. 237-12
POLITICAL. The electors political catechism, par R. J. Wicksteed ...... P. 219-15
P. 230-14
POLITICAL. The Franchise Bill, discours du Très honorable W. E. Glad-
stone ....P. 216-28
POLITICAL. The Kidnappers, by W. H. Kerr.........................P. 233-1
POLITICAL. The Liberal-Conservative Party, discours de Thomas White, fils.P. 343-8
POLITICAL. The "Mail" on the Catholic Church......................P. 227-22
POLITICAL. The Memoirs of a Canadian Secretary...................P. 218-10
POLITICAL. The Mowat Government................................P. 227-19
POLITICAL. The new Parti Nationale. ....P. 217-16
POLITICAL. The official correspondence relative to the negotiation for peace
between Great Britain and the French Republic..................P. 297-3
POLITICAL. The Sleswick-Holstein question, par le prof. Paul C. Linding..P. 203,D-27
POLITICAL. Thoughts on Annexation, par l'évêque Mountain. ... .P. 213-7
POLITICAL. Three speeches by the Hon. Ed. Blake, M.P., on the Pacific
Scandal...P. 41-1
POLITICAL. Tremblay (P. A.), Député de Chicoutimi. Histoire d'un pauvre
et nécessiteux député ....P. 14-24
POLITICAL. Union des Partis Politiques dans la Province de Québec, par
Oscar Dunn...P. 85-5
POLITICAL. Un-Pacific Scandal at the Custom House of Montreal, par
Henry Lacroix ....P. 19-4
POLITICAL. Vérité (la) sur le choix d'un candidat...................P. 14-12
POMPADOUR (MADAME DE). Voltaire, et quelques arpents de neige, par
Joseph Tassé. ....P. 392-5
POOLE (THOMAS W., M.D.). A sketch of the early settlement, &c., of the
town of Peterborough and of each township in the county...... ....P. 229-4
POOLE (H.). Notes on the Coal Fields of Pictou.....................P. 174-16
POPE (RICHARD). Return of the fourth general election and of elections
held subsequently to the 2nd April, 1879.....................OP. 29-1-2
POPE (CHARLES). Incidents connected with Ottawa city and vicinity.....P. 229-5
POPULAR and practical exposition of the minerals and geology of Canada,
par E. J. Chapman ....P. 477-2
PORCUPINE Chilkut Report for 1900. ....P. 497-15
PORTER (PETER A.) A brief history of old Fort Niagara........P. 351-9, P. 460-5
PORTER (NOAH). Address delivered at his funeral by President Dwight...P. 287-9
PORTER (THOMAS G.). A reply to "The Apostolic Church, which is it?" du
Professeur Thomas Winthrow...................P. 55-4, P. 139-36
PORTER (C. BRECKINRIDGE). Original sketches of Niagara..............P. 485-7
PORTER (PETER A.). Champlain, not Cartier, made the first reference to
Niagara Falls in literature. ....P. 460-6
PORTER (PETER A.). Goat Island................................P. 485-6
PORTER (REV. W. H.). Jubilee Historic Sketch of the Queen Street Bap-
tist Church...P. 229-13
PORTLAND, Manuscript of the Duke of, 1892 ....P. 414-24
  "   "   "   1893 ....P. 414-25
  "   "   "   1894 ....P. 414-35
  "   "   " Appendix ....P. 414-43
  "   Manuscript at Walbeck Abbey..........................P. 509-1 & 2
  "   Society of Natural History. Proceedings..................P. 174-15
PORTLAND, N.B. Union of the cities of St. John and of...............P. 312-7
PORTNEUF. Colonisation dans le comté de.........................P. 159-9

DOC. DE LA SESSION No 18

VOLUME.

PORTNEUF COUNTY..P. 47
PORTRAITS (Canadian Historical) exhibited at Montreal...............P. 288-1
POTSAL. Imperial communication through Canada ....P. 29-6
POST OFFICE Department of the United States, its history, &c., par D. D. T.
   Leech,...P. 123-2
POST OFFICE. Rapport du comité spécial....sur le département du Bureau
   de la Poste..OP. 60-6
POST OFFICE. Report of the Railway Postal Service Commissioners.P. 16-1, OP. 13-18
POTATO BEETLE (COLORADO). How to oppose its ravages, par H. Taché....P. 291-3
POTHIER (T.) Report of the Commissioners appointed to explore the Coun-
   try between the St. Maurice and the Ottawa, E & F.............P. 147 5-6
POULIN, (H.E.), voyez Chagnon......................................P. 189-2
POUSSIN, (MAJOR G. T.) Question de l'Oregon.......................P. 338-1
POWER, (WILLIAM). Circuit Judge, Factum of the case of ....P. 298-2
POWER, (WILLIAM,. Circuit Judge, Addenda to his factum respecting his
   claim against government..P. 221-11
POWER, (HON. L. G.) Vinland.......................................P. 281 B-8
POWER, (HON. L. G.) Richard John Uniacke, and sketch by Hon. L. G.
   Power...P. 281 C-4
POWIS. Manuscript of the Earl of...................................P. 414-4
POWNALL, (T. A.) Memorial addressed to the Sovereign of America......P. 70-1
POYAIS SETTLEMENT. Account of the attempt to form a settlement on the
   Mosquito shore in 1823, par James Douglas, M.D.................P. 203 E-2
PRAIRIES OF THE WESTERN STATES. Their advantages and their drawbacks,
   par Charles Lindsey...P. 261-1
PRAYERS. Family and Individual....................................P. 490-2
PREHISTORIC MAN. At the headwaters of the Mississippi river, par l'hono-
   rable J. V. Brower..P. 356-4N
PREMIO REAL (COUNT OF). An account of the Public dinner to, par George
   Stewart, fils...P. 223-3
PREMIO, REAL, (COMTE DE). Les Iles Saint-Pierre et Miquelon..........P. 228-18
PRENDERGAST, (JAMES E. P.) Soir d'automne.........................P. 195-11
PRENDERGAST, (HON. JAS. E. P.) Speech on the Manitoba School Question,
   1890...P. 285-16
PRESBYTERIAN CHURCH IN CANADA. Letters on Union with the Church of
   Scotland and on church independence, par le rév. James Middlemiss..P. 375 B-5
PRESBYTERIAN CHURCH IN CANADA. Meetings of General Assembly.......P. 375-C
PRESBYTERIAN CHURCH. Souvenir....................................P. 497-1
PRESBYTERIAN COLLEGE..P. 347-3
PRESBYTER OF THE DIOCÈSE OF QUEBEC. Thoughts on the present state and
   future prospects of the Church of England in Canada.............P. 94-2
PRESBYTER. Strictures on the two letters of Provost Whitaker in answer
   to charges brought by the Lord Bishop of Huron against the teaching
   of Trinity College..P. 92-4
PRESBYTERIAN UNION. Appeal in the case of Eldon..................P. 375 B-13
PRESBYTERIAN UNION. Faults and failures of the late, par Douglas Brymner,
   1879...P. 375 B-12
PRESBYTERIAN UNION. Legislation as to, 1875.......................P. 375 B-9
PRESBYTERIAN UNION. Property and civil rights, by Douglas Brymner....P. 375 B-16
PRESS BANQUET AT TORONTO. Speeches by Premier Bowell and Mr. Davin.P. 366-16
PRÉVOST (SIR GEORGE) 1812. Conférence à l'Institut Canadien, par Jean
   Blanchet...OP. 7-7
PRÉVOST, W. L'art de fabriquer les fleurs artificielles en papier...... . .P. 32-11
PRIDEAUX'S (General) Grave, par Peter A. Porter...................P. 519-3

3-4 EDOUARD VII, A. 1904

VOLUME.

PREVOST (MAJOR OSCAR), l'artillerie et les explosifs de notre époque .... P. 302-6

PRICE (RICHARD). Observations on the nature of Civil Liberty and the justice and policy of the war with America .... P. 163-1-2

PRINCE EDWARD ISLAND. A brief but faithful account of this fine Colony, par J. L. Lewellin... P. 129-7

PRINCE EDWARD ISLAND. (Account of), with practical advice to those about to emigrate, par a Late Resident............................. P. 83-1

PRINCE EDWARD ISLAND. Geological structure, &c..................... OP. 59-9

PRINCE EDWARD ISLAND. Information for emigrants.................. P. 301-9

PRINCE EDWARD ISLAND. Official handbook... .... P. 370-9

PRINCE EDWARD ISLAND. Short account of. .... P. 72-9

PRINCE EEWARD ISLAND.. P. 218-1

PRINCE OF WALES FORT. A forgotten northern fortress, par l'honorable John Schultz... P. 205 B-14

PRINGLE (C. A.) Canada, Manitoba and the North-west. Notes of a visit,O.P. 4-3

PROBLEM OF CANADA, par Malcolm McLeod.......................... P. 446-5

PROCÈS. Affaire de Saint-Jérôme. Procès et Condamnation de Abraham Hamelin et Isaïe Cratton, accusés de cruautés barbares envers Rosalie Barron, femme Foucault .... P. 119-22

PROCÈS. Affaire Pelletier, rapporté et publié, par Eugène Philippe Dorion.P. 121-1

PROCÈS. Case of Baptiste Cadien of Murder, Three Rivers.. .... P. 123-7

PROCÈS. Célèbre Procès de Jean Baptiste Corriveau accusé et trouvé coupable du Meurtre.. P. 83-5

PROCÈS. Célèbre procès Lemire vs. Lionais, correspondances d'Angleterre, Précis des Débats du Conseil Privé, par Ludger Carreau............. P. 4-3

PROCÈS DE ANAÏS TOUSSAINT, accusée et trouvée coupable de l'emprisonnement de son Mari. .... P. 194-4

PROCÈS DE BARREAU, le meurtrier, l'incendiaire et le voleur............. P. 190-5

PROCÈS DE J. B. BEAUREGARD....................................... P. 122-9

PROCÈS de Marie Anne Crispin et de J. B. Desforges.................. P. 14-2

PROCÈS. Entre M. A. Tessier et Michel Tetro (les dimes)............... P. 27-7

PROCÈS. Exécution de John Meehan.................................. P. 190-4

PROCÈS DE PATRICK J. WHELAN, condamné à Mort pour le Meurtre de l'honorable D'Arcy McGee.. P. 120-3

PROCÈS MOREAU (FRANÇOIS) son crime, son procès, son exécution .... , P. 191-17

PROCÈS POLITIQUE. La Reine vs. Nicholas et al accusés d' avoir mis à mort le 27 novembre 1837, Joseph Armand dit Chartrand .... P. 156-1

PROCÈS. Révélations du Crime ou Cambray et les complices, par F. R. A..P. 164-4

PROPERTY AND CIVIL RIGHTS, by Douglas Brymner, in relation to Judge Jette's decision in the case of Dobie vs. Temporalities Board........ P. 375, B-16

PROTECTION (LA), au Canada, Conférence, par M. G. Amyot............. P. 361-3

PROTESTANT CLERGY. Report of a select committee of the Legislative Council of Upper Canada upon the provision made by law for the support of a. .... P. 352-4

PROTESTANT DEFENCE ALLIANCE. The Indians of the Lake of Two Mountains and the Seminary of St. Sulpice......................... P. 144-10

PROTESTANT EDUCATION,history and prospects of, par le Principal Dawson..P. 382 B-4

PROTESTANT Episcopal Divinity School voyez Toronto Bishop.... .... P. 146-4

PROTESTANT TEACHERS of the province of Quebec, (Association of).........P. 382 B-12

PROTESTANT. The exclusive right of the Church to the Clergy Reserves, defended in a letter to the Right Hon. the Earl of Liverpool........ P. 90-1

PROULX (NARCISSE). Les écoles d'agriculture de la province de Québec. vengées. Réponse à une " Etude sur l'éducation agricole de l'honorable Louis Beaubien.................... .... P. 154-16-17

VOLUME.

PROVENCHER (ABBÉ). L'agriculture, l'état où en est l'art en notre province.P. 207 A-14

PROVENCHER (L'ABBÉ). Essai sur les insectes et les maladies qui affectent le blé, par Emilien Dupont.................................P. 22-7 P. 125-8

PROVENCHER (L'ABBÉ). L'étude des insectes. Conférence à l'Institut Canadien.. P. 207. A-4

PROVENCHER (L'ABBÉ L.). Etudes exclusives et études spéciales en histoire naturelle.......................................P. 207-6

PROVENCHER (L'ABBÉ L.). Les Oiseaux du Canada..... ....P. 195-7

PROVENCHER (L'ABBÉ). Le Verger Canadien.... .·................ ....P. 15-3

PROVINCE BUILDING, Halifax, par Sir Adams Archibald ....P. 281 A-6

PROVIDENCE (CITY OF). Early town Records, second report of the Commissioners........ ....P. 286 H

PROVINCIAL MUTUAL and General Insurance Co. Report of the second annual Meeting........ ....P. 221-7

PRUD'HOMME (EUSTACHE) Les Martyrs de la Foi en Canada.............P. 118-6

PRYOR (WILLIAM). Nova Scotia, formerly Acadia................. ....P. 197-2

PUBLIENS. Practical notes on the legislation for the fisheries of the St. Lawrence, par M. William Rhodes ....P. 100-1

PUBLIC ACCOUNTS. Committee Report.......................O.P. 43-2

PUBLIC ACCOUNTS. Report of the select standing committee in reference to expenditure on the Canadian Pacific Railway, between Fort William and Red River........ ....O.P. 30-4

PUBLIC ACCOUNTS. Committee Report on the payments to J. G. Moylan, A. et F...O.P.27-40 P. 30-5

PUBLIC ACCOUNTS. Committee Report on awarding contracts in Winnipeg.P. 27-1-2

PUBLIC ACCOUNTS. Report of the Select Standing Committee on the expenditure of certain Secret Service Funds, A. et F..................O.P. 28-1 to 4

PUBLIC ACCOUNTS. Select Standing Committee. Report and evidence respecting certain items affecting John R. Arnoldi.............P. 371-1

Report and evidence respecting certain payments made by the Department of Agriculture for immigration services..................P. 371-2

Report and evidence respecting Langevin Block....................P. 371-3

PUBLIC INSTITUTIONS. Discours de l'honorable E. J. Davis............P. 369-2

PUBLIC PAPERS of Daniel D. Tompkins, with introduction by the State Historian of New York...P. 470-2

PUBLIC PAPERS of George Clinton, appendix to the 3rd Report of the State Historian of New York..P. 470-3-4-5

PUBLIC RECORDS. Reports of the deputy Keeper, from 51 to 60.........P. 415-28

PUBLIC RECORD Office Reports, 1862 to 1889 ... .P. 415-1 to 27

PUBLIC WORKS. 'Rapport du Bureau des Travaux Publics.............P. 14-1

PUBLIC WORKS. Documents relating to the construction of the Parliamentary and Departmental Buildings at Ottawa, contract, specifications, &c., &c......... ....O.P. 6-1 to 10

PUBLIC WORKS. Report of the Commission appointed to inquire into matters connected with the public buildings at Ottawa......O.P. 7

PUBLIC WORKS. Rapport de la Commission nommée pour s'enquérir des matières relatives aux édifices publics à Ottawa....................O.P. 8-1 & 2

PUBLIC WORKS. Report on Toronto Harbour, par James B. Eads....... ...O.P. 39-8

PUBLIC WORKS. Report for 1880...................................P. 381-2

PUBLIC WORKS. Report of Select Standing Committee on Public Accounts in reference to awarding contracts in Winnipeg....................O.P. 27-1

PUBLIC WORKS. Reports by J. McAlpine and D. M. Greene on Wood and Sawdust Deposits in the Hudson and Ottawa River................P. 144-6

PUBLIC WORKS. Lettre d'Ovide Leblanc, écr, M.P.P., à l'hon. Jean Chabot.P. 23-9

3-4 EDOUARD VII, A. 1904

VOLUME

PUBLIC WORKS. Return to an Address from the Legislative Assembly for copies of documents relative to the survey and improvements of the Rapids of the St. Lawrence.....................................O.P. 1-5
PUBLIC WORKS. Estimates, 1856, 1857, 1858. A. et F...... O.P. 15-6 to O.P. 15-11
PUBLIC WORKS. Shepody Harbour and Mary's Point, 1868 (?)....... ....:.P. 111-10
PUBLIC WORKS. Revised Record, Engineers and their assistants employed on. 1779 à 1890...P. 349-10
PULESTON, Rev. Sir F. G. Manuscripts............................P. 414-46
PULTENEY, WILLIAM. Thoughts on.the present state of affairs with America and the means of conciliation, 1778.............................P. 59-3
PUTMAN, ISRAEL. A history of the equestrian statue of................P. 256-13

Q

QU'APPELLE. Constitution and canons of the Diocese of...............P. 307-4
QUEBEC ACT, 1774, Voyez Constitutional.........................P. 62-10
QUÉBEC ANCIEN (L,) et le Futur Québec, par Arthur Buies............P. 327-
QUEBEC AND OTTAWA. Tourists' Guide............................P. 244-5
QUEBEC AND RICHMOND Railroad Company. Report of the directors and chief engineer..P. 130-1, P. 342-8
QUEBEC AND WISCASSET RAILWAY...................................P. 311-1
QUEBEC. Annual Report of the City Treasurer of the City of Quebec for the civic year 1883–1884............... ......P. 182-7
QUEBEC. Annual Report of the Quebec Board of Trade. ....P. 182-2-3
QUEBEC. Annual Report of Quebec Street Railway Co....... ....P. 182-4
QUEBEC. A. week in the neighbourhood of, and of Lake Etchemin, par le Major George E. Bulger ....P. 367-2
QUEBEC BENEVOLENT SOCIETY. Rules confirmed by the Court of King's Bench, 1809, 1811 and 1819..................................P. 159-14
QUEBEC BILL. Voyez Lyttleton, 1774................................P. 183-5
QUÉBEC. Chemins de Colonisation ou de Québec au Lac Saint-Jean, par Charlevoix ....P. 256-6
QUEBEC CHURCH SOCIETY. 1862, 1863–64-66–68. ....P. 408/4-1, P.373-1 to 4
QUÉBEC. Constitution du Cercle de Québec..........................P. 181-12
QUEBEC. Copy of a petition from the British inhabitants of the province to the Commons House of Parliament, 1783.....................P. 138
QUEBEC. Diocesan Committee of the Society for promoting Christian Knowledge..P.160-2-3, P. 146-2
QUEBEC EDUCATIONAL RECORD.......................................P. 344-12
QUÉBEC ET SAGUENAY. Rapport de l'Ingénieur en chef, &c..............P. 153-7-8
   En anglais ....P. 130-3
QUEBEC GARRISON CLUB. Rules and regulations.... ....P. 187-6, P. 302-6
QUEBEC GAS Co. Assignment by the Corporation of Quebec to the Quebec Gas Company for the lighting of this city with gas................P. 180-2
QUEBEC. General Sketch of the Province, par l'honorable Honoré Mercier.P. 234-22
QUEBEC. Glimpses of Quebec during the French domination, 1749–59, par J. M. LeMoine ....P. 203, G-13
QUÉBEC. Grand Annuaire de 1881, par Ovide Fréchette, 1882.......P.338-4, P. 51-4
QUEBEC GROUP. Voir Henry Yale Hind......................P. 388-2
QUEBEC. Guide to the City of Quebec and environs, par Thos. J. Oliver, 1882...EP. 3-3
QUEBEC GUIDE. P. Sinclair, 1857..............................P. 186-3
QUEBEC HARBOUR COMMISSIONERS, 1881 et 1887.......................P. 315-1-2

DOC. DE LA SESSION No. 18

VOLUME.

QUEBEC HARBOUR. Letter from a member of the Board of Trade on the
subject of the Quebec Harbour Commission...............P. 257-3

QUEBEC. Historical Documents printed by the Literary and Historical
Society of Quebec, 1840–77 :—

Contents :

Série 1.—Mémoire sur l'état présent du Canada.
Mémoire sur le Canada (1736).
Considérations sur l'état présent du Canada.
Belmont, Histoire du Canada.
Relation du siège de Québec en 1779.
Jugement impartial sur les opérations militaires de la campagne en
Canada en 1759.
Mémoire du Sieur De Ramezay.
Evénements de la guerre en Canada durant les années, 1759-1760.
Réflexions sommaires sur le commerce qui est fait en Canada.
Quartier, les trois voyages au Canada en 1534, 1535 et 1540.
Roberval, voyage au Canada, 1542.
Jean Alphonse, de Antoine, le Routier, 1542.
Noel, deux lettres sur la découverte des Saults en Canada, 1587.

Série 2.—Fraser, Journal of the siege of Quebec, 1759.
Campaigns of Louisbourg, 1750-58, narrative attributed to the Che-
valier Johnstone.
Diologues of the dead.
Montcalm and Wolfe, narrative of the siege operations before
Quebec in 1759.
Campaign of 1760 in Canada.
Invasion of Canada in 1775.
Journal of the expedition up the River St. Lawrence, 1759.

Série 3.—Histoire de Montréal, 1640-1672, et abrégé de la mission de Kenté.
Recueil de ce qui s'est passé en Canada au sujet de la guerre tant
des Anglais que des Iroquois depuis l'année 1682.
Voyage d'Iberville.
Journal du voyage fait par deux frégates du Roi " La Badine " et
" Le Marin ", commencé dans l'année, 1698.
Murray, Journal of the siege of Quebec, 1760.

Série 4.—Journal of the Expedition up the river St. Lawrence General orders
in Wolfe's army during the expedition up the river St. Lawrence, 1759.
Panet, Journal du siège de Québec en 1759.

QUEBEC LITERARY AND HISTORICAL SOCIETY... ....P. 203A, B, C, D, E, F, G.
QUEBEC LITERARY AND HISTORICAL SOCIETY. Transactions..............P. 441-8
QUEBEC. Histoire des fortifications et des rues de Québec, par J. M.
LeMoine...P. 343-10 P. 18-8
QUEBEC. Journal of the siege of 1759 by a gentleman on the spot.... ....P. 471-1
QUEBEC. Journal of the Synod of, ninth Session, Church of England and
Ireland..P. 373C-7
QUEBEC. La législature de, par Pierre Georges Roy....................P. 364-10
QUEBEC. Latitude of the Observatory, par le lieut. E. D. Ashe, M. R. ...P. 203D-23
QUEBEC. Le grand catéchisme à l'usage du diocèse de Québec, par l'ordre
de Mgr. B. C. Panet...P. 353-8
QUEBEC. Lettres sur les affaires municipales de la cité de Québec, par F.
Langelier ....P. 157-3
QUEBEC. Liberal Commercial Union, a study.........................P. 180-18
QUEBEC. Liberal Commercial Union....................:............P. 344-6 and P. 306-5

VOLUME.

QUEBEC LIBERAL. Remarks on Reciprocity and the Thornton Brown
Memorandum..P. 89-2
QUEBEC LOYALIST. Letter to a member of the Equal Rights Association ;
écrite par Mr. Sellar du " Gleaner " de Huntingdon...............P. 306-9
QUEBEC. Plan of the City and environs, 1776........................P. 451
QUEBEC, Province of, and the early American revolution ; étude par Victor
Coffin..P. 372-1
QUEBEC (Province of) Official handbook, 1897.......................P. 370-9
QUÉBEC. Rapport de l'Inspecteur des chemins sur la canalisation de la cité
de Québec (Jos. Hamel). A. et F...................................P. 191-9-10
QUÉBEC. Recensement de la ville, 1716, publié par l'Abbé L. Beaudet....P. 197-4
QUEBEC. The Lord Bishop (Anglican). Recreations in History.......P. 203, E. 16
QUEBEC. Reminiscencies, with a view and maps. It contains sieges of
Quebec in 1759 and in 1755..P. 142-5
QUEBEC. Report of the Board of Trade..............................P. 323-1
QUÉBEC. Revue de la session de la Législature Provinciale de Québec ....P. 260-4
QUEBEC RIFLE ASSOCIATION, 1871 à 1887 ....P. 322
QUÉBEC. Rues de Québec (Les), par J. M. LeMoine...................P. 14-8
QUEBEC. Settler's Guide, 1894......................................P. 316-2
QUEBEC. The capabilities of the harbour of Quebec, par Charles M. Tate, I.C.,P. 203, D-9
QUEBEC. ' Lord Bishop (Anglican). The Literature of Queen Anne's reign.P. 203, E. 6
QUEBEC. Tourist's Guide between Quebec and New England............P. 186-11
QUEBEC. Touris'ts Note Book, par J. M. LeMoine...................P. 165-4
QUEBEC. Views and Reports in Royal Magazine for 1759.............P. 463
QUEBEC. Views in, 1870 (?)..P. 164-2
QUEBEC. Water power of Quebec, par E. D. Ashe, M. R..............P. 203, C. 15
QUEENSBERRY (DUKE OF BUCCLEUGH AND). Manuscripts at Montague House.P. 434
QUEEN'S BIRTHDAY, 1880. Quebec, its gates and environs, par J.M.LeMoine.P. 50-6
QUEEN'S COLLEGE, Kingston. Royal Charter, 1841...................P. 40-12
QUEENSTON HEIGHTS. Battle of, par Ernest Cruikshank, 1890..........P. 254-8
QUEENSTON HEIGHTS, par Ernest Cruikshank.........................P. 257-13
QUEENSTON HEIGHTS. The battle of, par Mrs. S. A. Curzon.........P. 442-7
QUEENSTON HEIGHTS. The battle of, par J. G. Currie...............P. 501-5c
QUEENSLAND. Voir Our Canadian Cousins............................P. 306-12
QUEEN'S QUARTERLY, Kingston.......................................P. 473-1 & c
QUEEN'S RANGERS. R. Z. Rogers, 1891..............................P. 250-6
QUEEN'S UNIVERSITY, Kingston. Calendars..........................P. 383
QUEYLUS (M. DE.) Réponse à un mémoire intitulé : Observations à propos du
P. Le Jeune et M. de Queylus, par M. l'Abbé Gosselin.............P. 362-4
QUIETING TITLES to real estate in Upper Canada. Letter on the bill for,
addressed to Hon. John A. Macdonald, par l'honorable Oliver Mowat..P. 346-6
QUINN (WILLIAM). Rapport sur le commerce des bois................OP. 60-7
QUINN (WILLIAM). Report of the supervision of Cullers on the Lumber
Trade..P. 254-17
QUIZ. Winnipeg, Octobre à Décembre (11 livraisons)...............P. 225-9

R.

RACINE (ABBÉ ANTOINE). Discours à l'occasion du service solonnel pour les
soldats pontificaux..P. 191-5
RACINE (ABBÉ ANT.) Discours prononcé à l'occasion du 192e anniversaire
de l'heureuse mort de la vénérable mère Marie de l'Incarnation.......P. 159-13
RACINE (MGR. ANT.) Discours prononcé dans la Basilique de Québec, le 1er
Octobre 1874, deuxième centenaire de l'érection du Siège Episcopal de
Québec...P. 32-3

DOC. DE LA SESSION No. 18

VOLUME.

RACINE (MGR. ANT.) évêque de Sherbrooke. Discours prononcé le jour de
la Saint-Jean-Baptiste..P. 191-4
RACINE (MGR. DOMINIQUE), premier Evêque de Chicoutimi. Notice Biogra-
phique, par l'Abbé Victor A. Huart.............................P. 249-2
RADISSON AND GROSEILLIERS. Exploration of Lake Superior par Henry
Colin Campbell..P. 459-3
RADISSON'S JOURNAL. Its value in History, par Henry Colin Campbell....P. 459-1
RADNOR (EARL OF). Historical Manuscripts Commission·..............P. 414-49
RAINFALL and climate of India, par Sir Joseph Fayre.................P. 477-1
RAINY RIVER DISTRICT, compilé par Frank Yeigh......................P. 369-10
RAINY RIVER DISTRICT, the Wabigoon Country........................P. 369-9
RAINY RIVER. Northern districts of Ontario..........................P. 369-8
RAINY RIVER. Papers, &c., relating to a license of occupation to Colonel
Engledue ....·...P. 369-3
RANCH (GEO. W.) The Story of Bryan's Station....................P. 438-3
RAYMOND (REV. W .O. Centennial Commemoration of the Ordination of
Rev. Frederick Dibblee.......................................P. 257-14
RAYMOND (M. V. G.) Devoirs envers le Pape.......................P. 23-14
RAYMOND (M. V. G.) Discours pour le 20e anniversaire du sacre de Mgr.
Taché, Archevêque de Saint-Boniface............................P. 12-3
RAYMOND (M. V. G.) Discours prononcé à la translation du Corps de
Messire Girouard au Séminaire de Saint-Hyacinthe, 1861...........P. 23-15
RAYMOND (J. S.) Entretien sur les études classiques...... . .. .P. 25-10
RAILWAYS. Across the Continent via the Canadian Pacific Railway, confé-
rence par Honoré Beaugrand ....P. 198-10
RAILWAYS. Act respecting the construction of the Intercolonial Railway. .P. 110-5
RAILWAYS. Alphonso Stilletto's Poetization of the Incipient stage of the
Great Pacific Scandal and of the celebrated speech of Lord Dufferin at
Halifax Club, par Anon ....P. 19-3
RAILWAYS. Annual Statement respecting the Canadian Pacific Railway, par
Sir Charles Tupper...P. 65-11
RAILWAYS. Appeal to the members of the Privy Council, Senators, &c , on
the subject of the route of the Intercolonial Railway................P. 110-4
RAILWAYS. Application of the Credit Valley Railway for right of way and
crossings at the City of Toronto..............................P. 112-9
RAILWAYS. Articles of Agreement entered into in connection with the
Canadian Pacific Railway....................................P. 167
RAILWAYS. Assemblée Législative. Le chemin de fer projeté des comtés du
sud. Sur la question Riel, discours par M. Faucher de Saint-Maurice, P. 194-16
RAILWAYS. A statement of facts, &c., &c., including a railroad to Goderich,
par Frederick Widder..P. 337-3
RAILWAYS. Baie des Chaleurs Railway. Correspondence between the Lt.
Governor and Mr. Mercier ....P. 292-6
RAILWAYS. Best route for the Intercolonial Railway through the Provinces
of Quebec and New Brunswick, par Walter M. Buck ....P. 111-9
RAILWAYS. Boston Committee in Canada, 1851.....................P. 196-6
RAILWAYS. Brazil and her railways..............................P. 216-22
RAILWAYS. By the West to the East. Memorandum on the completion of
the Canadian Pacific Railway....... ....P. 130-9
RAILWAYS. Canada Central Railway, par T. C. Keefer, 1868..........P. 130-4
RAILWAYS. Canadian Pacific Railway, 1873........................P. 25-7
RAILWAYS. Canadian Pacific Railway. An appeal to Public Opinion,
Philo Veritas..P. 106-10
RAILWAYS.. Canadian Pacific Railway and its assailants. Letter from
" Mohawk ".. P 180-13

3-4 EDOUARD VII, A. 1904

RAILWAYS. Canadian Pacific Annual report for 1889.................P. 385-4
RAILWAYS. Canadian Pacific Railway. Annual statement of the Hon. Sir
    Charles Tupper delivered in the House of Commons, 1883..........P. 65-10
RAILWAYS. Canadian Pacific Railway, par Mr. Butt Hewson...........P. 130-8
RAILWAYS. Canadian Pacific Railway. Circular to the Engineering staff,
    par Sandford Fleming.......................................P. 106-7
RAILWAYS. Canadian Pacific Railway. Instructions to staff, par Sandford
    Fleming..P. 106-1
RAILWAYS. Canadian Pacific Railway. Reports in reference to location of
    second section west of Red River, by Sandford Fleming........P. 106-3
RAILWAYS. Canadian Pacific Railway. Report of meeting of shareholders.P. 130-10
RAILWAYS. Canadian Pacific Railway. Reprinted from the Quebec "Morn-
    ing Chronicle", supporting proposition, par le général Hewson........P. 109-13
RAILWAYS. Canadian Pacific Railway Routes. The Bute Inlet and Esqui-
    mault Route, No. 6, and the Fraser Valley and Burrard Inlet Route,
    No. 2, compared, &c., par William Fraser-Tolmie.............P. 44-9, P. 86-6
RAILROADS. Canadian Pacific Railway. Sandford Fleming. Reports and
    documents in reference to the location of the line and a western ter-
    minal harbour...OP. 27-8
RAILWAYS. Canadian Pacific Railway. Discours de John McLennan, M.P, P. 86-3
RAILWAYS. Canadian Pacific Railway. Discours prononcés par l'honorable
    Sir Charles Tupper, l'honorable H. L. Langevin, H. B. Plumb et Thomas
    White, durant le débat au cours de la Session de 1880..............P. 65-7
RAILWAYS. Canadian Pacific Railway. Discours de l'hon. Charles Tupper, P. 65-9
RAILWAYS. Canadian Pacific Railway. Discours prononcé par l'honorable
    Sir Charles Tupper au cours du débat dans la Chambre des Communes,
    1880-81. ....P. 65-8
RAILWAYS. Cape Breton Railway. Specification....................P. 196-2
RAILWAYS. Chemin de fer Canadien du Pacifique, par Joseph Tassé......P. 193-1
RAILWAYS. Chemin de fer de Lévis et Kennebec, et ses embarras, par Chas.
    A. Scott..P. 153-9
RAILWAYS. Chemin de fer de Lévis et Kennebec. Réfutation de la bro-
    cheure de C. A. Scott, par L. N. Larochelle.................P. 256-8
RAILWAYS. Chemin de fer du Lac Saint-Jean.......................P. 153-13
RAILWAYS. Chemin de fer du Lac Saint-Jean. Conférence par Arthur Buies. P. 292-1
RAILWAYS. Chemin de fer Intercolonial de Québec à Halifax...........P. 118-12
RAILWAYS. Chemin de fer projeté des comtés du sud. Voyez Faucher....P. 194-16
RAILWAYS. Chemin de fer Trois-Rivières et Nord-Ouest................P. 153-16
RAILWAYS. Charte de la Compagnie du Chemin de fer du Pacifique, avec
    les documents et la correspondance s'y attachant. ....P. 44-3
RAILWAY CHARTERS, Manitoba. Plain facts on disallowance .....P. 381-5, P. 323A-6
RAILWAYS. Chignecto Marine Transport Railway. The Isthmian Transit
    between the Bay of Fundy and the Gulf of St. Lawrence, with map...P. 43-5
RAILWAYS. City terminus for the Grand Trunk Railway Company, con-
    sidered in a report of the Harbour Commissioners of Montreal, par
    Walter Shanly..P. 60-1
RAILWAYS. Comédie du Pacifique, 1884....................P. 100-9, P. 152-17
RAILWAYS. Comments on the proceedings and evidence on the charges pre-
    ferred by Mr. Huntington, M.P., against the Government of Canada..
                                        P. 16-7, P. 19-1, P. 65-3
RAILWAY Commissioners of Canada. Report of the Board for 1858, Samuel
    Keefer...OP. 38-4
RAILWAY Commissioners, New Brunswick, report of, 1861..............P. 310-6
RAILWAY Commissioners, 1859, 1860, 1862, 1864...............P. 111-6, P. 107-2-3
RAILWAYS. Compagnie du chemin à lisses de colonisation au Nord de Mont-
    réal. Rapport de l'exploration à la Baie Georgienne, par Charles
    Legge...P. 61-3

DOC. DE LA SESSION No 18

VOLUME.

RAILWAYS. Cost, feasibility and advantage of a ship railway across the
Isthmus of Chignecto, par H. G. C. Ketchum................OP. 39-10, P. 10-8
RAILWAYS. Correspondance relative aux troubles qui ont eu lieu sur la
ligne du Grand Tronc, le 1er janvier, 1877 ....OP. 26-2
RAILWAYS. Correspondence respecting the disturbance on the line of the
Grand Trunk Railway..OP. 26-1
RAILWAYS. Correspondence relating to the Intercolouial Railway.......P. 110-6
RAILWAYS. Correspondence relating to the Intercolonial Railway in con-
tinuation of the correspondence laid before the Legislature in 1859....OP. 17-7
RAILWAYS. Délibérations du comité permanent des chemins de fer, &c., re-
latives au grand chemin de fer du Sud...........................P. 151-12
RAILWAYS. Detroit Board of Trade vs. the Grand Trunk Railway.......P. 130-6
RAILWAY development in the county of Ottawa ....P. 250-2
RAILWAYS. Discours de l'honorable M. Chapleau en proposant la vente
du chemin de fer Québec, Montréal, Ottawa, Occidental à l'Assemblée .P. 96-5
RAILWAYS. Discours de M. L. J. Desjardins sur la résolution relative à la
vente de la Partie Ouest du chemin de fer Q., M., O. et O. ....P. 96-6
RAILWAYS. Discours de Sir Charles Tupper sur les résolutions du chemin
de fer du Pacifique Canadien...................................P. 152-22
RAILWAYS. Dominion of Canada and the Canadian Pacific Railway......P. 130-7
RAILWAYS. Few (A) of the many points of interest noted in a tour of
Canada over the system of the Grand Trunk Railway... ....,..P. 196-19
RAILWAYS. Few (A) remarks on railway accidents, Clement E. Shelton...P. 180-12
RAILWAY from Lake Superior to Red River Settlement considered, par John
Foster ....P. 118-4
RAILWAY. Gatineau Valley....................................P. 250-2
RAILWAY. Goudie's perpetual sleigh road supersedes the railway.........P. 230-10
RAILWAY. History of the Grand Trunk Railway of Canada, compilée des
documents publics par Thomas Storrow Brown.....................P. 86-1
RAILWAY. Grand Trunk Railway. Correspondence between the Company
and the Dominion Government respecting advances to the Canadian
Pacific Railway Company.......................................P. 51-6
RAILWAY. Grand Tronc, Voyez Correspondance relative aux troubles, 1877.OP. 26-2
RAILWAYS. Grand Trunk Railway of Canada. Adresse aux actionnaires,
etc., par Joseph Nelson.......................................P. 112-6
RAILWAY. Grand Trunk Railway of Canada, par le général M. Butt Hewson.P. 93-2
RAILWAYS. Grand Trunk of Canada Memorandum, &c., relating to the
resignation of Mr. Richard Potter, President of the Company........P. 112-7
RAILWAYS. Grand Trunk of Canada. Letter from Mr. Brydges in regard
to Trade between Canada and the Lower Provinces.................P. 11-9
RAILWAYS. Grand Trunk Railway. Letters to the Right Hon. Sir John
A. Macdonald and to James Beaty, Q.C., &c ....P. 51-7
RAILWAYS. Grand Trunk Railway Co. vs. the Credit Valley Railway Co.
and the Northern Railway Co. Judgment 7th January, 1880.......P. 112-8
RAILWAYS. Grand Trunk Railway of Canada. First report of the Select
Committee of share and bond holders............................P. 181-7
RAILWAYS. Grand Trunk. Verbatim Report of the President's Speech at
the half-yearly general meeting, 28th April, 1881..................P. 230-12
RAILWAYS. Hoosac Tunnel Contract, Claims, &c., par W. & F. Shanly....P. 110-9
RAILWAYS. Hunter's Handbook of the Victoria Bridge, par F. N. Boxer,
1860..P. 15-4
RAILWAYS. Information respecting the proposed Marine Transport Railway
across the Isthmus of Chignecto...............................P. 107-9
RAILWAYS. Intercolonial Railway. Analysis of the Frontier, Central and
Bay Chaleurs Routes, par J. O. Hanly, Ottawa, 1868....... ......P. 110-3

3-4 EDOUARD VII, A. 1904

VOLUME.

RAILWAYS. Intercolonial Railway. Annual Report of Commissioners, with return of cost, &c., and correspondence respecting Bridge over the Miramichi River...OP. 22 2-3

RAILWAYS. Intercolonial in connection with a harbour at Rimouski......P. 260-3

RAILWAYS. Intercolonial. The Genesis of its bridges...................P. 349-4

RAILWAYS. Intercolonial Railway, voyez return to Address, 1879........OP. 30-3

RAILWAYS. Inverness, Cape Breton, par P. K. Hyndman...............P. 385-3

RAILWAYS. Kingsford (William) Correspondence respecting the Grand Trunk Railway ....P. 130-5

RAILWAY. La nécessité et la possibilité d'un chemin de fer de Québec au Lac Saint-Jean, par J. C. Langelier....................................P. 44-4

RAILWAY. Le chemin de fer projeté des comtés du Sud, discours de MM. de Saint-Maurice et autres députés..............................P. 222-6

RAILWAY. Letter of John Wilkinson, Esq., dated 9th February, 1852, with papers connected therewith on the report of Major Robinson on the Intercolonial Railway..OP. 17-19

RAILWAYS. Letter on the Intercolonial to the Hon. William McDougall, par J. W. Lawrence...P. 118-11

RAILWAYS. Letter to the Author of "the Clock Maker" on a railway communication between the Atlantic and Pacific.....................P. 444-2

RAILWAYS. Locomotive Engines. What they are and what they ought to be.P. 111-7

RAILWAYS. Memorandum by the Engineer-in-chief (Sandford Fleming) on the Canadian Pacific Railway....................................P. 106-6

RAILWAYS. Memorial of the European and North American Railway Company...P. 110-7

RAILWAYS. Minutes of Evidence taken before the select committee of the Senate relating to the Canadian Pacific Railway Telegraph West of Lake Superior..OP. 30-2

RAILWAYS. Montreal to Boston. Statistical Information (1845)......P. 213-3

RAILWAYS. Montreal Northern Colonization Railway. Report on Hochelaga and St. Jerome Section, par Charles Legge.... .... P. 44-2

RAILWAYS. Montreal Northern Colonization Railway. Yea or Nay !... .P. 60-3

RAILWAYS. Narrow Gauge Railways, a proposal for their adoption, par J. Edward Boyd...P. 111-8

RAILWAYS. New Brunswick Railway and its Land Grants ....P. 111-11

RAILWAYS. New Route from Europe to the Interior of North America & Nelson Valley Railway Co......................................P. 108-5

RAILWAYS. North Shore Railway. Its legal and financial basis........P. 130-11

RAILWAYS. North Shore, St. Maurice, Canada Central....................P. 349-1-2-3

RAILWAYS. North Shore Railway. Further statement of Facts, with a supplement, par Silas Seymour..................................P. 57-3

RAILWAYS. North Shore Railway Co., contract with Sam. L Keith & Company, 1872 ....P. 230-8

RAILWAYS. North Shore Railway Co. Report of the Engineer-in-chief (Silas Seymour) to the New Board of Directors, 1873 ....P. 44-6

RAILWAYS. Nova Scotia. Report of the Provincial Engineer for, 1879...P. 379-1

RAILWAYS. Observation de M. Wilkinson sur le rapport du Major Robinson voyez Rapport sur l'exploration préliminaire du chemin de fer Intercolonial...OP. 17-10

RAILWAYS. Observations of Mr. Wilkinson............................ OP. 17-13

RAILWAYS. Ocean to Ocean, by the C.P.R., par Newton H. Chittenden, 1885,EP. 30-8

RAILWAYS. Official Report of the Speech delivered by Hon. Sir Charles Tupper, on the C.P.R... .... P. 65-9

RAILWAYS. Open Letter on the agitation in Manitoba, par Charles R. Tuttle, 1884...P. 143-15

DOC. DE LA SESSION No 18

VOLUME.

RAILWAYS. Open Letter to the Shareholders of the Canadian Pacific Railway, 1887...P. 381-6

RAILWAYS. Organization of the European and North American Railway Company...P. 111-5

RAILWAYS. Origin of the Grand Trunk Railway......................P. 112-5

RAILWAYS. Our Railway to the Pacific, par le Marquis de Lorne........O.P. 61-2

RAILWAYS. Pacific Railway and the North-west Territories.............P. 269-4

RAILWAYS. Pacific Railway, Britannicus letters from the Ottawa *Citizen*, 1875..P. 106-8

RAILWAYS. Pacific Railway Policy, with speeches by Sir Charles Tupper, Hon. H. L. Langevin, J. B. Plumb, Thomas White.................P. 103-4

RAILWAYS. Philosophie des chemins de fer, par T. C. Keefer, 1853.......P. 118-16

RAILWAYS. Placet aux Chambres. La bourse ou la vie, par François Bonami...P. 34-5

RAILWAYS. Pleasant Places by the shore, &c., via the Intercolonial Railway P. 130-12

RAILWAY POLICY of the Government of Quebec, par le général Silas Seymour P. 292-7

RAILWAY Postal Service. Report of Commissioners, 1865...O.P. 13-3-4-5, OP. 16-1-2-3

RAILWAYS Problem of Canada, par Malcolm McLeod....................P. 65-5

RAILWAYS. Procédés du comité général du chemin de fer du Nord.......P. 15-3-6

RAILWAYS. Proposed contract for building, &c., the Canadian Pacific Railway by National Policy, 1881......................................P. 106-9

RAILWAYS. Quebec and Richmond Railroad Co. Report of the directors and chief engineer, 1852.......................................P. 342-8

RAILWAYS. Quebec and Wiscasset, 1886 ....P. 311-1

RAILWAYS. Quelques notes sur la vente du chemin de fer.........P. 151-13, P. 195-21

RAILWAYS. Question des chemins de fer. Discours de l'honorable M. Chapleau.......................................P. 14-31, P. 13-10

RAILWAYS. Question (Une) de véracité, 1884 ....•.........P. 89-9, P. 157-11

RAILWAYS. Rapport concernant le chemin de fer Québec................P. 43-3

RAILWAYS. Rapport de l'ingénieur en chef sur l'étude de la ligne du chemin de fer de Québec et du Saguenay..................................P. 153-7

Pour le rapport en anglais, *voyez*..........................P. 130-3

RAILWAYS. Rapport du Comité spécial du Sénat sur le tracé du chemin de fer Canadien du Pacifique et Kéwatin en allant vers l'ouest........:O.P. 26-6

RAILWAYS. Rapport sur l'exploration du chemin de fer Intercolonial, par Sandford Fleming (1864).......................................O.P. 17-9

RAILWAYS. Rapport sur le chemin de fer de Phillipsburg, Farnham et Yamaska, par John Foster ....P. 230-9

RAILWAYS. Regina vs. L. A. Senécal et al., accusés d'émeute........P. 164-3

RAILWAYS. Remarks by the Government Engineer (A. L. Light) of the Eastern Division of the Q. M. O. & O. Railway on the contractors' "Statement of facts"...P. 44-10

RAILWAYS. Réponse à une Adresse. Documents relatifs à l'adjudication de la Section Quinze du chemin de fer Canadien du Pacifique........O.P. 26-4

RAILWAYS. Reports and letters on light narrow gauge railways, par G. Laidlaw..P. 230-7

RAILWAYS. Report of the Northern Railway of Canada, 1880..........P. 122-10
"   "   "   "   1882..........P. 111-12

RAILWAYS. Report in reference to the Canadian Pacific Railway, par Sandford Fleming...P. 349-5

RAILWAYS. Report of Chief Engineer (James N. Gildea) on the survey of the North Shore Railway......................................P. 130-2

RAILWAYS. Reports of the directors and Chief Engineer of the St. Lawrence and Ottawa Grand Junction Railway Company..............P 342-9

3-4 EDOUARD VII, A. 1904

VOLUME.

RAILWAYS. Report of the Directors, &c. of the Quebec and Richmond Railway Co ....P. 130-1

RAILWAYS. Report of the Chief Engineer on the survey of the line for the Quebec and Saguenay Railway....................................P. 130-3

RAILWAYS. Report of the Chief Engineer of the Megantic Junction Railway, P. 182-1

RAILWAYS. Report of the Commission appointed to inquire into the affairs of the Grand Trunk Railway....................................O.P. 17-4

RAILWAYS. Report of the Commissioners of the Intercolonial Railway, with Returns and third Report of the Select Standing Committee on Public Accounts..O.P. 22-1

RAILWAYS. Report of Mr. Thomas E. Blackwell on the Grand Trunk Railway Co. for 1859 ....P. 215-11

RAILWAYS Report of the Railway Commissioners of the Province of New Brunswick for 1862...P. 107-2-3

RAILWAYS. Report of the Railway Commissioners of the Province of New Brunswick for 1859...P. 111-6

RAILWAYS. Report of the Select Standing Committee on Public Accounts, in reference to expenditure on the Canadian Pacific Railway between Fort William and Red River................................. OP. 30-4

RAILWAYS. Report of the survey of extension of the European and North American Railway, &c., par E. R. Burpee......................P. 110-8

RAILWAYS. Report on a railway suspension bridge proposed for crossing the St. Lawrence river at Quebec par Edward William Sewell..........P. 181-2

RAILWAYS. Reports on bridging Red River, par Sanford Fleming........P. 106-2

RAILWAYS. Report on Montreal Northern Colonization Railway, Montreal· to City of Ottawa with branch line to St. Jerome, par Charles Legge, P. 102-4, P.103-1

RAILWAYS. Report on the Exploration of Routes, north and south sides of the Ottawa River for the Montreal Northern Colonization Railway from Grenville to Ottawa City, par Charles Legge, S.C.............P. 44-5

RAILWAYS. Report on the gauge for the St. Lawrence and Atlantic Railroad, par A. C. Morton..P. 111-1

RAILWAYS. Report on the Intercolonial Railway Exploratory survey (1864) by Sanford Fleming with maps......................OP. 13-1, OP. 14

RAILWAYS. Report on the Intercolonial Railway Exploratory survey, par Sanford Fleming...P. 110-2

RAILWAYS. Report on the Intercolonial Railway exploratory survey, 1764 OP. 17-12

RAILWAYS. Report on the preliminary examination of the Ontario and Quebec Railway from Ottawa to Toronto, par Geo. A. Keefer........P. 103-2

RAILWAYS. Report on the proposed trunk line of railway from an eastern port in Nova Scotia through New Brunswick to Quebec, par le major William Robinson.......................................OP. 17-8

RAILWAYS. Report on the St. Lawrence and Atlantic Railroad, its influence on the trade of the St. Lawrence, par A. C. Morton................P. 111-2

RAILWAYS. Report on the survey of the European and North American Railway, par A. C. Morton.......................................P. 111-4

RAILWAYS. Report on the surveys of the Quebec and Richmond Railway, par A. C. Morton..P. 84-3

RAILWAYS. Report on the York and Cumberland Railroad, par A. C. Morton..P. 111-3

RAILWAYS. Reports relating to the Albert Cannel Mines, the Albert Railway, Shepody Harbour and Mary's Point.......................P. 111-10

RAILWAYS. Report of Select Committee of the Senate upon the purchase of lands at Fort William for a terminus to the Canadian Pacific RailwayOP. 27-7

RAILWAYS. Report, &c., Select Committee of the Senate on the route of the Canadian Pacific Railway from Keewatin westward........ ....OP. 26-5

DOC. DE LA SESSION No 18

VOLUME.

RAILWAYS. Report submitted by the President and Director of the Midland Railway of Canada for 1881.... ....P. 57-4
RAILWAYS. Return of all documents relating to the Postal Service by the Grand Trunk Railway Co......................................P. 112-3
RAILWAYS. Return to Address and papers connected with awarding section fifteen of the Canadian Pacific Railway............:...... ....OP. 26-3
RAILWAYS. Return to Address. Papers relating to the claims of Murray & Co., contractors Intercolonial Railway, and the decision of Mr. Samuel Keefer, sole arbitrator............. ....OP. 30-3
RAILWAYS. Return of papers connected with the Grand Trunk mail service since 1882...... .... P. 112-4
RAILWAYS. Route of the Intercolonial Railway in a national, commercial and economical point of view.................. ....P. 110-1
RAILWAYS. Sketch of the proposed line of Overland Railway through British North America, par Alfred Waddington .. ..P. 65-1, P. 118-13
RAILWAYS. Some startling facts relating to the Canadian Pacific Railway and the North-west lands ; also, a brief discussion regarding the route, the western terminus and the lands available .for settlement, par C. Horetzky.. ....P. 65-4
RAILWAYS. Speech by Hon. Mr. Howland on communication between Cape Tormentine, N.-B., and Cape Traverse, P.E.I....................P. 107-13
RAILWAYS. Speech on the Canadian Pacific Railway and the Canadian North-west, par A. W. Ross. .. ..P. 143-14
RAILWAYS. Speeches on the Canadian Pacific Railway, &c., par Thos. White P. 102-1
" " par A. W. Ross....P. 102-2
" " par C. F. Ferguson..P. 102-2
" " par W. B. Ives.....P. 102-3
RAILWAYS. Statement in support of a General Railway Act for the North-west, par le capitaine S. Scott................................P. 143-12
RAILWAYS. Statements, reports and accounts of the Grand Trunk Railway Company laid before the Legislative Assembly ....P. 112-2
RAILWAYS. Stanstead to Montreal. Report of the survey, par William P. Crocker, I.C. .. ..P. 213-2
RAILWAY STATISTICS for 1875 to 1880-81........... ....OP. 31
for 1881-2 to 1884-5................. ....OP. 31a
for 1885-6 with maps..... ....OP. 31b
for 1887 and 1888.............................OP. 31c
for 1889........................... ...OP. 31d
for 1890-1............................OP. 31e
RAILWAYS. Sur le parcours du chemin de fer du Lac Saint-Jean, par Arthur Buies... ....P. 223-4
RAILWAYS. Syndicate (The), 1881 (?)...........................P. 136-14
RAILWAYS. The Canal and the Rail. Three chapters on a triple subject, par William J. Coffin, 1848............................... ... .P. 213-6
RAILWAYS. " Times " (The) and its correspondents on Canadian Railways. The Montreal Northern Colonisation Railway Co..................P. 62-2
RAILWAYS. Toronto and Guelph Company, Acts of incorporations, etc....P. 385-1
RAILWAYS, 1851-1856. Various documents............................P. 484
RAILWAYS. Very latest Grand Trunk scheme, par Joseph Nelson ....P. 103-3
RAILWAYS. Waghorn's Guide... .. ..P. 364-5
RALPH CENTENNIUS. The Dominion in 1983.............. ....P. 45-8
RAMEAU (E.). La race française au Canada .... P. 14-6a
RAMEAU (E.). Situation religieuse de l'Amérique Anglaise........ ....P. 14-17
RAMEZAY (SIEUR DE). Mémoire au sujet de la reddition de Québec le 13 septembre 1759..P. 203 L. 12

Volume.

.Ramsay (T. K.). Government commissions of Inquiry................P. 19-2
Ramsay Library (Almonte). Catalogues, etc.... ....P. 301-1-2-3
Ramsay (R. A.). Treaties affecting the Boundaries and the Fisheries of
    Canada..... ....,...... ....P. 107-12
Randall (Robert). Trial, 1825, voyez Collins (Francis)..........P. 52-1 P. 149-7
Ratté (Antoine). The Saw Dust Nuisance in the River Ottawa....P. 186-8 P. 239-4
Reade (John). Great explorers before Columbus.. ....P. 203 H. 11
Reading Corporation Manuscripts, 1888...... ....P. 41f-13
Rebellion (la) de 1837 à Saint-Eustache, par C. A. N. Globensky........P. 152-19
Rebellion, 1837-38. Bourreaux (Les), depuis 1837 jusqu'à 1871. Détails
    inédits, souvenirs de l'insurrection Canadienne, en 1837......P. 28-7
Rebellion, 1837-38. Burning of the Caroline, by Rear Admiral Drew and
    Judge Woods...... ....P. 355-10
Rebellion, 1837-38. Canadian Controversy, its nature, origin and merits,
    published anonymously. ....P. 24-3
Rebellion of 1837-38. Caroline Almanack and American Freeman's
    Chronicle for 1840 ....P. 149-10
Rebellion of 1837-38. Case of Mr. McLeod, in whose person the Crown
    of Great Britain is arraigned for felony, par David Urquhart........P. 24-9
Rebellion of 1837-38. Cutting out of the Caroline, etc., 1837-38·.....P. 132-3
Rebellion of 1837-38. Doctrine de l'Eglise Catholique d'Irlande et de
    celle du Canada sur la révolte...................................P. 333-2
Rebellion of 1837-38. Echappé de la potence, souvenirs d'un prisonnier
    d'Etat Canadien en 1838...........................P. 333-1
Rebellion of 1837-38. Exiles return or narrative of Samuel Snow who
    was banished to Van Dieman's, for participating in the Patriot War
    in Upper Canada in 1838.................. ....P. 116-7
Rebellion of 1837-38. A few words on the subject of Canada, par A.
    Barrister ....P. 136-2
Rebellion of 1837-38. A Few more words upon Canada, par Charles
    Clark.................. ....P. 64-4
Rebellion of 1837-38. Head (Sir F. B.) and Mr. Bidwell. The cause
    and circumstances of Mr. Bidwell's banishment, by Sir F. B. Head
    correctly stated and proved by a United Empire Loyalist.... ......P. 24-4
Rebellion of 1837-38. Head's Flag of Truce. Defence of Col. Samuel
    Lount against the charge made by Dr. Rolph.. ....P. 24-7
Rebellion of 1837-38. Hints on the case of Canada for the consideration
    of members of Parliament.......................... ....P. 116-6
Rebellion of 1837-1838. Histoire de l'Insurrection du Canada, par L. J.
    Papineau...P. 156-4
Rebellion of 1837-38. Honour roll of surviving veterans of 1837-39.....P. 257-11
Rebellion of 1837-38. Incidents in the life of a Provincial, par A. Gugy..P. 217-7
Rebellion of 1837-38 in Upper Canada. Mackenzies' own narrative.....P. 311-11
Rebellion of 1837-38. Journal Historique des événements arrivés à Saint-
    Eustache, par un Témoin oculaire...................................P. 120-1
Rebellion of 1837-38. Lecture Publique, par J. A. Morisseau, Ecr. Avocat
    sur Cardinal et Duquet, victimes de 1837-38.....................P. 14-14
Rebellion of 1837-38. Lettres de C. A. M. Globensky.............P. 152-21
Rebellion of 1837-38. Letter to the Hon. Sir A. N. Macnab, par Alexander
    McLeod... ....P. 24-10
Rebellion of 1837-38. Mémoires relatifs à l'emprisonnement de l'hono-
    rable D. B. Viger.............................P. 119-15
Rebellion of 1837-38. Message from the President of the United States
    respecting disturbances on the Canadian frontier................ ..P. 138-1
Rebellion of 1837-38. My connection with it, par Thomas Storrow Brown.P. 441-3

DOC. DE LA SESSION No. 18

VOLUME.

REBELLION OF 1837-38. Question answered. "Did the Ministry intend to pay Rebels (?)" in a letter to H.E. the Right Hon. the Earl of Elgin, &c., by a Canadian Loyalist..P. 42-2

REBELLION OF 1837-38. Question (the). Was the late Rebel paying measure forced on the present Ministry by their predecessors (?) And is that bill a transcript of the rebellion claim bill for Upper Canada, &c. A Canadian Loyalist...P. 9-2

REBELLION OF 1837-38. Reform Alliance Society to their Brother Reformers in Upper Canada...P. 24-2

REBELLION OF 1837-38. Rebellion (la) de 1837-38, ou Réponse de M. C. A. Globensky à M. L. O. David.................................P. 152-20

REBELLION OF 1837-38. Report of the Case of the Canadian Prisoners, with an introduction on the Writ of Habeas Corpus, par Alfred A. Fry....P. 69-1

REBELLION OF 1837-38. Reports of the Commissioners on the Rebellion in the years 1837-38...P. 42-3

REBELLION OF 1837-38. Report of a Select Committee of the House of Assembly on the Political State of the Provinces of Upper and Lower Canada. H. S. Sherwood, président.....

REBELLION OF 1837-38. Speech of Lord Ashburton in the House of Lords in the second reading of the Canada Government Bill..............P. 71-2, P. 67-4

REBELLION OF 1837-38. Trial of Alexander McLeod for the murder of Amos Durfee, and as an accomplice in the burning of the steamer Caroline in the Niagara River during the Canadian Rebellion in 1837-38...P. 24-8

REBELLION OF 1837-38. Trial of Dr. Morrison, M.P.P., for High Treason at Toronto, 24 April, 1838...................................P. 24-5

REBELLION OF 1837-38. Voyez United States, 1838...............P. 132 1

REBELLION LOSSES BILL. The Crisis in Canada, in vindication of Lord Elgin and his Cabinet, par Alexander MacKay....................P. 233-2

RECHERCHES HISTORIQUES, par Pierre Georges Roy..............P. 419-A à E

RECIPROCITY. Boston Committee in Canada, 1851................P. 196-6

RECIPROCITY. Commercial Union, A study, by "a Quebec Liberal"......P. 180-18

RECIPROCITY. Commercial Reciprocity between the United States and the British North American Provinces, Memorandum of the British Plenipotentiaries. Full text of the Reciprocity Treaty of 1854 and the proposed new Treaty.................................P. 89-1

RECIPROCITY. Commercial Union in North America some letters, papers and speeches......................................P. 199-6

RECIPROCITY. Memorandum on the Commercial relations past and present of the British North American Provinces with the United States of America...P. 140-8

RECIPROCITY. Rapport du ministre des Finances sur le traité de réciprocité avec les Etats-Unis..............................OP. 48-4 OP. 59-3

RECIPROCITY. Relations between the United States and North West British America...P. 109-6

RECIPROCITY. Remarks on Reciprocity and the Thornton Brown Memorandum by a Quebec Liberal.............................P. 89-2

RECIPROCITY. Report of the Minister of Finance on the Reciprocity Treaty with the United States (with documents) ....OP. 3-4, P. 348-10-11

RECIPROCITY TREATY. Report of the Select Committee of the Chamber of Commerce of the State of New York............................P. 348-9

RECIPROCITY. Report on the State of Trade between the United States and British Possessions in North America, par J. N. Larned..........P. 105-1

RECIPROCITY. Speech of John Charlton, M.P., on Unrestricted Reciprocity with the United States..P. 234-17

VOLUME.

RECIPROCITY. Treaty, its Advantages to the United States and Canada,
  par Arthur Harvey..P. 181-8
RECIPROCITY. Treaty its History, General Features and Commercial Re-
  sults. Un discours de l'honorable Joseph Howe à Détroit..........P. 85-3
RECIPROCITY. The Niagara Ship Canal, par J. D. Hayes...............P. 348-8
RECIPROCITY. Treaty Memorial of the Chamber of Commerce...........P. 348-11
RECIPROCITY. Par Thomas P. Gorman................................P. 367-8
RECOLLETS. Les derniers Canadiens, Le Frère Louis, par l'Abbé Charles
  Trudelle...P. 392-1
RECORD COMMISSION. Nova Scotia Catalogue, 1886...................P. 311-2
RECORD OFFICE. Reports of the Deputy Keeper from 51 to 60.........P. 415-28
RECORD OFFICE. The British Public Record Office and the Materials in it
  for early American History, par W. Noel Sanisbury.... ....P. 350-10
RECTORY QUESTION. Religious endowments in Canada. The Clergy Reserve
  and Rectory Question, par Sir Francis Hincks .....'.............P. 352-6
RED DEER DISTRICT Alberta, N. W. T. Six years experience, par le révé-
  rend Leo Guetz...P. 254-11
REDPATH (PETER). Museum Specimens of the Guanches, par Sir J. William
  Dawson ....P. 382 B-25
REDPATH (PETER). In memoriam with historical notice of the Peter Red-
  path Museum, par Sir William Dawson...........................P. 382 B-24
RED RIVER. Early culture by Mrs. George Bryce..... ....P. 500-8
RED RIVER of the north opening to, commerce and civilization par le capi-
  taine Russell Blakely...P. 356-4b
RED RIVER. Older geology of the Red River and Assiniboine par George
  Bryce...P 205-B-6
RED RIVER (SETTLEMENT). Memorial of the people of Red River to the
  British and Canadian governments, with remarks on the Colonization
  of Central British North America, and the establishment of a great
  territorial road from Canada to British Columbia, presented by Sand-
  ford Fleming..P 106-5
RED RIVER. Mémorial du peuple de la Rivière Rouge, etc., etc.........P. 215-7
RED RIVER settlement history by Charles N. Bell......... ....P. 205 A-10
RED RIVER SETTLEMENT. Social customs and amusements in early days, par
  John MacBeth...P. 205 B-10
RED RIVER SURFACE. Geology of the Red River and Assiniboine valleys,
  par George Bryce, LL.D.......................................P. 205 B-4
RED RIVER VALLEY. Settlement and development of, par Warren Upham.P. 356-3b
RED RIVER VALLEY. The foot steps of time, par A. M. Charles.......P. 205 A-9
RED RIVER. Worthies of old, par George Bryce, LL.D.... ....P. 205 B-16
RED WOOD LIBRARY Newport, Rhode Island, par David King ....P. 258-11, P. 309-8
  Report of the directors.................................P. 309-9
REES (DR.) Report of the select committee of the Legislative Assembly on
  his case with an appendix.....................................P. 39-2
REFORM ALLIANCE Society to their Brother Reformers in Upper Canada,
  1836...P. 24
RÉFORME. Lettres sur la réforme judiciaire, par S. Pagnuelo...........P. 338-3
RÉGIME FÉODAL de l'abolition du, une compilation, 1855...............P. 423-3
REGINA, N.W.T. Directory for 1885................................P. 135-1
REGISTRATION report of marriages, births and deaths, to September 1866 for
  Nova Scotia ....P. 378-6
  For 1871..P. 378-7
  For 1874..P. 378-8
  For 1875..P. 378-9
REGISTRES DE L'ÉTAT DES PERSONNES. Conférence de l'Abbé Cyp. Tanguay,P. 190-8

DOC. DE LA SESSION No. 18

VOLUME.

REGISTRY OFFICES, Lower Canada. Correspondence respecting the Affairs of Canada...P, 75
RELIC OF SAINT LUCIA, a. Wentworth Historical Society..............P. 519-6.
RELIEF OF STRANGERS IN DISTRESS. Annual report, 1827..... ....P. $\frac{508}{2}$ 7
RELIGIEUSE DE L'HOPITAL GÉNÉRAL DE QUÉBEC. Relation de ce qui s'est passé au siège de Québec, et de la prise du Canada, (1759)...........P. 97-2
RELIGIEUSE DE L'HÔPITAL GÉNÉRAL. Siège de Québec..................P. 203 J-5
RELIGIOUS ENDOWMENTS IN CANADA. The Clergy Reserve and Rectory Questions par Sir Francis Hinks...P. 352-6
RELIGIOUS CONTROVERSY. A needed controversy by John Carroll........P. 224-7
RELIGIOUS CONTROVERSY. An open letter addressed by Hon. Oliver Mowat to Rev. J. M. Milligan, October 29, 1886. Protestantism not in P. 227-7
danger...P. 296-17
RELIGIOUS CONTROVERSY. Antidote to Dr Ryerson's scriptural rights, &c., par le révérend H. Wilkinson..P. 146-10
RELIGIOUS CONTROVERSY. Appeal addressed to a Candid Public and to the feelings of those whose upright sentiments and discerning minds enable them to Weigh it in the Balance of the Sanctuary, par Elmer Cushing. P. 75-2
RELIGIOUS CONTROVERSY between Rev. Father Molphy and Rev. Robert Scobie, Strathroy...P. 227-5
RELIGIOUS CONTROVERSY. Calumny against the Catholic Church in reference to Galileo exposed...P. 186-4
RELIGIOUS CONTROVERSY. Chiniquy d'Autrefois...........................P. 15-4-14
RELIGIOUS CONTROVERSY. Church and State, par Sir Alex. T. Galt.......P. 117-10
RELIGIOUS CONTROVERSY. Church (The) and the Wesleyans, par J. K. Cobourg...P. 160-4
RELIGIOUS CONTROVERSY. Contre-Poison, Faussetés, erreurs, impostures, blasphèmes de l'Apostat Chiniquy, par Alph. Villeneuve. Dialogue sur l'Eucharistie...P. 32-8
Dialogue sur la Confession...P. 32-9
RELIGIOUS CONTROVERSY. Copies of letters addressed by the Rev. P. McMahon to the Editors of Le Journal de Québec and Le Canadien ·Containing the report of a Conference between him and his itinerant preachers...P. 235-7
RELIGIOUS CONTROVERSY. Coup d'Œil sur l'homme et sa chûte, par Henry Lacroix...P. 137-10
RELIGIOUS CONTROVERSY. Defence of doctrinal Statement, par James Bovell...P. 160-8
RELIGIOUS CONTROVERSY. Dernier chant du Cygne sur le Tumulus du Gallicanisme. Réponse à Monseigneur Dupanloup par Monseigneur Pinsonneault, Evèque de Birtha ....P. 195-14
RELIGIOUS CONTROVERSY. Dernière correspondance entre S. E. Le Cardinal Barnabo et l'honorable M. Dessaulles........................P. 18,15
RELIGIOUS CONTROVERSY. Dessaulles (L'honorable L. A.) et le système judiciaire des Etats Pontificaux, par le professeur Bibaud............P. 36-8
RELIGIOUS CONTROVERSY. Dialogue sur une question importante, par un Catholique........................... ....P. 25-2. P. 154-9
RELIGIOUS CONTROVERSY. Don Quichotte Montréalais ou M. Dessaulles et la grande guerre ecclésiastique, par Luigi........................P. 157-5
RELIGIOUS CONTROVERSY. Eglise de Rome. Réponse du Père Chiniquy au Rév. J. M. Bruyère. ....P. 25-2, P. 194-9
RELIGIOUS CONTROVERSY. Examen Critique de la soi-disant réfutation de la grande guerre ecclésiastique de l'honorable L. A. Dessaulles sans réhabitation de celle-ci, par un Faillible. ....P. 18-3
RELIGIOUS CONTROVERSY. Honte et Mépris au renégat La vie et la mort de l'apostat Chiniquy, par X. Y. Z..............................P. 33-3

VOLUME.

RELIGIOUS CONTROVERSY. Important Protest. The Mails' vilifaction of
Archibishop Lynch denounced............................... .P. 196-15
RELIGIOUS CONTROVERSY. Index (Polémique)........................P.151-2
Pour la première lecture *voyez*..... ....P. 153-11
RELIGIOUS CONTROVERSY. Lecture by M. W. Kirwan Editor of the True
Witness in reply to Rev Mr. Bray on the "Romish" Church.........P. 4-5
RELIGIOUS CONTROVERSY. Letters to my orphans and to the people of
Canada, par John Macaulay, 1879...............................P. 161-11
RELIGIOUS CONTROVERSY. Man of faith, par Henry Lecroix.............P. 137-9
RELIGIOUS CONTROVERSY. Miraculous agency considered as a basis of reli-
gious opinion, conférence par John Mahon, B.A............... ....P. 180-10
RELIGIOUS CONTROVERSY. Open letter addressed by Hon. Oliver Mowat to
Rev. G. M. Milligan, Protestantism not in danger.................P. 196-17
RELIGIOUS CONTROVERSY. Papers relating to the state of Religion in the
Province (New Netherlands) 1657-1712..........................P. 12-6
RELIGIOUS CONTROVERSY. Pays Catholiques et Pays Protestants comparés,
par Mgr M. T. Spalding évêque de Louisville....................P. 14-26
RELIGIOUS CONTROVERSY. Philosophic Origin and Historic Progress of the
Doctrine of the Trinity, par John Cordier ....P. 142-3
RELIGIOUS CONTROVERSY. Poor man's preservative against Popery, par John
Strachan (cas de l'honorable J. Elmsley).....................P. 227-4
RELIGIOUS CONTROVERSY. Progress of Popery in the British Dominions...P. 139-2
RELIGIOUS CONTROVERSY. Protests against the efforts now being made in
Canada by the Roman Catholic Hierarchy to put into practice among
Her Majesty's Protestant subjects the Doctrine of the Syllabus and the
Vatican, par Sir Alexander T. Galt......... ....P. 99-5
RELIGIOUS CONTROVERSY. Protestant minority in Quebec in its political
relations with the Roman Catholic majority. A letter addressed to Sir
Alexander Tillick Galt, par Thomas White, fils ....P. 16-1
RELIGIOUS CONTROVERSY. Protestantisme (le) et le Catholicisme, dans leurs
rapports avec la liberté et la prospérité des peuples, par Em. de
Laveleve.. ... P. 34-12
RELIGIOUS CONTROVERSY. Quelques considérations sur les réponses de
quelques théologiens de Québec.... ....P. 154-13
RELIGIOUS CONTROVERSY. Quelques considérations sur le temps actuels. P. 121-4, P. 97-6
RELIGIOUS CONTROVERSY. Questions and objections concerning Catholic
Doctrine and practices answered by Rt. Rev. John J. Lynch, Archbishop
of Toronto........................... ....P. 235-6
RELIGIOUS CONTROVERSY. Recent Aspects of Materialism, conférence par
le révérend D. H. MacVicar.............................. ......P. 18-6
RELIGIOUS CONTROVERSY. Relationships which bar marriage considered
Spiritually, Socially and Historically, 1871...................P. 55-3
RELIGIOUS CONTROVERSY. Reply to "The Apostolic Church, which is it !"
of Professor Thomas Witherow...... ....P. 55-4, P. 139-6
RELIGIOUS CONTROVERSY, Reply to the Rev. Wm. Stephenson or an inquiry
into the reason given, "Why I am a Protestant," par le révérend John
L. O'Connor ....P. 118-19, P. 139-33
RELIGIOUS CONTROVERSY. Roman Catholicism in Canada, par le révérend
Principal MacVicar. Romanism in relation to education, par le révé-
rend James M. King..................................P. 227-8
RELIGIOUS CONTROVERSY. . Report of the Commissioners on the Riot at
Chalmers' Church.................. ....OP. 59-2
RELIGIOUS CONTROVERSY. Romish Doctrine of the Rule of Faith Examined,
par le révérend Wm. MacLaren.............................P. 139-31

DOC. DE LA SESSION No. 18

VOLUME.

RELIGIOUS CONTROVERSY. Scepticism A Folly, par Adam Townley........P. 100-7
RELIGIOUS CONTROVERSY. Scriptural Rights of the Members of Christ's
    visible Church, par Egerton Ryerson.............................P. 146-9
RELIGIOUS CONTROVERSY. Situation Religieuse de l'Amérique Anglaise....P. 14-17
RELIGIOUS CONTROVERSY. Spurious Catholicity or Socinianism unmasked
    by a Methodist minister....... ....P. 224-8
RELIGIOUS CONTROVERSY. The French Canadian Imperium in Imperio. A
•   lecture on our creed and race problem, par le révérend John Burton...P. 227-6
RELIGIOUS CONTROVERSY. The "Mail" on the Catholic Church..........P. 227-22
RELIGIOUS CONTROVERSY. The ultramontaine policy in Quebec and its re-
    sults, par un Catholique. ....P. 303-8
RELIGIOUS CONTROVERSY. The Scripture Readings. Statements by Princi-
    pal Caven and Dr. Dewart............... ....P. 227-18
RELIGIOUS CONTROVERSY. Two Elders (The) and the Meal Club Plot, par
    Toots, 1856...................... ....P. 132-4
RELIGIOUS CONTROVERSY. Two letters addressed to the editor of the Church
    (John Kent) exposing the intolerant bigotry of that journal..........P. 139-5
RELIGIOUS CONTROVERSY. Who is Christ? par Henry Wilkes, D.D.......P. 146-8
RELIGIOUS CONTROVERSY. Why I am a Protestant, sermon by Rev. Wm.
    Stephenson...P. 139-32
REMINGTON (CYRUS K.). The shipyard of the Griffon, a brigantine built by
    René Robert Cavelier de la Salle............... ....P. 256-14
RÉMINISCENCES, par Arthur Buies...... ....P. 301-5
REMINISCENCES of John Fiske by Samuel Swett Green (In American Anti-
    quarian Society)................................... .... P. 518-5
RENAULT (PHILIP FRANÇOIS), Heirs of, application for the issue of certifi-
    cates of location in lieu of certain French land claims in Illinois and
    Missouri..... ....P. 350-5
REPORT of a visit to Great Britain and the continent of Europe, par le
    docteur Duncan McEachran.................. ....P. 448-6
REPORT of a select committee on geological surveys. ....P. 477-1
RESPONSIBLE GOVERNMENT. The establishment in 1818....... ....P. 450-5
RESOLUTIONS. Wentworth Historical Society.................. ....P. 519-6
RETICIUS. Réponse aux cinq lettres du R. M. Verreau.. ....P. 91-11
RETURNED DIGGER. Cariboo, the newly discovered gold fields of British
    Columbia.. ....P. 331-3
RÉVÉLATIONS du Crime ou Cambray et ses complices, par F. R. A. Angers.P. 342-6
REVUE Canadienne, 1864 à 1879, 16 volumes.... ....P. 464
    ''   Nouvelle série, 1881 à 1877, 7 volumes.............P 469
    ''   Troisième série, 1888 à 1889 2 volumes.............P. 469-24
REVIEW of historical publications relating to Canada, publié par George M.
    Wrong..... ....P. 428-1 to 5
REVUE de la Revue du Pamphlet de l'Hon. R. E. Caron...............P. 249-5
REVUE de la session de la Législature Provinciale de Québec............P. 260-4
REYNAR (Jos.) Chemin de fer Trois-Rivières et Nord-Ouest............P. 153-16
REYNOLDS Library Report for 1897..................................P. 439-4
    ''   ''   1899 and 1900, 1901-2.......... P. 495-10-11, P. 520
REYNOLDS (SHELDON). The frontier forts within the Wyoming Valley....P. 368-2
RHODE ISLAND. Historical Society for 1896, awards.................P. 465, &c.
RICHARDSON (C. GORDON). Appendix on alcohol to Goldwin Smith, Tem-
    perance versus Prohibition...P. 233-11
RICHARDSON (MAJOR). Eight years in Canada, 1847.............. ......P. 69-3
RICHARDSON (MAJOR). Personal memoirs of...... ....P. 336-1
RICHEY (MATTHEW). A letter to the editor of the "Church" in answer to
    his remarks on the Rev. Thomas Powell's essay on apostolic succession,P. 139-3

VOLUME.

RICHET (MATTHEW). A plea for the Confederation of the Colonies of British
  North America addressed to the people and Parliament of Prince
  Edward Island..P. 97-3
RICHMOND. Commerce, Commercial Union........................ P. 255-7
RICHMOND, Quebec and, Railroad Company. Report of the directors and
  Chief Engineer.. ....P. 342-8
RIDDELL (LIEUT. H. S. H.). The Red River Expedition of 1870........P. 203E-15
RIDEAU. Voyez SHERIFF...P. 203B-11 ·
RIEL REBELLION. How it began. How it was carried on and its conse-
  quences....... ....,.............................P. 180-16
RIEL. (In the case of Louis) convicted of treason and executed, rapport de
  Sir Alexander Campbell ....P. 311-17
RIEL (Louis). L'Amnistie. Mémoire sur les causes des troubles du Nord-
  Ouest...P. 544. P. 26-6
RIEL, LA QUESTION. Voyez Mercier........ ....P. 152-23
RIEL (Louis). Letter to Dr. Fiset on the North-west Rebellion.........P. 234-14
RIEL. Le mot de la fin. Voici le vote. Conspiration armée contre les
  métis français, etc., etc ....P. 194-17
RIEL (Le véritable) tel que dépeint dans des lettres de Sa Grandeur Mgr
  Grandin, etc., etc....................................,.........P. 194-18
RIEL, LOUIS. Martyr du Nord-Ouest..... ....P. 157-14
RIEL, LOUIS. "David", poésies religieuses et politiques.................P. 159-18
RIEL, QUESTION. Discours de l'honorable John Costigan...............P. 250-1
RIEL. Réponse à Monsieur J. A. Chapleau, par Ernest Tremblay........P. 344-10
RIEL'S REVOLT, par le major de Saint-H. d'Entragues ....P. 445-1
RIEL. Voyez Faucher...P. 194-16
  "   "   Mousseau..P. 192-12
RIFLE ASSOCIATION, DOMINION. Programme, 1887....................P. 300-7
  "   "   1872, 1873.........................P. 320
  "   "   1877 to 1882, &c., &c., 1896.........P. 320, B to F
  "   ONTARIO. 1869 to 1876......................P. 321
  "   "   1877 to 1882, &c., to 1894.............P. 321 A B C
RIFLE ASSOCIATION. Report of the Council of New Brunswick..........P. 389-1-2
RIFLE ASSOCIATION. Québec, 1871 à 1887........................•..P. 322
RIMMER (ALFRED). The great defect in the law of evidence in civil suits in
  Canada.............................. ....P. 30-6
RIMOUSKI, Le Collège de. Qui l'a fondé ?...................... ....P. 154-15
RIMOUSKI. The Intercolonial Railway in connexion with a harbour at
  Rimouski... ....P. 260-3
RINFRET. Biographie par P. A. J. Voyer ....P. 344-5
RITCHIE (THOMAS). Fallacy of Insolvency laws and their baneful effects...P. 137-7
RITHET (R. P.) MAYOR. Annual Report of the City of Victoria, B.C.....P. 134-2
RIVIÈRE DU LOUP GOLD MINING Co. Reports, &c...................P. 179-2
RIVIÈRE (HENRI). Le meurtrier d'Albertine Renouf...................P. 4-9
RIVIÈRE ROUGE. Mémorial du peuple de la Rivière Rouge.............P. 215-7
RIVINGTON (ALEXANDER). In the track of our emigrants. The new Domi-
  nion as a home for Englishmen.................................P. 25-1
ROAD ACTS, relating to Statute Labour and Public Roads .... P. 220-8
ROADS, GOOD AND BAD, par Charles W. Dowling.............. ... .P. 497-13
ROAD LAWS and the office of Grand Voyer. Report of the Special Com-
  mittee of the House of Assembly...............................O.P. 60-2
ROADS. Proceedings in the House of Assembly on the petition of Thomas
  Lee, Jun., for a bill to authorize him to make and maintain turnpike
  roads in the vicinity of Quebec...................................P. 227-1
ROBB (JAMES, M.D.). Agricultural progress in New Brunswick ....P. 174-1

DOC. DE LA SESSION No 18

VOLUME.

ROBB (CHARLES). Descriptive catalogue of the exhibition of minerals, 1865.P. 175-2-1
ROBB (CHARLES). Descriptive list of the principal Canadian timber trees..P. 175-8
ROBB (CHARLES). Observations on the physical geology of the western districts of Canada ....P. 175-5
ROBB (CHARLES). On the petroleum springs of Western Canada.........P. 175-9
ROBB (CHARLES). On the Rivière du Loup. Notes of a trip to Hunterstown.P. 175-11
ROBB (CHARLES). Report on Plumbago Mines at Pointe aux Chênes .....P. 179-18
ROBB (CHARLES). Some observations relating to the physical condition of the superficial deposits in Canada..............................P. 174-19
ROBERTS (WILLIAM C., DD., &c.). Addresses at his inauguration as president of Lake Forest University...............................P. 218-14
ROBERTSON (W. J.) A brief historical sketch of Canadian Banking and Currency ....P. 234-4
ROBERTSON (PROFESSOR). Address to the Victorian Order of Nurses..... P. 386-3
ROBERTSON (J. G.). Budget speeches of 29th Nov. 1870................P. 17A-3
              "   1871.....................P, 17A-4
                                      1872.....................P. 17A 5
                                      en français.............. P. 17-3
                                      1874.....................P. 17A-6
              "   2nd February, 1875.............. P. 17A-11
              "   16th June, 1880................. P. 17B-4
ROBERTSON (H. H.). Titus Simons, Quartermaster, 1777–1812, by.......P. 419-7
ROBERTSON (MARGARET). Essay on Common School Education ....P. 199-3
ROBERTSON (SAMUEL), Notes on the Coast of Labrador......... ....P. 203C-5
ROBINSON (J. B.). Remarks on the proposed union of the Provinces, 1839.P. 339-3
ROBINSON (MAJOR WILLIAM). Réponse aux observations sur le rapport. (A. et F.) 1849..OP. 17-10-13
ROBINSON (MAJOR WILLIAM). Report (1848) on the proposed trunk line of railway from an eastern port in Nova Scotia, through New Brunswick, to Quebec.... ....OP. 17-8
ROBINSON (MAJOR R. E.). Southern Africa and the Kaffirs, 1871–72....P. 203, E-19
ROBINSON (CHIEF JUSTICE). Upper Canada. Statute 3rd, Wm. IV, Cap. 4, relating to capital offences..................... ....P. 232-2
ROBERVAL (SIEUR DE). Voyage au Canada, 1542......... ....P. 203, K-3
ROCHE (A. R.). Notes on the resources and capabilities of Anticosti, 1832-1855...... ....P. 203C-14
ROCHEBLAVE (P. DE). Voyez Pothier (T.), Report, 1830. Exploration between the St. Maurice and Ottawa ....P. 147-5-6
ROCHEMONTEIX (CAMILLE DE). Réponse à un mémoire intitulé : Observations à propos du P. Le Jeune et de M. d'Queylus, par M. l'abbé Gosselin.P. 362-4
ROCKHAMPTON (QUEENSLAND). Bulletin. Our Canadian Cousins, 1886 ...P. 306-12
ROCKY BAR MINING Co. Report, 1851.... ....P. 150-4
ROCKY MOUNTAIN. A journey beyond in 1835, 1836 and 1837, par le révérend Samuel Parker.................... ....P. 376-8
ROCKY MOUNTAINS TRACTS, par Thomas J. Farnham...................P. 336-7
ROEBUCK (J. A.). Existing difficulties in the Government of the Canadas.P. 30-1
ROEHRIG (F. L. O.). The language of the Dakota or Sioux Indians ......P. 367-1
ROGER (CHARLES). Glimpses of London and Atlantic experiences, 1873...P. 57-7
ROGERS (R. Z.), Incidents in the early military history of Canada.... ..P. 250-6
ROGER (CHARLES). Ottawa past and present. .. ..P. 345-8
ROGERS (HORATIO). The influence of College inspiration on after life.....P. 440-5
ROGERS (PRIVATE). Unveiling a statue to the memory of, killed in the North West Rebellion of 1885...............................P. 300-8
ROLPH (DR. JOHN). Speeches of, and of Christopher A. Hagerman on the bill for appropriating the proceeds of the Clergy Reserves to the purposes of general education..P. 345-4

3-4 EDOUARD VII, A. 1904

VOLUME

ROLPH (JOHN).   Speech on the Clergy, Reserve Question . . . . P. 90-12
ROLPH (HON. JOHN).   Speech on the occasion of the late inquiry into charges of high misdemeanours at the late elections, preferred against His Excellency Sir Francis Bond Head before the House of Assembly of Upper Canada . . . . P. 345-5, P. 64-3
ROLPH (DR. JOHN).   Speech on the bill for appropriating the proceeds of the Clergy Reserves to the purposes of general education . . . . P. 94-3
Romaine's Modern Steam Farmer . . . . P. 199-10
ROMAN CATHOLIC CHURCH.   Bishop McDonell . . . . P. 336-3
ROMAN CATHOLIC CHURCH.   Calumny against the Catholic Church in reference to Galileo exposed . . . . P. 186-4
ROMAN CATHOLIC CHURCH.   Catholic Church in Nova Scotia, New Brunswick and Prince Edward Island, par M. l'abbé Æneas McDonell Dawson . P. 81-5
ROMAN CATHOLIC CHURCH.   Diocese of Arichat, 1884 . . . . P. 336-4
ROMAN CATHOLIC CHURCH.   Pastoral letter by the Right Reverend Dr. Walsh, Bishop of Halifax and a letter on the Roman Catholic Episcopal Oath . . . . P. 217-5
ROMAN CATHOLIC CHURCH.   Pastoral letter of the Fathers of the sixth Council of Quebec . . . . P. 139-35
ROMAN CATHOLIC CHURCH.   Remarks on the recent pastoral letters of Monseigneur Bourget . . . . P. 16-5
ROMAN CATHOLIC FAITH.   Observations to the professors of, par Expostulatus . . . . P. 353-7
ROME, LES CATACOMBES DE, par Mgr. Paul Bruchési . . . . P. 392-1
RONDE (SIEUR DE LA).   The first navigator of Lake Superior, par Edward D. Neill . . . . P. 388-7
ROOME (DR.).   Memorandum on Cholera (A. & F) . . . . P. 385-6-7
ROPER (S. C. D.)   Statistical Year Book, 1889, 1890, 1891, 1892, P. 480-4, 481-5, 480-6-7
ROSA (NARCISSE)   La construction des navires à Québec et ses environs . . P. 447-4
Rose BELFORD'S CANADIAN MONTHLY.   8 volumes . . . . P. 425 J to 425Q
ROSE (HON. JOHN).   Complimentary Banquet . . . . P. 215-15
ROSE (HON. JOHN).   Voir Political Address of John Thorn . . . . P. 232-14
ROSS (DUNBAR).   Seat of government in Canada, 1843 (réimpression) with the composition and functions of the Legislative Council and the double majority question . . . . P. 83-6, P. 21-2
ROSS (A. W.).   Speech on the Canadian Pacific Railway and Canadian North West . . . . P. 102-2, P. 143-14
ROSS A. W., (M.P.)   Speech on Pacific Railway and North West Territories . . . . P. 219-14
ROSS (CAPT. JOHN).   Through the Zulu War with General Woods' flying column . . . . P. 306-13
ROSS (WILLIAM).   Voir Trials, 1827 . . . . P. 216-7
ROTTERMUND (E. S. DE).   Rapport sur les minéraux . . . . P. 222-10
ROUILLARD (EUG.)   Fish and Game in the Province of Quebec . . . . P. 445-8
ROUILLARD (EUGÈNE).   La Colonisation . . . . P. 487-4
ROUILLARD (EUGÈNE).   Les Bibliothèques populaires . . . . P. 261-4
ROULEAU (C. E.)   L'émigration. Les principales causes . . . . P. 364-9
ROULEAU (L'ABBÉ TH. G.)   Notice biographique sur l'Abbé Ed. Bonneau . P. 223-1
ROULEAU (CHAS. B.)   Notre système judiciaire . . . . : . . . . . P. 152-10
ROUSSEAUX.   History of Mrs. Jean Baptiste, par Alexander Servos . . . . P. 501-6b
ROUSSELOT (CURÉ).   Inauguration à Notre-Dame de Montréal de la statue de la Sainte-Vierge donnée par N.S.P. le Pape Pie IX . . . . P. 6-9
ROUTHIER (JUGE).   Discours à l'inauguration des nouvelles salles de l'Institut Canadien . . . . P. 207, B-11
ROUTHIER (JUGE).   Jugement. Contestation de l'élection de l'honorable Hector Langevin, député fédéral du comté de Charlevoix . . . . . . P. 13-11, P. 14-18

DOC. DE LA SESSION No. 18

VOLUME.

ROUVIER (L. P. FRED.) Trois Apôtres de la nouvelle France. Les P.P.
   Jean de Brébeuf, Jos. Jogues et G. Lalemant.....................P. 262-1-2-3
ROWBOTHAM (S. A.) Winnipeg Real Estate Register.................P. 143-16
ROXBORO' FARMER· An Emigrant's experience in Canada.......... ....P. 186-6
ROXBURGHE. Manuscripts of the Duke of.........................P. 414-34
ROY (REV. J. J.) The Jesuit Order, a sermon................... .... P. 227-12
ROY (REGIS). Le Cadet de la Verendrye ....P. 360-2
ROY (J. EDMOND) L'ordre de Malte en Amérique....................P. 250-11
ROY (PIERRE GEORGES) Bibliothèque Canadienne....................P. 392 1 &c.
ROY (PIERRE GEORGES). Recherches Historiques....... ....P. 419, A B
ROYAL CANADIAN ACADEMY OF ARTS, 1884 à 1894..... ....P. 317-1 to 12
ROYAL CANADIAN ACADEMY OF ARTS. Reports for 1897................P. 386-2
ROYAL CANADIAN ACADEMY OF ARTS. Records, &c., &c...... ....P. 394-1 to 14
ROYAL COLONIAL INSTITUTE. Règlements............................P. 115-8
ROYAL HUMANE SOCIETY. Sermon prêché par le Très rév. Jacob Mountain..P.$\frac{502}{1}$ 3
ROYAL MAGAZINE, 1759, 1760, 1762, 1763.................. ....P. 463 A to F
ROYAL NAVY. Letters to the Right Hon. Earl of Chatham, first Lord Com-
   missioner of the Admiralty, prefaced by an address to the Captains of
   the Royal Navy, &c.. P. 216-1
ROYAL SOCIETY OF CANADA. Rules and regulations, 1891 hand book.P. 111-4, P. 261-6
ROYAL CANADIAN VOLUNTEERS, 1794-1802, par J. L. Hubert Neilson......P. 347-8
ROYAL WILLIAM. The pioneer of ocean steam navigation, par Archibald
   Campbell...P. 260-13
RUBENS (HARRY). The dominion of the United States. Une adresse.....P. 350-16
RUNCIMAN (J. HERBERT). The Historic Garrison at Annapolis Royal.....P. 186-10
RUPERT'T LAND (Bishop of). A charge delivered to the clergy of the diocese.P. 108-11
RUPERT'S LAND. Report of the second conference of clergy and lay dele-
   gates from parishes in the diocese........ ....P. 108-12
RUPERT'S LAND Report of the synod of the diocese called by the Bishop..P. 108-13
RUPERT'S LAND Second conference of clergy and lay delegates from parishes.P. $\frac{502}{2}$ 5
RUPERT'S LAND. Selkirk settlement...............................P. 494
RUPERT'S LAND. Social customs and amusements in early days, par John
   McBeth...P. 205, B. 10
RUPERT'S LAND. The first Recorder, par George Bryce, LL.D.........P. 205, B-2
RUSSELL (DR. R. A.). Correspondence relative to the dismissal from the
   Commission of the Peace....................................P. 138-15
RUSSELL, (J. A.). On Champlain's Astrolabe lost on the 7th June, 1613
   and found in August, 1867...................................P. 76-5
RUSSELL (A. J.). Ottawa and Pontiac Colonisation.................OP. 1-7
RUSSELL (CAPT. PETER). Siege of Charleston, journal of..............P. 450-4
RUSTICUS. Letters. Investigations in Manitoba and the North-West....P. 343-14
RUTLAND. Manuscript of the Duke of, 1888 ....P. 414-17-18-32
RYE (MISS). Further letters furnished in rebuttal of Mr. Doyle's report...P. 107-1
RYE CORPORATION. Manuscript, 1892.......................... .....P. 414-27
RYERSON (EGERTON). Civil government, the late conspiracy. A discourse.P. 142-1
RYERSON (EGERTON). Controversy with Rev. J. M. Bruyere, Rector of St.
   Michael's Cathedral, Toronto, on the appropriation of the Clergy Reserves
   Fund ....P. 99-4
RYERSON (EGERTON). Letters in reply to attacks of the Hon. George
   Brown, M.P.P............. ....P. 55-3
RYERSON (EGERTON). Letters in reply to the attacks of foreign ecclesiastics
   against the Schools and Municipalities of Upper Canada.... ... .. P. 92-2
RYERSON (EGERTON). Scriptural Rights of the members of Christ's visible
   church...P. 146-9
RYERSON (EGERTON). Sir Charles Metcalfe defended against the attacks of
   his late councillors.......................... ....P. 49-6

3–4 EDOUARD VII, A. 1904

VOLUME.

RYERSON (EGERTON). Ten letters on the Church and Church Establish-
    ments in answer to certain letters of, par un Anglo-Canadien .... P. 352-3
RYERSON (EGERTON). The new Canadian Dominion, dangers and duties of
    the people in regard to their Government .... P. 45-2
RYERSON (EGERTON). The Clergy Reserve question as a matter of history—
    a question of law—and a subject of legislation .... P. 99-1
RYERSON (EGERTON). University question, the Rev. Dr. Ryerson's defence
    of the Wesleyan petitions, etc. .... ' .... P. 133-6
RYERSON (EGERTON). University Reform, reply to a recent pamphlet of
    Mr. Langton and Dr. Wilson.......... .... P. 94-7
RYERSON (EGERTON). Victoria College. The principal's inaugural address P. 146-7
RYERSON (EGERTON). Wesleyan Methodism in Upper Canada .... P. 146-5
RYERSON (WARD E). Wesleyan Methodist Conference. Its union with
    the conference in Canada in 1833 and separation in 1840, etc .... P. 146-6

S.

SABINE, (LORENZO). An address before the New England Historic
    Genealogical Society on the death of General Wolfe .... P. 337-4
SABLE ISLAND and its attendant phonomena, par S. D. Macdonald......... P. 48-8
SABLE ISLAND. Its past history, present appearance, natural history, &c.
    Conférence par J. Bernard Gilpin, aussi poème par l'hon. Joseph Howe. P. 75-3
SABLE ISLAND. Les Sablons. Ile de Sable, par J. C. Taché .... P. 51-5
SAGEAU (MATHIEU). Extrait de la Relation des Aventures et Voyages.... P. 211 D-1
SAGUENAY. Election contestée.... ....+.........P. 254-15
SAGUENAY. Description with legends of the St. Lawrence .... P. 239-2
SAGUENAY, EN 1851. Histoire du passé, du présent et de l'avenir probable. P. 122-8
SAGUENAY HISTORIQUE...P. 159-16
SAGUENAY (LE) et le Lac Saint-Jean. Ressources et avantages qu'ils offrent
    aux colons.... ....P. 292-5
SAGUENAY. Minutes des délibérations du comté de Saguenay............ P. 256-1
SAGUENAY. Notes of a journey through the interior of the Saguenay country
    par E. T. Fletcher..P. 203 E-1
SAGUENAY. Notes on the Saguenay county, par Andrew Stuart........ P. 203 A-5
SAGUENAY. Voyez Ingall..P. 203 B-9
SAILING Directions for the island of Newfoundland and adjacent coast of
    Labrador... ...P. 355-2
SAINSBURY (W. Noel). The British Public Record Office and the materials
    in it for Early American history..............................P. 350-10
SAINT AIMÉ (GEORGE). Lettre à Mgr. Baillargeon évêque de Tloa, sur la
    question des classiques, et commentaire sur la lettre du Cardinal Patrizi. P. 12-7
SAINT ALBAN'S Raid. Investigation by the police committee into the charges
    against Guillaume Lamothe, chief of police................ ......P. 343-4
ST. ANDREW'S CHURCH. James Johnston vs. the Minister and the trustees
    of, par le révérend R. Campbell ....P. 375 B-6-8
ST. ANDREW'S CHURCH. Pastoral address by the Rev. Gavin Lang, on the
    occasion of the close of a ten years ministry ....P. 375 B-21
St. ANDREW'S SOCIETY. Sermon par le révérend F. W. Farries. ....P. 353-5
St. ANDREW'S SOCIETY. Ottawa University sermon, par F. W. Farries.... P. 260-8
St. ANDREW'S SOCIETY. Ottawa constitution and By-laws............... P. 260-9
SAINTE-ANNE. Catalogue des élèves du collège de, 1829 jusqu'à 1867, P. 155-6
    etc.................................... .... P. 156-5, P. 22-3
SAINTE-ANNE DE LA PÉRADE. Autrefois, aujourd'hui................ .P. 361-6
SAINTE-ANNE DE LA POCATIÈRE. Notes historiques sur la paroisse et les curés.
    P. 6-4, P. 159-9, P. 165-1

DOC. DE LA SESSION No. 18

VOLUME.
SAINTE-ANNE. Prospectus de l'école d'agriculture.....................P. 128-1 2-3
Rapports 1861-62, 1863...............................P. 22-8
STE. CATHARINES. A Sylvan retreat...............................P. 229-14
STE. CATHARINES. Jubilee Historic sketch of the Queen Street Baptist
Church, par le révérend W. H. Porter.............................P. 229-13
ST. CATHARINES. Milling and Timber Company Ontario. Land Case. Mr.
Blake's Argument.................... ....P. 257-19
ST. CATHARINES. Water Works' Commission, 1879...................P. 312-5
SAINT-COSME. Relation de la Mission du Mississipi, 1700...............P. 211C-2
SAINT-DOMINIQUE. Carte..P.,451-2
ST. FLAVIEN. Mining and Smelting Co. Charter and By-laws............P. 178-2
ST. FRANCIS. Mining and Smelting Co. Reports, &c., with Charter...... P. 178-12
SAINT-FRANÇOIS-DE-SALES. Souhaits de Bonne année ....P. 353-4
SAINT-GERMAIN DE RIMOUSKI, Bénédiction du nouveau Seminaire........P. 20-7
ST. GEORGES SOCIETY OF TORONTO. Charter and by-laws, &c ....P. 268-1 to 4
SAINT-JACQUES. Mémoires pour servir à l'histoire du chapitre de la Cathé-
drale de Saint-Jacques de Montréal................................E. 334-1
ST. JAMES CHURCH. TORONTO. Report of the Committee on rebuilding....P, 233-17
SAINT-JEAN-BAPTISTE à Québec en 1865 ; compte rendu de la Fête.........P. 4-7
SAINT-JEAN-BAPTISTE. Chants Canadiens à l'occasion du 24 juin, par J. A.
Poisson....................·.....................................P. 98-4
SAINT-JEAN-BAPTISTE. Souvenir offert par la Minerve..................P. 29
SAINT-JEAN-BAPTISTE. Discours prononcé par Mgr Ant. Racine évêque de
Sherbrooke le jour de la Saint-Jean-Baptiste.......................P. 191-4
SAINT-JEAN-BAPTISTE. Discours prononcé par le révérend Père R. J. Tellier,
S.J., jour de la fête de Saint-Jean-Baptiste........................P. 193-2
SAINT-JEAN-BAPTISTE. Histoire de Jean Baptiste, Patron des Canadiens-
Français...P. 164-1
SAINT-JEAN-BAPTISTE. Montréal, Souvenir et Guide...................P. 324-5
ST-JEAN-BAPTISTE. Statuts de la Société Saint-Jean-Baptiste de Québec.P. 191-7 P. 191-11
SAINT-JEAN. Le siège du fort de, en 1775, par Lucien Huot.... .... P. 110-2
ST. JOHN BOARD OF TRADE. Report The Bay of Fundy and Harbour of St.
John..P. 182-8
ST. JOHN'S CHURCH. Dubuque, Iowa, Historical address, par l'Evêque
William Stevens Perry...P. 353-1
ST. JOHN. Voir COMMERCE. Commercial Industries...................P. 255-7
ST. JOHN, N. B. International Fair, 1890..........................P. 313A-4
ST. JOHN. Medical men in its first half century....................P. 497-6
ST. JOHN, N. B. Report on sewerage and water supply.P. 291-6, P. 447-5, P. 257-20-21
ST. JOHN. Siege of Fort, par Lucien Huot. ....P. 228-21, 229-1
ST. JOHN, N.B. Summer Carnival and Electrical Exhibition............P. 229-19
ST. JOHN. Union of the Cities of, and of Portland...................P. 312-7
ST. JOHN. Water Supply...P. 502-3-4-5
ST. JOSEPH'S CHURCH. (Dedication of the new), 1893................P. 286-5
ST. JOSEPH'S KANKAKEE, portage ....P. 498-3
ST. LAWRENCE AND Ottawa Grand Junction Railway Company, reports of
directors and Chief Engineer.....................................P. 342-9
ST. LAWRENCE. Natural History of the Gulf, par Robert Bell, fils........P. 221-8
ST. LAWRENCE. Panorama of the River St. Lawrence from Niagara to
Quebec ....P. 108-10
ST. LAWRENCE ROUTE. The beginning, par Arthur Weir..............P. 502-1
ST. LAWRENCE SHIP Channel between Montreal and Quebec..........P. 410D
ST. LAWRENCE (The Lower), or Quebec to Halifax via Gaspé and Pictou, &c.P. 239-2
ST. LAURENT COLLEGE. Library and Museum........................P. 308a-5
ST. LOUIS. Annual Report of the Public Library......................P. 251-1

VOLUME.

SAINT-LOUIS. Les Auciens postes du Lac, par Désiré Girouard . . . . P. 347-10
ST. LOUIS MERCANTILE Library. Report for 1897 . . . . P. 439-3
  "   " 1899 . . . . P. 495-12
ST. LOUIS NEWSPAPERS and newspaper people of three decades, par William
 Hyde . . . . P. 356-7a.
ST. LOUIS PUBLIC LIBRARY. Annual Report, 1892 . . . . P. 270-3
  "   " 1895–96 . . . . P. 439-8
SAINT-LUC (HISTOIRE DE), par M. l'Abbé S. A. Moreau . . . . P. 505-7
SAINT-MALO. Notices sur les rues ruelles, &c., de la Ville de Saint-Malo, par
 H. Harvat . . . . : . . . . P. 156-9
ST. MAURICE FORGES. Return of transactions between government and
 private individuals or companies . . . . P. 310-4
ST. MAURICE RAILWAY Statutes, &c . . . . P. 348-2
ST. MAURICE. Voyez Ingall (Lieutenant) . . . . P. 203B-9
  "   " Remarks . . . . P. 202B-2-3
ST. PATRICK, PARISH OF, Ottawa, 1900 . . . . P. 506-7
ST. PAUL's CHURCH (Halifax) History of, par le rév. Geo. W. Hill. P. 281-2, P. 281-9 & A-1
ST. PAUL. TRAIL IN the sixties, par W. G. Fouseca . . . . P. 500-7
ST. PIERRE ET MIQUELON, Les Isles, par le Comte Primo Real . . . . P. 228-18
SAINT-PIERRE (T.) Les Canadiens des Etats-Unis. Ce qu'on perd à émigrer. P. 452-3
ST. REGIS. Remarks on the maps from, to Sault Ste. Marie . . . . P. 460-2
SAINT-ROCH DE QUÉBEC. Catalogue des membres de la congrégation des
 hommes de . . . . P. 190-11
SAINT-SULPICE. Etat des Affaires Pécuniaires et Temporelles des Ecclésias-
 tiques du Séminaire de Montréal . . . . P. 253-1
SAINT-THOMAS d'Aquin. Entretien à l'occasion du sixième centenaire célébré
 en son honneur . . . . P. 16-3
SAINT-VALLIER et son temps, par l'Abbé Gosselin . . . . P. 472-4
ST. VINCENT de Paul (Toronto). Report of the Society . . . . P. 239-5
ST. VINCENT de Paul. Sketch of his life and origin of the society of the
 same name . . . . P. 237-9
SAINT-VINCENT de Paul (Societé de) Réglements . . . . P. 191 1
  "   " Rapports du . . . . P. 191-9
 Conseil Supérieur du Canada . . . . P. 193-9-10-11
SAINT-VINCENT de Paul (Societé) de). Souvenir des noces d'or, 1883 . . . . P. 190-14
SAINT-VINCENT de Paul Societé, Rapport, 1879 . . . . P. 307-14
SALARIES OF the clergy . . . . P. 502-19
SALISBURY. Manuscrits, 1883 à 1899 . . . . P. 430, P. 439-7
SALT. MANHATTAN salt mine, Goderich . . . . P. 507-7
SALWEY. MANUSCRIPTS of Alfred, 1885 . . . . P. 414-4
SANDHAM (ALFRED). Coins, Tokens and Medals of Canada, 1872 . . . . P. 210-1
 Collection, 1884 . . . . P. 210-6
SANDHAM (ALFRED). Historic Medals of Canada . . . . P. 203F-3
SANDWICH ISLANDS and China. Message from the President of the U. S.
 respecting trade and commerce with, 1842 . . . . P. 197-9
SANITARY. Rep rt on sewage and water supply for St. John, N.B., for 1897. P. 447-5
SANITARY WARNING. Sewage of Stewarton drained into the Rideau Canal. P. 291-4
SAN JUAN ISLAND. 1869. Governor General's message, 1869 . . . . P. 109-7
SAUTEC (PROFESSOR THOMAS). Notes on the tornado in Luzerne and
 Columbia counties in Wyoming, 1891 . . . . P. 318-9
SARASIN (Michel). Médecin du Roi à Québec . . . . P. 152-2
SA-SO-NA. The Mohawk maiden, 1852 . . . . P. 508-13
SASSEVILLE (ABBÉ). Notes on Jesuit manuscripts . . . . P. 215-6
SASKATCHEWAN. Farming and ranching in Western Canada . . . . P. 385-14
SAULT STE. MARIE. Remarks on the map from St. Regis to . . . . P. 460-2

DOC. DE LA SESSION No. 18

VOLUME.

SAUNDERS (WILLIAM). Agricultural colleges and experimental farm stations...P- 447-3
SAUNDERS (WILLIAM). Report on the progress of the Canadian section at the World's Columbian Exposition...........................P. 313B-8
SAVILE, Manuscripts of Augustus W.... ....P. 414-13
SAWDUST nuisance in river Ottawa.................................P. 239-4
SAYENQUERAGHTA, King of the Senecas, par George S. Conover..........P. 302-16
SCABLE (LT. COL. T. C.). Subsistence of troops in the field, 1893-4........P. 306-13
SCADDING (HENRY). Canada in sculpture ....P. 198-9
SCADDING (Henry, D.D.). Journal of Edward Baker Littlehales of an exploratory tour from Niagara to Detroit in 1793 ....P. 230-15
SCADDING (HENRY). Metallic Records of Martin Luther...............P. 139-37
SCADDING (HENRY). Specimens of pioneer typography........ ....P. 260-11
SCADDING (HENRY, D.D.) The Astrolabes of Samuel Champlain and Geoffrey Chaucer..P. 221-13
SCADDING (HENRY). Toronto's first germ......................... ...P. 48-6
SCADDING (HENRY). Towers, Bulwarks, Strong Places. An address......P. 139-38
SCAIFE (WALTER B.). Law and History, 1890 ....P. 233-6
SCARTH (W. H.). Report on a trip to the Yukon.....................P. 370-6
SCEPTICISM. A folly, par Adam Townley, D.D...... ....P. 490-4
SCHMITT (REV. E. J. P.). Dismas, the good thief.............. ....P. 300-6
SCHOOL ARCHITECTURE, hints and suggestions on, par J. George Hodgins...P. 369-12
SCHOOL BOOK QUESTION. Letters in reply to the Brown Campbell crusade against the Education Department of Upper Canada...............P. 132-6
SCHOOL COMMISSION, Halifax. Report for 1872........... ....P. 379A-6
SCHOOL LANDS, Upper Canada. Proceedings in the Legislature of Upper Canada, during 1831-2-3, on the subject, with sundry despatches and
SCHOOL LAW of New Brunswick, Manual, 1892.......... ....P. 388-4
        "   "   "   1901.......................P. 506-12
SCHOOL QUESTION (Manitoba). Brochures, &c., par l'Archevêque Taché et autres ....P. 285
SCHULTZ (HON. JOHN). A forgotten northern fortress............... P. 205B-14
SCHULTZ (JOHN). Old Crow Wing Trail.... ....P. 205B-12
SCIENCE, American Association for the advancement of, 1882...........P. 366-9
SCOBIE (REV. ROBERT). Religious controversy with Rev. Father Molphy..P. 227-5
SCOTCH CHURCH. Remember Zion, adresse par le révérend John Moffat...P. 217-12
SCOTCH CHURCH. Report of the General Assembly of the Church of Scotland for promoting the religious interests of Scotch Presbyterians in the Colonies..P. 235-5
SCOTCH MINISTER Emigrants pride..................................P. 507-5
SCOT (THE) IN New France, 1535-1880, par J. M. LeMoine..............P. 203 H-1
SCOTT (C. A.) Chemin de Lévis et Kennebec. Réfutation de la brochure de C. A. Scott par L. N. Larochelle..............................P. 256-8
SCOTT (CHARLES A.) Chemin de fer de Lévis et Kennebec, et ses embarras P. 153-9
SCOTT (CAPT. T.) Statement in support of a general railway Act for the North-west..P. 143-12
SCRUTANS. Un des Immortels.....................................P. 230-19
SEAFIELD Manuscripts of the Countess of Dowager of..................P. 414-34
SEAL ARBITRATION (THE) 1893, Donald McMaster.................P. 347-5, P. 303-4
SECORD (LAURA). The Story of, par S. A. Curzon....................P. 260-12
SECRETARY OF THE ROYAL Society of Canada, par Nicholas Flood Davin, 1882. P. 301-4
SECRET SERVCE. Report of the Select Standing Committee on Public Accounts, relating to the expenditure of certain Secret Service Funds....OP. 28-1-2
SECRET SERVICE, voyez Rapport du Comité Spécial Permanent des Comptes Publics...P. 110-3-4

3-4 EDOUARD VII, A. 1904

VOLUME

SEIGNIORIAL ACT for the abolition of feudal rights and duties in Lower
    Canada..P. 371-5
SEIGNIORIES SEIGNORIAL QUESTION. Its present......................P. 181-3
SEIGNIORIAL TENURE. Discours de C. Dunkin,........................P. 445-5
SEIGNIORIAL TENURE. Etat Actuel de la question par un membre de l'As-
    semblée Législative du Haut Canada............................P. 88-5
SEIGNIORIES. Abolition (des) des droits féodaux et seigneuriaux aux Can-
    ada, &c., par Clément Dumesnil..................................P. 119-18
SEIGNIORIES. Addresses at the Bar of the Legislative Assembly, March,
    1853, against the second reading of the Bill to define seigniorial rights.P. 445 A
SEIGNIORIES. Analyse chronologique relative à la concession du 25 Février,
    1661, appelée la seigneurie de l'Isle-aux-Oeufs................P. 151-3
SEIGNIORIES. Bill Seigneurial exposé sous son vrai jour par un cultivateur.P. 88-6
SEIGNIORIES. Bill Seigneurial exposé sous son vrai jour par le journal La
    Patrie Réfutation Victorieuse du Rapport soumis à la Convention anti-
    seigneuriale, 1855..P. 27-4
SEIGNIORIES. Convention anti-seigneuriale de Montréal au peuple....P. 27-3, P. 157-1
SEIGNIORIES. Mémoire concernant les grièves du sault au Matelot, de la
    Chatellenie de Coulonge, et autres que le séminaire de Québec possède
    à titre de fief...P. 154-5
SEIGNIORIES. Mémoire sur la prétendue Seigneurie de Terre Ferme de
    Mingan...P. 151-4
SEIGNIORIES. Opinion de Mr. Dupin, Advocate of the Royal Court of Paris,
    on the rights of the Seminary of Montreal in Canada..........P. 52-3
SEIGNIORIES. Pièces et documents relatifs à la tenure Seigneuriale demandées
    par une adresse de l'Assemblée législative....................O.P.42-1
SEIGNIORIES. Réponse à deux adresses de l'Assemblée législative au sujet
    de la Tenure Seigneuriale......................................P. 39-4
SEIGNIORIES. Report of proceedings of the Committee to investigate the
    Government rights upon the farms of Notre Dame des Anges.......OP. 55
SEIGNIORIES. Report of a special committee on the Magdalen Islands.....P. 87-2
SEIGNIORIES. Réponse au Mémoire produit des Prétendus Seigneurs de
    Mingan...P. 37-4
SEIGNIORIES. Réponse des Habitants des Isles de la Madeleine.........P. 151-7
SEIGNIORIES. Return to an address for copies of all despatches, &c., relating
    to the Seigniorial tenure, &c..................................P. 133-4
SEIGNIORIES. Rights and titles of the Seminary of St. Sulpice of Montreal.P. 52-4
SEIGNIORIES. Some Remarks upon the French Tenure of " Franc-Alleu
    Roturier," and on its relation to the Feudal and other Tenures, par
    Robert Abraham..P. 27-5, P. 38-4
SEIGNIORIES. The Anti-Seignioral Convention of Montreal..............P. 257-1
SEIGNIORIES. Third Report and proceedings of the Special Committee of
    the Legislative Assembly on the Seigniorial Tenure.............P. 137-4
SELKIRK (EARL OF). A letter addressed to John Cartwright, Esq., on the
    subject of Parliamentary Reform................................P. 168-5
SELKIRK COLONY. Farm Life in, par le révérend R. G. MacBeth.........P. 205-B-19
SELKIRK SETTLEMENT and the settlers, par Charles W. Bell.............P. 199-9
SELKIRK SETTLEMENT. Contributions by A. E. Bulger...................P. 494
SELKIRK SETTLEMENT, Letters, &c., read by Dr. Bryce and C. N. Bell before
    the Historical Society of Manitoba.............................P. 205 A-17
SELLAR (Editor of the Huntingdon Gleaner), Quebec. Voir Loyalist......P. 306-9-10
SÉMINAIRE DE QUÉBEC. Voyez Hamel (Juge).........................P. 154-5
SÉMINAIRE DE QUÉBEC. Catalogues, &c.............................P. 159-3-4-5
SÉMINAIRE DE QUÉBEC. Mémoire présenté aux Evêques de la Province
    Assemblés aux Trois-Rivières...................................P. 225-2

DOC. DE LA SESSION No 18

VOLUME.

SEMINARY OF ST. SULPICE OF MONTREAL. Rights and titles, Memoirs on the part of the,.. P. 52-4
SÉMINAIRE DE SAINT-SULPICE DE MONTRÉAL. Etats des Affaires, 1852.....P. 253-1
SEMPÉ (EDOUARD). Cantate en l'honneur de son Altesse Royale, le Prince de Galles, à l'occasion de son voyage au Canada.....................P. 14-27
SEMPLE. Unveiling the Monument at Seven Oaks to mark the spot where Semple fell... P. 205 B. 8
SENECA INDIAN VILLAGES, par George S. Conover.. ....P. 302-18
SÉNÉCAL (L. A.) A question of veracity. Correspondence between Sir Hector Langevin, Mr. George Stephen and L. A. Senecal on the purchase of the North Shore Railway..............................P. 89-8-9
SÉNÉCAL (L. A.) et al. Régina vs. accusés d'émeute....................P. 164-3
Separate Schools. Attacks by the Mail on Catholic institutions...P. 196-10
SEPARATE SCHOOLS. The legislation and history of, in Upper Canada..... P. 443-13
SEPARATE SCHOOLS. Discours du révérend J. Gilbert Armstrong........P. 507-4
SERMON prêché à York par le révérend John Strachan, 1814.............P. 502-2
SERMONS prêchés par le révérend Alexander Sparks, 1819...............P. 502-4
"   par le révvrend Philip Toques............................P. 502-5
"   par le révérend Henry Patton, Toronto, 1853..................P. 502-14
"   par le révérend J. Gamble Geddes, Toronto..................P. 502-16
"   on the death of the Metropolitan, par le rév. P. W. Lerosemore...P. 502-6
SERMON (AN OLD TIME), par le révérend Robt. Addison................P. 521-6a
SERRELL (EDWARD WILLIAM). Report on a railway suspension bridge proposed for crossing the St. Lawrence River at Quebec................P. 181-2
SERVOS (ALEXANDER). History of Mrs. Jean-Baptiste Rousseaux. Historic houses.....................................P. 501-6b, P. 501-6c
SERVOS (The) Family, par Wm. Kirby...............................P. 519-1
SETTLERS, BOWMANVILLE. J. T. Coleman...........................P. 229-9
SETTLERS (Letters from) in Canada.................................P. 385-11
SETTLERS' GUIDE. Quebec, 1894........ ....P. 316-2
SEVEN OAKS. Unveiling the monument to mark the spot where Semple fell. P. 205, B-8
SEWELL. Manuscrits du révérend W. H.............................P. 414-4
SEWELL (AUGUSTUS). Notes upon the Massasagua, a specie of rattlesnake..P. 203, C-4
SEWELL (JONATHAN). Proceedings in the Assembly of Lower Canada, on the impeachment of..P. 225-5
SEWELL (JONATHAN) and James Monk. Proceedings in the Assembly of Lower Canada on the Rules of Practice of the Courts of Justice, and the Impeachments of.....................................O.P. 58-1-2
SEWELL (CHIEF JUSTICE). An Essay on the judicial history of France, so far as it relates to the law of the Province of Lower Canada ....P. 133-1
SEWELL (CHIEF JUSTICE). A few notes upon the Dark Days of Canada....P. 203 B-10
SEWELL (CHIEF JUSTICE). Remarks on the stoves used in Russia for warming dwelling houses ....P. 203 B-14
SEWERAGE AND WATER SUPPLY. St. John, N.B., 1895-7................P. 389-4-6
SEYMOUR (SILAS). A complaint to the Council of the Quebec Bar against Andrews, Caron and Andrews................................P. 57-2
SEYMOUR (SILAS). North Shore Railway Company, Report of the Engineer in Chief to the new Board of Directors........................P. 44-6
SEYMOUR (SILAS). North Shore Railway. Further statement of facts, with a supplement ....P. 57-3
SEYMOUR (GENERAL SILAS). Railway Policy of the Government of Quebec.P. 292-7
SHAKESPEARE. Was Shakespeare, after all, a Myth! par J. Watts de Peyster.P. 350-4
SHANLY (WALTER). Rapport sur le relèvement hydrographique d'Ottawa..O.P. 1-1
SHANLY (W. & F.). Hoosac Tunnel Contract claims, &c................P. 110-9

VOLUME.

SHANLY (WALTER). Notes and corrections to the report of the Government Commission of Enquiry of the Grand Trunk Railway of Canada..P. 225-4
SHANLY (WALTER). Report of the Directors of the Caughnawaga Ship Canal Co.................................:.....................P. 44-8
SHANLY (WALTER). City Terminus for the Grand Trunk Railway Company, as considered in a report to the Harbour Commissioners of Montreal..P. 60-1
SHANTZ (J. Y.). Narrative of a journey to Manitoba with an Abstract of the Dominion Land Act, etc ....P. 19-9, EP. 11-10, EP. 11-11
SHANTZ (J. Y.). Relation d'un voyage à Manitoba.... .... P. 254-1
SHEA'S RELATIONS. Chamoust (sa vie).... ....P. 211-1
    "   "   Suite de la vie....... ....P. 211-2
    "   "   Ursulines, voyage à la Nouvelle-Orléans...........P. 211-3
    "   Guerre du Mississipi, 1739-1740...............P. 211a-1
    "   Voyage du R. P. Jacques Gravier en 1790.........P. 211a-2
    "   Relation par le R. P. Dablon, 1672-3....... .....P. 211b-1
    "   Bataille du Malangueulé, 1755............... ....P. 211c-1
    "   Mission du Mississipi, 1700....................P. 211c-2
    "   Novum Belgium Jogues ....P. 211c-3
    "   Voyage de Sageau ....P. 211d-1
    "   Le R. P. Pierre Milet, sa captivité, 1690-1.........P. 211d-2
    "   Dreuillettes........ .. ..P. 211d-3
    "   Relation, 1696 ....P. 211d-4
    "   Mission Abénaquise de Saint-François de Sales, 1702P. 211d-5
    "   Lettres du Père Jacques Gauvier, 1708...........P. 211d-6
    "   Lettre du Père Jacques Bigot, 1684. . ...P. 211d-7
    "   Epistola Dreuillettes.......... ....·.. .P. 211d-8
    "   Des Hurons.... ....P. 211d-9
    "   "   Prise de Chougen, 1756............... .... P. 211e
SHEA (JOHN GILMARY). The bursting of Pierre Marguy's La Salle bubble..P. 350-2
SHEA (JOHN GILMARY). Notes on Jesuit manuscripts ....P. 215-6
SHEBBEARRE (JOHN M. D.). A fourth letter to the people of England on the conduct of M——rs in alliances, fleets and armies, since the first differences on the Ohio to the taking of Minorca by the French. 1756..P. 52-7
SHEHYN. Biographie par P. A. J. Voyer ....P. 344-5
SHEHYN (JOSEPH). Budget Speeches, 1887 à 1890.......... . ..P. 17c-1 to P. 17b-10
SHELDON (J. P.) A travers le Canada ....EP. 28-2
SHELDON (J. P.) Notes on the Canadian North-West...... ....P. 219-14
SHELDON (J. P.) To Canada and through it..................EP. 30-1
SHEPHERD COPPER MINE. South Stukely. Reports, etc., 1864.........P. 178-11
SHEPPARD (MRS.). On the recent shells which characterise Quebec and its environs.................. ... ...,.P. 203a-11
SHEPPARD (WILLIAM). Observations on the American plants described by Charlevoix........ ....P. 203a-13
SHEPPARD (WILLIAM). Notes on some of the plants of Lower Canada. ....P. 203b-4
SHEPPARD (WILLIAM). Some observations on the Menobranchus lateralis..P. 203c-6
SHERBROOKE Exhibition..P. 313a-5
SHERBROOKE. Canada's Eastern Exhibition, etc....................P. 261-7
SHERBROOKE SLATE CO. Prospectus, 1866 ....P. 179-20
SHERBROOKE Commercial Industries..... ... .P. 255-7
SHERMAN (HON. JOHN). Relations with Canada. Annexation Speech of Hon. John Sherman of Ohio . ...P. 234-15
SHERWOOD (HENRY). Federative Union of the British North American Provinces.... ....P. 56-6
SHEWEN (E. T. P.). Notes on Fort Monckton ....P. 289-3
SHREWSBURY Corporation. Hist. Manuscript Commission... ....P. 414-49

DOC. DE LA SESSION No 18

VOLUME.

SHIP CHANNEL between Montreal and Quebec........................P. 410 D
SHIRREFF (ALEXANDER). Topographical notices of the country lying between
    the north of the Rideau and Penetanguishene, on Lake Huron.......P. 203 B-11
SHORTLIDGE (SWINTHIN C.) Date of Wolfe's death................P. 445-2
SHORTT (ADAM). Canadian Currency, Banking and Exchange........P. 503-11 to 14
SHORTT (ADAM). Early history of Canadian Banking under French rule.P. 443-7 to 11
SHORTT (ADAM). The early history of Canadian Banking, Part I., Origin..P. 355-12
    Part II., Currency and Exchange after the Conquest...............P. 355-12½
SHORTT (ADAM). Early history of Canadian Banking.................P. 377-4-5-6
SIBLEY (A. H.) Silver Isl t and Woods location...................P. 107-17
SIEGE OF QUEBEC. Journal by a gentleman on the spot, 1759...........P. 471-1
SIÈGE DE QUÉBEC en 1759...P. 342-5
SICOTIÈRE (LEON DE LA). Emigration Percheronne au Canada pendant le
    XVII siécle..P. 255-5
SIDDONS (J. H.) Canadian Volunteers' Handbook....................P. 187-1
SILLERY, LE CHEVALIER NOEL Brulart de.............................P. 82-6
SILLERY. La seigneurie et les Hurons de Lorette, par Léon Gérin.......P. 487-6
SIMMONDS (P. L.) Past, present and future sources of the timber supplies
    of Great Britain...P. 107-11
SIMONDS (JAMES). Letters written at St. John, par................P. 497-5
SIMONS (TITUS). Quartermaster 1767-1812, par H. H. Robertso n.......P. 519-7
SIMPSON (J. B.) Memorials of the late Civil Service Rifle Corps. ....P. 187-4
SIMPSON (THOMAS). The fate of, par Alexander McArthur.............P. 205 A-8
SIMPSON (WILLIAM S.) Report at large of a debate in the House of As-
    sembly of the Province of Lower Canada..........................P. 147-4
SINDING (PROFESSOR PAUL C.) The Ancient Scandinavians, their maritime
    expeditions, their discoveries and their religion..................P. 203 D-26
SINDING (PROFESSOR PAUL C.) The Sleswick-Holstein Question..........P. 203 D-27
SINNETT (MRS. PERCY) Voyez Kohl. Travels in Canada, 1861..........
SIOUX INDIANS. The language of the Dakota or, par F. L. O. Roehrig.....P. 367-1
SKRINE MANUSCRIPTS OF Henry Duncan..............................P. 414-7
SLAVERY IN NEW YORK. State Library Bulletin.....................P. 485-5
SLAVERY. Jacques Viger, De l'Esclavage en Canada..................P. 204-1
SLAVERY (NEGRO) in Wisconsin and the underground railroad, par John Nel-
    son Davidson..P. 459-7
SLAVERY L'ESCLAVAGE dans l'antiquité et son abolition par le Christian-
    isme, par George Desbarats, fils....................................P. 218-12
SLAVERY. Traité entre sa Majesté et les Etats-Unis d'Am rique, signé à
    Washington' le 9 Août, 1842.......................................P. 225-3
SLAVE LAKE. Notes and observations of travels on the Athabaska and, par
    W. J. McLean...P. 500-9
SMALL (H. B.) Canadian Forests, &c...............................P. 115-10
    En français ....EP. 28-5
SMALL (H. B.) The Mineral ressources of the new dominion, une conférence..P. 395-8
SMALL (H. B.) Industries and Manufactures ....EP. 30-6
SMITH (H. C., M.D.) Questions regarding Leprosy, A. et F. ... .P. 225-8
SMITH (SIR DONALD). Inauguration as chancellor of McGill University..P. 382B-15
SMITH (J. H.) Historical sketch of the County of Wentworth.........P. 442-2
SMITH (R. J., M.D.) Lecture on the history of Medicine and the science
    of Homœpathy ....P. 217-18
SMITH (R. J.) Lecture on the history of Medicine..................P. 60-2
SMITH (JAMES.) Les Eléments de l'Agriculture ....P. 190-3
SMITH (GOLDWIN.) Social Problems................................P. 237-16
    "   "   Temperance versus Prohibition ....P. 233-11
    "   "   The Political destiny of Canada................P. 69-7
    with a reply by Sir Francis Hincks ....P. 89-3

VOLUME.

SMITH (WALTER H. J.)   Planetary Almanac, 1887... ....P. 221-2
SMITH (REV. T. WATSON).   The Loyalists at Shelburne.................P. 281B-4
SMYTH (REV. NEWMAN).   Historical Discourse at the 250th Anniversary of
    the first church in New Haven ....P. 254-12
SNELLING (RICHARD).   Articles on the Court of Chancery and the fusion of
    law and equity...P. 198-6
SNOW (SAMUEL).   The Exiles return Narrative of Samuel Snow, who was
    banished to Van Dieman's Land for participating in the Patriot War in
    Upper Canada, in 1838...............................!.........P. 116-7
SOCIETIES.   Act of Incorporation, &c, Ottawa Natural History Society,
    1866.. ....P. 80-2
SOCIETIES.   American Association for the Advancement of Science......P. 113-8
SOCIETIES.   American Institute Mining Engineers Halifax Meeting, 1885..P. 186-7
SOCIETIES.   Amicale (Société) de Québec, 1871.... ....P. 191-13
SOCIETIES.   Annuaires de l'Institut Canadien de Québec, 1874-5-6.......P. 207
                                   1877-8-9.......P. 207A
                                   1880-1.2........P. 207B
SOCIETIES.   Annual Report of the proceedings of the society for the relief
    of strangers in distress at York..............................P. 146·1
SOCIETIES.   Biennial report of the Minnesota Historical Society.........P. 218-15
SOCIETY.   (of) Canadian Artists First Exhibition, 1868.............P. 393-17
      Second Exhibition, 1870............... .... P. 393-18
      Third   "   1871.... ....P. 393-19
SOCIETIES.   Care of the destitute and criminal population by " Philanthropy "P. 199-2
SOCIETIES.   Catalogue of the objects of interest belonging to the New
    Haven Historical Society .... P- 201-7
SOCIETIES.   Cayuga Historical Society Collections.... ....P. 209, P. 209-A, B, C
SOCIETIES.   Céline ou une autre Magdaleine à l'asile du Bon Pasteur de
    Québec..P. 195-12
SOCIETIES.   Charter of the Minnesota Historical Society.. ....P. 201-9
SOCIETIES.   Club National Démocratique. Manifeste du, 1849 ....P. 190-1
SOCIETIES.   Constitution of the American Association for the advancement
    of science, meeting at Montreal, August 1882 ... . P. 113-6
SOCIETIES.   Constitution of the St. Andrew's Society of the town of
    Kingston, &c., with a list of its officers, 1840 ....P. 48-1
SOCIETIES.   Constitution de l'Institut Catholique de Saint-Roch de Québec..P. 194-1-2
SOCIETIES DE SAINT-VINCENT DE PAUL.   Rapports du Conseil supérieur du
    Canada, 1878 to 1880 ....P. 193, 9-10-11
SOCIETIES.   Discours prononcé par Et. Parent, Ecr.   Considérations sur le
    sort des classes ouvrières.......................................P. 118-1
SOCIETIES.   Discours sur l'ouvrier, prononcé par M. l'abbé M. Colin......P. 5-4
SOCIETIES.   Geographical Society of Quebec. Transactions 1880 to 1885..P. 206
SOCIETIES.   Historical and Scientific, of Manitoba.   Reports and trans-
    actions 1880 to 1885............................... ....P. 205
SOCIETIES.   Historical and Scientific Society reports, transactions, &c., from
         1889...P. 205 B
         Report..P. 205 B-1
SOCIETIES.   Historique de la Société Musicale.......................P. 97-9
SOCIETIES.   Institut Canadien, Annuaire pour 1866, 1868-69-70....P. 18-11, 12 and 16
                                                     P. 18-14
SOCIETIES.   Institut Canadien Français............................P. 46-1
SOCIETIES.   Institut Canadien de Québec, annuaires..................P. 46-6-7
SOCIETIES.   Institut Canadien de New-York, lecture par Dr. J. E. Dorion,
    1854... ... .P. 6-3
SOCIETIES.   Institut Canadien de Québec, concours de 1876, Christophe
    Colomb, Les Ruines de Grand Pré..............................P. 82-3

DOC. DE LA SESSION No 18

VOLUME.

SOCIETIES. Institut Canadien de Québec, concours d'éloquence de 1876.
Proclamation du Lauréat 13 octobre.............................P. 12-2
SOCIETIES. Institut Canadien en 1852, par J. B. E. Dorion, 1852.......,P. 2-3
SOCIETIES. Institut des Artisans, Basilique de Saint-Pierre de Rome.....P. 1-12
SOCIETIES. Institut des Artisans, Eglise de Saint-François d'Assise.......P. 1-13
SOCIETIES. Institut des Artisans, entretien sur les Arts Industriels......P. 1-11
SOCIETIES. La Société Historique de Montréal.........................P. 204
Mémoires et documents, 1859 à 1870, 1875 à 1880........ ....P. 204-A
SOCIETIES. Liste des membres fondateurs de la Société de Géographie de
Québec.......... ....P. 130-6
SOCIETIES. List of members founders of the Geographical Society of Quebec,
(A. et F)..P. 228-15
SOCIETIES. Literary and Historical of Quebec.................. P. 203 to P. 203-T
SOCIETIES. Manitoba Historical and Scientific Society Reports, 1886-78.P. 205 A-11-12
        " Transactions. Geology of some Islands in Lake Winnipeg, J.
Hayes Paxton, 1886............. ....P. 205 A-2
        " Time marking, par R. E. W. Goodredge..................P. 205 A-3
        " Chinook Winds par A. Bowerman................... ....P. 205 A-4
        " Mammals of Manitoba, par E. E. Thompson...............P. 205 A-5
        " Souris Country, par Geo. Bryce...................... ...P. 205 A-6
        " Our Winter Birds, par Alex. McArthur...................P. 205 A-7
        " Fate of Thomas Simpson par Alex. McArthur........ ....P. 205 A-8
        " Footsteps of time in the Red River Valley, par A. M. Charles.P. 205 A-9
        " Some Red River settlements history, par Charles N. Bell.. ...P. 205 A-10
        " Inaugural Address, Ch. Bell. .... :.................P. 205 A-13
        " Life of John Tanner, Geo. Bryce........................P. 205 A-14
        " Henry's Journal, Ch. Bell............................P. 205 A-15
SOCIETIES. Abortive Fenian Raid, G. McMicken..... ....P. 205, A-16
SOCIETIES. Selkirk Settlement ....P. 205, A-17
SOCIETIES. Proceedings of the Portland Society of Natural History, 1867..P.174-15
SOCIETIES. Programme of the thirty-first meeting of the American Associa-
tion for the Advancement of Science.................. ......P. 113-7
SOCIETIES. Premier Rapport Annuel sur l'Institution Catholique des Sourds-
Muets..P. 156-7
SOCIETIES. Réception des clubs d'Ottawa aux clubs visiteurs de la Province
de Québec..P. 155-5
SOCIETIES. Règles de la Société ecclésiastique de Saint-Michel...........P. 194-3
SOCIETIES. Règlement de la Société de Saint-Vincent de Paul.............P. 191-1
SOCIETIES. Reports, Halifax Young Men's Christian Association, 1878,1880.P. 117-5-6
SOCIETIES. Report of the Minnesota Historical Society.................P. 201-8
SOCIETIES. Report of the Ottawa Reception Committee on the Flag Incident
on board the Steamer "Queen".............................P. 45-6
SOCIETIES. Retrospective Glance (A) at the Progressive state of the
Natural History Society of Montreal, par le major R. Lachlan........P. 95-2
SOCIETIES. Royal Colonial Institute Rules, &c........................P. 115-8
SOCIETIES. Rules and regulations of the Quebec Garrison Club... ......P. 187-6
SOCIETIES. Rules of the Quebec Benevolent Society confirmed by the Court
of King's Bench, 1809, 1811 and 1819, with an appendix containing a
list of the members from 1789 to 1829...........................P. 159-14
SOCIETIES. Sermon delivered before St. Andrew's Society, Ottawa, par le
révérend F. W. Farries.............................P. 186-13
SOCIETIES. St. Andrew's Society of Ottawa, sermon d'anniversaire par le
révérend W. T. Herridge...................................P. 237-11
SOCIETIES. Second Annual Report of the Christian Women's Union......P. 220-6
SOCIETIES. Sermon to St. Andrew's Society, par le rév. A. P. McDiarmid..P. 221-1?

VOLUME.

SOCIETIES. Souvenir de la Saint-Jean Baptiste de 1874, offert aux différentes Associations Canadiennes-Françaises du Canada et des Etats-Unis, par "La Minerve"..P. 29
SOCIETIES. Souvenir des Noces d'Or de la Société de Saint-Vincent de Paul.P. 190-14
SOCIÉTÉ. Union Allet. Ex-Voto des Zouaves à N.-D. de Bonsecours ... P. 25-3
    Voyez Incident du Drapeau...P. 45-6
SOCIÉTÉ Union Allet, 1872. Rapport présenté à l'Assemblée Générale, par M. Gustave A. Drolet...P. 13-15
SOIRÉES Canadiennes. Revues 1861 à 1862, 1882 à 1886, 10 Volumes. P. 464-25 to 34
SOME HISTORICAL NOTES, Wentworth Historical Society.................P. 519-6
SOLEMN LEAGUE AND COVENANT, 1638, and The Scottish National Covenant, 1638, in Old South Leaflets, No. 25........................... ... ...P. 299
SOMERSET (DUKE OF). Manuscript, Appendix 7...... ....P. 414-46
SOMERVILLE (ALEXANDER). Canada, a Battle Ground..................P. 136-7
SOUHAITS de Bonne Année, par Saint-François de Sales.. ....P. 353-4
SOULANGES CANAL, 1898.............................. ....P. 502-2
SOURDS-MUETS. (Institution Catholique des). Premier Rapport Annuel, Coteau Saint-Louis..... .... P. 156-7
SOURIS COUNTRY, par George Bryce.............................. P. 205, A-6
SOUTH AFRICAN CONTINGENT. Welcome home. (Trois photographies).....P. 503-5
SOUTH AFRICAN JOURNAL, par le capitaine G. E. Bulger, 1860 à 1864....P. 467-1
SOUTH EASTERN MINING Co. Acton mine............................P. 178-1
SOUTH HAM GOLD AND COPPER MINING Co. Reports and charter, 1864...P. 179-21
SOUTHAMPTON CORPORATION. Manuscript of the..... ....P. 414-9
SOUTHWELL, MINISTER. Manuscripts of, 1891.......................P. 414-22
SOUTHERN HISTORY ASSOCIATION. Publications ....P. 498-9
SPAIGHT (GEORGE). Trial of Patrick J. Whelan for the murder of the Hon. Thomas D'Arcy McGee ....P. 37-3
SPALDING (MGR. M. T.) Pays Catholiques et pays Protestants comparés..P. 14-26
SPARKS (REV. ALEXANDER). Sermon par le, 1819 ....P. 508-4
    Sermon de la mort de, 1819...... ....P. 508-5
SPARKS (REV. ALEX., D.D.) Sermon preached in the Scotch Church, in the City of Quebec, on the 21st April, 1814, Thanksgiving for peace .P. 217-3
    Sermon preached on the day of his death, 14th March, 1819.P. 217-4
SPEARMAN (JAMES M.) The Colonial cambist. Table of the assay of fineness, &c., of foreign coins circulating in the British possessions.......'P. 38-1
SPENCE (THOMAS). Manitoba and the North-west of the Dominion; its resources, advantages, &c., 1871, in French, and other editions in English ....E.P. 2-2, E.P. 14-3, E.P. 15-7, P. 19-8 E.P. 15-6
SPENCE (THOMAS). Saskatchewan Country of the North-west............E.P. 18-6
SPENCE (THOMAS). The Prairie Lands of Canada....................E.P. 18-1
SPENCE (THOMAS). Useful and practical hints for the settler on Canadian prairie lands...... ....E.P. 8-3
SPOFFORD (AINSWORTH R.) Special report of the Librarian of Congress...P. 350-15
SPRAGGE (J.G.) To the Attorney and Solicitor General on the Court of Chancery, 1847...P. 302-2
SPRAYING. Instructions in.......................................P. 369-6
SPROAT (GILBERT MALCOLM). British Columbia information for emigrants.E.P 12-14
STAFFORD. Manuscripts of Lord, 1885.............................P. 414-4
STATESMAN'S YEAR BOOK, 1872, 1884, 1886..................P. 478, 478, A & B
STATISTICAL. Miscellaneous statistics of Canada for the year 1863.......O.P. 4-1-2, O.P. 19-12, O.P. 19-15
STATISTICAL ABSTRACT AND RECORD. Geo. Johnson......P.$\frac{480}{4}$, $\frac{480}{4}$, $\frac{480}{4}$-4, 5, 6, 7, 8
STATISTICAL ABSTRACT for Colonial and other possessions of the United Kingdom, from 1859 to 1873.................................. P. 376-9

DOC. DE LA SESSION No. 18

VOLUME.

STATISTICAL YEAR BOOK. S.C.D. Roper, 1899, 90......P.$\frac{480}{7}$, P.$\frac{480}{8}$, P.$\frac{480}{8}$, P.$\frac{480}{7}$

STATISTICS, CRIMINAL..P. 412

STATISTICS. Year Book and Almanac of Canada, 1861 à 1871, 1872 à
1878. (5 Volumes) ....P. 208, A.B.C.D.

STATUTES. Perpetual Ready Reference Guide to the Statutes of Canada,
par F. K. Blatch... P. 266

STATUTES. Table of the, of the Dominion of Canada, par R. J. Wicksteed.P. 349-8

STARKEY (Dan. B.). George Rogers Clark and his Illinois Campaign..... P. $\frac{452}{\Lambda}$-2

STEAMERS. Papers in reference to the Atlantic steamship line.......... P. 349-12

STEAM Navigation. The Royal William the pioneer of ocean steam navigation, par Archibald Campbell.................................P. 260-13

STEAM Navigation. The Royal William, 1831-33.....................P. 203G-11

STEBBINS (THANKFUL). An Unredeemed Captive, par Alice Baker........P. 231-4a

STEPHENS. Biographie, par P. A. J. Voyer.........................P. 344-5

STEPHENSON (WM.). Why I am a Protestant ....P. 139-32

STEREOMETRICAN, par C. Baillairgé...............................P. 344-8

STEVENS (JOHN AUSTIN). Memoir of William Kelby, librarian of the New
York Historical Society.......................................P. 440-4

STEVENS (B. F.). Letter recommending that authority be given him to
obtain for the United States original papers, &c.................P. 234-21

STEVENS (B. F.). Voyez U. S. Senate...............................P. 196-3-4

STEVENSON (JAMES). The cause and commencement of the war between
Great Britain and America.....................................P. 203G-15

STEVENSON (JAMES). Currency of Canada after the Capitulation.........P. 256-7

STEVENSON (JAMES). Currency, with reference to Card Money in Canada
during the French domination...................................P. 203A-10

STEWART (GEORGE, JR.) Emerson the Thinker......................P. 203G-9

STEWART (GEORGE, JR.). Alcott, the Concord Mystic..................P. 203G-16

STEWART (GEORGE, JR.). Lecture on Alcott........................P. 217-13

STEWART. Manuscripts of Captain of Alltyrodyn....................P. 414-4

STEWART (GEORGE, JR.). Account of the public dinner to Count Primo-
Real...P. 223-3

STEWART (GEORGE, JR.). Thomas Carlyle ....P. 203H-4

STEWART (GEORGE, JR.). Thomas Carlyle, a paper ....P. 217-19

STEWART (GEORGE, JR.). The Genius and Life work of Longfellow ...... P. 203H-13

STEWART (GEORGE, JR.). Thoreau ; the Hermit of Walden.............P. 203H-9

STEWART (J. J.). Early Journalism in Nova Scotia ....P. 281B-5

STEWART (McLEOD). Ottawa an Ocean port..................P. 290-2, P. 366-11

STICKNEY (GARDNER P.). Nicholas Perrot.................P. 459, P. 459-2

STICKNEY (GARDNER P.). The use of Maize by Wisconsin Indians........P. $\frac{459}{\Lambda}$-3

STIRLING PEERAGE. Case of the Baronets of Scotland and Nova Scotia....P. 129-9

STIRLING PEERAGE. Collection of papers relating to Nova Scotia including
Historical view by Lockhart, annotated and with MS. Notes....P. 129, P. 129-12

(A. & F.) Appendix, Charter, &c ....P. 129-3

STIRLING PEERAGE. Manual of the Barnotage of the British Empire (y compris la Nouvelle-Ecosse)......................................P. 129-8

STIRLING PEERAGE. Royal Province of New Scotland and her Baronets, par
le major Francis Duncan......................................P. 108-9

STIRLING PEERAGE. Statements with reference to the Knights Baronets of
Nova Scotia, par E. Lockhart.................................P. 129-6

STONE (COL. WM. L.). In memory of.............................P. 270-1

STONEYHURST COLLEGE. Manuscripts at, 1885......................P. 414-4

STORM. Herald and Almanac (Wiggins), 1883......................P. 319A-8

STRABO. Introduction to Geography. Old South Leaflets No. 30.......P. 299

STRACHAN (REV. JOHN). A discourse on the Character of King George the
third...P. 235-4

3-4 EDOUARD VII, A. 1904

VOLUME.
STRACHAN (REV. JOHN). Christian religion recommended in a letter, 1807.P. 402-1
                      Sermon preached at York....................P. 402-2
                      "   "   Montreal, 1814......... ...P. 402-2
                      Letter to Rev. Thomas Chalmers on Dr. Hobart.P. 402-10
                      Cornwall Tribute, plate presented............P. 402-11
STRACHAN (BISHOP). Church University of Upper Canada. Pastoral letter
   from the Lord Bishop of Toronto ....P. 160-5
STRACHAN. (JOHN ARCHDEACON). Letter to Dr. Lee, convener of a Com-
   mittee of the General Assembly of the Church of Scotland .... .P. 90-2
STRACHAN (JOHN). Observations in the Provisions made for the maintenance
   of a Protestant Clergy in Upper and Lower Canada ....P. 139-1
STRACHAN (BISHOP). Pastoral letter to the clergy and laity of the diocese
   of Toronto..................... ....P. 139-12
STRACHAN (BISHOP). Secular state of the church in the Diocese of Toronto.P. 90-8
STRACHAN (BISHOP). The Clergy Reserves, a letter to the Duke of New-
   Castle, 1853......... ... . P. 90-10
STRACHAN (BISHOP). The Clergy Reserves, lettre à l'honorable A. N. Morin.P. 90-11
STRACHAN (JOHN). The poor man's preservative against Popery. The case
   of Hon. J. Elmsley.................................. ... .P. 227-4
STRANG (KING). A Moses of the Mormons, par Henry E. Legler.... ....P. 459a-5
STRANGE (LIEUT. COL. I. B.). Artillery Retrospect of the last great war.. P. 203e-20
STRANGE (LIEUT. COL.). Sieges, and the changes produced by modern
   weapons ....P. 203f-6
STRANGERS in distress. Relief of. Annual report.......... ....P. 402-7
STRATFORD HOSPITAL. Rules and regulations.......... ....P. 239-3
STRATFORD TOWN. 1882........ ....P. 229-15
STRATHMORE. Manuscript of the Earl of...... ....P. 414-34
STEMLER (LE P. JÉSUITE). Mgr. Gaume, sa thèse et ses défenseurs, les clas-
   siques Chrétiens et les classiques Payens dans l'enseignement .... P. 11-5
STRETTON (CLEMENT E.). A few remarks on railway accidents. ....P. 180-12
STRYKER (WILLIAM S.). The New Jersey Volunteers (Loyalists) in the
   Revolutionary War ....P. 197-12
STUART (JAMES). Correspondence with the Right Hon. Spring Rice, Lord
   Aylmer, and others on subjects connected with his suspension and
   removal from the office of Attorney General of Lower Canada... ....P. 83-8
STUART (ANDREW). Vie de Le Page de Pratz................. ....P. 203a-12
STUART (ANDREW). Notes upon the south western boundary line of the
   British Provinces of Lower Canada and New Brunswick and the United
   States of America···· .... P. 84-1
STUART (ANDREW). Notes on the Saguenay Country............. .... P. 203a-5
STUART (ANDREW). Of the Ancient Etruscans, Tyrrhenians or Tuscans....P. 203A-9
STUART (JAMES). Petition from Montreal complaining of malversation of
   office by, with report of Committee of Assembly, 1830, F. & A...P. 342-4 OP. 603
STUART (GEORGE O'KILL). Reports of cases argued and determined in the
   Courts of King's Bench and appeal, 1835 .... P. 341-2-3.4
STURTON (S.) A few thoughts on the Botanical Geography of Canada.. ..P. 203D-18
STURTON (S.) Danger arising from the substitution of benzole for turpentine
   in paint. ....P. 203D-12
SULLIVAN'S CAMPAIGN. In Western New York, 1779.... .... P. 438-4
SULLIVAN'S Expedition against the Western Indians, 1779, Journals of
                      Hardenbergh................... ....P. 209-2
                      Beatty.......................... ....P. 209-3
                      Grant Thomas and George...........................P. 209-4
                      Dearborns....................................P. 209-5
SULLIVAN (Hon. R. B) Letters on Responsible Government...........P- 49-7

DOC. DE LA SESSION No. 18

VOLUME.

SULPICIENS (les) et les prêtres des Missions étrangères en Acadie, par l'abbé
    H. R. Casgrain . . . . P. 360-3
SULTE (BENJAMIN.)   Le Canada en Europe. . . . . .P. 14-6
   "   "   La banque Française en Canada . . . . .P. 392 1 to 5
   "   "   La statue de Cartier . . . . P. 119-21
   "   "   L'expédition militaire de Manitoba. . . . .P. 13-3
   "   "   Origin of the French Canadians . . . . P. 445-6
   "   "   Sir George E. Cartier . . . . P. 18-7
   "   "   Situation de la langue Française en Canada . . . . P. 151-11
SUPERIOR (LAKE). Exploration by Radisson and Groseilliers par Henry
    Colin Campbell . . . . .P. 459-3
SUPERIOR. Lake Michigan and Superior, a critical period for the French
    Traders of, in 1654. par Edward Neill . . . . .P. 368-I4
SUPERIOR LAKE region.   Père René Ménard, par Henry Collin Campbell . . P. 452-1
SURGÈRES (M. E. CHEVALIER DE) voyez journal du voyage, 1698 . . . . P. 203N-4
SURTEES (ROBERT). Report on Anchor ice Ottawa water works . . . . P. 113-12
SURVEYS AND Museums, Canadian, and the need of increased expenditure,
    par B. E. Walker . . . . P. 486-4 ·
SURVEYS. Rapport des Commissaires nommés pour l'exploration du pays
    entre les rivières Saint-Maurice et Outaouais . . . . P. 147-6
SURVEYS. Rapport de Walter Shanly, sur le relèvement hydrographique de
    l'Ottawa . . . . OP. 1-1
SURVEYS. Report of the Commissioners appointed to explore the country
    between the St. Maurice and the Ottawa, in 1830 . . . . .P. 147-5
SURVEYS. Report on a topographical and geographical exploration of the
    Canoe route between Fort William and Fort Garry, &c., during the
    summer of 1857, par Henry Youle Hind . . . . .OP. 1-2
SURVEYS. Report on the climate and agricultural value, &c., of the north-
    ern portion of British Columbia and of the Peace River country, par
    George M. Dawson . . . . .OP. 49-7
SURVEYS. Remarks on Upper Canada surveys, Huron and Ottawa Terri-
    tory, 1860, 1861, 1862 . . . . OP. 1-8, OP. 1-9, OP. 1-10
SURVEYS. Remarques sur les arpentages faits dans le Bas-Canada et ex-
    traits de rapports d'arpenteurs. Appendice N° 27 . . . . .OP. 9-5
SURVEYS. Return in part to an address for copies of documents relative to
    the survey and improvement of the rapids of the river St. Lawrence,
    Maillefert and Raasloff. Return to an address, 30th March, 1855 . . . .
                                                     OP. 17-2, OP. 1-5
SURVEYS. Source of the Mississippi. Letter from Ivison Blakeman, Taylor
    & Co., and report of Hopewell Clarke, chief of the expedition in Octo-
    ber, 1886 . . . . .P. 173-4
SURVEYS. Surveyor's reports of township surveys in Manitoba, Keewatin
    and Northwest Territories. . . . . P. 474
SURVEYS. Topographical notices of the country lying between the mouth of
    the Rideau and Penetanguishene on Lake Huron, par Alexander Sheriff,
    1831 . . . . .P. 203B-11
SURVEYS. Sources of the Mississippi, rapport de l'hon. James H. Baker, P.173-3,P.199-5 ·
SURVEYS. True source of the Mississippi, par Pearce Giles . . . . P. 173-2
SURVEYS. Up the river Moisie, par Edward Cayley . . . . .P. 203D-11
SUSQUEHANNA RIVER. The frontier forts within the north and west branches,
    par le capitaine John M. Buckelew . . . . .P. 368-21
SUSSEX (N.B.). Rev. Oliver Arnold, par Leward Allison . . . . .P. 352-10
SUZOR (L. T.). Aide mémoire du Carabinier volontaire, &c., &c . . . . P. 194-7
SWITZERLAND. Federal constitution of the Swiss Confederation, 1874. Old
    South leaflets . . . . P. 299

Volume.

Sydney Coal Fields, par Hugh Fletcher (ainsi que tableau et carte)..... P. 486-8
Sydenham (Lord), ci-devant C. Poulett Thomson, correspondance, instructions à...P. 76
Sydenham (Lord).　Notices of his death by the press of North America...P. 69-2
Symons (John).　The battle of Queenston Heights, with notices of the life of Sir Isaac Brock...P. 55-1
Syndicate (The).　What is it ? A story for young Canadians, par Daluaine,P. 136-14
Synge (Capt. Millington Henry).　Great Britain one Empire.　On the union of the dominions of Great Britain by inter-communication with the Pacific and the East, viâ British North America, ainsi que cartes..P. 332-4
Synod (Fifth) of the Diocese of British Columbia, 1892..............P. 269-5
Synod of the Diocese of British Columbia.　Report of the special session for the election of a bishop...P. 287-6

T.

Tablettes Historiques Canadiennes, par Bibaud, 1859...................P. 119-1
Taché (Archevêque).　Denomination or Free Christian Schools in Manitoba...P. 220-1
Taché (Archevêque).　Encore l'amnistie, 1875....................P. 120-13
Taché (J. C. et P. J. O. Chauveau).　La Plëiade Rouge, par Gaspard Le Mage...P. 23-5
Taché (Archevêque).　Fenian raid, let. ouverte à l'hon. Gilbert McMicken.P. 239-7
Taché (Sir E. P.)　Guerre de 1812 à 1815.　Bataille Navale du Lac Champlain...P. 205-5
Taché (Archevêque).　L'amnistie, 1874........................P. 33-2, P. 54-5
Taché (J. C.)　Le défricheur de langue, par Isidore de Méplats.........P. 14-25
Taché (J. C.)　La mouche, ou la chrysomèle des patates et le moyen de combattre ses ravages...P. 35-3
Taché (Archevêque).　La situation au Nord-Ouest...................P. 152-18
Taché (J. C.)　Les Asiles d'aliénés de la Province de Québec et leurs détracteurs...P. 194-16
Taché (J. C.)　Les Histoires de M. Sulte.........................P. 46-2
Taché (J. C.)　Les Sablons, Ile de Sable.........................P. 51-5
Taché (Dr. J. C.)　Memorandum on Cholera, Medical conference held in the bureau of Agriculture in March, 1866..........................P. 291-1-2
Taché (J. C.)　Mémoire sur le choléra.............................EP. 5-4
Taché (J. C.)　Notice Historiographique sur la fête célébrée à Québec le 16 juin 1859, pour le deux centième anniversaire de l'arrivée de Monseigneur de Montmorency...................................P. 11-3
Taché (Mgr.)　Oraison Funèbre de Mgr. Bourget, 1885...............P. 223-9
Taché (Archevêque).　Pamphlets, &c., on the Manitoba School question.P . 285
Taché (Sir E. P.)　Quelques réflexions sur l'organisation des volontaires et de la milice de cette Province, par un Vétéran de 1812..............P. 11-6
Taché (Dr. J. C.)　Questions regarding Leprosy.....................P. 225-8
Taché (Mgr. Alexandre).　Vicaire des Missions de Saint-Boniface.　Rapport au mois d'avril 1887..P. 222-8
Taché (Archevêque).　The Amnesty Again, 1875...................P. 140-9
Taché (J. C.)　The Canadian Census of 1871.　Remarks on Mr. Harvey's paper...P. 38-5
Taché (J. C.)　The Colorado Potato Beetle.　How to oppose its ravages...P. 291-3
Taché (J. C.)　Trois Légendes de mon pays........................P. 98-2
Taché (Archeveque).　Vingt-cinquième anniversaire, 1875............P. 80-6
Talbot Settlement and Buffalo in 1816...............................P. 460-2

VOLUME.

TADOUSAC. Brief chronicle of the Chapel of Ste. Croix, Tadousac, par Thomas D. King..................P. 51-1
TALON. Mémoire sur l'état présent du Canada. 1667...........P. 203J-1
TANGUAY (ABBÉ CYP.) Registres de l'état des personnes................P. 190-8
TANNER (HENRY). Successful Emigration to Canada.......P. 144-13 & EP. 30-5
TANNER (HENRY). The Canadian North-west....................P. 219-14
TANNER (JOHN). Life of, a famous Manitoba scout, par George Bryce....P. 205A-14
TARDIVEL (J. P.) Borrowed and stolen feathers, Quebec, Le Canadien, 1878. The answer from the Morning Chronicle is appended........P. 136-12
Tardivel (J. P.) L'anglicisme, voilà l'ennemi.........................P. 74-4
TARDIVEL (JULES P.) Les Poëtes Anglais. Conférence à l'Institut Canadien.P. 207A-3
TARDIVEL (JULES P.) Notice biographique sur M. Louis Philippe Turcotte, lue à l'Institut Canadien, 1878.....................P. 207A-11
TARDIVEL (JULES P.) Vie du Pape Pie IX, ses œuvres et ses douleurs....P. 20-2
TARIFF. Remarks of William W. Grout (of Vermont) in the House of Representatives...............P. 216-27
TARIFF. The President's Message (Etats-Unis)....................P. 234-18
TARIFF. United States, of 1846 and 1842 and new British..............P. 336-8
TARTE (J. ISRAEL). Amyot vs. "Le Canadien", 1886.................P. 249-7
TARTE (J. ISRAEL). Le Clergé, ses droits, nos devoirs ....P. 124-3
TARTE (J. ISRAEL). Lettres à l'honorable H. L. Langevin.......P. 159-10, P. 238-2
TASCHEREAU (MGR. E. A.) Discours à l'inauguration des nouvelles salles de l'Institut Canadien....................P. 207B-8
TASCHEREAU (HENRI T.) Discours à l'Institut Canadien, 1876 .... P. 207-10
TASCHEREAU (MGR. E. A.) Documents relatifs à l'érection canonique de l'Université Laval....................P. 83-3
TASSÉ (ELIE). Le Nord-Ouest....................P. 254-2-3
     "   En anglais........................EP. 10-9
TASSÉ (JOSEPH). Aux Canadiens-Français émigrés....................EP. 5-11
TASSÉ (JOSEPH). Le chemin de fer Canadien du Pacifique............P. 193-1
TASSÉ (JOSEPH). The French Question.....................P. 216-16
TASSÉ (JOSEPH), Voltaire, Madame de Pompadour et quelques arpents de neige ....P. 392-5
TATE (CHARLES M.) The capabilities of the Harbour of Quebec.........P. 203D-9
TAYLOR (HENRY). Considerations on the past, present and future condition of the Canadas, 1839, in 2 parts...............P. 213-1
TAYLOR (FENNINGS). Thomas D'Arcy McGee. Sketch of his life and death.P. 343-3
TECHNICAL PROGRESS of the Nineteenth Century, par James Douglas......P. 505-2
TECHNOLOGICAL INSTITUTE, Halifax. Rapport...................P. 379C-6
TECHNOLOGY, MASSACHUSETTS Institute. Commemorative Address par Augustus Lowell.............P. 251-3-4-5
TEEPLE (PETER), SKETCH of, in Ontario Historical Society for 1898........P. 460-2
TELEGRAPHIC IMPERIAL communication through Canada.................P. 296
TELEGRAPHY. Correspondence with Erastus Wiman, 1881...........P. 216-19
TELEGRAPHY. Memorandum in reference to a scheme for completing a great Intercolonial and Intercontinental Telegraph System, by establishing an electric cable across the Pacific Ocean, par Sandford Fleming......P. 106-4
TELEGRAPHY. Report on the advantages and necessity of establishing a submarine telegraphic system for the River and Gulf of St. Lawrence....P. 113-2
TELEGRAPHY. Union of Telegraphic Interests in Canada, par Erastus Wiman.....................P. 181-12
TELEGRAPHY with the coasts and islands of the Gulf and Lower St. Lawrence and the coasts of the Maritime Provinces..........P. 113-3, P. 349-7
TELLIER (RÉV. PÈRE, S.J.) Discours prononcé le jour de la fête de Saint-Jean-Baptiste ....P. 193-2

3-4 EDOUARD VII, A. 1904

VOLUME.

TÉMISCAMINGUE.   Colonisation du Lac, et du lac Kippewa, 1888.........P. 306-16
TEMISCAMING.   Northern districts of Ontario ... .P. 369-8
TEMPERANCE.   A prohibitory liquor law for Upper Canada, par J. J. E.
   Linton..P. 233-10
TEMPERANCE.   Association Catholique de, de la paroisse de Beauport......P. 342-7
TEMPERANCE.   Canadian Temperance Manual, par le professeur George E.
   Foster ....,.........P. 148-2
TEMPERANCE.   Dois-je voter pour la loi Scott.................,.......P. 155-14
TEMPERANCE.   Eau-de-vie, en Canada.   Histoire de l' (1705 ?)... ....: P. 152-1
TEMPERANCE.   Extracts by Rowland Burr, from the report of the select
   committee of the Legislative Assembly of Canada on the prohibitory
   liquor law...P. 160-9
TEMPERANCE.   Guerre à l'Intempérance..... .. ..P. 192-13
TEMPERANCE.   Maine Law Illustrated.   Being the result of an investigation
   by A. Farewell and G. P. Ure.................................P. 144-1
TEMPERANCE.   Maine Liquors Law, with an introduction, &c ....P. 161-5
TEMPERANCE.   Manual of the Temperance Society, par le révérend C. Chiniquy.P. 180-3
TEMPERANCE.   Ought I to vote for the Scott Act.... .., ...P. 131-3
TEMPERANCE.   Prohibition and compensation.......... . ...P. 131-2-4
TEMPERANCE.   Prohibition, et la compensation... ... .P. 120-10
TEMPERANCE.   Return of liquor sold in Prince County P.E.I., under the
   Canada Temperance Act...... ....OP. 39-11-12
TEMPERANCE.   Twins.   A reply to the Anti-Scott Act, address of Mr. Gold-
   win Smith, par le révérend D. V. Lucas......................P. 215-1
TEMPERANCE.   The claims of Temperance Societies.   Conférence par le révé-
   rend James T. Byrne.... . ... P. 237-1
TEMPERANCE versus Prohibition, an address on the Scott Act, par Goldwin
   Smith...P. 233-11
TEMPLE (INNER).   Manuscripts in the library of....................P. 414-13
TEMPORALITIES FUND.   Rev. John Barclay, circular respecting, 1882. ....P. 375 B-17
TEMPORALITIES FUND. Reverend Robert Dobie vs. The Board of Manage- P. 385 B-14-15 &
   ment, 1878...P. 375 B-10-11
TEMPORALITIES FUND of the Presbyterian church of Canada in connection
   with the Church of Scotland with judgment of the Privy Council.....P. 375 B-19
TEMPORALITIES FUND.   Which church is entitled to the Temporalities. ....P. 287 2
TENANT FARMERS' DELEGATES.   Reports and other information on the North
   West Territory and other parts of the Dominion ....EP. 8-4
TENANT FARMERS' DELEGATES.   Reports on the Dominion of Canada as a
   field for settlement...EP. 4-5
TENURE SEIGNEURIALE.   Edits, etc., relatifs à la correspondance concernant
   le Régime féodal..P. 423-1-2-3
TERRY (FRANK) TAYLORS).   The Aborigines in the North West....:...P. 459-5
TERRY (BENJAMIN S.)   The city in the Roman constitution..............P. 356-1d
TESSIER (MESSIRE).   Procès entre, et Michel Tetro.....................P. 27-7
TÉTU (L'ABBÉ).   Mgr. de Laval, premier évêque de Québec... ....P. 188-3
TÉTU HORACE.   Historique des journaux de Québec, 1875.......... ...: P. 97-4
   "   "   "   " 1889...............P. 236-2
THANKFUL STEBBINS.   An Unredeemed Captive, par C. Alice Baker ......P. 231-4a
TAUMUR de la Source.   Relation de la Mission du Mississippi en 1700.....P. 211, C-2
THE Confederacy and the Transvaal, par Charles Francis Adams.........P. 518-6
THE England of the time of the War of Independence, par John Bellows ..P. 518-7
THE Society's Land Titles, par Charles A. Chase.......................P. 518-4
THE Whitman Legend.   A reply to Professor Bournes, par Myron Eells,DD.P. 517-1
THE Tale of Tantiusques, par George H. Haynes...... ....P. 518-9
THIBAULT (CHARLES).   Hier, anjourd'hui . et demain, origines et destinées
   canadiennes.......................... ....P. 91-10

DOC. DE LA SESSION No 18

                     VOLUME.

THIBAULT (CHARLES). Panégyrique du révérend Edouard Crevier, V.G...P. 156-8
THISTLETON (HON. FRANCIS). Pseudnoym of W. H. Fleet...............P. 10-2
THOMAS (ALFRED C.) Comparisons of English and American Farming..P.182-5, P. 200-4
THOMAS (JOHN). Diary of, 1755...................................P. 281-5
THOMAS (ISAIAH). Some notes on. ....P. 496
THOMAS (C.) The History of Shefford...........................P. 74-2
THOMMEREL (J. P.) Recherches sur la du Franco-Normand et de l'Anglo-
  Saxon ....P. 363-5
THOMPSON. Journal of Sergeant James, 1758-1830...................P. 441-11
THOMPSON (ERNEST C.) Mammals of Manitoba.. ... .P. 205 A-5
THORNTON (EDWARD) and George Brown. Memorandum on the commercial
  relations, past and present, of the British North American Provinces
  with the United States of America..........................P. 89-1, P. 140-8
THORN (ADAM). Claims to the Oregon Territory considered............P. 421-1
THOUSAND ISLANDS. Meanderings among the·...................·..P. 230-16
THREE RIVERS. Voir Commerce, Industries, &c......................P. 255-7
THREE RIVERS (The City of). As a seaport and her network of railroads,
  par George Balcer ....P. 60-4
THOCKMORTON. Manuscripts of Sir N. W.... ....P. 414-4
THWAITES (REUBEN GOLD). A Memoir on Lyman Copeland Draper......P. 270-6
THWAITES (REUBEN GOLD). The Boundaries of Wisconsin.............P. 231-7
THWAITES (REUBEN GOLD). The story of the Black Hawk War.........P. 270-7
TILL (WM, fils.) New Brunswick, as a home for emigrants........P. 354-6, EP. 14-8
TILLINGHAST (W. H.) Voir Harvard University ....P. 311-5
TIME MARKING, par R. E. W. Goodridge...........................P. 205 A-3
TIME RECKONING. Papers on, par Sir Sandford Fleming.............P. 346-4
TINTINUABULUM. Sporting Intelligence. The Race for the Mitre.......P. 160-11
TINY, SITES OF HURON. Villages in the townships of, par Andrew F. Hunter.P. 441-16
TOBACCO PEST. A new, Raleigh........ ....P. 438-6
TODD (ALPHEUS), Brief suggestions in regard to the formation of local
  governments for Upper and Lower Canada in connection with a federal
  union of the B. N. A. Provinces.................................P. 60-6
TODD (ALPHEUS). On the position of a constitutional governor under
  responsible government....... ....P. 14-5
TODD (COL. JOHN). Record Book. Voyez Edward G. Mason............P. 142-14
TOLMIE (WM. FRASER). Canadian Pacific Railway routes. The Bute Inlet
  and Esquimalt route, No. 6, and the Fraser Valley and Burrard Inlet,
  No. 2, compared, &c........ ....P. 44-9, P. 86-6
TOMKINS (DANIEL D). Public Papers ....P. 470-2
TOMKINS (EDWARD S.). Record of the Ancestry and kindred of the children
  of ....P. 350-9
TONER (J. M., M.D.). Address on Medical Biography.......... .....P. 367-10
TONER (J. M.). George Washington as an inventor and promoter of the
  useful arts, an address....................................P. 367-11
TONER (J. M.) Some account of George Washington Library, &c........P. 367-12
TOOTS. The Two Elders and the Meal Club Plot..................P. 132-4
TOQUE (REV. PHILIP). The voice of the sea. Sermon on the death of Capt.
  Robert Hutchings................................P. 508-1-14
TONTY (CHEVALIER HENRY DE). His exploits in the valley of the Missis-
  sippi, par Henry E. Legler.......... ....P. 459-4
TORONTO AND GUELPH RAILWAY COMPANY. Acts of incorporation, &c., 1852.P. 385-1
TORONTO AND GUELPH RAILWAY. Preliminary survey, 1852. Rapport de
    l'ingénieur en chef... ....P. 484-3
  "   " Journal of the Test pits, M.S........:.P. 484-6
           Second Report, 1853.............. ...P. 484-7

3-4 EDOUARD VII, A. 1904

VOLUME.
TORONTO BOARD OF TRADE. Report, 1887 .... ,......... ..... P. 323-2
TORONTO (BISHOP OF). Charge, April 1856.........:. ....,..... P. 508-1-17
     "   Synod of the Church of England.............. .P. 508-3
                    Report of the Church Association and meeting
                    of Protestant Episcopal Divinity School,
                    1879......................... .P. 508-2-4, P. 146-14
TORONTO (CITY OF). The right of the Grand Trunk Railway........... P. 290-6
TORONTO CHURCH SOCIETY, 1843 à 1869 ... ... P. 373-E, F, G
TORONTO FIRST GERM (FORT TORONTO). Some explanatory notes in rela-
tion thereto, par Henry Scadding..... ....P. 48-6
TORONTO (PUBLIC LIBRARY). Rapport annuel, 1887 .... P. 308-4
     "   "   1888..................P. 308-5
                                  "   1892..................P. 308-6
                                  "   1894............... .....P. 308-7
    ..   .   "   Finding list, 1885.....................P. 308-3
                  "   Rapport pour, 1897................ ....P. 449-8
                  "   "   1898..................... ....P. 449-9
                  Catalogue of books in central circulating library, 1897...P. 449-10
                  Rapport pour 1891 ....P. 308A-2
                  "   1895 ....P. 308A-3
                  "   1896 ....P. 308A-4
     "   Reports for 1885 ....P. 136-16
     "   "   1887, 1888, 1890....:...............P. 258-1-2-3-4
TORONTO (PUBLIC LIBRARY). Address to the Board of management of the
Toronto Free Library, par John Hallam.......................P. 115-7
TORONTO GRAMMAR SCHOOL. Year Book, 1807, 1897..................P. 386-8
TORONTO HARBOUR. Memorandum with plans, &c., prepared by direction
of Hon. H. L. Langevin, 1881, including report of Committee on York
Harbour, 1833-1834 and 1847. Capt. Bonnycastle's Report, 1834-
1835; Walter Shanly & C. Gzowski, 1847, and other papers, plans, &c.OP. 41-1
     Rapport de James B. Eads.......... .... OP. 41-2
     Ainsi qu'annexe par Henry F. Perley.......................OP. 39-8
TORONTO INDUSTRIAL EXHIBITION ASSOCIATION... ... . P. 221-1
     "   "   "   1885.............. .. ... P. 313A-6
TORONTO LIBRARY, 1899 .... P. 495-1
     "   Part 2... .... P. 495-2
     "   Subject Catalogue.............................. .... P. 495-3
TORONTO MECHANICS INSTITUTE. Rapport annuel....................P. 308-2
TORONTO MUSICAL FESTIVAL, 1886..... ....P. 225-10
TORONTO. Report of the debate in the City Council on 21st February, 1853,
respecting the issuing of City debentures........................P. 239-1
TORONTO. STATUTES of the University of, 1857......................P. 309-1
TORONTO. The members of the Municipal Council and civic officials, de
1834 à 1870............................... ....P. 312-1
     Receipts and expenditure...............................'P. 312-2
     Police Force.... ....P. 312-3
     Tax exemptions....................................... P. 312-4
TORNADO IN LUZERNE and Columbia Counties. Notes on, par le professeur
Thomas Santee .... P. 318-9
TORONTO UNIVERSITY Convocation. Adresse par James Loudon ....P. 506-8
TORONTO UNIVERSITY. Statement made before the Committee of the Legis-
lative Assembly on the University of Toronto, in reply to those of the
Rev. D. Cook, Green, Stinson and Ryerson, par John Langton.......P. 94-6
TORONTO WATER WORKS. Toronto.... ....P. 273
TORONTO YOUNG MEN Christian Association...................... ....P. 307-11

DOC. DE LA SESSION No. 18

VOLUME.

TORRENCE (M. LE JUGE). A letter to the Attorney General of the Province of Quebec on the administration of justice.........................P. 30-7
TORRENCE PAPERS CATALOGUE..P. 329A-3
TOUR FROM BANGALORE to Calcutta, par le major George E. Bulger........P. 467-3
TOURISTS GUIDE. Quebec et Ottawa...................... .. ..P. 244-5
TOUSSAINT (ANAIS). Procès de, accusée et trouvée coupable de l'empoisonnement de son mari.................... ... . P. 154-4
TOUSSAINT (F. X.) Petit abrégé de géographie moderne................P. 158-1
TOWNLEY (ADAM). Seven letters on the common schools system...P. 146-11, P. 148-15, P. 160-7
TOWNLEY (ADAM). Scepticism or folly, 1857.... ....P. 490-4
TOWNLEY (REV. ADAM). Ten letters on the Church and Church Establishments addressed to the Hon. W. H. Draper, M.P., &c., par un Anglo-Canadien ....P. 90-6
TOWNSHEND. Manuscripts of the Marquis...........................P. 414-10
TOWNSEND (WILLIAM). Life and trial of, for the murder of John H. Nelles.P. 232-4
TOWN AND COUNTRY. Revues, 1776 à 1781.......................P. 463, G. to K.
TOWNSHIP SURVEYS. Surveyors reports of, in Manitoba, Keewatin and North-west Territories..P. 474
TRADE. An abstract of all the statutes made concerning aliens trading in England, from the first year of Henry the VII, par Samuel Hayne, 1685.P. 348-2
TRADE. Commercial relations with British America................ ....P. 348-7
TRADE AND NAVIGATION. Exports from Montreal, season for 1896, 1897 ..P. 377-2-3
TRANSIT OF VENUS. Report of Canadian observations on, 1882..... P. 346-7, P. 113-4
TREATIES AFFECTING the boundaries and fisheries of Canada ....P. 107-12
TREATIES CONCERNING the cession of the Russian Possessions in North America......to the United States...............................OP. 38-5
TREATIES. Discours de Sir John A. Macdonald en présentant le projet de loi pour mettre à effet le traité de Washington................ ......P. 26-8
TREATIES. List of Treaties of Commerce and Navigation between Great Britain and foreign powers ....O.P. 23-2
TREATIES. Message, Despatches and Minutes of the Privy Council relating to the Treaty of Washington......................................O.P. 23-1
TREATIES. Navigation of the St. Lawrence. Message from the President of the United States, with report and correspondence relative to free navigation, 1828......................................P. 197-10
TREATIES. Observations on the conduct of Great Britain with regard to the negotiation and other transactions abroad...................P. 62-1
TREATIES. Observations upon the Treaty of Washington signed 9th August, 1842, with the Treaty annexed together with a map to illustrate the Boundaries, par George William Featherstonhaugh.................P. 63-1
TREATIES. Quirks of Diplomacy, par le lieutenant-colonel Coffin........P. 30-4
TREATIES. Speech of the Hon. Sir John A. Macdonald on introducing the Bill to give effect to the Treaty of Washington as regards Canada.P. 21-6, P. 109-8
TREATIES. Traité entre Sa Majesté et les Etats-Unis d'Amérique, signé à Washington, le 9 août 1842...................................P. 225-3
TREATIES. Treaty of Washington, with correspondence, &c., in connection with the appointment of the Commission, carefully collected from official sources.. P. 80-4
TREATIES. Voir Kidder Abenaki Indians..........................P. 216-5
TREES. Notes on, in the grounds of McGill University, par Sir William Dawson .... P. 382 B-19
TREES. Their distribution and preservation, par A. T. Drummond, ainsi que cartes..P. 507-8
TREMBLAY (P. A.). Député de Chicoutimi. Histoire d'un pauvre et nécessiteux député.... ....P14-24

VOLUME.

TREMBLAY (ERNEST). La question du jour. Le gouvernement fédéral peut-il révoquer le lieutenant-gouverneur de Québec...................P. 91-6
TREMBLAY (ERNEST). Riel ; Réponse à Monsieur J. A. Chapleau........P. 344-10
TRENT AFFAIR. Correspondence relating to the case of Mason and Slidell, 1861 ....P. 257-6
TRIALS. Address to the Jury at Kingston Assizes in the case of the King vs. Robert Gourlay for libel, with a report of the trial ....P. 180-1
TRIALS. Case of Baptiste Cadieux for murder. (On a soulevé le point important de la juridiction du tribunal)...........................P. 122-7
TRIALS. Case of George Arnold vs. John Boyle and others, argued and determined in the Court of King's Bench for the District of Quebec. . .P. 72-7
TRIALS. Faithful Report of the trial and acquittal of Robert Randall, a member of the Commons House of Assembly in Upper Canada, accused of perjury, des notes sténographiques de F. Collins...... ......P. 52-1, P. 149-7
TRIALS. Full and accurate Report of the celebrated Slander Case of Ferguson vs. Gilmour, 1853...P. 196-8
TRIALS. Greenwood Tragedy. Three addresses delivered to the prisoners in Toronto gaol by Colonel Kingsmill ....P. 139-25
TRIALS. Inquest on Mary Boyd at the Provincial Lunatic Asylum......P. 216-23
TRIALS. James Hill commonly called John the painter................P. 216-8
TRIALS. Last twenty-one days of the Convict Daniel Mann, 1871 ....P. 161-10
TRIALS. McPherson (Laughlin T.) vs. George Arnold tried in the Court of King's Bench, Quebec, before Chief Justice Sewell, Justice Perrault and a Special Jury, 1823.....................................P. 72-7½
TRIALS. Report of Commissioners of Inquiry in re Corrigan Murder. . . .P. 40-1
TRIAL of Joseph Berubee and Cesaire Thibault, par Lelièvre et Angers.....P. 131-5
TRIAL of Patrick J. Whelan for the murder of Hon. Thos. D'Arcy McGee, rapporté par George Spaight... ....P. 38-3
TRIALS. "The Chesapeake" The case of David Collins et al on a charge of piracy ....P. 218-6
TRIALS. The trial defence, etc., of William Ross who was executed together with Robert Ellis, J. B. Monarque and W. Johnson, for burglary ....P. 216-7
TRINITY COLLEGE. Two letters to the Lord Bishop of Toronto in reply to charges by the Lord Bishop of Huron against the theological teaching of Trinity College, par George Whitaker, Provost...................P. 92-3
TRINITY COLLEGE School, Port Hope Calendar ....P. 355-9
TRINITY COLLEGE. The Bishop of Huron's objections to the theological teachings of......... ....P. 592-2
TRINITY COLLEGE. The judgments of the Canadian Bishops on the Documents submitted to them by the Corporation of Trinity College, in relation to the theological teaching of the College......... ... .P. 139-24
TRINITY COLLEGE. The Protest of the minority of the Corporation of Trinity College against the resolution approving of the theological teaching of that institution, 1864........................ .... P. 233-21
TRINITY COLLEGE. University Consolidation a National University.....P. 92-7
TRINITY MEDICAL School....................................P. 346-13
TRIP TO THE OLD COUNTRY, par William Fennington...................P. 300-4
TROIS MISSIONNAIRES. (Découverte des restes de) par C. E. Rouleau .....P. 289-7
TROIS-RIVIÈRES. Chambre de Commerce......................P. 192-10
TROIS-RIVIÈRES. Jubilé Sacerdotal des Mgrs..... ....P. 361-6
TROIS-RIVIÈRES. Mémoire appuyant la demande d'une école normale dans la ville des Trois-Rivières par l'Evêque (Mgr. Laflèche) 1881. Réponse aux remarques de M. l'Abbé Verreau sur le mémoire..... ....P. 225-7
TROW (JAMES, M. P.). Manitoba and North-west Territories...........EP. 16-5
TRUDELLE (L'ABBÉ CHARLES). Le Frère Louis. Les derniers Récollets Canadiens..P. 392-1

VOLUME.

TRUDEL (L'honorable F. X. A.). Projet de loi de l'Université Laval. Discours contre le bill..P. 195-18
TRUE IRISHMEN. Address to the Irish inhabitants of Quebec...........P. 127-3
TRUMBULL (JOHN LL.D.) McFingal, a modern epic poem on the town meeting, Philadelphia..P. 163-4
TRURO, Memorial of the 121st and 122nd Anniversary of the settlement of, 13th September 1882......................................P. 441-1
TRUST AND LOAN Co. U.C. Report of Michael Saward, 1846...........P. 213-4
TRUTCH (HON. M.) Complimentary Dinner at Ottawa, 1871............P. 215-8
TUBERCULOSIS CONGRESS ON, 1899, held in Berlin, Germany, et rapport par Edward Farrell, M.D., Halifax..............................P. 486-3
TUBERCULOSIS IN CATTLE......................................P. 369-5
TUPPER (SIR CHARLES). Canadian Pacific Railway, Speeches and Statements in the House of Commons, 1880-1884........ .....P. 67-7-11
TUPPER (CHARLES). Discours 1874 sur les Finances du Canada ...«.....P. 22-15A
TUPPER (CHARLES). Liberal Conservative Handbook, 1876.............P. 13-16
TURCOTTE (LOUIS P.) Conférence 2 Déc. 1874.....................P. 207-1
TURCOTTE (LOUIS P.) Les Archives du Canada....................P. 46-8
   "   "   "   "   conférence à l'Institut Canadien...P. 207A-7
TURCOTTE (LOUIS P.) L'honorable R. E. Caron, Lieutenant-Gouverneur de la Province de Québec...................................P. 124-5
TURCOTTE (LOUIS P.) L'honorable Sir G. E. Cartier................P. 124-4
TURCOTTE (LOUIS P.) La Société Littéraire et Historique de Québec. Conférence..P. 203C-6
TURCOTTE (LOUIS P.) Notice Biographique, par J. P. Tardivel........ P. 207A-11
TURGEON (MGR P. F.) Archevêque de Québec et premier visiteur de l'Université Laval. Souvenir, 1867.........................P. 12-10
TURGEON (J. O.) Biographie de Camille Urgso....................P. 5-9
TURNBULL (LT. COL. J. F.) Cavalry............................F. 306-13
TUTTLE (CHAS. R.) Open letter on the Agitation in Manitoba...........P. 143-15
TWINNING (CAPT P. G.) Narrative of an exploration survey through part of East Central Africa....................................P. 306-13
TYPOGRAPHY. Specimens pioneer topography, par H. S. (Henry Scadding)..P. 260-11
TYRRELL (J. B.) Brief Narrative of the journeys of David Thompson in North Western America.................................P. 218-16

U.

ULTRAMONTANE policy in Quebec and its results, par un Catholique.......P. 303-8
UNDERWOOD. Manuscript of C. F. Weston of Somerly.................P. 414-2
UNGAVA BAY. Notes on Ungava Bay and its vicinity, par W. H. A. Davies.P. 203G-11
UNIACKE (RICHARD JOHN). A sketch, par l'honorable L. G. Power, 1895..P. 281C-4
UNIFACTION OF LONGITUDES, 1884..............................P. 304-1
UNION OF THE CANADAS. Messages from His Excellency the Governor General on the Subject of the Reunion of the Provinces of Upper and Lower Canada together with the resolutions of the House of Assembly, 1839......................................P. 56-3
UNION OF THE DOMINIONS of Great Britain by Inter-communication with the Pacific and the East by British North America (et cartes) par le capitaine Millington Henry Synge, 1852.....................P. 332-4
UNION LEGISLATION as to Presbyterians, 1875......................P. 375B-9
UNION PRESBYTERIAN. Appeal in the case of Eldon, 1879.............P. 375B-13
UNION OF PRESBYTERIAN CHURCHES. Witness.....................P. 375B-7

UNION PRESBYTERIAN. Faults and failures of the late, par Douglas
    Brymner, LL.D...P. 375B-12
UNION OF THE PROVINCES OF BRITISH NORTH AMERICA, par l'honorable
    Joseph Cauchon, traduit par Geo. H Macaulay.....................P. 327
UNION. Plan for a general legislative Union of the British provinces in
    North America, 1824...P. 339-1
           Remarks..P. 339-2
UNION. Remarks on the proposed union of the provinces Upper and Lower
    Canada, par J. B. Robinson, 1839...............................P. 339-3
U. E. LOYALISTS. Address before the Historical Society of New Brunswick,
    par le général John Watts de Peyster............................P. 132-13
U. E. LOYALISTS. Association, Annual Transactions......... ....P. 501-3, P. 442-11
U. E. LOYALISTS in 1837. Wentworth Historical Society...............P. 519-6
U. E. LOYALISTS. Memorial to, par James Coyne.....................P. 501-5a
U. E. LOYALISTS. New Jersey Volunteers Loyalists in the Revolutionary
    War, par William S. Stryker......... ....P. 197-12
U. E. LOYALISTS. Resolutions of the Legislative Council of Upper Canada
    respecting claims, 1835..P. 64-1a
U. E. LOYALISTS. Sir F. B. Head and Mr. Bidwell. The cause and cir-
    cumstances of Mr. Bidwell's banishment correctly stated and proved,
    1838, attribué à to Egerton Ryerson.............................P. 24-4
U. E. LOYALISTS. The Aftermath of a revolution, par George Sterling
    Ryerson ....P. 355-11
U. E. LOYALISTS. The loyalists at Shelburne, par le rév. T. Watson Smith.P. 281B-4
UPPER CANADA. Bible Society of 28th report, 1868. ....P. $\frac{505}{2}$-7
UNITED STATES and France. Observations on the dispute between, par R.
    G. Harper, 1798 (sixième édition).... ....P. 297
UNITED STATES. Commercial relations with British America........ ....P. 348-7
UNITED STATES. Constitution, Old South Leaflets, Articles of Confedera-
    tion, Declaration of Independence, North-west Ordinance of 1787 ....P. 299
UNITED STATES Diplomatic correspondence. 1862, transmitted by Her
    Majesty's Minister at Washington................................P. 348-5
UNITED STATES, Dominion of. Address, par Harry Rubins.............P. 350-16
UNITED STATES Government Publications. Catalogue..................P. 215-5
UNITED STATES Government Publications, par D. L. Kingsbury.........P. 356-4g
UNITED STATES. Message from the President, respecting disturbances on
    the Canadian frontier...P. 132-1
UNITED STATES. Message from the President (Boundary Question), Wash-
    ington ....P. 132-2
UNITED STATES. Proposal for a centennial record, 1883...............P. 303-5
UNITED STATES. Provisional court for the State of Louisiana, a reminis-
    cence of the late civil war, 1861-66..............................P. 109-12
UNITED STATES. Relations between, and North-west British America, 1867.P. 348-6
UNITED STATES. Report of the Minister of Finance on the Reciprocity
    Treaty with the, 1862..P. 348, 10-11
UNITED STATES SENATE. Letter from the Secretary of State transmitting
    memorials relative to documents in Europe bearing on the early history
    of the United States..P. 186, 3-4
UNITED STATES. Special report of the Librarian of Congress, 1895.......P. 350-15
UNIVERSAL TIME. Universal Cosmic Time, par Sandford Fleming.......P. 218-11
UNIVERSITIES and the professions. Lettres de S. Pagnuelo.............P. 233-18
UNIVERSITY, BROWN. Catalogue ....P. 309-11
UNIVERSITY. Calendar of Dalhousie College.... ... .P. 309-4
UNIVERSITY. Calendar of King's College, Windsor ....P. 309-5-6
UNIVERSITY. Calendar of Lake Forest, 1887-8 ....P. 309-10

DOC. DE LA SESSION No 18

VOLUME.

UNIVERSITY CONSOLIDATION. Association of the University of Trinity
College. A national university, 1874............................P. 92-7
UNIVERSITY EDUCATION. A plea for the extension of, in Canada, par J. W.
Dawson...P. 382B-5
UNIVERSITY EDUCATION, par Rev. George Bryce, 1899................P. 497-8
UNIVERSITY, HARVARD. Bibliographical contributions, publié par Justin
Winsor, 1888-9............. ....P. 311-5
UNIVERSITÉ LAVAL. Annuaire, 1894-95..... ....P. 304-4
UNIVERSITÉ LAVAL et les études classiques......... ....P. 195-16
UNIVERSITÉ LAVAL, voyez Pelletier (Abbé) ....P. 154-10
UNIVERSITÉ LAVAL. Sixième centenaire de Saint-Thomas d'Aquin à Saint-
Hyacinthe et à Québec, 1874................ ....P. 16-2
UNIVERSITÉ LAVAL. Soirée musicale à l'occasion du deuxième centenaire de
l'érection du siège épiscopal de Québec, 1874........... ....P. 14-29
UNIVERSITÉ LAVAL Une réponse à, 1881..................... ....P. 154-18
UNIVERSITY OF TORONTO. Report of the board of endowment, &c., for 1851.P. 133-3
UNIVERSITY OF TORONTO. Statutes of 1857............... ....P. 309-1
UNIVERSITY OF TORONTO. (Benefactors of the) 1892..................P. 268-5
UNIVERSITY QUESTION considered by a Graduate, 1845...... ....P. 139-8
UNIVERSITY QUESTION. Report of a public meeting held at the Kingston
Conference in reference to the, and Victoria College................P. 133-5
UNIVERSITY QUESTION. The Rev. Dr. Ryerson's defence of the Wesleyan
Petitions ....P. 133-6
UNIVERSITY REFORM. Dr. Ryerson's reply to the recent pamphlet of Mr.
Langton and Dr. Wilson on the University Question in five letters, &c.,
1861 ....P. 94-7
UNIVERSITY SHORT STATEMENT of the advantages of University Consolidation.P. 233-19
UNIVERSI.IES—UPPER CANADA College question. An Examination, 1868..P. 146-12
UNIVERSITIES—UPPER CANADA College question. Opinions of the Press
strictures, &c., par Howard Hunter, 1868 ....P. 146-13
UNIVERSITIES—UPPER CANADA College. Statement of George R. R. Cock-
burn, Principal of the Committee of the Legislature on Education, 1869.P. 227-14
UNIVERSITIES—VICTORIA COLLEGE. The Principal's (Egerton Ryerson) In-
augural address, &c..P. 146-7
UNRESPONSIVE CALL roll at tatto, par Luther R. Marsh ....P. 356-1b
UPHAM, Warren. The settlement and development of the Red River Valley.P. 356-3b
UPPER CANADA Almanac, 1831. James G. C. Hewett..................P. 319 A-1
UPPER CANADA. Centennial proceedings at Niagara and Toronto, 1893...P. 290-10
UPPER CANADA. Copies of letters, &c., read in the Legislative Council in
the debate upon the Clergy Reserve Bill, par P. B. de Blaquière, 1840.P. 352-5
UPPER CANADA. Letter on the bill for quieting titles to real estate in, ad-
dressed to Hon. John A. Macdonald by Hon. Oliver Mowat, 1865....P. 345-6
UPPER CANADA. Proceedings of the Legislative Council of, on the bill sent
up from the House of Assembly entitled, An Act to amend the Jury
Laws of this province, 1856 ....P. 345-2
UPPER CANADA. Reports on Public departments, 1839, 1840...........P. 345-3
UPPER CANADA. Report of select committee of the Legislative Council on
the complaint from the Assembly of the rejection of bills by the Council.P. 345-1
UPPER CANADA. Report of a select committee of the Legislative Council
of, upon the provision made by law for the support of a Protestant
clergy in that Province.......................................P. 352-4
UPPER CANADA. Speech by the Hon. John Rolph, M.P P., on the charges
against Sir Francis Bond Head, 1851......... ....P. 345-5
UPPER CANADA Rebellion. Mackenzie's own narrative, 1838...........P. 311-11
UPPER CANADIAN. The military defences of Canada, considered in respect
to our colonial relations with Great Britain, 1862............. .... P. 53-2

VOLUME.

URE (G. P.) *Voyez* Farewell, Maine, liquor law, 1855. .... P. 144-1
URQUHART (DAVID). Case of Mr. McLeod, in whose person the Crown of
    Great Britain is arraigned for felony............................. P. 24-9
URQUHART (DAVID). Exposition of the boundary differences between Great
    Britain and the United States subsequently to their adjustment by
    arbitration, 1840 .... P. 336-5 P. 468A
URSULINES DE QUÉBEC. Rapide Aperçu de l'Histoire Sainte............. P. 32-4
URSULINES. Relation du voyage des premières Ursulines à la Nouvelle
    Orléans et de leur établissement en cette ville, par la révérende Mère
    Saint-Augustin de Tranchepain .... P. 211-3
UTICA LITERARY CLUB and its earlier members, reminiscences of, par le
    révérend A. G. Vermilye, 1894....... .... P. 356-1g

V.

VAGNA (LOUIS DELLA), Life of, par H. F. McIntosh.................... P. 249-9
VALADE (F. X.) Guide de l'Instituteur, 1852......................... P. 191-8
VALLÉE (R. PAMPHILE). Comment la Province de Québec s'appauvrit,
    étude politique... P. 6-7, P. 32-1
VAN BUREN (MARTIN). Life and times of, par W. L. Mackenzie, 1846 .... P. 407-13
VAN CLEVE (JOHN W.) History of the floods in the Ohio River from 1772
    to 1832........... .... P. 329A-2a
VAN CLEVE (JOHN W.) Brief history of the settlement of the town of
    Dayton .... P. 329A-2b
VANCOUVER ISLAND, British Columbia, par William Carew Hazlett, 1858 .. P. 331-2
VANE (SIR HENRY). A Healing Question, 1656. Old South Leaflets No. 6, P. 299
VANKOUGHNET (P. M.) Liste des agents des Terres de la Couronne, 1861.. P. 159-7
VAUDREUIL, Lettres du Marquis de, au Chevalier de Lévis .... P. 413G
VAUGHAN (CAPT. D.) Meteorological journal and report relative to the
    currents, climate and navigation of the Strait of Belle Isle, 1860 ..... P. 113-1
VAUX (C.) Official correspondence in reference to plan for the arrangement
    of Public grounds in front of the Parliament Buildings at Ottawa.... P. 113-13
VEKEMAN (G.) Le Canada, Emigration............................. P. 301-8
VEKEMAN (G.) L'Emigration, Sherbrooke, Cantons de l'Est, 1884........ EP. 28-1
VENDUE. The word. An English miscellany .... P. 503-6
VENNER (HENRY G.) Report on the geology of Hastings county.... OP. 49-2, P. 477-1
VENNER'S WEATHER Almanac for 1882, 1883......................... P. 319A-6-7
VENUS, TRANSIT OF. Report of the Canadian observations, 1882........ P. 346-7
VENTILATION. Paper, par Thomas Fuller............................ P. 303-6
VERBIST (L'ABBÉ P. J.) Les Belges et les Alsaciens Lorrains au Canada,
    1872 .... EP. 13-2, P. 33-5
VERBIST (L'ABBÉ P. J.) Projet d'organisation d'une Académie des beaux
    arts à Montréal. .... P. 317-17, P. 135-5
VERENDRYE. Appeal of Chevalier de la, discoverer of the Rocky Moun-
    tains, by Edward D. Neill.................................... P. 368-12b
VERENDRYE. First visit of white men to the Mandans, par Edward D.
    Neill .... P. 368-12a
VERENDRYE. Le Cadet de la, par Régis Roy......................... P. 360-2
VERITAS VINCIT. Manitoba and Confederation, 1884.................. P. 143-13
VERMILY (REV. A. G) Reminiscence of the Utica Literary Club and its
    earlier members .... P 356-1g
VERMONT. Applications to U. S. Congress on local affairs, 1842.......... P. 197-7-8
VERPLANCK Homestead, Fishkill, N.Y., granted by the Wappinger Indians
    in 1683 .... P. 235-11

DOC. DE LA SESSION No 18

VOLUME.

VERAZZANO's Voyage, 1524. Report to the King of France. Old South
Leaflets ....P. 299
VERREAU (ABBÉ). Ecole normale à la ville des Trois-Rivières. Réponse
aux remarques de, par l'évêque des Trois-Rivières.................P. 225-7
VERREAU (L'ABBÉ H. A.) Les deux abbés de Fénélon..................P. 392-1-3
VERREAU (H. A. B. PRETRE). Réplique au second mémoire de Mgr. l'Evêque
de Trois-Rivières...... ....P. 195-20
VERROYST (REV. C.) Missionary labours of Fathers Marquette, Menard
and Allouez in the Lake Superior region......... ....P. 334-2
VERSAILLES (LA COUR DE). Lettres au Baron Dieskau, au Marquis de
Montcalm et au Chevalier de Lévis ....P. 413B
VETCH (HON. SAMUEL). Par le révérend Geo. Patterson...............P. 281A-4
VETERINARY COLLEGE, Montreal, 1885.......................... ....P. 344-11
VICTORIA BRIDGE, par William Kingsford, C.E.................. ......P. 112-1
VICTORIA BRIDGE. Origin of the Victoria Bridge, par l'honorable John
Young, 1876 ....P. 112-11
VICTORIA BRIDGE. Report on a survey for the Railway Bridge over the
St. Lawrence at Montreal, T. C. Keefer, 1853....................P. 61-1
VICTORIA BRIDGE. The Canadian Engineer of, by a Montrealer, to which
is added, The Victoria Bridge, who is entitled to the credit of its con-
ception ? par un Canadien....................................P. 230-6
VICTORIA, B.C. Annual report of R. P. Rithet, Mayor of the City of
Victoria, B.C., for 1885.....................................P. 134-2
VICTORIA COLLEGE. Public meeting at the Wesleyan Conference, Kingston,
in reference to the University question and Victoria College........P. 133-5
VICTORIAN ORDER OF NURSES. Address by Professor Robertson, 1897....P. 386-3
VICTORIAN ORDER OF NURSES................. ....P. 355-1
VICTORIA, De Montreal à, par Honoré Beaugrand...... ....P. 344-15
VICTORIA Jubilee address to Her Most Gracious Majesty, by an Englishman.P. 346-15
VIGER COPPER MINE, Chester, C. E. Reports, &c., 1864...........P. 178-4-5-13-14
VIGER (DENIS BENJAMIN). And the Ministerial Crisis, 1844 ....P. 49-3
VIGER (JACQUES). De l'esclavage en Canada........ ....P. 204-1
VIGER (DENIS BENJAMIN). La Crise Ministérielle et M. D. B. Viger, 1844.P. 154-7
VIGER (DENIS BENJAMIN). Mémoires relatifs à son emprisonnement. ....P. 119-15
VIGER (JACQUES). Régne Militaire en Canada et Administration judiciaire
de ce pays, par les Anglais du 8 septembre, 1760 au 10 août, 1764 ...P. 204-7
VIGER (D. B.) Remarks relative to the grievances set forth in the address
of the Commons of Lower Canada........ ....P. 28-9
VILLENEUVE (ALPH.) Contre-Poison, Faussetés, erreurs, impostures, blas-
phèmes de l'apostat Chiniquy. Dialogue sur l'Eucharistie, par ....P. 32-8-9
VILLERS (P. D. E.) Quelques leçons sur l'art épistolaire et la politesse....P. 6-6
VINCENNES. The capture of, 1779, par George Rogers Clark.. ....P. 299
VINE. Report of the select committee on the cultivation of the vine in
Canada................................. ....OP. 39-1
VINLAND, par l'honorable L. G. Power........................P. 281 B-8
VINLAND, Voyage to. Old South Leaflets, No. 31..... ....P. 299
VINDEN BOARD OF TRADE.................................P. 386-11
VIRGINIA. Governors under the London Company, par Edward D. Neill...P. 368-1a
VIRGINIA. The earliest contest in America on charter rights begun 1619,
par Edward D. Neill.....................................P. 388-5
VITAL STATISTICS. Registration Report of Marriages, Births and Deaths
in Nova Scotia, to 30th Sept., 1866 ....P. 378-6
For 1871....................................P. 378-7
For 1874..... ....P. 378-8
For 1875...P. 378-9

VOLUME.

VITAL STATISTICS, des Catholiques de Montréal pour l'année, 1874, par A.
Choquet . . . . P. 17-7
VOGUE (Le Vte de).   Discours au banquet Franco-Canadien. . . . . P. 249-1
VOLTAIRE, Madame de Pompadour et Quelques arpents de neige, par Joseph
Tassé . . . . P. 392-5
VOLUNTEERS.   Honour roll of surviving veterans of 1837-9. . . . . P. 25'(-11 '
VOLUNTEERS.   Royal Canadian, 1794-1802, par J. L. Hubert Neilson. . . . . P. 357-8
VOYAGES AND TRAVELS.   Andrew Castagne, or adventure of an old mariner
of the Brigantine *Swordfish*, wrecked in the Gulf of St. Lawrence in
1867 . . . . .P. 162-4
VOYAGES AND TRAVELS.   Anniversaire (200e) de la découverte du Mississippi
par Jolliet et le P. Marquette, soirée Université Laval . . . . P. 195-4
VOYAGES AND TRAVELS.   Authentic copy of the Memorial to the Right
Honourable William Wyndham Grenville, by Lieut. John Mears, R.N.
1790, containing every particular relating to the capture of the vessels
in Nootka Sound. . . . . .P. 72-4
VOYAGES AND TRAVELS.   A whaling voyage to Spitzbergen in 1818, par
James Douglas . . . . P. 203 F-2
VOYAGES AND TRAVELS   Captain Glazier and his lake, an inquiry into the
history and progress of exploration at the head waters of the Mississippi since the discovery of Lake Itasca. P. 173-1
VOYAGES AND TRAVELS.   Découverte du Mississipi, 200e anniversaire de la,
par Jolliet et le P. Marquette.   Soirée littéraire et musicale à l'Uni-
versité Laval. . . . . .P. 12-5
VOYAGES AND TRAVELS.   Discovery and exploration of the Youcon (Pelly)
River, by the discoverer, Robert Campbell. . . . . .P. 161-12
VOYAGES AND TRAVELS.   Eurydice, Ahoy, a short account of a yacht cruise
on Lake Champlain, par J. E. M. Whitney. . . . . P. 123-6
VOYAGES AND TRAVELS.   Early peopling of America and its discovery before
the time of Columbus, par John B. Newman . . . . .P. 198-5
VOYAGES AND TRAVELS.   Extrait de la Relation des Aventures et Voyages
de Mathieu Sâgeau. . . . . P. 211 d-1
VOYAGES AND TRAVELS.   Flying trip to the Modern America Baby-Lon-Don,
par Henri Lacroix. . . . . .P. 137-14
VOYAGES AND TRAVELS.   Glimpses of London and Atlantic experiences, par
Charles Rogers. . . . . P. 57-7
VOYAGES AND TRAVELS.   Grant explorers before Columbus, par John Reade.P. 205-11
VOYAGES AND TRAVELS.   Journal du voyage de M. Saint-Luc de la Corne
dans le navire l'Auguste, en l'an 1761. . . . . .P. 76-1
VOYAGES AND TRAVELS.   Journal des voyages par deux frégattes du Roi *La
Badine*, commandée par M. d'Iberville, et *Le Marin*, par M. E. Cheva-
lier de Surgères (1698). . . . . .P. 203 N-4
VOYAGES AND TRAVELS.   Journal of a Fourteen Days Ride through the Bush
from Quebec and Lake St. John, par Mrs. Davenport . . . . .P. 84-7
VOYAGES AND TRAVELS.   Itinéraire de Rouen à Rome en 1869, par l'abbé
Boulland . . . . P. 33-6
VOYAGES AND TRAVELS.   Lecture on the Discovery of America by the
Northmen, five hundred years before Columbus . . . . .P. 150-2
VOYAGES AND TRAVELS.   Le Routier de Jean Alphonse de Xaintoigne, 1542. P. 203 K-2
VOYAGES AND TRAVELS.   Lower St. Lawrence, Quebec to Halifax. . . . .P. 166-2, P. 5-10,
P. 162-3
VOYAGES AND TRAVELS.   Marquette, S.J., Le Rév. P. E. N.   Notes sur les
découvertes du Mississipi, par un collaborateur du *Franc-Parleur*. . . . .P. 91-5
VOYAGES AND TRAVELS.   Mississipi, Source of the.   Letter from Ivison,
Blakeman, Taylor & Co., and Report of Hopewell Clarke, chief of the
expedition, in October, 1886. . . . . .P. 173-4

VOLUME.

VOYAGES AND TRAVELS.   Navigation Terre-Neuvienne de Jean et Sébastien
Cabot, par M. d'Avezac.....................................P. 120-2
VOYAGES AND TRAVELS.   North West Passage.   Capt. McClure's.   Des-
patches from Her Majesty's Discovery Ship " Investigator " off Point
Warren and Cape Bathurst ....P. 108-4
VOYAGES AND TRAVELS.   Notes de voyage.   Le Golfe et les Provinces Mari-
times, par J. A. Genand... ... .P. 28-9
VOYAGES AND TRAVELS.   Notes of a journey across the Andes in Peru, par
E. D. Ashe, M.R., 1862............................... ......P. 203D-1
VOYAGES AND TRAVELS.   Pencillings by the way during a vacation visit in
Chibucto by a student who is a native of Halifax................P. 1-5
VOYAGES AND TRAVELS.   The ancient Scandinavians, their maritime expe-
ditions, their discoveries and their religion, par le professeur Paul C.
Sinding.... ....P. 203D-26
VOYAGES AND TRAVELS.   The Lower St. Lawrence, or Quebec to Halifax via
Gaspé and Pictou, 1862..... ....P. 239-2
VOYAGES AND TRAVELS.   Les Trois Voyages de Jacques Cartier au Canada
en 1534-1535 et 1540.   Lettres de Noël........ ....P. 203K-1, 4-5
VOYAGES AND TRAVELS.   Tourists Guide between Quebec and New England.P. 186-11
VOYAGES AND TRAVELS. 'Tour through part of the North Provinces of
America, 1774......... ....P. 129-5
VOYAGES AND TRAVELS.   Tour through Canada......................P. 144-12
VOYAGES AND TRAVELS.   Travels in the great western prairies the Anatruac
Rocky Mountains and the Oregon Territory, par Thomas J. Farnham..P. 336-7
VOYAGES AND TRAVELS.   Voyages d'Iberville.   Journal du voyage fait par
deux frégates du Roi, 1698.................................P. 82-5
VOYAGES AND TRAVELS.   Voyage de Louis Peltier par terre et par mer, com-
prenant le récit de son voyage à la pêche à la baleine, &c . ...P. 82-13
VOYAGES AND TRAVELS.   Voyage de découverte au Canada entre les années
1534 et 1542 par Jacques Cartier, le Sieur de Roberval, Jean Alphonse
de Xaintoigne, &c........ ....P. 203K
VOYAGES AND TRAVELS.   Voyage de MM. Dollier et Gallinée...........P. 204A-1
VOYAGES AND TRAVELS.   Voyage de Kalm en Amérique. Société Historique.P. 204A-2-3
VOYAGES AND TRAVELS.   Voyage de sieur de Roberval au Canada, 1542...P. 203K-3
VOYAGES AND TRAVELS.   Youcon (Pelly River Discovery, &c.) voyez Campbell.P. 161-12
VOYAGES TO VINLAND.   Old South Leaflets No 31....................P. 299
VOYER (P. A. J.)   Biographies diverses ....P. 344-5
VRAI CONSERVATEUR.   Le Castorisme, voilà l'ennemi, 1892.............P. 309-9

W.

WABIGOON COUNTRY.   Rainy River district, 1896.....................P. 369-9
WABIGOON.   Northern districts of Ontario, 1897...... ....P. 369-8
WADDINGTON (ALFRED).   Sketch of the proposed line of overland railroad
through British North America............................P. 65-1, P. 118-13
WADHAMS (CALVIN).   Obituary notice. (Voir Wyoming proceedings).....P. 318-6
WAGHORN'S GUIDE.   By rail, stage, ocean, lake, June, 1897 ....P. 364-5
WAGNER (W.)   Einwanderung nach. Manitoba, 1872.................EP. 11-5
WALCOT.   Manuscripts of the Rev. John, 1885......................P. 414-4
WALES (PRINCE OF).   Cantate in honour of His Royal Highness the Prince
of Wales, on the occasion of his visit to Canada, par Madame J. L. Le-
prohon....... ....P. 14-27
WALES (PRINCE OF).—Cantate en l'honneur de Son Altesse Royale le Prince
de Galles, à l'occasion de son voyage au Canada, par Edward Semple..P. 14-27a
WALKER (B. E.)   Address to the New York State Bankers' Association ..P. 366-2

VOLUME.
WALKER (B. E.)   Banking in Canada, paper read at Chicago, 1893.......P. 366-3
WALKER (B. E.)   Canadian survays and museums and the need of increased
    expenditure thereon..P. 486-4
WALKER (HON. ROBT. J.)   Letter on annexation of Nova Scotia and British
    America..P. 196-9'
WALKER (B. E.)   List of the published writings of Elkanah Billings......P. 503-15
WALKER (B. E.)   The Canadian system of Banking and the national bank-
    ing system of the United States....................................P. 366-1
WALKER (B. E.)   Why Canada is against bimetalism ....P. 336-4, P. 448-5
WALSH (RIGHT REV. JOHN, Bishop of London, Ont.)   Introduction to "Life
    of Father Louis Della Vagna," par H. L. McIntosh................P. 249-9
WALSH (BISHOP OF HALIFAX).   Pastoral letter, and letter on the Roman
    Catholic Episcopal Oath, 1851....................................P. 217-5
WALSH (MAJOR J. M.)   Report respecting the Yukon district...........P. 424-2
WARS (THE) of the Gulls ; an historical romance, 1812.................P. 350-6
WAR OF 1812.   The employment of Indians in the, par le lieutenant-colonel
    Cruikshank..P. 519-13
WARREN (MATHEW H.)   Lecture on Newfoundland and its fisheries, 1853..P. 136-3
WARREN (ADMIRAL SIR PETER).   New York and, at the capture of Louis-
    bourg in 1745, par Edward F. de Lancy...........................P. 367-14
WASHINGTON COUNTY, OHIO.   A brief description of..................P 329A-2b
WASHINGTON (GEORGE).   Ancestry and earlier life of, par Edward D. Neill.P, 368-16
WASHINGTON (GEORGE).   As an inventor and promotor of the useful arts,
    une adresse de J. M. Toner......................................P. 367-11
WASHINGTON (GEORGE).   Diary for August, September and October, 1774.P. 367-13
WASHINGTON FAREWELL ADDRESS to the people of the United States.   Old
    South Leaflets No. 4 ....P. 299
    Inaugural speeches, 1789, 1793....................No. 10   "
    Legacy ....No. 15   "
    Letter to Benjamin Harrison on the opening of communica-
        tion with the West...........................No. 16   "
    Funeral oration on, by Major General Henry Lee........No. 38   "
    Tour to the Ohio................................No. 41   "
    At Cambridge, 1775..............................No. 47   "
WASHINGTON.   Notice of a rare Washington Portrait, par Edward D. Neill.P. 388-6
WASHINGTON (GEORGE).   Some account of his library, etc., par J. M. Toner.P. 367-12
WASHINGTON (TREATY OF).   Voyez Messages, Despatches and Minutes of
    the Privy Council.....................................OP. 23-1
WASHINGTON UNIVERSITY OF......................................P. 504-2
WATAUGA AND FRANKLIN.   Two episodes of early United States history, par
    le révérend O. A. Kingsbury......................................P. 356-1c
WATERFORD CORPORATION.   Archives of the, 1885 ....P. 414-5
WATERFORD.   Manuscript of the Marchioness of.................P. 414-13
WATER HIGHWAYS.   Descriptive statement of the great water highways of
    Canada.   Hydrology of the St Lawrence, par T. E. Blackwell ......P. 343-7
WATERLOO.   Napoleon's last campaign, par le capitaine A. H. Lee.. ....P. 355-4
WATER SUPPLY.   Report on sewage and, for St. John .. ..P. 516-5-6 P. 447-5
WATTS.   Biographie, par P. A. J. Voyer........................P. 344-5
WATTS (SAMUEL).   Facts for the information of intending emigrants about
    the Province of New Brunswick.....................................EP. 14-4
WATTS, Voir DE PEYSTER AND WATTS.   Local memorials... ....P. 231-11
WATTS (JOHN).   Tho founder of an Asylum, par J. Watts de Peyster.....P. 231-13
WAYNE (ANTHONY).   Third General in chief of the United States Army, par
    le général John Watts de Peyster..................................P. 231-9
WEARE (G. E.).   Cabot's discovery of North America, réponse à M. Henry
    Harrisse...P. 364-6

VOLUME.
WEATHER ALMANAC. (Vennor's), 1882 .... P. 319a-6
         1883 .... P. 319a-7
WEATHERBEY (JUSTICE). The Acadian Boundary disputes and the Ash:
     burton Treaty, 1887..... .... P. 281b-3
WEATHER BULLETIN. H. G. Vennor, 1882 .... P. 276
WEEDS OF ONTARIO, par F. C. Harrison .... P. 502-10
WEEKS (STEPHEN B.). Bibliography of the historical literature of North
     Carolina........ .... P. 368-18
WEIGHTS AND MEASURES, par R. S. M. Bouchette .... P. 140-2
WEIGHTS AND MEASURES, par R. S. M. Bouchette.... .... P. 203d-6
WEIR (ARTHUR). The beginning of the St. Lawrence route. ... . P. 502-1
WELLAND (COMTÉ DE.) A century of Municipal history, 1792-1892, par
     Ernest Cruickshank........................... P. 290-7 & 8
WELLAND (COMTÉ DE). Historical and Descriptive sketch............ P. 137-6
WELLS CATHEDRAL. Manuscript of, 1885 .... P. 414-3
WELLS (W. B.). Canadiana : Containing sketches of Upper Canada and the
     Crisis in its political affairs .. .. P. 64-2
WELLS (Dr.). Le Défricheur de Langue, par Isidore de Méplats, 1859 .... P. 14-25
WELSH (LANGUAGE). Manuscripts Penraith .... P. 432a
WELSH MANUSCRIPTS. Report on, in possession of Lord Mostyn .... P. 432
WENLOCK CORPORATION. Manuscripts of .... P. 414-4
WENTWORTH. Historical sketch of, the County of, par J. H. Smith....... P. 442-2
WENTWORTH HISTORICAL SOCIETY. Journal and transactions......P. 519-6 & P. 288-2
     The Church...... .. .. P. 519-6
WENTWORTH HISTORICAL SOCIETY. Souvenir, Book and Programme, for
     Military, 1895.... . .. . P. 347-12
WENTWORTH HISTORICAL SOCIETY. Transactions... .... P. 442-4
WENTWORTH LANDMARKS. Par différents auteurs................. P. 442-1
WESLEYAN METHODIST. Auxiliary Missionary Society of Canada West,
     for 1843..... .... P. 139-4
WESLEYAN METHODIST CONFERENCE. Its union with the conference in
     Canada in 1833, and separation in 1840, par W. & E. Ryerson....... P. 146-6
WESLEYAN METHODISM in Upper Canada. A sermon by Egerton Ryerson . P. 146-5
WESLEYAN UNIVERSITY 1899 Catalogue .... P. 504-4
WESTERN CANADA. Advantages going to................... .. P. 491-14-15
WESTERN CANADA and its great resources. The Testimony of Settlers, &c.,
     1897................................... P. 370-11
WESTMORELAND. Manuscript of the Earl of .... P. 414
WHAT IS PROBABILISM. 'The Month' .... P. 514-1
WHELAN (PATRICK JAMES). Procès pour le meurtre de l'honorable Thomas
     D'Arcy McGee...... .... P. 120-3
WHELAN (REV. M. J.) The Jesuits, their apologists and their enemies. A
     lecture, 1889 .... P. 227-9
WHELAN (P. J.) Trial for the murder of Thomas D'Arcy McGee, rapporté
     par George Spaight.... .... P. 37-3
WHITEBREAD (Voyez BERDETT, SIR F.) Inquiry into the conduct of the
     Duke of York.................................. P. 168-1
WHITCHER (W. F.) Report on the Fishery articles of Treaties between
     Great Britain and the United States of America and questions arising
     out of the same. .... P. 21-4
WHITAKER (GEORGE). Two Letters to the Lord Bishop of Toronto in reply
     to charges by the Lord Bishop of Huron, against the theological teach-
     ings of Trinity College....... .. .. P. 92-3
WHITE (AUBREY). Forest Fires and Forest Ranging................. P. 142-7
WHITE (THOMAS). In Memoriam. Memorial window, placed in St. Georges
     Church .... P. 233-8

VOLUME.

WHITE (THOMAS). Liberal Conservative Party, a sketch of Canadian
  political history under responsible government, 1874............P. 19-5, P. 41-3,
                                                      P. 118-4, P. 343-8
WHITE (THOMAS, JR., M.P.) Newspapers. Their development in the Pro-
  vince of Quebec...P. 41-13
WHITE (THOMAS). North-west Administration Speech, 1886 .....P. 140-18, P. 343-9
WHITE (THOMAS, JR.) Our Great West...................... ....P. 19-6, EP. 14
WHITE (THOMAS, JR.) Review of the Session, Speech at Mono Mills....P. 140-19
WHITE (THOMAS). The Budget Debate Speech on the National Policy in
  the House of Commons, 23rd March, 1880.................P. 219-2
WHITE (THOS. JR., M.P.) The National Policy. Speech in the House
  of Commons, 22nd February, 1881................................P. 41-10
WHITE (THOMAS, JR.) The Pacific Railway, 1880......................P. 65-7
WHITE (THOMAS, JR.) The Protestant Minority in Quebec, in its political
  relations with the Roman Catholic Majority.......................P. 16-6
WHITE (THOMAS, JR.) Speeches on the Canadian Pacific Railway and on
  the financial position of Canada................................P. 102-1
WHITE (THOMAS, M.P.) Speeches on various subjects in Parliament on the
  2nd, 5th and 6th March, 1885.......... ....P. 219-9
WHITE (JAMES). Selections from his papers, &c., New Brunswick Historical
  Society..P. 497-6
WHITEAVES (J. F.) Canadian Palæontology...........................P. 477-8
WHITEAVES (J. F.) Fossils, Mesozoic, Palæozoic.....................P. 477-7
WHITNEY (J. E M.) Eurydice Ahoy ! A short account of a yacht cruise on
  Lake Champlain..P. 123-6
WHITNEY, (J. E. M.) One more unfortunate, par "Joe"................P. 123-5
WHITMORE FAMILY, par Wm. Kirby....................................P. 519-1
WICKHAM (H. J.) Canada's Maritime position and responsibilities........P. 347-11
WICKSTEED (G. W.) Les excommuniés.................................P. 217-19
WICKSTEED (R. J.) Inferior Magistrates or Legal Pluralism in Ontario,
  1886...P. 186-12, P. 230-13, P. 236-3
WICKSTEED (RICHARD JOHN). Memorial to Parliament respecting salaries
  in the Law Clerk's office ....P. 234-12
WICKSTEED (J. R.) The electors' political catechism, 1885......P. 115-6, P. 219-15,
                                                      P. 230-14
WICKSTEED (R. J.) The Ottawa Coffee House Scandal................P. 221-10
WICKSTEED (R. J.) Table of the Statutes of the Dominion of Canada ...P. 349-8
WIDDER (FREDERICK). A statement of facts, on improvements in the Huron
  tract...P. 337-3
WIGGINS. Storm Herald and Almanac for 1883................P. 319A.-8, P. 89-6
WIGGINS (MRS. E. STONE). The Gunhilda letters, marriage with a deceased
  wife's sister, par Mrs. E Stone Wiggins......................P. 281-1
WIGHT (WILLIAM WARD). Eleazer Williams, his forerunners. Himself....P. 459-8
WILKES (ROBERT). Britain's food supply, foreign or Canadian ? ... .P. 115-2
WILKES JUBILEE TESTIMONIAL. Report.............................P. 89-5
WILKES (HENRY). Who is Christ?.............:...................P. 146-8
WILKIE (DANIEL D.) A few observations on the importance of aiming at
  the establishment of some general system of education in Canada, at
  this time, 1841 .. ..P. 203C-3
WILKIE (REV. D.) On length and space..............................P. 203B-5
WILKIE (DANIEL). Sermon on the death of the Rev. Alex. Spark, D.D...P. 217-4a
WILKINSON (H.) Antidote to Dr. Ryerson's scriptural rights, &c.. ....P. 146-10
WILKINSON (JOHN). Letter dated 4th February, 1852, with the papers con-
  nected therewith, on the report of Major Robinson on the Intercolonial
  Railway ....O.P. 17-14
      En français...O.P. 17-11

VOLUME.

WILKINSON (JOHN). Observation upon Major Robinson's report on the
    Intercolonial Railway, 1848. (Én anglais et en français)...O.P. 17-13, O.P. 17-10
WILLIAMS (HERBERT). Copper Mining in Canada East, 1865........... P. 175-18
WILLIAMS (HERBERT). Copper Mining in Canada East, 1864-5.........P. 203, D. 35
WILLIAMS (MEADE C.) Early Mackinac, a sketch...... .... P. 504.1
WILLIAMS (ELEAZER). His Forerunners, Himself, by William Ward Wight.P. 459-8
WILLIAMS (ROGER). Letters to Winthrop. Old South Leaflets, No. 54. P. 299
WILLIAMS (STEPHEN). Narrative of captivity, taken by the French and
    Indians, at Deerfield..P 231-5
WILMOT (SAMUEL). Canada at the great International Fisheries Exhibition
    in London, 1883..P. 100-8
WILMOT (SAMUEL). Rapport sur la Pisciculture en Canada, 1881........P. 151-10
WILSON (E. F.) An account of the opening of a new mission to the Indians
    of the diocese of Huron, Canada, 1869..........................P 160-12
WILSON (DANIEL). Co-education, a letter to the Hon. G. W. Ross ....P. 140 17
WILSON (THOMAS L.) Special, to the Honourable Senators, &c., of the
    Dominion of Canada . ...P. 218-9
WILSON (WILLIAM). The Dominion of Canada and the Canadian Pacific
    Railway .... P. 130-7
WIMAN (ERASTUS). Commercial Union with Canada from a United States
    point of view..P. 367-6
WIMAN (ERASTUS). Correspondence respecting telegraph lines..........P. 216-19
WIMAN. THE DOMINION statistician on his panacea, 1889..............P. 311-12.
WIMAN. (ERASTUS). The Greater Half of the continent.............. P. 237-15
WIMAN (ERASTUS). The Union of Telegraph Interests in Canada.......P. 181-12
WINCHELL (ALEXANDER N.) Minnesota's Northean boundary...........P. 356-4k
WINCHELL (N. H.) The discovery and development of the iron ores of
    Minnesota...P. 356-3c
WINCHELL (PROF. N. H.) The source of the Mississippi...........P. 356-4m
WINDMILL FIGHT (THE), from John Fraser's Pen and Ink Sketches.......P. 519-4
WINDSOR (N.S.) Sketch of the old parish Burying ground, par Henry Youle
    Hind, M.A., 1889..... ....P. 255-6
WINDSOR (N.S.) Water Works *Voyez* Keating........................P. 196-1
WINNIPEG. Act to incordorate the city of...........................P. 143-3
    "   Directory for 1876... ....P. 143-7
    "   Fire by-law, 1882.....................................P. 143-6
    "   General Hospital, 1876................................P. 162-10
WINNIPEG as it is in 1874 and as it was in 1860, par George B. Elliott....EP. 10-1
WINNIPEG Board of Trade. 21st report.............................P. 500-14
    "   "   22nd report............................P. 500-15
    "   "   for 1889............................P. 323-4
    "   "   " 1890............................P 323-5
    "   "   " 1892............................P. 323-6
    "   "   " 1894............................P. 323-7
    "   "   " 1897............................P. 377-9
    "   "   " various, 1884 to 1888.......... .....P. 323 A
WINNIPEG Charitable Institutions, par Mrs. George Bryce..............P. 500.5
WINNIPEG, CHARTER of the City, 1884...............................P. 325
WINNIPEG CONSOLIDATED Gold Mining Co. Prospectus..................P. 143-20
WINNIPEG, CITY OF. Rapports des Auditeurs, 1876 à 1884............P. 396.3-9
WINNIPEG, CITY OF. By-law, No. 9, to regulate the proceedings of the
    Municipal Council, &c., By-law 205 for same purpose........P. 396.1, P. 396.2
WINNIPEG District, 1900...P.·497-10
WINNIPEG, EARLY DAYS IN, par George Bryce, LL.D...................P. 205 B-13
WINNIPEG FARM Lands...P. 186-15
WINNIPEG GRAIN AND Produce exchange report, 1891 and 1893.........P. 324-6-7

VOLUME.

WINNIPEG GRAIN AND Produce exchange, 12th and 13th report and By-laws.
P. 500-11-12-13
"   "   1897 ....P. 377-10
WINNIPEG, HOLY TRINITY Church.................................P. 162-11
WINNIPEG, REAL ESTATE Register, par S. A. Rowbotham.............P. 143-16
WINNIPEG, VIEWS OF, 1894 ....P. 295
WINSLOW (COLONEL JOHN). Journal, 1755.....................P. 281 A-2-5
WINSOR (JUSTIN). Bibliographical contributions...................P. 311-5
WINSOR (JUSTIN). Cabot and the transmission of English power in North
    America ....P. 351-6
WINSOR (JUSTIN). Note on the spurious letters of Montcalm, 1759.......P. 196-23
WINSOR (JUSTIN). The anticipations of Cartier's voyages..............P. 289-13
WINSOR (JUSTIN). The Cabot controversies and the right of England to
    North America...P. 351-5
WINSOR (JUSTIN). The New England Indians, a bibliographical survey, 1650-
    1700 ....P. 350-18
WINSOR (JUSTIN). The pageant of Saint Lusson, Sault Saint Marie......P. 289-11
WINSOR (JUSTIN). Twelth Report of, Librarian Harvard University.... .P. 252-1
WINTER CARNIVAL MONTREAL. Souvenir of, (1887). ....P. 354-8
WINTER NAVIGATION. Rapport du comité spécial sur la navigation du golfe
    et du fleuve Saint-Laurent, pendant la saison d'hiver, 1875 ....OP. 60-11
WISCONSIN. Charles Langlade. First settler of, par Montgomery, E.
    McIntosh.. P. 459-9
WISCONSIN HISTORICAL SOCIETY. Catalogue of the Portrait Gallery.. .. P. 231-2
WISCONSIN INDIANS. The use of Maize by, Gardner P. Stickney.........P. 459-3
WISCONSIN POLITIC. The Germans, par Ernest Bruncken..............P. 459-10
WISCONSIN PROCEEDINGS. Décembre 1898 et Février 1899.............P. 437B
WISCONSIN STATE. Historical Society Proceedings P.498-10-11
    1892 à 1897... .. .. P. 437-1-5
    Story of its growth, &c........................P. 437A-1
    Newspaper files ....P. 437-2-3
WISCONSIN TERRITORY. Last days of, and early days of Minnesota, par l'ho-
    norable H. L. Moss..... ....P. 356-4c
WISCONSIN, THE. Boundaries, par Ruben G. Thwaites................P. 231-7
WISCONSIN, THE. Land limitation movement, par John Goodby Gregory...P. 442-4
WISCONSIN, THE. Polanders in, par Frank H. Miller ....P. 459-11
WISCASSET. Quebec and Wiscasset Railway ....P. 311-1
WITENAGEMOTE PAPER, No. 6, Governor, judge and priest, 1805-1815.....P. 287-8
WITHERSPOON (JOHN). Journal ....P. 281-8
WITHIN THE EMPIRE. An essay on Imperial Federation, par Thomas Mac-
    farlane ....P. 257-15
WITNESS. Union of Presbyterian Churches, 1875.... ....P. 375B-7
WODEHOUSE. Manuscript of Edmond R..... ....P. 414-27
WOLFE (GENERAL JAMES). An address before the New England Genealo-
    gical Society, par Lorenzo Sabine...............................P. 337-4
WOLFE. Date of his death, par Swinthin C. Shutlidge ....'..........P. 445-3
WOLVERENE, THE. Par J. Watts de Peyster ....P. 518-12
WOMENS CANADIAN HISTORICAL SOCIETY. Rapport................P. 501-1-2
WOMEN'S HISTORICAL SOCIETY of Toronto, 1895...................P. 364-2
    "   "   Constitution, &c., 1896...................P. 442-5
    "   "   Annual Report, 1897-1898..... ....P. 442-6
    "   "   Transaction No. 2, 1899..................P. 442-7
WOMEN, IDEAL COLLEGE FOR. Address, par Sir William Dawson........P. 382B-22
WOMEN WORKERS OF CANADA. Report of proceedings...............P. 384-1-2
    "   "   1894, 1895, 1896, 1897..... ....P. 384A-B

VOLUME.

WOOD (HORATIO, M.D.). Lecture IV of the Toner advancement of medicine .. . .P. 367-9
WOOD (HON. E. B.). (Juge en chef du Manitoba). Petitions and reply to
the charges prefered against him.................. .. ..P. 43-4
WOOD (HON. E. B.). Speech in the Legislative Assembly of Ontario on
moving the House into Committee of Supply.. ....P. 233-5
WOODBURY (CHARLES LEVI). The relation of the Fisheries to the discovery
and settlement of North America........ ....P. 230-11
WOODS (JUDGE) and Rear Admiral Drew. The burning of the Caroline..P. 355-10-10½
WOODS (R. S.) The cutting out of the Caroline, &c., 1837-38...........P. 132-3
WOODSTOCK COLLEGE. Ontario, 1885....................... ....P. 346-11
WORKMAN (JOSEPH). On crime and insanity......................P. 60-11
WORTHIES OF OLD RED RIVER, par George Bryce, LL.D ... .P. 205B-16
WRECKS. Ships of war lost on the coast of Nova Scotia and Sable Island
during the eighteenth century, par S. D. Macdonald ....P. 281C-5
WRECKS. Marine Disasters. .... P. 48-9
WRIGHT (RUGGLES). Memorials, etc., with reference to his slides at the
Chats and Chaudière on the Ottawa river....... ....P. 186-5
WRIGHT (HARRISNON). Obituary notice in Wyoming proceedings ....P. 318-7
WRIGHT (JOSEPH). Self-reliance, or a plea for the protection of Canadian
Industry...... ....:....................................P. 232-13
WRONG (GEORGE M.). Review of Historical Publications ....P. 428-1-2-3
WRONG (GEORGE M.). Louisbourg in 1745...... ... .P. 450-3
WURTELE (HON. MR.) Budget speeches, 1882-1883...................P. 17B-1-2-3
WURTELE (F. C.) Our Library...... ....P. 203B-4
WURTELE (A. G. G.) The non-professional notes of the cadets tour of in-
struction to Montreal........ ....P. 123-8
WYOMING Historical Society, 1886, 1890, 1891, 1895. Proceedings and col-
lections...... ....P. 318-1, P. 318-2-3
WYOMING, Massacre of, par R. H. E. Hayden ....P. 318-10
WYOMING VALLEY, Pennsylvania, the frontier forts within, par Sheldon
Reynolds.................'........ .. ..P. 368-20

X.

X. la vérité sur le choix d'un candidat, 1875.......................P. 14-12
X. Y. Z. Honte et mépris au renégat, la vie et la mort de l'apostat Chiniquy,P. 33-3

Y.

YALE UNIVERSITY catalogue, 1898-99. ....P. 282-F
1900. ....P. 282-G
1901......... ... .P. 282-H
1902.......... ....P. 282-10
YALE UUIVERSITY. Report of the President and catalogue, 1897-98 ......P. 282E
YALE UNIVERSITY. The founding of, par Franklin B. Dexter . ...P. 282-1
Catalogue of officers and students, 1882-83.....................P. 282-7
Catalogue, 1886 ....P. 272
Report, 1887-88, 1889..... ....P. 282-3-4
Catalogue, 1889-90..P. 282-5
Report, 1890. ....P. 252-2
   " 1891...P. 282A-1
   " 1892.................................... ....P. 282A-2

3-4 EDOUARD VII, A :904

                                                     IN VOLUME.

YALE UNIVERSITY.

Catalogue, 1892-3 . . . . P. 282A-3

" 1893-4 . . . . P. 282A-4

Report, 1893 . . . . P. 282B-1

" 1894 . . . . P. 282B-2

Catalogue, 1894-5 . . . . P. 282B-3

Report and catalogue, 1895-6 . . . . P. 282C & D

YALE UNIVERSITY. Obituary record of graduates, June, 1888 . . . . P. 229-12

YAMACHICHE. *Voyez* Desaulniers . . . . P. 164-5

YARMOUTH, N.S., district exhibition . . . . P. 313A-7

YEAR BOOK and Almanac of Canada, 1867 à 1871, 1872 à 1878 . . . .

                                                         P. 208, P. 208A to D

YEAR BOOK of British Columbia, par R. E. Gosnell, 1897 . . . . P. 450-9, P. 479

YEAR BOOK. George Johnston, from 1886 upwards . . . . P. 480-1-16

YEAR BOOK. John Lowe, 1867 to 1879 . . . . P. 461-A.B.C.

YEAR BOOK. Statesman's, 1872, 1884 . . . . P. 478A

                  1886 . . . . P. 478B

YEAR BOOK. St. Paul's, Halifax, 1901 . . . . P. 491-9

YEAR BOOK Toronto Grammar School, 1807–1897 . . . . P. 386 8

YEIGH (FRANK). Rainy River district, 1892 . . . . P. 369-10

YORK (COUNTY OF). Minutes, &c., of the Council of the Corporation . . . . . . P. 346-6

YORK COUNTY. Minutes, Reports, &c . . . . P. 275

YORK (DUKE OF). Inquiry into his conduct, 1809. *Voyez* Burdett . . . . P. 168-1

YORKVILLE Directory, 1875-6 . . . . P. 319-3

YOUNG (HON. JOHN). Letters, &c., on various questions of public interest . P. 19-16

YOUNG (HON. JOHN). Letters to the Hon. Francis Lemieux on Canadian

    Trade, &c. A. et F. . . . . P. 142-4, P. 26-10

YOUNG (HON. JOHN). Origin of ocean mail steamers . . . . P. 410A

YOUNG (HON. JOHN). Origin of ocean mail steamers between Liverpool and

    the St. Lawrence . . . . P. 61-4

YOUNG (HON. JOHN). The origin of the Victoria Bridge, 1876 . . . . P. 112-11

YOUNG (JAMES). Our national future. Four letters in opposition to Com-

    mercial Union and Imperial Federation . . . . P. 199-7

YOUNG (GEORGE R.) The British North American Colonies. Letters to

    the Right Hon. E. G. S. Stanley on Fishery treaties, &c , 1834 . . . . . . .P. 337-1

YOUNG MEN'S CHRISTIAN ASSOCIATION—

    Ottawa, 1883–4 . . . . P. 307-10

    Toronto, 1887 . . . . P. 307-11

    Halifax, 1887 . . . . P. 307-12

    Buffalo, 1885 . . . . P. 307-13

YUKON DISTRICT, British Columbia and Alaska, issued by the Canadian

    Bank of Commerce. (Map) . . . . .P. 451

YUKON GOLD FIELDS. Information respecting the Yukon district. Map

    and views . . . . P. 370-7

    Report . . . . P. 370-8

YUKON GOLD FIELDS. Official Hand Book . . . . P. 370-9

YUKON GOLD FIELDS. Reports on a trip to the Yukon, par l'inspecteur

    W. H. Scarth, gendarmerie à cheval du N.-O . . . . P. 370-6

YUKON. Issued by government, three maps, 1898–99 . . . . .P. 451

YUKON. Reports on, and Klondike, par William Ogilvie et autres, 1897–98. . P. 424

Z.

ZENO. The "Crise" Metcalfe and the Lafontaine Baldwin Cabinet de-

    fended, 1844 . . . . P. 115-16

PROCHURES DANS LE VOLUME PF.

A.

VOLUME.

ABERDEEN (EARL OF). Dispatch.................... ....PF. 72
ABORIGINAL TRIBE (NORTH AMERICA). 1834, with map................PF. 68
ABORIGINIES (BRITISH SETTLEMENT). Report on with evidence, appendix,PF. 71
   and evidence.... ....PF. 68
ABOYNE (EARL OF). Armorial bearings and descent............ ... ...PF. 172-12
ACADIA MAP. 1750, 1751, 1779...... . ...PF. 171-8-9
ADDRESS TO THE QUEEN. Dispatch of Governor General, 1890...........PF. 89
ADDRESS TO THE QUEEN. From the Dominion, House of Commons.......PF. 89
ADVANCES to Colonies, Return : 1880.... ....PF. 86
AGRICULTURAL PRODUCE, duties on, extracts from journals of Assembly....PF. 77
AGRICULTURE. Circular of Agricultural queries from the Minister of Agri-
   culture with the answers... ....PF. 23
ALABAMA CLAIMS. Correspondance, 1869......... ....PF. 108
ALGONQUIN. Grammaire de la langue algonquine, par l'Abbé Cuoq.......PF. 58-2
AMERICAN ARCHIVES. Documentary History of the U. S. par Peter Force,
   4è et 5è series, 1774 à 1776. 9 volumes......................PF. 174-1 to 9
AMERICAN ATLAS. 1823. ...·.......................................PF. 159-2
AMERICA Coast of, 1876. Map.....................................PF. 171-3
AMERICA HERALDICA. Compilé par E. de V. Vermont....... ....PF. 164
AMERICA (NORTH). British Dominions, map : ....PF. 171-3
AMERICA (NORTH), par A. Arrowsmith 1857. Carte...... ,..........PF. 171-11
   ,,   Aboriginal, map showing the situation of the Indians,
   1857. Carte ....PF. 171-2
AMERICA (NORTH). Confederate provinces. Carte....................PF. 171-5
AMERICA (NORTH). French possessions, English possessions 1681. Carte..PF. 171-3
      Copy of part Thomas Jeffreys. ....PF. 171
AMERICA (NORTH). From the Strait of Belle Isle to Boston. Carte .....PF. 171-6
AMERICA (NORTH). Map of the Coast, 1863.............. ... .PF. 171-1
AMERICA (NORTH). Map showing all the new discoveries, par A. Arrowsmith
   1819. ... .PF. 171-32
AMERICAN REVOLUTIONARY WAR. Evacuation of New York in 1786......PF. 118-21
AMERICAN REVOLUTIONARY WAR. Orderly Book of the siege of York town
   from September 26th to November 2nd, 1781.................. ...PF. 39-3
AMERICAN REVOLUTIONARY WAR. Two letters from William Graves res-
   pecting the conduct of Rear Admiral Graves on the coast of the United
   States, July to November, 1781, with two supplements.............PF. 39-2
AMERICAN WAR OF 1812. Return of Ships, Barclay's trial for his defeat on
   Lake Erie, &c...PF. 64
AMERST (LORD). Instructions by the Earl of Aberdeen.. ....PF. 72
AMHERST (LORD). Proceedings relative to the grant of the Jesuit Estates..PF. 64
ANGLICAN CHURCH. Act for the management of the temporalities...... .PF. 81
ANGLICAN CHURCH. Act to incorporate the church societies in the diocese
   of Quebec and Toronto. 1844..................................PF. 78
ANGLICAN CHURCH. Address touching the legal position of the Bishops and
   other members. Correspondence respecting a church convocation in the
   diocese of Nova Scotia .. ..·................ .. PF. 81
ANGLICAN CHURCH. Church Establishment, lettre du Dr. Strachan, 1827..PF. 65

VOLUME.

ANGLICAN CHURCH. Colonial Bishops Bill. Correspondence with reference
  to property given in trust to or for Colonial Bishops..............PF. 12
ANGLICAN CHURCH. College, Church Society............ ....PF. 81
ANGLICAN CHURCH. Church of England and Ireland in the Colonies, Natal,
  Niagara and colonies generally, 1867. Colonial Bishops' Return, 1868.PF. 83
ANGLICAN CHURCH. Correspondence on Colonial Church Affairs.........PF. 81
ANGLICAN CHURCH. Memorandum on the Society for the Propagation of
  the Gospel, 1827, tables relating to 1824.. , ...PF. 65
ANGLICAN CHURCH. Papers relating to the....................PF. 76
ANGLICAN CHURCH. Rectories Correspondence of Sir F. B. Head and Sir
  George Arthur......... ....PF. 74
ANNAND (WILLIAM). Joseph Howe and Hugh McDonald. Letter against
  union of the provinces ... .PF. 83
ANNAND (WILLIAM). Letter to the Earl of Carnarvon stating objections to
  the proposed union of the B. N. A. Provinces, 1867 ....PF. 11-2
ANNAND (WILLIAM). Letter to the Earl of Carnarvon, stating objections
  to the proposed scheme of union of the B. N. A. Provinces. The letter
  is also signed by Joseph Howe and Hugh McDonald, and is followed
  by an appendix with documents................ ....PF. 118-16
ANNEXATION MOVEMENT. Papers relating to the............ ....PF. 80
ANOTC KEKON, par l'abbé Cuoq, 1890................PF. 58-1
ANVERS et l'exposition universelle de 1885. Section canadienne.........PF. 119ª-27
APPOINTMENTS in British Columbia.....................PF. 102
ARBITRATION between Canada and the Provinces of Ontario and Quebec ..PF. 127-2
ARCADIA, 2nd May, 1892, to 1st March, 1893, 21 numbers, all that were
  published....................................PF. 63
ARMORIAL BEARINGS. Earl of Stirling, Earl of Sutherland, Earl of Aboyne,
  Earl of Seaforth.................................PF. 172 12
ARMORIAL BEARINGS. A collection of the, of baronets, &c., connected with
  Scotland, par James Haig, 1800 ... . PF. 165, PF. 165A
ARROWSMITH (A.). Map of North America, 1857.. .... PF. 171-11
ARROWSMITH (A.). Map showing all the new discoveries in North America,
  1819 ....PF. 171-32
ART Association of Montreal. Home Booke of yᵉ Arto Fayne, par William
  Brymner..... .... PF. 118-27
ARTHUR (SIR GEORGE). Correspondence.... .... PF. 73, PF. 75
ARTHUR (SIR GEORGE). Correspondence on the subject of rectories, 1839..PF. 4-12
ARTHUR (SIR GEORGE). Correspondence respecting the affairs of Canada..PF. 4-6-7, 13
ARTHUR (SIR GEORGE). Correspondence respecting Clergy Reserves in
  Upper Canada ....PF. 4-17
ARTHUR (SIR GEORGE). Dispatches respecting the rebellion in Upper
  Canada, 1838...... .. ..PF. 3-10
ARTHUR (SIR GEORGE). To Glenelg with return. Correspondence on rec-
  tories. On the affairs in Upper Canada.......................PF. 74
ASHBURTON (LORD). Papers relating to his special mission to the United
  States in 1842............. .. ..PF. 107
  Containing: Boundaries, Extradition, Slavery, Case of the "Creole"
  Rebellion, 1837-38; case of the "Caroline" Remedial, Justice, Impress-
  ment, Instructions from Lord Aberdeen, 1842-43.
ASSINIBOINE AND SASKATCHEWAN EXPLORATION, par Henry Youle Hind, avec
  Cartes. .. ,...................... ....PF. 92
ASSINIBOINE AND SASKATCHEWAN. Report on the exploring expedition, par
  Henry Youle Hind........................ ....PF. 57
ASSINIBOINE EXPLORATION, par S. J. Dawson........................PF. 169
ATLANTIC MAIL CONTRACTS, 11 returns ....PF. 82

DOC. DE LA SESSION No 18

VOLUME.

ATLANTIC NAVIGATION from Ireland to St. John's with maps in the 1st and
    2nd reports on public works in Ireland, 1835. Report of existing
    facilities, 1836. ....PF. 69
ATLAS PHYSICAL of the Dominion of Canada, par J. Beaufort Hurlbert ...PF. 168
AUDIT OFFICE. List and Index of declared accounts............PF. 122-2
AUSTRALIAN COLONIES. Imperial papers on emigration, land revenues, &c.,
    1847-8............. ....PF. 6-12-15
AYLMER. Dispatches on Lower Canada. Return, 1836.......... .....PF. 69

B.

BAIE VERTE CANAL. Map of the Isthmus........................ .PF. 1⅝1-11
BAILLARGÉ (C.) Report of the Quebec Geographical Society to the Royal
    Society........ .. ..PF. 121-11
BAILLARGÉ (C.) The abstract and concrete in education. Address to the
    Royal Society on behalf of the Quebec Geographical Society.....PF. 121-10-10½,
                                                                    PF. 121-11
BARCLAY (CAPTAIN). Trial for his defeat on Lake Erie..... ....PF. 64
BARRIE. Town of.... ... .PF. 1⁵⁄₁₁-6
BATEMAN (F. FOSTER). St. Lawrence Bridge and Manufacturing scheme.
    Engineers Report. ....PF. 17-7
             Reply .... PF. 17-8
BATHURST. Minutes of arrangements with the proposed Canada Company,
    1825. ....PF. 65
BEAWES (WYNDHAM). Lex Mercatoria Rediviva, 1761............. . PF. 177
BÉDARD (JUGE ELZÉAR). Pétition .... PF. 60-2
BÉDARD (PIERRE). Appendix '.. ....PF. 60-2½
BÉDARD (PIERRE). Proceedings in the Assembly of Lower Canada on the
    accusations against provincial judge for Three Rivers, 1819.........PF. 118 13
BEHRING SEA ARBITRATION. Papers relating to the proceedings, 10 volumes..
                                                          PF. 59, PF. 59J
BEHRING SEA. Correspondence respecting the Behring Sea Seal Fisheries,
    1886-90.. PF. 46
BEHRING SEA. Seal Fisheries correspondence. Seizure of the British
    Schooner Araunha, off Copper Island by the Russians........ .....PF. 89
        Further correspondence under Russia....................PF. 89
BELL (DR. ROBERT). Geology. Moose River......................PF. 1⅛1-16
BELL (C. N.) Winnipeg in the Sun, 2nd and 9th April, 1887...........PF. 47
BERMUDA. Contract submarine telegraph, Halifax to and return... . .. PF. 89
BIGNELL (JOHN). Scaling the River St. Maurice, 1847 and 1848..PF. 13-4 PF. 17-1 to 5
BLUE BOOK. List of Officials, &c., for 1864..... ....PF. 118-15
BONNECHÈRE. Topographical map of and of the S. W. Branch of the
    Madawaska, 1853. ... .PF. 1⁵⁄₁₁-7-8-9-10
BORRON (E. B.) Report on the part of Hudson's Bay belonging to Ontario.PF. 148-4
BOSTON. Independent Newspaper, 1874........ .... PF. 118-3
BOUCHETTE. Map of Canada ....PF. 171-17
BOUCHETTE (JOSEPH). Upper and Lower Canada, 1815...............PF. 171-31
BOUNDARIES. Appeal to the Privy Council in the suit between Ontario and
    Manitoba, 1884.............................. ... . PF. 149 to PF. 149C
BOUNDARIES Award to the King of the Netherlands on the disputed
    boundary between New Brunswick and the United States.......... PF. 106
BOUNDARIES between the British possessions in North America and the
    United States under the treaty of 1783 and under the convention of
    29th September, 1827...... ... . PF. 106
    The same part I, 1840 ....   "
    Report of the British Commissioners.... ... .   "
         "   "   for 1839 with maps............   "

VOLUME.

BOUNDARIES between the British possessions in North America and the
   United States of America. Supplementary report............ .... PF. 107
      Treaty of 1842... ....   "
      Further correspondence...................................   "
      Disputed right to the Oregon territory... ....
      Treaty..
BOUNDARIES. British case of the North-west water boundary, submitted
   to the award of the Emperor of Germany.....................,.......
   Reply of the United States..... ....
   Appendix with Maps.. ....
   Correspondence respecting the award......................
   Protocol defining the boundary line through the Canal de Haro. . PF. 108
BOUNDARIES. Extract from the commissions to the Governors General de-
   fining the boundaries of Canada............................P.F. 108
BOUNDARIES. Island of San Juan. Correspondence...................PF. 108
BOUNDARIES. Map to illustrate the boundary established by treaty of
   9th August, 1842..... ....PF. 107
BOUNDARIES. Maps collected by M. H. Perley in relation to the dispute
   between New Brunswick and Maine....... ....PF. 155
BOUNDARIES, NORTH AMERICAN. A. Correspondence relating to the boundary
   by the Treaty of 1783, also Parts 1 and 2 and supplementary reports
   with the same title. B. Proceedings and correspondence respecting the
   pretensions of Massachusetts and New Hampshire, 1831 to 1837 with
   maps, the whole from 1837 to 1842 ....PF. 45
BOUNDARIES. Northern and Western Ontario, par A. Kirkwood et J. J.
   Murphy...PF. 148-1
BOUNDARIES. Ontario Proceedings before the arbitrators, 1880...........PF-148-2
BOUNDARIES, ONTARIO. Report by George Burden on the western part of
   the disputed territory........ .... PF. 148-3
BOUNDARIES. Operations of the commissioners for running and tracing the
   boundary line, under the 6th article of the treaty of 9th August, 1842,
   with map..... ....PF. 107
BOUNDARIES. Papers relating to the special mission of Lord Ashburton to
   the United States in 1842......... .... PF. 107
BOUNDARIES. Report of E. B. Borrow on the part of Hudson's Bay belonging to Ontario.... ....PF. 148-4
BOUNDARIES. Report of the Legislative Assembly of Keewatin on the boun-
   daries with Ontario................. . ...PF. 148-5
BOUNDARIES. Return respecting the provisional occupation of disputed ter-
   ritory...'' ....PF 107
BOUNDARIES. Settlement of, between Canada and New Brunswick, with
   maps. ....PF. 108
BOUNDARIES. Treaty, 1842 ....PF. 56
BOUNDARIES WITH UNITED STATES. Account of expenses from 1829 to 1836.PF. 69
BRAMPTON. Map...................................... PF. 1,11-11
BREBŒUF (PÈRE). Buste en argent à l'Hôtel-Dieu, Québec.. ....PF. 156-24
BRITISH AMERICAN LAND COMPANY. Agreement with Government in 1833.PF. 70
BRITISH AMERICAN LAND CO. Copy of the agreement concluded with His
   Majesty's Government in 1833, with an account of the sums paid under
   the agreement. Plan of the Counties in Lower Canada...., ...PF. 2-1, PF. 2-5
BRITISH AMERICAN LAND COMPANY. Correspondence given by Henecher,
   R. N. Reports, &c.............................PF. 77, PF. 43, PF. 2-5
BRITISH AMERICAN MINING COMPANY. Bill to incorporate.......... . PF. 172-9
BRITISH COLUMBIA. Appointments...................PF. 102, PF. 102A
BRITISH COLUMBIA. Correspondence with Hudson's Bay Company, 1862,
   relative to a road and telegraph to—also 1863 and 1864.....PF. 105, PF. 102A

DOC. DE LA SESSION No 18

VOLUME.

BRITISH COLUMBIA. Fishing rights in inland and now navigable waters.
  Documents respecting disputed claims...... ....PF. 161
BRITISH COLUMBIA.   Papers relating to the affairs of, with maps... . ...PF. 102
BRITISH COLUMBIA.   Papers relative to the affairs of, Parts I & II, 1859, Part
  III, 1860, IV, 1862, with maps...... .... PF. 102a 1 to 4 PF. 9, 1 to
BRITISH COLUMBIA. Proposed union with Vancouver Island, 1866, 1867.PF. 102, 102a.
          Union with Canada, 1869..... ....   "
          Canadian Pacific Railway Act, 1875 ....   "
          Site for the Capital...... . .. .   "
BRITISH NORTH AMERICA. Correspondence on the affairs of............PF. 73
BRITISH SHIPS in American Waters, correspondence, 1871. . . ..PF. 83
BRYMNER (WILLIAM). Views of Quebec.... ... .PF. 156-42 to 52
BRYMNER (WILLIAM). Art Association of Montreal... .... PF. 118-27
BRYMNER (WILLIAM). Ye Home Booke of Ye Acte Faire .... PF. 118-27
BUCHANAN (A. C.). Various reports on Emigration............... .... PF. 93
BUFFALO AND LAKE HURON Railway Company. Act to legalise the agree-
  ment with the Grand Trunk Railway of Canada, 1865............. PF. 172-21
BULLER (ARTHUR). Commission to inquire respecting education in Lower
  Canada. Appendix, report and return...... .... .PF 73
  Municipal Institutions............................... ....PF. 73
BURDEN (GEORGE). Report on the western part of the disputed territory
  of Ontario............................ ....PF. 148-3
BURLEY (BRUNET G.). Extradition of 1876. ....PF. 85

C

CABOT CELEBRATION with map, 1544...............................PF. 119
CALDWELL (RICHARD BAKER). Extradition of................. ....PF. 85
CALDWELL (SIR J.). Respecting the debt due to Lower Canada ....PF. 71
CAMPBELL (SIR COLIN). Correspondence respecting Nova Scotia, 1839.....PF. 4-8
CAMPBELL (SIR COLIN). Despatches.... .... PF. 72
CAMPBELL (SIR COLIN). Despatches from Lord Glenelg respecting Indians
  in Nova Scotia, 1838...PF. 1-4
CAMPBELL (SIR COLIN). Despatches to Lord Glenelg with resolutions by
  the Legislature of Nova Scotia to assist in putting down the rebellion
  in Lower Canada, 1838............................... ....PF. 3-7
CANADA (LOWER). Bill for the temporary Government of Lower Canada...PF. 172-6
CANADA COMPANY. Application for money due from, for emigration ......PF. 76
CANADA COMPANY. Correspondence...............................PF. 77
CANADA COMPANY. Diagrams of Upper Canada............... . PF. 141, PF. 141A
CANADA COMPANY. Minutes of arrangements with Earl Bathurst, 1825...PF. 65
CANADA COMPANY. Return of money received from, and its application,
  1833.... ....PF. 66
CANADA CORRESPONDENCE. On proposal for mutual abolition of Customs
  duties between Canada and the West Indies......................PF. 81
CANADA, DOMINION OF, Colonial and Indian exhibition, 1886...... ....PF. 119A-35
CANADA (EASTERN). Inland Revenue, 1884........................PF. $\frac{171}{10}$-1
CANADA (EASTERN). Railway system, 1876........................PF. $\frac{171}{10}$-2
CANADA. Geological maps 1866..... .. ..PF. $\frac{171}{10}$-1-4
CANADA. Imports and exports between Canada and the United States....PF. 81
CANADA. Carte par E. Stanley, 1844 .. ..PF. $\frac{171}{2}$-2
CANADA (Haut et Bas). Carte par Joseph Bouchette, 1815..............PF. 171-31
CANADA. Carte par Samuel Champlain, 1653........................PF. 171-2
          1664........... ....   "   10
  Partie de la carte de Mitchell, 1775....... ....   "   11
  Partie de la carte de Jolliet, 1697... ....   "   12
  Partie de la carte de Bouchette, 1815................. ....   "   17

3-4 EDOUARD VII, A. 1904

VOLUME.

CANADA (Lower). Carte par Vandervelden et L. Charland, 1803.........PF. 171-16
CANADA. Carte pour l'Exposition de Paris, 1855, par T. C. Keefer. ... PF. 1/1-1
CANADA. Carte, 1857...PF. 1/1-10
CANADA. Carte, 1871 ....PF. 1/1-8
　Districts de milice .... " 9
　Carte de l'Etat, 1873 .... " 12
CANADA, Map of, divided into counties and ridings as per Union Bill, 1840. PF. 75
CANADA. Map showing the French and English possessions in North
　America, 1685 .. .. PF. 171.3
　1705, description .... PF. 6 & 7
CANADA. Map showing products........ .... PF. 1/10-4
CANADA. Map showing the public lands, 1878.. ....PF. 1/1-5
CANADA. New Brunswick and Nova Scotia Railway Company, corres. on-
　dence with Josiah Timmis .. .. PF. 90
CANADA. New map by Samuel Holland from surveys 1796, 1797, 1798. .PF. 171-29
　　　　　　　　　　　　　　　　　　　1813......... .... " 30
CANADA. Outline map, 1881. ....PF. 1/1-5
CANADIAN PACIFIC RAILWAY Act so far as regards British Columbia. .... PF 102
CANADIAN PACIFIC RAILWAY. Correspondence (3 returns)..... . ...PF. 73
CANADIAN PACIFIC RAILWAY, 1873,1874 .. .. PF. 91
　Contract for conveying troops, &c., 1889............................ "
CANADA. Proceedings to the Assembly, 1859, in the 'Evening Colonist'.. PF. 172-7
CANADA, Province of, Votes and Proceedings of the Assembly, 1851 ..... PF. 118-14
CANADA, Reports on, 1859, 1860 ....PF. 129-2-4
CANADA, Report on the state of, sent with blue book for 1848 to 1864.....
　　　　　　　　　　　　　　　　　PF. 110, PF. 117 & 117A
CANADA. Company returns, various, 1831.... ....PF. 66
CANADA. Voir Civil Expenditure, 1851....'. .. ..PF. 90
CANADA, 1882 (six feuilles).................... ....•....PF. 1/1-1 à 6
CANADA. Taxes and Imports, 1875.... ....-. .....PF. 85
CANADA under the National Policy................ ... .PF. 170
CANADA WEST, 1862-63, Climatological......................... .....PF. 1/1-1
CANADA WEST, 1860, carte ....PF. 1/8-9
CANADIAN Wild Flowers, par Agnes Fitzgibbon, 1868................ ......PF. 160
CANALS. Account of sums voted for public works, 1770 to 1834. Estimate
　for water communication, 1836................. ....PF. 67
CANALS. Complaint of the commissioners on the St. Lawrence Canal against
　charges in Durham's report...... ....PF. 75, PF. 4-16
CANALS. Estimate, 1838................. ....PF. 70
CANALS. Navigation of United States. Correspondence............. ...PF. 85
CANALS. Ottawa and French River navigation project, rapport de Walter
　Shanly, 1858..................,...... .... PF. 121-7
CANALS Policy of Canada, Ottawa, Board of Trade.................PF. 172-25
CANALS. Returns, 1843.... ....PF. 77
CANALS. Rideau. Estimates, 1840-41...................... .... PF. 75
CANALS. United States navigation by Canadian vessels. Correspondence. PF. 85
CANALS. Water communication between Montreal and Ottawa and from
　Ottawa to Kingston, 1826-1828. .... .PF. 65
　Water communications in the Canadas, 1827....................PF. 65
CANALS. Water communications between Montreal and the Ottawa, from
　the Ottawa to Kingston and from Lake Erie to Lake Ontario. Esti-
　mates, 1830..,...PF. 66
　Shubenacadie Canal, 1830............... .... "
　Report on the Rideau Canal. Estimates, 1831, 1833 special estimates.
　Correspondence, 1852. ...."
　Rapport........ ....PF. 66

- DOC. DE LA SESSION No 18

VOLUME.

CANALS. Water communication, estimate...............................PF. 67
CANALS. Welland, 1827, 1828, Grenville, 1828 ....PF. 65
CANCEAU. Plan, 1750.... ....PF. 171-8
CAPE BRETON. Appendix to Lieut.-Colonel Cockburn's report. ....PF 93
CAPE BRETON. Estimates, 1811, 1814 to 1888..................... PF. 64
 1820, 1821. ....PF. 65
CAPE BRETON. Papers relating to the annexation of, to Nova Scotia, 1823.PF. 65
CARLETON County, 1863..PF. 171-4
CARLETON, Russell and Ottawa Counties.............................PF. 171-3
CARNIVAL. Québec, 1894..PF, 118-1
CARNIVAL (WINTER). Montréal, 1885, 1889.....................PF. 153, 153A
CAROLINE. The case of the steamboat. Papers relating to the special mis-
 sion of Lord Ashburton to the United States in 1842.............PF. 107
CARTIER (JACQUES). Portrait........ .. ..PF. 156-25
CARTOONS, ELECTION. 1887 ....PF. 180
CARVEN (CAPTAIN). Map of Quebec province published 1794...........PF. 171-28
CASAULT, GRAND VICAIRE. Portrait ....PF. 156-38.
CATHCART (EARL OF). Correspondence...............................PF. 78
CATTLE PLAGUE. Reports of the Commissioners, 1866... ....PF. 117D-1-2 ·
CENSUS, PRINCE EDWARD ISLAND, 1861............................PF. 121-5
 1871..PF. 121-6
CENSUS RETURNS of the population of Lower Canada for 1831...........PF. 72
CHAMBERS OF COMMERCE of the Empire—
 Second Congress, 1892.......................................PF. 120-1
 Third Congress, 1896...PF. 120-2
CHAMBLY CANAL Rapports en français et en anglais, accompagnés de cartes.PF. 157
CHAMPAGNE (REV. J.) Portrait.....................................PF. 156-5
CHAMPLAIN COUNTY..PF. 47
CHANCERY INDEX to the ancient petitions, 1892.....................PF. 122
 Chancery proceedings index, 1896...............................PF. 122-D
CHANCERY PROCEEDINGS preserved in the Public Record Office, 1558 to
 1579. Index ....PF. 122-D
CHANNEL ISLANDS. Great Britain and Ireland. List of state papers pre-
 served in the Public Record Office, 1893.........................PF. 122A-1
CHARITY SUBSCRIPTION by Halifax, to relieve the destitute poor in Ireland
 and the Highlands of Scotland. Subscription by New Brunswick for
 the same..PF. 78
CHARLAND (L) et W. Vandelveden, 1803 ....PF. 171-16
CHARLEVOIX (COUNTY) voir Québec, carte régionale...................PF. 47
CHAUDIERE. Gold Region..PF. 171-4
CHELSEA. Pensioners, correspondence respecting their emigration.......PF. 93
CHINESE IMMIGRATION. Correspondence...........................PF. 89
CHISHOLME (DAVID). Report on charges against, 1837................PF. 71
CHURCH AFFAIRS, (Colonial) correspondence......................PF. 81
CHURCH LEGISLATION, Colonial Canada, Nova Scotia, New Brunswick.....PF. 81
CHURCH OF ENGLAND. Papers relating to the ....PF. 76
CHURCH OF SCOTLAND. Papers relating to the...................PF. 76
CHURCH SOCIETY. Act for the establishment of,a Church Society of the
 Church of England in Lower Canada...........................PF. 81
CIVIL DEPARTMENTS. Instructions for a commission to examine..........PF. 76
CIVIL GOVERNMENT OF CANADA. Spring Rice to Lord Aylmer, 1835 with
 answer and report of Executive Council.........................PF. 67
CIVIL GOVERNMENT. Report of select committee with evidence &c., 1828..PF. 65
CIVIL LIST and Military expenditure and projected railway from Halifax to
 Quebec..PF. 90
CIVIL LIST. Correspondence ....PF. 78

3-4 EDOUARD VII, A. 1904

VOLUME.

CIVIL SERVICE. List of officials employed in the Assembly and other
  branches, 1864.. .... PF. 118-15 to 15c.
CIVIL LIST. Return 1844.. PF. 78
CIVIL SERVICE. Review 1893, five numbers (all that were published).... PF. 62
CIVIL WAR IN THE UNITED STATES. Return of arms sent on account of the
  Trent affair.. PF. 82
CLAIMS. Convention with the United States for extending the term for the
  operations of a mixed commission.. .... PF. 81
CLERGY ESTIMATES, 1842 Miscellaneous 1843, 1844...... .... PF 77
CLERGY ESTIMATES, 1845, 1846, 1847, 1848......................... PF. 78
CLFRGY ESTIMATES, 1851, 1852, 1853 .... PF. 78
CLERGY. Lower Canada, account of payments to, from funds raised in the
  province.. PF. 67
CLERGY RESERVES. Account of sales &c., 1843..................... PF. 77
CLERGY RESERVES. Correspondence, with the Colonial Secretary, 1839.... PF. 4-17
CLERGY RESERVES. Correspondence, 1840, from 1819 to 1840........... PF. 75
CLERGY RESERVES. Diagrams of Upper Canada for the Canada Company. PF. 141, 141A
CLERGY RESERVES. Estimated value .... PF. 76
CLERGY RESERVES. Evidence.................................... PF. 73
CLERGY RESERVES in Upper and Lower Canada returns.. .... PF. 75
CLERGY RESERVES. Papers relative to the further papers, opinions of the
  judges, return of payments, return of extent..................... PF. 81
CLERGY RESERVES. Proceeds of the sale of.. .... PF. 76
CLERGY RESERVES. Rectories in Upper Canada, correspondence with Lord
  Glenelg... PF. 4-12
CLERGY. Salaries paid to in 1832........ .... PF. 72
CLERGY. Upper Canada, payments made to, 1834.................. PF. 67
COALS. Report on in Vancouver Island .... PF. 102
COCHRANE (SIR THOMAS). Commission appointing him to be governor of
  Newfoundland, 1832. Royal instructions to Cochrane............ PF. 100
COCKBURN (Colonel Francis). Report on Emigration and appendix with
  maps ....:... PF. 93
COINAGE decimal Act, &c...................................... PF. 82
COINAGE (Gold). Colonies.................................... PF. 86
COLBORNE (SIR JOHN). Correspondence on the affairs of Canada........ PF. 4-3-5-15
  "   "   Correspondence and dispatches respecting the
                   rebellion in Lower Canada.................. PF. 3-2, 3-5
  "   "   Correspondence....................... PF. 75
  "   "   Dispatches in rebellion, 1837, 1839........... PF. 81
COLLEGE. Church of England.................................. PF. 81
COLONIAL Church Affairs.. "
COLONIAL. Conference 1887. Proceedings...................... PF. 41
COLONIAL, Conference, Proceedings............................ PF. 88
COLONIAL Intercourse. Comparative statement of duties, 1831........... PF. 66
COLONIAL OFFICE. Communications between the, and governors of Upper
  and Lower Canada....................................... PF. 66
COLONIAL Possessions. Reports on 1859-1860..................... PF. 129
COLONIAL Possessions. Statistical tables, 1876-8.................... PF. 127
COLONIES. (Self governing) Correspondence with the Secretary of State for
  the colonies.. PF. 120-3
COLONIES. Prison discipline. .... PF. 131
COLONIZATION BOARD. Reports on crofter emigration, with map......... PF. 123-1-8
COLONIZATION. Correspondence respecting Vancouver Island, 1848...... PF. 102
COLONIZATION from Ireland. First report of Committee on, 1848, with
  evidence, second, third report with maps and general index........ PF. 96

DOC. DE LA SESSION No 18

VOLUME.

COLONIZATION from Ireland. Minutes of evidence, taken before a select
    Committee of the House of Lords.................................PF. 5
COLONIZATION immigration. First report ....PF. 98
COLONIZATION. Scheme ....   "
              Crofters scheme ....   "
              Return on colonization, 1889.........................   "
              Supplementary return, 1889...........................   "
              Report of select committee, 1889.....................   "
              Index, 1889..   "
              Further supplementary return, 1889...................   "
              Additional report of select committee................   "
              Report of select committee, 1891.....................   "
COLONIST (Evening). Proceedings of the Assembly, 1859............PF. 172-7
COLORADO BEETLE, Correspondence, Report, 1877...................PF. 85
COMMERCE Advancement of..PF. 77
COMMERCE AND Fishery. Proposed convention between the United States
    and Newfoundland..PF. 101
COMMERCE AND Trade. Address of the Assembly, 1836...............PF. 69
COMMERCE. Second Congress of the Chambers of Commerce of the Empire,
    June and July, 1892...PF. 120-2
COMMERCE. Third Congress of the Chambers of Commerce of the Empire,
    1896..PF. 120-3
COMMERCE TRADE. Report of Montreal Herald.......................PF. 47
COMMERCE. Treaty with the United States, 1854....................PF. 81
COMMERCIAL CHANGES. Correspondence, &c..........................PF. 78
COMMISSARIAT. Account of receipts and payments from 1st April to 31st
    March, 1846..PF. 78
COMMON SCHOOL SYSTEM. Report on, in the United States and in Upper and
    Lower Canada...PF. 84
CONFEDERATION ACT OF 1867. En anglais........................PF. 11-4
                            En français.........................PF. 11-6
CONFEDERATION CORRESPONDENCE. Letter from Joseph Howe, William
    Annand and Hugh Macdonald....................................PF. 83
CONFEDERATION CORRESPONDENCE respecting the admission of Newfoundland
    into the Dominion of Canada... ....PF. 101
CONFEDERATION CORRESPONDENCE with the Hudson's Bay Company relative
    to the admission of Ruperts land into the Dominion, 1869...........PF. 105
CONFEDERATION. Letter to the Earl of Carnarvon of Joseph Howe, William
    Annand, Hugh McDonald stating their objections to the proposed
    scheme of Union of the British North American provinces, 1867.
    Appendix, etc., follows......................................PF. 118-16
CONFEDERATION. Meeting at Quebec of delegates...................PF. 82
CONFEDERATION. Ministerial explanations.........................PF. 172-20
CONFEDERATION. Union of British Columbia with Canada............PF. 102
CONSTITUTIONAL. Addresses on the constitution of the former House...PF. 81
CONSTITUTIONAL. Addresses from public bodies respecting affairs in New-
                foundland, 1839..................................PF. 100
                Proposed constitutional changes, 1842............   "
                Dispatch from Sir John Harvey....................   "
                Correspondence on changes in Newfoundland.......
CONSTITUTIONAL. Dispatches on establishment of a representative assembly
    at Vancouver's Island...PF. 102
CONSTITUTIONAL. Message from Speaker of Lower Canada to Speaker of
    Upper Canada on the changes in the legislature, 1855-6............PF. 71
CONSTITUTIONAL Papers on points to be discussed by a deputation of the
    Executive Council with His Majesty's Government, 1865...........PF. 82

VOLUME.
CONSTITUTIONAL Papers relating to the affairs of British Columbia with maps. PF. 102
CONSTITUTIONAL. Proposed changes in the Legislative Council.... .....PF. 81
CONSTITUTIONAL. Report on the affairs of British North America from the
    Earl of Durham............................. ....PF. 1-1
CONSTITUTIONAL. Return of the constitution in each colony.............PF. 101
CONSTRUCTION of the Great Victoria Bridge in Canada, par James Hodges. PF. 135
CONTAGIOUS DISEASES ACTS..... ....PF. 87
    "   "   " Return. ....PF. 86
    "   "   Animals Act ....   "
    "   "   Ordinances of 1866 and 1869 ....PF. 87
CONVENTUAL AND MONASTIC Institutions.......... ....PF. 85
                        Further Return...........................   "
COPE (E. D.). Contributions and Canadian Palæontology..............PF. 121-3
COPYRIGHT ACT RETURN, 1844.......................... ....PF. 78
COPYRIGHT (COLONIES). Correspondence, 1873......................PF. 83
                        from 1843, 1874, 1875 ....PF. 85
COPYRIGHT IN COLONIES. Return.   ....PF. 89
CORN AND FLOUR imported into Great Britain from Canada during the last
    five years 1828 to 1832. (The different kinds of grain are given in the
    lists with the quantities separately)................................PF. 66
CORN IMPORTS. Return to 5th January, 1847.......................PF. 78
CORN LAWS. Copies of the memorials, &c., from Upper and Lower Canada
    1824, 1825 ....PF. 65
CORRESPONDENCE on constitutional questions, par J. W. Johnston, 1859, et
    annexes. ....PF. 172-14
COUNCILS, LEGISLATIVE and Executive, correspondence relative to, from Nova
    Scotia, New Brunswick and Prince Edward Island.................PF. 75
COURT ROLLS. List and index, Part I., 1876.........................PF. 122C
CRIMEAN WAR. Report (first) of the Royal Commissioners of the Patriotic
    Fund, 1855... ....PF. 42-3
CROFTERS COLONIZATION scheme, with map............................PF. 98
CROFTERS EMIGRATION. Reports (8) of the Colonization Board, with map... P. 123-1-8
CROWN LANDS. Correspondence on the disposal of...................PF. 93
CROWN LANDS. Correspondence, Upper and Lower Canada. .... .PF. 66
CUNARD, Burns and MacIver. Postal Contracts......................PF. 83
CUSTOMS DUTIES. Correspondence on proposal for mutual abolition of, upon
    the productions of Canada and the West Indies. ....PF. 81
CUSTOMS DUTIES. Correspondence on the removal or reduction on British
    goods entering Canada, 1859...................................PF. 82
CUSTOMS DUTIES. Lower Canada apportionment with Upper Canada......PF. 70
CUSTOM HOUSES. Reports for Canada, Nova Scotia, New Brunswick, Prince
    Edward Island....... ....PF. 81
CUOQ (ABBÉ J. A.) Grammaire de la langue Algonquine..............PF. 58-2
CUOQ (ABBÉ J. A.) Anotc Kekon, 1890..............................PF. 58-1

D.

DALHOUSIE DISTRICT.... ....PF$^1_{11}$11-7
DAWSON (S. J.) Exploration of the country between Lake Superior and the
    Red River Settlement, 1858.................................. PF. 10-1
DAWSON (S. J.) Exploration, 1859..................................PF. 169
DAWSON (S. J.) Exploration between Lake Superior and Red River Settle-
    ment, with maps... ..PF. 92
DAWSON (S. J.) Map to accompany report on his Red River Expedition...PF$^1_1$11-9
DAWSON (S. J.) Report of the Red River Expedition.................PF. 138-1

DOC. DE LA SESSION No. 18

VOLUME.

DEBT, public, Lower Canada, Return...................................PF. 75
DECEASED WIFE'S SISTER, marriage with............................PF. 85
DECK LOADS. Correspondance.....................................PF. 83
DEFENCE OF CANADA...PF. 172-17
DeLERY PATENT. Opinion du juge Caron et jugement de la Cour Supérieure
    1883...PF. 60-6
DEPUTY CLERK REGISTER of Scotland. Rapport de 1807..............PF. 132-1-2-3
DIAGRAMS OF LOWER CANADA for the Canada Company..................PF. 142
DIAGRAMS OF UPPER CANADA for the Canada Company............PF. 146, PF. 141 A
DIAMOND JUBILEE, 1837-1897...PF. 119
DICKENSON (JAMES A.) Rapports à H. Y. Hind au sujet des explorations.PF. 10-4-6-7-8
DOCUMENTS DIPLOMATIQUES. Affaires de Terreneuve...................PF. 162
DOMINION LANDS. Ouest de Manitoba, 1882..........................PF. 141-6
DOYLE (ANDREW). Rapport sur l'émigration des enfants pauvres......,.PF. 98
                 Réponse à Miss Rye................................PF. 98
DOUKHOBOR correspondence, 1888-1889................................PF. 183
DRAPER (JUGE EN CHEF). Lettre et mémoire sur la Compagnie de la Baie
    d'Hudson...PF. 104
DUAL LANGUAGE Correspondence.....................................PF. 78
DUFFERIN (VISCOUNT). Réception à Victoria, 1870..................PF. 156-8-9
DUNCOMBE (DR.) Answer from Sir F. B. Head to charges by, in 1836,
    with appendices containing evidence...........................PF. 71
DUNKIN (CHRISTOPHER). Rapport sur l'éducation....................PF. 73
DURHAM (EARL OF). Correspondance sur les affaires du Canada, 1839.....PF. 4-2-4
                   Rapport du Conseil législatif....................PF. 4-16a
DURHAM (LORD). Instructions, correspondance, proclamation...........PF. 72
DURHAM (EARL). Rap. sur les affaires dans l'Amérique britan. du Nord ..PF. 73
                Annexe contenant les témoignages, la liste des témoins .....PF. 73
DURHAM (LORD). Relevés des nominations. Compte des dépenses. Lettre
    de Glenelg...PF. 74
DUTIES, Correspondance, pétition, etc., 1845..........................PF. 78
DUTIES. Relevé des droits et taux demandés et valeur des marchandises
    importées selon déclaration.....................................PF. 77
DYER (JOHN). Emigration des cultivateurs au Canada, 1879............PF. 72-27

E.

EARLY PORTRAITS of Queen Victoria, 1897...........................PF. 147
EASTERN TOWNSHIPS, Carte des townships de l'Est..................PF. 70
EASTERN TOWNSHIP Scenery, W. S. Hunter, fils........................PF. 152-3
ECCLESIASTICAL ESTABLISHMENT British North America................PF. 82
EDUCATION Lower Canada, Commission à Arthur Buller, rapports.. .....PF. 73
EDUCATION Lower Canada, In report on grievances, 1837..............PF. 70
EDUCATION. Rapport du sous-surintendant de l'Instruction publique sur les
    écoles communes dans le Canada, Ouest, 1843....................PF. 42-4
EDUCATION. Rapport sur le système d'école commune par le révérend James
    Fraser 1866...PF. 84
EDUCATION. Rapport sur le système d'école commune des Etats-Unis et du
    Haut-Canada...PF. 84
EDUCATION. The abstract and concrete in, par C. Baillargé, 1897........PF. 121-10
EDUCATION. Université, Irlande..................................PF. 86
ELECTION CARTOONS. 1887...PF. 180
ELECTION, Montreal, conduct of returning officers, 1844.............PF. 78
ELECTION Returns for the County of Quebec, 1804 à 1834.............PF. 147 A

VOLUME
ELECTION Riots in Montreal in 1832.................................PF. 60-1
ELECTRIC TELEGRAPH. Submarine contract, Halifax and Bermuda, 2nd
    return...PF. 89
ELECTRIC TELEGRAPH. Marine Correspondence respecting a reserved bill..PF. 85
ELECTRICITY. Exposition à Saint-Jean, N.-B., 1889....................PF. 47
EMIGRANTS immigration office, formation of, London, 1886 ....PF. 98
EMIGRATION. Application for money due from the Canada Company for,
    1840..PF. 76
EMIGRATION. Assessed value of township in the Newcastle district settled
    by pauper emigrants between 1825 and 1828, also number of emigration
    societies in Canada......·..PF. 95
EMIGRATION. Correspondance et rapport par l'agent pour 1840, 1841, 1843.PF. 94
EMIGRATION. Correspondance, 1841.....................................PF. 77
EMIGRATION. Correspondance, 1871, 1872..............................PF. 97
EMIGRATION. Correspondance concernant, et la disposition des terres de la
    Couronne, 1834, correspondances, 1835, 1836......................PF. 93
    Rapport des agents 1837, 1839.....................................PF. 93
EMIGRATION. Dockyard emigrants (two returns), 1869, 1870...........PF. 97
EMIGRATION. Estimates, 1843, 1844............ ... .PF. 77
             "   1845, 1846, 1847, 1848....................PF. 78
             "   1851, 1852, 1853..........................PF. 81
EMIGRATION. First report from the Select Committee, 1841, annual report
    of the agents...PF. 94
EMIGRATION. First report of Committee on Colonization from Ireland with
    evidence. Second report, third report, map and general index.......PF. 96
EMIGRATION from Canada to the United States, rap., par John Lowe., 1878.PF. 86
EMIGRATION. Imperial Parliamentary Papers, 1847, 1848...............PF. 6
EMIGRATION. Memorandum on immigration, 1879.......................PF. 172-30
EMIGRATION of farmers to Canada, par John Dyke, 1879.................PF. 172-27
EMIGRATION of pauper children, 1875. Rapport par Andrew Doyle. Réponse
    de Miss Rye, 1877. Lettre de Miss Rye, 1877.....................PF. 98
EMIGRATION Papers relating to 1847, 1848, 1849.....................PF. 95
EMIGRATION. Regulation for the conveyance of passengers to North
    America..PF. 93
EMIGRATION. Report by John Richards on Waste Lands, 1831......... .PF. 66
EMIGRATION. Report by Lieut. Colonel Cockburn, appendix....... .....PF. 93
EMIGRATION. Report from Sir Clinton Murdock to Sir Frederic Rogers,
    1871, with appendix ....PF. 97
EMIGRATION. Report of Commissioners................................PF. 93
             Copy of Acts imposing a tax on passengers.............   "
             Correspondence, 1833..................................   "
             Returns..   "
EMIGRATION. Report of the Chief Agent for 1843 with returns.........PF. 95
EMIGRATION. Return from 1837 of particulars in regard to the British
    Colonies in which the Land Revenues are applied to the introduc-
    tion of emigrants, 1847-48...PF. 6-16
EMIGRATION. Returns of ships and passengers.................. . ..PF. 95
EMIGRATION. Returns 1849 including Agents report for 1850...........PF. 96
EMIGRATION. Return 1851 with Agents report for 1850...............PF. 97
EMIGRATION. Returns 1860 to 1862 and first six months 1863 and returns
    from 1815 to 1863..PF. 97
EMIGRATION. Number of Societies in Canada, 1848 ....PF. 95
EMIGRATION. State aided Return 1884, Mr. Boyd's scheme............PF. 98
EEIGRATION. Statistical observations for the information of Emigrants, par
    Alexander Wedderburn................................... .... PF. 172-12

VOLUME.

EMIGRATION to Canada, Correspondance d'Ecosse, divers rapports, 1859......PF. 94
EMIGRATION to the North American Colonies Papers relative to 1851 to
    1862 with the Agents reports...................................PF. 97
EMIGRATION to the United States return of 1882......................PF. 86
EMIGRATION. Différents rapports et cartes, 1828......................PF. 93
EMIGRATION with list of Ships and number of passengers, 1840.........PF. 76
ESTIMATES. 1811, 1814, 1815, 1816, 1817, 1818, 1819.................PF. 64
ESTIMATES. 1820, 1821, 1822, 1823, 1824, 1825, 1826, 1827, 1828, 1829..PF. 65
ESTIMATES. 1830, 1831, 1833, 1834.................................PF. 66
ESTIMATES. 1835, 1836..PF. 67
ESTIMATES. 1837..PF. 69
ESTIMATES. 1838..PF. 71
ESTIMATES. 1839 ....PF. 72
ESTIMATES. 1840, 1841..PF. 75
ESTIMATES for 1842, miscellaneous additional 1843, 1844..............PF. 77
ESTIMATES. 1847, 1848, 1850......................................PF. 100
ESTIMATES. 1851..PF. 80
ESTIMATES. 1852, 1853..PF. 81
ESTIMATES. Miscellaneous services, 1838...........................PF. 70
ESTIMATES. 1845, miscellaneous 1845, 1846, 1847, 1848, 1849.........PF. 78
ESTIMATES supplementary, 1841.....................................PF. 76
EVANGELICAL ALLIANCE. Réunion à Montréal, 1874...................PF. 118-19
EXCHEQUER. Index of ancient petitions of the Chancery and the Exchequer.PF. 122
EXHIBITIONS various..PF. 119 A
    Portraits of commissioners 1886.........................PF. 119-31-34
EXPENDITURE. Lower Canada from the year 1835 to 1838.............PF. 75
EXPENDITURE. Lower Canada..PF. 77
    Return..PF. 75
EXPENDITURE. Upper Canada.....................................PF. 77
    Return..PF. 75
EXPLORATIONS between Lake Superior and the Red River settlement 1859,
    with maps..PF. 92
EXPLORATIONS. Capitaine Palliser, trois rapports et cartes...........PF. 92
EXPLORATIONS. Reports on the Assiniboine and Saskatchewan expedition
    by Henry Youle Hind 1860 with maps.........................PF. 92
EXPORTS and Imports to and from British North America for 12 years
    ending in 1842...PF. 77
EXTRADITION. Correspondance, 1876...............................PF. 85
EXTRADITION of Bennet G. Burley..................................PF. 85
    Richard Baker Caldwell....................................PF. 85
EXTRADITION. Papers relating to the special Mission of Lord Ashburton to
    the United States in 1842..................................PF. 107

F.

FARCEUR. Montreal, 1878-1884....................................PF. 144
FELTON (W. B.) Terres concédées à, 1836 ....
    Correspondance pour, 1814...............................
    Correspondance supplémentaire, 1836 ....PF. 69
FELTON (W. B.) Reports of select committee on his case, and correspon-
    dence..PF. 70
FELTON (W. B.) Two reports of a select committee of Assembly, Lower
    Canada, with correspondence, 1837. ....PF. 2-4
FENIAN AGGRESSION upon Canada, correspondence....................PF. 83

VOLUME.

FILLIPINOS ATLAS DE. 1899...PF. 176
FINANCE COMMITTEE. Votes and Proceedings from 20th June, 1850 to 6th
     August, 1850 ....PF. 19
FINANCE, LOWER CANADA. In report on grievances, 1837...............PF. 70
FINANCE OF THE TWO CANADAS...PF. 77
FINANCIAL. Comptes publics de la Province du Canada pour les années 1848,
     1849, 1850, 1851..PF. 15-2 5-1
FINANCIAL. Reports of the select committee of the Legislative Assembly
     appointed to inquire into the public income and expenditure of the
     province ....PF. 18
FINANCIAL. Schedule of Accounts, &c., of the late Provinces of Upper and
     Lower Canada from 1st October, 1840 to 9th February, 1841.......PF. 15-1
FINANCIAL STATE Upper Canada. Correspondence.....................PF. 75
FINLAY (HUGH). Journal during his survey of the post offices between Fal-
     mouth and Casco Bay, &c., 13th September, 1773 to 16th June, 1774. PF. 163
FISH AND OILS, produce of British Columbia now admitted into the United
     States free of duty, 1876.....................................PF. 102
FISH. Imposition of duty on tin cans containing fish from Canada......PF. 85
FISHERY. ARTICLES du traité de Washington, 1871...................PF. 86
FISHERIES. Arrangement with France respecting the Newfoundland Fishery
     question, 1886, with map......................................PF. 101
FISHERIES. Behring Sea seal. Correspondence, 1886-90. Seizure of Ara-
     unah. Further correspondence, papers with maps................PF. 89
FISHERIES Commission, with maps...................................PF. 86
     "   Award, further correspondence...................PF. 86
FISHERIES. Considerations on the state of the British fisheries in America,
     with proposals for their security by the reduction of Cape Breton
     in January, 1744-5...PF. 39-1
FISHERIES. Convention with the United States as to the Newfoundland,
     1818..PF. 100
     Convention avec la France, 1857. ....PF. 100
FISHERIES Correspondence, 1884-1886. Continuation, 1886-1887........PF. 87
FISHERIES. Correspondence respecting the Halifax Fisheries Commission..PF. 27
FISHERIES. Correspondance avec la France au sujet des pêcheries de Terre-
     neuve, 1884-1890, et carte....................................PF. 101
     Further Correspondence, 1890-91..............................PF. 101
     Proposed Imperial Legislation for carrying out the treaties with
          France...PF. 101
     Proposed convention with United States.......................PF. 101
FISHERIES. Dispatch respecting reserved bill of Newfoundland re the
     exportation of bait fish......................................PF. 101
FISHERIES. Disputes at Fortune Bay, Newfoundland, between Newfound-
     land and United States fishermen...............................PF. 101
     Further correspondence, 1881.................................PF. 101
     Settlements of claims, 1883..................................PF. 101
FISHERIES Exhibition...PF. 119 A-28
FISHERIES. Further correspondence with dispatch enclosing treaty signed
     at Washington, 15th February, 1888............................PF. 89
FISHERIES. Halifax Commission. Correspondence on the award........PF. 86
FISHERIES. Terreneuve et Labrador. Rapport......................PF. 100
FISHERIES. North America. Correspondence, 1887-88................PF. 89
FISHERIES. North America, 1884-86, 18............................PF. 87
FISHERIES. Record of the proceedings of the Halifax Commission, 1877...PF. 26
FISHERIES TREATY with the United States...........................PF. 81
FISHING RIGHTS of Inland and now navigable waters of Canada. Documents
     concernant les réclamations contestées.........................PF. 161

VOLUME.

FISHING RIGHTS. Traité de Washington ....PF. 83
FITZGIBBON (AGNES). Canadian Wild flowers......................PF. 160
FITZROY (SIR CHARLES A.) Correspondence with Lord Glenelg respecting
   Indians in Prince Edward Island, 1838.........................PF. 1-5
FITZROY (SIR CHARLES A.) Correspondence respecting Prince Edward
   Island, 1839.......... ....PF. 4-10
FITZROY (SIR CHARLES A.) Dispatches to Lord Glenelg, with resolutions
   of the Legislature of Prince Edward Island respecting the rebellion in
   Canada, 1838 ....PF. 3-9
FLEMING (SANDFORD). Map of Intercolonial railway to accompany report..PF. $1\frac{1}{6}1$-3
FLEMING (SANDFORD). Memorial of the people of Red River to the British
   and Canadian governments, with remarks on the colonization of Central
   British North America, and the establishment of a great territorial
   road from Canada to British Columbia........................PF. 106-5
FLEMING (JOHN). Narrative to Henry Y. Hind respecting explorations....PF. 10-9
FLETCHER (JUGE). Report on charges against, 1837....................PF. 71
FLOUR, GRAIN, MEAL. Return of imports for 1841, 1842, 1843...........PF. 78
FLOUR, WHEAT AND PROVISIONS, prices of, in the United States and British
   North America, 1842...PF. 77
FORCE (PETER). Documentary History of the United States (American
   Archives), 1774-1776, 9 volumes..... ....PF. 174
FOREST CONSERVATION ACTS of various dates, 1872...................\......PF. 118-20
FORESTS OF CANADA. Rapport et carte ....PF. 86
FORESTS. Reports on, and papers....................................PF. 86
FOREST TREES of Canada. Northern limits, 1881..... ....PF. $1\frac{1}{6}1$-3
FORTIFICATIONS, QUEBEC. Return, 1866............................PF. 83
FRANCE. Claims on, by Canadian....................................PF. 76
FRASER (REV. JAMES). Report on the common school system...........PF. 84
FRASER'S RIVER district. Discovery of Gold, 1858.....................PF. 102
FRENCH RIVER. Ottawa and, Navigation project. Rapport de Walter
   Shanly ....PF. 121-7
FRENCH RIVER. Topographical plan, by A. Murray.................. PF. $1\frac{1}{6}1$-7-9
FUGITIVE SLAVE. Delivery of Nelson Hackett for robbery.............PF. 77

G.

GALISSONIERE (M. DE LA). Portrait, 1747...........................PF. 156-39
GALT (SIR A. T.) Correspondence relative to his appointment as High Com-
   missioner..... ....PF. 86
GALWAY MAIL SERVICE. Galway and America. Postal communication with
   North America. ....PF. 82
GALWAY PACKET. Contract transfer....................................PF. 82
GASPÉ Fishery and Coal Mining Act assented to, 9th December, 1843.....PF. 78
GATINEAU. Eglise Saint-François de Sales de la pointe...... ....PF. 156-5
GAZETTE, QUEBEC, 1839...PF. 172-16
GAZETTE, QUEBEC. Newspapers for March, 1804....................PF. 118-4 to 11
GEOGRAPHICAL QUEBEC. Society, report to the Royal Society, par C. Baillargé.PF. 121-11
GEOLOGY contributions to Canadian Palœontology, par E. D. Cope........PF. 121-3
GEOLOGY. Dr. Robert Bell, Moose River, 1881.....................PF. $1\frac{1}{6}1$-16
GEOLOGY. Commission géologique, 1844 à 1847.....................PF. 16-1 to 12
GEOLOGY. Cartes du Canada, 1866................................PF. $1\frac{1}{6}1$ to 4
   Cartes du Nouveau-Brunswick....................PF. $1\frac{1}{6}1$-6
GEOLOGY, Message from H. E. the Governor General with reports on
   Geological Survey, 1844-5, including those from W E. Logan and
   Alexander Murray and with Nova Scotian Coal Measures as developed
   at the Loggins on the Bay of Fundy ....PF. 16-1-4

VOLUME.

GEOLOGY. Queen Charlotte Island, 1878, Skidegate Inlet..............PF. 171-6-7
GEOLOGY. Return with Correspondence respecting E. S. de Rottermund,
    Chemist to the Geological Department, 1846..................... ......PF. 16-5
GEORGIAN BAY CANAL. Cartes.......................................PF. 184
GEORGIAN BAY CANAL. Memorandum on the growth of the traffic on the
    Great Lakes, 1901...PF. 184
GIPPS (SIR GEORGE). Commissioner on grievances....................PF. 70 ⁄
GLADSTONE (W. E.) Correspondance ....PF. 78
GLENELG (LORD). Correspondence with Sir F. B. Head and Sir George
    Arthur respecting rectories in Upper Canada, 1839.................PF. 4-12
GLENELG (LORD). Correspondance....................................PF, 75
GLENELG (LORD). Correspondence relative to the affairs of British North
    America, 1839.. ......PF. 4, PF. 73
GLENELG (LORD). Dépêches à................................... PF. 72
GLENELG (LORD). Dépêches concernant la rébellion dans le Haut-Canada,
    1838...PF. 3
GLENELG (LORD). Dépêches à Lord Gosford en 1835 et 1836...........PF. 70
GLENELG (LORD). Dépêche à Sir Colin Campbell et Sir John Harvey, concer-
    nant les Sauvages de la Nouvelle-Ecosse et du Nouveau-Brunswick, 1838. PF. 1-4
          Concernant les Sauvages de l'Ile du Prince-Edouard........PF. 1-5
GLENELG (LORD). Correspondence with the Earl of Gosford respecting the
    Indians of Lower Canada, 1836..................................PF. 1-2
          With Sir B. Head respecting the Indians of Upper Canada,
    1837...PF. 1-3
GLENELG (LORD). Letter to Lord Durham, from Sir John Colborne from
    Sir George Arthur to Sir F. B. Head............................PF. 73
GLOBE EXHIBITION. Supplement, 1886. ....PF. 119A-26
GOD'S LAKE, Island Lake and geological map, 1879....................PF. 171-8
GOLD COINAGE. Colonies. return....................................PF. 86
GOLD DISCOVERIES, Nova Scotia.....................................PF. 82
GOLD, Découverte de l'or dans le district de la rivière Fraser.............PF. 102
GOLD on Queen Charlotte's Island ....PF. 102
GOLD, relating to the affairs of British Columbia, with maps............PF. 102
GORDON (HON A.) Lieut.-Governor of New Brunswick, 1862............PF. 156-7
GOSFORD. Commission on grievances, 1836 ; correspondence, 1835........PF. 69
GOSFORD (LORD). Commission on grievances, 1837...................PF. 70
GOSFORD (LORD). Correspondence with Lord Glenelg, 1837.............PF. 2-2-5
GOSFORD (LORD). Correspondence with Lord Glenelg respecting Indians in
    Lower Canada, 1836 ....PF. 1-2
GOSFORD (LORD). Dispatches to Lord Glenelg, 1835 and 1836..........PF. 70
GOSFORD (LORD). Dispatches to Lord Glenelg, respecting the rebellion in
    Lower Canada, 1838..PF. 3-3
GOSFORD (LORD). Dispatches, instructions and commission..............PF. 72
GOSFORD (LORD). Instructions données à Lord Gosford et aux commissaires
    nommés pour s'enquerir des griefs dont on s'est plaint dans le Bas
    Canada, 1835..PF. 42-2
GOSPEL. Propagation of the, memorandum, 1827, tables relating to, 1824. PF. 65
GOVERNMENT. Papers relating to the removal of the seat of, 1850........PF. 80
GOVERNORS of Quebec and province of Canada, signatures.............PF. 156-3
GOVERNORS of British North America, 1862, Monck, Mulgrave, Gordon....PF. 156-7
GRAIN. Cargoes at Montreal and New York, regulations ....PF. 85
GRAIN, MEAL AND FLOUR, Return of Imports for 1841, 1842 and 1843.....PF. 78
GRAND TRUNK RAILWAY. Act to legalize the agreement with the Buffalo
    and Lake Huron Railway Company, 1865,................. ......PF. 172-21

DOC. DE LA SESSION No. 18

VOLUME.

GRAND TRUNK RAILWAY. Correspondence on land at Sarnia.............PF. 91
GRAVES (WILLIAM). Two letters respecting the conduct of Rear Admiral
    Graves on the coast of the United States, July to November, 1781....PF. 39-2
GREAT BRITAIN and Ireland and the Channel Islands. List of state papers
    preserved in the Public Record Office...........................PF. 122A-1
GREAT BRITAIN and Ireland. List of state papers relating to...........PF. 122A
GRENVILLE. History of Leeds and Grenville, par Thad W. H. Leavitt ....PF. 173
GREY (SIR CHARLES E.) Commission on grievances.....................PF. 70
GRIEVANCES. Copy of Instructions to Gosford and Sir F. B. Head. Cor-
    respondence from 1835, 1836..PF. 69
GRIEVANCES, Dispatch on, in Upper Canada, 1833......................PF. 66
GRIEVANCES. Evidence before the Select Committee appointed in 1834 ...PF. 70
GRIEVANCES. Reports of the Commissioners 1 to 5 and general report, 1837,
    with appendices and map..PF. 70
GRIEVANCES. Report from the Select Committee on Lower Canada, 1834..PF. 67
GRIEVANCES. Voyez OP. 60-4..PF. 2-2-3-4
GRIP, Toronto, 22 volumes......................................PF. 137-1 to 22
GUERIN (THOMAS). Report to H. F. Perley on the St. Lawrence Bridge and
    Manufacturing scheme..PF. 17-9
GUGY. Reports of a Committee of Assembly of Lower Canada respecting
    Sheriff Gugy..PF. 71
GUGY (SHERIF). Report of charges against, 1836....................PF. 134-1
GZOWSKI (C. S.) Description of the International Bridge over the Niagara
    River...PF. 137

H.

HACKETT (NELSON). Delivery for robbery (esclave fugitif) ......PF. 77
HAIG (JAMES). A collection of the Armorial bearings of the baronets, &c.,
    connected with Scotland, compilée par Haig.......................PF. 165, 165A
HALIFAX AND CANADA. Railway between. Memorial and returns.......PF. 91
HALIFAX-QUEBEC Railway. Annual report of the survey, with maps, 1849,
    1851, 1852..PF. 90
HALIFAX AND QUEBEC. Railway Memorials, &c.....................PF. 91
HALIFAX, BERMUDA AND ST. THOMAS. Packet service..................PF. 83
HALIFAX CITADEL. 1828 estimate.................................PF. 65
HALIFAX. CONTRACT submarine telegraph to Bermuda................PF. 89
HALIFAX FISHERIES Commission. Record of the proceedings, 1877......PF. 26
    Correspondence, 1878...PF. 27
HALIFAX FISHERIES Commission. Correspondence on the award.........PF. 86
HALIFAX MAILS. Correspondence. Report of the select committee on....PF. 78
HALIFAX, Nova Scotia and St. John's, Newfoundland, postal contracts.....PF. 83
HALIFAX SUBSCRIPTION for the relief of the destitute poor in Ireland and
    the Highlands of Scotland..PF. 78
HAMBURG. American Packet Company, mail contracts, 1868...........PF. 80
HAMILTON. At the Colonial and Indian exhibition, 1886..............PF. 119A-1
HAMILTON. Municipal bonds. Correspondence.......................PF. 82
HAMILTON. Petition against commercial changes.....................PF. 78
HARDY (SIR THOMAS DUFFUS). Index of printed reports, 1862, 1878 .....PF. 125-15
HARVEY (SIR JOHN). Correspondence respecting New Brunswick, 1839...PF. 4-9
HARVEY (SIR JOHN). Dépêches ....PF. 72
HARVEY (SIR JOHN). Dispatches from Lord Glenelg respecting Indians in
    New Brunswick..PF. 1-4

3-4 EDOUARD VII, A. 1904

VOLUME.

HARVEY (SIR JOHN). Dispatch respecting the government of Newfoundland...PF. 100
HARVEY (SIR JOHN). Dispatches to Lord Glenelg respecting the steps taken
by the Legislature of New Brunswick to assist in putting down the
rebellion in Canada, 1838...PF. 3-8
HASTINGS (SHIP OF WAR). Expense for fitting up for Lord Durham and
suite ....PF. 72
HAWKINS (WILLIAM). Survey on the Ottawa River, 1839 ....PF. 13-3
HEAD (SIR FRANCIS BOND). Correspondence on the subject of the creation
of rectories in Upper Canada, 1839.................................PF. 4-12
HEAD (SIR F. B.) Answer to charges preferred by Dr. C. Duncombe, with
appendix containing evidence..PF. 71
HEAD (SIR F. B.) Correspondence with Lord Glenelg return of amounts
paid him as Lieut.-Governor...PF. 74
HEAD (SIR F. B.) Correspondence with Lord Glenelg respecting the Indians
in Upper Canada, 1837 ....PF. 1-3
HEAD (SIR F. B.) Dispatches respecting the rebellion in Upper Canada,
1837-38 ....PF. 72
HEAD (SIR FRANCIS BOND). Despatches to Lord Glenelg respecting the
rebellion in Upper Canada..PF. 3-1-4-6
HEAD (SIR F. B.) Instructions données à, des griefs du Bas Canada, 1835..PF. 42-2
HEAD (SIR F. B.) Instructions on grievances.........................PF. 69
HENECHER (R.W.) British American Land Company. Correspondence..PF. 2-5, P.F.43
HERALDRY. A collection of the Armorial bearings of the baronets, &c. con-
nected with Scotland, compilée par James Haig..................PF. 165, 165A
HERALDRY. America Heraldica, compilé par E. de V. Vermont.........PF. 164
HIGH COMMISSIONER. Appointment of Sir A. T. Galt. Correspondence, 1880.PF. 86
HIND (HENRY Y.) On the Assiniboine and Saskatchewan exploring expe-
dition, 1860...PF. 10-5
HIND (HENRY Y.) Exploration of Lake Superior and the Red River.
With maps. Assiniboine and Saskatchewan exploration with maps...PF. 92
HIND (HENRY Y.) Exploration of the country between Lake Superior and
the Red River Settlement...PF. 10-2-3
HIND (HENRY Y.) Reports on the Assiniboine and Saskatchewan expedi-
tion, with maps..PF. 92
HIND (HENRY YOULE). Report on the Assiniboine and Saskatchewan ex-
ploring expedition, 1859...PF. 57
HISTORICAL MANUSCRIPTS Commission. Reports from, 1870 to 1884.....PF. 124-1-17
HOLLAND (SAMUEL). New map of Lower Canada from surveys in 1796,
1797, 1798...PF. 171-29
HOLLAND (SURVEYOR GENERAL). Survey of St. John Island (Prince Edward
Island) divided into parishes, &c ....PF. 171-27
HOME AND SIMCOE DISTRICTS of Canada...............................PF.171-5
HOWE (JOSEPH). Letter to the Earl of Carnarvon by, stating objections to
the proposed scheme of union of the British North American provinces.
La lettre porte également la signature de William Annand et de Hugh
McDonald et est suivie d'un annexe, avec documents, 1867 ....PF. 118-16
HOWE (JOSEPH) William Annand and Hugh Macdonald. Letter addressed
to the Earl of Carnarvon stating their objections to the proposed union
of the British North American Provinces.............................PF. 11-2
HOWE (JOSEPH). Letter from, and from W. Annand and H. Macdonald
against union of the provinces ....PF. 83
HUDSON'S BAY AND NORTH-WEST, par Thomas Devine, 1857.............PF.171-13
HUDSON'S BAY AND NORTH-WEST, par A. J. Russell PF.171-6
HUDSON'S BAY COMPANY. Complaints from the Red River Settlement, 1849.PF. 104

VOLUME.

HUDSON'S BAY COMPANY. Copy of the existing charter and dates of former
   charters or grants, 1842..PF. 104
HUDSON'S BAY COMPANY. Lettre du juge en chef Draper, 1857..........PF. 104
HUDSON'S BAY COMPANY. Report from select Committee, with maps......PF. 105
   Correspondence in consequence of report, 1858...............PF. 105
HUDSON'S BAY COMPANY. Papers relative to charter and license of trade..PF. 105
   Correspondence relative to a road and telegraph to BritishColumbia.PF. 105
   Correspondence with the renewal of the exclusive license to trade.PF. 105
   Military protection to Red River.............................
HUDSON'S BAY COMPANY. Respecting refugee Sioux Indians.........…PF. 105
   Correspondence relative to the surrender of Rupert's Land...PF. 105
HUDSON'S BAY COMPANY. Papers respecting the powers of the Company,
   with map...PF. 104
   Minutes of Council respecting territories...................PF. 104
HUDSON'S BAY COMPANY. Report of a Committee of the House of Commons.PF. 103
HUDSON'S BAY. Grant to, of Vancouver Island......................PF. 102
HUDSON'S BAY. Map of North America, 1681......................PF. 171-4
HUDSON'S BAY. Papers relating to the Hudson's Bay Company's Charter
   and License of Trade. Despatches, etc., in 1858.............PF. 8-1
HUDSON'S BAY. Report from the Committee appointed to inquire into the
   state and condition of the counties adjoining to Hudson's Bay, and of
   the trade carried on there....................................PF. 40
HUDSON'S BAY. Report from the Select Committee on the Hudson's Bay
   Company, with proceedings and evidence................PF. 8-2
HUNTER (W. S., JR.) Scenery, Ottawa (2), Niagara (3), Eastern Town-
   ships ....PF. 152-1-2-3
HURLBERT (J. BEAUFORT). Physical Atlas of the Dominion of Canada.. .PF. 168
HURON AND OTTAWA territory...........................PF. $\frac{171}{3}$-3, PF. $\frac{171}{3}$-4
HURON LAKE. 1856, and North Shore.........................PF. $\frac{171}{13}$-1-2
   1858, and North Shore...............PF. $\frac{171}{13}$-8, PF. $\frac{171}{13}$-3

1.

IMMIGRATION ET COLONISATION. Premier rapport ....PF. 98
IMMIGRATION. Report on Irish, to Manitoba and the North-west........PF. 98
IMPERIAL BLUE BOOKS, 1803, &c...............................PF. 64 to 108
IMPORTATIONS. Return of goods with the rates of duties charged and the
   declared value...PF. 77
IMPORTS AND EXPORTS between Canada and the United States.........PF. 81
IMPORTS AND EXPORTS from and to British North America for 12 years to
   1842...PF. 77
IMPORT DUTIES. Colonial..PF. 86
IMPRESSMENT. Papers relating to the special mission of Lord Ashburton to
   the United States in 1842 ....PF. 107
INDIANS. Aboriginal map of North America. ....PF. $\frac{171}{4}$-12
INDIANS. Arbitration between the Dominion and the provinces of Ontario
   and Quebec ....PF. 121-2
INDIAN DEPARTMENT. Correspondence respecting alterations.............PF. 81
INDIAN DEPARTMENT. Correspondence respecting alterations.............PF. 82
INDIAN DEPARTMENT. Estimates, 1837...'..........................PF. 69
   1838, 1839...PF. 70
   1840, 1841...PF. 75
   1842, 1843, 1844.......................................PF. 77
   1845, 1846, 1847, 1848, 1849..........................PF. 78
   1851, 1852, 1853 ....PF. 81

VOLUME.

INDIANS. Expeditions of Capt. John Lovewell, 1865.................PF. 121-4
   Sermon on the death of Capt. Lovewell.................PF. 121-4
INDIANS. Grammaire de la langue Algonquine, par l'Abbé Cuoq.........PF. 58-2
INDIANS. Haidah Indians of Queen Charlotte Islands, British Columbia,
  with a brief description of their carvings, tattoo designs, &c., par James
  G. Swan..PF. 38
INDIANS in the British North American provinces.....................PF. 74
INDIANS in Lower Canada. Correspondence between Lord Glenelg and the
  Earl of Gosford, 1836.......................................PF. 1-2
INDIANS. Instructions to Governors of Upper and Lower Canada relative
  to expenditure ....PF. 69
INDIANS in Nova Scotia and New Brunswick. Lord Glenelg to Sir Colin
  Campbell and Sir John Harvey, 1838. ....PF. 1-4
INDIANS in Prince Edward Island. Correspondence between Lord Glenelg
  and Sir C. A. FitzRoy..PF. 1-5
INDIANS in Upper Canada. Correspondence between Lord Glenelg and Sir
  F. B. Head..PF. 1-3
INDIANS. Carte du Nord-Ouest, etc., par Thomas Devine, 1857.........PF. $\frac{111}{10}$-13
INDIANS. Reserves in Manitoba and North-west Territory, 1889 ....PF. 182
INDIAN LANDS. Representations on behalf of settlers on Grand River.....PF. 81
INDIANS. Photographie ....PF. 156-4
INDIANS. Report on Aborigines, British settlements, with evidence, appen-
  dix and index ....PF. 71
INDIANS. Reserves, descriptions and plans in Manitoba and the North-
  west ....PF. 49
INDIANS. Tables. Manner of holding lands, &c.......................PF. 73
INDIANS. The expeditions of Capt. John Lovewell, par Frederic Kidder, 1865.PF. 121-4
INLAND REVENUE Eastern Canada....................................PF. $\frac{111}{10}$-10
INSURRECTION DU. Nord Ouest. ....PF. 60-5
INTERNATIONAL Bridge over the Niagara river, par C. S. Gzowski.........PF. 167
INTERNATIONAL Railway Correspondence...............................PF. 91
Intercolonial Railway Correspondence ....PF. 83
INTERCOLONIAL Railway. Correspondence on proposed guarantee ; corres-
  pondence on loan ; opinion of the law officers on loan.............PF. 91
INTERCOLONIAL Railway. Explanatory survey. Map to accompany report.PF. $\frac{111}{8}$-2-3
  Explored route..PF. $\frac{111}{8}$-6
INTERCOLONIAL, otherwise Quebec and Halifax Railway ; various returns,
  with maps ....PF. 90
INTERCOLONIAL Railway loan, 1869..................................PF. 91
INTERCOLONIAL Railway. Proposed guarantee........................PF. 91
INTOXICATING LIQUORS. Act respecting the sale and the issue of licenses ..PF. 86
INTOXICATING LIQUORS. Laws or ordinances for regulating the sale of.....PF. 89
INTOXICATING LIQUORS. Restrictions on the sale in the colonies.........PF. 83
IRELAND. Address from the Senate and House of Commons on the affairs
  of ....PF. 86
IRELAND. Affairs in. Address to the Queen by Parliament of Canada...PF. 86
IRELAND. First report on colonization from 1848. Maps and general index.PF. 96
IRELAND, Great Britain and the Channel Islands. List of state papers pre-
  served in the Public Record Office ....PF. 122A-1
IRELAND. List of papers relating to Great Britain and.......... ....PF. 122A
IRELAND. Subscriptions in Newfoundland for relief of distress..........PF. 100
IRISH IMMIGRATION to Manitoba and the North-west...................PF. 98
IRELAND. University education, 1879...............................PF. 86
IRVINE (Assistant Controller). Report of the Red River Expedition of
  1870..PF. 136-2

VOLUME.

ISLAND LAKE and God's Lake, geological map.........................PF. 171-8
ISLE ROYAL (Cape Breton). 1750, 1751, map.................. ....PF. 171-8

J.

JESUIT ESTATES. Proceedings relative to the grant to Amherst..........PF. 64
    Proceedings in Council (Imperial) relative to................ ....PF. 64
JEWISH disabilities, dispatches, Acts, &c.......................... ....PF. 80
JOHNSTON (J. W.) Correspondence on constitutional questions with appen-
    dices..................... ....PF. 172-14
JOURNAL kept by Hugh Finlay, surveyor of the post roads on the continent
    of North America, during his survey of the post offices between Fal-
    mouth and Casco Bay, &c., 1867........................ ....PF. 163
JUBILEE, Diamond, of Queen Victoria's reign, 1897........... ....PF. 119
    Canadian postage stamps...................................PF. 119
JUDICATURE, Lower Canada. Correspondence respecting the affairs of
    Canada... ....PF. 75
JUSTICE, Administration de la, Bas-Canada, 1831.....................PF. 66

K.

KEEFER (T. C.) Carte du Canada pour l'Exposition de Paris, 1855.......PF. 171-1
KEEFER (T. C.) Carte du Saint-Laurent pour l'Exposition de Paris..... .PF. 171-2
KEEWATIN. Carte du port de, 1876...............................PF. 171-4
KENNEDY (JOHN). Report of the Harbour Commissioners of Montreal, on
    the St. Lawrence Bridge and Manufacturing scheme...............PF. 17-6
KEWAYDIN. Report of the Legislative Assembly on the boundaries with
    Ontario..PF. 148-5
KIDDER (FREDERIC). The expeditions of Capt. John Lovewell..........PF. 121-4
KING's COLLEGE RECORD, Windsor, Nova Scotia, 1885-1886...........PF. 118-22-26
KINGSFORD (WILLIAM). Manuscript Map of the Mississippi, &c.... .. ...PF. 118-29
KINGSTON. Supplementary estimate, 1828..................... ....PF. 65
KIRKWOOD (A.) and J. J. Murphy. Northern and Western Ontario ......PF. 148-1

L.

LABRADOR Co. Factum dans l'appel au Conseil privé, 1867-1891, traduction
    du jugement du juge Routhier ....PF. 50
LABRADOR. Correspondence respecting the levying of customs duties......PF. 101
LABRADOR, Newfoundland and, Return of civil and criminal trials, 1829,
    fisheries, 1859........................... ....PF. 100
LACROSSE. Championship team, 1886.................................PF. 153
LAC ST-PIERRE. Rapport du comité special auquel a été renvoyée cette
    partie du rapport du Président du Bureau des Travaux Publics qui
    concerne le Lac St-Pierre, 1846................................PF. 14-2
LAKE CHAMPLAIN. Maps, reports, &c., relative to the improvements of the
    River St. Lawrence and proposed canal connecting it with Lake
    Champlain, 1856..PF. 122
LAKE SUPERIOR and Red River. Exploration by S. J. Dawson and H. Y.
    Hind, with maps ....PF. 169, PF. 92
LANARK and Renfrew counties, 1863........ ....PF. 171-2
LANDS. Act for the disposal of public, in Upper Canada. Crown lands....PF. 76
LANDS, Colonial, reports on sales..................................PF 94
LANDS. Conditions under which lands are granted in British North
    America, 1830................................. ....PF. 66

3-4 EDOUARD VII. A. 1904

VOLUME.

LANDS correspondence, evidence and tables. Report by Turton on the establishment of a registry. Appendix E..........................PF. 73
LANDS, Dominion, map, &c. Regulations.......................PF. 172-29-31
LANDS granted to W. B. Felton, report published in 1836. Correspondence from 1814.. .... PF. 69
LANDS IN UPPER CANADA. Return of rules, orders in council, list of grants and surrender of land by the Indians, 1837.....................PF. 71, PF. 52
LANDS, Lower Canada. In reports on grievances, 1837. ....PF. 70
LANDS. Regulations for granting, 1827...... ....PF. 65
LANDS. (Taxation on). Return, 1890............... ....PF. 89
LAND TENURE, Prince Edward Island, 1875. Appendix ....PF. 85
      "   Further correspondence............................PF. 86
LAND. Return of lands sold on Vancouver's Island.... ....PF. 102
LANDS. (Sales of all) in Upper and Lower Canada, distinguishing between Crown lands, Crown reserves and Clergy reserves, 1834, 1835.......PF. 67
LANDS (WASTE). Report by Richards, 1832.........................PF. 66
LAMIRANDE. Correspondence respecting the extradition of. (2.) Correspondence with the Governor General..................... ....PF. 83
LAVAL. Mémoire sur l'université, avec pièces justificatives, 1862... .....PF. 60-3
LAVAL. Quelques remarques sur l'Université, 1872....................PF. 60-4
LAVAL. The Prince of Wales at the University, 1860 . ...PF. 156-3
LEAVITT (THAD. W. H.) History of Leeds and Grenville, 1879.........PF. 173
LEGAL. Abstract of Statistical Returns in judicial matters, 1860 to 1866..PF. 22-1-7
LEGAL. Act to amend and consolidate the Judicature Acts of Lower Canada, En anglais.. .... .. PF. 21-1
            En Français, 1858.......... ....PF. 21-2
LEGAL APPOINTMENTS. Returns..PF. 78
LEGAL Papers relating to the removal of Judge Willis from the King's Bench, Upper Canada, 1829................................... ..PF. 30
LEGAL Proceedings in the Assembly of Lower Cadada, on the accusations against Pierre Bedard, Esq., provincial Judge for Three Rivers, 1819.PF. 118-13
LEGAL. Reports (two) of a Select Committee of the Assembly, Lower Canada, respecting Mr. Felton (W.B.), with correspondence, 1837....PF. 2-4
LEGAL. Report of the Select Committee of Assembly, Lower Canada, respecting Mr. Thompson, Judge, of the district of Gaspé, 1837. ....PF. 2-2
LEGENDRE (H.) Scaling of the River St Maurice, 1847......... PF. 13-14, PF. 17-1-5
LEGGE (CHARLES). Map to accompany report on Northern Pacific Railway, 1872. ....PF. 11-L-10
LEGISLATIVE and Executive Councils and Assembly, 1837...............PF. 70
LEGISLATIVE COUNCIL. Proposed changes in the..... ....PF. 81
LEGISLATION. Merchant shipping. Imperial and Canadian Correspondence. PF. 85
LEGISLATIVE proceedings in Canada. Papers relative to..................PF. 81
LETELLIER. Correspondence respecting the case of...................PF. 86
LEX MERCATORIA. Rediviva, par Windham Bearves, 1761.... ....PF. 177
LIBRARY. Resolutions on its reconstruction................... - ....PF. 81
LIGHT HOUSE on Cape Pine, Newfoundland, 1849.......................PF. 100
LIGHTHOUSES on the St. Lawrence, 1881. ....PF. 11-L-4
LIGHTHOUSES. Return, 1850, Maps ....• ...·....... ..PF. 80
LIGHTHOUSES. Return plan ....PF. 78
LIQUORS. Intoxicating ....PF. 89
LIQUORS. Intoxicating, imposition of restrictions in the colonies. ....PF. 101
LIQUORS. Restrictions on the sale of intoxicating, also Act......... .... PF. 86
LISTS and Indexes. Public Record Office, 1892, 1894, 1896, 1897. PF. 122, PF. 122d
LIVERNOIS (J.B.) Historical engravings and views of historical places ....PF. 156A
LIVERPOOL, New York and Philadelphia, Steamship Company. Postal contracts, 1867.. ....PF. 83

VOLUME.

LOAN, City.. ....PF. 156-2
LOAN CORPORATIONS. Memorandum on Legislation..... .... PF. 172-17
LOAN. Guaranteed...PF. 81
LOAN. Papers respecting Imperial guarantee to a loan for the service of
    Prince Edward Island......... ....PF. 81
LOGAN (W. E.). Exploration Géologique, Rapport de progrès, 1845-6, 1846-7.
                                                PF. 16-9, PF. 16-12
LOGAN (W. E.) Report of progress on the Geological survey of Canada,
    1844-1845..PF. 16-6. PF. 16-1-2
LOGAN (W. E.) Return with correspondence respecting E. S. de Rotter-
    mund, chemist, 1846..PF. 16-5
LOGAN (Sir W. E.) Topographical Plan of the rivers Ottawa and Mattawa, -
    1854...PF. 171-2-3
LONDON (ONTARIO), 1857. Plan of...............................PF. 111-6
LOVEWELL (Capt. John). The expeditions of, par Frederic Kidder........PF. 121-4
LOWE (JOHN). Report on emigration from Canada to the United States.... PG. 86
LOWER CANADA. Appendix to Lieut. Colonel Cockburn's report, 1828....PF. 93
LOWER CANADA. Copies of Memorials, &c., on the subject of the Corn Laws,
    1824, 1825...PF. 65
LOWER CANADA. Correspondence between the Colonial Office and governors
    of, 1830. Answers of the Governors relative to Executive and Legis-
    lative Councils, 1830. Message to Assembly on finance relating to the
    Administration of Justice, 1831........ ....PF. 66
LOWER CANADA. Evidence before the Select Committee appointed in 1834.PF. 70
LOWER CANADA. Correspondence on the affairs of 1837-1838............PF. 72
LOWER CANADA, Correspondence......................................PF. 73
LOWER CANADA. Correspondence respecting Judiciary, Registry Offices and
    Police...PF. 75
LOWER CANADA. Correspondence on the affairs of.....................PF. 76
LOWER CANADA. Dispatches from Lord Aylmer, return of, 1836.........PF. 69
LOWER CANADA. Estimate, 1838......................................PF. 71
LOWER CANADA. Expenses of civil government, from 1832 to 1835,
    inclusive..PF. 72
LOWER CANADA. Map of, in counties, as previous to Act of 1829 and as
    divided by said Act, 1840......................................PF. 75
LOWER CANADA. Ordinance passed by the Governor and Special Council
    of Lower Canada, 1840-1841.....................................PF. 77
LOWER CANADA. Papers relating to Correspondence, 1835, 1836, 1837....PF. 70
LOWER CANADA. Return of the names of the members of Councils and
    Assembly, 1834...PF. 66
LOWER CANADA. State of, evidence of committee appointed in 1834...... PF. 150

Mc. ou Mac.

MACDONELLS ou Macdonalds. Genealogy of the principal family........ PF. 172-11
MCDONALD (HUGH). Joint letter with Joseph Howe and William Annand
    to the Earl of Carnarvon opposing Confederation, 1867........PF. 83, PF. 11-2
MACDONALD (S. D.) Known wrecks on Sable Island, 1883............ PF. 141-10
MCDONALD (HUGH). Letter to the Earl of Carnarvon by, stating objections
    to the proposed scheme of union of the British North American
    provinces................................. .. ..PF. 118-16
MCGILL COLLEGE. Opening of the new library ....PF. 121-1

M.

                  VOLUME.

MAGAZINES. Presbyterian Church of Scotland, 1848 to 1861, 7 volumes...PF. 139-1-7
MAILS. Atlantic Mail contracts, returns............................PF.82
MAILS (Conveyance of). North America, Canada and United States.
 Correspondence..PF. 82
MAILS. Halifax, Correspondence, Report of the Select Committee.......PF. 78
MAILS. North American. Return, 1866. Postal contracts...........PF. 83
MAIL SERVICE. Galway and America. Postal communication with North
 America...PF. 82
MAIL STEAMERS. Return, 1851 ....PF. 81
MAITLAND (LIEUT. COL. JOHN). Report ....PF. 72
MALTON. Plan of the Village of ....PF. 1/V/1-10
MANITOBA and the Northwest. Report on Irish immigration to ....PF. 98
MANITOBA. Appeal to the Privy Council in the suit between Ontario and,
 in respect to boundaries..............................PF. 149 to PF. 149c
MANITOBA CENTRAL RAILWAY. Correspondence, 1887-1888..............PF. 51
MANITOBA. Fishing rights in inland and non-navigable waters. (Docu-
 ments concernant les réclamations contestées).....................PF. 161
MANITOBA Indian Reserves. Descriptions and plans in Manitoba and the
 Northwest, 1889...PF. 49
MANITOBA. Progress between 1837 and 1897 ....PF. 121-8
MANUFACTURES. Produce and, account of quantities and values exported
 from the United Kingdom.................................. ......PF. 81
MAPS ....PF. 171
MAPS. American Atlas, 1823......................................PF. 159-2
MAP OF CANADA. At end of return for 1843.........................PF. 77
MAPS. Chambly Canal, 1856. Rapport en français et en anglais ......PF. 157
MAPS. Georgian Bay Canal ....PF. 184
MAPS of New France and British possessions in North America, par H.
 Moll, 1713 ....PF. 166
MAP. Postal of Quebec, 1880....................................PF. 158
MAPS. To accompany Vancouver's voyages ....PF. 47
MAPS. Upper Canada and Ontario, various dates..............PF. 1/1/1 to PF. 1/1/1
MARIE DE L'INCARNATION (MÈRE). Portrait........................PF. 156-25
MARINE ELECTRIC TELEGRAPHS. Correspondence respecting a reserved bill.PF. 85
MARINES (ROYAL). Serving in Canada between 5th January, 1815 and 5th
 January, 1816..PF. 64
MARITIME PROVINCES. Postal map, 1875...........................PF. 1/1/1-1
MARRIAGE. Act to provide for the solemnization of, in Upper Canada....PF. 76
MARRIAGE with a deceased wife's sister. Correspondance.............PF. 85
MARTIN (ARCHER E. S.) Genealogy of the Martin family..............PF. 118-28
MATTAWA (RIVER). Topographical plan, par Sir W. E. Logan, 1854-1855..PF. 1/1/1-2-3
MASSACHUSETTS. Map in 1713..............................PF. 1/1/1-19, PF. 20-4
 Boundaries with New Hampshire, 1737 ....PF. 1/1/1-23
 With Rhode Island, 1750........ .... PF. 1/1/1-24-25
 Boundaries, various.................................PF. 1/1/1-26
MEAL AND FLOUR, GRAIN. Return of imports for 1841, 1842 and 1843....PF. 78
MEGANATAWAN (RIVER). Topographical plan, par A. Murray, 1854......PF. 1/1/1-4
MÉMOIRE sur l'Université Laval avec pièces justificatives..............PF. 60-3
MERCHANT Shipping Legislation, Imperial and Canadian.................PF. 85
 Papers and correspondence ....PF. 85
MERCHANT SHIPS. Timber Trade..................................PF. 85
MIDDLETON (CHARLES THEODORE). A new and complete system of Geo-
 graphy, 1779..PF. 178
MILITARY AND NAVAL. Assistance to Colonies. Return..............PF. 87

DOC. DE LA SESSION No. 18

VOLUME.

MILITARY EQUIPMENTS, Return............................ ....PF. 82
MILITARY Expenditure. Civil List and, in Canada, correspondence relating
  to the projected Railway from Halifax to Quebec..................PF. 90
MILITARY Expenditure, Colonial. Report on 1834, with evidence ....PF. 67
MILITARY Returns for 1849............................. ......PF. 118-13
MILITARY. Transport of troops to Canada. Defence of Canada.........PF. 82 .
MILITARY. Returns of general staff and other officers, distribution of
  troops, 1849...PF. 118-12
MILITIA AND VOLUNTEERR. Estimates, miscellaneous, 1845.............PF. 78
MILITIA AND VOLUNTEERS. Estimate for the years ending 1848 and 1850..PF. 100
MILITIA BILLS. Correspondence. Defeat of the ministry..............PF. 82
MILITIA. Correspondence between the Colonial office and the Governors of
  Upper and Lower Canada, 1830................................PF. 66
MILITIA. Divisions in Canada ....PF. $\frac{171}{8}$-9
MILITIA. Estimate for the expenditure of £108,000..................PF. 77
MILITIA. General order touching the Court of inquiry held upon Colonel
  Prince..PF. 75
MILITIA. General Orders, 1846 to 1891......................... ....PF 138-1-12
MILITIA. Return under the head of Military Establishments, North
  America...PF. 81
MILNES (SIR ROBERT SHORE). Papers respecting the creation of Rectories
  in Lower Canada, 1839........................ ....PF. 4-12
MINGAN Seigniory. Factum in appeal, by the Labrador Company to the
  Privy Council, 1867-1891...................................PF. 50
MINISTER'S Accounts original preserved in the Public Record Office..PF. 122 B
MINISTRY OF CANADA. Defeat on the Militia bill .. ..PF. 82
MISSISSAUGAS. Arbitration between the Dominion and the provinces of
  Ontario and Quebec.......................................PF. 121-2
MISSISSIPPI. Manuscript map presented by Dr. William Kingsford.......PF. 118-29
MOLL (H.) Maps of New France as British possessions in North America. PF. 166
MONASTIC AND CONVENTUAL. Institutions, 1877. ....PF. 85
MONCK (VISCOUNT). Governor General of British North America, 1862....PF. 156-7
MONEY ORDERS. Postal Convention with the French republic...........PF. 86
MONTMORENCY (COMTÉ DE)... ....PF. 47
MONTREAL. Address of the Assembly of Upper Canada for the annexation
  of, to that province..... .... ······.....PF. 71
MONTREAL. Election riots, 1832 ....PF. 60-1
MONTREAL ELECTION, 1844. Conduct of returning officers..............PF. 78
MONTREAL ELECTION, 21st May, 1834. Rapports et autres documents. . PF. 42-1
MONTREAL HARBOUR. Report of the Chief Engineer of the Department of
  Public Works, Canada on the St. Lawrence Bridge and Manufacturing
  Company's scheme......................................PF. 17-9
MONTREAL. Flood, 1888......................... ....PF. 156-11-15
MONTREAL in the Pictorial World of 24th January, 1884................PF. 119-30
MONTREAL. Proceedings in the district of, 1837-1838..................PF. 72
MONTREAL. Riots on Rebellion Losses bill........................ ... ...PF. 80
MONTREAL. (Seigniory of). In report on grievances. . ...PF. 70
MONTREAL. St. Jean Baptiste day, 1884........................ .....PF. 153
MONTREAL. Survey of the isles, 1794..............................PF. 171-28
MONTREAL. Trade report...PF. 47
MONTREAL. Views of different localities, 1830.....................PF. 156-16-25
MONTREAL. Winter carnival, 1889, 1887, 1885. .. ..:..PF. $\frac{153}{A}$-153
MOOSE RIVER Geology, Dr. Bell, 1881..............................PF. $\frac{171}{4}$-16
MULGRAVE (VISCOUNT). Lieut.-Governor of Nova Scotia, 1862. ....PF. 156-7

VOLUME.

MUNICIPAL Government of the Canadas...........................PF. 77
MUNICIPAL Institutions. Commission to Charles Buller and to assistant
   commissioners...PF. 73
MURDOCK (SIR CHARLES). To Sir Francis Rogers. Report on emigration,
   1871..PF. 97
MURPHY (J. J.) and A. Kirkwood, Northern and Western Ontario........PF. 148-1
MURRAY (ALEXANDER). Exploration géologique, 1845-6......... .....PF. 16-10
MURRAY (ALEXANDER). Report on geological survey, 1844-5...........PF. 16-3
   PF. 16-7
MURRAY (A.) Survey of Spanish River, 1848 ....PF. 1¾1-4
MURRAY (A.) Topographical plan of the river Maganatawan, 1854 ....PF. 1¾1-4-5
MURRAY (A.) Topographical map of the river Muskoka and of the
   Petewahweh.......................................P. 1¾1-11-15
MURRAY (A.) Topographical map of the head waters of the Otonabee....PF. 1¾1-7-10
MURRAY (A.) Topographical plan of Lake Nipissing, 1856............PF. 1¾1-1
MURRAY (A.) Topographical plan of the Wahnapitae river and lake,
   French River, Sturgeon River... ....PF. 1¾1-5-7-8-9
MURRAY (A.) Topographical plan of Spanish and Whitefish rivers, 1856 PF. 1¾1-3
   Mouth of the Whitefish river ....PF. 1¾1-4
MURRAY (A.) Topographical map of the Bonnechère and S. W. branch of
   the Madawaska.... ....PF. 1¾1-7-10
MUSKOKA. Topographical map of, and of Petewawa, par A. Murray,
   1853...... ....PF. ¹¾1-11

N.

NATURALIZATION. Correspondence.... ....PF. 108
NAVAL AND MILITARY. Assistance to colonies. Return................PF. 87
NAVAL AND MILITARY. Officers employed in the colonies.............PF· 87
NAVAL AND MILITARY. Positions of officers in receipt of pensions, desirous
   of serving in the colonies.................................PF. 87
NAVY. Types of the Royal Navy.............................PF. 119A-32
NAVIGATION AND Shipping Reports, 1878-1879....................PF. 1¾1-1¾1
NAVIGATION LAWS. Correspondence upon the operation of, (quatre relevés).PF. 80
NAVIGATION LAWS. Memorial...................................PF. 78
NAVIGATION LAWS. Reports of the Committee of the House of Lords......PF. 79
NAVIGATION, LONDON, Liverpool and North America Screw Steamship Com-
   pany...PF. 81
NAVIGATION OF UNITED States Canal. Correspondence ....PF. 85
NAVIGATION TREATY of the United States.........................PF. 81
NEILSON (JOHN). Remarks by Egerton Ryerson on the Quebec Gazette,
   1839 ....PF. 172-10
NETHERLANDS (KING OF THE). Award on the boundary between New
   Brunswick and the United States....... ....PF. 106
NEW AND COMPLETE system of geography, par Charles Theodore Middleton,
   1779 ....PF. 178
NEW BRUNSWICK. Appendix to Lieut.-Colonel Cockburn's report. Evi-
   dence on emigration, 1828 ....PF. 93
NEW BRUNSWICK. Boundary with the province of Quebec, 1833........PF.1¾1-1
NEW BRUNSWICK. Civil Expenditure, 1851....................PF. 90
NEW BRUNSWICK. Correspondence Evidence......................PF. 73
NEW BRUNSWICK. Correspondence................................ PF. 72
NEW BRUNSWICK. Correspondence of Sir John Harvey with Lord Glenelg,
   1839 ....PF. 4-9

DOC. DE LA SESSION No 18

VOLUME.

NEW BRUNSWICK. Correspondence relative to the Legislative and Executive
Councils ....PF. 75
NEW BRUNSWICK. Estimates, 1811, 1814 to 1818.....................PF. 64
                             1820 to 1829.........................PF. 65
                             1830 ....PF. 66
NEW BRUNSWICK. Carte, 1859 ....PF.1 1-14
NEW BRUNSWICK, Nova Scotia and Prince Edward Island............. PF.1 1-7
NEW BRUNSWICK. Chemins de fer et carte...........................PF. 90
NEW BRUNSWICK. Report on government patronage..................,....PF. 76
NEW BRUNSWICK. Rapports sur le, 1859, 1860.......................PF. 129-2-4
NEW BRUNSWICK. Rapport de l'Etat du, 1845 to 1865........PF. 109, 110 to 117 B
NEW BRUNSWICK. Sketches showing the nature and description of the land
in the tract purchased by the New Brunswick and Nova Scotia Land
Company........... ..../..................................PF. 156
NEW BRUNSWICK. Statistical observations for the information of emigrants,
by Alexander Wedderburn.......................................PF. 173-13
NEW BRUNSWICK. Subscription for the relief of destitute poor in Ireland
and in the Highlands of Scotland...............................PF. 78
NEW ENGLAND. Carte par Southack, petite carte, 1738..............PF. 171-18-22
NEW CASTLE district, assessed value of township in settled by pauper emi
grants, 1848...PF. 95
NEW CASTLE DISTRICT. Western Canada. Return of assessed value of
townships settled by pauper emigrants from Ireland, 1825 to 1828....PF. 6-1
NEWFOUNDLAND. Addresses from public bodies.................. ...PF. 100
               Proposed constitutional changes, 1842..............   "
               Dispatch from Sir John Harvey....................   "
               Correspondence on constitutional changes, 1855.......   "
NEWFOUNDLAND and Labrador. Return of civil and criminal trials, 1829.PF. 100
               Fisheries, 1849......................   "
NEWFOUNDLAND. Civil Establishment, 1815, 1828....................   "
               Report on Trade, 1817............................
               Return of Imports and Exports, 1814................
               Abstract of shipping from 5th January, 1815 to 10th
                    October, 1818....
               Fishery convention with the United States, 1818......
NEWFOUNDLAND Commission appointing Sir Thomas J. Cochran Governor
of, 1832..PF. 100
               Royal instructions to Cochran, 1832.......; ....   "
NEWFOUNDLAND. Convention avec la France ....   "
NEWFOUNDLAND Correspondence respecting admission into the Dominion of
Canada, 1869..PF. 101
NEWFOUNDLAND Despatches from Governor Prescott to Lord Glenelg, 1839.PF. 4-11
NEWFOUNDLAND. Disputes at Fortune Bay, with United States fishermen,
1878 to 1883..PF. 101
NEWFOUNDLAND. Documents diplomatiques, affaires de Terre Neuve......PF. 162
NEWFOUNDLAND. Subscriptions for relief of distress in Ireland, 1847. ...PF. 100
NEWFOUNDLAND. Estimate for the relief of sufferers by the fire at St.
John's, 1846 ....PF. 100
               Correspondence............................   "
               Map...   "
               Estimate for lighthouses, 1848...........................   "
               Correspondence on the appropriation of subscriptions for sufferers
                 by the fire, with map............................   "
NEWFOUNDLAND. Instructions relative to the operation of various Acts of
George IV, 1830..   "

VOLUME

NEWFOUNDLAND. Papers relating to the Island, 1824 .... "
NEWFOUNDLAND. Rapports, 1803...,............................PF. 99
NEWFOUNDLAND. Tierra Nueva......... ....PF. 171-5
NEWFOUNDLAND. Trade return, vessels, imports and exports............PF. 100
NEW HAMPSHIRE. Boundary with Massachussets, 1737...........PF. 171-21 & 23
NEW WESTMINSTER. The 'News Advertiser,' March 17, 1889...........PF. 47
NEW York. Evacuation by the British troops in 1783 .... PF. 118-21
NIAGARA. Church of England and Ireland in the colonies, returns respect-
   ing a coadjutor bishop..................................... PF. 83
NIAGARA. International Bridge over, par C. S. Gzowski............ ....PF. 167
NIAGARA to the sea. Panoramic views through Lake Ontario, the St.
   Lawrence, &c...PF. 121-9
NIAGARA. Panorama, W. S. Hunter, fils........ ....PF. 152-2
NIAGARA Peninsula, 1866.... ....PF. 171-7
NILE EXPEDITION. Acknowledgment of the services of the Canadian..... PF. 86
NIPISSING LAKE. Topographical plan, par A. Murray, 1856. ....:PF. 171-1
NORD OUEST, Insurrection du, 1885.............. .. ..PF. 60-5
NORFOLK. Carte du comté ....PF. 171-6
NORMANBY (MARQUIS). Correspondence respecting reunion of the provinces,
   1840..PF. 75
NORMANBY (MARQUIS). Dépêches.............................. ......PF. 75
NORTH AMERICAN Colonial Association of Ireland. Correspondance.......PF. 77
NORTH AMERICA. Topographical description of the Middle British Colonies,
   par T. Pownall, 1776................................ .. ..PF. 159-1
NORTH GERMAN LLOYD. Postal contracts, 1867........... ....PF. 83
NORTHERN PACIFIC RAILWAY. Map to show its connection with Montreal,
   1872..PF. 171-10
NORTHWEST and Hudson's Bay, par Thomas Devine, 1857...............PF. 171-13
NORTHWEST and Hudson's Bay par A. J. Russell, 1868....:............PF. 171-6
NORTHWEST passage. Map of the northern part of America.............PF. 171-4
NORTHWEST Company. Parliamentary return relative to the destruction of
   the Red River settlement, 1819...... ....PF. 44
NORTHWEST Indian Reserves. Description and plans in Manitoba and
   North-west..... .... .PF. 49
NORTHWEST. Journals, detailed reports, and observations relative to Capt.
   Palliser's exploration of a portion of British North America, 1857 à
   1860..PF. 7
NORTHWEST. On the line of the Canadian Pacific Railway............PF. 119A-29
NORTHWEST REBELLION, 1885...PF. 60-5
NORTHWEST REBELLION, Red river settlement. Correspondence relative
   to the recent disturbances in 1870..............................PF. 31
NORTHWEST. Rébellion de Riel, 1885..............................PF. 60-5
NORTHWEST TERRITORIES. Fishing in inland and non-navigable waters,
   documents respecting disputed claims............................PF. 161
NORTHWEST TERRITORY. Report on the Assiniboine and Saskatchewan
   exploring expedition, par Henry Youle Hind ....PF. 57
NOTES AND QUERIES. .Amérique du Nord ....PF. 175
NOUVELLE FRANCE. Cartes, 1643...................................PF. 171-1
   1705 ....PF. 171-6
   Avec description...PF. 171-7
NOVA SCOTIA. Appendix to Lieut. Colonel Cockburn's report, details given
   of various parts of the province, 1828...........................PF. 93
NOVA SCOTIA and Prince Edward Island. Postal map, 1881............PF. 171-10
NOVA SCOTIA. Civil Expenditure, &c., 1851........................PF. 90
NOVA SCOTIA. Correspondance......................................PF. 72
   "   ". evidence on Lands.....................PF. 73

DOC. DE LA SESSION No 18

·VOLUME.

NOVA SCOTIA. Correspondence relative to the Legislative and Executive
Councils, 1840-41... ....PF. 75
NOVA SCOTIA. Despatches of Sir Colin Campbell to Lord Glenelg, 1839...PF. 4-8
NOVA SCOTIA. Estimates, 1811, 1814 to 1818.......................PF. 64
"   "   1820 to 1829..... ....PF. 65
"   "   1830 to 1833.............................PF. 66
"   "   1835, 1836......... ....PF. 67
"   "   1837....................................PF. 68
"   "   1838....................................PF. 70
"   "   1839....................................PF. 72
"   "   1842, miscellaneous, 1843, 1844..............PF. 77
NOVA SCOTIA. Fishing rights in inland and non-navigable waters. (Documents respecting disputed claims)...............................PF. 161
NOVA SCOTIA. Foreign trade and expenses of customs return for 1836.
Addresses from Nova Scotia, 1834, 1835, 1836 ....PF. 69
NOVA SCOTIA. New Brunswick and Prince Edward Island.............PF. 171-7
NOVA SCOTIA. Papers relating to the annexation of Cape Breton to, 1823 .PF. 65
NOVA SCOTIA. Report on patronage of government.............⌐.......PF. 76
NOVA SCOTIA. Rapport sur la, 1859.................................PF. 129-2
NOVA SCOTIA. Reports of the state of, with blue books for 1845 to 1863.
                                                       PF. 109 to PF. 117 A.

O.

OAKVILLE. Plan de.. ....PF. 171-3
ONTARIO. Appeal to the Privy Council in the suit beween, and Manitoba
in respect to boundaries, 1884........................ ....PF. 149 to PF. 149c
ONTARIO Boundaries. Proceedings before the arbitrators........... ....PF. 148-2
ONTARIO. Fishing rights in inland and non-navigable waters ....PF. 161
ONTARIO (LAKE). 1863, 1866............. ....PF. 171-2-6
ONTARIO (PROVINCE). Rock formations, 1868.......................PF. 171-9
ONTARIO. Report of E. B. Borrow on that part of Hudson's Bay belonging
to Ontario. ....PF. 148-4
ONTARIO. Report of the Legislative Assembly of Kewaydin on the boundaries
with...PF. 148-5
ONTARIO. Undeveloped lands in Northern and Western, par A. Kirkwood
et J. J. Murphy, 1878..PF. 148-1
ONTARIO. Western part of the disputed territory. Rapport par George
Burden, 1883..PF. 148-3
ORANGE INCORPORATION. Petition of Roman Catholic inhabitants of Ontario
against...PF. 86
ORANGE LODGES. Correspondance...................................PF. 75
ORANGE LODGES. Dispatches to governors, 1836 ....PF. 69
ORDINANCES passed by the Governor and Special Council of Lower Canada.PF. 77
ORDINANCES. Return of those passed by the Special Council and Governor
since 24th November, 1838 ....PF. 74
OREGON Territory. Negotiation of disputed right to. Treaty...........PF. 107
OTTAWA and French River navigation project, rapport par Walter Shanly,
1858...PF. 121-7
OTTAWA and Huron Territory, 1863-1864 ....PF. 171-3-4-5
OTTAWA, Carleton and Russell Counties..............................PF. 171-3
OTTAWA (CITY). 1869. Plan of....................................PF. 171-10
OTTAWA RIVER. Survey by Messrs David Taylor, David Thompson and
William Hawkins. Rapport des Commissaires, 1839 ....PF. 13-1-2-3

VOLUME.
OTTAWA RIVER. Plan topographique, par Sir W. E. Logan, 1854 ...... PF. 141-2
OTTAWA SCENERY. W. S. Hunter, fils, 1855...........................PF. 152-14

P.

PALÆONTOLOGY. Contributions to Canadian, par E. D. Cope, 1891 ......PF. 121-3
PALLISER (CAPT. JOHN). Explorations. Three reports, with maps........PF. 92
PALLISER (CAPT.) Explorations on the River Saskatchewan ; various re-
    ports and maps in different documents............................PF. 92
PALLISER (CAPT. JOHN). Journals, detailed reports and observations of
    exploration of a portion of British North America, 1857 à 1860.....PF. 7
PALGRAVE (SIR FRANCIS), Index of printed reports, 1840, 1861........PF. 125-14
PAPINEAU (L. J.) Address to be read by the electors of Canada.........P. 172-5
PARISHES. Correspondence with Lord Glenelg, respecting parishes in
    Lower Canada...PF. 4-12
PARLIAMENTARY. Act to amend the act containing special provisions con-
    cerning both Houses of the provincial parliament, 1864.............PF. 172-19
PARLIAMENTARY. Constitution of the executive and of the representative
    assembly in each colony.......................................PF. 89
PARLIAMENTARY, Ministerial explanations, 1864......................PF. 172-20
PARLIAMENTARY Papers. (Imperial), 1837...........................PF. 2
PARLIAMENTARY Papers. (Imperial), 1838. The rebellion of Upper and
    Lower Canada. Despatches from the governors of Upper and Lower
    Canada, Nova Scotia, New Brunswick and Prince Edward Island....PF. 3
PARLIAMENTARY PAPERS. (Imperial), 1839. Rebellion, Foreign Invasion,
    Creation of Rectories, Union of the Provinces and Clergy Reserves...PF. 4
PARLIAMENTARY representation. Lower Canada. In reports on grievances,
    1837..PF. 70
PARLIAMENTARY. Summary of the proceedings of the Legislative Assembly
    of Quebec, 1867-8..PF. 118-17
PARLIAMENTARY. Summary of the proceedings of the Legislative Assembly
    of Canada, 1857, 1858 et 1859 ....PF. 20-1-2-3, PF. 24
PARLIAMENTARY. Votes and proceedings of the Legislative Assembly, 1851.PF. 118-14
PASSENGERS. Regulations for conveyance of, to North America, 1828 ...PF. 93
PATRONAGE. Reports on, by the Governors of Nova Scotia, New Brunswick
    and Prince Edward Island.....................................PF. 76
PAUPER Children emigration, report by Andrew Doyle. Reply to Miss Rye
    Letter by Miss Rye...PF. 97
PAUPER Children to Canada, 1847-48..............................PF. 6-7
PAUPER Emigration to New Brunswick, 1847-8......................PF. 6-3-5-11
PAUPER Emigration to Nova Scotia, 1847-48........................PF. 6-9
PAUPER Emigrants. Rapport......................................PF. 93
PAUPER Emigrants. Returns of assessed value in the townships in the New
    Castle district settled by, also number of emigration societies in Canada.PF. 95
PEEL, COMTÉ DE ....PF. 141-5
PERLEY (HENRY T.) Report on the St. Lawrence Bridge and Manufactur-
    ing Company's scheme.......................................PF. 17-9
PETEWAHWEH. Topographical map of, and of the Muskoka river, par A.
    Murray, 1853...PF. 141-11-15
PETITIONS. Chancery and Exchequer, Public Record Office, London......PF. 122-1
PETITION of the counties in the district of Quebec, and of Warwick, district
    of Montreal ....PF. 172-1-2-3
PETITION of the merchants, &c., of Canada, 1828......................PF. 172-4
PHILLPOTTS (CAPT. GEORGE). Report on Petitions against him, 1833 .....PF. 66

DOC. DE LA SESSION No 18

VOLUME

PHOTOGRAPHS. Portraits of leading Canadians......................PF. 156-53
PHOTOGRAPHS of scenery, various, 1855.........................PF. 118-2
PHOTOGRAPHS of Canadian scenery, 1876................ ....PF. 118-2
PHYSICAL ATLAS of the Dominion of Canada, par J. B. Beaufort Hurlbert..PF. 168
PICHÉ. Act to amend and consolidate the Judicature Acts of Lower Canada,
 1858..PF. 21-1
  En anglais et en français. ....PF. 21-2
PIPE OFFICE. List and index of declared accounts...................PF. 122-2 A
PLEA ROLLS of the various courts.................................PF. 122 A2
POLICE, Lower Canada. Correspondence respecting the affairs of Canada..PF. 75
POLITIQUES. DOCUMENTS relatifs à l'echange des propriétés des Tanneries prés
 Montréal...PF. 29
POLITIQUES. INSTRUCTIONS données à Lord Gosford, &c., 1835............PF. 42-2
POLITICAL LETTERS from D. B. Viger to Lord Goderich with observations on
 a memoir or statement of James Stuart, Esq., 1831. ....PF. 28-5
POLITICAL. Letter from James Stuart to Lord Goderich relating to anim-
 aversions, on his conduct, in certain proceedings of the Assembly
 of Lower Canada..PF. 28-2-3
POLITICAL. Memorial from James Stuart, Esq., Attorney General for Lower
 Canada to Lord Goderich, Secretary of State, with accompanying docu
 ments..PF. 28-1
POLITICAL. MONTREAL ELECTIONS, 1832. Rapports et autres documents..PF. 42-1
POLITICAL OBSERVATIONS on a letter from James Stuart to Lord Goderich..PF. 28-6-7-8
POLITICAL. Remarks of the Hon. D. B. Viger relative to the grievances set
 forth in the address of the Commons of Lower Canada, 1832........PF. 28-9
PORT ARTHUR, Illustrated. Manitoba Colonist......................PF. 47
POSTAGE, Liverpool and Canada. Returns...........................PF. 82
POSTAGE. Memorial ....PF. 78
POSTAGE STAMPS, Jubilee, 1897...................................PF. 119
POSTAL MAP of Quebec ....PF. 158
POSTAL MAP, Nova Scotia and Prince Edward Island..................PF. 171-10
POSTAL MONEY ORDERS. Convention with French Republic.............PF. 86
POSTAL UNION. Account of the formation of the universal.............PF. 86
POSTAL UNION. Adhesion of Canada to............................PF. 86
POSTAL UNION. Formation of the universal.........................PF. 87
POSTAL COMMUNICATIONS with North America. Galway and America.....PF. 82
POSTAL CONVENTION with the French republic for the exchange of postal
 money orders..PF. 86
POSTAL CONVENTION with the United States, 1848....................PF. 80
POSTAL SUBSIDIES. Correspondance................................PF. 82
POST OFFICE. Halifax mails. Report of the select committee..........PF. 78
POSTAL OFFICERS. Journal kept by Hugh Finlay, surveyor of the post roads
 on the continent of North America, during his survey of the post
 offices between Falmouth and Casco Bay........................PF. 163
POST Offices. Rapport des commissaires nommés pour faire une enquête sur
 les affaires du département des Postes dans l'Amérique septentrionale
 Britannique..PF. 42-5
POST OFFICE. Return of the establishment of the Government post office in
 Upper and Lower Canada......................................PF. 66
POST OFFICE. Returns of the general post office in Upper and Lower Can-
 ada and in each of the colonies in North America, 1828.............PF. 65
POULETT-THOMSON (C.) Correspondance, instructions...................PF. 76
POWNALL (T.) Topographical description of each part of North America as
 are contained in map of the Middle British Colonies of North America
 with map, 1776..PF. 159-1

VOLUME

PRESCOTT, Governor H.   Despatches to Lord Glenelg respecting Newfound-
    land, 1839...................".......................................PF. 4-11
PRESCOTT, St. Lawrence river between Montreal and.... ....PF. ¹⁷₁₃4
PRESBYTERIAN Church of Scotland Magazine, 1849 to 1861, 7 volumes......PF. 139-1-7
PRINCE EDWARD ISLAND.   Address for responsible government............PF. 78
PRINCE EDWARD ISLAND.   Address respecting the relations between land-
    lord and tenant..PF. 82
PRINCE EDWARD ISLAND.   Appendix to Lieut.-Colonel Cockburn's report,
    1828...PF. 93
PRINCE EDWARD ISLAND.   Census 1861, 1871...........................PF. 121-5-6
    "   "   Correspondence.... ....PF. 73
    "   "   Legislative and Executive Councils, 1840-41....PF. 75
    "   "   Estimates, 1811, 1814, 1815, 1816, 1817, 1818..PF. 64
                  "   1820 à 1829........... ....PF. 65
                  "   1830 à 1834............................PF. 66
                  "   1835, 1836 ....PF. 67
                  ¹   1837.............................PF. 69
                  "   1838......................... PF. 70
                  "   1839 .... PF. 72
                  "   1840–1841 ....·PF. 75
                  "   1842, 1843, 1844. ....PF. 77
                  "   1845, 1846, 1847, 1848, 1849......PF. 78
    "   "   "   1851. ....PF. 81
    "   "   "   1852, 1853 ....PF. 82
PRINCE EDWARD ISLAND.   Fishing rights in inland and non-navigable
    waters...PF. 161
PRINCE EDWARD ISLAND.   Governor's speech...........................PF. 81
PRINCE EDWARD ISLAND.   Land Tenure.........·........................PF. 86
PRINCE EDWARD ISLAND.   Land Tenure question.........................PF. 85
PRINCE EDWARD ISLAND.   Nova Scotia and, Postal map....,...........PF. ¹¹₁₁-10
PRINCE EDWARD ISLAND.   Papers respecting the Imperial guarantee to a
    loan ....PF. 81
PRINCE EDWARD ISLAND.   Petition for the admission of corn and other
    produce free ....PF. 77
PRINCE EDWARD ISLAND.   Reports on, 1859, 1860...................PF. 129-2-4
PRINCE EDWARD ISLAND.   Report for 1845 to 1868 ....PF. 109 to PF. 117c
PRINCE EDWARD ISLAND.   Report on government patronage............PF. 76
PRINCE EDWARD ISLAND.   St. John Island divided into parishes, &c , 1775..PF. 171-27
PRINCE EDWARD ISLAND.   Steam communication with ....PF. 87
PRINCE EDWARD ISLAND.   Taxes and Imports, 1874.....................PF. 85
PRISON DISCIPLINE.   Colonies, 1875.................................PF. 131
PRODUCE.   Return of quantities and values exported from the United
    Kingdom ....PF. 81
PROTECTION.   Canada under the National Policy.. ....PF. 170
PROVISION, flour, and wheat prices of, in the United States and British North
    America, 1842...PF. 77
PRINCE (COLONEL).   Militia general order touching the Court of Inquiry on,PF. 75
PUBLIC ACCOUNTS.   First and second reports of the Select Committee
    appointed to inquire into the Public income and expenditure of the
    Province of Canada............... ....PF. 18
PUBLIC ACCOUNTS for the Province of Canada, 1848, 1849, 1850, 1851..PF. 15-2 to 5
PUBLIC ACCOUNTS of the late Provinces of Upper and Lower Canada, October
    1st, 1840 au 9 février 1841 ....*... ....PF. 15-1 -
PUBLIC LANDS of Canada, 1881....... ....PF. ¹¹₁₁-2 ·
PUBLIC RECORDS.   Reports from the Commissioners, 1800-1819, with Ap-
    pendix ....PF. 143, 143A

DOC. DE LA SESSION No 18

VOLUME.

PUBLIC RECORD Office, London Lists and Indexes, 1893 à 1896 et 1840
à 1850 .... PF. 122 à PF. 122D, PF.125-1 to 11
PUBLIC WORKS Expenditure. Treasury minutes, 1831.................PF. 66
PUBLIC WORKS, Canada, return, 1843....... ....PF. 77
PUBLIC WORKS. Rapport du Comité Special, auquel a été renvoyée cette
partie du Rapport du Président du Bureau des Travaux Publics, qui
concerne le Lac St. Pierre, 1846...................... .... .PF. 14-2
PUBLIC WORKS. Rapport des Commissaires des Travaux Publics pour l'année
1848 et appendices..PF. 14-4
PUBLIC WORKS. Report of the Commissioners of Public Works for 1848,
with appendices, 1849, 1850. .... PF. 14-3, PF. 14-5-6
PUBLIC WORKS. Report of the Commissioners of Public Works for 1847..PF. 42-6
PUGET SOUND. Report on claims, 1865...............................PF. 172-24
PUGET SOUND. Treaty for the settlement of, 1863.................... ....PF. 108
PUNCH IN CANADA. 1849, 1850.................... .. ..PF. 151

Q.

QUARANTINE Establishment, Canada, 1847–1848......................PF. 6-10
QUEBEC and Halifax Railway. Annual report of the survey, with map....PF. 90
QUEBEC and Halifax or Intercolonial Railway, various returns, with maps.PF. 90
QUEBEC and Province of Canada. Signatures of the governors from Cham-
plain to E. W. Head, 1612 à 1854 ....P. 156-3
QUEBEC (PROVINCE). Boundary with New Brunswick, 1833... ....PF. 171-1
QUEBEC CARNIVAL, 1894...PF. 118-1
QUEBEC CATHEDRAL and other views............................PF. 156-26 to 30
"   ....,...........PF. 156-34 to 36
"   ....PF. 156-41 to 52
QUEBEC. Carte régionale........................PF. 47
QUEBEC. ELECTION returns for the county, 1804 à 1834. ....PF. 147A
QUEBEC ESTIMATE for the relief of the sufferers by fire. Correspondance.
Carte.....................................PF. 100
QUEBEC (PROVINCE). First session of Assembly, 1867–8.................PF. 118-17
QUEBEC. FISHING rights in inland and non-navigable waters...........PF. 161
QUEBEC FORTIFICATIONS. Return, 1866...............................PF. 83
QUEBEC GAZETTE. Newspapers for March, 1804... ....PF. 118-4 to 11
QUEBEC GAZETTE, 1839...PF. 172-16
QUEBEC GEOGRAPHICAL SOCIETY. Address on its behalf by C. Baillargé to
the Royal Society, 1897................................PF. 121-11
QUEBEC. Grand feu, 1866 (3 vues) ....PF. 156-31 to 33
QUEBEC (PROVINCE). Map by French officers connected with survey by
Carver, 1794..................................PF. 171-28
QUEBEC. Petition of the counties of the district, followed by proceedings
of a public meeting, 1827................................. PF. 172-1-2-3
QUEBEC. Plan, 1759................................PF. 156-37
QUEBEC SEMINARY. Charter to erect it into a University...... ....PF. 81
QUEEN CHARLOTTE ISLAND, gold on, 1853...........................PF. 102-
QUEEN CHARLOTTE ISLAND. Geological map, 1878.................PF. 171 6
QUEEN. Early portraits of Queen Victoria, 1897.......................PF. 147
QUEEN VICTORIA. Diamond Jubilee, 1897, reports, &c.................PF 119

R.

RAILWAYS. Act to legalize the agreement between the Grand Trunk and
the Buffalo and Lake Huron Railway Company...................PF. 172-21

Volume

RAILWAYS. Annual report of the survey of the Quebec and Halifax, 1849, with maps..PF. 90
RAILWAYS. Canadian Pacific. Contract for conveying troops, &c........PF. 91
RAILWAYS. Grand Trunk. Correspondence with War Office respecting lands at Sarnia...PF. 91
RAILWAYS. Halifax and Quebec. Memorials...........................PF. 91
RAILWAYS (Intercolonial). Imperial Act for authorizing a guarantee of Interest on a loan to be raised by Canada towards the construction of a railway connecting Quebec and Halifax........................PF. 11-5
RAILWAYS. Intercolonial. Proposed guarantee......................PF. 91
RAILWAY Loan Act. Statement and account of proceedings............PF. 91
RAILWAYS. Manitoba Central Railway, Correspondence, 1887–88......PF. 51
RAILWAY MAP of Canada, 1853...PF. 1$\frac{1}{4}$1-6
RAILWAY MAP to accompany the report on railway statistics, 1884.........
                                                      PF. 1$\frac{11}{40}$-1-2-3 & 7-8-9
RAILWAYS. Montreal et Kingston, 1852..............................PF. 172-15
RAILWAYS. New Brunswick, Quebec and Halifax, Canada, New Brunswick and Nova Scotia Railway Company ....PF. 90
RAILWAYS. New Brunswick, with map, 1847..........................PF. 90
RAILWAYS. Papers relating to different railways...................PF. 91
RAILWAYS. Report of the exploration by L. G. Bell of the route from Ottawa City to Parry Sound.....................................PF. 172-26
RAILWAYS. St. Andrews and Quebec, 1852...........................PF. 90
RAILWAY Suspension Bridge over the St. Lawrence near Quebec. Plan...PF. 140
RAMSEYVILLE. Carte de...PF. 1$\frac{11}{1}$1-4
REBELLION, 1837-38. Amount expended on account of, de 1837 à 1843.PF. 78
REBELLION, 1837-38. Case of the Steamboat Caroline. Papers relating to the special mission of Lord Ashburton to the United States in 1842...PF. 107
REBELLION, 1837-38. Correspondence since 1st April, 1835, between the Secretary of State for the Colonies and the Governors of the British North American Provinces, 1839...............................PF. 1 to 5
REBELLION, 1837-38. D. B. Viger released. ....PF. 76
REBELLION, 1837-38. Estimate for expenditure on service...........PF. 77
REBELLION, 1837-38. Expenses in consequence. Return ....PF. 75
REBELLION, 1837-38. Foreign Invasion ....PF. 4-14
REBELLION OF 1837-38. Report of the Commissioners appointed to inquire into the losses occasioned by the troubles during the years 1837 and 1838. ....PF. 1-6
REBELLION, 1837-38. Return of expenditure on account of, for 1838, 1839 and 1840..PF. 77
REBELLION in Lower Canada. Correspondance, 1837-38...............PF. 72
REBELLION in Upper Canada. Correspondance, 1837-38...............PF. 72
REBELLION in Upper Canada. Persons confined in Toronto and other places.PF. 74
REBELLION, 1837-38. Legislative Council of Upper Canada..........PF. 4-16a
REBELLION LOSSES. Correspondance................................PF. 80
REBELLION LOSSES. Report of the Commissioners...................PF. 76
REBELLION LOSSES. Report of the Commissioners. Return of 1840.......PF. 133
REBELLION. Names of persons imprisoned in Lower Canada since 1st November, 1837 ....PF. 76
REBELLION. Supplementary Estimates.............................PF. 76
RECIPROCITY TREATY. Correspondence, 1874.......................PF. 85
RECIPROCITY TREATY with the United States. Acts passed to give effect to, 1854...PF. 81
RECORD of the proceedings of the Halifax Fisheries Commission, 1877.....PF. 26
RECTORIES. Correspondence respecting the creation of...............PF. 74

DOC. DE LA SESSION No 18

VOLUME.

RECTORIES.   Repeal of Act respecting..............................PF. 81
RED RIVER.   Correspondence relative to the recent disturbance..........PF. 31
RED RIVER.   Correspondence relative to its annexation to Canada.......PF. 53
RED RIVER Expedition.   Map to accompany S. J. Dawson's report.......PF. 111-9
RED RIVER Expedition of 1870, par S. J. Dawson (1), Assistant Con-
    tròller Irvine (2)..PF. 136-1-2
RED RIVER Exploration, par S. J. Dawson et H. Y. Hind, avec cartes par
    Palliser...PF. 92
RED RIVER Insurrection.   Brochure de l'évêque Taché..................PF. 172-22
RED RIVER Settlement and Lake Superior, 1868......................PF. 111-8
RED RIVER Settlement.   Complaint against the Government of the Hudson's
    Bay Company, 1849 ....PF. 104
                Military protection, 1863 ....PF. 105
RED RIVER Settlement.   Correspondence relating to the recent expedition,
    with Journal of operations, 1871 ....PF. 48
RED RIVER SETTLEMENT.   Explorations between Lake Superior and, with
    maps, 1859...PF. 92
RED RIVER SETTLEMENT,   Exploration between Lake Superior and, par S.
    J. Dawson, 1859...PF. 169
RED RIVER SETTLEMENT.   Papers relating to the, 1815-1819.............PF. 44
                With maps.....................................PF. 104
RED RIVER.   Return respecting petitions since 1860..................PF. 105
REGISTRUM MAGNI SIGILLI.   Regum Scotorum MCCCVI-MCCCCXXIV...PF. 145
REGISTRY OFFICES.   Lower Canada.   In report on grievances, 1837......PF. 70
RELIGIOUS DENOMINATIONS.   Return of those who would be entitled to a
    share of clergy reserves should the bill passed in Upper Canada be
    assented to..PF. 75
REMEDIAL JUSTICE in the United States.   Papers relating to the special
    mission of Lord Ashburton to the United States in 1842....... ....PF. 107
REPRESENTATIVE GOVERNMENT.   Return of constitutions, &c ....PF. 89
RENFREW AND LANARK COUNTIES, 1863........................... .....PF. 111-2
REPORTS on the State of the Colonies, 1845 to 1868.......PF. 109, PF. 117C
REPORTS of the Deputy Clerk Register of Scotland from 1807...........PF. 132-1-2-3
REPORTS, various, 1738-1765..PF. 103
    "   1785 à 1802................................PF. 99
RESERVED BILLS.   Liste de, depuis 1836..............................PF. 82
RESERVES.   Description and plans of Indian reserves in Manitoba and the
    North-West, 1889..PF. 49
RESPONSIBLE GOVERNMENT.   Address from Prince Edward's Island.   Cor-
    respondence with Governors ....PF. 78
RESTIGOUCHE RIVER.   Carte de la, 1833 ....PF. 111-1
RETURNS of General, staff and other officers, distribution of troops, 1849...PF. 118-12
REVENUE.   Lower Canada from the year 1835 to 1838..............PF. 75, PF. 77
REVENUE.   Haut-Canada........ ....PF. 75, PF. 77
RHODE ISLAND.   Boundaries with Massachusetts, 1750..................PF. 171-24
RICHARDS (JOHN).   Report on waste lands and emigration, 1831.........PF. 66
RICHELIEU AND ONTARIO NAVIGATION Co.   Timetable with panoramic views.PF. 121-9
RIDEAU CANAL.   Estimates, 1840-41................................PF. 75
RIDEAU CANAL.   Report of the Committee on the supply of water........PF. 172-23
RIDEAU CANAL.   Report and other papers, 1830-1831.   Letter from Ord-
    nance and Treasury Minute, 1832.   Estimate, 1833 ....PF. 66
RIEL, Insurrection du Nord Ouest, 1885............................PF. 60-5
RIEL, REBELLION, 1885...PF. 154
RIEL, REBELLION.   Brochure de l'évêque Taché ....PF. 172-22
RIEL.   Second Rebellion souvenir number of the Illustrated War News,
    1885...PF. 118-30

Volume.

RIOTS. Montreal on Rebellion losses bill .... PF. 80
ROAD and Telegraph from Canada to British Columbia .... PF. 102
ROBINSON (JOHN B.) Opinion on the charge against Mr. Justice Willis,
    1828 .... PF. 30
ROGERS (SIR FREDERIC). Report from Sir Clinton Murdock to, on emigra-
    tion, 1871, with appendix .... PF. 97
ROMAN CATHOLIC CHURCH. Correspondence respecting the assumption of
    the title of Bishop of Newfoundland by the Roman Catholic Bishop..PF. 100
ROMAN CATHOLIC inhabitants of Ontario, petition against Orange incorpora-
    tion .... PF. 86
ROMAN CATHOLIC CHURCH. Laws, &c., relative to monastic and conventual
    establishments .... PF. 85
ROMAN CATHOLIC prelates precedence and titles ....PF. 78
ROMAN CATHOLIC Religion. Papers relating to the regulation of, in several
    states of Europe and in the British Colonies, 1813-1816............. PF. 64
ROTTERMUND (E. S. DE). Return and correspondence with Sir W. E. Logan..PF. 16-5
ROUMANIA. Notes relating to the exclusion of Canada from the Roumanian
    treaty...... .... PF. 86
ROMANIAN TREATY. Notes exchanged between the British and Roumanian
    Governments... ... ...PF. 86
ROYAL CANADIAN Battalion, formation of..... .... PF. 77
    "   Rifles   "   .... PF. 77
ROYAL MARINES serving in Canada 1815-1816..................... ..PF. 64
RUPERT'S LAND. Correspondence with, Hudson's Bay Company relative to
    the surrender of, 1869....... .... PF. 105
RUPERT'S LAND. Proceedings relative to guarantee for a loan. ....PF. 105
RUSSELL CARLETON AND OTTAWA COUNTIES........................PF. 111-3
RUSSELL (LORD JOHN). Correspondence respecting the reunion of the pro-
    vinces, 1840.. PF. 75-PF. 76
RUSSELL (LORD JOHN). Resolutions relating to the affairs of Canada, 1837.PF. 70
RUSSIA. Seizure of the 'Araunah" off Copper Island..................PF. 89
RYLAND (G. H.) Correspondence and report on the case of............PF. 82
RYLAND. Correspondence on claim...............................PF. 80
RYLAND. Dispatch on pension, 1850-51, 1862............... ......PF. 134-2-3
RYERSON (EGERTON). Remarks in the *Christian Guardian* in reply to the
    Quebec *Gazette*........ ....PF. 172-10

S.

SABLE ISLAND. Estimates, 1844............................... ....PF. 77
                1845 à 1849 .... PF. 78
SABLE ISLAND. Estimate under Nova scotia, 1838.................... PF. 70
SABLE ISLAND. Known wrecks, par S. D. Macdonald, 1883............PF. 111-15
SAGUENAY, Comté du..PF. 47
SAGUENAY (TORONTO AU), par la compagnie de navigation du Richelieu et
    d'Ontario.. PF. 121-9
ST. ANDREWS and Quebec......................................PF. 90
ST. ANDREWS and Quebec Railway................................PF. 89
ST. ANNE. Eglise de pélerinage de la bonne......................PF. 156-6
ST. EUSTACHE. Reports by Lieut.-Cols. Maitland and Wetherall.........PF. 97
ST. JEAN BAPTISTE day, Montreal, 1884...........................PF. 153
ST. JOHN RIVER. Gold Region...................... ... .PF. 111-5
ST. JOHN ISLAND. Prince Edward Island, divided into parishes, 1775.....PF. 171-72
ST. JOHN, N.B. Electric Exhibition, 1889.........................PF. 47

DOC. DE LA SESSION No 18

VOLUME.

St. John's, Newfoundland. Postal Contracts between Halifax and......PF. 83
St. Lawrence. Address from Legislature of Upper Canada for improvement of the navigation of the.................................PF. 71
St. Lawrence. Bridge and manufacturing scheme. Engineer's report....PF. 17-7-8
St. Lawrence. Carte du Saint-Laurent 1749..........................PF. 171-7
St. Lawrence. Improvement. The shearer scheme................PF. 171-13-14
    "   "   Return............................PF. 77
St. Lawrence. Maps, reports, &c., relative to the improvement of the navigation and proposed canal connecting the River St. Lawrence and Lake Champlain ....PF. 122
St. Lawrence. Map for the Paris Exhibition, 1855, par T. C. Keefer....P. 171-2
St. Lawrence. Memoiral for the removal of restrictions on foreign vessels.PF. 78
St. Lawrence, near Quebec. Plans of a railway suspension bridge, 1851..PF. 140
St. Lawrence. Panoramic views from Niagara to the sea..............PF. 121-9
St. Lawrence. Part of maps, par de Barres, 1780................PF. 171-14-15
St. Lawrence River between Prescott and Montreal...................PF. 171-4
St. Lawrence. Showing the various islands, coasts, &c................PF. 171-8
St. Lawrence. Signal stations..PF. 171-5
St. Maurice (County) ....PF. 47
St. Maurice River. Field book of the survey of 1851 ....PF. 17-1-2-4
St. Maurice River scaling, par H. Legendre, 1847, et par John Bignell, 1847 et 1848 ....PF. 17-1 to 5
Samos (Bois de). Vue du...PF. 156-39
San Juan (Island). Correspondence.................................PF. 108
Saugeen Peninsula. Carte de la péninsule ....PF. 171-6
Sarnia. Correspondence between the War Office and Canadian Government respecting land for the Grand Trunk Railway.............PF. 91
Saskatchewan. Assiniboine and expedition, par Henry Youle Hind, avec cartes ....PF. 92
Saskatchewan. Exploration by S. J. Dawson, 1859.......,...........PF. 169
Saskatchewan. Exploration by Captain Palliser, with maps...........PF. 92
Saskatchewan. Report on the exploring expedition of the Assiniboine and, par Henry Youle Hind.................................PF. 57
Scotland. Acts of the Lords Auditors, 1466 to 1494.................PF. 146
Scotland. First report of the select committee on Emigration.........PF. 94
Scotland. Land rights registration, &c. Report of commissioners, 1863.PF. 132
Scotland. Register of the Great Seal, 1814.........................PF. 145
Scotland. Report of the deputy clerk 1egister from 1807.............PF. 132-1-2-3
Scott Act, Canada. Return and Legislation.........................PF. 89
Scott Act. Return. Also Act, 1883................................PF. 86
Scotch Church. Papers relating to the.............................PF. 76
Seaforth (Earl of). Armorial bearings.............................PF. 172-12
Seigniories. Rapport sur les seigneuries de Saint-Sulpice, Montréal.....PF. 73
Seigniorial tenure. Return to address, 1844.......................PF. 78
Selkirk (Lord). Parliamentary return respecting the destruction of the Red River Settlement, 1819...............................PF. 44
Seminary, Montreal. Address on the subject of their laws, 1830.......PF. 66
Seminary of St. Sulpice. Correspondence respecting estates ....PF. 76
Seminary of St. Sulpice. List of those who have commuted the Tenure of their Property..PF. 77
Seminary of St. Sulpice, Montreal. Ordinance incorporating, and other documents...PF. 73
Settlers. Representations on behalf of, on Grand river...............PF. 81
Shanly (Walter). Report on the Ottawa and French river navigation project, 1858..PF. 121-7

VOLUME.

SHIPPING. Account of the number of ships employed in 1826, 1827 and
  1828 in the trade between Canada, Nova Scotia, New Brunswick and
  the United Kingdom...PF. 65
SHIPPING (COLONIAL) on admission to the privileges of British registry, two
  returns, 1830 to 1846...PF. 78
SHIPPING. RETURN of vessels cleared in the British Northern Colonies for
  1836, 1837 and 1838, for the ports of the United Kingdom.........PF. 75
SHIPPING RETURN..PF. 78
SHUBENACADIE Canal, 1830...PF. 66
SIGNAL STATIONS in the St.Lawrence, 1886.........................PF. $\frac{171}{10}$-5
SIMCOE AND Home district of Canada...............................PF. $\frac{171}{111}$-5
SIOUX INDIANS. Correspondence of Hudson's Bay Company respecting
  refugees from the United States...............................PF. 105
SKETCHES IN New Brunswick showing the nature and description of the
  land in the tract purchased by the New Brunswick and Nova Scotia
  Land company. ....PF. 156-1
SKIDEGATE INLET, Queen Charlotte Islands.........................PF. 171-7
SLAVERY. DELIVERY of Nelson Hackett, a fugitive slave, for robbery....PF. 77
SLAVE TRADE. Correspondence relative to the treaty lately concluded at
  Washington, with instructions, 1842-43.......................PF. 107
SLAVERY. The case of the 'Creole.' Papers relating to the special mission
  of Lord Ashburton to the United States in 1842.................PF. 107
SOUDAN. Offers of the colonies of troops for Service. Returns.........PF. 86
SOMERSET (Lord Fitzroy). Dispatches to, 1837. ....PF. 72
SOUTHACK (Cyprian). Map of New England..........................PF. 171-18
SPANISH AND Whitefish rivers. Topographical map, par A.Murray.......PF. 171-3
SPANISH River Survey, par A. Murray, 1848........................PF. $\frac{171}{3}$-4
STATISTICAL and practical observations relative to the province of New
  Brunswick, par Alexander Wedderburn, 1835....................PF. 172-12
STATE AIDED emigration. Return. Mr. Boyd's scheme, 1884.............PF. 98
STATISTICAL TABLES. Colonial possessions.........................PF. 127
STAVELEY (EDWARD). Map of Canada, 1844.........................PF. 171-2
STEAM COMMUNICATION. Prince Edward Island with the mainland.......PF. 87
STURGEON RIVER. Topographical plan, par A. Murray. ....PF. 171-8
STIRLING (EARL OF). Armorial bearings and descent.................PF. 172-12
STRACHAN (REV. DR.) Letter respecting the state of the church in Upper
  Canada, 1827 ....PF. 65
STRATFORD. Plan de la ville de....................................PF. 171-9
STUART (JAMES). Letter to Lord Goderich relating to animadversions on
  his conduct in certain proceedings of the Assembly of Lower Canada.
  Appendix..PF. 28-2-3
STUART (JAMES). Memorial to Lord Goderich, with accompanying docu-
  ments, 1831..PF. 28-1
SUBMARINE CABLES. Mappemonde, 1883 ....PF. 171-9
SUBMARINE TELEGRAPH. Contract. Halifax and Bermuda.............PF. 89
SUPERIOR (LAKE). Exploration between and Red River settlement, par S.
  J. Dawson, 1859 ....PF. 169
SUPERIOR (LAKE). 1863, and Red River Settlement, 1868.............PF. 171-1-8
SURVEYS. Report of the Commissioners on the survey of the Ottawa river,
  1839..PF. 13-1-2-3
SURVEYS. Papers relative to the exploration of the country between Lake
  Superior and the Red River Settlement. (Dawson et Hind).........PF. 10-1-4
SURVEYS, Reports of Progress, together with a preliminary and general
  report on the Assiniboine and Saskatchewan exploring expedition, par
  Henry Youle Hind...PF. 10-5-9

DOC. DE LA SESSION No 18

VOLUME.

SURVEYS. Return for copies of field books, &c., of the scaling of the River
St. Maurice, 1847-48................................PF. 13-4, PF. 17-1-5
SUTHERLAND (EARL OF). Armorial bearings and descent...............PF. 172-12
SYDENHAM (LORD. *Voir* THOMSON). Correspondence on reunion of the
provinces, 1840, respecting Clergy Reserves. ....PF. 75

T

TACHÉ (BISHOP). Pamphlet on the Red River insurrection, 1873........PF. 172-22
TARIFF. Canadian. Correspondence.................... ....PF. 87, PF. 78
TARIFF Duties (Canada)...PF. 82
TARIFF. Dispatch respecting new Customs..........................PF. 86
TARIFF. Return of rates of duty. Copy of dispatch from the Governor
General ....PF. 86
TAXES AND IMPORTS. Colonies .. ..PF. 85
   "   "   Canada.......................................PF. 85
   "   "   Return.......................................PF. 83
TAXES ON EMIGRANTS. Return of Acts passed.......................PF. 93
TAXATION OF LAND. Return..PF. 89
TAYLOR (DAVID). Survey of the Ottawa river......................PF. 13-1
TELEGRAPHIC CABLE. Correspondence with the North American colonies
respecting exclusive right to telegraphic communication..........PF. 81
TELEGRAPHIC LINES. Eastern section..............................PF. 171-10
   "   East central section........................ .... "   11
   "   Western section............. .... "   12
TELEGRAPH, Road, from Canada to British Columbia, 1863, 1864.........PF. 102
TELEGRAPH Service. Map of the East Central section of Canada.........PF. 47
TEMPERANCE Act, Canada, 1878....................................PF. 86
TEMPERANCE Act. Return, 1880, 1883.............................PF. 86
TEMPERANCE Legislation. Scott Act...............................PF. 89
TERRE-NEUVE. Affaires de, Documents diplomatiques.................PF. 162
THOMPSON (JUDGE). Report of the Select Committee of Assembly of Lower
Canada, with correspondence..................................PF. 2-2
THOMPSON (JUDGE). Report of the Select Committee on his case and cor-
respondence..PF. 70
THOMPSON (DAVID). Survey of the Ottawa river with astronomical observ-
ations...PF. 13-2
THOMSON (C. P., afterwards Lord Sydenham). Correspondence on the
reunion of the provinces, 1840 ; respecting Clergy Reserve ....PF. 75
THOMSON (C. P.) Correspondence, Instructions to....................PF 76
THREE RIVERS. Proceedings of the Assembly of Lower Canada on the ac-
cusations against René Bedard, Esq., provincial judge of, 1819......PF. 118-13
TIERRA NUEVA. Newfoundland.................................. PF. 171-5
TIMBER. Account of importations and duties paid for the years 1829, 1830.
Table of duties on foreign timber, 1830. Address from Legislature
of Nova Scotia respecting duties. Memorial by merchants of Quebec..PF. 66
TIMBER. Change of duties on, further correspondence ....PF. 77
TIMBER, Colonial. Analysis of Returns ... .PF. 86
TIMBER. Imports into Great Britain in the last twenty years, 1820.......PF. 65
TIMBER laden ships. Returns, 1839 to 1845 ... .PF. 78
TIMBER. Return of cargoes from 5th January, 1831, to 15th January, 1834.
Report on duties.................................... ....PF. 67
TIMBER. Return of loads imported into the United Kingdom from 1784,
from British Provinces in North America..........................PF. 65
TIMBER. Return to queries....................... ... .PF. 86
TIMBER. Return of imports into Dublin............... ....PF. 74

3-4 EDOUARD VII, A. 1904

VOLUME.

TIMBER TRADE. Merchant ships. Return...........................PF. 85
TIMBER. Two accounts of wood imported into Great Britain from 1822 to
    1827, the same for 1827..PF. 65
TIMBER. United States account of rafts that have passed Fort St. John's on
    their way to Quebec from 1800 to 1820.........................PF. 65
TIMMIS (JOSIAH). Correspondence as to the Canada, New Brunswick and
    Nova Scotia Railway...PF. 90
TIN CANS. Imposition of duty on, tin cans containing fish from Canada...PF. 85
TOPOGRAPHICAL description of the Middle British Colonies in North America,
    par T. Pownall, 1776..PF. 159-1
TORONTO. Plan de, 1857..PF. $\frac{1}{1}11$-5
TORONTO AU SAGUENAY, par la compagnie de navigation du Richelieu et
    d'Ontario...PF. 121-9
TRADE and Commerce. Address from Assembly of Upper Canada, 1836...PF. 69
TRADE of the British Empire and foreign competition. Despatch from Mr.
    Chamberlain and replies, 1897.................................PF. 120-4
TRADE of the United Kingdom with foreign countries and British possessions.
                                                                  PF. 126-1-3
TRADE. Second Congress of Chambers of Commerce of the Empire, 1892.PF. 120-2
        Third Congress..PF. 120-3
TRADE with the Colonies. Accounts relating to 1815, 1816, 1818, 1819
    Imports and Exports...PF. 64
TRADE with the Colonies. Export, shipping, 1820....................PF. 65
TRANSATLANTIC STEAMERS. Return.....................................PF. 82
TREASON. Act for attainder of persons guilty......................PF. 76
TREATIES of Washington. Correspondence........................PF. 89, PF. 91
TREATIES with France and United States relating to Canada, 1783 to 1894.PF. 61
TURTON (E. M.) Report on registry of real property in Lower Canada.
    Appendix E..PF. 73

U.

UNION of British Columbia and Vancouver Island, 1866. Union with
    Canada, 1869..PF. 102
UNION of the Provinces. Correspondance, 1840......................PF. 75
        Correspondence. Proclamation of its taking effect.........PF. 77
UNITED STATES. Imports and exports between Canada and the..........PF. 81
UNITED STATES. Timber. Accounts of rafts that have passed Fort St.
    John's on their way to Quebec from 1800 to 1820...............PF. 65
UNIVERSITY EDUCATION. Ireland, Petition from the Catholic Bishops of
    Canada..PF. 86
UPPER CANADA, 1813..PF. $\frac{1}{1}1$-1-2
UPPER CANADA. Address on the navigation of the St. Lawrence Address
    on the annexation of Montreal to..............................PF. 71
UPPER CANADA. Appendix to Lieut. Colonel Cockburn's report, 1828.....PF. 93
UPPER CANADA. Canada Company. Diagrams of..........PF. 141, PF. 141A
UPPER CANADA. Copies of Memorials, on the subject of the Corn laws,
    1824 et 1825..PF, 65
UPPER CANADA. Correspondence between the Colonial Office and Governors
    of, 1830. Answers of the Governors relative to Executive and Legis-
    tive Councils...PF. 66
UPPER CANADA. Correspondence on the affairs of...........PF. 72 PF. 73 PF. 76
UPPER CANADA. Courts martial on rebels............................PF. 76
UPPER CANADA. Dispatch of Sir F. B. Head and Address from Assembly
    of, with appendix, 1836.......................................PF. 69
UPPER CANADA. Dispatches of Sir George Arthur on the affairs of.......PF. 74

DOC. DE LA SESSION No 18

VOLUME.

UPPER CANADA. Dispatch to Lieutenant Governor of Upper Canada on the
    subject of petition for his removal, 1833...................... ....PF. 66
UPPER CANADA. Dissolution of the Assembly, 1836............ ....PF. 69
UPPER CANADA. Estimates, 1811, 1814 à 1818.. ....PF. 64
    1820 à 1825. ....PF. 65
    1838..PF. 71
UPPER CANADA. Financial state..... ....PF. 75
UPPER CANADA. Land Divisions........................... ......PF. 1-4
    Postal route..PF. 1-7
UPPER CANADA. Map of, in counties and ridings as at present divided,
    1840..PF. 75
UPPER CANADA. Reports on petitions against Capt. George Phillpots, R.E.,
    1833..PF. 66
UPPER CANADA. Returns relative to the Executive and Legislative Councils
    of...PF. 66
UPPER CANADA. Sale of lands, return of 1837 ....PF. 71
UPPER CANADA. Western district ....PF. 1-2-3
USURY LAWS. Correspondance. ....PF. 78

V

VANCOUVER and New Westminster. 'News Advertiser,' 17th March, 1889,PF. 47
VANCOUVER, British Columbia. 'Daily World,' 31st December, 1889.....PF. 47
VANCOUVER, British Columbia. The west shore, Portland, Oregon, May,
    1889, with maps..PF. 47
VANCOUVER ISLAND. Alleged abuses in the government, 1863...........PF. 102
VANCOUVER ISLAND. Correspondance respecting colonization, 1848. ......PF. 102
VANCOUVER ISLAND. Dispatches on the establishment of a representative
    assembly. Return of lands sold, 1858.........................PF. 102
VANCOUVER ISLAND. Proposed union with British Columbia............PF. 102
VANCOUVER ISLAND. Report on coal. Grant of, to Hudson's Bay Company,PF. 102
VERMILION RIVER. Notes, 1851 ....PF. 17-5
VERMONT (E. de V.) America Heraldica, 1886.......................PF. 164
VETERAN Battalion, formation of a.................................PF. 77
VICTORIA Bridge, 1860,...PF. 135
VICTORIA (Queen). Diamond jubilee, 1897.........................PF. 119
VICTORIA, Early portraits of Queen...............................PF. 147
VIGER (Denis Benjamin). Communication and other papers received by the
    Speaker of the Assembly of Lower Canada from Hon. D. B. Viger.....PF. 28-4
VIGER (D. B.) Letter to Lord Goderich, with observations on a memoir, or
    statement of James Stuart, 1831................................PF. 28-5
VIGER (D. B.) Observations on a letter from James Stuart, Esq., to Lord
    Goderich..:........PF. 28-6-7-8
VIGER (D. B.) Released by C. Poulett Thomson.......................PF. 76
VOLUNTEERS. Amendments to be moved by Hon. Mr. Rose to a bill re-
    specting the volunteer force, 1863...........................PF. 172-18
VOLUNTEERS, CANADA EAST :
    Cavalerie—
        Stanstead } Frontier.
        Shefford
        Queen's Light Dragoons.
        Royal Montreal Cavalry.
        Huntingdon Frontier Cavalry.
    Infanterie—
        Lacolle.
        Huntingdon } Frontier companies.. ....PF. 77
        Russeltown

VOLUNTEERS, CANADA WEST :
  Cavalerie—
    Incorporated Dragoons.
  Artillerie—
    Kingston Volunteer Artillery.
  Infanterie—
    5 incorporated battalions.
    1 coloured company.
    Glengarry Light Infantry ....PF. 77
VOLUNTEERS. Estimate for the expenditure of £108,000 ....PF. 77
VOLUNTEERS, Militia. Estimate; miscellaneous, 1845 ....PF. 78
VANDERVELDEN (W.), et L. Charland. Carte du Bas-Canada, 1803 ....PF. 171-16
VRAI CANADIEN (LE), 1840-41 ....PF. 181

W

WAHNAPITAEPING LAKE and Wahnapitae River. Plan topographique, par
  A. Murray, 1856 ....PF. 111-5
WALES (PRINCE OF) at Laval University, 1860 ....PF. 156-41
WARLIKE STORES. Return of gifts or sales to, and of forts, handed over.... PF. 83
WAR OF 1812. Return of ships. Barclay's trial for his defeat on Lake
  Erie ....PF. 64
WARWICK. Pétition du comté de, 1827 ....PF. 172-1-3
WASHINGTON TREATY. Correspondence respecting the appointment of a
  joint high commission. Treaty preliminary Instructions ....PF. 83
WASHINGTON TREATY. Correspondance ....PF. 91
    On the termination of the fishery articles ....PF. 86
WASHINGTON, TREATY OF. Correspondence and instructions from Earl of
  Aberdeen to Lord Ashburton, 1842-3 ....PF. 107
WASHINGTON TREATY. Debate in the House of Commons, Ottawa ....PF. 118-18
WASHINGTON TREATY. Dépêches... ....PF. 89
WEDDERBURN (ALEXANDER). Statistical and practical observations relative
  to the Province of New Brunswick ....PF. 172-13
WESTERN DISTRICT ....PF. 171-8
WEST INDIES. Proposal for mutual abolition of customs duties between
  Canada and the ....PF. 81
WETHERALL (LIEUT.-COL.) Report on affair at St. Eustache ....PF. 72
WHEAT, Duties on, 1843. Return from 1838 to 1842 ....PF. 77
WHEAT, FLOUR AND PROVISIONS. Prices in the United States and British
  North America ....PF. 77
WHEAT, &c., imported from the North American colonies from 1813 to 1833. PF. 66
WHEAT. Quantity imported 1843 to 1844 ; the same for 1842 to 1845.
  Return dated 1846 ....PF. 78
WHEAT. Returns of imports into the United Kingdom ....PF. 81
WHITCHER (Sheriff of St. Francis). Report of select committee, with cor-
  respondence, 1837 ....PF. 70, PF. 2-3
WHITEFISH and Spanish Rivers. Plan topographique, par A. Murray, 1856. PF. 111-3-4
WILD FLOWERS, CANADIAN, by Agnes Fitzgibbon, 1868 ....PF. 160
WILLIS (JUDGE). Opinion of John B. Robinson on the charge against
  him, 1828 ....PF. 30
WILLIS (HON. JOHN WALPOLE). Papers relating to the removal from the
  office of one of His Majesty's Judges of the Court of King's Bench of
  Upper Canada, 1829 ....PF. 30
WINNIPEG St. Paul's Press, 20th May, 1888 ....PF. 47
WINNIPEG. The Winnipeg Boom, par C. N. Bell ....PF. 47
WINTER CARNIVAL, Montreal, 1887, 1888 et 1889 ....PF. 153, PF. 153A.

Lightning Source UK Ltd.
Milton Keynes UK
UKHW041339111218
333787UK00011B/1483/P